De Gruyter Texte

Lexikon der Bibelhermeneutik

Begriffe – Methoden – Theorien – Konzepte

Herausgegeben von
Oda Wischmeyer

In Verbindung mit

Emil Angehrn (Philosophie)
Eve-Marie Becker (Neutestamentliche Wissenschaft)
Mechthild Habermann (Deutschc Sprachwissenschaft)
Ulrich H. J. Körtner (Systematische Theologie)
James Alfred Loader (Alttestamentliche Wissenschaft)
Christine Lubkoll (Deutsche Literaturwissenschaft)
Karla Pollmann (Klassische Philologie)
Marco Schöller (Islamwissenschaft)
Günter Stemberger (Judaistik)
Wolfgang Wischmeyer (Kirchen- und Theologiegeschichte)

Unter Mitarbeit von
Stefan Scholz

Redaktion
Susanne Luther

De Gruyter

Mit Unterstützung der Staedtler-Stiftung
(Finanzierung der Redaktion)

MIX
Papier aus verantwortungsvollen Quellen
FSC® C016439

ISBN 978-3-11-029274-9
e-ISBN 978-3-11-092533-3

Library of Congress Cataloging-in-Publication Data

A CIP catalog record for this book has been applied for at the Library of Congress.

Bibliografische Information der Deutschen Nationalbibliothek

Die Deutsche Nationalbibliothek verzeichnet diese Publikation in der Deutschen Nationalbibliografie; detaillierte bibliografische Daten sind im Internet über http://dnb.dnb.de abrufbar.

Druck und Bindung: Hubert & Co. GmbH & Co. KG, Göttingen
∞ Gedruckt auf säurefreiem Papier

Printed in Germany

www.degruyter.com

Vorwort

Jedes Zeitalter, ja jede Generation muss ihre eigenen Methoden und Theorien im Umgang mit kanonischen Werken ausarbeiten. In unserem Kulturkreis gilt dies in besonderem Maße für die biblischen Texte.

Seit Origenes sind zuerst die Exegeten die professionellen Träger dieser Aufgabe. Die Geschichte der Exegese ist zugleich die Geschichte der Bibelhermeneutik in ihrer praktischen, auf die Texte angewendeten Gestalt. Daneben entwickelt sich eine hochkarätige Geschichte theoretischer Entwürfe zur Bibelhermeneutik, getragen von großen Theologen wie Augustinus, Luther, Schleiermacher oder Bultmann, die alle Exegeten waren, darüber hinaus aber bestimmend an den philosophisch-theologischen Debatten ihrer Zeit teilnahmen und diese maßgeblich mit gestalteten.

Wie wollen die Exegeten in der Zeit der (Post-)Postmoderne Bibelhermeneutik betreiben? Nicht nur die klassischen exegetischen Orientierungsbegriffe von Autor, Text, Werk, Kanon, Autorenintention, Textaussage sind diffundiert, nicht nur die Möglichkeiten und die Sinnhaftigkeit historischer Rekonstruktion und Kontextualisierung werden fraglich, sondern vor allem die Hermeneutik selbst ist höchst angefochten. Dient sie lediglich der Prolongierung überholter Herrschaftstexte und ihrer Interpretationskartelle? Sollen und können klassische oder gar kanonische Texte (noch) als gegenwärtige Stimmen gehört werden? Sind sie (noch) jene „fremden" Gesprächspartner, deren Stimme eine methodenbasierte Hermeneutik vernehmlich macht?

Exegeten werden in der Tat diesen Ansatz auch nach dem *Linguistic* und *Cultural Turn* weiter verfolgen und dazu mit allen Disziplinen zusammenarbeiten, die Texte lesen, verstehen und interpretieren und diese Prozesse zugleich theoretisch reflektieren wollen.

Zu diesem Ziel haben wir elf Herausgeberinnen und Herausgeber aus den Bereichen der Theologie, der Philosophie und der Geistes- und Kulturwissenschaften uns zusammengefunden, um kaleidoskopartig die Begriffe, Methoden, Theorien und Konzepte der Bibelhermeneutik aus der Perspektive der textbezogenen wissenschaftlichen Disziplinen darzustellen. Unsere konzeptionelle und praktische Zusammenarbeit war äußerst intensiv und hat zu einer überraschenden neuen Gemeinsamkeit im wissenschaftlichen Umgang mit der Bibel und der Bibelhermeneutik geführt, die bereits in einem programmatischen Sammelband dokumentiert ist[1].

Wir Herausgeberinnen und Herausgeber verstehen das Lexikon als Plattform und Initiator neuer hermeneutischer Diskurse über die Bibel im Kontext anderer antiker oder moderner kanonischer, klassischer und paradigmatischer Texte und Textsammlungen[2]. Wir möchten zugleich einen nachhaltigen Impuls zur Diskussion nicht nur um eine Bibelhermeneutik, sondern um eine interdisziplinär verantwortete Hermeneutik klassischer Texte nach der Postmoderne geben.

An erster Stelle danken wir dem De Gruyter-Verlag für die mehrjährige sehr vertrauensvolle und hervorragende Zusammenarbeit, die uns immer wieder inspiriert hat und die alles möglich machte, was uns notwendig erschien. Stellvertretend nennen wir die Namen von Herrn

1 Vgl. O. Wischmeyer/S. Scholz (Hgg.), Die Bibel als Text, Neutestamentliche Entwürfe zur Theologie 14, Tübingen/Basel 2008.

2 Vgl. E.-M. Becker/L. Scornaienchi (Hgg.), Religiöse und literarische Kanonisierungs- und Dekanonisierungsprozesse als hermeneutisches Problem, 2010.

Cheflektor Dr. Albrecht Döhnert und Frau Angelika Hermann. Wir danken sehr herzlich den zahlreichen Beiträgerinnen und Beiträgern, die mit ihren Artikeln unserem Lexikon zunächst Vertrauen geschenkt und dann nach und nach Leben gegeben haben. Unser ganz besonderer Dank gilt der Leiterin der Lexikonredaktion und dem Herzen des Projekts, der Wissenschaftlichen Mitarbeiterin Susanne Luther M.A., und ihren Mitarbeitern und Mitarbeiterinnen sowie Wiss. Ass. Dr. Stefan Scholz, die gemeinsam mit unendlicher Geduld und Fachkompetenz das Lexikon in die Form gebracht haben, in der es jetzt vorliegt.

Erlangen, 24.3.2009

Im Namen des Herausgebergremiums
Oda Wischmeyer

Vorwort zur Paperback-Ausgabe

Dem Vorwort zum *Lexikon der Bibelhermeneutik* vom März 2009 ist wenig hinzuzufügen: Mit dem vorliegenden Lexikon hat der Herausgeberkreis ein begriffliches, methodisches und konzeptionelles Arbeitsinstrumentarium entwickelt, das eine Übersicht über die *gegenwärtigen hermeneutischen Diskurse* gibt, in denen sich die Interpretation der Bibel bewegt. So ist das LBH ein knappes, aber umfassendes Lexikon geworden, das der Auslegung der christlichen Bibel als einer kanonisch gewordenen religiösen Bibliothek dient.

Wir freuen uns, dass unser Konzept eine so gute Aufnahme gefunden hat und dass nun eine preiswerte Fassung des Lexikons erscheint, die seiner Breitenwirkung die Bahn ebnen kann.

Erlangen, im Dezember 2012

Oda Wischmeyer

Inhaltsverzeichnis

Einführung

Das Lexikon: Allgemeine Vorstellung – Forschungsstand – Idee – Positionierung – Realisierung

(Oda Wischmeyer)

1. Allgemeine Vorstellung des Lexikons

Der Anlass

Das „Lexikon der Bibelhermeneutik“ ist aus der Wahrnehmung eines hermeneutischen Defizits entstanden: Es fehlt ein transdisziplinärer hermeneutischer Diskurs über die Bibel und ihr Verstehen auf der Höhe der gegenwärtigen theoretischen und methodischen Diskurse über Texte und den wissenschaftlichen Umgang mit Texten.

Hermeneutik als Lehre vom Verstehen und Auslegen von Texten ist eine genuin theologische und zugleich genuin philosophische und philologische Aufgabe seit Origenes und Augustinus[1]. Exegese und Dogmatik haben sich durch die gesamte Geschichte der Theologie mit Methodik und Theorie des Bibel-Verstehens und der Bibel-Auslegung beschäftigt[2], zugleich wurden Bibelhermeneutik und Bibelexegese stets im Rahmen humanistischer, philosophisch-philologischer und historischer Studien getrieben[3]. Die Beiträge Lessings, Herders[4] und Goethes[5] zur Bibelhermeneutik und Bibelexegese sind große Zeugnisse einer Geistes- und Wissenschaftskultur, in der Bibel und Bibelauslegung als selbstverständliches Allgemeingut und als Allgemeinaufgabe aller akademisch Ge-

---

1 Origenes, Contra Celsum; Augustinus, De Doctrina Christiana (Deutsch: Augustinus, Die christliche Bildung (*De doctrina Christiana*). Übersetzung, Nachwort und Anmerkungen von Karla Pollmann, RUB 18165, Stuttgart 2002 (beachte die Lit.).

2 Expliziert wird diese doppelte Aufgabe der Bibelhermeneutik bei S.J. Baumgarten, Hermeneutik, Halle 1742.

3 Das gilt nicht nur für die großen Humanisten, sondern auch für die frühe Neuzeit und das 17. Jahrhundert, vgl. K. Scholder, Ursprünge und Probleme der Bibelkritik im 17. Jahrhundert, Forschungen zur Geschichte und Lehre des Protestantismus 33, München 1966; W. Wischmeyer, Wie die große Welterzählung der *historia sacra* ein antiker Text wurde. Ein frühneuzeitlicher Paradigmenwechsel in der Bibelauslegung, in: O. Wischmeyer/S. Scholz (Hgg.), Die Bibel als Text. Beiträge zu einer textbezogenen Bibelhermeneutik, NET 14, Tübingen/Basel 2008, 19–34; H. Graf Reventlow, Epochen der Bibelauslegung Bd. 4, 2001, zu Thomas Hobbes (39–57), John Locke (57–71) und John Toland (71–79) sowie Richard Simon (87–92) und dem bedeutenden jüdischen Philosophen Baruch de Spinoza (92–113), dessen *Tractatus Theologico-Politicus* (Amsterdam 1670) zu den führenden Hermeneutiken des Tanach, der jüdischen Bibel, gehört.

4 Vgl. einführend H. Graf Reventlow, Epochen der Bibelauslegung Bd. 4, 166–175 und 189–200.

5 Vgl. J. Anderegg/E.A. Kunz (Hgg.), Goethe und die Bibel, Arbeiten zur Geschichte und Wirkung der Bibel 6, Stuttgart 2006.

bildeten verstanden wurde. F.D.E. Schleiermachers Hermeneutik[6] war ein Paradigma für die Gesamtheit der Fächer der theologischen und philosophischen Fakultäten von theologischer Seite. Die Professionalisierung und Fächerdifferenzierung der Universität[7] im 19. Jahrhundert machte die Bibelhermeneutik immer stärker und ausschließlicher zur Aufgabe der Fächer der Theologischen Fakultät: der Alttestamentlichen Wissenschaft, der Neutestamentlichen Wissenschaft, der Kirchen- und Theologiegeschichte, der Systematischen und der Praktischen Theologie, ohne nennenswerte eigene Beteiligung der philosophischen Fächerwelt. Die Methoden der Klassischen Philologie und der Geschichtswissenschaft waren aber Gemeingut der Exegeten und verbanden diese weiterhin mit der gesamten Gelehrtenwelt[8]. Einen neuen, expliziten Zusammenhang mit den sich seit der zweiten Hälfte des 19. Jahrhunderts dynamisch entwickelnden Geisteswissenschaften stellte Rudolf Bultmann her[9]. Bultmann knüpfte an die hermeneutische Konzeption Schleiermachers in der Weiterführung durch Wilhelm Dilthey an und stellte die neutestamentlichen Texte in ein allgemeines Verstehensmodell, das auf Kategorien der Heideggerschen Existenzphilosophie beruhte.

Bultmanns Paradigma blieb an die Philosophie Heideggers geknüpft und hat nach einer zweiten Blüte in der „Neuen Hermeneutik“[10] seine Prägekraft verloren[11]. Seitdem haben sich die Alttestamentliche und Neutestamentliche Wissenschaft in exegetischer, historischer, besonders sozial- und religionsgeschichtlicher Hinsicht sehr erfolgreich weiter entwickelt und auch bemerkenswerte eigene hermeneutische Entwürfe hervorgebracht[12]. Diese Entwürfe rezipierten wesentliche neue Impulse der europäischen und amerikanischen Hermeneutik- und Interpretationsdiskurse der zweiten Hälfte des letzten Jahrhunderts[13], fanden aber ihrerseits nicht den Weg über die Theologie hinaus[14] und stellten weder personal noch disziplinär eine deutliche Verbindung zu den nichttheologischen textwissenschaftlichen Disziplinen her.

Bultmanns klassische, im Gefolge Schleiermachers formulierte These: „Die Interpretation der biblischen Schriften unterliegt nicht anderen Bedingungen des Verstehens als jede andere Literatur“, entfaltet daher gegenwärtig nur geringe interdisziplinäre Dyna-

---

6 F.D.E. Schleiermacher, Hermeneutik. Nach den Handschriften neu herausgegeben und eingeleitet von Heinz Kimmerle, AHAW phil.-hist. Kl. 1959.2 ([2]1974). Vgl. Gadamers Urteil im Art. Hermeneutik im HWPh 3 (1974), 1061–1073: „Die H. wurde zur *Grundlage für alle historischen Geisteswissenschaften*, nicht nur für die Theologie. Die dogmatische Voraussetzung des maßgeblichen Textes, unter der das hermeneutische Geschäft, sowohl das des Theologen, wie das des humanistischen Philologen (von dem des Juristen gar nicht zu reden), seine ursprüngliche Funktion der Vermittlung hatte, ist nun verschwunden. Damit hat der *Historismus* freie Bahn“ (1064).

7 Einführend C. Schwöbel, Art. Theologie, in: RGG[4] 8 (2005), 255–306.

8 Dies wurde theoretisch von E. Troeltsch formuliert: Gesammelte Schriften 2. Bd. Zur religiösen Lage, Religionsphilosophie und Ethik, Tübingen 1913.

9 R. Bultmann, Das Problem der Hermeneutik, in: Zeitschrift für Theologie und Kirche 47 (1950), 211–237 (neu abgedruckt in: R. Bultmann, Neues Testament und christliche Existenz. Theologische Aufsätze. Ausgewählt, eingeleitet und herausgegeben von Andreas Lindemann, UTB 2316, Tübingen 2002, 223–247).

10 J.M. Robinson/J.B. Cobb jr., Die neue Hermeneutik, Zürich/Stuttgart 1965.

11 Vgl. die scharfe Kritik an der neuen Hermeneutik in dem Art. von W. Schenk, Art. Hermeneutik III. Neues Testament, in: TRE 15 (1986), 144–150.

12 Vgl. vor allem die kontextuellen, feministischen und gesamtbiblischen Entwürfe der letzten Generation (s. LBH unter den Lemmata: Feministische Bibelhermeneutik, Kontextuelle Bibelhermeneutik, *Canonical Approach*).

13 Vor allem H.-G. Gadamer, Wahrheit und Methode, Tübingen 1960, und P. Ricœur, Der Konflikt der Interpretationen, 2 Bde., München 1973 und 1974.

14 Sie entfalteten aber z.T. große Wirkungen in kirchlichen Zusammenhängen.

mik[15]. Die Textwelten des Alten und Neuen Testaments und ihre exegetische und hermeneutische Wahrnehmung sind weitgehend von den nichtbiblischen Textwelten und den mit ihnen verbundenen wissenschaftlichen Interpretationsdiskursen abgekoppelt. Sie werden als Domäne der theologischen, speziell der beiden exegetischen Fächer verstanden. Außerdem hat gerade die sehr erfolgreiche exegetische Arbeit der beiden letzten Generationen zu einer neuen Unübersichtlichkeit geführt, die die Bibel sowohl innerhalb der Theologie als auch innerhalb der Geisteswissenschaften zu einem reinen Spezialgegenstand gemacht hat, dem die beiden kleinen exegetischen Spezialdisziplinen gewidmet sind[16].

Gleichzeitig sind in den Geistes- und Kulturwissenschaften qualifizierte hermeneutische Diskurse zum Thema Text und Textinterpretation entstanden, die die Bibelhermeneutik verstärkt nicht nur rezipieren, sondern kritisch diskutieren und ihrerseits innovativ weiter ausarbeiten muss[17].

Der Herausgeberkreis will mit dem „Lexikon der Bibelhermeneutik“ einen neuen transdisziplinären hermeneutischen Diskurs über die Bibel und ihr Verstehen etablieren. Dadurch wird der fachlichen Segmentierung und der damit verbundenen Isolierung oder Marginalisierung der Bibel, der Bibelwissenschaften und der Bibelhermeneutik im Kontext der textwissenschaftlichen Fächer sowie der bloßen – jeweils verspäteten oder mindestens nachträglichen – Übernahme von Theorieelementen, Begriffen und Methoden aus den Geistes- und Kulturwissenschaften konzeptionell entgegengewirkt. Bibelhermeneutik wird als Aufgabe aller textbezogenen Fächer verstanden. Dies bildet sich im literarischen Instrument des *Lexikons*, in der *Konzeption*, im *Herausgebergremium*, in der Auswahl der *Lemmata*, in der *Struktur* der Artikel und im *Mitarbeiterkreis* sowie im intendierten *Benutzerkreis* ab.

Die Konzeption

Die Konzeption des „Lexikons der Bibelhermeneutik“ lässt sich von folgenden Fragen her erschließen:

Wie verhält sich die Bibelhermeneutik des Lexikons zur theologischen Hermeneutik?[18]
Wie verhält sich die Bibelhermeneutik des Lexikons zur „Biblischen Hermeneutik“?[19]
Wie verhält sich die Bibelhermeneutik des Lexikons zu den historischen, philologischen und linguistischen Methoden wissenschaftlicher Textinterpretation?

Das Herausgebergremium geht davon aus, dass kanonische, normative, fundierende und eminente[20] oder paradigmatische[21] Textcorpora und Texte selbst Hermeneutik als Me-

15 Bultmann, Hermeneutik, 243.

16 O. Wischmeyer, Die neutestamentliche Wissenschaft am Anfang des 21. Jahrhunderts, in: Dies. (Hg.), Herkunft und Zukunft der neutestamentlichen Wissenschaft, NET 6, Tübingen/Basel 2003, 245–271.

17 Vgl. dazu die Einführung von A. Nünning in Metzler Lexikon Literatur- und Kulturgeschichte, Stuttgart/Weimar ^{4}2003.

18 Vgl. zuletzt U.H.J. Körtner, Einführung in die theologische Hermeneutik, Darmstadt 2006, und A.C. Thiselton, Hermeneutics of Doctrine, Grand Rapids 2007.

19 C. Dohmen/G. Stemberger, Hermeneutik der Jüdischen Bibel und des Neuen Testaments, Kohlhammer Studienbücher Theologie 1,2, Stuttgart u.a. 1996; M. Oeming, Biblische Hermeneutik. Eine Einführung, Darmstadt 1998.

20 H.-G. Gadamer, Gesammelte Werke II. Hermeneutik II. Wahrheit und Methode. Ergänzungen, Register, Tübingen ^{2}1993, 475.

21 Vgl. E.-M. Becker, Der Text als παράδειγμα, in: Praktische Theologie 44 (2009).

thodenlehre *und* als theoretische Lehre vom Verstehen von Texten generiert haben und generieren. Das gilt in besonderem Maß von juristischen, dichterischen, philosophischen und religiösen Texten, die eigene exegetische Methoden *und* eigene Spezial-Hermeneutiken hervorgebracht haben. Im Zusammenhang der *Bibel* versteht das Herausgebergremium die Theologische Hermeneutik insgesamt als solch eine Spezial- oder Binnenhermeneutik, innerhalb derer die Biblische Hermeneutik einen eigenen Sub-Typus darstellt. Das Herausgebergremium selbst entwirft demgegenüber Bibelhermeneutik als ein fächerübergreifendes und im Sinne F.D.E. Schleiermachers heuristisches[22] Konzept, dessen Fokus der *Textbegriff* bildet und zu dem *die texterklärenden wissenschaftlichen Fächer* innerhalb und außerhalb der Theologie methodisch *und* theoretisch beitragen. Dadurch wird die notwendige hermeneutische Antithese von Binnenperspektive und Außenperspektive zugleich ernstgenommen und überwunden.

Dafür wurde das literarische Instrument des *Lexikons* gewählt, das anders als ein Handbuch oder eine Monographie oder ein Lehrbuch als heuristische Plattform fungiert, die die Multiperspektivität der intendierten Hermeneutik der biblischen Texte darstellbar macht.

In der Konzeption des Lexikons ist die Bibelhermeneutik ganz und gar Teil des allgemeinen Textverstehens. Zu diesem Verstehen gehört *erstens* der Bereich der Herkunft und ursprünglichen Situierung der Texte – also die Aufgabe historischer Erklärung, *zweitens* die propositionale Dimension der Texte, die sich zwischen ‚Bedeutung' und ‚Sinn' entfaltet[23], sowie *drittens* die Textwirkung und -rezeption der Bibel in Geschichte und Gegenwart[24]. Diese Aspekte: die Autoren- oder Entstehungsperspektive, die Textperspektive und die Leser- oder Wirkungsperspektive[25], ergeben gemeinsam das hermeneutische Feld, das dem Textpotential der Bibel hermeneutisch Rechnung trägt[26]. Selbstverständlich können die Texte der Bibel aus einer ausschließlich historischen Entstehungs- und Kontextperspektive heraus verstanden werden, indem sie methodisch als Quellen gelesen werden. Dabei wird aber die Rezeptionsgeschichte, die bis in die aktuelle Gegenwart hinein andauert und eine globale Dimension hat, ausgeblendet. Eine ausschließlich historische Beschäftigung mit den Texten der Bibel ist ähnlich binnenperspektivisch und damit *hermeneutisch* defizitär wie eine ausschließlich theologisch basierte Biblische Hermeneutik oder wie forcierte Applikationshermeneutiken.

Das Herausgebergremium versteht die Bibel als ein kanonisches Textcorpus mit einer höchst prominenten Rezeptionsgeschichte, die zum Prozess des Verstehens der Texte hinzugehört[27]. Das betrifft die vielfältige und umfangreiche methodische und theoretische Auslegungsliteratur, die ihrerseits einen erheblichen Teil der *allgemeinen* Geschichte

22 Vgl. das Lemma Heuristik im LBH.

23 Vgl. die Lemmata im LBH.

24 Vgl. z.B. die gnostische Bibliothek von Nag Hammadi mit der „Bibliothek" des neutestamentlichen Kanons. Die Texte von Nag Hammadi haben keine den Texten des Neuen Testaments entsprechende breite Rezeptionsgeschichte, d.h. es fehlten ihnen die entsprechenden Rezipienten- und Interpretenkreise, die damit verbundene Textpflege und Textauslegung sowie das Erwartungspotential, das den Texten immer wieder neue Sinn- und Wirkungspotentiale erschlossen hätte. Zur Nag Hammadi Bibliothek vgl. J.M. Robinson (Hgg.), The Nag Hammadi Library in English, Leiden u.a. [4]1996 (rev. ed.).

25 Gadamer, Wahrheit und Methode; W. Iser, Der Akt des Lesens. Theorie ästhetischer Wirkung, München 1976; H.R. Jauß, Ästhetische Erfahrung und literarische Hermeneutik, Frankfurt 1977.

26 U. Eco, Lector in fabula, München [3]1998 (Milano 1979).

27 Selbstverständlich macht sich das Herausgebergremium nicht *in toto* die Ansprüche der kanonischen Bibel zu Eigen. Die Herausgeberinnen und Herausgeber trennen zwischen hermeneutischer Empathie für die Texte der Bibel und möglichem persönlichem Einverständnis mit dem kirchlich formulierten Anspruch der Texte (vgl. das Lemma „Einverständnis" im LBH).

der Hermeneutik seit Origenes und Augustinus ausmacht. Diese Dimension der Bibeltexte lässt sich unter dem Begriff der *Rezeption* für die theologische Perspektive ebenso angemessen darstellen wie für die Textwissenschaften[28]. Dasselbe gilt für die Phänomene von Dekanonisierung und Dekonstruktion, die seit dem 18. Jahrhundert vor allem an den leitenden kanonischen und semikanonischen Textcorpora, der Bibel und den homerischen Epen, entwickelt wurden[29]. Indem aber der *Textbegriff* als dominierender hermeneutischer Begriff fungiert, wird die Engführung auf den primären Rezipientenkreis aufgesprengt, ohne dass der hermeneutische Anspruch dieser primären Rezipientenkreise – der Kirchen und der theologischen Disziplinen – vernachlässigt würde.

Die Realisierung dieses Entwurfs erfolgt in der Form eines Lexikons, das die methodischen und hermeneutischen Aspekte der Bibelhermeneutik sowohl in ihrer historischen als auch in ihrer sachlichen Dimension darstellt.

Die Konzeption wurde auf mehreren Tagungen des Herausgebergremiums an der Universität Erlangen-Nürnberg seit 2005 entwickelt[30]. Auf der Tagung von 2007[31] wurde der *Textbegriff* programmatisch als praktische und theoretische Plattform bestimmt, die den unterschiedlichen wissenschaftlichen Disziplinen, die an Texten arbeiten, eine Zusammenarbeit in Bezug auf das Verstehen der Bibel als des „Text(es) *par excellence*" unserer Kultur[32] ermöglichen.

Die Sachbereiche

Die Lemmata des Lexikons umfassen Konzeptionen, Theorien, Methoden und Begriffe der Bibelexegese und Bibelhermeneutik in Geschichte und Gegenwart unter dem zentralen Gesichtspunkt der *Textualität.* Sie beziehen sich im Einzelnen auf folgende Bereiche:

alttestamentliche Hermeneutik und Methoden und Begriffe der alttestamentlichen Exegese,
neutestamentliche Hermeneutik und Methoden und Begriffe der neutestamentlichen Exegese,
Konzeptionen, Methoden und Begriffe der Auslegung der Bibel und der Bibelhermeneutik in Geschichte und Gegenwart[33],
theologisch-systematische Hermeneutik und Schriftlehre,

28 Zu dem Spannungsbogen von Text und Rezeption vgl. O. Wischmeyer, Hermeneutik des Neuen Testaments, NET 8, Tübingen/Basel 2004, 63–125.

29 Vgl. Wischmeyer, Hermeneutik des Neuen Testaments, 202–211.

30 Vgl. auch schon: O. Wischmeyer/E. M. Becker (Hgg.), Was ist ein Text?, NET 1, Tübingen/Basel 2001.

31 Dokumentiert in: O. Wischmeyer/S. Scholz (Hgg.), Die Bibel als Text. Beiträge zu einer textbezogenen Bibelhermeneutik, NET 14, Tübingen/Basel 2008.

32 E. Angehrn, Konstellationen und Grenzen des Textes aus philosophisch-hermeneutischer Perspektive, in: Wischmeyer/Scholz (Hgg.), Die Bibel als Text, 251–260, 251.

33 In diesem Bereich geht es nicht um die Darstellung und historische und sachliche Würdigung und Kritik wichtiger bibelhermeneutischer Entwürfe einzelner Autoren. Eine theoretisch fundierte historische und kritische Darstellung der Bibelhermeneutik seit Origenes, die das Werk von H. Graf Reventlow weiterführt, ist ein wissenschaftliches Desiderat. Für das Alte Testament hat das monumentale Werk von M. Sæbø, HBOT. Hebrew Bible/Old Testament, 3 Bde., Göttingen 1996. 2000. 2008 neue Maßstäbe gesetzt. Es geht auch nicht um die ungemein reiche Welt der Rezeption der Bibel in Literatur, Bildender Kunst und Medien (s. dazu die „Encyclopedia of the Bible and its Reception", EBR, die im Verlag de Gruyter Berlin New York erscheint). Im LBH geht es strikt um *Konzeptionen*, *Methoden* und *Begriffe* aus der Geschichte der Bibelauslegung und Bibelhermeneutik.

antike Hermeneutik und Methoden und Begriffe der Altphilologie,
Konzeptionen, Methoden und Begriffe der Auslegung der Heiligen Schriften in Judentum und Islam,
Theorien, Methoden und Begriffe der literaturwissenschaftlichen Textinterpretation,
Theorien, Methoden und Begriffe der Sprachwissenschaften,
Theorien, Methoden und Begriffe der textbezogenen Kulturwissenschaften,
Konzeptionen und Begriffe der philosophischen Hermeneutik.

Die Fachgebiete

Folgende Disziplinen tragen zu den Lemmata bei:

Alttestamentliche Wissenschaft,
Neutestamentliche Wissenschaft,
Kirchengeschichte und Theologiegeschichte,
Systematische Theologie,
Judaistik,
Islamwissenschaft,
Altphilologie (= Klassische Philologie),
Neuere Deutsche Literaturwissenschaft,
Deutsche Sprachwissenschaft (= Textlinguistik),
Philosophie.

Neben den vier theologischen Disziplinen, die text- und methodenbezogen (Alttestamentliche und Neutestamentliche Wissenschaft), konzeptionell (Systematische Theologie) und in der historischen Perspektive (Kirchengeschichte und Theologiegeschichte) maßgeblich zur Bibelhermeneutik beitragen, stehen die Fächer der Alten Philosophischen Fakultät, die sich mit der Auslegung von Texten (Altphilologie, Literaturwissenschaft, Sprachwissenschaft) und speziell von kanonischen religiösen Textcorpora (Judaistik und Islamwissenschaft) sowie mit den grundsätzlichen Fragen des Verstehens (Philosophie) beschäftigen[34].

Der Herausgeberkreis

Das „Lexikon der Bibelhermeneutik" wird von zehn Herausgeberinnen und Herausgebern gemeinsam mit der Hauptherausgeberin Oda Wischmeyer (Neutestamentliche Wissenschaft) verantwortet: James Alfred Loader (Alttestamentliche Wissenschaft), Eve-Marie Becker (Neutestamentliche Wissenschaft), Wolfgang Wischmeyer (Historische Theologie), Ulrich H.J. Körtner (Systematische Theologie), Günter Stemberger (Judaistik), Marco Schöller (Islamwissenschaft), Karla Pollmann (Altphilologie), Christine Lubkoll

34 Die Fachherausgeberinnen und -herausgeber und die Fächer stehen selbstverständlich auch für benachbarte Fächer. So werden die hermeneutisch relevanten Aspekte der Übersetzungswissenschaften von der sprachwissenschaftlichen Herausgeberin mitbetreut, englische, amerikanische und französische Literaturwissenschaft von der Vertreterin der Neueren Deutschen Literaturwissenschaft, die hermeneutisch relevanten Konzepte der Religionswissenschaft von den exegetischen Vertretern und Vertreterinnen sowie den judaistischen und islamwissenschaftlichen Vertretern, die hermeneutisch relevanten Konzepte von Altertumswissenschaften (besonders Archäologie), Kunstgeschichte sowie Musikgeschichte von dem Vertreter der Kirchengeschichte und der Vertreterin der Altphilologie, die entsprechenden Konzepte der Praktischen Theologie von den Vertretern der Kirchengeschichte und der Systematischen Theologie.

(Neuere Deutsche Literaturwissenschaft), Mechthild Habermann (Deutsche Sprachwissenschaft) und Emil Angehrn (Philosophie).

Die Herausgeber und Herausgeberinnen vertreten die zehn Fachgebiete, denen die Beiträge des Lexikons entstammen.

Der Mitarbeiterkreis

An dem Lexikon sind 311 Autorinnen und Autoren aus den Fachgebieten, die durch das Herausgebergremium vertreten sind, beteiligt. Der Mitarbeiterkreis ist international zusammengesetzt[35].

Der Benutzerkreis

Das Lexikon erschließt die Bibel und ihre Hermeneutik den Mitgliedern der *scientific community,* die mit dem Verstehen sprachlich basierter Texte und den Theorien und Methoden des Verstehens von Texten befasst sind, vor allem den Vertretern der wissenschaftlichen Theologie, der Geistes- und der Kulturwissenschaften:

Theologen/-innen [Vertreter/-innen aller theologischen Disziplinen]
Altphilologen/-innen
Religionswissenschaftler/-innen
Judaisten/-innen
Islamwissenschaftler/-innen
Literaturwissenschaftler/-innen
Sprachwissenschaftler/-innen
Medienwissenschaftler/-innen
Philosophen/-innen
Kulturwissenschaftler/-innen
Wissenschaftshistoriker/-innen

Die Funktionen und Ziele

Das Lexikon hat zwei Funktionen: Es dient

erstens als *Sachwörterbuch* mit dem Ziel der Information zum Thema der Bibelhermeneutik (*instrumentum studiorum*),

zweitens als *konzeptionelles Lexikon* mit dem Ziel der Entwicklung, Realisierung und Präsentation einer textbasierten, transdisziplinären Konzeption von Bibelhermeneutik.

Das hermeneutische Paradigma

Die *textbezogene Hermeneutik der Bibel* stellt ein neues hermeneutisches Paradigma dar, in dem die kanonische Fassung der Bibel nicht primär binnentheologisch als „Evangelium" und

35 Besonderer Wert wurde darauf gelegt, die angelsächsische und die nordische exegetische Perspektive zu Wort kommen zu lassen. – Die englischsprachigen Beiträge wurden von Susanne Luther unter Mitwirkung der Herausgeberinnen und Herausgeber übersetzt.

„Heilige Schrift" verstanden wird und damit den nicht-theologischen textbezogenen Disziplinen hermeneutisch und methodisch weitgehend entzogen ist. Der hermeneutische Zugang ist vielmehr bereits im Ansatz heuristisch, multiperspektivisch und schließt sich nicht einer bereits bestehenden Konzeption an. Die führenden theologisch-hermeneutischen Begriffe ‚Evangelium', ‚Wort Gottes', ‚Heilige Schrift', ‚Offenbarung'[36] stehen *neben* den im weitesten Sinne geistes- und kulturwissenschaftlichen Begriffen wie ‚Kanon'[37], ‚heiliges Buch', ‚Text', ‚Supertext', ‚Rezeption'[38]. Als integrierender Leitbegriff ist der *Textbegriff* gewählt, zu dem die theologischen Disziplinen ebenso wie die geistes- und kulturwissenschaftlichen Fächer genuine methodische und hermeneutische Zugänge besitzen und eigene Beiträge leisten können. Die Bibel wird als eine Sammlung unterschiedlicher Texte verstanden, die gemeinsam einen Supertext[39] bilden. Zum Verstehen dieser Texte bzw. dieses Textes werden *alle* gegenwärtig texterklärenden wissenschaftlichen Disziplinen mit ihren Theorien, Methoden, Konzeptionen und Begriffen herangezogen. Das Feld von sprachlichem, literarischem, historischem, theologischem, philosophischem und religionsgeschichtlichem Verstehen ergibt *gemeinsam* die Basis einer „Bibelhermeneutik", die die biblischen Texte in allen ihren Aspekten dem Verstehen erschließt.

2. Stand der Forschung

Das klassisch-moderne Paradigma der alttestamentlichen und neutestamentlichen Hermeneutik des letzten Jahrhunderts besagte, Bibelhermeneutik sei Hermeneutik der einzelnen Testamente und werde auf der dreifachen Grundlage je konfessionsgebundener Schriftlehre, methodengeleiteter historischer Rekonstruktion der Textintention (Stichwort: „der fremde Text") und wechselnden, auf die zeitgenössischen Diskurse bezogenen Textapplikationen[40] betrieben. Ein viertes Element in diesem Zusammenhang vorwiegend im protestantischen Bereich ist die philosophische Hermeneutik, die vor allem mit Bultmanns Heidegger-Rezeption und mit Hans-Georg Gadamers hermeneutischer Figur des Einverständnisses mit den Texten die alttestamentlichen und neutestamentlichen Hermeneutiken der letzten Generation nachhaltig beeinflusst hat[41].

Der gegenwärtige Stand

Gegenwärtig stellt sich der Bibelhermeneutik eine neue Aufgabe: Es gilt, den bereits erfolgten und noch andauernden umfangreichen Methoden- und Theorietransfer aus den

---

36 Vgl. die Lemmata im LBH.

37 Kanon ist sowohl ein theologischer Begriff, der die „Bibel" konstituiert, als auch ein allgemeiner Begriff, der bestimmte Schriftencorpora bezeichnet (vgl. das Lemma im LBH).

38 Vgl. die Lemmata im LBH.

39 M. Habermann, Was ist ein Supertext? Eine textlinguistische Definition der Bibel, in: Wischmeyer/Scholz (Hgg.), Die Bibel als Text, 53–68. – Vgl. zum Koran: S. Wild (Hg.), The Qur'an as Text, Leiden 1996.

40 Die Aufgabe der *applicatio* wurde zuerst von J.J. Rambach in seinen *Institutiones hermeneuticae sacrae*, Jena 1724 (^{4}1732), formuliert.

41 Mit der Kategorie des Einverständnisses arbeitet auch G. Schunack, Art. Hermeneutik III. Neues Testament, in: RGG^{4} 3 (2000), 1651 f., der das genannte Paradigma noch einmal darstellt. Die wichtigsten Hermeneutiken dieses Paradigmas sind im Alten Testament: A.H.J. Gunneweg, Vom Verstehen des Alten Testaments. Eine Hermeneutik, Göttingen ^{2}1988, im Neuen Testament: P. Stuhlmacher, Vom Verstehen des Neuen Testaments. Eine Hermeneutik, Göttingen ^{2}1986, und H. Weder, Neutestamentliche Hermeneutik, Zürich ^{2}1989.

Bereichen der Text- und Kulturwissenschaften in die Bibelwissenschaften systematisch zu durchdringen und ein neues Paradigma jenseits einer rein binnentheologisch ausgelegten Bibelhermeneutik im gemeinsamen Kontext von Theologie und Text- und Kulturwissenschaften zu entwerfen. Diese Aufgabe betrifft zuerst die Fächer Altes Testament und Neues Testament, sie lässt sich aber nur in gleichberechtigter Zusammenarbeit mit Vertreterinnen und Vertretern anderer Disziplinen unternehmen. Dabei kann an folgende Arbeiten *aus dem engeren Bereich der exegetischen Bibelhermeneutik* angeknüpft werden: E. Schüssler Fiorenza (1988)[42], Chr. Dohmen/G. Stemberger (1996)[43], M. Oeming (1998)[44], K. Berger (1999)[45], E. Reinmuth (2002)[46] und O. Wischmeyer (2004)[47].

(1) Die Hermeneutiken von Elisabeth Schüssler Fiorenza und Klaus Berger greifen in vielfältiger Weise die gesellschaftspolitischen Rahmenbedingungen gegenwärtiger Bibelinterpretation auf. Bergers Hermeneutik bewegt sich im Zusammenhang der Befreiungstheologie. Schüssler Fiorenza artikuliert nachhaltig die feministische Perspektive. *Von hieraus eröffnen sich gegenwärtig kulturwissenschaftliche Perspektiven* unter den Stichwörtern ‚Identität' und ‚Alterität', ‚Differenz' (différence und différance), ‚gender', ‚class', ‚race', ‚ethnicity' und ‚body'[48].

(2) G. Stemberger und C. Dohmen machen „das doppelte Verstehen derselben Bücher im Judentum und Christentum zur Grundlage einer doppelten Hermeneutik" des Alten Testaments bzw. der „Jüdischen Bibel"[49]. In ihr Werk fließt die spätestens seit Rolf Rendtorff geführte Diskussion über die Bibel Israels und ihre zweifache Nachgeschichte mit ihren entscheidenden hermeneutischen Implikationen ein. Dieser Typus einer alttestamentlichen Hermeneutik entfaltet sich zwischen der sog. Israel-Erinnerung und der Inter-Textualität[50]. *Hier werden Möglichkeiten einer interreligiösen Bibelhermeneutik eröffnet.*

(3) M. Oeming arbeitet die Ergebnisse der biblischen Theologie in eine Bibelhermeneutik beider Testamente ein. Dies geschieht auf der Grundlage der gemeinsamen Interpretationsmethoden der alttestamentlichen und neutestamentlichen Exegese, die unterschiedlichste Einflüsse aus den textinterpretierenden Wissenschaften der zweiten Hälfte des 20. Jahrhunderts aufgenommen und damit die Beschränkung auf die historisch-kritische Methode beendet haben. *Hier liegt ein Ansatzpunkt für eine gesamtbiblische und methodenorientierte Hermeneutik, die die exegetischen Methoden hermeneutisch reflektiert.*

(4) Die neutestamentlichen Hermeneutiken von E. Reinmuth und O. Wischmeyer arbeiten hier weiter. Beide beziehen programmatisch neue methodische und theoretische Fragestellungen und Begrifflichkeiten aus dem Bereich der Literatur- und Geschichtswissenschaften in das historisch-kritische Interpretationsparadigma ein. Der Entwurf von O. Wischmeyer verortet das Verstehen des Neuen Testaments zwischen Textualität und Intertextualität[51], indem einerseits die griechisch-jüdische Bibel der Septuaginta als

42 E. Schüssler Fiorenza, Zu ihrem Gedächtnis, München/Mainz 1988 (engl. 1985).

43 C. Dohmen/G. Stemberger, Hermeneutik der Jüdischen Bibel und des Neuen Testaments, Kohlhammer Studienbücher Theologie 1,2, Stuttgart u. a. 1996.

44 M. Oeming, Biblische Hermeneutik. Eine Einführung, Darmstadt 1998.

45 K. Berger, Hermeneutik des Neuen Testaments, UTB 2034, Tübingen/Basel 1999.

46 E. Reinmuth, Hermeneutik des Neuen Testaments, UTB 2310, Göttingen 2002.

47 Wischmeyer, Hermeneutik des Neuen Testaments.

48 Vgl. dazu S. Scholz, Ideologien des Verstehens. Eine Diskurskritik der neutestamentlichen Hermeneutiken von Klaus Berger, Elisabeth Schüssler Fiorenza, Peter Stuhlmacher und Hans Weder, NET 13, Tübingen/Basel 2008.

49 Dohmen/Stemberger, Hermeneutik, 9.

50 Vgl. programmatisch C. Dohmen, Art. Hermeneutik II. Altes Testament, in: RGG^4 3 (2000), 1649–1651.

51 Vgl. auch die umfangreiche Lit. zu Fragen der Intertextualität (s. das Lemma im LBH), die aber eher methodisch und exegetisch interessiert ist als hermeneutisch.

Prätext des Neuen Testaments verstanden wird und andererseits die Kanonisierungs- und Auslegungsprozesse des Neuen Testaments als rezeptionsgeschichtliche Vorgänge des Supertextes ‚Bibel' interpretiert werden. *Damit bietet sich das Konzept von Textualität-Intertextualität-Rezeption als Gesamtkonzept einer neuen Bibelhermeneutik an.*

Die Perspektiven und Desiderate

Die genannten Impulse des gegenwärtigen Forschungsstandes, die sich der alt- und neutestamentlichen Hermeneutik und ihrem Theorie- und Methodentransfer vor allem aus den Text- und Literaturwissenschaften verdanken:

vom Textbegriff ausgehende Bibelhermeneutik,
gesamtbiblische Hermeneutik,
hermeneutische Reflexion der exegetischen Methoden,
interreligiöse Perspektive der Bibelhermeneutik,
kulturwissenschaftliche Dimension der Fragestellung,

werden in dem Lexikonprojekt in eine Konzeption umgesetzt, die auf einer Interaktion exegetischer, historischer und systematischer Disziplinen der Theologie mit textinterpretierenden Disziplinen der Geisteswissenschaften basiert. Der gemeinsame formal-hermeneutische Begriff ist der aus der Textlinguistik stammende Begriff des *Supertextes* (Mechthild Habermann), der die Bibel gleichermaßen exegetisch, theologisch-systematisch, philologisch, philosophisch, literatur- und sprachwissenschaftlich sowie kulturwissenschaftlich erschließt. Der Begriff generiert sich aus den Diskursen der theologischen Hermeneutik, der textlinguistischen und literaturwissenschaftlichen Hermeneutik sowie der gegenwärtig in Entstehung begriffenen kulturwissenschaftlichen Hermeneutik. Während die Bibelhermeneutik stets von den exegetischen Fächern und der Altphilologie sowie der theologischen Systematik und der philosophischen Hermeneutik vorangetrieben und von der Kirchengeschichte historisch begleitet wurde, ist der Beitrag der Literatur- und Sprachwissenschaften eher neu. Das Lexikon trägt zum Ausgleich dieses Gefälles bei, indem ein gegenseitiger Transfer von Begriffen, Methoden, Konzepten und Theorien zwischen dem exegetisch-theologischen Bereich und dem geistes- und kulturgeschichtlichen Bereich für das Verstehen der Bibel stattfindet[52].

Die Geistes- und Kulturwissenschaften und die Bibelhermeneutik

Die Bedeutung der geistes- und kulturwissenschaftlichen Disziplinen für das „Lexikon der Bibelhermeneutik" bedarf – anders als die der theologischen Fächer und der Altphilologie sowie der Judaistik und der Islamwissenschaft – einer eigenen Darstellung, die sowohl den Beitrag dieser Fächer als auch ihre Fragestellungen im Zusammenhang einer Bibelhermeneutik formuliert[53].

---

52 Damit geht das „Lexikon der Bibelhermeneutik" wesentlich über meine Hermeneutik des Neuen Testaments (Tübingen/Basel 2004) hinaus, die in erheblichem Maße dem Transfer von Methoden und Konzepten der Textwissenschaften in die Hermeneutik des Neuen Testaments gewidmet ist. Das LBH „importiert" nicht nur aus den texterklärenden Wissenschaften, sondern „exportiert" in demselben Maß Methoden, Konzepte und Fragestellungen aus der Textwelt der Bibel und der wissenschaftlichen Exegese in die übrigen texterklärenden Wissenschaften.

53 Die folgende Darstellung geht auf Formulierungen von E. Angehrn, C. Lubkoll und M. Habermann zurück.

(1) Für die *Philosophie*, die sich seit ihrem Beginn durch ein besonderes Verhältnis – der Nähe wie der Distanz – zur Religion auszeichnet, ist es seit dem Mittelalter auch eine Aufgabe, sich über ihr Verhältnis zur christlichen Religion und zur Bibel zu verständigen. Gegenwärtig ist das Thema der Religion, auch als Bibelauslegung, erneut als Thema der Philosophie im Gespräch[54]. *Inhaltlich* stellt die Bibel einen Hauptreferenzpunkt des abendländischen Denkens dar. *Methodisch* fungiert die Bibel als klassisches Paradigma der Ausarbeitung der Hermeneutik. Texthermeneutik ist ein Fokus für die Explikation des Verstehens und Auslegens und damit zugleich für die Frage nach dem Verhältnis von Philosophie und Hermeneutik. In Frage steht der Stellenwert des Textes im Horizont anderer Gegenstände und Bereiche des Verstehens (Gespräch, Handlung, Kultur, Geschichte, Wirklichkeit überhaupt). Textualität kommt in neueren Diskussionen u. a. in Fortsetzung und Ausweitung des *Linguistic Turn* (Sprache, Schrift, Text, Medialität etc.) in den Blick. Denken und Geist werden darin im Horizont der Äußerlichkeit und Materialität reflektiert. Bibelhermeneutisch ist die Frage nach dem Sinn von Texten im Rahmen einer philosophischen Verstehenslehre besonders wichtig[55].

(2) In den *Literaturwissenschaften* wurden die Beziehungen zwischen Literatur und Bibel bisher vorwiegend thematisch, weniger systematisch reflektiert. Im Zentrum standen vor allem Fragen der literarischen Tradierung biblischer Motive oder auch Gattungen; außerdem wurde über die Literarizität der Bibel (als Erzähltext bzw. lyrische Ausdrucksform) unter Rückgriff auf entsprechende Überlegungen schon bei Hieronymus, Augustin oder in der Neuzeit namentlich bei Herder, nachgedacht. Schließlich spielt immer wieder auch die Frage nach der Säkularisierung des Religiösen in der Literatur der Neuzeit eine Rolle. Hierzu existieren einige einschlägige Sammelbände[56]. Eine interdisziplinäre Reflexion (im Dialog zwischen Literaturwissenschaft und Theologie) über die hermeneutischen Voraussetzungen und historischen Dispositionen des jeweiligen Konnexes von literarischer Vorlage und literarischer Adaptation fand nur in Ansätzen statt, zumeist exemplarisch: namentlich in den von der Gruppe „Poetik und Hermeneutik" veranstalteten Forschungskolloquien[57]. Erst in jüngster Zeit mehren sich entsprechende Versuche einer umfassenden kulturwissenschaftlichen Verortung des Zusammenhangs von biblischen Modellen und ihrer Tradierung im abendländischen Kulturzusammenhang[58]. An diese Diskussion knüpft – auch über eine personelle Zusammenarbeit in Erlangen[59] – das Le-

---

54 Vgl. die Beiträge von J. Derrida, J. Taubes, R. Rorty, G. Vattimo, J. Habermas, G. Agamben, A. Badiou, S. Zizek zum Thema: (Christliche) Religion und Philosophie, besonders: G. Agamben, Die Zeit, die bleibt. Ein Kommentar zum Römerbrief, Frankfurt 2008 (Neuaufl.; ital. Il tempo che resta, Torino 2000).

55 E. Angehrn, Wege des Verstehens. Hermeneutik und Geschichtsdenken, Würzburg 2008.

56 H. Koopmann/W. Woesler (Hgg.), Literatur und Religion, Freiburg i.Br. u. a. 1984; W. Jens/H. Küng (Hgg.), Dichtung und Religion, München 1985; W. Härle/R. Preul (Hgg.), Theologische Gegenwartsdeutung, Marburg 1988; W. Braungart u. a. (Hgg.), Ästhetische und religiöse Erfahrungen der Jahrhundertwenden. 3 Bde., Paderborn u. a. 1997–1999. Siehe auch A. Hammer, Art. Religion und Literatur, in: MLLK^3, Stuttgart/Weimar 2004, 565–566; S. Bach (Hgg.), Spiritualität und Transzendenz in der modernen englischsprachigen Literatur, Paderborn u. a. 2001; E. Borgmann et al. (Hgg.), Literary Canons and Religious Identity, Aldershot 2003; T. Linafelt, The Bible's literary merit, in: The Chronicle of Higher Education (10. 4. 2009).

57 Etwa M. Fuhrmann et al. (Hgg.), Text und Applikation. Theologie, Jurisprudenz und Literaturwissenschaft im hermeneutischen Gespräch, München 1981, oder den Publikationen von Walter Jens und Hans Küng (W. Jens/H. Küng [Hgg.], Theologie und Literatur: Zum Stand des Dialogs, München 1981).

58 G. Langenhorst (Hg.), Handbuch Theologie und Literatur, Darmstadt 2005. Siehe auch: E. Garhammer/G. Langenhorst (Hgg.), Schreiben ist Totenerweckung. Theologie und Literatur, Würzburg 2005.

59 C. Lubkoll, M. Habermann, O. Wischmeyer im Rahmen des Elite-Masterstudiengangs „Ethik der Textkulturen"; vgl. C. Lubkoll/O. Wischmeyer (Hgg.), <Ethical Turn>? Geisteswissenschaften in neuer Verantwortung, München 2009. Vgl. auch die Erlanger Tradition von J.M. Chladenius, Einleitung zur

xikonprojekt an, um die systematisch-hermeneutische Perspektive und die kulturwissenschaftlich-übergreifenden Perspektiven weiter miteinander zu vernetzen. Das Innovationspotential des Lexikon-Projekts ist deshalb für die beteiligten kulturwissenschaftlichen Disziplinen besonders hoch.

Gerade eine kulturwissenschaftlich orientierte Literaturwissenschaft bezieht in ihre Forschung immer wieder die Bibel als kulturellen ‚Supertext' und eine der zentralen Quellen der Tradierung abendländischen Kulturwissens mit ein. Dabei sind es vor allem sieben systematische Perspektiven, die eine Auseinandersetzung mit dem Grundlagentext jüdisch-christlichen Welt- und Selbstverständnisses bestimmen.

(a) Intertextualitätsforschung: Angesichts der zahlreich in der Literatur adaptierten und über Literatur tradierten biblischen Figuren, Motive und Konstellationen erscheinen die biblischen Texte als Prätexte, deren historische Voraussetzungen und auch deren geschichtlich sich wandelnde Rezeption einen wesentlichen Gegenstand der intertextuellen Analyse darstellen.

(b) Erzählforschung: Die biblischen Texte sind narratologisch im Rahmen einer Kulturgeschichte des Erzählens von Interesse. Gefragt wird nach Grundmustern der narrativen Strategien und auch nach dem Verhältnis von Mündlichkeit und Schriftlichkeit.

(c) Mythosforschung: Im Rahmen einer funktional orientierten Mythosforschung wird nach den ‚mythischen' bzw. ‚literarischen' Bewältigungsformen gefragt, über die in den biblischen Texten anthropologische Grundfragen organisiert werden.

(d) Gattungsforschung: Die Bibel stellt Grundmodelle literarischer Gattungen bereit (Psalm, Hymnus, Gleichnis, Parabel, historische Erzählung etc.), mit denen sich eine kulturgeschichtlich ebenso wie eine strukturell orientierte Gattungsgeschichte zu befassen hat.

(e) Kanonforschung: Die Bibel bildet *das* Beispiel für die literaturwissenschaftliche Fragestellung nach Kanonisierungs- und Dekanonisierungsprozessen.

(f) Die Frage nach dem Verhältnis von Autor und Text: Die einzelnen Schriften der Bibel sind überwiegend ohne historischen Autor überliefert. Die literaturwissenschaftlichen Phänomene der Anonymität und Pseudonymität spielen für die Hermeneutik der biblischen Bücher seit jeher eine entscheidende Rolle. Die wirkungsgeschichtlich wichtigste Frage ist die Verfasserschaft des Pentateuch durch Mose, die schon im antiken Judentum diskutiert wurde.

(g) Die Frage nach den Interpretationsgemeinschaften kanonischer Texte: Die Bibel ist stets von christlichen Interpretationsgemeinschaften ausgelegt worden, die im Einzelnen von der Alten Kirche in ihren Diversifikationen bis zu den gegenwärtigen kirchlichen und wissenschaftlichen Interpretationsgemeinschaften reichen. Die Literaturwissenschaften haben die Bedeutung der Interpretationsgemeinschaften für die Auslegung eminenter Texte ins allgemeine Bewusstsein gehoben.

(3) Das *sprachwissenschaftliche* Interesse an Texthermeneutik ist wesentlich durch die Anwendung operationalisierbarer Methoden bestimmt, mit deren Hilfe die innere Kohärenz eines entstehungsgeschichtlich antiken Textes nachgezeichnet werden kann. Im Mittelpunkt stehen Fragestellungen nach der Bedeutungskonstitution und -rekonstruktion von historischem Wortmaterial und von Sätzen einschließlich ihrer logischen Satzkonnektoren. Texte haben keine Bedeutung, Textinhalte formieren Sinn: In einem zweiten Schritt gilt es daher, den Textsinn festzustellen, und zwar über die Analyse antiker Kommunikationsstrategien, d.h. ihrer Sprechakte und Dialogstrukturen unter Einschluss logischer und semantischer Präsuppositionen (z.B. über Gesprächspartikelanalyse) sowie konventioneller und konversationeller Implikaturen. Diese Methoden können auf die bi-

---

Auslegung vernünftiger Reden und Schriften, Leipzig 1742 (Neuausgabe Düsseldorf 1969) und J.C.K. von Hofmann, Biblische Hermeneutik, Nördlingen 1880.

blischen Texte angewendet werden und treten in einen innovativen Dialog mit den historisch-philologischen Methoden, besonders mit der Rhetorik- und Genreforschung.

Diese Aspekte werden von den exegetischen Fächern unter dem Begriff der ‚synchronen Methoden' zusammengefasst. Die Bedeutung der Textlinguistik für Exegese und Hermeneutik der biblischen Texte erschöpft sich aber nicht in einer Methode. Die Sprachwissenschaft stellt neue Theoriesysteme für die sprachliche und literarische Erfassung von Texten zur Verfügung[60], deren Kompatibilität mit den historisch-philologischen Methoden noch offen ist. Für die Bibelhermeneutik ist die Frage nach den Modellen des Textverstehens in der Textlinguistik von besonderer Bedeutung.

3. Idee

Dem „Lexikon der Bibelhermeneutik" liegt eine hermeneutische Prämisse zugrunde, die das Programm und die Durchführung des Lexikons formt.

Die hermeneutische Prämisse

Die Prämisse lautet: Die Bibel ist nicht nur das Buch der Kirchen und Christentümer, sondern darüber hinaus ein Buch der Menschheitskultur. Bibelhermeneutik wird dementsprechend nicht als *philologia et hermeneutica sacra* entworfen, sondern als Theorie und Methodik des Verstehens eines bestimmten eminenten[61] Textcorpus und seiner Auslegungsliteratur.

Bibelhermeneutik versteht sich unter dieser Prämisse nicht ausschließlich als innertheologische Aufgabe und hat ihren systemischen Fokus nicht ausschließlich in den Bibelwissenschaften oder der theologischen Schriftlehre, sondern schließt alle gegenwärtig angewendeten Methoden und Theorien des Verstehens von Texten ein. Genauer: Bibel*hermeneutik*, so verstanden, ist in ihren methodischen und theoretischen Aspekten nicht allein– wie herkömmlich – eine Aufgabe der beiden exegetischen Spezialfächer der Alttestamentlichen Wissenschaft und der Neutestamentlichen Wissenschaft[62] sowie der Systematischen Theologie[63], sondern wird darüber hinaus mit Beiträgen aus allen Textwissenschaften entworfen. Das „Lexikon der Bibelhermeneutik" öffnet dementsprechend die biblische Exegese und die theologisch-systematische Schriftlehre für die zeitgenössischen Methoden und Theorien der Text- und Kulturwissenschaften in ihrer ganzen Breite. Zugleich erschließt es umgekehrt die Texte, Begriffe, Methoden und Theorien des Verstehens der christlichen Bibel für die Sprach-, Literatur- und Kulturwissenschaften. Dieser Gesichtspunkt hat ein besonderes Innovationspotential.

Die wissenschaftsgeschichtlichen Rahmenbedingungen

Die oben formulierte Prämisse muss vor dem Hintergrund der selbständigen Geschichte der Bibelwissenschaften seit dem 18. Jahrhundert verstanden werden. Die Geschichte der Bibelwissenschaften ist ein Ergebnis der ungeheuren Dynamik historischer Fragestel-

60 Besonders wichtig ist die Kategorie der Textsorte, deren Verhältnis zur literaturgeschichtlichen Kategorie der Gattung einer Klärung bedarf.
61 Zum Ausdruck „eminenter Text" s. o. Anm. 20.
62 Lit.: s. o. Anm. 41–48.
63 Vgl. dazu Körtner, Einführung in die theologische Hermeneutik.

lungen, die seit Gotthold Ephraim Lessing, Johann Salomo Semler und Ferdinand Christian Baur[64] besonders die deutsche protestantische Theologie vorantrieb, andererseits aber auch zu einer Fachspezialisierung und -segmentierung geführt hat, deren Folgen gerade für die Bibelhermeneutik uneindeutig sind. In diesem Prozess verbinden sich zentrifugale Kräfte, die die beiden exegetischen Disziplinen radikal historisieren und letztlich von der „Theologie" trennen, mit den bekannten Professionalisierungsschüben, die im Verlauf des 19. Jahrhunderts zu den wissenschaftlichen Spezialdisziplinen führen, die noch in der Gegenwart die Struktur der Theologie und der Geisteswissenschaften bestimmen. Daneben stehen immer wieder neue Schübe zentripetaler Richtung, die die Bibel und ihre Teilcorpora in theologische Gesamtentwürfe einbeziehen. Prominente Beispiele sind Rudolf Bultmanns existentiale Interpretation und Brevard Childs' *Canonical Approach*. Die christliche Bibel wurde im Verlauf dieses Prozesses seit dem 19. Jahrhundert der Gegenstand der exegetischen Spezialfächer der Alttestamentlichen Wissenschaft und der Neutestamentlichen Wissenschaft im Fächerverband der Theologie in ihrer konfessionellen Ausprägungen. Dies Modell hat sich weitgehend international und überkonfessionell durchgesetzt und bestimmt gegenwärtig die akademische Arbeit an der Bibel Alten und Neuen Testaments. Fachexegese, Fachtheologie und Fachhermeneutik innerhalb der Alt- und Neutestamentlichen Wissenschaft dienen der Auslegung und dem Verstehen der Texte und der beiden Textcorpora des Alten und Neuen Testaments.

Diese zunehmende sachliche und institutionelle Trennung der beiden biblischen Fächer hat zu einer differenzierten wissenschaftlichen, vor allem historisch gefärbten Wahrnehmung und Interpretation der Teilcorpora geführt und für alle Bereiche der Exegese, Theologie und Hermeneutik der beiden Schriftcorpora große Fortschritte ermöglicht. Zugleich aber hat die Trennung der beiden exegetischen Fächer den kirchlich gegebenen Gegenstand der „Bibel" faktisch gesprengt und in den Hintergrund treten lassen. Einheit und Bedeutung der beiden Kanonteile wurden im Bewusstsein und in der wissenschaftlichen Arbeit der Exegeten gleichermaßen weitgehend aufgelöst. Dadurch wurde die Systematische Theologie zum Sachwalter der *einen* Bibel und ihrer theologischen Bedeutung als des grundlegenden kanonischen Schriftencorpus der christlichen Kirchen, während die beiden exegetischen Disziplinen den Kanonbegriff für ihr jeweiliges Schriftencorpus immer weniger nutzten. Dieser Zustand findet seinen Ausdruck in dem Dilemma, dass die Systematische Theologie weiter von der „Schrift" als einer einheitlichen Größe spricht, während die beiden exegetischen Disziplinen ihre Texte ohne die dogmatische Vorgabe der Kanonizität und der inneren Einheit überwiegend unabhängig interpretieren – eine Entwicklung, die in den angelsächsischen Universitätssystemen zu einer weitgehenden Trennung von Bibelwissenschaften und Theologie geführt hat[65].

Die theologische Wissenschaft insgesamt ist mit diesem Prozess der zunehmenden Spannung von Kanonizität und innerer Dekanonisierung in den beiden letzten Jahrhunderten sehr unterschiedlich umgegangen. Die protestantische Theologie erkämpfte seit 1800 zunächst die Selbständigkeit der biblischen von der dogmatischen Theologie und arbeitete im Anschluss daran die Differenz zwischen Altem und Neuem Testament einerseits sowie zwischen dem neutestamentlichen Zeitalter und der Geschichte der Alten Kirche und ihrer Literatur andererseits heraus. Sie setzte damit letztlich jenen Prozess der Etablierung der beiden selbständigen exegetischen Fächer, ihrer exegetischen Methoden, ihrer Theologien und ihrer Hermeneutiken erfolgreich in Bewegung, dessen Ergebnisse gegenwärtig noch die wissenschaftliche Theologie und ihre universitären Strukturen für

64 Vgl. dazu O. Wischmeyer, Texte, Text und Rezeption. Das Paradigma der Text-Rezeptions-Hermeneutik des Neuen Testaments, in: Wischmeyer/Scholz (Hgg.), Die Bibel als Text, 155–192, 172–175.

65 Das gilt auch, wenn sie unter dem lediglich formal verstandenen Stichwort *Biblical Studies* firmieren.

beide Konfessionen im deutschsprachigen theologischen Raum bestimmen. Während die Etablierung der beiden historisch arbeitenden exegetischen Disziplinen im 19. Jahrhundert als fortschreitender Befreiungsprozess von der Vorherrschaft der Dogmatik erlebt und bewertet wurde, setzten die existentiale Interpretation Rudolf Bultmanns[66] und die sog. Neue Hermeneutik der Bultmannschule neue Akzente in der theologischen Hermeneutik des Neuen Testaments, die die Historisierung des Verstehens überwinden sollten. Die „Neutestamentliche Hermeneutik“ von Hans Weder[67] ist das abschließende Ergebnis dieses neuen theologisch-hermeneutischen Zugangs zum Neuen Testament.

Daneben verstärkt sich seit der Mitte des letzten Jahrhunderts die theologische Wahrnehmung des Alten Testaments als des ersten Teiles des Kanons. Mit diesem theologischen Thema verbinden sich unterschiedliche wissenschaftliche Diskurse, besonders um die „Bibel Israels“ und das „Erste Testament“[68]. Hermeneutisch besonders wichtig wurde die Rückwendung zu einer gesamtbiblischen kanonischen Lektüre, die unter dem Motto des *Canonical Approach* (Brevard Childs)[69] wieder eine neue, theologisch verantwortete Einheit der beiden Textcorpora im Sinne der „Biblischen Theologie“ proklamiert[70]. Entsprechend entstanden mehrere „Biblische Hermeneutiken“[71], die z.T. auch die jüdische Hermeneutik der Bibel des Judentums in ihre Darstellung einbeziehen[72]. In diesen Bestrebungen wird die *kanonische* Basis der Exegese, Theologie und Hermeneutik des Alten und Neuen Testaments deutlich gesehen und neu ausgearbeitet[73].

Auf der anderen Seite bildete sich ein gegenläufiger Diskurs heraus, der die beiden „Testamente“ in ihrer jeweiligen religionsgeschichtlichen Dimension und damit in ihrer Differenz wahrnimmt und lediglich religionsgeschichtliche Methoden und Verstehenszugänge zu den beiden Textcorpora zulässt[74]. Die Texte des Alten Testaments rücken in diesem Paradigma in den großen kulturellen Zusammenhang des Alten Orients und der Welt des hellenisierten Ostens ein, die neutestamentlichen Texte werden im Kontext der *Origins of Christianity*, d.h. der Religion und Literatur der vorkonstantinischen Christentümer und ihrer jüdischen und paganen Kontexte, verstanden.

Teil dieses Diskurses ist die radikale Dekanonisierung der beiden Textcorpora in doppelter Hinsicht. Einmal werden alle einzelnen Schriften der beiden Kanones als selbständige Einheiten erfasst und interpretiert. Zum anderen werden die Schriften des Neuen Testaments nur noch als Teilmenge der entstehenden christlichen Literatur des

---

66 Siehe das Lemma „Existentiale Interpretation“ im LBH.

67 S.o. Anm. 41.

68 Vgl. das Lemma „Altes Testament“ im LBH.

69 B.S. Childs, Die Theologie der einen Bibel, 2 Bde., Freiburg u.a. 1996 (engl. Biblical Theology of the Old and New Testament, London 1992). Vgl. jetzt E. Ballhorn/G. Steins (Hgg.), Der Bibelkanon in der Bibelauslegung, Stuttgart 2007.

70 Vgl. das „Jahrbuch für Biblische Theologie“, bes. Bd. 12, 1998 (Biblische Hermeneutik). Vgl. jetzt J.K. Mead, Biblical Theology, Louisville/London 2007.

71 S.o. Anm. 43.44. Vgl. auch amerikanische Beiträge wie die evangelikal grundierte Biblische Hermeneutik von G.R. Osborne, The Hermeneutical Spiral. A Comprehensive Introduction to Biblical Interpretation, Downers Grove ^{2}2006 .

72 S.o. Anm. 43.

73 Zur historischen Seite der Kanonisierung vgl. M.W. Holmes, The Biblical Canon, in: S. Ashbrook Harvey/D.G. Hunter, The Oxford Handbook of Early Christian Studies, Oxford 2008, 406–426.

74 Für das Alte Testament vgl. die Arbeiten von R. Albertz zur Religionsgeschichte Israels: Religionsgeschichte Israels in alttestamentlicher Zeit, 2 Bde., Göttingen 1992, für das Neue Testament H. Räisänen, Beyond New Testament Theology. A Story and a Programme, London/Philadelphia 1990; Neutestamentliche Theologie? Eine religionswissenschaftliche Alternative, Stuttgarter Bibelstudien 186, Stuttgart 2000.

ersten und zweiten Jahrhunderts interpretiert und unabhängig von ihrem kanonischen Status in die wesentlich umfangreichere Literatur der *Origins of Christianity* eingeordnet, die neben den neutestamentlichen Schriften die sog. apokryphen Schriften, die Apostolischen Väter sowie die Apologeten umfasst. Ein Sinnpotential, das über die historische Situation und die ursprüngliche Kommunikation und Textpragmatik hinausreicht, wird in diesem Modell nicht wahrgenommen. Eine Bibelhermeneutik oder eine Hermeneutik des Alten und des Neuen Testaments sind für diese Ansätze nicht nur unwichtig, sondern obsolet. Bibelhermeneutik ist aus der Sicht der radikal historischen, religionsgeschichtlich oder religionswissenschaftlich orientierten *Biblical Studies* ausschließlich eine innerkirchliche, inner-konfessionelle Art der Selbstvergewisserung des dogmatisch korrekten Umgangs mit den Bibeltexten ohne klaren wissenschaftlichen Status[75].

Das „Lexikon der Bibelhermeneutik" weist demgegenüber von seinen wissenschaftstheoretischen Prämissen her in eine neue Richtung. Wir Herausgeberinnen und Herausgeber wollen weder zurück zu einer „Biblischen Hermeneutik" als einer innertheologischen Verstehenslehre, die Verstehensvoraussetzungen im Sinne einer *hermeneutica sacra* postuliert, noch die Auseinandersetzungen zwischen den Wissenschaftsmodellen von „Exegese und Theologie des Alten bzw. Neuen Testaments" und „israelitischer und jüdisch-frühchristlicher Religionsgeschichte" im Rahmen einer biblischen Hermeneutik weiterführen. Wir wollen uns auch nicht dem Verzicht auf hermeneutische Reflexion anschließen, wie sie im Modell der *Biblical Studies* unter der Ägide eines *New Historicism* betrieben wird.

Wir gehen vielmehr davon aus, dass Texte verstanden sein wollen und dass eminente Texte ein Sinnpotential enthalten, das von den Lesern stets neu erschlossen und verändert wird und sich in einer prominenten Auslegungsgeschichte und Auslegungspraxis manifestiert. Daher halten wir die historische Dimension des Verstehens für hermeneutisch zentral[76]: die Auslegungsgeschichte der Texte bildet mit den Texten zusammen den hermeneutisch relevanten Intertext. Wir suchen die Position einer Bibelhermeneutik in der Spannung zwischen Bibeltext und Textrezeption, indem wir Textualität als Ausgangspunkt wählen, Verstehen multiperspektivisch definieren und vor allem die gegenwärtig im Bereich der Textinterpretation leitenden wissenschaftlichen Disziplinen an der Bibelhermeneutik beteiligen: die Sprach- und Literaturwissenschaften sowie die Kulturwissenschaften.

Das Programm

Daraus folgt das sachliche Programm des „Lexikons der Bibelhermeneutik". *Bibelhermeneutik* wird hier nicht als herkömmliche *Biblische Hermeneutik*, d.h. auf der Basis des kirchlich-dogmatischen Begriffs des Bibelkanons, konzipiert. Das bibelhermeneutische Programm des Lexikons ergibt sich vielmehr aus der Textualität und der Intertextualität der Bibeltexte und ihrer Auslegungsliteratur. Der Begriff der Bibelhermeneutik fungiert in diesem Zusammenhang als *heuristisches Programm*, das die Fächerbeteiligung und die Auswahl und Hierarchie der Lemmata steuert[77].

---

75 Ein Beispiel einer radikal innerkirchlichen Bibelhermeneutik ohne wissenschaftlichen Status stellt z. B. H.A. Virkler/K. Gerber Ayayo, Hermeneutics. Principles and Processes of Biblical Interpretation, Grand Rapids ^{2}2007 dar.

76 Vgl. E. Angehrn, Wege des Verstehens (s. o. Anm. 55).

77 Die „Biblische Hermeneutik" ist in diesem Programm *ein* theologiegeleitetes hermeneutisches Modell neben anderen (s. das Lemma „Biblische Hermeneutik" im LBH). Ein spezielles Lemma „Bibelhermeneutik" gibt es dagegen nicht.

Bibel und Bibelauslegung bilden eine genuine Einheit, die sich *hermeneutisch* mit dem Satz darstellen lässt: „Die Aufgabe der ‚Hermeneutik' beginnt in den Texten selbst"[78]. Die Texte des Alten Testaments sind „geschichtete Texte"[79] mit einer zum Teil jahrhundertealten historischen Tiefendimension, in denen sich die späteren Überarbeitungen auf die älteren Textsedimente beziehen und diese interpretieren. Darüber hinaus funktioniert der kanonische Gesamttext des Alten Testaments als ein großer Intertext, dessen Teiltexte sich aufeinander beziehen und sich gegenseitig auslegen. Analoges gilt für das Neue Testament, das zusätzlich noch von seinem Prätext, dem griechischen Alten Testament, her verstanden sein will. Intratextualität und Intertextualität kennzeichnen also die biblischen Texte in unterschiedlichster Hinsicht und stellen grundlegende hermeneutische Signale dar. Zugleich hat die Bibel von ihren Anfängen bis in die Gegenwart umfangreiche und unterschiedliche Auslegungs- und Verstehensanstrengungen hervorgerufen, die ihrerseits entweder materialer Bestandteil der Bibelhermeneutik und -exegese oder aber Gegenstand einer hermeneutischen Theorie sind. Die Bibel und die ihr gewidmeten Auslegungstexte stellen einen eigenen ungeheuer großen Intertext dar, an dessen Erstellung die verschiedensten Interpretationsgemeinschaften beteiligt sind[80]. Die methodischen und theoretischen Prozesse der Auslegung dieser Textwelt bündelt das Lexikon unter dem Begriff der *„Bibelhermeneutik"*.

Der transdisziplinäre Entwurf

Das Programm des „Lexikons der Bibelhermeneutik" realisiert sich als transdisziplinäres heuristisches Projekt. In dem Projekt wird die Prämisse umgesetzt, die Bibel sei *vornehmlich*, nicht aber *ausschließlich* von den exegetischen und systematischen Disziplinen der Theologie her wissenschaftlich zu erschließen und daher als Supertext Gegenstand auch der nichttheologischen textbezogenen wissenschaftlichen Disziplinen[81].

Der gemeinsame Nenner dieser Zusammenarbeit ist ein doppelter. Erstens liegt er in dem Gegenstand: *der Bibel in ihrer christlichen Doppelgestalt des Alten und Neuen Testaments und ihrer Auslegung.* Zweitens geht es um die gemeinsame Aufgabe: *eine Landkarte der Bibelhermeneutik* mit den Mitteln aller beteiligten Disziplinen zu zeichnen und damit die Bibel dem allgemeinen wissenschaftlichen Verstehen und der wissenschaftlichen Interpretation zu erschließen.

Das Herausgebergremium versteht die Bibel als eine historisch gewachsene Sammlung paradigmatischer Einzeltexte und kleinerer und größerer Textcorpora, die Ausdruck des Entstehungsprozesses der Identität der Religion Israels und des entstehenden Christentums waren und als solche in eigenen Corpora – Tanach, Septuaginta und christliche Bibel – kanonisiert wurden[82]. Die Kanonisierung machte die christliche Bibel zu einem normativen Gesamttext, der die Grundlage der Christentümer und Kirchen in Vergangenheit und Gegenwart darstellt und gleichzeitig die europäisch-nordamerikanische Kultur-, Geistes- und Allgemeingeschichte entscheidend geprägt hat, darüber hinaus aber im Zuge

78 E.-M. Becker, Text und Hermeneutik am Beispiel einer textinternen Hermeneutik, in: Wischmeyer/Scholz (Hgg.), Die Bibel als Text, 193–215, 210.

79 J.A. Loader, Intertextualität in geschichteten Texten des Alten Testaments, in: Wischmeyer/Scholz (Hgg.), Die Bibel als Text, 99–119.

80 O. Wischmeyer, Texte, Text und Rezeption. Das Paradigma der Text-Rezeptions-Hermeneutik des Neuen Testaments, in: Wischmeyer/Scholz (Hgg.), Die Bibel als Text, 155–192.

81 O. Wischmeyer, Einführung, in: Wischmeyer/Scholz (Hgg.), Die Bibel als Text, 7–16.

82 Vgl. die Lemmata Tanach, Septuaginta, Altes Testament und Bibel im LBH.

der Missions- und Kolonialgeschichte ebenso globale religiöse und kulturelle Bedeutung hat. Die christliche Bibel ist daher zuerst und genuin das kanonische Buch der Kirchen und Christentümer, darüber hinaus aber eines der entscheidenden Bücher der Menschheitskultur. Es kann nicht den Kirchen im Sinne der Ausschließlichkeit eines Besitzes „gehören". Dieser Umstand muss sich auch im wissenschaftlichen Umgang mit der Bibel abbilden. Neben die letztlich kirchengeleiteten theologischen Disziplinen der Exegese des Alten und des Neuen Testaments und die dogmatisch fundierten Konzeptionen konfessionell geprägter Schrifttheologien, d.h. neben die methodisch geleiteten Binnenperspektiven, müssen notwendig die Außenperspektiven der neueren text-, literatur- und kulturwissenschaftlichen Disziplinen sowie der Judaistik und Islamwissenschaft treten. Das Lexikon der Bibelhermeneutik versteht beide Perspektiven als gleichmäßig legitim und sachgemäß und arbeitet an einer Integration beider Perspektiven.

Die hier vorgelegte Konzeption einer heuristischen Bibelhermeneutik entfaltet ihre hermeneutische Valenz daher als transdisziplinärer Entwurf, der ein neues epistemologisches Modell darstellt. *Dementsprechend stellt die hier vertretene „Bibelhermeneutik" eine eigene hermeneutische Konzeption dar, in der die klassische theologische Binnenperspektive und die geistes- und kulturwissenschaftliche Außenperspektive auf die Bibel und ihre Auslegung miteinander in Beziehung gesetzt werden.*

4. Positionierung

Das „Lexikon der Bibelhermeneutik" positioniert sich in der großen Welt der Lexika in der Nähe zu konzeptionellen Werken wie dem „Handwörterbuch religionswissenschaftlicher Grundbegriffe" (hg. v. H. Cancik et al., 5 Bde., Stuttgart 1988–2001) und dem „Metzler Lexikon Literatur- und Kulturtheorie" (hg. v. A. Nünning, Stuttgart/Weimar ^{3}2004) einerseits und Fachlexika wie dem „Dictionary of Biblical Interpretation" (G. H. Hayes, 2 Bde., Nashville Tennessee 1999), dem „Theologischen Begriffslexikon" (hg. v. L. Coenen und K. Haacker, Wuppertal 2005) und dem „Dictionary of Biblical Criticism and Interpretation" (hg. v. S. E. Porter, New York 2007) andererseits. Im größeren Rahmen werden die einzelnen Wissens- und Theoriebereiche des Lexikons der Bibelhermeneutik vertieft von folgenden großen Lexika/Enzyklopädien erschlossen: „Theologische Realenzyklopädie", „Religion in Geschichte und Gegenwart" (4. Auflage), „Anchor Bible Dictionary", „Reallexikon für Antike und Christentum", „Paulys Real-Encyclopädie der Classischen Altertumswissenschaften", der „Kleine Pauly", der „Neue Pauly", „Encyclopaedia Judaica", „Encyclopaedia of Islam", „Encyclopaedia of Qur'an", „Reallexikon der Deutschen Literaturwissenschaft" (3. Auflage), „Historisches Wörterbuch der Philosophie", „Ästhetische Grundbegriffe" und „Historisches Wörterbuch der Rhetorik"[83].
Mit diesen und anderen Lexikonwerken und Handbüchern sieht das Herausgebergremium das vorliegende Lexikon in ständiger Verbindung und Vernetzung, ebenso mit unverzichtbaren Referenzwerken wie dem „HBOT. Hebrew Bible/Old Testament: The History of Its Interpretation" (hg. v. M. Sæbø, bislang 3 Bde., 1996. 2000. 2008) und den „Epochen der Bibelauslegung" (H. Graf Reventlow, 4 Bde., München 1990–2001).

83 Die Rezeptionsgeschichte der Bibel wird in der „Encyclopaedia of the Bible and its Reception" dargestellt werden (hg. v. Choon-Leong Seow und H. Spieckermann, Berlin/New York 2008 ff).

84 Vgl. dazu auch Wischmeyer, Hermeneutik, 17.

5. Realisierung

Das Konzept einer heuristischen Bibelhermeneutik erschließt sich durch seine tragenden Begriffe. Unser Lexikon versteht den Begriff der Bibelhermeneutik selbst nicht als schon qualifizierten theologischen Spezialbegriff, sondern als offenes heuristisches Konzept. „Bibelhermeneutik" so verstanden, bringt die theologischen Begriffe *Bibel, Altes Testament, Neues Testament* und den philosophischen Begriff *Hermeneutik* mit den Methoden der *Exegese* und dem literatur- und sprachwissenschaftlichen Begriff *Text* zusammen[84]. Diese Begriffe stellen das Gerüst der Bibelhermeneutik des Lexikons dar. Sie haben ihrerseits eine heuristische Funktion: Die übrigen Lemmata des Lexikons beziehen sich alle auf diese tragenden Begriffe. Die Liste der Lemmata wurde von dem Herausgebergremium erstellt.

Der Plan

Das Lexikon ermöglicht einen grundsätzlich transdisziplinären Zugang zu dem Thema ‚Bibelhermeneutik', der durch die gestufte Lexikonstruktur sowohl programmatische Überblicke als auch vertiefte Einblicke in die Thematik ermöglicht.

Das Lexikon umfasst 212 Stichwörter[85], die drei Kategorien zugeordnet sind:

Kategorie 1 umfasst 6 *Leitartikel* zu den Themen: Bibel – Altes Testament – Neues Testament – Hermeneutik – Exegese – Text. Der Umfang der Artikel beträgt ca. 4200 Zeichen. Diese Artikel fungieren als Dachartikel und stellen das konzeptionelle Gerüst des Lexikons dar. In diesen Artikeln sind jeweils möglichst (mit Ausnahmen) alle Fachdisziplinen vertreten. Diesen Artikeln sind Einführungen der Fachherausgeber vorangestellt.

Kategorie 2 umfasst 21 *Hauptartikel* zur hermeneutischen Grundterminologie aus den exegetischen Disziplinen und der Systematischen Theologie, der Literaturwissenschaft und der philosophischen Hermeneutik. Auch diese Lemmata werden möglichst von allen beteiligten Fächern aus dargestellt. Der Umfang beträgt ca. 3800 Zeichen.

Kategorie 3a umfasst 136 *Artikel* vorwiegend exegetisch-, historisch-, philologisch-, sprachwissenschaftlich- und literaturwissenschaftlich- sowie judaistisch- und islamwissenschaftlich-hermeneutischer Thematik.

Kategorie 3b umfasst 49 *Artikel* vorwiegend aus dem Bereich der philosophisch-theologisch-hermeneutischen Begrifflichkeit. Der Umfang von 3a und 3b beträgt jeweils ca. 2500 Zeichen.

Die Beiträge der einzelnen Disziplinen werden in fünffacher Weise zueinander in Beziehung gesetzt:

Erstens durch die alphabetische Anordnung der einzelnen Begriffe. Diese nicht-hierarchische Lemmata-Struktur[86] ermöglicht die Gleichordnung aller Disziplinen, indem kein einzelnes Fach durch seine ‚Begriffshoheit' den interdisziplinären Prozess dominiert.

Zweitens durch die Multiperspektivität der Artikelkonzeptionen. Grundsätzlich können die Lemmata jeweils von allen beteiligten Disziplinen aus dargestellt werden. In Kategorie 1 ist dies Prinzip durchgeführt[87]. In den Kategorien 2 und 3 wählten die Fachherausgeber die Lemmata aus, an denen sie sich mit ihren Fächern beteiligen wollten.

85 Vgl. die Lemmataliste.

86 Auch die Dachartikel sind in das alphabetische Schema eingeordnet.

87 Mit Ausnahmen für die Artikel „Altes Testament", „Neues Testament" und „Exegese".

Drittens hat jedes Lemma einen verantwortlichen Fachherausgeber bzw. eine -herausgeberin, so dass unterschiedliche Fachperspektiven nebeneinander stehen. Sehr häufig gehören Begriffe unterschiedlichen Fächern an, was durch die Beteiligung dieser Fächer dokumentiert wird. Die Federführung der Herausgeber unterstreicht deren transdisziplinäre Verantwortung.

Viertens ergibt sich bei der Lektüre eines Lemmas, das von mehreren Disziplinen aus dargestellt wird, eine Bereicherung für jedes vertretene Fach. Ein Beispiel: Die „Metapher“[88] wird nicht als ein genuin literaturwissenschaftliches oder ein primär philosophisches Phänomen verstanden und eingeführt. Sie ist vielmehr ein sprachlich-textuelles Phänomen *sui generis*, das ebenso für die Systematische Theologie wie für die Textlinguistik und für andere Disziplinen wichtig ist. Nur alle Disziplinen gemeinsam stellen dar, was der Begriff[89] der Metapher bezeichnen kann.

Fünftens ist die Reihenfolge der Disziplinen stets dieselbe:

Altes Testament-Neues Testament-Kirchengeschichte-Systematische Theologie
Judaistik-Islamwissenschaft
Altphilologie-Literaturwissenschaft-Textlinguistik
Philosophie.

Die exegetischen Disziplinen sind vorangestellt, weil sie die wissenschaftlichen Spezialfächer zum *Gegenstand* des Lexikons: der Bibel, darstellen. Damit ist nicht die hermeneutische Dominanz der Fächer ausgedrückt. Durch die stets gleiche Reihenfolge wird nicht nur die notwendige Orientierung ermöglicht, sondern auch vermieden, dass die Herausgeber jeweils „führende“ Disziplinen markieren und damit neue Hierarchien geschaffen werden, die gerade reduziert werden sollen. Die Artikel machen selbst weitgehend deutlich, welche Disziplinen besonders ertragreich zu einem Lemma Auskunft geben können oder sogar führend sind. Damit wird zugleich ein Einblick in die Erkenntnisstände der Disziplinen zum Thema der allgemeinen Hermeneutik und der Bibelhermeneutik gegeben. Überschneidungen und Differenzen sind bewusst gleichermaßen in Kauf genommen, weil nur so die unterschiedlichen oder ähnlichen Zugänge der einzelnen Disziplinen zu einem Lemma dokumentiert werden können.

Die Benutzung

Das Herausgebergremium rechnet mit zwei Möglichkeiten der Benutzung:
erstens der sachbezogenen Lektüre eines Gesamtartikels
zweitens der fachbezogenen Benutzung eines Teilartikels.
Das Lexikon ist für beide Möglichkeiten der Benutzung konzipiert. Daher wurde die *Literatur* nicht dem Gesamtartikel nachgestellt, sondern befindet sich am Ende des jeweiligen Fachbeitrags. Die dadurch begegnenden Doppelungen in den Bibliographien wurden bewusst nicht beseitigt. Sie belegen die fächerübergreifende (und auch sach- und damit lemmaübergreifende) Bedeutung einer umfangreichen Reihe von Publikationen und machen ebenso Spezialliteratur schnell zugänglich.

Analoges gilt für sachliche Überschneidungen der *Beiträge* aus den einzelnen Disziplinen. Gerade die Lemmata, an denen die Mehrzahl der vertretenen Fächer mit Beiträgen beteiligt ist, zeigen, wieweit eine Disziplin in einem bestimmten Bereich den Diskurs bestimmt, so dass ihre Ergebnisse und Fragestellungen von anderen Disziplinen über-

88 Vgl. das Lemma im LBH.
89 Vgl. das Lemma im LBH.

nommen werden, wieweit reziproke Transdisziplinarität vorhanden oder (noch) nicht vorhanden ist, wieweit bestimmte Fächer rein oder überwiegend rezeptiv agieren und wieweit – gerade bei einer gleichberechtigten Teilnahme aller Disziplinen – ein Metadiskurs eingeleitet werden kann.

Die Angleichung der bibliographischen Angaben wurde behutsam vorgenommen und bildet weitgehend die Autorenintention ab. Die Schreibung des Gottesnamens liegt in der Verantwortung der Autoren.

Der Erkenntnisgewinn

Der Erkenntnisgewinn dieser Lexikonstruktur liegt in einer Archäologie einer transdisziplinären Bibelhermeneutik, die die historischen und sachlichen Schichten der verschiedenen hermeneutischen Erkenntnisstände darstellt und miteinander ins Gespräch bringt, um dann diese Sedimentgefüge selbst als hermeneutisch relevante Größe zu reflektieren. Das Herausgebergremium erwartet einen allgemeinen und gegenseitigen Durchdringungsprozess der unterschiedlichen historischen und aktuellen Perspektiven zur Bibelhermeneutik, der seinerseits einen neuen Erkenntnisstand zur Thematik erschließt, an dem alle hier vertretenen Disziplinen beteiligt sind.

Ausblick

Das Herausgebergremium sieht drei Richtungen, in die hinein die Konzeption des Lexikons weiter ausgearbeitet werden kann: *erstens* in die vertiefte Darstellung der Potentiale der bibelhermeneutischen Entwürfe seit Origenes, *zweitens* in die transdisziplinäre Diskussion der Literarizität der Bibel und ihrer hermeneutischen Aspekte und *drittens* in ein *mapping* der gegenwärtigen konfessionellen bzw. denominationalen, der kulturellen und der philosophisch-theologischen Typen von Bibelhermeneutik. Ein solches *mapping* ist eine notwendige Voraussetzung für bibelhermeneutische Entwürfe unter den Bedingungen des *Cultural Turn*. Eine *vierte* Richtung sei ebenfalls angesprochen: ein religionswissenschaftlicher Vergleich der Hermeneutiken Heiliger Schriften über die Trias von Tanach – Bibel – Koran hinaus.

Die Bibel: Texte – Kanones – Übersetzungen

(Stefan Scholz)

1. Die christliche Bibel – ein Textcorpus in zwei Textcorpora mit verschiedenen Sprachen und Textsorten

Die Bibel ist die kanonische Schrift der christlichen Kirchen. Sie setzt sich aus dem →Alten Testament und dem →Neuen Testament zusammen. Diese beiden Textcorpora unterscheiden sich nach Alter, Sprache, religiös-kultureller Herkunft und religiöser Zugehörigkeit, Geschichte, Umfang und Gattungen stark voneinander. Das *erste* Teilcorpus, das „Alte Testament" der christlichen Kirchen, umfasst die kanonischen Schriften des nachexilischen Israel[90]. Dies Corpus existiert in einer *hebräischen*[91] Fassung und einer *griechischen* Übersetzung für das griechischsprachige antike Diasporajudentum (→Septuaginta). Beide Fassungen unterscheiden sich in Umfang und Sprache voneinander. Das entstehende Christentum teilt die griechische Version dieses Schriftencorpus mit dem antiken Judentum. Das *zweite* Teilcorpus, das „Neue Testament", ist die Sammlung der kanonischen Schriften des Frühen Christentums. Seine Texte wurden in griechischer Sprache von Autoren des entstehenden Christentums verfasst. Das erste Teilcorpus ist in seiner *hebräischen* Fassung (Biblia Hebraica) mit der Bibel des Judentums (→Tanach) identisch. Diese Fassung haben auch die Kirchen der Reformation zu ihrem „Alten Testament" gemacht (→hebraica veritas). Für die orthodoxen Kirchen und die katholische Kirche stellt dagegen der Textumfang der Septuaginta das „Alte Testament" dar.

Die „Bibel" der Kirchen der reformatorischen Tradition setzt sich also aus der (jeweils nationalsprachigen) Übersetzung des *hebräischen* „Alten Testaments", das gleichzeitig der Tanach des Judentums ist, und des *griechischen* „Neuen Testaments" zusammen. Die „Bibel" der orthodoxen Kirchen und der katholischen Kirche gründet sich dagegen im ersten Textcorpus auf den umfangreicheren Textbestand der *griechischen* Übersetzung der Bibel Israels (Septuaginta), den das rabbinische Judentum nicht übernommen hat. Die griechisch-orthodoxe Kirche verwendet in Kontinuität mit der griechischsprachigen Alten Kirche die griechische Vollbibel aus Septuaginta und Neuem Testament. Die Übersetzungen der anderen orthodoxen Kirchen beruhen ebenfalls auf diesem Textcorpus. Auch die lateinische Übersetzung der katholischen Kirche (→Vulgata) basiert in Kontinuität mit der lateinischsprachigen Alten Kirche auf dem Umfang der Septuaginta. Die reformatorischen Kirchen haben bezüglich des Umfangs des Alten Testaments die Kontinuität mit der Alten Kirche aufgegeben und sich in eine neue Kontinuität mit der „Schrift" Israels gestellt. Damit sind sie zugleich – stärker als die anderen Kirchen – in eine latente Rivalität zum Tanach des Judentums eingetreten.

---

90 515 v. Chr. Weihe des Zweiten Tempels.

91 Dan 2,4–7,28; Esr 4,8–6,18 und 7,12–26 sowie Jer 10,11 und zwei Worte in Gen 31,47 sind in aramäischer Sprache verfasst.

Die christliche →Bibel ist eine Sammlung verschiedenster Einzeltexte kleineren und größeren Umfangs und unterschiedlicher Gattungen. Diese zu bestimmen ist Aufgabe der Gattungskritik (→Gattung), so die philologisch-literaturwissenschaftliche Bezeichnung, bzw. der Textsortenbestimmung (→Textsorte), so der sprachwissenschaftliche Terminus. Die Bibel als Ganze wird je nach hermeneutischem Ansatz als →„Schrift“, als Gottes Wort (→Wort Gottes), als Glaubensurkunde (→Glaube), als Sammlung →heiliger Schriften, als historische Quellensammlung (→Quelle), als politische Programmschrift (→Kontextuelle Bibelhermeneutiken) oder als literarisches Werk (→Literatur, →Dichtung) interpretiert.

Deutlich zeigt sich die Vielfalt an Gattungen bzw. Textsorten im Blick auf die Einzeltexte. Erzählungen (→Erzählung) stehen im Textcorpus der Bibel neben argumentierenden Texten (→Argumentation), liturgische Lieder (→Lied, →Psalmen) neben disziplinierenden Rechtssätzen (→Rechtsliteratur), berichtende Chroniken (→Geschichtsschreibung) neben prophetischen Visionen (→Prophetische Literatur). Die Artikel zu „Bibel“, „Altes Testament“ und „Neues Testament“ in diesem Lexikon führen tiefer in die Thematik ein. Hier müssen wenige orientierende Hinweise genügen, um das Textcorpus der Bibel anhand seines Umfangs, seiner Einzelschriften und seiner Textsorten überblicksartig zu skizzieren.

1.1 Altes Testament

1.1.1 Tanach

Am Anfang der „Bibel“ steht die heilige Schrift Israels und des Judentums, deren hebräische Bezeichnung „TANAK“ (→Tanach) einen ersten Zugang zu leitenden Textsorten (Makrogattungen) bietet: Die drei Konsonanten des Akronyms „TANAK“ stehen für Tora – Neviim – Ketuvim, zu deutsch: Weisung/Gesetz – Propheten – Schriften.

Tora	**Neviim**	**Ketuvim**
Weisung/Gesetz	Propheten	Schriften

Die Sprache des Tanach ist Hebräisch (zu Daniel s. o.). Der Aufbau der hebräischen Bibel des Judentums stand mit seiner Dreiteilung in Tora, Neviim und Ketuvim bereits in vorneutestamentlicher Zeit fest. Der Zeitraum der Entstehung der einzelnen Texte und Teiltexte lässt sich nur sehr allgemein als die 2. Hälfte des 1. Jahrtausends v. Chr. bestimmen[92].

Der erste Teil, die Tora, umfasst die fünf Bücher Mose und setzt sich aus einer komplizierten Verschränkung von hauptsächlich erzählenden Passagen, Gesetzesvorschriften und Ermahnungen sowie einigen wenigen poetischen Abschnitten zusammen. Hier befinden sich u. a. die Schöpfungs- und Paradiesgeschichten (1. Mose 1–3), die Erzählungen von den Erzvätern Abraham, Isaak und Jakob (1. Mose 12–36), die Josefsnovelle (1. Mose 37–50), die Mose-Erzählungen mit dem Auszug aus Ägypten (2. Mose 1–14) und der Wüstenzeit (2.

92 Dies ist der Zeitraum der Verschriftlichung der kanonischen Texte. Die Bestimmung älterer schriftlicher und mündlicher Traditionen stellt ein eigenes Forschungsgebiet dar („Einleitung in die Schriften des Alten Testaments“) und differiert von Schrift zu Schrift sowie innerhalb der einzelnen Schriften stark. Die unter Umständen sehr lange und komplizierte Vor- und Entstehungsgeschichte der alttestamentlichen Texte ist ein wesentlicher hermeneutischer Faktor, vgl. Loader, Intertextualität in geschichteten Texten des Alten Testaments, in: O. Wischmeyer/S. Scholz (Hgg.), Die Bibel als Text, 99–119. Analoges gilt für die Apokryphen des Alten Testaments. Die Fragen nach der Entstehung, Datierung und Verfasserschaft des Pentateuch stellen eine der klassischen Debatten der europäischen Wissenschafts- und Geistesgeschichte dar.

Mose 15 bis 5. Mose 34) sowie zahlreiche Gesetzestexte, von denen die Zehn Gebote in ihren beiden Fassungen (2. Mose 20 und 5. Mose 5) nur die bekanntesten sind. Im Hebräischen werden die fünf Bücher Mose mit dem Anfangswort der jeweiligen Schrift benannt, wodurch zugleich etwas über den anschließenden Inhalt ausgesagt ist. Die (griechisch-)lateinische Terminologie erzielt dies durch einen substantivischen Leitbegriff.

Tora				
1. Mose *hebr. Bereshit* dt. Im Anfang *lat. Genesis* dt. Ursprung	2. Mose *hebr. Shemot* dt. Die Namen *lat. Exodus* dt. Auszug	3. Mose *hebr. Wajiqra* dt. Und er rief *lat. Leviticus* dt. Schrift der Leviten	4. Mose *hebr. Bemidbar* dt. In der Wüste *lat. Numeri* dt. Zahlen	5. Mose *hebr. Devarim* dt. Die Worte *lat. Deuteronomium* dt. Zweites Gesetz

Der zweite Teil, die Propheten, gliedert sich in zwei Abteilungen. Die „vorderen oder früheren Propheten“ umfassen vor allem historisch angelegte Erzählungen, welche die Landnahme (besonders Josua 1–22 und Richter 1 f.), die Staatskonsolidierung sowie den Verfall Israels beschreiben und ausdeuten. Als prophetisch konnten diese Texte deshalb gelten, weil man ihre Verfasser diesem Kreis zurechnete und weil Propheten eine gewichtige Rolle in der Geschichte Israels spielten und Gottes Begleitung dieser Geschichte mit ihrem Wort dokumentierten. Diese Deutung der Geschichte Israels stellt den konzeptionellen Rahmen für das deuteronomistische Geschichtswerk zur Verfügung. Die „hinteren oder späteren Propheten“, die unserem Prophetiebegriff entsprechen, setzen sich aus Schilderungen des Lebens und Aussprüchen, Visionen bzw. Auditionen verschiedener Propheten zusammen.

Propheten				
Vordere/frühere Propheten				
Josua	Richter	1./2. Samuel	1./2. Könige	
Hintere/spätere Propheten				
Jesaja	Jeremia	Hesekiel	Hosea	Joel
Amos	Obadja	Jona	Micha	Nahum
Habakuk	Zefanja	Haggai	Sacharja	Maleachi

Der dritte Teil schließlich, die Schriften, beinhaltet wiederum Deutungen der Geschichte Israels – insbesondere die zwei Chronikbücher sowie Esra/Nehemia beziehen sich weitgehend auf den gleichen Zeitraum wie 1./2. Samuel sowie 1./2. Könige, wenngleich aus anderer Perspektive. Darüber hinaus finden sich hier poetische Schriften, so das Buch der Psalmen, weisheitliche Spruchsammlungen sowie die Lehrerzählung Hiob und das Buch Daniel, in Teilen die älteste →Apokalypse, welches aufgrund seiner späten Entstehung nicht mehr zu den Prophetenschriften gezählt werden konnte.

Schriften				
Psalmen	Hiob	Sprüche	Rut	Hohes Lied
Prediger	Klagelieder	Ester	Daniel	Esra
Nehemia	1./2. Chronik			

Dies ist der „Textbestand“ der hebräischen Bibel[93]. Die Tora ist mit ihrer Kopfstellung die unangefochtene Dominante, gefolgt von den Propheten und dann den Schriften.

Die reformatorischen Kirchen haben den Tanach in Wortlaut und Umfang zur Textgrundlage des Alten Testaments gemacht (→hebraica veritas).

1.1.2 Septuaginta (LXX)

Die älteste Übersetzung der hebräischen Bibel ins Griechische ist die →Septuaginta. Sie fügte zu dem Bestand der hebräischen Schriften weitere Schriften in griechischer Sprache hinzu, die in die bereits vorhandenen Gattungen eingeordnet wurden (Zusätze zu Ester, Judith, Tobit, 1./2./3./4. Makkabäerbuch, die Oden [Psalmenzusätze], die Weisheit Salomos, das Buch Jesus Sirach, die Psalmen Salomos, das Buch Baruch, der Brief Jeremias, Zusätze zu Daniel [das Gebet Asarjas, der Lobgesang der drei Männer im Feuerofen, Susanna sowie „Von Bel und dem Drachen“])[94].

Aufbau und Umfang der Septuaginta[95]				
Pentateuch und historische Bücher				
Genesis-Deuteronomium	Josue	Iudicum	Ruth	Regnorum I-IV (= 1./2. Samuel + 1./2. Könige)
Paralipomenon I und II (= 1./2. Chronik)	*Esdrae I*	Esdrae II (= Esra; Nehemia)	Esther	*Iudith*
Tobit	*Machabaeorum I-IV*			
Poetische und prophetische Bücher				
Psalmi	Odae	Proverbia	Ecclesiastes (= Prediger)	Canticum
Iob	*Sapientia Salomonis*	*Siracides*	*Psalmi Salomonis*	Osee
Amos	Michaeas	Ioel	Abdias (= Obadja)	Ionas
Nahum	Habacuc	Sophonias (= Zephanja)	Aggaeus (= Haggai)	Zacharias (= Sacharja)
Malachias	Isaias	Ieremias	Baruch	Threni seu Lamentationes
Epistula Ieremiae	Ezechiel (= Hesekiel)	*Susanna*	Daniel	*Bel et Draco*

Die Septuaginta entstand ca. zwischen 250–150 v. Chr. als normativer Bibeltext für die griechischsprachigen Juden der Diaspora in Alexandria. Hermeneutisch interessant und

93 Vgl. Biblia Hebraica Stuttgartensia, quae antea cooperantibus A. Alt, O. Eißfeldt, P. Kahle, ediderat R. Kittel, Stuttgart ^{5}1997 [Kittel-Ausgabe = Erstausgabe 1907].

94 Vgl. Septuaginta. Id est Vetus Testamentum graece iuxta LXX interpretes edidit Alfred Rahlfs, Stuttgart ^{2}2006 [orig. 1935]. Eine kommentierte Übersetzung ins Deutsche legen vor: W. Kraus/M. Karrer (Hgg.), Septuaginta Deutsch, Stuttgart 2009.

95 Die Titel der Schriften werden lateinisch angegeben. Die griechischen Titel finden sich in der Septuaginta-Ausgabe. Die Schriften, welche nicht gleichzeitig zum Textbestand des Tanach zählen, erscheinen *kursiv*. Sie gehören im Rahmen der christlichen Bibel zu den deuterokanonischen Schriften oder →Apokryphen des Alten Testaments.

vor allem wirkungsgeschichtlich von Bedeutung ist die Umstellung der zweiten Textgruppe der hebräischen Bibel: Die Propheten wurden in den meisten Manuskripten an den Schluss versetzt. Das griechischsprachige Diasporajudentum verstand die →Übersetzung bis in den Wortlaut hinein als heilige Schrift und als identisch mit dem hebräischen Wortlaut ungeachtet des deutlich größeren Umfangs[96]. Neben der Septuaginta existierten weitere griechische Übersetzungen, die Origenes in der Hexapla überliefert[97]. Das rabbinische Judentum verwendete die Septuaginta nicht.

Die neutestamentlichen Verfasser benutzten sehr wahrscheinlich die Septuaginta-Fassung der jüdischen Bibel. Spuren der Benutzung anderer Versionen finden sich ebenfalls bei den neutestamentlichen Autoren. Historisch wurde sie deshalb und aufgrund der ebenfalls bevorzugten Verwendung in der Alten Kirche zur Grundlage des christlichen Alten Testaments der orthodoxen Kirchen und der katholischen Kirche. Die Schlussstellung der Propheten in der Septuaginta wurde im Christentum vor allem als Brückenglied und ankündigender Verweis auf das Neue Testament, speziell auf die Gestalt Jesu Christi, gedeutet. Für die griechisch-orthodoxe Kirche stellt die Septuaginta nach wie vor den normativen Text des Alten Testaments dar.

1.2 Neues Testament

Das *Neue Testament*[98] ist eine Sammlung ausgewählter frühchristlicher Texte in griechischer Sprache (27 Schriften), die 367 n. Chr. im 39. Osterfestbrief des Athanasius als abgeschlossen, maßgeblich für das Heil und damit kanonisch erklärt wurde (→Kanon). Die Texte stammen aus dem Zeitraum von ca. 50 bis ca. 135 n. Chr.[99]. Das Neue Testament lässt sich anhand von vier Gattungen erschließen: Evangelien – Historische Monographie – Briefe – Apokalypse. Diese Reihung gibt die kanonische Erzähllinie von Jesu Leben und Wirken über die urchristlichen Gemeindeentwicklungen bis zur zukünftigen Endzeit vor. Historisch dagegen beginnt die christliche Literatur mit den Briefen des Paulus.

Die *Evangelien* stellen die öffentliche Wirksamkeit, den Tod und die Auferstehung Jesu als des Sohnes Gottes aus unterschiedlichen Perspektiven und in ihrer Konsequenz für die Gemeinden dar. Diese Gattung wurde erst im Rahmen frühchristlicher Traditions- und Literaturbildung durch die Evangelisten selbst entwickelt (→Evangelium).

Evangelien			
Matthäus	Markus	Lukas	Johannes

Die Apostelgeschichte, eine nach antiken Maßstäben *historisch angelegte Monographie (griech. λόγος/διήγησις)*, verlängert die Geschichte der Jesusbewegung über Tod und Auferstehung Jesu hinaus in die Zeit der Gemeindebildung von Jerusalem bis Rom. In ihrer ersten Hälfte deutet die Apostelgeschichte die urchristliche Gemeindesituation als normative Idealzeit christlicher Glaubenskultur mit Petrus als führendem Apostel (Apg 1–15), in ihrer zweiten Hälfte beschreibt sie vor allem das Missionswerk des Paulus (Apg 16–28).

96 Vgl. die im Aristeasbrief wiedergegebene Legende zur Entstehung der Septuaginta (siebzig = septuaginta Übersetzer). Übersetzung in: Jüdische Schriften aus hellenistischer Zeit II/1, Gütersloh 1973 (N. Meisner). Vgl. auch: Aristeas. Der König und die Bibel. Griechisch/Deutsch. Übersetzt und herausgegeben von K. Brodersen, RUB 18576, Stuttgart 2008.

97 Verfassernamen: Aquila, Theodotion, Symmachus. Vgl. H.J. Vogt, Art. Origenes, in: LACL^3, 528–536.

98 Griechische Textausgabe: Novum Testamentum Graece, ed. E. Nestle/K. Aland, Stuttgart ^{27}1993.

99 Die im Einzelnen kontroverse Datierung ist Gegenstand der „Einleitung in das Neue Testament“.

Historische Monographie
Apostelgeschichte

Neben diesen beiden ihrer Rahmung nach erzählenden Gattungen bildet die *Briefliteratur* eine ganz andere Gattung im Neuen Testament (→Brief). Die neutestamentliche Briefliteratur entfaltet das Christusbekenntnis nicht in narrativer Gestalt wie die Evangelien, sondern in argumentativer und paränetischer Form. In den Paulusbriefen sowie den späteren neutestamentlichen Briefen spiegeln sich im Rahmen der spezifischen Eigenarten brieflicher Kommunikation die Entwicklungen und Probleme der frühchristlichen Gemeinden wider. Während die Paulusbriefe an konkret genannte Gemeinden adressiert sind, fehlt eine solche Angabe bei den Katholischen, d. h. „an die Allgemeinheit gerichteten" Briefen.

Briefe				
Orthonyme und pseudonyme Paulusbriefe*				
Römerbrief	1./2. Korintherbrief	Galaterbrief	Epheserbrief*	Philipperbrief
Kolosserbrief*	1./2.* Thessalonicherbrief	1./2. Timotheusbrief*	Titusbrief*	Philemonbrief
Hebräerbrief*				
Katholische Briefe				
Jakobusbrief	1./2. Petrusbrief	1./2./3. Johannesbrief	Judasbrief	

Das letzte Buch des Neuen Testaments und zugleich der gesamten christlichen Bibel, die *Offenbarung* des Propheten Johannes, lenkt den Blick in die Zukunft. Ihre Visionen zeichnen das Bild endzeitlicher Geschehnisse und Abläufe (→Apokalyptische Literatur).

Apokalypse
Offenbarung des Johannes

2. Die Bibel – ein Textcorpus in verschiedenen Versionen und Übersetzungen

Den *einen* Text *der* Bibel gibt es weder in Bezug auf Sprache noch in Bezug auf Umfang. Die lange und komplexe Entstehungsgeschichte der biblischen Textsammlungen im Schnittfeld von Judentum und Christentum (→Kanon) spiegelt sich vor allem in den verschiedenen biblischen Textfassungen wider, die sich nicht nur in der Sprache, sondern auch in Bezug auf den Textumfang der Bibel insgesamt und den Textbestand und die Anordnung ihrer Einzelschriften voneinander unterscheiden können (→Bibel). Der unterschiedliche kanonische Umfang hängt von den Kirchen und Konfessionen ab. So ist *die* Bibel trotz oder wegen ihrer kanonischen Fixierungen nicht ein Buch, sondern ein dynamisches Gebilde – sie liegt nicht als ein homogenes Dokument einer einzigen Sprache, sondern nur in einer Vielzahl konkreter sprachlicher und textlicher Repräsentanten vor, die auseinander hervorgehen, einander ablösen, miteinander konkurrieren oder auch nebeneinander koexistieren können (→Hypertext). Dies unterscheidet die Bibel vor allem vom →Koran, dessen arabische – eigentliche – Sprachgestalt abgeschlossen und unübersetzbar ist, aber auch von der Bibel des Judentums, dem →Tanach, für den dasselbe gilt. Ein weiterer wesentlicher Unterschied liegt in dem Umstand, dass – anders als im Koran – die alttestamentlichen Gattungen auch außerhalb des kanonischen Alten Testaments und auch nach Abschluss des biblischen Gesamtkanons fortgeführt wurden (→ Apokryphen, →Legenden).

Hier kann nicht auf die großen spätantiken syrischen[100], koptischen, äthiopischen, georgischen und armenischen Bibelübersetzungen, denen die gotischen, germanischen, slawischen Übersetzungen folgten, eingegangen werden, ebenso wenig auf die mittelalterlichen und neuzeitlichen europäischen und außereuropäischen Übersetzungen, die häufig die ersten schriftlichen Dokumente der jeweiligen Kultur darstellten. Hier sollen lediglich die historisch einflussreichsten Bibelversionen anhand ihrer wichtigsten Charakteristika zur Veranschaulichung der biblischen Textpluriformität aufgeführt werden[101].

2.1 Griechische christliche Bibel

Die griechische christliche Vollbibel besteht aus dem Text der Septuaginta und dem Neuen Testament. Sie ist zuerst in den Majuskelhandschriften Codex Sinaiticus (4. Jh.), Codex Alexandrinus (5. Jh.), Codex Vaticanus (4. Jh.) und Codex Ephraemi Syri rescriptus (5. Jh.) vertreten.

2.2 Lateinische christliche Bibel: Vulgata

Die →Vulgata ist die erste umfassende Zusammenstellung, Redaktion und Neuübersetzung der bereits ins Lateinische übersetzten alttestamentlichen und neutestamentlichen Schriften[102]. Sie entstand gegen Ende des 4. Jahrhunderts unter der Redaktion des Hieronymus als lateinische Version der christlichen Gesamtbibel nach dem Vorbild der griechischen Vollbibel. Im Aufbau des Alten Testaments folgt sie weitgehend der Septuaginta. Umstritten ist die Benutzung hebräischer Vorlagen zur Übersetzung bei Hieronymus. Die Schriften des Neuen Testaments sind bereits in der heute geläufigen Reihenfolge „Evangelien – Apostelgeschichte – Briefe – Offenbarung des Johannes“ angeordnet.

---

100 Vgl. aber unten zur Peschitta.

101 Siehe weiter C. Dogniez, Art. Bibelübersetzungen, in: RGG[4] 1 (1998), 1487–1515, und S.P. Brock u. a., Art. Bibelübersetzungen, in: TRE 6 (1980), 161–311.

102 Vgl. auch das Lemma Vetus Latina. Die VL ist keine spezifische oder einheitliche Bibelübersetzung. VL ist ein Kunstbegriff, der als Oberbegriff zur Bezeichnung aller Übersetzungen, zumal der griechischen Bibeltexte ins Lateinische vor der Übersetzung des Hieronymus dient.

Aufbau und Umfang der Vulgata				
Altes Testament				
Genesis	Exodus	Leviticus	Numeri	Deuteronomium
Iosue	Iudicum	Ruth	Samuhel lib II	Regum lib II
Paralipomenon lib II	Ezras	Tobias	Iudith	Hester
Iob	Psalmi	Proverbia	Ecclesiastes	Canticum Canticorum
Sapientia	Sirach seu Ecclesiasticus	Isaias	Hieremias	Threni seu Lamentationes
Baruch	Hiezechiel	Danihel	Osee	Iohel
Amos	Abdias	Ionas	Micha	Naum
Abacuc	Sofonias	Aggeus	Zaccharias	Malachi
Maccabeorum lib IV				
Neues Testament				
Ev. sec. Mattheum	sec. Marcum	sec. Lucam	sec. Iohannem	Actus apostolorum
Ep. Pauli ad Romanos	ad Corinthios I II	ad Galatas	ad Ephesios	ad Philippenses
ad Colossenses	ad Thessalonicenses I II	ad Timotheum I II	ad Titum	ad Philemonem
ad Hebraeos	Ep. Catholicae Iacobi	Petri I II	Iohannis I II III	Iudae
Apocalypsis				

Die Vulgata stellt den normativen Bibeltext der katholischen Kirche dar[103].

2.3 Syrische christliche Bibel: Peschitta

Die Peschitta ist die wichtigste syrische Übersetzung des Alten und Neuen Testaments. Sie ist bis heute in der syrisch-orthodoxen Kirche in Gebrauch und stammt in ihrem Kernbestand aus der Zeit vor dem 4. Jahrhundert. Im neutestamentlichen Textcorpus fehlt ein Teil der Katholischen Briefe (2. Petr, 2./3. Joh; Jud) sowie die Johannesapokalypse.

2.4 Lutherbibel

Martin Luther übersetzte 1522 das Neue Testament anhand einer kritischen griechischen Textausgabe des Erasmus von Rotterdam. Die Übersetzung des Alten Testaments aus dem Hebräischen zog sich aufgrund von Unterbrechungen bis 1532 hin. 1534 erschien die erste Gesamtausgabe der Lutherbibel. Die Option der Reformatoren für die hebräische Bibel als Text des Alten Testaments führte dazu, dass die zusätzlichen Schriften der

103 Beschluss auf dem Tridentinischen Konzil (1546). Die katholische Bibel umfasst damit die atl. Apokryphen. Der Hebräerbrief gilt als Paulusbrief.

Septuaginta und Vulgata als „Apokryphen“ verstanden wurden und einen minderen Status erhielten[104].

Aufbau und Umfang der Lutherbibel				
Altes Testament: Geschichtsbücher				
1.–5. Mose	Josua	Richter	Rut	1./2. Samuel
1./2. Könige	1./2. Chronik	Esra	Nehemia	Ester
Altes Testament: Lehrbücher und Psalmen				
Hiob	Psalter	Sprüche	Prediger	Hoheslied
Altes Testament: Prophetenbücher				
Jesaja	Jeremia	Klagelieder	Hesekiel	Daniel
Hosea	Joel	Amos	Obadja	Jona
Micha	Nahum	Habakuk	Zefanja	Haggai
Sacharja	Maleachi			
Neues Testament: Evangelien und Geschichtsbuch				
Matthäus	Markus	Lukas	Johannes	Apostelgeschichte
Neues Testament: Briefe				
Römer	1./2. Korintherbrief	Galaterbrief	Epheserbrief	Philipperbrief
Kolosserbrief	1./2. Thessalonicher-brief	1./2. Timotheusbrief	Titusbrief	Philemonbrief
1./2. Petrusbrief	1./2./3. Johannesbrief	Hebräerbrief	Jakobusbrief	Judasbrief
Neues Testament: Prophetisches Buch				
Offenbarung des Johannes				

2.5 Zürcher Bibel

Die Zürcher Bibel[105] von Huldrych Zwingli u. a. geht entstehungsgeschichtlich aus der Lutherbibel hervor. Den neutestamentlichen Text bildet eine alemannische Bearbeitung von Luthers Übersetzung des Neuen Testaments. Bei der Erstellung der alttestamentlichen Schriften griff man aufgrund der langen Verzögerung von Luthers Übersetzung des Alten Testaments zunächst auf unterschiedliche Vorlagen neben Luther zurück, fertigte dann zunehmend ebenso eigene, philologisch möglichst wortgetreue Übersetzungen an, so dass die Zürcher Bibel, die erste Vollbibel auf schweizerischem Territorium, bereits vor der Lutherbibel 1529 herausgegeben werden konnte.

104 S.u. 2.7.
105 Neuausgabe: Zürich 2007.

Aufbau und Umfang der Zürcher Bibel				
Altes Testament: Geschichtsbücher				
1.–5. Mose	Josua	Richter	Rut	1./2. Samuel
1./2. Könige	1./2. Chronik	Esra	Nehemia	Ester
Altes Testament: Lehrbücher und Psalmen				
Hiob	Psalter	Sprüche	Kohelet	Hoheslied
Altes Testament: Prophetenbücher				
Jesaja	Jeremia	Klagelieder	Ezechiel	Daniel
Hosea	Joel	Amos	Obadja	Jona
Micha	Nahum	Habakuk	Zefanja	Haggai
Sacharja	Maleachi			
Neues Testament: Evangelien und Geschichtsbuch				
Matthäus	Markus	Lukas	Johannes	Apostelgeschichte
Neues Testament: Briefe				
Römerbrief	1./2. Korintherbrief	Galaterbrief	Epheserbrief	Philipperbrief
Kolosserbrief	1./2. Thessalonicher-brief	1./2. Timotheusbrief	Titusbrief	Philemonbrief
Hebräerbrief	Jakobusbrief	1./2. Petrusbrief	1./2./3. Johannesbrief	Judasbrief
Neues Testament: Prophetisches Buch				
Offenbarung des Johannes				

2.6 King-James-Version

Um die Vielzahl von Bibelversionen in der Anglikanischen Kirche durch eine einheitliche Ausgabe zu ersetzen, veröffentlichte eine Gelehrtenkommission 1611 im Auftrag des englischen Königs James I. die liturgisch verbindliche King-James-Version (Authorized Version)[106]. Für die Übersetzung des Alten Testaments wurde auf den masoretischen Text und die Septuaginta zurückgegriffen. Der Text des Neuen Testaments greift vor allem auf die Übersetzung von William Tyndale von 1526 zurück. Der Stil der King-James-Version ist archaisierend, die Übersetzung »Ausgangstext-bezogen«, die Bedeutung für die anglophone Welt vergleichbar mit der Lutherbibel im deutschsprachigen Raum.

106 Diese Übersetzung umfasste ursprünglich auch die atl. Apokryphen, die in den revidierten Ausgaben nicht mehr abgedruckt werden.

Aufbau und Umfang der King-James-Version				
Altes Testament: Geschichtsbücher				
1.–5. Book of Moses	Joshua	Judges	Ruth	1./2. Samuel
1./2. Kings	1./2. Chronicles	Ezra	Nehemiah	Esther
Altes Testament: Lehrbücher und Psalmen				
Job	Psalms	Proverbs	Ecclesiastes	Song of Solomon
Altes Testament: Prophetenbücher				
Isaiah	Jeremjah	Lamentations	Ezekiel	Daniel
Hosea	Joel	Amos	Obadiah	Jonah
Micah	Nahum	Habakkuk	Zephaniah	Haggai
Zechariah	Malachi			
Neues Testament: Evangelien und Geschichtsbuch				
Matthew	Mark	Luke	John	The Acts
Neues Testament: Briefe				
Romans	1./2 Corinthians	Galatians	Ephesians	Philippians
Colossians	1./2. Thessalonians	1./2. Timothy	Titus	Philemon
Hebrews	James	1./2. Peter	1.–3. John	Jude
Neues Testament: Prophetisches Buch				
Revelation				

2.7 Die Apokryphenschriften des Alten Testaments nach der Lutherbibel

Der griechische (Septuaginta) und lateinische (Vulgata) Umfang der Schriften des Alten Testaments kennt nicht das Phänomen der atl. „Apokryphen“. Die Bibelübersetzung Luthers ging dagegen auf den Textumfang des Tanachs zurück[107]. Die Schriften, die die Septuaginta (und damit auch die Vulgata) über den Textbestand des Tanach hinaus enthält[108], wurden von Luther als Apokryphen („Das sind Bücher, so der Heiligen Schrift nicht gleich gehalten, und doch nützlich und gut zu lesen sind“) bezeichnet und dem Alten Testament angehängt.

107 Vgl. das Lemma „Hebraica veritas“ im LBH.

108 3. und 4. Esra sowie 3. Makkabäer wurden von Luther nicht aufgenommen (sind aber in späteren Ausgaben enthalten). Vgl. den Bestand der Vulgata in der römischen Ausgabe von 1592 von Papst Clemens VIII: Tobias, Judith (= 2 Esra), Sapientia, Sirach seu Ecclesiasticus, Baruch, Macchabeorum 1. 2 sind in die allgemeine Textabfolge eingereiht. Oratio Manasse, Liber Ezrae 3. 4 und Psalmus CLI sowie Epistula ad Laodicenses finden sich dagegen im Anhang. Dieser Ausgabe liegt die Entscheidung des Konzils von Trient zugrunde.

Apokryphen der Lutherbibel
Judith
Weisheit Salomos
Tobit
Jesus Sirach
Baruch
1. Makkabäer
2. Makkabäer
Zusätze zu Esther
Zusätze zu Daniel
Gebet Manasses

Lemmata nach Kategorien

Kategorie 1 (Leitartikel)

Altes Testament
Bibel
Exegese
Hermeneutik
Neues Testament
Text

Kategorie 2 (Hauptartikel)

Auslegung/Auslegen/Ausleger
Bedeutung
Biblische Hermeneutik
Buchstabe und Geist
Erklärung/Erklären
Geschichte/Geschichtlichkeit
Gesetz und Evangelium
Interpretation/Interpretieren/Interpret
Kanon/Kanonizität
Methode(n)
Normativität/Norm
Offenbarung
Referenzialität
Rezeption
Schrift/Schriftprinzip
Sinn
Textualität
Übersetzung/Übersetzen/Übersetzer
Verstehen
Wahrheit
Zeit

Kategorie 3a (exegetisch-kirchengeschichtlich-literaturwissenschaftliche Artikel)

Ästhetik
Allegorie/Allegorese
Alterität
Andenken/Andacht
Apokalyptik
Apokalyptische Literatur/Apokalypse
Apokryphen/Apokryph
Apostel/Apostolische Literatur
Apostelgeschichte → Apostel/Apostolische Literatur
Apostolizität → Apostel/Apostolische Literatur
Argumentation
Auslegungsgeschichte
Autor
Autorenintention

Begriff/Begriffsgeschichte
Beispiel → Paradigma
Bibelübersetzung(en)
Bible Rewritten → Apokryphen/Apokryph, → Intertextualität
Bild/Bilderverbot
Brief/Briefliteratur
Buch

Class → Postkolonialismus/Postcolonial Criticism
Close Reading → New Criticism, → Reader-Response Criticism
Cultural Exegesis → Cultural Studies
Cultural Relativism/Kulturrelativismus
Cultural Studies
Cultural Turn

Datierung
Dekanonisierung/Rekanonisierung
Deuterokanonische Schriften → Apokryphen/Apokryph
Dichten/Dichtung/Dichter

Ereignis
Erinnern/Erinnerung
Erzählende Literatur
Erzählung/Erzählen/Erzähler
Ethical Turn → Cultural Studies
Evangelium/Evangelienliteratur

Fabel → Gleichnis, → Parabel
Fiktion/Fiktionalität
Formen (literarische)

Formgeschichte → Formen (literarische), → Methode(n)
Fremdheit

Gattung(en)
Gedächtnis
Gender → Feministische Bibelhermeneutik
Gender Studies
Geschichtsschreibung
Geschlecht → Gender Studies
Gesetz(e) → Rechtsliteratur
Gleichnis
Glosse → Intertextualität, → Konjektur
Gottesdienst
Gottesdienstliche Literatur
Grammatik
Große Erzählung → Postmoderne

Haggada → Erzählende Literatur
Halacha → Rechtsliteratur
Historischer Leser
Historismus
Historizität
Hören/Hörer
Hypertext

Iconic Turn
Identität
Ikonographie
Impliziter Leser
Interpolation → Intertextualität
Interpretationsgemeinschaft(en)
Interpretive Turn
Intertextualität
Ironie → Polemik

Kanongeschichte
Kanonisierung → Kanongeschichte
Katechese
Ketiv und Qere
Körper
Kognitive Linguistik
Kohärenz/Inkohärenz
Kommentar
Kommunikation(stheorie)
Konjektur
Konnotation → Sinn
Konstruktivismus
Kontext/Kontextualität
Koran (als Posttext der Bibel)
Kultur → Cultural Turn

Legende
Lesen/Leser
Leserlenkung
Lesung
Lied/Hohes Lied
Literalität → Schriftlichkeit
Literarkritik → Methode(n), → Quelle(n)
Literary Criticism
Literatur/Literarizität
Literaturgeschichte → Literatur/Literarizität
Liturgie
Lyrische Dichtung

Märchen
Mehrfacher Schriftsinn → Schriftsinn (vielfacher)
Mentalitätsgeschichte → Cultural Studies, → Geschichtsschreibung
Metapher
Midrasch → Predigt
Mikrogattungen/Makrogattungen (literarische)
Motiv → Begriff/Begriffsgeschichte
Mündlichkeit
Musik

Narrative Criticism → Erzählende Literatur, → Literary Criticism
Narrative Literatur → Erzählende Literatur
Narratologie → Erzählung/Erzählen/Erzähler
New Criticism
New Historicism

Oralität → Mündlichkeit

Parabel
Parabiblische Literatur
Paradigma
Paraphrase → Intertextualität, → Kommentar, → Zitat
Paratextualität/Paratext
Pathos
Perikope → Lesung
Personifikation → Allegorie/Allegorese

Pesher → Kommentar
Poesie → Dichten/Dichtung/Dichter
Polemik
Postkolonialismus/Postcolonial Criticism
Postmoderne
Poststrukturalismus
Pragmatik
Predigt
Prophetische Literatur
Proposition(en)
Psalmen
Pseudepigraphie

Quelle(n)

Race → Postkolonialismus
Rätsel
Reader-Response Criticism
Reading
Rechtsliteratur
Redaktion
Redaktionsgeschichte → Methode(n), → Redaktion
Redaktionskritik → Redaktion
Rede/Reden/Redner
Religionsgeschichte
Rewritten Bible → Apokryphen/Apokryph, → Intertextualität
Rezension (von Handschriften) → Intertextualität
Rezeptionsästhetik → Reader-Response Criticism
Rezeptionsgeschichte → Reader-Response Criticism, → Rezeption
Rhetorical Criticism → Rhetorik, → Rhetorische Figuren
Rhetorik
Rhetorische Figuren

Satz
Schrift/Schreiben/Schreiber
Schriftlichkeit
Schriftsinn (vielfacher)
Schriftsteller
Semantik
Semiotik
Septuaginta
Spirale (hermeneutische) → Hermeneutik, → Hermeneutischer Zirkel
Sprache/Sprechen/Sprecher
Sprachkritik
Sprechakt/Sprechakttheorie
Stil/Stilkritik
Strukturalismus
Symbol
Synchronie/Diachronie
Syntax

Tanach
Targum → Übersetzung/Übersetzen/Übersetzer
Textkritik
Textsorte
Titel
Tora
Tradition
Translation → Übersetung/Übersetzen/Übersetzer
Translational Turn
Typos/Typologie

Überlieferung
Überlieferungsgeschichte → Methode(n)
Unverstehen/Unverständlichkeit → Missverstehen/Missverständnis, → Verstockung

Verheißung/Erfüllung
Vielfacher Schriftsinn → Schriftsinn (vielfacher)
Vulgata

Weisheitsliteratur
Weissagung/Erfüllung → Verheißung/Erfüllung
Wirkung/ – rhetorisch, – ästhetisch
Wirkungsgeschichte
Wort
Wunder
Wundergeschichte(n)

Zitat

Kategorie 3b (philosophisch-theologisch-hermeneutische Artikel)

Ablehnung → Verstockung
Analogie
Applikation
Autorität → Normativität/Norm

Befreiungstheologie → Kontextuelle Bibelhermeneutiken
Bibelspiritualität
Biblizismus → Fundamentalistische Bibelhermeneutik(en)
Bund

Canonical Approach
Christus im Alten Testament

Dekonstruktion
Deutung
Differenz → Dekonstruktion
Diskursanalyse
Divination

Einverständnis/Zustimmung
Emanzipatorische Bibelhermeneutiken → Kontextuelle Bibelhermeneutiken
Entmythologisierung → Mythos/Mythen
Erlebnis
Existentiale Interpretation

Feministische Bibelhermeneutik
Fundamentalistische Bibelhermeneutik(en)

Geheimnis
Glaube

Hebraica veritas
Heilige Schrift(en)
Heiliger Geist → Buchstabe und Geist, → Inspiration
Hermeneutischer Zirkel
Heuristik
Hoffnung

Ideologie/Ideologiekritik
Inspiration
Islamische Bibelhermeneutik

Jüdische Bibelhermeneutik

Kerygma
Konfessionelle Bibelhermeneutiken
Kontextuelle Bibelhermeneutiken
Korrelation
Kritik

Liebe
Linguistic Turn

Misstrauen → Verdacht/Misstrauen
Missverstehen/Missverständnis
Mitte der Schrift
Mythos/Mythen

Narrative Theologie

Postcolonial Criticism → Postkolonialismus/Postcolonial Criticism
Postkoloniale Bibelhermeneutik(en)/Postcolonial Hermeneutics
Psychologische Auslegung

Realinspiration → Inspiration
Res – Signum

Sache/Sachkritik
Sexualität → Gender Studies
Skopos
Sola scriptura → Schrift/Schriftprinzip
Sozialgeschichtliche Auslegung

Theolinguistik
Theorie

Ursprung

Verbalinspiration → Inspiration
Verdacht/Misstrauen
Verstockung
Vertrauen
Vorverständnis

Wirklichkeit
Wort Gottes → Wort

Zeichen
Zeugnis → Apostel/Apostolische Literatur, → Evangelium/Evanglienliteratur
Zustimmung → Einverständnis/Zustimmung
Zweifel → Verdacht/Misstrauen

Autorinnen und Autoren

Adam, Associate Prof. Dr. Klaus-Peter, Lutheran School of Theology at Chicago (USA)
Ådna, Prof. Dr. Jostein, Missionshochschule Stavanger (Norwegen)
Aejmelaeus, Prof. Dr. Anneli, Universität Göttingen
Aland, Prof. Dr. Barbara, Universität Münster
Alexander, Revd. Prof. Loveday, Universität Sheffield (Großbritannien)
Angehrn, Prof. Dr. Emil, Universität Basel (Schweiz)
Arneth, PD Dr. Martin, Universität München
Arzt-Grabner, Prof. Dr. Peter, Universität Salzburg (Österreich)
Assmann, Prof. Dr. Aleida, Universität Konstanz
Assmann, Prof. Dr. Jan, Universität Heidelberg
Bachmann, Prof. Dr. Michael, Universität Siegen
Bachmann-Medick, Dr. Doris, Universität Göttingen
Bader, Prof. Dr. Günter, Universität Bonn
Bartelmus, Prof. Dr. Rüdiger, Universität Kiel
Bauer, Dr. Gisa, Universität Leipzig
Bauer, Michael, Universität Würzburg
Becker, Prof. Dr. Eve-Marie, Universität Århus (Dänemark)
Becker, Prof. Dr. Hans-Jürgen, Universität Göttingen
Becker, PD Dr. Maria, Universität Münster
Becker, Prof. Dr. Thomas, Universität Bamberg
Behrens, Prof. Dr. Achim, Lutherische Theologische Hochschule Oberursel
v. Bendemann, Prof. Dr. Reinhard, Universität Bochum
Bertram, Prof. Dr. Georg W., Freie Universität Berlin
Beyerle, PD Dr. Stefan, Universität Bonn
Bilde, Prof. Dr. Per, Universität Århus (Dänemark)
Bobzin, Prof. Dr. Hartmut, Universität Erlangen
Böhm, Nadine M.A., Universität Erlangen
Borgards, Prof. Dr. Roland, Universität Würzburg
Bormann, Prof. Dr. Lukas, Universität Bayreuth
Bosman, Prof. Dr. Hendrik L., Universität Stellenbosch (Südafrika)
Bosse, Prof. Dr. Anke, Universität Namur (Belgien)
Botha, Prof. Dr. Philippus J., Universität Pretoria (Südafrika)
Brennecke, Prof. Dr. Hanns Christof, Universität Erlangen
Breytenbach, Prof. Dr. Cilliers, Humboldt-Universität Berlin
Bühler, Prof. Dr. Pierre, Universität Zürich (Schweiz)
Bultmann, Prof. Dr. Christoph, Universität Erfurt
Burger, Prof. Dr. Paul, Universität Basel (Schweiz)
Butzer, Prof. Dr. Günter, Universität Augsburg
Byrskog, Prof. Dr. Samuel, Universität Lund (Schweden)
Cancik, Prof. Dr. Hubert, Universität Tübingen
Christophersen, Prof. Dr. Alf, Universität München
Crüsemann, Prof. Dr. Frank, Universität Bielefeld
Dane, PD Dr. Gesa, Universität Göttingen
Danz, Prof. Dr. Christian, Universität Wien (Österreich)
Deeg, Dr. Alexander, Universität Erlangen
Dierse, Dr. Ulrich, Universität Bochum
Dietrich, Prof. Dr. Walter, Universität Bern (Schweiz)
Divjak, Prof. Dr. Johannes, Universität Wien (Österreich)

Dochhorn, Prof. Dr. Jan, Universität Århus (Dänemark)
Döpp, Prof. Dr. Siegmar, Universität Göttingen
Dohmen, Prof. Dr. Christoph, Universität Regensburg
Dormeyer, Prof. Dr. Detlev, Universität Dortmund
Dürscheid, Prof. Dr. Christa, Universität Zürich (Schweiz)
Dunn, Prof. Dr. James D.G., Universität Durham (Großbritannien)
Dunsch, Dr. Boris, Universität Greifswald
Ehlich, Prof. Dr. Konrad, Universität München und Freie Universität Berlin
Eisen, Prof. Dr. Ute, Universität Gießen
Eisenlauer, Volker M.A., Universitäten Augsburg/Erlangen
Elliott, Dr. Mark, Universität St. Andrews (Großbritannien)
Elm, Prof. Dr. Theo, Universität Erlangen
Engelen, PD Dr. Eva-Maria, Universität Konstanz
Erbele-Küster, Prof. Dr. Dorothea, Universität Brüssel (Belgien)
Erlemann, Prof. Dr. Kurt, Universität Wuppertal
Erler, Prof. Dr. Michael, Universität Würzburg
Feichtinger-Zimmermann, Prof. Dr. Barbara, Universität Konstanz
Felder, Prof. Dr. Ekkehard, Universität Heidelberg
Feldmann, Prof. Dr. Doris, Universität Erlangen
Felgentreu, Dr. Fritz, Freie Universität Berlin
Fischer, Prof. Dr. Martin, Kirchliche Pädagogische Hochschule Wien (Österreich)
Fitschen, Prof. Dr. Klaus, Universität Leipzig
Fix, Prof. Dr. Ulla, Universität Leipzig
Fladerer, Dr. Ludwig, Universität Graz (Österreich)
Fokkelman, Dr. Jan P., Universität Leiden (Niederlande)
Frankl, Prof. Dr. Karl-Heinz, Universität Wien (Österreich)
Freund, PD Dr. Stefan, Universität Wuppertal
Gamm, Prof. Dr. Gerhard, Technische Universität Darmstadt
Gansel, Prof. Dr. Christina, Universität Greifswald
Graf, Prof. Dr. Friedrich Wilhelm, Universität München
Grebe, Prof. Dr. Sabine, Universität Guelph (Kanada)
Greisch, Prof. Dr. Jean, Institut Catholique de Paris (Frankreich)
Grohmann, Prof. Dr. Marianne, Universität Wien (Österreich)
Großhans, Prof. Dr. Hans-Peter, Universität Münster
Haase, Matthias M.A., Universität Basel (Schweiz)
Habermann, Prof. Dr. Mechthild, Universität Erlangen
Hailer, Prof. Dr. Martin, Universität Lüneburg
Hammer, Dr. Almuth, München
Hammer, Dr. Andreas, Universität Göttingen
Hammerich, Prof. Dr. Holger, Universität Hamburg
Hardmeier, Prof. Dr. Christof, Universität Greifswald
Hartenstein, Prof. Dr. Friedhelm, Universität Hamburg
Hausendorf, Prof. Dr. Heiko, Universität Zürich (Schweiz)
Hausmann, Prof. Dr. Jutta, Lutherische-Theologische Universität Budapest (Ungarn)
Heil, Prof. Dr. Christoph, Universität Graz (Österreich)
Heil, Dr. Uta, Universität Erlangen
Helbig, PD Dr. Holger, Universität Erlangen
Hellholm, Prof. Dr. David, Universität Oslo (Norwegen)
Herrmann, PD Dr. Britta, Universität München
Heydenreich, Clemens M.A., Universität Erlangen

Hezser, Prof. Dr. Catherine, Universität London (Großbritannien)
Hiller, Pfr.in Dr. Doris, Ittlingen
Hilmer, Dr. Brigitte, Universität Basel (Schweiz)
Hochhauser, Dr. Gernot, Universität Wien (Österreich)
Hoegen-Rohls, Prof. Dr. Christina, Universität Münster
Honecker, Prof. Dr. Martin, Universität Bonn
Horn, Prof. Dr. Friedrich Wilhelm, Universität Mainz
Hüsch, Dr. Sebastian, Universität Basel (Schweiz)
Huizing, Prof. Dr. Klaas, Universität Würzburg
Ineichen, Prof. Dr. Hans, Universität Erlangen
Jaeger, Prof. Dr. Stephan, Universität Winnipeg (Kanada)
Jahraus, Prof. Dr. Oliver, Universität München
Jeßing, PD Dr. Benedikt, Universität Bochum
Joosten, Prof. Dr. Jan, Universität Strasbourg (Frankreich)
Kahlos, Prof. Dr. Maijastina, Universität Helsinki (Finnland)
Kanzian, Prof. Dr. Christian, Universität Innsbruck (Österreich)
Kern, Prof. Dr. Peter, Pädagogische Hochschule Freiburg
Kessler, Prof. Dr. Rainer, Universität Marburg
Klein, Dr. Andreas, Universität Wien (Österreich)
Klek, Prof. Dr. Konrad, Universität Erlangen
Klie, Prof. Dr. Thomas, Universität Rostock
Klotz, Prof. Dr. Peter, Universität Bayreuth
Klumbies, Prof. Dr. Paul-Gerhard, Universität Kassel
Knöppler, PD Dr. Thomas, Universität München
Koch, Prof. Dr. Dietrich-Alex, Universität Münster
Kocher, Prof. Dr. Ursula, Freie Universität Berlin
Köbele, Prof. Dr. Susanne, Universität Erlangen
Köhlmoos, PD Dr. Melanie, Universität Hamburg
Köpf, Prof. Dr. Ulrich, Universität Tübingen
Körner, Pater Dr. Felix SJ, Päpstliche Universität Gregoriana, Rom (Italien)
Körtner, Prof. Dr. Ulrich H.J., Universität Wien (Österreich)
Kofler, PD Mag. Dr. Wolfgang, Universität Innsbruck (Österreich)
Kollmann, Prof. Dr. Bernd, Universität Siegen
Korsch, Prof. Dr. Dietrich, Universität Marburg
Kramer, Olaf, Universität Tübingen
Kreuzer, Prof. Dr. Siegfried, Universität Wuppertal
Krispenz, PD Dr. Jutta, Universität Marburg
Kugler, Prof. Dr. Hartmut, Universität Erlangen
Kumlehn, Prof. Dr. Martina, Universität Rostock
Kundert, Prof. Dr. Ursula, Universität Kiel
Kurz, Prof. Dr. Gerhard, Universität Giessen
Landmesser, Prof. Dr. Christof, Universität Tübingen
Lang, Dr. Markus, Universität Wien (Österreich)
Langer, Prof. Dr. Gerhard, Universität Salzburg (Österreich)
Larsen, Dr. Kasper B., Universität Århus (Dänemark)
Lau, Prof. Dr. Dieter, Universität Duisburg-Essen
Lauer, Prof. Dr. Gerhard, Universität Göttingen
Lauster, Prof. Dr. Jörg, Universität Marburg
Lehmann, PD Dr. Johannes F., Universität Duisburg-Essen
Lehmann, Prof. Dr. Jürgen, Universität Freiburg

Lehnardt, Prof. Dr. Andreas, Universität Mainz
Leiner, Prof. Dr. Martin, Universität Jena
Leonhard, Prof. Dr. Clemens, Universität Münster
Leonhardt, PD Dr. Rochus, Universität Hamburg
Lichtenberger, Prof. Dr. Hermann, Universität Tübingen
Linde, PD Dr. Gesche, Universität Frankfurt
Lindemann, Prof. Dr. Andreas, Universität Bielefeld
v. Lips, Prof. Dr. Hermann, Universität Halle
Liss, Prof. Dr. Hanna, Universität Heidelberg
Loader, Prof. Dr. James Alfred, Universität Wien (Österreich)
Lössl, Dr. Joseph, Universität Cardiff (Großbritannien)
Lona, Prof. P. Dr. Horacio E. SDB, Phil.-Theol. Hochschule Benediktbeuern
Lubkoll, Prof. Dr. Christine, Universität Erlangen
Luther, Susanne M.A. (Durham), Universität Mainz
Männlein-Robert, Prof. Dr. Irmgard, Universität Tübingen
Maier, Prof. Dr. Johann, Universität Köln
Malsch, Dr. Katja, Universität Bielefeld
Manz, Therese, Universität Erlangen
Margoni-Kögler, Dr. Michael, Universität Wien (Österreich)
Martín Contreras, Dr. Elvira, Universität Madrid (Spanien)
Marx, Michael, Berlin-Brandenburgische Akademie der Wissenschaften Potsdam
May, PD Dr. Markus, Universität München
May, Dr. Regine, Universität Leeds (Großbritannien)
Mayer, Prof. Dr. Mathias, Universität Augsburg
Mayordomo, HD Dr. Moisés, Universität Bern (Schweiz)
McLean, Revd. Prof. Dr. Bradley, Universität Toronto (Kanada)
Meibauer, Prof. Dr. Jörg, Universität Mainz
Meiser, Prof. Dr. Martin, Universität Saarbrücken
Mergenthaler, Prof. Dr. Volker, Universität Marburg
Merkt, Prof. Dr. Andreas, Universität Regensburg
Merz, Prof. Dr. Annette, Universität Utrecht (Niederlande)
Meyer-Sickendiek, Dr. Burkhard, Universität München
Mitchell, Prof. Dr. Margaret M., Universität Chicago (USA)
Moxnes, Prof. Dr. Halvor, Universität Oslo (Norwegen)
Müller, Prof. Dr. Wolfgang G., Universität Jena
Naef, Prof. Dr. Silvia, Universität Genf (Schweiz)
Nehr, Dr. Harald, Universität Gießen
Neumann, Dr. Klaus, Kirchliche Hochschule Neuendettelsau
Neumeyer, Prof. Dr. Harald, Universität Bayreuth
Niefanger, Prof. Dr. Dirk, Universität Erlangen
Nielsen, Prof. Dr. Helge K., Universität Århus (Dänemark)
Nielsen, Prof. Dr. Kirsten, Universität Århus (Dänemark)
Nord, Prof. Dr. Christiane, Universität Magdeburg
Oberdorfer, Prof. Dr. Bernd, Universität Augsburg
Öhlschläger, Prof. Dr. Claudia, Universität Paderborn
Oesterle, Prof. Dr. Günther H., Universität Gießen
Omerzu, Prof. Dr. Heike, Universität Kopenhagen (Dänemark)
Oschmann, Prof. Dr. Dirk, Universität Jena
Otto, Prof. Dr. Eckart, Universität München
Paul, Prof. Dr. Heike, Universität Erlangen

Perrin, Prof. Dr. Daniel, Zürcher Hochschule für Angewandte Wissenschaften Winterthur (Schweiz)
Petersen, Prof. Anders K., Universität Århus (Dänemark)
Petersen, PD Dr. Silke, Universität Hamburg
Petzoldt, Prof. Dr. Matthias, Universität Leipzig
Pfeiffer, Prof. Dr. Joachim, Universität Freiburg
Pollmann, Prof. Dr. Karla, Universität St. Andrews (Großbritannien)
Popkes, PD Dr. Enno E., Universität Jena
Potgieter, Prof. Dr. J. Henk, Universität Pretoria (Südafrika)
Pratscher, Prof. Dr. Wilhelm, Universität Wien (Österreich)
Prinsloo, Prof. Dr. Gert, Universität Pretoria (Südafrika)
Purtschert, Dr. Patricia, Universität Basel (Schweiz)
Reinhardt, Prof. Dr. Tobias, Universität Oxford (Großbritannien)
Reinmuth, Prof. Dr. Eckart, Universität Rostock
Rentsch, Dr. Ivana, Universität Zürich (Schweiz)
Römer, HD Dr. Christine, Universität Jena
Rösel, Prof. Dr. Martin, Universität Rostock
Rohe, Prof. Dr. Mathias, Universität Erlangen
Ronning, Dr. Christian, Universität München
Rosenau, Prof. Dr. Hartmut, Universität Kiel
Rühl, Dr. Meike, Universität Göttingen
Runesson, Prof. Dr. Anders, Universität Hamilton (Kanada)
Runge, Dr. Anita, Freie Universität Berlin
Sänger, Prof. Dr. Dieter, Universität Kiel
Sals, Dr. Ulrike, Universität Bern (Schweiz)
Samely, Prof. Dr. Alexander, Universität Manchester (Großbritannien)
Saur, Prof. Dr. Markus, Universität Kiel
Sauter, Michael M.A., Universität Augsburg
Schantz, Prof. Dr. Richard, Universität Siegen
Schart, Prof. Dr. Aaron, Universität Essen
Schierl, Dr. Petra, Universität Basel (Schweiz)
Schiewe, Prof. Dr. Jürgen, Universität Greifswald
Schima, Prof. Dr. Stefan, Universität Wien (Österreich)
Schindler, PD Dr. Claudia, Universität Tübingen
Schmidt, Prof. Dr. Werner H., Universität Bonn
Schmitt, PD Dr. Rüdiger, Universität Münster
Schmitz, Prof. Dr. Thomas A., Universität Bonn
Schnabel, PD Dr. Werner W., Universität Erlangen
Schnelle, Prof. Dr. Udo, Universität Halle
Schöller, Prof. Dr. Marco, Universität Münster
Schönleben, Mark M.A., Universität Erlangen
Schöpflin, Prof. Dr. Karin, Universität Göttingen
Schöttker, Prof. Dr. Detlev, Universität Dresden
Scholz, Dr. Stefan, Universitäten Augsburg/Erlangen
Schultheiß, Jochen, Universität Würzburg
Schwarz-Friesel, Prof. Dr. Monika, Universität Jena
Schwitalla, Prof. Dr. Johannes, Universität Würzburg
Schwöbel, Prof. Dr. Christoph, Universität Tübingen
Scornaienchi, Dr. Lorenzo, Universität Zürich (Schweiz)
Seeliger, Prof. Dr. Hans Reinhard, Universität Tübingen

Sehlmeyer, Dr. Markus, Universität Rostock
Seiler, Dr. Stefan, Kirchliche Hochschule Neuendettelsau
Seim, Prof. Dr. Turid K., Norwegian Institute in Rome/Universität Oslo (Norwegen)
Seng, PD Dr. Helmut, Universität Konstanz
Senkel, PD Dr. Christian, Universität Halle
Siegert, Prof. Dr. Folker, Universität Münster
Simmler, Prof. Dr. Franz, Freie Universität Berlin
Sinai, Dr. Nicolai, Freie Universität Berlin
Skirl, Dr. Helge, Universität Jena
Smit, Revd. Dr. Peter-Ben, The General Theological Seminary New York (USA)
Snyman, Prof. Dr. Gert F., Universität Pretoria (Südafrika)
Sommaruga, PD Dr. Giovanni, Universität Fribourg (Schweiz)
Sommer, Prof. Dr. Roy, Universität Wuppertal
Sparn, Prof. Dr. Walter, Universität Erlangen
Speyer, Prof. Dr. Wolfgang, Universität Salzburg (Österreich)
Spies, Dr. Christian, Universität Basel (Schweiz)
Spoerhase, Dr. Carlos, Universität Kiel
Standhartinger, Prof. Dr. Angela, Universität Marburg
Stemberger, Prof. Dr. Günter, Universität Wien (Österreich)
Steudel, PD Dr. Annette, Universität Göttingen
Stock, Prof. Dr. Konrad, Universität Köln
v. Stockhausen, Dr. Annette, Universität Erlangen
Stoellger, Prof. Dr. Philipp, Universität Rostock
Strasen, Dr. Sven, Technische Hochschule Aachen
Strecker, PD Dr. Christian, Kirchliche Hochschule Neuendettelsau
Swiggers, Prof. Dr. Pierre, Universität Leuven (Belgien)
Telle, Pfr.in Tuulia, Wuppertal
Thums, PD Dr. Barbara, Universität Tübingen
Tietz, Prof. Dr. Christiane, Universität Mainz
Tilly, Prof. Dr. Michael, Universität Koblenz-Landau
Tloka, Dr. Jutta, Universität Hamburg
Uhle, Tobias, Universität Freiburg
Ulf, Prof. Dr. Christian, Universität Innsbruck (Österreich)
Ulrich, Prof. Dr. Jörg, Universität Halle
Utzschneider, Prof. Dr. Helmut, Kirchliche Hochschule Neuendettelsau
Veltri, Prof. Dr. Giuseppe, Universität Halle
Vogel, Prof. Dr. Manuel, Universität Jena
Volp, Prof. Dr. Ulrich, Universität Mainz
Vos, Prof. Dr. Johan S., Universität Amsterdam (Niederlande)
Wagner, Prof. Dr. Andreas, Universität Bern (Schweiz)
Walde, Prof. Dr. Christine, Universität Mainz
Waldow, Dr. Stephanie, Universität Erlangen
Warnke, Prof. Dr. Ingo H., Universität Kassel
Weber, Dr. Dorothea, Universität Wien (Österreich)
Weber, Prof. Dr. Marcel, Universität Basel (Schweiz)
Weigl, Prof. Dr. Michael, Catholic University of America Washington (USA)
Welte, Michael, Universität Münster
Werle, Dr. Dirk, Universität Leipzig
Wesche, Dr. Tilo, Universität Basel (Schweiz)
Wick, Prof. Dr. Peter, Universität Bochum

Wiener, Prof. Dr. Claudia, Universität München
Wiggermann, Uta, Universität Münster
Wilson, Dr. Andrew, Universität Lancaster (Großbritannien)
Winko, Prof. Dr. Simone, Universität Göttingen
Wischmeyer, Dr. Johannes, Institut für Europäische Geschichte Mainz
Wischmeyer, Prof. Dr. Oda, Universität Erlangen
Wischmeyer, Prof. Dr. Wolfgang, Universität Wien (Österreich)
Wohlleben, Dr. Doren, Universitäten Augsburg/Erlangen
Wolf, Simon M.A., Universität Tübingen
Wolkenhauer, Dr. Anja, Universität Hamburg
Wouters, Prof. Dr. Alfons, Universität Leuven (Belgien)
Zelzer, Prof. Dr. Michaela, Universität Wien (Österreich)
Ziemer, Dr. Benjamin, Universität Halle
Zimmermann, Prof. Dr. Ruben, Universität Mainz

Artikelverzeichnis der Autorinnen und Autoren

Adam, Klaus-Peter	Schriftlichkeit
Ådna, Jostein	Psalmen
Aejmelaeus, Anneli	Septuaginta, Textkritik
Aland, Barbara	Textkritik
Alexander, Loveday	Neues Testament
Angehrn, Emil	Geschichte/Geschichtlichkeit, Hermeneutik, Hermeneutischer Zirkel, Methode(n), Mythos/Mythen, Paradigma, Sinn, Ursprung, Zeichen
Arneth, Martin	Historismus
Arzt-Grabner, Peter	Schrift/Schreiben/Schreiber, Schriftlichkeit
Assmann, Aleida	Tradition
Assmann, Jan	Gedächtnis, Schrift/Schreiben/Schreiber, Weisheitsliteratur
Bachmann, Michael	Ursprung, Verstockung
Bachmann-Medick, Doris	Interpretive Turn, Translational Turn
Bader, Günter	Inspiration, Musik, Ursprung, Wirkungsgeschichte
Bartelmus, Rüdiger	Körper, Mythos/Mythen, Zeit
Bauer, Gisa	Körper
Bauer, Michael	Buch, Impliziter Leser, Lesen/Leser
Becker, Eve-Marie	Datierung, Ereignis, Erlebnis, Evangelium/Evangelienliteratur, Exegese, Geschichte/Geschichtlichkeit, Geschichtsschreibung, Heuristik, Historischer Leser, Kohärenz/Inkohärenz, Kommunikation(stheorie), Legende, Methode(n), Offenbarung, Paradigma, Quelle(n)
Becker, Hans-Jürgen	Buchstabe und Geist, Inspiration, Neues Testament
Becker, Maria	Bedeutung, Buchstabe und Geist, Sinn
Becker, Thomas	Argumentation
Behrens, Achim	Argumentation, Fundamentalistische Bibelhermeneutiken, Kritik, Wort
v. Bendemann, Reinhard	Wunder, Wundergeschichte(n)
Bertram, Georg W.	Dekonstruktion, Pragmatik
Beyerle, Stefan	Apokalyptik, Apokalyptische Literatur/Apokalypse
Bilde, Per	Kritik
Bobzin, Hartmut	Hermeneutik, Text, Übersetzung/Übersetzen/Übersetzer
Böhm, Nadine	Alterität, Fremdheit, Identität
Borgards, Roland	Ästhetik
Bormann, Lukas	Sache/Sachkritik
Bosman, Hendrik	Erlebnis, Geheimnis, Hören/Hörer, Tradition
Bosse, Anke	Kommentar, Quelle(n), Textkritik
Botha, Philippus	Dichtung/Dichten/Dichter, Glaube
Brennecke, Hanns Christof	Lesung, Liturgie, Musik, Predigt
Breytenbach, Cilliers	Hören/Hörer, Lesen/Leser, Mündlichkeit
Bühler, Pierre	Altes Testament, Hören/Hörer, Mündlichkeit, Neues Testament
Bultmann, Christoph	Auslegungsgeschichte, Wirkungsgeschichte
Burger, Paul	Ereignis, Zeit
Butzer, Günter	Symbol, Zeit
Byrskog, Samuel	Gedächtnis
Cancik, Hubert	Evangelium/Evangelienliteratur, Ursprung
Christophersen, Alf	Schrift/Schriftprinzip, Wirkungsgeschichte
Crüsemann, Frank	Tora
Dane, Gesa	Rechtsliteratur
Danz, Christian	Apostel/Apostolische Literatur, Bild/Bilderverbot, Christus im Alten Testament, Dekanonisierung/Rekanonisierung, Kanon/Kanonizität, Rezeption

Deeg, Alexander	Skopos
Dierse, Ulrich	Ideologie/Ideologiekritik
Dietrich, Walter	Geschichte/Geschichtlichkeit, Geschichtsschreibung, Historizität
Divjak, Johannes	Apokryphen/Apokryph, Zitat
Dochhorn, Jan	Bibelübersetzung(en), Konjektur, Übersetzung/Übersetzen/Übersetzer, Zitat
Döpp, Siegmar	Allegorie/Allegorese, Autor, Autorenintention, Erzählende Literatur, Schriftsteller, Stil/Stilkritik
Dohmen, Christoph	Kanongeschichte
Dormeyer, Detlev	Bibel, Buch
Dürscheid, Christa	Grammatik, Satz, Syntax
Dunn, James D.G.	Bibel
Dunsch, Boris	Fiktion/Fiktionalität
Ehlich, Konrad	Auslegung/Auslegen/Ausleger, Sinn, Übersetzung/Übersetzen/Übersetzer
Eisen, Ute	Erzählende Literatur, Erzählung/Erzählen/Erzähler
Eisenlauer, Volker	Hypertext, Textsorte
Elliott, Mark	Ästhetik, Cultural Relativism/Kulturrelativismus, Literary Criticism, New Criticism, Pragmatik, Strukturalismus
Elm, Theo	Gleichnis, Parabel
Engelen, Eva-Maria	Liebe
Erbele-Küster, Dorothea	Buchstabe und Geist, Erklärung/Erklären, Feministische Bibelhermeneutik, Gottesdienst, Lesen/Leser, Lyrische Dichtung, Postkoloniale Bibelhermeneutik(en)/ Postcolonial Hermeneutics
Erlemann, Kurt	Allegorie/Allegorese, Gleichnis, Parabel
Erler, Michael	Verheißung/Erfüllung
Feichtinger-Zimmermann, Barbara	Impliziter Leser
Felder, Ekkehard	Sprachkritik
Feldmann, Doris	Alterität, Fremdheit, Identität
Felgentreu, Fritz	Prophetische Literatur
Fischer, Martin	Gender Studies
Fitschen, Klaus	Brief/Briefliteratur
Fix, Ulla	Intertextualität, Semiotik
Fladerer, Ludwig	Interpretation/Interpretieren/Interpret
Fokkelman, Jan P.	Erzählende Literatur, Erzählung/Erzählen/Erzähler, Fiktion/Fiktionalität, Formen (literarische), Impliziter Leser, Metapher, Schriftsteller
Frankl, Karl-Heinz	Auslegungsgeschichte
Freund, Stefan	Buch, Rätsel, Rede/Reden/Redner
Gamm, Gerhard	Postmoderne
Gansel, Christina	Kohärenz/Inkohärenz, Textualität
Graf, Friedrich Wilhelm	Analogie, Ereignis, Historismus, Historizität, Korrelation
Grebe, Sabine	Dichtung/Dichten/Dichter, Erzählung/Erzählen/Erzähler, Grammatik, Pathos
Greisch, Jean	Interpretation/Interpretieren/Interpret, Deutung
Grohmann, Marianne	Normativität/Norm, Reader-Response Criticism, Rede/Reden/Redner, Referenzialität, Rezeption, Tanach
Großhans, Hans-Peter	Postmoderne, Res – Signum, Semantik, Semiotik
Haase, Matthias	Linguistic Turn, Sprache/Sprechen/Sprecher, Sprechakt/Sprechakttheorie
Habermann, Mechthild	Brief/Briefliteratur, Buch, Erklärung/Erklären, Hermeneutik, Lesen/Leser, Leserlenkung, Methode(n), Redaktion, Synchronie/Diachronie, Text
Hailer, Martin	Grammatik, Interpretation/Interpretieren/Interpret, Interpretationsgemeinschaft(en), Wahrheit, Wirklichkeit
Hammer, Almuth	Altes Testament, Bibel, Mythos/Mythen, Wunder, Wundergeschichten
Hammer, Andreas	Mythos/Mythen, Wunder, Wundergeschichte(n)
Hammerich, Holger	Apokalyptische Literatur/Apokalypse
Hardmeier, Christof	Bedeutung, Deutung, Semantik, Sinn

Autor/in	Artikel
Hartenstein, Friedhelm	Bild/Bilderverbot, Symbol
Hausendorf, Heiko	Erzählung/Erzählen/Erzähler
Hausmann, Jutta	Gender Studies, Gleichnis, Historischer Leser, Pseudepigraphie, Predigt
Heil, Christoph	Tradition, Überlieferung
Heil, Uta	Schriftsinn (vielfacher)
Helbig, Holger	Ereignis, Erlebnis
Hellholm, David	Apokalyptik, Apokalyptische Literatur/Apokalypse
Herrmann, Britta	Gender Studies, Körper
Heydenreich, Clemens	Prophetische Literatur
Hezser, Catherine	Gleichnis, Mündlichkeit, Schrift/Schreiben/Schreiber
Hiller, Doris	Ereignis, Einverständnis/Zustimmung, Erlebnis, Narrative Theologie, Verdacht/Misstrauen
Hilmer, Brigitte	Ästhetik, Metapher
Hochhauser, Gernot	Iconic Turn
Hoegen-Rohls, Christina	Synchronie/Diachronie
Honecker, Martin	Ideologie/Ideologiekritik
Horn, Friedrich W.	Glaube, Hoffnung, Inspiration, Literatur/Literarizität
Hüsch, Sebastian	Erlebnis, Hoffnung
Huizing, Klaas	Ästhetik, Körper, Literatur/Literarizität
Ineichen, Hans	Bedeutung, Semantik, Verstehen
Jaeger, Stephan	Geschichtsschreibung, Referenzialität
Jahraus, Oliver	Konstruktivismus, Literatur/Literarizität, Strukturalismus
Jeßing, Benedikt	Historischer Leser, Impliziter Leser, Lesen/Leser, Leserlenkung
Joosten, Jan	Grammatik, Übersetzung/Übersetzen/Übersetzer
Kahlos, Maijastina	Argumentation, Interpretationsgemeinschaft(en), Rhetorik
Kanzian, Christian	Wirklichkeit
Kern, Peter	Pathos
Kessler, Rainer	Hoffnung, Parabel, Redaktion, Überlieferung
Klein, Andreas	Konstruktivismus
Klek, Konrad	Lied/Hohes Lied, Psalmen
Klie, Thomas	Gottesdienst, Predigt
Klotz, Peter	Formen (literarische), Gattung(en), Kontext/Kontextualität, Literatur/Literarizität, (literarische) Mikro-/Makrogattungen, Verstehen
Klumbies, Paul-Gerhard	Vorverständnis
Knöppler, Thomas	Christus im Alten Testament
Koch, Dietrich-Alex	Altes Testament, Buchstabe und Geist, Tora
Kocher, Ursula	Kontext/Kontextualität, Pragmatik
Köbele, Susanne	Schrift/Schreiben/Schreiber, Schriftlichkeit, Textualität
Köhlmoos, Melanie	Applikation, Dekanonisierung/Rekanonisierung, Erzählung/Erzählen/Erzähler, Feministische Bibelhermeneutik, Geschichte/Geschichtlichkeit
Köpf, Ulrich	Applikation, Bibelspiritualität, Buchstabe und Geist, Inspiration, Res – Signum
Körner, Felix	Geschichte/Geschichtlichkeit, Historizität, Islamische Bibelhermeneutik
Körtner, Ulrich H.J.	Apokalyptik, Apokalyptische Literatur/Apokalypse, Autor, Bibelspiritualität, Buchstabe und Geist, Bund, Existentiale Interpretation, Gesetz und Evangelium, Glaube, Hebraica veritas, Hermeneutik, Hoffnung, Konfessionelle Bibelhermeneutiken, Kontextuelle Bibelhermeneutiken, Methode(n), Missverstehen/Missverständnis, Mitte der Schrift, Normativität/Norm, Offenbarung, Schrift/Schriftprinzip, Vertrauen, Wunder
Kofler, Wolfgang	Gattung(en), Schrift/Schreiben/Schreiber
Kollmann, Bernd	Religionsgeschichte
Korsch, Dietrich	Bedeutung, Deutung, Sinn, Verstehen
Kramer, Olaf	Argumentation, Rede/Reden/Redner, Rhetorik, Rhetorische Figuren

Kreuzer, Siegfried	Interpretation/Interpretieren/Interpret, Ursprung, Verstehen
Krispenz, Jutta	Rätsel, Zitat
Kugler, Hartmut	Buch, Schriftsinn (vielfacher)
Kumlehn, Martina	Kerygma
Kundert, Ursula	Bedeutung, Sinn, Wahrheit
Kurz, Gerhard	Interpretation/Interpretieren/Interpret, Metapher
Landmesser, Christof	Proposition(en), Sprache/Sprechen/Sprecher, Sprechakt/Sprechakttheorie, Wahrheit, Wort, Zeit
Lang, Markus	Wunder, Wundergeschichte(n)
Langer, Gerhard	Altes Testament, Mitte der Schrift
Larsen, Kasper Bro	Semantik
Lau, Dieter	Sprache/Sprechen/Sprecher
Lauer, Gerhard	Dichtung/Dichten/Dichter, Schriftsteller
Lauster, Jörg	Tradition
Lehmann, Johannes F.	Diskursanalyse
Lehmann, Jürgen	Übersetzung/Übersetzen/Übersetzer
Lehnardt, Andreas	Tradition, Weisheitsliteratur
Leiner, Martin	Applikation, Auslegung/Auslegen/Ausleger, Erklärung/Erklären, Psychologische Auslegung, Wort
Leonhard, Clemens	Gottesdienst, Gottesdienstliche Literatur, Lesung, Predigt
Leonhardt, Rochus	Fundamentalistische Bibelhermeneutiken, Schriftsinn (vielfacher)
Lichtenberger, Hermann	Bibelübersetzung(en)
Linde, Gesche	Bibel
Lindemann, Andreas	Apostel/Apostolische Literatur
v. Lips, Hermann	Kanon/Kanonizität, Kanongeschichte
Liss, Hanna	Historizität, Jüdische Bibelhermeneutik, Prophetische Literatur, Schriftsinn (vielfacher)
Loader, James Alfred	Allegorie/Allegorese, Altes Testament, Andenken/Andacht, Auslegung/Auslegen/Ausleger, Autor, Bibel, Biblische Hermeneutik, Buch, Exegese, Gesetz und Evangelium, Hebraica veritas, Hermeneutik, Inspiration, Kanon/Kanonizität, Ketiv und Qere, Märchen, Methode(n), Mitte der Schrift, Offenbarung, Schrift/Schriftprinzip, Text, Titel, Wahrheit, Weisheitsliteratur
Lössl, Josef	Rhetorik
Lona, Horacio	Apostel/Apostolische Literatur, Typos/Typologie
Lubkoll, Christine	Autor, Hermeneutik, Methode(n), Mündlichkeit, Musik, Text, Verstehen
Luther, Susanne	Weisheitsliteratur
Männlein-Robert, Irmgard	Historischer Leser, Textualität
Maier, Johann	Auslegungsgeschichte, Bibel, Kanon/Kanonizität, Rechtsliteratur, Tora
Malsch, Katja	Neues Testament
Manz, Therese	Wirkung, Wirkungsgeschichte
Margoni-Kögler, Michael	Typos/Typologie
Martín Contreras, Elvira	Grammatik, Ketiv und Qere
Marx, Michael	Exegese, Mündlichkeit
May, Markus	Lyrische Dichtung
May, Regine	Gender Studies
Mayer, Mathias	Märchen, Psalmen
Mayordomo, Moises	Pragmatik
McLean, Bradley	Literary Criticism, Postkolonialismus/Postcolonial Criticism, Reader-Response Criticism
Meibauer, Jörg	Autorenintention, Pragmatik, Proposition(en), Referenzialität, Sprechakt/Sprechakttheorie, Zitat

Meiser, Martin	Brief/Briefliteratur, Rezeption
Mergenthaler, Volker	Semiotik
Merkt, Andreas	Neues Testament
Merz, Annette	Pseudepigraphie
Meyer-Sickendiek, Burkhard	Apokalyptische Literatur/Apokalypse
Mitchell, Margaret M.	Pathos, Rede/Reden/Redner, Rhetorik, Rhetorische Figuren
Moxnes, Halvor	Kontext/Kontextualität
Müller, Wolfgang G.	Stil/Stilkritik
Naef, Silvia	Bild/Bilderverbot
Nehr, Harald	Liebe
Neumann, Klaus	Ästhetik, Applikation
Neumeyer, Harald	Cultural Studies, New Historicism
Niefanger, Dirk	Geschichte/Geschichtlichkeit, Historizität
Nielsen, Helge K.	Typos/Typologie
Nielsen, Kirsten	Stil/Stilkritik
Nord, Christiane	Übersetzung/Übersetzen/Übersetzer
Oberdorfer, Bernd	Translational Turn
Öhlschläger, Claudia	Bild/Bilderverbot, Ikonographie
Oesterle, Günther	Andenken/Andacht
Omerzu, Heike	Rechtsliteratur
Oschmann, Dirk	Erklärung/Erklären, Wirklichkeit
Otto, Eckart	Rechtsliteratur
Paul, Heike	Literary Criticism, New Criticism, Postkolonialismus/Postcolonial Criticism
Perrin, Daniel	Schrift/Schreiben/Schreiber
Petersen, Anders Klostergaard	Formen (literarische), Gattung(en), Kerygma, (literarische) Mikro-/Makrogattungen
Petersen, Silke	Titel
Petzoldt, Matthias	Analogie, Sprechakt/Sprechakttheorie, Strukturalismus, Sache/Sachkritik
Pfeiffer, Joachim	Psychologische Auslegung
Pollmann, Karla	Exegese, Hermeneutik, Ideologie/Ideologiekritik, Märchen, Methode(n), Normativität/Norm, Rezeption, Schriftsinn (vielfacher), Text
Popkes, Enno Edzard	Fiktion/Fiktionalität
Potgieter, J. Henk	Psalmen
Pratscher, Wilhelm	Apokryphen/Apokryph, Mitte der Schrift
Prinsloo, Gert	Verheißung/Erfüllung
Purtschert, Patricia	Gender Studies
Reinhardt, Tobias	Hören/Hörer
Reinmuth, Eckart	Historizität
Rentsch, Ivana	Lied/Hohes Lied
Römer, Christine	Wort
Rösel, Martin	Apokryphen/Apokryph
Rohe, Mathias	Rechtsliteratur
Ronning, Christian	Historischer Leser
Rosenau, Hartmut	Argumentation, Kritik, Proposition(en)
Rühl, Meike	Pragmatik
Runesson, Anders	Reading
Runge, Anita	Brief/Briefliteratur
Sänger, Dieter	Gesetz und Evangelium, Intertextualität, Verheißung/Erfüllung
Sals, Ulrike	Diskursanalyse, Ideologie/Ideologiekritik, Translational Turn
Samely, Alex	Auslegung/Auslegen/Ausleger, Formen (literarische), Gattung(en), Intertextualität, Kommentar
Saur, Markus	Christus im Alten Testament, Ereignis
Sauter, Michael	Interpretationsgemeinschaft(en), Reader-Response Criticism, Rezeption
Schantz, Richard	Wahrheit
Schart, Aaron	Canonical Approach

Schierl, Petra	Parabel, Verstehen, Wunder
Schiewe, Jürgen	Normativität/Norm, Wirkung
Schima, Stefan	Rechtsliteratur
Schindler, Claudia	Gleichnis, Referenzialität
Schmidt, Werner H.	Heilige Schrift(en)
Schmitt, Rüdiger	Wunder, Wundergeschichte(n)
Schmitz, Thomas A.	Dekonstruktion, Intertextualität, Postmoderne, Reader-Response Criticism
Schnabel, Werner W.	Sozialgeschichtliche Auslegung
Schnelle, Udo	Redaktion
Schöller, Marco	Altes Testament, Auslegung/Auslegen/Ausleger, Bibel, Gleichnis, Inspiration, Intertextualität, Kommentar, Neues Testament, Schrift/Schriftprinzip, Textkritik, Tradition, Wunder, Wundergeschichte(n),
Schönleben, Mark	Dekonstruktion
Schöpflin, Karin	Gedächtnis, Sprache/Sprechen/Sprecher, Sprechakt/Sprechakttheorie, Verstockung
Schöttker, Detlev	Applikation
Scholz, Stefan	Begriff/Begriffsgeschichte, Cultural Studies, Cultural Turn, Dekanonisierung/Rekanonisierung, Dekonstruktion, Diskursanalyse, Hypertext, Ideologie/Ideologiekritik, Postmoderne, Translational Turn
Schultheiß, Jochen	Metapher, Mündlichkeit, Rhetorische Figuren, Schriftlichkeit, Symbol, Zitat
Schwarz-Friesel, Monika	Kognitive Linguistik, Semantik
Schwitalla, Johannes	Kommunikation(stheorie), Mündlichkeit, Schriftlichkeit, Sprache/Sprechen/Sprecher
Schwöbel, Christoph	Bibel, Biblische Hermeneutik, Heilige Schrift(en)
Scornaienchi, Lorenzo	Körper, Polemik
Seeliger, Hans Reinhard	Erzählende Literatur, Interpretationsgemeinschaften
Sehlmeyer, Markus	Geschichtsschreibung, Quelle(n), Redaktion
Seiler, Stefan	Intertextualität
Seim, Turid Karlsen	Predigt
Seng, Helmut	Cultural Relativism/Kulturrelativismus
Senkel, Christian	Intertextualität, Kontext/Kontextualität, Textualität, Zitat
Siegert, Folker	Allegorie/Allegorese, Septuaginta
Simmler, Franz	Bibel, Bibelübersetzung(en), Gleichnis, Kommentar
Sinai, Nicolai	Allegorie/Allegorese, Apokalyptik, Apokalyptische Literatur/Apokalypse, Formen (literarische), Gottesdienst, Kanon/Kanonizität, Koran, Predigt
Skirl, Helge	Metapher
Smit, Peter-Ben	Fundamentalistische Bibelhermeneutiken
Snyman, Gert F.	Kontext/Kontextualität, Narrative Theologie, Quelle(n)
Sommaruga, Giovanni	Argumentation, Konstruktivismus
Sommer, Roy	Erzählende Literatur, Erzählung/Erzählen/Erzähler, Fiktion/Fiktionalität
Sparn, Walter	Zeit
Speyer, Wolfgang	Pseudepigraphie
Spies, Christian	Bild/Bilderverbot
Spoerhase, Carlos	Autorenintention, Divination, Kritik
Standhartinger, Angela	Feministische Bibelhermeneutik, Gender Studies
Stemberger, Günter	Bild/Bilderverbot, Exegese, Geheimnis, Geschichte/Geschichtlichkeit, Hebraica veritas, Heilige Schrift(en), Hermeneutik, Ikonographie, Missverstehen/Missverständnis, Offenbarung, Schrift/Schriftprinzip, Text, Wunder, Zitat
Steudel, Annette	Parabiblische Literatur
Stock, Konrad	Liebe, Mythos/Mythen, Vorverständnis
v. Stockhausen, Annette	Pseudepigraphie, Quelle(n)

Stoellger, Philipp	Allegorie/Allegorese, Gleichnis, Metapher, Symbol, Typos/Typologie
Strasen, Sven	Ideologie/Ideologiekritik, Vorverständnis
Strecker, Christian	Erinnern/Erinnerung, Fremdheit, Sozialgeschichtliche Auslegung
Swiggers, Pierre	Satz, Semantik, Semiotik, Wort
Telle, Tuulia	New Historicism
Thums, Barbara	Poststrukturalismus
Tietz, Christiane	Gedächtnis, Geheimnis, Sprache/Sprechen/Sprecher, Sprachkritik
Tilly, Michael	Apokalyptik, Apokalyptische Literatur/Apokalypse, Apokryphen/Apokryph, Prophetische Literatur, Pseudepigraphie
Tloka, Jutta	Altes Testament, Buch, Gesetz und Evangelium, Lesen/Leser, Textkritik, Verheißung/Erfüllung
Uhle, Tobias	Wahrheit
Ulf, Christoph	Geschichte/Geschichtlichkeit, Historismus
Ulrich, Jörg	Allegorie/Allegorese, Septuaginta
Utzschneider, Helmut	Autorenintention, Kohärenz/Inkohärenz, Literatur/Literarizität
Veltri, Giuseppe	Dekanonisierung/Rekanonisierung, Septuaginta, Textkritik, Übersetzung/Übersetzen/Übersetzer
Vogel, Manuel	Geheimnis, Normativität/Norm
Volp, Ulrich	Gottesdienst, Gottesdienstliche Literatur
Vos, Johan S.	Argumentation
Wagner, Andreas	Gattung(en), Lied/Hohes Lied, (literarische) Mikro-/Makrogattungen, Pathos, Prophetische Literatur, Proposition(en), Theolinguistik
Walde, Christine	Kommentar, Paratextualität/Paratext
Waldow, Stephanie	Allegorie/Allegorese, Intertextualität, Paratextualität/Paratext, Postmoderne
Warnke, Ingo H.	Bedeutung, Diskursanalyse, Linguistic Turn, Paratextualität/Paratext, Poststrukturalismus, Rechtsliteratur, Strukturalismus, Symbol
Weber, Dorothea	Auslegungsgeschichte
Weber, Marcel	Erklärung/Erklären
Weigl, Michael	Typos/Typologie
Welte, Michael	Bibel, Kanongeschichte, Vulgata
Werle, Dirk	Formen (literarische), Gattung(en), (literarische) Mikro-/Makrogattungen
Wesche, Tilo	Analogie, Kritik, Mündlichkeit, Schrift/Schreiben/Schreiber, Theorie, Verdacht/Misstrauen, Vorverständnis
Wick, Peter	Gottesdienst
Wiener, Claudia	Wirkung, Wirkungsgeschichte
Wiggermann, Uta	Schrift/Schriftprinzip
Wilson, Andrew	Vulgata
Winko, Simone	Dekanonisierung/Rekanonisierung, Kanon/Kanonizität, Kanongeschichte
Wischmeyer, Johannes	Dichtung/Dichten/Dichter, Katechese
Wischmeyer, Oda	Auslegung/Auslegen/Ausleger, Autor, Bedeutung, Biblische Hermeneutik, Deutung, Dichtung/Dichten/Dichter, Einverständnis/Zustimmung, Erklärung/Erklären, Heilige Schrift(en), Hermeneutik, Interpretation/Interpretieren/Interpret, Liebe, Mythos/Mythen, Schriftsteller, Sinn, Stil/Stilkritik, Text, Textualität, Verstehen
Wischmeyer, Wolfgang	Andenken/Andacht, Bibel, Biblische Hermeneutik, Bibelübersetzung(en), Bild/Bilderverbot, Evangelium/Evangelienliteratur, Exegese, Gedächtnis, Geschichte/Geschichtlichkeit, Geschichtsschreibung, Hebraica veritas, Hermeneutik, Ikonographie, Kanon/Kanonizität, Kommentar, Legende, Rezeption, Text, Zeit
Wohlleben, Doren	Geheimnis, Rätsel, Zitat
Wolf, Simon	Rede/Reden/Redner
Wolkenhauer, Anja	Zeit
Wouters, Alfons	Satz, Semantik, Semiotik, Wort
Zelzer, Michaela	Textkritik, Überlieferung
Ziemer, Benjamin	Mündlichkeit
Zimmermann, Ruben	Metapher, Symbol

Abkürzungsverzeichnis

Griechische Autoren

abgekürzt nach: H.G. Liddell/R. Scott, A Greek-English Lexicon, durchges. und verm. v. H.S. Jones/ R. McKenzie, Oxford 1961.

A. *A.*	Aeschylus, *Agamemnon*
AP	Anthologia Graeca, *Anthologia Palatina*
A.D. *Synt.*	Apollonius Dyscolus, *De Syntaxi*
Ar. *Nu.*	Aristophanes, *Nubes*
Arist. *APr.*	Aristoteles, *Analytica Priora*
Arist. *Ath.*	Aristoteles, *Ἀθηναίων Πολιτεία*
Arist. *de An.*	Aristoteles, *De Anima*
Arist. *EN*	Aristoteles, *Ethica Nicomachea*
Arist. *Int.*	Aristoteles, *De Interpretatione*
Arist. *Mem.*	Aristoteles, *De Memoria*
Arist. *Metaph.*	Aristoteles, *Metaphysica*
Arist. *Po.*	Aristoteles, *Poetica*
Arist. *Pol.*	Aristoteles, *Politica*
Arist. *Rh.*	Aristoteles, *Rhetorica*
Arr. *Epict.*	Arianus, *Epicteti Dissertationes*
Artem.	Artemidorus Daldianus
Call. *Fr.*	Callimachus, *Fragmenta*
Demetr. *Eloc.*	Demetrius Phalereus, *De Elocutione*
D.S.	Diodorus Siculus
D.L.	Diogenes Laertius
D.T.	Dionysius Thrax
Epict. *diss.*	Epictetus Philosophus, *Dissertationes*
E. *Hipp.*	Euripides, *Hippolytus*
E. *IA*	Euripides, *Iphigenia Aulidensis*
Hdn. *Fig.*	Herodianus, *De Figuris*
Hdt.	Herodotus
Heraklit.	Heraklitus
Hermog. *Stat.*	Hermogenes, *Περὶ τῶν στάσεων*
Hes. *Op.*	Hesiodus, *Opera et Dies*
Hes. *Th.*	Hesiodus, *Theogonia*
(Hom.) *Merc.*	Homerischer Hymnus an Hermes *(adscriptus)*
Hom. *Il.*	Homerus, *Ilias*
Hom. *Od.*	Homerus, *Odyssea*
Isoc. *Or.*	Isocrates, *Orationes*
J. *AJ*	Josephus, *Antiquitates Judaicae*
J. *Ap.*	Josephus, *Contra Apionem*
J. *BJ*	Josephus, *Bellum Judaicum*
Ps.-Longin *sublim.*	Ps.-Longinus, *De sublimitate*
Luc. *Alex.*	Lucianus, *Alexander*
Luc. *Hist. Conscr.*	Lucianus, *Quomodo historia conscribenda sit*
Philostr. *VA*	Philostratus, *Vita Apollonii*
Pl. *Ap.*	Plato, *Apologia*
Pl. *Cra.*	Plato, *Cratylus*
Pl. *Euthd.*	Plato, *Euthydemus*
Pl. *Grg.*	Plato, *Gorgias*
Pl. *Ion*	Plato, *Ion*
Pl. *Lg.*	Plato, *Leges*
Pl. *Men.*	Plato, *Meno*
Pl. *Phdr.*	Plato, *Phaedrus*
Pl. *Plt.*	Plato, *Politicus*

Pl. *Prt.*	Plato, *Protagoras*
Pl. *R.*	Plato, *Respublica*
Pl. *Smp.*	Plato, *Symposium*
Pl. *Sph.*	Plato, *Sophista*
Pl. *Tht.*	Plato, *Theaetetus*
Pl. *Ti.*	Plato, *Timaeus*
Ps.-Plu. *Vit. Hom.*	Ps.-Plutarchus, *Vita Homeri*
S.E. *M.*	Sextus Empiricus, *Adversus Mathematicos*
S. *OT*	Sophocles, *Oedipus Tyrannus*
S. *Tr.*	Sophocles, *Trachiniae*
Str.	Strabo
Suid.	Suidas
X. *An.*	Xenophon, *Anabasis*
X. *Cyr.*	Xenophon, *Institutio Cyri (Cyropaedia)*
X. *HG*	Xenophon, *Historia Graeca (Hellenica)*
X. *Mem.*	Xenophon, *Memorabilia*

Lateinische Autoren

abgekürzt nach: Thesaurus Linguae Latinae, Index librorum scriptorum inscriptionum ex quibus exempla afferuntur, ed. altera, Leipzig 1990.

Amm.	Ammianus Marcellinus
Apul. *apol.*	Apuleius Madaurensis, *Apologia*
Arnob. *nat.*	Arnobius, *Adversus nationes*
Boeth. *cons.*	Anicius Manlius Severinus Boethius, *De consolatione philosophiae*
Cassian. *conl.*	Ioannes Cassianus, *Conlatio*
Cic. *Att.*	M. Tullius Cicero, *Epistulae ad Atticum*
Cic. *Brut.*	M. Tullius Cicero, *Brutus de claris oratoribus*
Cic. *div.*	M. Tullius Cicero, *De divinatione*
Cic. *fin.*	M. Tullius Cicero, *De finibus*
Cic. *inv.*	M. Tullius Cicero, *De inventione*
Cic. *opt. gen.*	M. Tullius Cicero, *De optimo genere oratorum*
Cic. *orat.*	M. Tullius Cicero, *Orator ad M. Brutum*
Cic. *de orat.*	M. Tullius Cicero, *De oratore*
Cic. *rep.*	M. Tullius Cicero, *De republica*
Cic. *Tusc.*	M. Tullius Cicero, *Tusculae disputationes*
Claud. *carm.*	Claudius Claudianus, *Carmina*
Gell.	A. Gellius, *Noctes Atticae*
Hier. *epist.*	Sophronius Eusebius Hieronymus, *Epistulae*
Hor. *carm.*	Q. Horacius Flaccus, *Carmina*
Hor. *sat.*	Q. Horatius Flaccus, *Saturae*
Hor. *epist.*	Q. Horatius Flaccus, *Epistulae*
Hor. *ars*	Q. Horatius Flaccus, *De arte poetica epistula ad Pisones*
Iul. Vict. *rhet.*	C. Iulius Victor, *Ars rhetorica*
Iuv.	D. Iunius Iuvenalis, *Saturae*
Liv.	T. Livius Patavinus
Lucr.	T. Lucretius Carus, *De rerum natura*
Macr. *Sat.*	Ambrosius Theodosius Macrobius, *Saturnalia*
Mart.	M. Valerius Martialis, *Epigrammata*
Min. Fel.	M. Minucius Felix, *Octavius*
Nep. *praef.*	Cornelius Nepos, *Praefatio*
Oros. *hist.*	Paulus Orosius, *Adversus paganos*
Ov. *met.*	P. Ovidius Naso, *Metamorphoses*
Ov. *Pont.*	P. Ovidius Naso, *Ex Ponto epistulae*
Ov. *rem.*	P. Ovidius Naso, *Remedia amoris*
Ov. *trist.*	P. Ovidius Naso, *Tristia*

Plin. *nat.*	C. Plinius Secundus, *Naturalis historia*
Plin. *epist.*	C. Plinius Caecilius Secundus, *Epistulae*
Quint. *inst.*	M. Fabius Quintilianus, *Institutio oratoria*
Rhet. Her.	Rhetorica ad C. Herennium
Sen. *epist.*	Lucius Annaeus Seneca, *Epistulae ad Lucilium*
Suet. *gramm.*	C. Suetonius Tranquillus, *De grammaticis*
Suet. *Claud.*	C. Suetonius Tranquillus, *Vitae Caesarum: divus Claudius*
Suet. *Vesp.*	C. Suetonius Tranquillus, *Vitae Caesarum: divus Vespasianus*
Tac. *ann.*	Cornelius Tacitus, *Annales*
Tac. *dial.*	Cornelius Tacitus, *Dialogus de oratoribus*
Tac. *hist.*	Cornelius Tacitus, *Historiae*
Tert. *carn.*	Q. Septimus Florens Tertullianus, *De carne Christi*
Tert. *adv.Hermog.*	Q. Septimus Florens Tertullianus, *Adversus Hermogenem*
Tert. *adv. Marc.*	Q. Septimus Florens Tertullianus, *Adversus Marcionem*
Tert. *praescr. haer.*	Q. Septimus Florens Tertullianus, *De praescriptione haereticorum*
Tert. *pudic.*	Q. Septimus Florens Tertullianus, *De pudicitia*
Tert. *resurr.*	Q. Septimus Florens Tertullianus, *De resurrectione carnis*
Tert. *test. anim.*	Q. Septimus Florens Tertullianus, *De testimonio animae*
Val. Max.	Valerius Maximus, *Facta et dicta memorabilia*
Verg. *Aen.*	P. Vergilius Maro, *Aeneis*
Verg. *ecl.*	P. Vergilius Maro, *Eclogae*
Verg. *georg.*	P. Vergilius Maro, *Georgica*

Patristische Literatur

abgekürzt nach: G.W.H. Lampe, A Patristic Greek Lexicon, Oxford [7]1984.

Bas. *leg. lib. gent.*	Basilius Caesariensis Cappadociae, *Ad adolescentes de legendis libris gentilium*
Chrys. *hom.*	Joannes Chrysostomus, *Homiliae*
Clem. *paed.*	Clemens Alexandrinus, *Paedagogus*
Clem. *str.*	Clemens Alexandrinus, *Stromateis*
Cyr. H. *catech.*	Cyrillus Hierosolymitanus, *Catecheses*
Eus. *h. e.*	Eusebius Caesariensis, *Historia ecclesiastica*
Eus. *l. C.*	Eusebius Caesariensis, *De laudibus Constantini*
Eus. *p. e.*	Eusebius Caesariensis, *Praeparatio evangelica*
Gr. Nyss. *deit.*	Gregorius Nyssenus, *De deitate Filii et Spiritus sancti*
Iren. *haer.*	Irenaeus Lugdunensis, *Adversus haereses*
Just. *1 apol.*	Justinus Martyr, *1 Apologia*
Just. *2 apol.*	Justinus Martyr, *2 Apologia*
Just. *dial.*	Justinus Martyr, *Dialogus cum Tryphone Judaeo*
Or. *Cels.*	Origines, *Contra Celsum*
Or. *hom in Gen.*	Origines, *Homiliae in Gen.*
Or. *hom in Jo.*	Origines, *Homiliae in Jo.*
Or. *Cant.*	Origines, *Commentarius in Cant.*
Or. *princ.*	Origines, *De principiis*
Ptol. *ep.*	Ptolemaeus Gnosticus, *Epistula ad Floram*

Augustinus Hipponensis (Aug.)

abgekürzt nach: Augustinus-Lexikon, hg. v. C. Mayer et al., Basel/Stuttgart 1986 ff.

c. Adim.	*Contra Adimantum Manichei discipulum*
an. quant.	*De animae quantitate*
beata v.	*De beata vita*
cat. rud.	*De cathecizandis rudibus*
civ.	*De civitate dei*
conf.	*Confessiones*
dial.	*De dialectica*

div.qu.	*De diversis quaestionibus*
doctr. chr.	*De doctrina Christiana*
en. Ps.	*Enarrationes in Psalmos*
ep.	*Epistulae*
c. Faust.	*Contra Faustum Manicheum*
Gn. litt.	*De Genesi ad litteram*
mag.	*De magistro*
mend.	*De mendacio*
qu.	*Quaestiones*
sol.	*Soliloquia*
spir. et litt.	*De spiritu et littera ad Marcellinum*
trin.	*De trinitate*
vera rel.	*De vera religione*
util. cred.	*De utilitate credendi*

Philo

abgekürzt nach: Religion in Geschichte und Gegenwart, 4. Auflage, hg. v. H.D. Betz et al., Tübingen 1998–2005.

Abr.	*De Abrahamo*
agr.	*De agricultura*
decal.	*De decalogo*
det.	*Quod deterius potiori insidiari soleat*
her.	*Quis rerum divinarum heres sit*
LA	*Legum Allegoriae*
praem.	*De praemiis et poenis*
somn.	*De somniis*
spec.	*De specialibus legibus*
virt.	*De virtutibus*
Mos.	*De vita Mosis*

Biblische Schriften des Alten und Neuen Testaments

abgekürzt nach den Loccumer Richtlinien, Stuttgart [2]1981.

Gen	Genesis
Ex	Exodus
Lev	Leviticus
Num	Numeri
Dtn	Deuteronomium
Jos	Josua
Ri	Richter
Rut	Ruth
1. 2 Sam	1. 2 Buch Samuel
1. 2 Kön	1. 2 Buch der Könige
1. 2 Chr	1. 2 Buch der Chronik
Esra	Esra
Neh	Nehemia
Tob	Tobit
Jdt	Judit
Est	Ester
1. 2 Makk	1. 2 Buch der Makkabäer
Ijob	Hiob
Ps	Psalmen
Spr	Sprichwörter
Koh	Kohelet
Hld	Hoheslied

Weish	Weisheit
Sir	Jesus Sirach
Jes	Jesaja
Jer	Jeremia
Klgl	Klagelieder
Bar	Baruch
Ez	Ezechiel
Dan	Daniel
Hos	Hosea
Joël	Joel
Am	Amos
Obd	Obadja
Jona	Jona
Mi	Micha
Nah	Nahum
Hab	Habakuk
Zef	Zefania
Hag	Haggai
Sach	Sacharia
Mal	Maleachi
Mt	Matthäus-Evangelium
Mk	Markus-Evangelium
Lk	Lukas-Evangelium
Joh	Johannes-Evangelium
Apg	Apostelgeschichte
Röm	Römerbrief
1. 2 Kor	1. 2 Korintherbrief
Gal	Galaterbrief
Eph	Epheserbrief
Phil	Philipperbrief
Kol	Kolosserbrief
1. 2 Thess	1. 2 Thessalonicherbrief
1. 2 Tim	1. 2 Timotheusbief
Tit	Titusbrief
Phlm	Philemonbrief
Hebr	Hebräerbrief
Jak	Jakobusbrief
1. 2 Petr	1. 2 Petrusbrief
1. 2. 3 Joh	1. 2. 3 Johannesbrief
Jud	Judasbrief
Offb	Offenbarung des Johannes

Außerkanonische Schriften (I): Deuterokanonische Schriften

abgekürzt nach: Internationales Abkürzungsverzeichnis für Theologie und Grenzgebiete, hg. v. S.M. Schwertner, Berlin/New York ^{2}1992.

ApcAbr	Abraham-Apokalypse
ApcBar(gr)	Griechische Baruch-Apokalypse
ApcBar(syr)	Syrische Baruch-Apokalypse
ApcEl	Elia-Apokalypse
ApcJac	Jakobus-Apokalypse
AssMos	Assumptio Mosis
Dan(gr)	Griechische Zusätze zu Daniel
EpJer	Epistula Jeremiae
4 Es	4. Es(d)rabuch
Hen(aeth)	Äthiopisches Henochbuch

Hen(gr)	Griechisches Henochbuch
Hen(hebr)	Hebräisches Henochbuch
Hen(sl)	Slavisches Henochbuch
Jub	Jubiläenbuch
3. 4 Makk	3. 4 Makkabäerbuch
OrMan	Oratio Manassis
PsSal	Psalmen Salomos
Sap	Sapientia Salomonis
Sib	Oracula Sibyllina
TestXII	Testamente der Zwölf Patriarchen

Außerkanonische Schriften (II): Apostolische Väter

abgekürzt nach: Internationales Abkürzungsverzeichnis für Theologie und Grenzgebiete, hg. v. S.M. Schwertner, Berlin/New York ²1992.

1. 2 Clem	1. 2 Clemensbrief
Did	Didache
Herm	Hirt des Hermas
IgnMagn	Ignatius, An die Magnesier
IgnTrall	Ignatius, An die Trallianer
MartPol	Martyrium des Polykarp
Polyc	Polycarpbrief

Außerkanonische Schriften (III): Ntl. Apokryphen

abgekürzt nach: Internationales Abkürzungsverzeichnis für Theologie und Grenzgebiete, hg. v. S.M. Schwertner, Berlin/New York ²1992.

ActAndr	Andreas-Akten
ActJ	Johannes-Akten
ActPe	Petrus-Akten
ActPl	Paulus-Akten
ActThom	Thomas-Akten
ApcPe	Petrus-Apokalypse
EpAp	Epistula apostolorum
EpJac	Jakobus-Epistel (oder Apocryphon des Jakobus)
EvAeg	Ägypter-Evangelium
EvEb	Ebioniten-Evangelium
EvHebr	Hebräer-Evangelium
EvPe	Petrus-Evangelium
EvPhil	Philippus-Evangelium
EvThom	Thomas-Evangelium
ProtevJak	Protevangelium des Jakobus
EvMar	Evangelium der Maria
EvVer	Evangelium Veritatis
EvNaz	Nazarener-Evangelium
EvNikod	Nikodemus-Evangelium
EvInfThom	Kindheitsevangelium des Thomas
EvJud	Judas-Evangelium
Laod	Laodicenerbrief

Rabbinische Schriften

abgekürzt nach: Internationales Abkürzungsverzeichnis für Theologie und Grenzgebiete, hg. v. S.M. Schwertner, Berlin/New York ²1992.

bBB	Baba Batra (Talmud Bavli)
bBer	Berakhot (Talmud Bavli)

bBM	Baba Mesi'a (Talmud Bavli)
bBQ	Baba Qamma (Talmud Bavli)
BemR	Bemidbar Rabba
bEr	'Eruvin (Talmud Bavli)
BerR	Bereshit Rabba
bGit	Gittin (Talmud Bavli)
bHag	Hagiga (Talmud Bavli)
bHor	Horayot (Talmud Bavli)
bMak	Makkot (Talmud Bavli)
bMeg	Megilla (Talmud Bavli)
bMen	Menahot (Talmud Bavli)
bPes	Pesahim (Talmud Bavli)
bQid	Qiddushin (Talmud Bavli)
bSan	Sanhedrin (Talmud Bavli)
bShab	Shabbat (Talmud Bavli)
bSot	Sota (Talmud Bavli)
bSuk	Sukka (Talmud Bavli)
bYev	Yevamot (Talmud Bavli)
DER	Derekh Eres Rabba
DEZ	Derekh Eres Zuta
EkhaR	Ekha Rabba
KohR	Kohelet Rabba
mAv	Avot (Mishna)
mAZ	'Avoda Zara (Mishna)
mBer	Berakhot (Mishna)
Mekhilta Wa-yassa	Mekhilta de-R. Yishmael zu Ex 15,22 ff.
MekhY Bo	Mekhilta de-R. Yishmael zu Ex 12,1 ff.
mHag	Hagiga (Mishna)
MHG	Midrash HaGadol
MhN	Maimonides, Moreh Nebukhim
mSan	Sanhedrin (Mishna)
mShevi	Shevi'it (Mishna)
mSot	Sota (Mishna)
mTaan	Ta'anit (Mishna)
mTam	Tamid (Mishna)
mYad	Yadayim (Mishna)
PesK	Pesiqta deRav Kahana
PesR	Pesiqta Rabbati
SefT	Sefer Tora
ShemR	Shemot Rabba
SifBam	Sifre Bemidbar
SifDev	Sifre Devarim
Sof	Soferim
SofB	Soferim Fassung B
SOR	Seder 'Olam Rabba
Tan	Tanhuma
Tan Ki Tissa	Tanhuma zu Ex 30,11–34,35
tBer	Berakhot (Tosefta)
tHag	Hagiga (Tosefta)
tMeg	Megilla (Tosefta)
tPes	Pesahim (Tosefta)
tShab	Shabbat (Tosefta)
tSot	Sota (Tosefta)
tYad	Yadayim (Tosefta)
WaR	Wayiqra Rabba
YalqM	Yalqut Makhiri

yBer	Berakhot (Talmud Yerushalmi)
yHag	Hagiga (Talmud Yerushalmi)
yMeg	Megilla (Talmud Yerushalmi)
yPea	Pe'a (Talmud Yerushalmi)
yRHSh	Rosh HaShana (Talmud Yerushalmi)
ySanh	Sanhedrin (Talmud Yerushalmi)
yShab	Shabbat (Talmud Yerushalmi)
ySot	Sota (Talmud Yerushalmi)
yYev	Yevamot (Talmud Yerushalmi)

Lexika, Zeitschriften und Einzelwerke

abgekürzt nach: Internationales Abkürzungsverzeichnis für Theologie und Grenzgebiete, hg. v. S.M. Schwertner, Berlin/New York [2]1992.

ABD	Anchor Bible Dictionary
AJS Review	Association for Jewish Studies Review
ANRW	Aufstieg und Niedergang der römischen Welt
ANTT	Arbeiten zur Neutestamentlichen Textforschung
ASEs	Annali di Storia dell'Esegesi
AZP	Allgemeine Zeitschrift für Philosophie
BibInt	Biblical Interpretation
BIOSCS	Bulletin of the International Organization for Septuagint and Cognate Studies
BLE	Bulletin de Littérature Ecclésiastique
BN	Biblische Notizen
BSLK	Bekenntnisschriften der evangelisch-lutherischen Kirche
BTB	Biblical Theology Bulletin
BThZ	Berliner Theologische Zeitschrift
BZ (NF)	Biblische Zeitschrift (Neue Folge)
CA	Confessio Augustana
CBQ	Catholic Biblical Quarterly
Conc	Concilium
CQ	Classical Quarterly
CR	Corpus Reformatorum
CRBS	Currents in Research: Biblical Studies
DJD	Discoveries in the Judaean Desert
DKP	Der Kleine Pauly
DNP	Der Neue Pauly
DS	Enchiridion Symbolorum, ed. H. Denzinger/A. Schönmetzer
DVjs	Deutsche Vierteljahresschrift für Literaturwissenschaft und Geistesgeschichte
EEPhW	Europäische Enzyklopädie zu Philosophie und Wissenschaften
EI	Enzyklopädie des Islam
EJ	Encyclopaedia Judaica
EKL	Evangelisches Kirchenlexikon
EPW	Enzyklopädie der Philosophischen Wissenschaften
EQ	Encyclopaedia of the Qur'an
EvTh (Sonderheft)	Evangelische Theologie (Sonderheft)
EWNT	Exegetisches Wörterbuch zum Neuen Testament
FJB	Frankfurter Judaistische Beiträge
GFA	Göttinger Forum für Altertumswissenschaft
GlLern	Glaube und Lernen
GRLMA	Grundriss der Romanischen Literaturen des Mittelalters
HALAT	Hebräisches und Aramäisches Lexikon zum Alten Testament
HDG	Handbuch der Dogmengeschichte
HRG	Handbuch zur Deutschen Rechtsgeschichte
HRWG	Handwörterbuch Religionswissenschaftlicher Grundbegriffe
HSK	Handbücher zur Sprach- und Kommunikationswissenschaft

HthGANT	Handbuch Theologischer Grundbegriffe im Alten und Neuen Testament
HThR	Harvard Theological Review
HTS	Hervormde Teologiese Studies
HWPh	Historisches Wörterbuch der Philosophie
HWRh	Historisches Wörterbuch der Rhetorik
IOS	Israel Oriental Studies
JBL	Journal of Biblical Literature
JBTh	Jahrbuch für Biblische Theologie
JJS	Journal of Jewish Studies
JJTP	Journal of Jewish Thought and Philosophy
JLH	Jahrbuch für Liturgik und Hymnologie
JNES	Journal of Near Eastern Studies
JQR	Jewish Quarterly Review
JQS	Journal of Qur'anic Studies
JSAI	Jerusalem Studies in Arabic and Islam
JSHRZ	Jüdische Schriften Hellenistisch-Römischer Zeit
JSOT	Journal for the Study of the Old Testament
JSS	Journal of Semitic Studies
Jud	Judaica
KD	K. Barth, Kirchliche Dogmatik
KGA	Kirchengeschichtliche Abhandlungen
KuI	Kirche und Israel
KUSATU	Kleine Untersuchungen zur Sprache des Alten Testaments und seiner Umwelt
LACL	Lexikon der Antiken Christlichen Literatur
LiLi	Living Light
LingBibl	Linguistica Biblica
LMA	Lexikon des Mittelalters
LThK	Lexikon für Theologie und Kirche
MGG	Musik in Geschichte und Gegenwart
MIÖG	Mitteilungen des Instituts für Österreichische Geschichtsforschung
MJTh	Marburger Jahrbuch Theologie
NBL	Neues Bibel-Lexikon
NHC	Nag Hammadi Codices
NIDOTTE	New International Dictionary of Old Testament Theology and Exegesis
NRTh	Nouvelle Revue Théologique
NTAK	Neues Testament und Antike Literatur
NTS	New Testament Studies
NZSTh	Neue Zeitschrift für Systematische Theologie
OTS	Oudtestamentische Studien
PG	Patrologia Graeca (hg. v. J.P. Migne)
PMLA	Publications of the Modern Language Association of America
PRE Suppl.	Paulys Real-Encyclopädie der Classischen Altertumswissenschaft – Supplement
PTh	Pastoraltheologie
OGIS	Orientis Graeci Inscriptiones Selectae
QGPRK	Quellen zur Geschichte des Papsttums und des Römischen Katholizismus
RAC	Reallexikon für Antike und Christentum
RE.S	Realencyklopädie für Protestantische Theologie und Kirche – Supplement
REAug	Revue des Études Augustiniennes
RED.F	Rerum Ecclestiasticarum Documenta – Series Maior, Fontes
RGG	Religion in Geschichte und Gegenwart
RhM	Rheinisches Museum für Philologie
RL	Reallexikon der Deutschen Literaturgeschichte
RLW	Reallexikon der Deutschen Literaturwissenschaft
SI	Studia Islamica
StZ	Stimmen der Zeit
THAT	Theologisches Handwörterbuch zum Alten Testament

ThBeitr	Theologische Beiträge
ThLL	Thesaurus Linguae Latinae
ThLZ	Theologische Literaturzeitung
ThR.NF	Theologische Rundschau – Neue Folge
ThRev	Theological Review
ThWAT	Theologisches Wörterbuch zum Alten Testament
ThWNT	Theologisches Wörterbuch zum Neuen Testament
ThZ	Theologische Zeitschrift
TRE	Theologische Realenzyklopädie
TrGrF	Fragmente der griechischen Tragiker (hg. v. A. Nauck)
VigChr	Vigiliae Christianae
VT	Vetus Testamentum
VT.S	Vetus Testamentum Supplement
VuF	Verkündigung und Forschung
WA	Weimarer Ausgabe
WA.DB	Weimarer Ausgabe. Deutsche Bibel
WA.TR	Weimarer Ausgabe. Tischreden
WI	Die Welt des Islam
ZAC	Zeitschrift für Antikes Christentum
ZAW	Zeitschrift für Alttestamentliche Wissenschaft
ZDMG	Zeitschrift der Deutschen Morgenländischen Gesellschaft
ZDT	Zeitschrift für Dialektische Theologie
ZfdA	Zeitschrift für Deutsches Altertum und Deutsche Literatur
ZfdPh	Zeitschrift für Deutsche Philologie
ZFSL	Zeitschrift für Französische Sprache und Literatur
ZKG	Zeitschrift für Kirchengeschichte
ZNT	Zeitschrift für Neues Testament
ZNW	Zeitschrift für Neutestamentliche Wissenschaft
ZPE	Zeitschrift für Papyrologie und Epigraphik
ZPTh	Zeitschrift für Pädagogik und Theologie
ZThK	Zeitschrift für Theologie und Kirche

Sprachliche Kurzformen

a.a.O.	am angegebenen Ort
ahd.	althochdeutsch
allg.	allgemein
Anm.	Anmerkung
arab.	arabisch
aram.	aramäisch
Art.	Artikel
AT	Altes Testament
atl.	alttestamentlich
Bd./Bde.	Band/Bände
bes.	besonders
ca.	circa
d. h.	das heißt
Ders.	derselbe
Dies.	dieselbe
Diess.	dieselben
ebd.	ebenda
engl.	englisch
et al.	et alii
etc.	et cetera
evtl.	eventuell
f./ff.	folgender/folgende

fem.	feminin
Frg.	Fragment
frz.	französisch
FS	Festschrift
geb.	geboren
gest.	gestorben
got.	gotisch
griech.	griechisch
GS	Gesammelte Schriften
GW	Gesammelte Werke
hebr.	hebräisch
Hg./Hgg.	Herausgeber
i.d.R.	in der Regel
i.e.S.	im engeren Sinne
i.S.	im Sinne
i.w.S.	im weiteren Sinne
it.	italienisch
Jh.	Jahrhundert
Kap.	Kapitel
lat.	lateinisch
Lit!	vgl. die Literaturangaben
LXX	Septuaginta
mhd.	mittelhochdeutsch
MS	Manuskript
n. Chr.	nach Christus
neugriech.	neugriechisch
nhd.	neuhochdeutsch
NT	Neues Testament
ntl.	neutestamentlich
o. ä.	oder ähnlich
o.g.	oben genannt
par./parr.	Parallelstelle/n
Pss	Psalmen
reg.	Regierungszeit
sc.	scilicet
sg.	Singular
sog.	sogenannt
SW	Sämtliche Werke
syr.	syrisch
u. a.	und andere/unter anderem
u. ö.	und öfter
urgerm.	urgermanisch
usw.	und so weiter
v. a.	vor allem
v. Chr.	vor Christus
vgl.	vergleiche
vs.	versus
wörtl.	wörtlich
z. B.	zum Beispiel
z. T.	zum Teil

A

Ablehnung →Verstockung

Ästhetik

I. Alttestamentlich

Ä. bezeichnet die Theorie des Schönen, der Dichtung und der Kunst, seit der Aufklärung die Theorie der Wahrnehmung und des Erhabenen, gegenwärtig auch eine Richtung der theologischen Systematik.

Eine *theologische* Ä. aus biblischer Perspektive, die beim Ungeschaffenen ansetzt, um zum Geschaffenen überzugehen, sollte nicht vom Konzept der ‚Schönheit', sondern von der ‚Herrlichkeit' ausgehen. Im AT geht das Erscheinen (und die Erfahrung) der Herrlichkeit immer dem gesprochenen *Wort* voran (Ex 34,8; Jes 6,5). Es besteht eine Dialektik zwischen Gottes Gestaltlosigkeit (Dtn 4,12) und seinem Gestaltannehmen unter den Menschen durch die regelnden Maßnahmen seines Bundes. Die äußerlich sichtbare Gestalt des göttlichen *kavod* ist, mit den Augen des Glaubens betrachtet, Gott selbst. Er zeigt sich jedoch nicht direkt. Die Visionen Jesajas und Hiobs sind herrlich, doch keine Theophanien. Die Erscheinung ist weder im Verstand zu lokalisieren noch in der Empfänglichkeit für das Wort, sondern in der Schönheit der Natur und den dadurch geweckten Assoziationen. Was immer die Sünde bewirkt, die Wiederherstellung der Ebenbildlichkeit erfolgt durch Antizipation.

Gott macht die Schöpfung dadurch schön, dass er ihr eine moralische Ordnung einbaut, die er als persönlicher Gott überwacht (Ps 96,6). In diesem Sinn ist entsprechendes Handeln Bedingung der Errettung. Sowohl der Eros des Hld wie die Fragen in Koh erbitten Gottes lenkende und vollziehende Intervention. Im Rahmen des →Bundes wird einem ganzen Volk moralische Schönheit zugesprochen. Diese Ä. ist insofern das Pendant zur Ethik, als darin das Mysterium Gottes erschlossen wird (Jes 43,10–12). Von Rad bemerkte z. B. in Ps 104, dass Israel an der Verehrung Gottes ästhetischen Gefallen findet: im Lobpreis wird die göttliche Herrlichkeit für Menschen fassbar. Für die Beschreibung von menschlicher ‚Herrlichkeit' benutzt die hebräische Bibel *jafe* häufiger als jedes andere Adjektiv (vgl. bes. Pss 45–50; sogar in Jes 53 geht aus der Hoheit der Dichtung eine ‚furchtbare Schönheit' hervor).

Schönheit als Ausdruck für die göttliche Herrlichkeit ist Trägerin von Macht. Judit benutzt ihre schöne Erscheinung als Maske, die dann das eigentliche Subjekt wird (C. Rakel). Die Schönheit Judits ist die Schönheit Jerusalems (Jdt 10,4) im Rahmen einer ästhetischen Ziontradition. Die ‚fremde Schönheit', vor welcher die Weisheit warnt (Spr, Sir), kommt zum Ausdruck in Gericht und Errettung Israels. Schönheit nimmt dem Ich seine Zentralität. Das Erleben der Ungezähmtheit der Natur (Behemot und Leviathan) ist Teil menschlicher Gotteserfahrung. Die Reaktion auf das Schöne bleibt nicht auf die Ethik beschränkt: Sie ist reine Wertschätzung. Die hebräische Bibel ist v. a. an der Schönheit interessiert, die der geschaffenen Ordnung dient (Ex 31,1–5; 2 Kön 6–7) und diese widerspiegelt.

Die Art der →Offenbarung mit einer eigenen Ordnung, welche die übliche menschliche Ordnung untergräbt, findet sich in Form der biblischen →Dichtung. Der Fokus liegt weniger auf der kunstvollen sprachlichen Gestaltung des Bibeltextes an sich als auf seiner Transparenz für den göttlichen Willen und somit für Schönheit (C. Thoma), was Vertrauen und Gehorsam ermöglicht. Dadurch erlangt die Bibel den Charme des Geschaffenen (F. Rosenzweig). Wort und sichtbare Handlung werden in der Schrift auf die Weise verbunden, dass ‚Das Wort' Fleisch werden kann. Somit eignet dem →Text selbst Herrlichkeit.

BIBLIOGRAPHIE: H.U. v. Balthasar, Herrlichkeit: Alter Bund, Einsiedeln 1967. – F. Landy, Beauty and the enigma, Sheffield 2001. – C. Rakel, Judit – über Schönheit, Macht und Widerstand im Krieg, Berlin 2003. – F. Rosenzweig, Das Formgeheimnis der biblischen Erzählungen, in: Kleinere Schriften, Berlin 1937, 167–181. – C. Thoma, Appreciating the beauty of the Bible, in: Ders./M. Wyschogrod (Hgg.), Understanding Scripture, Mahwah 1987, 141–151.

Mark Elliott

II. Neutestamentlich

Ä. als Theorie des ‚Schönen' (literarische Ä./Werkästhetik) ist bisher ein Randthema ntl. Exegese. Die Interpretation und Würdigung der Texte als ‚Kunstwerke' kommt im Standard-Methodenkanon nicht vor (während im AT die Psalmen seit dem 18. Jh. [R. Lowth, J.G. Herder] als Poesie geschätzt und analysiert werden). →‚Dichtung' sind in der Tat nur wenige ntl. Texte (‚Hymnen' wie Phil 2,6–11). Seinen antiken Gegnern galt das NT, sprachlich und stilistisch am Ideal der Klassiker gemessen, als eine Art von Nicht-Literatur (vgl. Or. *Cels.* 6,1 f.; Arnob. *nat.* 1,58 f.; Aug. *conf.* 3,5), während die christlichen Apologeten den allen Menschen zugänglichen ‚niedrigen'/‚demütigen' Stil (*sermo humilis*) als dem Evangelium allein angemessen verteidigten (vgl. 1 Kor 1,17–31; 2 Kor 4,7) und ihn kritisch gegen das elitäre antike Bildungsideal wandten. Die Einschätzung ntl. →Texte als Nicht-Literatur wiederholten in der Neuzeit F. Overbeck, der die Formen der christlichen ‚Urliteratur' (→Evangelium, Apostelgeschichte, →Brief, Apokalypse [→ Apokalyptik]) von der eigentlichen christlichen ‚Literatur' (erst bei den Kirchenvätern) scharf abgrenzte, und die formgeschichtliche →Methode (K.L. Schmidt, M. Dibelius, R. Bultmann), die in den Evangelisten keine → ‚Autoren' sah, sondern bloße Sammler und Redaktoren mündlicher Überlieferung. Zudem galt das Interesse bis zur Mitte des 20. Jh.s mehr Theologie und historischer Realität ‚hinter' den Texten (als →Quelle) als diesen selbst (als →Literatur). Doch seit den 1970er Jahren ist das Interesse am Endtext und an seiner Wirkung auf den →Leser (Rezeptionsästhetik) stetig gewachsen. In den Evangelien waren dabei die Gleichnis- und Erzählforschung zentral, bei Paulus die Rhetorikforschung. In der Diskussion über die Literarizität von Texten, die nicht ‚Dichtung' sind, benennt O. Wischmeyer als Qualitätskriterien allgemein: Polyvalenz/Offenheit, Stimmigkeit, Originalität, Selbstreferenz und Überstrukturiertheit; speziell für religiöse Texte: Polyvalenz und Stringenz der Metaphorik, Präzision und Plausibilität der Pragmatik sowie das Zusammenspiel von allgemeiner Verständlichkeit und Innovation. Versteht man Ä. weiter gefasst als ‚Theorie der Wahrnehmung', kann man das ganze NT eine Schule der Wahrnehmung nennen, die ‚Christus vor Augen malen' will (Gal 3,1), wobei es nicht auf die ‚Schönheit', sondern die Bildmächtigkeit der Texte und ihrer *story* ankommt, die sich in der Rezeptionsgeschichte (auch Kunstgeschichte) zeigt und das NT als Weltliteratur erweist. Ein solches Ästhetikverständnis kann den Text als Medium und Ort der Inkarnation würdigen und darauf eine „ästhetische Theologie" aufbauen (K. Huizing).

BIBLIOGRAPHIE: E. Auerbach, Sermo humilis, in: Ders., Literatursprache und Publikum in der lateinischen Spätantike und im Mittelalter, Bern 1958, 25–53. – K. Huizing, Ästhetische Theologie, 3 Bde., Stuttgart 2000. 2002. 2004. – E. Norden, Die antike Kunstprosa, Bd. 2, Stuttgart [7]1974, 512–528. – F. Overbeck, Über die Anfänge der patristischen Literatur (1882), Darmstadt 1984. – M. Reiser, Sprache und literarische Formen des Neuen Testaments, Paderborn u.a. 2001. – O. Wischmeyer, Hermeneutik des Neuen Testaments, Tübingen/Basel 2004.

Klaus Neumann

III. Systematisch-theologisch

Die noch junge Disziplin der philosophischen Ä., erst von A.G. Baumgarten (1714–1762) in seiner *Aesthetica* als ‚Logik der unteren Erkenntniserlebnisse' auf den Weg gebracht, wurde bereits bei I. Kant (1724–1804) in seiner *Kritik der Urteilskraft* zu einer etablierten Disziplin, die zwischen dem erkennenden und sittlichen Bewusstsein vermittelte. Kant legte dabei allen Nachdruck auf das Gefühl der Lust oder Unlust beim wahrnehmenden Subjekt. Im deutschen Hochidealismus, namentlich bei F.W.J. Schelling (1775–1854), erreichte die Ä. als Philosophie der Kunst dann höchste Weihen, wurde sogar zum Organon philosophischer Arbeit schlechthin, sollte doch im Kunstwerk die Einheit von Geist und Natur sichtbar werden. Aber auch nach dem Zusammenbruch der idealistischen Philosophie konnte die Ä. ihre Eigenständigkeit immer wieder einklagen. Zuletzt bei M. Heidegger (1889–1976) und T.W. Adorno (1903–1969) musste sie leisten, was im nachmetaphysischen Zeitalter andere Disziplinen nicht mehr auszufüllen vermochten: die Entbergung von Wahrheit. Aktuell wird von vielen Autoren der Bedeutungshof des antiken Begriffs αἴσθησις (W. Welsch) *qua* Wahrnehmung wieder entdeckt. G. Böhme nennt seine *Vorlesungen über Ästhetik als allgemeine Wahrnehmungslehre* konsequent ‚Aisthetik'. Gesucht wird eine Ä., die sich nicht länger an der Urteilslogik – schön/hässlich oder wahr/falsch – orientiert, sondern die affektive Betroffenheit und das eigenleibliche Spüren (H. Schmitz) ins Zentrum des Interesses rückt. Der Schlüsselbegriff der neuen Ä. heißt jetzt ‚Atmosphäre'. Untersucht wird die Beziehung von Umgebungsqualitäten und menschlichem Befinden.

Schrittmacherdienste für die theologische →Rezeption der Ä. leistete A. Grözinger mit seinem Standardwerk *Praktische Theologie als Kunst der Wahrnehmung* (1995). H. Timm legte 1990 mit seiner Monographie *Das ästhetische Jahrzehnt* die Spur für eine bisher in vier Bänden von K. Huizing konzipierte *Ästhetische Theologie* (2000 ff.). Gesten werden in diesem Konzept als Verdichtung von Atmosphären gedeutet. Die Theologie interessiert sich für diejenigen Gesten, in denen sich die Liebesatmosphäre konkretisiert. Inszeniert werden diese Gesten in den erzählerischen Partien des NT. Sie sind übersetzbar in andere Medien (Theater, Film, Bildende Kunst, Musik). Von hier aus wird auch die Nähe und die Distanz von ästhetischer und religiöser Erfahrung auslotbar.

Bibliographie: G. Böhme, Aisthetik, München 2001. – A. Grözinger, Praktische Theologie als Kunst der Wahrnehmung, Gütersloh 1995. – K. Huizing, Ästhetische Theologie, 3 Bde., Stuttgart 2000–2004. – Ders., Handfestes Christentum, Gütersloh 2007. – H. Schmitz, Der unerschöpfliche Gegenstand, Bonn 1990. – H. Timm, Das ästhetische Jahrzehnt, Gütersloh 1990. – W. Welsch, Ästhetisches Denken, Stuttgart 1990.

Klaas Huizing

IV. Literaturwissenschaftlich

Die literarische Ä. steht in einem engen und spannungsreichen Verhältnis zur Philosophiegeschichte der Ä. Schon vor der eigentlichen Gründung der Ä. im 18. Jh. stehen zwei Protoästhetiken – eine kallistisch mit dem Schönen (Plato) und eine rhetorisch v.a. mit der Dichtung argumentierende (Aristoteles) – konkurrierend nebeneinander. Mit der Herausbildung der Ä. als eigenständiger Wissenschaft der sinnlichen Erkenntnis (A.G. Baumgarten, G.F. Meier) fällt die Literatur zunächst aus dem unmittelbaren Fragehorizont der Ä. heraus. Diese Tendenz wird bei Kant sowohl mit Blick auf die transzendentale Ä. (in der die apriorische Struktur der Wahrnehmung verhandelt wird) als auch auf die Kritik des Geschmacksurteils (in deren Zentrum das Naturschöne steht) verschärft. Demgegenüber nimmt die frühromantische Ä. (Novalis, A.W. und F. Schlegel, F.W.J. Schelling), vermittelt über eine forcierte Theorie der Einbildungskraft, eine Aufwertung der Poesie vor, die als höchste Einzelkunst und zugleich als fundamentaler Grundzug aller Künste verstanden wird. Wie F. Hölderlin übernimmt zwar auch G.W.F. Hegel die Vorrangstellung der Poesie gegenüber den anderen Künsten, leitet diese aber nicht aus der allgemein poetischen Grundstruktur der Kunst, sondern aus deren Nähe zum absoluten Geist ab. Dem wird, ausgehend von F.D.E. Schleiermacher, der Typus der Künstlerästhetiken entgegengesetzt, deren Verfasser sich als Philosophen *und* Künstler verstehen. Diese Künstlerästhetiken bilden im ganzen 19. Jh. ein Gegengewicht zur akademischen Ä. (F.T. Vischer) und werden prominent von Literaten und in literarischen Texten formuliert (z.B. G. Büchner, H. Heine, O. Wilde, C. Baudelaire). Als am Ende des 19. Jh.s die psychophysiologisch orientierte ‚experimentelle Ä.' (G.T. Fechner, W. Wundt) die aisthetische Frage wieder aufnimmt, wird die Literatur gegenüber den anderen Künsten weder privilegiert noch marginalisiert. Im Zuge der von F. Nietzsche her forcierten Kombination einer physiologisch grundierten und rhetorisch gewendeten Ä. löst sich die Frontstellung zwischen literarischer und philosophischer Ä. in dem Maß auf, in dem sich das Sprechen über Ä. einer klaren disziplinären Zuordnung verweigert und gerade in dieser Kontamination des Philosophischen mit dem Literarischen (und umgekehrt) eine ästhetische Haltung erkennbar werden lässt (z.B. P. Valery, P. Handke, R. Barthes, J. Derrida).

Bibliographie: K. Barck et al., Art. Ästhetik/ästhetisch, in: Diess. (Hgg.), Ästhetische Grundbegiffe 1, Stuttgart/Weimar 2000, 308–400.

Roland Borgards

V. Philosophisch

Mit der Bestimmung, sie behandle die Anschaulichkeit von Bedeutung in der schönen Kunst, vereinigt die im 18. Jh. entstehende Disziplin verschiedene Themenstränge zu einem bis heute spannungsreichen Feld. Der Name Ä. wurde von Baumgarten 1750 für eine Lehre von den „unteren Erkenntnisvermögen" eingeführt. Wie Empirismus und Sensualismus untersucht sie die Wahrnehmung (αἴσθησις) und die in der aristotelischen Rhetorik beheimateten Affekte und Gefühle. Erst später finden das Schöne und die Kunst sowie das im rhetorischen und religiösen Kontext diskutierte Erhabene Eingang in die Ä. Das Schöne war in der platonischen Tradition von Sinnlichkeit und menschlicher Produktion unbehelligt geblieben, während die Kunst seit der aristotelischen Poetik weder als schön noch als sinnlich interessierte. Erst die Abgrenzung von den ‚mechanischen Künsten' brachte seit dem 17. Jh. einen Kanon der ‚schönen Künste und Wissenschaften' hervor.

Mit I. Kants *Kritik der Urteilskraft* wird die junge Disziplin fundiert. Kant behält den Namen Ä. der erkenntniskritischen Behandlung von Raum und Zeit vor, aber er begründet die Erfahrung des Schönen und Erhabenen in einem nicht objektiven reflektierenden Urteil, so dass danach nicht nur der ästhetischen Erfahrung, sondern auch den Kunstwerken eine der Religion und der Philosophie vergleichbare Wahrheit zugesprochen werden konnte (F.W.J. Schelling, G.W.F. Hegel). Auch als anthropologische Ansätze wieder an Boden gewonnen hatten, wirkte der Impuls der idealistischen Wahrheitsästhetik in lebensphilosophischen, existentialistischen, hermeneutischen und neomarxistischen Ä.en weiter und wurde angesichts der Kunst der Moderne kritisch vertieft. Seit den 1970er Jahren wurden Ontologie und Bedeutung von Kunstwerken analytisch diskutiert, aber auch, angeregt durch Phänomenologie und Rezeptionsästhetik, eine Theorie ästhetischer Erfahrung ausgearbeitet. Während sich die Ä. in der vernunftkritischen →Postmoderne zum Differenzdenken entgrenzte, wurde umgekehrt die poststrukturalistische Philosophie als eine von ethischen und Wahrheitsfragen freizuhaltende Ä. disziplinarisiert. Auf Theorie- und Problemverlust in den entsprechenden Wissenschaften reagieren heute Sonderästhetiken (Musikphilosophie, Architekturphilosophie, philosophische Bildtheorie). Ihre philosophische Unverzichtbarkeit beweist die Ä., wo sie die Anregung J.G. Fichtes aufgreift, sich als das Medium der Reflexion der Möglichkeit des Philosophierens zu verstehen.

Bibliographie: T.W. Adorno, Ästhetische Theorie (1970), Gesammelte Schriften, Bd. 7, Frankfurt a.M. 1990. – K. Barck et al. (Hgg.), Ästhetische Grundbegriffe, Historisches Wörterbuch in sieben Bänden, Stuttgart/Weimar 2000–2005. – A. Kern/ R. Sonderegger, Falsche Gegensätze, Frankfurt a.M. 2002. – R. Schmücker, Was ist Kunst?, München 1998. – W. Tatarkiewicz, Geschichte der sechs Begriffe Kunst, Schönheit, Form, Kreativität, Mimesis, ästhetisches Erlebnis, Frankfurt a.M. 2003 [Warschau 1976].

Brigitte Hilmer

Allegorese →Allegorie/Allegorese

Allegorie/Allegorese

I. Alttestamentlich

Die Allegorese als exegetisches Verfahren, das den tieferen Sinn des →AT bzw. seiner → Texte erfassen will, ist im Hinblick auf das AT v.a. im NT und in der Geschichte der kirchlichen →Auslegung wichtig. Als hermeneutische Technik kommt sie nicht im AT selbst vor, sondern vielmehr in der christlichen → Rezeption zum Nachweis der Erfüllung des AT im Leben und Werk Jesu sowie in der jüdischen →Tradition zur Begründung rabbinischer Positionen. Wo das AT (bes. Hld) in der Kirche und im Judentum eine reiche Tradition als Gegenstand der allegorischen *Auslegung* hat, wird aber meist vorausgesetzt, dass die Sinnpotentiale des AT zugleich mit den Worten des Textes inspiriert und daher nicht in den Rezipienten liegen, sondern *im Text* selbst kodiert sind.

Im AT ist die A. als *Gattung* nicht in gleichem Maße prominent und als *literarisches* Verfahren relativ spärlich vertreten. Freilich sind die Grenzen zwischen ‚echten' A.n (etwa Jes 5,1–7), Metapherreihen (Koh 12,3–4.6) und Personifikationen (Spr 9,1–6.13–18) schwer zu bestimmen, wobei die Bildersprache der Apokalyptik (→apokalyptische Literatur) normalerweise zwar als eigene Textsorte aufgefasst wird, von der Sache her aber auch als ἀλληγορία (‚anders Gesagtes') betrachtet werden kann.

Die Personifikation der Weisheit und der Torheit als Frauen (Spr 8.9) entwickelt die öfter verwendete, aber unausgeformte oder implizite Personifikation des Phänomens in der →Weisheitsliteratur (etwa Spr 2,3; 3,16; 6,22) in Verbindung mit weiteren Elementen – Lehrerin (Spr 8,5–6), Beraterin (Spr 8,14), Gastgeberin (Spr 9,5), Geliebte (Spr 8,21.35) – zu allegorischen Gedichten. Hier wird die Einheitlichkeit der A. durch die „Ausdehnung einer Personifikation über einen ganzen Text oder Textabschnitt" (B.F. Scholz, 41) herbeigeführt. Anderer Art sind die A.n des Alterns (Koh 12,3–4) und des Sterbens (Koh 12,5–6), in denen jeweils eine Reihe von →Metaphern aus der Außenwelt (Haushalt und Brunnen) für die Vergänglichkeit des menschlichen Körpers verwendet werden. Das entspricht dem „mehrteilige[n], nur durch Gleichheit des Bildfeldes verknüpfte[n] Metaphernkomplex" (B.F. Scholz, ebd.).

In der →prophetischen Literatur finden sich auch kurze metaphorische Elemente, die als Kurzallegorien verstanden werden können (etwa Am 2,9; 5,2), sowie zusammenhängende allegorische Gedichte, etwa das Lied vom Weinberg (Jes 5,1–7). In diesem Text wird die A. mit einem erklärenden Schlüssel (*moralisatio*) abgeschlossen, damit die Intention der A. mitgegeben werden kann (*allegoria permixta*).

Bibliographie: J. Barr, The literal, the allegorical and modern biblical scholarship, in: JSOT 44 (1989), 3–17. – A.J. Bjørndalen, Untersuchungen zur allegorischen Rede der Propheten Amos und Jesaja, Berlin 1986. – C. Dohmen, Vom vielfachen Schriftsinn, in: T. Sternberg (Hg.), Neue Formen der Schriftauslegung, Freiburg i. Br. u.a. 1992, 13–74. – C. Jacob, Allegorese: Rhetorik, Ästhetik, Theologie, ebd., 131–163. – B. Scholz/W. Blank, Art. Allegorese, Allegorie, in: RLW 2 (2007), 40–48.

James Alfred Loader

II. Neutestamentlich

A. wird in der antiken →Rhetorik mit → Rätsel, Sprichwort und Ironie verknüpft (Philodemus v. Gadara). Definitionskern ist, dass sie etwas anderes sagt, als sie meint (Tryphon). Baustein der A. ist die →Metapher (Cicero, Quintilian). Quintilian zählt sie zu den uneigentlichen Sprachformen (‚Tropen'; *inst.* 8,6). Sie kann, muss aber nicht verhüllend wirken (Cic. *orat.* 27,94) und eignet sich in der Poesie als Mittel der Chiffrierung. Schwer verständliche A.n bzw. Rätsel sind für den rhetorischen Gebrauch ungeeignet (*inst.* 8,6,52). Rhetorisch effizient ist die Vermischung von →Gleichnis, A. und Metapher (*inst.* 8,6,49).

Mentor der modernen Allegoriekritik ist A. Jülicher. Er definiert in Anlehnung an Quintilians Substitutionsmodell A. als diejenige „Redefigur, in welcher eine zusammenhängende Reihe von Begriffen [...] vermittelst einer zusammenhängenden Reihe von ähnlichen Begriffen aus einem andern Gebiete" dargestellt wird (1910 I, 80). A. und ihr Baustein →Metapher sind übersetzungsbedürftig und Jesus abzusprechen (a.a.O., 118). Dieses Urteil wirkt bis heute fort.

Durch die Aufwertung der Metapher in der Sprachwissenschaft seit 1960 ersetzt das Interaktionsmodell das Substitutionsmodell: Metaphern sind ‚eigentliche', Sinn schöpfende Redeweise (po[i]etische Funktion) und gelten als Bausteine von Gleichnis und →Parabel.

Auch das Phänomen des Allegorischen wird seit H.-J. Klauck revidiert. Unterschieden werden A. (als literarisches Gestaltungsmittel), Allegorisierung (als im NT beginnender Prozess allegorischer Aufladung von Texten) und Allegorese (als seit der Antike gängige hermeneutisch-exegetische →Methode). Allegorische Elemente wie Metaphern, konventionalisierte Bildfelder, Anspielungen etc. sind Bausteine von Gleichnis, Parabel und Beispielerzählung. Sie verweisen auf eine Sinnebene jenseits des wörtlichen Textsinns. Der seit Jülicher negativ konnotierte Allegoriebegriff ist damit als Kategorie der Gleichnisexegese fragwürdig geworden (R. Banschbach Eggen).

Umstritten ist Allegorese als legitimes Auslegungsverfahren. Jülicher hat allegoretischer Willkür Einhalt geboten. Ntl. Allegoresen (z. B. christologische Interpretation des AT) können jedoch als authentische Modelle für eine hermeneutisch angemessene Reformulierung des →Evangeliums angesehen werden. Leitend ist ein historisch gewendeter Begriff von →Inspiration. Die Rekonstruktion des ursprünglichen Verstehenskontextes und die Analyse allegorischer Elemente trägt der interaktiven Eigenart bildhafter Sprachformen Rechnung und ist historisch-kritisch angemessen.

BIBLIOGRAPHIE: R. Banschbach Eggen, Gleichnis, Metapher, Allegorie, Tübingen/Basel 2007. – K. Erlemann, Allegorie, Allegorese, Allegorisierung, in: R. Zimmermann, Hermeneutik der Gleichnisse Jesu, Tübingen 2008, 482–493. – Ders., Gleichnisauslegung, Tübingen/Basel 1999. – A. Jülicher, Die Gleichnisreden Jesu, 2 Bde., Tübingen [2]1910. – H.-J. Klauck, Allegorie und Allegorese in synoptischen Gleichnistexten, Münster 1978. – G. Sellin, Allegorese, Typologie, Midrasch, in: K. Erlemann et al. (Hgg.), Neues Testament und Antike Kultur, Bd. 1, Neukirchen 2004, 68–71.

Kurt Erlemann

III. Kirchengeschichtlich

Allegorese (von ἄλλως λέγω, ἀλληγορέω; anders reden) ist eine Methode der →Auslegung überkommener, kulturell autoritativer → Texte, die durch Erhebung eines geänderten Bedeutungsgehaltes deren Gegenwartsrelevanz zu sichern sucht. Für Quintilian ist Allegorese *translatio continuata* (*inst.* 8,6,44). Die Allegorese wurde in der paganen griechisch-römischen Antike (z. B. in der Stoa) und Spätantike (z. B. im Neuplatonismus) ebenso geschätzt wie im hellenistischen Judentum (z. B. Aristobul, Philo von Alexandrien) und im frühen und mittelalterlichen Christentum. Zunächst nicht unumstritten, setzte sich die Allegorese bei den Christen seit dem 3. Jh. zunehmend durch. Die christliche Apologetik wandte die →Methode auch auf pagane Texte an: Die Odyssee z. B. galt Vielen als Sinnbild der Fahrt des Christen durch den Lauf der Welt.

In der →Auslegung der →Bibel, v. a. des → AT, sind Clemens v. Alexandrien und v. a. Origenes wichtige Vertreter der allegorischen →Methode. Für Origenes (gest. 253) muss die Allegorese angewendet werden, wo ein wörtlicher (‚leiblicher') Sinn unzureichend oder nicht vorhanden ist, um den übertragenen (‚seelischen/moralischen' und ‚geistlichen') aufzufinden. Er unterscheidet je nach Bibelstelle drei (*princ.* 4,2,4) oder zwei →Schriftsinne (*in Jo.* 6,4,22), wobei der übertragene als *sensus plenior* gilt. Im 4. und 5. Jh. vollzog die antiochenische →Exegese eine Rückbesinnung auf den ‚historischen' Sinn, während die Alexandriner die origeneische Linie weiterverfolgten. Im Westen wirkte die Allegorese des Origenes u. a. auf Ambrosius v. Mailand, dessen Auslegung wiederum Augustin seine Vorbehalte gegen anstößige Passagen des AT überwinden und einen neuen Zugang zur Bibel finden half. Über Augustin entwickelt sich im Frühmittelalter die Lehre von den vier →Schriftsinnen (*Quadriga*), dem historischen und den mittels Allegorese zu ermittelnden allegorischen, tropologisch-moralischen, und anagogisch-eschatologischen; letzteren dreien ist die Trias Glaube – Liebe – Hoffnung zugeordnet. Johannes Cassian (*conl.* 14,8) unterscheidet dementsprechend vier Bedeutungen für Jerusalem: Die Stadt, die Kirche, die menschliche Seele und die eschatologische Stadt Gottes. In der Scholastik ist u. a. Thomas von Aquin prominenter Vertreter einer methodisch hoch reflektierten Allegorese. Mit der Reformation und der historisch-kritischen →Exegese der Neuzeit trat die Bedeutung der Allegorese stark zurück. Gegenwärtig zeigt sich beim Interesse an den über den wörtlichen Sinn hinausgehenden übergeordneten Bedeutungsgehalten der Bibel eine neue Hinwendung auch zur Allegorese.

BIBLIOGRAPHIE: C. Kannengießer (Hg.), A handbook of patristic exegesis, Leiden 2003. – U. Körtner, Schrift und Geist, in: NZSTh 36 (1994), 1–17. – H. de Lubac, Typologie, Allegorie, geistiger Sinn, Einsiedeln 1999. – E. Mühlenberg, Art. Griechische Patristik II., in: ThR.NF 61 (1996), 275–310. – B. Neuschäfer, Origenes als Philologe, Basel 1987. – B. Studer, Die patristische Exegese, in: REAug 42 (1996), 71–95.

Jörg Ulrich

IV. Systematisch-theologisch

Werden →Metaphern oder →Gleichnisse wörtlich genommen, werden sie absurd (Arbeiter im Weinberg). Beide zielen auf eine Pointe (wie ein Witz), die den Fokus bildet und deren Performanz bestimmt. Werden die Voraussetzungen von Metaphern und Gleichnissen ‚reifiziert', entsteht Metaphysik (oder →Mythos, wie in der Gnosis). Werden die einzelnen Erzählelemente eines Gleichnisses verselbständigt, entstehen Allegoresen – die die Pointe des Gleichnisses zerstreuen (disseminieren). Das ist bereits in den späteren Fortschreibungen ntl. Gleichnisse geschehen und wird in der Regel als Verunklärung, wenn nicht Verfall beurteilt.

Das Mittelalter hat seit Origenes die Allegorese methodisiert und nobilitiert in der Lehre vom vierfachen →Schriftsinn (nach Johannes Cassian): *Littera gesta docet*, Der Buchstabe lehrt die Ereignisse, *quid credas allegoria*, was du zu glauben hast, die Allegorie, *moralis quid agas*, die Moral, was du zu tun hast, *quo tendas anagogia*, wohin du streben sollst, die Anagogie.

Bis heute wird der vierfache Schriftsinn als Lehre der römisch-katholischen Kirche vertreten (Katechismus der Katholischen Kirche, 109–119).

In protestantischer Tradition ist die Allegorese mit der Kritik des vierfachen Schriftsinns durch M. Luther jedoch obsolet geworden. Seine Konzentration auf den Literalsinn führte in die historisch-philologisch präzise →Exegese, wie sie in der Neuzeit maßgebend wurde. Luthers *theologische* →Auslegung indes geht darüber hinaus in der Frage danach, ‚was Christum treibet'. Insofern zeigt sich das theologische Ungenügen an dem reinen Literalsinn – ohne indes zu allegorisieren. Die christologische Fokussierung der Schriftauslegung zielt nicht auf ein ‚Was', sondern auf den ‚Wen'.

Dieser Fokus wirkt als hermeneutisch-kritisches Regulativ gegen die Verselbständigung einzelner Erzählelemente der →Evangelien wie der Gleichnisse. Daher ist der Vervielfältigung des Schriftsinns die nüchterne historische →Interpretation entgegenzuhalten und der frommen Dissemination der → Schrift die christologische Konzentration. Allerdings zeigen der vierfache Schriftsinn und die Allegorese im Besonderen, dass die historische Interpretation *allein* für Glauben und Theologie unzureichend wären. Insofern ist die mutmaßliche *intentio recta* der A. anzuerkennen, auch wenn die →Methode der Vervielfältigung und Vierteilung des Schriftsinnes inakzeptabel bleibt.

BIBLIOGRAPHIE: R. Banschbach Eggen, Gleichnis, Allegorie, Metapher, Tübingen/Basel 2007. – W. Harms et al. (Hgg.), Bildhafte Rede in Mittelalter und früher Neuzeit, Tübingen 1992. – W. Haug (Hg.), Formen und Funktionen der Allegorie, Stuttgart 1979. – E. Horn/M. Weinberg (Hgg.), Allegorie, Opladen u. a. 1998. – Katechismus der katholischen Kirche, München u. a. 1993. – G. Kurz, Metapher, Allegorie, Symbol, Göttingen 1982. – H. de Lubac, Exégèse médiévale: les quatre sens de l'Écriture, 4 Bde., Paris 1959–1964. – Ders., Typologie, Allegorie, geistiger Sinn, Einsiedeln 1999. – F. Ohly, Schriften zur mittelalterlichen Bedeutungsforschung, Darmstadt 1977. – K. Reichert, Vielfacher Schriftsinn, Frankfurt a. M. 1989.

Philipp Stoellger

V. Judaistik

In hellenistisch-jüdischer Exegese blieb von den hermeneutischen Optionen des Hellenismus, der alexandrinischen (kritischen) und der pergamenischen (allegorisierenden), nach anfänglichen Versuchen mit beiden nur die letztere in Gebrauch.

(1) Der alexandrinische Jude Aristobul fragte nach Realien (*Frg.* 1) und löste Metaphern unter genauer Beobachtung des Sprachgebrauchs auf (*Frg.* 2,4,5).

(2) Der pseudepigraphe Arist. deutet etwa zeitgleich in § 128–171 die Opfervorschriften als Symbole für die moralische Disposition der Opfernden.

(3) Philo v. Alexandrien (1. Hälfte 1. Jh. n. Chr.) kultiviert diese Suche nach →Sinn in den Bestimmungen des Pentateuchs, auch den scheinbar willkürlichsten, da er zu deren Einhaltung motivieren möchte. Kannte die von ihm übernommene pergamenische Allegoristik zwei Ebenen des Übertragens, nämlich ‚Physik' (Naturkunde) und Ethik, so fügt er gern noch einen mystischen Sinn hinzu (J. Daniélou), was zusammen mit dem durch Paraphrase gesicherten Wortsinn die →Hermeneutik des vierfachen →Schriftsinns ergibt; am klarsten in den *Quaestiones in Genesim* und *in Exodum*. Drei Viertel von Philos Werken geben eine Schriftauslegung, die man ‚hellenistisch-jüdischen Midrasch' nennen kann (s. F. Siegert).

Nur im Extremfall verwirft er den Wortsinn, etwa in *somn.* 1,102 zu Dtn 25,4 (vgl. 1 Kor 9,9), und nimmt nur einen übertragenen Sinn an. Allegorese dient ferner zur Leugnung des Mythischen in den Texten. So wird Adams ‚Rippe' als ‚Kraft' interpretiert (*LA* 2,21) oder die Schlange als ‚Lust' (*agr.* 197).

Eine besondere Rolle spielen die biblischen Namen: Aus *Onomastika,* welche die hebräischen Namen ins Griechische übersetzen, gewinnt er eine Typologie menschlicher Charaktere und Verhaltensweisen.

(4) Die *Rabbinen* haben Allegoresen gepflegt (z. B. *bEr* 53b). Im Allegorisieren des Schriftsinnes sind manche von ihnen sehr frei (Hoshaja Rabba kannte vielleicht über Origenes Philos Schriften). Ihr Anliegen ist nicht, mythisches Sprechen durch wissenschaftliches zu ersetzen; Anthropomorphismen bleiben stehen (Milderungen in den Targumim). Das Hohelied gilt insgesamt als A. auf das enge Verhältnis zwischen Gott und Israel.

Bibliographie: Y. Amir, Die hellenistische Gestalt des Judentums bei Philon von Alexandrien, Neukirchen 1983. – D.I. Brewer, Techniques and assumptions in Jewish exegesis before 70 CE, Tübingen 1992. – J. Daniélou, Philon d'Alexandrie, Paris 1958 (bes. 102–142). – C. Dohmen/G. Stemberger, Hermeneutik der Jüdischen Bibel und des Alten Testaments, Stuttgart 1996, 75–109. – K. Hoheisel, Art. Hermeneutik C., in: RAC 16 (1988), 739–751. – F. Siegert, Early Jewish interpretation in a Hellenistic style, in: M. Sæbø (Hg.), HBOT. Hebrew Bible/ Old Testament, Bd. I/1, Göttingen 1996, 130–198. – Ders., Hellenistic Jewish Midrash, in: J. Neusner/ A. Avery-Peck (Hgg.), Encyclopedia of Midrash, Bd. 1, Leiden 2005, 199–250.

Folker Siegert

VI. Islamwissenschaftlich

Die sunnitische Koranauslegung, wie sie aṭ-Ṭabarī (gest. 923) oder al-Baiḍāwī (gest. um 1286) repräsentieren, konzentriert sich auf den Literalsinn des →Textes. Sie hat einen sprachwissenschaftlichen und überlieferungsorientierten Charakter; Allegorese ist ihr fremd. Eine figurative →Deutung einzelner Koranverse (*ta'wīl*) hat erstmals die Muʿtazilah vertreten, eine seit dem 8. Jh. entstandene theologische Strömung, die aufgrund ihrer Überzeugung von der Einfachheit des göttlichen Wesens jeglichen Anthropomorphismus ablehnte und entsprechende koranische Ausdrucksweisen metaphorisch auslegte. Ähnliches lehrte auch der Begründer der Almohaden-Bewegung, Ibn Tūmart (gest. 1130). Allegorese dient hier dazu, einen als vernunftwidrig wahrgenommenen Wortsinn durch ein alternatives Verständnis zu ersetzen, so dass man von ‚eliminativer' Allegorese sprechen kann. Bei Philosophen wie al-Farābī, Avicenna (Ibn Sīnā) und besonders Averroes (Ibn Rušd) wird dieser Ansatz esoterisch angereichert: Aufgabe religiöser Offenbarungen ist es, der ungebildeten Masse philosophische Wahrheiten auf bildliche Weise zu vermitteln, während die wahre →Bedeutung der dazu verwendeten →Symbole und →Gleichnisse sich nur dem Philosophen erschließt und einfachen Gläubigen nicht mitgeteilt werden sollte. Die philosophische Allegorese führt bei Ibn Ṭufail (*Ḥaiy ibn Yaqẓān*) und as-Suhrawardī zur Entstehung eines neuen literarischen Genres, der *allegori-*

schen Erzählung, welches später die persische Dichtung entscheidend beeinflusst hat.

Im Gegensatz zu eliminativen Allegoresen gehen sufische und schiitische Exegeten davon aus, dass allegorische Deutungen den Literalsinn nicht ersetzen, sondern bereichern. So unterscheidet ein Muḥammad zugeschriebener Ausspruch vier parallele Sinnschichten des →Korans. Wichtiger war jedoch die binäre Unterscheidung von ‚äußerem' (*ẓāhir*) und ‚innerem' (*bāṭin*) Schriftsinn. Bei sufischen Exegeten, deren →Überlieferungen etwa von as-Sulamī (gest. 1021) gesammelt wurden, hat der innere →Schriftsinn häufig einen psychologisch-initiatorischen Gehalt: So werden koranische Erzählungen wie die Siebenschläferlegende oder die Begegnung von Moses mit einem anonymen Weisen (Sure 18) als Sinnbilder des Fortschreitens des Gläubigen auf dem sufischen (mystischen) Pfad gelesen. Für schiitische Koranausleger besteht der innere Sinn des Korans v.a. in Aussagen, die sich auf die sieben oder zwölf Imame – nach schiitischem Glauben die rechtmäßigen Nachfolger Muḥammads – beziehen.

BIBLIOGRAPHIE: G. Böwering, The mystical vision of existence in classical Islam, Berlin 1980. – Ders., The scriptural „senses" in medieval Ṣūfī Qurʾān exegesis, in: J. McAuliffe et al. (Hgg.), With reverence for the word, Oxford 2003, 346–365. – I. Goldziher, Die Richtungen der islamischen Koranauslegung, Leiden 1920. – P. Heath, Allegory and philosophy in Avicenna (Ibn Sînâ), Philadelphia 1992. – P. Lory, „Les commentaires ésotériques du Coran" d'après ʿAbd al-Razzāq al-Qāshānī, Paris 1980.

Nicolai Sinai

VII. Altphilologisch

Der vieldeutige Ausdruck A. leitet sich von dem griechischen Wort ἀλληγορία (‚das anders Sprechen') her. In der →Rhetorik bezeichnet A. eine Gedankenfigur, nämlich eine Reihe von →Metaphern, bei der ‚etwas anderes gesagt wird, als verstanden werden muss' (*Cic. de orat.* 3,166 [ohne den Terminus]; vgl. Quint. *inst.* 8,6,44; 9,2,46). Des Weiteren meint A. eine Schreibweise, die gleichsam hinter dem Wortlaut ein Anderes hervortreten lassen will, das zum unmittelbar Ausgedrückten im Verhältnis der →Analogie oder Ähnlichkeit steht; besonders beliebt ist die ausgedehnte Personifikation von Abstrakta (z.B. die Figur der Fama in Verg. *Aen.* 4,173). Schließlich kann A. eine eigenständige →Textsorte bezeichnen; ein wichtiges Beispiel ist Prudentius' Epos *Psychomachia*, das mit der Schilderung einer Schlacht zwischen christlichen Tugenden und heidnischen Lastern den Kampf in der Seele des Menschen darstellen möchte. Allen diesen Formen uneigentlichen Sprechens ist gemein, dass der Rezipient vom Gesagten auf die intendierte zweite Bedeutungsebene zu schließen hat (→Schriftsinn, vielfacher).

Das exegetische Prinzip, einen →Text allegorisch zu deuten, bezeichnet man mit einem modernen Terminus als Allegorese. In der Antike werden üblicherweise zwei Arten unterschieden, eine physikalische, die sich auf kosmische Erscheinungen oder Elemente bezieht, und eine moralisierende. Die Anwendung der Allegorese beginnt mit Theagenes (um 550 v.Chr.), der Homer gegen Angriffe von Moralisten zu verteidigen sucht, indem er z.B. die Theomachie (*Il.* 20) als A. des Kampfes der Elemente interpretiert. Der Derveni-Papyrus (um 350 v.Chr. [?]) bietet Allegorese orphischer Texte. Beliebt wird dieses Verfahren dann v.a. in der Stoa (u.a. Metrodoros von Lampsakos; Kornutos; Herakleitos [1. Jh.]). Später deutet der Neuplatoniker Porphyrios die Grotte der Nymphen (*Od.* 13,102–112) als A. des Universums. Im Lateinischen gilt die Allegorese namentlich Vergil: Eine ganze Reihe allegorischer Erklärungen finden sich bei dem Kommentator Servius (4. Jh.), neuplatonische Deutungen bieten Macrobius und Fulgentius, für den Gegenstand der *Aeneis* der Aufstieg der menschlichen Seele zur Vollkommenheit ist. In Mittelalter und Renaissance ist die allegorische Vergildeutung sehr verbreitet. Abgelehnt wurde die Homer-Allegorese z.B. von Eratosthenes und Aristarch (2. Jh. v.Chr.), auf den wahrscheinlich die Maxime ‚Homer aus Homer [erklären]' zurückgeht.

BIBLIOGRAPHIE: H. Cancik Lindemaier, Art. Allegorese/Allegorie, in: Handbuch religionswissenschaftlicher Grundbegriffe 1 (1988), 424–432. – H. Chadwick, Antike Schriftauslegung, Berlin/New York 1998. – W. Freytag, Art. Allegorie, Allegorese, in: HWRh 1 (1992), 330–393. – I. Heinemann, Altjüdische Allegoristik, Breslau 1936. – J.C. Joosen/J.H. Waszink, Art. Allegorese, in: RAC 1 (1950), 283–293. – C. Walde, Art. Allegorie, in: DNP 1 (1996), 523–524.

Siegmar Döpp

VIII. Literaturwissenschaftlich

Der Begriff geht auf griech. ἄλλως ἀγορεύειν, ‚anders als auf dem Marktplatz, der ἀγορά, reden' zurück. Die A. ist nicht nur Teil der rhetorischen Stillehre, sondern in ihrer Eigenschaft als uneigentliche Rede besitzt sie auch poetologische Bedeutsamkeit. Spätestens seit der Moderne tritt sie als Philosophem auf, an dem sich der Differenzcharakter von →Sprache veranschaulicht. Darüber hinaus fungiert sie als Mittel der →Exegese (Allegorese) eines vorhandenen Textes, dem ein anderer Sinngehalt übergeordnet ist. Mit Allegorisierung wird das poetische Verfahren benannt, welches allegorische Texte hervorbringt.

(1) A. als rhetorische Figur: Die auch als Sprungtrope (H. Lausberg) bezeichnete A. ist seit der Antike wichtiges Element des sprachlichen Schmucks und damit Quell der *elocutio*; ein eigentlicher Ausdruck (*proprium*) wird durch einen uneigentlichen (*improprium*) substituiert. Die Beziehung zwischen Bild und →Bedeutung ist willkürlich gesetzt und regt zur Reflexion an (I. Kant, *Kritik der ästhetischen Urteilskraft*, §59). Durch diese Technik der Verfremdung tritt das Darzustellende gerade durch das Moment der Distanz umso deutlicher hervor. Insofern inszeniert die A. ein anwesend Abwesendes. Viele Begriffsallegorien wurden durch ihre häufige Verwendung mit der Zeit aber auch ohne Aufschlüsselung lesbar. Besonders im Mittelalter und in der Barockzeit entstanden durch freie Kombinationen neue A.n. Doch auch um 1800 ist die A. beliebtes Stilmittel; zunehmend entstehen allegorisch-symbolische Mischformen wie Novalis ‚blaue Blume'. Allen Allegoriekonzepten gemeinsam ist der Hinweis auf die Bedeutung hinter der Bedeutung, da die A. stets Ausdruck von Ambivalenz und Differenz ist. Als solches Reflexionsorgan besitzt sie poetologische Bedeutsamkeit.

(2) A. als Philosophem: Durch die Inszenierung eines anwesend Abwesenden wird zugleich die sprachphilosophische Aufladung der A. verdeutlicht (s.o.). Wenn J.J. Winckelmann die A. als ‚Symptom des Zerfalls' bezeichnet, macht er auf die Differenz zwischen Bild und Idee aufmerksam. In dessen Folge argumentiert auch W. Benjamin, der mit seinem ‚Trauerspielbuch' eine Theorie vorlegt, nach der die A. durch die ihr eigenen Bewegungen der Destruktion und Montage die Melancholie über die sprachliche Differenz kompensiert. Während die Affinität zwischen Bild und Idee lange Zeit Ausgangspunkt der A. war, löst der →Poststrukturalismus diese Bindung auf. Die A. wird zum sprachlichen →Zeichen der Differenz an sich und damit zur Sprachform der Leere (P. de Man).

Bibliographie: W. Benjamin, Ursprung des deutschen Trauerspiels, Frankfurt a.M. 1928. – W. Haug (Hg.), Formen und Funktionen der Allegorie, Stuttgart 1979. – A. Haverkamp, Allegorie, Ironie und Wiederholung, in: M. Fuhrmann et al. (Hgg.), Text und Applikation, München 1981, 561–567. – I. Kant, Kritik der ästhetischen Urteilskraft, in: Werkausgabe, Bd. 10, hg. v. W. Weischedel, Frankfurt a.M. 1974. – G. Kurz, Metapher, Allegorie, Symbol, Göttingen [4]1997. – H. Lausberg, Elemente der literarischen Rhetorik, München [10]1990. – P. de Man, Allegories of reading, New Haven/London 1979 [*dt.* Allegorien des Lesens, Frankfurt a.M. 1988]. – W. Reijen (Hg.), Allegorie und Melancholie, Frankfurt a.M. 1992. – J.J. Winckelmann, Gedanken über die Nachahmung der griechischen Werke in der Malerei und Bildhauerkunst, in: Ders., Kunsttheoretische Schriften 1, Dresden 1962 [1756].

Stephanie Waldow

Alterität

In einem binären Modell von →Identität und A. bezeichnet A. den Anderen von zweien, wobei die wahrgenommenen oder unterstellten Differenzen eine relationale Selbstdefinition über Abgrenzung erlauben. Im Gegensatz zum Fremden (*alius* oder ξένος) gilt *alter* nicht als ein beliebiger Anderer, sondern als ein *alter ego*, als der zweite von zwei einander zugeordneten und prinzipiell gleichartigen Identitäten. Eine solche komplementär gedachte Andersheit findet sich auf individueller wie auf kollektiver Ebene und kann, wie im Fall der Geschlechtsidentität, auch essentialistisch aufgefasst werden: Bevor der Feminismus geschlechtliche A. als diskursives und insofern historisch und kulturell variables Konstrukt entlarvte, galt die Frau als das ‚andere Geschlecht' und wurde als Mängelwesen betrachtet. Eine ähnliche Asymmetrie mit inferiorisierenden Alteritätskonzepten findet sich in kolonialen Kontexten, in denen etwa okzidentale Identitäten in der Ab- und Ausgrenzung vom ‚Orientalismus' (E. Said) konstruiert und zum normativen Maßstab erhoben werden. In poststrukturalistischen Ansätzen werden die machtförmigen Prozesse des *othering* innerhalb einer weißen, männlichen und heterosexuellen Matrix analysiert und die vermeintlich stabile Selbstidentität mitsamt ihrer Differenzen zum Anderen dekonstruiert (H.K. Bhabha, G.C. Spivak, J. Butler). Unter Rückgriff auf die poststrukturale Psychoanalyse (J. Lacan) wird das Andere nicht mehr nur als imaginäres Selbst, sondern auch als symbolischer Anderer begriffen, der eine unabschließbare diskursive Struktur des Begehrens eröffnet, so dass das Unbewusste als Diskurs des Anderen gelten kann.

In einer Kulturhermeneutik, die von pluralen und performativen Identitäten ausgeht sowie von inter- und intrakulturellen Überschneidungen und Mehrfachzugehörigkeiten (bezüglich Alter, Ethnie, Geschlecht, Religion, sexueller Orientierung, sozialer Schichtung etc.), wird der Blick nicht mehr so sehr auf Abgrenzung, sondern auf Binnendifferenzen, auf ein ‚Dazwischen' sowie auf dezentrierende Verschiebungen (*différance*) gelegt. Im Anschluss an J. Derrida und E. Lévinas hat sich zudem eine ‚Ethik der A.' herausgebildet, die neben einer Einforderung von Anerkennung und Respekt für den Anderen auch die Unverfügbarkeit des Anderen postuliert; problematisiert wird damit das verstehende Be- und Ergreifen des Anderen im Sinne eines Verfügenwollens ebenso wie die Fürsprache für den Anderen, der dadurch selbst zum Verstummen gebracht wird.

BIBLIOGRAPHIE: H.K. Bhabha, Die Verortung der Kultur, Tübingen 1997. – E. Lévinas, Die Spur des Anderen, Freiburg 1983. – B. Schlieben-Lange (Hg.), Thema: Alterität, LiLi 110 (1998). – G.C. Spivak, Can the subaltern speak?, in: C. Nelson/L. Grossberg (Hgg.), Marxism and the interpretation of culture, Urbana 1988, 271–313. – H. Turk, Alienität und Alterität als Schlüsselbegriffe einer Kultursemantik, in: A. Wierlacher (Hg.), Kulturthema Fremdheit, München ²2001, 173–197.

Nadine Böhm/Doris Feldmann

Altes Testament

Einführung

Die Bezeichnung ‚AT' (lat. *Vetus Testamentum*, griech. παλαιὰ διαθήκη) entstammt der frühchristlichen Benennung für jenen Teil der kirchlichen →Heiligen Schrift, die schon in vorchristlicher Zeit allmählich als Sammlung von religiös autoritativen Büchern im alten Israel bzw. im frühen Judentum entstand. Die beiden Vokabeln des Namens drücken einen bewusst christlichen Begriff aus und legen eine umfassende hermeneutische Dimension für die exegetische und theologische Verwendung dieser Heiligen Schrift dar. Bereits bevor es vom Christentum übernommen und als AT benannt wurde, umfasste dieses jüdische Schrifttum nicht nur die hebräische Bibel (→Tanach), deren →Kanon vor dem Ende des ersten nachchristlichen Jahrhunderts freilich noch unabgerundet war, sondern auch die häufig in der frühen Kirche gebrauchte griechische Übersetzung (→Septuaginta), die auch Schriften nichthebräischen Ursprungs enthielt.

Das Substantiv ‚Testament' geht auf lat. *testamentum* (‚Verfügung') zurück, das in der altlateinischen Fassung des AT dort üblich ist, wo im hebr. *berit*, →‚Bund', steht. Wo die Septuaginta *berit* fast immer mit διαθήκη (‚Bund', ‚Verfügung') übersetzt, wird aber im Latein der späteren →Vulgata (ca. 405 n. Chr.) meist *foedus* (‚Vertrag', ‚Bündnis') oder *pactum* (‚Vertrag', ‚Abkommen') verwendet und nur selten *testamentum*, dessen Deutungsmöglichkeit als ‚letztwillige Verfügung' damit entgegengewirkt wird.

Die Qualifikation mit dem Adjektiv ‚alt' setzt voraus, dass dem AT ein späteres Testament zur Seite gesetzt wurde, mit dem es trotz möglichen Unterschieden in einer solchen Kontinuität steht, dass das spätere sinnvoll ‚neu' genannt werden kann, ohne das frühere aufzulösen. Da die christliche →Bibel tatsächlich zwei Teile von unterschiedlichem Alter enthält, wird die Benennung ‚AT' ganz natürlich neben der des ‚Neuen' nahe gelegt.

In dieser Bibel wird der ältere Teil so gründlich durch den jüngeren vorausgesetzt, ständig zitiert, interpretiert und endlich in der redaktionellen Anordnung sogar nachgebildet, dass damit eine Beziehung der Erneuerung oder Weiterführung, aber keinesfalls eine Abschaffung angedeutet wird.

James Alfred Loader

I. Alttestamentlich

Obwohl das AT ‚Testament' nicht als *Selbstbezeichnung* verwendet, werden Teile davon gelegentlich so benannt: Dtn 9,9–10 „Tafeln des Bundes" = Urkunde (Septuaginta: „die steinernen Tafeln des Testaments"). Die Weiterführung dieser Linie in der →Septuaginta zeigt, dass die Vorstellung der Schriftlichkeit des →Bundes im Judentum immer prominenter wurde. Obwohl διαθήκη meist *berit* als Bund im Allgemeinen übersetzt, kann es auch dessen schriftlichen Niederschlag andeuten. In 2 Chr 25,4 wird das „in der Tora, im Buch des Mose, Geschriebene" ein schriftliches Testament; Dan 9,13: „wie in der Tora von Mose geschrieben ist", wird: „Nach dem, was geschrieben ist im Testament Moses" (Septuaginta). Die Bezeichnung ‚Testament' wurde zum Terminus für die →Heilige Schrift Israels.

Zahlreiche *atl. Ausführungen* zum Bundesgedanken machen einsichtig, wie später von beiden Teilen der Bibel als ‚Testamenten' gesprochen werden konnte. Der hervorragende Begriff eines Bundes für die Beschreibung der Beziehung zwischen Gott und den Vorfahren, Israel oder dem König wird häufig durch den Gedanken der Erneuerung, Neubelebung oder Erweiterung zu einem neuen Sinn begleitet.

Gott schließt nach dem vorliegenden atl. Text *mehrmals* einen Bund mit Israels Vorvater, Abraham (Gen 15,18). Dessen Inhalt betrifft seine Nachkommen und bezieht sich daher auf die Zukunft. Als Weiterführung des früheren Bundes mit Abraham wird am Sinai ein neuer Bund mit Israel geschlossen (Ex 24,8). Der alte Bund ist damit keineswegs abgeschafft, sondern vielmehr erfolgreicher Berufungsgrund auf die göttliche Gnade trotz Israels Bundesbruch. Das führt zu einer neuen Bundesschließung vor Ort (Ex 34,10). Im Gefilde Moabs erfolgt eine dritte Bundesschließung. Dtn 4,23 nennt ihn den Bund Gottes mit den nun Lebenden, identifiziert ihn aber mit dem früheren Bund (Dtn 4,31). Die Erneuerung betont als Novellierung des Alten die Kontinuität der Bundesschließungen, wobei die Generation in Moab angesprochen wird, als wäre sie persönlich am Sinai präsent gewesen (Dtn 4,9–13). In Dtn 28,69–29,14 steht die Identifikation der Generationen wieder im Kontext einer neuen Formulierung des Bundes (Dtn 28,69) und eines „Übergangs" in den Bund (Dtn 29,11). So gewichtig ist das Neue an diesem Bund, dass es heißt, Gott hätte ihn *nicht* mit den Vätern, sondern nur mit den in Moab Anwesenden geschlossen (Dtn 5,3–4). Bei Sichem macht Josua mit dem Volk einen Bund (Jos 24,25), so dass er die frühere Mittlerrolle Moses übernimmt. Das ergibt im Hexateuch die vierte Bundesschließung. Fünftens erneuert Jojada als Bundesmittler nach der Untreue der Königin den Bund Jahwes mit Volk und König (2 Kön 11,17). Nach Esra 10,3 will auch das nachexilische Israel der Tora im Rahmen einer neuen Bundesschließung nach den Bestimmungen der Alten gehorsam sein. Der von Gott außer Kraft gesetzte Bund mit dem König kann als Berufsgrund für die spätere Wiederherstellung des ganzen Volkes ‚demokratisiert' werden (Ps 89).

Im Buch Jeremia wird die atl. Vorstellung eines neuen gegenüber einem alten Bund klassisch verdichtet: Gott wolle mit Israel „einen neuen Bund schließen, nicht wie der Bund, den [er] mit ihren Vätern schloss", denn diesmal will er Israel den Inhalt des *neuen* Bundes ins Herz geben (Jer 31,31–33).

Das *redaktionsgeschichtliche* Aufrechterhalten einer ganzen Folge von Bundesschließungen und die Ambivalenz eines längst geschlossenen, unbestritten gültigen Bundes, der trotzdem erneuert wird sowie für eine zukünftige Aktualisierung offen steht, zeigen die Überlieferung einer dynamischen Bundesvorstellung. Die dem Bundesbegriff innewohnende Willensäußerung Gottes verbindet sich immer wieder mit dem Motiv der Erneuerbarkeit. Damit ist der Boden für die frühe Kirche bereitet, den alten Bund zwischen Gott und Israel nun noch einmal so zu behandeln: die mit dem Bund assoziierte

Heilige Schrift hat nach alter Lesart einen undurchschaubaren Sinn, kann daher ein ‚altes' Testament genannt werden (2 Kor 3,14–15) und bedarf eines ‚neuen'.

Mit dem Vorschlag, die Bezeichnung ‚*Erstes Testament*' dem althergebrachten ‚Altes Testament' vorzuziehen, weil mit diesem der jüdische →Tanach abgewertet sei, ist nichts gewonnen. Die Relegation des NT auf den ‚zweiten Platz' kann so wieder als Abwertung des Christlichen empfunden werden, wobei der Vorschlag eurozentrisch ist, weil hohes Alter oft (auch im AT) gerade ehrwürdig ist.

Bibliographie: B.S. Childs, Theologie der einen Bibel, Bd. 1, Freiburg i. Br. u. a. 1994. – O. Kaiser, Abriß der alttestamentlichen Literaturgeschichte, in: Studien zur Literaturgeschichte des Alten Testaments, Würzburg 2000. – D. Sänger, Die Verkündigung des Gekreuzigten und Israel, Tübingen 1994. – E. Zenger, Das Erste Testament, Düsseldorf 2004.

James Alfred Loader

II. Neutestamentlich

Der Begriff ‚AT' (παλαιὰ διαθήκη) erscheint als *ad-hoc*-Bildung des Paulus in 2 Kor 3,14, und zwar als Analogiebegriff zu ‚Mose', d. h. für die in der Synagoge verlesene Tora. Das implizite Gegenüber ‚Neuer →Bund' (καινὴ διαθήκη) in 2 Kor 3,6 meint jedoch noch nicht eine Sammlung neuer autoritativer Leittexte, sondern das neue christologische Heilsgeschehen selbst (vgl. 1 Kor 11,25). In den ntl. Schriften begegnen die Bezeichnungen ‚die Schriften' (1 Kor 15,3 f.), →‚heilige Schriften' (Röm 1,2), ‚Gesetz und Propheten' (Röm 3,21), ‚Mose, die Propheten und Psalmen' (Lk 24,44).

Wie schon diese Bezeichnungen zeigen, ist die ‚Schrift' im Urchristentum weit mehr als bloßes traditions- oder religionsgeschichtliches Hintergrundmaterial, sondern offenbartes Wort des Gottes, der sich in Jesus Christus endgültig offenbart hat (vgl. Hebr 1,1 f.). Daher ist die Schrift bei den ntl. Autoren jeweils ein wichtiges Element ihrer theologischen Gesamtkonzeption, rückt dadurch aber zugleich in einen ganz neuen Auslegungshorizont. Bewahrung und Neuinterpretation bedingen sich gegenseitig.

Die Rückbezüge auf die Schrift sind unterschiedlich. Sie reichen von Anspielungen, die methodisch nur schwer von der Verwendung biblischer Sprache zu unterscheiden sind, über Schriftanführungen ohne Einleitungsformulierung (z. B. Ps 22,2 in Mk 15,34/ Mt 27,46) zu den ausdrücklich gekennzeichneten →Zitaten, die in nahezu allen ntl. Schriften begegnen. Eine grundsätzliche Ausnahme stellt die Offb dar, für die es als Apokalypse gattungstypisch ist, die Schrift ausgesprochen intensiv zu rezipieren, sie jedoch nicht zu zitieren, weil dies dem Anspruch, selbst →Offenbarung zu sein, zuwiderlaufen würde.

Textgrundlage der Anführungen ist grundsätzlich die griechische Fassung der Schrift, die →Septuaginta, obwohl bei Paulus und dann auch im Hebr schon erste Einflüsse hebraisierender Septuaginta-Überarbeitungen feststellbar sind. In den sog. Erfüllungszitaten des Mt sind dagegen zusätzliche Rückgriffe auf den hebräischen Text nicht auszuschließen.

Die Häufigkeit, mit der einzelne Schriften herangezogen werden, entspricht dem zeitgenössischen Judentum: Im Mittelpunkt stehen zunächst Jes, Ps, der Pentateuch (bes. Gen und Dtn, aber auch Ex) und das Zwölfprophetenbuch. Zugleich sind aber auch charakteristische Verschiebungen erkennbar: Im Pentateuch sind es v. a. die narrativen Texte, die herangezogen werden. Erst später werden auch Jer und Ez häufiger verwendet.

Vorherrschend ist die direkte Verwendung der jeweiligen Schriftaussage als autoritatives Gotteswort. Gerade dann, wenn das Schriftzitat direktes Argumentationsmittel ist, erfolgen aber auch bewußte Zitatabänderungen (bei Paulus in mehr als der Hälfte seiner Anführungen). Schriftanführungen mit nachfolgender Schriftexegese begegnen dagegen nur im Hebr.

Methodisch ist die ntl. Schriftauslegung der jüdisch-hellenistischen Schriftexegese verpflichtet. Bei Paulus begegnet gelegentlich →Allegorese (Gal 4,24–28; 1 Kor 9,9; 10,4). Anders als die Allegorese, die den Zeitfaktor ausschaltet, ist die sog. →‚Typologie' zeitlich ausgerichtet; sie liegt bei Paulus in antithetischer Form in Röm 5,12–21; 1 Kor 15,21 f. 45–47 (Adam-Christus) vor. Die überbietenden Typologien des Hebr (alte/

neue Kultordnung u. a.) sind ebenfalls zeitlich konzipiert, aber zugleich ontologisch unterfangen: Der eigentliche τύπος ist das himmlische Modell bzw. Urbild, die vorläufige irdische Kulteinrichtung nach 8,5 nur ὑπόδειγμα (Abbild) bzw. σκία (Schatten).

Die inhaltliche Verwendung der Schrift ist ausgesprochen vielfältig. Schon früh wird die Überzeugung formuliert, dass sich das Christusgeschehen in grundsätzlicher Übereinstimmung mit der Schrift ereignet hat (vgl. das doppelte κατὰ τὰς γραφὰς in 1 Kor 15,3 f.). Besonders für das als Anstoß und Anfechtung empfundene Leidensgeschick Jesu war die Schrift ein wichtiges Mittel, dies überhaupt begreiflich zu machen. Mit Hilfe der aus der Schrift gespeisten Konzeption des ‚leidenden Gerechten' und der direkten Verwendung der Leidenspsalmen (vgl. schon das Zitat von Ps 68,10 LXX in Röm 15,3) konnte dann dies schändliche Geschick bewältigt und in der vormarkinischen Passionserzählung narrativ gestaltet werden (vgl. die Verwendung von Ps 22,2 in Mk 15,34).

Für Paulus sind es v. a. die Fragen nach der im εὐαγγέλιον offenbarten δικαιοσύνη θεοῦ und nach der Rolle des Gesetzes sowie die Erwählung des Gottesvolkes aus Juden und Heiden, die ihn an die Schrift weisen, die für ihn geradezu zum Zeugen des Evangeliums wird (Röm 3,21).

Schon bald ist das Christusgeschehen als direkte Verwirklichung atl. Hoffnungen und Verheißungen verstanden worden (so in der Logienquelle in Lk 7,22/Mt 11,5). Hieran schließt die ausdrückliche Verwendung der Schrift im Rahmen eines →Verheißungs-Erfüllungsgedankens an. Er begegnet zunächst bei Mk im Passionszusammenhang, vgl. die generelle Aussage 14,49 (s. auch 14,21), die jedoch unverbunden neben Einzelzitaten wie 14,27 steht. Breit ausgebaut ist der Erfüllungsgedanke bei Mt: Die „Erfüllung von Gesetz und Propheten" durch Jesus geschieht in der vollmächtigen Auslegung des Gesetzes (vgl. die Antithesenformel 5,21 u. ö.) und im Tun des Willens Gottes (3,15; 4,1–11; 26,42). Dem zugeordnet sind die zehn christologischen Erfüllungszitate, die sich sowohl auf die grundsätzliche Ausrichtung der Sendung Jesu (so 1,23; 12,18–21) als auch auf Einzelheiten seines Lebenswegs beziehen (so 1,14–16 u. a.). Lk und Joh wissen, dass solche Schriftauslegung nur nachösterlich möglich ist (Lk 24,27.45–47; Joh 2,22; 12,16; 20,9). Der grundsätzlich christologische Zugriff auf die ‚Schrift' bedeutet zudem, dass deren jeweilige Geltung im Urchristentum und im zeitgleichen Judentum nicht nur verbindendes, sondern zugleich auch deutlich trennendes Moment ist.

Bibliographie: H. Hübner, Vetus Testamentum in Novo, 2 Bde., Band 1/2: Göttingen 2003, Band 2: Göttingen 1997. – D.-A. Koch, Die Schrift als Zeuge des Evangeliums, Tübingen 1985. – Ders., Art. Schriftauslegung II., in: TRE 30 (1999), 457–471. – W. Kraus, Johannes und das Alte Testament, in: ZNW 88 (1997), 1–23. – C. Landmesser et al. (Hgg.), Jesus Christus als die Mitte der Schrift, Berlin 1995. – H. Löhr (Hg.), Schriftauslegung im Antiken Judentum und im Urchristentum, Tübingen 1994. – C. Tuckett (Hg.), The Scriptures in the Gospels, Leiden 1997.

Dietrich-Alex Koch

III. Kirchengeschichtlich

Als Bezeichnung für den ersten Teil des zweiteiligen christlichen →Kanons erscheint der Begriff ‚AT' erst in der zweiten Hälfte des 2. Jh.s (erstmals bei Melito von Sardes, Eus. *h.e.* 4,26,14). Die frühen Christen haben *die → Schrift* der Juden in unterschiedlichem Umfang übernommen und zugleich durch ihre heidenchristliche Mission Geltungs- und Bedeutungsraum der jüdischen Schriften erweitert. Dabei wurde zumeist das AT in seiner griechischen Übersetzung, der →Septuaginta, gebraucht, deren →Inspiration und Geltung v. a. unter Hinweis auf die Aristeaslegende betont wurden. Das AT stand so in seiner Bedeutung auch für die Christen grundsätzlich fest, blieb aber nicht unumstritten. Während das AT – wenn auch unter den Bedingungen einer eigenwilligen Interpretation – bei den Gnostikern z. T. seine autoritative Stellung behielt, entschloss sich Marcion zu einer grundsätzlichen Verwerfung des AT, v. a. aus seinem Verständnis des Christentums als einer Antithese zum Judentum und des im AT offenbarten Gottes heraus. Dies lehnte die Catholica ab und verstand das AT weiter als inspirierte Quelle des christlichen Glaubens, die nicht zuletzt für die Apologetik Grundlage des christlichen Alters- und Wahrheitsbeweises darstellte.

In Aufnahme der antiken Philologie und →Exegese galt die Selbstauslegung der Schrift als Grundprinzip, wobei einerseits in Alexandrien die →Allegorese, andererseits in Antiochia eine mehr am Wortsinn orientierte geschichtstypologische Auslegungstradition begründet wurde. Cassian (ca. 360–432) schließlich entwickelt die Lehre vom vierfachen →Schriftsinn, d.h. neben der historischen →Interpretation gibt es eine dreifache geistliche →Bedeutung, allegorisch, moralisch und anagogisch. Dieses Verständnis blieb im gesamten Mittelalter bestehen, wobei man die geistliche Bedeutung durch Heranziehung der patristischen Literatur vor Willkür zu schützen suchte. Der Umgang mit der Bibel allgemein und damit mit dem AT veränderte sich entscheidend durch die Systematisierungen, die nicht zuletzt durch die Einteilung des Textes in Kapitel möglich wurden.

Das lutherische Schlagwort von →,Gesetz und Evangelium' beinhaltet eine Absage an die Lehre vom vierfachen Schriftsinn und eine neue Herangehensweise an das AT, jedoch nicht eine Gleichsetzung von AT und Gesetz. Vor allem M. Luthers Auffassung der Christusbotschaft als →Kanon im Kanon eröffnete die Möglichkeit sowohl einer christlichen Schriftauslegung als auch einer aus der Schrift selbst begründeten Schriftkritik. Auf dieser Grundlage konnte weiterhin von der Inspiriertheit der →heiligen Schriften ausgegangen werden.

Die dogmatische Inanspruchnahme der heiligen Schriften des Judentums durch das Christentum wurde in der historisch-kritischen Erforschung des AT in Frage gestellt, indem eine Deutung von der christlichen Offenbarung aus nicht mehr sachgemäß erschien. Das AT wurde als historisches, religionsgeschichtliches Dokument wahrgenommen, das nicht mehr als prophetische Schrift auf Christus hin gedeutet werden konnte. Damit stand die Kanonizität des AT in Frage, so bei F.D.E. Schleiermacher (1768–1834), der die atl. Schriften wie →Apokryphen behandelt sehen wollte. Radikaler war die Kritik A. v. Harnacks (1851–1930) in seiner berühmten Marcion-Monographie. Harnack sah in der Beibehaltung der Kanonizität des AT eine kirchliche und religiöse Lähmung insbesondere des lutherischen Protestantismus.

In der neueren Theologie findet sich zwar selten eine Bestreitung der kanonischen Geltung, oft aber eine Ablehnung einer vorschnellen dogmatischen Inanspruchnahme des AT, wobei insbesondere die feministische Theologie das patriarchale Gesellschafts- und Gottesverständnis des AT kritisiert. Einen neuen Ansatz stellt hier die Bibel in gerechter Sprache dar, die mit Hilfe der →Übersetzung weibliche Aspekte in das atl. Gottesbild einzutragen versucht. Allgemein finden sich für das Verhältnis von AT und NT typologische Modelle, das Modell der Überbietung und Steigerung des AT durch das NT und Entwicklungsmodelle, die das NT als eine Weiterführung des AT verstehen. Eine zentrale Aufgabe aktueller →Hermeneutik ist dabei aus der Sicht der Kirchengeschichte, das AT und Israel nicht allein als Wurzel des Christentums zu verstehen, sondern auch als heilige Schrift des Judentums zu respektieren. Einen Ansatz dazu hat E. Zenger formuliert, der vor dem Hintergrund der Rolle des Antisemitismus in der Geschichte das hermeneutische Modell der ,Kanonischen Dialogizität' vorschlägt.

Bibliographie: H. v. Campenhausen, Die Entstehung der christlichen Bibel, Tübingen 1968. – R. Lemaire, Christliches Verstehen des Alten Testaments und das Verhältnis Kirche–Israel, Schenefeld 2004. – G. May/K. Greschat (Hgg.), Marcion und seine kirchengeschichtliche Wirkung, Berlin/New York 2002. – M. Oeming, Biblische Hermeneutik, Darmstadt 1998. – E. Zenger, Das Erste Testament, Düsseldorf [5]1995.

Jutta Tloka

IV. Systematisch-theologisch

Als Teil der christlichen Bibel kommt dem AT eine systematische Relevanz zu. Es gehört zum traditionell anerkannten →Kanon der → heiligen Schrift und ist deshalb, zusammen mit dem NT, Gegenstand des dogmatischen Locus *De scriptura sacra*. Allerdings gab diese Zusammengehörigkeit beider Testamente immer wieder Anlass zu heftigen systematischen Auseinandersetzungen.

Indem die systematische Theologie von der Kanonizität der biblischen Texte ausgeht und ihnen in diesem Sinne Normativität zuspricht, gestaltet sich die Beschäftigung der systematischen Theologie mit dem AT nach einer anderen →Methode als der der wissenschaftlichen →Exegese. Zugleich aber darf die systematische Theologie die fundamentalen Anliegen der historisch-kritischen Exegese nicht vernachlässigen. Sie gehören zu einem kritischen Nachdenken über die Bedeutung des biblischen Kanons für heutige Theologie und Kirche (G. Ebeling). Da sich in den letzten Jahrzehnten eine Vielfalt von unterschiedlichen Zugängen zu den biblischen Texten entwickelt hat, ist freilich die Monopolstellung der historisch-kritischen Methode geschwächt. Die neuen Zugänge können das Gespräch der Exegese mit der systematischen Theologie erneuern.

Die Bezeichnung ‚AT' selbst enthält bereits eine dogmatische Voraussetzung, über die Rechenschaft abzulegen ist: Als fester Ausdruck ist diese christlich geprägte Bezeichnung erst seit der zweiten Hälfte des 2. Jh.s belegt, obschon der Begriff in Anlehnung an die Aussagen zum ‚neuen Bund' (Jer 31,31–34) bereits im NT sprachlich vorgegeben ist (2 Kor 3,14). Die Spannung von Altem und Neuem ist deshalb der christlichen Bibel von Anfang an inhärent, und es wurde sehr schnell zum hermeneutischen Grundproblem, wie diese Spannung zu deuten sei. Durch Bezeichnungen wie ‚hebräische Bibel' oder → ‚Tanach' wird heute versucht, diese Sammlung jüdischer heiliger Schriften von der christlichen Einbindung loszulösen, ihre Eigenständigkeit zu achten und so auch den jüdisch-christlichen Dialog zu fördern.

Wie ist die Spannung zwischen AT und NT aufzufassen? A. v. Harnacks scharfe These ist bekannt: „Das AT im 2. Jahrhundert zu verwerfen, war ein Fehler, den die grosse Kirche mit Recht abgelehnt hat; es im 16. Jahrhundert beizubehalten, war ein Schicksal, dem sich die Reformation noch nicht zu entziehen vermochte; es aber seit dem 19. Jahrhundert als kanonische Urkunde noch zu konservieren, ist die Folge einer religiösen und kirchlichen Lähmung […]" (A. v. Harnack, 217). Diese Tendenz, das Verhältnis im Sinne einer mehr oder weniger stark betonten Gegenüberstellung von Zorn und →Liebe, →Buchstabe und Geist, →Gesetz und Evangelium zu betrachten, ist bereits in gewissen Paulustexten angelegt (2 Kor 3). Mit unterschiedlichen Nuancierungen wurde sie immer wieder vertreten. Ihr gegenüber steht eine Position, die vielmehr die Kontinuität beider Testamente betont, im Sinne einer heilsgeschichtlich begründeten Entwicklung. Das bekannteste theologische Modell, um diese Kontinuität zum Ausdruck zu bringen, ist das Verhältnis zwischen atl. →Verheißung und ntl. Erfüllung. Von Augustin wird in diesem Kontext oft zitiert: *Novum testamentum in vetere latet, vetus testamentum in novo patet* (vgl. *Quaestionum in Heptateuchum lib.* 2,73). Verschiedene exegetische Verfahren wurden entwickelt, um diese Kontinuität möglichst aus den Texten heraus zu erweisen. Auch heute bildet diese Kontinuität ein wichtiges Anliegen, etwa in den unterschiedlichen Versuchen, eine beide Testamente umfassende ‚Biblische Theologie' zu erarbeiten.

Angesichts der historisch-kritisch betonten Eigenständigkeit der atl. Texte und der texthermeneutischen Anweisung, sich den Texten in ihrer konkreten Gestalt zu widmen, ohne sie allzu sehr in Gesamtzusammenhänge einzubetten, hat die Frage nach der Einheit der Bibel (und ihrer ‚Mitte') teilweise ihre Relevanz verloren. Sie kommt aber neu im Rahmen der kanonischen Auslegung auf (→ *Canonical Approach*), die erneut von den Texten ausgeht, wie sie von der kirchlichen Tradition rezipiert wurden, in ihrer kanonischen Gegebenheit. Damit wäre auch die systematische Theologie aufs Neue herausgefordert, Rechenschaft über ihre Auffassung vom Kanon abzulegen.

Bibliographie: H. Bornkamm, Luther und das Alte Testament, Tübingen 1948. – R. Bultmann, Die Bedeutung des Alten Testaments für den christlichen Glauben, in: Ders., Glauben und Verstehen I, Tübingen [4]1961, 313–336. – G. Ebeling, Die Bedeutung der historisch-kritischen Methode für die protestantische Theologie und Kirche, in: Ders., Wort und Glaube, Tübingen [3]1967, 1–49. – A. v. Harnack, Marcion, Leipzig 1924 [Nachdruck 1960]. – M. Rose, Une herméneutique de l'Ancien Testament, Genf 2003. – C. Westermann (Hg.), Probleme alttestamentlicher Hermeneutik, München 1960.

Pierre Bühler

V. Judaistisch

Die in christlicher Bibelwissenschaft in den letzten Jahrzehnten entstandene starke Bewusstseinsbildung gegen eine Vereinnahmung des AT und eine Engführung auf das NT hin wird durch eine kritische jüdische Betrachtung der christlichen Bibelwissenschaften der letzten zwei Jahrhunderte begleitet, die ihren Finger zurecht auf die darin enthaltene „Herabwürdigung des Juden und seiner heiligen Schriften" legt, da sie sie als „Zeugnis und Erzeugnis einer minderwertigen Rasse betrachtet", wie es B. Jacob in seinem Genesiskommentar (10) ausdrückte.

Die jüdische Überlieferung hat die →Bibel als Einheit in drei Teilen verstanden, aus dem sich die Bezeichnung →‚Tanach' ableitet (→ Tora, Neviim, Ketuvim). Der Begriff ‚AT', der seinen Sinn nur im christlichen Kontext eines ‚NT' erhält, findet dennoch heute auch vielfach in jüdischen Publikationen Anwendung.

In der jüdischen Abwehr gegen eine Vereinnahmung der Schrift durch das Christentum wurde schon in der Antike der Literalsinn nie ganz außer Acht gelassen, doch bot die sog. ‚mündliche →Überlieferung' (eine midraschisch-halachisch-haggadische und holistische Leseweise) eine Handhabe für die Auslotung der ‚tieferen Bedeutungsebene' des Textes.

In regem Austausch mit christlichen Positionen entwickelte das Judentum in verschiedenen Phasen und Richtungen Reflexionen zu den verschiedenen Typen des sog. →Schriftsinns, die ein vertieftes Verständnis des Textes ermöglichen sollten. Nicht zuletzt taten sich darin auch die Kabbalisten hervor. Im Streit mit den zeitweise sehr starken Karäern spielte das unterschiedliche Schriftverständnis eine Rolle. Es betraf beispielsweise die zentrale Frage der Autorität der Rabbinen.

Im ausgehenden 19. und weit ins 20. Jh. reagierten jüdische Gelehrte (v. a. liberale) auf die christlichen Unterscheidungen zwischen ‚Israel' und dem ‚Judentum' des Zweiten Tempels, das mehrheitlich abgewertet und mit theokratischen, national-patriarchalen und legalistischen Tendenzen in Verbindung gebracht wurde (Stichwort ‚Pharisäer'). Die protestantische Bibelkritik in der Folge J. Wellhausens, der ‚Bibel-Babel-Streit' und die damit verbundene Abwertung des AT wurden mit großer Besorgnis und mit wachem Auge für ihre antijüdischen Tendenzen beobachtet. Der Bogen reichte von vorsichtiger Übernahme der historisch-kritischen Positionen bis zu radikaler Ablehnung. In Reaktion auf die Positionen von A. v. Harnacks, F. Delitzschs oder R. Kittels wurde die Bedeutung des AT massiv verteidigt. Nathan Porges etwa strich die enge Abhängigkeit des NT vom AT heraus, das durch die Herabwürdigung des AT Schaden nähme. B. Jacob betonte die universale Botschaft der jüdischen Bibel, die neben theologisch-philosophischen Gedanken v. a. moralisches Verhalten lehre. Neben heftigen Ablehnungen finden sich unterschiedliche und kontrovers diskutierte Formen der Aneignung christlicher Bibelkritik bei gleichzeitiger Benennung der antijüdischen und antisemitischen Tendenzen. Gegen die substitutionstheologischen Prämissen christlicher Bibelwissenschaft wandte man sich zum Teil mit grundlegender Ablehnung, zum Teil aber auch mit historisch kritischen Argumentationen. So hat etwa Y. Kaufmann für die vorexilische Herkunft der Quelle der Priesterschrift argumentiert, deren Spätdatierung der Verurteilung eines legalistischen Judentums diente. V. a. der Zusammenhalt des Pentateuch wird mehrheitlich verteidigt, wobei die herkömmliche Verfasserschaft des Mose vielfach hermeneutisch neu interpretiert wird. Auf unterschiedliche Weise wird die Tora als Text gemeinsamen Geistes, als holistisches Gesamtkunstwerk betont.

Gegenwärtig wird die jüdische Bibel allgemein neu entdeckt und in aufklärerischen und liberalen Kreisen von der Bindung an die traditionelle Auslegungsliteratur gelöst. Die Bibel als →Buch der israelischen Geschichte oder als Grundlage eines ‚*homeland*'-Mythos, als Text mit spezifischen Werten und gesellschaftlichen Entwürfen spielt heute ebenso eine Rolle wie säkulare Lese- oder Sichtweisen. Die Bibel wird als Text überzeitlicher Wahrheit, als moralischer Codex, als Zeugnis nationaler Geschichte oder weiterhin als → Heilige Schrift betrachtet. Historische und archäologische Erkenntnisse übten und üben Einfluss auf die Debatte aus.

BIBLIOGRAPHIE: A. Berlin/M. Brettler, The modern study of the Bible, in: Diess., The Jewish study Bible, Oxford 2004, 2084–2096. – C. Dohmen/G. Stemberger, Hermeneutik der Jüdischen Bibel und des Alten Testaments, Stuttgart u.a. 1996. – B. Jacob, Das Buch Genesis, Stuttgart 2004 [Nachdruck 1934]. – I. Kalimi, Religionsgeschichte Israels oder Theologie des Alten Testaments? Das jüdische Interesse an der Biblischen Theologie, in: JBTh 10 (1995) 45–68. – Y. Shavit/M. Eran, The Hebrew Bible reborn, Berlin/New York 2007. – E. Zenger, Das Erste Testament, Düsseldorf 1991.

Gerhard Langer

VI. Islamwissenschaftlich

Das AT im Koran: Von den Schriften des AT werden im Koran die Tora sowie der Psalter genannt. Die Tora (*taurāh*) ist in 16 Versen erwähnt, die mit einer Ausnahme (Q 7:157) der medinensischen Periode angehören. Sie wird als Offenbarungsschrift anderen biblischen Schriften sowie dem Koran gleichgestellt (Q 9:111 u.ö.) und als „Rechtleitung für die Menschen" (Q 5:44) bezeichnet; mehrfach wird sie einfach *al-kitāb* (‚die Schrift') genannt, z.B. in Q 2:53, 11:110 und 28:43 (Mose ‚erhält' die Schrift). Aus Q 4:164 – ‚Gott redete Mose an' – entnehmen die muslimischen Exegeten, dass die Tora Mose ‚direkt' – d.h. ohne Vermittlung durch einen Engel wie etwa im Fall des Korans – offenbart wurde (→Inspiration). Explizite Zitate aus der Tora finden sich im Koran nur an zwei Stellen: Q 5:45 (‚Auge um Auge' usw., nach Ex 21,23–25, Dtn 19,21) und Q 48:29 (Dtn 6,8 und 11,18). Die Juden gelten im Koran als ‚Bewahrer' der Tora (Q 5:44), wobei ihnen mehrfach der Vorwurf der ‚Schriftverfälschung' (bzw. ‚Buchstabenverrückung', *taḥrīf*, →Bibel) oder des ‚Verheimlichens' der Schrift (Q 3:187, 5:15) gemacht wird.

Der Psalter (*zabūr*) ist nach koranischer Darstellung David als Offenbarungsschrift gegeben (Q 4:163, 17:55). Q 21:105 enthält, als Zitat aus dem *Zabūr*, das bekannteste Bibelzitat des Korans: „Meine [d.h. Gottes] rechtschaffenen Diener werden die Erde erben" (nach Ps 37,29). Der Plural *zubur* bezeichnet im Koran ‚Schriften' in einem allgemeinen Sinn (3:184, 16:44 u.ö.) und lässt sich auf keinen bestimmten biblischen Text beziehen; an einer Stelle ist ebenso unbestimmt von „den Schriften der Früheren" (*zubur al-auwalīn:* Q 26:196) die Rede.

Abraham und Mose werden im Koran auch als Empfänger von ‚(Schrift-)blättern' bzw. Papyrus- oder Pergamentrollen (*ṣuḥuf*) erwähnt. Die *ṣuḥuf* des Abraham (Q 53:37, 87:19) und Mose (Q 53:36, 87:19) sowie andere ‚frühere Blätter' (*aṣ-ṣuḥuf al-ūlā:* Q 20:133, 87:18) sind keiner atl. Schrift zuzuordnen; der Begriff *ṣuḥuf* kann schließlich in Q 80:14 und 98:2 auf den Koran selbst bezogen werden. Den muslimischen Exegeten gelten die *ṣuḥuf* als Vorläuferschriften des Korans, die nicht erhalten geblieben sind; sie sollen zu den insgesamt 104 – nach anderen 163 – Offenbarungsschriften Gottes gehört haben, wobei Abraham zehn (oder 30) und Mose weitere zehn (oder 50) *ṣuḥuf* offenbart wurden. Moderne Forschungen haben Übereinstimmungen zwischen der (knappen) koranischen Schilderung des Inhalts dieser ‚Blätter' und jüdischen →apokryphen Schriften (‚Testament Abrahams' u.a.) erwiesen.

Atl. Personen und Stoffe im Koran: Der Koran enthält zahlreiche atl. Motive und Stoffe, wobei aber nur wenige Geschichten ausführlich behandelt bzw. wiedergegeben werden, namentlich Noah und die Arche (Q 11:36–49), das Auftreten Moses vor dem Pharao (Q 7:103–141, 10:75–91, 26:10–68, 40:24–30), die Episode vom Goldenen Kalb (Q 7:148–153, 20:85–98 u.ö.), die Josefserzählung (Sure 12), Salomos Begegnung mit Bilqīs (der Königin von Saba: Q 27:20–44), Davids Kampf gegen Goliath (Q 2:246–51) und die Jona-Erzählung (Q 37:139–148). Typischerweise werden im Koran atl. Stoffe und Erzählungen als bekannt vorausgesetzt, so dass kurze Andeutungen genügen; zuweilen wird nur eine Reihe bekannter atl. Personen stichwortartig benannt, etwa in Q 6:83–86 (dort in dieser Reihenfolge: Abraham, Isaak, Jakob, Noah, David, Salomo, Hiob, Josef, Mose, Aaron, Ismael, Elisa, Jona und Lot). Die meisten stofflichen Übereinstimmungen atl. Themen im Koran ergeben sich mit den fünf Büchern Mose; einige Episoden lassen sich den atl. Geschichtsbüchern zuordnen. Verschiedene Bezüge zwischen der Mishnah sowie jüdischen apokryphen Schriften (Abraham-Apokalypse, Baruch-Apokalypse u.a.) und einzelnen Koranversen wurden in der jüngeren Forschung aufgezeigt.

Abraham und Mose sind die zentralen atl. Personen im Koran sowie in der islamischen →Tradition und Prophetologie. Um die Figur Abrahams konstituiert sich im Koran der ‚ursprüngliche' Monotheismus (vgl. Q 3:67, 16:123), als dessen Erneuerung (bzw. Wiederherstellung) sich die koranische Botschaft begreift; Gottes Offenbarung an Abraham ist ‚ur-anfänglich' und der gegen den Islam gerichteten Beweisführung von Juden und Christen entzogen, weil die biblischen Schriften erst nach Abraham offenbart wurden (Q 3:65, vgl. auch Q 2:135). Parallelen zwischen Muḥammad – dessen Prophetentum von Abraham angekündigt wird (Q 2:129) – und Abraham (Zerstörung von Götzenbildern Q 21:57–67) sind bedeutsam für die islamische Selbstsicht, ebenso wie die koranische Schilderung der Errichtung der Kaaba in Mekka durch Abraham (Q 2:125–127, 3:96 f.). Mose, der im Koran meistzitierte Prophet, ist mehr noch als Abraham die eigentliche atl. Identifikationsfigur für Muḥammad: Er ist, wie der islamische Prophet, Gesetzgeber, Führer seines Volkes und Empfänger einer Offenbarungsschrift. Zahlreiche typologische Parallelen zwischen der biblischen Mose-Figur und der Lebensgeschichte Muḥammads weisen die Darstellungen im Bereich der islamischen Prophetenbiographie auf.

In der islamischen Tradition: atl. Stoffe, die im Koran nicht oder nur andeutungsweise angesprochen sind, werden in vielen späteren islamischen Schriften (→prophetische Literatur) auf Grundlage jüdischer, christlicher und anderer Quellen ausführlich erzählt; viele Stoffe dringen von dort in den Korankommentar ein. Beachtenswert ist die Präsenz atl. Figuren in der islamischen Miniaturmalerei (→Ikonographie).

Bibliographie: →Bibel. – C.P. Adang, Art. Torah, in: EQ 5 (2006), 300–311. – Dies., Muslim writers on Judaism and the Hebrew Bible, Leiden 1996. – R. Firestone, Journey in Holy Land, New York 1990. – G. Gobillot, Art. Apocryphes de l'Ancien et du Nouveau Testament, in: M. Amir-Moezzi (Hg.), Dictionnaire du Coran, Paris 2007, 57–63. – H. Hirschfeld, Jüdische Elemente im Korân, Berlin 1878. – I. Schapiro, Die haggadischen Elemente im erzählenden Teile des Korans, Leipzig 1907. – C. Schöck, Adam im Islam, Berlin 1993. – R. Tottoli, Biblical prophets in the Qurʾān and Muslim literature, Richmond 2002. – Ders., The stories of the prophets by Ibn Muṭarrif al-Ṭarafī, Berlin 2003. – B.M. Wheeler, Moses in the Quran and Islamic exegesis, London 2002.

Marco Schöller

VII. Literaturwissenschaftlich

Literaturwissenschaftliche Betrachtungen des AT interessieren sich v.a. für zwei Perspektiven: (1) Das AT *in* der Literatur und (2) das AT *als* Literatur.

(1) Literarische Bearbeitungen atl. Stoffe finden sich seit der Antike. Zu unterscheiden wären rhetorisch-argumentative Bezugnahmen auf atl. Figuren und Motive von Nachdichtungen bis hin zu eigenständigen Adaptionen in der Moderne. Immer stellen diese eine Auseinandersetzung mit der Bibelexegese dar. Die Zahl der bearbeiteten Stoffe ist letztlich überschaubar, was zugleich signalisiert, dass und in welchem Maße diese als Topoi rezipiert wurden. So steht etwa die Erzählung von Kain und Abel für den Bruderzwist und -mord (G. Byron, *Cain*), Hiob für die Theodizeefrage (J.W. Goethe, *Faust*), der Turmbau zu Babel, Sodom und Gomorrha oder die Sintflut sind ebenfalls Beispiele solcher Topoi. An Joseph in Ägypten interessierte im Mittelalter v.a. das Thema der Verführung durch die Frau des Potiphar, wohingegen moderne Bearbeitungen die Exilsproblematik aufgreifen (u.a. E. Lasker-Schüler). T. Mann lässt seine *Josephs*-Tetralogie zu einer umfassenden Reflexion von Staats- und Gesellschaftstheorie werden. Politische Aussagen werden auch mit der Gestalt König Davids verbunden (S. Heym, *Der König-David-Bericht*), der in der →Bibel als idealer Herrscher gilt. Die David zugeschriebene Psalmendichtung war und ist bis heute von großer Bedeutung für die Lyrik (P. Celan, *Die Niemandsrose*); ebenso das *Hohelied* Salomos, das zahlreiche Nachdichtungen erfahren hat.

Eine in sowohl quantitativer als auch qualitativer Hinsicht herausragende Stellung nimmt in der christlich-abendländischen → Rezeption des AT die Paradies- und Sündenfallerzählung (Gen 2–3) ein (u.a. J. Milton, *Paradise Lost*). Auf ihr fußt nicht nur der Topos vom Menschen (Adam) als Sünder und seiner Überwindung durch Christus (Röm 5,12 ff.), die Augustin später als Erbsündenlehre ausformulieren und die die Aufklärung als Bestimmung des Menschen zum freien Willen gänzlich neu deuten wird. Gen 2–3 ist ebenso seit jeher zentraler Text für die Beschreibung von Geschlechterdifferenz: Adam und insbesondere Eva fungieren bis heute als proto- oder auch antitypische Bezugsgrößen, wobei aus der Erzählung sowohl affirmative als auch pejorative Deutungen des Weiblichen abgeleitet wurden. In der Moderne erlangt die Eva-Figur zunehmend literarische Eigenständigkeit (Kleist, *Der zerbrochne Krug*; V. de l'Isle-Adam, *L'Eve future*), wird andererseits jedoch wie verschiedene andere biblische oder antike Frauengestalten auch typologisch verwendet, so z.B. – analog zu Judith, Salome, Delila, Medea oder Pandora – als *femme fatale* (F. Wedekind, *Lulu*-Dramen).

(2) Mit der Aufklärung wurden Wahrnehmung und Verständnis des AT als Literatur von ästhetischem Wert entscheidend vorangetrieben (→Ästhetik). Wegweisend sind J.G. Herders von J.J. Winckelmann, S.J. Baumgarten und J.G. Hamann angeregte Studien über die *Älteste Urkunde des Menschengeschlechts*, über das *Hohelied* und v.a. seine Abhandlung *Vom Geist der Ebräischen Poesie*, letztere in Auseinandersetzung mit R. Lowth (*De sacra Poesi Hebraeorum*). M. Mendelssohns ästhetisierende – und deshalb von den zeitgenössischen Rabbinern abgelehnte – Pentateuch-Übersetzung verdankt sich ebenso diesem Verständnis und befördert es zugleich, wie Goethes oder später Heines zahlreiche emphatische Aussagen zum Buch der Bücher.

Mit der „Idee eines unendlichen Buches" (F. Schlegel) postulieren die Frühromantiker, ihrerseits im Rückbezug auf Hamann und Herder, nicht allein die Nachahmbarkeit der Bibel in poetischem Geist, sondern vielmehr den Wunsch zur Abfassung einer eigenen Bibel als Kennzeichen christlicher Frömmigkeit (F.D.E. Schleiermacher). Die frühromantische Übersteigerung hat zu einem koproduktiven Wechselverhältnis von Literatur und biblischer Textwelt geführt, das einerseits bis in die modernen Konzepte einer absoluten Poesie hineinreicht, andererseits in Gestalt der literarischen und literargeschichtlichen →Exegese des AT (H. Gunkel) auch wissenschaftlich Wirkung zeitigte. In der Folgezeit trat die Frage nach der Literarizität der Bibel eher in den Hintergrund – eine Vernachlässigung, der erst neuerdings durch Literaturwissenschaft und Theologie wieder entgegengearbeitet wird.

BIBLIOGRAPHIE: →Bibel. – C. Gellner, Schriftsteller lesen die Bibel, Darmstadt 2004. – W. Gössmann, Welch ein Buch! Die Bibel als Weltliteratur, Stuttgart 1991. – H. Gunkel, Die israelitische Literatur [1906], Darmstadt 1963. – H. Schmidinger, Die Bibel in der deutschsprachigen Literatur des 20. Jahrhunderts, 2 Bde., Mainz 1999. – H. Timm, Das Hohe Lied Salomos, Frankfurt a.M. ^{2}1991.

Almuth Hammer

Analogie

I. Neutestamentlich

Der Begriff A. stammt aus dem Griechischen; ἀνά-λογον steht hier ursprünglich für ‚nach Verhältnis'. Sachlich geht es um eine Ähnlichkeit zwischen weder identischen noch ganz nicht-identischen Größen. Ähnlichkeit konnte und kann höchst unterschiedlich gedacht werden. Sowohl in der Geschichte der europäischen Philosophie als auch in der Ideengeschichte der christlichen Theologie spielt der überaus komplexe, voraussetzungsreiche Analogie-Begriff deshalb eine sehr prominente Rolle. Dies gilt zunächst mit Blick auf die Erkenntnistheorie und ihre Lehre von der sog. Erkenntnisanalogie. Von einer bekannten, bereits bestimmten Größe A aus wird die noch zu bestimmende Größe X erfasst, weil beiden Bestimmungsgrößen prägnant identifizierte Elemente – ihr *tertium comparationis* – gemein sind: ‚Der Erkenntnisfortschritt der Bibelwissenschaften vollzieht sich mit der Geschwindigkeit einer Schildkröte.' Vorausgesetzt wird, dass man weiß, wie vergleichsweise langsam, schwerfällig Schildkröten sich bewegen. Die A. dient hier offenkundig einem kritischen Interesse.

In der alteuropäischen Metaphysik des Absoluten gewann die auf Parmenides und

Heraklit zurückgehende, von Aristoteles systematisch entfaltete sog. *analogia entis*, Seinsanalogie, starken Einfluss. Von bekanntem Endlichen wurde auf das Unendliche zurückgeschlossen, weil sich, so die logische Voraussetzung, im Geschaffenen der Schöpfer selbst zur Darstellung bringe.

In den normativen Texten von Judentum, Christentum und Islam spielt der Analogiebegriff keine Rolle. Dennoch ist er in der Geschichte der Bibelauslegung immer wieder zur Deutung der →Gleichnisse Jesu in Anspruch genommen worden. Differenzierte diskurshistorische Studien fehlen. Sowohl im modernen römisch-katholischen Diskurs als auch im liberalprotestantischen Theologenmilieu wurden alteuropäische Analogiekonzepte dazu genutzt, den metaphorischen Reichtum der Evangelien – etwa die Rede von Gott als ‚gutem Vater' – zu erschließen. Die paulinische Rede von der ἀναλογία τῆς πίστεως (Röm 12,6) und der eschatologische Wissensvorbehalt (1 Kor 13) sind in der protestantischen Wort-Gottes-Theologie des letzten Jahrhunderts, besonders wirkmächtig von K. Barth, für eine Kritik der neuscholastisch revitalisierten *analogia entis* (etwa bei E. Przywara) zugunsten einer *analogia fidei* in Anspruch genommen worden.

Bibliographie: E. Jüngel, Zum Ursprung der Analogie bei Parmenides und Heraklit, in: Ders., Entsprechungen: Gott – Wahrheit – Mensch, München 1980, 51–102. – W. Pannenberg, Analogie und Offenbarung, Göttingen 2007. – E. Przywara, Analogia entis, Einsiedeln 1962.

Friedrich Wilhelm Graf

II. Systematisch-theologisch

In der Theologie spitzt sich das Analogieproblem auf die hermeneutische Frage nach der Möglichkeit menschlicher Rede von Gott zu. Als solche impliziert sie Fragen nach der Erkennbarkeit und dem Sein Gottes. Neuplatonischer Überzeugung folgend musste für mittelalterliche Scholastik die geschöpfliche Welt als Wirkung des Schöpfers eine Ähnlichkeit mit Gott selbst als ihrer Ursache haben. Diese Ähnlichkeit im Sein (später von E. Przywara unter dem Terminus *analogia entis* expliziert) erlaubt es dem menschlichen Geschöpf, in menschlicher Weise von Gott zu reden, ohne dass dadurch göttliches und menschliches Sein univok (gleichbedeutend) oder äquivok (völlig verschieden und ohne Beziehung zueinander) beschrieben würden. Um der Gefahr zu begegnen, dass durch solche Denkweise der Fundamentalunterschied zwischen Gott und Mensch/Welt verwischt werde, formulierte schon das 4. Laterankonzil 1215 den Grundsatz: „Keine Ähnlichkeit ohne noch größere Unähnlichkeit" (DS 806).

Die reformatorische Kritik an der Lehrentwicklung bringt K. Barth im 20. Jh. auf den Begriff der *analogia fidei*. Menschliche Rede von Gott ist nur möglich dank der durch die →Offenbarung in Christus eröffneten Gotteserkenntnis des Glaubens (bei Barth mit heftiger Kritik an ‚natürlicher Theologie' verbunden). Aus dem geoffenbarten Einblick in die innergöttlichen Relationen (immanente Trinität) wird auch der von Gott geschaffene Mensch als ein Wesen in Beziehung erkennbar (*analogia relationis*).

Der schon am Ausgang des Mittelalters artikulierte Zweifel, dass es sich nicht um eine A. im Sein, sondern um eine A. der Begriffe handele (*analogia nominum*), hat unter dem modernen Schwinden antiker Denkgewohnheiten und aus dem Blickwinkel kritischer Sprachanalyse grundsätzlichen Charakter angenommen: Über den Weg einer *analogia entis* lässt sich keine Aussage über die Entsprechung menschlich-geschöpflicher Rede von Gott zum von solcher Rede unabhängigen Sein Gottes machen (J. Track). ‚Das Sein' kommt nicht mehr als ein den Menschen und Gott umfassendes Drittes in Betracht. Vielmehr tritt im Licht der Sprachanalyse des späten Wittgenstein die Unterschiedlichkeit der Grammatiken einer philosophischen Analogiemetaphysik und einer christologischen Auslegung biblischer Schriften zu Tage. Diese Differenz hält die christliche Rede von Gott zu einer hermeneutischen Transformation in der Analogielehre an (I.U. Dalferth). An die Stelle der Analogiespekulation tritt die Besinnung auf die metaphorische Rede von Gott. Sie bringt nach E. Jüngel Gottes Wirklichkeit in der für uns Menschen erfahrbaren Wirklichkeit zur Sprache, ohne ihre Unsagbarkeit anzutasten.

BIBLIOGRAPHIE: K. Barth, Kirchliche Dogmatik I/1–IV/3, Zürich 1932–1959. – I.U. Dalferth, Gott, Tübingen 1992. – E. Jüngel, Metaphorische Wahrheit, in: EvTh Sonderheft (1974), 71–122. – Ders., Gott als Geheimnis der Welt, Tübingen [7]2001. – W. Pannenberg, Analogie und Offenbarung, Göttingen 2007. – E. Przywara, Analogia entis, Einsiedeln 1962. – J. Track, Art. Analogie, in: TRE 2 (1978), 625–650.

Matthias Petzoldt

III. Philosophisch

Plato verwendet den Begriff A. (griech. ἀναλογία) in der Bedeutung einer Proportion, die eine bestimmte Struktur der Entsprechung bezeichnet und zwei Unterformen hat: die dreigliedrige Proportion – A verhält sich zu X wie X zu B, wobei X den Mittelwert bezeichnet – und die viergliedrige Proportion – A verhält sich zu B wie C zu D. Sie dient Plato zur metaphysischen Erkenntnis des höchsten, voraussetzungslosen Prinzips. Im Sonnengleichnis wird erstens eine erkenntnistheoretische A. der Idee des Guten mit der Sonne hergestellt (*R.* 507a–509c). Wie die Sonne durch Licht den Gegenstand mit dem Auge verbindet und dadurch dem Auge das Sehvermögen und dem Gegenstand die Sichtbarkeit verleiht, so verleiht die Idee des Guten dem Erkenntnisvermögen Wissen und dem Erkenntnisobjekt Wahrheit, indem sie durch das Licht der Wahrheit den Geist mit den Ideen verbindet. Zweitens bedient sich Plato der ontologischen A. der Idee des Guten mit der Sonne: Wie die Sonne das Werden der Gegenstände ermöglicht, ohne selbst das Werden zu sein, so ermöglicht die Idee des Guten das Sein des Seienden, ohne mit dem Sein in eins zu fallen. Als kosmisches Prinzip stellen A.n drittens das ‚schönste Band' dar, mit dessen Hilfe der Demiurg einzelne Elemente zu einer wohl geordneten Welt zusammenfügt (Pl. *Ti.* 31c–32a).

Aristoteles beschränkt die A. auf eine erkenntnistheoretische Funktion für die Metaphysik, die das Seiende als Seiendes untersucht. Die Methode der A. dient zur Bestimmung der Gemeinsamkeit desjenigen, das untereinander verschieden ist (Arist. *Metaph.* 5,6,1016 b 29–1017 a 2). So trifft der gemeinsame Begriff ‚gesund' auf Gesichtsfarbe, Nahrung und Körper zu, die sich verschieden (als Anzeichen, Ursache, Wirkung) auf die Gesundheit beziehen (Arist. *Metaph.* 4,2,1003 a 33–b 19; 11,3,1060 b 37–1061 a 7). Die A. hilft die Einheit von Verschiedenem so zu denken, dass die Einheit mit dem, dessen Einheit sie ist, weder identisch noch von diesem als ein selbständiges Sein getrennt ist.

Nach I. Kant setzt empirisches Wissen voraus, dass die verschiedenen Wahrnehmungen über den zeitlichen Zusammenhang miteinander notwendig verknüpft werden. Die A.n bilden die apriorischen Prinzipien, die diesen notwendigen Zusammenhang der Zeit ermöglichen (*Kritik der reinen Vernunft* A 176–218 / B 218–265). Gemäß den drei Weisen des zeitlichen Zusammenhangs (der Beharrlichkeit, der Folge und des Zugleichseins) gibt es drei A.n: den Grundsatz der Beharrlichkeit der Substanz, den Grundsatz der Zeitfolge nach dem Gesetz der Kausalität und den Grundsatz des Zugleichseins nach dem Gesetz der Wechselwirkung oder Gemeinschaft.

BIBLIOGRAPHIE: E.W. Platzeck, Von der Analogie zum Syllogismus, Paderborn 1954. – P. Weingartner, Ein Versuch, verschiedene Arten der Analogiebeziehungen zu präzisieren, in: G. Patzig et al. (Hgg.), Logik, Ethik, Theorie der Geisteswissenschaft, Hamburg 1977, 500–511.

Tilo Wesche

Andacht →Andenken/Andacht

Andenken/Andacht

I. Kirchengeschichtlich

Andacht ist eine im Spätmittelalter mit der Privatfrömmigkeit entstandene, oft meditativ akzentuierte, weniger liturgisch strukturierte, aber stark nach Zeit, Ort und Gruppe differenzierte und situativ bedingte Kultform, die vom Predigtgottesdienst und der Eucharistie zu unterscheiden ist, jedoch in einem Zusammenhang mit den älteren monastischen Ordnungen des Stundengebetes steht und für das religiöse Leben bestimmter Gruppen typisch ist (Marienandacht, Andacht im Zusammenhang kirchlicher Tagungen und Sitzungen). Neben Gebet und Gesang nehmen hier eine oder mehrere Bibellesungen und →Auslegung traditionell einen besonderen Rang ein, wobei diese häufig im deutschsprachigen protestantischen Raum durch die *Herrnhuter Losungen* vorgegeben sind. Eine besondere kulturelle Bedeutung besitzt die Hausandacht am Morgen und/oder am Abend, die traditionellerweise durchaus neben den →Gottesdienst tritt. Ein besonderes literarisches Genus sind die zur sog. Erbauungsliteratur gehörenden Andachtsbücher, die sowohl kontinuierlich gelesen werden können wie als Anregung zum Verfertigen von Andachten dienen. Dabei lässt sich besonders in der Frühneuzeit die teilweise sehr lange währende Rezeptionsgeschichte solcher Bücher mit theologischen Tendenzen verbinden (z.B. Johann Arnd, Christian Scriver). In der →Literatur des angelsächsischen calvinistisch geprägten Bereiches wird oft Länge und Strenge der Andachten geschildert.

Bibliographie: F. Merkel, Die Andacht und verwandte „kleine Formen" des Gottesdienstes, in: D.-C. Schmidt-Lauber/K.H. Bieritz (Hgg.), Handbuch der Liturgik, Leipzig [2]1995, 898–903.

Wolfgang Wischmeyer

II. Literaturwissenschaftlich

Die begriffsgeschichtliche Genese des A.s in der Mitte des 18. Jh.s legt drei auch mentalitätsgeschichtlich markante Aspekte frei: Die Substantivierung von ‚Denken an' verweist (1) auf eine zunächst im calvinistisch-protestantischen Bereich sich vollziehende Transformation von Andacht, (2) auf eine affektisch nachhaltige Vergegenwärtigung abwesender Personen (vgl. die Redensart: ein abreisender Mann hinterlasse einer Frau ein A., d.h. ein Kind), (3) auf die Erinnerungsvermittlung durch einen Gegenstand. Die Verbindung dieser drei Aspekte hat die Ausbildung einer spezifischen Erinnerungsform zur Folge. Sie lässt sich unter drei Stichpunkten erläutern: Innigkeit, Gerichtetheit und mediale Vermittlung von Erinnerung. Das A. als andächtig und emotional erinnertes Ding entfaltet sein Bedeutungsfeld im theologisch-religiösen wie im poetischen Kontext. Die im Protestantismus geführte Diskussion um die Differenz von innig erinnertem und gesegnetem, als heilig geltendem Gegenstand verweist auf das A. als protestantisches erlaubtes Konkurrenzunternehmen zur Reliquie. Seit der Empfindsamkeit wird die Erinnerungsintensität der Dinge durch emotionale Aufladung kultiviert (C. Holm). Die Literatur des 19. Jh.s (von J.W. v. Goethes *Wanderjahren* bis zu T. Storm und W. Raabe, von J. Austen bis zu C. Dickens) ist eine →Literatur des A.s. Dieser literarischen Konjunktur des A.s entspricht eine im 19. Jh. gleichfalls ausgiebig bediente Andenkenspraxis, so dass man von einem produktiven Wechselverhältnis von poetischem und poetogenem Alltagsandenken sprechen kann. Ihr örtliches Zentrum ist das Interieur, aber auch die Gartenlaube. Es nimmt nicht Wunder, dass am Ende des 19. Jh.s in der Literatur das Autodafé der Andacht zunimmt (vgl. G. Flaubert *Madame Bovary*, W. Raabe *Akten des Vogelsangs*, A. Schnitzler *Anatol*). Um 1900 gerät das A. in die Nähe des Ornaments und dessen Denunziation. W. Benjamins Abwertung des A.s als ‚tote Habe' schreibt sich von diesem Kontext her.

D. Henrich hat bei der →Interpretation eines Gedichts von F. Hölderlin mit dem Titel *Andenken* ein neben der Innigkeit weiteres wichtiges Strukturmerkmal des A.s freigelegt. Der ‚Gang des A.s' sei kein freies assoziierendes →Erinnern, sondern ein erschließendes Gedenken. Schon im Gründungsakt ist dem A. eine elegische Gerichtetheit des vorweggenommenen Verlustes eingeschrieben (N. Hoefer). Die temporale Struktur des A.s lautet nicht ‚es ist', sondern ‚es wird gewesen sein'. Die Konjunktur des A.s im 19. Jh. dürfte sich der Tatsache zuschreiben lassen, dass in einer temporal beschleunigten Zeit der Übergangsstatus des A.s zwischen einem →Gedächtnis als räumlichen bewahrenden Speichers und einer dynamisch verzeitlichten ‚*vis memoria*' attraktiv war.

Bibliographie: W. Benjamin, Charles Baudelaire, in: Ders., Gesammelte Schriften, hg.v. R. Tiedemann/H. Schweppenhäuser, Bd. I.2, Frankfurt a.M. 1982, 590–690. – A. Beyer et al. (Hgg.), Der Souvenir. Ausstellungskatalog, Frankfurt a.M. 2006. – D. Henrich, Der Gang des Andenkens, Stuttgart 1986. – N. Hoefer/G. Oesterle, Über „theure Andenken", unheimliche „Überbleibsel" und versteckte Erinnerung in Literatur und Alltag des 19. Jahrhunderts, in: T.L. Kienlin (Hg.), Die Dinge als Zeichen, Bonn 2003, 231–238. – N.

Hoefer, Geraubte Augenblicke, Heidelberg 2007. – C. Holm/G. Oesterle, Andacht und Andenken, in: G. Oesterle (Hg.), Erinnerung, Gedächtnis, Wissen, Göttingen 2005, 433–448. – Diess., Art. Andenken, in: der blaue reiter. Journal für Philosophie 18 (2002/03). Themenheft Erinnern, 79–81.

Günter Oesterle

Apokalyptik

I. Alttestamentlich

Der Begriff A. ist insofern schillernd, als er atl. Texte in Abhängigkeit von der gattungskritischen Erfassung dessen beschreibt, was eine ‚Apokalypse' bezeichnet. Die daraus notwendig sich ergebende Begriffsbestimmung wurde im 19. Jh. durch K.I. Nitzsch angeregt, geht jedoch in ihrer Entfaltung auf den Schleiermacher-Schüler F. Lücke zurück, der selbst seinen Ausführungen ein deutlich hermeneutisches Gepräge unterstellt hat: motivisch seien der jüdischen und christlichen A. die Erwartung eines messianischen Reiches und der Gerichtsgedanke gemeinsam. Inhaltlich-terminologisch orientierte man sich am Präskript der Offb (1,1). Sowohl die gesamtbiblische Perspektive als auch die Orientierung an Motiven prägt die Forschung zur A. bis in das 21. Jh. hinein.

Neuerdings werden beide Ansätze einer Kritik ausgesetzt: Zum einen setzt sich die Einsicht durch, dass angesichts einer Vielzahl antik-jüdischer und christlicher ‚Apokalypsen' sowie zahlreicher religionsgeschichtlicher Befunde (Persien, Ägypten u. Babylonien, vgl. etwa auch Pl. *R.* 613e–621d) rein kanonische Deutungen zu unstatthaften Verkürzungen führen. Andererseits wird auf die Insuffizienz motivisch-inhaltlicher Kriterien verwiesen, der man durch Beachtung von Textsorten bzw. formal-sprachliche Kategorisierungen zu entkommen sucht. Die eigenständige Textsorte ‚Apokalypse' wird als Offenbarungsliteratur mit narrativem Rahmen definiert, die sich auf eine im temporalen wie räumlichen Sinne transzendente Realität bezieht. Innerhalb dieser im Wesentlichen durch J.J. Collins bestimmten Rahmengattung können sich dann unterschiedliche inhaltliche Schwerpunkte ergeben, unter denen die wichtigsten jene Formen mit Jenseitsreise und mit einer ausgestalteten „Metageschichte" (K. Koch) sind. Zu letzteren gehört die einzige atl. Apokalypse in Dan 7–12 (zwischen 167 und 164 v. Chr.). Eine Reduzierung dessen, was A. genannt werden kann, schlägt M. Wolter vor: Die A. umfasst Texte, deren formal-sprachliche Charakteristik in einer Leseanweisung bzw. Redeanweisung besteht, die den Rezipienten informiert, dass die folgende Offenbarung menschlichem Wissen bisher unzugänglich war. Beide Ansätze konvergieren in der zentralen Verortung transzendentaler Wirklichkeitsbewältigung, deren Ausgestaltung sowohl ‚historische' als auch ‚theologische' Sinnbildung umfasst (S. Beyerle).

Hermeneutisch relevant sind weiterhin die →Pseudepigraphie, die Konstruktion visionärer →Wirklichkeit, →Semantik und →Pragmatik des Gottesverständnisses, die dualistische Weltauffassung, das Verhältnis zu →prophetischer und →Weisheitsliteratur, die Stellung der Mose-Tora sowie die sozio-kulturelle Situierung der A.

BIBLIOGRAPHIE: S. Beyerle, Die Gottesvorstellungen in der antik-jüdischen Apokalyptik, Leiden/Boston 2005. – A. Christophersen, Die Begründung der Apokalyptikforschung durch Friedrich Lücke, in: KuD 47 (2001), 158–179. – Ders., Friedrich Lücke (1791–1855), 2 Bde., Berlin/New York 1999. – J.J. Collins, The apocalyptic imagination, Grand Rapids/Cambridge ^{2}1998. – K. Koch, Vom profetischen zum apokalyptischen Visionsbericht, in: D. Hellholm (Hg.), Apocalypticism in the mediterranean world and the Near East, Tübingen ^{2}1989, 413–446. – F. Lücke, Versuch einer vollständigen Einleitung in die Offenbarung Johannis und in die gesammte apokalyptische Litteratur, Bonn 1832 [^{2}1848. 1852]. – M. Wolter, Apokalyptik als Redeform im Neuen Testament, in: NTS 51 (2005), 171–191.

Stefan Beyerle

II. Neutestamentlich

A. stellt eine spezifische Art Offenbarungsmitteilung dar und unterscheidet sich von Prophetie, Orakel, Weisheit und Gnosis. Sie kommt als literarisches, konzeptuelles und sozio-religiöses Phänomen in einigen Texten im NT vor. Zwischen A. und Eschatologie muss differenziert werden: Eschatologie handelt von den letzten Dingen (τὸ ἔσχατον) und umfasst individuelle wie allgemeine

Eschatologie; A. bedeutet ‚Enthüllung geheimer göttlicher Erkenntnis'. Die Bezeichnung A. ist vom griechischen ἀποκαλύπτω/ἀποκάλυψις unter jüdisch-christlichem Einfluss hergeleitet. Die Enthüllung umfasst den Weltverlauf von Schöpfung der Welt bis zur Vernichtung/Wiederherstellung. A. ist ein weiterer Begriff als Eschatologie.

Offenbarungsmodi sind Himmelsreisen (ApcBar(gr); 2 Kor 12,2–4), Traumvisionen mit Epiphanie des Offenbarungsvermittlers (Dan 7; ApcPe) oder visionäre Ekstase im wachen Zustand (Dan 10–12; ApcBar(syr) 22; Herm). Innerhalb der drei Modi finden sich auditive und visionäre Dialoge, Berichte und Interpretationen (Offb). Apokalyptische Vorstellungen kommen auch in Texten vor, die nach Form und Inhalt anderen Gattungen zugehören (1 Thess 4,13–5,11; 1 Kor 15; 2 Kor 12,2–4; Did 16).

Die apk Vorstellungswelt umfasst (1) Agenten: oberste Gottheit/Schöpfer, göttliche Gestalten/Engel als Vermittler, eine (pseudepigraph agierende) irdische Gestalt als Übermittler (Henoch; Baruch; Johannes); (2) Erkenntnisenthüllungen, die Prophezeiungen (Dan; Mt 24 f.; Mk 13), z. T. *vaticinia ex eventu*, betreffen: (a) die Periodisierung der Geschichte (z. B. 4 Metalle; Weltenbaum); (b) die Schilderung der Endzeit mit Weltuntergang bzw. -erneuerung durch einen endzeitlichen Retter sowie Auferstehung der Toten (ApcBar(syr); 4 Es; 1 Thess 4,13–5,11; 1 Kor 15; 2 Kor 5; Offb); (c) kriegerische Entscheidungen im dualistischen Endkampf zwischen den Guten und Bösen; (d) naturhafte Geschehnisse mit Störungen wie Weltbrand, Überflutung, Erdbeben (Sib 2.3; Mk 13 parr.; Offb Kap. 6.9.16); (e) die Unordnung in Gesellschaft, Familie und Religionsgemeinschaft.

Die sozial-kausative Situation und der finale Funktionszweck der Apokalypsen ergänzen einander. In Zeiten von Krisen wie (a) kriegerischen Kämpfen (1QM [vgl. J. Maier, Die Qumran-Essener: Die Texte vom Toten Meer 1, 125 ff.]; Mk 13; Offb 14,19), (b) Naturkatastrophen (Hen(aeth) 80; Sib 2.3; Ov. *met.* I), (c) politisch-sozialer und familiärer Unterdrückung (Hen(aeth) 99 f.; ApcBar(syr) 70; 4 Es 5.6; Hes. *Op.* 181 ff.), (d) religiösen Kontroversen (Offb; Herm; ApcPe), wird die finale göttliche Überwindung des Bösen und die tröstliche Botschaft von der Erneuerung des Guten (Offb 19–21) den Leidenden kundgetan.

Bibliographie: M. Becker/M. Öhler (Hgg.), Apokalyptik als Herausforderung neutestamentlicher Theologie, Tübingen 2006. – J.J. Collins (Hg.), The encyclopedia of apocalypticism 1, New York 1998. – M. Frenschkowski, Offenbarung und Epiphanie, 2 Bde., Tübingen 1995. 1997. – D. Hellholm (Hg.), Apocalypticism in the mediterranean world and the Near East, Tübingen ²1989 (Lit.!). – Ders., Religion und Gewalt in der Apokalyptik, in: F. Schweizter (Hg.), Religion, Politik und Gewalt, Gütersloh 2006, 413–438.

David Hellholm

III. Systematisch-theologisch

Nach einem gängigen Deutungsmuster steht die A. im Kontrast zur christlichen Eschatologie. Apokalyptische Motive im NT und Bewegungen in der Kirchengeschichte gelten nach dieser Interpretation als theologisch peripher. Seit den 60er Jahren des vergangenen Jahrhunderts fand die A. jedoch verstärkt das Interesse der Systematischen Theologie (W. Pannenberg, J. Moltmann, G. Sauter). Positiv wurde gewürdigt, dass die jüdische und die frühchristliche A. entscheidend zum Entstehen eines universalhistorischen Geschichtsbegriffes beigetragen habe. Die apokalyptische Vorstellung vom Reich Gottes konnte auch als Anknüpfungspunkt für eine neue Form der politischen Theologie dienen, stelle A. doch die Machtfrage und stehe gegen eine individualistische Engführung christlicher Erlösungshoffnung (J.-B. Metz). Abgeschattet wurde aber zumeist die Katastrophalität der Erlösung (G. Scholem), die für die jüdische A. ebenso bestimmend war wie der Umstand, dass die Universalgeschichte als *Unheils*geschichte nicht im Schöpfungshandeln Gottes, sondern in der potenzierten Sünde der Menschen ihren Grund hat. Neben der →Hoffnung auf eine neue Welt bzw. einen neuen Weltzustand lässt die →apokalyptische Literatur aller Zeiten ein erhebliches Angstpotential erkennen. Von dieser Weltangst her, welche die A. zu bewältigen versucht, können ihre Bildersprache, ihre Deutungsmuster und ihr Daseinsverständnis erschlossen werden, und zwar nicht nur individual- und sozialpsychologisch, sondern auch philosophisch und theologisch. Im Anschluss an J. Ellul lässt sich A. als Enthüllung der →Wirklichkeit im Untergang charakterisieren. Alle A. ist zutiefst zweideutig. Zweideutig wie ihre Sicht der Wirklichkeit bleibt auch die von ihr verbreitete Hoffnung, steht jede A. doch in der Gefahr, die Angst vor dem drohenden Weltende in Lust am Untergang umschlagen zu lassen. Hieraus resultiert die Gewaltbereitschaft militanter Endzeitsekten, die sich gegen die Umwelt richten oder auch zum kollektiven Selbstmord führen kann. Die christliche Eschatologie lässt sich demgegenüber als dialektische Aufhebung der A. charakterisieren. Gerade indem das Geschick Jesu mit Hilfe der apokalyptischen Vorstellung von der Totenauferweckung als endzeitliches Handeln Gottes interpretiert wird, werden die Voraussetzungen apokalyptischen Denkens verlassen. Neben aller Erfahrung von Heillosigkeit ist die Welt nun ein Ort der Heilsgegenwart. Christlicher →Glaube ist eine Form der Weltbejahung, die durch apokalyptische Weltverneinung hindurchgeht.

BIBLIOGRAPHIE: M. Becker/M. Öhler (Hgg.), Apokalyptik als Herausforderung neutestamentlicher Theologie, Tübingen 2006. – W. Fleischmann-Bisten (Hg.), 2000 nach Christus, Göttingen 1999. – U.H.J. Körtner, Weltangst und Weltende, Göttingen 1988. – G. Sauter, Einführung in die Eschatologie, Darmstadt 1995. – B.U. Schipper/G. Plasger (Hgg.), Apokalyptik und kein Ende?, Göttingen 2007.

Ulrich H.J. Körtner

IV. Judaistisch

Ausgangspunkt sowohl der Definition als auch der Bestimmung der religionsgeschichtlichen Stellung der A. als eines religiösen Phänomens im Judentum ist die → apokalyptische Literatur. Als unsystematischer Ausdruck des in diesen narrativ-visionären Schriften zum Ausdruck kommenden theologischen Bewältigungsversuchs einer als grundlegend defizitär erlebten Gegenwart und des sich hieraus ergebenden Theodizeeproblems nimmt die jüdische A. aktuelle Krisenerfahrungen in deterministischer Weise als vergegenwärtigte Geschichte wahr. Dabei tritt neben die Tora als grundlegendes normierendes System der Existenz- und Weltdeutung das apokalyptische Orientierungssystem, das sich aus (visionär oder ekstatisch empfangenen bzw. durch einen göttlichen Mandatar vermittelten) Offenbarungen des unabänderlichen göttlichen Heilsplans speist. Die A. stellt somit eine situationsbedingte Aktivierung und Aktualisierung (insbesondere prophetischer und weisheitlicher) theologischer Deutungsmuster dar; ihre Trägerkreise lassen sich nicht soziokulturell definieren.

Die A. betont die Einheit zwischen →Offenbarung und →Geschichte, indem sie versucht, die als bedrückend und unentwirrbar chaotisch erlebte Gegenwart und die Erwartung des kommenden Heils miteinander zu vereinbaren. Die linear wahrgenommene Geschichte erfährt eine Periodisierung; der eschatologische Standpunkt des Apokalyptikers und seiner Adressaten ist kurz vor bzw. in ihrer Endphase. Die erhoffte Erlösung durch das Eingreifen Gottes in die Geschichte gilt nicht als kausale Folge geschichtlichen Fortschritts, innerweltlicher Entwicklungen und menschlichen Handelns, sondern allein als deren radikales Ende. Verworfen wird die herkömmliche Vorstellung, dass die Weltgeschichte trotz aller Fehlentwicklungen und Hemmnisse in einem fortwährenden Prozess auf ein künftiges heilvolles Ziel hinausläuft. Die A. vermittelt dabei zwischen dem eigenen Erwählungsbewusstsein des jüdischen Frommen und seiner Leidens-, Not- und Unterlegenheitserfahrung; sie legitimiert damit zugleich auch die unbedingte Autorität des gerechten Gottes Israels.

Die Stellung des rabbinischen Judentums zur A. ist differenziert zu betrachten. Während sich die Tannaiten von apokalyptischen Strömungen abzugrenzen versuchten, zeigen sich in jüngeren Strata der rabbinischen Traditionsliteratur immer wieder gesamtgeschichtliche Deutungen und Applikationen der apokalyptischen Tradition anlässlich aktueller Problemhorizonte bzw. Krisenzeiten.

BIBLIOGRAPHIE: A. Bedenbender, Der Gott der Welt tritt auf den Sinai, Berlin 2000. – S. Beyerle, Von der Löwengrube ins himmlische Jerusalem, in: GlLern 14 (1999), 23–34. – K. Müller, Studien zur frühjüdischen Apokalyptik, Stuttgart 1991. – G.S. Oegema, Zwischen Hoffnung und Gericht, Neukirchen-Vluyn 1999. – P. Sacchi, Jewish apocalyptic and its history, Sheffield 1996 [*it.* 1990].

Michael Tilly

V. Islamwissenschaftlich

Obwohl der →Koran ausführliche Szenarien des Jüngsten Gerichts und der ihm vorausgehenden kosmischen Umwälzungen enthält, verweigert er sich doch zumeist Spekulationen über die dem Jüngsten Gericht vorausgehende Endzeit: Der Frage nach dem Zeitpunkt des Gerichts (z.B. Q 10:48, 21:38) hält er entgegen, dass ‚das Wissen (darüber) bei Gott ist' (z.B. Q 7:187, 67:25 f., 79:42–45). Modal qualifizierte Aussagen im Koran – ‚vielleicht (*laʿallā* / *ʿasā*) ist die Stunde nah' (Q 17:51 u.a.) – stehen dabei in Kontrast zu den kategorischen Ankündigungen in den Evangelien, *dass* das Himmelreich nahe *ist* (Mt 4,17 u.a.). Für die koranische Eschatologie ist damit v.a. die jederzeit gegebene *Möglichkeit* eines innergeschichtlichen oder endzeitlichen göttlichen Strafgerichts prägend, dessen fundamentale Relevanz für den Menschen sich nicht an der noch verbleibenden Zeitspanne bemisst. Vereinzelt wird jedoch greifbar, dass den eschatologischen Ausführungen im Koran zumindest anfänglich eine reale Naherwartung zugrundegelegen zu haben scheint (Q 54:1, 70:6 f.).

Während zwischentestamentliche Schriften wie etwa Hen(sl) apokalyptische Endzeitvisionen in eine durch Engel begleitete Himmelsreise einbetten, kommt es im nachkoranischen Islam zu einer Loslösung beider Themenstränge: Das Motiv der Himmelsreise wird in den Überlieferungen zur ‚Himmelfahrt' (*miʿrāǧ*) Muḥammads entfaltet, während die Endzeit in kurzen, Muḥammad oder anderen frühislamischen Autoritäten zugeschriebenen Aussprüchen thematisiert wird. Im Rückgriff auf jüdische, christliche und zoroastrische Vorstellungen entwickeln sich ab dem späten 7. Jh. verschiedene Überlieferungskreise, welche die endzeitliche Bedrohung des Islams durch historisch-reale Völkerschaften wie Byzantiner und Türken, aber auch durch metahistorische Protagonisten wie den Sufyānī – eine dämonische Übersteigerung der von Abū Sufyān abstammenden ersten Umayyadendynastie – und den Daǧǧāl (‚Betrüger', von syr. *daggālā*, vgl. Peschitta Mt 24,24) vorhersagen. Mit diesen beiden Gestalten korrespondieren als positive Widersacher der Mahdī (‚Rechtgeleiteter'), der ‚die Erde mit Gerechtigkeit anfüllen wird' und im schiitischen Islam mit dem zwölften Imam identifiziert wird, und der wiederkehrende Jesus. Wichtig ist darüber hinaus die Gattung der ‚moralischen Apokalypse' (D. Cook), die sittliche, politische und religiöse Missstände als Vorboten des Weltendes deutet und ein wichtiges Vehikel islamischer Sozialkritik darstellt.

Bibliographie: T. Andrae, Der Ursprung des Islams und das Christentum, Uppsala 1926. – S. Bashear, Muslim apocalypses and the hour, in: IOS 13 (1993), 75–99. – H. Busse, Jerusalem in the story of Muhammad's night journey and ascension, in: JSAI 14 (1991), 1–40. – D. Cook, Studies in Muslim apocalyptic, Princeton 2002. – Ders., Contemporary Muslim apocalyptic literature, Syracuse 2005. – R. Hoyland, Seeing Islam as others saw it, Princeton 1998. – W. Madelung, The Sufyānī between tradition and history, in: SI 63 (1986), 5–48. – Ders., ʿAbd Allāh b. al-Zubayr and the Mahdi, in: JNES 40 (1981), 291–305. – Ders., Apocalyptic prophecies in Ḥimṣ in the Umayyad age, in: JSS 31 (1986), 141–185. – U. Rubin, Apocalypse and authority in Islamic tradition, in: al-Qanṭara 18 (1997), 1–42.

Nicolai Sinai

Apokalypse →Apokalyptische Literatur/Apokalypse

Apokalyptische Literatur/Apokalypse

I. Alttestamentlich

Die a. L. des AT beschränkt sich unter Berücksichtigung gattungskritischer Kriterien auf die Danielvisionen (Dan 7–12; vgl. Kap. 2). Die visionäre, metageschichtliche Sinnbildung implizierende (vgl. Kap. 8.10 f.) und in einer Auferstehungshoffnung (12,1–3) kulminierende Hoffnung auf die hereinbrechende Gottesherrschaft (hebr./aram. *malkhu*[*t*]: 7,14.27) greift sowohl innerbiblische wie außerkanonische Traditionen auf und gehört schon deshalb in den Kontext einer breit bezeugten antik-jüdischen Apokalyptik – ob man nun von ‚Strömungen' (U.B. Müller) oder dezidiert von einem kultisch begründeten ‚Jewish separatism' (J.J. Collins) ausgeht.

Innerhalb des AT konnotieren insbesondere spätprophetische Texte apokalyptisches Gedankengut. Folgende Kompositionen finden in der Diskussion Berücksichtigung: Jes 24–27 (vgl. 25,8; 26,19: Auferstehung); 40–66 (vgl. 43,19; 65,17; 66,22: Neuschöpfung); Ez 1–3; 37; 38 f.; 40–48; Sach 1–8 (*angelus interpres*, Vision); 13 f. (Völkergericht). Gelegentlich wird auch auf die Geistausgießung in Joël 3 f. verwiesen. Neben den genannten Motiven und Themen dient die spätprophetische Eschatologie mit ihrer radikalisierten Endzeiterwartung als Ausweis apokalyptischen Gepräges dieser Texte.

Folgende Schwierigkeiten belasten diese Auffassung: Die als ‚apokalyptisch' (vgl. auch ‚apokalyptische Eschatologie') bezeichneten Kompositionen sollen von der →Gattung ‚Apokalypse' unterschieden werden, was jedoch Rückfragen an die Differenzkriterien hervorruft. Dann denotieren ‚apokalyptisch' und ‚apokalyptische Eschatologie' defizitäre Modi bei der Beschreibung einer Textsorte. Zudem suggeriert dieses Vorgehen ein organisches, innerkanonisches Textwachstum, das die späte Prophetie unmittelbar mit der Danielapokalypse verknüpft und den temporalen Aspekt einer ‚apokalyptischen Eschatologie' einseitig überbetont. Schließlich wären auch weisheitliche Verknüpfungen namhaft zu machen, die jedoch v.a. in nicht kanonisierten Qumrantexten begegnen.

Insgesamt wird man von einem rein literarischen Phänomen ‚Apokalypse' auszugehen haben, dessen geringe Bezeugung im AT von der Seite der atl. Wissenschaft nur sehr eingeschränkt Rückschlüsse auf Haltungen (‚apokalyptisch') und Hoffnungen (‚apokalyptische Eschatologie') zulässt.

BIBLIOGRAPHIE: A. Bedenbender, Der Gott der Welt tritt auf den Sinai, Berlin 2000. – S. Beyerle, The Book of Daniel and its social setting, in: J.J. Collins/ P.W. Flint (Hgg.), The Book of Daniel, Bd. 1, Leiden 2001, 205–228. – J.J. Collins, Cult and culture (2001), in: Ders., Jewish cult and Hellenistic culture, Leiden/Boston 2005, 21–43. – F. Hahn, Frühjüdische und urchristliche Apokalyptik, Neukirchen-Vluyn 1998. – U.B. Müller, Apokalyptische Strömungen (1987), in: Ders., Christologie und Apokalyptik, Leipzig 2003, 223–267.

Stefan Beyerle

II. Neutestamentlich

A. L. stellt eine →Gattung der Offenbarungsliteratur mit Erzählrahmen in metaphorischem oder mythologisch-symbolischem →Stil dar: an irdische Empfänger durch außerweltliche Vermittler gegeben, die eine temporale und räumliche transzendente Wirklichkeit enthüllen. Die Bezeichnung A. ist vom Prolog der Offb (1,1) als Titel eines Einzeltextes und als Bezeichnung einer Gattung beeinflusst.

Die Gattung findet sich in frühjüdischer (Hen(aeth), Hen(sl), Dan, ApcBar(syr), ApcBar(gr), 4 Es, ApcAbr) und frühchristlicher (Offb, ApcPe) Literatur, weiter in der mitteliranischen Literatur (Ardāi Virāz Nāmag), meist aber nur als sekundäre Kompilation (Dēnkart, Bahman Yašt, Bundahišn), schließlich auch in griechisch-römischen (Cic. *rep.* [somn. Scip.]; Verg. *Aen.* 6; Sibyllinische Orakel) und gnostischen Schriften (Apokalypse des Adam, Apokalypse des Paulus, Apokalypse des Petrus).

Die Gattung lässt sich in Apokalypsen (a) *mit Himmelsreise* (Erzählung; Traumvisionen; ekstatische Visionen; Deutungsgespräche mit *angeli interpretes*), (b) A. mit *Visionsberichten* (Traumvisionen; Epiphanien; Deutungsgespräche) gliedern.

Apokalypsen sind in unterschiedlichen Krisen (Nöten, Bedrohungen und Kontroversen politisch-gesellschaftlicher, familiärer und religiöser Art mit finaler Ausrichtung) verfasst. Sie zielen auf Lösungen irdischer oder kosmischer Probleme bzgl. den Sinn der Geschichte des Weltalls, des irdischen Lebens bzw. der religiösen Gemeinschaft sowie auf Ermunterung und Trost für Gerechte, Aufruf zur Umkehr bzw. Warnung der Ungerechten. Die Autorisation der Offenbarungsbotschaft erfolgt durch Mitteilung von göttlichen Gestalten und (Ps.-)Autoritäten der religiösen Tradition.

Der Aufbau der Vertextung lässt sich folgendermaßen systematisieren: *Orientierung* leistet die zeitliche Distanz zur aktuellen Situation. *Komplikationen* entstehen, wenn die Ausgangssituation sich durch Krisen ändert.

Evaluation tritt ein, um die Komplikation und ihre Auflösung zu bewerten. Bewertung durch *angeli interpretes* hat Vorrang vor derjenigen durch den Erzähler/Übermittler. *Resolution*, die die Auflösung der Komplikation bewirkt, führt zum finalen Zweck mittels jenseitiger Legitimation: zu Trost, Warnung bzw. Aufruf an die Adressaten. In der *Coda/Moral* kehrt die Erzählung zur Ausgangsposition zurück. Die Distanz zur Binnenerzählung wird somit aufgehoben.

Durch supra-naturale Enthüllungen kraft Himmelsreisen, Visionen bzw. Auditionen wird die göttliche Botschaft den Adressaten kundgetan. Obgleich die jetzige Welt unter der Herrschaft des Bösen leidet, wird der endgültige Sieg kommen. Alle Weltbetrachtung endet in einer optimistischen Hoffnung.

BIBLIOGRAPHIE: →Apokalyptik. – E. Brandenburger, Markus 13 und die Apokalyptik, Göttingen 1984. – A.Y. Collins (Hg.), Early Christian apocalypticism, Decatur 1986. – J.J. Collins (Hg.), Apocalypse, Missoula 1979. – J.-W. Taeger, Johanneische Perspektiven, Göttingen 2006. – P. Vielhauer/G. Strecker, Apokalypsen und Verwandtes, in: W. Schneemelcher (Hg.), Neutestamentliche Apokryphen II, Tübingen 1989, 491–515. – T. Witulski, Die Johannesoffenbarung und Kaiser Hadrian, Göttingen 2007.

David Hellholm

III. Kirchengeschichtlich

Die Bezeichnung stammt aus der Offb (1,1; um 96 n.Chr.). Himmlische Geheimnisse über die Zukunft werden durch Visionen, Auditionen oder eine Himmelsreise von Gott selbst oder einer himmlischen Gestalt übermittelt. Empfänger ist eine fiktive Persönlichkeit der Vorzeit wie Henoch, Daniel oder Baruch. Der tatsächliche Autor verbirgt sich hinter diesem Pseudonym. Die Mitteilung ist in Bildern verschlüsselt, so dass es eines Dolmetscherengels, *angelus interpres*, bedarf, um sie zu verstehen. Gegenwärtige Leiden sollen erklärt werden, um die Leserinnen und Leser der Schrift zu trösten oder zu ermahnen. Die Botschaft kann sich sowohl räumlich auf eine himmlische Welt oder zeitlich auf eine Zukunft jenseits der bevorstehenden Katastrophen beziehen. Die Vielfalt apokalyptischer Motive entzieht sich einer umfassenden Definition. Die jeweilige Situation und auch die aufgenommenen Traditionen bestimmen die konkreten Schriften, die durch die hochgeschätzte Buchform gekennzeichnet sind. Die Leserinnen und Leser sind meist nicht bekannt.

A. L. ist international. Zeugnisse sind überliefert aus dem Iran, aus Ägypten (Töpferorakel) sowie aus dem Hellenismus (Sibyllinen), besonders aus der Gnosis (Nag Hammadi Schriften), außerdem im geringen Umfang auch aus dem Islam. Am besten untersucht ist die frühjüdische und christliche a. L. Hier lässt sich von den Qumranfragmenten aus dem 3. Jh. v.Chr., die Teile des Hen(aeth) enthalten, bis zum 2. Jh. n.Chr. eine Entwicklung wenigstens ansatzweise nachzeichnen. Die alte Streitfrage, ob die →Apokalyptik aus der Weisheit oder der Prophetie herzuleiten ist, ist durch eine differenzierte Betrachtung zu lösen. Für den Ursprung ist mit einer Apokalyptisierung der Weisheit zu rechnen, die sich in den Qumranschriften nachweisen lässt. Das spätere Danielbuch orientiert sich dagegen an der prophetischen Überlieferung.

Auf jeden Fall ist die lange vorherrschende These von der Randständigkeit der a.n L. nicht mehr zu halten. Apokalyptische Traditionen haben über die Schriften hinaus ihren Einfluss ausgeübt. Er schlägt sich in Texten wie der synoptischen Apokalypse Mk 13 parr. nieder, die darauf hinweisen, dass auch Jesus von Nazaret von apokalyptischen Gedanken mit bestimmt war (besonders in dem Terminus der ‚Gottesherrschaft').

BIBLIOGRAPHIE: M. Becker/M. Öhler (Hgg.), Apokalyptik als Herausforderung neutestamentlicher Theologie, Tübingen 2006. – J.J. Collins, Seers, sybils and sages in Hellenistic Roman Judaism, Leiden 1997. – Ders. (Hg.), The encyclopedia of apocalypticism 1, New York/London 2003. – F. Hahn, Frühjüdische und urchristliche Apokalyptik, Neukirchen-Vluyn 1998. – D. Hellholm/D. Frankfurter, Art. Apokalypse I. II., in: RGG[4] 1 (1998), 585–589. – D. Hellholm et al., Art. Apokalyptik I.–IV., in: RGG[4] 1 (1998), 590–595. – K. Koch, Vor der Wende der Zeiten, Gesammelte Aufsätze 3, Neukirchen-Vluyn 1996. – O. Wischmeyer, Das Neue Jerusalem, in: W. Sparn (Hg.), Apokalyptik versus Chiliasmus?, Erlangen 2002, 37–52.

Holger Hammerich

IV. Systematisch-theologisch

Das von F. Lücke in Anlehnung an Offb 1,1 geprägte Kunstwort →‚Apokalyptik' bezeichnet in den exegetischen Disziplinen eine literarische →Gattung jüdischer →Schriften aus dem Zeitalter des Hellenismus, deren Gedankenwelt derjenigen der ntl. Offb verwandt ist. Ob man überhaupt von einer einheitlichen literarischen Gattung der Apokalypsen sprechen darf und ob das Phänomen der Apokalyptik religionssoziologisch klar eingegrenzt werden kann, ist heute exegetisch umstritten. A. L., die den auf ein Ende zusteuernden Weltlauf deuten will, findet sich aber nicht nur im Judentum und im frühen Christentum, sondern auch in der iranischen, indischen, germanischen oder auch ägyptischen Religion, wobei nicht nur an ein einmaliges Weltende im Rahmen eines teleologischen Geschichtsbildes, sondern auch an periodische Weltuntergänge gedacht werden kann. Apokalyptik ist die Kehrseite der Utopie. Es wäre freilich zu einfach, wollte man der Utopie die →Hoffnung, der Apokalyptik aber das Gefühl der Angst zuordnen. Apokalyptik als eine Form der Gegenutopie thematisiert Hoffnung und Angst zugleich. Untergangsvisionen bilden nur den dunklen Hintergrund für die apokalyptischen Hoffnungsbilder einer neuen Welt. Die Interpretation a.r L. muss reale Krisen und Gefahren, apokalyptische Ängste als innere Bewusstseinszustände und die zu ihrer Artikulation verwendeten apokalyptischen Deutungsmuster unterscheiden, die über die Zeiten hinweg in ganz unterschiedlichen Kontexten für ihre Benutzer Plausibilität gewinnen.

Apokalyptische Ängste und Phantasien treten seit Jahrzehnten in den westlichen Gesellschaften wellenförmig auf, auch in der Kunst, im Film und in der Belletristik. Neben traditionellen Formen von Apokalyptik, die sich in Traktaten fundamentalistischer Kreise und Endzeitsekten finden, gibt es heute eine säkulare Apokalyptik, z.B. in der Umweltschutz- und Antiatombewegung, die sich apokalyptischer Deutungsmuster bedient, jenseits des drohenden Endes aber keine neue Welt, keinen neuen Äon mehr erwartet. K. Vondung spricht literaturwissenschaftlich von der ‚kupierten Apokalypse', in der sich die Hoffnung auf einen neuen Äon verflüchtigt hat. Diese Feststellung gilt allerdings nur eingeschränkt, entbehren doch auch die kupierten Apokalypsen unserer Zeit nicht unbedingt jeglicher Hoffnung. Selbst noch im Zeichen der drohenden Auslöschung allen Lebens entwickeln sie die Sehnsucht nach Gegenwelten und einem anderen Leben.

Bibliographie: U.H.J. Körtner, Weltangst und Weltende, Göttingen 1988. – D. Pezzoli-Olgiati (Hg.), Zukunft unter Zeitdruck, Zürich 1997. – W. Vögele (Hg.), Aktuelle Apokalyptik!, Rehburg-Loccum 2000. – K. Vondung, Die Apokalypse in Deutschland, München 1988. – W. Voßkamp (Hg.), Utopieforschung, 3 Bde., Stuttgart 1982.

Ulrich H.J. Körtner

V. Judaistisch

Zur a.n L. des vorrabbinischen Judentums gehören ApcBar(syr), ApcBar(gr), AssMos, ApcEl, 4 Es, ApcAbr, Hen(aeth), Hen(sl) sowie Teile von Sib, Jub und TestXII. Diese mehrheitlich aus dem Hebräischen bzw. Aramäischen in christliche Literatursprachen übersetzten, von den Kirchen des Ostens tradierten und dabei intensiv bearbeiteten und erweiterten Schriften enthalten exklusive Offenbarungsmitteilungen des transzendenten göttlichen Heilsplans bzw. Deutungen des Weltlaufs und Enthüllungen des erwarteten Weltendes durch phantastische Himmelsreisen, Traumbilder und ekstatische Visionen im Wachzustand. Das von der a.n L. übernommene und transformierte ältere Traditionsgut umfasst u. a. die Bildsprache der hebräischen →heiligen Schriften und ihrer antiken → Übersetzungen, ägyptische, babylonische, persische und griechische Überlieferungen, Prophetie und weisheitliche Bildungstraditionen.

Die Zusammenstellung von formalen und inhaltlichen Strukturelementen der a.n L. als Gattungsbegriff (erzählerischer Rahmen, pseudepigraphe Verfasserschaft, periodisierendes Geschichtsverständnis, *vaticinia ex eventu*, kosmischer Dualismus, Visionsberichte, vorwegnehmende Darstellung der Endgeschichte, Gerichtspanorama, Darstellung der himmlischen Welt, Auftreten eines *angelus interpres*, intertextuelle Anspielung, kunstvolle Verschleierung und bilderreiche Verschlüsselung durch →Allegorien und →

Symbole als literarische Stilmittel) erlangt erst vor dem Hintergrund des funktionalen Aspekts Aussagekraft, nämlich als vielgestaltiges Zeugnis der jüdischen →Apokalyptik und im Sinne der literarischen Vermittlung von tröstenden und vergewissernden Offenbarungserfahrungen in Krisensituationen, deren theologische Deutung durch die bekannten Modelle göttlichen Heilshandelns nicht mehr möglich erscheint. Die a. L. legitimiert die transzendente Autorität angesichts der vorfindlichen Weltlage und zielt auf eine Änderung des Denkens und Verhaltens der Adressaten im Sinne der Botschaft ab. Zugleich reflektiert sie das jeweilige ethische und paränetische Anliegen ihrer →Autoren sowie die perspektivisch wahrgenommene politische Geschichte und die wirtschaftlich-sozialen Verhältnisse als Hintergrund ihrer Entstehungszeit und ihres Verstehenshorizontes.

In der rabbinischen Traditionsliteratur wird die a. L. nicht explizit zitiert, was einer Tendenz entspricht, revolutionäre messianische Hoffnungen zurückzudrängen. Jedoch begegnen hier zentrale Themenkomplexe apokalyptischer Eschatologie wie die Vorstellung der himmlischen ‚Thronhallen‘ (*Hekhalot*), das ‚Schöpfungswerk‘ (*Ma‘aśe Bereshit*) und die ‚Thronwagenvision‘ Ezechiels (*Ma‘aśe Merkavah*).

BIBLIOGRAPHIE: J.J. Collins, The apocalyptic imagination, Grand Rapids ²1998. – I. Gruenwald, Apocalyptic and Merkavah mysticism, Leiden u. a. 1980. – D. Hellholm (Hg.), Apocalypticism in the Mediterranean world and in the Near East, Tübingen ²1989. – G.S. Oegema, Apokalypsen, JSHRZ VI 1,5, Gütersloh 2001. – M.E. Stone, Apocalyptic literature, in: Ders. (Hg.), Jewish writings of the Second Temple period, Assen/Philadelphia 1984, 383–441.

Michael Tilly

VI. Islamwissenschaftlich

Apokalyptisches Material hat im islamischen Schrifttum zumeist die literarische Gestalt von Aussprüchen oder Lehrreden, die mittels verschiedener Zwischenüberlieferer auf Muḥammad oder andere frühe Autoritäten zurückgeführt werden. Die Umwälzungen des 7. Jh.s (byzantinisch-sasanidischer Konflikt, arabische Eroberungen) lösten im entstehenden Islam, nicht anders als im zeitgenössischen Judentum und Christentum, ein starkes Anwachsen apokalyptischer Stoffe aus, die seit dem 9. Jh. Eingang in zahlreiche Traditionssammlungen fanden. Manche dieser Überlieferungen lassen sich bestimmten Ereignissen der frühislamischen Geschichte zuordnen, etwa dem Gegenkalifat der Zubairiden in Mekka (683–692) oder dem Sturz der Umaiyadendynastie (749/750); andere Traditionen spiegeln eine diffuse Unsicherheit, wie sie insbesondere in der umkämpften islamisch-byzantinischen Grenzregion in Nordsyrien geherrscht haben dürfte, oder die Angst vor einer ‚Verwässerung‘ und Verfälschung der neuen Religion.

Die früheste erhaltene Zusammenstellung apokalyptischer Traditionen ist das *Kitāb al-fitan* (‚Buch der Prüfungen‘) von Nuʿaim ibn Ḥammād (gest. 843), das eine literarische Tradition apokalyptischer Monographien begründet, in der auch spätere Sammler wie as-Sulamī (gest. 1261) und as-Suyūṭī (gest. 1505) stehen. Daneben fand apokalyptisches Material Eingang in umfassendere Sammelwerke, so in die Traditionssammlungen Ibn Abī Šaibas (gest. 849) und al-Buḫārīs (gest. 870). Da Gelehrte wie al-Buḫārī und Muslim (gest. 875) Traditionen, die keine vollständige Überliefererkette (*isnād*) aufwiesen bzw. von als unzuverlässig geltenden Gelehrten weitergegeben worden waren, ausschieden, macht sich bei ihnen eine deutliche Tendenz zur Selektion bemerkbar. In die Koranexegese gelangten apokalyptische Traditionen nur vereinzelt. In späterer Zeit werden endzeitliche Prophezeiungen v. a. von Gelehrten tradiert, die sich eigens für als ‚schwach‘ bzw. unauthentisch geltende Überlieferungen interessieren, wie etwa Nūr ad-Dīn al-Haitamī (gest. 1404) und al-Muttaqī al-Hindī (gest. 1567). Im schiitischen Islam kommt es nach der Entrückung des mit dem Mahdi identifizierten zwölften Imams im Jahre 874 zu einem starken literarischen Niederschlag apokalyptischer Stoffe, etwa bei Ibn Bābawaih/Bābūyah (gest. 991). Wie bei den Sunniten ist auch hier ein Großteil des Materials nur in späteren Sammlungen wie den ‚Meeren der Lichter‘ (*Biḥār al-anwār*) von al-Mağlisī (gest. 1698) erhalten.

BIBLIOGRAPHIE: →Apokalyptik. Nicolai Sinai

VII. Literaturwissenschaftlich

A. (griech. ἀποκαλύπτω, ‚offenbaren') bezeichnet Offenbarungsschriften, die endzeitliche Visionen vom Reich Gottes verkünden. Sie entspringen der von atl. Verheißungen genährten Hoffnung des jüdischen Volkes, aus dem Stadium der Fremdherrschaft durch Gottes Eingreifen in eine glückliche, von Macht und Wohlstand gekennzeichnete Zukunft überzugehen. Weissagungen dieser Art finden sich in den jüngeren Schriften des AT, in den Prophetenbüchern des 7. und 5. Jh.s v. Chr., in Joël sowie in Teilen von Dan, dem 165/164 v. Chr. entstandenen ersten größeren Werk dieser →Gattung. Leitmotiv der Apokalypsen ist die Lehre von den zwei Weltzeiten bzw. Äonen: Die erste, von den Mächten des Bösen beherrschte Weltzeit steht unmittelbar vor der Zerstörung durch Gott, der die kommende, letzte und ewig andauernde Weltzeit in all seiner Herrlichkeit beherrschen wird. Geistiger Hintergrund dieses Umbruchs ist die gewaltsame Ablösung eines primitiv-fetischhaften Glaubens an Götzen und Mammon durch die Etablierung einer genuin monotheistischen Religiosität. Auch die Offb ist nach eigenem Zeugnis eine Apokalypse, allerdings begründet Johannes dies nicht aus dem Verlauf der Epochen vergangener Geschichte, sondern durch das Handeln Gottes in Jesu Kommen, Tod und Erhöhung.

In der Moderne ist zwischen a.r L. einerseits, den negativen Utopien bzw. Dystopien andererseits zu unterscheiden. Auch in der primär angelsächsischen Gattung der Dystopie bezeugen etwa unterirdische Maschinendiktaturen (bei E.M. Forster), kapitalistische Massengesellschaften (bei A. Huxley), ein am Stalinismus orientierter Überwachungsstaat (bei G. Orwell) oder die Verlorenheit des Individuums in einer technisch perfektionierten Welt (bei R. Bradbury) eine bedrohliche Dissonanz von Utopie und Fortschritt. Den apokalyptischen Texten liegt jedoch zudem oft ein letztlich auf biblische Quellen zurückweisendes Motiv zugrunde: Die Verfangenheit der gegenwärtigen Welt in einem vom Fetischglauben geprägten Bewusstsein. K. Kraus sprach vom Untergang der Welt durch schwarze Magie, welcher in „Die letzten Tage der Menschheit" dramatisch-satirisch umgesetzt wird. Auf diese Verfangenheit folgt die Katastrophe: Schon in S. Brants „Narrenschiff" lauert hinter dem Narrenreigen als ständige Bedrohung der Tod und das nah erwartete Weltende, welches Brant in allgemeinem Sittenverfall, Sünde, Narrheit und einem ‚abgang des gloube' begründet sieht. Diese genuin religiöse Begründung fehlt freilich in modernen Untergangs- und Endvisionen, die im 20. Jh. eher als ‚kritische Kritik der Massenkultur' (U. Eco) etwa mit Blick auf die Stadt Rom (bei W. Koeppen, R.D. Brinkmann und F. Fellini) zu verstehen sind.

BIBLIOGRAPHIE: C. Carozzi, Weltuntergang und Seelenheil, Frankfurt a. M. 1996. – N. Cohn, Die Erwartung der Endzeit, Frankfurt a. M. 1997. – U. Eco, Apokalyptiker und Integrierte, Frankfurt a. M. 1984. – H. Hirsch, Von Orwell zu Ackroys, Hamburg 1998. – A.-M. Kuhn, Topographien der Apokalypse, Hamburg 2007. – R. Loibl (Hg.), Apokalypse, Limburg 2001. – B. McGinn, Visions of the end, Columbia 1979. – E.S. Rabkin et al. (Hgg.), No place else, Carbondale 1983. – K. Vondung, Die Apokalypse in Deutschland, München 1988.

Burkhard Meyer-Sickendiek

Apokryphen/Apokryph

I. Alttestamentlich

Der Begriff ‚apokryph', griech. ‚verborgen, geheim', wird schon in der Alten Kirche zur Unterscheidung gestufter Kanonizität benutzt. In der Reformation steht er seit Karlstadt für →Bücher, die in der →Septuaginta, nicht aber im masoretischen →Kanon enthalten sind und darum nicht in die evangelischen →Bibeln übernommen wurden. Die A. heißen in den orthodoxen Kirchen und in der katholischen Kirche *deuterokanonisch.* Der Begriff ‚apokryph' ist also nicht von der Kanondebatte zu trennen.

In protestantisch-anglikanischer Perspektive gehören zu den A.: Zusätze zu Est, Jud, Tob, 1.2 Makk, Weish, Sir, Bar, EpJer, Zusätze zu Dan. In der →Vulgata werden dazu 3.4 Es, OrMan und Ps 151 nach dem NT gestellt, die nicht als deuterokanonisch, sondern wie Hen oder ApcBar(syr) als apokryph gelten. In der Orthodoxie gehören meist auch 3.4 Makk, 3 Es, OrMan, Ps 151 und die Oden als deuterokanonisch zum Kanon. Diese →Schriften gelten in protestantischen →Tradition als pseudepigraph (→Pseudepigraphie). In anderen Kirchen wie z. B. der äthiopischen zählt auch Henoch zu den kanonischen Büchern (vgl. S. Meurer, 137–145).

Die A. sind jüdischen Ursprungs und stammen aus hellenistischer Zeit. Das früher zur Ausgrenzung übliche Argument der griechischen Ursprache ist teilweise durch Funde aus der Kairoer Geniza und aus Masada (Sir) oder Qumran (Tob) oder durch zu vermutende hebräisch-aramäische Originale (Jud, Bar, Dan[gr]) relativiert worden. Davon zu trennen ist die Frage, ob es einen eigenen jüdisch-alexandrinischen Kanon gab, so dass die Aussonderung der A. auf alte Tradition zurückgehe (R. Hanhart), oder ob die überlieferte Septuaginta, deren Umfang in den Handschriften variiert, eine christliche Schriftensammlung ist (M. Hengel).

Die A. setzen einen Grundbestand autoritativer jüdischer Schriften – Gesetz und Propheten – voraus und erweitern diesen in verschiedener Perspektive. Zum einen wird die Geschichte über Esra/Neh hinaus bis in die hellenistische Zeit geschildert (Makk), was der Bedeutung der Makkabäerkämpfe für die Identität des Judentums entspricht. Zweitens werden biblische Stoffe fortgeschrieben und so kommentiert oder korrigiert. So wird in Est(gr) der Gottesbezug expliziert, der im hebräischen Est fehlt. Dan(gr) deutet in Kap. 3 das Leiden der drei Männer als stellvertretend für Israel. Die Götzenpolemik Deuterojesajas wird in EpJer, Bar und Dan 14 verschärft, was auf die religiöse Konkurrenzsituation des Hellenismus reagiert. Der Monotheismus Israels wird vorausgesetzt und um die Dimensionen der Angelo- und Dämonologie erweitert (Tob, vgl. Hen); die weisheitlichen Traditionen werden modernisiert (Sir, Weish).

Die A. sind unverzichtbar, will man die traditions- und rezeptionsgeschichtlichen Entwicklungen vom →AT zum →NT hin nachzeichnen. Unter ihnen fehlen aber z. B. apokalyptische Texte (→Apokalypsen); die Pseudepigraphen und neu aus Qumran bekannte Schriften belegen eine größere Vielfalt der jüdischen Schriftauslegung.

BIBLIOGRAPHIE: Jüdische Schriften aus hellenistisch-römischer Zeit (JSHRZ). – O. Kaiser, Die alttestamentlichen Apokryphen, Gütersloh 2000. – R. Hanhart, Textgeschichtliche Probleme der LXX von ihrer Entstehung bis Origenes, in: M. Hengel/A.M. Schwemer (Hgg.), Die Septuaginta zwischen Judentum und Christentum, Tübingen 1994, 1–19. – M. Hengel, Die Septuaginta als „christliche Schriftensammlung“, in: Ders./A.M. Schwemer (Hgg.), Die Septuaginta zwischen Judentum und Christentum, Tübingen 1994, 182–284. – S. Meurer, Die Apokryphenfrage im ökumenischen Horizont, Stuttgart 1993.

Martin Rösel

II. Neutestamentlich

A. bezeichnet die Schriften des frühen Christentums, die in →Gattung und Ausrichtung den kanonischen Schriften entsprechen, aber aufgrund ihrer jeweiligen Akzentsetzung nicht kanonisiert wurden. Die Grundbedeutung von ‚apokryph‘, ‚geheim‘, trifft viele Schriften nicht (z. B. EvNaz oder ProtevJac). Die vom NT her gebräuchlichen Gattungsbezeichnungen begegnen zwar in diversen Texten, haben aber oft eine andere Bedeutung (z. B. EvVer oder ApcJac). Auch eine Trennung in ‚orthodox‘ und ‚häretisch‘ verbietet sich wegen des fließenden Übergangs, der jeweiligen →Rezeption und des z. T. erkennbaren Entstehungsprozesses (z. B. EvThom).

Bekannt waren apokryph gewordene →Schriften meist nur in Fragmenten bei Kirchenvätern (z. B. EvAeg). Von größter Bedeutung sind Handschriftenfunde, die manchmal mehrere Schriften bekannt machten (z. B. der Berliner gnostische Papyrus mit dem EvMar u. a.). Die Nag Hammadi-Texte enthalten zwar auch Nichtchristliches, aber ermöglichen zugleich die erstmalige oder genauere Kenntnis vieler frühchristlicher Schriften (z. B. EvPhil oder das vollständige EvThom). In jüngerer Vergangenheit gibt es weitere Funde (Geheimes Markusevangelium, Berliner Evangelium, Judasevangelium).

Eine Gliederung ist schwer möglich. Die ntl. →Gattungen (→Evangelium, Apostelgeschichte, →Brief, →Apokalypse) sind nur bedingt geeignet, da sowohl Briefe (nicht gnostischen wie gnostischen Charakters, z. B. EpAp bzw. EpJac) wie Apokalypsen (1. 2 ApcJac) unter ‚Evangelien‘ subsumiert werden können. Manche Schriften behandeln nur Teilbereiche (Kindheit Jesu: z. B. ProtevJac; EvInfThom; Passion z. B. EvNikod), andere werden nach den Rezipientenkreisen benannt (EvNaz, EvHebr, EvEb, EvAeg) oder nach den angeblichen Verfassern, seien es Gruppen (z. B. Evangelium der Zwölf) oder Einzelpersonen (→Apostel: z. B. EvPe; EvPhil; EvThom; EvJud; Frauen: EvMar; Häretiker: z. B. Evangelium des Kerinth oder des Basilides).

Nicht nur die Evangelien, auch die Acta-Tradition hatte mehrfach zu neuen, stark legendarisch überhöhten Berichten geführt. Manche sind nicht oder wenig (ActPe; ActP; ActAndr; ActJ), andere stärker (ActThom) enkratitisch bzw. gnostisch akzentuiert. Ein Wachsen der Tradition ist zu konstatieren.

Die A. geben für die Rekonstruktion des Lebens Jesu und der ersten Christen mit wenigen Ausnahmen (insbesondere der Grundschicht des EvThom) wenig her. Sie sind oft weit weg von den Aussagen der kanonischen Schriften, dokumentieren aber die Vielfalt des Christentums der ersten Jahrhunderte und sind so eine hermeneutische Herausforderung ersten Ranges.

Bibliographie: E. Hennecke/W. Schneemelcher (Hgg.), Neutestamentliche Apokryphen, 2 Bde., Tübingen [6]1990.[6]1997. – H.-J. Klauck, Apokryphe Evangelien, Stuttgart 2002. – Ders., Apokryphe Apostelakten, Stuttgart 2005. – D. Lührmann/E. Schlarb (Hgg.), Fragmente apokryph gewordener Evangelien, Marburg 2000. – U-K. Plisch, Was nicht in der Bibel steht, Stuttgart 2006. – H.-M. Schenke et al. (Hgg.), Nag Hammadi Deutsch, Bd. 1. NHC I,1–V,1, Berlin/New York 2001; Bd. 2. NHC V,2–XIII,1, BG 1 und 4, Berlin/New York 2003.

Wilhelm Pratscher

III. Kirchengeschichtlich

Der Begriff ‚apokryph', unter dem heute meist global das außerkanonische biblische Schrifttum verstanden wird, das inhaltlich und formal mit den →Texten des →AT und →NT eng verbunden ist, ist nicht einfach zu definieren. Sowohl die semantische Entwicklung des Worts wie auch seine Anwendung sind vielschichtig. Etymologisch leitet es sich ab von griech. ἀποκρύπτω, ‚verbergen, verhehlen, verdunkeln, verheimlichen', davon ἀπόκρυφος, ‚heimlich, versteckt, geheim' (βιβλία bei Suid. 4,713,16). Im theologischen Kontext verstand man ausgehend von Jes 45,3 καὶ δώσω σοι θησαυροὺς σκοτεινούς, ἀποκρύφους ἀοράτους ἀνοίξω σοι ἵνα γνῷς ὅτι ἐγὼ κύριος wertvolle verborgene Schätze; dies Zitat wird aufgenommen von Clem. *str.* 5.4.23.2.2; 5.10.64.1.2; Barn 11,4,4; Eus. *p.e.* 6.11.22.10 etc. Auf den geistigen Bereich bezogen: Kol 2,3 πάντες οἱ θησαυροὶ τῆς σοφίας καὶ γνώσεως ἀπόκρυφοι. Soweit hat das Wort eine durchaus positive Konnotation im Sinne von ‚verborgen wegen des kostbaren Inhalts'. Als Bezeichnung für theologisches Schrifttum tritt dieser Begriff in der Gnosis auf, in der wertvolle (esoterische) Lehren nur Eingeweihten zugänglich gemacht werden sollten (‚Apocryphon Johannis' und ‚Epistola Jacobi apocrypha' aus Nag Hammadi). Daneben kann auch ein Schrifttum im Sinne von Arkandisziplin und Geheimlehre als apokryph bezeichnet werden. (vgl. Clem. *str.* 1.15.69.6.4). Infolge der Ablehnung der Gnosis und der Distanzierung von ihr und von anderen Irrlehren bekam der Ausdruck eine pejorative Bedeutung: gefälschte bzw. häretische Werke (Iren. *haer.* 1,20; Tert. *pudic.* 10,12 [*inter apocrypha et falsa*]; *resurr.* 63,24; Or. *Cant. prol.* [Rufin] CC 33, 87 f.). Daneben diente der Begriff zur Klassifizierung bzw. zur Trennung von → Schriften, die zum (jeweiligen) →Kanon gehörten, von denen, die außerhalb standen, dennoch aber lesenswert sein konnten und damit eine begrenzte Anerkennung erfuhren. Diese Werke geben sich zwar oft kanonisch durch ihre *subscriptio*, ihre Form und ihren Inhalt, blieben aber vom Kanon ausgeschlossen.

Die Mehrzahl der christlichen A. sind ntl. und basieren oft auf einer der literarischen → Formen des NT: →Evangelien, Apg, →Briefe, →Apokalypse. Ihre Entstehung ist nicht nur der frühchristlichen Epoche zuzuordnen, sondern reicht bis in Hochmittelalter, wobei ältere Texte mitunter spätere Bearbeitungsspuren aufweisen, so dass der Übergang zu romanhaften Bearbeitungen und die Übernahme antiker literarischer Strukturen wie des Romans fließend sind. Hier sind die zumeist verwendeten Gattungseinteilungen der A. (Evangelien, Apokalypse etc.) öfters nicht haltbar, wie auch die Trennlinien zu anderen literarischen Bereichen wie der Hagiographie unscharf sind.

Durch die Kanonbildung im jüdischen (nach 70 n. Chr.) und christlichen (nach 200 n. Chr.) Bereich ergeben sich zusätzlich auch Auffassungsunterschiede darüber, was unter ‚apokryph' zu verstehen sei. Da der hebräische Kanon sich von der →Septuaginta, der Basis des AT in der christlichen →Überlieferung, unterscheidet, sind im AT der christlichen Überlieferung mehr Werke als in der hebräischen Bibel enthalten (Jdt, Bar, Weish, Tob, Sir, Makk). M. Luther legte aber seiner →Bibelübersetzung den hebräischen →Tanach zugrunde, so dass sich im christlichen Bereich folgendes ergab: Die Werke, die im Judentum als außerkanonisch angesehen wurden und im hebräischen Kanon fehlen, werden in den Kirchen der Reformation als A. des AT bezeichnet, während sie in der frühen Kirche (ab Melito v. Sardes beginnt die Diskussion über ihre Zugehörigkeit) als authentisch rezipiert wurden; in der heutigen katholischen Kirche werden sie deuterokanonisch genannt und ebenso wie in den orthodoxen Kirchen, die keinen verbindlichen Kanon kennen, anerkannt und als integraler Bestandteil der → Bibel angesehen. Andere Teile der →Septuaginta (3.4 Esr, 3.4 Makk, PsSal, OrMan) gelten in der katholischen Kirche als apokryph, in der protestantischen als →‚Pseudepigrapha'.

Der Einfluss der A. auf den (Volks)glauben und die →Ikonographie religiöser Darstellungen ist überaus bedeutend (z. B. Kindheit Mariens, Tod Mariens etc.). Die →Interpretation der A. ist in einer großen Bandbreite differenziert – einerseits werden sie im Vergleich zum NT als epigonenhaft eingeschätzt, andererseits werden sie gleichsam als Gegenbibel und Konkurrenz zum NT mit einem Nimbus des Geheimnisvollen umkleidet und dementsprechend auch vermarktet. Dies hat Anlass zu überspitzten und unhaltbaren Theorien über Jesus und die Entstehung des Christentums gegeben. In diesem Zusammenhang wird die Behauptung aufgestellt, apokryphe Texte seien von der Kirche bewusst unterdrückt worden.

Bibliographie: C.-B. Amphoux/J.K. Elliott, The New Testament text in early Christianity, Lausanne 2003. – I. Aßfalg/A. Kubina, Art. Apokryphen, in: Kindlers Literaturlexikon 3, München 1974, 1094–1103. – A.D. Baum, Pseudepigraphie und literarische Fälschung im frühen Christentum, Tübingen 2001. – F. Bovon et al. (Hgg.), Écrits apocryphes chrétiens, 2 Bde., Paris 1997. 2005. – L. DiTommaso, A bibliography of pseudepigrapha research, Sheffield 2001, 1850–1999. – H. Förster, Die neutestamentlichen Apokryphen, in: Ders. et al., Kopie und Fälschung, Graz 2001, 75–92. – J.-C. Haelewyck (Hg.), Clavis apocryphorum Veteris Testamenti, Turnhout 1998. – D. Lührmann, Die apokryph gewordenen Evangelien, Leiden 2004. – W. Michaelis, Die apokryphen Schriften zum Neuen Testament, Bremen ³1962. – T. Nicklas, Écrits apocryphes chrétiens, in: VigChr 61 (2007), 70–95. – J.-C. Picard, Le continent apocryphe, Turnhout 1999. – W. Rebell, Neutestamentliche Apokryphen und Apostolische Väter, München 1992. – A. de Santos Otero, Los evangelios apocrifos, Madrid 1963. – L. Troiani (Hg.), Apocrifi dell' Antico Testamento 5, Brescia 1997. – R. Wilson, Art. Apokryphen, in: TRE 3 (1978), 316–362.

Johannes Divjak

IV. Judaistisch

Von jüdischen →Autoren wurden die A. zu keiner Zeit durch methodische Rückführung ihres Inhalts auf die schriftliche →Tora oder durch die Behauptung ihrer – direkten oder durch Traditionskontinuität gewährleisteten – Inspiration autorisiert und als normativ bzw. sakral verstanden. Ihre Kontextualität in christlichen Sammlungen verbindlicher → heiliger Schriften entspricht nicht ihrer Bedeutung im Judentum; sie waren niemals Teil eines jüdischen →‚Kanons'.

In den (im vorrabbinischen Judentum stets separat überlieferten) A. wurden ältere → Traditionen und →Texte vor dem Hintergrund unterschiedlicher soziokultureller und institutioneller Bezugsrahmen kreativ kombiniert, modifiziert und interpretiert, wobei die Abfassung bzw. →Überlieferung in griechischer →Sprache eine massive jüdische → Rezeption hellenistischer Terminologie und Weltdeutung einschloss. Die Verfasser der A. griffen zwar auf frühere Textstufen der hebräischen heiligen Schriften bzw. ihrer antiken →Übersetzungen zurück, aber aufgrund ihrer Tradierung durch das Christentum muss mit fortwährenden Textänderungen bzw. Angleichungen an die jeweils bestimmende Texttradition gerechnet werden.

Unbeschadet des Fehlens sowohl eines eindeutigen Kanonbegriffs als auch von Einflussmöglichkeiten auf die heterogene Leseordnung in den Synagogen zeigt das rabbinische Judentum nach 70 n. Chr. ein anwachsendes Bemühen um Kriterien zur Abgrenzung verbindlicher Schriftensammlungen. Bücher wie Sir wurden aufgrund ihres mangelnden Alters bzw. fehlender prophetischer →Inspiration (vgl. 1 Makk 9,27) als *Sefarim Chitsonim* (‚außenstehende Bücher') angesehen, die für die liturgische →Lesung untauglich sind (tYad 2,13; ySanh 28a, 17 f.). V. a. aufgrund ihrer betonten Hochschätzung der hebräischen →Überlieferung tradierten die Rabbinen die A. als Teil der hellenistisch-jüdischen →Literatur nicht weiter; in der rabbinischen Literatur finden sich zunächst nur vereinzelte dekontextualisierte (allerdings teilweise nach Ausweis der Einleitungsformel als verbindliche Schrift behandelte) Zitate sowie Bezugnahmen und motivliche Anklänge. Dennoch spielten die überwiegend lehrhaften Stoffe der A. als Teil der reichen haggadischen Tradition im rabbinischen Schulbetrieb, in der liturgischen Praxis der Gemeinden und in der jüdischen Volksfrömmigkeit immer eine gewisse Rolle (vgl. z. B. bGit 57b; bSanh 100b). Das im frühen Mittelalter merklich anwachsende Interesse an weisheitlichen Spruchdichtungen wie Sir und erbaulichen Erzählungen wie 1. 2 Makk, Tob, und Jud spiegelt sich in Texten wie z. B. dem Alphabet des Ben Sira, Nachdichtungen der Judithgeschichte sowie dem *Sefer Josippon*, dessen Autor die A. in der Vulgatafassung verwendete.

Bibliographie: S.A. Nigorsian, Formation of Jewish and Christian Scriptures, in: ThRev 24 (2003), 127–140. – G.W.E. Nickelsburg, Jewish literature between the Bible and the Mishnah, Philadelphia 1981. – S.Z. Leiman, The canonization of Hebrew Scripture, Hamden 1976. – J.R. Labendz, The Book of Ben Sira in rabbinic literature, in: AJS Review 30 (2006), 347–392.

Michael Tilly

Apostel/Apostolische Literatur

I. Neutestamentlich

Der personbezogene Begriff ἀπόστολος bezeichnet den ‚Gesandten' (Röm 1,1 u. ö.; Gemeindegesandte ἀπόστολοι: Röm 16,7; 1 Kor 9,5; Apg 14,4. 14). Später gelten Jesu Jünger als οἱ ἀπόστολοι (Mk 3,14 parr.); sie bilden nach Apg 2,42 u. ö. anfangs die Gemeindeleitung in Jerusalem. Paulus, der einzige Autor, dessen ‚Apostolizität' wir kennen, leitet seinen Apostolat aus dem ‚Sehen' des auferstandenen Christus ab (1 Kor 9,1); die analoge Formulierung in Joh 20,18 zeigt, dass offenbar auch Maria Magdalena als ἀπόστολος verstanden wurde (vgl. EvMar).

Vom ‚apostolischen Zeitalter' und von ‚apostolischer Literatur' kann kaum gesprochen werden. Die Paulusbriefe sind nicht im eigentlichen Sinn →‚Literatur'. Doch zeigt ihre Sammlung ihren ‚überindividuellen' Charakter. Indiz für das Entstehen einer →Gattung ‚apostolische Literatur' sind die pseudepigraphen →Briefe (vgl. Kol 1,1; Eph 1,1), deren →Autoren sich nicht als A. ansehen. Für die Pastoralbriefe ist ‚Paulus' der einzige A. (1 Tim 2,7; 2 Tim 1,11).

In der Zeit nach Paulus bezeichnet sich keiner der orthonym schreibenden Autoren als ‚A.'. Im Rückblick werden ‚die Zwölf' als ‚A.' bezeichnet (vgl. v. a. Lk und Apg); aber nur die Briefe des ‚Petrus' behaupten von sich, ‚apostolischen' Ursprungs zu sein (1 Petr 1,1; 2 Petr 1,1; vgl. aber 3,2).

Die Bezeichnung ‚Apostolische Väter' für die frühe außerntl. Literatur entsteht erst im 17. Jh. 1 Clem 47,1 zeigt, dass 1 Kor gegen Ende des 1. Jh.s in Rom bekannt ist. Der kaum datierbare 2 Clem nennt nebeneinander τὰ βιβλία und οἱ ἀπόστολοι (14,2), denkt also vielleicht an einen zweiteiligen →Kanon. Nach Polyc 6,3 haben ἀπόστολοι ‚uns' das Evangelium gebracht. In der *inscriptio* der Did sind ‚die zwölf A.' als Autoren genannt; aber in 11,3–6 sind die ἀπόστολοι wandernde Gemeindegesandte. Für Ignatius ist das συνέδριον τῶν ἀποστόλων eine Größe der Vergangenheit, ‚jetzt' durch das Presbyterkollegium ersetzt (IgnMagn 6,1 u. ö.). Er erklärt auch, er könne nicht agieren ‚wie ein A.' (IgnTrall 3,3; vgl. die *inscriptio*, wo erstmals das Adj. ἀποστολικός begegnet). MartPol 16,2 beschreibt Polykarp als διδάσκαλος ἀποστολικὸς καὶ προφητικός (apostolischer und prophetischer Lehrer), d. h. er steht in ‚apostolischer‘ Tradition und besitzt ‚prophetische‘ Gabe.

Justin (*1 apol.* 66,3) bezeichnet die Evangelien (εὐαγγέλια) als ‚Erinnerungen der A.‘. In 67,3 stehen sie neben den συγγράμματα τῶν προφητῶν; beide werden in der gottesdienstlichen Versammlung (συνέλευσις) gelesen. Der zweite Teil des marcionischen Kanons heißt ἀπόστολος bzw. ἀποστολικόν. Euseb spricht von den ἀπόστολοι und den ἀποστολικοὶ χρόνοι als Epoche (*h.e.* 3,31,6), verbunden mit dem Hinweis auf die ‚Heiligen Schriften‘. Schriften, die in den meisten Kirchen nicht anerkannt sind, widersprechen der ἀποστολικὴ ὀρθοδοξία (rechte apostolische Lehre).

Bibliographie: W.A. Bienert, Das Apostelbild in der altchristlichen Überlieferung, in: W. Schneemelcher (Hg.), Neutestamentliche Apokryphen II, Tübingen [6]1997, 6–28. – F. Hahn, Art. Apostel I., in: RGG[4] 1 (1998), 636–638. – M. Reiser, Art. Literaturgeschichte/Literaturgeschichtsschreibung III., in: RGG[4] 5 (2002), 408–409. – J. Roloff, Art. Apostel/Apostolat/Apostolizität I., in: TRE 3 (1978), 430–445.

Andreas Lindemann

II. Kirchengeschichtlich

In altkirchlicher Zeit lässt sich die Tendenz zu einer Vereinheitlichung des Apostelbildes feststellen. Im Rahmen der Großkirche enthält dieses Bild Züge, die grundsätzlich denen der Apg entsprechen und sie weiter entfalten. Irenäus wird es systematisch ausbauen. Die ‚Zwölf A.‘ bilden das Fundament der Kirche, begleiten ihr Wachstum und bewahren die →Wahrheit des →Glaubens. Eine andere Betrachtungsweise, die den A. als den christlichen Wanderprediger versteht (Did 11,4–6), bleibt am Rande. Auch Paulus wird sich dem Kreis der Zwölf A. integrieren. Außerhalb der Großkirche wird er wie kein anderer zum Gegenstand von scharfen Kontroversen. Judenchristen lehnen ihn ab (bei den Ebioniten ist Paulus ‚Abtrünniger‘, Iren. *haer.* 1,26,2), Marcioniten verehren ihn als den A. schlechthin.

Die Literatur, die den Namen eines oder mehrerer A. trägt, ist außerordentlich zahlreich und vielfältig. Zwei belehrende Schriften werden den Zwölf bzw. den Elf A. zugeschrieben: Die *Didache* (frühes 2. Jh.) und die *Epistula Apostolorum* (Mitte 2. Jh.). Im 2. und 3. Jh. entstehen die wichtigsten Apostelakten: Andreas-, Johannes-, Paulus-, Petrus- und Thomasakten. Ihr literarisches Modell ist nicht die Apg, sondern der hellenistische Roman. Zu ihnen gesellt sich eine Reihe jüngerer Apostelakten, die jedem A. die gebührende literarische Verehrung zukommen lassen (A. de Santos Otero). Der Titel des jeweiligen Werkes sagt nichts über die reale literarische Form aus: die →*Evangelien* nach Thomas, Philippus, Matthias, Judas; die *Apokalypsen* des Paulus, Petrus, Jakobus; die →*Briefe* des Jakobus, Petrus. Die Texte aus Nag Hammadi haben als wichtigste Zeugnisse für eine gnostische →Interpretation der in der Großkirche anders verstandenen Gestalten des Anfangs eine bereichernde Ergänzung zur apostolischen Literatur gebracht.

Die hermeneutische Bedeutung der apostolischen Literatur für die Theologiegeschichte ist groß. Soziologisch bezeugt sie den Zusammenhang zwischen →Literatur und daran interessierten Christen eines bestimmten Bildungsniveaus, denen dadurch fromme und unterhaltsame Literatur geboten wird, theologisch das breite Spektrum der Meinungen innerhalb der christlichen Gemeinden, das eine klare Unterscheidung zwischen Rechtgläubigkeit und Häresie oft kaum zulässt. In der Pluralität der Literatur spiegelt sich die Pluralität der Gemeinden wider. Überhaupt verkörpern die A. die Gültigkeit der Zeit des Anfangs, durch viele literarische Formen in ein Kontinuitätsverhältnis mit der Gegenwart gesetzt. Daher versteht sich, dass Großkirche und Randgruppen sich für die A. interessieren und über sie schreiben.

Bibliographie: G.G. Blum, Apostel/Apostolat/Apostolizität II., in: TRE 3 (1978), 445–466. – E. Plümacher, Apokryphe Apostelakten, PRE Suppl. XV (1978), 11–70. – W. Schneemelcher (Hg.), Neutestamentliche Apokryphen II, Tübingen [6]1997. – T. Schneider/G. Wenz (Hgg.), Das kirchliche Amt in apostolischer Nachfolge, Freiburg 2004.

Horacio E. Lona

III. Systematisch-theologisch

Die Begriffe A. und apostolische Literatur werden in der Dogmatik im Kontext der Lehre von der Schrift thematisiert. Für die Schriftlehre der altprotestantischen Dogmatik zeichnet sich die Autorität der →Bibel grundsätzlich dadurch vor anderen Schriften aus, dass Gott den Propheten und A.n den Inhalt der Schrift eingegeben hat. Während Gott als der →Autor der Schrift deren *causa principalis* darstellt, haben die A. als *causa instrumentalis* zu gelten, derer sich Gott bei der Anfertigung der Schrift bedient hat. Die A. und deren Schriften sichern die Autorität und normative Geltung der Schrift als autoritative Lehrgrundlage der protestantischen Theologie. Der Begriff des A.s, von den ntl. Autoren unterschiedlich gedeutet, wurde in der alten Kirche im Zusammenhang der Herausbildung des biblischen Kanons als Kriterium für die Verbindlichkeit dieser Schriften geprägt. Die apostolischen Schriften bzw. die *traditio ab apostolis* (Irenäus) gelten als Quelle und Norm aller christlichen →Wahrheit, wobei diese Schriften nicht von einem A. selbst, sondern auch von deren Schülern verfasst sein können. Es geht um die Augenzeugenschaft der biblischen Verfasser im Interesse verbindlicher Kenntnis des Ursprungs angesichts des wachsenden Zeitabstands, vielfältiger Krisen im frühen Christentum sowie der zahlreichen Produktion neuer Texte.

Die historische Kritik seit der Aufklärung hat zunehmend die geschichtliche Bedingtheit der apostolischen Literatur herausgearbeitet und den Begriff der apostolischen Literatur als ein normatives Konstrukt aufgedeckt. Für die systematisch-theologische Reflexion ist damit die Aufgabe einer Neubestimmung des Verhältnisses von →Normativität und →Geschichte verbunden, welches in den theologischen Konzeptionen der Neuzeit die unterschiedlichsten Lösungen erfahren hat. Signifikant für den Protestantismus ist, dass die Frage, was als apostolisch zu gelten hat, mit der Rezeption dieser Texte durch die Leser verbunden wird. Apostolisch ist das, was Christus lehrt (M. Luther). Damit wird das Kriterium der Augenzeugenschaft durch ein reflexives Kriterium ersetzt, welches die biblischen Schriften mit der gegenwärtigen Erfahrung verbindet. Als apostolisch gilt nicht die Ursprungsnähe, sondern die gegenwärtige religiöse Gewissheit, welche über die → Rezeption des Textes an die Geschichte zurückgebunden ist. Rezeptionsästhetisch kann man die apostolische Literatur als eine geschichtlich gewordene Sammlung der grundlegenden Deutungsschemata der christlichen Religion verstehen, die sich in der Geschichte des Christentums durch die ihr innewohnende Prägekraft für die Deutung jeweils eigener religiöser Erfahrung bewährt hat.

BIBLIOGRAPHIE: J. Assmann, Religion und kulturelles Gedächtnis, München [2]2004. – K. Huizing, Homo legens, Berlin/New York 1996. – J. Lauster, Religion als Lebensdeutung, Darmstadt 2005. – J. Roloff et al., Art. Apostel/Apostolat/Apostolizität, in: TRE 3 (1978), 430–483. – G. Theißen, Die Religion der ersten Christen, Gütersloh [4]2008.

Christian Danz

Apostelgeschichte

→Apostel/Apostolische Literatur

Apostolizität

→Apostel/Apostolische Literatur

Applikation

I. Alttestamentlich

A. (lat. *applicatio*, ‚Aneignung') bezeichnet die Anwendung eines →Textes auf die gegenwärtige Situation des Publikums. Als →Methode findet A. statt, wo ein Text in einen Handlungsimpuls umgesetzt werden soll, v. a. bei normativen Texten in *Theologie* und *Recht*. Aber auch bei einfacher Lektüre vollzieht sich unreflektiert A. beim Publikum durch Identifikation oder Aneignung von Handlungsmaximen. Unter hermeneutischem Gesichtspunkt werden durch A. Sinn- oder Bedeutungsaspekte eines Textes sichtbar, die nicht auf der Textoberfläche erscheinen.

Bereits inneratl. finden sich Impulse zur A. Die Anweisungen zur →Rezeption der → Tora und/oder ihrer Teile ist applikativ gemeint, so vielfach in Texten des Dtn und der von ihm abhängigen →Tradition. Hier ragt besonders Dtn 6,6–9 hervor, wo mit den Anweisungen, sich ‚diese Worte' zu Herzen zu nehmen, die Kinder zu lehren und als Zeichen am Körper und der Tür anzubringen, geradezu ein Leitfaden zur dauerhaften A. der Tora gegeben wird. Diese wird Dtn 6,20–24 auch katechetisch umgesetzt. Pss 1; 119 verbinden applikativ Tora und →Gebet; die Rückführung vieler →Psalmen auf das Leben Davids gibt einen Anstoß zur A. sowohl der prophetischen Schriften als auch der Psalmen auf den Beter oder die Beterin (vgl. D. Erbele-Küster). Auch die bildhaften oder allegorischen Reden (→Allegorie) der Propheten haben deutlich applikative Tendenz.

Die Übernahme der atl. Schriften in die Tradition des frühen Christentums lässt eine neue Stufe der A. erkennen, wenn atl. Texte als Verheißungen auf Christus hin ausgelegt werden, die sog. ‚messianischen Verheißungen' Jes 9; Mi 5; Jes 52–53 und auch Jes 7,14 sind dafür ein typisches Beispiel (→Christus im AT). Der biblischen →Hermeneutik ist durch diesen besonderen Strom der A. die Aufgabe des sachgemäßen Bezugs des AT auf das NT zugewachsen, der die christliche Theologie im Rahmen beider Testamente auslegt, aber den Eigenwert des AT bestehen lässt. Hier entstehen schon altkirchlich das Schema von →Verheißung und Erfüllung und die typologische Exegese (→Typos).

Bis ins Mittelalter stand A. unter dem Horizont des vierfachen →Schriftsinns, sie gehört in die Bereiche des moralischen und anagogischen Sinnes und wird durch Exempel vollzogen. Die Lesung des Hld als Allegorie auf Christus und die Kirche, aber auch die Darstellung atl. Persönlichkeiten als personifizierte Tugenden oder Laster kennzeichnet diese applikative Aneignung des AT; sie wirkt teilweise bis weit in die Neuzeit nach.

Der Begriff A. wird im Mittelalter nicht verwendet. Auch die Reformation spricht noch nicht von A. Unter dem Eindruck der Rechtfertigungslehre wird aber das Verhältnis AT/NT applikativ zum Schlüssel der reformatorischen Hermeneutik (→Gesetz und Evangelium).

Erst im Pietismus wird A. zur Methode erhoben. Die historische →Exegese und die Dialektische Theologie haben die Frage nach der A. in den Hintergrund gedrängt. Eine Renaissance erlebt A. seit den 1950er Jahren. Dass Anwenden als Geschehensaspekt von Verstehen dieses verwirklicht, wird v.a. in der Praktischen Theologie umgesetzt, seit den 1960er Jahren besteht hier die Option einer *theologia applicata*, die Text- und Handlungshermeneutik in Beziehung setzt.

Inzwischen gilt, dass die verschiedenen Bedeutungsebenen eines Textes Auslegungsebenen darstellen, die das Publikum wählt, um den Text in seine →Wirklichkeit zu integrieren. Es entsteht ein hermeneutisches Dreieck zwischen →Text, Erfahrung/Tradition und Publikum. Für atl. Texte ist in diesem Zusammenhang die besondere Beliebtheit bestimmter →Zitate als Tauf- und Trausprüche zu beobachten (Jes 43,1; Rut 1,16–17), die mit dem historischen →Kontext der Texte wenig zu tun haben, die Situation aber im Lichte des Bibelworts zu erschließen in der Lage sind.

H.-G. Gadamer hat gezeigt, dass A. als Teil des Verstehensprozesses nicht auf normative Texte beschränkt ist, sondern Kunst – auch nicht-sprachlicher Art – einschließt. Insofern ist A. ein Gegenstand theologischer wie nichttheologischer Hermeneutik. In der Theologie besteht weiterhin der normative Anspruch biblischer Texte. A. dient der Aufgabe, ‚wie sich das Wort Gottes nützlich machen kann'.

BIBLIOGRAPHIE: D. Erbele-Küster, Lesen als Akt des Betens, Neukirchen-Vluyn 1999. – M. Fuhrmann et al. (Hgg.), Text und Applikation, München 1981. – H.-G. Gadamer, Wahrheit und Methode, Tübingen 1960. – U.H.J. Körtner, Art. Schriftauslegung IV., in: TRE 30 (1999), 489–495. – Ders. (Hg.), Hermeneutik und Ästhetik, Neukirchen-Vluyn 2001. – H. Schröer, Art. Schriftauslegung V., in: TRE 30 (1999), 495–499.

Melanie Köhlmoos

II. Neutestamentlich

Im eigentlichen Wortsinn ist A. die Anwendung einer geltenden einschlägigen Norm (→Gesetz, →Heilige Schrift) auf eine konkrete Situation (den ‚Fall'), doch kann auch die Frage nach der Gegenwartsbedeutung (*relevance*) eines überkommenen Sinnbestandes gemeint sein, oft im Unterschied zum ‚historischen Sinn' (*meaning*). In der Bibelhermeneutik zielt der Begriff zudem vielfach auf eine bestimmte Lektürehaltung, nämlich das existentielle Sich-Einlassen auf die ‚Sache' des Textes im Gegensatz zur historisch-objektivierend-distanzierenden Betrachtung. *Applicatio* als Fachbegriff dafür geht auf die pietistische Hermeneutik zurück (J.J. Rambach, *Institutiones hermeneuticae sacrae*, 1723). Einflussreichster Vertreter einer in diesem Sinne applikativen biblischen Hermeneutik war in der Neuzeit R. Bultmann, der das menschliche Existenzverständnis als eigentliche →‚Sache' der Schrift bestimmte. Angemessenes Sachverstehen ist dann mit (neuem) Selbstverstehen identisch (‚existentiale Interpretation'); historisch-kritische →Exegese (‚Entmythologisierung') und theologische A. verbinden sich so unmittelbar. Auch in der Hermeneutik H.-G. Gadamers werden Interpretation und A. direkt aufeinander bezogen, insofern „im Verstehen immer so etwas wie eine Anwendung des zu verstehenden Textes auf die gegenwärtige Situation des Interpreten stattfindet" (H.-G. Gadamer, 291), es also zur ‚Horizontverschmelzung' zwischen Text/Vergangenheit und Interpret/Gegenwart kommt. Dies ist aber nicht unmittelbar mit einer ‚Hermeneutik des Einverständnisses' (P. Stuhlmacher; →Einverständnis) gleichzusetzen, die den →Glauben für die Voraussetzung angemessenen →Verstehens hält. Typisch ist der Wille zur A. weiterhin für ‚engagierte Lektüren' zumal im Rahmen →kontextueller Hermeneutiken. Diese bestreiten oft die Möglichkeit einer nicht-interessegeleiteten ‚neutralen'→Interpretation grundsätzlich. Andere Exegeten warnen dagegen vor einer ‚Vereinnahmung' der Texte unter dem Stichwort der A. und wollen zwischen A./engagierter Lektüre und applikationsferner wissenschaftlicher Exegese unterscheiden (G. Theißen, K. Berger, K. Neumann, O. Wischmeyer). Letztere wird dann als ‚Anwalt der Texte' verstanden, deren ‚Fremdheit' und ‚Widerständigkeit' nicht einzuebnen ist. In transdisziplinärer Perspektive begründen heutige Text- und Lesetheorien sowohl die Unmöglichkeit der endgültigen Festschreibung der Bedeutung von Texten wie auch die Auffassung, dass jede Lektüre, insofern sie aktive Sinnkonstruktion ist, in gewissem Sinn ‚A.' ist.

BIBLIOGRAPHIE: K. Berger, Hermeneutik des Neuen Testaments, Tübingen/Basel 1999. – R. Bultmann, Das Problem der Hermeneutik, in: ZThK 47 (1950), 47–69. – H.-G. Gadamer, Wahrheit und Methode, Tübingen 1960. – K. Neumann, Die Geburt der Interpretation, Stuttgart 2002. – P. Stuhlmacher, Vom Verstehen des Neuen Testaments, Göttingen [2]1986. – G. Theißen, Methodenkonkurrenz und hermeneutischer Konflikt, in: J. Mehlhausen (Hg.), Pluralismus und Identität, Gütersloh 1995, 127–140. – O. Wischmeyer, Hermeneutik des Neuen Testaments, Tübingen/Basel 2004.

Klaus Neumann

III. Kirchengeschichtlich

Die A. von Texten ist seit der Antike auf den verschiedensten Gebieten geläufig. So beruht das Rechtsleben seit alters auf der Anwendung von Rechtstexten (Gesetzen und Urteilen) auf einzelne Fälle (Kasuistik). Die antike Psychagogik rät zur A. der aus dem philosophischen Text erkannten Lehre auf eine konkrete Situation; die Meditation über Sprüche von Dichtern und Denkern wird zur individuellen Lebenshilfe. Dem Christen bietet die →Bibel einen Schatz von Texten zum applizierenden Meditieren. Über die meditative Erbauung hinaus führt die A. im Handeln. Insofern beruht das menschliche Leben immer auf der A. ungeschriebener und schriftlich fixierter Verhaltensregeln und ethischer Maximen, die Gegenstand fortwährender →Auslegung sind. Innerhalb der allegorischen Bibelauslegung sagt der durch Origenes voll entwickelte tropologische (moralische) →Schriftsinn dem einzelnen Christen, wie er sich zu verhalten und zu handeln habe. Genauso wichtig wie die individuelle Anwendung des Schriftsinnes ist seine A. auf die Gemeinde; ihre wichtigste Gestalt stellt die →Predigt dar. Es ist deshalb wohlbegründet, dass Augustinus den drei hermeneutischen Büchern seiner Schrift *De doctrina christiana* ein viertes zur Homiletik *(de proferendo)* angefügt hat. Im Laufe der Kirchengeschichte entfaltete sich die christliche A. biblischer Texte in individueller Erbauung und Handlungsanweisung sowie in kollektiver Anrede in der Predigt, oft unter Gebrauch des Applikationsbegriffs (vgl. z. B. M. Luthers Rede von einer *applicatio proverbii, legis, evangelii, similitudinis*).

Im Pietismus scheinen sich erstmals grundsätzliche, zusammenhängende Ausführungen über die A. der Bibel zu finden. Wie die Aufklärung betont er besonders den ,Nutzen' der Schrift, stärker als jene aber die angestrebte ,Erbauung' (z.B. A.H. Francke, *Einleitung zur Lesung der H. Schrift*, 1694; J.A. Bengel, *Gnomon*, 1742, Praefatio § 27). J.A. Bengel fasst die jahrhundertelange individuelle Applikationspraxis in der Empfehlung zusammen: „Wende dich ganz dem Text zu; wende den [aus dem Text erhobenen] Sachverhalt ganz auf dich an" (*Vorrede zur Editio NT*, 1734, § 1, 7: *Te totum applica ad textum: rem totam applica ad te*). J.J. Rambach unterscheidet ,porismatische' und ,praktische', auf die Erbauung und auf das Handeln bezogene A. Die A., die in der Lektüre der Schrift ihren Anfang nimmt, muss im gesamten folgenden Leben fortgesetzt werden: durch Gebet, Meditation, erbauliches Reden über die Schrift, Beobachtung der eigenen Erfahrung, Gewissenserforschung, Unterhaltung mit fortgeschrittenen Christen und Bemühung um inneren Frieden (*Institutiones hermeneuticae sacrae*, 1723, IV,3 § 9,6). Was in solchen theologischen Darlegungen als Abfolge getrennter Schritte (Verstehen – Auslegen – Anwendung) verstanden wurde, darin sah H.-G. Gadamer (GW 1,313) einen einheitlichen Vorgang. Dadurch hat er den lange vergessenen Aspekt der A. zu einem Hauptthema der neueren hermeneutischen Diskussion gemacht. Dagegen hat jüngst H. Krämer (bes. 114–121) Gadamers Verständnis des Sachverhalts im Zusammenhang mit der Wirkungsgeschichte besonders wegen seiner Verwischung gegenwärtiger und in der Historie wahrgenommener A. grundsätzlich kritisiert.

Bibliographie: M. Fuhrmann et al. (Hgg.), Text und Applikation, München 1981. – H.-G. Gadamer, Wahrheit und Methode, Gesammelte Werke 1, Tübingen [6]1990. – H. Krämer, Kritik der Hermeneutik, München 2007. – P. Rabbow, Seelenführung, München 1954.

Ulrich Köpf

IV. Systematisch-theologisch

A. bezeichnet in der →Hermeneutik die Anwendung eines →Textes oder Textabschnittes auf Menschen (Einzelne, Gruppen oder alle) oder Situationen (aktuelle oder Situationstypen). *Applicatio* bedeutet im klassischen Latein ,Anschluss, Zuneigung', *applicare* ,nahebringen, anschließen'. Der Wortstamm hat keine Bedeutung für die antike und mittelalterliche Hermeneutik. Erst im Pietismus wird A. ein Grundbegriff der hermeneutischen Reflexion. Leitend ist bei P.J. Spener und J.A. Bengel die metaphorische Übertragung der Rede von der *applicatio* einer Therapie in der Medizin auf die Bibellektüre. Die biblische → Wahrheit soll nicht nur verstanden und erklärt, sie soll auch auf das Leben der Christen angewendet werden und so heilsam wirken. Systematisch formuliert J.J. Rambach, dass der Interpret der Bibel drei *subtilitates* benötige: die *subtilitas intelligendi*, die *subtilitas explicandi* und die *subtilitas applicandi*.

Nachdem die eigene Behandlung der A. nach dem Pietismus in der hermeneutischen Theorie weitgehend verschwunden war, erneuerte H.-G. Gadamer das Interesse an diesem Begriff. Seine These ist, dass juristische und theologische Hermeneutik immer schon im Dienste des Willens des Gesetzgebers oder der göttlichen Verheißung stehen. „Im Dienste dessen, was gelten soll, sind sie Auslegungen, die Applikation einschließen" (*Wahrheit und Methode*, 316). Da jedes Verstehen immer schon A. als integrales Moment enthält, ist eine besondere A. nach Gadamer nicht nötig. Es gilt vielmehr sich deutlich zu machen, dass durch die aktiven Leistungen des Lesers beim Lesen, durch seine Situationsgebundenheit und durch seine Suche nach gültiger Wahrheit, kein →Verstehen ohne A. möglich ist. Die sich an Gadamer anschließende Diskussion merkt kritisch an, dass sein Verweis darauf, dass im Verstehen immer schon bestimmte Vollzüge gegenwärtig sind, nicht von der Aufgabe dispensiert, in der Wissenschaft Differenzierungen geltend zu machen, die sich methodisch wie auch inhaltlich als fruchtbar erweisen. E. Betti ordnet die A. vorrangig einem *normativen* Interpretationstypus zu, der auf einen heute gültigen Sinnzusammenhang zielt und von einem *(re)kognitiven*, der auf den historischen Sinnzusammenhang zielt, und einem *reproduktiven* Interpretationstypus, der bei der Aufführung eines Werkes in einer anderen Zeit zum Tragen kommt, zu unterscheiden ist. K. Berger zeigt, dass die Vermischung von A. und auf den historischen Sinn zielender →Exegese zum Verlust der Fremdheit und der Objektivität der Texte und letztlich zu ihrem Verschleiß führt.

BIBLIOGRAPHIE: K. Berger, Hermeneutik des Neuen Testaments, Gütersloh 1988, bes. 108–155. – E. Betti, Allgemeine Auslegungslehre als Methodik der Geisteswissenschaften, Tübingen 1967. – C. Danani, La questione dell'oggettività nell'ermeneutica di Emilio Betti, Mailand 1998. – H.-G. Gadamer, Wahrheit und Methode, Gesammelte Werke 1, Tübingen 1986, bes. 312–346. – Ders., Wahrheit und Methode, Ergänzungen/Register, in: Gesammelte Werke 2, Tübingen 1986. – J. Lauster, Religion als Lebensdeutung, Darmstadt 2005. – W. Kramer, Art. Applikation, in: HWPh 1 (1971), 457 f.

Martin Leiner

V. Literaturwissenschaftlich

Der Begriff spielt in der philologischen → Hermeneutik der Gegenwart keine wesentliche Rolle (vgl. zur Begriffs- und Forschungsgeschichte: H. Anz). H.-G. Gadamer hat die A. neben den Elementen des →Verstehens und →Auslegens in seinem Buch *Wahrheit und Methode* als „integrierenden Bestandteil des hermeneutischen Vorgangs" und damit der philosophischen Hermeneutik aufgefasst (1990, 312–316). Doch sind davon keine Impulse auf die literaturwissenschaftliche Rezeptionsforschung ausgegangen, die den → Leser in den Mittelpunkt der Analyse literarischer →Texte stellt und dabei an Gadamers Theorie der Geschichtlichkeit des Verstehens anknüpft (vgl. D. Schöttker 2005). Das Desiderat wird an der fehlenden Reflexion des Begriffs in dem Band *Text und Applikation* der Gruppe ‚Poetik und Hermeneutik' deutlich: Hier geht es nicht um Fragen der Anwendung des Verstandenen auf die Wirklichkeit im Sinne Gadamers, sondern um die Anwendung hermeneutischer Verfahren auf Texte (M. Fuhrmann et al. 1981).

Gadamer begründet seinen Versuch einer Erweiterung der hermeneutischen Theorie um das Prinzip der A. mit der ursprünglichen „Zusammengehörigkeit" von philologischer, juristischer und theologischer Hermeneutik (314). Gerade in Jurisprudenz und Theologie aber stehe die Anwendung im Vordergrund: Ein Gesetz werde nicht „historisch verstanden", sondern konkretisiere sich „in seiner Rechtsgeltung durch die Auslegung"; ebenso sei „ein religiöser Verkündigungstext" nicht nur ein „historisches Dokument", sondern erzeuge eine „Heilswirkung" (ebd.). In diesem Sinn gebe es auch in „Dichtung und Musik" neben der „normativen" eine „reproduktive Auslegung" durch Vortrag, Übersetzung oder Nachbildung (315).

Gadamer übergeht allerdings die Unterschiede zwischen gesetzlichen, religiösen und literarischen Texten, die zu unterschiedlichen Formen der Anwendung – von der engen Auslegung bis zur freien Interpretation – führen. Gerade diesen Unterschieden müsste eine hermeneutische Theorie der A. gerecht werden. Für die Dichtung wäre z.B. eine gattungsspezifische Konzeption denkbar. Vorbild könnte die theologische Gleichnisanalyse sein, die explizit anwendungsbezogen ist (vgl. E. Linnemann). Das Prinzip der A. basiert hier auf der Auslegungsoffenheit des parabolischen Textes, so dass unterschiedliche Übertragungen auf die Wirklichkeit möglich sind. Die Idee lässt sich auf andere Textformen übertragen, da poetische Bilder in der Vorstellung des Lesers konkretisiert werden und deshalb unterschiedliche Anwendungen erlauben.

BIBLIOGRAPHIE: H. Anz, Art. Applikation, in: RLW 1 (1997), 113–115. – M. Fuhrmann et al. (Hgg.), Text und Applikation, München 1981. – H.-G. Gadamer, Wahrheit und Methode, Tübingen ^{6}1990 [1960]. – E. Linnemann, Gleichnisse Jesu, Göttingen 1961 [Nachdruck ^{6}1982]. – D. Schöttker, Theorien der literarischen Rezeption, in: H.L. Arnold/H. Detering (Hgg.), Grundzüge der Literaturwissenschaft, München ^{7}2005, 537–569 [zuerst 1996].

Detlev Schöttker

Argumentation

I. Alttestamentlich

Im AT finden sich weder der Begriff A. noch theoretische Erwägungen über das Argumentieren. Doch haben zahlreiche atl. Texte die Funktion, mit Gründen zu überzeugen. Drei Ebenen sind zu unterscheiden: (a) A. der Aktanten erzählender Texte untereinander (2 Sam 12), (b) A. des Textes einem ersten

Adressatenkreis gegenüber (Jes 7) und (c) A. des Textes gegenüber neuen Rezipientenkreisen im Zuge der Überlieferung.

Abhängig von der jeweiligen Kommunikationssituation finden sich im AT unterschiedliche sprachliche Mittel der A. Einzelne Texte oder Textteile werden z. B. mittels Stichwortverknüpfungen oder syntaktischer Wiederaufnahmen (A. Behrens) miteinander in Beziehung gesetzt, so dass eine intertextuelle A. entsteht. Solche Verknüpfungen erhebt im Rahmen der →Exegese die *Redaktionsgeschichte*. Zunehmend werden dabei Aspekte der Textgrammatik und -pragmatik bedeutsam (C. Hardmeier; →Sprechakttheorie: A. Wagner). Dies gilt auch für das Feld der *Formgeschichte*, die als Textsortenbestimmung die argumentative Leistung von Formen, Formeln und Gattungen im Kommunikationsgeschehen zwischen →Text und →Leser erhebt.

Drei Arten von A. lassen sich unterscheiden: (1) die A. von Mensch zu Mensch. Die →Weisheitsliteratur des AT zielt als didaktisches Genre auf Einsicht. Erstrebtes Resultat ist gesellschaftliche bzw. religiöse Lebensbewältigung. Mittel der A. sind Sinnsprüche in Form rhetorischer Fragen (Am 3,4), Zahlensprüche (Spr 25,14), Analogien aus der Natur (Spr 30,18 f.) u. a. Diese werden redaktionell zu größeren Texteinheiten (Weisheitsgedicht, Lehrrede), zu Büchern oder Buchteilen verbunden (A. Müller). Auch in Rechtstexten findet sich A., z. B. die katechetische Reflexion über den Sinn der Tora (Dtn 6,20–25). (2) A. im Namen Gottes. In der →prophetischen Literatur finden sich textliche Mittel der A., wie in der Unterscheidung von Gerichtsandrohung und Begründung im Prophetenspruch oder in den Disputationsworten (vgl. Ez). Gewachsene Prophetenbücher (z. B. Jes 1–66) stellen in sich einen argumentativen Diskurs dar, der durch spätere Leser nicht nur wiederholt, sondern erneut geführt wird. ‚Geronnene' wird zu ‚lebendiger' A. (3) A. im Gegenüber zu Gott. Die →Psalmen sind besonders in der Klage A., so dass sich diese Texte als ‚Konfliktgespräche mit Gott' (B. Janowski) lesen lassen. Mittel sind die eindringliche Bitte, appellative Fragen (Ps 6,4; 22,2) oder der Hinweis: „im Tode gedenkt man deiner nicht" (Ps 6,6). Höhepunkt der A. im AT sind die Reden des Hiobbuches mit Elementen der Weisheit, des Klagepsalms und der Gottesrede.

Bibliographie: A. Behrens, Prophetische Visionsschilderungen im Alten Testament, Münster 2002. – Ders., Die „syntaktische Wiederaufnahme" als textgrammatisches Phänomen im biblischen Hebräisch, in: KUSATU 6 (2006), 1–32. – C. Hardmeier, Textwelten der Bibel entdecken, 2 Bde., Gütersloh 2003 f. – B. Janowski, Konfliktgespräche mit Gott, Neukirchen-Vluyn 2003. – A. Müller, Proverbien 1–9, Berlin/New York 2000. – A. Wagner, Sprechakte und Sprechaktanalyse im Alten Testament, Berlin/New York 1997.

Achim Behrens

II. Neutestamentlich

Kennzeichnend für die A. im NT ist die Spannung zwischen autoritativer Proklamation im Namen Gottes – mit oder ohne explizite Berufung auf →Offenbarung, →Schrift und apostolische →Tradition – einerseits und rationaler Begründung andererseits. Die →Autoren des NT bzw. die Protagonisten in ihren Schriften treten ausnahmslos mit dem Selbstbewusstsein auf, die Wahrheit zu verkündigen; abhängig jedoch von ihrem Bemühen, im Dienste ihrer Überzeugungsstrategie einen gemeinsamen Boden mit ihren →Hörern und →Lesern zu finden, sind ihre Texte mehr oder weniger argumentativ konzipiert.

Nach Paulus beruht seine Verkündigung nicht auf menschlicher Weisheit und Überzeugungskraft, sondern auf Offenbarung. Der weltlichen →Rhetorik mit ihren Beweismitteln stellt er seine pneumatische gegenüber, den ‚Beweis des Geistes und der Kraft' (1 Kor 2,4). Wenn man seine A. mit dem Instrumentarium der weltlichen Rhetorik analysiert, stellt sich heraus, dass der →Apostel weitgehend die in der Antike üblichen rhetorischen Techniken verwendet. Das gleiche gilt für die Berufung auf die Schrift: Einerseits kann die Schrift nur mittels einer Erleuchtung durch den Heiligen Geist verstanden werden (Lk 24,44–45; 2 Kor 3,12–18), andererseits benutzen die ntl. Autoren bei ihrer Schriftauslegung das ganze Arsenal exegetischer →Methoden und Techniken, wie sie in der jüdischen und pagan-hellenistischen Umwelt üblich waren. Auch das überlieferte apostolische →Kerygma wird zwar als autoritative Instanz präsentiert, aber zugleich mit den Mitteln der allgemein akzeptierten weltlichen Logik expliziert (1 Kor 15,1–11).

Wie überall in der Antike, wo A. entscheidend war und damit auch die Frage nach wahrer und falscher A. gestellt wurde, so stand auch in Disputen von Christen mit Juden, Heiden und Mitchristen die Gültigkeit der A. zur Debatte (z.B. Apg 18,12–15; Röm 16,17 f.). Die in den antiken philosophischen und rhetorischen Schulen entwickelten Kriterien zur Unterscheidung von gültiger und ungültiger A. scheinen den ntl. Autoren unbekannt zu sein. Ausschlaggebend ist zumeist die *utilitas causae.* Zur Analyse und Beurteilung der ntl. argumentativen Strategien ist kein bestehendes System ausreichend. Nicht nur die klassischen griechischen und römischen rhetorischen Systeme haben sich als sehr hilfreich erwiesen, sondern auch moderne Systeme wie z.B. die ‚Neue Rhetorik' von C. Perelman und L. Olbrechts-Tyteca. Als hermeneutisch relevant erweist sich der Ansatz der Rhetorik, z.B. die Berufung auf Offenbarung zu dem Arsenal der persuasiven Mittel zu zählen.

BIBLIOGRAPHIE: C.L. Bauer, Logica Paullina, Halle 1774. – K. Berger, Formgeschichte des Neuen Testaments, Heidelberg 1984, 93–116. – G.A. Kennedy, New Testament interpretation through rhetorical criticism, Chapel Hill/London 1984. – M. Mayordomo, Argumentiert Paulus logisch?, Tübingen 2005. – C. Perelman/L. Olbrechts-Tyteca, La nouvelle rhétorique, Paris 1952. – F. Siegert, Argumentation bei Paulus, Tübingen 1985. – L. Thurén, Is there biblical argumentation?, in: A. Eriksson et al. (Hgg.), Rhetorical argumentation in biblical texts, Harrisburg 2002, 77–92. – J.S. Vos, Die Kunst der Argumentation bei Paulus, Tübingen 2002.

Johan S. Vos

III. Systematisch-theologisch

In Aufnahme von 1 Petr 3,15 kann man sagen, dass A. im Sinne einer rationalen, begründenden Darstellung und Durchdringung des christlichen Glaubens zum Zweck einer Verantwortung (ἀπολογία) des Geglaubten angesichts äußerer wie innerer Infragestellungen von Anfang an ein Wesensmerkmal christlicher Theologie ist. Dies ist im christlichen → Glauben selbst angelegt, sofern er denkender, d.h. auf Vermittlungen bezogener und angewiesener Glaube einer Traditions- und →Interpretationsgemeinschaft ist, die sich auf die Vermittlung von Gott und Welt in Jesus Christus zurückführt und darin einen allgemeinen, universalen Wahrheitsanspruch öffentlich geltend macht, der auf Akzeptanz in der Situation diskursiver →Kommunikation ausgerichtet ist.

Dabei ist über die Tragweite einer theologischen A. im Blick auf Anfechtungen, Skepsis und Glaubenszweifel und ihre mögliche Überwindung noch nichts vorentschieden. Vielmehr zeigt die Theologiegeschichte hier zwischen den Extremen eines ungebrochenen Vertrauens in die Überzeugungskraft eines Arguments der menschlichen Vernunft vor dem Hintergrund der *imago Dei*-Lehre (Abaelards *nihil credendum nisi prius intellectum*) einerseits und dem absoluten Misstrauen gegenüber einer durch die Sünde korrumpierten Rationalität (*credo quia ineptum/absurdum*, angelehnt an Tert. *carn.* 5,4) andererseits verschiedene Möglichkeiten einer sinnvollen Verhältnisbestimmung von Denken und Glauben, Vernunft und Offenbarung, die sich besonders im Streit z.B. um die Gottesbeweise zeigen. Damit kann auch der Rekurs auf Autorität (der Kirche, der →Schrift, der → Wirkungsgeschichte, der eigenen Erfahrung) angesichts der Einsicht in die Grenzen rationaler A. ein gewichtiges Argument sein.

Wie immer sich christliche Theologie hier bei der Diskussion von Sicherheit bietenden Rationalitätskriterien zwischen natürlicher Theologie und Offenbarungstheologie positioniert, so ist doch die mindestens metakritische Kompatibilität von rationaler A. und Glaube eines ihrer Grundanliegen, wenn die Heilsverkündigung des Evangeliums überzeugend und einladend auch in missionarischer oder religionspädagogischer Hinsicht vertreten werden soll. Unter den Bedingungen der Postmoderne (Pluralismus, Perspektivismus und Relativismus von Weltanschauungen und religiösen Überzeugungen) können allerdings mit theologischer A. keine Letztbegründungsansprüche mehr verbunden werden, wohl aber daseinserhellende Erschließungen und Orientierungen für Denken und Handeln im Sinne einer Phänomenologie der Lebenswelt, die sich nicht in Beliebigkeit auflösen oder in bloßen Behauptungen fundamentalistisch verfestigen, sondern durchaus (selbst-)kritische Verbindlichkeiten ermöglichen.

BIBLIOGRAPHIE: K.-O. Apel, Diskurs und Verantwortung, Frankfurt a. M. 1988. – W. Pannenberg, Wissenschaftstheorie und Theologie, Frankfurt a. M. [2]1977. – S. Toulmin, Der Gebrauch von Argumentation, Frankfurt a. M. 1975.

Hartmut Rosenau

IV. Altphilologisch

Die moderne Forschung zur A. basiert auf der antiken →Rhetorik und Logik. Andererseits hat die neuere Forschung zur A. (C. Perelman, S. Toulmin, F.H. van Eemeren, →Lit. unter VI.) die Forschung zur A. in der griechisch-römischen Rhetorik wiederbelebt. In der Klassischen Philologie wird A. auf verschiedenen Ebenen untersucht. Auf der Mikroebene werden einzelne Argumente und deren Funktion analysiert, auf intermediärer Ebene große Einheiten wie Reden oder →Texte, und auf der Makroebene wird die Dynamik von A., sogar wenn sie sich über große Zeiträume erstreckt (→Rezeption), untersucht. Zudem kann die Forschung zur A. auf formale (den Einfluss rhetorischer Hilfsmittel) oder inhaltliche Aspekte (die Angemessenheit der Argumente) fokussiert sein.

In antiken Werken zur Rhetorik finden sich ausführliche theoretische Diskussionen zu Rahmenbedingungen und Techniken der A. Sie entwickelten Theorien, wie in verschiedenen Situationen zu argumentieren (z. B. in der Gerichtsrede) und wie eine bestimmte Gruppe von Individuen durch Redekunst zu überzeugen sei. Aristoteles' Argumentationstheorie behandelt epistemische und kognitive Prinzipien zur Aufstellung und Rechtfertigung von Behauptungen. Seine Aufteilung der A. in die drei rhetorischen Elemente Ethos, Pathos und Logos (*Rh.* 1,2,1356a) wurde in Rom aufgenommen und weiterentwickelt. Aristoteles zeigte die Spannung zwischen der formal-logischen A. und dem axiomatisch-deduktiven System der rhetorisch-persuasiven A. auf. Seine Unterscheidung zwischen Syllogismen (als logischen Hilfsmitteln) und Enthymemen oder verkürzten Syllogismen (als rhetorischen Hilfsmitteln) übte maßgeblichen Einfluss auf spätere Argumentationstheorien aus.

Der wichtigste römische Beitrag zur Argumentationstheorie stammt von Cicero (bes. *De inventione*). Er diskutiert in *De oratore* eingehend die Regeln und Konventionen der A. (z. B. 2,99–306). Er hebt die Person des Redners im Prozess der A. hervor und betont das Ideal des *orator perfectus*. A. wurde zudem von dem anonymen Autor des *Ad Herennium*, von Quintilian, Augustin und Priscian behandelt. Antike Argumentationstheoretiker (z. B. Quint. *inst.* 5,12) waren sich der psychologischen Möglichkeiten der Überzeugung und Beeinflussung bewusst. Sie hoben die Beziehung zwischen Sprecher und Publikum hervor: sowohl der Ausgangspunkt als auch der Verlauf der A. werden vom Publikum bestimmt, welches der Argumentierende zu beeinflussen sucht. Ein geschickter Redner beginnt mit Prämissen, die allgemein akzeptiert werden, und zielt nicht nur darauf, die Glaubwürdigkeit seiner eigenen Behauptungen zu bekräftigen (*confirmatio*), sondern auch darauf, die Glaubwürdigkeit gegensätzlicher Behauptungen zu entkräften (*refutatio, confutatio, reprehensio*).

BIBLIOGRAPHIE: C.J. Classen/H.-J. Müllenbrock (Hgg.), Die Macht des Wortes, Marburg 1992. – E. Eggs, Art. Argumentation, in: HWRh 1 (1992), 914–991. – C.L. Johnstone (Hg.), Theory, text, context, Albany 1996. – J. Kopperschmidt, Rhetorica, Hildesheim 1985. – J. Martin, Antike Rhetorik, München 1974. – I. Worthington (Hg.), Persuasion, London 1994.

Maijastina Kahlos

V. Literaturwissenschaftlich

Literarische Texte können immer auch als Argumentationsstrukturen verstanden werden, da wirksame literarische →Fiktion das Ergebnis einer überzeugenden A. ist. Literarische Fiktion als ein Grundelement mimetischer Dichtung entsteht nämlich nicht durch die unmittelbare Nachahmung wahrgenommener Realität, sondern durch die Darstellung wahrscheinlicher Ereignisse, Handlungen und Charaktere, die ihre Plausibilität durch argumentative Strukturen erhalten.

Schon Aristoteles erklärt in der *Poetik*, dass ein →Dichter das Wahrscheinliche, das unmöglich ist, dem Unwahrscheinlichen, das möglich oder wirklich geschehen ist, vorzuziehen habe. Quintilian bezeichnet gar alles Material, das im Schreibprozess bearbeitet wird, als *argumentum* und hebt so die Bedeutung der A. hervor. Nachdem schon in der antiken Poetik die Frage nach der literarischen Wahrscheinlichkeit gestellt wurde und eine umfassende *mimesis*-Theorie bereits bei Aristoteles formuliert ist, bleibt die genaue Analyse literarischer A. Problem und Aufgabe auch für die moderne Literaturwissenschaft. Auffällig ist, dass sie bei der Analyse der A. immer stärker das gesamte kommunikative *setting* eines Textes berücksichtigt. Beispielsweise hat P. Lejeune die vermeintliche Authentizität autobiographischer Dichtung als Ergebnis einer komplexen A. verstanden, die auf einem Vertrag zwischen Autor und Leser basiert.

Durch die aus der Antike begründete enge Verknüpfung zwischen Poetik und →Rhetorik wurde literarische A. parallel zur rhetorischen A. konzeptualisiert. Besonders ausführlich hat die Literaturwissenschaft diese Verbindung für die Topik erforscht (E.R. Curtius). Aus den Vorgaben von Curtius entwickelt sich eine literaturwissenschaftliche Argumentationsforschung, die *topoi* hermeneutisch auswertet, um etwa kulturelle Überzeugungen, politische Konzepte usw. zu erschließen. Mit dem →*Linguistic Turn* innerhalb der Literaturwissenschaft ist auch die Analyse der Mikrostrukturen literarischer A. ein zentrales Thema geworden. Mit den → Methoden moderner Gesprächsanalyse lassen sich Argumentationszusammenhänge in Monologen und Dialogen behandeln. Figuren werden hermeneutisch erfasst, indem ihre Überzeugungen und psychologischen Motive untersucht werden, während zugleich die im Text vorausgesetzten Prämissen und angelegten Konklusionen ins Spiel kommen. Überhaupt hat die →Diskursanalyse die Aufmerksamkeit für das Thema A. geschärft, so dass die Argumentationsstruktur von literarischen Texten, ihre Beglaubigungsstrategien und politische und kulturelle Situiertheit zum wichtigen Thema der Forschung geworden sind.

BIBLIOGRAPHIE: L. Bornscheuer, Topik, Frankfurt a.M. 1976. – E.R. Curtius, Europäische Literatur und lateinisches Mittelalter, Tübingen/Basel [11]1993. – H. Henne/H. Rehbock, Einführung in die Gesprächsanalyse, Berlin [4]2001. – H.W. Johnstone jr., Some reflections on argumentation, in: Logique et analyse 6 (1963), 30–39. – J. Kopperschmidt, Methodik der Argumentationsanalyse, Stuttgart/Bad Cannstatt 1989. – P. Lejeune, Der autobiographische Pakt, Frankfurt a.M. 1994. – G. Ueding/B. Steinbrink, Grundriß der Rhetorik, Stuttgart/Weimar [4]2005.

Olaf Kramer

VI. Textlinguistisch

A. ist die Äußerung einer Aussage oder eines Ensembles von Aussagen (Argumenten oder Prämissen), mit der Absicht, die Glaubwürdigkeit einer anderen Aussage (These bzw. Konklusion) oder die Richtigkeit einer Handlung zu stützen oder in Frage zu stellen. Als *Nomen acti* bezeichnet A. den Text, der bei einer A., als *Nomen actionis* gesehen, entsteht. Dessen Argumentationsstruktur wird oft nicht sprachlich ausgedrückt (etwa durch Konnektoren wie ‚deshalb'), sondern muss pragmatisch unter Berücksichtigung des → Kontexts und der Intentionen der Beteiligten rekonstruiert werden; das gilt besonders für die implizite A., z.B. in narrativen oder deskriptiven Texten. Aus solchen minimalen Argumenten kann sich eine komplexe A. (ein Diskurs) zusammensetzen, wobei zwei oder mehrere Argumentationspartner eine Meinungsverschiedenheit über eine oder mehrere Thesen aufzulösen versuchen, indem sie die Thesen oder ihre Verneinung auf gemeinsam anerkannte Aussagen zurückführen. Argumente lassen sich im Hinblick auf ihre Relevanz für diesen Zweck bewerten. Ein rationaler Diskurs ist im Gegensatz zu einem lediglich persuasiven ein solcher, bei dem die Argumentationspartner auf Sanktionen verzichten, aufrichtig und unvoreingenommen argumentieren, d.h. Argumentationsschwächen des Partners nicht zugunsten der Persuasion ausnutzen. Argumente sind Gegenstand der Argumentationstheorie; ihre Geschichte beginnt (*avant la lettre*) mit den Schriften des Aristoteles, darunter v.a. *Organon* und *Rhetorik*. Die Bezeichnung Argumentationstheorie ist neu, bis in das 20. Jh. wurde A. in Topik, Dialektik, Logik und →Rhetorik untersucht. In der Alltagsargumentation, z. B. vor Gericht, und sogar in den meisten Wissenschaften spielen analytische Schlüsse eine untergeordnete Rolle, und analytische Gültigkeit ist weder eine notwendige Bedingung für ein gutes ‚substantielles' Argument (S. Toulmin; vgl. C. Perelman/L. Olbrechts-Tyteca; C.L. Hamblin) noch eine hinreichende: die *Petitio principii* (p & q → p) ist analytisch gültig. In der gegenwärtigen Forschung stehen zwei Fragen im Vordergrund: Erstens werden die traditionell als Fallazien (Paralogismen, Fehlschlüsse) abgetanen Argumentationsschemata dahingehend untersucht, ob sie nicht unter präzisierbaren pragmatischen Bedingungen des Gesprächskontexts rational sind (D.N. Walton); so spielt die *Fallacia ad verecundiam* (Berufung auf eine Autorität) im Alltag eine wichtige Rolle (z. B. das wissenschaftliche Zitat). Zweitens versucht man wegen der Kontingenz von Prämissen und Schlussschemata die Rationalität der A. an Regeln des Diskursverfahrens zu präzisieren; dann ist eine Fallazie ein Verstoß gegen die Regeln der rationalen Prozedur von Sprechakten im Diskurs (F.H. van Eemeren/R. Grootendorst; J. Habermas).

Bibliographie: F.H. van Eemeren/R. Grootendorst, A systematic theory of argumentation, Cambridge 2004. – J. Habermas, Wahrheitstheorien, in: H. Fahrenbach (Hg.), Wirklichkeit und Reflexion, Pfullingen 1973, 211–266. – C.L. Hamblin, Fallacies, London 1970. – M. Kienpointner, Alltagslogik, Stuttgart 1992. – J. Kopperschmidt, Argumentationstheorie zur Einführung, Hamburg [2]2005. – C. Perelman/L. Olbrechts-Tyteca, La nouvelle rhétorique, Paris 1952. – S. Toulmin, The uses of argument, Cambridge 1958. – D.N. Walton, A pragmatic theory of fallacy, Tuscaloosa 1995.

Thomas Becker

VII. Philosophisch

Der Zweck eines Arguments und einer A. besteht in der Regel in der Begründung bzw. der Rechtfertigung einer epistemisch unsicheren, kontroversen Behauptung. Ein Argument ist eine strukturierte Menge von Aussagen, wovon eine die zu begründende Aussage ist (Konklusion), und die andere(n) der Begründung dieser Aussage dienen (Prämisse[n]). Aussagen eines Arguments können auch in dem Sinne indirekt relevant sein, als sie weder Konklusion noch Prämisse bilden, jedoch das Argumentthema einführen, Hintergrundinformationen liefern oder zu einem klareren Verständnis der Konklusion beitragen. Bisher wurden Argumente von einem deskriptiven Standpunkt aus betrachtet. Ebenso wichtig ist der evaluative Standpunkt: Ist ein Argument gut oder schlecht, gültig oder ungültig, korrekt oder unkorrekt? Vom logischen Standpunkt sind Gültigkeit bzw. Ungültigkeit, sowie Korrektheit bzw. Unkorrektheit die bedeutendsten Werteigenschaften. Ein Argument ist genau dann gültig, wenn es nicht möglich ist, dass alle seine Prämissen wahr sind und seine Konklusion falsch ist. Ein Argument ist genau dann korrekt, wenn es gültig ist und wenn alle seine Prämissen wahr sind.

Eine A. besteht aus zwei oder mehr Argumenten, die entweder nur thematisch, nicht aber logisch, oder die auch logisch miteinander verbunden sind. Sind die Argumente einer A. logisch miteinander verbunden, liegt eine Verkettung der betreffenden Argumente vor, welche eine Baumstruktur besitzt: Die Wurzel des Baumes bildet die letztlich durch die gesamte A. zu begründende Konklusion, die sog. Zielkonklusion der A. Die Blätter des Baumes sind diejenigen Prämissen der gesamten A., welche mit der größten Kraft (d. h. ohne weitere Prämissen) die sog. Zwischenkonklusionen der A. begründen. Eine Aussage ist eine Zwischenkonklusion, wenn sie sowohl Konklusion eines Arguments als auch Prämisse eines anderen Arguments der A. ist. Außer einem deskriptiven gibt es auch in Hinblick auf die A. einen evaluativen Standpunkt: Ist eine A. gut oder schlecht, gültig oder ungültig, korrekt oder unkorrekt? Da eine A. aus zwei oder mehr Argumenten besteht, wird ihre Gültigkeit bzw. Korrektheit durch die Gültigkeit bzw. Korrektheit von deren Argumenten bestimmt. Eine A. ist genau dann gültig, wenn alle ihre Argumente gültig sind. Und eine A. ist genau dann korrekt, wenn sie gültig ist und alle jene Argumente, welche die Blätter des Argumentationsbaums umfassen, korrekt sind.

Bibliographie: J. Barwise/J. Etchemendy, Sprache, Beweis und Logik, Bd. 1, Paderborn 2005. – I.M. Copi/K. Burgess-Jackson, Informal logic, Upper

Saddle River ³1996. – D. Follesdal et al., Rationale Argumentation, Berlin 1988.

Giovanni Sommaruga

Auslegen →Auslegung/Auslegen/Ausleger

Ausleger →Auslegung/Auslegen/Ausleger

Auslegung/Auslegen/Ausleger

I. Alttestamentlich

A. bedeutet im Allgemeinen die Erklärung der atl. oder biblischen →Texte, besonders in Bezug auf ihre Bedeutung für →Glauben und Leben. A. kann die wissenschaftliche →Exegese im engeren Sinn, also einen methodisch reflektierten Umgang mit dem Text des AT meinen, in diesem Sinn wird der Terminus oft synonym mit Exegese verwendet, ist aber auch dort vorhanden, wo das →AT oder seine Teile intuitiv oder unreflektiert gedeutet werden. A. in diesem Sinn ist häufig im AT selbst zu finden, wo sie den Impuls für die Fortschreibung der Texte und damit für die Entstehung des →Kanons ausmacht.

Dieses Phänomen ist z.B. reichlich in der →prophetischen Literatur belegt, wo das überlieferte Gotteswort immer wieder unter veränderten Umständen neu verstanden wird und die Resultate der neuen Sicht in der Form einer Fortschreibung des Textes eingebracht werden. So ist z.B. viel von Tritojesaja (Jes 56–66) als Fortschreibung von Deuterojesaja (Jes 40–55) zu verstehen, und zwar als A. der früheren Heilstexte unter neuen Umständen. Hatte Deuterojesaja die Unheilsprophetie der vorexilischen Propheten so ausgelegt, dass die Strafe abgebüßt sei, legen die Fortschreibungen in Tritojesaja das Ausbleiben des angekündigten Heils umgekehrt dahin aus, dass das noch nicht der Fall sei. Die →Apokalyptik innerhalb und außerhalb des AT ist reich an A.en der Schrifttradition. So ist etwa das Problem des Exils Israels, das nach Jer 25,11–12; 29,10 nach 70 Jahren abgelaufen sein sollte, Gegenstand einer innerbiblischen A. in Dan 9, wo die Jahre als Jahrwochen, also 490 Jahre ausgelegt werden, damit die Prophetie Jeremias auf die aktuelle Situation bezogen werden kann. Dadurch wird einerseits die aktuelle Situation im Lichte des Glaubens gedeutet und andererseits die Gültigkeit des überlieferten Gotteswortes beibehalten.

Das Danielbuch ist auch Beispiel für die Funktion eines Auslegers. Nicht nur die überlieferte Prophetie, sondern auch andere Formen der →Offenbarung sind oft Gegenstand der →Deutung durch einen Ausleger. So sind die Weisen des Königs (scheiternde) Ausleger von Träumen, Daniel aber wegen der göttlichen Offenbarung erfolgreich (wie Joseph, Gen 40,18; 41,8.12 f.), der die *pishra*, ‚A.', bekannt machen kann. Aber auch ein himmlisches Wesen kann als Ausleger von Visionen agieren und sogar auf Fragen bezüglich der A. reagieren (Dan 7,16.23 ff.). Hier wird das aramäische Wort verwendet, das aus der gleichen Wurzel stammt wie der jüdische Terminus *pesher*, ‚Schriftauslegung', der häufig dort in den Qumranrollen als Andeutung eines aktualisierenden →Paratextes begegnet, wo biblische Texte auf die aktuelle Situation bezogen werden. Ähnlich sieht der Prolog des Sprüchebuches vor, dass eine genaue Lektüre dieses Buches die Fähigkeit der Weisheitslehrer steigern würde, damit sie ihren Schülern die überlieferten Sprüche auslegen können (Spr 1,5–6). Sogar Gott selbst (Am 8,1 ff.) oder sein Geist (Ez 11,1–3) können alltägliche Objekte (Jer 1,11–13) oder Visionen auslegen, um sein Wort zu offenbaren.

Da die A. die Wertung und →Applikation des Textes umfasste, ist sie im Christentum wie im Judentum ein textorientiertes Unternehmen. Wo das methodisch reflektiert gemacht wird, sind die Ergebnisse der wissenschaftlichen Exegese notwendig als Vorstufe der A. zu berücksichtigen. Die A. in dieser →Tradition, die sich im Judentum, im →NT und in der kirchlichen Tradition fortsetzt, ist eng mit der Anwendung des Textes als Applikation verwandt. Sie hat im mittelalterlichen vierfachen →Schriftsinn (→Allegorese) und in der reformatorischen Tradition sowie in allen Hermeneutiken, welche die Relevanz des Textes für die jeweilige Situation darlegen wollen, ein reiches Echo gefunden und ist grundsätzlich für die schriftgebundene →Predigt unentbehrlich.

Bibliographie: H. Anz, Art. Applikation, in: RLW 1 (1997), 113–115. – M. Fishbane, Biblical interpretation in ancient Israel, New York 1985. – R.G. Kratz, Innerbiblische Exegese und Redaktionsgeschichte im Lichte empirischer Evidenz, in: M. Oeming et al. (Hgg.), Das Alte Testament und die Kultur der Moderne 8, Münster 2004, 37–69. – N. Sarna, Psalm 89: A study in inner biblical exegesis, in: A. Altmann (Hg.), Biblical and other essays, Cambridge 1963, 29–46. – A. Spree, Art. Interpretation, in: RLW 2 (2000), 168–172.

James Alfred Loader

II. Neutestamentlich

A. ist ein hermeneutisches Verfahren, das v.a. für →Texte mit autoritativem oder normativem Anspruch angewendet wird, deren Anwendung nicht eindeutig ist. Die Aufgabe der A. ist es, Unklarheiten und Zweideutigkeiten in den auszulegenden Texten aufzudecken, Lösungsvorschläge kontrovers zu diskutieren und mit einem methodischen Verfahren zu einer Klärung der Autoren- bzw. Textaussage (→Autorenintention, *intentio auctoris*) zu gelangen, die eine Anwendung und Umsetzung dieser Texte erlaubt. Muster sind die religiös fundierten antiken Gesetzescorpora, v.a. die →Tora. Das →NT bietet selbst Beispiele der Toraauslegung, in der um die wirkliche Meinung der Toragebote und um ihre Reichweite gerungen wird. Wichtigstes Beispiel sind die Streitgespräche in Mk (Texte bei R. Bultmann, 9–26) und die Antithesen der Bergpredigt (Mt 5).

Im Zuge der →Kanonisierung wurden die ntl. Texte ihrerseits zu normativen und damit auslegungsbedürftigen Texten. Die →Exegese der Kirchenschriftsteller diente nicht nur der →Erklärung der Texte, sondern auch der Frage ihrer normativen →Bedeutung für die Lebensführung der Christen. An der Geschichte der A. der Bergpredigt lässt sich die stets aktuelle Bedeutung dieser hermeneutischen Leistung paradigmatisch verfolgen (→Auslegungsgeschichte). Die →kontextuellen und engagierten →Hermeneutiken der Gegenwart haben diesen Aspekt der Bibelhermeneutik neu belebt.

Bibliographie: R. Bultmann, Die Geschichte der synoptischen Tradition, Göttingen [10]2000. – M. Stiewe/F. Vouga, Die Bergpredigt und ihre Rezeption als kurze Darstellung des Christentums, Tübingen/Basel 2001. Oda Wischmeyer

III. Kirchengeschichtlich

→Auslegungsgeschichte

IV. Systematisch-theologisch

Das Problem einer lexikalischen Definition der allgemeinsten hermeneutischen Grundbegriffe besteht darin, dass Ausdrücke wie ‚auslegen', ‚deuten', ‚erklären', ‚interpretieren', ‚verstehen' usw. von den meisten Forschern synonym oder nahezu synonym gebraucht werden. Der Grund dieser Synonymie ist die Ganzheitlichkeit des hermeneutischen Grundvorgangs, in dem ‚immer schon' (H.-G. Gadamer) alle differenzierbaren Akte zusammenwirken. Sie wirken freilich mit unterschiedlicher Gewichtung und Ausrichtung, so dass eine terminologische Differenzierung sinnvoll ist. A. gehört in diesem Zusammenhang zu den mit zwei Objekten konstruierten hermeneutischen Grundbegriffen. Im Gegensatz zu dem zweiwertigen Verb ‚verstehen' ist nicht so sehr das Subjekt im Blick, das ein Objekt versteht und dadurch immer auch sich selbst verstehen lernt (vgl. die Tradition der Hermeneutik von R. Bultmann und E. Fuchs), sondern es geht bei der A. im Wesentlichen um das indirekte und um das direkte Objekt: N.N. legt *jemandem* (indirektes Objekt) *etwas* (direktes Objekt) aus.

Die Etymologie des Wortes ‚auslegen' hat ferner mit dem Auslegen von Waren zum Verkauf (die Auslagen eines Kaufhauses) und dem Auslegen von Früchten zum weiteren Reifen zu tun. Die Rede von A. betont damit die Notwendigkeit einer sorgsamen Präsentation der A. durch den Ausleger, den räumlichen und zeitlichen Abstand zu dem, der die A. entgegennimmt und nicht zuletzt die Freiheit dessen, für den etwas ausgelegt wird, sich die A. zu eigen zu machen oder auch nicht. Ein kompetenter Ausleger muss dementsprechend nicht nur das zu Interpretierende angemessen verstanden haben; er muss auch über Fähigkeiten zu einer Darstellung des Ausgelegten verfügen, die methodischen, rhetorischen, pädagogischen, ästhetischen usw. Kriterien entspricht. Ferner muss er Kenntnisse über die möglichen Adressaten der A., ihre Vorverständnisse, Interessen, Fähigkeiten usw. adäquat nutzen und nach Möglichkeit in eine vorgestellte oder reale

Interaktion, in ein ‚Gespräch' mit ihm eintreten. Der Begriff der A. betont so den Zusammenhang der →Hermeneutik mit Kunstlehren und Wissenschaften wie Poetik, →Rhetorik, Dialogik, →Ästhetik, Pädagogik, Medien- und Kommunikationswissenschaften, Rezeptionspsychologie u. a.

Von seiner Wortherkunft her kann auslegen auch bedeuten, dass jemand Geld für einen anderen auslegt. Diese Redeweise erschließt den stellvertretenden Charakter aller A. Der Ausleger springt für einen anderen ein, sollte sich eigentlich aber überflüssig machen. Dieser Sachverhalt erlaubt es, Auslegungsvorgänge im Zusammenhang einer Ethik der Stellvertretung zu bewerten. A. dient immer dazu, dem, für den ausgelegt wird, Möglichkeiten zuzuspielen.

Dies spielt bereits bei jenem →Autor eine entscheidende Rolle, der in der deutschen Sprache Entscheidendes für die Karriere des Begriffs A. und Auslegungskunst als →Übersetzung für Hermeneutik geleistet hat: dem Erlanger Theologie-, Rhetorik- und Poesieprofessor J.M. Chladenius. A. ist nach seiner Definition „nichts anderes als jemandem die Begriffe beybringen, welche nötig sind, eine Rede oder Schrift vollkommen zu verstehen" (Einleitung § 169). „Wir wissen ganz wohl, dass zwischen dem Verstande der Bücher und Stellen, und zwischen der Kunst auszulegen, ein grosser Unterschied sey. Diese letztere zeigt, wie man den wahren Verstand der Stellen und Bücher andern beybringen, oder allenfalls, in Ermangelung eines Auslegers, selbst finden könne. Es kann daher einer den rechten und wahren Verstand einer Stelle oder eines Buches wissen, ohne deswegen die Auslegungskunst zu verstehen" (*Vernünftige Gedanken* § 2). In der späteren Wortgeschichte wurde A. mit *Applicatio* und Anwendung vielfach synonym gesetzt. In gegenwärtiger Hermeneutik wird auf dieser Linie unter Berufung auf den Anredecharakter des Wortes Gottes die Unterscheidung und Zusammengehörigkeit von Verstehen und A. betont (U.H.J. Körtner, 35 f.).

Bibliographie: J.M. Chladenius, Einleitung zur richtigen Auslegung vernünftiger Reden und Schriften, Leipzig 1742. – Ders., Vernünftige Gedanken von dem Wahrscheinlichen und desselben gefährlichen Missbrauche, hg. v. D. Fleischer, Waltorp 1989. – U.H.J. Körtner, Einführung in die theologische Hermeneutik, Darmstadt 2006.

Martin Leiner

V. Judaistisch

Die antike jüdische A. präsentiert sich in Qumran, bei Philo und bei den Rabbinen meistenteils durch das Zitieren des biblischen Wortlauts in metalinguistischer Absicht. Daneben gibt es in der innerbiblischen →Exegese, der sog. ‚*rewritten Bible*' und den – auch rabbinischen – Targumen nicht-zitierende Formen. In beiden Formaten dominiert nicht die historische →‚Erklärung' des biblischen →Textes, sondern dessen aneignende ‚Anwendung', z.B. als Orientierung in einer Endzeit-Gegenwart (Qumran-Pesher), normativ-ethische Handlungsorientierung (s. u.) oder metaphysisch-moralische Anleitung (Philo). Die →Bibel wird generell als ‚Vorgeschichte' der eigenen (kollektiv gefassten) Existenz in der Lesergegenwart gelesen.

In der rabbinischen Periode wird die Schrift wie eine Gebrauchsanleitung für das Leben der Tora behandelt, die insbesondere im Pentateuch überall *Informationswert* hat. Innere Konsistenz, Non-Redundanz, direkte Relevanz und Wahrheit sind fast immer die den Grice'schen ‚*maxims of conversation*' ähnlichen (aber absolut genommenen) Hintergrundannahmen der A.

Die zwei Hauptformate der rabbinischen A. sind das als eigene Rede benutzte Bibelwort (u. a. Petichah) und das viel häufigere Separatzitat in der Midrascheinheit (→Formen). Das letztere stellt zunächst die thematische oder propositionale Differenz zwischen dem Wortlaut des zitierten biblischen Segments und dem eines dieses begleitenden rabbinischen Satzes heraus. Der →Leser ist eingeladen, diese Differenz durch die linguistische, semiotische oder pragmatische Detailwahrnehmung des biblischen Lemmas zu überwinden und so den rabbinischen Satz als Paraphrase zu erkennen. Die →‚Methoden' dieser Wahrnehmung werden oft, auch durch technische Ausdrücke, angedeutet. Die Midrascheinheit thematisiert meistenteils: (a) konkrete, aber hypothetisch-zukünftige, Handlungsorientierung (‚Halachah'); und (b) handlungsmotivierende, geschichtlich-exemplarische oder göttliche Werte ausdrückende Ereignisse der biblischen Vergangenheit (insbesondere →Offenbarung/→Tora) oder der angekündigten Erlösung (‚Haggadah', →Gattungen).

Die A. kann oft als Doppelbewegung analysiert werden: (a) die Trennung eines Segmentes vom seinem biblischen Kotext, und (b) dessen neue Integration in einen rabbinischen Themenkontext. Die Dekotextualisierung befreit den Wortlaut zur Polysemie und thematischen Vieldeutigkeit (→Intertextualität), und erlaubt so die Re-Kotextualisierung und Aneignung, oft ohne die geringste Änderung der linguistischen Rohdaten. Weder die in der früheren rabbinischen Periode selbst identifizierten Lesestrategien (zwei den Rabbinen Hillel and Ischmael zugeschriebene Auflistungen) noch die über 100 von der modernen Forschung genauer bestimmten hermeneutischen Ressourcen sind zur konsistenten Anwendung zwingende, inhaltsneutrale ‚Methoden' im Sinne eines modernen geisteswissenschaftlichen Ideals.

Auf der Ebene der Texte (→Kommentar) werden Variationen, Kontroversen oder Alternativen für dasselbe biblische Lemma so gereiht, dass ein Bibelsegment mehr als eine Bedeutung und mehrere Themen haben kann, was auch als hermeneutische These ausgesprochen wird. Segmente aus verschiedenen Schriftkontexten werden, v.a. in der ‚haggadischen' A., oft punktuell miteinander verbunden, so dass eine von der literarischen Gestalt unabhängige Informationseinheit des →Kanons suggeriert wird. Obwohl Einzelauslegungen (und Kontroversen) oft den Namen eines Rabbinen tragen, werden historische Auslegungskontexte nicht differenziert. Auch die Anwendung des biblischen Wortlautes auf die geschichtliche Lesergegenwart führt nicht zu deren ausdrücklichen Beschreibung.

Die oft als ‚Midrasch' etikettierte rabbinische Auslegungspraxis hat die jüdische A. lange geprägt, ist aber seit dem Mittelalter mehr und mehr von anderen, dem Christentum, Islam oder der wissenschaftlichen Philologie ähnlicheren Lesestrategien verdrängt worden (→Formen, Kommentar).

BIBLIOGRAPHIE: A. Goldberg, Gesammelte Studien, 2 Bde., Tübingen 1997–1999. – W.S. Green, Writing with Scripture, in: J. Neusner, Writing with Scripture, Minneapolis 1989, 7–23. – J. Kugel, Traditions of the Bible, Cambridge 1998. – G. Porton, Defining Midrash, in: J. Neusner (Hg.), The study of ancient Judaism, New York 1981, 55–92. – A. Samely, Scripture's implicature, in: JSS 37 (1992), 167–205. – Ders., Midrashic units in the Mishnah, http://mishnah.llc.manchester.ac.uk, 2003. – Ders., Rabbinic interpretation of Scripture in the Mishnah, Oxford 2002. – Ders., Forms of rabbinic literature and thought, Oxford 2007.

Alexander Samely

VI. Islamwissenschaftlich

Beim Islam handelt es sich wie beim Judentum um eine wesenhaft sprachzentrierte und somit exegetische Kultur, in der die A. sprachlicher (im Normalfall verschriftlichter) Zeugnisse im Mittelpunkt steht. Im islamischen Bereich betrifft dies v.a. die A. der → Schrift und der →Tradition, daneben die → Exegese weiterer wichtiger (nicht-religiöser) Textgattungen wie z.B. der →Dichtung. Im Folgenden kann nur auf die A. des →Korans eingegangen werden.

(1) Terminologie. Die A. des Korans wird als *tafsīr* (→‚Erklärung', vgl. Q 25:33) oder *ta'wīl* (‚Ausdeutung', vgl. Q 3:7, 12:36, 18:78) bezeichnet. Ursprünglich und bis ins 10. Jh. wurden beide Termini gleichbedeutend verwendet; danach (und bis heute) bezeichnet *tafsīr* den ‚exoterischen' Korankommentar, *ta'wīl* die ‚esoterische' A. Informell sind weitere Begriffe in Gebrauch, etwa *bayān* (‚Verdeutlichung', vgl. Q 16:44, 75:19), *fatḥ* (‚Auf-/Erschließung') oder *kašf* (‚Enthüllung'). Das arabische Wort für →‚Kommentar', *šarḥ*, wird in Zusammenhang mit der Kommentierung bzw. A. des Korans nicht verwendet.

(2) Formen der A. Die aus der christlichen Bibelexegese bekannten Kategorisierungen der →‚Schriftsinne' lassen sich auf die islamische A. des Korans nicht übertragen. Zutreffend ist hingegen die im Islam schon seit vielen Jahrhunderten übliche Unterscheidung von ‚exoterischer' (*ẓāhir*) und ‚esoterischer' (*bāṭin*) A., wobei wiederum zwischen sprachlicher und thematischer A. zu unterscheiden ist.

(a) Sprachliche A. Die älteste, zugleich vielleicht wichtigste Ebene der A. ist die sprachliche. Sie hat die Ermittlung des Literalsinns zum Ziel, doch muss angesichts der komplexen Sprachlichkeit des Korans und der spezifischen Unterdeterminiertheit der arabischen Schrift oft erst entschieden werden, wie der auszulegende Text sprachlich konstituiert ist (→Textkritik). Ist dies geschehen, so ergeben sich zahlreiche Probleme hinsichtlich der genauen →Bedeutung einzelner Begriffe und Wendungen. Die Bestimmung des Literalsinns kann erst nach der sprachlichen (grammatischen und lexikalischen) Etablierung (→,Lesung') des Textes erfolgen.

(b) Thematische A. Die thematische A. dient spezifischen Bedürfnissen: Neben dem allgemeinen (thematisch nicht eingeschränkten) Kommentar wird A. mit dem Ziel der Rechtsfindung oder Erbauung betrieben; manche Schriften behandeln den Koran nur unter philologischen – lexikalischen oder syntaktischen – Gesichtspunkten oder unter dem Aspekt des historischen Entstehungskontexts, wobei die ,Gründe der Herabsendung' (*asbāb an-nuzūl*) einzelner Verse oder Textpartien untersucht und erklärt werden.

Die sufische (,mystische') A., die als ,esoterisch' (*bāṭin*) bezeichnet wird, ist eine Sonderform der thematischen A. Tatsächlich handelt es sich oft um eine ,spirituelle' oder ,moralische'→Deutung: So wird etwa ein Teil von Vers Q 7:182 – „Die werden wir Schritt für Schritt hinabsteigen lassen, ohne daß sie wissen [wie ihnen geschieht]“ – als Abstieg des Einzelnen ins Verderben interpretiert, wenn er gegen Gottes Gebote handelt und sich so von ihm entfernt. Vers Q 53:42 – „Daß alles bei deinem Herrn endet“ – wird als Aufforderung interpretiert, man möge sich von den irdischen Dingen ab- und ihrem Schöpfer zuwenden. Nicht selten dient in der sufischen A. ein Schriftwort nur als Ausgangspunkt für weiterführende theologische oder mystische Reflexionen (vgl. Q 47:24), deren Zusammenhang mit dem auszulegenden Text vage ist: Die ,intuierte' – allusiv ,weitergedachte' und dem Buchstabensinn enthobene – Bedeutung eines Verses (vgl. Q 4:83) dient als Hinweis (*išāra*) für den spirituellen Weg des Gottsuchers, dem in der koranischen Botschaft ein „Gegenstand der Meditation“ (*ʿibra*, Q 12:111) gegeben ist. Allegorische Textauslegung hat in der islamischen Kommentarliteratur hingegen nur untergeordnete Bedeutung; am nächsten kommen ihr die theosophische Koranauslegung Ibn ʿArabīs (gest. 1240) und einige philosophische Deutungen (→Allegorie). Im schiitischen Islam bezeichnet die ,esoterische A.', meist *taʾwīl* genannt, die →Interpretation des Korans mit Blick auf schiitische Sonderlehren (Imamatslehre), insofern diese der sunnitischen A. entgegenstehen.

Allen Formen der thematischen A. ist gemeinsam, dass trotz des spezifischen Erkenntnisinteresses die sprachliche Interpretation vielfach großen Raum einnimmt. I. Goldzihers Urteil, die islamische Kommentarliteratur biete alle Facetten der Interpretation von ,schlichter Erklärungstätigkeit' bis hin zu ,tendenziöser Schriftauslegung', beschreibt korrekt den weiten Horizont der Auslegungstätigkeit. Eine wissenschaftliche Systematisierung der Koranauslegung wurde, trotz deren außerordentlichen Bedeutung, erst seit dem 14. Jh. unternommen; die grundlegenden Techniken sind aber bereits in den zahlreichen Handbüchern zur juristischen Exegese und Rechtstheorie (*uṣūl al-fiqh*) beschrieben, die seit dem 10. Jh. verfasst wurden (→Hermeneutik).

(3) Moderne Koranauslegung. Abgesehen vom Eindringen neuer Fragestellungen in die Koranauslegung unterscheiden sich moderne und zeitgenössische Korankommentare von der vorhergehenden →Tradition oft durch ihren Hang zu dogmatischen bzw. gewollt eindeutigen Aussagen. Das im ,klassischen' *tafsīr* dominierende Prinzip der Meinungs- und Auslegungspluralität wird nicht selten zugunster doktrinärer Einseitigkeit, die ideologischen Vorgaben geschuldet ist, aufgegeben; zurecht weist O. Youssef darauf hin, dass zeitgenössische Koranauslegung oftmals eine ,unflexible A.' (,*une lecture rigide*') bedeutet, welche einer allein als richtig postulierten und exklusiven Interpretation zur Durchsetzung verhelfen soll, wobei der apologetische Aspekt im Vordergrund steht. Westliche Interpretationstechniken und -theorien werden nur vereinzelt aufgenommen, vielmehr oft als

‚disruptiv' und ‚schädlich' abgelehnt. Deutlich innovativer und aufgeschlossener als das Schrifttum aus dem arabischen Sprachraum erweist sich hierbei allerdings die Korankommentierung im indonesischen und türkischen Sprachraum (siehe auch →Islamische Bibelhermeneutik), z. T. auch das v. a. frankophone Schrifttum europäischer Muslime.

(4) Äußere Form der Kommentierung. Frühe Korankommentare sind knapp glossierend oder bieten eine Paraphrase des Textes, oft nur ein Synonym für ein uneindeutiges oder seltenes Wort. Daraus entwickelt sich ab dem 9. Jh. der fortlaufende →Kommentar, bei welchem entweder auf einen (oder mehrere Verse) die A. folgt oder diese in den Text des Korans selbst ‚eingeschrieben' wird. Der Kommentarteil kann thematisch spezifiziert oder, wenn allgemein gehalten, inhaltlich untergliedert sein – etwa: Übersicht der vorhandenen Deutungen, Parallelen in der Tradition, sprachliche Analyse des Textes, rechtliche Analyse usw. – doch entstehen bis in die Neuzeit keine Kommentare, die ihre formale Gestaltung allein thematischen Gesichtspunkten – etwa durch Zusammenstellung und Ausdeutung aller Verse zu einer Thematik – und nicht der Abfolge des koranischen Textes verdanken. Verantwortlich hierfür ist die grundlegend ‚atomistische' A. der muslimischen Exegeten, die sich an einzelnen Versen bzw. Textabschnitten orientiert und einer integrativen Ausdeutung des Gesamttextes in seinen sachlichen Zusammenhängen entgegensteht.

Bibliographie: J.M.S. Baljon, Modern Muslim Koran interpretation, Leiden 1961. – M. Bar-Asher, Scripture and exegesis in early Imāmī Shīʿism, Leiden 1999. – H. Berg, The development of exegesis in early Islam, London 2000. – G. Böwering, The mystical vision of existence in classical Islam, Berlin 1980. – H. Gätje, Koran und Koranauslegung, Zürich 1971 [*engl.* Berkeley 1976]. – I. Goldziher, Die Richtungen der islamischen Koranauslegung, Leiden 1920. – D. Gril, Art. Exégèse mystique, in: M. Amir-Moezzi (Hg.), Dictionnaire du Coran, Paris 2007, 300–312. – H. Hanafi, Method of thematic interpretation of the Qur'an, in: S. Wild (Hg.), The Qur'an as text, Leiden 1996, 195–211. – H. Hirschfeld, New researches into the composition and exegesis of the Qoran, London 1902. – J.J. Jansen, The interpretation of the Koran in modern Egypt, Leiden 1974. – P. Lory, Les commentaires ésotériques du Coran selon ʿAbd al-Razzâq al-Qâshânî, Paris 1980. – P. Nwyia, Exégèse coranique et langage mystique, Beirut 1970. – A. Rippin (Hg.), The Qurʾān and its interpretative tradition, Aldershot 2001. – W.A. Saleh, The formation of the classical *Tafsīr* tradition, Leiden 2004. – J. Wansbrough, Quranic studies, Oxford 1977. – A.T. Welch (Hg.), Studies in Qur'an and Tafsir, in: Journal of the American academy of religion, Thematic Issue 47 (1980), 619–758. – S. Wild, Mensch, Prophet und Gott im Koran, Münster 2001. – O. Youssef, Le Coran au risque de la psychanalyse, Paris 2007.

Marco Schöller

VII. Altphilologisch

→Interpretation/Interpretieren/Interpret

VIII. Textlinguistisch

Um die linguistischen Kennzeichen des Phänomens ‚A.' zu verstehen, ist ein kategorialer Rückgang zu den Auslegungsgegenständen erforderlich, den →Texten. Aus einer ihnen angemessenen Konzeptualisierung ergeben sich die Bestimmungen für die verschiedenen Praxen der A. und ihre →Bedeutung für die von den Texten Betroffenen.

Texte sind aus der Unmittelbarkeit einer für Sprecher und →Hörer gemeinsamen Sprechsituation entbundene sprachliche Handlungsresultate. Diese können sowohl mündlich wie schriftlich sein. Im schriftlichen Text wird die kommunikative Charakteristik des Textes in eine sichtbare Gestalt gebracht. Darin wird die Verselbständigung des sprachlichen Handlungsresultates sozusagen materiell. Die Ablösung vom Sprecher und die Ablösung vom Hörer in deren Transformation zum →Autor bzw. →Leser löst die letzten personalen Bindungen der mündlichen zerdehnten Sprechsituation auf, wie sie im Institut des Boten oder in der Textgarantenkette mündlicher Tradierung noch vorhanden waren. Durch diese Verselbständigung des Textes gewinnt dieser sowohl gegenüber dem Sprecher wie – und v. a. – gegenüber dem Hörer eine eigenständige Qualität, die dem Hörer = Leser keine Möglichkeit der kommunikativen Rückversicherung in Bezug auf das Sprechhandlungsresultat mehr gibt und damit die Gefahr erzeugt, dass keine unmittelbare Selbst-Steuerung seiner Verstehensprozesse mehr möglich ist.

Texte von besonderer Dignität, insbesondere juristische, religiöse und literarische Texte, gewinnen durch diese Herauslösung eine eigene Aura. Sie haben einerseits für die Hörer eine erhebliche lebenspraktische Bedeutung, treten andererseits dieser Lebenspraxis als eigene Größen gegenüber. Die Auratisierung geschieht durch Autorisierungsverfahren der Produzentenseite (am ausgeprägtesten, wenn die Textherstellung als ein göttliches Geschehen verstanden wird, wie dies für die sog. Buchreligionen charakteristisch ist). Aber auch für juristische Texte gelten solche Autorisierungpraxen. Die Auratisierung von ‚Literatur' tritt in die so geformte Dignitätsherstellung ein. In den auratischen Texten des vorderorientalisch-europäischen Raumes liegen zudem alle drei Strukturbereiche dicht beieinander bzw. ineinander: Die religiösen Texte sind auch juristische und literarische.

Der Gegenwartsanspruch, mit dem diese Auratisierung versehen ist, verlangt im Rezeptionsprozess eine jeweilige Umsetzung des auratischen Textes in die kommunikative Lebenspraxis der Leser. Dies geschieht in der Form der A. des in sich als sakrosankt angesehenen Textes. Die A. *kann* durch den Leser selbst geschehen. Im allgemeinen geschieht sie aber nicht *durch ihn*, sondern *für ihn*, und zwar durch eigens für diese A. autorisierte Agenten der jeweiligen religiösen, juristischen oder literarischen Institutionen. Diese gelten den Lesern als ihrerseits in spezifischer Weise autorisiert, und zwar entweder durch weitere Autorisierungsinstanzen oder aber durch die Professionalität ihrer Textarbeit bzw. durch die Kombination von beidem.

Die A. nimmt den auratischen Text in seiner jeweiligen sprachlichen Gestalt und entwickelt über spezifische →Methoden und Methodologien Verfahren, um aus dem Text Erkenntnisse bzw. Handlungsanweisungen zu gewinnen, die eine nicht autorisierte, ‚naive' Lektüre des Textes nicht bieten würde. Alle A. geht von der Erfahrung der Inkommensurabilität des auratischen Textes und der tatsächlichen Rezeptionssituation aus und ermöglicht eine Überbrückung der so aufgerissenen Divergenz. Sie wird insbesondere im religiösen Zusammenhang als eine Überbrückung vom ursprünglichen – göttlichen – Autor hin zum heutigen Leser in Anspruch genommen. Der Ausleger ist so *‚interpres'*, Mittler zwischen dem Autor und seinem Rezipienten. Er hebt die Divergenz, die durch die textuelle Zerdehnung notwendig entsteht, in seinem Auslegungshandeln auf.

Die Menge der auratisierten Texte ist begrenzt. Diese Begrenzung wird in Prozessen der Kanonisierung eigens hergestellt, die besonders in Zeiten der Textkrisen als erforderlich angesehen wird. In der Kanonisierung wirkt die Auslegungspraxis auf die Herstellung ihrer Grundlagen zurück (→Kanon/Kanonisierung).

Die Theorie der A., die →Hermeneutik, ist eine Theorie dieses Geschehens, das den Ausleger als eine spezifische Erscheinungsform des Boten zwischen ursprünglichem Sprecher und gegenwärtigem Hörer sieht. Im Konstrukt der →Applikation wird die zentrale Figur des Auslegens hermeneutisch sowohl theoretisch wie praktisch bestimmt. Die Auslegungstheorien im Judentum, Christentum und Islam modellieren diese Prozesse tendenziell ähnlich. Die juristische Applikationslehre entwickelt zum Teil eigene Strukturen; beiden Bereichen gemeinsam ist aber die Inanspruchnahme einer maximalen Verbindlichkeit des jeweiligen Auslegungsresultats. Diese gilt nicht in gleicher Weise für literarische Auslegungsprozesse.

Angesichts des Stellenwertes auratischer Texte für große Bereiche der Gegenwart kommt der Theorie der A. eine erhebliche Bedeutung zu. Ihre grundsätzliche Berechtigung wird in relativistischen Positionen bestritten, die teilweise partielle Infragestellungen einzelner auratisierter Texte und Textgruppen vornehmen, teilweise aber auch die Auratisierungspraxis als ganze ablehnen und kritisieren und so A. als solche problematisch werden lassen. Die Frage der Auslegungslegitimität durchzieht die neuzeitlichen Entwicklungen; sie stellt sich für alle drei kommunikativen Bereiche, die Religion, das Recht und die Literatur, in jeweils spezifischer Weise.

Bibliographie: A. Assmann/J. Assmann (Hgg.), Kanon und Zensur, München 1987. – C. v. Bormann, Art. Hermeneutik I., in: TRE 15 (1986), 108–

137. – H. Fr. v. Campenhausen, Die Entstehung der christlichen Bibel, Tübingen 1968. – H. Coing, Grundzüge der Rechtsphilosophie, Berlin/New York [5]1993. – W. Dilthey, Einleitung in die Geisteswissenschaften (1883), Gesammelte Schriften 1, Göttingen [9]1990. – K. Ehlich, Sprache und sprachliches Handeln, Bd. 3, Berlin/New York 2007. – H.-G. Gadamer, Wahrheit und Methode, Tübingen 1960. – J. Hörisch, Die Wut des Verstehens, Frankfurt a. M. [2]1998. – F.D.E. Schleiermacher, Hermeneutik und Kritik, Frankfurt a. M. 1977.

Konrad Ehlich

IX. Literaturwissenschaftlich

→Interpretation/Interpretieren/Interpret

Auslegungsgeschichte

I. Alttestamentlich

A. als wissenschaftliche Disziplin ist die Erforschung der argumentativ geprägten →Auslegung der →Bibel zu verschiedenen Zeiten. Wie die Abfassung der biblischen Schriften so vollzieht sich auch ihre Auslegung unter den spezifischen kulturellen Bedingungen einzelner Epochen. A. gehört noch nicht in das Repertoire anerkannter bibelwissenschaftlicher Themenstellungen und →Methoden, wie sie z. B. im *Oxford Handbook of Biblical Studies* (2006) vorgestellt werden, doch hat die Forschungsaufgabe ein Potential für die reflexive Schärfung des Selbstverständnisses biblischer →Exegese jenseits eines einfachen Fortschrittsmodells.

Gegenstand der A. sind hinreichend dokumentierte Studien der biblischen Schriften auf textwissenschaftlicher und theologischer Ebene. Solche Studien können in →Übersetzungen, Glossierungen, →Kommentaren oder Abhandlungen unterschiedlicher →Gattungen fassbar sein. Relevante Auslegungen lassen bewusste interpretatorische Entscheidungen von Gelehrten erkennen, die zumeist in ihrer eigenen Generation einen hohen Rang und für nachfolgende Generationen eine wichtige Bedeutung hatten. Ein Aspekt der A. ist deshalb auch die kritische Analyse der Autorität einzelner Ausleger.

A. arbeitet mit den Mitteln der *historia literaria* in Anwendung auf den begrenzten Bereich der Kommentierung der biblischen Schriften. Entsprechend zu berücksichtigen sind Fragen der Biographie und der institutionellen Situierung eines →Autors, Fragen der Gelehrsamkeit im Sinne von philologischer Kompetenz und im Sinne der Kenntnis von →Quellen außerhalb des →Kanons, Fragen der philosophischen Orientierung und der religiösen Traditionsgebundenheit. Eine zentrale Aufgabe der A. ist die Differenzierung zwischen Leistungen in der →Interpretation konkreter →Texte und Leistungen in der theologischen Systembildung. A. kann sich als ein Zweig der Kirchengeschichte und der Erforschung der Religionskultur einer Gesellschaft verstehen. A. kann sich auch als ein Zweig der Bibelwissenschaft und der Erforschung hermeneutischer Optionen für die →Deutung eines kanonischen Textes verstehen.

A. hat die Bibelauslegung über die Jahrhunderte begleitet, indem das Wissen über die autoritativen Ausleger des Gesamtbestandes oder einzelner Anteile der kanonischen Schriften in Bibliothekskatalogen oder lexikalischen Werken präsent gehalten wurde. Frühe analytische Werke sind z. B.: Sixtus Senensis *Bibliotheca Sancta* (1566), R. Simon *Histoire Critique du Vieux Testament.* Buch III (1678/85), oder J.F. Buddeus *Isagoge Historico-Theologica ad Theologiam Universam.* Buch II.8 (1727). A. kann fallweise deutlich machen, inwiefern eine aktuelle Textdeutung in Übereinstimmung mit oder im Gegensatz zu einer vorgegebenen Auslegung steht, ohne dass damit schon das argumentative Gewicht entsprechender Beobachtungen festgestellt wäre.

Bibliographie: J. Barton, The nature of biblical criticism, Louisville 2007. – C. Kannengiesser, Handbook of patristic exegesis, Leiden 2004. – E. Mühlenberg, Art. Schriftauslegung III., in: TRE 30 (1999), 472–488. – H. Graf Reventlow, Epochen der Bibelauslegung, 4 Bde., München 1990–2001. – M. Sæbø (Hg.), HBOT. Hebrew Bible/Old Testament, Göttingen 1996 ff.

Christoph Bultmann

II. Kirchengeschichtlich

Das Auslegen der →Bibel und die Kirchengeschichte finden zusammen im Konzept der →Wirkungsgeschichte. Der hermeneutischen Philosophie H.-G. Gadamers entstammend markiert dieser Begriff einen zentralen Vorgang im Auslegungsprozess: Wie nämlich bislang ein biblischer →Text ausgelegt wurde, bleibt nicht folgenlos für die Weise, in der er jetzt und heute von Neuem ausgelegt wird und was an einem biblischen →Buch oder Text als fragwürdig wahrgenommen wird (K. Müller). Das Profil der Wirkungsgeschichte gliedert den Gesamtverlauf christlicher A. durch deutlich wahrnehmbare Zäsuren.

(Antike und Mittelalter)

Die ersten beiden nachchristlichen Jahrhunderte, die Zeit der Herausbildung des zweiteiligen christlichen →Kanons, kannten noch keine systematische A. Nach der Wende zum 3. Jh. setzte in der Kirche die eigentliche →Exegese biblischer Bücher oder von Einzelperikopen ein. Unter ständiger Wahrnehmung der rabbinischen A. der jüdischen → Bibel fand sie zu den Formen der →Kommentare, der Homilien und katechetischer Unterweisungen. Zum Verständnis, die Bibel als Urkunde der →Offenbarung Gottes auszulegen, bahnte man sich einen Weg durch die Untersuchung des buchstäblichen oder geschichtlichen →Sinnes der Bibel und versuchte, darüber hinaus das Gesamt der Sachverhalte des →Glaubens in einen Zusammenhang mit den zu kommentierenden Texten zu bringen. So kam es zur geistlichen A. in der Form der →Allegorie, deren Basis die Überzeugung bildet: Mit dem Wortlaut ist auch noch etwas anderes gemeint. Diese fundamentale Zweidimensionalität von *historia – allegoria*, bestimmte besonders die Auslegungspraxis der Theologenschule von Alexandrien. Ihr und der Schule von Antiochia jedoch war das Aufspüren eines typologischen →Sinnes des jeweils kommentierten Buches oder Textes wichtig, wie „der Kampf um das Verständnis des Propheten Jesaja als eines christlichen Buches“ (B. Childs) zeigt. Schon Origenes, der frühe Meister der Allegorie, erweiterte die Zweidimensionalität zur Dreipoligkeit, als er die *moralitas*, die A. dessen, was der Christ tun soll, unter die Ziele der → Exegese aufnahm. Schließlich fand, noch in patristischer Zeit, auch die ἀναγογή, der Ausblick darauf, was der Mensch erhoffen darf, Eingang in die Auslegungspraxis. Diese Vierdimensionalität, im Mittelalter breit ausgefaltet, schien die ideale Grundstruktur zu sein, um die A. der Bibel auf alle Aspekte des Christseins auszuweiten. Im lateinischen Westen propagierte Hieronymus mit seiner Autorität (*hebraica vox*) eine A. der Wortbedeutung, während Augustinus, etwa im Psalmenkommentar, sich reichlich der Allegorie bediente. Die Auslegungspraxis mit der Erforschung des Mehrfachsinnes begleitete eine Reflexion, die Origenes und Augustinus in viel benutzten Handbüchern der biblischen →Hermeneutik entfalteten.

Im Mittelalter schloss sich die Kloster- und Ordensexegese eng an die Kirchenväter an. Neben den Kommentar und die Homilie traten als Auslegungsformen die Glossa und schließlich die Postille. Die Scholastik brachte ein kritisches Element in die Exegese, so Thomas von Aquin: ein geistlicher Sinn sei nur dann zulässig, wenn er sich an einer anderen Stelle als Literalsinn vorfinde (*Summa theologiae* q 1,a 10 ad 1). Im Spätmittelalter geriet die bisher geübte Exegese mehrfach in eine Krise. Die Allegorie verfiel, weil z.B. Einzelzüge von Bildworten ideologisch ausgebeutet wurden. Gleichzeitig verstärkte sich das Bemühen, den literarischen Sinn durch vertiefte Sprachkenntnisse besser zu erfassen. Als J. Wyclif (gest. 1384) und J. Hus (gest. 1415) ihre Kirchenkritik direkt aus der Bibel legitimierten, kehrte das Konzil von Konstanz seine Kompetenz zur Schrifterklärung hervor.

(Humanismus und Reformation)

Eine Zäsur in der Bibelauslegung setzte der Humanismus. Mit seinem Streben nach den *bonae litterae* machte er die Philologie zur Leitwissenschaft. Lorenzo Valla bestritt die sprachliche Treue der →Vulgata und versuchte mit seiner *Collatio* von 1442/43 im Vergleich mit dem griechischen Text den lateinischen zu reinigen. Es war konsequent, die so verbesserte Vulgata nach dem Literalsinn auszulegen. Dieses neue Verfahren machte sich ein halbes Jahrhundert später Erasmus von Rotterdam zu Eigen. Sein *Novum instrumentum omne* aus dem Jahre 1516 ist die Erstausgabe des griechischen NT, die er mit einer von ihm verfertigten lateinischen → Übersetzung verband. Die →Methode ist textkritisch, das Ziel ein pastorales: Mit dem verbesserten Text des NT sollte den Christen die reine →Quelle der *'philosophia Christi'*, erschlossen werden. Die Zäsur vertiefte theologisch M. Luther mit seinem Verständnis der Rechtfertigung des Menschen durch Gott auf Grund von Glauben. Dabei formulierte er das Prinzip der *sola scriptura*. Die Instanzen von → Tradition und kirchlicher Autorität brauche es nicht, denn die →Schrift sei ihr eigener Interpret (*sui ipsius interpres*). Der Römerbrief mit seiner Darlegung der Rechtfertigung wurde zur Interpretationsnorm für die übrigen Bücher der Schrift. Die Reformation brachte dem Bibelstudium einen unerhörten Aufschwung. Nach Luther sollten die Theologen Exegeten sein, ihre Schüler nicht Priester, sondern Lehrer des Evangeliums. Die theologische und pastoralpraktische Neuorientierung des protestantischen Kirchenwesens vollzog sich weithin als Schriftauslegung.

Sich vertiefende Gegensätze machten es notwendig, dass die Konfessionen ihre Prinzipien bei der A. der →Heiligen Schrift erklärten. In seiner vierten Sitzung im April 1546 sanktionierte das Konzil von Trient die altgläubigen Positionen zum Gebrauch der Heiligen Schrift, nannte die kanonischen Bücher, erklärte die Vulgata für verbindlich und definierte, dass die Aufgabe, das geschriebene oder überlieferte Wort Gottes authentisch auszulegen, allein dem in der Tradition stehenden Lehramt der Kirche zukomme. Für den protestantischen Raum schuf M. Flacius Illyricus (gest. 1575) mit seinem *Clavis scripturae sanctae* (1567) eine Zusammenfassung der Grundsätze und Methoden evangelischer Schriftauslegung. Die ersten kritischen Attacken auf die Bibel durch die beginnende Aufklärung parierte die protestantische Orthodoxie mit der Verteidigung der Verbalinspiration und damit der Irrtumslosigkeit der Heiligen Schrift. Auf die damit herbeigeführte innerprotestantische Verhärtung reagierte der Pietismus, der ein unmittelbares Verhältnis der Glaubenden zum Wort der Bibel förderte.

(Aufklärung und Moderne)

Der Zusammenstoß der Aufklärung mit den Kirchen hatte sein Epizentrum in der A. der Bibel. Obwohl sich den getrennten Kirchen dieselben Fragen, wie nach der Irrtumslosigkeit der Schrift und ihrer göttlichen →Inspiration, stellten, reagierten sie unterschiedlich. Im Bereich der reformatorischen Kirchen, mit ihrer größeren Zugänglichkeit für die Prinzipien der Aufklärung, entwickelte sich im Spannungsfeld von Vernunft, wachsender naturwissenschaftlicher wie historischer Kenntnisse und Offenbarung eine neue Art der akademischen Bibelexegese, deren deutsche Ausformung im 19. Jh. führend wurde. Unter der neuen Leitwissenschaft →Geschichte setzte sich die historisch-kritische →Methode bei der Erforschung sowohl des AT wie des NT durch und führte zur Fragestellung, ob die biblischen Schriften als Quellen für die Geschichte Israels und des frühen Christentums dienen könnten. Vielfältige Versuche seit der Aufklärung, im Corpus des Pentateuch die Quellen zu scheiden und zu den Anfängen ihrer →Schriftlichkeit zu gelangen, führten zur lange gültigen Synthese J. Wellhausens. Mit dem Einsatz derselben Methode bei den Evangelien zerstörte D.F. Strauß mit seinem Werk *Das Leben Jesu, kritisch bearbeitet* (1835) die bisherigen Vorstellungen des ,Lebens Jesu'. Die römisch-katholische Kirche verschloss sich lange den kritischen Anfragen an die Bibel. Zwar entwickelte der französische Oratorianer R. Simon die historisch-kritische Methode bei der Frage nach der Verfasserschaft des Pentateuch, aber Repressionen ließen ihn nicht zum Initiator einer kritischen Schule der Exegese in der katholischen Kirche werden. Die grundsätzliche Ablehnung der Moderne durch das Papsttum seit dem Beginn des 19. Jh.s, artikuliert im Syllabus von 1864, lockerte sich für die Bibelauslegung 1893 mit der Enzyklika *Providentissimus Deus* Papst Leos XIII. Ihre positive Auswirkung auf die katholische Exegese verzögerte die Verfolgung des Modernismus durch Pius X. Erst die breite katholische Bibelbewegung ab etwa 1920 bot den Resonanzboden für das Rundschreiben Pius' XII.: *Divino afflante spiritu* von 1943, die einen differenzierenden Anschluss an die damaligen Errungenschaften der Biblischen Wissenschaften suchte. Die Konstitution *Dei*

Verbum des Zweiten Vatikanischen Konzils öffnete sich innerhalb eines erneuerten Offenbarungsbegriffes den modernen Tendenzen in der Auslegung der Heiligen Schrift. Seitdem gibt es in der Exegese kaum noch grundsätzliche konfessionelle Unterschiede, wie das Dokument der päpstlichen Bibelkommission *Die Interpretation der Bibel in der Kirche* von 1993 zeigt.

Das Instrumentarium der historisch-kritischen Methode löste in allen Kirchen abwehrende Reaktionen aus, die als ‚fundamentalistisch' zu bezeichnen irreführend ist. Im protestantischen Raum waren es die Ausläufer von Pietismus und Erweckung, die den kritischen Zugriff auf die Bibel ablehnten oder ihm gegenüber misstrauisch blieben. In der römisch-katholischen Kirche kann man in der Verfolgung des Modernismus den Versuch sehen, den einfachen Christenglauben zu schützen.

In den letzten Jahrzehnten erfassten neue theologische Aufbrüche auch die Exegese und regten u. a. zu feministischer oder befreiungstheologischer →Interpretation an, was den Blick auf Afrika, Asien und Lateinamerika lenkt, wo in nichteuropäischen kulturellen Umfeldern auch andere Ansätze in der Bibelauslegung Aufmerksamkeit finden. Gleichzeitig sieht sich in den Ländern Europas und Nordamerikas die historisch-kritische Exegese zunehmend vor die Frage gestellt, ob sich nicht schon lange ein Graben zwischen der Bibelwissenschaft und den Gläubigen aufgetan habe. Das wachsende Interesse an der Geschichte der Bibelauslegung will Sinnpotenziale, die von der historisch-kritischen A. verdrängt wurden, wieder ins Bewusstsein heben, um den Abstand zwischen wissenschaftlicher und gläubiger A. der Bibel zu verringern, und führt zu einer Wiederentdeckung eines mehrfachen →Schriftsinns auf Grund psychologischer und psychoanalytischer Kenntnis.

Bibliographie: C. Dohmen, Die Bibel und ihre Auslegung, München [3]2006. – A.J. Hauser/D. Watson (Hgg.), A history of biblical interpretation, Bd. 1, Leiden 2003. – D.W. Kling, The Bible in history, Oxford 2004. – H. de Lubac, Typologie, Allegorie, geistlicher Sinn, in: Studien zur Geschichte der christlichen Schriftauslegung, übersetzt und eingeleitet v. R. Vorderholzer, Einsiedeln 1999. – H. Graf Reventlow, Epochen der Bibelauslegung, 4 Bde., München 1990–2001. – M. Sæbø (Hg.), HBOT. Hebrew Bible/Old Testament, Bd. 1/1: Göttingen 1996, Bd. 1/2: Göttingen 2000, Bd. 2: Göttingen 2008. – W. Yarchin, History of biblical interpretation, Peabody 2004.

Karl-Heinz Frankl

III. Judaistisch

Jüdische Bibelauslegung setzt eine qualitative Abstufung der Offenbarungsautorität innerhalb der →Bibel und eine entsprechend differenzierte →Hermeneutik voraus. Als absolut verbindliche, unmittelbare →Offenbarung gilt allein die →Tora. Grundsätzlich bedarf Tora keiner Erklärung, denn sie ist mängellos (Ps 19,6).

Griechischsprachige →Autoren in Alexandrien haben vom 2. Jh. v. Chr. an Auslegungen und Traktate zu Büchern des Pentateuchs verfasst, nach Aristobul und Demetrius v. a. Philo von Alexandrien (1. Jh. v. und n. Chr.). Kennzeichnend sind: (1) Das Interesse an chronographischen Systemen zum Nachweis des hohen Alters und der Verlässlichkeit der jüdischen Überlieferungen, (2) Erklärung von Passagen befremdlichen Inhaltes, (3) allegorisierende →Deutungen. Diese →Traditionen wurden aber durch die rabbinische Richtung verdrängt.

Prophetenschriften gelten als mittelbar (durch Visionen, Auditionen, Träume) offenbart, die ‚Psalmen Davids' als inspirierte →Dichtungen. Mittelbare Offenbarungen bedürfen der Deutung (*ptr/pshr,* (auf)lösen); in Qumrantexten bezeichnet *pesher* eine laufende, eschatologisch aktualisierende Ausdeutung mit dem Anspruch, den eigentlichen Sinn der Prophetenworte zu offenbaren.

Die rabbinische →Literatur enthält viele Einzelinterpretationen zu Bibelstellen, aber laufende →Auslegungen fast nur zu Pentateuchbüchern: *halakhische*, haggadische und homiletische ‚Midraschim'. Neue Regelungen wurden gelegentlich von vorhandenen Toragesetzen abgeleitet. Dafür wurden sieben hermeneutische Regeln (*middot*) Hillels zu den dreizehn des R. Jischmael ergänzt, später formulierte man (für nichtgesetzliche Texte) noch die 32 *middot* des R. Eliezer.

Die Midraschim deuten die Pentateucherzählungen v.a. auf Israels Umweltverhältnis, zuerst auf die Beziehung Jakobs/Israels zu Esau/Edom als Rom, später auch jene zu Ismael als der islamischen Weltmacht.

Das rabbinische Schriftverständnis hängt eng mit der Praxis der synagogalen Schriftlesung und mit den aramäischen →Bibelübersetzungen (Targumim) zusammen. Die → Lesung von Auswahlperikopen aus den ‚Propheten' bestimmte das Verständnis der Pentateuchperikopen im Sinne einer Wechselwirkung von Gesetzespraxis und Geschichtslauf, und das auch in der synagogalen Poesie.

Auch die fünf Megillot (Rut, Hld, Koh, Klgl, Est) für die (nichtliturgische) Lesung an bestimmten Festen haben zahlreiche Auslegungen nach sich gezogen.

BIBLIOGRAPHIE: M. Greenberg, Jewish Bible exegesis, Jerusalem 1982. – I. Kalimi, Der Platz der Bibel im Judentum und die klassisch-jüdische Schriftauslegung, Oldenburg 1999. – M. Sæbø (Hg.), HBOT. Hebrew Bible/Old Testament, 3 Bde., Göttingen 1996.2000.2008. – A. Samely, Rabbinic interpretation of Scripture in the Mishnah, Oxford 2002. – G. Stemberger, Einleitung in Talmud und Midrasch, München [8]1992. – S.M. Wylen, The seventy faces of Torah, New York 2005.

Johann Maier

IV. Altphilologisch

Grundlage jeder →Auslegung ist die Annahme des Rezipienten, ein →Text trage eine wichtige Aussage (διάνοια), die auf den ersten Blick nicht kenntlich sei; mit der Leseerwartung variieren die →Methoden der Auslegung (→Hermeneutik). Als einer Erklärung bedürfend galten – oft aus praktischen Gründen – Fachliteratur (v.a. Recht, Medizin), ferner →Dichtung und philosophische Schriften; die Auslegung letzterer wurde v.a. von Philosophenschulen getragen, für die die Werke ihrer ‚Ahnherren' autoritativ waren; so entstanden Kommentare zu Heraklit (Kleanthes), Plato (Plotin, Jamblich, Numenios, Chalcidius und Proklos), und Aristoteles (Alexander v. Aphrodisias, Johannes Philoponos). Eine philosophische bzw. theologische διάνοια wurde auch Dichtern zugeschrieben, in erster Linie Homer, von dem man eine komplette Weltdeutung erwartete: Das Bestreben, die Rezipierbarkeit seiner Epen zu erhalten und dabei der jeweils aktuellen Weltsicht Autorität zu verschaffen, führte zur Homerallegorese (im 6. Jh. Theagenes von Rhegion, seit dem 3. Jh. Stoiker). Seit dem 3. Jh. v.Chr. wurde Auslegung systematisch betrieben: Homer, Hesiod, Chorlyriker, Tragiker, Historiographen und Redner wurden kommentiert, Methoden der → Interpretation in der Schule gelernt und bis in die Spätantike praktiziert, was sich in worterklärend-philologischen (z.B. Servius zu Vergil), grammatisch-rhetorischen (z.B. Porphyrios zu Horaz) und allegorischen (z.B. Fulgentius zu Vergil, Macrobius zu Cicero) → Kommentaren und in Buntschriftstellerei (Athenaios, Macrobius) niederschlug.

Den Pentateuch legte Philo v. Alexandria mit Methoden aus, die in der Homerdeutung angewandt wurden, z.B. für Worterklärungen die Etymologie, für inhaltlich anstößige Stellen die →Allegorese. Letztere liegt – neben der verbreiteten typologischen Deutung – vereinzelt auch im →NT (Gal 4,21 ff.) vor. Für die christliche Bibeldeutung sind die alexandrinische Schule (z.B. Clemens von Alexandria, Origenes), die über dem Literalsinn eine moralische und eine pneumatische (allegorische) Aussage postulierte, und die antiochenische Schule (z.B. Gregor v. Nazianz, Hieronymus, Theodor v. Mopsuestia) richtungsweisend, welche stärker eine historisch-literale Auslegung betonte und Allegorese zugunsten von →Typologie zurückdrängte. Die Notwendigkeit, die →Bibel in der →Predigt auszulegen, führte im 3. Jh. zum Genus des Bibelkommentars, der heidnische Methoden und Formen der Deutung adaptierend aufnahm. Letztlich auf Predigttätigkeit bezogen sind ferner der exegetische Traktat und der exegetische Brief (z.B. Ambrosius, Hieronymus, Augustin).

BIBLIOGRAPHIE: C. Blönnigen, Der griechische Ursprung der jüdisch-hellenistischen Allegorese und ihre Rezeption in der alexandrinischen Patristik, Frankfurt a.M. 1992. – H. Chadwick, Antike Schriftauslegung, Berlin 1998. – C. Kannengiesser, Handbook of patristic exegesis, Leiden 2004. – H. Schreckenberg et al., Art. Exegese, in: RAC 6 (1966), 1174–1229.

Dorothea Weber

Autor

I. Alttestamentlich

Der Begriff A. findet sich im AT oft als Motiv in Erzählungen. Mose gilt als Verfasser von → Liedern (Ex 15,1), Reise- (Num 33,2) und Kriegsberichten (Ex 17,14), der auch Gesetze geschrieben hat (Ex 24,4.7; Dtn 31,24–26). David gilt als →Dichter von Liedern (2 Sam 1,17 ff.) und Salomo von Sprüchen und Gedichten (1 Kön 4,32). Jeremia hatte einen Sekretär, der seine Worte aufschrieb (Jer 36,4) und damit sein Mitautor wurde. Esra war → ‚Schreiber' (Esr 7,6) und wurde daher von der Tradition als Verfasser von verschiedenen Teilen des →AT betrachtet. Auch Frauen werden als Dichterinnen bezeichnet, wie Debora (Ri 5,1 ff.), Mirjam (Ex 14,20 f.), Hanna (1 Sam 2,1 ff.) und die Mutter Lemuels (Spr 31,1 ff.). Obwohl keine Frau als A.in eines vorliegenden atl. Buches vorgestellt wird, ist es möglich, dass das Buch Rut von einer Frau verfasst wurde, da dessen Autorperspektive männliche und weibliche Perspektiven kritisch kontrastiert, die weibliche Perspektive kontrovers gegenüber der dominanten männlichen zur Geltung bringt und eine Sensibilität für die weibliche Erfahrung der sozialen Realität zeigt.

Am meisten wird der Begriff aber in der redaktionellen Bearbeitung der →Texte verwendet. Salomo als Weiser schlechthin und Sänger gilt als A. (Spr 1,1; 10,1; 25,1; Koh 1,1; Hld 1,1). Mit diesem Autorbegriff werden diese Bücher gattungsmäßig gekennzeichnet sowie als autoritativ bezeichnet. Salomo schreiben auch einige Psalmenüberschriften neben Mose (Ps 90), Asaf (Pss 73–83), Etan (Ps 89) und den Korachiten (Pss 42–49) Autorentätigkeit zu (Ps 72). David als A. ist im Psalter so hervorragend, dass nicht nur einzelne Davidssammlungen (u. a. Pss 3–41; 51–71; 108–110; 138–145) erkennbar sind, sondern auch der Psalter als ‚Psalmen Davids' bekannt wurde. Diese Tendenz ermöglichte es Israel in der Krise, sich mit dem fliehenden (Ps 54,2), sündigen (Ps 51,2), aber trotzdem betenden (Ps 70,2) und gesalbten (Ps 132) König zu identifizieren (→Psalm). So wurden die Gebete Israels mittels des Autorbegriffes eine kräftige Überlebenshilfe für Israel bei der Deutung seiner Exilserfahrung. Die erst im Judentum vollendete Entwicklung, Mose sei A. der ganzen →Tora gewesen (→Offenbarung), ist von hermeneutischer Bedeutung, weil er so zum größten Propheten wurde, dessen Verfasserschaft einerseits auf die Autorität der →Tora als Basis der ganzen → Heiligen Schrift weist, andererseits zeigt, dass die prophetische →Tradition der hermeneutische Schlüssel ihrer Bedeutung ist. Der A. ist somit in der →Redaktion und →Überlieferung des AT ein maßgebender Begriff.

Bibliographie: P. Höffken, Zum Kanonsbewusstsein des Josephus Flavius in Contra Apionem und in den Antiquitates, in: Ders., Josephus Flavius und das prophetische Erbe Israels, Berlin u. a. 2006, 145–163. – C. Houtman, Der Pentateuch, Kampen 1994. – M. Kleer, Der liebliche Sänger Israels, Bodenheim 1996.

James Alfred Loader

II. Neutestamentlich

Das NT setzt sich aus 27 Einzelschriften zusammen, die z. T. orthonym, z. T. pseudonym, z. T. anonym überliefert sind.

Die vier →Evangelien sind ursprünglich anonym verfasst. Im letzten Drittel des 1. Jh.s (M. Hengel) oder im 2. Jh. wurden die sog. *inscriptiones*, d. h. die titelartigen Verfasserangaben (κατά + Acc.), hinzugefügt, die in der antiken →Literatur analogielos sind. Sie binden die Evangelien an die Apostelnamen Matthäus und Johannes (sehr wahrscheinlich pseudonyme Zuschreibungen) sowie an die Schriftstellernamen Markus und Lukas. Letztere könnten historische Verfassernamen sein. Historisch klären lässt sich diese Frage nicht. Die Autorenprofile der Verfasser der Evangelien werden von der ntl. Einleitungswissenschaft aus der kritischen Quellenanalyse der Überlieferungen der christlichen → Schriftsteller des 2. und 3. Jh.s einerseits sowie aus der sog. Redaktionskritik der Evangelien andererseits durchaus kontrovers (bes.: Verfasser des Joh) rekonstruiert. Für den Verfasser des lukanischen Doppelwerks (Lk und Apg) kann das *Prooemium* Lk 1,1–4 hinzugezogen werden.

Von den ntl. Briefen werden 13 Paulus zugeschrieben. Davon gelten in der kritischen Einleitungswissenschaft sieben als orthonym (1 Thess, 1 Kor, 2 Kor, Gal, Phil, Phlm, Röm), sechs als pseudonym, d. h. von Paulusschülern im Namen und unter der gleichnamigen beanspruchten Autorität des Paulus verfasst (Kol, Eph, 2 Thess, 1 Tim, 2 Tim, Tit). Der Hebr ist ein anonymes Schreiben, das im Laufe des Kanonisierungsprozesses sekundär Paulus zugeordnet wurde.

Die sieben katholischen (allgemeinen) Briefe (1 Joh, 2 Joh, 3 Joh, 1 Petr, 2 Petr, Jud, Jak) sind teils anonym (1 Joh), teils halborthonym (Verfasser nennt sich ‚Presbyter', gibt aber nicht seinen Namen an), teils pseudonym (nach wichtigen Aposteln benannt: 1 Petr, 2 Petr, Jud, Jak) verfasst.

Die Offb, die sich einen Briefrahmen gibt und als Gemeindebrief gelesen werden will, ist orthonym verfasst (1,1 und 22,9). Ihr Verfasser ist der ‚Prophet Johannes'.

Historische greifbare Verfasser ntl. Schriften sind daher der Apostel Paulus und der ‚Prophet Johannes'. Als A. im literaturwissenschaftlichen Sinne lässt sich nur Paulus verstehen. Er zeigt seine Person (autobiographische Passagen) und expliziert deutlich seine Schreibintention. Er schreibt in der Gattung des christlichen Gemeindebriefs, die er nachhaltig prägt (pseudonyme Paulusbriefe und katholische Briefe).

Für die ntl. Schriften insgesamt gilt, dass sie „durchweg Verfasser haben, die uns im einzelnen mehr oder weniger als Autoren entgegentreten" (O. Wischmeyer, 135). In diesem Rahmen ist Paulus „der erste maßgebliche theologische Autor der christlichen Literatur und begleitet als solcher in eigener theologischer Arbeit die Gemeinden" (ebd., 151).

BIBLIOGRAPHIE: M. Hengel, Die Evangelienüberschriften, Heidelberg 1984. – U. Schnelle, Einleitung in das Neue Testament, Göttingen [6]2007. – O. Wischmeyer, Paulus als Autor, in: R. Gebauer/M. Meiser (Hgg.), Die bleibende Gegenwart des Evangeliums, FS O. Merk, Marburg 2003, 133–152.

Oda Wischmeyer

III. Systematisch-theologisch

In der Dogmatik spielt der Begriff A. bzw. Verfasser im Zusammenhang der Schriftlehre eine wesentliche Rolle. Die vorneuzeitliche Theologie ging davon aus, dass Gott der eigentliche A. der biblischen Schriften sei. Gottes Urheberschaft und ihr Verhältnis zur menschlichen Autorschaft wurde in der altprotestantischen Orthodoxie mit Hilfe des Begriffes der *causa efficiens* erklärt. Demnach ist Gott die *causa principalis*, die Menschen sind lediglich die *causae instrumentales*. Im Rahmen einer entsprechenden Inspirationslehre werden sie mit der Hand, der Schreibfeder oder der Schreibtafel des Heiligen Geistes verglichen. Die Entstehung der historisch-kritischen →Exegese hat zu einer radikal neuen Sicht der Rolle der menschlichen A.en geführt. Sie sind nicht länger Instrument der Textproduktion, sondern die eigentlichen Produzenten. Freilich hat sich seit der Aufklärung im Verständnis von Autorschaft ein grundlegender Wandel vollzogen. J.G. Hamann deutet die menschliche Autorschaft als →Analogie des Menschen zum Schöpfer. Die →Hermeneutik F.D.E. Schleiermachers ist in starkem Maße produktionsästhetisch ausgerichtet. Die neuere Hermeneutik macht dagegen geltend, dass der →Text im Vorgang seiner Verschriftlichung gegenüber dem A. autonom wird, so dass der im Akt des →Lesens erschlossene Textsinn nicht mit der Aussageabsicht des A.s identisch ist. R. Barthes hat den Vorgang der Ablösung des Textes vom A. als ‚Tod des A.s' bezeichnet. Theologisch bedeutet dies nach P. Ricœur „die Vergeblichkeit einer Untersuchung, die auf den Autor der Texte gerichtet ist und die Gott als die Stimme hinter der erzählenden oder prophetischen Stimme zu identifizieren suchte". Allerdings muss der Gedanke, Gott sei ein Schriftsteller (J.G. Hamann), keineswegs völlig preisgegeben werden. Mit der Schriftwerdung der biblischen Texte hat sich Gott aus systematisch-theologischer Sicht vielmehr dem Konflikt der →Interpretationen ausgeliefert und den ‚Tod des A.s' (R. Barthes) erduldet. Die neuzeitliche Religionskritik meint mit dem Tode Gottes seine Abwesenheit bzw. Nichtexistenz. Doch kreuzestheologisch ist der Tod Gottes als Gestalt seiner Verborgenheit, d.h. aber *sub contrario* als Weise seiner Anwesenheit zu denken. Biblisch ist es durchaus sachgemäß, auf Gott bezogen vom Tod des A.s zu sprechen, sofern damit kreuzestheologisch die letzte Konsequenz aus dem Gedanken der Inkarnation gezogen wird. Die Schriftwerdung des göttlichen Wortes ist, mit J.G. Hamann gesprochen, der Endpunkt seiner Erniedrigung und Entäußerung.

BIBLIOGRAPHIE: O. Bayer, Gott als Autor, Tübingen 1999. – H. Blumenberg, Matthäuspassion, Frankfurt a.M. 1988. – J.G. Hamann, Sämtliche Werke, Bd. 1, hg. v. J. Nadler, Wien 1949. – U.H.J. Körtner, Theologie des Wortes Gottes, Göttingen 2001, 339–341. – J. Miles, Gott, München 1996. – P. Ricœur, Gott nennen, in: B. Casper (Hg.), Gott nennen, Freiburg i.Br. 1981, 45–79. Ulrich H.J. Körtner

IV. Altphilologisch

Unter einem A. versteht man seit dem 18. Jh. in juristischem Sinne den Urheber eines →Textes als Rechtssubjekt, des Weiteren den individuellen Schöpfer kritischer und programmatischer Literatur, spätestens seit dem 20. Jh. den Verfasser von Texten jedweder Art, während die Begriffe →Dichter und →Schriftsteller jeweils Wertungen implizieren.

Etymologisch leitet sich A. vom lateinischen *auctor* her, das eine Persönlichkeit bezeichnet, deren Einfluss und Ansehen (*auctoritas*) auf überlegener Einsicht beruhen (R. Heinze); im Griechischen findet sich kein Äquivalent. Nach Quintilian bemisst sich der Rang eines A.s nach seiner besonderen Leistung (*virtus*) in sprachlicher und stilistischer Hinsicht (*inst.* 10,1,37); die besten A.en sollen dem →Redner als Muster zur Nachahmung dienen.

Juristischen Urheberschutz gab es in der Antike nicht: Sobald ein Manuskript publiziert, d.h. durch Abschriften in Umlauf gekommen war, war das Recht des A.s an seinem Text ausschließlich ideeller Natur (T. Kleberg). Teilweise ist der tatsächliche A. eines antiken Textes unbekannt, entweder wegen des Namensverlustes oder dessen bewusster Fälschung (→Pseudepigraphie). Wir besitzen aus der Antike kein Autograph. Was das Selbstverständnis betrifft, so stellen sich antike Dichter gerne als Sprachrohr göttlicher Eingebung dar (s. Plato, *Ion*): Z.B. erscheint in *Ilias* und *Odyssee* jeweils ein →Erzähler, der sein Schaffen auf die →Inspiration durch die Muse(n) zurückführt (*Il.* 1,1–7; 2,484–493; 12,176; *Od.* 1,1–10). Nach und nach entwickelt sich aber auch die Vorstellung des eigenständigen Schöpfers literarischer →Fiktion, lautet die Bezeichnung für den →Dichter doch ποιητής (‚Verfertiger'; lat. *poeta*). Eine ganze Reihe von A.en versieht einzelne Schriften oder Sammlungen mit einem ‚Siegel' (Sphragis), das persönliche Daten wie Name und Werkverzeichnis enthält (z.B. Verg. *georg.* 4,559–566); ferner nutzen zahlreiche A.en das *Prooemium* oder die *Praefatio* eines Werks für Selbstaussagen.

In der literaturtheoretischen Debatte der Moderne ist die Rolle des A.s für die Gesamtbedeutung des Textes umstritten. Für R. Barthes ist der A. kein autonomer Schöpfer, sondern ein →‚Schreiber' (*scripteur*), der vorgegebenes Sprachmaterial kompiliere, so dass ein literarischer Text ein ‚Gewebe von Zitaten' darstelle; der ‚Tod des A.s' sei der Preis für die ‚Geburt des →Lesers', welcher für die Ermittlung der Textbedeutung zuständig sei. In jüngster Zeit plädieren einige Literaturwissenschaftler für die ‚Rückkehr des [realen] A.s'. In der Antike finden sich lediglich Ansätze dieser Positionen (→Autorenintention).

BIBLIOGRAPHIE: R. Barthes, The death of the author, in: Aspen Magazine 5/6 (1967). – H. Detering (Hg.), Autorschaft, Stuttgart/Weimar 2002. – F. Jannidis et al. (Hgg.), Rückkehr des Autors, Tübingen 1999. – R. Heinze, Auctoritas, in: Hermes 60 (1925), 348–366. – T. Kleberg, Buchhandel und Verlagswesen in der Antike, Darmstadt 1967. Siegmar Döpp

V. Literaturwissenschaftlich

A. (lat. *auctor*, zu *augere*, ‚fördern, vergrößern, etwas entstehen lassen') ist der Verfasser bzw. geistige Urheber von Texten; zunehmend wird der Begriff aber auch für die Urheberschaft von nonverbalen oder multimedialen Produktionen in den Bereichen Musik, bildende Kunst, Film, Hörfunk, Fernsehen, Theaterregie etc. gebraucht.

Schon in der Antike ist der Begriff eng mit der Vorstellung von ‚*auctoritas*' verknüpft, allerdings gilt als A. nicht unbedingt der geistige Schöpfer, sondern v.a. der materielle Besitzer eines →Textes. Im Mittelalter und in der frühen Neuzeit verbindet sich die *Autorität* des A.s mit den normativen Vorstellungen von Gelehrsamkeit und rhetorischer Gewandtheit. Die *Person* des A.s steht demgegenüber im Hintergrund – nicht nur wegen der theologisch motivierten Funktionsbestimmung als

'Sprachrohr Gottes', sondern auch deshalb, weil A.en zumeist im Dienst von Kirche, Hof oder Universität wirken und so keine Individualität entwickeln können. Dies ändert sich allmählich seit der Erfindung der Buchdruckerkunst und der Entstehung des Buchmarkts im 14. Jh. Erst mit dem Aufkommen des aufklärerischen Subjektbegriffs bzw. der Genieästhetik im 18. Jh., v.a. aber mit der Kodifizierung des Urheberrechts (in England 1709, in Frankreich 1793, in Preußen 1794), wird dem A. im doppelten Sinne 'Eigentümlichkeit' zugeschrieben. Es kommt zu einer Professionalisierung von Autorschaft.

Die Autorität des A.s, seine Intention und Weltanschauung, seine psychologisch-moralische Integrität ebenso wie die Kontextbedingungen seines Schreibens, bestimmten über zwei Jahrhunderte nicht nur sein öffentliches Ansehen (z.B. in Form von Dichterkulten), sondern auch die Interpretationsmethoden der Literaturwissenschaft. Im Anschluss an die poststrukturalistische Texttheorie und die Postmoderne-Diskussion geriet das aufklärerische Autorschaftskonzept zunehmend in Misskredit. Mit der Proklamation vom 'Tod des A.s' (R. Barthes), aber auch mit der diskursanalytischen Forderung nach einer historischen Differenzierung spezifischer Funktionsbestimmungen von Autorschaft (M. Foucault), wurden sowohl die Frage nach der Autorintention als auch das Postulat des geschlossenen Werks zugunsten der These einer universellen →Textualität aufgegeben, in die einzelne 'Verfasser von Texten' sich einschreiben. Neuere Forschungen vertiefen jedoch nicht nur die historischen Dimensionen von Autorschaftskonzepten und begründen damit die Praktikabilität des Begriffs als literaturwissenschaftliche Kategorie, sondern sie weisen auch auf die hartnäckige Gültigkeit und Beständigkeit der literarischen und gesellschaftlichen Bedeutung von Autorschaft bis in die postmoderne Kultur hinein hin, wenn auch mit modifizierten Funktionszuschreibungen und unter den veränderten Bedingungen der Mediengesellschaft. Auch im Kontext der feministischen Literaturwissenschaft und der postkolonialen Forschung kommt der Insistenz auf die Autorposition wieder eine neue Aktualität zu – geht es doch hier um die Würdigung bisher marginalisierter oder aus der kulturellen Überlieferung ausgeschlossener Autorinnen und Autoren.

Bibliographie: R. Barthes, Der Tod des Autors, in: F. Jannidis et al. (Hgg.), Texte zur Theorie der Autorschaft, Stuttgart 2000, 185–193 [*frz.* 1967]. – H. Bosse, Autorschaft ist Werkherrschaft, Paderborn u.a. 1981. – H. Detering (Hg.), Autorschaft, Stuttgart/Weimar 2002. – M. Foucault, Was ist ein Autor?, in: Ders., Schriften zur Literatur, Frankfurt a.M. 1991, 7–31. – W. Haug/B. Wachinger (Hgg.), Autorentypen, Tübingen 1991. – F.P. Ingold, Der Autor am Werk, München/Wien 1992. – F. Jannidis et al. (Hgg.), Rückkehr des Autors, Tübingen 1999. – Ders. et al. (Hgg.), Texte zur Theorie der Autorschaft, Stuttgart 2000. – E. Kleinschmidt, Autorschaft, Tübingen 1999. – W. Wunderlich (Hg.), Der Autor im Dialog, St. Gallen 1995.

Christine Lubkoll

Autorenintention

I. Alttestamentlich

Die Intention der →Autoren wird in unterschiedlichen Ansätzen der wissenschaftlichen →Auslegung des →AT unterschiedlich bestimmt und gewichtet.

Die historische →Exegese in ihrer neueren Interpretation durch C. Hardmeier versteht A. als 'autorseitiges Kommunikationsangebot', das den im Text angelegten 'Eigen-Sinn' (C. Hardmeier) vernehmbar macht. Vorausgesetzt wird dabei, dass die atl. Literatur nicht als 'autonome Literatur' im modernen Sinne und auch – trotz ihrer poetischen Gestaltung – nicht als 'Dichtung' verstanden werden kann, weil sie sich selbst nicht so verstanden hat. Als 'Traditionsliteratur', genauer noch als 'adressatenbezogene[r] Mitteilungsliteratur' (E. Blum) sind biblische →Texte nur in ihrem Bezug auf konkrete →Kommunikationssituationen angemessen auszulegen. Allerdings sind die ursprünglichen, auf solche Kommunikationssituationen beziehbaren Texte mit ihren je eigenen A. in den biblischen Endtext eingegangen. Aus ihm sind sie – in der Regel hypothetisch – zu rekonstruieren und in ihre ursprünglichen Kommunikationssituationen einzuzeichnen. Erst in diesen Kontexten sind dann die unterschiedlichen A.en, die in den Endtext eingegangen sind, zu ermitteln und redaktionsgeschichtlich ins Verhältnis zueinander zu setzen. Zugleich mit der Redaktionsgeschichte rekonstruiert die historische Exegese das im jeweiligen Endtext repräsentierte Stück Religions- bzw. Theologiegeschichte Israels.

Die ‚kanonische Exegese' weist demgegenüber darauf hin, dass „die A. [...] nur spekulativ zu ermitteln" sei und „eine Projektion *einer* Sinnmöglichkeit des Textes" darstelle. „Der Text bleibt auch gegenüber der ursprünglichen Textverwendung polyvalent; sein Sinnreichtum ist größer als die hypothetisch erschlossene Ursprungsbedeutung [...]" (G. Steins).

Auch der literarisch-ästhetische Ansatz H. Utzschneiders steht einer *allein* von der A. her entworfenen Sinnkonstitution biblischer Texte kritisch gegenüber. Komplexe biblische Endtexte sind als solche nicht als Kommunikationsangebot einer Ursprungssituation lesbar, sondern haben sich als ‚literarisch-ästhetische Subjekte' verselbständigt. Im Anschluss an U. Eco wird eine Interpretation gesucht, die die Balance zwischen *‚intentio operis'*, *‚intentio lectoris'* und *‚intentio auctoris'* wahrt. Dabei hat die Textintention Vorrang, die durch eine textlinguistische Textanalyse rekonstruiert wird.

Bibliographie: E. Blum, Notwendigkeit und Grenzen historischer Exegese, in: B. Janowski (Hg.), Theologie und Exegese des Alten Testaments/der Hebräischen Bibel, Stuttgart 2005, 11–40. – C. Hardmeier, Textwelten der Bibel entdecken 1/1, Gütersloh 2003. – G. Steins, Der Bibelkanon als Denkmal und Text, in: J.-M. Auwers/H.J. de Jonge, The biblical canons, Leuven 2003, 177–198. – H. Utzschneider, Text – Leser – Autor (1999), in: Ders., Gottes Vorstellungen, Stuttgart 2007, 69–81.

Helmut Utzschneider

II. Altphilologisch

Unter A. versteht man die Wirkungsabsicht, die ein geschichtlich situierbarer →Autor mit seinem →Text verfolgt und die aus dessen Wortlaut oder auch aus textexternem Material zu erschließen als Aufgabe des →Lesers und →Interpreten betrachtet wird. Die Auffassung, dass sich die *intentio scribentis* (oder auch *voluntas scribentis*) vom Leser erkennen lasse und ihr für das Verständnis des Texts eine zentrale Rolle zukomme, war in der Antike verbreitet. Demgemäß ist die Ermittlung der A. eine der Aufgaben der Autorenerklärung (*enarratio*), die ihrerseits zu den Aufgaben des Grammatikunterrichts gehört (Cic. *de orat.* 1,187; Quint. *inst.* 1,4,2 f.; 1,8). Die einschlägige Formulierung des spätantiken Vergilkommentators Servius (Verg. *Aen. praef.*) hat tief ins Mittelalter hinein gewirkt (s. etwa Konrad von Hirsau [ca. 1070–1150], *Dialogus super auctores*; Galfried von Vinsauf [frühes 13. Jh.], *Nova Poetria*). Servius bezeichnet es als *intentio Vergilii*, in der *Aeneis* Homer nachzuahmen und Augustus von seinen Ahnen her zu rühmen. Auch für Augustinus gehört die Eruierung dessen, was der jeweilige Autor gedacht habe, zu den Aufgaben der Bibelauslegung (*c. Adim.* 14,2; *doctr. chr.* 3,27,38/28,39), jedoch gesteht er zu, dass die Ermittlung nicht immer möglich ist (*util. cred.* 10–11). Er geht sogar so weit, z. B. für Moses Erzählung Gen 1,1 unterschiedliche Deutungen zuzulassen, sofern sie nur der *regula veritatis* und der mit ihr verbundenen *regula caritatis* entsprechen (*conf.* 12,14,17–32,43). Mit seinen Überlegungen nimmt Augustinus Diskussionen in der modernen Literaturtheorie vorweg, in der der Rang der A. umstritten ist. Nach W.K. Wimsatt/M.C. Beardsley (1946) ist die A. als eine Art Entwurf oder Plan des Dichters weder eindeutig erkennbar noch ein angemessener Maßstab für die Beurteilung seines poetischen Werks; die gegenteilige Annahme bezeichnen sie als ‚intentionalen Fehlschluss' (*intentional fallacy*). S. Fish meint, die Bedeutung eines Texts (*meaning*) werde nicht durch Ermittlung der A., sondern durch eine genaue Analyse des Leseprozesses gewonnen, bei dem die anfänglichen Erwartungen in einem fort modifiziert werden. Entschiedener Verfechter der Relevanz der A. ist E.D. Hirsch: Er unterscheidet für den literarischen Text zwischen dem →Sinn, der durch den Autor festgelegt werde (*meaning*) und sich objektiv bestimmen lasse, und der → Bedeutung für den Leser, die nach Epochen variiere (*relevance*).

Bibliographie: N. Fischer/D. Hattrup (Hgg.), Schöpfung, Zeit und Ewigkeit, Paderborn 2006 (Beiträge von Hattrup und Klockow). – S. Fish, Is there a text in this class?, Cambridge 1980. – E.D. Hirsch, Prinzipien der Interpretation, München 1972. – W.K. Wimsatt/M.C. Beardsley, The intentional fallacy, in: The Sewanee Review 54 (1946), 468–488 (= Diess., The verbal icon, Lexington 1954, 3–18).

Siegmar Döpp

III. Literaturwissenschaftlich

Als zentrale philologische Praxisfelder, in denen der Begriff der A. diskutiert wird, sind das Edieren, das Analysieren, das Interpretieren und das Evaluieren von textuell verfassten Gegenständen zu unterscheiden. Die nähere Bestimmung des Begriffs der A. kann im Rahmen einer hermeneutischen Fragestellung nur für die →Interpretation literarischer →Texte erfolgen.

Der im →*New Criticism* geprägte Begriff des ‚intentionalen Fehlschlusses' (*intentional fallacy*) steht am Anfang einer umfangreichen literaturtheoretischen Diskussion zur Rolle von Intentionen in literaturwissenschaftlichen Interpretationen. Die Intentionalismusdebatte schien während der Konjunktur werkimmanenter, formalistischer, strukturalistischer und poststrukturalistischer Literaturtheorien eindeutig zu Gunsten einer intentionalismuskritischen Position entschieden. Seit dem späten 20. Jh. hat sich die intentionalistische Position aufgrund neuerer Arbeiten wieder konsolidiert. Unterschieden werden gemeinhin extreme und moderate intentionalistische Positionen. Die Position des extremen Autorintentionalismus vertritt mit der *Identitätsthese* den Standpunkt, die vom →Autor intendierte und die im Werk realisierte →Bedeutung seien (aus begrifflichen Gründen) identisch. Der moderate Autorintentionalismus plädiert dagegen dafür, dass die mit einem Text verbundenen A. nur dann als die Textbedeutung zu rekonstruieren sind, wenn es dem Autor gelungen ist, seine Intentionen zu realisieren; nur die erfolgreich im Text umgesetzten, von einem kompetenten Interpreten erschließbaren A.en seien für die Interpretation maßgeblich. Gegen den moderaten Autorintentionalismus sind diverse Einwände formuliert worden.

Die meisten Einwände sind für die Phänomenologie des →Verstehens von empirischer Seite (R.W. Gibbs) und für die Methodologie der Interpretation von philosophischer Seite (P. Livingston) widerlegt worden. Der Haupteinwand gegen die intentionalismuskritischen Positionen ist, dass weite Teile der Textbedeutung gar nicht im Text selbst vorfindlich sind, sondern vom Interpreten erst durch komplexe Verfahren der Hypothesenkonstruktion und -evaluation erschlossen werden müssen; diese Vollzüge der Bedeutungserschließung seien ohne einen hermeneutischen Rückgriff auf die A. aber nicht denkbar. Neuere autorintentionalistische Positionen, die den intentionalismuskritischen Einwänden Rechnung tragen, werden in der aktuellen Intentionalismusdebatte unter dem Namen des ‚hypothetischen Intentionalismus' (*hypothetical intentionalism*) diskutiert.

Bibliographie: R.W. Gibbs, Intentions in the experience of meaning, Cambridge 1999. – G. Iseminger (Hg.), Intention and interpretation, Philadelphia 1992. – P. Livingston, Art and intention: a philosophical study, Oxford 2005. – C. Spoerhase, Hypothetischer Intentionalismus, in: Journal of Literary Theory 1 (2007), 80–109.

Carlos Spoerhase

IV. Textlinguistisch

In der linguistischen →Pragmatik wird angenommen, dass die Produktion von →Sprechakten die Intention (oder mehrere Intentionen) eines Sprechers voraussetzt. Sprechakte sind sprachliche Handlungen, die aus einem Äußerungsakt, einem propositionalen Akt (→Proposition[en]) und einem illokutionären Akt (auch: Illokution) bestehen (J.R. Searle 1969). Intentionen sind psychische Einstellungen von Handelnden, die mit Handlungszielen verknüpft sind (J.R. Searle 1983). Die Intention eines Sprechers beim Sprechakt des Versprechens ist z. B., dass sich der Sprecher gegenüber dem →Hörer zu einer zukünftigen Handlung, von der er annimmt, dass sie im Interesse des Hörers ist, verpflichten will (J.R. Searle 1969). Das Verstehen des Sprechakts besteht dann darin, dass ein Hörer die Intention des →Sprechers erkennt (P. Grice). Es liegt im Rahmen dieses Ansatzes nahe, →Autoren als Sprecher aufzufassen und →Texte als (komplexe) Sprechakte (M.L. Pratt). Die A. ist demnach die Absicht eines Autors, die er mit seinem Text gegenüber einem möglichen Leser verfolgt. Diese A. muss bei der Interpretation des Kunstwerks eine Rolle spielen. Im Einzelnen werden verschieden starke Versionen einer Theorie der A. vertreten, z. B. aktueller vs. hypothetischer Intentionalismus und Konventionalismus (S. Davies).

Gegen die Auffassung, dass die A. eine Rolle bei der Interpretation eines Kunstwerks spielt, scheint zu sprechen (J.R. Searle 1994; F. Jannidis): (1) literarische →Kommunikation ist nicht in allen Punkten mit natürlicher Kommunikation zu vergleichen (Autor und Leser befinden sich meist nicht in einer gemeinsamen, raumzeitlich festgelegten Kommunikationssituation), (2) es besteht die Gefahr der sog. ‚*intentional fallacy*' (W.K. Wimsatt, M.C. Beardsley), verstanden als Fehlschluss von einer unterstellten Intention des Autors auf die richtige Interpretation eines Texts, *a forteriori* der ‚Tod des Autors' (R. Barthes), (3) das Phänomen der kollektiven Autorschaft bzw. der sozialen Konstruktion von Texten lässt sich kaum mit der A. vereinbaren. *Für* diese Auffassung spricht (F. Jannidis; P. Livingston), (a) dass Autoren in der Regel ein Werk schaffen wollen (von dem ein Text ein Teil ist), (b) dass Autoren Werke revidieren, (c) dass Autoren über ihre Intention reflektieren und (d) dass Leser (gerade bei schwierigen Werken) die Intention von Autoren verstehen wollen.

Bibliographie: S. Davies, Author's intentions, literary interpretation, and literary value, in: British Journal of Aesthetics 46 (2006), 223–247. – P. Grice, Studies in the way of words, Cambridge 1989. – F. Jannidis et al. (Hgg.), Rückkehr des Autors, Tübingen 1999. – P. Livingston, Art and intention, Oxford 2005. – M.L. Pratt, Toward a speech act theory of literary discourse, Bloomington 1977. – J.R. Searle, Speech acts, Cambridge 1969 [*dt.* Frankfurt a.M. 1971]. – Ders., Intentionality, Cambridge 1983 [*dt.* Frankfurt a.M. 1987]. – Ders., Literary theory and its discontents, in: New Literary History 25 (1994), 637–667.

Jörg Meibauer

Autorität →Normativität/Norm

B

Bedeutung

I. Alttestamentlich

B. zu haben, ist eine Eigenschaft, die einem Gegenstand, Sachverhalt oder einer Person zugeschrieben wird. Wer oder was eine B. hat, ist bzw. wird zum *Bedeutungsträger* stets und nur für Personen oder Kollektive, die ihm einen bestimmten *Bedeutungsgehalt* zuschreiben und für die er damit zu einem →*Zeichen* wird. Als Zuschreibung ist die Beziehung zwischen Bedeutungsträger und Bedeutungsgehalt in einem Zeichen arbiträr und beruht auf Gebrauchskonventionen. Auf komplexere Weise zeichengestützt ist die sprachliche Kommunikation als besonderes Medium intersubjektiver Verständigung und Orientierung. Sie vollzieht sich in der Produktion von Texten in Äußerungsprozessen und der Rezeption dieser linearen Sprachzeichenfolgen „als… *geordnete Menge(n) von Anweisungen* an Kommunikationspartner", die gemäß ihrer Sprachkenntnisse diesen Instruktionen folgen und damit die B. dieser Partituren textförmiger Sinnbildung in rezeptiven „kommunikativen Handlungsspielen realisieren" (S.J. Schmidt, 76). →Texte sind somit komplexe prozedurale Bedeutungs- und Sinnträger und bestehen aus elementaren sprachlichen Anweisungsträgern, die als Lexeme und Morpheme aus dem virtuellen Zeicheninventar einer Einzelsprache in Gebrauch genommen und im Äußerungsprozess nach den Regeln der Wort-, Satz- und Textsyntax rekomponiert werden (Kompositionalitätsprinzip, vgl. D. Wunderlich, 40). Einzelsprachliche Elementarzeichen und Verknüpfungsregeln haben deshalb gegenüber dem Primärvorkommen von Sprache in Texten den virtuellen systemischen Status (*langue*) von Mitteln, um Texte als Kommunikationsangebote erzeugen bzw. verstehen zu können (*parole*). Als virtuelle Mittel sind sie einerseits semantisch unterbestimmt mit einem mehr oder weniger breiten Bedeutungsspektrum bzw. Instruktionsgehalt, der im Sprachgebrauch mehrfunktional einsetzbar ist und kontextuell vereindeutigt wird. Andererseits ist ihre Lautgestalt gebrauchskonventionell mit einer kontextunabhängigen *Grundbedeutung* verknüpft, die als „kanonische Instruktion" zu bezeichnen (S.J. Schmidt, 85) und semantisch „nach ihrer Rolle für den Textaufbau und dem Typ ihrer Instruktionspotenz" (84) näher zu bestimmen ist (→Semantik). Unter diesem Gesichtspunkt lassen sich die Lexeme, Morpheme und Wortarten einer Einzelsprache nach verschiedenen instruktionssemantischen Leistungsklassen unterscheiden.

Die kommunikationspragmatische Analyse atl. Texte erschließt ihre B. anhand einer systematischen Beschreibung der verwendeten Steuerungssignale, um unter Befolgung ihres Anweisungsgehalts den textförmig angelegten Sinnbildungsprozess (→Sinn) kontrolliert nachzuvollziehen und damit die *Textbedeutung* zu erfassen.

BIBLIOGRAPHIE: Theologisches Wörterbuch zum Alten Testament (ThWAT), hg. v. G.J. Botterweck et al., 10 Bde., Stuttgart 1973–2000. – C. Hardmeier, Textwelten der Bibel entdecken, 2 Bde., Gütersloh 2003. 2004. – J. Lyons, Art. Bedeutungstheorien, in: H. Steger/H.E. Wiegand (Hgg.), Semantik, HSK 6, Berlin 1991, 1–23. – S.J. Schmidt, Texttheorie, München ²1976. – D. Wunderlich, Art. Bedeutung und Gebrauch, in: H. Steger/H.E. Wiegand (Hgg.), Semantik, HSK 6, Berlin 1991, 32–52.

Christof Hardmeier

II. Neutestamentlich

Der Begriff B. wird hier im Rahmen der Sprachwissenschaft definiert und in der Differenz zu →Sinn verstanden. Die Wörter, Sätze und →Texte des NT erschließen ihre B. durch semantische, syntaktische und strukturelle Analysen, d.h. mit sprachwissenschaftlichen →Methoden. Auf welche nichtsprachlichen Gegebenheiten sich die erschlossenen B.en beziehen, ist eine Frage der →Referenzialität, d.h. des Verhältnisses zur Wirklichkeit und, philosophisch weitergedacht, zur →Wahrheit. Die ntl. →Exegese hat von Anfang an große Anstrengungen unternommen, die ntl. →Grammatik und →Semantik möglichst differenziert zu erfassen. Die großen Lexika, besonders das *Theologische Wörterbuch zum Neuen Testament*, sind das Ergebnis dieser Arbeit. Die kontinuierliche Arbeit am Bedeutungsaspekt der ntl. Schriften stellt die Hauptaufgabe der →Kommentare dar. Hermeneutisch gesehen geht es dabei um die Rekonstruktion der →Autorenintention.

BIBLIOGRAPHIE: Theologisches Wörterbuch zum Neuen Testament (ThWNT), hg.v. G. Kittel/G. Friedrich, 10 Bde., Stuttgart 1933–1979. – O. Wischmeyer, Hermeneutik des Neuen Testaments, Tübingen/Basel 2004.

Oda Wischmeyer

III. Systematisch-theologisch

In allem sinnhaften Verstehen (→Sinn; → Verstehen) wird *etwas* verstanden. Was das ist, das verstanden wird, ergibt sich aus dem → Zeichen, das etwas bezeichnet, d.h.: eine B. besitzt. Die Aneignung von (stets vorauszusetzendem) Sinn im (aktiven) Verstehen vermittelt sich stets über die Bedeutungshaftigkeit von Zeichen. Im Prozess der →Kommunikation ergibt sich über die Funktionsstelle der B. eine Fokussierung der Aufmerksamkeit auf das, wovon die Rede ist. Diese Fokussierung ermöglicht es, sich über die Triftigkeit, die Sachhaltigkeit des Kommunizierten zu verständigen, also mit der Wahr-Falsch-Alternative umzugehen. Die Besonderung des Aspekts der B. rhythmisiert die Kommunikation im Blick auf die um des Lebens in der gemeinsamen Welt nötigen, übersubjektiven Verbindlichkeitsstrukturen. Sich auf eine B. zu konzentrieren, schließt also die Fähigkeit ebenso wie die Notwendigkeit ein, mit unterschiedlichen Formulierungen und Ausdrücken ‚dasselbe' zu meinen und zu bezeichnen. Der kommunikativ verstandene ‚Sinn' von Ausdrücken ist somit von ihrer ‚B.' zu unterscheiden (so G. Freges Sprachgebrauch). Zugleich lässt sich die B. aber nicht aus dem Prozess der Verständigung herausnehmen; sie bleibt auf den Gebrauch von Zeichen im Verstehen angewiesen. Darum kann von L. Wittgenstein, scheinbar gegenläufig zu G. Frege, gesagt werden, dass der Gebrauch eines Wortes seine B. sei (*Philosophische Untersuchungen,* § 43). Damit wird auf die Regel abgehoben, die dem Gebrauch von Worten in sozialen Kontexten innewohnt. Doch auch dann erscheint es, gegen einen bloßen Konventionalismus, sinnvoll, die Konzentration auf das, wovon die Rede ist, als eigenen Aspekt der Kommunikation zu unterscheiden. Es lässt sich daher der Versuch unternehmen, den Ausdruck ‚B.' über das (im Deiktischen wurzelnde) →Deuten zu rekonstruieren: Das Deuten als Hinweisen stabilisiert sich im Zeichen, das bedeutet; was Resultat dieses Deuteprozesses ist, ist die ‚B.'

Die Reichweite einer Deutung der B. in diesem Zusammenhang zeigt sich an der Verwendung des Wortes ‚Gott'. Im Prozess der (religiösen) Kommunikation markiert das Wort ‚Gott' eine Fokussierung von Aufmerksamkeit. Von Gott zu reden, verlangt die verständige Zuordnung von Redeweisen, für die jedoch gilt, dass sie ihre Sachgemäßheit allein im fortgesetzten Gebrauch erproben müssen. Man muss verstehen lernen, dass man auf verschiedene Weise von ‚Gott' redet. Gerade bei dem Ausdruck ‚Gott' ist das Gegenüber des Bezeichneten zum Vorgang des Bezeichnens konstitutiv – wie umgekehrt auch der Sachverhalt einschlägig bleibt, dass man ‚Gott' eben nirgends anders erkennen kann als in dem Prozess der (regelgeleiteten) Zeichenverwendung. Nun besteht die besondere Leistungsfähigkeit der B. von ‚Gott' darin, dass es dieser Begriff ist, der auch noch das Vornehmen der Verständigung über das in ihm Gemeinte mit deutet: Von Gott kann man nur durch Gott reden; d.h. aber umgekehrt, dass nur im Reden von Gott auch Gott selbst sich einstellt. Der Prozess der Verständigung über den Ausdruck ‚Gott' zieht so diesen

Vorgang selbst in den Horizont der B. des Begriffs. Der Unterschied von ‚Gott' und Gott selbst tritt in der Verwendung des Terminus ‚Gott' ins Licht: ‚Gott' ist nicht die B. eines einzelnen Zeichens, sondern das Zeichen, das den gesamten Kommunikationsprozess in seinen verschiedenen Dimensionen in sich trägt. ‚Von Gott reden' kann nur als ‚aus Gott reden' verstanden werden – und darum kann das nicht in gegenständlichem Sinne erfolgen, sondern nur als ‚Reden von der eigenen Existenz', d. h. von und in den kommunikativen Bedingungen des je eigenen Lebensvollzugs (R. Bultmann).

Bibliographie: R. Bultmann, Welchen Sinn hat es, von Gott zu reden? (1925), in: Ders., Neues Testament und christliche Existenz, Tübingen 2002, 1–12. – C. Demmerling, Sinn, Bedeutung und Verstehen, Paderborn 2002. – G. Frege, Über Sinn und Bedeutung, in: Zeitschrift für Philosophie und philosophische Kritik 100 (1892), 25–50. – L. Wittgenstein, Philosophische Untersuchungen, Frankfurt a. M. 2003.

Dietrich Korsch

IV. Altphilologisch

Die Antike hat Konzeptionen von B. im Rahmen sprach- und erkenntnistheoretischer Erörterungen entwickelt; der Begriff lässt sich von dem des →Sinns kaum trennen. Ausgehend von dem Grundproblem, dass es für den Menschen unmöglich ist, die Dinge der Welt an sich durch Rede zu erfassen, zielt die Kategorie der B. auf das Verhältnis zwischen realen Dingen und sprachlichen Aussagen über diese Dinge, welches wesentlich als Objekt-Zeichen-Relation gefasst wird.

Aristoteles legt in *De interpretatione* die Grundlage für die Theorie der Sprachzeichen. Im semiotischen Dreieck sind die sprachlichen Laute Symbole nicht für die Dinge selbst, sondern für die durch diese erzeugten Gemütsbewegungen; die seelischen Zustände wiederum bilden die Gegenstände der Außenwelt ab (2,16a 3). In der Einschaltung einer sekundären Bedeutungsebene, d. h. Wörter als →Zeichen von psychischen Zuständen, wird der Versuch greifbar, Wortform (Bezeichnendes) und Wortinhalt (auf die Sache hinweisende B.) zu trennen. Aristoteles geht es weniger um die Richtigkeit der Wörter als um das Funktionieren von Sprache in der menschlichen Gemeinschaft. Er unterscheidet daher zwischen sprachlichen Ausdrücken (Nomen, Verben), die bedeutungstragend (semantisch) sind, aber keinen Wahrheitswert im realen, logischen Sinn haben, und Sätzen mit Prädikationen, die durch Bejahen und Negieren Wahres und Falsches aussagen können (apophantische Rede).

Die stoische Lehre von den *Lekta*, wie sie etwa bei Sextus Empiricus (*M.* 8,11 f.) vorliegt, fasst die B. im Rahmen einer Aussagenlogik. Das *Lekton* ist ein sprachlich zum Ausdruck gebrachter Sachverhalt, der – selber ein Axiom – im Nachsatz begriffen wahr oder falsch wird. Der Erfahrungstatsache, dass sich B. und Gegenstand in keiner Sprache decken, trägt in der Stoa eine strenge ontologische Differenzierung Rechnung. Der unkörperlich gedachte Aussagegehalt (das Bezeichnete) wird sowohl von der real existierenden materiellen Sache als auch von dem ebenfalls materiellen Lautgebilde (dem Bezeichnenden) geschieden. Der B. kommt also eine eigene, ideelle Seinsweise zu. Als reines Produkt der Vernunfttätigkeit wird sie nur von den Sprechern einer bestimmten Sprache verstanden.

Augustin entwickelt in seiner →Semantik sowohl stoische als auch aristotelische Elemente weiter. In seiner Schrift *De dialectica* entspricht die Kategorie des vom Wort (*verbum*) zu trennenden *dicibile* weniger dem stoischen *Lekton*, das es übersetzt, als dem aristotelischen psychischen Affekt (*dial.* 5). Gemeint ist der mit Aufnahme der sprachlichen Äußerung korrelierende mentale Verstehensprozess (*verbi in mente conceptio*). Im Unterschied zur stoischen Konzeption ist die B. (*vis verbi*) nicht nur nicht getrennt vom Laut vorhanden, sondern im strikten Sinn in der Artikulation des Wortes enthalten (*mag.* 8,24). In *De doctrina christiana* findet sich die Wortbedeutung im Zeichen aufgehoben, welches sowohl den Laut (*sonus*) als auch die Bezeichnungsfunktion (*significatio*) umfasst. Augustin hat hier die aristotelische Zeichentheorie konsequent zu Ende gedacht. Wörter sind für ihn nicht →Symbole von Gedanken, sondern sie bringen die Dinge, die erkannt worden sind, im Geist zur Anschauung (*doctr. chr.* 2,1,1) (admonitive Funktion der Zeichen).

Die Erkenntnis der Gegenstände muss notwendig vorausgehen, um die Zeichen wiedererkennen und ihre B. fassen zu können (*mag.* 10,33). B. im Sinne des Wesensgehalts spricht Augustin den Wörtern ab. Der Gehalt der Dinge ist als sprachtranszendente Ideen nur dem göttlichen Geist immanent (*qu.* 46, 2; *div. qu.* 83).

Diese Bedeutungslehre, die den Wörtern keine gnoseologische Funktion zuweist, bildet den Hintergrund für die skeptische Grundhaltung der augustinischen Bibelhermeneutik, in der der Bibeltext grundsätzlich als vor der göttlichen Wahrheit stehend und allenfalls auf sie verweisend angesehen wird.

BIBLIOGRAPHIE: G. Bien, Art. Lekton, in: HWPh 5 (1980), 229–231. – G. Calboli, Art. Bedeutung, in: HWRh 1 (1992), 1372–1399. – M. Frede, The Stoic notion of a lekton, in: S. Everson (Hg.), Language, Cambridge 1994, 109–128. – R. Haller, Untersuchungen zum Bedeutungsproblem in der antiken und mittelalterlichen Philosophie, in: Archiv für Begriffsgeschichte 7 (1962), 57–119. – R.A. Marcus, Signs and meanings, Liverpool 1996. – K. Pollmann, Doctrina Christiana, Fribourg 1996. – A. Schubert, Untersuchungen zur stoischen Bedeutungslehre, Göttingen 1994.

Maria Becker

V. Literaturwissenschaftlich

In der Verwendung des Begriffs B. folgt die Literaturtheorie den Modellen der allgemeinen →Hermeneutik und der →Semiotik. Die Abgrenzung zum Begriff →Sinn ist literaturwissenschaftlich vielfältig: Die Literaturtheorie stützt sich gerne auf die Unterscheidung von G. Frege zwischen dem Gegenstand, auf den sich ein Name bezieht (B., Bsp. Planet Venus), und der individuell und kontextuell wandelbaren Vorstellung davon (→ Sinn, Bsp. Abend- und Morgenstern). Die sprachhistorische Entwicklung der beiden Wörter und entsprechend ihre Verwendung in der Literatur zeigt – bei aller Übereinstimmung in der allgemeinen B. – ein komplexeres Verhältnis.

Das Verbalabstraktum B. begegnet im Vergleich zum Verb ‚bedeuten' spät und seltener. B. bezeichnet sowohl den Vorgang des Auslegens und Deutens als auch das, worauf das Sinnenfällige hindeutet. Das mittelhochdeutsche Verb ‚*bediuten*' ist ein Grundbegriff der Bibel- und Naturexegese. So ‚*bediutet*' ein äußerliches Merkmal eines Menschen im ‚Buch der Natur' Konrads v. Megenberg jeweils eine bestimmte Charaktereigenschaft, d.h. es deutet darauf hin. Die lateinische Entsprechung dieser Verwendungsweise ist der Begriff *significatio*. Schon früh steht es als Fachbegriff für die Wortbedeutung: Wenn der Wortschall, das geschriebene oder fremdsprachige →Wort auf eine Vorstellung (‚*sententia, notio*') hinweist, so ‚*bediutet*' es etwas (Bibel: „mit der schrift bediuten", Rudolf v. E., *Barlaam*, V. 16026; Naturlehre: „diu schrift betiutet uns vür wâr", *Der Kanzler*, KLD 16,2,7; Fremdwort: „‚[...] waz daz wort bediute.'/ ‚proselîtes sint die liute/ die nâch der ê sint/ besniten'", Konrad v. Heimesfurt, *Urstende*, V. 711–714). Beim Beispiel des fremdsprachigen Wortes wird klar, dass hier ein aktiver Deutungsvorgang nötig ist, ein → Auslegen und →Übersetzen, das seine lateinische Entsprechung im Begriff ‚*interpretatio*' findet. Während im allgemeinen Sprachgebrauch für die Übersetzungsangabe noch lange auch gleichbedeutend ‚*daz ist*' verwendet werden kann, nutzt die reformierte Seite in den Abendmahlsauseinandersetzungen der Reformation den Umstand, dass das Verb ‚*bediuten*' den Abstand zwischen dem Sinnenfälligen und der Vorstellung dahinter hervorhebt („das brot, das ein bedütung ist des lychnams Christi", U. Zwingli, *Ein klare Unterrichtung vom Nachtmahl Christi*, CR 91, 794, 1 f.).

Das Verb ‚*bediuten*' kann auch für das typologische Hinweisen des AT auf das NT verwendet werden, wie dies der Lehrer gegenüber dem Schüler in der Enzyklopädie *Lucidarius* aus dem 12. Jh. tut („wurdent den von egipten alle erslagen *die* erste geborne. Daz betútet, daz vnser herre dez nahtes die helle brach", 84,4).

Seit dem Humanismus wird die soziale Konstruktion von B. stärker betont, indem einerseits die antike rhetorische Vorstellung der Geltung und des argumentativen Werts (*vis*) rezipiert und andererseits mit der Reformation die moralische Bibelexegese in die Hände der Gemeinschaft gegeben wird. Im 19. Jh. spielt der mit K. Marx und F. Engels bekannte G. Weerth auf eine solche regional geltende, sozial abgestützte B. der Bibel augenzwinkernd an (*Humoristische Skizzen*, Sämtliche Werke II, 403 f.). Gleichzeitig verbindet der protestantische Hausstand bei J. Gotthelf noch geistige B. als ‚tieferen Sinn der Welt' (also Gott) und weltliche B. im Sinne von sozialer ‚Relevanz, Tragweite' (*Geld und Geist*, SW VII, 358 und 362 f.; *Uli der Pächter*, SW XI, 7 f.). Solche B. als ‚Wahrheit und Wirklichkeit stiftende Macht' entspricht dem lateinischen Begriff *auctoritas*. R.M. Rilke spitzt das Verhältnis zwischen B. als ‚*significatio*' und als ‚*auctoritas*' zu, indem er in religionskritischer Weise die *auctoritas* Gottes gerade auf die Verweigerung einer eindeutigen *significatio* zurückführt (*Puppen*, SW VI, 1068).

BIBLIOGRAPHIE: G. Frege, Über Sinn und Bedeutung, in: Zeitschrift für Philosophie und philosophische Kritik 100 (1892), 25–50. – W.V. Harris, Hermeneutics, in: Ders., Literary meaning, Basingstoke/London 1996, 90–126. – F. Jannidis (Hg.), Regeln der Bedeutung, Berlin/New York 2003.

Ursula Kundert

VI. Textlinguistisch

B. resultiert aus dem Bezug einer wahrnehmbaren Zeichenform auf einen nicht unmittelbar wahrnehmbaren Inhalt. Jede sinnlich wahrnehmbare Größe trägt demnach B., sofern sie als →Zeichen genutzt oder verstanden wird. Da der Bezug von Zeichenausdruck und Zeicheninhalt komplex und vielfältig ist, wird B. sowohl in der →Semiotik als auch in benachbarten Wissenschaften in unterschiedlichster Weise reflektiert und modelliert. Linguistische Bedeutungsbegriffe gehen zunächst von Willkürlichkeit und Konventionalisierung der Ausdrucks-Inhalts-Beziehung des sprachlichen Zeichens aus. Insofern sind die meisten sprachlichen Zeichen arbiträre →Symbole. In der linguistischen →Semantik wird die B. des sprachlichen Zeichens unterschieden nach Denotation und Konnotation. Während mit Denotation die situationsunabhängige Systembedeutung bezeichnet wird, versteht man unter Konnotation die im Kontext der Äußerung jeweils aktualisierte Zusatzbedeutung. Die Denotation des Zeichens ist begrenzend für das Bedeutete, die Konnotation ergänzt die Systemsemantik um das im Sprachvollzug aktuell Gemeinte. Je nach sprachtheoretischer Position sind Bedeutungstheorien mehr oder weniger system- oder gebrauchsbezogen. Eine Beschränkung allein auf die Systembedeutung erfolgt in der Komponentialsemantik als Beschreibung semantischer Merkmale des Zeichens unabhängig von ihrer Verwendung. Demgegenüber betont L. Wittgenstein die Gebrauchsabhängigkeit sprachlicher Ausdrücke als semantischen Effekt von Sprachspielen. Zu unterscheiden sind zudem lexikalische bzw. Wortbedeutung und grammatische B., sowie die extensionale B. eines Ausdrucks als Gesamtheit der von ihm bezeichneten Referenten und intensionale B. als Gesamtheit der einzelnen semantischen Merkmale eines Ausdrucks.

B. beschränkt sich nicht auf Einzelzeichen, so dass in der Linguistik auch die Satzbedeutung als kompositionelles Resultat der lexikalischen Teilbedeutungen in Satzstrukturen beschrieben wird sowie Textbedeutungen erfasst werden. Für die Beschreibung von Textbedeutungen werden in der Linguistik mehrere Ebenen der Bedeutungskonstitution unterschieden: (a) die thematische Struktur als Hierarchisierung von Einzelaussagen zu komplexen Textaussagen, (b) die Konstruktion textueller Referenz als im →Text erfolgte Bezugnahme auf eine existierende oder fiktive Welt, (c) die Bedeutungsättigung eines Textes durch Wiederaufnahme gleicher und ähnlicher Bedeutungträger in sog. Isotopien, (d) die stilistisch motivierte Wahl bestimmter Bedeutungregister, (e) die Handlungsbedeutung eines Textes als intendierte Zwecke der Äußerung, (f) die Textsortenbedeutung als semantische Prägung eines Textes durch seine Musterhaftigkeit, (g) die aus →Zitaten, Verweisen, Anspielungen etc. resultierende intertextuelle B., (h) die interpretatorische B. als Aktualisierung unterschiedlicher Lesarten eines Textes in verschiedenen Zeiten und Kontexten, (i) die Diskursbedeutung als semantischer Effekt der Einrahmung von Äußerungen in Verhandlungen von Themen jenseits der Grenze des Einzeltextes.

Für die →Interpretation historischer Texte ist die Unterscheidung von fünf linguistischen Bedeutungstheorien hilfreich: (a) Rekonstruktion historischer B.en als Beschreibung einer *history of cultures* (G. Matoré), (b) strukturalistische Erfassung von Wortfeldern in Texten (J. Trier), (c) Analyse der kulturabhängigen Prototypik sprachlicher Ausdrücke (D. Geeraerts), (d) Erfassung der Textbedeutung als Einbettung in Diskurse und epistemische Bedingungen der Semantik (D. Busse), (e) historische Pragmatik als Analyse historischer Kontextualisierungen sprachlicher Elemente (G. Fritz).

BIBLIOGRAPHIE: D. Busse, Historische Semantik, Stuttgart 1987. – E. Coseriu, Bedeutung, Bezeichnung und sprachliche Kategorien, in: Sprachwissenschaft 12 (1987), 1–23. – G. Fritz (Hg.), Untersuchungen zur semantischen Entwicklungsgeschichte der Modalverben, Tübingen 1997. – D. Geeraerts, Diachronic prototype semantics, Oxford 1997. – G. Matoré, Le vocabulaire et la société médiévale, Paris 1985. – C.K. Ogden/I. Richards, The meaning of meaning, London 1923.– J. Trier, Der deutsche Wortschatz im Sinnbezirk des Verstandes, Heidelberg 1931.

Ingo H. Warnke

VII. Philosophisch

‚B.' (engl. *meaning*, frz. *signification*, *sens*) ist mehrdeutig. G. Frege hat in *Über Sinn und Bedeutung* (1892) die Begriffe →‚Sinn' und ‚B.' scharf getrennt: der singuläre Terminus ‚Aristoteles' bezeichnet den Philosophen aus Stagira, der Sinn des Terminus kann z.B. durch die Kennzeichnung ‚der Verfasser der Nikomachischen Ethik' ausgedrückt werden. Frege hat damit eine Unterscheidung getroffen, die in der →Semantik bis heute leitend geblieben ist. Auch Husserl hat in den *Logischen Untersuchungen* (1900/01) von der Bewusstseinsphilosophie aus den Bedeutungsbegriff im Zusammenhang mit der Rede von intentionalen Erlebnissen entfaltet; er unterscheidet zwischen Bedeutungsintention und Bedeutungserfüllung. Berühmt ist B. Russells *On denoting* (1905), worin Russell durch fiktive Namen zeigt, dass Eigennamen verkappte Kennzeichnungen sind und deshalb eliminiert werden können. Allerdings wird damit dem deiktischen Element von singulären Termini nicht Rechnung getragen, wie P.F. Strawson in seinem *On referring* (1950) nachgewiesen hat. Im Wiener Kreis um M. Schlick wurde versucht, den Begriff der B. mit der → Methode der Verifikation gleichzusetzen; nur Sätze, die einem strengen Kriterium der Verifikation unterworfen sind, würden danach als wissenschaftlich bedeutsam und sinnvoll betrachtet.

Um Schwierigkeiten der Fregeschen Unterscheidung von Sinn und B. zu vermeiden, spricht R. Carnap in *Meaning and Necessity* (1947) von der Extension und Intension eines sprachlichen Zeichens; die Extension ist der bezeichnete Gegenstand, die Intension meint eine Eigenschaft oder Proposition. Quine unterscheidet zwischen Referenz und B. (*meaning*) eines Ausdrucks und versucht die B. behavioristisch als Reizbedeutung zu rekonstruieren. Diese Versuche führten zur These von der Unbestimmtheit der Übersetzung in *Word and Object* (1960), welche nachzuweisen versucht, dass die Rede von der Bedeutungsgleichheit von sprachlichen Ausdrücken letztlich nichtssagend, weil zirkelhaft ist. G. Evans (1973) zeigt, dass jeweils mit einer Angabe der Referenz ein Sinn als Hinsicht, unter der ein Gegenstand gemeint ist, verbunden ist, der die Art und Weise der Bezeichnung ausdrückt.

Je nach der grammatikalischen bzw. syntaktischen Kategorie lässt sich die B. eines sprachlichen Zeichens bestimmen. Seit K. Donnellans (1966) und S. Kripkes (1971) Arbeiten ist die Frage nach der B. von Kennzeichnungen (der-so-und-so) und Demonstrativausdrücken intensiv diskutiert worden, aber auch die Frage nach leeren singulären Termini, die insbesondere in fiktiven Texten der Literatur vorkommen.

Sprachliche B.en müssen nicht als platonische Entitäten verstanden werden; vielmehr lassen sie sich im Sinne L. Wittgensteins auf Regeln des Gebrauchs zurückführen. Die Arbeiten von G. Ryle, J. Austin und J. Searle haben diese Ansätze in verschiedener Hinsicht präzisiert.

Durch die Entwicklung der Aussagen- und Prädikatenlogik und der Modallogik ist es möglich geworden, auch für formale Sprachen Bedeutungstheorien zu entwickeln. Eine wesentliche Voraussetzung ist die Unterscheidung von Sprachstufen – also zwischen Objekt- und Metasprachen. Fehlt diese Unterscheidung, so führt dies zu semantischen

Widersprüchen (Antinomien). A. Tarski hat (1936) eine widerspruchsfreie Semantik für formale Sprachen entwickelt. D. Davidson hat (1967) diese auf die Umgangssprache anzuwenden versucht.

BIBLIOGRAPHIE: R. Carnap, Meaning and necessity, Chicago [2]1956. – D. Davidson, Truth and meaning, in: Synthese 17 (1967), 304–327. – G. Frege, Kleine Schriften, hg. v. I. Angelelli, Darmstadt 1967. – H. Ineichen, Einstellungssätze, München 1987. – S.A. Kripke, Naming and necessity, in: D. Davidson/G. Harmann (Hgg.), Semantics of natural language, Dordrecht 1972. – W.V.O. Quine, Word and object, Cambridge 1960. – B. Russell, Logic and knowledge, hg. v. R.C. Marsh, London 1956. – P.F. Strawson, On referring, in: Mind 59 (1950), 320–344. – A. Tarski, The semantic conception of truth and the foundation of semantics, in: Philosophical and Phenomenological Research 4 (1944), 341–375. – L. Wittgenstein, Schriften, Frankfurt a. M. 1960 ff.

Hans Ineichen

Befreiungstheologie

→Kontextuelle Bibelhermeneutiken

Begriff/Begriffsgeschichte

B.e sind „Wissenseinheiten“ (T. Lewandowski) und umfassen den *semantischen Gehalt* eines einzelnen Lexems oder auch mehrerer Lexeme, während die morphologisch-phonetische Dimension v. a. unter dem Wortaspekt beschrieben wird. Diese linguistische Unterscheidung wird in den Bibelwissenschaften allerdings nicht deutlich durchgehalten, so dass klare Abgrenzungen zwischen →Wort und B. kaum möglich sind. Grundsätzlich stellt sich die Frage, in welcher Weise es das AT und das NT mit B.en zu tun haben. Generell werden B.e nach dem Rang ihres theologischen Gehalts gefunden sowie auf diachroner und synchroner Ebene beschrieben.

Die Begriffsgeschichte untersucht einzelne Vokabeln in Blick auf ihre Herkunft (Etymologie), ihr mögliches Bedeutungsspektrum in zeitlich und situativ verschiedenen Kontexten sowie die konkrete Anwendung in biblischen Texten und steht in konzeptioneller Nähe zur Motivgeschichte. Im Unterschied zur Begriffsforschung ist die Motivkritik weiter gefasst und untersucht die betreffenden Themenfelder als ganze. Beide Methodenschritte gehen ineinander über und werden zusammengefasst auch als Traditionsgeschichte bezeichnet. Für die Begriffsgeschichte stehen neben allgemeinsprachlichen Hilfsmitteln umfangreiche theologische Wörterbücher zum AT und NT zur Verfügung.

Das etablierte Verfahren der Bedeutungserschließung eines →Textes über seine B.e ist hermeneutisch umstritten: Zum einen wird angefragt, ob der semantische Gehalt, wie er im Vergleich mit anderen Textstellen gewonnen wird und in Wörterbüchern aufgelistet ist, in den betreffenden →Kontext wirklich äquivalent eingesetzt werden kann (J. Barr). Zum anderen wird kritisiert, dass die Fokussierung auf isolierte B.e die Satz- und Textsemantik zu sehr außer Acht lässt. Insbesondere narratologische und diskursanalytische Interpretamente stehen daher der Begriffsgeschichte als alternative und konkurrierende →Methoden gegenüber.

B.e werden zur Strukturierung, Klassifizierung und Systematisierung disziplinrelevanter Themen und Fachgebiete verwendet. Anhand *bibelimmanenter B.e* wie Leib, Geist, Sünde formiert R. Bultmann seine Konstruktion paulinischer Anthropologie. Ein Beispiel für *bibelexterne Begriffsverwendung* ist das vorliegende Lexikon, das den Bibeldiskurs v. a. anhand sprach- und theologiehermeneutischer B.e ordnet und darstellt. Die methodologische Diskussion, ob anhand von B.en Bibeltexte eher *ausgelegt oder verfremdet* werden, führt den mittelalterlichen Realienstreit gegenwärtig auch in den Bibelwissenschaften fort.

BIBLIOGRAPHIE: Theologisches Wörterbuch zum Alten Testament (ThWAT), hg. v. G.J. Botterweck et al., 10 Bde., Stuttgart 1973–2000. – Theologisches Wörterbuch zum Neuen Testament (ThWNT), hg. v. G. Kittel et al., 10 Bde., Stuttgart 1933–1979. – Archiv für Begriffsgeschichte, begr. v. E. Rothacker, Bonn 1975 ff.

J. Barr, Bibelexegese und moderne Semantik, München 1965. – H.U. Gumbrecht, Dimensionen und Grenzen der Begriffsgeschichte, München 2006. – T. Lewandowski, Linguistisches Wörterbuch I, Heidelberg/Wiesbaden [6]1994, 165–169. – J.

Schröter, Zum gegenwärtigen Stand der neutestamentlichen Wissenschaft, in: NTS 46 (2000), 262–282.

Stefan Scholz

Beispiel →Paradigma

Bibel

Einführung

Der Terminus ‚B.' wird als Bezeichnung für verschiedene Fassungen der kanonischen heiligen Schriften des Judentums und des Christentums verwendet, die sich in Umfang, Aufbau und Sprache unterscheiden. Die Herkunft von βιβλία, ‚Bücher', suggeriert eine Pluralität, also eine Sammlung von mehreren Büchern, die als →heilige Schriften miteinander assoziiert wurden. Nach der Einführung des Codex, die es im 4. Jh. n. Chr. ermöglichte, alle diese Bücher in einem einzigen Band unterzubringen, wurde der Terminus aber – zunächst in europäischen Sprachen und dann weltweit – im Singular als Benennung des →Kanons der jeweiligen Glaubensgemeinschaften verwendet. Mit ‚B.' wird daher die Gesamtheit der Schriften bezeichnet, denen vom Judentum für das AT und von den christlichen Kirchen für das AT und das NT eine göttliche →Offenbarung zuerkannt wird. Tradiert wird die B. als Gesamtheit (als Voll- oder Gesamtbibel) oder in größeren bzw. kleineren Einheiten (als AT, NT bzw. als Pentateuch, Psalter, Evangeliar, Epistelsammlung, oder als Einzeltext). Wegen der inhaltlichen Einheit im Hinblick auf die göttliche Offenbarung bringt der Begriff ‚B.' diese Ganzheit als ‚Makro-Text' zum Ausdruck.

BIBLIOGRAPHIE: U. Schnelle et al., Art. Bibel, in: RGG^4 1 (1998), 1407–1446.

James Alfred Loader

I. Alttestamentlich

Die atl. Wissenschaft unterscheidet zwischen zwei Bibel-Begriffen: (1) der jüdischen Bibel, (2) der christlichen Bibel, deren erster Teilkanon den Gegenstandsbereich der atl. Wissenschaft bildet.

Der zur Zeit des Zweiten Tempels übliche Terminus für ‚B.', *miqra*, kommt mit einer vergleichbaren Bedeutung nur einmal im hebräischen AT vor. In Neh 8,8 bedeutet das Wort ‚das Gelesene', mit Verweis auf die Schriftrolle der →Tora, also den Pentateuch als Grundbestand der Bücher, die später den hebräischen →Kanon bildeten. Daher ist die →Heilige Schrift (*sefer*) gemeint (→Schrift/Schriftprinzip), auf die oft in den Büchern Esra und Neh Bezug genommen wird (→Buch).

Die jüdische B. existierte in der Antike in zwei sprachlichen Versionen: hebräische B. (Tanach) und griechische B. (Septuaginta). Die Septuaginta enthält gegenüber dem hebräischen Kanon zusätzliche Schriften. Sie war die einzige Bibel der frühen Kirche sowie der erste Teil des späteren christlichen Kanons; sie ist in den orthodoxen Kirchen, der römisch-katholischen Kirche und den protestantischen Kirchen in unterschiedlichem Umfang als von Gott gegebene Offenbarung überliefert worden. Ihr Verhältnis zum (viel kleineren) zweiten Teil des christlichen Kanons wird mit Anknüpfung an den Bundesgedanken als ‚alt' gegenüber ‚neu' verstanden (→AT, →Bund) und mit verschiedenen hermeneutischen Zugängen (→Gesetz und Evangelium, →Allegorese) als klassische Verstehensbasis für das Wirken Jesu und die frühkirchliche Verkündigung gedeutet (→Auslegung).

Für die wissenschaftliche →Exegese der B. als →Text wird das Recht einer vielseitigen Zugangsweise seit dem ausgehenden 20. Jh. immer mehr behauptet (→Methode[n]). Im Bereich der biblischen Theologie haben Versuche, zu einer gesamtbiblischen Theologie des AT und des NT zu kommen, besonders unter Einfluss von Tendenzen aus dem angloamerikanischen Bereich, zugenommen.

BIBLIOGRAPHIE: B.S. Childs, Die Theologie der einen Bibel, 2 Bde., Freiburg u.a. 1994–1996. – C. Dohmen/G. Stemberger, Hermeneutik der Jüdischen Bibel und des Alten Testaments, Stuttgart 1996. – F.-L. Hossfeld (Hg.), Wieviel Systematik erlaubt die Schrift?, Freiburg u.a. 2001. – B. Lang, Die Bibel, Paderborn 1990. – T. Söding, Mehr als ein Buch, Freiburg i. Br. 1995. – Ders., Einheit der Heiligen Schrift?, Freiburg i. Br. 2005.

James Alfred Loader

II. Neutestamentlich

Der Terminus βιβλίον begegnet mehrmals im NT. Er bezieht sich immer auf ein bestimmtes Schreiben, an den wichtigsten Stellen auf ein →Buch, besser eine Schriftrolle: auf eine der Torarollen (Gal 3,10: das ‚Buch des Gesetzes', d. h. Dtn; das ‚Buch des Bundes': Hebr 9,19, vgl. Hebr 10,7 f., wo Ps 40,8 f. zitiert wird), auf die Schriftrolle eines Propheten (Lk 4,17. 20) oder eine apokalyptische Rolle (Offb 1,11; 5,1–9; 10,8; 22,7.9 f. 18 f.), auf Joh (Joh 20,30) oder das ‚Buch des Lebens' (Offb 13,8; 17,8; 20,12; 21,27).

Im NT bezieht sich βιβλίον nie auf das, was heute mit ‚B.' bezeichnet wird, ebensowenig auf die Hebräische B. oder die →Septuaginta als Ganze. Streng genommen existierte keine ‚B.' im Sinne eines einzigen Bandes, der eine Reihe heiliger Schriften enthielt, sondern nur βιβλία, d. h. einzelne Schriftrollen. Zugleich wurde die häufig verwendete Bezeichnung ‚Gesetz/→Tora' für die fünf Bücher Mose, den Pentateuch, in seiner Gesamtheit benutzt. Der Terminus ‚Die Propheten' bezog sich dementsprechend schon in ntl. Zeit auf die Gesamtheit (fast) aller →prophetischen Schriften, die heute Teil des AT sind. Der Inhalt des übrigen Corpus, das heute als Hebräische B./AT bezeichnet wird, war noch fließend, wobei Ps und Spr bereits fest etabliert waren und häufig benutzt wurden. Der Begriff →‚Heilige Schriften' (Röm 1,2; so schon bei dem alexandrinischen Juden Philo) bezog sich auf die meisten der nachfolgenden dem atl. Kanon zugehörigen Schriften. Schließlich verwies der allgemein verwendete Terminus →‚Schrift' (z. B. Joh 20,9; Apg 8,32; Gal 3,8; 1 Petr 2,6) bereits auf die Autorität, die diesen Büchern zuerkannt wurde.

Die Tatsache, dass der Kanonisierungsprozess des AT zur Zeit Jesu noch nicht abgeschlossen war, impliziert eine Offenheit für die mögliche Abfassung weiterer als inspiriert verstandener Schriften. Das Buch Daniel, das wahrscheinlich vor der Mitte des 2. Jh.s v. Chr. geschrieben wurde, war bereits sehr einflussreich geworden. Obwohl weitere →apokalyptische Schriften entstanden, erlangte aber nur noch Dan weithin einen kanonischen Status. Die Erweiterung mehrerer Bücher der Hebräischen B. in der Septuaginta zeigt, dass die Grenzen um die heiligen Schriften noch fließend waren. In der Qumranbibliothek wurden weitere Psalmen zu der bereits etablierten Sammlung hinzugefügt. Es war also keineswegs ausgeschlossen, neue Bücher zu ‚der (sich herauskristallisierenden) B.' hinzuzunehmen.

Wie die Mitglieder der Qumran-Gemeinschaft glaubten die Verfasser der ntl. Texte, dass ihnen die letztgültige →Interpretation der (atl.) Schriften oblag. Dies wird besonders in der matthäischen Formel ‚damit erfüllt würde, was durch den Propheten gesagt ist' (Mt 1,22; 2,15.23; 4,14; 8,17; 12,17 usw.) sowie im paulinischen ‚wie geschrieben steht' (Röm 1,17; 2,24; 3,4, 10; 4,17; 8,36; 9,13.33 usw.) deutlich, gilt jedoch fast durchweg für alle ntl. Schriften. Die zentrale Rolle der Wendung ‚nach der Schrift' in einer der ältesten christlichen Glaubensformeln (1 Kor 15,3 f.) weist darauf hin, wie fundamental wichtig der Anspruch, das →Evangelium sei die Erfüllung der in der Schrift verkörperten Offenbarung, für das christliche Selbstverständnis war. Die frühen Christen waren überzeugt, dass ihnen in Jesus Christus, in seiner Verkündigung und Lehre, seinem Tod und seiner Auferstehung, der Schlüssel für das →Verstehen der Hebräischen B./der Septuaginta und ihrer Geheimnisse gegeben war. Diese Haltung wird in 2 Kor 3,12–18 am deutlichsten: Ein Schleier vor dem Angesicht Israels hinderte die Mitglieder des alten →Bundes daran, zu erkennen, dass er der Vergangenheit angehörte. Nur in Christus, in der Hinwendung zum Herrn, konnte der Schleier abgelegt werden.

Das Bewusstsein von →Erfüllung und Vollendung eröffnete den ntl. Verfassern auch die Möglichkeit, sich selbst als Teil dieses einen Ganzen, also der ‚B.', zu betrachten. Es gibt zwar keine Hinweise darauf, dass die einzelnen Autoren – Paulus, Matthäus, Lukas u. a. – sich als Verfasser heiliger Schriften verstanden. Aber sehr bald wurden ihre Schriften als maßgebliche Darstellung der Sendung Jesu und ihrer Bedeutung für die, die an Jesus als den Messias glaubten, verstanden. Dies schloss Jesu Bedeutung für die Interpretation der Hebräischen B. bzw. der →Septuaginta mit ein. Es überrascht daher kaum, dass diese Schriften im Laufe der Zeit selbst als ‚die Schrift' betrachtet (so schon 2 Petr 3,16 in Rekurs auf die Paulusbriefe) und ein Teil der (christlichen) B. wurden.

BIBLIOGRAPHIE: J. Barton/M. Wolter (Hgg.), Die Einheit der Schrift und die Vielfalt des Kanons, Berlin 2003. – J.D.G. Dunn, Unity and diversity in the New Testament, London 1977. ^{3}2006. – M.J. Gorman (Hg.), Scripture, Peabody 2005. – J. Trebolle Barrera, The Jewish Bible and the Christian Bible, Leiden ^{2}2007.

James D.G. Dunn

III. Kirchengeschichtlich

Die gesammelten und später zum →Kanon gewordenen Schriften des AT und NT sind als Gesamtsammlung wie als Teilsammlungen oder als Einzelschriften oder Paraphrasen in vielfacher Hinsicht für die verschiedenen christlichen Gruppen und ihre Geschichte bedeutsam geworden. Das gilt für die verschiedenen Sprachen, in denen, abhängig von missions- und kulturgeschichtlichen Faktoren, mehr oder weniger schnell Bibelübersetzungen angefertigt wurden, die zuerst einer steten Revision ausgesetzt waren, bevor sie dann selbst zum Teil einen semikanonischen Rang erhielten, da sie für die gottesdienstliche Sprache der →Liturgie bestimmend wurden. Texte der B. liegen ebenso der →Predigt zu Grunde und werden so für die Gemeinden im Bereich der Mission wie der Lehre und des Ethos wirksam, entfalten aber eine intensivierte Wirkung seit altapologetischer Zeit bei der eigentlich theologischen Arbeit, die vom Traktat im Sinne einer kommentierenden Bibelauslegung zum dogmatischen Traktat führt. Dabei entstehen verschiedene Handlungsfelder durch unterschiedliches Textverständnis, Auslegungsmethoden und Auslegungsinteressen, die wiederum in einem komplizierten Verhältnis zu philosophischen, religiösen und sprachlichen Vorlieben stehen, das nicht unabhängig von den ästhetischen, geistigen und politisch-sozialen Strömungen der Zeit gedacht werden kann.

Als große Erzählung oder Meistererzählung hat die B. selbst und ihre komplexe → Auslegungsgeschichte die nationalen Sprachen mitgestaltet und in den Literaturen und besonders in der bildenden Kunst tiefe Spuren nicht nur im kirchlichen oder religiösen Bereich hinterlassen. Sie wird so zu einer bedeutsamen Konstituente der europäischen und der von ihr geprägten heutigen globalen Kultur und der von ihr beeinflussten Mentalitäten. Andernorts hat sie natürlich auch seit der Antike (z.B. Kelsos) Kritik erfahren als verfälschte und daher der Ergänzung bedürftige Offenbarungsurkunde (so auch im Islam), seit der Frühneuzeit zudem in grundsätzlicher historischer und philosophischer Hinsicht, die teilweise aus theologischen Fragestellungen selbst hervorgeht (biblische Einleitungswissenschaften), teilweise, v.a. – was ethische Probleme angeht, aber auch im Bereich der Erweiterung des historischen Wissens, zumal in allen christlichen Gruppen in Bezug auf die biblischen Schriften ein inzwischen obsolet gewordener tatsachenorientierter Geschichtsbegriff dominiert – aus christentumskritischen Kreisen kommt.

BIBLIOGRAPHIE: U. Schnelle et al., Art. Bibel, in: RGG^{4} 1 (1988), 1407–1446. – O. Wischmeyer/S. Scholz (Hgg.), Die Bibel als Text, Tübingen/Basel 2008.

Wolfgang Wischmeyer

Im Anschluss an M. Luthers Neuentdeckung der B. als Grundlage des christlichen Lebens errichtet die lutherische Orthodoxie ein theologisches Lehrgebäude mit der B. als *sacra scriptura* im Mittelpunkt und untermauert deren Autorität mit der Lehre von der Verbalinspiration. Zum Beweis dafür, dass die kirchliche Lehre in ihren dogmatischen Aussagen mit der B. übereinstimmt, werden einzelne Schriftstellen herangezogen. Gegen dieses in Dogmen erstarrende Luthertum, das der Lehre den Vorrang gibt, richtet sich die im Pietismus entstehende Bibelbewegung. Ihr Ziel ist es, ‚das Wort Gottes reichlicher unter die Leute zu bringen' (P. Spener), was mit Hilfe einer neuen Drucktechnik gefördert wird, die durch die Anwendung des Stehsatzes eine schnellere, umfassendere und gesichertere Verbreitung des Bibeltextes ermöglicht. Darüber hinaus entstehen die ersten Bibelgesellschaften, die es sich zur Aufgabe machen, preiswerte Bibelausgaben für jedermann zu drucken und zu verbreiten. So gelangt die B. von den Kirchen in die Wohnzimmer und wird zum Haus- und Gebrauchsbuch für das alltägliche Leben der Christen.

Wie man die Bibeltexte im Einzelnen zu verstehen hat, darüber gibt es unterschiedliche Auffassungen, die von der Ehrfurcht vor dem Text, gleichwohl verbunden mit dessen wissenschaftlicher Erforschung, bis hin zu einem wiederum die Verbalinspiration voraussetzenden Biblizismus reichen. Letzteren stellt die Bibelkritik der Aufklärung in Frage. Die B. wird nun, ohne Rücksicht auf kirchliche und dogmatische Interessen, als von Menschenhand geschrieben angesehen und somit allmählich zu einem Gegenstand historisch-kritischer Forschung, zu deren ersten Instrumenten die seit alters betriebene Textkritik gehört.

Um die Mitte des 19. Jh.s vollzieht die Erweckungsbewegung eine Rückkehr zum Biblizismus, der nun von einer lebendigen Bibelfrömmigkeit mit missionarischer Ausrichtung geprägt ist. Zahlreiche Bibel- und Missionsgesellschaften werden gegründet. Gleichzeitig werden die →Methoden der kritischen Bibelwissenschaft immer weiter verfeinert und münden schließlich in die historisch-kritische Bibelauslegung des 20. Jh.s. So besteht Interesse an der B. auf beiden Seiten, und dies auch in den Fragen des alltäglichen Lebens. Man fragt danach, was die B. angesichts des gesellschaftlichen und naturwissenschaftlichen Fortschritts zu sagen hat, z. B. über die Schöpfung. Und schon damals führt der Streit zwischen Kreationisten und Evolutionisten zu der heute neu entbrannten Frage, wie es um die Autorität der B. steht.

Auch in der katholischen Kirche ist ein zunehmendes Interesse an der B. zu beobachten. Aber erst das Zweite Vatikanische Konzil lädt zu „häufiger Lesung der Heiligen Schrift“ (*Dei Verbum*, 25) ein und fordert: „Der Zugang zur Heiligen Schrift muß für die Christgläubigen weit offen stehen mit Vorrang aus dem Urtext“ (*Dei Verbum*, 22). Seither lesen Christen der verschiedenen Konfessionen zunehmend gemeinsam Texte der B. Sie ‚richtig‘ zu verstehen, dafür wird heute verstärkt nach neuen Zugängen und Methoden gesucht, die die Kluft zwischen dem historischen Sinn der B. und ihrer Bedeutung für die gegenwärtige Situation überbrücken helfen. Eine Tendenz geht in die Richtung, sich an der vorliegenden Endgestalt zu orientieren und die einzelnen biblischen Bücher in ihrer kanonisch gewordenen Größe zu begreifen. Eine andere möchte das befreiende Potential biblischer Texte in heutigen Situationen der Unterdrückung und Benachteiligung zur Geltung bringen. Aber auch vorkritische Methoden wie z. B. die Lehre vom mehrfachen → Schriftsinn werden wieder aufgenommen, um neu den Zugang zum →Buch der Bücher zu finden.

BIBLIOGRAPHIE: K. Aland (Hg.), Pietismus und Bibel, Witten 1970. – S. Alkier/R.B. Hays (Hgg.), Die Bibel im Dialog der Schriften, Tübingen/Basel 2005. – H. Karpp, Art. Bibel, in: TRE 6 (1980), 77–93. – Ders., Schrift, Geist und Wort Gottes, Darmstadt 1992. – O. Wischmeyer, Hermeneutik des Neuen Testaments, Tübingen/Basel 2004.

Michael Welte

V. Systematisch-theologisch

Im Christentum stellt die B. das fundamentale Zeichensystem bereit, in dem das Gottes-, Welt- und Selbstverständnis des christlichen →Glaubens zum Ausdruck gebracht wird und in dem sich das Leben des christlichen Glaubens vollzieht. Alle Vollzüge des →Gottesdienstes werden durch den Gebrauch der B. geprägt und legitimiert. Zentrales Element des Abendmahles ist die Rezitation des Berichts von der Einsetzung des Abendmahls mitsamt der Aufforderung, es zu wiederholen, und dies begründet die bleibende Lebensgemeinschaft der christlichen Gemeinschaft mit dem gekreuzigten, auferweckten und erhöhten Herrn. Die Verkündigung bezeugt als →Auslegung biblischer Texte ihren Wahrheits- und Geltungsanspruch. Das gottesdienstliche Gebet vollzieht sich orientiert am Nachsprechen des atl. Psalters als Dank, Bitte, Lobpreis und Klage. Im gottesdienstlichen Gebrauch der B. wird der ursprüngliche ‚Sitz im Leben‘ der Texte – vermittelt durch den ‚Ort im Kanon‘ – zu einem neuen ‚Sitz im gottesdienstlichen Leben‘ der Kirche transformiert.

Der Gebrauch der B. in der christlichen Lehre in allen ihren Formen – von der Katechese der Katechumenen bis zur theologischen Summa – baut auf der Schriftauslegung auf. Dem liegt der Anspruch zugrunde, dass die im Entdeckungszusammenhang der biblischen Traditionen aufgenommenen materialen Gehalte der christlichen Lehre im Explikationszusammenhang der Vernunft begründungsfähig sind. Die Auseinandersetzung zwischen rechter Lehre und Irrlehre vollzieht sich deswegen im Medium der Schriftauslegung. Die christliche Glaubensgemeinschaft ist konstitutiv →Interpretationsgemeinschaft der biblischen →Traditionen im Zusammenhang ihres gottesdienstlichen Lebens. Die Frage nach der Autorität der Leitung in der christlichen Kirche ist darum stets eine Frage nach der Autorität der Auslegung der biblischen Schriften. Die Forderung der Reformation, dass alle Lehre der Kirche allein an der B. als ‚Regel und Richtschnur' auszurichten sei, und ihre Lehre vom allgemeinen Priestertum der Gläubigen bedingen sich gegenseitig. In der Folgezeit wurde das in den protestantischen Frömmigkeitsbewegungen (z. B. im Pietismus) so verstanden, dass die einzelnen Bibelleser, z. T. auch ohne Rückbindung an die Kirche, in der privaten Bibellektüre Wahrheitsgewissheit und Handlungsorientierung gewinnen können. Die private Bibellektüre ist insofern ein Medium der Individualisierung und Pluralisierung der Wirklichkeitsdeutung in der Moderne. Die B. prägt auch das christliche Ethos. Güter, Pflichten und Tugenden werden durch den Rückgriff auf biblische →Überlieferungen so spezifiziert, dass die Einübung in das christliche Ethos durch Bibelinterpretation und -applikation geschieht.

Die zentrale Stellung der B. in ihren unterschiedlichen Verwendungsweisen im Christentum, die es von anderen Religionen unterscheidet, ist durch die Erschließungserfahrung geprägt, die Grund und Gegenstand des christlichen Glaubens ist. Die Erscheinung des auferweckten Gekreuzigten bestätigt das Lebenszeugnis Jesu von Nazareth vom gegenwärtigen Kommen der Gottesherrschaft, das ihn im Gehorsam gegenüber seiner Sendung in den Kreuzestod führt. Dadurch wird die Geschichte der Gotteserfahrungen Israels als Geschichte Gottes mit seinem Volk bewahrheitet, die in der Geschichte Jesu ihre letztgültige Pointe erhält. Jesus wird als der inkarnierte Gottessohn offenbar, der in ewiger Gemeinschaft mit Gott dem Vater lebt und durch den Geist Menschen im Glauben in diese Gemeinschaft beruft. Die Ostererfahrung ermöglicht die Produktion der ntl. Schriften und die →Rezeption der atl. Schriften. Die Unwiederholbarkeit der →Offenbarung Gottes in Israel und in Jesus von Nazareth begründet, dass sie nur bezeugt werden kann. Ihre bleibende Unverfügbarkeit bedingt, dass dieses Zeugnis von Gott selbst im Wirken seines Geistes zum Medium seiner Selbstvergegenwärtigung in Wort und Sakrament gemacht wird. Der Zeugnischarakter der biblischen Traditionen liegt den unterschiedlichen Gebrauchsweisen der B. zugrunde und begründet, warum die B. nach dem Verständnis des christlichen Glaubens in ihrem Gebrauch als Schrift zum Werkzeug der Selbstvergegenwärtigung des dreieinigen Gottes werden kann, zum lebendigen →Wort Gottes.

BIBLIOGRAPHIE: E. Herms, Erneuerung durch die Bibel, in: Ders., Kirche für die Welt, Tübingen 1995, 318–348. – B. Janowski, Kanonhermeneutik, Neukirchen-Vluyn 2007. – U.H.J. Körtner, Theologie des Wortes Gottes, Göttingen 2001. – C. Schwöbel, Art. Bibel IV., in: RGG[4] 1 (1998), 1426–1432. – F. Watson, Text, church and world, Grand Rapids 1994. – J. Webster, Holy Scripture, Cambridge 2003.

Christoph Schwöbel

VI. Judaistisch

Der christlichen B. des AT entspricht jüdisch eine Sammlung von 24 Schriften in drei, nach Autoritätsgrad abgestuften Teilen: →Tora, Propheten und Schriften (→Kanon), der sog. Tanach, auch als *kitve ha-qodesh* (→‚Heilige Schriften'), *miqra* (Lese-Schrift), *ketav* (Schrift) oder als *talmud* (‚Lehre') bezeichnet. Zitierend werden auch *katuv* (geschrieben; Geschriebenes/Schrift) und *ne'emar* (‚es wurde gesagt', ‚es heißt') gebraucht. Als absolut verbindliche, direkte Offenbarung gilt jedoch nur die gesetzliche Offenbarung, die schriftliche und mündliche Tora, doch verwies man zur Untermauerung eines Sachverhalts auch auf Stellen in Propheten und Schriften.

Der Islam hat den Bibeltext nicht übernommen, doch Wertung und Textpflege des

→Koran beeinflussten die jüdische Seite beträchtlich, und das biblische Hebräisch erhielt analog zum Arabischen des Koran ‚klassische' Qualität. Die Rabbinen wetteiferten zugleich mit den oppositionellen Karäern, die der biblischen Überlieferung allein Offenbarungsautorität zuerkannten, auf den Gebieten der Textüberlieferung (*Masora*), Sprachpflege und →Exegese und betonten den Zusammenhang von schriftlicher und mündlicher Tora. Im Verhältnis zum Christentum sah man eine gewisse Gemeinsamkeit in Bezug auf den Text der B. Die ‚*Biblia Rabbinica*', 1524–1525 in Venedig durch den Christen D. Bomberg gedruckt, wurde zum Vorbild für viele Drucke von *miqra'ot gedolot*, sog. Rabbinerbibeln. Sie enthalten den masoretischen Text mit den Targumim und den wichtigsten →Kommentaren und begründete so einen christlich-jüdischen ‚*Textus receptus*'.

In der Auseinandersetzung mit der christlichen Bibelauslegung gewann der Bezug auf den *Tanach* an Bedeutung; der einsichtige, einfache →Schriftsinn wurde der allegorisierenden und christozentrischen christlichen Ausdeutung des AT gezielt gegenübergestellt, der Bezug auf weitere Schriftsinne vermieden, und die Unaufhebbarkeit der Tora betont. Der religiöse und kulturelle Stellenwert des Tanach glich sich dem der B. im Christentum mehr und mehr an.

Der Tanach hat seit dem Mittelalter auch theologisch-spekulativ an Bedeutung gewonnen. Die Kabbala verbindet mit Sprache und Text des Tanach in Anknüpfung an die traditionelle Toratheologie (Tora als Schöpfungsmittel und Weltordnung) kosmogone Funktionen, und zwar bis in Details von Schrift und Aussprache.

Die modernen jüdischen Richtungen gaben die traditionelle Exegese und Toratheologie preis und sahen in der B. v.a. ein kulturgeschichtliches Dokument und die Basis der jüdischen Ethik. Der Akzent rückte dabei auf die Propheten als die Vertreter eines universalen Sittengesetzes und innerhalb des Pentateuchs auf den Dekalog. Heute ist oft von einer ‚gemeinsamen B.' die Rede, und die Differenz im traditionellen Bibelverständnis macht auf dem Boden der modernen Bibelwissenschaft einem religiös neutralen Konsens Platz. Der Akzent verlagerte sich auch dabei von der Tora auf die (modern interpretierten) Propheten, während traditionsverbundene Richtungen weiter Gewicht und Vorrang der (schriftlichen und mündlichen) Tora betonen.

Im säkularisierten Nationalismus (Zionismus) ergab sich ein intensives Interesse an Geschichte und Archäologie der biblischen Zeit und damit auch an moderner Bibelwissenschaft. Die B. wurde zum Instrument nationaler Selbstfindung und Erziehung. V.a. strich man die Verbindung der B. mit dem Land Israel heraus und nutzte sie zum Nachweis des Anspruchs auf das Land Israel. Dem setzte der religiöse Zionismus eine Kombination von traditioneller Exegese und politisch aktueller Landtheologie gegenüber. Das verstärkte den Einfluss orthodoxer Richtungen, auch solcher, deren akut-messianisches und fundamentalistisches Bibelverständnis seit ca. 1977 zu einem maßgeblichen politischen Faktor wurde und durch christliche, ebenfalls akut-eschatologisch und biblizistisch-fundamentalistisch orientierte christliche Richtungen (v.a. in den USA) unterstützt wird.

Bibliographie: A. Berlin/M.Z. Brettler (Hgg.), The Jewish study Bible, New York 2004. – D. Frank, Search Scripture well, Leiden 2004. – E.D. Herbert/E. Tov, The Bible as book, London 2002. – I. Kalimi, Der Platz der Bibel im Judentum, Oldenburg 1999. – M.J. Mulder (Hg.), Mikra, Assen 1988. – P. Ochs/N. Levene (Hgg.), Textual reasonings, Grand Rapids 2002. – D. Rosenberg (Hg.), Congregation, New York 1989. – M. Sæbø (Hg.), HBOT. Hebrew Bible/Old Testament, 1/2, Göttingen 2000. – J. Trebolle Barrera, The Jewish Bible and the Christian Bible, Leiden ²2007. – S.M. Wylen, The seventy faces of Torah, New York 2005.

Johann Maier

VII. Islamwissenschaftlich

Der →Koran stellt sich programmatisch in eine Reihe mit den biblischen Vorgängerschriften (Q 9:111 u.ö.). Zugleich erhebt er den Anspruch, den ‚Kindern Israels' ‚das Meiste' von dem, worüber sie uneins sind, neu – d.h. ‚richtig' oder berichtigend – wiederzugeben (Q 27:76); er bestätigt die vorhergehenden Schriften (Q 3:3, 4:47 u.ö.). Hieraus ergibt sich die Problematik, dass die B. von den Muslimen nur im Licht des Korans als Schriftzeugnis verstanden werden kann: „Damit wird klar, warum jedes von Christen wie Juden gebrauchte biblische Argument in der Auseinandersetzung mit dem Islam wirkungslos sein mußte“ (H. Bobzin).

Drei biblische ‚Schriftkomplexe‘ werden im Koran namentlich benannt: die →Tora (*taurāh*, →Altes Testament), der Psalter (*az-zabūr*) und die Evangelien (*al-inǧīl*, →Neues Testament). An mehreren Stellen wird *kitāb* (‚Schrift‘), das sonst auch die Tora oder den Koran bezeichnet, als Oberbegriff für ‚die B.‘ verwendet, woraus sich die Bezeichnung für Juden und Christen – ‚Leute der Schrift‘ (*ahl al-kitāb*) – herleitet. Besonders problematisch sind koranische Verse, in welchen zwischen der Tora, dem *Inǧīl* und ‚der Schrift‘ (*al-kitāb*) differenziert wird, wobei *kitāb* nicht den Koran meint (Q 3:48, 5:110); möglicherweise bezieht sich *kitāb* hier auf die ‚himmlische Urschrift‘ (→Schrift/Schriftprinzip).

Konstitutiv für die koranische Bezugnahme auf die biblischen Schriften ist die Spannung zwischen positiver und negativer Fortschreibung der jüdisch-christlichen Tradition: Die biblischen Schriften sind Offenbarungsschriften und kündigen u.a. das Prophetentum Muḥammads an (Q 7:157). Zugleich wird den Juden und Christen der Vorwurf gemacht, sie überlieferten die biblischen Schriften unrichtig, verheimlichten deren ursprünglichen Wortlaut (Q 5:15, 6:91) oder verfälschten ihn (Q 5:13, 41, vgl. auch Q 7:162), weshalb der Koran der Berichtigung und Erneuerung der →Offenbarung diene. Dieser Vorwurf der ‚Buchstabenverrückung‘ (*taḥrīf*) wird gegenüber den Juden und Christen auch hinsichtlich der ‚neuen‘ Offenbarung Muḥammads erhoben, welche sie absichtlich missverstehen (Q 2:75, 4:46). Insgesamt überwiegt aber im Koran die ‚positive‘ Aufnahme biblischen Materials gegenüber der polemischen Bezugnahme auf die Schriftüberlieferung bei Juden und Christen. Von zentraler Bedeutung ist, dass die besondere Art der meist knappen und skizzenhaften Wiedergabe biblischer Themen und Motive im Koran voraussetzt, dass die Hörer mit den entsprechenden Themen bereits vertraut sind. Ausführliche Darstellungen biblischer Geschichten finden sich deshalb v.a. in der islamischen →Tradition, hier besonders im Bereich der sog. *Isrā'īlīyāt*.

Obwohl sich der Koran auf die B. beruft und in deren Tradition ‚einschreibt‘, bleibt doch der wichtige Unterschied, dass der Koran nicht, wie die biblischen Schriften, einen Bericht über die Offenbarung gibt, sondern diese Offenbarung *selbst ist:* Es handelt sich – ohne menschliches Zutun – um Gottes Wort, dass Er herab sendet. In diesem Sinn deutet der Koran auch die biblischen Schriften um, wenn z.B. das *Inǧīl* von Gott ‚an Jesus gegeben‘ wird (Q 57:27) bzw. ihm ‚gelehrt‘ (d.h. hier: offenbart) wird (Q 3:49); auch Mose ‚erhält‘, nach koranischer Darstellung, ‚die Schrift‘ (*al-kitāb*) von Gott (Q 2:53). So findet im Koran eine funktionale ‚Typisierung‘ der biblischen Schriften statt; die koranische Bezugnahme auf die B. ist nicht historisch, sondern ‚genealogisch‘. Dasselbe gilt für die Verarbeitung biblischer Themen und Motive, weshalb die Kritik aus jüdischer und christlicher Sicht, im Koran seien biblische Stoffe falsch wiedergegeben, zu relativieren ist, denn im Koran ist keine Nacherzählung biblischer Stoffe angestrebt. Vielmehr werden biblische Motive typologisch und exemplarisch ‚benannt‘ und ggf. einer Neudeutung unterworfen.

Die mit den kanonischen jüdischen und christlichen, v.a. aber apokryphen Schriften mehr oder weniger übereinstimmenden Passagen im Koran werden von der westlichen Wissenschaft seit mehr als 160 Jahren auf ihre Herkunft und Gestaltung hin erforscht. Die unzureichende Quellenlage hinsichtlich des Schrifttums und der Tradition der Juden Arabiens als auch des nahöstlichen Christentums während des 6. und 7. Jh.s hat jedoch bewirkt, dass die Ergebnisse dieser Forschung trotz großer Anstrengungen eher gering und größtenteils immer noch unsicher sind (→AT, →NT).

Bibliographie: →AT; →NT. – U. Bonanate, Bibbia e corano, Turin 1995. – J. Jomier, Bible et Coran, Paris 1959 [*engl.* New York 1964]. – D. Masson, Le Coran et la révélation judéo-chrétienne: études comparées, 2 Bde., Paris 1958. – J.C. Reeves (Hg.), Bible and Qurān, Atlanta 2003. – U. Rubin, Between Bible and Qur'ān, Princeton 1999. – W. Rudolph, Die

Abhängigkeit des Korans von Judentum und Christentum, Stuttgart 1922. – D. Sidersky, Les origines des légendes musulmanes dans le Coran et dans les vies des prophètes, Paris 1933. – H.P. Smith, The Bible and Islam, New York 1897. – H. Speyer, Die biblischen Erzählungen im Qoran, Gräfenhainichen 1931. – J.D. Thyen, Bibel und Koran, Köln 1994. – J. Walker, Bible characters in the Koran, Paisley 1931.

Marco Schöller

VIII. Altphilologisch

Im Griechischen wird der Singular βίβλος/βιβλίον und der Plural βίβλοι/βιβλία zum Begriff der →Septuaginta für die jüdischen Offenbarungsurkunden, also für deren Einzelbücher, Sammlungen (→Tora) und schließlich für die gesamte jüdische heilige Schrift (→Tanach). Josephus und das NT übernehmen diese generalisierende Bezeichnung (J. *AJ* 3,74; 4,304; Mk 12,26: Tora, 2 Tim 4,13). Die antiken Autoren verwenden selbige nur für ihre eigenen heiligen Schriften (z.B. D.S. 1,44,4: ägyptische ἱεραὶ βίβλοι). Wenn antike Schriftsteller auf die B. Bezug nehmen, nennen sie entweder biblische Autoren oder Hauptgestalten oder auffällige Inhalte. Bei den Kirchenschriftstellern hingegen geht der ntl. Sprachgebrauch weiter. Seit Johannes Chrysostomos bezeichnet der Plural βιβλία die gesamte heilige Schrift, also AT und NT (*hom. in Col* 9,1). Über das kirchenlateinische *biblia* (Sing. Fem.) entsteht im Mittelalter das mhd. *Biblie*, aus dem nhd. das Femininum ‚Die B.' wird.

Die B. wurde als literarisches Textcorpus erst von den Gebildeten der Spätantike rezipiert, trotz der kanonischen Abgrenzung der hebräischen B. bereits um 100 n.Chr. und der apostolischen, ‚ntl.' Schriften schon gegen Ende des 2. Jh.s (→Kanon). Die klassische Antike brachte dem religiösen Schrifttum der Juden und Christen nur geringe Aufmerksamkeit entgegen. Die philosophische Beachtung des Judentums bezog sich vornehmlich auf außergewöhnliche Merkmale wie Sabbat, Beschneidung, Speisetabus und Monotheismus, wobei der Monotheismus überwiegend positiv gewürdigt wurde: „Ebenso hat auch der Gesetzgeber der Juden [sc. Mose], gewiß nicht der erste beste, weil er die Macht des Göttlichen würdig auffaßte, diese auch sprachlich geoffenbart, indem er gleich am Beginn seiner Gesetze schrieb ‚Gott sprach – was? – Es werde Licht, und es ward Licht, es werde Land, und es ward'" (Ps.-Longin. [1./2.Jh.] *sublim.* 9,9). Die Tora mit dem Schöpfungsbericht am Anfang ordnet Longinus dem ‚erhabenen', schlichten Stil zu, den er vom pathetischen Stil absetzt (M. Fuhrmann, 153–185). Juvenal nennt sogar ausdrücklich Mose als Verfasser der ‚geheimen Rolle' (= Tora), aber im Unterschied zu Longinus wertet er die Wirkung der B. polemisch ab (Iuv. 14, 100–104; Stern 1, 361–366; 2, 94–108). Typisch für die griechisch-römische Oberschicht ist bei Plinius d. J. die Geringschätzung des christlichen Glaubens und seiner B.: „Ich fand nichts anderes als einen wüsten, maßlosen Aberglauben (*superstitio*)" (Plin. *epist.* 10,96,8; vgl. Tac. *ann.* 15,44). Dieser Vorwurf wurde analog auch gegenüber dem Judentum erhoben (z.B. Plut., *de superstitione* 8c).

Der älteste uns bekannte Grieche, der sich gründlich mit der B. befasst hat, ist der zur Zeit Marc Aurels schreibende Celsus (A. v. Harnack, 31; vgl. Or. *Cels.* 1,12). Zum Zwecke der Bekämpfung führt er als Gründe für das Übersehen der B. deren mangelhafte literarische Gestaltung und ‚barbarischen', unphilosophischen religiösen Gehalt an. Wie später die Christen musste sich bereits das Judentum gegen den Vorwurf der Eselsanbetung und des Ritualmordes verwahren (J. *Ap.* 2,7 f.; vgl. Tac. *hist.* 5,3–4). In der Hauptsache wollte Josephus jedoch die Glaubwürdigkeit der B. nachweisen und die ‚jüngere' hellenistische Kultur von der Gesetzgebung Moses abhängig machen (*Ap.* 1,1), worin ihm die frühchristlichen Apologeten folgten.

Wie die Gebildeten des Hellenismus in der öffentlichen Rede und in der Unterhaltung so erzählten gebildete Christen in den Gemeindeversammlungen literarisch geprägte ‚Kleinliteratur'. Es entstand ein erhaben-schlichter, subtiler Stil in den Schriften des NT in der Spannung von schriftlicher Kunstprosa und mündlicher Kleinliteratur (W.H. Kelber; D. Dormeyer, 24–51). Den literarischen Rohzustand haben Gott, Jesus Christus und der Geist gewählt, um das Herz, insbesondere das der Ungebildeten, anzusprechen (Tert. *test. anim.* 1; Min. Fel. 16). So war die B.

offen für alle sozialen Schichten und religiösen Verwendungsformen, ihr Gehalt aber hatte absoluten Anspruch und blieb an Weisheit aller Philosophie, ihr Text hermeneutisch allen Gattungen der literarischen Prosa und Poesie überlegen. In der Spätantike übernahm der heidnische Historiker Ammianus Marcellinus dieses Urteil der Christen (Amm. 21,16, 18 *christianam religionem absolutam et simplicem*).

Bibliographie: D. Dormeyer, Das Neue Testament im Rahmen der antiken Literaturgeschichte, Darmstadt 1993. – M. Fuhrmann, Einführung in die antike Dichtungstheorie, Darmstadt 1973. ^{2}1992. – P. Guyot/R. Klein, Das frühe Christentum bis zum Ende der Verfolgungen, Bd. 2, Darmstadt 1994. – A. v. Harnack, Über den privaten Gebrauch der heiligen Schriften in der alten Kirche, Gießen 1912. – W.H. Kelber, Markus und die mündliche Tradition, in: LingBibl 45 (1979), 7–55. – M. Stern, Greek and Latin authors on Jews and Judaism, 3 Bde., Jerusalem 1974–1984.

Detlev Dormeyer

IX. Textlinguistisch

Vollbibeln und ihre Teile sind wie literarische und nicht-literarische Textexemplare auch „Objekte im Spiegel textlinguistischer Kategorien“ (P. Hartmann, 115) und lassen sich mit Kategorien wie Initiatoren/Terminatoren (Merkmalen des Textbeginns und -endes), Makrostrukturen (satzübergreifenden Einheiten wie Kapitel, Absatz), syntaktischen bzw. lexikalischen Merkmalen wie Gesamtsätzen, Verbal- und Nominalsätzen bzw. Schlüsselwörtern klassifizieren und →Textsorten zuordnen (zur Terminologie F. Simmler 1996). Für die handschriftliche und gedruckte Tradition der vier Evangelien und der Genesis von 1456 bis 1545 (der deutschsprachigen Überlieferung) ergeben sich so neue Textsortendefinitionen, die bisherige Aussagen präzisieren (F. Simmler 2004a, 445 f., 506 f.). Die Beachtung textkonstituierender Merkmalbündel und des Verhältnisses von Teil und Ganzem bei Intertextualitätsbezügen zur B. ergibt diese Konsequenzen: (1) Vollbibel, AT, NT bzw. Pentateuch, Psalter, Evangeliar, Epistelsammlung erweisen sich als ‚Textallianzen‘ von Textexemplaren verschiedener Textsorten bzw. einer einzigen Textsorte. Eine Bestimmung der B. oder von AT und NT als ‚Makrotext‘ ist aus rein textstruktureller Perspektive nicht zu begründen, weil diesen Einheiten die zu einer Textkonstitution notwendigen universellen Merkmale der Kohärenz und Kompletion fehlen (F. Simmler 1984). (2) Wegen der ausschließlichen und wortgetreuen Übernahme von Evangelienteilen unterschiedlichen Umfangs sind das lateinische Diatessaron und seine deutschsprachigen Traditionen seit der ‚Tatianbilingue‘ den biblischen Textsorten zuzuordnen (F. Simmler 2002). (3) Plenare, Evangelistare und Epistolare besitzen durch ihre Perikopen eine →Intertextualität zur B. und durch ihre Verwendung eine solche zur Messfeier. Zwischen ihren Perikopen fehlen →Kohärenz und Kompletion, so dass ihre Zusammenstellung als ‚Textteilallianz‘ zu bezeichnen ist. Ihr Gebrauch in einer neuen Kommunikationssituation mit einer spezifischen externen Variablenkonstellation und zusätzlichen textuellen Merkmalen ergibt einen neuen Textsinn und führt dazu, sie den liturgischen Textsorten und Textallianzen zuzuordnen (F. Simmler 2007, 455), (4) Historienbibel, Biblia pauperum (F. Simmler 2004b), Vita Christi und Kontemplation (F. Simmler 2005) gehören wie die ganze Bibeldichtung (D. Kartschoke 1975, 1982) trotz einzelner Intertextualitätsbezüge zur B. nicht zu den biblischen Textsorten.

Bibliographie: E. Güttgemanns, Theologie als sprachbezogene Wissenschaft, in: M. Kaempfert (Hg.), Probleme der religiösen Sprache, Darmstadt 1983, 211–256. – P. Hartmann, Religiöse Texte als linguistisches Objekt, in: T. Michels/A. Paus (Hgg.), Sprache und Sprachverständnis in religiöser Rede, Salzburg/München 1973, 109–134. – D. Kartschoke, Bibeldichtung, München 1975. – Ders., Biblia versificata, in: Vestigia Bibliae 4 (1982), 23–41. – F. Simmler, Zur Fundierung des Text- und Textsorten-Begriffs, in: H.-W. Eroms et al. (Hgg.), Studia Linguistica et philologica, FS K. Matzel, Heidelberg 1984, 25–50. – Ders., Teil und Ganzes in Texten, in: Daphnis 25 (1996), 597–625. – Ders., Textsorte ‚Diatessaron‘ und seine Traditionen, in: Ders. (Hg.), Textsorten deutscher Prosa vom 12./13. bis 18. Jahrhundert und ihre Merkmale, Bern u. a. 2002, 289–367. – Ders., Biblische Textsorten, in: Daphnis 33 (2004a), 379–546. – Ders., Grundlagen einer Typologie religiöser Textsorten vom 2. Viertel des 15. bis zur Mitte des 16. Jahrhunderts, in: Ders. (Hg., unter Mitarbeit von C. Wich-Reif), Texttypologien und Textallianzen von der Mitte des 15. bis zur Mitte des 16. Jahrhunderts, Berlin 2004b, 343–427. – Ders., Makrostrukturen in der deutschsprachigen Diatessaron- und Leben-Jesu-Tradition des 16. Jahrhunderts und ihre Rückwirkungen auf Textsortenbestimmungen, in: Études Médiévales 7 (2005), 209–241. – Ders., Liturgische Textsorten und Textallianzen, in: S. Reimann/K. Kessel (Hgg.), Wissenschaften im Kontakt, FS A. Greule, Tübingen 2007, 451–468.

Franz Simmler

X. Literaturwissenschaftlich

Die B., wörtlich: das Buch (griech. τὸ βιβλίον), führt einen formalen Superlativ als Titel, der zugleich die Inhaltsbeschreibung bildet: Sie soll das Buch *schlechthin* sein. Damit verbindet sich nicht nur der Anspruch, Maßstab der theologischen Lehre und des Lebens der Gläubigen zu sein. Durch die kirchlichen Institutionen vermittelt ist die B. vielmehr zu einem Buch der Kultur geworden, das auch in der Ablösung von diesen Institutionen noch den Anspruch des *Buchs der Bücher* weiterträgt.

Literaturtheoretisch schränken zwei Beobachtungen den – durch die Theologie zugeschriebenen – Anspruch der B. ein. Zum einen zerfällt sie schon in christlicher (lutherischer) Perspektive in 39 Bücher des AT und 27 Bücher des NT sowie die konfessionell unterschiedlich gewerteten →Apokryphen. Die relativ selbständigen Teile sollen eine Totalität bilden – ob und wie sie dies jedoch vermögen, ist von jeher umstritten. Zum anderen stellt die im 3. Jh. fest eingebürgerte Zweiteilung der christlichen B. in AT und NT die Trennung des frühen Christentums von der jüdischen Mutterreligion sinnfällig dar. Indem die ntl. Schriften um die Gestalt Jesu von Nazaret, den Messias der Christen, zentriert sind, formiert sich zugleich ein Interpretationsansinnen, das bis zur Umstellung des hebräischen Kanons (Gesetz, Propheten, Schriften) in die Neuordnung von Vergangenheit (Geschichtsbücher), Gegenwart (Weisheitsschriften) und Zukunft (Propheten) geführt hat. Die fragile Totalität der B. und die in ihr dokumentierte religionsgeschichtliche Spaltung begrenzen als *literarische Textphänomene* den biblischen Anspruch auf absolute Buchlichkeit. Trotz dieser Einschränkung ist festzustellen, dass die B. gerade aufgrund ihrer hohen inneren Vielfalt als Muster wirken konnte. Dafür war allerdings ein langer hermeneutischer Veränderungsprozess erforderlich. Innerchristlich wurde die literarische Qualität der B. ambivalent beurteilt. Ihre theologische Bewertung reichte von der Anerkennung hoher literarischer Qualität (Hieronymus) bis zur Betonung eines – *sub specie contrarii* – literarisch wertlosen Stils (Cyprian). Unabhängig von dieser axiologischen Polarität wurden biblische Geschichten, Figuren und →Metaphern von der Spätantike bis zum Barock in der rhetorischen Poetik als Topoi angeführt und in der spätantiken und mittelalterlichen Literatur verwendet (Otfried von Weißenburg: Evangelienbuch [9. Jh.]; St. Trudperter Hohelied [12. Jh.]).

Die protestantisch geprägte Aufklärung in Deutschland lässt die B. einerseits zum → Text unter Texten werden, die nach menschlichen Maßstäben nicht nur erklärt werden *können*, sondern *müssen*. Andererseits tritt das Bibelbuch als Text neu vor eine ästhetisch aufmerksame Öffentlichkeit. Mit der im deutschsprachigen Kontext auf J.G. Hamanns Aphorismen und J.G. Herders Interpretationen des AT (*Vom Geist der Ebräischen Poesie*) sowie v.a. auf F.G. Klopstocks Messias-Dichtung und Lyrik datierbaren Veränderung in poetischer Theorie und Praxis tritt die →Literatur nun erstmals *reflektiert* in ein Nachahmungs- und sodann in ein Wettbewerbsverhältnis zur B. Leuchtturmartig bezeichnen Sätze wie J.G. Hamanns „Jedes Buch ist mir eine Bibel" die Entstehungszeit einer deutschen Philologie und eine neue Epoche des Umgangs mit der literarischen Qualität der B. In der Folgezeit bedeuten literarische Auseinandersetzungen mit biblischen Stoffen immer auch deren Adaption und Deutung hin auf zeitgenössische Ereignisse und politisches Geschehen, aber auch ästhetische Vorstellungen, für die die biblischen Texte zugleich Inspiration und Herausforderung darstellen (vgl. als sinnfällige Beispiele aus verschiedenen Epochen Hebbels Bibeldramen, T. Manns *Joseph und seine Brüder*; S. Heyms *Der König-David-Bericht* sowie allgemein die Ausführungen H. Heines oder B. Brechts).

Bibliographie: J. Ebach/R. Faber, Bibel und Literatur, München 1998. – M. Fuhrmann et al. (Hgg.), Text und Applikation, München 1981. – J. Holzner/U. Zeilinger, Die Bibel im Verständnis der Gegenwartsliteratur, St. Pölten/Wien 1988. – V. Kapp/D. Scholl (Hgg.), Bibeldichtung, Berlin 2006. – B. Knauer (Hg.), Das Buch und die Bücher, Würzburg 1997.

Almuth Hammer/Christian Senkel

XI. Philosophisch

Die B. ist heute kaum Gegenstand philosophischer Reflexion. Denn zum einen weist sie weder ein streng konsistentes Begriffsinventar auf, noch stellt sie einen systematisch organisierten Argumentationsbestand für die Behandlung theoretischer Probleme zur Verfügung. Das ist z. B. bei L. Feuerbach thematisiert, der gegen die lehrhaft „gefälschten" (L. Feuerbach, 180) B.n der Orthodoxie, des Rationalismus und der Spekulation die „wirkliche" (181, vgl. 180; 182; 185) bzw. „ungedeutelt[e]" (180) B. verteidigt. Noch G.W.F. Hegel konnte demgegenüber die B. als Form des positiven Gegebenseins der Lehren der christlichen Religion (vgl. G.W.F. Hegel, 184/23,215 f.; 187/25,287 f.) betrachten, die allerdings „subjektiv" (184 f./23,216 f.) werden müssen, indem sie der menschlichen Vernunft zunächst unmittelbar zuzusagen haben und sodann auf Reflexion drängen. Sich des Positiven zu entledigen ist nämlich erst das Denken in der Lage, indem es nicht bei vorstellungsgeleiteten „Erklärungen" stehen bleibt (vgl. 186/24,249 ff.), sondern den Inhalt der B. zuletzt in die Form vernünftiger Begriffe bringt und ihm so erst adäquat wird. Damit greift Hegel die paulinisch-augustinisch-lutherische Dialektik von →Buchstaben und Geist zugunsten einer Emanzipation vom Buchstaben durch den Geist auf.

Zum anderen setzt sich spätestens mit der Aufklärung die Erkenntnis durch, dass sowohl die biblischen Schriften selbst als auch ihre Zusammenfassung zu einem einheitlichen Gebilde ‚B.' Resultate historischer Prozesse sind, so dass die B. keinerlei göttlichen Verfasser für sich reklamieren kann und ihre Inhalte infolgedessen der sachlichen Rechtfertigung bedürfen. Besonders radikal greift D. Hume die B. an, wenn er im zehnten Buch des *Enquiry Concerning Human Understanding* die →Wundergeschichten zum Anlass nimmt, ihr jeden Zeugniswert und damit Wahrheitsanspruch zu bestreiten. Wo überhaupt noch philosophisch zugunsten von Religion argumentiert wird, erfolgt kein Rekurs auf die B. mehr. So ordnet I. Kant die Bibel dem (autoritätsgeleiteten) Kirchen-, nicht dem (vernünftig gesicherten) Religionsglauben zu und klassifiziert sie programmatisch als „Text" (vgl. Kant, *Religion*, 771/B158) d. h. als auslegungsbedürftig. Da die Auslegung der Buchstaben (der Literalsinn) jedoch „schlechterdings nichts für die Moralität in sich enthält" (ebd.) oder dieser sogar entgegensteht, hat sie nach „einem Sinn" zu erfolgen, „der mit den allgemeinen praktischen Regeln einer reinen Vernunftreligion zusammenstimmt" (ebd.): Nicht muss die Moral nach der B., sondern die B. nach der Moral ausgelegt werden (ebd., Anm./B159). Die B. als Norm des Kirchenglaubens hat ihre philosophische Legitimation darin, dass sie eine moralische Auslegung nicht ausschließt und dass sie, so ausgelegt, volkspädagogisch zur „moralische[n] Besserung des Menschen" (ebd.) eingesetzt werden kann (Streit, 271/AXIX). Der autonome Religionsglaube der reinen praktischen Vernunft allerdings kann nicht nur, sondern muss sogar ohne die B. als Begründungsinstanz auskommen.

Der philosophische Umgang mit der B. vollzieht sich aufklärerisch also wesentlich als Bibelkritik. Seither ist die B. der Graben, welcher die Theologie von der (Religions-) Philosophie bzw. anderen Wissenschaften trennt. Allerdings enthält die skizzierte Bibelkritik bereits die Grundzüge dessen, was in der Folge für eine ins Positive gewendete Neuentdeckung der B. als Text bzw. Buch fruchtbar werden sollte: Die B. wendet sich an Rezipienten (→Leser oder →Hörer); sie ist interpretationsbedürftig; diese Interpretationsmöglichkeiten sind plural und erfordern kein Wissen um die Identität des →Autors oder dessen Intention. Sofern die B. alle Strukturmerkmale von Texten überhaupt teilt, entfällt die Unterscheidung zwischen sakralem und profanem Text.

Zwei Konsequenzen können daraus gezogen werden. Zum einen wird die B. nun Gegenstand aller textbezogenen Methoden und

Theorien überhaupt (Linguistik, →Kommunikationstheorie, Textpragmatik, Rezeptionsästhetik, →Semiotik etc.). Zum anderen wird sie als Grundparadigma von Text bzw. Buch überhaupt herangezogen. So kann F. Schlegel von der B. als einem „System von Büchern“ (F. Schlegel, 95, 265) ausgehend die Idee der B. als eines „Buch[es] schlechthin, absolute[n] Buch[es]“ (ebd.) entwickeln, das als „ein organisches Ganzes“ (ebd.) alle vollkommene Literatur in sich vereinigt, „und in einem solchen ewig werdenden Buche wird das Evangelium der Menschheit und der Bildung offenbart werden“ (ebd.). Auch R. Barthes' These von der Abwesenheit des Autors im modernen Text ist von der B. und dem Verlust eines göttlichen Verfassers der B. inspiriert (vgl. R. Barthes, 190): Sowenig wie den Autor (verstanden als historischen Urheber) gibt es den einen bzw. endgültigen und zu erklärenden Textsinn, sondern die Einheit des Textes bildet sich am Ort des Lesers, der den Text „gegentheologisch“ (191) immer wieder neu aus den von dem Schreiber ineinander gewobenen vielfältigen Schriften zusammensetzt.

BIBLIOGRAPHIE: R. Barthes, Der Tod des Autors; in: F. Jannidis et al. (Hgg.), Texte zur Theorie der Autorschaft, Stuttgart 2000, 185–193. – H. Blumenberg, Die Lesbarkeit der Welt, Frankfurt a. M. 1981. – Ders., Begriffe in Geschichten, Frankfurt a. M. 1998. – L. Feuerbach, E.C.J. Lützelbergers Schriften zur Bibelkritik, in: Ders., Sämtliche Werke, Bd. 7, hg. v. W. Bolin, Stuttgart/Bad Cannstatt 1960, 178–194. – G.W.F. Hegel, Vorlesungen über die Philosophie der Religion, Teil 3, hg. v. W. Jaeschke, Hamburg 1995. – I. Kant, Die Religion innerhalb der Grenzen der bloßen Vernunft, in: Werke in 6 Bänden, hg. v. W. Weischedel, Bd. 4, Darmstadt 1998, 644–879. – Ders., Der Streit der Fakultäten, in: Werke Bd. 6, 261–393. – Ders., Die Metaphysik der Sitten, in: Werke Bd. 4, 303–634. – F. Schlegel, Ideen, in: Ders., Charakteristiken und Kritiken I, hg. v. H. Eichner, München u. a. 1967, 256–272.

Gesche Linde

Bibelspiritualität

I. Kirchengeschichtlich

Spiritualität im strengen Sinne ist eine nicht an bestimmte Inhalte und Erlebnisformen gebundene, aber stets bewusst geformte, regelmäßig gepflegte und methodisch eingeübte Art von Frömmigkeit und religiösem Verhalten. Ihre Ausbildung ist am chesten innerhalb einer eindeutig abgegrenzten Gruppe möglich; deshalb stellt Spiritualität im eigentlichen Sinne immer ein soziales Phänomen dar. Da die gesamte christliche Frömmigkeit von der Bibel lebt, lässt sich B. als eine in besonderem Maße durch bestimmte biblische Texte geformte Frömmigkeit christlicher Gruppen definieren. Unter allen in der Geschichte des Christentums entstandenen Gemeinschaften hat das Mönchtum die dauerhaftesten und geschlossensten Lebensformen hervorgebracht. Der in sämtlichen Formen koinobitischen Mönchtums zentrale Bereich war von Anfang an (schon bei Pachomius) das gemeinsame Gebet (das Chorgebet in der Form des Stundengebets), dessen Hauptbestandteil stets der Psalter bildete. Dadurch wurde die monastische Spiritualität in hohem Maße von den christlich verstandenen →Psalmen geprägt. Die alte, im 12. Jh. nachhaltig erneuerte Auffassung der monastischen Lebensform als Nachfolge Christi führte zur Zentralstellung der Nachfolgeworte der Evangelien bei der Formung der monastischen und bruderschaftlichen Gesinnung, die von Bernhard von Clairvaux begründete Beachtung der Menschlichkeit Christi unter besonderer Betonung von Passion und Kreuz zu einer Passionsfrömmigkeit und einer ausgeprägten Spiritualität der Nachfolge im Leiden, die im 13. Jh. von Franziskanern wie frühen Dominikanern übernommen wurde. Schon im Zisterzienserorden spielte die Armutsforderung Jesu eine tragende Rolle, während die freieren religiösen Bewegungen des 12. Jh.s (Katharer, Waldenser) und die frühen Bettelorden das Ideal der Armut mit der vom Menschensohn ausgesagten Heimatlosigkeit (Mt 8,20) verbanden. Die Bevorzugung der paulinischen Theologie durch die Reformatoren hat der Frömmigkeit des gesamten Protestantismus, auch in seiner nachreformatorischen Entwicklung, eine paulinische Färbung verliehen, in die jedoch immer wieder Elemente einer besonders dem Matthäusevangelium verdankten Gesetzlichkeit einflossen (schon bei den Schweizer Reformatoren und im Täufertum der Reformationszeit, später v.a. im Pietismus). Stark – mit allen Konsequenzen – durch das AT geprägt war die Frömmigkeit des englischen Puritanismus, während der deutsche Pietismus das NT und in ihm die Jesus-Überlieferung in den Mittelpunkt stellte. Johanneischen Geist atmen dagegen Frömmigkeit und Denken G.E. Lessings, J.G. Fichtes, F.D.E. Schleiermachers und anderer Vertreter des Deutschen Idealismus und der Frühromantik. Die Spiritualität von Orden und Kongregationen im Katholizismus der Neuzeit wie die der seit dem 19. Jh. entstandenen protestantischen und anglikanischen religiösen Gemeinschaften hat eher einen aus älteren monastischen und bruderschaftlichen Traditionen abgeleiteten als einen unmittelbar aus biblischen Quellen gespeisten Charakter.

Bibliographie: L. Bouyer et al., Histoire de la spiritualité chrétienne, 5 Bde., Paris 1960–1966. – U. Köpf, Art. Spiritualität I.–II., in: RGG[4] 7 (2004), 1589–1593. – B. McGinn et al. (Hgg.), Christian spirituality, 3 Bde., London 1993–1997.

Ulrich Köpf

II. Systematisch-theologisch

‚Spiritualität' ist in seiner heutigen Bedeutung ein ebenso junger wie unscharfer Terminus. Als Synonym für Frömmigkeit setzte er sich zunächst im französischen Sprachraum seit dem Ende des 19. Jh.s durch. Unter Spiritualität (frz. *spiritualité*) versteht man im Katholizismus verschiedene Formen katholischer Lebenspraxis und besondere Frömmigkeitsübungen wie z.B. Exerzitien. Auch die katholische Tradition einer „geistlichen Exegese" (J. Daniélou, H. de Lubac, H.U. v. Balthasar, K. Rahner) ist hier zu erwähnen. Im deutschsprachigen Protestantismus wurde der Begriff Spiritualität erst seit den 1970er Jahren übernommen. Seit ihren Anfängen sind Bibellektüre und Schriftmeditation zentraler Bestandteil christlicher Spiritualität, gilt doch die Schrift als vom Heiligen Geist inspiriert. Das Verhältnis von Spiritualität und Exegese bzw. von Geist und →Buchstabe ist allerdings theologisch klärungsbedürftig. Nach M. Luther bezieht sich das *testimonium spiritus sancti internum* auf nichts anderes als das äußere Wort, d.h. auf die äußere, philologisch-grammatische Klarheit des Wortlauts der biblischen Texte. Geistliche Schriftauslegung im Sinne einer ‚engagierten', d.h. applikativen Bibellektüre oder der Theorie vom mehrfachen →Schriftsinn neigt dagegen dazu, die theologische und durchaus ‚spirituelle' Relevanz historisch-kritischer → Exegese in Abrede zu stellen.

Hermeneutisch ist zwischen Sinn und Gebrauch eines Textes zu unterscheiden, was in der gegenwärtigen Diskussion um das Recht alternativer Auslegungsmethoden, insbesondere einer tiefenpsychologischen Exegese, nicht immer geschieht. So handelt es sich bei allegorischen oder auch tiefenpsychologischen Auslegungen oftmals gar nicht im strengen Wortsinn um Interpretationen biblischer Texte, sondern um deren →Applikation. Der →Text erhält im Akt des →Lesens vermutungsweise einen Sinn, indem der → Leser die Leerstellen ausfüllt, welche jeder Text, v.a. ein poetischer, hat. Dabei stellt der Leser Sinnbezüge zu seiner eigenen Lebenswelt wie auch zu anderen Texten her, die der →Autor keineswegs gekannt oder im Blick gehabt haben muss. Jeder Akt des Bibellesens ist ein doppelter Auslegungsvorgang, in welchem nicht etwa nur der Text durch den Leser, sondern auch umgekehrt der Leser durch den Text ausgelegt wird. Pneumatologisch lässt sich der Akt des Lesens als geistliches Geschehen und jedes gelingende Verstehen als Wirkung des Heiligen Geistes deuten.

Bibliographie: H.-M. Barth, Spiritualität, Göttingen 1993. – H.K. Berg, Ein Wort wie Feuer, München/Stuttgart 1991. – J. Daniélou, Origène, Paris 1948. – K. Huizing et al., Lesen und Leben, Bielefeld 1997. – W. Langer (Hg.), Handbuch der Bibelarbeit, München 1987. – H. de Lubac, Geist aus der Geschichte, Einsiedeln 1968.

Ulrich H.J. Körtner

Bibelübersetzung(en)

I. Alttestamentlich

→Übersetzung/Übersetzen/Übersetzer

II. Neutestamentlich

Die →Bibel ist nicht nur das in die meisten Sprachen übersetzte →Buch, sie ist auch das erste große Werk, das aus einer altorientalischen Sprache ins Griechische übersetzt wurde (vgl. die Übersetzung der →Tora [des Pentateuch] zur Zeit Ptolemaios' II. [285–247

v. Chr.] für die griechischsprachigen Synagogengemeinden Ägyptens, in denen das Hebräische kaum mehr bekannt war). Eine vergleichbare Rolle nehmen die aramäischen Übersetzungen (Targume) Palästinas und Babyloniens wahr. Bereits bei der →Übersetzung der →Septuaginta (vgl. F. Siegert) stellte sich das grundsätzliche Problem des Übersetzens (Verhältnis von Worttreue zum Ausgangstext und Sinntreue bzw. Idiomatik der Zielsprache; freie oder wörtliche Übersetzung). Die Entscheidung über diese Alternative liegt dann nicht mehr im Ermessen der Übersetzer, wenn der Ausgangstext als (göttlich) inspiriert gilt. Das Moment der Inspiration konnte im Zuge der Weiterüberlieferung dazu führen, Übersetzungen in verschiedenen Revisionen immer stärker dem Original anzugleichen, so dass diese Übersetzungen selbst als inspiriert betrachtet werden konnten (vgl. die Entstehungsgeschichte der Septuaginta vom Aristeasbrief zu Philo; s. schließlich Hieronymus). Autoritativen Charakter nahmen später die Vulgata im katholischen Westen, die Lutherübersetzung in den Kirchen der Reformation in Deutschland (analoge Vorgänge z. B. in England und den skandinavischen Ländern) an. Zugleich haben die Übersetzungen, die als inspiriert gelten oder deren Wortlaut eine höhere Autorität zukommt, nicht nur das theologische Denken und die Sprache, sondern auch die entsprechende Volkssprache geprägt. So bestimmt z. B. die theologische Sprache und Vorstellungswelt der Septuaginta das griechischsprachige hellenistische Judentum und hat eminenten Einfluss auf das Griechische des → NT; die →Vulgata bietet das theologische Vokabular des theologischen Diskurses des Westens dar und führt in der Reformationszeit zu Kontroversen; schließlich ist die Luther-Übersetzung selbst Zeugnis der lutherischen Erkenntnis dessen, was ‚Gottes Gerechtigkeit' (Röm 3,28 ‚allein') ist. Eine besondere Rolle kommt den Übersetzungen für die Hoch- und Volkssprache dort zu, wo für sie überhaupt erst ein Alphabet entwickelt werden musste, so z. B. für die armenische und altkirchenslavische Übersetzung und für viele Missionsübersetzungen im 19. und 20. Jh.

BIBLIOGRAPHIE: B. Aland, Art. Bibelübersetzungen, in: EKL 1 (1986), 478–487. S.P. Brock et al., Art. Bibelübersetzungen, in: TRE 1 (1980), 160–228. – C. Dogniez et al., Art. Bibelübersetzungen, in: RGG⁴ 1 (1998), 1487–1515. – B. Grossfeld et al., Art. Bible, Translations, in: EJ 4 (1971), 841–889. – W. Michaelis et al., Art. Bibel VI., in: EJ 4 (1929), 556–626. – F. Siegert, Zwischen Hebräischer Bibel und Altem Testament, Münster u. a. 2001. – Ders., Register zur „Einführung in die Septuaginta", Münster u. a. 2003. – M. Tilly, Einführung in die Septuaginta, Darmstadt 2005. – K. de Troyer, Die Septuaginta und die Endgestalt des Alten Testaments, Göttingen 2005. Hermann Lichtenberger

III. Kirchengeschichtlich

→Übersetzungen des biblischen Schrifttums im christlichen Raum in andere Sprachen sind seit Anfang der Geschichte des Christentums üblich. Heute sind etwa 2500 Übersetzungen der →Bibel oder von Bibelteilen bekannt. Vorgängig waren die jüdische Übersetzung der →Septuaginta und ihr Gebrauch im kultischen Zusammenhang. Für den westlichen Bereich des Imperium Romanum stellte sich die Übersetzung ins Lateinische als große Aufgabe, die zuerst im nordafrikanischen Raum zu beobachten ist, wobei hier die Frage nach jüdischen Vorläufern zwar gestellt werden muss, aber nicht beantwortet werden kann. Bei allem Vertrauen in die Fähigkeiten eines Tertullian, *ad hoc* zu übersetzen, muss die Frage, woher er, aber auch schon vorher etwa die Christen in Lyon, aber auch in Scil(l)i, lateinische Bibeltexte hatten, offen bleiben. Die Textfassungen der sog. *Vetus latina* wurden allmählich durch die →Vulgata des Hieronymus, ca. 386 bis 406, abgelöst, „in Anbetracht der Zeit und als Werk eines einzelnen eine der grössten Übersetzungsleistungen unserer Geschichte" (F. Brunhölzl). Das Konzil von Trient erklärte sie 1546 als maßgeblich für die Glaubens- und Sittenlehre, was freilich Revisionen nicht ausschloss.

Hier kann kein *catalogue raisonnée* der B.en gegeben werden, an deren Anfang Übertragungen von Einzelschriften ins Syrische und verschiedene Versionen des Koptischen standen, bis heute, wo sich durch die Missionen in Übersee B.en für viele Sprachen als konstituierend gezeigt haben und zu bedeutenden Quellen der Sprachwissenschaft wurden; so stellen B.en als Sprachdenkmäler Kulturdenkmäler dar (Lutherbibel, King-James-Version), die weit über Zitat und Paraphrase hinausgehend oft elementare Anregung für die weitere Literaturentwicklung gegeben haben.

Vielmehr soll auf einige grundsätzliche Strukturen und Probleme verwiesen werden. Dabei ist grundsätzlich auszugehen von einer Translationabilität des Bibeltextes und der Benutzung der Übersetzung im Kultus der Gemeinden und der Frömmigkeit des Einzelnen. Zugleich stellt sich aber auch für einige Kirchen die dialektische Herausforderung ein, eine Lösung zu finden zwischen den Gesetzen der Beharrungswilligkeit der liturgischen Formen, die die sprachliche Gestalt mit einschließt, auf der einen Seite und dem Revisionsdruck auf Grund sprachlicher Entwicklungen, der oft zu Neuübersetzungen führt, die nicht nur den Wandel der Sprache, sondern auch jenen der gesellschaftlichen Wirklichkeit und der Frömmigkeitsformen reflektieren, auf der anderen Seite. Dabei steht grundsätzlich die Frage nach der Funktion der jeweiligen B. und ihren Adressaten im Vordergrund, was auf der einen Seite etwa die Tradition der wissenschaftlichen Übersetzung zeigt, die den Bibelkommentaren beigegeben ist, auf der anderen Seite die Tradition der Kinderbibel.

BIBLIOGRAPHIE: F. Brunhölzl, Art. Bibelübersetzungen I., in: LMA 2 (1983), 88–93. – Ders., Geschichte der lateinischen Literatur des Mittelalters, 4 Bde., München 1975 ff.

Wolfgang Wischmeyer

IV. Altphilologisch

B.en sind sprachgeschichtliche Zeugnisse für die Ziel- wie für die Ausgangssprache und stellen Dokumente der →Auslegungsgeschichte dar. Sie dokumentieren oft schlecht bezeugte Stadien der Geschichte einer Zielsprache, so die →Septuaginta (Koine, speziell die ptolemäische), die *Vetus Latina* (Vulgärlatein) und der Targum Onkelos (judäisches Aramäisch in babylonischer Vokalisierung). Oft sind sie der (beinahe) einzige Zeuge einer Sprache (Gotisch) oder begründen eine →Literatur (Geez, Armenisch, Georgisch, vielleicht die koptischen Dialekte, in denen indes auch nichtchristliche Zaubertexte überliefert sind). Der sprachgeschichtliche Wert der B.en kommt dem originalsprachlicher Zeugnisse nicht gleich, weil Lexik und Syntax der Ausgangssprache nachwirken.

Für die Erforschung der Ausgangssprache sind B.en durch Transliterationen von Bedeutung: Hebräische und aramäische Transliterate in der Septuaginta sind – wie das samaritanische Hebräisch – Zeugen einer nichtmasoretischen Vokalisation des Hebräischen; dies gilt auch für die Namen (vgl. dazu die altkirchliche Onomastik). Für die historische Aussprache des Griechischen sind griechische Wörter in derivierenden B.en interessant, z. B. /ijäsus/ in der traditionellen Aussprache des Geez für Ἰησοῦς, das ein nicht-halbvokalisches /i/ für ι bezeugt. Gleiches gilt auch für Schriftsysteme, die – mehr oder weniger sicher – für B.en aus dem Griechischen entwickelt wurden, etwa wenn gotisches oder koptisches <ei> für [i] steht (Itazismus!), vgl. auch gotisch <aiwaggeljo> für εὐαγγέλιον (αι = /e/). Sprachlicher Konservatismus liegt vor, wenn armenisch <kh> in <khristos> griechisches χ wiedergibt. Erhellend für die Lexik der Ausgangssprache können die Korrelate in den Zielsprachen sein (z. B. bei hebräischen Hapaxlegomena).

Die auslegungsgeschichtliche Relevanz von B.en belegen etwa Parallelen zwischen impliziten Auslegungen der Septuaginta oder der palästinischen Targumim (mit ihren zahlreichen Interpretamenten) und der parabiblischen →Literatur, dem →NT und rabbinischen Traditionen. Die →Vulgata weist zahlreiche Parallelen zur rabbinischen → Exegese auf.

BIBLIOGRAPHIE: U. Gleßmer, Einleitung in die Targume zum Pentateuch, Tübingen 1995. – É. Lamirande, Étude bibliographique sur les pères de l'église et l'aggadah, in: VigChr 21 (1967), 1–11. – E. Mayser, Grammatik der griechischen Papyri aus der Ptolemäerzeit, Leipzig 1906. – L. Prijs, Jüdische Tradition in der Septuaginta, Leiden 1948. – H. Rönsch, Itala und Vulgata, Marburg 1875. – F. Siegert, Zwischen Hebräischer Bibel und Altem Testament, Münster 2001. – H.S.J. Thackeray, Grammar of the Old Testament in Greek, Bd. 1, Cambridge 1909. – F. Wutz, Onomastica Sacra, 2 Bde., Leipzig 1914/1915. – Ders., Die Transkriptionen der Septuaginta bis zu Hieronymus, Stuttgart 1933.

Jan Dochhorn

V. Textlinguistisch

Der Umfang der Überlieferungen, die zu B.en zu rechnen sind, wird in der Forschung unterschiedlich beantwortet und hängt vom Text-Begriff und den häufig wenig reflektierten Intertextualitätsformen zum →Kanon der *sacra scriptura* ab. W. Walther behandelt ausschließlich die Textexemplare der *sacra scriptura,* während H. Rost neben diesen Plenare, Evangelistare, Epistolare, Missale, auch →Kommentare, →Predigten, Historienbibeln, Weltchroniken, *Biblia pauperum, Speculum humanae salvationis,* ferner Einzelglossen, Glossare und die Bibeldichtung einbezieht. S. Sonderegger (249 f.) folgt Rost weitgehend und differenziert die Überlieferung nach Form-, Sinn-, Gestaltungsprinzipien der Übersetzungsverfahren und nach Vollständigkeit und Überlieferungsstand. Unter textlinguistischem Aspekt sind die →Übersetzungen biblischer Textsorten streng von Textsorten zu unterscheiden, in denen biblische Textteile wörtlich oder paraphrasierend zusammen mit weiteren Merkmalen andere Textsorten mit anderem Textsinn konstituieren. Im Folgenden werden nur die B.en behandelt, die zur *sacra scriptura* (→Bibel) zu rechnen sind.

Die Geschichte der deutschsprachigen B.en lässt sich unter dem Aspekt der Vollständigkeit in vier aufeinander folgende Hauptphasen einteilen (umfassende Literatur bei S. Sonderegger). Die erste Phase reicht von um 800 bis zur Mitte des 14. Jh.s und enthält Übersetzungen von Einzeltexten und die Textallianz des Psalters. Die zweite Phase von der Mitte des 14. bis zur Mitte des 15. Jh.s enthält neben weiteren Psalter-Traditionen das frühneuhochdeutsche Diatessaron des Pfarrers Georg Kreckwitz (P. Hörner), die Apostelgeschichte, die Textallianz der Propheten durch Claus Cranc, die Paulusbriefe (1376; Salzburg, Abtei Nonnberg, Cod. 26 A.1) und erstmals Übersetzungen des →NT, →AT und eines Evangeliars. Die dritte Phase von der Mitte des 15. bis zu den 30er Jahren des 16. Jh.s wird einmal vom Nach- und Nebeneinander handschriftlicher und gedruckter Übersetzungen geprägt. Neben NT-Traditionen (M. Luther 1522, davon abhängig H. Emser 1527) kommen erstmals Vollbibeln vor. Die älteste datierte Handschrift ist die Londoner Vollbibel (1436; The British Library, London, Ms. Egerton 855). Die ersten gedruckten Vollbibeln stammen von den Druckern J. Mentel (1466), G. Zainer (1475/76) und A. Koberger (1483). Ihnen folgen reformatorische Vollbibeln (Züricher Prädikanten 1531, M. Luther 1534) und darauf aufbauend katholische Gegenentwürfe (J. Dietenberger 1534, J. Eck 1537). Während die Druckgeschichte recht gut dokumentiert und z. T. erforscht ist, fehlt eine zuverlässige Gesamtdarstellung zu den Handschriften. Die vierte Phase umfasst den Zeitraum von den 30er Jahren des 16. Jh.s bis zur Gegenwart.

Linguistische Arbeiten zur B. behandeln die Sonderstellung Luthers, indem sie primär lexikalisch Einzelwörter, Wortgruppen, Entlehnungsformen und syntaktisch bei einfachen Sätzen Wiedergaben lateinischer Partizipial-, Gerundium-, Gerundiv- und AcI-Konstruktionen, Wort- und Satzgliedstellungen und einzelne Nebensatzarten untersuchen. Analysen zu Anzahl, Hierarchie und Distribution der Teilsätze von Gesamtsätzen (F. Simmler 2001) und ihrer Relation zu Makrostrukturen wie Kapitel, Absatz (F. Simmler 2005) bzw. weiterer Textgliederungsprinzipien (M. Vorbeck-Heyn) sind selten, obwohl sie einen wesentlichen Beitrag zur Konstitution der Einheit und des Sinns von Textexemplaren leisten und durch ihren Gebrauch und ihre Veränderung unterschiedliche Übersetzungs- und Auslegungsprinzipien sichtbar werden.

BIBLIOGRAPHIE: P. Hörner, Zweisträngige Tradition der Evangelienharmonie, Hildesheim u. a. 2000. – H. Rost, Die Bibel im Mittelalter, Augsburg 1939. – F. Simmler, Gesamtsatzstrukturen, ihre Ermittlungsverfahren und Textfunktionen in Luthers Übersetzungen des Matthäus-Evangeliums 1522 und 1545, in: J. Meier/A. Ziegler (Hgg.), Deutsche Sprache in Europa, FS I.T. Piirainen, Wien 2001, 139–153. – Ders., Luthers Evangelienübersetzung und die Entstehung neuer Makrostrukturen im Deutschen, in: Sprachwissenschaft 30 (2005), 161–216. – S. Sonderegger, Geschichte deutschsprachiger Bibelübersetzungen in Grundzügen, in: W. Besch et al. (Hgg.), Sprachgeschichte, HSK 2.1, Berlin/New York ²1998, 229–284. – M. Vorbeck-Heyn, Die deutschsprachige Evangelientradition im 14. und 15. Jahrhundert und ihre Textgliederungsprinzipien, Berlin 2008. – W. Walther, Die deutsche Bibelübersetzung des Mittelalters, 3 Bde., Braunschweig 1889–1892.

Franz Simmler

Bible Rewritten →Intertextualität, →Apokryphen/Apokryph

Biblische Hermeneutik

I. Alttestamentlich

Als ‚*biblische* Hermeneutik' verstanden, setzt sich die b. H. aus atl. Perspektive mit dem christlichen Verstehen der vorderen Zweidrittel der christlichen →Bibel auseinander. Daher stimmt die auf das →AT bezogene b. H. in vielerlei Hinsicht mit dem überein, was unter der allgemeinen →Hermeneutik aus atl. Perspektive zu sagen ist. Die b. H. in diesem Sinne ist aber grundsätzlich nicht in der Lage, sich von der jüdischen Bibel bzw. von den jüdischen Bibeln zu lösen. Obwohl die Schriftensammlung unter der Bezeichnung ‚AT' *per definitionem* nur in einer christlichen Dimension aufgefasst werden kann, lässt sich das AT nicht ohne Bezug auf seine historische Entstehung und sein Fortbestehen als jüdisches Buch verstehen. Der →Text des AT ist sowohl in seiner hebräischen (→Tanach) als auch in seiner griechischen Form (→Septuaginta) ein *jüdischer* Text und in beiderlei Gestalt zuerst ein *jüdischer* →Kanon.

Abgesehen von den Schwierigkeiten, die das Nichtvorhandensein eines ursprünglichen und einheitlichen biblischen →Kanons aus hebräischem AT und griechischem NT einer kanonischen Hermeneutik ‚der einen Bibel' bietet, ist die Septuaginta als einzige ‚Bibel' der Kirche zu Zeiten der Entstehung der ntl. Schriften ein wichtiger Fokuspunkt der neueren theologischen Debatte geworden. Sie muss also neben der hebräischen Bibel in der b.n H. eine gravierende Rolle spielen (→Hebraica veritas). Daher haben die unterschiedlichen Formen der beiden jüdischen Bibeln erhebliche hermeneutische Konsequenzen für die Deutung des Sinnes von großen Teilen des AT.

Auch die seit der Reformation in der protestantischen Tradition als AT verwendete hebräische Bibel kann in der b.n H. nicht ohne Bezug auf ihre jüdische Gestalt verstanden werden. Die hierarchische Reihenfolge, die Parascheneinteilung und andere Formen der Gestaltung, die Punktierung und Lesearten (→Ketiv und Qere) sind Niederschläge der jüdischen →Rezeption, zugleich aber sämtlich Aspekte des sog. ‚Endtextes'. Daher lassen sie sich weder vom Wesen des der heutigen christlichen b.n H. vorliegenden Textes trennen noch ohne Schaden in der Exegese vernachlässigen (z. B. in der Deutung des Hld als erotischer Dichtung oder Pesachtext).

Christliche b. H. geht davon aus, dass alles, was ‚christlich' heißen will, in Beziehung zu Christus gebracht werden kann. Dementsprechend sieht sie die Kommunikation der christlich verstandenen Botschaft des AT im Sinne der frühen Kirche als ihre Aufgabe. Da die →Autorenintentionen der atl. Schriften für diese Fragestellung grundsätzlich nicht herangezogen werden können, muss der Christusbezug über die b. H. als Vermittlung der damaligen christlichen Verstehenskontexte stattfinden. Das kann durchaus auch in kritischer Auseinandersetzung mit den Auslegungstechniken und -methoden der frühchristlichen Exegeten stattfinden (etwa Jes 7,14 und Mt 1,23 oder die paulinische Überbietungsvorstellung, →Gesetz und Evangelium).

Als textorientierte Hermeneutik muss sich die b. H. auf alle Fälle mit den Implikationen des Kanons bzw. der Kanones des AT als Teil einer zweigeteilten christlichen Bibel befassen (C. Dohmen; →Kanon, →Kanongeschichte, →Tanach, →Schrift/Schriftprinzip). Dafür stehen der →Exegese und der →Auslegung verschiedene Zugänge (→Methoden) zur Verfügung. Während die Konzeption einer einzigen ‚richtigen' Bedeutung der Bibeltexte in der Postmoderne immer mehr an Glaubwürdigkeit verliert, wird es zunehmend schwieriger, die Grenzen zur Beliebigkeit zu ziehen. Daher wird der schon von Luther hermeneutisch verwendete Christusbezug der b.n H. (‚was Christum treibet') erneut aktuell.

Neben autorenorientierten (→Autor) und textorientierten (→Text) Zugängen öffnen die leserorientierten (→Rezeption) Zugänge nicht nur an sich mehrere Modelle für eine b.

H. (M. Oeming), sondern auch eine Offenheit zur Neubewertung eines mehrfachen →Schriftsinnes (→Allegorese, →Typologie) wird zunehmend erkennbar.

Eine b. H. ist eine Entscheidung für einen die Bibel als Ganze relevant machenden Aspekt. Nach D.H. Kelsey ist sie eine kreative Tat des imaginären Geistes, die den „Gegenwartsmodus Gottes *pro nobis*" bestimmt (D.H. Kelsey, 163) und ihrem Wesen nach eine *Konstruktion* des zu verwendenden Textes als → Heiliger Schrift. Während dieses Urteil freilich innerhalb einer bestimmten Tradition gefällt wird, die von dieser Schrift mitgeformt wurde, baut die b. H. dann ihre Argumentführung auf dieser Basis auf. Daher ist eine b. H. wesentlich ein ästhetisches Gebilde.

Bibliographie: J. Becker, Grundzüge einer Hermeneutik des Alten Testaments, Frankfurt a.M. 1993. – C. Dohmen/G. Stemberger, Hermeneutik der Jüdischen Bibel und des Alten Testaments, Stuttgart 1996. – D.H. Kelsey, The uses of Scripture in recent theology, Philadelphia 1975. – M. Oeming, Biblische Hermeneutik, Darmstadt 1998.

James Alfred Loader

II. Neutestamentlich

Die b. H. ist die Wissenschaft vom angemessenen Verstehen der Bibel, d.h. der kanonischen Schriftensammlung der christlichen Kirchen, die sich in die beiden Unter-Sammlungen des AT und des NT gliedert. Die b. H. basiert auf der kanonischen Doppeltextsammlung, d.h. sie geht im Grundsatz von der Einheit und der →Normativität der → ‚Heiligen Schrift' aus und bewegt sich von daher prinzipiell im kirchlichen und theologischen, nicht im historischen bzw. historisch-kritischen Paradigma. Kanonizität, Normativität, Offenbarungs- und Schrifttheologie sowie Christologie (→Christus im AT) bilden ihre hermeneutischen Koordinaten.

Die beiden Teilsammlungen AT und NT unterscheiden sich allerdings hinsichtlich ihres originären sprachlichen (AT: Hebräisch mit wenigen aramäischen Texten, NT: Griechisch), historischen (AT: zweite Hälfte des 1. Jt. v.Chr., NT: 1. Jh. bis Anfang 2. Jh. n.Chr.), politisch-kulturellen (AT: Reiche des Alten Vorderen Orients bis hin zur hellenistischen Eroberung, NT: Imperium Romanum, frühe Kaiserzeit) und religiösen (AT: Religion Israels, NT: Religion des entstehenden Christentums) Kontextes sowie ihres Umfanges grundlegend voneinander. Die Wahrnehmung dieser Unterschiede führte seit der Entstehung der Bibelwissenschaften am Ende des 18. Jh.s zu einer immer stärkeren Differenzierung zwischen den beiden Teilcorpora, die auch Teilhermeneutiken hervorbrachte. Die methodischen Regeln der historischen Analyse führten zudem zu je eigenen Quellenhermeneutiken und generierten darüber hinaus grundsätzlich das sich ständig weiter differenzierende analytische und historische Verstehen der biblischen Teiltexte und ihrer erschlossenen vorliterarischen Gestalt.

Aus der theologisch basierten Perspektive der Bibelhermeneutik ist das NT die Offenbarungsurkunde vom endgültigen Heilshandeln Gottes an der Welt und an der Menschheit in Jesus Christus. Das →‚Evangelium' ist die entscheidende hermeneutische Erschließungskategorie. Dies ist auch die Sicht der ntl. Schriftsteller selbst und damit Basis der textinternen Hermeneutik des NT. Die ntl. Schriftsteller kommunizieren mit ihren Schriften je in eigener Weise die Heilsbotschaft Gottes für die Menschen. Sie wissen sich dabei in Kontinuität zur Botschaft und zum Handeln Gottes in den Schriften des Alten Bundes. Dieser biblische Gesamtbezug wird in den ntl. Schriften durch verschiedene Theologumena konstruiert: durch heilsgeschichtliche Periodisierung in den Stammbäumen Jesu (die Genealogie in Mt 1,1–17 führt Jesus in dreimal vierzehn Gliedern auf Abraham zurück; in Lk 3,23–38 wird Jesus über Adam auf Gott selbst zurückgeführt), weiter im Zusammenhang mit ‚Gesetz und Propheten' oder ‚Mose' einerseits und Jesus Christus andererseits (grundlegend Gal 4,1–7; Eph 1,9 f.; allgemein Röm 5 und 7), durch das Schema von Verheißung und Erfüllung (vgl. besonders die sog. Erfüllungszitate in Mt, z.B. 1,22: die Verheißung von Jes 7,14 LXX erfüllt sich in der Jungfrauengeburt), durch die Adam-Christus-Typologie (Röm 5,14 Adam als τύπος Christi) bei Paulus (Röm 5 und 1 Kor 15), durch Abraham als τύπος der Gaubenden (Röm 4), allgemein durch die Vorstellung, die Widerfahrnisse Israels seien ‚τυπικῶς' für die Christen (1 Kor 10,11: „Das aber ist jenen τυπικῶς widerfahren, geschrieben aber ist es zu eurer Warnung", vgl. auch positiv die ‚Wolke von Zeugen' aus der Geschichte Israels in Hebr 11).

Alle diese und andere Konstruktionen haben eher formal-verbindenden Charakter. Theologisch-konzeptionell sind dagegen christologische Texte, die den Zusammenhang zwischen Altem und Neuem Bund und damit auch zwischen der ‚Schrift' (aus der Sicht der ntl. Schriftsteller die →Septuaginta) und dem ‚Evangelium' in Christus selbst festmachen: die christologischen Hymnen, die Christus als λόγος oder als Schöpfungsmittler interpretieren (Joh 1 und Hebr 1) und ihn damit auch vor jeden Beginn der Geschichte Gottes mit den Menschen stellen. In 2 Kor 3 entwirft Paulus eine eigene biblische Hermeneutik im Sinne der Überbietung der Mosetora durch eine Lektüre ‚in Christus'. Hebr 1 konstruiert eine heilsgeschichtliche Hermeneutik.

Eine b. H., die die historisch-kritische Perspektive ernst nimmt, wird die vielfältigen Divergenzen zwischen den Textsammlungen sowie innerhalb der Teilsammlungen und der einzelnen Texte hermeneutisch bedenken und eine Bibelhermeneutik mit historischer Tiefendimension und Schichtung von Interpretationen konstruieren. Die textwissenschaftliche Perspektive ist hier hilfreich. Die Texte des NT sind textwissenschaftlich betrachtet eine Sammlung formal und inhaltlich sehr selbständiger Posttexte zum Prätext Septuaginta. Die Textsammlungen der Septuaginta und des NT sind jeweils gleichermaßen von hoher →Intertextualität wie Individualität geprägt. Der kanonische Status der Bibel lässt sich in diesem Paradigma als wesentlicher Rezeptionsvorgang der Einzeltexte und Teilsammlungen darstellen.

BIBLIOGRAPHIE: D. Sänger, Das Alte Testament im Neuen Testament, in: Das Alte Testament als christliche Bibel in orthodoxer und westlicher Sicht, hg. v. I.Z. Dimitrov et al., Tübingen 2004, 155–203. – O. Wischmeyer, Hermeneutik des Neuen Testaments, Tübingen/Basel 2004 (Lit.). – Dies./S. Scholz (Hgg.), Die Bibel als Text, Tübingen/Basel 2008 (darin bes.: E.-M. Becker, Text und Hermeneutik am Beispiel einer *textinternen* Hermeneutik, 193–216 und O. Wischmeyer, Texte, Text und Rezeption, 155–192).

Oda Wischmeyer

III. Kirchengeschichtlich

Obwohl seit dem Beginn der ntl. Schriften mit den Paulusbriefen ein Bemühen um b. H. in Bezug auf das AT vorliegt und mit dem Wachstum des ntl. Schrifttums auch ältere ntl. Schriften dabei einbezogen werden, ja zunehmend das ganze NT in seiner Vielfalt (etwa Vierzahl der Evangelien) zum Gegenstand einer solchen b.n H. wird und →Predigt und →Exegese, v.a. in der Form von → Kommentaren, von Origenes bis Hieronymus zur wichtigsten Aufgabe der christlichen Schriftsteller werden, finden wir ein systematisches Handbuch zur b.n H. erst in Augustins *De doctrina Christiana*, das, gerade weil es seine wissenschaftliche Qualität im Zusammenhang mit der antiken Bildung zeigt, für das nächste Jt. zum einschlägigen Klassiker einer ‚christlichen Bildung' (K. Pollmann) wird. Deren Hauptaufgabe besteht in der Entwicklung einer vom Lesen des Textes bis zur Predigt reichenden b.n H. und einer christlichen Kulturtheorie, die zudem durch einschlägige Bemerkungen bei der Konstruktion seines eigenwilligen Geschichtsbildes in *De civitate Dei* verstärkt werden. Als Vermittler und Systematiker muss besonders Johannes Cassian mit seiner Lehre vom vierfachen →Schriftsinn gelten, in der das seit nachhomerischen Zeiten virulente Problem der allegorischen Interpretation, nämlich einen normativen „Sinnzusammenhang aus einer anderen ‚Welt' in die eigene zu übertragen" (H.-G. Gadamer), eine langzeitgeschichtliche Lösung erhielt. Deutlich ist dies etwa bis heute in der Bedeutung der →Typologie bei der Exegese des AT in den orthodoxen Kirchen. Ein normativer Sinnzusammenhang bleibt aber auch im Westen in allen philosophisch-theologischen Diskursen des Mittelalters zur Ontologie ebenso erhalten wie in den Diskursen über die Bedeutung von Tradition für Exegese und Dogmatik bei Reformatoren und Gegenreformatoren. Wichtig wird der Umstand, dass von humanistischer und reformatorischer Seite beim Regress *ad fontes* und aller Behutsamkeit gegenüber einer die Norm legitimierenden christologisch-typologischen Auslegung die allegorische Auslegungsmethode selbst als zur sekundären und damit abzulehnenden Tradition gehörend verworfen wird. Vielmehr soll das eigentlich Maßgebende zurück gewonnen werden, wenn die ‚Verstellung' des ursprünglichen Sinnes durch die Lehrtradition der Kirche beseitigt ist. Zugleich wird aber damit, und zwar ebenso bei Juan Maldonado S.J. (1534–1583) wie bei Hugo Grotius (1583–1645) und besonders bei dem von den Jesuiten ausgebildeten Oratorianer Richard Simon (1638–1712) eine Entwicklung der b.n H. in Gang gesetzt, die zunehmend auch die dogmatische Gebundenheit der altprotestantischen Orthodoxie lutherischer (M. Flacius) oder reformierter (Louis Cappel) Prägung kritisiert, in die sie sich v.a. mit der Lehre von der Verbalinspiration gebracht hat, die etwa auch die Punktation des hebräischen Textes einschließt. Gleichzeitig eröffnet der Rückgang auf die biblischen Originalsprachen und besonders ein gesteigertes logisches und historisches Methodenbewusstsein, das „objektiv, objektgebunden, von aller subjektiven Willkür frei sein wollte" (H.-G. Gadamer) und sich zunehmend in unterschiedlicher Weise an René Descartes (1596–1650), Baruch Spinoza (1632–1677) und Jean Mabillon (1632–1707) orientiert, ein immer stärker von der Aufklärung geprägtes historisches Bewusstsein. Das führt dann im Protestantismus bei J.S. Semler (1725–1791) und F.C. Baur (1792–1860) zur modernen historisch-kritischen Forschung, die auf dem Zweiten Vatikanischen Konzil 1965 in der Dogmatischen Konstitution über die göttliche Offenbarung *Dei Verbum* für die katholische Exegese im Sinne der katholischen Dogmatik angepasst wird. Hier ist dann der Weg bereitet für den →*Canonical Approach*, dem sich heute große Teile v.a. der angelsächsischen Exegese verpflichtet fühlen. Für Teile der protestantischen Exegese besonders in Deutschland bringen die Arbeiten von R. Bultmann im 20. Jh. eine Neubelebung der durch die historische Kritik geprägten b.n H. mit dem Programm der Entmythologisierung und der konsequenten Formgeschichte. Dazu treten unterschiedliche Akzente aus Rhetorik und Linguistik und bestimmter philosophisch-literaturtheoretischer Diskurse, die sich im Zusammenhang der neueren Hermeneutikdebatte und der Literaturästhetik in Frankreich und Nordamerika (P. Ricœur, M. Foucault) entwickelten. Diese entdecken u.a. auf bemerkenswerte Weise wichtige Ergebnisse aus der Tradition der klassischen b.n H. wieder:

(1) die Autonomie der Texte, nämlich den Autor besser zu verstehen als er sich selbst (‚Tod des Autors'),

(2) die Autonomie der Sprache mit Hilfe der Theorien der Text- und Sprachwissenschaften,

(3) die Intertextualität im Zusammenhang von →cultural studies,

(4) die ‚*billige* Interpretation' (A. Bühler), die der antiken Hermeneutik platonischer oder platonisierender Tradition mit ihrem erotischen Element, besonders aber Augustins Hermeneutik mit der assonanten Zusammengehörigkeit von *diligere* und *intelligere* die der weiteren b.n H. bis F.D.E. Schleiermacher zugrunde liegt und weiter zu W. Dilthey und H.-G. Gadamer führt.

In der hier gesetzten Verbindung von Erkenntnis und Emotion, sei es in einem *principle of charity* (W.V. Quine und D. Davidson), sei es in einer Hermeneutik des →Verdachts (H. Arendt), eröffnet sich die Linie zum ethischen Diskurs der Gegenwart, der auch in der → Dekonstruktion des Textes eine sachgemässe Hermeneutik sehen kann.

BIBLIOGRAPHIE: F.-X. Amherdt, L'herméneutique philosophique de Paul Ricœur et son importance pour l' exégése biblique, Paris 2004. – C. Asmuth, Interpretation – Transformation, Göttingen 2006. – F. Bezner, Vela Veritatis, Leiden 2005. – A.S. Bruckstein, Die Maske des Moses, Berlin 2001. G.L. Bruns, Hermeneutics ancient and modern, New Haven 1992. – A. Bühler (Hg.), Unzeitgemässe Hermeneutik, Frankfurt a.M. 1994. – J.D. Caputo, Radical hermeneutics, Bloomington 1987. – Ders., More radical hermeneutics, Bloomington 2000. – S. Ciurlia, Unitas in variegate, Galatina 2004. – R. Copeland, Rhetoric, hermeneutics, and translation in the Middle Ages, Cambridge 1991. – L. Devillairs (Hg.), Augustin au XVIIe siècle, Florenz 2007. – J.D.G. Dunn et al. (Hgg.), Auslegung der Bibel in orthodoxer und westlicher Perspektive, Tübingen 2000. – D.R. Macdonald (Hg.), Mimesis and intertextuality, Harrisburg 2001. – J. Ratzinger et al. (Einl. u. Komm.), Dogmatische Konstitution über die göttliche Offenbarung, LThK. Das zweite vatikanische Konzil: Kommentare 2, Freiburg i. Br. 1967, 497–583. – M. Reiser, Bibelkritik und Auslegung der Heiligen Schrift, Tübingen 2007. – W. Thönissen, Dogma und Symbol, Freiburg i. Br. 2008. – W. Virmond, Der fiktive Autor, in: Archivio di Filosofia 52 (1984), 225–232. – A. Wierciński (Hg.), Between the human and the divine, Toronto 2002. – Ders. (Hg.), Between suspicion and sympathy, Toronto 2003.

Wolfgang Wischmeyer

IV. Systematisch-theologisch

Als ‚b. H.' kann im weitesten Sinne die Lehre vom Verstehen der biblischen Schriften, seinen Bedingungen, Kontexten, Verfahren und Zielsetzungen verstanden werden. Eine implizite b. H. findet sich schon in den biblischen Texten selbst. Herausragendes Beispiel ist die typologische Deutung der →Septuaginta bei Paulus, wo z. B. 1 Kor 10,6–11 Erzählelemente aus der Geschichte der Wüstenwanderung Israels (Götzendienst, Aufstand und Murren des Volkes: Ex 32,6; Num 25,1–3; Num 19,2) als beispielhaftes Mahnmal (τύπος) beschrieben werden, aufgeschrieben, um das Verhalten der Christen am Ende der Tage zu orientieren (1 Kor 10,11). Das typologische Verfahren findet sich implizit in der Zitation atl. Schriften, die die ‚Herkunftsbedeutung' im ursprünglichen Textkontext durch die ‚Zielbedeutung' im neuen Textkontext bestimmt sieht (‚→Verheißung' und ‚Erfüllung'). Diese Verfahrensweise setzt voraus, dass die biblischen Schriften im Zusammenhang eines kommunikativen Geschehens zwischen Gott und den Menschen zu verorten sind, das sich in Anrede und Antwort, Hören und Lesen vollzieht, in denen das Verstehen der Anrede Gottes im Verstehen der Schrift den Menschen ihren Ort im Verhältnis zu Gott und im Verlauf der Geschichte des Gesprächs zwischen Gott und den Menschen zuweist. In den ntl. Schriften wird Jesus Christus als das letzte Wort Gottes „am Ende der Tage" verstanden, „nachdem Gott vor Zeiten vielfach und auf vielerlei Weise zu den Vätern geredet hatte durch die Propheten" (Hebr 1,1). Das erklärt die →Rezeption der atl. Texte in ihrer Pluralität und Vielgestaltigkeit im eschatologischen Verstehenshorizont der ntl. Texte als Christuszeugnis, pointiert: als Zeugnis vom fleischgewordenen Logos (Joh 1,14). Die Wege jüdischer und christlicher b.r H. trennen sich an der Frage des Verstehenshorizonts der Schriften der jüdischen Bibel bzw. des christlichen AT.

Bis zum Beginn der Neuzeit ist das Integral des Verstehens der Bibel ihr Gebrauch als →Schrift im christlichen →Gottesdienst. Die gottesdienstliche Performanz (als Rezitation und Auslegung) der biblischen Texte in Wort und Sakrament bringt den Zusammenhang des Textverständnisses mit dem Selbstverständnis, dem Weltverständnis und dem Gottesverständnis der Glaubenden zum Ausdruck. Es hat seine referentielle Einheit im Verweis auf den dreieinigen Gott als im Zeugnis vermittelter Autor, bezeugter Inhalt und die Wahrheit des Bezeugten gewissmachende Wirkung der Schrift. Als ‚Buch Gottes', des dreieinigen Schöpfers, Versöhners und Vollenders ist die Bibel das ‚Weltbuch', das die Geschichte der Welt von Alpha bis Omega in einem Sinnhorizont zusammenfasst. Die Lehre vom vierfachen →Schriftsinn ordnet die unterschiedlichen Dimensionen der Schriftbedeutung in einem einheitlichen Sinnzusammenhang einander zu und vermittelt so das bezeugte besondere →Ereignis (Literalsinn) und seine allgemeine geistliche Bedeutung (allegorischer Sinn), Handlungsanweisung (moralischer Sinn) und Zukunftshoffnung (anagogischer Sinn).

Die These der Reformation, dass allein die Schrift letztes Kriterium der Lehrautorität in der Kirche sei, begründet Luther durch die äußere Klarheit der Schrift in ihrem Literalsinn, deren Botschaft von Gott selbst durch die Gewährung innerer Klarheit des Bezeugten in den Herzen der Glaubenden gewiß gemacht wird. Die These, dass die Glaubenden auf der Basis der Schrift zum Urteil über die Lehre befähigt seien, bereitet den Weg für die Karriere der privaten Bibellektüre vor. In der Folgezeit zerfällt der Zusammenhang zwischen dem äußeren Wort und der inneren Gewißheit des Geistes in die Auffassung vom unfehlbaren Text (Verbalinspiration) und die Auffassung von der nicht mehr an das Wort gebundenen Glaubensgewißheit, die säkular als Autonomie der Vernunft verstanden wird. Mit der Emanzipation der historischen Exegese von der dogmatischen Auslegung wird der historische Ursprungssinn des Textes von seiner dogmatischen Bedeutung getrennt. Die kanonische Schrift wird zum literarischen Klassiker. Mit dem Verlust der Beziehung zum Gottesdienst als Integral des Schriftverstehens im Vollzug der Gottesbeziehung werden Text-, Selbst- und Weltverständnis voneinander unabhängig. Der gegenwärtige Methodenpluralismus in der b.n H., zu dessen wichtigsten Einsichten die Komplementarität von Autorenperspektive, Leserperspektive und Textperspektive gehören, hält die Frage nach einer methodisch transparenten Integration der Verstehensdimensionen wach.

BIBLIOGRAPHIE: B. Janowski (Hg.), Kanonhermeneutik, Neukirchen-Vluyn 2007. – H. Karpp, Schrift, Geist und Wort Gottes, Darmstadt 1992. – U.H.J. Körtner, Einführung in die theologische Hermeneutik, Darmstadt 2006. – H. de Lubac, Exégèse médievale, 4 Bde., Paris 1959–1964. – M. Oeming, Biblische Hermeneutik, Darmstadt 1998.

Christoph Schwöbel

Biblizismus →Fundamentalistische Bibelhermeneutik(en)

Bild/Bilderverbot

I. Alttestamentlich

Im AT lässt sich keine Entwicklung zu einem reflektierten Bildbegriff nachweisen, wie sie zeitversetzt in Griechenland stattfand („von der Vergegenwärtigung des Unsichtbaren zur Nachahmung der Erscheinung", J.-P. Vernant). Das Bildverständnis des alten Israel war offenbar zunächst, wie im Alten Orient, bestimmt von der Anwesenheit der göttlichen (und dämonischen) Mächte im B. Dabei bestand eine Spannung zwischen Partizipation [Identität] und Differenz [Nicht-Identität], wie sie nach Analogie der →Metapher auch moderne Reflexionen zum B. erneut bestimmt (G. Boehm). Anhand der archäologisch aus Palästina für das 1. Jt. v. Chr. zahlreich belegten Bildquellen (Siegelamulette, Figurinen, Baukunst u. a., O. Keel/C. Uehlinger) lässt sich die Übernahme der Ikonographie der jeweils vorherrschenden kulturellen und politischen (Groß-)Mächte nachweisen. Auffallend bleibt, dass der Gott Jhwh nach den materiellen Befunden keine eigenständige Bildtradition hatte – eine indirekte Stütze für die Annahme eines alten Anikonismus dieser Gottheit, die nicht aus Palästina, sondern wahrscheinlich aus dem Süden stammte. Die Zurückhaltung im Blick auf Götterdarstellungen in den Bildquellen aus der persischen Provinz Jehud (6.–4. Jh. v. Chr.) lässt sich mit der Literaturgeschichte des AT verbinden, nach der in den Schriftwerken seit dem Exil ein (immer noch ‚plastischer') Monotheismus vorherrschte und nun das Verständnis des B.es prägte.

In hermeneutischer Hinsicht entscheidend ist, dass die Ablehnung von B.ern, wie sie frühestens exilisch im Bilderverbot des Dekalogs formuliert wurde (Ex 20,4; Dtn 5,8), ausschließlich die Verehrung von (anthropomorphen und theriomorphen) Kultbildern meint. Die Entwicklung des Bilderverbotes wird heute zumeist zweistufig beschrieben: Auf eine Abgrenzung nach ‚innen' gegenüber Jhwh-B.ern, deren Herstellung Jhwh nicht befohlen hat (Hos-Buch, vgl. Ex 32 [Nordreichthematik]), folgte eine Abgrenzung nach ‚außen'. Diese hatte ihren Auslöser wahrscheinlich im Kulturkontakt mit den Bilderkulten Mesopotamiens, v. a. im Exil (6. Jh. v. Chr.). Für die entsprechenden Texte (Deuterojesaja und spätere) ist eine von der Einzigkeit Jhwhs abgeleitete schöpfungstheologische Begründung maßgeblich: Nichts Irdisches vermag die Gestalt des himmlisch transzendenten Gottes zu repräsentieren (vgl. Dtn 4). Dass zu dieser Entwicklung auch eine anikonische Bild-Tradition des Jerusalemer Tempels beigetragen hat, ist wahrscheinlich (O. Keel). Die anthropomorphe Gottesvorstellung wird im AT dabei unabhängig von der Bild-Frage stets vorausgesetzt. Sprachliche Bilder (→Metapher, →Symbol) für Gott sind nicht verboten. Sie haben im AT gerade angesichts des Problembereichs von B. und Bilderverbot eine wesentliche Bedeutung für die Traditionsbildung (vgl. etwa →Visionsbericht, →Apokalyptik). Die Thematik der →

Gottebenbildlichkeit des Menschen (Gen 1,26–28) ist im AT terminologisch und konzeptionell (noch) nicht mit dem Bilderverbot verbunden.

Die frühjüdische theologische Polemik gegen die Verehrung von Götterbildern durch die Heiden wird von den ntl. Schriftstellern in der Gestalt der ‚Götzenpolemik' übernommen (Röm 1). Die Bilderfrage selbst begegnet im NT nicht.

BIBLIOGRAPHIE: I. Baldermann/E. Dassmann (Hgg.), Die Macht der Bilder, Neukirchen-Vluyn 1999. – G. Boehm (Hg.), Was ist ein Bild?, München [2]1995. – C. Dohmen, Das Bilderverbot, Frankfurt a.M. [2]1987. – F. Hartenstein, Das Angesicht JHWHs, Tübingen 2008. – M. Heintz/D. Bonatz (Hgg.), Bild – Macht – Geschichte, Berlin 2002. – B. Janowski/N. Zchomelidse (Hgg.), Die Sichtbarkeit des Unsichtbaren, Stuttgart 2003. – O. Keel, Kultbild, in: G. Boehm (Hg.), Homo Pictor, München/Leipzig 2001, 244–281. – Ders./C. Uehlinger, Göttinnen, Götter und Gottessymbole, Freiburg u.a. [5]2001. – K. van der Toorn (Hg.), The image and the book, Leuven 1997. – J.-P. Vernant, Zwischen Mythos und Politik, Berlin 1997.

Friedhelm Hartenstein

II. Kirchengeschichtlich

Jedes der großen atl. Gesetzescorpora enthält, wenn auch in verschiedenen Formen, ein Bilderverbot, deren wichtigstes das von der rabbinischen Tradition als zweites Gebot gezählte und mit dem Fremdgötterverbot verbundene des Dekalogs darstellt (Ex 20,4; Dtn 5,8), das auch die wichtigste Rezeptions- und →Auslegungsgeschichte besitzt. Als literarisch überliefertes programmatisches Verbot in der vorchristlichen Antike sonst unbekannt und auch altisraelitischer Praxis zuwiderlaufend erfährt das Verbot freilich in der Anthropologie durch die Schöpfungsvorstellung κατ' εἰκόνα (Gen 1,26; vgl. 1 Kor 11,7) und durch platonisierende Emanationsvorstellungen etwa im Zusammenhang einer Sophiaspekulation in den mentalen Bildmedien sprachlicher Äußerungen eine Ergänzung, die schließlich auch in Monumenten ihren Ausdruck findet (Synagogendekoration; Septuaginta-Illustration).

Im christlichen Bereich führt dann die εἰκών-Christologie (Kol 1,15) in einem längeren Prozess zu der – nie unwidersprochenen (Ikonoklasmus) – Bilderfreundlichkeit, die sich bei aller ästhetischen Freude am B. und – gerade im Westen gebräuchlichen – katechetischen Funktionalisierung des B.es bis in die Frühneuzeit durchaus der theologischen Aufgabe bewusst ist, die Alterität Gottes zu achten, – ein Theologumenon, das in der religiösen Gegenwartskunst eine große Rolle spielt, und gleichzeitig in einer temporalen Horizontverschmelzung durch das Medium B. den biblischen Text in die Gegenwart hineinzuholen. Anregend für die bildende Kunst sind dabei nicht nur die biblischen Erzählstoffe (*Biblia pauperum*), die oft in Erweiterungen dargestellt werden, die auf Weitererzählungen z.B. in den →Apokryphen hinweisen (Kindheitsgeschichte Jesu), sondern auch bekannte Formen zeitgenössischer Kunst, die mit ihrer scheinbaren Textferne wichtige Elemente zur Auslegungsgeschichte liefern (z.B. Jonas), daneben auch die biblische Bildersprache, die über den mentalen oder literarischen Bereich hinaus ihre Wirkkraft entfaltet (z.B. Guter Hirte).

BIBLIOGRAPHIE: M. Illert, Die Abgarlegende, Turnhout 2007. – J. Spier/M. Charles-Murray, Picturing the Bible, New Haven 2007.

Wolfgang Wischmeyer

III. Systematisch-theologisch

Die Verwendung des Bildbegriffs in der gegenwärtigen systematisch-theologischen Diskussion ist v.a. geprägt durch die →Rezeption der neueren Forschungen zur →Semiotik und Rezeptionsästhetik (→*Reader-Response Criticism*), aber auch durch die philosophische Explikation des Bildbegriffs von Plato bis J.G. Fichte. Dadurch hat sich ein Verständnis des B.es als einer unreduzierbaren Synthese von sinnlichem Material und Sinn durchgesetzt, zu der der Interpretant konstitutiv hinzugehört. Im Unterschied zur älteren Diskussion wird das B. als ein triadisches Darstellungsverhältnis verstanden, das auf sinnerschließende Deutung angelegt ist. In der theologischen Dogmatik kommt dem Bildbegriff an drei Stellen eine zentrale Bedeutung zu: im Kontext der Gottesvorstellung, der Christologie und der Anthropologie. Jede Gottesvorstellung stellt ein sprachliches Konstrukt dar, welches sich sinnlicher Mittel bedient. Ohne Gottesbilder ist weder ein religiöser Kultus noch ein religiöser →Mythos möglich. Auch das atl. Bilderverbot (Ex 20,4–6; Dtn 5,8–10) bestätigt die Zeichenvermitteltheit des Gottesgedankens. Seine Pointe darf in der Formulierung einer Dialektik des religiösen Gottesgedankens gesehen werden. Die Transzendenz Gottes manifestiert sich für das religiöse Bewusstsein allein durch und als eine Negation an den sinnlichen B.ern. In der Christologie spielt der Bildbegriff seit den ntl. Anfängen eine grundlegende Rolle (Kol 1,15).

Unter dem Eindruck der historischen Kritik am christologischen Dogma bestimmen I. Kant und F. Schleiermacher Jesus Christus als das Urbild der Moralität und der Frömmigkeit. Diese die geschichtliche Wirkung des biblischen Christusbildes in den Vordergrund rückenden Konzeptionen, die die überlieferte Zwei-Naturen-Lehre durch das Verhältnis von →Offenbarung und Geschichte ersetzen, sind im 20. Jh. weitergeführt worden. In Auseinandersetzung mit der Leben-Jesu-Forschung auf der einen Seite und dem kirchlichen Dogma auf der anderen wurde der Bildbegriff zur methodischen Grundlage der Christologien von M. Kähler und P. Tillich. Ausgangspunkt ist weder der historische Jesus noch der dogmatische Christus, sondern das von den ntl. →Autoren gezeichnete Christusbild, welches als Synthese von Historie und →Mythos verstanden wird. Der Bildbegriff fungiert schließlich in der Anthropologie als eine umfassende Telosbestimmung des Menschen. Dieser Begriff der Gottebenbildlichkeit des Menschen (Gen 1,26 f.) wurde unter Aufnahme der begrifflichen Mittel des mittleren Platonismus von den frühchristlichen Autoren geschaffen.

Bibliographie: E. Cassirer, Philosophie der symbolischen Formen, 3 Bde., Darmstadt [10]1994.[9]1994.[10]1994. – C. Danz, Religion als Freiheitsbewußtsein, Berlin/New York 2000. – U.H.J. Körtner, Historischer Jesus – geschichtlicher Christus, in: K. Huizing et al., Lesen und Leben, Bielefeld 1997, 99–135. – A. Wagner (Hg.), Gott im Wort – Gott im Bild, Neukirchen-Vluyn 2005.

Christian Danz

IV. Judaistisch

In der Zeit des Zweiten Tempels verstand man Ex 20,4 f. und Dtn 5,8 f. als absolutes Bilderverbot und lehnte die Darstellung von Lebewesen fast völlig ab (siehe J. *AJ* 3,91); auf jüdischen Münzen stellte man nur Pflanzenmotive dar. Noch die Mischna (v.a. mAZ 3) geht davon aus, dass Bilder, v.a. Statuen, heidnischer Herkunft sind und Juden wegen deren kultischer Verehrung verboten sind, ausgenommen bildliche Symbole auf Gegenständen geringen Wertes, die kaum religiös bestimmt sind. Doch Mitte des 3. Jh.s n.Chr. belegen die Fresken von Dura Europos am Rand der syrischen Diaspora ein breites Repertoire biblischer Darstellungen, die sicher auf ältere Vorbilder zurückgehen. Ab dem 4. Jh. sind auf Mosaikfußböden zahlreicher Synagogen in Palästina bildliche Darstellungen verbreitet, biblische wie auch andere Motive breit belegt; Menschen und Tiere werden ohne Scheu dargestellt. Im Tierkreis der Synagoge von Hammat Tiberias sieht man Helios im Zentrum, dazu nackte Menschen; dreidimensional sind Steinreliefs an der Fassade der Synagoge von Kafarnaum oder die Löwen in Horvat Maon. Man begrenzt das Bilderverbot offenbar auf Kultbilder, vor denen man sich nicht ‚niederwerfen' darf. Zurückhaltender sind zeitgleiche samaritanische Synagogen, die Kultgegenstände, aber keine Lebewesen zeigen.

Doch auch im Judentum gibt es schon in der Spätantike zunehmende Zurückhaltung, zeigt der Tierkreis von Sepphoris nur noch die Sonnenstrahlen statt des Helios im Wagen; in Hammat Tiberias wird ein neues Mosaik mit rein floralem Muster gelegt; in En Gedi ist der Tierkreis (Zodiak) nur noch als Inschrift festgehalten, in Rehob wird Schrift die einzige Dekoration. Jüdischer Ikonoklasmus zeigt sich in Na'aran, wo Personen und Tiere im Mosaik ausgeschlagen werden, die hebräische Beschriftung aber bleibt. Anderswo wie in Kafarnaum ist nicht erkennbar, wer für die Zerstörung von B.ern verantwortlich ist, Juden oder Moslems.

Hebräische Handschriften des Mittelalters verwenden im islamischen Raum als Dekor nichtfigurative Teppichmuster oder Kultsymbole; Mikrographie, die Verwendung von

Schrift zur Darstellung von Tieren und Personen, bleibt über den islamischen Raum hinaus bis heute beliebt. Im christlichen Europa entstehen ab dem 12. Jh. illuminierte Haggadot und andere Handschriften; vereinzelt werden dabei Personendarstellungen noch in Erinnerung an das Bilderverbot verfremdet (so in der Vogelkopfhaggada), meist aber übernimmt man die künstlerischen Vorlieben der Umwelt, da kultische Verehrung von B.ern nicht mehr befürchtet wird.

BIBLIOGRAPHIE: S. Fine, Art and Judaism in the Greco-Roman world, Cambridge 2005. – J. Gutmann (Hg.), No graven images: studies in art and the Hebrew Bible, New York 1971. – R. Hachlili, Ancient Jewish art and archaeology in the land of Israel, Leiden 1988. – Dies., Ancient Jewish art and archaeology in the diaspora, Leiden 1998. – K. Kogman-Appel, Illuminated Haggadot from medieval Spain, University Park 2006. – B. Narkiss, Hebrew illuminated manuscripts, New York 1969.

Günter Stemberger

V. Islamwissenschaftlich

Im Koran kommt ṣūra, ‚B.', ‚Form' nur einmal vor (Q 82,8) und bezieht sich auf die Schöpfung des Menschen. Ṣawwara, ‚formen', ‚schaffen', erscheint hingegen mehrfach und beschreibt den göttlichen Schöpfungsakt (3,6; 7,11; 40,64; 64,3). Muṣawwir, aus der gleichen Wurzel abgeleitet, bezeichnet Gott als Schöpfer. Im Koran findet man somit kein Bilderverbot; hingegen wird die Anbetung von Götzenbildern (*timṯāl*, Pl. *tamāṯīl*; *naṣb*, Pl. *anṣāb*; *waṯan*, Pl. *awṯān*; *ṣanam*, Pl. *aṣnām*) eindeutig verboten. Auf die Götzenanbetung bezieht sich auch der einzige Koranvers, der im Zusammenhang mit dem ‚Bilderverbot' zitiert wird (Q 5,90): „Ihr Gläubigen! Wein, das Losspiel […], Opfersteine (*anṣāb*) und Lospfeile […] sind (ein wahrer) Greuel […] und Teufelswerk. Meidet es!" (Übersetzung v. R. Paret).

Die Hadithe sind eindeutiger. In sunnitischen wie schiitischen Textsammlungen finden sich zwei Hauptthemen:

(1) B.er sind unrein; in ihrer Gegenwart darf demzufolge nicht gebetet werden, denn Reinheit ist oberstes Gebot für die rechtliche Gültigkeit des Gebets. Allerdings sind B.er auf Gegenständen, auf die man tritt (Teppiche) oder sich setzt (Kissen) erlaubt, da man sie nicht verehren würde. Zum Gebot der Reinheit kommt die Furcht eines Rückfalls in die vorislamische Idolatrie.

(2) Das zweite Thema ist sprachlichen Ursprungs: Die Bildermacher (*muṣawwir*) wollen sich auf Gottes Ebene stellen. Daher wird dieser sie im Jenseits mit den schlimmsten Qualen bestrafen; er wird ihnen ihre Schöpfungen vorweisen und ihnen befehlen, diesen das Leben einzuhauchen. Da die Maler dazu unfähig sein werden, werden sie für die Ewigkeit dem Höllenfeuer ausgesetzt bleiben. Nur was kein Lebensodem (*rūḥ*) besitzt, wie etwa Pflanzen, darf dargestellt werden.

Ob die Hadithtexte tatsächlich die künstlerische Entwicklung beeinflusst haben oder ob sie eine Legitimierung bereits aufgetretener Praktiken darstellen, sei dahingestellt. Doch schon früh stellte sich im Einzugsgebiet des Islam eine klare Trennung zwischen religiösem und profanem Bereich ein. Während es in profanen Bauten figürliche Darstellungen von menschlichen und tierischen Wesen gab (z. B. in den von den Omejjadenkalifen im frühen 8. Jh. erbauten Wüstenschlössern), wurden religiöse Gebäude nur mit pflanzlichen, architektonischen oder geometrischen Formen dekoriert, so der 691–692 erbaute Felsendom in Jerusalem oder die in Damaskus 714–715 errichtete Omejjadenmoschee. Diese Trennung hat sich bis in die Gegenwart erhalten und charakterisiert die islamische Einstellung zu figürlichen Darstellungen.

BIBLIOGRAPHIE: O. Grabar, Die Enstehung der islamischen Kunst, Köln 1977. – R. Hillenbrand, Kunst und Architektur des Islam, Tübingen 2005. – S. Naef, Bilder und Bilderverbot im Islam, München 2007. – R. Paret, „Textbelege zum islamischen Bilderverbot", in: H. Fegers (Hg.), Das Werk des Künstlers, FS H. Schrade, Stuttgart 1960, 36–48.

Silvia Naef

VI. Literaturwissenschaftlich

Prägend für den etymologisch nicht präzise zu bestimmenden Bildbegriff in Philosophie, Theologie und Ästhetik war das griechische εἰκών (lat. *imago*) das anfänglich sowohl das Standbild und das Gemälde (τέχνῃ εἰκόνες), als auch das Schatten- oder Spiegelbild (φύσει εἰκόνες) bezeichnete. In der lateinischen Tradition dominierte der Begriff *imago* (zunächst

‚B. eines Verstorbenen', ‚Porträt'). Durch seinen gegenständlichen Charakter einerseits und seinen imaginären Status andererseits bewegt sich das B. zwischen Sein und Nicht-Sein. In der antiken Philosophie erscheint neben εἰκών mit pejorativem Akzent der Begriff εἴδωλον als Abbild der materiellen Welt. Der Begriff B. wurde erstmals in der platonischen Philosophie reflektiert. Hier steht er in Verbindung mit Platos Kritik an der nachahmenden Funktion von Kunst und mit der bildtheoretischen Überlegung, dass sich sowohl Wörter wie B.er zu dem, was sie darstellen, ähnlich und unähnlich zugleich verhalten.

Mit G.E. Lessings *Laokoon* (1766) wurde eine bis heute noch anhaltende Debatte über die Vergleichbarkeit bzw. Differenz zwischen den Künsten entfacht. Während Lessing die antike Formel des Horaz *‚ut pictura poesis'* (lat., wie ein B. [sei] das Gedicht) zurückwies und eine doppelte Grenzziehung vornahm (Malerei als räumliche Gestaltung des fruchtbaren Augenblicks, Dichtung als zeitliche Entfaltung bewegter Handlung), kommt es in den bildenden Künsten und in der Literatur der Moderne zu Medienkonvergenzen, die seit dem 20. Jh. zum Gegenstand der Intermedialitäts- und Intertextualitätsforschung geworden sind. Die Verbreitung von Bildmassenmedien seit dem Ende des 18. Jh.s und die Perfektionierung mechanischer Abbildungs- und Reproduktionstechniken hat andererseits zu neuen Bildbegriffen und -konzeptionen im Bereich der Kunstgeschichte mit psychologischer, phänomenologischer und anthropologischer Ausrichtung (E. Gombrich, G. Boehm, H. Belting) geführt. Semiotische und sprachphilosophische Überlegungen (R. Barthes, N. Goodman) haben ihrerseits zu einer Öffnung der transdisziplinären Erforschung von B.-Schrift-Beziehungen beigetragen. Unter dem Schlagwort →*‚Iconic Turn'* wurde 1994 in Fortführung des →*‚Linguistic Turn'* die erkenntnistheoretische Funktion von B.ern für die Lesbarkeit von Kultur betont. Die in der abendländischen Kultur seit dem jüdischen Bilderverbot und Platos Bildkritik immer wieder neu verhandelte Debatte über das Verhältnis von Text und B. findet in zeitgenössischen Diskussionen um den Realitätsgehalt von B.ern ihre Fortsetzung.

BIBLIOGRAPHIE: H. Baader, Art. Iconic turn, in: Metzler Lexikon Kunstwissenschaft, Stuttgart/Darmstadt 2003, 143–145. – H. Belting, Bild-Anthropologie, München 2001. – G. Boehm (Hg.), Was ist ein Bild?, München 1994. – G. Böhme, Theorie des Bildes, München 1999. – N. Goodman, Languages of art, Indianapolis 1976. – W.J.T. Mitchell, Was ist ein Bild?, in: V. Bohn (Hg.), Bildlichkeit, Frankfurt a.M. 1990, 17–68. – R. Prange, Art. Bild, in: Metzler Lexikon Kunstwissenschaft, Stuttgart/Darmstadt 2003, 43–46. – O.R. Scholz, Art. Bild, in: K. Barck et al. (Hgg.), Ästhetische Grundbegriffe 1, Stuttgart/Weimar 2000, 618–669.

Claudia Öhlschläger

VII. Philosophisch

Anhand von zwei historischen Phasen, dem byzantinischen Bilderstreit des 8. Jh.s sowie den reformatorischen Bilddebatten des 16. Jh.s ist das christliche Bilderverbot breit diskutiert worden. Dabei werden unterschiedlichste Formen und Gebrauchsweisen von Kultbildern unterschieden, an denen sich zugleich verschiedene Auffassungen der Bilderverbote samt den religiösen Praktiken nachzeichnen lassen.

In einer bildtheoretischen Perspektive müssen jedoch nicht allein die historischen und geographischen Differenzen in den theologisch, politisch und kulturell motivierten Bilderstreiten interessieren. Das Zensieren bildlicher Darstellungen kann vielmehr als Symptom verstanden werden, an dem das besondere Potential bildlicher Repräsentation zum Ausdruck kommt. Gerade die fundamentale Bedeutung des B.es im Christentum zeigt sich an dem untrennbaren Gegenüber von B. und Bilderverbot, von dem die christliche Tradition geprägt ist.

Schon das mosaische Bilderverbot lässt sich als Symptom einer solchen Bildmacht lesen, an der sowohl die Frage nach der Abbildbarkeit des unsichtbaren Gottes als auch das Konkurrenzverhältnis zwischen B. und Gott zum Ausdruck kommen. Von da aus lassen sich Bilderverbote als ein Streit um das Potential des B.es verstehen. Schließlich muss ja nur das verboten werden, was als Repräsentation nicht bloßes Abbild ist, sondern gegenüber dem Repräsentierten eine eigene Macht entwickelt.

Auf solche starken B.er sind die Verbote in den verschiedenen Phasen der theologischen Bilderstreite seit dem 8. Jh. gerichtet, aus denen sie geschwächt oder gestärkt hervorgehen. Mit den Differenzierungen von Abbild und Ähnlichkeit in den philosophischen Bilddebatten des Mittelalters (Augustinus, Johannes von Damaskus, Thomas von Aquin) werden Bilderverbote in ihrer Reichweite eingeschränkt. Anschließend führt die Reformation einerseits zu einem Bildersturm und zur Dichotomie zwischen Wort und B. (M. Luther, J. Calvin). Andererseits wird damit nochmals eine grundlegende Reflexion über das B. in Gang gesetzt, die auf reformatorischer wie gegenreformatorischer Seite zur Basis einer neuen Bildproduktion wird. Im 17. und 18. Jh. wird die Repräsentation im B. und v.a. die Legitimation, die damit einhergeht, zunehmend zum Gegenstand politisch motivierter Verbotsdiskurse.

Schließlich kommt dem Bilderverbot in der Kunst der Moderne nochmals eine neue Bedeutung zu. Das autonome B. wird nun selbst in Frage gestellt. Damit ist ein Bilderstreit innerhalb des B.es stimuliert, der zum Gegenstand einer künstlerischen Reflexion erklärt wird.

BIBLIOGRAPHIE: G. Boehm, Die Bilderfrage, in: Ders., Was ist ein Bild?, München 1994, 325–343. – W. Hofmann, Die Geburt der Moderne aus dem Geist der Religion, in: Luther und die Folgen für die Kunst, Ausstellungskatalog Kunsthalle Hamburg, München 1983, 23–71. – J. Koerner, The Icon as iconoclash, in: Iconoclash, Ausstellungskatalog ZKM Karlsruhe, Cambridge 2002, 164–213. – M.-J. Monzain, Können Bilder töten?, Zürich 2006. – J.L. Nancy, Das Darstellungsverbot, in: Ders., Am Grund der Bilder, Zürich 2006. – V.I. Stoichita, Das selbstbewusste Bild, München 1998.

Christian Spies

Brief/Briefliteratur

I. Neutestamentlich

Die Bedeutung der →Textsorte ‚B.' für das frühe Christentum ist in dessen früh gegebener überregionaler Verbreitung sowie in dem Verantwortungsbewusstsein und dem damit verknüpften informellen Autoritätsanspruch reisender Missionare (z.B. Paulus) begründet. Ist für die Antike zwischen amtlichen Schreiben, Privatbriefen und philosophisch-literarischen B.en zu unterscheiden, so haben christliche B.e an allen diesen Aspekten Anteil: Sie sind zumeist für die Verlesung in der Gemeindeversammlung bestimmt, lassen persönliche Bezüge des →Autors einfließen, der sich in seinem Verhalten und Geschick als *exemplum* für die Adressaten betrachtet, und enthalten Stellungnahmen zu Fragen des Glaubens und der Ethik, die christliche Verkündigung vereinheitlichend normieren wollen.

Die ältere Forschung (seit O. Roller) beschrieb die Aufnahme griechisch-römischer Briefkonvention bei Paulus und ihre Anverwandlung durch christlich-theologische Motive wie die gemeinsame Christusbindung. Dann galt, angeregt durch K. Thraede, die Aufmerksamkeit der Zuordnung frühchristlicher B.e zu antiker Brieftheorie (Artemon, Cicero, Ps.-Demetrios, Ps.-Libanius). Es zeigte sich: Die christlichen B.e sind zumeist Mischtypen; die wichtigsten Bezüge sind zu den Textsorten des Freundschafts- und des Philosophenbriefs gegeben.

1978 analysierte H.D. Betz den Galaterbrief *als Ganzes* nach den Regeln antiker → Rhetorik und bestimmte ihn als apologetischen B. Dieser Ansatz wurde auch auf andere christliche →Texte angewandt, führte jedoch zu divergierenden Ergebnissen. Noch ungelöst sind das Verhältnis zwischen antiker Brieftheorie und Briefpraxis sowie das Verhältnis der Epistolographie zur Rhetorik.

Eigenheiten der nach- und nebenpaulinischen Briefliteratur erfordern eigene Aufmerksamkeit.

→Pseudepigraphie, im Umkreis griechisch-philosophischer Schultradition sowie in frühjüdischer →Literatur bekannt, ist im frühen Christentum Ausdruck (einer Traditionsbindung und) eines Autoritätsanspruches. Das letztere Motiv ist auch der Grund dafür, dass Texte, die eigentlich anderen Textsorten wie Homilien (1 Joh; Hebr; 1 Petr), Traktaten (Eph; Jak; Jud) und Testamenten (2 Petr) zugehören, in einen brieflichen Rahmen gespannt worden sind. Die Autorität der (z.T. pseudepigraphen) Verfasser und der ‚Überschuss an grundsätzlichen Überlegungen' (O.

Wischmeyer) hat den ntl. B.en das literarische Überleben gesichert.

BIBLIOGRAPHIE: K. Berger, Formen und Gattungen im Neuen Testament, Tübingen/Basel 2005. – H.-J. Klauck, Die antike Briefliteratur und das Neue Testament, Paderborn u.a. 1998. – M.M. Mitchell, Art. Brief, in: RGG[4] 1 (1998), 1757–1762. – O. Roller, Das Formular der paulinischen Briefe, Stuttgart 1933. – G. Strecker, Literaturgeschichte des Neuen Testaments, Göttingen 1992. – K. Thraede, Grundzüge griechischer Brieftopik, 1970. – O. Wischmeyer, Hermeneutik des Neuen Testaments, Tübingen/Basel 2004. Martin Meiser

II. Kirchengeschichtlich

Der B. als literarisches Genus ist dem Christentum aus der klassischen Antike und der orientalischen Welt des →AT überkommen, v.a. aber aus dem →NT, dessen →Texte mehrheitlich B.e sind. Das Christentum hat damit auch die große Bandbreite der antiken Briefliteratur in formaler wie inhaltlicher Hinsicht übernommen. So stehen ‚echte' B.e neben Pseudepigraphen (→Pseudepigraphie), persönliche Schreiben neben offiziellen, Zeugnisse individueller Frömmigkeit neben in das Gewand des B.es gekleideten Programmschriften. Dabei konnten der Form und dem →Stil nach privat gehaltene B.e wie schon bei Paulus für eine größere Öffentlichkeit bestimmt sein.

Unmittelbare Wirkung hatten die B.e des NT, namentlich die des Paulus, auf Ignatius von Antiochia (1. Hälfte des 2. Jh.s n. Chr.). In seinen Sendschreiben ahmt er auch im Aufriss die B.e des Apostels nach und bemüht sich um eine Selbststilisierung, die dem Paulusbild seiner Zeit entspricht. Ebenso wie die B.e des Paulus wurden dann auch die des Ignatius durch Pseudepigraphien ergänzt. Attraktiv ist der B. als literarisches Genus für Ignatius v.a. wegen seines Anspruchs auf persönliche Authentizität. In ihm kommt ein Ich zur Sprache, das in enger Gebundenheit an die Autorität Gottes den Adressaten gegenübertritt. Solche charismatischen Ansprüche finden sich auch noch in späteren B.en asketisch geprägter Theologen. Andererseits konnten unter den Paulus zugeschriebenen B.en die Pastoralbriefe geradezu als Kirchenrechtsquelle gelesen und in spätere normative Sammlungen einbezogen werden.

Späterhin bediente sich das antike Christentum vermehrt des B.s im Sinne der klassischen Kommunikationsform. Das Kommunikationsnetz des Briefverkehrs ermöglichte den Austausch von Informationen und den Abgleich von Standards in der Lehrbildung. Dies zeigt sich spätestens in der Korrespondenz Cyprians von Karthago, aber auch schon im Ersten Clemensbrief und in Briefwechseln über strittige Fragen wie den Ostertermin. Umfangreiche und erhaltene Korrespondenzen wie die Augustins oder Gregors v. Nazianz zeugen von Autoritätsansprüchen wie von dem diskursiven Potential des Mediums B., da auch Strittiges zur Sprache kam. Dogmatische Kontroversen werden nicht zuletzt mittels B.en ausgetragen, doch überwiegt der Tendenz nach die Funktion des B.es als offizielle Kundmachung. Dafür stehen die Osterfestbriefe des Athanasius ebenso wie die sich zunehmend amtlich gebenden Schreiben römischer Bischöfe.

Der B. behält seine Bedeutung während der gesamten Kirchengeschichte, erinnert sei hier nur an Reformationszeit (Humanistenbriefe), Pietismus und Aufklärung.

BIBLIOGRAPHIE: D.E. Aune, The New Testament in its literary environment, Philadelphia 1987. – H. Görgemanns/M. Zelzer, Art. Epistel, in: DNP 3 (1997), 1161–1166. – S. Mratschek, Der Briefwechsel des Paulinus von Nola, Göttingen 2002. – P.L. Schmidt/H. Neumann, Art. Brief, in: DNP 2 (1997), 771–775. – J. Schneider, Art. Brief, in: RAC 2 (1954), 564–585. – S.K. Stowers, Letter writing in Greco-Roman antiquity, Philadelphia 1986. – K. Thraede, Grundzüge griechisch-römischer Brief-Topik, München 1970. Klaus Fitschen

III. Literaturwissenschaftlich

Die Literaturgeschichte des B.es ist von der Geschichte seiner pragmatischen Verwendung nicht zu trennen. Die epistolaren ‚Grundfunktionen' (R.M.G. Nickisch) – persönliche oder öffentliche Mitteilung, Belehrung, Aufforderung, Selbstdarstellung, Bekenntnis u.a. –, mit denen sich beliebige Inhalte vermitteln lassen, rufen von Anfang an literarisch-künstlerische Schreib- und Veröffentlichungsformen hervor. Die auf Artemon zurückgehende antike Definition als ‚die eine Hälfte eines Dialogs' orientiert das Verfassen von B.en an der literarischen →Gattung des Dialogs und verweist zugleich auf die Möglichkeit, eine mündliche Kommunikationssituation zu fingieren. Als Medium der Reflexion kann der B. aber auch zu Monolog oder Essay tendieren. Brieftheorie und -praxis der griechisch-römischen Antike, insbesondere bei Seneca, Cicero und Plinius, sind vom Ideal des Freundschaftsbriefs, d. h. der Unmittelbarkeit einer Gesprächssituation gekennzeichnet. Das gilt auch für die B.e antiker Philosophen an ihre Schüler, deren Form (Epistel) vom Christentum aufgenommen wurde. Sammlungen von (nicht selten fingierten) B.en berühmter Personen repräsentieren die klassischen Stilideale und weisen einen hohen Grad an literarischer Bearbeitung auf (H. Koskenniemi). Das Mittelalter kennt literarische Verwendungen des B.s in der Minneliteratur und der Mystik. Die mittelalterliche *ars dictandi* bzw. *ars dictaminis* ist jedoch von den Regeln des öffentlichen Schriftverkehrs und von den Prinzipien der → Rhetorik geprägt. Zur literarischen Gattung im engeren Sinne wird der B. im Zusammenhang mit der Herausbildung bürgerlicher Individualität in England und Frankreich seit der zweiten Hälfte des 17. Jh.s, in Deutschland seit der Mitte des 18. Jh.s. Das Verfassen von B.en und Briefromanen ist in Aufklärung, Empfindsamkeit, Sturm und Drang und Klassik eng mit der literaturgeschichtlichen Entwicklung verbunden; in der Romantik wird B.en dank ihrer Reflexivität der Status von Kunstwerken zugesprochen. B.e dienen der →Geschichtsschreibung als biographische und historische →Quellen, der Kulturwissenschaft als Zeugnisse kunst- bzw. wissenschaftstheoretischer Diskurse. Die neuere Forschung interessiert neben dem literarischen Inszenierungspotential v. a. die mediale Funktion des B.es innerhalb der modernen Schriftkultur und damit auch der Bedeutungswandel von Epistolarität aufgrund der Veränderung der Kommunikationmedien seit dem Ende des 19. Jh.s.

BIBLIOGRAPHIE: http://www.textkritik.de/briefkasten/forschungsbibl—a—f.htm (10. 09. 2007). – A. Ebrecht et al., Brieftheorie des 18. Jahrhunderts, Stuttgart 1990. – H. Koskenniemi, Studien zur Idee und Phraseologie des griechischen Briefes bis 400 n. Chr., Helsinki 1956. – R.M.G. Nickisch, Brief, Stuttgart 1991. – T. Reinlein, Der Brief als Medium der Empfindsamkeit, Würzburg 2003. – H. Wenzel, Gespräche – Boten – Briefe, Berlin 1997.

Anita Runge

IV. Textlinguistisch

Der „Brief ermöglicht die schriftliche Übermittlung einer Mitteilung an (eine) abwesende, räumlich vom Schreiber getrennte Person(en). Konventionalisierte Formen der Textbegrenzung (Anrede, Grußformeln, Unterschrift) weisen auf die miteinander Kommunizierenden und die Art ihrer sozialen Beziehung hin" (Nickisch 1996, 321). Der B. ist in Anlehnung an K. Bühlers Organonmodell nach W.G. Müller (61) durch die Triade Schreiber (Sender, Ich-Bezug), Adressat (Empfänger, Du-Bezug) und Mitteilung („die Dinge", Sach-Bezug) gekennzeichnet. Während vielfach seine Nähe zur *oratio* betont wurde und die Briefstillehren des Mittelalters eine feste Einteilung in *salutatio, captatio benevolentiae, narratio, petitio, conclusio* vorgaben, zeichnen sich insbesondere die Privatbriefe der Neuzeit durch größere Freiheiten in der Gestaltung aus. Als Ersatz für einen Dialog in einer *face-to-face-Kommunikation* weist der informelle B. eine größere Nähe zur →Mündlichkeit auf. Die →Textsorte „B." unterscheidet sich von anderen Textsorten dadurch, dass sie vielmehr eine „Kommunikationsform" darstellt, die primär durch situative oder mediale Merkmale bestimmt werden kann, sich aber in kommunikativ-funktionaler Hinsicht einer näheren Festlegung entzieht. Im Unterschied zu anderen Textsorten, die meist durch eine dominante Textfunktion charakterisiert werden können, sind B.e bei variantem Textthema grundsätzlich polyfunktional, da innerhalb der Schreiber – Adressat – Mitteilung-Triade unterschiedliche Gewichtungen vorgenommen werden können: Beim Bekenntnisbrief dominiert die Symptomfunktion, die Ausdruck der „Innerlichkeit" des Schreibers ist. Gleiches gilt für den Liebesbrief, dem auch Kontaktfunktion attestiert werden kann; diese hat er wiederum mit dem Glückwunsch- oder Kondolenzschreiben gemein. Bei Bittschreiben oder Mahnbriefen herrscht die Appellfunktion an den Empfänger vor, sich einer Sache anzunehmen, bei Rundschreiben, Geschäfts- oder wissenschaftlichen B.en die Darstellungsfunktion, über Sachverhalte der außersprachlichen Welt zu informieren. Während der B. als Mittel der Alltagskommunikation dem großen Bereich der Gebrauchstexte zugeordnet werden kann, deren stilistische Ausgestaltung durch den Zweck des Schreibens bestimmt wird, gehören literarische B.e der poetischen Lebenswelt an. Der B. ist grundsätzlich abzugrenzen von der schriftlichen Mitteilung mittels elektronischer Medien (E-Mail, SMS etc.), die in formellem Kontext Elemente des B.es (Anrede, Absender etc.) beinhaltet, aber in informeller Gestalt freiere Varianten entwickelt. Die zeitlich versetzte Kommunikation durch den B. (Abfassung und Rezeption sind in der Regel zeitversetzt) wird durch die Kommunikation im Rahmen der neuen Medien im Idealfall durch eine (quasi-)simultane Kommunikation abgelöst.

BIBLIOGRAPHIE: K. Ermert, Briefsorten, Tübingen 1979. – J.R. Höflich/J. Gebhardt (Hgg.), Vermittlungskulturen im Wandel: Brief, E-Mail, SMS, Frankfurt a. M. u. a. 2003. – W.G. Müller, Art. Brief, in: HWRh 2 (1994), 60–76. – R.M.G. Nickisch, Brief, Stuttgart 1991. – Ders., Art. Brief, in: Fischer Lexikon Literatur 1, Frankfurt a.M. 1996, 321–335.

Mechthild Habermann

Buch

I. Alttestamentlich

Im →AT selbst ist der Begriff B. noch unbestimmt und das Wort *sefer* kann sowohl ‚Buchrolle' (Jer 25,13) als auch ‚Dokument' (Dtn 24,1), ‚Brief' (2 Kön 5,7), ‚(Heilige) Schrift' (Dan 9,2), und ‚Schriftart' (Dan 1,4) bedeuten, wobei der Umfang nicht entscheidend ist. Der Begriff wird mit Bezug auf das AT in mindestens drei Bedeutungen, die hermeneutisch relevant sind, verwendet.

Das AT selbst liegt als gebundenes B. in Codexform vor (der jüdische →Tanach), in der Form von Rollen aber nur als Sammlung von mehreren Büchern. Im christlichen → Kanon ist das AT mit einem Umfang von Zweidrittel der →Bibel Teil eines umfassenderen B.s. Mehrere Bücher konnten zusammenredigiert (Jes) oder auf einer einzigen Rolle aufgezeichnet werden (die XII Kleinen Propheten). Die äußere Form des B.s ist wegen ihrer Bedeutung für das Kanonproblem hermeneutisch relevant. Ein mit Rollen gefüllter Schrank konnte schwerlich als einheitliches, kanonisches B. konzipiert werden. Höchstens kann der Kanon einer Sammlung dieser Art als eine Liste eingetragener Bücher gesehen werden. Erst ab dem 3. Jh. n.Chr. machte die Einführung des Codexes die Vorstellung des Kanons als B. möglich.

Meistens wird ‚B.' als Gliederungsbegriff für Teile des AT verwendet. Die ursprünglich separaten Schriften auf Rollen behielten nach ihrer Bündelung in Codices die Bezeichnung ‚Bücher'. Daher sind in den weitaus meisten Fällen mit den ‚Büchern des AT' die selbständigen Einheiten unter eigenen →Titeln gemeint. Dabei war die Länge eines B.es nie ausschlaggebend. Aber auch die Untergliederungen eines solchen B.s können ‚Bücher' heißen, etwa die fünf unselbständigen ‚Bücher' des Psalters (Pss. 1–41; 42–72; 73–89; 90–106; 107–150) als Pendant zu den fünf selbständigen Büchern des Pentateuch oder die sieben Sammlungen der Spr. Umgekehrt werden Bücher, die durchaus als Gruppen innerhalb des hebräischen AT aufgefasst werden, nicht unter der singularischen Bezeichnung ‚B.' zusammengefasst – weder die fünf Bücher der →Tora, die manchmal als ‚Chumasch' (‚Fünfer') gesehen werden, noch die beiden anderen Teile des →Kanons (Propheten und Schriften) oder die Sammlung der ‚Fünf Rollen' (Rut, Hld, Koh, Klgl, Est), die immer als Sammlungen von eigenständigen Büchern gelten. Bücher in diesem Sinne sind Resultate eines langen Redaktionsprozesses, weswegen der Begriff für die redaktionskritische Analyse des AT wichtig und daher exegetisch und hermeneutisch bedeutend ist.

Als religiöser Identifikationsbegriff wird ‚B.' seit dem 7. Jh. n.Chr. als Kennzeichnung von Religionen und religiösen Gruppen verwendet. Sowohl der jüdische Glaube als auch das Christentum werden wegen der zentralen Bedeutung der Bibel als ‚Religionen des B.es' bezeichnet, und bereits bei frühen Muslimen hießen die Juden die ‚Leute des B.es'.

Bibliographie: H. Blanck, Das Buch in der Antike, Tübingen/Basel 1992. – J.L. Crenshaw, Literacy, in: Ders., Education in ancient Israel, New York 1998, 29–49. – F. Funke, Buchkunde, München 1999. – M. Janzin/J. Güntner, Das Buch vom Buch, Hannover 1997.

James Alfred Loader

II. Neutestamentlich

B. ist im →NT mit fünf Vokabeln vertreten: (1) βιβλίον = B.(rolle), Schrift; (2) βίβλος = B.(rolle), Schrift, die zunächst synonym sind; (3) βιβλαρίδιον (Offb 10,2.9.10); (4) βιβλάριον (Offb 10,9 f. nach Codex A*) = Büchlein. Βιβλίον kann als ursprüngliches Diminutiv von βίβλος zusätzlich im NT die Bedeutung ‚Schriftstück' haben (Mk 10,4/Mt 19,7). Lat. *membrana* = Schreibtafel, ist die gebräuchliche, mit Wachs überzogene Holztafel, die durch ein Pergament- oder Papyrus-Blatt ersetzt werden konnte. Diese drei Materialien wurden seit dem 1. Jh. n. Chr. zu einem Codex verbunden. Die frühe Verwendung des Pergament- und Papyrus-Codex seit dem 2. Jh. ist besonders in den christlichen Schriften anzutreffen (vgl. bereits zu 2 Tim 4,13: R. Riesner).

Die Mehrzahl der Belege für B. findet sich in Offb (23x βιβλίον, 2x βίβλος und 3x die Diminutiva): B. bezeichnet die vorliegende Offenbarungsschrift, den Geschichtsplan Gottes und Auszüge aus ihm. Die →Metapher ‚B. des Lebens' (6x) meint ein himmlisches B. als Zusage des Endheils für die Glaubenden (vgl. Phil 4,3). Im übrigen NT hat B. eine breite Bedeutung: In Mk 10,4/Mt 19,7 bezeichnet B. das Dokument des ‚Scheidebriefs'. Nach Apg 19,19 werden pagane Zauberbücher in Ephesus verbrannt. 11x werden namentlich atl. Bücher zitiert. Joh 20,30 und 21,25 bezeichnen ihre Schrift ebenfalls als B.

Umstritten ist die Bedeutung von βίβλος in Mt 1,1: Es kann das gesamte Auftreten Jesu seit seiner Geburt, also wie Joh 20,30; 21,25 das gesamte B. gemeint sein, aber auch als Ausnahme das Schriftstück B. Lk 1,1–4 macht den Adressaten Theophilos auf das ‚Aufgeschriebene' aufmerksam, das in Apg 1,1 → Wort (λόγος) genannt wird.

Insgesamt hat B. im NT die untergeordnete Bedeutung des Materialträgers. Es wird gegenüber dem Inhalt →Schrift/Schreiben und Wort nur wenig genannt (48x). B. verweist auf die frühjüdische Selbstverständlichkeit der Buchkultur. Im ländlich geprägten Frühjudentum besaßen nur wenige die schriftgelehrte Fähigkeit, biblische Schriften und Worte als griechischen Fließtext ohne Wort- und Satz-Abgrenzungen zu schreiben und zu lesen. Daher ist auch →Lesen im NT selten vertreten (ἀναγινώσκω 32x).

Für die griechisch-römische Stadtgesellschaft ist die Prozentzahl zwar höher anzusetzen (A.R. Millard), aber die Mehrzahl der Hörer Jesu und der nachösterlichen Gemeinde konnte wohl weder lesen noch schreiben. Die Verkündigung vollzog sich mündlich. Dennoch ordnete Paulus für seine →Briefe das Vorlesen an (1 Thess 5,27). Mk 13,14 verlangt die Aufmerksamkeit des Vorlesers. Alle ntl. Schriften bezeichnen sich direkt und indirekt als B. und zitieren namentlich und anonym aus den biblischen Büchern (= Septuaginta).

Bibliographie: H. Balz, Art. βιβλαρίδιον, βιβλίον, βίβλος, in: EWNT 1 ([2]1992), 521–525. – D. Dormeyer, Die Bibel: Entstehung und Zusammenstellung eines Textcorpus, in: L.J. Engels/H. Hofmann (Hgg.), Neues Handbuch der Literaturwissenschaft 4, Wiesbaden 1997, 89–120. – A.R. Millard, Pergament und Papyrus, Tafel und Ton, Giessen 2000 [*engl.* 2000]. – R. Riesner, Jesus als Lehrer, Tübingen [2]1984, 495 f. – G. Schrenk, Art. βίβλος, βιβλίον, in: ThWNT 1 (1933), 613–620.

Detlev Dormeyer

III. Kirchengeschichtlich

Die Bezeichnung ‚Buchreligion' setzt ein spezifisch hermeneutisches Verständnis voraus und ist daher nicht vorbehaltlos auf das Christentum anwendbar. Die elementare Bedeutung des B.s als kulturelles Medium für die abendländische Kultur und damit auch für das Christentum ist jedoch unbestreitbar.

Im Rahmen der zeitlich mit dem entstehenden Christentum zusammenfallenden Entwicklung von der rollen- zur heftartig gebundenen, zweiseitig beschriebenen Codexform des B.es, verbunden mit dem Wechsel des Beschreibstoffes Papyrus zu Pergament, haben die frühen Christen den Pergament-Codex bei der Vervielfältigung biblischer und patristischer Schriften bevorzugt. Einen entscheidenden Vorteil dieser günstigeren und strapazierfähigen Variante stellte die große Kapazität dar. Der Codex bietet zudem bessere Nachschlage- und Vergleichsmöglichkeiten, wie u.a. die nachfolgende Entwicklung der Kanontafeln durch Euseb zeigt.

Die Codexform des B.s hat schließlich auch den Umgang mit dem Inhalt verändert, indem sie eine gebündelte Zusammenschau großer Textmengen ermöglicht, was noch mehr für den Wechsel der Majuskel- zu Minuskelschrift im 9. Jh. und die damit einhergehende Kapazitätserweiterung gilt. Ein weiterer Einschnitt, bei dem das B. als Träger schriftlicher Inhalte deren Verständnis beeinflusst, ergibt sich mit der Scholastik, die mit Hilfe einer differenzierten äußeren Textpräsentation und nicht zuletzt der Paginierung das B. stärker zu einem wissenschaftlichen Arbeitsmittel machte.

Epochal ist der Wechsel von der handschriftlichen zur maschinellen Produktion des B.s, angefangen bei Gutenbergs Erfindung des Druckens mit beweglichen Lettern. Die Frage nach dem B. als entscheidenden Faktor der Reformation kann dabei nur dann positiv beantwortet werden, wenn auch Flugschriften als B. gelten. Die Druckerpresse verbilligt die Buchproduktion, verändert und vereinheitlicht das Schriftsystem, das B. erhält sein handlicheres typographisches Quart- oder Octavformat. Seit dem 16. Jh. lässt sich eine ständig steigende Buchproduktion beobachten, wobei das B. als kulturelles Medium nichts an seiner Wertschätzung einbüßt.

In der Geschichte des B.s gingen Veränderungen der äußeren Form immer auch mit einer Bestandselektion einher. Es bleibt abzuwarten, ob das ‚*e-book*‘ eine weitere Selektion darstellt oder erstmals eine vollständige Bewahrung ermöglicht.

BIBLIOGRAPHIE: D. Fouquet-Plümacher, Art. Buch/Buchwesen III., in: TRE 7 (1981), 275–290. – J. Goody, The logic of writing and the organization of society, Cambridge 1986. – W.J. Mommsen (Hg.), Stadtbürgertum und Adel in der Reformation, Stuttgart 1979. – M.B. Parkes, Scribes, scripts and readers, London/Rio Grande 1991. – P. Stein, Schriftkultur, Darmstadt 2006.

Jutta Tloka

IV. Systematisch-theologisch

Protestantische Beiträge zum B. erweisen sich meist als Bibellesetheologien. Materialität und Oberflächenästhetik des B.s werden höchstens medienhistorisch berücksichtigt, z.B. wenn die Reformation als Ursprung der bürgerlichen Buchkultur erkannt wird. Einigkeit herrscht über den ambivalenten Charakter des B.s: Es konserviert Temporales, sichert Authentizität, überbrückt zeitliche und räumliche Schranken, führt Religionen durch sprachliche Fixierung zu höherer Reflexivität und initialisiert Rationalisierungsprozesse. Es veralltäglicht aber das Charisma, etabliert binäre wahr/falsch-Normierungen und damit Aus- und Abgrenzungen (B. Lang, K. Schreiner). Es besitzt ordnungsschaffende wie auch lebenszerstörende Potenz (R. Guardini, 37). Eine ‚Theologie des B.es‘ legten bisher nur katholische Theologen vor. K. Rahner schrieb ausgehend von der →Bibel als dem „endgültige[n] und unüberholbare[n] Buch“ (K. Rahner, 8), auch dem *profanen* B. autonome religiöse Funktion zu. Durch Verdichtung erschließe es „wahre Wirklichkeit“ (K. Rahner, 59) und ermögliche Ichfindung. R. Guardinis strenge Oberflächenästhetik sah im B. ein „Gleichnis unseres Daseins“ (R. Guardini, 6). Strittig ist nach wie vor, ob das Christentum eine Buchreligion ist. Dogmatiker bestimmen Christus als Selbstoffenbarung Gottes und unterscheiden davon die Bibel als dessen Medium. Dagegen rekurrieren Phänomenologen auf weitläufige Bibelfrömmigkeitsformen, in denen die Bibel unterschiedslos als „Almanach religiöser Erbauungssentenzen“ (W. Steck, 452) dient, aus dem eigene Privatkanones kreiert werden. Schon seine buchkulturelle Prägekraft spricht dafür, das Christentum als Buchreligion zu bezeichnen: deutlich ablesbar an der Verbreitung von sowohl Andachts-, Gesangs-, Erbauungsbuch, Kalendern und Losungen, als auch von religiös grundierten, privaten und institutionellen Bibliophilien (K. Huizing). Das Phänomen neu auftretender Medien von Film bis Internet provoziert stets zwei Reaktionen. Einerseits spricht man vom Ende des Buchzeitalters. Die Befreiung vom durch das Medium B. installierten binären Code wahr/falsch und von darin geborgenen Machtstrukturen wird ebenso erhofft wie umgekehrt das Ende abendländischer Kultur befürchtet (M. McLuhan, K.L. Pfeiffer). Andererseits dechiffriert eine Medientheologie die Pluralisierungsprozesse als mediale Ausdifferenzierung, wodurch erst die spezifische Funktion des B.s hervortrete (M. Baumotte, H. Timm).

Bibliographie: M. Baumotte, Art. Buch, in: WdC 1988, 173–175. – R. Guardini, Lob des Buches, Basel [2]1954. – K. Huizing, Der Buchtrinker, München 1994. – B. Lang, Buchreligion, in: HRWG 2 (1990), 143–165. – M. McLuhan, The Gutenberg galaxy, Toronto 1962. – K.L. Pfeiffer, Das Mediale und das Imaginäre, Frankfurt a.M. 1999. – K. Rahner, Zur Theologie des Buches, Leipzig 1962. – K. Schreiner, „Die wahrheit wirt uns menschen verkündt", in: A. Holzem (Hg.), Normieren, Tradieren, Inszenieren, Darmstadt 2004, 177–223. – W. Steck, Praktische Theologie 1, Stuttgart 2000. – H. Timm, Mit der Schrift allein, in: K. Huizing/H.F. Rupp (Hg.), Medientheorie, Münster 2003, 70–85.

Michael Bauer

V. Altphilologisch

Das antike B. hatte, wie Abbildungen zeigen, seit dem 5. Jh. v.Chr. die Gestalt einer Schriftrolle. Worauf vorher →Literatur (etwa die homerischen Epen) festgehalten wurde, ist unklar (Hdt. 5,58 erwähnt Leder). Die von den Ägyptern übernommene Rolle wurde aus dem Bast der Papyrusstaude (βύβλος) hergestellt (daher βιβλίον und βίβλος für ‚B.'; *liber* heißt eigentlich ‚Bast', dann ‚B.') und aus 25–30 cm hohen Blättern auf meist 6–10 m zusammengeklebt. Längere Werke teilte man in Bücher zu je einer Rolle auf. Seit dem 3. Jh. v.Chr. wurde auch Pergament verwendet. Die Rollen wurden innen in Kolumnen, deren Breite sich nach der Textgattung richtete, beschrieben und beim Lesen kolumnenweise abgerollt. Sklaven oder Lohnschreiber vervielfältigten Bücher für Privatleute oder Verleger. Ein Buchhandel, der ein Sortiment gängiger Bücher zu günstigen Preisen, aber auch teure Spezialausgaben vorhielt und über weite Strecken damit handelte, existierte im griechischen Raum seit Ende des 5. Jh.s v.Chr. (Pl. *Ap.* 26 d; X. *An.* 7,5,14). Neben privaten gab es in Athen schon unter Peisistratos (Gell. 7,17), dann spätestens in den hellenistischen Staaten öffentliche Bibliotheken. Im römischen Bereich entwickelte sich seit dem 1. Jh. v.Chr. ein blühendes Verlags- und Bibliothekswesen, so dass Bücher in den Zentren bis in die Spätantike zugänglich blieben. Die hellenistische und römische Literatur war ganz auf das Medium B. ausgerichtet: Gedichtbücher wurden als solche komponiert, Prosawerke als Bücher konzipiert, die Verbreitung ihrer Werke als Bücher von den → Autoren reflektiert (Hor. *epist.* 1,20). Der größte Einschnitt in der Geschichte des antiken B.s ist der Übergang von der Rolle auf den Codex zwischen 2. und 5. Jh. n.Chr. Der Codex entspricht etwa unserem heutigen B. Er entwickelte sich aus dem Notizheft (*codex*), das aus mehreren Holztäfelchen (oder Papyrusblättern) bestand, wurde meist aus Pergament hergestellt und in Leder eingebunden. Er war billiger als die Rolle, da der Beschreibstoff beidseitig genutzt wurde, handlicher, da man rasch mit einer Hand blättern konnte, und robuster. Vom 1. Jh. n Chr. an erschienen als Codex Alltagsliteratur (Mart. 1,2), Anthologien für die Schule, populäre Fachbücher und Orakelsammlungen. Erst später schrieb man hohe Literatur auf Codices, doch ab dem 4. Jh. n.Chr. ausschließlich; daher ist heute zumeist überliefert, was der Übertragung auf Codices für wert befunden wurde. Dass die Christen von Anfang an der Rolle den Codex vorzogen, ist für dessen Siegeszug wohl zweitrangig.

Bibliographie: H. Blank, Das Buch in der Antike, München 1992. – A. Dortmund, Römisches Buchwesen um die Zeitenwende, Wiesbaden 2001. – W. Hoepfner (Hg.), Antike Bibliotheken, Mainz 2002. – T. Kleberg, Buchhandel und Verlagswesen in der Antike, Darmstadt 1967. – O. Mazal, Griechisch-römische Antike. Geschichte der Buchkultur, Bd. 1, Graz 1999. – E. Pöhlmann, Einführung in die Überlieferungsgeschichte und Textkritik der antiken Literatur, Bd. 1, Darmstadt 1994. – W. Schubart, Das Buch bei den Griechen und Römern, Leipzig [3]1962.

Stefan Freund

VI. Literaturwissenschaftlich

Die Wortgeschichte von B. (urgerm. **bôkis*, got. *bôkâ*, ahd. *buoh*) weist in eine Frühzeit germanischen Schriftgebrauchs, in der Buchenholz als Beschreibstoff diente. Die metonymische Übertragung vom Namen des Schreibstoffs auf das Schriftwerk hat Parallelen im Griechischen (*biblos*, ‚Bast der Papyrusstaude‘ und ‚B.‘) und Lateinischen (*liber*, ‚Bast‘ und ‚B.‘). Vielleicht hat *buoh*, ähnlich wie das lateinische *codex* (‚Holzblock‘), zusammengebundene wachsbeschichtete Holztafeln bezeichnet. Die *Codices* der Spätantike verwendeten seit dem 4. Jh. anstelle von Holz das aus Tierhaut gewonnene Pergament und verdrängten damit die in der griechisch-römischen Antike übliche Buchform der Papyrusrollen. Pergament war haltbarer und ließ sich beidseitig beschriften. Im Zuge der Christianisierung wurde der Verbund der *Biblia sacra* (‚heiligen Bücher‘), bestehend aus den Büchern des AT und NT, zur Richtgröße der abendländischen Buchkultur. Die Pluralform *biblia* wurde zum Singular umgedeutet (*biblia bibliorum*, ‚B. der Bücher‘). Pergamentcodices dominierten bis zur Einführung des Papiers (im deutschen Raum 14. Jh.) die Erscheinungsform des B.s. Der Terminus *liber/buoch* war im Mittelalter, wie schon in der Antike, vorwiegend zur Benennung der Teilabschnitte umfangreicher Werke im Gebrauch (z.B. die 20 Bücher von Isidors *Etymologiae*, die fünf Bücher Mose). Zum Schutz und zur besseren Aufbewahrung wurden oft Werke verschiedenen Inhalts zusammengebunden. Je nach der Reputation der Schriftwerke und ihrer Besitzer konnten die Codices mit Einbänden aus festem Pergament oder aus lederbezogenem Holz versehen, mit Metallbeschlägen ausgestattet, mit Schließen gesichert und an eine Kette gelegt sein.

Die klösterlichen Skriptorien und bald auch die fürstlichen und städtischen Kanzleien ließen vielgebrauchte Werke von geübten Kräften ‚in Serie‘ abschreiben. Dabei bildeten sich Schrifttypen sowie Konventionen der Seiteneinrichtung und -ausstattung heraus (zwei- oder dreispaltiger Schriftspiegel; Schmuckinitialen am Kapitelanfang, Randglossen, Kolumnentitel, eingeschaltete Illustrationen etc.), die im frühen Buchdruck weithin übernommen wurden. Die verschiedenen Buchformate (Folio, Quart, Oktav etc.) ergaben sich aus der Falzung der Papierbogen und ihrer Teilung in 2, 4, 8 etc. Blätter, die jeweils eine ‚Lage‘ bildeten.

In den ersten Jahrhunderten des Buchdrucks wurden die Bücher zwar mit Titelblatt, doch ohne Einband geliefert und verkauft. Erst seitdem sich im frühen 19. Jh. der Verlegereinband durchgesetzt hat, sind die Buchdeckel begriffsnotwendige Bestandteile des B.s.

Bibliographie: W. Arnold et al. (Hgg.), Die Erforschung der Buch- und Bibliotheksgeschichte in Deutschland, FS P. Raabe, Wiesbaden 1987. – S. Corsten et al. (Hgg.), Lexikon des gesamten Buchwesens, Stuttgart ²1987 ff. – S. Füssel, ‚Buch‘, in: RLW 1 (1997), 259–262. – P. Ganz (Hg.), The role of the book in medieval culture, Tournhout 1986. – F. Geldner, Inkunabelkunde, Wiesbaden 1978. – M. McLuhan, The Gutenberg galaxy, London 1962. – U. Rautenberg (Hg.), Reclams Sachlexikon des Buches, Stuttgart 2003.

Hartmut Kugler

VII. Textlinguistisch

Ein B. besteht als materieller Schriftträger i. d. R. aus mehreren Lagen und ist mit einem Einband versehen, der ein auf einem Beschreibstoff dargelegten handschriftlich oder durch Buchdruck hergestellten Text darbietet. Das B. ist zum →Lesen bestimmt, kann u. a. in Bibliotheken aufbewahrt werden und stellt eine Handelsware dar. Der Begriff ‚B.‘ dient aber auch zur Bezeichnung von Teilen größerer Werke wie etwa bei den *Büchern* der →Bibel. Als Vorläufer des B.es können die mesopotamischen Tontafeln, die in der Antike üblichen Rollen aus Papyrus oder Pergament bzw. die seit dem 2. Jh. n.Chr. gebräuchlichen Codices bezeichnet werden. In der Frühen Neuzeit erhält das B. seine heute übliche Gestalt. Es bildeten sich eine Reihe von Paratexten heraus, die im neuzeitlichen Sinn einen →Text erst zu einem B. machen (G. Genette, →Paratextualität). Zu den wichtigsten zählen →Titel, Vorwort oder Anmerkungen. Im Laufe der Zeit hat sich eine *Grammatik des Buches* entwickelt, die allen Lesern im Rahmen einer sinnvollen Nutzung von Büchern vertraut sein muss: Sie betrifft das Wissen um das Layout, um die Textorganisation im B., das normalerweise in Kapitel und/oder Absätze gegliedert ist, und um die Texterschließung über Inhaltsverzeichnis, Marginalien, bestimmte typographische Auszeichnungen oder Register sowie über textinterne und -externe Verweise. Im B. ist sehr häufig eine Diskursdeixis greifbar, die sich der Raummetaphorik bedient: *siehe oben*, *siehe unten* u. ä.

Das B. ist über Jahrtausende hinweg der wichtigste Informationsspeicher zur Entlastung des individuellen wie kollektiven Gedächtnisses und Informationsvermittler. Es erreicht eine besondere Eigenständigkeit gegenüber dem →Autor oder Verleger dadurch, dass es dem Situationskontext seiner Entstehung enthoben und für einen weitgehend anonymen Rezipientenkreis verfasst ist. Im Medium B. haben sich im Laufe der Zeit die Merkmale der konzeptionellen →Schriftlichkeit herausgebildet, indem eine Entpragmatisierung der Textorganisation durch Reduzierung bzw. Beseitigung von Merkmalen konkreter, mündlicher Gesprächssituation zu beobachten ist: Wird in der Gebrauchsprosa der Frühen Neuzeit der Adressat mit persönlichem *du* angesprochen, so verliert sich allmählich die direkte Adressierung durch unpersönliches *man* oder durch agensvermeidende Passivkonstruktionen. Das B. als Massenmedium befördert auch die Entwicklung zu einer Lesersyntax, die im Deutschen z. B. durch den Ausbau logisch-semantisch bestimmter Konnektoren und durch Formen besonderer Informationsverdichtung mittels Nominalisierungen oder umfangreicher Nominalgruppen gekennzeichnet ist. Im Rahmen der neuen Medien kommt sog. e-books, eine zunehmende Bedeutung zu.

Bibliographie: E. Eisenstein, The printing revolution in early modern Europe, Cambridge ^{2}2005. – S. Füssel, Art. Buch, in: G. Baumgart et al. (Hgg.), RLW 1 (1997), 259–263. – G. Genette, Paratexte, Frankfurt a. M./New York 1989. – M. McLuhan, The Gutenberg galaxy, Toronto 1962. – U. Rautenberg, Art. Buch, in: Dies. (Hg.), Reclams Sachlexikon des Buches, Stuttgart 2003, 83–87.

Mechthild Habermann

Buchstabe und Geist

I. Alttestamentlich

Zwischen B. und G., zwischen Fixierung des Wortes und dessen Aktualisierung besteht im AT kein Dualismus. Die im nachexilischen Zeitalter vorliegenden schriftlichen Weisungen sind laut Sach 7,12 durch Geistkraft Menschen übermittelt worden. Der von Gott geschenkte Geist muss übertragen werden, damit die Worte gewahrt bleiben. Entsprechend wird beim Abschied Moses durch Handauflegung gesichert, dass der Geist der Weisheit seinen Nachfolger Josua erfüllen werde, so dass dieser das Überlieferte weitertragen kann (Dtn 34,9).

Die Frage der Aktualisierung von schriftlich Fixiertem, d. h. der Relation zwischen B. und G., findet sich bereits im AT, auch wenn dabei der Begriff ‚G.' keine Erwähnung findet. Das prophetische Wort ist mündliche →Rede in schriftlicher →Überlieferung, deren literarische Form zugleich auf die ursprüngliche →Mündlichkeit verweist. Die Sätze werden durch die sog. Botenformel eingeleitet: ‚so spricht Jhwh'. Das mündliche →Wort wurde zu Beginn als das wirksame erachtet, erst später gewann es seine Gültigkeit als schriftliches. Damit entsteht langsam der Gedanke der Wahrung des einzelnen Wortes, ja des einzelnen B.ns. Doch die Verschriftlichung und dessen Verflüssigung, B. und G., sind ineinander verwoben. Die kanonisch gesehen erste Erwähnung der Niederschrift einer Aussage in Ex 17,14 geschieht, um diese in Erinnerung zu behalten. Laut Ex 32,16; 34,1; Dtn 4,13 u. ö. ist es Gott selbst, der die Worte niedergeschrieben hat. Im Anschluss an die Niederschrift der Anweisungen in Ex 24,4 werden diese vorgelesen, um deren Gültigkeit zu besiegeln (vgl. Jos 8,34 f.). Der fixierte B. muss zu Gehör gebracht und ausgelegt werden (→Lesen). Die Aufforderung an Jesaja, die Botschaft aufzuschreiben (Jes 30,8), wird damit begründet, dass sie bewahrt werden soll für einen in der Zukunft liegenden Tag. Die Verschriftlichung dient gerade nicht der Fossilierung, sondern der fortwährenden Aktualisierung der Worte Gottes. Der B. sichert daher zum einen die →Rezeption, und zum anderen lebt er allein in seiner geistbegabten Rezeption. Dies bringt auch die sog. Kanonformel in Dtn 4,2 ‚Fügt nichts hinzu zu dem Wort' zum Ausdruck. Sie findet sich innerhalb eines Abschnitts, der, wie das einleitende ‚und nun!' verdeutlicht, die Aktualiserung des Wortes zum Ziel hat. Es geht darum, dass die Worte Wegweiser für das Leben in der Gegenwart sind: „Die Kanoniserung schreibt nicht den Buchstaben fest, sondern die Sinnrichtung der Offenbarung" (E. Zenger, 413).

Relektüren und Fortschreibungen der B.en der Texte, wie sie sich in der →Auslegungsgeschichte vollziehen, enthält bereits das AT: So stellen die Chronikbücher eine Aktualisierung der Kön dar. Auch innerhalb eines atl. Textabschnittes sind Text und Kommentierungen in Form von Neuinterpretationen und Einsprüchen zu finden: In seiner geschlossenen Form wird der sog. Endtext zum „Anfangstext [...], indem er in der Interpretation geöffnet wird" (U. Bail, 81). Denn die Schrift ist nicht abgeschlossen, vielmehr wird an ihr geschrieben (vgl. C. Houtman). In der rabbinischen Auslegung sind schriftliche Tora (B.) und mündliche Tora (G.) aufeinander bezogen.

BIBLIOGRAPHIE: U. Bail, Die verzogene Sehnsucht hinkt an ihren Ort, Gütersloh 2004. – J. Greisch, Entendre d'une autre oreille, Paris 2006. – C. Houtman, De Schrift wordt geschreven, Zoetermeer 2006. – C. Westermann, Grundformen prophetischer Rede, München 1960. – E. Zenger et al., Einleitung in das Alte Testament, Stuttgart u. a. 52005.

Dorothea Erbele-Küster

II. Neutestamentlich

Die Antithese ‚B. – G.' (γράμμα – πνεῦμα) begegnet bei Paulus 2 Kor 3,6, Röm 2,29 und 7,6. Diese offenbar von Paulus selbst entwickelte Gegenüberstellung ist jeweils mit charakteristischen Aspekten seines Gesetzesverständnisses verbunden (auch in 2 Kor 3, vgl. die Entgegensetzung von ‚steinernen Tafeln' und ‚Tafeln aus fleischernen Herzen' in 3,3). Dabei geht es nicht um die Entgegensetzung von Wortlaut und G. des Gesetzes. Πνεῦμα ist vielmehr die im Glauben verliehene lebensschaffende Macht, während γράμμα das Gesetz in seinem Forderungscharakter meint, das von außen an den Menschen herantritt, ohne selbst die Ermöglichung der Erfüllung zu schaffen, und somit tötet (vgl. Röm 7,10; 2 Kor 3,6).

In 2 Kor 3,6 hat die Antithese ‚B. – G.' direkte hermeneutische Relevanz: Sie dient als Leseanweisung für die in 3,7–11 folgende Gegenüberstellung der beiden ‚Dienste' (διακονίαι), dem des Mose und dem des →Apostels, und stellt klar, dass deren zunächst quantitativ angelegte Vergleichung auf die qualitative Überlegenheit des Dienstes des ‚Neuen →Bundes', d. h. der διακονία τοῦ πνεύματος zielt. Ohne den ‚G.', der der ‚G. des Herrn' ist (3,17), ist aber auch der →Sinn der →Schrift verhüllt, ist sie, abseits von Christus gelesen, ‚alter Bund' bzw. ‚Mose' (3,14 f.), und wird erst in der Hinwendung zum κύριος tatsächlich zur ‚Schrift' (3,16 f.).

BIBLIOGRAPHIE: E. Käsemann, Paulinische Perspektiven, Tübingen 1969, 237–285. – D. A. Koch, Die Schrift als Zeuge des Evangeliums, Tübingen 1985, 331–341. – Ders., Abraham und Mose im Streit der Meinungen, in: Hellenistisches Christentum, Göttingen 2008, 71–89. – A. Lindemann, Die biblische Hermeneutik des Paulus, in: Ders., Paulus, Apostel und Lehrer der Kirche, Tübingen 1999, 37–63.

Dietrich-Alex Koch

III. Kirchengeschichtlich

Die Entgegensetzung von B. und G. hat in der Geschichte der christlichen Schriftauslegung zwei unterschiedliche Bedeutungen, die sich immer wieder miteinander verbinden. Einerseits greift sie die paulinische heilsgeschichtliche Unterscheidung auf, wonach der B. des atl. Gesetzes tötet und der G. des →Evangeliums lebendig macht (2 Kor 3,6; vgl. auch Röm 2,29; 7,6). Diese Entgegensetzung wurde durch Augustinus in seinen antipelagianischen Schriften (bes. *spir. et litt.*; vgl. auch seine Wiedergabe der 3. Regel des Ticonius: *doctr. chr.* 3,103–105) zur Beschreibung des Verhältnisses von Gesetz und Gnade vertieft. V. a. in der Rezeptionsgeschichte der augustinischen Gnadenlehre blieb die heilsgeschichtliche Spannung zwischen B. und G. lebendig und führte immer wieder zu religiös-theologischen Aufbrüchen, am wirkungsmächtigsten in der Reformation des 16. Jh.s. Andererseits drang schon früh die bereits durch Philo aus der platonischen Tradition aufgenommene, bei platonisierenden christlichen Theologen regelmäßig begegnende ontologisch-noologische Entgegensetzung von B. (= Stoffliches, Körperliches, Sinnliches) und G. (= Unkörperliches, Unsinnliches, Vernünftiges) in die christliche Schriftauslegung ein (z. B. Or. *princ.* 1,1,2, aber auch Aug. *doctr. chr.* 3,20). Durch Verbindung mit der heilsgeschichtlichen Bedeutung wurde ihr werthafter Aspekt verstärkt. Der Wortsinn wurde durch Suche nach einem tieferen, geistigeren Sinn (→Allegorese) mehr oder weniger stark entwertet oder sogar ganz verworfen (Hld-Auslegung). Wo jüdische Einflüsse aufgenommen wurden, findet sich eine stärkere Schätzung des B.ns: in der Alten Kirche besonders bei den Antiochenern und Hieronymus, im Mittelalter bei den Victorinern, Paulus von Burgos und Nikolaus von Lyra. Platonisierende Tendenzen in der spätmittelalterlichen Renaissance (auch bei Erasmus von Rotterdam) verstärkten dagegen wieder die Neigung zur Allegorese, während der Spiritualismus innerhalb der reformatorischen Bewegung (T. Müntzer, S. Franck, P. Marpeck u. a.; M. Luther: ‚Schwärmer') beide Überlieferungen miteinander und mit anderen Tendenzen verband (etwa mit der Unterscheidung von äußerem und innerem Wort oder mit der Loslösung der geistgewirkten Erfahrung vom überlieferten geschriebenen Wort). Die Entgegensetzung von B. und G. mit mehr oder weniger starker spiritualistischer Tendenz wirkte im Pietismus (A.H. Francke), besonders aber in der Aufklärung (J.C. Edelmann, G.E. Lessing) nach. Andererseits wandte sich das bereits im spätmittelalterlichen Humanismus punktuell erwachende, im Laufe der Neuzeit fortschreitend ausgebildete historische Bewusstsein erneut dem B.n zu, wobei die ganz auf den Text der Quellen konzentrierte nichttheologische Philologie und die auf Quellenforschung beruhende Geschichtswissenschaft der Schriftauslegung den Weg wiesen. Gegen den lange vorherrschenden Positivismus bloßer Materialsammlungen brachte die konsequent historische Geschichtsbetrachtung des 19. Jh.s (F.C. Baur und seine Schüler) den in der Geschichte waltenden, Zusammenhang und Sinn stiftenden G. (die ‚Idee') wieder zur Geltung, jedoch nicht in der Wiederbelebung einer Suche nach →Sinn hinter dem B.n vermittels der Allegorese, sondern in der methodisch abgesicherten, historisch-kritischen Herausarbeitung geschichtlicher Tendenzen und Zusammenhänge auf der Ebene des B.ns.

BIBLIOGRAPHIE: G. Ebeling, Art. Geist und Buchstabe, in: RGG[3] 2 (1958), 1290–1296. – R.M. Grant, The letter and the spirit, London 1957. – H. Graf Reventlow, Epochen der Bibelauslegung, 4 Bde., München 1990–2001. Ulrich Köpf

IV. Systematisch-theologisch

Die Formel ‚B. und G.' geht auf 2 Kor 3,6 zurück. Allerdings hat Paulus nicht, wie später die platonisierende Interpretation des Origenes meinte, das hermeneutische Problem von →Schriftlichkeit und →Mündlichkeit im Blick, sondern das Gegenüber von →Gesetz und →Evangelium bzw. von altem und neuem →Bund. Für die Behauptung, Schriftlichkeit sei als Medium religiöser Kommunikation für das Christentum unverzichtbar, ist die Briefmetapher in 2 Kor 3 in doppelter Hinsicht aufschlussreich. Wie der physisch abwesende Paulus sich des Mediums eines Briefes bedient, um bei den Korinthern präsent zu sein, so bedient sich, bildlich gesprochen, auch Christus eines schriftlichen Mediums, um als Abwesender unter den Menschen anwesend zu sein. Wir haben es hier mit einem komplexen Verhältnis von Anwesenheit und Abwesenheit und einer doppelten Vermittlung von göttlicher Präsenz zu tun, das uns ins Zentrum der Christologie führt.

In der gegenwärtigen Systematischen Theologie gehört das Thema ‚B. und G.' nicht nur in die Schriftlehre, sondern in den weiteren Kontext einer theologischen →Ästhetik. An M. Luther und J.G. Hamann anknüpfend betont O. Bayer die Leiblichkeit des göttlichen Wortes (vgl. auch CA V). Wenn die →Kommunikation des →Wortes Gottes, ohne darin aufzugehen, an mündliche Sprache und an deren Verschriftung gebunden ist, dann sind, wie J.G. Hamann in seiner Kritik an Kants Vernunftbegriff ausgeführt hat, „*Laute und Buchstaben* [...] die wahren, ästhetischen Elemente aller menschlichen Erkenntnis und Vernunft" (J.G. Hamann, 286). Theologie als Grammatik christlicher Sprach- und Lebensformen (O. Bayer, G. Lindbeck, I.U. Dalferth) impliziert die Kritik einer Theologie der Unmittelbarkeit des religiösen Bewusstseins, welche die Verschriftlichung religiöser Mitteilung als Verlust der Unmittelbarkeit deutet. Allerdings kommt es durch die Verschriftlichung der Rede zur Verfremdung. Doch ist, wie P. Ricœur einsichtig macht, die Verfremdung „nicht das Ergebnis der Methode [der Interpretation] und also nicht etwas nachträglich Zugefügtes oder gar

Schädliches; sie konstituiert vielmehr die Erscheinung des Textes als Schrift; zugleich ist sie die Bedingung der Interpretation. Die *Verfremdung* ist nicht nur das, was das Verstehen besiegen muß, sondern auch das, was dieses bedingt“ (P. Ricœur, 29).

Die Verfremdung infolge der Autonomie, die der Text gegenüber seinem →Autor gewinnt, ist eine notwendige, jedoch keine hinreichende Bedingung für das →Verstehen. Wiewohl der Text der Konservierung und Weitergabe menschlicher Rede dienen soll und nach biblischem Selbstverständnis vom G. Gottes eingegeben sein soll (2 Tim 3,16), ist er doch zunächst die völlige Entäußerung des menschlichen wie des göttlichen G.es in die Materie, tote Sinnspur, die im Akt des →Lesens zu neuem Leben erweckt werden muss. Medientheologisch lässt sich die These vertreten, dass die biblischen Texte am Kreuzestod des fleischgewordenen Logos partizipieren.

Wo sich das Verstehen einstellt, muss es als Auferstehung bzw. Auferweckung des Textes, d.h. aber von der Christologie aus als ein Handeln Gottes bzw. als ein Wirken des göttlichen G.es gedeutet werden. Dieses ereignet sich im Akt des Lesens – *ubi et quando visum est Deo.* Die Skriptologie bedarf also medientheologisch der Pneumatologie. Das bleibt das Wahrheitsmoment der vormodernen Lehre von der →Inspiration der →Heiligen Schrift. Sie muss freilich unter heutigen hermeneutischen Verstehensbedingungen neu begründet werden. O. Bayers These, das Kommen des G.es geschehe heute, wenn es sich denn ereigne, „nie anders als durch die alten Buchstaben“ (O. Bayer 1995, 13), muss allerdings präzisiert oder besser modifiziert werden, weil nicht nur die →Leser auferweckt werden sollen, sondern weil im Akt des Lesens auch die biblischen →Texte selbst zu neuem Leben erweckt werden müssen, wenn anders ihre Leser am Auferstehungsleben Jesu Christi teilhaben sollen.

Bibliographie: O. Bayer, Autorität und Kritik, Tübingen 1991. – Ders., Neuer Geist in alten Buchstaben, Neuendettelsau 1995. – J.G. Hamann, Metakritik über den Purismum der Vernunft (1784), in: Ders., Sämtliche Werke III, hg. v. J. Nadler, Wien 1951, 281–289. – U. Körtner, Exegese, Tod und Leben, in: ZThK 102 (2005), 312–332. – P. Ricœur, Philosophische und theologische Hermeneutik, in: Ders./E. Jüngel, Metapher, München 1974, 24–45.

Ulrich H.J. Körtner

V. Judaistisch

Bereits die alten Schriftgelehrten (hebr. *Soferim*) sahen sich zu getreuer Überlieferung des Wortlauts der Tora bis zur genauen Anzahl von Wörtern und B.en verpflichtet (bQid 30a). Den Rabbinen waren sogar die Formen und Verzierungen der hebräischen B.en bedeutsam (yHag 2,1/35–38). Doch darf man dieser Hochachtung des B.ns nicht den ‚G.‘ der → Schrift entgegensetzen.

Die Schriftauslegung der Rabbinen lebt von der Spannung zwischen schriftlicher und mündlicher →Tradition. Das religiöse Recht der Mischna war ja nicht direkt aus der Schrift abgeleitet, sondern stand zu ihr in einer nur losen Beziehung, teilweise auch in Widerspruch. Die Rabbinen suchten die Vereinbarkeit der ‚mündlichen →Tora‘ mit der schriftlichen nachzuweisen und konnten sich dabei nur selten auf den biblischen Wortlaut stützen. Sie entwickelten eine →Hermeneutik, in der die ‚mündliche Tora‘ die Fülle der schon vom Sinai her in der Schrift angelegten Deutungen umfasst. Der angemessene Zugang zu den sonst verschlossenen B.en der Schrift führt über die mündliche Tradition, die sich durch Bindung an die Schrift legitimieren muss. Die beiden ‚Torot‘ sind hermeneutisch untrennbar aufeinander bezogen.

Obwohl in ihrer Textgestalt unveränderlich, ist die schriftliche Tora nie eindeutig: ihr Sinn erschließt sich jeweils in der mündlichen →Überlieferung. Die ‚einfache‘ Bedeutung ist nur eine von vielen Möglichkeiten der →Interpretation. Zwar heißt es in bShab 63a, dass eine Schriftstelle nie ganz ‚aus ihrer einfachen Bedeutung heraustritt‘. Doch reicht diese nicht aus, den vollen Sinn zu erfassen. Es ist Aufgabe des Gelehrten, die Schrift ‚nach 70 Seiten hin‘ auszulegen (BemR 13,15), möglichst viele Ebenen des unerschöpflichen Textes sichtbar zu machen.

Rabbi Jischma’el wird der Satz zugeschrieben: „Die Tora spricht in der Sprache der Menschen“; Eigenheiten der hebräischen Grammatik sind als selbstverständlich hinzunehmen (SifBem 112). Rabbi Aqiva dagegen steht dafür, dass jedes Detail des Textes ausgelegt werden muss. Daraus ergibt sich ein bezeichnendes Paradox: Der nicht auf den B.n achtende Jischma'el kommt der ‚buchstäblichen' Bedeutung (dem ‚Literalsinn') näher, während Aqiva durch genaue Beachtung des B.ns weit über die ‚Buchstäblichkeit' hinausgeht (bMen 29b). Dazu passt, dass gerade Rabbi Aqiva das Hohelied als ‚hochheilig' betrachtete (mYad 3,5), was nur bei einem nicht ‚buchstäblichen' Verständnis möglich ist.

Der genau fixierte Bibeltext wurde zu vielfältiger →Auslegung gegeben (vgl. yMeg 1,1/5). Das Wort der Schrift bleibt die Richtschnur – es kann nicht durch →Interpretation ersetzt werden, sondern tritt immer wieder in neuer →Bedeutung hervor. Das hindert nicht, dass die Rabbinen widersprüchlich erscheinende Texte gegeneinander abwägten und dabei ihr Gesamtverständnis der →Bibel als Korrektiv heranzogen. Eine grundsätzliche Entscheidung dieser Art betrifft den in Dtn 15,1 vorgeschriebenen Schuldenerlass im Sabbatjahr: die Mischna ermöglicht die Aufhebung des Erlasses durch Verzicht des Schuldners (den sog. *Prosbul*; mShevi 10,3–4). Korrigierende Tendenzen der Rabbinen im Verhältnis zum biblischen Recht, die aber an bestimmte Schriftverse anknüpfen, zeigen sich auch in der Modifikation des Zeugenrechts und der damit verbundenen faktischen Abschaffung der Todesstrafe sowie in der einseitigen Legitimierung der Einehe.

Um unter Zwang und Lebensgefahr den Bestand der Lehre zu sichern, ist es nach bSan 74a sogar erlaubt, in Gegensatz zum B.n der →Tora auf das öffentliche Einhalten von Geboten zu verzichten. Dann besteht das ‚Handeln für Gott' (siehe Ps 119,126) gerade darin, dass man das Gebot bricht. Abgelöst von der Verfolgungssituation, die die Rabbinen vor Augen hatten, ist dieser radikale Gedanke im Judentum v.a. in den antinomistischen Häresien des Sabbatianismus und des Frankismus zum Tragen gekommen.

Bibliographie: D. Boyarin, Sparks of the logos, Leiden 2003, 184–210. – C. Dohmen/G. Stemberger, Hermeneutik der Jüdischen Bibel und des Alten Testaments, Stuttgart u.a. 1996. – K. Müller, Anmerkungen zum Verhältnis von Tora und Halacha im Frühjudentum, in: E. Zenger (Hg.), Die Tora als Kanon für Juden und Christen, Freiburg i.Br. u.a. 1996, 257–291. – G. Stemberger, Art. Wort Gottes III., in: TRE 36 (2004), 311–315.

Hans-Jürgen Becker

VI. Altphilologisch

Ein genereller Gegensatz zwischen dem buchstäblichen →Sinn eines Textes und der ganzen vom →Autor beabsichtigten Aussage ist auch der vorchristlichen Antike geläufig. In der →Rhetorik spielt der Gegensatz von B. und intendierter →Bedeutung eines Gesetzes, Testaments etc. eine vergleichsweise marginale Rolle im Rahmen der sog. Stasis-Lehre, und zwar im *status legalis* (Hermog. *Stat.* 2,13 f.). Für die mögliche Kollision von semantischem und intentionellem Sinn (*sensus, voluntas*) gibt es verschiedene Lösungsstrategien (z.B. Rekurs auf den Kontext, umgangssprachliche Konvention), um den fixierten Text korrekt im Gerichtsprozeß anzuwenden (Cic. *inv.* 2,116–154; →Schriftsinn, mehrfacher). Die antike Philosophie nahm für Mythen einen wahren, verborgenen Sinn an (Pl. *R.* 378D; Plu. 2,19E ὑπόνοια).

Die Notwendigkeit, einen tieferen, ‚geistlichen'/übertragenen Sinn des gesamten Bibeltextes anzunehmen, ergibt sich für die christlichen Exegeten daraus, dass viele seiner Aussagen auf der ‚buchstäblichen'/wörtlichen Verständnisebene doppeldeutig, anstößig oder unverständlich erscheinen. Die Unterscheidung von B. (γράμμα/*littera*) und G. (πνεῦμα/*spiritus*), gerechtfertigt durch die paulinische Dichotomie in 2 Kor 3,6, dient v.a. dazu, die christologische Interpretation des AT zu legitimieren, die wesentlich auf der übertragenen, allegorischen bzw. typologischen, Auslegung beruht.

Grundlegendes findet sich bei Origines, dessen →Hermeneutik von der Prämisse ausgeht, dass die erlösenden Lehren der →Bibel hinter dem B.n verborgen sind. Der Wortlaut des historisch wahren Bibeltextes fungiert als Hülle für den eigentlichen →Sinn, den es mittels →Auslegung zu ermitteln gilt (*princ.* 1,1,2 *intelligentia spiritalis*). Origenes unterscheidet zwar einen dreifachen Schriftsinn – in Übertragung der anthropologischen Trichotomie Leib – Seele – Geist auf die →

Heilige Schrift (*princ.* 4, 1–3) –, aber in der exegetischen Praxis bezieht er sich in der Regel auf die durch B. und G. bezeichnete zweifache Dimension des Textes. Er wendet die philologische Interpretation auf den historisch-grammatischen, die Figuralexegese auf den geistig-pneumatischen Sinn des Textes an. Das gestufte Interpretationsprinzip des Origenes korrespondiert sowohl mit der Lehre von der göttlichen →Inspiration der Bibel als auch mit dem Gedanken von der Unzulänglichkeit menschlichen →Verstehens, dem die himmlischen Heilsgüter nur graduell zugänglich gemacht werden können. Auch die antiorigenistische, sog. antiochenische Exegetenschule ist bei aller Reserve gegenüber der allegorischen Auslegung nicht nur dem ‚nackten' B.n, d.h. dem kritisch gesichteten Text und seiner historischen Wortbedeutung, verpflichtet, sondern lässt eine gemäßigte, die Christozentrik des AT bewahrende →Typologie bestehen.

Augustin stellt in *doctr. chr.* 3 wissenschaftliche Regeln auf, um B. und G. im Bibeltext zu unterscheiden. Im Kontext der Zeichentheorie subsumiert er die Zweiteilung unter das Thema ‚dunkle und doppeldeutige Zeichen'. Die *signa ambigua* werden unterteilt in *propria* (= *littera*) und *translata* (= *spiritus*). Das Schema B. und G. verleiht der Distinktion von eigentlicher und übertragener Rede eine theologisch-heilsgeschichtliche Dimension. Im Anschluß an 2 Kor 3,6 und Röm 2,27 warnt Augustin vor der Gefahr, die *locutio figurata* hinter der *locutio propria* nicht zu erkennen und somit unter der ‚Knechtschaft des B.ns' zu stehen (3,10,14; 3,12,18). Das Kriterium der Unterscheidbarkeit liefert die Bibel selbst mit dem doppelten Liebesgebot in Mt 22,37–40 (*doctr. chr.* 1,39–44): Alles, was im eigentlichen Sinn nicht auf die Glaubenswahrheit oder die christliche Sittenlehre bezogen werden kann, muss übertragen gedeutet werden. Die Auslegungspraxis offenbart, dass Augustin die Literalexegese so weit fasst, dass sie die allegorische →Methode einschließen kann (*Gn. litt.* 2,9,22; 1,28,15).

BIBLIOGRAPHIE: C.P. Mayer, Die Zeichen in der geistigen Entwicklung und in der Theologie Augustins, Würzburg 1974. – J. Pépin/K. Hoheisel, Art. Hermeneutik, in: RAC 14 (1988), 722–771. – K. Pollmann, Doctrina Christiana, Fribourg 1996. – Dies., Augustine, Genesis, and controversy, in: Augustinian Studies 38 (2007), 203–216. – M. Simonetti, Lettera e/o allegoria, Rom 1985. – K.J. Torjesen, Hermeneutical procedure and theological method in Origen's exegesis, Berlin 1986.

Maria Becker

Bund, alter/neuer

Die Gegenüberstellung von altem und neuem B. findet sich erstmals bei Paulus und steht bei ihm in engem Zusammenhang mit derjenigen von altem und neuem Menschen. Beide haben in Jer 31,31–34 ihren atl. Hintergrund. Paulus profiliert auf diese Weise sein Verständnis des Evangeliums, das dem Gesetz gegenübergestellt wird (→Gesetz und Evangelium). Das geschieht auch durch die Opposition von Freiheit und Knechtschaft (Gal 4,22–31) bzw. zwischen tötendem Buchstaben und lebendig machendem Geist (2 Kor 3,6, →Buchstabe und Geist). Schrifthermeneutisch bezieht Paulus den Terminus ‚alter B.' auf die mosaische Tora (2 Kor 3,14), soweit sie unter dem theologischen Sachgesichtspunkt des Gesetzes gesehen wird. Zugleich unterscheidet er zwischen Mosebund und Abrahambund, während der neue B. dadurch charakterisiert ist, dass der Nichtjude nicht erst Jude werden muss, wie die kategorische Ablehnung der Beschneidung für Christen zeigt (Gal 5 u.ö.). Dass die Gegenüberstellung von altem und neuem B. aber nicht im Sinne späterer kirchlicher Konzepte einer Substitutionstheorie mit einem Verwerfungsurteil über Israel und das Judentum gleichzusetzen ist, zeigen die heilsgeschichtlichen Reflexionen des Paulus in Röm 9–11. Die Deuteropaulinen führen die bundestheologischen Ansätze des Paulus nicht weiter, während B. im Hebr ein theologischer Leitbegriff ist. Als frühester Beleg für die christliche Verwendung des Bundesbegriffs im NT gilt das Becherwort in der Abendmahlsüberlieferung (1 Kor 11,25; Mk 14,24 par.), die eine Verbindung zwischen Passahmahl und Herrenmahl herstellt. Das griechische Wort διαθήκη kann sowohl mit ‚B.' als auch mit ‚Testament' übersetzt werden. Das NT folgt dem Sprachgebrauch der LXX, die damit das hebräische *berit* übersetzt. Das AT deutet das

Verhältnis zwischen Gott und seinem Volk Israel als B., der freilich nicht von zwei gleichrangigen Partnern geschlossen, sondern von Gott gnadenhaft gewährt wird. Die atl. Bundestheologie gehört in die deuteronomisch-deuteronomistische Tradition (L. Perlitt). In der Alten Kirche spielt der Bundesbegriff erstmals bei Irenäus v. Lyon eine konstitutive Rolle, in der Reformation bei U. Zwingli, H. Bullinger und Z. Ursinus, aber auch bei J. Calvin. Die reformierte Föderaltheologie des 17. Jh.s (J. Coccejus u. a.) unterscheidet zwischen einem B. der Werke und dem B. der Gnade, in welche die Lehre von der doppelten Prädestination integriert wird. Im 20. Jh. hat v. a. K. Barth den Bundesgedanken im Rahmen seiner Prädestinationslehre und seiner Schöpfungslehre theologisch erneuert. Hermeneutisch gewendet läuft bei ihm die Einheit des B.es zwischen Gott und Menschheit und die Kontinuität zwischen AT und NT auf die These vom Gesetz als Form des Evangeliums hinaus.

Bibliographie: K. Backhaus, Der Neue Bund und das Werden der Kirche, Münster 1996. – K. Barth, KD II/1, Zürich 1942; KD III/1, Zürich 1945, 44–377 (§ 41); KD IV/1, Zürich 1953, 1–83 (§ 57). – G. Ebeling, Dogmatik des christlichen Glaubens III, Tübingen 1979, 124–156. – E. Gräßer, Der Alte Bund im Neuen, Tübingen 1985. – L. Perlitt, Bundestheologie im Alten Testament, Neukirchen-Vluyn 1969. – D.N.J. Poole, The history of the covenant conception from the Bible to Johannes Cloppenburg, San Francisco 1992.

Ulrich H.J. Körtner

C

Canonical Approach

Unter *C. A.* versteht man eine exegetische Richtung, die die Bibeltexte dezidiert auf ihren kanonischen Sinn hin befragt. Im Unterschied zu einem rein synchronen Zugang nimmt der *C. A.* den Endtext nicht einfach als gegeben hin, sondern deckt durch die Rekonstruktion seiner Vorgeschichte die treibenden Kräfte auf, die zur Kanonbildung geführt haben (→Kanongeschichte; →Tanach). Der Ansatz ist mit dem Namen B.S. Childs (1923–2007) verbunden, der ihn in seiner *Introduction to the Old Testament as Scripture* vorgestellt und in weiteren Werken umfassend ausgearbeitet hat.

Der *C. A.* versteht sich als Gegenmodell zu einer Form historisch-kritischer Forschung, wie sie im 19. und bis zum Ende des 20. Jh.s vorherrschte: Man untersuchte intensiv und ausführlich die Vorgeschichte des kanonischen Textes, ignorierte aber weitgehend die Phase, die zur Endgestalt geführt hatte. Damit wurde man der jüdischen wie der christlichen Bibel nicht gerecht, denn diese Büchersammlungen gelten gerade in ihrer Endgestalt in den jeweiligen Glaubensgemeinschaften (Judentum, Christentum in seiner konfessionellen Vielfalt) als vollgültige und autoritative Zeugnisse der Offenbarungen Gottes.

Der *C. A.* ist weder als ein zusätzlicher Arbeitsschritt der historisch-kritischen →Methode zu betrachten noch als eine neue Methode, die die historisch-kritische ersetzt. Der *C. A.* ist vielmehr eine hermeneutische Perspektive, die in allen Arbeitsschritten der Interpretationsmethode im Sinne einer Verlagerung des Erkenntnisinteresses zum Tragen kommt. So ist es z. B. in der →Textkritik nicht das entscheidende Interesse, die ursprüngliche Textfassung der biblischen →Autoren zu ermitteln, sondern diejenige Textgestalt soll bestimmt werden, die von der tradierenden Gemeinschaft als maßgeblich festgeschrieben, kopiert und distribuiert wurde. Ebenso kann in der Formkritik die Bestimmung der Form der kleinen Einheiten nur mehr ein erster Schritt auf dem Wege zum Verständnis des gesamten Buches und schließlich der Gestalt der kanonischen Schriftensammlung insgesamt sein. Desweiteren ist in der Literarkritik nicht die Rekonstruktion der ersten schriftlichen Aufzeichnungen entscheidend, sondern das Verstehen der Prozesse, die zur kanonischen Letztfassung geführt haben. In analoger Weise ist der *C. A.* für alle Arbeitsschritte fruchtbar zu machen.

Der *C. A.* ist inzwischen etabliert, insofern auf die Bestimmung des spezifischen Sinnes des kanonischen Endtextes aus historisch-kritischer Sicht nicht verzichtet werden kann. Probleme tun sich im Bereich der Theologie des →Kanons auf, und zwar besonders aus der Sicht eines protestantischen Kanonverständnisses. Einerseits ist redaktionell nur sehr global festgelegt, wie z. B. das AT im Zusammenhang mit dem NT verstanden werden soll (vgl. z. B. D.J. Trobisch), andererseits wird sich eine protestantische Theologie durch Entscheidungen der Endredaktion nicht völlig binden lassen bei der Suche nach dem, „was Christum treibet" (M. Luther).

Bibliographie: B.S. Childs, Introduction to the Old Testament as Scripture, Philadelphia 1979. – Ders., The New Testament as canon, Philadelphia 1985. – Ders., Biblical theology of the Old and New Testaments, Minneapolis 1993. – P.R. Noble, The canonical approach, Leiden 1995. – D.J. Trobisch, Die Endredaktion des Neuen Testaments: Eine Untersuchung zur Entstehung der christlichen Bibel, Fribourg/Göttingen 1996.

Aaron Schart

Christus im Alten Testament

I. Alttestamentlich

Die Suche nach einem ‚Christuszeugnis des AT' erweist sich insofern als unsachgemäß, als von dem im NT bezeugten Jesus Christus historisch betrachtet in der Hebräischen Bibel nicht die Rede ist. Atl. Vorstellungen wurden allerdings zur Ausgestaltung der ntl. Christologie herangezogen und bilden somit den traditionsgeschichtlichen Hintergrund für deren Verständnis.

Mit dem griechischen χριστός wird in der →Septuaginta das hebräische *mashach* übersetzt, das im Kontext der atl. Königsideologie beheimatet ist. Das hebräische Verbum *mashach* bezeichnet ursprünglich den im Rahmen der Königsinthronisation vollzogenen Akt der Salbung, mit dem der zukünftige König zum *mashiach* geheiligt wird (1 Sam 9,16; 10,1; 1 Kön 1,34 ff.; 2 Kön 9,3 ff.; Ps 2,2.6 f.; 45,8; 89,21 u. a.); selten wird diese Vorstellung einer Salbung auf nichtkönigliche Gestalten wie den (nachexilischen) Hohenpriester (Ex 29,36; 1 Chr 29,22; Sach 4,14) oder Propheten (1 Kön 19,16; Jes 61,1) übertragen. Charakteristisch für den königlichen *mashiach* ist seine enge Verbindung mit Jhwh: Der Gesalbte tritt nicht als absolute Herrschergestalt, sondern als ‚Gesalbter Jhwhs', ‚sein Gesalbter' o. ä. hervor; damit wird die Abhängigkeit des Königs von Jhwh unterstrichen.

In einer Reihe von (Königs-)Psalmen, die das Ergebnis eines längeren Fortschreibungsprozesses darstellen, werden die Vorstellungen eines königlichen Gesalbten Jhwhs aufgegriffen und nach dem Untergang des Königtums auf eine zukünftige Herrscherfigur projiziert (Pss 2; 18; 20; 21; 45; 72; 89; 101; 110; 132; 144). Eine entsprechende Tendenz der ‚Messianisierung' der Königsvorstellungen lässt sich auch an einigen prophetischen Texten ablesen, die deutlich von königsideologischen Vorstellungen und deren Weiterentwicklung geprägt sind und daher als ‚messianisch' bezeichnet werden (Jes 9,1–6; 11,1–9; Jer 23,5 f.; Ez 34,23 f.; Mi 5,1–4; Sach 9,9 f.). Die Begriffe ‚messianisch' bzw. ‚Messianismus' haben dabei nicht den konkreten Vorgang der Salbung im Kontext der Königseinsetzung im Blick; vielmehr wird hier mit ‚Messianismus' eine theologische Strömung bezeichnet, deren Hauptmerkmal die Erwartung eines zukünftigen Königs ist, sei es als Hoffnung auf eine Restitution der davidischen Monarchie (Hag 2,20–23), sei es als Hoffnung auf die Einsetzung eines mit universalen Herrschaftsbefugnissen ausgestatteten Gesalbten Jhwhs (so in PsSal 17 f. u. a.).

Bibliographie: M. Sæbø, Zum Verhältnis von ‚Messianismus' und ‚Eschatologie' im Alten Testament, in: I. Baldermann et al. (Hgg.), Der Messias, Neukirchen-Vluyn 1993, 25–55. – M. Saur, Die Königspsalmen, Berlin u. a. 2004. – Ders., Königserhebungen im antiken Israel, in: M. Steinicke/S. Weinfurter (Hgg.), Investitur- und Krönungsrituale, Köln u. a. 2005, 29–42. – E.-J. Waschke, Der Gesalbte, Berlin u. a. 2001.

Markus Saur

II. Neutestamentlich

Nach ntl. Überzeugung weisen die Schriften des AT auf das Kommen des Heilsbringers Jesus Christus voraus (vgl. Röm 3,21 f.; Mt 5,17). Entsprechend ist das Christuszeugnis des Urchristentums mit Hilfe atl. Aussagen ausformuliert worden. Sendung, Tod und Auferstehung Jesu werden als Heilstaten des Gottes verstanden, der im AT als der Schöpfer der Welt und der Herr Israels verkündigt wird.

Wie selbstverständlich für Paulus die Existenz Christi und seine Anwesenheit beim Volk Gottes war, zeigt exemplarisch die → Allegorie in 1 Kor 10,4. Aus dem Bereich der *Tora* sind die Adam-Christus-Typologie (1 Kor 15,22.45; Röm 5,14–19; Lk 3,23–38), der Gedanke der Abrahamssohnschaft (Gal 3,16–19; Mt 1,1–17), das Motiv der Himmelsleiter (Joh 1,51; vgl. Gen 28,12), die Vorstellung vom Passalamm (1 Kor 5,7b; Joh 19,14a.29.33–36; vgl. Ex 12,10.21 f.46), die Typologie des Bundesschlusses (Mk 14,24 par Mt 26,28; vgl. Ex 24,8), der Sühnegedanke (Röm 3,25 f.; vgl. Ex 25,17–22; Lev 16,2), das Hirtenmotiv (Mk 6,34 par Mt 9,36; vgl. Num 27,17), die Verheißung eines Propheten der Endzeit (Apg 3,22 f.; 7,37; Joh 1,21b; vgl. Dtn 18,15–19) und die Verfluchung des am Holz Hängenden (Gal 3,13; vgl. Dtn 21,23) zu nennen. Aus den *Prophetenschriften* ist auf die Verheißung Natans an David (Lk 1,32 f.; Hebr 1,5b; Joh 1,49; vgl. 2 Sam 7,12–16), auf die Fülle der Bezüge zu Teilen des Jesajabuches (Jes 7,14; 9,1; 11,2;

29,18; 35,5 f.; 42,1–4; 53,4–12; 61,1 f.) und die vielen Worte aus anderen Prophetenbüchern (Jer 31,15.31–34; Ez 34,11–16; Hos 6,6; 11,1; Mi 5,1–4a; Sach 9,9; 11,13; 13,7) zu verweisen. Aus den *Psalmen* werden Aussagen christologisch überwiegend zum Verständnis des Leidens (Ps 22,2.8 f.19; 31,6; 69,10.22), der Auferstehung (Ps 16,8–11) und der Erhöhung Jesu (Ps 110,1.4) herangezogen.

Auch verschiedene atl. Verheißungen über die endzeitliche Vollendung werden auf Christus gedeutet: die Ankündigung des vom Zion her kommenden Retters Israels (Röm 11,26 f.; vgl. Jes 59,20 f.), die Ansage über das künftige Schauen des Gekreuzigten (Joh 19,37; vgl. Sach 12,10) und die Vorstellung von der eschatologischen Herrschaft des Gottessohnes (1 Kor 15,25–28; vgl. Ps 8,7; 110,1). Auf dem Hintergrund apokalyptischer Prophetie werden als endzeitliche Motive weiter das Erscheinen des Menschensohnes (Mk 14,62; vgl. Ps 110,1a; Dan 7,13) und die Neuschöpfung (2 Kor 5,17; Gal 6,15; Offb 21,1–22,5; vgl. Jes 65,17–25) verheißen.

Die dargelegten Bezüge zeigen an, dass das AT für die Anfänge der Christologie hoch relevant war. Von hier aus wurde Christus im Urchristentum verstanden und verkündigt.

Bibliographie: E.E. Ellis, Prophecy and hermeneutics in early Christianity, Tübingen 1978. – F. Hahn, Theologie des Neuen Testaments, Bd. II, Tübingen [2]2005. – M. Hengel, Studien zur Christologie, Tübingen 2006. – B. Janowski, Ecce homo, Neukirchen-Vluyn 2007. – T. Knöppler, Sühne im Neuen Testament, Neukirchen-Vluyn 2001. – A. Obermann, Die christologische Erfüllung der Schrift im Johannesevangelium, Tübingen 1996. – M. Rese, Alttestamentliche Motive in der Christologie des Lukas, Gütersloh 1969.

Thomas Knöppler

III. Systematisch-theologisch

Die Frage nach Christus im AT ist ein hermeneutisches Problem, welches sich für das Christentum durch die Aufnahme der Hebräischen Bibel in den christlichen →Kanon stellt. Mit dem zweiteiligen Kanon ist das Folgeproblem der inneren Einheit der Schrift in beiden Testamenten verbunden, zumal für das Christentum das Christusbekenntnis den Horizont für die Rezeption des AT darstellt. Das frühe Christentum löste dieses hermeneutische Problem einmal durch die Ausbildung der Lehre vom vierfachen →Schriftsinn und zum anderen durch die Ausarbeitung einer Logoschristologie. Durch die Unterscheidung von historischem, allegorischem, tropologischem und anagogischem Schriftsinn konnte so an der inneren Einheit der beiden Testamente festgehalten werden, dass Christus auch im AT präfiguriert ist und in ihm spricht. Noch M. Luther hat seiner ersten Psalmenvorlesung (1513–1515) dieses hermeneutische Verfahren zugrunde gelegt. Dabei bezieht er den buchstäblichen Sinn der Psalmen auf Christus und den tropologischen auf den Glauben als das innere Verstehen Christi durch den Rezipienten. Die historische Erforschung der biblischen Schriften seit der Aufklärung führte zunehmend zu der Einsicht, dass die christliche →Deutung und →Rezeption des AT im Horizont des Christusbekenntnisses die atl. Deutungsschemata nicht unverändert gelassen hat. Die klassischen Typologien und Figurationen Christi im AT wie Isaaks Opferung oder die Gottesknechtslieder in Jes sind Rezeptionsformen des frühen Christentums, die sich in jüdischer Perspektive ganz anders darstellen. So deutet das Christentum Gen 22,1–19 als ‚Isaaks Opferung' und sieht hier eine Präfiguration der Passion Christi, während die jüdische Auslegungstradition diese Geschichte als Bindung (*'aqedah*) Isaaks interpretiert. Gleiches gilt auch für die Gottesknechtslieder des Jes, die von dem frühen Christentum zur Deutung des Todes Christi rezipiert wurden, oder für das in Mt angewandte Schema von →Verheißung und Erfüllung. In all diesen Fällen liegen perspektivische Deutungen, Aneignungen und Umwandlungen der religiösen Traditionen des atl. Judentums durch das frühe Christentum vor, welches sich selbst als Erfüllung der atl. Verheißungen versteht. In der neueren Kanondiskussion wurde der Frage nach Christus im AT in den Debatten um eine gesamtbiblische Theologie erneute Aufmerksamkeit geschenkt. Im Interesse an der inneren Einheit beider Testamente gehen die Vertreter derartiger Konzeptionen davon aus, dass, wenn auch auf andere Weise als im NT, bereits im AT von Christus gesprochen wird.

Bibliographie: M. Oeming, Gesamtbiblische Theologie der Gegenwart, Stuttgart u. a. [2]1987. – H. Spieckermann, Die Verbindlichkeit des Alten Testaments, in: JBTh 12 (1997), 47–51. – H. Timm, Theophonie – Theographie, in: U.H.J. Körtner (Hg.), Poetologische Theologie, Ludwigsfelde 1999, 66–81.

Christian Danz

Class →Postkolonialismus/Postcolonial Criticism

Close Reading →New Criticism, →Reader-Response Criticism

Cultural Exegesis →Cultural Studies

Cultural Relativism/ Kulturrelativismus

I. Alttestamentlich

Der Begriff bezeichnet in seiner milderen Form die sozialanthropologische und literaturwissenschaftlich angewandte Auffassung, dass Kulturelemente einschließlich →Texten nur im Rahmen der sie jeweils hervorbringenden Kulturen verständlich bzw. gültig seien, in seiner radikalen Form die Auffassung, dass solche Elemente grundsätzlich von einer Außenperspektive aus unverständlich bleiben, weil →Kommunikation zwischen Kulturen prinzipiell unzureichend oder sogar unmöglich sei. Der Begriff *C. R.* geht auf den amerikanischen Anthropologen F. Boas zurück, der die Voraussetzungen für die Begriffsbildung schuf. Sein Schülerkreis prägte dann den Begriff *C. R.* (V. Heyer).

Angesichts des atl. Erwählungsmotivs und der vielen ethischen Fragen, die vom AT aufgeworfen werden, ist der bereits im altgriechischen und römischen Bereich vorkommende Gedanke der kulturellen Relativität besonders beim Umgang mit dem AT von hermeneutischer Bedeutung.

Die Erwählung eines Volkes aus der Gesamtheit der Nationen ist ein Schlüsselmotiv in der Hebräischen Bibel. In Hinsicht auf den Umgang mit Israeliten und Nicht-Israeliten wird vielmehr eine Ethik der Unterscheidung als eine der Gleichheit deutlich (z. B. Lev 25). In Israel gab es eine gewisse Vielfalt hinsichtlich der Ausrichtung und Ausübung des Glaubens (z. B. Juda/Samaria), obwohl das Ideal eines ‚Gesamt-Israel' selbst in den spätesten Schriften der Hebräischen Bibel nicht verloren ging; dazu wurde ein eschatologisches Eingreifen Gottes allerdings für nötig erachtet. Daher wurde in der Bundesgemeinschaft im Rahmen der späteren Zionstheologie größerer Wert auf die Einheit in Glauben und religiöser Praxis gelegt.

Die unterschiedlichen Aussagen von z. B. Chr oder Rut und Ez-Neh hinsichtlich der Frage nach dem Status der Nicht-Judäer vor Gott müssen differenziert betrachtet werden. So steht z. B. die priesterliche Gesetzgebung zum *ger* (Gast) gegen die Ehegesetze Esras, während Chr die Definition von ‚Israel' nicht eingrenzt, sondern sie umfassender auslegt. In Verteidigung der anderen Position kann dies als eine Strategie des kulturellen und politischen Überlebens gedeutet werden.

Die Geschichtsschreibung des ‚Deuteronomistischen Historikers' (DtrH) wird von der Ideologie geleitet, das Gedenken derer auszulöschen, die er verurteilt (K. Whitelam). Der DtrH bedenkt auch, wie weit israelitische Gesetzgebung und Moralität verallgemeinerbar sind. So entwirft z. B. Lev 26,39–45 eine Bundestreue, die interne Moralität aufgrund der einzigartigen Identität ‚lediglich anders' deutet, auch wenn dies nicht übertrieben werden darf.

Jedoch können diese Spannungen nicht der Unmöglichkeit einer reichen, einheitlichen biblischen Theologie das Wort reden. Die Behauptung, dass das levitische Heiligkeitsgesetz oder der *cherem* in Jos 6–11 einer primitiven nomadischen Gemeinschaft entstammen und ebensowenig mit der Ethik der Propheten in Übereinstimmung gebracht werden können wie mit liberaleren Formen des Christentums und dem rabbinischen Judentum, ist ein modernes Vorurteil, wenn es die zahlreichen modernen Ausformungen unerträglicher Gewalt ignoriert. Moralische Kritik an der Bibel wird im Namen derer eingebracht, die die Bibel als ‚Befreiung' auslegen, wenn es ihrem Zweck dient.

Es ist eine bleibende Herausforderung für die Hermeneutik, an der Schnittstelle von

Respekt vor der Fremdheit der atl. Welt und Anerkennung ihrer Kommunizierbarkeit einen Zugang zu finden, der auszumachen versucht, wie die Bibel ‚gefallene' menschliche Gesellschaften sowohl mit einer zeitlosen Stimme als auch mit lokaler und historischer Kontingenz ansprechen kann.

BIBLIOGRAPHIE: F. Boas, The mind of primitive man, New York 1963 [1911]. – M.G. Brett (Hg.), Ethnicity and the Bible, Leiden 1996 (darin bes.: J. Levenson, The universal horizon of biblical particularism). – D. Clines, Interested parties, Sheffield 1995. – E.W. Davies, The morally dubious passages of the Hebrew Bible, in: Currents in Biblical Research 3 (2005), 197–228. – K. Grünwaldt, Das Heiligkeitsgesetz Leviticus 17–26, Berlin 1999. – V. Heyer, In reply to Elgin Williams, in: American Anthropologist 50/1 (1948), 163–166. – K. Whitelam, The invention of Ancient Israel: the silencing of Palestinian history, London 1996.

Mark Elliott

II. Altphilologisch

In der antiken Diskussion über Wertvorstellungen und insbesondere den Begriff der Gerechtigkeit lassen sich drei Spielarten kulturrelativistischer Ansätze unterscheiden: (1) ein Relativismus im engeren Sinne, der gültig begründete Rechtssetzungen aus den Gegebenheiten der Gesellschaft ableitet, in der sie gelten, (2) Formen eines Konventionalismus, der Gesetze als willkürliche Festsetzungen betrachtet, und (3) die Skepsis, die Recht und Unrecht für prinzipiell nicht erkennbar hält. Kulturrelativistisch sind diese Positionen insofern, als sie sich auf den empirischen Befund der Verschiedenheit von Sitten und Gesetzen unterschiedlicher Völker, Staaten oder sozialer Gruppen beziehen.

Die von griechischen Gewohnheiten abweichenden Verhaltensnormen fremder Völker gehören zu den Themen früher Ethnographen; breite Darstellungen finden sich bei Herodot, der auch einen kulturrelativistischen Ansatz formuliert (3,38). Vor diesem Hintergrund diskutiert die Sophistik (eng verwandt ist *Dissoi Logoi* 2), ob Gesetz und Gerechtigkeit auf Natur oder Satzung beruhen, und stellt selbstverständliche griechische Wertvorstellungen durch den Vergleich mit fremden Völkern in Frage; ob der *homo-mensura-omnium*-Satz des Protagoras kulturrelativistisch zu verstehen ist, bleibt umstritten. Sophistischem Konventionalismus stellt Plato einen metaphysisch begründeten und somit universalen Begriff der Gerechtigkeit entgegen, während sich bei Aristoteles auch relativistische Gedanken finden (*Rh.* 1360a 30–37; 1373b 1–18, umstrittener *EN* 1134b 18–1135a 15). Demgegenüber halten Pyrrhon, der gelegentlich als Begründer des *C. R.* gilt, und die ihm folgende Skepsis Recht und Unrecht für prinzipiell nicht erkennbar; dies führt in der ethischen Praxis zur Befolgung der jeweils herrschenden Wertvorstellungen bei Enthaltung des Urteils. Epikur vertritt einen spezifisch relativen Gerechtigkeitsbegriff, der die Prägung durch kontingente Faktoren einschließt; die Stoa interessiert sich für die Unterschiedlichkeit der Normen in verschiedenen Kulturen (Chrysippos bei Cic. *Tusc.* 1,108), definiert aber ihren Gerechtigkeits- und Tugendbegriff allein von der göttlichen Natur her. Die kulturrelativistische Bestreitung einer allgemeingültigen Gerechtigkeit in der Nachfolge des Karneades kennzeichnet Cicero in *rep.* 3 als Position eines *advocatus diaboli*; Nepos dagegen stellt seine Lebensbeschreibungen von Griechen in einen kulturrelativistischen Rahmen (*Praef.*). In der Kaiserzeit findet die Skepsis und somit ihre kulturrelativistische Perspektive einen Hauptvertreter in Sextus Empiricus.

BIBLIOGRAPHIE: A. Alberti, The Epicurean theory of law and justice, in: A. Laks/M. Schofield (Hgg.), Justice and generosity, Cambridge 1995, 161–190. – A. Becker, Dissoi Logoi – Zweierlei Ansichten, Berlin 2004. – P. Destrée, Aristote et la question du droit naturel (Eth. Nic. V, 10, 1134b 18–1135a 5), in: Phronesis 45 (2000) 220–239. – D.H. Heidemann, Ethik ohne Theorie, in: AZP 28 (2003), 147–165. – C. Horn/N. Scarano (Hgg.), Philosophie der Gerechtigkeit, Frankfurt a. M. 2002. – B. Huss, Der Homo-Mensura-Satz des Protagoras, in: Gymnasium 103 (1996), 229–257. – P. Schenk, At id quidem nostris moribus nefas habetur, in: GFA 7 (2004), 163–183.

Helmut Seng

Cultural Studies

I. Neutestamentlich

Die *C. S.* werden in den bibelexegetischen Fächern aufgrund des →*Cultural Turn* vielfältig rezipiert und lassen sich dort in zwei Forschungsrichtungen einteilen. Während die erste Position primär historisch/textweltlich orientiert ist und in der Tradition der eher deskriptiv ausgerichteten deutschsprachigen Kulturwissenschaften steht, nimmt die zweite Position vorrangig die Kultur des →Lesers und →Interpreten (→*Reader-Response Criticism*) in den Blick und verbindet emanzipatorische Interessen mit postmodernen Theorien auf der Basis der ursprünglich angelsächsischen *C. S.*

(1) *Kulturwissenschaftliche Studien* zur → Bibel trennen nicht (mehr) zwischen der z. B. griechisch-römischen Umwelt und deren gesonderter →Rezeption in den biblischen → Texten, sondern sehen Kultur als vorgegebene und durchdringende Größe des biblisch Denk- und Aussagbaren (vgl. Lit.: *Neues Testament und Antike Kultur*). So rekonstruiert die kulturanthropologische →Exegese des →NT Symbolwelten, Verhaltenscodizes und Regelwerke ntl. Texte auf der modellierten Matrix des antik-mediterranen Kulturraums und betont den kulturellen Abstand zu heutigen Gesellschaftssystemen (Postulat der →Alterität). Daher verhält sie sich kritisch gegenüber →Applikationen biblischer Einheiten, z. B. im Sexualdiskurs.

(2) *Cultural Exegesis* bezieht den Kulturbegriff vornehmlich auf den eigenen Standort der Textinterpretation und erklärt die Auslegungspluralität biblischer Texte v. a. als Effekt divergierender kultureller Kontexte. Nicht was der Text sagt, sondern was der Leser/Interpret den Text sagen hört, steht im Zentrum des Interesses. Es gibt nicht *„THE Meaning“*, sondern stets *„MY Meaning“* (B. Blount, 87). Cultural exegesis hebt die Differenz zwischen exegetischer und dogmatischer Bibelinterpretation auf, indem sie jede Textdeutung durch kulturelle →Vorverständnisse konstruiert sieht, die zwar verändert, nicht jedoch aufgehoben werden können. Auch → Methoden gelten ihr als kulturimprägniert. Der politisch-emanzipatorische Charakter der *C. S.* realisiert sich hier in der grundsätzlichen Gleichwertigkeit afrikanischer, asiatischer, etc. Interpretationsweisen mit →Auslegungen des westlichen und dominierenden Wissenschaftsbetriebs. Gegen koloniale Ausbeutungsmechanismen, heterosexistische Fortschreibungen und patriarchale Unterdrückungsmuster biblischer Textwirkungen operieren der *Postcolonial Criticism* (→Postkolonialismus), die *Queer Hermeneutics* sowie die →Feministische Bibelhermeneutik.

Bibliographie: B. Blount, Introducing cultural exegesis, in: S. Alkier/R. Brucker (Hgg.), Exegese und Methodendiskussion, Tübingen/Basel 1998, 77–97. – D. Brakke, Cultural studies, in: ZNT 1 (1998/2), 69–77. – K. Erlemann et al. (Hgg.), Neues Testament und Antike Kultur, 5 Bde., Neukirchen-Vluyn 2004–2007. – B. Malina, Die Welt des Neuen Testaments, Stuttgart u. a. [2]1993.

Stefan Scholz

II. Literaturwissenschaftlich

R. Hoggart und R. Williams bringen in den 1950er Jahren literaturwissenschaftliche → Methoden zur Dechiffrierung kultureller Phänomene jedweder Form in Anschlag. Derart formieren sich die *C. S.* als eine Erweiterung der Literaturwissenschaft zur Kulturwissenschaft. Zentral hierbei ist erstens die Auflösung der Hierarchie von Hoch- und Populärkultur, insofern beide als *signifying practices* (R. Williams), als bedeutungsstiftende Praktiken charakterisiert werden. Damit wird zweitens der Sinn kultureller Erzeugnisse nicht mehr als denselben inhärent gedacht; vielmehr generiert er sich im Prozess von *production* und *consumption*, von *encoding* und *decoding* (S. Hall) stets neu. Dieser Prozess wird drittens nicht nach dem marxistischen Basis-Überbau-Modell, sondern als ein Machtkampf konturiert, in dem die kulturelle Hegemonie innerhalb einer sozialen Gemeinschaft zur Disposition steht: Die von den *C. S.* praktizierte Kulturanalyse verbindet sich deshalb mit einer Analyse der historisch divergierenden Formen von Macht. Viertens gehen die *C. S.* schon in der Zeit des 1964 gegründeten *Centre of Contemporary Culture Studies* nicht von *einer* Kultur, sondern von einer Pluralität sich überschneidender Kulturen in einer Gesellschaft aus: Konsequent werden kulturelle Hervorbringungen auf die sie konstituierende Hybridität hin untersucht. Fünftens verknüpft sich mit den literaturwissenschaftlich geschulten Interpretationen der Alltagskultur, denen bereits implizit ein Verständnis von ‚Kultur als Text‘ zugrunde liegt, ein ideologiekritischer und interventionistischer Impuls. Ab den 1970er Jahren wandeln sich die *C. S.* zu einem kulturwissenschaftlichen Forschungsprogramm, in dem →Literatur kaum noch Berücksichtigung findet: Neben Phänomenen der Alltagskultur treten v. a. Film und Fernsehen in den Fokus der Aufmerksamkeit, so dass die *C. S.* zu einer Medienanalyse avancieren. Als Leitkategorien des Erkenntnisinteresses kristallisieren sich dabei *class*, *race* und *gender*, soziale Klassen, Ethnizität und Geschlecht heraus. Von hier aus ergeben sich zahlreiche Verbindungen zu den *Postcolonial Studies* und den *Gender Studies*, die als Formen der *C. S.* verstanden werden können. Mit diesen Forschungsrichtungen gerät wieder verstärkt die Literatur in den Blick, wobei dieselbe als eine kulturelle Praktik neben anderen verstanden, ihr Verhältnis zu den anderen Praktiken indes je nach methodischer Grundlage als Abbildungsverhältnis oder als Austauschbeziehung akzentuiert wird.

BIBLIOGRAPHIE: H. Friese, Cultural studies, in: F. Jaeger/J. Straub (Hgg.), Handbuch der Kulturwissenschaften, Bd. 2, Stuttgart/Weimar 2004, 467–485. – C. Lutter/M. Reisenleitner, Cultural studies, Wien [3]1998. – R. Sommer, Grundkurs Cultural Studies/Kulturwissenschaft Großbritannien, Stuttgart 2003. – R. Winter, Die Kunst des Eigensinns, Weilerswist 2001.

Harald Neumeyer

Cultural Turn

Der *C. T.* umfasst eine auf allen Gebieten der Sozial- und Geisteswissenschaften wahrnehmbare Bewegung, die seit den 1960er Jahren die Wechselwirkungen zwischen gesellschaftlichen, textlichen und symbolischen Zeichensystemen in Geschichte und Gegenwart reflektiert. Anders als der →*Linguistic Turn* lässt sich der *C. T.* nur schwer anhand einer umfassenden Fragestellung oder Gegenstandsannäherung darstellen, denn unter dem Leitbegriff *Kultur* versammeln sich sehr heterogene, jeweiligen fachdisziplinären Perspektiven und Schulrichtungen verpflichtete Anschauungen, die sich zumindest in zwei widerstreitende Positionen von Kulturverständnis aufteilen lassen:

Kultur im modernen Sinn umfasst die Bindekräfte, die eine Gesellschaft (einen einheitlichen Kulturraum wie z. B. die westliche oder die islamische Welt) zusammenhalten. Die historische Kulturanthropologie des NT von B. Malina (→*Cultural Studies*) rezipiert weitgehend diesen modernen Kulturbegriff in Blick auf die Interpretation ntl. Texte (Fokussierung auf einen, einheitlich gedachten antik-mediterranen Kulturraum).

Kultur im postmodernen Sinn kritisiert das Kulturverständnis der Moderne, indem die Repräsentation homogener Kultursysteme als imperiale Überformung tatsächlicher Heterogenität verstanden und problematisiert wird und Differenzierungen kultureller Lebenswirklichkeiten eingeführt werden. Diese Dispersion des Kulturbegriffs drängt die Frage auf, welcher heuristische bzw. bildungspolitische Wert mit der Sprachregelung des *C. T.* verbunden werden kann. Innerhalb der Geisteswissenschaften wird der *C. T.* insbesondere als Demarginalisierungsstrategie eingesetzt, um sich gegen die Dominanz der Wirtschafts- und Naturwissenschaften zu profilieren. Etablierte Fächerstrukturen werden dabei durch stetige Interdisziplinarität in transdisziplinäre Forschungsverbünde überführt. Eine paradigmatische Qualität (T. Kuhn) des *C. T.* lässt sich aufgrund der dauerhaften Fortexistenz bereits bestehender Wissenschaftskonzepte aber nicht behaupten, vielmehr handelt es sich um überlappende Wechsel der Blickrichtungen, die sich in verschiedene Einzelturns (→*Iconic Turn*, →*Translational Turn*, →*Interpretive Turn* etc.) ausdifferenzieren. Den kulturellen Zusammenhang von Wissensproduktion, gesellschaftlicher Stabilisierung und Macht sowie deren *systemkritische Subversion* wollen Theorie- und Methodenansätze wie →Ideologiekritik und →Diskursanalyse nachweisen und beschreiben. Insbesondere in sog. emanzipatorischen Bibelinterpretationen wie der →Feministischen Bibelhermeneutik und anderen →Kontextuellen Hermeneutiken wird deren kritische Stoßkraft aufgenommen.

BIBLIOGRAPHIE: D. Bachmann-Medick, Cultural Turns, Reinbek [2]2007 – T.F. Davies/K. Womack (Hgg.), Mapping the ethical turn, Charlesville 2001. – A. Schüle, Kultur, Lebenswelt und christlicher Glaube, in: VuF 49 (2004/2), 3–31. – C. Strecker, „Turn! Turn! Turn! To Everything There Is a Season“, in: W. Stegemann (Hg.), Religion und Kultur, Stuttgart u. a. 2003, 9–42.

Stefan Scholz

D

Datierung

Antike literarische →Texte geben in der Regel keine unmittelbaren Hinweise auf ihre Entstehungszeit. Dies gilt auch für biblische Texte. So verweist Paulus in 1 Kor 16,8 nur unspezifisch auf die örtlichen und zeitlichen Umstände seiner Schreibsituation. Ähnliche Hinweise lassen sich z. T. den Cicero-Briefen entnehmen.

Im Zuge der historisch-kritischen Forschung wurde die Frage nach der Entstehungszeit von biblischen Texten als Frage nach deren D. bearbeitet. Diesem Vorgehen liegt die geschichtshermeneutische Einsicht zugrunde, dass nicht die Texte selbst Geschichte darstellen, sondern geschichtliche →Quellen sind, die auf ihren Geschichtswert hin zu prüfen, d.h. auf ihre Echtheit, Verfasserschaft, Lokalisierung und D. hin zu untersuchen sind. Auf der Basis der D. von atl. und ntl. Schriften soll so eine Geschichte Israels und des frühesten Christentums rekonstruiert werden.

Zur D. von (biblischen) Texten haben sich zwei Verfahren etabliert: (1) Die absolute D. zielt auf die zeitliche Verknüpfung von Texten mit historischen Ereignissen, die aus anderen Quellen bekannt sind: Die D. erfolgt so, dass der Text in einen Bezug zum *terminus post quem* und *terminus ad quem* gestellt wird. (2) Die relative D. zielt auf eine chronologische Zuordnung eines Textes zu anderen Texten desselben oder eines anderen Verfassers.

Einige Beispiele: Die korinthische Korrespondenz (1. 2 Kor) lässt sich absolut datieren, da die Abfassung der Briefe mit dem Korinth-Aufenthalt des Paulus nach Apg 18,1 ff. sowie mit dem historischen Datum des Claudius-Edikts (ca. 49 n. Chr.: Suet. *Claud.* 25,4; Oros. *hist.* 7,6,15) und einem epigraphischen Zeugnis (sog. Gallio-Inschrift) in Zusammenhang gebracht werden kann. Die übrigen Paulus-Briefe werden so wie die Paulus-Biographie insgesamt dieser absoluten D. in einer relativen Chronologie zugeordnet. Lk liefert zwei eigene absolute D.en. Der Synchronismus Lk 3,1 f. stellt eine absolute D. des öffentlichen Auftretens Johannes des Täufers dar (31 n. Chr.). Nicht ganz so eindeutig auflösbar ist der Synchronismus in Lk 2,1 f., mit dem der →Autor die Geburt Jesu datiert. Im Falle der sog. johanneischen Schriften (1–3 Joh; Joh) wird v. a. eine relative D. versucht: Hier entscheidet die chronologische Abfolge der Einzelschriften darüber, ob einzelne Briefe der Supplementierung und Deutung der Evangelienschrift dienen oder umgekehrt. Im Falle der absoluten D. der synoptischen Evangelien gilt Mk 13 parr. als Schlüsseltext, der fragen lässt, ob die Tempelzerstörung 70 n. Chr. als *terminus post quem* oder *ad quem* zu verstehen sei. Die relative D. der synoptischen →Evangelien geschieht durch deren literarische Zuordnung zu einander: Hier sind v. a. literarkritische Aspekte (Abhängigkeiten, Quellenbenutzung) leitend.

Beide Verfahren der D. müssen berücksichtigen, dass biblische Texte zwar im Hinblick auf die von ihnen erzählte Geschichte durchaus vereinzelt – reale oder fiktive – D.en vornehmen (z. B. Jes 1,1; Jer 39,1; Ez 1,1; Dan 1,1; Mk 1,6; Mt 2,1; Lk 2,1; 3,1; Joh 18,12 ff.; Offb 1,9 f.), dass sie in der Regel aber keine zeitlichen Bezüge zum →Autor selbst und zur Entstehungszeit der Schriften herstellen (wollen). So ist die Erzählebene einerseits von der Referenzebene des Textes, die mögliche Hinweise zu dessen D. geben kann, andererseits methodisch zu unterscheiden.

Die bibelhermeneutische Bedeutung der D. von Texten liegt darin, diese von ihren

Entstehungsbedingungen her wahrzunehmen, d. h. historisch zu kontextualisieren.

BIBLIOGRAPHIE: E.-M. Becker, Dating Mark and Matthew, in: Dies./A. Runesson (Hgg.), Mark and Matthew, Tübingen 2009 (im Druck). – O. Wischmeyer (Hg.), Paulus, Tübingen/Basel 2006. – Dies., Hermeneutik des Neuen Testaments, Tübingen/Basel 2004.

Eve-Marie Becker

Dekanonisierung/Rekanonisierung

I. Alttestamentlich

D. bezeichnet den Ausschluss eines oder mehrerer →Texte aus einem abgeschlossenen →Kanon, R. ihre Wiedereinführung nach erfolgtem Ausschluss. Bei kirchlichen Entscheidungen über den Kanon der →Heiligen Schrift hat eine D. im Bereich einer einzelnen Kirche bisher nicht stattgefunden. Es gelten in der römisch-katholischen Kirche die Beschlüsse von Trient (1546), die prinzipiell die Beschlüsse von 360 (Laodicea) und 382 (Rom) endgültig festschreiben. Die lutherischen Kirchen folgen dem Kanon M. Luthers, die reformierten orientieren sich an H. Zwingli. Die Entscheidung Luthers und Zwinglis, im →AT dem hebräischen Kanon zu folgen, hat aber faktisch eine D. von Tob, Jdt, Makk, Weish, Sir, Bar und dem Gebet Manasses zur Folge. Auch die theologische Haltung M. Luthers zu Est sowie zum Jak und einigen weiteren ntl. Briefen drückt eine kanonkritische Haltung aus, die einer D. der kritisierten Bücher gleichkommt. Tatsächlich lässt die seit ältester Zeit fluktuierende Anordnung der biblischen Bücher einen Prozess ständiger rezeptiver de- und rekanonisierender Tendenzen erkennen: Theologisch schwierige oder wenig rezipierte Bücher werden regelhaft an den Rand gerückt. Hier lässt sich bei den einzelnen Handschriften und Drucken lokale Traditionsbildung erkennen, die von anderen →Traditionen mit ihren Anordnungen in Frage gestellt wird. Im AT betrifft dies v. a. die Bücher der Makk, Tob, Weish und Sir, gelegentlich auch Koh. Im →NT sind einige →Briefe, die Apg und die Offb Anzeiger dieses Prozesses permanenter nicht-offizieller D. und R. Erst der Buchdruck sowie die reformatorischen und gegenreformatorischen Entscheidungen bringen diesen Prozess zu einem gewissen Abschluss: Seit dem 17. Jh. liegen Umfang und Anordnung der Heiligen Schrift fest.

Die faktische D. der sog. →Apokryphen in den Kirchen der Reformation ist nie konsequent durchgehalten worden, bereits Luthers eigene →Bibelübersetzungen enthalten einen Apokryphenteil, ebenso die Zürcher Bibel von 1531. Diese Apokryphenteile sind bis ins 20. Jh. umstritten gewesen. Seit 1968 besteht ein ökumenischer Kompromiss, der eine Aufnahme der Apokryphen als gesonderten Teil in protestantische Bibelausgaben zur Folge hat, so dass man prinzipiell von einer vorsichtigen ‚R.' sprechen kann.

BIBLIOGRAPHIE: P. Brandt, Endgestalten des Kanons, Berlin/Wien 2001. – C. Dohmen/M. Oeming (Hgg.), Biblischer Kanon, warum und wozu?, Freiburg i. Br. 1992. – S. Meurer (Hg.), Die Apokryphenfrage im ökumenischen Horizont, Stuttgart 1989.

Melanie Köhlmoos

II. Neutestamentlich

Die ntl. Wissenschaft partizipiert nicht nur an den literaturwissenschaftlichen Dekanonisierungsdiskursen des modernen und postmodernen Wissenschafts- und Kulturbetriebs, sondern geht diesen zeitlich voraus. Das aus den Prinzipien der Aufklärung stammende Movens der Vernunft unterzog auch Dignität, Normativität und Wahrheitsanspruch der kanonisierten →Bibel wissenschaftlicher Kritik: Die →Exegese diskutiert kritisch biblische Verfasserangaben (→Pseudepigraphie), rekonstruiert von der biblischen Erzählung abweichende geschichtliche Verläufe (→Historizität) und entmythologisiert die biblischen Wunderberichte, besonders die Auferweckung Jesu (→Wunder). In weitgehender Unabhängigkeit von der dogmatischen Inspirationslehre (→Inspiration) und Kanontheologie (→Kanon) zeichnet die historisch-kritische Exegese die Kanonisierung als historischen und kulturellen Prozess nach. D. Brakke z. B. sieht den Kanon speziell für ein in Erscheinung tretendes imperiales Episkopat zugeschnitten und durch Ideologien der Autorität gekennzeichnet. So gilt der ntl. Wissenschaft der Kanon primär als historische Größe und nicht als theologischer Normbegriff. Eine bewusste Gesamtinterpretation der Schriften des AT und NT jenseits ihrer Kanonizität kann in den bibelwissenschaftlichen Programmen einer Religionsgeschichte Israels (R. Albertz u. a.) sowie einer Geschichte der urchristlichen →Literatur (P. Vielhauer u. a.) gesehen werden, die sich als Alternativen zu den Entfaltungen einer Theologie des AT/NT anbieten.

Zugleich sind auch die Bibelwissenschaften in die Dynamik von Rekanonisierungsprozessen miteinbezogen. Die kanonische Schriftauslegung (→*Canonical Approach*) reagiert auf die analytische Segmentarisierung der diachronen Bibellektüre, indem sie die synchrone kanonische Endgestalt der biblischen Textsammlung als hermeneutisches Prinzip wahrnimmt (B.S. Childs/J.A. Sanders/ P. Stuhlmacher). Hier begegnen sich exegetische und dogmatische Motive und bilden eine gemeinsame Allianz gegen die historisch-kritische Forschung, deren methodische Ansätze als Desakralisierung verstanden werden.

Gegenwärtig wird ein Dekanonisierungseffekt sehr weitreichender Art durch den medialen Wechsel vom konventionellen fixierten Printtext zum digitalen elektronischen Text des Computerzeitalters diagnostiziert. Stabile Textwelten weichen in dieser Perspektive einer multilinear, interaktiv und unabschließbar konzeptionierten Gegenwelt zu handschriftlichen und gedruckten Textkulturen. Die radikale Verflüssigung zusammengetragener Textcorpora sowie die Unbegrenztheit des virtuellen Raumes stellen die Plausibilität des biblischen Kanons vor ganz neue Herausforderungen (R. Fowler).

Bibliographie: D. Brakke, Canon formation and social conflict in fourth-century Egypt, in: HThR 87 (1994/4), 395–419. – R. Fowler, The fate of the notion of canon in the electronic age: http://home pages.bw.edu/rfowler/pubs/canon/index.html (12. 02. 2007). – P. Stuhlmacher, Vom Verstehen des Neuen Testaments, Göttingen [2]1986, 222–256. – O. Wischmeyer, Hermeneutik des Neuen Testaments, Tübingen/Basel 2004, 75–80. 204 f. – Dies./S. Scholz (Hgg.), Die Bibel als Text, Tübingen/Basel 2008.

Stefan Scholz

III. Systematisch-theologisch

Im Zusammenhang mit der neueren Kanondiskussion ist auch den Phänomenen von D. und R. neue Aufmerksamkeit zuteil geworden. Im Hintergrund stehen einmal der →*Cultural Turn* in den Geisteswissenschaften, insbesondere die Forschungen zum Übergang von oralen zu skripturalen Kulturen, und zum anderen die Diskussionen in der atl. und ntl. →Exegese im Umfeld des sog. →*Canonical Approach*. Im Unterschied zur älteren Debatte wird methodisch zwischen kanonischem Prozess und Kanonisierung unterschieden, so dass die Herausbildung von kanonischen Schriften in einem komplexen Zusammenhang von De- und Rekanonisierungsprozessen erscheint. D. und R. indizieren und markieren Neuorientierungen im religiösen System. Während D. als eine Folge von Pluralisierungs- und Modernisierungsschüben sowie von zunehmender gesellschaftlicher Ausdifferenzierung gelten darf, stellt der Rekanonisierungsprozess die Stiftung neuer Verbindlichkeiten und normativer Ressourcen dar, die auf die Frage ‚Wonach sollen wir uns richten?' (J. Assmann) antworten. Die Herausbildung gesellschaftlicher Komplexität in Folge der gesellschaftlichen Evolution sowie die hiermit verbundenen Krisenphänomene führen nicht zur Fixierung und Kanonisierung von normativen und invarianten Textbeständen, welche die gesellschaftlichen und individuellen →Identitäten imaginieren, sondern auch zu Neuordnungen und Neuerfindungen von kanonischen Beständen. So können sowohl der Prozess, in dem sich der christliche →Kanon in seiner Doppelgestalt von →AT und →NT herausgebildet hat, als auch die Christentumsgeschichte als ein komplexer De- und Rekanonisierungsprozess verstanden werden. Denn jeder sich geschichtlich etablierende Kanon lässt sich als Ergebnis von komplexen Selektionsprozessen deuten. Als paradigmatisch dürfen die protestantische Reformation sowie das konfessionelle Zeitalter gelten. Die Etablierung des →Schriftprinzips und damit der Schrift als einziger autoritativer Lehrgrundlage im Protestantismus stellt einen De- und Rekanonisierungsprozess dar. Werden doch von den Reformatoren kirchliche Tradition und apokryphe Schriften als nicht normativ verbindlich ausgeschieden und die →Heilige Schrift als alleinige Lehrautorität fixiert. Das konfessionelle Zeitalter und die mit ihm verbundene Auflösung von übergreifenden gesellschaftlichen religiösen und ethischen Normenkonsensen spiegelt diese Dialektik von D. und R., in deren Folge verbindliche Textbestände begrenzte Geltungsbereiche erhielten.

BIBLIOGRAPHIE: J. Assmann, Das kulturelle Gedächtnis, München 1992. – Ders./A. Assmann (Hgg.), Kanon und Zensur, München 1987. – C. Dohmen/M. Oeming, Biblischer Kanon, warum und wozu?, Freiburg i. Br. u. a. 1992. – K. Huizing, Homo legens, Berlin/New York 1996. – J. Lauster, Religion als Lebensdeutung, Darmstadt 2005.

Christian Danz

IV. Judaistisch

D. ist der Prozess, durch den Bücher, →Traditionen oder →Texte ihre kanonische Gültigkeit verlieren. R. ist der umgekehrte Weg. Jede Gesellschaft, die auf Gesetze gründet, besitzt eine ‚Regel' des Zusammenlebens. Dieser →‚Kanon' ist passiv die Ganzheit der →Literatur und (un)geschriebenen Traditionen, die man als ‚kanonisch' betrachtet. Der aktive Kanon tritt erst in den Vordergrund, wenn der →Autor, Gesetzgeber oder autoritative Empfänger tatsächlich dieses oder jenes Modell erwählt, um seine Verwaltung des Wissens und des Handelns zu verwirklichen. In diesem Kontext ist es ein Imperativ, den ‚kanonischen' Text zu verändern. Josephus Flavius, der die sog. Kanonformel ‚Du sollst nichts dazu hinzufügen, nichts davon abnehmen' (Dtn 4,2) wohl von der Unveränderbarkeit des Textes her versteht (*AJ* 10,218), geht mit dem biblischen Text sehr frei um. Der in diesem Prozess entwickelte Text wird teilweise selbst wieder zum Kanon, als Regel für die darauffolgende Arbeit, wenn der spätere →Leser sie als solche wahrnimmt. Als Vorreiter einer These, die erst A. Goldberg 1987 explizit vertrat, schreibt L. Zunz in der Vorrede zu A. Rebensteins neuer Bearbeitung und Erläuterung des Hohenliedes, dass das Buch seine Kanonisierung einer veränderten Hermeneutik verdanke, die die ‚zärtliche Liebe' zu theologischen Lehrsätzen machte. Die theologische Deutung ersetze den ursprünglichen Sinn durch die Allegorie, die eine allgemeine Sinngebung erlaubt. Dieser Prozess bedeutet eine Entkontextualisierung. Wenn eine allgemeine Deutung des Textes nicht (mehr) möglich ist, wird der Text ‚dekanonisiert', nämlich re-konstruiert. Berühmtes Beispiel dieses Prozesses ist das Buch Sir, das im antiken Judentum zunächst als biblisches Buch galt und dann aus dem Kanon ausgeschlossen wurde. Die Prozedur zur D. bestand einfach darin, den (vermuteten) ursprünglichen Kontext zu rekonstruieren. Im Fall des Sir wurde auf seine Natur als Autorenliteratur hingewiesen: Im Unterschied zu anderen biblischen Büchern konnte Sir nicht die Überlieferung aus dem Goldenen Alter der Tradition aufweisen.

Einen Prozess von Kanonisierung, D. und entsprechend R. kann man auch bei den Schriftrollen von Qumran beobachten, wo nichtkanonische Texte offenbar kanonische Dignität hatten. Die These, dass diese Schriften ihre Gültigkeit verloren haben, weil nach 70 n. Chr. die Pharisäer an die Macht kamen, ist schwer zu beweisen, weil uns dazu literarische Quellen fehlen.

BIBLIOGRAPHIE: A. Goldberg, Die Zerstörung von Kontext als Voraussetzung für die Kanonisierung religiöser Texte im rabbinischen Judentum, in: A. Assmann/J. Assmann (Hgg.), Kanon und Zensur, München 1987, 202–211. – J. Maier, Le scritture prima della Bibbia, Brescia 2003. – G. Veltri, Libraries, translations, and "canonic" texts, Leiden 2006. – J. Wyrick, The ascension of authorship, Cambridge 2004. – L. Zunz, Gesammelte Schriften, Berlin 1875.

Giuseppe Veltri

V. Literaturwissenschaftlich

Als ‚D.' wird der Verlust an →Kanonizität bezeichnet, der für einen ehemals kanonischen literarischen →Text, einen →Autor oder ein literarisches Genre im Laufe der Geschichte zu verzeichnen ist; ‚R.' benennt dagegen seine Wiederaufnahme in einen →Kanon. Ein kanonischer Text oder Autor kann aus Gründen veränderter Kanonisierungsmechanismen und gewandelter autoritativer Deutungen (‚Deutungskanon') seinen Status als Kanon-Größe verlieren. Im 20. Jh. liegt ein besonders eingängiges Beispiel für D. darin, dass die Literatur des sozialistischen Realismus unter neuen gesellschaftspolitischen Bedingungen ihre Bedeutung verliert und zahlreiche z. B. in der Sowjetunion und der DDR hochgeschätzte Werke aus Schul- und Universitätskanones sowie aus den Buchhandlungen verschwinden. Umgekehrt können gewandelte kulturelle oder politische Situationen dazu führen, dass vergessene Werke und Autoren wiederentdeckt oder verachtete Genres plötzlich als wertvoll betrachtet werden können. Als ein Beispiel für solche R. im deutschsprachigen Raum gilt die Wiederentdeckung und Aufwertung F. Hölderlins Anfang des 20. Jh.s. D. und R. sind Prozesse der internen Dynamik von Kanones. Sie lassen sich als Mechanismen auffassen, mit denen das literarische System auf veränderte kulturelle oder soziale Bedingungen reagiert.

Bibliographie: M. Böhler, „Cross the border – close the gap!“, in: R. v. Heydebrand (Hg.), Kanon – Macht – Kultur, Stuttgart 1998, 483–503. – C. Ebert, Sowjetliteratur – ein lebender Leichnam?, in: E. Cheauré (Hg.), Kunstmarkt und Kanonbildung, Berlin 2000, 29–46. – H. Korte, Aus dem Kanon, aus dem Sinn?, in: Der Deutschunterricht 57/6 (2005), 6–21. – Ders., Kleines Kanonglossar in 25 Stichwörtern, in: Ders./H.L. Arnold (Hgg.), Literarische Kanonbildung, München 2002, 25–38.

Simone Winko

Dekonstruktion

I. Neutestamentlich

Die Dynamik einer *allgemein gefassten D.* ist den exegetischen Disziplinen aufgrund ihrer stetigen Destruktions- und Konstruktionsleistungen präsent. Denn sie destruieren seit ihren Anfängen in der Aufklärung einerseits theologische Bibelinterpretationen und erschaffen andererseits neue Zugänge zu den biblischen Texten.

Zugleich wird die D. in ihrer geläufigen poststrukturalistischen Ausformung J. Derridas innerhalb der – zumal deutschsprachigen – Bibelexegese eher als Gefahr denn als Bereicherung wahrgenommen, misstraut doch die D. den methodischen Institutionen, welche unverzichtbar auch das Rückgrat atl. und ntl. Wissenschaft bilden. Denn während in der D. Derridas das Verhältnis von Signifikat und Signikant, d. h. die Beziehung zwischen dem Gemeinten und dem Zeichen als uneinholbar und arbiträr gesehen wird, verstehen sich die historisch-rekonstruktiv arbeitenden Bibelwissenschaften an die Möglichkeit und Notwendigkeit regelgeleiteter Sinnerschließungen schriftlicher Texte gebunden. Derridas Idee der Différance, also der Hinweis auf die unaufhebbare Differenz von Text und Bedeutung, hebt unterstellte Identitäten zwischen Auslegungstext und Textauslegung radikal auf und formuliert somit eine grundsätzliche Anfrage an das hermeneutische Konzept konventioneller Bibelexegese.

Realisierungen einer dekonstruktivistischen Interpretation der Bibel finden sich v. a. im US-amerikanischen Kontext. Dort wird neben der epistemologiekritischen D. Derridas ebenso die literaturtheoretische Rhetorikforschung P. de Mans (Yale-Dekonstruktivismus) angewendet. Der gemeinsame Fokus dieser Arbeiten liegt auf der *Demontage geglaubter →Kohärenz*, der *Erschließung von Leerstellen* sowie der *neuen Figuration* z. B. anhand →intertextueller Verknüpfungen, phonetischer Verfremdungen oder Wortspiele (D. Jobling, S.D. Moore, G.A. Philipps). D. Seeley skizziert eine D. des ganzen NT, indem er die Hauptschriften (Evangelien und Paulus) nach narrativen Widersprüchen befragt, implodierte Argumentationen aufzeigt und nachzuzeichnen versucht, wie →Sinn und →Bedeutung der ntl. Texte nicht suffizient und adäquat erschlossen werden können. Statt einer Botschaft oder einer Erzählung sind in den Texten stets gleichzeitig viele Stimmen und Spuren von Spuren unentwirrbar präsent.

Die D. bricht mit dem philologisch-historischen Textbegriff biblischer →Exegese. Texte werden hier nicht als Vergewisserung und Depositum gewesener Interaktion, sondern als Destabilisierung und Mutation verstanden. Somit sensibilisiert die D. für andere Weisen der Reproduktion von Wissen (→Alterität) und ermöglicht unbegrenzte Ausweichmöglichkeiten zu herrschenden Deutungspraktiken, die nur jeweils innerhalb ihrer eigenen Rahmenbedingungen logisch und gültig sind.

Bibliographie: A.K.M. Adam, Deconstructing and exegesis, in: S. Alkier/R. Brucker (Hgg.), Exegese und Methodendiskussion, Tübingen/Basel 1998, 99–110. – R. Detweiler (Hg.), Derrida and biblical studies, Chico 1982. – S.D. Moore, The gospel of the Look, in: D. Jobling/S.D. Moore (Hgg.), Poststructuralism as exegesis, Atlanta 1992, 159–196. – G.A. Phillips (Hg.), Poststructuralism and the bible: text/

history/discourse, Atlanta 1990. – D. Seeley, Deconstructing the New Testament, Leiden u. a. 1994.

Stefan Scholz

II. Altphilologisch

Die Anwendung der in philosophischen Arbeiten J. Derridas entwickelten D. auf die Interpretation literarischer Texte erfolgte insbesondere in den USA, wo Yale zu einer Hochburg des ‚*Deconstructive Criticism*' wurde. P. de Man, J.H. Miller und G.H. Hartman machten aus Derridas Kritik am abendländischen Logozentrismus eine hermeneutische Methode, die in eingehenden Interpretationen literarischer und philosophischer Texte (in der Tradition des im →*New Criticism* entwickelten ‚*close reading*') darauf hinweist, dass es keine verbindliche Instanz gibt, die einen festen Sinnkern garantieren kann. Insbesondere zeigt die literaturwissenschaftliche D., dass der Autor nicht als Sinngarant in Frage kommt (→Autorenintention). Die Altphilologie stand solchen Destabilisierungen interpretativer Sicherheit zunächst skeptisch gegenüber, begriff aber, besonders in den USA, rasch auch die Affinitäten zu eigenen Positionen: Derrida (1972a und 1972b) selbst hatte seine Angriffe gegen den Logozentrismus u. a. in eingehenden Auseinandersetzungen mit Platos Schriftkritik formuliert. Antike Literatur tritt heutigen Lesern in der Regel in Form isolierter (dekontextualisierter) Texte entgegen; über die Aussageabsichten ihrer Autoren können wir meist nichts über das hinaus sagen, was sich aus dem Text eruieren lässt. Eine Reihe neuerer Arbeiten betont daher bei der Interpretation etwa der attischen Tragödie, des römischen Epos oder der römischen Lyriker den ambivalenten Charakter dieser Texte, die sich nicht auf einen eindeutigen Sinn festlegen lassen, sondern ihre scheinbar eindeutige ideologische Aussage durch unterschwellige Signale konterkarieren; viele dieser Interpreten berufen sich explizit auf die D. Die überwiegende Mehrheit der Altphilologen hat jedoch den bisweilen ostentativ provokanten, spielerischen Umgang der D. mit literarischen Texten nicht mitgemacht; die historische und kulturelle Fremdheit der Antike und die Mühe, die modernen Lesern die sprachliche Dechiffrierung der antiken Texte abverlangt, dürften den Widerstand gegen eine allzu weitgehende Betonung des ‚freien Spiels' der Interpretation motivieren. Wie in anderen Bereichen der Literaturwissenschaft scheint die D. auch in der Altphilologie dann am erfolgreichsten zu sein, wenn sie ihre Methode der Kritik an ‚gewaltsamen Hierarchien' und vermeintlicher Sinnstabilität in den Dienst übergeordneter Projekte (z. B. der →*Gender Studies* oder der Diskussion über →Mythos und Philosophie) stellt.

Bibliographie: R. Buxton (Hg.), From myth to reason?, Oxford 1999. – M.C. Clark/E. Csapo, Deconstruction, ideology, and Goldhill's *Oresteia*, in: Phoenix 45 (1991), 95–125. – J. Derrida, Marges de la philosophie, Paris 1972a [*dt.* 1988]. – Ders., La dissémination, Paris 1972b [*dt.* 1995]. – S. Goldhill, Reading Greek tragedy, Cambridge 1986. – J. Henderson, Writing down Rome, Oxford 1999. – G.W. Most, Simonides' Ode to Scopas in contexts, in: I.J.F. de Jong/J.P. Sullivan, Modern critical theory and classical literature, Leiden 1994, 127–152. – T. Schmitz, Moderne Literaturtheorie und antike Texte, Darmstadt ^{2}2002.

Thomas Schmitz

III. Literaturwissenschaftlich

D. bezeichnet eine Theorie der poststrukturalistischen Literaturkritik, die die Prozessualität und Unabschließbarkeit kultureller Zeichenproduktion gegen das vereindeutigende Denken des Logozentrismus der westlichen Tradition hervorhebt und dabei eine Befreiung des Denkens aus historisch bedingten Hierarchisierungen, Gegensätzen und Grenzen anstrebt. Maßgeblich bestimmt ist die Praxis der D. durch die Modelle J. Derridas und P. de Mans.

Besonders die Rezeption im deutschsprachigen Raum verstand die D. als Kritik an der →Hermeneutik, die durch Bezug auf Norm, Tradition oder →Methode die Verstehbarkeit und Lesbarkeit eines Textes für möglich hält durch das Festhalten an der Idee der Präsenz einer Struktur oder Intention im Text, die gleichzeitig seine Identität bestimmt. Dagegen wird für die D. der prozessuale Charakter des Lesens zum bestimmenden Analyseprinzip, das die inneren Widersprüche und Vieldeutigkeiten eines Textes herausstellt. In der Folge tritt der Rahmen binärer Oppositionen bzw. das Netz an Konnotationen hervor, die den Text – jenseits einer bewussten Steuerung des Autors – kontrollieren und zugleich strukturell unterlaufen. Die Aufgabe einer literaturwissenschaftlich dekonstruktiven Lektüre besteht Derrida zufolge in der systematischen Aufdeckung von hierarchischen Oppositionen und der Offenlegung der den Text bestimmenden ‚*différance*', die die Vorstellung der Identität und Präsenz von Bedeutung auflöst in einen Effekt von Differenzen und nicht mehr – wie die Hermeneutik – ursprungslogisch ableitet. Laut de Man zielt die D. auf Hinterfragung der für die Literaturwissenschaft scheinbar unumgänglichen begrifflichen Dichotomien wie →Wahrheit/→Fiktion, →Text/→Kontext, →Ästhetik/→Rhetorik, →Symbol/→Allegorie. Dabei rückt für de Man die *Unlesbarkeit* der Texte ins Zentrum der Interpretation, die aus dem Widerspruch zwischen der bedeutungsgenerierenden figurativen Praxis der rhetorischen Tropen und Figuren und den konstativen Aussagen eines Textes resultiert.

Die Debatte der literaturwissenschaftlichen D. wurde maßgeblich initiiert durch die Schriften des französischen Philosophen J. Derrida sowie in Amerika durch die *Yale Critics* (P. de Man, H. Bloom, G. Hartman, J.H. Miller). Zeitschriften wie *Diacritics* oder *Glyph* ließen in den 1980er und 1990er Jahren die D. zu einer der einflussreichsten Theoriebewegungen in der neueren Literaturtheorie werden. Gegenwärtig wirkt die literaturwissenschaftliche Praxis der D. in den antiessentialistischen Theorien der Narration, der Ethik und der Subjektkonstitution in den feministischen und postkolonialistischen Kultur- und Literaturwissenschaften nach (J. Butler, S. Critchley, J. Culler, H. Bhabha, G.H. Spivak).

Bibliographie: E. Angehrn, Interpretation und Dekonstruktion, Weilerswist 2003. – J. Culler, On deconstruction, Ithaca/New York 1982. – P. Forget (Hg.), Text und Interpretation, München 1984. – B. Menke, Dekonstruktion, in: M. Pechlivanos et al. (Hgg.), Einführung in die Literaturwissenschaft, Stuttgart/Weimar 1995, 116–137. – P.V. Zima, Die Dekonstruktion – Einführung und Kritik, Tübingen/Basel 1994.

Mark Schönleben

IV. Philosophisch

D. ist eine neostrukturalistische Strömung der zweiten Hälfte des 20. Jh.s in Philosophie und Literaturwissenschaft, die besonders von den Arbeiten des Philosophen J. Derrida ausgeht. Charakteristisch für die D. ist v.a. eine besondere Praxis der Lektüre von Texten, so dass D. sich – v.a. durch die Arbeiten P. de Mans, aber auch durch diejenigen J.H. Millers und H. Blooms – in der Literaturwissenschaft als Methode der Textlektüre etabliert hat. Allerdings ist die D. durchweg als eine Kritik der philosophischen Tradition und des abendländischen Denkens insgesamt zu verstehen. Es geht ihr darum, Konstruktionen, die das Denken dieser Tradition bestimmen, als solche freizulegen. Mit einer solchen Freilegung ist das Programm verbunden, diese Konstruktionen einerseits abzubauen und dabei andererseits nachzuvollziehen, dass sie im Rahmen menschlicher Verständnisgeschehnisse in gewisser Hinsicht unvermeidlich sind. Dieses Programm geht auf Heidegger zurück. In *Sein und Zeit* spricht Heidegger von einer ‚Destruktion' der abendländischen Metaphysik, innerhalb deren v.a. der Aspekt der Zeit von Grund auf missachtet worden sei. Derrida hat diese Kritik auf den Begriff gebracht, die Tradition sei von einer ‚Metaphysik der Präsenz' geprägt. Sie lege das Sein fälschlicherweise von Anwesenheit her aus. Anwesenheit aber sei, so Derrida, von Prozessen der Verzeitlichung und der Verräumlichung her zu verstehen, durch welche Elemente der Welt – wie Gegenstände und Zeichen – ihre Bestimmtheit gewinnen. Sie sei so konstitutiv mit Abwesenheit verbunden. Derrida fasst die Prozesse der Verzeitlichung und der Verräumlichung mit dem Begriff der ‚*différance*': Eine Bewegung des Differierens (*différance*) ist in allen Elementen, die in der Welt irgendwie Bestimmtheit erlangen, vorausgesetzt und kann als solche nicht festgehalten oder substantiiert werden. Derrida vertritt die Auffassung, dass die Tradition eine entsprechende Konstitution von Elementen nur in Bezug auf Schriftzeichen im Ansatz begriffen hat. Aus diesem Grund projektiert er, gegen die Tradition der (philosophischen) Schriftkritik, eine Rehabilitierung der →Schrift, um ein angemessenes Verständnis der Temporalität von →Bedeutung und Erfahrung, von Reflexion und Bewusstheit überhaupt zu gewinnen. Standen in Derridas frühen Arbeiten Überlegungen zur symbolischen Konstitution von Geist und →Wirklichkeit im Mittelpunkt, so ist es in Auseinandersetzung mit Arbeiten von E. Lévinas in späteren Texten auch zur Entwicklung ethischer und politischer Positionen der D. gekommen.

BIBLIOGRAPHIE: G.W. Bertram, Hermeneutik und Dekonstruktion, München 2002. – J. Culler, Dekonstruktion, Reinbek 1988. – J. Derrida, Die Schrift und die Differenz, Frankfurt a.M. 1972. – Ders., Grammatologie, Frankfurt a.M. 1983. – Ders., Randgänge der Philosophie, Wien 1988. – Ders., Politik der Freundschaft, Frankfurt a.M. 2000. – G. Gasché, The tain and the mirror, Cambridge 1986. – P.V. Zima, Die Dekonstruktion – Einführung und Kritik, Tübingen/Basel 1994.

Georg W. Bertram

Deuterokanonische Schriften →Apokryphen/Apokryph

Deutung

I. Alttestamentlich

Die D. von →Ereignissen, Sachverhalten und Gegenständen (auch Bildern und Texten) unterscheidet sich als Verstehensleistung von deren →Erklärung und →Auslegung. Erklären und →Interpretieren beziehen sich auf die Objekte selbst und explizieren ihre intrinsische Spezifik. D. dagegen liest ein Beobachtungsobjekt als Zeichen und Hinweis auf objektfremde Zusammenhänge, in welchen dem Beobachteten analoge →Bedeutungen zugeschrieben werden. In der Moderne finden sich Deutungsverfahren in der Statistik und Traumdeutung. Demgegenüber wurde in Babylonien unter der Annahme, dass die Götter ihren Willen und ihre Schicksalsentscheidungen den Menschen durch irdische Zeichen und Erscheinungen kundtun, eine Deutungswissenschaft von Spezialisten (z.B. der Leberschau und der Astronomie) entwickelt, die den Götterwillen durch Zeichendeutung und Orakelpraktiken (z.B. das Los- oder Pfeilorakel, vgl. Ez 21,26 f., auch 2 Kön 13,14–17) ermittelten, wie aus der umfangreichen Orakel- und Ominalliteratur und der weiten Verbreitung der Mantik und →Divination bis in die römische Antike (Cic. *div.*) hervorgeht.

Auch das AT belegt Praktiken der Zeichendeutung, Orakelerteilung und Nekromantie (*qasam*) bis in die Mitte des 7. Jh.s., die von Spezialisten (*qosemim*) der Jerusalemer Führungseliten (Jes 3,2 und Mi 3,11) betrieben wurden. Erst die Schriftprophetie (Jes 2,6 und 8,19–21) sowie der Deuteronomismus ab 622 v.Chr. verurteilten diese Praktiken der Situations- und Zukunftsdeutung scharf (Dtn 18,10 f.; vgl. Zeph 1,4–6 und 2 Kön 23,5) und lösten sie durch die prophetische Geschichtsdivinatorik ab. Sie sieht Jhwhs Zornes- oder Gnadenwirken in Korrelation zur (mangelnden) Respekt-Beziehung zu ihm und leitet ihre Zukunftseinschätzungen aus analogen Erfahrungen der Vergangenheit ab, woraus sich eine AT-spezifische Geschichtstheologie entwickelt hat. Deshalb spielen die Zeichendeutung und Orakelpraxis im Gegensatz zur mediterranen Umwelt ab dem 6. Jh. v.Chr. keine Rolle, mit Ausnahme der Traumdeutung in der Joseph-Erzählung in Gen 40 f. sowie in der →Apokalyptik (Dan 2 und 4 mit D. der Schrift an der Wand in 5). Bei Joseph und Daniel geht es um die divinatorische Deutungskompetenz (*patar, pitron, pesher*), die sie gemäß den AT-fremden divinatorischen Praktiken an den Höfen der Großkönige mit Gottes Hilfe unter Beweis stellten. Die Ausdeutung von biblischen Texten, bei der sich im obigen Sinne „die Auslegung [...] nicht mehr aus dem Bibeltext ableiten läßt, sondern umgekehrt dem Bibeltext eine Auslegung unterlegt" (H.-J. Fabry/U. Dahmen, 815), findet sich als hermeneutisches Verfahren erst in der Pescher-Literatur der Qumran-Gemeinde.

BIBLIOGRAPHIE: J. Ebach, „... wir träumen schon aus der Deutung", in: S. Lubs et al. (Hgg.), Behutsames Lesen, FS C. Hardmeier, Leipzig 2007, 306–321. – H.-J. Fabry/U. Dahmen, Art. *pešær, pātar, pittārôn/pitrôn*, in: ThWAT 6 (1989), 810–816. – F. Graf, Art. Divination/Mantik, in: RGG⁴ 2 (1999), 883–886. – C. Hardmeier, Geschichtsdivinatorik und literatursoziologische Aspekte der Schriftprophetie am Beispiel von Jesaja 9–10, in: R. Lux/E.-J.

Waschke (Hgg.), Die unwiderstehliche Wahrheit, Leipzig 2006, 129–151. – L. Ruppert, Art. *qāsam, qæsæm, miqsām*, in: ThWAT 7 (1993), 78–84.

Christof Hardmeier

II. Neutestamentlich

Der Begriff D. bezieht sich allgemein auf die Auffindung und →Erklärung von *Sinn*zusammenhängen. In der Literaturwissenschaft wird D. als Bestandteil der →Interpretation verstanden. Die literaturwissenschaftliche D. fasst die Interpretation zusammen. Sie basiert auf der Annahme sinnhafter Strukturen, die den Deutungshorizont von →Texten bilden. Damit wird die Deutung als eine Art Steuerungssystem der einzelnen Interpretationsschritte und des Interpretationsansatzes verstanden und stellt das Gravitationszentrum des interpretierenden Posttextes zum Prätext dar, der interpretiert wird. Die Interpretation beansprucht die Deutungshoheit über den interpretierten Text. Dies Verständnis von D. hat im Bick auf die →Auslegung der ntl. Schriften nicht im →Paradigma der historisch-philologischen →Exegese, sondern nur im Paradigma der Interpretation ihren Platz.

Der allgemeine Begriff von D. setzt voraus, dass die interpretierten Texte weder vollständig für sich selbst noch hinreichend zu ihren →Lesern sprechen, sondern einer aufdeckenden und aneignenden Interpretationsanstrengung bedürfen. Sie bezieht sich primär auf poetische Texte, deren Referenzstruktur unter Umständen unter einer komplexen Metaphorik verborgen ist. D. ist aber auch im Bereich historischer Wissenschaft gefordert, wenn Quellen uneindeutig sind, historische Prozesse sich daher nicht einfach rekonstruieren lassen und das konstruktive Urteil des Historikers Vorschläge zu einer sinnhaften historischen Erzählung machen muss. Das gilt besonders für biographische und autobiographische Quellen, darüber hinaus aber für jede Form der historischen Wirklichkeitsdeutung (Theorie).

Die Texte und Schriften des NT sind überwiegend kommunikative und selbsterklärende Texte, die ihrer Leserschaft keine besondere Deutungsanstrengung abverlangen, sondern im Gegenteil rhetorische, narrative und argumentative Strategien der Verständlichkeit anwenden. Zwei Bereiche folgen einer anderen Strategie: die →Gleichnisse und die apokalyptischen Texte. Die Gleichnisse sind Texte mit einer inneren Verweisstruktur. Die apokalyptischen Texte (Mk 13 par., matthäische Endzeitgleichnisse sowie Offb u. a.; →apokalyptische Literatur) wollen und müssen gedeutet werden. Die D. bleibt notwendig hypothetisch, eine eindeutige Auflösung historischer und personaler Anspielungen ist unmöglich. Die wissenschaftliche und frömmigkeitsbezogene Geschichte der D. der Offb ist exemplarisch dafür.

Deutungsmöglichkeiten bestehen auch für literarisch dichte (poetische) ntl. Texte wie 1 Kor 13. Historische und religionswissenschaftliche Deutungsmodelle bzw. Theorien beziehen sich weniger auf die Texte des NT als auf die Geschichte des frühen Christentums. G. Theißen arbeitet ein sozialgeschichtlich-religionsgeschichtliches Deutungsmodell des Urchristentums auf semiotischer Basis aus. Die Texte des NT dienen in diesem Modell als Belege der deutenden Theorie.

BIBLIOGRAPHIE: G. Theißen, Die Religion der ersten Christen, Gütersloh [3]2003. – O. Wischmeyer, Hermeneutik des Neuen Testaments, Tübingen/Basel 2004.

Oda Wischmeyer

III. Systematisch-theologisch

D. kann als hermeneutischer Grundbegriff rekonstruiert werden, in dem sich Verweisen, →Verstehen und Vermitteln bündeln. Allerdings empfiehlt es sich dazu, den Begriff der D. in den Vorgang des Deutens einzustellen. Die Rekonstruktion kann beim Begriff des → Zeichens ansetzen, das nach D. verlangt. Die antiken Auspizien können dafür als Muster dienen. Solche Deutungsvorgänge nehmen → Zeichen als Zeichen, sind also in der Lage, Phänomene als ein Bedeuten, als ein ‚Stehen für' wahrzunehmen. Sie machen insofern einerseits von einer Unterscheidung zwischen dem Zeichen und dem Bezeichneten Gebrauch, andererseits wissen sie um die Unhintergehbarkeit der D. zum Verstehen des Gemeinten. Dieser Unterschied von kategorialer Differenz und faktischem Zusammenhang realisiert sich aber nur in kommunikativen Akten des Deutens. Anders gesagt: Zeichen sind nur Zeichen, indem sie etwas für jemanden bezeichnen – was sich eben im deutenden Zeichen-Gebrauch verwirklicht. Insofern erfolgt im Vorgang des Deutens die Realisierung des Zeichens, die ebenso den Verweischarakter wie den Vermittlungsaspekt einschließt. Aufgrund dieser Rekonstruktion lassen sich beim Deuten ein deiktisches Moment (‚da'), ein hermeneutisches Moment (‚verstehen') und ein symbolisches Moment (‚etwas Bezeichnetes') unterscheiden, die in die Einheit eines Bewusstseins von unmittelbarer Gewissheit zusammenschießen.

Das Bewusstsein, dass es Zeichen sind, die erschließen, zu verstehen geben und vermitteln, hat sich historisch zur Einsicht in die symbolische Struktur der Wirklichkeit verallgemeinert. Damit wächst auch das Verständnis dafür, dass es sich bei D. nicht um subjektive Zutaten zu einer scheinbar unabhängigen Realität handelt, sondern um Repräsentanzen des Realen selbst. Dass es hinsichtlich dieser Repräsentanzen Auffassungsunterschiede gibt, gehört zur Umstrittenheit der →Wirklichkeit überhaupt. Um die gewissheitsproduktive Funktion von D.en zu verstehen, entwickeln sich Modelldeutungen, die, schlüsselhaft aus einzelnen D.en hervorgehend, andere prägen und Lebenshaltungen im Deuten als Wahrnehmen der Realität bestimmen. Solche D.en heißen religiöse D.en.

Für die christliche Deutungskultur kann man die biblische Wendung ‚siehe' als Schlüssel begreifen: ‚Siehe, das ist Gottes Lamm', sagt Johannes der Täufer über Jesus (Joh 1,29) – und meint mit dieser offensichtlichen D. niemand anderen als Jesus selbst. Auf Grünewalds Isenheimer Altar drückt das der Zeigefinger des Johannes aus, der auf den Gekreuzigten weist.

Bibliographie: H. Anton, Art. Deutung, in: HWPh 2 (1972), 157–159. – U. Barth, Religion in der Moderne, Tübingen 2003. – E. Cassirer, Philosophie der symbolischen Formen, 1. Teil, Darmstadt [10]1994. – I.U. Dalferth, Gedeutete Gegenwart, Tübingen 1997. – W. Gräb, Lebensgeschichten – Lebensentwürfe – Sinndeutungen, Gütersloh 1998. – D. Korsch, Religionsbegriff und Gottesglaube, Tübingen 2005. – J. Lauster, Religion als Lebensdeutung, Gütersloh 2005.

Dietrich Korsch

IV. Literaturwissenschaftlich

→Interpretation/Interpretieren/Interpret

V. Philosophisch

Im Vergleich zum ontologischen Begriff des →Verstehens, zum exegetischen Begriff der →Auslegung und zum technischen Begriff der →Interpretation ist der Begriff der D., abgesehen von wenigen Ausnahmen, das Aschenputtel der zeitgenössischen →Hermeneutik. Dies verstärkt sich noch dadurch, dass in den meisten europäischen Sprachen ‚D.' durch ‚Interpretation' übersetzt wird.

Während in den allgemeinen Hermeneutiken des 18. Jh.s der Begriff noch im Kontext der Sterndeuterei (Astrologie), der Auslegung von Orakelsprüchen (Mantik) und v.a. der Traumdeutung angeführt wird, fällt er dem Paradigmenwechsel, der zu Anfang des 19. Jh.s den Begriff des Verstehens zum hermeneutischen Grundbegriff erhebt, zum Opfer. W. Dilthey, M. Heidegger und H.-G. Gadamer begründen eine philosophische Verstehenshermeneutik, in welcher der Schwerpunkt sich zunehmend von der Erkenntnistheorie auf die Fundamentalontologie verlagert.

Bis heute bleibt S. Freuds ‚Traumdeutung' das Paradebeispiel für die Verwendung des Begriffs der D., der sich weder auf den Begriff des Verstehens noch auf den der Auslegung zurückführen lässt.

Eine philosophische Begründung erhält der Begriff im Ausgang von E. Husserls Begriff der ‚Mehrmeinung'. Während der Begriff des Verstehens sich auf das semantisch-pragmatische Phänomen der Bedeutung bezieht, hat die D. es mit existentiellen ‚Bedeutsamkeiten' zu tun.

In einem ähnlichen Sinn spricht E. Levinas von der ‚*significativité*', die jeder sprachlichen Aussage vorausgeht und dem Sprechen von vorneherein eine ethische Bedeutsamkeit verleiht. Für die Bibelhermeneutik bedeutet dies, Levinas zufolge, dass jeder Bibelvers über sich selbst hinaus verweist. Die talmudische →Exegese wird damit zu einer →Methode der unendlichen ‚Sinnherausforderung' (‚*sollicitation du sens*'), die im offenbaren Sinn jeder Aussage implizite und rätselvolle Bedeutungen entdeckt, die nach einer D. verlangen. In dieser Konzeption ist D. nicht mehr ein sekundärer Akt eines professionellen Exegeten, sondern unzertrennlich mit dem Akt des →Lesens verbunden. Die Schrift als Gegenstand der D. ist eine Kontraktion des Unendlichen, in der sich die prophetische Würde der →Sprache bezeugt, die immer mehr bedeutet als das, was sie ausdrücklich besagt. Für Levinas hat der Begriff der D. eine grundsätzlich ‚ethische' Stossrichtung, insofern alle Bedeutsamkeit vorgängig zu jedem Mehrwissenwollen oder Besserverstehenwollen mit dem Phänomen des vom Anderen-Angegangensein konfrontiert ist.

BIBLIOGRAPHIE: S. Freud, Die Traumdeutung, Studienausgabe Bd. 2, Frankfurt 1982. – J. Greisch, Entendre d'une autre oreille, Paris 2006. – E. Levinas, L'au-delà du verset, Paris 1982. – O. Pöggeler, Heidegger und die hermeneutische Philosophie, Freiburg 1983. – P. Ricœur, „Interprétation", in: Lectures 2, Paris 1992, 451–456. – D. v. Uslar, Der Traum als Welt, Stuttgart [3]1990. – Ders., Sein und Deutung, Bd. 4, Stuttgart 1994.

Jean Greisch

Diachronie →Synchronie/Diachronie

Dichten →Dichtung/Dichten/Dichter

Dichter →Dichtung/Dichten/Dichter

Dichtung/Dichten/Dichter

I. Alttestamentlich

Etwa 30 % des →AT besteht aus D. Diese ist in einem →Stil komponiert, welcher in der langen Tradition der semitischen (v. a. ugaritischen) D. steht. Poetische Einheiten finden sich gelegentlich im *Pentateuch* und den *Geschichtsbüchern*, wo →Lieder, Gebete, Fluch- und Segensformeln, Klagelieder und prophetische Weissagungen und sogar eine Fabel in poetischer Form den narrativen →Text schmücken. Einige *prophetische Bücher* beinhalten wenig D., die meisten aber sind durchweg poetische Kompositionen, die ihrerseits z. T. einige wenige narrative Abschnitte enthalten. D. dominiert auch in den *Schriften* – Ps, Ijob, Spr, Hld, Koh und Klgl sind fast durchgängig in poetischer Form verfasst. Im AT gibt es kein exaktes Äquivalent für die Gattungsbezeichnung ‚Poesie' (griech. ποίησις) oder ‚D.' (lat. *dicere*), jedoch ist deutlich, dass die poetische Ausdrucksweise von Anbeginn der biblischen Literatur angesehen und bestimmten Themen und Anlässen vorbehalten war. Die poetischen Texte werden in der hebräischen →Bibel u. a. als →Lied (*shir(a)* oder *zamir*), →Psalm (*mizmor*), Sprichwort oder Schmähung (*mashal*), Spottlied (*mangina*), Weisheitslied (*maśkil*), Klagelied (*qina*), Lobgesang (*tehilla*), Orakel (*ne'um* oder *maśśa*) und Dankeslied (*toda*) bezeichnet.

Der gehobene Stil der D. wird im AT dazu verwendet, einen besonders ästhetischen, evokativen oder persuasiven Effekt zu erzeugen (vgl. Ps 45,2). Für solch poetische Kompositionen ist eine höhere Dichte an Strukturmustern charakteristisch (isokolische und parallele oder chiastische Wiederholung von Inhalten oder grammatischen Formen). Es finden sich oft kürzere →Sätze und eine kondensierte →Sprache mit Ellipse des Verbs und Auslassung von Partikeln. Gehäuftes Auftreten von Bildlichkeit (→Metaphern, Vergleiche, Metonymien, etc.) und ähnlichen Lauten (Alliteration, Assonanz und Reim) sowie die Inversion der Satzstellung und ein vermehrter Gebrauch von außergewöhnlichen und archaischen Worten stellen weitere Charakteristika dar. Verszeilen biblisch-hebräischer Gedichte bestehen meist aus zwei oder drei gleichen Teilen (*Kola*), die in paradigmatischer Beziehung stehen. Sie bilden Strophen, die wiederum *stanzas* bilden; jedoch ist die Abgrenzung dieser Einheiten weniger definitiv als die der Verszeilen, die durch Pausalformen, Parallelen und masoretische Akzente exakter definiert werden können. Das Zusammenspiel der charakteristischen Merkmale biblisch-hebräischer D. bewirkt eine größere Ambiguität der Texte, gleichzeitig aber erhöhte Eloquenz und Bedeutungsreichtum.

BIBLIOGRAPHIE: L. Alonso Schökel, A manual of Hebrew poetics, Rome 1988. – A. Berlin, Art. Poetry, Biblical Hebrew, in: B.M. Metzger/M.D. Coogan (Hgg.), The Oxford companion to the Bible, Oxford 1993, 597–599. – W.G.E. Watson, Classical Hebrew poetry, Sheffield 1984 [London [2]2005]. – B. Weber, Art. Poesie (2007), in: M. Bauks/K. Koenen (Hgg.),

Das wissenschaftliche Bibellexikon im Internet (WiBiLex), http://www.wibilex.de/ (01.03.2008).

Philippus J. Botha

II. Neutestamentlich

Das NT enthält keine Schriften, die als D. verstanden werden können. In dieser Hinsicht besteht eine deutliche Diskontinuität zwischen atl. und ntl. Schriften, die sich auch im Fehlen der zentralen →Gattung →,Psalmen' im NT zeigt. Die ntl. →Schriftsteller führen die D. Israels nicht fort und sind nicht um eine dichterische Qualität ihrer Texte besorgt.

Dies im Allgemeinen zutreffende Bild muss an einigen Punkten korrigiert werden. (1) Die frühchristlichen Gemeinden haben die atl. Psalmen in ihren →Gottesdiensten verwendet (Kol 3,16) und in ihren literarischen und theologischen →Texten reichlich zitiert. (2) Die frühchristlichen Gemeinden haben Hymnen auf Christus gedichtet, die sich – vielleicht in literarischer Überarbeitung – in Texten wie Phil 2,6–11 – finden. (3) In der parallel konzipierten Geburtsgeschichte Johannes des Täufers und Jesu in Lk finden sich die ‚Psalmen' Marias (1,47–55: Magnificat) und des Zacharias (1,68–79: Benedictus; vgl. auch das Gloria 2,14 und das Nunc dimittis 2,29–31), die ihrer Gattung nach der frommen D. Israels zugehören. Ihre dichterische Valenz zeigt sich in ihrer →Wirkungsgeschichte in der →Liturgie, der →Musik und der Bildenden Kunst. (4) Die Offb enthält literarische Szenen und Bilder von dichterischer Qualität (das Lamm auf dem Thron, die sieben Siegel; das Neue Jerusalem in Kap. 21,1–22,5), die der →apokalyptischen Literatur des frühen Judentums zugehören. Auch hier ist die Wirkung in der Bildenden Kunst seit der →Ikonographie der Alten Kirche sehr deutlich. (5) Einige Texte der Paulusbriefe sind in einer Prosa verfasst, die mit ihrer literarischen Durcharbeitung und ihrer zentralen Thematik in die Nähe der Prosadichtung kommt (z.B. 1 Kor 13).

Bibliographie: U. Mittmann Richert, Magnifikat und Benediktus, Tübingen 1996. – O. Wischmeyer, Der höchste Weg, Gütersloh 1980. – Dies., Hermeneutik des Neuen Testaments, Tübingen/Basel 2004.

Oda Wischmeyer

III. Kirchengeschichtlich

Das Christentum rezipiert →Formen, →Gattungen und Motive der paganen spätantiken →Literatur. Die pagane Klassikerexegese beeinflusst die →Auslegung der Bibeltexte. Diese werden damit tendenziell als D. klassifiziert, die eigenen →Texte altkirchlicher →Autoren demgegenüber als →Rhetorik. Die pagane D. wird kritisiert, dennoch begegnet mit Bibelepik und Hymnen christliche D.

Die ‚symbolische Mentalität' des Mittelalters betont den Verweischarakter von D.: In der Mystik etwa antworten dichterisch ausgestaltetes Gebet und →Liturgie auf die Selbstoffenbarung Gottes in der menschlichen Seele. (Eine Unterscheidung zwischen D. und Gebrauchstext ist im Kontext christlicher Kultur also immer nur teilweise möglich.) Die Mystik fördert aber auch den Neugewinn auktorialen Selbstbewusstseins. Auf der Laienseite entwickelt sich der Beruf des Dichters mit eigenen Zugängen zu religiösen Themen. Nichtreligiöse D. kennt das Mittelalter kaum: Die traditionellen Epen werden mit ihrer Verschriftung verchristlicht; der Minnesang übernimmt v.a. mariologische Motive in die Profandichtung. Zentraler Gegenstand mittelalterlicher D. ist die →Heilige Schrift in den lateinischen →Bibelübersetzungen, deren Wortlaut in allen denkbaren Sinndimensionen erschlossen wird (→mehrfacher Schriftsinn) und überall inhaltlich und sprachlich rezipiert wird. Dabei ist der spielerische Umgang mit traditionellen Formen und Bedeutungsgehalten für die D. des lateinischen Mittelalters typisch. Formen sind neben der Bibeldichtung →Allegorese, Sündenklage, Gebete, Marienlob, geistliches Spiel. Im Zeitalter der europäischen Reformationen und der katholischen Reform wird dann die um vielfältige Formen (z.B. Flugschrift, Dialog, Drama) erweiterte religiöse Literatur zur Propagandawaffe. Literaturästhetische Reflexion setzt mit Beginn des 14. Jh.s wieder ein. Der Humanismus blendet, an der Antike orientiert, die christlich-religiöse Funktion der D. entweder aus oder überhöht sie gegenüber der Theologie (‚*poeta theologus*'). Die Barockpoetik stellt zur Legitimierung weltlicher D. den poetischen Charakter der Bibel heraus. Die Individualisierung und

Pluralisierung des Literaturangebots im Lauf des 18. Jh.s leiten von der moralischen Zwecksetzung aufklärerischer Dichtungstheorie zum autonomen Selbstverständnis des Dichters als schöpferischen Genies über. J.G. Herder hebt die Gefühlsbetontheit allen →Verstehens hervor und rückt damit D. und Religion – prägend für die Romantik – nah aneinander. Die Bibel rückt als Teil der ‚Weltliteratur' in den Kreis der vielen ‚jugendlichen' Menschheitsdichtungen.

BIBLIOGRAPHIE: J. Dyck, Athen und Jerusalem, München 1977. – T. Gärtner, Die Musen im Dienste Christi, in: VigChr 58 (2004), 424–446. – R. Herzog, Die Bibelepik der lateinischen Spätantike, Bd.1, München 1975. – C. Klock/A.M. Haas et al., Art. Literatur und Religion III.–V., in: TRE 21 (1991), 261–294.

Johannes Wischmeyer

IV. Altphilologisch

D. oder Poesie (griech. ποιέω, ‚ich mache') ist →Literatur in Versform im Gegensatz zu Prosa. Obwohl von Aristoteles (*Po.* 1447b9–23) und Callimachus (*Fr.* 203,30–33 Pfeiffer) in Frage gestellt, bestimmte in der Antike das Metrum die literarische →Gattung, z.B. Hexameter das Epos, elegisches Distichon (Hexameter/Pentameter) die Elegie.

Homer gilt als der früheste griechische Dichter (8. Jh. v.Chr., Westkleinasien oder Chios). Seine beiden jeweils 24 Bücher zählenden Epen (*Ilias* und *Odyssee*) spiegeln den Übergang von mündlicher, sich einer formelhaften Sprache bedienenden D. zur schriftlichen Poesie wider. Mit ihren Rückblicken auf die Vorgeschichte des Krieges und ihren Ausblicken auf Achills Tod und Trojas Fall schildert die *Ilias* den gesamten Trojanischen Krieg. Die *Odyssee* beschreibt die von fantastischen Abenteuern begleitete zehnjährige Heimkehr des Odysseus. Seit dem Hellenismus wird die Frage diskutiert, ob *Ilias* (als Urform der Tragödie) und *Odyssee* (als Urform der Komödie) von demselben Dichter stammen.

Die frühgriechische lyrische D. wurde bei Symposien gesungen. Die aiolische Poesie, aus dem Nordwesten Kleinasiens kommend, hat monodischen Charakter und ist in Strophen mit sich wiederholendem Metrum komponiert (Hauptvertreter: Sappho und Alkaios, 700 v.Chr.). Viele von Sapphos Gedichten besingen die Liebe zwischen Mädchen und Frauen. Ihr Zeitgenosse Alkaios schrieb Götterhymnen, politische Gedichte, Enkomien, Kriegslieder und Liebesgedichte. Die in Sparta entwickelte dorische Chorlyrik ist für die öffentliche Aufführung bestimmt und durch triadischen Aufbau (Strophe, Antistrophe, Epode) und ein tänzerisches Element gekennzeichnet. Sie umfaßt Hymnen und Dithyramben zu Ehren des Gottes Dionysos. Ihr Hauptvertreter Pindar (6./5. Jh. v.Chr., bei Theben) dichtete Epinikien auf die Sieger sportlicher Wettkämpfe.

Der bedeutendste römische Dichter ist Vergil (1. Jh. v.Chr.). Er schrieb die *Bucolica* oder *Eclogae* (zehn Hirtengedichte), die *Georgica* (didaktisches Epos in vier Büchern über Landwirtschaft) und die *Aeneis* (römisches Nationalepos in zwölf Büchern über Aeneas' Flucht von Troja nach Italien und die Kämpfe der Trojaner gegen die Rutuler). Die *Aeneis* deutet die römische Weltherrschaft als von den Göttern gewollt und Augustus als das Ziel römischer Geschichte. Schon in der Antike verkörperte Vergil den *vates* (‚Wahrsager'), den göttlich inspirierten Dichter, dessen Worte die →Wahrheit verkünden. Die Spätantike und v.a. das Mittelalter sahen in Vergil einen christlichen Propheten, da er in der vierten Ekloge die Geburt eines Kindes ankündigt, das der Welt das Goldene Zeitalter und ewigen Frieden schenken wird.

BIBLIOGRAPHIE: M. v. Albrecht, Geschichte der römischen Literatur, 2 Bde., München 1994. – J. Latacz, Homer, Düsseldorf 2003. – J.K. Newman, The concept of vates in Augustan poetry, Brüssel 1967. – W. Schadewaldt, Tübinger Vorlesungen: Die frühgriechische Lyrik, Frankfurt 1997. – J.H. Waszink, Biene und Honig als Symbol des Dichters und der Dichtung in der griechisch-römischen Antike, Opladen 1974.

Sabine Grebe

V. Literaturwissenschaftlich

D. ist im weiteren Sinn eine Sammelbezeichnung für die Gesamtheit literarischer Werke und bezeichnet im engeren Sinn sprachkünstlerisch herausgehobene Werke bzw. versifizierte Texte. Als Begriffe sind D./Dichten/Dichter Besonderheiten der deutschen Sprache, da nur diese die seit dem 18. Jh. als

Überbietung von ‚Poesie' und ‚Poet' gebrauchten Begriffe kennt.

Die antike Tradition entwirft in vielen Figuren und Bildern Vorstellungen eines von den Göttern inspirierten Dichters, dessen Tun Ausnahmerang hat und dessen →Texten ein privilegierter Wahrheitsanspruch zugeschrieben wird. Diese Konzeption des *poeta vates* konkurriert in der europäischen Tradition mit dem gelehrten Begriff des Dichters (*poeta doctus, poeta faber*) und der Auffassung, dass D. lehr- und lernbar sei. Auch wenn das Mittelalter den Begriff des Dichters in vielfachen Ableitungen kennt, wird er im Deutschen bis ins 18. Jh. hinein selten gebraucht. An die antike, emphatische Auffassung schließt die Renaissance sehr bewusst mit ihren Dichterkrönungen an, vorbildhaft die Krönung Petrarcas 1341 in Rom.

Im 18. Jh. kommt es im deutschen Sprachraum zu einer Aufwertung des Dichtungs-Begriffs. D. gilt als individueller und inspirierter Ausdruck eines Genies, jenseits aller Regelhaftigkeit, mit dem Anspruch auf unhintergehbare Originalität. Im Anschluss an R. Lowth *De Sacra Poesi Hebaeorum* von 1753, an geläufige Vorstellungen im Pietismus sowie an die Auffassung der historischen Bibel-Kritik (J.G. Eichhorn, J.D. Michaelis) deutet J.G. Herder in seiner Schrift *Vom Geist der Ebräischen Poesie* (1782/83) auch die →Bibel als ein dichterisches Werk und versteht ihre → Autoren als inspirierte Dichter. Die Rangerhöhung der D. setzen Klassik und Romantik mit je unterschiedlichen Konzepten der D. fort, die Klassik durch die Betonung der Einheit von Autor und Werk, die Romantik durch die transzendentalphilosophisch verstandene Ausdehnung der D. zu einem Weltprinzip. Selbst schlichte Wiegenlieder sind dann D. und werden etwa von den Brüdern Grimm gesammelt. Dieses emphatische Verständnis der D. konkurriert im 19. Jh. mit der professionalisierten Auffassung des Autors als → Schriftsteller. Um 1900 kommt es etwa bei S. George oder R.M. Rilke noch einmal zu esoterisch gesteigerten Rückgriffen auf das emphatische Dichtungsverständnis. Vereinzelt und dann mit der Funktion, einen Ausnahmestatus für sich zu reklamieren, werden die Begriffe D./Dichten/Dichter über einen allgemeinen Sprachgebrauch hinaus auch heute noch zur Selbstbeschreibung von Autoren verwendet.

BIBLIOGRAPHIE: G. Blamberger, Das Geheimnis des Schöpferischen oder: Ingenium est ineffabile?, Stuttgart 1991. – G. Grimm (Hg.), Metamorphosen des Dichters, Frankfurt a.M. 1992. – G. Hofe, Art. Dichter/Dichtung (historisch), in: Fischer Lexikon Literatur 1, hg. v. U. Ricklefs, Frankfurt a.M. 1996, 356–374. – E. Kleinschmidt, Art. Dichtung, in: RLW 1 (1997), 357–360. – J. Mukařovský, Der Dichter, in: Ders., Kunst, Poetik, Semiotik, Frankfurt a.M. 1989, 173–195. – R. Selbmann, Dichterberuf, Darmstadt 1994.

Gerhard Lauer

Differenz

→Dekonstruktion

Diskursanalyse

I. Alttestamentlich

‚Diskurs' und ‚D.' sind Begriffe, die trotz ihrer gegenwärtigen Popularität in den einzelnen Disziplinen aus unterschiedlichen Traditionen heraus verschieden gebraucht werden. Am häufigsten ist die uneigentliche Verwendung von Diskurs und D. als Synonym zu ‚Diskussion' oder ‚Thema' bzw. deren Analyse.

In eigentlichem Sinn wird D. in zweifacher Bedeutung verwendet: Die amerikanische ‚*Discourse Analysis*' ist die Untersuchung sprachlicher Regelhaftigkeiten in Reden, Dialogen und Sprechakten innerhalb von Texten. ‚D.' in der zweiten Bedeutung ist mit der ersten verbunden, ist aber stärker den erkenntnistheoretischen Arbeiten M. Foucaults und ihm folgenden Ansätzen verpflichtet. Diskurse im Sinne M. Foucaults regeln, was zu einem bestimmten Zeitpunkt sagbar ist. Sie finden sich weniger in der Sprache, sondern vielmehr in ihren Mustern, und sind damit eher Gegenstand der →Semiotik als der →Semantik. In einer so verstandenen D. steckt viel bislang noch ungenutztes Potential, mit dessen Hilfe genauer und zugleich weiter als bisher die Denkgeschichte und Theologiegeschichte des AT anders als nach einem kulturmorphologischen Evolutionsmodell beschrieben werden kann. Ihre ‚Episteme', ihre ‚Archäologie' und ‚Genealogie' lassen sich mit Foucaults Begrifflichkeiten fassen: Wie wird in bestimmten historischen Situationen Wissen und Sinn generiert? Wie wird mit Wissen Macht erlangt? Hier treffen sich diskursanalytische Ansätze mit sozialgeschichtlichen und literatursoziologischen Konzepten.

Einen wichtigen Impuls hat die diskursanalytische Theorie von J. Butler der feministischen →Exegese gegeben, wenn sie feststellt, dass Geschlechterdifferenz eben keine prädiskursive Grundkonstante ist. Dies eröffnet(e) neue exegetische und systematisch-theologische Zugänge zur Anthropogonie in Gen 1–3 und anderen Texten wie auch zur Frage nach dem Geschlecht Gottes.

Mit dem Blick auf Diskurse geht in den letzten Jahren auch der Blick auf die →Kanongeschichte als Macht- bzw. Diskursgeschichte einher, was ebenfalls unter anderem auf massive feministisch-exegetische Impulse zurückgeht.

Trotzdem scheut atl. D. zumeist sowie nahezu die gesamte atl. Wissenschaft davor zurück, sich selbst als politisch zu verstehen oder zu konstatieren, dass jede →Interpretation und auch jede →Methode politisch ist und damit eine Rolle im Spiel der Diskurse hat. Demgegenüber dominiert die Auffassung, die atl. Textanalyse als sachlich, sachbezogen, wenn nicht gar als objektiv zu verstehen.

BIBLIOGRAPHIE: W.R. Bodine, Discourse analysis of Biblical literature, Atlanta 1995. – R. Heß, „Es ist noch nicht erschienen, was wir sein werden", in: Dies./M. Leiner (Hgg.), Alles in allem, FS J.C. Janowski, Neukirchen-Vluyn 2005, 291–323. – R.E. Longacre, The grammar of discourse, New York u. a. ^{2}1996. – W. Richter, Exegese als Literaturwissenschaft, Göttingen 1971.

Ulrike Sals

II. Neutestamentlich

Die ntl. D. stellt nicht einzelne Themen wie → Wunder, Abendmahl, Gebet etc. propositional dar, sondern beschreibt Mechanismen, Strategien und Techniken ihrer diskursiven Anordnung und rekonstruiert mögliche Reaktionen der Erstadressaten (E. Schüssler Fiorenza). Weiterhin bleibt die ntl. D. nicht bei der →Interpretation der ntl. →Texte stehen, sondern befragt ebenso deren →Wirkungsgeschichte nach diskursiven Praktiken, etwa der instrumentellen Vereinnahmung ntl. Normtexte in der Kirchen- und Profangeschichte (z.B. herrschaft-stützende und -stürzende Bezüge zu Röm 13/Offb 13/Phlm). Schließlich lässt sich der ntl. Wissenschaftsbetrieb selbst diskursanalytisch als wechselseitiges Kräftespiel aufeinander einwirkender, sich gegenseitig legitimierender und ausschließender Machtverhältnisse darstellen (S. Scholz).

Insbesondere die US-amerikanische → Exegese hat sprachwissenschaftliche, z.T. computergestützte Methoden einer *historischen D.* entwickelt, um die Situation ntl. → Kommunikation zu erfassen. Sie steht daher in enger Beziehung zur →Rhetorik. D. wird in diesem Kontext weniger als philosophische Metatheorie eingeführt, denn als dezidiert heuristisches Verfahren zur Texterklärung eingesetzt. Daher steht sie strukturalistischen Textauffassungen näher als poststrukturalistischen Literaturmodellen und unterscheidet sich somit vom Foucaultschen Ursprung.

Diskursanalytische Einzeluntersuchungen zu den →Evangelien und →Briefen des →NT zeichnen die sozialen Relationen und Aktionen der auftretenden Handlungsträger nach und stellen deren Interaktionen und Dependenzen, Autorisierungen oder Degradierungen dar. Ebenso wird auf sprachlicher Ebene untersucht, an welche Aktanten konkrete Machteffekte gebunden sind und wie Hierarchien sprachlich ausgedrückt werden (*terms of power*). Von großer Bedeutung sind hierbei die literarischen →Gattungen als Instrumente medialer Inszenierung. Gleichzeitig formuliert die ntl. D., wie situativ zu erwartende bzw. geforderte diskursive Strategien unterwandert werden, etwa wenn Paulus im Phlm nicht Herrschafts-, sondern Bitt-Vokabular benutzt (Phlm 9).

Durch Vergleiche mit Texten aus der ‚Umwelt des NT' liefert die (historische) ntl. D. einen wertvollen Beitrag zum Verstehen der sozio-kulturellen Kontexte ntl. Texte und Kommunikationsregeln inklusive der darin enthaltenen Verhaltenscodices, Normen und Werte sowie Möglichkeiten und Grenzen des Aussagbaren (H. Tiedemann).

Bibliographie: P. Charaudeau/D. Maingueneau, Dictionnaire d'analyse du discours, Paris 2002. – S.E. Porter/J.T. Reed (Hgg.), Discourse analysis and the New Testament, Sheffield 1999. – S. Scholz, Ideologien des Verstehens, Tübingen/Basel 2007. – E. Schüssler Fiorenza, Das Buch der Offenbarung, Stuttgart u. a. 1994. – H. Tiedemann, Die Erfahrung des Fleisches, Stuttgart 1998, bes. 28–43.

Stefan Scholz

III. Literaturwissenschaftlich

Während der Begriff ‚Diskurs', wie er seit den 1970er Jahren verstärkt in den Geistes- und Kulturwissenschaften verwendet wird, linguistisch, philosophisch und erzähltheoretisch je verschieden gebraucht wird, hat der Begriff D. seinen theoretischen Bezugspunkt in den Schriften M. Foucaults, die D. praktisch betreiben (z.B. *Ordnung der Dinge* [*frz.* 1966]; *Überwachen und Strafen* [*frz.* 1975]) und theoretisch reflektieren (*Archäologie des Wissens* [*frz.* 1969], *Die Ordnung des Diskurses* [*frz.* 1972]). Diskurs im Sinne der D. ist ein wissenssoziologischer Begriff und bezeichnet eine „Menge von Aussagen, die einem gleichen Formationssystem zugehören" (M. Foucault 1969/1981, 156). Aussagen sind nicht einfach Sätze (→Propositionen), aber auch nicht Ideen oder Gedanken *hinter* den Sätzen, sondern bilden die Ebene dazwischen: die *Realität* des Diskurses, die nach Foucault von der Ideengeschichte übersprungen wird. Die D. untersucht daher, jenseits von →Strukturalismus und →Hermeneutik, beschreibend, nicht erklärend, „die Bedingungen des Auftauchens von Aussagen, das Gesetz ihrer Koexistenz mit anderen" (ebd., 184), sowie die Mechanismen, die jeweils regeln, wer (im Rahmen welcher Systemstelle des Wissens) was zu welchem Thema in welcher Wissensdisziplin sagt. In Anlehnung an Nietzsches Konzept der Genealogie steht bei der Analyse historischer Transformationen diskursiver Formationen die Verknüpfung zwischen Diskursen und Praktiken der Macht im Vordergrund. Diskurse im Sinne der D. Foucaults bilden die (theoretisch variable) Schnittstelle zwischen Wissen und Macht.

D. ist weder eine genuin literaturwissenschaftliche →Methode noch ein Instrument zur →Interpretation von Einzeltexten. Die vielfältigen literaturwissenschaftlichen Applikationsversuche der D. greifen die Ablehnung hermeneutischer Interpretation konstruktiv auf, indem sie den Sonderstatus von →Literatur und den Subjektstatus des →Autors suspendieren und literarische Texte nicht als Kunstwerke, sondern als Teilmengen historischer Diskurse auf jene diskursive Materialität hin befragen, die jeweils „das Gesetz dessen ist, was gesagt werden kann" (M. Foucault 1969/1981, 187). Dabei ergibt sich in den Varianten literaturwissenschaftlicher D. eine medien- (F. Kittler), eine kultur- (J. Link, S.J. Greenblatt, H. Bosse) und eine wissensgeschichtliche (J. Vogl) Öffnung der Literaturwissenschaft, die methodologisch zu kontroversen Diskussionen geführt hat.

Bibliographie: H.L. Dreyfus/P. Rabinow, Michel Foucault, Weinheim [2]1994. – M. Foucault, Archäologie des Wissens [*frz.* 1969], Frankfurt a.M. 1981. – S.J. Greenblatt, Verhandlungen mit Shakespeare, Berlin 1990. – F. Kittler, Aufschreibesysteme 1800/1900, München [3]1995. – M. Ruoff, Foucault-Lexikon, München 2007. – P. Sarain, Michel Foucault zur Einführung, Hamburg 2005. – J. Vogl (Hg.), Poetologien des Wissens um 1800, München 1999. – S. Winko, Diskursanalyse, Diskursgeschichte, in: H.L. Arnold (Hg.), Grundzüge der Literaturwissenschaft, München 1996, 463–478.

Johannes F. Lehmann

IV. Textlinguistisch

D. wird in der Linguistik im amerikanischen →Strukturalismus erstmals etabliert. Z. Harris beschreibt Verbindungen von Äußerungen jenseits der Satzgrenze in der sog. *connected speech* bzw. in Texten als Gegenstand der Sprachwissenschaft. Medial eingeschränkt erscheint ‚Diskurs' im Verständnis gesprochener Alltagssprache im Kontext institutionell gebundener →Kommunikation. Dies ist der Diskursbegriff der Funktionalen Pragmatik, wie er unter anderem von K. Ehlich vertreten wird. D. wird hier als Programm zur Erforschung gesprochener Sprache in der Vielfalt institutioneller und alltäglicher →Wirklichkeit verstanden. In der Germanistischen Linguistik hat dieser auf Mündlichkeit beschränkte Diskursbegriff in den 1980er und in den frühen 1990er Jahren Bedeutung gewonnen. Bezugsgröße der traditionellen linguistischen Diskursbegriffe sind sprachliche Formen wie →Text, Dialog oder Gespräch, deren gemeinsames Merkmal die Abgrenzung gegenüber vorhergehenden, umgebenden und nachfolgenden Äußerungen sind. Daneben wird ‚Diskurs' in den Geistes- bzw. Kulturwissenschaften seit den 1970er Jahren auch mit Verweis auf M. Foucault gebraucht. Der Foucaultsche Diskursbegriff steht dabei konträr zum einzeltextbezogenen Verständnis, da Diskurse hier über Einzelaussagen hinausgehen.

Die Verwendung eines an Foucault angelehnten Diskursbegriffs hat in der Linguistik in jüngerer Zeit zu einer Erweiterung der Terminologie geführt. In der Textlinguistik geht man davon aus, dass der Text nicht als die größte beschreibbare Einheit gilt, sondern in Diskurse, also in textübergreifende Strukturen eingebettet ist (I.H. Warnke). Linguistische D. erscheint dabei zunächst in den Programmen der ‚Kritischen D.' und der ‚Historischen Semantik'. Der kritische Ansatz zielt auf die Identifizierung kommunikativer Widersprüche und suggestiver Haltungen (S. Jäger). Weniger politisch geprägt sind die Ansätze in der international positionierten *Critical Discourse Analysis*, v.a. in angelsächsischen Arbeiten (vgl. N. Fairclough). ‚Historische Semantik' ist demgegenüber an der Geschichte der →Bedeutung von Wörtern interessiert, die in der diskursanalytischen Ausprägung als Untersuchung von Bedeutung in diskursiven Textnetzen erscheint. Impulse der Historischen Semantik waren ausschlaggebend für eine Etablierung des an Foucault orientierten Diskursbegriffs in der Sprachwissenschaft. Verbreitet ist inzwischen ein korpusorientiertes Untersuchungsverfahren. Man bezieht sich dabei explizit oder implizit auf D. Busse/W. Teubert.

BIBLIOGRAPHIE: D. Busse/W. Teubert, Ist Diskurs ein sprachwissenschaftliches Objekt?, in: D. Busse et al. (Hgg.), Begriffsgeschichte und Diskursgeschichte, Opladen 1994, 10–28. – K. Ehlich (Hg.), Diskursanalyse in Europa, Berlin u.a. 1994. – N. Fairclough, Discourse and social change, Cambridge 1992. – Z. Harris, Discourse analysis, in: Language 28 (1952), 1–30. – S. Jäger, Kritische Diskursanalyse, Duisburg [4]2004. – I.H. Warnke (Hg.), Diskurslinguistik nach Foucault, Berlin/New York 2007.

Ingo H. Warnke

Divination

D. (lat. *divinatio*, ‚Wahrsagung') bezeichnet in der Philologie den als schöpferischen Akt verstandenen (erfolgreichen) Prozess der hermeneutischen Hypothesenbildung. D. hat neben der philologischen auch eine mantische (griech. μαντική, ‚Wahrsagung') Bedeutung. Die mantische Verwendung bezieht sich auf antike Theorien der Wahrsagung, die laut Cicero zwei Formen der D. unterscheiden: Die natürliche und kunstmäßige D. (*De divinatione*). Die philologische Verwendung erlangt durch F.D.E. Schleiermacher Prominenz, der im Rahmen seiner →Hermeneutik die komplementären →Methoden der D. und der ‚Comparation' entwirft. Der Divinationsbegriff wird hier im Sinne eines unmittelbaren Auffassens oder intuitiven Erratens der (richtigen) Textbedeutung gefasst und nähert sich Begriffen wie →‚Konjektur' und ‚Hypothese' an.

Für die D. sind mindestens drei Merkmale charakteristisch: Der eine D. vornehmende Interpret vertritt einen hermeneutischen Wissensanspruch, der sich im Hinblick auf den akzeptierten Wissenshorizont seiner Zeit erstens weder bestätigen noch widerlegen lässt und zweitens als sehr gewagt bzw. ‚kühn' wahrgenommen wird; dieser antizipative Wissensanspruch erweist sich drittens aufgrund einer nachfolgend veränderten Datenlage als zutreffend. Unter der Voraussetzung, dass es sich bei der ‚kühnen' Antizipation des (erst später bestätigten) Wissensanspruchs nicht um ‚bloßes' Raten gehandelt hat, stellt sich die Frage, wie sich von der Fähigkeit des Interpreten, die Bestätigung des Wissensanspruchs ‚genial' antizipieren zu können, theoretisch Rechenschaft ablegen lässt.

Zwei Strategien werden i.d.R. verfolgt: (1) eine methodenzentrierte Rekonstruktion, derzufolge der Interpret unbewusst einer heuristischen ‚Logik' folgt; diese häufig mit dem Begriff der ‚Abduktion' (C.S. Peirce) angesprochene ‚Entdeckungslogik' ließe sich, sobald sie deutlich genug expliziert wäre, gegebenenfalls auch prospektiv, d.h. als

Steuerungselement weiterer Forschungsvorgänge einsetzen. (2) Eine kompetenzzentrierte Rekonstruktion rechnet damit, dass der Interpret über eine derart umfassende ‚Vertrautheit' mit dem ‚Ganzen' des fraglichen Interpretationsgegenstands verfügt, dass er auch unter Bedingungen einer defizienten Datenlage alle fehlenden ‚Teile' intuitiv zu erschließen vermag.

Bei den beiden genannten Rekonstruktionsangeboten handelt es sich immer um nachträgliche Explikationsstrategien, die lediglich die geglückten antizipatorischen Vorwegnahmen zum Gegenstand eines retrospektiven Rekonstruktionsvorgangs machen. Möglicherweise führen aber genau die Methoden bzw. Kompetenzen, die in einem Fall nachweislich eine erfolgreiche hermeneutische Antizipation gewährleisten, in einem anderen (ähnlichen) Fall zu einer scheiternden Antizipation. Eine hermeneutische Theorie der D. müsste deshalb auch spezifizieren, welche Faktoren die Anwendungssicherheit der D. zu garantieren vermögen.

BIBLIOGRAPHIE: L. Danneberg, Peirces Abduktionskonzeption als Entdeckungslogik, in: Archiv für Geschichte der Philosophie 70 (1988), 305–326. – R. Daube-Schackat, Schleiermachers Divinationstheorem und Peirce's Theorie der Abduktion, in: K.-V. Selge (Hg.), Internationaler Schleiermacher-Kongreß Berlin 1984, Berlin/New York 1985, 263–278. – W. Hogrebe (Hg.), Mantik, Würzburg 2005. – H. Schaefer, Divinatio, in: Archiv für Begriffsgeschichte 21 (1977), 188–225.

Carlos Spoerhase

E

Einverständnis/Zustimmung

I. Neutestamentlich

Die hermeneutische Kategorie des E.ses wurde durch P. Stuhlmachers einflussreiche Hermeneutik bedeutend. Seine These lautet: „Wir werden unserer Verpflichtung gegenüber den biblischen Texten angesichts der Tradition, in der wir stehen, und inmitten des Wahrheitsbewußtseins der Gegenwart dann am besten gerecht, wenn wir uns bemühen, *eine methodologisch und wirkungsgeschichtlich reflektierte Hermeneutik des E.ses mit den biblischen Texten* zu praktizieren. Diese Hermeneutik schließt ein, daß wir von der Bibel als Lern- und Lebensbuch der Kirche ausgehen, daß wir uns in reflektierter Weise der historisch-kritischen Auslegungsmethode bedienen und daß wir uns der Lebenssituation bewußt sind, aus der heraus wir zur Exegese aufbrechen und in die unsere Schriftinterpretation zielt" (222).

Stuhlmacher beruft sich auf H.-G. Gadamer und P. Ricœur. Im Nachwort zur dritten Auflage von *Wahrheit und Methode* schreibt Gadamer: „[...] es [ist] in der Tat richtig und bleibt in meinen Augen eine wirkliche Einsicht, daß Verständigung nur auf dem Boden eines ursprünglichen Einverständnisses gelingen kann und daß die Aufgabe des Verstehens und der Auslegung nicht so beschrieben werden darf, als hätte Hermeneutik die blanke Unverständlichkeit eines überlieferten Textes zu überwinden oder gar primär die Beirrung durch Missverstand [...]. Alle sprachliche Verständigung setzt nicht nur ein Einverständnis über die Wortbedeutungen und die Regeln der gesprochenen Sprache voraus. Vielmehr bleibt auch im Hinblick auf die ‚Sachen' in allem, was sinnvoll diskutiert werden kann, vieles unumstritten" (529, zitiert bei P. Stuhlmacher, 213). Stuhlmacher übernimmt dies für die Interpretation des NT: „Für den Bereich der biblischen Hermeneutik sind diese Einsichten m.E. von erheblicher Bedeutung. So wenig sie sich der Kritik an ihren Texten zu verschließen braucht, so sehr gilt für sie, daß sich die bejahte Texttradition elementarer und wegweisender erschließt, als Aussagen, denen man von vornherein distanziert gegenübersteht" (P. Stuhlmacher, 214). Stuhlmacher zieht eine Linie von der ‚kirchlichen Auslegetradition', die er nicht näher benennt, zu A. Schlatter, K. Barth und den Bultmannschülern E. Fuchs und G. Ebeling.

Stuhlmacher nimmt ebenfalls P. Ricœurs Kategorie der Textwelt in Anspruch, wenn er formuliert, dass „sich das Textverständnis vor dem Forum der Texte und nicht jenseits oder hinter ihnen bildet" (217).

J. Ratzinger (Benedikt XVI.) hat jüngst im ersten Band seines Werkes über *Jesus von Nazareth* in allgemeiner Form auf die Hermeneutik des Einverständnisses zurückgegriffen, wenn er schreibt: „Es steht [...] jederman frei, mir zu widersprechen. Ich bitte die Leserinnen und Leser nur um jenen Vorschuss an Sympathie, ohne den es kein Verstehen gibt" (22).

Gadamer, Stuhlmacher und Ratzinger müssen sich nach dem Verstehen jenseits des E.ses, so auch nach dem Zusammenhang von Hermeneutik und Ethik fragen lassen, da sie letztlich voraussetzen, nur das Gute sei dem Verstehen zugänglich: Gibt es kein Verstehen des Schlechten, Bösen oder Falschen, mit dem ja ein E. nur dann möglich wäre, wenn der Interpret schlecht, böse oder urteilslos wäre?

BIBLIOGRAPHIE: H.-G. Gadamer, Wahrheit und Methode, [4]1975. – J. Ratzinger/Benedikt XVI., Jesus von Nazareth, Bd. 1, Freiburg i. Br. 2007. – P. Ricœur, Hermeneutik und Strukturalismus, München 1973. – P. Stuhlmacher, Vom Verstehen des Neuen Testaments, Göttingen [2]1986.

Oda Wischmeyer

II. Systematisch-theologisch

E. als hermeneutischer Begriff weist im Sinne von Zustimmung/Übereinstimmung auf einen zweifachen Vorgang des →Verstehens. Verstehen kann von einem E. ausgehen, einen übereinstimmenden Grund haben; Verstehen kann aber auch auf E. zielen, Zustimmung erreichen wollen. Im ersten Falle handelt es sich um ein Kriterium, im zweiten Falle um eine Aufgabenbestimmung von →Hermeneutik. Jeweils ist es von seinem Antonym, dem →Missverständnis, begleitet.

Problematisiert werden diese beiden Perspektiven von F.D.E. Schleiermacher, dessen Unterscheidung von einer ‚laxeren' und einer ‚strengeren' Interpretationspraxis zur Ablösung der klassischen Hermeneutik durch die Universalisierung des Verstehens geführt hat. Die strengere Praxis geht vom Missverständnis als einer grundsätzlichen Differenz der Sprache aus. Das E. muss gesucht und gewollt werden. Mit diesem Ansatz ist eine Objektivierung des Verstehens möglich, insofern ihm eine nachvollziehbare Technik des Interpretierens eignet. Die laxere Praxis, der insbesondere die klassischen Spezialhermeneutiken zuneigen, geht dagegen davon aus, dass sich das Verstehen von selbst ergibt. Der theologische *locus classicus* ist das reformatorische Prinzip vom Selbstverständnis der → Heiligen Schrift (*sui ipsius interpres*). Getragen ist dieses Prinzip von der Verbindlichkeit eines gemeinsamen Traditionszusammenhangs, aus dem die →Texte kommen und in dem die →Interpreten stehen.

Theologisches Gewicht hat eine Hermeneutik des E.ses dort, wo – wie M. Welker im Horizont einer biblischen Theologie vorschlägt – das mehrfache Gewicht der Schrift in dem Sinne zur Geltung gebracht wird, dass die historische, kulturelle und kanonische Überlieferung zur gemeinsamen Wahrheit des Zeugnisses von der Wirklichkeit Gottes als dem E. in die Sache des Textes vordringt.

Eine am Wort Gottes ausgerichtete Theologie sieht das Verstehen in der →Offenbarung und Verkündigung des →Wortes selbst begründet. Das in Jesus Christus konkret gewordene Wort Gottes bringt E. hervor, indem es Zustimmung ermöglicht.

Auch die existentiale Hermeneutik M. Heideggers und in dessen Gefolge die Neubewertung einer Universalhermeneutik durch H.-G. Gadamer sieht im E. nicht mehr nur das formale Ziel des Verstehens, sondern führt es auf die inhaltliche Übereinstimmung zurück. Der Verstehensvorgang wird bei Gadamer von der Ursprünglichkeit des E.ses her inszeniert, indem Verstehen immer wieder in das wiederhergestellte E. mündet. Das Kriterium des E.ses konzentriert Verstehen nicht auf Textauslegung, sondern weitet es zu einer → Kommunikation mit dem Text. Dieses kommunikative Moment gewinnt mit J. Habermas auch im sozialen Verstehen an Bedeutung, wie dessen konsensorientierte Handlungstheorie zeigt. Kritisiert wird diese, auf das E. zurückgeführte, reine Hermeneutik von H. Albert, der die Normativität des E.ses sowie die Rationalität des Konsenses in Frage stellt.

BIBLIOGRAPHIE: H. Albert, Kritik der reinen Hermeneutik, Tübingen 1994. – H.-G. Gadamer, Sprache und Verstehen, in: Ders., Gesammelte Werke, Bd. 2, Tübingen 1986, 184–198. – Ders., Wahrheit und Methode, Tübingen 1960. – J. Habermas, Theorie des kommunikativen Handelns, Bd. 1, Frankfurt a.M. 1988. – F.D.E. Schleiermacher, Hermeneutik und Kritik, hg. v. M. Frank, Frankfurt a.M. [5]1993. – M. Welker, Das vierfache Gewicht der Schrift, in: D. Hiller/C. Kress (Hgg.), Daß Gott eine große Barmherzigkeit habe, FS G. Schneider-Flume, Leipzig 2001, 9–27.

Doris Hiller

Emanzipatorische Bibelhermeneutiken

→Kontextuelle Bibelhermeneutiken

Entmythologisierung

→Mythos/Mythen

Ereignis

I. Alttestamentlich

Das AT kennt kein eigenes Wort für ‚E.'. Eine Reihe von althebräischen Lexemen konvergiert in übertragener Bedeutung jedoch mit einzelnen Aspekten des deutschen Ereignisbegriffes.

Erstens können E.se im Hebräischen mit dem Plural des Nomens *davar* (‚Wort'/‚Sache') beschrieben werden, wobei das entsprechende Verbum *dbr* den Vorgang des Redens bezeichnet; damit wird der elementare Zusammenhang zwischen einem E. und dem für die Tradierung des E.ses notwendigen Reden darüber deutlich. Zweitens können E.se, die aus dem Ablauf der →Zeit herausragen, mit dem Plural des Wortes *'et* (‚Zeit') beschrieben werden; wo dieser Terminus Verwendung findet, wird der Charakter von E. als ‚Zeitläuften' hervorgehoben: Die allgemeine ‚Zeit' bildet den Hintergrund für spezielle ‚Zeiten' im Sinne von E.sen, die besonderer Erwähnung wert sind. Drittens wird die Beziehung zwischen zeitlichen Abläufen und dem aus ihnen herausragenden E. besonders an der im prophetischen Sprachgebrauch beheimateten Wort-Ereignis-Formel *wayehi devar YHWH* (‚und es ereignete sich das Wort Jahwes') deutlich, die das Wort Jahwes als eine in die Wirklichkeit hereinbrechende Größe versteht, die sich jeder Beeinflussung entzieht; diese Formel wird mit dem Verbum *hyh* gebildet, das in seiner allgemeinen Bedeutung mit ‚sein' oder ‚werden', im speziellen Gebrauch aber auch mit ‚(sich) ereignen' übersetzt werden kann.

Die zentralen E.se der Geschichte Israels sind nur literarisch greifbar; die jeweiligen politischen und theologischen Absichten der verschiedenen Literaturbereiche, in denen von bestimmten E.sen berichtet wird (→erzählende Literatur, Prophetentexte, →Psalmen), müssen bei der Rekonstruktion der Geschichte Israels als einer zusammenhängenden Ereignisabfolge in Rechnung gestellt werden. Inwieweit etwa der Exodus aus Ägypten, die Sesshaftwerdung im Land, die Entstehung des Königtums, der Bau des Tempels in Jerusalem, die Teilung in zwei unabhängige Reiche, der Untergang des Nord- und später des Südreichs, die Exilierung nach Babylon, die Rückführung aus dem Exil oder die Wiedererrichtung des Jerusalemer Tempels als historische E.se beschrieben werden können, hängt von der Einschätzung des Quellenwertes der Texte ab. Dass die atl. Texte als historische →Quellen herangezogen werden können, steht grundsätzlich außer Frage; problematisch ist allerdings, *was* in den Texten bezeugt wird: Historische E.se oder spätere literarische →Fiktionen, die ihrerseits dann jedoch als Quellen für die Zeit ihrer Entstehung herangezogen werden können.

Bibliographie: R. Bartelmus, HYH. Bedeutung und Funktion eines hebräischen „Allerweltswortes" – zugleich ein Beitrag zur Frage des hebräischen Tempussystems, St. Ottilien 1982. – G. Gerlemann, Art. *dabar* – Wort, in: THAT 1 ([4]1984), 433–443. – E. Jenni, Art. *'et* – Zeit, in: THAT 2 ([3]1984), 370–385. – H.-P. Mathys, Art. Zeit III., in: TRE 36 (2004), 520–523.

Markus Saur

II. Neutestamentlich

Der Begriff E. umschreibt in der ntl. Exegese im *faktischen* Sinne Begebenheiten/Geschehnisse, die als geschichtliche Initiale zur Deutung und Formulierung des ‚Christus-Ereignisses' als der Grundlegung des →Evangeliums im *theologischen* Sinne geführt haben. Das Christus-Ereignis wird in den ntl. Texten als ‚Evangelium' (1 Kor 15,1 ff.; Mk 1,1), als Heils-Geschehen bezeugt, das als soteriologisches Handeln des einen Gottes durch Leben, Wirken, Sterben und Auferstehen Jesu (Phil 2,5–11) gedeutet wird. Die kerygmatische Aussage vom ‚Christus-Ereignis' ist ein Theologumenon, das nach einzelnen geschichtlichen E.sen, die diese Bezeugung und Deutung ursächlich bedingt und ermöglicht haben, fragen lässt. Die ntl. →Texte selbst sind also textliche →Quellen für die dahinter stehenden geschichtlichen E.se, die die Formulierung des Christus-Kerygmas evoziert haben.

Die Geschichtswissenschaften definieren geschichtliche/historische E.se wie folgt: Als historisches E. „bezeichnet man eine Begebenheit, die eine geschichtliche Veränderung herbeiführt […]. Ontologisch werden dem historischen E. seine Vergangenheit, seine Bewirkung durch menschliche Akteure und seine grundsätzliche Fremdheit als absolute Eigenschaften zugeschrieben, epistemologisch seine unwiederholbare Einzigartigkeit […], seine praktische Kontingenz […] und seine Abweichung von jedem konstruierten Geschichtsmodell" (L. Hölscher).

Aus dieser Sicht sind aus dem Leben des historischen Jesus von Nazaret besonders seine Kreuzigung (Mk 15,20b ff.) und aus der Geschichte des frühesten Christentums die Ostererfahrungen, d.h. die Christophanien der Jesus-Nachfolger (1 Kor 15,5–9), als geschichtlich-historische E.se zu werten. Diese E.se haben die Formulierung und Deutung des Christus-Kerygmas als eines theologischen Heilsereignisses freigesetzt. Der Zusammenhang von geschichtlichem E. und theologischer Deutung als Heilsereignis bzw. Evangelium schlägt sich in den ntl. Texten in literarisch unterschiedlicher Form nieder. Er stellt sich in der Evangelien-Literatur in der Spannung von ‚E. und Erzählung' dar (vgl. E.-M. Becker). In der frühen Brief-Literatur (Paulus) wird einerseits eine Spannung von initialem Christusereignis und seiner argumentativen Deutung und Aktualisierung für das Leben und die Leitung der Gemeinden erkennbar (z.B. 1 Thess 1,9 f.; 1 Kor 1–2), andererseits macht der →Apostel auch sein missionarisches Wirken zum Gegenstand einer autobiographisch-narrativen Darstellung (z.B. Gal 1–2; 2 Kor 1). Die Apg konzipiert aus dem apostolischen Handeln, das sich auf den Auftrag des Auferstandenen beruft (Apg 1,8), eine selbständige Ereignisgeschichte. Und die Offb entwirft auf der Grundlage des Auftrags des erhöhten Christus (Offb 1,17 ff.) das Szenario einer endzeitlichen Ereignisfolge in narrativer Form (z.B. Offb 21).

Bibliographie: E.-M. Becker, Das Markus-Evangelium im Rahmen antiker Historiographie, Tübingen 2006, bes. 67–71. – L. Hölscher, Art. Ereignis, in: S. Jordan (Hg.), Lexikon Geschichtswissenschaft, Stuttgart 2002, 72–74.

Eve-Marie Becker

III. Kirchengeschichtlich

In der Alltagssprache wird E. im Sinne von Geschehen oder Vorkommnis gebraucht: Was zu einem bestimmten Zeitpunkt an einem bestimmten Ort geschieht, ist ein E. Der philosophische wie theologische Sprachgebrauch ist ungleich komplexer, geprägt durch umstrittene Deutungsvielfalt. Insbesondere in der Ontologie dient der Ereignisbegriff zur Bezeichnung prozessualer Entitäten im Gegensatz zu fixen Substanzen, Dingen und Kontinuanten. A.N. Whitehead und W. van Orman Quine suchen in ihren monistischen Ontologien alle Entitäten auf E.se zurückzuführen, so dass E. zur ontologischen Fundamentalkategorie wird. Für M. Heidegger gewinnt E. seit Mitte der 1930er Jahre in der Weise zentrale Bedeutung, dass die Zeit als Offenheit des Seins eine Neubestimmung des Menschen in seiner Geschichtlichkeit erlaubt. Religionstheoretisch verbindet Heidegger dies mit Überlegungen zu einer neuen bindenden Begegnung mit dem Göttlichen, der ‚Er-eignung der Götter'. In der modernen Historik bzw. Geschichtstheorie werden E.se zumeist auf das freie Handeln des Menschen zurückgeführt, so dass der Begriff im Diskurs der Historiker gern auch dazu benutzt wird, die prinzipielle Offenheit der Geschichte und das starke Eigengewicht von Kontingenz zu betonen. Die konfliktreiche Pluralisierung der historischen →Methoden, Ansätze und Deutungsprogramme hat insbesondere in den Debatten über die spezifische Leistungskraft der modernen Sozialgeschichte dazu geführt, dass nicht selten eine ‚Ereignisgeschichte' als bloß defizienter Modus wissenschaftlicher Geschichtsschreibung kritisiert wurde, mit dem Argument, sie sei prinzipiell unfähig, alle ereignisbestimmte Diskontinuität übergreifenden Tiefenstrukturen des historischen Prozesses oder die *‚longue durée'* naturaler Prägekräfte zu erkennen. Im deutschsprachigen theologischen Diskurs schließlich begegnet im 20. Jh. immer wieder die Formel vom ‚Heilsereignis' des Kreuzestodes Jesu von Nazareth (bzw. Jesu Christi), wohl in zumeist wenig durchdachter Fortschreibung älterer Vorstellungen einer speziellen ‚Heilsgeschichte', in der diesem einen geschichtlichen E. schlechterdings universale ‚Heilsbedeutung' zuerkannt wurde.

Bibliographie: G. Figal, Art. Ereignis, in: RGG[4] 2 (1999), 1399. – http://hsozkult.geschichte.hu-berlin.de/tagungsberichte/id=23414 (10.11.2008).

Friedrich Wilhelm Graf

IV. Systematisch-theologisch

In den theologischen Standardlexika (TRE, RGG[3], EKL) ist E. als theologischer Begriff gar nicht bearbeitet. Er wird höchstens als philosophischer Begriff in seiner ontologischen

Bedeutung als unerwartetes, unvorhersehbares Geschehen verhandelt (LThK, RGG[4]). Bezug genommen wird v.a. auf M. Heidegger, der in seinen aphoristischen Beiträgen zur Philosophie von Gott ‚im E. als E.' spricht.

In seinem Offenbarungscharakter gehört E. zum Begriffsrepertoire einer dialektischen und hermeneutischen Theologie. Dialektische Theologie spricht vom E. des →Wortes Gottes, das entscheidend als Gottes eigene Rede zu verstehen ist, die in der Verkündigung zum sich selbst ereignenden E. der Heilsbotschaft wird. Ihr korrespondiert der Glaube als E. der freien Gnade Gottes. Im E. ist die Unverfügbarkeit des Handelns Gottes begründet. Mit dem Geschehen des als E. verstandenen Wortes Gottes verbindet sich die Frage nach dem →Verstehen.

Grundsätzlich ist zu unterscheiden zwischen: ‚ein E. verstehen' und ‚Verstehen als E.'. In diesem zweifachen Sinn wird E. auch zu einem Leitbegriff existentialer Theologie. R. Bultmann versteht Gottes →Offenbarung in Jesus Christus als geschichtliches E., das in der Verkündigung je für mich E. wird. Dies gilt v.a. für das Ostergeschehen, in dem das Kreuz als Heilsereignis verstehbar wird. Die Ereignishaftigkeit liegt im Wesen des in Jesus Christus zur Sprache kommenden Wortes Gottes. Das Sprachereignis (E. Fuchs) ist das eschatologische Jetzt, das im →Glauben zum →Verstehen kommt. Das E. erlebter Gottesgegenwart und die kritische Reflexion dieses zur Sprache gebrachten E.ses bilden das Spannungsfeld, in dem sich auch praktische Theologie bewegt.

In Jesus Christus als E. des Wortes Gottes treffen christologische Deutung und historisch-kritische Analyse aufeinander, wobei die Heilsbedeutung im E. des Kreuzes und die →Geschichtlichkeit/→Historizität der Auferstehung im Blick sind. In dogmatischer Reflexion ist die →Wahrheit von Gottes Handeln im Christusereignis konkret. In der Bezogenheit auf Jesus Christus wird Gottes Sein und Handeln nicht begrifflich fixiert, sondern als widerfahrenes Geschehen interpretiert (G. Ebeling).

Neben der christologischen und soteriologischen Bedeutsamkeit des Ereignisbegriffs skizziert E. Jüngel im Anschluss an J. Moltmann eine trinitätstheologische Konsequenz, wenn Gott selbst sich im E. seiner Offenbarung in der Einheit seines Wesens als Vater, Sohn und Geist als Einigkeit einer gemeinsamen Geschichte zu verstehen gibt.

Innertheologisch kontrovers diskutiert ist der Ereignisbegriff zwischen dogmatischen und historischen Disziplinen. Wie das geschichtliche E. mit dem sich ereignenden Geschehen des Wortes Gottes zusammenkommen kann, steht im Anschluss an die Verhältnisbestimmung von E. und Erzählung disziplinübergreifend zur Diskussion.

BIBLIOGRAPHIE: R. Bultmann, Theologische Enzyklopädie, hg. v. E. Jüngel/K.W. Müller, Tübingen 1984. – G. Ebeling, Dogmatik des christlichen Glaubens II, Tübingen 1979. – E. Jüngel, Gott selbst im Ereignis seiner Offenbarung, in: M. Welker/M. Volf (Hgg.), Der lebendige Gott als Trinität, Gütersloh/München 2006, 23–33. – M. Moxter, Erzählung und Ereignis, in: J. Schröter/R. Brucker (Hgg.), Der historische Jesus, Berlin/New York 2002, 67–88. – M. Nicol, Art. Ereignis und Kritik, in: ZThK 99 (2002), 226–238. Doris Hiller

V. Literaturwissenschaftlich

E. bezeichnet eine besondere Qualität der Zeiterfahrung, die durch ein emphatisches Verständnis von Geschehen begründet wird. Die lebensweltliche, historische oder ästhetische Kontinuität wird unterbrochen, die Unterbrechung als in sich geschlossen und sinnstiftend wahrgenommen.

Die Betonung der Singularität und Kontingenz eines E.ses ist in M. Heideggers Spätwerk angelegt und wurde von den Dekonstruktivisten um den Aspekt des Diskontinuierlichen erweitert. In der Tradition der *Annales* wurde E. als Gegenbegriff zu Struktur verstanden und als ein Phänomen von kurzer Dauer den historischen Konstanten gegenübergestellt. Diese Opposition hat die Diskurstheorie in einem konzeptuellen Miteinander der Begriffe aufgehoben; ein E. ist dort bestimmt als strukturverändernde Konstituente des kommunikativen Handelns. Kultursemiotische Ansätze fassen E.se als Überschreitung der Grenze eines semantischen Feldes auf. Für den →*New Historicism* gelten E.se als raumzeitlich situierte Elemente einer (historischen) Fabel.

An all diese Konzeptionen knüpft die Literaturwissenschaft besonders in der Erzähl-, Rezeptions- und Medientheorie an. In der Erzähltheorie wird E. innerhalb eines Textes als kleinster Bestandteil einer Handlung in den Zusammenhang von Geschehen und Geschichte eingeordnet. Ein E. ist eine ‚erzählwürdige' Zustandsveränderung. Seine Ereignishaftigkeit, d.h. seine interpretatorische Bedeutung wird anhand von Kontext- und Instanzenrelevanz, Imprädikabilität, Konsekutivität, Irreversibilität und Non-Iterativität bestimmt. Auch in der Rezeptions- und Medientheorie werden Grade von Ereignishaftigkeit unterschieden, um die Beschaffenheit eines ästhetischen Eindrucks und, vermittelt darüber, den Werkcharakter eines Geschehens zu bezeichnen. Rezeptionstheoretisch ist v.a. der Umstand von Interesse, dass die Intensität eines Erlebens noch keine Aussage über den Sinn des E.ses gestattet. E.se verursachen eine Präsenzerfahrung, der erst im Verlaufe der Interpretation eine konkrete Bedeutung zugewiesen wird. Medientheoretisch ist zu klären, inwiefern überhaupt erst die Interaktion von Produzent und Rezipient ein Werk konstituiert. Insbesondere in der Theaterwissenschaft liegt es nahe, nicht vom Text, sondern von einzelnen Aufführungen auszugehen. Unter dieser Voraussetzung lohnt es, nicht nach der →Ästhetik des Werks, sondern der eines einzelnen E.es zu fragen. Medien- wie Rezeptionstheorie betonen damit den performativen, prozesshaften Charakter von Kunst und Kunsterfahrung. Der inflationäre Gebrauch von *Performance*, *Event* und E. in der Alltagskultur ist ein Indiz für die ideologische Vereinnahmung solcher Konzepte und ihren allmählichen Verschleiß.

Bibliographie: T. Anz, Ereignis, Handlung, Stoff und Motiv, in: Ders. (Hg.), Handbuch der Literaturwissenschaft 1, Stuttgart/Weimar 2007, 127–130. – R. Koselleck/W.-D. Stempel (Hgg.), Geschichte – Ereignis und Erzählung, München 1973. – T. Rathmann (Hg.), Ereignis, Köln 2003. – W. Schmid, Geschichte und Ereignis, in: T. Anz (Hg.), Handbuch der Literaturwissenschaft 2, Stuttgart/Weimar 2007, 98–101. – A. Suter (Hg.), Struktur und Ereignis, Göttingen 2001.

Holger Helbig

VI. Philosophisch

Bezüglich E. ist zwischen (1) einer die Besonderheit (Qualität) von Geschehnissen ausdrückenden Bedeutung und (2) der Bedeutung als einer ontologischen Kategorie für Geschehen überhaupt zu unterscheiden.

(1) Typische Fälle sind etwa Erdbeben, Hochwasser, der Ausbruch von Krankheiten (wie z.B. SARS), eine totale Sonnenfinsternis, ein unerwarteter Zwischenfall und herausragende historische Geschehnisse wie eine spontan ausbrechende Revolte, eine Entdeckung oder die Unterzeichnung eines Friedensabkommens. Die mit dieser Bedeutung von E. verknüpfte Frage besteht darin, ob und inwiefern für derartige individuelle Vorkommnisse Erklärungen möglich sind. Während Hochwasser, Krankheiten und dergleichen durchaus als Fälle kausaler Regularitäten erklärt werden können, werden historische oder allgemein gesellschaftliche E.se oft als Singularitäten aufgefasst, die nicht als Fall eines Gesetzes verstanden und deswegen auch nicht erklärt werden können.

(2) In der neueren Ontologie werden nicht besondere Geschehen, sondern Geschehnisse generell unter E. subsumiert. Gegenstände existieren nicht bloß, sie verändern sich. Wenn Hans die Butter auf sein Brot streicht, ist das ein E. (*event*). E.se sind zeitlich, aber nicht unbedingt räumlich eindeutig positioniert (Olympische Spiele dauern von A nach B, sind aber als gesellschaftliches E. nicht auf den Austragungsort beschränkt). E.se bewegen sich auch nicht durch Raum und →Zeit (Brutus ermordet Caesar an einer festen Raumzeitstelle). Da sich die ontologische Struktur nicht von der →Semantik der Sprache ablesen lässt, stellt sich die Frage, was denn E.se überhaupt sind (wenn es sich nicht um ein Konzept zur Organisierung unserer Welterfahrungen handelt). Ontologische Ansätze verstehen E.se mehrheitlich als Individuen (*particulars*, Ausnahme R. Chisholm, in R. Casati). Gemeinsam ist ontologischen Positionen die Suche nach Identitätskriterien für E.se. W.V. Quine z.B. setzt E.se mit physischen Gegenständen (Identität der Raum-Zeit-Position) gleich, spricht somit E.sen einen eigenständigen ontologischen Status ab. D.

Davidson definiert E.se über ihre kausalen Rollen (zwei E.se sind identisch, wenn sie die gleichen Ursachen und Wirkungen haben), während J. Kim und L.B. Lombard E.se als Eigenschaften-Exemplifikationen konzipieren (zwei E. sind identisch, wenn sie die genau gleichen Eigenschaften besitzen). Weitere Varianten ergeben sich in Abhängigkeit zu den jeweilig verfochtenen ontologischen Grundkategorien (z. B. Tropen oder Universalien).

BIBLIOGRAPHIE: R. Casati/A.C. Varzi (Hgg.), Events, Aldershot 1996. – D. Davidson, Essays on actions and events, Oxford 1980. – C. Kanzian, Ereignisse und andere Partikularien, Paderborn 2001. – J. Kim, Events as property exemplifications, in: M. Brand/ D. Walton (Hgg.), Action theory, Dordrecht 1976, 159–177. – L.B. Lombard, Ontologies of events, in: S. Laurence/C. Macdonald, Contemporary readings in the foundations of metaphysics, Oxford 1998, 277–294. – W.V. Quine, Wort und Gegenstand, Stuttgart 1980.

Paul Burger

Erfüllung →Verheißung/Erfüllung

Erinnern/Erinnerung

Der Begriff des E.s spielt im jüngeren interdisziplinär geprägten kulturwissenschaftlichen Diskurs eine zentrale Rolle. Er begegnet dort als Schlüsselkonzept, mit dessen Hilfe die Konstitution, Gestaltung und Konstruktion von Politik, Gesellschaft, Religion, Recht, Kunst und Individualität neu ausgeleuchtet werden. Es liegen diverse Theorien und Modelle zur Erfassung der komplexen Bedeutung des Phänomens und der Praxis des E.s vor (A. Erll, G. Oesterle; → Andenken). In Anbetracht der kulturwissenschaftlichen Forschungen erfährt das Thema auch in der biblischen →Exegese verstärkt Aufmerksamkeit (A. Kirk/T. Thatcher; M. Theobald/R. Hoppe; M. Ebner u. a.). Im NT und frühen Christentum besitzen Vollzüge des E.s in vielerlei Hinsicht großes Gewicht. Botschaft und Wirken Jesu von Nazareth wurzeln in der maßgeblich durch die →Tora geprägten Erinnerungskultur des jüdischen Volkes und richten sich angesichts der von Exilierungen bestimmten Geschichte Israels an der endzeitlichen Restitution des Gottesvolkes aus. Auch die → Überlieferungen der Worte und Taten Jesu verdanken sich individuellen und kollektiven Prozessen des E.s, deren Form, Funktion und Einfluss in der Forschung allerdings umstritten sind: Gehen sie auf die wortgetreue Memorierung der Botschaft Jesu zurück, zu der dieser seine Jünger als Lehrer in rabbinischer Manier angeblich anleitete (B. Gerhardsson)? Oder ruhen sie vermeintlich verlässlichen Augenzeugenberichten auf (R. Bauckham)? Oder ist in ihnen im Wesentlichen das im Dienst aktueller Herausforderungen und Interessen stehende konstruktive Schaffen frühchristlicher Gemeinden am Werk (klassische Formgeschichte)? Oder erklären sie sich aus dem Eindruck, den Jesus bei seinen Anhängern hinterließ und der dann in einer informellen, aber kontrollierten, Bewahrung und Variation ausbalancierenden Form weitervermittelt wurde (J.D.G. Dunn)? Neben den diskursiven Erinnerungen an Jesus spielen im frühen Christentum auch rituelle Erinnerungsformen eine wichtige Rolle. Taufe und Herrenmahl vermitteln eine somatisch-affektive Vergegenwärtigung und Aneignung des in der Geschichte Jesu von Nazareth verankerten Christusereignisses als Heilsereignis. Der Anamnesisbefehl in 1 Kor 11,24 f.; Lk 22,19 zielt daher nicht auf ein rein mentales E., sondern auf Vergangenes, das gegenwärtig heilvoll wirksam wird. Die in den frühchristlichen Schriften wiederholte Erinnerung an die Taufe dient u. a. der Konsolidierung der in dem Passageritual vollzogenen Transformation des rituellen Subjekts.

BIBLIOGRAPHIE: R. Bauckham, Jesus and the eyewitnesses: the Gospel as eyewitness testimony, Grand Rapids 2006. – J.D.G. Dunn, Jesus remembered, Grand Rapids/Cambridge 2003. – M. Ebner et al., Die Macht der Erinnerung, Neukirchen-Vluyn 2007. – A. Erll, Kollektives Gedächtnis und Erinnerungskulturen, Stuttgart 2005. – A. Kirk/T. Thatcher (Hgg.), Memory, tradition, and text, Leiden/Boston 2005. – G. Oesterle (Hg.), Erinnerung, Gedächtnis, Wissen, Göttingen 2005. – J. Schröter, Erinnerung an Jesu Worte, Neukirchen 1997. – M. Theobald/R. Hoppe (Hgg.), ‚Für alle Zeiten zur Erinnerung', FS F. Mußner, Stuttgart 2006.

Christian Strecker

Erklären →Erklärung/Erklären

Erklärung/Erklären

I. Alttestamentlich

Biblische Texte haben eher einen implizit erklärenden Charakter und bedürfen gleichzeitig explizit der E. Die erzählende Struktur atl. Überlieferungen gibt Zeugnis von der Offenheit der Texte. Die Schöpfungsgeschichte in Gen 2–3 erklärt z. B. in einer Erzählung, warum der Mensch sterblich ist und die Freiheit hat, zwischen gut und böse zu unterscheiden. Der Schöpfungsbericht in Gen 1 erklärt demgegenüber ganz andere Dinge, wie die Gottesebenbildlichkeit des Menschen. Daran wird deutlich, dass das Vorfindliche mehrerer E.en bedarf.

Das Dtn mit seinem pädagogischen Ton reagiert auf die Schwierigkeit der Einsicht in Rechtssätze, indem es diese erklärt. „Wenn dein Kind dich morgen fragt: Was sind das für Bestimmungen, die Jhwh, unser Gott euch gegeben hat? Dann sollst du deinem Kind antworten: „Sklavinnen und Sklaven waren wir in Ägypten, doch Jhwh führte uns aus Ägypten mit starker Hand heraus“ (Dtn 6,20–21). Damit ist keine logische E. gegeben, vielmehr werden die Fragenden selbst auf eine Erfahrung angesprochen. Die E. verweist auf eine Erzählung, deren Kennzeichen es ist, dass sie wieder mehrdeutig ist. Einzelne Bestimmungen können im AT entsprechend unterschiedlich erklärt werden, je nach ihrem literarischen, historischen und soziologischem Kontext (z. B. das Sabbatgebot in Ex 20 und Dtn 5).

Träume und Visionen erhalten im AT häufig eine spezifsche E. Die Josefsgeschichte in Gen 40–41 prägt selbst einen eigenen Begriff für die E. der Träume. Im Buch Sacharija tritt ein Bote Jhwhs auf (Sach 1,9; 2,2; 4,5, 5,5; 6,4), der das Geschaute erklärt. Das Mitteilen einer Botschaft hat Züge einer Offenbarlegung und damit E. (vgl. Ri 11,13; 1Kön 10,3). Die E. wird zumeist als ein Vorgang zwischen zwei Personen geschildert.

Auch in poetischen Texten des AT werden die Lesenden mit der Offenheit konfrontiert: Auf die ‚warum‘-Frage erhält das Ich in den Psalmen keine direkte Antwort. Vorherrschend ist in diesen Texten die Stilfigur des *parallelismus membrorum:* Im parallelen Versaufbau ergänzen sich die beiden Versglieder bzw. bilden einen Gegensatz (→Lyrik), der einfache, binär strukturierte E.en anbietet.

Übersetzungen stellen erste E.en dar. Bereits die griechische →Übersetzung (→Septuaginta) weist häufig dort, wo innerhalb des hebräischen Textes Schwierigkeiten bestehen bzw. wo der Text abständig erscheint, explizierende Zusätze auf und hat damit die Tendenz zur E. Die Septuaginta spezifiziert etwa die Tätigkeit der Frauen am Heiligtum in Ex 38,8 gegenüber dem hebräischen Text. Die Wiederaufnahme von Textfragmenten in anderen biblischen Texten ist eine erste E., die teilweise gegenläufig zum ‚Ursprungstext‘ steht. Im Zitieren wird ein Text auf eine veränderte Situation zugeschnitten und somit erklärt (vgl. Ex 34,6 f. in Jona 4,2 u. Micha 7,18). Früher gemachte Prophezeiungen, die nicht eingetreten sind, werden neu gedeutet (vgl. Jes 16,13 u. Ez 29). So haben biblische Texte von Anfang an E.en erfahren, wie u. a. redaktionsgeschichtliche Zufügungen zeigen.

BIBLIOGRAPHIE: M. Fishbane, Biblical interpretation in Ancient Israel, 1988, v. a. 443–524. – G. v. Rad, Theologie des Alten Testaments, Bd. 1, München [6]1969.

Dorothea Erbele-Küster

II. Neutestamentlich

E. findet in der ntl. Wissenschaft im philologisch-historischen Paradigma statt. Die philologisch-historische Arbeit der E. versucht, Unklarheiten und Verstehenshindernisse unterschiedlicher Art in den neutestamentlichen Texten zu beseitigen, und leistet damit grundlegende Beiträge zur →Hermeneutik der Texte. Einen hohen Aufwand an E. braucht zunächst die *Textgestalt* (→Textkritik), dann die →*Sprache*, das Griechisch der sog. Koine. Semitismen, hapax legomena, Neologismen, semantische und syntaktische Unklarheiten und Inkonzinnitäten (→Grammatik, →Semantik) müssen ebenso erklärt werden wie dunkle Ausdrücke und →Metaphern. Auf der Ebene der →*Argumentation* dient die E. der Durchsichtigkeit des Arguments. Auf der *historischen* Ebene ist der Erklärungsbedarf selbstverständlich. Er betrifft die Geographie, die politische und soziale Geschichte, die Kulturen und Religionen sowohl des syrischen Raumes (mit dem Zentrum in Jerusalem und Judäa/Galiläa) als auch des gesamten *Imperium Romanum* der späten Republik und der frühen Kaiserzeit. Die E.en schließen Namen und Sachen (v. a. Sitten und Gebräuche der Juden und der jüdischen Religionsparteien) sowie topographische und archäologische Fragestellungen (besonders für Jerusalem und Galiläa) ein.

Die exegetische Arbeit an den ntl. Texten beachtet zudem die textinternen E.en und versteht sie als Elemente textinterner Hermeneutik (E.-M. Becker). Die ntl. Schriften selbst nehmen bereits E.en vor. Sie beziehen sich erklärend auf das AT, auf die Religion des Judentums (bes. in Joh, z. B. Joh 2,6) sowie auf Namen (z. B. Mt 1,21 und 23: E. des Namens ‚Jesus' und des Terminus ‚Immanuel'). Besonders interessant ist die kommentierende E. der Auslegung der Speisegesetze durch Jesus. In dem einzigen offenen Verfasserkommentar des Markusevangeliums meldet sich der Autor in Mk 7 zu Wort: In 7,2–4 erläutert er terminologisch und sachlich die Reinheitsgewohnheiten der Pharisäer; in 7,19 die Reichweite der Reinheitslehre Jesu: „Damit erklärte er (Jesus) alle Speisen für rein".

In den früheren ntl. Schriften begegnen bestimmte Stilzüge und Theologumena, die dem Thema Missverstehen/Erklären gewidmet sind (sog. Messiasgeheimnis und Jüngerunverständnis im Markusevangelium, E.en des Kreuzestodes Jesu bei Paulus, vgl. aber auch das Johannesevangelium). In den späteren ntl. Schriften finden sich Hinweise darauf, dass die früheren Schriften bereits Verstehensschwierigkeiten enthalten und erklärt werden müssen. So gibt der unbekannte Verfasser des 2 Petr in 3,14 f. eine hermeneutische Regel zu den Paulusbriefen: Paulus schreibe überall von der zukünftigen Wiederkehr Christi (vgl. 2 Petr 3,10 mit 1 Thess 5,2). Er fährt fort: „Davon redet er (Paulus) in allen Briefen, in denen einige Dinge schwer zu verstehen sind, welche die Unwissenden und Leichtfertigen verdrehen, wie auch die anderen Schriften, zu ihrer Verderbnis". Joh 21,23 enthält eine E. zu einem apokryphen Jesuslogion zu dem Lieblingsjünger, das in 21,22 zitiert wird und nach der Meinung des Autors in der Gemeinde falsch interpretiert wird (→Verstehen; →Deutung; →Geheimnis). Zu den Fragen der E. der Offb vgl. →Apokalyptische Literatur.

Bibliographie: E.-M. Becker, Text und Hermeneutik am Beispiel einer textinternen Hermeneutik, in: O. Wischmeyer/S. Scholz (Hgg.), Die Bibel als Text, Tübingen/Basel 2008, 193–216. – D. Freundlieb, Art. Erklärung, in: RLW 1 (1997), 493–496. – M. Reiser, Sprache und literarische Formen des Neuen Testaments, Paderborn u. a., 2001. – O. Wischmeyer, Hermeneutik des Neuen Testaments, Tübingen/Basel 2004.

Oda Wischmeyer

III. Systematisch-theologisch

Die Rede von E. begegnet in der hermeneutischen Literatur entweder (1) nahezu bedeutungsgleich mit →Interpretation und →Verstehen oder aber (2) in einem spezifischeren, manchmal auch (3) in dem sehr spezifischen Sinne der deduktiv-nomologischen E. E. im ersten Sinne (1) schließt an die *subtilitas explicandi* der pietistischen Hermeneutik an. Ferner ist E. das intersubjektive Korrelat zu dem mehr innerlichen Verstehen, denn etwas erklären zu können ist der einzig mögliche Beweis dafür, dass man etwas verstanden hat (v. Kutschera, 86).

Die entscheidende Problematik des Erklärens in seiner spezifischeren Bedeutung (2) und (3) lässt sich bereits aus der Etymologie des Wortes verständlich machen. Wie viele Bildungen mit ‚er-' verweist ‚erklären' auf einen →Ursprung, von dem etwas herkommt, gleichzeitig aber auch auf eine vollständige und abschließende Beschäftigung mit einem Gegenstand. E. soll also möglichst vollständige Klarheit schaffen. Durch seine Zweideutigkeit verleitet das Wort E. dazu zu meinen, die Interpretationsaufgabe wäre bereits gelöst, wenn eine – meist historisch verstandene – Herleitung vorgenommen wurde.

Gegen ein solches im Zeichen des Historismus einflussreiches, verengtes Verständnis von E. wandte K. Barth ein, man sei genötigt, es mit dem „Erklären [...] schärfer zu nehmen" (Römerbrief XX). Dabei war sowohl an einen anderen Ursprung der biblischen Rede (‚*Deus dixit*') als auch an die Klärung des Gesagten und des durch das Gesagte als Sache sich kundtuende Wort Gottes gedacht, womit Barth sich dem weiten Erklärungsbegriff annäherte. Historische Ableitungen (2) erscheinen dann nur noch als notwendige Vorbereitungen des eigentlichen Erklärens.

Neben dieser theologischen Kontroverse um den engeren Begriff von E. fand im 20. Jh. eine lange wissenschaftstheoretische Debatte über den Gegensatz von Verstehen und E. statt. W. Dilthey und andere neukantianische Autoren führten die Unterscheidung zwischen verstehenden Geisteswissenschaften und erklärenden Naturwissenschaften ein. Dabei wurde die dominierende Arbeitsrichtung der Geisteswissenschaften als individualisierend-idiographisch, die Orientierung der Naturwissenschaften demgegenüber als verallgemeinernd-nomothetisch bestimmt (W. Windelband). Im Zusammenhang mit dem Positivismus des Wiener Kreises entwickelten Hempel und Oppenheim das nach ihnen benannte (deduktiv-nomologische) H-O-Schema der kausalen E. Nach diesem Schema kann eine singuläre Tatsache aus einer Reihe allgemeiner, Gesetze und singulärer Antecedensbedingungen abgeleitet werden. Wenn die Gesetze und die Antecedensbedingungen empirisch gehaltvoll und wahr sind, dann ist auch die Schlussfolgerung wahr. Hempel betonte, dass allein nach diesem Schema aufgebaute E.en einen Anspruch auf Wissenschaftlichkeit erheben können.

Sowohl die neukantianische als auch die aus dem Wiener Kreis und der weiteren Entwicklung der analytischen Wissenschaftstheorie (G.H. v. Wright, R. Tuomela) hervorgebrachte Diskussionlage bestimmte die Erklären-Verstehen-Kontroverse (vgl. K.-O. Apel). Im weiteren Verlauf der Debatte wurde von beiden Seiten die Einseitigkeit der Entgegensetzungen erkannt. Aus hermeneutischer Tradition stammend würdigte Ricœur vor dem Hintergrund einer ähnlichen Debatte mit dem Strukturalismus das Erklären mit der Formel: „Expliquons plus pour mieux comprendre“. Stegmüller zeigte anschaulich, wie viele nomologische E.en in verkürzter Form in geisteswissenschaftliche Interpretationen eingehen (‚Walthers Lied‘, in: Rekonstruktion). Umgekehrt wurde in der analytischen Tradition die Notwendigkeit von Interpretationsakten im naturwissenschaftlichen Vorgehen betont. Auch unter den Bedingungen der in den 1980er erfolgten pragmatischen Neuformulierung der deduktiv-nomologischen E. bleibt das hermeneutische Element ein unbestrittener Bestandteil natur- und geisteswissenschaftlichen Vorgehens (vgl. G. Schurz).

Bibliographie: K.-O. Apel, Die Erklären-Verstehen-Kontroverse in transzendental-pragmatischer Sicht, Frankfurt a.M. 1979. – K. Barth, Der Römerbrief, 2. Aufl. (Erstausgabe 1922) 17. Nachdruck, Zürich 2005. – C.G. Hempel, Aspects of scientific explanation and other essays in the philosophy of science, New York 1977. – F. v. Kutschera, Grundfragen der Erkenntnistheorie, Berlin/New York 1981. – P. Ricœur, Du texte à l'action, Paris 1986, bes. 137–280. – G. Schurz (Hg.), Erklären und Verstehen in den Wissenschaften, München 1990. – W. Stegmüller, Rekonstruktion von Wissenschaft und ihrem Wandel, Stuttgart 1979.

Martin Leiner

IV. Altphilologisch

→Interpretation/Interpretieren/Interpret

V. Literaturwissenschaftlich

Allgemein meint E. (lat. *explicatio*, frz. *explication*, engl. *explanation*) das Erläutern, Auslegen oder öffentliche Aussprechen einer Sache.

Als *Form der Mitteilung* bildet die E. in pragmatischer Hinsicht einen performativen Sprechakt, mit dem man eine Haltung zum Ausdruck bringen, Geltungsbedingungen herstellen oder etwas amtlich bekanntgeben kann, etwa als eidesstattliche E., Kriegserklärung, Unabhängigkeitserklärung, Liebeserklärung etc.

Als *Form der Begründung* richtet sich die E. in Philosophie und Wissenschaftstheorie auf die (kausale) Darlegung von Zusammenhängen, durch die eine Aussage, eine Tatsache oder ein Ereignis logisch auf Ursachen bzw. auf andere Aussagen, Gesetze oder Theorien zurückgeführt wird, weshalb E.en Spezialfälle von Argumenten bilden. Dabei kann sich eine E. als Antwort auf eine *Warum*-Frage erweisen. Man unterscheidet sowohl formal nach deduktiver E., statistischer E., funktionaler E., historischer E. und intentionaler E., als auch nach dem jeweils zu erklärenden Gegenstand: Die E. kann sich etwa (1) auf die Bedeutung von sprachlichen Ausdrücken oder kulturellen Artefakten beziehen, (2) auf ein natürliches

Ereignis, (3) auf das Funktionieren eines komplexen Mechanismus oder (4) auf eine menschliche Handlung. Zudem können E.en in Abhängigkeit vom jeweils gewählten Kontext des zu Erklärenden variieren. Kant nennt E. generell die Ableitung aus einem Prinzip, „welches man [...] deutlich muss erkennen und angeben können" (KU, A 354/B 358). Zentrale wissenschaftsgeschichtliche und methodologische Bedeutung erlangt das Erklären durch W. Diltheys im Anschluss an J.G. Droysen getroffene Unterscheidung zwischen Erklären und Verstehen (→Hermeneutik), mit der Dilthey die naturwissenschaftlichen von den geisteswissenschaftlichen Erkenntnisverfahren abgrenzt, die sich aus der Verschiedenheit ihrer jeweiligen Gegenstände ergeben: einerseits der „Natur", andererseits des Bewusstseins, der Gesellschaft und der geschichtlichen Welt. „Die Natur erklären wir, das Seelenleben verstehen wir" (Ideen, 144). Während die Naturwissenschaft ihren Gegenstand notwendig zergliedere und folglich nur durch Hypothesenbildung und ergänzende Schlüsse zu einem Struktur- oder Kausalzusammenhang finde, stelle sich der Gegenstand in den Geisteswissenschaften immer schon „als ein lebendiger Zusammenhang originaliter" dar (Ideen, 143). Er bedürfe demnach nicht der E., sondern des erlebenden und verstehenden Nachvollzugs. Diltheys Entgegensetzung der Wissenschaften und ihrer Methoden wird bis heute kontrovers diskutiert. Im Ausgang von Wissenschaftstheorie und analytischer Philosophie haben G.C. Hempel und P. Oppenheim unter Verwendung der von der Logik und Semantik zur Verfügung gestellten Instrumentarien ein wirkungsmächtiges Strukturmodell der E. entwickelt (H-O-Modell). Ein Satz, der das zu erklärende Ereignis (*Explanandum*) beschreibt, folgt deduktiv aus der Verbindung von Prämissen (*Explanans*), die sich aus Anfangsbedingungen (*Antecedentien*) und den dafür relevanten Gesetzesbedingungen zusammensetzen. Bei einer E. ist das *Explanandum* Ausgangspunkt der Fragestellung, zu dem die Randbedingungen und die (allg.) Theorie gesucht werden. Die Gründe angebende hypothetische E. (deduktiv-nomologische E.) ist dabei von der statistischen E. (deduktiv-statistisch oder induktiv-statistisch) zu trennen, die bloße Wahrscheinlichkeitsaussagen oder Prognosen bietet. Gegenüber dieser starken logisch-semantischen Formalisierung sind in den letzten Jahren vermehrt pragmatische Aspekte, die mit jeder E. verbunden sind, betont worden.

BIBLIOGRAPHIE: T. Bartelborth, Erklären, Berlin 2007. – J. Cornwell, Explanations, Oxford 2004. – W. Dilthey, Ideen über eine beschreibende und zergliedernde Psychologie, in: Ders., Gesammelte Schriften, Bd. 5, Stuttgart/Göttingen [8]1990, 139–240. – Ders., Einleitung in die Geisteswissenschaften, Stuttgart, Göttingen [9]1990. – Ders., Der Aufbau der geschichtlichen Welt in den Geisteswissenschaften, Frankfurt a.M. [4]1993. – J.G. Droysen, Grundriß der Historik, München [6]1971. – C.G. Hempel, Aspects of Scientific Explanation, New York/London 1965. – D. Hillel-Ruben, Explaining explanation, London/New York 1990. – F.C. Keil (Hg.), Explanation and cognition, Cambridge 2000. – D. Knowles, Explanation and its limits, Cambridge 1990. – J. Persson (Hg.), Rethinking explanation, Dordrecht 2007. – K. Popper, Logik der Forschung, Tübingen 1934. – M. Riedel, Verstehen oder Erklären?, Stuttgart 1978. – C. Tilly, Why?, Princeton 2006.

Dirk Oschmann

VI. Textlinguistisch

Die E. wird textlinguistisch als explikatives Verknüpfungsmuster thematisiert und gegen argumentative, deskriptive und narrative Muster abgegrenzt (K. Brinker). Als E. bezeichnet man die „Aufdeckung des Wesens von Objekten und Fakten sowie ihr theoretisches Durchdringen" (N.I. Kondakow, 149). Die Grundlage für Textmuster dieser Art bildet das bekannte, nicht unumstrittene Modell der wissenschaftlichen E. von C.G. Hempel und P. Oppenheim (kurz H-O-Schema), wonach ein „Sachverhalt, das Explanandum, aus anderen Sachverhalten, dem *Explanans*, logisch abgeleitet wird, d.h. das *Explanandum* als das zu Erklärende wird durch das Explanans, das Erklärende, charakterisiert" (S. Jahr, 386). Das *Explanans* besteht aus zwei Teilen: Singuläre Aussagen geben die Anfangs- oder Randbedingungen (A) an, Gesetzesaussagen bestimmen die allgemeinen Gesetzmäßigkeiten (G). Eine E. liegt immer dann vor, wenn eine Einteilung in *Explanandum* (das, was erklärt werden soll) und *Ex-*

planans (das, wodurch etwas erklärt wird) erkennbar ist. Das *Explanandum* stellt das Thema eines explikativ verfahrenden Textes dar; es kann als explizite oder implizite Frage aufgefasst werden, die der Leser an den Text stellt und die durch das *Explanans* beantwortet, also ‚expliziert' wird. Dabei kann das *Explanandum* selbst wieder zum *Explanans* werden, das seinerseits erklärungsbedürftig ist.

In sprachlicher Hinsicht zeichnet sich die explikative Themenentfaltung durch die häufige Verwendung von Adverbien, Präpositionen und Konjunktionen aus, die Kausalbeziehungen im weitesten Sinn, d. h. Ursache, Grund, Bedingung, Folge etc., anzeigen. Infolge des explizierten Wissenstransfers, der für die E. konstitutiv ist, findet sich das *Explanandum* lexikalisch gesehen nicht selten durch Fachwortschatz repräsentiert, der das Kondensat unterschiedlich umfangreicher Wissensbereiche darstellt. Die explikative Themenentfaltung spielt in der Alltagskommunikation eine wichtige Rolle, ist aber vor allem für bestimmte →Textsorten charakteristisch, die auf die Erweiterung von Wissen angelegt sind, wie etwa das Lehrbuch oder populärwissenschaftliche und wissenschaftliche Literatur. Ziel von Erklärungstexten ist es, „ausgeführte oder beabsichtigte Handlungen zu rechtfertigen, Wissensbehauptungen zu begründen oder zu widerlegen" (C. Gansel/F. Jürgens, 145), einen Wunsch, Befehl etc. zu motivieren, das Eintreten oder Ausbleiben eines Ereignisses, eines Zustandes oder einer Situation auf eine Ursache zurückzuführen oder zwischen bestimmten Erscheinungen einen Abhängigkeitszusammenhang herzustellen und einsichtig zu machen. Die explikative Themenentfaltung wird als Mischtyp angesehen, da Objekte oder Sachverhalte häufig mithilfe von Argumenten (→Argumentation) erläutert werden oder deskriptive Elemente hinzutreten. Dies ist auch der Grund dafür, wieso aus Erklärungstexten keine in textlinguistischer Hinsicht verallgemeinerbaren Strukturierungsmerkmale abgeleitet werden können.

Bibliographie: K. Bayer, Einige Aspekte des Sprechhandlungstyps „Erklären", in: Deutsche Sprache 9 (1981), 25–43. – K. Brinker, Linguistische Textanalyse, Berlin [6]2005. – C. Gansel/F. Jürgens, Textlinguistik und Textgrammatik, Wiesbaden [2]2007. – M. Heinemann/W. Heinemann, Grundlagen der Textlinguistik, Tübingen 2002. – S. Jahr, Vertextungsmuster Explikation, in: K. Brinker et al. (Hgg.), Text- und Gesprächslinguistik, HSK 16.1, Berlin/New York 2000, 385–397. – N.I. Kondakow, Wörterbuch der Logik, Leipzig 1983.

Mechthild Habermann

VII. Philosophisch

In umgangssprachlichen Zusammenhängen bedeutet Erklären zumeist das Verständlichmachen eines Sachverhalts oder eines Textes oder die Angabe von Gründen oder Ursachen eines Ereignisses, das sowohl ein Naturereignis als auch eine Handlung sein kann. Dagegen wird in der Philosophie häufig ein Kontrast zwischen Erklären und Verstehen aufgemacht (W. Dilthey). Dabei werden die Deutung von Handlungen und die Angabe von Gründen dem Verstehen zugeschlagen und als nur aus einer irreduziblen Sinnperspektive heraus zugänglich angesehen. Die Angabe von Ursachen von Naturereignissen wird zugleich als Erklären bestimmt und erfordert entsprechend die Einordnung von Ereignissen in kausal-naturgesetzliche Zusammenhänge. Diese Unterscheidung fällt nicht mit der wissenschaftstheoretischen Unterscheidung zwischen idiographischen und nomothetischen Wissenschaften (W. Windelband) zusammen, obwohl in der Regel die idiographischen Geisteswissenschaften wie etwa die Geschichte mit Sinn- und die Naturwissenschaften mit Kausal- und Gesetzeszusammenhängen befasst sind.

In der Wissenschaftstheorie und analytischen Philosophie des 20. Jh.s wird die Frage nach dem Wesen wissenschaftlicher Erklärungen zu einer zentralen Frage. Besonders einflussreich ist die von C.G. Hempel und P. Oppenheim in den 1940er Jahren entwickelte deduktiv-nomologische Analyse wissenschaftlicher Erklärungen (D-N-Modell). Nach dieser Analyse ist eine E. ein deduktives Argument mit mindestens einem Naturgesetz sowie Rand- und Anfangsbedingungen als Prämissen und dem zu erklärenden Sachverhalt als Konklusion. Die Prämissen werden auch als *Explanans*, der zu erklärende Sachverhalt als *Explanandum* bezeichnet. Eine Abwandlung dieses Modells ist das induktiv-statistische Modell, nach dem eine E. auch ein induktives Argument sein kann, also ein Argument, bei dem die Prämissen die Konklusion nicht logisch implizieren, sondern lediglich wahrscheinlich machen. Damit sollen auch statistische Gesetze in E.en eingehen können.

Beide Varianten des Hempel-Oppenheim Modells weisen erhebliche Schwächen auf. Sie erlauben z.B. Erklärungen, bei denen das *Explanandum* lediglich durch das *Explanans* vorhergesagt, aber nicht in einen kausalen Nexus eingeordnet wird. Das Modell impliziert damit eine Symmetrie von Vorhersage und E., die als inakzeptabel gilt. Das induktiv-statistische Modell versagt bei ganz einfachen Gegenbeispielen, wo zwar scheinbar eine E. vorliegt, aber die Konklusion dennoch sehr unwahrscheinlich ist (z.B. scheint das Vorliegen einer Syphilis-Infektion das Auftreten der Nervenkrankheit Paresis zu erklären, obwohl sie auch bei Vorliegen einer Infektion mit sehr geringer Wahrscheinlichkeit auftritt).

Diese früheren Versuche sind dadurch gekennzeichnet, dass sie metaphysische Begriffe wie Kausalität zu vermeiden suchten und auch den Gesetzesbegriff rein formal bestimmen wollten. Dieser Ansatz gilt heute gemeinhin als gescheitert. Die neuere Diskussion hat sich deshalb wieder stärker den Begriffen von Kausalität und Naturgesetzlichkeit zugewandt (W.C. Salmon). Ein neuerer rein formaler Versuch ist die pragmatische Theorie B. van Fraassens (G. Schurz). Dieser Ansatz analysiert E.en als Antworten auf Warum?-Fragen. Eine solche Frage besteht nach van Fraassen aus einem Tripel <P, K, R>, wobei P das Thema der Frage ist, K eine Kontrastklasse (d.h. eine Klasse von möglichen Sachverhalten, die P ausschließen,) und eine Relevanzrelation R. Die Frage impliziert, dass P wahr und alle Mitglieder von K falsch sind (warum P und nicht K?). Eine Antwort muss schließlich P irgendwie von K abheben, indem sie die Relevanzrelation R zu P und K erfüllt. Eine Frage wird damit erst im Kontext eines bestimmten Fragekontrasts und einer Relevanzrelation eindeutig, die dem pragmatischen Kontext der Frage und nicht der zu erklärenden Proposition P allein zugehören.

Bibliographie: W. Dilthey, Der Aufbau der geschichtlichen Welt in den Geisteswissenschaften, hg.v. M. Riedel, Frankfurt a.M. 1970. – B. van Fraassen, The Scientific Image, Oxford 1980. – Ders., Die Pragmatik des Erklärens: Warum-Fragen und ihre Erklärung, in: G. Schurz, Erklären und Verstehen in der Wissenschaft, München 1988, 31–89. – C.G. Hempel, Aspekte wissenschaftlicher Erklärung, Berlin 1977. – W.C. Salmon, Four Decades of Scientific Explanation, Pittsburgh 2006. – G. Schurz (Hg.), Erklären und Verstehen in der Wissenschaft, München 1988. – W. Stegmüller, Probleme und Resultate der Wissenschaftstheorie und analytischen Philosophie, Bd. 1, Berlin 1983. – W. Windelband, Geschichte und Naturwissenschaft, Straßburg 1894.

Marcel Weber

Erlebnis

I. Alttestamentlich

Der Begriff E. bezeichnet eine besondere Art der subjektiven Erfahrung eines →Ereignisses oder Geschehnisses, die sich v.a. durch zwei Elemente auszeichnet. Erstens handelt es sich um etwas persönlich und unmittelbar Erlebtes. Zweitens ist der Gehalt des Erlebten für den Betroffenen von besonderer Relevanz, er hebt das E. aus der Gesamtheit des Erlebten heraus und sichert ihm eine dauerhafte Bedeutung. Seit W. Dilthey wurde E. zu einem hermeneutischen Schlüsselbegriff.

Setzen wir W. Diltheys Erlebnisverständnis voraus, das das E. von der Erfahrung – einem Nacherleben der E.se anderer – unterscheidet, so spielt der Begriff eine beträchtliche Rolle in der atl. Wissenschaft.

In der Geschichte der Auslegung des AT steht E. infolge des Einflusses der romantischen Hermeneutik auf das AT für die erlebte oder nacherlebte Erfahrung. Um nur zwei Beispiele zu nennen: H. Gunkels Verständnis vom *Sitz im Leben* setzt die ästhetische und emphatische romantische Vorstellung voraus, dass der Interpret in die Fußstapfen des Autors treten und seine Gedanken ‚nach-denken' kann. G. v. Rads bahnbrechende Darstellung der Nacherzählung als legitimster Form theologischen Diskurses eröffnet der atl. Hermeneutik Möglichkeiten weit über eine historische Rekonstruktion der →Autorenintention hinaus. Sie misst der dynamischen Formierung atl. Traditionen infolge fortlaufender Generationen von Zeugengemeinschaften, die ihr Credo kontinuierlich aktualisierten und nacherlebten, große Bedeutung bei.

Im Bereich der atl. Theologie erwies A. Heschels Studie zur atl. Prophetie, dass dem Motiv des göttlichen →Pathos in der →prophetischen Literatur eine wichtige Rolle zukommt. Es handelt sich nicht um die Beschreibung eines zeitlosen, distanzierten und unberührbaren Gottes – Ereignisse und ‚menschliche Handlungen bereiten ihm Freude und Leid, Gefallen und Zorn'. T. Fretheims Interpretation von Jer 31,20 ist ein gutes Beispiel für göttliches Pathos in Form des E.ses: „Gott nimmt an Rahels Statt die Mutterrolle ein [...] wie Rahel um ihre Kinder, so weint nun Gott."

H. Seidels Beitrag ist hinsichtlich der atl. Anthropologie von Bedeutung: er zeigt auf, wie das E. der Einsamkeit im AT ein angemesseneres Verstehen der individuellen Klagepsalmen und der ihnen zugrunde liegenden kultischen Frömmigkeit ermöglicht.

Die gegenwärtig sich vollziehende Verschiebung der hermeneutischen Perspektive von einer Welt hinter dem Text zu einer Welt vor dem Text führte zum Ansatz des ‚Lesens mit alltäglichen Lesern' (*reading with ordinary readers*), wie J. Ukpongs *Inculturation Hermeneutics* nahe legt. Diese Herangehensweise impliziert, dass die Bibelinterpretation der Armen und Marginalisierten den wissenschaftlichen Lesern biblischer Texte eine konstruktive Alternative zu der Prämisse bietet, nur eine intellektuelle Elite könne die Bibel angemessen interpretieren. Untersuchungen zur Wirkungsgeschichte des AT profitieren sehr von der Berücksichtigung der →Rezeption des AT in Kunst, Musik und Literatur. Studien zum E. des AT in verschiedenen Kulturen illustrieren sowohl dessen Universalität wie auch seine Partikularität.

BIBLIOGRAPHIE: T. Fretheim, The suffering of God, Philadelphia 1984. – A. Heschel, The divine pathos, in: Jud 2 (1953), 61–67. – M. Oeming, Biblische Hermeneutik, Darmstadt 1998. – H. Seidel, Das Erlebnis der Einsamkeit im Alten Testament, Berlin 1969. – A.C. Thiselton, New horizons in hermeneutics, Grand Rapids 1992. – J. Ukpong, Inculturation hermeneutics, in: W. Dietrich/U. Luz (Hgg.), The Bible in the world context, Grand Rapids 2002.

Hendrik L. Bosman

II. Neutestamentlich

Die Bedeutung des Erlebnisbegriffs für die ntl. Hermeneutik liegt in der Verschränkung von hermeneutischer und literaturtheoretischer Perspektive.

In religionswissenschaftlicher Hinsicht ist das E. als subjektive Wahrnehmung von (religiöser) Erfahrung zu bezeichnen. Religionsphilosophisch führt der Begriff in die Erkenntnistheorie des 19. Jh.s zurück (W.T. Krug) und wird in der biographischen Literatur bedeutsam: „Das Wesen der Biographie ist ja, aus dem Leben das Werk zu verstehen" (H.-G. Gadamer, 67). Theologiegeschichtlich jedoch wird E. trotz F.D.E. Schleiermachers Rekurs auf das ‚lebendige Gefühl' gerne zugunsten der Begriffe Erfahrung, Existenz oder auch Leben (G. Ebeling) vermieden. – Prominent wird der Erlebnisbegriff bei W. Dilthey verwendet. Sein Begriff wird erstens hermeneutisch relevant (Lebensphilosophie): „Was wir emphatisch ein Erlebnis nennen, meint also etwas Unvergeßliches und Unersetzbares, das für die begreifende Bestimmung seiner Bedeutung grundsätzlich unerschöpflich ist" (H.-G. Gadamer, 73). Zweitens wird E. bei W. Dilthey auch literaturtheoretisch bedeutsam: Denn mit E. wird das Wesen der Poesie bezeichnet, und zwar zunächst in Hinsicht auf deren Entstehungsbedingungen (Verhältnis: Geschehen-Dichtung): „Jedes poetische Werk macht ein einzelnes Geschehnis gegenwärtig. Es gibt daher den bloßen Schein eines Wirklichen durch Worte und deren Verbindungen" (W. Dilthey, 164; → Wirklichkeit). Dies Phänomen des Wirklichkeitsbezugs der Dichtung umschreibt die antike Dichtungstheorie mit dem Begriff der *mimesis* (Plato, Aristoteles). Bei Dilthey treten dann auch die Rezeptionsbedingungen der Dichtung in den Blick (Verhältnis: Dichtung-Existenz): „So versetzt es den Auffassenden in Freiheit, indem er sich in dieser Welt des Scheines außerhalb der Notwendigkeiten seiner tatsächlichen Existenz findet. Es erhöht sein Daseinsgefühl" (W. Dilthey, ebd.).

Besonders in autobiographischen (Paulus, z. B. 2 Kor 12 und Gal 1–2; Offb 1,9 ff.), aber auch in biographieverwandten Texten (Evangelien) scheinen religiöse E.se/Erfahrungen durch, die zwar durch ihre Literarisierung fixiert und gedeutet werden, in ihrer Bedeutung aber weit darüber hinausgehen (hermeneutische Relevanz). Als Fixierung dieses E.ses steht der (poetische) Text für sich und bildet eine Entität. Durch die Rezeption des Textes nähert sich der Leser dieser ‚Welt des Scheines' und erweitert dabei seine Existenzerfahrungen (literaturtheoretische Relevanz). So ist der Erlebnisbegriff letztlich für das Verstehen der Dichtung wie ihres Rezeptionsvorgangs bedeutsam: Wahrnehmung und Nachempfinden des im Text zugrunde liegenden E.ses führen beim Leser zu weiterführender Bedeutungssuche und eigenem E., d.h. Existenzfindung und Freiheit.

BIBLIOGRAPHIE: M. v. Brück et al., Art. Erlebnis, in: RGG[4] 2 (1999), 1425–1429. – W. Dilthey, Das Erlebnis und die Dichtung, Leipzig 1988 [= Leipzig/Berlin [4]1912]. – H.-G. Gadamer, Hermeneutik, Bd. 1: Wahrheit und Methode, Tübingen [6]1990.

Eve-Marie Becker

III. Systematisch-theologisch

Der Sache nach findet sich das mit E. Gemeinte bereits in der Romantik und ihren allgemein-religiösen, pantheistischen Zügen. F.D.E. Schleiermacher verwendet z.B. im Zusammenhang mit dem Verständnis von Religion Begriffe wie Gefühl, Frömmigkeit, unmittelbares Selbstbewusstsein. Behauptet wird keine Psychologisierung menschlicher Erkenntnisfähigkeit, sondern die Möglichkeit der Selbstauslegung und Mitteilbarkeit von Selbsterlebtem. Gegen wissenschaftstheoretische Objektivitätsansprüche steht das E. als Kriterium selbstbewussten Erkennens (H. Lotze).

Ein erster theologischer Gebrauch des Begriffs ‚E.' findet sich bei C.H. Weisse, der sowohl ein System der Ästhetik vorlegt (1830) als auch in einer philosophischen Dogmatik (1855–1862) ‚die Erlebnis' des Glaubens als nicht begrifflich vermittelbaren Gegenstand theologischer Reflexion ausweist. Ähnliche Orientierungen finden sich in der Diskussion um das Verständnis von Offenbarung als sittlich-religiösem Selbsterlebnis (A. Ritschl, W. Herrmann). E. als Argument des Glaubens steht dort in der Spannung von Unvermitteltem und Mitteilbarem und wird so zum hermeneutischen Thema.

Mit W. Diltheys hermeneutischer Theorie wird E. zur grundlegenden Kategorie im Verständnis der Geisteswissenschaften. V.a. in seinem Spätwerk wird das Verhältnis von E. und Ausdruck wirksam, insofern Dilthey darauf verweist, dass zwar nicht die E.se, wohl aber ihre objektivierten Ausdrücke verstehbar sind. Geschichtliche Wirklichkeit ist auf E.se gestützte gedeutete Welt (Erlebnisdichtung).

Trotz der hermeneutischen Methodisierung des Erlebnisbegriffs bleibt sein positivistisches wie naturalistisches Spektrum theologisch ambivalent diskutiert. Zur Mitte des 20. Jh.s kommt es zu einer Verdrängung des Erlebnisbegriffs durch die existentiale Hermeneutik M. Heideggers und zur Kritik am religiösen Erleben durch die dialektische Theologie (K. Barth). E. scheidet dort als Kategorie theologischer Hermeneutik aus. Mit G. Ebeling bleibt die für eine hermeneutische Theologie wesentliche Bedeutung von E. in der Vermittlung von Glauben und Leben, ausgehend von menschlicher Erfahrung, virulent.

In jüngster Zeit wird mit Verweis auf H. Blumenbergs Kritik daran, dass eine aufklärerische Bibelkritik das Lesen als E. verhindert habe, die sinnliche Vermittlung des Angesprochenseins durch das Wort Gottes wieder stärker in den Blick genommen. Eine ästhetische Theologie nimmt den Ansatz Diltheys auf und verfolgt den Zusammenhang von Lesen und Erleben. Der Entwurf einer religiösen Lesekultur wird schöpfungstheologisch und christologisch ausgedeutet (H. Timm). Damit verbunden ist eine literarische, inszenierte und dramatisierte Anthropologie (K. Huizing), die das Lese-Erlebnis in der Wahrnehmung biblischer Texte verfolgt.

BIBLIOGRAPHIE: K. Cramer, Art. Erleben, Erlebnis, in: HWPh 2 (1972), 702–711. – W. Dilthey, Der Aufbau der geschichtlichen Welt in den Geisteswissenschaften (1907–1910), in: Ders., Gesammelte Schriften, Bd. 7, Leipzig/Berlin 1927, 79–188. – K. Huizing, Ästhetische Theologie, 3 Bde., Stuttgart 2000–2004. – W. Sparn, Art. Erlebnis III., in: RGG[4] 2 (1999), 1427–1428. – H. Timm, Sage und Schreibe, Kampen 1995.

Doris Hiller

IV. Literaturwissenschaftlich

Ein E. ist ein besonderer Moment individueller Weltaneignung, in dem „Objekt oder Welt und Subjekt oder Ich ungeschieden präsent sind" (A. Gethmann-Siefert, 391). Daher steht es im Kontrast zum Alltag. Die Selbstvergessenheit des Subjekts und die unmittelbare Erfülltheit des Moments begründen die Relevanz des E.ses: Es ist selbstverständlich und bedarf keiner Beweise. Durch ein E. ist das Subjekt „bedeutsam auf das Ganze seines Daseins bezogen" (K. Cramer, 703).

Unter Rückgriff auf die Tradition der hermeneutischen Philosophie bestimmte W. Dilthey das Erleben als grundlegendes Verfahren der Weltaneignung und damit als zentral für die Möglichkeiten der Erkenntnis in den Geisteswissenschaften. Das Subjekt nimmt nicht natürliche Dinge oder kulturelle Artefakte als solche wahr, sondern erfährt deren →Bedeutung in einem Erlebniszusammenhang. Dieses Erleben wird in vermittelnden Konstrukten, etwa religiösen oder künstlerischen Texten, ausgedrückt und objektiviert: Sie sind Zeugnis sowohl der gesellschaftlichen Situation als auch der Persönlichkeit des →Autors. Den „allgemeinen Gehalt der Dichtung" macht demzufolge „nicht ein Erkennen der Wirklichkeit" aus, „sondern die lebendigste Erfahrung vom Zusammenhang unserer Daseinsbezüge" (W. Dilthey, 250). Die produktionsästhetisch enger gefasste Kategorie E. im Sinne eines psychischen Anlasses oder Grundes für eine schöpferische Leistung oder für ein Sinnverstehen (vgl. W. Hahl, 496) ist ein Spezialfall dieses Ansatzes. Er erfuhr im Konzept der Erlebnislyrik, der Vorstellung der lyrischen Umsetzung eines bestimmten (realen oder fiktiven) E.ses, eine weitere Zuspitzung.

Diltheys psychologisch grundierte Ästhetik trug wesentlich zur Ablösung positivistischer Konzepte in der Literaturwissenschaft bei und begründete die Vorherrschaft geistesgeschichtlicher Interpretationen bis zur Mitte des 20. Jh.s. E. Staiger knüpfte mit seinem werkimmanenten Ansatz implizit an Dilthey an, stellte jedoch das erklärende Moment als notwendige Ergänzung für das Verstehen heraus. H.-G. Gadamer relativierte die Geltung des E.ses, indem er die Anstrengung betonte, die zur Überwindung der hermeneutischen Differenz (zwischen historischem Horizont des Textes und der Gegenwart der →Rezeption) notwendig ist. Für den Strukturalismus war der Begriff E. bedeutungslos. In der Rezeptionstheorie wurden die autorzentrierten Implikationen des Erlebnisbegriffs weiter reduziert. Das erhöhte langfristig seine Anschlussfähigkeit. Im Rahmen kulturwissenschaftlicher Ansätze wird das Konzept E. neu diskutiert, insbesondere sein „Oszillieren zwischen Präsenzeffekten und Sinneffekten" (H.U. Gumbrecht, 127).

Bibliographie: K. Cramer, Art. Erleben, Erlebnis, in: HWPh 2 (1972), 702–711. – W. Dilthey, Das Erlebnis und die Dichtung, Leipzig 1991. – A. Gethmann-Siefert, Art. Erleben, in: EPW 2 (1984), 391 f. – H.U. Gumbrecht, Diesseits der Hermeneutik, Frankfurt a. M. 2004. – W. Hahl, Art. Erlebnis, in: RLW 1 (1997), 496–498.

Holger Helbig

V. Philosophisch

Das E. unterscheidet sich von der Erfahrung insofern es sich einer völligen begrifflichen Vergegenständlichung entzieht und der Konstruktion eines begrifflichen Gehalts vorausgeht.

Der Begriff E. etabliert sich erst im 19. Jh. im deutschen Sprachraum. In der zunehmenden Verwendung zunächst des substantivierten Verbs ‚Erleben' und schließlich des Begriffs ‚E.' manifestiert sich ein Bedürfnis, der einseitigen Betonung der Objektivität und des Denkens im Weltzugriff in der rationalistischen Philosophie einen an die Subjektivität gebundenen und auf die Subjektivität verweisenden umfassenderen Begriff entgegenzustellen. In der zweiten Hälfte des 19. Jh.s wird E. zu einer vorrangigen erkenntnistheoretischen Kategorie (G. Visser, 21, 61). Dies gilt namentlich für die Lebensphilosophie W. Diltheys, in der das E. als erkenntnistheoretisches Fundament des Wahrheitsanspruchs der Geisteswissenschaften fungiert, und für die Phänomenologie E. Husserls, genauso wie für den Neukantianismus (H. Rickert, P. Natorp). F. Nietzsche verwendet den Begriff E. zur Betonung der Lebendigkeit und des radikal Individuellen einer Empfindung. Während der bewusstseinstheoretische Erlebnisbegriff nach M. Heideggers Kritik an dessen cartesianischen Implikationen seit der Mitte des 20. Jh.s an Bedeutung verliert, verwendet L. Wittgenstein einen sprachanalytisch geprägten Erlebnisbegriff, den die angelsächsische *Philosophy of Mind* aufnimmt. Neue Relevanz erhält der Begriff im deutschen Sprachraum durch das Konzept der Erlebnisgesellschaft (G. Schulze), ein soziologisches Konzept mit weit reichenden philosophischen Implikationen. In einer Phänomenologie der modernen Gesellschaften beschreibt Schulze den Weltzugriff der modernen Gesellschaften als wesentlich erlebnisorientiert, was zu einer Ästhetisierung bzw. Semiotisierung der Alltagswelt führe. Im Unterschied zum klassischen Erlebnisbegriff bei Dilthey oder Husserl, der das Er-Leben der Welt beschreibt, wird das E. nunmehr zu etwas, das der einzelne selbst zu konstruieren bemüht ist.

BIBLIOGRAPHIE: W. Dilthey, Das Erlebnis und die Dichtung, Leipzig 1905. – T. Friedrich, Bewusstseinsleistung und Struktur, Würzburg 1999. – K. Kramer, Art. Erleben, Erlebnis, in: HWPh 2 (1972), 702–711. – P. Natorp, Allgemeine Psychologie nach kritischer Methode, Tübingen 1912. – H. Rickert, Die Philosophie des Lebens, Tübingen 1920. – J. Schulte, Erlebnis und Ausdruck, Wien 1987. – G. Schulze, Die Erlebnis-Gesellschaft, Frankfurt a. M. 1993. – G. Visser, Erlebnis-Druck, Würzburg 2005.

Sebastian Hüsch

Erzählen

→Erzählung/Erzählen/Erzähler

Erzählende Literatur

I. Alttestamentlich

Ein Großteil der biblischen Texte – ca. 40 % des →AT und 55 % des →NT – sind der e.n L. zuzuordnen. Mit Ausnahme der drei einzelnen Bücher Rut, Est und Dan, können die atl. ‚Bücher' in drei große Erzählblöcke eingeteilt werden.

(1) Die →*Tora* handelt in Gen vom Anbeginn der Welt und den Vorfahren Israels (den Patriarchen); Ex berichtet von dem Ursprung des erwählten Volkes in der ägyptischen Knechtschaft, dem →Bund Gottes mit ihnen am Berg Sinai und (v. a. in Num) ihrer Wanderung zum Gelobten Land; die große Lehrrede, mit der ihr Anführer Mose sie auf die Zukunft in Kanaan (Dtn) vorbereitet, wird von seinem Abschied und Tod eingerahmt. (2) Die Fortsetzung findet sich im sog. Deuteronomistischen Geschichtswerk (Jos – Ri – Sam – Kön), das die nationale Geschichte von der Landnahme bis zum Untergang Judas mit der Katastrophe von 586 v. Chr. (Eroberung Jerusalems, Zerstörung des Tempels durch die Neubabylonier) beschreibt und Kritik an der politischen Führerschaft übt. 1. 2 Sam stellen den Höhepunkt hebräischer Erzählkunst dar; sie bieten ein ausführliches, detailliertes Portrait der ersten beiden Könige, Saul und David. (3) Nach dem Exil erfolgt in 1. 2 Chr eine Neuschreibung des historischen Materials von Sam-Kön, wobei der Fokus auf dem Kult liegt und eine fast hagiographische prodavidische Ausrichtung ersichtlich wird; die Bücher Esr-Neh erzählen vom Aufbau der zurückgekehrten Gemeinschaft und des Tempels. Neh ist die einzige biblische Erzählung in der Ich-Form.

Es gibt drei weitere einzelne ‚Bücher': Rut handelt von familiärer Solidarität; es bietet ein Portrait von Davids moabitischer Vorfahrin und ist an Gen 38 gekoppelt. Die →Legende von Esther erzählt von einer jüdischen Frau, die Königin am persischen Hof wird und ihr Volk vor der Vernichtung rettet; die Legende von Daniel und seinen Freunden spielt am babylonischen Hof und zeigt die Macht des Glaubens gegenüber der paganen Übermacht auf.

BIBLIOGRAPHIE: S. Bar-Efrat, Wie die Bibel erzählt, Gütersloh 2006. – J.P. Fokkelman, Reading biblical narrative, Louisville [2]2002. – Ders., Narrative art and poetry in the books of Samuel, Assen 1981–1993. – M. Sternberg, The poetics of biblical narrative, Winona Lake 1985. – W. Weren, Windows on Jesus, Harrisburg 1999.

Jan P. Fokkelman

II. Neutestamentlich

E. L. ist →Literatur, die sich konstituiert durch eine Geschichte (*story/histoire*), welche in einem textuellen Erzählakt von einem Erzähler (*narrator/narration*) narrativ vermittelt wird (*narration/récit*) (→Erzählung/Erzählen/Erzähler). Frühchristliche Literatur ist somit mehrheitlich e. L. Am Anfang stehen →Gleichnisse, Apophthegmata/Chrien, → Wundergeschichten, →Legenden etc., die später in die schriftliche →Gattung →Evangelium eingebunden wurden. Mk ist die älteste erhaltene Evangeliumserzählung, die die Geschichte (*story*) Jesu temporal und kausal verknüpft und von der Berufung bis zur Auffindung des leeren Grabes erzählt. Mk fand zahlreiche Nachahmungen. Die vier kanonischen Evangelienerzählungen dokumentieren anschaulich, wie ein und dieselbe Geschichte, nämlich die *story* Jesu, auf unterschiedliche Weise erzählt werden kann. Die Erzählung des Lk erfuhr zudem eine Fortsetzung in einem zweiten Buch, der Apg. Beide Bücher werden durch dieselbe Erzählsituation, d.h. denselben Erzähler (anonymes Ich) und denselben Erzähladressaten (Theophilos) (Lk 1,1–4; Apg 1,1) sowie bestimmte Erzählstrategien (Pro- und Analepsen, parallel gestaltete Erzählsequenzen, wie etwa die Prozesse Jesu und Pauli etc.) zusammengehalten. Erzählanalytisch gesprochen ist die Apg ein *sequel.* Unabhängig von der strittigen Frage nach der Gattung der einzelnen ntl. Schriften, etwa der Evangelien und der Apg (Biographie, Roman, Historiographie, Gattung *sui generis* etc.), sind die →Texte der Erzählliteratur zuzuordnen. Dies gilt insbesondere auch für die Gattung Historiographie, die ebenfalls den Gesetzen der Erzählungen folgt (H. White, G. Genette). Angesichts dieses Befundes überrascht es umso mehr, dass sich erst seit den 1980er Jahren in der ntl. Forschung langsam für die Evangelien die Erkenntnis durchgesetzt hat, dass diese Erzählungen sind. Um die Wende zum 21. Jh. hat sich schließlich innerhalb des ntl. Methodenkanons die Erzähltextanalyse etabliert. Das zeigt, dass die Erforschung der ntl. Erzählliteratur noch in den Anfängen steht. Auch die Offb ist der e.n L. zuzurechnen; sie trägt u.a. Züge eines Briefromans (die sieben Sendschreiben). Noch kaum erforscht sind die narrativen Elemente der ntl. Briefliteratur (etwa Gal 1 f.; Phil 2,6–11). Frühchristliche Theologie ist vorrangig narrative Theologie. Dies gilt in gleicher Weise für die ntl. apokryphe Literatur, die ebenfalls mehrheitlich der e.n L. zuzurechnen ist.

Bibliographie: A.R. Culpepper, Anatomy of the fourth Gospel, Philadelphia 1983. – M. Ebner/B. Heininger, Exegese der Neuen Testaments, Paderborn u.a. [2]2007 (§ 2). – G. Genette, Die Erzählung, München 1994. – Ders., Fiktion und Diktion, München 1992. – F. Hahn (Hg.), Der Erzähler des Evangeliums, Stuttgart 1985. – D. Marguerat/Y. Bourquin, How to read Bible stories, London 1999. – D. Rhoads/D. Michie, Mark as story, Philadelphia 1982. – R.C. Tannehill, The narrative unity of Luke-Acts, 2 Bde., Philadephia 1986.1990. – H. White, Auch Klio dichtet oder die Fiktion des Faktischen, Stuttgart 1991.

Ute Eisen

III. Kirchengeschichtlich

Für Wirkung, Geschichte und Beurteilung der e.n L. ist von grundsätzlicher Bedeutung, dass *fabula*/μῦθος und *narratio*/διήγημα innerhalb des durch die Ausbildung zum Rhetoriker geprägten Bildungskanons der Antike im Vergleich mit etwa der Beweisführung (*refutatio*/ἀνασκευή), der fingierten →Rede (*sermocinatio*/ἠθοποιία), Beschreibung (*descriptio*/ἔκφρασις) oder Erörterung (*quaestio*/θέσις) zu den einfacheren und somit niedrigeren der innerhalb der *progymnasmata* zu erlernenden *partes orationis* gehörten (→Rhetorik). Zumindest bei den Gebildeten der Antike ist deshalb von einer Geringerschätzung der e.n L. auszugehen, theologisch verschärft dadurch, dass *fabula*/μῦθος im Gegensatz zur *historia* definitionsgemäß als ‚*neque vera neque veri similis*‘ eingestuft wurde (Martianus Capella 5,550 in der seit Cic. *inv.* 1,19,27 traditionellen Form). Dies wirkte sich in der Antike in der theologischen Polemik gegen die gnostischen und manichäischen Kosmogonien und die paganen Göttergeschichten als ‚mythisch‘ bzw. ‚fabulös‘ aus, bei einem exegetischen Bemühen, die →Bibel konsequent als ‚*historia*‘ zu verstehen, sowie in einer spürbaren Zurückhaltung der Mehrheitskirche gegenüber e.r L., die erst in der vorangeschrittenen Spätantike aufgegeben wurde.

E. L. unter dem Einfluss der Bibel: (A) Direkt: (1) Die ntl. →Apokryphen als Fortsetzung oder Erweiterung der →Offenbarung unter Imitation der biblischen →Gattungen (bes. Kindheitsgeschichten Jesu, Apostelgeschichten und Apokalypsen; →apokalyptische Literatur); (2) Evangelienharmonien (von Tatian bis in die Gegenwart; z.T. wie im *He-*

liand die Grenze zum Versepos überwindend); (3) Kinder- und Schulbibeln (wichtig J.C. Lavater, C. v. Schmid und J.P. Hebel); (4) Passions- und Krippenspiele (dramatisches Genus; Hochmittelalter bis Neuzeit). (B) Indirekt: (1) Die antike Märtyrerliteratur, die unter dem Einfluss der Passionsgeschichte Jesu (bes. deutlich im MartPol) entstand, vom 2. bis 5. Jh. eines der wichtigsten literarischen Experimentierfelder des Christentums darstellte und aus der heraus die gesamte hagiographische Literatur (einschließlich Mönchs- und Bischofsviten) als umfangreichster Teil der e.n L. des Christentums mit der →Legende als eigener Gattung erwuchs; (2) das stets umstrittene Predigtmärlein (Spätmittelalter, Barockzeit).

Unabhängig von biblischem Einfluss entstand Anfang des 4. Jh.s die ‚Kirchengeschichte' (Eusebius v. Caesarea und Nachfolger bis ins 7. Jh.) mit dem Bemühen um eine besondere Qualität als wahre ‚*Historia*' (Einfügung von Synodalbeschlüssen, Bischofsbriefen, Kaiseredikten usw. im Wortlaut: → Zitat), die weniger an die antike Gattung der Historiographie anknüpft, sondern sich als apologetisch wie antihäretisch gefärbte Chronistik präsentiert.

BIBLIOGRAPHIE: G. Adam et al. (Hgg.), Kinder- und Schulbibeln, Göttingen 1999. – C. Burger et al. (Hgg.), Evangelienharmonien des Mittelalters, Assen 2004. – R. Kany, Tempora christiana, in: ZAC 10 (2006), 564–579. – B. Köster, Evangelienharmonien im frühen Pietismus, in: ZKG 102 (1992), 195–225. – W. Moser-Rath, Predigtmärlein der Barockzeit, Berlin 1964. – D. Timpe, Antike Geschichtsschreibung, Darmstadt 2007, bes. 292–328. – A. Wuckelt, Schulbibeln im 20. Jh., in: KatBl 112 (1987), 380–383. – D. Wünsch, Evangelienharmonien im Reformationszeitalter, Berlin 1983.

Hans Reinhard Seeliger

IV. Altphilologisch

Unter e.r L. versteht man schriftliche Darstellungen eines faktischen oder fiktiven Geschehens in poetischer Form oder (häufiger) in Prosa. In der Antike beginnt die e. L. mit den Homerischen Epen, die lange Muster für die Nachahmung bleiben. Sodann spielt das →Erzählen (griech. διήγησις, lat. *narratio*) in der →Geschichtsschreibung, einem nach Quint. *inst.* 10,1,31 geradezu ‚zum Erzählen, nicht zum Erweisen' bestimmten Genre, eine beträchtliche Rolle (z.B. Herodot). Eine volkstümliche Spielart des Erzählens, die Fabel, tritt in einer Sammlung Äsop zugeschriebener Stücke (Ende 4. Jh. v.Chr.) zum ersten Mal als eigenständiges literarisches Genre hervor. Zur Genese der großen narrativen Prosaform, des (in antiker Literarkritik nicht behandelten) Romans, fassbar ab dem 1. Jh. v.Chr., haben, wie es scheint, verschiedene literarische →Gattungen beigetragen. Weitere bedeutende Beispiele für e. L. sind *Genesis*, Vergils *Aeneis*, Ovids *Metamorphosen*, Petronius' Prosimetrum *Satyrica*, Lucans *Bürgerkriegsepos*, Apuleius' *Metamorphosen*, Charitons *Kallirhoe*. Der e.n L. zuzurechnen ist schließlich die Schilderung des Tathergangs (*narratio*) in der häufig schriftlich fixierten Gerichtsrede; für Quintilian ist sie ‚eine zusammenhängende Ankündigung der Beweisführung', während wiederum die Beweisführung eine der Erzählung entsprechende Bekräftigung darstellt (*inst.* 2,1,10; 4,2,54 f., 78 f.).

Literaturtheoretisch bedeutsam ist Platos Unterscheidung zwischen einer Erzählung, in der der →Dichter ‚selbst redet' (‚einfache Erzählung') und einer Erzählung, mit der der Dichter einen anderen in Stimme und Gebärde nachbildet (‚Erzählung durch Nachahmung', Pl. *Plt.* 3,393a–c); im Epos werden beide Arten miteinander verknüpft. Ähnlich äußert sich, v.a. in Bezug auf Homer, Aristoteles in seiner *Poetik* (Kap. 23–26).

Die moderne Erzählforschung kann auch für die →Interpretation antiker →Texte fruchtbar sein: Grundsätzlich ist der Inhalt der Geschichte (*histoire*) von deren Präsentation im Text (*discours*) zu unterscheiden. Beim Text der Geschichte wiederum spielen das Verhältnis der erzählten Zeit zur Erzählzeit, der Modus, d.h. der Grad der Distanz, mit der das Geschehen präsentiert wird, und schließlich die Perspektivierung des Erzählten eine Rolle; hier wird geschieden zwischen Nullfokalisierung (der auktoriale Erzähler weiß mehr als die Figuren), interner Fokalisierung (der Erzähler weiß ebenso viel wie die Figuren) und externer Fokalisierung (der Erzähler weiß weniger als die Figuren). Weitere wichtige Aspekte sind die Erzählhaltung (z.B. eine affirmative, kritische, ironische) sowie die

Darbietungsweisen (z. B. Erzählerrede; Personenrede).

BIBLIOGRAPHIE: E.J. Bakker et al. (Hgg.), Brill's companion to Herodotus, Leiden u. a. 2002. – H. Gärtner, Art. Roman, in: DKP 1 (1972), 1451–1454. – H. Gasse (Hg.), Erzählungen der Antike, Leipzig [4]1990. – I.J.F. de Jong, Narrators and focalizers, Amsterdam 1987. – Ders., A narratological commentary on the Odyssey, Cambridge 2001. – H. Krauss/M. Küchler, Erzählungen der Bibel, 3 Bde., Fribourg/Göttingen 2003. 2004. 2005. – J. O'Banion, Narration and argumentation: Quintilian on Narratio as the heart of rhetorical thinking, in: Rhetorica 5 (1987), 325–351.

Siegmar Döpp

V. Literaturwissenschaftlich

Der Begriff ‚e. L.' umfasst sowohl faktuale →Texte (z. B. Biographien und Autobiographien, Tagebücher, Reise- und Erlebnisberichte), die tatsächliche Ereignisse wiedergeben bzw. wiederzugeben versuchen, als auch fiktionale, ‚erfundene' Texte, die der →Literatur im engeren Sinne zugehörig sind. Die Literaturwissenschaft unterscheidet hier traditionell drei Grundgattungen, die Lyrik, das Drama und die Epik oder narrative Literatur. Grundsätzlich können alle drei Idealtypen Geschichten erzählen, die sich im Medienwechsel auch transmedial realisieren lassen (z. B. durch Romanadaptionen im Film). Ein distinktives Merkmal zwischen den literarischen Formen wird jedoch traditionell darin gesehen, dass das Drama die Handlung *zeigt* (*showing*), während der narrative Text sie mit Hilfe textinterner Erzählinstanzen, die den Erzählakt konstituieren, *erzählt* (*telling*). Zu unterscheiden ist zwischen Erzählinstanzen, die explizit als →Erzähler in Erscheinung treten und die fiktionale Welt aus ihrer Perspektive vermitteln, und solchen, in denen keine Erzählerfigur fassbar ist. Erstere werden nach F. Stanzel als auktoriale Erzähler bzw. Ich-Erzähler bezeichnet, im letzteren Fall spricht man von einer personalen Erzählsituation, in der das Geschehen aus der Perspektive der Figuren (auch Fokalisierungsinstanzen genannt) geschildert wird. Neben der Gattungstheorie und den unterschiedlichen Erzähltheorien (z. B. strukturalistische, kognitive, feministische oder postkoloniale Narratologie) gibt es in der Literaturwissenschaft eine Vielzahl von Ansätzen zur Analyse e. r L. Dazu gehören neben textzentrierten Ansätzen (z. B. Formalismus, Intertextualitätstheorien, Rezeptions- und Wirkungsästhetik oder →Dekonstruktion) auch diskursanalytische und -geschichtliche, interkulturelle, kulturanthropologische und funktionsgeschichtliche Ansätze, die sich unter dem Oberbegriff ‚kulturwissenschaftliche Literaturwissenschaft' subsumieren lassen.

BIBLIOGRAPHIE: D. Herman et al. (Hgg.), Routledge encyclopedia of narrative theory, London/New York 2005. – A. Nünning/R. Sommer (Hgg.), Kulturwissenschaftliche Literaturwissenschaft, Tübingen 2004. – F. Stanzel, Theorie des Erzählens, Göttingen [5]1991 [1979].

Roy Sommer

Erzähler

→Erzählung/Erzählen/Erzähler

Erzählung/Erzählen/Erzähler

I. Alttestamentlich

Erzählung: Die biblische E. ist ein Prosatext, der von einem Verfasser komponiert wurde, der als Erzähler fungiert. Als Kombination aus Erzählertext und →Text der Charaktere (E. und direkte Rede) wird sie vom Programm des Verfassers bestimmt, wodurch formal die thematische Einheit etabliert wird. Die einzelne Einheit ist kurz, hat wenige Akteure und erwächst aus einem ansprechenden, wichtigen oder außergewöhnlichen Gegenstand. Nichtfunktionelles findet keine Erwähnung. Die Einzelerzählung steht immer im Zusammenhang mit anderen, die eine Textgruppe bilden (ein Akt, z. B. Absaloms Aufstand, 2 Sam 15–20); der Akt ist meist Teil einer Gesamtkomposition (hier z. B. 2 Sam 2–20; 1 Kön 1–2). Der Abrahamzyklus (Gen 12–25) z. B. beinhaltet ca. 15 Einheiten, die in fünf Akten angeordnet sind (Kap. 12–14. 15–17. 18–21. 22–23. 24–25).

Das Rückgrat der Geschichte, der *plot*, beschreibt oft das Streben eines Helden nach einem Objekt von Wert; er stößt auf seinem Weg auf Helfer und Gegner (Personen oder Dinge und Umstände). Die E. bildet dynamische Kontraste heraus (a) zwischen dem distanzierten Erzähler, der von einer fernen

Vergangenheit berichtet, und den Standpunkten seiner Charaktere, die immer emotional involviert und v. a., wenn sie sprechen, von Eigeninteresse bestimmt sind, und (b) zwischen erzählter Zeit und Erzählzeit. Die Unterschiede zwischen diesen Faktoren und ihr Verhältnis zueinander fordern den → Leser heraus, sie zu verstehen und zu interpretieren.

Erzählen: In der →Bibel bezieht sich ‚erzählen' auf Prosatexte – im Unterschied zur Umwelt, in der E. durch Dichtung vermittelt wurde (vgl. z. B. das Gilgamesch-Epos in Mesopotamien, den Ba'al Zyklus in Ugarit, Ilias und Odyssee in Griechenland). Biblische Prosa dient der Strukturierung, Darstellung und Interpretation von wichtigen →Ereignissen, d. h. vorwiegend signifikanten Momenten und Aspekten der nationalen Geschichte, die universale Werte wie Liebe/Haß, Gier, die Kräfte des Egos, die Begierde nach Macht und ihre Fallstricke und Gott als verdeckten Akteur aufzeigen oder verdecken. Sie erforscht die Dimension des Schicksals, sie erwägt das Versteckte, das Mehrdeutige, die Komplexität von individuellen und Gruppenerfahrungen. Indem sie sich mit der Vergangenheit befasst und verschiedene Standpunkte anerkennt, verleiht die E. der Zeit Ordnung und Menschlichkeit. Auf diese Weise trägt sie zu einem vertieften Verständnis der *conditio humana* bei. Die epische Welt des Textes erschließt sich als bedeutungsvolles Ganzes, wenn sie auf die Welt des kompetenten Lesers trifft. Wie die ferne Vergangenheit dem Verfasser dazu dient, den Hintergrund seiner Zeit offen zu legen, so kann seine Geschichte die Erfahrung des Lesers bereichern und seine Gegenwart systematisch fügen.

Erzähler: Der Erzähler ist die Stimme, die wir notwendig postulieren müssen, wenn wir eine Geschichte ‚hören'. Diese fiktive Person, das Pendant zum →impliziten Leser, ist eine Rolle: der Repräsentant des geschichtlichen Individuums, welches der Verfasser ist. Der Erzähler ist immer gegenwärtig; er beginnt zu ‚sprechen', sobald der Leser zu hören/lesen beginnt. Er ist die maßgebliche Instanz: wie ein Puppenspieler führt und manipuliert er seine Akteure, er entscheidet über den *plot* und worauf er hinausläuft, wie lange er selbst spricht (d. h. die Taten berichtet) und wie lange und wie oft die Charaktere sprechen dürfen. Er ist allwissend, weiß, wie sich die Gedanken und Gefühle der Akteure entwickeln werden und sogar, was im Himmel besprochen wird (Gen 22,1; 1 Kön 22; Ijob 1 – 2). Er ist derjenige, der die Akteure entweder implizit oder direkt charakterisiert, der Zeit und Raum der E. formt und einteilt. Er zählt auf sein Publikum und dessen Kompetenz und stellt sicher, dass es der Geschichte folgen kann. Der Kontakt zwischen dem Erzähler und dem Leser erfolgt im Hier und Jetzt; eine Geschichte kann nur ihr Ziel erreichen, wenn derjenige, der ihr →Bedeutung und →Sinn zuerkennt (der aufgeschlossene und darauf geschulte Leser) auf den trifft, der ihr ursprünglich Bedeutung und Sinn eingab (den Erzähler, der den Verfasser repräsentiert).

Bibliographie: S. Bar-Efrat, Wie die Bibel erzählt, Gütersloh 2006. – J.P. Fokkelman, Reading biblical narrative, Louisville [2]2002. – P. Ricœur, Temps et récit, 3 Bde., Paris 1983 – 1985. – M. Sternberg, The poetics of biblical narrative, Winona Lake 1985.

Jan P. Fokkelman

II. Neutestamentlich

Eine E. ist ein Gewebe aus einem ‚Was', d. h. einer Geschichte (*story/histoire*), und einem ‚Wie', welches sich aus einem Erzählakt (*narrator/narration*) und einem narrativen Diskurs (*narration/récit*) konstituiert. Die Vermittlung einer Geschichte (*story*) kann auf sehr unterschiedliche Weise geschehen, da ein und dieselbe *story* auf vielfache Weise erzählt werden kann. Dies ist im →NT in den vier →Evangelien greifbar, welche die Jesus-Christus-*story* auf jeweils eigene Weise erzählen. Erzählen ist von Beginn an für das frühe Christentum konstitutiv. Jesus etwa erzählte → Gleichnisse, und die frühchristliche Erzählgemeinschaft hat in den ersten vierzig Jahren nach dem Tod Jesu die Jesusüberlieferung zunächst mündlich in Form von Gleichnissen, Apophthegmata/Chrien, →Wundergeschichten etc. weitererzählt, bis diese E.en Eingang in die →Literatur des NT fanden (→Erzählende Literatur). Die Narratologie hat Analysekriterien zum Erfassen des Erzählaktes und der narrativen Vermittlung entwickelt. Der Erzähler bzw. die Stimme (G. Genette) wird zunächst bestimmt im Hinblick auf die Kommunikationsebene, auf der sie spricht (extradiegetisch vs. intradiegetisch) und auf das Maß des Involviertseins in die Handlung (heterodiegetisch vs. homodiegetisch) bestimmt. Die heterodiegetische Stimme verfügt über Privilegien wie Allwissenheit, Omnitemporalität und -präsenz, was auf die vier Erzähler der ntl. Evangelien zutrifft. Homodiegetische Stimmen der Evangelien, wie etwa Jesus als Gleichniserzähler, können auf unterschiedliche Art in die Geschichte involviert sein. Dies reicht von der unbeteiligten Nebenfigur bis zur Hauptfigur. Die Erzählstimme kann mehr oder weniger explizit sein (neutral vs. explizit), und ihr korrespondiert immer ein Erzähladressat (*narratee*). In Lk ist der Erzähler ebenso wie der Erzähladressat (Theophilos: Lk 1,3; Apg 1,1) im Gegensatz zu den übrigen Evangelien explizit (Lk 1,1–4; Apg 1,1). Beide Instanzen dürfen narratologisch gesehen nicht mit dem realen →Autor und dem realen Adressaten vermengt werden. Sie erfüllen vielmehr Funktionen hinsichtlich der *story* (explanative, evaluative, generalisierende) und der Vermittlung (expressive, appellative, phatische, metanarrative). Der narrative Diskurs wird vorrangig im Hinblick auf Zeit und Modus untersucht. Dabei ist zu unterscheiden zwischen Erzählzeit und erzählter Zeit, welche auf ihre Geschwindigkeit (Szene, Summar, Ellipse, Pause), ihre Ordnung (Pro- und Analepsen) sowie ihre Häufigkeit (singulativ, repetitiv, iterativ) hin untersucht wird. Der Modus ist vorrangig mit Blick auf die Distanz zum Erzählten und die Perspektive (Fokalisierung) zu analysieren. Je stärker direkte Redewiedergabe erfolgt, desto dramatischer ist der Modus (Joh), je mehr die Erzählerrede dominiert, desto narrativer ist dieser (Mk). Weitere Aspekte der Erzählanalyse sind die Charakterisierung der Figuren und die Gestaltung des Raumes (J. Lotman).

BIBLIOGRAPHIE: M. Ebner/B. Heininger, Exegese der Neuen Testaments, Paderborn u. a. ^{2}2007 (§ 2). – U.E. Eisen, Die Poetik der Apostelgeschichte, Göttingen 2006. – G. Genette, Die Erzählung, München 1994. – J. Lotman, Die Struktur literarischer Texte, München ^{4}1993. – D. Marguerat/Y. Bourquin, How to read Bible stories, London 1999. – A. Nünning, Die Funktion von Erzählinstanzen, in: Literatur in Wissenschaft und Unterricht 30 (1997), 323–349. – P. Wenzel (Hg.), Einführung in die Erzähltextanalyse, Trier 2004.

Ute Eisen

III. Systematisch-theologisch

Unabhängig von ihrer literarischen Ausgestaltung ist die E. eine kulturanthropologische Konstante: E.en sind identitätsstiftende symbolische Diskurse, die vorfindliche Phänomene interpretieren und ihnen eine vernünftige Erklärung geben. Die Anordnung des Erzählstoffes nach den grundlegenden Wahrnehmungskategorien Zeit, Raum und Personen gibt der E. den Charakter eines Diskurses (vgl. G. Genette). Dabei lassen sich die erzählenden Diskurstypen nach Form und Funktion unterscheiden in den geschichtlich-historischen, den argumentativ-rhetorischen und den poetisch-fiktionalen (M. Pöttner, RGG^{4}, 1501).

Die biblische Texttradition sowohl der Einzeltexte als auch des →Kanons hat den Charakter einer E.; →Ursprung, →Rezeption und →Auslegung sind Stationen eines lang andauernden Erzählprozesses. Dabei muss man die →Bibel als ‚große E.' im Sinne J.-F. Lyotards begreifen. In dieser findet indes ein permanenter Erzählerwechsel statt, so dass jüdisch-christliche Theologie sich als vielfältige Erzähl(er)gemeinschaft konstituiert (H. Weinrich). Im fortlaufenden Erzählen konstituieren sich die wechselnden Erzähler und Erzählerinnen als Teil ihres →Textes, den sie wiederholen, beglaubigen, fort- oder neu erzählen (vgl. G. Genette). In diesem Sinne ist Theologie sachgemäß als →narrative Theologie zu erfassen, die ihre Gehalte durch Nach-Erzählen formuliert, nicht durch systematische Abstraktion (J.B. Metz). Indes verdient der Einwand Berücksichtigung, dass ‚*stories*' als Einzeldiskurse das ‚Rohmaterial der Theologie' bilden, das reflektierend in einen anderen Diskurs (historisch-kritische Exegese; theologische Reflexion) überführt wird. Von besonderer Relevanz in diesem Zusammenhang ist die Tatsache, dass die biblischen E.en als realistische E.en konzipiert sind. In ihnen sind Sachgehalt (historische Faktizität) und Sinngehalt (symbolische →

Bedeutung) prinzipiell nicht voneinander zu trennen. Theologische Aneignung biblischer E.en macht indes die Trennung der beiden Aspekte zum Thema und legt ihren Schwerpunkt auf den Sinngehalt des Textes unabhängig von seinem Sachgehalt. Unter dieser Perspektive bleibt theologisch die historische Distanz der biblischen E. zur nach-biblischen Aneignung erhalten, d.h. Theologie muss sich ihres Charakters der Nacherzählung, häufig Neuerzählung bewusst sein (vgl. H.W. Frei).

Bibliographie: H.W. Frei, The eclipse of biblical narrative, New Haven 1974. – G. Genette, Die Erzählung, München ^{2}1998. – J.-F. Lyotard, La condition postmoderne, Paris 1979. – J.B. Metz, Kleine Apologie des Erzählens, in: Conc 9 (1973), 334–341. – R. Schott et al., Art. Erzählung, in: RGG^{4} 2 (1999), 1500–1503. – H. Weinrich, Narrative Theologie, in: Conc 9 (1973), 329–333.

Melanie Köhlmoos

IV. Altphilologisch

E. ist die mündliche oder schriftliche Wiedergabe einer wahren oder fiktiven Geschichte von →Ereignissen und Erfahrungen. Die literarische Technik des Erzählens finden wir v.a. im Epos (z.B. Homer, um 700 v.Chr.; Vergil, 70–19 v.Chr.), im Roman (z.B. Petronius, gest. 66 n.Chr.; Chariton, 1. oder 2. Jh. n.Chr.; Apuleius, 2. Jh. n.Chr.; Heliodor, 3. oder 4. Jh. n.Chr.), in der Fabel (z.B. Phaedrus in der frühen Kaiserzeit), in der → Allegorie (z.B. Prudentius, gest. nach 405; Martianus Capella, 2. Hälfte 5. Jh.) und in der Geschichtsschreibung (z.B. Herodot, 5. Jh. v.Chr.; Thukydides, gest. ca. 400 v.Chr.; Livius, gest. ca. 17 n.Chr.). Die E. (*narratio*) spielt auch eine bedeutende Rolle in der antiken → Rhetorik (→Erzählende Literatur).

Die *Poetik* des Aristoteles (384–322 v.Chr.) enthält die erste theoretische Abhandlung des Erzählens. Für Aristoteles ist die Handlungsstruktur (μῦθος) das wichtigste Kennzeichen einer E. (*Po.* 6, 1450a 3–5; 22–24; 38–39): Die Handlung muss Anfang, Mitte und Ende haben, in sich geschlossen sein und sich mit einem zentralen Thema beschäftigen (*Po.* 7, 1450b 23–31). Ein anderer wesentlicher Bestandteil der E. sind die Akteure (Menschen, Götter, Tiere, Personifikationen abstrakter Begriffe). Die Erzähltechnik der Historiographie ist derjenigen des Romans ähnlich (Novellen, Exkurse). Ich-Erzählung, Retrospektive und Verschachtelung, die dem Epos näher stehen als der Geschichtsschreibung, sind im späteren (besonders römischen) Roman anzutreffen.

Viele E.en sind Variationen eines Grundthemas. In mythischen und epischen E.en oft wiederkehrende Sujets sind u.a. die göttliche Unterstützung des Helden (z.B. Odysseus durch Athena, Aeneas durch Venus), der Kampf mit göttlichen, menschlichen und monsterhaften Gegnern und die Überwindung des Todes als ultimative Herausforderung des Helden (z.B. Odysseus, Aeneas, Herakles). Romane behandeln häufig die Trennung der Liebenden und ihre – nach zahlreichen Abenteuern erfolgende – Wiedervereinigung. Auch die in der Fabel enthaltene Lebensweisheit oder Moral zeigt die Tendenz der E. zur Wiederholung eines thematischen Grundmusters.

Bibliographie: G. Genette, Die Erzählung, München 1998. – H. Hofmann, Die Flucht des Erzählers, in: Ders. (Hg.), Groningen colloquia on the novel, V, Groningen 1993, 111–141. – S. Hornblower, Narratology and narrative techniques in Thucydides, in: Ders. (Hg.), Greek historiography, Oxford 1994, 131–166. – J.H. Miller, Narrative, in: F. Lentricchia/T. McLaughlin (Hgg.), Critical terms for literary study, Chicago 1990, 66–79. – V. Propp, Morphologie des Märchens, Frankfurt a.M. 1982.

Sabine Grebe

V. Literaturwissenschaftlich

Der Begriff ‚E.‘ wird in der Literaturwissenschaft in mehreren Bedeutungen verwendet. In der Gattungstheorie bezeichnet E. eine Subgattung der Prosa, die hinsichtlich ihres Umfangs und ihrer Komplexität zwischen der Kurzgeschichte und dem Roman angesiedelt ist. Davon abzugrenzen sind zwei Verwendungsweisen des Begriffs in der Erzählforschung oder Narratologie. Hier wird ‚E.‘ zum einen als Entsprechung des englischen Begriffs ‚*narration*‘ gebraucht, also als Bezeichnung für den Akt bzw. Prozess des Erzählens, der in der deutschsprachigen Literaturwissenschaft auch als ‚erzählerische Vermittlung‘ bezeichnet wird. Der Erzähler ist nicht mit dem →Autor des →Textes identisch, sondern eine textuelle Instanz, die durch ihren Diskurs die fiktionale Welt konstituiert. Die literaturwissenschaftliche Erzähltheorie unterscheidet drei typische Erzählsituationen (Ich-Erzählsituation, auktoriale Erzählsituation und personale Erzählsituation) und klassifiziert Erzählinstanzen nach dem Grad ihrer Sichtbarkeit, nach der Perspektivierung der Darstellung (Fokalisierung) sowie der (Nicht-)Identität der Seinsbereiche von Erzählern und erzählten Figuren.

Zum anderen versteht man unter ‚E.' in einem weiteren, dem englischen Begriff ‚*narrative*' entsprechenden Sinn neben dem *Prozess* der Vermittlung auch das *Ergebnis* eines fiktionalen oder nicht-fiktionalen Erzählaktes, das sich in unterschiedlichen Medien (z. B. Buch, Theater, Film, Malerei, Computerspiel) manifestieren kann. Als Minimalbedingung für eine E. haben unterschiedliche Ansätze innerhalb der Erzähltheorie jeweils spezifische formale Kriterien formuliert. Zu den weithin akzeptierten und weitgehend miteinander kompatiblen Voraussetzungen von Narrativität zählen erstens die temporale und/oder kausale bzw. logische Verknüpfung von mindestens zwei erzählten Ereignissen, zweitens die Existenz einer vermittelnden Erzählinstanz, die das Erzählte selegiert, strukturiert und organisiert und die das Aussagesubjekt des Erzählakts darstellt, und drittens die Erfahrungsbezogenheit der E., die sich in Abgrenzung zu argumentierenden oder wissenschaftlichen Texten an den kognitiven Schemata von Menschen orientiert. E.en können eine Vielzahl von historisch und kulturell bedingten Funktionen erfüllen. Sie dienen der Unterhaltung, Belehrung oder Information, helfen bei der Bewältigung traumatischer Erfahrung, stiften individuelle und kollektive Erinnerung, sind konstitutive Bestandteile der Konstruktion von Identitäten und dienen der Strukturierung von Wissen oder – in nicht-schriftlichen Kulturen – der Tradierung von Geschichte.

Bibliographie: G. Genette, Narrative discourse revisited (übersetzt v. J.E. Lewin), Ithaca/New York 1988. – D. Herman et al. (Hgg.), Routledge encyclopedia of narrative theory, London/New York 2005. – F. Stanzel, Theorie des Erzählens, Göttingen 2002 [1979]. – M. Martínez/M. Scheffel, Einführung in die Erzähltheorie, München 2007 [1999].

Roy Sommer

VI. Textlinguistisch

Die linguistische Erzählforschung konzentriert sich auf das gesprächs- und das textkonstitutive Moment des Narrativen. Sie thematisiert deshalb nicht nur ‚ausgewachsene' narrative Einheiten, sondern auch *Ansätze* zum Erzählen, *Auseinandersetzungen* zwischen Erzähler und Zuhörer um Erzählbarkeit oder *Spuren mündlichen Erzählens* in druckschriftlichen Textüberlieferungen.

Als konstitutiv für narrative Strukturen gilt dabei die Vorstellung der Erzählbarkeit (*reportability*) eines singulären →Ereignisses, die beim Erzählen dargestellt (dramatisiert) und eingelöst (elaboriert) werden muss. Mit der Orientierung an der Erzählbarkeit eines konkreten Ereignisses geht die für das Erzählen charakteristische Perspektivenversetzung einher, die sprachlich v. a. als Verschiebung des deiktischen Bezugssystems und in der Tempus-Wahl angezeigt wird. Auf diese Weise ergibt sich eine charakteristische Trennung zwischen Erzählsituation und erzählter Situation.

Die (schriftliche) E. wird textlinguistisch als narratives Verknüpfungsmuster thematisiert und gegen explikative, argumentative und deskriptive Strukturmuster abgegrenzt (K. Brinker). Typisch für Verknüpfungsmuster dieser Art ist die Orientierung an einer Globalstruktur mit eigenständigen Strukturelementen, die durch Struktur-Hinweise im Text signalisiert wird (E. Gülich/H. Hausendorf). Narrative Struktur-Hinweise dieser Art sind z. B. Signale von Episodenhaftigkeit (wie ‚einmal', ‚eines Tages', etc.) und Ankündigungen von Erzählbarkeit (*abstracts*).

Das (mündliche) Erzählen wird gesprächslinguistisch komplementär als narrative Diskurseinheit konzipiert, die sich durch spezifische kommunikative ‚*Jobs*' auszeichnet. In der Art der Übernahme dieser *Jobs* durch die Anwesenden ergibt sich die für das mündliche Erzählen und Zuhören konstitutive Aufgabenverteilung zwischen ‚Erzähler' und ‚Zuhörer', zu der auch die Einräumung länger andauernder, über den *turn-by-turn talk* hinausgehender Rederechte gehört (H. Sacks). Erzähler *und* Zuhörer tragen so gemeinsam zur erfolgreichen Realisierung der erzähltypischen Aufgaben bei. Mit dem Erzählen in Alltags- und institutionellen Gesprächen können ausgesprochen vielfältige soziale Funktionen erfüllt werden, die von der Selbst- und Fremddarstellung bis zur Herstellung kommunikativer Rahmenbedingungen reichen können (U.M. Quasthoff). Für den kindlichen Erwerb narrativer Fähigkeiten sind die Aktivitäten erwachsener Zuhörer von großer Bedeutung (H. Hausendorf/U.M. Quasthoff).

BIBLIOGRAPHIE: E. Gülich/H. Hausendorf, Vertextungsmuster Narration, in: K. Brinker et al. (Hgg.), Text- und Gesprächslinguistik, HSK 16.1, Berlin 2000, 369–385. – H. Hausendorf/U.M. Quasthoff, Sprachentwicklung und Interaktion, Opladen 1996 (online-Neuauflage 2005). – U.M. Quasthoff, Erzählen in Gesprächen, Tübingen 1980. – H. Sacks, Das Erzählen von Geschichten innerhalb von Unterhaltungen, in: R. Kjolseth/F. Sack (Hgg.), Zur Soziologie der Sprache, Opladen 1971, 307–314.

Heiko Hausendorf

Ethical Turn →Cultural Turn

Evangelienliteratur →Evangelium/Evangelienliteratur

Evangelium/Evangelienliteratur

I. Neutestamentlich

Der Begriff ‚E.' (εὐαγγέλιον) bedeutet ‚gute Nachricht/frohe Botschaft'. Er ist bereits seit Homer (*Od.* 14,152 f. 166 f.: ‚Botenlohn') bekannt. Cicero (*Att.* II,3,1: griech.: εὐαγγέλια) gebraucht ihn erstmals für ‚frohe Botschaft/gute Nachrichten'. Im paganen Gebrauch steht der Begriff für kaiserliche Befehle oder für Kaiserproklamationen (z. B. J. *BJ* 4,656) und kann im Kaiserkult, etwa für Nachrichten aus dem Herrscherhaus, verwendet werden (Inschrift von Priene 105,40). In der →Septuaginta ist das semantische Profil unspezifisch (profan verwendet im Sinne von ‚Botenlohn': 2 Sam 4,10 oder ‚Freudenbotschaft': 2 Sam 18,20 ff.; 2 Kön 7,9).

E. fungiert in der frühchristlichen Diktion zunächst als Verkündigungsbegriff: Das E. basiert auf frühchristlicher Überlieferung (παράδοσις, 1 Kor 15,3a; vgl. auch Lk 1,2), die sich auf die eschatologische Predigt Jesu zurückberuft (Mk 1,14). Es ist Gegenstand der apostolisch-missionarischen Predigt (1 Kor 15,1) und umfasst das →Kerygma von Tod, Begräbnis, Auferstehung und Erscheinungen Jesu Christi (1 Kor 15,3b–5). Die Predigt des E.s soll in den heidenchristlichen Gemeinden zur ‚Abkehr von den Abgöttern' (1 Thess 1,9 f.) führen und Glauben wecken, der als Gehorsam zu verstehen ist (Röm 10,16). Das Bekenntnis zum Inhalt des E.s in der Gemeinde hat eine soteriologische Funktion (Röm 10,9 f.).

So eignet dem Begriff zunächst eine an mündliche apostolische und/oder jesuanische Überlieferung gebundene kerygmatische Qualität (kerygmatische Funktion), die zusehends an theologischer Programmatik gewinnt (theologische Funktion). Schon Mk 1,1–15 zeigt, dass der Evangeliumsbegriff polyvalent wird: Er bezeichnet in der Evangelienliteratur nicht nur den mündlichen Vorgang der Predigt Jesu (1,14) sowie deren Verkündigungsinhalt von der eschatologischen Nähe Gottes (1,15), sondern charakterisiert in der ältesten Evangelienschrift dann auch die literarische →Form der →Erzählung vom Leben, Wirken und Sterben Jesu von Nazaret (1,1). Die Evangelienform soll – laut den späteren Evangelienschriften – ‚Glauben' wecken (Joh 20,30 f.), über Grund und Inhalt des Glaubens berichten (Lk 1,1–4) oder den Lesern/Gemeinden jesuanische Unterweisung vermitteln (Mt 28,16–20). Wieweit die ntl. →Gattung E. als Gattung *sui generis* zu verstehen sei und ob sie eher in die Nähe historiographischer (E.-M. Becker) oder biographischer (D. Dormeyer; H. Köster) →Literatur der Antike zu rücken sei, wird gegenwärtig kontrovers diskutiert.

In der frühen Kirchengeschichte wird E. fortan zu einem Buchtitel bzw. zu einer literarischen Gattungsbezeichnung (literarische Funktion), die Nachahmung findet (apokryphe Evangelienliteratur).

BIBLIOGRAPHIE: D. Balch, Art. Evangelium, in: DNP 4 (1998), 325–328. – E.-M. Becker, Das Markus-Evangelium im Rahmen antiker Historiographie, Tübingen 2006. – R.A. Burridge, What are the Gospels?, Cambridge 1992. – D. Dormeyer, Evangelium als literarische und theologische Gattung, Darmstadt 1989. – G. Friedrich, Art. εὐαγγελίζομαι κτλ., in: ThWNT 2 (1935), 705–735. – H. Koester, Ancient Christian Gospels, London/Philadelphia 1990.

Eve-Marie Becker

II. Kirchengeschichtlich

Werke einer in sich vielfältigen als ‚E.' bezeichneten →Literatur finden sich in der gesamten Christentumsgeschichte bis heute. Ihre Zuordnung zur literarischen Gattung der kanonischen Evangelien verdankt sich viel stärker inhaltlichen Kriterien als einem gemeinsamen literarischen Genus, nämlich einer unterschiedlich starken Orientierung am Leben oder Lebensabschnitten Jesu von Nazaret und einer mit diesem Leben verbundenen Heilsbotschaft für den →Leser und → Hörer.

Die Bezeichnung der Schriftengruppe leitet sich von der Bedeutung ‚wohltuendes Geschenk bzw. gute Nachricht' her. Am Anfang steht ‚das Evangelium gemäss NN' (dem Autorennamen). Später lässt der *genitivus auctoris* in einer uminterpretierenden Nachahmung der ältesten Evangelienüberschriften meist pseudepigraphe heilige Personen wie → Apostel (Philippusevangelium) und mit dem Christentum in einer besonderen Beziehung stehende religiöse Gruppen (Nazaräerevangelium) oder weitere Personen der Leben-Jesu-Überlieferung (Nikodemusevangelium) sowie Mitglieder der Familie Jesu (Marienevangelium) als Garanten der Exklusivität der Erzählung (*Evangelium Veritatis*) oder einer spezifischen Perspektive (Kindheitsevangelien) erscheinen. Diese Zuordnung gibt den apokryphen Evangelien leserorientierte gruppenspezifische, z.T. elitäre Akzente.

Die apokryphen Evangelien enthalten eine Vielzahl literarischer →Formen: Kindheitserzählungen, →Reden, →Wundergeschichten, Passionserzählungen. Diese sind immer im Kontext der zeitgenössischen Genera der literarischen Kultur des religiösen und philosophischen Bereiches, die in besonderer Weise von der →Rhetorik bestimmt ist, zu betrachten. Dazu gehören auch die historischen Perspektiven v.a. einer Sozialgeschichte mit Berücksichtigung von Mentalität und Gender (→Gender Studies). Die variantenreiche Intentionalität der Evangelienschreibung reicht von einer Freude am Erzählen, die sich in einer den kanonischen Evangelien unbekannten narrativen Vielfalt kundtut, und von einer Intensivierung gesamtgemeindlicher oder gruppenspezifischer Erbauung bis zu einem innerhalb oder jenseits der allgemeinen Kirche stehenden esoterischen Wissen von elitären Gemeinschaften, die in Besitz und einschlägiger →Interpretation ihres E.s die Garanten eines exklusiven Heilsbewusstseins finden. So konnte E. seit dem Hochmittelalter zur Parole einer internen Kirchenkritik (Bettelorden, Bauernkriege, Humanismus) und als zugesprochene →Verheißung zum entscheidenden Theologumenon der Wittenberger Reformation und des sich ausbreitenden Protestantismus werden, der sich teilweise durch Pietismus und Erweckung zu einem Jesuanismus weiterentwickelte.

Schwierig bleibt die Abgrenzung von Evangelienliteratur und anderer Gattungen, die an die Stelle kanonischer Evangelien treten: Evangelienharmonien (bes. die Passionsgeschichte), Bibeldichtung sowie Jesusromane. In der zeitgenössischen Literatur ersetzen an den apokryphen Quellen orientierte (G. Theißen) und vom *mystery*-Genus geprägte Werke die erbaulich-meditative Tendenz.

Die sog. Kindheitsevangelien zeigen am deutlichsten, dass die Evangelienliteratur ebenso ihren Weg in die bildende Kunst gefunden hat wie die Bibeldichtung in Literatur und Musik.

BIBLIOGRAPHIE: M. Abraham, Evangelium und Kirchengestalt, Berlin 2007. – A. Bieber, Johannes Bugenhagen zwischen Reform und Reformation, Göttingen 1992. – B.M. Biermann, Las Casas und seine Sendung, Mainz 1968. – F. Bovon et al. (Hgg.), Écrits apocryphes chrétiens 1, 2, Paris 1997, 2005. – L. Haikola, Gesetz und Evangelium bei Matthias Flacius Illyricus, Lund 1952. – J. Kailus, Gesetz und Evangelium in Luthers Grossem Galaterkommentar, Münster 2004. – H.-J. Klauck, Apokryphe Evangelien, Stuttgart 2002. – Ders., Apokryphe

Apostelakten, Stuttgart 2005. – F. Krüger, Humanistische Evangelienauslegung, Tübingen 1986. – B. Lohse, Evangelium in der Geschichte 1.2, Göttingen 1988.1998. – H.-J. Prien/H.-M. Barth (Hgg.), Das Evangelium im Abendland und in der Neuen Welt, Frankfurt 2000. – D. Schellong, Das evangelische Gesetz in der Auslegung Calvins, München 1968. – G. Theißen, Der Schatten des Galiläers, Gütersloh [16]2004. – C. Weimer, Luther, Cranach und die Bilder, Stuttgart 1999.

Wolfgang Wischmeyer

III. Altphilologisch

Die Wortfamilie εὐάγγελος (‚guter Bote'), εὐαγγελία (fem. sing.; ‚gute Botschaft'), εὐαγγέλιον (‚Botenlohn'), εὐαγγέλια (neutr. pl.: ‚Feier im Anschluss an gute Botschaft'), εὐαγγελίζεσθαι (‚gute Botschaft bringen') ist seit Homer (*Od.* 14,152 f. 166: ‚Botenlohn') in der gesamten antiken Literatur gut belegt: in der hohen Poesie (Epos, Drama), der Prosa (Reden, →Geschichtsschreibung), in der gepflegten Umgangssprache (→Briefe: Cic. *Att.* 2,3,1; 2,12,1; vgl. 13,40) und inschriftlich. In der →Septuaginta ist das Wortfeld selten. Die Wortfamilie εὐαγγελ- ist Teil der umfangreichen Terminologie und Metaphorik des antiken Nachrichtenwesens, z. B. der Bote (ἄγγελος) und der Wächter, der das Feuerzeichen der guten Botschaft erwartet (εὐάγγελον πῦρ: A., *A.* 21.261 ff. 475). Der wahre Kyniker ist ein Bote (ἄγγελος), von Zeus ‚ausgesandt', ein mutiger Kundschafter und Herold der Götter (Arr. *Epict.* 3,22). Als *terminus technicus* wird in der griechischen Opfersprache εὐγγέλια (Opfer für gute Botschaften) gebraucht: Hundert Rinder sollen für gute Nachrichten als εὐγγέλια geopfert werden (Aristophanes, Ritter 654 ff.; 642 f. εὐγγελίζεσθαι [als erster die gute Botschaft bringen]; vgl. X. *HG* 1,6,37; Dittenberger, Sylloge[4], 1921/24, nr. 352, ca. 302/301 v. Chr.).

In der Kalenderinschrift für die Provinz Asia (wohl 9 v. Chr.; OGIS 458) wird die Einführung der neuen Zeitrechnung vom Geburtstag des Augustus (23. September) an folgendermaßen begründet: „Der Geburtstag des Gottes hat für die Welt den Anfang der durch ihn bewirkten Freudenbotschaft (εὐαγγέλιον) gemacht": vgl. Mk 1,1 (‚Anfang des E.s'). Die Dokumente für diese Kalenderreform wurden an verschiedenen Orten (Priene, Apamea, Dorylaeum) inschriftlich veröffentlicht. Das Wort E. ist jedoch kein *terminus technicus* der Herrscherverehrung. Der Botenbericht ist eine feste, häufige, aber unselbständige Form im antiken Epos, Drama, der Historiographie; er ist nicht, wie etwa der Dialog, zu einer eigenen →Gattung entwickelt worden. Ein Sonderfall ist Lykophrons *Alexandra* (3. Jh. v. Chr.): ein Bote berichtet in 1474 iambischen Versen die Weissagungen der Kassandra. Weder als Titel noch als Gattung ist das Wort E. ein paganes Muster für die christliche Jesus-Literatur, welche jedoch zahlreiche formale Bezüge zur hellenisch-römischen Literatur, zu den großen Gattungen Historiographie, Bios (z. B. Leben und Lehre der Philosophen), Reiseliteratur (vgl. Roman) und zu kleinen Formen wie Spruch, Spruchsammlung, →Wundererzählung, →Gleichnis, *exitus*-Literatur (Leiden und Tod berühmter Männer) mit ihren ‚letzten Worten' (vgl. Sueton, Nero), enthält.

Bibliographie: K. Berger, Hellenistische Gattungen im Neuen Testament, in: ANRW II.25.2, Berlin/New York 1984, 1034–1880. – H. Cancik, Die Gattung Evangelium, in: Ders. (Hg.), Markus-Philologie, Tübingen 1984, 85–113. – H. Frankemölle, Evangelium, Stuttgart 1988. – J. Schniewind, Euangelion, Gütersloh 1927/Darmstadt 1931.

Hubert Cancik

Exegese

Einführung

Der griechische Begriff ἐξήγησις (lat. *enarratio, interpretatio*) bedeutet u. a. ‚Erklärung/Interpretation' und ist von ἐξηγέομαι (‚herausführen [sc. des Sinns eines Textes]', ‚interpretieren') abzuleiten. Der Begriff E. begegnet z. B. bei Plato (*Lg.* 631a) im Blick auf die Erklärung der Gesetze. Bereits in der Antike entwickelt sich eine Form der ‚wissenschaftlichen' E. (z. B. Homerexegese; Cicero-Kommentierung bei Q. Asconius Pedianus), die der Frage nach der *intentio auctoris* nachgeht, Echtheitskritik und Textkritik übt sowie den Text sprachlich-sachlich erklärt. Es ist hervorzuheben, dass E. keine christliche Erfindung ist, sondern auf pagan-antike und jüdisch-hellenistische Traditionen zurückgreift.

Was die Terminologie anbelangt, streben die atl. und die ntl. Methodenlehre eine scharfe Abgrenzung zwischen E. als wissenschaftlich verantworteter Textanalyse und →Auslegung als normativer Wertung und →Applikation an; ferner wird hier →Interpretation als auf jeden Text anwendbar, E. als bedeutenden, heiligen oder normativen Texten vorbehalten aufgefasst. Dabei können Auslegung bzw. Interpretation Ergebnisse der E. miteinbeziehen. In anderen Disziplinen ist die begriffliche Trennung dieser Termini nicht so eindeutig.

Das Wesen der E. lässt sich am besten so bestimmen: Während Texte ein Mittel sind, Erinnerungen oder Informationen festzuhalten, die zu entgleiten drohen, ist die E. darum bemüht, den fixierten Inhalt wieder zu verlebendigen, d.h. dem Text auch unter gewandelten Lebensumständen der Leser eine neue Aktualität zu verleihen. Dahinter steht die Überzeugung von der überzeitlichen Signifikanz des Textes, die eng mit einem in einer Gesellschaft durch verschiedene Institutionen bewahrten Bildungs- und Identitätskonzept verbunden ist, welches anhand von Texten weitervermittelt wird. Verkompliziert wird die E. durch eine komplexe Entstehung eines Textes unter Beteiligung mehrerer Autoren (z.B. Homerische Epen, biblische Schriften): Dann findet sich eine erste Stufe der E., in welcher Deutungsansätze noch in den Text eingearbeitet werden können. Wenn die redaktionelle Endstufe eines Textes erreicht ist und er selbst daher nicht mehr verändert werden kann, setzt die zweite Stufe der E. ein, welche nun im Wesentlichen nur noch außerhalb des Textes (Ausnahme →Textkritik) stattfindet, sei es mündlich (z.B. in der Predigt oder der Schule), sei es schriftlich (z.B. in →Kommentaren oder Literaturformen wie u.a. auch der →Dichtung).

Grundsätzliche Prinzipien auch der vorchristlichen E. sind eine literale im Gegensatz zu einer figürlichen Auslegung, was auch in der paulinischen Trennung von →Buchstabe und Geist (z.B. 2 Kor 3,6) reflektiert ist. In der Spätantike bekannte sich die Schule von Alexandrien zu letzterer, die Schule von Antiochien zu ersterer →Methode, wobei die Unterschiede aber eher in der Akzentuierung als im Grundsätzlichen liegen. In der Praxis wurden beide Ansätze im vierfachen →Schriftsinn bis weit über das Mittelalter hinaus kombiniert. Der seit dem 19. Jh. dominierenden historisch-kritischen E. wurde im 20. Jh. durch eine pneumatische E. (K. Barth) begegnet, wobei nun die Erarbeitung einer biblischen Theologie angestrebt wird (Bibelhermeneutik). Besonders in der Altphilologie wird die traditionelle sprachlich-historische E., v.a. in Kommentaren, nach wie vor praktiziert, welche aber, ähnlich wie auch die Bibelexegese, durch Aspekte der →Rezeption bzw. feministische oder strukturalistische Ansätze bereichert werden kann.

Von der E. ist die Analogiebildung Eisegese (‚Hineininterpretation') zu trennen, eine unantike Verwendung des antiken Ausdrucks εἰσήγησις (‚Vorschlag, Einführung'), vgl. aber εἰσηγέομαι (‚erklären') in Plato, *Ti.* 20d. Eisegese wird oft abschätzig gebraucht, wenn in einer *Fehlinterpretation* in einen Text etwas hineingelesen wird, was nicht darin steht oder nicht so gemeint ist. Eisegese ist aber eine grundlegende ‚Technik' der →Hermeneutik und wird in postmodernen Geistes- und Bibelwissenschaften angewendet, besonders in leserorientierten Interpretationsansätzen (→*Reader-response criticism*). Was als ‚exzessive' Eisegese und was als ‚noch statthafte' E. verstanden werden kann, bedarf ständig neuer hermeneutischer Reflexion. Wichtig ist auch, dass die jeweilige Deutung rational und explizit verantwortet, was sie eigentlich leisten will und kann.

Bibliographie: M. Fiedrowicz, Prinzipien der Schriftauslegung in der Alten Kirche, Frankfurt a.M. 1999. – W. Geerlings/C. Schulze (Hgg.), Der Kommentar in Antike und Mittelalter, 2 Bde., Leiden 2002.2004. – B. Neuschäfer, Origenes als Philologe, 2 Bde., Basel 1987. – W. Otten/K. Pollmann (Hgg.), Poetry and exegesis, Leiden 2007. – H. Reventlow, Epochen der Bibelauslegung, 4 Bde., München 1990–2001. – H.J. Sieben, Exegesis patrum, Rom 1983. – M. Simonetti, Biblical interpretation in the Early Church, Edinburgh 1994. – F. Stegmüller, Repertorium biblicum medii aevi, 11 Bde., Matriti 1950.

Karla Pollmann

I. Alttestamentlich

Nach seiner griechischen Herkunft (ἐξήγησις, ‚Darstellung', ‚Erläuterung') wird das Wort E. in der atl. Wissenschaft vielfach als Synonym für →‚Auslegung' und →‚Interpretation' verwendet und bedeutet demgemäß allgemein die Erklärung der atl. oder biblischen Texte, wobei gewöhnlich der Sinn des AT für Lehre und Leben gemeint ist. E. wird in der atl. Wissenschaft aber meist spezifischer als *terminus technicus* für den methodisch reflektierten Umgang mit dem Text des AT aufgefasst. Beide Formen gehen auf die jüdische E. der heiligen Bücher zurück, die grundsätzlich bereits innerhalb des AT selbst begegnet, aber in Zusammenhang mit der allmählichen Entstehung eines →Kanons notwendig wurde und weiter entwickelt werden musste. Um in der Theologie den Unterschied zwischen wissenschaftlicher Interpretation und normativer Entfaltung der religiösen Bedeutung des Textes klar zu machen, wird letztere als Auslegung, erstere als E. im engeren Sinn bezeichnet. Während die Auslegung die Wertung und →Applikation des Textes beinhaltet, ist die E. eine *Text*wissenschaft, wie sie seit den 1970er Jahren immer häufiger aufgefasst wird (vgl. W. Richters Plädoyer für *Exegese als Literaturwissenschaft*, 1971). Will die Auslegung aber nicht naiv bleiben, hat sie die Ergebnisse der wissenschaftlichen E. zu berücksichtigen. In diesem Fall ist die E. im technischen Sinn die Vorstufe der Auslegung, weil ihre Resultate zur Darlegung des →Sinnes beitragen.

Als reflektierte Wissenschaft kann die E. mit verschiedenen →Methoden ausgeführt werden. Je nach Ausgangspunkt und Fragestellung wird die angemessene Methode gewählt. Allerdings müssen alle Formen der E., die mit dem AT als →Text arbeiten, diesen Text bzw. seine Teile *analysieren.* Daher beginnen alle Formen der E. mit einer Textanalyse. Die Textanalyse umfasst eine Reihe von Aspekten, die grundsätzlich immer anwesend sind, obschon ihre Aufgaben und Techniken unterschiedlich gesehen werden. Der absolute Ausgangspunkt jeder E. ist die *sprachliche Analyse* des Textes oder Textabschnittes. Weitere Elemente des Vorgehens sind: die →*Textkritik* (die →diachrone Festlegung der Textform nach Textüberlieferungen, aber auch die →synchrone Einladung zu einem Dialog zwischen verschiedenen Überlieferungssträngen), die synchrone *Analyse der Struktur* (Form, Textorganisation nach prosaischen bzw. poetischen Regeln, auch aber die Verwendung von Stilfiguren, Metrum usw.), die *Inhaltsanalyse* (Motive und Themen, mit synchronen und diachronen Elementen), die synchrone *Gattungsbestimmung* (Texttyp, typische Assoziationen von Form- und Inhaltselementen, wobei Inhaltselemente eine unverzichtbare Rolle spielen), die *Literarkritik* als diachrone Arbeit zum Werdegang des Textes (unter dem Einfluss der klassischen historischen Kritik *die* exegetische Arbeit schlechthin, also die Trennung von Schichten, wobei →*Literary criticism* im angelsächsischen Raum gewöhnlich nicht in diesem technischen Sinn, sondern ‚literaturwissenschaftlich' verwendet wird), die diachrone *Redaktionskritik* mit einer wichtigen synchronen Seite (mit der literarkritischen Differenzierung verwandt), die *Traditionskritik* (Rekonstruktion von mündlichen Traditionen, die hinter dem Text liegen), wobei Rücksicht auf *rezeptionsgeschichtliches* Verstehen nicht nur bei den beiden letzten relevant ist.

Diese Aspekte sind in methodischer Hinsicht von einander zu unterscheiden, nicht aber als chronologische ‚Schritte' zu trennen. Oft greifen sie ineinander. Die Abgrenzung eines Abschnittes kann etwa mit Methoden der Literarkritik vorgenommen werden, ist aber insoweit mit deren Strukturanalyse vernetzt, als Anfang und Ende Teil ihrer Struktur sind. Inhalt und Gattung greifen ähnlich ineinander (etwa um ein Klagelied von einem Danklied unterscheiden zu können), ebenso Struktur und Inhalt (etwa wo der Aufbau von Inhaltsmotiven in ihrem strukturellen Verhältnis analysiert wird, z.B. Koh 3,2–8). Daher werden auch nicht alle Aspekte in gleichem Maße bei jedem Text verwendet. Bei der Entscheidung, sie zu verwenden oder nicht zu verwenden, sind freilich alle Aspekte *grundsätzlich* zu berücksichtigen. Wenn man etwa eine Genealogie aus dem Chronikbuch nicht einer eingehenden Strukturanalyse unterzieht, wie man es mit einem Psalm macht, dann ist mit dieser Beobachtung des Textes und in dieser Entscheidung schon grundsätzlich ein strukturales Urteil gefällt. Daher ist eine Auffassung zu vermeiden, nach der die Aspekte des Verfahrens einfach ‚Schritte' sind, deren Summe das Ergebnis der E. liefert. In der Praxis bestimmen Text und Fragestellung das Vorgehen.

BIBLIOGRAPHIE: G. Adam et al., Einführung in die exegetischen Methoden, Gütersloh 2000. – W. Richter, Exegese als Literaturwissenschaft, Göttingen 1971. – O.H. Steck, Exegese des Alten Testaments, Neukirchen 1999. – M. Sæbø (Hg.), HBOT. Hebrew Bible/Old Testament, Bd. 1/1: Göttingen 1996.

James Alfred Loader

II. Neutestamentlich

E. ist die Kernaufgabe ntl. Wissenschaft. Sie dient der →Auslegung der im NT versammelten Texte unter Verwendung besonders der →Methoden, die in der Klassischen Philologie, der Linguistik und den Literaturwissenschaften Anwendung finden. Dass die ntl. Texte unter Zuhilfenahme philologischer Methoden auszulegen seien, ist Erbe der patristischen E. (bes. Origenes), die an die klassische antike wissenschaftliche E. anknüpft und Auslegungsprinzipien anwendet, die u. a. aus der hellenistisch-jüdischen E. bekannt sind (z.B. Philo: Typologie [→Typos], →Allegorie). Seit der Aufklärung bedient sich die E. sog. historisch-kritischer Methoden, die nicht nur der historischen Kontextualisierung der auf uns gekommenen Texte, sondern auch der Überwindung des ‚garstigen Grabens' (G.E. Lessing), der zwischen dem Text und dem modernen Ausleger zu bestehen scheint, Rechnung tragen wollen.

Die E. eines Textes vollzieht sich in drei Schritten: als Textsicherung, als →synchrone und →diachrone Textanalyse.

(1) Der Bereich der *Textsicherung* umfasst die Übersetzung des Textes sowie →Textkritik. (2) Im Bereich der *synchronen Textanalyse* erfolgt die E. aus der Perspektive einer Zeitgleichheit zu dem auszulegenden Text. Dabei werden dessen sprachlich-syntaktische Struktur und seine Gliederung nach Segmenten, →Sätzen und →Propositionen untersucht. Daneben werden das Verhältnis des Textes zum Mikro- und Makrokontext der Gesamtschrift, seine →Semantik (auf Wort- und Textebene = semantisches Inventar), seine argumentative bzw. narrative Struktur sowie seine textpragmatische Funktion analysiert. (3) Die *diachrone Textanalyse* erfolgt unter Anwendung der historisch-kritischen Methode: Die Literar- bzw. Quellenkritik prüft zum einen die literarische Integrität eines Textes und sucht dabei mögliche Kompilationen, Interpolationen oder Glossen aufzudecken (bes. Paulusexegese). Zum anderen analysiert sie die einem Text zugrunde liegenden literarischen →Quellen (bes. Synoptikerexegese). Beides geschieht unter Wahrnehmung von Kohäsions- bzw. Inkohäsionsmerkmalen (→Kohärenz). Form- und Überlieferungsgeschichte dienen der Rekonstruktion und Verortung (‚Sitz im Leben') der Überlieferungen und Formen, die dem Text zugrunde liegen (bes. Synoptikerexegese). Die Traditionskritik/-geschichte fragt nach der Herkunft von →Traditionen und zeichnet deren gesamten Überlieferungsprozess bis zur Entstehung des literarischen Endtextes nach. Die Motivgeschichte arbeitet – im Sinne einer historischen Semantik – die Bedeutung von einzelnen Lexemen oder Syntagmen heraus. Die Religionsgeschichte sucht nach Analogien zu Motiven, Themen oder Formelementen eines Textes in der paganen (hellenistisch-römischen) und/oder frühjüdischen Umwelt ntl. Texte. Die Redaktionskritik/-geschichte fragt nach der literarischen Endbearbeitung des Textes durch den Redaktor (synoptische Evangelien: Evangelist; Joh und Paulus-Briefe: Editor oder Kompilator), nach dessen theologischer Intention sowie nach den Umständen der Abfassung einer Schrift (Zeit und Ort). In der Gattungs- und Literaturgeschichte wird die Zuordnung eines Textes bzw. einer Schrift zu →Mikro- und Makrogattungen (z.B. Brief, Evangelium) diskutiert.

E. ist als methodisch geleitetes Verfahren der Textauslegung (= Textanalyse) zu bezeichnen und als solches von der Text-Interpretation zu unterscheiden. Während Interpretation ein literaturwissenschaftlicher Terminus ist, der darauf zielt, „den Sinn des Textes in die jeweiligen neuen Verstehensbedingungen hinein" zu erschließen, ist die E. selbst der „Teilbereich der Interpretation, dem es um Auslegung im engeren Sinne geht" (s.o. Textsicherung, synchrone/diachrone Analyse; O. Wischmeyer, 124). Zugleich wirft das Verfahren der E. Licht auf die historische, literarische und sachliche Valenz und Dignität der zu analysierenden Texte. Während jeder Text interpretiert werden kann, ist E. ein spezifisches, besonders genaues und aufwendiges Verfahren der Textauslegung, das – schon seit antiker Zeit – nur besonderen Texten oder Textcorpora zukommt, nämlich literarisch und kulturgeschichtlich bedeutenden (s. Homers Epen) sowie heiligen oder normativen Texten. Wie die ntl. E. die Valenz ihres Textcorpus beurteilt (literarisch-kulturgeschichtlich, heilig, normativ) und demzufolge ihr Selbstverständnis definiert, ist v.a. eine hermeneutisch zu diskutierende Frage.

Bibliographie: H. Cancik, Art. Exegese III., in: RGG[4] 2 (1999), 1778–1780. – W. Egger, Methodenlehre zum Neuen Testament, Freiburg [5]1999. – S.E. Porter (Hg.), Dictionary of biblical criticism and interpretation, London 2007. – O. Wischmeyer, Hermeneutik des Neuen Testaments, Tübingen/Basel 2004.

Eve-Marie Becker

III. Kirchengeschichtlich

Die Alte Kirche hat bezüglich des Corpus der biblischen Schriften in ihren verschiedenen kanonischen Gestalten von der Antike das Erbe übernommen und den Kirchen als Aufgabe weitergegeben, in der E. oder →Interpretation die Aussageabsicht der →Autoren und der →Texte dieser Sammlung religiöser Literatur zu suchen. Eine Ausnahme bilden nur ihr entnommene Formeln und Sprüche, die in magischen Zusammenhängen Verwendung fanden (*Sortes biblicae*). Die altkirchlichen Exegeten bedienten sich grundsätzlich zweier →Methoden, die in der griechisch-römischen Antike und besonders im hellenistischen Judentum ausgebildet waren und die das vorgängige Bemühen um den authentischen Wortlaut des Textes zur Voraussetzung, sowie das Verständnis der durch den festgestellten Wortsinn sich eröffnenden Symbolwelten von akkumulierten Sinnschichten in der typologischen und allegorischen Auslegung zum Ziel haben: →Typologie und →Allegorie. Erstere Methode sieht prophetisch auf die Daten einer Heilsgeschichte in Vergangenheit und Zukunft, letztere ist um eine rhetorisch-poetische Deutung der im biblischen Schrifttum vorkommenden →Ereignisse, Personen und →Begriffe bemüht.

Die Bibelexegese blieb die permanente Aufgabe der christlichen Kirchen und ist bis in die Gegenwart integraler Bestandteil ihrer Existenz. Der kanonische Status der Bibel implizierte bis in den Humanismus und die aufklärerischen Tendenzen der Frühneuzeit ihre größte Dignität in der Hierarchie der Texte, so dass andere Texte grundsätzlich als inferior oder höchstens ergänzend verstanden wurden. Trotzdem blieb immer ein doppeltes Rahmenwerk bestimmend, das die exegetischen Bemühungen vorantrieb: (1) die Dialektik von mündlichem Wort und der Verschriftlichung, und (2) die doppelte Kontextualisierung, zuerst im Bereich der Niederschrift der Texte und dann in der Auslegung der Texte, sei es im wissenschaftlichen Bereich etwa des →Kommentars oder sei es im praktischen Bereich der →Predigt, wobei beides oft ineinander überging. Beide Genera waren bis in die Frühneuzeit von je aktuellen rhetorischen Konzeptionen und seit der Frühneuzeit und Neuzeit zunehmend von konfessionellen Bedingungen bestimmt, die allerdings seit der zweiten Hälfte des 20. Jh.s an Bedeutung zu verlieren scheinen.

Bibliographie: C. Kannengiesser, Handbook of patristic exegesis 1–2, Leiden 2004. – H. de Lubac, Medieval exegesis 1–2, Grand Rapids 1998.2000 [Paris 1959–1964]. – M. Maas, Exegesis and empire in the early Byzantine Mediterranean, Tübingen 2003. – J. Osu, The inculturation of Christianity in Africa, Frankfurt 2005. – S.E. Porter (Hg.), A Handbook to the exegesis of the New Testament, Leiden 1997. – F.M. Young, Biblical exegesis and the formation of Christian culture, Cambridge 1997.

Wolfgang Wischmeyer

IV. Judaistisch

Gegenüber →Auslegung im weiteren Sinn, der Deutung biblischer →Texte für das religiöse Leben und zum Verständnis der Gegenwart, die es immer schon gab (Pesharim in Qumran, allegorische →Deutung durch Philo, rabbinische Midraschim), ist eine methodisch reflektierte E. im Judentum erst ab dem Mittelalter ansatzweise anzutreffen. Saadia Gaon (10. Jh.) begründet mit seinen Arbeiten zur hebräischen →Grammatik und lexikalischen Studien eine philologisch orientierte E., die in Spanien und Südfrankreich weitergeführt wurde (v.a. David Qimchi). Fragen nach dem historischen →Kontext einzelner biblischer →Schriften stellen vereinzelt schon die Rabbinen, verstärkt dann manche mittelalterliche →Ausleger, doch systematisch kommen solche Fragestellungen erst seit Moses Mendelssohn (1729–1786) in den Blick. Die Herausforderung der protestantischen E. v.a. der Wellhausen-Schule und der religionsgeschichtlichen Schule (v.a. der Bibel-Babel-Streit) zwingt im 19. und 20. Jh. auch traditionsgebundene jüdische →Autoren bei aller Apologetik zu Quellenanalyse und Einbeziehung der Religionen im Umfeld der biblischen Schriften. David Z. Hoffmann (1843–1921) wehrte die Quellenkritik in seinen →Kommentaren noch generell ab. Bezeichnend für die zuerst sehr vorsichtige, dann immer stärkere Öffnung zur Quellenkritik sind die frühen Bibliker der Hebräischen Universität in Jerusalem, Umberto (Moshe David) Cassuto (1883–1951), Yehezkel Kaufmann (1889–1963) und Isaac Leo Seligmann (1906–1982). Mit Aufkommen des Zionismus gewinnt die Landeskunde Palästinas immer größere Bedeutung für jüdische E., bald auch die Archäologie, deren Ergebnisse vielfach als Bestätigung der biblischen Texte gedeutet werden. Traditionell hat jüdische E. starke Querverbindungen zur Altorientalistik und zur vergleichenden semitischen Philologie sowie zur antiken Rechtsgeschichte; bald tritt auch die →Textkritik verstärkt in den Vordergrund (v.a. das seit 1960 erscheinende Jahrbuch *Textus* des Hebrew University Bible Project; E. Tov, Der Text der hebräischen Bibel, Stuttgart 1997). Um Problemen mit kritischen Fragestellungen gegenüber einer orthodoxen Leserschaft auszuweichen, aber auch allgemeiner im Wissen um deren grundlegende Bedeutung wird auch die →Auslegungsgeschichte sehr gepflegt, werden die Targumim und allgemein alte Bibelübersetzungen und die mittelalterlichen Kommentatoren studiert und kritisch ediert (die Bar-Ilan-Universität ist hier führend; die von Menachem Cohen seit 1992 edierten *Mikra'ot Gedolot ‚Haketer'* sind das wichtigste Großprojekt). Die →Bibel als →Literatur findet v.a. in den USA weites Interesse (so v.a. J. Kugel und die Zeitschrift *Prooftexts*, 1981 ff.). Viele wichtige Vertreter jüdischer E. pflegen besonders diese Bereiche; insgesamt aber ist wissenschaftliche E. im heutigen Judentum denselben methodischen Vorgaben wie die E. allgemein verpflichtet und unterscheidet sich kaum von nichtjüdischer E. Das zeigt sich auch in der Mitwirkung jüdischer Kommentatoren an großen nicht konfessionellen Kommentarreihen (so etwa der *Anchor Bible* oder *Herders Theologischem Kommentar zum Alten Testament*).

Bibliographie: H.-J. Bechtoldt, Die jüdische Bibelkritik im 19. Jahrhundert, Stuttgart 1995. – Y. Shavit/M. Eran, The Hebrew Bible reborn: from holy Scripture to the book of books, Berlin 2007.

Günter Stemberger

V. Islamwissenschaftlich

Unter dem Begriff ‚E. des →Koran' versteht man die →Deutung des →Textes in den verschiedenen Disziplinen und exegetischen Genres muslimischer Gelehrsamkeit. Für die islamische E. spielt dabei der Bezug des Koran zur jüdischen und christlichen →Tradition eine untergeordnete Rolle. Dennoch scheint der Koran selbst Anzeichen einer E. biblischer Texttraditionen und Antworten auf theologische Fragestellungen der nahöstlichen Religionsgeschichte zu enthalten.

(1) Formen und Themen: Dem Begriff ‚E.' entsprechen in islamischer Terminologie die arabischen Begriffe *taʾwīl* und *tafsīr*, die bis ins 10. Jh. gleichbedeutend verwendet wurden. Der Koran als Ausgangspunkt und Achsentext stellt dabei eine exegetische Herausforderung dar: Beginnend mit den verschiedenen Lesarten, die in einigen Fällen bereits als exegetische Variationen des Textes betrachtet werden können, ist die Notwendigkeit sprachlicher Erklärungen des Koran einer der Entstehungsgründe arabischer Lexikographie, →Grammatik und →Rhetorik. Die Koranexegese entwickelt sich aus einem primären Interesse an der →Überlieferung des Textes selbst in der Vielgestaltigkeit seiner verschiedenen Lesarten (→Mündlichkeit) über sprachliche Erklärun-

gen und Glossierungen (die i.d.R. den wörtlichen →Schriftsinn zu ergründen suchen) hin zu einer Exegesetradition, die ein breites Spektrum exegetischer Fragestellungen behandelt (→Auslegung). Neben einem Deutungsinteresse für die in der islamischen Tradition zentral anzusetzenden juristischen Fragestellungen stehen exegetische Kategorien wie das exegetische Genre der *ʾasbāb an-nuzūl* (‚Gründe der Herabsendung', die die Deutung des Textes vom rekonstruierten Offenbarungskontext ableiten und Traditionen der Prophetenbiographie [arab. *as-sīra an-nabawīya*] in die E. einbeziehen) und die Koranexegese der islamischen Mystik, die die spirituelle →Bedeutung des Textes ergründet. Neben den Hauptströmungen islamischer Koranexegese steht die im 9. Jh. entstehende rationalistische Bewegung der *muʿtazila*. In der Tradition der 12er und 7er Schiiten u.a. haben sich spezifische Formen der Koranexegese entwickelt, die einen deutlichen Bezug zur schiitischen Imamatslehre aufweisen und von der klassischen sunnitischen Exegesetradition i.d.R. nicht rezipiert bzw. abgelehnt werden.

(2) Koranexegese und biblische Traditionen: Die vom Propheten Muḥammad an seine Gemeinde verkündete Botschaft sieht sich selbst in der Tradition früherer Verkündigungen. In diesem Zusammenhang wird Muḥammad als ‚Siegel der Propheten' (Q 33:41) gesehen, der als Verkündiger der letzten von Gott gesandten →Offenbarung vorherige Religionstraditionen aufgreift und korrigiert. Die jüdischen und christlichen Texttraditionen selbst spielen dabei im Wortlaut für die islamische Koranexegese fast keine Rolle. Im Gegensatz zur christlichen Tradition, die die Hebräische →Bibel als AT in den christlichen →Kanon aufnahm und beide Flügel des Kanons durch typologische E. miteinander verband, zeigt die islamische E. gegenüber der Authentizität der jüdischen und christlichen Textüberlieferung starke Vorbehalte (Vorwurf des *taḥrīf* ‚Schriftverfälschung' an Juden und Christen). Die islamische Koranexegese scheint tendenziell die →Identität der neuen Gemeinde in ihrer Neuorientierung auf den islamischen Propheten hervorzuheben und damit in ihrem Bruch mit den Vorgängertraditionen zu betonen.

(3) Der Koran als exegetischer Text: Betrachtet man den Koran als einen verkündeten Text, der sich an eine Gemeinde richtete, in der u.a. jüdische und christliche Überzeugungen anzutreffen waren, scheinen sich im Text Diskurse erkennen zu lassen, die christliche und jüdische Überlieferungen aufgreifen und neu deuten. In der Anspielung und Verarbeitung des 136. Psalms in der 55. Sure z.B. kann eine Umdeutung der im →Psalm verarbeiteten Heilsgeschichte des Volkes Israels in einen Diskurs über Schöpfung und Eschatologie gesehen werden. Die Erwähnung der Schöpfung von Vögeln aus Lehm durch Jesus Christus (Q 3:47–50; 5:110), die eine apokryphe Evangelientradition aufnimmt (Kindheitsevangelium des Thomas), trägt einen deutlichen theologischen Standpunkt in die Überlieferung des Vogelwunders ein, indem die christologische Bedeutung der apokryphen Wundererzählung zurückgesetzt wird und das Handeln Jesu Christi allein durch den Willen Gottes (und nicht durch die göttliche Natur Christi) erklärt wird. Spiegelverkehrt zum islamischen Selbstverständnis der monotheistischen Erneuerung wird der Koran aus christlicher Perspektive seit frühislamischer Zeit (z.B. bei Johannes von Damaskus) als Textzeugnis einer christlichen Häresie wahrgenommen. Wissenschaftsgeschichtlich wird der Koran in den Arbeiten der Wissenschaft des Judentums – von A. Geiger (1810–1874) bis H. Speyer (1897–1935) – erstmalig ohne polemische Ausrichtung im Kontext einer spätantiken nahöstlichen Religionslandschaft mit Motiven, Themen und Stoffen v.a. aus der jüdischen Tradition in Beziehung gesetzt. Bei allem Bezug zu den vorherigen Traditionen muss darauf hingewiesen werden, dass die verarbeiteten Themen dabei ein vollkommen neues theologisches Profil gewinnen. Eine umfassende Erforschung des Koran im Kontext eines exegetischen Zeitalters im spätantiken Nahen Osten vor dem intertextuellen Hintergrund arabischer, äthiopischer, griechischer, hebräischer und syrischer Texttraditionen steckt noch in den Anfängen.

BIBLIOGRAPHIE: M. Bar-Asher, Scripture and exegesis in early Imami Shi'ism, Leiden 1999. – H. Gätje, Koran und Koranauslegung, Zürich 1971. – A. Geiger, Was hat Mohammed aus dem Judenthume aufgenommen, Bonn 1833. – C. Gilliot, Art. Exegesis, classical, in: EQ 2 (2002), 99–124. – I. Goldziher, Die Richtungen der islamischen Koranauslegung, Leiden 1920 [Nachdruck Leiden 1952]. – H. Lazarus-Yaffe, Art. Tahrif, in: EI² 10 (2000), 111 f. – M. Marx, Glimpses of mariology in the Qur'an, in: A. Neuwirth et al. (Hgg.), The Qur'an in context, Leiden 2009. – Ders., Ein Koran-Forschungsprojekt in der Tradition der Wissenschaft des Judentums: Zur Programmatik des Akademienvorhabens *Corpus Coranicum*, in: D. Hartwig et al. (Hgg.), „Im vollen Licht der Geschichte": Die Wissenschaft des Judentums und die Anfänge der kritischen Koranforschung, Würzburg 2008, 41–53. – A. Neuwirth, „Im vollen Licht der Geschichte". Die Wissenschaft des Judentums und die Anfänge der kritischen Koranforschung, in: ebd., 11–24. – Dies., Psalmen – im Koran neu gelesen (Ps 104 und 136) in: ebd., 157–189. – A. Rippin, Art. Tafsir, in: EI² 10 (2000), 83–88. – Ders. (Hgg.), The Qur'an and its interpretative tradition, Aldershot 2001. – D. Sahas, John of Damascus on Islam, Leiden 1997. – H. Speyer, Die biblischen Erzählungen im Qoran, Gräfenheinichen 1931. – R. Wieland, Art. Exegesis of the Qur'ān, in: EQ 2 (2002), 124–142.

Michael Marx

VI. Altphilologisch

E. (griech. ἐξήγησις, ‚Aussage, Erzählung, Erklärung'; lat. *interpretatio*) lässt sich in der Klassischen Philologie nur schwer von →Auslegung und →Interpretation trennen. Tentativ kann man versuchen, Interpretation von E. zu trennen, indem man der E. mehr Systematik, d. h. ein geordnetes Regelwerk zuordnet, innerhalb dessen sie operiert. Im Unterschied zur →Hermeneutik, der Theorie oder Wissenschaft vom →Verstehen, ist E. der methodisch reflektierte und differenzierte Vollzug der konkreten Auslegung.

Historisch lässt sich in Europa E. zuerst in religösen und gelehrten Kontexten beobachten, wobei sie als autoritär bzw. kanonisch aufgefasste Texte mit neuer Relevanz einer späteren Leserschaft zugänglich machen will: So wurde Homer seit Theagenes von Rhegion (6. Jh. v. Chr.) allegorisch und wohl bereits vor dem Hellenismus auch philologisch ausgelegt (R. Lamberton). Die →Allegorese eines orphischen Gedichts über Theogonie findet sich seit der zweiten Hälfte des 5. Jh.s v. Chr. im sog. Derveni-Papyrus (wohl 340 v. Chr.). Allgemein lässt sich auch beobachten, dass oft entweder im Streit ein einziger ‚wahrer' →Sinn erkämpft werden sollte oder dass sich eher die harmonische Erkenntnis durchsetzte, dass zumindest jeder wichtige Text mehr als nur einen Sinn haben kann. Die →Autorenintention war gegenüber der E. durch den Auslegenden bzw. gegenüber der Relevanz für den Rezipienten oft sekundär, besonders wenn (ein) Gott als eigentlicher Autor angenommen wurde. Seit dem Hellenismus kristallisierten sich die beiden Tendenzen der wörtlich-grammatikalischen (Antiochia) und der übertragen-allegorischen (Alexandria) E. heraus; die Literarkritik stand an der Schnittstelle von →Grammatik, →Rhetorik und Philosophie. Dabei ist grundsätzlich zu unterscheiden, ob ein Text ursprünglich allegorisch konzipiert war (z. B. eine →Parabel oder ein →Mythos) oder ob erst der Rezipient nachträglich dem Text einen verborgenen Sinn unterstellte, den es zu ergründen galt. So ging man z. B. schon sehr früh davon aus, dass sich hinter den seltsamen Hirtennamen in Vergils *Eklogen* historische, meist zeitgenössische Persönlichkeiten verbargen, über deren Identität viele Spekulationen angestellt wurden. Antike E., vorchristliche wie christliche, ist nicht unmittelbar an den Texten erarbeitet und entwickelt worden, sondern sie entstammt einem durch die Jahrhunderte hindurch bewahrten und bestätigten Bildungserbe (H. Doerrie). Dies lässt sich besonders an der Geschichte der Homerexegese einerseits und an der Methode Philos bei der E. der atl. Schriften andererseits aufweisen. Solche oft in einem →Kommentar formulierten Erklärungen fanden ihren Niederschlag z. T. auch in späteren Dichtungen (A. Rengakos; T. Schmit-Neuerburg). Im christlich-paganen Kulturkampf der Spätantike, die als Epoche der E. schlechthin bezeichnet werden kann, zehren fast alle literarischen Formen von früherer E. und wollen selbst auch zu ihr beitragen (z. B. Vergilexegese durch Donatus, Servius; poetische Kontrafakturen zu paganen Dichtern durch Prudentius u. a.; reiche patristische Bibelexegese in vielen literarischen Formen; R. Herzog; K. Pollmann).

Die Klassische Philologie selbst ist letztlich die Disziplin der E. *par excellence*, da sie danach strebt, überlieferte Texte für die Gegenwart zu erhalten sowie verständlich und relevant zu machen. Seit dem Ende des 20. Jh.s hat sich ihre relative Distanz zu (post-)modernen Umgangsformen mit Texten verringert: Linguistik, Narratologie u.a. werden nun auch von ihr erfolgreich zur Erschließung antiker Texte angewandt. Ihre einstige methodische Vorrangstellung hat sie momentan jedoch nicht mehr inne.

Bibliographie: R.J. Allan/M. Buijs (Hgg.), The Language of literature, Leiden 2007. – J.W.H. Atkins, Literary criticism in Antiquity, 2 Bde., Cambridge 1934. – H. Doerrie, Zur Methodik antiker Exegese, in: ZNW 65 (1974), 121–138. – R. Herzog, Spätantike, Göttingen 2002. – I.J.F. de Jong, A narratological commentary on the Odyssey, Cambridge 2001. – R. Lamberton, Homer the theologian, Berkeley u.a. 1986. – M. Lefkowitz, The Pindarscholia, in: The American Journal of Philology 106 (1985), 269–282. – M. Lossau, Untersuchungen zur antiken Demosthenesexegese, Bad Homburg 1964. – D. Obbink, Allegory and exegesis in the Derveni Papyrus: the origin of Greek scholarship, in: G.R. Boys-Stones, metaphor, allegory, and the Classical tradition, Oxford 2003, 177–188. – K. Pollmann, Exegesis without end: forms, methods and functions of biblical commentaries, in: P. Rousseau (Hg.), Blackwell Companion to Late Antiquity, London 2009, 258–269. – A. Rengakos, Apollonios Rhodios und die antike Homererklärung, München 1994. – A. Roemer/E. Belzner, Die Homerexegese Aristarchs in ihren Grundzügen, Paderborn 1924. – T. Schmit-Neuerburg, Vergils Aeneis und die antike Homerexegese, Berlin/New York 1999.

Karla Pollmann

VII. Literaturwissenschaftlich

→Interpretation/Interpretieren/Interpret

Existentiale Interpretation

Der Begriff der e.n I. ist von R. Bultmann geprägt worden. Er steht im unmittelbaren Zusammenhang mit seinem Begriff des → Mythos und bezeichnet den positiven Gehalt der von Bultmann geforderten Entmythologisierung des →NT. Im NT werde ein mythisches Weltbild vertreten, das dem Wissensstand der Moderne widerstreite. Die Frage lautet, ob die ntl. Verkündigung eine → Wahrheit hat, die vom mythischen Weltbild unabhängig ist, was Bultmann bejaht. Im Unterschied zu den Naturwissenschaften geht es in den Geisteswissenschaften und in der Theologie nicht darum, den Mythos zu eliminieren, sondern ihn zu interpretieren. Dabei will der Mythos „nicht kosmologisch, sondern anthropologisch – besser: existential interpretiert werden" (R. Bultmann, *Mythologie*, 22). Auch die ntl. Mythologie ist nach Bultmann „nicht auf ihren objektivierenden Vorstellungsgehalt hin zu befragen, sondern auf das in diesen Vorstellungen sich aussprechende Existenzverständnis hin" (a.a.O., 23). Ausdrücklich beruft sich Bultmann für sein Programm der e.n I. auf die Gnosisinterpretation seines Schülers H. Jonas (a.a.O., 29), von dem er auch den Begriff der Entmythologisierung übernommen hat. Beeinflusst ist das Pogramm aber auch durch die Existenzphilosophie M. Heideggers (*Sein und Zeit* 1927) und ihre existenziale (sic!) Analytik des Daseins. Die Frage nach der Wahrheit der menschlichen Existenz ist nach Bultmann gleichbedeutend mit der Frage nach Gott bzw. seiner →Offenbarung (Bultmann, *Problem*, 245), wobei sich Bultmann gegen das → Missverständnis K. Barths wehrt, sein Existenzbegriff sei mit dem „inneren Leben" des Menschen im Sinne W. Herrmanns gleichzusetzen. Bultmanns e. I. unterscheidet zwischen dem menschlichen Sein außerhalb des Glaubens und dem menschlichen Sein im → Glauben. Das Sein außerhalb des Glaubens kann mittels philosophischer Begrifflichkeit analysiert werden. Das Sein im Glauben erschließt sich dagegen nur durch die →Interpretation des ntl. Kerygmas, die freilich an ein vorgläubiges Vorverständnis anknüpfen kann. Glaube, verstanden „als die Freiheit des Menschen von sich selbst, als die Offenheit für die Zukunft", ist nach Bultmann nur möglich als Glaube an die Liebe Gottes (*Mythologie*, 51). G. Ebeling und E. Fuchs haben das Programm der e.n I. zu einer Theologie des Sprachereignisses bzw. des Wortgeschehens weiterentwickelt. Dagegen hat F. Buri gefordert, die Entmythologisierung müsse konsequenterweise in die Entkerygmatisierung der Theologie münden, während H. Braun auch noch den bei Bultmann festgehaltenen Gottesbegriff existential aufzulösen versucht hat. Andere Kritiker halten Bultmann vor, dass er mit dem für seine e. I. zentralen Begriff des Selbstverständnisses der Philosophie der transzendentalen Subjektivität verhaftet bleibt (W. Anz).

BIBLIOGRAPHIE: W. Anz, Bedeutung und Grenze der existentialen Interpretation, in: B. Jaspert (Hg.), Rudolf Bultmanns Werk und Wirkung, Darmstadt 1984, 348–358. – H.-W. Bartsch (Hg.), Kerygma und Mythos, 5 Bde., Hamburg 1948–1955. – R. Bultmann, Neues Testament und Mythologie, hg. v. E. Jüngel, München 1988. – Ders., Das Problem der Hermeneutik, in: Ders., Neues Testament und christliche Existenz, Tübingen 2002, 223–247. – H. Hübner, Was ist existentiale Interpretation?, in: Ders., Biblische Theologie als Hermeneutik, Göttingen 1995, 229–251.

Ulrich H.J. Körtner

F

Fabel →Gleichnis, →Parabel

Feministische Bibelhermeneutik

I. Alttestamentlich

F. B. lässt sich nicht als eine einheitliche → Methode beschreiben, sondern kennzeichnet einen hermeneutischen Zugang. Dieser ist markiert durch einen Standpunkt, der die Diskriminierung von Frauen (und Männern) in den Blick nimmt und zu überwinden sucht. F. B. teilt darin mit der →kontextuellen Hermeneutik das Explizitmachen des Kontexts, in dem der Text und die Interpretin/der Interpret steht. Dabei bricht sie mit dem Objektivitätspostulat. F. B. ist vielfach eine konsequente Weiterführung des Impetus der historischen Kritik, weil die Texte als historische, d. h. androzentrische Produkte verstanden werden, die auf ihren Geschlechterbias hin analysiert werden. Sie ist motiviert durch eine Hermeneutik des →Verdachts, die sich an die →Auslegungsgeschichte, aber auch an die →Texte selbst richtet. In der Rezeption von Gen 1 etwa wurde die Gottebenbildlichkeit des Menschen häufig auf den Mann beschränkt.

Ausgangspunkt bilden die je spezifischen Erfahrungen der Ausleger und Auslegerinnen, wodurch deutlich wird, dass Frausein keine essentialistische Grösse ist, sondern vom Alter, sozio-ökonomischem und kulturellem Kontext, sexueller Orientierung etc. abhängig ist (→*Postcolonial Hermeneutics*). Entsprechend rückt der →Körper in den Blick. Texte werden als Konstruktion von → Wirklichkeit, d. h. von Geschlechterverhältnissen, verstanden. Folglich ist die rhetorische und literarische Analyse des Textes zentral, die die Interessen bzw. weiblichen Stimmen der Texte offenlegt: So beginnt Hld mit der Stimme einer Frau. Die Klgl bringen Erfahrungen von Frauen in Situationen wie Krieg und Unterdrückung zum Ausdruck. Der Zusammenhang zwischen Sprache und Macht wird untersucht, so dass der Genderbias, den Wörterbücher, Übersetzungen und Kommentare transportieren, explizit gemacht wird. Vorläuferinnen finden sich in Elizabeth Cady Stanton *Women's Bible* (1898). Eingang fanden die Ergebnisse in →Bibelübersetzungen, bzw. sie führten zu Neuübersetzungen der Tora/der Bibel. Zentral sind dabei die genderneutrale bzw. genderübergreifende Rede von Gott und die Arbeit an der Frage, wie diese in der Wiedergabe des Gottesnamens verwirklicht werden kann. Nach der Analyse der Texte wird nun auch vermehrt der Quellenwert der Realien (Ikonographie, Archäologie und Sozialgeschichte) bei der Rekonstruktion der Frauengeschichte des Alten Israel untersucht.

Die f.B. hat das Problem der Relevanz des biblischen Textes zugespitzt, indem nicht zuletzt der patriarchale Hintergrund herausgearbeitet wurde. Zugleich wurden befreiende Stimmen innerhalb des Kanons entdeckt, z. B. die innerbiblische Neuinterpretation und Kritik an der Tradition, wie sie sich durch das Buch Rut vollzieht.

BIBLIOGRAPHIE: Die Bibel in gerechter Sprache, hg. v. U. Bail et al., Gütersloh ^{3}2007. – D. Erbele-Küster, Der Gott der Väter und der Mütter, in: P. Hanson et al. (Hgg.), Biblische Theologie, Münster/Hamburg 2005, 109–121. – L. Schottroff/M.-T. Wacker (Hgg.), Kompendium Feministische Bibelauslegung, Gütersloh ^{2}1998. – S. Schroer (Hg.), Images and gender, Fribourg/Göttingen 2006.

Dorothea Erbele-Küster

II. Neutestamentlich

F. B. ist eine →kontextuelle Hermeneutik, die die Frage nach Erfahrungen von Frauen in, hinter und mit den Texten stellt und die soziale Verortung und Geschlechtsidentität der Auslegenden im Auslegungsprozess reflektiert. Bereits im 19. Jh. wurde u. a. von E. Cady Stanton herausgestellt, dass die Bibel ein Text von Männern für Männer ist, der gleichwohl neben unterdrückenden (z. B. 1 Kor 14,33b–35) auch befreiende Traditionen (z. B. Gal 3,27 f.) enthält, die zu innerer Kritik anleiten. Wichtig wurde die von E. Schüssler Fiorenza entwickelte kritisch-feministische Hermeneutik der Befreiung, die mit dem Verdacht beginnt, dass Texte und ihre Auslegungstraditionen Frauen und Frauenerfahrungen verschweigen und unsichtbar machen. Sie entdeckt hinter den rhetorischen Strukturen der Texte eine andere Hälfte des Dialogs, die sie als Quelle für Frauenerfahrungen nutzt. Hermeneutisches Zentrum ist die ‚Frauenkirche', die mit historisch-kritischer Rekonstruktion, Erinnerung, Imagination und Kritik für gesellschaftsveränderndes Handeln eintritt. Anders entdeckt E. Castelli keine Spannung zwischen Text und Auslegungsgeschichte, sondern tritt für die kritische →Dekonstruktion der in der Bibel eingeschriebenen Macht- und Herrschaftsstrukturen ein. L. Schottroff versteht dagegen das NT als Schule der Gerechtigkeit und findet in vielen Texten eine parteiliche Stellungnahme für Entrechtete und Marginalisierte aller Geschlechter. Ausgehend von der Entdeckung der Vielfalt von Frauenerfahrungen wurde seit den 1980er Jahren die These eines zum Judentum differenten nicht-patriarchalischen Jesus oder Paulus problematisiert. In der jüngsten Vergangenheit hat darüber hinaus ein weltweites hermeneutisches Gespräch über die Frage nach der Bedeutung der Schrift für theologische Visionen einer geschlechtergerechten Welt begonnen.

BIBLIOGRAPHIE: E. Castelli, Globalization, in: K. O'Brien Wicker et al. (Hgg.), Feminist New Testament studies, New York 2005, 63–78. – L. Schottroff, Lydias ungeduldige Schwestern, München 1994. – E. Schüssler Fiorenza, Zu ihrem Gedächtnis, München/Mainz 1988. – Dies., WeisheitsWege, Zürich 2005. – S. Schroer/S. Bietenhard (Hgg.), Feminist interpretation of the Bible and the hermeneutics of liberation, Sheffield 2003. – E. Cady Stanton, The woman's Bible, New York 1898.

Angela Standhartinger

III. Systematisch-theologisch

Die Feministische Theologie ist in der zweiten Hälfte des 20. Jh.s entstanden und von Anfang an vielfältig verknüpft mit außertheologischen Ansätzen feministischer Theorie; kirchlich-theologisch liegen ihre Wurzeln in Laienbewegungen der Kirchen. Somit hat Feministische Theologie immer einen starken Praxisbezug, der überwiegend auf kritischer Aneignung der Biblischen Tradition beruht. Grundlegend sind hier hermeneutische Zugänge, die auf die Interrelation von Kontexten (des Textes und der Interpretin) abheben. In der Reflexion des Interpretationskontextes ist die Wahrnehmung des Geschlechts und damit die Reflexion von Frauenerfahrung zentral. Die Stoßrichtung liegt in der Aufdeckung männerzentrierter Denk- und Handlungsstrukturen in Kirche und Theologie und in der (Wieder-) Gewinnung positiver Frauengestalten, -traditionen und -texte: Das von (männlichen) Vorurteilen befreite Wort Gottes soll Frauen erreichen (so E. Schüssler-Fiorenzas ‚Hermeneutik des →Verdachts'). Mit diesem kritisch-hermeneutischen Ausgangspunkt lautet die zentrale Frage feministisch-systematischer Bibellektüre: ‚Welcher Text kann nach feministisch-historischer Kritik als Offenbarung bzw. Wort Gottes gelten?'

Schwerpunkte feministischer Theologie in systematisch-theologischer Perspektive liegen somit erstens in der Theologischen Anthropologie, besonders in der Lehre von Schöpfung und Sünde. Hier wird gegen die androzentrische Tradition die Entstehung der Geschlechterhierarchie als Ursünde begriffen, betont wird (textgemäß) die schöpfungsgemäße Gleichheit der Geschlechter. Einen zweiten Schwerpunkt bildet die Neureflexion der Gotteslehre unter Berücksichtigung biblisch bezeugter weiblicher Attribute für Gott. Das Ziel ist, das einseitig männliche Gottesbild, das in der Vatervorstellung gipfelt, aufzulösen und neu zu entwerfen. Aus dieser Diskussion ergibt sich folgerichtig der dritte Schwerpunkt feministischer Theologie, der Christologie. Der historische Sachverhalt der Männlichkeit Jesu muss nicht zwangsläufig auch zu einer männlichen Verengung der Erlösung führen.

Die hermeneutische Spirale feministischer Theologie verläuft von der konkreten Frauenerfahrung zu ihrer Anbindung an Frauentexte und -traditionen. Aus diesem Grund besetzt die feministische Theologie Themen, die in traditioneller Theologie häufig unterrepräsentiert sind (Leiblichkeit, Beziehungen, Gewalt). Der normative Charakter des Erfahrungsbezugs ist dabei innerhalb der feministischen Theologie kontrovers. Feministische Theologie versteht sich indes nicht als Ergänzung traditioneller theologischer Entwürfe, sondern als dezidiert neue Dimension jüdisch-christlicher Theologie über die Grenzen von Religionen oder Konfessionen hinweg.

BIBLIOGRAPHIE: E. Gössmann et al. (Hgg.), Wörterbuch der feministischen Theologie, Gütersloh 1991. – H. Meyer-Wilmes et al., Art. Feminismus/ Feministische Theologie, in: RGG^4 3 (2000), 66–75. – L. Siegele-Wenschkewitz, Die Rezeption und Diskussion der Genus-Kategorie in der theologischen Wissenschaft, in: H. Bußmann/R. Hof (Hgg.), Genus, Stuttgart 1995, 60–113.

Melanie Köhlmoos

Fiktion/Fiktionalität

I. Alttestamentlich

Dem Begriff F. (lat. *fingere*, ‚bilden, darstellen, erfinden') kommen im heutigen Sprachgebrauch v. a. zwei Bedeutungen zu. Im engeren Sinne bezeichnet er eine erfundene Geschichte (etwa im Roman, in →Erzählungen oder anderen Formen literarischer Narration). Der Inhalt ist ein Produkt der Phantasie, und der Verfasser genießt absolute dichterische Freiheit. Im allgemeinen Sprachgebrauch findet sich der banale Gegensatz zwischen Fakt und F. Dieses Gegensatzpaar suggeriert, dass es sich bei Fakten (wie sie von Journalisten und Historikern eruiert werden) um objektives Material handele, während F. den entgegengesetzten Pol darstellt und unter Konnotationen wie unzuverlässig, frei erfunden usw. leidet. Diese Gegenüberstellung ist unglücklich, da eine Reihe von ‚Fakten' bereits auf einer Selektion oder einer textlichen Disposition beruht, die einem Programm folgen, im Dienste von strukturierenden Prinzipien stehen und ideologische Tendenzen nicht vollständig ausschließen können; all dies unterminiert den Objektivitätsanspruch. Der bestdokumentierte Bericht eines angesehenen Historikers unterscheidet sich grundlegend von der schwer greifbaren Vergangenheit. Dies führt zu der Frage, ob das moderne Konzept der F. überhaupt auf die Bibel anwendbar ist.

F. ist ein akzeptabler Terminus für Erzählungen, die offensichtlich nicht auf Augenzeugenberichten oder verlässlichen →Quellen basieren. Der größte Teil, wenn nicht der gesamte Erzählstoff von Gen und Ex ist ein Produkt der Intuition und entspricht den Bedürfnissen (wie der Etablierung einer spirituellen Identität) und religiösen Konzepten des alten Israel als eines sesshaften Volkes. Der Inhalt der Bücher Est und Dan ist F. im engeren Sinne. Der Großteil des atl. Erzählstoffes (→Erzählende Literatur) setzt sich dagegen aus Formen der nationalen →Geschichtsschreibung zusammen. Diese Art Historiographie jedoch basiert auf Voraussetzungen, die sich grundlegend von den Ansprüchen und Prinzipien der modernen Geschichtsschreibung unterscheiden. In der Erzählung seiner Vergangenheit bedient sich Israel narrativer Formen und bejaht dichterische Freiheit, anstatt sie abzulehnen; →Rhetorik und guter →Stil werden favorisiert. Daher muss die Definition von F. dahingehend ausgeweitet werden, dass extensiver, aber disziplinierter Einsatz von Imagination ein anerkannter Teil der F. wird. Die hebräischen →Erzähler und die →Autoren ntl. Erzählungen fühlen sich dazu berechtigt, Lücken aufzufüllen, die Innenwelt ihrer Charaktere wiederzugeben und zu interpretieren, und sie bleiben ihrer religiösen Vision treu, was ihnen hilft, den berichteten Geschehensabläufen Form zu verleihen. Während die atl. Wissenschaft in der Disziplin ‚Geschichte Israels' mit den →Methoden historischer Kritik, Rekonstruktion und Interpretation der Quellen nach dem ‚historisch Verlässlichen' sucht, ist es für den heutigen Leser zumeist unergiebig, zwischen dem Fiktionalen und dem ‚historisch Verlässlichen' unterscheiden zu wollen: in den vorliegenden Texten dominiert die Imagination.

BIBLIOGRAPHIE: N. Frye, The great code, London 1982.

Jan P. Fokkelman

II. Neutestamentlich

Wenn in Deskriptionen der Entwicklungsgeschichte des frühen Christentums von F. die Rede ist, so trägt dieser Terminus oft pejorative Züge, indem er als Gegenbegriff zu → ‚Wahrheit' bzw. ‚Realität' verwendet wird. Eine solche Kontrastierung ist jedoch erkenntnistheoretisch und literaturwissenschaftlich betrachtet zu eng gefasst. Einerseits ist jeder Form einer „historische(n) Imagination [...] eine ‚Fiktionalitätsaura'" zu eigen (G. Theißen/A. Merz, 31). Andererseits ist F. begriffsgeschichtlich weit weniger negativ besetzt, als dies in vielen gegenwärtigen historiographischen Konzepten der Fall ist. Die literarische und rhetorische Funktion des auf den lateinischen Begriff *fingere* (‚bilden, darstellen, erdichten') zurückgehenden Phänomens einer F. wurde bereits von Quintilian reflektiert: F. entspricht hier einer verwendeten Argumentationsform κατ' ὑπονόησιν, bei der man „etwas als wahr" voraussetzt, „was, wenn es wahr sein würde, entweder eine Frage löste oder zu ihrer Lösung behilflich wäre" (*inst.* 5,10,96–98). Diese Einschätzung entspricht neuzeitlichen erkenntnistheoretischen und sprachphilosophischen Konzepten (vgl. I. Kant, *Kritik der reinen Vernunft*, B 799). In sprachphilosophischen Reflexionen kann F. als eine ‚Behauptung' ohne ‚behauptende Kraft' (G. Frege), als *‚pretended assertion'* (J.R. Searle) oder als eine Redeform, die „keinen Anspruch auf Referenzialisierbarkeit oder auf Erfülltheit erhebt" (G. Gabriel, bes. 31) bezeichnet werden. Im Kontext literaturwissenschaftlicher Diskurse wird zwischen den Begriffen ‚Fiktivität' und ‚Fiktionalität' differenziert. Während Fiktionalität v.a. den Modus einer literarischen Darstellung bzw. rhetorischen Kommunikation kennzeichnet, können die Inhalte fiktionaler Rede fiktive Personen bzw. Welten sein. Diese Aspekte können für das Verständnis der frühchristlichen Literatur- und Theologiegeschichte in mehrfacher Hinsicht von Relevanz sein. Dies gilt im Besonderen für das Verständnis frühchristlicher Autorfiktionen bzw. →Pseudepigraphie. Dass „fiktionale Texte im Sinne einer produktiven Instanz gesehen werden" können (so T. Nißlmüller, 1995, 7 in Rekurs auf die rezeptionsästhetische Lese-Theorie W. Isers), zeigt sich u.a. auch bei apokalyptischen Weltbildern, die für das frühe Christentum von zentraler Bedeutung waren (zuletzt J. Valentin, 2005 bzw. zum Phänomen einer ‚F. der wahrscheinlichen Realität': E. Eposito, 2007, 36 ff.).

BIBLIOGRAPHIE: E. Esposito, Die Fiktion der wahrscheinlichen Realität, Frankfurt a.M. 2007. – G. Gabriel, Fiktion und Wahrheit, Stuttgart/Bad Cannstatt 1975. – T. Nißlmüller, Rezeptionsästhetik und Bibellese, Regensburg 1995. – J.R. Searle, The logical status of fictional discourse, in: New Literary History 6 (1975), 319–332. – G. Theissen/A. Merz, Der historische Jesus, Göttingen ³2002. – J. Valentin, Zwischen Fiktionalität und Kritik, Freiburg i.Br. 2005.

Enno Edzard Popkes

III. Altphilologisch

Die Inhalte griechischer Dichtung werden in der oralen Kultur archaischer Zeit als historische und religiöse Wahrheiten rezipiert. Im Musenanruf konkretisiert sich das Selbstverständnis des →Dichters als Sprachrohr göttlichen Wissens (Hom. *Il.* 2,484–7). Wenn Hesiod die Musen verkünden lässt, sie wüssten Wahres, aber auch viel Unwahres zu sagen (*Th.* 27 f.), ist das polarer Ausdruck göttlicher Allmacht, kaum aber divine Legitimierung poetischer F. Mit dem Übergang zur Schriftlichkeit wächst die Kritik an Inkonsistenzen in der Dichtung (z.B. Solon; Xenophanes; Heraklit). Deren Inkaufnahme wird teils durch textinterne Zwänge oder das Bestreben, die Zuhörer zu erfreuen (Hdt. 2,116; Th. 1,21 f.), teils durch →Allegorese erklärt. Die Spannung zwischen neuem Wahrheitsanspruch und unveränderter Grundauffassung von →Dichtung führt zu Platos Forderung, sie in seinem Idealstaat nicht unreflektiert zu rezipieren und kritisch auszuwählen. In der Blütezeit des Dramas wertet die Sophistik das Unwahre in der Dichtung um: Für Gorgias ist Täuschung positiv zu bewertendes Tragödien-Konstitutivum. Aristoteles verzichtet, indem er die Kategorien des Wahrscheinlichen und Allgemeinen einführt, teilweise auf das alt-orale Wahrheitsgebot. Aufgabe des Dichters sei, mitzuteilen „was geschehen könnte", das für einen bestimmten Charakter nach Wahrscheinlichkeit oder Notwendigkeit Mögliche (*Po.* 1451a 36–8). Während Plato das Kopieren der wahrgenommenen Welt, die Mimesis, als Abbild zweiter Ordnung disqualifiziert, wertet Aristoteles diese auf: Durch ihre F. könne sie das Allgemeine besser darstellen als die Historiographie (*Po.* 1451b 5–7). Andererseits bleibt auch er (z.B. *Po.* 1460a 18 f.) weiter der Dichotomie Wahrheit/Lüge verhaftet. Erst in der römischen →Rhetorik wird ein Dreierschema greifbar (z.B. Cic. *inv.* 1,27), wobei nach dem Realitätsbezug untergliedert wird in: *fabula*, die weder Wahres noch Wahrscheinliches enthält (Tragödie); *historia*, die wirkliche →Ereignisse berichtet (→Geschichtsschreibung); *argumentum* als Erfundenes, das sich hätte ereignen können (Neue Komödie). F. wird hier als Gestalten irrealer, aber empirisch möglicher Stoffe gefasst. Unter dem Wahrheitspostulat der →Evangelien wird von christlicher Seite gegen heidnische Dichtung und Religion als F. polemisiert (z.B. Laktanz; Augustinus).

BIBLIOGRAPHIE: S. Büttner, Antike Ästhetik, München 2006. – F.S. Halliwell, The aesthetics of mimesis, Princeton 2002. – M. Hose, Fiktionalität und Lüge, in: Poetica 28 (1996), 257–274. – K. Pollmann, Zwei Konzepte von Fiktionalität in der Philosophie des Hellenismus und in der Spätantike, in: T. Fuhrer/M. Erler (Hgg.), Zur Rezeption der hellenistischen Philosophie in der Spätantike, Stuttgart 1999, 261–278. – W. Rösler, Die Entdeckung der Fiktionalität in der Antike, in: Poetica 12 (1980), 283–319. – A. Schmitt, Was macht Dichtung zur Dichtung?, in: J. Schönert/U. Zeuch (Hgg.), Mimesis – Repräsentation – Imagination, Berlin 2004, 65–95. – E.-R. Schwinge, Griechische Tragödie und zeitgenössische Rezeption, Hamburg 1997.

Boris Dunsch

IV. Literaturwissenschaftlich

Bei dem Versuch, Fiktionalität zu definieren, wird auch heute noch häufig auf H. Vaihingers *Philosophie des Als Ob* zurückgegriffen, die dieser 1911 publizierte. Ausgangspunkt von Vaihingers Argumentation ist die Frage, wie es denn komme, dass man „mit bewusstfalschen Vorstellungen" doch Richtiges erreichen könne? Solche Vorstellungen, die Vaihinger im Untertitel seines Werks als die „theoretischen, praktischen und religiösen Fiktionen der Menschheit" bezeichnet, mögen zwar logisch unhaltbar und sogar erkennbar falsch sein, sind Vaihinger zufolge jedoch eine notwendige und unentbehrliche Hilfe bei der Suche nach dem Richtigen und Wahren. Vaihingers Fiktionsbegriff subsumiert eine Vielzahl von Phänomenen, wie etwa Abstraktion, Komplexitätsreduktion, Visualisierung, Kategorisierung und Hypothesenbildung. Demgegenüber fungiert in der Literaturwissenschaft, entsprechend der Verwendung des Begriffs *fiction* im angloamerikanischen Sprachraum, F. in einem engeren Sinne als Oberbegriff für erfundene Prosaerzählungen. Fiktionale Texte wie Romane oder Kurzgeschichten streben in Abgrenzung von referentiellen (Sach-)Texten keinen eindeutigen Wirklichkeitsbezug an, geben die Unterscheidung zwischen wahr und falsch zugunsten ästhetischer Kriterien auf und nehmen dennoch eine Form der künstlerisch geformten Vermittlung von Wahrheit für sich in Anspruch. Sie bilden die Wirklichkeit nicht nachahmend ab, sondern konstruieren vielmehr mit Hilfe spezifischer literarischer Verfahren fiktionale Welten, die mit der ‚realen' Welt bzw. der intersubjektiv geteilten Welterfahrung in sehr unterschiedlicher Weise in Beziehung treten können: das Spektrum reicht von realistischen Repräsentationen menschlicher Handlungen und Denkweisen über utopische bzw. dystopische Entwürfe bis hin zu phantastischen Gegenwelten. Fiktionale Texte wollen, gemäß dem berühmten Diktum von Horaz, belehren und unterhalten. Sie können aber auch provozieren und die Tabus, Werte und Normen einer Gesellschaft aufzeigen. Diese soziokulturelle Bedeutung des Fiktionalen ist Gegenstand funktionsgeschichtlicher sowie systemtheoretischer Ansätze in der Literaturwissenschaft, die sich dem Fiktionsbegriff aus pragmatischer Perspektive nähern. Denn wo die Grenze zwischen literarischen und wissenschaftlichen oder theologischen F.en im Sinne Vaihingers verläuft und welche Zusammenhänge zwischen den verschiedenen Erscheinungsformen des ‚Als ob' bestehen, lässt sich nur im jeweiligen historischen und kulturellen Kontext untersuchen.

BIBLIOGRAPHIE: D. Cohn, The distinction of fiction, Baltimore/London 1999. – C. Klein/M. Martínez (Hgg.), Wirklichkeitserzählungen, Stuttgart 2009. – G. Koch/C. Voss, „Es ist, als ob": Fiktionalität in Philosophie, Film- und Medienwissenschaft, Paderborn 2008. – H. Vaihinger, Die Philosophie des Als Ob, Leipzig 1920 [1911]. – F. Zipfel, Fiktion, Fiktionalität, Fiktivität, Berlin 2002.

Roy Sommer

Formen, literarische

I. Alttestamentlich

In der hebräischen Bibel findet sich eine Vielzahl an l.n F. und →Gattungen. In ihrer überwältigenden Vielfalt stellen sie die Ausdrucksmittel für Verstand, Herz und Seele Israels vom 11. bis 3. Jh. v. Chr. dar. Erstens findet sich ein grundlegender Unterschied zweier Arten von →Texten: Prosa und →Dichtung, wobei die Grenze zwischen ihnen in ein und demselben →Buch fließend sein kann (z. B. Jer und Koh). Der erste Block der →erzählenden Literatur enthält Gesetzgebung für verschiedene Bereiche wie Zivilgerichtsbarkeit, das Strafgesetzbuch der Gemeinschaft, Kultvorschriften (bes. Lev). Der Hauptteil des Dtn besteht aus einer großen Rede Moses, der zweiten →Tora (= Weisung) für das Volk nach der Landnahme. Hin und wieder findet sich ein starker Einschnitt: ein Gedicht, welches den Kern des behandelten Gegenstandes unterstreicht, hervorhebt oder definiert: Gen 49, Ex 15, Dtn 32. 33, Ri 5 oder die drei Gedichte, auf die sich die Samuelkomposition stützt (das Lied der Hanna, Davids Klagelied und sein Dankespsalm in 2 Sam 22).

Die hebräische Dichtung, die ca. 35 % des AT ausmacht, ist dicht, farbenreich und leidenschaftlich. Die beiden Hauptgattungen der Schriftprophetie (Jes-Jer-Ez und elf der zwölf ‚Bücher' des Dodekapropheton) sind die Heils- und Unheilsprophetien, die entweder an ein Individuum (z. B. König oder Priester) oder ein Volk (entweder Juda oder Israel selbst oder eine feindliche Nation) gerichtet sind; in den drei großen Propheten werden sie oft von Prosainformation oder einer biographischen Erzählung eingerahmt.

Die wichtigste Dichtung findet sich in den ‚Schriften' (*Ketuvim*): (a) die bekannteste Sammlung, die 150 →Psalmen (eigentlich 148 Gedichte mit 2 bis 176 Verszeilen), ist eine v. a. zum liturgischen Gebrauch bestimmte Anthologie aus dem 10. – 4. Jh., die eine große Bandbreite an Genres aufweist: Hymnen (Loblieder), die Gottes ewige Eigenschaften feiern, Dankeslieder (für Gottes Hilfe in Zeiten der [individuellen oder nationalen] Not), Klagelieder des Volkes und einzelner, Gebete, Königs- und Gott-König-Psalmen; (b) Spr bietet gängige Weisheitslehre (*chokhmah*) und Sammlungen von Sprüchen, Sentenzen und Sprichwörtern aus verschiedenen Zeiten; (c) ein bedeutender heterodoxer Weisheitstext, der Höhepunkt der hebräischen Lyrik ist Ijob (40 Gedichte in einem knappen Prosarahmen, die Debatten zu Leiden und Rechtschaffenheit von sechs Sprechern enthalten); (d) kleine Kostbarkeiten sind: Hld (ein erotischer Dialog) und Klgl (Klage über den Fall Jerusalems).

BIBLIOGRAPHIE: J.P. Fokkelman, Major poems of the Hebrew Bible, 4 Bde., Assen 1998 – 2004. – Ders., Reading biblical poetry, Louisville 2001.

Jan P. Fokkelman

II. Neutestamentlich

Die Ausdrücke ‚Form' und →‚Gattung' werden oft synonym verwendet, so dass es in der Praxis wenig Unterschied gibt. Aus heuristischen Gründen ist es aber sinnvoll, zwischen den beiden Begriffen zu unterscheiden und ‚Gattung' für den durch Abstraktion erhobenen Texttyp, ‚Form' dagegen für den konkret ausweisbaren Einzeltext zu verwenden (M. Rösel, 187). Aus *etischer* Perspektive lassen sich die ntl. Texte grob in zwei Gruppen einteilen. Erstens gibt es Schriften wie die →Evangelien und die Apg, in denen das narrative Element überwiegt. Zweitens gibt es die primär diskursiv geprägte →Briefliteratur. Ein Sonderfall ist die Offb mit ihrer eigentümlichen Mischung von Diskurs und Narrat. Diskurs und Narrat sind aber auch in den anderen Schriften eng miteinander verbunden; so rekurrieren Briefe, wie etwa Phil 2,5 – 11, oft auf legitimierendes Narrat, während narrative Textformen auch Diskurs einschließen, wie z. B. die →Gleichnisse Jesu. Die ntl. Gattungen lassen sich sowohl aus *emischer* wie aus *etischer* Perspektive bestimmen, d.h. man kann hier sowohl mit antiken als auch mit modernen analytischen Begriffen Gattungskategorien bilden. Die ntl. Schriften zeigen eine enge Verwandtschaft mit den literarischen und rhetorischen Gattungen der griechisch-römischen →Literatur, die sie in eigener Weise entfalten und weiterentwickeln. So lassen sich z.B. die paulinischen Briefe der symbouleutischen Gattung zuordnen, tragen aber auch epideiktische und forensische Züge. Zugleich weisen sie im Detail Merkmale auf, die auch sonst aus antiken öffentlichen und privaten Briefen bekannt sind. Die Evangelien sind in vieler Hinsicht mit der hellenistischen Biosgattung verwandt, und die Apg ist ein frühes und prominentes Beispiel einer christlichen Anknüpfung an die antike historiographische Tradition. Die Übernahme von einzelnen antiken →Mikrogattungen wie z.B. *Chreia*, Leidenskataloge und Tugend- und Lasterkataloge zeigt exemplarisch, wie die christlichen →Schriftsteller durchweg an einer gemeinsamen hellenistischen Kultur partizipierten. Wie die formgeschichtliche Forschung bewusst gemacht hat, haben sich besonders in den Evangelien neben den schriftlich-literarischen Gattungen auch mündliche Rede- und Erzählformen wie Weisheitssprüche, Prophetenworte, →Wundergeschichten und Streitgespräche erhalten.

BIBLIOGRAPHIE: D. Aune, The New Testament in its literary environment, Philadelphia 1987. – K. Berger, Hellenistische Gattungen im Neuen Testament, in: ANRW II.25.2, Berlin/New York 1984, 1031–1432.1831–1885. – Ders., Formgeschichte des Neuen Testaments, Heidelberg 1984. – A. Fowler, Kinds of literature, Oxford 1982. – H. Köster, Art. Formgeschichte/Formenkritik II., in: TRE 11 (1983), 286–299. – M. Rösel, Art. Formen/Gattungen. II., in: RGG^4 3 (2000), 186–190. – S.K. Stowers, Letter writing in Greco-Roman antiquity, Philadelphia 1986.

Anders Klostergaard Petersen

III. Judaistisch

Die eigens auf literarische F. ausgerichtete Erforschung der jüdischen Traditionsliteratur ist noch jung und sieht sich, insbesondere für die rabbinische Literatur, wichtigen Methodenproblemen gegenüber. Bisher fehlen geeignete Gattungsmodelle für ganze Dokumente (→Gattung), und die Entstehungs- und Überlieferungsgeschichte ist äußerst verwickelt. Schematisch kann man die folgenden F. unterscheiden: innerbiblische Anspielungen auf und Neubearbeitungen von älteren biblischen →Texten; die →Bibel imitierende und fortsetzende Texte (v.a. die Pseudepigraphen und →Apokryphen); Strukturen des →Kommentars, s.u.; Übersetzungsformate mit (Targume) oder ohne (→ Septuaginta) deutliche Auslegungsveränderungen; die rabbinische Homilie.

Die für die Entwicklung des Judentums bis in die Gegenwart prägende rabbinische → Hermeneutik wird von kleinen F. dominiert. Die anonyme oder einem Rabbi in den Mund gelegte Midrascheinheit kommt in fast allen Teilen der rabbinischen Literatur vor und konstituiert die lemmatischen Midraschaggregate fast ganz. Sie besteht aus (1) einem Bibelzitat (Lemma), (2) einer das →Zitat auslegenden, oft normativen oder narrativen Aussage; häufig auch (3) einem Hinweis auf die Auslegungs-,Methode'. Die Reihenfolge ist flexibel und kann insbesondere durch den hermeneutischen Disput erweitert sein, weitere Bibelzitate oder das schriftauslegende → Gleichnis.

Im Gegensatz zur Midrascheinheit wird in der komplexeren Form der Petichah ein allgemein aufgefasster biblischer →Satz (oft aus den Hagiographen) von der rabbinischen Stimme als Aussage benutzt, um den tieferen →Sinn eines – ebenfalls als Zitat präsentierten – (Pentateuch-)Ereignisses aufzuzeigen (→ Intertextualität). Petichot finden sich auch im kommentarhaften Midrasch (z.B. BerR), haben aber eine klarere literarische Funktion in der rabbinischen Homilie (in Sammlungen des ,homiletischen' Midrasch, z.B. WaR, Pesikta, Tanchuma).

Die Homilie ist die einzige größere Form der rabbinischen →Hermeneutik (oft mehrere Druckseiten lang). Ihre drei bis fünf funktionell aufeinander bezogenen F. – genannt Yelammedenu, Petichah, Semikhah, ʻInyan, Chatimah – kreisen um einen thematischen Zentralvers (Inyan), der wohl oft den synagogalen Wochenabschnitt des Pentateuchs einleitete.

In der nachtalmudischen Zeit setzt sich das metasprachliche Format weiter fort, wobei sich Form und Charakter der Auslegung verändern und differenzieren, z. B. in philologisch, philosophisch oder mystisch (z. B. Zohar) orientierte Kommentare.

BIBLIOGRAPHIE: M. Fishbane, Biblical interpretation in ancient Israel, Oxford 1985. – A. Goldberg, Gesammelte Studien, 2 Bde., hg. v. M. Schlüter/P. Schäfer, Tübingen 1997–1999. – D. Lenhard, Die Rabbinische Homilie, Frankfurt a. M. 1998. – J. Neusner, Introduction to rabbinic literature, New York/London 1994. – A. Samely, Forms of rabbinic literature and thought, Oxford 2007. – G. Stemberger, Introduction to the Talmud and Midrash, Edinburgh ^{2}1996.

Alexander Samely

IV. Islamwissenschaftlich

Das in frühen Koransuren vorherrschende Bild einer gestörten Gott-Mensch-Beziehung nimmt literarisch u. a. die Gestalt von Scheltworten (in der 2. Person Plural; z. B. Q 89:17–20, 102:1. 2), Drohworten (Q 104:4, mit anschließender Lehrfrage), Warnsprüchen (Q 102:3–8) und kategorischen Aussagen über Wankelmütigkeit, Unzuverlässigkeit und Gebrechlichkeit des Menschen (*insān*-Sprüche, z. B. Q 103:2, 100:6–8) an. Ein besonderes Merkmal frühmekkanischer →Texte sind einleitende Schwüre, die in einigen Fällen (z. B. Q 100:1 ff.) zu regelrechten Schwurserien ausgebaut sind. Charakteristisch für die eschatologischen Passagen frühmekkanischer Suren sind diptychonartige Entgegenstellungen des Jenseitsschicksals der Verdammten und Seligen sowie Temporalsatzkonstruktionen, die durch ‚wenn […]' (*iḏā*) oder ‚am Tag, an dem […]' (*yauma*) eingeleitet sind (‚eschatologische Szenerien' nach A. Neuwirth); *iḏā*-Serien können wie Schwüre als Sureneinleitungen fungieren (vgl. Sure 81). V. a. am Surenschluss begegnen Offenbarungsbestätigungen, die Herkunft und Funktion der koranischen Verkündigung explizieren (etwa Q 81:27–29).

Bereits die frühmekkanischen Suren setzen sich aus unterschiedlichen literarischen Einzelformen zusammen. Die Tendenz zur Herstellung immer größerer Zusammenhänge durch Verknüpfung von Teilformen setzt sich in mittelmekkanischer Zeit fort und mündet in eine bis zur medinensischen Periode gattungskonstitutive dreiteilige Surenform. Die bereits in frühmekkanischer Zeit vereinzelt begegnenden Erzählabschnitte, die v. a. frühere Strafgerichte Gottes thematisieren, wachsen sich jetzt zu (meist im Surenmittelteil stehenden) Perikopen oder ganzen Erzählzyklen (vgl. Sure 37) aus. Gegen Ende der frühmekkanischen Periode werden die für die Anfangsabschnitte früher Suren charakteristischen Schwur- und Temporalsatzserien von Einleitungsformeln verdrängt, die mit der Vorstellung einer himmlischen Urschrift des →Korans operieren (vgl. Q 15:1, 26:1). Der Schlussteil der Texte ist häufig polemisch oder eschatologisch geprägt. Mit der wachsenden Komplexität der Texte geht eine deutliche Einschränkung des Reimspektrums einher; gegenüber dem früheren differenzierten Gebrauch von Reimwechseln als Gliederungsmittel ist eine Tendenz zum Monoreim beobachtbar.

In Medina kommt es zu einer Auflösung der dreiteiligen Surenform, an deren Stelle nun predigtartige Ansprachen mit kultischen und soziopolitischen Regelungen treten; →Erzählungen werden nicht mehr linear entfaltet, sondern wertend und deutend evoziert. Zu kompositioneller Struktur und Formkritik der medinensischen Texte liegen jedoch bisher nur wenige Studien vor, so dass sich der Eindruck einer zunehmenden literarischen Desintegration der Korantexte als irrtümlich erweisen könnte.

BIBLIOGRAPHIE: I.J. Boullata, Art. Literary structures of the Qur'ān, in: EQ 3 (2003), 192–205. – Ders. (Hg.), Literary structures of religious meaning in the Qur'ān, Richmond 2000. – A. Neuwirth, Structural, linguistic and literary features, in: J.D. McAuliffe (Hg.), The Cambridge companion to the *Qur'ān*, Cambridge 2006, 97–113. – Dies., Studien zur Komposition der mekkanischen Suren, Berlin ^{2}2007. – Dies., Der Horizont der Offenbarung, in: U. Tworuschka (Hg.), Gottes ist der Orient – Gottes ist der Okzident, Köln 1991, 3–39. – N. Robinson, The structure and interpretation of Sūrat al-mu'minūn, in: JQS 2 (2000), 89–106. – A.H.M. Zahniser, Sura as guidance and exhortation: the composition of *Sūratu n-nisā'*, in: A. Afsaruddin/A.H.M. Zahniser (Hgg.), Humanism, culture, and language in the Near East, Winona Lake 1994, 71–86.

Nicolai Sinai

V. Altphilologisch

→Gattung(en)

VI. Literaturwissenschaftlich

Dem Konzept der l.n F. kommt in der Literaturwissenschaft ein vorterminologischer Status zu. L. F. bezeichnen sehr allgemein Ausdrucks- oder Gestaltungsweisen von →Texten. Im Unterschied zu ‚Form' im Singular, einem Begriff, dem als dem ‚Wie' des literarischen Artefakts in der binären Opposition zu ‚Inhalt' als dem ‚Was' zentrale Bedeutung für die Beschreibungssprache literaturwissenschaftlicher Textanalyse zukommt, impliziert die Rede von l.n F. im Plural die Idee eines Ensembles sowie den Gedanken nichtindividueller, auf Textgruppen bezogener Bündel von Eigenschaften. In der Geschichte der theoretischen Reflexion auf l. F. sind v.a. folgende Konzepte von Wichtigkeit: (1) *Naturformen der Dichtung* nennen J.W. v. Goethe und nach ihm viele Germanisten die seitdem als literarische Hauptgattungen etablierten Bereiche Epik, Lyrik und Dramatik (J.W. v. Goethe, 187). Die Bezeichnung als Naturformen impliziert die Idee von Urphänomenen der Poesie, die eine spezifische ‚innere Form' aufweisen und mit bestimmten menschlichen Grunddispositionen zusammenhängen. (2) *Einfache Formen* im Sinne von A. Jolles sind – im Gegensatz zu ‚Kunstformen' – wiederkehrende, basale und auf kollektive Erfahrungen zurückgehende Sprachgebärden, nicht mehr teilbare Einheiten, „die sich, sozusagen ohne Zutun eines Dichters, in der Sprache selbst ereignen" (A. Jolles, 10) und in denen „die Vielheit und Mannigfaltigkeit des Seins und des Geschehens sich verdichtet und gestaltet" (A. Jolles, 45). (3) Die *Formgeschichte* als von Wissenschaftlern wie R. Petsch und P. Böckmann propagierte →Methode der Literaturgeschichtsschreibung ging davon aus, dass die Dichtung ein geistig-gestaltendes Grundverhalten des Menschen darstelle, „dem eine eigene Formensprache zugehört, die auf ihre Voraussetzungen wie auf ihre Struktur hin befragt sein will" (P. Böckmann, 13). Durch die Erforschung der „Formenvielfalt" sollten „die eigentlichen Grundmöglichkeiten des Verhaltens" erkennbar werden (P. Böckmann, 17). (4) Von *Darstellungsformen* sprechen manche Autoren in der allgemeinen Bedeutung von rhetorischen oder literarischen Verfahrensweisen, die gegenüber der reinen Sachhaltigkeit von Texten ein Surplus darstellen. (5) Bisweilen beziehen sich Literaturwissenschaftler auch auf das von E. Cassirer entwickelte Konzept der *symbolischen Formen*, das spezifische geistige, das Bewusstsein formende und den Aufbau von Gegenständen konstituierende Energien bezeichnet, durch die Bedeutungsgehalte an sinnliche Zeichen geknüpft werden.

BIBLIOGRAPHIE: P. Böckmann, Die Lehre von Wesen und Formen der Dichtung, in: F. Martini (Hg.), Vom Geist der Dichtung, Hamburg 1949, 13–30. – E. Cassirer, Der Begriff der symbolischen Formen im Aufbau der Geisteswissenschaften, in: F. Saxl (Hg.), Vorträge der Bibliothek Warburg 1921–22, Leipzig/Berlin 1923, 11–39. – L. Danneberg/J. Niederhauser (Hgg.), Darstellungsformen der Wissenschaften im Kontrast, Tübingen 1998. – J.W. v. Goethe, Naturformen der Dichtung (1819), in: Werke, Hamburger Ausgabe in 14 Bänden, Bd. 2, hg. v. E. Trunz, München [14]1989, 187–189. – A. Jolles, Einfache Formen (1930), Tübingen [8]2006.

Dirk Werle

VII. Textlinguistisch

Die Offenheit des Formbegriffs ist nicht sein Problem, sondern seine Möglichkeit: Bei Gestaltung und →Rezeption von →Texten können markante Merkmale auf der pragmatischen, sprachlichen und textuellen Ebene in ihrer Konturierung und Frequenz die Idee einer intentionalen Form auslösen. Solche F. können ästhetisch und soziokulturell in Konventionen überführt werden und auf diese Weise ästhetische und kommunikativ-pragmatische Funktion erlangen (z.B. ‚Refrain' als Gestaltungsmittel von ‚Lied' mit inhaltlich affirmativer und pragmatisch gemeinschaftsbildender Funktion). Varianten solcher F. signalisieren Besonderheit und/ oder Einmaligkeit und sind gegebenenfalls Träger kontinuierlichen Formenwandels.

Literarische Texte unterliegen historisch und gattungsbezogen differenten F. bzw. Formenensembles. L. F. haben die Funktion, die →Ästhetik der →Literarizität von Texten zu entfalten, kommunikativ den Abstand zu Alltagstexten zu markieren bzw. durch das Spiel mit Alltagsformen eigenständige ästhetische Relevanz zu erzeugen. Wortgebrauch,

Satzlängen, Satztypen, Herausstellungsstrukturen, Rhythmus, Alliteration, Reim, Textsegment- und Textstruktur (z. B. auch Strophen, Refrains, Enjambements u. a.) sind in ihrer sprachlichen Gestaltung Elemente l.r F.

L. F. sind soziokulturell konventionalisiert, wobei ein historisches Oszillieren zwischen formalen Normen (Phraseologismen, →Metaphern, Vergleiche, syntaktische Fügungen, Rhythmus, Versstruktur z. B. in barocker Lyrik) und Normdurchbrechungen (Wortneuschöpfungen, semantische Unverträglichkeiten z. B. in der expressionistischen Lyrik) zu beobachten ist. Deshalb sind l. F. expressive, semantische Mittel; sie erweisen sich räumlich und zeitlich als kulturbildend. Dies kann zu ausgrenzendem Formenbewusstsein ebenso wie zu Trivialisierungen (‚absinkendes Kulturgut' oder ‚Sozialisierung') führen.

L. F. existieren innerhalb ästhetischer Erwartungshorizonte und haben somit sozial affirmative Funktion. Die Verletzung, Zerstörung und/oder Ironisierung l.r F. spiegelt bis in die linguistischen Ebenen des Sprachgebrauchs, der Pragmatik und ihrer Textualität deren ästhetische und die soziale Funktion.

BIBLIOGRAPHIE: P. Böckmann, Die Lehre von Wesen und Formen der Dichtung, in: F. Martini (Hg.), Vom Geist der Dichtung, Hamburg 1949, 13–30. – A. Jolles, Einfache Formen, Tübingen [8]2006 [1930].

Peter Klotz

Formgeschichte →Formen, literarische, →Methode(n)

Fremdheit

I. Neutestamentlich

F. ist keine gegebene Eigenschaft, sondern eine standortabhängige, machtgeladene, einer wie auch immer gearteten Beziehung aufruhende, sprachliche Zuschreibung mit performativer Kraft. Sie begegnet in diversen Ausformungen (H. Münkler, B. Waldenfels) auch in der →Bibel. Zu den wichtigsten, sich z. T. überschneidenden Formen zählen die soziale F., die über die Nichtzugehörigkeit zur jeweils signifikanten Gemeinschaft definiert ist (Beisasse, Gast, Ausländer, Feind), die kulturelle bzw. lebensweltliche F., d. h. der/die bzw. das Unvertraute, Unzugängliche, vom eigenen Weltbild und Ethos Abweichende (Apostaten, deviante Praktiken, Rituale, Lehren), die maximale F. (M. Schetsche), worunter das gesamte Spektrum transzendenter oder fiktiver nonhumaner Wesen fällt (Gott, Satan, Engel, Dämonen), und die radikale F., also das unableitbar in die eigene Ordnung Einbrechende, sie Auflösende oder Transformierende (Ekstase, →Offenbarung, Tod und Auferstehung). Die Formen des Umgangs mit den verschiedenen Typen der F. reichen von Ab- und Ausgrenzungen über Anpassung, Aneignung und Integration bis hin zur Wertschätzung oder Verehrung.

Das Thema der F. ist für die in der abendländischen Aufklärung wurzelnde historisch-kritische Bibelauslegung zumal auch in methodischer Hinsicht von hoher Relevanz, widmet sie sich doch dem →Verstehen von →Texten, die einer fremden Zeit und Kultur entstammen. Die Bibelexegese sieht sich vor diesem Hintergrund mit der Herausforderung konfrontiert, wie das Fremde angemessenen als solches zu repräsentieren ist, ohne es rundweg auf das Eigene zu reduzieren (C. Strecker). Zu meiden sind dementsprechend Vereinnahmungen der biblischen Schriften durch Anachronismen, also die unkritische Rückprojektion moderner Konzepte und Begriffe in die antiken Texte, durch Ethnozentrismen, also die konsequente Beurteilung der antiken Textinhalte anhand der eigenen westlichen Wertmaßstäbe, und durch Logozentrismen, also die Unterwerfung der biblischen Aussagen unter das Monopol der abendländisch-aufgeklärten Vernunft, die alle Abweichungen entweder als bloße Vorformen ihrer selbst entmündigt oder als Unsinn ausblendet. Diese Forderungen setzen indes ein Ursprungsideal voraus, das seinerseits hinterfragbar ist. Die komplexe Fremdheitsthematik wird in der Kulturanthropologie (K. Neumann) und der kulturwissenschaftlichen Xenologie (A. Wierlacher/C. Albrecht) breit diskutiert. Die Rezeption dieses Diskurses hat in der biblischen →Exegese jüngst begonnen.

Bibliographie: H. Münkler (Hg.), Furcht und Faszination, Berlin 1997. – K. Neumann, Das Fremde verstehen, 2 Bde., Münster u. a. 2000. – M. Schetsche (Hg.), Der maximal Fremde, Würzburg 2004. – C. Strecker, Das Gewesene, das Fremde und die Exegese, in: Ders. (Hg.), Kontexte der Schrift II, Stuttgart 2005, 120–131. – B. Waldenfels, Studien zur Phänomenologie des Fremden, 4 Bde., Frankfurt a. M. 1997–1999. – A. Wierlacher/C. Albrecht, Kulturwissenschaftliche Xenologie, in: A. Nünning/V. Nünning (Hgg.), Konzepte der Kulturwissenschaften, Stuttgart/Weimar 2003, 280–306.

Christian Strecker

II. Literaturwissenschaftlich

Im Rahmen einer interdisziplinär vernetzten Lehre vom Fremden, der Xenologie, ist es die Aufgabe der theoretischen Reflexion von F. zu analysieren, wer warum unter welchen Umständen als fremd gilt. Der/die/das Fremde wird meist als das ‚aufgefasste Andere' verstanden, als ‚Interpretament der Andersheit und der Differenz' (A. Wierlacher), also als interpretatives Konstrukt des je Differenten und nicht als ontologisches Datum. Das Fremde definiert sich in Abgrenzung von seinem Komplementärbegriff, dem Eigenen, und ist zu unterscheiden vom Anderen im Sinne eines *alter ego*, das auf ein *ego* bezogen bleibt, während das Fremde für das Eigene als (zunächst) nicht anschlussfähig betrachtet wird. Die Kulturwissenschaft untersucht u. a. die je spezifischen Wahrnehmungsmuster, Ordnungsstrukturen sowie konventionalisierte Umgangsweisen, Bewertungen und mediale Repräsentationen des Fremden auf inter- und intrakultureller sowie individueller Ebene.

Eine interkulturelle Herangehensweise fokussiert auf Kulturkontakte und reflektiert die Möglichkeit(en) der wissenschaftlichen und methodischen Beschreibung solcher Kontakte. Intrakulturell ist zu fragen, wie in einer gegebenen Kultur F. konstruiert wird, welche Wahrnehmungs- oder Umgangsweisen etabliert sind, wie F. institutionell verwaltet wird, wie sie pädagogisch relevant wird und sich in kulturellen Artefakten niederschlägt. Auf individueller Ebene ist F., z. B. aus phänomenologischer Sicht, schon auf der Ebene der Selbstkonstitution zu situieren, weil jeder Selbstbezug nur ‚*im* Fremdbezug' möglich ist (B. Waldenfels) und so jede (Selbst-)Wahrnehmung mit Fremdem durchzogen ist. Aus poststrukturalistischer Perspektive gilt dies insbesondere im Hinblick auf die Sprache als Medium des Selbstbezuges.

Im Umgang mit dem Fremden sind jeweils kulturspezifische Abwertungen im Sinne einer Xenophobie oder Fremdenfeindlichkeit, Aufwertungen im Sinne einer Xenophilie – beide beziehen sich auf Projektionen des Fremden – und im Idealfall gleichberechtigte Verhältnisse der Anerkennung möglich. Die Nicht-Anschlussfähigkeit des Fremden provoziert Verstehens- und Aneignungsbemühungen, was die Kategorie der F. hermeneutisch relevant werden lässt und die Frage aufwirft, inwieweit Fremdes in Eigenes überführt werden kann bzw. wo die Grenzen des Verstehens liegen. Unter ethischem Aspekt verschärft die Kategorie des Fremden die Aufmerksamkeit dafür, dass das Fremde in seiner F. respektiert werden muss oder eventuell überhaupt nicht greifbar ist.

Bibliographie: H. Turk, Alienität und Alterität als Schlüsselbegriffe einer Kultursemantik, in: A. Wierlacher (Hg.), Kulturthema Fremdheit, München ^{2}2001, 173–197. – B. Waldenfels, Das leibliche Selbst, Frankfurt a. M. 2000. – A. Wierlacher, Kulturwissenschaftliche Xenologie, in: Ders. (Hg.), Kulturthema Fremdheit, München ^{2}2001, 19–112. – Ders./C. Albrecht, Kulturwissenschaftliche Xenologie, in: A. Nünning/V. Nünning (Hgg.), Konzepte der Kulturwissenschaft, Stuttgart/Weimar 2003, 280–306.

Nadine Böhm/Doris Feldmann

Fundamentalistische Bibelhermeneutik(en)

I. Alttestamentlich

Der Begriff umfasst verschiedene Modelle einer Bibelhermeneutik, die auf der göttlichen Inspiration des biblischen Wortlauts basiert und damit die religiöse Unfehlbarkeit sowie faktische Irrtumslosigkeit der Bibel als Wahrheitsschutz gegenüber liberalen und modernen Theologien behauptet.

Als im Gegenüber zu liberaler und moderner Theologie die Grundlagen des Glaubens in der Schriftenreihe *The Fundamentals* (1910–1915) betont werden sollten, war dabei die Auseinandersetzung mit der historisch-kritischen Exegese in Form eines Rückzugs auf die Verbalinspiration zentral. Terminologisch bedienen sich die f.n B.en bei der altprotestantischen Orthodoxie, setzen aber andere Akzente. F. B.en sind ein von Pietismus und Rationalismus beeinflusstes *modernes* Phänomen, geprägt einerseits durch „eine Wissenschaftsfeindlichkeit und Kulturflucht aufgrund eines christlich verbrämten Antiintellektualismus“ (J. Schöne, 86), andererseits durch ein rationalistisches Wörtlichnehmen biblischer Aussagen.

Atl. Gebote gelten ‚zeitlos‘ und sind daher unmittelbar in gegenwärtigem ethischem und politischem Handeln applizierbar. Dass dabei in jedem Fall ausgewählt und eine Übersetzung aus atl. Kontext ins Heute geleistet werden *muss*, wird i. d. R. nicht reflektiert. So kommt es zu anachronistischen Übertragungen von Geboten des AT in die Moderne, ohne dass die veränderten Lebensbedingungen (an)erkannt würden. Es entsteht ein illegitimer →hermeneutischer Zirkel, in dem der autoritative göttliche Text das eigene Weltbild legitimiert, das wiederum zur bestimmenden Leseanleitung für den Bibeltext gemacht wird.

Inspiration wird so verstanden, dass die Bibel eine Sammlung von Tatsachenberichten ist, wobei alle Einzeltexte prinzipiell gleichwertig sind. Historische oder theologische Differenzierungen werden nicht vorgenommen. Glaube ist in erster Linie die Anerkenntnis der Tatsächlichkeit von in der Bibel Geschildertem und so ein Akt menschlicher Erkenntnis.

Für f.B. sind alle Inhalte des AT mittels der Archäologie, Natur- oder Religionswissenschaft prinzipiell beweisbar. Diese rationalistische Prämisse macht die Offenbarung samt ihres Urhebers für den menschlichen Verstand erkenn- und fassbar (Kreationismus/*Intelligent Design*).

Das hermeneutische System wird im Hinblick auf die theologische Wissenschaft durch Denkverbote und im Hinblick auf die Applikation der eigenen Erkenntnisse im Alltag durch Gesetzlichkeit geprägt und bekommt ideologische Züge (O. Kaiser). Apologetische Tendenzen gegenüber historischer Bibelwissenschaft oder naturwissenschaftlicher Kosmologie führen häufig eher zu Negationen als zu Positionen.

Die Betonung der *Fundamentals* als „an der Sache“ (M. Oeming, 140) der Bibel orientierte Fragestellung mahnt die Exegese insgesamt, nicht in einem historischen Positivismus zu verharren. Die Frage nach der Gegenwartsrelevanz und der Normativität gehört zur Intention und Funktion biblischer Texte.

Bibliographie: O. Kaiser, Ideologie und Glaube, Stuttgart 1984. – M. Oeming, Biblische Hermeneutik, Darmstadt 1998. – J. Schöne, Die Irrlehre des Fundamentalismus im Gegensatz zum lutherischen Schriftverständnis, in: Ders., Botschafter an Christi Statt, Groß Oesingen 1996, 83–93.

Achim Behrens

II. Neutestamentlich

F. B.en des NT im engeren Sinne des Wortes (nicht: allgemein pietistisch, evangelikal, oder konservativ) unterscheiden sich bzgl. ihres theologischen Zuganges nicht grundsätzlich von denjenigen des AT: auch hier wird das Festhalten an der wörtlichen und historischen Zuverlässigkeit der ntl. Schriften als die Antwort auf die Frage, wie die Bibel als in der Geschichte entstandenes Wort Gottes sich zur →Wahrheit verhält, gesehen. Diese Zuverlässigkeit gilt entsprechend dieser starken Betonung der historischen Zuverlässigkeit nur dem Text der Autographen. Falls das NT in nur einer Aussage etwas (eben v. a.) historisch Unzuverlässiges sagen würde, wäre damit seine Autorität für Aussagen über das Heilswerk Christi untergraben. F. B.en des NT sind damit grundsätzlich soteriologisch ausgerichtet. Diese Betonung der Zuverlässigkeit des NT hat üblicherweise die Form der Verbalinspiration.

Die *Fundamentals* der f. B.en gehen historisch auf die Bibelkonferenzen von Niagara (1883–1897) und der Generalsynode der Presbyterian Church (USA) von 1910 zurück, auch wenn andere Listen von *Fundamentals* existieren. Abgesehen von der Irrtumslosigkeit der Bibel und damit des NT werden weiterhin die jungfräuliche Geburt und (damit) die Gottheit Jesu, die Lehre des stellvertretenden Sühnetodes Jesu zur Vergebung der Sünden, die leibliche Auferstehung Jesu (mit dem gleichen Leib, worin er gelitten hat), und die historische Wirklichkeit der übernatürlichen Wunder Jesu vertreten. Vier der fünf *Fundamentals* sind damit explizit ntl. geprägt, und die ntl. Exegese fundamentalistischer Gruppen wird auch entsprechend von einer solchen *regula fidei* geprägt. Wie die Betonung der jungfräulichen Geburt Jesu zeigt, stellen die *Fundamentals* auch eine Verteidigung traditioneller Theologie, allerdings protestantischer Herkunft, dar. Themen wie Chiliasmus oder Kreationismus gehören historisch gesehen nicht zu den *Fundamentals*, sondern sind aus diesen abgeleitet. Namentlich die Rolle einer chiliastischen Hermeneutik hat zu einer gewissen Variation f.r B.en beigetragen, die jedoch alle auf den schon erwähnten Ausgangspunkt zurückgehen.

Zum Charakter des christlichen Fundamentalismus des 19. und 20. Jh.s als einer Reaktion auf die Moderne passt ihre fast vollständige Ablehnung der Ergebnisse der modernen historisch-kritischen →Exegese, mit Ausnahme der →Textkritik. Fundamentalistische Hermeneutiken des NT, die sich nach der formativen Phase am Ende des 19. und am Anfang des 20. Jh.s in einer gewissen Variation, die hier nicht berücksichtigt werden kann, entwickelt haben, sollten auch genau in dieser Spannung zwischen Moderne und Vormoderne verstanden und gewürdigt werden.

Bibliographie: B. Dressler, Art. Fundamentalismus, in: RGG[4] 3 (2000), 414–425. – R.H. Guthrie, Jesus the word according to John the sectarian, Grand Rapids 2001. – S. Holthaus, Fundamentalismus in Deutschland, Bonn 2003. – W. Joest, Art. Fundamentalismus, in: TRE 11 (1983), 732–738.

Peter-Ben Smit

III. Systematisch-theologisch

Der Fundamentalismus ist eine in der Moderne auftretende Bewegung mit antimoderner Stoßrichtung, ein moderner „Aufstand gegen die Moderne“ (G. Küenzlen). Obwohl das Wort erstmals als Selbstbezeichnung amerikanischer Protestanten, die zwischen 1910 und 1915 die Schriftenreihe *The Fundamentals* herausgaben, vorkommt, begegnen fundamentalistische Phänomene mittlerweile weltweit in fast allen Konfessionen und Religionen. Christlicher Fundamentalismus wird häufig mit evangelikalem und/oder biblizistischem Christentum gleichgesetzt, was aber nicht immer stimmt.

In der Hermeneutik des christlichen Fundamentalismus markiert die als irrtumslos-unfehlbar geltende Bibel ein Bollwerk der Wahrheit in einer sich vom traditionellen Glauben abwendenden Moderne. Dieses Schriftverständnis verbindet sich mit einer konsequenten Ablehnung der als glaubenszerstörend stigmatisierten historisch-kritischen Forschung (meist mit Ausnahme der → Textkritik). Die biblischen Texte werden keinesfalls durchgehend streng wörtlich genommen, zumal dort nicht, wo die Wörtlichkeit „für den Glauben an die Unfehlbarkeit eine Belastung darstellen würde“ (J. Barr, 76). Behauptet wird allerdings stets ein – unterschiedlich interpretiertes – Entsprechungsverhältnis zwischen Beschreibung und beschriebenem Vorgang; damit ist die Möglichkeit ausgeschlossen, biblische Berichte als Mythen (→Mythos) oder als Resultate theologischer Reflexion zu deuten.

Eine systematisch-theologische Beurteilung wird v.a. auf die „unhintergehbare qualitative Pluralität christlicher Bibeln“ verweisen (S. Alkier, 192) und die fundamentalistische Auffassung der Bibel als eines einheitlichen Lehrganzen mit zeitlos-ungebrochener Geltung kritisieren: Inhaltliche Vielspältigkeit, historische Abständigkeit und allzu menschliche Prägung der biblischen Texte sowie die Bindung ihrer gegenwärtigen Bedeutsamkeit an die hermeneutische Aktivität des zeitgenössischen Lesers (→Rezeption) stehen in eklatantem Widerspruch zu den Grundannahmen fundamentalistischer Hermeneutik.

Bibliographie: S. Alkier, Die Bibel ist nicht vom Himmel gefallen, in: S. Alkier et al. (Hgg.), Religiöser Fundamentalismus, Tübingen/Basel 2005, 191–223. – J. Barr, Fundamentalismus (1977), München 1981, 70–127. – S. Holthaus, Fundamentalismus in Deutschland (1993), Bonn [2]2003. – G. Küenzlen, Fundamentalismus – Aufstand gegen die Moderne, in: H.J. Höhn (Hg.), Krise der Immanenz, Frankfurt a. M. 1996, 50–71. – R.A. Torrey et al. (Hgg.), The Fundamentals (1917), Grand Rapids 2003.

Rochus Leonhardt

G

Gattung(en)

I. Alttestamentlich

Beim wissenschaftlichen →Verstehen von Sprache, um das sich Linguistik und Philologie bemüht haben, stand über Jh.e der → ‚Satz' als größte zu beschreibende sprachliche Größe im Mittelpunkt, nur die rhetorische Tradition bildet mit Focus auf die Text*produktion* eine gewisse Ausnahme. Erst im 18./19. Jh., mit einem neuen Nachdenken über → Literatur und →Sprache in Literatur und Wissenschaft, trat die Gattungsfrage, zunächst beschränkt auf poetisch-literarische G.en, in den Blickpunkt. Im späten 19. und 20. Jh. ergab sich dann eine starke Ausweitung des Gattungsbegriffs über das Poetisch-Literarische hinaus auf alle sprachlichen → Textsorten. Heute gilt die Maxime, dass alles Sprechen und Schreiben immer nur in ‚Texten' geschieht; ein →Text kann im kürzesten Fall einen Laut oder ein →Wort umfassen oder große Dimensionen annehmen.

Wesentliche Impulse zur Definition und Ausweitung des Gattungsbegriffs über die Dichtung hinaus kamen vom Alttestamentler H. Gunkel (1862–1932). Gunkel ging davon aus, dass eine G. immer dann gegeben ist, wenn mehrere Texte ein gemeinsames Muster in dreierlei Hinsicht aufweisen: Es muss eine erkennbare ‚gemeinsame Formensprache' geben, einen gemeinsamen Schatz an ‚Gedanken und Stimmungen' (Inhalt) und einen gemeinsamen ‚Sitz im Leben'; letzteres bezeichnet den lebensweltlichen Entstehungszusammenhang, aus dem heraus eine G. entstanden ist und innerhalb dessen sie funktioniert. Mit der Veränderung der Lebenswelt verändern sich auch die G.en, entstehen z.T. neu (z.B.: mit der Situation ‚Anrufbeantworter' entsteht die Textsorte ‚Anrufbeantwortertexte' mit klaren Formstrukturen, ähnlichem Inhalt und klarem Sitz im Leben). Wenn textexterne Informationen fehlen, kann der Sitz im Leben aus formalen und inhaltlichen Gattungsgegebenheiten erschlossen werden: So lässt sich etwa, wenn beim Hymnus (z.B. Ps 113) eine Gruppe zum Lob aufgefordert wird, auf einen ursprünglich kultischen Hintergrund schließen.

Typisch atl. G.en in diesem Sinne sind die erzählenden Mythen und Sagen (v.a. im Buch Genesis), Novellen (etwa Rut und Ester), die apodiktischen (Ex 20,3) und kasuistischen (Ex 21,2) Gesetze, die prophetischen Drohworte (Am 4,2) und Heilsprophetien (Jes 40,1 ff.), die weisheitlichen Lehrdichtungen (Spr 1,20–32), Wahrsprüche (Spr 10,1) und Mahnungen (Spr 24,15 f.) und die psalmischen Hymnen (Ps 48), Dank- (Ps 30) und Klagelieder, die auch unterteilt werden können, etwa in Klagelieder des Einzelnen (Ps 5) und des Volkes (Ps 74) sowie in Subsorten wie individuelle Klagelieder des Typs ‚Krankheitspsalmen' (Ps 38) oder ‚Gebete des Angeklagten' (Ps 3).

Gunkels Definition nimmt die heute übliche Kombination bei der Bestimmung von Textsorten aus textinternen und textexternen Faktoren vorweg; der Begriff ‚Sitz im Leben' für die soziale Verankerung von G.en ist bis heute auch in anderen Wissenschaften und Sprachen in Gebrauch.

Die Erkenntnis der G. bestimmt wesentlich die Interpretation eines Textes: erkennt man die G., dann gibt das viel über den Anspruch, das kommunikative Ziel etc. des Textes preis. Erkennt man etwa die sog. Patriarchenerzählungen der Genesis als ‚Sagen', dann kann man sie nicht mehr als ‚Geschichtsschreibung' missverstehen. Man erkennt dann ihren eigenen Wahrheitsanspruch, der anders ist als der der Historik.

Die G.en der atl. Prosa und Poesie betreffen aber mehr, als von Gunkel angedeutet wurde. Hat er schon eingesehen, dass G.en in ‚reiner' Form (etwa Hymnen, Klagelieder und Danklieder) oder in ‚gemischter' Form (wo etwa Elemente des Dankes in Klageliedern aufgenommen sind) vorkommen können, wird heute auch die kräftige Funktion der Verfremdung von G.en aufgearbeitet. So kann ein Hymnus (Lied zum Lob Gottes) zu einem ironischen Ausdruck der Bitterkeit angesichts eines unerreichbaren Gottes verkehrt werden (z.B. Ijob 9,5–10). Ebenso können verschiedene Gattungen mit einander kombiniert werden, um die Wirkungskraft zu erhöhen: in Ijob 38–39 wird die weisheitliche Gattung des Onomastikons (Auflistung) poetisiert und mit Zügen des Hymnus verbunden. Das ist nicht einfach eine ‚Gattungsmischung', sondern semiotisch höchst wirkungsvoll.

Bibliographie: K. Adamzik (Hg.), Textlinguistik, Tübingen 2004. – U. Fix et al. (Hgg.), Zur Kulturspezifik von Textsorten, Tübingen 2001. – H. Gunkel, Die israelitische Literatur, Leipzig 1925. – L. Morenz/S. Schorch (Hgg.), Was ist ein Text?, Berlin/New York 2007. – A. Wagner, Gattung und ‚Sitz im Leben', in: S. Michaelis/D. Tophinke (Hgg.), Texte – Konstitution, Verarbeitung, Typik, München/Newcastle 1996, 117–129.

Andreas Wagner

II. Neutestamentlich

Man kann für das →NT mit antiken und mit modernen analytischen Begriffen Gattungskategorien bilden. Es lässt sich nicht bestreiten, dass auch die Antike ihre Literaturgattung hatte, selbst wenn diese, wie z.B. Apokalypse (→Apokalyptik), in den antiken rhetorischen und epistolographischen Handbüchern nicht zur Kenntnis genommen wurden. Andererseits gibt es moderne Gattungskategorien wie z.B. *Rewritten Bible*, die antiken Autoren nicht bewusst gewesen sein können, weil sie aus spezifischen Perspektiven der modernen Wissenschaft stammen. G. lässt sich als eine Gruppe von Schriften definieren, die gemeinsam von einer kohärenten, sich wiederholenden und in steter Veränderung begriffenen Konfiguration literarischer Merkmale zeugen, was sowohl formale wie inhaltliche und funktionelle Aspekte einschließt. Eine G. fungiert in diesem Sinne als Matrize für das Lesen eines Werkes. Zwar wird G. oft synonym mit →Form verwendet, aber aus heuristischen Gründen sollte hier differenziert werden. Es empfiehlt sich, ‚Form' für den konkreten Einzeltext und ‚G.' für den durch Abstraktion erhobenen Texttypus zu verwenden (M. Rösel, 187).

Die ntl. Texte belegen eine Breite von → Mikro- und Makrogattungen hellenistischer →Literatur. Die vier übergeordneten G.en des NT sind →Evangelien, Acta, →Briefe und → Apokalypse, die sich eng an die in der hellenistischen Literatur geläufigen G.en von *Bios*, Historiographie, Epistolographie und → Rhetorik sowie Apokalypsen anschließen. Dazu kommt noch eine Fülle von Mikrogattungen wie Paränese, *Chreia*, Tugend- und Lasterkataloge sowie Peristasenkataloge, die deutlich machen, dass die Schriftsteller des NT durchweg an einer gemeinsamen hellenistischen Kultur partizipierten. Die ntl. Schriftsteller haben die ihnen kulturell vorgegebenen literarischen Muster und G.en nicht nur übernommen, sondern auch – durch ihren eigenen kulturellen und sozialen Kontext bedingt – kreativ eingesetzt und weiterentwickelt und so den Weg für die Entstehung einer eigenständigen christlichen Literatur bereitet. Über die spezifisch schriftlichen G.en hinaus zeugen, wie die Formgeschichte herausgestellt hat, insbesondere die Evangelien von mündlichen Rede- und Erzählgattungen wie Weisheitssprüchen, Prophetenworten, →Wundergeschichten und Streitgesprächen.

Bibliographie: D. Aune, The New Testament in its literary environment, Philadelphia 1987. – K. Berger, Hellenistische Gattungen im Neuen Testament, in: ANRW II.25.2, Berlin/New York 1984, 1031–1432.1831–1885. – A. Fowler, Kinds of literature, Oxford 1982. – H. Köster, Art. Formgeschichte/Formenkritik II., in: TRE 11 (1983), 286–299. – M. Rösel, Art. Formen/Gattungen II., in: RGG^4 3 (2000), 186–190. – T. Todorov, The origin of genres, in: New Literary History 8/1 (1976), 159–170.

Anders Klostergaard Petersen

III. Judaistik

Die Bibelauslegung hat durch die Jahrtausende einen wesentlichen Teil der jüdischen literarischen Produktivität auf sich konzentriert. Ihre vielfältigen Texttypen sind oft voneinander abhängig (→Intertextualität) oder gemischt. Auch spielen literarische Geschlossenheit, thematische Abgrenzung und personenhafte Autorenschaft der Werke v.a. in der Antike kaum eine Rolle, was Gattungsabgrenzungen erschwert. Die wichtigsten Typen sind: (1) Werke, die den Erzählduktus und/oder Inhalt biblischer Bücher imitieren (‚*Rewritten Bible*', z.B. Pseudepigraphen, auch rabbinische Texte: Pirqe de-Rabbi Eliezer, und insbesondere Divre Ha-Yamim shel Mosheh) und biblische Stoffe mit neuen narrativen, normativen, prophetischen oder spekulativen Inhalten verbinden; (2) Bibelzitate neu anordnende und interpretierende Texte (z.B. 4QFlorilegium); (3) Werke, die den segmentierten Bibeltext sukzessiv zitieren und deuten (→Kommentar), z.B. Qumran-Pescher. Im sog. ‚exegetischen' Midrasch der Rabbinen verbinden sich die den Text meistenteils konstituierenden Midrascheinheiten (→Formen) zu formal erweiterbaren, additiven Aggregaten (dagegen postuliert J. Neusner starke Werkeinheit), auch im babylonischen Talmud. Diese anonymen Aggregate werden oft nach Inhalt (normativ-*halakhisch*/narrativ-haggadisch) und Periode (bis zum 3. Jh. tannaitisch, bis zum 5. Jh. amoräisch) unterschieden. Davon verschieden sind nachtalmudische →Kommentare sowie der mit Midrasch- und Petichah-Formen kreativ umgehende Zohar. Daneben stehen (4) Werke, die Interpretationseinheiten in eine thematisch-exegetische Gestalt bringen. Diese reichen von der oft nur formal ausgeführten Einheit der rabbinischen Homilie bis zu theologisch oder begrifflich zentrierten Abhandlungen wie Philos *De opificio mundi*, Maimonides' *Führer der Unschlüssigen* oder Hirschs *Grundlinien einer jüdischen Symbolik*. Eine weitere Gattung stellen (5) die die biblischen Bücher ins Aramäische übertragenden Targume (→Übersetzungen) dar. Der aramäische Inhalt geht oft über den hebräischen hinaus, doch sind normalerweise alle lexikalischen Teile des hebräischen Textes zumindest einmal – midraschartig oder nicht – repräsentiert, und zwar in der objektsprachlichen Haltung des biblischen Textes. Nachtalmudisch finden sich (6) auch stark anthologisierende Neuerzählungen der Bibel in Alltagssprachen (jüdisch-spanisch: *Me'am Lo'ez*, jiddisch: *Tse'enah u-R'enah*) und (7) aus einem Wochenabschnitt der →Tora hervorgehende Vorträge, die seit der Neuzeit wieder in vielen Formen ausgeprägt und vom Reformjudentum bis zum Chassidismus in Gebrauch sind.

Bibliographie: P.S. Alexander, Jewish Aramaic translations of Hebrew Scriptures, in: M.J. Mulder/ H. Sysling (Hgg.), Mikra, Minneapolis 1990, 217–254. – J. Neusner, Introduction to rabbinic literature, New York/London 1994. – G.W.E. Nickelsburg, Jewish literature between the Bible and the Mishnah, Minneapolis [2]2005. – A. Samely, Forms of rabbinic literature and thought, Oxford 2007. – G. Stemberger, Geschichte der jüdischen Literatur, München 1977. – Ders., Introduction to the Talmud and Midrash, Edinburgh [2]1996. – L. Zunz, Die gottesdienstlichen Vorträge der Juden, Frankfurt [2]1892 [Piscataway 2003].

Alexander Samely

IV. Islamwissenschaftlich

→Formen, literarische

V. Altphilologisch

Obwohl unsere heutigen Unterscheidungen in verschiedene (Text- oder literarische) G.en maßgeblich durch die griechische und römische Tradition geprägt sind (die entsprechenden Termini sind εἶδος, γένος und *genus*), kann natürlich auch in diesem Bereich nicht von einer völligen Identität antiker und moderner Vorstellungen ausgegangen werden, zumal der Gattungsbegriff bereits im Altertum einem steten Transformationsprozess unterworfen war. Die Reflexion über die Typologie von Texten hat bei den Griechen früh eingesetzt und wurde v.a. von der →Rhetorik befördert, die bald sehr präzise Auffassungen von der Eigenart verschiedener Redegattungen entwickelte. Die Klassifikation dichterischer Texte steht bei Plato und Aristoteles im Vordergrund: Plato führt in *R.* 392d1–394c6 die wirkungsmächtigen Kategorien ‚Diegesis' (Erzählung) und ‚Mimesis' (Nachahmung) ein und ordnet der ersten den Dithyrambos, der zweiten Tragödie und Komödie zu (das Epos ist eine Mischform, da in ihm sowohl erzählt als auch – in direkten Reden – nachgeahmt wird). Hiervon ausgehend entwickelt Aristoteles in seiner Poetik eine Theorie der Tragödie, die u.a. deshalb bemerkenswert ist, weil er im Rahmen der sog. Katharsislehre bereits wirkungsästhetische Kategorien zur Gattungsabgrenzung heranzieht.

Die wohl wichtigste Etappe in der Herausbildung der antiken Gattungsbegriffe stellt – trotz der Skepsis von T.G. Rosenmeyer – der Hellenismus mit Alexandria als kulturellem Zentrum dar: aus bibliothekarischen Überlegungen heraus begann man damit, verschiedene Textgattungen zu unterscheiden, wozu man neben dem besonders beliebten metrischen Kriterium auch thematische und funktionale Gesichtspunkte heranzog. Die in dieser Epoche vor sich gehende Dislozierung der griechischen Kultur führte weiters dazu, dass immer mehr literarische G.en ihren sog. ‚Sitz im Leben' verloren: Dramen wurden nur mehr selten aufgeführt, dafür aber vermehrt gelesen; man verfasste fiktive Epigramme und schrieb religiöse Texte für nicht mehr existente kultische Situationen. Das Herauslösen der G.en aus ihren soziokulturellen Bindungen und die Entstehung einer Buchkultur begünstigten innovative Experimente, unter denen besonders die ‚Kreuzung der Gattungen' (W. Kroll) hervorragte; beides ist auch typisch für die römische Literatur, die mit Ausnahme von z.B. der Liebeselegie der Augusteer und der Verssatire kaum eigene G.en hervorbrachte, sondern die griechischen einem Prozess der kreativen Anverwandlung unterzog.

Bibliographie: F. Cairns, Generic composition in Greek and Roman poetry, Edinburgh 1962. – G.B. Conte, Generi e lettori (Saggi di letteratura), Mailand 1991 [*engl.* Genres and readers, Baltimore 1994]. – W. Kroll, Studien zum Verständnis der römischen Literatur, Stuttgart 1924. – R. Pfeiffer, Geschichte der Klassischen Philologie, München ²1978. – T.G. Rosenmeyer, Ancient literary genres: a mirage?, in: Yearbook of Comparative and General Literature 34 (1985), 74–84.

Wolfgang Kofler

VI. Literaturwissenschaftlich

Unter G.en versteht man in der Literaturwissenschaft Ensembles von →Texten, die hinsichtlich bestimmter Eigenschaften wie Kommunikationssituation, sprachlicher Darstellungsweise, Inhalt oder Medium eine ‚Familienähnlichkeit' bilden. Die G.en erscheinen neben den Epochen als zentrale Ordnungs-, Strukturierungs- und Klassifikationskonzepte. Die Identifikation der G.en orientiert Lesererwartungen und reduziert so die Komplexität der Textwelt und die Interpretationsmöglichkeiten des Einzeltexts. Häufig wird die Zugehörigkeit eines Texts zu einer bestimmten G. durch Gattungssignale angezeigt. Als spezifisch literarische Klassen von Texten werden G.en in der Regel von Textsorten unterschieden. Kanonisch etabliert ist die Unterscheidung der drei Hauptgattungen erzählende Prosa, Dramatik und Lyrik, manchmal zuzüglich einer vierten G. (traditionell als ‚didaktische' bezeichnet), die literarische, nicht-fiktionale Prosatexte umfasst. Aber auch stärker begrenzte Konzepte wie Sonett, Novelle oder Komödie werden als G. bezeichnet. Häufig wurden prototypische Muster für eine bestimmte G. identifiziert, an denen man die signifikanten Gattungseigenschaften ablas. Spannungsreich ist der Status von Gattungsbegriffen in mindestens vier Hinsichten: (1) Handelt es sich um eine rein deskriptive Kategorie, mit der man eine Gruppe von Texten mit in bestimmten Hinsichten ähnlichen Eigenschaften zusammenfasst, oder ist es eine normative Kategorie, die die gattungskonstitutiven Eigenschaften voraussetzt? (2) Sind G.en nominalistisch verstanden Begriffsfiktionen, die pragmatisch zur Ordnung von Textcorpora verwendet werden, ohne dass man den damit beschriebenen Entitäten eine darüber hinausgehende Existenz in der Wirklichkeit zusprechen muss, oder sind es realistisch verstanden objektive Entitäten, die unabhängig existieren? (3) Handelt es sich um Konzepte mit primär historischer oder primär systematischer Valenz, und beschreibt man damit historisch variable oder transhistorisch invariante Entitäten? (4) Bildet man Gattungsbegriffe induktiv durch die Gruppierung von Einzelexemplaren oder deduktiv durch das Postulat eines Ensembles von Gattungseigenschaften?

Als Reaktion auf die so bezeichneten Spannungen hat die neuere Forschung sich angewöhnt, G.en als „institutionalisierte Organisationsformen literarischer Kommunikation“ zwischen →Autoren und Rezipienten, als „soziokulturelle Verständigungsbegriffe“ (W. Vosskamp, 265) sowie „als aus der Interaktion von Erkenntnissubjekt und -objekt resultierende Konstrukte“ (K.W. Hempfer, 221) zu beschreiben.

Bibliographie: Dictionnaire des genres et notions littéraires (Encyclopaedia Universalis), Paris ^{2}2001. – K.W. Hempfer, Gattungstheorie, München 1973. – D. Lamping, Art. Gattungstheorie, in: RLW 1 (1997), 658–661. – F. Nies, Für die stärkere Ausdifferenzierung eines pragmatisch konzipierten Gattungssystems, in: C. Wagenknecht (Hg.), Zur Terminologie der Literaturwissenschaft, Stuttgart 1989, 326–336. – W. Raible, Was sind Gattungen?, in: Poetica 12 (1980), 320–349. – J.-M. Schaeffer, Qu' est ce qu'un genre littéraire, Paris 1989. – W. Voßkamp, Gattung, in: H. Brackert/J. Stückrath (Hgg.), Literaturwissenschaft, Reinbek ^{6}2000, 253–269. – R. Zymner, Gattungstheorie, Paderborn 2003.

Dirk Werle

VII. Textlinguistisch

Aus sprachwissenschaftlicher Sicht stellen die literarischen G.en – Epik, Lyrik und Drama nach J.W. v. Goethes Diktum von den ‚Naturformen der Poesie‘ – Oberflächenerscheinungen dar, die im Spannungsverhältnis von Konventionalisierung und Tradierung einerseits und von Formvarianz und Abgrenzung andererseits soziokulturelle Sprach-Form-Erwartungen erfüllen, aber im historischen Prozess sie auch durchbrechen und verändern. Unter *pragmatischer Perspektive* finden sich in den Texten dieser Großgattungen eine Vielzahl von Sprachhandlungen wie <erzählen>, <erläutern>, <beschreiben>, <appellieren>, <argumentieren>, <deklarieren> und viele andere mehr (v. Polenz); es fehlt freilich an einer Forschung, die zuverlässige Profile erstellt, welche Sprachhandlungen in den G.en besonders dominant, welche markant different, welche indirekt konstant usw. sind bzw. erwartet werden können. Plausibel lässt sich machen, dass sich beispielsweise im Drama neben argumentativen Sprachhandlungen solche des Appells, der Narration (z.B. Mauerschau u.a.) finden und mischen, dass sich in der Lyrik häufig eine Affinität zur Deskription im weitesten Sinn ergibt, aber konventioneller Weise nicht in der Ballade, und dass die Narration ihrer Eigenart nach v.a. durch <erzählen> und <beschreiben> konstituiert wird, in Mikrogattungen wie z.B. der Fabel oder Kalendergeschichte durch <belehren>, <argumentieren> und <appellieren> ergänzt wird. Systematisch gehören die Beobachtungen von Sprachhandlungen in die Textbeschreibung und -analyse, nicht zuletzt, um Verstehens- und Interpretationsprozesse pragmatisch explizit zu machen und um die metatextuelle Äußerung reflexiv abzusichern.

Was für die G.en im Zusammenhang mit →Pragmatik gilt, kann auch für die syntaktisch-stilistische Gestaltung der jeweiligen → *Textualität* gelten. Hierbei mischen sich Elemente des Zeit- und des Individualstils; so ändert sich etwa die durchschnittliche Satzlänge zwischen 1800 und 2000 von ca. 30 auf 20 Wörter, gleichzeitig nimmt z.B. der Nominalstil zu (v. Polenz). Während die ältere, mehr der Philologie verpflichtete Literaturwissenschaft solche Aspekte der textnahen Beobachtung häufig kannte, scheint dies in den letzten fünfzig Jahren rückläufig.

In *medialer Perspektive* erscheinen die G.en zum einen in ihren herkömmlichen Modi, also Drama und Lyrik stehen trotz ihrer literalen Basis der Oralität nahe bzw. werden durch sie konstituiert, Prosa wird überwiegend im literalen Medium rezipiert, aber seit dem Aufkommen der ‚Hörbücher‘ auch im oralen Medium – fast eine Reminiszenz an orale Erzählkonstellationen. Filme und Hörspiele oszillieren zwischen narrativen und dramatischen Formen und Inhalten (→Literatur, Literarizität). Literarische Sujets erscheinen so gesehen medial unterschiedlich bzw. parallel: oral, literal, medial-akustisch und medial-visuell sowie nach wie vor in Performanzveranstaltungen (Theater, Literaturhaus-Lesungen, Happening u.ä.).

Bibliographie: K.W. Hempfer, Gattungstheorie, München 1973. – W. Hinck (Hg.), Textsortenlehre – Gattungsgeschichte, Heidelberg 1977. – P. v. Polenz, Deutsche Satzsemantik, Berlin/New York ^{3}2008. – W.V. Ruttkowski, Die literarischen Gattungen, München 1968. – E. Werlich, Typologie der Texte, Heidelberg 1975. – R. Zymner, Gattungstheorie, Paderborn 2003.

Peter Klotz

Gedächtnis

I. Alttestamentlich

Das G., d.h. das Bewahren von →Erinnerung an zurückliegende →Ereignisse, um diese wieder zu vergegenwärtigen, bezieht sich im →AT auf die Beziehung zwischen Jhwh und seinem Volk Israel, die ihren Ausdruck in der Geschichte des Volkes gefunden hat. Daher dient vorrangig das →Erzählen von Geschichte(n) dem G. Dieses zunächst mündliche Erzählen, das als Vorstufe hinter den Schriften des AT steht, sucht →Exegese mit kritischen →Methoden zu rekonstruieren; die Ergebnisse sind jedoch hypothetischer Natur.

Der Wunsch, G. zu bewahren, führte zu Verschriftung und redaktioneller Bearbeitung des Erzählmaterials und stellte den entscheidenden Anstoß zum Prozess der Kanonisierung der so entstandenen Schriften dar (→Kanon). In der kanonischen Endgestalt ist aus einzelnen Erzählüberlieferungen ein übergreifender Erzählzusammenhang geworden. Die schriftliche Fixierung sicherte das Gedenken an die Ursprünge Israels und seine besondere Gottesbeziehung und damit →Identität und Zusammenhalt des Volkes über geographische Grenzen hinweg, insbesondere seit Israeliten zunehmend auch in der Diaspora lebten, also seit dem babylonischen Exil. Die Riten und Feste der Glaubensgemeinschaft vergegenwärtigen Ereignisse der Vergangenheit durch Verkündigung und Zeichen. Auch in der Lebensführung des Einzelnen soll das G. wirksam werden.

Das G. wird schwerpunktmäßig in der →Tora bewahrt. Zentrales Ereignis ist der Auszug aus Ägypten einschließlich der Rettung am Schilfmeer (Ex 1–15), dessen Schilderung zudem die Gründungslegende des wichtigsten Festes, Passa, enthält (Ex 12). Die in die anschließende Wüstenwanderungserzählung eingebundene Sinaiperikope (Ex 19–24) verankert die →Offenbarung des Gesetzes in diesem Kontext. Insbesondere in der Diasporaexistenz Identität stiftende Vollzüge werden in Väterzeit (Beschneidung, Gen 17) bzw. Schöpfung (Sabbat, Gen 2,1–3) angesiedelt. Schon innerhalb der Tora selbst wird dazu aufgefordert, die geschilderten Ereignisse der Heilsgeschichte durch Erzählen bzw. →Hören zu vergegenwärtigen und anzueignen (Ex 10,2; Dtn 6,20–25), hinzu treten Erinnerungszeichen als Gedächtnisstütze (Ex 13,9f.; Dtn 6,6–9; Num 15,39). V.a. Dtn schärft mehrfach das G. an die Bedrückung in Ägypten und die Befreiung ein, um zur Gesetzesobservanz zu motivieren (Dtn 5,15; 15,15; 16,3 u.ö.).

Jos–2 Kön halten erzählend den Abfall Israels von Gott und das Gericht als dessen Folge mahnend im G. Der Psalter enthält lobendes G. an Gott als Schöpfer und Erhalter sowie als Lenker der Geschichte Israels.

Bibliographie: J. Assmann, Religion und kulturelles Gedächtnis, München 2000. – R. Lux, Erinnerungskultur und Zensur im alten Israel, in: BThZ 15 (1998), 190–205.

Karin Schöpflin

II. Neutestamentlich

G. und →Erinnerung (griech. μνήμη, ἀνάμνησις) sind Kategorien, deren Wurzeln in das vorklassische Griechenland zurückreichen. Zu der Zeit, als →Schriftlichkeit unbekannt war und alles von →Mündlichkeit abhing, wurde das G. als Göttin verehrt: Μνημοσύνη wurde geboren, als Himmel und Erde sich vereinten und die Musen hervorbrachten (Hes. *Th.* 53–63, 133–36). Als Hermes die Leier entdeckte, erzählte er die Geschichte der unsterblichen Götter und ehrte Μνημοσύνη als die höchste unter ihnen (vgl. den Homer zugeschriebenen Hymnos an Hermes: *Merc.* 429–30). Während des legendären Goldenen Zeitalters wurden Könige und →Dichter als mit der Gabe der Μνημοσύνη betraut und für eine besondere Beziehung zu den Musen auserwählt betrachtet. In esoterischen Kreisen, die abseits vom etablierten griechischen polis-zentrierten Kult existierten, galt Μνημοσύνη als Ursprung des Lebens: Erinnerung entsprach Leben und Vergessen dem Sterben.

Das menschliche Erinnerungsvermögen wurde zum substantiellen Bindeglied zur Vergangenheit und sollte vor Verzerrung geschützt werden. Plato fürchtete, dass durch die Erfindung des Alphabets Schüler auf Buchstaben angewiesen wären, was zur Vernachlässigung des G.ses führen könnte (*Phdr.* 275a). In *Mem.* insistiert Aristoteles darauf, dass die Erinnerung Eindrücke der

Vergangenheit so anordnet, dass sie sequentielle Strukturen haben und der Wahrnehmung von Zeit entsprechen. Für die Rhetoriker war ein gutes G. unverzichtbar im Blick auf eine ehrenhafte und erfolgreiche *performance*. Die Rabbinen entdeckten das G. als ein Strukturprinzip religiösen Lebens wieder, konzentrierten es aber auf Akte konservierender Erinnerung.

Die frühen Anhänger Jesu lebten somit in einem Milieu, in dem das G. in vielen sakralen Kontexten und Kommunikationsformen substantiell war. Die christlichen →Autoren der ersten beiden Jahrhunderte – Paulus bis Irenäus – schrieben ihren →Texten verschiedene →Zeichen zur mnemotechnischen Verknüpfung zwischen der ‚heiligen' Vergangenheit und der Gegenwart ein.

Die moderne ntl. Forschung hat die Bedeutung dieser Zeichen unterschiedlich bewertet. Während das G. im letzten Jahrhundert kaum Beachtung fand, erschienen in jüngster Zeit mehrere Arbeiten zur mnemotechnischen Dimension frühchristlicher Traditionsbildung. Insbesondere die Bedeutung des G.ses für die frühe →Überlieferung der Jesustradition wird zunehmend höher bewertet. Interdisziplinäre Studien greifen auf psychologische und soziologische Gedächtnistheorien zurück, um zu erklären, wie die frühen Christen mnemotechnisch mit der Vergangenheit in Dialog traten und so auch ihre Zugehörigkeit zur Vergangenheit deuteten.

Bibliographie: S. Byrskog, Story as history – history as story, Tübingen 2000/Boston 2002. – J.D.G. Dunn, Jesus remembered, Grand Rapids 2003. – B. Gerhardsson, Memory and manuscript, Lund 1964. – W. Kelber, The oral and the written Gospel, Bloomington 1997. – A. Kirk/T. Thatcher (Hgg.), Memory, tradition, and text, Atlanta 2005. – B.A. Misztal, Theories of social remembering, Philadelphia 2003. – L.T. Stuckenbruck et al. (Hgg.), Memory in the Bible and antiquity, Tübingen 2007.

Samuel Byrskog

III. Kirchengeschichtlich

Unter den Geschichte konstituierenden Elementen zeichnet sich das G. in besonderer Weise aus, wie J. Assmann einerseits und die mediävistische *memoria*-Forschung seit O.G. Oexle andererseits vorgeführt haben und wie es im Programm der ‚Gedächtnisorte' zum Ausdruck kommt. Dabei nimmt letzteres in einer nun säkularisierten Form das Konzept des schon in vielfältiger Weise in der Antike bekannten materialisierten G.ses aus der Alten Kirchengeschichte auf, das dort an einen bestimmten Ort gebunden und ursprünglich mit der im Laufe der Zeit architektonisch immer aufwendiger gestalteten ‚Memoria' verbunden war, die am Ort des Todes oder der Bestattung der Märtyrer errichtet wurde und wo am Jahrestag gesellschaftliche und liturgische Veranstaltungen stattfanden. Im Zuge der Zunahme des Pilgerwesens v.a. nach Palästina wurde das Memoria-Konzept auf Orte angewandt, an denen heilige Gestalten des AT und NT geweilt hatten und nun verehrt wurden.

Entscheidend ist hier die Konstruktion der eigenen →Identität durch das G. und damit die Partizipation am Heiligen als Baustein des Selbstseins. Generalisiert und in gewisser Weise vergeistigt wird diese Vorstellung durch die wie auch schon die jüdische Passahmahltradition auf das G. hin gedeuteten Abendmahlsworte 1 Kor 11,24 f.; Lk 22,19. Die allgemeine Teilnahme an der Gedächtnishandlung, sei es konzelebrierend (so schon in der Alten Kirche), sei es nur in einer optischen Verbindung, garantierten sowohl die Partizipation am letzten Mahl Jesu wie am eschatologisch himmlischen Mahl und schufen im liturgischen Kontext weitere anamnetische Blöcke, die dem G. der Lebenden und Toten dienten. Dabei fallen für die vorreformatorische Zeit zeichenbezogener Gedächtnis- und Mysteriencharakter nicht auseinander, und auch für die Reformation selbst bringt erst die oberdeutsche Reformation deutliche Zweifel am Mysteriencharakter ein. Die Leuenburger Konkordie hat diesen theologisch konfessionellen Gegensatz der lutherischen und reformierten Kirchen relativiert.

Im liturgischen Jahr spielt das G. eine doppelte Rolle, zum einen durch die Gliederung in den älteren Osterfestkreis und den jüngeren Weihnachtsfestkreis und zum anderen durch das Tagesgedächtnis, das an → Apostel, Märtyrer und Heilige erinnert und nach den Bedürfnissen der jeweiligen liturgischen Gemeinschaft, Diözese oder Orden, gestaltet ist.

BIBLIOGRAPHIE: A. Assmann, Geschichte im Gedächtnis, München 2007. – O.G. Oexle (Hg.) Memoria als Kultur, Göttingen 1995. – M.C. Rank (Hg.), Arbeit am Gedächtnis, München 2007.

Wolfgang Wischmeyer

IV. Systematisch-theologisch

Judentum und Christentum gewinnen ihre religiöse →Identität durch ihr Herkommen von und ihr erneutes Sich-Beziehen auf Gottes Handeln in der Geschichte. Insofern ist für sie das Gedenken an dieses und das Ausbilden, ja Herstellen eines religiösen G.ses wesentlich. Seine individuelle Gestalt findet das religiöse G. in der Erziehung der Nachkommen im Wiedererzählen und Repetieren des Geschehenen. In Gestalt von Festen und Riten, die an das Vergangene regelmäßig erinnern, und v.a. von →Texten, die das zu Erinnernde festhalten, gewinnt das religiöse G. kulturelle Stabilität. Die weitergehende Formierung der Texte zu einem abgegrenzten und unveränderbaren →Kanon sichert – diachron – die verlässliche Verbindung zu den die Identität konstituierenden Anfängen und grenzt – synchron – abweichende →Traditionen aus. Die Verschriftlichung und Kanonisierung des zu Erinnernden wirkt auf den ersten Blick verengend und erstarrend. Aber erstere ermöglicht eine Verstetigung jenseits von möglichem Vergessen, letztere macht je neue und vielfältige →Auslegung möglich und nötig, welche ihrerseits frühere Auslegungen und das historische Werden des Textes im G. behalten muss, um nicht geschichtsvergessen zu sein.

Beide Gestalten des religiösen G.es, Riten wie Texte, sind kollektiver Natur, weil sie gemeinsam begangen werden bzw. Andere (auch außerhalb der eigenen Tradition) auf sie zugreifen können. Das religiöse G. legt insgesamt fest, was die Gemeinschaft der Glaubenden nicht vergessen darf, ohne ihre Identität zu verlieren. Insofern solches Nicht-Vergessen für Judentum und Christentum zentral ist, kann man sie als ‚Gedächtnisgemeinschaften' (P. Nora) bezeichnen. Für die theologische →Interpretation dieser kulturellen Leistungen nicht unerheblich ist der Gedanke, dass es Gott bzw. Jesus ist, der das G. seiner selbst stiftet (Ex 20,24; 1 Kor 11,24).

Das Gedenken dient in Judentum und Christentum nicht dem Wiederholen des Vergangenen oder dem sentimentalen Betrauern entschwundener besserer Zeiten, sondern es holt die Hoffnung auf eine dem heilvollen Vergangenen entsprechende Zukunft in die Gegenwart hinein. Denn weil das geschehene Heil auch in zukünftigen Zeiten wirklich werden will, ist das Erinnerte (insbesondere in der Gestalt der Erwählung) zugleich eine die Gegenwart erhellende Verheißung. Damit hat es das alltägliche Ethos verändernde Kräfte. Welche *politische* Kraft Erinnern haben kann, hat die politische Theologie mit dem Primat anamnetischer, erinnerungsbegabter Vernunft betont, welche mit ihrem G. des Leidens der Menschheit und ihrem ‚Vermissungswissen' (gründend in der Frage: Wo bleibt Gott?) zum Kampf für Freiheit und Gerechtigkeit ausrüstet (J.B. Metz).

BIBLIOGRAPHIE: J. Assmann, Religion und kulturelles Gedächtnis, München 2000. – S. Brandt, Opfer als Gedächtnis, Münster u.a. 2001. – J.B. Metz, Memoria passionis, Freiburg i.Br. u.a. 2006. – D. Ritschl, Memory and hope, New York 1967.

Christiane Tietz

V. Literaturwissenschaftlich

Die Gedächtnistheorie unterscheidet zwischen personalem, sozialem und kulturellem G. Wichtig für die biblische →Tradition ist v.a. das kulturelle G. Darunter versteht man die soziale Konstruktion einer konnektiven Struktur, die einer Gesellschaft über Generationen, Jahrhunderte, Jahrtausende hinweg ein Bewusstsein vermittelt, es bei den kulturellen Hinterlassenschaften mit der eigenen Vergangenheit und den eigenen Vorfahren zu tun zu haben (‚kulturelle →Identität'). Während das soziale oder ‚kommunikative' G. i.d.R. den Zeitraum dreier miteinander interagierender Generationen (80–100 Jahre) umfasst, geht das in externen →Symbolen wie →Texten, →Bildern, Riten, Denkmälern, Gedenktagen und anderen ‚*lieux de mémoire*' gespeicherte kulturelle G. bis zur Ursprungszeit eines Altertums zurück (in der → Bibel: die ‚Urgeschichte') und umfasst einen

Zeitraum von ca. 3000 Jahren. Das fünfte Buch Mose behandelt den Übergang eines sozialen G.ses (der ,Wüstengeneration') in das kulturelle G. und entwirft eine elaborierte Mnemotechnik, wie die Erinnerung an den Auszug aus Ägypten und das Gesetz sowohl schriftlich zu fixieren als auch allen kommenden Generationen ,ins Herz zu schreiben' ist.

Während in schriftlosen Gesellschaften das kulturelle G. mit dem in ritueller →Kommunikation zirkulierenden Sinnhaushalt zusammenfällt, tritt es in Schriftkulturen in ,Funktions-' und ,Speicher-G.' auseinander. Die →Schrift ermöglicht das Überdauern auch ausrangierter Sinnbestände, so dass es zu Rückgriffen auf die Vergangenheit kommen kann wie z. B. auf das *Corpus Hermeticum* in der Renaissance, die gnostischen Schriften nach der Entdeckung der Bibliothek von Nag Hammadi oder die in Israel inzwischen zu einer Art Nationalheiligtum aufgestiegenen Festung Massada im Licht des vom Zionismus wieder entdeckten Historikers Flavius Josephus. Jede Schriftkultur kennt derartige Brüche und Renaissancen ihres kulturellen G.ses.

BIBLIOGRAPHIE: A. Assmann, Erinnerungsräume, München [3]2006. – J. Assmann, Das kulturelle Gedächtnis, München [6]2007. – M. Halbwachs, Les Cadres sociaux de la mémoire, Paris 1925 [kritische Neuausgabe von G. Namer/A. Michel 1994]. – N. Pethes/J. Ruchatz (Hgg.), Gedächtnis und Erinnnerung, Reinbek 2001. – D. Schacter, Searching for memory, New York 1996 [*dt.* Wir sind Erinnerung, Reinbek 2001]. – W. Schottroff, ,Gedenken' im Alten Orient und im Alten Testament, Neukirchen 1964. – H. Welzer, Das kommunikative Gedächtnis, München 2002. – Ders./H.J. Markowitsch (Hgg.), Warum Menschen sich erinnern können, Stuttgart 2006. – Y.H. Yerushalmi, Zahor, Seattle 1982.

Jan Assmann

Geheimnis

I. Alttestamentlich

G. bezeichnet das Verborgene, dessen Existenz man sich bewusst ist, dessen Wesen aber verhüllt ist bzw. dessen Eigenschaften der menschlichen Vernunft unkenntlich, teilweise unkenntlich oder nur in einem bestimmten Personenkreis kenntlich sind. Seit der Religion Israels ist das G. auch eine religiöse, hermeneutische und literarische Kategorie.

Die Thematik des G.ses wird im AT verschiedentlich aufgenommen. Nach Dtn 29,28 ist das Verborgene ,des Herrn' und steht im Kontrast zu dem, was offenbart ist und Israel in die Lage versetzt, die Worte des Gesetzes zu befolgen. Das Konzept eines himmlischen Gerichtshofes und eines geheimen Rates findet sich in den →Psalmen (Ps 82; 89) und in Ijob (2,1 f.); dieser Gedanke ähnelt der prophetischen Vorstellung eines geheimen Planes, der den Propheten als den Dienern Gottes offenbart wird (Am 3,7; Jer 23,18). Der aramäische Terminus *raz* wird in Dan neunmal im Bezug auf den Inhalt und das Verständnis von Nebukadnezars Traum für ,G.' oder ,Rätsel' verwendet. Es ist bezeichnend, dass Daniel als weiser Prophet von Gott befähigt wird, den Inhalt des Traums zu kennen und zu interpretieren. In der qumranischen Literatur wird die Thematik der göttlichen G.se und Rätsel, die nur wenigen Auserwählten zugänglich sind, weiterverfolgt (1QM 14,14; 1QS 11,5–8; vgl. J. Maier, Die Qumran-Essener: Die Texte vom Toten Meer 1, München/Basel 1995, 125 ff. 166 ff.).

Der ,verborgene' Gott im Sinne des *Deus Absconditus* stellt eine maßgebliche Komponente des ,G.ses' im AT dar: W. Eichrodt setzt in seiner Diskussion der Gottesfurcht voraus, dass die Menschheit Gott in seiner Verborgenheit als aktiv erlebt und demzufolge das göttliche G. bewusst bejaht. G. v. Rad vertritt die Meinung, dass Gott aufgrund seiner Verherrlichung den Menschen in ihrem alltäglichen Leben verborgen scheint. Der verborgene Gott kann weder direkt durch die Natur wahrgenommen werden noch durch empirische Erkenntnis. Der primäre Weg der Enthüllung des verborgenen Gottes ist die Erfahrung von Gottes Handeln in der Geschichte. J.L. McKenzie setzt eine Auffassung voraus, dass ,verborgen' im AT in Relation zu der Erkenntnis des Empfängers zu verstehen sei – ob etwas geheimnisvoll ist, hängt vom Wissen oder der weisen Einsicht dessen ab, der es wahrnimmt und interpretiert.

B.S. Childs versucht die Aspekte des *Deus Absconditus*, der in seiner Hoheit verborgen ist, und des *Deus Revelatus,* der sich den Menschen kommuniziert, in Gott zu vereinen. Jedoch verbirgt jede Kommunikation so viel, wie sie offenbart. Nach W. Brueggemann kann als Gegenzeugnis Israels die Verborgenheit Gottes in der →Weisheitsliteratur angeführt werden: Gott wird nicht direkt erkannt, sondern gibt sich indirekt in der Schöpfung und im täglichen Leben zu erkennen. Dieses Gegenzeugnis Israels schafft zudem eine zwingende Verbindung zwischen dem unerforschlichen G. der Weisheit Gottes und dem ethischen Tun-Ergehen-Zusammenhang. Auf diese Weise versuchen die klugen Weisen trotz des unerforschlichen G.ses Gottes der menschlichen Welt Kohärenz abzugewinnen und so eine gewagte Balance zwischen G. und Ordnung herzustellen.

BIBLIOGRAPHIE: R.E. Brown, The pre-Christian semitic conception of 'mystery', in: CBQ 20 (1958), 417–443. – W. Brueggemann, Theology of the Old Testament, Minneapolis 1997. – B.S. Childs, Old Testament theology in a canonical context, London 1985. – W. Eichrodt, Theologie des Alten Testament, Teil 2/3, Stuttgart [5]1964. – J.L. McKenzie, A theology of the Old Testament, New York 1974. – G. v. Rad, Theologie des Alten Testaments I, München 1957. – I. Willi-Plein, Das Geheimnis der Apokalyptik, in: VT 27 (1977), 62–82.

Hendrik L. Bosman

II. Neutestamentlich

Die ntl. Rede von ‚G.' (μυστήριον, 28 Belege) ist insofern esoterisch, als sie zentrale Glaubensinhalte als offenbartes gruppenspezifisches Sonderwissen ausweist, doch ist ihr dialektisch das Programm exoterischer Kommunikation (Mission) inhärent (Eph 6,19 f.; Kol 4,3). Die Deklaration von Glaubensinhalten als ‚G.' zeichnet ihre Träger als Offenbarungsempfänger aus und steigert die Attraktivität der Botschaft. Christus als Inhalt des G. (die Mehrzahl der Belege, prägnant Kol 2,2) ist zugleich Gegenstand der Verkündigung, deutlich im Revelationsschema (Kol 1,26 f.; Eph 3,3 ff.; Röm 16,25 f.; 1 Tim 3,16). G. und →Offenbarung gehören zusammen. In 1 Kor 1,18–2,16 hat der Inhalt der paulinischen Verkündigung Geheimnischarakter (2,1.7), nicht weil er rational nicht aussagbar wäre, sondern weil die paulinische Predigt konträre Maßstäbe setzt. Das G. der Weisheit Gottes wird exklusiv durch den Geist offenbart (2,10 ff.), ist aber zugleich Inhalt der Erstverkündigung (2,1) und somit auch an Außenstehende kommunizierbar. G. meint hier nicht das rational Unzugängliche, sondern das Kontrafaktische (1,26 ff.) der Kreuzespredigt (1,18). Übereinstimmend bezieht Mt 11,25 die Offenbarung des Verborgenen auf die Privilegierung der Unterprivilegierten. Anders als im kultischen Erleben des G.ses in den Mysterienreligionen sind die μυστήρια der Glossolalie nach 1 Kor 14,2.14 f. so zu versprachlichen, dass der νοῦς sie versteht. Nach der Parabeltheorie Mk 4,10–12 erschließt sich das G. der βασιλεία durch die Lektüre des Mk (vgl. auch die briefliche Kommunikation des G.ses in Eph 3,3 ff.). Das ‚Gegebensein' des G.ses koinzidiert mit dem ‚Gegebensein' des Mk als der Kunde vom Gottessohn Christus, mit dessen Kommen die Gottesherrschaft im Verborgenen angebrochen ist. Das Zitat Jes 6,9 f. markiert nicht eine statische Grenze zwischen Erwählten und Verstockten, sondern appelliert in der offenen missionarischen Kommunikation an die Adressaten, durch die Evangeliumslektüre zum wahren Verständnis der →Gleichnisse zu gelangen. Mt 13,11; Lk 8,10 (Plural: μυστήρια) verschieben die Aussage in Richtung der thematischen Vielfalt der Gleichnisse, unspezifisch auch 1 Kor 13,2; 15,51; 2 Thess 2,7; Röm 11,25; Offb 1,20; 10,7; 17,5.7. Die in allen Offenbarungsreligionen maßgebliche Dialektik von G. und Offenbarung kann zugunsten prinzipieller strikter Geheimhaltung außer Kraft treten, ebenso in der Verfolgungssituation (Joh 19,38; EvThom 13; gnostische *reservatio mentalis*).

BIBLIOGRAPHIE: K. Berger, Theologiegeschichte des Neuen Testaments, Tübingen [2]1995, 306–308.352. 641 f. 690–692. – M.N.A. Bockmuehl, Revelation and mystery in ancient Judaism and pauline Christianity, Tübingen 1990. – G. Bornkann, Art. μυστήριον, in: ThWNT 4 (1942), 809–834. – F. Hahn, Der Begriff *„mysterion"* im Neuen Testament, in: Ders., Studien zum Neuen Testament, Bd. 2, Tübingen 2006, 449–456. – K. Rudolph, Geheimnis und Geheimhaltung in der antiken Gnosis, in: Ders., Gnosis und spätantike Religionsgeschichte, Leiden 1996, 220–243.

Manuel Vogel

III. Systematisch-theologisch

Dass Gott G. ist, weiß man seit alters her. Doch was man damit weiß, ist strittig. Von ‚heimlich', ‚geheim' abgeleitet, bezeichnet der Begriff zuerst Verborgenes, das man nicht weiß. Im Anschluss an I. Kant kann man unterscheiden: G.se, die (noch) nicht bekannt sind (*arcana*, z. B. die Verborgenheiten der Natur), G.se, die nicht bekannt sein sollen (*secreta*, z. B. die Geheimhaltungen der Politik), und das heilige G. der Religion (*mysterium*). Während das *secretum* vom Menschen hergestellt wird, findet der Mensch sich im *mysterium* vor (G. Ebeling).

In der Alten Kirche wurden bestimmte Lehren vor der Menge der Nichtgetauften geheim gehalten. Erst Katechumenen oder Getaufte dürfen sie wissen. Konzepte negativer Theologie haben Gottes G. in seiner Undenkbarkeit und Unsagbarkeit festgemacht. Dass Gott dennoch der Seele nahe kommt, ist für die Orthodoxie das G. Gottes. Rationale Mystagogie will das G. durch kritische Arbeit des Verstandes fühlbar werden lassen. K. Rahner hat darauf insistiert, dass Gott als das unbegreifliche G. auch im Eschaton unbegreiflich bleibt. Neben Gott selbst sind für die Tradition G.se u. a. Trinität, Menschwerdung, Kreuz und Auferstehung, die Sakramente und v. a. Christus selbst.

Der christliche Geheimnisbegriff sollte nicht als Gegensatz zum Verstehbaren oder Bekannten konzipiert werden. Weil Gott geglaubt wird als einer, der in Jesus Christus sein G. offenbart und mitgeteilt hat (Röm 16,25), ist dem Menschen weder unverständiges Anbeten dieses G. noch seine Verheimlichung aufgegeben. Das G. Gottes kann verstanden und muss gesagt werden (Mt 13,11; 1 Kor 2,1) – allerdings *als* G.

Dass Gott selbst G. ist, besagt zunächst: Der Mensch ist darauf angewiesen, *dass* Gott sich ihm (immer wieder neu) mitteilt. Der Mensch wird von dieser Selbstmitteilung ergriffen und will sie weitersagen – darauf hoffend, dass Gott sich darin erneut erschließt. Solch öffentliches Weitersagen vollzieht sich insbesondere schriftlich (A./J. Assmann). Wie Gottes G. dabei sprachlich gewahrt werden kann, wird je anders vermutet: durch beredtes Schweigen, durch Anbeten des göttlichen Namens, durch apophatische Rede (die über Gott nur sagt, was er nicht ist), durch analoge Rede. Dass Gott G. ist, meint weiter: Für den Menschen ist unausdenkbar, *als wer* Gott sich dem Menschen erschließt. Dem Unausdenkbaren aber soll der Mensch nachdenken. Dass Gott G. ist, heißt schließlich: Dass und als wer Gott sich dem Menschen zuwendet, hat der Mensch nicht verdient. Der gnadenhafte Charakter dieses Ereignisses ist für den Menschen unausschöpflich und führt ihn zum Staunen.

Bibliographie: H. Assel, Geheimnis und Sakrament, Göttingen 2001. – A. Assmann/J. Assmann (Hgg.), Schleier und Schwelle, 3 Bde., München 1997–1999. – G. Ebeling, Profanität und Geheimnis, in: Ders., Wort und Glaube, Bd. 2, Tübingen 1969, 184–208. – E. Jüngel, Gott als Geheimnis der Welt, Tübingen [7]2001. – O. Perler, Art. Arkandisziplin, in: RAC 1 (1950), 667–676. – K. Rahner, Über den Begriff des Geheimnisses in der katholischen Theologie, in: Ders., Schriften zur Theologie IV, Einsiedeln 1960, 51–99.

Christiane Tietz

IV. Judaistisch

Für das Judentum vor 70 n. Chr. sind G.se v. a. solche Gottes bzw. des himmlischen Bereichs, die nicht in der Bibel geoffenbart wurden und denen nachzuforschen gefährlich ist (Sir 3,21–23); aber der Apokalyptiker sucht sie zu erkennen, um das Leben in seiner Zeit zu bewältigen. Dazu gelangt er durch das Studium der Natur und des Laufs der Gestirne, durch die Gott seinen Willen offenbart, durch Visionen und Himmelsreisen, die Einblick in die Grundlagen der Schöpfung, Kosmologie und Astronomie, aber auch in den Lauf der Geschichte, das göttliche Gericht am Ende der Zeiten und die himmlische Welt gewähren (z. B. Hen[aeth] 41–54). Manche Texte sprechen von einer doppelten Offenbarung, einer Tora, die Mose dem Volk übergibt, und einer zweiten, die er für später aufbewahrt (Jub 1), so wie der Seher von 4 Es 14,46 vierundzwanzig Bücher (der Bibel) veröffentlichen, weitere siebzig aber nur den Weisen seines Volkes übergeben soll. Nach wieder anderer Auffassung ist gerade das wahre Verständnis des geoffenbarten Textes Geheimwissen, wenn etwa der Prophet Habakuk alles aufschreibt, was über das letzte Geschlecht kommt, doch das Ende der Zeiten nicht erfährt; allein dem Lehrer der Gerechtigkeit „hat Gott alle Geheimnisse seiner Knechte, der Propheten, kundgetan" (1QpHab 7,2–5). Der inspirierte Ausleger versteht, was der biblische Autor nicht verstand.

Das rabbinische Judentum führt diese Linien fort. Geheimwissen nur für Eingeweihte ist etwa das „G. der Kalenderschaltung" (*sod ha'ibbur:* yRHSh 2,5, 58b), das Schöpfungswerk und das Thronwagenwerk, d.h. das eigentliche Verständnis von Gen 1 und Ez 1 (tHag 2), um das sich die Esoterik der (nach)talmudischen Zeit in den Hekhalot-Texten bemüht. Darüber hinaus ist weiter allgemein die Tora G. Israels. Da schon auch Nichtjuden die Tora in Übersetzung lesen, ist es wichtig, dass der Schlüssel zu ihrem wahren Verständnis Israel vorbehalten bleibt: Gegenüber den Völkern gilt vor Gott als Kriterium: Nur die, die sein ‚Mysterium' (*mistorin*) kennen, sind seine Kinder; „und was ist dieses? Die Mishna, die mündlich gegeben wurde" (Tan Ki Tissa 34). Wer die mündliche Tora nicht hat, wird trotz aller schriftlichen Tora „wie ein Fremder erachtet" (Hos 8,12). Israel dagegen ist gleichsam schon vor der Offenbarung am Sinai das G. der Tora bekannt, wenn es sagt: „Wir wollen es tun. Wir wollen hören" (Ex 24,7), es also schon vor dem Hören ihr zustimmt (bShab 88a). Schließlich kann man auch allgemein fordern: „Worte der Tora übergibt man keinem Nichtjuden" (bHag 13a). Zwar ist ihr Wortlaut auch ihnen bekannt, aber die Tiefe der Tora bleibt G., wie auch dem nachrabbinischen Judentum bewusst bleibt und zwar nicht nur in der Kabbala. So ist auch einer der vier →Schriftsinne im Merkwort PaRDeS *sod*, das G., das Innere unter der Schale der Nuss (Hld 6,11), die als Bild der Tora gilt (Zohar Hadash, Midrash Rut 83a).

Bibliographie: P. Schäfer, Der verborgene und offenbare Gott, Tübingen 1991. – G. Stemberger, Art. Esoterik II., in: TRE 10 (1982), 368–374. – G.A. Wewers, Geheimnis und Geheimhaltung im rabbinischen Judentum, Berlin 1975.

Günter Stemberger

V. Literaturwissenschaftlich

Das G. deutet wie das →Rätsel auf eine Leerstelle des Ungewussten im Horizont lebensweltlicher Erfahrung und ist der Literatur, die sich dem Kippspiel von Verschleiern und Enthüllen verschreibt, strukturell verwandt. Es ist nicht nur als Motiv mit – besonders in Märchen und Dramen – handlungsdynamischer Funktion von Interesse, sondern hat als „eine der größten geistigen Errungenschaften der Menschheit", indem es „die Möglichkeit einer zweiten Welt neben der offenbaren" (G. Simmel, 317) aufscheinen lässt, eine Kultur stiftende, poetogene Funktion. Während das Rätsel als Sprachform anwesend ist und – in der Metaphorik des Knotens – entwirrt werden muss, verweist das G. auf etwas Abwesendes, das es – in der Metaphorik des Schleiers – zu entbergen gilt. Die Dunkelheit (*obscuritas*), die lange ausschließlich das Privileg der Bibel war, wird seit der Frühen Neuzeit zur Bedingung der Möglichkeit des Literarischen: das im Text Verborgene ist nicht mehr, wie im Mittelalter, ein abgeschlossenes Konstrukt, sondern etwas in imaginativer Tätigkeit zu Konstruierendes. Die Schrift kann als Medium der Öffentlichkeit G.se vernichten, sie kann aber auch einen Raum der Selbst-Kommunikation, eine Schutzzone der Privatheit (A./J. Assmann I, 15) öffnen, so bei den →Gattungen des Tagebuchs oder des →Briefes, der infolge der Erfindung des Briefgeheimnisses im 17. Jh. als Geheimnis-Zone des modernen, privaten Subjekts gilt. G. (mhd. *heimelich:* ‚das zum eingefriedeten, inneren Wohnbezirk Gehörende') bezieht sich erstens auf das, was dem Blick des Menschen, dessen Erkenntnis entzogen ist (*mysterium* – griech. μύειν, ‚sich schließen'), deutet also auf eine Schwelle zwischen Menschlichem und Übermenschlichem. Diese zu überschreiten und in die Naturgeheimnisse einzudringen – der Anfang jeglichen Wissens –, ist ein neuzeitlicher Traum, der bevorzugt Gelehrten angedichtet wird (z.B. Fauststoff). Zweitens meint G. das, was bewusst geheim gehalten wird und Eingeweihte von Außenstehenden absondert (*secretum* – lat. *secernere*, ‚trennen, ausscheiden'). G.se grenzen ein und aus: Die durch sie vollzogene Raumorganisation lässt Fragen der Ordnung und Macht (→Diskursanalyse) aufkommen. Im 20. Jh. wird das G. häufig in Körper- und Geschlechtskategorien kodiert, die Dynamik der Enthüllung mit der Diskursivität der Sexualität verschränkt (→ *Gender Studies*). Das G. kann zur Gewalt verleiten, hat aber auch eine ethische Komponente, indem es auf die Unverfügbarkeit des Anderen, dessen unhintergehbare Andersartigkeit verweist.

BIBLIOGRAPHIE: A. Assmann/J. Assmann (Hgg.), Schleier und Schwelle, Bde. 1–3, München 1997. 1998. 1999. – G. Engel et al. (Hgg.), Zeitsprünge, Bd. 6 (2002), Heft 1–4: Das Geheimnis am Beginn der europäischen Moderne. – E. Keller, Absonderungen, in: W. Haug/W. Schneider-Lastin (Hgg.), Deutsche Mystik im abendländischen Zusammenhang, Tübingen 2000, 195–221. – G. Simmel, Das Geheimnis, in: Gesammelte Aufsätze, Bd. 8: Aufsätze und Abhandlungen 1901–1908, Bd. 2, hg. v. A. Cavalli/V. Krech, Frankfurt a. M. 1993, 317–323.

Doren Wohlleben

Geist →Buchstabe und Geist

Gender →Feministische Bibelhermeneutik

Gender Studies

I. Alttestamentlich

Gerechtigkeit für beide Geschlechter und damit *gender*-faire →Exegese ist ein wesentliches Movens für atl. Arbeit unter dem Aspekt der *G. S.* Das Verhältnis der Geschlechter zueinander wird auf doppelte Weise analysiert: Der Einfluss des Geschlechtes der Exegeten und Exegetinnen auf die Ergebnisse der Exegese wird bewusst gemacht (vgl. die Analyse der ironischen Rede über Frauen in Spr 10 ff. bei männlichen Kommentatoren), die Beziehung der Geschlechter zueinander in atl. Texten wird gerade auch in ihrer Asymmetrie aufgedeckt (vgl. I. Fischer zur unterschiedlichen Wahrnehmung von Erzvätern und Erzmüttern in Gen). Angesichts der Asymmetrie der Geschlechter in den →Texten des →AT (besonders erkennbar z. B. in den Rechtsvorschriften) wie auch bei den Exegeten und Exegetinnen geschicht der Ansatzpunkt der *G. S.* v. a. von der Frauenperspektive aus. Atl. Texte als vorwiegend von Männern für Männer geschriebene Texte werfen besondere Probleme bei der Lektüre auf: Wo und warum können sich auch Frauen angesprochen wissen? Wo ist Identifikation wie beabsichtigt? Wo muss ein beabsichtigtes Identifikationsangebot klarer Rollenzuschreibung wegen zurückgewiesen werden? Dabei ist Frauenerfahrung und somit Lektüre aus der Frauenperspektive in (West-)Europa und Nordamerika nicht identisch mit Frauenerfahrung in Afrika, Asien oder Lateinamerika. Besonders wichtig ist das Thema der Gewalt gegen Frauen, so u. a. die Preisgabe der Frau zur Rettung des eigenen Lebens (Ri 19 f.; in abgeschwächter Form auch Gen 12. 21. 26); Vergewaltigung und blutige Rache (Gen 34); Inzest durch Vergewaltigung (2 Sam 13), wobei von göttlicher Strafe für die Täter bzw. Hilfe für die Frau nicht immer erzählt wird.

G. S. fragen nach der sozialen bzw. gesellschaftlichen Rolle von Frauen und decken auf, dass v. a. in erzählenden Texten das Primärinteresse ebenso wenig in der Vermittlung der privaten Lebensumstände von Frauen liegt wie bei den Männern: Frauen wie die Erzmütter stehen wie auch die Erzväter als Repräsentantinnen des Volkes vor uns, als Gründungsmütter Israels (Rut 4,11). Frauen in führenden politischen Positionen wie Debora (Ri 5) oder Atalja (2 Kön 11), eine Prophetin wie Hulda (2 Kön 22,3 ff.) lassen ebenso wie die Aufreihung der selbständigen, teils Führungspositionen zeigenden Tätigkeiten der Frau in Spr 31,10 ff. darauf schließen, dass die gesellschaftlichen Möglichkeiten von Frauen weitaus differenzierter zu sehen sind, als dies gemeinhin – unter Einfluss männlich bestimmter Exegese auch von Frauen – vermittelt wird.

BIBLIOGRAPHIE: B. Becking/M. Dijkstra (Hgg.), On reading prophetic texts, Leiden 1996. – I. Fischer, Gender-faire Exegese, Münster 2004. – R. Jost, Feministisch-exegetische Hermeneutiken des Ersten Testaments, in: H. Utzschneider/E. Blum (Hgg.), Lesarten der Bibel, Stuttgart 2006, 255–273.

Jutta Hausmann

II. Neutestamentlich

Ausgehend von der These, dass Geschlecht eine im sozialen Diskurs konstruierte Kategorie ist, die sich historisch und kulturell je spezifisch ausprägt, fragen *G. S.* nach den Konstruktionen und Konnotationen von Geschlecht in den ntl. →Texten und dem entstehenden Christentum. *G. S.* sind ein interdisziplinärer Forschungsansatz, der Weiblichkeit und Männlichkeit im NT und Frühchristentum auf dem Hintergrund antiker Diskurse zu Geschlechterkonstruktionen untersucht. Der Blick auf die antiken Diskurse hat dabei auch Konzeptionen jenseits moderner Konstruktionen von Zweigeschlechtlichkeit aufgedeckt. Initial für diese Forschungsrichtung, in deren Hintergrund die theoretischen Ansätze von J. Butler und M. Foucault stehen und die aus feministischen Ansätzen hervorgegangen ist, war zum einen die Forderung, neben den im NT entwickelten Frauen- auch Männer- und Männlichkeitsbilder zu untersuchen, zum anderen die Beobachtung, dass die symbolische Sprache der ntl. Texte durch Geschlechtermetaphorik geprägt ist. Ausgehend von Texten wie Gal 3,28 oder EvThom 22 werden zum einen überraschende Geschlechterkonstruktionen entdeckt, etwa in der Selbstpräsentation des Paulus als Gebärender (Gal 4,19) oder Amme (1 Thess 2,7), im Vergleich aller Glaubenden mit ehelosen Frauen (Röm 7,1–6) oder in weiblichen Jesusbildern in frühchristlicher Literatur. Zum anderen wird nach der in den Texten eingeschriebenen Geschlechtersymbolik gefragt, wobei kritisch auf strukturierende Binaritäten oder auf geschlechtstypologische Opposition von weiblich-passiv und männlich-aktiv hingewiesen wird. Gefragt wird weiterhin, wie sich ntl. Texte und ihre Wirkungsgeschichte auf Geschlechterkonstruktionen der Gegenwart auswirken. Kontrovers diskutiert wird, ob und inwieweit einzelne Schriften des frühen Christentums Männlichkeits- und Weiblichkeitskonstruktionen innerhalb des antiken kulturellen Diskurses durchbrechen oder bestätigen.

Bibliographie: B. Kahl, Der Brief an die Gemeinden in Galatien, in: L. Schottroff/M.-T. Wacker (Hgg.), Kompendium Feministische Bibelauslegung, Gütersloh 1998, 603–611. – S.D. Moore/J.C. Anderson (Hgg.), New Testament masculinities, Atlanta 2003. – T. Penner/C. Vander Stichele (Hgg.), Mapping gender in ancient religious discourses, Leiden/Boston 2007. – S. Petersen, Die Weiblichkeit Jesu Christi, in: E. Klinger, Die zwei Geschlechter und der eine Gott, Würzburg 2002, 97–123.

Angela Standhartinger

III. Systematisch-theologisch

Theologische Genderforschung hat ihre Wurzeln in der feministischen Theologie. Im Zuge der homosexuellen Kritik und der theologischen Rezeption (de-)konstruktivistischer Gendertheorien hat sich seit den 1990er Jahren die Perspektive der „moralischen Kategorie Frauenbefreiung“ (U. Gause, 82) erheblich erweitert und zur Ausbildung von *Queer Theology* und theologischer Männerforschung geführt. Dies ermöglichte es, die unterschiedlichen Kontexte im Verhältnis der Geschlechter wahrzunehmen und zugunsten einer Analyse der komplexen Interdependenzen der Geschlechter zu entwickeln. Genderforschung bedeutet darum, ein Gesamtbild der Geschlechterverhältnisse in den Blick zu nehmen. Gleichzeitig sind dafür jedoch auch (weiterhin) Einzelanalysen aus den unterschiedlichen Perspektiven notwendig, um dem Diskurs angemessene Grundlagen zu verschaffen.

Für die systematische Theologie bedeutet dies, dass dogmatische *Loci* und ethische Fragestellungen genderperspektiviert aufgegriffen werden. Während etwa die feministische Theologie auf der Suche nach ‚weiblichen‘ Gottesbildern in der Gefahr stand, traditionelle Geschlechterstereotypen zu bestätigen, versucht ein genderperspektivierter Zugang mittels eines ‚metaphorischen *gender trouble*‘ (C. Janowski) eine Mehrfachbrechung der an Geschlechtlichkeit orientierten Gottesbilder voranzubringen und zeigt, welche „Bausteine einer geschlechtergerechten Gotteslehre“ (M. Frettlöh) zu bedenken sind. Aus queerer Perspektive haben sich u.a. Fragen zum Geschlechtsleib hinsichtlich der Schöpfungs-, Versöhnungs- und Erlösungslehre aufgetan, wobei von da aus eine →Dekonstruktion des Geschlechterduals versucht wird (R. Hess). Doch ein theologischer Genderdiskurs ist nur dann in der Lage, ein *Gesamtbild* zu entwerfen, wenn auch die Perspektive von Männern kritisch miteinbezogen wird, was in der systematischen Theologie (im Gegensatz zu den biblischen und praktischen Disziplinen) bislang erst sehr vereinzelt versucht wird: Die ontologisch verortete ‚Führungsverantwortung‘ (Gen 3,16) einer patriarchalen Familienstruktur kann für Männer, die über diese

Fähigkeit unzureichend verfügen, erhebliche Probleme aufwerfen. Von daher schließen sich aus Frauen- wie aus Männerperspektive gewichtige Fragen etwa an theologische Anthropologie, das Vatersymbol und die Trinitätslehre an. Der biblische ‚Hingabeimperativ' (Eph 5,25) stellt eine ethische Konkretion an Männer dar, die wesentlich dazu beigetragen hat, das heroische Opfer zu legitimieren und andere Opfererfahrungen von Männern gänzlich auszublenden.

BIBLIOGRAPHIE: M. Fischer, Männermacht und Männerleid, Göttingen 2008. – M. Frettlöh, Gott Gewicht geben, Neukirchen-Vluyn 2006. – R. Hess, „...darin ist nicht *männlich und weiblich*", in: J. Ebach et al. (Hgg.), „Dies ist mein Leib", Gütersloh 2006, 144–185. – J.C. Janowski/R. Hess, Die Irritation der Irritation, in: ZPTh 56 (2004), 319–333.

Martin Fischer

IV. Altphilologisch

Die Altphilologie war *G. S.* gegenüber lange skeptisch eingestellt, aber besonders im angelsächsischen und auch nun in Ansätzen im deutschsprachigen Raum verfestigen sich *G. S.*, beginnend mit *Women's Studies* in den USA in den 1970er Jahren. Trotz der patriarchalischen Grundstruktur der Antike werden antike Frauen nicht mehr als eine formlose Masse, sondern in differenzierten Untergruppen studiert und ebenso wie andere marginalisierte Gruppen zum Zentrum der Forschung erhoben. Feminismus problematisiert die Frau als Konstrukt einer männlich geprägten Gesellschaft und Literatur, auch durch Einbeziehung nichtliterarischer Quellen (z. B. Malerei, Inschriften, Papyri). Obwohl es keine einheitliche Methodik gibt, integrieren *G. S.* hermeneutisch Ansätze von →Strukturalismus, →Poststrukturalismus und Anthropologie, indem z. B. Maskulinität oder Weiblichkeit kontextualisiert werden müssen und in ihrer Definition von einander abhängig sind, als Ausdruck der Differenz zwischen biologisch gegebener und sozial konstruierter Geschlechtlichkeit (*sex* und *gender*). In antiker Literatur sind Gender- und Rollendenken oft konservativ; in der Realität durchaus überkommene Rollen werden in späteren Texten als Vorbild präsentiert. In sexueller Asymmetrie wird die Frau als dem Mann unterlegen gesehen, gefolgt von femininen oder femininisierten Männern, denen eine passive Rolle im Geschlechtsverkehr unterstellt wird. Seit den 1990er Jahren konzentrieren sich *G. S.* vermehrt auf die Konstruktion von Identitäten durch Vergleich mit anderen sozialen Strukturen (z. B. Nationalität, politische Orientierung). Insbesondere Männlichkeits- und Homosexualitätstheorie sehen Gender als ein soziales Konstrukt, das in der Antike insbesondere dem Ausdruck von (auch nicht-sexuellen) Machtbeziehungen diente (z. B. Femininisierung des politischen oder nationalen Gegners als des ‚Anderen' durch Verunglimpfung seiner angeblich ‚passiven' Sexualität und die daraus resultierende Maskulinisierung der eigenen Seite). Die Femininisierung des Anderen wertet es ab (z. B. Darstellung der Perser in athenischen Quellen oder des *cinaedus* in römischer Literatur; Definition der Frau als der passiven und daher unterlegenen Geschlechtspartnerin). Nun inkorporieren *G. S.* auch das Studium des →Körpers und der Sexualität. Es wird diskutiert, ob man in der Antike nur bedingt von Homosexualität als Lebensweise sprechen kann, da ein griechischer Mann in seinem Leben je nach Alter und sozialem Rang sowohl aktive als auch passive Geschlechtsrollen übernehmen kann.

BIBLIOGRAPHIE: B. Egger, Art. Gender studies, in: DNP 14 (2000), 111–121. – B. Feichtinger/G. Wöhrle (Hgg.), Gender Studies in den Altertumswissenschaften: Möglichkeiten und Grenzen, Trier 2002. – L. Foxhall/J. Salmon (Hgg.), When men were men: masculinity, power and identity in classical antiquity, London 1998. – N.S. Rabinowitz/A. Richlin, Feminist theory and the classics, New York 1993. – M. Skinner, Sexuality in Greek and Roman culture, Oxford 2005. – J. Winkler, The constraints of desire: the anthropology of sex and gender in ancient Greece, London 1990.

Regine May

V. Literaturwissenschaftlich

G. S. ist kein Synonym für Frauenforschung. Inspiriert vom ›*Linguistic Turn*‹ von →(Post-)→Strukturalismus, →Dekonstruktion, ›Diskursanalyse‹ etabliert ‚*gender*' sich in den späten achtziger Jahren des 20. Jh.s als eine theoretisch komplexe Analysekategorie, mit der die semiotischen und performativen Verfahren geschlechtlicher Bedeutungserzeugung untersucht werden: Die Aufmerksamkeit ist nicht mehr, wie zuvor in der feministischen Literaturwissenschaft, allein auf die Repräsentation von Weiblichkeit fokussiert, sondern gilt generell der kulturell konventionalisierten und symbolischen Konstruktion einer binären Geschlechterordnung und der dadurch bedingten Wissensgenerierung. Indem die *G. S.* den Blick von der fragwürdigen Opposition der Geschlechter auf die Zeichen, Bedeutungen, Praktiken und Strukturen lenken, mit denen auch scheinbar geschlechtsunabhängige Gegenstände, Eigenschaften und Funktionen als ‚weiblich' oder ‚männlich' wertend einander gegenüber gestellt werden, machen sie auf eine Vielfalt an Differenzen sowie auf einen zentralen kulturellen Prozess des Unterscheidens und der Bedeutungsorganisation selbst aufmerksam.

Innerhalb der deutschen Literaturwissenschaft verschieben die *G.s.* seit etwa Mitte der 1990er Jahre das Interesse langsam von der Frauenbildforschung und einer eigenständigen Frauenliteraturgeschichte auf eine umfassendere ‚*Poetics of Gender*'. Untersucht werden zunehmend die geschlechtsspezifischen Implikationen scheinbar universaler literaturtheoretischer Kategorien wie →‚Autor', →‚Leser' und →‚Erzähler', die historisch variierende Zuweisung symbolischer Weiblichkeits- und Männlichkeitspositionen in ästhetischen und poetologischen Debatten, die geschlechtliche Grundierung von Prozessen literarischer Wertung und Kanonbildung, die *gender*-Kodierung von *plot*-Mustern, Raumdarstellungen, Erzählhaltung und -position, →Stil, →Gattung, Figurengestaltung und Rezeptionssteuerung, die Auswirkungen von *cross-gender* Identifikationen im Akt der Lektüre, die Reproduktion unbewusster stereotyper Vorannahmen und die damit verbundenen epistemologischen Bedingungen literaturwissenschaftlicher Forschung.

BIBLIOGRAPHIE: J. Culler, Als Frau lesen, in: Ders., Dekonstruktion (1982), Reinbek 1999, 46–69. – R. v. Heydebrand/S. Winko, Arbeit am Kanon, in: H. Bußmann/R. Hof (Hgg.), Genus, Stuttgart 1995, 206–261. – R. Hof, Die Grammatik der Geschlechter, Frankfurt 1995. – R. Klüger, Frauen lesen anders, München 1996, 83–104. – A. Kolodny, A map for rereading, in: New Literary History 11 (1980), 451–467. – N.K. Miller, The poetics of gender, New York 1986. – A. Nünning/V. Nünning (Hgg.), Erzähltextanalyse und Gender Studies, Stuttgart/Weimar 2004. – V. Nünning, Gender in der Literaturwissenschaft, in: H. Foltinek/C. Leitgeb (Hgg.), Literaturwissenschaft: Intermedial – interdisziplinär, Wien 2002, 131–162.

Britta Herrmann

VI. Philosophisch

Viele Theorien der *G.s.* schließen an die →Dekonstruktion (J. Derrida) und den →Poststrukturalismus (M. Foucault, J. Lacan) an, indem sie deren Themenkomplexe (→Text und Materialität, Differenz und Macht, Psyche und Gesellschaft) aus einer Geschlechterperspektive reformulieren. Die gegenüber der →Hermeneutik kritische Position dieser Theorieansätze, welche die Trennung zwischen dem auszulegenden Text und der Praxis der →Auslegung zurückweisen und von einem Textverständnis ausgehen, welches jegliche Formen der Zeichenhaftigkeit in sich schließt, mag Grund dafür sein, dass sich die Theorien der *G.s.* kaum auf die Hermeneutik im engeren Sinne beziehen. In Bezug auf ein weiter gefasstes Verständnis von Textauslegung hingegen haben die *G.s.* wichtige Beiträge vorzuweisen. Zentral ist dabei die These, dass Geschlecht nicht nur als Inhalt, sondern auch als Organisationsprinzip von Texten zum Tragen kommt. Die interpretatorische Arbeit der *G.s.* problematisiert die Reproduktion und Naturalisierung von Geschlechternormen und der damit verbundenen Hierarchien und richtet sich gegen die androzentrische, vermeintlich geschlechterneutrale Verfasstheit von Texten.

Erste Ansätze einer feministischen Auslegungspraktik finden sich bereits bei O. de Gouges, welche die französische Menschenrechtsdeklaration auf ihre geschlechterspezifischen Leerstellen hin liest. S. de Beauvoir zeigt anhand philosophischer und literarischer Texte, wie die Konstitution des Mannes als absolutes und autonomes Subjekt durch die implizierte Alterität der Frau ermöglicht wird. Die psychoanalytischen Anleihen Beauvoirs werden in der sog. *Écriture Féminine* (H. Cixous, J. Kristeva, M. Wittig) weiterentwickelt und radikalisiert. Deren Kritik am Phallo(go)zentrismus der westlichen Kultur führt zu einer Krise im Umgang mit der Sprache selbst, da diese als Mittel der →Kritik auch von der Logik affiziert ist, die aufgedeckt werden soll. So entwickelt L. Irigaray eine mimetische Lektürepraxis, welche die androzentrische Struktur philosophischer Texte durch deren ironische Wiederholung aufzeigt. J. Butler wiederum thematisiert die Bedingungen diskursiver Lesbarkeit, welche an die Zitierung und Verkörperung hegemonialer Normen gebunden sind. Im Anschluss an die →Sprechakttheorie (J. Austin) und an kritische Machttheorien (F. Nietzsche, M. Foucault) geht sie davon aus, dass diejenigen performativen Akte als intelligibel erscheinen, welche die heterosexuelle und dichotome Kodierung von Geschlecht reproduzieren.

BIBLIOGRAPHIE: S. de Beauvoir, Das andere Geschlecht, Reinbek 1992. – J. Butler, Das Unbehagen der Geschlechter, Frankfurt a. M. 1991. – H. Cixous, Weiblichkeit in der Schrift, Berlin 1980. – O. de Gouges, Erklärung der Rechte der Frau, in: Dies., Schriften, Basel/Frankfurt a. M. 1980, 36–54. – L. Irigaray, Speculum, Frankfurt a. M. 1980. – J. Kristeva, Die Revolution der poetischen Sprache, Frankfurt a. M. 1978. – M. Wittig, Wir werden nicht als Frauen geboren, in: Ihrsinn 27 (2003), 8–19.

Patricia Purtschert

Geschichte/Geschichtlichkeit

I. Alttestamentlich

G. ist eine zentrale Kategorie des atl. Schrifttums und Denkens. Große Teile der hebräischen Bibel handeln von geschichtlichen Vorgängen und Entwicklungen. Der Kanonteil →Tora weist ein geschichtliches Grundgerüst auf, das die Zeit von der Schöpfung bis kurz vor der Landnahme Israels umfasst. Die Vorderen Propheten schließen an mit einer Darstellung der G. Israels von der Landnahme bis zum babylonischen Exil. Die Chr wiederholt all dies noch einmal in Auswahl und mit neuer Pointierung, Esr und Neh fahren fort mit der Schilderung der nachexilischen Zeit. Noch viele weitere Bücher haben teilweise geschichtliche Themen (z. B. Jes 36–39; Jer 37–44; Am 4,6–11; Ps 78; 105; 136; Rut; Est; Dan 1–6), und auch im erweiterten →Septuaginta-Kanon gibt es zusätzliche Geschichtsbücher (Tob, Jud, Makk).

Die genannten Texte lassen sehr wohl das Bewusstsein geschichtlichen Abstandes zwischen der Jetztzeit der Verfasser- und ihrer Adressatenschaft und der beschriebenen Vergangenheit erkennen. Wichtigstes sprachliches Kennzeichen dafür ist die Narrativ-Form des hebräischen Verbs (*wajjiqtol*). Sie signalisiert – allermeist in einer Kettung von Mitteilungen in chronologischer Folge – vergangenheitliche Vorgänge. Davon können in der Vergangenheit anhaltende Zustände durch Durativ oder Partizip und Geschehnisse der Vorvergangenheit durch Plusquamperfekt (*qatal*) abgehoben werden. Zuweilen treten die →Erzähler aus der Erzählkulisse und vermerken ausdrücklich, das und das sei *damals* so gewesen (z. B. 1 Sam 9,9; 2 Sam 13,18) oder das und das sei von *damals* bis heute so geblieben (oft mit der Formel ‚bis auf diesen Tag', z. B. Jos 6,25; 7,26; 8,29; 9,27; 10,27).

Die letztgenannte Formel drückt durch das Angebot der Nachprüfbarkeit einen erhöhten Glaubwürdigkeitsanspruch aus. Dabei kann der Hinweis auf etwas Gegenwärtiges nicht für die Richtigkeit der Erklärung seines Zustandekommens garantieren. So geht etwa die Sprachenvielfalt kaum auf einen verhinderten Turmbau (Gen 11,1–9) und geht ein bestimmter Speisebrauch der Israeliten kaum auf ein Erlebnis Jakobs zurück (Gen 32,33). Sog. ‚ätiologische'→Erzählungen (die eine geschichtliche Begründung für einen gegenwärtigen Sachverhalt liefern) können rein theoretische Konstrukte sein (z. B. Jos 7). Als geschichtlich kann allenfalls die erklärte Gegebenheit gelten, nicht deren Erklärung.

Überhaupt decken sich im AT G. und Geschichtlichkeit nicht immer. Letztere – verstanden im Sinne der Faktizität des Berichteten – muss im Prinzip für jeden von der →Bibel als geschichtlich behaupteten Sachverhalt nachgeprüft werden. Denn in Israel (wie in seiner Umwelt) ist die Grenze zwischen ‚*history*' und ‚*story*' unscharf. Biblische Darstellung von G. ist zunächst Zeugnis für ein *Bild* der G., nicht für diese selbst. Bei der Ur-‚G.' (Gen 1–11) ist das evident. In der Darstellung der Frühgeschichte Israels (von den Erzeltern bis zur beginnenden Staatlichkeit, d. h. von Gen 12 bis Ri) überwiegen sagenhafte Elemente. Seit der staatlichen Zeit erhöht sich die Geschichtlichkeit der Berichte, viele sind historisch absolut zuverlässig – wenngleich sich Sagen und →Legenden, → Wunder- und Lehrgeschichten noch bis in die Spätzeit finden.

Die Wahrscheinlichkeit der Historizität des Berichteten wächst (a) mit der Abnahme ideologischer Färbung der betreffenden → Quellen; (b) mit der Übereinstimmung mehrerer biblischer Zeugnisse; (c) mit dem Hinzutreten von *‚external evidence'* aus außerbiblischen →Texten oder archäologischen Befunden. Doch selbst hier ist noch Vorsicht geboten, weil außerbiblische Daten oft rar sind und weil sie ebenfalls historisch-kritischer Prüfung bedürfen.

Das atl. Israel definiert sich weitgehend über seine G., die es als von Jhwh gelenkt versteht. So verzahnen sich in der Bibel Ereignis- und Glaubensgeschichte.

Bibliographie: Y. Amit, The dual causality principle and its effects on biblical literature, in: VT 37 (1987), 385–400. – J.N. Carreira, Formen des Geschichtsdenkens in altorientalischer und alttestamentlicher Geschichtsschreibung, in: BZ.NF 31 (1987), 36–57. – R.C. Dentan (Hg.), The idea of history in the ancient near east, New Haven 1983. – W.G. Dever, What did the biblical writers know and when did they know it?, Grand Rapids 2001. – V.P. Long et al. (Hgg.), Windows into Old Testament history, Grand Rapids 2002. – R. Smend, Elemente alttestamentlichen Geschichtsdenkens, in: Ders., Die Mitte des Alten Testaments, München 1986, 160–185. – H.G.M. Williamson (Hg.), Understanding the history of ancient Israel, Oxford/New York 2007.

Walter Dietrich

II. Neutestamentlich

G. und Geschichtlichkeit sind begrifflich und sachlich zunächst zu unterscheiden. G. bezeichnet im Sinne der ἱστορία/*historia* den Gegenstand der Historiographie *und* den Gegenstandsbereich geschichtswissenschaftlicher Forschung. Dem Begriff kommt seit seinen Anfängen bis zu den modernen geschichts- und literaturwissenschaftlichen Diskursen eine semantische und heuristische Ambiguität zu: In der griechisch-römischen Antike (z. B. Herodot, Aristoteles, Cicero) umschreibt der Begriff sowohl Augenzeugenschaft und Erkundung als auch die schriftliche Darstellung des Ges(ch)ehenen: Geschehen – Zeugenschaft (Zeuge = ἵστωρ/*testis*) – Erzählung sind untrennbar verbunden. Während der sog. Historismus im 19. Jh. in Folge der Entdeckung und Entwicklung des historischen Denkens (z. B. G.E. Lessing), der historisch-kritischen Methodik (Theologie/→Exegese: J.S. Semler; Geschichtswissenschaft: B.G. Niebuhr) und der Geschichtsphilosophie (G.W.F. Hegel) das vielfach als positivistisch (→Historismus) bezeichnete Ziel einer Rekonstruktion der Geschichte aus den geschichtlichen ‚Quellen' verfolgte (z. B. L. v. Ranke), verstehen die Geistes- und Kulturwissenschaften nach dem sog. →*Linguistic Turn* nicht nur die Geschichtsschreibung, sondern auch die →Quellen selbst als Prozesse der Konstruktion (z. B. J. Rüsen) und Narration (z. B. H. White). Hierbei sind die Verhältnisbestimmungen von *story* und *history* sowie *fact* und *fiction* in den Literatur- und Geschichtswissenschaften (z. B. R.F. Berkhofer), aber auch in der Philosophie (z. B. P. Ricœur) umstritten. Doch wird das postmoderne Narrativitäts-Paradigma fachübergreifend entweder auf der Basis der Kategorie der ‚Erinnerung' (z. B. J. Assmann; J. Fried) durch eine Rückbesinnung auf ‚Faktizität' und historisches Bewusstsein (z. B. P. Burke; W.J. Mommsen) oder aufgrund der Beschränkung des Anspruchs erzähltheoretischer Konzeptionen in den Geschichts- (z. B. L. Hölscher) und Literaturwissenschaften (z. B. G. Genette) sowie in der Textlinguistik (K. Brinker) gegenwärtig zunehmend auch korrigiert.

Die bibel-exegetischen Disziplinen der Theologie sind ursprünglicher und ursächlicher Teil der methodischen und hermeneutischen Geschichtsdebatten (s. o.). Da frühchristliche Überlieferungen und Texte als historische und literarische Quellen für die Jesus-Gestalt und -Bewegung (→Evangelien; Logienquelle Q) und für die Geschichte des frühesten Christentums (z. B. Apg; Gal 1–2), zugleich aber als deren theologisch-deutende Erzählungen zu werten sind (vgl. Lk 1,1–4; Joh 20,30 f.), kann die ntl. →Exegese die genannten geschichtstheoretischen Diskurse sinnvoll rezipieren und ihrerseits paradigmatisch produktiv vorantreiben: Die Diskussionen über die unterschiedliche Gewichtung historisch-faktualer und literarisch-fiktionaler Aspekte in Geschichtserzählungen lassen sich nämlich gerade von der ntl. Exegese als methodische und hermeneutische Herausforderung verstehen.

Geschichtlichkeit beschreibt im Sinne der ‚Zeitlichkeit' die v.a. philosophisch begründete Einsicht in die zeitliche Bezogenheit und Begrenztheit menschlicher Existenz (vgl. Existenzphilosophie: z.B. M. Heidegger, *Sein und Zeit*, §§ 72 ff.; R. Bultmann, s.u.). Sachlich konvergieren die Begriffe G. und Geschichtlichkeit in der Vorstellung vom geschichtlichen Bezug und der temporalen Begrenzung von →Ereignissen sowie von der zeitlichen Bezogenheit des ‚Zeugen', Interpreten und Geschichtsschreibers/-erzählers, was Bultmann als Ausgeliefertsein des Menschen an „den Gang der Geschichte" deutet. Die ‚Zeitlichkeit des Lebens' ist wesentliche Konstituente von Ereignisgeschichte, Historiographie *und* Geschichtstheorie (vgl. auch F. Nietzsche).

BIBLIOGRAPHIE: G. Bauer, Geschichtlichkeit, Berlin 1963. – E.-M. Becker (Hg.), Die antike Historiographie und die Anfänge der christlichen Geschichtsschreibung, Berlin/New York 2005. – R.F. Berkhofer, Beyond the great story, Cambridge/London 1995. – R. Bultmann, Geschichte und Eschatologie, Tübingen [3]1979. – S. Byrskog, Story as history – history as story, Tübingen 2000. – H. Cancik, Art. Geschichte IV., in: RGG[4] 3 (2000), 781–783. – A. Kehl, Art. Geschichtsphilosophie A., in: RAC 10 (1978), 703–752.

Eve-Marie Becker

III. Kirchengeschichtlich

Die zeitliche Verfasstheit des Menschenlebens ist im Bereich der G. vieler Christen nicht nur durch anthropologische Grundphänomene wie Geburt und Tod sowie lebensweltlich durch eine Reihe unterschiedlicher zyklischer und saisonaler Phänomene der Natur und der sozialen Formen vorgegeben, die immer wieder auch in dem Sprachspiel einer Mikrokosmos-Makrokosmos-Schau beschrieben werden können, sondern auch im Zusammenhang der biblischen Literatur bestimmt vom Gedanken einer Schöpfung und eines ultimativen Seins bei Gott. Wie stark eine solche Erkenntnis ist, zeigt die Märtyrerliteratur, wo gerade das Bekenntnis zu dem einen Gott, ‚der Himmel und Erde geschaffen hat', zur zentralen Aussage der Texte wird, die mit der Doxologie auf die Märtyrer, die nun bei Gott sind, enden. Ein starker Realismus der biblischen Texte betont die Verortung des Menschen in seinem geschichtlichen Kontext, ohne dass dieser einfach fatalistisch angenommen wird. Vielmehr wurden die Menschen schuldig und müssen sich in der geschichtlichen Situation ethisch bewähren und die Welt gestalten. Dabei gehört zur nötigen Selbsterkenntnis die Kenntnis der eigenen Grenzen, nicht nur in physischer Hinsicht. Es gehört aber ebenso dazu die immer wieder nötige Öffnung, Alterität in ihrer bereichernd zukommenden Dimension zu erfahren, was sowohl die Perspektive der personalen Begegnung wie die der intellektuellen Erkenntnis angeht, die beide Dimensionen der Lebenswirklichkeit Liebe anzeigen.

Jede Darstellung der Geschichte der Kirche wird ihre theologischen Kriterien hierher nehmen und von hieraus ebenso das Konzept einer konfessionellen wie einer im Arnoldschen Sinne unparteiischen Kirchengeschichte hinterfragen müssen und sich im weitesten Sinne als eine Auslegungsgeschichte der biblischen Schriften betrachten, ganz im Sinne der Vielheit und Variationsbreite ihrer Aussagen zur geschichtlichen Verfasstheit des Menschen. V.a. aber dürfte sie durch ihre Betonung dieser Phänomene und ihren Hinweis auf die Kontinuität in unendlicher Variation ihren theologischen Beitrag unter den übrigen theologischen Fächern leisten.

BIBLIOGRAPHIE: F.W. Graf, Die „antihistorische Revolution" in der protestantischen Theologie, in: J. Rohls/G. Wenz (Hgg.), Vernunft des Glaubens, Göttingen 1988, 377–405. – C. Markschies, Kirchengeschichte, in: H.-J. Goertz (Hg.), Geschichte, Reinbeck 2007, 408–422. – K. Nowak, Wie theologisch ist die Kirchengeschichte, in: ThLZ 122 (1997), 3–12.

Wolfgang Wischmeyer

IV. Systematisch-theologisch

G. lässt sich als die identitätsorientierte Rückschau auf die (eigene) Vergangenheit begreifen; systematische Theologie fasst G. enger im Rahmen der heilsgeschichtlichen Linie der Zeit zwischen Schöpfung und Weltgericht. Reflexion von G. ist daher Vergegenwärtigung und Erinnerung im Rahmen der göttlichen Zeitsetzung und/oder die Darstellung und Aneignung von Kontinuität der kirchlich gestifteten Traditionen. Insofern unterscheidet sich G. in theologischer Perspektive vom geschichtswissenschaftlichen Diskurs und ist mit diesem auch nicht unbedingt vermittelbar. Dabei steht systematische Theologie vor dem Problem, die Erkenntnisse historisch-kritischer →Exegese in den theologischen Diskurs zu integrieren, ohne dem historischen Relativismus einerseits oder einem ahistorischen Fundamentalismus andererseits zu unterliegen: Begründet werden muss theologisch, warum gerade und nur die biblisch bezeugten Ereignisse relevant für das System des christlichen →Glaubens sind (zum Problem vgl. W. Pannenberg). Herausragende Diskussionsfelder in diesem Problemfeld sind die Frage nach der Schöpfung und das Verhältnis des historischen Jesus zum verkündigten Christus. G. ist damit ein Bestandteil des hermeneutischen Prozesses (vgl. P. Ricœur).

Indes geht G. nicht allein in der Darstellung und methodischen Sicherung vergangener Ereignisse auf. Vielmehr gehört das Element der persönlichen Vergewisserung wesentlich zum historischen Diskurs dazu. Wahrnehmung von G. erfolgt interessengeleitet zur Produktion von Sinn und Identität (vgl. J. Assmann; J. Rüsen). Die historische Rückschau erhebt dann, warum und wie eine bestimmte geschichtliche Konstellation erinnert und angeeignet wird und welche Impulse daraus für Gegenwarts- und Zukunftsgestaltung abgeleitet werden können. Der Ausgangspunkt für die Beschäftigung mit G. ist dabei immer die Erfahrung der Kontingenz oder Krise (im positiven oder negativen Sinn), G. kann ein Mittel zur Kontingenzbewältigung sein. Der damit gegebene Bezug der G. auf zukünftige Möglichkeiten oder eine neu erfahrene Gegenwart ist theologisch erschließbar.

Geschichtlichkeit hat begrifflich die doppelte Dimension der verbürgten Historizität bzw. der gesicherten Faktizität eines Ereignisses einerseits und des Bewusstseins der eigenen Zeitlichkeit andererseits. Diese letztere Dimension hat ihre eigene theologische Relevanz. Unter Wahrnehmung der eigenen Geschichtlichkeit werden Erfahrungen und Befindlichkeiten in einen größeren Sinn- und Identitätshorizont eingeordnet. Das erlaubt einen religiös-theologischen Umgang mit G. im oben geschilderten Sinn. Zwischen G. und Geschichtlichkeit besteht eine hermeneutische Wechselbeziehung: Die historische Distanz des Interpretationssubjekts zum Gegenstand der Interpretation kann produktive, d. h. sinnstiftende, Verstehensprozesse der G. in Gang setzen.

BIBLIOGRAPHIE: G. Ebeling, Die Welt als Geschichte, in: Ders., Wort und Glaube I, Tübingen ^{3}1967, 381–392. – U.H.J. Körtner (Hg.), Geschichte und Vergangenheit, Neukirchen-Vluyn 2007. – W. Pannenberg, Offenbarung als Geschichte, Göttingen 1961. – H. Rosenau et al., Art. Geschichtlichkeit, in: RGG^{4} 3 (2000), 798 f. – K. Rudolph et al., Art. Geschichte/Geschichtlichkeit, in: RGG^{4} 3 (2000), 775–798.– J. Rüsen, Zerbrechende Zeit, Köln u. a. 2001.

Melanie Köhlmoos

V. Judaistisch

Für das nachbiblische Judentum ist G., v. a. biblische G., nicht einfach Information über Vergangenes, sondern Grundlegung des eigenen Lebens. Sich an den Auszug aus Ägypten, den Bund am Sinai und die Landgabe zu erinnern bestimmt das religiöse Bewusstsein und Verhalten. Die Periodisierung der G. in den apokalyptischen Schriften – vier Reiche, zehn Jahrwochen usw. – zeigt, dass die G. einem Plan folgt, bestimmt durch Gottes Führung, aber auch durch Sünde und Umkehr. Eine rein natürliche Entwicklung in der G. kann nie zum Heil führen; dieses wird allein durch Gottes Eingreifen am schon jetzt bestimmten, doch dem Menschen nicht erkennbaren Endpunkt bewirkt. Immerhin kann der Leser seinen eigenen Platz in der G. erkennen, versteht sich in deren vorletzter Phase und gewinnt aus dem Wissen um das nahe Ende Ansporn zu Treue und Zuversicht, „wenn sich über ihnen die letzte Zeit hinzieht, denn alle Zeiten Gottes treffen ein nach ihrer Ordnung, wie er es eingezeichnet hat für sie in den Mysterien seiner Klugheit" (1QpHab 7,12–14). Wo nachbiblische G. erzählt wird, wie etwa in 2 Makk, ist sie ganz am Glauben an die göttliche Vergeltung orientiert. Auch für Josephus sind bei aller Faktenfülle religiöse Aspekte zentral – die apologetisch bestimmte Betonung des Uralters des Judentums, damit auch seine Wahrheit, zugleich die Determiniertheit der G. durch Gottes Plan (auch τύχη genannt), der auch nach der Zerstörung Jerusalems daran festhalten lässt, dass Gott sich auch wieder Israel zuwenden wird.

Für das rabbinische Judentum spielt G. keine Rolle, auch wenn die Fastenrolle gewisse Gedenktage festhält und der Seder Olam die Chronologie der biblischen G. und zentraler Phasen danach festhält: Es geht dabei primär um die Struktur der G., ihren Plan, der abschließend als Geheimnis Gottes benannt wird. Der Satz ‚was war, war' (bBer 13a u. ö.) ist rabbinisch zwar nur selten auf G. bezogen, bezeichnet aber sehr wohl die Einstellung zu dieser. Man kann ihn sogar auf die Zerstörung des Tempels beziehen und so auch eine Datierung nach dieser ablehnen (bGit 80a). Auch biblische G. interessiert als solche nur wenig; die Erzählfolge entspricht nicht immer der Abfolge der Ereignisse: „Es gibt kein Vorher und Nachher in der Bibel" (bPes 6b u. ö.). Wenn etwa SOR 1 Gen 15 vor dem Ruf Gottes an Abraham (Gen 12,1) datiert, versucht man damit Problemen des Textes auszuweichen, nicht aber ‚historische Kritik' zu üben. Biblische →Ereignisse werden nicht so sehr in eine geschichtliche Entwicklung eingeordnet als vielmehr als wirkmächtige Paradigmen für die weitere Existenz Israels verstanden. Als solche sind sie immer gegenwärtig und ist jeder, ganz gleich wann sie oder er lebt, daran beteiligt: Jede(r) einzelne ist bei der Offenbarung am Sinai dabei gewesen, erlebt zu Purim in Bedrohung und Errettung der Estergeschichte sein eigenes Dasein und versteht sich im Pesachseder als jemand, die oder der selbst aus Ägypten ausgezogen ist und direkt an der Schwelle zur Erlösung steht, wie es der Satz ‚Nächstes Jahr in Jerusalem' ausdrückt. In →Liturgie und in →Lesung der →Tora wird biblische G. zur eigenen Gegenwart. Geschichtlichkeit bestimmt das Sein, und gerade dadurch ist man aus der ‚profanen' G. herausgehoben. Diese kann als solche wenig Interesse wecken, da man sie als G. der anderen versteht. Man deutet sie nach wie vor nach dem Schema der vier Reiche; selbst lebt man unter dem vierten Reich, Rom, auch wenn es jetzt christlich ist, und subsumiert darunter auch den Islam, den man nur selten als fünftes Reich bezeichnet, weil dadurch das alte Schema zerbräche, man auch weiterzählen könnte und sich nicht mehr der nahen Erlösung sicher sein könnte. Erst mit der Neuzeit und der Hoffnung auf Teilhabe an der allgemeinen G. beginnt man, sich dieser zuzuwenden und G. im heutigen Sinn zu schreiben.

Bibliographie: C. Berner, Jahre, Jahrwochen und Jubiläen, Berlin 2006. – H. Graetz, Die Konstruktion der jüdischen Geschichte, Berlin 1936. – H. Lindner, Die Geschichtsauffassung des Flavius Josephus im Bellum Judaicum, Leiden 1972. – J. Neusner, The idea of history in rabbinic Judaism, Leiden 2004. – Y.H. Yerushalmi, Zachor: Erinnere Dich! Jüdische Geschichte und jüdisches Gedächtnis, Berlin 1988.

Günter Stemberger

VI. Islamwissenschaftlich

Der koranische Blick auf die Gesamtheit aller Ereignisse stellt eine Alternative zu den biblischen Geschichtstheologien dar. Er weist drei einander gegenläufige Züge auf: (1) *Homoprophetie.* Jedes Volk hat seinen Gottesboten (Q 10:47); er gleicht den anderen Propheten in Botschaft und Geschick. (2) *Vereinigungs-Kriterium.* Die Richtigkeit jeder prophetischen Überlieferung bemisst sich an und besteht in der Übereinstimmung mit dem Koran. So lassen sich die Völker bereits vor dem Eschaton nach einem einheitlichen Kriterium zusammenführen (Q 42:13–15). (3) *Bestätigende Interventionen.* Die militärischen Erfolge der frühen muslimischen Gemeinde (*Umma*) werden als Gottes Erweis der Sendung Muḥammads dargestellt (Q 8:17).

Nach der vereinheitlichenden koranischen Sicht wiederholen sich die Ereignismuster überall: Gott setzt seinen Plan durch, es geschieht nichts Neues. Somit besteht ein grundlegender Unterschied zu dem biblischen Gedanken, dass Gott kontingentes Geschehen, das geschöpflich-freie Handeln, das nicht seinem Willen entfließt, zu seiner G. zusammenfügt. Darin gründet das biblische Interesse am Geschöpflichen in seiner Schwäche: Geschichtlich Einzelnes hat hier offenbarende Bedeutung; so lässt sich auch Bibelkritik biblisch rechtfertigen.

Verlangt der Koran ebenfalls bereits auf der Ebene seiner Textgestalt nach geschichtlicher Auslegung? (1) *Situative Bezogenheit.* Koranworten eignet eine partikulargeschichtliche Jeweiligkeit (Extremfall: Q 111:1). (2) *Zeitliche Beschränktheit.* Ein früher verkündetes Koranwort kann von einem späteren überholt werden (Q 2:106). (3) *Bewusstheit unterschiedlicher Empfänger-Ausgangslagen.* Da der Koran verschiedenen Menschen – Männern, Frauen, Gläubigen, Heuchlern und Muḥammad selbst – Verschiedenes mitteilt, also von verschiedenen Hör-Voraussetzungen ausgeht, lässt sich auch von einem koranischen Wissen um ein je unterschiedliches →Vorverständnis der Interpreten sprechen. (4) *Kontextuale Beschränktheit.* Dieselbe Botschaft muss für verschiedene Völker verschieden formuliert werden (Q 35:31 f.); Verständlichkeit und Gültigkeit bestimmter Formulierungen beschränken sich demzufolge auf bestimmte Lebenssituationen. (5) *Ausdruck–Ausleger-Abstand.* Die Annahme, dass Gott seine irdische Ordnung mittels einer Botschaft (statt durch handelnden Eingriff) aufrichten will, impliziert bereits eine Diastase zwischen Offenbarungswort und seinem Adressaten; an dessen freier Zustimmung hängt fürs erste der Erfolg des Gotteswortes (Q 2:21). Ein Bewusstsein von der Entfernung zwischen Verkündigung und Verstehen bezeugen auch zwei Tätigkeiten bereits der frühen Umma: Man will den – im Koran ja nicht expliziten – Erstkontext jedes Koranwortes in interpretatorischer Absicht mittradieren oder rekonstruieren; und man will die – offenbar auch dem arabischen Muttersprachler nicht sichere – Bedeutung der Koranvokabeln philologisch feststellen.

Die Redeweise des →Koran setzt also geschichtliche Einzelheit voraus, spricht sie an und verlangt deren Erforschung; das koranische Geschichtsverständnis dagegen verallgemeinert das Individuelle ins Exemplarische und Typische. Ansatzpunkte für eine korangemäße Neubetrachtung des Geschichtlich-Individuellen bieten sich den Muslimen v. a., wo der Koran menschliches und göttliches Handeln in eins sieht und wo er zu Überlegung (*tafakkara,* Q 2:266 u. ö.) und persönlicher Zustimmung (‚glauben': *āmana,* Q 2:41 u. a.) herausfordert.

Bibliographie: F. Körner, Kritik der historischen Kritik, in: U. Altermatt et al. (Hgg.), Der Islam in Europa, Stuttgart 2006, 127–142. – Ders., Rethinking Islam, Würzburg 2005. – Ders., When Islam receives criticism, in: Rosenzweig Jahrbuch 2 (2007), 153–172. – D. Marshall, God, Muhammad and the unbelievers, Richmond 1999. – K.Z. Mirza, The Qurʾānic concept of history, in: Hamdard Islamicus 13 (1990), 11–34. – A. Neuwirth, Koran, in: H. Gätje, Grundriß der arabischen Philologie, Bd. 2, Wiesbaden 1987, 96–135. – M. Paçacı, Der Koran und ich – wie geschichtlich sind wir?, in: F. Körner (Übers.), Alter Text – neuer Kontext, Freiburg i. Br. 2006, 31–76. – M. Talbi, Plaidoyer pour un Islam moderne, Paris 1998. – R. Wielandt, Offenbarung und Geschichte im Denken moderner Muslime, Wiesbaden 1971.

Felix Körner

VII. Altphilologisch/Althistorisch

G. lässt sich wegen des für sie konstitutiven konstanten Wandels nicht aus sich selbst, sondern nur mit Hilfe einer externen Instanz als ein Ort und Zeit übergreifender Gegenstand definieren. Unabhängig von der Art des Wirklichkeitsbegriffs wird unter solcher Perspektive festgelegt, welche Teile des vergangenen Geschehens als G. erfasst werden, welche Art von Chronologie für die Strukturierung des Wandels gewählt wird und welche Kriterien für die Bestimmung von G. gelten sollen. Deshalb trägt G. immer auch die Züge eines von Intention(en) geleiteten Konstrukts. Die im 19. Jh. geschaffenen, rasch kritisierten *master narratives* sollten dieses Problem aus konservativ-legitimierender Perspektive lösen.

In der Antike lassen sich verschiedene Gesichtspunkte für die Abgrenzung und Strukturierung von G. ausmachen: die Abfolge von Weltreichen in mesopotamisch-jüdisch-hellenistischen Traditionen; Einzelgeschichten der griechischen politisch-sozialen Einheiten, die zu einer G. des Mittelmeerraumes zusammengefasst und erweitert werden; die Einordnung der G. der Stadt Rom in die griechische G. und in die Abfolge von Weltreichen und ihre Erweiterung zu einer mit der Vorstellung der Oikumene operierenden Globalgeschichte, später auch als Grundlage für die christliche Kirchengeschichte.

Die vielfältigen, parallel existierenden chronologischen Systeme repräsentieren unterschiedliche Arten der Abgrenzung von G. Die eigene lokale G. wird mittels Genealogien (auch Benutzung von Königs- und Amtsträgerlisten) bis in mythische Zeiten zurückgeführt, kann aber auch mit einer generelle Geltung erhebenden Abfolge von Götter- und Menschengenerationen verbunden werden. Durch den Einbau von chronologischen Fixpunkten (z.B. Trojanischer Krieg, Gründung Roms, Stiftung des kapitolinischen Tempels) in die erlebte bzw. erlebbare rein menschliche, von der mythischen G. trennende *floating gap* wird G. vom →Mythos abgehoben. Um die verschiedenen lokalen G.n miteinander in Bezug setzen zu können, dient insbesondere die mit dem (fiktiven) Epochenjahr der 1. Olympiade operierende Zeitrechnung (Hippias von Elis?) als ein gegenüber den schwierigen und zum Teil willkürlichen Feststellungen von Synchronismen mit größerer Glaubwürdigkeit ausgestattetes Mittel. Auf dieser Grundlage lässt sich eine griechisch-westmediterrane G. bilden (Timaios, 3. Jh. v. Chr.) und dann auch die römische G. mit der griechischen verbinden. Mit dem von Cäsar eingeführten julianischen Kalender kann eine auf der *memoria* (→Gedächtnis) basierende, überall gleich zu datierende und daher imperialem Anspruch dienende G. über alle existierenden Systeme gesetzt werden. Mehrfache Versuche der Installierung von Ären gewinnen außerhalb der Historiographie erst spät überregionale Bedeutung, weil die Fixierung des Anfangspunktes und des häufig teleologisch verstandenen Endpunkts Schwierigkeiten bereitet.

Die Vorstellung von G. (→Historizität) wird mit der Problematisierung einer die → Wahrheit garantierenden Instanz (z.B. Musenanruf) zum Thema. Damit rückt die Möglichkeit eines selbstverantwortlichen und lernenden Menschen ins Blickfeld (seit Herodot und Thukydides). Dieser Prozess der Säkularisierung von G. wird durch die christliche Weltdeutung in der Spätantike gestoppt, in der auf der Basis der der Antike gut bekannten Trennung eines Goldenen Zeitalters von einer menschlichen Zeit (wieder) der Anspruch auf eine umfassende Weltdeutung erhoben wird.

BIBLIOGRAPHIE: J. Cobet, Die Ordnung der Zeiten, in: J. Cobet et al. (Hgg.), Europa, Aachen 2000, 9–31. – D. Feeney, Caesar's calendar, Berkeley u.a. 2007. – L. v. Renthe-Fink, Geschichtlichkeit, in: HWPh 3 (1974), 404–408. – G. Scholtz, Geschichte, in: HWPh 3 (1974), 344–398. – J. Wiesehöfer, Vom ‚Oberen Asien' zur ‚gesamten bewohnten Welt', in: M. Delgado et al. (Hgg.), Europa, Fribourg/Stuttgart 2003, 66–83.

Christoph Ulf

VIII. Literaturwissenschaftlich

Die literaturwissenschaftliche →Hermeneutik berücksichtigt seit ihrer Entstehung die Geschichtlichkeit menschlicher Äußerung als zentralen Textzugang, und zwar gleich in mehrfacher Hinsicht: Sie ist erstens stets gebunden an die →Überlieferung ihrer Textzeugnisse, zweitens an die historisch je unterschiedliche Machart und gesellschaftliche Stellung ihrer Medien und Verfahren, drittens an die lebensweltliche Eingebundenheit und historische Stellung der →Autoren, →Leser und Förderer sowie viertens an die →Historizität der wissenschaftlichen Analyse selbst.

Als poetologischer Ausgangspunkt der adäquaten Bestimmung des Verhältnisses von →Literatur und G. gilt das 9. Kapitel der aristotelischen *Poetik*, nach der die →Dichtung etwas Philosophischeres und Ernsthafteres sei als die →Geschichtsschreibung, da jene auf das Allgemeine, die →Wahrheit, diese aber lediglich auf das Besondere, die jeweilige Wirklichkeit, ziele. Aus dieser Unterscheidung leitet sich – z.B. bei G.E. Lessing, F. Schiller oder F. Hebbel – die poetische Vorstellung ab, Literatur könne in ihrer Darstellung die G. verändern, wenn sie nur bei den Hauptumständen bliebe; letzteres sei mit Blick auf ihre Glaubwürdigkeit, die Schicklichkeit und die Wahrscheinlichkeit notwendig. Auch wenn sich die Nähe zur historischen Wahrheit in der poetischen Darstellung im Laufe der Zeit – vom offenen Bekenntnis zur Geschicht(s)klitterung in Anlehnung an J. Fischart bis zu einer relativen Nähe etwa in G. Büchners Brief an den Vater – immer wieder verschoben hat, so bleibt die begrenzte dichterische Lizenz zur Anpassung der historischen Wirklichkeit an die poetische Wahrheit bestehen. Ausnahmen bilden einzelne affirmative Dichtungen in Diktaturen und die problematische, weil ästhetisch zweifelhafte Darstellung der nationalsozialistischen Gräueltaten nach 1945. Hier gilt für die Literatur in der Regel R. Klügers Diktum, dass die Wahl des Stoffes in Verantwortung für die Opfer zur historischen Genauigkeit verpflichtet.

Aus dem Verhältnis der Dichtung zur G. leitet sich wesentlich ihr Wert als →Quelle und Inspirationsfeld für die historischen Wissenschaften und die Theologie ab. Es bestimmt die Notwendigkeit eines hermeneutischen, für jeweilige kulturelle Kontexte sensibilisierten Zugangs, der die historischen Informationen der Dichtung auf unterschiedlichen Ebenen sichten kann: als spezifisch poetische und deshalb oft zweckgebundene Aussagen über Vergangenes (Huldigung, Exempel usw.), als nicht unbedingt rationale, oft idealisierende Konstruktion von geschichtlichen Konstellationen (Lutherzeit in J.W. Goethes *Götz von Berlichingen*), als dichterisch gestaltete (auto-)biographische Spuren (J.W. Goethe, *Dichtung und Wahrheit*), als Dokumente emotionaler Zustände, zeitgenössischer Diskurse, politischer Denkweisen, anthropologischer Vorstellungen und religiöser Anschauungen oder als Monumente großer Gesten, postulierter Neuanfänge und radikal behaupteter Alterität. Zu beachten sind ferner unterschiedliche Gattungstraditionen, in denen G. literarisch wird (bes. Geschichtsdrama, historischer Roman), und die unterschiedlichen historischen Geschichtsmodelle, auf die die Texte rekurrieren; denn Geschichtsdichtung setzt keineswegs erst mit der Etablierung der G. als Wissenschaft ein, bietet dann aber ein viel rezipiertes Konkurrenzmedium.

Die (deutsche) Literaturwissenschaft hat sich von Anfang an auch immer als historische Wissenschaft, als Literatur- und Kultur*geschichte* verstanden. Neben den philologischen Ansätzen, die die historische Genauigkeit als Leitprinzip von Textgestalt und →Kommentar seit jeher pflegen, verpflichten sich besonders sozial- und diskursgeschichtliche → Methoden der historischen Kontextualisierung. Neuere Theorieansätze versuchen textnahe Analyseverfahren mit historischen Zugangsweisen zu kombinieren. Als Teil der Literaturwissenschaft wird schließlich die eigene Fachgeschichte angesehen.

Bibliographie: F.R. Ankersmit, Wahrheit in Literatur und Geschichte, in: W. Küttler et al. (Hgg.), Geschichtsdiskurs, Bd. 5, Frankfurt a.M. 1999, 337–359. – G. Brude-Firnau/K. MacHardy (Hgg.), Fact and fiction, Tübingen 1990. – H. Eggert et al. (Hgg.), Geschichte als Literatur, Stuttgart 1990. – D. Fulda/S. Tschopp (Hgg.), Literatur und Geschichte, Berlin 2002. – W. Hinck, Geschichtsdichtung, Göttingen 1995. – D. Niefanger, Geschichtsdrama der Frühen Neuzeit, 1495–1773, Tübingen 2005. – A. Nünning, Von historischer Fiktion zu historiographischer Metafiktion, Trier 1995.

Dirk Niefanger

IX. Philosophisch

‚G.' meint sowohl den Geschehensverlauf wie den Bericht vom Geschehen. Beides ist in der Philosophie unter vielfältigen Aspekten Thema geworden. Philosophie interessiert sich zum einen für den Gegenstand ‚G.': Sie fragt nach der Ereignisform, den Gesetzmäßigkeiten, der Einheitsbildung, dem Sinn des geschichtlichen Verlaufs. Zum Zweiten beschäftigt sie sich mit den Formen der Bewusstwerdung, der wissenschaftlichen und literarischen Darstellung des Vergangenen, der kulturellen und lebensweltlichen Erinnerung. Drittens fragt Philosophie danach, was es für den Menschen bedeutet, (eine) G. zu haben und geschichtlich zu existieren.

(1) Ihre klassische Prägung erhält Geschichtsphilosophie als Theorie und Deutung der Menschheitsgeschichte. Idealtypisch wird dieses Projekt in der Moderne realisiert: Im Anschluss an die universalhistorischen Konzepte der Aufklärung entwerfen →Autoren eine einheitliche →Interpretation der Weltgeschichte als Gang des Fortschritts und der Emanzipation. J.G. Herder, I. Kant, J.G. Fichte, F.W.J. Schelling, G.W.F. Hegel, K. Marx u.a. erarbeiten profilierte Versionen dieses Geschichtsbildes. Die G. der Menschheit wird darin als kontinuierliche Entwicklung in allen Dimensionen – Politik, Recht, Wissenschaft, Technik, Kultur etc. – beschrieben. Nach der Mitte des 19. Jh.s werden die begrifflichen Voraussetzungen dieses Geschichtsbildes zunehmend problematisiert. Die Kritik betrifft die Universalität und Singularität des Geschichtsbildes ebenso wie die

Unterstellungen der Linearität, Gesetzmäßigkeit und Vernünftigkeit des Verlaufs. An die Stelle der einheitlichen Menschheitsgeschichte treten die vielfältig-pluralen G.n der Völker und Kulturen. Universalhistorische Deutungen werden teils jenseits geschlossen-substantialistischer Geschichtsbilder (K. Jaspers), teils als vergleichende Theorie der Kulturen (O. Spengler, A.J. Toynbee) formuliert.

(2) Einen zweiten Schwerpunkt bildet die Theorie des historischen Wissens und der historischen Darstellung. Sie verbindet sich im 19. und 20. Jh. mit der methodologischen Unterscheidung zwischen Geistes- und Naturwissenschaften (J.G. Droysen, W. Dilthey, H. Rickert, W. Windelband, M. Weber). Als distinktive Merkmale gelten der Methodengegensatz von →Verstehen und →Erklären und die Zuwendung zum Individuellen oder zum Allgemeinen: Historische Wissenschaften interessieren sich danach für das Konkrete und Einzelne, welches sie in seiner Genese und seiner Bedeutung zu verstehen suchen, während sich Naturwissenschaften um die Erkenntnis der Gesetze bemühen, durch welche Ereignisse erklärt werden. Auch unabhängig von dieser – profiliert in der neukantianischen Tradition ausgearbeiteten – Polarität wird die Frage der historischen Erklärung in neueren Methodendiskussionen erörtert; desgleichen wird die Erzählung zu einem Kern der Geschichtstheorie, teils einer narrativistischen Geschichtsphilosophie (A.C. Danto). Generell bildet die Frage nach den Formen und Bedingungen historischer Erkenntnis und Darstellung ein zentrales Thema der Geschichtswissenschaft und -philosophie.

(3) In Ablösung von umfassenden Bildern der Menschheitsgeschichte wird die G. als wesentliche Eigenschaft menschlicher Existenz untersucht. V.a. im Kontext der Existenzphilosophie, der Phänomenologie und der →Hermeneutik (M. Heidegger, H.-G. Gadamer, P. Ricœur) ist die grundlegende Zugehörigkeit zur G. als Wesensmerkmal menschlichen Wissens und Handelns herausgearbeitet worden. Was nach der negativen Seite als historische Relativität und Bedingtheit (von Freiheitsräumen, Erkenntnismöglichkeiten, Geltungsansprüchen) thematisch ist, fungiert nach der Gegenseite als positiver Grund des menschlichen Seins und Verstehens.

Bibliographie: E. Angehrn, Geschichtsphilosophie, Stuttgart 1991. – G.W.F. Hegel, Vorlesungen über die Philosophie der Geschichte, Werke in 20 Bänden, Bd. 12, Frankfurt a.M. 1970. – J. Rohbeck, Geschichtsphilosophie zur Einführung, Hamburg 2004.

Emil Angehrn

Geschichtsschreibung

I. Alttestamentlich

„Das Alte Testament ist ein Geschichtsbuch" (G. v. Rad) – aber nicht *nur* und auf sehr eigene *Art*. Weite Teile der Hebräischen Bibel – etwa die Gesetzescorpora, der Großteil der Prophetenbücher und des Psalters sowie Ijob, Spr und Hld – haben mit G. nichts zu tun. Und wo solche vorliegt, folgt sie nicht den Gesetzen und Mitteln aufgeklärter Historiographie:

(1) Die biblischen Geschichtsbücher enthalten weniger Autoren- als Traditionsliteratur, welche überkommenes Wissen aktualisierend vermitteln will. Die Verfasser sind ebenso Redaktoren wie Autoren und treten als Individuen hinter den Stoff zurück.

(2) Es gibt neben einer inner- auch eine außerweltliche Kausalität. Der die Geschichte lenkende Gott tritt mitunter (und nicht nur in ur- und frühgeschichtlichen Sagen) persönlich auf (z.B. 1 Kön 9,1–9), häufiger in Reden handelnder Personen (z.B. 1 Kön 22,18–28) oder in Wertungen der →Autoren (z.B. 2 Kön 17,7–23).

(3) Die Grenzen zwischen historischen Fakten und literarischer →Fiktion fließen. Ziel ist nicht nur, historische Fakten mitzuteilen, sondern die Geschichte geistig zu durchdringen, theologisch zu deuten und weithin auch schön darzubieten.

G. gab es während der gesamten atl. Literaturgeschichte. Das epische Deboralied (Ri 5) stammt womöglich aus vorstaatlicher Zeit. Sagen und Erzählungen über Erzeltern, frühe Kriegshelden und die ersten Könige wurden schon bald nach der Staatsbildung gesammelt. In der Königszeit entstanden nach und nach größere Geschichtsdarstellungen: in *Nordisrael* die Jakob-Sage (Gen *25–35), die Mose-Geschichte (Ex *1–19), ein Buch über Israels Retter (Ri *3–12), die Samuel-Saul-

Geschichte (1 Sam *1–14), wohl auch Prophetenzyklen um Elia und Elisa (1 Kön *17–19; 2 Kön *3–8), in *Juda* dann ein Sagenkranz um Abraham (Gen *13–19), ein höfisches Erzählwerk über die frühe Königszeit (*1 Sam 1–1 Kön 2 bzw. 11) und ein prophetisches Erzählwerk über Jhwhs Kampf gegen Baal (*1 Kön 17–2 Kön 10). Daneben wurden bei Hof Königsannalen geführt.

Mit dem Exil begann die Zeit der umfassenden Geschichtswerke. Auf mehreren Stufen kam das Deuteronomistische Geschichtswerk zustande (Dtn–2 Kön) und wurde später mit den Mosebüchern zum Enneateuch verknüpft (Gen–2 Kön). Dem nachexilischen Esra-Nehemia-Buch wurden die Chronikbücher vorangestellt und so die Zeit von der Schöpfung bis zur Gemeinde des Zweiten Tempels beschrieben.

Die beschriebene Mischung aus historischen, ästhetischen und theologischen Zielsetzungen kennzeichnet die biblische G. von Anfang bis Ende.

BIBLIOGRAPHIE: E. Blum et al. (Hgg.), Das Alte Testament – ein Geschichtsbuch?, Münster 2005. – W. Dietrich, Von David zu den Deuteronomisten, Stuttgart 2002. – P. Graham et al. (Hgg.), The chronicler as historian, Sheffield 1997. – R.G. Kratz, Die Komposition der erzählenden Bücher des Alten Testaments, Göttingen 2000. – M. Noth, Überlieferungsgeschichtliche Studien, Tübingen 1942. [2]1957. – T. Römer, The so-called deuteronomistic history, London/New York 2005. 2007. – M. Witte et al. (Hgg.), Die deuteronomistischen Geschichtswerke, Berlin/New York 2006.

Walter Dietrich

II. Neutestamentlich

G. ist von griech. ἱστορίαν (‚Geschichte') γράφειν (‚schreiben') herzuleiten. Aristoteles (*Po.* 9,1451a) definiert die Aufgabe der ἱστορία als: ‚das Geschehene erzählen'. Der Begriff ἱστορία/*historia* bezeichnet dabei nicht ‚Geschichte als Geschehen', sondern bedeutet „Kunde durch Augenzeugenschaft" (H. Cancik, 781). Es kann empirisch überprüft werden, was der Zeuge (ἵστωρ/*testis*) gesehen/gehört hat. Bei der Bestimmung des ἱστορία-Begriffs tritt neben die Aspekte von Empirie und narrativer Darstellung auch das Moment der Faktualität oder →Fiktionalität: Schon Herodot (2,118) trennt die ‚geglaubte Geschichte' von ‚wirklicher Historie' und formuliert so Kriterien zur Unterscheidung von →‚Mythos' und ‚Geschichte', die im Blick auf die Bewertung der antiken G. gegenwärtig eher synthetisch in den Begriff der ‚Myth-Historie' gefasst werden. Hinter dem antiken Geschichtsdenken steht die narrativ-mythologisch gestaltete Kategorie der ‚Erinnerung' (vgl. Μνημοσύνη als Mutter der Musen bei Hes. *Th.* 38; 53 ff. sowie ihre Tochter Klio: *Anthologia Graeca* 9,505 f.).

G. begegnet in der literarischen Form der Historiographie. Historiographie ist einerseits eine →Makrogattung: G. *im weiteren Sinne.* Diese umfasst Prosatexte, die sich in unterschiedlichen Einzelgattungen und -formen der Darstellung geschichtlicher Themen und Ereignisse widmen (z.B. biographisch, autobiographisch, monographisch, ethnographisch; personenzentriert). Davon ist Historiographie *im engeren Sinne* zu unterscheiden, die eine „bes(onders) hoch entwickelte Form der H(istoriographie)" darstellt (H. Cancik, 813 f.).

Der Historiographie im engeren Sinne ist in den ntl. Texten am ehesten die Apg zuzurechnen (E. Plümacher). Die Evangelien gehören der Historiographie im weiteren Sinne an und gelten teils als sub- oder prähistoriographische Schriften (E.-M. Becker), teils als mit der antiken biographischen Literatur verwandt (→Evangelien). Doch auch argumentative Texte (z.B. Paulus-Briefe) sind etwa in autobiographischen Passagen (Gal 1–2) mit G. befasst. Der Offb kommt im Blick auf die Deutung und Bewältigung von Geschichte eine historiographische Funktion zu.

Zwar begegnen die Begriffe ἱστορία κτλ. im NT nicht (nur ἱστορεῖν Gal 1,18). Doch tragen besonders Apg und Evangelien in thematischer und literarischer Hinsicht zu frühchristlicher G. bei und sind daher – trotz mythischer Erzählzüge – von Mythen kategorial zu unterscheiden (→Mythos). Zugleich behaupten auch ihrem Selbstverständnis nach einzelne ntl. →Autoren im Verweis auf ‚Zeugenschaft' (1 Kor 15,8; Joh 19,35; 1 Joh 1,1 ff.; Lk 1,1–4) Nähe zum ‚Geschehen' und beanspruchen so, im antiken Sinne ‚historisch' zu schreiben.

BIBLIOGRAPHIE: E.-M. Becker (Hg.), Die antike Historiographie und die Anfänge der christlichen Geschichtsschreibung, Berlin/New York 2005. – Dies., Historiographical literature in the New Testament period, in: T. Holmen/S.E. Porter, The handbook of the study of the historical Jesus, Leiden 2009 (im Druck). – H. Cancik, Art. Geschichte IV., in: RGG[4] 3 (2000), 781–783. – Ders., Art. Geschichtsschreibung, in: NBL 1 (1991), 813–822. – E. Plümacher, Lukas als griechischer Historiker, in: RE.S 14 (1974), 235–264.

Eve-Marie Becker

III. Kirchengeschichtlich

Nach den ntl. Anfängen mit den →Evangelien und der Apostelgeschichte lässt sich eine christliche G. als fiktionale Standortbestimmung im Zirkel von Ursprung und Erwartung durch Erzählungen oder Listen in den verschiedenen Kontexten und literarischen Genera (apokryphe Evangelien und Apostelakten, Märtyrerschriften, universalhistorische Weltchroniken) beobachten, die einen ersten Höhepunkt mit der *historia ecclesiastica* des Euseb von Caesarea gefunden hat, einer auf Exzerpten aufbauenden und sich an der Diadoche der grossen Bischofssitze orientierenden christlichen Literaturgeschichte, einer Darstellungsform, die bis in die Gegenwart ihre Bedeutung behält. Ihren Fortsetzern besonders im griechischsprachigen Osten und lateinischen Westen sowie den theologisch konzipierten, sich eng an biblische Texte anlehnenden und so Ur- und Endgeschichte einschließenden Weltchroniken auf dem Hintergrund biblischer Reichs- und Weltzeitspekulationen, von denen die apokalyptisch geprägte Millenniumsvorstellung in evangelikal geprägten Kreisen ihre Bedeutung bis in die Gegenwart behält, steht der sich unmittelbar auch auf die G. der lateinischen Spätantike und des Mittelalters auswirkende geschichtstheologische Entwurf Augustins *De civitate Dei* gegenüber. Lokale Memoria und polemische Funktionen können in der weiterführenden Chronistik und Annalistik einen hohen Stellenwert besitzen. Angeregt durch die Wiederentdeckung der antiken Historiker und durch den konfessionellen Streit um die Anfänge der Christentumsgeschichte entwickelt sich durch die Magdeburger Centurien des Matthias Flacius Illyricus (protestantisch) und die *Annales ecclesiastici* des Cesare Baronio (katholisch) eine konfessionell geprägte Kirchengeschichtsschreibung, die zunehmend die →Methoden der historischen →Kritik entdeckt (Jean Mabillon) und gleichzeitig die rezeptionsästhetischen Bezüge zur biblischen Urgeschichte und zur Geschichte Israels als exklusive Sachbezüge verliert. Die zunehmende Kenntnis der altorientalischen und antiken Welt führt zu einer sich radikalisierenden Bibelkritik wie zu einer Kritik der Christentumsgeschichte aus sich steigernder Rationalität und Toleranz der Aufklärung. Gleichwohl bleiben die Beziehungen auf den biblischen Text als rhetorische Sprachgestaltung in der G. lange erhalten. Nicht nur diese Beziehungen, sondern v.a. ihre diversen Interpretationen spielen in der Geschichtsforschung des 20. Jh.s bei der Erforschung langzeitgeschichtlicher kultureller und sozialer Phänomene der europäischen und transatlantischen Geschichte und der in ihr zu beobachtenden Mentalitäten eine wichtige Rolle neben der Einzelforschung zur Kirchen- und Theologiegeschichte, also zu den Institutionen und Lehren der verschiedenen Christentümer.

BIBLIOGRAPHIE: G. Ebeling, Kirchengeschichte als Geschichte der Auslegung der Heiligen Schrift, Tübingen 1947. – C. Markschies, Arbeitsbuch Kirchengeschichte, Tübingen 1995. – Ders. et al., Art. Kirchengeschichte/Kirchengeschichtsschreibung, in: RGG[4] 4 (2001), 1170–1196.

Wolfgang Wischmeyer

IV. Altphilologisch

Die Kunde von herausragenden oder erschütternden Ereignissen zu bewahren und mit literarischer Ambition unter einer leitenden Idee zu gestalten, ist nicht selbstverständlich. In Griechenland interessierte sich die ‚große' G. u.a. durch das Vorbild Homers überwiegend für Krieg, Politik und exemplarisches Handeln. Eine zweite Säule bildete die Generierung von historischem Wissen durch Empirie und Methode, wobei der ‚ionische' Rationalismus des Hekataios von Milet (6. Jh. v.Chr.), die weitläufige ‚Erkundung' (ἱστορίη) Herodots, die strenge Methode des Thukydides (u.a. Unterscheidung von Ursache und Anlass) und die ‚pragmatische'

G. des Polybios (G. von praktisch ausgewiesenen Akteuren für solche) die Maßstäbe gesetzt haben. Neben die auf ein Thema fokussierte, ‚monographische' G. trat die patriotische Lokalgeschichtsschreibung; das Zusammenwachsen der Welt unter römischer Herrschaft inspirierte eine Universalgeschichtsschreibung (Polybios, Diodor, Pompeius Trogus).

Die römische G. war im Gegensatz zu der griechischen lange vom Deutungsmonopol der Aristokratie geprägt; die frühesten Werke aus dem 3. Jh. v.Chr. (Fabius Pictor, Cato) verknüpften Elemente griechischer Mythographie und Lokalgeschichtsschreibung mit der Autorität offizieller Aufzeichnungen und der persönlichen Expertise von Senatoren. Ihre Form fand diese romzentrierte G. in der nach Jahren gegliederten Gesamtgeschichte (*ab urbe condita*), ihre Vollendung stellten Livius und Cassius Dio (in griechischer Sprache) dar. Bei Tacitus und Ammianus Marcellinus verband sich diese annalistische Formtradition mit einer Zentrierung auf den Kaiser. Daneben standen seit der späten Republik weitere Formen: Monographie und Zeitgeschichte (Sallust), Biographie und antiquarische Forschung. In der zweiten Hälfte des 4. Jh.s n. Chr. dominierten in der lateinischen G. Kurzformen (Breviarien).

G. von einem religiösen Standpunkt entwickelte sich im Judentum und im Christentum; die Idee der heilsgeschichtlichen Einheit von Vergangenheit, Gegenwart und Zukunft ermöglichte ein wirkmächtiges, ältere Ansätze (Vier-Reiche-Lehre) modifizierendes universalhistorisches Modell (Orosius). Daneben prägt Eusebius die Gattung der Kirchengeschichte; Ps.-Hegesipp (4. Jh. n. Chr.) hat in einer Adaption des Flavius Josephus seine Identität auch als Römer zu bestimmen versucht.

Eine eigenständige Theorie antiker G. gibt es nicht, da die G. der →Rhetorik zugeordnet war; Ansätze finden sich daher dort (z. B. Cic. *de orat.*) und in einer Schrift Lukians (*Hist. Conscr.*).

Bibliographie: G. Marasco (Hg.), Greek and Roman historiography in late antiquity, Leiden/ Boston 2003. – J. Marincola (Hg.), A companion to Greek and Roman historiography, 2 Bde., Oxford 2006. – K. Meister, Die griechische Geschichtsschreibung, Stuttgart 1990. – A. Mehl, Römische Geschichtsschreibung, Stuttgart 2001. – D. Timpe, Römische Geschichte und Heilsgeschichte, Berlin/ New York 2001. – M. Sehlmeyer, Geschichtsbilder im Umbruch vom paganen zum christlichen Imperium, Habil. Rostock 2008. – F. Winkelmann, Art. Historiographie, in: RAC 15 (1991), 724–765.

Markus Sehlmeyer

V. Literaturwissenschaftlich

Das Verhältnis von G. und Literatur wird entweder im Hinblick auf ihre jeweiligen Diskursregeln oder auf ihren Textualitätsstatus diskutiert. Bis zum Ende des 18. Jh.s wurden G. und →Literatur in der Tradition der →Rhetorik jeweils als Teil der schönen Künste angesehen, bevor sich die Diskurse im 19. Jh. durch eine am Positivismus der Naturwissenschaft orientierte G. ausdifferenzierten (D. Harth). Bezüglich der Textualität wurde traditionell der heuristischen Unterscheidung aus Aristoteles' *Poetik* gefolgt, wonach Dichtung sich mit dem Bereich des Möglichen beschäftige, während G. das tatsächliche Gewesene behandele. Seit den späten 1960er Jahren stellten H. White, R. Barthes, P. Ricœur u. a. diese Unterscheidung im Rahmen des →*Linguistic* und später *Narrative Turn* in Frage, da eine sprachunabhängige historische Wirklichkeit nicht dargestellt werden könne.

Whites These, dass die Erkenntnisse der Geschichtswissenschaft mit denen des Romanciers vergleichbar seien, weil in beiden Fällen Sinn hergestellt werde, indem Einzelteile zu einer Erzählung zusammengefügt werden, stand die Position gegenüber, dass es nur verschiedene Stile gebe, Geschichte zu schreiben, und moderne Geschichtswissenschaft sich durch wissenschaftliche Standards und Überprüfbarkeit auszeichne. Die Polemik dieser Debatte hat sich in den letzten 15 Jahren zugunsten pragmatischer Überlegungen zur Poetik, →Ästhetik und Erzähltheorie von G. verschoben, die G. in ihrer →Textualität ernst nehmen und damit auch über die traditionelle Erzähltheorie hinausgehen, in der G. als ein Fall des geringsten Grades von Poetizität bzw. Narrativität angesehen wird (D. Cohn).

Die erkannte produktive Spannung zwischen Literatur und G. kann auf dreierlei Weise genutzt werden: in der historiographischen Erkenntnis in fiktionalen Texten und Film (D. Fulda/S.V. Tschopp), z.B. im historischen Roman, in Etablierung poetischer und erzähltheoretischer Darstellungsmittel, die dem Diskurs der G. inhärent sind (A. Rüth); oder in hybriden Textformen, die sich von vornherein einer festen Zuordnung zu dem einen oder anderen Diskurs verweigern (S. Jaeger). Besonders produktive Darstellungsformen für die G. sind u.a. die Variation der Perspektive in historiographischen Texten, wie durch interne Fokalisierung oder Multiperspektivität, die Theorie möglicher Welten, der Zusammenhang von Erinnerung und Geschichte, die Frage nach dem Erhabenen in der G. sowie der Zusammenhang zwischen G. und dem Performativen.

Bibliographie: D. Cohn, The distinction of fiction, Baltimore 1999. – D. Fulda/S.V. Tschopp (Hgg.), Literatur und Geschichte, Berlin 2002. – D. Harth, Art. Geschichtsschreibung, in: HWRh 3 (1996), 832–870. – S. Jaeger, Erzähltheorie und Geschichtswissenschaft, in: V. Nünning/A. Nünning (Hgg.), Erzähltheorie transgenerisch, intermedial, interdisziplinär, Trier 2002. – P. Ricœur, Zeit und Erzählung, 3 Bde., München 1988–1991. – A. Rüth, Erzählte Geschichte, Berlin 2005. – H. White, Metahistory, Baltimore 1973.

Stephan Jaeger

Geschlecht →Gender Studies

Gesetz(e) →Rechtsliteratur

Gesetz und Evangelium

I. Alttestamentlich

Das typisch reformatorische, besonders lutherische Begriffspaar ‚G. und E.' ist in erster Instanz als hermeneutisches Schema für die Bestimmung des Verhältnisses von →AT und →NT gedacht. Dabei wird oft unter Einfluss des paulinischen Kontrastes zwischen Werkgerechtigkeit und Gnade pauschal an das AT als G. und an das NT als E. gedacht. Die Konsequenz dieses Schemas ist die These, dass das AT ein ‚Scheitern' belege (R. Bultmann). So einfach ist es aber im AT nicht, da die Redaktionsperspektive zeigt, dass dieser Sicht zwar ein beschränktes Recht zukommt, ihr aber in großen Teilen des AT eine andere Seite gegenüber steht.

Die Redaktionskritik hat die bestimmende Bedeutung der nachexilischen →Redaktion für die hebräische Bibel gezeigt. Das Deuteronomistische Geschichtswerk beurteilt die ganze →Geschichte Israels und Judas nach dem Kriterium des (deuteronomischen) Gesetzes und führt zu dem Ergebnis, dass Gott das Volk zurecht gestraft habe, weil die meisten Könige und die beiden Schwestervölker das Gesetz missachtet hätten. Die Hinteren Propheten deuten die Geschichte ebenso als gerechtes Urteil, das in der Katastrophe des Sturzes der jeweiligen Reiche und dem Exil gipfelte. Das Ganze ist eine gewaltige Theodizee, in der Gott gerechtfertigt wird und die Geschichte des Volkes ‚unter dem Gesetz' scheitert. Diese kritische →Interpretation der Geschichte ist im Wellengang der Urgeschichte (Gottes Fürsorge – menschlicher Ungehorsam) und besonders in der Schilderung von Israel als ‚hartnäckigem Volk' im Pentateuch sowie in der ständigen Abfolge von Abfall und Bekehrung in Ri belegt.

Auf der anderen Seite endet das Deuteronomistische Geschichtswerk mit einem Hoffnungszeichen, indem der Davidide Jojachin begnadigt wird, während Esra-Neh die Rückkehr und den Wiederaufbau einleiten. Nicht nur Hag und Sach unterstützen das, sondern die ausgedehnte Sammlung von Heilsprophetien, die in allen großen Prophetenbüchern das Pendant zur Unheilsverkündigung darlegen. Dass es doch Hoffnung und eine Zukunft gibt, lässt sich nicht zuletzt an der Entwicklung des Messiasgedankens aus der sog. Natansverheißung an David ablesen. Das alles kann nicht anders als ‚E.' *neben* dem ‚G.' im AT selbst gelesen werden.

Die eindrucksvollste Gestalt der Parallelität von G. und E. im AT ist die kompositionelle Struktur seiner Basis, die Tora. Die großen, vom wiederholten Dekalog eingeleiteten Gesetzesblöcke (einerseits Ex bis Num und andererseits Dtn) werden in beiden Fällen von Erzählungen eingerahmt (Gen 1–Ex 19 und

Num 10,11–36,13, bzw. Dtn 1,1–4,43 und Dtn 29–34). Die Gesetze sind in die Erzählungen eingebettet, nicht umgekehrt. Das Gesetz als Anforderung an den Menschen, oft nach dem G.- und E.-Schema als Weg zur Selbsterlösung ausgelegt, und das Handeln Gottes in der Geschichte als E., also als Erzählung von dem, was Gott für die Menschen getan hat, können daher nicht Gegensätze sein. Das G. erscheint so nicht als *Bedingung*, sondern vielmehr als *Folge* des ‚E.s'.

Betrachtet man die einhellige kritische Beurteilung seiner eigenen Geschichte aus der Perspektive der exilisch-nachexilischen Erfahrung Israels und des Niederschlags dieser Erfahrung in der Redaktion des Pentateuch, der Vorderen und Hinteren Propheten sowie mancher Schriften im dritten Teil des →Tanach, dann muss man schließen, dass die Geschichte bis zur Katastrophe tatsächlich ein Scheitern war. Aber wie G. v. Rad und H.-W. Wolff gegenüber M. Noth festhielten, schreibt man kein Buch (und redigiert man nicht den Tanach), wenn dies nicht für die Zukunft Sinn enthält. Das Scheitern wird also von Hoffnung auf eine neue, wiederhergestellte Zukunft begleitet, und sein theologischer Grund im G. wird umfasst durch die Erzählung oder das ‚E.' von Gottes Handeln. Im diesen Sinne ist der grundlegenden Bedeutung, die O. Kaiser dem Begriffspaar G. und E. in seiner Theologie zumisst, beizupflichten, nicht aber im Sinne eines klassischen Gegensatzes, wie er sich in der lutherischen Orthodoxie entwickelt hat. Die hermeneutische Konsequenz ist, dass die →Bibel beider Testamente sowohl das E. der göttlichen Gnade als auch das G. der göttlichen Anforderung als Grundlage eines Glaubens bietet, wobei wiederholtes Scheitern immer wieder zu verarbeiten ist.

BIBLIOGRAPHIE: B.S. Childs, Die Theologie der einen Bibel, Bd. 2, Freiburg i.Br. u.a. 1996, 224–263. – O. Kaiser, Der Gott des Alten Testaments, Theologie des Alten Testaments, Bd. 1, Göttingen 1992.

James Alfred Loader

II. Neutestamentlich

Die von M. Luther zum kritischen Prinzip der Schriftauslegung erhobene und im Sinne des *discrimen legis et evangelii* verstandene Formel ‚G. und E.' begegnet im NT noch nicht, sondern erst bei Clemens Alexandrinus (*str.* III 70,3) und Tertullian (*adv. Marc.* 1,19; 4,1.6). Dieser spricht jedoch vom ‚neuen' bzw. ‚guten G.' (4,9, vgl. Barn 2,6; Just. *dial.* 11,2.4), das mit Christus identifiziert wird, und setzt es analog zum E. Während hier das Interesse auf eine Synthese von G. und E. zielt, lassen die ntl. Texte ein differenziertes Zuordnungsverhältnis erkennen. Anders, als seine durchgängige Übersetzung mit G. suggeriert, hat das griechische Wort νόμος im NT unterschiedliche Referenzen. Es kann sich speziell auf die Sinai-Tora (Lk 2,22; Joh 7,23; 1 Kor 9,9; Hebr 10,28), den Pentateuch (Mt 5,17; Lk 16,16; Joh 7,23; Röm 3,21) oder die Schrift als Ganze (Joh 10,34; 12,34; Röm 3,31; Gal 4,21) beziehen, aber auch allgemein ‚Norm, Maßstab' bedeuten (Röm 3,27a; Hebr 7,16). Eine Besonderheit stellen die Wendungen ‚G. des Glaubens' (Röm 3,27b), ‚G. des Geistes' (Röm 8,2) und ‚G. des Christus' (Gal 6,2, vgl. 1 Kor 9,21) dar, in denen der Genitiv das regierende Nomen näher erläutert und qualifiziert. Von wenigen Ausnahmen abgesehen referiert νόμος stets auf die enger oder weiter gefasste →Tora. Das nur im Singular gebrauchte Substantiv εὐαγγέλιον bezeichnet einmal den Vollzug der Verkündigung (1 Thess 1,5), dann den ihr vorgegebenen Inhalt (Röm 1,16; 10,16 f.; Gal 1,7). Bei Mk, dem Mt hier folgt, ist Jesus Christus Verkündiger und Inhalt des E.s zugleich (Mk 1,1.14 f.; 8,35; 10,29 u. ö.). Obwohl die Begriffe G. und E. im NT nirgends explizit einander kontrastiert werden und ihr jeweiliger semantischer Gehalt variiert, fungieren sie doch als Interpretament einer theologischen Perspektive auf das – christlich gesprochen – AT, die den in ihm sich bekundenden Gotteswillen, wie er von ‚G. und Propheten' bezeugt wird (Röm 3,21), im Christusgeschehen von Kreuz und Auferstehung eschatologisch realisiert sieht. Die Unterscheidung zwischen G. und E. reflektiert demnach den im NT auf verschiedene Weise zur Anschauung gebrachten Sachverhalt, dass sich die Schrift erst von Christus her erschließt. Paulus radikalisiert diesen Ansatz. Indem er das zwischen G. und E. bzw. ‚alter' und ‚neuer Verfügung' Gottes (2 Kor 3,6.14) bestehende Spannungsmoment in der Schrift selbst verankert, wird sie als theologisch unaufgebbarer Deutehorizont für die Relationsbestimmung beider Größen hermeneutisch in Anspruch genommen: *qua* G. ist sie anklagende und verurteilende (Röm 3,9–20), *qua* E. rechtfertigende und Leben verheißende Instanz (Röm 10,6–8; Gal 3,8 f. 22). Damit wird das G. weder dualistisch abgewertet noch annulliert (Röm 7,12.14), verliert aber angesichts der im E. offenbarten Gerechtigkeit Gottes (Röm 1,16 f.) seine Definitionsmacht über den Menschen. Die für Paulus aus dem christologisch-soteriologischen Begründungszusammenhang sich ergebende oppositionelle Struktur von G. und E. findet ihren prägnanten Ausdruck in dem anthropologisch aufgeweiteten ‚Basissatz' der Rechtfertigung: Niemand wird „aus Werken des Gesetzes gerechtfertigt, sondern (nur) durch den Glauben an Jesus Christus" (Gal 2,16; vgl. Röm 3,28).

BIBLIOGRAPHIE: V.E. Hasler, Gesetz und Evangelium in der Alten Kirche bis Origenes, Zürich/Frankfurt a.M. 1953. – O. Hofius, Gesetz und Evangelium nach 2. Korinther 3, in: Ders., Paulusstudien, Tübingen [2]1994, 75–120. – D.-A. Koch, Die Schrift als Zeuge des Evangeliums, Tübingen 1986. – A. Peters, Gesetz und Evangelium, Gütersloh [2]1994, 205–266.

Dieter Sänger

III. Kirchengeschichtlich

Die Formel von ‚G. und E.' hat ihre Vorläufer sicherlich in der Patristik und v.a. in der augustinischen Formel *lex et gratia*, ist aber gleichwohl als das Kernstück sowohl Luthers als auch nachfolgend lutherischer Theologie anzusehen. Sie stellt nach M. Luther den hermeneutischen Schlüssel zur angemessenen Schriftauslegung dar: „Nahezu die gesamte Schrift und Erkenntnis der ganzen Theologie hängt in der rechten Erkenntnis von Gesetz und Evangelium" (WA 7, 502). In diesem Zusammenhang wird das Gesetz als das Wort verstanden, das aufzeigt, was zu tun und zu lassen ist. Die Unmöglichkeit der Erfüllung dieser Forderungen führt zur Sündenerkenntnis und öffnet den Blick für das Evangelium, das von der Nichterfüllung und der damit verbundenen Anklage zur Entlastung und Sündenvergebung führt. Die Formel von G. und E., deren Bedeutung sich auch darin ausdrückt, dass sie Eingang in die lutherischen Bekenntnisschriften gefunden hat (Apologie, Konkordienformel), drückt damit eine Polarität aus, mit der die Existenz des Christen unter dem anklagenden Gesetz und zugleich die Fluchtbewegung zum Trost und Seelenheil verkündigenden Evangelium dargestellt wird. Reformatorische Theologie unterscheidet sich hier grundlegend von der mittelalterlichen Schriftauslegung und ihrer Lehre vom vierfachen →Schriftsinn.

Während innerhalb des Wortpaares ‚E.' in der nachreformatorischen Zeit kaum Gegenstand einer Diskussion war, gilt dies für ‚G.' umso mehr. Schon Luther betonte, dass es neben dem theologischen Gebrauch (*usus theologicus* bzw. *elenchticus*) des Gesetzes auch eine politische Funktion (*usus politicus*) gibt, die sich auf die obrigkeitliche Anwendung von Recht und Ordnung bezieht. In Abwehr einer neuen Gesetzlichkeit hat Luther – anders als P. Melanchthon – noch einen dritten Gebrauch abgelehnt, der sich auf das Leben der Christen und ihre Erfüllung des Gotteswillens als dankbare Antwort auf das göttliche Gnadengeschenk bezieht. Dieses Verständnis des Gesetzes (*tertius usus legis: usus in renatis*) hat jedoch v.a. Eingang in die reformierte Theologie und Bekenntnistradition (Heidelberger Katechismus) gefunden, begegnet aber auch in der altlutherischen Theologie.

Neue Aktualität gewann die Formel von G. und E. mit der Lutherrenaissance der 1920er Jahre, in deren Verlauf sich ein Gesetzesverständnis entwickelte, nach dem das Gesetz im Anschluss an und in gedanklicher Weiterführung von Luthers *usus politicus* auch als eine den Menschen in seiner diesseitigen Existenz durch die göttlichen Schöpfungsordnungen prägende Macht verstanden wurde. Dies eröffnete den Weg zu einer Bejahung des nationalsozialistischen Staatsverständnisses durch Teile der lutherischen Theologie, indem auch der sog. Volksnomos als eine Ausdrucksweise göttlichen Willens verstanden werden konnte. Nicht nur diese Position, sondern implizit auch die Unterscheidung von G. und E. allgemein lehnt die erste These der Barmer Theologischen Erklärung von 1934 deutlich ab.

Unter dem programmatischen Titel *Evangelium und Gesetz* stellt K. Barth 1935 fest:

„[D]as Gesetz ist nichts anderes als die notwendige *Form des Evangeliums*, dessen Inhalt die Gnade ist" (K. Barth, 11). Damit bestreitet Barth einerseits die Lehre vom Volksnomos, andererseits betont er, dass das Gesetz nicht unabhängig vom Evangelium erkennbar sei; das bedeutet, dass das Evangelium nicht nur Vergebung, sondern auch Verpflichtung ist. Lutherische Theologen, allen voran W. Elert, haben auf dieses Votum reagiert, wobei auf das je unterschiedliche Gesetzesverständnis, zum einen in Sinne einer Weisung (K. Barth), zum anderen einer Anklage (M. Luther), hinzuweisen ist. Letztlich aber geht es v.a. darum, ob das Gesetz als Grunderfahrung dem Evangelium in ständiger Wiederholung voraus geht oder aber ob das sachliche Vorausgehen des Evangeliums vor dem Gesetz zu betonen ist. Allen Ansätzen ist seit Luther gemein, das Evangelium als hermeneutische →Mitte der Schrift zu begründen und herauszustellen.

BIBLIOGRAPHIE: K. Barth, Evangelium und Gesetz, München 1935. – W. Joest, Dogmatik, Bd. 2, Göttingen ^{2}1990. – E. Kindler/G. Haendler (Hgg.), Gesetz und Evangelium, Darmstadt 1968. – A. Peters, Gesetz und Evangelium, Gütersloh 1981. – T. Schneider/W. Pannenberg (Hgg.), Verbindliches Zeugnis, Bd. 3, Freiburg i. Br./Göttingen 1998. – G. Wenz, Theologie der Bekenntnisschriften der ev.-luth. Kirche, 2 Bde., Berlin/New York, 1996–98.

Jutta Tloka

IV. Systematisch-theologisch

Die richtige Unterscheidung und Zuordnung von G. und E. gilt nach reformatorischer Tradition, v.a. nach Luther (WA 40/I, 207,17f. u.ö.) als grundlegendes Kriterium aller Theologie. G. Ebeling spricht von einer Fundamentalunterscheidung. Die Predigt des G.es lehrt nach Luther die Erkenntnis der Sünde, der Verdammungswürdigkeit und des Gerichts, die Predigt des E.s aber die Sündenvergebung und Rechtfertigung allein aus Gnaden.

Der Inhalt der göttlichen Selbstoffenbarung lässt sich deshalb durch die dem biblischen Sprachgebrauch entnommenen Begriffe G. und E. zusammenfassen, weil in der Begegnung mit Gott grundsätzlich Gottes Zorn oder Gericht sowie Gottes Gnade und dementsprechend des Menschen Unglaube bzw. Sünde oder Glaube und Rettung zutage treten. Eine nähere Bestimmung finden der Begriff des E.s sowie die theologische Fundamentalunterscheidung von E. und G. freilich erst im →hermeneutischen Zirkel zwischen Schrift und Situation. In ihm erschließt sich auch der Sinn des sog. reformatorischen Schriftprinzips (→Schrift/Schriftprinzip), wonach die →Heilige Schrift allein Quelle des →Glaubens und jedes kirchliche Auslegungsprivileg zurückzuweisen ist.

G. Ebeling unterscheidet nicht zwischen zwei verschiedenen Worten Gottes, sondern zwischen zwei Erscheinungs- und Wirkweisen des einen Gotteswortes. Demnach ist „das eine Wort Gottes zweierlei Wort", und erst im Licht der Unterscheidung von G. und E. „wird klar, was überhaupt Wort Gottes heißt" (G. Ebeling, 251). Nach dieser funktionalen Betrachtungsweise kann ein und derselbe Text je nach Situation bald die Funktion des G.es, bald diejenige des E.s haben. Die funktional unterschiedenen beiden Wirkungsweisen des Wortes Gottes sind „Aktionen des heiligen Geistes am Gewissen des Menschen" (G. Ebeling, 293), wie es andererseits für den Prediger „unverfügbar ist, wie das Wort beim Hörer ankommt" (G. Ebeling, 294). Letztlich also ist das *discrimen legis et evangelii* kein dogmatisches Lehrstück, sondern ein situatives Handeln des Heiligen Geistes und hat daher seinen theoretischen Ort innerhalb der Pneumatologie.

Unbestritten geht das reformatorische Insistieren auf dem *discrimen legis et evangelii* „in seiner präzisen *Reflexionsgestalt über alle biblischen Texte hinaus*" (A. Peters, 332). Im Sinne des Diktums E. Jüngels, Dogmatik sei nichts anderes als konsequente →Exegese, sind G. und E. in der reformatorischen Theologie normative Begriffe, welche beanspruchen, einerseits aufgrund der Lektüre und →Interpretation der biblischen Texte gewonnen, andererseits aber der entscheidende hermeneutische Schlüssel zu deren Verständnis zu sein. Sie haben ebenso eine texterschließende wie eine wirklichkeitserschließende Kraft. Im ökumenischen Kontext blieb die hermeneutische und fundamentaltheologische Unterscheidung von G. und E. freilich „immer das

Stigma einer von Luther her sich verstehenden Theologie" (H.-M. Barth, 137).

Was die rechte Zuordnung von G. und E. betrifft, stehen sich Konfrontationsmodelle wie diejenigen von W. Elert, P. Althaus oder F. Gogarten und Integrationsmodelle, v.a. dasjenige K. Barths, gegenüber. Nur scheinbar geraten die Fronten durch die neuere exegetische Diskussion wieder in Bewegung. Wird von atl. wie ntl. Seite – und zwar explizit mit Blick auf die ökumenischen und christlich-jüdischen Dialoge – bestritten, die dogmatische Unterscheidung von G. und E. und ein ihr entsprechendes Gesetzesverständnis verdankten sich einer konsequenten Exegese, ist umgekehrt festzustellen, dass gerade im Blick auf die Kategorie des G.es in der Exegese immer auch dogmatische Interessen erkenntnisleitend sind.

Bibliographie: H.-M. Barth, Art. Gesetz und Evangelium I., in: TRE 13 (1984), 126–142. – K. Barth, Evangelium und Gesetz (1935), München 1956. – G. Ebeling, Dogmatik des christlichen Glaubens, Bd. 3, Tübingen 1979. – E. Kinder/K. Haendler (Hgg.), Gesetz und Evangelium, Darmstadt 1968. – U.H.J. Körtner, Theologie des Wortes Gottes, Göttingen 2001, 194–234. – A. Peters, Gesetz und Evangelium, Gütersloh 1981.

Ulrich H.J. Körtner

Glaube

I. Alttestamentlich

Zwei atl. Texte spielten eine wichtige Rolle in der Ausbildung des ntl. Gaubenskonzeptes. Dies sind Gen 15,6 und Hab 2,4; beide verbinden ‚G.' mit ‚Gerechtigkeit'. In Gen 15,6 heißt es, dass Abraham an Gott ‚glaubte' (*'mn* hi. + *be*) und dass Gott ihm dies zur ‚Gerechtigkeit' (*tsedaqa*) anrechnete. Dies deutet darauf hin, dass Abraham die Verheißungen Jhwhs für Schutz, Nachkommenschaft und Segen annahm und sein Vertrauen darauf setzte (Gen 15,1.5) und dass Jhwh dies als die rechte Haltung oder das rechte Verhalten eines Menschen vor Gott ansah (*chshb*, ‚ansehen', eventuell in kultischem Sinne). Hab 2,4 hingegen besagt, dass der ‚Gerechte' (*tṣaddiq*) durch den ‚G.' (*emuna*) leben wird.

Das Nomen *emuna* (‚Treue') und das Verb *'mn* im Hiphil kommen dem Konzept des ‚G.s' im Sinne des völligen Vertrauen und der Zuversicht in Gott am nächsten. Das Verb *'mn* im Hiphil kann verschiedene Bedeutungen haben (je nach Objekt und Anbindung an ein direktes oder indirektes Objekt). Wenn es in Ps 119,66 heißt, der Beter ‚glaube' an Jhwhs Gebote, so ist dies im Hinblick auf die Neigung des Autors zu verstehen, ‚Jhwh' in festen Wendungen durch Aspekte der →Tora zu ersetzen. Der theologische Gebrauch von *'mn* hi. + *be* hat wahrscheinlich seinen ‚Sitz im Leben' in Verheißungen, die oft durch eine Aufforderung zur ‚Furchtlosigkeit' und zum ‚Vertrauen' eingeleitet werden (vgl. Gen 15,1–6; 26,24; Dtn 1,29–32; Jes 7,4–9). Die in diesen Texten geforderte Disposition ist also Vertrauen und Zuversicht im Angesicht von Schwierigkeiten oder Gefahr.

Das Konzept des ‚G.s' als die angemessene vertrauensvolle Antwort des Einzelnen auf die von Gott angebotene Beziehung zu den Menschen findet sich jedoch auch dort, wo die Wurzel *'mn* nicht verwendet wird. Der G. an Gott als eine Haltung des Vertrauens und der Ehrfurcht kann auf verschiedene Weise ausgedrückt werden. Dazu zählen *'hb* (Jhwh ‚lieben', vgl. Dtn 6,5); *'bd* (Jhwh ‚dienen', vgl. Dtn 6,13); *yr'* (Jhwh ‚fürchten', vgl. Dtn 6,13); *zkhr* (Jhwhs ‚gedenken', vgl. Dtn 8,18); *btch* (Jhwh ‚vertrauen', + *el* oder *be*, vgl. Ps 31,7 und Spr 3,5); *bqsh* oder *drsh* (Jhwh ‚suchen', vgl. Dtn 4,29–31); *chsh* (in Jhwh ‚Zuflucht suchen', vgl. Ps 37,40); *ychl* hi oder pi + *le* (auf Jhwh ‚warten' oder ‚hoffen', vgl. Ps 147,11), etc. Die prophetischen Bücher verweisen darauf, dass die *Haltung* des Vertrauens aber auch unangebracht sein kann und stehen ihr z.T. kritisch gegenüber; stattdessen betonen sie die praktischen *Zeichen* des G.s, und zwar den Gehorsam gegenüber Gottes Unterweisung und die Bereitschaft, ‚Gerechtigkeit' zu üben (vgl. Jes 28,16 f.; Am 6,1–6; Jer 7,4–7).

Bibliographie: E. Haag, Art. Glaube, Glauben III., in: LThK^3 4 (2006), 668–670. – H. Wildberger, Art. *'mn*, fest, sicher, in: THAT 1 (1971), 177–209. – W. Zimmerli, Grundriß der alttestamentlichen Theologie, Stuttgart ^{2}1975.

Philippus J. Botha

II. Neutestamentlich

Im klassischen Griechisch bedeutet πίστις ‚Vertrauen', ‚G.', ‚Treue', πιστεύειν ‚vertrauen', ‚sich auf etwas verlassen', ‚glauben', ‚überzeugt sein'. Der ntl. Sprachgebrauch folgt wesentlich der →Septuaginta, in der das hebräische Verb *'mn* (Hifil) durch πιστεύειν wiedergegeben wurde. Damit wird die Haltung, an Gott zu glauben/ihm zu vertrauen, beschrieben. Substantiv und Verb begegnen im NT jeweils ca. 240 Mal. Angesichts der Vielzahl der Belege und der Begriffsgeschichte bleibt eine Bedeutungsvariabilität bestehen. Die Konstruktionen mit ὅτι (Joh 11,27) oder die Verbindung mit der Präposition εἰς (Joh 14,12; Gal 2,16) bzw. ἐπί (Röm 10,11) oder ἐν (Mk 1,15) lenken wie auch die Akkusativverbindungen (1 Joh 4,16) den Blick auf das Objekt des G.s, Dativverbindungen unterstreichen eher den Akt des Vertrauens. Häufig begegnet der absolute Sprachgebrauch des Verbs (1 Thess 1,7; Apg 2,44), bei dem ‚die Glaubenden' synonym zu ‚die Christen' verwendet wird.

In den paulinischen Briefen wird von G.n als G. an Gott (1 Thess 1,8), an Jesus Christus (Gal 2,16) als den Sohn Gottes (Gal 2,20), an die Heilsbedeutung seines Todes und seiner Auferstehung (1 Thess 4,14) bzw. Auferweckung (Röm 10,9) gesprochen. Paulus verweist auch auf seinen Apostolat im Blick auf die ὑπακοὴ πίστεως (Röm 1,5; 16,26). Der G. wird als Antwort auf die →Predigt des Evangeliums verstanden (Röm 10,16 f.), aber auch als Frucht des Geistes (Gal 5,22). In Gal 2,16 und Röm 3,28 arbeitet Paulus im Vorgang der Rechtfertigung des Menschen einen Gegensatz zwischen ἔργα νόμου (Werke des Gesetzes = Vorschriften des Gesetzes/Gesetz selbst) und πίστις (Ἰησοῦ Χριστοῦ) heraus. Der Genitiv ist hier und in Röm 3,26 eher im Sinne eines Genitivobjekts (G. an Jesus Christus), nicht im Sinne eines Genitivsubjekts (G./Treue des Jesus Christus) aufzulösen. Abraham ist → Typos dieses rechtfertigenden G.s (vgl. die Rezeption von Gen 15,6 in Röm 4,3; Gal 3,6), insofern ihm der G. an die →Verheißung zur Gerechtigkeit angerechnet wurde (Röm 4,16). Jak 2,18–26 wendet sich gegen eine Alternative von G. und Werken innerhalb der christlichen Anthropologie.

In Joh fehlt das Substantiv (vgl. 1 Joh 5,4), doch finden sich fast 100 Belege für das Verb, um der Glaubensentscheidung für Jesus Christus (Joh 2,11; 3,18 u. ö.), die zum endzeitlichen Leben führt (Joh 5,24; 20,31; 1 Joh 5,4), Ausdruck zu geben. Hier kommt neben dem Wort und dem Zeugnis auch den Zeichen, die Jesus vollbringt, eine den G.n begründende Funktion zu (Joh 2,23; 11,47 f. u. ö.). Für das Glaubensverständnis des Hebr ist die Vertrauenswürdigkeit Gottes fundamental (Hebr 10,23; 11,11): Jesus ist für die Gemeinde der maßgebliche Anfänger und Vollender des G.s (Hebr 12,2).

BIBLIOGRAPHIE: E. Brandenburger, Pistis und Soteria, in: ZThK 85 (1988), 165–198. – A. v. Dobbeler, Glaube als Teilhabe, Tübingen 1987. – E. Gräßer, Der Glaube im Hebräerbrief, Marburg 1965. – K. Haacker, Art. Glaube II/3., in: TRE 13 (1984), 289–304. – D. Lührmann, Glaube im frühen Christentum, Gütersloh 1976.

Friedrich Wilhelm Horn

III. Systematisch-theologisch

Das Wort ‚G.' und seine sprachlichen Äquivalente spielen im Christentum eine Schlüsselrolle. Man kann geradezu sagen, ‚G.' sei das christliche Wort für Religion (W. Mostert), in dem das Ganze der ntl. Verkündigung impliziert ist (G. Ebeling). G. im ntl. Sinne ist nicht die unspezifische Annahme der Existenz Gottes, das Fürwahrhalten transzendenter Gegebenheiten oder ein allgemeines Urvertrauen, sondern die Christusbeziehung, durch welche wiederum die Gottesbeziehung vermittelt wird. Das Gottesverhältnis ist im Christentum ein in doppelter Weise vermitteltes, nämlich durch Christus, der sich wiederum durch die christliche Verkündigung in Geschichte und Gegenwart vermittelt. Glaubensakt und Glaubensinhalt dürfen daher nicht voneinander getrennt werden, will man den christlichen Glaubensbegriff nicht fundamental missverstehen (E. Jüngel). Die Christusverkündigung (Evangelium, →Kerygma) ist ebenso Ausdruck des G.s wie dessen möglicher Anlass. Daher lässt sie sich im doppelten Sinne des Wortes – als *genetivus objectivus* wie als *genetivus subjectivus* – als Wort des G.s bestimmen. Folglich ist der G. selbst – wie von

R. Bultmann zu lernen bleibt – als eine Weise des →Verstehens zu interpretieren. G. bedeutet nichts anderes, als das Wort des G.s in einer ganz bestimmen Weise zu verstehen. Und zwar ist ein Verstehen menschlicher Rede von Gott in Christus gemeint, durch welches der Adressat solcher Rede sich selbst und seine →Wirklichkeit neu verstehen lernt. Der G. als ausgezeichnete Weise des Selbstverständnisses begreift sich aber passivisch als ein von Gott Erkannt- und Verstanden*werden* (vgl. 1 Kor 13,12). Wiewohl der Glaubende im G.n sich selbst neu versteht bzw. das gläubige Selbst sich selbst in Gott gründet, bleibt der G. doch ein Widerfahrnis, das sich bei aller Tätigkeit des Subjekts gerade nicht als eigenmächtige Tat, sondern nur als Gabe verstehen lässt. Der G. kann auch als eine Weise der Erfahrung interpretiert werden, nämlich als eine „Erfahrung mit der Erfahrung" (G. Ebeling, E. Jüngel) bzw. als eine Interpretation der Wirklichkeit zweiter Ordnung (I.U. Dalferth). Solche Deutung der Wirklichkeit wie der eigenen Existenz, die vom Christusgeschehen her in einem neuen Licht erscheint, hat immer auch eine kontrafaktische Seite, für die der Begriff der Anfechtung steht. So steht der G. in der Spannung zwischen Bekenntnis und Welterfahrung (D. Lührmann), die im Modus der Klage wie im Modus der → Hoffnung auf Vollendung Ausdruck findet.

BIBLIOGRAPHIE: R. Bultmann, Welchen Sinn hat es, von Gott zu reden?, in: Ders., Glauben und Verstehen I, Tübingen [7]1972, 26–37. – I.U. Dalferth, Evangelische Theologie als Interpretationspraxis, Leipzig 2004. – U.H.J. Körtner, Theologie des Wortes Gottes, Göttingen 2001, 235–295. – D. Lührmann, Glaube im frühen Christentum, Gütersloh 1976. – W. Mostert, Glaube – der christliche Begriff für Religion, in: Ders., Glaube und Hermeneutik, Tübingen 1998, 186–199.

Ulrich H.J. Körtner

Gleichnis

I. Alttestamentlich

Unter dem Stichwort G. werden in biblischen Lexika und Handbüchern nahezu ausschließlich ntl. Texte verhandelt (so besonders auffallend im NBL und auch in der TRE). Seit der Arbeit von A. Jülicher wird das Gespräch weitgehend durch die Diskussion um die bei den Synoptikern überlieferten G.se Jesu bestimmt. Sofern im Zusammenhang mit dem →AT in der Fachliteratur von G.sen gesprochen wird, zeigt es sich, dass die Begriffe G., →Parabel und Beispielerzählung, auch Fabel häufig ohne genauere Differenzierung gebraucht werden, manchmal geradezu austauschbar erscheinen. Besonders auffällig ist dies bei der fiktiven Erzählung Jes 5,1–7, die je nach inhaltlicher bzw. formaler Schwerpunktsetzung als G., Parabel oder auch als →Allegorie charakterisiert wird.

Semantisch ist v.a. auf die Wurzel *mshl* zu verweisen, die zunächst für das (vergleichende) Sprichwort der Prov steht, deren Spektrum jedoch ungleich größer ist. Sie steht auch für Vergleiche allgemein, die im AT einen breiten Raum einnehmen (vgl. C. Westermann), und andere Arten von Aussagen, die von →Analogien bestimmt sind (vgl. prophetische Visionen wie Num 24,15 ff.). Als G.se im engeren Sinn können Ez 17 und Jes 28,23–29 angesehen werden. Das G. von der Zeder und dem Weinstock wird in Ez 17,2 als *chidah* und *mashal* gekennzeichnet, womit deutlich gemacht wird, dass das G. einer Erläuterung bedarf, die dann auch im Folgenden gegeben wird. Jes 28,23–29 kann als Beispiel für ein (Doppel-)G. gelten, das am Beispiel von Aussaat und Ernte die Weisheit von Gottes Unterweisung aufzeigt.

Ob prophetische Zeichenhandlungen wie Jer 13.19; Ez 4 f.; Hos 1.3 G.se im weiteren Sinne darstellen, ist eine Frage der Definition. Sofern sie ähnlich wie Gleichniserzählungen mit ihrem metaphorischen Verlauf zur – nun aber in Form eines Handlungsablaufes – Verdeutlichung eines Sachverhaltes dienen, können sie der Kategorie der G.se zugeordnet werden. Werden sie aber als ein bereits In-Gang-Setzen des verkündeten Inhalts verstanden, gehören sie eher in die Nähe des Phänomens ‚Sprachereignis' und sprengen damit die Kategorie G.

BIBLIOGRAPHIE: K.-M. Beyse, Art. mašal I., in: ThWAT 5 (1986), 69–73. – H. Irsigler, Art. Gleichnis I., in: LThK[3] 4 (1995), 741–743. – J. Wehrle, Art. Gleichnis/Parabel I., in: RGG[4] (2000), 999–1000. –

C. Westermann, Vergleiche und Gleichnisse im Alten und Neuen Testament, Stuttgart 1984.

Jutta Hausmann

II. Neutestamentlich

G. ist Sammelbegriff für bildhafte Texte (1) sowie Bezeichnung einer Unterform gleichnishafter Rede (2), des ‚G.ses im engeren Sinne' bzw. des ‚besprechenden G.ses'.

(1) Nach Aristoteles (*Rh.* 3,4) basiert das G. auf dem Vergleich, der zu den →Metaphern gerechnet wird (*Rh.* 3,11,14 f.). Quintilian rechnet den Vergleich den ‚eigentlichen' Redeweisen zu. Im Gefolge zählt A. Jülicher das G. zu den ‚eigentlichen', nicht deutungsbedürftigen Sprachformen mit rhetorisch-didaktischer Ausrichtung (1910 I, 117). Wie der atl.-jüdische *mashal* sei das G. eine rhetorische Kunstform (37). Es werde durch Bild- und Sachhälfte konstituiert: die →‚Sache' sei die Reich-Gottes-Botschaft, die *qua* G. den ganzen Menschen anspricht und in keinen Aussagesatz zu pressen ist („Unersetzbarkeit der Gleichnisform", 152). Das *tertium comparationis* zwischen Bild und Sache sei eine religiös-sittliche Wahrheit von dauerhafter Gültigkeit (105 ff.). Im strengen Gegensatz zum G. gehört die →Allegorie zu den ‚uneigentlichen', deutungsbedürftigen Redeformen. Jesu G.se seien von den Evangelisten als Allegorien missverstanden worden, die Gleichnisinterpretation solle daher die Entstehungssituation der G.se wiedergewinnen (24. 49).

Gemeinsame Merkmale aller Gleichnisformen sind: analogischer Charakter (Unterscheidung von Bild- und Ausgangsebene), Fiktionalität und Pseudorealistik des Erzählten, Konterdetermination (Umgehung der ‚Sache' im Bild), erzählerische Geschlossenheit (zentripetale Struktur), allegorische Verweiselemente im Bild wie konventionalisierte Bildfelder, Metaphern, Extravaganzen o. ä. (zentrifugale Elemente), Verzahnung von Bild und Ausgangsebene durch Einleitungsformel, Anwendung oder Deutung, Konzentration auf eine Pointe (Hauptaussage).

Textpragmatisch ist das G. als bildhaftes Plausibilisierungsgeschehen einzustufen. Im G. wird mittels eines fiktionalen, pseudorealistischen Bildes eine konventionelle, korrekturbedürftige Einstellung zugunsten einer überraschenden, auf vorreligiösen Erfahrungen beruhenden Wirklichkeitssicht *ad absurdum* geführt, um so →Hörer und →Leser für die ‚Sache' der G.se zu gewinnen (K. Erlemann, 99 f.).

(2) Nach A. Jülicher ist das G. im engeren Sinne eine Redefigur, in der die „Wirkung eines Satzes (Gedankens)… durch Nebenstellung eines ähnlichen" gesichert werden soll (a. a. O., 80, mit Arist. *Rh.* 2,20). Im Unterschied zum Vergleich entfaltet es in Ansätzen eine Dramaturgie. Anders als die Metapher bringt das G. nicht nur Analogien, sondern auch Differenzen zwischen Bild- und Ausgangsebene zur Sprache. Anders als die → Parabel zielt das G. auf unmittelbare Evidenz (Naturvorgang, besprechende Tempora, v. a. Präsens). Letztere Unterscheidung ist heute formkritisch umstritten (R. Zimmermann).

BIBLIOGRAPHIE: K. Erlemann, Gleichnisauslegung, Tübingen/Basel 1999. – A. Jülicher, Die Gleichnisreden Jesu, 2 Bde., Tübingen [2]1910. – R. Zimmermann (Hg.), Bildersprache verstehen, München 2000.

Kurt Erlemann

III. Systematisch-theologisch

Die →Metapher ist die Kurzform des G.es bzw. das G. eine ausgeführte Metapher. Beide verhalten sich zueinander wie Verdichtung und Entfaltung oder Implikat und Explikat. Wie eine Metapher über das G. bis in die Narration (das ‚Evangelium von Jesus dem Christus') entfaltet werden kann, so kann das ganze →Evangelium in einer Grundmetapher verdichtet werden: Jesus Christus. Diese Verdichtung und Entfaltung zeigt sich prägnant im ‚Mythos vom Logos', Joh 1, über die metaphorische Selbstdarstellung in den ἐγώ-εἰμι-Worten bei Johannes und seinen ‚Bildreden', die diese Metaphern entfalten.

Die basale Bedeutung und religiöse Relevanz der G.se in *religiöser Rede* ist biblisch evident. Über die Bedeutung der G.se für die systematische Theologie und Religionsphilosophie hingegen wird gestritten – je nachdem, wie man das Verhältnis von religiöser und theologischer Sprache bestimmt. Wird die Theologie v. a. als Begriffsbildung, Urteil und Schluss zum Zweck möglichst vollbestimmter Termini verfasst, wird die semantisch und pragmatisch dichte Sprachform des G.ses begrifflich reduziert werden (oder aufgehoben ‚im Begriff'). Wird hingegen hermeneutisch, poetologisch und rhetorisch die Theologie als Verstehen, Entfalten, Variieren und Weitergeben dessen konzipiert, was die religiöse Rede zu denken und zu sagen gibt – kann die Sprachform des G.ses nicht ‚auf der Strecke' der Begriffsbildung bleiben.

Ein G. ‚vergleicht' nicht ‚x mit y', sondern spricht in einer ausgeführten Metapher von x *als* y, vom Reich Gottes *als* Weinberg, Familie, Samariter etc. Seine Performanz versammelt die →Hörer, gibt Teil an der Pointe und versetzt die Hörer in die Wirklichkeit des so Mitgeteilten. Wer an dieser Übertragung in den Horizont des G.es nicht teilnimmt, verpasst die Pointe. Insofern wirken G.se durchaus kritisch.

Die am weitesten gehende These im 20. Jh. stammt von E. Jüngel: „Die Basileia kommt *im* Gleichnis *als* Gleichnis zur Sprache" (*Paulus und Jesus*, 135). Daraus folgt, dass Gott in Metapher und G. *als* Metapher und G. zur Sprache und darin zur Welt kommt. Inkarnation *ist* die Metapher Gottes in Christus. Seine Gleichnisrede ist dementsprechend die Mitteilung und Teilgabe an diesem Ereignis. Die Rückfrage ist dann unvermeidlich, ob die Basileia und Gott *nur* im G. und *als* G. zur Sprache kommen. Wenn dem so wäre, hätte auch die Theologie Gott und Glaube (nur?) *im* G. *als* G. zur Sprache zu bringen. Auch wenn das G. die eigentliche und ursprüngliche Sprachform des Glaubens ist und die prägnante Gestalt, Gott zur Sprache zu bringen, geht die Theologie nicht in gleichnishafter Rede auf (wie bereits diese Erwägungen zeigen).

Bibliographie: B. Debatin, Die Rationalität der Metapher, Berlin u.a. 1995. – R. Banschbach Eggen, Gleichnis, Allegorie, Metapher, Tübingen 2007. – E. Jüngel, Paulus und Jesus, Tübingen [6]1986. – Ders., Anthropomorphismus als Grundproblem neuzeitlicher Hermeneutik, in: Ders., Wertlose Wahrheit, Theologische Erörterungen III, München 1990, 110–131. – Ders., Metaphorische Wahrheit, in: Ders., Entsprechungen: Gott–Wahrheit–Mensch, Tübingen [2]1986, 103–157. – P. Michel, Alieniloquium, Bern u.a. 1987. – P. Stoellger, Metapher und Lebenswelt, Tübingen 2000. – R. Zymner, Uneigentlichkeit, Paderborn 1991.

Philipp Stoellger

IV. Judaistisch

Das G. (*mashal*) ist eine der wichtigsten erzählerischen Traditionsformen der rabbinischen Literatur und begegnet besonders im Talmud und Midrasch der Spätantike, obwohl auch tannaitische G.se (1.–2. Jh.) überliefert sind. Im weiteren literarischen Kontext ist das G. entweder in halachische oder exegetische Kontexte eingebunden und oft auf ein Bibelzitat bezogen. Da es sich aber um eine wohl ursprünglich mündlich tradierte und unabhängig vom jetzigen literarischen Kontext entstandene Traditionsform handelt, muss man zwischen G. und Redaktion unterscheiden. Das G., welches oft mit „Ein G. Wem gleicht die Sache (*mashal: le-mah ha-davar domeh*)?" eingeleitet wird, ist als ursprünglich unabhängige Einheit zu sehen, welches erst sekundär in den vorliegenden thematischen Kontext eingebunden und manchmal mit einer Auslegung (*nimshal*) verbunden wurde. Bei der Aufnahme in den literarischen Kontext ist mit textuellen Veränderungen zu rechnen, die zum Teil durch einen Vergleich mit Paralleltexten, zum Teil durch eine Analyse des jeweils vorliegenden Textzusammenhanges identifiziert werden können.

Besonders häufig begegnen die sog. Königsgleichnisse, in denen der König als Metapher für Gott und der Sohn oder die Sklaven für Menschen in ihrem Verhalten gegenüber Gott stehen. Die verwendeten Bilder wurden dem sozialen, wirtschaftlichen, und politischen Umfeld entnommen. So begegnet man in den G.sen häufig den Verhältnissen am römischen Kaiserhof, so wie er von den Rabbinen wahrgenommen wurde (I. Ziegler). Die jeweilige rhetorische Aussageabsicht der G.se vor ihrer Aufnahme in den literarischen Kontext und der Verbindung mit einem Bibelvers lässt sich nur hypothetisch erschließen, so dass einige Forscher sich lediglich auf die Untersuchung der letzten redaktionellen Ebene beschränken wollen (A. Goldberg, D. Boyarin), bzw. auf die nicht zu umgehende Midraschisierung der G.se hinweisen (D. Stern). Was die Datierung der Gleichnistraditionen betrifft, kann man sie der tannaitischen (1.–2. Jh.) oder amoräischen (3.–5. Jh.) Tradition zuordnen, sollte aber nicht mit der historischen Verlässlichkeit der Tradentennamen rechnen. Trotz der späteren literarischen Verwendung der rabbinischen G.se lassen sich diese doch durchaus formal und inhaltlich mit ntl. G.sen vergleichen (D. Flusser, C. Hezser, C. Thoma).

Bibliographie: D. Boyarin/D. Stern, An exchange on the mashal, in: Prooftexts 5 (1985), 269–280. – D. Flusser, Die rabbinischen Gleichnisse und der Gleichniserzähler Jesus, Bern 1981. – A. Goldberg, Das schriftauslegende Gleichnis im Midrasch, in: FJB 9 (1981), 1–90. – C. Hezser, Lohnmetaphorik und Arbeitswelt, Fribourg 1990. – D. Stern, Parables in Midrash, Cambridge 1994. – C. Thoma et al., Die Gleichnisse der Rabbinen, 4 Bde., Bern 1986–2000. – I. Ziegler, Die Königsgleichnisse des Midrasch, Breslau 1903.

Catherine Hezser

V. Islamwissenschaftlich

Der bereits im →Koran oft verwendete Ausdruck *maṯal* (Pl. *amṯāl*) bezeichnet ein G., daneben auch einen Vergleich (im weiteren Sinn), einen Spruch (bzw. ein Sprichwort), eine weise Maxime oder ein Beispiel (i.S. eines Exemplums). Tatsächlich liegen trotz der außerordentlichen Bildhaftigkeit vieler Passagen des Korans, die u.a. in Verbindung mit der ausgeprägten Metaphorik der altarabischen Dichtung zu sehen ist, nur wenige ‚eigentliche' G.se, also Gleichniserzählungen und →Parabeln, vor; zumeist handelt es sich bei den amṯāl um prägnante Bildworte, denen ein anschaulicher Vergleich zugrunde liegt (z.B. Q 13:18, 16:75 f., 18:45). Einige koranische Bildworte sind sprichwörtlich geworden und gehören zum festen Bilderschatz der islamischen Frömmigkeit (z.B. die sieben Ähren des Samenkorns Q 2:261, das ‚gute Wort' als Baum, der in den Himmel reicht Q 14:24); in der Mystik erlangte das ‚G.' vom Licht Gottes (Q 24:35) große Bedeutung. Unter den wenigen koranischen Gleichniserzählungen sind die Parabeln von den zwei Männern (Q 18:32–44), der sündhaften Stadt (Q 36:13–32) und den Gartenbesitzern (Q 68:17–34) erwähnenswert. In späteren Korankommentaren haben die Analyse und Deutung der Parabeln nur untergeordnete Bedeutung; auch im weiteren Bereich der religiösen Literatur sind nur vereinzelt Gleichniserzählungen anzutreffen.

Die narrative Ausformung der Parabeln steht im Koran der oft sehr treffenden Anschaulichkeit und Wirkkraft der zahlreichen Bildworte nach, worin sich die schon in der altarabischen Dichtung vorhandene Dominanz der pointierten sprachlichen ‚Verbildlichung' der Welt gegenüber sequentialer erzählerischer Darstellung widerspiegelt: Die Szene ist wichtiger als das Drama. An die altarabische Dichtung gemahnt auch, dass viele Bildworte auf Vergleichen mit Naturphänomenen basieren (z.B. die Luftspiegelung in Q 24:39).

Die koranischen Vergleichungen besitzen eine Eindringlichkeit, die sich nicht auf rhetorische Wirkung beschränkt (vgl. Q 59:21); ihre Funktion ist durchgehend paränetisch. Bemerkenswert ist, dass im Koran mehrfach die Ambiguität oder auch die Unzulänglichkeit von G.sen thematisiert wird, wodurch deren Funktionalität in Frage gestellt ist: Nur die Wissenden unter den Menschen verstehen die *amṯāl*, wie sie Gott im Koran gibt, richtig (Q 29:42); den Gegnern Muḥammads wird vorgeworfen, sie prägten über ihn falsche G.se (Q 17:48, 25:9), denn Vergleiche können ja trotz vermeintlicher ‚Trefflichkeit' tatsächlich unzutreffend sein. Gott selbst schließlich – dem nichts gleicht (Q 42:11) – ist durch G.se bzw. Vergleiche nicht fassbar (Q 16:74).

Bibliographie: D. Beaumont, Art. Simile, in: EQ 5 (2006), 13–18. – F. Buhl, Über Vergleichungen und Gleichnisse im Qurʾân, in: Acta Orientalia 2 (1924), 1–11. – R. Gramlich, Der eine Gott, Wiesbaden 1998. – H. Hirschfeld, New Researches into the Composition and Exegesis of the Qoran, London 1902, 83–101. – R. Paret, Sure 57, 12 f. und das Gleichnis von den klugen und den törichten Jungfrauen, in: Ders. (Hg.), Der Koran, Darmstadt 1975, 192–196.

Marco Schöller

VI. Altphilologisch

G. bezeichnet eine v.a. in der heroischen Epik (und in generisch verwandten Formen wie der hexametrischen Lehrdichtung) gebräuchliche Form bildhaften Sprechens, bei der der Erzähler einen Sachverhalt oder eine Situation aus seiner Erzählung durch den Verweis auf einen ähnlichen Sachverhalt oder eine ähnliche Situation erläutert, häufig auch über die zu erläuternden Sachverhalte hinaus weiter ausführt. Die moderne Beschränkung von G. vorwiegend auf die Dichtung (während bezogen auf Prosa eher ‚Vergleich' oder ‚Bild' verwendet werden) ist z. T. bereits in den Definitionsversuchen der antiken Rhetorik angelegt (z. B. Arist. *Rh.* 3,4,1406b 20–25; Demetr. *Eloc.* 89); wichtiger ist dort aber die Abgrenzung des G. (bzw. allgemeiner: des Vergleichs) zur →Metapher.

Charakteristisch für das G. ist eine spezifische sprachliche Form und ein relativ festes Bauschema, das für den Leser eine Signalwirkung hat und erstmals in den Epen Homers greifbar ist. Es wird bereits in antiken Beschreibungsversuchen poetischer G.se (z. B. Ps.-Plu. *Vit.Hom.* 84; Hdn. *Fig.* 63 f.) skizziert und auch in der klassisch gewordenen Definition durch H. Fränkel (1921, 4) beschrieben. Danach besteht das homerische G. (a) aus einer auf das Bild hinführenden Überleitung auf der Ebene des Erzähltextes, dem ‚Stichsatz', und (b) einem in der Regel mehrere Hexameter beanspruchenden Bildteil, dem ‚Wie-Stück' (παραβολή), das durch ein einleitendes Vergleichswort oder eine sonstige Vergleichsbezeichnung markiert wird. In vielen Fällen wird (c) in einem oftmals ebenfalls mehrere Verse umfassenden ‚So-Stück' (ἀνταπόδοσις) eine explizite Rückübertragung von der Bild- auf die Sachebene der Erzählhandlung vorgenommen.

Ursprüngliche und primäre Funktion der epischen G.se ist die Veranschaulichung und Konkretisierung eines in der Erzählhandlung beschriebenen komplexen oder abstrakten Sachverhalts, z. B. technische Beschreibungen, Emotionen, Gemütszustände. Zugleich dienen G.se vielfach dazu, als Autorenkommentare das Geschehen zu deuten, zu bewerten, bisweilen auch zu emotionalisieren. Da die Bildmotive nicht selten Seinsbereichen entnommen werden, die konträr zu dem zu veranschaulichenden Seinsbereich sind, schlagen G.se zudem Brücken zwischen verschiedenen Lebensbereichen und fokussieren die Aufmerksamkeit des Rezipienten durch Kontrastwirkung. In den G.sen des Lehrgedichts erweitert sich die Funktion insofern, als die erklärende, z. T. sogar argumentative Komponente der G.se ein stärkeres Gewicht bekommt. Insgesamt sind G.se also nicht nur ein Charakteristikum epischer Stilhöhe; sie tragen auch dazu bei, die in einem Gedicht getroffenen Aussagen zu vertiefen und seine Welthaltigkeit zu steigern.

Bibliographie: H. Fränkel, Homerische Gleichnisse, Göttingen 1921. ^{2}1977. – K.R. Grinda, Enzyklopädie der literarischen Vergleiche, Paderborn u. a. 2002. – M.M. McCall, Ancient rhetorical theories of simile and comparison, Cambridge 1969. – C. Schindler, Untersuchungen zu den Gleichnissen im römischen Lehrgedicht, Göttingen 2000.

Claudia Schindler

VII. Literaturwissenschaftlich

Das G. (ahd. *Galihnissa*, ‚Ebenbild, Sinnbild, Beispiel') ist ein zu einer anschaulichen Formulierung (Sprichwort, Weisheitsspruch) oder kurzen Erzählung erweiterter Vergleich, dem die explizite ‚wie'-Kopula fehlt: „Das Himmelreich gleicht einem Mann, der guten Samen auf seinen Acker säte" (Mt 13,24). Anders als →Metapher und →Allegorie, die anstelle des Begriffs eine bildliche Darstellung verwenden, setzt das G. das Bild analogisch neben den Begriff.

Bereits im Mittelalter sind griech. παραβολή und lat. *parabola* als Bezeichnungen für biblische Gleichnisreden verwendet worden. Jedoch ist im streng literaturwissenschaftlichen Sinn die handlungsanweisende →Parabel nicht synonym mit dem lediglich erläuternden G. Beide Formen sind ursprünglich rhetorische Techniken des anschaulichen Erklärens und Beweisens, im Fall der Parabel auch des Appells (Arist. *Rh.* 2,20; Quint. *inst.* 5,11). In vermittelnder Funktion erscheint das G. bereits in der Antike (Homer, Pindar, Aischylos, Sophokles) und ist in der Bibel eine spezielle Form der allgemeinen Sinnbildlichkeit des hebräischen Maschal. Es ist darüber hinaus eine rhetorische Technik der rabbinischen Literatur, hat eine epistemologische Funktion in der Mystik und gehört zur Bilderfülle der orientalischen Erzählliteratur (*Pantschatantra*). Von dort aus ist es nicht nur in die Märchen und Legenden Europas eingedrungen, sondern auch zu J.W. v. Goethe, F. Rückert und A. v. Platen gelangt. Eine Renaissance des G.ses im 20. Jh. (F. Kafka, B. Brecht, E. Bloch, G. Kunert) gründet in rabbinischen Quellen und insbesondere in M. Bubers *Erzählungen der Chassidim.*

Die moderne Gleichnisforschung beginnt mit A. Jülicher (1886), der gegen die historisch befangene Gleichnisallegorese die allzeitige Gültigkeit der G.se betont und Einteilungskriterien der →Gattung entwirft (G., Gleichniserzählung/Parabel, Beispielerzählung). Anknüpfend an Jülichers Gattungssystematisierung entwirft R. Bultmann formgeschichtliche Kategorien. Es folgen existential-hermeneutische (E. Fuchs, E. Linnemann, R. Zimmermann), historische (J. Jeremias, H. Weder), literaturwissenschaftliche (P. Ricœur, W. Harnisch), judaistisch-kulturgeschichtliche (D. Flusser), formalistisch-philologische (P. Michel, R. Zymner) und kommunikationstheoretische Ansätze (C. Kähler).

BIBLIOGRAPHIE: R. Bultmann, Die Geschichte des synoptischen Tradition (1921), Göttingen [10]1995. – R. Dithmar (Hg.), Texte zur Theorie der Fabeln, Parabeln und Gleichnisse, München 1982. – Ders. (Hg.), Fabeln, Parabeln und Gleichnisse, München 1988. – D. Flusser, Die rabbinischen Gleichnisse und der Gleichniserzähler Jesus, Bern 1981. – E. Fuchs, Hermeneutik, Bad Cannstatt [2]1958. – W. Harnisch (Hg.), Die neutestamentliche Gleichnisforschung im Horizont von Hermeneutik und Literaturwissenschaft, Darmstadt 1982. – Ders., Die Gleichniserzählungen Jesu, Göttingen [4]2001. – J. Jeremias, Die Gleichnisse Jesu, Göttingen, [7]1965. – A. Jülicher, Die Gleichnisreden Jesu (1886, 1910), Darmstadt 1969. – C. Kähler, Jesu Gleichnisse als Poesie und Therapie, Tübingen 1995. – E. Linnemann, Gleichnisse Jesu, Göttingen [6]1975. – P. Michel, Alieniloquium, Frankfurt a. M. u. a. 1987. – P. Ricœur, Biblical hermeneutics, in: Semeia 4 (1975), 27–148. – H. Weder, Die Gleichnisse Jesu als Metaphern, Göttingen [4]1990. – R. Zimmermann (Hg.), Hermeneutik der Gleichnisse Jesu, Tübingen 2007. – R. Zymner, Uneigentlichkeit, Paderborn 1991.

Theo Elm

VIII. Textlinguistisch

Unter textlinguistischem Aspekt sind G.se Makrostrukturen, d. h. größere textuelle Einheiten, in der Textsorte ‚(Geoffenbarter) Bericht', die aus den vier →Evangelien besteht. Im Gegensatz zu Makrostrukturen wie Vaterunser, Magnificat und Gloria besitzen G.se wie Kapitel und Absatz keine potentielle Texthaftigkeit, obwohl sie in der Formgeschichte zum NT als Bestandteil der Wortverkündigung (‚Worte Jesu') auf eine ‚ursprüngliche Kommunikationssituation' im Leben Jesu zurückgeführt werden, in der sie selbständig gewesen sein sollen. Diese Annahme der Formgeschichte wird kontrovers beurteilt (H. Zimmermann, 232. 257 f.) und ist linguistisch unter Beachtung der Relation von Teil versus Ganzem nicht zu stützen (F. Simmler 1996; 2000, 680 f.). Außer in Evangelien kommen G.se auch in der Textsorte Diatessaron, in den liturgischen Textallianzen Plenar, Evangelistar, Missale (F. Simmler 2007) und in den Textsorten →Predigt und → Kommentar vor, in denen sie in →Intertextualität zu den Evangelien ebenfalls Makrostrukturen einer größeren textuellen Einheit mit jeweils spezifischem Textsinn sind.

In den Evangelien sind die G.se in die hierarchisch gesehen größeren Makrostrukturen der Reden und Dialoge (in die Dialogbeiträge Jesu) integriert, werden in ihnen gereiht, an verschiedenen Stellen oder auch isoliert verwendet. Sie sind in drei (G. von den bösen Winzern), zwei (G. vom anvertrauten Geld) oder einem Evangelium (G. von den Arbeitern im Weinberg) überliefert.

Alle G.se werden von Jesus seinen Zuhörern und Jüngern vorgetragen, in ihrer Form begründet, auf Nachfrage erläutert und in den Zusammenhang der Verheißung der Propheten des AT gestellt. Von den übrigen Textteilen werden sie durch eine spezifische Syntax und Lexik abgegrenzt. Durch die G.se erweist sich Jesus als Sohn Gottes, der Verhaltensnormen festlegen, fordern und transzendent im Himmel belohnen bzw. bei Nichtbefolgen bestrafen kann. Dadurch tragen sie neben anderen textuellen Merkmalen zum Textsinn der Evangelien bei (F. Simmler 2004, 507).

Die Überlieferung der G. in der deutschen Sprache (J. Splett) ist an die →Tradition der biblischen, katechetischen und theologischen Textsorten und Textallianzen gebunden (→ Bibel, →Bibelübersetzung(en)).

BIBLIOGRAPHIE: F. Simmler, Teil und Ganzes in Texten, in: Daphnis 25 (1996), 597–625. – Ders., Textsorten des religiösen und kirchlichen Bereichs, in: K. Brinker et al. (Hgg.), Text- und Gesprächslinguistik, HSK 16.1, Berlin/New York 2000, 676–690. – Ders., Biblische Textsorten, in: Daphnis 33

(2004), 379–546. – J. Splett (Hg.), „das hymelreich ist gleich einem verporgen schatz in einem acker…“, Göppingen 1987. – H. Zimmermann, Formen und Gattungen im Neuen Testament, in: J. Schreiner (Hg.), Einführung in die Methoden der biblischen Exegese, Würzburg 1971, 232–260.

Franz Simmler

Glosse →Intertextualität, →Konjektur

Gottesdienst

I. Alttestamentlich

Die Menschen werden nach dem zweiten Schöpfungsbericht in Gen 2–3 nicht geschaffen, um Gott zu dienen, sondern um die Erde zu bebauen. Das Hebräische verwendet für beide Tätigkeiten den selben Begriff (*ʿbd*, ‚dienen‘ bzw. ‚bebauen‘). Der erste Dienst an Gott, die Darbringung von Gaben, durch Kain und Abel bilden in Gen 4 Anlass zum ersten Brudermord.

Der G. der Erzeltern, wie er in der Rückprojektion dargestellt wird, ist nicht an institutionalisierte Mittler oder ein bestimmtes Heiligtum gebunden, sondern vollzieht sich anlassbedingt: Ein Brunnen erinnert an die Zusage, die Hagar erhalten hat (Gen 16). Jakob errichtet nach einer Gottesbegegnung im Traum am anderen Morgen den Stein, auf dem er lag, als Grundstein für ein Gotteshaus (Gen 28). Trotz der Monopolstellung, die viele biblische Texte dem Tempel in Jerusalem zumessen, führen daher Spuren zu einer diversifizierten Praxis der Verehrung des Gottes Israels an lokalen Heiligtümern bzw. im Rahmen der persönlichen Frömmigkeit zurück. Dies deckt sich mit archäologischen Funden in Palästina.

Im Buch Ex wird deutlich, dass die Befreiung aus der Unterdrückung das Ursprungsdatum des G.es ist. Darauf wird in der Begründung von Weisungen vielfach zurückgegriffen, so etwa beim Sabbatgebot in Dtn 5. Eine gottesdienstliche Feier ist dabei nicht explizit erwähnt. Dtn 16 streicht die Festfreude des G.es heraus. Die Psalmlieder sind →Texte, die auf den Tempelkult bezogen sind, auch wenn teilweise ihr Sitz in der persönlichen Frömmigkeit ist. In Neh 8 wird von einem ‚Wortgottesdienst‘ berichtet, der in der öffentliche Lektüre des Gesetzesbuches besteht (→Lesen). Gott zu dienen umfasst den Alltag (Dtn 10,12). G. ist eine Haltung. Sie schließt es aus, fremden Göttern zu dienen.

Lev stellt ein (nach-)exilisches Lesebuch mit programmatischem Charakter dar, das um Fragen des Kults, des G.es kreist (vgl. Ex 32–40). Es setzt mit Ausführungen darüber ein, wie Menschen, die sich Gott nähern wollen, dies tun können. Die Opfer, die Männer und Frauen darbringen, sind eine Annäherung an Gott und werden entsprechend als Gaben bzw. Darbringung bezeichnet (vgl. Lev 1). Die Kritik am atl. G. als Opfergottesdienst findet sich bereits im AT: Gott will Recht und Gerechtigkeit (Am 5,24) bzw. Dank (Ps 50). Doch dies impliziert keineswegs eine grundsätzliche Verwerfung der Opfergaben. An jedem Ort, an dem eine Gabe dargebracht wird, wird der Name Gottes genannt. Gott wird dort bei den Menschen wohnen und sie segnen, so die Verheißung (vgl. Ex 20,24; Mal 1,11). Gott schafft die Möglichkeit der Begegnung, des Dienstes. G. ist daher wechselseitig gedacht. Die Kultzentralisation am Tempel in Jerusalem geht in vorexilische Zeit zurück. Hier findet der kultisch vollwertige G. Israels statt.

BIBLIOGRAPHIE: S. Brandt, Opfer als Gedächtnis, Münster 2000. – O. Keel, Die Geschichte Jerusalems und die Entstehung des Monotheismus, Göttingen 2007. – H. Spieckermann, Heilsgegenwart, Göttingen 1997.

Dorothea Erbele-Küster

II. Neutestamentlich

Im Gegensatz zu anderen antiken Religionen zeichnet sich der israelitische G. durch verschiedene Reduktionen aus. Aufgrund der in der →Tora gebotenen Kultzentralisation (Dtn 12) wird Kult schon vor dem babylonischen Exil nur noch in Jerusalem gefeiert. Die Juden außerhalb Jerusalems mussten außer bei Wallfahrten auf die Kultteilnahme und damit auf den G. verzichten. Nur eine Erbpriesterschaft durfte dem liturgisch streng geregelten Kult vorstehen. In der →Septuaginta schlägt sich diese Konzentration terminologisch nieder: Latreia (λατρεία) und →Liturgie (λειτουργία) werden zu exklusiven *termini technici* für den Kult.

Der Kultverzicht wurde mit der Erfindung der nichtkultischen Synagoge als Versammlung aller mündigen Juden um die Tora kompensiert. Schriftlesungen, Torastudium und Auslegung hatten hier auch in der Diaspora ihren festen Ort. Liturgische Elemente wie fixierte Bekenntnisse und gemeinsame Gebete wurden erst nach der Zerstörung des Jerusalemer Tempels in die Synagoge integriert.

Im NT wird die Kultzentralisation stets vorausgesetzt. Die Versammlungen der Gemeinden werden nie mit gottesdienstlichen Begriffen bezeichnet. Paulus verwendet Kultterminologie als →Metapher für die Nachfolge Christi und Ethik im Alltag (Röm 12,1 λατρεία; 1 Kor 6,19 f.; Phil 2,17 λειτουργία) und bleibt damit im Bedeutungsfeld der hebräischen Abodah (= G.).

Allerdings wird in Joh, Hebr und Offb Christus als Überbietung der Kultzentralisation gedeutet. Er ist das wahre, einzige Opferlamm, das ein einziges Mal für alle Schuld geopfert wurde. In Hebr ist er der einzige Hohepriester, der ewig bleibt. Er verkörpert den himmlischen Tempel (Joh 2,21).

Die frühen Gemeinden versammeln sich wahrscheinlich am Abend nach Sabbatende (Apg 20,7 ff.) um das vom Herrn gestiftete, akultische Sättigungsmahl (κυριακὸν δεῖπνον in 1 Kor 11,20; ἀγάπη in Jud 12) in den Häusern. Bei Paulus folgt auf das Deipnon ein Symposion (1 Kor 11–14), bei dem alle einander mit den ihnen von Gott gewährten Geistesgaben dienten (14,26). Allerdings gab es auch Gemeinden, die sich in synagogalen Formen nur um das Wort versammelten (Jak 2,2).

BIBLIOGRAPHIE: R. Albertz, Religionsgeschichte Israels in alttestamentlicher Zeit, 2 Bde., Göttingen 1992. – M. Klinghardt, Gemeinschaftsmahl und Mahlgemeinschaft, Tübingen/Basel 1996. – P. Wick, Die urchristlichen Gottesdienste, Stuttgart u. a. [2]2003.

Peter Wick

III. Kirchengeschichtlich

Kirchen- und theologiegeschichtlich virulent wurde die →Hermeneutik des christlichen G.es als der zentralen zeitlichen und räumlichen Erscheinungsform der christlichen Gemeinschaft (1) für die Entwicklung und Ausbildung des christlichen Bekenntnisses, (2) der christlichen Bildung und (3) der christlichen Ethik. In diesen drei Bereichen konstituierte der G. im Verlauf der Kirchengeschichte einen eigenen, aus verbalen und nonverbalen Elementen gebildeten →‚Text' von heiliger Autorität, innerhalb dessen auch ein Interpretationsprozess zu den biblischen → Schriften je neu ablaufen konnte.

(1) Nach der älteren Forschung (A. v. Harnack, F. Kattenbusch, H. Lietzmann) hatte das christliche Bekenntnis seinen →Ursprung im Taufgottesdienst, während die jüngere Forschung (A.M. Ritter, J. Kelly, H. v. Campenhausen) genauer unterscheidet zwischen Tauffragen (2. Jh.), Bekenntnisformeln (3. Jh.) und deklaratorischen Bekenntnistexten (4. Jh.). Gleichwohl bleibt der historische Bezug auf den Taufgottesdienst trotz dieser Differenzierung erhalten.

(2) Die christliche Primarerziehung hatte ihren ursprünglichen Ort v. a. im Taufunterricht, später im Konfirmanden- bzw. Firmunterricht. Eines ihrer Ziele ist in allen Fällen die Einweisung in einen liturgischen Akt (Taufe mit *renuntiatio* und Bekenntnis, Eucharistie). Wichtigste Quellentexte dafür sind neben den Taufformeln und der übrigen → gottesdienstlichen Literatur die erhaltenen (Tauf-)→Katechesen und erst später systematische, aber auf die liturgischen Abläufe bezogene Katechismen (M. Luther). Erst in der Aufklärung traten liturgische Unterweisung und christliche Bildung ganz auseinander.

(3) Da die Konstitution des Menschen, der nach christlichem Verständnis der Taufe bedarf, bereits in den frühesten gottesdienstlichen Texten thematisiert wurde, ist die christliche Kultpraxis seit Justin und Origenes auch für die hermeneutische Reflexion über Anthropologie und (Schöpfungs-)Ethik bedeutend geworden, wo es um das Verhältnis zwischen Schöpfer und seinem Geschöpf in Raum und Zeit ging, stärker dann noch bei der Ausbildung einer weitergehenden christlichen Kasualpraxis (christliche Bestattung, Inklusivität des G.es, Herausbildung der Homoiosis-Frömmigkeit und -Ethik im Osten, *dignitas hominis* im Eucharistiegebet [Rerum Ecclesiasticarum Documenta.Fontes 1, Rom 1956, 157, Nr. 1239] etc.).

Für die hermeneutische Theoriebildung in der Reflexion über den G. ist Augustins Zeichenlehre für das Mittelalter und darüber hinaus Luther in Auseinandersetzung mit der ,nominalistischen'→Semiotik wegweisend geworden. Die Reformation suchte den G. und seine (auf Taufe und Abendmahl reduzierten) Sakramente von außerhalb der Schrift liegenden Lehren zu befreien und so ,das Wort' (Schriftlesung, -auslegung, ,sakramentales Wort') in den liturgischen Mittelpunkt zu stellen, womit in der historischen Realität die Eigenmächtigkeit des Rituals bzw. die hermeneutische Selbständigkeit des ,rituellen Textes' oft faktisch relativiert wurde.

BIBLIOGRAPHIE: W. Blankenburg et al. (Hgg.), Leiturgia, 5 Bde., Kassel 1954–1970. – R. Fleischer, Verständnisbedingungen religiöser Symbole, Mainz 1984. – J.A. Jungmann, Missarum Sollemnia, 2 Bde., Wien [3]1952. – W. Kinzig et al., Tauffragen und Bekenntnis, Berlin 1999. – U. Volp, Die Würde des Menschen, Leiden 2006, 324–352. – H.A.J. Wegmann, Geschichte der Liturgie im Osten und Westen, Regensburg 1979. – U. Wienbruch, „Signum", „significatio" und „illuminatio" bei Augustin, in: A. Zimmermann (Hg.), Der Begriff der Repraesentatio im Mittelalter, Berlin 1971, 76–93.

Ulrich Volp

IV. Systematisch-theologisch

Der christliche G. wird als erinnernde Vergegenwärtigung des Christusereignisses gefeiert. In ihm gelangen die grundlegenden →Texte der biblischen →Überlieferung in je zeitgemäßer Form zu einer deutenden Darstellung. Seit seinen urchristlichen Anfängen konstituiert sich die feiernde Gemeinde im G. performativ als eschatologische Mahlgemeinschaft. Dabei verbinden sich die in den ntl. Mahlberichten codierten Wortlaute und Zeichenhandlungen mit →Lesungen aus dem →AT sowie den schriftlich fixierten Stücken der frühchristlichen Brief- und Erzählliteratur einschließlich deren lehrhafter →Auslegung. In den Gebeten, Doxologien und →Liedern, v.a. aber in der →Predigt werden die religiösen Semantiken in charakteristischer Weise syntaktisch (durch ihre Kontextualisierung im Gottesdienstverlauf) und pragmatisch (durch ihre liturgische Ingebrauchnahme) geweitet. Jede Handlungssequenz ist eingebunden in einen erwartbar kohärenten Verlauf. Inhaltlich ordnen sich Wort- und Mahlteil der Gottesfeier bzw. Rede- und Handlungstexte nach Maßgabe trinitarischer Konventionen. Mit der →Liturgie nehmen kreatorisch-initiale, leiblich-heilsgeschichtliche und dynamisch-kreative Aspekte der christlichen Sinnsicht Gestalt an. Es vollzieht sich ein absichtsvolles semiosisches Geschehen, bei dem sich Bedeutung über die Abfolge institutionalisierter Handlungen einstellt. Der liturgische Zeichenprozess umfasst dabei das ganze Spektrum theatraler →Zeichen: akustische und kinesische Zeichen (z.B. Glocken, Orgelmusik, Bewegungsrichtung), Raum-Zeichen (z.B. Architektur, Prinzipalstücke) und Zeichen der Erscheinung (z.B. Gewänder, Gestik). Diese pluriformen Deutungsgestalten gruppieren sich zu syntagmatischen Sinneinheiten, die untereinander in einem rhythmisch und semantisch geordneten Verweisungszusammenhang stehen. Ihr charakteristisches Zusammenspiel macht das Evangelium real präsent. Die liturgische Dramaturgie impliziert eine lineare Lektürestrategie, die weder beliebig noch unveränderbar ist. Auf der Ebene der Textvorlagen wird sie variiert durch das Verhältnis von Proprium und Ordinarium, und auf der Gestaltungsebene durch das Verhältnis der leiblichen und räumlichen Gegebenheiten. G.e finden überwiegend in dafür vorgehaltenen Kirchenräumen statt, deren historisch gewachsene Topologie die symbolische →Kommunikation verdichtet und modelliert. Der Sonntag ist das Superzeichen liturgischer Präsentation, als traditionelle Gottesdienstzeit konnotiert er das Osterereignis.

BIBLIOGRAPHIE: K.-H. Bieritz, Liturgik, Berlin/New York 2004. – R. Husmann/T. Klie, Gestalteter Glaube, Göttingen 2005. – T. Klie, Zeichen und Spiel, Gütersloh 2003. – M. Meyer-Blanck, Liturgie und Liturgik, Gütersloh 2001. – H.-C. Schmidt-Lauber et al. (Hgg.), Handbuch der Liturgik, Leipzig/Göttingen [3]2003.

Thomas Klie

V. Judaistisch

Zur Erfüllung der Gebote gehört der Vollzug des G.es innerhalb der festgelegten Zeiträume während des Tages.

An Wochentagen ist morgens und abends das durch Gebete gerahmte ,Höre Israel' (Dtn

6,4–9; 11,13–21; Num 15,37–41) und die ʿAmida (Achtzehngebet), am Nachmittag die ʿAmida, an Festtagen und am Sabbat eine, am Versöhnungstag zwei weitere Gebetssegmente mit der ʿAmida zu vollziehen. Das Morgengebet wird durch (leise rezitierte) Psalmen und zusätzliche private Gebete, bzw. Bibel- und Studientexte gerahmt.

Die rabbinische →Liturgie ist nach der Zerstörung des Zweiten Tempels entstanden. In manchen ihrer Elemente wurden aber ältere Bräuche und →Texte bewahrt oder wieder aufgenommen. Es ist nach folgenden vier ihrer Charakteristika zu fragen: nach (1) Herkunft ihrer Sprache und der Motivgruppen, aus denen sie besteht; sowie nach dem Gebet als (2) Verpflichtung für jeden Juden; (3) Ersatz für – oder Repräsentation von – Elemente(n) der Tempelliturgie; (4) Tun einer Gemeinschaft (im Gegensatz zu einem Privatgebet).

(1) Obwohl die Rabbinen Struktur und Grundelemente des Inhalts der wichtigsten Teile der Liturgie mitteilen, sind Texte der Liturgie erst seit dem Mittelalter überliefert. Ihre →Datierung hängt davon ab, wie man rabbinische Vorschriften gewichtet, dass Gebet zu improvisieren ist (mBer 4.4). Die Kernelemente der Liturgie zitieren kaum biblische Texte, bedienen sich aber der →Begriffe und Motive der Bibel. Elemente der Tempelliturgie wurden in die rabbinische Liturgie aufgenommen. Nach Meinung der früheren Rabbinen kann sie in allen →Sprachen vollzogen werden (mSot 7.1 f., tSot 7.7). Mit der Ausbreitung ihrer Bewegung in nachtalmudischer Zeit setzt sich das Hebräische durch.

(2) Das ‚Höre Israel' wird mit Gebetselementen als Teil der priesterlichen Liturgie am Tempel überliefert (mTam 5.1). Eine Verpflichtung aller Juden zur täglichen Rezitation von Gebeten (mBer 4.3) ist eine Innovation der Rabbinen und für die Zeit des Tempels nicht plausibel.

(3) Für die Diaspora ist während der Zeit des Zweiten Tempels die Vorstellung eines Ersatzes der Tempelliturgie durch einen jüdischen Gebetsgottesdienst nicht belegt (→ Lesung). Der Gedanke wird später, v.a. im Talmud Bavli entfaltet (bBer 26b; 44a, vgl. tBer 3,1 ff.; SifDev 41; yBer 4,2 7d; 5,1 8d), obwohl er auf die palästinischen Rabbinen zurückgeht.

(4) Die ʿAmida ist Gebet *des Volkes Israel*, auch wenn sie in Einsamkeit vollzogen wird (vgl. bBer 29b–30a). Ihr Charakter als offizielles Gebet des Volkes Israel kommt bei Anwesenheit von mindestens zehn Männern in der Steigerung der Feierlichkeit des Rituals zum Ausdruck. Die rabbinischen Berichte über die Standmannschaften in den Ortschaften und die beim Opfer im Tempel anwesenden Volksvertreter (mTaan 4) werden darin wieder aufgenommen.

Bibliographie: I. Elbogen, Jewish liturgy, Philadelphia/Jerusalem 1993 (= Der jüdische Gottesdienst in seiner geschichtlichen Entwicklung, Leipzig 1913 mit den Anmerkungen von [3]1931 und zur hebräischen Übersetzung 1972). – A. Gerhards u.a. (Hgg.), Identität durch Gebet, Paderborn u.a. 2003. – S.C. Reif, Judaism and Hebrew prayer, Cambridge 1993. – Ders., Problems with prayers, Berlin/New York 2006. – L. Trepp, Der jüdische Gottesdienst, Stuttgart [2]2004.

Clemens Leonhard

VI. Islamwissenschaftlich

In frühen Korantexten scheint der Ausdruck *ṣalāt*, ‚Gebet' (aram. *ṣlōṯā*) noch den an der mekkanischen Kaʿba vollzogenen Opferkult zu bezeichnen (Q 108:2), dessen Teilnehmer für ihre (kultische oder moralische?) Nachlässigkeit gescholten werden (Q 107:5). Die am Ende mancher frühmekkanischen Suren stehenden Aufrufe zu Gebet oder Gotteslob (vgl. Q 53:62, 56:96, 93:11, 96:19) dürften deshalb in den Kontext des – wohl monotheistisch deutbaren – Kaʿba-Kultus zu setzen sein. Andere mekkanische →Texte sprechen von Andachtsübungen vor Aufgang und Untergang der Sonne sowie nächtlichen Vigilien (Q 50:39 f., 76:25 f., 17:78 f.). Die wohl in mittelmekkanischer Zeit eingeführte *Fātiḥa* (Sure 1), ein in der 1. Person Plural gehaltenes Gemeindegebet, reflektiert ebenso wie der häufig dreiteilige, an jüdisch-christliche Wortgottesdienste erinnernde Aufbau späterer mekkanischer Suren die allmähliche kultische Verselbständigung der koranischen Gemeinde. Vielleicht zur selben Zeit wird – als Ausdruck einer neuen Fernorientierung der Gemeinde auf das Heilige Land als Stätte biblischer Heilsgeschichte – die Gebetsrichtung (*qibla*) nach Jerusalem eingeführt, die in medinensischer Zeit zur mekkanischen Kaʿba verändert wird (Q 2:142–144). Auch weitere gottesdienstliche Regelungen datieren in medinensische Zeit: ein zusätzliches ‚mittleres Gebet' (Q 2:238), wodurch sich vorerst eine der jüdischen Gebetspraxis entsprechende Dreizahl von tagsüber zu leistenden Gebeten ergibt, das Ramaḍān-Fasten zur Erinnerung an den Beginn der koranischen →Offenbarung (Q 2:185–187) und das Gemeinschaftsgebet im Anschluss an den medinensischen Freitagsmarkt (62:9–11).

Das nachkoranische islamische Gebetsritual kennt neben dem fakultativen Bittgebet (*duʿāʾ*) fünf tägliche Pflicht- oder Ritualgebete, für deren Verrichtung ein durch Waschungen herzustellender Zustand kultischer Reinheit erforderlich ist. Alle täglichen Gebete setzen sich aus einer unterschiedlichen Zahl von als *rakʿa* bezeichneten Grundeinheiten zusammen, die aus einer festgelegten Abfolge von Verbeugungen (*rukūʿ*) und Niederwerfungen (*suǧūd*) mit begleitenden Gebetsformeln bestehen. Neben der *Fātiḥa* wird dabei nur ein weiterer kurzer Koranabschnitt rezitiert. Das gemeinschaftliche Mittagsgebet am Freitag unterscheidet sich vom gewöhnlichen Gebetsritus dadurch, dass ihm eine →Predigt vorausgeht, die jedoch nicht auf einer vorhergehenden Schriftlesung aufbaut. Seinen eigentlichen gottesdienstlichen Ort hat der Koran nicht im täglichen Gebetsritual, sondern in den während des Fastenmonats abgehaltenen Nachtandachten: Der Koran ist zu diesem Zweck in dreißig etwa gleich lange Abschnitte (*aǧzāʾ*, sing. *ǧuzʾ*) eingeteilt, von denen in jeder Ramaḍānnacht einer rezitiert wird. Auch bei der Totenwache sind längere Koranlesungen üblich.

Bibliographie: A. de Alverny, La prière selon le Coran, in: Proche-Orient chrétien 10 (1960), 214–26. – C.H. Becker, Islamstudien 1, Hildesheim 1967, 472–500. – S.D. Goitein, Studies in Islamic history and institutions, Leiden 1966, 73–134. – D. Gril, Prière et invocation dans le Coran, in: G. Dorival et al. (Hgg.), Prières méditerranéennes hier et aujourd'hui, Aix-en-Provence 2000, 283–93. – E. Mittwoch, Zur Entstehungsgeschichte des islamischen Gebets und Kultus, Berlin 1913. – G. Monnot, Art. Ṣalāt, in: EI² 8 (1995), 925–933. – A. Neuwirth, Vom Rezitationstext über die Liturgie zum Kanon, in: S. Wild (Hg.), The Qurʾan as Text, Leiden 1996, 67–105. – Dies./K. Neuwirth, Sūrat al-Fātiḥa – „Eröffnung" des Text-Corpus Koran oder „Introitus" der Gebetsliturgie, in: W. Gross et al. (Hgg.), Text, Methode und Grammatik, Sankt Ottilien 1991. – A. Reidegeld, Handbuch Islam, Kandern 2005, 241–521. – A. Schimmel, Das islamische Jahr, München 2001. – E. de Vitray-Meyerovitch, La prière en Islam, Paris 1998.

Nicolai Sinai

Gottesdienstliche Literatur

I. Kirchengeschichtlich

Die methodischen Schwierigkeiten bei der Bearbeitung gottesdienstlicher →Quellen sind groß. Zu unterscheiden sind primäre, im →Gottesdienst tatsächlich oder vermeintlich verwendete Quellen und sekundäre Nachrichten über die kirchliche Gottesdienstpraxis. In der Alten Kirche gehören zur ersten Gruppe: Gebetstexte, Glaubensbekenntnisse, Hymnen, ‚Ritualienbücher' (enthalten in *Didache, Didaskalie, Traditio Apostolica, Apostolische Konstitutionen*), zur zweiten: →Briefliteratur, →Katechesen, Inschriften, Märtyrerakten, Itinerarien und sonstige theologische Abhandlungen. In den wenigsten Fällen lassen sich auf der Grundlage dieser Quellen belastbare Aussagen über tatsächliche liturgische Praktiken treffen, weil es sich zumeist um ‚Programmschriften' im weitesten Sinn handelt, deren Umsetzung nicht überliefert ist. Seit dem frühesten Mittelalter dagegen gibt es erhaltene *Sakramentare* (*S. Veronense, Gelasianum*), Lektionare und schließlich *Missalien, Breviere* sowie *Ordines* und *Pontifikalien*, also tatsächlich in der Praxis verwendete liturgische Sammlungen und Ordnungen, die eine deutlich zuverlässigere Rekonstruktion der jeweiligen Gottesdienstpraxis ermöglichen. Da diese häufig älteres Material aufgenommen haben, wurde immer wieder versucht, auf dieser Grundlage eine antike Gottesdienstpraxis zu rekonstruieren. Die byzantinische Theologie hat neben Sakramentaren bzw. *Euchologien* schon früh liturgische Kommentare produziert, in denen eine allegorische Liturgieerklärung begegnet (Patriarch Germanos, gest. 1350), kannte jedoch außer auswählenden Gebetbüchern kaum ‚zusammenfassende Bücher‘ im Sinne von Missale oder Brevier (Ausnahme: *Anthologion* von 1587). Die europäische Reformation schließlich brachte neue Formen g.r L. hervor, die das *sola-scriptura*-Prinzip in häufig didaktisch orientierter Form in der Muttersprache umzusetzen versuchten (M. Luther, *Taufbüchlein*; H. Zwingli, *Züricher Kirchenordnung*; *Book of Common Prayer*) und bis in die neueste Zeit Verwendung fanden.

Bibliographie: P.F. Bradshaw, The search for the origins of Christian worship, New York 1992. – W. Herbst, Evangelischer Gottesdienst, Göttingen ²1992. – M. Meyer-Blanck, Liturgie und Liturgik, Gütersloh 2001. – L.C. Mohlberg et al., Sacramentarium Veronense, RED.F 1, Rom 1956. – C. Vogel, Medieval liturgy, Washington 1986. Ulrich Volp

II. Judaistisch

Als g. L. sind →Texte zu bezeichnen, die bis ins Hochmittelalter die Diskurse um die Kanonisierung der →Liturgie der Synagoge bezeugen. Nach der Stabilisierung der Liturgie in ihren Ritenfamilien werden (neben den bis zur Reformbewegung nur wenig veränderten liturgischen Texten selbst) religionsgesetzliche und theologische →Kommentare zu einem wichtigen Bestandteil der g.n L.

Vorläufer einer g.n L. finden sich in der rabbinischen Literatur, die Liturgie als im wesentlichen nicht literarisch fixiert betrachtet. Mit dem Ende dieser Epoche entsteht im Judentum Palästinas die synagogale Poesie (Piyyut). Die breite Entwicklung von g.r L. beginnt in der Periode der Geonim (7.–11. Jh.), wobei die schriftliche →Überlieferung weniger wegen der Komplexität des Materials, als vielmehr wegen des Bedürfnisses nach autorisierten Texten einsetzt. Beschreibungen der Liturgie werden in Form von Responsen – Antworten großer Gelehrter der babylonischen (oder palästinischen) Akademien auf Anfragen aus der Diaspora – erstellt; zu nennen sind hier v. a. der Seder des Rav Amram ben Scheschna (9. Jh.), der aufgrund der mehrmaligen Aktualisierung in seiner ursprünglichen Gestalt nicht mehr rekonstruierbar ist, und das analoge Werk von Saadja ben Joseph (Anfang 10. Jh.). Neben der Zusammenstellung aramäischer Übersetzungen der →Tora und ‚Propheten‘ (Targum) entstehen selbständige oder in anderen Werken aufgenommene Regelsammlungen für die Liturgie sowie theologische (mystische, zahlentheoretische) Deutungen, die in die Abfassung von Gebetbüchern der im Detail weiterhin lokal gefärbten jüdischen Synagogenliturgie münden. Von großer Bedeutung ist der aus der Schule des Schlomo Ben Jitzchak (‚Raschi‘, 1040–1105) stammende Machzor Vitry oder bei den jemenitischen Juden die nach Rubriken und liturgischem Text getrennt zusammengestellte Liturgie des Moses ben Maimon (1135–1204). Die Juden Spaniens, die im 9. Jh. noch bei babylonischen Gelehrten um Orientierung nachfragen, entwickeln bald eigenständige Werke zur Liturgie mit dem Kommentar des Abudraham (1340) als bedeutendem Vertreter dieser →Tradition. An den Nahtstellen zwischen den Segmenten der Liturgie sowie an ihrem Beginn und Ende werden in den folgenden Jahrhunderten weitere, zum Teil neugeschaffene Texte in die Liturgie eingegliedert – Texte, die nicht mehr den Grundstock der Gebete entfalten, sondern theologischen oder mystischen Ideen folgen. Die Kommentierung, →Übersetzung und Zitation des Gebetbuchs als autoritativer Quelle zeigen im Hochmittelalter und darüber hinaus, dass jenes zu einer der wichtigsten Texte der jüdischen Tradition geworden ist. Ausgaben versuchen, den Text zu bewahren und zu verbessern. Größere Änderungen bringen die Gebetbücher der Reform im 19. Jh.

Bibliographie: →Gottesdienst – D.R. Blank, It's time to take another look at "our little sister" Sofrim, in: JQR 90 (1999), 1–26. – J.J. Petuchowski, Prayerbook reform in Europe, New York 1968. – A. Raz-Krakotzkin, The censor as a mediator: printing, censorship and the shaping of Hebrew literature, in: S. Wendehorst (Hg.), The Roman inquisition, the index and the Jews, Leiden/Boston 2004, 35–57.

Clemens Leonhard

Grammatik

I. Alttestamentlich

(1) *Historische Perspektive:* Abgesehen von einigen verstreuten Bemerkungen in der Talmudischen Literatur (z. B. zur Bedeutung des *he locale*, bYev 13b), gehen die ersten Bemühun-

gen, die G. des biblischen Hebräisch zu beschreiben, auf das 10. Jh. zurück. Nach arabischem Vorbild versuchten karäische (Ibn Nuh, Abulfaraj) und rabbinische (Sa'adya Gaon) Gelehrte, die Morphologie des biblischen Hebräisch im Detail zu beschreiben und zu erklären. Y. Hayyuj leitete als erster alle hebräischen Verben von dreikonsonantischen Wurzeln her. D. Qimchi (gest. 1235) erarbeitete eine Synthese, die für lange Zeit maßgeblich war. Mit J. Reuchlin (1455–1522) wurde Hebräisch in Europa zu einer akademischen Disziplin. Zu Beginn des 19. Jh.s legten W. Gesenius und H. Ewald den Grundstein für den vergleichend-historischen Ansatz, der in grammatischen Studien bis heute dominiert. Neuere Impulse gehen von der Textlinguistik (R.E. Longacre) und von Studien nicht-tiberianischer Traditionen wie des samaritanischen Hebräisch (Z. Ben-Hayyim) und des Qumran-Hebräisch (E. Qimron) aus.

(2) *Bereiche der G.:* G. umfasst alle Ebenen der →Sprache, von Phonetik und Morphologie bis zu →Syntax und →Diskursanalyse. Da Sprache ein System ist, in dem alle diese Ebenen interagieren, darf keine vernachlässigt werden. Unter hermeneutischer Perspektive haben die höheren Ebenen eine größere Relevanz als die niedereren, da ihnen eine wichtigere Rolle in der Textinterpretation zukommt. Das Problem, dem in der hebräischen G. am meisten Aufmerksamkeit geschenkt wird, ist die Struktur des Verbsystems. Die meisten Sprachwissenschaftler sind sich einig, dass Verbformen eine exakte Bedeutung haben, die sich durch Tempus, Modus und Aspekt bestimmen lässt. Aber die jeder Form inhärenten Bedeutungsnuancen werden noch immer kontrovers diskutiert. In den letzten Jahren trat die Frage der Wortstellung im →Satz in den Vordergrund. Die Grundstellung ist (X)-Verb-Subjekt-Objekt(e), wobei X durch ein themenspezifisches oder fokalisiertes, oft kontrastierendes Element repräsentiert werden kann; bestimmte Partikeln können dem Gesamtsatz voranstehen. Abweichungen von dieser grundlegenden Wortstellung tragen meist pragmatische Implikationen.

(3) *G. und Interpretation:* Die durch die Sprache vermittelte Bedeutung wurde traditionell aus der Interaktion von G. und Lexikon hergeleitet. Diese Auffassung wurde durch das Aufkommen der →Pragmatik modifiziert: Ein Großteil der Textbedeutung entspringt der Sprechsituation; dies gilt für geschriebene wie für gesprochene Sprache. Eine genaue Analyse der G. kann Anweisungen für das Textverständnis geben oder eine bestimmte →Interpretation unwahrscheinlich machen. Aber sie kann nie – auch nicht in Verbindung mit der Analyse des Vokabulars – zu einer vollständigen Interpretation führen. In bestimmten Fällen können pragmatische Faktoren die G. außer Kraft setzen und eine grammatikalisch ausgeschlossene Bedeutung nahe legen (z. B. im ‚prophetischen Perfekt' in 2 Chr 20,37, wo die Verbform anzuzeigen scheint, dass der Vorgang in der Vergangenheit liegt, während die Kenntnis der realen Welt erweist, dass es sich um Zukünftiges handelt).

BIBLIOGRAPHIE: W. Chomsky, How the study of Hebrew grammar began and developed, in: JQR 35 (1945), 281–301. – W. Groß, Die Satzteilfolge im Verbalsatz alttestamentlicher Prosa, Tübingen 1996. – P. Joüon/T. Muraoka, A grammar of biblical Hebrew, 2 Bde., Rom 1996. – A. Wagner, Sprechakte und Sprechaktanalyse im Alten Testament, Berlin/New York 1997. – E. van Wolde (Hg.), Narrative syntax and the Hebrew Bible, Leiden 1997.

Jan Joosten

II. Systematisch-theologisch

G. ist kein Standardbegriff der Dogmatik, was auch daran liegt, dass sie in der mittelalterlichen Universität unter die *artes liberales* und damit ins Vorfeld der Theologie gehörte. Wo der Begriff theologisch eingesetzt wird, zeigt er jedoch charakteristisch differierende Selbstverständnisse, die die allgemeine Begriffsverwendung zwischen Universalgrammatik auf der einen und der G. einer konkret existierenden Sprache auf der anderen Seite spiegeln.

So versteht M. Luther in verstreuten Bemerkungen die Theologie als G. der →Auslegung der →Heiligen Schrift und mutet ihr dabei zu, die gewöhnliche G. umzukehren: Das vermeintliche Redesubjekt erfährt sich als schöpferisch gewirktes, das vermeintliche

Objektnomen ‚Gott' ist als Handelnder, also in der Logik eines Verbums zu erfassen (WA 39/II,104; 48,203).

J.H. Newman verwendet den Begriff in seinem *Essay in aid of a grammar of assent:* G. steht hier für regelgeleitetes Verhalten bei der Gewinnung von Überzeugungen und Einstellungen überhaupt. Newman möchte zeigen, dass Religion sich nicht auf die Annahme von Satzwahrheiten beschränkt und dass die Inhalte und Überzeugungen des katholischen Glaubens weitgehend plausibilisiert werden können. Auch wenn er keine Universalgrammatik propagiert, liegt der Ton doch auf der allgemeinen Plausibilität der theologischen G.

Die Sprachphilosophie des 20. Jh.s sucht zunächst eine Idealgrammatik der streng abbildenden Sprache als allein wahrheitsfähig zu entwerfen. In ihr sind, wenn überhaupt, nur Aussagen negativer Theologie möglich (L. Wittgenstein, 84 f.). Das ändert sich mit dem Grammatikbegriff in L. Wittgensteins Spätwerk, der theologisch viel rezipiert wird: „Welche Art von Gegenstand etwas ist, sagt die Grammatik (Theologie als Grammatik)" (L. Wittgenstein, 398). →Sätze belehren zunächst über den Gebrauch von →Wörtern, nicht jedoch sofort über das Wesen oder das Inventar der Welt. Der Blick auf die G. klärt also, *wie* für die Teilnehmer einer Sprache die Welt aussieht und wie in ihr zu handeln ist. Dieser Grundgedanke wird von Theologen aufgenommen, die das Leben der Gläubigen bzw. der Kirche als eine solche Sprache verstehen und Theologie als G. die Struktur und die Wirklichkeitsannahmen dieser Sprache beschreiben und korrigieren lassen (A. Farrer, I.U. Dalferth, G. Lindbeck, D. Ritschl u. a.). Bei z. T. großen Unterschieden ist diesen Ansätzen gemeinsam, dass sie den Gedanken einer Universalgrammatik ablehnen und deshalb unterschiedliche Strategien des Eintretens für die von der Theologie als G. beschriebene Sprache vorschlagen.

Bibliographie: I.U. Dalferth, Jenseits von Mythos und Logos, Freiburg u.a. 1993. – G. Lindbeck, Christliche Lehre als Grammatik des Glaubens, Gütersloh 1994. – J. v. Lüpke, Theologie als „Grammatik zur Sprache der heiligen Schrift", in: NZSTh 34 (1992), 228–250. – J.H. Newman, An essay in aid of a grammar of assent, London 1870 [*dt.* 1921 und 1962]. – D. Ritschl, Zur Logik der Theologie, München 1984. – L. Wittgenstein, Werkausgabe, Bd. 1, Frankfurt a.M. 1984.

Martin Hailer

III. Judaistisch

Der Fachausdruck für die hebräische G. als Wissenschaft ist *diqduq.* Schon vor Aufkommen der Wissenschaft kommt das →Wort in hebräischen →Quellen in verschiedenen → Bedeutungen vor. Die Verbalform *diqdeq* bezieht man in der rabbinischen Literatur auf die korrekte Aussprache (mBer 2,3) und die Erforschung des Inhalts der →heiligen Schrift (bBQ 38a), das Substantiv *diqduq* auf die aus dem Bibeltext abgeleiteten Details (bSuk 28a, bMeg 19a). Der Aharon Ben Ascher (10. Jh.) zugeschriebene wichtige masoretische Traktat *Sefer Diqduqe ha-te'amim*, der den Übergang von der Masora zur G. belegt, verwendet es im →Titel. Die ersten karäischen Grammatiker bezeichnen damit die Erforschung der grammatikalischen Details zur Festlegung des korrekten →Schriftsinns.

Meist führt man das Aufkommen und die Entwicklung der hebräischen G. auf die Berührung mit der arabischen G. und deren Einfluss zurück. Dagegen sieht A. Dotan den unabhängigen Ursprung der hebräischen G. innerhalb des Judentums in der biblischen Masora (ca. 6.–10. Jh.). In den masoretischen Notizen und Listen finden sich die ersten sprachlichen Beobachtungen zu Schreibweise, Phonetik (korrekte Aussprache der Wörter, *dagesh*, *rafe*, *mapiq*), Morphologie (Vokalisierung, Präpositionen vor bestimmten Verbalformen und -wurzeln, Genus und Zahl), → Syntax (Reihenfolge der Wörter, trennende und verbindende Akzente) und →Semantik (Hapax, verschiedene Bedeutungen desselben Wortes) usw. Auch wenn sich die Masora, anders als die G., auf Besonderheiten der Sprache konzentrierte, setzte das die Kenntnis der allgemeinen Formen und gewisser grammatikalischer Regeln voraus.

Ab dem 10. Jh. trennte sich die G. von der Masora und wurde eine unabhängige Wissenschaft. Saadia Gaon übernahm von der arabischen G. →Methoden und Systematik und auch die →Sprache für sein grammatikalisches Werk. Von da an bis in das 12. Jh.

erreichte die hebräische G. ihren größten Ruhm durch spanische Grammatiker wie Menachem b. Saruq, der als erster Hebräisch für grammatikalische Arbeiten verwendete, Dunasch ben Labrat, Hayyuj, Ibn Janach, Abraham ibn Ezra u. a.

Die Karäer widmeten sich dem Studium der hebräischen G. v. a. im 10. und 11. Jh. in zwei unterschiedlichen Phasen. Die erste (Hauptvertreter: Yûsûf ibn Nûh) bemühte sich um die Morphologie und ihre Beziehung zur Wortbedeutung v. a. in problematischen und schwierigen Fällen und stand der Arbeit der Masoreten näher. Die zweite Phase wird durch Abû l-Faraj Hârûn ibn Faraj vertreten und hält sich an die Interessen der arabischen Grammatiker der Zeit.

Bibliographie: A. Dotan, The awakening of word lore: from the Masora to the beginnings of Hebrew lexicography (hebr.), Tel Aviv 2005. – G. Khan (Hg.), Exegesis and grammar in medieval Karaite texts, Oxford 2001. – A. Sáenz Badillos, Hebrew philology in Sepharad: the state of the question, in: N. de Lange (Hg.), Hebrew scholarship and the medieval world, Cambridge u. a. 2001, 38–59.

Elvira Martín Contreras

IV. Altphilologisch

G. (griech. γραμματικὴ τέχνη, ‚sprachwissenschaftliche Kunst‘) ist die systematische Lehre von der Sprachbetrachtung. Die Stoa begründete die G. als eine Sprachlehre um ihrer selbst willen. Im Vordergrund standen philosophische Fragen. Die Stoiker bemühten sich, den Ursprung der →Sprache zu ergründen. Sie sahen die Sprache als ein natürliches System, in dem die Bezeichnungen in sinnvoller Beziehung zu dem Wesen des bezeichneten Objekts stehen. Mit diesen Beziehungen beschäftigt sich die Etymologie. Alexandrinische Gelehrte befreiten die G. von ihrem philosophischen Charakter und konzentrierten sich auf die philologische Beschäftigung mit (überwiegend poetischen) Werken: Herstellung eines lesbaren, fehlerfreien →Textes, sprachliche und sachliche →Erklärung, ästhetische Beurteilung und Dichterinterpretation (→Methode). Das älteste erhaltene Handbuch der G., verfasst von dem alexandrinischen Gelehrten Dionysios Thrax (2. Jh. v. Chr.), behandelte Buchstaben, Silben und Redeteile (Nomen, Verb usw., →Wort). Die → Syntax fehlt in den meisten antiken Lehrbüchern.

Die stoische und die alexandrinische Schule konkurrierten in der Erforschung der den Sprachaufbau dominierenden Prinzipien. Gegenstand der Diskussion war die Frage, ob die Sprache spontan und auf natürliche Weise (φύσει) oder durch Konvention und Vereinbarung (θέσει) entstanden sei. Diese Debatte war mit der Kontroverse verbunden, ob Sprache dem Sprachgebrauch (Anomalie, Stoiker) oder einem Regelwerk (Analogie, Alexandriner) folge.

Die Rivalität zwischen stoischer und alexandrinischer G. setzte sich in Rom fort. Um 168 v. Chr. führte der Stoiker Krates von Mallos die G. in Rom ein (Suet. *gramm.* 2). Der anfängliche stoische Einfluss ging allmählich zugunsten der alexandrinischen Schule zurück. In der Spätantike zeigt sich der stoische Ursprung der G. nur noch in der Gliederung grammatischer Lehrbücher: (1) Definition der G. und Lautlehre, (2) Formenlehre, (3) Sprachrichtigkeit und sprachliche Figuren. Die ersten beiden Abschnitte stehen in der alexandrinischen Tradition, der dritte Teil folgt der stoischen Lehre.

In den lateinischen Grammatiktraktaten können drei Typen unterschieden werden: (1) Elementargrammatik, d. h. Schulgrammatik für den Anfangsunterricht (Donats *Ars minor*, Mitte 4. Jh. n. Chr.); (2) Elementargrammatik mit erklärenden Zusätzen, d. h. Schüler- und Lehrergrammatik für den gesamten Grammatikunterricht (Charisius, 4. Jh. n. Chr.; Donats *Ars maior*); (3) ‚wissenschaftliche‘ G., auf Varros *De lingua Latina* (116–27 v. Chr.) basierend (Q. Remmius Palaemon, 1. Jh. n. Chr.; Priscian, 5./6. Jh. n. Chr.). Die G. wurde auch im Rahmen der Sieben Freien Künste behandelt, wie das dritte Buch von Martianus Capellas Enzyklopädie *De nuptiis Philologiae et Mercurii* beweist (Ende 5. Jh. n. Chr.).

Bibliographie: M. Broggiato (Hg.), Cratete di Mallo: I frammenti, La Spezia 2001. – M. Glück, Art. Grammatik, in: LAW (1965), 1129–1133. – J. Latacz, Die Entwicklung der griechischen und lateinischen Schulgrammatik, in: J. Gruber/F. Maier (Hgg.), Handbuch der Fachdidaktik, München

1979, 193–221. – R.T. Schmidt, Die Grammatik der Stoiker, Braunschweig 1979. Sabine Grebe

V. Textlinguistik

Der Terminus G. (griech. γραμματικός, ‚die Buchstaben betreffend') umfasste in der Antike „sowohl die Interpretation von Texten [...] als auch das Inventar von Kenntnissen, das zur Ausübung dieser Kunst nötig war" (W. Köller, 19), also das, was wir heute als Philologie bezeichnen. Im Mittelalter war die G. eine der drei Künste des Triviums, die neben der →Rhetorik und der Dialektik zum Bildungskanon der *septem artes liberales* gehörte. In der modernen Sprachwissenschaft versteht man unter G. entweder (1) das Wissen des Sprechers um die Regularitäten seiner → Sprache (das Grammatikwissen), (2) die theoretische Beschreibung der Regularitäten (die Grammatiktheorie), (3) die Regularitäten selbst (das grammatische System) oder (4) das Lehrwerk, in dem die Regularitäten aufgeschrieben sind (das Grammatikbuch). In allen vier Lesarten ist das Pendant zur G. das Lexikon. Es ist – metaphorisch gesprochen – der Datenspeicher, die G. stellt das Programm zur Verknüpfung der Daten dar. Dabei bilden nach traditioneller Lehrmeinung die Formenlehre (Morphologie) und die Satzlehre (→ Syntax) das Kernstück der G. (enger Grammatikbegriff). Daneben gibt es aber auch die Auffassung, dass die Regularitäten der Lautstruktur und die sprachlichen Mittel, die den Zusammenhang von →Texten begründen, ebenfalls zum Gegenstand der G. gehören, denn auch diese beziehen sich auf die Regularitäten einer Sprache (weiter Grammatikbegriff). So beschränkt sich die Dudengrammatik nicht auf die Beschreibung der Wort- und Satzstrukturen des Deutschen, sondern enthält auch ein Kapitel zum Laut und zur Lautstruktur, zum Buchstaben und zur Schriftstruktur, zur Intonation, zum Text und zu den Eigenschaften gesprochener Sprache.

Grundsätzlich stehen sich in der G. deskriptive und explanative Ansätze gegenüber. Deskriptive Ansätze setzen sich zum Ziel, die Regularitäten, die den verschiedenen Komplexitätsebenen von Sprache zugrunde liegen, herauszuarbeiten und zu beschreiben. Dies geschieht in der Regel auf der Basis von Korpusanalysen, d.h. auf der Basis von Sprachdaten. Explanative Ansätze gehen deduktiv vor, als Ausgangspunkt dienen Hypothesen über sprachliche Strukturen, die am Datenmaterial auf ihre Plausibilität hin überprüft werden. Ihr Ziel ist, diese Hypothesen so allgemein zu formulieren, dass sie möglichst viele Regularitäten erfassen und im besten Falle die Regularitäten einer Einzelsprache aus allgemeinen Prinzipien herleiten können. Eine prominente Theorie, die dieser Auffassung verpflichtet ist, ist die Generative G. Neben diesen Ansätzen gibt es auch Arbeiten, die eher präskriptiv ausgerichtet sind, wo sich also Aussagen zum korrekten Gebrauch der grammatischen Formen finden (z.B.: „Verwende im Komparativ die Form *als*, nicht *wie!*"). P. Eisenberg aber betont, dass im Prinzip jede deskriptive G. auf diese Weise präskriptiv verwendet werden kann, unter Umständen sogar ganz entgegen der Intention ihres Verfassers.

BIBLIOGRAPHIE: Duden, Bd. 4: Die Grammatik, Mannheim u.a. ^{7}2005. – P. Eisenberg, Grundriss der deutschen Grammatik, 2 Bde., Stuttgart/Weimar ^{3}2006. – E. Hentschel/H. Weydt, Handbuch der deutschen Grammatik, Berlin/New York ^{3}2006. – W. Köller, Philosophie der Grammatik, Stuttgart 1988. – H. Weinrich (unter Mitarbeit v. M. Thurmair), Textgrammatik der deutschen Sprache, Mannheim u.a. ^{3}2005. Christa Dürscheid

Große Erzählung →Postmoderne

H

Haggada →Erzählende Literatur

Halacha →Rechtsliteratur IV

Hebraica veritas

I. Alttestamentlich

Die hebräisch- und griechisch-jüdischen Traditionen der Bibelüberlieferung kristallisierten sich in sehr unterschiedlichen Buchformen und manifestierten unterschiedliche religiöse Überzeugungen. Die Thematik, für die der Begriff ‚H. v.' Chiffre ist, ist für die theologische Verwendung des →AT von erheblichem Gewicht. Auch wenn man Hieronymus nicht darin zustimmt, dass der hebräische →Text der ‚wahre' Text der →Offenbarung des AT sei, ist damit doch die Frage nach dem legitimen Text des AT gestellt. Ihre Beantwortung ist sowohl für die Bestimmung des auszulegenden *Textes* als auch für die *Gestalt* des christlichen AT ausschlaggebend. Dabei ist irrelevant, ob Sorge um die Übersetzungsqualität und die vielformige →Überlieferung der →Septuaginta oder um den in ihr vorhandenen Überschuss an damals nicht vollständig hebräisch vorliegenden →‚Apokryphen' Anlass zur Bevorzugung der hebräischen Bibel ist. Umfang sowie Struktur des →Kanons sind *de facto* zum theologischen Problem geworden.

Besonders das gleichermaßen von der H. v. und dem Aufbau der Septuaginta geprägte protestantische →Schriftprinzip lebt aus zwei →Traditionen, nach denen etwa Prophetie einerseits als Gottes Begleitung der Gegenwart seines Volkes im Lichte der →Geschichte gesehen ist, andererseits aber als Vorhersage der Zukunft aufgefasst wird. Daher heißen einerseits die ‚geschichtlichen' und ‚prophetischen'→Bücher gemeinsam ‚Die Propheten', andererseits gehören die prophetischen und apokalyptischen Bücher als Weissagungen *nach* den historischen Büchern zusammen. Weil literarische Form und Inhalt untrennbar verbunden sind, hat diese Struktur auch mit Inhalt und →Sinn der hebräischen →Bibel zu tun. Logischerweise wäre zu erwarten, dass sie auch zum Wesen jedes Konzepts von H. v. gehören würde. Das war jedoch nie der Fall.

Obwohl die Idee der H. v. sich ausdrücklich auf die rabbinisch-jüdische Überlieferung berief und obwohl Hieronymus den ‚Apokryphen' im Geiste des →Tanach reserviert gegenüber stand und die ihm folgende protestantische Tradition die ‚Apokryphen' tatsächlich ausklammerte, hat die rabbinisch-jüdische Sicht der hebräischen →Wahrheit sie nicht beeinflusst. Die protestantische Wiedergabe des ‚wahren' hebräischen Textes, verbunden mit der nicht-‚wahren' hebräischen Form des AT, ist nur dann keine Hybride, wenn er Zugang zum Reichtum seiner beiden Herkunftsstränge wird.

BIBLIOGRAPHIE: K. Haacker/H. Hempelmann, Hebraica Veritas, Wuppertal/Zürich 1989. – M. Hengel/A.M. Schwemer (Hgg.), Die Septuaginta zwischen Judentum und Christentum, Tübingen 1994. – M. Müller, Graeca sive hebraica veritas?, in: SJOT 1 (1989), 103–124. – S. Rebenich, Jerome: The "Vir Trilinguis" and the "Hebraica Veritas", in: VigChr 47 (1993), 50–77.

James Alfred Loader

II. Kirchengeschichtlich

Nach dem von Hieronymus stammenden Begriff H. v., ‚die hebräische Wahrheit', liegt die →Wahrheit nur im hebräischen →Text (→Tanach) der rabbinischen Bibelüberlieferung vor, weil sich – gegenüber der im 4. Jh. n. Chr. recht mannigfaltigen griechischen →Überlieferung der →Septuaginta und erst recht der sehr unterschiedlichen Vetus Latina – die ntl. Schriftsteller nur auf den Tanach bezogen hätten. ‚Wahrheit' bezieht sich auf die hebräisch von Gott an Mose und die Propheten offenbarte Wahrheit in ihrer sprachlichen Form, die damit die ausschließliche Norm für die Wahrheit der kirchlichen Lehre sei, während die griechische Überlieferung zwar gelesen, nicht aber für die Begründung der christlichen Lehre verwendet werden dürfe.

Hieronymus prägte im Zusammenhang seiner Verteidigung der von ca. 392–406 erstellten →Übersetzung des →AT den Begriff H. v. (91 mal begegnet die Wendung; häufig: *iuxta hebraicam veritatem*). Die neue Übersetzung des Hieronymus und die sie begleitenden →Kommentare stellen nach Origenes und auf ihn, besonders sein hexaplarisches Werk, aufbauend, einen Höhepunkt spätantiker Bibelexegese v.a. in philologischer Hinsicht dar. Sie waren aber bei den Zeitgenossen nicht unumstritten. Auch die Gegner des Hieronymus im Osten, in Rom und in Afrika argumentieren zu einzelnen Stellen mit jüdischen Gutachtern gegen die neue Übersetzung zugunsten ihrer Vetus Latina-Versionen. Textphilologisch setzt das Verfahren des Hieronymus einen neuen Standard für die Bibelphilologie, bei dem seine eigenen Hebräischkenntnisse, wiewohl in der Forschung nicht unumstritten, so doch zumindest im elementaren Bereich nicht zu leugnen sind. Hieronymus wendet sich mit großem persönlichen und auch finanziellem Einsatz für hebräische Sprachlehrer und Gelehrte gegen eine immer stärker als heiliger Text aufgefasste Septuaginta (in den orthodoxen Kirchen bis heute beibehalten) und betrachtet den hebräischen ‚Urtext' als maßgebend für seine lateinische Übersetzung.

Der Begriff der H. v. spielt in diesem polemischen Zusammenhang bei Hieronymus eine Rolle und betrifft eine philologische → Methode der Quellenbenutzung für die Erstellung einer einheitlichen lateinischen → Bibel, die den theologischen, liturgischen und literarischen Ansprüchen seiner Zeit genügt. Diese Aufgabe übernahm der Kirchenvater als Auftrag von Papst Damasus und realisierte sie mit der großzügigen Hilfe seines stadtrömischen Freundeskreises in Bethlehem.

Zu einer Hypostasierung des Begriffes H. v. kam es im lateinischen Sprach- und Liturgiebereich erst im Laufe des Mittelalters, als in frühhumanistischen Kreisen die Kabala und mit ihr eine heilige und mysterienreiche alte Sprache entdeckt bzw. geschaffen wurden (Raimundus Llullus, Pico della Mirandola, Marsilius Ficinus, bes. Aegidius von Viterbo, der die hebräische Sprache für die einzige heilige Sprache hielt). Die hebräische Sprache hat ihre besondere Schätzung als Ursprache und →Sprache des Paradieses bis in die Kreise der englischen und deutschen Separatisten des 17. Jh.s bewahrt. J.G. Herder fand im Gefolge dieser Interpretation die ‚älteste Urkunde des Menschengeschlechts' (1774/1776) in der hebräischen Genesis.

Um 1500 verband sich mit einer erweiterten Kenntnis der hebräischen Sprache (J. Reuchlin) der →Kontext einer gesteigerten Hieronymusverehrung des Spätmittelalters, die Frömmigkeit und Kunst (A. Dürer) prägte und in einem humanistisch bestimmten Zusammenhang mit dem Ideal des *vir trilinguis* stand, so dass z.B. M. Luthers kleiner Katechismus ab 1570 in verschienen Ausgaben dreisprachig (hebräisch, griechisch und lateinisch) erschien.

Die Reformation und hier v.a. die reformierten Theologen und Universitäten intensivierten dann das Aufleben und die Hochschätzung der v.a. bibelorientierten Hebräischstudien aus theologischen Gründen, die in einer Wechselwirkung mit den zeitgenössischen humanistischen Anliegen standen und so für die Universitätsreformen des 16. Jh.s und besonders für die theologischen Studienprogramme wichtig wurden. Dazu kommt, dass die Methode des *‚ad fontes'* dem lateinischen Rom gegenüber Argumente lieferte und auf Zustimmung des zeitgenössischen Publikums zählen konnte.

Bibliographie: M. Hengel/R. Deines, The Septuagint as Christian Scripture, Edinburgh 2002. – C. Markschies, Hieronymus und die „Hebraica Veritas", in: M. Hengel/A.M. Schwemer (Hgg.), Die Septuaginta zwischen Judentum und Christentum, Tübingen 1994, 131–181. – S. Rebenich, Jerome:

The “Vir Trilinguis” and the “Hebraica Veritas”, in: VigChr 47 (1993), 50–77. Wolfgang Wischmeyer

III. Systematisch-theologisch

Systematisch-theologisch wirft der von Hieronymus geprägte und von den Reformatoren aufgegriffene Begriff der H. v. nicht nur die Frage nach Umfang, Aufbau und Wortlaut des →AT, sondern auch nach der →Bedeutung der hebräischen →Sprache für das theologische Denken und seine Begriffsbildung auf. B. Pascals Gegenüberstellung vom Gott der Philosophen und dem Gott Abrahams, Isaaks und Jakobs wird von einer theologisch motivierten Metaphysikkritik aufgegriffen, die u.a. auf F. Nietzsches Christentumskritik und seine Rede vom Tode Gottes reagiert. Dies führt zu der weiterreichenden These vom Gegensatz zwischen griechischem und hebräischem Denken (T. Bomann). Als dessen hervorstechendes Merkmal gilt sein Verständnis von →Geschichte bzw. von →‚Geschichtlichkeit‘ (wobei dieser Begriff allerdings auf M. Heidegger und keineswegs unmittelbar auf das AT oder das →NT zurückgeht). Entsprechend wird auch ein Gegensatz zwischen (alt)griechischem und altisraelitischem Wahrheitsverständnis behauptet (z.B. von W. Pannenberg). Die Abkehr vom griechisch-metaphysischen Erbe des Christentums kann sich im →Kontext des christlich-jüdischen Dialogs zur Forderung nach Heimholung der christlichen Theologie ins Judentum steigern, die durch das Konzept von Dogmatik als ‚evangelischer Halacha‘ eingelöst werden soll (F.-W. Marquardt), das freilich ideologische Züge trägt und zu gewaltsamen Lesarten atl. wie ntl. Texte führt. Die Antijudaismus-Debatte der letzten Jahrzehnte hat zu dem inzwischen verbreiteten Sprachgebrauch geführt, den ersten Teil des christlichen →Kanons nicht länger als AT, sondern als Hebräische Bibel zu bezeichnen. Eine solche Sprachregelung kann als Radikalisierung der H. v. des Hieronymus verstanden werden, da sie den Septuaginta-Kanon, den die orthodoxe Kirche zugrundelegt, unberücksichtigt lässt. Sie verrät aber ein mangelhaftes Problembewusstsein im Umgang mit der komplexen Kanonsgeschichte einschließlich der historischen Stellung der →Septuaginta im spätantiken Judentum wie im frühen Christentum.

BIBLIOGRAPHIE: T. Boman, Das hebräische Denken im Vergleich mit dem griechischen, Göttingen [6]1977 [*engl.* 2002]. – F.-W. Marquardt, Von Elend und Heimsuchung der Theologie, München 1988. – W. Pannenberg, Wahrheit, Gewißheit und Glaube, in: Ders., Grundfragen Systematischer Theologie, Göttingen 1980, 226–264. Ulrich H.J. Körtner

IV. Judaistisch

Die jüdische →Tradition kennt den Begriff einer H. v. nicht; das damit Gemeinte ist zu selbstverständlich, als dass es eigens formuliert werden müsste. Schon in der Zeit des Zweiten Tempels gilt Hebräisch als Ursprache, als →Sprache der Schöpfung und der →Offenbarung. Der Aristeasbrief betont daher, dass keine →Übersetzung die Wirkmächtigkeit (δύναμις) des Hebräischen haben kann; die 72 Übersetzer kommen durch Vergleich ihrer Fassungen zu einer gemeinsamen Version; zeichenhaft daran ist nur, dass sie ihr Werk in 72 Tagen vollenden. Für spätere jüdische Tradition ist dagegen eine gültige Übersetzung nur durch ein Wunder möglich, eine neue Offenbarung, wie Philo betont (Übersetzer als inspirierter ἱεροφάντης) und auch Josephus die Erzählung des Aristeasbriefes wunderbar überhöht. Die Rabbinen akzeptieren zwar Griechisch als einzige denkbare Sprache einer adäquaten Wiedergabe der →Tora, betonen aber zugleich ihre wesentliche Unübersetzbarkeit. Allein am hebräischen →Text lässt sich rabbinische →Hermeneutik voll anwenden. Das gilt nicht nur für Klang und Wortlaut, sondern auch für das Schriftbild; Esra habe die ursprüngliche →Schrift der Tora (die Quadratschrift) wieder eingeführt, die Tora damit gleichsam neu proklamiert und seit Davids Zeit erstmals wieder zugänglich gemacht (die Samaritaner mit ihrer althebräischen Schrift können dagegen die Tora nicht verstehen). In der Praxis bedeutet das bis heute, dass im →Gottesdienst die Tora nur von einer Schriftrolle in Quadratschrift vorgetragen werden darf, eine Übersetzung nur zusätzlich folgen kann; auch für Übersetzungen verwendete man lange – von Saadja bis Mendelssohn – die hebräische Schrift. H. v. umfasst aus jüdischer

Sicht eben nicht nur Umfang und Inhalt der Offenbarung, sondern auch den Klang der hebräischen Sprache und ihr Schriftbild, das wesentlicher Bestand der schriftlichen Tora ist.

BIBLIOGRAPHIE: A. Lehnardt, Bibliographie zu den Jüdischen Schriften aus hellenistisch-römischer Zeit, JSHRZ VI/2 Supp., Gütersloh 1999, 173–180. – G. Stemberger, Hebräisch als ideale Sprache, in: F. Uhl/A. Boelderl (Hgg.), Die Sprachen der Religion, Berlin 2003, 113–129. – G. Veltri, Eine Tora für den König Talmai, Tübingen 1994.

Günter Stemberger

Heilige Schrift(en)

I. Alttestamentlich

Religiöse Erfahrungen, zumal des Volkes (Ex 12,14.26 f.; Ps 78,3 ff.; Jer 5,19 u. a.), aber auch des Einzelnen (wie Ps 22,23) sind auf Weitergabe aus. Spätere Generationen – oder gar allgemein der ‚Mensch' (Dtn 8,3; Ps 8,5; 32,1 f.) – sollen entsprechende Erfahrungen machen können. Im ‚Gedenken' (*zkr*) wird die Einmaligkeit grundlegender vergangener Ereignisse und zugleich ihre bleibende Bedeutung für die je neue Gegenwart bewahrt. Der Exilsprophet (Jes 40,28 u. a.) greift auf ein Basiswissen zurück: „Weißt du nicht, hast du nicht gehört?" Diese Intention wird durch die schriftliche Weitergabe erheblich gefördert; Erzählungen oder, zumal in den Psalmen, Klagen und Bitten mit der Anrede werden auf Dauer festgehalten, in anderer Situation nachsprechbar gemacht.

Die Niederschrift auch der Prophetenworte erfolgt ‚auf Zukunft' (Jes 30,15; vgl. 8,1.16; Hab 2,2 f). Im Ausnahmefall kann die Verkündigung schriftlich erfolgen (Jer 29,5–7). Die Jeremia in den ‚Mund gelegte' (1,9; 5,14; vgl. 15,20; Ez 3,1–4) Botschaft wird nach Diktat Schrift, um wieder vorgelesen (Jer 36,6.8.15) und so mündlich zu werden. Die Rolle kann angereichert, ‚fortgeschrieben' werden: ‚noch viele ähnliche Worte wurden hinzugefügt' (36,32). Darum wird die sog. *Kanonformel* ‚nichts hinzufügen, nichts wegtun' (Dtn 4,2; 13,1; verschärft: Offb 22,18 f.) von der jüngeren Redaktion (Jer 26,2) nur halb zitiert: ‚nichts wegnehmen'. Hos wird durch eine rückblickende Frage ausgeleitet, welche die Schwierigkeit der Auslegung andeutet und zugleich zu ihr aufruft (Hos 14,10; vgl. Jes 29,24; Ps 107,43; Koh 8,1; Jer 9,11). In späten Worten, die schon ein Propheten*buch* voraussetzen, heißt es: ‚Lies!' (Jes 29,12; vgl. 34,16).

Wie das AT deutende Überschriften kennt (Gen 1,1; 22,1 u. a.; am Ende: Koh 12,9 ff.), so können Texte als Anregung zum Lesen voranstehen (wie Ps 1 als Prolog des Psalters; auch Spr 1,1–7 u. a.). Zwei nachträglich ergänzte Worte verbinden Tora und Prophetie (Dtn 34,10–12; Mal 3,22.23 f.).

Beide Gesetzestafeln (Ex 24,12; 32,15 f.; 34,1.4.28 f.; Dtn 5,22) gelten als Gottes Schrift. Das Halten der Gebote, auch in einem Buch (Ex 24,4.7; vgl. Dtn 17,18 f.), erscheint als Verpflichtung. Das Wort ist ‚nahe', kann Leben oder Tod bringen (Dtn 30,11–15; überboten von der Erwartung der Unmittelbarkeit Jer 31,31 ff.).

Dabei hat die Schrift gewordene Überlieferung nicht nur stabilisierende, Identität stiftende oder wahrende (und als Folge abgrenzende) Bedeutung, sondern enthält auch erhebliche selbst-kritische Elemente (so im Bild vom Schreiben Jer 17,1). Der Name ‚h. S.en' begegnet im AT selbst noch nicht.

BIBLIOGRAPHIE: H. Donner, „Forscht in der Schrift Jahwes und lest!", in: Ders., Aufsätze zum Alten Testament, Berlin/New York 1994, 199–212. – Ders., „Wie geschrieben steht": ebd., 224–238. – R.G. Kratz, Art. Schrift, Heilige I., in: TRE 30 (1999), 402–407. – W.H. Schmidt, Das Buch Jeremia, Göttingen 2008, 28 ff. – T. Willi, Kakkatuv, in: G. Sellin/F. Vouga (Hgg.), Logos und Buchstabe, Tübingen 1997, 43–61. – I. Willi-Plein, Spuren der Unterscheidung von mündlichem und schriftlichem Wort im Alten Testament, in: Dies., Sprache als Schlüssel, Neukirchen-Vluyn 2002, 116–129.

Werner H. Schmidt

II. Neutestamentlich

Dem NT geht ‚die Schrift', d.h. die →Septuaginta, voraus. Die ntl. →Autoren verweisen häufig explizit auf ‚die Schrift' (ἡ γραφή) oder ‚die Schriften' (αἱ γραφαί). Gemeint ist die →Bibel Israels. Welchen Kanonumfang die einzelnen Schriftsteller dabei im Blick haben, ließe sich nur einem Überblick über die zitierten Schriften entnehmen. Grundsätzlich gilt, dass alle Schriften der Septuaginta im NT zitiert werden. Basis der Zitation ist häufig eine atl. Schriftengruppe: ‚das Gesetz' oder

‚Mose' (d.h. die fünf Bücher Mose, die → Tora), ‚die Propheten' oder ‚die heiligen Propheten' (Lk 1,70; Apg 3,21; 2 Petr 3,2), ‚Gesetz und Propheten', die Psalmen oder ‚David'. In Lk 24,44 begegnet die Dreigestalt des atl. Kanons: Gesetz des Mose – Propheten – Psalmen. Mose und David werden auch als → Schriftsteller verstanden (vgl. Röm 10,19 mit 10,5).

In mehreren Texten der synoptischen Überlieferung setzt sich *Jesus* mit der ‚Schrift' auseinander. Jesus bewegt sich zwischen traditionellem Rekurs auf die ‚Schrift' und sehr selbständiger Auslegung. G. Theißen weist aber darauf hin, dass es nur wenige Texte gibt, „in deren Zentrum ein in seiner Auslegung umstrittenes Schriftwort steht". Theißen unterscheidet bei Jesu Schriftgebrauch zwischen: ‚Erfüllungsbewusstsein', ‚Verhaltensprovokation', ‚Polemische Argumentation', ‚Ethische Grundlage' (G. Theißen, 320). Letztere stellt Theißen als Normenentschärfung (Mk 2,23–28: Auslegung einer Davidperikope) und Normenverschärfung dar (Antithesen der Bergpredigt in Mt 5). Die literarische Gattung der Streitgespräche ist bevorzugte Trägerin der Auseinandersetzung um die Auslegung der ‚Schrift'.

Sehr selten begegnet der Zusatz ‚heilig' in Bezug auf die ‚Schrift' (Röm 1,2 und 2 Tim 3,15). Das Epitheton ‚heilig' (ἅγιος) gilt in den ntl. Schriften ganz überwiegend nicht der ‚Schrift', sondern dem Geist. Das Diktum des *Paulus:* „Der Buchstabe nämlich tötet, der Geist aber macht lebendig" (2 Kor 3,6, vgl. das ganze Kap.; →Buchstabe und Geist) drückt eine extrem kritische Haltung gegenüber der ‚Schrift' aus, die Paulus aber nicht davon abhält, in seinen großen Briefen (Röm, 1. 2 Kor, Gal) ständig auch mit der Autorität der ‚Schrift' zu argumentieren (z. B. 1 Kor 9,9–12). Aber der Bezug auf ‚die Schrift' ist Teil der argumentativen Strategie des Paulus, die ‚Schrift' ist weder einfach Norm noch Offenbarungsträgerin (→Wort Gottes). Im Gal und im Röm entwickelt Paulus Grundlagen seiner Theologie in der Auseinandersetzung über die ‚Schrift'.

Eine liturgische Heiligkeit der ‚Schrift' findet sich in den ntl. Schriften ebenso wenig wie eine undiskutierte Normativität. Mehrere späte Texte enthalten keine Hinweise auf die ‚Schrift' (Johannesbriefe).

Bibliographie: B. Chilton/C.A. Evans, Jesus and Israel's Scriptures, in: Diess. (Hgg.), Studying the historical Jesus, Leiden u. a. 1994, 281–335. – D.-A. Koch, Die Schrift als Zeuge des Evangeliums, Tübingen 1986. – G. Theißen/A. Merz, Der historische Jesus, Göttingen ³2001.

Oda Wischmeyer

III. Systematisch-theologisch

Der Ausdruck ‚H. S.' verweist darauf, dass die Schriften des AT und NT im Prozess der Überlieferung des Glaubenszeugnisses einen festen Platz haben, insofern ihre Botschaft in Verkündigung und Sakramentspraxis zum Anlass für die Konstitution von Glauben und so zum Instrument des Heilshandelns Gottes werden kann. Die Qualifikation der Schrift als ‚heilig' verweist auf ihren Ursprung als Gabe Gottes. So formuliert schon Origenes: „Dieser gerechte und gute Gott [...] hat Gesetz, Propheten und Evangelien selbst gegeben, er ist gleichzeitig der Gott der Apostel und des Alten und Neuen Testaments" (*Princ.* I, praefatio 2). Im Prozess der Kanonbildung wird die Bezeichnung ‚H.S.' sodann für die Schriften reserviert, die zum gottesdienstlichen Gebrauch zugelassen sind. Sie erweisen ihre ‚Heiligkeit' darin, das in Kreuz und Auferweckung Jesu Christi realisierte Heil Gottes den Menschen zuzuwenden. Bei Thomas von Aquin wird der Primat der Schrift in Fragen der Lehre herausgearbeitet (vgl. *Summa Theologiae* I,1,8 ad 2), zugleich aber die Verteidigung der rechten Auslegung, die von der Universalkirche geteilt wird, gegenüber Häretikern dem Papst überantwortet (vgl. *Summa Theologiae* II,2,11 ad 3). Die Betonung der päpstlichen Lehrautorität ist ein Ergebnis der Auseinandersetzung mit Reformbewegungen (Waldenser, Lollarden, J. Wyclif), die sich in ihrer radikalen Kirchenkritik direkt auf das NT berufen. In seinem Schriftverständnis ist für M. Luther das Evangelium als „Geschrei von der Gnad und Barmherzigkeit Gottes" (WA 12, 259) leitend, das die allein das Heil wirkende Gnade zum Inhalt hat, die allein in Christus verbürgt ist und allein im Glauben angenommen werden kann. Die Devise ‚*sola scriptura*' zielt inhaltlich auf die

Bezeugung des Heils als ausschließliches Werk Gottes. Die Schrift als Text ist gleichsam ein ‚Zwischenstadium' im Prozess von der mündlichen Kommunikation des Evangeliums zu seiner mündlichen und leiblichen Kommunikation in Wort und Sakrament. Gegenüber der Lehre von der Verbalinspiration in der altprotestantischen Orthodoxie zielt das reformatorische Schriftverständnis darauf, dass das Christentum keine Buchreligion ist, sondern das unbedingte Vertrauen in die Heilszuwendung Gottes in Jesus Christus durch den Geist. Die Heiligkeit der Schrift benennt darum keine gegenständliche Qualität, sondern verweist auf die Funktion der Schrift im Zusammenhang der Heilszueignung.

BIBLIOGRAPHIE: E. Herms, Äußere und innere Klarheit des Wortes Gottes bei Paulus, Luther und Schleiermacher, in: Ders., Phänomene des Glaubens, Tübingen 2006. – M. Ohst, Art. Schrift, Heilige IV., in: TRE 3 (1999), 412–423. – C.H. Ratschow, Art. Schrift, Heilige V., in: TRE 30 (1999), 423–432. – H.H. Schmid/J. Mehlhausen (Hgg.), Sola Scriptura, Gütersloh 1991. – J. Webster, Holy Scripture, Cambridge 2003.

Christoph Schwöbel

IV. Judaistisch

Die Bezeichnung biblischer Texte als h. S.en wird im 1. Jh. üblich. In Qumran wird der Begriff noch nicht verwendet; häufig aber bei Philo und Josephus für Zitate aus der →Tora: ‚in den heilig(st)en Büchern' (z.B. Philo: *her.* 159; *det.* 161; *Abr.* 4) bzw. ‚in den Büchern der h. S.en' (J. *Ap.* 245). Für Philo ist der Begriff synonym zu ‚im Buch Gottes' (*det.* 139). ‚Heilig' sind die Schriften durch ihren göttlichen Ursprung; Mose schrieb sie ‚unter göttlicher Führung und übergab sie denen, die würdig sind, sie zu verwenden, als schönsten Besitz' (*Mos.* 2,11). Die göttliche Herkunft macht die biblischen Schriften heilig.

Die rabbinische Wendung *kitve ha-qodesh* besagt dasselbe mit der Nuance: ‚Schriften des Heiligtums, des Tempels'. Durch den Tempelbezug ‚verunreinigen' h. S.en; sie gehören einem Tabu-Bereich an und stehen ursprünglich unter Kontrolle der Priester. Die Heiligkeit der Torarollen gilt abgeschwächt für alle h. S.en: „Alle h. S.en verunreinigen die Hände, auch das Hohelied und Kohelet verunreinigen die Hände" (mYad 3,5). Durch die Erweiterung des Begriffs auf die dritte Schriftengruppe der Bibel meint er gelegentlich wie ‚Hagiographen' nur noch diese (so tShab 14,1). „Dass die Bücher die Hände verunreinigen, hat man wegen ihrer Heiligkeit bestimmt" (ySot 2,4,18a).

Darin, dass eine Schrift ‚die Hände verunreinigt', sieht man gewöhnlich ihre Zugehörigkeit zum Kanon der h. S. Das ist zwar auch impliziert, verkürzt aber den Sachverhalt: Zwar ‚verunreinigen die Hände' nur Schriften, die wegen ihrer göttlichen Herkunft ‚kanonisch' sind: „Das Hohelied verunreinigt die Hände, weil es im heiligen Geist gesagt ist" (tYad 2,14). Doch müssen die Schriften auch gewisse Bedingungen erfüllen: „Unrein macht nur, wenn man es in Quadratschrift, auf Leder und mit Tusche geschrieben hat" (mYad 4,5). Damit sind die Texte gottesdienstlich verwendbar. Nur solche Exemplare der h. S.en können ‚verunreinigen', was über die Kanonproblematik hinaus führt: Es kommt nicht nur auf den Inhalt der Rollen an.

Die h. S.en unterscheiden sich im Grad der Heiligkeit: Eine komplette Tora hat den höchsten Rang; darunter stehen Rollen einzelner Bücher der Tora, wieder darunter Propheten und Hagiographen (bMeg 27a). Wegen ihrer Heiligkeit ist die Herstellung einer Torarolle und ihre Verwendung im Gottesdienst genau geregelt. Man hüllt sie ein, schmückt sie mit der Torakrone und bewahrt sie im *aron ha-qodesh* auf, dem Äquivalent zur Bundeslade im Tempel; die nicht mehr verwendbaren Torarollen werden rituell bestattet (bMeg 26b).

BIBLIOGRAPHIE: C. Colpe, Art. Heilige Schriften, in: RAC 14 (1988), 184–223. – S. Friedman, The holy Scriptures defile the hands, in: M. Brettler/M. Fishbane (Hgg.), Minhah le-Naum, Sheffield 1993, 117–132. – J. Maier, Jüdische Auseinandersetzung mit dem Christentum in der Antike, Darmstadt 1982. – G. Veltri, Libraries, translations, and ‚canonic' texts, Leiden 2006.

Günter Stemberger

V. Islamwissenschaftlich

→Schrift/Schriftprinzip, →Koran

Heiliger Geist →Buchstabe und Geist, →Inspiration

Hermeneutik

Einleitung

H. (griech. ἑρμηνεύειν, ‚auslegen, übersetzen') ist die Kunst bzw. Theorie der →Auslegung. Sie hat mit dem →Verstehen von Gegenständen zu tun, deren →Sinn sich nicht ohne Weiteres erschließt und die deshalb – wie alte Texte oder fremde Kulturen – in einem spezifischen Sinn interpretationsbedürftig sind. Im Laufe der Geschichte verändern sich Status und Gegenstandsbereich der H., wobei der thematische Fokus sukzessiv erweitert wird. Schematisch lassen sich vier Stadien unterscheiden.

Die (strittige) antike Etymologie bringt den Begriff der H. mit dem Götterboten Hermes zusammen, welcher die Botschaft der Götter den Menschen übermittelt und verständlich macht. Der sakrale Bezug bleibt auch für den Ausgangspunkt der mittelalterlichen H. relevant, in welcher der Auslegung heiliger Texte und dem Verständnis des mehrfachen → Schriftsinns der →Bibel ein zentraler Stellenwert zukommt. Genereller behält die H. in ihrem Bezug auf autoritative Texte eine normative Dimension, die in der Neuzeit in drei Dimensionen ausgearbeitet wird: in der → Interpretation der biblischen Schriften, der Texte der klassischen Antike und der Rechtsdokumente, d.h. als theologische, philologische und juristische H. (wobei sich die philologische H. später auf die Auslegung dichterischer Texte überhaupt ausweitet).

Gegenüber diesen drei ‚speziellen H.en' nimmt F. Schleiermacher eine Generalisierung vor, indem er das Projekt einer allgemeinen H. ausarbeitet, die sich der Auslegung von Texten überhaupt widmet. Dabei bringt er (z.T. schon ältere) Unterscheidungen und Bestimmungen auf den Begriff, die in analoger Form den weiteren hermeneutischen Diskurs bestimmen: so die Unterscheidung zwischen grammatisch-historischer und psychologischer Auslegung (die eine Äußerung von der überindividuellen Struktur und Bedingtheit oder vom sich äußernden Subjekt her verstehen), zwischen komparativer und divinatorischer Methode (die auf das statistisch Allgemeine oder das intuitiv erfassbare Einzelne und Ganze gehen), und das Theorem des →hermeneutischen Zirkels (zwischen dem Verstehen des Teils und des Ganzen).

Über das Textparadigma hinaus konzipieren Autoren des 19. und frühen 20. Jh.s (J.G. Droysen, W. Dilthey) die H. als methodische Grundlagentheorie der Geisteswissenschaften. Ihr Kern ist eine Theorie des Verstehens, welche historisch-kulturelle Gegenstände überhaupt (Monumente, Traditionen, Institutionen, Kulturen, Geschichten etc.) betrifft, deren Vermitteltheit spezielle Methoden der Erschließung, Rekonstruktion und Interpretation erfordert. Die hermeneutische Methode bildet darin den Gegensatz zu den ‚erklärenden' Methoden der Naturwissenschaften.

Schließlich gewinnt H., jenseits der Textauslegung und der Methodik der Kulturwissenschaften, eine universelle Ausweitung, indem sie durch Autoren wie M. Heidegger und H.-G. Gadamer als eigentlich philosophische H. bzw. hermeneutische Philosophie ausgebildet wird.

In der zweiten Hälfte des 20. Jh.s wenden sich kritische Ansätze zunehmend gegen hermeneutische Positionen sowohl in den philologischen, sozial- und kulturwissenschaftlichen Methodendebatten wie innerhalb der Philosophie.

BIBLIOGRAPHIE: W. Dilthey, Der Aufbau der geschichtlichen Welt in den Geisteswissenschaften, hg. v. M. Riedel, Frankfurt a. M. 1970. – J.G. Droysen, Historik, Darmstadt [7]1977. – H.-G. Gadamer, Wahrheit und Methode, Tübingen 1960. – J. Grondin, Einführung in die philosophische Hermeneutik, Darmstadt 1991. – H. Ineichen, Philosophische Hermeneutik, Freiburg i. Br./München 1991. – F. Schleiermacher, Hermeneutik und Kritik, hg. v. M. Frank, Frankfurt a. M. 1977.

Emil Angehrn

I. Alttestamentlich

Die H. als Reflexion über das Verstehen im Allgemeinen betrifft das AT genauso wie alle anderen Texte und als Reflexion über die Methoden der Exegese grundsätzlich genauso wie das NT. Aber im Sinne der Reflexion über die *Vermittlung* der Botschaft des antiken Textes an einen heutigen Leserkreis stellen sich eigene Fragen hinsichtlich des AT.

Ist seine Botschaft *einer christlichen Leserschaft* zu vermitteln, so ist es das *Alte* Testament (*terminus technicus* seit Tertullian, 160–

222 n. Chr.). Damit ist nichts Abwertendes im Vergleich zum Neuen vorausgesetzt, das etwa durch Ersatznamen wie ‚Erstes' Testament vermieden werden sollte, auch nicht gegenüber dem Judentum, dem diese Bezeichnung *für seine Heilige Schrift* (Tanach) inakzeptabel ist (‚alt' ist im Orient, Afrika und vielerorts in der Welt gerade eine Ehrenbezeichnung), sondern einfach die hermeneutische Position dem christlichen AT gegenüber angedeutet. Als AT ist dieser (freilich in verschiedenen →Kanones vorliegende) Teil der Bibel Teil des Gründungsmythos des Christentums. Als solcher wird es *ästhetisch* (im Kantschen Sinne des Beeindruckenden oder Überwältigenden schlechthin) rezipiert. Obschon der literarische Mythos auf den Realitäten der menschlichen Existenz basiert, liegt seine Bedeutung nicht primär im außerliterarischen Bereich, sondern das AT findet seinen Sinn und seine Wirkung in erster Instanz auf der literarisch-ästhetischen Ebene, abgesehen von den historischen Fragen.

Die *historischen Fragen* liegen auf zwei Ebenen, und zwar auf der *referentiellen* (worauf verweist es in der außerliterarischen Welt?) und der *intentionalen* Ebene (was haben die ursprünglichen Autoren intendiert?). Das bedeutet, dass sich die hermeneutische/vermittelnde Perspektive nicht in einer ästhetischen Lektüre erschöpft. Denn als →Heilige Schrift hat das AT Anteil am ‚klassischen Modell' des christlichen Gründungsmythos, der Bibel. Im AT ist das aus jüdisch-christlicher Perspektive grundlegende Modell für das Verständnis von Gott und seinem Wirken festgelegt und im NT festgehalten und neu formuliert worden. Da der Gott des modernen christlichen Menschen eben derselbe ist, der im AT vorgestellt (und im NT bestätigt) wird, ist die Vermittlung der Botschaft über ihn unumgänglich eine solche, die auch die Fragen nach der referentiellen und intentionalen Dimension des Textes stellt und sich damit auseinandersetzt. Im Rahmen des Dreiecks ästhetisch-referentiell-intentional haben im Christentum denn auch viele Muster zur Deutung des AT, mit allen ihren Stärken und Schwächen, grundsätzlich versucht, das AT auf seinen Sinn hin zu deuten (z. B. →Allegorie, →Typologie, das Schema →Verheißung und Erfüllung, →Gesetz und Evangelium, oder das AT als ‚Scheitern').

Die *fundamentale hermeneutische Frage* ist also nicht, ob die H. des AT (im engeren Sinn der Vermittlung) durch die Ästhetik obsolet geworden ist, sondern ob der Leser, der sich ästhetisch mit dem AT beschäftigt, die ästhetische Erfahrung im Rahmen des christlichen Glaubens wünscht. Wenn ja, findet diese im gleichen Fluss statt, in dem die frühe Kirche und Israel ihre Erfahrung mit Gott machten und der aus Israel über die frühe Kirche in die Moderne geflossen ist. In diesem Fall *muss* man eine Beziehung zur Quelle in der Bibel, die das AT einschließt, herstellen, um sich überhaupt christlich nennen zu können. Die Konsequenz daraus ist wiederum, dass die literarischen Zugänge mit historischem Orientierungspunkt (→Methoden) unverzichtbar sind. Natürlich muss man nicht mit diesen historisch-kritischen Zugangsweisen arbeiten, um auch im ästhetischen Umgang mit den biblischen Texten Sinn zu erfahren. Aber wenn man so Zugang zu Christus haben will, führt der Weg über die dafür geeigneten Methoden, weil die christliche Religion eine historische ist.

BIBLIOGRAPHIE: J. Becker, Grundzüge einer Hermeneutik des Alten Testaments, Frankfurt fa. M. 1993. – C. Dohmen/T. Söding (Hgg.), Eine Bibel – zwei Testamente, Paderborn 1995. – K. Huizing, Ästhetische Theologie, Bd. 1, Stuttgart 2000. – H.R. Jauß, Ästhetische Erfahrung und literarische Hermeneutik, Frankfurt a. M. [4]1984. – U.H.J. Körtner (Hg.), Hermeneutik und Ästhetik, Neukirchen-Vluyn 2001. – W. Lesch (Hg.), Theologie und ästhetische Erfahrung, Darmstadt 1994. – J.A. Loader, Tenach and Old Testament – the same Bible?, in: HTS 58/4 (2002), 1415–1430. – Ders., Theologies as symphonies, in: OTE 17/2 (2004), 252–266. – M. Oeming, Biblische Hermeneutik, Darmstadt 1998 [[2]2007]. – P. Szondi, Einführung in die literarische Hermeneutik, Frankfurt 1975. – A.C. Thiselton, New horizons in hermeneutics, Carlisle 1995.

James Alfred Loader

II. Neutestamentlich

Wenn ntl. H. als „Lehre vom angemessenen Verstehen und der angemessenen Interpretation der neutestamentlichen Texte" und *zugleich* als „Lehre von den Bedingungen und Möglichkeiten angemessenen Verstehens und angemessener Interpretation der neutestamentlichen Texte“ definiert wird (O. Wischmeyer, 3), dann nimmt diese Definition die Doppelstruktur auf, die seit dem 3. Jh. n. Chr. die Geschichte der Auslegung des Neuen Testaments bestimmt. Die Auslegung der Texte des NT im engeren Sinne begann mit den gnostischen Kommentierungen des Joh in der Mitte des 2. Jh.s und führte zu der umfangreichen Kommentarliteratur, die über die Kirchenväter, die mittelalterlichen ‚Glossen‘, die ‚Schriftauslegung‘ der Reformation und Orthodoxie bis zu dem Typus des historisch-kritischen Kommentars reicht, der gegenwärtig die protestantische und katholische ntl. Wissenschaft dominiert. Das Textverständnis dieser Kommentierung wird durch die jeweiligen Auslegungsmethoden reguliert. Diese wiederum stehen in einem komplexen Zusammenhang mit der jeweiligen philosophischen und theologischen H. als der Lehre von den Bedingungen und Möglichkeiten angemessenen Verstehens von Texten im Allgemeinen und von Texten des NT im Besonderen.

Wesentliche altkirchliche hermeneutische Entwürfe stammen von Origenes (*princ.* 4) und von Augustin (*doctr. chr.*). Luthers Bibelhermeneutik ist zusammengefasst seinen Vorreden zur Bibel zu entnehmen. J.S. Semlers *Abhandlung von freier Untersuchung des Canons I–IV* ist ein maßgebliches Dokument einer nachdogmatischen Bibelhermeneutik und eröffnet der Bibelauslegung die historische und die sachlich-kritische Perspektive. F.D.E. Schleiermachers H. schuf dann die Voraussetzungen der Überführung einer speziellen Bibelhermeneutik in eine allgemeine philosophische und philologische H. Das 20. Jh. ist grundlegend durch den Gegensatz zwischen dem Bibelverständnis K. Barths und R. Bultmanns geprägt: „Während sich Barth auf einen in sich geschlossenen theol[ogischen] Verstehenskreis festlegte, wollte Bultmann (im Anschluß an Schleiermacher, Dilthey und Heidegger) am allg[emeinen] hermeneutischen Gespräch teilnehmen“ (W.G. Jeanrond, 1657; →‚Existentiale Interpretation‘). Die sog. Neue H. (E. Fuchs, G. Ebeling u.a.) versuchte, auf der Basis des Sprachverständnisses des späten Heidegger eine theologische Sprachlehre zu schaffen.

Die ntl. H. im engeren Sinne fiel in der zweiten Hälfte des 20. Jh.s weitgehend mit der Methodendiskussion zusammen. Das Instrumentarium der historisch-kritischen Methode entwickelte eine solche Breite, Differenziertheit und Dominanz, dass die ntl. Exegese hermeneutische Anstrengungen weitestgehend durch methodische Perfektionierung ersetzte, damit selbstreferentiell wurde und sich außerhalb der philosophischen und theologischen Hermeneutikdiskurse situierte. Die ntl. H. von P. Stuhlmacher (lutherisch-pietistisch beeinflusst) und H. Weder (in Auseinandersetzung mit Barths und Bultmanns H. sowie der Neuen H.) änderten nichts an dieser Hermeneutikvergessenheit der ntl. Wissenschaft. Die befreiungstheologischen (K. Berger) und feministischen (E. Schüssler Fiorenza) ntl. bzw. biblischen Hermeneutiken der 1980er Jahre weisen deutlich auf das Defizit der herrschenden (impliziten) historischen H. der ntl. Exegese hin, ohne allerdings deren Vorherrschaft zu beenden.

Die gegenwärtige ntl. H. orientiert sich neu, indem sie die historisch und hermeneutisch relevanten Aspekte des →*Linguistic* und →*Cultural Turn* und des Pluralitätspostulats der →Postmoderne und der →Dekonstruktion bedenkt. E. Reinmuth entwickelt die hermeneutischen Stichworte Geschichte, Narrativität, Metapher, Wahrheit und Text vor allem im Horizont der gegenwärtigen Historikerdiskurse. O. Wischmeyer entwirft eine H. des NT im Rahmen der Textualitätsforschung und unter den Bedingungen der Postmoderne. Hermeneutisch relevante Begriffe sind Dekanonisierung, Dehistorisierung, Despiritualisierung im Sinne einer Überführung einer *hermeneutica sacra* in die *Cultural Studies*. Desiderate sind die Auseinandersetzung mit dem kanonischen Status der ntl. Schriften, die bleibende Anbindung an die Geschichte der Bibelhermeneutik und die Reflexion der Bedeutung postmoderner Bibelhermeneutik für Theologie, Ethik und Religiosität bzw. Frömmigkeit der Interpreten und der Interpretation.

Bibliographie: K. Berger, Hermeneutik des Neuen Testaments, Tübingen 1999. – W.G. Jeanrond, Art. Hermeneutik V., in: RGG^4 3 (2000), 1654–1659. – E. Reinmuth, Hermeneutik des Neuen Testaments, Göttingen 2002. – P. Stuhlmacher, Vom Verstehen des Neuen Testaments, Göttingen ^{2}1986. – H. Weder, Neutestamentliche Hermeneutik, Zürich ^{2}1989. – O. Wischmeyer, Hermeneutik des Neuen Testaments, Tübingen/Basel 2004.

Oda Wischmeyer

III. Kirchengeschichtlich

Durch die bleibende Aufgabe der Auslegung der Schriften des AT und – im Zusammenhang der normierenden Kanonisierung – der Schriften des NT und der damit reziproken Interpretationsaufgabe für Lehren und Lebensformen der christlichen Gruppen und ihrer Mitglieder im Zusammenhang einer permanenten Selbstdefinition waren hermeneutische Impulse im Verlauf der Christentumsgeschichte stets lebendig und führen in den verschiedenen intellektuell-kulturellen und politisch-sozialen Kontexten und religiösen Klimata zu unterschiedlichen Ausgestaltungen in literarischen, artistischen und institutionellen Bereichen, die auch kirchliche Grenzen transzendieren. Das gilt besonders im Zusammenhang einer in unterschiedlicher Weise weltweit fortschreitenden Säkularisierung.

Dabei spielt eine individuell-eklektische Akzentsetzung im divergenten biblischen Schrifttum für das hermeneutische Vorverständnis ebenso eine Rolle wie die Einschätzung und Definition des Religiösen als eines anthropologisch autonomen Faktors. Beachtung verlangt ferner der intellektuelle Ausbildungsstand sowie ein doppelter Traditionszusammenhang von Schulen, der sowohl eigene geistesgeschichtliche wie theologiegeschichtliche Züge trägt. Beispielhaft dafür sind die verschiedenen philologischen Traditionen verhafteten Unterschiede alexandrinischer und antiochenischer Exegese, die ihre Konsequenzen in den Theologumena der Gottes- und Trinitätslehre sowie der Christologie besitzen. Deutlich kommt es dabei immer wieder zu einer kritischen Distanz zwischen der geistlichen Verantwortung des Auslegers und des Amtes, die zu Konflikten über die legitime Schriftauslegung führen kann und den im biblischen Textcorpus vorgegebenen Pluralismus in fundamentalisierender Engführung vergessen lässt. Durch den Humanismus und seine Hochachtung vor den Vätern werden der altkirchliche Reflexionsstand und seine mittelalterlichen Differenzierungen, besonders bei Bernhard von Clairvaux und Abaelard, zur Basis der weitergeführten Diskussion im protestantischen und katholischen Raum der Neuzeit.

Bibliographie: C. Markschies, Altkirchliche Christologie und Neues Testament, in: C. Landmesser et al. (Hgg.), Jesus Christus als die Mitte der Schrift, FS O. Hofius, Berlin 1997, 875–905. – E. Mühlenberg, Art. Schriftauslegung III., in: TRE 30 (1999), 472–488. – H. Graf Reventlow, Epochen der Bibelauslegung, 4 Bde., München 1990–2001. – K. Scholder, Ursprünge und Probleme der Bibelkritik im 17. Jahrhundert, München 1966. – W. Wischmeyer, Wie die große Welterzählung der historia sacra ein antiker Text wurde, in: O. Wischmeyer/S. Scholz (Hgg.), Die Bibel als Text, Tübingen/Basel 2008, 19–34.

Wolfgang Wischmeyer

IV. Systematisch-theologisch

Der Zusammenhang von Glauben und Verstehen ist für das Christentum zentral, weil der Glaube selbst eine spezifische Weise des Verstehens ist. Gemeint ist nicht etwa nur das Verstehen biblischer und theologischer Texte, sondern das Verstehen der eigenen Existenz und der Welt. Auch die Exegese biblischer Texte ist von der Frage geleitet, inwiefern sie ein Selbstverstehen und eine Deutung des In-der-Welt-Seins ermöglichen, das Glaube genannt wird. Das Verstehen des Glaubens aber begreift sich als ein Von-Gott-Verstanden-Sein (vgl. 1 Kor 13,12). Das Gottesverhältnis ist nach christlicher Auffassung kein unmittelbares, sondern ein in doppelter Weise geschichtlich vermitteltes. Es ist vermittelt durch die Beziehung zu Jesus Christus, die ihrerseits durch die Verkündigung des Evangeliums durch die Zeiten hindurch vermittelt ist. Glaube ist somit ein grundlegend hermeneutischer Vorgang und Theologie als gedankliche Rechenschaft des Glaubens ihrem Wesen nach hermeneutische Theologie.

Das Verhältnis von Theologie und H. war im 20. Jh. freilich Gegenstand vielfältiger fundamentaltheologischer Auseinandersetzungen. Nach wie vor wird diskutiert, ob Theologie insgesamt als H. aufzufassen sei (hermeneutische Theologie, v.a. E. Fuchs, G. Ebeling) oder ob H. lediglich eine theologische Disziplin neben anderen ist (W. Nethöfel). Auch ist umstritten, ob theologische H. eine allgemeine H. ist, deren theologischer Charakter allein in den zu interpretierenden Texten und ihrem Gegenstand begründet ist (so z.B. R. Bultmann im Anschluss an F. Schleiermacher, W. Dilthey und M. Heidegger), oder ob es sich um eine Spezialhermeneutik handelt, nämlich um eine H. der Offenbarung (*hermeneutica sacra*). Entsprechend unterschiedlich wird die Rolle des menschlichen Verstehensvermögens und des Gedankens der göttlichen Inspiration für theologische Verstehensprozesse bestimmt. Während R. Bultmann und die Bultmann-Schule entschieden für die Fundierung von Theologie und Exegese in einer allgemeinen H. plädierten, lehnten K. Barth und seine Schule die ‚Bevormundung' der Theologie durch H. und Philosophie ab. Geht es der hermeneutischen Konzeption Bultmanns um das Verstehen *von* Sprache, so den Vertretern einer „hermeneutischen Theologie" im Anschluss an H.-G. Gadamer um das Verstehen *durch* Sprache. Gadamers Gedanken der Horizontverschmelzung und seiner Skepsis gegenüber der methodischen Absicherung des Verstehens stehen neuere hermeneutische Konzeptionen gegenüber (z.B. P. Ricœur), welche die unaufhebbare Differenz zwischen →Autor, →Text und →Leser/Interpreten betonen. Die gegenwärtige Hermeneutikdiskussion innerhalb der Systematischen Theologie bezieht sich außerdem auf neuere, poststrukturalistische Theorien, die die hermeneutische Differenz zwischen Literalität und Oralität und die Bedeutung der →Textualität für das Verstehen von Texten hervorheben. Neuere Entwürfe theologischer H. suchen die Einsichten der Rezeptionsästhetik bzw. des →*Reader-Response Criticism* für Exegese und Schriftlehre fruchtbar zu machen. Dabei steht auch das Verhältnis von H. und →Semiotik zur Diskussion (W. Härle, I.U. Dalferth, M. Meyer-Blanck).

BIBLIOGRAPHIE: I.U. Dalferth, Evangelische Theologie als Interpretationspraxis, Leipzig 2004. – G. Ebeling, Wort und Glaube, 4 Bde., Tübingen 1967. 1969. 1975. 1995. – E. Fuchs, Marburger Hermeneutik, Tübingen 1968. – U.H.J. Körtner, Theologie des Wortes Gottes, Göttingen 2001. – Ders. (Hg.), Glauben und Verstehen, Neukirchen-Vluyn 2000. – Ders., Einführung in die theologische Hermeneutik, Darmstadt 2006. – W. Nethöfel, Theologische Hermeneutik, Neukirchen-Vluyn 1992. – P. Ricœur, Philosophische und theologische Hermeneutik, in: Ders./E. Jüngel (Hgg.), Metapher, München 1974, 24–45. – J.M. Robinson/J.B. Cobb jr., Die neue Hermeneutik, Zürich 1965. – F.D.E. Schleiermacher, Hermeneutik, hg. v. H. Kimmerle, Heidelberg 1959. – Ders., Hermeneutik und Kritik, hg. v. M. Frank, Frankfurt a.M. 1977. – H.-G. Stobbe, Schädliche Einheit, in: K. Müller (Hg.), Fundamentaltheologie – Fluchtlinien und gegenwärtige Herausforderungen, Regensburg 1998, 121–149. – D. Tracy, Theologie als Gespräch, Mainz 1993. – G. Vattimo et al., Christentum im Zeitalter der Interpretation, hg. v. T. Eggensperger, Wien 2004. – H. Verweyen, Theologische Hermeneutik heute, in: K. Müller (Hg.), Fundamentaltheologie – Fluchtlinien und gegenwärtige Herausforderungen, Regensburg 1998, 177–198.

Ulrich H.J. Körtner

V. Judaistisch

Das Problem der H. wird jüdisch zuerst im Kontext der →Septuaginta bewusst, wo ἑρμηνεία als Übersetzung wie auch als Auslegung angesprochen wird (vgl. die Vorrede zur griechischen Übersetzung des Sirachbuches). In Anlehnung an die Homerauslegung spielt dann die allegorische Deutung bei Aristobul und Philo eine zentrale Rolle. Im Palästina des Zweiten Tempels kann Deutung noch direkt in den Text eingeschrieben, dieser damit weiter entwickelt und legitim verdeutlicht werden. Auslegung ist v.a. in Apokalyptik und Qumran primär an dem ein für alle Male gültigen Aussagegehalt interessiert; die Deutung erhebt Anspruch auf absolute Geltung. Erzählende Texte sind noch gleich bedeutsam wie solche gesetzlicher Art.

Für die Rabbinen dagegen bestimmt die Weisung der →Tora als Handlungsanweisung die zentrale Perspektive des Lesers. Gegenstand der Auslegung ist nunmehr ein genau begrenztes Zeichencorpus des hebräischen Textes (der griechische Bibeltext kann für die Rabbinen nicht Basis der Auslegung sein), dem eine unendliche Fülle an Deutungen entsprechen muss, da Gott sich ein für alle Male geoffenbart hat und der einmal geoffenbarte Text als Mitteilung Gottes für alle Zeiten genügen muss. Das Prinzip der Deutung der Bibel aus der Bibel gilt zwar schon in der Zeit vor 70 n.Chr. Entscheidend wird dieser Ansatz aber erst, sobald rabbinisch ihr genauer Umfang geklärt ist und innerhalb der Bibel Wertungen vollzogen sind: Demnach ist allein die Tora direkte Offenbarung; die Prophetie dient ihrer Auslegung; die Hagiographen, in der Synagogenlesung nur in Einzelversen verwendet, changieren zwischen Prophetie (→Psalmen) und menschlicher Weisheit (Sprüche Salomos). Einerseits gilt die gesamte Bibel als legitimer Deutungszusammenhang, zugleich aber erlaubt rabbinische Auslegung eine extreme Dekontextualisierung einzelner Aussagen und gewinnt so eine zusätzliche Ebene der Deutung.

Konkrete Regelgruppen zur Auslegung – Hillel, Jischmael, Eliezer zugeschrieben – werden der antiken Rhetorik bzw. Rechtsentwicklung oder auch der Traumdeutung entlehnt. Wichtiger sind jedoch zwei grundsätzliche Zugänge – der Text als Zeichensystem, das dechiffriert werden muss (‚Schule Aqivas'), bzw. als Aussage, die in menschlicher Sprache spricht und daher wie jeder andere Text zu interpretieren ist. Keine Rolle spielt die *intentio auctoris*, wenn man dabei an Mose oder Esra denkt: Die Tora ist der ewige, zeitlose Text, in dem Gott zu jedem einzelnen Menschen aller Zeiten spricht. Alle sprachlichen Veränderungen sind ebenso wie die je neuen Situationen, in denen der Mensch sich im Lauf der Geschichte findet, schon vorhergesehen und impliziert, so dass der Text keine Aktualisierung braucht. Aufgabe des Lesers ist es, sich selbst vom Wort ansprechen zu lassen; die Einbindung in die Deutetradition des jüdischen Volkes bewahrt dabei vor rein individualistischer Willkür. Dieser rabbinische Zugang zum Bibeltext reicht weit in das Mittelalter hinein und bestimmt die Schriftlesung bis heute, auch wenn daneben sich eine wissenschaftliche H. durchgesetzt hat, die sich von nichtjüdischen Auslegungsweisen nicht unterscheidet, auch wenn der synchrone Zugang zum masoretischen Text und die kanonische Auslegung jüdischer Tradition besonders entsprechen und daher bei jüdischen Auslegern besonders verbreitet sind.

Bibliographie: C. Dohmen/G. Stemberger, Hermeneutik der Jüdischen Bibel und des Alten Testaments, Stuttgart 1996. – A. Samely, Rabbinic interpretation of Scripture in the Mishnah, Oxford 2002.

Günter Stemberger

VI. Islamwissenschaftlich

Im Islam wurde die H. als Wissenschaft des Verstehens bis weit ins 20. Jh. hinein nie eigens thematisiert, geschweige denn systematisiert, obwohl die Interpretation von Texten für zahlreiche Wissenschaften, wie z.B. das islamische Recht (arab. *fiqh*) oder die islamische Theologie (arab. *kalām*) von großer Bedeutung war. Auch wenn für diese beiden für das islamische Denken zentralen Disziplinen der Koran keineswegs das einzig relevante Textcorpus darstellte, so war er gleichwohl der Hauptbezugstext, so wie es von dem ägyptischen Rechtsgelehrten al-Šāfiʿī (gest. 820) in seiner bis heute allgemein akzeptierten Lehre von den „Grundlagen des Rechts" (arab. *uṣūl al-fiqh*) theoretisch untermauert wurde. Die zweite materielle Rechtsquelle war die prophetische Tradition (arab. *sunna*); daneben wurden als weitere Rechtsquellen die Verfahrensweisen des Analogieschlusses (arab. *qiyās*) sowie des Gelehrtenkonsenses (arab. *iǧmāʿ*) angesehen. Bis heute umstritten ist unter islamischen Rechtsgelehrten der Stellenwert individueller, nach freiem Ermessen vorzunehmender Textauslegung (arab. *iǧtihād*).

In engem Zusammenhang mit der Koranexegese (arab. *tafsīr*) entstanden Grammatik (arab. *naḥw* ‚Syntax' und *ṣarf* ‚Morphologie') und Rhetorik (arab. *balāġa*); beide Wissenschaften wurden durch die Bekanntschaft mit dem hellenistischen Denken außerordentlich befruchtet und in ihrem begrifflichen Inventar verfeinert. Das erwies sich von besonderer Relevanz im Zusammenhang mit dem Dogma von der sprachlichen Unnachahmlichkeit des Korans (arab. *iʿǧāz al-qurān*), das als wunderbarer Beweis für Mohammeds Prophetentum galt. Der persische Gelehrte ʿAbdalqāhir al-Ǧurǧānī (gest. 1078/1081), dessen Werk „Geheimnisse der Wortkunst" (arab. *asrār al-balā-*

ga) den Höhepunkt mittelalterlicher Literaturtheorie darstellt, entwickelt in seinem zweiten Hauptwerk *Die Beweise für die Unnachahmlichkeit [des Korans]* (arab. *dalā'il al-i'ǧāz*) eine Theorie, welche die Unnachahmlichkeit des Korans gerade nicht theologisch begründet, sondern allein durch die Annahme einer besonderen Komposition von Wörtern in einer ganz bestimmten semantischen Absicht.

Erst die Begegnung mit moderner westlicher Philosophie und Texttheorie im 20. Jh. hat weitergehende neue Ansätze ermöglicht, von denen Naṣr Ḥāmid Abū Zaids Buch „Das Verständnis des Texts" (arab. *mafhūm an-naṣṣ*; Kairo 1990) besonderes Aufsehen erregt hat.

Bibliographie: P. Heath, Creative hermeneutics: a comparative analysis of three Islamic approaches, in: Arabica 36 (1989), 173–210. – W. Heinrichs, Arabische Dichtung und griechische Poetik, Beirut 1969. – Ders., Contacts between scriptural hermeneutics and literary theory in Islam: the case of Majāz, in: Zeitschrift für Geschichte der arab.-islam. Wissenschaften 7 (1991/92), 253–284. – N. Kermani, Offenbarung als Kommunikation, Frankfurt a.M. u.a. 1996. – Ders., Gott ist schön, München 1999. – M. Larkin, The theology of meaning: 'Abd al-Qāhir al-Jurjānī's theory of discourse, New Haven 1995. – J. Waardenburg, Gibt es im Islam hermeneutische Prinzipien?, in: H.-M. Barth/C. Elsas (Hgg.), Hermeneutik in Christentum und Islam, Hamburg 1997, 51–74.

Hartmut Bobzin

VII. Altphilologisch

Erst im 20. Jh. wurde die H. stark theoretisiert, was die Altphilologie im Unterschied zu den modernen Philologien nie zur Gänze mitgemacht hat. Bereits für den Altphilologen A. Böckh (1785–1867) war H. die Umkehr der Elokution, weswegen philologische H. ihre Verfahren z.T. aus Rhetorik und Grammatik entlehnt, z.B. bei der Frage nach stilistischen Verfahren, verschiedenen Sinnebenen, der literarischen Gattung, der Komposition oder dem Kontext (→Methode). Die Antike selbst hat keine systematische Verstehenslehre für das Erschließen von →Texten hervorgebracht, sondern diese entsteht erst in der christlichen Spätantike mit Origenes, und dann besonders mit Tyconius und Augustinus. Hier wird nun der hermeneutische Normenhorizont wichtig, der sich an biblisch-dogmatischen Unumstößlichkeiten zu orientieren hatte.

Gegenwärtig praktiziert die Philologie einen gemäßigten Historismus, der sich entweder im Wesentlichen auf die Binneninterpretation von Texten aus sich selbst heraus konzentriert, dabei dem antiken *Homerum e Homero interpretari* folgend, oder der versucht, den weiteren historischen Kontext für die Erschließung des Textverständnisses heranzuziehen. Dabei ist für die Altphilologie wichtig, dass der Hauptteil der antiken Texte verloren ist und auch die erhaltenen oft nicht vollständig sind, was Aussagen oft erschwert, relativiert oder gar unmöglich macht. Weniger wichtig ist momentan die Annahme, dass es einen verbindlichen und unumstößlichen Kanon von klassischen Texten gibt, die überzeitliche Wahrheiten enthalten, die es zu erschließen bzw. deren ursprünglichen Sinn es zu rekonstruieren oder wiederzugewinnen gilt. Vereinzelt werden moderne Literaturtheorien einbezogen. Beeinflusst durch die Rezeptionsästhetik wird nun vermehrt die Rezeption von Texten berücksichtigt, sowohl was die historisch gegebenen und von verschiedenen Bedingungen abhängigen Veränderungen beim Verständnis von Texten anbelangt, als auch die Erkenntnis, dass mehrere Auslegungen von Texten möglich sind, solange sie anhand von textimmanenten oder historisch-kontextuellen Argumenten belegbar sind.

Bibliographie: J. Danz, August Böckh, in: U. Nassen (Hg.), Klassiker der Hermeneutik, Paderborn 1982. – H. Flashar et al. (Hgg.), Philologie und Hermeneutik im 19. Jh., Göttingen 1979. – J. Grondin, Art. Hermeneutik, in: HWRh 3 (1992), 1350–1374. – G. Most, Rhetorik und Hermeneutik: Zur Konstitution der Neuzeitlichkeit, in: Antike und Abendland 30 (1984), 62–79. – J. Pépin/K. Hoheisel, Art. Hermeneutik, in: RAC 14 (1988), 722–771. – K. Pollmann, Doctrina Christiana, Fribourg 1996.

Karla Pollmann

VIII. Literaturwissenschaftlich

Die Geschichte der literaturwissenschaftlichen H. – als einer „Theorie des Lesens, Verstehens und Interpretierens von Texten" (K. Weimar) – ist auf das Engste verbunden mit philosophischen Ansätzen einer Theorie des

Verstehens, wie sie von F. Schleiermacher über W. Dilthey, M. Heidegger und H.-G. Gadamer bis hin zu P. Ricœur und R. Rorty entwickelt wurden. Allerdings wurde nicht immer zwischen den schon von F. Schleiermacher unterschiedenen Ebenen einer ‚Methodenlehre der Textbearbeitung' und einer ‚Theorie menschlichen Verstehens' differenziert. W. Dilthey, der Begründer der geisteswissenschaftlichen Methode, entfaltete in seinen erkenntnistheoretischen Reflexionen zwar das Modell des ‚hermeneutischen Zirkels', in seinen literarischen Studien kommt allerdings weniger ein komparatives Vorgehen (‚vom Einzelnen zum Ganzen und vom Ganzen zum Einzelnen') zum Tragen als vielmehr eine lebensphilosophisch geprägte Verankerung des Verstehens in der ‚seelischen Lebendigkeit'. Die sich in der Nachfolge Diltheys etablierende existentiell und anthropologisch ausgerichtete literaturwissenschaftliche H. wurde zudem beeinflusst durch die Philosophie Heideggers, von der namentlich die Schule E. Staigers wesentliche Impulse erhielt (‚Begreifen, was uns ergreift'). Mit H.-G. Gadamers entschiedener Historisierung des →‚hermeneutischen Zirkels', seiner These vom ‚Einrücken' des Rezipienten in einen Traditionszusammenhang, erhielten die Literaturwissenschaften seit den 1960er Jahren neue Anstöße. Die ‚Rezeptionsästhetik' (H.R. Jauß, W. Iser) erhob das dialektische Verhältnis von Text und Rezipient zum obersten Prinzip und verlegte die Bedeutungskonstitution in den Akt der Lektüre. Demgegenüber proklamierten Vertreter des →*New Criticism* eine Rückkehr zur Intention des Autors bzw. zur Originalbedeutung eines Textes (E.D. Hirsch). Gegen Gadamers harmonisierendes Konzept der ‚Horizontverschmelzung' stellten ideologiekritische Ansätze die Standortbezogenheit sowohl des Autors als auch des Lesers literarischer Texte in den Vordergrund. Im Zuge poststrukturalistischer Theorien kam es zu grundsätzlichen Kontroversen über den Stellenwert der H. als Fundament der literaturwissenschaftlichen Analyse. In einer Entgegensetzung von Strukturalismus und H. wurde der Textur als bedeutungsgenerierender Struktur Priorität zugewiesen. Auch die Diskursanalyse, die vom Postulat der Textualität der Geschichte ausgeht, wandte sich in diesem Sinne entschieden gegen den hermeneutischen Ansatz (F.A. Kittler). Die dekonstruktivistische Literaturwissenschaft (P. de Man) entlarvte den auf Wahrheits- und Sinnsuche beruhenden Bedeutungsanspruch in (literarischen) Texten als unhaltbar. Dennoch ist festzuhalten, dass – allen Einwänden zum Trotz – die H. (als Theorie und kritische Reflexion des Verstehens) nach wie vor in weiten Bereichen die Basis des literaturwissenschaftlichen Arbeitens darstellt. P. Ricœur etwa leistet mit seinen Arbeiten eine konstruktive Vermittlung zwischen strukturalistischen und hermeneutischen Analysemethoden. Neuerdings werden kognitionswissenschaftliche und pragmatische Ansätze des Verstehens (R. Rorty) in die Neubestimmung einer literarischen H. einbezogen (M. Jung).

Bibliographie: W. Dilthey, Die Entstehung der Hermeneutik, in: Ders., Gesammelte Schriften, Bd. 5, Stuttgart/Göttingen [4]1964, 317–331. – Ders., Das Erlebnis und die Dichtung, Leipzig 1906. – H.-G. Gadamer, Wahrheit und Methode, Tübingen 1960. – E.D. Hirsch, Validity in interpretation, New Haven/London 1967. – W. Iser, Die Appellstruktur der Texte, Konstanz 1970. – H.-R. Jauß, Literaturgeschichte als Provokation der Literaturwissenschaft, in: Ders., Literaturgeschichte als Provokation, Frankfurt a.M. 1970, 144–207. – M. Jung, Hermeneutik zur Einführung, Hamburg 2001. – F.A. Kittler/H. Turk, Einleitung, in: Diess. (Hgg.), Urszenen, Frankfurt a.M. 1977. – P. de Man, Blindness and insight, Minneapolis 1971. – P. Ricœur, Temps et récit, 3 Bde., Paris 1983–1985. – R. Rorty, Der Spiegel der Natur, Frankfurt a.M. 1981. – E. Staiger, Die Kunst der Interpretation, in: Neophilologus 35 (1951), 1–15. – K. Weimar/G. Figal, Art. Hermeneutik, in: RLW 2 (2000), 25–31.

Christine Lubkoll

IX. Textlinguistisch

Die H. ist zwischen den Disziplinen Philosophie, Theologie, Jurisprudenz und Literaturwissenschaft angesiedelt. Innerhalb der Sprachwissenschaft hat sie ihren Platz in der Kognitiven Linguistik, wenngleich sich diese primär als szientifische Wissenschaft versteht. Durch die sog. kognitive Wende ist in der modernen Textlinguistik neben eine traditionell produkt-orientierte Sicht auf den Text (als feste Größe) eine prozess-orientierte

Ausrichtung gerückt, die den Text als Ergebnis – aus der Sicht des Produzenten – und als Ausgangspunkt mentaler Prozesse – aus der Sicht des Rezipienten – begreift (K. Adamzik).

Hermeneutische und kognitionslinguistische Ansätze haben gemein, die Textualität nicht in sprachstruktureller Hinsicht zu verorten, sondern auf einer tieferen Ebene als komplexen kognitiven Zusammenhang zu sehen. Die sog. ‚Textwelt' umfasst das kontextuelle Wissen und Vorwissen, zu dem neben sprachlichem Wissen (Illokutionswissen, textstrukturierendem Systemwissen, Textsortenwissen) auch nicht-sprachliches, konzeptionelles Wissen (Alltagswissen, Schlussprozesswissen, Gricesche Maximen mit ihrer Darlegung der Grundbedingungen effektiver Kommunikation) zählt (M. Scherner 1991). Textverstehen wird als Abgleich zwischen Textwissen und allgemeinem Wissen verstanden. Da die Kognitive Linguistik an formal explizierbaren Ergebnissen ausgerichtet ist, gibt es Diskrepanzen zwischen einer philologisch orientierten Disziplin der H. und der Kognitionswissenschaft, bei der es nicht primär um die Kunst des Verstehens als vielmehr um die Modellierung des menschlichen Denkapparats geht. Die bislang entwickelten mentalen Konzepte sind elementarer Art und erlauben keinen Einblick in die komplexe Struktur der Sinnkonstituierung, die in der H. nicht nur die Ebenen des Denkens und Handelns, sondern auch des Fühlens und Wollens mit einschließt.

In der von der Kognitionswissenschaft angeregten modernen Textlinguistik wird mit dem Begriff →‚Kohärenz' die kognitive Dimension der Textualität, d. h. der innere, semantische und sinnstiftende Zusammenhang der mentalen Textwelt, erfasst. R.-A. de Beaugrande/W.U. Dressler unterschieden als erste die Kohärenz von den kohäsiven, also den formalen Mitteln der Grammatik, die der Herstellung des Textzusammenhangs dienen. Neuere Semantiktheorien gehen davon aus, dass eine klare Trennlinie zwischen primär sprachlich geprägter Textbedeutung und wissensbasierter kognitiver Sinnbildung nicht besteht.

Bei einem derart weitgefassten Begriff von ‚Kohärenz', die durch operationalisierbare Methoden allein nicht (mehr) beschreibbar ist, wird die Grenze zu sog. sinnorientierten Ansätzen unscharf: Der Text ‚enthält' nicht einfach →Sinn, der Sinn muss vielmehr aus den Impuls gebenden vertexteten sprachlichen Mitteln durch den Rezipienten in kognitiver Eigenaktivität konstruiert werden unter Rückgriff auf das Textelement, den verbalisierten Vor- und Folgekontext, die außersprachliche Wahrnehmungssituation sowie das persönliche Weltwissen.

Vor dem Hintergrund der Erkenntnistheorie des radikalen Konstruktivismus N. Luhmanns, dass Kommunikation unwahrscheinlich sei, da die kognitiven Bereiche von Kommunikationspartnern *‚black boxes'* glichen, entwickelte S.J. Schmidt einen neuen textverstehenstheoretischen Ansatz. Schmidt greift die von N. Luhmann aufgestellte Opposition von Kommunikation und Kognition auf und koppelt beide Systeme u. a. über die Kategorie →‚Text' miteinander. Verstehen heißt für ihn schließlich ‚bedeutungsgerecht kommunizieren' und nicht ‚das vom Sprecher Gemeinte erfassen'.

Bibliographie: K. Adamzik, Textlinguistik, Tübingen 2004. – R.-A. de Beaugrande/W.U. Dressler, Einführung in die Textlinguistik, Tübingen 1981. – W. Hermanns/W. Holly (Hgg.), Linguistische Hermeneutik, Tübingen 2007. – M. Scherner, Der „Horizont" – ein sprachliches „Kenntnissystem"?, in: R. Harweg et al. (Hgg.), Die deutsche Sprache – Gestalt und Leistung, Münster 1991, 229–251. – Ders., Kognitionswissenschaftliche Methoden in der Textanalyse, in: K. Brinker et al. (Hgg.), Text- und Gesprächslinguistik, HSK 16.1, Berlin/New York 2000, 186–195. – S.J. Schmidt, Über die Rolle von Selbstorganisation beim Sprachverstehen, in: W. Krohn/G. Küppers (Hgg.), Emergenz, Organisation und Bedeutung, Frankfurt a. M. 1992, 293–333.

Mechthild Habermann

X. Philosophisch

H., zwischen dem 17. und 19. Jh. als Methode der Textdeutung und Kulturinterpretation ausgearbeitet, wird bei Autoren des 20. Jh.s zur Signatur eines bestimmten Philosophierens. Verstehen und Auslegen interessieren als Grundlage und Horizont des theoretischen wie praktischen Weltbezugs überhaupt. Menschen existieren so, dass sie zu ihrem Leben, zu anderen Menschen und zur Welt in ein verstehendes Verhältnis treten, Bilder von sich und ihrer Welt entwerfen; Verstehen ist nach M. Heidegger nicht eine partikulare kognitive Fähigkeit, sondern eine Grundbestimmung des menschlichen Seins (ein ‚Existential'). H.-G. Gadamer hat in *Wahrheit und Methode* (1960) den Rahmen einer ‚philosophischen H.' systematisch ausgeleuchtet. Zu den Grundzügen des Verstehens, die zugleich solche der Existenz sind, gehören die Geschichtlichkeit und Endlichkeit, der nie eingeholte Ausgriff auf vollkommene Verständigung und die Unabschließbarkeit aller Interpretation; mit der Universalisierung des Verstehens verbindet sich die These der Fundamentalität der Sprache (‚Sein, das verstanden werden kann, ist Sprache').

Andere Autoren stellen weitere Aspekte hermeneutischen Denkens heraus. P. Ricœur entfaltet sowohl den umfassenden Horizont des Verstehens wie den ‚Konflikt der Interpretationen' zwischen den unterschiedlichen Ausprägungen der (theologischen, literarischen, ideologiekritischen, psychoanalytischen etc.) Hermeneutik. C. Taylor weist die Unhintergehbarkeit des Verstehens im Selbstverhältnis des Menschen (als des ‚sich selbst interpretierenden Tiers') wie in der sozialwissenschaftlichen Beschreibung nach. Gegen die essentialistische und bewusstseinsphilosophische Erkenntnistheorie plädiert R. Rorty für eine hermeneutische Philosophie, deren wichtigste Aufgabe die Teilnahme am kulturellen Gespräch der Menschheit ist. G. Vattimo unterstreicht den historischen Ort der H. als der κοινή des nachmetaphysischen Denkens der Gegenwart, das sich durch die Absage an emphatische Objektivitäts-, Wahrheits- und Einheitsansprüche auszeichnet. Die an Nietzsches Diktum ‚Tatsachen gibt es nicht, nur Interpretationen' anschließende Gegenbewegung eines konstruktiven Sinnbezugs wird in ‚interpretationistischen' Konzepten (G. Abel, H. Lenk) ausformuliert; sie verstehen sich zum Teil als Antithese zu traditionellen Sichtweisen der H. und deren (angeblichen) metaphysischen und subjektivitätsphilosophischen Prämissen. In neueren Debatten ist die Dekonstruktion J. Derridas zur wichtigen Gegenposition, aber auch zum Gesprächspartner der H. geworden.

Die Auseinandersetzung um die H. in der Gegenwart ist zum einen durch das interne Verhältnis zwischen diesen unterschiedlichen Ansätzen des Umgangs mit Sinn bestimmt. Zum anderen betrifft sie die übergreifende Alternative zwischen H. und Naturalismus unter der Leitfrage, wieweit Sinn und Verstehen überhaupt für ein heutiges Bild des Menschen wesentlich sind. H. steht in Auseinandersetzung mit Hermeneutik-kritischen Ansätzen, die entweder den verstehenden Zugang zu Geschichte und Kultur zurückweisen, die historisch-interpretatorische Beschäftigung mit der Philosophie kritisieren oder die Sinnfrage als solche für obsolet erklären.

BIBLIOGRAPHIE: G. Abel, Interpretationswelten, Frankfurt a.M. 1993. – E. Angehrn, Interpretation und Dekonstruktion, Weilerswist 2003. – H.-G. Gadamer, Wahrheit und Methode, Gesammelte Werke 1, Tübingen 1986. – M. Heidegger, Ontologie (Hermeneutik der Faktizität), in: Gesamtausgabe, Abt. II, Bd. 63, Frankfurt a.M. 1988. – Ders., Sein und Zeit, Tübingen [10]1963. – P. Ricœur, Der Konflikt der Interpretationen, 2 Bde., München 1973/1974. – Ders., Du texte à l'action, Essais d'herméneutique II, Paris 1986. – R. Rorty, Der Spiegel der Natur, Frankfurt a.M. 1981. – C. Taylor, Erklärung und Interpretation in den Wissenschaften vom Menschen, Frankfurt a.M. 1975. – G. Vattimo, Jenseits der Interpretation, Hamburg 1997.

Emil Angehrn

Hermeneutischer Zirkel

Während der logische Zirkel als eine zu vermeidende Argumentationsform (*circulus vitiosus*) gilt, welche das zu Beweisende für die Beweisführung in Anspruch nimmt, wird der h. Z. als nicht zu vermeidender Grundzug und positive Grundlage des Verstehens und Darstellens betrachtet. Jedes →Verstehen setzt etwas von dem voraus, was es erst verständlich machen will; ein antizipiertes Verständnis ist Grundlage für den Verstehensprozess, in dessen Verlauf es eingeholt, konkretisiert oder berichtigt wird. Das Grundschema des h.n Z.s ist die wechselseitige Implikation zwischen Ganzem und Teilen; die ihm zugrundeliegende Einsicht besteht darin, dass der Gesamtzusammenhang einer

Sache nur von den Teilen her erschließbar ist und umgekehrt das Einzelne nur im Horizont des Ganzen angemessen erkannt und bestimmt werden kann. Diese Grundfigur wird im Laufe der Geschichte in variierender Ausprägung in unterschiedlichen Bereichen zur Geltung gebracht, in →Rhetorik und →Ästhetik, in der Theorie des Lebendigen, in der Theorie der Textauslegung und des historischen Verstehens (wobei der Begriff ‚h. Z.' erst seit dem 19. Jh., zuerst 1809 bei A. Boeckh, verwendet wird, während der Gedanke bis in die antike Rhetorik zurückweist). Wichtige Formulierungen finden sich bei Autoren des 19. und 20. Jh.s. Für W. Dilthey bildet die Relation von Teil und Ganzem das Grundgerüst des ‚Zusammenhangsverstehens', über welches wir die →‚Bedeutung' eines →Textes wie eines geschichtlichen Verlaufs erfassen (wobei er z. T. terminologisch die ‚Bedeutung' des Teils und den ‚Sinn' des Ganzen auseinanderhält – eine Unterscheidung, die sich so nicht durchgesetzt hat). J.G. Droysen macht ein analoges Wechselspiel zwischen Sein und Werden geltend (wir verstehen etwas aus seiner Entstehung und begreifen sein Gewordensein aus seinem Sein). Die strukturelle Figur von Ganzem und Teil wird bei M. Heidegger und H.-G. Gadamer ins Zeitlich-Geschichtliche transponiert, wobei nicht primär eine methodische, sondern eine ontologische Struktur interessiert, die das menschliche Dasein in seiner Zeitlichkeit auszeichnet. Jede Auslegung setzt nach Heidegger ein Verständnis des Auszulegenden voraus, wobei dieser „Zirkel des Verstehens" nicht ein erkenntnismäßiges Defizit, sondern die „positive Möglichkeit ursprünglichsten Erkennens" und letztlich „der Ausdruck der existenzialen Vor-struktur des Daseins selbst" ist (*Sein und Zeit,* §32). Die Unverzichtbarkeit des →Vorverständnisses für das konkrete Erkennen wird bei Gadamer zu einer grundsätzlichen Rehabilitierung des ‚Vorurteils' vertieft, das als Bedingung des Verstehens aufgewiesen wird und einen Grundzug unserer geschichtlichen Existenz und Zugehörigkeit zu einem Überlieferungszusammenhang definiert.

Die ntl. →Hermeneutik seit R. Bultmann verwendet den Begriff im Anschluss an M. Heidegger (bes. E. Fuchs, *Marburger Hermeneutik*, Tübingen 1968).

Bibliographie: W. Dilthey, Der Aufbau der geschichtlichen Welt in den Geisteswissenschaften, hg. v. M. Riedel, Frankfurt a. M. 1970. – H.-G. Gadamer, Wahrheit und Methode, Gesammelte Werke 1, Tübingen 1986. – M. Heidegger, Sein und Zeit, Tübingen [10]1963. – D. Teichert, Art. Zirkel, hermeneutischer, in: HWPh 12 (2004), 1339–1344.

Emil Angehrn

Heuristik

H. (griech. εὑρίσκειν, ‚finden') ist ‚Erfindungskunst'. In der Sache lässt sich zwischen einem *‚heuristischen Prinzip'* (h. P.) und einem *‚heuristischen Verfahren'* (h. V.) unterscheiden: Ein h. P. „ist eine Vermutung oder Annahme allgemeiner Art, die zur Auffindung neuer Einsichten dient"; das h. V. „zeigt, auf welchem Wege Erkenntnisse entdeckt und weitergeführt sind" (vgl. M. Apel/P. Ludz, *Philosophisches Wörterbuch*[6], 124 f.). In wissenschaftstheoretischer Hinsicht kann das *h. P.* als methodologischer Ausgangspunkt besonders geistes- oder kulturwissenschaftlicher Forschung gelten, denn es fungiert als (Prä-)Supposition zur Entdeckung des ‚Neuen'. Das „Problem [...] der Entdeckung des Neuen" (so L. Schäfer, in: F. Rodi, 51) ist seit dem 17./18. Jh. Kriterium moderner Wissenschaften (vgl. Giambattista Vico). Das *h. V.* verhilft dazu, den Vorgang des Erkenntnisgewinns methodisch kontrolliert nachzuvollziehen.

Wie aber verhält sich die Entdeckung des ‚Neuen' als Ergebnis geisteswissenschaftlicher Arbeit zu der im h. P. vorausgesetzten Arbeitshypothese? Wichtige Beiträge zur Erforschung der H. (F. Rodi) haben hier zu folgenden Einsichten geführt: Folgt man der Unterscheidung Kants von ‚bestimmender' und ‚reflektierender Urteilskraft', so ist der Vorgang der Entdeckung des Neuen der ‚reflektierenden Urteilskraft' eigen (L. Schäfer, 52): Diese sucht gleichsam induktiv das ‚Allgemeine' (gemeint sind: Regeln, Prinzipien, Gesetze) für die empirisch gegebene ‚Mannigfaltigkeit'. Die Entdeckung des Neuen also ist wesentlich Erweiterung der Erkenntnis (vgl. L. Schäfer, 50; K. Acham, in: F. Rodi, 111). Nun lässt sich die Unterscheidung Kants von ‚bestimmender' und ‚reflektierender Urteilskraft' in Entsprechung zu W. Diltheys Unterscheidung von ‚Erklären' und ‚Verstehen' (vgl. R.A. Makkreel, in: F. Rodi, 35) setzen: Die ‚reflektierende Urteilskraft' (I. Kant) ist demnach Verstehen (W. Dilthey), also eine hermeneutische Leistung (zur weiteren philosophiegeschichtlichen Adaption der Begriffe vgl. F. Rodi).

Das Verhältnis von H. und Hermeneutik in den Geisteswissenschaften kann daher am besten so beschrieben werden: H. ist der noetische Ausgangspunkt und das leitende Frageinteresse der Forschung, die der Erkenntnis des Neuen verpflichtet ist, welche sich als →Verstehen, also als hermeneutischer Akt, realisiert.

So gesehen, ist H. auch ein Kernbegriff bibelexegetischer Arbeit: Sie motiviert, definiert, reguliert und rekonstruiert die methodischen und sachlichen Fragen, die an Texte zu stellen sind, und bereitet die Entdeckung des Neuen als einen verstehenden Prozess vor.

BIBLIOGRAPHIE: W. Hartkopf, Historischer Überblick über die Geschichte der Heuristik, in: Ders., Dialektik – Heuristik – Logik, hg. v. H. Baum et al., Frankfurt a.M. 1987, 107–149. – F. Rodi (Hg.), Urteilskraft und Heuristik in den Wissenschaften, Weilerswist 2003.

Eve-Marie Becker

Historischer Leser

I. Alttestamentlich

Unter dem h.n L. ist in Abgrenzung zum → impliziten Leser der Rezeptionsästhetik der ‚empirische' Leser geschriebener Texte zu verstehen. Die Beachtung des h.n L.s ist Ausdruck des Wissens um das geschichtliche Werden der atl. Texte. Der h. L. des →AT ist vorwiegend als ein männlicher zu denken. Doch ist Vorsicht geboten, denn ähnlich, wie zunehmend bei →Texten eine mögliche weibliche Verfasserschaft postuliert wird, sind auch Leserinnen nicht auszuschließen. Angesichts der Quellenlage, der Vielfalt der Texte und Textsorten sowie des großen zeitlichen Spektrums, in dem die Texte angesetzt werden können, ist eine Rekonstruktion des h.n L.s für das AT nur begrenzt möglich.

Zudem ergeben sich Fragen über die Schreib- und damit auch Leseerziehung von Menschen in atl. Zeit. Vorausgesetzt werden kann, dass Menschen höherer Schichten des →Lesens kundig waren, v.a. in der Zeit nach der Staatengründung. Von einem schriftgestützten Bildungssystem kann – in Analogie zu den Nachbarkulturen – ausgegangen werden (D.M. Carr), das in Familien sowie königlichen, prophetischen und priesterlichen Schulen seinen Ort hatte (A. Lemaire). In diesen sind dann auch am ehesten die h.n L. zu suchen. Lesen diente nicht nur der Information, sondern in erster Linie der (praktischen) Aneignung (vgl. Ps 1 über das Lesen der → Tora). Lesen, insbesondere Vorlesen geschah zur Vermittlung des Gotteswillens: Dtn 6,4–9; 11,18–21(25); 2 Kön 22 f.; Neh 8; Jer 29.

Das Rechnen mit dem h.n L. betont den Abstand der heutigen Lesenden zum →Text. Der Rückgriff auf den h.n L. bei der →Interpretation atl. Texte setzt die Vorstellung einer gewissen Objektivierung der Aussage der Texte mit. Diese ist aber schon insofern fraglich, als bei zahlreichen Texten eine Datierung äußerst schwierig ist (vgl. bes. die Diskussion der Psalmendatierung) und somit auch das Erheben des h.n L.s. Zum anderen ergibt eine diachrone Analyse atl. Texte häufig Anzeichen von Überarbeitung und Fortschreibung aus einer späteren Zeit, wobei eindeutige Zuordnungen nicht immer möglich sind (vgl. bes. die Diskussion innerhalb der Pentateuchforschung). Damit ergeben sich für viele Texte in ihrer Endgestalt angesichts ihres geschichtlichen Werdens gleich mehrere h. L. Ein innerbiblisches *Prae* zugunsten der jeweils gegenwärtig Lesenden gegenüber dem h.n L. zeigt neben den Fortschreibungen und Überarbeitungen v.a. das Dtn mit seiner immer wieder neuen Betonung des ‚heute'.

BIBLIOGRAPHIE: D.M. Carr, Writing on the tablet of the heart, Oxford 2005. – Ders., Mündlich-schriftliche Bildung und die Ursprünge antiker Literaturen, in: H. Utzschneider/E. Blum (Hgg.), Lesarten der Bibel, Stuttgart 2006, 183–198. – O. Jahraus, Literaturtheorie, Tübingen/Basel 2004. – A. Lemaire, Les écoles et la formation de la Bible dans l'ancien Israël, Göttingen/Fribourg 1991.

Jutta Hausmann

II. Neutestamentlich

Die Frage nach dem h.en L. zielt auf die Rekonstruktion der Erstrezeption eines (literarischen) Textes bzw. auf die historische Kontextualisierung von Produktions- und Rezeptionsvorgängen. Dabei ist für die frühchristliche Zeit zumindest in Ansätzen eine literale Kultur vorausgesetzt, in der schriftliche →Texte wenigstens von einzelnen Personen im Prozeß des →Lesens rezipiert werden können.

Der h. L. ist der vom Autor intendierte und/oder der faktische Leser: Indem nach dem intendierten Leser gefragt wird, wird zugleich ein wichtiger Aspekt der Autorenintention diskutiert. Indem nach dem faktischen Leser gefragt wird, werden besonders die lokale Verbreitung und die Lektüreform der Texte diskutiert. In literaturwissenschaftlicher Hinsicht erschließt sich die Kategorie des h. L.s darüber hinaus am besten in Differenz zu den terminologisch eingeführten Größen des ‚fiktiven' und des ‚impliziten' Lesers. Der h. L. erscheint dann als realer und expliziter Leser. Die genannten Leser-Kategorien (intendiert, faktisch; fiktiv, implizit; real, explizit) lassen sich auf die ntl. Texte wie folgt anwenden:

Fiktive Leser im Unterschied zu h.n L.n begegnen zum einen in der →pseudepigraphen Briefliteratur als Ortsgemeinde (z. B. Kol 1,2; 2 Thess 1,1), Paulusschüler (Pastoralbriefe: 1.2 Tim; Tit) oder Kollektivgemeinden (1 Petr 1,1; Jak 1,1), zum anderen u. U. auch in der prophetisch-apokalyptischen Briefliteratur: Der Seher Johannes schreibt nach Diktat des erhöhten Christus an sieben Gemeinden in Kleinasien (Offb 2–3). Die authentischen Paulusbriefe hingegen sind wohl an reale, also h. L. adressiert (Ortsgemeinde[n]: z. B. 1 Kor 1,2; 2 Kor 1,1; Einzelperson: Phlm 1). Es ist aber zu vermuten, dass über den intendierten Adressatenkreis hinaus auch andere Gemeinden zu den faktischen h.en L.n gezählt haben (vgl. Kol 4,16).

Fiktive Leser könnten auch in Joh 20,30 f. im Blick sein. Im lukanischen Doppelwerk hingegen gilt Theophilus als realer und h. L. und zugleich als intendierter Adressat der Schriften (Lk 1,3; Apg 1,1). Wer die h.n L. der Evangelien (Mk, Mt, Lk, Joh) im Sinne von faktischen Erst-Lesern sind – ob einzelne Gemeinden oder alle Christen (R. Bauckham) –, ist zwar kaum zu bestimmen, bleibt aber im Blick auf die Autorenintention und auf den Verbreitungsgrad der Schriften eine wichtige →heuristische Frage.

Die Kategorie des ‚impliziten Lesers' (W. Iser) verweist im Unterschied zum h.n L. darauf, dass der Lese- und Rezeptionsvorgang ntl. Texte nicht auf die →Kommunikation zwischen historischem Autor und h.m L. beschränkt ist, sondern über den historischen Kontext der realen und faktischen (Erst-)Rezeption hinaus andauert. Die Rolle des impliziten Lesers ermöglicht dabei eine aktive Teilnahme am Rezeptionsprozess. Sie steht dem Rezipienten prinzipiell so lange offen, so lange nicht der vom historischen Autor intendierte Leser explizit angesprochen wird (z. B. 2 Kor 6,11: ‚Korinther' oder Lk 1,3: ‚hochgeehrter Theophilus').

Bibliographie: R. Bauckham, The Gospel for all Christians, Grand Rapids 1997. – W. Iser, Der implizite Leser, München [3]1994. – B. Schlieben-Lange (Hg.), Lesen – historisch, Göttingen 1985. – O. Wischmeyer, Hermeneutik des Neuen Testaments, Tübingen/Basel 2004.

Eve-Marie Becker

III. Kirchengeschichtlich

Für das frühe Christentum gilt, was auch in der paganen Umwelt gängig war: Texte wurden in der Regel vorgetragen, der akustischen und visuellen (und damit: der gemeinschaftlichen) Dimension der →Rezeption kommt entscheidende Bedeutung zu (‚*reading-as-performance*'); stille, individuelle Lektüre ist die Ausnahme (Aug. *conf.* 6,3,3). Die Kirchenväter bleiben auch hinsichtlich ihres Leserbezugs – in ostentativer Ablehnung (Tertullian, Caesarius v. Arles) wie in bewusster Aneignung (Augustin, die Kappadokier) – auf die sprachlichen Kodifikationen der *Grammatici* ebenso wie die (wirkungs)ästhetischen Vorgaben der klassischen →Rhetorik bezogen, wobei der paränetische Aspekt (*flectere*) betont wird (dies gilt nicht zuletzt für einen geforderten Wandel der Rezeptionshaltung, Aug. *cat. rud.* 9,13; Arnob. *nat.* 1,58–59). So finden sich in den Kirchenväterschriften neben biblischen Zitaten Anleihen bei den kanonischen →Autoren der griechisch-römischen Antike. Traditionelle Bildung wird als Vorbereitung auf den kompetenten (exegetischen) Umgang mit der →heiligen Schrift verstanden (Bas. *leg. lib. gent.* 2, PG 31,565); rhetorische Kategorien scheinen auch die Rezeption (insbesondere der →Predigt) durch die Gemeinden zu prägen (Hier. *in psalm.* 7, CCL 78,20,41 ff.). Bedeutsam für das Textverständnis der *simpliciores* sind die christliche Hymnik und die Präsentation von biblischen *testimonia* an den Kirchenwänden (die z. T. mit bildlichen Darstellungen interagieren). Als ‚*textual community*' stellen die Christen die Schrift in den Vordergrund, auch in ihrer materialen Form (vgl. den Streit um die *traditores*), bis hin zur verbreiteten magischen Verwendung; die Sorge um den korrekten Wortlaut, seine Sicherung gegen Verfälschungen (Offb 22,18 f.) ist ebenso zentral wie das Bemühen um ein angemessenes Verständnis. Die Homiletik ringt folglich um *perspicuitas* der Unterweisung (Aug. *doctr. christ.* 4,8,22; Or. *Cels.* 7,59 f.) sowie um eine breite Rezeption der Referenztexte. Ausdrücklich werden die Laien zum Nachvollzug der Predigt durch Bibellektüre im familialen Kontext angehalten (Chrys. *hom. in Mt* 5,1, PG 57,55; vgl. *Traditio apostolica* 41) bzw. aufgefordert, entsprechenden →Lesungen beizuwohnen; doch liegt die →Bibel oft nur in Form von Florilegien und Lektionaren vor. In der christlichen Epigraphik sind Einflüsse dieser regelmäßigen Konfrontation mit der Schrift nachzuweisen, wobei einzelne Textgruppen (v. a. die →Psalmen) klar dominieren. Schließlich ist auch die →Liturgie auf den Text und seine Rezeption ausgerichtet, auf entsprechend breiter sozialer Basis werden doktrinäre Konflikte zwischen →Interpretationsgemeinschaften geführt (Gr. Nyss. *deit.*, PG 46,557).

Bibliographie: A.K. Bowman/G. Woolf (Hgg.), Literacy and power in the ancient world, Cambridge 1994. – P. Brown, Macht und Rhetorik in der Spätantike, München 1995 [*engl.* 1992]. – A. v. Harnack, Über den privaten Gebrauch der heiligen Schriften in der Alten Kirche, Leipzig 1912. – W.A. Johnson, Toward a sociology of reading in classical antiquity, in: AJPh 121 (2000), 593–627. – C. Mondésert (Hg.), Le monde grec ancien et la Bible, Paris 1984. – H.-G. Nesselrath, Die Christen und die heidnische Bildung, in: J. Dummer/M. Vielberg (Hgg.), Leitbilder der Spätantike – Eliten und Leitbilder, Stuttgart 1999, 79–100.

Christian Ronning

IV. Altphilologisch

Für die Antike sind kaum explizite literarische Zeugnisse mit historischem Quellenwert für h. L. zu finden, da entsprechende Hinweise fast immer in textstrategisch entworfene →Kontexte (Widmungen, Vorworte) eingebettet sind. Antike Gebrauchsliteratur (Papyri, Glossierungen), die eventuell über h. L. Aufschluss geben könnte, ist nur durch Zufallsfunde erhalten. Bildliche Darstellungen von →Lesern mit Schriftrolle in der Hand sind v. a. aus der späteren Antike (Sarkophage) bekannt. Aussagen über den h.n L. unterliegen der Gefahr der Rückprojektion moderner Verhältnisse: So hat man z. B. den spätantiken griechischen Roman in Analogie zur Romanliteratur des 18. Jh.s fälschlicherweise als Trivial- und Massenliteratur gedeutet, die v. a. auf weibliche Leser ziele.

Seit der Übernahme der →Schrift von den Phöniziern im 8. Jh. v. Chr. verbreiten sich im griechischen Sprachraum Schreib- und Lesefähigkeit, v. a. unter sozial höhergestellten Männern und Frauen (vgl. Dichterinnen seit Sappho), anfangs auf rein pragmatische Verwaltungszwecke beschränkt, dann rasch in den kultisch-religiösen und poetischen Bereich übergreifend. Spätestens seit dem späten 4. Jh. v. Chr. kann man von einer fest etablierten Lesekultur in den oberen Bevölkerungsschichten ausgehen; zuvor ist eine primär mündliche, konkret-situative Rezeptionssituation anzunehmen (z. B. Epenrezitation durch Rhapsoden; Performanz von Chorlyrik, Lyrik, Drama; Gerichtsreden). Der h. L. steht dabei einerseits im Spannungsfeld von esoterischer und exoterischer →Kommunikation (z. B. Medizin, Philosophie), andererseits von →Mündlichkeit und →Schriftlichkeit (vgl. die Schriftkritik in Pl. *Phdr.*, z. B. 275 d 5 f.: Schriftlichkeit verhindert Rückversicherung beim Autor). Indirekte Reflexe gibt es z. B. in der attischen Tragödie (z. B. E. *Hipp.* 857.864 f.: Brief; IA 35–37.891 f.: Brief; Palamedes, *frg.* 578, 1 TrGrF V, 2 Kannicht: Schrift als Heilmittel gegen das Vergessen) oder bei den Rednern (Verlesen von Anklageschriften vor Gericht). Dagegen lässt sich bei pragmatischeren poetischen Texten, z.B. metrischen Aufschriften und Epigrammen, von Anfang an ein intendierter h. L. nachweisen: z.B. bei den die Ilias rezipierenden Hexametern auf dem sog. Nestorbecher (ca. 730 v.Chr.) im sympotischen Kontext (CEG 454 Hansen) oder bei Grabaufschriften, die von Passanten gelesen werden sollen (z.B. Herakleitos *AP* VII 465; [Theoc.] *AP* VII 262; Antipatros *AP* VII 427). Der h. L. liest bis in die Spätantike überwiegend laut, obgleich sich seit dem 5. Jh. v.Chr. auch Belege für stilles Lesen nachweisen lassen.

BIBLIOGRAPHIE: S. Busch, Lautes und leises Lesen in der Antike, in: RhM 145 (2002), 1–45. – B.M.W. Knox, Silent reading in antiquity, in: Greek, Roman and Byzantine Studies (1968), 421–435. – W.J. Ong, The writer's audience is always a fiction, in: PMLA 90 (1975), 9–21. – P. Stein, Schriftkultur, Darmstadt 2006. – J. Svenbro, Phrasikleia: an anthropology of reading in ancient Greece, Ithaca 1993. – T.A. Szlezák, Platon und die Schriftlichkeit der Philosophie, Berlin 1985. – S. West, Herodotus' epigraphical interests, in: CQ 35 (1985), 278–304.

Irmgard Männlein-Robert

V. Literaturwissenschaftlich

In der historischen und empirischen Rezeptions- sowie der Leseforschung bezeichnet ,h. L.' die Seite des Rezipienten im Prozess literarischer →Kommunikation unter Einbeziehung aller psychischen wie kognitiven, sozialen und sozialisatorischen sowie situativen Voraussetzungen und Bedingungen des Rezeptionsprozesses von →Literatur. Mit der Einbeziehung der Leserseite wurde wissenschaftshistorisch seit den grundlegenden Forschungen von H.R. Jauß in den 1960er Jahren Literaturgeschichte nicht mehr nur als ereignisgeschichtliche Abfolge von Werkproduktion durch →Autoren, sondern auch als Folge von literarischen →Wirkungen analysiert. Dieser Paradigmenwechsel zu einer Rezeptionsgeschichte der Literatur wird zunächst in Jauß' *Literaturgeschichte als Provokation der Literaturwissenschaft* (1967) vollzogen: Auf der Seite der Rezipienten argumentiert Jauß mit dem aus der Phänomenologie (E. Husserl) und →Hermeneutik (M. Heidegger, H.-G. Gadamer) abgeleiteten Begriff des Erwartungshorizonts, der einerseits an die soziale und psychische Situation des h.n L.s gebunden ist, der andererseits, in der Unterscheidung zwischen zeitgenössischer →Rezeption und späterer, distanzierterer Lektüre, als Horizontwandel sichtbar gemacht werden könne. In seinen gesammelten Aufsätzen aus den Jahren 1956 bis 1976 zur →Alterität und Modernität der mittelalterlichen Literatur (1977) entwickelte Jauß gerade am Beispiel mittelalterlicher Literatur das Modell seiner allgemeinen Theorie.

Jauß zufolge wird Lektüre auf dem Hintergrund eines kulturellen Referenzrahmens und individueller Bedingungen mit Erwartungen besetzt, die durch die Lektüre selbst erfüllt, enttäuscht, desillusioniert oder modifiziert werden können. Da kulturelle und individuelle Bedingungen sich aber veränderten, komme es zu einem Horizontwandel, mit dem sich auch die (zugewiesenen) Bedeutungen der Texte änderten. Das Konzept der ,Unbestimmtheitsstellen', mit dem W. Iser (*Der implizite Leser*, 1972) das rezeptionsästhetische Modell ergänzte, konkretisiert die Vorstellung des Erwartungshorizonts: Nur aus historisch bestimmtem Wissen kann der Leser die Unbestimmtheitsstellen, die der Text bewusst lässt, auffüllen und so die → Bedeutung des Textes konstituieren.

So verdienstvoll die rezeptionstheoretische Wende zugunsten des Leser-Paradigmas auch gewesen ist, so problematisch wird die Kategorie des h.n L.s zumindest im Blick auf die Gegenwartskultur der westlichen Gesellschaften, insofern die starke Ausdifferenzierung in unterschiedliche Milieus und Submilieus die Bestimmung historischer Erwartungshorizonte verunmöglicht.

BIBLIOGRAPHIE: H. Aust, Lesen, Tübingen 1983. – R. Engelsing, Der Bürger als Leser, Stuttgart 1974. – B. Franzmann et al. (Hgg.), Handbuch Lesen, Baltmannsweiler 2001. – W. Iser, Der implizite Leser, München ³1994 [1972]. – H.R. Jauß, Der Leser als Instanz einer neuen Geschichte der Literatur, in: Poetica 7 (1975), 325–344. – Ders., Literaturgeschichte als Provokation der Literaturwissenschaft (1967), in: Ders., Literaturgeschichte als Provokation, Frankfurt a.M. 1970, 144–207. – J. Schneider, Sozialgeschichte des Lesens, Berlin/New York 2004.

Benedikt Jeßing

Historismus

I. Alttestamentlich/Neutestamentlich

Unter H. in den Bibelwissenschaften ist nicht nur die konsequente, von dogmatischen Prämissen unabhängige Anwendung der historischen Quellenkritik auf das →AT und →NT zu verstehen, sondern die hier erzielten Ergebnisse werden in strenger Beziehung auf die israelitisch-jüdische Geschichte bzw. die Geschichte des Urchristentums und die ihnen inhärenten Gegensätze zugleich die Grundlage für die Wesensbestimmung des Christentums, die als historische Syntheseleistung den fundierenden Ausgangspunkt für die zukünftige Wesensgestaltung des Christentums bildet. Darin unterscheidet sich der ab 1835 einsetzende H. in den Bibelwissenschaften von der ihm vorausgehenden historisch-kritischen Schriftauslegung, die seit J.S. Semler bereits eine Fülle an quellenkritischen Einsichten etablierte. Eine methodische Aufweitung erfährt der H. durch die von der sog. ‚religionsgeschichtlichen Schule' Ende des 19. Jh.s aufgeworfenen, tendenziell idealtypischen, v.a. formgeschichtlichen Fragestellungen; einen Einschnitt, wenngleich keinen Abbruch stellt ab 1920 die dialektische Theologie dar.

In der atl. Wissenschaft ist es J. Wellhausen (1844–1918), der – nach dem Vorlauf u. a. von W.M.L. de Wette, H. Ewald, K.H. Graf sowie W. Vatke – im wissenschaftlichen Diskurs mit A. Kuenen ab 1876 eine Rekonstruktion der (Religions-)Geschichte des vorexilischen Israel und des antiken Judentums bis hin zur Verkündigung Jesu vorlegt, die v.a. auf der Literarkritik am Pentateuch, insbesondere der Spätdatierung der später sog. Priesterschrift P, gründet und auch literaturästhetisch den Ansprüchen des H. genügt.

Mit Blick auf das NT verlagert zuerst D.F. Strauß (1808–1874) mit seinem auf noch unzureichender literaturhistorischer Basis gearbeiteten, mythen- bzw. legendenkritischen *Leben Jesu* die Auseinandersetzung um den Wahrheitswert der christlichen Lehre auf das Feld der Geschichtswissenschaft. V. a. aber F.C. Baur (1792–1860) bringt die ntl. →Kritik auf die Höhe einer Wissenschaft mit klaren Grundsätzen und Ergebnissen. Methodisch der Tendenzkritik verpflichtet, wird etwa Joh aus den für die Geschichte Jesu relevanten →Quellen ausgeschieden. Baurs strittige Zuordnung der synoptischen →Evangelien erfährt dann in der sog. Zweiquellentheorie etwa bei H.J. Holtzmann (1832–1910) eine notwendige Präzisierung.

Bibliographie: F.C. Baur, Paulus, der Apostel Jesu Christi, Stuttgart 1845. – Ders., Kritische Untersuchungen über die kanonischen Evangelien, Tübingen 1847. – E. Hirsch, Geschichte der neuern evangelischen Theologie, Bd. 5, Münster 1984. – H.J. Holtzmann, Die synoptischen Evangelien, Leipzig 1863. – A. Kuenen, Historisch-kritische Einleitung in die Bücher des Alten Testaments, Leipzig 1887 ff. – Ders., Kritische Methode, in: Ders., Gesammelte Abhandlungen zur biblischen Wissenschaft, Freiburg i. Br. 1894, 3–46. – M. Murrmann-Kahl, Die entzauberte Heilsgeschichte, Gütersloh 1992. – D.F. Strauß, Das Leben Jesu kritisch bearbeitet, Tübingen 1835. – E. Troeltsch, Was heißt „Wesen des Christentums"?, in: Ders., Gesammelte Schriften, Bd. 2, Tübingen ²1922, 386–451. – J. Wellhausen, Prolegomena zur Geschichte Israels, Berlin ⁶1927. – Ders., Israelitische und Jüdische Geschichte, Berlin ⁹1958.

Martin Arneth

II. Kirchengeschichtlich

Der seit der ‚Sattelzeit' (R. Koselleck) um 1800 nachweisbare Begriff bezeichnet mit einer inzwischen als klassisch geltenden Formulierung E. Troeltschs die „Historisierung unseres ganzen Wissens und Empfindens der geistigen Welt". Die Geschichten des Begriffsgebrauchs in den konfessionellen Theologien und in der Wissenschaft des Judentums sind erst in vagen Umrissen erkundet. Doch kann die gelehrte Auseinandersetzung mit der begrifflich uneinholbaren Eigenmacht des Historisch-Individuellen, Kontingenten als ein zentrales, wenn nicht: *das* systematisch entscheidende Problem in den theologischen wie religionswissenschaftlichen Diskursen der Moderne seit dem 18. Jh. gelten. In genau dem Maße, wie sich in den exegetischen Disziplinen der Theologie historisch-kritische →Methoden durchsetzten und, analog zu den Historisierungsprozessen in anderen Geistes- und Kulturwissenschaften, historisch-hermeneutische bzw. geschichtliche Denkstile zum Inbegriff wahrhaft wissenschaftlichen Arbeitens erklärt wurden, wuchs die Einsicht in die fundamentale →Historizität bzw. geschichtliche Partikularität und Relativität nicht nur des sog. Urchristentums und der Alten Kirche, sondern auch aller weiteren religionskulturellen Formationen, die sich in Kontinuität zu Jesusbewegung und Urgemeinde sahen und als Glieder der einen christlichen Kirche verstanden. Die christlichen Theologen hatten früh schon für den in kirchlichen Dogmen kodifizierten Christusglauben einen allgemeinen, unbedingten Wahrheitsanspruch erhoben, nicht zuletzt in Begrifflichkeiten der klassischen griechischen wie hellenistischen und stoischen Philosophie. Kritische Dogmengeschichtsschreibung dekonstruierte diese ‚Hellenisierung' ebenso radikal wie kritische, zunehmend religionsgeschichtlich arbeitende →Exegese die Aura einer gottgewirkten übergeschichtlichen Verbindlichkeit der kanonisierten →‚Heiligen Schrift'. Zwar wurden die Historisierungsprozesse in allen theologischen Disziplinen immer von religiös traditionalistischen und dezidiert konservativen Gegenbewegungen zu konterkarieren versucht. Dem perhorreszierten ‚historistischen Relativismus' setzte man häufig einen modernitätskritisch fundierten, aber seinerseits strukturell durchaus modernen Willen zu neuer Autorität, starker Verbindlichkeit und religiöser Absolutheit entgegen, im deutschen Protestantismus etwa in der sog. ‚antihistoristischen Revolution' der 1920er Jahre mit ihren avantgardistischen Beschwörungen der metahistorischen Wirk- und Bindungskraft des Wortes Gottes. Das Grundproblem der unüberbrückbaren Spannung zwischen „historischer und dogmatischer Methode in der Theologie" (E. Troeltsch) ließ sich durch steile dogmatische Normativitätsproduktion aber ebenso wenig lösen wie durch einen konsequenten Geschichtsradikalismus, der auf jede Konstruktion irgendeiner überindividuellen geschichtlichen Sinneinheit (etwa: ‚des Christentums', ‚der christlichen Kirche' oder ‚der modernen Religionsgeschichte') verzichtet und alle Konstrukte des historischen Bewusstseins immer neu als inkommensurable ‚historische Individualitäten' deutet. Sind alle Vorstellungsgehalte von Geschichte historisch partikular, relativ, so muss dies auch für den H. als der entscheidenden Denkrevolution der Moderne selbst gelten. Nur so, in der problemgeschichtlichen Historisierung der Historisierungsprozesse selbst, lassen sich Elemente der (Selbst-)Begrenzung des historischen Bewusstseins erschließen, die die Theologien für die Suche nach und Begründung von neuer religiöser Evidenz in Anspruch nehmen können, einer Evidenz, die unbeschadet ihrer unhintergehbaren Bindung an Ort und Zeit dem frommen Bewusstsein als übergeschichtlich allgemein sich darstellen mag.

Bibliographie: F.W. Graf (Hg.), Ernst Troeltschs „Historismus", Gütersloh ²2003. – T.A. Howard, Religion and the rise of historicism, Cambridge u.a. 2000. – M. Murrmann-Kahl, Die entzauberte Heilsgeschichte, Gütersloh 1992. – O.G. Oexle, Geschichtswissenschaft im Zeichen des Historismus, Göttingen 1996. – V. Steenblock, Transformationen des Historismus, München 1991. – E. Troeltsch, Der Historismus und seine Probleme, KGA 16,1.2, Berlin 2007. – H. White, Metahistory, Baltimore u.a. 1973.

Friedrich Wilhelm Graf

III. Altphilologisch/Althistorisch

Es ist umstritten, ob der H. (als Begriff erstmals um 1800 bei Novalis und F. Schlegel nachweisbar) ein wissenschaftliches →Paradigma darstellt. In seiner dominanten deutschen Ausprägung entstand er als Fortführung und Gegenkonzept zur Aufklärungshistorie. Er wendet sich gegen die auf Naturrecht gegründete didaktisch-pragmatische Geschichtsauffassung und eine mechanistisch-physikalisch argumentierende Wissenschaft (wie Soziologie, Wirtschaftstheorie, Rechtswissenschaft). Er nimmt die Vorstellung perspektivischer (J.M. Chladenius: ‚Sehepunkte') und sich (evolutiv) entwickelnder Kultur auf, schränkt jedoch den universalhistorischen Blickwinkel gravierend ein. Die Ablehnung des mit der französischen Revolution verbundenen Rationalismus führt zur Distanzierung von einer exemplarisch verstandenen *historia* als *magistra vitae* und zur Hinwendung auf ein nur aus seiner Genese zu verstehendes Individuum.

Der H. beansprucht für sich eine neue, → Geschichtsschreibung zur Fachwissenschaft verändernde methodische Rationalität, die die →Heuristik, →Kritik und →Interpretation als Teile einer Quellenkritik (J.G. Droysen) umfasst. Die historisch-kritische →Methode zielt auf einen gesicherten Quellenbestand als Basis für ‚faktisches' und zunehmend auch positivistisch verstandenes Wissen. Sein Wert wird am Maßstab einer konservativ geprägten Verengung der →Geschichte auf Volk, Staat und Nation (politische Geschichte) und/oder einer übergeordneten, traditionell-religiös (L. v. Ranke: Gott) oder idealistisch-deistisch (G.W.F. Hegel: Geist) aufgefassten ‚Vernunft' als der Grundlage historischen Wandels, oder des ‚Lebens' (W. Dilthey) bestimmt. Aus solcher ‚Geschichtsreligion' wird der Anspruch auf Objektivität für eine auf spezieller Hermeneutik (W. Dilthey) beruhende historische Forschung abgeleitet.

Der Vorwurf der Fortführung religiöser → Tradition (L. Feuerbach) bzw. konservativer Geschichtsmetaphysik (R. Haym) wurde gegenüber dem H. schon im 19. Jh. erhoben. Lösungen für den nach dem Ersten Weltkrieg stark kritisierten H. wegen des ihm inhärenten Konflikts zwischen dem Anspruch auf überzeitlich gültiges normatives Wissen und sich wandelnder historischer Vielfalt wurden durch die Methodik einer idiographischen Wissenschaft (H. Rickert) und durch den Ersatz des religiös-metaphysischen Vernunftbegriffs durch andere normative, aber historische Instanzen (E. Troeltsch: europäische Kultursynthese, F. Meinecke: Gewissen/Lebensprinzip, Nationalsozialismus: völkisch verstandene Nation) versucht. Nach dem Zweiten Weltkrieg zuerst fundamental kritisiert, kann der H. nun als Vorläufer und Teil einer mit einer relationalen Wahrheit operierenden Kulturwissenschaft (U. Daniel) gesehen werden; bedeutsamer erscheint die Besinnung auf seine aufklärerische und europäische Dimension.

Bibliographie: W. Hardtwig, Geschichtsreligion – Wissenschaft als Arbeit – Objektivität, in: Historische Zeitschrift 252 (1991), 1–32. – F. Jaeger/J. Rüsen, Geschichte des Historismus, München 1992. – O.G. Oexle/J. Rüsen (Hgg.), Historismus in den Kulturwissenschaften, Köln u.a. 1996. – G. Scholtz (Hg.), Historismus am Ende des 20. Jahrhunderts, Berlin 1997. – A. Wittkau, Historismus, Göttingen ^{2}1994.

Christoph Ulf

IV. Literaturwissenschaftlich

Die Unterscheidung von →Geschichtlichkeit und Historizität scheint in der Literaturwissenschaft anders als in der theologischen → Hermeneutik nicht sonderlich ausgeprägt zu sein. Gleichwohl sieht man auch hier in der ‚Sattelzeit' (R. Koselleck) eingreifende Veränderungen im literarischen Diskurs, die mit der Veränderung des Zeitbewusstseins, dem Aufkommen der wissenschaftlichen Beschäftigung mit Geschichte und der Prägung des Kollektivsingulars zusammenhängen. Neue historische Theorien (etwa die ‚Sehepunkt-Theorie' von J.M. Chladenius) nehmen im 18. Jh. Einfluss auf die Gestaltung des Geschichtlichen in der →Dichtung (etwa auf das Geschichtsdrama). Die frühe Geschichtswissenschaft (etwa A.L. Schlözer, B.G. Niebuhr, auch: F. Schiller) prägt seit Ende des 18. Jh.s, besonders aber im 19. Jh. nachhaltig das Geschichtsverständnis der deutschen Klassik (J.W. v. Goethe, F. Schiller), der Romantik (L. Tieck) und des Vormärz (G. Büchner, C.D. Grabbe).

Neue Akzente setzt zu Beginn des 19. Jh.s der H. und seine Methodenbildung in den ‚historischen Schulen' (F.C. v. Savigny, L. v. Ranke, J.G. Droysen), wie Quellenkritik und Ideenlehre. In den Kulturwissenschaften wird der H. indes nicht auf die Konstitution historischer Wissenschaften (Geschichtswissenschaft, Jurisprudenz, Theologie, Philologie usw.) begrenzt (J. Rüsen), sondern stellt für sie ein breites geistes- und ideengeschichtliches Phänomen der beginnenden ‚Moderne seit 1800' dar, das auf die Architektur, Musik, bildende Kunst, Literatur und die Wissenschaften gleichermaßen gewirkt hat (O.G. Oexle). Als Ausgangspunkt dieses Denkens erscheint die weitreichende ‚Historisierung unseres Wissens und Denkens' (E. Troeltsch), insbesondere unserer Vorstellungen vom Menschen und seiner je individuellen Existenz in der Geschichte. Phänomene dieses H. sind Geschichtsdramen (F. Lassalle, E. v. Wildenbruch), historische Romane und →Erzählungen (V. v. Scheffel, F. Dahn, C.F. Meyer, W. Raabe), Epen (C. Spitteler), Balladen (T. Fontane, F. Freiligrath) und Gedichte (F. Hebbel, C.F. Meyer). Die nicht selten auf historistische

Ausstattung setzende Dichtung (A. Holz, F. Dörmann, S. George) zeigt enge Verbindungen zum Kunstgewerbe, der Architektur und der bildenden Kunst. Auch in der Kooperation mit der →Musik zeigt sich die → Literatur historistisch inspiriert (R. Wagner, H. v. Hofmannsthal/R. Strauß). Als Folgephänomene des so verstandenen H. können seit F. Nietzsche und W. Dilthey der Relativismus und der Positivismus gesehen werden, die in der avantgardistischen Literatur seit etwa 1890 thematisiert werden und Einfluss auf dichterische Verfahren haben (H. v. Hofmannsthal, A. Holz, T. Däubler, R.M. Rilke).

BIBLIOGRAPHIE: M. Baßler et al. (Hgg.), Historismus und literarische Moderne, Tübingen 1996. – D. Fulda, Wissenschaft aus Kunst, Berlin u.a. 1996. – R. Koselleck, Das achtzehnte Jahrhundert als Beginn der Neuzeit, in: Ders./R. Herzog (Hgg.), Epochenschwelle und Epochenbewußtsein, München 1987, 269–282. – W. Küttler et al. (Hgg.), Geschichtsdiskurs, Bd. 3, Frankfurt a.M. 1993–1999. – D. Niefanger, Art. Historismus, in: HWRh 3 (1996), 1410–1421. – O.G. Oexle/J. Rüsen, Historismus in den Kulturwissenschaften, Köln u.a. 1996. – O.G. Oexle (Hg.), Krise des Historismus – Krise der Wirklichkeit, Göttingen 2007. – J. Rüsen, Kultur macht Sinn, Köln u.a. 2006.

Dirk Niefanger

Historizität

I. Alttestamentlich

Die Hebräische Bibel enthält sehr viele Mitteilungen geschichtlicher Art. Vorkritischer Wahrnehmung galten und gelten sie schlicht als zutreffend. Seit der Renaissance und erst recht seit der Aufklärung wird ihre H. jedoch immer kritischer hinterfragt. Das nach modernen historisch-kritischen →Methoden erstellte Bild der Geschichte Israels ist vom biblischen Geschichtsbild recht weit entfernt (wobei aber der neuesten Geschichtswissenschaft bewusst ist, dass →‚Geschichte' immer nur ein Konstrukt sein kann). Zu weit gehen neuerdings vertretene minimalistische Positionen, wonach der →Bibel keinerlei H. zukomme und die Geschichte Altisraels einzig aus außerbiblischen →Quellen zu schreiben sei.

Unbestreitbar will die Bibel in erster Linie nicht Geschichts-, sondern Glaubensbuch sein, und ihre Historiographie ist antik, nicht aufgeklärt-modern. In ihr mischen sich Fakten und →Fiktionen auf eigentümliche Weise. Neben präzisen und oft genug von anderer Seite bestätigten Nachrichten gibt es geschichtliche Lakunen und Irrtümer. So sind die Angaben der Bibel auf ihren jeweiligen Grad an H. hin zu prüfen. Der historische Quellenwert nimmt in der Regel ab, je weiter die Quellen in geschichtlich schwer erhellbare Epochen zurückgreifen (etwa in die vorstaatliche oder gar in die Ur-Zeit) und je deutlicher sie andere als im engeren Sinn geschichtliche Mitteilungsinteressen erkennen lassen.

Obwohl keinem historistischen Ideal verpflichtet, haben die biblischen Tradenten historische Informationen oft in staunenswerter Treue bewahrt. Die in den Königsbüchern gebotenen Regierungsdaten der israelitischen und judäischen Könige etwa führen insgesamt zuverlässig vom 6. bis ins 10. Jh. v. Chr. zurück. Dieses Zahlenwerk lässt sich an einigen Stellen mit altorientalischen Textzeugnissen und so mit der absoluten Chronologie des Vorderen Orients verbinden. Oft werden die textlichen durch archäologische Befunde gestützt (zuweilen freilich auch in Frage gestellt). Die frühere primäre Zielsetzung der ‚biblischen Archäologie', Bibeltexte zu bestätigen, ist nicht angemessen; vielmehr erfüllt die Palästinaarchäologie mit Vorteil ihre Aufgaben mit ihren eigenen Mitteln – und wird doch bei der →Interpretation ihrer Ergebnisse auf den Einbezug biblischer Informationen nur zu ihrem Nachteil verzichten.

Die Hebräische Bibel bleibt, wenn sie nur entsprechend behutsam und kritisch zu Rate gezogen wird, zur Erhellung der Geschichte Israel-Palästinas und seiner Umwelt im 1. Jt. v. Chr. eine Quelle ersten Ranges.

BIBLIOGRAPHIE: Y. Amit, History and ideology, Sheffield 1999. – A.D. Baum, Zu Funktion und Authentizitätsanspruch der *oratio recta*, in: ZAW 115 (2003), 586–607. – D.V. Edelman (Hg.), The fabric of history, Sheffield 1991. – V.P. Long et al. (Hgg.), Windows into Old Testament history, Grand Rapids 2002. – M. Oeming, Bedeutung und Funktionen von „Fiktionen" in der alttestamentlichen Geschichtsschreibung, in: EvTh 44 (1984), 254–266. –

H.G.M. Williamson (Hg.), Understanding the history of ancient Israel, Oxford/New York 2007.

Walter Dietrich

II. Neutestamentlich

Historische Forschung am →NT versteht H. als einen Relationsbegriff, der die Gegenstände historischen Erkennens und die eigene Geschichtlichkeit zueinander in Beziehung setzt. Sie widmet sich der den ntl. →Texten eigenen H., ihren antiken →Kontexten sowie der H. ihrer extratextuellen →Referenzialität einschließlich der H. Jesu von Nazareth. Sie reflektiert zugleich die eigene H. im Kontext von Theologie, Geschichtstheorie und Kulturwissenschaften.

Ein auf die Faktizität des Vergangenen reduzierter Begriff von H. gehört von Beginn an zur kritischen Rezeptionsgeschichte des NT (Celsus; →Schriftsinn) und führte seit der Aufklärung zur Ausarbeitung einer komplexen historisch-kritischen Methodik. Vor der Durchsetzung des historischen Bewusstseins (→Historismus) im 20. Jh. wurde zur Sicherung einer positivistisch verstandenen H. des biblisch bezeugten Handelns Gottes das Konzept supranaturaler Heilstatsachen entwickelt (J.C.K. v. Hofmann). In der gegenwärtigen Umbruchsituation wird versucht, die Folgen der Historisierung des Geschichtsbewusstseins, die bereits mit J.M. Chladenius (*Allgemeine Geschichtswissenschaft*, 1752) eingeleitet wurde, im Blick auf die theologische und historische Arbeit am NT neu zu bestimmen sowie die Gegenwart des Historikers und die Bedingungen, unter denen die H. von Ereignissen (re)konstruiert wird, zu reflektieren.

Die Einsicht in den konstruktiven Charakter historischer Erkenntnis führt nicht zur Aufgabe des Begriffs der H., sondern zur intensiven Reflexion ihrer kulturellen Kontextualität. Vor diesem Hintergrund werden Forschungen zum frühen Christentum und zur historischen Gestalt Jesu (‚*third quest*‘ und ‚*Jesus research*‘) unter Ausweitung des methodischen Inventars (Archäologie, Numismatik, Epigraphik) verstärkt. Zugleich richtet sich – ebenfalls mit gesteigerter Methodenvielfalt (Narratologie, historische Anthropologie, →Diskursanalyse) – das Interesse auf die Prozesse historischer Sinnbildung und die Konstruktion von H. in der →Literatur des frühen Christentums und seinen antiken Kontexten. Im Blick auf den ntl. bezeugten Osterglauben und das →Verstehen kulturell unterschiedlich konstruierter H. wird ein wissenssoziologisch, geschichtstheoretisch und philosophisch reflektierter Ereignisbegriff (→Ereignis) diskutiert.

Der Wahrheitsanspruch historischer Forschung am NT (→Wahrheit) stellt sich der H. des Vergangenen wie der H. ihrer kulturellen Bedingtheit als theologisch begründete Aufgabe der Reflexion und Verantwortung des Christentums vor seinen geschichtlichen Ursprüngen.

BIBLIOGRAPHIE: S. Alkier, Wunder und Wirklichkeit in den Briefen des Apostels Paulus, Tübingen 2001. – S.E. Porter, The criteria for authenticity in historical-Jesus research, Sheffield 2000. – E. Reinmuth, Neutestamentliche Historik, Leipzig 2003. – J. Schröter/R. Brucker (Hgg.), Der historische Jesus, Berlin/New York 2002. – J. Schröter/A. Eddelbüttel (Hgg.), Konstruktion von Wirklichkeit, Berlin/New York 2004. – G. Theißen, Jesus als historische Gestalt, Göttingen 2003.

Eckart Reinmuth

III. Kirchengeschichtlich

In den einschlägigen begriffsgeschichtlichen Wörterbüchern der Philosophie findet sich ein Lemma ‚H.‘ ebenso wenig wie in der im 17. Jh. entstandenen theologischen Lexikalik. Ursprung, Genese und Durchsetzung des Historizitätsbegriffs liegen noch weithin im Dunkel. Mit großer Wahrscheinlichkeit wurde der Begriff im juristischen und theologischen Geschichtsdiskurs des 19. Jh.s geprägt, im →Kontext der modernitätsspezifischen Kontroversen über die Denkrevolution des →Historismus, den einzelne Juristen wie Theologen auch als ‚Historizismus‘ bezeichneten. Im intensiven Dauerstreit um die Frage, inwieweit sich normativitätsorientierte positive Wissenschaften wie insbesondere die Jurisprudenz und die Theologie überhaupt auf geschichtliches Denken einlassen sollen und dürfen, bezeichnete H. zunächst die elementare Einsicht, dass alle kulturellen Manifestationen (einschließlich aller religiösen Vorstellungsgehalte) von je besonderen menschlichen (sei es individuellen, sei es kollektiven) Akteuren an einem bestimmten Ort zu einer bestimmten Zeit erzeugt, gemacht wurden und insoweit unausweichlich historisch relativ sind: Nichts ist, was nicht geschichtlich vermittelt ist. Eine ganz eigene Bedeutung gewann der Begriff dann in den protestantischen christologischen Debatten des späten 19. Jh.s. In Abwehr der von diversen Religions- und Christentumskritikern vertretenen Behauptung, dass sowohl Jesus von Nazareth – in der Fachterminologie: ‚der historische Jesus' – als auch der ‚Christus des Glaubens' nichts als mythopoietische Phantasiegestalten seien, insistierten insbesondere die zahllosen Autoren von ‚Leben Jesu'-Büchern darauf, dass der jüdische Reformer Jesus ‚tatsächlich gelebt' habe und von den römischen Besatzungsbehörden als ‚König der Juden' am Kreuz hingerichtet worden sei. Gegen die auch von liberalprotestantischen Theologen vertretene Ansicht, dass sich die Berichte von Auferstehung und Himmelfahrt allein der religiös erregten Imaginationskraft (oder frommen Phantasie) seiner von Kreuzesqual und Scheitern traumatisierten Anhänger verdankten, betonten insbesondere die theologischen Vertreter der diversen glaubenskonservativen Milieus die H. von Jesu Auferstehung von den Toten: Sie sei ein wie andere geschichtliche Ereignisse klar bezeugtes und insoweit unbezweifelbares historisches Faktum, die Grundtatsache der urchristlichen Gemeindebildung und der Entstehung der christlichen Kirche. Ob nun →Fiktion oder Faktum – auch weiche Phantasmen sind insoweit harte Fakten, als sie die Vorstellungswelt frommer Menschen und ihre Lebensführung entscheidend prägen, also über das Denken und Handeln religiöser Akteure Geschichtsmacht entfalten.

Bibliographie. R. Bultmann, Theologie des Neuen Testaments, Tübingen 1948–1953 [[9]1984]. – F.W. Graf, Annihilatio historiae? (2005), in: Jahrbuch des Historischen Kollegs 2004, München 2005, 49–81. – M. Kähler, Der sogenannte historische Jesus und der geschichtliche, biblische Christus, Leipzig 1892. – A. Schweitzer, Geschichte der Leben-Jesu-Forschung, Tübingen [9]1984 [1906]. – G. Theißen/A. Merz, Der historische Jesus, Göttingen [3]2001.

Friedrich Wilhelm Graf

IV. Judaistisch

Für das jüdische Mittelalter lässt sich natürlich noch kein historisch-historistisches Bewusstsein nachweisen; gleichwohl verändern sich hier bereits deutlich die rabbinischen Parameter: Hatte noch Rashi (1040–1105) an dem exegetischen Prinzip „Es gibt kein Vorher und Nachher in der Bibel" (bPes 6b u.ö.) festgehalten (→Geschichte und Geschichtlichkeit), so weist Ramban (Nachmanides; 1194–1270) dies zurück und insistiert darauf, dass „die ganze Tora in der (richtigen und den Ereignissen entsprechenden/fortlaufenden) Reihenfolge (geschrieben) wurde" (zu Lev 16,1). Ramban korreliert hier Text/-folge und Ereignis/-folge. Aus der *Semikhut Parashiyyot* (Reihenfolge der Abschnitte) wird jetzt eine Reihenfolge der →Ereignisse. Ramban formuliert damit indirekt, dass alles, was in der →Schrift geschrieben steht, sich auch so zugetragen hat. Seine Auslegung kann darin als Vorform einer historisierenden Bibelauslegung gelten.

Der Historismus im 19. (und 20.) Jh. basierte darauf, dass das bis dahin geltende zusammenhängende Gefüge von Schrift und Schriftauslegung aufgebrochen und die →Bibel unter literaturkritischen und historischen Fragestellungen betrachtet wurde: Nicht um die Erklärung des biblischen Textes ging es, sondern um seine H., d.h. um die Eruierung von hinter dem Text liegenden historischen *data*. Der →Historismus wurde im beginnenden Reformjudentum auf der Basis der *Wissenschaft des Judentums* ebenso begeistert aufgenommen (L. Zunz; A. Geiger), wie er von der (Neo-)Orthodoxie abgelehnt wurde (D. Hoffmann), denn für die (Neo-)Orthodoxie war die bisherige →Auslegung der Schrift, die die ‚Heiligkeit' der Schrift durch ihre faktische →Rezeption durch die Generationen hindurch erst konstituierte, ein Teil des geoffenbarten Erbes, das ihnen darin verlorenging. Das Problem der H. des Bibeltextes und seiner historisierenden Bibelauslegung kann v.a. anhand der Auseinandersetzung um die (Religions-)Geschichte Israels exemplifiziert werden: Das heutige Judentum (ob religiös, ob säkular) nimmt auf der Basis seiner Auslegungsliteratur für sich in Anspruch, historisch-genealogisch auf das biblische Israel zurückzugehen. Auf der anderen Seite wird die Geschichte und Literaturgeschichte dieses ‚alten Israel' mit religionsgeschichtlichen (einschließlich archäologischer) →Methoden rekonstruiert, die im Ergebnis diesen Anspruch zumindest teilweise negieren müssen. Weil aber auch das traditionstreue Judentum im Schatten des Historismus des 19. und 20. Jh.s steht und sich daher der historischen Frage heute auch nicht mehr entziehen kann, werden →Text und →Geschichte in unmittelbare Kongruenz zueinander gebracht und die H. der Bibel und der in ihr erzählten Geschichte postuliert. Der postulierten H. der biblischen Geschichte korrespondiert darin eine ‚fundamentalistische' oder ‚biblizistische' Auslegung.

BIBLIOGRAPHIE: F. Bamberger, Zunz' conception of history, in: Proceedings of the American academy of Jewish research XI (1941), 1–25. – D. Hoffmann, Thorah und Wissenschaft, in: Jeschurun 7 (1920), 497–504. – H. Liss, „Das Erbe ihrer Väter", in: Wie gut ist unser Anteil, Gedenkschrift für Yehuda T. Radday, hg. v. D. Krochmalnik/M. Schultz, Heidelberg 2004, 21–36. – N. Sarna, Geiger and biblical scholarship, in: J.J. Petuchowski (Hg.), New perspectives on Abraham Geiger: a HUC-JIR symposium, New York 1975, 17–30. – G. Veltri, Altertumswissenschaft und Wissenschaft des Judentums, in: Ders./R. Markner (Hgg.), Friedrich August Wolf, Stuttgart 1999, 32–47.

Hanna Liss

V. Islamwissenschaftlich

Der →Koran handelt von →Ereignissen. Seine Rezitation (Lektüre) als Offenbarungstext expliziert und impliziert Tatsächliches, Nicht-Fiktives, in vierfacher Weise. (1) Sie setzt voraus, dass ein Mensch namens Muhammad (Q 47:2) ihm Offenbartes getreu verkündet und die Umma es getreu überliefert hat. (2) Jedes Koranwort ergeht in einem bestimmten historischen →Kontext, dessen Interpretationsrelevanz bereits in der islamischen Frühzeit erkannt wird und dem deshalb eine exegetische Forschungsdisziplin gewidmet wird: die Suche nach den Offenbarungsanlässen (*asbāb an-nuzūl,* wörtl. ‚die Gründe der Herabsendung'). (3) Der Koran erwähnt oder erzählt Vergangenes (am ausführlichsten Sure 12). (4) Er sagt Kommendes voraus (z. B. Q 21:104).

Der koranische Anspruch, die →Wahrheit (*al-ḥaqq,* z. B. Q 5:27.48) zu verkünden, ist nochmals in vierfacher Weise zu verstehen. (1) Die vom Koran geschilderten Tatbestände beschreiben die Wirklichkeit (ebenfalls: *al-ḥaqq,* Q 48:27). (2) Der Koran hat die Offenbarungsvollmacht, andere Darstellungen, auch wenn sie bereits mit Offenbarungsanspruch vorgetragen wurden, letztgültig zu bestätigen oder zu korrigieren. (3) Das koranisch Offenbarte betrifft zwar das Noch-Unsichtbare (*ġaib,* 2:3 etc.); es ist aber durch nachdenkendes Betrachten von Natur und Geschichte einsehbar. (4) Warum schildert der Koran überhaupt Geschehen(d)es? Er will nicht nur Recht haben, er will Recht setzen und rechtleiten (*h-d-y,* Q 2:2 etc.). Der Indikativ zielt auf den Imperativ. Der Übergang von Tatsache zu Handlungsforderung geschieht jedoch nicht anthropologisch, als würde dem Hörer die Bestimmung der Schöpfung orientierend vorgestellt; ihm tritt die ‚Moral (*ʿibra,* Q 12:111 u. ö.) der Geschichte' vielmehr als Warnung (*n-ḏ-r,* z. B. Q 54:4 f.) entgegen.

Geschehen wird also in appellativer Reminiszenz erwähnt (*ḏ-k-r,* d. h. auch: ‚erinnert', z. B. Q 7:69). Dabei erscheinen die Ereignisse in der koranischen Geschichtsdeutung als immer wieder nach demselben Muster verlaufend: Sieg der Gottesleute. Das Interesse, eine bereits feststehende Ethik im historischen Vor- und Rückblick motivierend zu begründen, kann auch bei der Tatsachenschilderung urteilsleitend werden. So ließe sich erklären, warum der Koran (4:156) den Kreuzestod Jesu bestreiten muss.

BIBLIOGRAPHIE: J. Horovitz, Koranische Untersuchungen, Berlin 1926. – F. Körner, Modernistische Koranexegese in der Türkei, in: P. Hünseler (Hg.), Im Dienst der Versöhnung, FS C.W. Troll, Regensburg 2008, 14–22. – Ö. Özsoy, Die Geschichtlichkeit der koranischen Rede, in: F. Körner (Übers.), Alter Text – neuer Kontext, Freiburg i. Br. 2006, 77–101. – K.-H. Ohlig/G.-R. Puin, Die dunklen Anfänge, Berlin [3]2007. – R. Paret, Der Koran als Geschichtsquelle, in: Der Islam 37 (1961), 24–42. – Ders., Muhammad und der Koran, Stuttgart [9]2005. – F. Rosenthal, Art. History and the Qurān, in: EQ 2 (2002), 428–441.

Felix Körner

VI. Altphilologisch

→Geschichte/Geschichtlichkeit

Hören/Hörer

I. Alttestamentlich

Im AT geht die Bedeutung des Verbs ‚hören' weit über eine bloße Reaktion auf Lautimpulse hinaus. Obwohl das Verb in allen atl. Schriften auftritt, ist eine verstärkte Verwendung in Jer (184x), Jes (106x), Dtn (90x) und Ps (79x) zu verzeichnen. Der häufige Gebrauch in Jer und Dtn erweist das Verb als Vorzugsvokabel in der deuteronomischen und deuteronomistischen Literatur: Die Aufforderung an Israel, auf Gott zu hören (Dtn 6,4; Jer 22,29), birgt in sich die grundlegende menschliche Verantwortung, die Stimme Gottes zu hören und im Gehorsam auf sie zu reagieren (Mi 6,8). A.K. Frenz bezeichnet das AT als „eine Religion des Hörens auf Gott, auf seine Offenbarung in den Gesetzesworten und in den Worten der Propheten" (97).

H.J. Kraus differenziert zwischen ‚H.' und ‚Gehorchen' in der →Tora, den Propheten und der →Weisheitsliteratur. „Das Gottesrecht, das in Israel eine alles beherrschende Bedeutung innehatte, wurde bei kultischen Versammlungen des Zwölfstämmevolkes Israel öffentlich verkündigt [...] Dt. 27,11 ff." (H.J. Kraus, 92). Die atl. Propheten werden als Gottesboten dargestellt, und das H. der prophetischen Botschaft zieht folgende Dialektik nach sich: „Nicht nur, dass, wer hört, sozusagen angeredet wird. Vielmehr liegt darin auch dies, dass, wer angeredet wird, hören muss, ob er will oder nicht" (Kraus, 93). In der Weisheitsliteratur hat die mündliche → Überlieferung von Sprichwörtern höchste Bedeutung (Spr 22,17 f.); die drei Grundpfeiler der Weisheitsliteratur sind „Hören – erkennen – im Inneren bewahren" (H.J. Kraus, 93). P.K.D. Newman (163 f.) unterscheidet zwei Arten der Verwendung in der Weisheitsliteratur: den wiederholten didaktischen Appell zum H. in Spr und die diskursive Verwendung des Verbs in Ijob in der Funktion, zu Beginn vieler Gesprächseinheiten Aufmerksamkeit zu erregen.

U. Rüterswörden interpretiert in seiner Untersuchung zum figurativen Gebrauch des Verbs ‚hören' (268) Salomos Bitte um ein ‚gehorsames Herz' im Rahmen der sozialen Verantwortung eines Königs (1 Kön 3,9). Als Richter benötigt der König ein ‚gehorsames' oder erkennendes Herz, denn er ist Gott und dem Volk verpflichtet. Rüterswörden (269 f.) reflektiert zudem den juridischen Gebrauch des Verbs, z. B. im Zusammenhang mit dem Zeugnis darüber, was man gehört hat (Ri 11,10), oder um die Gegenseite im Gerichtsprozess anzuhören (Dtn 1,16–18). J. Arambarri (111) kam zu dem Schluss, dass ‚hören' und ein ‚Hörender sein' als „Ausdruck der richtigen religiösen Grundhaltung vor Gott" subsumiert werden kann.

Bibliographie: K.T. Aitken, Art. *šmʿ*, in: NIDOTTE 4 (1997), 175–181. – J. Arambarri, Der Wortstamm ‚hören' im Alten Testament, Stuttgart 1990. – A.K. Fenz, Auf Jahwes Stimme hören, Wien 1964. – H.J. Kraus, Hören und Sehen in der althebräischen Tradition, in: Ders., Biblisch-theologische Aufsätze, Neukirchen-Vluyn 1972. – P.K.D. Newman, Hört das Wort Jahwäs, Hamburg 1975. – U. Rüterswörden, Art. *šāmaʿ*, in: ThWAT 8 (1995), 255–279.

Hendrik L. Bosman

II. Neutestamentlich

Im Urchristentum entstanden die Laute, die die Voraussetzung für das H. sind, durch Reden und Vorlesen. Klangfiguren wie Alliteration, Assonanz, Homoioteleuton, Parechese und Paronomasie zeigen, wie auf das H. gezielt wurde. Das Ausgesagte war an die verklingenden Stimmen der →Sprecher/→ Leser (vgl. →Mündlichkeit) und das für spätere Hörer und Leser unzugängliche Gehör der Zuhörer gebunden.

Dass Jesu Zuhörer zugleich seine Zuschauer (Lk 10,23 f./Mt 13,16 f.) waren, erklärt die enge Verbindung von H. und Sehen in der Evangelienüberlieferung (vgl. Lk 7,22/ Mt 11,4; Mk 4,11 f.; 8,17 f.). Sieht man von den Erscheinungen Jesu und den Machttaten der Apostel ab, wurde nachösterlich nur noch gehört. Die paulinische Frohbotschaft ist Kunde (1 Thess 2,13; vgl. Röm 10,16 f.), sie wurde verkündet. Die Jesusgeschichte wurde mündlich erzählt (Mk 14,9) und vorgelesen. Zur Bildung eines gemeinsamen Ethos wurde unterrichtet und gewarnt. Es kam durchaus auf das richtige H. (vgl. Mk 4,9–20) und auf das Tun des Gehörten (Lk 6,46/Mt 7,21; Jak 1,22 f.) an. H. hat mit Verstehen (vgl. Mk 7,14) und dem daraus hervorgehenden Handeln einherzugehen.

Damit die Zuhörer vordergründig das Gesagte, Verkündete, Gelehrte, die Aufforderungen verstehen, müssen sie in Kenntnis der Sprache dem Klang der Phoneme, Morpheme, Wörter einen →Sinn zuschreiben und in Sätzen syntaktisch korrekt aufeinander beziehen. Bei der Textverarbeitung spielt die Syndese eine wichtige steuernde Rolle, d.h. die Fähigkeit, Satzteile und Sätze aufeinander beziehen zu können. Ähnlich wie beim → Lesen werden polyvalente Wörter für einen kohärenten Sinnzusammenhang vereinheitlicht, wird die gesprochene Textbasis um ihre Implikationen ergänzt, und ihre Leerstellen werden gefüllt. Zudem müssen die Zuhörer das Ausgedrückte zum eigenen Wissen in Beziehung setzen, so dass für die →Interpretation des Gesprochenen das kulturelle → Gedächtnis der Hörergemeinschaft eine entscheidende Rolle spielt. Es ist wichtig, ob die Hörer den →Text (wie bei einem neu eingetroffenen Paulusbrief) zum ersten oder (wie bei einem Jesusgleichnis) zu wiederholtem Mal zu hören bekamen. Im letzteren Fall steuert das bereits vorhandene Wissen um das Ganze des Textes, auch um die →Gattung, die Verarbeitung jeder Silbe und erleichtert die Konstruktion eines kohärenten Sinnzusammenhangs aus dem in der Kommunikationssituation Gehörten und somit einer Auffassung von der Absicht des Sprechers.

Das wirkliche Verstehen des Gehörten ist nach der Überzeugung der ntl. →Schriftsteller zwar eine Gabe Gottes bzw. des Geistes, schließt aber nicht aus, dass der Mensch aufgerufen wird, richtig zu hören (vgl. Mk 4,3a. 9. 23), und vorgewarnt wird, nach dem Gesagten zu handeln (Mk 13,37). Anthropomorph wird gesagt, dass auch Gott hört, z.B. Jesu Bitte (Joh 11,41) und die der Betenden (Lk 11,13/Mt 7,11; 1 Joh 5,14).

Bibliographie: →Lesen. – S. Handel, Listening, Cambridge 1991. – W. Mundle, Art. Hören, in: L. Coenen/K. Haacker (Hgg.), Theologisches Begriffslexikon zum Neuen Testament 1, Neukirchen-Vluyn 1997, 987–991.

Cilliers Breytenbach

III. Systematisch-theologisch

‚Fides ex auditu‘: Diese die Vulgata-Übersetzung von Röm 10,17 aufgreifende Formel (E. Bizer) ist programmatisch für die Betonung des H. in der systematischen Theologie v.a. protestantischer Prägung. In diesem Kontext wird auch öfters der bekannte Satz M. Luthers zitiert: *„Natura enim verbi est audiri“* (WA 4; 9,18 f.). Geht es zunächst um das H. der → Predigt, um das Gehörtwerden des →Wortes, so wirkt sich dieser Akzent hermeneutisch zugleich auf das Verständnis der →Heiligen Schrift aus, wie folgender Satz in Anlehnung an Luther prägnant zum Ausdruck bringt: „Die Autorität der Schrift aber besteht darin, Wort zu sein, und so bekommt bei Luther das Hören ontologischen Vorrang vor dem Denken“ (W. Mostert, 24).

Daraus folgt, dass eine Bibelhermeneutik, die aus der Sicht der Theologie des Wortes Gottes entwickelt wird (vgl. G. Ebelings charakteristische Aufsatzüberschrift *Wort Gottes und Hermeneutik*), das →*Lesen* wesenhaft als ein *H.* versteht, die Leser zu Hörenden macht. Die systematische Voraussetzung ist dabei, dass auf die Schrift zu horchen ist, weil in ihr, oder besser: aus ihr heraus eine Botschaft kund wird, die es zu vernehmen gilt. Anders gesagt: Im hermeneutischen Prozess des →Auslegens wird der Schrifttext immer wieder zur Verkündigung an die Auslegenden. Im selben Sinne ist die Kategorie des →Kerygmas (etwa bei R. Bultmann) zu verstehen, deren griechische Wurzel ebenfalls auf das Verkünden des Herolds verweist.

Aus der Sicht einer Texthermeneutik, wie sie heute stärker betont wird, muss diese Ausrichtung des Lesens auf das H. kritisch hinterfragt werden. Sie impliziert einen hermeneutischen Vorrang der →Mündlichkeit. Die Frage stellt sich jedoch, ob man damit dem Textcharakter der Schrift, ihrer → Schriftlichkeit gerecht wird. Vom Hörerparadigma Abstand nehmend, wendet man sich deshalb heute wieder stärker dem Leserparadigma zu, zumal im Gespräch mit literaturwissenschaftlichen Lesertheorien.

Die Frage, was diese Betonung der →Textualität der Heiligen Schrift systematisch gesehen für eine Theologie des Wortes Gottes bedeutet, ist eine offene, neu anzugehende

Aufgabe (vgl. W. Jeanrond). Ein berechtigtes Anliegen des Hörerparadigmas bleibt jedoch das Moment der Passivität oder Rezeptivität: dass der Leser seinen Text nicht beherrscht, sondern dass ihm im Text Perspektiven zugespielt werden, denen er sich aussetzen darf: „Dès lors, comprendre, c'est *se comprendre devant le texte*" (P. Ricœur, 116 f.).

Bibliographie: E. Bizer, Fides ex auditu, Neukirchen [3]1966. – G. Ebeling, Wort Gottes und Hermeneutik, in: Ders., Wort und Glaube, Tübingen [3]1967, 319–348. – W.G. Jeanrond, Text und Interpretation als Kategorien theologischen Denkens, Tübingen 1986. – W. Mostert, Scriptura sacra sui ipsius interpres, in: Ders., Glaube und Hermeneutik, Tübingen 1998, 9–41. – P. Ricœur, La fonction herméneutique de la distanciation, in: Ders., Du texte à l'action, Paris 1986, 101–117.

Pierre Bühler

IV. Altphilologisch

Als Form des sinnlichen Weltzugriffs in der griechisch-römischen Antike, anders als im jüdisch-christlichen Bereich, in literarischer Motivik und Religionssymbolik (namentlich Göttererscheinungen) dem Sehen nachgeordnet, werden das H. und die mit ihm assoziierten Verstehensprozesse Gegenstand nachhaltiger Reflexion im Moment des Übertritts von der →Mündlichkeit zur →Schriftlichkeit am Ende des 5. Jh.s v. Chr. Der Redelehrer Alkidamas bestreitet den Nutzen des geschriebenen Wortes und besteht stattdessen auf dem gesprochenen, das allein im öffentlichen Leben →Wirkung entfalten könne; dieser Gedanke wird dann von Plato aufgenommen und auf das philosophische Gespräch bezogen vertieft (*Phdr.* 274B–278E). Andererseits wird ein Mitglied eines Geschworenengremiums, das im Rahmen eines Prozesses durch einen →Redner von einem Sachverhalt hört, in seinem Wissensstand immer hinter einem Augenzeugen zurückbleiben (*Tht.* 200D–201C). Ansonsten findet sich bei Plato oft ein tiefgreifendes Misstrauen gegenüber der Sinnenwelt, der die unveränderliche Welt der intelligiblen Ideen als die eigentlich reale entgegengestellt wird. Aristoteles, der anders als Plato hinter der Sinnenwelt keine Sphäre höherer Realität ansetzt, reflektiert das H. positiver: Das Publikum verarbeitet die Ausführungen des Redners, indem es auf deren argumentativen Gehalt achtet, gleichzeitig ein Bild seines Charakters aufbaut und schließlich emotional auf das Gesagte reagiert (*Rh.* 1,2); in weitgehend analoger Weise vollzieht ein Theaterpublikum eine dramatische Handlung nach (*Po.* 6). Die spätere Tradition bewegt sich weitgehend innerhalb der durch Plato und Aristoteles vorgezeichneten Bahnen. Die hellenistische Philosophie ist bezüglich der Erkenntnis der sinnlich wahrnehmbaren Welt optimistisch und entwickelt verschiedene Erklärungsmodelle des H.s (Stoiker: Seelenpneuma, D.L. 7,52; Epikureer: Atomistik, Lucr. 4,524–672). Die hellenistische Rhetoriktheorie, für uns v. a. durch die auf ihr basierende römische Tradition greifbar, klassifiziert mögliche Prädispositionen der Hörer und führt passende Überredungsstrategien aus (z. B. *Rhet. Her.* 1,6–11, Quint. *inst.* 4,1,1–79), entsprechend modifiziert in der daraus abgeleiteten Literaturtheorie (z. B. Ps.-Longin. *sublim.* 8). H. und Lesen sind insofern verbunden, als bis ins 5. Jh. n. Chr. meist laut gelesen wurde, nicht zuletzt deshalb, weil die in durchgehender →Schrift und weitgehend ohne Interpunktion verfassten Texte auf diese Weise besser verständlich waren.

Bibliographie: J. Annas, Hellenistic philosophy of mind, Berkeley/Los Angeles 1992. – M.F. Burnyeat, The Theaetetus of Plato, Indianapolis 1990. – T. Cole, The origins of rhetoric in ancient Greece, Baltimore 1991. – M. Fuhrmann, Dichtungstheorie der Antike, Darmstadt 1992. – E. Heitsch (Hg.), Platon. Phaidros, Göttingen 1993. – B.M.W. Knox, Silent reading in antiquity, in: GRBS 9 (1968), 421–435. – F.K. Mayr, Art. Hören, in: RAC 15 (1991), 1023–1111. – C. Rapp, Aristoteles. Rhetorik, 2 Bde., Berlin 2003.

Tobias Reinhardt

Hoffnung

I. Alttestamentlich

Das Hebräische kennt eine Fülle von Wortwurzeln für den Bereich ‚(er)warten, harren, hoffen'. Dies ist ein Hinweis darauf, dass es kein geschlossenes, gar theologisch ausgearbeitetes Konzept von H. gibt. Aber selbstverständlich gehört das Hoffen auch im alten Israel zur *conditio humana*. Eine kinderlose Frau mag auf einen Sohn hoffen (2 Kön 4,28), eine Witwe auf eine erneute Verheiratung (Rut

1,12), der Winzer hofft auf Ertrag (Jes 5,2.4), der Tagelöhner auf den Lohn (Ijob 7,2). Zwar ist unerfüllte H. frustrierend (Spr 13,12). Doch nur, wer lebt, kann überhaupt noch hoffen (Koh 9,4), der Tod ist das Ende aller H. (Jes 38,18). Für die Weisheit ist H. den Übeltätern verwehrt und den Gerechten vorbehalten (Spr 10,28). Sie ist an die Gottesfurcht gebunden (Spr 23,17 f.). Nur, wer die Weisheit findet, hat Zukunft und H. (Spr 24,14). Freilich lehrt es das Leben oft anders. Wer in Bedrängnis ist, wendet sich deshalb an Gott. V. a. in der kultischen Sprache der Psalmen erscheint die Vorstellung, dass Bestand und Erfolg nur die haben können, die auf Gott hoffen (Ps 25,3; 27,14; 37,9 u.ö.). Insbesondere gilt Gott als die H. der Schwachen (Ps 9,19; Ijob 5,16). Auch in kollektiven Bitten richtet sich die H. auf Gott, so dass er regelrecht als ‚H. Israels' angeredet werden kann (Jer 14,8). Überraschend ist der Befund in der →prophetischen Literatur. Während in der jüdischen Tradition die Propheten in erster Linie als Ausleger der →Tora gelesen werden, gelten diese christlicher Lektüre aufgrund einer Hermeneutik von →Verheißung und Erfüllung als primäre Träger von H. Umso erstaunlicher ist, dass die Prophetentexte voll von gescheiterten H.en sind: „Wir hoffen auf das Recht, doch da ist keins, auf Rettung, aber sie ist fern von uns" (Jes 59,11; vgl. Jes 57,9; Jer 8,15; 13,16 u.ö.). Konkrete Hoffnungsaussagen, die mit einem entsprechenden Terminus verbunden werden, richten sich v.a. auf die Beseitigung der Folgen von Landverlust und Zerstreuung. H. für die im Exil Lebenden (Jer 29,11), die Rückkehr der Verbannten (Jer 31,17; Sach 9,12) und die erneute Einnahme des Landes (Hos 2,17) sind Gegenstand solcher H. Gewiss hat das AT auch andere H.en: auf ein Ende der Kriege (Jes 2,2–4 par. Mi 4,1–4), auf Frieden in und mit der Natur (Jes 11,6–9), auf den Herrscher aus dem Hause Davids, der im Land Recht und Gerechtigkeit verwirklicht (Jer 23,5). Das letzte Wort der Hebräischen Bibel aber ist (in den meisten Handschriften) die Aufforderung des Kyros-Edikts an jeden einzelnen Juden und jede Jüdin: „Er ziehe hinauf (nach Jerusalem)" (2 Chr 36,23). Dies zeigt, dass die christliche Lesart des AT als Buch der eschatologischen H. eine zwar mögliche, aber eben auch nur *eine* Lesart ist.

BIBLIOGRAPHIE: O. Kaiser, Art. Hoffnung II., in: RGG[4] 3 (2000), 1822–1824. – J. van der Ploeg, O.P., L'espérance dans l'Ancien Testament, in: RB 61 (1954), 481–507. – G. Waschke, Art. *qwh*, in: ThWAT 6 (1989), 1225–1234. – C. Westermann, Das Hoffen im Alten Testament, in: Ders. (Hg.), Forschung am Alten Testament, München 1964. – W. Zimmerli, Der Mensch und seine Hoffnung im Alten Testament, Göttingen 1968.

Rainer Kessler

II. Neutestamentlich

Im NT wird für H./hoffen zumeist ἐλπίς/ἐλπίζειν verwendet, es finden sich jedoch auch weitere Synonyme. In Übereinstimmung mit dem Sprachgebrauch des hellenistischen Griechisch ist ἐλπίς/ἐλπίζειν durchweg positiv bestimmt. Das Substantiv fehlt in den synoptischen Evangelien, das Verb wird hier nur sporadisch benutzt. Hingegen finden sich in der Apg und den Briefen etliche Belege für Substantiv und Verb, wobei eine Häufung im Röm festzustellen ist. Inhaltlich ist die H. zumeist objektbezogen und bestimmt durch eine eschatologische Ausrichtung, ohne den Gegenstand innerhalb der sichtbaren Welt klar benennen zu können (Röm 8,24 f.; 1 Joh 3,2 f.). Sie richtet sich aus auf die Herrlichkeit Gottes bzw. Christi (Röm 5,2; Kol 1,27; Tit 2,13), die Befreiung der Schöpfung (Röm 8,20), das Heil (1 Thess 5,8; Hebr 6,18), die Schau Gottes (1 Joh 3,3), das ewige Leben (Tit 1,2; 3,7). Dagegen wird die H. ihrerseits in Kol 1,4 f. als zukünftiges, jenseitiges Heilsgut angesprochen. In den meisten ntl. Schriften wird sie jedoch als die Gegenwart prägend und dem →Glauben Struktur verleihend beschrieben (vgl. dazu die Figur des Kettenschlusses in Röm 5,2–5). Die H. trägt durch widrige Erfahrungen und lässt die Glaubenden nicht zu Schanden werden (Röm 5,5), vermittelt Freude (Röm 12,12; 15,13) und Freimut (2 Kor 3,12; Phil 1,20; Hebr 3,6) oder begegnet als Wesensäußerung des Glaubens neben anderen Attributen (Kol 1,23; 1 Thess 2,19; 5,8). In diesem Zusammenhang kann die H. geradezu als christliche Tugend angesprochen (1 Thess 5,8; Hebr 3,6) und als Unterscheidungsmerkmal gegenüber der nichtchristlichen Umwelt eingesetzt werden (1 Petr 3,15), deren Signatur die Hoffnungslosigkeit ist (1 Thess 4,13; Eph 2,12). Die H. speist sich aus Vorgaben, die unverfügbar sind. Sie bezieht sich auf Gott (Röm 15,13; 2 Kor 1,10; 1 Petr 1,3.21), auf Jesus Christus (1 Kor 15,19; Kol 1,27; 1 Tim 1,1), den Glauben (Röm 15,13; Gal 5,5), die Liebe Gottes (Röm 5,5), den Geist Gottes (Röm 15,13; Gal 5,5), die Schrift (Röm 15,4). In 1 Thess 1,3; 5,8 findet sich die Trias von Glaube, Liebe, H. bzw. in 1 Kor 13,13 in der Abfolge Glaube, H., Liebe (vgl. auch die Aufnahme in Hebr 10,22–24). Sie wird eine paulinische Bildung sein, die sich in der Mission verfestigte und in knapper Form wesentliche Inhalte des christlichen Glaubens festhielt. Paulus entwickelt aus der Trias in 1 Kor 13,13 kontextbezogen eine Wertepriamel, deren Gewicht auf dem letzten Glied, auf der Liebe liegt. Die Trias ist in etlichen Varianten, teils in Verkürzung auf zwei Glieder, in einigen ntl. Spätschriften aufgenommen worden.

Bibliographie: G. Nebe, „Hoffnung“ bei Paulus, Göttingen 1983. – W.H. Schmidt/J. Becker, Zukunft und Hoffnung, Stuttgart u. a. 1981. – T. Söding, Die Trias Glaube, Hoffnung, Liebe bei Paulus, Stuttgart 1992. – H. Weder, Art. Hoffnung II., in: TRE 15 (1986), 484–491. – O. Wischmeyer, Der höchste Weg, Gütersloh 1981.

Friedrich Wilhelm Horn

III. Systematisch-theologisch

Als theologischer Begriff gehört ‚H.‘ in den Zusammenhang der Eschatologie. Die christliche H. hat in Tod und Auferweckung Jesu von Nazareth ihren Grund und richtet sich nicht auf eine innerweltliche Zukunft, sondern auf die Vollendung der Welt. Die neuere Systematische Theologie betont dabei, dass die H. des →Glaubens nicht in erster Linie als H. für sich selbst, sondern als H. für den Anderen, also nicht als Ausdruck eines Heilsegoismus zu verstehen ist (J.B. Metz). In der jüngeren Theologiegeschichte ist der Hoffnungsbegriff v. a. bei J. Moltmann zum theologischen Zentralbegriff aufgestiegen. Seine Theologie der H. steht unter dem Einfluss von E. Blochs ‚Prinzip H.‘, unterscheidet sich von diesem aber darin, dass die christliche H. in der göttlichen Verheißung(sgeschichte) ihren Grund hat. Gegenüber einer →existentialen Interpretation christlicher Eschatologie entwirft Moltmann eine futurische Eschatologie, welche zwischen Weltvollendung und innerweltlichem Engagement vermitteln will. So erklärt er, der Glaube habe zwar das Prius, die H. aber den Primat. Auch unterscheidet er wie A. Rich zwischen *futurum* und *adventus* als zwei Formen der Zukunft. Gottes Zukunft (*adventus*), die in Gestalt der Verheißung (*promissio*) gegenwärtig ist, gilt als treibende und ethisch motivierende Kraft für die Gestaltung der innerweltlichen Zukunft (*futurum*). Theologische Kritik entzündet sich daran, dass bei diesem Konzept die Zukunft einseitig als Seinsmodus Gottes bestimmt und die präsentische Bedeutung von *promissio* als gegenwärtig wirksamem Zuspruch göttlicher Gnade unterbelichtet bleibt. Die präsentische Eschatologie wird zugunsten eines Messianismus abgeschwächt. Glaube ist im Sinne der paulinischen Trias von Glaube, H. und Liebe jedoch von der H. zu unterscheiden und als Gewissheit zu bestimmen. Auch muss der Glaube in seinem Verhältnis zur Angst gesehen werden. „Die Angst ist der Stachel der H.“ (K. Schwarzwäller, 24). Moltmann nennt zu Recht Angst und H. als zwei Seiten menschlicher Freiheitserfahrung und versucht, philosophisch und theologisch zwischen E. Bloch und S. Kierkegaard zu vermitteln, was ihm aber nicht gelingt. Nicht H., sondern Mut überwindet die Angst, ohne sie je ganz hinter sich zu lassen. Weiterführend sind daher Vorschläge, den Glauben als Mut zu beschreiben (P. Tillich, K. Rahner). Sie erlauben, den Glaubensbegriff von einer teleologisch strukturierten Metaphysik abzugrenzen und Erfahrungen des Sinnwidrigen zu integrieren.

Bibliographie: F. Beißer, Hoffnung und Vollendung, Gütersloh 1993. – J. Fischer/U. Gäbler (Hgg.), Angst und Hoffnung, Stuttgart 1997. – U.H.J. Körtner (Hg.), Angst, Neukirchen-Vluyn 2001. – W.-D. Marsch (Hg.), Diskussion über die „Theologie der Hoffnung“ von Jürgen Moltmann, München 1967. – J. Moltmann, Theologie der Hoffnung, Gütersloh [13]1997. – K. Schwarzwäller, Die Angst – Gegebenheit und Aufgabe, Zürich 1970.

Ulrich H.J. Körtner

IV. Philosophisch

Als H. wird die Erwartung einer erwünschten künftigen Wirklichkeit bezeichnet, wobei diese erwartete Wirklichkeit als möglich betrachtet wird. H. kann sich dabei sowohl auf Diesseitiges als auch auf Jenseitiges beziehen. Verwies der antike griechische Hoffnungsbegriff (ἐλπίς) noch auf eine Ausgerichtetheit auf die Zukunft, die sowohl eine zuversichtliche Glückserwartung als auch die Antizipation des Eintretens eines Unglücks bezeichnen konnte, so findet sich diese Ambivalenz schon in der atl. Begriffsverwendung nicht mehr, sondern bezeichnet dort wie heute ausschließlich die Erwartung einer positiven Zukunft bzw. eine zuversichtliche Erwartung. Besondere Bedeutung hat die H. bei Augustinus, der sie mit dem Glauben und der Liebe zu den christlichen Kardinaltugenden zählt.

Insofern sich H. auf Mögliches bezieht und nicht auf Wirkliches, das heißt bereits Vorhandenes, entzieht sie sich den Prinzipien wissenschaftlichen Erkennens. Mit dem Beginn der Neuzeit und dem zunehmenden Einfluss rationalistischer Philosophien verliert H. daher als philosophisches Konzept an Bedeutung und wird im Gegenteil als den Vernunftprinzipien widersprechend kritisiert, so bei B. Spinoza und R. Descartes. In der rationalistischen Philosophie ersetzt das auf Vernunftprinzipien basierende, zielgerichtete menschliche Handeln die H. auf Veränderung durch göttliches Eingreifen. Dagegen fragt I. Kant nach bzw. bemüht sich um die Möglichkeit einer rationalen Begründung der H. Im Zusammenhang mit dem Auftreten vernunftkritischer Philosophien seit dem 19. Jh. spielt H. vereinzelt im existenzphilosophischen Denken eine Rolle, so bei S. Kierkegaard, bei dem die H. *ex negativo* über den Begriff der Verzweiflung – verstanden als absolute Hoffnungslosigkeit – bestimmt ist oder im 20. Jh. in der Philosophie G. Marcels, der H. positiv als eine Möglichkeit bestimmt, „jede mögliche Enttäuschung [zu] überwinden und eine Sicherheit des Seins oder im Sein" (51) zu erfahren. Im Marxismus erhält H. als geschichtsphilosophische Kategorie eine gewisse Bedeutung, namentlich bei E. Bloch, der die H. im Rahmen seiner Ontologie des Noch-Nicht-Seins zum Prinzip erhebt. In der angelsächsischen Philosophie versucht der amerikanische Philosoph R. Rorty, einen immanenten Hoffnungsbegriff für eine pragmatistische Philosophie nutzbar zu machen, als Ausdruck einer zukunftsorientierten und „experimentierfreudigen Geisteshaltung" (12).

BIBLIOGRAPHIE: A. Augustinus, Enchiridion de fide, spe et caritate, Düsseldorf 1960. – E. Bloch, Das Prinzip Hoffnung, 3 Bde., Berlin 1954 ff. – I. Kant, Kritik der reinen Vernunft, Hamburg 1959. – S. Kierkegaard, Die Krankheit zum Tode, München 1957. – H.-G. Link, Hoffnung, in: HWPh 3 (1974), 1157–1166. – G. Marcel, Homo Viator: Philosophie der Hoffnung, München 1957. – J. Piper, Über die Hoffnung, Olten 1935. – R. Rorty, Hoffnung statt Erkenntnis, Wien 1994. – B. Spinoza, Ethik in geometrischer Ordnung dargestellt, Hamburg 1999.

Sebastian Hüsch

Hohes Lied

→Lied/Hohes Lied

Hypertext

I. Neutestamentlich

Der H. steht in enger Verbindung zur computergestützten Informationsübermittlung und ist für die Bibelinterpretation deshalb besonders im Blick auf den Medienwechsel vom gedruckten Bibelbuch zur elektronischen Darstellung biblischer →Texte relevant. Der kaum zu überschätzende Einfluss eines Mediums auf das Rezeptionsgeschehen bewirkt auch hier weitreichende Lektüreveränderungen: So durchbricht der H. die konventionellen Vorgaben linearen Leseverhaltens, indem er multioptionale Wege durch die →Bibel anlegt und somit die individualisierte Textwahrnehmung fördert. Ebenso ist im H. die vom →Buch gewohnte Textbegrenzung aufgehoben, indem Verlinkungen vom elektronisch realisierten Bibeltext zu weiteren, auch außerbiblischen Informationseinheiten angeboten werden, die z. T. bereits synchron aktualisiert werden können. Die Interaktivität des H.s verstärkt schließlich das wechselseitige Zusammenspiel von Bibeltext und → Leser und betont den Aspekt der subjektiven Bedeutungskonstruktion.

Darüber hinaus kann der H. auch jenseits des Computermediums als Interpretament einen neuen Verstehensrahmen zur Bibel liefern, das einerseits zu genuin theologischen Paradigmen wie →Wort Gottes, →Heiligkeit und →Kanonizität kontrastiert und andererseits neuere (computer-)linguistische Forschungen mit den Bibelwissenschaften vernetzt: Die hypertextuelle Verschmelzung von Autor und Leser sowie die Verflüssigung der gängigen Grenzziehung von Textinnenwelt und außertextlicher Wirklichkeit implizieren zuerst, dass die basale Differenzierung in Bibel und Bibelauslegung im H. gegenstandslos wird. Denn jeder hypertextuelle Zugriff auf die Bibel wird bereits als Anwendung des ‚Users' innerhalb eines stetig expandierenden ‚Dokuversums' aufgefasst, wobei Produktion und Rezeption konvergieren. Daraus folgt die grundsätzliche Äquidistanz verschiedener Bibelanwendungen, so dass Predigten, Exegesen, dogmatische Bibeltraktate, Tonfassungen etc. nun als gleichwertige und jeweils konkretisierte Linienführungen, Fragmentarisierungen bzw. Rekombinationen biblischer Einheiten verstanden werden. An die Stelle eines unveränderlichen und statisch-fixierten biblischen Normtextes tritt die Vielzahl unterschiedlicher und prinzipiell unabschließbarer Fortschreibungen und medialer Transformationen des biblischen Textmaterials.

Die neuzeitliche Dynamik der →Dekanonisierung biblischer Texte gewinnt durch den H. also erheblich an Intensität und fordert die Theologie generell sowie die Bibelwissenschaften speziell heraus, sich den ethischen und hermeneutischen Aufgaben zu stellen, die durch die Neuen Medien in Blick auf den Bibelgebrauch aufgeworfen werden.

BIBLIOGRAPHIE: www.die-bibel-als-hypertext.de (17.07.2007) – R. Fowler, The fate of the notion of canon in the electronic age (Quelle: http://homepages.bw.edu/rfowler/pubs/canon/index.html [17.07.2007]). – S. Scholz/V. Eisenlauer, Hypertextualität als Interpretament der Bibel und ihrer Auslegung, in: O. Wischmeyer/S. Scholz (Hgg.), Die Bibel als Text, Tübingen/Basel 2008, 69–96.

Stefan Scholz

II. Textlinguistisch

Der Begriff H. wurde 1965 von dem Soziologen T. Nelson geprägt, um nicht linear organisierte →Texte zu beschreiben, die den Lesern Wahlmöglichkeiten bezüglich des Lesepfads gewähren und die an einem interaktiven Bildschirm rezipiert werden können. Die Verbreitung des Internets und die Erfindung des *world wide web* verhalfen der Idee des H.s als eines massenmedialen Phänomens zum Durchbruch. In den Beiträgen zur Hypertextlinguistik wird kontrovers diskutiert, welche Kriterien unverzichtbar sind, um H. vom traditionellen Text zu unterscheiden. Die gängige Definition von H. beruht auf fünf Merkmalen, die teilweise nur vage voneinander abgegrenzt werden können: (1) Das grundlegende Prinzip der *Multilinearität* beschreibt die individuelle Aneinanderreihung einzelner Textfragmente. Auch gedruckte Texte, wie z. B. Zeitungen oder Wörterbücher, können multilinear konzipiert sein. Das Computermedium und seine Netzwerktechnik unterstützen multilineare Strukturierungsformen jedoch in weitaus größerem Maße. (2) Die individuellen Verknüpfungen von Textfragmenten werden auf technischer Ebene durch den *Hyperlink* realisiert. Dabei handelt es sich um vorgegebene, elektronische Verweise im Text, die den →Leser (auch ‚User' genannt) zu anderen Textfragmenten leiten, sobald sie durch ‚Anklicken' aktiviert werden. In Suchmaschinen wird der User zudem mit den nötigen Werkzeugen ausgestattet, um selbst Hyperlinks generieren zu können. (3) Das Merkmal der *Interaktivität* verweist auf die aktive Beteiligung des Users bei der Textherstellung. Rezeptions- bzw. Selektionsvorgänge werden dabei auf drei Ebenen hergestellt: Auf medialer Ebene kommuniziert der User mit dem Medium; er wählt aus gegebenen Textverweisen aus, aktiviert Links und erstellt eine individuelle Reihenfolge. Auf kognitiver Ebene interpretiert er seine spezifisch zusammengestellte Lektüre aufgrund seines subjektiven Hintergrundwissens. Auf partizipatorischer Ebene hat er zudem in neueren Hypertextsystemen, wie etwa Wikipedia, die Möglichkeit, sich an der Textherstellung produktiv zu beteiligen. (4) Das Merkmal der *Unabgeschlossenheit* umfasst die Dynamik, Expansion und Multilinearität von H.en, die eine statische Grenzziehung unmöglich machen. H.e können jederzeit verändert, kopiert, erweitert oder auch gelöscht werden, weshalb sie daher häufig als flüchtiges Medium (*fluid medium*) bezeichnet werden. (5) *Multimodalität* meint die auch als ‚Hypermedia' bezeichnete Integration verschiedenartiger Repräsentationsformate, wie Schrift-, Bild-, Ton- und Filmdateien.

Bibliographie: O. Huber, Hyper – Text – Linguistik, TAH: Ein textlinguistisches Analysemodell für Hypertexte, München 2002 (http://edoc.ub.uni-muenchen.de [29.05.2007]). – A.H. Jucker, Gutenberg und das Internet, in: Online-Reihe Networx 40 (2004) (29.05.2007). – T.H. Nelson, Literary machines, Sausalito 1993. – A. Storrer, Was ist ‚hyper' am Hypertext?, in: W. Kallmeyer (Hg.), Sprache und neue Medien, Berlin/New York 2000, 222–249.

Volker Eisenlauer

I

Iconic Turn

Den Ausdruck *I. T.* prägte G. Boehm 1994 in Anspielung auf die vom amerikanischen Philosophen R. Rorty 1967 eingeführte Annahme eines →,*Linguistic Turn*'. Boehm ging dabei von einem hauptsächlich durch die Sprachkritik L. Wittgensteins beeinflussten ästhetisch-philosophischen Bildbegriff aus, der rein auf das Kunstbild bezogen war. Demnach liegt die Eigentümlichkeit eines → Bildes in dessen innerer Logik, die sich nur durch Loslösung von der Sprache und Hinwendung zu dem eigentlich dem Bild Inhärenten konstituiert. Die →Hermeneutik des Bildes als adäquates →Verstehen von Kunstwerken aus sich heraus war als Rettung des Kunstbildes vor der durch Fernseh- und Medienentwicklung (v. a. Internet) vorangetriebenen Verwendung des Bildes als reines Abbild (,Idolatrie' nach G. Boehm) gedacht und gegen E. Panowskys Ikonologie, welche das Bild primär den sprachlichen Referenzen unterordnet, gerichtet.

Dieser philosophische Ansatz mit der Forderung nach Ausbildung einer eigenen Bildwissenschaft und -theorie (analog zu Linguistik, Sprachwissenschaft und -philosophie) musste zwangsläufig zu einer an der grundsätzlichen Frage ,Was ist ein Bild?' ausgerichteten Neuorientierung führen. Hier steht gegen die enge Definition des Bildes als Kunstbild (G. Boehm) eine weitgefasste, die alle visuellen Eindrücke und sämtliche Bilder unseres Alltagslebens (T.J.W. Mitchell, R. Brandt, W. Sauerländer, B. Brock u. a.) unter Berücksichtigung ihrer →Wirkung und Rolle in der gesellschaftlichen →Kommunikation mit einschließt, also eine neue ,Macht der Bilder' zum Thema hat. T.J.W. Mitchell bezeichnete dies mit dem Terminus →,*Pictorial Turn*', woran angelehnt Sauerländer von einem ,extrovertierten *I. T.*' spricht.

Die Frage nach dem Stellenwert der Bilder und dem Umgang mit ihnen in unserer heutigen Gesellschaft trägt einen interdisziplinären Charakter. So tritt neben Kunstgeschichte, Medienwissenschaft, Theologie, Philosophie, Psychologie, Ägyptologie, Klassische Archäologie, Sprachwissenschaft u. v. a. nun auch die neurologische Forschung. Da neue Einsichten für die Betrachtung und Wirkung von visuellen Eindrücken verschiedenster Art ermöglicht werden, müssen diese auch rückwirkend für die Kunst-, Bild- und Medienwissenschaften Auswirkungen haben, weswegen im Zusammenhang eines *I. T.* auch von einem ,*Neural Turn*' (B. Brock) gesprochen werden könnte. Eine umfassende und annähernd allgemein gültige neue Bildwissenschaft kann deswegen unausweichlich nur aus einer vielen Perspektiven entspringenden Forschung gewonnen werden.

BIBLIOGRAPHIE: G. Boehm (Hg.), Was ist ein Bild?, München [4]2006. – C. Maar/H. Burda (Hgg.), Iconic Turn – Die neue Macht der Bilder, Köln [3]2005. – Diess. (Hgg.), Iconic worlds – Neue Bilderwelten und Wissensräume, Köln 2006. – T.J.W. Mitchell, Picture theory, Chicago 1994. – E. Panofsky, Sinn und Deutung in der bildenden Kunst, Köln 2002. – http://www.iconicturn.de/ (1. 10. 2007).

Gernot Hochhauser

Identität

Für die meisten Disziplinen ist der Begriff relational, d. h. er verweist nicht auf eine Substanz (Essentialismus), sondern fragt nach den Bedingungen, die situationsübergreifende Gleichheiten in der Wahrnehmung einer Person (personale I.) oder Gruppe (kollektive I.) ermöglichen. Im Rahmen der funktionalen Ausdifferenzierung moderner Gesellschaften und der Zunahme von Identifikationsangeboten bzw. Differenzerfahrungen kann I. als aktive Synthetisierungs- od. Integrationsleistung verstanden werden. Solche i.d.R. konstruktivistischen Konzepte gehen von pluralen I.en mit Binnendifferenzierungen, Überlagerungen und Grenzüberschreitungen aus.

Auf der Ebene kollektiver I. wird der Konstruktcharakter der Identitätsbildung durch Konzepte wie das der Nation als einer ‚vorgestellten Gemeinschaft' deutlich. Auf personaler Ebene stellt sich I. aus psychosemiotischer Sicht als ambivalenter Prozess der Identifikation im Austausch mit imaginären Selbstbildern dar, die sich nicht nur im frühkindlichen Spiegelbild, sondern auch in kulturellen Spiegelungen, z.B. im Filmbild, konstituieren. Neben der Reziprozität von I. und →Alterität betonen poststrukturalistische Ansätze insbesondere den unabschließbaren diskursiven Charakter von I.en i.S. von fortlaufenden Einschreibungen, deren Repräsentationen sich in Narrativen – etwa der →Erinnerung bzw. des kulturellen →Gedächtnisses – und/oder in wiederholten performativen Akten der (Selbst-)Inszenierung – auch solchen körperlicher und unbewusster Art – finden. Eine →Dekonstruktion der damit verbundenen Rollen und Normen findet sich v.a. in den →*Postcolonial Criticism* und →*Gender Studies*. Im Unterschied zu (radikalen) Dekonstruktionen von I. hält eine an politischer Handlungsfähigkeit orientierte Identitätspolitik besonders bei Minderheitsdiskursen an einer aufgrund ähnlicher (Marginalisierungs-)Erfahrungen postulierten kulturellen I. fest, um gemeinsame Interessen artikulieren zu können (strategischer Essentialismus). I.en sind also mit Fragen der Macht und der Abgrenzung von anderen I.en verbunden. Marxistisch geprägte Ansätze heben die Interdependenz zwischen aktiver Identitätskonstruktion und ideologischer Interpellation hervor, wobei I. als temporäre Nahtstelle mit diskursiv bereitgestellten Subjektpositionen verstanden wird. Eine Ethik der I. fragt danach, inwieweit kohärente I. als Voraussetzung für verantwortliches Handeln gelten muss oder aber inwieweit die Forderung einer konstanten Selbstidentität eine Form von Gewalt darstellen kann.

Bibliographie: A. Assmann/H. Friese (Hgg.), Identitäten, Frankfurt a.M. ^{2}1999 [1998]. – P. du Gay et al. (Hgg.), Identity: a reader, London u.a. 2002. – P.V. Zima, Theorie des Subjekts: Subjektivität und Identität zwischen Moderne und Postmoderne, Tübingen/Basel 2000.

Nadine Böhm/Doris Feldmann

Ideologie/Ideologiekritik

I. Alttestamentlich

Ursprünglich ein Begriff antireligiöser Stoßrichtung wird I. und Ideologiekritik seit der französischen Revolution als Begriff der politischen Auseinandersetzung benutzt und hat insbesondere durch die marxistische Theorie wie auch die Kritische Theorie verschiedene hermeneutische Zugänge zur Bibelexegese beeinflusst wie z.B. materialistische Bibelauslegungen, Befreiungstheologien, sozialgeschichtliche Bibelauslegungen und z.T. auch Feministische Theologien. Als regelrechter Kampfbegriff bis in die 1980er Jahre nahm der Ausdruck mit der Bedeutung dieser Ansätze ab und gehört (anders als diese Ansätze) inzwischen der Vergangenheit an.

Ideologiekritische Exegesen untersuchen u.a. die Ansichten, Intentionen und politischen Strategien innerhalb der Texte sowie ihrer angenommenen Verfasserkreise, heben das befreiende Potential biblischer Texte für Arme der Antike und der Moderne hervor (‚Gottes Option für die Armen') ebenso wie die unterdrückenden Strukturen in einigen Texten und ihrer →Auslegungsgeschichte. Insbesondere in feministischen Ansätzen werden zusätzlich die Suche nach Marginalisierung, Sexismus, Androzentrismus und Kyriarchat in die exegetische Diskussion eingebracht. Dabei hat Ideologiekritik sowohl die Texte selbst als auch die je vorliegende →Exegese zum Gegenstand.

Die Art, wie über die Jahrzehnte und Jahrhunderte ein Text ausgelegt wird, gibt ein eindrückliches Zeugnis von den →Diskursen, die eine Zeit prägten – viel dominanter als von den Interpretationsmöglichkeiten des Textes selbst. Was dabei von den Textgegenständen oder der untersuchenden Exegese Propaganda, I. oder Theologie sei, hängt an der Perspektive der sprechenden wie der rezipierenden Person. Hier wird die Selbstreflexion des Standorts von Gegenstand und Forschung zunehmend wichtig. Sie hat die Ideologiekritik unvollständig ersetzt.

BIBLIOGRAPHIE: E. Bloch, Das Prinzip Hoffnung, 3 Bde., Frankfurt a.M. 1953. – E. Dussel, Prinzip Befreiung, Aachen 2000. – G. Gutiérrez, Theologie der Befreiung, München 1973 (= Teología de la liberación, Lima 1972). – W. Schottroff/W. Stegemann (Hgg.), Der Gott der kleinen Leute, 2 Bde., München 1979. – E. Schüssler Fiorenza, In memory of her, New York 1984.

Ulrike Sals

II. Neutestamentlich

Die ntl. Wissenschaft hat eine *dreifache* Beziehung zur Ideologietheorie. *Erstens* setzt sie selbst I. mittels positioneller Textinterpretationen frei, die aufgrund der besonderen Zuschreibung der →Bibel als →Heiliger Schrift von erheblicher Bedeutung auch außerhalb der Grenzen ntl. Wissenschaft sind. Dies erklärt die mitunter heftige →Polemik im Streit divergierender exegetischer Richtungen und Einzelpositionen. *Zweitens* kann die ntl. Wissenschaft überkommene und konkurrierende Bibelauslegungen anhand von deren Ideologiehaftigkeit geistesgeschichtlich kontextualisieren und somit ideologiekritisch relativieren. Sie benennt dabei hegemoniale und sich selbst singulär setzende Textauslegungen als kontingente Produkte traditioneller, kultureller, schul-disziplinärer o.ä. Einwirkungen. *Drittens* (re-)konstruiert die ntl. Wissenschaft I. innerhalb der ntl. Texte, z.B. eine antijüdische I. des Mt oder eine geschlechterhierarchische I. der Offb (T. Pippin und F.W. Burnett in D. Jobling/T. Pippin).

Die kanonische Bibel beansprucht aus der Sicht ihrer kirchlichen →Interpretationsgemeinschaften selbst univoke und einzigartige Gültigkeit, zugleich steht die Heterogenität der kanonisierten Schriften gegen das homogenisierende Konzept einer (gesamt-)biblischen I.

Analog zur philosophischen Ideologietheorie wird auch in der ntl. Wissenschaft das Definitionsproblem der I. divergent bearbeitet. Emanzipatorische Hermeneutiken orientieren sich vornehmlich in Rückgriff auf die Kritische Theorie am marxistisch-wertenden Ideologiebegriff (E. Schüssler Fiorenza) und üben Ideologiekritik vorwiegend als rhetorische Analyse (→Rhetorik) textueller Wirklichkeitssetzungen. Daneben bezieht sich die ntl. Wissenschaft zurück auf das wissenssoziologische, d.h. deskriptive Verständnis des Terminus als eines generellen Prozesses der Positionsentstehung, -herausforderung, -wandlung, -reproduktion und -transformation (S. Briggs in D. Jobling/T. Pippin).

Die Ideologiekritik weist ebenso wie die → Diskursanalyse auf die textexternen Faktoren der Bibelauslegung hin und steht somit in enger Beziehung zum literaturtheoretischen Paradigma der →Postmoderne. Zugleich insistieren Studien, die den marxistisch-wertenden Ideologiebegriff verwenden, auf der Kategorisierung von wahr/falsch und führen dadurch den produktiven Konflikt widerstreitender Bibelinterpretationen fort.

BIBLIOGRAPHIE: D. Jobling/T. Pippin (Hgg.), Ideological criticism on biblical texts, Atlanta 1992, 1–23. – S. Scholz, Ideologien des Verstehens, Tübingen/Basel 2008. – E. Schüssler Fiorenza, Unterscheidung der Geister, in: A. Holderegger et al. (Hgg.), Interdisziplinäre Ethik, Fribourg 2001, 149–164.

Stefan Scholz

III. Systematisch-theologisch

I. ist ein ursprünglich nicht in der Hermeneutik beheimatetes, im 18. Jh. aus den beiden Teilen ἰδέα und λόγος zusammengesetztes Kunstwort, das im Zeichen des Szientismus der Aufklärung das Projekt einer auf empirischer Grundlage zu gewinnenden Wissenschaft der Ideen bezeichnete. Die Aufnahme des Begriffs durch K. Marx führte zu seiner globalen Verbreitung. Das Verständnis von I. ist diffus und strittig. I. wird im erkenntnistheoretischen Kontext, in wissenssoziologischen Analysen, bei gesellschaftspolitischen Interpretationen sowie mit der Absicht politischer Wirksamkeit gebraucht, Gegnern einen Mangel an Erkenntnis der Wahrheit wie des Willens zur Wahrheit zu unterstellen. Kriterium ist dabei der Gegensatz von → Wahrheit und Ideologie K. Marx und F. Engels setzen den Begriff I. nur negativ ein: Überbau, Verschleierung von Interessen, Täuschung (‚Religion als Opium des Volkes'). Erst W.I. Lenin nennt das ‚richtige' marxistische Bewusstsein I.

Die Auseinandersetzung mit I. wird in der *Wissenssoziologie* geführt, die verschiedene Wissensformen feststellt (M. Scheler) oder alles Denken als ‚seinsgebunden' und standortabhängig kennzeichnet (K. Mannheim). Folge ist eine Differenzierung zwischen einem partiellen und einem totalen Ideologiebegriff. Der totale Begriff versteht den Menschen als ‚ideologisches Tier'. Der Positivismus verwirft bereits jeden Anspruch auf nicht empirisch verifizierbare Deutung von Wirklichkeit als I.

Ein *pragmatisches* Verständnis von I. begreift diese als Gesamtdeutung der →Wirklichkeit, analog zur Weltanschauung. Dazu kommt eine ethische Komponente. I. soll handlungsleitend sein und dient in praktischer Absicht Machtinteressen. Das Grundproblem von I. ist die Spannung zwischen Wirklichkeit und Wahrheit (und die Relativität wissenschaftlicher Erkenntnis). Themen sind das Phänomen der Vorurteile, die Verbindung von Idee und Interesse, das Wechselverhältnis von Erkenntnis und Macht (‚erkenntnisleitende Interessen').

Theologisch relevant ist Ideologiekritik negativ als Warnung vor der Überzeugung, dass Menschen über die absolute, definitive Wahrheit verfügen können, wie positiv als Hilfe zur Befreiung des Glaubens von Intoleranz, falschen Sicherheiten und Selbsttäuschung. Für textgetreue →Hermeneutik und Einzelexegese ist Ideologiekritik nur insofern relevant, als sie veranlasst, Vorurteile zu überprüfen und ggf. im Text verborgene Interessen aufzudecken. Wichtiger wird sie, wenn Exegese zur Konstruktion oder Rekonstruktion einer theologischen Theorie benutzt wird. Ideologiekritik ist sinnvoll auch im Blick auf die Auslegungs- und Wirkungsgeschichte von Texten, insbesondere dann, wenn diese zur Legitimation von Interessen und Macht benutzt werden, z. B. Inanspruchnahme der Schöpfungslehre als Weltanschauung in Konfrontation mit der Evolutionstheorie oder bei Endzeiterwartungen. Ideologiekritik schützt gegen Immunisierung vor kritischen Anfragen und beim Gebrauch für bestimmte kirchenpolitische oder gruppenbezogene Interessen. Bei einer legitimatorischen Berufung auf Bibeltexte ist daher eine fundamentaltheologische Reflexion von Ideologievorwurf und Ideologiekritik notwendig.

BIBLIOGRAPHIE: J. Barion, Was ist Ideologie?, Bonn ^{3}1974. – H. Barth, Wahrheit und Ideologie (1945), Erlenbach u. a. ^{2}1961. – K. Lenk (Hg.), Ideologie, Neuwied ^{6}1972. – J. Ritsert, Ideologie, Münster 2002.

Martin Honecker

IV. Altphilologisch

I. als oberster, von der menschlichen Vernunft geleiteter Handlungsplan zur Gestaltung der Gesellschaft, als Auslegung von Geschichte und insbesondere als Begründung von Herrschaft, ist ein Begriff aus dem 18./19. Jh., der nur anachronistisch auf die Antike angewendet werden kann. Es gibt keinen entsprechenden antiken Begriff. I. dient der legitimierenden Selbstdarstellung nach außen und Identitätsstiftung nach innen und steht in einem Konkurrenzverhältnis zur Religion; beide fordern unbedingte Loyalität, erheben Anspruch auf →Wahrheit und Allgemeingültigkeit und können sich vermischen. Kritik an Religion als ideologiehaltig findet sich seit den Vorsokratikern (Xenophanes von Kolophon, Kritias). Das Athen des 5. Jh.s v. Chr. präsentierte sich z. B. in Tragödien als Refugium der Bedürftigen und Hüterin des panhellenischen Gesetzes (R. Bernek) und hob sich damit scharf vom feindlichen, mythisch durch Brudermord und anderen Frevel gekennzeichneten Theben ab. Roms Übernahme des thebanischen Mythos bedeutete, dass Theben, das in Athen das Andere exemplifizierte, nun die Schattenseite des römischen Selbst bedeutete, da Roms Anfänge ebenfalls mit einem Brudermord verbunden waren (K. Pollmann 2004, 30).

Der Unterschied zwischen politischer Philosophie und Herrschaftsideologie ist z. T. fließend; Legitimationsversuche für Herrschaft finden sich u. a. bei Xenophon (*Cyr.*), Isokrates (*Phil.* 114–116; *Nic.* 5,29–35), Cicero (*rep.*), und schlagen sich z. T. auch in Herrscherkulten und politischen Schlagwörtern (z. B. *virtus, pietas, fides*; M. Braun et al.) nieder. V. a. in Zeiten des politischen Umbruchs, wie von der römischen Republik zum Prinzipat, werden I.n brisant (M.H. Dettenhofer). Die Rechtfertigung des römischen Imperialismus als friedens- und zivilisationsbringend (Verg. *Aen.* 6,851–953) war auch in späteren Zeiten beliebt (z.B. Eus. *h.e.* 1,2,17–27; *l.C.* 16,4).

Das Christentum versteht sich als eine ideologiefeindliche Religion (2 Kor 10,4-5 gegen Ideologiehörigkeit) und sah sich als verfolgte Minderheit gezwungen, sich auch durch Ideologiekritik an der feindlichen Umwelt zu verteidigen, wobei besonders der römische Sittenverfall, der verfehlte Götterglaube sowie die verlogene Herrschaftsideologie angegriffen wurden (K. Pollmann 1997). Die grundsätzliche Offenheit des christlichen Glaubens, der unter dem eschatologischen Vorbehalt einer in der unbekannten Zukunft liegenden Letztvollendung steht, unterlag und unterliegt aber immer wieder selber der Gefahr der I., z.B. durch Dogmatisierung oder Fundamentalismus.

BIBLIOGRAPHIE: R. Bernek, Dramaturgie und Ideologie, München 2004. – M. Braun et al. (Hgg.), Moribus antiquis res stat Romana, München 2000. – M.H. Dettenhofer, Herrschaft und Widerstand im augusteischen Prinzipat, Stuttgart 2000. – H. Fuchs, Der geistige Widerstand gegen Rom in der antiken Welt, Berlin 1938. – H. Kloft (Hg.), Ideologie und Herrschaft in der Antike, Darmstadt 1979. – K. Pollmann, Augustins Transformation der traditionellen römischen Staats- und Geschichtsauffassung, in: C. Horn (Hg.), Augustinus, De civitate dei, Berlin 1997, 25–40. – Dies., Statius, Thebaid 12, Paderborn 2004.

Karla Pollmann

V. Literaturwissenschaftlich

Von A.L.C. Destutt de Tracy 1796 geprägt, hat der Ideologiebegriff bald eine negative Bedeutung angenommen. Dies geht u.a. auf seinen Gebrauch durch K. Marx zurück, der bis heute die Grundlage der Diskussion bildet. In der selbstbestimmten Arbeit erfährt das Subjekt nach Marx den Sinn der es umgebenden Objekte. Im Kapitalismus werden Objekte jedoch auf ihren Tauschwert reduziert, und die Verbindung zwischen Subjekten und Objekten wird durchtrennt. Gesellschaftliche Wertzuschreibungen scheinen Natureigenschaften der Objekte zu sein. Auf der Grundlage dieser verzerrten Wahrnehmung bilden sich systemstabilisierende Glaubens- und Überzeugungssysteme, I.n, aus.

Während Marx noch die Möglichkeit, ideologische Verzerrungen der Wahrnehmung zu durchschauen, also Ideologiekritik zu betreiben, konstatiert, werden die Definitionen von I. in der Folge immer expansiver. Damit gerät aber alles Denken unter Ideologieverdacht. Dies gilt dann natürlich auch für das Denken, das I. als solche entlarven will. So wird die Frage, wer das Subjekt von Ideologiekritik sein kann, zu einem zentralen Problem. In der diesbezüglichen Diskussion dominieren zwei Lösungsansätze: Einerseits werden kollektive Erkenntnisprozesse als Möglichkeit zur Überwindung von I. konstatiert (F. Jameson). Der konkurrierende Vorschlag geht davon aus, dass die Körperlichkeit des Menschen einen Katalog an objektiven Erfahrungstatsachen bereitstellt, der einen analytischen Ausgangspunkt für ideologiekritische Reflexion bietet (T. Eagleton).

Vor diesem Hintergrund wird verständlich, warum der Status von Literatur in ideologiekritischen Ansätzen in der Literaturtheorie so unterschiedlich beurteilt wird. Während Strömungen, die auf die Tradition der Kritischen Theorie – insbesondere auf die Arbeiten T.W. Adornos – zurückgehen, der Kunst und insbesondere der avantgardistischen Literatur *per se* einen ideologie*kritischen* Gehalt zuschreiben, sehen andere Theoretiker Literatur in erster Linie als *Ausdruck* der jeweils herrschenden I.

In den 1980er und 1990er Jahren ist versucht worden, den Ideologiebegriff mit Konzepten des Poststrukturalismus wie M. Foucaults Begriff des ‚Diskurses' und J. Derridas Verständnis von Metaphysik zu verbinden. Weil diese Theoretiker jedoch die Allgegenwart von I. konstatieren, scheitert das Unterfangen, sie für Ideologiekritik zu nutzen, an dem Punkt, wo es notwendig wird, einen ideologiefreien, vernünftigen Maßstab für die Ermittlung ideologischer Aussagen zu erarbeiten.

BIBLIOGRAPHIE: J. Decker, Ideology, Basingstoke 2004. – T.A. van Dijk, Ideology, London 1998. – T. Eagleton, Ideologie, Stuttgart 1991. – Ders., Ästhetik, Stuttgart 1994. – F. Jameson, Postmodernism, or, the cultural logic of late capitalism, Durham 1991. – G. Lukács, Geschichte und Klassenbewußtsein, Neuwied 1970 [1923]. – K. Mannheim,

Ideologie und Utopie, Frankfurt a.M. 1965 [1929]. – S. Raman/W. Struck, Ideologie und ihre Kritiker, in: M. Pechlivanos et al. (Hgg.), Einführung in die Literaturwissenschaft, Stuttgart 1995.

Sven Strasen

VI. Philosophisch

Der Begriff I. wird sowohl in der Öffentlichkeit als auch in der Wissenschaft in vielerlei Bedeutung gebraucht. Zwei hauptsächliche Verwendungsweisen lassen sich unterscheiden: I. als mehr oder weniger kohärentes System von Überzeugungen, also als Theorie oder Weltanschauung, und I. als (bewusste oder unbewusste) Verdeckung anderer Motive, als Verschleierung der wahren Interessen. In der ersten Bedeutung wird der Begriff neutral, in der zweiten kritisch gebraucht.

1796 vom französischen Gelehrten A.L.C. Destutt de Tracy als philosophischer Fachterminus (‚Wissenschaft von den Ideen' als Wissenschaft von den aufgrund von sinnlichen Wahrnehmungen gebildeten Vorstellungen) geprägt, bekam der Begriff seine kritische Tendenz erst durch Napoleon I., der der von Destutt de Tracy gegründeten Schule der Ideologen vorwarf, sich mit abstrakten Ideen und wirklichkeitsfremden Spekulationen in die praktische Politik einzumischen. Dadurch wurde ‚I.' zu einem politischen Kampfbegriff. Ab etwa 1830 wurde er in dieser Fassung in Deutschland häufiger gebraucht (u.a. bei H. Heine) und auch K. Marx und F. Engels bekannt. Diese bezeichneten, v.a. in der *Deutschen Ideologie* (1845/46), alles Denken als I., welches behauptet, Ideen und Begriffe bestimmten unabhängig von den ökonomischen Verhältnissen die Geschichte. Dadurch werden nach ihrer Ansicht die wahren Verhältnisse verkehrt, da Moral, Religion, Philosophie und Recht nicht selbstständige Gebilde, sondern durch die gesellschaftlichen Verhältnisse bestimmt, Überbau der sozioökonomischen Basis sind. Eine I. zeugt insofern immer von einem falschen Bewusstsein.

Nach Modifikationen durch den späten Engels, der eine gewisse Wechselwirkung zwischen Basis und Überbau anerkannte, wurde in der weiteren Entwicklung des Sozialismus wieder stärker die produktive Rolle der I. anerkannt, so dass auch der Marxismus als I. verstanden werden konnte („I. des revolutionären Proletariats", W.I. Lenin; I. als „Einheit von Theorie und Praxis", G. Lukács). Dies hat die Wissenssoziologie (K. Mannheim) weitergeführt und einen negativen I.-Begriff (I. als Interessedenken) von einem neutralen Ideologiebegriff (Seinsgebundenheit allen Denkens) unterschieden. Dieser Ideologiebegriff, der neben dem kritischen (z.B. bei M. Horkheimer, T.W. Adorno u.a.) bis heute anzutreffen ist, teilt mit der →Hermeneutik die Überzeugung, dass in alles →Erkennen und →Verstehen notwendig historische und gesellschaftliche Voraussetzungen einfließen.

BIBLIOGRAPHIE: U. Dierse, Art. Ideologie, in: Geschichtliche Grundbegriffe, Bd. 3, Stuttgart 1982, 131-169. – K. Lenk (Hg.), Ideologie, Frankfurt a.M. [9]1984.

Ulrich Dierse

Ikonographie

I. Kirchengeschichtlich

Nach den grundlegenden Arbeiten von E. Panofsky und A. Warburg meint I. in der modernen Bedeutung die Beschreibung des Gegenstands, Identifizierung und Klassifizierung von Bildern im Unterschied zu Ikonologie, der →Interpretation und Funktionsanalyse, und der Ikonik, die sich „Untersuchungen der Leistungsfähigkeit des Mediums →Bild und der Regeln" zuwendet, „nach denen ein kulturelles Symbolsystem sich ikonischer Kodierung in visuellen Medien bedient" (C. Uehlinger). Der Hauptgegenstand der europäischen Kunstgeschichte ist neben der antik-mythologischen die christliche I., die durch ihren Bezug auf die biblischen →Schriften, ohne an ihre kanonische Fixierung gebunden zu sein, stark textreferentiell ist. →Hermeneutik und →Methoden der I. bestimmen sich herkömmlicherweise durch Textinterpretation, was leicht zu Einschränkungen in der Erkenntnis von autonomen Bildsystemen führen kann. Dies lenkt den Blick auf bilderspezifische Deutungssysteme mit über den →Text hinausgehender oder die Textbedeutung ergänzender Eigenbedeutung, die sich etwa am Anfang einer christlichen Kunst schon darin kundtut, dass Bildschemata der antiken und jüdischen Kunst verwendet werden. Dasselbe gilt für Bildthemen und →Stil.

Wir besitzen biblische Bilder v. a. in einem narrativen Zusammenhang der Bibelillustration und in einem pädagogischen im theologisch-katechetischen Zusammenhang. Die christliche I. stellt ein eigenes umfangreiches Deutungssystem der biblischen – vornehmlich narrativen – Texte dar.

Bibliographie: Lexikon der christlichen Ikonographie, hg. v. W. Braunfels, 8 Bde., Freiburg 1968–1976. – J. Engemann, Deutung und Bedeutung frühchristlicher Bildwerke, Darmstadt 1997. – C. Uehlinger et al., Art. Ikonographie, in: RGG[4] 4 (2001), 41–52.

Wolfgang Wischmeyer

II. Judaistisch

Früheste Belege einer spezifisch jüdischen I. sind Münzen des Hasmonäers Antigonus Mattathias (40–37 v. Chr.), auf denen der Schaubrottisch und die Menora, der siebenarmige Leuchter, dargestellt sind (Ex 25,23–40); Münzen aus dem Aufstand der Jahre 66–70 n. Chr. zeigen u. a. den Feststrauß (*Lulav*) und die Zitrusfrucht (*Etrog*) für das Sukkotfest (Lev 23,40), Granatäpfel und Palmen, Motive, die auch auf den Bar Kokhba-Münzen (dort ergänzt um die Tempelfassade) aufscheinen und später beliebte Motive auf Mosaikfußböden von Synagogen ab dem 4. Jh. n. Chr. wurden, wo sie den Toraschrein, oft in Form einer Tempelfassade, flankieren, ergänzt um weitere Kultsymbole wie Menora, Weihrauchschaufel und Widderhorn (*Schofar*), das zugleich auch verkürzt auf die *Aqeda* (Gen 22: Isaaks Opferung) verweist. Zwei Löwen als Flankierung einer Inschrift oder am Toraschrein verweisen auf Juda. Ebenfalls schon früh (z. B. in der Synagoge von Na'aran) findet man Daniel in der Löwengrube – eine von zwei Löwen flankierte Orantengestalt (Dan 6). Selten zeigen Mosaiken den Schaubrottisch oder den Korb mit den Erstlingsfrüchten. Der Tierkreis (Zodiacus) ist in Synagogen seit dem 4. Jh. n. Chr. häufig anzutreffen und als Deckendekoration bis in die Gegenwart verbreitet, aber auch in Gebetbüchern zu finden. Die Menora ist auch bei Grabinschriften das häufigste jüdische Symbol; später kommen u. a. das *Schofar* als →Zeichen der Hoffnung auf die Auferstehung, die (bei der Händewaschung der Priester verwendete) Kanne als Zeichen für Leviten, zwei erhobene Hände (Priestersegen) als Hinweis auf priesterliche Herkunft dazu. In illuminierten Handschriften des Mittelalters ist die Rote Kuh (Num 19) als Zeichen der Hoffnung auf die Erneuerung des Kults am Ende der Zeiten beliebt, ebenso Aaron beim Anzünden des Leuchters. In Pesach-Haggadot findet man wiederholt das Motiv der Hasenjagd – der Hase ist das schutzlose Israel, der schwarz-weiß gefleckte Jagdhund symbolisiert das Ordenskleid der Dominikaner, d. h. der Inquisitoren; Elia, auf dem Esel reitend und das *Schofar* blasend, kündet den Messias an. Die zwei Toratafeln zieren meist den Vorhang vor dem Toraschrein, aber auch Synagogenfassaden. Erst spät wird der Davidsstern ein jüdisches Symbol, zuerst belegt auf dem Banner der Juden Prags (14. Jh.), ab dem 16. Jh. auch auf Grabsteinen und schließlich als das wesentliche zionistische Symbol.

Bibliographie: J. Guttmann, The Jewish sanctuary, Leiden 1983. – Ders., The Jewish life cycle, Leiden 1987. – R. Hachlili, The Menorah, the ancient seven-armed candelabrum, Leiden 2001. – M. Metzger, La Haggada enluminée, Leiden 1973. – J. Neusner, Art and symbol in Judaism, in: Ders. et al. (Hgg.), The encyclopaedia of Judaism I, Leiden [2]2005, 108–117. – G.S. Oegema, The history of the shield of David: the birth of a symbol, Frankfurt a. M. 1996. – G. Sed-Rajna, Le Mahzor enluminé, Leiden 1983.

Günter Stemberger

III. Literaturwissenschaftlich

I. ist in der Kunstgeschichte die Wissenschaft von der Inhaltsbestimmung künstlerischer Darstellungen (griech. εἰκών, →‚Bild'; griech. γραφεῖν, ‚schreiben'). *Eikonographia* kann in der Antike die Beschreibung durch eine figurative Darstellung (Str. 15,1,69), eine ‚Porträtdarstellung' (εἰκονολογία), (Arist. *Po.* 1454b 9) oder das ‚bildliche Reden' (Pl. *Phdr.* 267c und 269a) bezeichnen. →Allegorie, Mythologie und Emblematik sind Hauptgegenstände der I. Im Zuge der Erforschung christlicher Bildtypen entwickelt sich im 19. Jh. die I. zur kunstwissenschaftlichen Disziplin, die sich allgemein mit der Identifikation von Darstellungsinhalten der bildenden Kunst befasst. Im 20. Jh. wird im Rahmen der modernen Kunstwissenschaft der Begriff I. erneut von dem der Ikonologie unterschieden: Diese richtet sich nicht auf die Identifikation, sondern auf die →Interpretation von Bildinhalten. E. Panofsky (1892–1968), Mitglied der Hamburger Warburg-Schule, entwickelt zuerst 1931 ein dreistufiges Interpretationsmodell der Lektüre von Bildwerken: (1) vor-ikonographische Beschreibung des Kunstwerks (Identifizierung bestimmter Gegenstände und Ereignisse); (2) ikonographische Analyse (Erschließung der ‚konventionalen Bedeutung'); (3) ikonologische Interpretation (eigentliche →Bedeutung des Kunstwerks). Diese Bildebenen korrespondieren mit den literarischen Ebenen, die der Altphilologe F. Ast (1778–1841), ein Pionier der Textauslegung (→Hermeneutik), voneinander trennt: die wörtliche oder grammatische Ebene, die historische Ebene und die kulturelle Ebene, die den ‚Geist' einer Epoche erfassen will. Panofskys Modell der Bildlektüre nimmt damit auf die →Tradition der Textauslegung Bezug. Kritik erfuhr der ikonographische Ansatz u.a. wegen seiner Vernachlässigung der sozialen Dimension und der Vielfalt von Bildern und historischen Fragen. Unter dem Einfluss strukturalistischer und semiotischer Ansätze (U. Eco, R. Barthes, C. Lévi-Strauss) wurden Bilder immer stärker als Zeichensysteme, als „visuelle Erzählungen" (P. Burke, 200) betrachtet. Ein kulturwissenschaftlich erweitertes Verständnis von I. im 20. Jh. richtet sich auf die Lesbarkeit bildlicher, textueller, medialer und sozialer Codes, die es unter den jeweiligen methodischen Prämissen zu entschlüsseln gilt (vgl. R. Barthes; P. Burke). Analogien und Differenzen im interpretatorischen Umgang mit Bildern und →Texten werden im Zuge des dem →*Linguistic Turn* nachfolgenden →*Iconic Turn* (G. Boehm) und in der Intermedialitätsforschung diskutiert (u.a. P. Wagner).

Bibliographie: R. Barthes, Mythen des Alltags, Frankfurt a.M. 1964. – G. Boehm (Hg,), Was ist ein Bild?, München 1994. – F. Büttner/A. Gottdang, Einführung in die Ikonographie, München 2006. – P. Burke, Augenzeugenschaft, Berlin 2003. – S. Horstkotte/K. Leonhard (Hgg.), Lesen ist wie Sehen, Köln 2006. – T. Noll, Art. Ikonographie/Ikonologie, in: Metzler Lexikon Kunstwissenschaft, Weimar 2003, 151–155. – E. Panofsky, Sinn und Deutung in der bildenden Kunst, Köln 1975. – P. Wagner, Reading iconotexts from Swift to the French Revolution, London 1995.

Claudia Öhlschläger

Impliziter Leser

I. Alttestamentlich/Neutestamentlich

Der i. L. ist das Antonym und der Adressat des impliziten →Autors und ist gleichfalls eine fiktive Person. Beide Personen sind Konstrukte und dürfen nicht mit dem realen Autor, einem geschichtlichen Individuum, und dem realen →Leser, der immer einem geschichtlichen Ort, einer Periode und einer Generation oder einem Jahrhundert zugerechnet werden kann, identifiziert werden (→historischer Leser). In narrativer Prosa hat der implizite Autor meist die Stellung des →Erzählers inne und sein (natürlicher) Gesprächspartner oder *narratee* ist der i. L. Eine ähnliche Polarität kann in der →Dichtung geltend gemacht werden, wo die Stimme des lyrischen Ich einen gleichgesinnten Glaubensgenossen voraussetzt.

Der implizite Autor und sein Adressat sind die beiden Pole einer kognitiven und kommunikativen Situation. Der Text stellt einen Ort der Begegnung dar, in dem sich die vom Erzähler durch dezidierte Anordnung erzielten und angebotenen Bedeutungen auf einen →Hörer/Leser richten, der wiederum den linguistischen →Zeichen, →Stil und Struktur, →Bedeutung zuschreibt. Die Frage, ob wir, die (in Raum und Zeit eingebundenen) realen Leser, anstreben, die Position des i. L.s einzunehmen, ist positiv zu beantworten, da wir, wenn wir einen geschriebenen →Text lesen, in einen Vertrag einwilligen und bereit sind, dem vom Autor angebotenen Protokoll (Geschichte oder Gedicht) zu folgen, welches entweder durch die Erzählinstanz oder (in der Dichtung) durch die Stimme des lyrischen Ichs dargelegt wird. Die Intention des loyalen Lesers ist es, das Vorhaben des Autors zu einem guten Ende zu bringen; dies ist möglich, wenn er die im Text angelegten literarischen Konventionen und Regeln anerkennt. Da sich die Welt des Lesers aber von der im Text angebotenen Welt unterscheidet, wird er teilweise auf ‚*suspension of disbelief*' (S.T. Coleridge) angewiesen sein.

Bleibt der Text im Laufe vieler Generationen und Jahrhunderte derselbe? Der Wortlaut des biblischen Textes ändert sich nicht mehr (mit Ausnahme von gelegentlichen Verbesserungen auf der Basis verbesserter Handschriftenstudien), aber die durch den Text generierte Bedeutung, ihre Einflüsse und Auswirkungen erscheinen in sich ständig verändernden Bereichen. Zudem unterliegen die Rezeptionsfähigkeit, die kognitiven und affektiven Fähigkeiten der Leser durch die Jahrhunderte konstantem Wandel. Daher existiert kein idealer Leser, und das Ideal einer unveränderlichen, maßgeblichen und autoritativen Exegese lässt sich nicht verwirklichen.

BIBLIOGRAPHIE: S. Chatman, Reading narrative fiction, New York 1993. – W. Iser, Der implizite Leser, München 1972.

Jan P. Fokkelman

II. Systematisch-theologisch

Die Bezeichnung ,i. L.' zur Charakterisierung einer jedem fiktionalen →Text inhärenten intentionalen Strukturalität fand zeitlich nach ihrer →Rezeption in der →Exegese bei Systematikern seit den 1990er Jahren Aufnahme (A. Berlin, K. Huizing, U.H.J. Körtner). Mitte der 1980er Jahre betonten Homiletiker in Anlehnung an U. Eco die Vieldeutigkeit von Texten und trugen Konzepte einer ,Predigt als offenem Kunstwerk' vor (G.M. Martin). Dies führte im Verbund mit der Rezeptionsästhetik (W. Iser) auch bei Exegeten zur Wahrnehmung von Unbestimmtheiten und Leerstellen in biblischen Texten. Die Mitwirkung des →Lesers/→Hörers erhielt für die Konstitution von Textsinn zentrale Bedeutung. Emanzipation, Subjektivität und Autonomie des Lesers/Hörers sind seitdem die zentralen Oppositionsbegriffe zu monokratischen Kommunikationsmodellen (R. Volp, Zirker, McKnight). Die darin eingelagerte Problematik von subjektiver Deutungswillkür versuchten Systematiker mit Hilfe des autor- und leserunabhängigen i. L.s zu lösen (J. Frey, U.H.J. Körtner, K. Huizing). Mit Rekurs auf P. Ricœur und E. Levinas sowie einer Relektüre von W. Iser stellten sie wieder die *Autonomie des Textes* heraus. Der als intentionale Textstruktur zu analysierende i. L. leite, führe und forme den realen Leser. Das Sich-Verstehen und Verstandenwerden vor dem Text und dessen →Fremdheit bildet das Zentrum dieser Argumentation. Gleichwohl bricht sie das statische Gepräge der altprotestantischen Schriftlehre auf, da →Verstehen als dynamisch-dialektischer Vorgang von → Auslegung des Textes durch den Leser und Auslegung des Lesers durch den Text expliziert wird (U.H.J. Körtner). Dieser Akt der Sinnkonstitution erfährt pneumatologische Absicherung dadurch, dass die →Inspiration vom Autor auf den Leser übertragen wird, so dass U.H.J. Körtner vom ,inspirierten L.' spricht. Theorien zum i.n L. und zum von U. Eco ähnlich konzipierten Begriff des ,Modell-Lesers' vermeiden darüber hinaus die Aporien einer auf die →Autorenintention fixierten historisch-kritischen →Methode. Die Ansätze zeigen detailgenau, wie das Zusammenspiel von Text und Leser den ,garstigen Graben' zwischen Vergangenheit und Gegenwart überbrückt, und erklären somit die empirische Wirksamkeit und Aktualisierung der biblischen Texte bei Lesern (K. Huizing).

BIBLIOGRAPHIE: A. Berlin, Poetics and interpretation of biblical narrative, Sheffield 1994. – J. Frey, Der implizite Leser, in: ThBeitr 23 (1992), 266–290. – K. Huizing, Homo legens, Berlin 1996. – W. Iser, Der implizite Leser, München 1972. – U.H.J. Körtner, Der inspirierte Leser, Göttingen 1994. – Ders., Schriftwerdung des Wortes und Wortwerdung der Schrift, in: ZDT 15 (1999), 107–130. – G.M. Martin, Predigt als offenes Kunstwerk?, in: EvTh 44 (1984), 46–58. – E.V. McKnight, Postmodern use of the Bible, Nashville ²1990. – R. Volp, Die Kunst, heute die Bibel zu lesen, in: PTh 74 (1985), 294–311. – H. Zirker, Bedeutung zu schaffen ist ein gemeinsamer Akt zwischen Text und Leser, in: G. Riße et al. (Hgg.), Wege der Theologie, Paderborn 1996, 587–599.

Michael Bauer

III. Altphilologisch

Der *i. L.* hat keine reale Existenz, sondern ist eine abstrakte Verkörperung des idealen Leseakts, der den →Text komplett aufnimmt. Der von W. Iser als Komplement zum *implied author* (W.C. Booth) geprägte, rezeptionsästhetische i. L. korrespondiert der dem Text eingeschriebenen (normativen) Werkstruktur, die den adäquaten Lesevorgang bestimmt, d.h. sowohl zu der Gesamtheit der Vororientierungen, die ein Text seinen →Lesern als Rezeptionsbedingungen anbietet (Textstruktur), als auch zu der Aktualisierung des im Text unausgedrückten, aber intendierten Potentials durch den Leser (Aktstruktur). Diese im Text angelegte Leserrolle ist nur ein Angebot, so dass *i. L.* und *realer Leser* erheblich von einander abweichen können. Zu differenzieren ist der *i. L.* vom *intendierten* (*imaginierten*, *konzeptionellen*) Leser, der den während des Schaffensprozesses bewusst oder unbewusst vom →Autor antizipierten hypothetischen Leser bezeichnet, sowie vom *fiktiven* (*irrealen*) *Leser* als einer gleich dem →Erzähler erdichteten Rolle des textinternen Adressaten.

Grundsätzlich generiert jeder Text, also auch jeder antike, einen i.n L.; daher ist das Konzept des i.n L.s als rezeptionsästhetische Analysemethode auch hier erfolgreich anwendbar (vgl. E.W. Leach). Das Phänomen selbst ist in der Antike jedoch nicht explizit theoretisiert worden, was auch mit der streng produktionsästhetischen Ausrichtung antiker Poetologie zusammenhängen mag (vgl. z. B. Aristot. *Po.*; Hor. *ars*; Quint. *inst.*). Rezeptionsästhetische Perspektiven klingen nur sporadisch bei der Auseinandersetzung mit der Technik des Lesens und →Verstehens (Quint. *inst.* 1,8; bes. 1,8,15), aber auch mit in der Rhetoriklehre relevanten Bedeutungsambiguitäten (7,9) oder mit der Durchsichtigkeit und Dunkelheit der Sprache (8,2) an, wo der Interpretationsspielraum des realen Rezipienten im Sinne drohender Fehlrezeptionen als Herausforderung für den Autor/→Rhetor gefasst wird (8,2,23 f.). Eine prototypische Wahrnehmung des i. L.s lässt sich aus der Thematisierung von ‚Fehlinterpretationen', z. B. aus den apologetischen Passagen bei Catull 16, Ovid (*trist.* 2,7 f.; 211 f.; 253–266; 349 f.; 353–358; 493 f.; *Pont.* 4,4,15 f.) und Apuleius (*apol.* 6; 9–11), destillieren, die nicht nur mit der Differenz zwischen realem Autor und fiktiver Sprecherperson operiert, sondern implizit auch mit Ausdifferenzierungen zwischen realem, intendiertem, fiktivem und i.m L. (d. h. der Textverfasstheit).

Bibliogaphie: U. Eco, Lector in fabula, München/Wien [2]1994. – D. Kimmich, Zur Rezeption der Rezeptionstheorie, Berlin 2003. – T. Kindt/H.-H. Müller, The implied author, Berlin 2006. – E.W. Leach, The implied reader and the political argument in Seneca's Apocolocyntosis and De clementia, in: Arethusa 22 (1989), 197–230. – A. Nünning, Renaissance eines anthropomorphisierten Passepartouts oder Nachruf auf ein literatur-kritisches Phantom?, in: DVjs 67 (1993), 1–25.

Barbara Feichtinger

IV. Literaturwissenschaftlich

Der Begriff bezeichnet in der rezeptionstheoretischen Konstruktion des Lesevorgangs eine Zwischenposition zwischen realem → Leser, adressierten Leserfiguren im →Text und spezifischer Verfaßtheit des Textes. W. Iser (*Die Appellstruktur der Texte*, 1970; *Der implizite Leser*, 1972; *Der Akt des Lesens*, 1976) konstruiert den i.n L. dort, wo der Text mit Hilfe von Unbestimmtheitsstellen den historischen Leser zu Konkretisationen nötigt. Der i. L. füllt die Leerstellen des Textes nach Maßgabe seiner kognitiven, sozialen und sozialisatorischen sowie situativen Voraussetzungen durch eigene Vorstellungsgehalte aus, entspricht also diesem individuellen Betrag des realen Lesers zum literarischen Text. Mit anderen Worten ist der i. L. gleichsam die erst vom realen Leser hergestellte Bedeutungsdimension des prinzipiell bedeutungsoffenen literarischen Textes. Während der ideale Leser, als Wunschadressat des →Autors, sich in seiner Deutungskompetenz praktisch völlig mit derjenigen des Autors decken würde (was real uneinlösbar ist), stellt der i. L. den tatsächlich eintretenden Übertragungsvorgang von texterzeugten (und -beabsichtigten) Vorstellungen in die Erfahrung des realen Lesers dar, realisiert also den von Iser so genannten „im Text vorgezeichneten Aktcharakter des Lesens" (*Der Akt des Lesens*, 1976). Die Notwendigkeit bzw. Tauglichkeit der rezeptionstheoretischen Kategorie des i.n L.s wird neuerdings v. a. aus narratologischer Perspektive in Zweifel gezogen (G. Genette, A. Nünning).

Bibliographie: G. Genette, Impliziter Autor, impliziter Leser (1983), in: F. Jannidis et al. (Hgg.), Texte zur Theorie der Autorschaft, Stuttgart 2000, 233–246. – W. Iser, Der implizite Leser (1972), München 1994. – A. Nünning, Renaissance eines anthropomorphisierten Passepartouts oder Nachruf auf ein literaturkritisches Phantom?, in: DVjs 67 (1993), 1–25.

Benedikt Jeßing

Inkohärenz →Kohärenz/Inkohärenz

Inspiration

I. Alttestamentlich

Einen Terminus für I. als Theopneustie gibt es im AT nicht. Im Sinne der Einwirkung Gottes bzw. des göttlichen Geistes zur Vergabe von Leben (Gen 12,7), Erkenntnis (Hi 32,8) oder Fähigkeit (Ex 35,31) ist der Begriff aber auch dort gut belegt, wo er als *terminus technicus* nicht vorkommt.

Moses direktes Aufschreiben der Gottesworte (Ex 24,4; Dtn 31,9; 34,27) setzt die I. als Mitteilung der göttlichen →Offenbarung voraus, woran die jüdisch-christliche Tradition anknüpfen konnte. Ähnlich im prophetischen Bewusstsein: wenn die vom Propheten gesprochenen Worte direkt von Gott kommen (Jer 1,9), wird damit die I. als Eingabe des göttlichen Wortes und daher die prophetische Autorität ausgedrückt. Auch ein Danklied (Ps 40,4) oder eine Spruchsammlung (Koh 12,11) können solch eine Eingabe sein.

Anders als die Hofprophetie (1 Kön 22,24) geht die klassische Schriftprophetie von einer I. aus, wobei der Geist Gottes meist unerwähnt bleibt (etwa in der Botenformel, *ko amar jhwh*). Demgegenüber wird das Ergriffensein besonders bei Ezechiel und dem Chronisten mit dem Geist Gottes verbunden (Ez 11,1.5; 2 Chr 15,1), ebenso die Befähigung durch Gottes Kraft bei vor- und nachexilischen Propheten (Mi 3,8; Jes 48,16; 61,1). Ein Prophet als ‚Mann des Geistes' (Hos 9,7) kann aber auch zur Deutung der eigenen Empfindungen inspiriert werden (Hos 1,2; 3,1), wodurch seine inneren Sorgen zum Teil der Botschaft werden, die daher kein Diktat ist. Die I. kann auch verführen (1 Kön 22,22) und als vergangenes Phänomen betrachtet werden (Neh 9,20; Sach 7,11). Die schwankende prophetische Assoziation von Geist und I. lässt sich vor dem Hintergrund der Tradition eines ekstatischen Enthusiasmus verstehen, muss sich aber nicht aus diesem ableiten lassen (1 Sam 10,10 f.; vgl. charismatische Phänomene bei den Richtern, Ri 3,10; 13,25). Wenn I. die Offenbarung konstituiert, zugleich aber mehr ist als Mitteilung des göttlichen Wortes und sogar göttlichen Zwang einschließt (Am 3,8; Jer 20,9), dann hat der atl. Begriff enorme hermeneutische Relevanz.

Nach der Kanonkritik wurde die I. im *Biblical Theology Movement* unterschätzt (vgl. jedoch H.W. Robinson!), eine angebliche Schwäche, die die Kanonkritik selbst aber bisher nicht korrigieren konnte. Schon die niederländischen ‚Ethischen' Alttestamentler des 19. Jh.s haben die I. dahin ausgelegt, dass ihr umfassender Charakter die Offenbarung nicht auf die Mitteilung propositioneller ‚Wahrheiten' beschränke, sondern als intensive Begegnung mit Gott darstelle (ähnlich J. Barr). Deren textuelle Darlegung könne dem Leser nur durch eine ähnlich inspirierte Lektüre erschlossen werden. Damit wurden die Ansätze der neueren rezeptionsästhetischen Hermeneutik schon im 19. Jh. vorweggenommen, obwohl das im deutschsprachigen Raum kaum wahrgenommen wurde.

BIBLIOGRAPHIE: J. Barr, Biblical authority, in: Ders., Holy Scripture, Philadelphia 1983, 23–48. – Ders., The Bible in the modern world, Philadelphia 1993, 13–18. – J.A. Loader, Begegnung mit Gott als Zentralbegriff der niederländischen „Ethischen Theologie", in: M. Witte (Hg.), Gott und Mensch im Dialog, FS O. Kaiser, Bd. 2, Berlin/New York 2004, 1037–1051. – H.W. Robinson, Inspiration and revelation in the Old Testament, Oxford 1946.

James Alfred Loader

II. Neutestamentlich

I. bezieht sich in einem engeren Sinn auf die aktuelle Begabung eines Menschen mit Gottes Geist, so dass die von diesem Menschen aufgeschriebenen Texte als direkt von Gott inspiriert angesehen werden. Innerhalb der altprotestantischen Orthodoxie wurde die I. auf den Textbestand nach Punkten und Buchstaben zur Vorstellung einer Verbalinspiration ausgebaut, und die augenfälligen Textdifferenzen wurden als Akkommodationen des Heiligen Geistes an die jeweiligen Schreiber erklärt. Innerhalb des NT werden atl. Texte oftmals als vom Heiligen Geist inspiriert angesprochen (Mk 12,36; Apg 1,16; 4,25; 28,25), wiewohl häufig auch von einer Rede Gottes etwa durch Propheten gesprochen wird, ohne hierbei auf den Heiligen Geist Bezug zu nehmen (Röm 1,2; Hebr 1,1). Die ntl. Autoren folgen hierin einer innerhalb des hellenistischen Judentums breit bezeugten Anschauung, der zufolge etwa Mose, David (im Psalter) oder die Propheten inspiriert gesprochen und geschrieben haben (Weish 7,27 durch die Weisheit; Philo, *decal.* 175 oder J. *Ap.* 1,37 durch den Geist; Philo, *Mos.* 2,250 durch Gott). Philo, *her.* 263 f. spricht sogar im Anschluss an Pl. *Ion* 534b von der Ausschaltung des menschlichen Geistes im Propheten. Hier sind zudem ältere Vorstellungen von der Wirkmächtigkeit des Wortes Gottes und der Geistbegabung der Propheten aufgenommen und zu einer I. der →Heiligen Schrift(en) weiterentwickelt worden. In 2 Tim 3,15 f. wird die I. der heiligen atl. Schriften mit dem Stichwort der Theopneustie (der göttlichen Einhauchung) verknüpft, doch nicht um ihrer selbst willen, sondern um somit die verbindliche pädagogische Funktion der Schrift zu unterstreichen. 2 Petr 1,20 f. thematisiert das Verhältnis von inspirierter atl. Schrift zu gegenwärtiger menschlicher Auslegung. Letztere wird als menschliche Willkür abgewiesen und dem inspirierten schriftlichen Wort als Norm entgegengestellt. Beide Textstellen unterstreichen die unbestrittene Geltung der atl. Schriften innerhalb der frühchristlichen Kirche. Eine eigenwillige Zuspitzung dieser Sicht legt Hebr 2,11–13; 10,5–7 dar, wo der präexistente Christus bereits als Sprecher des atl. Wortes genannt wird.

BIBLIOGRAPHIE: H. Burkhardt, Die Inspiration heiliger Schriften bei Philo von Alexandrien, Gießen 1988. – C. Forbes, Prophecy and inspired speech in early Christianity and its Hellenistic environment, Tübingen 1995. – M. Frenschkowski, Offenbarung und Epiphanie, Bd. 1, Tübingen 1995. – G. Häfner, „Nützlich zur Belehrung" (2 Tim 3,16), Freiburg i. Br. 2000. – J. Whitlock, Schrift und Inspiration, Neukirchen-Vluyn 2002.

Friedrich Wilhelm Horn

III. Kirchengeschichtlich

Der vom Christentum aus seiner religionsgeschichtlichen Umgebung übernommene, durch 2 Tim 3,16 und 2 Petr 1,20 f. bekräftigte Gedanke einer I. der →Bibel – bereits von frühen Apologeten im Bilde des Heiligen Geistes, der auf den biblischen →Autoren wie auf einem Instrument spielt, und später als seine Eingebung durch ein Diktat veranschaulicht – bildete bis in die frühe Neuzeit die selbstverständliche Voraussetzung und den Rahmen aller Schriftauslegung. Seine hermeneutische Funktion bestand in der Sicherung einer tendenziell unbegrenzten Autorität des Bibelwortes. Die damit notwendig verbundene Vorstellung einer Irrtumslosigkeit der Bibel ließ sich mit der Wahrnehmung ihres Wortlauts samt all seinen Schwächen und Mängeln nur dadurch vereinbaren, dass die →Auslegung hinter den Wortlaut zurückgriff und nach einem tieferen Sinn suchte. Eine unmittelbare Folge der Überzeugung von der I. der Bibel war deshalb die Übernahme der in der Umwelt geläufigen →Allegorese durch die Christen. Beides galt mehr als ein Jahrtausend unbestritten. Wo man freilich nach der in der Bibel enthaltenen Erfahrung fragte, wie in der monastischen Schriftauslegung (bes. Bernhard von Clairvaux) und in ihrem Gefolge M. Luther, da trat die Betonung der I. in den Hintergrund, ohne dass diese geleugnet wurde. Fraglich wurde sie jedoch, als sich das biblische Weltbild in der Frühen Neuzeit durch neue astronomische, geographische und ethnologische Erkenntnisse zunehmend als obsolet erwies. Die altprotestantische Orthodoxie, die den reformatorischen Grundsatz *sola scriptura* zum Formalprinzip der Theologie machte, reagierte auf die neuen Einsichten mit der Ausbildung einer regelrechten Inspirationslehre, die in der Behauptung einer (schon in der Alten Kirche gelegentlich begegnenden) Verbalinspiration gipfelte. Man dehnte jetzt die I. bis auf die Vokalzeichen des masoretischen Texts aus. Widersprüche zwischen den biblischen Büchern und andere Unstimmigkeiten konnte man als Anpassung (Akkomodation) des inspirierenden Geistes an das individuelle Temperament und die Ausdrucksweise der biblischen Autoren erklären. Das führte freilich ebenso zur Aufweichung der strengen Inpirationslehre wie die schon in der Reformation geforderte, in der nachorthodoxen Föderaltheologie und ebenso in Pietismus und Aufklärung wieder verstärkte Betonung der zentralen biblischen Inhalte. In der katholischen Theologie wurde die von Melchior Cano behauptete Verbalinspiration ohnehin rasch abgeschwächt und allmählich durch den Gedanken der Realinspiration verdrängt. Während die Aufklärung auf den Inspirationsgedanken ganz verzichtete, hielten der Pietismus, die Erweckungsbewegung und der verbreitete Supranaturalismus des 19. Jh.s und halten bis heute evangelikale Kreise im Protestantismus an einer für den gesamten Biblizismus konstitutiven Verbalinspiration fest, zumindest aber an einer Realinspiration, die sich auf die wesentlichen – v. a. die heilsgeschichtlichen – Aussagen der Bibel bezieht. F.D.E. Schleiermacher beschränkte die I. der Schrift „auf den Einfluss des heiligen Geistes in die apostolische Amtstätigkeit“ und verneinte eine mit göttlicher Eingebung begründete „von den allgemein geltenden Regeln abweichende hermeneutische und kritische Behandlung“ der Bibel (*Der christliche Glaube*[2], § 130,2 f.). Dagegen lässt die von der Jüngeren Tübinger Schule entwickelte historisch-kritische Geschichtsbetrachtung einer I. der Schrift keinen Raum.

BIBLIOGRAPHIE: J. Beumer, Die Inspiration der Heiligen Schrift, Freiburg i. Br. u. a. 1968.

Ulrich Köpf

IV. Systematisch-theologisch

Zur Klärung des Begriffs der I. ist jede der drei hermeneutischen Instanzen →Autor, →Text und →Leser gleichgut geeignet, aber jede mit unterschiedlichen Gründen und Schwerpunkten. Deshalb muss bei der Typologisierung, die dieser Dreiheit folgt, im Blick bleiben, dass jeder Typ Elemente aller Typen mitenthält.

Das klassische, sowohl antik-griechische (mantische, musische) wie christliche (prophetische, evangelische) Verständnis von I. ist eindeutig autorzentriert. Dieses Modell gewann seit der Renaissance hervorragende Bedeutung für die Poetologie, soweit sie neuplatonischer Tradition folgte (ϑεῖα μανία/*furor divinus*). Seitdem kann sich die theologische Lehre von Gott als *auctor* der beiden Testamente (vgl. DH 854; 1501) nur in Auseinandersetzung mit der poetologischen Lehre vom Menschen – dem *alter* oder *secundus deus* – als dem einzigen Autor von →Schrift entfalten: J.G. Hamann, SW [Nadler] I,5,2: „Gott ein Schriftsteller!“.

Mit dem zum Paradigmenwechsel stilisierten Übergang von der Produktions- zur Rezeptionshermeneutik verband sich folgerichtig der Wechsel vom inspirierten Autor zum inspirierten Leser (U.H.J. Körtner), wobei allerdings die subjekttheoretischen Probleme des Autormodells als diejenigen des Lesermodells wiederkehren.

Aus der Reihe Autor, Text und Leser fällt ‚Text‘ dadurch heraus, dass er allein nicht von subjekthafter Art ist. Selbst durch die Rede von ‚dem‘ Text, die sich vermisst, diesen zum Subjekt zu hypostasieren, gewinnt er keine Subjektivität, verliert allerdings auch nicht die Widerständigkeit einer befremdlichen Quasi-Subjektivität, weshalb der Begegnung mit ihm der Charakter eines Lesens mit fremdem Gehirn (J.L. Borges) bleibend zukommt. Erst seit der Frühromantik wird es prinzipiell möglich, in Analogie zu ‚der‘ Sprache von ‚dem‘ Text zu sprechen, der seinen Geist in sich trägt. Novalis fasst, im Übergang vom *genitivus obiectivus* zum *genitivus subiectivus*, die „Eingebung der Sprache“ als „Wirksamkeit der Sprache in mir“ (Monolog, NS [Samuel/Mähl] II, 672,34 f.), und H. Kleist erklärt: „Die Sprache ist alsdann keine Fessel, etwa wie ein Hemmschuh an dem Rade des Geistes, sondern wie ein zweites, mit ihm parallel fortlaufendes, Rad an seiner Achse“ (SWB [Sembdner] II, 322,30–32).

BIBLIOGRAPHIE: G. Bader, Theologia poetica, in: ZThK 83 (1986), 188–237. – U.H.J. Körtner, Der inspirierte Leser, Göttingen 1994. – G. Lieberg, Poeta Creator, Amsterdam 1982. – J. Ringleben, Denken – Reden – Beten, in: J. Stolzenberg (Hg.), Subjekt und Metaphysik, FS K. Cramer, Göttingen 2002, 119–135. – Ders., Gott als Schriftsteller, in: B. Gajek (Hg.), J.G. Hamann – Autor und Autorschaft, Bern u. a. 1996, 216–275.

Günter Bader

V. Judaistisch

Schon vorrabbinisch ist die I. biblischer Schriften belegt. 1 QS 8,15–16 (vgl. J. Maier, Die Qumran Essener: Die Texte vom Toten Meer 1, München/Basel 1995, 166 ff.) betrachtet die Worte der durch Gottes Geist inspirierten Propheten als Teil der Offenbarung, die Israel ‚von Zeit zu Zeit‘ durch das Studium der →Tora zukommt. Nach 4 Esr 14,18–48 wird Esra unter Einwirkung des heiligen Geistes (14,22) der Wortlaut des ‚verbrannten' Gesetzes eingegeben; er diktiert 94 Bücher, von denen nur die ersten 24 (die kanonischen Schriften) veröffentlicht werden. Josephus spricht in *Ap.* 1,37–42 von 22 Büchern, die ‚jeder Jude [...] als Weisungen Gottes betrachtet', und erklärt, die Propheten hätten die vergangenen Ereignisse ‚durch göttliche Eingebung' erfahren. Mose schrieb die Gesetze „nach Gottes Diktat und Lehre" (*AJ* 17,159). Philo legt die I. der →Septuaginta nahe: Ihre Verfasser sind ‚priesterliche Künder und Propheten' (*Mos.* 2,40).

Die Rabbinen sehen, wo Gott in der →Bibel durch Menschen spricht, den heiligen Geist (oder ‚Geist der Prophetie') am Werk. Das gilt für die als Propheten betrachteten Patriarchen und für Mose, den größten der Propheten. Die Tora enthält daher viele durch I. eingegebene Stücke, z.B. das Meerlied (Ex 15), das Israel sang, während ‚der heilige Geist auf ihnen ruhte' (tSot 6,2). Den Pentateuch insgesamt dagegen betrachten die Rabbinen nicht als ‚im heiligen Geist gesagt', sondern als am Sinai ‚gegeben'. Demnach war die am Sinai offenbarte Tora schon vorhanden; BerR 1,1 identifiziert sie mit der präexistenten Weisheit von Spr 8.

Für die anderen biblischen Bücher wird meist angenommen, dass sie von ihren Verfassern vollständig ‚im heiligen Geist gesagt' wurden. Auch sie sind göttlichen Ursprungs, aber die Formulierung geht auf den Verfasser zurück (bSan 89a). Seltener führen die Rabbinen ihren Inhalt auf den Sinai zurück. Die Propheten haben sie dann als den ihnen vorbehaltenen Teil der →Tradition empfangen, oder ihre Seelen waren am Sinai schon präsent (ShemR 28,6). Im Verhältnis zum Pentateuch bringen die Propheten und Hagiographen nichts wesentlich Neues (bMeg 14a); sie dienen dem Verständnis der Tora.

Die I. der späteren Schriften erscheint zuweilen als Voraussetzung ihrer Kanonizität (tYad 2,14). Nach tYad 2,13 sind ‚die Bücher Ben Siras und alle Bücher, die von da an und später geschrieben wurden', nicht kanonisch. Dahinter steht die Diskussion um das Aufhören des heiligen Geistes (und der Prophetie; vgl. schon 1 Makk 9,27).

Zwischen Propheten und Hagiographen differenziert weiter erst Maimonides (MhN 2, 45): Der Empfang des heiligen Geistes ist nur eine Vorstufe der Prophetie. So sind die Hagiographen, die ‚nur' auf I. beruhen, weniger verbindlich als die prophetischen Bücher.

Bibliographie: C. Dohmen/G. Stemberger, Hermeneutik der Jüdischen Bibel und des Alten Testaments, Stuttgart u.a. 1996. – P. Schäfer, Die Vorstellung vom heiligen Geist in der rabbinischen Literatur, München 1972. – G. Stemberger, Jabne und der Kanon, in: JBTh 3 (1988), 163–174. – A. Unterman et al., Art. Ru'ah ha-Kodesh, in: EJ 17 ([2]2006), 506–509.

Hans-Jürgen Becker

VI. Islamwissenschaftlich

Im Koran wird unterschieden zwischen der ‚Herabsendung' (*tanzīl, inzāl*, auch ‚Herabkunft': *nuzūl*) der →Offenbarung (vgl. Q 2:174, 176 u.ö.) und der ‚Eingebung' der Offenbarung. ‚Eingebung' übersetzt den Begriff *waḥy* (Q 20:114, 21:45 u.ö.), der im koranischen Kontext die ‚Mitteilung' einer göttlichen Verlautbarung (oder Anweisung) an einen Propheten – an Muḥammad und andere (vgl. Q 4:163 [Abraham, Jesus u.a.], 11:36 [Noah], 26:63 [Mose] usw.) – bedeutet. *Waḥy* und ‚Herabsendung' erfolgen durch einen Mittler, im Fall Muḥammads durch den Engel Gabriel, der ‚ins Herz eingibt' (Q 2:97). Problematisch ist in diesem Zusammenhang, dass nach Q 4:164 Gott Mose direkt anspricht, woraus die muslimischen Exegeten folgern, dass die Tora (→Altes Testament) Mose direkt – d.h. ohne Vermittlung – offenbart bzw. eingegeben wurde. In Q 2:253 heißt es entsprechend, Gott habe zu einigen seiner Gesandten ‚gesprochen'; gegen eine direkte Kommunikation Gottes mit Mose steht jedoch Q 28:30 (Mose wird ‚aus einem Baum gerufen').

Zentral für das Verständnis von *waḥy* ist Q 42:51: „Keinem Menschen ist es beschieden, dass Gott zu ihm spricht, außer durch *waḥy* oder hinter einem Schleier oder indem Er einen Gesandten schickt, der [ihm dann] mit Seiner Erlaubnis eingibt (*yūḥiya*), was Ihm beliebt". Hier bleibt zwar offen, ob *waḥy* auch eine unmittelbare (‚außer durch *waḥy*') oder stets vermittelte Kommunikation bedeutet, aber *waḥy* wird als die spezifische Form der

Übermittlung der Offenbarung an die Propheten bestimmt, was auch die Wahrheit der prophetischen Verkündigung garantiert (Q 35:31). So trägt Muḥammad nur die ‚Eingebung' vor, die ihm ‚eingegeben' wird (*waḥyun yūḥā*), und spricht nicht ‚aus eigener Neigung' (Q 53:3–4); ihm obliegt die Verkündigung dessen, ‚was' ihm Gott ‚eingegeben hat' (*allaḏī auḥaynā ilaika:* Q 13:30; vgl. auch Q 18:27, 29:45), und er ‚folgt' nur dem, was ihm ‚eingegeben ist' (Q 6:50, 7:203, 10:15, 46:9). Auf diesen Versen beruht das im Islam allgemein anerkannte Konzept einer unbedingten Verbalinspiration: Gott gibt seinen Propheten den Wortlaut der Offenbarung ein, den diese lediglich verlautbaren, so dass also auch im →Koran keine menschliche Versprachlichung der Offenbarung, sondern Gottes Rede selbst (vgl. Q 2:75, 7:144, 48:15) vorliegt. Da aber mehrere ‚Lesarten' des koranischen Textes existieren (→Textkritik), stellt sich die Frage, welcher Wortlaut genau der göttlichen Rede entspricht. Einige muslimische Exegeten unterschieden deshalb zwischen dem menschlichen ‚Vortrag' des Korans (*qirāʾa*) und dem ‚Vorzutragenden' (*maqrūʾ*), womit der koranische ‚Urtext' (die göttliche ‚Ur-Rede' jenseits aller Lesarten) gemeint ist. Die Kenntnis dieses ‚Urtexts' ist den Menschen verborgen, weshalb alle anerkannten Lesarten gleichermaßen gültig sind. Hier liegt eine Analogie zum klassischen islamischen Konzept des Gesetzes (*šarīʿa*) vor: Die allein gültige Form der *šarīʿa* – gewissermaßen das ‚Urgesetz' – kennt nur Gott, während die menschliche Auslegung des Gesetzes in Form der Rechtswissenschaft (*fiqh*) (→Rechtsliteratur) nur eine möglichst große Annäherung an das göttliche Gesetz erreichen, nicht jedoch dessen definitiven Gehalt erfassen kann.

Waḥy bezeichnet nur die Eingebung, die Gott seinen Propheten zukommen lässt. In der späteren islamischen Sufik wird die ‚Eingebung' bzw. ‚I.' als *ilhām*, zuweilen auch als ‚Anwandlung' (*wārida*) bezeichnet. Es handelt sich dabei nicht um eine vermittelte Kommunikation mit Gott im Sinn von *waḥy*, sondern um eine Art von Bewusstseinsweitung, welche die Erkenntnis oder Schau von Dingen ermöglicht, die den Sinnen und dem Verstand nicht unmittelbar zugänglich sind.

Die koranische Offenbarung ist mit besonderen Zeiten verknüpft, namentlich dem Ramadan (Q 2:185) sowie der ‚Nacht der Bestimmung' (*lailat al-qadr:* Sure 97). In Q 74:1 sehen die muslimischen Exegeten einen Hinweis auf den besonderen Inspirationszustand Muḥammads; die spätere →Tradition schildert ausführlich, welche körperlichen Veränderungen (Schweißausbrüche, Zittern u. a.) am Propheten zu beobachten waren, während ihm die göttliche Offenbarung von Gabriel ‚eingegeben' bzw. vermittelt wurde.

Bibliographie: J. van Ess, Verbal Inspiration?, in: S. Wild (Hg.), The Qurʾan as Text, Leiden 1996, 177–194. – W.A. Graham, Divine word and prophetic word in early Islam, Den Haag 1977. – D. Gril, Art. Révélation et inspiration, in: M. Amir-Moezzi (Hg.), Dictionnaire du Coran, Paris 2007, 749–755. – D.A. Madigan, Art. Revelation and inspiration, in: EQ 4 (2004), 437–448. – S. Wild, "We have sent down to thee the book with the truth …", in: Ders. (Hg.), The Qurʾan as text, Leiden 1996, 137–153.

Marco Schöller

Interpolation →Intertextualität

Interpret →Interpretation/Interpretieren/Interpret

Interpretation/Interpretieren/Interpret

I. Alttestamentlich

I. und →Verstehen hängen eng zusammen, wobei in der Regel dahingehend unterschieden wird, dass I. ein aktives, meist durch bestimmte →Methoden geleitetes Vorgehen zur →Deutung und zum Verstehen eines →Textes oder eines Sachverhalts bezeichnet. I. bewegt sich im Spektrum zwischen möglichst genauem Eingehen auf die ursprüngliche →Bedeutung und einer aktualisierenden Neuinterpretation (‚*relecture*') bzw. der Anwendung bestimmter (aktualisierender) Deutungskategorien (z. B. soziologische, tiefenpsychologische, →existentiale I.). Hilfreich ist eine Unterscheidung zwischen textinternen Interpretationsvorgängen (1) und späteren I.en (2).

(1) I. findet sich schon *im AT* in vielfältiger Weise. So werden etwa die →Ereignisse der Ursprungs- und Frühgeschichte Israels vom Jhwh-Glauben her interpretiert und in den verschiedenen →Quellen mit unterschiedlichen Akzenten, aber auch in unterschiedlichen Redegattungen, z.B. als Erzählung (Ex 1–14), als Hymnus (Ex 15), als Bekenntnis (Dtn 26, 5–10) oder Geschichtsbetrachtung (Ps 78.105 f.) dargeboten und so interpretiert.

Auch die Aufnahme außeratl. Stoffe (z.B. Schöpfungserzählungen) oder Themen (z.B. Gott als König) und Motive (z.B. der Gottesberg im Norden), kann man als (Neu-)Interpretation dieser →Traditionen im Sinn des Jhwh-Glaubens verstehen (z.B. die Sintflutgeschichte), wobei diese Traditionen umgekehrt auch zum Sprachmaterial für bestimmte Aussagen werden können (z.B. wird die Vorstellung von Gott als König zum Mittel, seine weltweite Herrschaft auszudrücken).

Eine markante I. stellt die Ergänzung der Unheilsworte der älteren Propheten mit Heilsworten dar (z.B. Am 9,7 ff.; Hos 1,7; 2,1–3; Jes 2,1–5; 9,1–6; 11). In ihnen wird zum Ausdruck gebracht, dass trotz und jenseits von Gericht und Unheil die Geschichte Gottes mit Israel weiterging und weitergehen wird.

Schon im AT findet sich typologische I. (→Typologie), etwa wenn in Hosea 2,16 f. für die Heilszeit eine neue Wüstenzeit und eine neue Landnahme angekündigt wird oder wenn Deuterojesaja dem Auszug aus Ägypten einen neuen und großartigeren Exodus aus dem babylonischen Exil gegenüberstellt (Jes 43,16–21; 52,11 f.).

Eine weitere Form der I. ist die Neudarstellung älterer, bereits autoritativer Texte, wie sie in der Chronik vorliegt. Darin ist der Pentateuch vorausgesetzt, wird aber nur durch Genealogien wiedergegeben, während die Inhalte der Samuel- und Königsbücher in strenger Konzentration auf Jerusalem und den Tempel ausgewählt und dargestellt werden. Texte dieser Art finden sich auch in Qumran und werden oft als *‚Rewritten Bible‘* bezeichnet.

(2) Die I. *des AT* erfolgte in frühjüdischer Zeit und ebenso im NT unter dem Vorzeichen, dass die →heiligen Schriften nicht nur Vergangenes bezeugen, sondern auch und v.a. prophetisch auf die Gegenwart bezogen sind. Dies zeigen die Pescharim (→Kommentare) aus Qumran ebenso wie die →Zitate des AT im NT.

Neben der wörtlichen spielten dabei immer auch die typologische und die allegorische I. (→Allegorie/Allegorese) eine wichtige Rolle. Die Unterscheidung zwischen wörtlicher und allegorischer (übertragener) Bedeutung wurde im Mittelalter zur Lehre vom vierfachen →Schriftsinn entfaltet, wobei dem wörtlichen Sinn der Glaubenssinn, der moralische Sinn und der eschatologische Sinn gegenübergestellt wurden. D.h. der Text wurde neben seiner wörtlichen Aussage auf seine Relevanz für →Glaube, →Liebe und →Hoffnung befragt, wobei allerdings oft bereits Bekanntes im Text wiedergefunden oder in den Text hineingelegt wurde.

Die Reformation leitete eine neue Phase der I. ein. Mit dem Streit um die rechte →Auslegung musste man sich notwendigerweise auf den wörtlichen Sinn und die ursprüngliche Bedeutung eines Textes beziehen. Gegenüber einer dogmatischen oder sonstigen Überfremdung erhielt der Text damit auch wieder sein Eigenrecht und seine Eigenbedeutung.

Die Betonung des biblischen Textes gegenüber dogmatischen Vorgaben wurde sowohl von der Aufklärung als auch vom Pietismus vorangetrieben, wenn auch unter unterschiedlichen Vorzeichen.

I. im Sinn der exegetischen Forschung setzte mit großen Leistungen in der Textedition und der →Textkritik ein. Sukzessive kamen dazu die Fragen nach dem literarischen Werdegang eines Textes, nach der mündlichen Vorgeschichte, sowie nach der →Gattung und Funktion (Sitz im [Volks-]Leben) und nach dem Einfluss geprägter Vorstellungen (→Traditionen) bzw. literarischer (und mündlicher) Formen hinzu. Neben diese diachronen Fragestellungen tritt in neuer Zeit das Bemühen um synchrone I., d.h. um Auslegung der sog. Endgestalt bzw. kanonischen Gestalt eines Textes stark hervor (→Synchronie/Diachronie).

Seit einigen Jahrzehnten spielen auch verschiedene Formen sog. engagierter →Exegese (z. B. sozialgeschichtliche oder feministische Auslegung) eine große Rolle. Bei diesen Formen der I. wirkt die gewünschte *applicatio* (Anwendung) manchmal erheblich auf die *explicatio* (→Erklärung) eines Textes zurück, was zu neuen Entdeckungen an den Texten führen kann, aber auch zu Verzerrungen.

Abschließend ist festzuhalten, dass sich I. immer in der Spannung zwischen Verstehen und Fremdheit sowie zwischen Eigenbedeutung des Textes und Interessen und Vor-Urteilen des Interpreten/der Interpretin bewegt und so ein Prozess der Annährung bleibt.

Bibliographie: K. Holl, Luthers Bedeutung für den Fortschritt der Auslegungskunst, Gesammelte Aufsätze zur Kirchengeschichte I, Tübingen [3]1923, 544–582. – H. Hübner, Bultmanns „existentiale Interpretation" – Untersuchungen zu ihrer Herkunft, in: ZThK 100 (2003), 280–324. – O. Kaiser, Zwischen Interpretation und Überinterpretation, Würzburg 2000, 230–244.

Siegfried Kreuzer

II. Neutestamentlich

Die I., lateinisch *interpretatio*, d. h. die methodengeleitete →Erklärung, gilt in der Antike v. a. schwierigen →Texten, die der →Auslegung bedürfen. So bilden sich die juristische und philologische →Exegese heraus. Die I. der Texte des NT erfolgt seit dem 2. Jh. n. Chr. hauptsächlich in Form von →Kommentaren, die der philologischen Erklärung und der Erhebung des →Sinns (→Deutung) der Texte dienen. Während die Erklärung sich auf die philologisch-historische Seite der Texte konzentriert und auf die →Sprache und die Realien bezieht, arbeitet die Deutung mit dem hermeneutischen Modell des verborgenen Sinnpotentials in einzelnen Begriffen, Vorstellungen und Textsequenzen (→Allegorie, *sensus*). Die Exegese bleibt das Rückgrat der seit dem 18. Jh. entstehenden ntl. Wissenschaft. Ihre Aufgabe ist die Erklärung und die I. der ntl. Texte und Schriften.

Dabei fallen bis zu F.D.E. Schleiermacher erklärende Exegese und I. mehr oder weniger zusammen. Interpretieren ist eine methodengeleitete Texterklärung, die von dem interpretierenden Subjekt, dem Interpreten, abstrahiert. Die exegetische I. widmet sich ganz und ausschließlich der Darstellung der →Autorenintention und versteht ihre eigene Interpretationsleistung als Dienst am Text (der Exeget als *minister verbi divini*), durchaus auch als Dienen. Dem entspricht der bewusste und programmatische Verzicht auf die reflexive und produktive Einbeziehung der eigenen Person des Interpreten in die I. Die großen Veränderungs- und Innovationsschübe in der Geschichte der Exegese wie die reformatorische Schriftauslegung und die Entstehung der historisch-kritischen →Methode sind stets im Blick und wurden methodisch und theologisch kontrovers verhandelt, nicht aber auf die historischen und biographischen Bedingtheiten der Interpreten bezogen und als Konditionen der I. wahrgenommen. Idealtypisch bleibt die I. stets weitgehend mit der Autorenintention identisch und vermeidet jedes Eigengewicht.

Schleiermachers →Hermeneutik führt demgegenüber mit Nachdruck die Person des Interpreten in den Vorgang des Interpretierens ein, versteht das Interpretieren als schöpferischen Akt und lässt damit auch die I. zu einem eigenen Text mit eigener Bedeutung werden. W. Dilthey hat auf dieser Grundlage das neue Konzept der geistesgeschichtlichen I. erarbeitet, die den Text des →Autors nachschafft. Die ntl. Exegeten nach Schleiermacher sind im Ganzen weder dessen allgemeinen hermeneutischen Anstößen und der weiterführenden spezifisch geistesgeschichtlichen Interpretationskonzeption W. Diltheys noch dem Perspektivismus der historistischen Interpretationstheorie gefolgt. Sie haben die Wendung zur I. in den Geschichts- und Literaturwissenschaften nicht mitgemacht, sondern halten ganz überwiegend an der historisch-philologischen Exegese fest, die ihr Ziel im philologisch und historisch rekonstruierenden →Kommentar findet. Indem die Exegese die Methodenlehre an die Stelle der Interpretationstheorie gesetzt hat, ging ihr der Anschluss an die literaturwissenschaftliche Textinterpretation verloren. Die zeitgenössischen kontextuellen Hermeneutiken und ihre exegetischen Arbeiten und Kommentarreihen reflektieren und explizieren stärker als die vorherrschende historisch-kritische Exegese ihre eigenen Bedingtheiten und ihren interpretatorischen Standpunkt. Sie arbeiten an diesem Punkte produktiv mit den Modellen des Historismus (K. Neumann). Ihr Interesse gilt aber nicht den Texten als selbständigen Größen und damit der *I.*, sondern der *Applikation* der Texte in die Gegenwart, d.h. den Lese- und Rezeptionsgemeinschaften (→Interpretationsgemeinschaften).

Im Unterschied dazu ist die I. auf den Text bezogen. Sie benutzt ihn nicht. Sie stellt selbst eine Gesamtleistung dar, die sich in einem eigenen kohärenten Text, der ‚I.', vergegenständlicht. Die eigene Leistung einer I. ntl. Texte, die über die exegetische Erklärung hinausgeht, liegt in der Möglichkeit, unter Offenlegung des eigenen historischen und biographischen Ausgangspunktes einen neuen eigenen Posttext zu einem Prätext zu verfassen, der den Prätext nicht nur erklärt oder als Basis einer Theoriebildung benutzt, sondern in seiner spezifischen formalen und sachlichen Eigenart würdigt und das jeweils zeitgenössische Gespräch mit ihm ermöglicht und eröffnet. Der Textgedanke ist dabei entscheidend. Die neutestamentlichen Texte dienen nicht als Belege für historische, sozialgeschichtliche und religionsgeschichtliche oder applikative Theorien, sondern sind selbst der Gegenstand der I. Eine derartige I. ntl. Texte im Rahmen der ntl. Wissenschaft ist bisher weder hinreichend theoretisch bedacht noch praktisch geleistet worden. Dieser Typus von I. stellt ein Desiderat der ntl. Wissenschaft dar.

BIBLIOGRAPHIE: E.-M. Becker, ‚Autobiographie' als Herausforderung an die neutestamentliche Wissenschaft, in: Dies. (Hg.), Neutestamentliche Wissenschaft, Tübingen/Basel 2003, 1–6. – K. Neumann, Die Geburt der Interpretation, Stuttgart 2002. – A. Spree, Art. Interpretation, in: RLW 2 (2000), 168–172. – O. Wischmeyer, Hermeneutik des Neuen Testaments, Tübingen/Basel 2004.

Oda Wischmeyer

III. Systematisch-theologisch

In der theologischen Verwendung des Begriffs spiegelt sich die Bandbreite der allgemeinen Begriffsverwendung wider, nach der es einerseits die Tendenz zu einem stark objektiven und einlinigenVerständnis von I. gibt und andererseits die Betonung, dass I. genauso universal wie relativ sei. Theologisch ist weder das eine noch das andere Extrem befriedigend. Das zeigt sich in den beiden Anwendungsfeldern von I. auf die Wahrheitsfrage einerseits und die nach Autorität andererseits.

(1) I. und Wahrheit: Nietzsche hatte gesagt, dass →Wahrheit von I. nicht gelöst werden kann und dass alles Leben I. ist. Wenn es so ist, hat der Begriff theologisch eine kritische und eine konstruktive Funktion. Kritisch wendet er sich gegen Versuche, einen bestimmten Typ von I. als allein gültigen oder doch dominanten durchzusetzen, wie es etwa im Positivismus der Fall war, der nur Beobachtungssätze als zu gültigem Wissen führend anerkannte. Dem gegenüber wurde religionsphilosophisch gezeigt, dass es weit mehr Interpretationsformen gibt, unter die auch die von der Theologie beschriebene gehört. Signifikant ist dann die Bandbreite in der konstruktiven Begriffsverwendung. Sie reicht von sehr weit gehenden →Argumentationen, die die Gültigkeit und Verstehbarkeit einer bestimmten konfessionellen I. meint zeigen zu können bis hin zu eher vagen Aufweisen des Religiös-Seins. Ein gängiger Typ in der evangelischen Theologie vermutet eine Wahrheit hinter den verschiedenen I.en und behauptet, sich dieser begrifflich nähern zu können (E. Herms). Wo dies nicht geteilt wird, beschränkt man sich auf den Nachweis, dass jedes menschliche Leben sich nach letzten Sinn- und Wertkategorien interpretiert, die jedoch weder christlich noch explizit religiös sein müssen. Mit Luthers ‚Woran du dein Herz hängst, das ist dein Gott' (BSLK 560) wird gezeigt, dass jede Lebensform auf vorprädikativen Gewissheiten aufruht, und wird der christliche Glaube im Streit der I.en beworben (T. Rentsch, M. Hailer).

(2) I. und Autorität: Wo der Begriff I. für methodengeleitetes Auslegen kodifizierter Größen mit Autoritätsanspruch verwandt wird, geht es theologisch vornehmlich um die Frage, wer zur I. des Werkes und Willens Gottes in der Lage ist und – seit der Neuzeit – welche Rolle der historisch-kritischen Schriftauslegung dabei zukommt. Der Fundamentalismus umgeht diese Frage und behauptet bei weitgehender Abblendung der → Historizität im Besitz der einen gültigen →

Auslegung zu sein. Die von ihm vorgelegten Scheinlösungen und Gewaltsamkeiten sind allerdings leicht zu entdecken. Die katholische Kirche hat die Frage nach der Interpretationsautorität durch die Einführung des Lehramts im Prinzip entschieden. Zu beachten ist jedoch die unterschiedliche Stufung römischer Äußerung, die eng umgrenzten Kriterien für eine *ex-cathedra*-Entscheidung und das Geflecht aus Lehramtsäußerungen einerseits und – in sich zumeist kunstvoll mehrstimmigen – Konzilsdokumenten andererseits. Die evangelische Theologie kennt kein Lehramt. Sie besteht auf der Interpretationskompetenz jedes Getauften, bindet diese jedoch strikt an das äußere Wort Gottes und hat die vermittelnden Instanzen des Bekenntnisses und des zur öffentlichen Auslegung berufenen ordinierten Amtes eingeführt. Seit ihrem Aufkommen ist strittig, ob die historisch-kritische Lesart der →Bibel als →Text die einzig mögliche ist oder ob geistliche Schriftlektüre sie zwar nicht überspringen darf, gleichwohl und deshalb aber ein Recht hat, die Bibel als Zeugnis von Gottes → Offenbarung zu interpretieren, weil sie nur so der Sache gerecht wird, von der in der Bibel die Rede ist. Die erstere Position geht von einem allgemeinen Wissenschaftsbegriff aus und kann – wiewohl nicht zwangsläufig – zu religionskritischen I.en führen. Die letztere behauptet, dass bei allem Recht der →Methode, diese letztlich am Inhalt des Interpretierten zu messen ist, weil es der Theologie um die bezeugte Sache zu gehen hat.

BIBLIOGRAPHIE: H. Fries, Fundamentaltheologie, Innsbruck ²1985. – M. Hailer, Glauben und Wissen, Göttingen 2006. – E. Herms, Phänomene des Glaubens, Tübingen 2006. – U.H.J. Körtner, Theologie des Wortes Gottes, Göttingen 2001. – T. Rentsch, Gott, Berlin 2005. – T. Schärtl et al., Was sind religiöse Überzeugungen?, Göttingen 2003.

Martin Hailer

IV. Altphilologisch

Auch wenn I. primär als kunstgemäßes → Verstehen von →Texten aufgefasst wird, zeigt die Begriffsgeschichte von *interpretatio* und seinem griechischen Äquivalent ἑρμηνεία mit ihren entsprechenden Derivaten die semantische Breite des Wortfelds: Das ratende Ausdeuten des Mantisch-Orakelhaften gehört dabei zu den ursprünglichsten Anwendungsgebieten der Auslegungskunst, die nicht auf schriftlich fixierte Texte beschränkt war, z.B. in Pl. *Ion* 534 e 4 f. der → Dichter als ἑρμηνεύς (‚Deuter') der Götter. Daneben meint ἑρμηνεύς den Dolmetscher, der seit Plato immer wieder mit Hermes, dem Gott der Grenze und der Vermittlung, in Verbindung gebracht wurde (Pl. *Cra.* 407 e 1 – 408 b 3; Aug. *civ.* 7,14). Die Triade Verstehen – Übermittlung – Ausdruck beherrscht somit das frühe Bedeutungsspektrum von ἑρμηνεύειν, I. war keineswegs zwingend mit ihm verknüpft. Erst bei 1 Kor 12,10 erscheint ἑρμηνεία als →Auslegung des Zungenredens. Wenn Hieronymus dafür das lateinische *interpretatio* wählt, trägt er der Herkunft von *interpres/interpretari* von der Tätigkeit der Auguren und Traumdeuter Rechnung (Plin. *nat.* 2,53 – 54,141), die wie der griechische Hermeneut → Bedeutung aus der göttlichen Welt in die eigene übertragen. Die I. als normative Bewusstmachung maßgeblicher Äußerungen auf den Gebieten des Rechts, der literarischen Klassik oder der Religion entstammt also der Sakralsphäre.

Eine Abgrenzung von I. und →Hermeneutik wurde in der Antike aufgrund der semantischen Nähe der Ursprungswörter nicht vollzogen, erst Autoren des frühen 19. und 20. Jh.s (W. Dilthey, J.G. Droysen) verstanden Hermeneutik als methodische Analyse der Verstehensbedingungen (Geschichtlichkeit, Zirkelstruktur), von der die I. als kontrollierbare, aus diesem System resultierende Konsequenz zu unterscheiden ist. Auf die →Bibel gewendet bedeutet dies, dass bereits die Spannung zwischen der Geschichte des auserwählten Volkes im →AT und der universalen Erlösungstat Jesu im →NT die hermeneutischen Implikationen änderte, von denen aus Schrift und Christusgeschehen interpretatorisch miteinander verknüpft wurden. Hier tut sich die für die patristische →Exegese folgenschwere Dichotomie zwischen *verbum* und *res* insofern auf, als das →Wort der Schrift seine Erfüllung in der Realität des inkarnierten Logos findet und auch nurmehr von letzterem aus entschleiert werden kann (2 Kor 3,12 – 17). Die Evangelisten rücken dann nicht nur das Wirken Christi in den Horizont des

AT, sondern Christus selbst ist der vollmächtige Ausleger der Schrift, der als Person ihren →Buchstaben sichtbar mit Sinn erfüllt (Mk 12, 28–34) oder revidiert (Mt 5,38; 15,19 f.; 19,8). Weil der erkennende Christus also die I. der Schrift reguliert, kann Johannes den Verstehensprozess der auf Jesus bezogenen Schriftworte unter den Jüngern erst nach Ostern beginnen lassen (Joh 2,22; 12,16; 20,9).

Die Alte Kirche lernte von ihren apostolischen Vätern, indem sie, das Wort achtend, dieses gleichwohl auf ihre Lebenswirklichkeit applizierte und ‚verlängerte'. Literarische → Methoden und →Formen (Quaestionenliteratur, Scholien, →Kommentare) übernahm sie, seit Origenes irreversibel, von der paganen Philologie und neuplatonischen Exegese, um die als Einheit betrachteten Schriften des AT und NT zu interpretieren. Bei Augustin erfährt die Bewegung von den Worten (=→ Zeichen, →*signum*) zu den →Sachen (→*res*) insofern eine Zuspitzung, als er deren ontologische Trennung postuliert, so dass die Wortzeichen der vorab gewussten Sache, konkret des Glaubenssymbolon bedürfen, um verstanden zu werden. Die Bibel und ihre I. hat nur admonitive Funktion, sie verweist verschiedene Rezipienten mit Hilfe verschiedener Sinnangebote auf den stets gleichbleibenden, einen Gott (*conf.* 12,27,37).

Bibliographie: H. Anton, Art. Interpretation, in: HWPh 4 (1976), 514–517. – C. von Bormann, Art. Hermeneutik I., in: TRE 15 (1986), 108–137. – H.-G. Gadamer, Art. Hermeneutik, in: HWPh 3 (1974), 1061–1073. – D.-A. Koch, Art. Schriftauslegung II., in: TRE 30 (1999), 457–471. – B. Neuschäfer, Origenes als Philologe, Basel 1987. – K. Pollmann, Doctrina Christiana, Fribourg 1996. – B. Studer, Schola Christiana, Paderborn 1998.

Ludwig Fladerer

V. Literaturwissenschaftlich

I. bezeichnet das methodisch geleitete →Verstehen von Bedeutungszusammenhängen, besonders von →Texten. Der Ausdruck bezeichnet sowohl eine Handlung als auch das Resultat dieser Handlung. Die Theorie der I. fällt unter die →Hermeneutik. Synonym bzw. semantisch ähnlich werden die Ausdrücke → Auslegung und →Erklärung, in der Theologie →Exegese und →Schriftauslegung, neuerdings auch wieder →Deutung gebraucht. Gegenüber den Differenzierungsversuchen ist festzuhalten, dass I., Exegese, Auslegung oder Deutung zwar nach Gebrauchstraditionen unterschieden werden, in ihrem formalen Verfahren und in ihrer pragmatischen Funktion jedoch übereinstimmen.

Im 16. und 17. Jh. entsteht, vor dem Hintergrund des konfessionellen Bürgerkriegs, des Aufkommens der neuzeitlichen Wissenschaften, der raschen Verbreitung des Buchdrucks, eine neue Hermeneutik als allgemeine Theorie der I. (z. B. J.K. Dannhauer, *Idea boni interpretis*, 1630). In ihren Regeln schließt sie an die seit der Antike entwickelte philologisch-rhetorische Interpretationspraxis an: Überprüft wird die Echtheit des Textes, geklärt werden der Sprachgebrauch und →Stil des →Autors, Ort und Zeitpunkt der Entstehung, die →Gattung, der Adressatenbezug; den Interpretationsgang soll die Frage nach der Intention des Autors und dem Textskopus leiten, schwer deutbare Stellen können aus klaren Parallelstellen bzw. aus dem größeren Ganzen des Kontextes ermittelt werden. Hier kündigt sich an, was später als hermeneutischer Zirkel (F. Ast, F.D.E. Schleiermacher, M. Heidegger, H.-G. Gadamer) diskutiert wird: Das Ganze des Textes soll aus seinen Teilen, die Teile aus dem Ganzen erklärt werden. Unterschieden wird (J.J.Rambach, *Institutiones hermeneuticae sacrae*, 1723) zwischen einer Subtilität des Verstehens (*subtilitas intelligendi*), einer Subtilität des Interpretierens (*subtilitas explicandi*) und einer Subtilität der Anwendung im Glauben (*subtilitas applicandi*). Der Begriff der Subtilität besagt, dass die Anwendung der Interpretationsregeln eine Urteilskraft verlangt, die ihrerseits nicht durch Regeln abgesichert werden kann. Die Einsicht, dass die Anwendung der Regeln von der Urteilskraft des Interpreten abhängt, macht die I. zu einer ‚Kunst' (G.F. Meier, *Versuch einer allgemeinen Auslegungskunst*, 1756). Da Wörter, Sätze, Texte unterschiedlich verstanden werden können, sind interpretatorische Aussagen nur wahrscheinliche Urteile, zumal über die Intention des Autors. Sie gelten, wie die Regel heißt, solange das Gegenteil nicht erwiesen ist. Eine weitere Regel der I. enthält das Prinzip der ‚Fruchtbarkeit' (G.F.

Meier): Der Text ist in seiner möglichen semantischen Fülle zu interpretieren. Wenn gefordert wird, dass die I. nach dem Prinzip der ‚Billigkeit' (Gutwilligkeit, *principle of charity*) vorgehen müsse, insofern sie den Anspruch des Autors und des Textes zu respektieren habe, dann geht die Theorie der I. über in eine Ethik der I.

Die romantische Hermeneutik verschärft diese Interpretationslehren und formuliert darüber hinaus theoretische Einsichten, die bis heute nicht überholt sind: (1) Im Ausgang von der kantischen Erkenntnistheorie wird Interpretieren als ein konstruktives bzw. rekonstruktives Verfahren nach einer regulativen ‚Idee des Werkes' (F.D.E. Schleiermacher, *Hermeneutik und Kritik,* 170) begriffen. Dieses Verständnis wird später von Nietzsche radikalisiert und universalisiert. I. charakterisiert danach menschliches Verhalten überhaupt. Sie ist der Versuch des Menschen, aus der Welt eine lebbare Umwelt zu machen. (2) Gegenstand der I. sind nicht einzelne Stellen, sondern das Ganze eines Werks. In diesem Ganzen ist prinzipiell alles interpretationsbedürftig. Es gibt keinen Unterschied zwischen Verstehen und Auslegen. (3) Der literarische Text ist prinzipiell vieldeutig. Daher hat keine I. eine definitive Geltung. Sie bleibt ‚offen' für eine Pluralität von I.en. Gleichwohl ist sie nicht beliebig. (4) Unterschieden wird zwischen dem realen Autor und der aus dem Werk (der *intentio operis,* U. Eco) rekonstruierten Intention des Autors (nach neuerer Terminologie: des Modell-Autors oder abstrakten bzw. impliziten Autors). Danach kann die I. den (empirischen) Autor besser verstehen als er sich selbst verstanden hat, wie die berühmt gewordene Formel lautet (I. Kant, F. und A.W. Schlegel, F.D.E. Schleiermacher, Novalis, J.G. Fichte, F.W. Schelling). In der Umorientierung auf die Rezeption hin wird der Leser ermächtigt, der (empirische) Autor hingegen entmächtigt.

Die Interpretationstheorie und -praxis vor allem in der zweiten Hälfte des 20. Jh.s ist gekennzeichnet durch eine ‚Verwissenschaftlichung' mittels strukturalistischer, semiotischer, texttheoretischer und analytischer Modelle und durch eine Ausdifferenzierung verschiedener Ansätze, ‚Methoden' (werkimmanente, sozialgeschichtliche, psychologische, rezeptionsgeschichtliche) der I. Angestoßen durch Nietzsches Hinterfragung der I. als Machtausübung wurde in der Postmoderne und im Dekonstruktivismus die I. verworfen (z.B. S. Sontag, *Against Interpretation*, 1966; M. Foucault, J. Derrida u.a.). Dem als Interpretationsvermeidung in den letzten Jahren gebrauchten Begriff der Lektüre kann nachgewiesen werden, dass auch unter diesem Titel interpretiert wird. Die jüngsten interpretationstheoretischen Diskussionen beziehen sich auf die Regeln der I. bzw. die Grenzen des Interpretationspluralismus sowie auf die Funktion des Autors bzw. die Geltung der (erschlossenen und/oder empirischen) Autorenintention für die I. des literarischen Werks.

Bibliographie: R. Bachem, Art. Interpretation, in: HWRh 4 (1998), 493–515. – P.J. Brenner, Das Problem der Interpretation, Tübingen 1998. – H. Cancik, Art. Exegese III., in: RGG[4] 2 (1999), 1778–1780. – L. Danneberg et al. (Hgg.), Vom Umgang mit Literatur und Literaturgeschichte, Stuttgart 1992. – U. Eco, Die Grenzen der Interpretation, München 1992. – M. Fuhrmann, Interpretatio, in: Sympotica Franz Wieacker, Göttingen 1970, 80–110. – G. Hermerén, Interpretation, in: Grazer Philosophische Studien 19 (1983), 131–161. – F. Jannidis et al. (Hgg.), Regeln der Bedeutung, Berlin/New York 2003. – Mitteilungen des Deutschen Germanistenverbandes, 49, H.2 (2002): Interpretation. – G. Kurz, Macharten, Göttingen 1999, 85–109. – Ders., Methoden der Textinterpretation in literaturwissenschaftlicher Perspektive, in: K. Brinker et al. (Hgg.), Text- und Gesprächslinguistik, Berlin 2000, 209–220. – F.D.E. Schleiermacher, Hermeneutik und Kritik, hgg. v. M. Frank, Frankfurt a.M. 1977. – A. Spree, Kritik der Interpretation, Paderborn 1995. – W. Strube, Analytische Philosophie der Literaturwissenschaft, Paderborn 1993.

Gerhard Kurz

VI. Philosophisch

Der Fachterminus ‚I.' umspannt das weitgefächerte Bedeutungsspektrum des griechischen Verbums ‚ἑρμηνεύειν'. Der ‚Interpret' tritt im Gewande des Verkünders, des → Auslegers, des Vermittlers und des →Übersetzers auf. Der Akt des Interpretierens kann dementsprechend von zwei Seiten betrachtet werden: als subjektive Leistung eines ‚begnadeten' oder virtuosen Interpreten oder als eine objektive, in der →Sprache selbst verwurzelte Funktion.

Die Frage nach der philosophischen Relevanz des Interpretationsbegriffs und der entsprechenden Praktiken wird bereits von Plato aufgeworfen. Im Dialog *Ion* tritt Sokrates in der Gestalt des Rhapsoden ein Interpret gegenüber, der ihn zwingt, das Wesen dieser Aktivität, in der Deklamation und Textauslegung unzertrennlich sind, näher zu bestimmen. Eine für alle spätere →Hermeneutik wesentliche Einsicht ist, dass der Akt des Interpretierens sich nicht auf den Interpreten beschränkt, sondern im Wesen der →Dichtung selbst verankert ist und sich von hier aus bis auf den →Hörer bzw. Empfänger der Botschaft (den →Leser) erstreckt. Diese dreigliedrige Magnetkette, die den Dichter mit dem Rhapsoden und diesen mit dem Hörer verbindet, ist die Urform des →hermeneutischen Zirkels. Demgegenüber vertritt Aristoteles in seinem Traktat *Peri hermeneias* einen objektiven Begriff der I., in dem die Sprache als das ursprüngliche Organ aller Weltauslegung erscheint.

Von J.K. Dannhauer bis J.J. Rambach und J.M. Chladenius versteht sich die allgemeine Hermeneutik als Kunstlehre der I., deren Grundpfeiler antike Philologie, Jurisprudenz und Bibelexegese bilden. Für die Interpretationstheorien ist die Frage, ob die Hermeneutik über allgemeine Regeln oder →Kanones verfügt oder jedes Fach eine Sonderhermeneutik verlangt – eine Schlüsselfrage, die besonders im Hinblick auf die Sonderstellung der Bibelhermeneutik eine große Brisanz erhält. *Subtilitas intelligendi* (Kunst des →‚Verstehens'), *subtilitas explicandi* (Kunst des → Auslegens), und *subtilitas applicandi* (Kunst der ‚Anwendung'), sind, der pietistischen Hermeneutik zufolge, die Grundoperationen des Interpretierens.

Das wohltemperierte Gleichgewicht der allgemeinen Hermeneutiken des 18. Jh.s wird durch den Paradigmenwechsel der romantischen Hermeneutik (F. Schlegel, F. Ast, F.D.E. Schleiermacher, A. Boeckh), in deren Gefolge der Akzent sich zunehmend vom Begriff der I. auf den des Verstehens verschiebt, gefährdet. Eine allgemeine Hermeneutik, der es um den Nachweis ihrer philosophischen Verbindlichkeit zu tun ist oder die danach strebt, eine philosophische Hermeneutik zu begründen, neigt dazu, den rein ‚technischen' Begriff der I. aus dem Bereich der Philosophie zu verbannen. Besonders ausgeprägt ist diese Tendenz in der von M. Heidegger und H.-G. Gadamer entwickelten ‚Verstehenshermeneutik'.

In der zeitgenössischen Debatte um den Interpretationsbegriff macht sich eine auf unterschiedliche →Quellen zurückgehende Gegenbewegung spürbar. In Frankreich hat P. Ricœur einen Interpretationsbegriff entwickelt, der jede ontologische Engführung des Verstehensbegriffs vermeidet. Ricœur räumt der I. eine vielschichtige Vermittlungsfunktion zwischen →Erklären und Verstehen ein, die nicht nur im Bereich der Texthermeneutik, sondern auch auf dem Gebiet der praktischen Philosophie ihre Fruchtbarkeit erweist. In Ricœurs Verständnis der Hermeneutik sind die philosophische Hermeneutik und die Bibelhermeneutik in einem Verhältnis gegenseitiger Implikation miteinander verbunden.

In Deutschland vertreten G. Abel und H. Lenk einen philosophischen Interpretationismus, der zwar auf F. Nietzsches radikalen Begriff der I. zurückgeht, aber dessen Anstöße im Blick auf und in Auseinandersetzung mit dem angelsächsischen Pragmatismus weiterentwickelt.

Bibliographie: G. Abel, Interpretationswelten, Frankfurt a.M. 1993. – E. Angehrn, Interpretation und Dekonstruktion, Weilerswist 2003. – A. Bühler (Hg.), Unzeitgemässe Hermeneutik, Frankfurt a.M. 1994. – U. Eco, Die Grenzen der Interpretation, München/Wien 1992. – J. Greisch, Entendre d'une autre oreille, Paris 2006. – P. Ricœur, Der Konflikt der Interpretationen, 2 Bde., München 1973.1974. – Ders., Du texte à l'action, Paris 1986. – R. Rorty, Der Spiegel der Natur, Frankfurt a.M. 1981. – C. Taylor, Erklärung und Interpretation in den Wissenschaften vom Menschen, Frankfurt a.M. 1975.

Jean Greisch

Interpretationsgemeinschaft(en)

I. Kirchengeschichtlich

Um die Geschichte des Christentums als Geschichte von I.en zu verstehen, fehlen bislang weitgehend die wissenschaftstheoretischen

Voraussetzungen. Eine Basis bieten jedoch G. Ebelings Überlegungen *Kirchengeschichte als Geschichte der Auslegung der Heiligen Schrift* (1947), die allerdings weder von ihm selbst noch, obwohl oft zitiert, von anderen in Form einer Kirchen- oder Christentumsgeschichte ausgearbeitet wurden. Sie wieder aufzunehmen ist freilich unmöglich ohne den Eintritt in die Diskussion über den innerhalb der Philosophie des Pragmatismus entwickelten Konsensualismus (C.S. Peirce, J. Royce, R. Rorty), die Ergebnisse der analytischen Philosophie historischer Erklärungen (A.C. Danto, dazu H.R. Seeliger), aber auch die fortentwickelte →Hermeneutik (bes. P. Ricœurs Vorstellungen vom ‚kollektiven Gedächtnis'). Zwar finden sich Ansätze in einigen jüngeren Beiträgen (R. Huning, W.H. Kelber, W. Sandler, B. Stubenrauch); sie bedürfen aber weiterer Ausarbeitung.

Unter forschungspraktischen Gesichtspunkten erscheint es vorderhand allerdings möglich, christliche Kirchen bzw. Konfessionen und ihre Subsysteme als I.en aufzufassen, falls von einem weiten Begriff ihrer Konstituenten ausgegangen wird und die je spezifische →Interpretation der →Heiligen Schrift nicht nur in den Formen der Verkündigung berücksichtigt wird, sondern auch die symbolischen Ordnungen und andere Handlungsformen (z.B. caritativ-diakonische) sowie die Rechts- und Wissenssysteme als Grundlagen gesehen werden, welche Kommunikation, Partizipation und Konsens ermöglichen.

Auf diese Weise können gewiss viele Phänomene der Christentumsgeschichte als I.en verstanden werden, z.B. der Marcionismus, die spätantike Reichskirche als die orthodoxe neben den anderen I.en ihrer Zeit, die reformatorischen Kirchen als paulinisch-augustinisch inspirierte I.en, die immer wieder aufkeimenden Armutsbewegungen (die asketische Bewegung ab dem 3. Jh., die franziskanische des Hochmittelalters, die katholische Befreiungstheologie des 20. Jh.s) als I.en mit besonderer Akzentuierung der jesuanischen Verkündigung u.a. Der ntl. Kanon erscheint dabei nicht unbedingt als formgebend. Ob die Christentumsgeschichte in Gänze als Geschichte von I.en entworfen werden kann, ist fraglich.

Bibliographie: K.-O. Apel (Hg.), Transformation der Philosophie, Bd. 2, Frankfurt 1976. – G. Ebeling, Wort Gottes und Tradition, Göttingen ^{2}1966, 9–27. – R. Huning, Im Spannungsfeld von Text, Lebenswirklichkeit und Glaube, in: Dei Verbum 82/83 (2007), 8–11. – W.H. Kelber, Geschichte als Kommunikationsgeschichte, in: J. Schröter/A. Eddelbüttel (Hgg.), Konstruktion von Wirklichkeit, Berlin/New York 2004, 153–168. – W. Müller-Frank, Die Kultur der Narrative, Wien/New York 2002, bes. 87–143. – P. Ricœur, Gedächtnis, Geschichte, Vergessen, Paderborn 2004. – J. Royce, The problem of Christianity, New York 1913 [Washington 2001]. – W. Sandler, Christentum als große Erzählung, in: P. Tschuggnall (Hg.), Religion – Literatur – Künste, Anif/Salzburg 2002, 523–538. – H.R. Seeliger, Kirchengeschichte – Geschichtstheologie – Geschichtswissenschaft, Düsseldorf 1981, 191–238. – B. Stubenrauch, Die Kirche als Erinnerungs- und Erzählgemeinschaft, in: E. Biser et al. (Hgg.), Der Glaube der Christen, Bd. 1, München/Stuttgart 1999, 766–783.

Hans Reinhard Seeliger

II. Systematisch-theologisch

Zu unterscheiden ist die Reflexion darauf (1), dass alle Menschen I.en angehören, von der darauf (2), dass sich Konfessionen sowie Kirche und Israel als I.en der →Bibel verstehen lassen.

(1) Alle Menschen gehören I.en an, die aus Annahmen über das gute und richtige Leben bestehen und die →Sinn generieren. Diese weithin vertretene Annahme ist theologisch immer wieder so ausgelegt worden, dass die basale Interpretationsleistung aller Gemeinschaften letztlich doch auf eine identische Anerkennung hinauslaufen, nämlich auf die der Geschöpflichkeit, der schlechthinnigen Abhängigkeit oder des Angewiesenseins auf ein Vonwoher. Spezifisch theologisch ist dann die alle partikularen I.en auf Gott hin überschreitende Basisinterpretation (F.D.E. Schleiermacher u.a.). Wo dies aus erkenntnistheoretischen wie theologischen Gründen für unwahrscheinlich gehalten wird, gilt hingegen, dass die für jeden Menschen unumgängliche I. mit der I. des Glaubens harmonieren oder konfligieren: „Worauf du dein Herze hängest, das ist dein Gott" (M. Luther, BSLK 560). Mit dem Glauben konfligierende I.en können den Status falscher Götter haben. Spezifisch theologisch ist dann die Einmi-

schung der biblisch induzierten I.en und die unter Weltbedingungen bleibende Umstrittenheit Gottes. Seit der Kritik an umfassenden metaphysischen Theorien hat dies Argumente für sich, die u.a. von der Barmer Theologischen Erklärung flankiert werden.

(2) Die einstweilen unaufhebbare Diversität der Konfessionen ist als Konflikt von I.en der Bibel lesbar. Aus dem pluralen Interpretationsangebot der Bibel folgt viel eher die Diversität der Konfessionen als die Einheit einer einzigen christlichen →Tradition. Die Sinn- und Wirklichkeitssetzungen der I. wirken bis in die Verstehensbedingungen der → Exegese und geistlichen Schriftlektüre hinein. Wo allein die Prämissen der eigenen I. für wahr gehalten werden, drohen Exklusivismus, Konfessionalismus und fundamentalistische Spielformen. Umgekehrt gilt, dass ökumenische Dialoge erst dann erfolgreich sind, wenn sie die Schrifthermeneutik der beteiligten I.en mit reflektieren und so die Entstehung und Perseveranz christlicher Lehre erst richtig im Blick haben.

Ein Sonderproblem ist das Mit- und Nebeneinander der I.en von Kirche und Israel. Die charakteristische Asymmetrie, dass der Vater Jesu Christi der Gott Israels ist, ist für die christliche I. unaufgebbar und für die jüdische nicht auszusagen. Allerdings gehen beide I.en davon aus, dass letztlich nicht sie interpretieren, sondern sich in Gottes Geschichte vorfinden, in der sie von ihm anhand seiner grundlosen Güte interpretiert werden.

Bibliographie: N. Lohfink, Der niemals gekündigte Bund, Freiburg i.Br. 1989. – F.D.E. Schleiermacher, Der christliche Glaube, §§ 3–6. – F. Schüssler Fiorenza, Die Kirche als Interpretationsgemeinschaft, in: E. Arens (Hg.), Habermas und die Theologie, Düsseldorf [2]1989, 115–144. – A treasure in earthen vessels, Faith and Order Paper 182, Genf 1998.

Martin Hailer

III. Altphilologisch

In der Klassischen Philologie zeichnet sich ein steigendes Interesse an I.en, der Rolle des → Lesers und dem Akt des Lesens ab. I.en als kulturelle Formationen mit einem gemeinsamen sozialen und geschichtlichen Hintergrund wurden auf verschiedenen Ebenen und als diachrone Rezeptionsketten untersucht. Moderne Altphilologen bilden selbst I.en, die teilweise konkurrierende Repertoires von Lesestrategien und Interpretationscodes auf die klassischen Texte anwenden. Hinsichtlich der I.en in der griechisch-römischen Welt wird von der Forschung momentan der dynamische Prozess des Lesens von →Texten zunehmend betont, Texterfahrung als statisches oder monolithisches Phänomen tritt in den Hintergrund. Denn →Bedeutung entsteht aus der aktiven Interaktion zwischen Text und Leser, was z.B. demonstriert werden kann anhand der Analyse des intendierten und tatsächlichen Publikums attischer Tragödien oder römischer Dichter wie Vergil und Horaz.

Zudem untersuchte die Klassische Philologie die gesellschaftlichen und geschichtlichen Bedingungen, die determinieren, wie ein Individuum die es umgebende Welt kodiert. Die Diskussion über I.en, Publikum und →Rezeption ist eng mit der Forschung zu literarischen Kontexten oder →Intertextualität sowie der Entstehung von →Kanones verbunden. Es entstehen Interpretationskonflikte oder *‚interpretive battles'* (S. Fish), wenn radikal unterschiedliche Lesarten hervortreten und konkurrierende I.en um denselben Text kämpfen. In der griechisch-römischen Welt gab es Texte, die von mehr als einer Lesergemeinschaft für sich beansprucht wurden. Diskussionen um die Homerinterpretation von hellenistischen bis zu byzantinischen Interpretationen illustrieren die daraus resultierenden Interpretationskonflikte. Rivalisierende Gruppen wie z.B. christliche und nicht-christliche Neuplatoniker rangen um das korrekte Verständnis platonischer Texte. Des Weiteren wurde Vergil von konkurrierenden I.en kontrovers diskutiert (z.B. repräsentiert durch Servius, Donatus, Makrobius und Augustin).

Bibliographie: D. Fowler, Roman constructions, Oxford 2000. – K. Galinsky (Hg.), The interpretation of Roman poetry, Frankfurt 1992. – I. de Jong/ J.P. Sullivan (Hgg.), Modern critical theory and classical literature, Leiden 1994. – S. Kresic (Hg.), Contemporary literary hermeneutics and interpretation of classical texts, Ottawa 1981. – R. Lamberton/J.J. Keaney (Hgg.), Homer's ancient readers, Princeton 1992. – N.W. Slater, Reading Petronius,

Baltimore 1990. – T. Woodman/J. Powell (Hgg.), Author and audience in Latin literature, Cambridge 1992.

Maijastina Kahlos

IV. Literaturwissenschaftlich

Das Konzept der I.en steht im Zentrum des Werkes des amerikanischen Literaturtheoretikers S. Fish. Dieser hat sich als Vertreter des →*Reader-response criticism* schon in seinen frühen Schriften auf die Rolle des →Lesers konzentriert. In seinem Aufsatz *Interpreting the variorum* (1976), der Bestandteil seines bekanntesten Buches *Is there a text in this class? The authority of interpretive communities* (1980) ist, kommt Fish zu dem Schluss, dass die → Bedeutung eines →Textes nicht in diesem angelegt ist, sondern einzig und allein durch den Akt der →Interpretation entsteht. Wenn Texte keine feste Bedeutung haben, könnte es demzufolge immer so viele Interpretationen wie Leser eines Textes geben. Da dies nicht der Fall ist – es gibt in der Regel verschiedene Interpretationen, die größere Akzeptanz erlangen – wird für Fish der Begriff der Interpretationsstrategie zentral. Weder Leser noch Text sind für die Bedeutungserzeugung relevant, sondern die vom Leser verwendete Interpretationsstrategie generiert die Bedeutung im Akt der Interpretation. Gruppen von Lesern, denen die gleichen Interpretationsstrategien zur Verfügung stehen, nennt Fish ‚I.en'.

Somit wird das Konzept der I.en zur Instanz zwischen Text und Leser: I.en sind, bis auf die Konstante der gemeinsamen Interpretationsstrategie, nicht klar umrissen, d. h., sie definieren keine klar einzugrenzende Leserschaft, sind dem Wandel unterworfen, und Zugehörigkeit zu einer I. entsteht nur durch das Erlernen der entsprechenden Interpretationsstrategien. I.en sind nicht nur für die Literaturwissenschaft relevant, für Fish steht jegliche →Kommunikation, besonders aber Interpretation, in einem sozialen und institutionellen Kontext, zu dem auch die geteilten Interpretationsstrategien gehören. So beschreibt Fish in seinem berühmten Aufsatz *Is there a text in this class?* (1980) ein Missverständnis zwischen einer Studentin und einem Dozenten und führt dies darauf zurück, dass beide auf unterschiedliche Interpretationsstrategien zurückgreifen, unterschiedlichen I.en angehören. Kommunikation außerhalb eines Systems wie der I. ist laut Fish nicht möglich, was ihm wiederholt den Vorwurf des Relativismus und des Solipsismus eingebracht hat. In weiteren Sammlungen, z. B. *Doing what comes naturally. Change, rhetoric and the practice of theory in literary and legal studies* (1989) und *Professional correctness. Literary studies and political change* (1995) wendet Fish seine Theorie der I.en auch auf andere Disziplinen, z. B. die Jurisprudenz an.

Bibliographie: R.W. Dasenbrock, Accounting for the changing certainties of interpretive communities, in: Modern Language Notes 101/5 (1986), 1022–1041. – S. Fish, Is there a text in this class?, Cambridge 1980. – Ders., Doing what comes naturally, Oxford 1989. – Ders., Professional correctness, Oxford 1995. – M. Spikes, Understanding contemporary American literary history, Columbia 2003, bes. 126–153.

Michael Sauter

Interpretieren

→Interpretation/Interpretieren/Interpret

Interpretive Turn

Der *I. T.* ist seit den 1970er Jahren von der Ethnologie bzw. der interpretativen Kulturanthropologie amerikanischer Prägung (bes. von C. Geertz) ausgegangen. Er hat jedoch in die verschiedensten Disziplinen hineingewirkt und die Kulturwissenschaften insgesamt erst auf den Weg gebracht. Im Unterschied zur Strukturanalyse sozialer Systeme richtet sich die Interpretation fremder und eigener Gesellschaften auf Kultur als einen Bedeutungszusammenhang. Nicht nur →Bedeutung und kulturelle Selbstauslegung, Symbolverstehen und →Textualität, sondern auch Fremdheit und →Alterität werden zu zentralen Analysekategorien. Die Herausforderungen der Interpretation durch ethnologische Fremderfahrung bewirken zugleich eine Grenzüberschreitung der traditionellen →Hermeneutik mit ihrer Verstehensvoraussetzung der „Horizontverschmelzung" (H.-G. Gadamer). Auf eine interkulturelle Hermeneutik dagegen verweist Geertz' Leitfrage: „Was wird aus dem *Verstehen,* wenn das *Ein-*

fühlen entfällt?" (C. Geertz, 290). Für das Text- und Kulturverstehen folgt daraus eine Abkehr von mentalistischen Ansätzen: Erst auf der Ebene der Zeichen- und Symbolinterpretation wird ein Zugang zu kulturellen Bedeutungen möglich. Interpretation wird damit nicht nur kultursemiotisch fundiert, sondern auch auf die Sphäre der Darstellung und der ästhetischen bzw. symbolischen Repräsentation verwiesen (Kunst, Literatur, Feste, Rituale, Inszenierungen usw.). Denn an solchen Darstellungsformen werden kulturelle Bedeutungen ablesbar. Hier wird die kulturelle Aussagekraft gesellschaftlicher Praktiken über deren flüchtige Ereignishaftigkeit hinaus festgehalten in der Bedeutungsverdichtung durch →Zeichen und →Texte. Dadurch wird Kultur als Text interpretierbar.

Für die Textwissenschaften im engeren Sinn ergibt sich daraus der Impuls, Texte nicht nur als bloße Objekte von →Auslegung zu betrachten. Denn wie Kulturen und Handlungen enthalten auch literarische und religiöse Texte ihre eigene →Interpretation. Dies regt dazu an, auch Texte selbst gleichsam als Medien ethnographischer Kulturbeschreibung zu betrachten. Denn sie bringen kulturspezifische Vorstellungen von Person, Emotionalität, Zeit und Statushierarchie ebenso zum Ausdruck wie kulturspezifische Glaubensbegriffe und Denkweisen: auch → Literatur erscheint dann als kultureller Text, der soziale Verhältnisse in Symbolisierungen und Kodierungen hinein ‚übersetzt'. Für die Analyse dieses Zusammenhangs eignen sich die methodischen Einstellungen des *I. T.*: „dichte Beschreibung" (C. Geertz) sowie ‚Kontextualisierung' – um den Wechselbezug zwischen Texten bzw. Ausdrucksformen und kulturellen Diskursen (Kolonialismus, Orientalismus) aufzudecken; um zu zeigen, wie literarische oder auch religiöse Texte an umfassenderen kulturellen Darstellungs- und Inszenierungsformen teilhaben; um Gefühlsbegriffe, religiöse Vorstellungen und Verhaltensmuster in der Literatur unter dem Aspekt der Verdichtung kultureller Bedeutungen detailbewusst auszudeuten.

Für die Textwissenschaften bewirkt der *I. T.* eine Erweiterung des Textbegriffs hin zu kulturellen Texten (vgl. die Kulturpoetik des →*New Historicism*), die Aufmerksamkeit auf textinterne Handlungsbezüge (→Textualität), eine Vervielfältigung von Lesarten sowie den Blick auf das symbolische Entwurfsvermögen der Texte selbst, auf ihre Mehrdeutigkeit, ja Rätselhaftigkeit und Fremdheit. Für die Geschichtswissenschaften eröffnet der *I. T.* einen Zugang zu Sinnstiftungen und Selbstdeutungen der historischen Subjekte. Kritik am *I. T.* entzündet sich gerade hier an der zu einseitigen Fixierung auf die Bedeutungsebene und am holistischen Kulturverständnis. Kritisiert wird die Ausblendung von Kulturdynamik, historischer Veränderung und Machtverhältnissen, aber auch die Unterschätzung von Situationsbedingungen, dialogischen Austauschprozessen und materieller Kultur.

Bibliographie: D. Bachmann-Medick, Cultural turns, Reinbek [3]2009, 58–103. – Dies., Einleitung, in: Dies. (Hg.), Kultur als Text, Tübingen/Basel [2]2004, 7–64. – C. Geertz, Dichte Beschreibung, Frankfurt a. M. 1983. – D.R. Hiley et al. (Hgg.), The interpretive turn, Ithaca/London 1991. – P. Ricœur, Der Text als Modell, in: H.-G. Gadamer/G. Boehm (Hgg.), Seminar, Frankfurt a. M. 1985, 83–117. – C. Strecker, „Turn! Turn! Turn! To Everything There is a Season", in: W. Stegemann (Hg.), Religion und Kultur, Stuttgart 2003, 9–42.

Doris Bachmann-Medick

Intertextualität

I. Alttestamentlich

Das Phänomen der I. liefert den Theorierahmen für zahlreiche philologische und literatur- und gattungsgeschichtliche Einzelphänomene: Glosse, Interpolation, →Paraphrase, Rezension (im textkritischen Sinn unterschiedlicher Textversionen in Handschriftenfamilien), →Quelle, →Zitat. In den Bibelwissenschaften und der Judaistik spricht man von *Rewritten Bible*. Aus der Perspektive der Bibelhermeneutik stellen sich die genannten Phänomene als unterschiedliche Rezeptionsformen der Vorgängertexte dar und fallen daher auch unter den Begriff der →Rezeption.

Legt man ein textdeskriptives Verständnis von I. zugrunde, so ist zwischen *referentieller* I., die inhaltliche Bezüge zwischen zwei oder mehreren →Texten betrifft, und *typologischer* I., bei der es sich um Beziehungen zwischen Texttypen bzw. Textmustern handelt, zu unterscheiden. Beide Formen intertextueller Bezugnahmen sind im →AT zu finden. Neben inhaltlichen Anspielungen lässt sich insbesondere in der →prophetischen Literatur die Aufnahme und Verfremdung von Gattungsformularen, die ihren Sitz im Leben nicht in der Prophetie haben, beobachten, wobei es zu Modifikationen, aber auch Kombinationen derartiger Formulare kommt.

Ein zentrales Problem intertextueller Untersuchungen im AT ist die Frage einer möglichen Abhängigkeit und der damit verbundenen historischen Einordnung biblischer Texte. Bei welchem Text es sich um den Prätext bzw. den Folgetext handelt, ist mit Hilfe literarhistorischer →Methoden vielfach nicht eindeutig zu bestimmen. Dies hängt nicht zuletzt mit dem Konsensverlust hinsichtlich der Geltung literargeschichtlicher Erklärungsmodelle zusammen. Hinzu kommt das Problem, dass Bezüge zwischen den Texten nicht nur auf literarischer Verwendung beruhen müssen, sondern auch auf gemeinsame mündliche →Überlieferungen bzw. →Traditionen zurückgehen können. Deshalb wird von manchen ein →synchroner intertextueller Ansatz favorisiert.

Texte enthalten ein intertextuelles Potenzial, für dessen Erschließung die Aktivität und Produktivität des →Lesers erforderlich ist. Der intertextuelle Prozess ist von deren Vorkenntnissen hinsichtlich entsprechender Bezugstexte und Texttypen sowie sprachlicher Identifikationsmöglichkeiten intertextueller Relationen (Allusionsindikatoren), aber auch von deren Rezeptionserwartungen abhängig. Der erhebliche zeitliche Abstand zwischen den atl. Texten und dem heutigen Leser führt zu der Problematik, dass das intertextuelle Kommunikationspotenzial atl. Texte in anderer Weise ausgeschöpft wird als zur Zeit der Textentstehung.

‚Intertextueller Dialog' findet im Raum des →Kanons statt. Dadurch wird nach G. Steins für jeden Teiltext ein neuer literarischer →Kontext etabliert, wodurch bisher unabhängige Einzeltexte zu einem neuen ‚Großtext' zusammengefasst werden. Im Rahmen kanonisch-intertextueller Lektüre ist die Leserichtung zu beachten, wobei die Vorordnung des Pentateuch zentrale, sinnstiftende Bedeutung besitzt.

Bibliographie: D.N. Fewell (Hg.), Reading between texts: intertextuality and the Hebrew Bible, Louisville 1992. – S. Seiler, Intertextualität, in: V.H. Utzschneider/E. Blum (Hgg.), Lesarten der Bibel, Stuttgart 2006, 275–293. – G. Steins, Die „Bindung Isaaks" im Kanon (Gen 22): Grundlagen und Programm einer kanonisch-intertextuellen Lektüre, Freiburg i. Br. u. a. 1999. – B. Trimpe, Von der Schöpfung bis zur Zerstreuung: intertextuelle Interpretationen der biblischen Urgeschichte (Gen 1–11), Osnabrück 2000.

Stefan Seiler

II. Neutestamentlich

Das Phänomen der I. ist den exegetischen Disziplinen seit jeher bekannt, ohne dass dieser Sachverhalt immer bewusst gewesen wäre oder dazu geführt hätte, seine hermeneutischen Implikationen methodisch reflektiert zu konzeptionalisieren. Als Beschreibungskategorie für ein operationalisierbares texttheoretisches →Paradigma, das in Abgrenzung zu dem strukturalistischen Postulat, →Texte seien autonome Sinneinheiten, ihre grundsätzlich dialogisch-relationale Struktur betont, verweist I. auf einen zentralen Aspekt ntl. Forschung. Allgemein formuliert bezeichnet der Begriff den Bezug von Texten auf andere Texte, was Referenzen von außertextlichen Realitäten – materielle wie immaterielle – prinzipiell mit einschließt. Allerdings wird die Frage, um welche Textbeziehungen es näherhin geht und nach welchen Kriterien sie untersucht werden sollen, sehr unterschiedlich beantwortet. Da →Exegese primär, wenngleich nicht ausschließlich, Textwissenschaft ist, verdient das an konkreten Texten orientierte analytische Modell der I. den Vorzug vor dem universal gefassten Modell, das J. Kristeva entwickelt hat. Im Blick auf die ntl. Schriften folgt daraus: sie sind – jeweils für sich und in ihrem Ensemble – als referierende Texte (Posttexte) zu verstehen, die mit vorgegebenen Texten (Prätexte) interagieren. Neben dem wichtigsten, der →Septuaginta, kommt auch die übrige frühjüdische sowie die griechisch-römische Literatur in Betracht, sofern sie unzweideutig als

Prä- bzw. Intertext fungiert und d. h. alludiert wird. Innerhalb des NT ist die Verwendung des Mk durch Mt und Lk ein Beispiel für intendierte, freilich nicht eigens kenntlich gemachte I. Gleiches gilt für die Deutero- und Tritopaulinen (z.B. Kol, Eph). Obwohl die Identifizierung von entsprechenden Signalen noch nichts über die Funktion der Referenzen für die Sinnkonstitution eines Textes aussagt, trägt das Konzept der I. zu einem methodisch kontrollierbaren und differenzierten Verständnis der bewusst hergestellten oder von den Rezipienten wahrgenommenen Verknüpfungen, Korrelationen, interpretierenden Fortschreibungen und theologischen Neuakzentuierungen bei.

BIBLIOGRAPHIE: S. Alkier, Intertextualität – Annäherungen an ein texttheoretisches Paradigma, in: D. Sänger (Hg.), Heiligkeit und Herrschaft, Neukirchen-Vluyn 2003, 1–26. – Ders./R.B. Hays (Hgg.), Die Bibel im Dialog der Schriften, Tübingen/Basel 2005. – R.B. Hays, Echoes of Scripture in the letters of Paul, New Haven/London 1989. – D. Marguerat/A. Curtis (Hgg.), Intertextualités, Genf 2000. – A. Merz, Die fiktive Selbstauslegung des Paulus, Göttingen/Fribourg 2004. Dieter Sänger

III. Systematisch-theologisch

Am Anfang der I. war die Stimme: Französische Literaturwissenschafter rezipierten in den 1960er Jahren M. Bachtins Romantheorie, die sich mit der Inszenierung vielfältiger Stimmen im →Text und dem Schwinden der Erzählerstimme als Modernitätsmerkmalen befasst. Im Zuge dieser →Rezeption beginnt der Neologismus I. als Teil textphilosophischer Terminologie die Kulturwissenschaften zu verändern. Der Begriff hat eine doppelte Herkunft: J. Kristeva bezeichnet damit einen Übergang zwischen Zeichensystemen, der zunächst an literarischen Texten entdeckt und dann für eine universale Texttheorie mit ideologiekritischen Implikationen verwertet wird. Alle Texte sind demnach durch Verwerfungen gezeichnet, die bewusst oder unbewusst jene *Transposition* verheimlichen, die sie vollziehen. Kritisch gegenüber den Instanzen auch der Ideologiekritik – Politik und Psychoanalyse – wendet R. Barthes das Intertextualitätskonzept überhaupt gegen einen rein intentionalen Umgang mit Lektüre. Intertext bezeichnet für ihn die ästhetische Erfahrung eines wilden Lesens, das in seiner absichtslosen Vaganz humanitätsbildend wirkt und zum Programmbegriff wird: *Lust* am Text versus regelgeleitete →Interpretation.

Die bibelhermeneutische und theologische Nutzanwendung verdankt sich dem ursprünglichen Elan der Intertextualitätsdebatte. Um positivistisch Einflüsse festzustellen, bedarf es des Aufwands einer Intertextualitätstheorie nicht, wohl aber um Transpositionen zwischen biblischen Texten und zwischen der →Bibel und anderem Text aufzudecken. Die Anwendung messianischer Titel auf Jesus von Nazaret ist solch ein Fall, der zugleich den interreligiösen Dialog betrifft. Auch jede Art →Kanon, nicht nur der biblische, wird als Machtmittel durchschaubarer, wenn die dogmatisch verworfenen Stimmen im Intertext ihr Schweigen brechen. Sodann werden →Metaphern der Stimme und der →Schrift, die bibelhermeneutische Sinnannahmen steuern, intertextualitätstheoretisch aufgedeckt. Intertextualitätstheorien immunisieren gegen Leitmetaphern, die das Geschriebene verhören, statt sich der Stimmenvielfalt vor, in und zwischen den Texten zu verschreiben. Schließlich ist auch der textphilosophische Topos einer Er-Lösung aus intentionaler Lektüre durch Intertextualitätskonzepte geprägt. Diesen Topos produktiv auf biblische und theologische Denk- und Textfiguren zu beziehen, die mit der Lust Gottes zum Menschen und der humanen Passioniertheit umgehen, ist die dritte bibelhermeneutische Nutzanwendung der Intertextualitätstheorie. I. ist dann als Element einer fröhlichen, im Sinne des Evangeliums sorglosen (Mt 6,25–34) theologischen Wissenschaft vorstellbar.

BIBLIOGRAPHIE: E. Auerbach, Mimesis, Bern [8]1988. – R. Barthes, Die Lust am Text, Frankfurt a.M. 1992. – H. Bloom, Die heiligen Wahrheiten stürzen, Frankfurt a.M. 1991. – U. Broich/M. Pfister (Hgg.), Intertextualität, Tübingen 1985. – G. Genette, Paratexte, Frankfurt a.M./New York 1989. – J. Kristeva, Die Revolution der poetischen Sprache, Frankfurt a.M. [2]1978. – M. Rödszus-Hecker, Der buchstäbliche Zungensinn, Waltrop 1992.

Christian Senkel

IV. Judaistisch

Im wissenschaftlichen Diskurs über die jüdische – insbesondere rabbinische – →Hermeneutik signalisiert das Etikett der I. seit den 1980er Jahren eine von der literaturwissenschaftlichen Post-Moderne oder der →Dekonstruktion inspirierte Rehabilitierung des ‚Midrasch' (→Auslegung, →Formen), der bis dahin manchmal als willkürliche oder vorwissenschaftliche Auslegungspraxis marginalisiert bzw. apologetisch missverstanden wurde (vgl. bes. D. Boyarin, J. Faur, S.A. Handelman). Inzwischen wird der Begriff auch ohne strikt dekonstruktive Absicht dazu benutzt, auf die komplexe Verflechtung nachbiblischer Auslegungstexte mit der Schrift und miteinander zu verweisen. So verstanden bezeichnet I. vielleicht eine Konstante der jüdischen Kultur bis in die Moderne hinein: ausgeprägtes Interesse an und Sensibilität für Vernetzungen von →Texten, und die Fähigkeit, das einmal Gesagte wieder aufzunehmen, ohne es auf eine einheitliche Bedeutung festzulegen.

Von größter Wichtigkeit ist hier die Idee der Schrift (→*Tanach*) als einer Sammlung literarisch disparater Texte (→Kanongeschichte). Diese Kanonisierung dessen, was mannigfaltig ist und schon intern aufeinander verweist (→Formen), aber textlich nicht homogen ist, legte den Grundstein für eine seither andauernde Problematisierung des Wortlauts der hebräischen Bibel als Zugang zu ihrer Bedeutung (→Auslegung). Die rabbinische Hermeneutik erkundet die Vieldeutigkeit des biblischen Wortes, transponiert lexikalische Bedeutungen von einem biblischen Kotext in einen anderen und fragmentiert den Text mit der Folge, dass seine Segmente sich neuen – rabbinischen – Themen öffnen. Oft wird die einzelne biblische Handlung auf textliche Echos anderer Erzählungen hin gelesen, so dass narrative Überlagerungen und Querverbindungen entstehen, die nicht auf das Bild *einer* biblischen Vergangenheit reduziert werden können. In der Petichah (→Formen) adoptiert die rabbinische Stimme einen generellen Vers (oft aus den Hagiographen), um intertextuell auf den (Ereignis-)Sinn eines Verses (oft aus dem Pentateuch) hinzuweisen.

Diese Auslegungsweisen finden sich in rabbinischen Dokumenten, die oft selbst eine Vielfalt ohne Ausgleich oder Reduktion präsentieren. Im Mittelalter nimmt die Gleichzeitigkeit des Irreduziblen die Form einer Pluraliät separater →Kommentare an. Das Etikett der I. passt daher auch auf die literarische Verfassung wichtiger Zweige der jüdischen Traditionsliteratur (→Gattung, →Formen), von der Antike bis in die Gegenwart.

BIBLIOGRAPHIE: D. Boyarin, Intertextuality and the reading of Midrash, Bloomington 1990. – J. Faur, Golden doves with silver dots, Bloomington 1986. – S.A. Handelman, The slayers of Moses, Albany 1982. – J.M. Harris, How do we know this?, Albany 1995. – G. Hartman/S. Budick (Hgg.), Midrash and literature, New Haven 1986. – C. Hezser, Classical Rabbinic literature, in: M. Goodman (Hg.), The Oxford handbook of Jewish studies, Oxford 2002, 115–140. – J. Kugel, Two introductions to Midrash, in: G. Hartman/S. Budick (Hgg.), Midrash and literature, New Haven 1986, 77–103. – D. Stern, Midrash and theory, Evanston 1996.

Alexander Samely

V. Islamwissenschaftlich

I. ist seit langem als wichtiges Phänomen nicht nur des schriftlichen Niederschlags geistiger Tätigkeit, sondern als Bedingung dieser selbst erkannt. Es ist aber nicht unwichtig festzuhalten, dass die islamische Geisteskultur in besonderem Maß von I. geprägt ist: Den Gelehrten war von Anfang an bewusst, dass jeder Text Knoten- und Referenzpunkt für andere →Texte bzw. ‚Äußerungen' (im Foucaultschen Sinn) darstellt und nur mittels anderer (Kon-)Texte überhaupt deut- und verstehbar ist. Das erklärt die Dominanz des hermeneutischen Zugangs zur Welt über die →Sprache im Islam sowie das Vorherrschen des →Kommentars als Textgattung. Da die Kon-Textualisierung einer Äußerung zum Zweck der Eingrenzung (des nie endgültig bestimmbaren, weil stets mehrfach codierten) Sinnhorizonts eines der Grundprinzipien islamischer →Exegese darstellt, ist immer auch eine bewusst und methodisch reflektierte intertextuelle (oder in der Terminologie G. Genettes ‚transtextuelle') Verstehensperspektive gegeben. In den umfangreichen, bisher ungenügend erforschten vormodernen Schriften zu den Prinzipien der

Exegese im Bereich von Koranwissenschaft und Rechtstheorie (*uṣūl al-fiqh*) finden sich zahlreiche Erkenntnisse hinsichtlich I. und verwandten Phänomenen (Metatextualität, Interdiskursivität usw.) vorweggenommen, die in Europa vor dem Aufkommen der modernen Sprach- und Literaturwissenschaft im 20. Jh. so nicht formuliert worden sind.

Eine Sonderform von I. liegt vor, wenn ein Text durch textimmanente Bezüge intratextuell ausgelegt wird. Dieses exegetische Prinzip ist besonders bei der Koranexegese wirksam geworden: Ein Textabschnitt oder auch nur ein einzelnes Wort werden mittels Heranziehung anderer relevanter Stellen gedeutet; welche Stellen jeweils als Kon-Text relevant sind, unterliegt linguistischen Kriterien – daher die große Bedeutung von grammatischer Analyse und Lexikographie – und einer vom hermeneutischen Interesse geleiteten Vorauswahl. Ähnliche Verfahren werden bei der →Interpretation von Hadithen (→Tradition) angewendet, wobei das gesamte Hadith-Corpus als prinzipiell relevanter Intratext herangezogen wird. Als Gemeinsamkeit bei diesen Verfahren kann die vorgängige Überzeugung bestimmt werden, dass alle sprachlichen Äußerungen je nach Kon-Textualisierung und Bezug zu anderen Äußerungen polyvalent und multireferentiell sind. Man hat deshalb zu Recht den sich hieraus ergebenden Pluralismus hervorgehoben, welcher die vormoderne islamische Hermeneutik im Allgemeinen und die Koranexegese im Besonderen kennzeichnet.

Bibliographie: N. Calder, *Tafsīr from Ṭabarī to Ibn Kathīr*, in: G.R. Hawting/A.A. Shareef (Hgg.), Approaches to the Qur'ān, London 1993, 101–140. – H. Hanafi, Method of thematic interpretation of the Qur'an, in: S. Wild (Hg.), The Qur'an as Text, Leiden 1996, 195–211. – P. Heath, Creative hermeneutics, in: Arabica 36 (1989), 173–210. – R.C. Martin, Islamic textuality in light of poststructuralist criticism, in: F. Kazemi et al. (Hgg.), A way prepared, FS R.B. Winder, New York 1988, 116–131. – A. Rippin (Hg.), Approaches to the history of interpretation of the Qur'ān, Oxford 1988. – M. Schöller, Exegetisches Denken und Prophetenbiographie, Wiesbaden 1998.

Marco Schöller

VI. Altphilologisch

Verfahren der Adaptation von Vorgängern, von der antiken Literaturkritik mit Konzepten wie *mimēsis, imitatio* und *aemulatio* beschrieben, sind in der antiken →Literatur ubiquitär. Entsprechend dem seit dem 19. Jh. vorherrschenden Modell einer in erster Linie autorzentrierten, häufig psychologisierenden →Hermeneutik wurden sie allerdings bis in das frühe 20. Jh. meist unter der wenig ergiebigen, nicht selten moralisch wertenden, dem antiken Verständnis von Literatur unangemessenen Fragestellung von →,Quellen' und ,Originalität' behandelt. Seit den 1950er Jahren des 20. Jh.s begannen sich klassische Philologen besonders auf dem Gebiet der alexandrinischen →Dichtung dafür zu interessieren, wie Verweise auf Vorgängertexte bei der Lektüre wirken und vom →Leser aktive Mitarbeit bei der Sinnkonstitution einfordern (bahnbrechend G. Pasquali). Seit den 1970er Jahren entstand daraus eine neue Sicht auf die antike Literatur, die die vielfältigen Effekte von Phänomenen wie →Zitat, Anspielung, Parodie und Verweis in den aufnehmenden Texten und ihre Wirkung auf die Rezipienten eindringlich untersucht. Methodisch anregend war hierbei weniger J. Kristevas ursprüngliches, eher sprachphilosophisch als genuin hermeneutisch orientiertes Intertextualitätskonzept als vielmehr dessen Weiterentwicklung etwa bei G. Genette oder M. Riffaterre. Besonders anregend hat G.B. Conte gewirkt, der darauf hinweist, dass erst der → Autoren und →Lesern gemeinsame Horizont von Prätexten ein literarisches Gattungssystem etabliert und damit die Lesbarkeit von Texten garantiert. Durch diese neuen Ansätze wurden insbesondere Phasen der antiken Literaturgeschichte, in denen solche Phänomene sekundärer →Textualität im Vordergrund standen (etwa die hellenistische Literatur, die lateinische Literatur der Republik und der augusteischen Zeit, die Literatur der silbernen Latinität und die spätantike Literatur) von den Vorurteilen einer der romantischen Originalitätskonzeption entstammenden Sichtweise befreit und in ihrer komplexen Interaktion mit einem gebildeten Publikum besser verstanden. Dass Phänomene intertextueller Beziehungen von antiken Autoren bewusst eingesetzt wurden und vom intendierten Leser bewusst wahrgenommen werden sollten, ist in der Altphilologie heute *communis opinio*; Aufgabe des →Interpreten ist es, zu entschlüsseln, wie die oft auf einer Vielzahl von Ebenen wirksamen Verweise und Anspielungen den aufnehmenden Text mit neuem Sinnpotential aufladen.

BIBLIOGRAPHIE: G.B. Conte, The rhetoric of imitation, Ithaca 1986. – G.B. Conte/A. Barchiesi, Imitazione e arte allusiva, in: G. Cavallo et al. (Hgg.), Lo spazio letterario di Roma antica, Bd. 1, Rom 1989, 81–114. – S. Hinds, Allusion and intertext, Cambridge 1998. – G. Pasquali, Arte allusiva, in: Ders., Stravaganze quarte e supreme, Venedig 1951, 11–20. – R.F. Thomas, Virgil and his texts, Ann Arbor 1999.

Thomas Schmitz

VII. Literaturwissenschaftlich

Allgemein gefasst bezeichnet I. die Bezogenheit von →Texten aufeinander. Seit es Textproduktion gibt, setzen sich literarische Texte mit bereits vorhandenen Texten auseinander. Dementsprechend sind Modelle wie Imitation, Parodie oder Epikrise schon in der klassischen →Rhetorik bekannt. Grundsätzlich lassen sich zwei verschiedene Intertextualitätsansätze unterscheiden:

(1) Deskriptiver Oberbegriff für herkömmliche Bezugsformen von Texten: Bezüge zwischen den Texten werden erklärt und systematisiert, um ein besseres Verständnis des Folgetextes zu erreichen, womit sich die Verfahrensweise als hermeneutische Literaturwissenschaft verortet. Neben der traditionellen Quellen- u. Einflussforschung haben v.a. U. Broich/M. Pfister diesen Ansatz populär gemacht.

(2) Die ontologische Diskussion um I. geht von M.M. Bachtins Modell der Dialogizität aus. →Sprache wird als Komplex konkurrierender Sprachsysteme vorgestellt (Heteroglossie). Demnach existieren literarische Strukturen nicht *a priori*, sondern konstituieren sich durch die Beziehung zu anderen Texten. Die poetische →Sprache ist immer eine doppelte, jeder Text ist Absorption und Transformation anderer Texte; durch diesen intertextuellen Dialog erhält das Wort zwei Bedeutungsebenen, es wird ambivalent. Während Bachtin das sprechende Subjekt als zentrale Kategorie beibehält, führt J. Kristeva Bachtins Dialogizitätskonzept insofern weiter, als sie davon ausgeht, dass alle Texte bereits I. sind: ‚Intersubjektivität wird zur I.'; der herkömmliche Autorbegriff wird verabschiedet. Dasselbe geschieht bei J. Derrida, der mit dem Begriff des ‚*texte général*' den grundsätzlichen Zitatcharakter von Sprache betont. G. Genette begreift I. historisch als Form der Überlagerung von Texten (Palimpsest).

Vermittelnde Positionen zwischen solchen im Horizont des →Poststrukturalismus entwickelten und hermeneutischen Intertextualitätsansätzen nehmen H. Bloom und R. Lachmann ein. Für Bloom ist die Intersubjektivität insofern wieder von Bedeutung, als sich jeder Dichter mit der Tradition, den sog. ‚Vätertexten', auseinandersetzen muss. Lachmann geht – auf einer texttheoretischen Ebene – mit Kristeva davon aus, dass alle Texte I. sind. Auf der textdeskriptiven Ebene werden die Beziehungen von Texten untereinander auf ihre Machart hin betrachtet. Durch eine ‚semantische Explosion' entsteht ein ‚impliziter Text', eine nicht lesbare Schnittstelle von mehreren Texten. Auf einer literaturkritischen Ebene werden herkömmliche Kategorien wie →Autor, Text und →Leser diskutiert.

BIBLIOGRAPHIE: M.M. Bachtin, Die Ästhetik des Worts, Frankfurt a.M. 1979. – H. Bloom, The anxiety of influence, New York 1973 [*dt.* Einflußangst, Basel 1995]. – U. Broich/M. Pfister (Hgg.), Intertextualität, Tübingen 1985. – J. Kristeva, Bachtin, das Wort und der Roman, in: J. Ihwe (Hg.), Literaturwissenschaft und Linguistik, Frankfurt a.M. 1972, 345–375. – R. Lachmann, Gedächtnis und Literatur, Frankfurt a.M. 1990. – K. Stierle/R. Warning (Hgg.), Das Gespräch, München 1984.

Stephanie Waldow

VIII. Textlinguistisch

Den zuerst in der Literaturwissenschaft betrachteten Gegenstand I. (J. Kristeva) nahm die Textlinguistik auf, als sie sich dem →Text über dessen textinterne Betrachtung hinaus als Instrument des Handelns zuwandte. Die handlungsorientierte Textlinguistik konnte der Vorstellung eines entgrenzten Textes so weit folgen, wie auch sie ein Verständnis von Text als nicht autonomem und rezeptionsabhängigem Gebilde entwickelt hat. Dieses weite Verständnis – Text-Textwelt-Beziehung – bildet allerdings nur linguistisches Hintergrundwissen. Der Linguistik geht es um die Beschreibung aller möglichen Textbeziehungen, die für die Produktion und →Rezeption eines Textes relevant sind. Einen Ansatz für Deskription und Analyse von Intertextualitätsbeziehungen bieten die das Kriterium der I. enthaltenden Textualitätskriterien von R.-A. de Beaugrande/W.U. Dressler. Jedes Textexemplar steht, da es dem Muster einer Textsorte folgt, in Beziehung zu allen Texten dieser Textsorte: Text-Textsorten-Beziehung. Diese selbstverständlich scheinende Bestimmung hat analysepraktischen Wert, da sie in allen Fällen, wo – z. B. ästhetisierend – von Textmustern abgewichen wird, einen deskriptiven Zugang zu den Textverhältnissen bietet. In S. Holthuis' Taxonomie, der bisher grundlegendsten linguistischen Arbeit über I., findet man neben I. als Text-Textwelt- und Text-Textsorten-Beziehung auch die traditionell geläufige Art von I.: Text-Text-Beziehung. Holthuis geht auf die Relationen, in denen Einzeltexte sowie Texte und Textsorten zueinander stehen können, differenziert ein mit Kategorien, die das Erfassen spezifischer Intertextualitätsverhältnisse ermöglichen: so u. a. typologische I. (Text-Textsorte), referentielle I. (Text-Text) sowie I. in absentia (Prototyp Anspielung), I. in praesentia (Prototyp →Zitat), auch intra-, intertextuell, homolingual, heterolingual. Zusätzlich zur Beschreibung einzelner Textsorten betrachtet man mittlerweile v. a. die Relationen zwischen Textsorten: Textnetze, Textverbünde (K. Adamzik) und setzt sich mit der Beziehung zwischen I. und Diskurslinguistik auseinander, die in einer Spielart auch Texte in thematischen Zusammenhängen untersucht (B. Sandig). Neben I. begegnen verwandte Begriffe wie z. B. Interdiskursivität (Zusammenwirken institutionell gebundener Redeweisen einer Gesellschaft) und Intermedialität (Medienwechsel): Es ist bisher noch offen, ob z. B. die Übersetzung als I. zu fassen ist und ob elektronisch hergestellte Texte mit ihren Spezifika, wie z. B. das holistische Phänomen →Hypertext, als intertextuelle Erscheinungen beschrieben werden können (U. Fix 2000).

Bibliographie: K. Adamzik, Die Zukunft der Text(sorten)linguistik, in: U. Fix et al. (Hgg.), Zur Kulturspezifik von Textsorten, Tübingen 2001, 15–30. – R.-A. de Beaugrande/W.U. Dressler, Einführung in die Textlinguistik, Tübingen 1981. – U. Fix, Aspekte der Intertextualität, in: K. Brinker et al. (Hgg.), Text- und Gesprächslinguistik, HSK 16.1, Berlin/New York 2000, 449–457. – S. Holthuis, Intertextualität, Tübingen 1993. – B. Sandig, Textstilistik des Deutschen, Berlin/New York [2]2006, 344 ff.

Ulla Fix

Ironie →Polemik

Islamische Bibelhermeneutik

Der →Koran betrachtet die Bibel als Schriftoffenbarung. *Taurāh* (→‚Tora', →AT) und *inǧīl* (→‚Evangelium', →NT) seien von Gott ‚hinabgesandt' (Q 3:3), und: „Wir [= Gott] haben doch im *zabūr* [Psalter] nach der Erwähnung [?] geschrieben, dass meine rechtschaffenen Diener das Land erben werden" (Q 21:105, vgl. Ps 37,29). Allerdings wirft dies die Frage auf, wie es zu den offenkundigen Unterschieden zwischen →Koran und →Bibel kommt. Die koranische Lösung lautet: Juden (und Christen) ‚entstellen' (*yuḥarrifūna*) die Schriftworte (Q 5:51). Der Koran setzt das biblische Überlieferungsgut als bekannt voraus und nutzt es neu. Hierbei kommt es zu Entdramatisierungen der Geschichten (Gottes Sieg steht nicht in Frage), zu Appropriationen (geographische Heranholung, genealogische Nostrifizierung, biographische Parallelisierung) und Skopusverschiebungen – insbesondere zu Moralisierung (Q 4:157; 11:44; 37:103 f.; 11:27; 58:7).

Da der Koran auf (para-)biblisches Gut meist nur anspielt, entwickelt die ‚klassische' muslimische Koranauslegung eine eigene Disziplin, um die koranischen Erzählungen zu vervollständigen: die *Isrāʾīlīyāt.* Erste Sammler sind die jemenitischen Gelehrten Kaʿb al-Aḥbār (gest. um 653) sowie Wahb ibn Munabbih (gest. nach 727) und der baṣrische Grammatiker Abū Salama Ḥammād ibn Salama (gest. 748). Später entwickelt sich auf dieser Grundlage ein relativ umfassendes Schrifttum.

Im späten 19. Jh. erwacht bei muslimischen Denkern ein neues Interesse am Originalzugriff auf die Basistexte der Juden und Christen, aber auch an Einsatz und Absetzung von deren Auslegungsmethoden und -reflexionen. Zuerst finden sich apologetische Eisegesen, die die naturwissenschaftliche Modernitätskompatibilität des Koran erweisen wollen (M. ʿAbduh, gest. 1905). In deutlicher Kritik an H.-G. Gadamer plädiert Fazlur Rahman (gest. 1988) für eine juristische →Hermeneutik des Korans. Sie will den →Text im Erstkontext verstehen, dann die der Einzelregelung zugrundeliegende ethische Norm destillieren und diese schließlich ins jeweilige Heute übertragen. Ö. Özsoy (Frankfurt, geb. 1963) bezieht sich auf P. Ricœur, wenn er dem Koran abspricht, ein Text zu sein. Vielmehr sei der Koran *discours* (türk. *söylem*) und daher nicht intratextuell, sondern in seinem zu rekonstruierenden Ursprungskontext zu erklären. M. Paçacı (Ankara, geb. 1959) fordert demgegenüber mehr ‚Geschichtlichkeit' (türk. *tarihsellik*). In ausdrücklichem Rückgriff auf Gadamer gibt er dem Leser eine entscheidende Rolle, ja er ruft zur ‚Rehabilitation der Tradition' auf: Eine Wiedererrichtung der systematisch-normativen Disziplinen *Kalām* und *Fiqh* (Theologie und Jurisprudenz) sei wichtiger als Koranexegese; Textualismus (*mentinselcilik*) sei ein reformatorischer Import und führe zu leblosen deskriptiv-historistischen Aussagen.

BIBLIOGRAPHIE: K. Ahrens, Christliches im Qoran, in: ZDMG 84 (1930), 15–68. 148–190. – F. Körner, Revisionist Koran hermeneutics in contemporary Turkish university theology, Würzburg 2005. – Alter Text – Neuer Kontext. Koranhermeneutik in der Türkei heute. Ausgewählte Texte, übers. u. komm. v. F. Körner, Freiburg 2006. – S. Karoui, Die Rezeption der Bibel in der frühislamischen Literatur am Beispiel der Hauptwerke von Ibn Qutayba, Heidelberg 1997. – H. Lazarus-Yafeh, Intertwined worlds, Princeton 1992. – J.D. McAuliffe, The Qurʾānic context of Muslim biblical scholarship, in: Islam and Christian-Muslim Relations 7 (1996), 141–158. – R.L. Nettler, Muslim writers on Judaism and the Hebrew Bible, Leiden 1996. – H. Speyer, Die biblischen Erzählungen im Qoran, Gräfenhainichen 1931 [Nachdruck Hildesheim 1988]. – R. Wielandt, Art. Exegesis of the Qurʾān, in: EQ 2 (2002), 124–142.

Felix Körner

J

Jüdische Bibelhermeneutik

Die jüdische Tradition kennt nicht einfach die schriftliche →Tora (d. h. den heutigen Pentateuch) als →Offenbarung Gottes, sondern auch die Vorstellung von der sog. ‚mündlichen Tora'. So heißt es in mAv 1,1 ‚Mose empfing Tora' (nicht: ‚die' Tora) vom Sinai. Durch die undeterminierte Form von Tora werden von vornherein alle Möglichkeiten dessen, was Tora umfassen kann, mit einbezogen. Dieses Verständnis der Schrift als einer geoffenbarten schriftlichen und mündlichen Größe setzt voraus, dass der → Text unbegrenzt ausdeutbar ist: Jede Ausdeutung ist der Schrift von jeher inhärent, was wiederum nicht allein die Vieldeutigkeit der Schrift als solcher, sondern v. a. die unendliche Vielheit exegetischer Deutemöglichkeiten nach sich zieht. Daher formuliert ein Midrasch zum Deuteronomium: „Bibel, Mischna, Talmud und Aggada, ja, sogar das, was ein erfahrener Schüler einst vor seinem Lehrer vortragen wird, wurde schon Mose am Sinai gesagt [...]" (SifDev § 313, Finkelstein, 355). Zwar kennt auch bereits die rabbinische Exegese die Unterscheidung in Peshat (einfacher Wortsinn) und Derash (mehrdimensionale Midrasch-Auslegung), aber der Satz: „Kein Bibelvers verlässt (je) den einfachen Schriftsinn" (*en miqra yotse mide peshuto*; bShab 63a) bildet immer nur *einen* und nie den zentralen Baustein rabbinischer Schriftauslegung.

Für das mittelalterliche Judentum war es v. a. der berühmte Bibel- und Talmudkommentator R. Schelomo Jizchaqi (Raschi; 1040/41–1105), der die jüdische Bibelauslegung prägte. Er suchte die →Auslegung nach dem Literalsinn mit den traditionellen Auslegungen zu verbinden. Der ‚*locus classicus*', in dem Raschi sein Verständnis der Bibelauslegung darlegt, findet sich in seinem →Kommentar zu Gen 3,8, der deutlich herausstellt, dass es ihm nicht um eine neue → Methode der Bibelauslegung geht, sondern um die literarische Neuformulierung der traditionellen →Quellen (Midrasch) als des ‚klassischen jüdischen Bildungsgutes'.

Die neuere j. B., die sich v. a. mit den Namen Samson Raphael Hirsch (1808–1888), Kaufmann Kohler (1843–1926), David Zvi Hoffmann (1843–1921), Franz Rosenzweig (1886–1929) und Benno Jacob (1862–1945) verbindet, sah sich insbesondere durch die literar-historische (protestantische) Bibelauslegung herausgefordert. In dieser Auseinandersetzung ging es v. a. darum, zu zeigen, dass das Verständnis von *Tora mi-Sinai* selbst einem steten Wandel unterliegt. Es wird deutlich, dass es hierbei weniger um die konkret-naive Vorstellung eines göttlichen ‚Diktates' an Mose geht, sondern darum, wie die Autorität auch der Auslegung und damit die Zusammengehörigkeit von Text und Auslegung hermeneutisch untermauert werden kann. Daher ist die ‚jüdische' Bibel nicht einfach mit der ‚hebräischen' Bibel gleichzusetzen. Zwar ist die hebräische Bibel die jüdische Bibel insofern, als sie die →Heilige Schrift der Juden darstellt, aber die ‚jüdische' Lesart liest die Bibel niemals ohne die traditionelle Bekleidung, d. h. ohne ihre Einbindung in den Strom der nachbiblischen Traditions- und Auslegungsliteratur.

BIBLIOGRAPHIE: C. Dohmen/G. Stemberger, Hermeneutik der Jüdischen Bibel und des Alten Testaments, Stuttgart 1996. – H. Liss, „Schrift ohne Tradition?", in: G. Veltri/A. Winkelmann (Hgg.), An der Schwelle zur Moderne, Leiden/Boston 2003, 51–77. – Dies., „Das Erbe ihrer Väter", in: D. Krochmalnik/M. Schultz (Hgg.), Wie gut ist unser Anteil, Gedenkschrift für Yehuda T. Radday, Heidelberg 2004, 21–36. – M. Oeming, Biblische Hermeneutik, Darmstadt 1998. – M. Sæbø (Hg.), HBOT. Hebrew Bible/Old Testament, 3 Bde., Göttingen 1996. 2000. 2008.

Hanna Liss

K

Kanon/Kanonizität

I. Alttestamentlich

Der Begriff K. ist im ausgehenden 20. Jh. zu einer Leitkategorie in der atl. Wissenschaft geworden und kann nicht mehr in der hermeneutischen Reflexion umgangen werden. Obwohl die ersten Impulse stark gegen die Effekte der historischen →Kritik gerichtet waren (B.S. Childs), wird immer deutlicher, dass es ‚den' K. nicht gibt, sondern viele K.es (Masoretischer Text, →Septuaginta und ihre Variationen, sowie →Tanach, →AT als Teil der christlichen →Bibel und weitere Variationen in verschiedenen Glaubensgemeinschaften). Darüber hinaus hat die Redaktionskritik gezeigt, dass der jeweils resultierende K. ein *gewordener* ist. Sowohl die Entstehungsgeschichte als auch die verzweigte → Überlieferung des K.s heben seine *Diversität* neben seiner *Einheitlichkeit* hervor. Ein Korrelat davon ist die Funktion des normativen K.s, zunächst im Judentum, dann analog dazu im Christentum. Eine feste Liste oder Sammlung bestätigt ihre eigene Stabilität in der sie jeweils anerkennenden Glaubensgemeinschaft (Einheitlichkeit), ist aber gerade wegen der permanenten Gültigkeit nicht a-historischen Charakters, sondern dauerhaft mit immer neuen Sinnpotentialen in neuen Kontexten anwendbar (Diversität).

Demgemäß haben sich zwei Annäherungen entwickelt, die jeweils die eine oder die andere Perspektive hervorheben, beide aber durch die hermeneutischen Fragen angeregt sind, die im Zuge eines neuen Interesses an der theologischen Verwendbarkeit des →AT im Christentum entstanden.

In der einflussreichen Kanonkritik B.S. Childs' wird die Diversität der Überlieferung zugegeben, nicht aber hermeneutisch aufgearbeitet. K. bedeutet hier entweder eine Schriftensammlung, die Endgestalt jedes ihrer Bücher, oder ein hermeneutisches Konstrukt zur Gewinnung einer Theologie. Dabei ist von ‚dem' christlichen K. auszugehen, was für Childs in der protestantischen Tradition den Umfang und den Text des masoretischen Textes mitsamt dem griechischen NT bedeutet. Bei erklärtem Verständnis für andere → Traditionen ist nur die protestantische Version ‚des' K.s für Childs theologisch relevant. Die Dialektik vom atl. und ntl. Endtext ist das Bestimmende, da die →Hermeneutik auf eine christliche ‚Theologie der einen Bibel' zielt. Trotz vielerlei Kritik an seiner angeblichen Neuauflage der Theologie K. Barths und der Vernachlässigung alternativer Kanon- und Texttraditionen hat dieses Konzept eine Revolution in der angelsächsischen Theologie gebracht.

Der Kanonbegriff von J.A. Sanders geht dagegen gerade von der Schätzung einer Vielzahl von K.es aus (mehrere hebräischen und griechischen in jüdischen, katholischen, orthodoxen und protestantischen Traditionen). Anders als Childs findet er die notwendige Reaktion auf die Verfremdung zwischen historischer Kritik und kirchlicher Verkündigung in einem holistischen Ansatz, der die Beziehung zu den Glaubensgemeinschaften, die die K.es hervorbrachten und verwenden, ins Auge fassen. Arbeit am K. respektiert die Kontinuität zwischen den Redaktions- und kanonisierten Stadien: Die →Tora sei der grundlegende K., der immer neu ausgebaut wurde, während Propheten und Weisheit nach-exilische Perspektiven zum →Verstehen der früheren Kanonstadien unter neuen Umständen darstellten. Daher verwendet Sanders gern historisch-kritische →Methoden, aber mit Betonung der Anpassungsfähigkeit des K.s in späteren Glaubensgesellschaften. Obwohl nicht weniger theologisch ausgerichtet als Childs, fehlt Sanders eine größere Umsetzung seiner Ideen. Allmählich hat sich eine hermeneutische Orientierung am K. auch in Europa durchgesetzt. Dabei orientiert sich die These einer ‚doppelten Hermeneutik' des AT (C. Dohmen) an den jüdischen und christlichen K.es.

Da es nie einen Endtext des hebräischen AT, noch weniger des Masoretischen Textes zusammen mit dem griechischen NT gegeben hat, ist der hermeneutische Umgang mit der unverzichtbaren Kategorie ‚K.' als intertextuelle →Interpretation von →Texten zu entwickeln, wobei die Liste der Intertexte von der jeweiligen Glaubensgemeinschaft bestimmt wird.

BIBLIOGRAPHIE: J. Barr, The concept of biblical theology, Minneapolis 1999. – B.S. Childs, Die Theologie der einen Bibel, 2 Bde., Freiburg 1994. 1996. – C. Dohmen/G. Stemberger, Hermeneutik der Jüdischen Bibel und des Alten Testaments, Stuttgart 1996. – R. Rendtorff, Kanon und Theologie, Neukirchen 1991. – J.A. Sanders, Torah and canon, Philadelphia 1972. – M.A. Sweeney, Canonical criticism, in: S.E. Porter (Hg.), Dictionary of biblical criticism and interpretation, New York 2007, 46–49.

James Alfred Loader

II. Neutestamentlich

Der Verwendung des Begriffs ‚K.' für die Sammlung der biblischen Schriften ist die Frage nach seiner →Bedeutung vorauszuschicken. Die ursprüngliche griechische Wortbedeutung lautet ‚Meßlatte, Richtschnur, Maßstab, Norm, Regel'. In den ersten christlichen Jahrhunderten gibt es nur die Verwendung in Begriffen wie ‚Glaubensregel', ‚Regel der Wahrheit' zur Kennzeichnung der inhaltlichen Norm christlichen Glaubens und christlicher Verkündigung. Erst im 4. Jh. wird der Begriff im Blick auf die →Heilige Schrift angewandt. Dabei ist anfangs noch die Frage, ob mit den ‚kanonisierten' Büchern (Athanasius) eher an die ‚Liste' gedacht ist, die Schriften verbindlich enthält, oder an die Norm, die diese Schriftensammlung für die Kirche bedeutet.

Für die Kanonizität, also die Zugehörigkeit zur verbindlichen Sammlung ntl. Schriften, haben sich im frühen Christentum vier Kriterien herausgebildet: (1) die Apostolizität, also die Zurückführung der einzelnen Schriften auf die Zeit der Apostel (→Apostel oder Apostelschüler als Verfasser), und damit die größtmögliche Authentizität; (2) die Orthodoxie (Rechtgläubigkeit), also die Übereinstimmung mit der in der Kirche überlieferten und anerkannten Glaubenstradition; (3) die Katholizität, also die allgemeine und universale Rezeption der Schriften in der weltweiten Kirche, dokumentiert v.a. durch den gottesdienstlichen Gebrauch (→Gottesdienst) und die Verwendung durch die Kirchenschriftsteller; (4) die →Inspiration, also die Abfassung der Schriften durch geisterfüllte Menschen bzw. – allgemeiner formuliert – das Wirken des Geistes bei der Abfassung der Schriften. Keines dieser Kriterien hat allein exklusive Bedeutung, auch sind daraus erst allmählich dogmatische Kriterien geworden.

Beginnend mit Humanismus und Reformation brachte die Neuzeit grundlegende Anfragen an die Gültigkeit der traditionellen Kanonkriterien und in der Folge die Anfrage an die Geltung des biblischen K.s überhaupt. Hatte schon Luther für den Jak die Apostolizität und Orthodoxie (Rechtfertigungslehre!) in Frage gestellt, so wurde die grundsätzliche Kritik gegenüber der Geltung des K.s von dem Aufklärungstheologen J.S. Semler formuliert: Indem die generelle Identifizierung der Heiligen Schrift (→Bibel, K.) als →Wort Gottes in Frage gestellt wird, wird zugleich die Inspirationslehre (zumal als Verbalinspiration) aufgelöst. Auch die Katholizität wird problematisiert, wenn Semler aus historischen Gründen die Einheitlichkeit des K.s nicht gegeben sieht. Die bei Semler ansetzende historische →Kritik in der Bibelauslegung stellt zunehmend die apostolische Verfasserschaft einzelner ntl. Schriften in Frage und damit deren Anspruch, als kanonisch zu gelten. Werden die Kriterien für den K. derart aufgeweicht, so stellt sich zuletzt die Frage, ob zwischen den ntl. Schriften und anderen urchristlichen Schriften noch die Grenze des K.s gezogen werden kann.

Die heutige Sicht der Geltung des K.s kommt nicht ohne Modifizierung der traditionellen Kriterien aus. Neues Gewicht hat der

Aspekt der Katholizität gewonnen durch die Einsicht in die enge Verbindung von K. und Kirche: Der K. hat durch seine Rezeption zur Identitätsbildung der christlichen Kirche beigetragen und hat bleibende Funktion für deren →Identität. Für Schriftauslegung in Verbindung mit der Kirche hat der K. daher eine abgrenzende Bedeutung. Trotz historisch fraglich gewordener Apostolizität bleibt die Frage nach dem Normativ-Apostolischen relevant, weil das Zeugnis der ntl. →Autoren vom einmaligen Heilsereignis in Christus unersetzbar ist. Die Autorität der Schrift als K. ist im Anspruch des in Christus handelnden Gottes begründet, insofern sie schriftlicher Niederschlag der Autorität Gottes im mündlichen Wort ist.

BIBLIOGRAPHIE: J.-M. Auwers/H.J. de Jonge (Hgg.), The biblical canons, Leuven 2002. – I. Baldermann et al. (Hgg.), Zum Problem des biblischen Kanons, JBTh 3, Neukirchen-Vluyn 1988. – J. Barton/M. Wolter (Hgg.), Die Einheit der Schrift und die Vielfalt des Kanons, Berlin 2003. – W. Pannenberg/T. Schneider (Hgg.), Verbindliches Zeugnis, Bd. 1, Freiburg i. Br. 1992. – M. Wolter (Hg.), Neues Testament – Kanon, VuF 51 (2006).

Hermann von Lips

III. Kirchengeschichtlich

Der *terminus technicus* K. aus der antiken →Ästhetik ist zu einem elementaren kulturwissenschaftlichen →Paradigma für die Selektion und Konstruktion von →Tradition und kulturellen Werten sozialer Gruppen geworden. Dabei weisen die teilweise langzeitgeschichtlichen Kanonisierungsprozesse nicht nur auf die an ihnen beteiligten historischen Entitäten und Kräfte, sondern die Prozesse selbst zeigen ein eigendynamisches Spiel.

Kirchengeschichtlich wichtig ist hier eine differenzierende Perspektive: Stets laufen unterschiedliche Kanonisierungsprozesse nebeneinander, ohne voneinander absolut unabhängig zu sein. Nach dem →*Linguistic Turn* stehen im Zentrum der Fragen nach K. und Kanonizität besonders die ‚großen Erzählungen' und damit für die Kirchengeschichte die biblischen Schriften, die als die ihre Gruppe konstituierende Bibliothek gelten müssen. Dabei verbindet Kirche und Judentum die Tatsache eines K.s religiöser Schriften und trennt sie gleichzeitig von der Umwelt, ebenso trennt die beiden Großgruppen die Konstruktion eines zweiteiligen christlichen K.s zunehmend voneinander, der die ‚formative Bibliothek' der Christen mit einer Fortsetzung der ‚großen Erzählung' Israels ergänzt, die für das Judentum unannehmbar ist.

Die text- und überlieferungsgeschichtliche Fragestellung steht in einem spannungsvollen Verhältnis zu der Frage nach K. und Kanonizität. Zwar hat die Textüberlieferung grundsätzlich mit Kanonisierung zu tun, und die Zahl der Textzeugen bezieht sich auf die Hochschätzung eines Textes, doch fällt diese Perspektive nicht mit jener zusammen, wie ein Blick auf die →Überlieferung der außerbiblischen christlichen →Literatur zeigt, besonders auf →Texte der →Liturgie und Hagiologie. Die beste Überlieferung von Texten ist keine Abbildung der Kanonizität. Eine eigene Gruppe stellen Schriften dar, die eine besondere gruppenspezifische →Bedeutung etwa für die intellektuelle Formierung oder die Frömmigkeit einer Gruppe haben (Ordensgemeinschaften, Schulzusammenhänge, Pietismus).

Die kirchengeschichtliche Perspektive konzentriert sich auf ein Fragenbündel, das den zweiteiligen biblischen K. des Christentums betrifft. Dabei hängen viele dieser Fragen zusammen, sind aber nicht identisch:

Die Übernahme des AT: Dass für die ntl. Schriften grundsätzlich die →Septuaginta der Bezugs- und Supertext ist, hat, wie die Beispiele Marcion und A. v. Harnack, die Auseinandersetzung um das jüdische Erbe der Kirche im NS-Kirchenkampf oder die Abrogation des AT durch die koptische Kirche im Zusammenhang des Sieben-Tage-Krieges zeigen, nicht automatisch die kirchliche →Rezeption des AT zur Folge, zumal wenn nun nach dem Holokaust die theologische Sensibilität der jüdischen Bibel und der innerjüdischen Rezeption gegenüber gewachsen ist. Hier ist Kanonisierung also ein unabgeschlossener, unübersichtlicher und extrem langzeitgeschichtlicher Prozess.

Der Umfang des AT im christlichen Bereich ist bestimmt von der Septuaginta, die ihrerseits von jüdischer Seite nicht kanonisiert war, deren Umfang aber relativ feststand, deren Text jedoch Hieronymus für seine lateinische Bibelübersetzung (→Vulgata) zu Gunsten des hebräischen Urtexts relativierte. Der Umfang des AT wird in der Frühneuzeit auch konfessionstrennend, als das Tridentinum ihn und mit ihm zugleich die lateinische Vulgata zur Norm erhebt. Die Protestanten legen – z. T. in den Bekenntnisschriften, besonders den reformierten – den Umfang der hebräischen Bibel als kanonisch fest.

Die Übernahme des NT und sein Umfang: Obwohl in der Zeit der Entstehung des NT der biblische K. relativ feststeht (s. o.) und bei den Apologeten (Justin) die ntl. Schriften bezüglich ihrer Dignität deutlich niedriger eingestuft werden und erst gegen 200 zur ‚neuen Bibel' zusammenwachsen, bilden christliche Gruppen neben und in Verbindung mit ihrem Bekenntnis die Selbstidentifikation und -konstruktion formierende Bibliotheken, deren Überlieferung wiederum durch die Aufnahme oder das Ausscheiden aus dem großkirchlichen Kanonisierungsprozess beeinflusst ist. Die hier vorgenommene Selektionierung, – das Bild von den erodierenden Rändern eines feststehenden Kernes dürfte unzutreffend und zu stark von einem kirchlichen Geschichtsdenken bestimmt sein – scheidet viele Texte nicht nur als →apokryph aus und weist ihnen im positiven Fall eine erbauliche Rolle zu, sondern gibt ihnen eine – für die Textüberlieferung teilweise fatale – Beurteilung als häretisch, was wiederum auch die Gruppen, die diese Texte pflegen, in eine größere Isolation und Esoterik treibt. Der Selektionsprozess setzt etwa mit Irenäus im 2. Jh. ein und bedient sich v. a. der sog. Kanonverzeichnisse, die sich seit dem 4. Jh. mit dem Canon Muratori (Spätdatierung) und besonders dem 39. Osterfestbrief des Athanasius durchzusetzen beginnen, wobei aber etwa die Offb noch längere Zeit umstritten bleibt.

In der Gegenwart findet sich eine gegenläufige Tendenz, die einerseits im →*Canonical Approach* auf einen einteiligen Gesamtkanon zurückgehen, andererseits in den ausgeschiedenen Überlieferungen wichtige Ergänzungen des großkirchlichen K.s finden will (→feministische Bibelhermeneutik; Esoterik).

BIBLIOGRAPHIE: I. Baldermann et al. (Hgg.), Zum Problem des biblischen Kanons, JBTh 3, Neukirchen-Vluyn 1988. – M.W. Holmes, The biblical canon, in: S. Ashbrook Harvey/D.G. Hunter, The Oxford handbook of early Christian studies, Oxford 2008, 406–426. – C. Markschies, Kaiserzeitliche christliche Theologie und ihre Institutionen, Tübingen 2007. – A. Sand/A. Ziegenaus, Kanon 1–2, in: HDG 1, Fasz. 3a. b, Freiburg 1974. 1990.

Wolfgang Wischmeyer

IV. Systematisch-theologisch

Mit K. ist ein fest umrissener Bestand an normativ verbindlichen →Texten von höchster Autorität gemeint. Dieser Begriff des K.s ist das Resultat der Aufnahme des antiken Kanonbegriffs (‚Richtschnur, Maßstab, Norm') durch die christliche Theologie. Zu dem K. darf, wie es in der klassischen Formulierung des 39. Osterfestbriefs von Athanasius (367 n. Chr.) heißt, nichts hinzugefügt, nichts weggelassen und nichts verändert werden. Die Schriftlehre der altprotestantischen Theologie verstand unter den *libri canonici* die von Gott inspirierten Schriften des →AT und →NT (→Inspiration), die als Norm und Richtschnur des Glaubens gelten. Dieser Begriff des K.s wurde infolge der Anwendung der historischen →Kritik auf die biblischen Schriften in der Aufklärung aufgelöst. Während die Theologie des 19. und 20. Jh.s die historische Genese des K.s rekonstruierte und nach dem K. im K. fragte, hat die Kanondiskussion in den letzten Jahrzehnten neue Impulse erhalten. Durch den →*Cultural Turn* in den Geisteswissenschaften wurde dem Übergang von oralen zu skripturalen Kulturen eine neue Aufmerksamkeit zuteil, und mit der im Zusammenhang mit dem →*Canonical Approach* stehenden neueren atl. und ntl. →Exegese avancierte der biblische K. zum methodischen Ausgangspunkt einer biblischen Theologie. In kulturwissenschaftlicher Perspektive kommt kanonischen Texten die Funktion zu, die Identität einer Gemeinschaft zu sichern. Der K. fungiert gleichsam als ein kulturelles →Gedächtnis. K.es existieren in verschiedenen Religionen. Sie bestimmen die →Identität von kulturellen Gruppen durch eine Restriktion, nämlich die Unterbindung der Fortschreibung von →Texten. Die Reproduktion der →Tradition ist im Horizont eines K.s durch eine Zäsur vermittelt, nämlich den Abschluss der Textproduktion. Dadurch wird ein veränderter Umgang mit den Texten freigesetzt. Kanonische Texte müssen angesichts sich ändernder gesellschaftlicher → Kontexte interpretiert werden. Ein K. entsteht in einer Zeit der Krise, also dann, wenn die Identität von Gruppen durch äußere oder innere Pluralität gefährdet ist. So war es im Judentum, als der K. als Kompensation des Verlusts des Tempels geschaffen wurde, oder im frühen Christentum. Angesichts steigender gesellschaftlicher Komplexität antwortet der K. auf die Frage „Wonach sollen wir uns richten?" (J. Assmann). Die Stiftung kultureller →Identität sowie die Vermittlung von individueller und kollektiver Identität als wesentliche Aspekte des K.s werden auch von der neueren atl. und ntl. Kanonforschung betont. Sie unterscheidet methodisch zwischen einem kanonischen Prozess und der Kanonisierung als den beiden Elementen der Entstehung eines K.s. Für die Kanonizität von Texten ist der Akt der Schließung grundlegend. Durch ihn wird die Grenze zwischen dem Eigenen und dem Fremden gezogen. Ein K. ist in jedem Fall das Resultat eines kulturellen und religiösen Selektionsprozesses, in dem bestimmte Texte ausgewählt und andere verworfen werden. Die Texte, die verworfen werden, gelten als →apokryph. Sie sind zwar nützlich zu lesen (M. Luther), doch ohne die Verbindlichkeit des K.s. Der K. markiert jedoch nicht nur die Unterscheidung von Eigenem und Fremdem durch eine Grenzziehung, sondern er konstituiert durch diese Unterscheidung auch das, was als falsch oder häretisch zu gelten hat. K. und Häresie bedingen sich wechselseitig. Die Schaffung des christlichen K.s bedeutete das Ende des Urchristentums und darf als Bekenntnis der alten Kirche zur inneren Pluralität des Urchristentums gelten (G. Theißen). Gerade die innere Pluralität der frühchristlichen Schriften setzte in den unterschiedlichen Milieus einen Rezeptionsprozess frei, ohne den das Christentum nicht das geworden wäre, was es heute ist.

Bibliographie: J. Assmann, Das kulturelle Gedächtnis, München 1992. – A. Assmann/J. Assmann (Hgg.), Kanon und Zensur, München 1987. – I. Baldermann et al. (Hgg.), Zum Problem des biblischen Kanons, JBTh 3, Neukirchen-Vluyn 1988. – C. Dohmen/M. Oeming, Biblischer Kanon, warum und wozu?, Freiburg i. Br. u. a. 1992. – G. Theißen, Die Religion der ersten Christen, Gütersloh [4]2008.

Christian Danz

V. Judaistisch

Das Judentum kennt keinen ‚K.', aber eine dreiteilige Einheit von 24 Schriften (→Bibel): (1) *Tora* (Pentateuch), (2) *Nevi'im* (Propheten) und (3) *Ketuvim* (Schriften), zusammen abgekürzt *TN"K* (→Tanach). Sie ergab sich nach langen, mehrlinigen Prozessen im 4. Jh. n. Chr., zur Zeit der kirchlichen Kanondefinition, die aber eine umfangreichere und teilweise abweichende hellenistisch-jüdische Sammlung (→Septuaginta) voraussetzt.

‚Tora (des Mose) und Propheten' bilden eine offenbarungstheologisch begründete Einheit, so seit dem 3. Jh. v. Chr. nachweisbar und noch in ntl. Zeit meistens so zitiert.

(1) Als absolut verbindliche, direkte →Offenbarung gilt nur die →Tora. Schon Philo und Josephus zitierten aber nur mehr Gesetze des Pentateuch, der nach 70 n. Chr. im rabbinischen Judentum als ‚Schriftliche Tora' bezeichnet und durch die weit umfangreichere und für die tägliche Praxis wichtigere, ebenfalls auf direkte Offenbarung an Mose zurückgeführte, außerbiblische ‚Mündliche Tora' ergänzt wurde.

(2) Die ‚Propheten' (‚Frühe Propheten': Jos bis 2 Kön; ‚Spätere Propheten': die Prophetenbücher) gelten als vermittelt offenbart bzw. als inspiriert (→Inspiration) und als deutungsbedürftig (vgl. *Pesher* in Qumrantexten). Dazu gehören auch die ‚Psalmen Davids' (11Q5 Kol. 27,2–11; vgl. J. Maier, Die Qumran-Essener: Die Texte vom Toten Meer 3, München/Basel 1995), rabbinisch (und christlich) auf den heutigen Psalter reduziert.

(3) Die Autorität der ‚(übrigen) Schriften' war und blieb davon deutlich abgesetzt. Ihre Zahl blieb lang offen, und in Bezug auf Koh, Hld und Est gab es bis zuletzt Bedenken. Der (griechische) Sirachprolog spricht zwar (gegen 100 v. Chr.) von ‚Gesetz und Propheten und anderen väterlichen Schriften', aber als der

Grundlage der Bildung eines Schreibers, als dem literarischen Erbe insgesamt.

Flavius Josephus (gegen 100 n.Chr.) spricht in *Ap.* 1,37–43 von 22 exakt überlieferten Schriften, deren jüngste aus der Generation der Exulanten von 586 v.Chr. (bis Artaxerxes I.) stammen: fünf von Mose, 13 (vgl. *AJ* 10,35) Prophetenbücher, vier mit Hymnen und Lebensregeln, was dem späteren rabbinischem *TN"K* noch nicht voll entspricht. Spätere Schriften seien nicht mehr gleichermaßen verlässlich.

Als ‚heilig' galten ursprünglich Schriftrollen des Heiligtums (*kitve ha-qodesh*). Im Griechischen gebrauchte man aber →‚heilige Schriften/→Bücher' für eine bestimmte Auswahl von Texten (J. *Ap.* 1,54; *AJ* 10,210; 13,167; 20,264).

Als heilig und daher als ‚Schriften, die die Hände verunreinigen', gelten die für die synagogale →Lesung aus ‚Tora' und ‚Propheten' tauglichen, nach rabbinischen Schreibvorschriften angefertigten Schriftrollen. Sie erfordern zu ihrer Handhabung eine rituelle Händewaschung. Abgesehen von Material (Ledersorte, Tintenart), Format, Sprache (Hebräisch) und Schrift (‚assyrisch', d.h. Quadratschrift) wurde (durch rigorose Begrenzung der tolerierbaren Schreibfehler) auch die Textgestalt (protomasoretisch, masoretisch) zu einem Kriterium (→Textkritik). Infolge der für die Lesung nötigen Standardisierung der Aussprache gewann die Textgestalt weiter an Bedeutung, vollends in Parallele zur islamischen →Koran-Textpflege.

Die rabbinische Ausweitung des Ausdrucks ‚Schriften der Heiligkeit' auf Hagiographen und alle biblischen Texte bewirkte eine entsprechende Verallgemeinerung des Ausdrucks ‚Schriften, die die Hände verunreinigen', so dass er in solchen Kontexten nur mehr die Zugehörigkeit zum *TN"K* anzeigt.

4 Es 14 (gegen 100 n.Chr.) unterscheidet 24 publizierte Schriften von 70 anderen, die Gelehrten vorbehalten bleiben. Vom rabbinischen Standesinteresse geleitet war die Tendenz, die Zahl der zur Lektüre empfohlenen Bücher auf 24 (bBB 14b–15a) zu begrenzen, damit die Laien ihre freie Zeit in Synagoge und Lehrhaus verbringen (tShab XIII,1; yShab XVI,2 15c; PesR III; KohR XII,12).

BIBLIOGRAPHIE: J.M. Auwers/H.J. de Jonge (Hgg.), The biblical canons, Leuven 2003, 39–55. – M. Finkelberg et al. (Hgg.), Homer, the Bible, and beyond, Leiden 2003, 29–51. – P.W. Flint (Hg.), The Bible at Qumran, Grand Rapids 2001. – C. Helmer et al. (Hgg.), One Scripture or many?, Oxford 2004. – S.Z. Leiman, The canonization of Hebrew Scripture, Hamden 1976. – L.M. McDonald/J.A. Sanders (Hgg.), The Canon debate, Peabody 2002. – G. Stemberger, La formation et la conception du canon dans la pensée rabbinique, in: E. Norelli (Hg.), Recueils normatifs et canons dans l'Antiquité, Lausanne 2004, 113–131. – H.L. Strack/P. Billerbeck, Kommentar zum Neuen Testament 4, München [3]1961, 415–451.

Johann Maier

VI. Islamwissenschaftlich

Es gibt beim →Koran wenig Anzeichen für einen mit dem →NT vergleichbaren Selektionsprozess: Neben zwei kurzen, angeblich in einer frühen Koranrezension überlieferten Anrufungen und der wohl schiitischen ‚Zweilichtersure' sind keine →Texte überliefert, deren Zugehörigkeit zum koranischen Corpus einmal ernsthaft erwogen und dann verworfen worden wäre. Legt man jedoch keinen rein extensionalen Kanonbegriff zugrunde, sondern betrachtet auch die Herausbildung der für den Status eines kanonischen Textes konstitutiven liturgischen und hermeneutischen Gebrauchsweisen, so ist die Kanonisierung des Korans als ein längerer, über die Schließung und schriftliche Fixierung des Textes hinaus andauernder Prozess zu fassen. Diskontinuitäten zwischen dem Koran und der frühen →Kommentar- und →Rechtsliteratur machen es wahrscheinlich, dass die vorrangige Verwendungsweise des Textes bis Ende des 7. Jh.s in der rituellen oder devotionalen Rezitation bestand. Zugleich sickerten einzelne koranische Begriffe und Verse auf ungesuchte Weise in volkstümliches Erzählgut ein, ohne dass es jedoch zu einer systematischen interpretativen Bearbeitung des Korans kam. Erst mit der ab Beginn des 8. Jh.s aufkommenden gezielten Befragung des Textes auf schwierige Ausdrücke, die zunächst die Gestalt kurzer Glossen zu einzelnen Versen annahm, wird der Koran von einem *rezitierten* zu einem auf systematische Weise *interpretierten* Text.

Wie das Judentum kennt auch der Islam das Phänomen fortschreitender Kanonisierung, bei dem der eigentlichen Offenbarungsurkunde (etwa der hebräischen Bibel) ein Sekundärkanon (Mischna, Talmud) zur Seite tritt. Bereits der Koran unterstreicht die allgemeine Gehorsamspflicht der Gläubigen gegenüber Muḥammad (vgl. Q 4:13 f.), dessen Handeln so zunehmend als normsetzendes Brauchtum (*sunna*) empfunden werden konnte. Während Mālik b. Anas (gest. 795) die Sunna des Propheten noch mit der etablierten Rechtspraxis Medinas identifizierte, setzte sich seit aš-Šāfiʿī (gest. 820) die Überzeugung durch, die Sunna sei durch Hadithe zu dokumentieren, d.h. durch Überlieferungen über spezifische Aussprüche und Handlungen Muḥammads, wie sie bereits seit frühislamischer Zeit tradiert und gesammelt wurden (→ Tradition). Die Sunna erhielt damit den Charakter eines neben den Koran tretenden Corpus von *Texten*. Dieses ist insbesondere für die islamische Rechtsgelehrsamkeit unverzichtbar, da sich selbst grundlegende rituelle Bestimmungen wie die Art und Weise des täglichen Gebets nicht koranimmanent herleiten lassen. Im sunnitischen Islam gelten sechs im 9. und 10. Jh. entstandene Hadith-Sammlungen als kanonisch, deren bekannteste die von al-Buḫārī (gest. 870) ist. Trotz der hohen Autorität dieser ‚sechs Bücher' ist es im Prinzip nicht das Vorhandensein einer →Überlieferung in einer dieser Sammlungen, welches deren Kanonizität garantiert, sondern die Tatsache, dass diese den von islamischen Gelehrten entwickelten Authentizitätskriterien genügt, also etwa eine lückenlose Kette (*isnād*) unbescholtener Tradenten aufweist.

Auch wenn im Islam nur der Koran als göttliche →Offenbarung gilt, so umfasst das Phänomen fortschreitender Kanonisierung doch in gewisser Hinsicht auch den prophetischen Hadith und weitere Textschichten. Die klassische Koranauslegung (*tafsīr*) tritt niemals unmittelbar dem Text gegenüber, sondern hat auf diesen nur mittels der exegetischen Tradition Zugriff; ein Exeget kann diese zwar umdeuten, harmonisieren oder verkürzen, er kann sie jedoch nicht ignorieren. In ähnlicher Weise ist auch für die islamische Rechtsliteratur der Rekurs auf frühere Schulautoritäten konstitutiv, deren Dicta und Rechtsentscheidungen somit faktisch ebenfalls quasi-kanonischen Status besitzen.

Bibliographie: N. Calder, Tafsīr from Ṭabarī to Ibn Kathīr, in: G. Hawting/A.-K. Shareef (Hgg.), Approaches to the Qurʾān, London 1993, 101–140. – A. Neuwirth, Vom Rezitationstext über die Liturgie zum Kanon, in: S. Wild (Hg.), The Qurʾan as Text, Leiden 1996, 69–105. – T. Nöldeke/F. Schwally, Geschichte des Qorāns, 2. Teil, Leipzig 1919. – W. Saleh, The formation of the classical Tafsīr tradition, Leiden 2004. – N. Sinai, Fortschreibung und Auslegung, Wiesbaden 2009. – B. Wheeler, Applying the canon in Islam, New York 1996.

Nicolai Sinai

VII. Literaturwissenschaftlich

Der Begriff ‚K.' (griech. κανών, ‚Regel, Maßstab') wird erst Ende des 18. Jh.s auf →Literatur übertragen. Als ‚K.' in diesem Sinne wird gewöhnlich ein Corpus literarischer → Texte bezeichnet, die eine Trägergruppe unterschiedlicher Größe (von einer Kultur bis zur subkulturellen Gruppierung) für wertvoll hält, die sie autorisiert und an deren →Überlieferung sie interessiert ist. Dieser sog. ‚materiale K.' wird als in sich strukturierte Größe aufgefasst, die aus einem wenig variablen ‚Kernkanon' sowie wandelbareren Rändern besteht. Verschiedene kulturelle Gruppen bilden unterschiedliche K.es aus, so dass in aller Regel nicht von ‚dem' Literaturkanon etwa einer ganzen Gesellschaft gesprochen werden kann. Als paralleles Phänomen neben dem materialen K. gilt der ‚Deutungskanon', mit dem ein Corpus von →Interpretationen bezeichnet wird, die den kanonisierten Texten bestimmte →Bedeutungen und Wertvorstellungen zuordnen (R. v. Heydebrand). Die Position eines literarischen Textes in einem K. wird als ‚Kanonstatus' oder als ‚Kanonizität' bezeichnet.

Die Frage, nach welchen Mechanismen oder Kriterien sich Kanonbildung vollzieht, ist in der Kanontheorie umstritten. Widerlegt ist die Auffassung, dass sich in einem Literaturkanon Texte allein wegen ihrer ‚zeitlosen' literarischen Qualitäten durchsetzen (vgl. B.H. Smith, J. Guillory); dagegen sprechen schon allein die Verläufe der →De- und Rekanonisierung. Vielmehr werden K.es heute als die historisch und kulturell variablen Ergebnisse komplexer Selektions- und Deutungsprozesse betrachtet, die Kanonisierungsinstanzen (Schule, Universität u. a.) zuzuschreiben sind und in denen inner- und außerliterarische Faktoren – nicht zuletzt politische Machtverhältnisse – zusammenwirken. Ob diese Prozesse eher intentional (z. B. als Durchsetzung von Machtinteressen) oder eher im Sinne von *invisible hand*-Phänomenen zu konzeptualisieren seien, ist ebenfalls umstritten. Überwiegend konsensuell dagegen werden K.es neben der Leistung, Komplexität zu reduzieren, mindestens vier Funktionen zugeschrieben, die sie für ihre Trägergruppe erfüllen. (1) Identitätsstiftung: K.es repräsentieren konstitutive Normen und Werte für ihre Bezugsgruppe; (2) Legitimationsfunktion: Sie geben der Gruppe eine legitime Basis und grenzen sie gegen andere ab; (3) Handlungsorientierung: Sie kodieren ästhetische und moralische Normen sowie Verhaltensregeln; (4) Kommunikative Funktion: Sie sichern →Kommunikation über gemeinsame, allen bekannte Gegenstände. Je homogener eine Gesellschaft, desto wahrscheinlicher ist es, dass es nur wenige K.es gibt. Typisch für moderne differenzierte Gesellschaften ist dagegen die Kanonpluralität: K.es, die die Selbstdarstellungs- und Legitimationsbedürfnisse unterschiedlicher Trägergruppen erfüllen, stehen neben- und gegeneinander.

Bis in die 1960er Jahre dominierte in Deutschland der K. der bildungsbürgerlichen Elite, der weitgehend mit dem akademischen identisch war. Zu ihm zählen nationalsprachliche Werke und Autoren sowie die – aus abendländischer Sicht – ‚größten' Werke der ‚Weltliteratur'. Das sind in der Regel die literarischen Texte, auf die sich →Autoren immer wieder bezogen haben, die über längere Zeit in der öffentlichen bzw. akademischen Kommunikation präsent und deren Ausgaben kontinuierlich lieferbar sind. Seit den 1970er Jahren wurde dieser K. im Zeichen der →Ideologiekritik und der Sozialgeschichte der Literatur v. a. wegen seiner normativen Ausschlussfunktion (z. B. in Bezug auf populäre Autoren und Genres) als zu eng kritisiert. Noch konsequenter wurde er im Kontext feministischer Forschung (→feministische Bibelhermeneutik) seit den 1980er Jahren und nachfolgend aus Sicht postkolonialer Literaturforschung (→Postkolonialismus) in Frage gestellt. Angegriffen wurden v. a. sein Status als Machtinstrument der ‚repräsentativen' gesellschaftlichen Gruppe der männlichen weißen Autoren und seine systematische Ausgrenzung bzw. Abwertung der Texte und Traditionen kultureller ‚Randgruppen', z. B. der Frauen und ethnischer Minderheiten. In Reaktion auf diesen K. wurden entweder Gegenkanones der unterdrückten Gruppen gefordert, oder man plädierte, mit Bezug auf die radikalere poststrukturalistische →Kritik am Konzept der Repräsentativität generell, für den grundsätzlichen Verzicht auf literarische K.es. Umstritten ist, ob ein solcher Verzicht sinnvoll und überhaupt möglich ist: Zumindest in literarischen Institutionen scheinen K.es unvermeidbar zu sein, und auch Kritiker des Kanonkonzepts tragen mit ihren Akten der Auswahl und Wertung literarischer Texte zu deren Kanonizität bei.

Bibliographie: A. Assmann/J. Assmann (Hgg.), Kanon und Zensur, München 1987. – J. Guillory, Cultural capital, Chicago/London 1993. – L. Herrmann, Kanon als System, in: L. Ehrlich et al. (Hgg.), Die Bildung des Kanons, Köln u. a. 2007, 21–42. – R. v. Heydebrand (Hg.), Kanon – Macht – Kultur, Stuttgart 1998. – Dies./S. Winko, Geschlechterdifferenz und literarischer Kanon, in: Internationales Archiv für Sozialgeschichte der deutschen Literatur 12/2 (1994), 96–172. – H. Korte/H.L. Arnold (Hgg.), Literarische Kanonbildung, München 2002. – H.-J. Lüsebrinck/G. Berger, Kanonbildung in systematischer Sicht, in: G. Berger (Hg.), Literarische Kanonbildung in der Romania, Rheinfelden [3]1987, 3–32. – B.H. Smith, Contingencies of value, Cambridge/London 1988.

Simone Winko

Kanongeschichte

I. Alttestamentlich

Die K. beginnt nicht mit der Zusammenstellung einer Schriftensammlung nach bestimmten Kriterien, sondern der →Kanon ist als Glaubenszeugnis einer Gemeinschaft gewachsen. Dieses Wachstum mündete in einen Prozess der Abschließung von Schriftensammlungen, aus denen sich die verschiedenen Kanonformationen bilden konnten. Die ersten

Anfänge eines (atl.) Kanons sind in der zweiteiligen Büchersammlung (‚Tora-Propheten-Schrift‘) im 4. Jh. v. Chr. greifbar. Diese ist durch die Hervorhebung der ersten fünf Bücher Mose als →Tora entstanden. Die zuvor damit verbundenen →Schriften (Jos-2 Kön) blieben folglich als eigene Gruppe zurück. Die →Texte der Schnittstelle (Dtn 34/Jos 1) markieren bereits die innere Relation der beiden Corpora, indem der Vorrang der Tora betont und die Anerkennung der ‚Propheten‘ bestätigt wird. Das Anwachsen der ‚Schriftprophetie‘ führt in der zweiten Hälfte des 3. Jh.s v. Chr. zur großen Sammlung ‚Propheten (*Neviim*)‘ aus Jos–2 Kön und Jes/Jer/Ez/XII-Propheten. Durch Hinweise auf die Buchgruppen, wie sie sich z. B. im Sir-Prolog, in 4Q397 (vgl. J. Maier, Die Qumran-Essener: Die Texte vom Toten Meer 2, München/Basel 1995, 361 ff.) oder Lk 24,27 finden, wird deutlich, dass weitere Schriften im Zusammenhang mit der Tora-Propheten-Schrift gesammelt wurden. Über unterschiedliche Stufen der Zusammenfassung wurde auch diese Teil des verbindlichen Glaubenszeugnisses: entweder in der Form eines neuen, dritten Teils wie in den ‚Schriften (*Ketuvim*)‘ der Hebräischen →Bibel (→Tanach) oder durch Einfügung in die ‚Propheten‘ wie in der →Septuaginta. Letztere ist die Form der einen und einzigen →Heiligen Schrift des Christentums für die ersten zwei Jahrhunderte. Die auch aus ntl. Schriften bekannte Bezeichnung ‚Mose/Gesetz und Propheten‘ deutet auf diese zweiteilige Schrift hin, in deren zweitem Teil (Propheten) aber schon weitere Schriften (bes. →Psalmen und Weisheitsbücher) – vorwiegend vor der Schriftprophetie – zu finden sind. Josephus begrenzte den Kanon auf 22 Schriften (*Ap.* 1,8).

Diese Kanonformation der Bibel Israels wurde schließlich Grundlage des christlichen →AT, das daraus entstanden ist, dass die Kirche als Reaktion auf Marcions Vorschlag, die Bibel Israels durch eine Heilige Schrift aus ausschließlich christlichen Schriften (Lk und 10 Paulus-Briefe) zu ersetzen, die eine Heilige Schrift in zwei Teilen (AT-NT) hervorgebracht hat. Dabei wird die interne Teilung (Tora-Propheten) zugunsten der neuen (AT-NT) aufgegeben. An dieser atl. Kanonformation hat man festgehalten, selbst wenn man nachträglich einzelne Schriften für nicht kanonisch erachtet hat (so z. B. M. Luther, der zwar nur ‚hebräische Bücher‘ für kanonisch hielt, aber trotzdem die Kanonordnung der Septuaginta beibehielt).

Bibliographie: J.-M. Auwers/H.J. Jonge (Hgg.), The biblical canons, Leuven 2003. – P. Brandt, Endgestalten des Kanons, Berlin/Wien 2001. – S.B. Chapman, The law and the prophets, Tübingen 2000. – C. Dohmen, Der Kanon des Alten Testaments, in: I.Z. Dimitrov et al. (Hgg.), Das Alte Testament als christliche Bibel in orthodoxer und westlicher Sicht, Tübingen 2004, 277–297. – Ders./ G. Stemberger, Hermeneutik der Jüdischen Bibel und des Alten Testaments, Stuttgart 1996. – C. Theobald (Hg.), Le canon des Écritures, Paris 1990.

Christoph Dohmen

II. Neutestamentlich

Dass ein →NT als (kanonische) →Schrift entstand, hatte die Selbstverständlichkeit zur Voraussetzung, dass die ersten Christen eine ‚Schrift‘ besaßen, das spätere →AT. War zunächst neben der bisherigen ‚Schrift‘ die mündliche Jesusüberlieferung die neue Autorität, so wurde diese dann in den →Evangelien verschriftlicht (um 70–100 n. Chr.), und es trat daneben die Sammlung apostolischer Schriften: um 100 n. Chr. die Sammlung der in den 50er Jahren entstandenen Paulusbriefe sowie der deuteropaulinischen →Briefe (ca. 70–110 n. Chr.), dazu noch weitere einzelnen →Aposteln zugeschriebene Briefe, schließlich die Offb und die Apg.

Wesentliche Anstöße zu einer Kanonentwicklung im Sinne einer Abgrenzung anerkannter Schriften ergeben sich im 2. Jh., wobei aber für uns vieles im Dunkeln liegt. Greifbar ist der →Kanon Marcions, der zweiteilig aus einem gekürzten Lk und zehn Paulusbriefen besteht. Dazu kommt im 2. Jh. der mehrfache Verweis auf ‚ntl.‘ Schriften als ‚Schrift‘ (o. ä.). Eine gewisse Abgrenzung wird um 200 n. Chr. sichtbar: Zeugnisse dafür sind Irenäus von Lyon, Clemens Alexandrinus, Tertullian und der Canon Muratori. Einerseits kommt es zu einer Benennung solcher Schriften, die weitgehend anerkannt sind. Andererseits existiert eine Vielfalt anderer urchristlicher Schriften, die keine Anerkennung fanden und als apokryph gelten (→ Apokryphen).

Das 3. und 4. Jh. ist von einer verstärkten Diskussion um Anerkennung und Ablehnung einzelner noch strittiger Schriften gekennzeichnet. Bei Origenes und Euseb zeigt sich das klare Bemühen, zwischen allgemein anerkannten und eindeutig abzulehnenden Schriften zu trennen. Dazwischen bleibt die Gruppe der noch in der Diskussion befindlichen Schriften: fünf der katholischen Briefe (2 Petr, 2–3 Joh, Jak, Jud), Hebr und Offb.

Zuerst ist der endgültige Umfang des NT im 39. Osterfestbrief des Bischofs Athanasius von Alexandrien fassbar (367). Westliche Synoden zu Ende des 4. und am Beginn des 5. Jh.s bestätigen diesen Umfang, die endgültige Festlegung bringt erst das Konzil von Trient (1546). In der griechischen Kirche fällt die erste Entscheidung auf der Synode von Laodicea (363), auf die später wieder Bezug genommen wird, wobei Unsicherheiten über die Offb bleiben. Sonderentwicklungen gibt es in den orientalischen Kirchen. Nach kritischen Anfragen seitens der Humanisten und vor allem der Reformatoren kam es mit der Aufklärung und der folgenden historisch-kritischen →Exegese zur grundsätzlichen →Kritik am Kanon nach Umfang und Autoritätsanspruch. Die Entstehung weltweit wirksamer Bibelanstalten und die ökumenische Bewegung des 20. Jh.s führten wieder zu einer Bestätigung des ntl. Kanons in seinem bekannten Umfang.

BIBLIOGRAPHIE: H. v. Campenhausen, Die Entstehung der christlichen Bibel, Tübingen 1968. – H.Y. Gamble, The New Testament canon, Philadelphia [2]1992. – H. v. Lips, Der neutestamentliche Kanon, Zürich 2004. – B.M. Metzger, Der Kanon des Neuen Testaments, Düsseldorf 1993. – A. Sand, Kanon, Freiburg i.Br. u.a. 1974. – A. Ziegenaus, Kanon, Freiburg i.Br. u.a. 1990.

Hermann von Lips

III. Kirchengeschichtlich

Die Herausbildung eines kirchlichen →Kanons wurde durch den Gnostiker Marcion beschleunigt. Er stellte als erster um 140 einen biblischen Kanon auf, in dem er das → AT ausschloss und das →NT auf Lk und 10 → Briefe des Paulus reduzierte und von dem ‚reinigte', was er für sekundäre judaistische Hinzufügungen hielt. Erst in Abgrenzung gegen diesen Kanon „erkannte die Kirche, welch ein Erbe sie in den apostolischen Schriften hatte" (B. Metzger, 103). Ihre normativen Kriterien sind die Apostolizität, die Übereinstimmung mit der *regula veritatis/fidei* (Irenäus/Tertullian) sowie der Grad der Verbreitung in den Gemeinden. Um 150 bezeugt Justin als erster die gottesdienstliche Verwendung der →Evangelien (*1 apol.* 67,3). Im Canon Muratori (um 200), der ältesten erhaltenen Liste der kanonischen Bücher, fehlen Hebr, Jak, 1–2 Petr, 3 (?) Joh. Eine spezielle Klassifizierung der Kriterien, die sich weitgehend an dem Gebrauch der Gemeinden orientierte, nahm Origenes (um 250) vor, indem er zwischen anerkannten (*Homologumena* = 4 Evangelien, 13 Paulusbriefe, 1 Petr, 1 Joh, Apg, Offb), umstrittenen (*Amphiballomena* = 2 Petr, 2–3 Joh, Jak, Jud, Hebr) und falschen (gnostischen) Schriften unterschied.

Schon kurz vor der Fixierung des Kanons (367) im 39. Osterfestbrief des Athanasius (hebräischer Kanon des AT und 27 Bücher des NT) hatte das Konzil von Laodicäa (um 364) ausdrücklich betont, dass in der Kirche nur die kanonischen →Bücher der →Bibel (can. 60) gelesen werden sollen (can. 59). Die Geltung einzelner biblischer Bücher stand jedoch in den verschiedenen Kirchen des Ostens (z.B. die deuterokanonischen Schriften der → Septuaginta und die Offb) und Westens (z.B. der Hebr) zunächst noch in Frage. Im Tridentinum (1546) legte die römische Kirche ihren Kanon unter Einschluss der deuterokanonischen Schriften des AT endgültig fest. M. Luther galten die nicht zum hebräischen Kanon gehörenden Schriften des AT (in der Lutherbibel als Anhang) sowie Hebr, Jak, Jud und Offb als zweitrangig. Für ihn war „der rechte Prüfstein, alle Bücher zu beurteilen, wenn man siehet, ob sie Christum treiben oder nicht" (WA DB 7, 384). Damit wird der Kanon nicht nur als →Kontext, sondern auch als Intertext zur Norm eines jeden einzelnen biblischen Textes. Kritiker sagen heute: Die Bedeutung eines Textes „befindet sich überhaupt nicht ‚in' dem Text und der Kanon der Schrift ist nur einer von vielen möglichen Intertexten" (S. Alkier/R.B. Hays, 175). Wiederum suchen andere einen neuen ‚kanonischen' Zugang zur Bibel, mit dem Ziel, den Bibelkanon als den ersten Kontext in seiner Einheit und Ganzheit zur Geltung zu bringen.

BIBLIOGRAPHIE: S. Alkier/R.B. Hays (Hgg.), Die Bibel im Dialog der Schriften, Tübingen/Basel 2005. – J.-M. Auwers/H.J. de Jonge (Hgg.), The biblical canons, Leuven 2003. – H. v. Campenhausen, Die Entstehung der christlichen Bibel, Tübingen 1968. – H. Karpp, Schrift, Geist und Wort Gottes, Darmstadt 1992. – B. Metzger, Der Kanon des Neuen Testaments, Düsseldorf 1993. – O. Wischmeyer, Hermeneutik des Neuen Testaments, Tübingen/Basel 2004.

Michael Welte

IV. Literaturwissenschaftlich

Als ‚K.' wird die historische Entwicklung literarischer →Kanones bezeichnet bzw. – nicht ganz trennscharf – das Nachzeichnen dieser Entwicklung im Rahmen der Literaturgeschichtsschreibung. ‚K.' ist als Komplementärbegriff zum Terminus ‚Kanontheorie' zu verstehen, der sich auf die Forschungen zu den generellen Mechanismen und Bedingungen sowie zum systematischen Stellenwert der Kanonbildung bezieht. Die Rekonstruktion der K. ist eine sehr komplexe Aufgabe und fordert theoretische Entscheidungen im Vorfeld. Denn weder liegen materiale Kanones als klar umgrenzte Phänomene vor, noch ist selbstverständlich, welche Faktoren in eine Erklärung historischer Kanonisierungsprozesse jeweils einbezogen werden müssen. Angesichts der Fülle potenziell relevanten Materials begrenzen sich vorliegende K.n meist auf eine nationalphilologische Perspektive, und hier v. a. auf relativ homogene Systeme etwa kleinerer Nationen (z. B. Irland) oder tendenziell geschlossener Gesellschaftsformen (z. B. DDR). Häufiger finden sich Untersuchungen zur K. einzelner →Autoren (z. B. M. Martínez, G. Willems); jedoch muss die Geschichte der meisten Kanones erst noch geschrieben werden. So werden erst heute großflächige Forschungen zu Bedingungen, Entwicklungen und Auswirkungen des Schulkanons in Deutschland durchgeführt (H. Korte). Wichtige Quellen der K. sind Literaturgeschichten, Lektürekanones und Curricula für die Schule sowie Dokumente anderer Kanonisierungsinstanzen wie Literaturkritik, Theater, Bibliotheken und Buchmarkt.

BIBLIOGRAPHIE: W. Kao, The formation of an Irish literary canon in the mid-twentieth century, Stuttgart 2007. – H. Korte, Innenansichten der Kanoninstanz Schule, in: H. Korte et al. (Hgg.), „Die Wahl der Schriftsteller ist richtig zu leiten", Frankfurt a. M. 2005, 17–111. – M. Langermann/S. Barck, „Jedes Buch ein Abenteuer", Berlin 1997. – M. Martínez, Gelungene und mißlungene Kanonisierung, in: R. v. Heydebrand (Hg.), Kanon – Macht – Kultur, Stuttgart 1998, 215–229. – G. Willems, „Ihr habt jetzt eigentlich keine Norm, die müßt ihr euch selbst geben", in: G. Kaiser/H. Macher (Hgg.), Schönheit, welche nach Wahrheit dürstet, Heidelberg 2003, 103–134.

Simone Winko

Kanonisierung →Kanongeschichte

Katechese

K. ist mündlicher Unterricht in der christlichen Lehre. Die frühen Christen bezeichnen mit griech. κατέχειν (‚berichten, mitteilen') den (Tauf-)unterricht im atl. Gesetz bzw. in kerygmatischen und ethischen Inhalten (Röm 2,18; Gal 6,6; Hebr 6,1 f.). Nach Durchsetzung der Kindertaufe (ca. 400 n. Chr.) ist K. v. a. kirchlicher Unterricht der Heranwachsenden (vgl. Augustinus, *De catechizandis rudibus*). Kerninhalte sind seit dem 4. Jh. Bekenntnis, Vaterunser und Liebesgebot, später auch Teile der →Liturgie, seit dem 13. Jh. Dekalog, Sakramente u. a. Die europäischen Reformationen intensivieren die K. in Schule, Familie und Gemeinde. Zentrales Medium der K. werden die Katechismen, die das Glaubenswissen (im Luthertum z. B.: Credo, Dekalog, Vaterunser, Taufe, Abendmahl, Beichte) erläutern. Die Druckausgaben der (sog. exponierten) Katechismen werden durch Detailfragen vermehrt; den einzelnen Sätzen werden oft passende Bibelstellen beigegeben, so dass in der Katechesepraxis auch bei der Behandlung nichtbiblischer Textstücke Bibelauslegung im Vordergrund steht. Aktive Beteiligung der Schüler wird wichtiger (Frage-Antwort-Schema). Medium der Erwachsenenkatechese sind v. a. Katechismuspredigten. Die Aufklärungstheologie, interessiert an pädagogischer Professionalisierung des Unterrichts, etabliert als eigene Wissenschaftsdisziplin die Katechetik. Ziel ist methodisch reflektierte Vermittlung des theologischen Gehalts der biblischen Texte durch Religionslehrer auf der Basis des aktuellen exegetischen Wissensstandes. Seit Ende des 18. Jh.s werden zunehmend ganze Perikopen oder freie theologische Themen Basis der K., die individuelle Religiosität thematisieren oder aber verkirchlichend wirken soll. Anfang des 20. Jh.s verliert die Bibelkatechese im Protestantismus ihre zentrale Stellung im Religionsunterricht zugunsten einer allgemeinen ‚Religionspädagogik'. Im Laufe des 20. Jh.s bilden sich v.a. vier bibeldidaktische Konzeptionen aus: kerygmatischer Ansatz (Ziel: Aneignung biblischer Sprachformen und eines damit verbundenen selbst- und kulturkritischen Selbstverständnisses); hermeneutischer Ansatz (Ziel: Verständnis biblischer →Texte als Lebenshilfe durch Einsatz textbezogener →Methoden); problemorientierter Ansatz (Ziel: Bibeltexte als Antwort auf anthropologische, soziale, politische etc. Fragen und Beitrag zu gelingendem Leben); symbol- und zeichendidaktischer Ansatz (Ziel: Bibeltexte als Ausdruck religiöser Erfahrung bzw. als Interpretationsrahmen für neue Erfahrungen).

Bibliographie: C. Bizer, Art. Katechetik, in: TRE 17 (1988), 686–710. – J. Daniélou, La catéchèse aux premiers siècles: Cours (bearb. v. R. DuCharlat), Paris 1968. – H.-J. Fraas/W. Grünberg et al., Art. Katechismus, in: TRE 17 (1988), 710–744. – D. Käbisch/J. Wischmeyer, Die Praxis akademischer Religionslehrerbildung, Tübingen 2008. – G. Theißen, Zur Bibel motivieren, Gütersloh 2003.

Johannes Wischmeyer

Kerygma

I. Neutestamentlich

Der Begriff K. ist eng mit dem Namen R. Bultmanns verbunden. Obwohl der Begriff im NT begegnet, gelangte er erst unter dem Einfluss Bultmanns zu theologischer Prominenz und wurde zu einem Schlüsselbegriff moderner protestantischer Theologie. Im Griechischen bezeichnet K. die Botschaft eines Herolds oder die Proklamation eines Ereignisses, wobei sich der Fokus sowohl auf die Tätigkeit als auch auf den Inhalt des Verkündigens richten kann. Das Nomen kommt im NT selten vor, das Verb aber begegnet häufig, und zwar in der Regel zur Bezeichnung der ‚christlichen' Verkündigung. Das Nomen erscheint schon bei Paulus in 1 Kor 2,4, wo er sein Verständnis vom Christusereignis entfaltet: Im Gegensatz zur Anhängerschaft des Apollos, der Fraktion der ‚Starken' in der Gemeinde, betont Paulus, dass sein Wort und seine Predigt (K.) ‚nicht mit überredenden Worten menschlicher Weisheit' geschahen, sondern ‚durch den Erweis des Geistes und der Kraft, damit euer Glaube nicht auf Menschenweisheit stehe, sondern auf Gottes Kraft.' Dementsprechend weist er in 1 Kor 15,14 im Zusammenhang der Auferstehungsdiskussion auf das K. als Essenz seines Glaubensverständnisses hin. In Röm 16,25 benutzt Paulus den Begriff als Kurzformel für die im Wort zugängliche Botschaft vom Heilsgeschehen Christi. Auch in der Überlieferung der Quelle Q (Mt 12,41; Lk 11,32) begegnet der Begriff, und zwar zur Bezeichnung der Umkehrpredigt des Jona. In den tritopaulinischen Briefen (2 Tim 4,17; Tit 1,3) bezeichnet der Begriff in umfassender Weise die paulinische Predigt, die ihm von Gott und Christus geschenkt wurde. In der nachntl. Zeit entwickelt sich K. zur Bezeichnung der Lehre der →Apostel, des Inhalts des christlichen Evangeliums, der apostolischen Tradition oder des Glaubens schlechthin (vgl. die Belege bei G.W.H. Lampe).

Mit Bultmann wird K. zum programmatischen Leitbegriff der Theologie. K. bezeichnet bei ihm die Botschaft, in der Jesus Christus als Gottes eschatologische Heilstat verkündigt wird. Der Glaube ist nicht an die durch historische Forschung rekonstruierbaren Fakten der Biographie Jesu gewiesen, sondern an das im K. sich durchsetzende Heilsgeschehen von Kreuz und Auferstehung, das sich bei den Glaubenden ereignet, indem sie sich dem im Wort vom Kreuz ergehenden Urteil Gottes gehorsam unterwerfen. Dadurch wird das K. zum unverfügbaren Heilsgeschehen für die Einzelnen (Kerygmatheologie).

Bibliographie: R. Bultmann, Kirche und Lehre im Neuen Testament, in: Ders., Glauben und Verstehen I, Tübingen 1933, 153–187. – Ders., Der Begriff des Wortes Gottes im Neuen Testament, in: Ders., Glauben und Verstehen I, Tübingen 1933, 268–293. – Ders., Antwort an Ernst Käsemann, in:

Ders., Glauben und Verstehen IV, Tübingen 1965, 190–198. – Ders., Theologie des Neuen Testaments, Tübingen 1953. – G.W.H. Lampe, A patristic Greek lexicon, Oxford 1961. – J.M. Robinson, Kerygma und Geschichte im Neuen Testament, in: H. Köster/J.M. Robinson, Entwicklungslinien durch die Welt des frühen Christentums, Tübingen 1971, 20–66.

Anders Klostergaard Petersen

II. Systematisch-theologisch

Anhand des Kerygmabegriffs lassen sich exegetische, systematische und praktisch-theologische Reflexionen in ein Geflecht wechselseitiger Verweisungen integrieren. Ausgehend von der Beobachtung, dass Jesu Verkündigung vom Reich Gottes und das urchristliche K. von Kreuz und Auferstehung Jesu Christi sowohl zu unterscheiden als auch aufeinander zu beziehen sind, konnte der Kerygmabegriff unter Einfluss der Formgeschichte des NT, der Lutherrenaissance, der kritischen Auseinandersetzung mit der Leben-Jesu-Forschung, der Existentialphilosophie M. Heideggers und der Dialektischen Theologie in der ersten Hälfte des 20. Jh.s seine hermeneutische Kraft entfalten. R. Bultmann hat K. als gesprochenes, machtvolles, wirksames, auf Verstehen hin angelegtes Wort aufgefasst – als ereignishafte *Anrede,* die die Hörer in eine existentielle Entscheidungssituation stellt. Im Kontext seines Programms der Entmythologisierung (→Mythos) und der →existentialen Interpretation will K. als Wort von Vergebung, Rechtfertigung und Leben dem Menschen eine Möglichkeit des Sich-Verstehens in seinem unmittelbaren Vor-Gott-Gestelltsein eröffnen, die er als neues Selbstverständnis ergreifen kann. Die Geschichte Jesu Christi vollziehe sich dabei im verkündigenden Wort immer neu, allerdings könne K., das selbst unter den Bedingungen der Geschichtlichkeit geschehe, niemals durch historische Fakten begründet oder bezeugt werden. Es verweise vielmehr auf die grundsätzliche Ungesichertheit des Glaubens, der allein auf Vertrauen in das deutende, verkündigende Wort hin gewagt werden müsse. Da Jesus Christus nach johanneischem Verständnis als Person das Wort Gottes sei, müsse inhaltlich von ihm nichts gelehrt werden als dieses reine ‚Dass' seines Gekommenseins im Sinne der eschatologischen Entscheidungssituation.

Im Gefolge Bultmanns wurde versucht, das Verhältnis von historischem Jesus und verkündigtem Christus im Spannungsfeld von Kontinuität und Diskontinuität weniger polarisiert zu erfassen. In dieser Perspektive hat G. Ebeling im Kontext von Erwägungen zur prinzipiellen Homiletik darauf hingewiesen, dass der Kerygmabegriff v.a. dann, wenn er von Bultmanns differenzierten Ausführungen zur existentialen Interpretation gelöst werde, in der Gefahr stehe, durch volltönende, christologische Wendungen die Probleme gegenwärtiger Verkündigung eher zu verstellen als hermeneutisch aufzuschließen. Ohne Verengung auf formelhaften Reduktionismus müsse die aktuale Verkündigungssituation die im urchristlichen K. verdichteten Erfahrungen verflüssigen und die lebendige Vielstimmigkeit der urchristlichen Glaubenszeugnisse auf die ebenso vielgestaltige Gegenwart hin auslegen. Im Programm des hermeneutischen Religionsunterrichtes sollte die Aufnahme von Bultmanns Kerygmatheologie den Zugang zu der kerygmatischen Intention der Texte erschließen helfen, um das Verhältnis von Glaube und Geschichte dem modernen Wahrheitsbewusstsein gemäß kritisch reflektieren zu können.

BIBLIOGRAPHIE: R. Bultmann, Neues Testament und christliche Existenz, Tübingen 2002. – G. Ebeling, Theologie und Verkündigung, Tübingen 1962. – Ders., Fundamentaltheologische Erwägungen zur Predigt, in: Ders., Wort und Glaube, Bd. 3, Tübingen 1975, 554–573. – U.H.J. Körtner (Hg.), Wort Gottes – Kerygma – Religion, Neukirchen-Vluyn 2003. – H. Stock, Studien zur Auslegung der synoptischen Evangelien im Unterricht, Gütersloh 1959.

Martina Kumlehn

Ketiv und Qere

I. Alttestamentlich

Der Begriff K. und Q. hat die Doppelbedeutung: ‚geschrieben (K.) und gelesen (Q.)' und bezeichnet eine jüdische Tradition bei der Überlieferung der Konsonanten und Vokale im hebräischen Text der Bibel. Das Phänomen K. und Q. ist für die atl. Wissenschaft nicht einfach ein textkritischer Apparat zur hebräischen Bibel, in dem falsche Lesarten identifiziert und richtige Lesarten festgehalten werden. Seine beträchtliche hermeneutische Dimension erschließt sich mit Hilfe der Entstehungstheorien. Die David Kimchi (1160–1235) zugeschriebene These, K. und Q. sei eine Sammlung *variae lectiones* aus verschiedenen Bibelmanuskripten, setzt voraus, dass Varianten nicht verloren gehen sollten. Selbst Isaak Abravanel (1437–1508), der unregelmäßige Lesarten im K. durch verständlichere Lesarten im Q. begleitet sah, schrieb den schwierigen K.-Lesungen eine tiefere Bedeutung zu. Das behauptet Jakob ben Chajjim, der sowohl K. als auch Q. für am Sinai offenbarte Wahrheit hielt, in seiner rabbinischen Bibel (1524). Dieser Auffassung wird neuerdings wieder Gewicht beigemessen (J. Weingreen).

Seit dem ausgehenden 19. Jh. wurde immer mehr eingesehen, dass die Bewahrung der K.-Formen, auch wo sie für fehlerhaft gehalten werden könnten, bedeutend ist. Einerseits geht die ‚Kollationstheorie' (G. Gerleman, A. Sperber) davon aus, dass die K. und Q.-Tradition gerade eine Sammlung von verschiedenen Lesarten beabsichtigte. Andererseits ist klar, dass Q.-Formen, die nach der ‚Emendationstheorie' K.-Formen korrigieren sollten, die schwierigen Lesarten nicht einfach ausbesserten, sondern neben den verständlicheren Q.-Formen weitergaben (vgl. J. Weingreen). Eine Synthese brachte Barr mit der Ansicht, dass das Phänomen K. und Q. primär beabsichtigt, die schwierigen K.-Formen zu bewahren, wozu die leichter verständlicheren Q.-Formen aus der schon etablierten Lesetradition als *Alternativen* verwendet wurden.

Also müssen die ‚Kollations'- und ‚Emendations'-Modelle einander keineswegs widersprechen. Eine Lesetradition (Q.) konnte nur dort entstehen, wo der geschriebene Text (K.) beim Vorlesen Sinn ergab, ohne dass man ihn ersetzen musste. Wo z.B. Euphemismen neben für zu grob gehaltenen Ausdrücken angegeben werden (wie Jes 13,16: Q. *shakhav*, ‚beischlafen' für K. *shagal*, ‚brünstig behandeln') oder Inkonsequenzen wie einmal getroffene K. und Q.-Urteile anderswo rückgängig gemacht werden (etwa Gen 39,20; Ri 17,2), ist der Vorgang nur verständlich, wenn verschiedene Möglichkeiten nebeneinander respektiert wurden. Demgemäß ist K. und Q. kein textkritisches System zum Festlegen des einzig richtigen Textes, sondern eine Einladung zum Umgang mit verschiedenen Verstehensmöglichkeiten des Textes. Das ist angesichts des bewusst polyvalenten und intertextuellen Charakters der jüdischen Bibelexegese durchaus zu erwarten.

Bibliographie: J. Barr, A new look at kethibh-qere, in: OTS 21 (1981), 19–37. – G. Gerleman, Synoptic studies in the Old Testament, Lund 1948. – R. Gordis, The biblical text in the making: a study of the kethib-qere, New York 1971. – H.M. Orlinsky, The origin of the kethib-qere system: a new approach, in: VT.S 7 (1960), 184–192. – A. Sperber, Problems of the masora, in: HUCA 17 (1942/1943), 293–394. – J. Weingreen, Introduction to the critical study of the text of the Hebrew Bible, Oxford 1982.

James Alfred Loader

II. Judaistisch

Das Oppositionspaar K. und Q. bezeichnet den Hinweis, dass ein im hebräischen Text der Bibel geschriebenes Wort anders gelesen werden muss, als der konsonantische Text vermuten lässt. Gewöhnlich zeigen das Handschriften und Druckausgaben dadurch an, dass unter dem betroffenen Wort (*ketiv*) die Vokale der neuen Lesung stehen; am Rand werden die Konsonanten ohne Vokalisierung geschrieben, darunter das üblichste Symbol, das dieses Phänomen anzeigt, ein *q*. Die im Text geschriebenen Vokale ergeben zusammen mit den Konsonanten am Rand die gelesene Form, das *qere*. Z.B. Gen 12,8: im Text stehen die Konsonanten von *oholah* und am Rand die Konsonanten, die zu *oholo* passen, darunter *q*.

Es gibt vier Arten von K. und Q.: (1) Euphemismus: Ersatz eines schlecht oder hart wirkenden Begriffs durch einen passenderen; (2) Korrektur archaischer oder grammatikalisch ungewöhnlicher Formen durch üblichere; (3) Korrektur von Fehlern oder Formen, die die Masoreten als solche ansahen, durch Metathesis, Ersetzung, Streichung oder Ergänzung von Buchstaben, Änderungen in der Wortteilung, Ersetzung eines ganzen Wortes usw.; (4) Plene oder defektive Schreibung: Durch *matres lectionis* verursachte Änderungen in der Schreibweise.

Wegen Abweichungen zwischen Handschriften und Drucken in der Angabe von K. und Q. ist es nicht möglich, anzugeben, wie viele Fälle es gibt.

Das Alter des Phänomens bezeugt die rabbinische Literatur, die einige Belege überliefert, das Q. als überlieferten Text annimmt und das K. für die Auslegung heranzieht (A. Goldberg, E. Martín Contreras).

Keine der verschiedenen Erklärungen des Phänomens kann alle Fälle erklären. Die wichtigsten Hypothesen sind: (a) Das Q. ist eine Korrektur des K., (b) Q. und K. sind Textvarianten, die auf der Kollation von Handschriften beruhen (H.M. Orlinsky), (c) die Q. sind an den Rand des Konsonantentextes gesetzte mündliche Lesetraditionen (J. Barr), (d) Q. und K. gehören zu zwei Rezensionen der *Biblia hebraica* (A. Sperber).

Q. *perpetuum*: Fälle, die nicht als Q. markiert sind; die Vokalisierung des Q. steht direkt unter dem K. Z.B. stehen unter dem Tetragramm (Gottesname) die Vokale von *adonai* oder *elohim.*

Qere we-lo ketiv (‚wird gelesen, aber nicht geschrieben'): Fälle, in denen ein nicht geschriebenes Wort gelesen werden muss. Wo das Wort im Text stehen sollte, stehen nur die Akzente und Vokale, die Konsonanten stehen am Rand. Zehn Belege, z.B. 2 Kön 19,37: das Wort *banaw* fehlt.

Ketiv we-lo qere (‚wird geschrieben, aber nicht gelesen'): Fälle, in denen ein Wort zwar im Text steht, aber nicht gelesen werden darf. Die Konsonanten sind nicht vokalisiert. Es gibt acht Belege, z.B. Jer 51,3: *ha-derekh* wird nicht gelesen.

BIBLIOGRAPHIE: J. Barr, A new look at kethibh-qere, in: OTS 21 (1981), 19–37. – A. Dotan, Art. Masorah, in: EJ 6 (1972), 1401–1482. – A. Goldberg, The rabbinic view of Scripture, in: P.R. Davis/R.T. White (Hgg.), A tribute to Geza Vermes, Sheffield 1990. – R. Gordis, The biblical text in the making: a study of the kethib-qere, New York 1971. – E. Martín Contreras, La interpretación de la creación, Navarra 2002. – H.M. Orlinsky, The origin of the kethib-qere system: a new approach, in: VT.S 7 (1959), 184–192. – A. Sperber, Problems of the masora, in: HUCA 17 (1943), 293–394.

Elvira Martín Contreras

Körper

I. Alttestamentlich

Im biblischen Hebräisch fehlt ein eigener summierender Abstraktbegriff entsprechend dem deutschen K. bzw. Leib oder dem lateinischen *corpus* bzw. dem griechischen σῶμα. Am nächsten kommt letzterem das selten und nur in späten Texten in dieser Bedeutung gebrauchte Lexem *gewiya*, das in älteren Texten indes ‚Leichnam' bedeutet (vgl. σῶμα bei Homer) und ursprünglich wohl für die Eingeweide stand. Analoges gilt für die häufiger vorkommenden Lexeme *baśar* (Fleisch), *beten* (Bauch; Mutterleib), *'etsem* (Knochen) und das Hapaxlegomenon *ul* (Wanst): Auch sie stehen gelegentlich für K. – gewissermaßen als *pars pro toto* –, freilich ohne deshalb ihren Basisaspekt zu verlieren. Im biblischen Aramäisch findet sich demgegenüber (wohl bedingt durch griechischen Kultureinfluss) ein σῶμα bzw. K. ziemlich exakt entsprechender Terminus: *geshem.*

Für Körperteile wie Herz, Leber, Nieren bzw. Augen, Ohren, Nase, Mund existieren eigene Lexeme. Sie bezeichnen indes nicht nur konkrete Teile des K.s, sie stehen vielmehr als *concretum pro abstracto* für Gefühle, Willensäußerungen u.a.m., deren Ursprung im jeweiligen Körperteil verortet wird. In Verbindung mit dem Suffix der 1. Person meinen viele von ihnen schlicht die Person, das Ich, das Selbst. Unter diesen Termini weist *nefesh* (Kehle) wohl das weiteste Bedeutungsspektrum auf: *nefesh* kann nicht nur Atem, Leben, Begehren und das Individuum, die Seele meinen, sondern auch den lebendigen K. Dementsprechend findet sich in Num 6,6 die Fügung *nefesh met* im Sinne von ‚toter K.', ‚Leichnam'. Eine Betonung der Dichotomie Leib-Seele im Sinne einer Abwertung des K.s kennt das AT nicht. Stehen *nefesh* und *baśar* im *Parallelismus membrorum* nebeneinander, liegt synonymer *Parallelismus membrorum* vor – so z.B. in Ps 63,2 oder 84,3 mit Suffix der 1. Person; in Ps 84 mit *lev* (Herz) zur Trias erweitert: Der Beter spricht verschiedene Teilaspekte an, die gemeinsam das Menschsein ausmachen, gemeint ist aber er selbst als Person. Wie wenig hebräischen Autoren an abstrakt-summierender Begrifflichkeit im Blick auf Leiblichkeit gelegen ist, lässt sich

u. a. Gen 2 entnehmen: Gott bildet Mensch und Tier aus (Staub von) Ackererde; was dabei als Zwischen-Produkt entstand, bevor dem Gebilde *neshama* (Lebensodem) eingehaucht wurde, ist nicht gesagt. Auch bei der Wiederbelebung der Gebeine in Ez 37 werden nur Einzelteile aufgezählt – ein Begriff für K. fehlt.

Bibliographie: S. Schroer/T. Staubli, Die Körpersymbolik der Bibel, Darmstadt 1998. – H.W. Wolff, Anthropologie des Alten Testaments, Gütersloh [7]2002.

Rüdiger Bartelmus

II. Neutestamentlich

Die ntl. Vorstellung vom K. ist vom monistischen Menschenbild des AT geprägt: Dem K. steht keine als göttlich gedachte seelische Größe gegenüber wie beim Leib-Seele-Dualismus im griechischen Denken (Einfluss auf Mt 10,28; Lk 12,4 feststellbar).

Das Interesse für den K. im NT wird auch dadurch verstärkt, dass die Hauptmomente des christologischen Geschehens, der Kreuzestod, die Auferstehung und die Inkarnation, im Zusammenhang mit dem K. stehen. Der K. steht für das Humanum, das die Erlösung benötigt.

Grundsätzliche Eigenschaften des K.s wie die Einheit vieler Glieder (Mt 5,29.30; Röm 12,4; 1 Kor 12,12), die Sterblichkeit (Röm 7,24) oder die Materialität werden vorausgesetzt. Hinzu kommen andere Aspekte wie die Tatsache, dass im Griechischen sowohl ‚Sklave' (Offb 18,13) als auch ‚Leiche' zur Semantik von σῶμα gehören.

Eine strukturierte Erörterung von K. und der Anthropologie im NT ist nur in den paulinischen Briefen zu finden. Paulus differenziert die zwei Bezeichnungen für K. der Antike: σάρξ und σῶμα. Unter σάρξ versteht er den aktiven Menschen, in Anlehnung an die →Septuaginta den lebendigen K. Die griechische Version behielt durch σάρξ die Charakteristik des Terminus *baśar* bei, der das durch den lebendigen Geist belebte Fleisch bezeichnet. Die Lebendigkeit der σάρξ umfasst bei Paulus nicht nur den physischen Bereich, sondern auch das Denken und Planen und ist zudem Sitz der nach antiker Sicht destruktiven Affekte. Einen Zusammenhang zwischen Sünde und Begierde sieht Paulus in Röm 7.

Das σῶμα, auch in den Paulusbriefen durch die Sklaven- und Todesmetaphorik konnotiert, bezeichnet demgegenüber den Menschen in seiner Abhängigkeit. Aufgrund dieser ontologischen Struktur wird der Mensch zum Bösen getrieben und damit zum Sklaven der Sünde. Das aktive Handeln der σάρξ wird von Paulus deshalb als destruktiv verstanden, ähnlich wie in der Affektenlehre der Antike (z. B. Cic. *Tusc.* IV,42). Die Erlösung hat eine Schlüsselfunktion für das Verständnis des K.s bei Paulus: Sie wird als Teilhabe des K.s an Tod und Auferstehung Christi verstanden. Das versklavte σῶμα wird befreit und zum konstruktiven Zusammenleben bestimmt. Die Konstruktivität entfaltet sich *ethisch* in der Vorstellung vom K. als Tempel Gottes (1 Kor 6,20; Röm 12,1), *ekklesiologisch* in der Teilnahme des Einzelnen an der christlichen Gemeinschaft, dem ‚Leib Christi' (1 Kor 12,27), *eschatologisch* durch die endzeitliche Auferweckung des K. als ein σῶμα πνευματικόν (1 Kor 15,44). Die destruktive Kraft der σάρξ wird hingegen ‚getötet' bzw. ‚gekreuzigt' (Gal 5,24) und durch die konstruktiv wirkende Kraft des Geistes Gottes ersetzt (vgl. auch 1 Petr 3,18).

In den johanneischen Schriften wird der K. nur als σάρξ bezeichnet; σῶμα mit der Bedeutung von ‚Leiche' kommt nur in der Passionsgeschichte (Joh 19,31; 20,12) und im Spruch über den Tempel und Leib (Joh 2,21) vor.

Bibliographie: M. Krieg/H. Weder, Leiblichkeit, Zürich 1983. – E. Schweizer, Art. σάρξ, in: ThWNT 7 (1964), 98–151. – Ders., Art. σῶμα, in: ThWNT 7 (1964), 1024–1091. – L. Scornaienchi, Sarx und Soma bei Paulus, Göttingen 2008.

Lorenzo Scornaienchi

III. Kirchengeschichtlich

Die Vorstellungen vom menschlichen K. in der Kirchengeschichte können zu keinem Zeitpunkt losgelöst von dem Verständnis von Körperlichkeit der das Christentum umgebenden und durchdringenden kulturellen, mentalitätsgeschichtlichen und sozio-politischen Paradigmen betrachtet werden, sind aber keineswegs stets deckungsgleich mit diesen. Das Verhältnis dieser Deutehorizonte ist vielmehr in ihren Überschneidungen, Abgrenzungen und ihrer wechselseitigen Rezeption äußerst komplex. Selbst Divergenzen in Bezug auf die Vorstellung und Verortung von Körperlichkeit zwischen zeitgleichen theologischen Ansätzen und gelebter christlicher Frömmigkeit sind zu verzeichnen. Wurde z.B. im Mittelalter so stark wie in keiner anderen Epoche auf breiter frömmigkeitsgeschichtlicher Ebene eine Dualisierung von K. und Seele betrieben mit einer Abwertung des K.s zugunsten der Aufwertung der Seele, die bis in die Gegenwart wirkt, ist dies gleichwohl die Zeit, in der Körperlichkeit eine zentrale Kategorie innerhalb der Frömmigkeit spielte (P. Dinzelbacher).

Die dem ‚fundamentalen anthropologischen Rang' entsprechende dogmatische Bedeutung von K. (J. Ringleben) durchzieht die gesamte Kirchengeschichte und war stets eng verknüpft mit zentralen Theologumena wie ‚Schöpfung', ‚Natur', ‚Welt', ‚Geschöpflichkeit'/‚Geschaffen-Sein', ‚Endlichkeit', ‚Sünde', ‚Leid'/‚Leiden Christi', ‚Fleisch'/‚Leiblichkeit'/‚Sexualität', in deren Zusammenhang sie erörtert wird. Einen weiteren Kumulationspunkt theologischer Betrachtung der Körperlichkeit des Menschen, z.B. bei Augustin, Thomas von Aquin oder F.D.E. Schleiermacher, stellt das sog. ‚Leib-Seele-Problem' dar (D. Korsch).

Eine pauschalisierende Annahme von genereller Körperfeindlichkeit des Christentums ist zurückzuweisen, obwohl sich in fast allen Jahrhunderten „Zeichen für das christliche ‚Unbehagen an der Materie'" (H.-H. Schrey) finden lassen.

In den letzten Jahrzehnten ist, vor dem Hintergrund der Interpretation der Moderne als Unterdrückungsgeschichte von Körperlichkeit, auch in der Theologie der verstärkte Versuch auszumachen, den Antagonismus von Seele und K. aufzuheben. Hierbei spielen Debatten innerhalb der feministischen Theologie und der theologischen Genderforschung, nicht zuletzt in Abgrenzung zur These von der sprachlichen Konstruktion von ‚K.' (J. Butler), eine wesentliche Rolle, aber auch die Fokussierung auf die Ganzheitlichkeit des Menschen als Voraussetzung gelingender seelsorgerlicher oder liturgischer Arbeit in der Praktischen Theologie. Flankiert wird diese Neuorientierung von der Hinwendung zu K. und Aspekten der Leiblichkeit in der historiographischen Forschung und der Frauengeschichtsschreibung.

BIBLIOGRAPHIE: J. Butler, Körper von Gewicht, Berlin 1995 [*engl.* Bodies that matter, New York 1993]. – P. Dinzelbacher, Körper und Frömmigkeit in der mittelalterlichen Mentalitätsgeschichte, Paderborn u.a. 2007. – D. Korsch, Art. Leib und Seele II., in: RGG^4 5 (2002), 222–224. – E. Moltmann-Wendel, Mein Körper bin ich, Gütersloh 1994. – J. Ringleben, Art. Leib/Leiblichkeit II., in: RGG^4 5 (2002), 218–220. – H.-H. Schrey, Art. Leib/Leiblichkeit, in: TRE 20 (1990), 638–643. Gisa Bauer

IV. Systematisch-theologisch

‚K.' gehört zu den verwahrlosten Argumenten im theologischen Diskurs. Eine Mischung u.a. aus gnostischen, mystischen und erbsündentheoretischen (Augustin) Argumenten haben die Körperfreundlichkeit des Christentums bis zur Unkenntlichkeit überlagert. Unmissverständlich spricht der Philipperhymnus (Phil 2,6–11) davon, Gott habe das ‚Körperschema' des Menschen angenommen. Die Inkarnation (M. Buntfuss) steht für die Revolution einer neuen Körperwahrnehmung in der Umwelt Jesu. Der K. ist nicht länger ein Gefängnis der Seele (Pl. *Phdr.*, 62b), sondern wird in seiner Eigenwertigkeit anerkannt. Die Hochschätzung der Körperlichkeit schließt auch den körperlichen Verfall mit ein. Jesus inszeniert diese Körperwahrnehmung in Schlüsselsituationen, die auf eine Überwindung des Ekels zielen (Gleichnis vom Barmherzigen Samariter, Lk 10,25–37). Eine sich daraus entwickelnde Lebensdeutung musste konsequent als Kern die Diakonie entdecken. Dieser körperfreundlichen Wahrnehmungskultur verdankten die Apologeten des Christentums starke Argumente, weil konkurrierende Lebensdeutungen wie die Stoa zwar den Gedanken der Brüderlichkeit in ihrem Denksystem aufwiesen, der aber nicht voll zur Auswirkung kam, weil die Stoiker die Gesundheit nicht zu den für das Glück wesentlichen Dingen zählten (M. Pohlenz).

Erst im 20. Jh. wurde die Körperfreundlichkeit des Christentums wieder entdeckt. Es gelang der Feministischen Theologie durch eine buchstäbliche Relektüre zentraler Texte, Schichten einer ursprünglichen Körperfreundlichkeit freizulegen (R. Amnicht-Quinn, E. Moltmann-Wendel). Ein zweiter Diskurs entdeckte die Gesten als körperliche Ausdrucksmedien, in denen und durch die sich eine körperfreundliche Religion darstellt. Der gestische Diskurs untersucht ausgehend von den Gleichnissen Jesu als Schauspiellehre gestischer Geschichten zentrale christliche Gesten (diakonische, brüderlich-schwersterliche, diskursive), zeigt, wie sie eingeleibt werden und wie sie sich in der Tradition fortschreiben.

BIBLIOGRAPHIE: R. Amnicht-Quinn, Körper – Religion – Sexualität, Mainz 1999. – A. Assmann, Einführung in die Kulturwissenschaft, Berlin 2006. – M. Buntfuss, Tradition und Innovation, Berlin u.a. 1997. – K. Huizing, Ästhetische Theologie, 3 Bde., Stuttgart 2000–2004. – Ders., Handfestes Christentum, Gütersloh 2007. – E. Moltmann-Wendel, Wenn Gott und Körper sich begegnen, Gütersloh [2]1991. – M. Pohlenz, Stoa und Stoiker, Zürich/Stuttgart 1950.

Klaas Huizing

V. Literaturwissenschaftlich

Seit den 1980er Jahren ist der K. ein zentraler kulturwissenschaftlicher Untersuchungsgegenstand. Inspiriert durch unterschiedliche theoretische Zugänge und disziplinäre Perspektiven (Anthropologie, Soziologie, Wissenschaftsgeschichte, Mentalitätsgeschichte, Philosophie, →*Gender Studies*, →Diskursanalyse, →Semiotik) werden historisch wie kulturell sich wandelnde Formen der Körperwahrnehmung und -praktiken untersucht, um deren Relationen zu literarischen Körperdarstellungen sowie zu rhetorischen, ästhetischen und poetologischen Konzepten zu bestimmen.

Insbesondere die literarische Anthropologie der Aufklärungsforschung hat hier auf grundlegende Zusammenhänge aufmerksam gemacht. Wenn etwa die barocke Idee einer rhetorisch verfassten *eloquentia corporis* im 18. Jh. von der Vorstellung abgelöst wird, dass der K. seelische Anlagen und Vorgänge authentisch repräsentiert, dann begründet dies eine physiognomische Hermeneutik, deren Leib-Zeichen wiederum zu einem wichtigen Merkmal literarischer Figuren-Charakterisitik im Roman avancieren. Untersuchungen zur Schauspielkunst haben zudem gezeigt, dass mit der Deutung der Körpersprache als unverstellter, affektiver Äußerung eines Individuums ein neues, ‚natürliches' Gestenrepertoire und der Wandel zum illusionistischen Spiel einhergeht. Verbunden damit ist eine Wirkungsästhetik, die auf Affekterregung setzt und körperliche Reaktionen (etwa Tränen) provozieren soll.

Eine solche Kultur des Performativen ist zudem nicht zu trennen von physiologischem Wissen. ‚Rührung' etwa wird in der Frühaufklärung erzielt, weil das Gesehene und das Gehörte die Nervensaiten mechanisch in Bewegung versetzt – eben rührt – und dadurch innere Bilder und Gefühle produziert. Dagegen orientiert sich die Spätaufklärung an einem galvanischen Nervenmodell und an der Idee, durch starke Reize Erregungen herbeizuführen. Aber nicht nur die Rezeptions-, auch die Produktionsästhetik ist an je spezifische Physiologie gebunden. So folgt etwa die Décadence der Vorstellung, ein kranker oder geschwächter K. sei die Grundlage höheren geistigen Schaffens, während Naturalismus und Neue Sachlichkeit dem gegenüber einen Stil propagieren, der Abbild eines gestählten Autor-Leibs sein soll. Trotz solcher Beobachtungen bildet eine systematische Analyse poetologischer Körperrhetoriken noch ein weitgehendes Desiderat bei der Erforschung literarischer Debatten und Wertungen.

BIBLIOGRAPHIE: R. Behrens/R. Galle (Hgg.), Leib-Zeichen, Würzburg 1993. – E. Fischer-Lichte, Entgrenzungen des Körpers, in: Dies./A. Fleig (Hgg.), Körper-Inszenierungen, Tübingen 2000, 19–34. – B. Herrmann, Physiology and art, in: L.K. Altes et al., Authorship, Groningen (im Druck). – A. Käuser, Physiognomik und Roman im 18. Jahrhundert, Frankfurt a.M. u.a. 1989. – M. Lorenz, Leibhaftige Vergangenheit, Tübingen 2000. – C. Zelle (Hg.), Die Aufklärung und ihr Körper, in: Das achtzehnte Jahrhundert 14,2 (1990).

Britta Herrmann

Kognitive Linguistik

Die k. L. ist eine mentalistisch ausgerichtete Sprachtheorie, die sich im Zuge der Kognitiven Wende in den 1970er Jahren entwickelte. Die Untersuchungen der k.n L. betreffen den Erwerb, die Organisation und Speicherung sprachlichen Wissens im →Gedächtnis sowie dessen prozessuale Aktivierung. Als Teilgebiet der Kognitionswissenschaft verknüpft die k. L. ihr Erkenntnisinteresse, Aufschluss über die Sprache als ein kognitives Kenntnissystem zu erlangen, mit dem allgemeinen Anliegen, den menschlichen Geist umfassend zu verstehen. Die Sprachfähigkeit basiert nicht nur auf einem repräsentationalen Kenntnis- und Regelsystem, sondern auch auf einem prozeduralen System, das für die Aktivierung der sprachlichen Kenntnisse verantwortlich ist. Sprachliche Äußerungen werden prinzipiell als Spuren der Kompetenz des Sprachverwenders mit dem Ziel betrachtet, auf der Basis dieser Sprachspuren eine psychologisch plausible Theorie zur mentalen Kapazität zu rekonstruieren. Innerhalb der k.n L. verfolgt der holistische Ansatz der *Cognitive Grammar/Cognitive Linguistics* dabei das Ziel, sprachliche Phänomene auf allgemeine kognitive Prinzipien zurückzuführen (vgl. W. Croft/D.A. Cruse, F. Ungerer/H.J. Schmid). Demgegenüber sieht der modulare Ansatz der k.n L. die →Sprache als ein eigenständiges System, das aber mit anderen Kenntnissystemen der Kognition interagiert (vgl. M. Schwarz, M. Schwarz-Friesel 2004). Ein wichtiges Anliegen ist es, Zusammenhänge bzw. sog. Schnittstellen aufzudecken, die die Interaktion verschiedener Systeme innerhalb der Sprache (z. B. Schnittstelle →Semantik/→ Syntax) und innerhalb der gesamten Kognition (z. B. Schnittstelle →Sprache/konzeptuelles System) betreffen. Im Unterschied zur Generativen Sprachtheorie, die besonders die formalen Komponenten der Sprache beschreibt, werden in der k.n L. mit dem Postulat der kognitiven Plausibilität alle Komponenten des sprachlichen Kenntnissystems gleichermaßen analysiert und in ihrer kognitiven Gesamtverankerung betrachtet. Zudem wird der textuellen Kompetenz eine zentrale Rolle bei der Erklärung der menschlichen Sprachfähigkeit eingeräumt: Textverstehen wird als ein konstruktiver Prozess verstanden, bei dem der Rezipient aufgrund der Textinformationen und unter gleichzeitiger Aktivierung von Weltwissen ein mentales Text-welt-Modell, also eine konzeptuell angereicherte Referenzialisierungsstruktur, erstellt. Dabei werden auch (die lange als marginal erachteten) Emotionen als wichtige prä- und postkognitive Phänomene berücksichtigt, die entscheidenden Einfluss auf alle Sprachverarbeitungsprozesse nehmen können (vgl. M. Schwarz-Friesel 2007).

BIBLIOGRAPHIE: W. Croft/D.A. Cruse, Cognitive linguistics, Cambridge 2004. – M. Schwarz, Einführung in die Kognitive Linguistik, Tübingen/Basel [3]2008. – M. Schwarz-Friesel, Kognitive Linguistik heute, in: Deutsch als Fremdsprache 2 (2004), 83–89. – Dies., Sprache und Emotion, Tübingen 2007. – F. Ungerer/H.J. Schmid, An introduction to cognitive linguistics, London [2]2006.

Monika Schwarz-Friesel

Kohärenz/Inkohärenz

I. Alttestamentlich

Der Begriff K. wird in der Anwendung auf Texte des AT und ihre Auslegung meist vortheoretisch, ja intuitiv gebraucht. In diesem Gebrauch bezeichnet K. unterschiedliche Erscheinungen des Zusammenhanges in → Texten oder von Texten:

Kohärent können bestimmte Textabschnitte in sich, aber auch Textsegmente eines biblischen →Buches, etwa die Schriften des Dodekapropheton, zueinander sein. Auch von der K. des atl. zum ntl. →Kanon kann die Rede sein.

Kohärenzbildung wird auf unterschiedlichen Ebenen beschrieben: Als ‚linguistisch' kohärent wird ein nach den Regeln der → Grammatik gestalteter Text bezeichnet. ‚Literarische' K. wird aufgrund linearer (‚logischer') Gedankenführung und/oder poetischer Gestaltungsmerkmale, wie z. B. Inklusionen, konstatiert. Auch die Prägung durch →Gattungen oder Genres kann Textkohärenz hervorbringen, z. B. narrative K. ‚Konzeptionelle K.' wird angenommen, wenn literarische Einheiten durch übergreifende, geprägte →Traditionen verbunden sind.

Im theoretisch reflektierten Gebrauch kann K. von sprachsystematischen, kommunikationsorientierten oder leserorientierten Textbegriffen her gedacht sein. Unbeschadet eines kommunikationsorientierten Grundansatzes legen H. Utzschneider und S.A. Nitsche ihrem Kohärenzbegriff den Makrostrukturbegriff T. van Dijks zugrunde und verstehen K. als eine Eigenschaft der thematischen Struktur (‚Texttiefenstruktur') einer sprachlichen Äußerung. Sie ist mit der Kohäsion korrelierbar, die an der Zeichenoberfläche der Äußerung (‚Textoberflächenstruktur') abzulesen ist. Im konsequent kommunikationsorientierten Ansatz C. Hardmeiers ist K. ‚keine Teilkomponente der Textur'; sie erweist sich vielmehr in der ‚kommunikationspragmatischen Geschlossenheit' einer ‚Textspur'. E. van Wolde zufolge ist „coherence ... constructed by the reader, who is guided by textual cohesive features, by cutural and language habits..." (172). Bisweilen werden K. bzw. I. mit den in der Literarkritik gängigen Termini ‚Einheitlichkeit bzw. Uneinheitlichkeit' gleichgesetzt; jedoch sind textlinguistische Begriffe methodisch nicht ohne weiteres auf die diachrone Fragestellung der Literarkritik übertragbar.

BIBLIOGRAPHIE: T. van Dijk, Textwissenschaft, München 1980. – C. Hardmeier, Textwelten der Bibel entdecken 1/1, Gütersloh 2003. – R. Heckl, Ist die alttestamentliche Exegese ein Spiel mit mehreren Variablen?, in: BN 124 (2005), 51–56. – H. Utzschneider/S.A. Nitsche, Arbeitsbuch literaturwissenschaftliche Bibelauslegung, Gütersloh [2]2005. – E. van Wolde, The creation of coherence, in: Semeia 81 (1998), 159–174. Helmut Utzschneider

II. Neutestamentlich

Die Begriffe K. und I. begegnen u. a. in Physik, Philosophie und Linguistik und bezeichnen allgemein den Zusammenhang von Dingen (lat. *cohaerere*). In der Linguistik gilt K. sogar als grundlegende Konstituente eines →Textes (K. Brinker).

In der ntl. →Exegese dient die Frage nach K. und I. (bes. Literar- oder Quellenkritik) dazu, die literarische Einheitlichkeit oder Uneinheitlichkeit eines Textes mit dem Ziel zu beurteilen, dass sich die Verarbeitung von →Quellen und/oder die redaktionelle Bearbeitung von Texten durch den Endbearbeiter oder →Autor nachweisen lassen. Die Untersuchung der K. oder I., besser: Kohäsion oder Inkohäsion (s. u.) eines Textes ist zwar Teil der synchronen Textanalyse, die Feststellung von K. oder I. bereitet dann aber die diachrone literarkritische Analyse, d. h. die historisch-philologische Rekonstruktion des Textes vor. Als leitende Kriterien dienen die Wahrnehmung von z. B. Doppelungen, Brüchen, Spannungen, Widersprüchen im Text. Prinzipiell gilt die Kohärenzvermutung: Demnach ist die I., nicht aber die K. eines Textes zu belegen.

Im Bereich der ntl. Briefliteratur folgt aus dem Inkohärenzurteil die Annahme einer redaktionellen Kompilation des →Briefes aus ursprünglich mehreren Einzelbriefen (z. B. 2 Kor) oder einer späteren Einfügung von Glossen (z. B. 1 Kor 14,33b–36) oder Interpolationen (z. B. 2 Kor 6,14–7,1) in den Text (Redaktionsgeschichte oder frühe Text- und Wirkungsgeschichte). Im Bereich der → Evangelienliteratur dient das Inkohärenzurteil der Scheidung von →Tradition und → Redaktion sowie der literarischen Dekomposition und Rekonstruktion des Textes (Überlieferungs- und Traditionsgeschichte). Die Untersuchung von K. und I. hat daher eine weitreichende Funktion für die Analyse und Auslegung des Textes.

Aus der Sicht der Sprachwissenschaft/Linguistik allerdings wird eine terminologische und methodische Differenzierung zwischen K. und Kohäsion notwendig, die in die bisherigen exegetischen Methodenbücher noch keinen Eingang gefunden hat: Kohäsion bezeichnet die lexikalische, semantische und syntaktische Verknüpfung von Sätzen im Text, während die K. die ‚Inferenz' des Textes beim Rezipienten, d. h. eine Verknüpfung mit seiner Erfahrungswelt, verlangt. So lassen sich die kohäsiven oder inkohäsiven Strukturen eines Textes sprachlich-literarisch beschreiben, während die Beurteilung von K. oder I. letztlich eine hermeneutische Leistung des Rezipienten ist: K. ist – im Unterschied zu Kohäsion – keine Texteigenschaft, sondern ein ‚Bewertungsprädikat' (W. Heinemann/D. Viehweger, 119 f.). Daher können synchron beobachtete Kohäsionsmerkmale zwar bedingt über die Kohäsion, kaum aber über die K. oder I. eines antiken Textes befinden. – So sind K. und I. wesentlich hermeneutische Parameter, die sich ggf. durch die moderne

Kognitionswissenschaft näher erforschen lassen.

Bibliographie: E.-M. Becker, Was ist Kohärenz?, in: ZNW 94 (2003), 97–121. – K. Brinker, Linguistische Textanalyse, Berlin [6]2005. – W. Heinemann/ D. Viehweger, Textlinguistik, Tübingen 1991.

Eve-Marie Becker

III. Textlinguistisch

Die Konzeptualisierung des Begriffs ‚K.' ist eng mit den Phasen der Entwicklung der Textlinguistik verbunden. Strukturorientierte grammatische und semantische Kohärenzkonzepte gehen von K. als Textualitätsmerkmal (häufig Gleichsetzung mit Kohäsion) aus, das die klassische Textlinguistik in sprachlichen Mitteln des Untersuchungsobjektes ‚Text' zu belegen sucht (Objektkohärenz). Als prominenteste grammatisch orientierte Kohärenzauffassung gilt R. Harwegs Prinzip der textkonstituierenden „ununterbrochenen pronominalen Verkettung" (148). Ersetzende Elemente (*Substituentia*) und zu ersetzende Elemente (*Substituenda*) wirken in der Textkonstitution zusammen, wobei Pronomina die typischen Kohärenzstifter bilden. Formen der Wiederaufnahme werden in der Folge Harwegs als Verfahren der expliziten (Referenzidentität sprachlicher Ausdrücke) und der impliziten (partielle Koreferenz) Wiederaufnahme zusammengefasst (K. Brinker). Fehlende Referenzbezüge können zu I. eines Textes führen. In semantisch-thematischen Kohärenzbegriffen basiert der inhaltliche Zusammenhalt eines Textes auf semantischen Relationen zwischen Textelementen (M.A.K. Halliday/R. Hasan) oder Isotopien (A.J. Greimas). Brinker bezieht Textkohärenz auf eine abstrakte textthematische Struktur, die durch die Art der Themenentfaltung (deskriptiv, narrativ, argumentativ, explikativ) erreicht wird. T. van Dijk unterscheidet interpropositionale Relationen (lineare K.) und semantische Beziehungen zwischen größeren semantischen Einheiten eines Textes, die Makrostrukturen (globale K.) bilden. Funktionsorientierte bzw. pragmatisch-funktionale sowie psycholinguistische Sichtweisen favorisieren einen prozessbezogenen Kohärenzbegriff (Prozesskohärenz), wobei kommunikative (Situation, Kontext) und kognitive (Sprachbesitz, Wissenshorizont des Rezipienten) Faktoren an Relevanz gewinnen. K. wird als Begleiterscheinung und Folge produktiver und rezeptiver Auseinandersetzungen von Sprachbenutzern mit sprachlichen Äußerungen in die konstruktivistische und systemtheoretische Textverstehensforschung integriert. „Sinnkonstanz" (H. Hörmann) und der Vollzug kognitiver Operationen gelten in beiden Richtungen als Voraussetzung für K. Kohärenzprozesse laufen auf verschiedenen Ebenen ab – Sensomotorik, Syntax, Semantik, Pragmatik (H. Strohner). Ein kohärenter Zustand des Kommunikationssystems ist die Basis für kommunikative Stabilität, also Verständigung (U. Schade et al.). Inkohärente Zustände (z.B. Ambiguitäten) müssen dazu vom Kommunikationssystem aufgelöst werden.

Bibliographie: K. Brinker, Linguistische Textanalyse, Berlin [6]2005. – T. van Dijk, Textwissenschaft, Tübingen 1980. – A.J. Greimas, Sémantique structurale, Paris 1971. – M.A.K. Halliday/R. Hasan, Cohesion in English, London 1976. – R. Harweg, Pronomina und Textkonstitution, München 1968. – H. Hörmann, Meinen und Verstehen, Frankfurt a.M. 1978. – U. Schade et al., Kohärenz als Prozeß, in: G. Rickheit (Hg.), Kohärenzprozesse, Opladen 1991, 7–58. – H. Strohner, Textverstehen aus psycholinguistischer Sicht, in: H. Blühdorn et al. (Hgg.), Text – Verstehen, Berlin 2006, 187–204.

Christina Gansel

Kommentar

I. Kirchengeschichtlich

Exemplarisch zeigt die bis in die Gegenwart reichende Wirkungsgeschichte von K. Barths Römerbriefkommentar, zuerst 1919, dann 1922 in einer völlig neu bearbeiteten zweiten Auflage erschienen, die Bedeutung von K.en für die Kirchen. Seitdem bestimmte Texte einen kanonischen Rang erhalten, werden sie kommentiert. Dabei hat diese Kommentierung ihren speziellen Sitz im Leben im Schulbetrieb seit Aristoteles, dem Erfinder der Literatur-Philologie. Sind hier zuerst Homer und kosmogonische Dichtungen (Derveni-Papyrus), dann überhaupt Dichter und Philosophen der Gegenstand, den es durch Scholien und Glossen zu erhellen gilt, und Alexandria der Sitz der entsprechenden Gelehrsamkeit, so ist es trotz aller Anstrengungen von R. Pfeiffer und T. Fuhrer noch nicht gelungen, die Voraussetzungen der kaiserzeitlichen Kommentarliteratur und besonders des christlichen Bibelkommentars zu klären, v. a. die Fragen der Terminologie und der medialen Form. Wichtig ist auf jüdischer Seite die stark auf das Buch Genesis zentrierte Auslegungsliteratur Philos, während das Phänomen der *Rewritten bible*, das in der griechischen und römischen Literatur der Zeit durchaus seine Parallelen besitzt, als eine davon zu unterscheidende narrative Auslegung zu gelten hat. Auch christliche K.e konstituieren eine textzentrierte Sprachgemeinschaft, die nach dem Beispiel der grammatischen →Exegese den ethischen und ideologischen Diskurs integriert, und folgen darin den zeitgenössischen Grammatikern: „*A commentary is a metatext in the sense that a theoretical discourse, like grammar or philosophy, is a metalanguage which attempts to reveal meaningful structures in a discursively constituted object*" (Irvine, 121). So beginnt die Geschichte des christlichen Bibelkommentars auch nach der Mitte des 2. Jh.s in christlichen Schulen mit dem Johanneskommentar des Valentinianers Herakleon und den K.en Hippolyts von Rom und findet in der Absicht des Origenes, mit den Mitteln der traditionellen Philologie sämtliche biblische Schriften zu kommentieren, ihren ersten Höhepunkt. Auf diesen greift auch Hieronymus immer wieder zurück, der nach ersten Ansätzen in Einzelkommentaren bei Victorinus von Pettau, Hilarius von Poitiers und Marius Victorinus neben Ambrosius und Augustinus für die lateinische Welt und besonders das Mittelalter als Bibelphilologe und Kommentator bestimmend wird und damit nicht zuletzt wichtig für den Transfer der Kommentartechnik ist. Gerade im griechischsprachigen Osten blühte die Kommentarschreibung bis in byzantinische Zeit (Alexandria, Antiochia), wobei es nicht immer ganz leicht ist, bei der fortlaufenden Auslegung biblischer Bücher eigentliche K.e von – überarbeiteten – Predigten zu unterscheiden (*tractatus* bleibt vieldeutig).

Für das westliche Mittelalter bedarf der Hoheliedkommentar Bernhards von Clairvaux als weit in die konfessionelle neuere Kirchengeschichte hineinreichendes Sprachorgan der Mystik ebenso einer Erwähnung wie die Form des Annotationskommentars in der *Glossa Ordinaria*. Die Veröffentlichung der exegetischen Vorlesungen zu biblischen Büchern durch die Reformatoren (M. Luther), dann aber auch durch die Jesuiten, sowie als K.e verfasste Schriften (J. Calvin) und Institutionen wie die biblisch-exegetische Arbeitsgemeinschaft der „Prophezey" führten im konfessionellen Zeitalter zu einer weiten Verbreitung von K.en in der Orthodoxie und im Pietismus, wobei immer stärker auch antiquarisches Wissen in diese Literatur eindrang und sich aus dem Humanismus herleitende Züge der Aufklärung zu beobachten sind. Erst nach F.D.E. Schleiermacher und A. Ritschl wurde im deutschen Sprachraum mit H.A.W. Meyer, Kritisch-exegetischer Kommentar über das Neue Testament (Göttingen 1832 ff.) und im angelsächsischen mit J.B. Lightfoots Kommentaren zu einigen Paulusbriefen (London 1865 ff.) der historisch-kritische K. geschaffen.

BIBLIOGRAPHIE: J. Assmann/B. Gladigow (Hgg.), Text und Kommentar, München 1995. – D. Aune, The Westminster dictionary of New Testament and early Christian literature and rhetoric, Louisville 2003. – T. Fuhrer, Art. Kommentar, in: LACL (1998), 381–383. – M. Irvine, The making of textual culture, Cambridge 1994. – G.W. Most (Hg.), Commentaries – Kommentare, Göttingen 1999. – R. Pfeiffer, Geschichte der klassischen Philologie, München 1978. – O. Wischmeyer, Hermeneutik des Neuen Testaments, Tübingen 2004.

Wolfgang Wischmeyer

II. Judaistisch

Unter K. sei hier eine Textform verstanden, die den Wortlaut eines anderen Textes explizit als Thema lemmatisiert behandelt, durch Zitierung oder Verweisung absetzt, und Textsegmente in ihrer ursprünglichen Reihenfolge (aber nicht unbedingt lückenlos) behandelt. Wichtige frühe kommentarähnliche Werke sind die fragmentarisch erhaltenen Qumran-Pescharim und Schriften Philos. Rabbinische Beispiele sind v. a. ‚exegetische' Midraschwerke (→Gattung). Hauptrepräsentanten dieser teilweise durch ihre biblischen Zielbücher begrenzten Werke sind die Mekhiltas (Ex), Sifra (Lev) und Sifre (Num/

Dtn) in der Norm-orientierten Auslegung (,Halacha'); und BerR und EkhaR zu narrativ-religiösen Themen (,Haggada'). Hauptzüge dieser anonymen Werke sind: (1) in der lemmatischen Ordnung werden explizit metalinguistische Midrascheinheiten (→Formen) gereiht, deren Zitatteil voran steht; (2) die Midrascheinheiten (oft im Namen von bestimmten Rabbinen) bleiben weitgehend ohne gegenseitige Verbindung, und die formale bzw. thematische Einheit des K.s ist nicht expliziert und demnach fraglich (oft auch historisch-kritisch unterminiert, doch J. Neusner postuliert eine Werkeinheit); (3) ein Lemma kann von mehreren Perspektiven aus behandelt oder in stereotyp-dialektischer Kontroverse problematisiert werden; (4) anwendende Interpretationen überwiegen (→ Auslegung).

Vom Mittelalter an entstehen stärker philologisch orientierte K.e, die v.a. in den Punkten (2) und (4) vom vorhergehenden Midrasch abweichen (Raschi ist eine Übergangsfigur, vgl. die Diskussion um *derash* und *peshat*). Die Texte projizieren, teilweise unter dem Einfluss islamisch vermittelter Spezialisierung der Wissensgebiete, eine die Textteile stärker vereinigende – und i.d.R. historisch verifizierbare – ,Verfasserpersönlichkeit' (ausgenommen der Zohar), v.a. durch thematische, stilistische oder methodische Konstanz, begleitet von eklektischer, aber expliziter gegenseitiger Bezugnahme. Aktualisierende oder systematische Erörterungen berücksichtigen öfter den biblischen Ko-text. Hauptfiguren außer Raschi sind: Sa'adia Gaon (philologisch und in Reaktion auf die Karäer), Abraham Ibn Esra (philosophisch/philologisch), David Qimchi (philologisch/grammatisch) und Nachmanides (philologisch/mystisch beeinflusst); →Textkritik findet sich nur angedeutet, v.a. bei Ibn Esra. Das vergleichende Benutzen mehrerer K.e ist ein wichtiges Merkmal des traditionellen Bibelstudiums (→Intertextualität).

Bibliographie: W. Bacher et al., Art. Bible exegesis, in: Jewish Encyclopedia 3 (1903), 162–178 (jetzt als: http://www.jewishencyclopedia.com/). – W. Bacher, Die Bibelexegese der jüdischen Religionsphilosophen des Mittelalters vor Maimûni, in: Die Bibelexegese Moses Maimûnis, hg. v. J.L. Teicher, Farnborough 1972 [original: Budapest 1892/1896]. – J. Neusner, Introduction to rabbinic literature, New York/London 1994. – A. Samely, Forms of rabbinic literature and thought, Oxford 2007. – G. Stemberger, Introduction to the Talmud and Midrash, Edinburgh ^{2}1996 [*dt.* ^{8}1992].

Alexander Samely

III. Islamwissenschaftlich

Die islamische Gelehrsamkeit zwischen dem 8. und beginnenden 19. Jh. ist eine autoreferentielle und akkumulative Geisteskultur, die eine bruchlose Episteme aufweist. In diesem Rahmen ist der K. bzw. das kommentierende Fortschreiben des Hergebrachten die naheliegende Form der literarischen Verarbeitung. Die Bedeutung von K.en (sowie von Super-K.en, Glossen, usw.) nahm ab dem 11. Jh. rapide zu; K.e wurden ab dem 14. Jh. zur meistverbreiteten Form schriftlicher Wissensverarbeitung. Die kommentierende Aktualisierung des Vorhandenen schließt dabei – angesichts des anwachsenden und prinzipiell verfügbaren Materials – sowohl Anthologisierung als auch Enzyklopädisierung des Wissens ein, beides Methoden, die spätestens seit dem 13. Jh. prägend waren: Die Anthologisierung dient der selektiven Erstellung eines je zeitgemäßen →Kanons binnenkulturell relevanter Bezugsstoffe, während die Enzyklopädisierung auf eine systematische Bewahrung und nicht-reduktive Bewältigung des Wissens zielt. In beiden Fällen wurde jedoch das Material nicht nur verarbeitet, sondern zugleich aus der je neuesten Sicht kommentiert. Kennzeichnend für viele ,Kurzfassungen' älterer Werke ist es deshalb, dass sie nicht nur eine Kurzfassung bieten, sondern auch einen K. des redigierenden Autors. Die Anhäufung von Wissen sowie die daraus entstehende Problematik der →Rezeption führten ab dem 16. Jh. dazu, dass viele Autoren zu umfangreichen Werken eine Kurzfassung mitlieferten oder umgekehrt kurze Traktate mittels K.en zu vielbändigen Werken verlängerten: Ohne Kurzfassung lief ein längeres Werk Gefahr, nicht rezipiert zu werden, wohingegen die Kurzfassung ohne K. Gefahr lief, nicht oder nur unzulänglich verstanden zu werden. Grundsätzlich gilt im übrigen, dass viele der formal als K.e angelegten Schriften tatsächlich kaum von ihrem Bezugstext abhängen, vielmehr oft originelle Ideen und neue Themen bieten.

Einzig im Bereich des Korankommentars konnte sich die Methode der Kommentierung von Schriften nie durchsetzen, und nur in den seltensten Fällen wurde ein bestehender Korankommentar seinerseits kommentiert oder glossiert (so z. B. der K. von al-Baiḍāwī, gest. um 1286). Alle bis in die Moderne verfassten Korankommentare sind jedoch implizit K.e zu vorausgehenden Texten, da sie aufeinander aufbauen und die Inhalte der Vorgängerschriften diskutieren. Erst in der zweiten Hälfte des 20. Jh.s wurden Korankommentare verfasst, die nicht mehr den Anspruch haben, das überkommene Schrifttum möglichst vollständig zu berücksichtigen.

Bibliographie: L. Capezzone, La trasmissione del sapere nell'Islam medievale, Rom 1998. – C. Pellat, Les encyclopédies dans le monde arabe, in: Ders., Études sur l'histoire socio-culturelle de l'Islam, London 1976, Kap. 12. – F. Rosenthal, The technique and approach of Muslim scholarship, Roma 1947. – J. Stetkevych, Arabic hermeneutical terminolgy: paradox and the production of meaning, in: JNES 48 (1989), 81–96.

Marco Schöller

IV. Altphilologisch

Der K. ist das wichtigste wissenschaftliche Genre der Klassischen Philologie, das auch in andere Disziplinen exportiert wurde. Ziel dieser jahrtausendealten Pflege des literarisch-hermeneutischen Erbes ist die systematische Erschließung eines kanonischen Texts (davon zu trennen ist ‚K.' als umgangssprachliche Bezeichnung für eine subjektive Stellungnahme). Der Umfang eines K.s übertrifft meist denjenigen des erläuterten Werks. Der intime Bezug des kommentierenden Modell-Lesers zum Text und der Anspruch auf detaillierte Kenntnis der Forschungsliteratur macht den K. zur subjektivsten und zugleich objektivsten Form wissenschaftlicher Betrachtung. Dieses Ringen um Verstehen ist gebunden an Kanonisierungsprozesse in Bildungsinstitutionen, da kein ‚wertloser' Text über Jahrhunderte kommentiert würde. Als Kulturtechnik der →Hermeneutik und Ausdruck eines Herrschaftsdiskurses setzt der K. in der Regel auf einem hohen Verständnisniveau ein, da ein späterer K. aufdeckt, was vorangehende unbeachtet ließen. Wegen der sich ständig verschiebenden Zeitachsen von Text, Rezipientenkreis und Kommentator ist die Erklärung eines Werks auf Kontinuität angewiesen und unabschließbar.

Der lat. *commentarius* (griech. ὑπόμνημα) bezeichnete in der Antike heterogene Formen von sekundärer Schriftlichkeit wie Protokolle, Rezepte, Gesetzesauslegungen. Hingegen hießen die antiken Vorläufer des wissenschaftlichen K.s, am Rand eines Textes notierte Erläuterungen, *Scholion/Scholia* (‚Mußenotizen'); sie wurden später in fortlaufender Aneinanderreihung auch separat vom Text publiziert. Mittelalterliche K.e waren häufig Glaubensfragen berührende Vorlesungsmitschriften, wohingegen in der Renaissance die allgemeine Einführung in die antike Kultur in den Vordergrund trat. Die wachsende Professionalisierung, die ca. ab dem 17. Jh. zur Etablierung des K.s in der heutigen Form führte, erforderte eine noch stärkere Antizipation konkreter Adressatenkreise, die durch verschiedene Typen von K. (Lemmakommentar, Zeilenkommentar, thematischer K.) bedient wurden. Während früher K.e oft auf die Literaturproduktion zurückwirkten (vgl. Vergils Nutzung der Homerkommentare; → Exegese) und die Grenze zwischen →Intertextualität und K. ohnehin fließend ist, ist heute dieser lebendige Zusammenhang durch die überwiegende personelle Trennung von Wissenschaft und Literaturproduktion weitgehend abgerissen. Alle Formen des K.s sind Gegenstand der Wissenschaftsgeschichte, weil sie in einzigartiger Weise die Bildungsvermittlung in Institutionen und deren Stellung in der Gesellschaft zeigen. Kontingente Faktoren (Veränderung von Bildungshorizonten, wissenschaftliche Zeitknappheit, usw.) könnten das Ende der traditionellen Kommentarpraxis einläuten. Inwiefern der Einsatz elektronischer Ressourcen, die die zu leistende Reflexionsarbeit des Kommentators letztlich vervielfachen, Segen oder Fluch ist, wird erst die Zukunft zeigen. Vermutlich werden sich multimediale Aufbereitungen mit enger Zielgruppendefinition etablieren (z. B. Onlinekommentar zur Erstorientierung versus Buchkommentar).

BIBLIOGRAPHIE: J. Assmann/B. Gladigow (Hgg.), Text und Kommentar, München 1995. – R. Gibson/ C.S. Kraus (Hgg.), The classical commentary, Leiden 2002. – G.W. Most (Hg.), Commentaries – Kommentare, Göttingen 1999. – M. Pade (Hg.), On Renaissance commentaries, Hildesheim 2005.

Christine Walde

V. Literaturwissenschaftlich

Unter ‚K.' versteht man (1) einen sekundären bzw. Meta-Text, der sprachliche und sachliche Erläuterungen zu einem primären Text bietet, ihn erklärt, auslegt und für das kulturelle Gedächtnis aufbereitet. Der K. hat also eine memorative und eine hermeneutische Funktion. Sein Entstehen (seit dem 3. Jh. v. Chr.) beruht auf der Erfahrung, dass ein → Text in sich selbst erklärungsbedürftig sein oder durch wachsenden historischen Abstand werden kann. Seit Origenes (2./3. Jh.) ist der sachliche und sprachlich-textkritische K. maßgeblich für die →Exegese biblischer Schriften. Seit in der Frühen Neuzeit K.e zu zeitgenössischen Dichtern entstehen (Dante, Petrarca, Boccaccio u. a.), weist die Kommentarwürdigkeit auch den Rang eines *literarischen* Werks aus: die memorative Funktion verstärkt sich zur kanonisierenden. Von hier aus entwickelt sich seit Ende des 18. Jh.s die Bedeutung von ‚K.' in engerem Sinne, nämlich (2) der K. des Editors in historisch-kritischen Editionen oder Studienausgaben des primären Texts. Da in ersteren seit K. Lachmann →Textkritik und -konstitution wesentlich waren, war ein dies erläuternder Apparat zwingend, nicht aber ein K. Die heutige Studienausgabe aber bietet sowohl einen – auf das Wesentliche reduzierten – Apparat als auch einen K. Er umfasst einen Überblick zur Überlieferungs-, Entstehungs- und Rezeptionsgeschichte des Texts sowie zur Arbeitsweise des →Autors, zu paratextuellen Bezügen und evtl. zu Materialität und Medialität der Textzeugen. Es folgt ein lemmatisierter Einzelstellenkommentar, der Namen, Begriffe, sprachliche Besonderheiten und intertextuelle Bezüge erläutert (→Quellen). So *historisiert* der K. durch erläuternde Einbettung des primären Texts in dessen zeitgenössischen →Kontext (memorative Funktion) und *aktualisiert*, indem er beide vergegenwärtigt und sich dabei am Wissenshorizont des aktuellen Benutzers ausrichtet (hermeneutische Funktion). In dem Maße, in dem der K. seit den 1970er Jahren Gegenstand der Forschung wird, öffnet sich auch die historisch-kritische Ausgabe für den K. Der Trend zur wachsenden Extension des K.s bis zur – den Leser bevormundenden – Interpretation führt *inhaltlich* zu dem Plädoyer, speziell bei literarischen Texten deren ‚primäre Dunkelheit' (durch Kommunikabilität übersteigende Poetizität, durch vom Autor beabsichtigte Hermetik etc.) als leseraktivierend stehen zu lassen und den K. auf die ‚sekundäre Dunkelheit' zu beschränken, d. h. auf Verständnisprobleme durch zeitlichen und kulturellen Abstand; *technisch-formal* führt dies zu Internet- und Hybridausgaben (→Textkritik). Als begleitender ‚sekundärer' Meta-Text steuert der K. wesentlich die →Rezeption, Wirkung und →Kanonisierung des primären Texts. Indem er ihn zwecks Verständnissicherung mit eigenen Mitteln umkodiert und dazu, entgrenzend, neu- und andersartiges Wissen generiert, ist er seit je eminent kreativ.

BIBLIOGRAPHIE: J. Assmann/B. Gladigow (Hgg.), Text und Kommentar, München 1995. – editio 7 (1993). – W. Frühwald et al. (Hgg.), Probleme der Kommentierung, Bonn/Bad Godesberg 1975 [Weinheim 1977]. – G. Martens (Hg.), Kommentierungsverfahren und Kommentarformen, Tübingen 1993. – N. Oellers, Art. Kommentar, in: RLW 2 (2000), 298–303.

Anke Bosse

VI. Textlinguistisch

Bibelkommentare gehören unter funktionellem Aspekt zu den katechetischen und theologischen Textsorten und Textallianzen. Sie stellen Intertextualität zur Bibel als Bezugsquelle her. Nach der „inneren Form" unterscheidet B.K. Vollmann zwischen Scholienkommentar (fortlaufende Erklärungen von Wörtern und schwierigen Stellen), Expositionskommentar (kontinuierliche Paraphrase und Interpretation) und Kommentarschrift (freie Auseinandersetzung mit der Quelle). Unter linguistischem Aspekt ist über den textuellen Status des K.s und den der Quelle hinaus zwischen K.en zu Textexemplaren, Textallianzen, Vollbibeln, Textteilen und Teiltexten zu differenzieren (zur Terminologie: F. Simmler; →Bibel, →Gleichnis), wobei die Quelle vollständig oder nur durch Verweisstellen mit dem K. verbunden werden kann. Kommentierende Funktionen erfüllen auch übersetzende und erläuternde Rand-, Interlinear- und Textglossen, einzelne Scholien, nach Textteilen platzierte Anmerkungen, Annotationes und Quaestiones unterschiedlichen Umfangs, interpretierende Vor- und Nachworte und Summarien; jedoch sind sie nicht zu den K.en zu rechnen, da ihnen eine textuelle Selbständigkeit fehlt.

Die Tradition deutschsprachiger K.e beginnt nach 1000 (Einzelhinweise bei H. Reinitzer, S. Sonderegger) mit einem K. zur Textallianz des Psalters (mit Übersetzung) durch Notker. Es folgen weitere Psalterkommentare (mit Übersetzung) durch Heinrich von Mügeln (um 1370), Ottmar Luscinus Nachtigall (Augsburg 1524), Johann von Campen (Übertragung ins Deutsche durch Georg Frölich, Nürnberg 1532). Luthers *Summarien vber die Psalmen / Vnd vrsahen des dolmetschens* (Wittenberg 1531) ist nicht mit einer vollständigen Übersetzung verbunden. – K.e von einzelnen Textexemplaren beginnen mit dem Hohenliedkommentar (mit Übersetzung) von Notker und Williram von Ebersberg um 1060. In einer Handschrift von 1455/56 ist ein lateinischer und deutscher Hohelied-Text mit einem K. verbunden. Vor 1422 verfasst Georg Kreckwitz einen Apokalypse-Kommentar (mit Übersetzung) in der Form von Katenen. Luther legt 1517 die sieben Bußpsalmen, 1518 Psalm 109 und 1521 Psalm 36 aus. – K.e zu Teiltexten der Bibel mit potentieller Selbständigkeit wie dem Vaterunser beginnen im 14. Jh., die des Magnificat erst mit Luther 1521. K.e von Textteilen ohne potentielle Selbständigkeit wie zum Bericht von den zehn Aussätzigen (Lk 17,1–19) sind selten und erstmals bei Luther 1521 belegbar. – Der erste K. zu Evangelien ist in einer Trierer Handschrift des 15. Jh.s vorhanden (StB Trier, Cod. 1961/1443 8^{0}; J. Splett 1987, Nr. 131). Mit einem nhd. Bibeldruck von 1494 ist der K. des Nikolaus von Lyra verbunden. Es folgen Übersetzungen des K.s von Erasmus von Rotterdam zur Bibel durch Leo Jud seit 1520, des K. von Johann Piscator zum AT 1589–1597 und zum NT seit 1601, eine summarische Auslegung von Daniel Cramer 1619–1620 und ein K. von David Förster 1650 jeweils zur Vollbibel. Bedeutende Kommentarreihen zur Vollbibel entstehen erst im 19. und 20. Jh. (K. Scholtissek).

In den K.en vor M. Luther wird als Textfunktion ein drei- bzw. vierfacher →Schriftsinn (*littera, allegoria, tropologia, anagoge*) mit Exzerpten aus der exegetischen Literatur gegeben; mit Luther steht die Christusbezogenheit unter historischem, sakramentalem, exemplarischem und geistlichem Aspekt im Vordergrund (G. Ebeling, 126. 410–452).

BIBLIOGRAPHIE: G. Ebeling, Evangelische Evangelienauslegung, Tübingen [3]1991. – H. Reinitzer, Biblia deutsch, Wolfenbüttel 1983. – K. Scholtissek, Art. Bibelkommentare, in: LThK[3] 2 (1994), 405–406. – F. Simmler, Teil und Ganzes in Texten, in: Daphnis 25 (1996), 597–625. – Ders., Textsorten des religiösen und kirchlichen Bereichs, in: K. Brinker et al. (Hgg.), Text- und Gesprächslinguistik, HSK 16.1, Berlin/New York 2000, 676–690. – S. Sonderegger, Geschichte deutschsprachiger Bibelübersetzungen in Grundzügen, in: W. Besch et al. (Hgg.), Sprachgeschichte, HSK 2.1, Berlin/New York [2]1998, 229–284. – J. Splett (Hg.), *das hymelreich ist gleich einem verporgen schatz in einem acker...*: Die hochdeutschen Übersetzungen von Matthäus 13,44–52 in mittelalterlichen Handschriften, Göppingen 1987. – B.K. Vollmann, Art. Kommentar, in: Lexikon des Mittelalters 5, München/Zürich 1991, 1279–1280.

Franz Simmler

Kommunikation(stheorie)

I. Neutestamentlich

Die durch P. Watzlawick et al. 1969 begründete Kommunikationsforschung begleitet die rasante technische Entwicklung der Medialisierung von →Sprache (Kommunikationswissenschaft). Geistesgeschichtlich steht sie im Kontext philosophischer Grundfragen: Im 20. Jh. werden hier besonders die Sprachlichkeit menschlicher Existenz (M. Heidegger, K. Jaspers), die Ich-Du-Relation (M. Buber) und die Analyse von Sprache (L. Wittgenstein) thematisiert. Diese Aspekte kulminieren kulturwissenschaftlich in dem sog. →*Linguistic Turn* (R. Rorty) und führen zugleich zur philosophisch-politischen (J. Habermas), soziologischen (N. Luhmann) und linguistischen (S.C. Levinson) Prägung des →Pragmatik-Begriffs, was in der sog. →Sprechakttheorie (J.L. Austin, J.R. Searle) zu einem konzisen Theorem (→,Performanz') ausgearbeitet ist. Folgende Einsichten sind für die Auslegung ntl. Texte methodisch und terminologisch relevant:

(1) Die Deutung des Phänomens frühchristlichen Briefeschreibens (bes. Paulus-Briefe) als zeitlich und örtlich versetzte K. bereichert epistolographische und rhetorische Brief-Analysen um die Wahrnehmung des Aspekts der – nach Watzlawick unvermeidbaren – verbalen Interaktion zwischen Emittent und Rezipient. (2) Die Unterscheidung von ‚Inhalts'- und ‚Beziehungsaspekt' der K. (Watzlawick) erlaubt die Differenzierung von propositionalen und beziehungsorientierten Ebenen etwa in den Paulus-Briefen. (3) Der Begriff der ‚Meta-Kommunikation' zeigt, dass die K. einer fortdauernden beziehungsorientierten Deutung unterliegt: Im Falle brieflicher K. wird z.B. das Verhältnis von Absender und Adressat eigens thematisiert (z.B. 2 Kor 1,12–14; 7,4 ff.). Im Falle der →Evangelien, deren Verfasser anonym und deren Leserschaft weitgehend unbekannt sind (vgl. aber Lk 1,1–4), geben meta-kommunikative Schreiber-Kommentare (z.B. Mk 7,19b; 13,14; Joh 20,30 f.) wenigstens punktuell Einblick in die auch historisch relevante Autor-Leser-Relation. Im Falle der Offb weisen briefliche Rahmenelemente (1,4 ff.; 22,21) oder formelhafte Leserappelle (‚Weckrufe': 2,7; vgl. auch 22,18 f.; ähnlich 2 Thess 3,14) auf den sprachlichen Gestus bzw. literarischen Charakter des Schreibens hin (z.B. Prophetie). (4) Pragmatik und Sprechakttheorie ermöglichen zudem eine konzise Klassifizierung der Intentionalität von Sprache (z.B. Illokutionsklassen: J.L. Austin, J.R. Searle). Hermeneutisch bedeutsam ist der Aspekt der Relationalität in schriftlicher und mündlicher K. sowie die Deutung von sprachlicher K. als Handlung. Terminologisch zu klären ist das Verhältnis von schriftlicher K., →,Text' und →,Literatur'.

BIBLIOGRAPHIE: J.L. Austin, How to do things with words, Oxford 1962 [*dt.* Stuttgart 1972]. – E.-M. Becker, Schreiben und Verstehen, Tübingen/Basel 2002. – S.C. Levinson, Pragmatics, Cambridge 1983 [*dt.* Tübingen [3]2000]. – J.R. Searle, Speech acts, Cambridge 1969 [*dt.* Frankfurt a.M. 1971]. – P. Watzlawick et al., Menschliche Kommunikation (1969), Bern u.a. [11]2007.

Eve-Marie Becker

II. Textlinguistisch

Menschliche K. ist primär die verbale und nonverbale K. von Angesicht zu Angesicht, erst sekundär sind es die medialen Formen der Ein-Weg-Kommunikation (Inschrift, Buch, Zeitung, Radio, Fernsehen). Die Komplexität der K. kann man an der Vielzahl der für sie gebrauchten →Metaphern und Vergleiche ablesen: Werkzeug (Plato, K. Bühler), Leitung und Behälter (M. Reddy), Selbststeuerung eines Systems (P. Watzlawick, G. Bateson), Bühne und Schauspieler (E. Goffman), Maschine (H. Sacks), gemeinsames Aushandeln und Musizieren (W. Nothdurft).

Wurde die verbale K. zunächst in Analogie zu technischen Medien gesehen (Buch, Telefon bei F. de Saussure) und prägte das Sender-Empfänger-Modell mit En-/Dekodierung, Kanal, gemeinsamem Code, Rauschen auch nachhaltig die Allgemeinvorstellung von K., so haben empirische Forschungen seit ca. 1965 wesentlich neue Erkenntnisse gebracht. Wichtig ist die Unterscheidung zwischen Inhalts- und Beziehungsebene (Watzlawick et al.). Die Gesprächsanalyse hat die unbewussten Regeln aufgedeckt, nach denen man wiederkehrende dialogische Aufgaben *gemeinsam* hervorbringt, z.B. den Beginn, den Ablauf und das Ende von Gesprächen, den Sprecherwechsel, Fremdkorrekturen, Themenwechsel. Die allgemeine Struktur ist dabei das Anbieten und das Aufnehmen bzw. Ignorieren und Ablehnen. Selbst Streitgespräche folgen einer ziemlich geordneten Praxis (vgl. die Überblicksdarstellungen bei K. Brinker et al.).

Die Ethnographie des Sprechens zeigt, wie universale Sprechakte (Begrüßung, Aufforderung) und Beteiligungsformen (Sprecherrolle und -wechsel) in einer sozial spezifischen Weise durchgeführt werden und wie dadurch soziale Identität gestiftet wird. Gesten (Zeigegesten, abbildende, auch metaphorische Gesten für Objekte und Prozesse, ‚Taktstockgesten' für das Wichtigste einer Äußerung), Blicke und Körperhaltungen begleiten das Gesprochene interpretierend, sie ergänzen und ersetzen es (A. Kendon).

BIBLIOGRAPHIE: K. Brinker et al. (Hgg.), Text- und Gesprächslinguistik, HSK 16.2, Berlin/New York 2001. – A. Kendon, Gesture, Cambridge 2004. – W. Nothdurft, Kommunikation, in: J. Straub et al. (Hgg.), Handbuch interkultureller Kommunikation und interkultureller Kompetenz, Stuttgart 2007. – M. Reddy, The conduit metaphor, in: A. Ortony (Hg.), Metaphor and thought, Cambridge 1979, 284–310. – P. Watzlawick et al., Menschliche Kommunikation (1969), Bern u. a. [11]2007.

Johannes Schwitalla

Konfessionelle Bibelhermeneutiken

Sowohl die jüdische als auch die christliche →Bibel sind nicht ohne die Synagoge und die Kirche zu denken, d. h. jene →Interpretationsgemeinschaften, die von diesen Schriftsammlungen religiösen Gebrauch machen. E. Käsemann hat die These vertreten, der ntl. →Kanon begründe nicht die Einheit der Kirche, sondern die Vielfalt der Konfessionen. Zwar kann man einwenden, dass diese These eine schiefe Alternative aufstelle. W. Härle modifiziert sie dahingehend, dass der Kanon „als solcher in der Vielzahl der Konfessionen bzw. kirchlichen Richtungen die Einheit der Kirche (sing.!) bewahrt" (*Dogmatik*, 134). Gleichwohl hat Käsemann richtig gesehen, dass Pluralität im Christentum nicht erst eine Folge von Spaltungen darstellte, sondern bereits für das älteste Christentum charakteristisch war. Der ntl. Kanon aber repräsentiert diese Pluralität, die zur geglaubten Einheit der Kirche theologisch in ein angemessenes Verhältnis zu setzen ist. Schriftauslegung geschieht nicht nur unvermeidlich plural, sondern ist auch niemals voraussetzungslos, hat sie doch ihren Ort in der Kirche bzw. den einzelnen Konfessionen als Interpretationsgemeinschaften. Biblische Hermeneutik und Theologie des Kanons werden von diesem Umstand, den der neuprotestantische Individualismus gerne ausblendet, nicht absehen können. Daraus folgt freilich noch keine ‚Hermeneutik des Einverständnisses' wie sie P. Stuhlmacher vertritt. →Einverständnis mit dem biblischen Text kann bestenfalls das Resultat des Verstehensvorgangs, keinesfalls die Prämisse sein. Folglich kann es nach evangelischem Verständnis auch kein kirchliches bzw. lehramtliches Auslegungsprivileg geben, das die Pluralität des prinzipiell unabschließbaren Auslegungsprozesses steuern und domestizieren soll. Zudem existiert die Kirche geschichtlich nur in der Pluralität der Konfessionen, so dass auch die Idee einer kirchlichen Hermeneutik das Pluralitätsproblem nicht still stellen kann. Wie jede Einzelauslegung sind auch die Konfessionen als Gesamtinterpretationen der biblischen Schriften (C.H. Ratschow) stets nur eine endliche Realisierung des biblischen Sinnpotentials. Dementsprechend ist heute eine ökumenische Hermeneutik zu entwickeln, welche sich nicht in der Aufgabe einer interkonfessionellen historisch-kritischen Bibelexegese erschöpft, sondern auf eine ökumenische Theologie zielt, die sich als dialogischer Versuch einer „konsequenten →Exegese" (E. Jüngel) versteht. Zu den offenen Fragen gehört u. a. das Verhältnis von →Schrift und kirchlicher →Tradition.

BIBLIOGRAPHIE: J.D.G. Dunn et al. (Hgg.), Auslegung der Bibel in orthodoxer und westlicher Perspektive, Tübingen 2000. – S. Fish, Is there a text in this class?, Cambridge 1980. – W. Härle, Dogmatik, Berlin/New York 1995. – E. Käsemann, Begründet der neutestamentliche Kanon die Einheit der Kirche? (1951), in: Ders., Exegetische Versuche und Besinnungen I, Göttingen [6]1970, 214–223. – H. Kirchner, Wort Gottes, Schrift und Tradition, Göttingen 1998. – C.H. Ratschow, Art. Konfession/Konfessionalität, in: TRE 19 (1990), 419–426.

Ulrich H.J. Körtner

Konjektur

Eine K. ist eine Lesart, die – gegen die →Überlieferung – postuliert wird. Konjiziert werden: (1) Urtextlesarten: Der Archetyp ist nicht der Urtext. Hat man den Archetyp – möglichst anhand eines Stemmas der Textzeugen – rekonstruiert (*recensio*), so ist dieser auf seine Zuverlässigkeit zu prüfen (*examinatio*). Verderbnisse sind zu kennzeichnen (mit einem Kreuz – *crux*) oder zu beheben – durch K. (*divinatio*). Als Spezialbegriff für diese Art von K. empfiehlt sich ‚Emendation'. Sie ist im Haupttext kenntlich zu machen. (2) Archetyplesarten: Oft scheinen alle Varianten fehlerhaft, weisen aber auf eine zu konjizierende

Archetyplesart hin. (3) Hyparchetyplesarten (z. B. für die hebräische Vorlage der →Septuaginta). (4) Handschriftenlesarten (bei physischer Beschädigung). Eine K. liegt auch dann vor, wenn eine Archetyplesart zugunsten einer textgeschichtlich sekundären Variante verworfen wird. In diesem Fall wird der Archetyp nach der K. eines Schreibers emendiert. Auch diese Art von K. sollte kenntlich gemacht werden.

K.en sind in allen philologischen Disziplinen unentbehrlich. Der Grund ist der Abstand zwischen Archetyp und Urtext, der oft mehrere Jahrhunderte beträgt. Dies gilt insbesondere, wenn ein Werk *uno codice* überliefert ist (so bei den älteren Apologeten). Dann ist dieser Codex der Archetyp, soweit ihm nicht passagenweise Exzerpte späterer →Autoren zur Seite treten.

In der atl. Wissenschaft sind K.en geläufig. Für das NT galt dies bis Anfang des 20. Jh.s; danach trat die Konjekturalkritik zurück. Die *Editio maior critica* emendiert in 2 Petr 3,10 (Position 48) den Archetyp nach einer sekundären Lesart – leider ohne Konjekturkennung.

In der Paulusforschung ist die Benennung von Glossen beliebt (1 Kor 4,6; 14,33–36; 15,31c; Röm 7,25b). Sie ist methodisch schwer zu verorten: Was hat die →Textkritik des *Corpus Paulinum* zu rekonstruieren? Den Paulus-Autograph oder den Urtext älterer Sammlungen? Wann sind Glossen eingefügt worden: vor, während oder nach der Sammlung? Im zweiten Falle würde die Identifikation von Glossen zur Redaktionskritik gehören.

Der Abstand zwischen Archetyp und Urtext ist bei ntl. Schriften sehr gering. Dies erfordert Distanz zur Konjekturalkritik, macht sie aber nicht unnötig. K.en beleben das Gespräch über den Text, weil sie zur Widerlegung reizen (P. Maas, § 18).

BIBLIOGRAPHIE: A. Jülicher/E. Fascher, Einleitung in das Neue Testament, Tübingen [7]1931, 619–622. – P. Maas, Textkritik, Leipzig [4]1960. – D.R. MacDonald, A conjectural emendation of 1 Cor 15,31–32, in: HThR 73 (1980), 265–276. – M. Marcovich, Patristic textual criticism, Part 1, Atlanta 1994. – E. Nestle, Einführung in das Griechische Neue Testament, Göttingen [3]1909, 181–183. – J. Strugnell, A plea for conjectural emendation in the New Testament, with a coda on 1 Cor 4:6, in: CBQ 34 (1974), 543–558.

Jan Dochhorn

Konnotation →Sinn

Konstruktivismus

I. Systematisch-theologisch

Der K. ist ein sehr vielschichtiges Phänomen und hat mittlerweile in zahlreiche Disziplinen und auch im sozial-gesellschaftlichen Bereich (etwa in Pädagogik oder Psychotherapie) Eingang gefunden. Man kann daher kaum von ‚dem' K. sprechen, sondern eher von konstruktivistischen Bewegungen. Es handelt sich dabei um erkenntnistheoretische Ansätze, die sich aus verschiedensten Phänomenen und Zugängen speisen und auch in diese zurückwirken. Insofern finden sich konstruktivistische Perspektiven in unterschiedlichsten philosophischen Konzeptionen (etwa Pragmatismus, Skeptizismus, Interpretationstheorie, Soziologie, Systemtheorie). Die Stichworte ‚Konstrukt' und ‚Konstruktion' sind jedenfalls allerorts zu Leitbegriffen geworden.

Dabei haben konstruktivistische Grundannahmen eine lange Tradition. V. a. I. Kants sog. ‚Kopernikanische Wende' zielt darauf ab, dass Wirklichkeit (phänomenaler Bereich) nur aufgrund unserer subjektiven aber gleichwohl allgemeinen Erkenntnisbedingungen erfahren wird. Die Wirklichkeit kann für uns nur so sein, wie unsere Erkenntnisausstattung es erlaubt. Wie die Wirklichkeit unabhängig davon ist (‚Ding an sich'), können wir nicht wissen. Gegenüber Kant geben neuere konstruktivistische Ansätze den Gedanken einer letztlich einheitlichen Wirklichkeit auf, was einen pluralistischen Zug einbringt. Da die Wirklichkeit und ihre Teilbereiche durch konstruktionale Bedingungen der „Beobachter" konstituiert sind, können diese Beobachterwirklichkeiten auch differieren. Hier spielen Beobachtertheorien eine zentrale Rolle, häufig unter Berufung auf die Differenztheorie von G. Spencer-Brown. Beobachter können nur mittels ‚Unterscheidungen' beobachten, aber die herangezogenen Unterscheidungen, insbesondere die Primärunterscheidungen, sind prinzipiell ‚willkürlich', wenn auch nicht ‚beliebig' (N. Luhmann). Je nach verwendetem Unterscheidungsinventar differiert das Beobachtete. Das Gehirn fungiert als Beobachtersystem, da es ebenfalls nur aufgrund seiner Systemausstattung Informationen generiert und so (mögliche) Wirklichkeit selektiert. Nicht zuletzt hier kommen Selbstorganisationstheorien ins Spiel, wonach biologische, psychische oder soziale Systeme operational geschlossen und selbstreferentiell sind und Informationen selbst konstruieren müssen. Die Konstruktbildungen müssen jedoch keineswegs bewusst verlaufen. Etliche konstruktivistische Ansätze verzichten auch auf einen klassischen korrespondenztheoretischen Wahrheitsbegriff und ersetzen die vakante Stelle durch ein Konzept von ‚Viabilität' (Zweckmäßigkeit, Passung). Wirklichkeitskonstrukte sind dann viabel, wenn sie lebensdienlich, zweckmäßig, konsens- und anschlussfähig sind.

Systematisch-theologisch haben konstruktivistische Entwürfe bislang nur begrenzt Aufnahme gefunden. Nichtsdestotrotz ermöglichen sie auch hier neue Perspektiven, insofern der konstruktionale Charakter theologischer Aussagen neu ins Bewusstsein tritt. Da ein externer ‚viewpoint of god' unerschwinglich ist, müssen sich theologische Behauptungen an ihrer Plausibilität bemessen. Diese steht aber nicht von vornherein fest. Damit ist zwar wiederum keine Beliebigkeit intendiert, wohl aber eine produktive Sicht auf Alterität in Bezug auf theologische Primärdistinktionen.

BIBLIOGRAPHIE: G. Abel, Interpretationswelten, Frankfurt a.M. 1995. – F. v. Ameln, Konstruktivismus, Tübingen/Basel 2004. – A. Klein, „Die Wahrheit ist irgendwo da drinnen…?“, Neukirchen-Vluyn 2003. – S.J. Schmidt (Hg.), Der Diskurs des Radikalen Konstruktivismus, Frankfurt a.M. [7]1996. – Ders., Die Zähmung des Blicks, Frankfurt a.M. 1998.

Andreas Klein

II. Literaturwissenschaftlich

Der K. definiert sich durch die Grundthese, dass der Mensch keinen direkten Zugriff auf die Welt hat, sondern dass Welterfahrung eine Konstruktion ist. In seinem Kern ist der K. eine Kognitions- und Erkenntnistheorie, die die Idee einer objektiven Repräsentation einer Außenwelt verabschiedet. Demnach ist der menschliche Erkenntnisapparat so strukturiert, dass keine Wahrnehmung die Außenwelt intern reproduziert; vielmehr ist Wahrnehmung selbst konstruiert.

Dabei greift der K. zum Ersten auf die Transzendentalphilosophie zurück, die davon ausgeht, dass Erkenntnisse durch die Bedingungen des Erkenntnisapparates (Erscheinung), nicht durch das erkannte Ding (an sich) konstituiert werden, zum Zweiten auf Nietzsches Idee, dass jede Wahrnehmung selbst immer schon eine produktive Interpretation darstellt, und zum Dritten auf die Kybernetik v.a. mit ihrer Idee von Selbststeuerungsmechanismen.

Die erste grundlegende Ausprägung des K. in den 1980er Jahren stammt aus der biologischen Kognitionstheorie (H.R. Maturana, F. Varela), die davon ausgeht, dass lebende Organismen autopoietisch verfasst sind, sich also aus den Elementen, aus denen sie bestehen, mit Hilfe dieser Elemente selbst reproduzieren. Für die Kognition sind wahrgenommene Reize unspezifische Irritationen, die nach Maßgabe der Operationsweise der Kognition Anlass zu Konstruktionen geben.

Daraus entwickelt sich der Radikale K. (S.J. Schmidt), der davon ausgeht, dass aufgrund der Umweltabgeschlossenheit menschlicher Kognition jede produktive Leistung auf solchen Konstruktionsprozessen beruht. Gegen den Vorwurf, dass das Prinzip ‚alles sei konstruiert' selbstaufhebend sei, antwortet der Radikale K., dass die Radikalität, also die Exklusivität der Konstruktion, die Bedingung der Möglichkeit von Erkenntnis sei. So parallelisiert eine konstruktivistische Systemtheorie kognitive und soziale Prozesse und überträgt die biologische Idee der Autopoiesis auf die Bildung soziale Systeme.

In den 1980er Jahren wird der K. auch in der Literaturwissenschaft breit rezipiert, weil er erlaubt, Interpretation selbst als Konstruktion zu reformulieren. Frühere empirische Ansätze, die davon ausgehen, dass man wissenschaftlich nicht interpretieren, sondern Interpretationen nur auswerten kann, werden somit konstruktivistisch untermauert. Darüber hinaus stellt der K. eine radikale Variante der Rezeptionsästhetik dar, die die Interpretation von einer hermeneutischen oder strukturalen Absicherung durch den Text löst und stattdessen auf die lebensweltliche Bedeutung von Rezeption zum Beispiel als Element einer „endlos autobiographischen Tätigkeit“ (B. Scheffer) bezieht.

BIBLIOGRAPHIE: H. v. Foerster et al., Einführung in den Konstruktivismus, München 1992. – B. Scheffer, Interpretation und Lebensroman, Frankfurt a. M. 1992. – S.J. Schmidt (Hg.), Der Diskurs des Radikalen Konstruktivismus, Frankfurt a. M. 1987. – Ders., Kognitive Autonomie und soziale Orientierung, Frankfurt a. M. 1994.

Oliver Jahraus

III. Philosophisch

Der K. ist eine Wahrheits- und dadurch auch Bedeutungstheorie von Aussagen, die eine Korrektur bzw. Alternative zu einer realistischen Wahrheitstheorie darstellt. Eine Wahrheitstheorie heißt epistemologisch realistisch, insofern sie von objektiven Wahrheitswerten von Aussagen ausgeht unabhängig davon, ob die Wahrheit bzw. Falschheit einer Aussage erkannt werden kann oder nicht. Für den K. ist eine solche Wahrheitstheorie aus mindestens drei Gründen inkohärent und nicht vertretbar: (1) *Das mathematische Argument betreffs der Natur des Unendlichen*: die Elemente von unendlichen Mengen können im Gegensatz zu denjenigen von endlichen Mengen nicht alle genannt werden. Eine unendliche Menge kann, so der K., nur durch eine Konstruktion beschrieben werden, mittels welcher deren Elemente erzeugt werden. Der Realist beharrt auf der Fiktion, dass sich eine unendliche Menge auch als vollendete Totalität behandeln lässt. Diese Behandlung scheint zu Paradoxien zu führen, welche dem K. zufolge nicht durch lokale Reparaturen beseitigt werden, sondern nur durch eine radikale Beschränkung der Definition unendlicher Mengen auf Konstruktionen. (2) *Das logische Argument betreffs der Natur des Beweises*: für den K. ist die Wahrheit einer Aussage epistemisch, insofern sie auf der Fähigkeit von Menschen basiert, sie zu beweisen. Für ihn ist der Beweisbegriff zentral und wird semantisch verstanden: Der Beweis versieht Ausdrücke mit Bedeutung. Der Realist versteht ‚Beweis‘ syntaktisch. Es ist nicht der Beweis, sondern die Semantik, welche Ausdrücke mit Bedeutung versieht, indem sie sie mit Eigenschaften verschiedener Strukturen verbindet. Die konstruktivistische Auffassung von ‚Beweis‘ führt zur Ablehnung der klassischen (realistischen) Theorie der Negation in der Logik. (3) *Das sprachliche Argument betreffs der sog. ‚Manifestationsherausforderung‘*: der K. beantwortet die Frage: Mit welchem Recht kann Sprechern einer Sprache ein Verständnis von Ausdrücken zugeschrieben werden, welches über das hinausgeht, was sie in ihrem sprachlichen Verhalten manifestieren können? mit: Es gibt kein solches Recht. Denn der Spracherwerb ist an Manifestation gebunden, d. h. die Bedeutung kann nichts anderes sein, als was Sprecher im Sprachgebrauch manifestieren können. Das sprachliche Argument ist: Ein realistisches Verständnis der Aussage kann nicht mitgeteilt, nicht manifestiert, und somit auch nicht erworben werden. Wird die Bedeutung von Aussagen mit Wahrheitsbedingungen, die von Beweisbarkeitsbedingungen verschieden sind, identifiziert, bleiben Aussagen ohne jede Bedeutung.

BIBLIOGRAPHIE: M. Dummett, Elements of intuitionism, Oxford 1977. – P. Engel, La norme du vrai, Paris 1989. – S. Read, Philosophie der Logik, Reinbek 1997. – G. Sommaruga, History and philosophy of constructive type theory, Dordrecht 2000. – A.S. Troelstra/D. van Dalen, Constructivism in mathematics, 2 Bde., Amsterdam 1988.

Giovanni Sommaruga

Kontext/Kontextualität

I. Alttestamentlich

K. bezeichnet jene Teile des Diskurses, die ein →Wort oder eine Passage in einem geschriebenen →Text oder einer mündlichen Äußerung umgeben sowie jene wechselseitigen Beziehungen, innerhalb derer der Text oder die Äußerung situiert ist. ‚Verbalkontext‘ beschreibt den K. eines bestimmten Wortes oder Ausdrucks in einem bestimmten Text durch die zwischen dem Wort und dem restlichen →Satz bestehenden strukturellen Beziehungen.

Der Literalsinn basiert auf der Vorstellung, dass Worte isoliert existieren und dass ihr

Ursprung in einer objektiven Welt sie von der Kontextbindung befreit. Die Realität des gesellschaftlichen wie kontextuellen Eingebundenseins jeder Äußerung weist jedoch auf die soziale Einbettung von Bedeutung hin. R. Jakobsons Modell der Kommunikationsfunktionen eines Textes (referentiell, poetisch, emotiv, konativ, phatisch und metalingual) gibt zu erkennen, dass Kontextfreiheit hinsichtlich der Wortbedeutung ausgeschlossen ist. J. Austins Sprechakt-Theorie und die Weiterentwicklung der → Pragmatik durch seinen Schüler J. Searle bereiteten eine linguistische Grundlage, um ‚K.' zu erklären.

T. van Dijk hat in seiner Pragmatik den Begriff K. ausdifferenziert. Er definiert K. als eine Folge von →Ereignissen, die durch ein geordnetes Gefüge sukzessiver momentaner Veränderungen definiert ist. R. Fowler unterscheidet zwischen dem *context of utterance* (der Situation, in welcher der Diskurs stattfindet), dem *context of culture* (dem Netzwerk von sozialen und wirtschaftlichen Konventionen und jenen Institutionen, Situationen und Beziehungen, die Kultur in ihrer Gesamtheit konstituieren) und dem *context of reference* (dem Thema des Textes). In dieser Hinsicht beeinflusst *Linguistic Criticism*, insbesondere Soziolinguistik, die biblische → Hermeneutik.

V.K. Robbins entwickelte ein Modell für die sozio-rhetorische →Interpretation ntl. Texte, das nicht nur alle Sprachstrategien integriert, die zur Vermittlung von Bedeutung verwendet werden, sondern zudem ein Bewusstsein dafür zeigt, wie soziale und historische K.e sowie persönliche Interessen den Interpretationsprozess beeinflussen. Robbins zeigt die signifikante Rolle des K.es hinsichtlich (1) der inneren Struktur (Verbalkontext), (2) des Intertextes (intertextueller K.), (3) der sozialen und kulturellen Struktur (sozial-geschichtlicher K.), (4) der ideologischen Struktur (politischer K.) und (5) der sakralen Struktur (religiöser K.) auf. Der K. der Textrezeption ist z. B. in Afrika von erheblicher Bedeutung. Angeregt durch die dortigen Erfahrungen mit dem Imperialismus und dem Versuch des *social engineering* (Sozialkonstruktion) in Südafrika während der Apartheid, entstand Kontextuelle Theologie als eine Theologie der Befreiung von der Unterdrückung (vgl. Kairos-Dokument). Der institutionelle Hauptträger der Kontextuellen Theologie war das *South African Council of Churches*. Kontextuelle Theologie spielte in der *Truth and Reconciliation Commission* eine maßgebliche Rolle.

Bibliographie: T.A. van Dijk, Text and context, New York 1977. – R. Fowler, Linguistic criticism, Oxford 1996. – R. Jakobson, Linguistics and poetics, in: T. Sebeok, Style in language, Cambridge 1964, 350–377. – V.K. Robbins, Exploring the texture of texts, Valley Forge 1996. – R. Rommetveit, On literacy and the myth of literal meaning, in: R. Säljö (Hg.), The written word, Berlin 1988, 13–40. – The Kairos Document: challenge to the church: a theological comment on the political crisis in South Africa, Johannesburg 1986.

Gert F. Snyman

II. Neutestamentlich

Das Verhältnis von →Text, K. und →Leser ist komplex und erweist sich durch neueste Entwicklungen in den exegetischen Disziplinen, die durch *literary* wie *historical turns* geprägt sind, als zunehmend problematisch. Das Problem liegt im Gegensatz zwischen der Autonomie des biblischen Textes und seiner kontextuellen Bindung. Der Ansatz des ‚Kontextualismus' betont die explizierende Funktion extratextueller Faktoren, die entweder linguistisch und ideologisch (vgl. Q. Skinner) oder politisch, ökonomisch und sozial bestimmt werden. Interdisziplinäre Ansätze wie die Soziologie, Sozialanthropologie (vgl. C. Geertz; M. Douglas) und die Sozialpsychologie werden angewandt, um politische, soziale und kulturelle K.e einzubeziehen. Vielfach meint man, dadurch Fakten und objektives Wissen über die Entstehungssituation biblischer Texte gewinnen zu können (vgl. B.J. Malina). Dieser Ansatz wurde als positivistische Rekonstruktion heftig kritisiert (vgl. E.A. Clark, E. Schüssler Fiorenza). Aus dieser Sicht ist der K. rhetorisch konstruiert. Wir können nicht auf den historischen K. direkt zurückgreifen, sondern nur auf dessen literarischen Ertrag. Der literarische Charakter vieler biblischer und frühchristlicher Texte erschwert die eindeutige Identifikation der ursprünglichen K.e. Dadurch, dass verschiedene →Interpreten verschiedene K.e konstruieren, entsteht ein problematisches Verhältnis zwischen Text und K. Daher hat der Interpret eine ethische Verantwortung für die Rekonstruktion des ursprünglichen K.es sowie für die Textinterpretation im zeitgenössischen K.

→Kontextuelle Bibelhermeneutiken entstanden zuerst außerhalb der privilegierten Zentren der Bibelauslegung, z. B. in der Befreiungstheologie Lateinamerikas, unter Feministinnen und in afro-amerikanischen Theologien, und stellten eine Herausforderung für die universale Geltung von →Interpretationen, die von europäischen oder nordamerikanischen Interpreten entwickelt wurden, dar. Diese kontextuellen Hermeneutiken (*readings*) basieren auf vorausgesetzten Gemeinsamkeiten zwischen den historischen K.en der biblischen Texte und den K.en zeitgenössischer, nicht-privilegierter, z. B. unterdrückter und ausgebeuteter Leser. Obwohl biblische Texte die Basis der kontextuellen Theologie bilden, wird der Begriff heute im weiteren Sinn verwendet und dient der Frage nach dem Einfluss kultureller K.e auf alle Interpretationen des christlichen Glaubens. Die Folge davon ist ein zunehmendes Bewußtsein dafür, dass alle Leser durch ihre jeweiligen K.e beeinflusst werden (D.C. Marks).

Bibliographie: S.B. Bevans, Models of contextual theology, Maryknoll 2002. – E.A. Clark, History, theory, text, Cambridge 2004. – B.J. Malina, The New Testament world, Louisville 1993. – D.C. Marks (Hg.), Shaping a theological mind, Aldershot 2002. – E. Schüssler Fiorenza, Rhetoric and ethics, Minneapolis 1999. – J. Tully (Hg.), Meaning and context: Quentin Skinner and his critics, Oxford 1988.

Halvor Moxnes

III. Systematisch-theologisch

Der Begriff K. wird anders als stärker programmatisch codierte Textkategorien nur aus dem K. seiner Verwendung verständlich. K. ist ein schwacher, vielleicht aber gerade dadurch starker Begriff, der scheinbar harmlos in Texttheorien wie auch →Hermeneutiken vorkommt, die einander im übrigen ausschließen. Kontextualität zielt im logischen und linguistischen Sinn auf die Vereindeutigung sprachlicher Vieldeutigkeit (Polysemie) durch den jeweiligen Zusammenhang, mithin also auf den Ausschluss von Nebensinn (Konnotationen). Kontextualisierung erweist sich allerdings als doppelbödig, ist doch der klärende K. selbst kontextualisierungsbedürftiger Text. Pragmatismus hilft über diesen →hermeneutischen Zirkel nie völlig hinweg. Anders verhält es sich, wenn Kontextualität als Problemanzeige für eine pragmatische Unterscheidung nichttextueller (z. B. sozialer, institutioneller) und textueller Zusammenhänge verstanden wird. Die Linguistik nennt diese nichttextuellen Kommunikationsbedingungen Ko-Texte. Der Begriff K. ist freilich längst selbstverständliches Inventar der Wissenschaftssprache, in der er, frei von texttheoretischer Referenz, oft nichts als einen Zusammenhang überhaupt bezeichnet.

Die Theologie hat den Kontextbegriff – anders als den fundamentalen Textbegriff oder die programmatischen Intertextualitätstheorien – wie selbstverständlich integriert, bezieht sich dabei aber eher auf die hermeneutische Verwendung. Texttheorien werden in der Theologie hingegen nach wie vor zögerlich rezipiert.

Bibelhermeneutisch relevant ist Kontextualität im engen und weiten Sinn. Als Vereindeutigung sprachlicher Vieldeutigkeit verhilft die Bestimmung eines K.es zur Präzisierung von Textsinn. So rechnet die Bibelexegese vielfach mit Kontextualität: bei der Erhellung des →Sinns einzelner Textstellen aus deren Umgebung, bei Mutmaßungen über das historische Verhältnis von →Texten, →Autoren und →Lesern sowie in der Anordnung eines bibelhermeneutischen Gesamtverständnisses. Damit beginnt eine Kontextualisierung für dogmatische, ethische und andere Funktionszusammenhänge, kurz: für den Gegenwartsbezug. Christentum, Theologie und Kultur erscheinen ihrerseits als weite K.e der Präzisierung von biblischem Textsinn (worin ein kritisches Korrektiv für die vermeintlich wörtliche Geltung der Bibel liegt). So dient der Kontextbegriff auch als Index des Zeichencharakters jeder Rede von Gott. Der christliche Gottesgedanke versucht jedenfalls sein zeichenhaftes Vermitteltsein als Kontextualisierung in unterschiedlichen

Regionen, Perioden und Epochen des Christentums zu begreifen. Kontextuell zu denken ist so gesehen wesentlich für jede Beschreibung des Christentums.

BIBLIOGRAPHIE: F. Hauschildt (Hg.), Text und Kontext in Theologie und Kirche, Hannover 1989. – R. Jakobson, Zeichen und System der Sprache (1962), in: Ders., Semiotik, Frankfurt a. M. 1992, 427–436. – J. Mattern, Die Dimensionen des Textes, in: Ders., Ricœur zur Einführung, Hamburg 1996, 95–115. – K.P. Müller, Art. Kontext, in: Metzler Lexikon Literatur- und Kulturtheorie, hg. v. A. Nünning, Stuttgart [3]2008, 347 f. – P. Ricœur, Interpretation theory, Fort Worth 1976.

Christian Senkel

IV. Literaturwissenschaftlich

Der K. eines →Textes sind v. a. diejenigen Verstehenszusammenhänge, mit denen ein Text verknüpft ist (lat. *contextus*, ‚Verknüpfung'). Im Rahmen der Literaturwissenschaft bezeichnet der Begriff in erster Linie inter- und extratextuelle Bezüge. Da ein literarischer Text zwar isoliert analysiert und untersucht, aber niemals ohne Kenntnis des K.es verstanden werden kann, ist Kontextualität ein Kennzeichen von →Literatur. Zugleich kann man davon ausgehen, dass immer mehrere K.e betrachtet werden müssen. Denn Literatur entsteht, indem ein →Autor auf der Basis seiner Weltsicht, seiner Erfahrung, dominierender Episteme und mehrerer ihm bekannter Texte eine Geschichte konstruiert, welche die →Leser dann auf der Grundlage ihres jeweiligen Weltwissens (bzw. der jeweiligen K.e) rezipieren. Gleichzeitig können Teile eines Textes vom Leser nur im K. des Ganzen (infratextuell) verstanden werden, und der Leser vergleicht im Zuge von →Interpretation Textpassagen mit anderen desselben Textes (intratextuell). Kontextualität hat also viele Ausprägungen und ist wichtig für das →Verstehen und Interpretieren von Literatur, v. a. wenn die K.e von Produktion und →Rezeption unterschiedlich sind. Wem beispielsweise die Liebeskonzeption des mittelalterlichen Minnesangs unbekannt ist, dem wird sich der Sinn eines Minneliedes nicht erschließen, und es ist zu befürchten, dass falsche Schlüsse auf die Kultur des Mittelalters folgen werden. Auch kulturelle Differenzen können zu unterschiedlichen Einschätzungen, Gewichtungen und Interpretationen führen, weshalb die K.e, die einen Text geprägt haben, gerade hinsichtlich kultureller Implikationen genau betrachtet werden müssen. Der K. dient also dazu, die unendliche Vielfalt von Konnotationen, die sich aus →Zeichen ergeben, weiter einzuschränken und so Grenzen einer Interpretation zu markieren bzw. die Lektüre durch zusätzliches Wissen zu bereichern. Theoretiker, die sich besonders mit Text-K.-Verhältnissen beschäftigen, setzen daher Literaturwissenschaft und Kulturwissenschaft gleich. Mit K. im eigentlichen Sinn beschäftigt sich die Intertextualitätstheorie (→Intertextualität), die zeigt, wie K.e Teil eines Textes sind und über ihn hinausweisen. Gleichzeitig befindet sich jeder Text in einem K. und bezieht daraus überwiegend seine Gestalt, die ihn einer →Gattung zuordnet. Da Kontextualität markiert, dass sich ein Text immer in einem kommunikativen Geflecht und in Korrelation mit anderen Texten befindet, kann sie als Teil der →Pragmatik beschrieben werden.

BIBLIOGRAPHIE: H. Aschenberg, Kontexte in Texten, Tübingen 1999. – P.J. Brenner, Das Problem der Interpretation, Tübingen 1998. – L. Danneberg, Kontext, in: RLW 2 (2000), 333–337. – N.E. Enkvist, Context, in: R. Sell/P. Verdonk (Hgg.), Literature and the new interdisciplinarity, Amsterdam 1994, 45–60. – J. Fohrmann, Textzugänge, in: Scientia Poetica 1 (1997), 207–223. – K. Stierle, Zur Begriffsgeschichte von ‚Kontext', in: Archiv für Begriffsgeschichte 18 (1974), 144–149.

Ursula Kocher

V. Textlinguistisch

Texte entstehen ausnahmslos unter Kontextbedingungen. Bei ihrer →Rezeption und eventuell gegebenen Weiterverarbeitung rufen sie K.e im Rahmen des Textverstehens auf. Dabei können sich die K.e der Entstehung von denen der Rezeption mehr oder weniger unterscheiden.

Texte lassen sich als Makrozeichen beschreiben, die sich pragmatisch meist relativ eindeutigen Sprachhandlungen (Illokution; →Sprechakttheorie, J. Searle) zuordnen lassen und die Wirkungen haben (Perlokution), freilich nicht notwendigerweise die vom Verfasser intendierten. Sprachlich sind →Texte grammatikalisch wohlgeformte bzw. sprachlich akzeptable Entitäten; in kommunikativer Hinsicht sind Texte manifeste sprachliche Erscheinungen, die die ‚innere Sprache' (L.S. Wygotski) bzw. die inneren Bilder des Verfassers nach den Bedingungen der →Pragmatik und →Grammatik repräsentieren (= ‚Text 1') (M. Nussbaumer).

Texte entstehen in Situationen, die historisch, sozial, ökonomisch, kulturell und individuell geprägt sind. Daraus ergeben sich jene Bedingungen, unter denen sie verstanden werden können; vgl. z. B. die Entstehung und Auslegung von Gesetzen oder von Verträgen auf der Grundlage von wirtschaftlichen Vorgaben, sozialpolitischen Präferenzen, soziokulturellen Werten und individueller Ethik. Texte, die auf eine spezifisch-konventionalisierte Weise verstanden und Teile gesellschaftlicher Diskurse geworden sind, können als Prä- und/oder Intertexte selbst zu K.en von Texten werden. Die Bibel bewährt sich auf diese Weise für höchst verschiedenartige Texte als K.

Die für das →Verstehen eines Textes notwendige Kohärenzbildung geschieht durch den bewussten, oft auch halbbewussten Einbezug der K.e (= ‚Text 2'). Text 2 existiert durch die Kooperation des Rezipienten (S.C. Levinson), da der manifeste Text (U. Eco) eine zeichenhaft reduzierte Größe ist, die als Text erst durch die Kohärenz stiftenden Leistungen des Rezipienten funktioniert; zu unterscheiden davon ist der ‚Kotext', also der oder die Texte, die in unmittelbarer textueller Nähe zum betrachteten Text stehen. Kohärenz ist der sinnvolle Zusammenhang einer Mitteilung im Kopf des verstehenden Subjekts und beruht auf den Erfahrungen und dem Wissen des Rezipienten. In dieses Wissen sind gewissermaßen die K.e eingelagert, in Form von anderen Texten, von akzeptierten Lebenszusammenhängen, wie sie z. B. die *Common-sense*-Theorie (H. Feilke) formuliert, und von institutionalisiertem Kultur- und Gesellschaftswissen.

Diese Zusammenhänge bewirken, dass Texte nur dann relativ vollständig verstanden werden können, wenn (a) ein (Vor-)Wissen bezüglich ihrer Inhalte, (b) adäquate Kenntnisse der wesentlichen K.e eines Textes vorhanden sind und (c) die wesentliche, d. h. dominierende Sprachhandlung oder die wesentlichen Sprachhandlungen erfasst werden.

Sprachwissenschaftlich ist die Relation Text – K. noch ein Desiderat, das z. T. durch ‚*frame*' und ‚Fokus' abgedeckt wird. Die fachterminologische Offenheit des Kontextbegriffs entspricht der kommunikativen und kognitiv-affektiven Dynamik von Textproduktion und Textrezeption. Die Explizierung der jeweils herangezogenen K.e kann den metatextuellen Diskurs zu Text 1 sowie zum manifesten Text und zu Text 2 erheblich unterstützen und Textverstehen (er-)klären.

BIBLIOGRAPHIE: D. Baecker, Form und Formen der Kommunikation, Frankfurt a. M. 2005. – U. Eco, Die Grenzen der Interpretation, München 1992. – Ders., Lector in fabula, München 1990. – H. Feilke, Common sense – Kompetenz, Frankfurt a. M. 1994. – P. Klotz, Lücken, Risse, Brüche – zum Verhältnis von Text und Kontext, in: S. Schmölzer-Eibiger/G. Weidacher (Hgg.), Textkompetenz, Tübingen 2007, 69–88. – S.C. Levinson, Pragmatics, Cambridge 1983 [*dt.* Tübingen [3]2000]. – M. Nussbaumer, Wie Texte sind und wie sie sein sollen, Tübingen 1992. – J.R. Searle, Speech acts, Cambridge 1969 [*dt.* Frankfurt a. M. 1971]. – L.S. Wygotski, Denken und Sprachen, Frankfurt a. M. 1986. Peter Klotz

Kontextuelle Bibelhermeneutiken

Als ‚k. B.' werden die verschiedenen Spielarten befreiungstheologischer und genderspezifischer →Hermeneutiken bezeichnet. Neben der lateinamerikanischen Theologie der Befreiung haben sich spezifische Formen einer afrikanischen, einer afroamerikanischen (*Black Theology*), einer asiatischen, speziell einer koreanischen (Minjung-Theologie) und einer indischen Befreiungstheologie (Dalit-Theologie) entwickelt, neben den unterschiedlichen Konzeptionen feministischer Theologie Formen einer lesbischen, einer schwulen oder auch einer *queer*-Hermeneutik (→*Gender Studies*).

Die Frage nach dem Kontext von Theologie ist im Grunde so alt wie das Christentum, das sich seit dem Beginn seiner Missionsgeschichte in unterschiedliche Kulturen und sozioökonomische Kontexte inkulturiert hat. In der Vergangenheit galt jedoch die abendländische Gestalt des Christentums und seiner Theologie als normative Tradition für alle

Kontinente und Kulturen. Eben diese Dominanz der abendländischen Tradition wird heute in Frage gestellt. Ihr setzten die neuen kontextuellen Theologien eine Hermeneutik des →Verdachts entgegen, welche dekonstruktivistisch die gesellschaftlichen Hintergründe und Machtverhältnisse theologischer Theoriebildungen freilegt. Die von der Befreiungstheologie entwickelte Bibelhermeneutik hat ihren Sitz in der Bibelarbeit mit theologischen Laien und in den sog. Basisgemeinden. Die Bibel wird aus dem Blickwinkel der Armen, d.h. unterdrückter und marginalisierter sozialer Schichten und Völker, gelesen. Das Gewicht der Bibelauslegung liegt, wie auch bei anderen kontextuellen Hermeneutiken, auf der →Applikation. Man kann von ‚engagierter Lektüre' mit einer stark ethischen Ausrichtung sprechen. Generell messen kontextuelle Theologien, seien sie nun ökologisch, feministisch oder ethnisch-gruppenbezogen, Begriffen wie Pluralität oder →Alterität eine große und positive Bedeutung zu. Gerade auf dem Gebiet der theologischen Hermeneutik ist das Bewusstsein gewachsen, dass der christliche Glaube und seine Botschaft immer nur in Gestalt partikularer, geschichtlich und soziokulturell begrenzter Interpretationen in Erscheinung tritt. Dabei darf jedoch der universale Wahrheitsanspruch des Evangeliums nicht aus dem Blick geraten. Es besteht die Gefahr, dass der →Kontext an die Stelle des (biblischen) Textes tritt. Der Kritik und dem hohen moralischen Anspruch einer Hermeneutik des Verdachts haben sich daher auch die verschiedenen kontextuellen Theologien und Hermeneutiken selbst zu stellen.

Bibliographie: J.S. Croatto, Die Bibel gehört den Armen, München 1989. – S. Heine, Frauen in der frühen Christenheit, Göttingen [3]1990. – A. Noller, Feministische Hermeneutik, Neukirchen-Vluyn 1995. – S. Schroer/S. Bietenhard (Hgg.), Feminist interpretation of the Bible and the hermeneutics of liberation, London 2003.

Ulrich H.J. Körtner

Koran (als Posttext der Bibel)

Der K. (von *qur'ān*, ‚Lesung', vgl. syr. *qeryānā*) ist die Sammlung der Verkündigungen, die Muḥammad zwischen ca. 610 und 632 n. Chr. in Mekka und Medina als göttliche Offenbarungen verlautbart hat. Der Text, dessen heutiger Konsonantenbestand nach islamischer Überlieferung bereits durch den Kalifen ʿUṯmān (reg. 644–656) für verbindlich erklärt worden ist, gliedert sich in 114 Suren, die mit Ausnahme der Eröffnungssure nach absteigender Länge angeordnet sind. An mehreren Stellen wird dieses Prinzip durchbrochen, wohl um bereits zusammengewachsene Surengruppen nicht aufzusprengen. T. Nöldekes Unterscheidung von früh-, mittel- und spätmekkanischen sowie medinensischen Texten geht von der Sure als literarischer Einheit aus (wobei die Möglichkeit von Einschüben zugegeben wird); diese Prämisse ist durch A. Neuwirths Nachweis von Strukturkonventionen in den mekkanischen Suren nachträglich belegt worden.

Zu den ältesten Koransuren gehören vermutlich der hymnische Aufruf zur Gottesverehrung in Sure 106 und die narrative Vergegenwärtigung von Gottes Rettung Mekkas vor einem feindlichen Angriff (Sure 105); in beiden Texten erscheint Gott nicht als universaler Weltschöpfer und -richter, sondern primär als Schirmherr Mekkas. Zentrales Thema der frühmekkanischen Verkündigungen ist die Unausweichlichkeit des Jüngsten Gerichts und die daraus folgende Rechenschaftspflichtigkeit des Individuums. Zahlreiche Textpassagen malen die dem Jüngsten Tag vorausgehenden kosmischen Umwälzungen und das Jenseitsschicksal der Menschen aus (→Apokalyptik). Sprache und Bilderwelt der frühmekkanischen Suren berühren sich mit dem Psalter und syrisch-christlichen Texten, wobei diese Parallelen nirgends zitatmäßigen Charakter annehmen. Obwohl die frühe Sure 87 beansprucht, nur die Lehre der ‚früheren Schriften, der Schriften Abrahams und Moses' (V.18 f.) wiederzugeben, sind die Korantexte formal als Gottesrede gehalten, erheben also einen eigenständigen Offenbarungsanspruch. Gegen Ende der frühmekkanischen Periode gewinnen die Suren deutlich an Länge und weisen jetzt häufig einen dreiteiligen Aufbau auf, in dessen Mitte zumeist Erzählperikopen, oft mit deutlichen Bezügen zu rabbinischem Traditionsgut, stehen. Darin sind u.a. biblische

Gestalten wie Abraham, Noah und Mose vertreten, die als missachtete ‚Warner' und Umkehrprediger geschildert werden; später treten Figuren wie Salomon und Jesus auf, die nicht in dieses Schema passen. Prominentes Merkmal der medinensischen Suren ist neben relativ detaillierten kultischen und soziopolitischen Regelungen auch die Polemik gegen die sich der Konversion zum Islam widersetzenden medinensischen Juden.

BIBLIOGRAPHIE: H. Bobzin, Der Koran, München [6]2007. – M. Cook, Der Koran, Stuttgart 2002. – J. Horovitz, Koranische Untersuchungen, Berlin 1926. – J.D. McAuliffe (Hg.), The Cambridge companion to the Qur'ān, Cambridge 2006. – A. Neuwirth et al. (Hgg.), The Cor'an in context, Leiden 2009. – T. Nöldeke/F. Schwally, Geschichte des Qorāns, Teil 1, Leipzig 1909. – R. Paret, Mohammed und der Koran, Stuttgart [9]2005. – N. Robinson, Discovering the Qur'an, Washington [2]2003. – A. Rippin (Hg.), The Qur'ān: style and content, Aldershot 2001. – W.M. Watt, Bell's introduction to the Qur'ān, Edinburgh 1970.

Nicolai Sinai

Korrelation

Der von lat. *conferre* und *referre* abgeleitete Begriff hat im deutschsprachigen theologischen wie philosophischen Diskurs seit dem späten 19. Jh. hohe Aufmerksamkeit gefunden. Differenzierte begriffshistorische Untersuchungen fehlen. Im allgemeinen Sprachgebrauch wird K. zumeist im Sinne von ‚Wechselbeziehung', ‚Wechselwirkung' oder ‚wechselseitiger' bzw. ‚gegenseitiger Abhängigkeit' verwendet. Der Begriff spielt eine wichtige Rolle in der Statistik, in den Naturwissenschaften, v.a. der Physik, und in technischen Disziplinen (Elektrotechnik). Im Unterschied zu Proportionalität und Kausalität bezeichnet K. dabei allein einen statistischen Zusammenhang. In der modernen Sozialpsychologie sind Theorien der sog. ‚illusorischen K.' entwickelt worden, d.h. der subjektiven Konstruktion von Zusammenhängen, die genau besehen nicht bestehen; viele Vorurteilsstereotypen lassen sich darauf zurückführen.

In Philosophie und speziell protestantischer Theologie hingegen wird K. teils religionsphilosophisch, mit Blick auf die Gott-Mensch-Beziehung im frommen Bewußtsein, teils geschichtstheoretisch, als Erfassung der permanenten Wechselwirkung zwischen allen historischen Phänomenen und Prozessen, verstanden. Überkommene Vorstellungen von Jahwes Bundestreue gegenüber seinem auserwählten Volk deutet H. Cohen in seiner *Religion der Vernunft aus den Quellen des Judentums* (1919) und anderen religionstheoretischen Texten als eine K. zwischen Gott und Mensch, die gerade mit Blick auf die Einzigartigkeiten des einen, einzigen Gottes die Individualität jedes Menschen sichert und zugleich die „gegenseitige K. der Menschen" fundiert – ein Gedanke, der in anderer Begrifflichkeit auch die Religionstheorien M. Bubers und F. Rosenzweigs bestimmt.

Geschichtstheoretisch gewann der Korrelationsbegriff v.a. durch E. Troeltsch analytische Prägnanz. In seinem Essay *Ueber historische und dogmatische Methode in der Theologie* (1898) bestimmte er die moderne historische →Methode durch die drei Grundelemente von →Kritik, →Analogie und K.: Alles historisch Individuelle, Einzigartige stehe immer „in einem das Gesamtgeschehen umfassenden korrelativen Fluß und Zusammenhang, der uns alles durcheinander bedingt zeigt, keinen der gegenseitigen Beeinflussung und Verflechtung entzogenen Punkt kennt". Anregungen Cohens wie Troeltschs bündelte P. Tillich v.a. im ersten Band seiner *Systematischen Theologie* im Konzept der ‚Korrelationsmethode': Die theologische Antwort sei ihrer Form nach stets abhängig davon, wie eine existentielle Frage je nach kulturellem Ort und geschichtlicher Zeit gestellt werde. Zumal die Beziehung von Gott und Mensch müsse als dynamische offene Prozessualität gedacht werden. Diese Begriffsfassung prägte auch die Feministische Theologie (→Feministische Bibelhermeneutik) etwa in den Arbeiten R. Radford Ruethers.

BIBLIOGRAPHIE: J.P. Clayton, The concept of correlation, Berlin/New York 1980. – E. Troeltsch, Gesammelte Schriften, Bd. 2: Zur religiösen Lage, Religionsphilosophie und Ethik, Tübingen 1913, 729–753.

Friedrich Wilhelm Graf

Kritik

I. Alttestamentlich

Das AT kennt K. (griech. κρίνειν) als Kunst des Beurteilens oder Unterscheidens. Derivate bezeichnen in der →Septuaginta so gut wie immer das juridische Richten (hebr. *dyn* oder *spṭ*). Darüber hinaus haben v.a. prophetische Texte des AT eine kritische Funktion gegenüber den →Lesern, indem sie zur Beurteilung des eigenen Daseins *coram deo* anleiten: als Aufforderung zum Gottvertrauen (Jes 7,9), Maßstab gelingenden Lebens (Mi 6,8), prophetische Radikalkritik (Am 8,2), Trostwort (Jes 40,1) u.a. Da die im Namen Gottes vorgetragene Verkündigung sich ihrerseits der Beurteilung durch die Rezipienten entzieht, wird bereits innerhalb des AT nach einem Kriterium zu Unterscheidung von „wahrer" und „falscher" Prophetie gesucht, das aber erst *post factum* gefunden wird (Dtn 18,21 f.). Strittig ist die Frage, ob das AT eine theologische Mitte hat, nach der die einzelnen Texte des AT kritisch gewichtet werden könnten.

Seit dem Humanismus wird das AT selbst zum Gegenstand von K. Die Humanisten greifen die *philologische* Bedeutung des Begriffes K. aus der griechischen Antike auf und betreiben eine genaue Untersuchung der literarischen Quellen (→Textkritik). Dies wird zu einem entscheidenden Impuls für die Reformation: weil die Bibel das oberste Kriterium aller Theologie ist, wird sie besonders ‚kritisch' gelesen. Dies führt bei M. Luther zu einer K. der sog. →Apokryphen, denen er aus theologischen und philologischen Gründen (da nicht Teil der →*hebraica veritas*) den vollen kanonischen Rang abspricht. Sachliches Kriterium für eine Gewichtung biblischer Texte untereinander wird Christus als →Mitte der Schrift („was Christum treibet"). Voraussetzung und Ziel von →Exegese ist die Klarstellung der →Bibel als oberster Norm und Richtschnur aller Theologie und kirchlichen Lehre. Dies gilt auch für die spätreformatorischen *critica sacra* (H.-J. Kraus, § 25). Ins 18. Jh. fallen die Entdeckungen von Pentateuchquellen durch J. Astruc und die konsequente *historische* Betrachtung der Bibel durch J.S. Semler. Sie bahnen der *historisch-kritischen →Exegese* (Bibelkritik) den Weg. Unter dem Einfluss von I. Kants transzendentalphilosophischem Kritikbegriff wurde und wird dies als ein Richten über den biblischen Wortlaut missverstanden, insofern *historische* und *Wert*urteile gleichgesetzt werden (historisch-kritische Exegese). Für eine ‚Sachkritik' im Sinne des Beurteilens des Wahrheitsgehaltes des biblischen Textes fehlt ein objektives Kriterium. Im Sinne genauen Unterscheidens verschiedener →Quellen, →Gattungen, →Traditionen, Tendenzen etc. bleibt aber der Begriff K. für die Exegese angemessen. Die K. des eigenen Vorgehens (Grenzen der Methode, E. Blum) und die Wahrung der Bibel als den Ausleger kritisierendes Gegenüber gehören dazu.

Bibliographie: E. Blum, Notwendigkeiten und Grenzen historischer Exegese, in: B. Janowski (Hg.), Theologie und Exegese des Alten Testaments/der hebräischen Bibel, Stuttgart 2005, 11–40. – H.-J. Kraus, Geschichte der historisch-kritischen Erforschung des Alten Testaments, Neukirchen-Vluyn [4]1988. – M. Marquart, Art. Kritik II., in: TRE 20 (1990), 77–81.

Achim Behrens

II. Neutestamentlich

Das Wort K. bezieht sich auf das griechische Verbum κρίνειν (‚scheiden, beurteilen, richten') und das Substantiv κρίσις (‚Unterscheidung, Urteil, Gericht'). Als moderner wissenschaftlicher Begriff ist K. die systematische, von der Vernunft geleitete, wissenschaftliche Beurteilung irgendeiner Erscheinung im Hinblick auf ihre wahre Natur. Darum ist die K. *per definitionem* fragend, misstrauisch und ‚negativ'. Die Wahrheit muss kritisch gesucht werden, weil sie oft unter einer ideologischen Decke verborgen ist. Dies Verständnis von K. ist in der Kritischen Theorie der Frankfurter Schule ausgearbeitet worden.

Die Bibel-, Christentums- und Religionskritik wurde in einem Kontext von →Polemik und Streit formuliert. Sie ist als Bestandteil der Polemik gegen eine unfreie, hierarchische Gesellschaft, dominiert von Absolutismus in Staat und Kirche und von Dogmatismus und Unfreiheit in der ‚Wissenschaft', entstanden. In diesem Zusammenhang funktionierte die herkömmliche Interpretation der Bibel als Legitimation des Absolutismus und Dogmatismus. Deshalb wurde die Bibelkritik als Teil einer politischen, sozialen und ökonomischen K. geboren.

Von H.S. Reimarus bis heute hat sich die Bibelkritik als der – von der ‚kritischen' Vernunft geleitete – Abbau überkommener Theorien manifestiert, v.a. als K. der Inspiration der biblischen Texte, der Kanonizität dieser Texte und als Abbau der herkömmlichen Vorstellungen über die Identität der Autoren (Apostolizität). In dieser Periode haben kritische Fragen, Analysen und Erklärungen in den Studien des AT und NT dominiert, oft zur Enttäuschung der Glaubenden. Ein wesentliches Element der kritischen Methode ist die →Textkritik: sie setzt z.B. die Existenz der vielen Handschriften und alten Übersetzungen voraus, d.h. die hypothetische Rekonstruktion und die prinzipielle Unsicherheit des Textes, der doch die Basis der Theologie und der Verkündigung darstellt. Dieselbe Unsicherheit kennzeichnet die kritischen Rekonstruktionen der geschichtlichen Entstehungsprozesse des AT und NT und ihrer Institutionen.

In den letzten Jahrzehnten scheint diese negative K. in der Bibelexegese jedoch schwächer geworden zu sein. Jedenfalls sind viele Angriffe auf die ‚kritischen' (historisch-kritische) →Methoden und gleichzeitig viele neue ‚alternative' textanalytische Methoden erschienen, die mehr ‚konstruktive' – oft als ‚hermeneutisch' bezeichnete – Zugänge zur Bibel andeuten. In einer Weise ist hier von einer Rückkehr zu der Situation vor der Sintflut der K. die Rede.

Die radikale Bibelkritik ist Beispiel für eine einmalige europäische Tradition der Selbstkritik, d.h. der K. der eigenen Religion, Kultur und Wissenschaft. Heute scheint die wichtige Frage zu entstehen, ob diese Tradition mit den neuen ‚positiven' Zugängen zur Bibel im Begriff ist, eine weniger starke Position in der europäischen Kultur einzunehmen.

BIBLIOGRAPHIE: J.J. Collins, The Bibel after Babel, Grand Rapids 2005. – G. Figal et al., Art. Kritische Theorie, in: RGG[4] 4 (2001), 1782–1785. – I.H. Marshall, New Testament interpretation, Exeter 1977, 21–195. – B. Recki, Art. Kritik, in: RGG[4] 4 (2001), 1781 f. – H.G. Ruß, Art. Kritischer Rationalismus, in: RGG[4] 4 (2001), 1785.

Per Bilde

III. Systematisch-theologisch

Im Rückgang auf die altgriechische Wortbedeutung meint K. die Prüfung von Wahrheits- und Geltungsansprüchen durch Infragestellung bisheriger Erkenntnisse und Theorien, um diese auf ein immer nur approximativ zu erreichendes Ziel von Wahrheit hin weiter zu entwickeln. So ist K. synonym mit Wissenschaftlichkeit überhaupt geworden, wie sie sich im Bereich der Philosophie (Erkenntniskritik), der Historie (Quellenkritik), der Philologie und Literaturwissenschaften (→Hermeneutik), der Rechts- und v.a. Naturwissenschaften, aber auch der Soziologie (Gesellschaftskritik) und der Theologie (historisch-kritische →Exegese; →Historismus) in Gegenwendung zum bloß behauptenden, vorurteilsgeleiteten und auf äußere Autoritäten verweisenden Dogmatismus (I. Kant) etabliert hat. K. ist ein Weg zur →Wahrheit, aber nicht diese selbst. Sie kann diese, auch wenn K. in konstruktiver Absicht vorgetragen wird, nicht selbst erzeugen, wohl aber den täuschenden Schein abhalten (J.G. Fichte), sofern sie selbstkritisch die Grenzen menschlicher Erkenntnismöglichkeiten respektiert.

Daher wird in der Theologie nicht ihr ‚Gegenstand' (Gott) kritisch befragt und vor den Richterstuhl der menschlichen Vernunft gezerrt. Vielmehr stehen die menschlichen Weisen seiner Präsentation und sprachlichen Vermittlung auf dem Prüfstand, um bei Spannungen, Widersprüchen und Divergenzen eine Übereinstimmung von Vorstellung und Sachverhalt, Theorie und Welterfahrung im Rahmen eines konsistenten Wirklichkeitsverständnisses zu erreichen. So ist K. ursprünglich aus der Skepsis gegenüber den Göttergeschichten Homers zur Wahrung einer religionsphilosophisch gereinigten Gottesvorstellung entstanden (Sokrates als personifizierte K.), wie auch M. Luther anhand seines Kriteriums ‚was Christum treibet' einschneidende Sachkritik an einer hiervon abweichenden Bibelauslegung geübt hat. So richtet sich K. grundsätzlich nicht gegen ontologisch oder naturhaft Vorgegebenes, sondern nur gegen von Menschen Gemachtes und insofern Veränderbares. Daher ist K. immer auch aufklärende Ideologiekritik zur Behauptung und Erweiterung eigener (Denk-)Freiheit.

Wird K. jedoch absolut gesetzt, so zeigt sich ihre Ambivalenz darin, dass sie im Sinne einer ‚*praecisio mundi*' (W. Janke) zwar einerseits Klarheit im Einzelnen aufgrund methodischer Perfektion und Analyse generiert, aber diese andererseits nur erreicht, indem kritisch weitergehende Lebenszusammenhänge und Synthesen durchtrennt und abgeschnitten werden, wie sie Mythos, Religion und Kunst noch präsent halten. Hier kommen bei aller Heterogenität metakritische (J.G. Hamann), dialektische (M. Horkheimer/T.W. Adorno) und auch Motive einer Theologie der Krise (K. Barth) überein.

BIBLIOGRAPHIE: T.W. Adorno, Kritik, Frankfurt a.M. 1969. – H. Albert, Traktat über kritische Vernunft, Tübingen 1968. – M. Horkheimer, Traditionelle und kritische Theorie (1937), in: Ders., Traditionelle und kritische Theorie, Frankfurt a.M. 1968, 12–64. – W. Janke, Kritik der präzisierten Welt, München 1999.

Hartmut Rosenau

IV. Literaturwissenschaftlich

Aus literaturwissenschaftlicher Perspektive lassen sich zwei Hauptaspekte des Kritikbegriffs unterscheiden: erstens K. als Konstitution bzw. Wiederherstellung von →Texten im Rahmen der Editionswissenschaft und zweitens K. als Bewertung literarischer Artefakte.

Die →Textkritik als editorisches Projekt bezieht sich auf die Rekonstruktion der Textüberlieferung, auf die vergleichende Beurteilung der überlieferten Textexemplare und z.T. auch auf die Herstellung eines authentischen Textes. Ein wichtiger Teil der Textkritik ist lange die Bestätigung der Verfasserschaft gewesen, da gerade bei autoritativen Texten die Verfasserschaft den normativen Charakter der Texte absicherte. Dort, wo eine autorisierte Textfassung vorliegt, befasst sich die editionswissenschaftliche Textkonstitution i.d.R. nicht nur mit der Sichtung und Bewertung der Textübermittlung, sondern auch mit dem Vorgang und den Verfahren der Textherstellung. F.D.E. Schleiermacher grenzt die K. als rein editionsphilologische Tätigkeit von der →Hermeneutik als interpretierender Arbeit ab. Gleichwohl weisen weite Teile dessen, was seit der Spätantike als Textkritik betrieben wurde, eine hermeneutische Dimension auf, da die angemessene textkritische Rekonstruktion den Erwerb eines historischen Kontextwissens über die Entstehungsumstände und unmittelbaren Rezeptionsumstände des Textes voraussetzt.

Die Literaturkritik als evaluatives Projekt bemüht sich um die wertorientierte Vermittlung von Wissen über Literatur. Die wertende Auseinandersetzung mit literarischen Artefakten kann u.a. der Selektion von Texten (Kanonbildung) oder der Selektion von Textumgangsformen (Rezeptionssteuerung) dienen. K. als literaturspezifische Bewertungsweise befasst sich im Rückgriff auf ein poetologisches, rhetorisches oder ästhetisches Normgefüge mit der Prüfung der normativen ‚Ansprüche' literarischer Artefakte. Welche Rolle die Literaturkritik als normative Instanz in der Literaturwissenschaft spielen soll, ist umstritten: Während z.B. Strömungen wie der →*New Criticism* den ästhetisch wertenden Charakter literaturwissenschaftlichen Arbeitens akzentuierten, versuchten u.a. sozialhistorische Ansätze, die literaturhistorische Forschung von ästhetischen Wertorientierungen abzukoppeln. Die akademische Literaturkritik ist zu unterscheiden von der tagesaktuellen Literaturkritik, die sich der zeitnahen Rezension der aktuellen Literaturproduktion widmet und tendenziell eine breite literarische Öffentlichkeit adressiert.

BIBLIOGRAPHIE: W. Barner (Hg.), Literaturkritik – Anspruch und Wirklichkeit, Stuttgart 1990. – H. Jaumann, Critica, Leiden u.a. 1995. – S. Martus, Werkpolitik, Berlin/New York 2007. – B. Plachta, Editionswissenschaft, Stuttgart 1997.

Carlos Spoerhase

V. Philosophisch

K. ist ein Grundelement in der Selbstverständigung des Menschen. Wie und als wer wir uns verstehen wollen, hängt nicht zuletzt von unserem Vermögen der K. ab: davon, K. zu üben und zugänglich für K. zu sein. K. unterscheidet zwischen wahren und falschen Meinungen sowie zwischen guten und schlechten Handlungen. Vor dem neutralen Urteilen und Beurteilen aber zeichnet sich K. durch ihr Ziel der Korrektur des Falschen und Schlechten aus. Wer kritisiert, will nicht nur interpretieren, sondern verändern. Dies gilt von der Gesellschaftskritik (K. Marx, Kritische Theorie) und der K. individueller Lebensformen (S. Kierkegaard, F. Nietzsche) ebenso wie von der →Textkritik. Unter ihr versteht Schleiermacher nicht nur die Interpretation und Beurteilung von Korruptelen, Druck- und Schreibfehlern, sondern deren Korrektur und Verbesserung.

Der Gegenstand, auf den K. zielt, kann von dreierlei Natur sein: Sie revidiert Irrtümer, die aus der Begrenztheit eines individuellen und des menschlichen Wissens herrühren. Sie versucht Pathologien zu beheben und solche Handlungen und Meinungen umzulenken, die aus einem psychischen, existentiellen, sozialen oder ökonomischen Zwang für wahr und gut gehalten werden (Psychoanalyse, →Ideologiekritik, →Hermeneutik des →Verdachts). Und sie sucht die Neigung der Entlastung zu untergraben, Meinungen und Handlungen für begründeter halten zu wollen, als sie sind.

Eine weitere Eigenart der K. ist ihre immanente Form. Die Korrektur erfolgt nicht autoritär und dogmatisch, sondern in Einverständnis und Einklang mit dem Kritisierten. Textkritik erfolgt nicht gegen, sondern in Übereinstimmung mit dem Sinn des Textes. Eine K. des Sozialen und der Lebensform muss aus einer Binnenperspektive begründet sein und für diejenigen als gerechtfertigt gelten, gegen die sich die K. wendet. Auf die Eigenschaft der Immanenz und Reflexion verweist der doppelte Genitiv in I. Kants Rede von einer K. der Vernunft – Vernunft als Gegenstand der K. und zugleich Agens dieser K. G.W.F. Hegel bringt die immanente K. zum Ausdruck mit dem Gedanken, dass der Maßstab der K. vom kritisierten Bewusstsein anerkannt werden können muss. Die immanente Form und das korrektive Ziel stehen in einem Spannungsverhältnis zueinander. Einerseits muss K. mit dem Selbstverständnis des Kritisierten konvergieren, andererseits muss sie sich gegen es korrigierend geltend machen.

Bibliographie: K.-O. Apel et al., Hermeneutik und Ideologiekritik, Frankfurt a.M. 1971. – M. Horkheimer, Traditionelle und kritische Theorie, Frankfurt a.M. 1968. – Ders./T.W. Adorno, Dialektik der Aufklärung, Frankfurt a.M. 1969. – K. Marx, Das Kapital, Bd. 1, Berlin 1962. – P. Ricœur, Du texte à l'action, Paris 1986. – F. Schleiermacher, Hermeneutik und Kritik, hg. v. M. Frank, Frankfurt a.M. 1977. – M. Walzer, Zweifel und Einmischung, Frankfurt a.M. 1991.

Tilo Wesche

Kultur →Cultural Turn

Kulturrelativismus →Cultural Relativism/Kulturrelativismus

L

Legende

I. Neutestamentlich

Die L. lässt sich literaturwissenschaftlich als Grundform des →Erzählens bezeichnen und zusammen mit z.B. →Sage, →Mythos oder →Märchen zwischen volkstümlicher und literarischer →Dichtung verorten (A. Jolles). Ihre literaturgeschichtliche Bedeutung rührt von der kulturgeschichtlichen Wirkung der christlichen L. her, die „über Leben und Taten der Heiligen" erzählt (A. Jolles, 24) und im Mittelalter zur „wichtigsten Gattung christl[icher] Erbauungsliteratur" wird (U. Köpf, 176). Der Begriff L. findet sich wohl erstmals explizit bei Jacobus von Varazzo/de Voragine (nach der Mitte des 13. Jh.s: *legenda aurea*).

Nach R. Bultmann und M. Dibelius begegnet die L. aber auch als Grundform des synoptischen Erzählens: Als L.n bezeichnet Dibelius „‚fromme' Geschichten, wie sie in der Welt bekannt und beliebt sind" (M. Dibelius, 101). Bultmann bestimmt als L.n „die erzählenden Stücke der Tradition, die nicht eigentlich Wundergeschichten sind, aber doch auch keinen geschichtlichen, sondern religiös-erbaulichen Charakter haben [...]. Sie unterscheiden sich von den Wundergeschichten v.a. dadurch, daß sie nicht in dem Sinne wie jene eine Einheit bilden, sondern ihre Pointe erst durch die Beziehung auf einen Zusammenhang erhalten" (R. Bultmann, 260). Dieser ist bei der biographischen L. (= Personallegende von „Personen aus Jesu Umgebung" oder „von Jesus selbst", M. Dibelius, 101.116) „das Leben des religiösen Heros", bei der Glaubens- oder Kultlegende (= ätiologische Kultlegende, M. Dibelius, a.a.O.) der „Glauben und Kult der Gemeinde" (R. Bultmann, a.a.O.).

Dibelius rechnet unter L.n v.a. die Stücke der synoptischen Tradition, die sich im sog. matthäischen und lukanischen Sondergut finden (z.B. Kindheitsgeschichten in Mt 1–2 und Lk 1–2; Mt 27,3–8; 27,19; Lk 2,41 ff.; aber auch Joh 1,45 ff.) und die sich seiner Meinung nach „erst an der Peripherie der evangelischen Überlieferung" gebildet haben (M. Dibelius, 130). Die Leidensgeschichte stellt bei Dibelius eine eigenständige Form dar. Bultmann hingegen unterscheidet grundsätzlich nicht näher zwischen L. und Geschichtserzählung, da letztere „so sehr unter der Herrschaft" der L. stehe (R. Bultmann, 261). Da für Bultmann die geschichtliche Überlieferung legendarisch überformt ist, fallen für ihn in die Gruppe ‚Geschichtserzählung und L.' als Formen der →Überlieferung des synoptischen Erzählstoffes sowohl Taufe bis Einzug Jesu in Jerusalem und Passionsgeschichte als auch Ostergeschichten und Vorgeschichten (Mt 1–2; Lk 1–2). Im Blick auf die gegenwärtigen Diskussionen über die Begriffe →Ereignis und →Geschichte scheint die Klassifizierung bei Dibelius heute hilfreicher.

Dass und wie die synoptischen Erzählüberlieferungen legendarische Erzählformen aus sich herausgesetzt haben, zeigt sich besonders an der →apokryphen Acta-Literatur, die das literaturgeschichtliche Scharnier zur mittelalterlichen Heiligen-Vita darstellt.

BIBLIOGRAPHIE: R. Bultmann, Die Geschichte der synoptischen Tradition, Göttingen [10]1995. – M. Dibelius, Die Formgeschichte des Evangeliums, Tübingen [6]1971. – A. Jolles, Einfache Formen, Tübingen [8]2006. – U. Köpf, Art. Legende, in: RGG[4] 5 (2002), 176-178.

Eve-Marie Becker

II. Kirchengeschichtlich

L. bezeichnet ursprünglich den in der klösterlichen Lebensordnung in verschiedenen Bereichen (Stundengebet, Mahlzeiten) laut zu verlesenden erbaulichen Text, dessen weitere Funktion oft die Memoria von biblischen Geschichten oder mit dem jeweiligen Tagescharakter in einem Zusammenhang stehenden Gestalten der Christentumsgeschichte und besonders der Geschichte des eigenen Ordens und Hauses sind. Diesem Sitz im Leben entsprechend spielt in der legendarischen religiösen →Literatur das Mirakulöse oft eine besondere Rolle. Hier schließen sich die späteren L.n an die →Erzählungen an, die sich um die ntl. Personen in der apokryphen Literatur gerankt haben (→Apokryphen). Dabei ist schon in den Kindheitsgeschichten bei Mt und Lk innerntl. eine erste Entwicklung zum Legendarischen hin festzustellen.

Mit dem Wachsen des historischen Quellenbewusstseins kommt es zu einer sich steigernden Abkehr von L.n, die lediglich als defizitäre Geschichtsquellen (→Quelle) verstanden werden. Dieser Vorgang ist erst im Zusammenhang der Kulturwissenschaften und der Mentalitätsgeschichte gebremst worden, als zunehmend die L. nicht mehr als Quelle für das von ihr Erzählte verstanden, sondern als ein wichtiger Text entdeckt wird, der in die Welt seines Erzählers führt und oft charakteristische Hinweise zum Umgang mit dem Supertext →Bibel gibt, die nicht an die traditionellen Strukturen und ihre literarischen →Formen in den theologischen Disziplinen →Exegese, Dogmatik und Homiletik gebunden sind. Unter Beibehaltung der Formen und der spirituell-religösen Atmosphäre ist es in der Neuzeit zu einer literarischen Säkularisierung der L. gekommen, die neben den christlichen Motiven auch andere Stoffe aufnimmt (B. Brecht).

BIBLIOGRAPHIE: W. Berschin, Biographie und Epochenstil, 5 Bde., Stuttgart 1986–2004. – H.-P. Ecker, Die Legende, Stuttgart 1993. – D. v. d. Nahmer, Die lateinische Heiligenvita, Darmstadt 2004.

Wolfgang Wischmeyer

Lesen/Leser

I. Alttestamentlich

Im Hebräischen wird L. mit dem Wort für Rufen bezeichnet. L. ist im alten Israel daher lautes L. Ps 1 spricht von einer Unterweisung der →Tora, die sich unter Geräuschen vollzieht. Mit Ps 119 gesprochen ist L. die Einverleibung der Unterweisung. L. ist damit ein erster Akt der Aneignung.

In Jos 8,34 f.; 2 Kön 22–23 und Neh 8 u. ö. wird das Vorlesen des Schriftstückes als öffentliche Sprachhandlung geschildert. L. ist dort Aktualisierung und Vollzug des Geschriebenen. Die öffentliche Rezitation rückt die konkreten Personen ins Licht, die den → Text zur Aufführung bringen. Frauen werden v. a. im Zusammenhang mit Sieges- und Klageliedern genannt (Mirjam, Ex 15; Jiftachs Tochter und die Töchter Israels, Ri 11; Hanna, 2 Sam 2). Generell verändert sich die →Rezeption eines →Textes durch den jeweiligen Leser aufgrund von dessen Erfahrungshintergrund und Position. Denn Geschlecht, Alter, Abstammung sowie Zugehörigkeit zu einer bestimmten Sprach- und →Interpretationsgemeinschaft beeinflussen den Lesevorgang. Beispiele solcher bereits inneratl. sich vollziehenden Lesevorgänge sind Relektüren der Zionstheologie im Exil.

Damit ist das →AT selbst ein Geflecht an Texten und Stimmen, das durch Lesevorgänge entstanden ist. Die →Autoren bzw. Redaktoren der Texte waren erste Leser der Texte. David ist nicht nur fiktiver Autor, sondern auch fiktiver Leser der Pss. Im L. der atl. Texte werden die Leser auf andere Texte verwiesen. Ps 1, Jos 1,8 und Mal 3,22 sind durch die Aufforderung miteinander verbunden, die Tora zu buchstabieren. Diese intertextuellen Verknüpfungen, die im L. entstehen, sind zugleich ein kanonbildender Vorgang.

Damit stellen biblische Texte Leseräume dar. Sie sichern das Überleben, indem sie eine literarische Heimat bieten (vgl. Klgl). Ebenso gilt: Wo man im Exil die Reinheitsbestimmungen in Lev liest, braucht man keinen Tempel, weil sich die Heiligkeit im →Körper abbildet.

Den Lesenden ist Konsistenzbildung anvertraut. Unbestimmtheitsstellen bzw. Leerstellen unterschiedlichster Art laden dazu ein (→*Reader-Response Criticism*): In narrativen Texten wird häufig darauf verzichtet, die emotionale Innenseite der Personen darzustellen (Gen 22). Die Leseerwartung, die das Buch Ex am Ende erweckt, dass die Wolke über dem Heiligtum die Signalfunktion für den Aufbruch Israels gibt, wird durch das nachfolgende Buch Lev nicht eingelöst, denn dort hält die Handlung inne. Das Buch Jona endet mit einer offenen Frage an die Leser. Und in den Pss ermöglichen die Leerstellen in der Beschreibung der Notsituation den Zugang zu diesen Texten. Die Betenden können ihre Geschichte im L. der Psalmen (neu) erzählen. Das Wirkungspotential der atl. Texte realisiert sich so in jedem Akt des L.s neu.

BIBLIOGRAPHIE: U. Bail, Gegen das Schweigen klagen, Gütersloh 1998. – D. Erbele-Küster, Lesen als Akt des Betens, Neukirchen-Vluyn 2001. – H. Utzschneider/S.A. Nitzsche, Arbeitsbuch literaturwissenschaftliche Bibelauslegung, Gütersloh 2001.

Dorothea Erbele-Küster

II. Neutestamentlich

(1) In der →Septuaginta und seit der Verschriftlichung urchristlicher →Tradition geht L. dem →Hören voran. Das L. von nicht interpunktierten Zeilen griechischer Buchstaben in fortlaufender Großschrift setzte voraus, dass während der lauten privaten Vorleseübungen ein geschulter Vorleser für sich die einzelnen Buchstaben in einer aufsteigenden Rangfolge zu Phonemen, Morphemen, →Wörtern und Perioden verarbeitete (vgl. W. Raible). Grundsätzlich gilt dabei Folgendes: Damit der Vorleser auch versteht, was er liest (vgl. Mk 13,14; Apg 8,30), werden die sprachlichen →Zeichen ihrer aufsteigenden Komplexität nach in mentale Repräsentationen im Gehirn des Lesers überführt (vgl. H. Hörmann). Dabei greift er auf seine Kenntnis der kulturellen Enzyklopädie der →Sprache zurück (vgl. U. Eco; S. Pellegrini). Nicht nur die Implikationen des Formulierten werden ergänzt (vgl. H.P. Grice); dort, wo die Ausdrucksebene des Textes Leerstellen lässt, füllt der Leser sie aus seinem Wissen um das Thema aus (vgl. W. Iser). Seine kulturell vermittelte Gattungskompetenz lenkt die Verarbeitung der Perioden auf ein textgemäßes Ziel zu (vgl. W. Kintsch/T.A. v. Dijk). Im idealen Fall, wenn auch nach Re-Lektüre, endet das L. für den Leser – beim eingeübten Text – in einer kohärenten Gesamtauffassung über →Sinn und Zweck des jeweiligen Textes, sei es ein jesuanischer Spruch, eine synoptische Erzählepisode, ein paulinisches →Argument oder eine christliche →Auslegung eines Septuagintatextes.

(2) Das öffentliche Vorlesen des eingeübten Textes (von einer Schriftrolle) ist ein Vortrag, in dem der Vorleser nun mit Intonation, Lesetempo und Pausen dem Zuhörer hilft, die strukturierten Lautfolgen seiner Äußerung als Phoneme, Morpheme, Wörter und Perioden zu erkennen und in kohärente gedankliche Repräsentationen umzusetzen. Unter sich haben die Schriftgelehrten die Tora gelesen (vgl. Mk 2,25; 12,10.26 par). In der Synagoge wurde die Schrift laut vorgelesen (vgl. Apg 13,15.27; 15,21). Briefe wurden in den paulinischen (1 Thess 5,27; vgl. Kol 4,16; Eph 3,3 f.; 1 Tim 4,13) Gemeinden verlesen (vgl. 2 Petr 3,16; 2 Joh 12; vgl. P. Müller). Es ist gut möglich, dass schon urchristliche Gemeinden zu bestimmten Zeiten ausgewählte Episoden aus den →Evangelien bei ihren Versammlungen vorgelesen bekamen.

(3) Seit dem 2. Jh. liest man im Gottesdienst fortlaufend Perikopen (nun zunehmend aus Codices) aus den Evangelien und den →Briefen vor.

BIBLIOGRAPHIE H.P. Grice, Studies in the way of words, Cambridge 1989, 22–57, 269–282. – H. Hörmann, Der Vorgang des Verstehens, in: W. Kühlwein et al., Sprache und Verstehen, Tübingen 1980, 17–29. – W. Iser, Der Akt des Lesens, München [4]1994. – W. Kintsch/T.A. van Dijk, Strategies of discourse comprehension, New York 1983. – P. Müller, „Verstehst du auch, was du liest?", Darmstadt 1994. – S. Pellegrini, Die semiotische Lesetheorie, in: Dies., Elia – Wegbereiter des Gottessohnes, Freiburg 2000, 49–122. – W. Raible, Die Entwicklung von Alphabetenschrift-Systemen, Heidelberg 1991.

Cilliers Breytenbach

III. Kirchengeschichtlich

Die Fähigkeit zu lesen geht nicht unbedingt mit der Fähigkeit zu schreiben einher, was im Besonderen für die Antike gilt, deren Elementarunterricht dem Lesenlernen eindeutig den Vorrang gab. Schätzungen der Alphabetisierungsrate im Römischen Reich zur Zeit des sich ausbreitenden Christentums divergieren und sind letztlich wenig aussagekräftig. Dies gilt umso mehr, als die Antike den Lesevorgang eng mit dem →Hören verbunden hat, indem sie das übliche laute L. als ein zeitlich verzögertes Hören auf in der Vergangenheit Gesprochenes verstanden hat. Entsprechend stellte sich selbst die private Lektüre als ein lautes L., meist als Vorlesen durch einen Berufsleser dar.

Noch im Mittelalter mit seiner niedrigeren Alphabetisierungsrate dominierte dieses Leseverständnis, ergänzt durch das als →Gottesdienst verstandene erbauliche (Vor-)L. Das stumme L. setzt sich erst langsam in Gelehrtenkreisen durch. Damit beschleunigt sich der lineare Lesevorgang und diagonales wie selektives L. wird ermöglicht. Diese Lesekompetenzen erweitern sich mit der Einführung eines einheitlichen typographischen Schriftbildes im 15./16. Jh., mit dem auch das Lesenlernen wesentlich begünstigt wird. Das L. selbst wird damit auch zu einem eigenständigen Abstraktionsvorgang und aktiven Rezeptionsvorgang, da der Leser durch das gleichzeitige bzw. parallele L. unterschiedlicher Texte oder aber das beschleunigte und damit individualisierte L. eines einzelnen Textes ein eigenes Verständnis entwickelt, dass über die bloße orale Wiedergabe eines einmal gesprochenen Textes hinausgeht.

Mit der Neuzeit und der entsprechenden Schulgesetzgebung kommt es zu einer Massenalphabetisierung in den modernen Industriestaaten und damit auch zu einer allgemeinen Durchsetzung der jeweiligen Hochsprache. Das L. selbst gilt nicht mehr als soziales Privileg. Statusdifferenz wird nun durch den Inhalt der Lektüre, insbesondere durch Ablehnung des L.s zu Unterhaltungszwecken, begründet.

Der zur Verfügung stehende Lesestoff erweitert sich ständig, unermesslich durch die modernen Kommunikationsmedien und hier besonders durch das Internet. Das moderne L. ist dadurch dynamisiert, und der Lesevorgang wird um des Überblicks willen flüchtiger. Das Internet (Web2.0) revolutioniert auch das klassische Verständnis der Sender-Empfänger-Kommunikation, indem beide Seiten sich jeglicher Bestimmung entziehen; der Leser und damit auch das Verstehen des Lesevorgangs sind dadurch neuen Kategorien unterworfen.

Bibliographie: R. Chartier, Lectures et lecteurs dans la France de l'Ancien Régime, Paris 1987. – W.V. Harris, Ancient literacy, Cambridge 1989. – H. Hoffmann (Hg.), Gestern begann die Zukunft, Darmstadt 1994. – J. Schneider, Sozialgeschichte des Lesens, Berlin/New York 2004. – P. Stein, Schriftkultur, Darmstadt 2006.

Jutta Tloka

IV. Systematisch-theologisch

Trotz des →Schriftprinzips wurden erst seit den 1990er Jahren fundierte Theorien einer protestantischen ‚Lesetheologie' vorgelegt. Frühere Hermeneutiken schenkten dem Leseakt und Lesersubjekt kaum Beachtung und verblieben im Vorhof einer ‚Kunst des Bibellesens' (R. Fischer). L. galt lediglich als technische Fertigkeit und Voraussetzung für → Auslegung und Sinnverstehen. Ergänzt um ästhetische Perspektiven verstehen neuere Hermeneutiken L. als Grundverfassung menschlichen Daseins und den Menschen als ‚*homo legens*' (K. Huizing). Im Leseakt selbst wird nun der Vorgang von Sinnkonstitution erkannt. Damit vollzieht sich ein Umschwung vom substanzhaft-objektiven →Verstehen hin zur Wahrnehmung der produktiven Mitarbeit und Interaktion des Lesers im Leseakt: In Anlehnung an U. Eco und W. Iser wird die Wende vom →Autor zum Leser vollzogen (E.V. McKnight; U.H.J. Körtner). Ästhetische Lesetheologien tragen insofern den Individualisierungsprozessen und der „allgemeine[n] Literalisierung" als „Signatur des dritten Jahrtausend" Rechnung (L. Muth, 540). Der gleichwohl bleibenden Gefahr subjektiver Leserwillkür wird mit neuen Strategien begegnet. Der Streit um Inhaltswahrheit wurde herkömmlich durch die Etablierung institutioneller Vorleser zur Leserlenkung und Lesernormierung angestrebt – so durch Zensur, Index, →Kanon, Bekenntnisse (H. Zirker). Lesetheorien federn dagegen die Gefahr einer subjektiven Willkürlichkeit sowohl pneumatologisch (→impliziter Leser) als auch schöpfungstheologisch ab (R. Fischer). Die Entwürfe münden in der Idee, sich vor dem Text kreatürlich neu zu verstehen und mit dem Text der Schrift den Text der Welt immer wieder neu interpretierend zu lesen. In diesem Interesse verweisen sie auf die potentielle Wirksamkeit des Textes und seiner Strategien, die von der →Autorenintention streng geschieden werden. Der Text besitzt Autonomie sowohl gegenüber dem Autor als auch dem Leser (U.H.J. Körtner). Biblische Zentraltexte wie die →Gleichnisse wirken ästhetisch impressiv durch das ‚Vor-Augen-Malen' exemplarisch gelingenden Lebens. Sie wirken also nicht kognitiv-lehrhaft, sondern lustvoll affektiv, so dass die Schriftlehre konsequent zur ‚physiognomischen' Theologie avanciert (K. Huizing). Von katholischer Seite wird zudem im Konzept einer ‚Bibliotherapie' das L. als Glückerfahrung (‚*flow*') mit therapeutischer Zielsetzung gedeutet (vgl. A. Bellebaum).

Bibliographie: A. Bellebaum/L. Muth, Leseglück, Opladen 1996. – R. Fischer, Die Kunst des Bibellesens, Frankfurt a. M. 1996. – K. Huizing, Homo legens, Berlin 1996. – Ders. et al., Lesen und Leben, Bielefeld 1997. – U.H.J. Körtner, Der inspirierte Leser, Göttingen 1994. – K. Maiwald/P. Rosner (Hgg.), Lust am Lesen, Bielefeld 2001. – E.V. McKnight, Postmodern use of the Bible, Nashville [2]1990. – L. Muth, Brauchen wir eine Theologie des Lesens?, in: StZ 206 (1988), 539–552. – M. Schneider, Zur Theologie des Buches, Köln 2006. – H. Zirker, „Bedeutung zu schaffen ist ein gemeinsamer Akt zwischen Text und Leser", in: G. Riße (Hg.), Wege der Theologie, Paderborn 1996, 587–599.

Michael Bauer

V. Literaturwissenschaftlich

L. ist das verstehende Wahrnehmen von → Zeichen bzw. Zeichenfolgen (→Schrift) durch den Sehsinn (oder Tastsinn: Braille-Schrift), also eine fundamentale Kulturtechnik. Der kognitive Vorgang des optischen (oder taktilen) Erkennens und Entschlüsselns von Schrift ist die Voraussetzung für den psychologischen Verstehens- und hermeneutischen Sinngebungsprozess, der das Ziel des L.s ist. Akteur des L.s ist der Leser oder die Leserin, deren L. in der Leseforschung nach Maßgabe seiner kognitiven, sozialen und sozialisatorischen sowie situativen Voraussetzungen und Bedingungen beschrieben und analysiert wird. Historische Leseforschung (R. Engelsing) beschreibt einerseits die sozialgeschichtlichen Rahmenbedingungen literarischer →Kommunikation (literarische Medien und Distributionsinstitutionen, Buchmarkt, Alphabetisierung u. a.), andererseits die historische Lesepraxis (gemeinschaftliches vs. einsames L.; lautes vs. stilles L. usw.). Auch der Gegenstand des L.s wird, historisch-diachron oder synchron, ins Verhältnis zu den kulturellen Milieus der Leser oder Leserinnen gesetzt. Darüber hinaus wird L. neurobiologisch und kognitionspsychologisch erforscht und phänomenologisch hinsichtlich verschiedener Leseweisen betrachtet: identifikatorische Lektüre, kritisch-distanziertes L. u. ä. Philosophisch sind L. und Verstehensvorgang Gegenstand der (allgemeinen und literarischen) →Hermeneutik, die sowohl bestimmte Verstehensdimensionen (etwa grammatisches vs. psychologisches →Verstehen) als auch allgemeine Modelle literarischen Verstehens diskutiert (→hermeneutischer Zirkel, hermeneutische Spirale). Gerade im Blick auf literarisches L. sind spezifische Merkmale der →Texte für den Lesevorgang entscheidend, da der Text selbst mit Leer- oder Unbestimmtheitsstellen (W. Iser, R. Ingarden) das L. steuert. Im Kontext der Rezeptionsforschung wird dem Leser mit seinem spezifischen Erwartungshorizont an den Text (H.R. Jauß) – nicht dem schreibenden →Autor – die Funktion der Sinnproduktion zugewiesen (Leserpoetik). Die Rezeptionsästhetik unterscheidet vom realen Leser den intendierten und den →impliziten Leser, also das ideale Leserkonstrukt des Textes bzw. die Ergebnisse der textinduzierten Konstruktions- und Sinngebungsleistungen des Lesers. Die Rezeptionsgeschichte erforscht die historische Abfolge verschiedener Leseweisen und → Deutungen eines Textes.

Bibliographie: H. Aust, Lesen, Tübingen 1983. – R. Engelsing, Der Bürger als Leser, Stuttgart 1974. – B. Franzmann et al. (Hgg.), Handbuch Lesen, Baltmannsweiler 2001. – W. Iser, Der Akt des Lesens (1976), München [4]1994. – H.R. Jauß, Der Leser als Instanz einer neuen Geschichte der Literatur, in: Poetica 7 (1975), 325–344. – A. Manguel, Eine Geschichte des Lesens, Darmstadt 1998. – J. Schneider, Sozialgeschichte des Lesens, Berlin/New York 2004.

Benedikt Jeßing

VI. Textlinguistisch

L. als erlernte Kulturtechnik basiert auf physiologischen und psychophysiologischen Vorgängen, in denen die über das Auge wahrgenommenen Schriftzeichen entziffert, in ihrem Zusammenhang erkannt und einem →Verstehen zugeführt werden. Die Augen können sich dabei relativ kontinuierlich von Buchstabe zu Buchstabe oder diskontinuierlich in sog. Rückwärts- und Vorwärtssakkaden mit unterschiedlicher Verweildauer bei bestimmten Fixationspunkten bewegen. Die Lesegeschwindigkeit ist abhängig vom Grad der Lesefähigkeit, von der Leserlichkeit des materiellen Zeichenträgers, vom Lesestoff und seiner sprachlichen und/oder inhaltlichen Komplexität, von der Leseintention (langsames L. bei Informationsaneignung, schnelleres L. bei Unterhaltungslektüre etc.), vom Laut- oder Leiselesen oder von der Lesesituation (individuell oder kollektiv, im Stehen oder liegend etc.).

In der Leseforschung geht man davon aus, dass das Textverstehen aus der Herstellung von Kohärenz durch den Leser über den gelesenen Text entsteht. Dabei ist das Leseverstehen ein vom Leser als Rezipienten aktiv hergestellter Prozess der Sinnstiftung, deren Ergebnis nicht unbedingt mit der vom → Autor intendierten Leseerwartung übereinstimmen muss.

Die gelesenen →Zeichen werden auf der Grundlage des im Laufe eines Lebens erworbenen Welt- und Erfahrungswissens sowie sprachlichen Wissens einer →Interpretation zugeführt. Im Rahmen der Kognitiven Psychologie wird der Verstehensprozess im Verbund mit der Künstlichen Intelligenzforschung entweder als induktive (datenbasierte) oder als deduktive (wissensbasierte) Operation verstanden. Demnach kann der interaktive Prozess zwischen Leser und Text als *bottom-up*-Dekodierung oder *top-down*-Dekodierung modelliert werden. Im ersteren Fall nimmt man den Aufbau des Textverstehens aufsteigend von den kleinen Sprachdaten zu den größeren Einheiten (Laut, →Wort, →Satz, → Text) an. Im letzteren geht man von gewissen Erwartungen und Vorwissen aus und modelliert den Verstehensprozess als eine von den größeren zu den kleineren Spracheinheiten (Text, Satz, Wort, Laut) verlaufende Operation.

Bibliographie: U. Rautenberg, Art. Lesen, in: Dies. (Hg.), Reclams Sachlexikon des Buches, Stuttgart 2003, 331–334. – G. Rickheit/H. Strohner, Grundlagen der kognitiven Sprachverarbeitung, Tübingen/Basel 1993. – E. Schön, Art. Lesen, in: S. Corsten et al. (Hgg.), Lexikon des gesamten Buchwesens 4 ([2]1995), 485–487.

Mechthild Habermann

Leserlenkung

I. Literaturwissenschaftlich

In der Rezeptionstheorie bedeutet L. als zentrale Kategorie eine vom →Text selbst ausgehende ‚Handlung', die entweder explizit durch rezeptionslenkende Anteile literarischer Texte oder ihrer Paratexte (Vorreden usw.) oder implizit durch die spezifische Faktur des Textes ausgelöst wird. Vorreden von →Autoren oder (fiktiven) Herausgebern modellieren die Rezeptionshaltung des → Lesers oder verlangen gar eine ganz bestimmte →Rezeption (z.B. J.W. v. Goethe: *Werther*, „Ihr könnt seinem Geiste und seinem Charakter eure Bewunderung und Liebe, seinem Schicksale eure Tränen nicht versagen"). Darüber hinaus aber lenkt der Text die Rezeption des Lesers durch Unbestimmtheits- oder Leerstellen: Texte provozieren durch Auslassungen (R. Ingarden) oder durch unterbrochene Anschließbarkeit (W. Iser) Hypothesen des Lesers hinsichtlich der Kombination oder möglichen Verbindung zwischen Textelementen oder Darstellungsperspektiven. Die Leerstellen sind nicht beliebig auszufüllen, sondern strategisch als Anreize für bestimmte Sinn- oder Hypothesenbildungsakte des Lesers eingesetzt, so dass sie den Kommunikationsprozess zwischen Text und Leser insgeheim steuern. Die Plausibilität bestimmter Verständnishypothesen wird durch das geschickte Nacheinander von Benennen und Verschweigen nahegelegt, insofern sind Leerstellen das dominante Merkmal der Leserlenkung. W. Iser hat diesen zwar lenkenden, aber letztlich doch auf das offene Spiel zwischen Textfaktur einerseits und Sinnkonstitution durch den Leser andererseits hinauslaufenden Charakter insbesondere literarischer Texte als ‚Appellstruktur der Texte' bezeichnet (1970). Texte beinhalten, v.a. vermittels der Leerstellen, eine Struktur, die den Leser und seine provozierten Sinngebungsversuche potentiell beeinflusst.

Bibliographie: R. Ingarden, Das literarische Kunstwerk, Tübingen 1972. – W. Iser, Der Akt des

Lesens (1976), München [4]1994. – Ders., Die Appellstruktur der Texte, Konstanz 1970. – Ders., Die Appellstruktur der Texte, in: R. Warning (Hg.), Rezeptionsästhetik, München 1995, 228–252.

Benedikt Jeßing

II. Textlinguistisch

Die sprachliche Äußerung ist nach K. Bühler ein Instrument, mit dem der eine dem anderen etwas mitteilt über die Dinge. →Sprechen bzw. →Schreiben ist Handeln, da es das Ziel des Sprechers bzw. →Autors eines →Textes ist, den →Hörer oder →Leser von einer bestimmten Ansicht zu überzeugen oder zu einem bestimmten Verhalten zu bewegen. In einem →Sprechakt wird durch Vollzug des illokutionären Aktes die Handlungsabsicht des Sprechers bzw. Autors zum Ausdruck gebracht. Diese ist am leichtesten bei direkten Spechakten insbesondere dann zu erkennen, wenn es relativ eindeutige Hinweise auf das Verständnis des Sprechaktes gibt, so etwa durch das Vorhandensein performativer Verben (stets in der 1. Person Präsens), wie *ich behaupte, ich versichere, wir befehlen, ich schwöre, wir versprechen*, bestimmter Modalverben (*dürfen, müssen, sollen* etc.) oder Modalpartikeln (*ja, aber, doch* etc.) bzw. Verbmodi. Bei sog. indirekten Sprechakten, die eine Diskrepanz zwischen dem propositionalen Akt und der Äußerungsabsicht des Autors aufweisen, muss auf die Äußerungsabsicht aus bestimmten Rahmenbedingungen geschlossen werden (z. B. *Es zieht!* ist eine Behauptung, die in informellem Kontext für die Aufforderung, Fenster oder Türen zu schließen, verwendet wird).

Im Rahmen des perlokutionären Aktes geht es um die Wirkungen, die der Autor im Leser absichtlich hervorrufen möchte. Damit z. B. der Sprechakt des *Versprechens* ‚erfolgreich' sein kann, d. h. damit der Leser die vom Autor intendierte Äußerungsabsicht erkennt, müssen bestimmte Glückensbedingungen erfüllt sein (z. B. darf sich ein *Versprechen* nur auf einen in der Zukunft stattfindenden Akt beziehen: *Ich verspreche dir, Eva morgen zu besuchen* ist ein *Versprechen*. Aber: *Ich verspreche dir, dass ich gestern Eva besucht habe* ist eine *Beteuerung*). Eine Form indirekter L. findet dann statt, wenn der Autor eines Textes *etwas versichert*, um den Leser von einer Sache zu *überzeugen*. Hier liegt die manipulative Kraft der L. Eine Garantie für das Gelingen der L. durch den Autor gibt es jedoch nicht, da der Text unabhängig von der Äußerungsabsicht des Autors vom Leser als Rezipenten im Rahmen sinnstiftender Operationen zur Herstellung von →Kohärenz – in bestimmten Grenzen – neu verstanden werden kann.

BIBLIOGRAPHIE: K. Bühler, Sprachtheorie, Jena 1934 [Nachdruck Stuttgart u. a. [3]1999]. – P. Grice, Studies in the way of words, Cambridge 1989. – L.R. Horn/G. Ward (Hgg.), The handbook of pragmatics, Oxford 2004. – S.C. Levinson, Pragmatics, Cambridge 1983 [*dt.* Tübingen [3]2000]. – J. Meibauer, Pragmatik, Tübingen [2]2001.

Mechthild Habermann

Lesung

I. Kirchengeschichtlich

Die L. von Abschnitten kanonischer →Schriften (Perikopen) im →Gottesdienst, die dann in einer →Predigt ausgelegt wurden, hat das Christentum von der Synagoge übernommen. Zunächst geht es nur um →Texte der jüdischen →Überlieferung (→AT), später wird im fortschreitenden Prozess der Verschriftlichung und Kanonisierung der christlichen Überlieferung auch diese selbst im Gottesdienst gelesen und ausgelegt. Die L. aus Texten der noch nicht endgültig als →Kanon fixierten christlichen Überlieferung tritt dabei aber nicht an die Stelle des AT, sondern neben die atl. Texte. Seit dem 2. Jh. werden an Märtyrerfesten auch Märtyrerakten gelesen.

Anders als im Judentum entsteht im Rahmen einer Ämterprofessionalisierung ein eigenes Lektorenamt, das zum niederen Klerus gehört, dem mit der Zeit aber die L.en immer mehr zugunsten des eigentlichen Klerus entzogen werden. Für die L. werden zunehmend eigene Bücher (Lektionar, Evangeliar, Synaxarion, Menologion) benutzt. Zeigt Justin (*1 apol.* 67) in der Mitte des 2. Jh.s noch große Freiheit, so ist noch in der späteren Antike eine Tendenz zur Uniformierung und Vereinheitlichung gottesdienstlicher L.en zu beobachten, der im Westen seit karolingischer Zeit zu einer auch sprachlichen Uniformierung (Latein) nach dem Vorbild der römischen L.en führt, wogegen im Osten die sprachliche Vielfalt erhalten bleibt.

In der Reformation hat v. a. das Luthertum die tradierten L.en weithin beibehalten (jetzt erst bürgerte sich der Terminus ‚Perikope' ein), nun aber in den Volkssprachen, wobei im deutschen Sprachraum eine Tendenz zu einer praktischen Kanonisierung der →Bibelübersetzung M. Luthers unverkennbar ist (Rolle der Bibelübersetzungen). Das schon im Mittelalter funktionslos gewordene Amt der Lektoren entfiel.

Im westeuropäischen reformierten Zweig der Reformation spielt in der Tradition spätmittelalterlicher Predigtgottesdienste die *lectio continua* im →Gottesdienst eine wichtige Rolle. Der Pietismus prägt eine neue Form von Bibellektüre in häuslichen Kreisen außerhalb des Gottesdienstes (verbilligte neue Druckverfahren seit dem 18. Jh.; Bibelgesellschaften). Erst im 20. Jh. fand das Lektorenamt als Ehrenamt neben dem professionellen Klerus eine konfessionsübergreifende Wiederbelebung.

BIBLIOGRAPHIE: P.C. Bloth, Art. Schriftlesung I., in: TRE 30 (1999), 520–558.

Hanns Christof Brennecke

II. Judaistisch

Texte der hebräischen Bibel werden im jüdischen →Gottesdienst am Sabbat, an Festtagen und an (den alten Markttagen) Montag und Donnerstag vor der Gemeinde auf Hebräisch nach Kantillationsregeln vorgetragen. Am Sabbat und an Festtagen folgt der L. aus dem Wochen- bzw. Festabschnitt der →Tora ein Text aus den ‚Propheten' (Haftara), an Festtagen und Neumonden auch ein weiterer Text der Tora mit Opfergesetzen des Festes.

Zur Toralesung kann jeder Mann (nach manchen Gelehrten und heute in Reformgemeinden auch Frauen; im jemenitischen Ritus auch Kinder) aufgerufen werden. Die Zahl der Lektoren, die einen Abschnitt lesen, bzw. zur L., die der Kantor vorträgt, aufgerufen werden, variiert zwischen drei und sieben, je nach der Würde des Anlasses.

Die Lesung der Megillot (Klgl: neunter Av, Hld: Pesach, Rut: Shavuot; Koh: Sukkot in manchen Riten) und in Analogie dazu Jona (am Versöhnungstag) bzw. die Megillat Antiochos oder eine hebräische Nacherzählung von Judith (Chanukka) verbreitete sich im Lauf des Mittelalters als Feier in der Synagoge, wenn auch nicht innerhalb der →Liturgie. Die L. von Esther am Tag des Purimfests ist bereits den Rabbinen bekannt.

Das Studium der Tora ist zur Zeit des Zweiten Tempels für Diasporagemeinden belegt. Die Rabbinen setzen einen nicht näher bestimmten Brauch einer kontinuierlichen L. der Tora als Hintergrund voraus und regeln zunächst Toraabschnitte und Haftarot für die Feste (m/tMeg). Während E. Fleischer für den heute überall üblichen einjährigen Lesezyklus frührabbinische Ursprünge annimmt, steht für S. Naeh ein dreieinhalbjähriger Doppelzyklus am Anfang der Entwicklung. Mögliche Hinweise der Talmudim auf solche komplexen, erst im Mittelalter belegten Zyklussysteme sind aber vage (bMeg 29b; 31b; vgl. WaR 3.6). Es ist nicht auszuschließen, dass beide Zyklen in nachtalmudischer Zeit, nicht lange vor der Entstehung der liturgischen Dichtungen, die auf ihnen basieren, entstanden sind.

Schon die tannaitischen Rabbinen (bis 3. Jh.) deuteten das Studium der Opfergesetze in tempelloser Zeit als Möglichkeit, jene zu erfüllen (implizit z. B. tPes 10.12; explizit erst bMen 110a u. a., PesK 6.3). Die Amoraim (ab 3. Jh.) beginnen, das Ritual von L. und → Übersetzung der Tora anamnetisch zu interpretieren, teilweise auch so zu inszenieren. Das Ritual repräsentiert so die Gabe der Tora am Sinai (yMeg 4.1 74d, bMeg 21a). Die Struktur des gesamten Jahreskreises, der zu Simchat Tora (nach Sukkot) endet und wieder von neuem beginnt, erinnert an die L. des Gesetzes in jedem siebten Jahr zu Sukkot nach Dtn 31,10 (mSot 7.7 f.).

BIBLIOGRAPHIE: R. Langer, From study of Scripture to a reenactment of Sinai: the emergence of the synagogue Torah service, in: Journal of Synagogue Music 31 (2006), 104–125 (= Worship 72 [1998], 43–67). – J. Maier, Schriftlesung in jüdischer Tradition, in: A. Franz (Hg.), Streit am Tisch des Wortes?, St. Ottilien 1997, 505–559. – G. Stemberger, Schriftlesung II., in: TRE 30 (1999), 558–563 (mit Angaben zu E. Fleischer und S. Naeh). – Ders., Die Megillot als Festlesungen der jüdischen Liturgie, in: M. Ebner u. a. (Hgg.), Das Fest: Jenseits des Alltags, Neukirchen-Vluyn 2003, 261–276.

Clemens Leonhard

Liebe

I. Neutestamentlich

In mehreren Texten des NT begegnet ‚L.' (ἀγάπη) als eine Art hermeneutischen Prinzips des atl. Gesetzes. Basis ist das Gebot der Nächstenliebe in Lev 19,18 („Du sollst deinen Nächsten lieben wie dich selbst") und das Gebot der L. zu Gott in Dtn 6,5 („Und du sollst den Herrn, deinen Gott, lieben aus deinem ganzen Herzen und aus deiner ganzen Seele und aus deiner ganzen Kraft"). Beide Gebote begegnen im AT in unterschiedlichen → Kontexten und werden nicht zueinander in Beziehung gesetzt. Nach frühjüdischen Vorbildern verbinden die synoptischen →Evangelien beide Gebote zu einem ‚Metagebot' (‚das vornehmste bzw. größte Gebot', Mk 12,28–34 par.), das wichtiger als der Opferkult ist (vgl. dieselbe Verbindung auch in 1 Joh 4,21). Paulus bezieht sich in Röm 13,8–10 und Gal 5,14 nur auf Lev 19,18. Beide Male interpretiert er (*gegen* den atl. Text) die Nächstenliebe nicht nur als *‚höchstes* Gebot', sondern als ‚Zusammenfassung' des gesamten Gesetzes und damit nicht nur als ethische Norm, sondern auch als hermeneutisches Prinzip. Beides wird in 1 Kor 13 ausgearbeitet. Zwei weitere Texte legen die Nächstenliebe selbst in ganz unterschiedlicher Richtung aus: In Mt 5,43–48 weitet Jesus die Nächstenliebe zur Feindesliebe aus, die er als (göttliche) Vollkommenheit interpretiert. Das Joh geht den entgegengesetzten Weg: Jesus bezieht hier das Liebesgebot auf die L. der Jünger untereinander (Joh 13,34 als ‚neues Gebot' hervorgehoben, vgl. dann die Interpretation im 1 Joh als ‚altes Gebot': 2,7–11). Beide Interpretationen sind rein ethischer Art und haben keine hermeneutische Funktion in Bezug auf das atl. Gesetz.

Allerdings weitet der Verfasser des 1 Joh die L. in einer anderen Richtung wieder hermeneutisch aus, wenn er die ἀγάπη als Wesen Gottes *und* als Modus der Gotteserkenntnis beschreibt (4,8–10). Hier liegt eine spekulative Liebestheologie vor, die Gott selbst, sein Verhältnis zu Christus, Christi Verhältnis zu den Menschen und das Verhältnis der Menschen zueinander *und* zu Gott zu einem Liebeszirkel zusammenbindet, der ethische und hermeneutische Motive vereint (vgl. die L. als Lebensform und Gotteserkenntnis in 1 Kor 13).

Bibliographie: J. Augenstein, Das Liebesgebot im Johannesevangelium und in den Johannesbriefen, Stuttgart u. a. 1993. – E.E. Popkes, Die Theologie der Liebe Gottes in den johanneischen Schriften, Tübingen 2005. – O. Wischmeyer, Das Gebot der Nächstenliebe bei Paulus, in: Dies., Von Ben Sira zu Paulus, Tübingen 2004, 137–161. – Dies., Art. Liebe IV., in: TRE 21 (1991), 138–146.

Oda Wischmeyer

II. Systematisch-theologisch

Nach dem Selbstverständnis des Christentums ist L. der integrierende Begriff der Ethosgestalt, die in der Heilsgewissheit des *Glaubens* gründet (Gal 5,6) und die in der Form der Hoffnung auf Vollendung durch den Tod hindurch eschatologische Tragweite besitzt (1 Kor 13,13).

In dem Begriff dieser Ethosgestalt ist *erstens* – fundamentalanthropologisch – vorausgesetzt, dass wir Menschen alle uns als begehrende und strebende Wesen erschlossen sind, die sich zur selbstverantwortlichen Führung des Lebens im Hinblick auf die lebensnotwendigen Güter bestimmt wissen. Auch der L. des →Glaubens korrespondiert die ursprüngliche Bedürftigkeit der menschlichen Natur.

Freilich ist uns – *zweitens* – in der Heilsgewissheit des Glaubens auch bewusst, dass das begehrende und strebende Aus-Sein auf Gutes unter der Macht der Sünde einer Perversion verfällt, die sich in den mannigfachen Erscheinungen des *‚amor mundi'* (nicht zuletzt auch in den unwillkürlich herrschenden *Lastern*) manifestiert. Insofern ist dem Glauben bewusst, dass sich die Ethosgestalt der L., wie sie in der Kommunikation der Glaubensgemeinschaft über →Sinn und →Bedeutung des Evangeliums ermöglicht wird, einem Ereignis der *Befreiung* verdankt, das in nichts Geringerem als in der L. Gottes des Schöpfers gründet (Joh 3,16), wie sie im Geist der Auferstehung offenbar wird (Röm 5,5). Wird das Ereignis dieser Befreiung zur realen Basis des menschlichen Selbst- und Weltvertrauens, so zeitigt es auch unter der fortbestehenden Tendenz des *‚amor mundi'* – und deshalb nur in den Formen der befreienden Erinnerung in

Gottesdienst, Taufe und Abendmahl – reale Liebesfähigkeit, die sich zumal in der Annahme, der Achtung und der Anerkennung des *differenten Anderen* (Röm 14,1) und damit im Ertragen der Differenz realisiert.

In Entsprechung zu dem schon im AT bezeugten Gotteswillen (Ps 82,1 ff.) entwickelt das Christentum von Anfang an in seiner Geschichte eine Vielfalt diakonischer bzw. caritativer Initiativen und Institutionen, die dem Unrecht, der Armut, der Ausbeutung entgegenwirken und die zu den Quellen des modernen Sozialstaatsprinzips gehören.

Die Vertiefung in das Ereignis der befreienden L. Gottes hat von Anfang an dazu geführt (1 Joh 4,16), über die Prädikation der Eigenschaft der göttlichen L. hinaus Formen der Trinitätslehre zu entwickeln, die Gottes innerliches Wesen und dessen interne Relation selbst mit der Semantik der L. zu erfassen suchen. Damit wird die christliche Theologie der L. teils zu einer Quelle, teils zum sperrigen Widerpart einer Geschichte der Metaphysik der L. im Verstehen von Transzendenz.

BIBLIOGRAPHIE: D. Bielfeldt/K. Schwarzwäller (Hgg.), Freiheit als Liebe bei Martin Luther, Frankfurt a.M. u.a. 1995. – V. Brümmer, The model of love, Cambridge u.a. 1993. – J. Heckel, Lex charitatis, München 1953. – E. Jüngel, Gott als Geheimnis der Welt, Tübingen [7]2001. – H. Kuhn, Liebe, München 1975. – M. Mühling-Schlapkohl, Gott ist Liebe, Marburg 2000. – A. Nygren, Eros und Agape, 2 Bde., Genf 1930. 1937. – J. Pieper, Über die Liebe, in: Ders., Werke in 8 Bdn., Bd. 4, Hamburg 1996, 296–414. – R. Prenter, Der Gott, der Liebe ist, in: ThLZ 96 (1971), 401–413. – H. Scholz, Eros und Caritas, Halle 1929. – K. Stock, Gottes wahre Liebe, Tübingen 2000.

Konrad Stock

III. Literaturwissenschaftlich

Die L. ist eines der zentralen Themen abendländischer Literatur. Dichter des Mittelalters und der Renaissance sind mit dem biblischen Sprach- und Bildinventar gut vertraut. Einschlägig sind v.a. Hld sowie 1 Kor 13 in seinem sehr weit interpretierbaren Universalitätsanspruch des Liebesprinzips. Während zwischenmenschliche, ‚profane' L. in der überlieferten Literatur zwischen dem 5. und 10. Jh. im Gegensatz zur Gottesliebe nicht thematisiert wird, bewegt sich die hochmittelalterliche Liebesliteratur im Spannungsfeld der Unterscheidung von *caritas – cupiditas*, bzw. *agape – eros*. Die höfische Liebeskonzeption weist in Deutschland und Frankreich – neben Elementen arabischer und klassisch-lateinischer Literatur – strukturelle Parallelen zur Gottesliebe (später auch zur Marienliebe) auf. Höfische L. ist aber kein Gegenmodell zur Gottesliebe, sondern eine moraltheologisch nicht angefochtene fiktionale Parallelwelt.

Um das Thema der L. ist nicht selten die grundsätzliche Reflexion über den Stellenwert von →Literatur gegenüber theologischer Allegorese und Erkenntnis zentriert. Dies gilt etwa in differenzierter Form für die →Allegorie des Liebesreichs im *Roman de la Rose* (G. de Lorris/J. de Meung); individuelle Züge der Geliebten können sich zu einer metaphysischen Erkenntnisfigur wandeln (Beatrice in Dantes *Divina Commedia*), oder aber L. kann als Verirrung im Irdischen und gerade dadurch als Mittel der Subjektreflexion konstruiert werden (F. Petrarca, *Canzoniere, Secretum meum*). In der Renaissanceliteratur ist v.a. die neuplatonisch-christliche Verschränkung von L. und (Gottes-)Erkenntnis wirkmächtig, die sich auf Plotin, Augustinus, Ps.-Dionysios und Marsilio Ficino stützt, dabei jedoch die christlich-metaphysische Begründung zusehends in Frage stellt. Nach 1600 verliert das christlich-platonische Liebesmodell seinen Gültigkeitsanspruch. Der Rückgriff auf ntl. Liebesvorstellungen und Bildfelder des Hld bleibt weitestgehend der geistlichen Lyrik in Barock und Pietismus vorbehalten, die etwa brautmystische Themen immer neu variiert. Erst die Literaturen der Empfindsamkeit und Romantik (J.-J. Rousseau, F. Schiller, F. Schlegel, Novalis) greifen auf die Vorstellung einer vollkommenen, an der mystisch-sinnlichen Christusliebe orientierten Liebeskonzeption zurück, die auf diesseitig-kosmische Einheit, menschliche Gottähnlichkeit oder jenseitsgerichtete Heilsvorstellung ausgerichtet ist, während im 19. und 20. Jh. nurmehr einzelne, wenngleich intensive literarische Auseinandersetzungen mit Liebeskonzepten der Bibel bzw. ihrer Auslegung zu beobachten sind (z.B. C.F. Meyer, P. Claudel, A. Gide, P. Celan).

BIBLIOGRAPHIE: B. Dohm, Poetische Alchimie, Tübingen 2000. – L. Goldmann, Der verborgene Gott, Frankfurt a. M. 1984. – H.R. Jauß, Entstehung und Strukturwandel der allegorischen Dichtung, in: GRLMA 6/1, Heidelberg 1968, 146–244. – O. Millet (Hg.), Bible et littérature, Paris 2003. – B. Möske, Caritas, Bonn 1977. – M. Moog-Grünewald (Hg.), Eros, Heidelberg 2006. – L. Pollmann, Die Liebe in den hochmittelalterlichen Kulturen Frankreichs, Frankfurt a. M. 1966. – R. Schnell, Causa amoris, Bern 1985.

Harald Nehr

IV. Philosophisch

Der Begriff ‚L.' spielt in der Philosophie in unterschiedlichen Zusammenhängen eine erhebliche Rolle. Er wird im Bereich der Erkenntnistheorie sowie der praktischen Philosophie und neuerdings hinsichtlich des Verhältnisses von Körper und Geist erörtert. In der Erkenntnistheorie wird nach der Rolle der L. für Erkenntnis gefragt, in der praktischen Philosophie nach der Rolle der L. für ethische Einstellungen, ethische Urteile und für Handlungsmotivation und in der Philosophie des Geistes nach dem Verhältnis von physischer Verfasstheit und phänomenalem Empfinden. Diese Fragestellungen waren in den unterschiedlichen Epochen der Philosophiegeschichte von unterschiedlicher Bedeutung und haben unterschiedliche Ausgangspunkte. Zu nennen wären hier insbesondere die platonische, die christliche und romantische Tradition, aber auch aktuelle Diskussionen.

In der Antike bezeichnet der Begriff der L. bei Plato (*Symposion*) etwa eine positive affektive Hinwendung zu einem Erkenntnisziel; in der Spätantike bei Augustin (*Confessiones*) hingegen eine affektive Hinwendung zu Gott, dem letzten und eigentlichen Erkenntnisziel. Diese spätantike Tradition wird auch für das Mittelalter prägend. Das liebende, affektive Begehren wahrer Erkenntnis ist in platonischer und mittelalterlicher, christlicher Tradition nicht auf die sinnliche Welt gerichtet. In der Neuzeit verliert der Begriff der L. seine Bedeutung für den Erkenntnisprozess fast zur Gänze. Das ändert sich in der Tradition des Deutschen Idealismus bei →Autoren wie G.W.F. Hegel und F. Hölderlin.

Der jeweilige Wandel hängt auch mit der veränderten Sicht auf das Erkenntnissubjekt zusammen. Denn die Bewegung des Eros und der L. ist erforderlich, wenn das Selbst sich transformieren muss, um zu einem wahrheitsfähigen Selbst zu werden und sich einem Anderen zuwenden muss. Dies kann durch den Eros oder die L. (Plato) geschehen, aber auch durch L. und Askese (Augustin).

In der praktischen Philosophie wird der Begriff der L. in der Antike im Kontext der Freundschaft diskutiert, in der Spätantike und im Mittelalter im Zusammenhang der Nächstenliebe und Fürsorge, in der jüngeren und jüngsten Zeit dann auch wieder bei Autoren wie M. Scheler, M. Nussbaum oder H. Frankfurt. Letzterer betont auch die handlungsmotivierende Kraft der L. und ihre Begründungsfunktion für praktische Urteile und Handlungen.

BIBLIOGRAPHIE: E.-M. Engelen, Erkenntnis und Liebe, Göttingen 2003. – M. Foucault, Histoire de la sexualité, Bd. 2, Paris 1984. – H.G. Frankfurt, The reasons of love, Princeton u. a. 2004. – G.W.F. Hegel, Ästhetik, Berlin [4]1985. – F. Hölderlin, Hyperion, Sämtliche Werke Bd. 3, Stuttgart 1957. – M.C. Nussbaum, Upheavals of thought, Cambridge u. a. 2001. – B. Röttger-Rössler/E.-M. Engelen (Hgg.), „Tell me about love" – Zur Kultur und Natur der Liebe, Paderborn 2006. – M. Scheler, Der Formalismus in der Ethik und die materiale Wertethik, Bonn [7]2000.

Eva-Maria Engelen

Lied/Hohes Lied

I. Alttestamentlich/Neutestamentlich

Als L. werden im AT und NT in Anlehnung an Volkslieder und L.er der europäischen Tradition Texte bezeichnet, die teils strophisch gegliedert, meist kleineren Umfangs und von poetisch-dichterischer Formung sind. Die üblichen generischen Bezeichnungen für L. sind im hebräischen AT *shir* und *shira*, die normalerweise in der Septuaginta ᾠδή und ὕμνος übersetzt werden, sogar beides für die gleiche Liedgattung (Ps 136 [137], 3). Liedgattungen können aber im hebräischen AT auch spezifiziert werden, etwa *qina* (‚Klagelied') und *mizmor* (‚Psalm'). Im NT kommen ᾠδή, ὕμνος und ψαλμός als Bezeichnung von geistlichen Liedern vor, in Eph 5,19 sogar zusammen, wodurch sowohl eine Verwandtschaft als auch ein gewisser Unterschied zwischen den Liedarten vorausgesetzt wird.

Durch Ko-text-Informationen werden etliche dieser Texte verbunden mit Musik gedacht (in der Einleitung zum ‚Moselied' Ex 15 heißt es in V.1 ‚damals *sangen* Mose und die Israeliten dieses L. [...]'; ähnlich Jes 5,1); erwähnt wird im AT auch die Kombination von Gesang und Instrumentalmusik (Gen 31,27). Für viele in der exegetischen Literatur als ‚L.er' bezeichneten Texte gibt es aber keine definitiven Hinweise auf eine Verbindung mit Melodien: Lamech-‚Lied' (Gen 4,23 f.), etliche der Psalmen (Dank-‚Lieder'; Klage-‚Lieder' usw.), die meisten Texte des Hld u. a. Umgekehrt handeln auch einige Texte von Gesängen, ohne dass der Wortlaut beigefügt wäre (Jes 24,9 Singen beim Weintrinken; 2 Sam 19,36 Sänger und Sängerinnen am Königshof). Musikalische Notationen aus dem AT oder NT sind nicht überliefert, ebenso nicht aus dem außerbiblischen israelitischen und urchristlichen Kontext. Anders als bei ‚Volks'-L.ern werden im AT häufig L.er überliefert, die auf einen Autor zurückgeführt werden (Mirjamlied: Ex 15,21, Weinberglied des Jesaja: Jes 5, Lamech: Gen 4,23 f. usw.), wobei es auch anonyme L.er gibt (Brunnen-Lied: Num 21,17 f.). Unscharf ist die Grenze zu Rufen (‚Wächter-Lied'/‚Wächter-Ruf': Jes 21,11). Die ‚L.er' können sehr artifiziell sein (Psalmen-‚Lieder', ‚L.er' aus dem Hld) und entsprechen häufig nicht dem Einfachheitsgebot eines europäischen ‚Volksliedes'. L.er werden im Falle des Hld und der Psalmen zu Sammlungen zusammengefasst. Themen und Anlässe, mit denen L.er verbunden sind, sind im AT vielfältig: Neben L.ern mit teils kultischen Wurzeln (→Psalmen) gibt es L.er aus dem Kontext des Königtums (Pss 2; 45; 110), Liebeslied (‚Hoheslied der Liebe'), L.er beim Begräbnis (Leichen-Lied: 2 Sam 1,19–27), beim Brunnenbau (s. o.), Spottlied (Jes 47: Spottlied auf Babylon), Siegeslied (Mirjamlied) u. a. In der →prophetischen Literatur werden Liedformen z. T. aufgegriffen und kontrafakturartig umgedeutet: Im Weinberglied wird die Liebesliedform aufgenommen und umgeprägt zum Ausdruck einer scharfen Anklage gegen Israel; Am 5,2 bedient sich eines Leichenliedes und wendet es auf das noch lebende Israel an. Im NT wird das Singen im Gottesdienst erwähnt; neben Psalmen werden Hymnen und L.er genannt (Kol 3,16; Eph 5,19). Die im NT überlieferten L.er haben meist die Form des Hymnus und thematisieren die Heilstaten Gottes (Röm 11,33–36; Eph 1,3–14; 1 Petr. 1,3 ff.) und Jesu Christi (Phil 2,6–11; 1 Tim 3,16; Hebr. 1,3 f.). Die Offb erwartet für die, die am letzten Heil teilhaben, dass sie ein ‚neues L.' singen (Offb 5,9; 14,3).

Bibliographie: R. Brucker, ‚Christushymnen' oder ‚epideiktische Passagen'? Studien zum Stilwechsel im Neuen Testament und seiner Umwelt, Göttingen 1997. – O. Kaiser, Grundriß der Einleitung in die kanonischen und deuterokanonischen Schriften des Alten Testaments, Bd. 3, Gütersloh 1994. – A. Wagner, Das Hohe Lied, in: ZAW 119 (2007), 539–555.

Andreas Wagner

II. Kirchengeschichtlich

Essentiell für die Frömmigkeitspraxis im Protestantismus ist das Gesangbuch, Sprachreservoir des Glaubens, das die Vielfalt der Bibelauslegung repräsentiert.

Ambrosius von Mailand bewirkt den Durchbruch für den Hymnus in Elementarform (vierzeilige Strophen mit je acht Silben) als Volksgesang. In stark assoziativer und kühn konkordanter Bibelauslegung ist er Christuszeugnis (Ausgangspunkt z. B. Phil 2). In der mittelalterlichen Klosterkultur stellt lateinische Hymnendichtung den Gegenpol zur verbal fixierten Psalmodie dar.

Mit Antiphon, Tropus, Sequenz, Leise gibt es dazu nicht-biblische Gesänge von Schola wie Gemeinde, dazu tritt seit dem 12. Jh. die Cantio.

M. Luther entdeckt 1523/24 das L. als reformatorische Strategie, um „das heylige Euangelion ... zu treyben und ynn schwanck zu bringen" (Vorrede zum Chorgesangbuch J. Walters 1524), übersetzt und erweitert dazu mittelalterliche Gesänge, erfindet die Gattung des hermeneutisch akzentuierenden Psalmliedes (*Aus tiefer Not*) und eröffnet mit dem balladenhaften *Nun freut euch, lieben Christen g'mein* formale Kreativität von Glaubensliedern. In katechetischer Absicht werden bald die Passionsgeschichte (S. Heyden 1530) und alle Sonntagsevangelien bereimt (N.

Hermann 1560). Liedpredigten (C. Spangenberg seit 1568) geben auch dem L. ‚Wort'-Status.

(Zu Calvin vgl. →Psalmen) Mit P. Nicolais *Wie schön leuchtet der Morgenstern* (zu Ps 45) beginnt 1599 die Mystik-Rezeption im deutschen Kirchenlied. Neben den Pss bringt nun die Sprach- und Bildwelt des Hld Affekthaftigkeit und Sinnlichkeit ein, wie es die gesamte Barockdichtung kennzeichnet. P. Gerhardts Größe gründet in der souveränen Verknüpfung biblischer Topoi. Die barocke Kirchenmusik bringt Bibelworte und Liedstrophen in hermeneutisch ergiebige Dialogkonstellationen. Für die →Rezeption der künftigen ‚Liederflut' bleibt die Nähe zur biblischen Idiomatik maßgeblich (z. B. J. Neander, G. Tersteegen – reformierter Pietismus, C.F. Gellert – Aufklärung, P. Spitta – lutherische Erweckung im 19. Jh.).

Im 20. Jh. kommt es erneut zu am biblischen Wortlaut orientierter Lieddichtung (J. Klepper). Nach 1950 entspringt formale Kreativität aus biblischer Orientierung: Erzähllieder für Kindergottesdienst und Katechese, Kehrverslieder zu Lobpsalmen, sprachliche Expressivität in Anlehnung an die Klagepsalmen. Die Neugestaltung von Psalmliedern und Bibelliedern in den Niederlanden hat durch Übersetzungen internationale Breitenwirkung erfahren.

Bei populären geistlichen L. ist der biblische Bezug allerdings zumeist vage (z. B. *Der Mond ist aufgegangen*, *Stille Nacht*, *So nimm denn meine Hände*, *Von guten Mächten*).

BIBLIOGRAPHIE: G. Balders et al., Art. Kirchenlied, in: MGG² 5 (1996), 59–128. – G. Hahn/J. Henkys (Hgg.), Liederkunde zum Evangelischen Gesangbuch, Göttingen 2000 ff. – R. Köhler, Die biblischen Quellen der Lieder, Göttingen 1965. – A. Marti, Art. Kirchenlied, in: RGG⁴ 4 (2001), 1209–1225. – C. Möller (Hg.), Kirchenlied und Gesangbuch, Tübingen 2000. – M. Rößler, Liedermacher im Gesangbuch, Stuttgart 2001.

Konrad Klek

III. Literaturwissenschaftlich

Der Terminus L. erweist sich aufgrund seiner doppelten, sowohl literatur- als auch musikhistorischen Bedeutung sowie wegen der disparaten Phänomene – vom *Nibelungenlied* bis zu *Der Mond ist aufgegangen*, vom *Hld* bis zu *L. ohne Worte* – als „Sammelbegriff" (G. Müller). In literaturwissenschaftlicher Hinsicht beschreibt das L. eine lyrische Form, die in einem tatsächlichen oder zumindest potentiellen musikalischen Zusammenhang steht. Ähnlich vage sieht die Musikwissenschaft darin traditionellerweise ein Gesangsstück, das sich eng an einen vorzutragenden Text anlehnt. Während das althochdeutsche *liod* ein Preislied bezeichnete und mittelalterliche Epen als L.er galten, beschrieb das mittelhochdeutsche *liet* eine einzelne Strophe. Dem literarisch determinierten Begriff standen zunächst die musikalischen Termini *wîse* und *melodey* gegenüber, bis im neuhochdeutschen L. die Fokussierung auf eine „sprachlich-musikalische Einheit" erfolgte (P. Jost). Bedingt durch die wirkungsmächtige →Rezeption des deutschen Kunstliedes seit dem späten 18. Jh. erfuhr das L. als Gattungsbezeichnung eine ästhetische Verengung: Das deutsche L. wurde in einer Weise prototypisch, dass etwa im Französischen *le lied* neben *chanson* trat, im Englischen *the lied* neben *song*. Entsprechend behandelte die Literatur- ebenso wie die Musikwissenschaft das Phänomen bis in die 1990er Jahre aus grundsätzlich nationalhistorischer Perspektive. Charakteristischer Ausdruck einer methodischen Neuorientierung ist der aktuelle Vorstoß, den Begriff L. durch „musikalische Lyrik" zu ersetzen (H. Danuser). Damit soll nicht nur eine Internationalisierung des Gegenstandes befördert, sondern zugleich der Blick auf die vielfältigen literarischen und musikalischen Liedformen seit der Antike gerichtet werden. So lassen sich etwa die von Jost aufgestellten Kategorien – (1) kunstlose Gesangsformen, (2) umfangreiche Erzählungen in Versen, (3) strophische Lyrikformen, (4) Vertonungen, (5) metaphorische Bezeichnungen – allesamt in das Konzept einer musikalischen Lyrik überführen. Die Ausweitung setzt zwar den Verzicht auf einen kohärenten Gattungsbegriff voraus, ermöglicht jedoch eine Verschränkung literatur- und musikwissenschaftlicher Ansätze, ohne die eine differenzierte Betrachtung der disparaten Formen undenkbar wäre. Dass das L. als historisch generalisierende Gattungsbezeichnung hingegen wenig praktikabel ist, spiegelt sich auch in der Forschungsliteratur: Trotz der Fülle an Publikationen zu einzelnen Phänomenen findet die Diskussion einer übergreifenden Liedgeschichte fast ausschließlich in enzyklopädischen Artikeln statt.

BIBLIOGRAPHIE: H. Brunner/A. Meier, Art. Lied, in: RLW 2 (2000), 420–426. – H. Danuser (Hg.), Musikalische Lyrik, Teil 1, Laaber 2004. – P. Jost, Art. Lied, in: MGG, Sachteil 8 (^{2}1996), 1259–1328. – G. Müller/G. Reichert, Art. Lied, in: RL^2 2 (1959), 42–62.

Ivana Rentsch

Linguistic Turn

I. Textlinguistisch

In den Sprachwissenschaften ist *L. T.* (R. Rorty 1967) zunächst nicht mehr als ein Sammelbegriff für verschiedene Positionen der Geistes- und Sozialwissenschaft mit mehr oder weniger ausschließlichem Bezug auf die sprachliche Konstitution des Denkens und Erkennens. In engerer Bedeutung ist in der philosophischen →Hermeneutik die sprachliche Verfasstheit des →Verstehens eine Grundannahme, vermittels derer →Texte ebenso wie einzelne Sprachzeichen nicht weiter als referierende Ausdrucksformen mit außersprachlichen Äquivalenten verstanden werden, sondern als Konstruktionsformen von interpretierbarer Wirklichkeit. Sprachanalyse wird damit zur wichtigsten →Methode der philosophischen Erkenntnis einerseits und wertet linguistische Methoden andererseits als unverzichtbares Werkzeug der Interpretation auf. Der Text als prototypische Handlungsform von Sprache ist gemäß einer linguistisch geprägten Theorie des kommunikativen Handelns wesentliches Mittel der Welterschließung und -gestaltung. In der Geschichte der Linguistik fällt der *L. T.* zusammen mit einem wachsenden Interesse an Formen der Sprachverwendung und an semiotischen Theorien. Dabei bezieht man sich einerseits explizit auf die analytische Philosophie, namentlich auf L. Wittgensteins Gebrauchstheorie der Bedeutung, andererseits auch auf die ‚*Ordinary Language Philosophy*' (dt. ‚Philosophie der normalen Sprache'), nicht zuletzt in der Ausprägung der →Sprechakttheorie. Da Texte infolge der Wende zur Sprache nicht als wirklichkeitsabbildend verstanden werden, sondern als pragmatische Spiele der Bedeutungsbildung in Textproduktion und Textrezeption, öffnet der *L. T.* die Sprachwissenschaften auch für poststrukturalistische Theorien von Text und Diskurs. Danach sind Texte als Teil diskursiver Strukturen stets eingebunden in epistemologische Voraussetzungen ihres Verstehens.

Auswirkung auf Methodendiskussionen hat der *L. T.* in den 1970er Jahren v.a. in den Geschichtswissenschaften. Während Texte in traditionellen Positionen des Faches als →Quelle verstanden werden und damit textlinguistische Verfahren den Status historischer Hilfsmittel haben, erlangt die Textlinguistik durch eine allgemeine Aufwertung sprachwissenschaftlicher Erkenntnisgegenstände und Analyseverfahren im *L. T.* den Status einer Metawissenschaft. Gerade in der Geschichtswissenschaft ist der *L. T.* damit Anlass zur Selbstreflexion des Faches und zur Orientierung an linguistischen Verfahren der Textanalyse (W. Küttler, 50).

BIBLIOGRAPHIE: W. Küttler, Erkenntnis und Form, in: W. Küttler et al. (Hgg.), Geschichtsdiskurs, Bd. 1, Frankfurt a.M. 1993, 50–64. – R. Rorty (Hg.), Linguistic turn, Chicago 1967.

Ingo H. Warnke

II. Philosophisch

L. T. (dt. ‚Linguistische Wende') bezeichnet primär die Entstehung der sprachanalytischen Philosophie, der zufolge philosophische Probleme durch die Missdeutung von Sprache entstehen. Oft wird der Ausdruck auch verwendet, um einen Paradigmenwechsel in den Geisteswissenschaften des 20. Jh.s zu beschreiben, in dessen Rahmen Linguistik, →Sprachkritik und →Semiotik für die Grundlagendiskussionen in den Einzelwissenschaften bestimmend wurden. Gemeinsam ist diesen unterschiedlichen Entwicklungen, dass Sprache nicht als transparentes Mittel der Kommunikation von unabhängig gegebenen Denkinhalten aufgefasst wird, sondern als für uns unhintergehbares Vehikel des Denkens, das die Struktur des Erkennbaren bestimmt.

In der Literatur wird die sprachanalytische Philosophie oft der Metaphysik und der Bewusstseinsphilosophie gegenübergestellt und durch die These charakterisiert, die Formen des Denkens und des Seins seien allein über die Untersuchung der Struktur von Aussagen zugänglich, weil Denken sprachabhängig sei (s. M. Dummett, E. Tugendhat, R. Rorty). Diese Gegenüberstellung ist aus zwei Gründen problematisch. Erstens wird jene These z. B. von G. Frege, der gemeinhin als Vater der sprachanalytischen Philosophie gilt, nicht geteilt, insofern er die Sprachabhängigkeit des Denkens ausdrücklich auf Menschen beschränkt. Zweitens begreift bereits Aristoteles Metaphysik als Logik und mithin ontologische Kategorien als Formen der Prädikation. Unbestreitbar ist hingegen, dass mit dem *L. T.* die These von der Sprachabhängigkeit des Denkens *explizit* zum Thema wird und in der Folge die Frage, wie sprachliche Zeichen bedeuten, ins Zentrum der philosophischen Reflexion rückt.

Innerhalb der Sprachphilosophie sind verschiedene Ansätze zu unterscheiden. Während nach G. Frege, B. Russell und dem frühen L. Wittgenstein philosophische Probleme durch den Verweis auf eine *ideale* Formalsprache gelöst werden können, ist nach J.L. Austin, G. Ryle und dem späten Wittgenstein die Untersuchung der verschiedenen Formen unseres *alltäglichen* Sprachgebrauchs unhintergehbar. In der Diskussion um die v. a. an Austin anschließende ‚Ordinary Language Philosophy' ist umstritten, inwiefern sich das Vorgehen von der bloßen Beschreibung letztlich kontingenter Verwendungsweisen von Worten unterscheiden lässt. Zum Ende des 20. Jh.s tritt die Reflexion auf Sprache wieder mehr in den Hintergrund des philosophischen Diskurses.

Bibliographie: J.L. Austin, Philosophical papers, London 1961. – M. Dummett, The origins of analytical philosophy, Cambridge 1994. – G. Frege, Die Grundlagen der Arithmetik, Breslau 1884. – R. Rorty (Hg.), The linguistic turn, Chicago 1967. – B. Russell, Mysticism and logic, London 1918. – G. Ryle, The concept of mind, Chicago 1949. – E. Tugendhat, Vorlesung zur Einführung in die sprachanalytische Philosophie, Frankfurt a. M. 1976. – L. Wittgenstein, Tractatus logico-philosophicus, Frankfurt a.M. 1984. – Ders., Philosophische Untersuchungen, Frankfurt a. M. 1984.

Matthias Haase

Literalität →Schriftlichkeit

Literarkritik →Methode(n), →Quelle(n)

Literary Criticism

I. Alttestamentlich

Während der form- und redaktionskritische Ansatz der traditionellen historischen →Kritik zu einer Fragmentierung der Texte führte, stellt der *L. C.* das literarische Geschick eines →Autors in den Vordergrund, umfangreiche Erzählstücke zu verweben und seine Worte sorgfältig zu wählen. Z. B. ergibt Huschais Diskurs in 2 Sam 16,16–17,5 nur im Ganzen Sinn. Sogar der Pentateuch kann als eine Einheit betrachtet werden (D. Clines). Zudem liegt ein gewisser Anteil an semantischer → Bedeutung vor, der nicht nur dem Handlungsfortgang dient. Der *L. C.* liest einen Text im Lichte der gesamten verwandten →Literatur; zur Rekonstruktion des Inhaltes wird die →Form berücksichtigt (W. Richter, R. Alter). Die ältere Formkritik ging oft von einem Konzept oder Inhalt aus (z. B. eine Sage ist eine Geschichte über einen Helden), während gegenwärtige Entwürfe Funktion oder Intentionalität der Textstruktur ohne Rekurs auf Spekulationen hinsichtlich des Sitzes im Leben bestimmen.

Die biblische Prosa ist oft durch allzumenschliche ‚Intrige' geprägt. Es handelt sich nicht um epische Dichtung. Wo sich metrische →Dichtung findet, hält sie den Handlungsfortgang in der Gegenwart auf und bringt starke Gefühle zum Ausdruck (z. B. 2 Sam 1,17–27). Die biblische →Dichtung ist trotz ihrer Parallelismen nicht bloß repetitiv (J. Kugel), sie ist auch wenig selbstreferentiell: →Metaphern werden dem alltäglichen Leben entnommen und ermöglichen eine gedankliche Verbindung zwischen der himmlischen und der irdischen Dimension (P. Ricœur).

V. a. aber nimmt der literarische Ansatz Genres, Stilfiguren und narrative Strategien (wie z. B. Ironie) im biblischen Corpus wahr. In diesem Zusammenhang ist der Einsatz von Wiederholung und Rückblenden, von Leerstellen und Wiederaufnahmen von Bedeutung sowie der Gebrauch von *hinne* („siehe!"), der dem Leser Zeit gibt, seine Aufmerksamkeit neu auszurichten. Ebenfalls wichtig sind Indizien für die auktoriale und göttliche Allwissenheit. Obwohl der Autor durch die Vielzahl seiner Charaktere unterschiedliche Meinungen ausdrückt, ist sein Standpunkt letztlich dennoch nicht neutral; er möchte überzeugen (M. Sternberg) oder auch die Illusion der Neutralität hervorrufen (J.P. Fokkelman). M. Sternbergs Ansicht, die Textbedeutung sei derart fixiert, dass dem →Leser kein Spielraum bleibe oder dass die biblischen Autoren eine vielmehr religiöse als politische Ideologie verträten, stieß mehrfach auf Kritik.

Selbst die am wenigsten poetische und Bild-gefüllte Erzählung ist von einem gewissen Strukturmuster geprägt: oft ist dies ABC/ABC oder ABC/CBA. Literarische Ansätze analysieren Untergliederungseinheiten jeder Hierarchie, bis zum Phonem. Erzählte →Ereignisse dienen oft der Darstellung einer →Wahrheit, der →Offenbarung eines gewissen ‚Aspektes von Gott'. Handlungsabläufe (*plots*) können entweder auf eine Auflösung oder auf eine Offenbarung zulaufen. Dramatische Texte führen beim Lesen zu Charakteren, die unterentwickelt oder typisiert dargestellt sind, dafür dem Leser aber verstärkt die Möglichkeit einer Identifikation bieten (es darf ja nicht unberücksichtigt bleiben, dass die →Bibel geschrieben wurde, um *gelesen* zu werden!). Beschreibung dient gewöhnlich der Charakterisierung. Selbst Bathseba ist zu individuell gezeichnet, um lediglich als Archetyp zu dienen. Das AT hat Freude am Unbegreiflichen und Unberechenbaren des Menschseins.

Bibliographie: L. Alonso Schökel, A manual of Hebrew poetics, Rom 1988. – R. Alter, The art of biblical narrative/poetry, New York 1981/1987. – A. Berlin, Poetics and interpretation of biblical narrative, Sheffield 1983. – W. Richter, Exegese als Literaturwissenschaft, Göttingen 1971. – J.-L. Ska, Our fathers have told us, Rom 1990. – M. Sternberg, The poetics of biblical narrative, Bloomington 1985.

Mark Elliott

II. Neutestamentlich

Der Begriff ‚*L. C.*' umfasst eine Vielzahl von Ansätzen zur →Interpretation biblischer Literatur. Im Unterschied zu historisch-kritischen Analysemethoden, die den →*Ursprung* der →Texte in Hinsicht auf ihre mündliche Vorgeschichte, ihre schriftlichen →Quellen und redaktionellen Schichten sowie das Verhältnis der Texte zu ihrem sozialen Umfeld und dem historischen →Autor untersuchen, konzentriert sich der *L. C* auf die *Endfassung* der Texte. Dabei richtet sich der Fokus besonders auf die literarische Integrität der Endfassung, d. h. *kanonische Form* der Texte, und auf die Textwelt.

Trotzdem hat der *L. C.* auch historische Aspekte. Die Forschung hat in der hebräischen Bibel wiederkehrende Charakteristika der israelitischen Erzählkunst wie Wiederholung, Beschreibungsstil und *plot* untersucht. Im Blick auf ntl. Texte zielen literarische Analysen oft auf deren Vergleich mit griechisch-römischer Literatur, mit nicht-literarischen Quellen (bes. Papyri und Inschriften) sowie mit außerkanonischen frühchristlichen Schriften.

So konnten z. B. Studien zu den Konventionen antiker Epistolographie anhand nichtliterarischer Papyrusbriefe zeigen, wie Paulus verschiedene Stilformen einsetzt, um sich den jeweiligen Briefsituationen anzupassen. Die paulinischen Briefe sind nicht – wie früher angenommen – als ‚Bewusstseinsströme' (*streams of consciousness*) konzipiert, sondern sind sorgfältig strukturierte Kompositionen, die auf Mikro- und Makrostrukturen (*large-scale and small-scale structures*) der antiken Epistolographie zurückgreifen. Häufig verwendete Makro-Formen sind Gruß, Danksagung, Briefcorpus, Paränese und Briefschluss. Als Mikro-Formen oder Stilfiguren begegnen z. B. Chiasmus (z. B. 1 Thess 4,15–18), Trypticha (z. B. 1 Kor 8–10), *disclosure*- und *confidence*-Formeln.

Ähnlich wurden die Erzählstrukturen und literarischen Genres der Evangelien und der Apg mit denen zeitgenössischer jüdischer und hellenistischer Schriften verglichen. Dieser sog. ‚*Narrative Criticism*' untersucht den biblischen Text auf Aspekte und Makrogattung (fiktiv oder nicht-fiktiv, Prosa oder Dichtung), Genre (z. B. Geschichtserzählung, Aretalogie, Legende, Mythos, Weisheit, Parabel, Allegorie, Prophetie, apokalyptisch, rhetorisch, hymnisch) und Strukturelemente (z. B. *plot*, Thema, Ironie, *foreshadowing*). Insgesamt dient der *L. C.* der Untersuchung der in den biblischen Schriften verwendeten Themen, →Symbole, →Metaphern und Metonymien.

BIBLIOGRAPHIE: R. Alter, The art of biblical narrative, New York 1981. – D.E. Aune, The New Testament in its literary environment, Philadelphia 1987. – E.S. Malbon/E.V. McKnight (Hgg.), The New Literary Criticism and the New Testament, Sheffield 1994. – S.E. Porter, The Paul of Acts, Tübingen 1999. – V.K. Robbins, The tapestry of early Christian discourse: rhetoric, society, and ideology, London 1996. – S.K. Stowers, Letter writing in Greco-Roman antiquity, Philadelphia 1986. – A.N. Wilder, The Bible and the literary critic, Minneapolis 1991.

Bradley H. McLean

III. Literaturwissenschaftlich

L. C. entspricht nicht dem deutschen Begriff ‚Literaturkritik', sondern ist der englische Oberbegriff für jegliche Art der literaturwissenschaftlichen Beschäftigung mit Texten. Der *L. C.* nimmt seinen Anfang mit der *Poetik* des Aristoteles, umfasst die Traditionen der Bibelhermeneutik und Textexegese des Mittelalters und erstreckt sich über die literaturwissenschaftlichen Ansätze der Romantik im 19. Jh. bis zu den zunehmend theoriegeleiteten Textlektüren des 20. und 21. Jh.s. *L. C.* bezeichnet sowohl eine kritische Lektürepraxis als auch eine theoretisch fundierte Herangehensweise an literarische Texte; er legt Bewertungsmaßstäbe für literarische Texte fest (→Kanon/Kanonisierung), untersucht die kontextgebundene Funktion von →Literatur und rückt, je nach *school of criticism*, die verschiedenen Instanzen der literarischen →Kommunikation (→Autor, →Text, →Leser) in den Mittelpunkt seiner Analysen. War *L. C.* in der Vergangenheit oftmals stark autorenzentriert, so hat sich im Laufe des 20. Jh.s der Fokus auf den →Text und die →Rezeption und, aktuell, auf den →Kontext verlagert. In der amerikanischen Verwendung werden *L. C.* und *Literary Theory* meist nicht eindeutig voneinander abgegrenzt.

Als erster moderner *literary critic* gilt der Engländer M. Arnold. Er formuliert Mitte des 19. Jh.s ästhetische und methodologische Prinzipien zur Bewertung von Literatur. Er propagiert ein elitäres Kunst- und Kulturverständnis, und als sog. ‚*critic's critic*' nimmt er Einfluss auf die Moderne. Als einflussreicher, wenngleich nicht unumstrittener *literary critic* in den USA des 20. Jh.s steht H. Bloom in der Tradition Arnolds und ist noch einem romantischen Literaturverständnis verpflichtet, welches ausschließlich ästhetische Kriterien gelten lässt. Seine von S. Freud beeinflusste These der ‚*anxiety of influence*' sieht die Notwendigkeit der Abgrenzung einer (männlichen) Dichtergeneration von der vorhergegangenen als Motor der westlichen Literaturproduktion. Blooms ästhetisches Literaturverständnis, das einen überzeitlichen, universalen (gleichzeitig jedoch eurozentristischen) literarischen Kanon postuliert, steht im Gegensatz zu ideologiekritischen Herangehensweisen an Literatur, wie sie der Literaturwissenschaftler T. Eagleton u. a. einfordern. Eagletons Ansatz unterwirft auch die machtvollen und meinungsbildenden Institutionen des *L. C.* einer kritischen Betrachtung. Kritik an der Tradition des *L. C.* von Arnold bis Bloom wird mittlerweile von vielen Seiten geübt, u. a. vom feministischen *L. C.*, der auf die Ausschlussmechanismen des Kanons der *dead white males* hingewiesen und damit die seit den frühen 1980er Jahren virulente Kanondebatte angestoßen hat.

BIBLIOGRAPHIE: Aristoteles, Poetik, hg. und übersetzt v. M. Fuhrmann, Stuttgart 1994. – M. Arnold, The function of criticism, in: National Review (1864), 230–251. – Ders., Culture and anarchy and other writings, Cambridge 2002. – H. Bloom, Deconstruction and criticism, London 1979. – Ders., The western canon, New York 1994. – T. Eagleton, What is literature?, in: Ders., Literary theory, Oxford 1983, 1–16. – M.A.R. Habib, A history of literary criticism, Oxford 2005. – J. Wolfreys, Modern North American criticism and theory, Edinburgh 2006.

Heike Paul

Literarizität →Literatur/Literarizität

Literatur/Literarizität

I. Alttestamentlich

Das Textcorpus der atl. L. bilden die in der Hebräischen →Bibel und der →Septuaginta überlieferten, kanonischen bzw. deuterokanonischen →Texte hebräischer, aramäischer und griechischer →Sprache. Literaturgeschichtlich hat dieses Corpus im Laufe des 1. Jt.s v. Chr. sukzessive seine Endgestalt angenommen. Literaturtheoretisch kann L. „als die Menge aller Texte, die die Kultur für Literatur hält [...]" (M. Titzmann) aufgefasst werden. Unter diesen Voraussetzungen lassen sich derzeit drei sich gegenseitig nicht ausschließende Lesarten unterscheiden, nach denen das biblische Textcorpus zur L. wird.

Die kanonische Lesart bezieht das biblische Textcorpus in seiner Endgestalt auf jüdische bzw. christliche Religions- oder Kirchengemeinschaften. Für sie bildet dieses Textcorpus den normativen Maßstab (→,Kanon') ihrer Identitätsbildung und ihrer theologischen Lehrtraditionen. Dabei werden Wortlaut und Untergliederung des Kanons einerseits bewahrt und andererseits ergänzend interpretiert. So stellte das Judentum der hebräischen Bibel ‚Mischna' und ‚Talmud' zur Seite, das Christentum ergänzte die Septuaginta durch das →NT zu einem Doppelkanon. Als →,Heilige Schrift' werden Teile des →Kanons in der jeweiligen gottesdienstlichen →Liturgie vorgetragen.

Nach historischer Lesart sind aus der Endgestalt des biblischen Corpus jene Texte, bzw. redaktionellen Textschichten zu rekonstruieren, die in die überlieferte Endgestalt eingegangen sind. Wichtigstes Kriterium dieser Rekonstruktion ist, dass sich die Texte, bzw. Textschichten als Kommunikate in bestimmte historische →Kontexte einzeichnen lassen. Als ‚Traditionsliteratur' (C. Hardmeier) sind sie die wichtigste schriftförmige Quellenbasis zum Verständnis der Welt und der Religion des alten Israel.

Die literarische Lesart nimmt das Corpus der atl. Texte in erster Linie poetisch wahr. D. h. sie achtet auf ihre Sprachlichkeit sowie auf ihre Bildgehalte. Sie sucht sie auf kulturübergreifende Genres wie →Erzählung oder Drama zu beziehen und von da her zu interpretieren. Zur L. werden die Texte dadurch, dass sie in diesem Sinne als literarisch-ästhetische Einheiten beschreib- und lesbar sind. Aus rezeptionsästhetischer Perspektive kommt die Deutungsoffenheit der atl. L. in den Blick. Dadurch werden auch Relecturen atl. Texte aus nachbiblischer Zeit in die atl. L. einbezogen.

BIBLIOGRAPHIE: C. Hardmeier, Textwelten der Bibel entdecken, Gütersloh 2003/2006. – M. Titzmann, Kulturelles Wissen – Diskurs – Denksystem, in: ZFSL 90 (1989), 47–61. – H. Utzschneider, Was ist alttestamentliche Literatur? Kanon, Quelle und literarische Ästhetik als LesArts alttestamentlicher Literatur, in: Ders., Gottes Vorstellung, Stuttgart 2007, 83–100.

Helmut Utzschneider

II. Neutestamentlich

Eine Literaturgeschichte des →NT wird nicht bei der Analyse der Literaturgattungen (→ Evangelium, Apostelgeschichte, →Brief, → Apokalypse), die als solche prägend für weitere frühchristliche L. waren, stehen bleiben dürfen. Sie muss gleichermaßen die Fragen der Literarizität bedenken. Dieser Begriff stellt ein Qualitätsmerkmal dar und wird auf den literarischen Anspruch eines Werks, der dieses von umgangssprachlichen Texten oder von Sachtexten unterscheidet, bezogen. Als Merkmale gelten nach O. Wischmeyer (160 f.): (a) die Polyvalenz, die unterschiedliche →Interpretationen erlaubt, (b) die Stimmigkeit, die in verschiedenen Epochen realisiert werden kann, (c) die Originalität in Anknüpfung an und Abweichung von →Tradition, (d) die Selbstreferenz, d. h. Binnenorganisation eines →Textes und (e) die →Ästhetik der →Sprache, des →Stils, des Aufbaus und der Gattungsrealisation. Damit ist auf die Funktion des →Autors und seines Werks im Produktionsvorgang und zugleich auf die seiner jeweiligen Leserschaft im Interpretationsvorgang verwiesen. Die ntl. Schriften erfüllen diese Kriterien: Sie sind literarische Texte und nicht Sach- oder Gebrauchstexte. Stil, Disposition, →Rhetorik und Metaphorik (→Metapher) erweisen ihre literarische Qualität. Jedoch bewegt sich die an die →Septuaginta angelehnte Sprache in großer Nähe zur Umgangssprache. Die →Rezeption der ntl. Texte hat zu wegweisenden Prägungen der Gesellschaft geführt und kulturelle Prozesse begründet (etwa durch Bergpredigt, Haustafeln, Passionsgeschichten). Die vier im letzten Drittel des 1. Jh.s n. Chr. verfassten Evangelien sind nicht ohne eine vorhergehende mündliche Überlieferung der Worte und

Taten Jesu zu denken, wiewohl die →Gattung Evangelium mit einem Episodenstil mit szenischer Darstellung und mit der Verwendung von direkter Rede und Dialogen literaturgeschichtlich etwas Neues darstellt. Die Briefe des Paulus aus den 50er Jahren bieten die älteste christliche L. überhaupt. Ihre früh einsetzende Sammlung begründete später die Größe des ntl. →Kanons. Hinsichtlich des Umfangs überschreiten manche Briefe das Übliche und nähern sich der Gattung eines Lehrschreibens an. Die Apg muss als Folgewerk zu Lk gelesen werden. Sie zeigt den Weg des Christentums von der Jerusalemer Urgemeinde bis zur Mission des Paulus auf, mit dessen ausführlich geschildertem Prozess sie abbricht. Die Offb wurde zumeist als Offenbarungsbuch für die Endzeit rezipiert. Ihre Verortung in einer konkreten politischen Gefährdung der christlichen Kirche um die Jahrhundertwende vom 1. zum 2. Jh. verbindet sie mit weiteren jüdischen und christlichen Apokalypsen, die gleichfalls im Angesicht katastrophaler Erfahrungen eine Bewältigung der Geschichte durch deren Transzendierung suchen.

BIBLIOGRAPHIE: M. Reiser, Sprache und literarische Formen des Neuen Testaments, Paderborn 2001. – G. Strecker, Literaturgeschichte des Neuen Testaments, Göttingen 1992. – P. Vielhauer, Geschichte der urchristlichen Literatur, Berlin/New York [2]1978. – O. Wischmeyer, Hermeneutik des Neuen Testaments, Tübingen/Basel 2004.

Friedrich Wilhelm Horn

III. Systematisch-theologisch

‚Gott ein →Schriftsteller!' Mit diesem Weckruf stellte J.G. Hamann, der Freund und hintersinnige Kritiker I. Kants, die fraglose Hochwertigkeit, also die Literarizität der biblischen Urkunde außer Frage. Mit der geliehenen Stimme von Horaz charakterisierte er sein Verständnis der →Bibel als literarisches Meisterwerk, in dem sich die →Leser wieder erkennen: *Mutato nomine de te fabula narratur* (C. Senkel). Ihm pflichtete neben J.G. Herder auch J.C. Lavater bei, der die Bibel als eine ‚Schauspiellehre durch Geschichte' charakterisierte. Lange verdrängt, wurden diese Einsichten im späten 20. Jh. neu gehoben. V.a. die Forschungen zur literarischen Qualität der →Gleichnisse (W. Harnisch, H. Weder, D.O. Via) und eine →Rezeption der Leseästhetik (W. Iser) durch U.H.J. Körtner haben zu einem Erkenntnissprung geführt. Fundamentaltheologisch ausgewertet wurden die Erkenntnisse in der bisher vierbändigen *Ästhetischen Theologie* von K. Huizing, der im ersten Band eine Leseanthropologie vorlegt.

Die Entdeckung der Literarizität biblischer Texte hat zu einer Blüte der bürgerlichen Romankultur geführt, entsprechend der Maxime Hamanns: ‚Aus Lesern werden Schriftsteller'. Die Wiege der deutschsprachigen L. steht im protestantischen Pfarrhaus. J.C. Gottsched, C.F. Gellert, G.E. Lessing, C.M. Wieland, G. Lichtenberg, J. Lenz, Jean Paul, die Schlegels waren Pfarrerssöhne (H. Schlaffer). Ob die Schwäche der deutschsprachigen L. mit einer Schwächung der Bildungsinstitution des protestantischen Pfarrhauses zusammenhängt, muss offen bleiben.

Aktuell bahnt sich eine interreligiöse Debatte über die ästhetischen Qualitäten der literarischen Urkunden der drei monotheistischen Religionen an. Der →Schriftsteller und Islamwissenschaftler N. Kermani beschreibt das ästhetische Erleben des →Korans als schlechterdings offene Erfahrung und kann zeigen, dass eine auf Eindeutigkeit zielende Deutung schnell in eine fundamentalistische Politik mündet. Auch für das Judentum ist die Auslegung seines Testaments (→Tanach) der Idee nach unabschließbar. ‚Handeln vor dem Verstehen' (E. Levinas) lautet die entscheidende Maxime. Das Christentum deutet das ästhetisch-literarisches Erleben seiner Gründungsurkunde anders. Durch die Aufhebung des →Bilderverbots behauptet das Christentum – zumindest in seiner protestantischen Ausprägung – eine Klarheit der →Schrift.

BIBLIOGRAPHIE: E. Garhammer/G. Langenhorst (Hgg.) Schreiben ist Totenerweckung, Theologie und Literatur, Würzburg 2005. – K. Huizing, Ästhetische Theologie, Bd. 1, Stuttgart 2000. – W. Iser, Der Akt des Lesens, München 1994. – N. Kermani, Gott ist schön, München 2000. – U.H.J. Körtner, Der inspirierte Leser, Göttingen 2001. – H. Schlaffer, Die kurze Geschichte der deutschen Literatur, München, Wien 2002. – C. Senkel, Autorisierung, Weilheim 2004.

Klaas Huizing

IV. Literaturwissenschaftlich

Eine möglichst allgemeine Definition bestimmt L. als System literarischer →Texte, das sich intern in die drei Großgattungen Epik, Dramatik und Lyrik und historisch in Epochenzusammenhängen ausdifferenziert, sich intern in Intertextualitätsrelationen und extern über das Verhältnis zur psychischen und sozialen Umwelt konstituiert und selbst wiederum Teil einer →Kommunikation über L. bzw. eines Literaturbetriebs ist.

Die Bestimmung der literarischen Qualitäten, die einen Text zu einem literarischen Text machen, hängt vom jeweiligen Textverständnis ab. Dabei hat sich die Literaturtheorie seit Beginn des Jahrhunderts als jene Binnendisziplin der Literaturwissenschaft ausgebildet, die sich mit der Frage, was L. (Literarizität) sei, im Sinne einer Grundlagenreflexion auseinandersetzt.

Dabei sind verschiedene Definitionsarten zu unterscheiden. Wissenschaftstheoretisch ausschlaggebend ist (1) der Unterschied zwischen einer Real- und einer Nominaldefinition: die erste fokussiert die konkreten Texte und leitet daraus – eher induktiv – eine Bestimmung ab, die zweite, die als wissenschaftstheoretischer Standardfall fungiert, bezieht sich auf eine allgemeine Begriffsbestimmung; (2) der Unterschied zwischen einer deskriptiven und einer normativen Definition: die erste Variante versucht lediglich solche Bestimmungsmomente anzugeben, die L. prinzipiell ausmachen können, wohingegen eine normative Definition eine Vorgabe formuliert, die Texte erfüllen müssen, um überhaupt als (große, hohe, schöne, gute) L. (→Dichtung) eingeschätzt zu werden.

Die Frage nach der Literarizität wurde erstmals im russischen Formalismus ab ca. 1910 aufgeworfen. Für R. Jakobson war das Literarische, nicht L. Gegenstand der Literaturwissenschaft, was zur Abkehr von ontologischen hin zu dynamischen und funktionalen Bestimmungen führte.

Wo hermeneutische oder rezeptionsästhetische Positionen L. eher mit ihrem ästhetischen und über den Text hinausgehenden interpretationsrelevanten Potenzial definieren, versuchen formale, strukturale und strukturalistische Positionen Literarizität eher als Eigenschaft oder gar als (semantische) Struktur des literarischen Textes zu erfassen. Am wirkungsmächtigsten dürfte die Definition von J.M. Lotman gewesen sein, derzufolge L. bzw. Kunst ein ‚sekundäres, modellbildendes System' ist – sekundär gegenüber der primären Sprachebene, modellbildend gegenüber der dargestellten Welt und systemisch organisiert.

BIBLIOGRAPHIE: H. Göttner, Art. Terminologie, in: RL^{2} 4 (1984), 353–366. – O. Jahraus, Literaturtheorie, Basel/Tübingen 2004. – J.M. Lotman, Die Struktur literarischer Texte, München ^{2}1981. – G. Willems, Art. Literatur, in: Fischer Lexikon Literatur 2, hg. v. U. Ricklefs, Frankfurt a. M. 1996, 1006–1029. – P.V. Zima, Art. Literaturtheorie, in: Fischer Lexikon Literatur 2, hg. v. U. Ricklefs, Frankfurt a. M. 1996, 1118–1155.

Oliver Jahraus

V. Textlinguistisch

Aus soziolinguistischer Sicht sind alle oralen und literalen →Texte ‚L.', die als solche vom Verfasser ausgegeben und vom Rezipienten als solche anerkannt werden; unberührt davon bleibt die literarische Wertung. L. wird abgegrenzt von Alltags- bzw. Gebrauchstexten bzw. expositorischen Texten. Als Kennzeichen von L. werden ihre Fiktionalität (→Fiktion), ihre Imaginativität (ihr ‚bild'-schöpferisches Potential) und ihre ästhetische Formung (→Ästhetik), also ihre Poetizität bzw. Literarizität aufgeführt. L. wird soziokulturell einerseits als mentalkritische Instanz betrachtet, andererseits wird sie mit Freizeit- und Unterhaltungsgestaltung verbunden. Pragmalinguistisch gesehen lassen sich den großen drei →Gattungen Sprachhandlungstendenzen zuweisen, wobei das Spiel mit Brüchen, Oppositionen und Verfremdungen mitbedacht werden muss: Dramatische Formen stehen Argumentationsmustern nahe (aber ebenso Fabeln z. B.), lyrische Formen der reflexiven Innenschau, narrative Formen der mehr oder weniger komplexen Entfaltung fiktionaler Lebenszusammenhänge in der Dimension der Zeit. Medial reicht L. über orale und literale Texte in Gestalt von Dramenaufführung, Filmen und performativen *happenings* hinaus. Zentral bleibt neben der inhaltlichen

Intention die formal-ästhetische Gestaltung, die Literarizität.

L. ist historischem Wandel unterworfen und soziokulturell bestimmt: Einerseits ‚schaffen' kanonische Diskurse und überhaupt das Reden über Kunst/L. erst Kunst und L. (vom Feuilleton bis zur Literaturwissenschaft). Andererseits erhebt sich die Frage nach einer Definition jenseits der soziokulturell etablierten Ästhetik: Dieser Annahme folgend würden Literarizität und Ästhetik letztlich auf Naturgesetzen der Form und deren →Rezeption beruhen.

Literarizität ist nach R. Jakobson (1960) ein Ergebnis von sprachlicher Selektion und deren ästhetischer Kombination, so wie sie in der Dichtung, insbesondere in der Lyrik linguistisch auf den Ebenen der Phonetik (‚Wohllaut'), der Lexik (Wortwahl, →Metaphern, Wahl der Isotopien), der →Syntax (Satzmelodie, Prosodie) und auch der →Pragmatik (die Aufmerksamkeit und Teilnahme schaffende Sprachhandlung, Steuerung der Affekte und der kognitiven Verarbeitung) beschreibbar wird. Sprachwissenschaftlich lassen sich formale Konventionen (Jambus, Pentameter, etc.) und deren sprachlich-inhärente Formpotentiale in Bezug auf Ausdruck und →Wirkung beschreiben. Da Literarizität schon bei der Gestaltung von Texten und ebenso bei ihrer Rezeption an (Sprach-)Erfahrungen und somit an Wahrnehmung gebunden ist, ist ihre Aufdeckung sowohl an Sensibilität (z. B. für eine sprachliche Euphonie, Prosodie oder Musikalität) als auch an Sprachwissen und -bewusstheit und in deren Folge an Explikationskompetenz gebunden. Formales Wiedererkennen, Aufspüren semantischer Ambivalenzen, affektive Erregung als Folge intendierter und/oder zufälliger Gestaltung zu begreifen, schafft Bewusstsein und Freude an L.

BIBLIOGRAPHIE: U. Brandstätter, Grundfragen der Ästhetik, Weimar/Wien 2008. – R. Jakobson, Poetik, Ausgewählte Aufsätze 1921–1971, Frankfurt a. M. 1960. – O. Jahraus, Literaturtheorie, Basel/Tübingen 2004.

Peter Klotz

Literaturgeschichte →Literatur/Literarizität

Liturgie

L. leitet sich von griech. λειτουργία (‚Dienst') her, in der →Septuaginta als Bezeichnung für den Tempeldienst, im NT begegnet der Begriff selten; im griechischen Osten ist L. die Bezeichnung für christlichen →Gottesdienst verwendet, erst seit der Neuzeit wird L. auch im Westen als Terminus für den Ablauf des christlichen Gottesdienstes als identitätsstiftendes Ritual benutzt (lat. *officium*). Seit dem Mittelalter wurde L. kommentiert und interpretiert.

Der christliche Gottesdienst hat in seiner L. Elemente der Synagoge übernommen (→Lesungen, Gebet, →Predigt als Schriftauslegung; christlich dagegen die Eucharistie; Grundschema Just. *1 apol.* 67, Mitte des 2. Jh.s). Auszugehen ist von ursprünglicher Vielfalt. Seit der Frühzeit sind Tendenzen zur Normierung, Konzentration und Vereinheitlichung zur Identitätsbildung zu beobachten. Seit der konstantinischen Wende und der Entstehung einer christlichen Kultarchitektur (Basilika) stehen L. und Kirchenbau in einem engen Wechselverhältnis, indem der Kirchenbau zur Visualisierung und →Interpretation von L. führt.

Mit der normierenden Funktion der Metropolitan- und der Patriarchatsverfassung werden die christlichen Zentren für die L. ihres Einflußgebietes im →Kontext eines Kanonisierungsprozesses normativ (Edessa, Antiochien, Alexandrien, Jerusalem, Rom).

Antiochien prägt dann die L. Konstantinopels, die für die byzantinische Reichskirche und die Orthododoxie der sieben ökumenischen Synoden verbindlich wird (Chrysostomusliturgie/Basiliusliturgie).

Die übrigen östlichen L.n haben ihre Fortsetzung in den orientalischen Kirchen gefunden. Die erst spät lateinisch gewordene stadtrömische L. wurde über die Kirche Englands durch die karolingischen Reformen im Frühmittelalter für den lateinischen Westen zum verbindlichen →Kanon und verdrängte vorher selbständige L.n (gallikanische/mozarabische/afrikanische) weithin. Für den römischen Katholizismus bedeutete das Konzil von Trient eine weitere liturgische normative Vereinheitlichung.

Der Protestantismus stand liturgisch in der mittelalterlichen Tradition (CA XXIV), lehnte aber eine normative L. ab (CA VII/XV); mit der Konsolidierung von Landeskirchen setzt aber ein normierender Vereinheitlichungsprozess ein; L.n werden zu Bestandteilen der vom Landesherrn erlassenen Kirchenordnungen (oft Vorbild: Brandenburgisch-Nürnbergische Kirchenordnung von J. Bugenhagen; im Südwesten Anschluss an die L. der Predigtgottesdienste; ebenso im reformierten Protestantismus mit größerem Traditionsbruch; Musik).

Nach liturgischer Beliebigkeit und Kritik am Ritus mit dem Ziel von Aktualisierung im 19. und 20. Jh. entstanden restaurative Vereinheitlichungstendenzen. In Freikirchen v. a. außerhalb Europas tritt die Bindung an die mittelalterliche Tradition zugunsten pneumatischer/enthusiastischer Elemente zurück.

BIBLIOGRAPHIE: K.-H. Bieritz, Liturgik, Berlin/New York 2004. – H.C. Schmidt-Lauber/K.-H. Bieritz (Hgg.), Handbuch der Liturgik, Göttingen [3]2003. – R. Volp, Liturgik, Gütersloh 1992. – H.A. Wegmann, Liturgie in der Geschichte des Christentums, Regensburg 1994.

Hanns Christof Brennecke

Lyrische Dichtung

I. Alttestamentlich

In der griechischen Antike umfasst l. D. zunächst einmal die zur Lyra (Leier) vorgetragene →Dichtung. →Gattungen unterschiedlichster Art wie Liebes-, Trink-, Sieges- und Klagelieder gehören dazu. Im →AT finden sich auch ganze Bücher, die in lyrischer Form verfasst sind (Ps, Hld, Klgl). Die Trennungslinien zwischen Prosa und Lyrik sind nicht immer deutlich zu ziehen, etwa in prophetischen Texten (→prophetische Literatur). Die l. D. fasst allgemein menschliche Empfindungen wie Trauer und Freude in eine verdichtete Form und macht so die fortwährende Aneignung der →Texte möglich. Dabei schimmert die Aufführungspraxis, der kultisch religiöse Hintergrund der l.n D., durch. Das lyrische Ich des Textes ist anschlussfähig für das rezipierende Ich. Die l. D. bedient sich einer Reihe von Stilmitteln: wie Lautmalerei (Ps 1,1), Homophonie (z.B. hebr. *ani* für ‚ich' und *ani* für ‚elend' in Ps 86,1), Chiasmus, Refrain (z.B. Ps 42,6.12; 43,5), Rhythmus, → Metaphern. Das Hebräische kennt nur vereinzelt den Endreim (z.B. Ps 122,6 f.), gebräuchlicher ist der Beginnreim. Die Texte, deren Zeilen mit →Wörtern in alphabetischer Ordnung beginnen (Akrosticha), sind allerdings eine spezifische graphische Darstellungsart (z.B. Ps 119; Klgl 1–4). Ein Hauptmerkmal der hebräischen l.n D. ist der parallele Versaufbau (*parallelismus membrorum*), wobei die beiden Versglieder sich ergänzen (z.B. Ps 1,1), aber auch einen Gegensatz bilden können (z.B. Ps 1,6). Die Parallelität kann auf lautlicher, syntaktischer oder semantischer Ebene liegen. Gerade daran, dass die beiden Versteile häufig Komplementäres in variierter Form ausdrücken, wird deutlich, dass Form und Inhalt nicht voneinander zu trennen sind. Die den Metaphern zugrunde liegenden Vergleiche sind ebenfalls Vorraussetzung für die Mehrdeutigkeit l.r D.

Eine weitere Eigentümlichkeit der hebräischen Sprache ist, dass sie mit wenigen Wörtern auskommt: Der erste Aufruf der Liebenden, mit dem das Hld einsetzt (Hld 1,2), besteht aus drei Wörtern (hebr. *yishaqeni mi-neshiqot pihu*), wofür das Deutsche acht braucht: „Er küsse mich mit den Küssen seines Mundes". Dieser Vers bedient sich der Alliteration, d.h. des Gleichklangs durch die sch-Laute. Die Musikalität der Sprache untermalt die Bilder. Die Form trägt die Emotion zu den Lesenden: Die Pss haben häufig kathartische bzw. performative Funktion; das Hld eine einladend-erotische. Wenn sich auch das Metrum nicht eindeutig bestimmen lässt, so kommt durch die rhythmische Struktur und den Klang dem Miterleben der l.n D. eine leibliche Dimension zu.

BIBLIOGRAPHIE: R. Alter, The art of biblical poetry, New York 1985. – H. Gunkel, Einleitung in die Psalmen, Göttingen [4]1985. – H.-P. Müller, Zum Werden des Lyrischen, in: A. Hagedorn (Hg.), Perspectives on the Song of Songs, Berlin/New York 2006, 245–259. – K. Seybold, Poetik der Psalmen, Stuttgart 2003.

Dorothea Erbele-Küster

II. Literaturwissenschaftlich

Der Begriff l. D. oder Lyrik bezeichnet neben Epik und Dramatik eine der drei Großgattungen der europäischen Literaturtradition. Begriffsgeschichtlich leitet sich der Terminus von griech. λυρικὴ ποίησις (‚die zum Spiel der Lyra gehörende →Dichtung') ab. Wurde der Begriff Lyrik während des Barocks im deutschen Literaturraum zunächst im engeren, etymologischen Sinne nur auf vertonte bzw. zur Vertonung angelegte Verstexte bezogen (z. B. in Opitz' *Buch von der deutschen Poeterey*, 1624) so weitet sich der Referenzbereich in der Folge auf nahezu alle kürzeren, nicht-epischen und nicht-dramatischen Gedichtformen aus. Die auch historisch rückwirkende Ausdehnung des Gattungsbegriffs trägt dem vielfältigen überlieferten Bestand an Texten wie den Dichtungstraditionen seit der Antike faktisch Rechnung; so werden antike Formen wie z. B. die Oden der Sappho ebenso zur l.n D. gezählt wie die mittelalterliche Minnelyrik oder die durch M. Luther begründete →Gattung des Kirchenliedes (P. Gerhardt u. a.). Im Kontext der europäischen Liebeslyrik wurde etwa auch das Hld des →AT zu einem vielfach nachgeahmten und intertextuell referentialisierten Textmuster l.r D. (z. B. bei F. Petrarca, W. Shakespeare oder J.W. v. Goethe). Die komplexe Gemengelage der historischen Formen in ihrer Vielfalt erschwert eine systematische Definition (vgl. L. Völker); im besten Fall lassen sich idealtypische Kriterien bestimmen, die jedoch keinen Anspruch auf vollständige Erfüllung im Sinne von notwendigen und zureichenden Bedingungen erheben sollten (hier sei stellvertretend etwa an solche Spezialfälle wie das Prosagedicht oder Formen visueller Poesie erinnert, die sich vielen der üblicherweise zur Lyrikdefinition herangezogenen Merkmalen verweigern). So galt seit dem 18. Jh. und insbesondere seit dem deutschen Idealismus (J.G. Herder, J.W. v. Goethe, G.W.F. Hegel) der Aspekt der sich selbst aussprechenden Subjektivität als zentrales Gattungskriterium (so noch bei W. Dilthey und E. Staiger im 19. bzw. 20. Jh.). Weitere Merkmale wären die im Unterschied zur epischen Dichtung relative Kürze, die elaborierte sprachliche Konzentration, ein im Vergleich zur Prosa erhöhtes Form- und Strukturbewusstsein, die Abweichung von Normen alltäglichen Sprachgebrauchs (H. Fricke) bzw. der gezielte Einsatz der ‚poetischen Sprachfunktion' (R. Jakobson), etwa durch Metrum, Reim, Prosodie, Inversionen u. v. m., welche die l. D. im Sinne von D. Lampings Minimaldefinition als ‚Einzelrede in Versform' (D. Lamping) prägen.

Bibliographie: D. Burdorf, Einführung in die Gedichtanalyse, Stuttgart/Weimar 1997. – H. Fricke, Norm und Abweichung, München 1981. – Ders./P. Stöcker, Art. Lyrik, in: RLW 2 (2000), 86–101. – R. Jakobson, Poetik. Ausgewählte Aufsätze 1921–1971, Frankfurt a. M. [3]1993. – O. Knörrich, Lexikon lyrischer Formen, Stuttgart 1992. – D. Lamping, Das lyrische Gedicht, Göttingen 1989. – J. Link, Elemente der Lyrik, in: H. Brackert/J. Stückrath (Hgg.), Literaturwissenschaft, Reinbek 2001, 86–101. – L. Völker (Hg.), Lyriktheorie, Stuttgart 1990. – Ders., Art. Lyrik, in: Fischer Lexikon Literatur 2, hg. v. U. Ricklefs, Frankfurt a. M. 1996, 1186–1222.

Markus May

M

Märchen

I. Alttestamentlich

Ob der literarische Typus ‚M.' überhaupt im →AT begegnet, ist umstritten und hängt von der Breite der Definition ab. Sieht man das M. mit dem Begründer der atl. Märchenforschung, H. Gunkel, einfach als Prosaerzählung, in deren fremder Welt Übernatürliches stattfindet und das Phantastische selbstverständlich ist, dann kann man tatsächlich von M. im AT sprechen, etwa bei längeren Erzählungen wie derjenigen vom Propheten Jona in Ninive oder kürzeren wie den →Erzählungen von Daniel und seinen Freunden in der östlichen Diaspora (Dan 1–6), nicht aber bei der Erzählung von Joseph in Ägypten (Gen 37.39 ff.), da hier das nüchterne weisheitliche Element nicht einmal der breit gefassten Märchendefinition entspricht.

Eine so breit gefasste Definition ist aber wenig brauchbar, weil dadurch die Ergebnisse der atl. Gattungsforschung dermaßen verblassen würden, dass die unterschiedlichsten Erzählformen zu den M. gezählt werden müssten, etwa →Mythen (wie Gen 2–3), Sagen (wie Gen 15; 30,25–43) und diverse andere Erzählungen bzw. ihre Teile (etwa Num 22,21–34; 2 Kön 13,20–21; Jes 20,7–11). Die Hauptelemente des M.s, nämlich die Überwindung einer defizitären Ausgangssituation durch einen Helden, eine fremde Welt, in der das Phantastische der selbstverständlichen Ordnung immanent ist, und die Unbestimmtheit von Ort und Zeit (M. Lüthi), begegnen im AT nicht gemeinsam in einzelnen Erzählungen. Umgekehrt fehlt dem M. als universaler Erzählform ein in den in Frage kommenden atl. Erzählungen dominantes Element: Gott (H.-J. Hermisson).

Obwohl nicht zu leugnen ist, dass Stoffe, die in M. belegt sind (wie sprechende Tiere oder Wundertaten an fremden Höfen), auch in atl. Erzählungen begegnen, kommen diese ebenso in anderen Erzählgattungen des AT vor, so dass die Existenz von vollständigen M. im AT nicht als nachgewiesen betrachtet werden kann (anders F. Ahuis, vgl. E. Haller).

Das M. als Erzählgattung ist aus mindestens zwei Gründen nicht geeignet, die →Offenbarung Gottes an Israel zu bezeugen. Zum einen ist es im Fremden situiert, während der Gott Israels den Menschen in ihrer eigenen Umgebung bzw. Geschichte begegnet. Zweitens ist das Phantastische im M. der normalen Ordnung immanent, so dass das Übernatürliche paradoxerweise ‚natürlich' ist, während die Aufhebung der Naturgesetze im AT gerade als Durchbruch durch die normale Naturordnung erscheint (z. B. Num 22,28). In hermeneutischer Hinsicht ist festzuhalten, dass der übernatürliche Charakter märchenähnlicher Motive im AT die Manifestation der von außen kommenden Kraft Gottes und dadurch seine Offenbarung bekundet.

BIBLIOGRAPHIE: F. Ahuis, Das Märchen im Alten Testament, in: ZThK 86 (1989), 455–476. – H. Gunkel, Das Märchen im Alten Testament, Tübingen 1917, Frankfurt a. M. 1987. – E. Haller, Märchen und Zeugnis, in: FS G. v. Rad, München 1971, 108–115. – H.-J. Hermisson, Art. Märchen II., in: TRE 21 (1991), 672–677. – A. Jolles, Einfache Formen, Halle ^{2}1956. – F. Lampart et al., Art. Märchen I.-III., in: RGG^{4} 5 (2003), 785–789. – M. Lüthi, Das Volksmärchen als Dichtung, Düsseldorf/Köln 1975. – H. Röllecke, Art. Märchen, in: RLW 2 (2007), 513–517.

James Alfred Loader

II. Altphilologisch

Unter M. versteht man eine ursprünglich mündliche Volkserzählung ohne individuell bestimmbaren →Autor, die einen wesentlichen Teil ihrer Existenz oraler Tradierung verdankt. Das M. ist charakterisiert durch →Fiktionalität und häufig personale, lokale und temporale Anonymität seiner Handlung. Konstitutiv für die Handlung sind Übernatürlichkeit sowie eine Hauptperson, die eine schwierige Situation zu meistern hat. Im Unterschied zum M. ist für die Sage ein deutlicher Gegensatz zwischen Profanem und Numinosem charakteristisch, ihr Ort ist in der Realität. Der →Mythos unterscheidet sich nach Inhalt (er kann ohne menschliches Personal auskommen) und Funktion (Begründung von Welt und Gesellschaft, Bewahrung von Wissen in Form von Geschichten) vom M. (G. Heldmann, 13–22).

Die Existenz von M. in der Antike ist umstritten und wird in der neueren Forschung eher abgelehnt. Antike Ausdrücke für ‚Ammenmärchen' (γραῶν μῦθοι; *fabellae aniles* etc.) sind terminologische Scheinentsprechungen (G. Heldmann, 85–132). Die Theorie, dass das M. eine uralte, bis in vorliterarische Zeit zurückreichende →Gattung mündlich tradierter Prosaerzählung darstelle, die im Volksmund bis in die Neuzeit lebendig geblieben sei, lässt sich nicht schlüssig beweisen. Dagegen kann plausibler von einer →Rezeption von Elementen des antiken Mythos im M. gesprochen werden, so die Krähe oder der Rabe als Unglücksbote oder ein vieläugiger Wächter, der in Schlaf fällt (W. Siegmund). Homers *Odyssee* enthält märchenhafte Elemente wie z. B. die Irrfahrten des Odysseus, auf denen er Zauberinnen und einäugigen Riesen begegnet (U. Hölscher). Der Roman *Der Goldene Esel* des Apuleius (2. Jh. n. Chr.) enthält eine eingeschaltete Erzählung, ‚Amor und Psyche', welche die Liebe zwischen dem Liebesgott Amor und der Königstochter Psyche (‚Seele') schildert. Diese Geschichte ist voller Motive, wie sie auch das M. kennt, z. B. Tierbräutigam, verzaubertes Schloss, Erfüllung lebensgefährlicher Aufgaben durch die Heldin (D. Fehling; G. Heldmann, 51–53), und wurde in der Neuzeit modernistisch gedeutet (C.S. Lewis, *Till we have faces: a myth retold*, London 1956). Märchenartige →Wundergeschichten finden sich auch in Philostratos' *Leben des Apollonios von Tyana* (3. Jh. n. Chr.) und in christlichen Heiligenlegenden (→Legende).

Bibliographie: D. Fehling, Amor und Psyche: Die Schöpfung des Apuleius und ihre Einwirkung auf das Märchen, Mainz 1977. – G. Heldmann, Märchen und Mythos in der Antike?, München 2000. – U. Hölscher, Die Odyssee: Epos zwischen Märchen und Roman, München 1988. – K. Ranke et al. (Hgg.), Enzyklopädie des Märchens, bis jetzt 12 Bde., Berlin/New York 1967 ff. – W. Siegmund, Antiker Mythos in unseren Märchen, Kassel 1984.

Karla Pollmann

III. Literaturwissenschaftlich

Bei dem M. handelt es sich um eine literarische →Gattung, die lange Zeit mündlich und anonym überliefert wurde und durch ihr meist ungebrochenes Verhältnis zum Wunderbaren und Übernatürlichen (allerdings nicht in religiösem Sinn) gekennzeichnet ist (→Wunder; →Wundergeschichten). Bei seiner im Einzelnen kaum zu verfolgenden Entstehung handelt es sich um eine in allen Kulturen verbreitete Kurzprosa (mitunter später versifiziert oder auch dramatisiert), deren Einzelheiten vielfach variabel erscheinen, während ein Kern erhalten bleibt. Eine magische, aber nicht im engeren Sinn phantastische Welt setzt im M. die Gesetze von Natur, Logik und Kausalität außer Kraft. In seiner totemistisch und animistisch geprägten Weltanschauung spielt der Unterscheid zwischen Diesseits und Jenseits nur eine marginale Rolle, Verwandlungen, Zaubergaben und Totenerweckungen setzen eine eigene Welt des Nicht-Wirklichen. Die Einsträngigkeit der Handlung mit ihrem Wiederholungscharakter korrespondiert mit der Typenhaftigkeit und Zeitlosigkeit der Figuren. Die Darstellung neigt zu Formelhaftigkeit (‚Es war einmal', ‚Und wenn sie nicht gestorben sind') und Eindimensionalität: I. d. R. befindet sich der Märchenheld zu Anfang in einer Mangelsituation (Unterdrückung, unlösbare Aufgabe, Lebensgefahr), aus der er in eine Isolation gerät (Aussetzung, Flucht, Verirrung), in der ihm das Wunderbare begegnet: In seiner Funktion als Schädiger oder Helfer prägt es seine Aufgabe und deren Lösung. Der Held wird aus dem Mangel erlöst und im Sinne einer ‚naiven Moral' oftmals überreich belohnt (etwa durch Liebe, Macht, Reichtum). Die Züge der Schematisierung, Entpsychologisierung (Flächenhaftigkeit) und Ahistorizität ermöglichen die Didaktisierung des M.s, dessen grundlegend poietischer Charakter u. a. von J.W. v. Goethe und Novalis (das M. als →,Kanon der Poesie') betont wurde. Dabei ist die Abgrenzung von anderen ‚einfachen →Formen' nicht immer konsequent möglich. Die Unterscheidung von Zauber-, Schwank-, Tier-, Lügen-, Legenden- und ätiologischen M. zeigt die Anschlussfähigkeit und Dehnbarkeit der Gattung.

Gegenüber der besonders von den Brüdern Grimm betriebenen Konstruktion einer urtümlichen Naturhaftigkeit differenziert die Forschung nun zwischen ‚Volksmärchen', ‚Buch'- und ‚Kunstmärchen'. Verbindungen zwischen M. und ‚hoher →Literatur' sind immer wieder praktiziert worden, u. a. in Homers *Odyssee* oder den späten Romanzen W. Shakespeares. Eine Stärkung des mitunter ironisch gebrochenen Gattungsbewusstseins und der fragilen Unwahrscheinlichkeit des Wunderbaren stehen bereits am Anfang der neuzeitlichen Märchenproduktion, etwa bei Giambattista Basile (ca. 1575–1632). Die Gattung hat sich somit nicht nur in Zeiten barocker und romantischer Transzendenzorientierung als lebendig erwiesen, sondern auch Rationalisierungsschübe ab der Aufklärung ausgehalten. Gleichwohl ist die etymologisch bedingte (Ab-)Wertung des Diminutivs M. (von mhd. *maere* = ‚Nachricht, Kunde, Erzählung') für eine unglaubwürdige Geschichte noch immer verbreitet.

In der Forschung konkurrieren gattungs- und formtheoretische Arbeiten mit sozial-, literatur- und kulturgeschichtlichen Beiträgen, wobei in letzter Zeit psychoanalytische, feministische und anthropologisch-ethnologische Studien das Spektrum erweitert haben.

BIBLIOGRAPHIE: V. Klotz, Das europäische Kunstmärchen, München ^{3}2002. – M. Lüthi, Märchen, bearbeitet v. H. Rölleke, Stuttgart/Weimar ^{10}2004. – M. Mayer/J. Tismar, Kunstmärchen, Stuttgart/Weimar ^{4}2003. – S. Neuhaus, Märchen, Tübingen/Basel 2005.

Mathias Mayer

Makrogattungen →Mikrogattungen/Makrogattungen, literarische

Mehrfacher Schriftsinn →Schriftsinn, vielfacher

Mentalitätsgeschichte →Cultural Studies, →Geschichtsschreibung

Metapher

I. Alttestamentlich

Noch vor einem Jahrhundert wurde die M. als ein Tropus betrachtet: eine nur schmückende Stilfigur, ein Kunstgriff auf der Wortebene. Die Beschreibung Davids als einer Bärin, die ihre Jungen vermisst (durch den Spion Huschai, der Absalom irreführen wollte, 2 Sam 17), schien lediglich auszusagen, dass er gefährlich und stark sei. Im 20. Jh. hat sich diese Anschauung durch das Aufkommen von Linguistik, Strukturalismus, Literaturwissenschaft als eigenständiger Disziplin, →Semiotik und Rezeptionsästhetik (→Rezeption) verändert.

Lässt man die tote M. unberücksichtigt (z. B. Tischbein), übt die lebende M. Einfluss auf höhere Ebenen, v. a. den →Satz, aus; sie bestimmt das Wesen der Aussage selbst. Bildliche →Sprache läuft am eigentlichen Literalsinn von Worten vorbei und erzeugt Überraschung. Die M. ist ein Schock auf der Basis semantischer Impertinenz (P. Ricœur) und erzwingt ein Überdenken der Beziehung zwischen →Zeichen und →Bedeutung. Das semantische Feld wird erweitert und erwehrt sich der →Versuche einfacher und eindeutiger Abgrenzung.

Goliats Frage „Bin ich denn ein Hund?" (1 Sam 17) ruft die Erzählung Davids in Erinnerung (in der er sich als Schafhirte mit bloßen Händen gegen Bär und Löwen zur Wehr setzen musste) und erhält eine affirmative Antwort, als David ankündigt, die Leiche seines Gegners den Greifvögeln zu überlassen. Durch Davids metaphorische Sicht des Kampfplatzes dreht er den Spieß um, seine Aufnahme der Tiermetaphorik beschreibt die Realität neu und verändert sie.

In 2 Sam 12 berichtet Nathan von einem Diebstahl, den David als banal, aber beschämend beurteilt. Aber die Enthüllung des Propheten „Du bist der Mann!" zwingt den

König, die Angelegenheit zu überdenken. Nun versteht er, dass die in der →Erzählung verwendeten Termini (reich vs. arm, das gestohlene und getötete Lamm) als M.n für seine eigenen Kapitalverbrechen stehen. In seiner erneuten Betrachtung verknüpft David die M.n und verleiht ihnen parabolischen Aussagegehalt. Ähnliches findet sich in 2 Sam 14: David wird ein Fall vorgetragen, der an Kain und Abel erinnert, sich auf den zweiten Blick aber als eine Parabel seiner ausweglosen Situation mit Absalom erweist. Das metaphorische Potential von Sprache enthüllt, wie die Welt des →Textes (die Strafsache, in beiden Fällen mit tödlicher Folge) mit der Welt des →Hörers oder →Lesers (König Davids, der deren parabolische Ausrichtung erkennt) kollidiert und/oder sich vermischt. Diese Verflechtung ist ein Abbild der Begegnung des Lesers mit den kreativen Bibeltexten; sie fordern ihn dazu heraus, seine metaphorische Kreativität zu applizieren und in den Spiegel zu blicken.

Bibliographie: A. Haverkamp (Hg.), Theorie der Metapher, Darmstadt 1983. – P. Ricœur, La métaphore vive, Paris 1975.

Jan P. Fokkelman

II. Neutestamentlich

Eine M. ist im Gegensatz zum →Symbol ein zweigliedriges Textphänomen, bei dem eine semantische Spannung innerhalb zweier syntaktisch verknüpfter Texteinheiten erzeugt wird. Aufgrund der prädikativen Gerichtetheit der Teile kann zwischen einem ‚Bildspender-‘ und einem ‚Bildempfänger-Bereich‘ unterschieden werden. Ein unbekannter Sachverhalt (z.B. Tod Jesu) wird mit Hilfe eines bekannten Bereichs (z.B. Opfer) erklärt. Die M. eignet sich deshalb besonders gut, um neue theologische Einsichten mit Hilfe bekannter Erfahrungs- und Sprachtraditionen zu erhellen. Syntaktisch kann man z.B. zwischen prädikativen Satzmetaphern (‚Ich bin die Tür‘, Joh 10,7), attributiven M.n (‚lebendige Steine‘, 1 Petr 2,5), Genitivmetaphern (‚Kinder des Lichts‘, Joh 12,36), Appositionsmetaphern (‚der Herr, der gerechte Richter‘, 2 Tim 4,8) oder Kompositionsmetaphern (‚Herzenshärte‘, Mt 19,8) unterscheiden. Auch längere Textpassagen wie z.B. Parabeltexte können als M.n verstanden werden, indem eine Übertragung eines erzählten Sachverhalts (z.B. Lohnzahlung) auf einen sachfremden Bereich (z.B. das Reich Gottes) erfolgt. Um den Bedeutungstransfer der M. zu verstehen, ist eine realgeschichtliche Analyse des ‚bildspendenden Bereichs‘ erforderlich. Viele ntl. M.n greifen auf die Erfahrungswelt der Agrargesellschaft (z.B. Ackerbau, Fischfang) oder die Lebenswelt von Frauen zurück (z.B. Teigbereitung in Lk 13,21; Gal 5,9). Daneben werden andere Bereiche des täglichen Lebens wie die Hausgemeinschaft oder das Militärwesen herangezogen, um M.n wie ‚Sklave Christi‘ (Gal 1,10; Kol 4,12) oder ‚Schild des Glaubens‘ (Eph 6,16) zu bilden. Der Innovationsgrad einer konkreten M. kann vor dem Hintergrund konventionalisierter Bildfeldtraditionen bestimmt werden. In Joh 10 wird die bekannte M. des Jhwh-Hirten herangezogen, um die christologische M. ‚Ich bin der gute Hirte‘ (Joh 10,11) zu bilden. Die M. zielt auf Leserwirkung, die neben kognitiven auch affektive und persuasive Aspekte umfasst. So erklärt sich, dass M.n in Kommunikationsvorgängen eingesetzt werden, in denen Adressaten überzeugt und zu einer ganzheitlichen Erkenntnis oder Lebensweise geführt werden sollen. Entsprechend werden M.n zur Versprachlichung aller theologischen Themen des NT herangezogen: So wird Gott z.B. ‚Vater‘ (Mt 6,9) oder ‚Töpfer‘ (Röm 9,21), der Mensch ‚fruchtbringender Baum‘ (Lk 6,43–45) oder ‚schallende Zimbel‘ (1 Kor 13,1) genannt; Erlösung wird als ‚Loskauf‘ (1 Kor 6,20) oder ‚Versöhnung‘ (2 Kor 5,19 f.) bezeichnet; die Kirche kann mit ‚Salz der Erde‘ (Mt 5,13), ‚Brief‘ (2 Kor 3,2) oder als ‚Ehefrau‘ (Eph 5,21–33) metaphorisiert werden. Für die Eschatologie werden neben der Gerichtsmetaphorik auch kreative M.n wie ‚Krone des Lebens‘ (Jak 1,12; Offb 2,10) oder das ‚Abwischen von Tränen‘ (Offb 7,17; 21,4) geprägt. M.n werden auch gebraucht, um die →Bedeutung und →Wirkung Jesu Christi zum Ausdruck zu bringen (z.B. ‚Brot des Lebens‘, Joh 6,35; ‚Passalamm‘, 1 Kor 5,7; ‚Hohepriester‘, Hebr 9–10; ‚Morgenstern‘, 2 Petr 1,19; Offb 22,16). Selbst Hoheitstitel (z.B. Sohn Gottes) können als lexikalisierte M.n interpretiert werden.

Bibliographie: R. Banschbach Eggen, Gleichnis, Allegorie, Metapher, Tübingen 2007. – R.W. Funk, The parable as metaphor, in: Ders., Language, hermeneutic, and word of God, New York 1966, 124–222. – P. Ricœur/E. Jüngel (Hgg.), Die Metapher, München 1974. – C. Schluep, Der Ort des Christus, Zürich 2005. – J.G. van der Watt, Family of the king, Leiden u.a. 2000. – R. Zimmermann, Metapherntheorie und biblische Bildersprache, in: ThZ 56 (2000), 108–133. – Ders., Paradigmen einer metaphorischen Christologie, in: Ders. et al. (Hgg.), Metaphorik und Christologie, Berlin 2003, 1–34.

Ruben Zimmermann

III. Systematisch-theologisch

Die M. ist das Basisphänomen religiöser Sprache und entsprechend die Grundfigur der biblischen Rede – und eine Grundform des Denkens und Darstellens (vgl. G. Vico, F. Nietzsche, I.A. Richards, H. Blumenberg, P. Ricœur), nicht allein in religiösen oder theologischen Kontexten. Was nicht unmittelbarer Anschauung gegeben ist und nicht in vollständiger Beschreibung oder im Begriff aufgehen kann, wird metaphorisch benannt und artikuliert. Das trifft sowohl für alle einst metaphysisch erörterten Themen zu wie Geschichte, Zeit, Welt, Ich/Selbst, Heil/Unheil, Freiheit, Seele, Mensch – als auch für alle theologisch und religionsphilosophischen Grundfragen. Dementsprechend wird von Gott metaphorisch gesprochen. Wollte man das als Anthropomorphismus nur kritisieren, vergäße man dessen theologische Dimension und S. Kierkegaards These: „Man eifert so sehr gegen Anthropomorphismen und denkt nicht daran, daß Christi Geburt der größte und der bedeutungsvollste ist" (S. Kierkegaard, *Die Tagebücher* I, Kopenhagen 1962, 140).

M.n stehen (im Unterschied zum Begriff) im Verdacht, nur ‚Erfindung' zu sein ohne ‚Referenz' auf eine →Wirklichkeit des so Artikulierten. Als ‚uneigentliche' Rede seien sie nicht wahrheitsfähig und daher allenfalls von ‚poetischer' Qualität. Dagegen ist zu sagen: Weder Begriffe oder M.n ‚an sich' referieren, sondern ihre Verwender nehmen *mit ihnen* auf etwas Bezug. Ihr Status ist nicht weniger ‚eigentlich' als der von Begriffen. Sofern der M. (mit P. Ricoeur) ein ‚ist und ist nicht' eignet (Herodes ‚ist und ist nicht' ein Fuchs), ist sie keine einfache Identitätsaussage (daher auch nicht propositional zureichend analysierbar), sondern ein Ausdruck und eine Darstellung der signifikanten und symptomatischen Perspektive des Sprechenden und seines kulturgeschichtlichen Horizonts. Dem entspricht in der Theologie seit E. Jüngel die These der metaphorischen →Wahrheit: Gott kommt ursprünglich und eigentlich in der M. zur Sprache. Christologisch pointiert *ist* Jesus Christus die M. Gottes, sein Zur-Welt-Kommen als Zur-Sprache-Kommen.

Die M. ist dementsprechend eine Leitfigur für hermeneutisch, poetisch und rhetorisch sensible Theologien. Im Unterschied zur poetologisch gefassten ‚neuen' und ‚lebendigen' M. ist sie rhetorisch gesehen alltäglich und nicht mit dem Anspruch auf ‚Originalität' und ‚Kreativität' aufzuladen. Es sind die feinen Unterschiede der Formvarianz einer M., die ihre Pointe bilden (wie in den Varianten der Weinbergmetaphorik in →AT und →NT). So gesehen sagt eine M. etwas mehr, als immer schon der Fall ist. In der metaphorischen Rede wagt die Religion und die Theologie, sich ihrer Imagination zu bedienen. Andernfalls bliebe der religiösen Rede nur der Weg in den möglichst vollbestimmten Begriff – und das wäre eine terminologische Beerdigung. Denn „Gott ist ein sinnvolles Wort nur im Zusammenhang metaphorischer Rede" (E. Jüngel, Metaphorische Wahrheit, 144).

Bibliographie: H. Blumenberg, Paradigmen zu einer Metaphorologie, in: Archiv für Begriffsgeschichte 6 (1960), 7–142, 301–305. – Ders., Beobachtungen an Metaphern, in: Archiv für Begriffsgeschichte 15 (1971), 161–214. – A. Haverkamp (Hg.), Theorie der Metapher, Darmstadt 1983. – E. Jüngel, Metaphorische Wahrheit, in: Ders., Entsprechungen: Gott – Wahrheit – Mensch, Tübingen [2]1986, 103–157. – Ders./P. Ricœur, Metapher, München 1974. – G. Lakoff/M. Johnson, Metaphors we live by, Chicago 1980. – F. Nietzsche, Über Wahrheit und Lüge im außermoralischen Sinne (1873), Werke, hg. v. G. Colli/M. Montinari, Bd. 3,2, Berlin/New York 1973. – I.A. Richards, The philosophy of rhetoric, New York u.a. 1936. – P. Ricœur, Die lebendige Metapher, München 1986. – P. Stoellger, Metapher und Lebenswelt, Tübingen 2000. – C. Strub, Kalkulierte Absurditäten, Freiburg/München 1991. – G.B. Vico, Prinzipien einer neuen Wissenschaft über die gemeinsame Natur der Völker ([3]1744), 2 Bde., übers. u. hg. v. V. Hösle/C. Jermann, Hamburg 1990.

Philipp Stoellger

IV. Altphilologisch

Die M. (‚übertragene Ausdrucksweise') wird zuerst von Aristoteles als Phänomen zwischen Sprache und Erkenntnis theoretisiert. Seine Substitutionstheorie (*Po.* 21–22), nach der die M. ein eigentliches durch ein uneigentliches →Wort in Form eines verkürzten Vergleichs ersetzt (‚Achill ist ein Löwe' anstatt ‚Achill ist wie ein Löwe'), bestimmt auch das heutige Metaphernverständnis der Klassischen Philologie, das aber stärker die Wirkung der M. im Rezeptionsprozess beleuchtet (→Allegorese). Die →Wirkung der M. hängt von Gebrauch und Kontext ab (Quint. *inst.* 8,3,38). In ihrer ästhetischen Funktion dient sie der Ausschmückung, der Lenkung der Aufmerksamkeit oder der Präzisierung eines Sachverhalts, indem sie der Beschreibung Plastizität verleiht. Sie erfüllt auch eine kognitive Funktion, indem sie dem Rezipienten eine neue Erfahrung des Gegenstands zuteil werden lässt: komplexe und abstrakte Inhalte können durch die M. eine konkrete Sinnlichkeit erhalten. Dazu werden die vom Bildspender ausgelösten Assoziationen zunutze gemacht, die den Bedeutungsraum erweitern.

Differenzierungen in den Funktionen des Metapherngebrauchs lassen sich nach literarischen →Gattungen feststellen. Primär ein Merkmal poetischer Sprache ist die Verwendung kühner M.n, wobei Bildspender und -empfänger weit voneinander abweichenden Bereichen angehören. Die Komödie nutzt gewaltsame Dekontextualisierung traditioneller M.n für komische Effekte. In der Prosa sind M.n seltener und zumeist weniger kühn. In Reden und philosophischen Texten können sie zur Beweisführung durch →Analogie dienen und Probleme der logischen Verknüpfung überbrücken. Philosophen wie Plato nutzen die von spezieller Metaphorik ausgehende Atmosphäre für ihre philosophische Aussage. In der naturwissenschaftlichen Literatur der Antike füllt die notwendige M. (Cic. *orat.* 92–94) lexikalische Lücken und liefert neue technische Ausdrücke. Die Metaphorisierung als Stadium im Prozess wissenschaftlicher Erkenntnisentwicklung wird bereits von der antiken Theorie reflektiert (G.R. Boys-Stones, 12). Für bestimmte Epochen, Gattungen und →Autoren können spezifische Bildspenderbereiche festgestellt werden. Z.B. greift die lateinische Elegie für den Bereich der →Liebe auf Bilder von Militär und Krieg zurück. Häufig aufgenommene M.n erhalten Toposcharakter. M.n können der →Leserlenkung dienen, wenn sie so gewählt werden, dass der Rezipient sie in seine Lebenswelt und sein Wertesystem einordnen kann. In der hellenistischen →Dichtung und im Roman können poetologische M.n eine strukturanzeigende Funktion besitzen.

Bibliographie: M. Asper, Onomata allotria, Stuttgart 1997. – G.R. Boys-Stones (Hg.), Metaphor, allegory, and the classical tradition, Oxford 2003. – S. Harrison et al. (Hgg.), Metaphor and the ancient novel, Groningen 2005. – M. Landfester, Einführung in die Stilistik der griechischen und lateinischen Literatursprachen, Darmstadt 1997. – C. Riedweg, Mysterienterminologie bei Platon, Philon und Klemens von Alexandrien, Berlin/New York 1987.

Jochen Schultheiß

V. Literaturwissenschaftlich

Die M. ist ein im übertragenen Sinn gebrauchter Ausdruck. Metaphorischer Sprachgebrauch ist ein universelles, seit der antiken →Rhetorik vielbehandeltes sprachliches Verfahren. In der antiken Rhetorik wird sie als ein *Tropus* (wörtl. ‚Wendung', d.h. ‚Wendung des Sinns') behandelt. Die häufige Umschreibung des metaphorischen Sprachgebrauchs als ‚Bild' oder ‚bildliche Rede' ist nicht unproblematisch, da sie die Unterschiede zu anderen Tropen (Metonymie, Synekdoche z.B.) einebnet. Nicht immer haben wir auch eine ‚bildliche' Vorstellung bei M.n. Eine wesentliche Quelle metaphorischen Sprachgebrauchs ist neben einer spezifischen expressiven Absicht ein Benennungsbedürfnis. Neue Sachen ohne Benennungen werden häufig metaphorisch benannt (vgl. in der Computersprache die Ausdrücke *Netz, surfen, Speicher, Maus*). In dem Maße, in dem die Benennung als ein konventioneller (usueller) Ausdruck gebraucht wird, verliert sie ihren metaphorischen (okkasionellen) Charakter.

Zur M. gehört das Bewusstsein eines Übertragungsaktes.

Der deutsche Ausdruck geht zurück auf griech. μεταφέρειν, ‚übertragen', ‚austauschen', ‚verändern'. Als Terminus verwendet zuerst Aristoteles den Ausdruck. Die M. ist für ihn ein Mittel der alltäglichen und der poetischen Redeweise (*Rh.* 3,2,6), sie lässt ‚Verwandtes' im Verschiedenen erkennen (*Po.* 1459a) und verbindet das Verschiedene in einem Akt des ‚dies ist das' (*Rh.* 3,2,10), bei dem wir zugleich wissen: ‚dies ist das nicht'. Wegen dieser Struktur des ‚Dies ist das/dies ist das nicht' gilt die M. traditionell als besonders geeignet, über Gott bzw. über Heiliges zu reden. Die Funktion der Metaphorik spielt daher in der Diskussion über →Mythos und →Entmythologisierung eine wichtige Rolle. An die aristotelischen Einsichten knüpft die moderne Metaphertheorie an. Sie erklärt die M. als eine ‚Interaktion' von Bedeutungen. Dagegen neigte die rhetorische Tradition in einer Verkürzung des aristotelischen Ansatzes dazu, die M. als eine Ersetzung, eine Substitution des eigentlich Gemeinten, die M. daher auch als ersetzbar durch einen ‚eigentlichen' Ausdruck zu verstehen. Nach H. Weinrich wird zwischen Bildspender (metaphorisch gebrauchter Ausdruck) und Bildempfänger (der Fokus der M.) unterschieden. Im metaphorischen Ausdruck ‚Christe, du Lamm Gottes' (Luther, nach dem lat. *Agnus Dei*) ist z. B. ‚Lamm Gottes' der Bildspender, ‚Christe' der Bildempfänger.

Die kognitiven, expressiven und textkonstitutiven Funktionen der M. bzw. der Metaphorik werden in letzter Zeit in vielen Disziplinen intensiv untersucht. Im Rahmen einer Theorie und Hermeneutik religiöser Sprache ist sie Gegenstand theologischer Untersuchungen. In der philosophischen Diskussion produktiv ist die unter dem Titel einer ‚Theorie der Unbegrifflichkeit' (H. Blumenberg) gestellte Frage nach der von Begriffen nicht einholbaren lebensweltlichen Funktion von M.n.

BIBLIOGRAPHIE: H. Blumenberg, Ausblick auf eine Theorie der Unbegrifflichkeit, in: Ders., Schiffbruch mit Zuschauer, Frankfurt a. M. 1979, 75–93. – H. Eggs, Art. Metapher, in: HWRh 5 (2001), 1099–1183. – K. Kohl, Metapher, Stuttgart 2007. – R. Konersmann (Hgg.), Wörterbuch der philosophischen Metaphern, Darmstadt 2007. – G. Kurz, Metapher, Allegorie, Symbol, Göttingen [6]2009. – P. Ricoeur/E. Jüngel (Hgg.), Metapher, München 1974. – H. Weinrich, Semantik der kühnen Metapher, in: DVjs 37 (1963), 324–344.

Gerhard Kurz

VI. Textlinguistisch

Eine M. (griech. μεταφορά, ‚Übertragung') ist der nicht-wörtliche Gebrauch eines sprachlichen Ausdrucks, bei dem zwischen dem Konzept, das durch die wörtliche Bedeutung des Ausdrucks erfasst wird, und dem Konzept, auf das sich der Ausdruck bei metaphorischer Verwendung bezieht, eine Ähnlichkeits- bzw. Analogiebeziehung besteht oder konstruiert wird. In der →Kognitiven Linguistik werden M.n als sprachliche Manifestationen von spezifischen Konzeptkoppelungen aufgefasst (M. Schwarz-Friesel), die im holistischen →Paradigma als ‚konzeptuelle M.n' bezeichnet werden (u. a. O. Jäkel). Metaphorische Äußerungen (z. B. der Form *A ist ein B* wie in *Der Mann ist ein Baum*) drücken eine Relation aus, die wörtlich verstanden einen konzeptuellen Widerspruch ergibt. Im Verstehensprozess werden sie umgedeutet im Sinne von <Konzept$_1$ (= Zielbereich, bezeichnet durch *A*) ist wie Konzept$_2$ (= Ursprungsbereich, bezeichnet durch *ein B*)> hinsichtlich bestimmter Eigenschaften. Sind diese nicht Teil der involvierten Konzepte, sondern werden erst kontextabhängig inferiert, handelt es sich um emergente Merkmale (H. Skirl). M.n sind im Sprachgebrauch allgegenwärtig und notwendig, um abstrakte und/oder komplexe Konzepte durch das In-Beziehung-Setzen zu konkreten, einfacheren Konzepten zu beschreiben (G. Lakoff/M. Johnson 1980). Im Lexikon einer Sprache findet sich eine Vielzahl (nicht mehr als metaphorisch empfundener) konventionalisierter M.n, die systematisch auf spezifische, kulturell fest verankerte Konzeptmuster verweisen (z. B. *einsehen, Einsicht* auf <verstehen als sehen>). Neuartig sind kreative M.n, die auf konventionelle Konzeptverbindungen (z. B. <Geld als Wasser>, wie lexikalisiert in *Geldquelle*) verweisen und diese erweitern und/oder unkonventionell benennen (z. B. *Geldbächlein*) sowie innovative M.n, die neue Konzeptkombinationen etablieren (z. B. *Geldfussel*). Formal sind verschiedene Substantiv- sowie Adjektiv- und Verb-Metaphern zu unterscheiden. M.n können kombiniert sowie über Satzgrenzen hinweg fortgesetzt werden und Metaphernkomplexe bilden, die für die →Kohärenz von Text(abschnitt)en bestimmend sind. M.n können eine oder mehrere verschiedene kommunikative Funktionen erfüllen; v. a. dienen sie der Explikation und Persuasion sowie der Evaluation und Emotionalisierung (H. Skirl/M. Schwarz-Friesel). In der neueren Forschung wird neben interkultureller Variation (Z. Kövecses) und korpuslinguistischen Aspekten (J. Charteris-Black) verstärkt auch das Verstehen innovativer M.n untersucht (H. Skirl).

BIBLIOGRAPHIE: J. Charteris-Black, Corpus approaches to critical metaphor analysis, New York 2004. – O. Jäkel, Wie Metaphern Wissen schaffen, Hamburg 2003. – Z. Kövecses, Metaphor in culture: universality and variation, Cambridge 2005. – G. Lakoff/M. Johnson, Metaphors we live by, Chicago 1980 [Nachdruck 2003; *dt.* Tübingen [5]2007]. – M. Schwarz-Friesel, Kognitive Linguistik heute – Metaphernverstehen als Fallbeispiel, in: Deutsch als Fremdsprache 2 (2004), 83–89. – H. Skirl, Emergenz als Phänomen der Semantik am Beispiel des Metaphernverstehens, Tübingen 2009. – Ders./M. Schwarz-Friesel, Metapher, Heidelberg 2007.

Helge Skirl

VII. Philosophisch

Aristoteles bestimmt die M. in der *Poetik* und in der *Rhetorik* als ‚Übertragung eines fremden Nomens'. Ihr Gebrauch erfordere die Begabung, das Ähnliche zu sehen. Er steht damit am Anfang zweier Tendenzen: dem Bemühen, das sprachliche Funktionieren der M. zu verstehen und zu kontrollieren, und dem Interesse an ihrer irregulären kognitiven, welterschließenden und perspektivierenden Funktion. Während der neuzeitliche Rationalismus ein ikonoklastisches Sprachreinigungsprogramm vertritt und nur der wörtlichen Sprache Wahrheit zutraut, erkennt G. Vico in der M. die Manifestation der produktiven Einbildungskraft als grundlegender Sprachfunktion. Ist Sprache überhaupt metaphorisch, so wird allerdings Wahrheit zu einer Frage der grammatischen Konvention (F. Nietzsche). Bewusstlose Metaphorizität macht sich als mythische Identitätslogik und als Illusion geltend, als reflektierte Metaphorizität wird sie zum künstlerischen Interpretationsangebot.

Die neuere Metapherntheorie revolutioniert das semantische Verständnis der M.: Sie hat es nicht mit isolierten Wortbedeutungen, sondern mit einer von der Standardgrammatik abweichenden Rahmung von Ausdrücken in →Sätzen zu tun (M. Black). Die M. wird als Kategorienfehler auffällig (N. Goodman), ihre →Bedeutung lässt sich nur in Anwendungskontexten erschließen. Wird der Bedeutungsbegriff an eine extensionalistische Wahrheitssemantik gebunden, bleibt für metaphorische Sprachverwendung nur die pragmatische Funktion als kognitiver Stimulus (D. Davidson, R. Rorty).

Für P. Ricœur hängt der Wirklichkeitsbezug der Philosophie von der Kraft ‚lebendiger' M.n ab, was sie fiktionalen →Texten vergleichbar mache. Er folgt damit den bedeutungstheoretischen Debatten, die sich an innovativen Kommunikationsereignissen orientieren und die ‚toten' M.n ausschließen, während die stärker historisch ansetzende Metaphorologie sich auch für konventionalisierte Bildfelder interessiert. H. Blumenberg siedelt die M. zunächst im ‚Vorfeld' der philosophischen Begriffsbildung (Licht – Wahrheit) an, sieht aber zunehmend in der ‚absoluten M.' einen nicht eliminierbaren Grundbestand philosophischer Sprache, der an die Orientierungsleistung von ‚Daseinsmetaphern' anschließt. Demgegenüber macht J. Derrida (mit M. Heidegger) auf den metaphysischen Hintergrund der Unterscheidung wörtlich/metaphorisch aufmerksam. In der Paradoxie der M., über sie könne nicht unmetaphorisch gesprochen werden, spiegelt sich die Unvermeidlichkeit bei gleichzeitiger Kritikwürdigkeit metaphysischer →Präsuppositionen.

BIBLIOGRAPHIE: H. Blumenberg, Paradigmen zu einer Metaphorologie (1960), Frankfurt a. M. 1998. – Ders., Ästhetische und metaphorologische Schriften, Frankfurt a. M. 2001. – B. Debatin, Die Rationalität der Metapher, Berlin/New York 1995. – A. Haverkamp (Hg.), Theorie der Metapher, Darmstadt [2]1996. – Ders. (Hg.), Die paradoxe Metapher,

Frankfurt a.M. 1998. – P. Ricœur, Die lebendige Metapher (1976), München [2]1991.

Brigitte Hilmer

Methode(n)

I. Alttestamentlich

Das geschichts- und literaturwissenschaftliche Phänomen der M. als des wissenschaftlich ausgewiesenen und reflektierten ‚Weges' zum intersubjektiv nachvollziehbaren erklärenden Umgang mit →Texten umfasst im Einzelnen eine Vielzahl von M.n, die nach wie vor offen ist. M.n haben eine historische und eine epistemische Dimension. Im Zusammenhang der Bibelhermeneutik sind zunächst die philologisch-exegetischen M.n relevant (→Textkritik, Literar- bzw. Quellenkritik, Formgeschichte, Traditionsgeschichte, Überlieferungsgeschichte, Redaktionsgeschichte), daneben immer stärker die synchronen M.n der Sprach- und Literatur- sowie der Kulturwissenschaften.

Die M.n, mit denen das AT gelesen wird, gliedern sich in jene, die sich auf den ‚Endtext' (→Synchronie), auf die Entstehung (→ Diachronie) oder auf die Adressaten (→Rezeption) des Textes konzentrieren. Da der vorliegende →Text des AT ein historisch zusammengewachsener ist, bedarf er einer Reihe von M.n, die sowohl der Endgestalt als auch den Vorstadien gerecht werden können. Eine synchrone M. konzentriert sich auf ein spezifisches Stadium der Textentwicklung und setzt also das diachrone Element voraus. Da der Text des AT immer wieder aus früheren Phasen rezipiert wurde, tendiert die Festlegung auf den ‚Endtext' logisch zum →Kanon als wirklichem Endtext.

Daher wird das Interesse für die letzte Gestalt des AT in der jüngeren methodischen Debatte von einer ‚kanonkritischen' M. begleitet. Ihr Fixieren auf die ‚Endgestalt' des ‚ganzen' Kanons und ihre Würdigung literarischer Techniken scheinen den Status als ‚literarische' M.n zu bestätigen, aber das alles ist nur möglich, wenn bereits ein Kanon existiert, dessen Charakter jedoch nicht immanent ist, sondern dem Text von außen auferlegt wird. Es gibt aber auch eine Variante der kanonischen Kritik, die den Kanon nicht so sehr als Text denn als Prozess sieht. Besonders seit dem Zweiten Weltkrieg entwickelte sich die Sicht, die Bibel sollte als spezifische Ausformung von Literatur behandelt werden. Dieser allgemein literaturwissenschaftliche Ansatz, der unter dem Begriff →*New Criticism* (‚neue Kritik') bekannt wurde, wird in der atl. Wissenschaft als sprachwissenschaftliche M. bezeichnet (vgl. aber unten VI.), die den referentiellen Charakter der Sprache oft leugnet, so dass Texte durch ihre Verwendung der Sprache eine eigene Welt mit einer ausschließlich textimmanenten Bedeutung kreieren. Eine einflussreiche Manifestation der neuen Kritik in Amerika ist die rhetorische Kritik, welche die rhetorischen Kunstgriffe eines Textes nicht nur auf linguistischer Ebene, sondern auf der Ebene des Sprachgebrauchs in spezifischen Texten untersucht.

Die Gestaltmethoden haben sich zum bestehenden historischen Repertoire gefügt, ohne dieses obsolet zu machen. Die historische Kritik stellt die Frage nach dem Wachstum des vorliegenden Textes, indem sie als Literarkritik die Konsistenz der Texte analytisch untersucht und innere Spannungen sowie verschiedene (theologische) Perspektiven aus unterschiedlichen Quellen bloßlegt. Das impliziert aber genaue Beachtung des Textsinnes. Der als Redaktionskritik bekannte Methodenzweig befasst sich umgekehrt synthetisch mit der Zusammenfügung von verschiedenen Texten zu umfangreicheren Büchern und Kompositionen. Die Traditionsgeschichte untersucht Theologien und Gedankenzusammenhänge, die hinter dem Text liegen, und geht Hand in Hand mit der formgeschichtlichen M., die darum bemüht ist, →Textsorten und ihre →Bedeutung im israelitischen sozialen Leben darzulegen. Sie war auch ein Impuls für die spätere sozialgeschichtliche M., die sich unter dem Eindruck der marxistischen Philosophie und der archäologischen Ergebnisse den Bedingungen für die Produktion von Texten widmet.

Eine dritte Methodengruppe ist Leser-orientiert. Nach der rezeptionsästhetischen M. entsteht ein gegenseitiges Verhältnis zwischen den Direktiven des Textes und den Voraussetzungen des →Lesers, so dass einem Text Bedeutung zugeschrieben wird. Das kann als Dekonstruktion radikalisiert werden, um zu zeigen, dass Texte sich selbst auflösen und alle Wahrheitsansprüche aufgeben müssen. Die befreiungstheologische M. und ihre feministische Variante radikalisieren die Grundsätze dieser Methodengruppe dadurch, dass sie die Kontexte unterdrückter Menschen auf den Text anwenden statt umgekehrt. Die Fülle der neueren M.n hat den fehlenden Konsens noch größer gemacht. Da aber alle M.n einander ausgesetzt sind, begrenzen und ergänzen sie einander kritisch.

BIBLIOGRAPHIE: R. Alter/F. Kermode (Hgg.), The literary guide to the Bible, London 1987. – J. Barton (Hg.), The Cambridge companion to biblical interpretation, Cambridge 1998. – D.M. Gunn/D.N. Fewell, Narrative in the Hebrew Bible, Oxford 1993. – S.A. Nitsche/H. Utzschneider, Arbeitsbuch literaturwissenschaftliche Bibelauslegung, Gütersloh 2001. – S.E. Porter (Hg.), Dictionary of biblical criticism and interpretation, New York 2007. – O.H. Steck, Exegese des Alten Testaments, Neukirchen-Vluyn [14]1999.

James Alfred Loader

II. Neutestamentlich

Die in der ntl. Wissenschaft angewandten M.n der Textauslegung dienen hauptsächlich der →Exegese der 27 ntl. Schriften (vier Evangelien, Apostelgeschichte, 21 Briefe, Offenbarung des Johannes), wie sie durch die Kanonbildung der Alten Kirche material bestimmt (bes.: Osterfestbrief des Athanasius, 367 n. Chr.) und bis heute standardisiert durch die philologisch-kritische Edition E. Nestles (erstmals 1898: *Novum Testamentum Graece*; [27]1993 als Nestle/Aland) in ihrer textlichen Gestalt herausgegeben wurden. Bei dem Prozess methodengeleiteter Rekonstruktion und →Interpretation lassen sich vier methodische Bereiche/Verfahren/Zugänge unterscheiden:

(1) Die Textsicherung dient der philologischen und sprachlichen Erhebung der ältesten erreichbaren Textgestalt. Die ntl. Texte werden übersetzt (→Übersetzung) und auf ihre mögliche philologische Erstgestalt hin textkritisch untersucht (→Textkritik).

(2) Im Bereich der synchronen Textanalyse werden die ntl. Texte auf der Basis ihrer literarischen, d.h. kanonischen, Endgestalt – auf ihre immanente Textstruktur, Textbedeutung und Textfunktion hin untersucht. Die ntl. Exegese bedient sich hier weitgehend des sprach- und literaturwissenschaftlichen Methodeninventars. Dabei werden die sprachliche und grammatische →Kohärenz des Textes (sprachlich-syntaktische Analyse), der Sinngehalt des Textes sowie seiner Lexeme in ihren Konnotationen (semantische Analyse), die Handlung und der Erzählablauf in narrativen Texten bzw. die Argumentationsstruktur in argumentativen Texten (narrative Analyse/Argumentationsanalyse), die →Leserlenkung und Wirkabsicht des Textes (pragmatische Analyse) sowie die →Textsorte und ihre Funktion (Textsortenanalyse) bestimmt.

(3) Im Bereich der diachronen bzw. der historisch-kritischen Textanalyse werden die ntl. Texte im Blick auf die Frage nach ihrer literarischen und textlichen Entstehung sowie in Hinsicht auf ihr originäres historisches ‚setting' rekonstruiert. Die ntl. Exegese bedient sich hier weitgehend des klassisch-philologisch, altertumswissenschaftlich sowie religionsgeschichtlich geprägten Methodeninventars. Die Literar- bzw. Quellenkritik untersucht, ob einem Text verschiedene (mündliche oder) schriftliche Quellen zugrunde liegen. Die Form- und Überlieferungsgeschichte fragt nach dem Prozess der Überlieferung und der literarischen Formung des vorliterarischen Textmaterials sowie nach dessen ‚Sitz im Leben'. Die Traditionsgeschichte analysiert die Geschichte des Textes von der mündlichen Überlieferung bis zur literarischen Endgestalt. Die Begriffs- und Motivgeschichte arbeitet als historische Text- und Wortsemantik. Der religionsgeschichtliche Vergleich fragt nach Herkunft und/oder Analogien religiöser Sprache und Motive im außerntl. Umfeld. Die Redaktionskritik erhebt die literarische und theologische Eigenleistung des Endbearbeiters (Evangelist; Interpolator/Glossator) und stellt die Frage nach Ort und Zeit der Textentstehung.

(4) Der Bereich der theologischen bzw. hermeneutischen Reflexion bezieht sich auf die theologische Textinterpretation. Die sprachliche Gestalt, die literarische →Form und →Gattung, der semantische Gehalt, das religiöse bzw. theologische Profil der Texte und ihrer →Propositionen werden gleichermaßen untersucht. Die →Interpretation geht

mit der hermeneutischen Reflexion des Auslegungsverfahrens, d.h. seiner Voraussetzungen, Zugänge, M.n und Ergebnisse, einher, bedient sich der →Sachkritik zur kritisch-theologischen Beurteilung des Propositionsgehaltes der Texte und bereitet die theologische →Applikation der Texte vor.

BIBLIOGRAPHIE: E.-M. Becker, Die synoptischen Evangelien und ihre Quellen, in: T. Rathmann/N. Wegmann (Hgg.), Quelle, Berlin 2004, 129–149. – Dies., Was ist Kohärenz?, in: ZNW 94 (2003), 97–121. – W. Egger, Methodenlehre zum Neuen Testament, Freiburg i.Br. u.a. [2]1990. – U. Schnelle, Einführung in die neutestamentliche Exegese, Göttingen [6]2007. – O. Wischmeyer, Hermeneutik des Neuen Testaments, Tübingen/Basel 2004.

Eve-Marie Becker

III. Systematisch-theologisch

Im Sinne reformatorischer Theologie ist Dogmatik nichts anderes als ‚konsequente → Exegese' (E. Jüngel). Sie hat die Schriftauslegung nicht etwa nur zur Voraussetzung ihrer Darstellung des christlichen Glaubens und seiner Inhalte, sondern ist selbst insgesamt als eine Weise der Schriftauslegung zu verstehen. Entsprechend der auf den Pietisten J.J. Rambach (1723) zurückreichenden hermeneutischen Unterscheidung von *subtilitas explicandi, intelligendi* und *applicandi* liegt das Gewicht des systematisch-theologischen Schriftgebrauchs auf der Applikation. Biblische Texte werden hierbei unter dem Aspekt ihres Gegenwartsbezuges und ihres Geltungsanspruchs gelesen und interpretiert. Ohne die Frage nach der historischen Genese biblischer Texte zu vernachlässigen, dominieren im systematisch-theologischen Schriftgebrauch M.n der synchronen Interpretation ihrer Struktur, ihres Aussagegehaltes und ihrer argumentativen → Kohärenz. Im Anschluss an J.S. Semlers Unterscheidung von christlicher Religion und Theologie hatte J.P. Gabler (1783) auf eine strikte Unterscheidung zwischen biblischer und dogmatischer Theologie gedrängt. Die damit eingeleitete Entwicklung fand in E. Troeltschs Gegenüberstellung von historischer und dogmatischer M. in der Theologie (GS II, 729–753) ihren Höhepunkt. Kriterien für die historische Urteilsbildung bzw. Wahrheitsfindung sind nach Troeltschs → Kritik, Analogie und Korrelation. Während der Siegeszug der historisch-kritischen Exegese nicht nur zur Trennung von Dogmatik und →Exegese, sondern insgesamt zur Infragestellung der Dogmatik klassischen Typs geführt hat, suchten systematische Theologen unterschiedlicher Prägung wie J.C.K. v. Hofmann, M. Kähler, W. Herrmann oder auch A. Schlatter die Verbindung zwischen Exegese und →Hermeneutik und damit auch der systematischen Theologie neu zu Bewusstsein zu bringen.

Das gilt auch für die dialektische Theologie nach dem Ersten Weltkrieg. Während jedoch in der Bultmann-Schule, die sich in gewisser Weise dem Erbe der sog. religionsgeschichtlichen Schule verpflichtet weiß, die applikative Schriftauslegung an die historisch-philologische Exegese biblischer Texte gebunden bleibt, neigen K. Barth und seine Schüler dazu, die historische Kritik zugunsten einer praktisch-dogmatischen Exegese zu vernachlässigen. Die Einheit von historisch-kritischer Rekonstruktion und theologischer Applikation der biblischen Texte findet bei Bultmann ihren Ausdruck im Programm der →existentialen Interpretation und der dabei geforderten Entmythologisierung biblischer Texte. Neuerdings führt die Etablierung leserorientierter bzw. rezeptionsästhetischer, intertextueller und auslegungs- bzw. wirkungsgeschichtlicher M.n in der Exegese dazu, dass sich die Kluft zwischen Exegese und systematischer Theologie verringert. Zur systematisch-theologischen Interpretation biblischer Texte gehört ausdrücklich die kritische Auseinandersetzung mit dem Faktum ihrer Kanonisierung und dem damit nicht nur von den Texten selbst, sondern für diese von der Kirche als Auslegungs- und Überlieferungsgemeinschaft erhobenen Geltungsanspruch. Dementsprechend sind die einzelnen Texte immer auch im Kontext des gesamten →Kanons zu interpretieren, was freilich die Notwendigkeit der Sachkritik einschließt.

BIBLIOGRAPHIE: O. Bayer, Autorität und Kritik, Tübingen 1991. – P. Chiarini/H.D. Zimmermann (Hgg.), Schrift Sinne, Berlin 1994. – G. Ebeling, Wort Gottes und Hermeneutik, in: ZThK 56 (1959), 224–251 (= Ders., Wort und Glaube, Tübingen 1960, 319–348). – M. Fuhrmann et al. (Hgg.), Text und Applikation, München 1981. – E. Jüngel (Hg.), Theologie als gegenwärtige Schriftauslegung, Tübingen 1995. – U.H.J. Körtner, Art. Schriftauslegung IV., in: TRE 30 (1999), 489–495. – E. McKnight, Postmodern use of the Bible, Nashville 1988. – H. Raguse, Der Raum des Textes, Stuttgart 1994. – E. Troeltsch, Ueber historische und dogmatische Methode in der Theologie, in: Ders., Gesammelte Schriften, Bd. 2, Tübingen 1913, 729–753. – M. Trowitzsch (Hg.), Karl Barths Schriftauslegung, Tübingen 1996. – J. Wirsching, Was ist schriftgemäß?, Gütersloh 1971.

Ulrich H.J. Körtner

IV. Altphilologisch

Schon die antike →Grammatik hat als geregeltes Verfahren vier Stufen der intersubjektiv verfügbaren, pragmatisch orientierten Textinterpretation festgelegt (z.B. Quint. *inst.* 1,4,2 ff.), die im Wesentlichen auch heute noch zur Anwendung kommen: lautes, phonetisch richtiges Lesen (*lectio*), Textkritik (*emendatio*), sprachlich-inhaltliche Kommentierung (*enarratio*), Beurteilung der Authentizität und Würdigung der literarischen Qualität (*iudicium*). Darüber hinaus sind in jüngerer Zeit moderne literaturwissenschaftliche M.n für die ausdifferenziertere und bewusstere Textinterpretation herangezogen worden, besonders Rezeptionstheorie, →Dekonstruktion und →Intertextualität, wobei der Anspruch der Erschließung eines einzigen ursprünglichen Originalsinns aufgegeben wird.

Somit kennt die Philologie nicht allein *eine* M. im Umgang mit →Texten, sondern unterscheidet die grammatische, die literarisch-gattunghafte, die historisch-reale und die psychologisch-individuale Interpretationsweise. Dabei ist eine positivistische Naivität durch die Reflexion auf die Verstehensbedingungen, unter der Berücksichtigung des →Vorverständnisses, der Vorgängigkeit der Frage und der Motivationsgeschichte jeder Aussage zu überwinden. Im Anschluss an M. Heidegger und H.-G. Gadamer wird der → hermeneutische Zirkel als Grundstruktur der geschichtlich bedingten Erkenntnisweise des Menschen aufgefasst, was gleichzeitig die fortwährende Notwendigkeit neuer Interpretationsanstrengungen für die Aktualisierung von Texten bedeutet, einschließlich der Erstellung aktualisierter →Übersetzungen als der kürzesten Form des →Kommentars.

BIBLIOGRAPHIE: H.-G. Gadamer, Wahrheit und Methode, Gesammelte Werke, Bd. 1/2, München 1986. – C. Martindale, Redeeming the text, Cambridge 1993. – T.A. Schmitz, Moderne Literaturtheorie und antike Texte, Darmstadt 2002. – H. Schreckenberg, Art. Exegese I., in: RAC 6 (1974), 1174–1194.

Karla Pollmann

V. Literaturwissenschaftlich

Literaturwissenschaftliche Verfahrensweisen der Textanalyse und Textinterpretation sind jeweils abhängig von den ihnen zugrundeliegenden wissenschaftstheoretischen und literatur- bzw. texttheoretischen Prämissen (Positivismus, →Hermeneutik, →Strukturalismus, historischer Materialismus, Diskurstheorie, →Dekonstruktion etc.), außerdem von methodischen Grundlagen und Begrifflichkeiten der Nachbardisziplinen, aus denen sich die Frageperspektiven und Zielsetzungen der wissenschaftlichen Auseinandersetzung mit Literatur herleiten (Philosophie, Soziologie, Historiographie, Psychologie, Historische Anthropologie, Linguistik, Kultursemiologie etc.). Im Gegensatz zu den Naturwissenschaften gibt es keine harte literaturwissenschaftliche M., sondern eine Vielzahl systematischer Ansätze, die dem äußerst vielfältigen Gegenstand angepasst sind, die allerdings deutlich auch historischen Trends unterliegen. Im 19. Jh. wurde zunächst die M. der → Textkritik ausgeprägt (Philologische M.: K. Lachmann); es folgte der Versuch, die Literaturwissenschaft als Disziplin der naturwissenschaftlichen Forschung mit ihren objektiven Erklärungsmustern anzugleichen (Positivistische bzw. biographische M.: P. Scherer). In Abgrenzung von den Naturwissenschaften begründete dagegen W. Dilthey die geisteswissenschaftliche M. mit dem hermeneutischen Ansatz, der sich in der ersten Hälfte des 20. Jh.s in verschiedenen Spielarten durchsetzte (phänomenologische Literaturwissenschaft; Werkimmanente Interpretation; → *New Criticism*). Im Zuge des mit dem →*Linguistic Turn* entstehenden neuen Anspruchs an Wissenschaftlichkeit, aber auch in der Folge gesellschaftskritischer Funktionsbestimmungen der Literatur, kam es seit den 1960er

Jahren zu einer vermehrten Methodendiskussion in den Literaturwissenschaften. Neben Weiterführungen des hermeneutischen Ansatzes (Rezeptionsästhetik, Literatursoziologie, Literaturpsychologie) kommen seither zunehmend strukturalistische Analysemethoden zur Anwendung, außerdem beeinflusst die poststrukturalistische Zeichentheorie die Lektüreverfahren (→Dekonstruktion). Durch die neuerdings diskutierte Ausweitung der Literaturwissenschaft zur Kulturwissenschaft werden weitere methodologische Ausrichtungen fruchtbar gemacht (→ *New Historicism*, Kultursemiologie, Genderforschung, Medientheorie, Systemtheorie).

BIBLIOGRAPHIE: H.L. Arnold/H. Detering, Grundzüge der Literaturwissenschaft, Frankfurt a.M. 1996. – R. Baasner, Methoden und Modelle der Literaturwissenschaft, Berlin 1996. – J. Hauff et al., Methodendiskussion, Frankfurt a.M. 1972. – J. Strelka, Methodologie der Literaturwissenschaft, Tübingen 1978. – S. Winko, Art. Methode; Art. Methodologie, in: RLW 2 (2000), 581–588.

Christine Lubkoll

VI. Textlinguistisch

Die zentrale traditionelle M. der Textlinguistik ist die *Textstrukturanalyse.* Sie beinhaltet eine textinterne Analyse des Textes als abgeschlossenes Ganzes hinsichtlich der Textgrammatik und der Textsemantik unter Einschluss des Textthemas sowie eine textexterne Analyse der Textfunktion. Die Textstrukturanalyse beschreibt auf grammatischer Ebene diejenigen syntaktisch-semantischen Verknüpfungen, die zwischen Sätzen bestehen. Es geht um Mittel der *Kohäsion,* die auf der Textoberfläche satzübergreifende Verbindungen konstituieren. Hierzu zählt etwa die Feststellung von Formen der Substitution (z.B. Rekurrenz), der Pronominalisierung, des Artikelgebrauchs, metakommunikativer Textverknüpfungen, des Tempusgebrauchs sowie der Konnexionen (Konjunktionen und Pronominaladverbien). Die *Textkohärenz,* also diejenigen inhaltlich-konzeptionellen Beziehungen der ‚Texttiefenstruktur', kann linguistisch mithilfe des Isotopiekonzepts (auf der Basis rekurrenter semantischer Merkmale), durch Feststellung referentieller, semantischer oder pragmatischer Präsuppositionen sowie durch die aus der →Kognitiven Linguistik stammende Frame- und Script-Theorie beschrieben werden. Die Grenze zwischen sprachlich vermittelter Textbedeutung und außersprachlichen Wissensbeständen ist hierbei aufgehoben, da es dort nicht mehr (nur) um diejenigen inhaltlichen Beziehungen geht, die zwischen Wörtern aufgrund gemeinsamer semantischer Merkmale hergestellt werden können (z.B. *Auge* und *Ohr* mit dem gemeinsamen Merkmal ‚Sinnesorgan'), sondern um Verknüpfungen, die aufgrund kulturspezifischer, durch Erfahrung erworbener Wissensbestände konstituiert werden (z.B. *Gäste* und *Geschenke* gehören zum Script ‚Geburtstagsfeier').

Die Analyse der thematischen Textstruktur ist auf der Basis operationaler Verfahren bis heute nicht gelungen. Größere Bedeutung erlangte die Feststellung der Thema-Rhema-Struktur (auch: Funktionale Satzperspektive), die Analyse von Makro- und Superstrukturen T. van Dijks sowie das Argumentationsmodell S. Toulmins. Nach Brinker ist das Textthema entweder in einem Textsegment realisiert oder muss interpretativ aus dem Textinhalt abstrahiert werden. Eine gewisse Hilfestellung können Hinweise auf eine deskriptive, narrative, explikative oder argumentative Themenentfaltung sein, d.h. darauf, ob das Textthema im Prozess der Stiftung von Textkohärenz über beschreibende, berichtend-erzählende, erklärende oder begründende Vertextungsmuster entwickelt und fortgeführt wird.

Die *textfunktionale Analyse* erfolgt unter Rückgriff auf kommunikations- oder sprechakttheoretische Ansätze. Nach K. Bühlers Organonmodell kommen dem Text wie jedem sprachlichen Zeichen drei Grundfunktionen, nämlich die der Darstellung, des Ausdrucks und des Appells, zu. Die →Sprechakttheorie geht von illokutiven Handlungen, wie z.B. Bitte, Frage oder Feststellung usw., aus. Bei den in Anlehnung an J.R. Searle auf der Basis des kommunikativen Kontakts zwischen Textproduzenten und -rezipienten postulierten textuellen Grundfunktionen, denen Textsorten zugeordnet werden können, handelt es sich um die Funktionen der Information, des Appells, der Obligation, des Kontakts und der Deklaration. Die Textfunktion wird dabei – nicht ganz unproblematisch – von den einzelnen illokutiven Typen her aufzubauen versucht. Die dominierende illokutive Handlung charakterisiert das ‚Grobziel' des Textes. Als ‚textfunktionale Indikatoren' gelten handlungsanzeigende sprachliche Mittel, wie etwa performative Äußerungen, Abtönungspartikeln oder kontextuelle Faktoren (z. B. die mediale und situative Texteinbettung).

Durch *textstatistische Verfahren* werden die quantifizierbaren Eigenschaften von Texten untersucht. Die relativ junge Disziplin mit Anleihen aus Natur- und Sozialwissenschaften dient bislang u. a. zur Feststellung versteckter Muster und Gleichförmigkeiten in Texten, muss aber ihren Ertrag für geisteswissenschaftliche Fragestellungen noch unter Beweis stellen.

Bibliographie: K. Brinker et al. (Hgg.), Text- und Gesprächslinguistik, HSK 16.1, Berlin/New York 2000. – Ders., Linguistische Textanalyse, Berlin [6]2005. – T. van Dijk, Macrostructures, Hillsdale 1980. – J.R. Searle, Speech acts, Cambridge 1969 [*dt.* Frankfurt a. M. 1971]. – S. Toulmin, The uses of argument, Cambridge 1958 [*dt.* Kronenberg 1975].

Mechthild Habermann

VII. Philosophisch

Die M. (griech. μέθοδος, ‚Weg') meint das geregelte Verfahren zur Erreichung eines bestimmten Ziels oder zur Erlangung bzw. Ausübung einer bestimmten Fertigkeit. Sie wird im Bereich der Praxis (Kunst, Beruf) wie der Theorie (als Weg der Erkenntnis) erörtert; das Hauptgewicht innerhalb der Philosophie gilt der theoretischen Frage nach der Erlangung und Begründung von Wissen. Die Antworten auf diese Frage variieren unter verschiedenen Gesichtspunkten: im Blick auf den Stellenwert der Methodenfrage, hinsichtlich der Logik der wissenschaftlichen M., in der Frage der Einheit oder Pluralität der M.(n).

Auch wenn sich seit der Antike Methodenerörterungen (etwa bei Aristoteles) finden, gewinnt das Thema erst in der Neuzeit einen zentralen Stellenwert. Ein Gründungsdokument ist Descartes' *Discours de la méthode*, der die radikale Neubegründung der Wissenschaften mit der Formulierung von Regeln der sicheren und klaren Erkenntnis verbindet. Methodenlehre und Wissenschaftstheorie werden in der Moderne zu Leitdisziplinen, teils zur eigentlichen Grundlagentheorie der Philosophie. In Opposition dazu wehren sich dialektische Theorien (G.W.F. Hegel, Kritische Theorie), aber auch die Hermeneutik (H.-G. Gadamer) gegen die Verselbständigung und Fundamentalisierung der Erkenntnistheorie; in polemischer Zuspitzung verwirft P. Feyerabend den ‚Methodenzwang' klassischer Epistemologie.

Generell wird die Opposition zwischen Einheit und Vielfalt der M.n kontrovers behandelt. Aristoteles vertritt die Meinung, dass theoretische Philosophie und Ethik einer je anderen Logik folgen und einen verschiedenen Genauigkeitsgrad verlangen. Genereller beinhaltet die pluralistische Sichtweise, dass M.n je nach Gegenstandsbereich und Erkenntnisziel (Wahrheit, Überzeugungskraft, Sicherheit, Effizienz) variieren. Demgegenüber steht das neuzeitliche Methodenideal im Zeichen der Einheitswissenschaft, deren ideales Vorbild die Mathematik und Physik bilden. Gegen den Methodenmonismus und die Paradigmenfunktion der Naturwissenschaften wird im 19. und 20. Jh. die Eigenständigkeit der Geistes- und Kulturwissenschaften behauptet und eine Methodologie der historischen Disziplinen entworfen. Hauptscharniere der namentlich im Neukantianismus akzentuierten Differenz sind die Gegensätze zwischen →‚Erklären' und → ‚Verstehen', allgemeinem Gesetzeswissen und individualisierender Beschreibung. Zum Teil wird der Methodenstreit unter analogen Prämissen innerhalb der Sozialwissenschaften zwischen empirisch-deduktiven, kritischen und hermeneutischen Ansätzen ausgetragen. Ähnliche Divergenzen haben im 20. Jh. den philosophischen Disput zwischen der aus dem logischen Empirismus hervorgegangenen analytischen Philosophie und der phänomenologischen Richtung geprägt, der indes in wichtigen Positionen der Gegenwartsphilosophie seine Bedeutung verloren hat.

Bibliographie: R. Descartes, Discours de la méthode, Leyden 1637. – P.K. Feyerabend, Wider den Methodenzwang, Frankfurt a. M. 1974. – W. Stegmüller, Probleme und Resultate der Wissenschaftstheorie und Analytischen Philosophie, Berlin u.a. 1969 ff. – E. Ströker, Einführung in die Wissenschaftstheorie, Darmstadt [4]1992. – K. Wuchterl, Methoden der Gegenwartsphilosophie, Bern u.a. 1977.

Emil Angehrn

Midrasch →Predigt V.

Mikrogattungen/Makrogattungen, literarische

I. Alttestamentlich

Die größte zu beschreibende sprachliche Einheit beim Textverstehen ist die →Gattung/Textsorte.

Wenn mehrere →Texte (Textexemplare) ein gemeinsames Muster in dreierlei Hinsicht aufweisen, liegt eine Gattung vor: Es muss (1) eine erkennbare ‚gemeinsame Formensprache' geben, (2) einen gemeinsamen Schatz an ‚Gedanken und Stimmungen' (Inhalt) und (3) einen gemeinsamen ‚Sitz im Leben' (nach H. Gunkel). Jede Gattung hat strukturelle Gegebenheiten, die ihr individuelles Profil ausmachen. Zu diesen Gegebenheiten kann gehören, dass kleine Gattungen – Mikrog. – Bestandteil der Struktur einer größeren/komplexeren Gattung, der Makrog., sind. Größe und Komplexität können dabei sehr schwanken. Häufig werden Formeln als Mikrog. in komplexere Gattungen eingebaut, etwa wenn prophetische Droh-/Scheltworte mit einer ‚*so-spricht Jahwe*'-Formel eingeleitet sind oder damit abschließen. Solche Formeln können als unselbständige Mikrog. vorkommen (wie die ‚*so-spricht* N.N.'-Formel), die nicht als selbständige Texte verwendet werden können, oder als selbständige Mikrog., die auch einen vollständigen eigenen Text darstellen (etwa Segensformeln in Briefen). Zuweilen bauen sich Makrog. als Sammlungen fast durchweg aus Mikrog. auf, etwa Gesetzbücher, die großteils aus selbständigen ‚Mikrog.' Rechtsgattungen (kasuistische Rechtssätze bzw. -texte u.ä.) bestehen. In anderen Fällen sind in Großgattungen vielerlei Mikrog. integriert, etwa wenn man Bücher mit Sammlungscharakter als ‚Großgattung/Makrog.' begreift, etwa Prophetenbücher des AT, den Psalter, das Hld usw. Mikrog. wie Makrog. sind Größen, die über Einzelsprachen hinweg ausgetauscht werden können.

BIBLIOGRAPHIE: H. Gunkel, Die israelitische Literatur, in: P. Hinneberg (Hg.), Die Kultur der Gegenwart, I/7, Berlin 1906, 51–102. – K. Schmid, Literaturgeschichte des Alten Testaments, Darmstadt 2008. – A. Wagner, Prophetie als Theologie, Göttingen 2004. – Ders., Das Hohe Lied, in: ZAW 119 (2007), 539–555.

Andreas Wagner

II. Neutestamentlich

Wenn man →‚Gattung' als eine Gruppe von Schriften definiert, die sich sowohl hinsichtlich der Form wie auch des Inhalts und der Funktion durch eine gemeinsame, kohärente, rekurrente und in steter Veränderung begriffene Konfiguration literarischer Merkmale auszeichnen, so lässt sich im Anschluss an A. Fowler darüber hinaus noch zwischen Mikrog. und Makrog. unterscheiden. Die Mikrog. (oder *Subgenre*) weist, von einer weitergehenden Spezifizierung des Inhalts abgesehen, die gleichen externen Merkmale auf wie die entsprechende übergeordnete Gattung. Demgegenüber beruht die Makrog. (oder *Modus*) auf einer sehr begrenzten Auswahl von Merkmalen vorhandener Gattungen. *Externe* Kriterien wie Struktur oder Versmaß spielen für sie nur eine geringe oder gar keine Rolle; stattdessen macht sie anhand einer Auswahl von Merkmalen des *internen* Repertoires eines Werkes, etwa seiner Intention oder Einstellung, seine Verwandtschaft mit bestimmten vorhandenen Gattungen erkennbar. Während sich also bei der Mikrog. die Anzahl relevanter Merkmale gegenüber der Gattung erhöht, wird sie bei der Makrog. reduziert (A. Fowler, 56). Im NT kann man z.B. von einer apologetischen Makrog. (oder einem apologetischen *Modus*) im Zusammenhang mit 2 Kor oder Apg sprechen, ohne dass sich die beiden Schriften in irgendeiner Weise der Gattung Apologie im engeren Sinne zurechnen lassen. Umgekehrt begegnet eine Mikrog. wie die Paränese, die zweifellos zur größeren Gattung des *genus symbouleutikon* gehört, in der ntl. Briefliteratur. Ebenso finden sich in ntl. →Briefen wie auch in den →Evangelien Züge einer apokalyptischen Mikrog. Die Formgeschichte hat sich innerhalb der Evangelienforschung besonders für mündliche jesuanische und frühchristliche Erzählformen und Gattungen interessiert, die in gewissem Sinne als Mikrog. verstanden werden können. Hierzu gehören beispielsweise Weisheitssprüche als Gnomen und Sentenzen, prophetische Worte, →Gleichnisse, *Apophthegmata* (*Chreiai*), Streitgespräche sowie →Wundergeschichten im Zusammenhang ihres jeweiligen Sitzes im Leben. Die Erforschung der Makrog. der ntl. Schriften wie auch des Verhältnisses von Makrog. zu entsprechenden Gattungen und Mikrog. ist derzeit allerdings noch in den Anfängen.

Bibliographie: D. Aune, The New Testament in its literary environment, Philadelphia 1987. – K. Berger, Hellenistische Gattungen im Neuen Testament, in: ANRW II. 25. 2, Berlin/New York 1984, 1031–1432. 1831–1885. – Ders., Formgeschichte des Neuen Testaments, Heidelberg 1984. – A. Fowler, Kinds of literature, Oxford 1982. – H. Köster, Art. Formgeschichte/Formenkritik II., in: TRE 11 (1983), 286–299. – T. Todorov, The origin of genres, in: New Literary History 8/1 (1976), 159–170.

Anders Klostergaard Petersen

III. Altphilologisch

→Gattung(en)

IV. Literaturwissenschaftlich

In der Literaturwissenschaft ist die Unterscheidung von Mikrog. und Makrog. nicht üblich. Dem Bedürfnis nach einer internen Differenzierung des Gattungssystems wird zumeist Rechnung getragen durch die Unterscheidung der drei Hauptgattungen erzählende Prosa, Dramatik und Lyrik (alternativ Zweigliederungen wie fiktionale und nicht-fiktionale Texte, Vers- und Prosatexte oder mimetische und lyrische Texte, K. Hamburger) sowie einer nicht begrenzten Menge von Untergattungen. Bereits J.W. v. Goethe trifft die analoge Unterscheidung zwischen ‚Naturformen' und ‚Dichtarten'. Das Dreierschema der ‚Hauptgattungen' wurde häufig metaphysisch, anthropologisch, existentialphilosophisch oder nach den zugrunde liegenden Sprachfunktionen zu begründen versucht: Die Epik sei die objektive Dichtart, die Lyrik die subjektive, und das Drama verknüpfe Objektives und Subjektives (F. Schlegel, G.W.F. Hegel); die Epik entspreche dem Menschen als erkennendem und überschauendem, die Lyrik als fühlendem und sich aussprechendem und die Dramatik als begehrendem und handelndem Wesen (K. Viëtor, 426); die Epik repräsentiere die menschliche Existenz in der Totalität von Raum und Zeit, die Lyrik in einem überzeitlichen Zustand und die Dramatik in der Spannung zwischen Zeitlichkeit und Überzeitlichkeit (E. Staiger); die Epik sei durch semantische, die Lyrik durch grammatische und die Dramatik durch pragmatische Sprachabweichungen charakterisiert (H. Fricke, 265); oder die Epik sei mit der darstellenden, die Lyrik mit der expressiven und die Dramatik mit der appellativen Sprachfunktion korreliert (K. Müller-Dyes). Die Forschung unterscheidet auch zwischen Schreibweisen „als absolute[n] bzw. relative[n] generische[n] Invarianten" und Gattungen als deren historisch transformierten Konkretisationen (K.W. Hempfer, 224) oder zwischen Textsorten als „rein systematische[n] literaturwissenschaftliche[n] Ordnungsbegriff[en]" und Genres als „literarisch-sozialen Institution[en] von begrenzter historischer Kontinuität" (H. Fricke, 268). Für Formen, die ‚Makrog.' in der Hinsicht bilden, dass sie ein Ensemble von Texten einer bestimmten →Gattung umfassen, wie z. B. Gedicht- oder Dramenzyklen sowie Anthologien, hat sich kein eigener Oberbegriff herausgebildet. ‚Mikrog.' im Sinne von Ensembles sehr kurzer Texte mit bestimmten Eigenschaften wie Spruch, →Rätsel, Aphorismus oder Xenion werden bisweilen als „Kleinstformen der Literatur" bezeichnet (W. Haug/B. Wachinger).

Bibliographie: H. Fricke, Sprachabweichungen und Gattungsnormen, in: Vorstand der Vereinigung der deutschen Hochschulgermanisten (Hgg.), Textsorten und literarische Gattungen, Berlin 1983, 262–280. – K. Hamburger, Die Logik der Dichtung, Stuttgart [2]1968 [1957]. – W. Haug/B. Wachinger (Hgg.), Kleinstformen der Literatur, Tübingen 1994. – K.W. Hempfer, Gattungstheorie, München 1973. – K. Müller-Dyes, Gattungsfragen, in: H.L. Arnold/H. Detering (Hgg.), Grundzüge der Literaturwissenschaft, München [7]2005, 323–348. – E. Staiger, Grundbegriffe der Poetik, München 1972. – K. Viëtor, Probleme der literarischen Gattungsgeschichte, in: DVjs 9 (1931), 425–447. – K. Weissenberger, A morphological genre theory, in: J.P. Strelka (Hg.), Theories of literary genre, Pennsylvania/London 1978, 229–253.

Dirk Werle

V. Textlinguistisch

Die Mikrog. werden durch genaue philologische und poetologische Forschung in ihren Erscheinungsformen und in ihrer Entwicklung beschrieben, also etwa Fabel, Anekdote, →Legende, Novelle, Kurzgeschichte oder etwa Tragödie, Komödie, Hörspiel. In sprachwissenschaftlicher Sicht sind sie als relativ konventionalisierte Text-Oberflächen beobachtbar. Pragmatisch zeigt sich dies selten explizit, wohl aber werden bestimmte Texthandlungsmuster sichtbar, so z.B. in lyrischen Texten über die Artikulationen des lyrischen Ich oder z.B. über spezifische Sprachhandlungen in Mikrog. wie Sonett, Ballade oder →Lied. So ist z.B. erwartbar, dass die Quartette eines Sonetts explizit Weltbezug herstellen, während die Terzette summierende Reflexionen enthalten. Textuell sind relativ konventionalisierte Textstrukturen beobachtbar, und es lassen sich beispielsweise über den Wort- und Metapherngebrauch Isotopiefelder festmachen. Die Sprachlichkeit der Mikrog. unterliegt Aspekten der Stilforschung, womit in z.T. historischer Weise Markanz und Frequenz der Nutzung sprachlicher Möglichkeiten im Dienste des spezifischen Ausdrucks beschreibbar werden, also z.B. die Nutzung von Vorfeld- oder Nachfeldbesetzungen zur Herausstellung thematisch-rhematischer Zusammenhänge. Ergiebig erschiene die Beobachtung weiterer sprachlicher und textueller Ausformungen der Mikrog. Solche stilistisch-philologische Beschreibung ist aber gegenwärtig nicht im Fokus der Wissenschaft. In verdichteter Weise bilden →Syntax, Prosodie, textuelle Proformen und textuelle Brüche die jeweilige Poetizität bzw. Literarizität der Mikrog., und es ließen sich funktionale Zusammenhänge und Affinitäten erkennen bzw. wahrscheinlich machen.

BIBLIOGRAPHIE: K.W. Hempfer, Gattungstheorie, München 1973. – W. Hinck (Hg.), Textsortenlehre – Gattungsgeschichte, Heidelberg 1977. – W.V. Ruttkowski, Die literarischen Gattungen, München 1968. – E. Werlich, Typologie der Texte, Heidelberg 1975. – R. Zymner, Gattungstheorie, Paderborn 2003.

Peter Klotz

Misstrauen →Verdacht/Misstrauen

Missverständnis →Missverstehen/Missverständnis

Missverstehen/Missverständnis

I. Systematisch-theologisch

Nach F.D.E. Schleiermacher bedarf es der →Hermeneutik als Kunst des Verstehens, weil sich das M. von selbst ergibt, wohingegen das →Verstehen eigens gewollt und gesucht werden muss. Im Einzelnen unterscheidet Schleiermacher zwischen dem qualitativen M. des Inhalts und dem quantitativen M. des Tons. Aus letzterem entwickelt sich das erstere. Sodann unterscheidet Schleiermacher zwischen passivem und aktivem M. Während das eine unwillkürlich eintritt, ergibt sich das andere z.B. aus Befangenheit und Voreingenommenheit. Schleiermachers Sicht des M.s liegt die Auffassung zugrunde, dass alles Verstehen auf dem Faktum des Nichtverstehens beruht. Dieses ist kein bloßer Ausgangspunkt, den man verstehend hinter sich lässt, sondern eine Bedingung des Verstehens selbst (G. Figal). Der Grund dafür liegt in dem Umstand, dass alles Verstehen die Differenz zwischen dem Eigenen und dem Fremden voraussetzt, das auch noch im Verstehen fremd bleibt. Die Kategorien des M.s und des Nichtverstehens müssen durch den Begriff des Unverständlichen ergänzt werden. Im Sinne F. Schlegels ist das Unverständliche nicht das aktuell Unverstandene oder Unbekannte, sondern das Vieldeutige, das sich keiner Interpretation restlos fügt. Mit dem Begriff des Unverständlichen wird keineswegs die Möglichkeit des Verstehens bestritten, sondern das Offene im unabgeschlossenen Prozess des Verstehens bezeichnet. Missverständnis und Unverständnis spielen auch in der biblischen Tradition eine wichtige Rolle, so z.B. in der Gleichnistheorie (→Gleichnis) des Mk (4,10–12 par.) oder im Joh (6,52 u.ö.). Die →prophetische Literatur des

AT deutet das M. oder Unverständnis als Folge einer von Gott selbst verfügten →Verstockung (z.B. Jes 6,9 f.; 29,10–12). Diese Verstockungstheorie kehrt auch bei Paulus wieder (Röm 9,18; 11,7–9). Theologische Hermeneutik reflektiert die Phänomene des M.s und des Unverständnisses auch im Kontext der Sündenlehre. Neben dem →Glauben als Weise des Verstehens steht die „Sünde im Verstehen" (H. Weder). Das damit bezeichnete Unverständnis resultiert nicht etwa nur aus der historischen Abständigkeit der ältesten christlichen Quellen, sondern aus dem sachlichen Widerspruch des Menschen gegen den Inhalt ihrer Verkündigung. Aber auch für das Verstehen des Glaubens bleibt das Unverständliche insofern konstitutiv, als zwischen Gott und Mensch eine Differenz bleibt, die als Unerforschlichkeit und Geheimnis Gottes bezeichnet wird (Röm 11,25.33–36; 1 Kor 2,7).

BIBLIOGRAPHIE: G. Figal, Gegenständlichkeit, Tübingen 2006, bes. 120–126. – U.H.J. Körtner, Der inspirierte Leser, Göttingen 1994, 44–61. – F. Schlegel, Über die Unverständlichkeit, in: Ders., Charakteristiken und Kritiken, Kritische Friedrich-Schlegel-Ausgabe, Bd. 2, hg. v. H. Eichner, München u.a. 1967, 363–372. – F.D.E. Schleiermacher, Hermeneutik, hg. v. H. Kimmerle, Heidelberg 1959. – H. Weder, Neutestamentliche Hermeneutik, Zürich 1986, 83–107.

Ulrich H.J. Körtner

II. Judaistisch

Wie fast jeder Text ist die →Tora mehrdeutig – nach rabbinischem Verständnis ist dies sogar Zeichen ihrer Bedeutungsfülle und göttlichen Qualität. So ist das →Verstehen der Tora nur dem Eingeweihten gegeben, Israel geschenkt, eine Gabe, um die man in der Hekhalot-Literatur den ‚Fürsten der Tora' beschwört. Wer nicht Jude ist, mag den Text der Bibel kennen, versteht ihn aber immer falsch. Ein Beispiel solchen M.s ist der Pharao (bSot 11a), der weise gegen Israel zu handeln glaubt (Ex 1,10), es nicht mit Feuer und Schwert bekämpft, weil Gott einst damit Gericht hält (Jes 66,15 f.), sondern mit Wasser, da Gott nie mehr Wasser wie zur Zeit Noachs über die Erde bringen will (Jes 54,9): Gott bringt es nicht – der Pharao selbst geht hinein (Ex 14,23). Die siebzig Jahre Babylons bis zur Heimsuchung durch Gott (Jer 29,10) missversteht auch Daniel, bis er sie neu zu deuten lernt (Dan 9,2). Umso mehr Belsazzar, der glaubt, die Zeit sei vorbei und er könne nun straflos die Tempelgeräte verwenden. Dieses M. Belsazzars sucht Artaxerxes (Est 1,1) zu vermeiden, irrt aber auch, was zum Tod Waschtis führt (bSot 11b–12a). Nero, der kommt, Jerusalem zu zerstören, entgeht dem M. seines Pfeilorakels nur, weil er einen jüdischen Knaben nach seinem Schriftvers fragt: Ez 25,14, wonach Gott an Edom = Rom durch Israel Rache nimmt. Das versteht er als Warnung und flieht (bGit 56a). Nur ein Jude kann ihn zum richtigen Text führen.

Auch innerjüdische Abweichung kann zu M. führen. Bekannt ist die Deutung von Gen 1,26 „Lasst uns Menschen machen" auf eine Mehrzahl von Schöpfermächten. Mose warnt, da Gott ihm diesen Vers diktiert, das könne ein Argument für Häretiker sein; doch Gott antwortet: „Schreibe! Wer irren will, der irre" (BerR 8,8). Um mögliche Missverständnisse gar nicht aufkommen zu lassen, verbietet mHag 2,1 die öffentliche Erläuterung von Gen 1 und Ez 1. Problematisch ist auch die Mehrzahl der Throne in Dan 7,9, die auch rabbinisch mehrfach gedeutet wird (bHag 14a: für Gott und David oder für Gottes Gericht und Erbarmen).

Gefährlich ist schließlich M. auch für den Mystiker, der die himmlische Welt erfahren will: „Wer zu den Steinen aus reinem Marmor kommt, sagt nicht: Wasser, Wasser!, denn es heißt: ‚Kein Lügner kann vor meinen Augen bestehen' (Ps 101,7)" (bHag 14b). Elischa b. Abuja sieht den himmlischen Schreiber Metatron sitzen und denkt, dass es etwa doch zwei Mächte im Himmel gibt dafür wird Metatron bestraft, aber auch Elischa verliert dadurch seinen Glauben; er missversteht den Aufruf zur Umkehr (Jer 3,22), dass er für ihn selbst nicht mehr gelte. Wenn der Schüler rezitiert: „Zum Frevler (*rasha'*) spricht Gott: Was zählst du meine Gebote auf" (Ps 50,16), versteht er statt *rasha'* Elischa und sieht sich endgültig verstoßen (bHag 15a–b). Missverstehen führt zu Missverstehen.

BIBLIOGRAPHIE: A. Goshen-Gottstein, The Sinner and the Amnesiac, Stanford 2000. – A.F. Segal, Two powers in heaven, Leiden 1977.

Günter Stemberger

Mitte der Schrift

I. Alttestamentlich

Die moderne Idee einer Mitte des AT stammt aus der Disziplin ‚atl. Theologie'. Da das AT Teil der christlichen →Heiligen Schrift ist, ist es für die christliche Theologie relevant. Da aber diese Sammlung eine derart große Vielfalt aus verschiedensten →Traditionen aufnahm, dass sogar von ‚Theologien' im AT gesprochen wird (J. Barr), ist der Bedarf an einem einheitlichen theologischen Rahmen umso dringender. Seit den 1930er Jahren wurde der Sinn der Disziplin als eine „in den Richtigen Zusammenhang gebrachte Zusammenstellung" derjenigen Gedanken des AT, „welche theologisch erheblich sind" (L. Köhler) gesehen. Das setzt einen Zusammenhang im AT voraus, den W. Eichrodt einen Aspekt „von beharrender Grundtendenz und gleichbleibendem Typus" nennt. Die Einführung des Prinzips der Mitte, um das die Inhalte des AT zentripetal kreisen, soll die Beschreibung dieser Grundtendenz organisieren.

E. Sellin schlug Gottes Heiligkeit als Mitte des AT vor, weil dieser Begriff als Zentrum der prophetischen Religion auf Christus hinliefe. Eichrodt entwarf seine Theologie anhand des Bundesbegriffes, was in reformierten Kreisen ein besonderes Echo fand (ganz anders der spätere jüdische Gebrauch des Begriffes bei J. Levenson). L. Köhler baute seine Theologie um den Begriff von Gott als gebietendem Herrn. In atl. Theologien und Entwürfen wurden zahlreiche Mitten in den folgenden Dekaden vorgeschlagen: etwa Erwählung (H. Wildberger), Gottesherrschaft (H. Seebaß), Gemeinschaft (T.C. Vriezen), Verheißung (W.C. Kaiser), das erste Gebot (W.H. Schmidt), Gottes Name (W. Zimmerli). Oft wurde Jhwh selbst zum Organisationsprinzip erklärt (etwa E. Jacob, A. Jepsen, C. Westermann), während G. Fohrer die Ellipse der ‚Gottesherrschaft und Gottesgemeinschaft' dafür verwendet und R. Smend zur von J. Wellhausen im 19. Jh. religionsgeschichtlich verwendeten Formel ‚Jahwe Israels Gott, Israel Jahwes Volk' zurückkehrte.

Die Reaktion, es gäbe keine Mitte, war unvermeidlich. So hieß es bei G. v. Rad, vielmehr sei die historische Entfaltung der israelitischen Religion das angemessene Organisationsprinzip, womit der Geschichtsbegriff eine ‚heimliche Mitte' (G. Hasel) wurde.

Im Zuge der neueren redaktionskritischen Hervorhebung von größeren literarischen Komplexen mündete eine von S. Herrmann mit der These der zentralen Funktion des Buches Dtn vorbereitete Idee in den 1990er Jahren in die Auffassung, die →Tora sei die Mitte des AT (O. Kaiser). So ist die atl. Theologie dort angelangt, wo die jüdische immer stand. In ihrer kanonkritischen Form wird diese Linie derzeit zu ‚gesamtbiblischen Theologien' durchgezogen (B.S. Childs).

BIBLIOGRAPHIE: J. Barr, The concept of biblical theology, Minneapolis 1999. – G.F. Hasel, Old Testament theology, Grand Rapids [4]1991. – O. Kaiser, Der Gott des Alten Testaments, Bd. 1, Göttingen 1993, § 17. – L. Köhler, Theologie des Alten Testaments, Tübingen [4]1966. – J. Levenson, Sinai and Zion: an entry into the Jewish Bible, Minneapolis 1985. – B.C. Ollenburger, Old Testament theology, Winona Lake 2004. – H.G. Reventlow, Hauptprobleme der alttestamentlichen Theologie im 20. Jahrhundert, Darmstadt 1982.

James Alfred Loader

II. Neutestamentlich

Die durch die →Exegese herausgearbeiteten Spannungen und Widersprüche in der Schrift (hier: NT) stellen den →Kanon als Sammlung von Schriften in Frage, soweit diese im Ganzen wie im Detail theologisch als auf einer Ebene stehend gedacht sind. Als mögliche Konsequenz kann auf den kanonischen, normierenden Charakter der ntl. Schriften überhaupt verzichtet und von einer Literatur- bzw. Theologiegeschichte des Urchristentums gesprochen werden. Soll der normgebende Aspekt der Schrift aber nicht verloren gehen, muss nach ihrer Mitte gefragt werden. Soweit das unter dem Stichwort ‚Kanon im Kanon' geschieht, gehören die entsprechenden Ausführungen ebenfalls in diesen Kontext (nicht aber, soweit dabei bestimmte Schriften besonders hervorgehoben werden). Es geht um das Gravitationszentrum der

Schrift. Das ist häufig materialiter in der paulinischen Rechtfertigungs- bzw. Versöhnungslehre gesucht worden. Derartige Festlegungen können als von einer bestimmten theologischen Position aus gemachte Eingrenzungen verstanden werden. Insofern treffen sie tatsächlich weder das NT noch Paulus selbst. Sie zielen intentionaliter aber auf den unaufgebbaren Kern der frühchristlichen Verkündigung und Theologie und sind in dieser Zuspitzung von bleibender, beispielhafter Bedeutung. Die Diskriminierung anderer theologischer Positionen kann jedoch vermieden werden, wenn die Mitte nicht materialiter, sondern intentionaliter beschrieben wird. Mitte ist die jeder formulierten Positivität vorausgehende Verkündigung des ganzheitlichen Heilsgeschehens Gottes in Jesus von Nazareth. Sie ist als Mitte ntl. und christlicher Verkündigung insgesamt festzuhalten. Dabei ist sie freilich nur in bestimmten Konkretisierungen greifbar, so dass der Spannungsbogen zwischen Heilsgeschehen und soziokultureller Verankerung festgehalten werden muss. Man könnte auch von der Spannung zwischen eschatologischem Prinzip und Realitätsprinzip oder von eschatologischer Motivation und Gestaltwerdung in der Geschichte sprechen: Das eschatologische Geschehen bekommt eine raum-zeitliche Dimension. Es geht in dieser nicht auf, wird aber in ihr konkret greifbar. Von hier aus ist der kritisch-differenzierende und der einheitsstiftende Aspekt der Mitte zu sehen. Von der intentionaliter, nicht materialiter beschreibbaren Mitte aus kann die Vielfalt von Explikationen frühchristlichen Selbstverständnisses positiv festgehalten werden, ohne deren vorauszusetzenden inneren Zusammenhang aus den Augen zu verlieren.

Bibliographie: J. Barton/M. Wolter (Hgg.), Die Einheit der Schrift und die Vielfalt des Kanons, Berlin/New York 2003. – E. Käsemann (Hg.), Das Neue Testament als Kanon, Göttingen 1970. – C. Landmesser u.a. (Hgg.), Jesus Christus als die Mitte der Schrift, Berlin/New York 1997. – U. Luz/H. Weder (Hgg.), Die Mitte des Neuen Testaments, Göttingen 1983. – T. Söding, Einheit der Heiligen Schrift, Freiburg u.a. 2005. – P. Stuhlmacher, Biblische Theologie und Evangelium, Tübingen 2002.

Wilhelm Pratscher

III. Systematisch-theologisch

Die Idee einer M. d. S. setzt nicht nur einen biblischen →Kanon voraus, sondern auch die Auffassung, dass die kanonisierten Schriften zu einer einzigen →Schrift zusammengewachsen sind. Dieser Schritt vollzog sich im lateinischsprachigen Westen, wo der griechische Plural *biblia* = ‚Bücher' zum lateinischen Singular-Namen *Biblia* umgeformt wurde. So trägt z.B. die Übersetzung Luthers ursprünglich den Titel *Biblia: Das ist: Die ganze Heilige Schrift.* Auch wenn die Zugehörigkeit einzelner Schriften zum Kanon für Luther aus theologischen Gründen strittig war, muss bei ihm doch zwischen Kanonkritik und Schriftkritik unterschieden werden. Seine Kanonkritik hat den singularischen Begriff der Schrift gerade zur Voraussetzung. Kriterium der Kanonizität der einzelnen biblischen Bücher ist für Luther, „ob sie Christum treiben oder nicht / Sintemal alle Schrift Christum zeiget" (Vorrede auf die Episteln S. Jacobi und Judas, WA DB VII, 384). J. Gerhard bezeichnet Christus als *„ultimus scopus"* und *„centrum scripturae"* (*Loci Theologici* I 53). Der deutsche Ausdruck ist freilich erst im 20. Jh. nachzuweisen. Faktisch hat Luther aus theologischen Gründen einen ‚Kanon im Kanon' aufgestellt, von dem erst im 20. Jh. die Rede sein wird (E. Käsemann). Der Ausdruck ‚M. d. S.' operiert mit der Metapher von Zentrum und Peripherie, wobei Versuche, einen formalen Kanon im Kanon zu bestimmen, von Versuchen, eine inhaltliche Mitte der gesamten →Bibel zu bestimmen, sachlich zu unterscheiden sind. Die Leuenberger Konkordie (1973) bezeichnet „die ausschließliche Heilsmittlerschaft Jesu Christi" als M. d. S. und die Rechtfertigungsbotschaft als Maßstab, d.h. als sachlichen Kanon aller kirchlichen Verkündigung (Lk 12). Während die Vorstellung einer M. d. S. v.a. im Luthertum gebräuchlich ist, hat K. Barth an ihr Kritik geübt, weil sie in der Gefahr stehe, das biblische Gesamtzeugnis zugunsten subjektiver Vorlieben ihrer Interpreten zu schmälern. Der Sache nach begegnet die Vorstellung von einer M. d. S. freilich schon im NT, dort bezogen auf das AT. Nach Mt 22,40 ist das Doppelgebot der Liebe das Herzstück der →Tora und der Propheten.

Wenn heute von einer M. d. S. gesprochen wird, wird diese in der Regel nicht mit einem Kernbestand biblischer Aussagen, sondern mit Person und Werk Christi gleichgesetzt. Das setzt freilich eine Unterscheidung von →Text und →Sache voraus. In jedem Fall handelt es sich bei der M. d. S., ganz gleich, wie man sie im einzelnen bestimmt, nicht um eine literaturwissenschaftlich-deskriptive, sondern um eine dogmatisch-normative Kategorie.

BIBLIOGRAPHIE: W. Härle, Dogmatik, Berlin/New York 1995, 133–139. – E. Käsemann (Hg.), Das Neue Testament als Kanon, Göttingen 1970. – C. Landmesser et al. (Hgg.), Jesus Christus als die Mitte der Schrift, Berlin/New York 1997. – B. Rothen, Die Klarheit der Schrift, Teil 1: Martin Luther, Göttingen 1990. – M. Schloemann, Die zwei Wörter – Luthers Notabene zur „Mitte der Schrift", in: Luther 65 (1994), 110–123.

Ulrich H.J. Körtner

IV. Judaistisch

In →Auslegung, →Liturgie und Lebenspraxis des Judentums ist der Pentateuch (die →Tora) der wichtigste Teil der →Bibel.

Eine M. d. S. in einem technisch-wörtlichen Sinn wurde im Traktat Soferim und durch die Zählung der Masoreten auf Buchstaben-, Wort- und Versebene (für den Pentateuch) errechnet. Nach bQid 30a bestehen Buchstabenmitte des Pentateuch in Lev 11,42, Wortmitte in Lev 10,16 und Versmitte in Lev 13,33. Auch für die restlichen Bibeltexte gibt es Zählungen und Angaben (vgl. L. Blau). V. a. das *darosh darash* (als intensive Form des Nachforschens) in Lev 10,16 wurde und wird mehrfach auch theologisch als zentral interpretiert.

Im Laufe der Überlieferung werden verschiedene Versuche gemacht, auch innerhalb der →Tora Schwerpunkte zu setzen. So erachtete Philo den Dekalog als Mitte (*decal.* 29,154), und Saadja Gaon, der Midrasch Bereshit Rabbati und Raschi (Kommentar zu Ex 24,12) sahen darin alle 613 Gebote enthalten. Trotz dieser Belege hat der Dekalog jedoch im Judentum nie die ausschließliche Position als M. d. S. übernommen.

Nicht zuletzt werden die Verbote von Götzendienst (vgl. zur Abkehr vom Götzendienst als Zentrum jüdischer Identität auch bMeg 13a; bHor 8ab u. ö.), sexuellen Vergehen und Mord als Hauptgebote – mitunter erweitert etwa durch Verleumdung – betrachtet (SifDev § 254 zu Dtn 23,10; yPea 1,1,15d; bAr 15b; bSan 74a).

Daneben existiert die Vorstellung von gleichberechtigten 365 Verboten und 248 Geboten (= 613). Sie werden symbolisch mit den Jahrestagen und der Anzahl der Glieder des Menschen verbunden.

Die öfter verwendete Formel von den *gufe torah* verweist auf einen grundlegenden Anker der Gebote, der in der rabbinischen Literatur mehrfach verschieden bestimmt wird. Sifra Qedoshim Parasha 1,1 und WaR 24.5 lässt die ‚Mehrheit der Prinzipien der Tora' an Lev 19,1 f. hängen. In Sifra Qedoshim Pereq 4,12 bezeichnet Aqiva Lev 19,18 als *kelal gadol*, Ben Azzai hingegen Gen 5,1. bBer 63a zitiert Spr 3,6 als Bibelvers, der die Toraprinzipien zum Ausdruck bringt. bMak 23b–24a versucht eine stufenweise Elementarisierung der Glaubensinhalte (mit Belegen Ps 15,1–5; Jes 33,15; Mi 6,8; Jes 56,1; Am 5,4), die letztlich in Hab 2,4b münden („Der Gerechte wird durch seinen Glauben leben").

In einem gewissen Sinne haben die verschiedenen Auslegungstraditionen der Tora, v. a. in kabbalistischen und chassidischen Kreisen, die M. d. S. in den durch Gelehrsamkeit und Kontemplation zu gewinnenden tieferen Bedeutungen des Textes buchstäblich ‚zwischen den Buchstaben' zu finden gesucht (vgl. M. Morgenstern).

BIBLIOGRAPHIE: L. Blau, Neue Masoretische Studien, in: JQR 16 (1904), 357–372. – C. Dohmen/G. Stemberger, Hermeneutik der Jüdischen Bibel und des Alten Testaments, Stuttgart 1996. – M. Klopfenstein et al. (Hgg.), Mitte der Schrift? Ein jüdisch-christliches Gespräch, Bern u. a. 1987. – M. Morgenstern, Halachische Schriftauslegung, in: ZThK 103 (2006), 26–48. – K. Müller, Tora für die Völker, Berlin 1994. – R. Neudecker, „And You Shall Love Your Neighbour as Yourself – I Am the Lord" (Lev 19,18) in Jewish Interpretation, in: Biblica 73 (1992), 496–517.

Gerhard Langer

Motiv →Begriff/Begriffsgeschichte

Mündlichkeit

I. Alttestamentlich

Den Mund und damit die Möglichkeit zu mündlicher →Kommunikation hat nach dem →AT Gott allen Menschen gegeben; das schließt ein, dass Gott Menschen auch stumm oder taub zu machen vermag (Ex 4,11). →Schriftlichkeit ist dagegen nur einem Teil der Menschheit direkt zugänglich (Jes 29,12). M. gilt darum im AT als die grundlegende Kommunikationsform, sowohl für die zwischenmenschliche Kommunikation als auch für die der Menschen mit Gott.

Dass Gott selbst etwas aufschreibt (Ex 24,4) oder aufzuschreiben befiehlt (Ex 17,14), bleibt die Ausnahme; in der Regel spricht er und fordert auf, zu sprechen, wobei häufig sogar vom ‚Mund Jhwhs' die Rede ist (Dtn 8,3). Auch schriftliche Texte mit autoritativem Anspruch, wie der Pentateuch und die Prophetenbücher, verweisen darum in Redeeinleitungen und Überschriften auf die Autorität des mündlich ergangenen Wortes (z. B. Lev 1,1; Hos 1,1). Umgekehrt richten sich die Pss mündlich an Gott; Jhwh wird aufgerufen, den Beter zu (er-) hören (Ps 4,2; 18,7).

Die M. eines Wortes impliziert die Lebendigkeit des Sprechers, seine Authentizität und Autorität. Ein mündlich gegebenes Wort gilt als wirkungsmächtig. Andererseits ermöglicht die M. auch Mehrdeutigkeit (Ps 62,12: „Eins sprach Gott, zwei habe ich gehört").

Im Methodenkanon der historisch-kritischen →Exegese hat die ‚Überlieferungsgeschichte' versucht, die Rekonstruktion der mündlichen Vorgeschichte erzählender und prophetischer →Texte des AT von der schriftlichen Redaktionsgeschichte zu trennen. Das vorausgesetzte Entwicklungsmodell, das von einem schrittweisen Übergang von der M. zur Schriftlichkeit in atl. Zeit ausging, konnte insofern an die atl. Darstellung selbst anknüpfen, als die →Schrift in der Frühzeit keinerlei Rolle gespielt zu haben scheint (so in Gen). Mit der Infragestellung dieses Entwicklungsmodells sind nicht nur die zu rekonstruierenden mündlichen Urformen, sondern auch die →Datierungen fast aller atl. Schriften Gegenstand heftiger Kontroversen geworden.

Tatsächlich haben M. und Schriftlichkeit in der →Überlieferung der atl. →Literatur einander von Anfang an ergänzt. Auch schriftliche Texte wurden mündlich tradiert (Dtn 6,6–9) und mündliche Verkündigung gelegentlich verschriftet (Jes 8,1; Jer 51,60–64). Zudem war auch die Überlieferung des zunächst nur die Konsonanten enthaltenden hebräischen Textes grundsätzlich auf die Reaktualisierung im mündlichen Vortrag angewiesen.

Bibliographie: E. Ben Zwi et al., Writings and speech in Israelite and ancient Near Eastern prophecy, Atlanta 2000. – D.M. Carr, Writing on the tablet of the heart, Oxford 2005. – S. Niditch, Oral world and written word, London 1997. – H.-P. Rüger, Oral tradition in the Old Testament, in: H. Wansbrough (Hg.), Jesus and the oral Gospel tradition, Sheffield 1991, 107–120. – J. Schaper, Exilic and post-exilic prophecy and the orality/literacy problem, in: VT 55 (2005), 324–342.

Benjamin Ziemer

II. Neutestamentlich

(1) Die Einzelschriften des NT liegen schriftlich in griechischen Manuskripten ab dem 2. Jh. n. Chr. vor, aber fast alle darin enthaltenen →Schriften sind mündlichen →Ursprungs bzw. haben einen mündlichen Hintergrund. Paulus hat wahrscheinlich →Texte, die teilweise als rhetorisch gestaltete →Reden konzipiert wurden, einem gelernten Briefschreiber diktiert und somit formal modifiziert in der schriftlichen Form eines antiken Privatbriefes an Gemeinden versandt. In den →Briefen wurden zudem etliche formelhafte Wendungen aufgenommen, die dem Sprachgebrauch der ersten christlichen Verkündigung (Röm 4,25; 1 Kor 15,3–5) und →Liturgie (1 Kor 11,23 f.) entstammten. Beim Hebr ist anzunehmen, dass es sich um die Verschriftlichung einer frühchristlichen Homilie handelt.

(2) Aussagen Jesu wie Sentenzen, Vergleiche, Bildworte, Gleichniserzählungen und →Erzählungen über seine Machttaten wurden mündlich vorgetragen, bevor sie von Mk und der Redenquelle Q zum Vortragen in den Gemeinden verschriftlicht wurden.

(3) Jeder mündliche Vortrag ist ein neues →Ereignis, in dessen Verlauf der Vortragende mit Blick auf die aktuelle Kommunikations-

situation, insbesondere auf die der Zuhörer, auf seine Version der gemeinsamen →Erinnerung der Gemeinschaft zurückgreift und diese *ad hoc* vorträgt. Mündliches wird im Moment des Redens ausformuliert, um dann nach Verklingen der Stimme im Gedächtnis des Vortragenden und der situationsbedingten Erinnerung der →Hörer weiter zu leben (vgl. A. Joubert). Die jeweils aufs Neue formulierten Lautabfolgen lassen sich höchstens bei poetischen Formen – mit der Unterstützung von Reim, Metrum und Rhythmus – so einprägen, dass Muttersprachler sie nachher als Buchstabenreihe werden kopieren können. Aber ein Vergleich zwischen parallel verschriftlichten kurzen Sprüchen (vgl. C. Breytenbach), den Fassungen des Herrengebets und der Einsetzungsworte zum Herrenmahl zeigt jeweils, dass jede Verschriftlichung kontextbedingt etwas anders lautet. Deshalb sind lediglich die Themen, Figuren und Strukturen der vorsynoptischen →Überlieferung hinter den schriftlichen Texten zu erahnen. Der präschriftliche Text war Stimme, nicht →Buchstabe.

(4) Sekundäre M.: In der Gemeindeversammlung trug ein Vorleser den empfangenen Brief mündlich vor. Auch das älteste →Evangelium (Mk) ist wahrscheinlich zum lauten Vortragen in den christlichen Gemeinden abgefasst und dann dementsprechend verwendet worden. Joh setzt die mündliche Verbreitung des Mk voraus. Mt und Lk benutzten wahrscheinlich eine schriftliche Vorlage des Mk, aber es ist dennoch sehr wahrscheinlich, dass sie sich beim Abfassen ihrer Werke daraus und aus der Redenquelle Q haben vorlesen lassen.

BIBLIOGRAPHIE: A.D. Baum, Der mündliche Faktor und seine Bedeutung für die synoptische Frage, Tübingen/Basel 2008. – C. Breytenbach, Vormarkinische Logientradition, in: F. van Segbroeck et al. (Hgg.), The four Gospels, Leuven 1992, 725–749. – R. Horsley et al. (Hgg.), Performing the Gospel, Minneapolis 2006. – A. Joubert, The power of performance, Berlin 2004. – W. Kelber, The generative force of memory, in: BTB 36 (2006), 15–22. – W. Shiner, Proclaiming the Gospel: first-century performance of Mark, Harrisburg 2003. – H. Wansbrough (Hg.), Jesus and the oral Gospel tradition, Sheffield 1991.

Cilliers Breytenbach

III. Systematisch-theologisch

„[…] Euangeli eygentlich nitt schrifft, ssondern mundlich wort seyn solt, das die schrifft erfur truge, […] Darumb auch Christus selbs nichts geschrieben, ssondern nur geredt hatt, und seyn lere nit schrifft, sonder Euangeli, das ist eyn gutt botschafft odder vorkundigung genennet hatt, das nitt mit der feddern, ssondern mit dem mund soll getrieben werden“ (WA 10,1,1; 17,7–12). Diese berühmte Stelle M. Luthers in *Ein klein Unterricht, was man in den Evangeliis suchen und gewarten soll* bringt einen charakteristischen Zug reformatorischer →Hermeneutik zum Ausdruck. M. ist das Kennzeichen des ursprünglichen, eigentlichen Evangeliums, und deshalb kann die Verschriftung als „grosser abbruch“ und „geprechen des geystis“ interpretiert werden (WA 10,1,1; 627,1 f.). In der →Auslegung der →Schrift liegt deshalb der Akzent darauf, in der *scriptura* die *viva vox* des Evangeliums wahrzunehmen (programmatisch bei H. Østergaard-Nielsen zum Ausdruck gebracht). Im 20. Jh. prägt diese Betonung der M. die theologische Hermeneutik, die sich aus der dialektischen Theologie heraus entwickelt (R. Bultmann, E. Fuchs, G. Ebeling).

In den letzten Jahrzehnten wurde die Perspektive des →Textes und der →Textualität wieder stärker betont (P. Ricœur). Daraus ergibt sich eine neue Einschätzung der →Schriftlichkeit, in traditioneller Begrifflichkeit: ein neues Beachten des →Buchstabens. Die Verschriftung ist nicht mehr einfach als Verlust des Eigentlichen betrachtet. Vielmehr wird betont, dass M. auf Schriftlichkeit angewiesen ist, dass eine notwendige Dialektik beide miteinander verbindet. Ganz radikal hat J. Derrida in Frage gestellt, ob es denn wirklich so etwas wie eine Stimme, eine *viva vox* gibt, auf die man eine logoszentrierte Auslegung der Texte begründen kann. In systematischer Perspektive bedeutet diese Neuausrichtung der Texthermeneutik die Aufgabe, die Theologie des Wortes Gottes so zu gestalten, dass sie die Textualität der →heiligen Schrift als positiven Faktor mit einbeziehen kann. Die Priorität der M. macht aus dem Auslegen wesenhaft ein →Hören, oft auch wortspielerisch verbunden mit einem Gehören. Das stärkere Achten auf die

Schriftlichkeit rückt das →Lesen wieder ins Zentrum, als eine aktive Auseinandersetzung mit den →Zeichen und Zeichenstrukturen des Textes. Vom inspirierten Text verlagert sich das Gewicht zum „inspirierten Leser“ (U.H.J. Körtner). „Verstehst du, was du da liest?“, hatte bereits Philippus gefragt (Apg 8,30).

BIBLIOGRAPHIE: J. Derrida, Die Stimme und das Phänomen, Frankfurt a.M. 2003. – G. Ebeling, Wort Gottes und Hermeneutik, in: Ders., Wort und Glaube, Tübingen [3]1967, 319–348. – U.H.J. Körtner, Der inspirierte Leser, Göttingen 1994. – H. Østergaard-Nielsen, Scriptura sacra et viva vox, München 1957. – P. Ricœur, Was ist ein Text?, in: Ders., Vom Text zur Person. Hermeneutische Aufsätze (1970–1999), Hamburg 2005, 79–108. – H. Timm, Sage und Schreibe, Kampen 1995.

Pierre Bühler

IV. Judaistisch

Man muss davon ausgehen, dass der Großteil der antiken jüdischen →Tradition über einen langen Zeitraum hinweg mündlich überliefert wurde, bevor er verschriftlicht und in die jeweiligen Sammelwerke aufgenommen worden ist. Die M. spielte im antiken Judentum in allen Lebensbereichen eine große Rolle, da nur sehr wenige Menschen des Schreibens kundig gewesen zu sein scheinen (C. Hezser). So wurde in den jüdischen Grundschulen das Schwergewicht des Unterrichts auf das →Lesen und Auswendiglernen bestimmter Toratexte gelegt. Diese Toratexte wurden dann in rabbinischen Kreisen ausgelegt und diskutiert. Wie die griechisch-römischen Philosophen standen auch die Rabbinen der schriftlichen Aufzeichnung des Gelehrten kritisch gegenüber. Der Rabbi selbst wurde zur Personifizierung der Toragelehrsamkeit, und seine Schüler waren durch die mündliche Lehrüberlieferung persönlich an ihn gebunden. Man kann davon ausgehen, dass Rabbinen Bibeltexte oft aus ihrer →Erinnerung zitierten und dass die mündliche → Interpretation, Problemlösung und Diskussion die grundlegenden Formen rabbinischer Lehre darstellten. Auch wenn schriftliche → Texte (z.B. Schriftrollen, Mischnatraktate) vorlagen, werden diese mündlich diskutiert worden sein, so dass man mit einer Wechselbeziehung zwischen →Schriftlichkeit und M. rechnen muss, die sich auch in nach-talmudischer Zeit fortsetzte (M.S. Jaffee).

Die M. der →Überlieferung hatte den Vorteil, dass die Lehre an die jeweils neue Situation angepasst und im Laufe der Zeit aktualisiert werden konnte, also flexibel war. Deshalb ist es sehr unwahrscheinlich, dass die attribuierten Lehrmeinungen die *ipsissima vox* der jeweiligen Rabbinen wiedergeben. Der ursprüngliche Text einer Überlieferung kann nicht wieder-hergestellt werden, da die Rabbinen selbst nicht an seiner Bewahrung interessiert waren. Die Sammlung von Überlieferungen, die die Grundlage für die Erstellung der größeren Sammelwerke bildete, ist hauptsächlich als mündliche Informationsübermittlung der innerhalb Palästinas und zwischen Palästina und Babylonien reisenden Gelehrten und Gelehrtenschüler zu verstehen, wobei gelegentlich auch schriftliche Traditionssammlungen übermittelt und in den jeweiligen Redaktionsstadien mit (letztendlich niedergeschriebenen) mündlichen kombiniert worden sein werden. Insofern ist auch der Redaktionsprozess nur als Verbindung mündlicher und schriftlicher Wissensvermittlung zu denken.

BIBLIOGRAPHIE: C. Hezser, Jewish literacy in Roman Palestine, Tübingen 2001. – M.S. Jaffee, Torah of the mouth: writing and oral tradition in Palestinian Judaism 200 BCE–400 CE, Oxford 2001. – J. Neusner, Oral Torah and oral tradition: defining the problematic, in: Ders., Method and meaning in ancient Judaism, Chico 1979. – E. Shanks Alexander, Transmitting Mishnah: the shaping influence of oral tradition, Cambridge 2006.

Catherine Hezser

V. Islamwissenschaftlich

Der Text des →Koran ist in den heute erhaltenen →Quellen in zwei Traditionssträngen zugänglich: Zum einen durch die ältesten materiellen Dokumente wie Handschriften, Papyri und Inschriften, von denen die ältesten um das Jahr 700 datiert werden. Zum anderen beschreibt die islamische Traditionsliteratur bereits für die frühesten Stufen der Textgeschichte mündliche Rezitationsvarianten (arab. *qirāʾāt*).

Folgt man dem Szenario, das islamische Quellen schildern, wurde der →Text des Koran in einem Zeitraum von fast 23 Jahren (zwischen den Jahren 610 und 632 n. Chr.) vom Propheten Muḥammad der entstehenden islamischen Gemeinde mündlich verkündet. Bereits zu Lebzeiten fertigen einige seiner Anhänger (z. B. Zaid ibn Ṯābit, ʿAbdallāh ibn Masʿūd) – mit Wissen und Billigung des Propheten – Niederschriften der auf göttliche →Inspiration zurückgeführten Texte an. Muslimische Quellen berichten, dass schon in der frühen Phase der genaue Wortlaut des Textes verschieden festgehalten wurde. Einige der frühesten Überlieferer des Textes, die den Propheten noch persönlich kannten, sollen schriftliche Sammlungen verfasst haben (z. B. ʿUṯmān ibn ʿAffān, Ubai ibn Kaʿb, ʿAbdallāh ibn Masʿūd). Die mündliche →Überlieferung des Textes steht also bereits zu Lebzeiten des Propheten neben einer im Entstehen begriffenen schriftlichen Manuskripttradition. Auch wenn die islamische Traditionsliteratur am Primat und der Authentizität des mündlichen Überlieferungsweges festhält, sind Lesarten bekannt, die sich durch unterschiedliche →Interpretation eines (in den frühesten Handschriften sehr oft) mehrdeutigen Konsonanten- und Vokalzeichensystems erklären lassen.

Systematische Untersuchungen zur Wechselbeziehung zwischen mündlicher und schriftlicher Texttradition sind bisher allerdings nicht geleistet worden. Als Gegenbewegung zum Reichtum an Rezitationsvarianten entwickelten muslimische Korangelehrte Kriterien, um die sich entfaltende Variantenfülle nicht ins Uferlose driften zu lassen. Ibn Muǧāhid (gest. 936) beschrieb im *Kitāb as-sabʿa* (‚Buch der Sieben [Lesarten]') sieben Lesarten, die für das persönliche und öffentliche Gebet verwendet werden sollten. Im 13. Jh. erweiterte Ibn al-Ǧazarī (gest. 1429) die Zahl der ‚kanonischen' Lesarten auf zehn, al-Bannāʾ (gest. 1708) schließlich auf vierzehn. Dies bedeutete nicht, dass von den drei Autoritäten ausgeschlossene Rezitationsvarianten vollständig verschwanden. Für die islamische →Exegese spielt bis in die heutige Zeit das Material der ‚kanonischen' und ‚außerkanonischen' Lesarten eine wichtige Rolle bei der grammatikalischen und inhaltlichen →Deutung eines Verses. Hier sei angemerkt, dass eine Lesart neben dem exakten phonologischen Wortlaut je nach Überlieferer schwankende Assimilationsregeln und je nach Überlieferungsstrang unterschiedliche Regeln der Pausierung (*al-waqf wa-l-ibtidāʾ*) kennt. Wie auch in den anderen Disziplinen der muslimischen Traditionsliteratur handelt es sich stets um an die Person des Gelehrten gebundenes Wissen; d. h. die unterschiedlichen Rezitationsvarianten und Lesarten lassen sich anhand von Schüler-Lehrer-Beziehungen über Generationen zurückverfolgen. Qualitativ lässt sich die Zuverlässigkeit der Transmissionswege schwer bewerten. Die muslimische →Tradition hat ihrerseits Systeme zur Überlieferungskritik entwickelt, bei der die verbürgte Glaubwürdigkeit des einzelnen Überlieferers ausschlaggebend ist.

Die Mehrzahl der Muslime in der heutigen Zeit liest und rezitiert den Koran nach der Lesart von *Ḥafṣ ʿan ʿĀṣim* (der Textüberlieferung des ʿĀṣim in der Überlieferung des Ḥafṣ), eine Lesung, die sich erst seit dem 14. Jh. als bevorzugte Lesung der drei nichtarabischen islamischen Reiche der Safawiden, Osmanen und Moghul durchsetzte. In der Region des Nahen Ostens war die in den städtischen Zentren verbreitete Koranlesung bis zur osmanischen Epoche eine in der Gegenwart nur noch u. a. im Sudan und im östlichen Afrika lebendige Lesetradition (*Dūrī ʿan Abī ʿAmr*, die zu den sieben ‚kanonischen' Lesarten des Ibn Muǧāhid zählt). In Nord- und Westafrika ist bis heute die Lesetradition des *Warš ʿan Nāfiʿ* lebendig.

Heutige, in der Regel gedruckte Textausgaben des Koran geben nicht die handschriftliche Tradition der Textüberlieferung bestimmter Manuskripte wieder, sondern stellen unter Verwendung verschiedener Orthographie- und Zeichentraditonen den mündlichen Wortlaut des Textes in seiner jeweiligen Aussprache und in den regionsspezifischen verbreiteten Assimilations- und Pausierungsregeln dar.

BIBLIOGRAPHIE: G. Bergsträßer, Koranlesung in Kairo, in: Der Islam 20 (1932), 1–42; 21 (1933), 110–140. – A. Jeffery, Materials for the history of the text of the Qur'an, Kairo 1936/Leiden 1937. – A. Kellermann, Die ‚Mündlichkeit' des Koran, in: Beiträge zur Geschichte der Sprachwissenschaft 5 (1995), 1–34. – Ders., Koranlesung im Maghreb,

Diss. Berlin 1996. – K. Nelson, The art of reciting the Qur'an, Austin 1985. – T. Nöldeke, Geschichte des Qorâns, Bd. 3, hg. v. G. Bergsträßer/O. Pretzl, Leipzig [2]1938 [Nachdruck 1961]. – O. Pretzl, Die Wissenschaft der Koranlesung ('ilm al-qira'a), in: Islamica 6 (1933/34), 1–47.

Michael Marx

VI. Altphilologisch

M. ist für die Klassische Philologie nur insofern fassbar, als sie in →Schriftlichkeit übergegangen ist. Die antike →Literatur nimmt in großem Umfang M. auf und bringt sie zu gesteigerter Entfaltung. M. in der Literatur wird unter verschiedenen Gesichtspunkten untersucht:

(1) Die *Oral-Poetry*-Forschung zum frühgriechischen Epos widmet sich dem Verhältnis von mündlicher →Tradition und schriftlicher Fixierung. Die homerische Sprache ist geprägt von einer mündlichen Versifikationstechnik als zentralem Merkmal des improvisierenden hexametrischen Dichtens. Der aus dem Stegreif dichtende Sänger verwendet zur Erleichterung seines Arbeitens flexibel einsetzbare und kombinierbare sprachliche Bausteine (z. B. Epitheta, Formelverse, Wiederholungen von Szenen). (2) Zahlreiche literarische →Gattungen sind zur mündlichen Darbietung bestimmt (z. B. Lyrik, →Rede, →Predigt, Drama). Da die →Texte einer mündlichen →Kommunikation zwischen → Autor und Publikum dienen und an einen bestimmten Anlass gebunden sind (Vortrag im Rahmen eines Symposions, eines öffentlichen Fests, einer Prozession u. a.), kann ihr voller Sinngehalt nur unter Berücksichtigung des Aufführungszusammenhangs entfaltet werden. Durch den direkten Publikumsbezug unterscheidet sich die archaische griechische Lyrik des 7./6. Jh.s von der alexandrinischen Dichtung des 3. Jh.s v. Chr., die fast ausschließlich Buchdichtung ist. (3) Eine weitere Form von M. findet sich in der literarischen → Fiktion mündlichen →Erzählens. Unter diese Kategorie fällt der Dialog, ein in der gesamten Antike von Plato über Aristoteles und Cicero bis in die Spätantike (bes. Augustinus) florierende Form philosophischen Schreibens. Die Dialogform spiegelt, im Gegensatz zur systematischen Abhandlung, den dialektischen und historischen Prozess der Wissenserschließung wider. In der →Tradition der → Psalmen fingieren die *Confessiones* Augustins eine mündliche Kommunikation des →Erzählers mit Gott. (4) M. schlägt sich im Produktionsprozess der Texte nieder, insofern die Texte vom Autor diktiert werden. (5) Trotz sich entwickelnder Buchkultur bleibt M. auch in späterer Zeit für den Rezeptionsprozess von Bedeutung (→Rezeption). Forschungen zur lateinischen Literatur zeigen, dass infolge der seit augusteischer Zeit praktizierten Gepflogenheit von Rezitationen (d. h. das Erproben von noch unfertigen Texten oder Erstpublikationen vor einem Publikum) Dichtung und Prosa nicht nur für ein Lesepublikum konzipiert, sondern auch auf mündliche Realisierung hin angelegt sind.

BIBLIOGRAPHIE: S. Föllinger, Lehren im Gespräch, in: Gymnasium 103 (2006), 455–470. – B. Gentili, Poesia e pubblico nella Grecia antica, Milano 2006. – W. Kullmann/M. Reichel (Hgg.), Der Übergang von der Mündlichkeit zur Literatur bei den Griechen, Tübingen 1990. – R. Thomas, Literacy and orality in ancient Greece, Cambridge 1992. – G. Vogt-Spira (Hg.), Strukturen der Mündlichkeit in der römischen Literatur, Tübingen 1990.

Jochen Schultheiß

VII. Literaturwissenschaftlich

M. spielt in der literaturwissenschaftlichen Diskussion in zweifacher Hinsicht eine bedeutende Rolle: Zum einen hat sich →Literatur – als schriftlich fixierte Kunstform – aus einer mündlichen Überlieferungspraxis entwickelt; das gilt sowohl für antike Epen und Lyrik als auch für die mittelalterliche Erzählkultur und das volkstümliche Erzähl- und Liedgut. Zum anderen gilt das Medium der M. – die Präsenz der Stimme und die performative Qualität des Vortrags – als Garant von Unmittelbarkeit und Authentizität. Für die mittelalterliche Literatur unterscheidet P. Zumthor drei Erscheinungsformen von M. im literarischen →Text: (1) die primäre M., d. h. den unmittelbar mündlichen Vollzug literarischer →Rede; (2) die sekundäre M., d. h. Spuren bzw. Reste des performativen Aktes im schriftlich fixierten Text; (3) inszenierte M., d. h. eigens simulierte Merkmale oraler

Rede in genuin schriftlich verfasster Literatur. Der – v.a. nach der Erfindung der Buchdruckerkunst – rasante Übergang von einer Mündlichkeits- zur Schriftlichkeitskultur wird in literarischen Texten seit der frühen Neuzeit insbesondere in der Erzählliteratur reflektiert: zunächst als mediengeschichtliches Faktum und Manifestation eines sozialhistorischen Wandels (G. Wickrams ‚Rollwagenbüchlin'; ‚Lalebuch'), sodann auch als zivilisatorische Verlusterfahrung. „Schreiben ist ein Missbrauch der Sprache, stille für sich Lesen ein trauriges Surrogat der Rede", heißt es in J.W. Goethes *Dichtung und Wahrheit* (J.W. Goethe, Hamburger Ausgabe, Bd. 14, München 1978, 447). In der Erzählliteratur kommt es daher seit dem 18. Jh. immer wieder zu kompensatorischen Formen fingierter M. (P. Götsch). In novellistischen Rahmenhandlungen wird eine gesellige, orale Unterhaltungskultur simuliert (J.W. Goethe, L. Tieck, E.T.A. Hoffmann); nach dem Zurücktreten der Rahmenkonstruktion im späteren 19. Jh. wird noch immer in Binnenerzählungen die Erzählposition auf eine archaische Stimme übertragen (A. Stifter, C.F. Meyer, R. Musil, M.L. Kaschnitz). Alltägliche mündliche Rede findet im Übrigen vermehrt Eingang namentlich ins soziale Drama – von G. Büchner über G. Hauptmann bis zu B. Brecht. Dass die Idealisierung der menschlichen Stimme in der Literatur – aller Kritik am abendländischen Phonozentrismus (J. Derrida) zum Trotz – bis in die Gegenwart hinein wirksam ist, zeigt sich an Phänomenen wie der Renaissance novellistischen Erzählens (I. Schulze; J. Hermann) oder an der neuen Faszinationskraft einer performativen Literaturkultur (*Poetry Slam*).

BIBLIOGRAPHIE: K. Ehlich (Hg.), Erzählen im Alltag, Frankfurt 1980. – P. Götsch, Fingierte Mündlichkeit in der Erzählkunst entwickelter Schriftkulturen, in: Poetica 17 (1985), 202–218. – E. Gülich, Mündliches Erzählen: narrative und szenische Rekonstruktion, in: S. Lubs et al. (Hgg.), Behutsames Lesen, Leipzig 2007, 35–62. – W. Raible (Hg.), Medienwechsel, Tübingen 1998. – P. Zumthor, Die Stimme und die Poesie in der mittelalterlichen Gesellschaft, München 1994.

Christine Lubkoll

VIII. Textlinguistisch

M. ist phylo- und ontogenetisch das erste Medium sprachlicher →Kommunikation. Im Gegensatz zu allen technischen Medien hat sich M. aufgrund biologischer, psychischer und sozialer Bedingungen so ‚ergeben'. Mündliche Kommunikation ist flüchtig; ihre Eigenschaften konnten erst durch Tonbandaufnahmen erkannt werden.

M. ist gebunden an die menschliche Stimme, d.h. dass Zeichenketten zeitlich geprägt sind. Unser Gehirn bringt sehr schnell die lexikalischen, syntaktischen und lautlichen Ordnungsstrukturen der Äußerungen hervor. Dabei können wir nur etwa fünf Wörter in zwei Sekunden vorausplanen, was ein schubweises Formulieren zur Folge hat: Meist bringt die nächste Äußerungseinheit nur *einen* neuen Gedanken; oft wird nur die vorhergehende ergänzend, korrigierend, präzisierend etc. reformuliert (Paraphrasen).

Der größte Unterschied zur →Schriftlichkeit liegt nicht in der →Syntax und Lexik, sondern in der Prosodie: Tonhöhenverläufe (Melodie) und -sprünge, Lautstärke, Tempo und Akzente geben zu dem, was man sagt, Interpretationshinweise (Kontextualisierung). Tonanstiege und -senkungen markieren z.B. das Ende einer Äußerungseinheit, so dass der Hörer ihre Folge Schritt für Schritt in seinem Arbeitsgedächtnis (ca. zwei bis drei Sekunden) verarbeiten kann; primäre Akzente markieren das Wichtigste der Mitteilung, Tonsenkungen (und schnelleres Sprechen) einen Einschub, langsames und rhythmisches Sprechen Relevanz etc. Hinzu kommt der prosodische Ausdruck von Gefühlen und Stimmungen, den wir sofort intuitiv verstehen. M. wird begleitet durch Mimik, Gestik, Körperbewegungen. Wir sprechen also mit dem ganzen Körper.

M. hat ihren natürlichen Ort in der Kommunikation von Angesicht zu Angesicht innerhalb einer gemeinsamen raum-zeitlichen Situation, auf deren Elemente man durch Zeigehandlungen und Pronomina verweisen kann. M. ist normalerweise dialogisch, eingebunden in alltägliche Lebensvollzüge mit ihren vielfältigen kommunikativen Funktionen (Sprechakte, Gefühle, Beziehung).

In der Lexik herrschen Alltagswörter, Vagheit, Übertreibung und Derbheit vor. Einige syntaktische Kategorien werden beim Sprechen häufiger verwendet als beim Schreiben: z. B. Ellipsen, Anakoluthe, Apokoinu-Sätze, Verberststellung, Herausstellungen. V. Ágel/M. Hennig (189 ff.) haben ca. 50 solcher Phänomene für das Deutsche gesammelt. Die Skala zwischen prototypisch mündlichen und schriftlichen Texttypen von P. Koch/W. Oesterreicher wird neuerdings angesichts mündlicher Formen in PC-Texten in Frage gestellt (C. Dürscheid).

BIBLIOGRAPHIE: V. Ágel/M. Hennig, Überlegungen zur Theorie und Praxis des Nähe- und Distanzsprechens, in: Diess. (Hgg.), Zugänge zur Grammatik der gesprochenen Sprache, Tübingen 2007, 179–214. – C. Dürscheid, Äußerungsformen im Kontinuum von Mundlichkeit und Schriftlichkeit, in: E. Neuland (Hg.), Variation im heutigen Deutsch, Frankfurt a. M. 2006, 375–388. – R. Fiehler et al., Eigenschaften gesprochener Sprache, Tübingen 2004. – P. Koch/W. Oesterreicher, Sprache der Nähe – Sprache der Distanz, in: Romanistisches Jahrbuch 36 (1985), 15–43. – J. Schwitalla, Gesprochenes Deutsch, Berlin [3]2006.

Johannes Schwitalla

IX. Philosophisch

M. ist neben der →Schrift eine Grundform unserer Sprache und Kommunikation und besitzt – abgesehen von ihrem Zusammenhang mit der →Rhetorik (s. d.) – einen Eigenwert gegenüber dem Skipturalen auf drei Ebenen: als mündliche Überlieferung, als ein Element des Dialogs sowie als Medium. (1) Die mündliche →Überlieferung (*oral history*) spielt eine bedeutende Rolle für die kulturelle, religiöse, geschichtliche und ethische Selbstverständigung vorskripturaler Kulturen, die über keine Schrift verfügen, wie auch für Alltagskulturen, die sich außerhalb einer schriftlichen Reflexion in Form mündlichen Erzählens überliefern. Was diese betrifft, war im Sinne einer Geschichte von unten das Projekt von Studs Terkel im 20. Jh. einflussreich, die Lebensgeschichten von Arbeitern und Angestellten sowie ihren sozialen Hintergrund durch Interviews zu dokumentieren und über das Radio zu überliefern. (2) Platos Schriftkritik (*Phdr*. 274d–278d; 7. Brief 340b–345c) bildet das Paradigma für die M. als ein Grundelement des Gesprächs, des Dialogs. Plato verweist auf die Schwäche skripturaler Darstellung, dem Adressaten und der Situation nicht Rechnung tragen zu können. Der Adressat kann die Mitteilung als bloße Information auffassen, ohne ihre Aussage auf sich selbst zu beziehen und als handlungswirksames Wissen sich anzueignen. Das mündliche Gespräch kann auf eine solche Zufriedenheit mit neutraler Kenntnis korrigierend eingehen; ebenso auf die abwehrende Haltung eines Adressaten, der sich weniger Mühe um ein Verständnis macht (oder machen kann), als es die Sache erfordert. Das dialogische Element der M. ist grundlegend auch für das psychotherapeutische Gespräch. Der Analytiker versucht, durch mündliche Intervention mit dem Analysanden gemeinsam zum Verstehen desjenigen Sinns zu gelangen, der dessen intaktes Persönlichkeitsbild bedroht und durch schützende Abwehr verstellt ist. (3) Gegenüber der Schrift zeichnet sich die M. durch Performanz aus. Ihre Flüchtigkeit und unmittelbare Präsenz stellen keinen Mangel dar, der durch Verschriftlichung zu beheben ist. Der Eigenwert besteht in der Performanz des Sagens, das im Gesagten nicht aufgeht und →Sinn auf eine vorpropositionale Weise zur Erscheinung bringt. Im mündlichen Darstellen wird ein Sinn präsent, der sich durch Niederschrift nicht übersetzen lässt. Diese Präsenz lebendigen Sinns wird getragen vom unmittelbaren Erklingen des Sprechens, dessen Diktion und Rhythmus und v. a. der Stimme.

BIBLIOGRAPHIE: M. Dolar, His masters's voice, Frankfurt a. M. 2007. – D. Kolesch/S. Krämer (Hgg.), Stimme, Frankfurt a. M. 2006. – S.A. Mitchell, Psychoanalyse als Dialog, Gießen 2005. – D. R. Olson/N. Torrance (Hgg.), Orality and literacy, Cambridge 1991. – U. Wirth (Hg.), Performanz, Frankfurt a. M. 2002.

Tilo Wesche

Musik

I. Kirchengeschichtlich

Kult und M. bilden in der gesamten Alten Welt und so auch in Israel einen engen Konnex. Am Jerusalemer Tempel gab es Gesang (→Psalmen), Instrumente und professionelle Musiker. Unklar ist, ob es in der Synagoge des 1. Jh.s n. Chr. M. oder auch nur das Singen von Psalmen gab. Die Herleitung des Singens von

Hymnen (Joh 1,1–18; Kol 1,15–20; Phil 2,6–119) oder Psalmen im urchristlichen →Gottesdienst (1 Kor 14,26; Kol 3,16 u.ö.; vgl. aus einer Außenperspektive Plin. *epist.* 10,96,19) von der Synagoge ist unsicher.

Christushymnen, deren Legitimität allerdings lange umstritten war (Paulus von Antiochien bei Eus. *h.e.* 7,30,10), sind Antwort auf das →Kerygma. Im Kontext der dogmatischen Kontroversen des 4. Jh.s sind Hymnen zur Propagierung dogmatischer Positionen aus dem Osten in das Abendland gekommen (Vermittler z.B. Hilarius v. Poitiers, Ambrosius v. Mailand); der Psalmengesang war besonders im Mönchtum verwurzelt. Seit der konstantinischen Wende ist in Aufnahme von Elementen des Hofzeremoniells eine musikalische Ausgestaltung des Gotttesdienstes feststellbar.

Professionalisierung und Klerikalisierung der →Liturgie seit der Spätantike führt zur musikalischen Gestaltung v.a. von Teilen des Ordinariums im Frühmittelalter in der Gregorianik. Seit dem Frühmittelalter wird die Orgel das eigentlich kirchliche Instrument. Während im Osten eine große liturgische und musikalische Vielfalt erhalten bleibt, führen im Westen die karolingischen Reformen zu Vereinheitlichung. Polyphonie und Einsatz von Instrumenten (im Osten nicht üblich) waren im Abendland durch das Mittelalter hindurch umstritten.

Durch die Reformation und den Prozess der Konfessionalisierung entstehen typische konfessionelle Muster des Verhältnisses von M. und christlichem Kult. Der tridentinische Katholizismus setzt die mittelalterlichen musikalischen →Traditionen fort. Während H. Zwingli und die Schweizer Reformation M. und Gemeindelieder im Gottesdienst ablehnen und J. Calvin nur Psalmenbereimungen zulässt, wird im lutherischen Gottesdienst das →Lied als Vermittlung reformatorischen Gadankenguts in volkstümlicher Form und in der hermeneutischen Funktion einer Antwort der Gemeinde (Gesangbücher als neue literarische →Gattung) wichtig. In der Tradition vertonter →Lesungen der Passionstexte in der Karwoche ist das Passionsoratorium mit der Vertonung des Bibeltextes und der Einfügung von diesen reflektierenden Arien und Chorälen zu sehen. Diese Reflexion des Bibeltextes geschieht in enger Anbindung an die gleichzeitige Homiletik. Ebenso verhält es sich mit den an das Proprium des jeweiligen Sonn- oder Festtags gebundenen Kantaten.

Parallel sind im Luthertum wie im römischen Katholizismus immer wieder Reformbestrebungen mit dem Ziel einer Rückkehr zu vermeintlich schlichten Formen gegen ‚opernhafte' Auswüchse zu sehen, denen kaum Erfolg beschieden war. Nicht in den liturgischen Rahmen eingebunden sind Oratorien, die biblische Thematiken dramatisch, aber konzertant behandeln.

Mit dem Beginn des bürgerlichen Konzertbetriebes emanzipiert sich im 19. Jh. die liturgiegebundene M. von ihrem liturgischen Rahmen und bekommt im bürgerlichen Konzertbetrieb (in Kirche oder Konzertsaal) hermeneutisch eine neue Funktion (Kirchenkonzerte), wobei Kirchenchöre (Laien!) zu Trägern dieses Bereichs des bürgerlichen Musikbetriebes werden, der in der Gegenwart mit den auch sonst verbreiteten Akzeptanzproblemen der bürgerlichen Kultur und des bürgerlichen Musik- und Konzertbetriebes konfrontiert ist.

Versuche neuer Formen liturgischer M. dagegen haben sich weithin aus der allgemeinen musikalischen Entwicklung gelöst.

BIBLIOGRAPHIE: F. Blume, Geschichte der evangelischen Kirchenmusik, Wiesbaden ²1979. – J. McKinnon, Music in early Christian literature, Cambridge ²1993. – C. Möller, Kirchenlied und Gesangbuch, Tübingen 2000. – H. Möller/R. Stephan (Hgg.), Die Musik des Mittelalters, Darmstadt 1997. – I. Scheitler, Art. Kirchenlied, in: Enzyklopädie der Neuzeit 6 (2007), 658–662. – H. Seidel et al., Art. Musik und Religion, in: TRE 23 (1994), 441–495.

Hanns Christof Brennecke

II. Systematisch-theologisch

Anders als die *exegetische* Theologie, die sich auf →Texte musikalischen Inhalts (1 Kor 14; Offb) oder musikalischer Form wie →Psalmen, Hymnen, Oden (Kol 3,16; Eph 5,19) bezieht und sich dabei dessen bewusst ist, dass μουσική im hebräischen →AT ohne Äquivalent bleibt und im →NT nur einmal und in pejorativem Gebrauch begegnet (Offb 18,22); anders als die *historische* Theologie, die teils wie die Musikethnologie nach der mündlichen, teils wie die meist europäisch orientierte Musikgeschichte nach der schriftlichen →Überlieferung der sog. *musica sacra* oder Kirchenmusik fragt; anders als die *liturgische* Theologie, die Ort, Zeit und Handlung des gottesdienstlich zu inszenierenden Textes bestimmt, wendet sich die *systematische* Theologie dem fundamentalen Sachverhalt zu, dass Theologie an sich bereits mit M. verbunden ist. Der ‚Kleinen Doxologie' (‚Ehr' sei dem Vater und dem Sohn und dem Hl. Geist') zufolge war göttliches Wort (θεολογία) nie, ist nie und wird nie ohne M. sein. Ist Ps.-Dionysius Areopagita zufolge Theologie ohne Theophanie, Theoptie, Theoplastie usw. nicht zu denken, so auch nicht ohne Theohymnie und Hymnologie. Theologie mit M. eigens verbinden zu wollen, kommt viel zu spät.

Systematische Theologie ist demzufolge mit dem Verhältnis von gelesenem und gesungenem heiligem Text in zwei Fundamentalunterscheidungen befasst, die sich überkreuzen. (1) Sie bedenkt, dass Theologie nicht nur auf der Ebene des Bezeichneten (*significatum*), sondern auch auf der des Bezeichnenden (*significans*) ihren Ort hat. Der Materialität der →Zeichen (*symbolische* Theologie), die durch die Künste eigens bearbeitet wird, gebührt gleiches Gewicht wie deren Idealität (*begriffliche* Theologie), die zur Wissenschaft gehört. Wie Theologie nicht sein kann, ohne sich mit Poesie zu überschneiden, so auch nicht ohne Überschneidung mit M. (Pl. *R.* 379a; vgl. 376e). M. ist, wie Poesie, Muttersprache des menschlichen Geschlechts (J.G. Hamann, Sämtliche Werke [Nadler] II, 197,15; III, 32,26). (2) Sie bedenkt ferner, dass es zwei entgegengesetzte Verfahren gibt, die dem göttlichen Wort bereits innewohnende M. zu realisieren. Einerseits, indem der musikalische Aufwand je mehr desto besser gesteigert wird, damit göttliches Wort nicht nur laut wird, sondern kunstvoll erklingt. So geschieht Stärkung der Musikalität des heiligen Textes durch Präsenz von Klang und durch Hörbarkeit (*affirmative* Theologie; irdische →Liturgie). Andererseits, indem alles Erklingen abgezogen und das göttliche Wort so tonlos wie möglich präsentiert wird. So geschieht Stärkung der Musikalität des heiligen Textes gerade umgekehrt durch Absenz von Klang und durch hörbare Unhörbarkeit (*negative* Theologie; himmlische Liturgie). Während hier die Sprache die bessere M. ist, ist dort die M. die bessere Sprache.

BIBLIOGRAPHIE: T.W. Adorno, Fragment über Musik und Sprache (1956), Gesammelte Schriften 16, Frankfurt a.M. 1978, 251–256. – W. Gramer, Musik und Verstehen, Mainz 1976. – T.G. Georgiades, Nennen und Erklingen, Göttingen 1985. – R. Hammerstein, Die Musik der Engel, Bern 1962. – E. Peterson, Das Buch von den Engeln, Leipzig 1935.

Günter Bader

III. Literaturwissenschaftlich

Die Verbindung von M. und Religion bestimmt den literarischen Diskurs über das Musikalische zentral. Im Zuge der Säkularisation kommt es zwar in der Musikgeschichte der frühen Neuzeit zu einer radikalen Emanzipation der M. vom →Gottesdienst (Oper; Tanzmusik; Instrumentalmusik). Dies führt aber in der Musikästhetik des 17. und 18. Jh.s (J.B. Dubos, C. Batteux, J.J. Rousseau, J.G. Sulzer) zu einer zunehmenden Aufwertung der M.: Sie wird nicht mehr bloß als Begleitmedium (im Gottesdienst), sondern als eine eigenständige (Zeichen-)Sprache betrachtet. Während die konventionelle Wort-Sprache in der zweiten Hälfte des 18. Jh.s – im Kontext des aufklärerischen Subjektivitätsanspruchs und des Geniedenkens – einer wachsenden →Sprachkritik unterliegt (J.J. Rousseau, J.G. Hamann, J.G. Herder) und die Empfindsamkeit den ‚Unsagbarkeitstopos' feiert, wo es um Erfahrungsdimensionen geht, an welche die Sprache nicht hinreicht, wird die M. als die eigentliche ‚Sprache des Herzens' favorisiert. Die Kunstmusik, namentlich die Instrumentalmusik, die frei von semantischer Zuschreibung erscheint, wird insbesondere im pietistischen Kontext als Ausdrucksform entdeckt. In literarischen Thematisierungen des Musikalischen um 1800 kommt diese Entwicklung deutlich zum Tragen. Im empfindsamen Roman (K.P. Moritz, *Andreas Hartknopf*; J. Paul, *Hesperus*) steht die Erfahrung religiöser →Offenbarung im Zusammenhang mit dem musikalischen Hörerlebnis. In der Frühromantik entfaltet etwa W.H. Wackenroder eine ‚Kunstreligion', in der das Musikalische – hier die Passionsmusik und also die Rückbindung an kirchliche Zusammenhänge – einerseits als Sprachrohr Gottes erscheint, andererseits aber auch selbst zu einer Art Ersatzreligion avanciert (Berlinger-Novelle in den *Herzensergießungen eines kunstliebenden Klosterbruders*). Bei H. v. Kleist (*Die heilige Cäcilie oder die Gewalt der Musik*) wird das Ideal der ‚alten Kirchenmusik' heraufbeschworen; E.T.A. Hoffmann verbindet es dann mit der romantischen ‚Idee der absoluten Musik' (C. Dahlhaus). Im Laufe des 19. Jh.s lösen sich dann literarische Thematisierungen des Musikalischen zunehmend vom religiösen →Paradigma; wie wirksam aber die Verbindung von Religion und M. dennoch bleibt, zeigt sich etwa in T. Manns *Doktor Faustus*, wo das Spätwerk des Komponisten A. Leverkühn wieder als ‚Oratorium' phantasiert wird.

BIBLIOGRAPHIE: C. Dahlhaus, Die Idee der absoluten Musik, Kassel/München 1984. – A. Käuser, Schreiben über Musik, München 1999. – C. Lubkoll, Mythos Musik, Freiburg i. Br. 1995. – Dies., Musik, in: T. Anz (Hg.), Handbuch der Literaturwissenschaft 1, Stuttgart/Weimar 2007, 370–382. – R.E. Müller, Erzählte Töne, Stuttgart 1989. – B. Naumann, Musikalisches Ideeninstrument, Stuttgart 1990. – S.P. Scher (Hg.), Literatur und Musik, Berlin 1984.

Christine Lubkoll

Mythos/Mythen

I. Alttestamentlich

In der atl. Wissenschaft hat der Begriff M. seit dem 19. Jh. ein Wechselbad der Wertungen durchlaufen. Hatte W. de Wette gemeint, M. als der freie dichterische Gebrauch von heiligen →Symbolen sei die der Religion allein mögliche Ausdruckskategorie, weshalb die Erzählungen des →AT Mythen seien, wandelte sich in Deutschland die Einstellung zum M. im Gefolge von Rationalismus bzw. Babel-Bibel-Streit. V. a. in der Schule um G. v. Rad wurde bestritten, im AT gebe es Mythen. Da aber Parallelen zu den Mythen des Alten Orients nicht zu leugnen sind, behalf man sich mit begrifflichen Differenzierungen: Schon H. Gunkel hatte Mythen von Sagen unterschieden; in Sagen wie denen der Genesis lägen (anders als in Mythen) Bezüge zur Geschichte vor. Diesen Ansatz weiterdenkend unterstellte man, Israel habe den M. historisiert; so habe die Schöpfungsgeschichte aufgehört, ein M. zu sein, eine zeitlose, sich im Kreislauf der Natur ereignende →Offenbarung, weil sie in der Zeit stehe. Nach dieser Logik sind die Texte im AT, die vom geschichtlichen Handeln Jhwhs erzählen, dank ihres Zeitbezugs keine Mythen. Andere postulierten einen Zusammenhang zwischen Polytheismus und M., so dass M. selbst in der Frühform der monolatrischen Jhwh-Religion nicht vorkommen kann; bei Texten wie Gen 6,1–4 und Ps 95 unterstellte man, hier wäre der Stoff im AT entmyth(olog)isiert worden. Beliebt wurde v. a. die Unterscheidung zwischen echten Mythen und mythischen Vorstellungen: Durch die Übertragung solcher Vorstellungen auf die personale Beziehung Gott-Mensch sei das mythische Element entschärft.

In Skandinavien spielten solche Formen christlicher Apologetik keine Rolle – man betonte hier den Zusammenhang von Kult und M. Aber man blieb sich dessen bewusst, dass M. die Grundform religiösen →Erzählens ist: Der M. ist die gemeinsame Sprache der Religion, die sich ohne Schaden weder ‚entmythologisieren' noch verphilosophieren lässt (S. Mowinckel). In Anerkennung dieser Tatsache entwarf C. Westermann ein Kompromissmodell der Differenzierung, das religionswissenschaftliche Erkenntnisse nicht in Frage stellt, in dem aber Platz ist für eine Sonderrolle des AT: Mythen der *Hoch*kulturen handeln von einem dramatischen Geschehen zwischen *mehreren* Göttern, in Mythen der *Früh*kulturen handelt *ein* Gott als Partner von Menschen. Die gegenwärtige Diskussion wird von den Arbeiten H.-P. Müllers bestimmt, der den narrativen Charakter des M. betont und hervorhebt, dass ein M. erzählt wird, weil das in ihm formulierte Urzeit-Geschehen dem Geschehen in der Gegenwart der Rezitierenden Legitimation verleiht und Normen für ihr Verhalten vorgibt: Der M. dient der Erklärung der gegenwärtigen religiösen Wirklichkeit.

BIBLIOGRAPHIE: C. Hartlich/W. Sachs, Der Ursprung des Mythosbegriffes in der modernen Bibelwissenschaft, Tübingen 1952. – H.-P. Müller, Jenseits der Entmythologisierung, Neukirchen [2]1979. – Ders., Mythos – Kerygma – Wahrheit,

Berlin 1991. – W. Schlißke, Gottessöhne und Gottessohn im Alten Testament, Stuttgart 1973. – W.H. Schmidt, Mythos im Alten Testament, in: EvTh 27 (1967), 237–254.

Rüdiger Bartelmus

II. Neutestamentlich

Die Vokabel μῦθος begegnet im →NT selten und stets eindeutig negativ konnotiert (1 Tim 1,4; 4,7; 2 Tim 4,4; Tit 1,14; 2 Petr 1,16) als ‚erdichtete Geschichte', ‚Sage', ‚Fabel' (W. Bauer, *Wörterbuch zum NT*). Vielleicht bezieht sich der Begriff auf jüdische Genealogien (1 Tim 1,4 zusammen mit ‚Genealogie'; Tit 1,14 Polemik gegen jüdische Mythen). Die Jesusgeschichte lässt sich nach dem Autorenverständnis nicht mit dem Mythosbegriff in Verbindung bringen. Sie ist schon bei dem ältesten Evangelisten Markus (um 70 n. Chr.) historisch und geographisch lokalisiert (in Galiläa und Jerusalem zur Zeit Johannes des Täufers, der Herodessöhne und des Präfekten Pontius Pilatus). Lukas versteht und gestaltet sein Evangelium als Diegese, d. h. als historischen Bericht (1,1–4), Matthäus situiert Jesus detailliert genealogisch in der Geschichte Israels (1,1–17). Die synoptischen →Evangelien lassen sich also in unterschiedlicher Nähe zur historischen Biographie oder historiographischen Monographie verorten. Joh weitet diese Perspektive aus, wenn es für die Würdigung der Gestalt Jesu bis in die Zeit vor der Schöpfung zurückgreift (1,1–5) und erst danach Johannes den Täufer als historische Vorläufergestalt Jesu einführt. Joh interpretiert Jesus einleitend als den Logos (λόγος), d. h. als Gott in seiner Schöpferrolle. Joh ist damit eine philosophisch-kosmologische Christushermeneutik vorgegeben, die an die frühjüdische Weisheitslehre (σοφία als Schöpfungsmittlerin) anschließt, diese aber in den neuen begrifflichen Zusammenhang des λόγος stellt.

Das Entmythologisierungsprogramm R. Bultmanns war eine der großen theologisch-hermeneutischen Debatten der ntl. Wissenschaft. Bultmann versteht den M. weniger als Erzählung von Göttern, sondern als vorwissenschaftliche Form der Welterklärung und damit als eine hermeneutisch grundsätzlich defiziente, da objektivierende Redeweise von Gott und den Menschen, die er v. a. in der ntl. Eschatologie entdeckt. Durch die →existentiale Interpretation wollte Bultmann den existential wahren Kern der ntl. Texte freilegen. Die Wiederaufwertung des Mythosbegriffs bei ntl. Exegeten wie G. Theißen und U. Luz wird von neuen Arbeiten zu den synoptischen Evangelien infrage gestellt (E.-M. Becker; anders P.-G. Klumbies).

Bibliographie: E.-M. Becker, Das Markus-Evangelium im Rahmen antiker Historiographie, Tübingen 2006. – R. Bultmann, Jesus Christus und die Mythologie (1941), in: Ders., Glauben und Verstehen IV, Tübingen [5]1993, 141–189. – P.-G. Klumbies, Der Mythos bei Markus, Berlin/New York 2001. – U. Luz, Der frühchristliche Christusmythos, in: ThLZ 128 (2003), 1243–1258. – H.H. Schmid (Hg.) Mythos und Rationalität, Gütersloh 1988 (bes. O. Merk, Das Problem des Mythos zwischen Neologie und ‚religionsgeschichtlicher Schule' in der neutestamentlichen Wissenschaft, 172–194). – G. Theißen, Die Religion der ersten Christen, Gütersloh [3]2003. – O. Wischmeyer, Probleme des gegenwärtigen Mythosbegriffs aus neutestamentlicher Sicht, in: Dies., Von Ben Sira zu Paulus, Tübingen 2004, 361–388.

Oda Wischmeyer

III. Systematisch-theologisch

M. ist ein Gattungsbegriff, der in allen Religionskulturen teils mündliche Erzählungen, teils schriftliche Überlieferungen über das Walten der Götter und über ihr Verhältnis zu heroischen Gestalten bezeichnet – insbesondere über das Walten, welches das Werden der jeweils gegenwärtigen kulturellen Lebenswelt hervorbringt und aus diesem Grunde in kultischen Begehungen vergegenwärtigt wird. Das mythisierende Denken, das sich in Formen der Kosmogonie und der Anthropogonie niederschlägt, ist offen für Motive und Ansichten des frühen weltbildlichen Wissens und der Weisheit.

Die Frage, wie die Überlieferungen des mythisierenden Denkens angemessen zu verstehen sind, wird in hohem Maße kontrovers beantwortet (vgl. U.H.J. Körtner). Schon die griechisch-römische Antike entwickelt eine philosophische Mythenkritik, die an der poetischen Gestaltung des Göttermythos dialektischen und ethischen Anstoß nimmt und zur Entwicklung einer allegorischen Interpretation führt, die auf eine Lebenslehre und ein Bildungsideal ausgerichtet ist. Demgegenüber ist die Religionsgeschichte Israels durchaus in der Lage, in der Form des mythisierenden Denkens das welt- und geschichtsbegründende Walten Jhwhs zur Sprache zu bringen, nicht zuletzt auch in der prophetischen Erwartung einer innergeschichtlichen (messianischen) Heilszeit und in der apokalyptischen Erwartung einer jenseitigen Vollendung durch den Tod hindurch.

Die verschiedenen Gestalten ntl. Verkündigung und ntl. Theologie knüpfen daran an, wenn sie das Offenbar-Werden des Versöhnungs- und Vollendungswillens des Schöpfers als Begründung einer neuen Lebensgewissheit bezeugen. In Entsprechung zur Kritik des polytheistischen M. in der Bibel Israels gebrauchen sie das mythisierende Denken in dem hermeneutischen Interesse, die universale Reichweite und die eschatische Tragweite des Christusgeschehens deutlich zu machen (vgl. W. Pannenberg). Das szientifische Missverständnis der Intentionen mythisierenden Denkens liegt ihnen fern.

Mit dem Begriff ‚Entmythologisierung' kennzeichnete Rudolf Bultmann die kritische Implikation eines hermeneutischen Programms, das die Heilsbotschaft des NT dem Verstehen zumal des ‚modernen Menschen' durch →existentiale Interpretation erschließen will. Es will den objektivierenden Schein eines Schriftgebrauchs überwinden, der die mythisierende Darstellungsform zum Gegenstand des Glaubens erklärt, und dadurch das Kerygma als das Wort Gottes freilegen, das in die Eigentlichkeit der Existenz versetzt, sofern es Glauben findet.

Bibliographie: O. Bayer (Hg.), Mythos und Religion, Stuttgart 1990 (bes. H. Kuhlmann, Auswahlbibliographie „Mythos" und „Mythologie", 176–181). – H. Blumenberg, Arbeit am Mythos, Frankfurt a.M. 1979. – R. Bultmann, Offenbarung und Heilsgeschehen, München 1941. – Ders., Art. Mythos und Mythologie IV., in: RGG³ 4 (1960), 1278–1282. – E. Cassirer, Philosophie der symbolischen Formen, 2. Teil, Berlin u.a. 1925. – U.H.J. Körtner, Art. Mythos/Mythologie III.IV., in: RGG⁴ 5 (2002), 1699–1702. – W. Pannenberg, Christentum und Mythos, Gütersloh 1972.

Konrad Stock

IV. Literaturwissenschaftlich

Das Verhältnis von M. und →Ästhetik wurde und wird z. T. bis heute kontrovers diskutiert. Solange der M. allein dem Archaischen zugerechnet und die Kunst als höhere Entwicklungsform aufgefasst wurde, konnte der Literatur bestenfalls zugeschrieben werden, mythen*analoge* Strukturen abzubilden (C. Lugowski), jedoch nicht selbst eine Form mythischen Erzählens darzustellen. Mythostheorien aus Philosophie, Religionswissenschaft und Ethnologie haben jedoch seit langem die Dilemmatik solcher Entwicklungsmodelle ins Bewusstsein gerückt. Drei Ansätze haben besonders nachhaltig auch die literaturwissenschaftliche Arbeit beeinflusst: E. Cassirer begreift, ausgehend vom Symbolbegriff, den M. als Denkform, dem eine eigene Logik inhärent ist. Die strukturalistische Mythenanalyse des Ethnologen C. Lévi-Strauss kann eine derartige Logik innerhalb mythischer Erzählungen nachweisen, indem sie sie als linguistisch interpretierbare Regelsysteme darstellt. H. Blumenbergs *Arbeit am Mythos* schließlich geht davon aus, dass sich der M. als Mittel der Kontingenzbewältigung in einem sich unendlich fortsetzenden narrativen System an sich selbst abarbeite. Damit sind drei wesentliche Charakteristika des M. benannt: (1) seine logische Struktur, die den Gegensatz von M. und Ästhetik, anders als die vormalige Annahme prälogischen Denkens, obsolet werden lässt; (2) seine narrative Ausdrucksform, welche die Affinität des M. zur Literatur unterstreicht, wobei jedoch nicht nur sprachliche Darstellungen, sondern auch Bild, Architektur, Musik und Tanz als Medien der Narration die normativen Aussagen des M. transportieren können; sowie (3) seine orientierungs- und ordnungsstiftende Funktion, die der M. durch die unweigerliche Identifikation der Zuhörer oder Zuschauer mit dem Erzählten ausübt. Letztere ist für ästhetische Formen allerdings nicht zwingend. Vielmehr markiert die aus der Aufklärung entbundene Tendenz zur Individualisierung den Abstand zur mythisch-kollektiven Vergewisserung durch das ‚Heilige' (M. Eliade). Dieser Abstand wird insbesondere in den verschiedenen Formen der Kunst reflektiert, wenn etwa moderne und, verspielter, postmoderne Texte oder Kunstwerke die Vielbezüglichkeit des M. gezielt einsetzen und so die verstörenden, desorientierenden Züge der Moderne akzentuieren (J. Joyce, *Ulysses*; T. Mann, *Joseph und seine Brüder*; H. Broch, *Der Tod des Vergil*; L. Norfolk, *Lemprières Wörterbuch*).

Bibliographie: H. Blumenberg, Arbeit am Mythos, Frankfurt a.M. 1979. – E. Cassirer, Philosophie der symbolischen Formen, 2. Teil, Berlin u.a. 1925. – M. Eliade, Mythen, Träume und Mysterien, Salzburg 1961. – G. v. Graevenitz, Mythos, Stuttgart 1987. – C. Lévi-Strauss, Strukturale Anthropologie, Frankfurt a.M. 1967. – C. Lugowski, Die Form der Individualität im Roman (1936), Frankfurt a.M. 1976. – F. Stolz, Der mythische Umgang mit der Rationalität und der rationale Umgang mit dem Mythos, in: H.H. Schmid (Hg.), Mythos und Rationalität, Gütersloh 1988, 81–104.

Almuth Hammer/Andreas Hammer

V. Philosophisch

Der M. (griech. μῦθος, ‚Erzählung, Sage') wird im Horizont der Philosophie einerseits als das Frühere, anderseits als das Andere gegenüber dem rational-wissenschaftlichen Denken thematisch. Der Titel *Vom Mythos zum Logos* (W. Nestle) steht für ein verbreitetes Bild von der Entstehungsgeschichte der Philosophie. Zur Vorgeschichte der Philosophie gehört danach die bildhafte Erzählung, die typischerweise von der Vorzeit, von der Entstehung der Welt und den Geschichten der Götter und Helden berichtet. Im mythischen Denken vergewissert sich eine Gesellschaft ihrer Grundlagen über die rituell-kultische Erinnerung an Gründungsgeschehnisse und exemplarische Taten. Die Abfolge vom M. zum Logos geht einher mit einer methodologisch-darstellungsmäßigen Differenz: als Übergang von der Erzählung zur Erklärung, von der zeitlichen Herkunft zur logischen Begründung, vom Woher zum Warum, vom Bild zum Begriff. Die mythische Durchdringung von religiösen, politischen, kosmologischen und anthropologisch-ethischen Verhältnissen wird abgelöst durch die Differenzierung der Realitätssphären und Geltungsformen; umgekehrt wird die Vielheit der Prinzipien und Götter durch monistische Orientierungen überformt. An die Stelle des Chaos und dunklen Abgrundes tritt der positive Grund – der erste Beweger, die bestimmte Wesensform, das Gute – als Ursprung und Prinzip; aus der Nacht, so Aristoteles gegen Hesiod, ist die Entstehung und Ordnung der Welt nicht zu begreifen.

Philosophie definiert sich einerseits, in ihrem Hauptstrang, als höhere Denkform in Opposition zum M. Anderseits verweist sie, in gegenläufigen Strömungen, auf den M. als eigene Grundlage oder als Ergänzung und als Jenseits der Grenzen des Verstandes. Plato greift auf M.en zurück, um Wahrheiten jenseits der menschlichen Rede zur Sprache zu bringen. Gegen die aufklärerisch-rationale Tradition besinnt sich die Romantik (Schlegel) auf die mythenschöpfende Kraft, die bildhaft-anschauliche und poetisch-schöpferische Potenz als Grundlage der Kultur; das Programm einer ‚Neuen Mythologie' (F. Hölderlin, F.W.J. Schelling, G.W.F. Hegel) will der Vernunft ihre ästhetisch-sinnliche Dimension zurückgewinnen. Die Kritik an der Einseitigkeit okzidentaler Rationalität bildet einen Hintergrund der Aufwertung mythischen Denkens in der Rezeption kulturanthropologischer und religionswissenschaftlicher Forschungen (C. Lévi-Strauss, M. Eliade, C.G. Jung, K. Kerényi). Umgekehrt sehen M. Horkheimer und T.W. Adorno den Grund des Umschlagens der Aufklärung in deren Verhaftetsein im M. Der M. erscheint im Zwiespalt zwischen Befreiung und zwanghafter Wiederkehr. Die Reflexion auf das Verhältnis zum M. bleibt für kritisches Denken eine Aufgabe der Verständigung über sich selbst.

Bibliographie: E. Angehrn, Die Überwindung des Chaos – Zur Philosophie des Mythos, Frankfurt a.M. 1996. – H. Blumenberg, Arbeit am Mythos, Frankfurt a.M. 1979. – M. Eliade, Aspects du mythe, Paris 1963. – K. Hübner, Die Wahrheit des Mythos, München 1985. – C.G. Jung/K. Kerényi, Einführung in das Wesen der Mythologie, Zürich ^{4}1951.

Emil Angehrn

N

Narrative Criticism →Erzählende Literatur, →Literary Criticism

Narrative Literatur →Erzählende Literatur

Narrative Theologie

I. Alttestamentlich/Neutestamentlich

N. Th. geht davon aus, dass religiöse Überzeugungen im Zentrum theologischer Reflexion der Erzählung bedürfen, um Verständlichkeit und Bedeutsamkeit zu erlangen. Die methodischen Hilfsmittel der n.n Th. entstammen dem →*Literary Criticism* (nicht mit der historisch-kritischen ‚Literarkritik' zu verwechseln). E. Auerbach betonte die narrativen Eigenschaften biblischer Geschichten, besonders der Erzählung des Christusgeschehens. H.W. Frei stützt sich weitgehend auf E. Auerbachs *Mimesis,* wenn er behauptet, die Bedeutung der Schrift könne nicht von ihrer narrativen Darstellung getrennt werden. R.E. Scholes und R. Kellogg betrachten die Erzählung nicht als ein Genre unter anderen, sondern als die Basis, von der sich andere Genres ableiten. Ihrer Ansicht nach müssen Fakten, um fortbestehen zu können, in →Fiktion umgewandelt werden. R. Alter stellt die literarischen Eigenschaften biblischer Texte in den Mittelpunkt und zeigt auf, wie →Bedeutung durch die kunstfertige Art und Weise, in der Geschichten erzählt werden, konstruiert werden kann. F. Kermode spricht der Erzählung die Funktion zu, dem Leser eine Struktur zu bieten, anhand derer er in seinem Leben Bedeutung konstruieren kann. J.B. Metz interpretiert den Usus, in religiösen Kreisen Geschichten zu erzählen, als einen Ausdruck des Charakters des frühen Christentums – einer Gemeinschaft, in der durch das Erzählen von Geschichten Erfahrungen in narrativer Form ausgetauscht wurden. Das menschliche Bewusstsein ist in Geschichten verflochten. Es kann sich nur durch narrative Selbstidentifikation mitteilen.

In Afrika ist n. Th. ein wichtiges Instrument der Inkulturationsbemühungen; Ansatzpunkt ist ein breites Spektrum an mündlicher →Literatur, z.B. Sprichwörter, Redensarten, →Rätsel, Geschichten, Mythen, Dramen und →Lieder. P. Ricœur entwickelte eine Konzeption von ‚Selbstheit' (*selfhood*), welche die Identität in Agens, Praxis und Intervention bevorzugt. Die Identität eines Individuums oder einer Gruppe kann allein aufgrund narrativer Konstruktionen bestimmt werden (‚eine Geschichte beantwortet die Frage nach dem Wer der Handlung' und ‚die Identität dieses Wer ist nichts anderes als seine narrative Identität'). →Erzählung kodiert und konserviert, was erinnert zu werden verdient (→Gedächtnis).

Die Wurzeln der n.n Th. liegen in H.R. Niebuhrs Vorstellung, dass Wahrheit nicht eine Funktion objektiver Vernunft sei, sondern eine Funktion der Geschichte, die man lebt, sowie eine Funktion von L. Wittgensteins Sprachspiel, nach dem die Bedeutung von Worten von ihrer kontextuellen Umgebung abhängt (→Kontext). W.R. Fisher legt dar, dass Menschen von Natur aus Geschichtenerzähler sind, d.h. eine natürliche Fähigkeit besitzen, nicht nur die Kohärenz und Wiedergabetreue von erzählten und erfahrenen Geschichten zu erkennen, sondern auch das Leben als eine Reihe fortlaufender Erzählungen zu erfahren und zu erleben. N. Th. wirkt dem rationalen Paradigma entgegen, nach dem Menschen im Wesentlichen rationale Lebewesen sind. Sie stellt eine Kritik der Abstraktion von Vernunft dar.

Bibliographie: R. Alter, The art of biblical narrative, New York 1981. – E. Auerbach, Mimesis, Berlin 1946. – W.R. Fisher, Human communication as narration, Columbia 1987. – H.W. Frei, The eclipse of biblical narrative, New Haven 1974. – S. Hauerwas/L. Jones, Why narrative?, Grand Rapids 1989. – J. Healy/D. Sybertz, Towards an African narrative theology, Nairobi 1996. – F. Kermode, The genesis of secrecy, Cambridge 1979. – H.R. Niebuhr, The meaning of revelation, New York 1960. – P. Ricœur, Temps et récit, Paris 1983. – R.E. Scholes/R. Kellogg, The nature of narrative, London 1966.

Gert F. Snyman

II. Systematisch-theologisch

Mit zwei Beiträgen von J.B. Metz und H. Weinrich beginnt in den 1970er Jahren in der deutschsprachigen Theologie eine Diskussion um das Programm einer n.n Th. Metz versteht Theologie als memorativ-narrative Reflexion auf die Heilsgeschichte und verweist mit Bezug auf die *memoria passionis* auf die narrative Struktur theologischer Rationalität. Weinrich sieht Theologie ursprünglich im Verständnis des Christentums als ‚Erzählgemeinschaft' verankert, wobei die philosophisch bedingte begriffliche Abstraktion das Erzählen aus der Theologie verdrängt hat. Ein verstärktes Interesse am Narrativen zeigt sich zur selben Zeit auch in der amerikanischen Theologie in der Rezeption der Theologie K. Barths (H.W. Frei).

Problematisiert wird der Ansatz, weil seine Vertreter einerseits eine erzählende Sprache vermissen lassen und damit vermeintlich ihrem eigenen Programm der Kritik an einer begrifflich-abstrakten Theologie nicht gerecht werden. Andererseits werden Erzählungen zwar als theologisches ‚Rohmaterial' gesehen, Theologie aber versteht sich ihrerseits allein im Modus der Argumentation (D. Ritschl).

Erst mit der Frage nach einer Erzähltheorie gewinnt die Auseinandersetzung mit einer n.n Th. eine neue Dimension. Begleitet wird dieses Fragen von einem neu erwachten geschichtsphilosophischen Interesse am Erzählen (A. Danto, H.M. Baumgartner, R. Koselleck, J. Rüsen). Angeregt und weiter unterstützt sind narrative Konzeptionen theologischer Argumentation v.a. durch die metaphern- und erzähltheoretischen Arbeiten des französischen Philosophen P. Ricœur. Dieser verweist mit seinem mimetischen Konzept auf das erkenntnisleitende Interesse des Erzählens im Verstehen von Geschichte, insofern im Erzählen nicht allein die Vergangenheit, sondern zugleich Gegenwart und Zukunft im Blick sind. Erzählen gibt deshalb Teil an der Geschichte, die reflektiert wird.

E. Jüngel greift das Konzept auf und sieht im Erzählen aufgrund seiner Verbindung von Sprachlichkeit und Zeitlichkeit die adäquate Form menschlicher Gottesrede. Theologische Reflexion ist nicht zu trennen von der zu erzählenden Geschichte der Menschlichkeit Gottes.

Damit wird n. Th., verstanden als Frage nach der Bedeutung des Erzählens in der Theologie, zu einem fundamentaltheologischen Thema. Theologie erzählt nicht, aber sie „denkt der erzählten und zu erzählenden Geschichte Gottes nach" (G. Schneider-Flume, 5). Als hermeneutisches Konzept in der Verschränkung von erfahrungsorientierter und kerygmatischer Theologie bleibt n. Th. dort weiter in der Diskussion, wo Theologie als „begrifflich kontrollierte Erzählung" (E. Jüngel, 414) von Gottes Geschichte mit den Menschen betrieben wird.

Bibliographie: E. Arens, Art. Narrative Theologie, in: RGG[4] 6 (2003), 52–53 (Lit.). – H.W. Frei, Theology and narrative, hg. v. G. Hunsinger/W. Placher, New York/Oxford 1993. – E. Jüngel, Gott als Geheimnis der Welt, Tübingen 2001. – P. Ricœur, Zeit und Erzählung, 3 Bde., München 1988–1991. – G. Schneider-Flume/D. Hiller (Hgg.), Dogmatik erzählen?, Neukirchen-Vluyn 2005. – B. Wacker, Narrative Theologie?, München 1977.

Doris Hiller

Narratologie

→Erzählung/Erzählen/Erzähler

Neues Testament

Einführung

Das NT stellt eine Sammlung von 27 frühchristlichen Schriften dar, die im Zeitraum von ca. 50–130 n.Chr. entstanden sind und die nach bestimmten Kriterien bis zum 4. Jh. n.Chr. als zweiter Teil der christlichen Bibel kanonisiert wurden. Das Syntagma ‚Neues Testament' (καινὴ διαθήκη) findet sich zwar im

NT – so schon in der Abendmahlsüberlieferung (1 Kor 11,25) und in anderen Zusammenhängen (Hebr 9,15) – in der Bedeutung ‚neuer Bund', ist aber keine literarische Selbstbezeichnung der im NT versammelten Texte und Schriften, sondern begegnet als Bezeichnung dieser Schriften erst seit Ende des 2. Jh.s.

In bibelhermeneutischer Hinsicht ist das Lemma NT in verschiedener Weise zu reflektieren: *Erstens* ist die theologiegeschichtliche Entwicklung des Syntagmas NT, d. h. seine theologische Bedeutung für die Klassifizierung der frühchristlichen Schriften sowie seine traditionsgeschichtliche Herleitung aus der Septuaginta-Sprache zu bestimmen. *Zweitens* muss nach der kanon- und literaturgeschichtlichen Entstehung und Funktion des NT als frühchristlicher Schriftensammlung gefragt werden. *Drittens* ist die theologie-, religions- und literaturgeschichtliche Wirkung des NT als christliche Schriftensammlung sowie die kanonbezogene Rezeption der im NT enthaltenen Schriften oder einzelner ihrer Überlieferungen und Motive im Christentum, Judentum und Islam sowie in der abendländischen Kulturgeschichte zu diskutieren.

Eve-Marie Becker

I. Neutestamentlich

Im Unterschied zu den Büchern der jüdischen Bibel, die von Christen als ‚AT' bezeichnet werden, wird der Name ‚NT' für den zweiten Teil der christlichen Bibel (Mt–Offb) verwendet. Als Buchtitel tritt ‚NT' erstmals Ende des 2. Jh.s auf: Eusebius zitiert Melito v. Sardes (ca. 180), der „die Bücher des Alten Testaments" aufzählt (*h.e.* 4,26,14), und führt eine anti-montanistische Quelle an (ca. 192), die vom „Wort des Evangeliums des Neuen Testaments" spricht, dem nichts beigefügt oder von dem nichts weggenommen werden dürfe (*h.e.* 5,16,3). Der Name ging somit aus den innerchristlichen Auseinandersetzungen über die Grenzen des christlichen →Kanons und sein Verhältnis zu früheren und späteren Formen von Offenbarung hervor. Er bezeichnet ein Textcorpus, das allmählich normativen Status oder ‚Schriftcharakter' annimmt, und setzt die marcionitische Debatte über die bleibende Bedeutung der jüdischen Schriften voraus.

Aus hermeneutischer Sicht muss das NT als ein Textcorpus verstanden werden, das nicht als Einheit konzipiert wurde. Vielmehr ist der Sammlungscharakter das Ergebnis hermeneutischer Auswahl und Teil der komplexen Prozesse von Selbstdefinition, in dem sich die orthodoxe christliche Identität gegen Häresie auf der einen Seite und das Judentum auf der anderen Seite allmählich abgrenzte. Der Titel selbst ist nicht neutral. Er fungiert als Abkürzungsformel von erheblicher theologischer Signifikanz. Der griechische Begriff διαθήκη ist in der Septuaginta die Standardübersetzung für hebräisch *berit* (‚Bund'). Im Profangriechischen hat der Begriff eine breitere Bedeutung (‚Testament, Verfügung, Anordnung') als im Hebräischen, wird aber fast ausschließlich für die testamentarische Verfügung von Eigentum nach dem Tod verwendet (lat. *testamentum*). Für griechischsprachige Juden (und somit für die Mehrheit der ntl. Autoren) jedoch spiegelt διαθήκη das biblische Konzept des →Bundes Gottes mit Abraham und seinen Nachkommen (Gen 15,18–20; 17,1–8) wider, der am Sinai gegenüber dem Volk Israel bestätigt wurde (Ex 24,7 f.).

So steht διαθήκη für das jüdische Selbstverständnis, ein Volk zu sein, das von Gott in einen Gnadenbund gestellt ist und durch beidseitige Verpflichtung darin gehalten wird. Diese beidseitige Verpflichtung findet von Seiten Gottes in der Verheißung des Segens (Gen 17,6), von menschlicher Seite in der erwidernden Verpflichtung, das Gesetz zu halten (Ex 24,7), ihren Ausdruck. Der nachbiblische jüdische Gebrauch hält an der beidseitigen Verbindlichkeit der διαθήκη in Verheißung (Sir 44,22) und Gesetz (Sir 24,23; 44,20) fest. Das frühe Christentum übernimmt diese Doppelbedeutung von διαθήκη als Gottes rettender Zusage an sein Volk, die sich zugleich in Verheißung und Gesetz zeigt (Apg 3,25; 7,8; Röm 9,4; Eph 2,12; Offb 11,19). Für die christlichen Schriftsteller ist die Person Christi der letztgültige Ausdruck dieser Bundeszusage (Lk 1,72; 2 Kor 3,14–16).

Zentral für das ntl. Verständnis von διαθήκη sind Jesu Worte beim Abendmahl

(1 Kor 11,25), die in ihrer markinischen Form („Das ist mein Blut des Bundes“, Mk 14,24; vgl. Mt 26,28) auf die Errichtung des Sinaibundes rekurrieren (Ex 24,8). Bei Paulus und Lk beziehen sich die Worte auf „den neuen Bund in meinem Blut“ (1 Kor 11,25; vgl. Lk 22,20) und nehmen so die Vorstellung vom ‚neuen‘ Bund aus Jer 31,31–34 auf, die in der Entwicklung der frühchristlichen Bundestheologie eine bedeutende Rolle spielt. Für Paulus wie für den Verfasser des Hebr haben Tod und Auferstehung Christi eine entscheidende Veränderung im Verstehen des Bundesverhältnisses bewirkt: der ‚neue‘ Bund ist verinnerlicht (2 Kor 3,5–7), erstreckt sich auch auf die Heiden (Gal 3,14; 4,28) und ist im einmaligen Selbstopfer Christi (Hebr 9,11–28) endgültig begründet.

Daher liegt in der Bezeichnung ‚NT‘ ein impliziter theologischer Anspruch. Trotz ihrer scheinbaren Aufhebung des ‚alten‘ Bundes (2 Kor 3,4–18; Hebr 7,18 f.) erkennen sowohl Paulus als auch Hebr an, dass der alte Bund die „geschichtliche Kundmachung desselben Gotteswillens“ wie der neue ist (J. Behm, 133). Gottes Bund bleibt ‚ewig‘ (Hebr 13,20) und unwiderruflich (Röm 11,26–29) bestehen. Als die heidenchristliche Kirche des 2. Jh.s zu begreifen begann, dass das NT ohne AT keinen Sinn hat, sagt Clemens v. Alexandria, dass derselbe Gott in beiden Bundesformen verkündet wird (Clem. *str.* 5,85,1) und dass es eigentlich nur einen errettenden Bund gibt, der von demselben Geist auf verschiedene Weise durch verschiedene Zeiten und Kulturen hindurch vermittelt wurde (*str.* 6,106,1; 2,92,2).

Bibliographie: J. Behm, Art. διαθήκη κτλ., in: ThWNT 2 (1935), 127–137. – J.H. Moulton/G. Milligan, Art. διαθήκη, in: The vocabulary of the Greek Testament (1930), 148–149.

Loveday Alexander

II. Kirchengeschichtlich

Die Kirchengeschichte befasst sich mit dem NT primär *in entstehungsgeschichtlicher Hinsicht.* Dabei hat sie zwei markante Stufen in dem Konfigurationsprozess der zum NT werdenden Schriften herausgearbeitet. Die erste ist Ende des 2. Jh.s bei Irenäus in Gallien, Clemens in Alexandrien und Tertullian in Nordafrika erreicht, die 21 Schriften des späteren NT zu den kirchlichen Schriften zählen: die vier Evangelien, 13 Paulusbriefe, Apg, zwei Katholische Briefe (1 Petr, 1 Joh) und Offb. Obwohl zu dieser Zeit das NT als solches in der Regel nicht optisch in Form eines Codex – Vollbibeln sind nicht vor dem 4. Jh. bezeugt – als abgegrenzte und kohärente Größe präsent und bis etwa 200 auch noch nicht begrifflich gefasst war (die Bezeichnung καινὴ διαθήκη setzte sich nur langsam durch und wurde noch lange als unpassend empfunden), zeigt sich schon ein ausgeprägtes Bewusstsein von der materialen Suffizienz und der universalen Geltung dieses Schriftenensembles, die man auch durch eine Zahlensymbolik vermittelte, die vielleicht den Umfang des NT mitbestimmt hat (vier Evangelien, Paulusbriefe an sieben Gemeinden, später sieben bzw. in Syrien drei Katholische Briefe). Eine zweite Stufe markiert Athanasius' Osterfestbrief des Jahres 367, der die erste (im Sinne des späteren Begriffs) vollständige Aufzählung der 27 Schriften des NT enthält. Um dieselbe Zeit bietet eine Regionalsynode im phrygischen Laodizäa dieselbe Liste ohne Offb, und kurz darauf bestätigen auch drei afrikanische Synoden den aus 27 Schriften bestehenden Kanon. Während bis dahin der Kanon sich mehr oder weniger ‚naturwüchsig‘ durch die Praxis der Gemeinden gebildet hat, haben wir es nun mit formellen Akten der Kanonisierung im Sinne der Fixierung eines genau umrissenen Bestandes zu tun, dem „nichts hinzuzufügen noch wegzunehmen“ ist. Trotz dieser Klärungsversuche blieb die Zugehörigkeit einzelner Schriften (z. B. Offb, Hebr, 1 Clem, Laod) zum kanonischen NT umstritten. Offenbar hat man angesichts des unbestrittenen Kernbestandes in der Randunschärfe meist kein grundsätzliches Problem gesehen. Dies macht beispielhaft das Konzil von Trullo deutlich, das sich gleichermaßen auf die Synoden von Laodizäa und von Hippo beruft, obwohl sich beide im Blick auf die Offb widersprechen.

Die Kirchengeschichte versucht die ntl. Kanonbildung im *Kontext der allgemeinen kirchengeschichtlichen Entwicklung* zu verstehen. Nach wie vor hilfreich, wenn auch zu schematisch und ideologiebestimmt erscheint A.

v. Harnacks Theorie der drei „frühkatholischen Normen". Demnach ist die Formierung des ntl. Kanons gemeinsam mit der Entstehung von Glaubensregeln und der Durchsetzung des Monepiskopats als Teil jenes Institutionalisierungsprozesses zu sehen, der die Kirche des 2. Jh.s kennzeichnet. Dabei geben die Quellen keinen Anlass, dem Amt eine aktive Rolle bei der Entstehung des Kanons zuzuschreiben. Die Amtsträger und Synoden – das gilt auch noch für das Tridentinum und die protestantischen Bekenntnisschriften – berufen sich jeweils auf den vorfindlichen Gebrauch in den Kirchen, d.h. sie bezeugen den Kanon und stellen ihn fest, schaffen ihn aber nicht. Dieses grundlegende Kriterium der Kanonizität (die offizielle Verwendung in den auf die Apostel zurückgehenden, rechtgläubigen Kirchen) impliziert das historische Kriterium des Ursprungs in der apostolischen Zeit und das theologische Kriterium des orthodoxen Inhalts. Zurückhaltend beurteilt man heute die Rolle Marcions und des Montanismus. Die an Marcion geübte Kritik zeigt gerade das in der Mehrheitskriche bereits weit entwickelte Bewusstsein von der hohen Bedeutung der ntl. Schriften. Eine Stelle in einer anonymen Schrift (Eus. *h.e.* 5,16,3), wo dem montanistischen Anspruch auf neue Offenbarungen das Wort des Neuen →Bundes gegenübergestellt wird, dem man nichts hinzufügen oder wegnehmen dürfe, legt zumindest nahe, dass der Abschluss des NT in der Überzeugung gründete, es seien keine bedeutsamen neuen Offenbarungen mehr zu erwarten.

Seit den Impulsen, die in den 1940er Jahren von H. de Lubac durch seine exegesegeschichtlichen Arbeiten und von G. Ebeling mit seinem Konzept von der Kirchengeschichte als „Geschichte der Auslegung der Heiligen Schrift" ausgingen, betrachtet die Kirchengeschichte das NT mehr und mehr *in rezeptionsgeschichtlicher Perspektive.* In jüngster Zeit versucht man gerade in der Patristik, die Rezeption des NT nicht nur durch Einzelstudien, sondern auch durch umfassende Kommentarwerke zu erschließen. Speziell das Novum Testamentum Patristicum (NTP) erhebt den Anspruch, die →Rezeption der ntl. Texte in den jeweiligen historischen Kontexten bis zum 6. Jh. umfassend zu dokumentieren.

Bibliographie: G. Aragione et al., Le canon du Nouveau Testament, Genf 2005. – C. Markschies, Kaiserzeitliche christliche Theologie, Tübingen 2007, 215–335. – B. Metzger, Der Kanon des Neuen Testaments, Düsseldorf 1993. – Novum Testamentum Patristicum, hg. v. A. Merkt et al., Göttingen 2007 ff.

Andreas Merkt

III. Systematisch-theologisch

Als Rechenschaft über den christlichen Glauben befasst sich die systematische Theologie mit dem NT, insofern dieses als Quelle des christlichen Glaubens betrachtet werden kann, d.h. in ihm die ursprünglichen Ausformungen des christlichen Glaubens zum Ausdruck kommen, von denen her heutige Konzepte kritisch evaluiert werden können. Diese →Normativität des NT wird dogmatisch als Frage nach dem biblischen →Kanon thematisiert. In diesem Sinne gestaltet sich die Beschäftigung der systematischen Theologie mit dem NT nach einer anderen Auslegungsmethode als der der neutestamentlichen Wissenschaft. Zugleich aber muss die systematische Theologie die fundamentalen Anliegen der historisch-kritischen →Exegese mit in ein kritisches Nachdenken über die kanonische Bedeutung des NT für heutige Theologie und Kirche einbeziehen (G. Ebeling). Freilich hat sich in den letzten Jahrzehnten eine Vielfalt von unterschiedlichen Zugängen zu den biblischen Texten entwickelt, so dass die historisch-kritische →Methode ihre Monopolstellung verloren hat. Unter diesen sich neu entwickelnden Methoden ist z. B. auch die kanonische Auslegung zu finden, die nicht nach der historischen Genese des →Textes fragt, sondern vom Text ausgeht, wie er von der kirchlichen Tradition rezipiert wurde, in seiner kanonischen Gestalt (→*Canonical Approach*). Die systematische Theologie kann durch solche Zugänge wieder stärker in die Bibelhermeneutik einbezogen werden.

Die Bezeichnung ‚NT' selbst enthält bereits eine dogmatische Voraussetzung: Als fester Ausdruck ist die Bezeichnung erst um die Wende vom 2. zum 3. Jh. belegt, obschon der Begriff im Sinne des ‚neuen Bundes' bereits im NT angelegt ist, am eindeutigsten bei Paulus. Er greift dort die alttestamentliche Hoffnung auf einen zu erneuernden Bund auf (Jer 31,31–34) und richtet sie auf Jesus Christus aus. Die Spannung von Altem und Neuem ist deshalb der christlichen Bibel von Anfang an inhärent, und sie wurde sehr schnell zum hermeneutischen Grundproblem, wie diese Spannung zu deuten sei. Um hier nur die zwei Grundtendenzen in einer Vielfalt von nuancierten Positionen zu formulieren: entweder im Zeichen einer heilsgeschichtlich angelegten Kontinuität von →Verheißung und Erfüllung oder im Zeichen der mehr oder weniger stark betonten Diskontinuität von Zorn und Liebe, →Buchstabe und Geist, →Gesetz und Evangelium. Um diese Spannung von Alt und Neu zu entschärfen, spricht man heute auch für das NT vom ‚Zweiten Testament', im Kontrast zum ‚Ersten Testament'.

Für die ersten Christen waren die heiligen Schriften des Judentums in griechischer Übersetzung, die →Septuaginta also, die →Bibel, die →heilige Schrift, auf die man sich bezog, die man zitierte. Erst später und progressiv kam das Bedürfnis auf, eine eigene Bibel, eine aus eigener →Tradition entstandene Schriftensammlung zu konstituieren, und es dauerte bis ans Ende des 4. Jh.s, um eine feste Sammlung kanonischer Texte zu erreichen. Nach dieser langwierigen Entscheidungsphase galt dann der neutestamentliche Kanon jahrhundertelang auf unumstrittene Weise. Heute wird die Kanonizität des NT erneut zum Diskussionsthema, angesichts der in den letzten Jahrzehnten intensiv bearbeiteten apokryphen Literatur, die ein neues Licht auf die kanonischen Schriften wirft.

Neben den Fragen nach der kanonischen Abgrenzung des NT und nach seinem Verhältnis zum AT stellte sich in traditioneller →Hermeneutik auch immer wieder die Frage nach seiner *Einheit* (klassisch als Frage nach der →‚Mitte der Schrift' formuliert). In der Regel wird das Problem durch den Hinweis auf einen ‚Kanon im Kanon', ein dem NT internes Kriterium seiner Einheit, gelöst. Die Definition ist meistens christologischer Art, als gemeinsame Ausrichtung aller ntl. Schriften auf das eine Bekenntnis zu Jesus Christus oder als die allen gemeinsame Christusverkündigung („Auch ist das der rechte prufesteyn alle bucher zu taddelln, wenn man sihet, ob sie Christum treyben, odder nit" – M. Luther, WADB 7; 384, 26 f.). Aus der Sicht heutiger Texthermeneutik wird das Problem der Einheit offener angegangen: Die Vielfalt der kanonischen Texte in ihren Formen und Inhalten wird eher als wertvoller Reichtum gedeutet. Darin liegt ebenfalls eine systematische Herausforderung: Der Bezug auf den Kanon verweist in die offene Aufgabe der theologischen Verantwortung in vielfältiger Gestalt.

Bibliographie: G. Ebeling, Die Bedeutung der historisch-kritischen Methode für die protestantische Theologie und Kirche, in: Ders., Wort und Glaube, Tübingen [3]1967, 1–49. – E. Käsemann (Hg.), Das Neue Testament als Kanon, Göttingen 1970. – U.H.J. Körtner, Biblische Hermeneutik, in: Ders., Einführung in die theologische Hermeneutik, Darmstadt 2006, 75–105. – H.H. Schmid/J. Mehlhausen (Hgg.), Sola Scriptura, Gütersloh 1991. – H. Weder, Neutestamentliche Hermeneutik, Zürich 1986.

Pierre Bühler

IV. Judaistisch

Aus rabbinischer Sicht gehören die Schriften des NT wohl unter die zum Studium verbotenen „außenstehenden Bücher" (mSan 10,1), die bSan 100b als „Bücher der Häretiker (hebr. *Minim*)" näher bestimmt. Dazu passt, dass tShab 13,5 die „Bücher der Häretiker" mit den *Giljonim* (eigentlich: den unbeschriebenen Rändern einer Torarolle) verbindet – beide rettet man nicht bei einem Brand – und bShab 116a das griechische εὐαγγέλιον zu hebräisch *Awon Gilajon* (etwa: ‚Sündengelium') verballhornt.

Wieweit und woher den Rabbinen Inhalte der →Evangelien bekannt waren, ist umstritten. Die christliche Betrachtung der rabbinischen Literatur unter dem Aspekt möglicher antichristlicher Polemik wirkt bis heute nach. Dass sich Talmud und Midrasch gar nicht auf Jesus und das Christentum beziehen, ist wegen der historischen Verbindungen unwahrscheinlich. Doch sind Versuche, rabbinische Aussagen als Reaktionen auf bestimmte ntl. Texte zu erklären, methodisch kaum abzusichern. Selbst an den wenigen Stellen, die sich auf Jesus beziehen können, ist die direkte Benutzung der Evangelien (oder einer Evangelienharmonie) nicht zwingend nachweisbar.

Die Stellen betreffen die uneheliche Herkunft Jesu (Jeshu ben Pandera o. ä.), Heilungen in seinem Namen oder seine Auferstehung. In ihren Kontexten wirken die Verweise auf Jesus randständig. Meist gehören sie nicht zum Grundbestand der Traditionen, sondern wurden sekundär hinzugefügt. Obwohl relativ spät, verweist die Polemik nicht eindeutig auf die Kenntnis ntl. Texte. Sie entstammt nicht gelehrter Auseinandersetzung, sondern volkstümlicher Tradition. Die Nähe zu den im Mittelalter verbreiteten Volksbüchern gegen das Christentum ist hier bereits greifbar.

Hier sind v. a. die *Toldot Jeshu* (‚Geschichte Jesu') zu nennen. Fragmente einer frühen Form dieser Jesuserzählung könnten in den Talmud gelangt sein. Umgekehrt hat wohl *Toldot Jeshu* talmudische Bezüge auf Jesus im langen Redaktions- und Traditionsprozess aufgegriffen. Die Schrift verdeutlicht die im Talmud meist nur angedeutete Polemik und ergänzt weitere Themen wie etwa, Jesus habe den gestohlenen Gottesnamen für seine Heilungen benutzt und das Gesetz übertreten. Die dahinter stehende Kenntnis der Evangelien ist selektiv und ungenau. Sie wird mündlich im Verkehr mit Christen vermittelt worden sein, da neben dem NT auch apokryphes und anderes legendäres Material gleichwertig herangezogen wird. Ähnliches gilt für die in ihrem Grundbestand spätere (8. Jh.?) Schrift *Qissat Mujâdalat al-Usquf* (‚Bericht über die Disputation des Priesters'; spätere hebräische Version *Sefer Nestor ha-Komer,* ‚Buch des Priesters Nestor'), die sich polemisch auf Jesus und Lehren der Kirche bezieht und gute, aber nicht unbedingt auf schriftlichen Quellen basierende Kenntnisse des Christentums voraussetzt.

Eine direkte Benutzung des NT in der Auseinandersetzung mit dem Christentum ist erst seit dem 12. Jh. klar belegt. 1170 liefert Ja'akov ben Re'uven (Nordspanien/Südfrankreich) in *Milchamot ha-Schem* (‚Kriege des Herrn') seinen Glaubensgenossen Argumente gegen die Deutung biblischer Texte auf Jesus und geht dabei detailliert auf das Matthäusevangelium ein (lange ins Hebräische übersetzte Zitate in Kapitel 11). Der Autor weist auf Ungereimtheiten im Evangelium und Widersprüche zwischen diesem und der christlichen Lehre und Praxis hin. Christlich-allegorischer Deutung der Bibel hält er den einfachen Wortsinn entgegen. Zur gleichen Zeit verfasst Josef Kimchi in Narbonne seinen fingierten jüdisch-christlichen Dialog *Sefer ha-Berit* (‚Buch des Bundes'), in dem der jüdische Protagonist das Gleichnis vom armen Lazarus gegen die Erbsündenlehre anführt.

Spätere Schriften zum Zweck der Selbstbehauptung gegenüber dem Christentum zitieren zahlreiche Stellen aus den Evangelien, meist unter Verweis auf ‚ihre Bücher' oder ‚ihre Tora'; das übrige NT wird selten angeführt. Die wichtigsten Werke stammen aus dem 13. Jh.: *Milchemet Mizwa* (‚Pflichtkrieg') von Me'ir ben Schim'on (Südfrankreich), *Josef ha-Meqanne* (‚Josef, der Eiferer') von Josef ben Natan Official (Nordfrankreich) und die wohl in Deutschland verfasste Anthologie *Sefer Nizzachon Vetus* (‚Das alte Buch der Polemik').

Bibliographie: S. Krauss, Das Leben Jesu nach jüdischen Quellen, Berlin 1902 [Hildesheim/New York 1977]. – Ders., The Jewish-Christian controversy from the earliest times to 1789, Bd. 1, Tübingen 1995. – J. Maier, Jesus von Nazareth in der talmudischen Überlieferung, Darmstadt 1978. – Ders., Jüdische Auseinandersetzung mit dem Christentum in der Antike, Darmstadt 1982. – S. Rosenkranz, Die jüdisch-christliche Auseinandersetzung unter islamischer Herrschaft, Bern 2004. – P. Schäfer, Jesus im Talmud, Tübingen 2008. –H. Trautner-Kromann, Shield and sword, Tübingen 1993.

Hans-Jürgen Becker

V. Islamwissenschaftlich

Das NT hat eine geringere Bedeutung für die koranische Botschaft als das →AT. In den in Medina offenbarten Suren nehmen ntl. Motive deutlich zu, was u. a. auf die dortigen Diskussionen mit jüdischen Gelehrten zurückzuführen ist. In der islamischen →Tradition und Weisheitsliteratur finden sich hier und da kurze Texte, die an Passagen aus dem NT angelehnt oder diesem paraphrasierend entnommen sind; die meisten solcher ‚Zitate' werden als Jesus-Logia (ohne Verweis auf das

NT) zitiert. Die Untersuchung ntl. Themen und Motive in Koran und →Tradition besaß bis in die Neuzeit keine vorrangige Bedeutung für die muslimischen Exegeten (→Islamische Bibelhermeneutik). Dennoch ist die Ankündigung Muḥammads im NT, wie sie im Koran postuliert ist (Q 7:157), wichtig für die muslimische Apologetik. Das sog. ‚Barnabas-Evangelium' bestätigt die koranische Darstellung; sie wurde wohl im 16. Jh. in apologetischer Absicht verfasst und wird noch heute von vielen Muslimen als ‚Schriftbeweis' herangezogen.

Das NT im Koran: Als einzige Schrift des NT wird im Koran an zwölf Stellen das *Inǧīl* (‚Evangelium', aus dem Griechischen über das Äthiopische entnommen) genannt. „*Inǧīl*" meint die Gesamtheit der Evangelien wie auch die Offenbarung Jesu selbst (vgl. Q 3:48, 57:27): Es wird als göttliche Offenbarungsschrift der Tora gleichgestellt (Q 3:3, 5:110) und als „Rechtleitung für die Menschen" (Q 3:3, 5:36) bezeichnet, somit dem Koran analogisiert (vgl. Q 9:111). Koranische Passagen konnten von der modernen Forschung mit Stellen des NT (v. a. aus den Evangelien, kaum aus den weiteren Schriften) in Verbindung gebracht werden, obwohl keine wörtlichen Übereinstimmungen vorliegen. Nur an einer Stelle bietet der Koran explizit ein Zitat aus dem *Inǧīl* (Q 48:29, das Bildwort vom Samenkorn), wobei auch hier der genaue Textbezug unklar bleibt (möglich: Mk 4, 27; Mt 13, 8).

Tatsächlich weist die Mehrzahl koranischer Erzählungen über ntl. Personen keinen Bezug zu den kanonischen, sondern zu apokryphen Schriften auf (siehe im folgenden). Auch wichtige christliche Lehren (Gottessohnschaft und Kreuzestod Jesu, Trinität) werden im Koran abweichend dargestellt. Inwieweit die ntl. bzw. apokryphen Schriften zur Zeit Muḥammads ganz oder in Teilen auf Arabisch vorlagen, ist aus heutiger Sicht nicht zu bestimmen; wahrscheinlich ist, dass Muḥammad seine Kenntnis christlicher Schriften aus mündlicher Unterweisung bezog.

Personen des NT im Koran: Zentrale ntl. Gestalt im Koran ist Jesus (arab. *ʿĪsā*), der mit weiteren biblischen Propheten in die Vorgängerreihe Muḥammads gestellt wird (vgl. Q 19:30): Er bestätigt und ‚modifiziert' die Tora (Q 3:50) und wird (in judenchristlicher Tradition) als ‚Gesandter zu den Kindern Israels' (ebd.) bezeichnet; zugleich kündigt er Muḥammad an (Q 61:6). Die Schilderung von Jesu Geburt bzw. Kindheit (Q 3:45–49, 5:110, 19:22–29) stimmt mit der Darstellung in apokryphen Schriften (z. B. dem Protoevangelium Jacobi) überein. Bedeutsam für das koranische Jesus-Bild ist die Ablehnung der göttlichen Natur Jesu, der gleichwohl als ‚Messias' (*masīḥ*) bezeichnet wird (Q 4:171, 5:17), daneben auch die Ablehnung seines Kreuzestodes (Q 4:157 f.). Unklar bleibt im Koran, inwiefern Gott Jesus ‚zu sich erhöht hat' (Q 3:55, 4:158).

Neben Jesus sind im Koran drei ntl. Personen namentlich erwähnt, außerdem die Jünger Jesu als Kollektiv (*ḥawārīyūn:* Q 3:53, 5:111, 61:14). Zwei große Erzählkomplexe sind Maria (arab. *Maryam*) – der ‚Auserwählten unter den Frauen' (Q 3:42) – gewidmet (3:35–45, 19:17–34); Sure 19 ist nach ihr benannt. Der islamisch-christliche Dialog ist durch den Umstand belastet, dass Maria im Koran mit Miriam, der Tochter ʿImrāns (Amrams), also der Schwester Moses und Aarons (vgl. Q 3:35–38, 19:28), identifiziert wird, was aus christlicher Sicht als Irrtum und Missverständnis beurteilt wird. Die muslimischen Exegeten verweisen darauf, dass hier keine ‚reale', sondern eine typologische Identifikation vorliege. Bemerkenswert ist die koranische Konzeption der Trinität, die in Q 5:116 als Dreiheit von Gott-Jesus-Maria erscheint; der Ursprung dieser Konzeption im orientalischen Christentum ist nicht genau fassbar.

Zacharias (arab. *Zakarīyāʾ*, vgl. Q 3:38–41, 19:2–11, 21:89–91) und Johannes (arab. *Yaḥyā*) der Täufer erscheinen im Koran im Rahmen der Kindheitsgeschichte Jesu; die koranische Schilderung nimmt hier die Darstellung des Lk auf. Johannes, der als Prophet gilt, ‚bestätigt' Jesus als ‚ein Wort von Gott' (Q 3:39). In Q 19:12 wird gesagt, Johannes solle ‚die Schrift mit Kraft nehmen (oder: festhalten) ', was sich vielleicht auf die Tora (vgl. Q 7:145) bezieht; in islamischen Quellen wird

Johannes zuweilen eine eigene Offenbarungsschrift zugeordnet.

BIBLIOGRAPHIE: → Bibel (Lit.). – K. Ahrens, Christliches im Qoran, in: ZDMG NF 9 (1930), 15–68. 148–190. – R. Bell, The origin of Islam in its Christian environment, London 1926. – H. Busse, Die theologischen Beziehungen des Islams zu Judentum und Christentum, Darmstadt 1988. – L. Hagemann, Maria, die Mutter Jesu, in Bibel und Koran, Würzburg 1992. – T. Khalidi, Der muslimische Jesus, Düsseldorf 2002. – J.D. McAuliffe, Qur'ānic Christians, Cambridge 1991. – H. Räisänen, Das koranische Jesusbild, Helsinki 1971. – N. Robinson, Christ in Islam and Christianity, New York 1991. – A. Schimmel, Jesus und Maria in der islamischen Mystik, München 1996. – O. Schumann, Der Christus der Muslime, Gütersloh 1975. – D. Sox, The Gospel of Barnabas, London 1984.

Marco Schöller

VI. Literaturwisssenschaftlich

In der Entwicklung der abendländischen Literaturgeschichte nimmt das NT in systematischer und rezeptionsgeschichtlicher Hinsicht eine wichtige Position ein. Von Bedeutung ist insbesondere die Darstellung und → Interpretation der Zentralfigur Jesus Christus, deren Gestalt und Handeln in mehrfacher Hinsicht verstörend wirken: Nicht als politischer Weltherrscher, sondern als ein am Ende Gekreuzigter offenbart sich der Messias und führt sowohl über Juden als auch über Heiden eschatologisches Heil herauf. Dieser christlich-soteriologische Universalismus ermöglicht u.a. die Entdeckung einer vertieften, innerlichen Subjektivität jenseits äußerlicher Eigenschaften, die nicht zuletzt die autobiographischen Betrachtungen des Paulus kennzeichnen (F. Vouga). Zudem führt er dazu, dass die klassische Stiltrennungsregel überwunden und ein neuer hoher →Stil entwickelt wird, der, auch im Hinblick auf die Adressaten niederen sozialen Standes, weder das Alltägliche noch das Niedere ausschließt, sondern realistisch darstellt (E. Auerbach). Die ntl. Aussagen, gerade mit der Passion Jesu Christi seien zentrale atl. Prophetien vom Heilshandeln Gottes erfüllt, stellen einen Bedeutungszusammenhang zwischen atl. und ntl. Ereignissen und Gestalten her. Dieses neue hermeneutische Verfahren der →Typologie bewirkt in der Folgezeit und bis in die Gegenwart zahlreiche Nachdichtungen und Postfigurationen, die Christi Erlösungstat z.T. nicht mehr nur nachahmen (*Imitatio Christi*, Hagiographie), sondern wiederholen und sogar übersteigern (A. Schöne im Anschluss an E. Auerbach).

Für die Literaturgeschichte kaum zu überschätzen ist schließlich die Aufwertung des →Wortes: Als fleischgewordenes (Joh 1) kann es inkorporiert werden, was umgekehrt der Idee, Dichtung zu zeugen, korrespondiert (Eucharistie; Schwangerschaft und Geburt; v.a. in der mystischen Literatur).

Repräsentativ für den Umfang ntl. Bibeldichtung ist der mhd. Zyklus der Frau Ava mit den Leben Jesu und Johannes', mit Antichrist und Jüngstem Gericht. Weitere stark rezipierte Figuren und Stoffe aus dem NT sind Herodes (und Mariamme), Judas Ischariot, Maria, Maria Magdalena, Paulus, Petrus und der verlorene Sohn. Für die deutsche Literaturgeschichte von herausragender, sprachbildender Bedeutung ist die →Rezeption der → Bibelübersetzung Martin Luthers. Bei deren Analyse kann man sowohl affirmative als auch distanzierende →Zitate und Entlehnungen berücksichtigen. A. Schöne hat eine ,Typologie der Säkularisierungsformen' vorgeschlagen und etwa Parodie, Blasphemie, postfigurale Gestaltung, Verweisungstechnik und Kontrafaktur unterschieden. Eine differenziertere und zugleich umfassende Darstellung des Spektrums →intertextueller Verhältnisse steht noch aus. Die literaturgeschichtlich bedeutsamste Entwicklung für das Verhältnis von Literatur und NT vollzieht sich im 18. Jh. mit der sich zunehmend selbstbehauptenden Literatur, die (kunst-)religiöse Züge annimmt, ästhetische Erfahrungen zur Religion oder deren Medium erhebt und beansprucht, ,Heilige Poesie' zu sein (J. Jacob mit Bezug auf Klopstock) und das NT (ästhetisch) zu überbieten (→Ästhetik).

Gegenwärtig gehen literaturwissenschaftliche Impulse für die ntl. →Hermeneutik vor allem von jener Literaturwissenschaft aus, die den →*Cultural Studies* gegenüber aufgeschlossen ist, etwa von R. Girard, der gezeigt hat, wie die Evangelien Machtstrukturen und Verfolgungsmechanismen offenlegen und dadurch mythische Erklärungsversuche unterbinden, oder von der Erforschung von kultureller →Erinnerung und →Gedächtnis. Anknüpfungspunkte ergeben sich aber auch noch immer durch die Definition von →Gattungen und Formen, durch die Erarbeitung erzähltheoretischer Termini oder etwa durch das Interesse der Rezeptionsästhetik (→*Reader-Response Criticism*), deutlich zu machen, dass gerade Stellen, an denen man von einem Offenbarungscharakter sprechen würde, in besonderer Weise ästhetisch gestaltet sind (W. Engemann). Insofern bleibt zu klären, ob sich profane von sakralen Texten ästhetisch nicht doch unterscheiden. Dies ist eine der Herausforderungen zukünftiger theologisch-literaturwissenschaftlicher Zusammenarbeit.

BIBLIOGRAPHIE: E. Auerbach, Mimesis, Bern 1946. – W. Engemann, Texte über Texte, in: Praktische Theologie 35 (2000), 227–245. – R. Girard, Des choses cachées depuis la fondation du monde, Paris 1978. – J. Jacob, Heilige Poesie, Tübingen 1997. – A. Schöne, Säkularisation als sprachbildende Kraft, Göttingen [2]1968. – F. Vouga, La construction apostolique de l'identité chrétienne comme invention de la conscience individuelle, in: ASEs 21 (2004), 13–31.

Katja Malsch

New Criticism

I. Alttestamentlich

Entgegen der vorherrschenden Ansicht, dass Textverständnis bedeute, die Intentionen des Verfassers/der Verfasser zu ermitteln, prägten W.K. Wimsatt und M.C. Beardsley 1946 den Begriff des ‚intentionalen Fehlschlusses' (*intentional fallacy*) und bestätigten I.A. Richards' Wahrnehmung der Mehrdeutigkeit (*multiple meanings*) eines Textes. Der →Text, nicht der →Autor (oder die →Leser, da der N.C. ebenfalls den sog. ‚affektiven Trugschluss' [*affective fallacy*] oder ‚Impressionismus' ablehnt) hat seine eigene(n) Bedeutung(en). Dieser N.C. bewunderte L. Tolstois Weigerung, zu erklären, wovon *Anna Karenina* handelt. Form und Inhalt sind nahezu ununterscheidbar.

Das führte dazu, dass der Kontext, in dem →Literatur entstanden war, ausgeklammert wurde. Aber auch in der Bewegung selbst gab es einige kritische Stimmen: W. Empson z. B. machte geltend, dass der Biographie eine essentielle Rolle bei der Ermittlung von Textbedeutung zukommt. Ein weiterer Schlag wurde der Bewegung durch E.D. Hirschs *Validity of Interpretation* (1967) beigebracht, der einwandte, dass der ‚intentionale Fehlschluss' selbst ein Fehlschluss sei und dass eine Unterscheidung zwischen der vom Autor angelegten →Bedeutung und der Bedeutung, die sich für oder durch den Leser ergibt, getroffen werden müsse. Gerade als der N.C. auch aus dem Bereich der Literaturtheorie angegriffen wurde, öffnete sich ihm jedoch die Welt der Bibelwissenschaft. Die Hebräische Bibel wurde nun nicht als antikes Dokument betrachtet, sondern als Kunstwerk. H.W. Frei monierte, dass die erzählerische Qualität der Bibel um 1975 bereits zwei Jahrhunderte vernachlässigt worden war, und legte damit die theologisch-hermeneutische Bedeutung des N.C. frei. In seiner Einleitung zu *The Literary Guide to the Bible* präsentierte F. Kermode, dem Texte nur vorgeblich auf die reale Welt zu verweisen schienen, den N.C. frohlockend als den Tod der historisch-kritischen Bibelauslegung. R. Alters weit konstruktiverer Ansatz hingegen war eher E. Auerbach und der Welt der jüdischen Gelehrsamkeit verpflichtet, die sowieso oft weniger auf historische Kritik setzte. Die Bewegung entwickelte sich nicht aus der *Mainstream*-Forschung der bibelwissenschaftlichen Zunft, sondern erwuchs aus dem ‚Bibel-und-Religion'-Ansatz der multikonfessionellen Welt der amerikanischen akademischen Lehre. Hier ist der narrative Aspekt eines Textes seine Bedeutung.

Möglicherweise ist es v. a. das Prinzip des sog. *close reading*, das seit dem Ansatz des N.C. einflussreich überdauert hat. Lässt es sich ohne Hebräischkenntnisse verwirklichen? J.P. Fokkelman hat als Beispiel das bestimmende Wortspiel zwischen *bekhora* und *berakha* in der Jakob-Esau-Erzählung in Gen 25–27 angeführt. Für Leser, die nicht flüssig Hebräisch lesen, entbehrt der Text an Vitalität und Fluss. Biblische Erzählungen sollten in einer vernünftigen, weniger schnellen Geschwindigkeit aufgenommen werden, so dass die Lesezeit der Erzählzeit entspricht. Schließlich findet der biblische Text keine adäquate Behandlung, wo er reduktionistisch mit Hilfe von mythologischen Formeln, die aus der ‚Weltliteratur' entlehnt sind, behandelt wird.

BIBLIOGRAPHIE: R. Alter, Northrop Frye between archetype and typology, in: J.M. Kee, Northrop Frye and the afterlife of the word, Atlanta 2002, 9–21. – Ders./F. Kermode, The literary guide to the Bible, London 1987. – E. Auerbach, Mimesis, Princeton 1953. – H.W. Frei, The eclipse of biblical narrative, New Haven 1974. – J.P. Fokkelman, Jacob as a character, in: C. Focant/A. Wénin (Hgg.), Analyse narrative et bible, Leuven 2005, 3–17.

Mark Elliott

II. Literaturwissenschaftlich

Der N.C. ist ein literaturtheoretischer Ansatz, der sich seit den 1920er Jahren in den USA entwickelt hat. Fundierend für ihn sind die Werke von I.A. Richards, W. Empson und T.S. Eliot. Namengebend für die Richtung ist das von J.C. Ransom 1941 publizierte Werk *The New Criticism*. In den 1940er und 1950er Jahren erreichte der N.C. seinen Höhepunkt und wurde von Dichtern und Kritikern wie R.P. Blackmur, C. Brooks, R.P. Warren und W.K. Wimsatt weiter ausformuliert. V.a. in den USA war dieser Ansatz populär und hatte bis in die 1970er Jahre einen zentralen Stellenwert an Schulen und Universitäten.

Für den *New Critic* ist der literarische → Text ein in sich geschlossenes, selbstreferentielles Kunstwerk, dessen Einheit und Einzigartigkeit er anerkennt und im Lektüreprozess affirmiert. Auch wenn die Richtung oft als rein formalistisch bezeichnet wird, wendet sich der N.C. gegen eine Trennung von Form und Inhalt. In seiner Textinterpretation betreibt er ein sog. *close reading* (wörtl.: ein genaues Lesen) und untersucht dabei die Beziehungen der einzelnen Elemente eines Textes zueinander. Die *New Critics* gehen dabei von der Besonderheit der poetischen bzw. literarischen Sprache aus und richten ihr Augenmerk auf die Symbolik eines Textes, auf wiederkehrende Bilder und auf seine Struktur, die ihm eine ‚organische Einheit' verleiht. Literarische Kunstgriffe wie Ironie und Paradoxien bilden Elemente innerhalb eines Textes, die in einem spannungsvollen Verhältnis zueinander stehen. Diese Spannung wie jede Art der Ambiguität ist für den N.C. ein Zeichen für die Qualität eines literarischen Werkes.

Mit seinen textimmanenten Verfahren richtet sich der N.C. gegen eine Erschließung des Textes über seinen geschichtlichen → Kontext. Auch eine biographistische Herangehensweise lehnt er ab. Mit dem Konzept der ‚*intentional fallacy*' bezeichnet der N.C. die Gefahr, die Intention des →Autors der Textinterpretation zugrunde zu legen. Diese Intention wird allein am Werk gemessen: Hat der Autor sie realisiert, ist sie für den →Leser im Text ersichtlich; hat er dies nicht geschafft, ist sie für die Lektüre irrelevant.

Kritik erntete der N.C. dafür, dass er die ideologische Funktion von →Literatur, den historischen Kontext und die Rolle des Lesers unberücksichtigt lässt. Als literaturwissenschaftliches Verfahren ist das *close reading* immer noch zentral, wird heute aber meist in den Dienst eines kontextgebundenen Ansatzes (z.B. *Feminist Criticism*, →Postkolonialismus/*Postcolonial Criticism*) gestellt.

BIBLIOGRAPHIE: R.P. Blackmur, Lectures in criticism, New York 1949. – C. Brooks/R.P. Warren, Understanding poetry, New York 1938. – T.S. Eliot, The function of criticism, in: Selected essays, London 1932, 23–34. – W. Empson, Seven types of ambiguity, London 1930. – J.P. Pritchard, Criticism in America, Norman 1956. – J.C. Ransom, The new criticism, Norfolk 1941. – I.A. Richards, Practical criticism, London 1929. – M. Weitz, Zur Karriere des Close Reading: New Criticism, Werkästhetik und Dekonstruktion, in: M. Pechlivanos et al. (Hgg.), Einführung in die Literaturwissenschaft, Stuttgart 1995, 354–365. – R. Wellek/A. Warren, Theory of literature, New York 1949. – W.K. Wimsatt, The verbal icon, Lexington 1954.

Heike Paul

New Historicism

I. Alttestamentlich

Die Methode des *N. H.*, die in den frühen 1980er Jahren von nordamerikanischen Literaturwissenschaftlern entwickelt wurde und Einflüsse aus verschiedenen Disziplinen wie der Ethnographie, Anthropologie und Kunstgeschichte aufgenommen hat, hat auch Eingang in die Bibelwissenschaften gefunden. Für die atl. Wissenschaft lässt sich feststellen, dass der *N. H.* im angelsächsischen Raum bislang stärker rezipiert worden ist als in der deutschsprachigen Methodendiskussion. Eine eigene Schulrichtung hat er jedoch in beiden Sprachräumen nicht ausprägen können.

Der *N. H.* entstand als Gegenbewegung gegen die Vernachlässigung der historischen Zusammenhänge eines →Textes. Er betont und reflektiert somit Aspekte, die bereits in der ‚klassischen' historisch-kritischen →Exegese von großer Bedeutung waren. Die Einsicht des *N. H.*, dass historische Dokumente zunächst im Rahmen ihrer jeweiligen (kulturellen, sozialen, mentalen) →‚Kontexte' zu verstehen sind, wird in der atl. Exegese weitestgehend geteilt. Wird die →Methode des *N. H.* im Bereich der Exegese auch eher selten explizit thematisiert, so kommt sie der Sache nach doch zur Anwendung, wenn die historischen Kontexte der zu untersuchenden Texte rekonstruiert werden. So fragt die in der historisch-kritischen →Auslegung des →AT etablierte Methode der Traditionsgeschichte nach den kulturgeschichtlichen Hintergründen des Inhalts der biblischen Texte. Zur Rekonstruktion des historischen Kontextes werden literarische und nicht-literarische ‚Texte' herangezogen: biblische Literatur, →Quellen aus der Umwelt Israels, archäologische Funde. Einen wesentlichen kritischen Impuls bringt der *N. H.* ein, wenn es um die Frage nach der Geschichte des alten Israels bzw. der atl. Geschichtsschreibung geht. Wie die historische →Diskursanalyse (M. Foucault) so hält auch der *N. H.* fest, dass jede Rekonstruktion der historischen Situation gleichzeitig eine →Interpretation von Geschichte ist, die von den Bedingungen unserer eigenen Wahrnehmung der ‚Vergangenheit' geprägt ist. Der *N. H.* kann im Bereich der Bibelwissenschaften als ein Versuch gesehen werden, eine ‚Kulturpoetik' (S. Greenblatt) der →Bibel zu begründen, bei der den Kategorien Geschichte und Literatur gleichermaßen Gewicht zukommt.

Bibliographie: R.P. Carroll, Poststructuralist approaches, in: J. Barton (Hg.), The Cambridge companion to biblical interpretation, Cambridge [2]2000, 50–66. – G. Hens-Piazza, The new historicism, Minneapolis 2002. – S.D. Moore (Hg.), 'The new historicism', Biblical Interpretation 5/4 (1997). – K. Neumann, Die Geburt der Interpretation, Stuttgart 2002, 19.

Tuulia Telle

II. Literaturwissenschaftlich

Als Gegenbewegung zu der in den USA vorherrschenden Tradition der werkimmanenten Interpretation – *Criticism*, →*New Criticism* und →Dekonstruktivismus – versucht der *N. H.* literarische →Texte im Netz jener kulturellen wie historischen Kräfte und Prozesse zu verorten, in das sie im Moment ihres Entstehens eingewoben sind. Dazu schert der *N. H.* gleich mehrfach aus den geistesgeschichtlich und/oder sozialhistorisch orientierten Kontextanalysen aus. Indem er erstens von der *textuality of history* ausgeht (L. Montrose) und Kultur im Anschluss an C. Geertz' Anthropologie als symbolisches System auffasst, avanciert der *background* zu einem Komplex von Texten und damit zu einem Interpretandum. Konsequent liest der *N. H.* die nicht-literarischen Texte auf ihre Argumentationsfiguren, Rhetorizität und narrativen Strukturen hin. Zweitens setzt der *N. H.* nicht beim Wissen des →Autors um die Diskurse seiner Zeit an: Es geht nicht um nachweisbare Einflüsse, sondern um rekonstruierbare →Analogien zwischen literarischen und nicht-literarischen Texten. Drittens steht die →Literatur nicht in einem Abbildungsverhältnis zu diesen nichtliterarischen Texten, sondern in einem Prozess der *negotiations* und des *exchange* (S. Greenblatt), der Verhandlungen und des Austauschs. In der Analyse dieses Prozesses weist der *N. H.* viertens die Zirkulation von Wissensfiguren und Wertvorstellungen wie auch von Erzählweisen und Präsentationsformen nach. Ziel dieser Untersuchungen ist, wie es Greenblatt formuliert, eine *poetics of culture:* Die jeweils historisch spezifizierte Kultur soll als eine genuine Hervorbringung, als eine symbolisch strukturierte und narrativ vermittelte Konstruktion in den Blick geraten, die die Literatur ebenso mitprägt, wie sie von ihr geprägt wird. Dieses Erkenntnisinteresse des *N. H.* bedingt neben einer Erweiterung der Materialbasis zugleich eine Suspendierung der Vorstellung vom autonomen Kunstwerk und eine Entprivilegierung des literarischen Textes, insofern dieser nicht mehr den alleinigen Gegenstand der Interpretation bildet. Dass die damit im *N. H.* praktizierte kulturwissenschaftliche Ausrichtung nicht zu einem Verlust des eigentlichen

Gegenstands der Literaturwissenschaft führen muss, zeigen Greenblatts Studien zu W. Shakespeare. Denn stets fokussiert er die in der Analyse der nicht-literarischen Texte entfalteten Darstellungsmodi, gewonnenen Wissensfiguren und erörterten Problemlagen auf die Literatur hin, um deren produktive Leistung bei der Ausprägung gesamtkultureller Wahrnehmungsparadigmen zu bestimmen.

BIBLIOGRAPHIE: M. Baßler, Die kulturpoetische Funktion und das Archiv, Tübingen 2005. – A. Kaes, New historicism, in: H. Eggert et al. (Hgg.), Geschichte als Literatur, Stuttgart 1990, 56–66. – H. Neumeyer, Literaturwissenschaft als Kulturwissenschaft, in: A. Nünning/R. Sommer (Hgg.), Kulturwissenschaftliche Literaturwissenschaft, Tübingen 2004, 177–194.

Harald Neumeyer

Norm →Normativität/Norm

Normativität/Norm

I. Alttestamentlich

Die N. der ‚Schrift‘ gilt in Judentum und Christentum jeweils für unterschiedliche Ausprägungen des biblischen →Kanons. Die Hebräische →Bibel ist gleichzeitig für das Judentum →Tanach, schriftliche →Tora und für das Christentum →AT, ‚Vorgeschichte‘ des Neuen. Die Tatsache, dass ein und dasselbe →Buch in unterschiedlicher Form für zwei Religionen normativ ist, ist nicht nur ein historisches Faktum, sondern beinhaltet bis heute einander entgegen gesetzte Geltungsansprüche.

Das Normativitätsproblem stellt sich auf mehreren Ebenen: Zunächst erhalten die Prätexte AT/Tanach ihre N. durch die spätere Aneignung. Die Schrift wird im Judentum und im Christentum auf je unterschiedliche Art und Weise – als mündliche Tora in Talmud und Midrasch und als →Evangelium im →NT – angeeignet. Diese unterschiedlichen Aneignungsformen haben nebeneinander ihr Recht, auch wenn sie verschiedene Wahrheitsmomente enthalten. Darüber hinaus werden die das AT bzw. den Tanach auslegenden Texte NT und mündliche Tora selbst wieder zu normativen Prätexten späterer Aneignung. Der jeweils – zwischen Judentum und Christentum, aber auch binnenkirchlich-konfessionell – differierende →Kanon ist bereits Ergebnis unterschiedlicher Aneignungsprozesse. Mit der divergierenden Reihenfolge der einzelnen Bücher und den unterschiedlichen Sprachen in masoretischem Text, →Septuaginta, →Vulgata und reformatorischen Bibeln sind verschiedene theologische Programme verknüpft.

Die neuere Kanondiskussion geht v.a. von der atl. Wissenschaft aus, weil das AT/der Tanach einerseits durch seine Verbindung mit dem NT im Christentum und andererseits als →Heilige Schrift des Judentums den ‚Lebensnerv‘ der Kanonfrage darstellt. Die zunehmende Einbeziehung kanonischer Zugänge in die →Exegese macht die Relevanz der Normativitätsthematik sichtbar. An der Kanonfrage ist nicht nur die historische Bestimmung des Alters, des Umfangs, der Entstehung etc. des Kanons interessant, sondern auch die Frage nach der Autorität dieser Schriften und ihrem Verhältnis zur jeweiligen – jüdisch-rabbinischen und ntl. bzw. christlich-kirchlichen – Tradition.

Die ntl. Lektüre des AT ist eine mögliche Lektürepraxis neben anderen, die Deutung der atl. Schriften vom Christusereignis her. Es ist gleichzeitig möglich, wahrzunehmen, wie dieselben atl. Texte in einem anderen Kontext, wie z.B. der rabbinischen Literatur, andere Deutungen erfahren, die für christliche →Interpretation durchaus bereichernd sein können. Literarische →Hermeneutik, die die Seite der →Rezeption stärker berücksichtigt und die →Interpretationsgemeinschaft einbezieht, ermöglicht eine Verbindung zwischen einem rein historisch-kritischen Ansatz und religiöser →Applikation. Die spezifischen christlichen und jüdischen kanonischen Rahmenbedingungen für die Aneignung der Prätexte AT/Tanach im NT und in rabbinischen Auslegungen werden so in Textanalysen einbezogen.

Die zweigeteilte christliche Bibel bildet eine kontrastive Einheit (B. Janowski): Zwischen ihren beiden Teilen AT und NT bestehen sowohl Kontinuität als auch Diskontinuität. Sie sind einerseits jeweils in ihrem Eigenwert für sich zu lesen. Andererseits laden sie dazu ein, – im Sinne einer theologischen Diskurshermeneutik (E. Zenger) – in ein Gespräch über ihre vielfältigen Bezüge zu treten. Die zweifache Nachgeschichte der Hebräischen Bibel im NT einerseits und in der jüdischen Schriftauslegung andererseits, ist in hermeneutische Überlegungen zu Exegese und Systematischer Theologie mit einzubeziehen.

BIBLIOGRAPHIE: E. Ballhorn/G. Steins (Hgg.), Der Bibelkanon in der Bibelauslegung, Stuttgart 2007. – C. Dohmen/M. Oeming, Biblischer Kanon warum und wozu?, Freiburg i. Br. u. a. 1992. – M. Grohmann, Aneignung der Schrift, Neukirchen-Vluyn 2000. – B. Janowski, Der eine Gott der beiden Testamente, in: Ders., Die rettende Gerechtigkeit, Neukirchen-Vluyn 1999, 249–284. – E. Zenger, Einleitung in das Alte Testament, Stuttgart u. a. [7]2008.

Marianne Grohmann

II. Neutestamentlich

Die N. der ntl. Schriften ist mit ihrem Status als kanonische Schriftensammlung gegeben. Als zweiter Teil der christlichen →Bibel markieren sie die in der altkirchlichen Epoche im Laufe von etwa zwei Jahrhunderten herausgebildete Mitte des diskursiven Raumes einer christlich zu nennenden Rede von Gott, Welt und Mensch. Wurde damit einerseits die Abgrenzung gegen gnostische Denkformen vollzogen (Diastase von Schöpfung und Erlösung, präkosmische Mythologien), so war doch zugleich auch ein erstaunlich weiter Spielraum des christlich legitim Möglichen abgesteckt. Ntl. →Hermeneutik obliegt es, diesen Spielraum in seiner ganzen Breite offen zu halten und im kirchlichen (Akzeptanz und →Rezeption des →NT als →Heilige Schrift) wie im gesellschaftlichen →Kontext (Normativitätserwartungen an ntl. Texte als Kernbestand okzidentaler Geistes- und Kulturgeschichte) voll auszuschöpfen. Die Uniformität des NT als Christuszeugnis ist stets durch die historisch-genetisch beschreibbare Pluralität und die kulturelle Relativität seiner Denkansätze vermittelt und in dieser Form zur Sprache zu bringen. Formulierungen einer →,Mitte der Schrift' bzw. eines ,Kanons im →Kanon' sind in dem Maße problematisch, wie damit die theologische Marginalisierung anderer ntl. Konzepte einhergeht. Die zunehmende Ausdifferenzierung und kultur- und literaturwissenschaftliche Kontextualisierung exegetischer Forschung ist als auch hermeneutisch relevanter Erkenntnisgewinn gegen statische, theologisch begründete innerntl. Rangordnungen geltend zu machen. In Abgrenzung zur Prätention suffizienter Exklusivität markiert der Begriff der N. die autoritative Ausgangsposition der unterschiedlichen und zunächst gleichwertigen ntl. Konzepte in einem vorbehaltlosen und ergebnisoffenen Diskurs, in welchem sich ihre Orientierungsfunktion bewährt oder eben nicht bewährt.

Im NT werden normative Geltungsansprüche artikuliert u. a. durch den Rekurs auf die ,Schrift(en)', auf Offenbarungsempfang (Gal 1,16; Offb 1,1), auf die Autorität Jesu als des Lehrers (Mt) oder des Gesandten Gottes (Joh), durch die Autorität des →Apostels und Gemeindegründers Paulus (Paulusbriefe, Deutropaulinen) oder anderer apostolischer Gestalten, auf das apostolische Depositum (Pastoralbriefe), in polemischer Argumentation (Gegnerpolemik), durch Rekurs auf Konventionen und allgemeines Ethos (Haustafeln, Tugend- und Lasterkataloge, 1 Kor 5,1) oder auf die Außenwirkung christlicher Lebensweise (1 Thess 4,2; 1 Kor 6,1 ff). Mögliche ethische Orientierungsleistungen des NT liegen freilich eher auf der Ebene der Werte bzw. Meta-Normen mit hohem Allgemeinheitsgrad als im Bereich konkreter, operationalisierbarer Normen mit empirischem Sachbezug. Gegen derlei direkten Transfer spricht einerseits die evidente kulturelle Distanz (Beispiel: fehlendes ethisches Problembewusstsein im NT für Sklaverei), andererseits aber ein normdistanzierender Grundimpuls, der die ethische Entscheidung an der Sorge um den konkret-Anderen oder aber an konträren eschatologischen Maßstäben ausrichtet, so v. a. im synoptischen Jesusbild und bei Paulus. Beispiele: Mk 2,27: lebensdienlicher Sinn des Sabbatgebots (Affinität zur aristotelischen Epikie); Mt 5,22: das strafrechtlich minder Schwerwiegende als das ethisch Gravierendere; Mt 13,29 f.: geduldete Koexistenz von Guten und Bösen; Röm 14 f.; 1 Kor 8: primäre ethische Relevanz der sozialen Formation ,Starke/Schwache'; Gal 5,14: Toraerfüllung durch Liebe; Röm 8,4: Toraerfüllung durch den Geist, d.h. Ethik thematisiert nicht ein Sollen (Norm), sondern ein neues Sein-Können (Tugend); Röm 12: Liebe als unabgeltbares Verwiesensein auf den Anderen; Mk 10: Herrschen als Dienen, Werden wie die Kinder; 1 Kor 1 f.: Weisheit Gottes steht konträr zur Weisheit dieses Äons; Mt 20,1–16: Irritation zuteilender Gerechtigkeit.

BIBLIOGRAPHIE: H. Frankemölle, Art. Schrift/Schriftverständnis; Einheit-Vielheit, Gotteswort, Kanon, Mitte, Normativität, Offenbarung/Inspiration, Tradition, Wahrheit, in: A. Berlejung/C. Frevel (Hg.), Handbuch theologischer Grundbegriffe im Alten und Neuen Testament (HthGANT), Darmstadt 2006, 42–48. 145 f. 235–237. 264–266. 321 f. 327 f. 328 f. 395 f. 416 f. – H. Kreß, Art. Normen III., in: TRE 24 (1994), 637–643. – D. Mieth, Art. Normen, in: HRWG 4 (2001), 243–250. – O. Wischmeyer, Hermeneutik des Neuen Testaments, Tübingen 2004.

Manuel Vogel

III. Systematisch-theologisch

Das Begriffsfeld ‚Norm/N.' steht in unmittelbarem Zusammenhang mit den Begriffsfeldern →‚Kanon/Kanonizität' und →‚Schrift/Schriftprinzip'. Die →Bibel und ihre →Texte haben für das Christentum kanonischen Rang. Es handelt sich bei ihnen also nicht nur um klassische oder heilige Texte, sondern um normative Texte, die nach reformatorischem Verständnis sogar als alleinige Richtschnur des Glaubens und der Theologie zu gelten haben. Bei der Entstehung des christlichen Kanons spielte freilich nicht nur das Bedürfnis nach Sicherung der identitätsstiftenden Überlieferung, sondern auch dasjenige nach kritischer Sichtung der vorliegenden Schriften eine Rolle (W. Härle, 112). Um ihre normative Stellung zu erlangen, wurden die gesichteten Schriften ihrerseits an einer theologischen Norm gemessen. Es stellte und stellt sich aber nicht nur die Frage, welche Grund-Texte für das Christentum normativen Rang beanspruchen können, sondern ob es auch →Auslegungen und Auslegungstraditionen gibt, die in der Kirche als Auslegungsgemeinschaft Verbindlichkeit beanspruchen können (→Interpretationsgemeinschaft). Zusammen mit der Entstehung des biblischen Kanons erwuchs das Bedürfnis nach einer *regula fidei*, der die eigentliche Funktion des Kanonischen zufiel, nämlich die Rolle des *gubernaculum interpretationis* (Tert. *prasecr.* 9,1), „also eines Kanons des Kanons" (G. Ebeling, Dogmatik, 34). In der katholischen →Tradition ist es außerdem die Aufgabe des kirchlichen Lehramtes, die gültige und verbindliche →Interpretation der biblischen Texte zu normieren und damit auch die Vielfalt möglicher Auslegungen zu reduzieren.

Nach reformatorischer Auffassung ist die →Bibel, als →Heilige Schrift gelesen, alleinige Norm christlichen Glaubens und christlicher Lehre. Luthers ‚*sola scriptura*', welches jedes kirchliche Auslegungsprivileg zurückweist, muss freilich in seiner Verbindung mit dem ‚*solus Christus*', dem ‚*sola fide*' und dem ‚*sola gratia*' gesehen werden. Wie das →Schriftprinzip ist auch der Kanon nach evangelischem Verständnis „in entscheidender Hinsicht nicht ein Textabgrenzungsprinzip, sondern ein hermeneutisches Prinzip" (Ebeling, Dogmatik, 34).

Das Problem eines Kanons des Kanons kehrte jedoch auch in der weiteren Entwicklung des Protestantismus wieder. Die altprotestantische Orthodoxie unterschied zwischen dem biblischen Kanon als *norma normans* und den kirchlichen Bekenntnissen bzw. den reformatorischen Bekenntnisschriften als *norma normata* (vgl. Konkordienformel, BSLK 769,19–35). Auch die protestantische Tradition kennt also eine normative Bibelauslegung, deren Gültigkeit und Autorität freilich beständig an der Schrift selbst zu überprüfen ist. Allerdings lässt sich gegen die altprotestantische Sichtweise der Einwand erheben, dass faktisch die *norma normans* zur *norma normata*, die *norma normata* aber zur *norma normans* wird. Dieser Konsequenz versucht die protestantische Theologie mit der Rede von der →Mitte der Schrift oder vom →Evangelium als Kanon im Kanon zu entgehen. Wenn man z.B. wie W. Härle die durch die Bibel bezeugte Gottesoffenbarung als ihren Inhalt bestimmt (W. Härle, 119) oder wie P. Tillich das Neue Sein als in der Begegnung von Bibel und Kirche gewachsene Norm definiert (P. Tillich, 58 ff.), muss man sich freilich des konstruktiven Charakters solcher kriteriologischen Inhaltsbestimmungen bewusst sein. Auch ist die N. der reformatorischen Bekenntnisschriften für die Bibelauslegung seit der Aufklärung durch ihre konsequente Historisierung relativiert worden. Letztlich lässt sich die N. des biblischen Kanons und bestimmter Auslegungstraditionen nur als Ergebnis von Rezeptionsprozessen beschreiben, die sich in einem unabgeschlossenen hermeneutischen Prozess in der Kirche als Auslegungsgemeinschaft abspielen. Die wissenschaftliche →Exegese aber lässt sich durch sie nicht normieren.

BIBLIOGRAPHIE: G. Ebeling, Dogmatik des christlichen Glaubens, Bd. 1, Tübingen [2]1982. – G. Ebeling, „Sola scriptura" und das Problem der Tradition; in: Ders., Wort Gottes und Tradition, Göttingen [2]1966, 91–143. – W. Härle, Dogmatik, Berlin/New York 1995. – J. Lauster, Prinzip und Methode, Tübingen 2004. – P. Tillich, Systematische Theologie, Bd. 1, Stuttgart [5]1977. – J. Wirsching, Kirche und Pseudokirche, Göttingen 1990. – Vom Gebrauch der Bekenntnisse. Zur Frage der Auslegung von Bekenntnissen der Kirche (EKD-Texte 53), Hannover 1995.

Ulrich H.J. Körtner

IV. Altphilologisch

N. bedeutet den Geltungsanspruch, unbedingt maßgebend zu sein (lat. *norma* = ‚Richtschnur, Regel, Vorschrift'). Sie umfasst Aussagen oder Normen mit einem handlungsorientierten (präskriptiven) Ziel, wie z. B. Gebote, Verbote, Pflichten. N. ist keine absolute, sondern eine der geschichtlichen Veränderung unterworfene Größe, obgleich seit der Antike immer wieder versucht wurde, überzeitliche Normen denkerisch zu begründen. N. steht daher in einer notwendigen Spannung zur historischen Veränderung; Normen werden in einer bestimmten Gruppe als der Grund dafür angesehen, auf eine gewisse Art zu handeln, zu glauben oder zu fühlen. N. beschreibt nicht deskriptiv, wie die Welt ist, sondern schreibt präskriptiv vor, wie sie sein soll. Typische Bereiche für N. sind Ethik, Recht bzw. Gesetzgebung als ein gegenüber dem Tatsächlichen abgeschlossener Komplex geltender Normen (Cic. *de orat.* 2,178 *iuris norma*), sowie Sprache und Religion. Manchmal kann *regula* fast als Synonym zu *norma* auftauchen (z. B. Plin. *epist.* 9,26,8 Demosthenes als *norma oratoris et regula*).

Im Gegensatz zur →Proposition, die, basierend auf ihrem Verhältnis zur Realität, deskriptiv wahr oder falsch sein kann, basiert die praktische →Wahrheit einer präskriptiven Norm auf ihrem Verhältnis zum rechten Streben (ὀρϑὴ ὄρεξις, Arist. *EN* 6,1139 a 21–32; Broadie 219–224). Die Stoa erhob die vernünftig verstandene Natur zur entscheidenden Norm für ein wahrhaft glückliches Leben (Cic. *fin.* 4,6,14 f., Sen. *epist.* 5,4 *secundum naturam vivere*). Gesetzgebung als normativer Akt wurde im Griechenland des 7./6. Jh. v. Chr. oft an Einzelne übertragen (Drakon, Solon, Lykurg). Im frühen Rom wurde die N. der Tradition, bestehend aus Sitten und vorbildlichen Ahnen, als gesellschaftskonstitutiv betrachet (→Ideologie). Besonders die klassische römische Jurisprudenz des 2./3. Jh.s n. Chr. war um eine philosophische Begründung von Recht als der verbindlichen Vermittlung des Guten und Gerechten bemüht (Digesten 1,1,1 pr.).

Spätestens seit den Vorsokratikern war man sich der thetischen, im Gegensatz zu einer natürlichen, N. von Sprache bewusst (Heraklit. 22 B 32, 48; X. *Mem.* 3,14,2; Aug. *doctr. chr.* 2,2,3,3), die auf Gruppenkonvention beruht. Dadurch gewann das Verhältnis von →Sprache und Ding sowie die Schwierigkeit des wahrhaften spachlichen Ausdrucks von Wirklichkeit eine Prägnanz, die dann im Christentum neue Aktualität bekam. Im Gegensatz zur →Kanonisierung, die primär auf die Sammlung von Schriften zielt, betont N. die Funktion von Schriften, d. h. ihre maßgebliche Autorität für eine Glaubensgemeinschaft. Dabei ist die Spannung zwischen → Mündlichkeit und →Schriftlichkeit durchgehend: Im frühen Christentum waren die hebräische →Bibel und mündlich überlieferte Herrenworte normativ, später etablierte sich ein schriftlich fixierter Bibelkanon, der aber dann mit einer mündlichen und schriftlichen Auslegungstradition komplementiert wurde. Dies entspricht der linguistischen Erkenntnis, dass nur durch lebendige →Rezeption Traditionen angeeignet werden können. Der hermeneutische Normenhorizont für die angemessene Erschließung der N. der Bibel besteht aus menschlicher Vernunft (Aug. *doctr. chr. prol.*), dogmatischen Glaubensregeln (Orig. *princ. prol.*; Tert. *praescr. haer.* 13,1–6 *regula fidei*) sowie institutionalisierten Auslegungsmustern (F.M. Young), wobei deren jeweilige Bedeutung unterschiedlich gewichtet werden kann. Jesu Leben gilt als normativ (Phil 2,5–8; Röm 6,3–11), da er der Sohn Gottes ist (Mt 3,13–17). Obgleich die Bibel als eine Sammlung von deskriptiven und präskriptiven Texten erkannt wurde, wurde doch im jüdischen wie im christlichen Bereich durch eine umfangreiche Auslegungsanstrengung immer wieder zu erweisen versucht, dass der gesamte Bibeltext präskriptiv sei, wobei die N. sowohl ethisch als auch eschatologisch-soteriologisch angesetzt wurde.

BIBLIOGRAPHIE: S. Broadie, Ethics with Aristotle, New York/Oxford 1991. – E. Coseriu, Die Geschichte der Sprachphilosophie von der Antike bis zur Gegenwart, Bd. 1, Tübingen 1970. – L. Lybaek, New and old in Matthew 11–13, Göttingen 2002. – K. Pollmann, Doctrina Christiana, Fribourg 1996. – J.M. Rainer, Recht: Antike, in: P. Dinzelbacher (Hg.), Europäische Mentalitätsgeschichte, Stuttgart 1993, 489–512. – F.M. Young, Biblical exegesis and the formation of Christian culture, Cambridge 1997.

Karla Pollmann

V. Textlinguistisch

Für das linguistische Verständnis von Norm und N. sind drei Ebenen auseinanderzuhalten: (1) die Gegenüberstellung von *deskriptiv* und *normativ*, (2) die Unterscheidung zwischen *Gebrauchsnormen* und *Gesetzesnormen* (*Ist-Normen* und *Soll-Normen* bei Adamzik), (3) die Annahme einer sozialen Norm-Ebene (*usage*) zwischen dem virtuellen Sprachsystem (*langue*) und dem konkreten individuellen →Sprechen (*parole*) (E. Coseriu). Textlinguistisch relevant – wenn auch in der entsprechenden Forschungsliteratur als Begriff nicht zentral stehend – wird N. unter dem Aspekt der Erwartungshaltung, die mit einem →Text als Text überhaupt und als Exemplar einer bestimmten Textsorte innerhalb des Kommunikationsprozesses verbunden ist. Angesprochen sind damit insbesondere Gebrauchsnormen auf der Ebene des *usage*, die deskriptiv erfasst werden, aber normativen Charakter haben, wobei sie für Texte bzw. Textsorten zumeist nicht kodifiziert sind.

Innerhalb des tätigkeitsbezogenen Textmodells von W. Hartung wird davon ausgegangen, dass das ‚Tätigkeitsprodukt' (der Text, die Äußerung) durch sprachlich-kommunikative Normen geprägt ist. Diese haben die Funktion zu bewirken, dass innerhalb einer Sprachgemeinschaft ein Text als Exemplar einer Textsorte erkannt und auch als solches interpretiert werden kann. Nach U. Fix et al. sind darunter zunächst ‚Normen zur Beschaffenheit des Tätigkeitsprodukts' zu verstehen, die sich in ‚instrumentale Normen' und ‚situative Normen' differenzieren lassen. Durchaus im Sinne der antiken →Rhetorik werden damit Charakteristika der sprachlichen Ausgestaltung (*elocutio*) eines Textes angesprochen: die ‚Richtigkeit' (*latinitas*) als instrumentale Norm auf der grammatisch-semantischen Ebene eines Textes sowie – als situative Normen – die ‚Wohlgeformtheit' (*claritas*) im Sinne einer Stilqualität und die ‚Angemessenheit' (*aptum*) des Textes hinsichtlich des Adressaten, der Situation und des Gegenstandes. Hinzu kommen kommunikative Normen, die als ‚Rahmenbedingungen' das Kommunikationsgeschehen steuern, sowie Normen auf der para- und nonverbalen Ebene, mit denen vorwiegend Kontextualisierungshinweise gegeben werden.

Worin eine derartige textuelle N. für einzelne Textsorten und Textexemplare konkret besteht, lässt sich in der Regel entweder aufgrund von Abweichungen/Variationen feststellen (wobei das Problem besteht, die ‚Normallage' zu bestimmen, von der abgewichen wird) oder aber durch textuelle Vergleiche innerhalb des Textsortensystems einer Sprache. Auf diese Weise gelangt man deskriptiv zu einem Bündel sprachlich-kommunikativer Merkmale, die eine Textsorte prototypisch markieren und die es ermöglichen, einen Text als Exemplar einer Textsorte zu erkennen und ihn dieser Textsorte funktional zuzuordnen. Für den Produktions- und Rezeptionsprozess von Texten im Sinne einer Kodierung und Dekodierung der Textintention allerdings kann nach U. Fix nicht angenommen werden, dass die sprachlich-kommunikativen Normen bewusst reflektierend abgearbeitet werden.

Vielmehr ist von einem normbasierten ‚Textmusterwissen' auszugehen, das sich in ‚Routinewissen' (Normen der sprachlichen Gestaltung), ‚Realisierungswissen' (Normen der sprachlichen Umsetzung der Textintention) und ‚Konzeptionswissen' (Normen des sprachlichen Handelns in bestimmten Kommunikationssituationen) differenzieren lässt.

N. im textlinguistischen Sinne ist somit zu verstehen als ein der Deskription weitgehend zugängliches Bündel sprach- und kommunikationsbezogener Normen von sprachlichen Tätigkeitsprodukten, mit dem die Textintention dieses Produkts ausdrucksseitig vermittelt und funktional im Interaktionsverlauf eingesetzt wird. Damit wirkt textuelle N. einerseits stabilisierend auf die →Kommunikation, zugleich aber ist sie die Bedingung der Möglichkeit von Variation und folglich auch von Wandel.

BIBLIOGRAPHIE: K. Adamzik, Textlinguistik, Tübingen 2004. – E. Coseriu, System, Norm und Rede, in: Ders., Sprachtheorie und Allgemeine Sprachwissenschaft, München 1975, 11–101. – U. Fix, Ansprüche an einen guten (?) Text, in: Aptum. Zeitschrift für Sprachkritik und Sprachkultur (1/2008), 1–20. – Dies. et al., Textlinguistik und Stilistik für Einsteiger, Frankfurt a.M. 2001. – W. Hartung, Normen in der sprachlichen Kommunikation, Berlin 1977.

Jürgen Schiewe

O

Offenbarung

I. Alttestamentlich

In der atl. Wissenschaft benennt der Begriff O. eine Mitteilung Gottes. Er wird im →AT nur selten mit der Wurzel *glh*, ‚(das Ohr bzw. das Auge) aufdecken', ausgedrückt, mit Gott (1 Sam 9,15) oder Mensch (1 Sam 20,2. 12 f.) als Subjekt. Da Begriff und Vokabel nicht deckungsgleich sind, begegnet dieser zentrale Begriff O. häufig, ohne dass ein Wort wie *glh* verwendet wird. Sowohl Gott (1 Chr 17,25) als auch der Mensch (Rut 4,4) kann Tatsachen im Sinne des Aufdeckens offenbaren, wo aber Gott sich selbst oder seinen Willen bekannt macht, ist der technische Begriff der *göttlichen* O. gegeben.

In diesem Sinn kann die O. Gottes vermittelt oder unvermittelt stattfinden. Gottes Botschafter erhielten unvermittelte O.en, deren Weitergabe in seinem Namen die O. zu einer vermittelten machen. Als absolut unvermittelte O. gelten nur Gottes Gespräche mit Mose (Ex 33,11; Dtn 34,10), so dass Mose in diesem Sinne als →Autor der →Tora gesehen werden konnte. Obwohl nicht ‚von Angesicht zu Angesicht' wie Mose, bekommen auch andere Propheten göttliche Mitteilungen. Gott kommuniziert seine O. in Auditionen (Jes 7,3; Am 7,15) oder Visionen (Jes 6; Sach 1–6), wobei Auditionen des göttlichen Wortes auch mit symbolischen Beobachtungen aus dem täglichen Leben (Jer 1,11) oder psychischen Erfahrungen (Jer 1,9; Ez 2,9) verbunden sein können und dadurch an Intensität gewinnen.

Vermittelt wird die O. auch durch einen himmlischen ‚Gesandten' (den *malakh* Gottes). Das können direkte Worte an das Volk sein, wobei der Unterschied zwischen Gott und seinem Boten unklar bleibt und die Idee der Vermittlung zugunsten einer Begegnung mit Gott abgeschwächt wird (Ri 2,1–5). Der Bote offenbart Gottes Wort in Form von Aufträgen, Verheißungen und Ankündigungen auch Einzelnen, durchaus auch Frauen (Gen 21,17 f.; Ri 13,3). Wenn der Bote spricht, spricht Gott (Gen 16,7–13). Kultischer Natur ist die O. des göttlichen Willens durch Priester, etwa Belehrung (2 Kön 17,27 f.), Losorakel (Ex 28,30) und gerichtliche Verfahren (Num 5,11 ff.). Die Verteilung des gelobten Landes wird unter priesterlicher Aufsicht (Jos 14,1–2) als Vollzug der göttlichen O. durchgeführt.

Gott offenbart sich auch in der Natur, entweder durch segensreiche Verhältnisse (Dtn 28,2–8) oder Katastrophen (Dtn 28,16 ff.), aber auch durch Manifestationen seiner Majestät und seines Waltens (Ijob 38 ff.). Während diese O. wortlos sein kann (Ps 19,4), wird sie normalerweise durch das Wort gedeutet, sowohl in der Theophanie (1 Kön 19,11–18) als auch in einer Begegnung mit Gott (Ijob 38,1) oder in weisheitlicher Reflexion (Ijob 26).

Gottes Taten der Vergangenheit haben seine Liebe und Gerechtigkeit bezeugt, werden aber durch das →Wort (Dtn 1–11; Ps 105) als O. gedeutet. Die Tradition des Dekalogs (Ex 20), der Torarolle (Esr 7,14) sowie die Entstehungsgeschichte der schriftlichen Traditionen (Dtn 4,2) und deren Redaktion belegen die schriftliche O., so dass darauf basierende Religionen zurecht ‚Religionen des Buches' heißen.

BIBLIOGRAPHIE: O. Kaiser, Art. Offenbarung III., in: RGG^4 6 (2003), 467–470. – W. Oswald, Israel am Gottesberg, Göttingen 1998. – R. Rendtorff, Gesammelte Studien zum Alten Testament, Neukirchen-Vluyn 1975, 39–59.

James Alfred Loader

II. Neutestamentlich

Das Wort O. ist die Übersetzung des griech. ἀποκάλυψις (lat. *revelatio*). Als religionswissenschaftlicher und/oder theologischer Begriff gehört er in den Bereich religiöser →Kommunikation und ist von der Vorstellung bestimmt, dass dem menschlichen Offenbarungsempfänger eine sonst nicht bekannte, also verborgene göttliche Offenbarungsbotschaft in Form von Epiphanie (Theophanie, Christophanie, Angelophanie), Himmelsreise, Vision oder Audition mitgeteilt wird.

Die ntl. Texte sind von der Erfahrung durchdrungen, dass sich der Gott Israels in Jesus Christus endgültig offenbart habe (Hebr 1,1 ff.). Christus fungiert dabei teils als Offenbarungsmittler (Jesus als prophetische und/oder apokalyptische Gestalt: z. B. in Mk 13 parr.), teils ist er selbst Gegenstand und Inhalt der göttlichen O. (z. B. Joh 1,14). Sucht man im NT nach einer konzisen Offenbarungsterminologie, so ist man im wesentlichen auf die o. g. Lexeme ἀποκάλυψις und ἀποκαλύπτειν (begegnen insgesamt 44 mal) verwiesen (sinnverwandt sind Lexeme von den Stämmen: φαν-; ἐπιφα[ι]ν- oder auch die Verwendung von μυστήριον, z. B. 1 Kor 15,51).

Im Einzelnen werden in den ntl. Texten auf der Basis der genannten konzisen Offenbarungsterminologie (ἀποκάλυψις und ἀποκαλύπτειν) folgende Motive oder Vorstellungsbereiche formuliert: In der Logienquelle Q kündigt Jesus eine grundsätzliche, durch ihn vermittelte Offenbarwerdung aller Dinge an (Logienquelle Q 12,2 = Lk 12,2 par. Mt 10,26; 10,21 = Lk 10,21 par. Mt 11,25, 10,22 = Lk 10,22 par. Mt 11,27). Paulus entwickelt Offenbarungsvorstellungen in verschiedenen Zusammenhängen: Er bezeichnet nicht nur seine Beauftragung als O. (Gal 1,12.16), sondern verweist auch darüber hinaus auf einzelne Offenbarungserlebnisse zur Legitimierung seines apostolischen Handelns (Gal 2,2; 2 Kor 12,1). Die O. der Gerechtigkeit Gottes in Christus wird bei Paulus als präsentisch-eschatologisch relevant bezeichnet (Röm 1,17 f.), ist aber auch mit futurisch-eschatologischen Aspekten (u. a. Gerichtserwartung) verknüpft (Röm 2,5; 8,18 f.). Auch das gemeindliche Leben ist von Offenbarungsrede und der gegenseitigen Partizipation an O.en gekennzeichnet (1 Kor 14,6.26). Lukas bezeichnet die universale Heilsbedeutung Christi als ‚Licht zur Offenbarung der Heiden' (Lk 2,32). Schließlich wird auch die Wiederkehr des Menschensohnes als Offenbarungsereignis vorgestellt (Lk 17,30). In Mk finden sich ἀποκάλυψις und ἀποκαλύπτειν nicht. Hier wird aber z. B. auf die Offenbarwerdung des Mysterions (→Geheimnis) der βασιλεία rekurriert (Mk 4,11 par. Mt 13,11). Auch in Joh begegnet die Offenbarungsterminologie nicht selbständig (nur Jes-Zitat: Joh 12,38). Die O. der Herrlichkeit Jesu wird dagegen als φανεροῦν bezeichnet (z. B. Joh 2,11; vgl. auch Mk 4,22). Im NT findet sich nur eine Schrift (Offb), die unmittelbar dem Bereich der Offenbarungsliteratur, die als frühjüdisches Genre bekannt und verbreitet ist (→apokalyptische Literatur), zuzurechnen ist (Offb 1,1): Hier schreibt der Seher unter direktem visionären Einfluss und enthüllt das, was ‚in Kürze geschehen soll'.

So arbeiten die ntl. Autoren keine zusammenhängende Offenbarungslehre aus und beanspruchen – mit Ausnahme des Apokalyptikers Johannes – ebenso wenig, Offenbarungsliteratur zu verfassen. Neben Johannes treten im NT drei weitere Gestalten als direkte Offenbarungsempfänger auf: Paulus und – im literarisch fingierten, d. h. pseudepigraphen 2 Petr (1,14–18; vgl. auch Mk 9,2–10 parr.) – Petrus sowie Jesus selbst, der zugleich auch Offenbarungsinhalt ist (s. o.). Dass der Offenbarungsempfang auf diese Gestalten beschränkt bleibt, ist als Hinweis auf die prominente Stellung der Personen Jesus, Paulus und Petrus sowie auf den spezifischen literarischen Charakter der Offb für die religiöse → Kommunikation im Übergang vom frühen Judentum zum frühen Christentum zu werten.

BIBLIOGRAPHIE: M. Bockmuehl, Revelation and mystery in ancient Judaism and Pauline Christianity, Tübingen 1990. – R. Bultmann, Der Begriff der Offenbarung im Neuen Testament, Tübingen 1929. – M. Frenschkowski, Offenbarung und Epiphanie, 2 Bde., Tübingen 1995.1997.

Eve-Marie Becker

III. Systematisch-theologisch

Der Begriff der O. bezeichnet ein Erschließungsgeschehen, durch das der Mensch zu einer Erkenntnis gelangt, die er nicht selbsttätig gewinnen kann. I.T. Ramsey spricht von Erschließungssituationen (*disclosures*), die ihrerseits Klärung (*discernment*) und Engagement (*commitment*) implizieren. Gegenstand oder Inhalt des Offenbarungsgeschehens ist nach biblischem Sprachgebrauch nicht ein Einzel- oder Sonderwissen, freilich auch nicht, wie K. Barth und die Dialektische Theologie erklärt haben, Gottes Selbst oder sein Wesen, sondern die Situation der Welt und des Menschen in ihrer Gottesbezüglichkeit, die allein durch Gott selbst erkennbar wird. Indirekt ist O. somit stets auch Enthüllung oder Erschließung Gottes. Problematisch ist aber die Weise, in der W. Pannenberg ‚die Geschichte' als Modus dieser indirekten Selbstoffenbarung bestimmt. Das NT spricht jedenfalls nicht von der Geschichte als O., sondern davon, dass sich O. *in* der Geschichte ereignet. Nach ntl. Verständnis hat die Enthüllung der Wirklichkeit den Charakter des Gerichtes: Das Sein des Menschen wie seiner Welt wird aufgedeckt als verfallenes und verfehltes Sein. Andererseits wird die Wahrheit ans Licht gebracht, die Leben und Rettung bedeutet: nämlich die Gerechtigkeit, die vor Gott gilt bzw. die Liebe Gottes, die in Christus erschienen ist.

Die dogmatische Tradition unterscheidet zwischen allgemeiner und besonderer O. (*revelatio generalis* und *revelatio specialis*). Diese Unterscheidung verweist auf das Problem der natürlichen Theologie ebenso wie auf die Fragen einer Theologie der Religionen. Diese hat freilich in der Christologie ihren entscheidenden Maßstab. Es ist daher nicht von einer *relevatio generalis* nach dem Proprium der *relevatio specialis* im ntl. bezeugten Christusgeschehen zu fragen, sondern umgekehrt ist letztere Kriterium für die Frage nach der Erkennbarkeit möglicher O.en Gottes außerhalb der biblisch bezeugten Offenbarungsgeschichte. Dieses Kriterium leitet auch die christliche Lektüre von →Texten, die in anderen Religionen als Zeugnisse authentischer O.en gelten. O. ist stets ein exklusiv Gott zugeschriebenes Geschehen. Sie ist nicht nur eine Form der ϑεωρία, sondern ποίησις. Als ein Handeln Gottes deckt sie die Wirklichkeit nicht nur auf, sondern greift aufdeckend in sie ein. Das Offenbarungsgeschehen ist so zu interpretieren, dass Gott an der →Wirklichkeit richtend wie rettend handelt und sie so verändert.

Das dem Menschen durch Gottes Offenbaren ermöglichte Erkennen ist ein passivisches Erkannt*werden* (vgl. 1 Kor 13,12), wobei das *Erkannt*werden ein *Überführt*werden des Menschen als Sünder ist, das zu seinem Heil geschieht. Gott wird auf diese Weise nicht in seinem An-sich-Sein, sondern in seinem Für-uns-Sein erkannt. Offenbarungsgeschehen und Offenbarungszeugnis sind theologisch klar zu unterscheiden, jedoch nicht gegeneinander zu isolieren. „Inhalt und Rezeption von Offenbarung lassen sich nicht trennen; unabhängig von ihrer Rezeption kann vom Inhalt der Offenbarung nicht sachgemäß gesprochen werden" (H.-M. Barth, 145). Im Christentum gelten die biblischen Texte einerseits als grundlegendes Offenbarungszeugnis. Andererseits können sie selbst zum Medium aktueller O. werden. Im Anschluss an M. Kähler erklärt P. Tillich, nicht nur der Glaube der Christen, sondern auch das NT, also die schriftliche Urkunde dieses Glaubens, sei „ein integrierender Bestandteil des Ereignisses, das es bezeugt. Es *repräsentiert* die *aufnehmende* Seite jenes Ereignisses und *bezeugt* seine faktische Seite" (P. Tillich, 128). O. meint folglich kein abgeschlossenes Geschehen der Vergangenheit, sondern die Einheit von Grund, Gegenstand und Geschehen des Glaubens.

BIBLIOGRAPHIE: H.-M. Barth, Dogmatik, Gütersloh 2001. – P. Eicher, Offenbarung: Prinzip neuzeitlicher Theologie, München 1977. – W. Härle, Dogmatik, Berlin/New York 1995. – G.M. Hoff, Offenbarungen Gottes?, Regensburg 2007. – U. Körtner, Theologie des Wortes Gottes, Göttingen 2001. – W. Pannenberg, Systematische Theologie, Bd. 1, Göttingen 1988. – I.T. Ramsey, Religious language, London 1957. – C. Schwöbel, Art. Offenbarung V.1, in: RGG[4] 6 (2003), 473–477. – P. Tillich, Systematische Theologie, Bd. 2, Stuttgart [5]1977.

Ulrich H.J. Körtner

IV. Judaistisch

Das Judentum des Zweiten Tempels hielt nicht nur an der O. am Sinai und der fortlaufenden O. Gottes durch die Propheten fest, sondern anerkannte auch Mittlergestalten wie Engel und apokalyptische Medien wie Himmelsreisen oder Träume. Zugleich rechnete es auch mit einer natürlichen O. in Schöpfung und Natur und erwartete die Mitteilung Gottes durch den Gang der Sterne. Für die Rabbinen wurde jede Form natürlicher O. suspekt, da sie die Erwählung Israels nicht genug berücksichtigte und die O. zu sehr menschlicher Einsicht überantwortete, statt sie als direkte Anrede Gottes zu einem konkreten historischen Zeitpunkt zu sehen, als Gott zu Israel am Sinai sprach. Dass Abraham alle Gebote und Satzungen Gottes befolgte (Gen 26,5), führte man früher auf die Erkenntnis Gottes aus philosophischer Einsicht und die Beobachtung der Natur zurück (Jub 12; Philo, *virt.* 216; J. *AJ* 1,155 f.); für die Rabbinen dagegen war es einer vorweggenommenen O. zu verdanken (tQid 5:21).

Die O. am Sinai umfasst die →Tora im vollen Sinn der schriftlichen wie mündlichen Tora; sie ist v.a. das Angebot des →Bundes durch Gott an sein Volk, nachdem die anderen Völker diesen abgelehnt haben, und die Verpflichtung auf dessen Grundlagen in den Geboten. Das ganze Volk erfuhr direkt Gottes Gegenwart und Mitteilung, jeder entsprechend seinen Fähigkeiten; die Mittlerschaft Moses tritt sehr zurück. Da die O. auch in den von Gott beschrieben Tafeln erfolgte, ist auch die Schriftform (einschließlich der Form der Buchstaben) für sie wesentlich. Nach der Schule Jischmaels erfolgte sie in natürlicher Sprache, für die Schule Aqivas dagegen ist der →Text der Tora ein Code, der erst entschlüsselt werden muss. Die O. bedarf ständiger →Interpretation; diese war Mose als dem größten aller Propheten anvertraut, nach ihm den anderen Propheten. Mit dem Ende der Prophetie ging die autoritative Auslegung der O. auf die Rabbinen über, deren Auslegung der schriftlichen Tora als kontinuierliche O. verstanden wird.

Im Mittelalter betonten die Vertreter der platonischen Philosophie eine der *ratio* nicht zugängliche O.; für die aristotelische Richtung (v.a. Maimonides) hingegen ersetzt der menschliche Intellekt als natürlich prophetische Anlage weithin die O., nur als Unterstützung für weniger Begabte bedarf es der O. von außen. M. Mendelssohn führt diese Linie weiter: Gegenstand der O. ist nur die Gesetzgebung, die Religion selbst ist durch die Vernunft zugänglich (ähnlich später auch H. Cohen).

BIBLIOGRAPHIE: H. Cohen, Die Religion der Vernunft aus den Quellen des Judentums, Wiesbaden ³1995. – A.J. Heschel, Heavenly Torah, New York 2005. – E.J. Lipinski et al., Art. Revelation, in: EJ² 17 (2007), 253–259. – J. Maier, Geschichte der jüdischen Religion, Freiburg ²1992. – S.L. Steinheim, Die Offenbarung nach dem Lehrbegriffe der Synagoge, 4 Bde., Frankfurt 1986 [1835–1865]. – E.E. Urbach, The sages, their concepts and beliefs, 2 Bde., Jerusalem 1975. Günter Stemberger

Oralität

→Mündlichkeit

P

Parabel

I. Alttestamentlich

Das AT ist voll von bildhafter, vergleichender →Rede. Nach C. Westermann ist zu unterscheiden zwischen der →Metapher („der implizite, auf ein Wort reduzierte Vergleich"), dem „Vergleich in einem Satz [...], der Bestandteil einer größeren Einheit ist", und dem →Gleichnis, das „eine selbständige, in sich geschlossene Einheit bildet, eine kleine Erzählung" (10). Bei der selbständigen →Erzählung kann man noch einmal das eigentliche Gleichnis, das etwas Alltägliches und Typisches erzählt, von der P. unterscheiden, bei der ein interessanter Einzelfall erzählt wird (R. Dithmar, 27 f.). Beide Formen fordern den Transfer vom Erzählten zum Gemeinten. Legt man diese Definitionen zugrunde, kommt man in der Hebräischen Bibel nur auf wenige Beispiele für P.n. Am sichersten als P. zu deuten ist die Erzählung des Propheten Natan, mit der er David nach dessen Ehebruch mit Batseba und der Ermordung von deren Mann Urija mit seiner Tat konfrontiert. Er erzählt dazu die singuläre Geschichte von dem armen Mann, dessen einziges, wie eine Tochter gehaltenes Schaf vom Reichen weggenommen wird, als dieser einen Gast bewirten muss (2 Sam 12,1–4). Als David diesen Mann heftig verurteilt, bietet der Prophet selbst den Transfer an: „Du bist der Mann" (V.7). Ähnlich strukturiert ist die fiktive Erzählung eines Propheten vom Entlaufen eines Kriegsgefangenen. Der König, dem dies vorgetragen wird, verurteilt den Mann und spricht sich damit wie David selbst das Urteil (1 Kön 20,38–43). Weniger eindeutig ist die Zuordnung des Weinberglieds in Jes 5,1–7 zur Gattung der P. Zwar erzählt der Text die Geschichte eines Mannes, der einen Weinberg pflegt, um ihn schließlich, als er keine Frucht bringt, der Verwilderung preiszugeben, und wendet dies im Schlussvers auf Israel und Juda an. Aber der Text enthält auch andere Gattungselemente wie die des Liebeslieds und der Fabel, so dass er zumindest nicht als reine P. bezeichnet werden kann.

Als Gattungsbegriff für alle Arten von Vergleichen (Gleichnisse, P.n, →Allegorien, Fabeln), aber auch für Sprich- und Spottwörter, verwendet das Hebräische das Wort *mashal.* Dies übersetzt die →Septuaginta fast immer mit παραβολή. Aufgrund des hebräischen Hintergrunds umfasst diese Wiedergabe ein sehr viel weiteres Bedeutungsspektrum als der hier zugrundegelegte moderne literaturwissenschaftliche Parabelbegriff.

Bibliographie: R. Bartelmus, Beobachtungen zur literarischen Struktur des sog. Weinberglieds (Jes 5,1–7), in: ZAW 110 (1998), 50–66. – R. Dithmar (Hg.), Fabeln, Parabeln und Gleichnisse, München [7]1983. – W. Schottroff, Das Weinberglied Jesajas (Jes 5,1–7), in: Ders., Gerechtigkeit lernen, Gütersloh 1999. – J. Wehrle, Art. Gleichnis/Parabel I., in: RGG[4] 3 (2000), 999. – C. Westermann, Vergleiche und Gleichnisse im Alten und Neuen Testament, Stuttgart 1984.

Rainer Kessler

II. Neutestamentlich

Der Begriff P. ist sowohl Sammelbegriff für gleichnishafte Texte (von griech. παραβολή, vergleichbar dem dt. Sammelbegriff → Gleichnis) als auch Bezeichnung für die Unterform des erzählenden Gleichnisses bzw. der Gleichniserzählung. Die literarische Form der P. ist fester Bestandteil der Jesusüberlieferung in den →Evangelien und hat daher in der ntl. Wissenschaft hohes Interesse gefunden.

P. fungiert erstens als Sammelbegriff. Das griechische Verb παρα-βάλλειν meint ‚daneben stellen, vergleichen'. Nebeneinander gestellt werden in einer P. zwei Wirklichkeitsbereiche, die ursprünglich nichts miteinander zu tun haben, durch die P. aber vergleichbar erscheinen.

Zweitens wird P. als Bezeichnung für erzählendes Gleichnis/Gleichniserzählung verwendet. Die Unterscheidung zwischen P., Gleichnis im engeren Sinne (besprechendes Gleichnis) und Beispielerzählung geht auf A. Jülicher (I, 80 ff.) zurück. Die P. beinhaltet nach Jülicher eine einmalige, fiktive, frei erfundene, szenisch gegliederte Handlung, während das besprechende Gleichnis Alltagsvorgänge schildert (a. a. O., 93). Auch im Erzähltempus (v. a. Aorist) unterscheide sich die P. vom Gleichnis im engeren Sinne (v. a. Präsens). Zweck der fiktionalen, anschaulichen Darstellung sei die Steigerung der rhetorisch-argumentativen Wirkung. Die formkritische Unterscheidung wird heute mangels Trennschärfe (Grenzfälle wie Mt 13,31–33!) infrage gestellt (R. Zimmermann).

Die Pseudorealistik sorgt für die Glaubwürdigkeit der P., die Konterdetermination des Erzählten (die ‚Sache' kommt im Bild *expressis verbis* nicht zur Sprache) fokussiert die Adressaten auf die erzählinterne Zielaussage (Pointe). Via Zustimmung zur erzählinternen Pointe wird die Plausibilisierung der theologischen ‚Sache' – ein komplexes Bündel aus kognitiven, emotiven und praktischen Aspekten – angestrebt (K. Erlemann, 99 f.). Als gleichnishafter Text wird die P. durch allegorische Verweiselemente erkennbar (→Allegorie). Zu diesen Elementen sind, neben Einleitung und Anwendung, erzählinterne Elemente wie geprägte Bildfelder, →Metaphern, zeitgeschichtliche Anspielungen und erzählerische Extravaganzen zu rechnen. Die Klärung dieser Elemente ist für die Parabelauslegung konstitutiv.

Eine Sonderform der P. sind die ‚Beispielerzählungen' (Lk 10,30–37; 12,16–21; 16,19–31; 18,9–14). Sie unterscheiden sich durch die fehlende Konterdetermination und stellen ein überspitztes Fallbeispiel für das geforderte bzw. abgelehnte Verhalten vor.

BIBLIOGRAPHIE: K. Erlemann, Gleichnisauslegung, Tübingen/Basel 1999. – A. Jülicher, Die Gleichnisreden Jesu, 2 Bde., Tübingen [2]1910. – E. Rau, Reden in Vollmacht, Göttingen 1990. – R. Zimmermann (Hg.), Bildersprache verstehen, München 2000. – Ders., Kompendium der Gleichnisse Jesu, Gütersloh 2007.

Kurt Erlemann

III. Altphilologisch

Für die P. (παραβολή, *parabola*) sind in der Antike zwei Traditionslinien zu unterscheiden. In der griechisch-römischen →Rhetorik ist die P. ein Vergleich, der die →Argumentation stützt. Aristoteles (*Rh.* 2,20,3) nennt die P. und die Fabeln Äsops (λόγοι) als fiktive Unterarten des Beispiels (παράδειγμα). Sein Verweis auf die sokratischen P.n (z. B. X. *Mem.* 1,2,9) zeigt, dass er P. als einen Vergleich mit allgemeinen Sachverhalten und Ereignissen, die nicht wirklich, aber möglich sind, versteht. Als Beweismittel ist die P. Teil der *inventio*. In der nacharistotelischen Rhetorik verändert sich mit der Tropen- und Figurenlehre die Theorie von den Formen der → Analogie. Nach Quintilian ist die P. eine Unterart der *similitudo* und damit Beweismittel (*inst.* 5,11,1–6; 22 f.), aber auch Redeschmuck und Teil der *elocutio* (*inst.* 8,3,72; 77). Die P. ist nicht mehr zwingend fiktiv, sondern zeichnet sich dadurch aus, dass sie die Bereiche *res* und *natura* zum Vergleich heranzieht, während historische →Ereignisse dem Beispiel vorbehalten sind. Donat und andere kaiserzeitliche Grammatiker ordnen Bild (*icon*), P. und Beispiel (→*paradigma*) unter dem Oberbegriff *homoeosis* den Tropen der Übertragung zu, zu denen u. a. die →Allegorie gehört. Einer Annäherung der vergleichenden an die metaphorische →Rede wird dadurch der Weg bereitet.

Der zweite Strang ist die jüdisch-christliche Tradition. In der griechischen Übersetzung des →AT gibt P. *mashal* wieder und übernimmt das breite Bedeutungsspektrum des hebräischen Begriffs. Die synoptischen → Evangelien bezeichnen v. a. die →Gleichnisse Jesu als P.n, was dazu führt, dass die P. nicht mehr nur als verdeutlichende, sondern auch als verhüllende Rede, die einer Deutung bedarf, verstanden wird. In der christlichen → Literatur schlägt sich diese Bedeutungserweiterung des Begriffs nieder. P. kann nun sogar Erzählungen bezeichnen; die vergleichende Funktion tritt bisweilen in den Hintergrund.

In der modernen Klassischen Philologie wird der Begriff P., der erst in der christlichen Tradition die prägende Bedeutung ‚gleichnishafte Erzählung‘ erhielt, selten und nur uneinheitlich verwendet (z.B. für A. *A.* 717–736). Eine systematische Reflexion der P. oder ihrer Abgrenzung gegenüber der Allegorie etc. findet nicht statt. Wo die παραβολή als rhetorisch-stilistisches Phänomen untersucht wird, spricht man von ‚Vergleich‘ oder lässt den Fachbegriff unübersetzt.

Bibliographie: R. von Heydebrand, Art. Parabel, in: Archiv für Begriffsgeschichte 34 (1991), 27–122. – D. Krömer, parabola, in: ThLL X,1, 286–291. – M.H. McCall, Ancient rhetorical theories of simile and comparison, Cambridge 1969. – M.P. Schittko, Analogien als Argumentationstyp, Göttingen 2003. – R. Zymner, Art. Parabel, in: HWRh 6 (2003), 502–514.

Petra Schierl

IV. Literaturwissenschaftlich

Die P. (griech. παραβολή, lat. *parabola*, ‚Vergleichung‘) ist seit der Antike eine genuin aufklärerische, für die Literatur des späten 18. und der ersten Hälfte des 20. Jh.s charakteristische →Gattung – mit unterschiedlicher Funktion: dort ‚Hebel der Erkenntnis‘ (G.E. Lessing), hier deren Kritik (B. Brecht, F. Kafka). Als Textcorpus ist sie fünffach markiert: (1) durch ihre Geschlossenheit; (2) durch ihre Zweiteiligkeit, vermittels einer Vergleichskopula (*tertium comparationis*); (3) durch ihre Hypothetik; (4) durch ihren Appell; (5) durch ihre Kürze.

Die P. hat ebenso wie die ihr entsprechende (parabolische) Darstellungs- und Bewusstseinsform zwei schon im Hellenistischen verbundene Wurzeln, die antike →Rhetorik (1) und die →Ästhetik (2) der jüdisch-biblischen Erzähltradition (*mashal*).

(1) In Arist. *Rh.* 2,20 und Quint. *inst.* 5,11 erscheint die P. (auch lat. *similitudo*, ‚Ähnlichkeit‘) als *rhetorische* Funktion, als Ausdruck dialektischen Denkens und als Spielart der *persuasio* (Strategie des Überzeugens, Überredens). Durch eine anschauliche *narratio* bzw. ein Analogieangebot wird der →Hörer zur Einsicht geführt. Als ursprünglich kurzer, wirkungsfunktionaler Redeeinschub (Arist. *Rh.* 3,16) gleicht die P. im Verständnis G.E. Lessings der Fabel (*Von dem Wesen der Fabel*, 1759), verzichtet jedoch auf deren normative Kriterien, d.h. ihre Figuren- und Verhaltensstereotypien und die daraus folgenden Handlungsschemata.

Die Lösung der P. aus dem Dispositionsschema der Rede seit dem 18. Jh. destabilisert sie gattungstheoretisch, sie findet v.a. im 20. Jh. als Parabolik, als spezifische Darstellungs- und Wirkungsform Eingang auch in die Großgattungen Drama (B. Brecht, S. Beckett, M. Frisch) und Roman (F. Kafka, A. Camus, D. Buzatti).

(2) Das *ästhetische* Selbstverständnis der P. rührt bereits aus ihrer biblischen Herkunft, den →Gleichnissen Jesu, die das hebräische *mashal* zur rhetorischen Wirkungsfunktion verengen. Entgegen A. Jülichers pragmatischer Parabeldeutung knüpft die heutige Theologie an die Erfahrung der Erkenntniskrise der Moderne an, akzentuiert die Unübersetzbarkeit und Auslegungsunendlichkeit der jesuanischen P.n und sieht gerade darin die wirkungsmächtige Sprengkraft der biblischen Botschaft (W. Harnisch). Die christliche →Hermeneutik wendet sich damit auch gegen die epistemologische Unbefangenheit der neuzeitlich-aufklärerischen Parabeltradition und folgt der modernen P. eines Kafka, Beckett, Brecht, die *anstelle* oder *vor* einer bloß handlungspraktischen Lehre die kritische Einsicht in die Bedingtheit und Struktur des Verstehens fordert.

Bibliographie: J. Billen (Hg.), Die deutsche Parabel, Stuttgart 1986. – T. Elm, Die moderne Parabel, München 1991. – Ders./H. Hiebel (Hgg.), Die Parabel, Frankfurt a.M. 1986. – W. Harnisch, Die Gleichniserzählungen Jesu, Göttingen 1985. – R. v. Heydebrand, Parabel, in: Archiv für Begriffsgeschichte 34 (1991), 27–122. – A. Jülicher, Die Gleichnisreden Jesu, Bd. 1, 1910 [Darmstadt 1976]. – R. Zymner, Uneigentlichkeit, Paderborn 1991. – Ders., Parabel, in: Kleine literarische Formen in Einzeldarstellungen, Stuttgart 2002, 174–190.

Theo Elm

Parabiblische Literatur

Als p. L. werden Fortschreibungen und Neuerzählungen ‚biblischer‘→Texte und Stoffe bezeichnet. Es handelt sich dabei um Produkte frühjüdischer →Auslegung, die das Phänomen innerbiblischer →Interpretation aufgreifen und fortführen. Nähe und Art des Verhältnisses zur Bezugsgröße der Schrift, auch die Techniken der Fortschreibung (z. B. Erklärungen und Ergänzungen) sind in den einzelnen Werken sehr unterschiedlich. P. L. umfasst →Gattungen wie z. B. Berichte, Apokalypsen und Testamente.

Eine verbindliche Definition und klare Abgrenzung der p.n L. gibt es nicht. Der Begriff wurde erstmals von H.L. Ginsberg (574) im Blick auf das Genesis Apokryphon, das Jubiläenbuch und Pseudo-Philo verwendet. Er ersetzt häufig die ältere Bezeichnung ‚Pseudepigraphen' (→Pseudepigraphie). Von manchen Forschern werden explizit exegetische →Texte, insbesondere Midraschim, zur p.n L. gezählt. Die Beziehung zu *‚re-written Bible'*-Texten wird unterschiedlich beschrieben, teils gelten diese als Parallel-, teils als Sub-Kategorie (s. Überblick bei D. Falk, 1–25).

P. L., deren ältester Vertreter in Teilen der Henoch-Literatur zu sehen ist, entsteht bereits, während späte →Bücher der →‚Bibel' noch im Werden begriffen sind (die früheste Handschrift des astronomischen Henochbuchs datiert um 200 v. Chr.). Unter den Qumranfunden werden 44 Werke als parabiblisch klassifiziert (D. Parry/E. Tov; vgl. ähnlich schon A. Lange/U. Mittmann-Richert). Dazu zählen neben der Henoch-Literatur und dem Jubiläen-Buch u. a. das Genesis Apokryphon, das Josua Apokryphon und Pseudo-Ezechiel. Innerhalb der Qumranfunde stellen die parabiblischen Texte nach den biblischen die größte Gruppe dar (ca. 115 zu 200 Kopien).

Eine sichere Unterscheidung zwischen biblischen und parabiblischen Texten ist nicht immer möglich. Wann ist ein Text noch ein Bibeltext (in einer unbekannten Textform) und wann ist er bereits →Auslegung eines Bibeltexts? Diskutierte Grenzfälle sind z. B. die Tempelrolle und der *‚Reworked Pentateuch'* (4Q365 par., vgl. zu den Texten aus Höhle 4: J. Maier, Die Qumran-Essener: Die Texte vom Toten Meer 2, München/Basel 1995); letzterer wird heute meist als Bibeltext gesehen.

Die Qumranfunde zeugen ferner vom Phänomen ‚parabiblischer Texte zu parabiblischen Texten', etwa in Gestalt der psJub-Texte, die das Jubiläenbuch auslegen; gleiches gilt für das Verhältnis von 4Q390 zu 4QApokryphon Jeremia C.

Bibliographie: D. Falk, The parabiblical texts, London/New York 2007. – H.L. Ginsberg, Rezension zu J.A. Fitzmyer, The Genesis apokryphon of Qumran cave I: a commentary, in: Theological Studies 28/1 (1967), 574–577. – A. Lange/U. Mittmann-Richert, Annotated list of the texts from the Judaean desert, in: E. Tov, The texts from the Judaean desert, DJD 39, Oxford 2002, 115–164, bes. 122–129. – D. Parry/E. Tov (Hgg.), The Dead Sea scrolls reader, Part 3, Leiden/Boston 2005.

Annette Steudel

Paradigma

I. Neutestamentlich

Der griechische Begriff παράδειγμα begegnet in den ntl. →Texten nicht, sondern ist philosophiegeschichtlich besonders durch Plato (*Ti.* 28) geprägt: παράδειγμα bezeichnet hier das in sich gleichbleibende Urbild oder Modell, nach dem der Demiurg verschiedene Bereiche des Kosmos gestaltet. In der jüngeren Wissenschaftstheorie wurde der Paradigmabegriff durch T.S. Kuhn (1967) relevant (s. unten II.).

Aus ntl.-exegetischer Sicht ist das Lemma P. in verschiedener Hinsicht bibelhermeneutisch zu reflektieren: (1) Sinnverwandt zu P. findet sich in den ntl. Texten das Lexem ὑπόδειγμα in der semantischen Bedeutung von ‚Beispiel' (vgl. ähnlich auch τύπος in 1 Kor 10,6; Röm 5,14; Phil 3,17; 1 Thess 1,7; ἀντίτυπος in Hebr 9,24; 1 Petr 3,21 oder ὑποτύπωσις in 1 Tim 1,16; 2 Tim 1,13; ὑπογραμμός in 1 Petr 2,21): In Joh 13,15 bezeichnet Jesus seine Zeichenhandlung der Fußwaschung als ein Beispiel, dem auch seine Jünger nachkommen sollen. In Jak 5,10 werden den Adressaten das Leiden und die Geduld der Propheten paränetisch als Beispiel, also vorbildhaft, vor Augen geführt. In 2 Petr 2,6 wird die Zerstörung Sodoms und Gomorras als Beispiel für das göttliche Gericht an den Gottlosen verstanden. Der Hebr bezeichnet mehrfach mit ὑπόδειγμα die ‚Abbilder' der himmlischen Dinge (8,5; 9,23). (2) Hebr 11 beinhaltet darüber hinaus eine sog. *Paradigmenreihe*, in der die ‚Vorfahren' (11,2) als Zeugen des Glaubens (πίστει: 11,3 ff.) bzw. als

‚Wolke der Zeugen' (12,1) für ihren Glauben vorbildhaft vorgestellt werden. (3) Der Begriff P. wird in spezifischer Weise im Blick auf die Formgeschichte der Evangelien von M. Dibelius definiert und verwendet: „Wenn der mit Wahrscheinlichkeit zu erschließende Gebrauch der Prediger, ihre Verkündigung mit Beispielen zu illustrieren, den ältesten christlichen Erzählungsstil ausgebildet hat, so wird man diese Gattung von Erzählungen am besten *Paradigmen* nennen" (Dibelius, 24).

(4) In einem weiterführenden hermeneutischen Sinne lassen sich schließlich alle ntl. Texte als paradigmatische Texte verstehen: Sie sind nämlich im Blick auf ihre historischen Entstehungs- und Lese-Situationen, ihre Themen, ihre Argumentations- und Erzählformen oder im Blick auf ihre differenzierte Offenbarungsterminologie gleichermaßen literarische, kulturelle und religiöse Denkvorgaben sowie sprachliche *settings*, in denen christlich-theologisches Denken, Verkündigen, Argumentieren oder Erzählen seinen historischen Ausgang nahm und dauerhaft auch seinen theologisch-hermeneutischen Bezugspunkt finden kann (E.-M. Becker).

Bibliographie: E.-M. Becker, Der Text als παράδειγμα, in: Praktische Theologie 44 (2009) (im Druck). – K. Berger, Formgeschichte des Neuen Testaments, Heidelberg 1984. – M. Dibelius, Die Formgeschichte des Evangeliums, Tübingen ^{6}1971.

Eve-Marie Becker

II. Philosophisch

Der Begriff P. wird in drei Hauptbedeutungen verwendet: (1) Urbild, Vorbild, (2) Musterbeispiel, exemplarische Instanz, (3) Konstellation gemeinsamer Meinungen, →Methoden oder Werte.

In der ersten Bedeutung können die platonischen Ideen als P. bezeichnet werden. Damit ist eine der beiden Relationen benannt, anhand deren Plato (*Phdr.* 74d–75d; *Ti.* 28a–b, 37c–38d) das Verhältnis von Idee und Ding beschreibt: Teilhabe (μέθεξις, *participatio*) und Nachahmung (μίμησις, *imitatio*). Die Idee ist das Urbild, von dem die konkreten Dinge nachahmende Abbilder sind; die Dinge (die schönen Gegenstände, die gerechten Menschen) streben danach, so zu sein wie die Idee (das Schöne selbst, das Gerechte selbst). In der zweiten Bedeutung ist das P. z.B. ein Musterbeispiel, anhand dessen man eine Regel erklärt und erlernt, oder ein exemplarisches Werk, anhand dessen ein →Stil definiert wird und an dem sich andere Werke und Künstler orientieren. In der dritten Bedeutung ist der Begriff in der neueren Diskussion durch T.S. Kuhn prominent geworden, wobei die zunächst wissenschaftstheoretische und -historische Verwendung des Begriffs in zahlreichen Bereichen der Kulturwissenschaften übernommen und adaptiert worden ist. P. steht hier für die disziplinäre Matrix, den theoretischen Kern, den Komplex gemeinsamer Überzeugungen, welche die Vertreter einer theoretischen Position, einer Schule oder wissenschaftlichen Strömung teilen. Kuhn verbindet damit eine Sichtweise des Theoriewandels, der nicht als stufenweise rationale Veränderung durch die Mitglieder einer wissenschaftlichen Gemeinschaft erfolgt, sondern sich als ‚wissenschaftliche Revolution' über einen ‚Paradigmenwechsel' ereignet, in welchem ein bestehendes P. durch ein neues verdrängt und abgelöst wird, ohne dass dieses vom alten her begründet und verständlich gemacht wird.

Bibliographie: T.S. Kuhn, Die Struktur wissenschaftlicher Revolutionen, Frankfurt a.M. 1967.

Emil Angehrn

Paraphrase

→Intertextualität, →Kommentar, →Zitat

Paratext

→Paratextualität/Paratext

Paratextualität/Paratext

I. Altphilologisch

Durch G. Genette, der im Begriff P. zuvor eher einzeln wahrgenommene Phänomene bündelt, rückte das Beiwerk des →Buches verstärkt ins Blickfeld der Klassischen Philologie. Sie kann im Verbund mit anderen Disziplinen, besonders den Mittelalterphilologien und der Wissenschaftsgeschichte, wesentliche Beiträge zum Verständnis der P. leisten, weil die Überlieferung der antiken →Texte die Entwicklung und den Funktionswandel der

P. in verschiedenen Schriftmedien (Papyrusrolle, Codex, Buch, Website usw.) sichtbar macht und so die Beschränkung nur auf das gedruckte Buch relativiert. In der antiken Schriftkultur, die eine progressive Verbesserung der Orientierungs- und Informationssysteme von Texten zeigt, wurden viele Funktionen von P. vom Text selbst übernommen, weil die Grenze zwischen Text und Paratext kaum gezogen war. Für einzelne Teile, wie die auch Dedikation und Motti umfassenden Prooemien, entwickelten sich z.T. sogar gattungsübergreifende und über die Rhetorik tradierte Normen: während sie in der →Dichtung in den Text integriert waren (Eposanfang; Widmungsgedichte in Sammlungen), waren sie in vielen anderen Fällen ein isolierbarer Text (vgl. Prosavorworte zu Martials Epigrammen und Statius' *Silvae*; Vorworte zu Lehrwerken). Die Angabe des →Autors (,Copyright' und Kürzest-Vita) wurde in einer ebenfalls topischen Sphragis (,Siegel') plaziert. Bei nicht mehr vom Autor kontrollierten Publikationen kamen durch Dritte verfasste Viten und Inhaltsangaben (bes. bei Tragödien und Epen) hinzu. Durch das Ordnungssystem der Werktitel verorteten sich die Autoren im Gattungsspektrum und konditionierten die Rezipientenerwartung schon vor der eigentlichen Lektüre (vgl. Ov. *rem.* 1,1 f.; *trist.* 1,1,1–14, auch zum Einband). Ordnungssysteme, die dem Inhaltsverzeichnis entsprechen, wurden häufig an prominenter Stelle ins Werk integriert (z.B. Verg. *georg.* 1,1–4; Artem. 1,10). Die nicht zwingend an einer Gliederung orientierte Einteilung von Epen in einzelne Bücher erfolgte bis zu Apollonios Rhodios (3. Jh. v. Chr.) nachträglich. Zeilenzählungen fügte man in antiken Manuskripten ursprünglich bei Dichtung alle 100 Verse ein, um die Entlöhnung der Abschreiber festsetzen zu können. Überschriften einzelner Werkteile oder Gedichte waren wegen des Vorrangs einer Nummerierung nicht obligatorisch, entwickelten sich in der Spätantike aber ebenfalls zu einem Bezugssystem. Für bestimmte Paratextformen (v.a. für Verlags- und Autoren-Peritexte) gibt es keine exakten antiken, aber in Einzelfällen funktionale Äquivalente.

BIBLIOGRAPHIE: J.-C. Fredouille et al. (Hgg.), Titres et articulations du texte dans les œuvres antiques, Turnhout 1997. – R. Grüttemeier, Art. Paratext, in: HWRh 6 (1985), 570–573. – B.J. Schröder, Titel und Text, Berlin/New York 1999. – M. Völkel, Historiographische Paratexte: Anmerkungen zu den Editionen antiker Geschichtsschreiber im 16. und 17. Jahrhundert (Caesar/Sueton), in: Archiv für Kulturgeschichte 85 (2003), 243–275.

Christine Walde

II. Literaturwissenschaftlich

Der Begriff (griech. παρά, ,neben, über, hinaus'; lat. *textus*, ,Gewebe, Zusammenhang') wird 1982 von G. Genette eingeführt und bezeichnet eine Sonderform der Transtextualität. Paratexte sind Kommentartexte, die nicht zum eigentlichen literarischen Werk gehören, aber dennoch ein Bezugssystem zu demselben bilden, einen sog. ,pragmatischen Hof' (G. Genette).

Paratexte steuern die →Rezeption eines →Textes, ohne dass sich der →Leser dessen bewusst sein muss. Sie können wichtige Informationen enthalten, die zum besseren Verständnis oder zur Klassifikation eines Textes beitragen (Bsp. Klappentext). Daneben besitzen sie häufig auch Schmuckfunktion. Zumeist sind Paratexte materiell – durch entsprechendes Layout – vom eigentlichen Textcorpus abgesetzt.

Grundsätzlich werden zwei große Felder unterschieden: In einem weiten Bereich werden alle Texte als Paratexte bezeichnet, die außerhalb des gedruckten →Buches entstanden sind, wie Autorengespräche, Notizen, Vorstufen, verlegerische Anmerkungen, Plakate, Anzeigen usw. In einem engeren Sinn versteht man unter Paratexten die Rahmenstücke eines Textes innerhalb des gedruckten Buches. Hier sind sowohl materielle Eigenschaften des Buches eingeschlossen (Papier, Format, Umschlag usw.) als auch textuelle Rahmenstücke, wie das Vorwort, Widmungen, Motti oder auch Anmerkungen.

Die wichtigsten Klassifikationen, nach denen Genette Paratexte einteilt, sind: (1) der Kontext: (a) werkinterne Peritexte, d.h. im unmittelbaren Zusammenhang mit dem Haupttext stehende Texte: Vorwort, Widmung, Titel usw. und (b) werkexterne Epitexte: Texte also, die sich im Umfeld des eigentlichen Textes bewegen, z.B. Autoreninterviews; (2) Differenzierung nach den jeweiligen Verfassern von Paratexten: auktoriale, editorische oder auch allografische Paratexte; (3) nach Realitätsstatus: authentische, fiktive oder apokryphe Paratexte; (4) nach Erscheinungsform: mündliche, schriftliche oder illustratorische Paratexte und (5) nach den Adressaten (öffentliche und private Paratexte). Außerdem finden Erscheinungszeit und Kategorien wie Alter und Geschlecht des → Autors ihre Berücksichtigung.

Genettes Konzept der Paratexte setzt einen sehr weiten Textbegriff voraus und weist damit seine Theorie als eine poststrukturalistische aus. Die Grenzen des Paratextes sind nicht eindeutig festgelegt und nicht auf die Materialität des Buches beschränkt. Paratexte können auf ganz verschiedene Art und Weise zur Reflektion über das Werk anregen; zum einen ergeben sich Berührungspunkte zum wissenschaftlichen →Kommentar, zum anderen fallen Paratexte aber auch in den Bereich der Metafiktion.

BIBLIOGRAPHIE: G. Genette, Paratexte, Frankfurt a.M. 1992. – B. Moenninghoff, Paratexte, in: H.L. Arnold/H. Detering (Hgg.), Grundzüge der Literaturwissenschaft, München 1996, 349–357. – A. Retsch, Paratext und Textanfang, Würzburg 2000.

Stephanie Waldow

III. Textlinguistisch

P. ist als Sonderform der Transtextualität die Relation von Haupttexten zu umgebenden und kommentierenden Nebentexten. Dabei unterscheidet man in der Folge von G. Genette (1981 und 1987) zunächst allein in der Literaturwissenschaft der 1990er Jahre zwischen textinternen Peritexten, die einen Text direkt umgeben, und den textexternen Epitexten, die als →Texte zum Text etwa in Form von Interviews, Kommentaren oder →Briefen für das Verständnis eines Haupttextes nutzbar sind. Genette betont, dass P. die Schnittstelle zwischen Text und Nicht-Text markiert und die Schwelle für historisch je neue Kontextualisierungen von Äußerungen konstruiert. Paratexte vermitteln zwischen der Textwelt und der empirischen Welt soziohistorisch definierter Rezipienten. Aus textlinguistischer Perspektive kann von einem pragmatischen Textbegriff gesprochen werden. Die wichtigste Funktion der P. liegt in der Relativierung der Unwandelbarkeit des Geschriebenen. Besonders deutlich wird das in →Kommentaren, die neue Lesarten eröffnen. Ziel jeder hermeneutischen Praxis ist damit die Formulierung von Paratexten, die einen je gültigen Zugriff auf Texte festlegen und als Instrumente der Anpassung dienen.

Bei Genette werden neben der lokalen Differenzierung von Peri- und Epitext (wo?) folgende Ebenen der P. angeführt: temporale (wann?), materielle (wie?), pragmatische (wer an wen?) und funktionale (mit welchem Ziel?) P. Auf dieser Grundlage wird v.a. mit Hinweis auf fiktionale Texte ein differenziertes Kategoriensystem der P. ausgearbeitet. Unterschieden sind dabei temporal die Paratexte in Textausgaben verschiedener Zeiten, autorenbezogen der Status des Paratextes als Autortext, Editortext oder Text fremder Hand, der Privatheitsgrad der Paratexte, der Authentizitätsgrad der Paratexte sowie mediale Formen wie mündliche und schriftliche bzw. verbale und nicht-verbale Paratexte.

P. ist auch Mittel der Textvermarktung im Medium →Buch. Da P. eine markierte und wenn nicht intendierte, so doch strukturell erkennbare Beziehung von Textteilen bzw. Texten ist, wird sie zum prädestinierten Gegenstand strukturalistisch-hermeneutischer Textanalysen. Daneben besitzt der Terminus die für poststrukturalistische Arbeiten charakteristische Tendenz der Entgrenzung durch Verweis auf Einrahmungen sprachlicher und nicht-sprachlicher Art.

Strukturalistisch ist die Theorie der P. bereits vorgeprägt bei F. de Saussure (1967 ff.), bei dem das Zeichen als ‚sème' nur durch seinen systematischen Bezug zu anderen Zeichen Bedeutung trägt und mithin als ‚parasème' funktioniert.

BIBLIOGRAPHIE: G. Genette, Palimpsestes, Paris 1981. – Ders., Seuils, Paris 1987. – B. Moennighof, Paratexte, in: H.L. Arnold/H. Detering (Hgg.), Grundzüge der Literaturwissenschaft, München 1997, 349–356. – F. de Saussure, Cours de linguistique générale, Ed. critique par R. Engler, Paris 1967 ff.

Ingo H. Warnke

Pathos

I. Alttestamentlich

Der ganze Bereich des ‚Emotionalen' wird in den →Texten des →AT häufig aufgegriffen und thematisiert. Zu unterscheiden sind dabei die pathetisch-emotionalen Bewegungen der Menschen einerseits und Gottes anderseits. Anthropologisch bedeutsam ist die Auffassung menschlicher Emotionen im AT; Emotionalität und P. gehört zum menschlichen Dasein. Theologisch bedeutsam sind die pathetisch-emotionalen Bewegungen Gottes im AT: Vom Gott des AT können wir nicht reden, ohne von seinem Zorn, seiner Liebe, seiner Reue und vielen anderen Emotionen zu sprechen.

Historische Anthropologie und Psychologie haben gezeigt, dass Emotionen nicht als universale Phänomene aufzufassen sind. Auch für das AT muss daher nach einem spezifischen Emotionenkonzept gefragt werden. Es ist dabei von einem einheitlichen Emotionenkonzept auszugehen, das die Emotionen Gottes ebenso umfasst wie die menschlichen Emotionen. Eine sprachlich orientierte Metaphernanalyse (nach G. Lakoff/M. Johnson und Z. Kövecses) ermöglicht einen Einblick in das Emotionenkonzept des AT, das stark in der altorientalischen Kultur verwurzelt ist: P. und Emotion werden nicht wie in der griechisch-europäischen Tradition nach dem Modell der Behältermetapher verstanden, in dem der Körper als Hülle/Behälter der aus ihm heraus entspringenden Emotionen gedacht wird (Z. Kövecses). Das AT spricht nie von im →Körper eingeschlossenen oder gar einzuschließenden Emotionen; ein Ideal der vollkommenen Kontrolle der ‚Leidenschaften' (im ‚Behälter' des Körpers) gibt es im AT nicht. Viel stärker sind im AT Mensch und Gott von dem kausalen Zusammenhang zwischen Anlass und unabdingbar sich einstellender emotionaler Reaktion geprägt. Zuweilen werden Emotionen als von außen kommend betrachtet, etwa wenn vom Geist der Eifersucht die Rede ist (Num 5,14.30). Auch werden die Emotionen im AT nicht als etwas grundsätzlich Negatives gesehen und der Ratio gegenübergestellt. Zerstörerische Wirkung wird den einzelnen Emotionen wie Hass oder Eifer zugeschrieben (vgl. Spr 10,12: „Hass erregt Hader; aber Liebe deckt alle Übertretungen zu"), nicht der Emotionalität überhaupt. All dies gilt auch von den Emotionen Gottes, die sprachlich genauso codiert sind wie die Emotionen des Menschen. Zorn Gottes entsteht dann aus konkreten Anlässen und ist nicht in einer irrational-bösen Anlage Gottes begründet. Die theologische Rede vom Zorn Gottes im AT (etwa im Bereich der Propheten und des deuteronomisch-deuteronomistischen Schaffens) bedient sich dieser Auffassung und ermöglicht, z. B. den Untergang des Nord- und Südreiches als Folge der menschlichen Verfehlungen zu sehen, herbeigeführt durch den Zorn Gottes.

Bibliographie: Z. Kövecses, Emotion concepts, New York u. a. 1990. – G. Lakoff/M. Johnson, Leben in Metaphern, Heidelberg [3]2003. – R. Miggelbrink, Der Zorn Gottes, Freiburg u. a. 2000. – A. Wagner, Emotionen, Gefühle und Sprache im Alten Testament, Waltrop 2006.

Andreas Wagner

II. Neutestamentlich

Nach Aristoteles (*Rh.* 1,2,3) hängt die Überzeugungskraft jeder Rede an den drei Elementen, durch welche Beweise (πίστεις) konstituiert werden: λόγος, ἦθος und πάθος. Sie beziehen sich wechselseitig auf die Argumentation der Rede, den moralischen Charakter des Sprechers und die emotionale Disposition der →Hörer. Rhetorische Appelle an die Emotionen des →Lesers finden sich in der biblischen Literatur beider ‚Testamente' durchgängig und in verschiedener Ausformung, insbesondere dort, wo Charaktere – auch Christus und Gott – in verschiedenen emotionalen Verfassungen portraitiert werden (z. B. Ex 32,10; Ps 7,11; Mk 1,41 [vgl. verschiedene Lesarten]; 14,34; vgl. auch Joh 12,27). Diese Darstellungen bereiteten späteren Interpreten sowohl theologische wie ethische Probleme. Die Untersuchung des P. im Sinne des Aristoteles bleibt bislang weithin auf die paulinischen Briefe beschränkt (vgl. T.H. Olbricht/J.L. Sumney; D.E. Aune). In seiner brieflichen Argumentation lässt Paulus verschiedene Emotionen erkennen (u. a. Freude in Phil; Zorn in 2 Kor 10–13), z. T. finden sich starke Gefühlsschwankungen innerhalb eines Briefes (z. B. Gal 1,1–9 und 4,12–20).

Diese Strategie fand bei antiken Kommentatoren (z. B. Johannes Chrysostomos) Anerkennung, die diese Variabilität als Zeichen rhetorischer Fähigkeiten interpretierten. Da jedoch nach Gal 5,20 Zorn (θυμός) zu den von Paulus verurteilten ‚Werken des Fleisches' zählt, bedurfte die rhetorische Strategie auch einer Rechtfertigung. Bereits zu Lebzeiten des Paulus registrierten einige seiner Leser die scheinbare Inkonsistenz zwischen der ‚Schwere' und ‚Stärke' seiner Briefe und seiner ‚sanften und schwachen' Person (2 Kor 10,1–10). Der Terminus πάθος findet sich dreimal im NT, jeweils im negativen Sinne für unkontrollierte menschliche ‚Leidenschaften' wie die Begierde (Röm 1,26; Kol 3,5; 1 Thess 4,5). In patristischen Quellen wird πάθος in der Bedeutung ‚Leiden' zu einem *terminus technicus* für den Tod Jesu, seine ‚Passion'. Man kann den Beginn einer Passions-Rhetorik bereits bei Paulus sehen, der sein Evangelium als λόγος τοῦ σταυροῦ (‚Wort vom Kreuz', 1 Kor 1,18) bezeichnet und glaubt, dass nicht länger er lebe, sondern der gekreuzigte Christus in ihm (Gal 2,19). Als Folge einer solchen Selbstidentifikation galt die Zusage, dass, wie die παθήματα Christi in der Gegenwart erlebt wurden, so auch der Trost der Auferstehung in der Zukunft zu erfahren sei (2 Kor 1,4–7). Für Paulus ist das Christus-Drama, das sich ständig im Leben der Gläubigen wiederholt, die Grundlage für die Umwandlung von Emotionen: von Trauer in Freude oder von Verzweiflung in Hoffnung (2 Kor 2,1–4; 6,10; 1 Thess 4,14).

Bibliographie: D.E. Aune, Art. Pathos, in: Westminster dictionary of New Testament and early Christian literature and rhetoric, Louisville 2003, 339–342. – M. Graver, Stoicism and emotion, Chicago 2007. – T.H. Olbricht/J.L. Sumney (Hgg.), Paul and pathos, Atlanta 2001. – J. Wisse, Ethos and pathos: from Aristotle to Cicero, Amsterdam 1989.

Margaret M. Mitchell

III. Altphilologisch

Der Begriff P. (griech. πάθος, ‚Leidenschaft', lat. *affectus, perturbatio animi*) spielt in der antiken →Rhetorik und Literaturkritik eine wichtige Rolle. P. beschreibt die Erregung leidenschaftlicher Gefühle wie z. B. Zorn, Entrüstung, Mitleid. Eine zentrale Stellung nimmt P. in der rhetorischen Argumentation ein (v. a. in der Gerichtsrede). Der Redner muss Affekte beim Zuhörer hervorrufen, um diesen emotional für die vom Redner vertretene Sache einzunehmen. P. ist also ein Mittel der Manipulation des Publikums. Die *Rhetorika* des Aristoteles (384–322 v. Chr.) enthält die früheste ausführliche Theorie der Affekte (2,2–11). Aristoteles unterscheidet drei Überzeugungsmittel: Ethos (Selbststilisierung des Redners), P. (Präsentation des Sachverhalts) und Logos (sachliche Überzeugung).

Cicero (106–43 v. Chr.) und Quintilian (1. Jh. n. Chr.) verstehen die drei aristotelischen Argumentationsstrategien als drei Grade der Gefühlserzeugung (Cic. *de orat.* 2,115; 128; Cic. *Brut.* 185; Quint. *inst.* 3,5,2). Dem Logos entspricht das *docere* (‚informieren') oder *probare* (‚beweisen'), d. h. die logisch-rationale Darstellung eines Sachverhalts, dem Ethos das *conciliare* (‚für sich gewinnen') oder *delectare* (‚erfreuen'), d. h. die Hervorrufung gemäßigter Gefühle, und dem P. das *movere* (‚beeinflussen') oder *concitare* (‚aufstacheln'), d. h. das Erwecken leidenschaftlicher Affekte. Dies beschreibt die drei Aufgaben des Redners (*officia oratoris*; Cic. *de orat.* 2,128), die mit dem einfachen, dem maßvollen und dem leidenschaftlichen Stil verbunden werden (Cic. *orat.* 69; *opt. gen.* 5). Quintilian sieht in der Affekterregung das vorrangige Ziel der Rede (*inst.* 6,2,1; 7). Die emotionale Beeinflussung des Richters lenkt nämlich von unbequemen Wahrheiten ab und gewinnt ihn für die vom Redner vertretene Sache (*inst.* 1,6,5–6). P. ist v. a. im *Prooemium* und im Epilog einer Rede anzutreffen (*inst.* 6,2,20). Um Gefühle glaubwürdig zu erwecken, muss der Redner selbst von ihnen ergriffen sein (Cic. *de orat.* 2,189 f.; Quint. *inst.* 6,2,26–28; 34–36), was er durch die Technik der Vergegenwärtigung (ἐνάργεια, *evidentia*) erreicht. Er ‚zeichnet' mit Worten das Geschehen nach (Quint. *inst.* 6,2,29–33). Die hier zum Ausdruck kommende Nähe der Rhetorik zur Schauspielkunst wird von Tacitus verurteilt (*dial.* 26,1–4).

Die literaturästhetische Schrift *de sublimitate* (*Über das Erhabene*) von Ps.-Longinos (1. Jh. n. Chr.) sieht in der Fähigkeit zum P. eine der Quellen des Erhabenen (8,1). Hier ist P. nicht eine irrationale Leidenschaft in dionysischem

Sinne (3,5; 8,2), sondern das vornehme, mit erhabenen Gedanken verbundene Gefühl in apollinischem Sinne (8,4; vgl. 32,4).

BIBLIOGRAPHIE: O. Andersen, Im Garten der Rhetorik, Darmstadt 2001. – C. Gill, The Ethos/Pathos Distinction in Rhetorical and Literary Criticism, in: CQ 34 (1984), 146–166. – M. Kraus/B.K. Vollmann, Art. Pathos, in: HWRh 6 (2003), 689–705.– R. Meyer-Kalkus, Art. Pathos, in: HWPh 7 (1989), 193–199. – C. Ottmers, Rhetorik, Stuttgart 1996.

Sabine Grebe

IV. Textlinguistisch

P. steht in der Antike nicht nur für ‚Leid/Leidenschaft/Affekt', sondern auch für deren (künstlerischen) Ausdruck. Das Deutsche übernahm das Wort deshalb zunächst als rein poetologische Bezeichnung für ein in gehobener Sprache gefasste Darstellung erhabener und begeisternder Sachverhalte in literarischen Texten. V.a. →Rhetorik und Lyrik bedienen sich pathetischer Mittel (spezielle Textsorten: öffentliche Rede, Psalm, Hymne, Ode). Erst im 20. Jh. verliert P. seine positive Bedeutung, da man spätestens nach der Ablösung des klassischen Idealismus hinter dem erhabenen Gestus keine erhabene Wirklichkeit mehr vorzufinden glaubte: P. wurde gleichgesetzt mit ‚hohlem P.'. Der so belastete Begriff erfuhr zudem eine Bedeutungserweiterung auf alle Lebensbereiche zur Kennzeichnung übertrieben feierlicher Situationen. Aus dem ästhetischen Diskurs wurde ein kommunikationstheoretischer, der berücksichtigt, dass nur im situativen Kontext des Alltags echtes von falschem P. unterschieden werden kann, ihm somit eine eminent soziale Funktion zukommt. Pathetisches Handeln ist demnach der Versuch, innerhalb einer Kommunikationsgemeinschaft ein als gemeinsam empfundenes Wertepotential zu aktivieren, indem man ein symbolisches oder reales Objekt (Lebewesen, Gegenstand, Handlung, → Ereignis) mittels →Zeichen (→Sprache, → Bild, Gestik, →Musik, Raumgestaltung usw.) mit Bedeutsamkeit so auflädt, dass ein kollektiver Erlebnis- oder Handlungshorizont entsteht. Den Einverständigen erscheint das P. als die angemessene Ausdrucksweise, auf alle anderen wirkt sie hohl, befremdlich bis zur Komik.

Diese Definition von P. erfasst so heterogene Textsorten wie z.B. Jubiläumsreden und →Predigten, Werbeplakate und Parteiprogramme, →Liturgien und Schlager, Melodramen und Liebeslyrik, Opern und Videoclips. So erklären sich auch die wichtigsten Stilmittel: Lapidarität und Überhöhung. Zur Gleichstimmung aller Teilnehmer muss die Vielfalt der je individuellen Erfahrung und die Kontingenz des Alltags auf das Grundsätzliche und Wiederkehrende reduziert werden, was dem pathetischen Text eine suggestive Lapidarität verleiht, dem Außenstehenden aber als Banalität erscheinen muss. Die thematische Überhöhung geschieht durch semiotische Aufwertung: Wahl der höchstwertigen Exemplare aus Wort- oder Bildfeldern (z.B. ‚verheißen' statt ‚ankündigen'; eine ‚Pieta' statt einer trauernden Frau), metaphorische Verschränkungen mehrerer Wertebenen (‚heiliger Krieg', ‚nährende Mutter Sonne'), synästhetische Kombination unterschiedlicher Zeichensysteme (Sprache und Musik, Sprache und Gestus, Sprache und Bild, Bild und Musik, usw.). Die durch den Alltagsgebrauch abgenutzten Zeichen werden so aus ihrer Trivialität herausgehoben und damit das ‚Erhabene' angedeutet.

BIBLIOGRAPHIE: P.C. Kern, Pathos, in: H. Löffler et al. (Hgg.), Texttyp, Sprechergruppe, Kommunikationsbereich, Berlin/New York 1994, 396–411. – R. Meyer-Kalkus, Art. Pathos, in: HWPh 7 (1989), 193–199.

Peter C. Kern

Perikope →Lesung

Personifikation →Allegorie/Allegorese

Pescher →Kommentar

Poesie →Dichtung/Dichten/Dichter

Polemik

P. ist eine Form der öffentlichen Auseinandersetzung zwischen zwei Positionen, bei der zwei Auffassungen kollidieren. Sie ist grundsätzlich mit Aggression verbunden, was auch die Etymologie (griech. πόλεμος) belegt. Als verbale (mündliche oder schriftliche), aggressive Argumentationsweise neigt die P. zum persönlichen Angriff, etwa in Stilmitteln wie Satire, Tadel oder gar Beschimpfung. Wenn sie zur Invektive wird, verliert sie an Sachlichkeit. Dennoch darf man die P. nicht *a priori* als unsachlich werten und von Kritik unterscheiden: Sie ist klar von der Beschimpfung zu trennen, weil sie immer argumentiert und mit normativen Fragen verbunden ist. Gegenüber der Kritik zeichnet sich die P. durch ihre dialogische Form aus: Zwei konkurrierende Aktanten streiten vor der urteilenden Instanz eines Publikums über ein strittiges Thema.

Im AT findet man keine P. im dialektischen Sinne. Die Propheten verkündeten durch aggressive Rede den Willen Gottes und sein nahes Urteil. Selbst die jüdische Weisheit kennt keine Form der dialogischen P.: Die Dialoge des Hiob sind ein Abbild der Krise der Weisheit und spiegeln zum Schluss ein Misstrauen gegenüber jeglichem Denken und Forschen.

Im NT hingegen ist die P. in verschiedenen Formen präsent. Die christliche Gemeinde polemisiert in erster Linie gegen die jüdische Religion, aber auch gegen interne Irrlehren.

Paulus erweist sich in seinen Briefen als Polemiker, wenn er etwa Auffassungen wie die Vorstellung von Kirche und Freiheit korrigiert oder Themen wie die Auferstehung (1 Kor) behandelt. In 2 Kor betrifft die P. die Person des Paulus selbst und seine apostolische Autorität, und er gibt besonders in den höchst polemischen Kapiteln 10–13 (‚Narrenrede') eine energische Antwort auf diese Angriffe. In Gal und Phil bekämpft Paulus die Verbreitung von judaisierenden Missionaren, die das jüdische Gesetz und die Beschneidung einführen wollen. Neben reiner Argumentation gibt es hier auch einige Elemente der Invektive (Phil 3,2; Gal 5,12).

In den Evangelien wird Jesus als Lehrer dargestellt, der sich in einer offenen P. mit den religiösen Autoritäten des Judentums über die Interpretation des Gesetzes befindet. Die synoptischen Streitgespräche vermitteln die grundsätzliche Vorstellung von einer Distanzierung vom Judentum und gleichzeitig das Bild eines Jesus, der als vollmächtiger Lehrer die Einwände seiner Gegner *ad absurdum* führt. In Joh wird diese Distanz zum Judentum durch die Streitgespräche noch verstärkt.

Der Jak und der 1.2 Petr sind Dokumente einer innerchristlichen P. gegen die paulinische Theologie.

In den späteren Schriften betrifft die innere P. den Streit um die Person Jesu, v. a. seine zugleich göttliche und menschliche Natur (1 Joh 2,22–24; 5,12).

BIBLIOGRAPHIE: W. Dieckmann, Streiten über das Streiten, Tübingen 2005. – S. Koster, Die Invektive in der griechischen und römischen Literatur, Meisenheim 1980. – B. Repschinski, The controversy stories in the Gospel of Matthew, Göttingen 2000.

Lorenzo Scornaienchi

Postcolonial Criticism

→Postkolonialismus/Postcolonial Criticism

Postcolonial Hermeneutics

→Postkoloniale Bibelhermeneutik(en)/Postcolonial Hermeneutics

Postkoloniale Bibelhermeneutik(en)/ Postcolonial Hermeneutics

P. B.en *avant la lettre* waren kontextuelle Lesestrategien wie etwa die befreiungstheologische und die interkulturelle →Exegese. Der Ursprung liegt in einem Widerstandsdiskurs. P. B. entlarvt, wo und wie die →Bibel als westliches Buch der Kolonialmächte für die Unterdrückung bzw. Ausbeutung der einheimischen Kultur missbraucht wurde. Wurden im Rahmen kontextueller Exegese (→Kontextuelle Bibelhermeneutiken) die Inkulturationsbewegungen überwiegend positiv beurteilt, erscheinen solche Bemühungen auf dem Hintergrund postkolonialer Lektüre nochmals in einem anderen Licht. Wenn in → Bibelübersetzungen der Gottesname der Hebräischen Bibel mit dem Namen einer indigenen Gottheit wiedergegeben wird, droht der lokalen Kultur ihre →Identität, im konkreten Fall ihre Gottheit, genommen zu werden.

Es geht neben dem Perspektivenwechsel auch um die Kritik herkömmlicher →Methoden. Der Referenzrahmen der Bibellektüre ist nicht mehr allein ein abendländischer bzw. jüdisch-christlicher, vielmehr wird die Bibel im Kontext vielfältiger kanonischer Texte gelesen. Fragen nach den Machtverhältnissen im Kulturkontakt stehen in der P. B. an zentraler Stelle: Wie geht der (biblische) Text mit imperialistischen Tendenzen um? Rechtfertigt der Text das Auskundschaften bzw. die Aneignung eines fremden Landes? Wie konstruiert er Differenz? Lässt er Interdependenz zu, und welche Rolle spielen dabei das Geschlecht und die Herkunft?

Mit ‚*Rahab's Reading Prism*' bezeichnet Musa Dube diese neue Lesestrategie, die kolonialisierende Züge des Textes bzw. gängiger → Interpretationen aufdeckt. Die Figur der Rahab aus Jericho (vgl. Jos 2; 6) steht dabei exemplarisch für die durch den Westen angeeigente Geschichte. Die Identifizierung vollzieht sich nicht unbedingt mit der Innenperspektive, d.h. die der Israeliten und Israelitinnen, sondern mit der der fremden Völker, dessen Teil Rahab ist. Zugleich wird die Möglichkeit eröffnet, die biblischen Texte zu dekolonialisieren in einem Prozess, in den gegenläufige Erfahrungen eingeschlossen werden. Für die Theologin aus Botswana geht postkoloniale →Kritik daher einher mit anderen ‚*dissident*' Lesestrategien wie dem Feminismus (→Feministische Bibelhermeneutik). P. B. zielt auf eine befreiende Interdependenz, so dass Gleichberechtigung für unterschiedliche Kulturen, Religionen, Geschlechter und Rassen möglich wird, ohne dass versucht wird, Unterschiede aufzuheben. Damit fordert sie auch nicht zuletzt die Exegese europäischer Couleur auf, ihre (weiße) Farbe zu bekennen.

BIBLIOGRAPHIE: A. Delcoene, Kleur bekennen: De ontwikkeling van een kritische, witte feministische theologie, in: Tijdschrift voor Theologie 46 (2006), 355–376. – M.W. Dube, Postcolonial feminist interpretation of the Bible, St. Louis 2000. – C. Vander Stichele/T. Penner (Hgg.), Her master's tools?, Atlanta 2006.

Dorothea Erbele-Küster

Postkolonialismus/Postcolonial Criticism

I. Alttestamentlich/Neutestamentlich

Der Begriff fasst philosophische, literatur- und filmwissenschaftliche Theorien, die sich mit den Auswirkungen des Kolonialismus auf Identitätsbildungsprozesse und kulturelle Praktiken in Dritte-Welt-Ländern in Vergangenheit und Gegenwart befassen, zusammen.

Meist wird E. Saids Werk *Orientalism* von 1978 als grundlegend für die postkoloniale Theorie betrachtet. Gleichzeitig weist der P. wichtige Verbindungen zur Befreiungstheologie (*Liberation Hermeneutics*) der 1960er und 1970er Jahre in Lateinamerika auf.

Der Begriff ‚*post*kolonial' impliziert nicht, dass ehemals kolonialisierte Länder das Erbe der Kolonialzeit überwunden hätten. Vielmehr bedeutet *Post*-colonialism *contra*-colonialism. Damit ist ein befreiender und dekolonialisierender Diskurs gegen die anhaltende westliche politische, kulturelle und ökonomische Vorherrschaft über die früheren Kolonien initiiert. P. hat keine definierte Theorie oder →Methode, sondern wird vielfach als eine Form von Wahrnehmung (‚*optic*') bezeichnet. Diese brachte verschiedene Diskurse über Unterdrückung und Befreiung hervor, seien diese auf Klasse, Kultur, Rasse oder Ethnizität bezogen.

Der *Postcolonial Criticism* fasste in den Bibelwissenschaften Fuß, als Wissenschaftler aus der Perspektive kolonialisierter Völker wahrnahmen, dass viele biblische →Texte Erfahrungen von Kolonialisierung in sich bergen. Die Eroberung Kanaans z.B. kann mit der Kolonialisierung Amerikas, Afrikas und Asiens verglichen und aus dieser Perspektive kritisch analysiert werden. Analog dazu wird konstatiert, dass die ntl. Texte zur Zeit der römischen Kolonialherrschaft in der mediterranen Welt abgefasst wurden. Wie der moderne westliche Imperialismus zwang der römische Imperialismus den von ihm beherrschten Ländern bestimmte ökonomische, politische und kulturelle Strukturen auf. Der *Postcolonial Criticism* untersucht, wie die Verfasser der ntl. Schriften entweder Widerstand leisteten und gegen das römische Imperium opponierten oder sich – alternativ dazu – mit ihm zu arrangieren suchten. *Postcolonial Criti-*

cism zeigt auch, wie die moderne christliche Missionsarbeit den westlichen Kolonialmächten insofern unwissentlich zuarbeitete, als sie als Mittler kultureller Veränderung fungierte und damit zur Autorisierung der Kolonialmächte beitrug.

Obwohl der *Postcolonial Biblical Criticism* viele Gemeinsamkeiten mit dem P. i. A. hat, bestehen wichtige Unterschiede: Theoriezusammenhang und Praxis bei Said und vielen seiner Schüler (z. B. G.C. Spivak, H.K. Bhabha) basieren auf dem Poststrukturalismus M. Foucaults, J. Derridas u. a. Im Unterschied dazu kommen die meisten *Postcolonial Biblical* Exegeten aus derselben humanistischen und rationalistischen Tradition wie die Befreiungstheologie und die Frankfurter Schule.

BIBLIOGRAPHIE: H.K. Bhabha, The location of culture, London/New York 1994. – M.W. Dube, Postcolonial feminist interpretation of the Bible, St. Louis 2000. – P. Kwok, Discovering the Bible in the non-biblical world, Maryknoll 1995. – F.F. Segovia, Decolonizing biblical studies: a view from the margins, Maryknoll 2000. – G.C. Spivak, A critique of postcolonial reason: toward a history of the vanishing present, Cambridge 1999. – R.S. Sugirtharajah (Hg.), The post colonial Bible, Sheffield 1998.

Bradley H. McLean

II. Literaturwissenschaftlich

Das ‚Post' in ‚P.' kann in der zeitlichen Nachfolge, aber auch als kritische Auseinandersetzung mit dem Kolonialismus (und Neokolonialismus) und seinen Folgen verstanden werden. Diachron analysiert der P. die eurozentristischen Legitimationslegenden für Kolonialismus und Sklaverei. In *Orientalism* (1978) analysiert E. Said den Orientalismus-Diskurs des Westens, der über Jahrhunderte den Orient als inferioren Alteritätspol, d. h. als schwach und feminin konstruiert hat. In *Culture and Imperialism* (1993) behandelt Said die Wechselwirkungen zwischen europäischem Zentrum und kolonialer Peripherie und konstatiert (nach A. Honold/O. Simons), dass auch die europäischen Machtzentren einen ‚kulturellen Resonanzraum für koloniale Bestrebungen' darstellten. In der Literaturwissenschaft fokussiert der P. zweierlei: Erstens geht es um eine Repräsentationskritik an →Texten des westlichen →Kanons und die Aufdeckung ihrer kolonialen Symptomatik. Zweitens ist im angloamerikanischen Kontext die Beschäftigung mit den sog. *New English Literatures* zentral. Mit der Formulierung ‚the empire writes back to the centre' gab S. Rushdie einer einschlägigen Studie den Titel, die 1989 erstmals die Grundlagen einer postkolonialen Literaturwissenschaft benannte (B. Ashcroft et al.). Die Literaturen aus Kanada, Australien, Indien, der Karibik u. a., so die →Autoren, zeichnen sich durch eine kreative Beschäftigung mit der eigenen kolonialen Vergangenheit und ihrer postkolonialen Verortung aus; dies gilt auch für viele bedeutende, weltweit rezipierte Gegenwartsautoren (D. Walcott, W. Soyinka, M. Atwood). Prominente Vertreter des *Postcolonial Criticism* sind u. a. H. Bhabha und G. Spivak. Bhabha theoretisiert das Verhältnis zwischen Kolonialmacht und Kolonisierten als komplexe Verbindung, in der letztere in das Zeichensystem der Kolonialmacht intervenieren und sich dieses dabei selektiv aneignen. In diesem Prozess entsteht ein hybrides Drittes, das Ausgangspunkt für eine Subversion der diskursiven kolonialen Macht sein kann. Spivak verneint die Frage nach einer angemessenen Repräsentierbarkeit der Dritten Welt und verweist dabei v. a. auf die Unterschiede zwischen der postkolonialen Elite, die als *native informants* im Westen Gehör findet, und der ‚subalternen Mehrheit', die aufgrund von Faktoren wie Geschlecht, Sprache und Rasse keinen Zugang zum Diskurs haben.

BIBLIOGRAPHIE: B. Ashcroft et al. (Hgg.), The empire writes back: theory and practice in post-colonial literatures, London 1989. – S. Friedrichsmeyer et al. (Hgg.), The imperialist imagination, Ann Arbor 1998. – A. Honold/O. Simons (Hgg.), Kolonialismus als Kultur, Tübingen 2002. – E. Said, Orientalism, London 1978. – Ders., Culture and imperialism, London 1993. – G.C. Spivak, In other worlds, New York 1988.

Heike Paul

Postmoderne

I. Alttestamentlich/Neutestamentlich

Das Paradigma der P. fordert die atl. und ntl. Wissenschaften heraus, sich mit ihren historischen Verwurzelungen in der Moderne selbstkritisch auseinanderzusetzen. Die P.

destruiert in bisher ungekannter Intensität Selbstverständlichkeiten neuzeitlicher Bibelexegese (s. u.), während vor- und antimoderne Prämissen weiterhin derselben Kritik unterzogen werden können (Autorität, Herrschaft, Simplifizierung). Es handelt sich daher innerhalb der Bibelwissenschaften nicht um eine Entgegnung, sondern weitgehend um eine konsequente, wenngleich auch gegen sich selbst gerichtete, Fortführung moderner kritischer Wissenschaft. Die Verbindung von Moderne und P. wiegt hier viel schwerer als die Gefahr einer antimodernen Koalition von Bibelauslegung und Fundamentalismus. Destruiert werden die ‚großen Erzählungen' allgemein-moderner Kultur: das autonome Subjekt, der prinzipiell herrschaftsfreie (Wissenschafts-)Diskurs und die Anschauung überzeitlicher anthropologischer Konstanten; v.a. →Geschichte als Leitkategorie exegetischer →Heuristik wird problematisiert, indem die Wirklichkeit-erschaffende Funktion der →Geschichtsschreibung neu entdeckt wird, während umgekehrt die Abbildfunktion geschichtlicher Forschung als Anwendung der historischen Kritik in ihrer Aussagekraft deutlich abgeschwächt bis abgelehnt wird. Dies führt zu einer Aufwertung *synchroner Interpretationsverfahren* v.a. aus dem Bereich der Sprachwissenschaften (→Rhetorik, →Argumentation, →Erzählende Literatur) und einer Abwertung der klassisch-diachronen Betrachtungsweisen. Die postmoderne Verabschiedung des →Autors sowie die poststrukturalistische Epistemologiekritik führen zu einer intensiven Beschäftigung mit Ansätzen der →Rezeptionsästhetik sowie einer zögernden Auseinandersetzung mit Modellen der →Dekonstruktion. Die antitotalitäre, destabilisierende und selbstfragmentarisierende Dynamik der P. spiegelt sich in einer *reflektierten Pluralität* unterschiedlicher →Methoden, Fragestellungen und Intentionen atl. und ntl. Textinterpretation wider.

Die postmoderne Herausforderung kann die bibelwissenschaftlichen Disziplinen allerdings nicht von der Legitimität historischen Forschens entbinden. Fragen nach der Faktizität biblischer Schilderungen (bes. im Zusammenhang der Person Jesu in den Evangelien), ursprünglicher Textintention sowie originärer Kontextsituation lassen sich nicht tabuisieren, sondern bilden auch weiterhin die Triebkraft bibelwissenschaftlicher Produktivität.

Bibliographie: The Bible and Culture Collective, The postmodern Bible, New Haven/London 1995. – M. Döbert, Die erloschene Stimme: http://opus.ub.uni-erlangen.de/opus/volltexte/2005/156/pdf/Marcus_Doebert_Die_erloschene_Stimme.pdf (20.02.07). – E. Reinmuth, Diskurse und Texte, in: BThZ 16 (1999), 81–96. – W. Sandler, Christentum als große Erzählung, in: P. Tschuggnall (Hg.), Religion – Literatur – Künste, Anif/Salzburg 2002, 523–538.

Stefan Scholz

II. Systematisch-theologisch

Als postmodern werden in der Systematischen Theologie eine Reihe von Annahmen bezeichnet, die in unterschiedlichen Kombinationen auftreten: (1) die unvermeidliche Voraussetzung eines Pluralismus, (2) die kontextuelle und kulturelle Einbindung von religiöser Erfahrung und theologischer Erkenntnis, (3) die →Dekonstruktion aller Allgemeinbegriffe der Religion und der christlichen Theologie, (4) eine Ästhetisierung der Religion, (5) eine postliberale Theologie, (6) die Orientierung an einem anthropologischen, kosmologischen und systemischen Ganzheitlichkeitskonzept, (7) die Ausrichtung theologischer Beschreibung und Reflexion an der religiösen Praxis als ihrem Ursprung und ihrem Ziel.

In der Auseinandersetzung mit dem Pluralismus haben sich als postmodern besonders zwei Ansätze etabliert: zum einen die Radikalisierung des Pluralismus und damit die Negierung universaler religiöser Wahrheitsansprüche; zum andern ein Modell, wonach der christliche →Glaube Menschen in einer pluralistischen Welt *orientiere*, jedoch keine Wahrheitsansprüche in Bezug auf die →Wirklichkeit erhebe. Allerdings wird auch vertreten, dass die P. eigentlich die Moderne radikalisiere. Denn in der Voraussetzung der pluralen Vielfalt von religiöser Praxis und von theologischer Reflexion werde das Grundmotiv der Moderne konsequent weitergeführt: die Freiheit des menschlichen Individuums. Unter diesem Gesichtpunkt bleibt freilich ein Großteil postmoderner Theologie auf halbem Wege stehen. Wenn z. B. theologische Allgemeinbegriffe als abendländische Normierungsversuche des christlichen Glaubens dekonstruiert werden zugunsten kontextuell geprägter Theologien, so rücken damit keineswegs die menschlichen Individuen in den Blickpunkt, sondern vielmehr verschiedene Kollektive, seien es Ethnien, Geschlechter, soziale Schichten oder auch religiöse bzw. konfessionelle Traditionen, die ihrerseits als neue essentialistische Identitätsmuster die einzelnen Menschen ihrer Individualität, ihres Selbst- und Andersseins zu berauben drohen. Theologisch ist damit ein Rückfall in den Konfessionalismus und in standardisierte Religionstypen verbunden. Da zugleich die Vernunft als universaler Kommunikationsvollzug ignoriert wird, kommt es zu vielfältigen Formen der ästhetisierenden (Re-)Inszenierung des Heiligen, zum Vorrang des vom *splendor veritatis* erzeugten Eindrucks gegenüber sachlichen Argumenten sowie zu einer Vernachlässigung der Überzeugungen von Angehörigen einer Religionsgemeinschaft zugunsten ihrer religiösen Authentizität.

Bibliographie: T. Rendtorff, Religion in der Moderne, Gütersloh 1991. – M. Schnell, Die Herausforderung der Postmoderne-Diskussion für die Theologie der Gegenwart, Diss. Tübingen 1994. – K.J. Vanhozer (Hg.), The Cambridge companion to postmodern theology, Cambridge 2003. – G. Ward (Hg.), The Blackwell companion to postmodern theology, Oxford 2001.

Hans-Peter Großhans

III. Altphilologisch

Während sich der Begriff P. für Gebiete der künstlerischen Produktion wie etwa Architektur oder Literatur einigermaßen fest definieren lässt als Überwindung oder Überschreitung einer gegen Beginn des 20. Jh.s anzusetzenden Moderne, bleibt er auf dem Gebiet der Literaturwissenschaft vage. ‚Postmodern' ist häufiger polemisches Etikett als trennscharfe Bezeichnung einer bestimmten Herangehensweise; wo der Begriff nicht mit dem (ähnlich unscharfen) →Poststrukturalismus gleichgesetzt wird, bezeichnet er häufig die fehlende Trennung von Hoch- und Populärkultur, das Misstrauen gegen große historische Erklärungsmodelle, den bewußten Verzicht auf ideologische Eindeutigkeit, ein hohes Maß an Selbstreflexion sowie eine spielerische, die Seriosität älterer →Methoden unterlaufende Herangehensweise. Obwohl nur wenige Altphilologen sich explizit auf die P. berufen (z. B. D.P. Fowler), kann man in der Forschung der letzten 30 Jahre eine Reihe von Tendenzen identifizieren, die (zumindest von ihren konservativen Kritikern) als ‚postmodern' angesehen werden: (1) Der in zahlreichen Philologien zu beobachtende →*Cultural Turn* hat in den Altertumswissenschaften dazu geführt, dass auch nicht der Hochliteratur angehörende →Texte Aufmerksamkeit finden und kulturelle Phänomene wie der Diskurs über Geschlechter und Sexualität vermehrt untersucht werden. (2) Damit hängt der Hinweis zusammen, dass scheinbar feststehende Kategorien der Wahrnehmung und →Erklärung der Welt kulturell bedingt sind (D.M. Halperin et al.). (3) Zahlreiche neuere →Interpretationen versuchen zu zeigen, dass die scheinbar befriedigende Geschlossenheit und Eindeutigkeit der antiken Literatur lediglich illusionär ist (H.D. Roberts et al.). (4) Die deutlich gestiegene Selbstreflexion der Altphilologie zeigt sich nicht nur in der in den 1990er Jahren intensiv geführten Methodendiskussion, sondern mehr noch in der zentralen Rolle, die inzwischen die Erforschung der →Rezeption antiker Texte spielt: Durch den Vergleich der verschiedenen Lektüre- und Aneignungsstrategien wird die Relativität auch unseres heutigen Standpunkts deutlich (S. Goldhill). Die oft mit großer Schärfe geführte Auseinandersetzung zwischen Vertretern einer solchen ‚postmodernen' Philologie und Anhängern traditioneller Modelle ist seit der Jahrtausendwende ruhiger geworden. Einige der oben genannten Tendenzen sind inzwischen als selbstverständlich integriert worden und werden sich sicher fortsetzen; anderes mag im Rahmen eines (von P. de Man bereits prognostizierten) *‚return to philology'* wieder verschwinden.

Bibliographie: D.P. Fowler, Roman constructions, Oxford 2000. – S. Goldhill, The invention of prose, Oxford 2002. – D.M. Halperin et al. (Hgg.), Before sexuality, Princeton 1990. – R. Hexter/D. Selden,

Innovations of antiquity, New York 1992. – P. de Man, The resistance to theory, Minneapolis 1986. – D.H. Roberts et al. (Hgg.), Classical closure: reading the end in Greek and Latin literature, Princeton 1997.

Thomas Schmitz

IV. Literaturwissenschaftlich

Die künstlerischen, medialen und politischen Umbrüche in den USA der 1960er Jahre (‚amerikanische Internationale'; A. Huyssen) werden gemeinhin als Ausgangspunkt für die P. genannt, die somit den kulturgeschichtlichen Abschnitt nach der Moderne bezeichnet. Diese Periodisierung liefert allerdings kein hinreichendes Kriterium für die Beschreibung postmoderner Literatur, denn die Fragen der Moderne und P. sind vielfach identisch. Unterschiedlich sind jedoch die Umgangsweisen und Bewältigungsstrategien dieser Fragehorizonte. An die Stelle eines Anspruchs auf Ausdruck letzter Dinge tritt die Lust an der Ausdrucksvielfalt; Erkenntnisskepsis und Repräsentationskrise lösen nun eine Konzentration auf die *Machart* von Literatur aus. Die ‚große sinnstiftende Erzählung' der Religion und der Wissenschaft wird durch fragmentarische und vorläufige Wissens- und Textmodelle abgelöst (J.F. Lyotard). Die Komposition des bereits Vorhandenen wird zur Generierung des Neuen eingesetzt, insofern ist der Postmodernismus nicht das Ende des Modernismus, sondern dessen permanente Geburt (J.F. Lyotard). Eine Charakterisierung der P. ist nach P.V. Zima eher über eine im Gegensatz zur Moderne und zum Realismus differente Funktionalisierung verschiedener Stiltypen zu leisten. Dementsprechend zeichnet sich die P. durch ihren Primat auf die *Indifferenz* aus (P.V. Zima). Gemeint ist hier nicht nur die Austauschbarkeit aller Werte und die Ablehnung eines metaphysischen Wahrheitspostulats, sondern mitgedacht sind auch die diesen philosophischen Prämissen zur Seite gestellten literarischen Stilmittel wie →Intertextualität, Polyphonie, Karneval, Techniken der Verfremdung (Ironie, Spiel, Parodie, Travestie usw.) und Montage, um nur einige zu nennen (vgl. I.H. Hassan). Realität werde schließlich durch multimediale Techniken der Simulation ersetzt (J. Baudrillard). Sowohl avantgardistische Experimente als auch Formen traditionellen Erzählens sind dabei Teile des postmodernen Erzählgestus. Gebrochen wird u.a. auch mit einem elitären Kunstverständnis; Hoch- und Populärkultur greifen ineinander. Insgesamt erweist sich →Literatur mehr als Experimentierfeld denn als Sinnstiftungsinstanz, was den Rückgriff auf phantastische, metafiktionale (hybride Genre, Genre-Brüche, Spiel mit der Autorschaft etc.) oder absurde Sprachspiele erklärt.

Mit ihrer Hervorhebung des Differenzgedankens, dem Zitat- und Verweischarakter und ihren Hinweisen auf die Kontingenz allen Seins emanzipiert sich die P. schließlich von der Frage, was die Kunst zur Kunst macht und damit auch von der Frage ‚was ist schön?' (J.F. Lyotard). In diesem Zusammenhang ist auch vom Ende der Kunst (*nothing new*) die Rede.

Bibliographie: T. Eagleton, Die Illusion der Postmoderne, Stuttgart 1997. – P. Engelmann (Hg.), Postmoderne und Dekonstruktion, Stuttgart 1990. – I.H. Hassan, The postmodern turn, Ohio 1987. – A. Huyssen/K. Scherpe (Hgg.), Postmoderne, Reinbek 1986. – J.F. Lyotard, Das postmoderne Wissen, Graz 1986. – P.V. Zima, Moderne/Postmoderne, Tübingen 1997.

Stephanie Waldow

V. Philosophisch

Der Begriff der P. umfasst weniger eine homogene Doktrin oder eine Epochenbezeichnung als einen Komplex offener und kritischer Fragen, die sich auf die Verfassung und das richtige Verständnis der Moderne beziehen. Im allgemeinen kulturellen Kontext wird das Prädikat ‚postmodern' mit der Entkanonisierung autoritativer Lebensstile, dem Ende der ‚großen Erzählungen', mit Pluralität, Performance und Partizipation, mit Ich-Verlust und Ironie, der spielerischen Anerkennung von Oberflächen und einem tiefen Misstrauen gegen die naive und ernste Fortschrittsgläubigkeit der Moderne in Verbindung gebracht. Ihrem Selbstverständnis nach werden das Besondere gegen das Allgemeine, die heterogene Vielfalt gegen das totalitäre Ganze und das Fragment gegen das System verteidigt und zur Geltung gebracht, entsprechend werden die Reflexionsbegriffe ‚Differenz', →‚Alterität' und ‚Singularität' zu kritischen Leitvokabeln der P. Gegen den ‚Aufklärungsfundamentalismus' der modernen Wissenschaft gerichtet, wird P. Feyerabends *anything goes* zum Synonym für postmodern. Mit dem Vorwurf von ‚postmoderner Beliebigkeit', ‚schrankenlosem Relativismus' und ‚neokonservativer Politik' reagieren die Verteidiger der Moderne.

Dieser Streit um das richtige Verständnis der Gegenwart umfasst grob die beiden letzten Jahrzehnte des 20. Jh.s, er beginnt Mitte der 1970er Jahre und flaut gegen Ende der 1990er deutlich ab. Gesellschaftliche Bezugspunkte sind die Entstehung der neuen sozialen und politischen Bewegungen (Bürgerrechts-, Minderheiten-, Dritte-Welt-, Öko-, Frauenbewegung usw.) in den Metropolen, die Opposition gegen Euro- und Ethnozentrismus, Rassismus, Sexismus und überhaupt ein in gesellschaftlich und politisch erstarrten Machtblöcken und hegemonialen Wahrheitsansprüchen verhaftetes (‚repressives') Denken, aber auch tiefgreifende Veränderungen in der Technologie und der Kunst: Entgrenzung der Kunst und der Künste in Richtung ästhetischer Erfahrung (Design, Mode usw.) einerseits und der Kritik des Formalismus, Purismus und Minimalismus andererseits.

Mitte der 1970er Jahre führt C. Jencks den Postmoderne-Begriff in die *Architekturtheorie* ein, der ‚radikale Eklektizismus' soll nicht nur verschiedene Architektursprachen kombinieren, sondern sie sich auch einander ironisch kommentieren lassen. In der *Kunst* bezeichnet postmodern u. a. den spielerischen Rückgriff auf das Bilder- und Zeichenangebot der modernen Malerei, um es nicht selten parodistisch oder gar zynisch als Zitat oder Paraphrase zu zeigen. Die Diskussion in der *Philosophie* wird an erster Stelle durch J.F. Lyotards *La condition postmoderne* bestimmt: das Obsoletwerden der Metaerzählungen (des Christentums, des Humanismus, der Aufklärung usw.) und die Heterogenität und Inkommensurabilität der Sprachspiele, die durch ein vertieftes Bewusstsein für die Differenzen zwischen den Kulturen, Ethnien usw. die Diskussion der Wahrheits- und Gerechtigkeitsfragen vor neue Herausforderungen stellt.

Bibliographie: Z. Bauman, Ansichten der Postmoderne (*Intimations of postmodernity*), Hamburg/Berlin 1995. – J.F. Lyotard, Das postmoderne Wissen, Graz/Wien 1986. – W. Welsch (Hg.), Wege aus der Moderne, Berlin 1988. – P. Zima, Moderne/Postmoderne, Tübingen ²2001.

Gerhard Gamm

Poststrukturalismus

I. Literaturwissenschaftlich

Der P. ist Ende der 1960er Jahre in kritischer Auseinandersetzung mit dem Strukturalismus entstanden. Ausgangspunkt der von F. Nietzsche und M. Heidegger geprägten Bewegung war die Pariser Gruppe ‚*Tel Quel*', deren Impulse eine schnelle Ausbreitung in Frankreich, im anglo-amerikanischen Raum und in Deutschland erfuhren. Der P. teilt die strukturalistische →Kritik an der →Hermeneutik, nicht aber die Überzeugung, „daß systematisches Wissen möglich" (J. Culler) und die Bedeutung literarischer Werke ableitbar ist aus der ‚Grammatik' eines in sich geschlossenen taxonomischen Feldes. Die umstrittene Bezeichnung P. (S. Münker/A. Roesler) verbindet heterogene Ansätze. Ausgangspunkt poststrukturalistischer Theoriebildung ist die Differentialität des →Zeichens, die Zerstreuung des →Sinns, der weder →Ursprung noch Zentrum hat. So wird das Subjekt als sprachliches Konstrukt (R. Barthes, J. Derrida) von Machtpraktiken (M. Foucault) aufgefasst, dessen Unbewusstes strukturiert ist wie eine →Sprache (J. Lacan), der →Autor wird als Einheit garantierende Sinninstanz (R. Barthes, M. Foucault) zurückgewiesen und der prinzipiell offene Text als ‚Mosaik von Zitaten' (J. Kristeva), als ‚signifikante Praxis' sich ‚verschiebender Spuren' (R. Barthes) oder als ‚rhizomatisch' verzweigtes Geflecht von Zeichenverkettungen (J. Deleuze/F. Guattari) verstanden. Leitend für den P. ist die Metaphysik-Kritik, besonders J. Derridas philosophische →Dekonstruktion weist den abendländischen Logozentrismus und Phonozentrismus, den er in einer Abwertung der →Schrift gegenüber der Stimme begründet sieht, als Denken der Präsenz zurück. Derridas Kunstwort ‚*différance*' im Sinne von ‚anders sein', ‚sich unterscheiden' und ‚aufschieben' betont die Gleichzeitigkeit einer zeitlichen und räumlichen Verschiebung der Bedeutung im Verweisungsspiel der Zeichen, welche die binäre Opposition von Signifikant und Signifikat auflöst. Die konstitutive und notwendige Unmöglichkeit eindeutigen und endgültigen →Verstehens mittels Sprache manifestiert sich nach P. de Mans literaturwissenschaftlicher Dekonstruktion in der →Allegorie als Figur der Unentscheidbarkeit, die sich aus dem Widerspruch von buchstäblicher und figurativer Bedeutung ergibt. Neuerdings kommt der P. in der kulturwissenschaftlich erweiterten Literaturwissenschaft zum Tragen: Seinen politischen Anspruch (M. Foucaults Diskursanalyse der Macht) und die Vorstellung von der Textualität der Kultur (J. Kristevas Intertextualitätstheorie; →Intertextualität) greifen der →*New Historicism* (S. Greenblatt) sowie die →*Gender, Race* und *Postcolonial Studies* (J. Butler, H. Bhaba, E.W. Said) auf.

BIBLIOGRAPHIE: J. Bossinade, Poststrukturalistische Literaturtheorie, Stuttgart/Weimar 2000. – J. Culler, Dekonstruktion, Reinbek 1999. – F.A. Kittler (Hg.), Austreibung des Geistes aus den Geisteswissenschaften, Paderborn u.a. 1980. – A. Nünning/V. Nünning (Hgg.), Konzepte der Kulturwissenschaften, Stuttgart 2003. – S. Münker/A. Roesler, Poststrukturalismus, Stuttgart/Weimar 2000.

Barbara Thums

II. Textlinguistisch

Im P. reagieren verschiedene Wissenschaften auf den →*Linguistic Turn* durch Weiterentwicklung und Modifizierung des ebenfalls v.a. in der Sprachwissenschaft entwickelten →Strukturalismus. Damit steht →Sprache im Zentrum der meisten poststrukturalistischen Positionen. Ausgehend von der Annahme einer weitgehend sprachlichen Verfasstheit des Denkens und Erkennens verfolgt der P. zumeist das Programm der Semiotisierung der Welt und einer weitgehenden Entgrenzung von Fächern, wissenschaftlichen Gegenständen und Fragestellungen. In textbezogenen Arbeiten, wie sie insbesondere mit M. Foucault und J. Derrida vorliegen, führt dies zu einer mehrfachen Infragestellung eines traditionellen Textbegriffs. Dazu gehört die Abkoppelung des →Textes von einer subjektphilosophisch bestimmbaren →Identität des →Autors, der zufolge Texte nicht Produkte individueller Textproduzenten sind, sondern Resultat vielfacher Texteffekte. Der Einzeltext hebt sich dabei gegen den Diskurs als Gesamtheit von Texten eines Wissensfeldes bzw. Themas ab und wird zur Spur einer Ordnung der Dinge in der Sprache. Die Episteme als Wissenssystem einer Zeit regelt dabei in poststrukturalistischer Auffassung die Produktion des Diskurses und determiniert die Einzeltexte. Der Textbegriff ist dabei vollständig entgrenzt und wird auf außersprachliche Zeichenkomplexe erweitert. Urbane Strukturen, architektonische Codes, Mode, Verhaltenssysteme, Sexualität und anderes werden als textuelle Struktur in diskursiver Kontextualisierung untersucht. Dabei resultiert aus den gegenseitigen Verweisen der Texte zu- und aufeinander ein intertextuelles Gewebe, in dem die Identität des Einzeltextes als historische →Quelle oder Ausdrucksform individueller Intentionen verschwindet.

Für die →Interpretation und →Deutung von Texten ist der antihermeneutische Gestus einiger poststrukturalistischer Positionen hervorzuheben. Besonders J. Derrida führt die Absicht des texterklärenden →Lesens an die Grenzen ihres Sinns. Obgleich Interpretation und Deutung weiterhin zu den bevorzugten →Methoden der Literaturanalyse gehören, werden diese im P. nicht mehr als Mittel zum Zweck der Offenlegung eines metapysisch begründeten Textsinns genutzt. Die von Derrida betonte Spaltung von Signifikat und Signifikant eröffnet eine Vielzahl an Interpretationsebenen, die mit- und gegeneinander, also transversal, zu lesen sind. Eine vorgängige oder eindeutig rekonstruierbare Bedeutung von Texten gibt es in diesen poststrukturalistischen Theorien nicht mehr.

BIBLIOGRAPHIE: J. Harari, Textual strategies, London 1979. – I.H. Warnke (Hg.), Diskurslinguistik nach Foucault, Berlin/New York 2007. – Ders./J. Spitzmüller (Hgg.), Methoden der Diskurslinguistik, Berlin/New York 2008.

Ingo H. Warnke

Pragmatik

I. Alttestamentlich

Der Schritt über die Formkritik hinaus zum *Rhetorical criticism* wurde durch J. Muilenburgs berühmten Aufsatz *Form criticism and beyond*

(1969) eingeleitet, der eine Konzentration auf den Text selbst sowie auf die Intentionen der Verfasser forderte. An anderer Stelle plädierte U. Eco dafür, →Texte ‚pragmatisch' zu lesen, um die Anweisungen des Verfassers an den idealen Leser zu eruieren. P. befasst sich weniger mit der Darstellung der Bedeutung eines Textes als mit den Folgen seiner Wirkung. Jeder Text, ob lyrisch oder erzählend, versucht durch Überzeugen zum Handeln zu bewegen. Dies setzt die Einbeziehung des ursprünglichen Kontextes voraus (‚Welche Auswirkungen hätten derlei →Sprechakte in der realen Situation gehabt?'). Daher kann auch von sozio-rhetorischer Kritik (‚*socio-rhetorical' criticism*) gesprochen werden. Für den Leser, der in seiner Welt lebt, ergibt sich somit die Aufgabe, eine Bedeutungswelt aus dem Text zu erschließen. Doch bleibt die Rolle der Leser als Leser, Interpreten und Kritiker unklar.

In Ijob 3 z. B. finden sich lange Exkurse, welche die Auffassung vermitteln, Hiob wolle den Augenblick hinauszögern, in dem er der bitteren Wahrheit ins Gesicht sehen müsse (J.P. Fokkelman). Ri sollte als ein Versuch gelesen werden, „die Dynastie Davids gegenüber der Sauls zu bestärken" und zudem als „eine Neuausrichtung der Leser hin zu höheren Standards hinsichtlich Religion und stammesübergreifender Führerschaft in Israel" (O'Connell, 7). Dtn ist – wie auch die meisten prophetischen Bücher – ein Text, der mit Hinsicht auf seine Kraft, persuasiv zu wirken, gelesen werden sollte.

Der heutige Leser mag die Gebote besser verstehen als die Israeliten, aber er/sie sollte der Furcht des Volkes gewahr sein und danach trachten, diesen perlokutionären Effekt zu teilen. Das Bedürfnis, diese Wirkung immer neu aus der Bibel zu empfangen, mag hinter Ex 24,7b stehen („[…] wollen wir tun und darauf hören", nicht: „und gehorchen"). Denn oft liegt das Problem Israels darin, dass das Volk nicht hört (z. B. Ri 20,18) – und der Leser wird eingeladen, sich mit dem Volk zu identifizieren. Texte werden nicht dem Kontext oder dem Leser untergeordnet, sondern dürfen in ihrem eigenen Recht sprechen; Texte interpretieren oft Welten (Einfluss von V.K. Robbins): Die Argumentation eines Textes ist nicht immer deduktiv oder induktiv, sondern kann auch ‚abduktiv' sein.

Dieser →Methode ist das Potenzial zueigen, zu ideologischen und theologischen Interpretationen in →Kommentaren zurückzuführen; der Ausgangspunkt sollte aber sein, eigene Traditionen der Interpretation offenzulegen, das Ziel die Frage, was der Text über das Heilige voraussetzt. Dann wird der Kommentar mit dem Leben interagieren und praktische Theologie darbieten.

Bibliographie: J.P. Fokkelman, Literary structure and rhetorical strategies in the Hebrew Bible, Assen 1996. – R. Fowler, Postmodern biblical criticism, in: Forum 5 (1989), 3–30. – J. Muilenburg, Form criticism and beyond, in: JBL 88 (1969), 1–8. – R.H. O'Connell, The rhetoric of the Book of Judges, Leiden 1996. – V.K. Robbins, Exploring the texture of texts, Valley Forge 1996. – J.-P. Sonnet, Le Sinai dans l'événement de sa lecture, in: NRTh 111 (1989), 321–344. – D. Watson, Why we need sociorhetorical commentary, in: S.E. Porter/D.L. Stamps (Hgg.), Rhetorical criticism and the Bible, Sheffield 2002, 129–157. – N. Wither-Nielsen, Fact, fiction and language use, in: V.P. Long et al. (Hgg.), Windows into New Testament history, Grand Rapids 2002, 44–81.

Mark Elliott

II. Neutestamentlich

Im Bereich der ntl. Exegese ergeben sich neue Fragestellungen im Hinblick auf die P. eines Briefes als Kommunikationsgeschehen (J. Bickmann zu 1 Thess; S. Schewe zu Gal) oder auf einzelne Redeabschnitte unter dem Aspekt ihres kommunikativen Erfolges (J.E. Botha 1991 zu Joh 4), ihrer sozialanthropologischen Verortung (D. Neufeld 2000 zu 1 Kor 6,1–11) oder ihrer Anknüpfung an die religiöse Erfahrungswelt der Erstrezipierenden (M. Christoph zu Röm 8). Pragmatische Aspekte lassen sich auch religionspädagogisch für die Frage nach der Lebensrelevanz von Texten (R. Dillmann et al.; D. Dormeyer/M. Grilli; H. Frankemölle) und damit auch generell für ethische Fragen (H.G. Gradl; D. Neufeld 1994) nutzbar machen. Narratologische und rezeptionsästhetische Modelle erlauben eine sequentielle Lektüre von Erzähltexten, bei der die dynamische Interaktion zwischen Text- und Lesepol bzw. zwischen implizitem Autor und implizitem Leser ins Zentrum rückt (M. Mayordomo).

All diesen Ansätzen sind eine starke Orientierung an der textlichen Endgestalt und ein besonderes Interesse an der Konstruktion eines historisch möglichst breit abgestützten Kommunikationskontextes gemeinsam. Inwiefern textpragmatische Aspekte ausschließlich in der Intention des historischen Autors verankert werden sollen, ist eine weitgehend offene Frage (kritisch dazu M. Mayordomo, 170–187). Zuweilen ist in pragmatischen Textzugängen eine kritische Haltung gegenüber sachorientierten theologischen Lektüren spürbar, so dass sich die Frage nach der Beziehung zwischen P. und systematischer Theologie als eine künftige Aufgabe einer theologischen P. stellt.

BIBLIOGRAPHIE: J. Bickmann, Kommunikation gegen den Tod, Würzburg 1998. – J.E. Botha, Jesus and the Samaritan woman, Leiden 1991. – M. Christoph, Pneuma und das neue Sein der Glaubenden, Frankfurt a. M. 2005. – R. Dillmann et al., Vom Text zum Leser, Stuttgart 2002. – D. Dormeyer/M. Grilli, Wort in menschlicher Sprache, Stuttgart 2004. – H. Frankemölle, Biblische Handlungsanweisungen, Mainz 1983. – H.G. Gradl, Zwischen Arm und Reich, Würzburg 2005. – M. Mayordomo, Den Anfang hören, Göttingen 1998. – D. Neufeld, Reconceiving texts as speech acts, Leiden 1994. – Ders., Acts of admonition and rebuke, in: BibInt 8 (2000), 375–399. – S. Schewe, Die Galater zurückgewinnen, Göttingen 2005.

Moisés Mayordomo

III. Altphilologisch

Sucht man nach den Ursprüngen eines pragmatischen Verständnisses in der Antike, so ist sicherlich die →Rhetorik diejenige Disziplin, die am meisten über das Verhältnis zwischen →Kommunikation, den daran Beteiligten und ihrer Umgebung reflektiert hat, ist es doch das Hauptanliegen des Redners, das Publikum von seinem Standpunkt zu überzeugen; eine eigene Definition der P. ist zu diesem Zeitpunkt freilich noch nicht ausgebildet.

Wie in anderen philologischen Disziplinen ist die P. in der Klassischen Philologie heute in zwei Forschungsgebieten angesiedelt. Beiden gemeinsam ist, dass sie Texte in den Mittelpunkt ihrer Untersuchung stellen, die Strukturen und Merkmale von →Mündlichkeit aufweisen.

Zum einen ist dies die in ihrem Fokus enger gefasste linguistische Untersuchung der Anwendung und Wirkung von Sprache, die sich hauptsächlich mit der kontextuellen Analyse von Sprechsituationen in Tragödie und Komödie beschäftigt. Die dort gewonnenen Einsichten werden dazu genutzt, um Rückschlüsse auf die antiken Sprachen an sich oder auf die Sprechhaltung bestimmter → Gattungen zu gewinnen, an die weiterführende Interpretationsansätze (etwa die Frage nach der Aufführbarkeit von Senecas Tragödien) geknüpft werden können.

Der zweite, weiter gefasste und auf die literarische P. ausgreifende Forschungsansatz hat sich im Zuge der Oral-Poetry-Forschung v.a. an Texten der frühgriechischen Lyrik herausgebildet. Interpretationsgrundlage ist dabei die Beobachtung, dass die Texte eng mit dem lebensweltlichen Kontext des →Dichters und Dichtens verknüpft sind und für einen bestimmbaren zeitlichen und gesellschaftlichen Rahmen verfasst wurden. Während die frühen Untersuchungen die strikte Einbettung der Dichtung in ihren situativen Kontext betonen, ziehen neuere Ansätze eher die Möglichkeit einer Situationskonstitution durch den Text selbst in Betracht und betonen die Mitarbeit des Rezipienten am Text und die kontextübergreifende Möglichkeit einer Anschlusskommunikation.

Von dort ausgehend liegen inzwischen auch anderen Forschungsbereichen die Konzentration auf die situationsgebundene Literaturproduktion und ihre Interaktion mit dem Publikum als Denkmodell zugrunde (so etwa für das Drama, die Gelegenheitsdichtung oder die Rhetorik), auch wenn diese oft nicht explizit mit dem Terminus P. verknüpft sind.

BIBLIOGRAPHIE: B. Gentili, Die pragmatischen Aspekte der archaischen griechischen Dichtung, in: Antike und Abendland 36 (1990), 1–17. – T.A. Schmitz, Die „pragmatische“ Deutung der frühgriechischen Lyrik, in: P. Schwindt (Hg.), Klassische Philologie inter disciplinas, Heidelberg 2002, 51–72. – A. Speyer, Kommunikationsstrukturen in Senecas Dramen, Göttingen 2003. – K. Stelter, Nebensätze bei Aristophanes, Wiesbaden 2004. – C. Steel, Roman Oratory, Cambridge 2006.

Meike Rühl

IV. Literaturwissenschaftlich

Mit der steigenden Bedeutung der P. in →Semiotik und Linguistik wird auch in der Literaturwissenschaft etwa seit den 1970er Jahren an der Entwicklung einer umfassenden pragmatischen Theorie gearbeitet. Dass es sie derzeit noch nicht gibt, liegt sowohl an der Komplexität des Gegenstandes als auch an der Vielzahl von Komponenten, die für eine literaturwissenschaftliche P. in den Blick zu nehmen sind. Systematisch zu unterscheiden sind dabei drei Bereiche (Produktion, →Text und →Rezeption), die zusammen die pragmatische Dimension von Literatur ausmachen. Mit P. ist demnach der Gebrauchszusammenhang *von* Texten ebenso gemeint wie die Darstellung von Kommunikation und die Verwendung von Sprache *in* Texten. →Rhetorik und Poetik fallen in der P. daher wieder zusammen. Grundannahme ist es, dass das Schreiben eines Textes diskursiven Regeln unterliegt, die historisch und epistemologisch bedingt sind und beschrieben werden können.

Hinsichtlich des literarischen Textes ist daher zu unterscheiden zwischen der Art und Weise, wie er gemacht ist, und seinem Inhalt. Erstens stellen Texte eine Ansammlung von Zeichen dar, deren Interaktion auf der Basis semiotischer und linguistischer Erkenntnisse gewinnbringend untersucht werden kann. Ein Beispiel hierfür wäre die Analyse von Überkodierungen wie z. B. →Metaphern und Bildfeldern. Zweitens bieten literarische Texte vielfältige Materialien für Sprachuntersuchung: Zum einen zeigt der literarische Text die konkrete Zeichenverwendung eines Autors, zum anderen agieren die Figuren im Text ihrerseits auf der Basis eines bestimmten Verständnisses von Zeichen und Sprache, das nicht mit dem ihres Konstrukteurs übereinstimmen muss. Häufig fokussiert der Text auch gerade auf das Verwenden von Zeichen und Sprache als Problem.

Die Narratologie kann man als Teildisziplin der P. verstehen, wenn ihr Ziel die Untersuchung des Erzählvorgangs (der Narration) ist, wobei sich wiederum der ganze Text ebenso als Gegenstand der Betrachtung anbietet, wie das praktische Erzählen in Literatur häufig selbst thematisiert wird und daher von Interesse für die P. ist (Novellenzyklen).

Wenn Literatur stets als eingebettet in →Diskurse und →Kontexte verstanden wird, dann geraten neben dem Text auch Produktionsbedingungen, Wirkung (→Wirkungsgeschichte) und →Rezeption in den Blick. Literatur hat aus Sicht der P. mehrere Funktionen, sie konstruiert Welt, lenkt die Sicht des Lesers auf die Welt, ist Teil kommunikativer Interaktion zwischen Schreibenden und Lesenden und somit stets Medium.

BIBLIOGRAPHIE: D. Breuer, Einführung in die pragmatische Texttheorie, München 1974. – O. Jahraus, Literatur als Medium, Weilerswist 2003. – D. Krusche, Zeigen im Text, Würzburg 2001. – K. Oehler, Über Grenzen der Interpretation aus der Sicht des semiotischen Pragmatismus, in: J. Simon (Hg.), Zeichen und Interpretation, Frankfurt a. M. 1994, 57–72. – R.D. Sell (Hg.), Literary pragmatics, London/New York 1991.

Ursula Kocher

V. Textlinguistisch

P. ist eine linguistische Teildisziplin, die sich mit der Produktion und Rezeption von Bedeutung im Äußerungskontext befasst (S.C. Levinson; J. Meibauer; L.R. Horn/G. Ward). Da sich auch die →Semantik mit (kontextunabhängiger) Bedeutung befasst, muss zwischen Semantik und P. genau unterschieden werden (P. Grice; Z.G. Szabó). Die wesentlichen Phänomene der P. sind: (1) Deixis und Referenz (→Referenzialität), (2) Präsupposition, (3) Implikatur, (4) →Sprechakt, (5) Konversationsstruktur, (6) Informationsstruktur. Bei der Deixis geht es um das kontextabhängige Herstellen von Referenz, d. h. der sprachlichen Bezugnahme auf Personen, Dinge, Eigenschaften oder Sachverhalte. Dies wird besonders deutlich an temporal-, personal- und lokaldeiktischen Ausdrücken wie etwa in der Äußerung *Jetzt esse ich hier.* Präsuppositionen sind sprachlich oder kontextuell induzierte Voraussetzungen des Sprechers, z. B. präsupponiert die Äußerung *Arnos Tochter ist volljährig,* dass Arno eine Tochter hat. Bei den Implikaturen geht es um bestimmte Gesprächsandeutungen eines Sprechers, z. B. legt die Äußerung *Ich habe Schmitz mit einer Frau gesehen* den praktischen Schluss (d. h. die konversationelle Implikatur) nahe, dass es sich nicht um seine Gattin oder eine nahe Verwandte handelt. Implikaturen sind abzugrenzen von semantischen Implikationen (engl. *entailments*), bei denen es sich um kontextunabhängige Schlüsse handelt. Bei der Untersuchung von Sprechakten geht es um die Eigenschaften sprachlicher Handlungen wie z.B. Behauptungen, Fragen, Aufforderungen, Versprechen und Drohungen. Bei der Untersuchung der Konversationsstruktur stehen strukturelle und kontextbezogene Aspekte der Konversation, wie z.B. das System des Sprecherwechsels, der Sequenzialisierung von Sprechakten und der Korrektur von Äußerungen im Mittelpunkt. Unter Informationsstruktur ist die kontextabhängige Strukturierung von Äußerungen in Vordergrund und Hintergrund, in alte und neue Information usw. zu verstehen.

Keine moderne Sprachtheorie kann ohne die Berücksichtigung der P. auskommen, da es die Aufgabe der Linguistik ist, nicht nur die →Grammatik natürlicher Sprachen, sondern auch die menschliche →Kommunikation zu erklären. Weitere Aspekte der P. sind die historische P., die den Wandel der genannten pragmatischen Phänomene untersucht, und der kindliche Pragmatikerwerb, bei dem es um die kognitive Entwicklung dieser Phänomene geht. In jüngster Zeit entwickelt sich die experimentelle P., die pragmatische Sachverhalte mithilfe psycho- und neurolinguistischer →Methoden untersucht (I.A. Noveck/D. Sperber).

Bibliographie: P. Grice, Studies in the way of words, Cambridge 1989. – L.R. Horn/G. Ward (Hgg.), The handbook of pragmatics, Oxford 2004. – S.C. Levinson, Pragmatics, Cambridge 1983 [*dt.* Tübingen [3]2000]. – J. Meibauer, Pragmatik, Tübingen [2]2001. – I.A. Noveck/D. Sperber (Hgg.), Experimental pragmatics, Basingstoke 2004. – Z.G. Szabó, Semantics versus pragmatics, Oxford 2005.

Jörg Meibauer

VI. Philosophisch

Die P. ist eine bestimmte Weise der Betrachtung von Zeichen im Allgemeinen und der Sprache im Besonderen und bildet in diesem Sinne unter anderem eine Teildisziplin der Linguistik und eine spezifische Perspektive im Rahmen der Sprachphilosophie. Auf den Semiotiker C. Morris geht die Unterscheidung von →Syntax, →Semantik und P. von Zeichen zurück. Während die Syntax die Anordnung von Zeichen und die Semantik die Bedeutung von Zeichen behandeln, thematisiert die P. den möglichen Gebrauch von Zeichen. Charakteristisch für die P. ist entsprechend die Fragestellung, die man in freier Anlehnung an den berühmten Titel des Philosophen J.L. Austin folgendermaßen formulieren kann: Welche Dinge lassen sich mit (sprachlichen) Zeichen machen? Mit dieser Frage hat die P. unter anderem zwei Aspekte im Blick: Einerseits betrachtet sie die Art und Weise, wie einige sprachliche Ausdrücke wie indexikalische Ausdrücke, Namen etc. im Zuge ihres Gebrauchs bestimmt und verstanden werden. Andererseits geht es um die Frage, was mit sprachlichen Ausdrücken über das jeweils (wörtlich) Gesagte hinaus gemacht wird. So kann man zum Beispiel mit einer Aussage *Ich komme heute Abend* ein Versprechen geben, eine Drohung aussprechen oder vieles andere mehr.

J.L. Austin hat eine grundsätzlich pragmatische Betrachtung der Sprache mit seiner Theorie der →Sprechakte begründet. Nach dieser Theorie sind die Handlungsmöglichkeiten, die sprachliche Äußerungen bereitstellen, in sozialen Praktiken und Konventionen festgelegt. P. Grice hat sich besonders der spezifischen Möglichkeit gewidmet, mit sprachlichen Äußerungen etwas implizit zu sagen (Theorie der konversationalen Implikaturen): Auf der Basis von Maximen, die unsere Konversationen leiten, lassen sich Aussagen gezielt einsetzen, die zur →Kommunikation von etwas dienen, das nicht wörtlich gesagt zu werden braucht. L. Wittgenstein schließlich hat Auffassungen von Sprache begründet, denen zufolge die Bedeutung sprachlicher Ausdrücke grundsätzlich von ihrem Gebrauch her zu begreifen ist (Gebrauchstheorien der Bedeutung bzw. – v.a. nach R. Brandom – ‚normative Pragmatik'). Dabei wird die soziale Praxis des Umgangs mit sprachlichen Äußerungen nach dem Modell eines Spiels begriffen, innerhalb dessen durch affirmative und sanktionierende Handlungen bestimmt wird, welche Bedeutung bestimmte Spielzüge haben.

Seit sich in jüngster Zeit die Bildwissenschaft als eigenständige Disziplin zu etablieren beginnt, kommt es auch in Bezug auf Bilder zu Betrachtungen ihres spezifischen Handlungscharakters.

BIBLIOGRAPHIE: J.L. Austin, How to do things with words, Oxford 1962 [*dt.* Stuttgart 1972]. – R.B. Brandom, Expressive Vernunft, Frankfurt a.M. 2000. – P.H. Grice, Studies in the way of words, Cambridge 1989. – S.C. Levinson, Pragmatics, Cambridge 1983 [*dt.* Tübingen [3]2000]. – C.W. Morris, Foundations of the theory of signs, Chicago 1938 [*dt.* Frankfurt a.M. 1988]. – K. Sachs-Hombach (Hg.), Bildhandeln, Köln 2001. – J.R. Searle, Speech acts, Cambridge 1969 [*dt.* Frankfurt a.M. 1971]. – L. Wittgenstein, Philosophische Untersuchungen, Frankfurt a.M. 1984.

Georg W. Bertram

Predigt

I. Alttestamentlich

Wird P. verstanden als Verkündigung des Zuspruchs und Anspruchs Gottes, enthält das AT zahlreiche →Reden, die diesen an sein Volk (bzw. Teile des Volkes oder Einzelne) vermitteln. Zum atl. Wortfeld gehören als Nomen am ehesten *tora* und *dabar* (dazu Dtn 31,9–13; 2 Kön 23,2; Jer 36,4–32; Neh 8,1–8) sowie die Verben *dibber* (‚reden'), *qara* (‚rufen'), *higgid* (‚mitteilen'); *sipper* (‚erzählen'), *hodia'* (‚kundtun', bes. in Psalmen), *limmed* (‚lehren'), *hora* III (‚unterweisen'), *hizkir* (‚erinnern, einschärfen'), *basar* (‚eine gute Nachricht überbringen'). Dieses Wortfeld zeigt die Vielfältigkeit von Form, Inhalt und Ziel von P. Die Übersetzung der hebräischen Begriffe z.T. mit P. bzw. predigen geschieht v.a. in protestantischer Tradition, die katholische Einheitsübersetzung spricht nur in Spr 1,21; Jer 29,32 von predigen (E.S. Gerstenberger).

P. begegnet im AT als prophetische Rede, die mit dem Willen Jhwhs konfrontiert und oft besonders autorisiert wird durch die Formeln: *ko amar JHWH* (‚so spricht Jhwh') bzw. *ne'um JHWH* (‚Spruch Jhwhs'). Die Autorisierung erfolgt ebenso durch Berufungserzählungen wie z.B. Jes 6 oder Ez 1 f. Neben der zur Verantwortung ziehenden Gerichtsrede als Ermahnung zu rechtem Verhalten und Umkehrpredigt (Amos, Jona 3 u. a.) sowie dem Aufruf zur Abkehr von fremden Göttern (Jer 7,1–15) findet sich auch die Trostpredigt (bes. Deuterojesaja Jes 40–45) oder auch die Ansage künftigen Heils (Jes 11 u.ö.).

Das als Abschiedsrede des Mose stilisierte Dtn, das in sich mehrere große Reden enthält, kann als P. in weiterem Sinne angesehen werden. Kap. 1–3 holen mit ihrer Erinnerung der großen Heilstaten Gottes die Geschichte Israels ermutigend in die Gegenwart hinein; auch sind große Teile der Gesetzesverkündigung (Dtn 5–28) in der Anredeform gestaltet und werden so zur direkten Konfrontation mit dem Anspruch Gottes. Zum Mosebild gehören nicht zufällig auch prophetische Elemente (vgl. Dtn 18,15; 34,10). Die Verlesung des Gesetzes nach Neh 8, die noch dazu in einem liturgischen Rahmen geschieht, wird zur P., zumal eine →Auslegung des →Textes erfolgt (Neh 8,8; vgl. auch Mose als Ausleger der →Tora Dtn 1,5; 18,18).

Inwieweit auch die Rede der Weisheitslehrer (vgl. Dtn 32,1 f.) hier ihren Ort hat, ist zu diskutieren, enthält sie doch eher das Moment der Lehre als das der Verkündigung (vgl. allerdings die Reden in Spr 1–9, wo die Weisheit selbst als Verkündigerin auftritt).

Bei einem performativen Verständnis atl. Texte, etwa bei einer kommunikationspragmatischen Lektüre, wie sie C. Hardmeier vollzieht, kann gar der ganze AT-Text zur P. werden.

BIBLIOGRAPHIE: E.S. Gerstenberger, Art. Predigt II., in: TRE 27 (1997), 231–235. – C. Hardmeier, Erzähldiskurs und Redepragmatik im Alten Testament, Tübingen 2005. – H. Graf Reventlow, Gebot und Predigt im Dekalog, Gütersloh 1962. – A. Weiser, Art. Predigt II., in: LThK[3] 8 (1999), 525–527.

Jutta Hausmann

II. Neutestamentlich

P. ist heute eine umfassende Kategorie, die verschiedene ntl. Begriffe einbezieht: Lehre oder ethische Unterweisung (διδασκαλία), Ermahnung (vgl. λόγος τῆς παρακλήσεως, Hebr 13,22) oder ὁμιλία, die mehr oder weniger informelle Diskussion über Glaubensfragen (Lk 24,14 f.; Apg 24,24 f.). Im Zentrum steht κήρυγμα: Röm 10,14 f. ist hinsichtlich der Frage nach der Bedeutung und Rolle der P. zentral. Κῆρυξ bezeichnet einen offiziellen Boten, einen Herold, der ‚auf den Dächern verkündigt' (Lk 12,3). Somit bezeichnet P. das öffentliche (ἐν παρρησίᾳ, vgl. Mk 8,32; Joh 18,20; Apg 28,31) Verkündigen (κηρύσσειν), das Verbreiten der frohen Botschaft (εὐαγγελίζεσθαι) des nahe gekommenen Gottesreiches, oder nachösterlich – als der Bote selbst zur Botschaft geworden war – die Verkündigung des Lebens, Todes und der Auferstehung Christi. Die johanneischen Schriften ziehen es vor, vom Zeugnis (μαρτυρία) zu sprechen und die P. in einen forensischen Zusammenhang zu stellen.

Das Ziel der P. ist es, Glauben zu wecken und zu stärken. P. ist nicht einfach eine kognitive →Kommunikation oder die Vermittlung von Fakten, sondern ein performativer, inspirierter →Sprechakt, durch den der Inhalt der Verkündigung als das schöpferische → Wort Gottes gegenwärtig und wirksam wird. Es liegt nicht in der Verantwortung des/der Predigenden, das Wort Gottes zu verkündigen, da er/sie selbst ein Adressat und Empfänger der Botschaft ist. Diese externe Dimension bedeutet meist, dass P. einer Beauftragung bedarf, in den späteren ntl. Schriften wie Apg und den Pastoralbriefen sogar einer Einsetzung. Daraus entwickelte sich eine enge Verbindung zwischen P. und dem kirchlichen Amt.

Glaube ist persönlich und gemeinschaftsbezogen, P. eine öffentliche Handlung und dadurch instrumentell, dass sie fortwährend Gemeinschaft schafft und erhält. Da P. v. a. ein mündlicher, performativer Vorgang ist, wird sie im NT durch indirekte Rede repräsentiert, denn sie ist – abgesehen von Hebr und vielleicht Jak – in ein narratives *setting* eingebettet. Die vielen Reden in der Apg (z. B. 2,14–36; 3,12–26; 13,16–41; 17,21–31; 20,18–35) sind in ihrer vorliegenden Form lukanische Komposition. Sie variieren nicht in Hinsicht auf den Prediger, sondern in Hinsicht auf das Publikum, so dass P. paradigmatisch kontextuell und publikumsorientiert ist. Das κήρυγμα beinhaltet weiterhin die Auferstehung des gekreuzigten Jesus, wird aber für ein jüdisches Publikum z. B. anders als für die Philosophen in Athen vermittelt.

Als die Gläubigen die Botschaft bereits kannten, bedurfte es einer Form der Erinnerung (ἀνάμνησις), der ständigen Vergegenwärtigung des Jesus-Ereignisses und der geistlichen Bezeugung seiner Bedeutung. Dadurch wurden kollektive Erinnerungsmuster geschaffen.

BIBLIOGRAPHIE: A. Beutel et al., Art. Predigt, in: HWRh 7 (2005), 45–59. – G. Friedrich, Art. κῆρυξ κτλ., in: ThWNT 3 (1938), 682–717. – W.A. Graham, Beyond the written word, Cambridge 1987. – A. Steward-Sykes, From prophecy to preaching, Leiden 2001. – H.-T. Wrege, Art. Predigt IV., in: TRE 27 (1997), 240–243.

Turid Karlsen Seim

III. Kirchengeschichtlich

Die P. ist eine →Gattung religiöser →Rede (von lat. *praedicare*, ‚offen sagen/bekannt machen') im kultischen Kontext als →Auslegung eines im selben →Kontext verlesenen schriftlich fixierten kanonischen →Textes. Indem P. einen schriftlich fixierten →Kanon voraussetzt, ist sie typisch für Buchreligionen. Sie kann einzelne (z. B. dem Tag zugeordnete) Textabschnitte (Perikopen) auslegen, aber auch kontinuierliche Auslegung eines ganzen kanonischen →Buches sein. Die Begriffe ὁμιλία/*sermo* weisen auf den ursprünglich kommunikativen und dialogischen Charakter von P. hin. Verschriftlichung von P. ist ein Sekundärphänomen und der Gattung nicht inhärent. Adressat ist die Kultgemeinde, wobei P. auch missionarisch nach außen gerichtet sein kann.

Das Christentum hat die P. aus dem Judentum übernommen, wie Texte der eigenen christlichen Tradition, die dann selbst zum Kanon und damit Gegenstand christlicher P. als Schriftauslegung wurden, bezeugen. Handelt es sich zunächst um (christologisch fokussierte) Auslegung jüdischer heiliger Texte (AT), so wird spätestens seit dem 2. Jh. auch die verschriftlichte Jesusüberlieferung im fortschreitenden Kanonisierungsprozess in der P. ausgelegt, wobei das AT immer in der christlichen P. präsent blieb.

P. ist Textauslegung nach den in der Antike je allgemein verbindlichen hermeneutischen und rhetorischen Regeln (→Allegorese, → Typologie). Augustin verfasste an der Wende zum 5. Jh. als erster eine Homiletik als methodische Anleitung zur P.

In der frühesten christlichen Überlieferung sind neben Jesus selbst die →Apostel als

Prediger gezeichnet; im Zuge der Professionalisierung von Ämtern in den christlichen Gemeinden ist die P. dem Bischof als Gemeindeleiter in der Nachfolge der Apostel und den Presbytern vorbehalten, selten predigen auch berühmte Asketen ohne kirchliches Amt. Ort der P. ist der Raum des → Gottesdienstes, seit dem 3. Jh. eigene Kirchen.

Die mittelalterlichen Armutsbewegungen bringen Wander- und Volksprediger außerhalb des kirchlichen Amtes und in Ablehnung der organisierten Kirche hervor, gegen die Predigerorden (Dominikaner) zur kirchlichen Integration der Armutsbewegungen entstehen.

Für die Reformation stellt die P. das wichtigste Kommunikations- und Propagandamittel dar. Das Pfarramt wird nicht mehr als Priester-, sondern als Predigtamt verstanden. In der Gegenwart hat die P. auch im Protestantismus ihr Monopol als Kommunikationsform verloren und muss mit anderen konkurrieren, was zu divergierenden Ansätzen und Experimenten geführt hat.

Bibliographie: D.G. Hunter (Hg.), Preaching in the patristic age, New York 1989. – J. van Oort/E. Mühlenberg (Hgg.), Predigt in der Alten Kirche, Kampen 1994. – M. Sachot, Art. Homilie, in: RAC 16 (1994), 148–175. – R.G. Turnbull, A history of preaching, Grand Rapids 1974. – H.-T. Wrege et al., Art. Predigt IV.–IX., in: TRE 27 (1997), 240–330.

Hanns Christof Brennecke

IV. Systematisch-theologisch

Funktion und Stellung der P. werden in den verschiedenen christlichen Konfessionen unterschiedlich beurteilt. Nach evangelischem Verständnis ist die P. als öffentlichkeitswirksame →Auslegung der Heiligen Schrift die maßgebliche Lebensäußerung der Kirche. Rhetorisch äußert sie sich in Form einer monologischen Anrede im Kontext des christlichen →Gottesdienstes durch von der Kirche dazu Berufene. Ihr prominenter Verlautbarungsort ist die Kanzel. In ihrer Geschichte trat die P. als eine stark von den zeitgenössischen Lesarten des Christlichen, den jeweiligen Kulturen und Rhetoriken abhängige Variable in Erscheinung. Stand die Kanzelrede in der Alten Kirche noch stark unter dem Einfluss der antiken →Rhetorik, so erfuhr sie in der Reformation eine theologische und liturgische Zentralstellung. Predigtziele waren im Pietismus das fromme Bewusstsein, im Rationalismus die Alltagspragmatik und in der ersten Hälfte des 20. Jh.s die Soteriologie. Seit den 1960er Jahren stehen Fragen der formalen Gestaltung im Vordergrund. Zu den prinzipiellen Voraussetzungen evangelischer P. zählt, dass die präsentierte Botschaft diejenige Referenz in Kraft setzt, von der sie handelt und die sie letztgültig autorisiert. Die normative Geltung der biblisch motivierten Deutung und deren kommunikative Gestalt stehen theologisch nicht in Opposition zueinander. Vielmehr verschränken sich im gelingenden Fall *intentio opereris* und *intentio rhetoris* im Akt der kooperativen Rezeption durch die Gemeinde. Die freie religiöse Rede bewahrheitet sich am Ort des →Hörers. Das →Wort wirkt, indem es zur Sprache kommt, vernehmbar anklingt und von einem angesprochenen Subjekt als persönlich bedeutsam geglaubt wird. Darin erweist sich die P. unter den Bedingungen menschlicher →Kommunikation als Medium des Heiligen Geistes. Hermeneutisch stellt sich der Predigtprozess als ein doppelter Lektürevorgang dar. In der Phase der Vorbereitung (Meditation) interpretiert der Prediger seine biblische Vorlage und versprachlicht sie adressaten- wie kontextorientiert. In der Phase der liturgischen Realisierung (Predigtvortrag) wird diese Interpretation einer kopräsenten Hörergemeinde zu verstehen gegeben. In beiden Deutungsvorgängen werden Zeichen rezipiert und produziert, wird die biblische Vorlage iteriert. Ästhetisch stellt die P. ein rhetorisch organisiertes Artefakt dar. Sie ist insofern deutungsoffen, als sie grundsätzlich zwischen mehreren Signifikationsabsichten oszilliert und somit der Regelhaftigkeit einer unendlichen Semiose unterliegt. Kontext, Code und Form sind mitkonstitutiv für das Verstehen von biblischem und gepredigtem Text.

Bibliographie: C. Albrecht/M. Weeber (Hgg.), Klassiker der protestantischen Predigtlehre, Tübingen 2002. – A. Beutel, In dem Anfang war das Wort, Tübingen 1991. – W. Engemann, Einführung in die Homiletik, Tübingen/Basel 2002. – J. Hermelink, Die homiletische Situation, Göttingen

1992. – T. Klie, Zeichen und Spiel, Gütersloh 2003. – E. Lange, Predigen als Beruf, München 1982.

Thomas Klie

V. Judaistisch

Jüdische P. als rhetorische →Auslegung der →Tora (bzw. der hebräischen →Bibel) im Kontext eines →Gottesdienstes ist seit dem Mittelalter belegt. Seit dem 13. Jh. sind Predigttexte selbst erhalten.

Unterschiedliche Forschungsmeinungen über den Synagogengottesdienst führen zu kontroversen Darstellungen der früheren Geschichte der P. Aufgrund von drei Philo zugeschriebenen, rhetorischen Auslegungstexten lässt sich vermuten, dass im hellenistischen Judentum hellenistische →Methoden der Textauslegung und →Rhetorik kombiniert und in die →Liturgie integriert wurden (F. Siegert). Andere Ansätze gehen davon aus, dass sich bei Philo selbst (und Josephus) kein Hinweis auf P.en in diesem Sinn findet (G. Stemberger). Christliche →Autoren der Antike wissen ebenfalls nichts von jüdischer P. (A. v. Stockhausen). Reden im NT haben weder rhetorischen →Stil noch den →Kontext einer Gebetsliturgie (Lk 4,16–21).

Lehrvorträge wären allerdings in antiken Vereinen zu finden, z. B. in der Beschreibung der Sabbatversammlung von Philos ‚Therapeuten' – keine historische Splittergruppe des Judentums, sondern ein Idealtypus des hellenistischen Juden (M. Ebner).

Der Talmud Yerushalmi überliefert (tannaitisch: tMeg 2.18 adaptiert in yMeg 3.3 74a u. ö.), dass rabbinische Gelehrte die Tora (bzw. die hebräische Bibel) zunächst in akademischem Kontext auslegen. Zum Ende der Antike steigt das Interesse und der Einfluss der Rabbinen an den Synagogen. Die fast ausschließlich im palästinischen Kontext entstandene Literatur des rabbinischen Midrasch reflektiert (neben rhetorischen Stilelementen) von Rabbinen gehaltene P.en (G. Porton, G. Stemberger) nicht. Seine rhetorischen Strategien und Formen beeinflussten aber die mittelalterliche Predigtpraxis. Ende des 15. Jh.s wandten sich jüdische Prediger (in Spanien) in Anlehnung an christliche Vorbilder zeitgemäßer Philosophie und Redekunst zu (J. Dan, M. Saperstein).

Im Gegensatz zu den anderen Elementen der Synagogenliturgie wurde die P. weder nach Form, Inhalt, Häufigkeit, Dauer, Ansatzpunkt im Ritual (zu Lebenszyklusritualen, am Sabbat nach der Prophetenlesung oder zu Mincha, zu staatlichen Fest- oder Gedenktagen, in jüngerer Zeit Freitag Abend etc.), →Sprache (Hebräisch oder Volkssprache – trotz schriftlicher Überlieferung in Hebräisch) oder nach der Person des Predigers (Rabbiner, Wanderprediger, Bräutigam u. a.) normiert. Auch die Predigthäufigkeit variierte zwischen täglicher Praxis und der Beschränkung von P.en auf die Sabbate nahe den hohen Feiertagen.

Die Erweiterung der Mannigfaltigkeit und Modernität jüdischer P. verdankt sich bis heute den Impulsen der Reformbewegung im 19. Jh.

Bibliographie: J. Dan/A. Carlebach, Homiletic literature, in: EJ[2] 9 (2006), 507–518. – A. Deeg et al., Preaching in Judaism and Christianity, Berlin/New York 2008. – Ders., Predigt und Derascha, Göttingen 2006. – M. Ebner, Mahl und Gruppenidentität, in: Ders. (Hg.), Herrenmahl und Gruppenidentität, Freiburg i. Br. u. a. 2007, 64–90. – J. Heinemann/L. Jacobs, Preaching, in: EJ[2] 16 (2006), 467–475. – G. Porton, Midrash, Definitions of, in: J. Neusner/A.J. Avery-Peck (Hgg.), Encyclopedia of Midrash 1, Leiden/Boston 2005, 520–534. – M. Saperstein, Jewish preaching 1200–1800, New Haven/London 1989, 1–103. – Ders., „Your Voice Like a Ram's Horn", Cincinnati 1996. – F. Sieget, Drei hellenistisch-jüdische Predigten, 2 Bde., Tübingen 1980. 1992. – A. v. Stockhausen, Christian perception of Jewish preaching in early Christianity?, in: A. Deeg et al. (Hgg.), Preaching in Judaism and Christianity, Berlin/New York 2008, 49–70.

Clemens Leonhard

VI. Islamwissenschaftlich

Der offizielle islamische Kultus (→Gottesdienst) kennt P.en v. a. als Bestandteil des Gemeinschaftsgebets am Freitag, am Opferfest (*ʿīd al aḍḥā*) und am Fest des Fastenbrechens (*ʿīd al-fiṭr*). P.en zu diesen Anlässen werden als *ḫuṭba* (eigentlich ‚Ansprache') bezeichnet und sind gewöhnlich zweigeteilt: Beiden Teilen gemeinsam ist das Gotteslob, ein Segensgebet über Muḥammad und die Ermahnung zur Gottesfurcht; der zweite Teil enthält ein Bittgebet für die Gläubigen, während die ebenfalls vorgeschriebene und häufig auf wenige Verse beschränkte Koranrezitation meist als Element des ersten Teils betrachtet wird. C.H. Becker hat diese zweiteilige Struktur als Aneignung des Aufbaus christlicher Wortgottesdienste zu erklären versucht, wobei die erste P. der Schriftlesung und die zweite P. der Schriftdeutung entspräche.

Vor dem Aufkommen moderner Massenmedien stellte die Freitagspredigt oft ein herrscherliches Kommunikationsmittel dar. Selbst nachdem die *ḫuṭba* nicht mehr vom Kalifen oder seinem Statthalter selbst gehalten wurde, eignete ihr ein hoher politischer Stellenwert, insofern die Nennung des Herrschers in der Freitagspredigt das öffentliche Signal seiner Autorität blieb. Ein Freitagsprediger (*ḫaṭīb*) wurde durch die jeweilige Staatsgewalt ernannt und entlohnt, wie etwa Ibn Nubāta al-Fāriqī (gest. 984/5), der in Aleppo wirkte und eine berühmte Sammlung literarisch kunstvoller Freitagspredigten hinterließ.

Neben dem Freitagsgottesdienst umfasste das vormoderne islamische Predigtwesen auch in Moscheen oder auf offener Straße abgehaltene volkstümliche Lehrzirkel. Solche informellen paränetischen Aktivitäten, in den Quellen als *qaṣaṣ* („erbauliches Erzählen") und *waʿẓ* (‚Mahnrede') bezeichnet, stützten sich auf populäres, zumeist außerkoranisches Erzählgut über die Weltschöpfung, das Leben Muḥammads und früherer Propheten und das Jüngste Gericht. Nachdem sich ab dem 12. und 13. Jh. das Sufitum zu einem die islamische Welt prägenden Faktor entwickelt hatte, gelangte auch das Predigtwesen zunehmend in die Hände von Sufikern. Zugleich bildete sich ausgehend von Ibn al-Ǧauzī (gest. 1200) eine Tradition der gelehrten →Polemik gegen volkstümliche Prediger heraus, die bei einfachen Leuten häufig ein höheres Ansehen als ihre akademisch gebildeten Kollegen genossen. Heute dient die P. nicht selten zur Kritik an politischen und sozialen Missständen, und die bekannten Prediger verfügen in den islamischen Ländern, besonders in Ägypten, über großen Einfluss auf die öffentliche Meinungsbildung.

BIBLIOGRAPHIE: R.T. Antoun, Muslim preacher in the modern world, Princeton 1989. – K. Athamina, Al-Qasas, in: SI 76 (1992), 53–74. – C.H. Becker, Zur Geschichte des islamischen Kultus, in: Ders., Islamstudien, Bd. 1, Nachdruck Hildesheim 1967, 472–500. – J. Berkey, Popular preaching and religious authority in the medieval Islamic Near East, Seattle/London 2001. – P. Gaffney, The prophet's pulpit, Berkeley 1994. – J. Pedersen, The criticism of the Islamic preacher, in: WI 2 (1953), 215–231. – Ders., The Islamic preacher: Wāʿiẓ, Mudhakkir, Qāṣṣ, in: S. Löwinger/J. Somogyi (Hgg.), Ignace Goldziher, Memorial Volume, Bd. 1, Budapest 1948, 226–251. – A.J. Wensinck, Art. Khuṭba, in: EI[2] 5 (1986), 74 f.

Nicolai Sinai

Prophetische Literatur

I. Alttestamentlich

Die Sammlung der hebräischen Bibel bietet die prophetischen Schriften als zweiten Teil des →Kanons nach dem Pentateuch (→Tora) und vor den ‚Schriften' (Ketuvim). Die Neviim (navi ist das hebräische Wort für Prophet) sind noch einmal unterteilt in ‚Vordere' und ‚Hintere Propheten': Die vorderen Propheten (Jos, Ri, 1. 2 Sam, 1. 2 Kön) sind hauptsächlich erzählende Texte und schließen vom geschichtlichen Erzählgang her am Pentateuch an, enthalten aber etliche Überlieferungen zu Propheten (Nathan, Ahia von Silo, Micha ben Jimla, Elia, Elischa u. ä.). Die hinteren Propheten umfassen diejenigen prophetischen Überlieferungen, die zu selbständigen Schriften zusammengewachsen sind (daher Schriftpropheten), also Jes, Jer, Ez und das Zwölfprophetenbuch und eine Fülle prophetischer →Gattungen von Drohreden bis zu Trostworten enthalten.

Der hebräische Kanon sieht die Propheten als Ausleger und Anwender der Tora, daher die Nachstellung im Kanon. Die Deutung der Propheten als Gesetzesausleger bleibt noch lange erhalten und ist bis zu M. Luther und J.G. Herder zu beobachten. Erst im 19. Jh. entdeckt die wissenschaftliche →Exegese das Phänomen der Prophetie neu: Jetzt erkennt man in der p.n L. das Zeugnis einer vorwiegend während der Königs- und der Exilszeit auftretenden Menschengruppe, die für die Entwicklung und Ausformung der israelitischen Religion entscheidende Anstöße gegeben hat. Die Propheten haben immer wieder versucht, die überlieferte israelitische Religion in der jeweiligen Gegenwart neu zu interpretieren; auch waren aus der Auseinandersetzung mit der sich verändernden Gesellschaft neue theologische Erkenntnisse zu gewinnen. Innerhalb der Prophetie entwickelten sich zentrale Vorstellungen wie der Monotheismus (von dem über fremde Völker richtenden Jahwe des Amos der Völkersprüche im 8. Jh. v. Chr. bis zum monotheistischen Deuterojesaja des 6./5. Jh.s v. Chr.). Etlichen Theologumena (Sozialkritik, Kultkritik, Geschichtstheologie) der p.n L. wurde schon von den Zeitgenossen eine besondere Wahrheitsqualität zugesprochen, so dass p. L. als offenbart galt. Literargeschichtlich gesehen folgen die meisten Gesetze den Propheten erst nach.

Eines der wesentlichsten Wahrheitskriterien (bes. von der deuteronomistischen Literatur verfochten), war die Frage des Eintreffens von Prophetien. So konnte die Unheilsprophetie des 8. und 7. Jh.s v. Chr., deren Unheilsaussagen sich bestätigt hatten, eine zentrale Stellung einnehmen. In den Begründungen des von Am, Hos, Mi, Jes, Jer u. a. angekündigten Untergangs fanden sich Wegweisungen für die Zukunft. Das prophetische Wort blieb daher immer zukunftsweisend und wurde entsprechend intensiv in den späteren Zeiten wiederum der jeweiligen Gegenwart angepasst; die zahlreichen Fortschreibungen, Aktualisierungen und Neuinterpretationen in der p.n L. geben ein beredtes Zeugnis davon.

Schon die →Septuaginta stellt die Propheten an den Schluss des Kanons und akzentuiert damit deren Zukunftsbezogenheit; das frühe Christentum nimmt diese Akzentuierung auf und sieht die Propheten in der Rolle der Vorhersager Christi.

BIBLIOGRAPHIE: L. Blenkinsopp, Geschichte der Prophetie in Israel, Stuttgart u. a. 1998. – K. Koch, Die Profeten, 2 Bde., Stuttgart u. a. [3]1995. [2]1987. – R.G. Kratz, Die Propheten Israels, München 2003. – A. Wagner, Prophetie als Theologie, Göttingen 2004.

Andreas Wagner

II. Neutestamentlich

Die eigenständige perspektivische →Rezeption der jüdischen Prophetenschriften im frühen Christentum diente generell der theologischen Reflexion und Ausgestaltung der Christusverkündigung. Auf die p. L. als Textsammlung mit autoritativer und normativer Bedeutung wird häufig zusammen mit der →Tora Bezug genommen, um die Geschichte Jesu aus Nazaret mit dem Gott Israels in Verbindung zu bringen (z. B. Röm 3,21; Lk 16,16 par.; Joh 1,45; Apg 13,15); dabei gelten auch Pss und Dan entgegen der jüdischen Tradition als Teile des Textcorpus. Textbasis der zahlreichen formellen →Zitate und Anspielungen in den ntl. Schriften sind zumeist verschiedene griechische →Übersetzungen der Prophetenbücher, was die theologische Begrifflichkeit beeinflusste und auch die Verankerung christologischer Aussagen in der prophetischen Tradition erleichtern konnte (vgl. Mt 1,23). Hinsichtlich der spezifischen Funktion der p.n L. bei ihrer christozentrischen Neuaneignung (im Mund Jesu, als Kommentar des Erzählers oder im Rahmen der →Argumentation des →Autors) lassen sich als Neukontextualisierungen unterscheiden:

(1) Die Übernahme insbesondere paränetischer Inhalte zur sozialen und religiösen Legitimation durch die göttliche →Offenbarung. Die Propheten dienen dabei (in Übereinstimmung mit →Methoden und Inhalten zeitgenössischer jüdischer Schriftauslegung) als Autoritäten, um die Richtigkeit und Schriftgemäßheit einer Aussage oder Handlung zu stützen (z. B. Mk 11,17 parr.; Joh 6,45; Apg 7,42).

(2) Die eschatologische Deutung aktueller Vorgänge und Ereignisse mittels der Interpretation der p.n L. als Sammlung futurischer Heilsankündigungen bzw. *vaticinia ex eventu*. Im Zentrum des allegorischen bzw. typologischen Weissagungsbeweises steht die beglaubigende Beschreibung des Christusgeschehens, insbesondere mittels der christologischen Interpretation messianischer Aussagen als Vorankündigung (z. B. Röm 1,2; Apg 2,31; Joh 1,45). Mt verbindet seine narrative Entfaltung der Geschichte Jesu mit den Verheißungen der p.n L. v. a. durch das Motiv der Erfüllung (mit stereotyper Zitationsformel z. B. Mt 1,22 f.; 2,15. 17 f.).

(3) Die Deutung einer frühchristlichen Schrift als p.r L. Sowohl die Sammlung kontextualisierbarer Worte Jesu in der Logien-

quelle Q (vgl. Lk 11,49 f. par.) als auch die Offenbarungsreden der Offb (1,1; 2,1; 21,5; vgl. 22,19) tragen in formgeschichtlicher Hinsicht deutliche Züge prophetischer Redeweisen. Die frühchristliche Betrachtung der aktuellen Manifestation prophetischer Phänomene als Zeichen der Nähe des Gottesreiches (vgl. 1 Kor 12,9.28 f.; Apg 21,10 f.) korrespondiert mit dieser vergegenwärtigenden Aneignung der p.n L.

BIBLIOGRAPHIE: E.E. Ellis, Prophecy and hermeneutics in early Christianity, Tübingen 1978. – D.A. Koch, „bezeugt durch das Gesetz und die Propheten“: Zur Funktion der Schrift bei Paulus, in: H.H. Schmid/J. Mehlhausen (Hgg.), Sola scriptura, Gütersloh 1991, 169–179. – M. Sato, Q und Prophetie, Tübingen 1988. – C. Westermann, Prophetenzitate im Neuen Testament, in: EvTh 27 (1967), 307–317.

Michael Tilly

III. Judaistisch

„Es wird gelehrt: Viele Propheten erstanden in Israel, doppelt so viele wie die, die aus Ägypten ausgezogen waren, aber aufgeschrieben wurde nur die Prophezeiung, die für spätere Generationen nötig war, die, die nicht nötig war, wurde auch nicht aufgeschrieben“ (bMeg 14a; vgl. auch bSuk 27b). Diese Überlieferung aus dem babylonischen Talmud spiegelt die Ambivalenz wider, mit der das Judentum seine prophetischen Überlieferungen betrachtet hat. Die prophetischen Bücher sind keine genuinen Zeugnisse Gottes wie die Tora, und doch wurde eben manche Überlieferung zum Teilstück des geoffenbarten Erbes und hierin traditionswürdig.

Für die rabbinische Theologie gilt Mose als der Prototyp des Propheten. Nur er hatte eine prophetische Vision wie durch einen leuchtenden Spiegel (bSuk 45b; bYev 49b). Der Talmud (bPes 87b) stellt Mose als prophetischen Lehrer vor, um auszudrücken, dass auch ein Prophet der Traditionskette verpflichtet ist und sein Verhalten daran gemessen wird. Dazu gehört auch, dass die rabbinische Literatur die prophetische Aufgabe zum einen im Amt des Fürsprechers für das Volk definierte, zum anderen als Toralehrer und -ausleger (bMeg 14a; bShab 104a). Das Prophetieverständnis der rabbinischen Gelehrten ist dabei nicht ohne ihren religiösen und gesellschaftlichen Anspruch zu verstehen, der nach dem Verlust der Eigenstaatlichkeit und des Tempels (70 n. Chr.) eine jüdische Nation zu etablieren suchte, die auf einem anderen als dem bisherigen Fundament stehen sollte, der Tora. An ihrer Spitze standen nicht mehr König, Priester und Prophet, sondern die Tora-Weisen (*Talmide Chakhamim*). Sie hatten, als Teil des Volkes und aus ihm heraus, das gesamte Volk zu führen und zu leiten. Dem Verlust des Tempels und damit dem Untergang der alten staatlichen und kultischen Ordnung als der kollektiven Strafe Gottes setzten die Rabbinen ein umfangreiches Konzept der kollektiven Erwählung entgegen, so dass für religiöse Vereinzelung oder gar partielle Auszeichnungen kein Raum mehr blieb. Propheten hatten in dieser auf der Tora und ihrer Autorität gründenden jüdischen Gemeinschaft keinen Platz mehr: Es sagte Rabbi Avdimi von Haifa: „Von dem Tag an, da der Tempel zerstört wurde, wurde die Prophetie den Propheten genommen und den Weisen gegeben“ (bBB 12a).

Erst im jüdischen Mittelalter wurde der Prophetie wieder eine stärkere Bedeutung beigemessen, die aber ebenfalls an das Gesetz gebunden ist. Maimonides unterschied zwischen elf Graden der Prophetie (MhN 2,45). Gott ließe sie jedoch nur den moralisch und intellektuell Vollkommenen durch Vermittlung der aktiven Vernunft zuteil werden (MhN 2,32.36).

BIBLIOGRAPHIE: N.M. Bronznick, Attributes of prophecy in the rabbinic view, in: G. Appel (Hg.), Studies in Jewish law, philosophy, and literature, New York 1970, 205–218. – F.E. Greenspahn, Why prophecy ceased, in: JBL 108 (1989), 37–49. – H. Liss, Heilige Männer?, in: Dies. (Hg.), Yagdil Tora We-Ya'adir, Heidelberg 2003, 129–145. – G.G. Porton, Isaiah and the kings, in: C.C. Broyles/C.A. Evans (Hgg.), Writing and reading the scroll of Isaiah, Bd. 2, Leiden u.a. 1997, 693–716. – G. Stemberger, Propheten und Prophetie in der Tradition des nachbiblischen Judentums, in: I. Baldermann et al. (Hgg.), Prophetie und Charisma, Neukirchen-Vluyn 1999, 145–174. – E.E. Urbach, Prophet and sage in the Jewish heritage, in: Ders., Collected writings in Jewish studies, hg. v. R. Brody/M.D. Herr, Jerusalem 1999, 393–403.

Hanna Liss

IV. Altphilologisch

Allen Formen der umfangreichen p.n L. der klassischen Antike ist gemeinsam, dass sie als Aussprüche divinationsmächtiger Personen gestaltet sind. Die p. L. ist zu differenzieren in

(1) Orakel: Schon die ältesten Orakelsprüche weisen hexametrische Form und damit eine enge Beziehung zur epischen Dichtung auf (delphischer Orakelstil; erste Erwähnung des Orakels *Od.* 8,79–81). Konstitutiv ist ein göttlichem Wissen angemessener bildhafter Stil, der die Gefahr tragischer Fehldeutungen birgt (Hdt. 1,53, →Verheißung/Erfüllung). Buchrollen mit Spruchsammlungen sind seit dem 6. Jh. v. Chr. belegt (Hdt. 7,6). Diese von reisenden Wahrsagern (*chresmologoi*) verbreiteten, oft prophetischen Dichtern (Orpheus, Musaios) zugeschriebenen Texte werden prägend für die p. L. insgesamt.

(2) Prophezeiungen in der Literatur: Weissagungen gehören zum Standardrepertoire des Epos (zuerst *Il.* 1,68–108) und der Tragödie (z. B. S., *OT* 300–462). Seit der homerischen *Nekyia* (*Od.* 11, parodiert bei Hor. *sat.* 2,5) ist das Totenorakel Gattungsmerkmal des Epos (z. B. Verg. *Aen.* 6,264–899). Mit der Weissagung des Er (Pl. *R.* 614b–621b) findet es auch in die philosophische Prosa Eingang (vgl. als Gegenstück das *somnium Scipionis* in Cic. *rep.* 6,9–29). Mehrfach sind Prophezeiungen Gegenstand der *Aeneis* Vergils. Dabei bedient Vergil sich der griechisch-epischen Tradition der p.n L. zur Schilderung italischer Kultpraxis (das Faunus-Orakel: *Aen.* 7,81–101). Die Schildbeschreibung (*Aen.* 8,624–728) gibt einem homerischen Motiv (vgl. *Il.* 18,478–608) eine prophetische Wendung, an die in der Spätantike Claudian (Claud. 22,340–361) anknüpfen kann.

(3) Literarische Prophezeiungen: Seit hellenistischer Zeit gibt es fiktive Orakel als Einzeltexte. Während Lykophrons *Alexandra* (3. oder 2. Jh. v. Chr.?) eine umfangreiche, im jambischen Trimeter der Tragödie verfasste Weissagung Kassandras noch in einen Botenbericht einbettet, steht der wirkungsmächtigste Text der p.n L., die vierte *Ekloge* Vergils (um 40 v. Chr.), allein. In sibyllinischem Habitus (*ecl.* 4,4) weissagt Vergil die Geburt eines Heil bringenden Knaben und bietet so Anlass zu christologischer Exegese (Aug. *ep.* 137,12). Zwischen chresmologischer Tradition und literarischer Fiktion steht das vom 1. Jh. v. Chr. bis ins 3. Jh. n. Chr. angewachsene Corpus der *oracula Sibyllina*, das die Traditionsstränge der p.n L. mit jüdisch-christlichen Inhalten verbindet.

Bibliographie: G. D'Anna, Art. Profezie, in: Enciclopedia Virgiliana 4 (1988), 299–302. – J.-D. Gauger, Sibyllinische Weissagungen, Düsseldorf/Zürich 1998. – G. Lambin, L'Alexandra de Lycophron, Rennes 2005. – K. Latte, Art. Orakel, in: RE 18,1 (1939), 829–866. – J.L. Lightfoot, The sibylline oracles, Oxford 2007. – G. Schade, Lykophrons ‚Odyssee', Berlin/New York 1999.

Fritz Felgentreu

V. Literaturwissenschaftlich

Thematisch, motivisch und in direkten →Zitaten strahlt die p. L. in die europäische → Literatur am stärksten aus, solange diese ins christlich-heilsgeschichtliche Weltbild des europäischen Mittelalters eingebunden ist: Visionen in politischen Texten betonen die Kontinuität der *translatio imperii* (hier ist ein als p. L. betrachteter Text zentral für die Geschichtskonzeption: vgl. Dan 2,31 ff.), Propheten-Zitate in hagiographischen Texten feiern die *imitatio Christi* der Heiligen, atl. Propheten als Figuren des geistlichen Bühnenspiels (‚Prophetenspiel') deuten das AT christologisch.

Über die Wende zur neuzeitlichen Subjektivität der Literatur hinaus wird die p. L., zumal sie weitgehend narrationsarm ist, jedoch weniger als andere biblische Textgruppen stofflich rezipiert; prominente Ausnahmen sind etwa das als Prophetenschrift geltende Danielbuch (Löwengrube, Belsazar) oder Jona (Walfisch). Gleichwohl zählt sie weiterhin zum Grundinventar literarischer Schreibweisen des christlich-jüdischen Kulturraums: im Sinne einer Sorte lyrischer oder narrativer Texte, die im Gestus prophetischer Rede verfasst sind. An biblische Muster anknüpfend in Sprache (‚entrückte' Rede, Warn-, Zornes- oder Klagegestus) und argumentativer Stoßrichtung (Zukunftsorientierung, Sozial- oder Kultkritik), aber nicht notwendig an deren Theologeme, können ihre Schwerpunkte u. a. sein: die konkrete Schilderung von Heils- oder Unheilsvisionen, die Reflexion gegenwärtiger Zustände aus prophetischer Inspiration heraus, die Klage über die praktische Wirkungslosigkeit dieser Reflexion.

Zu besonderer Geltung gelangt diese Schreibweise im Rahmen religiöser, philosophischer, ästhetischer und/oder politischer Zeitdiskurse, die es gestatten, literarische Autorschaft als eine Rolle visionär inspirierten Vermittelns zwischen Immanenz und Transzendenz, zwischen Gegenwart und Zukunft zu konstruieren. Autorschaft in diesem Sinne ist eine Form der Priesterschaft (‚*poeta vates*'). Im 17. Jh. der Religionskriege wurden literarisch gestaltete religiöse Sozialutopien, die in Mitteleuropa Einzelfälle blieben (Q. Kuhlmann), für die angloamerikanische Literatur traditionsbildend (J. Winthrop). Die dort wirkmächtige Tradition der ‚Jeremiade', der Klage des sozial unerhört bleibenden Propheten, reflektiert auch den prophetischen Text als Zentrum eines kommunikativen Konfliktfeldes: Einerseits verfolgt er normative Wirkabsichten, andererseits sind diese motiviert durch exklusive Kenntnisse, die den Propheten sozial randständig machen.

Zudem trägt der prophetische Text Verwerfungen zwischen den Sprachfunktionen aus. Der kommunikative Transport von Inhalten steht im Konflikt mit einer semantisch-ästhetischen Übercodierung, die die Herkunft jener Inhalte aus einer Sphäre jenseits sprachlicher Begrifflichkeiten reflektiert. P. L. im Sinne einer Lyrik, die in sprachlichem Ästhetizismus esoterische Weltabgewandtheit pflegt, hat Konjunktur im *Fin de siècle* (S. George); auf sie hin führt die zunächst christlich-priesterliche, später freireligiöse Aufladung der Rolle des autonomen Dichters im späten 18. Jh. durch Genieästhetik (F.G. Klopstock) und Frühromantik (F. Schlegel), die auch sprachmystische Traditionen (J. Böhme) aufgriff und in F. Nietzsches spätromantischer ‚ästhetischer Theodizee' gipfelte. Neu aufgeladen mit gesellschaftlicher Reflexion und wieder an atl. Stoffe anknüpfend, wirkt diese Tradition bei deutschen Lyrikern fort, die ab den 1930er Jahren unter Exil und Holocaust zu leiden hatten (K. Wolfskehl, N. Sachs).

In der Erzählliteratur der Zeit des ‚Kalten Krieges' gelangte die literarische Zukunftsvision der puritanischen US-Tradition unter warnendem, technikskeptischem und totalitarismuskritischem Vorzeichen zu internationalem Einfluss und prägte die Science-Fiction-Literatur (R. Bradbury, A. Huxley).

BIBLIOGRAPHIE: R. Selbmann, Dichterberuf, Darmstadt 1994. – I. Sherwood, Prophetic literature, in: A. Hass et al. (Hgg.), The Oxford handbook of English literature and theology, Oxford 2007, 289–306.

Clemens Heydenreich

Proposition(en)

I. Alttestamentlich

In der →Pragmatik (J.L. Austin, J.R. Searle) wird die Handlungsseite von Sprache (Illokution) von der Inhalts- und Bezeichnungsseite (P.) sowie ihrer lautlichen Seite (Lokution) unterschieden (A. Wagner 1997). Mit P.en werden über Referenten (Bezugsobjekte) Aussagen, Prädikationen gemacht; „Referenten" sind alle Bereiche dessen, „woran wir denken oder worauf wir Bezug nehmen" (C.K. Ogden/I.A. Richards, 16). Die Prädikation obliegt im hebräischen Verbalsatz dem Verb; es gibt an, was von der Bezugsgröße (Subjekt) ausgesagt wird: 2 Sam 12,28 *elkod ani (ich) nehme ein.* In Nominalsätzen dagegen wird sie durch eine verblose Zuordnung zweier Glieder im Satz erreicht: Ps 2,7 *beni attah mein Sohn (bist) du.*

Die Unterscheidung von P. und Illokution gilt zunächst für den →Satz. Die P., dass ‚A segnet (B)', kann in unterschiedlichen explizit und primär performativen Äußerungsarten realisiert werden: als <deklarative> Segensbewirkung wie in Gen 17,16 *Und ich segne (berakhti* Afformativkonjugation) *sie (hiermit),* als eine <repräsentative> Berichterstattung wie in Gen 24,60 *Und sie segneten* (*wa-yevarakhu* Präformativkonjugation/Narrativ) *Rebekka* u. a.

Auf der Textebene dient der Propositionsbegriff zur Beschreibung „des kognitiven Zusammenhangs" zwischen „den in den Sätzen ausgedrückten Sachverhalten" (K. Brinker, 20) und wird von Textillokution unterschieden. Das Verhältnis von →Text und →Satz (als Textsegment) und damit von

Text- und Satzproposition kann verschieden sein; in polysegmentalen Texten gibt es propositional und illokutionär homogene Segmente (vgl. Ps 150) oder heterogene; bei letzteren können Textteile etwa in einem hierarchischen Verhältnis stehen (Matrixstruktur bei Ps 113, vgl. A. Wagner 2007). Im AT kann auch die Größe ‚Text' sehr unterschiedlich bezogen werden: Ist etwa ein Psalm ein Text oder ein Teiltext des Psalters oder der Ketuvim oder des atl. Kanons oder des Biblischen Kanons? – Je nach Bezug ist die propositionelle Einschätzung eine andere.

Im AT handelt es sich meist nicht um Texte, die von der Gesamtbedeutung her auf die Darbietung von ‚logischen P.en' (Gottes/des Glaubens) ausgerichtet sind; die meisten Texte verfolgen andere Absichten (Mahnungen, Klagen, Lobtexte usw.), bringen weitere (etwa illokutionäre) Sinnelemente in die Gesamtbedeutung ein; entsprechend sind Differenzen zwischen Gesamtbedeutung und P. zu beachten (O. Wischmeyer 2004, 147).

Im „theologischen Sprach- und Vorstellungsraum" (a. a. O., 146) des AT lassen sich auf Gott fokussiert vier (fundamentale) P.en hervorheben: „– der eine Gott als Gegenüber der Menschen, der kultbildlos zu verehren ist (*Monotheismus und Bilderlosigkeit*), – der eine Gott, der als Schöpfer und Bewahrer des Menschen und der Welt gilt (*Gott als der Schöpfer*), – der eine Gott, der *Herr über die Geschichte* ist, – der aber auch Gehorsam vom Menschen in dessen Leben und Handeln fordert (*Gott als Geber des Gesetzes*)" (A. Wagner 2006, 11).

Bibliographie: J.L. Austin, How to do things with words, Oxford 1962 [*dt.* Stuttgart 1972]. – K. Brinker, Linguistische Textanalyse, Berlin [6]2005. – C.K. Ogden/I.A. Richards, The meaning of meaning, Cambridge 1923 [*dt.* Frankfurt a.M. 1974]. – J.R. Searle, Speech acts, Cambridge 1969 [*dt.* Frankfurt a.M. 1971. – A. Wagner, Sprechakte und Sprechaktanalyse im Alten Testament, Berlin/New York 1997. – Ders. (Hg.), Primäre und sekundäre Religion als Kategorie der Religionsgeschichte des Alten Testaments, Berlin/New York 2006, 3–19. – Ders., Sprechaktsequenzen und Textkoharenz im Biblischen Hebräisch, in: L. Morenz/S. Schorch (Hgg.), Was ist ein Text?, Berlin/New York 2007, 310–333. – O. Wischmeyer, Hermeneutik des neuen Testaments, Tübingen/Basel 2004.

Andreas Wagner

II. Neutestamentlich

Für ein Verständnis des NT ist die Einsicht in dessen grundsätzlich propositionale Verfasstheit entscheidend. Mit den P.en rückt die semantische Sprachebene der ntl. →Texte ausdrücklich in den Blick, die von ihrer strukturellen, pragmatischen, effektiven und ästhetischen Ebene zu unterscheiden ist, aber von diesen Ebenen nicht unabhängig betrachtet werden kann. P.en beschreiben also einen Teil des Sprachpotentials der ntl. Texte.

Eine P. markiert in einem Text den tatsächlichen Zusammenhang von Sprache und Welt, also den Weltbezug eines Textes. Eine P. erweist sich als eine nichtsprachliche, aber doch sprachabhängige Entität. Insofern die ntl. Texte propositional verfasst sind, lässt sich auch in diesen religiösen Textcorpora der Anspruch entdecken, etwas Angemessenes über die Welt zu verstehen zu geben, wobei mit dem Ausdruck ‚Welt' die Gesamtheit aller intelligiblen Entitäten und deren Zusammenhang gemeint ist. Mit der propositionalen Verfasstheit der ntl. Texte ist der in ihnen zu identifizierende Wahrheitsanspruch verbunden. Formal muss die tatsächliche Propositionalität eines Satzes, also die Wahrheit einer Aussage auch der ntl. Texte, über die Logik der →Kohärenz aufgezeigt werden, die sich in die Konsistenz, die Kohärenz und den geforderten Zusammenhang aller wahren Aussagen, also aller P.en, auffächert. Mittels dieses Verfahrens lassen sich – wie bei jeder Suche nach Wahrheit – unterschiedliche kohärente Datenmengen herstellen. Es bedarf dann immer eines logisch nicht weiter begründbaren komplexen Präferenzkriteriums, mittels dessen die Menge der P.en, d. h. der als wahr identifizierten Sätze oder Aussagen, bestimmt werden kann. Die ntl. Texte wenden durchgängig ein *christologisches* Präferenzkriterium an, d. h. sie sind formuliert aus der Perspektive des Glaubens an Jesus Christus, der sich einem nicht verfügbaren Handeln Gottes verdankt. Dass dies aus unterschiedlicher Perspektive mit ganz differenten Fragestellungen geschieht, macht bereits deutlich, dass eine abschließende Bestimmung der tatsächlichen P.en auch im Anschluss an das NT unter den Bedingungen der

Endlichkeit niemals möglich sein wird. Die abschließende Identifikation der P.en erweist sich so als eine eschatologische Möglichkeit, die im NT etwa als die eschatologische Gemeinschaft mit Christus beschrieben werden kann, in der dann auch die angemessene Erkenntnis über Gott und die Welt eröffnet wird.

Die propositionale Verfasstheit des NT ist die notwendige Voraussetzung dafür, dass dessen Texte in der Geschichte und in der Gegenwart als handlungsrelevant für die Glaubenden verstanden werden können.

BIBLIOGRAPHIE: H. Krah, Art. Proposition, in: Metzler Lexikon Literatur- und Kulturtheorie ([3]2004), 552 f. – C. Landmesser, Wahrheit als Grundbegriff neutestamentlicher Wissenschaft, Tübingen 1999. – Ders., Neutestamentliche Wissenschaft und Weltbezug, in: O. Wischmeyer (Hg.), Herkunft und Zukunft der neutestamentlichen Wissenschaft, Tübingen/Basel 2003, 185–206. – O. Wischmeyer, Hermeneutik des Neuen Testaments, Tübingen/Basel 2004.

Christof Landmesser

III. Systematisch-theologisch

Die Wortbedeutung umfasst →,Satz', ,Voraussetzung', ,Meinung', ,Annahme', ,Behauptung' etc. P.en sind im Kontext klassischer Logik und moderner Wahrheitstheorien Aussagesätze, Urteile oder Behauptungen über wirkliche Sachverhalte, die wahr oder falsch sein und aus denen richtige oder falsche Schlüsse gezogen werden können. Sie sind einerseits von apodiktischen, d.h. mit dem Anspruch auf unbedingte Gewissheit vorgetragenen Urteilen im Modus der Notwendigkeit, andererseits von problematischen Urteilen mit dem Anspruch bloßer Wahrscheinlichkeit im Modus der Möglichkeit als deren Mittleres zu unterscheiden.

Im Bereich der Theologie und der (v.a. angelsächsischen) Religionsphilosophie markieren P.en oder assertorische Aussagen spätestens seit der Auseinandersetzung zwischen M. Luther und Erasmus v. Rotterdam um Gewissheit oder Skepsis angesichts der Frage nach dem Wirkvermögen des menschlichen Willens *coram Deo* vor dem Hintergrund eines spezifischen Wirklichkeitsverständnisses (G. Bader) die Problematik einer angemessenen, d.h. Form und Inhalt theologischer Rede adäquat aufeinander beziehenden Sprachlogik des Glaubens (I.U. Dalferth). Diese soll Überzeugung und Gewissheit mit universalem Geltungsanspruch mit Anfechtungen, Zweifel und Skepsis verbinden können, zumal ,Gott' im Sinne der ,alles bestimmenden Wirklichkeit' (R. Bultmann) weder Inhalt eines definitorischen Begriffs noch Gegenstand eines Urteils nach Maßgabe einer Subjekt-Objekt-Differenz ist und insofern weder logisch-analytisch noch empirisch-synthetisch verifiziert oder falsifiziert werden kann.

Daher bieten sich hier traditionellerweise →Analogie, →Gleichnis, →Metapher oder → Symbol als Transformationen propositionaler Rede an, sofern sie sich nicht in selbstkritischer Begrifflichkeit einer *,coincidentia oppositorum'* (Nikolaus v. Kues) aufhebt und in mystisches Schweigen führt. Eine Alternative stellt im Anschluss an S. Kierkegaards schriftstellerische Strategie der ,indirekten Mitteilung' die Existenztheologie dar, die propositional von Gott redet, indem sie unter der Voraussetzung seiner Offenbarung von der Betroffenheit der menschlichen Existenz in ihrer Geschichtlichkeit spricht.

Setzen die genannten Möglichkeiten propositionaler Rede von Gott die – wenn auch nur gebrochene – Erschlossenheit und damit die Nähe Gottes voraus, so ergibt sich eine zusätzliche hermeneutische Schwierigkeit unter der Voraussetzung einer durch →Historismus, Pluralismus und Relativismus bedingten Erfahrung von Gottesferne im Sinne uneindeutiger Gegenwart. Hier kann propositionale Rede von Gott nur in Gestalt einer sapientialen Phänomenologie des Glaubens und einer deskriptiven (statt präskriptiven) Ethik möglich sein, um die Sinnhaftigkeit (nicht: Beweisbarkeit) religiöser bzw. theologischer Sätze zu legitimieren.

BIBLIOGRAPHIE: G. Bader, Assertio, Tübingen 1985. – I.U. Dalferth, Sprachlogik des Glaubens, München 1974. – W. Härle, Systematische Philosophie, München u.a. 1982. – G. Patzig, Satz und Tatsache, in: Sprache und Logik (1970), 39–76. – W.V.O. Quine, Word and object, Cambridge 1960 [*dt.* Stuttgart 1980].

Hartmut Rosenau

IV. Textlinguistisch

Unter der P. versteht man den Aussageinhalt eines →Satzes (meist allgemein als ‚dass p' oder ‚p' bezeichnet). Z.B. ist die P. des Satzes: *Ken schläft ja* gleich ‚dass Ken schläft'. Nicht alle sprachlichen Ausdrücke tragen zur P. eines Satzes bei, sondern nur jene, die zugleich einen Einfluss auf seine Wahrheitsbedingungen haben. So ist der Deklarativ- oder Assertivsatz: *Ken schläft ja* genau dann wahr, wenn es der Fall ist, dass Ken schläft. Die Modalpartikel *ja* leistet keinen Beitrag zu den Wahrheitsbedingungen, obgleich sie eine eigene sprachliche Bedeutung hat, die man mit ‚Bekanntheit der P.' wiedergeben kann. Will man den Begriff der P. auf Interrogativ- oder Imperativsätze erweitern, die keine Wahrheitsbedingungen haben (aber möglicherweise Beantwortungs- oder Erfüllungsbedingungen), spricht man wie J.R. Searle vom ‚propositionalen Gehalt'. Zum Beispiel haben die Sätze: *Sam raucht Pfeife, Raucht Sam Pfeife?* und: *Sam, rauche Pfeife!* den gleichen propositionalen Gehalt, der als Referenz (auf Sam) und Prädikation (Pfeife rauchen) verstanden wird (→Sprechakt/Sprechakttheorie). Zugleich wird deutlich, dass der propositionale Gehalt von der jeweiligen Illokution dieser Sätze (Feststellung, Frage, Aufforderung) unabhängig ist. Der Satz: *Ich rauche Pfeife* hat zwar eine bestimmte Bedeutung, drückt aber verschiedene P.en aus, je nachdem, wer ihn äußert. Wird er etwa von Markus geäußert, ist die P.: ‚dass Markus Pfeife raucht'. Deiktische Ausdrücke wie *ich* müssen daher aus dem Kontext belegt werden, damit eine P. vorliegt. Unter P.en versteht man auch die Objekte bestimmter psychischer Zustände. So bezeichnet in Sätzen mit Einstellungsverben wie: *Ich glaube, dass Ken schläft* oder: *Ich frage mich, ob Ken schläft* der Objektsatz zugleich eine P. Darüber hinaus wird oft angenommen, dass die P. bei Übersetzung in andere Sprachen erhalten bleibt, zum Beispiel haben: *Ken schläft* und: *Ken is sleeping* die gleiche P. Neuere pragmatische Ansätze wie die Relevanztheorie (R. Carston) gehen davon aus, dass Sätze systematisch unterdeterminiert sind, so dass ihre P.en eine Anreicherung erfahren. Diese wird in Analogie zum Begriff der Implikatur bei P. Grice ‚Explikatur' genannt. Z.B. muss die Äußerung: *Ich habe noch nicht gefrühstückt* genauer bestimmt werden als: *Ich habe [heute] noch nicht gefrühstückt.* Diese Anreicherung ist ihrer Natur nach pragmatisch, so dass pragmatische Prozesse Einfluss auf die (semantisch, d.h. durch Wahrheitsbedingungen zu bestimmende) P.en nehmen.

BIBLIOGRAPHIE: R. Carston, Thoughts and utterances, Oxford 2002. – M. Crimmins, Art. Proposition, in: R.E. Asher (Hg.), The Encyclopedia of language and linguistics, Bd. 6, Oxford 1994, 3377–3380. – P. Grice, Studies in the way of words, Cambridge 1989. – M. McGrath, Art. Propositions, in: Stanford encyclopedia of philosophy, Stanford 2005 (http://plato.stanford.edu). – J.R. Searle, Speech acts, Cambridge 1969 [*dt.* Frankfurt a.M. 1971].

Jörg Meibauer

Psalmen

I. Alttestamentlich

P.en sind primär →Lieder verschiedener →Gattungen im atl. Psalmenbuch. Der Terminus kann aber auch für ihre Umdichtung, Nachdichtung oder Nachahmung innerhalb und außerhalb der →Bibel stehen, die für musikalische oder nichtmusikalische Verwendung in der →Liturgie, in anderen geistlichen oder profanen Funktionen geeignet sind.

Der atl. Psalter ist eine Komposition aus 150 poetischen →Texten, die in unterschiedlichen Perioden der Geschichte Israels entstanden sind und verschiedenen Zwecken dienten. Sie wurden in Gruppen gesammelt, mehrfach ediert, um den Ansprüchen späterer Generationen frommer Menschen zu genügen, und letztlich in einem einzigen →Buch zusammengestellt. Es handelt sich um Gebete und Loblieder, um Texte, die für besondere religiöse Anlässe in Palast oder Tempel verfasst wurden, um instruktive Texte und solche, die möglicherweise erst im Zuge der Redaktion verfasst wurden, um die Sammlung zu vervollständigen. Obwohl sich mehrheitlich flehende Gebete oder Klagen finden, wird das Buch im Hebräischen als *tehillim* (‚Loblieder') bezeichnet. Dies verweist auf die Funktion des Buches als Ganzen: Gott zu loben.

Die 150 P.en wurden zu fünf sog. ‚Büchern' zusammengestellt: Einheiten von ungleicher Länge, getrennt durch Segensformeln (in 41,14; 72,18 f.; 89,53; 106,48), die annähernd eine Abfolge von Königszeit (2–72), Exil (73–106) und Restitution unter der Theokratie (107–150) erkennen lassen. Die fünffache Segmentierung lehnt sich an den Pentateuch an, so dass der Psalter als ‚Tora' oder ‚Unterweisung' zu verstehen ist, die ‚meditiert' werden kann (vgl. Ps 1,2) oder eine Antwort des Menschen auf die →Tora darstellt. In den ersten drei Büchern finden sich vorwiegend individuelle Klagelieder, die jedoch nach und nach durch (gemeinschaftliche) Loblieder abgelöst werden, so dass die Gesamtkomposition von Klage zu Lob überleitet und mit einer Gruppe von fünf Lobliedern endet (146–150). In jedem der fünf Bücher wurden individuelle P.en in kleineren Gruppen angeordnet, die so ediert wurden, dass sie ineinandergreifen.

Die gegenwärtige Sammlung der P.en weist verschiedene redaktionelle Perspektiven auf, z.B. eine weisheitliche Perspektive (vgl. Ps 1 und andere alphabetische und Weisheitspsalmen); eine Tora-Perspektive (vgl. die Situierung der Pss 1, 119 und 146–150); eine davidische Perspektive (vgl. die Überschriften 73 individueller P.en, die eine Verbindung mit David herstellen oder einen P. mit einer spezifischen Notlage in seinem Leben verknüpfen); eine messianische Perspektive (ersichtlich aus der Einfügung verschiedener Königspsalmen an den Verbindungsstellen der verschiedenen Bücher, z.B. Pss 2; 72; 89); und eine kollektivierende Perspektive (wodurch manche P.en in späterer Zeit aufgefasst wurden, als wären sie auf das ganze Volk Israel bezogen). In spätnachexilischer Zeit machte eine redigierende Gruppierung, die sich selbst als die ‚armen' und ‚frommen' Diener Jhwhs verstand und die wahrscheinlich von der priesterlichen Aristokratie marginalisert wurde, den Psalter zu einem Buch der persönlichen Meditation. Das Ende des redaktionellen Formierungsprozesses des Psalters war ca. 200–150 v.Chr. erreicht.

Bibliographie: N. Füglister, Die Verwendung und das Verständnis der Psalmen und des Psalters um die Zeitenwende, in: J. Schreiner (Hg.), Beiträge zur Psalmenforschung, Würzburg 1988, 319–384. – M. Millard, Art. Psalter, in: www.wibilex.de (10.02. 2008). – E. Zenger, Der Psalter als Buch, in: Ders. (Hg.), Der Psalter in Judentum und Christentum, Basel 1998, 1–57.

J. Henk Potgieter

II. Neutestamentlich

Der ntl. →Rezeption des atl. Psalters und einzelner P.en liegt seine Stellung im 1. Jh. n.Chr. als Teil der kanonischen →Heiligen Schrift zugrunde. Diese meistens nur implizite Prämisse kommt Lk 24,44 ausdrücklich zum Vorschein.

Im NT gibt es ungefähr 100 Zitate aus dem Psalter und hunderte weiterer Anspielungen. Diese beziehen sich auf etwa 125 der insgesamt 150 P.en, unter denen Pss 2; 22; 110 und 118 hervorragen. Bis auf Phlm, 2.3 Joh sowie Jud enthalten alle ntl. Schriften Bezugnahmen auf Psalterstellen.

Es kommen zwar einige Anspielungen auf Psalmenstellen vor, die recht beiläufig erscheinen, aber in der Hauptsache lässt sich ein hermeneutisch durchdachter Umgang mit dem Psalter ausmachen. In Entsprechung zu erkennbaren Perspektiven der redaktionellen Gestaltung des Psalters und zu seiner vorherrschenden Rezeption im 1. Jh. n.Chr. als einer Art Kompendium, „in welchem sich die religiöse Erfahrung gesammelt hat und sich artikuliert" (K. Löning, 271), beziehen sich ntl. →Autoren auf die P.en als autoritative Zeugnisse über die Situation der Menschen vor Gott. So weist z.B. Paulus in Röm 3,4.10–18 mit Hilfe einer Zitatensammlung nach, dass die P.en genauso wie das Gesetz die ‚Erkenntnis der Sünde' (3,20) hervorzurufen vermögen. Eine exklusiv auf Jesus bezogene Aufnahme von Psalmistenäußerungen liegt in den Passionsberichten der →Evangelien vor. Etwa in den Gethsemane- und Kreuzigungsszenen fließen Elemente der Klage aus Pss 22; 42–43; 55 und 69 in die Schilderung der Jesus zugefügten Leiden ein. So verkörpert Jesus in einmaliger Weise die von diesen P.en bezeugte Erfahrung leidender Gerechter. V.a. wird Ps 22, dessen Anfang Jesus nach Mk 15,34 par. Mt 27,46 am Kreuz betet, mit seinem eschatologischen Abschluss (vgl. Vv. 28–32) zum Schlüssel der theologischen Deutung von Jesu Geschick. In der Auferweckung werde Jesus aus der Gottesferne und der ihm von den Frevlern zugefügten Gewalt gerettet, und als Folge daraus werde sich das Reich Gottes als universal-eschatologische Heilswirklichkeit durchsetzen.

Als Heiliger Schrift wird dem Psalter von den ntl. Autoren auch eine prophetisch-weissagende Qualität zugesprochen. Dies gilt v.a. für die auf Jesus zutreffenden christologischen Aussagen königlich-messianischer P.en (vgl. z.B. die Aufnahmen von Ps 2,7 in Apg 13,33; Hebr 1,5 sowie von Ps 110,1 in Mk 12,36 par.; Apg 2,34 f.), aber auch für andere P.en wie etwa das Vertrauenslied Ps 16 (vgl. Apg 2,25–31).

BIBLIOGRAPHIE: H.W. Attridge, Giving voice to Jesus, in: Ders./M.E. Fassler (Hgg.), Psalms in community, Leiden 2004, 101–112. – N. Füglister, Die Verwendung und das Verständnis der Psalmen und des Psalters um die Zeitenwende, in: J. Schreiner (Hg.), Beiträge zur Psalmenforschung, Würzburg 1988, 319–384. – K. Löning, Die Funktion des Psalters im Neuen Testament, in: E. Zenger (Hg.), Der Psalter in Judentum und Christentum, Basel 1998, 269–295. – S. Moyise/M.J.J. Menken (Hgg.), Psalms in the New Testament, London 2004.

Jostein Ådna

III. Kirchengeschichtlich

Seit dem 3. Jh. werden die P.en als christliches Gesangbuch genutzt, um ketzerische Tendenzen der Hymnendichtung einzudämmen (Hymnen-Verbot Laodicea ca. 360). Das (gesungene) Stundengebet der Klöster im Mittelalter repetiert jede Woche den gesamten Psalter, hervorgehoben ist der Completpsalm 91. Die als Leitvers eingefügten, künstlerisch ausgestalteten Antiphonen schlagen inhaltlich die Brücke zum Kirchenjahr. Die Bußpraxis des Spätmittelalters akzentuiert die sieben Bußpsalmen (6, 32, 38, 51, 102, 130, 143).

Auch M. Luther widmet seine erste deutsche Schrift den Bußpsalmen (1517) und nimmt diese 1523 als Grundlage für das Projekt ‚Deutsches Kirchenlied'. Mit *Aus tiefer Not* (zu Ps 130) liefert er das Exempel für die christologische Psalmendeutung des Luthertums. J. Calvin kanonisiert als Kirchenlied das streng am biblischen Wortlaut ausgerichtete Psalmlied. Der Genfer Psalter (vollendet 1562) dominiert in der Reformierten Kirche über Jahrhunderte, im deutschen Sprachraum in der Übersetzung durch A. Lobwasser (1573), abgelöst erst durch M. Jorissen (1798). Konkurrenzübersetzungen (C. Becker, 1602; M. Opitz, 1637) sind Niederschlag hermeneutischer Gegenpositionen und kirchenpolitisch relevant.

Im katholischen Bereich erschließen Psalmvertonungen zur Sonntagsvesper künstlerisches Neuland (Motettenkunst der Niederländer, Doppelchörigkeit in Venedig). Im Luthertum befördert die Muttersprachlichkeit musikalisch expressive Psalmwort-Vertonungen. Neben liturgiebezogene Werke (H. Schütz, *Psalmen Davids* 1619) treten bekenntnishafte (sechzehn Vertonungen von Ps 116, B. Großmann 1623; H. Schütz, *Der 119. Psalm* 1671), auch als Spruchvertonungen (bereits Luther zu Ps 118,17), und hermeneutisch vielschichtige Textkompilationen mit Liedstrophen und freier Dichtung (z.B. in J.S. Bachs Kantaten). Affirmativ-repräsentative Funktion haben Psalmmusiken in Frankreich (*Grand motet*) und England (z.B. *Coronation-Anthem*); selbst ein Bußpsalmzyklus kann der höfischen Prachtdemonstration dienen (München, Orlando di Lasso).

Im 19. Jh. verschafft F. Mendelssohn Bartholdy mit symphonischen Vertonungen den P.en ein neues Forum im Konzertleben (Pss 42, 95, 98, 114, 115). Wie seine *Lobgesang*-Sinfonie (zu Ps 150,6) dient Psalmmusik bis ins 20. Jh. nun auch der affirmativen Festkultur des Bürgertums (M. Reger, Ps 100, deutsch; I. Strawinsky, *Psalmensinfonie*, lateinisch; L. Bernstein, *Chicester Psalms*, hebräisch). Gegenpol sind symphonisch expressive Klagepsalmen (Ps 13 F. Liszt, A. Zemlinsky; Ps 130 L. Boulanger), bisweilen auch als Motiv für Instrumentalwerke (‚*De profundis*' bei A. Honegger, S. Gubaidulina).

BIBLIOGRAPHIE: P.E. Bernoulli et al. (Hgg.), Der Genfer Psalter – eine Entdeckungsreise, Zürich 2001. – L. Finscher, Art. Psalmen, in: MGG[2] 7 (1997), 1876–1900 (Lit.). – E. Grunewald et al. (Hgg.), Der Genfer Psalter und seine Rezeption in Deutschland, der Schweiz und den Niederlanden, 16.–18. Jh., Tübingen 2004. – H. Lauterwasser, Angst der Hellen und Friede der Seelen, Göttingen 1999. – I. Mager, Zur vergessenen Problematik des Psalmliedes im 16. und 17. Jahrhundert, in: JLH 37 (1998), 139–149. – M. Weber, „Aus Tiefen rufe ich dich", Leipzig 2003.

Konrad Klek

IV. Literaturwissenschaftlich

Die deutschsprachige Psalmendichtung steht im Gefolge der Reformation in enger Verbindung mit der Kirchenlieddichtung und ist von der →Übersetzung bzw. Paraphrase nicht immer klar abgegrenzt. Prägend bleiben dabei v.a. die drei vollständigen deutschen Psalter, die M. Luther 1524, 1528 und 1531 vorlegte. Stärker poetisch geprägte Psalmengedichte, in paarigen Alexandrinern oder Odenformen, erschienen im 17. Jh. meist als strophisch gegliederte ‚Geistliche Poemata'. Neben M. Opitz sind P. Fleming, G.R. Weckherlin (mit Psalmoden) und A. Gryphius mit Psalmgedichten hervorgetreten, deren poetische Substanz im 18. Jh. nicht eingeholt wurde. Die Aufklärung bleibt einerseits konservativ an den vorliegenden Paraphrasen orientiert, J.C. Gottsched distanziert sich in seiner *Critischen Dichtkunst* von der Dunkelheit der P.en, andererseits zeichnen sich einzelne Autoren durch produktive Umgestaltung der Psalmentexte aus, sei es im Bereich der Hymne (z.B. A. v. Haller) oder der Ode (S.G. Lange), besonders eigenständig bei F.G. Klopstock. Eine theoretische und kulturgeschichtliche Auseinandersetzung mit den P.en führen schließlich M. Mendelsohn und J.G. Herder. Danach ist es erst wieder die moderne Dichtung, angeregt durch F. Nietzsches Psalmen- und Bibelparodie *Unter Töchtern der Wüste* in *Also sprach Zarathustra* (1883–1885), die sogar bevorzugt auf die Form – freilich nur bedingt auf den Gehalt – des P.s zurückgreift. Besonders die Intensität der Bilder und die Dialogizität lassen den P. zu einer von vielen Autoren genutzten Form expressionistischer Lyrik werden, wobei etwa im Fall von G. Trakl geradezu Glaubenszweifel und Erfahrungen der Negativität als P. gestaltet werden. Der Expressionismus nutzt die Potentiale der Widersprüchlichkeit und Dunkelheit des P.s auch außerhalb dieser Formzitate (vgl. die Sammlung *Menschheitsdämmerung* von 1919). Sehr eigenständig sind die weitgehend parodistischen, sensualistisch geprägten Psalmenexperimente in der Lyrik B. Brechts, die Bibelsprache und Atheismus verknüpfen. Daneben finden sich immer wieder Versuche, den P. als zeitgemäße Glaubensform zu tradieren (F. Werfel, R.A. Schröder, K. Marti). Zu Schlüsseltexten der katastrophischen Erfahrungen in der Mitte des 20. Jh.s avancieren die P.en P. Celans und N. Sachs' im Kontext der jüdischen Tradition; bei Celan wird der P. zum Sprachexperiment am Rand des Verstummens, u.a. vor dem Hintergrund negativer Mystik. Über I. Bachmann und T. Bernhard bleibt der P., mehr als andere Formen, eine lebendige Möglichkeit der Lyrik bis zu P. Huchel, G. Kunert, A. Stadler.

BIBLIOGRAPHIE: I. Bach/H. Galle, Deutsche Psalmendichtung vom 16. bis zum 20. Jahrhundert, Berlin/New York 1989. – P. Fricke, Evangelische Psalmenliedbücher von Einzelautoren im 16. und 17. Jahrhundert, Diss. Göttingen 1967. – D. Hoffmann, Die Wiederkunft des Heiligen, Paderborn 1998. – U. Spörl, Gottlose Mystik in der deutschen Literatur um die Jahrhundertwende, Paderborn 1997. – A. Stadler, Das Buch der Psalmen und die deutschsprachige Lyrik des 20. Jahrhunderts, Köln/Wien 1989.

Mathias Mayer

Pseudepigraphie

I. Alttestamentlich

Die →Literatur des Alten Orients ist weitgehend anonym überliefert und nicht interessiert an der Individualität der Verfasser von → Texten. Das →AT macht darin keine grundsätzliche Ausnahme. Zwar haben wir häufige namentliche Zuordnungen, so v.a. bei den prophetischen Schriften, Koh, Hld, Spr und auch bei einer ganzen Reihe von →Psalmen, doch geben diese nicht unbedingt Hinweise auf die →Autoren. Auch die in der jüdischen wie christlichen →Tradition zu findende Zuschreibung des Pentateuch an Mose als dessen Verfasser ist hier zu nennen. In der Forschung hat sich die Überzeugung durchgesetzt, dass die Zuschreibungen im Bereich der Prophetie teilweise eine geschichtliche Basis haben, ansonsten aber kaum gesicherte Auskunft über die eigentlichen Autoren von Texten gegeben werden kann, so dass die Namen der Verfasser pseudepigraph sind.

Es geht in der Forschung dabei nicht um eine Falsifizierung der zugeschriebenen Autoren. Vielmehr wird durch das Aufweisen der nicht gesicherten Autorschaft ein besonderes Anliegen dieser Zuschreibungen erkennbar: Durch Verknüpfung von Gesetzestraditionen mit *Mose* wird dieser als Mittler des Gesetzes stilisiert. Weisheitstraditionen werden mit *Salomon* verbunden, der damit zum weisen König schlechthin wird. Die Zueignung von Psalmen zu *David* führt zu einer Verstärkung des Davidbildes der Chronik (vgl. aber auch 1 Sam 16,14–23).

Im AT wird die Verfasserschaft durchgängig männlichen Personen zugeschrieben, selbst die im Hld von der Frau gesprochenen Texte. Damit wird, kaum zufällig, der Eindruck vermittelt, dass die Texte grundsätzlich von Männern verfasst worden sind – unabhängig von der möglicherweise anders aussehenden Realität. Das Phänomen der P. taucht auch in den nichtkanonischen Schriften Israels bzw. des Judentums des Zweiten Tempels auf.

Wenn diese pseudepigraphen Schriften außerhalb des hebräischen wie griechischen →Kanons (J.H. Charlesworth) einflussreichen Personen des AT als →Offenbarung zugeschrieben werden wie Noah, Abraham, Mose oder David, sichern sie zugleich ihre Autorität wie die Kontinuität der eigenen Offenbarung mit dem Anspruch, den →Schriften der Hebräischen Bibel gleichwertig zu sein.

Die im AT erwähnten, aber nicht erhaltenen Schriften wie das ‚Buch von den Kriegen des Herrn‘ (Num 21,14), die ‚Chronik von Salomon‘ (1 Kön 11,41) oder die ‚Chronik der Könige von Israel‘ (1 Kön 14,19; ähnlich 2 Chr 33,18) zeigen angesichts der Nicht-Nennung des Autors ebenfalls, dass nicht der Verfasser, sondern der übermittelte Inhalt das Entscheidende ist. Dies gilt auch für die prophetischen Schriften, deren Material weniger authentisches, sondern eher pseudepigraphisches ist.

BIBLIOGRAPHIE: J.H. Charlesworth, Art. Pseudepigrapha, OT, in: ABD 5 (1992), 537–540. – P. Pokorný, Art. Pseudepigraphie I., in: TRE 27 (1997), 645–655. – R. Zimmermann, Art. Pseudepigraphie/ Pseudonymität, in: RGG[4] 6 (2003), 1786–1788.

Jutta Hausmann

II. Neutestamentlich

Die Entdeckung und Erforschung der frühchristlichen P. gelangte nach Vorläufern in der antiken Echtheitsdebatte (Origenes über Hebr) und der reformatorischen Diskussion (J. Calvin über 2 Petr) als Teil der historisch-kritischen Einleitungswissenschaft im 19. Jh. zu einer ersten Blüte. Seither gelten die Pastoralbriefe, Kol, Eph, 2 Thess und Hebr mehrheitlich als Pseudopaulinen und werden wie andere unter der geborgten Autorität der von →Aposteln veröffentlichten →Briefe (1. 2 Petr, Jak, Jud) formal als literarische Fälschungen betrachtet. Im 20. Jh. wandte sich die Diskussion kurzzeitig den psychologischen Aspekten der P., dann der literarischen Analyse und historischen Erklärung des Genres zu. Literarische Strategien der Echtheitssuggestion wie die Nennung von Personen- und Ortsnamen und der Gruß mit eigener Hand wurden untersucht (N. Brox). Neuerdings findet das Phänomen der fiktiven Selbstreferenz Aufmerksamkeit: Es liegt vor, wenn der pseudepigraphe Verfasser in Form des (fiktiven) Selbstzitats auf Äußerungen des von ihm imitierten →Autors Bezug nimmt und damit in Fällen umstrittener Auslegung die ‚richtige‘→Interpretation des Autographs zu autorisieren beansprucht. Dies geschieht mit historisch immenser →Wirkung etwa bei Äußerungen des Paulus zu Frauen oder zur Rechtfertigung (A. Merz).

Die theologisch-ethische Beurteilung frühchristlicher P. ist oft mit der Reflexion über Motive der Abfassung und kanontheologischen Diskussionen (apostolische Autorschaft als Kanonkriterium) verbunden. Während unter Berufung auf das christliche Wahrheitsideal vereinzelt der Ausschluss von erwiesenen Pseudepigraphen aus dem →Kanon gefordert wird (A.D. Baum, der allerdings im NT keine P. findet), versucht die Mehrheit der Exegeten das unleugbare Phänomen unter Berücksichtigung der antiken Mentalität und bestimmter literatursoziologischer Faktoren zu erklären. Dabei ist manchmal ein apologetischer Grundzug unverkennbar. Einflussreiche, teils kombinierbare, teils widersprüchliche Erklärungsmodelle sind: ein Inspirationsbewusstsein der urchristlichen Autoren; ein an literarischer Urheberschaft uninteressiertes, jüdisches Traditionsverständnis; pseudepigraphische Textproduktion als im Rahmen philosophischer Schulen akzeptierte Zuschreibung der Lehre an das Schulhaupt; Inanspruchnahme eines apostolischen Autors als Traditionsgarant zur Herstellung einer fiktiven Traditionskontinuität in Zeiten eines Autoritätsvakuums oder Traditionsabbruchs; P. als literarische Waffe im Kampf gegen vermeintliche Häresien, und zwar innerhalb der eigenen Traditionslinie (‚rechter und linker Flügel' der Paulusschule) oder gegenüber äußeren Gegnern; die Postulierung einer ‚offenen' P., d.h. einer den Adressaten einsichtigen Inanspruchnahme apostolischer Autorität.

Bibliographie: A.D. Baum, Pseudepigraphie und literarische Fälschung im frühen Christentum, Tübingen 2001. – N. Brox, Falsche Verfasserangaben, Stuttgart 1975. – Ders., Pseudepigraphie in der heidnischen und jüdisch-christlichen Antike, Darmstadt 1977. – M. Janßen, Unter falschem Namen, Frankfurt 2003. – A. Merz, Die fiktive Selbstauslegung des Paulus, Göttingen/Fribourg 2004.

Annette Merz

III. Kirchengeschichtlich

Unter P. versteht man die falsche Zuschreibung eines Werkes an einen →Autor. Grundsätzlich zu unterscheiden (aber bei der Interpretation des jeweiligen Textes nicht immer befriedigend lösbar) ist, ob die falsche Zuschreibung unabsichtlich oder absichtlich vorgenommen wurde, ob sie mit oder ohne Täuschungsabsicht erfolgte und ob sie auf den Autor selbst oder erst den →Leser (späteren Tradenten) zurückgeht. Die terminologische Abgrenzung insbesondere zur Pseudonymität (diese greift im Gegensatz zur P. eher nicht legitimierend auf Personen aus der Vergangenheit zurück) und Fälschung, aber auch zur Interpolation, Fortschreibung, Anonymität und zum Plagiat ist dabei in der Forschung fließend.

Die unabsichtliche P. ist meist durch die Überlieferungsverhältnisse vor der Erfindung des Buchdrucks verursacht, indem fehlende →Titel oder Autorenangaben wie ‚Derselbe' zu Verwechslungen führten. Motiv für absichtliche P. ist demgegenüber der Wunsch (und sei es aus Bescheidenheit), vom Ansehen einer als normativ begriffenen Autorität zu profitieren oder sich so zu legitimieren. Hierbei lassen sich zwei Grundformen feststellen:

(1) Zuschreibung an ‚apostolische' Autoritäten. In diese Gruppe fallen neben den ntl. Pseudepigraphen und →Apokryphen die sog. Apostolischen Väter, Kirchenordnungen (Didache; Apostolische Konstitutionen), das apostolische Glaubensbekenntnis oder die Schriften des ‚Dionysius Areopagita'. In dieser Form taucht P. v.a. im 1. und 2. Jh. auf.

(2) Zuschreibung an ‚Kirchenväter', z.B. Athanasius (Trinitätslehre) oder Augustin (Gnadenlehre), wobei hier v.a. die Zuschreibung von Werken ‚häretischer' Autoren bedeutsam ist; nicht immer stehen jedoch dogmatische Gründe im Hintergrund (vgl. die massenweise Zuschreibung von →Predigten an den berühmten Prediger Johannes Chrysostomos). In dieser Form reicht P. bis ins Mittelalter hinein.

P. ruft schon in der christlichen Antike unter Einbezug ethischer Fragestellungen (*pia fraus*) echtheitskritische Überlegungen hervor (Ausbildung des ntl. Kanons, Diskussion um Väterbeweise auf Synoden; Kriterium: Orthodoxie), die seit dem Humanismus zu einer immer weiter differenzierten Methodik ausgebaut werden (u.a. L. Valla; Mauriner; F.D.E. Schleiermacher; F.C. Baur); zugleich werden pseudepigraphe Schriften aber auch lange unangefochten und mit großer →Wirkungsgeschichte rezipiert (Teile der ntl. P.; Ps.-Athanasius Μία φύσις σεσαρκωμένη; Konstantinische Schenkung; Dionysius Areopagita).

Bibliographie: A.D. Baum, Pseudepigraphie und literarische Fälschung im frühen Christentum, Tübingen 2001. – N. Brox, Falsche Verfasserangaben, Stuttgart 1975. – Ders. (Hg.), Pseudepigraphie in der heidnischen und jüdisch-christlichen Antike, Darmstadt 1977. – W. Speyer, Die literarische Fälschung im heidnischen und christlichen Altertum, München 1971, v.a. 171–303. – M. Wolter, Art. Pseudonymität II., in: TRE 27 (1997) 662–670.

Annette von Stockhausen

IV. Judaistisch

Die P. im Kontext der literarischen Produktion des vorrabbinischen Judentums bezeichnet die (hermeneutisch begründete) nachträgliche Zuschreibung der Verfasserschaft eines →Textes bzw. die subjektive Identifizierung seines Verfassers mit dem angeblichen →Autor bzw. der durch ihn repräsentierten Zeitperiode. Der nominelle Autor steht als ideale Autorität für die Rückbindung des Textinhalts an eine normative Vergangenheit und verweist auf die Autorisierungstradition, in deren →Kontext der Text verstanden werden soll. Eine solche Orientierung an der Vergangenheit entspricht gemeinantiker literarischer Konvention.

Als moderne Kategorie bzw. Sammelbegriff für das offene Textcorpus nichtbiblischer jüdischer Schriften unterschiedlicher →Gattungen, →Stilebenen und sprachlicher Niveaus (Erweiterungen und Fortschreibungen biblischer Geschichten [z.T. in früheren Textgestalten], poetische Texte, weisheitliche Lehrschriften, Testamente, →apokalyptische Literatur), die o.g. allgemeinen Kriterium entsprechen, hat sich der Terminus ‚Pseudepigraphen' eingebürgert. Derartige jüdische Schriften wurden mehrheitlich im östlichen Christentum tradiert, übersetzt, überarbeitet und ergänzt; erst durch die Textfunde von Qumran wurden sie z.T. in ihrer Ursprache bzw. in einer frühen Textgestalt zugänglich (Hen[aeth]; Jub; TestXII).

Durch Orientierung an Gestalten der vorsintflutlichen Ur- und Väterzeit (z.B. Adam, Henoch, Abraham) und an biblischen Propheten (z.B. Mose, Elia, Ezechiel) sollte die P. – ausgelöst durch die Überzeugung vom Verstummen der Prophetie seit Maleachi – die autoritative Norm der Vergangenheit in der Gegenwart (insbesondere für nichtnarrative Texte) wirksam zur Sprache bringen. Im hellenistischen Judentum wurden hierzu auch pagane Gestalten (z.B. Orpheus, Homer, Sybille) herangezogen. Kennzeichnend ist ein Verständnis der →Offenbarung als dynamischer und transsubjektiver →Tradition, deren Bindung an eine Autorität der Vergangenheit nicht durch ‚Originalität', sondern bereits durch die getreue Weitergabe ihrer mündlichen Lehren (insbes. in religiösen Schulzusammenhängen) garantiert wird. Die so entstehende →Literatur hat Anteil am kontinuierlichen Fortwirken dieser Autorität und bleibt dabei offen für Aktualisierungen der Tradition, was Textanpassungen und Ergänzungen ermöglicht.

Mit der Festlegung des Bestands jüdischer →heiliger Schriften in Reaktion auf das seit dem 4. Jh. zu politischer Relevanz gelangte Christentum ging eine Bewusstwerdung des Abstands zur biblischen Tradition und damit auch der Unmöglichkeit ihrer weiteren dynamischen Aktualisierung durch P. einher.

Bibliographie: J.H. Charlesworth, The pseudepigrapha and modern research with a supplement, Chico [2]1981. – M. Hengel, Anonymität, Pseudepigraphie und „literarische Fälschung" in der jüdisch-hellenistischen Literatur, in: Ders., Judaica et Hellenistica I, Tübingen 1996, 196–251. – K. Müller, Die Pseudepigraphie im Schrifttum der frühjüdischen Apokalyptik, in: BZ.NF 26 (1982), 179–207. – Textbestand in Übersetzung in der Reihe: Jüdische Schriften aus hellenistisch-römischer Zeit (JSHRZ), Gütersloh 1973 ff.

Michael Tilly

V. Altphilologisch

Die ältesten schriftlichen →Quellen und auch die monumentale →Überlieferung der antiken Hochkulturen bezeugen, dass die damaligen Menschen ihr gesamtes leibliches und geistiges Dasein höheren, geheimnisvollen Mächten zu verdanken glaubten. Das gilt neben allen übrigen Kulturgütern auch für die →Schrift und das schriftlich aufgezeichnete Werk. Während schreibende Gottheiten in Babylon und Ägypten begegnen, haben die Griechen diese Vorstellung vergeistigt. Für sie sind die inspirierenden Gottheiten Apollon, die Muse, Dionysos oder seltener Hermes die eigentlichen Urheber einer →Dichtung, der gegenüber der Prosa älteren literarischen Darstellungsweise (vgl. auch Orakel). Mit Mose verbindet die ältesten Gesetzgeber im Mittelmeerraum die Überzeugung, dass sie ihre Gesetze von einer Gottheit empfangen haben. Das trifft auf Hammurapi und Zarathustra nicht weniger zu als auf Minos, Lykurgos, Zaleukos oder Numa. So steht am Anfang der antiken →Literatur die Gottheit als die eigentliche Verfasserin. Diese Art der Autorschaft kann die mythische genannt werden. Der Weg zu einer menschlichen Verfasserschaft führt von einer zunächst allgemeinen Anonymität im mythischen Zeitalter zur Orthonymität der geschichtlichen Epoche, die in Griechenland im 7. Jh. v.Chr. beginnt. Hier sind die noch erkennbaren Stufen: Homer und die homerischen Sänger, Hesiod und die namentlich bekannten Epiker und Lyriker. Infolge der Differenzierung des geistigen Lebens treten seit dem 6. Jh. verschiedene geistige Bewegungen auf, die miteinander rivalisieren. Damit entstehen zugleich die Bedingungen, literarische Fälschungen zu schaffen. Diese begleiten als Schatten die gesamte Epoche der antiken Schriftstellerei. Das Aufkommen von Bibliotheken seit dem 5. Jh. v. Chr. in Griechenland, seit dem frühen 3. Jh. v. Chr. in Alexandrien und Pergamon sowie im 1. Jh. v. Chr. in Rom ließ die vorklassischen und klassischen Schriften in ihrem geistigen und materiellen Wert steigen (→Kanon), so dass sich nunmehr auch Fälschungen lohnten. Die Fälscher ahmten aus Gründen, die ausserhalb der Literatur lagen, mythische, anonyme und orthonyme Schriften nach. Als Motive begegnen Steigerung des Ansehens einer Schrift und damit Wirkungswille, Gewinnsucht, persönliche Feindschaften, Ergänzung der Überlieferung, Verteidigung philosophischer Lehren, politische und lokalpatriotische bzw. religionspolitische und religiöse Absichten. Seit Hdt. 2,116 f. und 4,32 gibt es eine reichverzweigte, gelehrte Echtheitskritik, die beweist, dass der Begriff der literarischen Fälschung bei den Gebildeten bekannt war.

BIBLIOGRAPHIE: K. v. Fritz et al., Pseudepigrapha I = Fondation Hardt. Entretiens sur l'antiquité classique 18, Vandeuvres/Genf 1972. – J.A. Sint, Pseudonymität im Altertum, Innsbruck 1960. – W. Speyer, Die literarische Fälschung im heidnischen und christlichen Altertum, München 1971. – Ders., Art. Pseudepigraphie I.IV., in: LThK[3] 8 (1999), 706 f. 707 f. – Ders., Art. Pseudepigraphie I., in: DNP 10 (2001), 509 f. 511 f.

Wolfgang Speyer

Psychologische Auslegung

I. Neutestamentlich

Unter p.r A. versteht man jede →Interpretation der →Bibel, die Theorien aus der Psychologie verwendet. In diesem weiten Forschungsfeld können folgende Unterscheidungen zur Orientierung beitragen: (1) im Hinblick auf die Zielsetzung der →Auslegung kann man differenzieren zwischen (a) einer exegetisch-wissenschaftlichen p.n A., der es um den →Sinn der Texte im historischen → Kontext geht, und (b) einer p.n A., die vorrangig nach den Wirkungen der →Texte auf heutige Rezipienten fragt, wobei in diesem Bereich eine Reihe unterschiedlicher Modelle entwickelt wurden (empirisch nach A. Bucher, interaktiv nach W. Wink, auf szenisches Spiel und ganzheitliche Erfahrung ausgerichtet im Bibliodrama, applikativ-identitätsbildend nach M. Kassel, therapeutisch nach E. Drewermann usw.). (2) Im Hinblick auf die verwendete Psychologie ist zu unterscheiden zwischen (a) rein historischer Psychologie, die ihrem Programm nach ausschließlich mit antiken psychologischen Theorien arbeitet (K. Berger), (b) moderner Psychologie, die heutige psychologische Theorien zugrundelegt (psychoanalytisch: E. Drewermann, sozialpsychologisch: W. Rebell, gestaltpsychologisch: I.K. Madsen usw.) und (c) einer Kombination zwischen beiden, die auch kulturanthropologische und historische Erkenntnisse mit verwendet (G. Theißen). (3) im Hinblick auf Textnähe ist zwischen textpsychologischer Bibelinterpretation (M. Leiner in G. Theißen/P. v. Gemünden) und rekonstruktiver p.r A. (G. Theißen), die letztlich zu einer Psychologie des Urchristentums führt, zu unterscheiden.

Die neuere Erforschung der impliziten Psychologie in der antiken →Rhetorik (D. Mitternacht) und Philosophie (P. v. Gemünden) sowie die Abkehr von direkt applikativen Ansätzen führte in den letzten Jahren zu einer Etablierung der p.n A. als eigener, wissenschaftstheoretisch gut begründeter Forschungsrichtung. Kritiken wie der Anachronismusvorwurf oder der Vorwurf eines unreflektierten religionskritischen Erbes konnten durch forschungsgeschichtliche und methodische Arbeiten integriert und für die p. A. fruchtbar gemacht werden. Es ist darum wahrscheinlich, dass p. A. in den Methodenlehrbüchern des AT und NT zunehmend einen festen Platz erhalten wird. Eine Hauptaufgabe der gegenwärtigen p.n A. ist die kritische Zusammenführung antik-rhetorischer und philosophischer Theorien über das Verhalten und Erleben von Menschen mit heutigen psychologischen Erkenntnissen unter Einschluss der interkulturellen Psychologie und der Kulturanthropologie.

BIBLIOGRAPHIE: A. Bucher, Bibel-Psychologie, Stuttgart 1992. – E. Drewermann, Tiefenpsychologie und Exegese, 2 Bde., Olten/Freiburg i. Br. 1984. 1985. – H. Ellens/W.G. Rollins (Hgg.), Psychology and the Bible, 4 Bde., Westport 2004. – D.A. Kille, Psychological Biblical criticism, Minneapolis 2000. – M. Leiner, Psychologie und Exegese, Gütersloh 1995. – G. Theißen, Erleben und Verhalten der ersten Christen, Gütersloh 2007. – Ders./P. v. Gemünden (Hgg.), Erkennen und Erleben: Beiträge zur psychologischen Erforschung des frühen Christentums, Gütersloh 2007. Martin Leiner

II. Literaturwissenschaftlich

Die psychologische Textauslegung stützt sich v.a. auf Theorien der Freudschen Psychoanalyse und versteht sich als interpretatives Verfahren, das einen ‚Subtext', eine latente Bedeutung im literarischen →Text zu erkennen versucht.

Wie die Traumdeutung die Traumarbeit rekonstruiert, so ist die Aufgabe der psychoanalytischen Textinterpretation die Rekonstruktion der Kunstarbeit. Dabei versteht sie sich nicht in erster Linie als psychobiographische →Methode; vielmehr geht es ihr darum, die Phantasiestruktur des Werks zu erschließen, die auf sprachliche Prozesse zurückzuführen ist: Verdichtung und Verschiebung, Metaphorisierung und Metonymisierung, Rücksicht auf Darstellbarkeit. Ferner hat sie zu berücksichtigen, dass im literarischen Text das Ausmaß sekundärer Bearbeitung und das Interesse an Kommunizierbarkeit wesentlich größer sind als im Traum, der auf sich selbst bezogen ist. Um dem Missverständnis zu begegnen, die →Interpretation ziele auf eine Psychobiographie des →Autors, führte P. v. Matt den Begriff des ‚psychodramatischen Substrats' ein; darunter versteht er eine überindividuelle Werkstruktur, die als ‚abstrakte Statik' des Werks fungiert und in der Interpretationsarbeit als verborgene Substruktur des Textes erschlossen werden kann.

Zu den folgenreichsten Neulektüren der Freudschen Psychoanalyse gehört das Werk J. Lacans, der das Saussuresche Zeichenschema umkehrt und den Signifikanten über dem Signifikat thronen lässt – das Signifikat wird somit zum „Effekt des Signifikanten" (J. Bossinade). Zugleich setzt Lacan den Signifikationsprozess in Analogie zum unendlichen Prozess des Begehrens, die beide den Mechanismen der Verschiebung und Verdichtung folgen: Für Lacan ist das Unbewusste wie eine Sprache strukturiert. Besonders die →*Gender Studies* machten sich den Lacanschen Ansatz zu eigen, ersetzt er doch konsequent jeden Geschlechtsbiologismus durch eine Sprachsymbolik.

Die Ansätze der Analytischen Psychologie C.G. Jungs, der sich bewusst von Freud abgrenzte, wurden v.a. in den USA literaturwissenschaftlich fruchtbar gemacht, fanden jedoch wenig Eingang in die deutschsprachige Literaturwissenschaft (am ehesten wurden sie zur Märcheninterpretation verwendet). Ihr Ziel besteht v.a. darin, in literarischen Texten mythische oder archetypische Bilder aufzusuchen, die einem kollektiven Unbewussten entstammen.

Seit den 1990er Jahren geht das Interesse an psychoanalytischer Literaturinterpretation zurück zugunsten poststrukturalistischer und dekonstruktivistischer Ansätze, deren anti-hermeneutisches Grundverständnis schwer mit der Freudschen Psychoanalyse (eher mit Ansätzen Lacans) vereinbar ist.

Bibliographie: J. Bossinade, Poststrukturalistische Literaturtheorie, Stuttgart/Weimar 2000. – H. Gallas, Das Textbegehren des ‚Michael Kohlhaas', Reinbek 1981. – P. v. Matt, Literaturwissenschaft und Psychoanalyse (1972), Stuttgart 2001. – W. Schönau/J. Pfeiffer, Einführung in die psychoanalytische Literaturwissenschaft, Stuttgart/Weimar [2]2003. Joachim Pfeiffer

Q

Quelle(n)

I. Alttestamentlich

In Buchreligionen bezieht sich der Begriff ‚Quellentext' auf diejenigen →Texte, auf welchen eine Religion basiert. Im Christentum sind dies →AT und →NT, wobei die orthodoxe und die katholische Kirche das AT durch deuterokanonische Bücher erweitern. Die protestantischen Kirchen schließen sich dem →Kanon der Hebräischen →Bibel des Judentums an, veränderen jedoch die Anordnung. Während der Reformation kam es durch den programmatischen Impetus der Renaissance: *ad fontes* zu einer Rückbesinnung auf die hebräischen Texte als Q.n des AT sowie auf die griechischen als Q.n für das NT. Renaissance und Reformation bereiteten damit den Weg für Quellen- und Redaktionskritik in der biblischen →Hermeneutik, die es dem →Leser ermöglichen, biblische Texte auf mögliche Quellenstränge zu untersuchen, die hinter dem standardisierten Text oder *Textus receptus* liegen, und die verschiedenen literarischen Schichten der Texte zu analysieren, die sie bis zu ihrem offiziell anerkannten Endtext durchlaufen haben. In der Antike war bei der redaktionellen Kompilation von →Büchern keine Kennzeichnung von übernommenem Material nötig. Vorliegendes Material wurde einfach abgeschrieben, überarbeitet oder hinzugefügt, um ein Schriftstück zu erstellen.

Der Nachweis von Q.n *hinter* dem biblischen Text führte in der Pentateuch-Forschung zu J. Wellhausens Weiterentwicklung der Urkundenhypothese. Wellhausen wies Q.n nach, aus denen die Geschichte Israels rekonstruiert werden konnte. Er setzte für den Pentateuch vier Q.n voraus: Jahwist (J), Elohist (E), Deuteronomium (D) und Priesterschrift (P). In der Geschichte der beiden Königreiche Israels in Sam–Kön und in der Königsgeschichte Israels nach der Darstellung der Chr erfolgt häufige Bezugnahme auf Q.n, die von den →Autoren zur Kompilation der Geschichten verwendet wurden. Die Identifikation von Q.n stellt einen komplexen Prozess dar; zudem wurden ältere Q.n innerhalb dieser Q.n erfasst.

Hinweise auf mögliche Q.n sind Spannungen im Text, Wiederholungen und stilistischen Unterschieden zu entnehmen. Jedoch hat die Vorstellung der ‚Q.' ihre ursprüngliche Bedeutung verloren und wurde zum Synonym für hinter dem Text stehende literarische Dokumente. In Esra–Neh werden z. B. vier literarische Dokumente unterschieden: Esra- und Nehemiamemoiren, persische Briefe und Listen.

BIBLIOGRAPHIE: I. Finkelstein/N.A. Silbermann, The Bible unearthed, New York 2001. – R. E. Friedman, The Bible with sources revealed, San Francisco 2003. – C.M. Tuckett, The revival of the Griesbach hypothesis, Cambridge 1983. – J. van Seters, The life of Moses, Louisville 1992. – J. Wellhausen, Prolegomena zur Geschichte Israels, Göttingen 1981. – R.N. Whybray, The making of the Pentateuch, Sheffield 1987.

Gert F. Snyman

II. Neutestamentlich

Mit Q. als einschlägigem Terminus der Geschichtswissenschaften ist (1) der historische Wert von literarischen →Texten, Textdokumenten oder Monumenten (archäologischen Q.n) für die Geschichtsbetrachtung und -schreibung bezeichnet (Quellenwert/historischer Status). Q.n bezeichnen (2) die (zumeist) schriftliche Materialbasis, auf der etwa antike →Autoren ihre literarischen Texte gestalten (literarische Q.n).

Beide Dimensionen des Quellenbegriffs treten in der ntl. →Exegese im Zuge historischer Fragestellungen vehement seit dem 19. Jh. in der historisch-kritischen Exegese auf: So sind die ntl. Texte (→Briefe, →Evangelien, Apg, Offb) historische, literarische und religionsgeschichtliche Q.n für die →Geschichte, →Literatur und Theologie des frühen Christentums. Besonders narrative Texte (Evangelien) verwenden schriftliches Quellenmaterial, das durch die Evangelisten redaktionell zusammengefügt und bearbeitet wurde. Der Begriff Q. dient hier speziell der terminologischen und sachlichen Lösung des sog. synoptischen Problems (Quellen-/Literarkritik, Zwei-Quellen-Theorie), wirkt aber verunklärend, sobald historische und literaturgeschichtliche Fragestellungen nicht differenziert werden (s. u.).

In der sog. Zwei-Quellen-Theorie werden die inhaltlichen und/oder literarischen Gemeinsamkeiten *und* Unterschiede zwischen den sog. synoptischen Evangelien (Mk, Mt, Lk) als literarische Abhängigkeiten erklärt: Die älteste Evangelienschrift Mk (Mk-Priorität: K. Lachmann 1835) sowie weitere synoptische Q.n oder Sammlungen (C.H. Weiße 1838) bzw. die nicht mehr erhaltene Logien- oder Spruchsammlung, die sog. Quelle Q (J. Weiß 1890; P. Wernle 1899), die sich hypothetisch aus Mt und Lk rekonstruieren lässt (zuerst: A. v. Harnack 1907), bilden die Q.n für die zeitlich später, unabhängig von einander entstandenen sog. Seitenreferenten Mt und Lk. Im Unterschied zu Mk und Q wird dem weiteren synoptischen Traditionsmaterial, das Lk (z. B. Lk 1–2) und Mt (z. B. Mt 1–2) jeweils individuell benutzt haben (lk und mt ‚Sondergut': L und M), kein eigentlicher historisch-literarischer Quellenstatus zuerkannt – das gilt auch für die auf Mk gekommenen, d. h. vormarkinischen Traditionskomplexe (z. B. Mk 14–16): Es handelt sich bei L und M, aber auch bei den vormarkinischen Sammlungen/→Traditionen wahrscheinlich um teils mündliche, höchstens semi-literale Komplexe von synoptischem Überlieferungsmaterial.

Die Frage nach den (historisch-literarischen) Q.n des Joh oder der Apg ist umstritten: Hier wird am ehesten mit kleineren quellenähnlichen Traditionskomplexen (z. B. Passionsquelle: Joh 18 f.; Itinerar: Apg 16–19) zu rechnen sein. Im Falle des engen literarischen Verhältnisses von 1 Thess und 2 Thess sowie Jud und 2 Petr wird man besser von ‚Vorlage' als von Q. sprechen.

In literatur- und gattungsgeschichtlicher Hinsicht ist der Begriff der synoptischen Q.n irreführend: Mt und Lk schreiben ihre Evangelien nicht, indem sie Mk und Q als Q.n, sondern eher als literarische Vorbilder oder Modelle betrachten.

Bibliographie: E.-M. Becker, Die synoptischen Evangelien und ihre Quellen, in: T. Rathmann/N. Wegmann (Hgg.), Quelle, Berlin 2004, 129–149. – M. Maurer (Hg.), Aufriß der Historischen Wissenschaften, Bd. 4: Quellen, Stuttgart 2002. – U. Schnelle, Art. Synoptische Frage, in: RGG^{4} 7 (2004), 1978–1984.

Eve-Marie Becker

III. Kirchengeschichtlich

Die Verwendung des Begriffs in Bezug auf →Texte verdankt sich dem Humanismus, der (v. a. gegen die scholastische Theologie) unter der Parole *‚ad fontes'* zu einem erneuerten Studium der biblischen und frühchristlichen →Schriften sowie der griechischen und lateinischen Klassiker aufrief. Mit Nachdruck und wirkmächtig (vgl. Reformation) vertreten wurde dies Programm durch E. von Rotterdam (*De ratione studii ac legendi interpretandique auctores*, 1511 und seine Briefe) und durch P. Melanchthon (*De corrigendis adolescentiae studiis*, 1518). Der Gebrauch des Begriffs bei den Humanisten beruht auf einem Werturteil und hat damit hermeneutische Implikationen. Da durch die Wahl des Bildes impliziert wird, dass rechte Lehre allein auf den frühesten und grundlegenden Texten beruhen kann, deren Vorbildcharakter in der Gleichsetzung von Ursprünglichkeit mit Alter einer →Tradition und von Reinheit (des Quellwassers) mit Unverfälschtheit begründet liegt.

Der Begriff wird dann in der Historik des 19. Jh.s durch J.G. Droysen und B.G. Niebuhr (allerdings ohne den ideologischen Hintergrund der Humanisten) wieder aufgenommen und ist seitdem einer der Grundbegriffe der historischen Methodenlehre. Als Q. wird das Material bezeichnet, auf das der Historiker bei der Erforschung historischer Vorgänge zurückgreift, wobei der Begriff insofern ausgeweitet wird, als er nicht mehr nur allein auf (antike) Texte bezogen wird, sondern schließlich auf alle möglichen Gegenstände, die unter einer historischen Fragestellung betrachtet werden können. Damit geht eine weitere terminologische Differenzierung einher, die die verschiedenen Arten von Q.n hinsichtlich des Materials und der Weise, in der sie von der Vergangenheit zeugen (Q., Überrest, Tradition, Monument; Primär- und Sekundärquellen u.a.), kategorisiert. Bei der Verwendung des Begriffs Q. im Rahmen der historischen Methodenlehre ist außerdem grundlegend, dass die Q. nicht von selbst sprudelt, sondern zu einer solchen erst durch den Historiker und dessen Fragestellung gemacht wird und unter Umständen freigelegt werden muss.

BIBLIOGRAPHIE: A. v. Brandt, Werkzeug des Historikers, Stuttgart u.a. [17]2007. – J.G. Droysen, Historik (1857), Grundriß der Historik in der ersten handschriftlichen (1857/58) und in der letzten gedruckten Fassung (1882), hg. v. P. Leyh, Stuttgart 1977, 417–450. – J. v. Herwaardeen, Erasmus and his Ad Fontes, in: Ders., Between Saint James and Erasmus, Leiden 2003, 534–561.

Annette v. Stockhausen

IV. Altphilologisch

In der Literaturwissenschaft bezeichnet Q. eine stoffliche oder motivische Vorlage für ein literarisches Werk; dabei kann es sich um schriftlich fixierte →Texte, mündliche →Überlieferungen, →Bilder und Gegenstände, aber auch unwillkürlich aktivierte Wissens- und Vorstellungsbestände handeln. Während Quellenforschung mit dem lange dominierenden Modell von literarischer Originalität und Genie in Spannung stand, geht es heute um die Identifizierung und funktionale →Interpretation von individuellen, sozialen und kulturellen Einflüssen auf die Verfertigung von →Literatur. Das einzelne literarische Werk wird so zugleich in einen linearen Traditionszusammenhang (→Rezeptionsgeschichte) und ein Netzwerk von Bezügen (→Intertextualität) eingefügt.

In der Geschichtswissenschaft ist die Q. ebenfalls Teil eines hermeneutischen Zusammenhangs: Die Vergangenheit mit ihren →Ereignissen, ‚Geschäften' (J.G. Droysen) und Zuständen ist als solche unwiederbringlich verloren, aber sie hat Zeugnisse hervorgebracht. Diese werden unter dem Fokus einer historischen Fragestellung in der Gegenwart zu Q.n, aus denen sich Erkenntnisse gewinnen lassen; nur mit Blick auf diesen Erkenntnisprozess sind sie Q.n, in Hinsicht auf die Vergangenheit sind sie jedoch lediglich ‚Spuren', ‚Überreste', ‚Denkmäler', ‚Dokumente' oder ‚Zeugnisse': „Jede Quelle, genauer jeder Überrest, den wir erst durch unsere Fragen in eine Quelle verwandeln, verweist uns auf eine Geschichte, die mehr ist oder weniger, jedenfalls etwas anderes als die Quelle selbst. Eine Geschichte ist nie identisch mit der Quelle, die von dieser Geschichte zeugt" (R. Koselleck, 204).

Quellenkritik bleibt zentraler Bestandteil historisch-philologischer →Hermeneutik, wobei der Optimismus des 19. Jh.s auf z.T. problematischen Prämissen ruhte (Einquellentheorie; →Redaktion). Ein weiteres Problem stellt die oft fragmentarische oder nur indirekte →Überlieferung von postulierten Q.n dar. Für plausible Resultate sind die →Kontexte der Produktion antiker Texte zu berücksichtigen, v.a. das Bildungswesen und die literarische Kultur.

Kaum eliminiert werden können die romantisch-idealisierenden Untertöne des Begriffs Q., aus der sich ‚reines' Wissen ‚schöpfen' lasse, sofern die Q. ‚ungetrübt' ist. Wer die Trübungen im Verlauf des anschwellenden und sich verzweigenden Traditions- und Interpretationsstroms – der damit zugleich abgewertet wird – überwinden und zur ‚Klarheit' gelangen will, muss, so der Schlachtruf des Renaissancehumanismus wider das Mittelalter, ‚*ad fontes*' gehen.

BIBLIOGRAPHIE: U. Baumann, Art. Quellen- und Einflussforschung, in: A. Nünning (Hg.), Metzler Lexikon Literatur- und Kulturtheorie, Stuttgart/Weimar [3]2004, 555 f. – A. Demandt, Metaphern für Geschichte, München 1979, 189 f. – J.G. Droysen, Historik (1857), hg. v. P. Leyh, Stuttgart 1977. – R. Koselleck, Vergangene Zukunft, Frankfurt 1979. – J. Rüsen, Rekonstruktion der Vergangenheit, Göttingen 1986, 87–147. – F. Winkelmann, Art. Historiographie, in: RAC 15 (1991), 724–765. – A. Wolf, Art. Quellen, Allgemein, in: W. Besson (Hg.), Fischer Lexikon Geschichte, Frankfurt a.M. 1961, 269–276.

Markus Sehlmeyer

V. Literaturwissenschaftlich

Die Begriffsmetapher ‚Q.' ist abgeleitet von lat. ‚fons' und seit Anfang des 19. Jh.s ein Fachbegriff, der sich bezieht (1) auf Materialien, die einer Wissenschaft als Basis dienen, (2) auf das, was Entstehung, →Überlieferung, Distribution, →Rezeption, →Interpretation eines →Texts bestimmt, und (3) im engeren Sinne auf *einen* Prätext, aus dem sich ein Text herleitet.

(1) Der literarische Text ist Gegenstand der Literaturwissenschaft, tritt aber im Rahmen ihrer Neuperspektivierungen als Q. auch in kultur- und medienwissenschaftlichen wie wissenschaftsgeschichtlichen → Kontexten auf.

(2) Wie der literarische Text entsteht, wie er überliefert, distribuiert, rezipiert und interpretiert wird, untersucht die Literaturwissenschaft anhand mündlicher, schriftlicher, bildlicher und elektronisch gespeicherter Quellenmaterialien. Dies sind (a) sämtliche Textzeugen, die Genese, Überlieferung und Distribution bezeugen. Sie sind Gegenstand der Editionswissenschaft und ihrer Teildisziplin →Textkritik. Dies sind (b) paratextuelle Peritexte wie →Titel, Untertitel, Motto, Widmung, Vor- und Nachwort, Fußnote sowie (im Übergang zum Metatext) Geleitdichtung, Anzeige, →Kommentar. Dies sind (c) paratextuelle Epitexte, meist autorbezogene Zeugnisse wie (Auto-)biographie, Tagebuch, →Brief, Interview, Reportage, und (d) Zeugnisse der Materialität und Medialität des Texts wie Textträger, Schreibmaterial und (Buch-)Ausstattung sowie (e) metatextuelle Rezeptions- und Interpretationszeugnisse wie Editionen, →Kommentare, Rezensionen, Sekundärliteratur (vgl. G. Genette; →Paratextualität).

(3) Der literarische Text bezieht sich seinerseits auf Prätexte als Q.n, wobei im europäischen Kontext die →Bibel die meistgenutzte ist (vgl. Supertext). Quellenforschung ist daher (a) eine unentbehrliche literaturwissenschaftliche Disziplin und hat ihren Ort im Kommentar; dabei tritt inzwischen ihre texthermeneutische gegenüber der memorativen Funktion – dem Beitrag zum kulturellen →Gedächtnis – zurück. Quellenforschung ist (b) unverzichtbar bei der Rekonstruktion der Genese eines literarischen Texts und widmet sich hier den Lektüre- und Arbeitsverfahren eines →Autors, seinem Verhalten als eines produktiven Rezipienten von (auch eigenen) Texten sowie als Rezipienten seiner Rezeption (mit nachträglichen Änderungen des eigenen Texts); hier gibt es Berührungspunkte zu den Q.n unter (2). In engem Konnex mit (3a) und (3b) ist Quellenforschung inzwischen (c) zur Intertextualitätsforschung ausgebaut. Der intertextuelle Bezug auf Prätexte kann markiert/unmarkiert, beabsichtigt/unbeabsichtigt sein – er erzeugt jedenfalls einen semantischen Mehrwert, der durch Ambivalenz, Doppelkodierung, Überdeterminierung den hermeneutischen Zugang übersteigt (R. Lachmann/S. Schahadat; →Intertextualität).

BIBLIOGRAPHIE: Archive im Internet: http://www.archivschule.de/content/59.html – G. Dicke/N. Henkel, Art. Quelle, in: RLW 3 (2003), 202–205. – G. Genette, Paratexte (1987), Frankfurt a.M. 1992. – R. Lachmann/S. Schahadat, Intertextualität, in: H. Brackert/J. Stückrath (Hgg.), Literaturwissenschaft, Reinbek 1995, 677–685.

Anke Bosse

R

Race →Postkolonialismus/Postcolonial Criticism

Rätsel

I. Alttestamentlich

Das hebräische Wort für R., *chidah*, begegnet nur 17 Mal im AT. Die im AT überlieferten Texte setzen sich offenbar selten explizit mit dem Phänomen des R.s auseinander. Fast die Hälfte der Belege des Wortes *chidah* entfallen überdies auf einen einzigen Erzählzusammenhang, die Simsonerzählung, welche in Ri 14 die wohl bekannteste biblische Rätselerzählung bietet (weitere Belege: Num 12,8; 1 Kön 10,1; Ez 17,2; Hab 2,6; Ps 49,5; 78,2; Spr 1,6; Dan 8,23; 2 Chr 9,1). Anhand dieser Erzählung können die wichtigsten Eigenschaften und möglichen Funktionen von R. im AT gezeigt werden.

Ri 14,14 bietet ein R., das im gegebenen Zusammenhang nicht lösbar ist, weil es auf einen nur Simson selbst bekannten Sachverhalt abzielt: „Speise ging aus von dem Fresser und Süßes ging aus von dem Starken" zielt auf den Honig von Bienen im Kadaver des von Simson erschlagenen Löwen. R. sind paradoxe Kommunikationsformen, weil sie nicht die möglichst ungehinderte Verständigung herbeiführen wollen, sondern im Gegenteil die Hindernisse, die in jeder →Kommunikation auftreten können, unterstreichen. Das R. zielt auf einen Wettbewerb zwischen dem Fragenden und dem Ratenden, der Fragende versucht die Verständnishürde möglichst hoch zu machen, der Ratende versucht, diese dennoch zu überwinden. Der Einsatz, um den gewettet wird, besteht in Ri 14 in Kleidern, ein hoher materieller Wert steht auf dem Spiel. Der Einsatz kann niedriger, aber auch höher sein. Bei aller Verschlüsselung muss die Rätselfrage eine Lösung haben, die zur Frage in einem sprachlich oder logisch sinnvollen Zusammenhang stehen muss, sonst verletzt der Fragende die ‚Spielregeln'. Im Falle von Ri 14 hat die Rätselfrage mehr als eine mögliche Lösung. Im situativen Kontext der Hochzeitsfeier sind andere Lösungen naheliegend, die vom Fragenden gemeinte Lösung ist durch eine intellektuelle Leistung allein nicht zu finden, die Ratenden finden sie durch eine Verletzung der ‚Spielregeln'.

R. dienen in ähnlicher Weise wie in Ri 14 öfter als Mittel von Kommentkämpfen, bei denen Ebenbürtigkeit und Zugehörigkeit zu einer Gruppe im Zentrum stehen, so etwa 1 Kön 10,1. Daraus folgt nun aber auch, dass das R. keine klar abgrenzbare Größe darstellt: Verschleiernde Sprachformen wie →Allegorie oder auch Paronomasie stehen ihm ebenso nahe wie Prüfungsfragen oder Zahlensprüche. Es ist darum auch nicht verwunderlich, wenn in Spr 1,6 das R. in Parallele steht zum Weisheitsspruch und zu ‚Worten der Weisen'.

Bibliographie: V. Fritz, Die Entstehung des Volkes Israel im 12. und 11. Jahrhundert v. Chr., Stuttgart 1996, 184–188. – B. Herr, Das Geheimnis des Rätsels, in: S. Gillmayer-Bucher (Hg.), Ein Herz so weit wie der Sand am Ufer des Meeres, Würzburg 2006, 165–178. – K. Koenen, „Wem ist Weh? Wem ist Ach? ... Wer hat trübe Augen?", in: BN 94 (1998), 79–86. – H.-P. Müller, Der Begriff „Rätsel" im Alten Testament, in: VT 20 (1970), 465–489. – J. Schipper, Narrative obscurity of Samson's chidah in Judges 14,14 and 18*, in: JSOT 27 (2003), 339–353.

Jutta Krispenz

II. Altphilologisch

In der griechischen Kultur spielte das R. eine bedeutende Rolle. Dabei sind zwei Aspekte zu unterscheiden: (1) Als αἴνιγμα (zu αἰνίττεσθαι, ‚dunkel andeuten') wurde eine Aussage mit verschlüsseltem Sinngehalt bezeichnet. Gerade Göttersprüche und Orakelbescheide gab man häufig verrätselt wieder und fasste sie als R. auf (Heraklit Diels/Kranz B 93; Pl. *Ti.* 72d;). Die rhetorische Theorie der Antike verstand als αἴνιγμα eine allzu unklare Form der Allegorie, die vermieden werden sollte (Arist. *Rh.* 1405a 37 ff.; *Po.* 1458a 25 ff.; entsprechend Cic. *de orat.* 3,167; Quint. *inst.* 8,6,52), näher differenziert im 1. Jh. v. Chr. in der unter Tryphons Namen überlieferten Schrift Περὶ τρόπων (Spengel III 192–243). (2) Als γρῖφος (‚Netz') wurde eine im Spiel gestellte Aufgabe bezeichnet, die durch Nachdenken zu lösen ist (so Klearchos von Soloi, um 400 v. Chr., bei Athenaeus, *Deipnosophistae* 10,69 448c, einem wichtigen Quellentext zum antiken R.); diese R. pflegte man beim Symposion als Unterhaltung, aber auch zur geistigen Schulung.

Das R. war zudem bedeutendes Motiv in der Literatur. Neben gelösten R.n (z. B. das R. der Sphinx, das Ödipus löst: S. *OT* 33 ff.) werden v. a. von mythologischen (z. B. Herakles, der, vom Nessosgewand verbrannt, das Orakel versteht, er werde von einem Toten getötet werden: S. *Tr.* 1159 ff.) und – oft in anekdotenhaftem Zusammenhang – historischen (z. B. Themistokles, der die „hölzernen Mauern" richtig als Flotte versteht: Hdt. 7,143,2) Figuren dunkle Orakel richtig gedeutet – oder gerade nicht (z. B. Kroisos: Hdt. 1,47–91). Auch die Form des R. wird literarisch aufgegriffen: Aus den R.n beim Symposion gingen unterhaltende Rätselgedichte hervor (bedeutende Sammlung *AP* 14); gerade in Kaiserzeit und Spätantike verfasste man (meist in Gedichtform) z. B. Zahlenrätsel (basierend auf dem Zahlenwert der Buchstaben), Anagramme oder Akrosticha; erwähnenswert ist die *Alexandra* des Lykophron, ein Monolog der Seherin Kassandra voller verrätselter Prophezeiungen (3./2. Jh. v. Chr.; Datierung anhand der *vaticinia ex eventu* umstritten). Im römischen Bereich wurde das R. (und das Wort *aenigma*, eine lateinische Bezeichnung fehlt) von den Griechen übernommen, v. a. als literarisches Motiv: So soll Brutus, der Begründer der Republik, ein Orakelrätsel richtig gedeutet haben (Liv. 1,56,12). Eine der wenigen Spuren traditioneller römischer R. bietet Gell. 12,6. Reiche Nachwirkung entfaltete die Sammlung mit Rätselgedichten des Symphosius (4./5. Jh. n. Chr.).

Bibliographie: R. Baumgarten, Heiliges Wort und Heilige Schrift bei den Griechen, Tübingen 1998. – C. Darbo-Peschanski, Plaisirs de l'énigme, plaisirs du savoir, in: Métis 1 (2003), 35–45. – H. Diels/W. Kranz, Die Fragmente der Vorsokratiker, 3 Bde., Zürich u. a. [19]1996. [18]1996. [10]1998. – H.A. Gärtner, Art. Rätsel III., in: DNP 10 (2001), 756–758. – J. König, Art. Aenigma, in: HWRh 1 (1992), 187–195. – A. Laks, Aristote, l'allégorie, et les débuts de la philosophie, in: B. Pérez-Jean (Hg.), L'allégorie de l'Antiquité à la Renaissance, Paris 2004, 211–220. – K. Ohlert, Rätsel und Rätselspiele der alten Griechen, Berlin [2]1912. – P. Pucci, Enigma, segreto, oracolo, Pisa 1996. – L. Spengel, Rhetores graeci, 3 Bde., Leipzig 1853–1856.

Stefan Freund

III. Literaturwissenschaftlich

In der Literaturwissenschaft ist das in fast allen Kulturkreisen verbreitete R. eine nichtidentische Sprach- und Erkenntnisform, die sich durch Bildhaftigkeit sowie (paradoxe) Mehrdeutigkeit auszeichnet und einen einzelnen Gegenstand/Begriff – oft in epigrammatischer Kürze – verfremdend umschreibt. Das Nichterkennen des Bekannten ist die Paradoxie des R.s, das Dinge, vergleichbar dem literarischen Verfahren, aus ihrem Kontext herauslöst und neue Verknüpfungen herstellt. Es kann nicht linear-logisch gelöst, sondern nur sprunghaft, in einer Art Epiphanie (→Ereignis) erraten werden (M. Heidegger). Die Alterität des Kunstwerks liegt nach T.W. Adorno in dessen Rätselcharakter begründet (GS 7, 191). J.W. v. Goethe vergleicht, Ästhetik und Ethik verschränkend, die „psychisch-sittlich-ästhetischen R." mit dem „Lebensrätsel" (Bd. 4, 264). Im 18./19. Jh. wird das R. kunstvoll elaboriert (vgl. F. Schiller, der für die Aufführung seines Turandot-Dramas 14 R. dichtetet und eine Welle neuer Rätseldichtungen auslöste). Zwar verliert das R. als eigenständige literarische → Gattung im 20. Jh. an Attraktivität, aber seine Spuren legende Verweisstruktur findet Eingang in den (Kriminal-)Roman der →Postmoderne, in dem die Lösung immer wieder aufgeschoben wird, da die Sprach- und Lebenswirklichkeit nicht mehr dechiffriert werden kann.

Das R. gehört als ‚einfache Form' (A. Jolles) zu den ältesten Volksdichtungen: Die erste, meist mündlich tradierte Form ist das Worträtsel (z. B. die Sanskriträtsel der *Rigveda* um 1000 v. Chr.), daneben gibt es Zahlenrätsel (Arithmographen), die wegen ihrer eindeutigen Lösung lange als prototypisch galten, des weiteren die im Barock beliebten und mit der →Allegorie und dem Emblem strukturell verwandten Bilderrätsel (Rebus) sowie Silbenrätsel (Scharade) und Buchstabenrätsel (Logogriph: Anagramm, Palindrom). Integriert in epische oder dramatische Formen haben R. eine handlungsdynamische Funktion: die ‚Lösung' des R.s, die ‚Erlösung' des Helden und die ‚Auflösung' des dramatischen Konflikts sind eng miteinander verknüpft (vgl. prototypisch das Sphinxrätsel des Ödipus). Die dem R. eignende Fragestruktur, welche zu einer Antwort auffordert, wobei sich der zunächst unterlegene Antwortende dem Fragenden und somit Wissenden als ebenbürtig erweisen muss, macht das R. zu einer hermeneutischen Grundfigur, welche die Grenzen von Macht (→Diskursanalyse) und →Verstehen auslotet.

BIBLIOGRAPHIE: T.W. Adorno, Ästhetische Theorie, in: Gesammelte Werke 7, Frankfurt a. M. 1972. – J.W. v. Goethe, Hamburger Ausgabe, 6 Bde., hg. v. K.R. Mandelkow, München 1988. – M. Hain, Rätsel, Stuttgart 1966. – M. Heidegger, Ursprung des Kunstwerks, Stuttgart 1960. – J. Hörisch, Das Leben war ihnen ein Rätsel, in: Euphorion 78 (1984), 111–126. – A. Jolles, Einfache Formen, Tübingen [6]1982, 126–149. – C. Schittek, Die Sprach- und Erkenntnisformen der Rätsel, Stuttgart 1991. – V. Schupp, Rätsel, in: H. Fricke (Hg.), Kleine literarische Formen in Einzeldarstellungen, Stuttgart 2002, 191–210.

Doren Wohlleben

Reader-Response Criticism

I. Alttestamentlich

Der Terminus *R.-R. C.* fasst eine Vielzahl zum Teil sehr unterschiedlicher theoretischer Ansätze, die seit der Mitte der 1960er Jahre verstärkt die Rolle des Lesers untersuchen, zusammen.

Seit den 1970er Jahren wird *R.-R. C.* in der atl. Wissenschaft im angelsächsischen Raum aufgenommen, seit den 1980er Jahren auch im deutschsprachigen Bereich, vorwiegend unter dem Stichwort Rezeptionsästhetik. Die Terminologie ist unübersichtlich und umfasst ein weites Spektrum rezeptionsgeschichtlich orientierter Ansätze, die die historische Wirkung von atl. Texten untersuchen, bis zu postmodernen Zugängen, die den Fokus der Interpretation vorwiegend auf die Rolle der →Leser richten. Die rezeptionsorientierte Fragestellung ergänzt den klassischen historisch-kritischen Methodenkanon.

Ein Grundelement von *R.-R. C.* ist, dass es keinen eindeutigen und für alle Zeiten feststehenden Sinn von Texten gibt, sondern biblische Interpretation immer das Produkt von Interaktion zwischen dem biblischen →Text, seinem →Kontext und den Perspektiven der Lesenden ist. Während Leerstellen in einer historisch-literarkritischen →Exegese als Hinweise auf Wachstumsstufen im Text, auf Einschübe oder Bearbeitungen gedeutet werden, sieht eine rezeptionsästhetische Betrachtungsweise in ihnen keinen Mangel, sondern wichtige Ansatzpunkte der Lektüre. Besonders poetische Texte des AT geben der Aktivität der Lesenden in der Interpretation viel Raum, weil sie viele Leerstellen enthalten. Elementare Bilder machen es notwendig, dass Leser ihre eigene Erfahrungs- und Lebenswelt in das Textverständnis einbringen.

Die Frage nach der bewussten Einbeziehung der Lesenden in die Interpretation stellt sich auf unterschiedlichen Ebenen. Auf der Textebene, im Rahmen der literarischen Textanalyse, lassen sich Wirksignale, ‚der → implizite Leser' (W. Iser) untersuchen. Historische Erstleser sind schwer zu rekonstruieren, lassen sich aber im Zusammenhang mit der historischen Analyse wenigstens hypothetisch erschließen. Die Rezeptionsgeschichte atl. Texte lässt sich exemplarisch in jüdischer und christlicher →Wirkungsgeschichte nachzeichnen. Gleichzeitig wird der hermeneutische zeitgenössische Hintergrund des 21. Jh.s mitreflektiert. Leseweisen sind nicht nur individuell geprägt, sondern auch von sozio-politischen, geographischen, religiösen und geschlechtlichen Faktoren beeinflusst. *R.-R. C.* bezieht auf allen diesen Ebenen die Rolle der →Interpretationsgemeinschaft ein. Diese stellt ein mögliches Korrektiv zu einer grenzenlosen Pluralisierung der Auslegung dar.

BIBLIOGRAPHIE: W.H. Bellinger, A hermeneutic of curiosity and readings of Psalm 61, Macon 1995. – The Bible and Culture Collective/G. Aichele et al., The postmodern Bible, New Haven 1995. – R. Detweiler (Hg.), Reader-response approaches to biblical and secular texts, Georgia 1985. – D. Erbele-Küster, Lesen als Akt des Betens, Neukirchen-Vluyn 2001. – M. Grohmann, Aneignung der Schrift, Neukirchen-Vluyn 2000. – H. Utzschneider/E. Blum (Hgg.), Lesarten der Bibel, Stuttgart 2006.

Marianne Grohmann

II. Neutestamentlich

Obwohl übereinstimmende theoretische Abgrenzungen fehlen, sind alle Formen des *R.-R. C.* vor dem Hintergrund des *New Criticism* zu betrachten. Dieser behauptet die grundlegende strukturelle Einheit literarischer Werke und betont die Praxis des *close reading,* um so die den Texten unterliegende Struktur sichtbar zu machen. Der *R.-R. C.* hebt zudem die Selbstsuffizienz literarischer Werke hervor, ohne auf die historische Situation und den →Autor hinter dem Text zu rekurrieren. Im Unterschied zum →*New Criticism* erkennt die leserorientierte Lektüre, dass Texte nicht autonome Bedeutungsträger sind. Mit der Auflösung des dichotomen Text-Leser-Modells vollzog sich der Wandel hin zur Erkenntnis, dass Texte keine ‚semantischen Container' darstellen. Textbedeutung hängt von der Reaktion (*response*) der Leser auf den Text in Übereinstimmung mit den Werten, Prämissen, Einstellungen und Fragen der Leser ab und entsteht in diesem Spannungsfeld. *R.-R. C.* zielt darauf, zu untersuchen, wie reale Leser Textbedeutung konstruieren und dabei von den Lesekonventionen ihrer →Interpretationsgemeinschaften geleitet oder gehemmt werden. S. Fish z.B. hat untersucht, wie Textinterpretation ein Aspekt subjektiver Erfahrung des →Lesers in einer oder mehreren Gemeinschaften ist, von denen jede durch eine spezifische Epistemologie geprägt ist.

In den Bibelwissenschaften zielt der *R.-R. C.* oft auf die Rekonstruktion des *ursprünglichen,* →historischen Lesers. Ironischerweise übersieht eine solche, nach Implikationen im Text suchende Analyse die konstruktiven Funktionen und Prämissen gegenwärtiger akademischer Leser. Diese Situation wird durch verschiedene Gruppierungen (*black, mujerista, feminist, womanist, postcolonial* sowie GLBT [*gay, lesbian, bisexual* und *transgender*]), die für die Normativität der dominierenden weißen, männlichen, *middle-class,* heterosexuellen, euro-amerikanischen Interpretationsgemeinschaften eine Herausforderung sind, korrigiert. Die Fokussierung auf den *ursprünglichen* Leser macht nun der Betonung der Vielfalt gegenwärtiger Leser und ihres kulturellen und politischen Involviertseins Platz.

Der *R.-R. C.* wirft auch ein neues Licht auf die antike christliche und jüdische Exegese: Statt antike christliche typologische und allegorische Auslegungen oder rabbinische Midraschim als naiv und ‚vorkritisch' zu bewerten, versucht die postmoderne leserorientierte Lektüre, die Spannung zwischen verschiedenen und sogar einander widerstreitenden Interpretationen desselben Textes aufrecht zu erhalten. Damit wird die Praxis, einen Text durch einen anderen zu interpretieren, ohne die historischen und kulturellen Entstehungsbedingungen der Texte zu berücksichtigen, respektiert.

BIBLIOGRAPHIE: G. Aichele (Hg.), The postmodern Bible, New Haven 1995. – S. Fish, Is there a text in this class?, Cambridge 1980. – R.M. Fowler, Let the reader understand, Minneapolis 1991. – E.V. McKnight (Hg.), Reader perspectives on the New Testament, Atlanta 1989. – Ders., Postmodern use of the Bible, Abingdon 1988. – F. Neirynck, Let the reader understand, in: Ephemerides Theologicae Lovanienses 69 (1993), 181–183.

Bradley H. McLean

III. Altphilologisch

Rasch nach der Entstehung der Rezeptionsästhetik und des *R.-R. C.* begriff die Altphilologie die große Nähe dieser Positionen zu antiken Auffassungen von literarischer Kommunikation. Die Ausrichtung auf einen Adressaten war bei antiken Texten aufgrund der die gesamte gebildete Elite prägenden Rhetorikausbildung die Regel; die antike Kritik betrachtete literarische Texte vorwiegend unter dem Modell einer rhetorischen Kommunikation, in der der Kontakt zum Rezipienten (unter Kategorien wie Überzeugung, Belehrung und Unterhaltung) im

Vordergrund stand. Der *R.-R. C.* ist daher eine der modernen literaturtheoretischen Richtungen, die von der Altphilologie energisch aufgegriffen und weiterentwickelt wurden; ihrem Gegenstand ist er deutlich angemessener als das aus der Romantik übernommene autorzentrierte hermeneutische Modell, das aufgrund der Entstehungsbedingungen der Altphilologie als wissenschaftlicher Disziplin lange vorherrschend war. Empirische Untersuchungen von Rezeptionsphänomenen (etwa →Übersetzungen, →Zitaten, Parodien oder Adaptationen) waren im Rahmen der Behandlung der Überlieferungsgeschichte antiker Texte bereits vor der theoretischen Grundlegung des *R.-R. C.* üblich gewesen. Seit den 1980er Jahren kamen Interpretationen hinzu, die den Rezipienten und den Rezeptionsakt in den Vordergrund stellten. Weil kaum Zeugnisse über tatsächliche antike Leser vorliegen, wurde das von W. Iser entwickelte Konzept des →impliziten Lesers intensiv aufgegriffen. Dieser Ansatz erwies sich nicht nur bei genuin zur Lektüre bestimmten Textsorten wie etwa dem Roman (S. Bartsch) oder dem römischen Epos (S.M. Wheeler) als fruchtbar, sondern auch bei Texten, die für die öffentliche Aufführung bestimmt waren, etwa der griechischen Tragödie (S. Goldhill). Auch seit den 1990er Jahren intensiv erforschte Phänomene wie die Wissensvermittlung in technischer Literatur und Enzyklopädien und die Entstehung und Entwicklung einer Lesekultur besonders im kaiserzeitlichen Rom lassen sich als spezifisch altphilologische Adaptationen des *R.-R. C.* verstehen. Viele der vom *R.-R. C.* entwickelten Konzepte gehören inzwischen zum Gemeingut der Interpretation in der Altphilologie.

Bibliographie: M. Asper, Griechische Wissenschaftstexte, Stuttgart 2007. – W. Barner, Neuphilologische Rezeptionsforschung und die Möglichkeiten der Klassischen Philologie, in: Poetica 9 (1977), 499–521. – S. Bartsch, Decoding the ancient novel, Princeton 1989. – M. Citroni, Poesia e lettori in Roma antica: forme della comunicazione letteraria, Rom 1995. – L. Edmunds, Intertextuality and the reading of Roman poetry, Baltimore 2001. – S. Goldhill, Reading Greek tragedy, Cambridge 1986. – W.A. Johnson, Toward a sociology of reading in classical antiquity, in: American Journal of Philology 121 (2000), 593–627. – S.M. Wheeler, A discourse of wonders, Philadelphia 1999.

Thomas Schmitz

IV. Literaturwissenschaftlich

Der *R.-R. C.* stellt einen Paradigmenwechsel dar, nachdem zuvor →Autor und →Text Fokus der Theoriebildung waren. Was ein →‚Leser' ist, wird unterschiedlich definiert, grob gesagt lassen sich zwei Gruppen von Ansätzen unterscheiden: jene, die einen realen Leser annehmen (z.B. bei N. Holland), oder solche, deren Leser ein theoretisches Konstrukt darstellt (z.B. W. Isers →‚impliziter Leser'). Weiterhin unterscheiden sich die Ansätze in der Frage, an welcher Stelle der Text-Leser Beziehung sich die →Bedeutung eines Textes konstituiert und welche Autorität →Interpretationen zugesprochen werden soll.

Der Sammelbegriff *R.-R. C.* (weitergefasst auch als *audience-oriented criticism*, etwa bei P.J. Rabinowitz) steht dabei im deutschsprachigen Raum v.a. für die angelsächsische Ausprägung dieser Theorie: von G. Princes narratologischem Ansatz über die psychologischen Konzepte N.N. Hollands und D. Bleichs bis hin zu S. Fishs →Interpretationsgemeinschaften, um nur einige zu nennen. Die Bezeichnung ‚Rezeptionsästhetik' hingegen wie auch das englische *reception theory* verweisen meist auf die spezifisch deutsche Theoriebildung der sog. Konstanzer Schule und ihrer Hauptvertreter H.-R. Jauß und W. Iser.

Die von dem Romanisten H.-R. Jauß praktizierte ‚Rezeptionsgeschichte' hat ihre Wurzeln in der →Hermeneutik H.-G. Gadamers und revolutionierte die Literaturgeschichtsschreibung insofern, als sie nicht mehr Werke, sondern die von ihnen ausgelösten Rezeptionsprozesse untersuchte. Sie befasst sich unter dem Stichwort des historisch-ästhetischen Erwartungshorizonts mit den sich historisch wandelnden Bedingungen ästhetischer Annahmen im Bereich der Textproduktion, v.a. aber der Lesererwartungen.

Im Unterschied dazu konzentriert sich W. Isers Ansatz auf die Relation zwischen Text und Leser. Beeinflusst durch die Phänomenologie Husserls und die Theorien R. Ingardens entsteht so eine Wirkungsästhetik. Schlüsselbegriffe sind dabei Unbestimmtheit und Leerstellen, die die Involvierung des Lesers erfordern. Der ‚implizite Leser' ist dabei in Analogie zu W. Booths *implied author* ein theoretisches Konstrukt, das zwischen den Polen des Textes und des Lesers vermittelt. Kritik an Ansätzen dieser Art konzentriert sich oft auf den Vorwurf der Ahistorizität oder fehlender Geschlechtsspezifität solcher ‚Leser'-Konstrukte. Mit Beginn der 1980er Jahre wurde die Rezeptionsästhetik zunehmend auch in Amerika bekannt, gerade die Theorien des Anglisten Iser wurden positiv aufgenommen, aber auch kritisiert, z.B. von S. Fish.

BIBLIOGRAPHIE: W. Iser, Der Akt des Lesens, München 1976. – H.-R. Jauß, Literaturgeschichte als Provokation, Frankfurt 1970. – S. Suleiman/I. Crosman (Hgg.), The reader in the text, Princeton 1980. – J. Tompkins (Hg.), Reader-response criticism, Baltimore 1980. – R. Warning (Hg.), Rezeptionsästhetik, München 1975.

Michael Sauter

Reading

→Lesen ist ein Interpretationsakt, in dem linguistische, literarische und historische → Kontexte Schlüssel für die Herausbildung des →Verstehens sind. Da jeder →Text für sich eine kreative Schöpfung und durch bestimmte soziale, kulturelle, religiöse, psychologische, ökonomische und politische Umstände geprägt ist, schafft die →Hermeneutik des Lesens eine durch komplexe und spezifische historische Situationen bestimmte Dynamik. Texte enthalten immer Ambiguitäten (syntaktisch, semantisch, pragmatisch). Dies eröffnet dem Leser die Möglichkeit, ‚Koautor' im Prozess der Bedeutungskonstruktion zu werden. Das kreative Zusammenspiel von Text und Leser aktiviert nichttextliche Interpretationselemente, die mit den Erfahrungen und dem Vorwissen des Lesers in Zusammenhang stehen (→hermeneutischer Zirkel). Somit kann ein Text dem Leser Bedeutungsfragmente vermitteln, die dem ursprünglichen Kontext fremd sind. Lesen führt daher zu →Interpretationen, die das ursprüngliche kommunikative *Setting* und das Vorverständnis des Lesers aufnehmen und darüber hinausgehen. Daher muss der Anspruch, die →Autorenintention eines Textes zu eruieren, in Frage gestellt werden. Zugleich sind hermeneutische Theorien abzulehnen, die die Möglichkeit verneinen, dass Texte etwas außerhalb der Welt des Lesers kommunizieren können.

Die Hermeneutik des Lesens zu erforschen, ist eine multidisziplinäre Aufgabe, die über die Einsichten der Neurowissenschaften hinaus linguistische, philosophische, (sozio-) psychologische, politische, soziokulturelle und historische Überlegungen einbeziehen muss.

Jedem Leseakt wird/werden eine (oder mehrere) Absicht(en) unterstellt. Dies gilt auch für das Lesen als methodisch kontrollierte Handlung in den Bibelwissenschaften. Eine Vielzahl von methodischen Ansätzen wurde von der Antike (z.B. Pescher-Exegese in den Qumranschriften; allegorische Auslegung bei Philo und Origenes) bis heute entwickelt. Dieser Prozess dauert fort (z.B. → Semiotik, →Diskursanalyse). Im 19. Jh. erfolgte eine starke Fokussierung auf das historische Verstehen der biblischen Texte, das als Gegensatz zu dogmatischen Interpretationen, die von den Intentionen der biblischen →Autoren wegführten, verstanden wurde. Die Entwicklung der historisch-kritischen Exegese hat diese Tendenz verstärkt und methodisch unterlegt. Postmoderne, feministische und postkoloniale Ansätze haben kulturelle, politische und andere machtbezogene und subjektive Dimensionen vieler Auslegungen aufgezeigt und damit nicht nur die Ziele der Aufklärung und des historischen Zeitalters sowie ihren Objektivitätsanspruch, sondern auch die historische Kritik selbst kritisiert.

BIBLIOGRAPHIE: M.F. Foskett/J. Kah-Jin Kuan (Hgg.), Ways of being, ways of reading: Asian American biblical interpretation, St. Louis 2006. W. Iser, Der Akt des Lesens, München 1976 [*engl.* The act of reading, London u.a. 1971]. – W.A. Kort, "Take, Read", University Park 1996. – M. Krausz (Hg.), Is there a single right interpretation?, University Park 2002. – J. Sawyer (Hg.), The Blackwell companion to the Bible and culture, Oxford 2006.

Anders Runesson

Realinspiration →Inspiration

Rechtsliteratur

I. Alttestamentlich

Die Hermeneutik der R. des AT wird bestimmt durch die Rechtshermeneutik der Erzählung des Pentateuch in seiner spätnachexilischen Gestalt des 5.–3. Jh.s v. Chr., durch die die Rechtssammlungen von Bundesbuch (Ex 21–23), Heiligkeitsgesetz (Lev 17–26) und Dtn sowie die Dekaloge in Ex 20 und Dtn 5, die eine religiöse Rechtslegitimation als von Gott offenbart und von Mose vermittelt erhalten in ihrer rechtlichen Verbindlichkeit abgestuft werden. Dem dienen zwei rechtshermeneutische Klassifizierungssysteme der Verschriftungsnotizen und der Über- und Unterschriften von R. innerhalb des Pentateuch. Während der Dekalog in Ex 20 von Gott dem Volk unmittelbar offenbart und verschriftet wird (Ex 24,12), wird das Bundesbuch der Exodusgeneration von Mose mitgeteilt und verschriftet (Ex 24,3–8); ebenso das Dtn, das im Land Moab der zweiten Generation des Volkes nach 40 Jahren der Wüstenwanderung promulgiert und anschließend von Mose an seinem Todestag verschriftet wird (Dtn 31,9). Das Heiligkeitsgesetz wird nicht verschriftet, sondern soll als Priesterwissen die Geschichte des Volkes auch im Gelobten Land begleiten. Dieses erste rechtshermeneutische Klassifizierungssystem wird durch ein zweites von Über- und Unterschriften weiter geklärt. Die Kolophone Lev 26,46; 27,34 schließen die Offenbarung am Sinai, Num 36,13 die in der Wüste ab. Dtn 1,1–5 deklariert als Überschrift das Gesetz des Dtn als mosaische Auslegung der Sinaigesetzgebung für das Leben des Volkes im Gelobten Land. Nach der Verschriftung der → Tora stirbt Mose noch vor Eintritt in dieses Land, in das nun die verschriftete Tora mit dem Volk zieht. Sie übernimmt die mosaische Funktion der Vermittlung des Gotteswillens, der aber, und dafür hat Mose als der erste schriftgelehrte Toralehrer im Dtn die Grundlage gelegt, der ständigen →Auslegung bedarf. Die Erzählung des Pentateuch legitimiert auf diese Weise das rechtshermeneutische Selbstverständnis nachexilischer Schriftgelehrter, mit Mose sei die Zeit der Offenbarung vorbei und nur die von Mose begründete Auslegung der Tora ermögliche Zugang zum Gotteswillen. Schriftgelehrte Kreise prophetischer Schulen der nachexilischen Zeit, die sich auf Jes, Jer und Ez beriefen, widersprechen dem Anspruch der priesterlichen Schriftgelehrten, die sich auch auf eine ungebrochene Kontinuität mündlicher Gesetzestradition ausgehend vom Heiligkeitsgesetz neben der verschrifteten Tora berufen. Dem setzen die prophetischen Kreise entgegen, Gott habe nach Moses Tod Propheten als Adressaten seiner Offenbarung gewählt, wobei es um die Frage geht, ob, wie die →Autoren des Pentateuch es vertreten, mit Moses Tod ein Eingreifen Gottes an ein Ende gekommen sei oder er erneut zugunsten seines Volkes handeln werde, wie er es den Propheten offenbart habe. Um der Erwartung des neuen Eingreifen Gottes willen wird auch die Bedeutung der Sinaioffenbarung des Gesetzes aus der Zentralstellung im Offenbarungsgeschehen verdrängt (u. a. Jer 31,31–34). Bei der Kanonbildung setzt sich keine der Positionen gegen die jeweils andere durch. Vielmehr werden die Propheten nun als Prediger der Mosetora verstanden.

Bibliographie: R. Achenbach et al., Tora in der Hebräischen Bibel, Wiesbaden 2007. – D. Markl, Der Dekalog als Verfassung des Gottesvolkes, Freiburg i. Br. 2007. – E. Otto, Das Gesetz des Mose, Darmstadt 2007. – Ders., Altorientalische und Biblische Rechtsgeschichte, Wiesbaden 2008.

Eckart Otto

II. Neutestamentlich

Das NT spiegelt in vielfältiger Weise die Rechtsverhältnisse der frühen Kaiserzeit und das grundsätzliche Nebeneinander von römischem Recht und lokalen Rechtsordnungen wider. Bei der Betrachtung des NT als R. ist daher einerseits jeweils die den Konflikten zugrunde liegende Rechts*ordnung* zu berücksichtigen, wobei v. a. in den →Evangelien ggf. zusätzlich zwischen den Verhältnissen der erzählten Welt (→Text) und der Erzählzeit (→Autor) zu unterscheiden ist. Wichtige rechtsgeschichtliche Quellen sind neben den kodifizierten Ordnungen (z. B. Digesten; → Tora) insbesondere Zeugnisse der Rechtsschöpfung und Rechtsanwendung in ntl. Zeit

(z. B. Edikte; Papyri; griechisch-römische und frühjüdische Literatur). Andererseits werden im NT gänzlich verschiedene Rechts*bereiche* berührt: privatrechtliche Angelegenheiten (z. B. Ehe-, Familien-, Steuer-, Schuld- oder Erbrecht) und Angelegenheiten strafrechtlicher Natur (z. B. Mord, Hochverrat, Aufruhr). Dabei werden die geltenden Normen der Umwelt nicht grundsätzlich in Frage gestellt, sie prägen vielmehr sowohl das Verhältnis der frühen Christen zu ihrer Mitwelt (vgl. neben den Prozessen Jesu und Pauli z. B. Mk 12,13–17 par.; 13,9 par.; Apg 18,12–16; Röm 13,1–7; 2 Kor 11,24; Phlm 18 f.) als auch die Beziehungen der Gemeindemitglieder untereinander (z. B. Mk 12,18–27 par.; 1 Kor 6,1–6; 7,10 f.; Phil 4,8). Nur ansatzweise werden darüber hinaus auch spezifisch christliche Lösungen für rechtliche Konflikte entwickelt. Neben der Forderung zum Rechtsverzicht (z. B. Lk 6,37; 12,58 f.; 1 Kor 6,7; Kol 3,13) finden sich zugleich innergemeindliche Konfliktregelungen (z. B. Mt 18,15–17; Apg 15,1–35; Gal 2,1–10; 1 Kor 5,1–11) als Reaktion auf die reale Erfahrung des Abweichens von diesem Ideal (S. Koch). Die große Bedeutung, die Rechtsnormen für die Gestaltung menschlicher Gemeinschaft haben, spiegelt sich auch vielfältig in metaphorischer Gestalt (z. B. Gal 3,15; 4,1 f.; Lk 15,11–32: Erbrecht; 2 Kor 1,22; 5,5: Handelsrecht; Mt 18,21–35; Lk 7,41–43: Schuldrecht [M. Wolter]).

Schließlich ist das NT seinerseits eine wichtige Quelle für die antike Rechtsgeschichte, als welche es daher auch seit langem von Historikern und Juristen behandelt wird. Allerdings werden dabei oft exegetische, z. B. literarkritische oder redaktionsgeschichtliche Einsichten vernachlässigt, weshalb die umfassende Erschließung des NT als R. aus theologisch-exegetischer Perspektive ein dringendes Desiderat der Forschung darstellt.

Die ntl. Schriften verstehen sich nicht als Rechtstexte, sondern enthalten ethische Weisung (Paränese) und Gemeindeordnungen. Sie setzen sich theologisch und praktisch kritisch mit dem →Gesetz des AT auseinander. Diese Faktoren tragen zu einer theoretischen Nähe ntl. Schriften zur R. bei.

Bibliographie: C. Baldus u. a., Antikes Recht als Regulativ menschlichen Zusammenlebens, in: NTAK 1 (2004), 221–268. – K. Kertelge (Hg.), Der Prozeß gegen Jesus, Freiburg i. Br. u. a. 1988. – S. Koch, Rechtliche Regelung von Konflikten im frühen Christentum, Tübingen 2004. – T. Mayer-Maly, Rechtsgeschichtliche Bibelkunde, Wien 2003. – H. Omerzu, Der Prozeß des Paulus, Berlin/New York 2002. – W. Selb, Antike Rechte im Mittelmeerraum, Wien u. a. 1993. – M. Wolter, Art. Recht/Rechtswesen, in: TRE 28 (1997), 209–213.

Heike Omerzu

III. Kirchengeschichtlich

Die Schriftbezogenheit christlicher R. resultiert v. a. daraus, dass das Christentum religionsphänomenologisch zu den Buchreligionen zu zählen ist. Darum werden biblische Weisungen im Selbstverständnis der einzelnen christlichen Richtungen als Grundlage kirchlicher Rechtsentwicklung betrachtet, wobei es schon seit frühester Zeit differenzierter Beurteilung unterliegt, inwieweit die liturgischen und rechtlichen Anordnungen der atl. Schriften durch das NT modifiziert oder gar außer Kraft gesetzt worden sind.

Die von der Endzeiterwartung erfüllte ‚Jesusbewegung' hat im Wesentlichen die →Tora als bindend anerkannt, wobei allerdings erhebliche Differenzierungen angebracht sind. Offensichtlich trug der Einfluss jener Christen, die nicht jüdischer Herkunft waren, zur Relativierung dieser Bindung bei, was sich bereits auf dem Mitte des 1. Jh.s abgehaltenen ‚Apostelkonzil' in der Frage der Beschneidungspflicht bemerkbar machte (Apg 15).

Antike ‚Kirchenordnungen' weisen die Tendenz auf, die in der Bibel enthaltenen Aussagen zum Gemeindeleben als bekannt vorauszusetzen und die Schrift selbst als Ordnung der Kirche zu betrachten. Ab dem 4. Jh. wurde die Frage der Bindung synodaler Lehrentscheidungen an biblische Texte insbesondere in Bezug auf das erste Konzil von Nizäa (325) diskutiert.

In der mittelalterlichen Rechtsentwicklung ist der Einfluss der Tora unübersehbar, einschlägige Bezugnahmen enthielten etwa die *Lex Salica* und das Gesetzbuch Alfreds des Großen. Zahlreich sind die Bezugnahmen auf Bibelstellen im *Corpus Iuris Canonici*, und so gewannen diese Stellen Rechtscharakter.

Von den Reformatoren wurde die zentrale Rolle des Dekalogs als Mitte der *lex divina* betont, und diese Sichtweise kommt auch in den evangelischen Kirchenordnungen zum Ausdruck, deren Ziel es war, das überkommene kanonische Recht zu ersetzen. Überhaupt wurde bei Vertretern unterschiedlicher naturrechtlicher Strömungen v.a. die Bedeutung des Dekalogs angesprochen. In der Katholischen Kirche wird (ähnlich wie in den orthodoxen Kirchen) neben der Autorität der Bibel die Rolle der Tradition unterstrichen – so in den Schriften Roberto Bellarminos (gest. 1621). Seit Inkrafttreten des *Codex Iuris Canonici* von 1917 ist das mittelalterliche Corpus in der Katholischen Kirche endgültig abgelöst. Bezugnahmen auf biblische Schriften finden sich v.a. in dessen Gesetzesmaterialien.

Bibliographie: H. Hattenhauer, Europäische Rechtsgeschichte, Heidelberg [4]2004. – G. Lingelbach, Art. Bibel, in: Handwörterbuch zur deutschen Rechtsgeschichte, Berlin [2]2005, 568–574. – R. Potz/E.M. Synek, Einige Grundfragen kirchlicher Rechtsgeschichte, in: K. Breitsching/W. Rees (Hgg.), Recht – Bürge der Freiheit, FS J. Mühlsteiger, Berlin 2006, 287–303. – H.J. Sieben, Sola Traditione? Zur Rolle der Heiligen Schrift auf den Konzilien der Alten Kirche, in: G. Schöllgen/C. Scholten (Hgg.), Stimuli, FS E. Dassmann, Münster 1996, 270–283. – E.M. Synek, „Dieses Gesetz ist gut, heilig, es zwingt nicht …“, Wien 1997.

Stefan Schima

IV. Judaistisch

Aus den altisraelitischen Rechtstraditionen sind nur Sammlungen im Pentateuch (→ Tora) erhalten geblieben. Außerbiblische Toratraditionen begegnen in der systematisierenden Tempelrolle aus Qumran (11Q19; 11Q20), bei Philo (*praem.* 1–3; *spec.; virt.* 65. 82–124) und bei Josephus (*Ap.* 2,190–219; *AJ* 3,91–286; 4,196–303).

Nach der Übersetzung ins Griechische galt der Pentateuch zwar als ‚νόμος (Gesetz) der Juden‘, aber die Pentateuchgesetze decken viele Bereiche nicht ab, für die Praxis gab es daher andere, handlichere, teilweise thematisch gebündelte Gesetzessammlungen, wie Qumrantexte belegen. Auf lokaler/regionaler Ebene galt ohnedies althergebrachtes Gewohnheitsrecht, formal bestimmt durch das jeweils längere Zeit vorherrschende fremde Recht (assyrisch in Samaria, babylonisch, hellenistisch und römisch in Judäa).

Zivilrechtlich relevante Quellen für die hellenistische Periode enthalten Papyri aus Ägypten (v.a. Elephantine), samaritanische Papyri aus dem Wadi Al-Daliyeh, und für die Zeit von ca. 50–138 n.Chr. die Funde in der Wüste Juda und auf Masada sowie Rechtsurkunden aus der Diaspora.

Erst nach der Zerstörung des Tempels (70 n.Chr.) entstand, als ‚Mündliche Tora‘ deklariert, eine jüdische R. mit dem Ziel einer systematischen Regelung aller Bereiche. Ansätze dazu enthalten die ‚*halakhischen* Midraschim‘ zum Pentateuch, maßgeblich wurde aber die thematisch nach sechs Ordnungen gruppierte Sammlung von Rechtstraditionen in der *Mischna* (200–220 n.Chr.), ergänzt durch die ähnlich strukturierte *Tosefta* und viele Einzelüberlieferungen in der rabbinischen Literatur. Durch die *Gemara* des palästinischen und des (maßgeblich gewordenen) babylonischen Talmud wurde diese anfangs eher programmatische Rechtsbasis in ein praktiziertes Recht (*Halakha*) umgesetzt und wurde zur Grundlage für alles weitere jüdische Recht.

Für die Rechtspraxis waren thematisch gruppierte Handbücher von *Halakot* entstanden, die dann zu Kompendien des praktizierbaren Rechts zusammengefasst wurden, zuletzt im *shulchan arukh* des Josef Karo (gest. 1575). Nur der *mishneh torah* des Mose ben Maimon (gest. 1204) umfasst in 14 Büchern das gesamte Recht der Schriftlichen wie Mündlichen Tora. Diese *Halaka* wurde durch die rabbinischen Schulen und Autoritäten ständig aktualisiert und ergänzt, durch Kommentierungen, Rechtsentscheide, Responsen sowie Verordnungen (*taqqanot*).

Bibliographie: M. Elon, Jewish law, 4 Bde., Philadelphia u.a. 1994. – D.M. Gropp, Wadi Daliyeh II, Oxford 2001. – R. Katzoff/D. Schaps (Hgg.), Law in the documents of the Judaean desert, Leiden u.a. 2005. – J. Newman, Halachic sources, Leiden 1969. – D.W. Parry/E. Tov, The Dead Sea Scrolls reader 1, Leiden u.a. 2004. – B. Porten et al., The Elephantine papyri in English, Leiden u.a. 1996. – G. Stemberger, Einleitung in Talmud und Midrasch, München [8]1992. – I. Twersky, Introduction to the code of Maimonides, New Haven u. a. 1980. – E.E. Urbach, The Halakhah, Jerusalem 1986.

Johann Maier

V. Islamwissenschaftlich

Die außergewöhnlich umfangreiche R. war zumindest bis ins 19. Jh. ein bedeutender Kultur prägender Faktor in der islamischen Welt; sie ist in weiten Teilen wissenschaftlich noch kaum erschlossen.

Aus der Frühzeit liegen nur Literaturfragmente und kleinere Werke vor. Mit der allmählichen Herausbildung von Schulen ab dem späteren 8. Jh. im sunnitischen und dem 10. Jh. im schiitischen Bereich entfaltet sich eine reiche R., welche auch die religiösen Vorschriften des Islams erfasst. Trotz dieser Überschneidung entstehen zwei weitgehend getrennte Literaturgattungen, von denen sich die eine dem (religiösen) Recht (*fiqh*) zuwendet, die andere der dialektischen Theologie (*kalām*).

Typisch für die Zeit ab dem 9. Jh. und bis heute stilprägend sind Werke, die sich in den ersten Kapiteln mit Ritualvorschriften wie Gebet, Fasten etc. befassen, in den weiteren Kapiteln sodann mit Rechtsthemen wie Vertragsrecht, Familien- und Erbrecht, Strafrecht, Verfahrensrecht, Recht der Sklavenhaltung etc. Inhaltlich werden diese Themen als *furūʿ* (‚Verzweigungen‘) zusammengefasst. Daneben finden sich Werke, welche die Grundlagen (*uṣūl*) der Rechtsfindung – d. h. die Normen- und Auslegungslehre – behandeln. Maßstabbildend sind die Schriften des Muḥammad b. Idrīs aš-Šāfiʿī (gest. 820). Bis ins 11. Jh. entsteht eine immer umfangreichere und zunehmend kasuistische Literatur von Kommentaren und Superkommentaren, die bis in die Gegenwart hinein in ihren Grundlinien unverändert bleibt; die sunnitischen Schulen rezipieren sich dabei untereinander. Neben solche eher theoretischen Werke treten schon seit dem 9. Jh. Praktikerschriften wie Formularhandbücher sowie Sammlungen von Gutachten (*Futwas*) zu praktischen Fragen des religiösen Rechts, die bei Osmanen und im Moghulreich teils aufwendig in staatlicher Regie erstellt werden.

Seit dem späteren 19. Jh. finden sich tief greifende Neuansätze sowohl im Grundlagenbereich als auch in Detailfragen. Vielerorts entstehen Kodifikationen des zuvor sehr vielgestaltigen Rechts und Regelungen für bislang unerschlossene Bereiche, insbesondere im Wirtschaftsrecht und im Verwaltungsrecht. Reformer bemühen sich um neue Interpretationsansätze unter Einschluss koranischer Regelungen. Auch in sensiblen Bereichen wie dem Ehe- und Familienrecht erfolgen teils weit reichende Reformen. Es dominiert gegenwärtig jedoch v. a. im geographischen Kernbereich der arabisch-islamischen Welt die traditionsverhaftete, meist wenig originelle Fortschreibung klassischer Erkenntnisse. Neuentwicklungen sind v. a. an der Peripherie wie in Bosnien und der Türkei, in Bangladesch, Malaysia und Indonesien erkennbar. Ein noch junges und sehr disparates Feld, oft auch im Internet, eröffnet sich im Hinblick auf Literatur für Muslime in der Diaspora.

Bibliographie: N. Coulson, A history of Islamic law, Edinburgh 1964. – W. Hallaq, A history of Islamic legal theories, Cambridge 1997. – Ders., Authority, continuity and change in Islamic law, Cambridge 2001. – Ders., The origins and evolution of Islamic law, Cambridge 2005. – B. Johansen, Contingency in a sacred law, Leiden u. a. 1999. — H. Kamali, Principles of Islamic jurisprudence, Petaling Jaya 1999. – Y. Linant de Bellefonds, Traité de droit musulman comparé, 3 Bde., Paris u. a. 1965. 1973. – M. Rohe, Das islamische Recht, München 2009. – Ders., Muslims and the law in Europe, New Delhi 2007. – J. Schacht, An introduction to Islamic law, Oxford 1964. – B. Weiss, The spirit of Islamic law, Athens/London 1998.

Mathias Rohe

VI. Literaturwissenschaftlich

Recht ist ein Regelwerk, mit dessen Hilfe menschliches Verhalten gesteuert wird. Es gibt Auskunft darüber, welche Handlungen unter welchen Bedingungen strafbar und welches die jeweils vorgesehenen Sanktionen sind. Darüber hinaus gibt es Auskunft über Werte und Verhaltensdeutungen innerhalb von sozialen Gruppen und Kulturen. Insofern es ein „Grundbuch der Gesellschaft“ (T. Ziolkowski, 83) ist, ist das Recht kultur- und literaturwissenschaftlich aufschlussreich, historisch wie systematisch. Gesetze geben einen Rahmen für die Rechtsprechung vor, sind in ihrer Abstraktheit allerdings lediglich die „Möglichkeit von Recht“ (F. Haft, 281), das erst durch die Anwendung realisiert wird. Ob mit der Rechtsdurchsetzung Gerechtigkeit hergestellt ist, wird seit alters in der Rechtstheorie diskutiert, ebenso wie die Frage nach der inhaltlichen Ausgestaltung dessen, was Gerechtigkeit ist (vgl. F. Loos/H.L. Schreiber). R. kann ein Medium für die Vermittlung von Rechtsnormen sein und so indirekt als Rechtsquelle dienen (vgl. K. Kanzog). Seit der Aufklärung wird R. zudem zu einem Forum für Rechtskritik, indem sie auf die Veränderungsbedürftigkeit einzelner Rechtsnormen aufmerksam macht (für Kindsmord: vgl. G. Radbruch/H. Gwinner). Voraussetzung dafür war die historisch-philologische Bibelkritik, die zu einer der Grundlagen der Aufklärung wurde (vgl. W. Alexander). Aus der von S. v. Pufendorf (1632–1694) entwickelten Vorstellung des natürlichen Rechtes aller Menschen wurde das für die christliche Anthropologie folgenreiche Konzept der menschlichen Würde entwickelt (vgl. U. Barth; G. Ellscheid). Seither ist es eine mögliche Funktion von R. im Drama wie in anderen Gattungen, Reichweite und Wirksamkeit geltenden Rechts aufzudecken, wie z.B. bei den wechselnden Bestimmungen der Tatbestandsmerkmale für die Notzucht/Vergewaltigung (G. Dane, 69–91). R. kann auf diese Weise einen Beitrag zur Veränderung und Modellierung des Rechtsgefühls leisten und das jeweilige Verhältnis von Recht und Gerechtigkeit dynamisieren.

Bibliographie: W. Alexander, Hermeneutica Generalis, Stuttgart 1993. – G. Dane, Zeter und Mordio, Göttingen 2005. – F. Haft, Recht und Sprache, in: A. Kaufmann/W. Hassemer (Hgg.), Einführung in die Rechtsphilosophie der Gegenwart, Heidelberg ^{6}1994, 269–291. – K. Kanzog, Art. Literatur und Recht, in: RLW 2 (^{2}1965), 164–195. – E. Lämmert, Zum Auslegungsspielraum von Gesetzestexten, in: H. Brackert/J. Stückrath (Hgg.), Literaturwissenschaft, Hamburg 1992, 145–161. – F. Loos/H.L. Schreiber, Art. Recht, Gerechtigkeit, in: O. Brunner et al. (Hgg.), Geschichtliche Grundbegriffe, Stuttgart 1984, Bd. 5, 231–311. – C. Meier, Zur Diskussion über das Rechtsgefühl, Berlin 1986. – G. Radbruch/H. Gwinner, Die Geschichte des Verbrechens, Stuttgart 1951. – T. Ziolkowski, Das Amt des Poeten, München 1992.

Gesa Dane

VII. Textlinguistisch

Unter textlinguistischer Perspektive ist ‚R.‘ ein Sammelbegriff für eine Vielzahl von Textsorten, die nach systematischen, funktionalen und kontextuellen Ebenen zu unterscheiden sind. Nach D. Busse (2000) gliedert sich das Feld der R. in normative Texte, Verordnungen, Erlasse, Satzungen, Beschlüsse, Gesetzgebungsmaterialien, Bekanntmachungen, Staatsverträge und übernationale Rechtsvorschriften. Hinzu kommen die Auslegungstexte in →Kommentaren, Leitsätzen und Gutachten, die Rechtsprechung in Urteilen, Bescheiden, Beschlüssen und Verfügungen, die diversen Textsorten des Rechtsfindungsprozesses, die sprachlichen Formen der Rechtsbeanspruchung und Behauptung wie Anträge, Widersprüche usw., die Textsorten des Rechtsvollzugs und der Rechtsdurchsetzung, wie Anzeige, Bescheid, Haftbefehl, und schließlich die Textsorten des Vertragswesens, der Beurkundung und der Rechtswissenschaft. Juristische Textsorten sind dabei insbesondere institutionelle Handlungsmuster, die spezifische Formen der fachsprachlichen Verdichtung und Generalisierung aufweisen. Der produktive und rezeptive Umgang mit Texten ist damit Richtpunkt der Rechtsdomäne. Da →Schrift eine wesentliche Voraussetzung differenzierter Rechtssysteme darstellt, erfolgt die frühe Literalisierung von Gesellschaften häufig in Rechtstextsorten. Hermeneutische Theorien sind dabei besonders für die R. entwickelt worden, etwa in unterschiedlichen Auslegungskanones, die der sprachlichen Komplexität und teilweise normativen Geltung von R. zu entsprechen suchen. Rechtsauslegung und Bibelexegese prägen die hermeneutische Praxis vieler historischer Gesellschaften. Für die R. wird dabei wiederholt das Problem der Verständlichkeit im Spannungsfeld von abstrakter Geltung und konkreter Textaneignung thematisiert. In der Geschichte der deutschen Sprache kommt der Ausbildung einer deutschsprachigen R. seit dem 13. Jh. große Bedeutung für die Standardisierung der →Kommunikation und Vertextungspraxis zu. Neben den bis in die Frühe Neuzeit weitgehend lateinisch gebliebenen Texten des römischen und kanonischen Rechts bildet sich ein breites Spektrum an Rechtstexten in deutscher Sprache v.a. im Spätmittelalter aus und trägt zur Polyfunktionalisierung der deutschen Sprache maßgeblich bei.

BIBLIOGRAPHIE: D. Busse, Textsorten des Bereichs Rechtswesen und Justiz, in: K. Brinker et al. (Hgg.), Text- und Gesprächslinguistik, HSK 16.1, Berlin/New York 2000, 658–675. – U. Haß-Zumkehr (Hg.), Sprache und Recht, Berlin/New York 2002. – I.H. Warnke, Wege zur Kultursprache, Berlin/New York 1999.

Ingo H. Warnke

Redaktion

I. Alttestamentlich

Unter R. versteht man in der atl. Wissenschaft die Arbeit von Redaktoren an schriftlich vorliegenden →Texten. Eindeutig ist die Abgrenzung zur mündlichen Weitergabe von →Erzählungen, Gedichten, Rechtssprüchen u.a.: Diese wird, auch wenn sie zur Veränderung der überlieferten Texte führt, als →Überlieferung oder →Tradition bezeichnet. Weniger eindeutig liegen die Dinge dagegen bei der Erstverschriftung. Gewiss kann man bei der freien Abfassung einer Erzählung nicht von R. sprechen. Aber schon die Erstverschriftung von Prophetensprüchen verrichtet durch Auswahl, Anordnung, Angleichung und Kommentierung auch redaktionelle Tätigkeiten. Liegen dann schriftliche Texte vor und werden diese weiter bearbeitet, kommt der Begriff der R. zu seiner klassischen Geltung. Allerdings sind je nach Textarten die redaktionellen Tätigkeiten sehr unterschiedlich. Herkömmlich hat man unter R. die Kompilation der Pentateuchquellen verstanden (vgl. das Siglum R^{JE} für den Redaktor von J und E). Die R. kann dabei die →Quellen nebeneinander stellen oder ineinander verschränken. Sie kann einiges weglassen, aber auch Übergänge und →Kommentare hinzufügen.

Von ganz anderer Art ist die redaktionelle Arbeit an Prophetenbüchern. Neben der ersten Sammlung und Zusammenstellung von Prophetensprüchen besteht sie v.a. in der Fortschreibung der Texte. Diese kann in Gestalt von einzelnen Zusätzen erfolgen. Sie kann aber auch in der Anfügung ganzer Textkomplexe (wie die Verbindung von ‚Proto'- und Deutero-Jesaja) sowie in der Abfassung von ‚Brückentexten' bestehen, die verschiedene Komplexe miteinander verbinden.

Eine noch andere Art von Redaktionsarbeit liegt vor, wenn eigenständige Texte in einem Buch zusammengefasst werden, wie beim Zwölfprophetenbuch und dem Psalter. Die R. beschränkt sich hier nicht auf die Aneinanderreihung, sondern fasst durch bewusste Anordnung, Überschriften und Zusätze zusammen.

Hat man im 19. und bis über die Mitte des 20. Jh.s hinaus die Arbeit von Redaktoren als minderwertig gegenüber den Verfassern der Pentateuchquellen, den Propheten und Dichtern des Psalters eingestuft, so hat sich seitdem die Bewertung umgekehrt. Man hat erkannt, dass das meiste, was sich in der Hebräischen Bibel findet, auf R.en zurückgeht. Indem diese vorgegebene Texte bearbeiten, schaffen sie Neues. Sie sind deshalb immer zugleich auch →Autoren. Sie haben in aller Regel klare theologische Vorstellungen und verfolgen Tendenzen und Absichten. Erst mit der Kanonisierung der Texte endet wirklich die Arbeit der Redaktoren. Eine →Exegese, die diese kanonische Gestalt ernst nimmt, ist damit zugleich eine Exegese der Endredaktion.

BIBLIOGRAPHIE: H. Donner, Der Redaktor, in: Ders., Aufsätze zum Alten Testament aus vier Jahrzehnten, Berlin/New York 1994. – R.G. Kratz, Art. Redaktionsgeschichte/Redaktionskritik I., in: TRE 28 (1997), 367–378. – H.-C. Schmitt, Art. Redaktionskritik der Bibel, in: RGG[4] 7 (2004), 139–141. – J. van Seters, An ironic circle: Wellhausen and the rise of redaction criticism, in: ZAW 115 (2003), 487–500.

Rainer Kessler

II. Neutestamentlich

In der →Exegese wird der Begriff R. in zweifacher Weise verwendet: (1) R. kann die Zusammenfügung und/oder Hinzufügung von →Quellen/Schichten durch einen Redaktor bezeichnen. In diesem Sinn etablierte sich der Begriff im Rahmen atl. Quellentheorien und ntl. Überarbeitungs- und Redaktionstheorien (z.B. 2 Kor als Briefredaktion; Joh 21 als spätere Ergänzung). (2) R. bezeichnet die theologische und literarische Bearbeitung und

Komposition von →Texten durch einen Endredaktor (z. B. einen Evangelisten). Diese Perspektive nimmt die →Methode der Redaktionsgeschichte auf, die nach den literarischen und theologischen Gesichtspunkten fragt, unter denen die →Autoren ihr Material ausgewählt und zusammengestellt haben. Sie arbeitet das Beziehungsgeflecht heraus, das innerhalb eines Werkes zwischen den Texten (Intratextualität) und zwischen einzelnen Schriften (→Intertextualität) besteht. Ihr Ziel liegt in der Erklärung eines Werkes in seiner vorliegenden Gestalt. Die Redaktionsgeschichte basiert im Rahmen der Synoptikerexegese auf der Zweiquellentheorie. Daneben hat sie die Methodik und die Ergebnisse der Formgeschichte und der Traditionsgeschichte zur Grundlage. Rekonstruiert die Formgeschichte die Überlieferungsgesetze vornehmlich des mündlichen Traditionsgutes und die Traditionsgeschichte das Wachstums eines Textes auf vorredaktioneller Ebene, so untersucht die Redaktionsgeschichte die Integration einzelner Texte in einen übergeordneten kompositionellen Gesamtzusammenhang. Dabei sind →Tradition und R. keine Gegensätze, sondern komplementäre Aspekte. Mit der Hinwendung zur synchronen Lektüre und der Integration literaturwissenschaftlicher Fragen wandte sich der Blick vom →Autor und seiner Aussageabsicht auf die →Leser/→Hörer ntl. Schriften, ihre Verstehensbedingungen und ihre →Rezeption des Textes. Hierbei handelt es sich um eine konsequente Weiterentwicklung redaktionsgeschichtlicher Fragestellungen: An die Stelle der werk- oder autorenzentrierten Betrachtungsweise tritt ein funktionales Verständnis ntl. Schriften als literarischer Werke im Rahmen einer bestimmten Kommunikationsstruktur. Zu beachten ist die Unterscheidung zwischen der textinternen Ebene der fortlaufenden Erzählung und der textexternen Ebene der Gemeinde, auf die hin die jeweilige Jesus-Christus-Geschichte (z. B. eines Evangeliums) konzipiert ist. Auch der Akt des Lesens, in dem der Autor mit dem Leser und der Leser mit dem Autor durch den Text hindurch kommuniziert, bestimmt das Textverständnis.

Bibliographie: R. Bultmann, Die Geschichte der synoptischen Tradition, Göttingen [10]1995. – H. Conzelmann, Die Mitte der Zeit, Tübingen [6]1977. – M. Dibelius, Die Formgeschichte des Evangeliums, Tübingen [6]1971. – W. Marxsen, Der Evangelist Markus, Göttingen [2]1959. – O. Merk, Art. Redaktionsgeschichte/Redaktionskritik, in: TRE 28 (1997), 378–384. – N. Perrin, What is redaction criticism?, London 1970. – U. Schnelle, Einleitung in das Neue Testament, Stuttgart [6]2007. – G. Strecker, Redaktionsgeschichte als Aufgabe der Synoptikerexegese, in: Ders., Eschaton und Historie, Göttingen 1979, 9–32.

Udo Schnelle

III. Altphilologisch

In der antiken literarischen Kultur waren ‚Originale', ‚Ausgaben letzter Hand' und autorisierte Erstausgaben unbekannt; bereits durch den →Autor unterlagen Werke der ständigen Veränderung (erkennbar in Fällen, wo die ‚letzte Feile' [Ov. *trist.* 1,7,30] fehlte, wie in Thuk. VIII). In einigen Fällen entstanden zweite Fassungen (Ar. *Nu.*; Martial; Solin); sie sind i. d. R. die einzig überlieferten. V. a. aber nach der ‚Publikation' fanden vielfach R.en statt, z. B. die sog. peisistratidische R. der homerischen Epen (6. Jh. v. Chr.), die Herstellung autoritativer ‚Staatsexemplare' der großen attischen Tragiker (4. Jh. v. Chr.) und die Arbeit alexandrinischer Philologen in hellenistischer Zeit.

Eine andere Form von R. war die Herstellung von Sammlungen durch Auswahl, Anordnung und Textverbesserungen, z. B. die meisten antiken Lyrikerausgaben, Anthologien, Briefsammlungen sowie die spätantiken Gesetzessammlungen. Die Identifizierung von Redaktionsstufen zählte lange Zeit zu den Hauptarbeitsgebieten der Klassischen Philologie, ist aber zuletzt durch die Problematisierung der Vorstellung vom ‚Original' außer Kurs gekommen.

In einem weiteren Sinn wird R. auch für die Verfertigung von literarischen Werken aus Vorlagen verschiedener Art verwendet. Der einzelne ‚Redaktor' galt lange als unselbständig, sein Produkt als wenig glaubwürdig (Diod.; Apg), obwohl auch ein bloß redigierender Homer ein großer Künstler gewesen sein muss. Gegenüber dem von der „homerischen Frage" (F.A. Wolf, Ende des 18. Jh.s) geprägten ‚analytischen' 19. Jh. setzten sich im 20. Jh. zunehmend ‚unitarische' Positionen durch.

Die christliche Spätantike kannte christianisierende Einschübe in pagane Werke (Orosius in der *Origo Constantini*) sowie die Um- und Fortschreibung, v. a. in der Kirchengeschichte (Eus. *h.e.*). Übersetzungen stellen ebenfalls eine Art R. dar, da sie selten das Original →Wort für Wort wiedergeben, sondern oft eher Bearbeitung sind.

An der Grenze zwischen R. und Autorschaft steht die Epitomierung, die den →Text eines Sachbuchs auf ca. 10–30 % des ursprünglichen Umfangs kürzte, sowie die Kompilierung eines Werkes aus mehreren kleineren, z. B. das *Corpus Aurelianum*, das Kurzdarstellungen (Breviarien) über die drei Epochen der römischen Geschichte zu einer Gesamtdarstellung verband.

Die antiken Redaktoren bleiben für uns meist anonym. Ausnahmen stellen einige textkritisch arbeitende Philologen dar (vorchristlich: Aristarch v. Alexandria; christlich: Origenes).

BIBLIOGRAPHIE: B. Brohm, Art. Redaktor, in: HWRh 7 (2005), 694–698. – S. Heyworth/N. Wilson, Art. Auflage, Zweite, in: DNP 2 (1997), 271–275. – J. Latacz/G. Kurz, Art. Homerische Frage, in: DNP 14 (2000), 501–516. – U. Marzolph, Art. Redaktion, in: Enzyklopädie des Märchens 11 (2004), 435 f. – I. Opelt, Art. Epitome, in: RAC 5 (1962), 944–973. – R. Pfeiffer, Die Klassische Philologie von Petrarca bis Mommsen, München 1982. – M. Sehlmeyer, Geschichtsbilder im Umbruch vom paganen zum christlichen Imperium, Habil. Rostock 2008.

Markus Sehlmeyer

IV. Textlinguistisch

Unter ‚R.' (von lat. *redigere*, ‚zurücktreiben, -führen, -bringen') versteht man den Vorgang, dass „etw. in irgendeine Beschaffenheit, einen Zustand, eine Lage" gebracht, versetzt, verwandelt oder etwas zu etwas gemacht wird (B. Brohm, 694; →Textkritik). Im Rahmen der R. wird ein Text für seine Veröffentlichung vorbereitet, indem der Redaktor ihn den Anforderungen einer bestimmten Kommunikationssituation anpasst. R. im engeren Sinn betrifft die Textsicherung an sich, R. im weiteren Sinn berührt auch Fragen der Textfortschreibung. Nach R. Wonneberger (114) bezieht die R. von Texten drei Handlungsebenen mit ein: (1) „Redaktionelle Handlungen auf der Textebene" betreffen Eingriffe oder Veränderungen hinsichtlich der Textorganisation. Hier geht es um die Korrektur von Fehlern in der Orthographie, →Grammatik oder Stilistik (→Stil), um Kürzung oder Erweiterung von →Sätzen oder Textpassagen sowie um die Neustrukturierung durch Zusammenfassung oder Trennung thematischer Blöcke etc. (2) „Redaktionelle Handlungen auf der Sachebene" tilgen vorhandene und stellen neue Beziehungen zwischen Sachverhalten her. Hier stellt sich die Frage, inwieweit und in welchem Ausmaß der Redaktor die dargestellten Sachverhalte durch neue Kombination von Textblöcken oder Fortschreibung von Texten in inhaltlicher Hinsicht modifiziert. Die Neukonstruktion sachlicher Zusammenhänge kann nicht nur der Verständnissicherung des Ausgangstextes dienen, sondern auch zur Herstellung neuer Sinnzusammenhänge führen. Solche werden mitunter durch Kommentierungen explizit gemacht, die keinen textverändernden Eingriff, sondern einen Textzusatz erläuternder oder interpretatorischer Art bedeuten. Erläuternde Hinweise des Redaktors haben u. a. die Funktion, durch inner-, inter- und außertextuelle Bezüge dem Rezipienten eine →Deutung des →Textes anzubieten. (3) „Redaktionelle Oberhandlungen" betreffen die Ebene der →Pragmatik, d. h. der Sprachhandlungen. Hier geht es um die Frage, welche Konsequenzen sich aus redaktionellen Tätigkeiten für die Illokutionen, die intendierten Äußerungsabsichten des Autors oder des Ausgangstextes, ergeben. Da der Redaktor als Vermittler zwischen Autor bzw. Vorlage und Rezipient fungiert, können Veränderungen der ursprünglichen Illokutionen je nach Art, Ausmaß und Absicht der redaktionellen Eingriffe mehr oder weniger gravierend ausfallen oder überhaupt erkennbar sein.

Aufdeckung und Problematisierung der durch redaktionelle Tätigkeit auftretenden Veränderungen des Textsinns sind Gegenstand der textphilologisch ausgerichteten Wissenschaften.

Bibliographie: B. Brohm, Art. Redaktor, in: HWRh 7 (2005), 694–698. – R. Wonneberger, Redaktion – Studien zur Textfortschreibung im Alten Testament, Göttingen 1992.

Mechthild Habermann

Redaktionsgeschichte →Methode(n), →Redaktion

Redaktionskritik →Redaktion

Rede/Reden/Redner

I. Alttestamentlich

R.n sind eine literarische →Gattung, die im →AT in unterschiedlichen Kontexten vorkommt: Direkte R.n sind ein wichtiges Stilmittel atl. →Erzählungen, das – sowohl in Form von Monologen als auch von Dialogen – zur dramatischen Lebendigkeit beiträgt. Nach dem priesterlichen Schöpfungsbericht (Gen 1,1–2,4a) schafft Gott die Welt durch eine Reihe von →Sprechakten. Auch Gesetzestexte in Ex–Dtn haben z. T. die Form von R.n. Das Buch Dtn ist als Sammlung von R.n des Mose gestaltet. In die letzten Worte des Mose sind in Dtn 31 und 34 Gottesreden eingefügt. Die genannten Termini ‚Worte' (Dtn 1,1), ‚*torah*' (Dtn 4,44), ‚Bundesworte' (Dtn 28,69) und ‚Segen' (Dtn 33,1) strukturieren den Redekomplex in vier Teile. Inhaltlich besteht das Dtn vorwiegend aus *torot* (Weisungen, Gesetzestexten).

Die Prophetie bedient sich in großem Maß der R. als eines literarischen Stilmittels. Die Propheten werden als Redner-Gestalten gezeichnet, die Gottesrede weitergeben. In den prophetischen Büchern des AT wechseln erzählende Abschnitte und Gottes- und Prophetenworte in direkter R. ab. Die Propheten vermitteln das ‚Wort Jhwhs' an das Volk Israel. Gottesrede kann sowohl in der 3. Person, als auch in der 1. oder 2. Person referiert werden. Wesentliche Gattungen prophetischer R. sind das prophetische Gerichtswort mit den Elementen Anklage, Botenformel und Gerichtsankündigung (Am 3,9–11), der prophetische Mahnspruch (Am 5,4–6), das Disputationswort (Jes 49,14–15) mit dem Dreischritt These – Gegenthese – Disput und prophetische Heilsworte (Jes 41,8–13). Berufungsberichte (Jer 1) und Visionen (Jes 6) können weitere Elemente prophetischer R. sein.

Auch poetische Texte, v.a. in der →Weisheitsliteratur, sind teilweise in Form von R.n gestaltet: als Aussagewort (Spr 3,5), Mahnspruch (Spr 22,22), Sprichwort oder Lehrrede (Spr 1,8–19). Das Buch Ijob ist gekennzeichnet durch ein Wechselspiel zwischen R.n Hiobs und seiner Freunde. Es schließt mit zwei R.n Gottes und jeweils kurzen Antworten Hiobs.

Die häufigsten hebräischen Verben für ‚Reden' sind *amar* und *dibber*. Beide decken ein sehr weites Bedeutungsspektrum ab, wobei *dibber* häufig allgemeiner ist und ein Gespräch zusammenfassen kann. Der konkrete Inhalt wird dann mit *amar* berichtet. Sie werden oft in Kombination verwendet und können menschliches oder göttliches Sprechen einleiten. Die R. ist im AT zentraler Ort der → Kommunikation zwischen Gott und Mensch.

Bibliographie: S. Gillmayr-Bucher, „Und es gab keinen Antwortenden", in: Protokolle zur Bibel 15 (2006), 47–60. – C. Hardmeier, Textwelten der Bibel entdecken, Gütersloh 2003. – H. Utzschneider/S.A. Nitsche, Arbeitsbuch literaturwissenschaftliche Bibelauslegung, Gütersloh 2001. – C. Westermann, Grundformen prophetischer Rede, München ^{5}1978. – E. Zenger, Einleitung in das Alte Testament, Stuttgart ^{7}2008.

Marianne Grohmann

II. Neutestamentlich

Die biblische Literatur enthält viele beeindruckende R.n verschiedener Figuren (AT: R.n des Mose, Salomo, Samuel und der Schriftpropheten), auch von Gott (z.B. Ijob 38–41). Im NT spricht Gott selten und nur in knappen Äußerungen (Mk 1,11; 9,7; Joh 12,28). Jesus hingegen wird als mündlicher Lehrer mit bedeutenden Redeeffekten präsentiert. Seine R.n wachsen an Umfang mit der Entwicklung der →Evangelien von den kurzen markinischen Perikopen zu Mt, der sein Material in fünf großen R.n anordnet (vgl. 7,28; 11,1; 13,53; 19,1; 26,1), an. In Joh begegnen lange monologische R.n Jesu. Wie in Mt wird Jesus im lukanischen Geschichtswerk als kompetenter Redner dargestellt. Dem Parallelismus zwischen Lk und Apg folgend, schreibt Lukas den Missionaren Petrus, Stephanus, Jakobus und v.a. Paulus die gleiche Redekunst zu wie Jesus. Im direkten Gegensatz zur paulinischen Verleugnung jeglicher rhetorischer Fähigkeiten in der gesprochenen Sprache (2 Kor 11,6), porträtiert die Apg den →Apostel als Redner im Stil der griechisch-römischen →Rhetorik. Die R.n der Apg sind vorwiegend Kompositionen des Verfassers und dienen dessen Selbstinszenierung als der eines antiken Geschichtsschreibers.

Die R.n der Apg zielen – wie die →Wunder – auf die Verbreitung und Verteidigung des →Glaubens. Lk präsentiert Paulus als mit der Rhetorik vertraut: Er kennt die angemessenen Gesten (13,16; 21,40), kann die Aufmerksamkeit der Menge lenken (21,40), weiß eine *captatio benevolentiae* vor dem Statthalter oder König vorzubringen (24,10–11; 26,3) und die rhetorischen Genera (epideiktisch: 22,3; vgl. 21,39; 26,4 f.; apologetisch: 22,1 f.; 24,10 f.; 26,2 f.) und Formen (protreptisch: 17,22 f.; tröstend: 20,18–38) zu gebrauchen. An kosmopolitische →Kommunikation gewöhnt, kann Paulus ohne Schwierigkeit vom Hebräischen bzw. Aramäischen ins Griechische und zurück wechseln. Der Paulus der Apg ist ein Meister des *decorum* (griech. τὸ πρέπον). Er richtet Ton wie Argumente auf Publikum und Situation hin aus: auf Juden in Palästina, Philosophen in Athen und römische Prokonsuln in öffentlichen Rechtssachen. So benutzt Paulus in der Synagoge von Thessaloniki Schriftbeweise für die Messianität Jesu (17,1–4), auf dem Areopag in Athen zitiert er ein lokales Epigramm (an den ‚unbekannten Gott') und den Dichter Aratus (17,23–28). Sogar gegenüber dem angestellten Rhetor (ῥήτωρ) Tertullus (24,2) kann Paulus die römischen Behörden für sich gewinnen. Diese R.n sagen viel über den Verfasser Lukas aus und über seine Versuche, das Christentum als eine Bewegung darzustellen, die sich dem rationalen Diskurs nicht verschließt und sich in die religiösen und politischen Strukturen des Römischen Reiches einpasst.

Bibliographie: D.E. Aune, Westminster dictionary of New Testament and early Christian literature and rhetoric, Louisville 2003, 286–289.447–449. – E. Plümacher, The mission speeches in Acts and Dionysius of Halicarnassus, in: D.P. Moessner (Hg.), Jesus and the heritage of Israel, Harrisburg 1999, 251–266.

Margaret M. Mitchell

III. Altphilologisch

Die R. steht in der gesamten Antike im Zentrum des politischen und literarischen Lebens, des Rechts- und Bildungswesens. Schon die homerischen Epen kannten selbstverständlich die R. vor einer Versammlung, im Rahmen einer Gesandtschaft oder vor Gericht; zum Ideal des epischen Helden gehörte es, als Redner überzeugen zu können. Im 7./6. Jh. v. Chr. trug die Elegie als Kampfparänese oder politischer Appell Züge der R., im 5. Jh. v. Chr. war die R. in der Tragödie das wichtigste Darstellungsmittel. Zugleich erlebte die öffentliche R. im Athen des 5./4. Jh.s v. Chr. eine Hochblüte: In der Demokratie war das Reden entscheidendes Machtmittel, mit dem der Einzelne Entscheidungen der Gerichtshöfe oder der Volksversammlung beeinflussen konnte. Schriftlich verbreitet wurden R.n zu →Literatur. Unter den Rednern (die z.T. auch als Logographen arbeiteten, d.h. als Verfasser von R.n, die dann deren Auftraggeber vortrugen) kanonisierte man die ‚zehn attischen Redner' (v.a. Lysias, Isokrates, Demosthenes, Aischines). Durch Herodot und Thukydides wurde die (fingierte) R. ein Darstellungsmittel der Geschichtsschreibung, das Einblick in Charaktere und Motive der Handelnden bot.

Verbunden mit dem Sophisten Gorgias in Athen 427 v. Chr. war die Entstehung einer ‚Kunst der R.' (→Rhetorik), die gegen Bezahlung vermittelt und theoretisch fundiert, somit Gegenstand der Schulbildung und Wissenschaft wurde. In den hellenistischen Monarchien spielte die öffentliche R. nur noch auf kommunaler Ebene eine Rolle, doch entstanden an den Höfen neue Formen (z.B. Propagandarede, Enkomion). In Rom lehnte man die griechische Rhetorik zunächst zwar äußerlich ab, im öffentlichen Leben der Republik war die R. aber sehr wichtig: Vor Gericht musste der Patronus seinen Klienten wirksam vertreten; in Senat und Volksversammlung konnte man seine Anschauungen durchsetzen; den Ruhm der eigenen *gens* verkündeten Leichenreden. Von herausragender Bedeutung war Cicero, der zunächst mit R.n vor Gericht, dann mit politischen R.n berühmt und zum Stilvorbild wurde, zudem Werke zur Redekunst verfasste. In der Kaiserzeit verlor die R. ihre politisch-gesellschaftliche Bedeutung, blieb aber (bis zum Ende der Antike) zentraler Ausbildungsgegenstand und wichtiges literarisches Moment: So entwickelte sich die R. zum Medium populärphilosophischer Reflexion (z. B. Dion von Prusa, 1./2. Jh. n. Chr.), zur Unterhaltungsform (‚Konzert-Rede' in der Zweiten Sophistik) und zur Panegyrik. Der faktische Bedeutungsverlust wurde z. T. kulturkritisch als ‚Verfall der Beredsamkeit' reflektiert.

BIBLIOGRAPHIE: O. Andersen, Im Garten der Rhetorik, Darmstadt 2001. – M. Clarke, Rhetorik bei den Römern, Göttingen 1968. – M. Fuhrmann, Die antike Rhetorik, München 1984. – M. Helzle, Der Stil ist der Mensch, Stuttgart 1996. – G. Kennedy, A history of rhetoric, 3 Bde., Princeton 1966–1983. – F.-H. Robling, Art. Redner, Rednerideal, B.I., in: HWRh 7 (2005), 865–935. – T. Schmitz, Art. Rede, B.I., in: HWRh 7 (2005), 699–709. – R. Wardy, The birth of rhetoric, London 1996. – T. Wiseman, Clio's cosmetics, Leicester 1979.

Stefan Freund

IV. Literaturwissenschaftlich

Als R.n bezeichnet man Gebrauchstexte mit persuasiver Funktion, die situativ improvisiert oder nach den Regeln der →Rhetorik gestaltet sind. Die Darstellung von R.n ist ein verbreitetes Element sowohl epischer als auch dramatischer und lyrischer →Dichtung. Daher galt Homer in der Antike nicht nur als Dichter, sondern auch als Begründer der Rhetorik. Bis in das 18. Jh. wurde Rhetorik nicht nur als Anweisung zum persuasiven Reden verstanden, sondern auch als Disziplin, mit deren Hilfe literarische Werke verfasst und analysiert werden können. Entsprechend hat man in Form des *poeta doctus* Redner und Dichter parallelisiert. Bei C. Weise, auch noch bei J.C. Gottsched gehen rhetorische Theoriebildung und rednerische Praxis Hand in Hand mit der Tätigkeit als Schriftsteller. Dieses Modell wurde erst in Anbetracht einer →Ästhetik, die seit dem Sturm und Drang das Genie des Dichters gegen die kunstvolle Anwendung rhetorischer Regeln ausspielt und die dichterische Einbildungskraft (J.J. Bodmer und J.J. Breitinger) betont, obsolet. Allerdings ist das Modell des rhetorisch gebildeten Schriftstellers selbst im 20. Jh. noch eine Option (W. Jens), zumal sich auch das *creative writing* an der Rhetorik orientiert.

Auf den Begriff der R. rekurriert man in der Literaturwissenschaft v. a. bei den Erzählhaltungen, indem man zwischen direkter und indirekter sowie erlebter R. unterscheidet. Als Bezeichnung für rhythmisch durchgestaltete Prosa hat sich literaturwissenschaftlich zudem der Begriff ‚gebundene R.' etabliert, der die Ähnlichkeit zwischen einem literarisch strukturierten Text und einer R. anklingen lässt. Eigentlicher Ort der R. aber ist das Drama, da dieses auf antagonistische R.n der Protagonisten aufbaut, so dass nach dem Ende der rhetorisch dominierten Poetik ein weites Betätigungsfeld für die rhetorische Ausgestaltung von Texten bleibt.

Ausgehend von F. de Saussures Unterscheidung zwischen der konkreten R. (*parole*) und dem System der Sprache (*langue*), hat sich die linguistische Analyse von einzelnen Redeakten in der Literaturwissenschaft etabliert, besonders seitdem J. Austin und J. Searle mit der →Sprechakttheorie eine differenzierte Behandlung der performativen Aspekte von menschlicher R. vorbereitet haben. Dabei steht zunächst die Analyse einzelner Äußerungsakte im Mittelpunkt, nicht so sehr die R. als geschlossener längerer Text. Allerdings wird dann auch die Wirkungsbreite von R. wieder zum Thema, und so hat nach dem →*Linguistic Turn* in der Literaturwissenschaft etwa R. Barthes durch den Rückgriff auf das Moment der R. eine Neubewertung sprachlicher Wirkungsmechanismen literarischen Schreibens vorgelegt.

BIBLIOGRAPHIE: R. Barthes, Leçon/Lektion, Frankfurt a. M. 1978. – H. Bosse, Der Autor als abwesender Redner, in: P. Goetsch (Hg.), Lesen und Schreiben im 18. Jahrhundert, Tübingen 1994, 277–292. – U. Möller, Rhetorische Überlieferung und Dichtungstheorie im frühen 18. Jahrhundert, München 1983. – F.-H. Robling, Redner und Rhetorik,

Hamburg 2007. – G. Ueding/B. Steinbrink, Grundriß der Rhetorik, Stuttgart/Weimar [4]2005.

Olaf Kramer

V. Textlinguistisch

Mit der Identifikation des →Texts als primäres oder originäres sprachliches →Zeichen (P. Hartmann, 213 u.ö.) hat die Textlinguistik den Textbegriff zu einem zentralen Paradigma nicht nur der Linguistik erhoben. Auch auf R., Reden und Redner eröffnet das Paradigma eine neue Perspektive; gleichzeitig verweist gerade die textlinguistische Betrachtung dieser Phänomene auf die wichtigsten Vorläufer und heutigen Nachbardisziplinen: →Rhetorik im Allgemeinen und Stilistik im Speziellen.

Gemeinsamer Untersuchungsgegenstand ist die R., die der Rhetorik explizit als eine solche vorliegt, die in der Textlinguistik dagegen allgemeiner als ein Text untersucht wird. Dieses Kommunikat (R.) wird von einem Kommunikator (Redner) im Akt des Redens als genau dieses Kommunikat, d.h. als eine R., vorgebracht. Die Differenzierung zwischen schriftlichen und nicht (oder nicht ausschließlich) in schriftlicher Form performierten sprachlichen Texturen sowie deren Zusammenführung unter der Kategorie ‚Text‘ erlaubt der Textlinguistik verschiedene Fokussierungen der R., beispielsweise die Untersuchung textimmanenter Phänomene oder die Beschreibung eines (Rede-)Texts in der Beziehung zu seinem →Kontext. Der Schwerpunkt der textlinguistischen Redeanalyse liegt auf der Beschreibung textueller Strukturen, also in einer Analyse des Produkts, und nicht des Produzenten oder des Produktionsprozesses. Zentrale Bedeutung hat die Frage nach der spezifischen →Textualität einer R. unter Einbezug der Illokution (→Sprechakt/Sprechakttheorie). Durch die Offenheit der Textlinguistik für kognitionswissenschaftliche Forschungsergebnisse wird u.a. der Prozess des Redeverstehens neu beleuchtet.

Die Untersuchung textueller Merkmale ermöglicht die Differenzierung von Textsorten und die Klassifizierung von →Texten, also im Besonderen auch die Differenzierung von Redearten. In einer Perspektivierung des Produzenten ergibt sich darüber hinaus die Möglichkeit einer Rednertypologie etwa aufgrund lexikologischer Redemerkmale. Wenn Einzelaspekte der sprachlichen Analyse in textlinguistischer Perspektive zusammengeführt und als Realisierungen allgemeiner Textphänomene beschrieben werden, gelingt ein Zugriff auf das Textganze und insofern auch auf das Ganze einer R. als ein Text. Im Gegensatz zu Rhetorik und Stilistik untersucht die Textlinguistik die Regelhaftigkeit und nicht die – potentiell intentionale – Deviation; sie nimmt, von Ausnahmen abgesehen, keine Evaluation des Produktes vor und hat ebenso wenig eine unmittelbar handlungsanleitende Intention.

BIBLIOGRAPHIE: K. Adamzik, Textlinguistik, Tübingen 2004. – P. Hartmann, Zum Begriff des sprachlichen Zeichens, in: Zeitschrift für Phonetik, Sprachwissenschaft und Informationsforschung 21 (1968), 205–222. – H. Kalverkämper, Vorläufer der Textlinguistik: die Rhetorik, in: K. Brinker et al. (Hgg.), Text- und Gesprächslinguistik, HSK 16.1, Berlin/New York 2000, 1–17. – J. Knape, Was ist Rhetorik?, Stuttgart 2000, 107–135. – H.F. Plett, Textwissenschaft und Textanalyse, Heidelberg [2]1979.

Simon Wolf

Reden →Rede/Reden/Redner

Redner →Rede/Reden/Redner

Referenzialität

I. Alttestamentlich/Neutestamentlich

In den Bibelwissenschaften wird der Begriff R. im engen Sinn zur Beschreibung literarischer Bezüge zwischen Texten verwendet: Nach dem literaturwissenschaftlichen Modell von U. Broich/M. Pfister ist R. (bzw. Referentialität) ein qualitatives Kriterium zur Beschreibung der Intensität oder Verdichtung intertextueller Bezüge (→Intertextualität): Ausgehend von der linguistischen Unterscheidung von *use* (‚verwenden‘) und *mention* bzw. *refer to* (‚verweisen auf‘) geht es um die Art der Bezugnahme und des Verweises eines →Textes auf einen Prätext. Der Folgetext wird zum Metatext, er kommentiert den Prätext, thematisiert die Anknüpfung an ihn bzw. die Distanznahme von ihm. R. meint, dass eine Beziehung zwischen Texten umso intensiver intertextuell ist, je mehr der Metatext den Prätext thematisiert.

Biblische R. beginnt mit Bezügen innerhalb einzelner atl. oder ntl. Bücher und setzt sich in Verweisen innerhalb der beiden Schriftcorpora fort. Darüber hinaus sind die zahlreichen Bezüge zwischen →AT und →NT Verdichtungen biblischer R. Die Vielfalt thematischer Bezüge zwischen AT und NT zeigt sich z.B. in den Bänden des seit 1986 erschienenen *Jahrbuchs für Biblische Theologie.* Verbindungen lassen sich auch über biblische Personen beschreiben (M. Öhler). Die atl. → Zitate und Anspielungen im NT sind ein Ort, an dem die R. besonders sichtbar wird. Die Bezugnahme kann in unterschiedlichem Maße markiert sein: Eine typische Einleitungsformel zur Kennzeichnung atl. Zitate im NT ist γέγραπται γὰρ ὅτι (,denn es steht geschrieben, dass'; z.B. Gal 4,22 u.ö.). In Gal 4,21–31 besteht allerdings ein Widerspruch zwischen dieser stark referenziellen Einleitungsformel, die ein Schriftzitat erwarten lässt, und der folgenden deutenden Paraphrase der Erzählungen von Sara und Hagar aus Gen 16 und 21. In Gal 4,27.30 ist die R. sehr hoch, beide Male wird das Schriftzitat mit einer Einleitungsformel (γέγραπται γάρ/ ,denn es steht geschrieben' und ἀλλὰ τί λέγει ἡ γραφή/,aber was sagt die Schrift?') gekennzeichnet; es ist eindeutig, dass ein Zitat folgt.

Neben dieser expliziten Form der Markierung finden sich vielfältige Formen der Abstufung im Grad der Sichtbarmachung von Bezügen, bis hin zu nicht gekennzeichneten Anspielungen.

So ist z.B. die polemische Paraphrase von Ex 34,27–35 in 2 Kor 3,12–18 nicht durch eine explizite Einleitungsformel markiert, sondern nur durch das Stichwort ,Mose' angedeutet. Die R. ist hier insofern gering, als Paulus seine Prätexte einfach verwendet, aber nicht – etwa durch konventionalisierte Einleitungsformeln – explizit auf sie verweist. Mit der Anspielung auf Mose wird die gesamte Exodus-Tradition ins Spiel gebracht.

Der Bezug auf das AT ist also wesentlicher Bestandteil des NT. Das *vetus testamentum in novo receptum* (H. Hübner) hat die christliche Wahrnehmung des AT über Jahrhunderte geprägt. Wird das AT aber *nur* in dem im NT rezipierten Umfang wahrgenommen, so wird damit der weitere →Kontext der Einzeltexte ausgeblendet und die Gesprächsmöglichkeit mit dem Judentum eingeschränkt. Sowohl moderne Intertextualitätstheorien als auch die rabbinische Hermeneutik machen bewusst, dass mit der Einspielung eines Prätextes in einen neuen Text über das konkrete Zitat oder die Anspielung hinaus auch auf den jeweiligen Kontext Bezug genommen wird. Das Mithören des Kontextes eines einzelnen zitierten Verses aus dem AT kann für die → Interpretation ntl. Texte bereichernd sein. Die spezielle R. zwischen AT und NT ist also ein zentrales Thema Biblischer Theologie und →Hermeneutik.

BIBLIOGRAPHIE: S. Alkier/R.B. Hays, Die Bibel im Dialog der Schriften, Tübingen/Basel 2005. – I. Baldermann et al. (Hgg.), Jahrbuch für Biblische Theologie, Neukirchen-Vluyn 1986 ff. – U. Broich/ M. Pfister, Intertextualität, Tübingen 1985. – M. Grohmann, Aneignung der Schrift, Neukirchen-Vluyn 2000. – H. Hübner, Vetus Testamentum in Novo, 2 Bde., Bd. 1/2: Göttingen 2003, Bd. 2: Göttingen 1997. – M. Öhler (Hg.), Alttestamentliche Gestalten im Neuen Testament, Darmstadt 1999. – F. Wilk, Die Bedeutung des Jesajabuches für Paulus, Göttingen 1998.

Marianne Grohmann

II. Altphilologisch

In der Klassischen Philologie ist das Substantiv R. wenig gebräuchlich; eher verwendet werden die dazugehörigen Begriffe ,Referenz' und ,referenziell'. Je nach →Kontext können sie linguistisch, geschichtswissenschaftlich oder literaturtheoretisch eingesetzt werden.

In seiner ursprünglichen, aus der Linguistik stammenden Bedeutung bezeichnet R. die Beziehung eines sprachlichen Zeichens zu dem von ihm beschriebenen Gegenstand in der außersprachlichen Welt. Nach der Sprachtheorie von K. Bühler ist R. eine der drei Funktionen von →Sprache, die neben der expressiven Funktion (der Kundgabefunktion und Selbstdarstellung des Sprechers) und der appellativen Funktion (der Beeinflussung des Hörers) anzunehmen ist. Von dieser Form der R. zu unterscheiden ist die Selbstreferenz, mit der im Formalismus, Strukturalismus und Poststrukturalismus die spezifisch poetische Funktion von Sprache beschrieben wird, die durch einen reflexiven Bezug auf die Strukturiertheit des Sprachzeichens geprägt ist.

In einem weiteren, über die Linguistik hinausreichenden Sinn bezeichnet R. das Bezugssystem literarischer →Texte. Dieses Bezugssystem kann auf verschiedene Weise definiert werden: Zum einen kann R. den Versuch bezeichnen, die in den antiken Texten vorhandenen Aussagen und Informationen auf die außertextliche →Wirklichkeit zu beziehen, bzw. eine außertextliche Wirklichkeit aus diesen Texten abzuleiten; diese Form der R. wird als ‚historische R.' bezeichnet. Eine solche historische R. eines antiken Textes wäre der Versuch von H. Schliemann (und neuerdings R. Schrott), anhand der Angaben in der *Ilias* den Schauplatz des trojanischen Krieges zu lokalisieren, oder der Versuch, die Artefakte der skythischen Kultur mit Herodots Skythen-Exkurs zu Beginn von Buch 4 zusammenzubringen und daraus die skythische Kultur zu rekonstruieren. Von den Vertretern des →*Linguistic Turn* wurde jedoch in Frage gestellt, inwieweit eine solche ‚historische R.' eines Textes überhaupt möglich ist: Da erst die Sprache konstituiere, was Wirklichkeit ist, und die Erkenntnis in der Sprache entstehe, sei es unmöglich, Sprache mit Wirklichkeit zu identifizieren; ein Text könne also nicht die objektive Realität abbilden. Es ist jedoch zweifelhaft, ob sich die ‚historische R.' eines Textes tatsächlich so grundsätzlich negieren lässt.

Weitaus gebräuchlicher ist in der Klassischen Philologie der Begriff der R. in einem rein innerliterarischen Zusammenhang. Er beruht auf der Einsicht, dass jeder literarische Text bewusst oder unbewusst in einer Beziehung zu seinen Vorgängern in der literarischen Tradition steht. Im Rahmen der Bezugnahme auf literarische Vorbilder unterscheidet man zwischen Beziehungen eines literarischen Textes zu unmittelbaren Vorlagen (Einzeltextreferenzen) oder zu den generischen Vorgaben (Systemreferenzen). In antiken Texten, zumal in der hellenistisch-römischen →Literatur, spielt dieser Bezug zur literarischen →Tradition im Selbstverständnis der →Autoren eine wichtige Rolle, und zwar einerseits im Sinne einer ehrfürchtigen Nachahmung (*imitatio*), andererseits im Sinne eines ehrgeizigen Wettstreits (*aemulatio*). Dieser kreative Umgang mit den literarischen Vorlagen wird in der Klassischen Philologie häufig in nicht ganz sauberer Adaptation des Kristeva'schen Begriffes als →Intertextualität, die konkreten Bezüge eines späteren Textes auf die literarische Vorlage als intertextuelle Referenzen bezeichnet.

BIBLIOGRAPHIE: K. Bühler, Sprachtheorie, Jena 1934 [Stuttgart u. a. [3]1999]. – G. Genette, Palimpseste, Frankfurt a. M. 1993 [*frz.* Paris 1982]. – H. Gfrereis, Grundbegriffe der Literaturwissenschaft, Stuttgart/Weimar 1999. – H.J. Goertz, Unsichere Geschichte, Stuttgart 2001. – S.H. Hinds, Allusion and intertext, Cambridge 1998. – A. Reiff, Interpretatio, imitatio, aemulatio, Diss. Köln 1959. – R. Schrott, Homers Heimat, München 2008.

Claudia Schindler

III. Literaturwissenschaftlich

R. (lat. *referre*, ‚zurücktragen') fungiert oft als Abgrenzungskriterium zwischen fiktionaler und nicht-fiktionaler →Rede bzw. literarischen und nicht-literarischen →Texten. Literarische Texte können referenziell auf nichtsprachliche, außertextuelle Welten, Wirklichkeiten oder Bezugssysteme wie z. B. Gesellschaft oder Geschichte verweisen und zugleich autonome Bezugssysteme erschaffen, in denen der Text in Form oder Inhalt auf sich selbst referiert. Andere →Kontexte, z. B. Fachsprachen im Falle der Lyrik P. Celans, fließen in den selbstreferenziellen Text ein, um in neuen Kombinationen eine eigene, auf sich selbst bezogene →Bedeutung zu erhalten.

Damit ist R. in Literaturwissenschaft und -theorie – jenseits der sprachphilosophischen und textlinguistischen Prägung des Begriffs – immer in der Spannung zur Selbstreferenzialität zu verstehen. Stärker an ästhetischer Form ausgerichtete Literaturepochen oder ästhetische Programme (z. B. Klassizismus, Romantik, ‚klassische Moderne', Postmoderne) fokussieren ebenso auf Selbstreferenz wie an ästhetischen, logischen oder sprachlichen Formen orientierte Theorien (z. B. →*New Criticism*, →Dekonstruktion, Systemtheorie). Eine systematische Aufarbeitung literarischer R. steht weiterhin aus. Die Narratologie hat jedoch jüngst versucht, literarische R. zwischen Hetero- und Selbstreferenz typologisch zu erfassen. W. Wolf unterscheidet zwischen einem nicht-kognitiven, formalen Selbstbezug und einer kognitiven, z.B. in Erzählerkommentaren indizierten Selbstreflexion. Hierzu gehören auch Phänomene der Metareflexion (J. Hauthal). Im Begriff *Reflexion* – statt R. – reduziert diese kognitive Dimension die sprachphilosophischen und textlinguistischen Aspekte von R. Selbstreferenzielle Formen werden zudem als transtextuelle (indirekte) und als intratextuelle (direkte, innerhalb eines Textes vorhandene) Selbstreferenzen unterschieden (W. Wolf).

Historisch gelten das Zeitalter der Romantik und des Idealismus als Ausgangspunkt moderner Selbstreferenzialität und damit eines modernen Literaturbegriffs. W. Menninghaus sieht gerade in der Frühromantik die Entwicklung eines selbstreferenziellen Spielbegriffs. Die Rolle des Subjekts wird von einer sich ausdrückenden Instanz in den sich selbst sprechenden Text verlagert. K.H. Bohrer weist in Opposition zu einer rationalistischen Moderne eine vorwiegend spätromantische Form des *Phantastischen* nach, die durch Selbstreferenzialität die ästhetische Moderne begründet.

R. Homann entwickelt von der systemtheoretischen Annahme der Ausdifferenzierung in autopoietische Subsysteme im 18. Jh. in Kombination mit I. Kants Begriff der Heautonomie, der dem Subjekt die Freiheit zur Erfindung einer Selbstgesetzgebung ermöglicht, eine formalistische Theorie zweiter Ordnung für moderne →Literatur, in der sich Literatur immer wieder neu erfinden kann. →Verstehen und Beobachten können sich hier autoreflexiv selbst reproduzieren, wodurch Literatur ihre Fiktivität, Autonomie und Selbstbezüglichkeit zu ihrem eigentlichen Thema machen kann.

In der Literatur des ausgehenden 19. und der ersten Hälfte des 20. Jh.s, insbesondere in der Lyrik (vgl. z.B. die Begriffe *Poésie Pure*, Hermetik, Sprachmagie, absolute →Metapher bei u.a. S. Mallarmé, P. Valéry, T.S. Eliot, G. Ungaretti, P. Celan), werden lyrische Ausdrucksweisen entwickelt, die sich durch ihre poetischen Qualitäten von referenziell fixierbaren Strukturen der Alltags- bzw. Gebrauchssprache lösen und ihre eigenen, neuen deiktischen Bezüge entwickeln (S. Jaeger am Beispiel der Lyrik von G. Trakl und R.M. Rilke). Eine referenzielle Erklärung dieser modernen selbstbezüglichen Texte bleibt unmöglich.

Bibliographie: K.H. Bohrer, Der romantische Brief, Frankfurt a.M. 1987. – J. Hauthal (Hg.), Metaisierung in Literatur und anderen Medien, Berlin 2007. – R. Homann, Theorie der Lyrik, Frankfurt a.M. 1999. – S. Jaeger, Theorie lyrischen Ausdrucks, München 2001. – W. Menninghaus, Unendliche Verdoppelung, Frankfurt a.M. 1987. – W. Wolf, Formen literarischer Selbstreferenz, in: J. Helbig (Hg.), Erzählen und Erzähltheorie, Heidelberg 2001, 49–84.

Stephan Jaeger

IV. Textlinguistisch

Unter Referenz versteht man die sprachliche Bezugnahme auf Personen, Gegenstände oder Sachverhalte. In jeder Sprache gibt es Ausdrücke, die zum Referieren geeignet sind. Dies sind im Wesentlichen (1) deiktische (indexikalische) und demonstrative Wörter und Phrasen, (2) Eigennamen und (3) singularische definite Kennzeichnungen. In manchen Ansätzen wird darüber hinaus angenommen, dass auch Präpositional-, Adjektiv-, Verbalphrasen und ganze Sätze referieren (H. Vater). Beispiele für (1) sind Ausdrücke wie *ich, hier, jetzt* und *unsere Katze, diese Milch. Ich, hier, jetzt* sind deiktische Ausdrücke, die sich auf den Sprecher, den Sprecherort und die Sprecherzeit beziehen; ihre Referenz kann man aber nur in einer konkreten Äußerungssituation ermitteln. Neben der Personal-, Lokal- und Temporaldeixis werden von manchen →Autoren auch noch Textdeixis und Sozialdeixis unterschieden (S.C. Levinson). Gattungsnamen wie *Katze, Berg* und Substanznamen wie *Milch, Holz* referieren nicht auf Einzeldinge; diese Ausdrücke werden erst in Verbindung mit Artikeln, Quantoren oder Possessivpronomina referenzfähig: *unsere Katze; der Berg, auf dem ich wohne*; *diese Milch, das Holz dort drüben.* Beispiele für (2) sind etwa *Brad Pitt, Montblanc, Struppi.* Gewöhnlich geht man davon aus, dass Eigennamen eine ‚feste‘ Referenz haben und genau ein Individuum dieses Namens identifizieren. Damit unterscheiden sie sich deutlich von den deiktischen und demonstrativen Ausdrücken. Zu einflussreichen sprachphilosophischen Theorien des Eigennamens siehe M. Reimer, G. Carlson. Beispiele für (3) sind Ausdrücke wie *der Mann von Angelina Jolie, der höchste Berg Europas, der Hund von Tim.* Singularische definite Kennzeichnungen sind zusammengesetzte Ausdrücke, die ein Individuum aufgrund seiner Eigenschaften identifizieren. Der bestimmte Artikel ist ein Indiz dafür, dass der Sprecher ein bestimmtes Individuum identifizieren will, aber Referenz ist auch mit indefiniten Nominalphrasen möglich (*Da draußen ist ein Mann, der auf dich wartet*), und nicht alle definiten Nominalphrasen identifizieren ein bestimmtes Individuum (*Der Bundeskanzler bestimmt die Richtlinien der Politik*). Mit zwei unterschiedlichen definiten Nominalphrasen kann man sich auf ein und dasselbe Individuum beziehen. So kann man sich mit *der Mann von Angelina Jolie* und *der Darsteller von Jesse James* auf den Schauspieler Brad Pitt beziehen. Dies geschieht aber auf unterschiedliche Weise, d.h. die Intension (wörtliche Bedeutung) der definiten Nominalphrasen ist distinkt, während die Extension (Referenz) dieser Ausdrücke die gleiche ist. Definite Kennzeichnungen müssen nicht referenziell verwendet werden. Mit dem Ausdruck *der Kanzlerkandidat der CDU* kann man sich auf eine bestimmte Person beziehen, muss es aber nicht (‚auf wen immer die Beschreibung zutrifft'). Den ersten Gebrauch nennt man referenziell, den zweiten attributiv (K. Donnellan).

Insgesamt ist Referenz ein Begriff, der zentral ist für alle Versuche, den Begriff der → Bedeutung zu bestimmen. Daher spielt der Begriff sowohl in der Wahrheitsbedingungen-Semantik, die die Bedeutung von →Sätzen mit ihren Wahrheitsbedingungen identifiziert, als auch in der →Pragmatik, die die Bedeutung von Äußerungen in bestimmten Äußerungssituationen untersucht, eine wichtige Rolle (G. Carlson). So werden in der Sprechakttheorie J.R. Searles referenzielle Akte und prädikative Akte, welche zusammen den propositionalen Akt ergeben, unterschieden (→Sprechakte/Sprechakttheorie, → Proposition(en)); referenzielle Akte können dabei glücken oder misslingen wie andere Akte auch, d.h. sie haben bestimmte Glückensbedingungen bzw. *felicity conditions* (vgl. J. Searle; K. Bach).

BIBLIOGRAPHIE: K. Bach, What does it take to refer?, in: E. Lepore/B. Smith (Hgg.), The Oxford handbook of philosophy of language, Oxford 2006, 516–554. – G. Carlson, Reference, in: L.R. Horn/G. Ward (Hgg.), The handbook of pragmatics, Oxford 2004, 74–96. – K. Donnellan, Reference and definite descriptions, in: Philosophical Review 75 (1966), 281–304. – S.C. Levinson, Deixis, in: L.R. Horn/G. Ward (Hgg.), The handbook of pragmatics, Oxford 2004, 97–121. – M. Reimer, Reference, in: Stanford encyclopedia of philosophy, Stanford 2003 (http://plato.stanford.edu/entries/reference/). – J.R. Searle, Speech acts, Cambridge 1969 [*dt.* Frankfurt a.M. 1971]. – H. Vater, Referenz-Linguistik, München 2005.

Jörg Meibauer

Rekanonisierung →Dekanonisierung/Rekanonisierung

Religionsgeschichte

Die im 19. Jh. als wissenschaftliche Teildisziplin der Religionswissenschaft aufgekommene R. (*History of Religions*) widmet sich allen Religionen der Vergangenheit und Gegenwart. Die Religionen der Antike können dabei zur Folie kritischer Reflexion der gegenwärtigen Verhältnisse werden.

Im Rahmen der Bibelhermeneutik impliziert der Begriff R. die Beschäftigung mit der Entwicklung der Glaubensvorstellungen beider Testamente in Korrelation zur politischen wie sozialen Geschichte und unter Berücksichtigung der Religionen in der Umwelt der Bibel. Durch religionsgeschichtlichen Vergleich wird der biblische Text aus seiner Isoliertheit gelöst und zu religiösen Traditionen seines antiken Umfelds in Beziehung gesetzt. Pionierarbeit auf diesem Feld leistete die Religionsgeschichtliche Schule. Methodisch wird beim Vergleich biblischer Texte mit religionsgeschichtlichen Parallelen zwischen direkten Abhängigkeiten und phänomenologischen Entsprechungen unterschieden. Zudem ist eine unvoreingenommene Wahrnehmung der Parallelen geboten.

In der atl. Wissenschaft schwelt die Kontroverse, ob die R. Israels uneingeschränkt an die Stelle einer Theologie des AT treten und diese ersetzen soll. Damit verbindet sich die Forderung nach einer von systematisch-theologischen Auswahlprinzipien und christlichen Dogmen unbeeinflussten Darstellung der religiösen Traditionen Israels, die einen konsequent historischen Ansatz verfolgt. Unbestritten ist die Notwendigkeit, die religiöse Umwelt Israels in die Interpretation der biblischen Texte einzubeziehen. Dabei richtet sich der Fokus auf die Geschichte der altorientalischen Religionen (Ägypten, Phönizien, Mesopotamien), durch die der atl. Glaube in Anknüpfung und Abgrenzung seine Prägung erfahren hat.

Die Beschäftigung mit der R. des NT zielt auf eine Rekonstruktion der Theologiegeschichte des Urchristentums unter Berücksichtigung der Fremdeinflüsse. Diese entwickelte sich im Spannungsfeld von atl.-jüdischem Erbe und griechisch-römischem Denkhorizont. Neben den Glaubensvorstellungen des antiken Judentums werden auch die religiösen Strömungen des Hellenismus in den Blick genommen (Mysterienreligionen, Volksglaube, Herrscherkult, Gnosis, philosophische Konzeptionen).

Bibliographie: R. Albertz, Religionsgeschichte Israels in alttestamentlicher Zeit, 2 Bde., Göttingen [2]1996.1997. – K. Berger/C. Colpe, Religionsgeschichtliches Textbuch zum Neuen Testament, Göttingen 1987. – M. Görg, Religionen in der Umwelt des Alten Testaments, Bd. 3, Stuttgart 2007. – H.-J. Hermisson, Alttestamentliche Theo logie und Religionsgeschichte Israels, Leipzig 2000. – M. Hutter, Religionen in der Umwelt des Alten Testaments, Bd. 1, Stuttgart 1996. – O. Kaiser (Hg.), Texte aus der Umwelt des Alten Testaments, Gütersloh 1982–1997. – H.G. Kippenberg, Die Entdeckung der Religionsgeschichte, München 1997. – H.-J. Klauck, Die religiöse Umwelt des Urchristentums, 2 Bde., Stuttgart 1995. 1996. – J. Rüpke, Historische Religionswissenschaft, Stuttgart 2007. – U. Schnelle (Hg.), Neuer Wettstein, Berlin/New York 1996 ff.

Bernd Kollmann

Res – Signum

I. Kirchengeschichtlich

Die Unterscheidung von →Zeichen (*signum*, auch *verbum*/‚Wort‘) und Bezeichnetem (*res*, Sache) wurde durch Augustinus in die christliche →Hermeneutik eingeführt. Sie geht freilich auf die Erörterungen vorchristlicher griechischer Philosophen (seit den Vorsokratikern) über das Verhältnis von →Sprache und →Wirklichkeit zurück und wurde der christlichen Theologie v.a. durch die römische → Rhetorik (Cicero, Quintilian) vermittelt. Quintilian ordnet die →Sache (*res*) der Erfindung (*inventio*), die →Worte dem sprachlichen Ausdruck (*elocutio*) zu. Der rhetorisch geschulte Augustinus hat diese Unterscheidung in seiner Schrift *De doctrina christiana* aufgenommen, wo er zunächst zwischen dem Finden der Einsicht und dem sprachlichen Ausdruck des Erkannten unterscheidet (1,1). An einer Lehre (*doctrina*) unterscheidet er zwei Arten möglicher Inhalte: Sachen (*res*) und Zeichen (*signa*), durch welche die Sachen gelernt werden. Weiterhin unterscheidet er Sachen, die ohne Verweischarakter sind (wie ein beliebiges Stück Vieh), von solchen, die selbst wieder Zeichen darstellen (wie jener Widder, den Abraham nach Gen 22,13 an Stelle seines Sohnes Isaak opferte). Daneben gibt es Zeichen, die ausschließlich Verweischarakter haben, wie die Worte (*verba*) (1,4 f.). Diese Unterscheidung ist von grundlegender hermeneutischer →Bedeutung, da sie die Lesbarkeit (und damit die Interpretationsbedürftigkeit) nicht nur geschriebener →Bücher, sondern auch der Wirklichkeit im ganzen begründet. In der Folgezeit wurde sie in unterschiedlichen →Kontexten bedeutsam. So bildet sie ein wichtiges Element mittelalterlicher Zeichentheorien. Dadurch, dass P. Lombardus sie an den Anfang des ersten seiner vier Sentenzenbücher stellte und zur Richtschnur seines Vorgehens erklärte, war sie in allen Sentenzenkommentaren des Mittelalters gegenwärtig. In der die mittelalterliche Bibelauslegung weitgehend beherrschenden allegorischen →Interpretation stützt die Unterscheidung mit Augustins Erläuterung die Deutung der aus den Worten der Schrift erhobenen ‚Sachen‘ gemäß einem tieferen Sinn, der bis zu drei Aspekte (nämlich den im engeren Sinne allegorischen, moralischen und anagogischen) umfasst.

Bibliographie: E. Eggs, Art. Res-verba-Problem, in: HWRh 7 (2005), 1200–1310. – S. Meier-Oeser, Art. Zeichen I., in: HWPh 12 (2004), 1155–1171. – C. Schäublin, De doctrina christiana: A Classic of Western Culture, in: Ders., Aus paganer und christlicher Antike, Basel 2005, 267–286.

Ulrich Köpf

II. Systematisch-theologisch

Charakteristisch für die Neubestimmung des Verhältnisses von *res* und *signum* im 20. Jh. sind L. Wittgensteins *Philosophische Untersuchungen*, der sich von einem bei Augustinus anzutreffenden Bild vom Wesen der →Sprache abgrenzt, wonach die →Bedeutung eines →Wortes der Gegenstand sei, für welchen das Wort steht. Nach Wittgenstein unterschlägt dieses Sprachverständnis die pragmatische Dimension der Sprache (die Zeichen haben ihre Bedeutung durch ihren Gebrauch) und impliziert die unbegründete Vorstellung, dass die Gegenstände in der Seele des Menschen geistig repräsentiert seien und diese Repräsentationen in Zeichen artikuliert würden.

Die bei Wittgenstein vollzogene Abwendung von einer realistischen Metaphysik und ihrem Sprachverständnis kennzeichnet auch die Theologie des 20. Jh.s und ihre →Hermeneutik. Theologisch besteht die entscheidende Einsicht darin, dass Gott als die *res* allen theologischen und christlich-religiösen Zeichengebrauchs in Jesus Christus zur Sprache gekommen ist, als er zur Welt kam. Folglich bringt die christlich-religiöse Sprache ihre → Sache immer mit sich und verweist nicht nur auf etwas Jenseitiges oder bringt nicht nur eine mentale Repräsentanz des Göttlichen zum Ausdruck. In diesem Sinne hat beispielsweise E. Fuchs vom „Sprachereignis" gesprochen, das den Glauben gewährt und charakterisiert. Die *res* bzw. die Wirklichkeit ist als „Adverb des Wortes Gottes" (E. Fuchs, 245) zu verstehen und dann auch aus den Situationen zu erschließen, in denen dieses zur Sprache kommt und Menschen anspricht. Mit seinem Zur-Sprache-Kommen in der Geschichte Jesu Christi hat sich Gott so an die menschliche Sprache gebunden, dass er in seiner Sachhaltigkeit dem Menschen nur in → Zeichen begegnet. Sprachlich begegnet der dreieinige Gott Menschen als die alles bestimmende →Wirklichkeit und spielt ihnen so neue Möglichkeiten des Lebens zu. Dieser Zusammenhang lässt sich besonders gut an den →Gleichnissen Jesu und an zahlreichen →Metaphern der christlich-religiösen Sprache beobachten, die nicht *etwas* abbilden, sondern die ihnen eigene Sache (z.B. ‚Reich Gottes') entfalten und die hörenden Menschen in diese Sache einbeziehen.

Ähnliches gilt für das Verhältnis von *res* und *signum* beim Verständnis des Abendmahls: In reformatorischer →Tradition werden *Wort* und *Sakrament* als *‚signum efficax'* begriffen – sie sind Realitäten, die einen Menschen in das Heil einbeziehen. Ein ähnliches Zeichenverständnis prägt das orthodoxe Christentum, das ebenfalls von der Gegenwart des Bezeichneten im Zeichen ausgeht.

Bibliographie: E. Fuchs, Marburger Hermeneutik, Tübingen 1968. – E. Jüngel, Metaphorische Wahrheit, in: Ders., Entsprechungen, Tübingen [3]2002, 103–157. – M. Vetter, Zeichen deuten auf Gott, Marburg 1999.

Hans-Peter Großhans

Rewritten Bible

→Apokryphen/Apokryph, →Intertextualität

Rezension (von Handschriften)

→Intertextualität

Rezeption

I. Alttestamentlich

Die R. ist der leitende Begriff des literaturwissenschaftlichen Theoriekonzepts der Rezeptionsästhetik, das in der atl. Wissenschaft starke Beachtung findet. Die R. atl. →Texte beginnt bereits innerhalb ihrer rund 1000-jährigen Entstehungsgeschichte, setzt sich im →NT, in rabbinischer Literatur, in frühchristlicher und frühjüdischer →Literatur und in folgenden Epochen mit unterschiedlichen thematischen und geographischen Schwerpunkten fort.

Während sich die Rezeptionsgeschichte immer nur in Ausschnitten und exemplarisch nachzeichnen lässt, reflektiert Rezeptionsästhetik Rezeptionsmöglichkeiten, -vorgänge und -bedingungen allgemein. Rezeptionsästhetik beschreibt die Wahrnehmung von →Texten durch →Leser in ihrer konkreten Lesesituation. Sie geht davon aus, dass Texten nicht einfach schon →‚Sinn' eingeschrieben ist, sondern dass erst im Akt des →Lesens durch die Mitwirkung der Lesenden der Sinn von Texten entsteht. Der Prozess der R., der Lektüre ist ein wichtiger Faktor der →Interpretation. Texte sind dialogisch angelegt. Ihre →Bedeutung entsteht durch Interaktion mit den Rezipienten. Gerade Brüche, schwer verständliche Stellen, Leerstellen sind Ansatzpunkte für die Lesenden, mit dem Text ins Gespräch zu treten.

Die R. atl. und biblischer Texte insgesamt lässt sich auf unterschiedlichen Ebenen beschreiben: Auf der Textebene, im Rahmen der literarischen Textanalyse, lassen sich Wirksignale im Sinne des →‚impliziten Lesers' (W. Iser) untersuchen. Historische Erstleser sind schwer zu rekonstruieren, lassen sich aber vielleicht im Zusammenhang mit der historischen Analyse wenigstens hypothetisch erschließen. Während der Begriff der Wirkungsgeschichte bei den Signalen ansetzt, die ein Text aussendet, lenkt der Terminus Rezeptionsgeschichte die Aufmerksamkeit auf den Leser oder die Leserin. Beiden Begriffen ist gemeinsam, dass sie die Wirkung und R. biblischer Texte durch die Jahrhunderte in ganz unterschiedlichen →Gattungen – →Kommentaren, bildender und darstellender Kunst, Musik und Literatur – beschreiben. Schließlich ist auch der hermeneutische Hintergrund konkreter Leser im 21. Jh. mit zu reflektieren. Neben dem genannten rezeptionsästhetischen Ansatz versucht dies ansatzweise die empirische Leseforschung.

Der Zusammenhang von →Ästhetik und →AT war lange Zeit ein wenig beachtetes Thema der →Exegese, gewinnt aber in jüngerer Zeit zunehmend an Bedeutung. Mit der Rezeptionsästhetik werden ästhetische Fragestellungen in die Exegese einbezogen. Für die biblische Exegese und →Hermeneutik wird meistens von einem weiten Ästhetik-Begriff ausgegangen: Ein solcher umfasst nicht nur Kunsttheorie oder Kunstkritik – bezogen auf bildende Kunst, Literatur und →Musik –, sondern darüber hinaus sinnliche Wahrnehmung allgemein – nicht nur Verstandeserkenntnis, sondern auch sinnliche Erkenntnis, Empfindungen und Gefühle. Die R. atl. Texte in Kunst, Musik und Literatur ist also eine Aufgabenstellung theologischer →Ästhetik, die über konkrete Einzelstudien hinausgeht. Rezeptionsgeschichtliche und -ästhetische Fragestellungen spielten im klassischen historisch-kritischen Methodenkanon meist eine untergeordnete Rolle, werden aber zunehmend als Ergänzung der entstehungsgeschichtlichen Fragen wichtiger.

BIBLIOGRAPHIE: Evangelisch-Theologische Fakultät der Universität Wien (Hg.), Theologie und Ästhetik, Wien 2004. – S. Gillmayr-Bucher, Die Psalmen im Spiegel der Lyrik Thomas Bernhards, Stuttgart 2002. – A. Grund (Hg.), „Wie schön sind deine Zelte, Jakob!", Neukirchen-Vluyn 2003. – M. Hann, Die Bibel, Paderborn u. a. 2005. – H. Utzschneider, Gottes Vorstellung, Stuttgart 2007. – The Yorck Project, Die Bibel in der Kunst (Digitale Bibliothek 3.96), Berlin 2004 (DVD-Rom).

Marianne Grohmann

II. Neutestamentlich

Der Begriff R. ist ursprünglich u. a. auf die Übernahme fremden Kulturgutes, insbesondere des römischen Rechtes bezogen (H. Fischer, 100). In der der ntl. Wissenschaft begegnet er nach 1970, häufiger nach 1980. Er benennt zumeist im wissenschaftlichen Sprachgebrauch die bewusste und (quellenbedingt!) nicht ironische Bezugnahme ntl. →Autoren auf →Traditionen, →Texte und Personen (aus →AT und →NT), aber auch die Bezugnahme späterer →Literatur auf biblische Texte, Themen und Gestalten. So können unter dieser Begrifflichkeit in der Evangelienforschung faktisch Fragestellungen der Redaktionskritik weitergeführt werden. Im Blick auf die spätere ntl. und frühchristliche Literatur bezeichnet R. die Bezugnahme auf autoritative Personen und Texte der frühchristlichen Vergangenheit (Paulus und seine Briefe; Johannes und sein →Evangelium) als interpretative Leistung. Generell wird die frühchristliche Inanspruchnahme des AT als kreative Leistung unter Beachtung ihrer religionsgeschichtlichen →Analogien neu gewürdigt. Die neu eröffnete Möglichkeit, Vorgänge dieser verschiedenen Bezugnahmen zu vergleichen, wird bisher eher selten genutzt (vgl. aber H. Frankemölle, 126: Der Evangelist Matthäus nutzt Mk und die Quelle Q als literarische Tradition, das AT als ‚dritte →Quelle' ist ihm hingegen zusätzlich Gegenstand der →Hermeneutik, insofern er sein Werk im Horizont der →Heiligen Schrift Israels verstanden wissen will). Deutlich wird zugleich, dass auch die einzelnen Vollzüge historisch-kritischer Textauslegung als zeitbedingte Weise der R. erscheinen und sich in ihrem Objektivitätsanspruch hinterfragen lassen müssen (H. Bee-Schroedter, 203 f., u. a.). Auch die Bibelrezeption vor der Epoche der Aufklärung wird mittlerweile vermehrt präsentiert (*Evangelisch-Katholischer Kommentar zum Neuen Testament*), umfassend erforscht (*Novum Testamentum Patristicum*) und außerwissenschaftlichen Leserkreisen vermittelt (*Ancient Christian Commentary on Scripture; The Church's Bible*). Nachwirkungen auf Literatur und Kunst werden gezielt erfasst (*Blackwell Bible Commentary*). Unbeschadet völlig differierender hermeneutischer Grundentscheidungen sind zwischen voraufklärerischer und moderner kontextueller (z.B. feministischer, befreiungstheologischer) →Exegese Analogien in der Fragehaltung gegenüber problematischen Texten zu entdecken (J.L. Thompson).

Ein Klärungsbedarf hinsichtlich der Begriffsbestimmung äußert sich nur selten explizit. In Hinsicht auf die (terminologisch nicht immer nachvollzogene) Unterscheidung von Wirkungs- und Rezeptionsgeschichte (H. Pfeiffer, 283) ist bei R. an einen Vorgang bewusster Bezugnahme gedacht. Ein partieller Zusammenhang ist mit dem literaturwissenschaftlichen Programm der Rezeptionsästhetik gegeben, die im Bereich der Bibelwissenschaften ab ca. 1977 zunächst an den Evangelientexten erprobt wurde (→*Reader-Response Criticism*). Die Wahl des Begriffes R. betont das kreative Moment der je neuen Sinnkonstitution „in der verstehenden, interpretierenden, missverstehenden und uminterpretierenden ‚Aufnahme' und ‚Weitergabe' der Texte" (O. Wischmeyer, 154), der Deutung einer Person (z.B. des Paulus in den Deuteropaulinen, vgl. H. Merklein, 62) oder auch der Selektion von Traditionen. In der Rezeptionsästhetik wird die Steuerung der Wahrnehmung durch die im rezipierten Text selbst angelegten Signale zu eruieren gesucht.

Bibliographie: H. Bee-Schroedter, Mt 8–9 im Spiegel einiger Rezeptionen, in: „Dies ist das Buch ...", Paderborn/München 2004, 203–216. – H. Fischer, Rezeption in ihrer Bedeutung für Leben und Lehre der Kirche, in: ZThK 87 (1990), 100–123. – H. Frankemölle, Matthäus, Düsseldorf 1994. – H. Merklein, Paulinische Theologie in der Rezeption des Kolosser- und Epheserbriefes, in: K. Kertelge (Hg.), Paulus in den neutestamentlichen Spätschriften, Freiburg i.Br. u.a. 1981, 25–69. – H. Pfeiffer, Art. Rezeptionsästhetik, in: RLW 3 (2003), 285–288. – J.L. Thompson, Reading the Bible with the dead, Grand Rapids/Cambridge 2007. – O. Wischmeyer, Hermeneutik des Neuen Testaments, Tübingen/Basel 2004.

Martin Meiser

III. Kirchengeschichtlich

Der seit Thomas v. Aquin (*Summa Theologiae* 1 q. 75a. 5r.) benutzte Begriff der R. autoritativer →Texte in der kirchlichen →Tradition ist in theologischem Sinn ein Korrelatbegriff zur göttlichen →Offenbarung und ein für die Geschichte der Theologie seit frühkatholischer Zeit, aber auch für die Frömmigkeitsgeschichte und das Kirchenrecht wesentlicher Vorgang. Der Begriff weist zugleich auf ein äußerst erfolgreiches Modell der gegenwärtigen →Kommunikationstheorie, das die entscheidende Rolle des Empfängers im Kommunikationsprozess und beim →Verstehen betont. So wurde aus einem philosophischen und theologischen Modell der Autoritätssicherung ein methodischer Zugang, der im literar- oder kunstgeschichtlichen Werk (z.B. Andachtsbilder) schon eine ‚Betrachterfunktion' angelegt sieht, die zu unterscheiden ist von der als Frage nach der historischen Kausalität verstandenen →Wirkungsgeschichte. Zu nennen ist hier die R. der biblischen Schriften in einem christlichen →Kanon oder die R. von Konzilsentscheidungen, aber auch die Frage nach der R. und Nichtrezeption der Reformatoren. Diese althergebrachte Frage nach der verpflichtenden Übernahme und freien Anerkennung hat seit der Konstanzer Schule in der Rezeptionsästhetik von H.R. Jauß und W. Iser eine eigene theoretische Dimension gewonnen.

BIBLIOGRAPHIE: J. Bonnemann, Die wirkungsästhetische Interaktion zwischen Text und Leser, Frankfurt 2008. – W. Iser, Der implizite Leser, München ^{2}1979. – H.R. Jauß, Literaturgeschichte als Provokation, Frankfurt ^{8}1986. – Ders., Ästhetische Erfahrung und literarische Hermeneutik, Frankfurt 1991. – Ders. (Hg.), Nachahmung und Illusion, München ^{2}1991. – Ders., Wege des Verstehens, München 1994. – S. Kuhangel, Der labyrinthische Text, Wiesbaden 2003.

Wolfgang Wischmeyer

IV. Systematisch-theologisch

R. ist erst in der zweiten Hälfte des 20. Jh.s zu einem methodischen Grundbegriff der Kulturwissenschaften geworden, obgleich die Sache, die mit diesem Begriff thematisiert wird, bereits älter ist. In einem weiteren Sinne meint R. den Vorgang der Übernahme und Aneignung von kulturellen Beständen in die eigene Lebenssphäre. So sehr dieser Vorgang mit jedem menschlichen Leben verbunden ist, so ist doch die explizite Reflexion auf diesen Vorgang neu. Sie verdankt sich dem neuzeitlichen Problemhorizont. Die begriffsgeschichtliche Entwicklung geht aus von der Rechtswissenschaft und der neueren Literaturwissenschaft. Insbesondere von der Konstanzer Schule (W. Iser, H.R. Jauß, K. Stierle u. a.) wird der Begriff R. in den 1960er Jahren zu einem solchen Grundbegriff der Literaturwissenschaft erhoben, mit dem sich ein Paradigmenwechsel verbindet. In Ablösung von der traditionellen →Hermeneutik und der mit dieser verbundenen Konzeption einer →Wirkungsgeschichte (H.-G. Gadamer) wird die konstitutive Stellung des Rezipienten im Vorgang des →Verstehens in den Fokus der Aufmerksamkeit gerückt. Das Sinnverstehen von →Texten und Kunstwerken wird nicht mehr wie in den traditionellen →Hermeneutiken als Aufnahme einer fixen, eindeutig bestimmten Sinnsubstanz verstanden, sondern diese Sinnsubstanz wird in den individuell gebrochenen und damit notwendig plural zu verstehenden Rezeptionsakt aufgelöst. Der Sinn eines Textes konstituiert sich durch den produktiven Akt des Lesens. Mit der Aufnahme von Einsichten der modernen →Semiotik (C.S. Peirce, U. Eco) tritt in der Rezeptionsästhetik an die Stelle von zweigliedrigen Modellen das triadische Schema von *intentio auctoris, intentio operis, intentio lectoris* (→Autor, Werk und Rezipient oder → Bedeutung, →Zeichen und Interpret). Der Begriff R. betont die sinnkonstitutive Funktion des Interpreten von Texten, Kunstwerken etc., die in der älteren →Tradition vernachlässigt wurde. Damit wird die bereits in den sinntheoretischen Debatten zu Beginn des 20. Jh.s formulierte Einsicht aufgenommen, dass →Sinn keine Gegebenheit darstellt, sondern nur in individuellen und kontextvariablen Akten der Sinngebung präsent ist, die in verschiebbaren Horizonten stehen. Die These der eindeutigen Bestimmtheit von Texten wird damit zugunsten einer produktiven Unbestimmtheit verabschiedet. Denn in dem Akt des Verstehens bringt der Rezipient immer schon seinen eigenen, kulturvariablen Sinnhorizont mit ein, durch den sich für ihn erst der Sinn eines Textes konstituiert. Allerdings sollte man die These von der Unbestimmtheit von Texten, wie verschiedentlich vorgeschlagen worden ist, auch nicht überstrapazieren. Mit Texten lässt sich nicht jede beliebige →Deutung verbinden. Insofern wird man von einer bestimmten Unbestimmtheit von Texten sprechen müssen und die *intentio operis* nicht gegen die *intentio lectoris* ausspielen können. Der Deutungs- und Interpretationsprozess ist damit notwendig unabschließbar, da es aufgrund der bestimmten Unbestimmtheit von Texten und der Mehrdeutigkeit und Pluriformität ihrer R. keine abschließende Deutung eines Textes geben kann. Mit dem von der Rezeptionsästhetik in das Zentrum gestellten Gedanken der produktiven Leistung des Rezipienten begegnet der Theologie und der theologischen Hermeneutik ein vernachlässigtes Moment ihrer eigenen Wirkungsgeschichte. Eine der Pointen des reformatorischen Glaubensbegriffs liegt darin, dass er die Individualität in der Aneignung des →Evangeliums, durch die der →Glaube allein zustande kommt (*fides apprehensiva*), nicht abblenden kann. Damit ist jedoch eine Pluralität von R. gesetzt, die weder von der Verkündigung des Evangeliums noch von der Theologie gesteuert werden kann. Individuelle Vielfalt religiöser Selbst- und Weltdeutungen ist so gerade eine Konsequenz evangelischen Glaubensverständnisses.

BIBLIOGRAPHIE: U. Eco, Die Grenzen der Interpretation, München 1992. – Ders., Das offene Kunstwerk, Frankfurt a.M. 1977. – T. Erne, Art. Rezeption III., in: TRE 29 (1998), 149–155. – H. Fischer, Art. Rezeption II., in: TRE 29 (1998), 143–149. – W. Iser, Der implizite Leser, München 1972. – H.R. Jauß, Ästhetische Erfahrung und literarische Hermeneutik, Frankfurt a.M. 1982. – U.H.J. Körtner, Der inspirierte Leser, Göttingen 1994.

Christian Danz

V. Altphilologisch

R. (lat. *recipere*, ‚empfangen, aufnehmen') bedeutet die Analyse der Rolle der Vergangenheit in der Gegenwart, in der Klassischen Philologie besonders bezogen auf griechische und lateinische Texte jeglicher Art und deren →Überlieferung und Gebrauch in späteren Zeiten. Aber auch die R. von antiken →Mythen (H. Hunger), bildlichen Darstellungen, Kunstwerken, Gebäuden sowie deren Architektur und der Theorie von →Musik in nachantiken Bereichen der Theorie wie der Praxis kann untersucht werden, sowie analog dazu natürlich auch die R. antiken Gedankengutes in außerliterarischen Medien wie der Kunst und Musik. Allgemein gilt, dass Ausdrücke wie ‚Einfluss' oder ‚Nachleben' aus theoretischen Gründen vermieden werden sollten (P.L. Schmidt). Im angelsächsischen Sprachraum wird das Wort ‚*reception*' nun zwar vermehrt, aber z.T. doch immer noch ungern verwendet, zum einen wegen seiner starken konnotativen Verbindung mit dem Gastronomiewesen und zum anderen, da es aufgrund seiner im Englischen viel deutlicheren Etymologie als ein zu passiver Ausdruck angesehen wird, der dem aktiven Prozess der Aneignung tradierten Gedankengutes nicht adäquat gerecht werde (C. Martindale/R. Thomas, 11).

Seit dem Ende des 20. Jh.s hat R. als ergiebige →Methode für die Klassische Philologie gerade auch im angelsächsischen Raum vermehrt Aufmerksamkeit erregt (L. Hardwick). Nicht nur wird die faktische Wirkungsmächtigkeit antiker →Texte als solche für erforschungswürdig gehalten, da in einer postmodern informierten Analyse dies als ein wichtiger Faktor bei der Konstruktion sowie der →Dekonstruktion von etablierten Macht- und Moralvorstellungen angesehen wird, sondern R. dient auch als ein besonders handliches, historisches Relevanzargument, um der immer wieder in Frage gestellten Klassischen Philologie eine überzeugende Rechtfertigung zu liefern. Schließlich hat R. noch den Vorteil, dass durch sie interdisziplinäre Kommunikationsmöglichkeiten mit anderen Fächern eröffnet werden (C. Caruso/A. Laird; K. Pollmann/D. Lambert), eine Richtung, die noch keineswegs ausgeschöpft ist (J. Ziolkowski/M. Putnam, xxii).

In der Realität ist der historische Beginn von R. nur sehr schwer feststellbar, eine wichtige Zäsur stellt wohl der Übergang von der →Mündlichkeit zur →Schriftlichkeit dar. Die Homerischen Epen, als früheste erhaltene Zeugnisse der westlichen Literatur, sind komplexe Gebilde, die in Zusammenhang mit verschiedenen, teils mündlichen, teils schriftlichen (lediglich fragmentarisch erhaltenen) früheren oder gleichzeitigen Quellen stehen. Unterschiedlich akzentuierte Formen der R. hat es wohl immer gegeben, aber besonders für Epochen des Umbruchs und des dann verstärkten Bedürfnisses nach der Bestimmung einer verlorenen oder gefährdeten →Identität ist R. besonders charakteristisch, wie z.B. im Hellenismus, unter Augustus oder in der Spätantike. →Autoren von überragender Autorität wie Homer, Vergil oder Augustin lassen sich auch über deren R. identifizieren. Grundsätzlich trennt die Klassische Philologie R. in die materiale Überlieferung eines Textes (Manuskripte, Editionen, →Kommentare und →Übersetzungen) auf der einen und die inhaltliche Auseinandersetzung mit dem Text auf der anderen Seite.

BIBLIOGRAPHIE: C. Caruso/A. Laird (Hgg.), Italy and the Classical tradition, London 2008. – L. Hardwick, Reception studies, Oxford 2003. – R. Herzog, Spätantike, Göttingen 2002. – H. Hunger, Lexikon der griechischen und römischen Mythologie, Wien 1955. – G.N. Knauer, Die Aeneis und Homer, Göttingen 1964. – R. Lamberton, Homer the theologian, Berkeley u.a. 1986. – C. Martindale/R. Thomas (Hgg.), Classics and the uses of reception, London 2006. – K. Pollmann/D. Lambert, After Augustine, in: Millennium 1 (2004), 165–183. –

L.D. Reynolds/N.G. Wilson, Scribes and scholars, Oxford 1968. – P.L. Schmidt, Rezeptionsgeschichte und Überlieferungsgeschichte der klassischen lateinischen Literatur, in: C. Leonardi/B. Munk Olsen (Hgg.), The classical tradition in the Middle Ages and the Renaissance, Spoleto 1995, 3–21 (= Kleine Schriften, Stuttgart 2000, 85–96). – T. Schmitz, Moderne Literaturtheorie und antike Texte, Darmstadt 2002. – C. Stray (Hg.), Remaking the Classics, London 2008. – J. Ziolkowski/M. Putnam (Hgg.), The Virgilian tradition, New Haven/London 2008. – T. Ziolkowski, Virgil and the moderns, Princeton 1993.

Karla Pollmann

VI. Literaturwissenschaftlich

R. (von lat. *recipere*, ‚aufnehmen', *receptio*, ‚Aufnahme') ist ein Begriff, der aus der Jurisprudenz kommend, in der Literaturtheorie ab Mitte der 1960er Jahre zunehmend zentral wurde. Dies war Ausdruck einer Veränderung in der Theorienbildung, in der nun nicht mehr →Autor und →Text im Mittelpunkt des Interesses standen, sondern der →Leser, so dass unter dem Begriff der R. die Interaktion des Rezipienten, d. h. des Lesers mit Text und Autor in den Fokus rückte. Auch wenn es seit der Antike immer wieder Ansätze gibt, die den Rezipienten mitdenken, etwa in der Tradition der →Rhetorik, war es den Entwürfen der sog. Konstanzer Schule um H.R. Jauß und W. Iser geschuldet, dass Rezeptionstheorie in den 1970er Jahren in Deutschland, aber auch international zu einem der einflussreichsten Theoriezweige wurde.

Als Begründer der Rezeptionsgeschichte gilt der Romanist H.R. Jauß (1921–1997), der in seiner Konstanzer Antrittsvorlesung von 1967, *Literaturgeschichte als Provokation der Literaturwissenschaft*, ihre Grundlagen skizzierte. Er wendet sich darin gegen dominante formalistische und marxistische Ansätze und fordert, sich nicht nur auf Produktions- und Darstellungsästhetik zu konzentrieren, sondern auch die Rezeptionsseite der literarischen →Kommunikation in den Blick zu nehmen. Beeinflusst von der →Hermeneutik H.-G. Gadamers entwirft Jauß das Konzept des historisch-ästhetischen Erwartungshorizonts. Dieser beeinflusst Textproduktion wie auch Reaktionen der Leser, das Phänomen R. entsteht so zwischen Lesererwartungen und dem Grad ihrer Bestätigung oder Infragestellung durch den Text. Konkret fordert Jauß eine rezeptionsästhetische Literaturgeschichte, die die →Historizität der →Literatur auf drei Ebenen erfasst: (1) ‚diachronisch im Rezeptionszusammenhang der literarischen Werke', (2) ‚synchronisch im Bezugssystem der gleichzeitigen Literatur wie in der Abfolge solcher Systeme' und (3) ‚im Verhältnis der immanenten literarischen Entwicklung zum allgemeinen Prozess der Geschichte'. Im Gegensatz zu Jauß' von der →Hermeneutik beeinflusstem Ansatz kann man bei der Wirkungsästhetik des Anglisten W. Iser von einem phänomenologischen Ansatz sprechen. Von R. Ingarden übernimmt Iser das Konzept der ‚schematisierten Ansichten', die ein Text bereitstellt. So hat das literarische Werk einen Doppelcharakter. Zum einen identifiziert Iser einen ‚künstlerischen Pol', den vom Autor produzierten Text, zum anderen den ‚ästhetischen Pol', an dem er die Konkretisation des Textes durch den Leser verortet. Zentrale Begriffe sind Leerstellen und Unbestimmtheiten, weil diese dem Leser erst erlauben, den Text zu konkretisieren und zu adaptieren. Gerade Unbestimmtheit wird in Isers Analysen zu einem Merkmal moderner Literatur. Beginnend mit *Die Appellstruktur der Texte* (1970) baute Iser seine Theorie in *Der Implizite Leser* (1972) und *Der Akt des Lesens* (1976) aus.

Unter anderen Vorzeichen als in Deutschland entwickelte sich im angelsächsischen Raum der sog. →*Reader-Response Criticism*, dessen Vertreter v. a. auch psychologische Leserstudien und die Individualität des einzelnen Lesers in den Mittelpunkt stellten. Der amerikanische Literaturtheoretiker S. Fish argumentierte, dass nur der Leser →Bedeutung im Text konstituiere, eine Erkenntnis, die auch in sein zentrales Konzept der →Interpretationsgemeinschaften einfloss. Ebenfalls mit der R. befasst sich seit den 1970er Jahren die empirische Rezeptionsforschung, die auf empirische →Methoden zurückgreift, um den Leseakt und Leserreaktionen zu untersuchen. Rezeptionsgeschichtliche und -ästhetische Ansätze wurden auch in anderen Disziplinen, z. B. in der Musikwissenschaft aufgenommen, wo sie aber keine vergleichbare Dominanz erlangten. Oftmals stellte sich die Frage, wie sich die auf die Literatur ausgelegten Konzepte übertragen ließen, z.B. in der Diskussion um den ‚impliziten Hörer'.

Bibliographie: H. Danuser/F. Krummacher (Hgg.), Rezeptionsästhetik und Rezeptionsgeschichte in der Musikwissenschaft, Laaber 1991. – G. Grimm, Rezeptionsgeschichte, München 1977. – W. Iser, Der Akt des Lesens, München 1976. – H.-R. Jauß, Literaturgeschichte als Provokation, Frankfurt 1970. – D. Kimmich/B. Stiegler (Hgg.), Zur Rezeption der Rezeptionstheorie, Berlin 2003. – R. Warning (Hg.), Rezeptionsästhetik, München 1975.

Michael Sauter

Rezeptionsästhetik →Reader-Response Criticism

Rezeptionsgeschichte →Reader-Response Criticism IV, →Rezeption

Rhetorical Criticism →Rhetorik, →Rhetorische Figuren

Rhetorik

I. Neutestamentlich

Aristoteles definiert R. als „die Fähigkeit, das zu erkennen, was an einem Thema überzeugend sein kann" (*Rh.* 1,2,1). Obgleich rhetorische Analysen der biblischen →Literatur nicht neu sind, haben sich zum Ende des 20. Jh.s zwei Untersuchungstypen herausgebildet. Der eine Ansatz orientiert sich an Aristoteles und beschäftigt sich mit der historischen Fragestellung, die dem antiken Text unterliegende auktoriale *inventio* zu rekonstruieren. Diese Forschungsrichtung zielt auf einen Vergleich der biblischen Texte – wie z.B. der Paulusbriefe – mit den rhetorischen Praktiken der Antike, wie sie in den Lehrbüchern (τέχναι) der R. dokumentiert sind, sowie mit den vorliegenden Reden und →Briefen der griechisch-römischen Welt. Der andere Typus konzentriert sich auf die Auswirkungen der von Aristoteles beschriebenen →Methode und geht den persuasiven Wirkungen nach, die alle Texttypen zu allen Zeiten auf ihre Leser ausüben (z.B. →*Reader-Response Criticism*). ‚Rhetorisch-kritische' Untersuchungen haben sich im NT auf die Briefliteratur und die Reden der Apg konzentriert. Da beide Ansätze den dynamischen Charakter von Texten, persuasiv am Kommunikationsprozess zu partizipieren, betonen, sind sie nicht notwendigerweise inkompatibel, obgleich die philosophischen Annahmen darüber, wo →Bedeutung primär zu suchen sei (im →Text, beim →Autor, beim →Leser), differieren. Einige Forscher suchen beide Ansätze zu verbinden: entweder durch die Verbindung von Einsichten moderner und antiker Rhetoriktheoretiker oder durch eine Ausweitung der Definition der auktorialen *inventio* von einer Kodierung im Text auf eine Rekonstruktion des ‚originalen' antiken Publikums und seiner rhetorisch konditionierten Reaktion auf den Text.

Heutige Leser, die sich mit der R. der biblischen Texte befassen, werden mit einer sehr alten Debatte konfrontiert, deren Anfänge auf die Texte selbst zurückgehen: im AT auf die →Tora und die Propheten (Ex 4,10; 6,12; Jer 1,6–10), im NT auf die Briefe und die Apg (1 Thess 1,5; 2,13; 2 Kor 11,6; Apg 4,13). Hier stehen sich zwei Positionen gegenüber: Einerseits werden die biblischen Texte als sorgfältige sprachliche Produkte menschlicher *inventio* betrachtet, andererseits gelten die Texte als ‚anti-rhetorisch', d.h. erscheinen gerade aufgrund des Fehlens von rhetorischen Kunstgriffen als überzeugend. Letztere Position hat selbst eine enorme Überzeugungskraft ausgeübt, ist sie doch als Teil des theologischen Anspruchs dieser Literatur zu sehen: Dabei wird die Behauptung der göttlichen Inspiration durch einen rhetorischen Gemeinplatz, der dem menschlichen Autor jedes Training und Geschick abspricht, verstärkt.

Bibliographie: D.E. Aune, Westminster dictionary of New Testament and early Christian literature and rhetoric, Louisville 2003. – C.J. Classen, Rhetorical criticism of the New Testament, Tübingen 2000. – M.M. Mitchell, Rhetorical and new literary criticism, in: J. Lieu/J. Rogerson (Hgg.), Oxford handbook of biblical studies, Oxford 2006, 615–633. – F.M. Young, Biblical exegesis and the formation of Christian culture, Cambridge 1997.

Margaret M. Mitchell

II. Kirchengeschichtlich

Die Kultur, in der die biblische →Literatur entstand und vermittelt wurde, war von der antiken und hellenistischen R. geprägt. Die →Übersetzung der hebräischen Bibel ins Griechische (→Septuaginta) und die Entstehung einer biblischen →Exegese sind von daher zu deuten (D. Daube). Die christliche Literatur und ihre Auslegung standen von Anfang an unter demselben Einfluss (vgl. 1 Thess 1,5; M.M. Mitchell). Das →Wort (λόγος) und seine →Wirkung (δύναμις) wurden, theologisch (als Sohn und Geist) gedeutet, zu zentralen Motiven in der christlichen Lehrentwicklung. Der hermeneutische Rückbezug zur hebräischen Bibel blieb eine ständige Herausforderung. Eine R. von Prophezeiung und →Erfüllung, →AT und →NT, bildete sich heraus. Das Konzept einer im Dienste des christlichen Glaubens relativierten paganen Bildung und R. entwickelte sich im lateinischen Westen (Augustin, *De doctrina christiana*), beeinflusst von der römischen rhetorischen →Tradition, zum Begriff einer christlichen R. (→Predigt; *sermo humilis*). Im griechischen Osten entstand eine christliche R. auf hohem Niveau und beeinflusste gelehrte Bibelkommentierung (Origenes, Diodor v. Tarsus), Predigt und theologischen Diskurs (Johannes Chrysostomos, Gregor v. Nazianz; F.M. Young). Am Ende der Antike standen im Osten wie im Westen verschiedene, z.T. eher scholastisch-technisch (dogmatisch), z.T. eher volkstümlich-pastoral geprägte, in jedem Fall aber sich vom Erbe der antiken R. weiter wegbewegende Formen der Bibelauslegung.

Ein im Westen in der Neuzeit entstehendes historisches Bewusstsein lenkte die Aufmerksamkeit erneut auf die Rolle der hellenistischen R. bei der Entstehung und frühen →Auslegung der →Bibel. Es wurde wieder stärker der Nutzen der R. für die Auslegung der biblischen Texte wahrgenommen. Im Barock kam es im Zusammenhang damit auch zur Entwicklung des Konzepts einer ‚stummen R.' (*muta eloquentia*), die den Umgang mit darstellender Kunst im Sinne einer *oratio interior* begriff (M. Fumaroli, G.K. Mainberger). Die moderne rhetorische Schriftauslegung geht über das hinaus, was die antike R. an Aspekten mündlicher wie schriftlicher Rede behandelt, und ist deshalb nicht mehr nur eine im engeren Sinn historische Disziplin, sondern bietet eine neukonzipierte, moderne Rhetorik-Theorie, die die rhetorischen Funktionen biblischer Texte für wissenschaftliche wie lebensrelevante Kontexte heute erschließen will (D.F. Watson). Dennoch sehen sich auch die neuesten bibelhermeneutischen Konzepte (etwa pastorale, psychologische, sozialkritische, oder postmoderne, vom Phänomen der globalen elektronischen Vernetzung beeinflusste Ansätze) immer wieder auf die Ursprünge der westlichen R. in der klassischen und hellenistischen Antike verwiesen.

BIBLIOGRAPHIE: P. Brown, Macht und Rhetorik, München 1995. – D. Daube, Rabbinic methods of interpretation, in: HUCA 22 (1949), 239–264. – M. Fumaroli, L'école du silence, Paris 1994. – H.-G. Gadamer, Kleine Schriften 4, Tübingen 1977, 148–163. – G.K. Mainberger, Art. Rhetorik, in: LThK^3 8 (1999), 1159–1161. – C. Schäublin, Zur paganen Prägung der christlichen Exegese, in: J. van Oort et al. (Hgg.), Christliche Exegese zwischen Nicaea und Chalcedon, Kampen 1992, 148–173. – D.F. Watson, Art. Rhetorical criticism, in: RGG^4 7 (2004), 492. – F.M. Young, Biblical exegesis and the formation of Christian culture, Cambridge 1997.

Josef Lössl

III. Altphilologisch

Vom 5. Jh. v.Chr. bis zum 18. Jh. n.Chr. stellte die R. (‚Redekunst' in Theorie oder Praxis) eine dominante Größe in der europäischen Kultur dar. Z.T. wurde sie bereits in antiken Diskussionen über R. (insbesondere in Pl. *Grg.*) als ‚nur rhetorisch' mit den negativen Konnotationen von Oberflächlichkeit und Täuschung belegt, was durch die zwiespältigen und rivalisierenden Beziehungen zwischen Philosophie und R. hervorgerufen wurde. Seit dem letzten Drittel des 20. Jh.s ist ein wiedererwachendes Interesse an der R. auch in der Klassischen Philologie zu beobachten. Der Einfluss dieser sog. ‚Neuen R.' zeigt sich hier z.B. in Analysen, die rhetorische Mittel nicht nur als leere Worthülsen betrachten, sondern als grundlegende Elemente im linguistischen Prozess und in der Konstruktion von Wirklichkeit. Z.B. hat A. Cameron den totalisierenden Diskurs des Christlichen in der Spätantike untersucht.

Die R. hatte eine beachtenswerte gesellschaftliche und politische Stellung in der griechisch-römischen Welt (P. Vidal-Naquet, 33). Im hellenistischen und römischen Zeitalter löste sich der Gebrauch der R. vom rein politischen und juridischen; die R. wurde zu einer weiten Disziplin und entwickelte sich sogar zu einer komplexen Theorie und Praxis der menschlichen →Kommunikation, die für die Produktion und Analyse von →Literatur verwendet wurde. Cicero erhob die R. zur wichtigsten Disziplin und der Kraft, welche die menschliche Kultur vorantreibt (z.B. *de orat.* 1,30). Das Ziel der R. sollte entweder die Überredung (*persuadere*, z.B. Cic. *inv.* 1,6) oder das stilistisch und moralisch gute Reden (*bene dicere*, Quint. *inst.* 2,15,38) sein. Die antike Rhetorik-Theorie war sich der Macht wie der Gefahren rhetorischen Sprechens bewusst. Seit Plato wurde die Manipulation des menschlichen Verstandes durch R. angeprangert und das Verhältnis von Form und Inhalt diskutiert. Die platonisch-aristotelische Tradition betrachtete R. mit Argwohn, während z.B. die Sophisten eine performativere Sicht der Realität hatten. Verschiedene christliche Autoren teilten dieses Misstrauen gegenüber der R. und attackierten die griechisch-römische rhetorische Tradition (K. Pollmann, 217–244).

Antike Quellen stellen die Geschichte der R. in zwei Auf- und Abschwüngen dar: die Aufschwünge im Athen des 5. Jh.s v.Chr. und in der römischen Republik, die Abschwünge in der hellenistischen Epoche und in der römischen Kaiserzeit. Nach diesem Modell erwuchs die Blüte der R. aus der agonistischen, demokratisch-republikanischen Politik, während der Niedergang durch ein Fehlen von genuinem Wettbewerb hervorgerufen wurde. Dieses vereinfachende Modell wurde z.T. bis in die modernen Darstellungen der Geschichte der R. vertreten, obgleich z.B. die zweite Sophistik ab dem 2. Jh. n.Chr. eine blühende R. hervorbrachte.

Bibliographie: A. Cameron, Christianity and the rhetoric of empire, Berkeley 1991. – F. Desbordes, La rhétorique antique, Paris 1996. – S. Döpp, Weisheit und Beredsamkeit, in: Dialog Schule – Wissenschaft 16 (1982), 37–63. – T. Habinek, Ancient rhetoric and oratory, Malden 2005. – K. Heldmann, Antike Theorien über Entwicklung und Verfall der Redekunst, München 1982. – K. Pollmann, Doctrina Christiana, Fribourg 1996. – P. Vidal-Naquet, Chasseur noir, Paris 1981. – I. Worthington (Hg.), Persuasion, London 1994.

Maijastina Kahlos

IV. Literaturwissenschaftlich

Bevor sich aus den nationalen Philologien im 20. Jh. eine moderne Literaturwissenschaft entwickelt, ist die R. der Ort zur Behandlung literaturwissenschaftlicher Fragestellungen. Poetik und R. stehen schon in den Schriften des Aristoteles in enger Beziehung zueinander. Im antiken Rhetorikunterricht übernimmt der Grammatiker die Einführung in den Umgang mit literarischen Texten, und mit seinem literarischen →Kanon entwirft Quintilian nichts anderes als eine frühe Literaturgeschichte. Bis in das 18. Jh. dominiert die R. die Modellbildungen der Poetik und durchzieht sowohl die normativen Anweisungen zum Dichten als auch die Theorie der Literatur. Eine genaue Kenntnis der antiken R. ist daher ein unerlässliches Handwerkzeug für den Literaturwissenschaftler, wie etwa E.R. Curtius für die rhetorische Topik, H. Lausberg für die rhetorische Figurenlehre gezeigt haben, denn Texte aus bestimmten Epochen (etwa Renaissance und Barock) sind ohne Wissen um die rhetorischen Zusammenhänge kaum zugänglich. Generell kann man von der ubiquitären Präsenz der R. ausgehen. H.-G. Gadamer hat in seinen Schriften zur →Hermeneutik die Nähe zu rhetorischen Erkenntnismodellen gesucht und R. als das auf Textproduktion zielende Gegenstück zur Hermeneutik betrachtet, weil die Erkenntnisformen, die zur Produktion und zum Verstehen von Texten nötig sind, nach seiner Auffassung identisch sind. Mit dem →*Linguistic Turn* der Literaturwissenschaft wird die R. in der Literaturwissenschaft neu rezipiert und bei R. Barthes oder P. de Man zu einem zentralen Theorieelement erhoben, indem etwa de Man R. zu einem Mittel der →Dekonstruktion umfunktioniert.

Im anglo-amerikanischen *Rhetorical Criticism* werden schließlich rhetorische Strukturanalyse, hermeneutische Interpretationsverfahren und Ergebnisse der linguistischen Forschung zusammengeschweißt, um die Wirkungsstruktur und rhetorischen Effekte von Texten einer Analyse zugänglich zu machen. Für den britischen Literaturwissenschaftler T. Eagleton wird daraufhin das → ideologiekritische Potential der R. zum Markstein der Disziplin. Er plädiert für einen *Political Criticism*, der auf rhetorische Verfahren baut und die Aufmerksamkeit der R. für Machtphänomene in den Mittelpunkt stellt. Ähnlich argumentiert P. Wander, der einen aus der R. entwickelten ideologiekritischen Ansatz vorstellt. R. wird so immer mehr zu einem umfassenden literaturwissenschaftlichen Modell für die Interpretation intentionaler Kommunikation, das die politische und kulturelle Situiertheit von Texten beschreiben und in ihren Konsequenzen bedenken kann.

BIBLIOGRAPHIE: J.R. Andrews, The practice of rhetorical criticism, New York ²1990. – T. Eagleton, Literary theory, Oxford 1983. – P. Hernardi (Hg.), The rhetoric of interpretation and the interpretation of rhetoric, Durham 1989. – O. Kramer, New rhetoric, in: HWRh 6 (2003), 259–288. – P. de Man, Blindness and insight, Minneapolis ²1983. – G. Ueding/B. Steinbrink, Grundriß der Rhetorik, Stuttgart/Weimar ⁴2005. – P. Wander, The ideological turn in modern criticism, in: Central States Speech Journal 34 (1983), 1–18.

Olaf Kramer

V. Textlinguistisch

R. ist eine Vorstufe zur modernen Textlinguistik und zugleich eine sich noch heute parallel zur Textlinguistik fortentwickelnde Disziplin. Zwischen R. und Textlinguistik ergeben sich zahlreiche Berührungspunkte, obwohl in der antiken R. der Textbegriff eine untergeordnete Rolle spielte und vielmehr die Rede Dreh- und Angelpunkt der Theoriebildung war. Sowohl R. als auch Textlinguistik behandeln nämlich größere intentionale Kommunikationsakte und berücksichtigen dabei die Struktur des →Textes bzw. der → Rede, deren soziale und kulturelle Situiertheit sowie die Rolle der Rezipienten. Das prozedurale Modell der Textproduktion und -rezeption von R.-A. de Beaugrande/W.U. Dressler erinnert mit der Unterscheidung von Planung, Ideation, Entwicklung und Ausdruck bzw. grammatischer Synthese an die Einteilung der rhetorischen Arbeitsschritte und greift dabei *inventio, dispositio* und *elocutio* auf. Zwar geht man inzwischen nicht mehr wie die antike R. von einem Nacheinander der Arbeitsschritte aus, sondern eher von einem parallel ablaufenden komplexen Prozess der Bearbeitung, aber dennoch sind die Gemeinsamkeiten mit der Produktionstheorie der R. nicht zu übersehen. Auch die Textsortendifferenzierung der Textlinguistik erinnert an die antike R., genauer an die rhetorische Gattungslehre, auch wenn die Einteilung in Textsorten nun nach wesentlich differenzierteren Kriterien erfolgt und eine feiner verzweigte Typologie vorgelegt wurde.

Besonders gewinnbringend für die heutige Textlinguistik sind die rhetorischen Theorien zu *dispositio* und *elocutio*. Mit der rhetorischen *dispositio*-Lehre, die sehr differenziert und weit entwickelt ist, sind diverse Modelle thematischer Entfaltung, mit denen K. Brinker die Struktur von Texten beschreibt, gedanklich vorbereitet. Das rhetorische Wissen um die *elocutio*, v.a. die rhetorische Figurenlehre, liefert ein frühes Instrument zur strukturalen Analyse von Texten. So lässt sich Textkohäsion mit verschiedenen →rhetorischen Figuren (z.B. Anapher, Epipher, Parallelismus, Antithese oder Klimax) erklären. Wie die R. zielt die Textlinguistik auf die Doppelung von Produktionswissen und analytischer Kompetenz und hat sich so zu einer komplexen Theorie unter Wirkungsaspekten entwickelt. Dabei führt sie konstitutive Momente der R. in einer empirisch strengen, von Linguistik und Psychologie beförderten Weise fort. Demgegenüber zeichnet sich die R., auch wenn sie im Vergleich zur Textlinguistik theoretisch und begrifflich unschärfer ist, durch ein pädagogisches Modell aus, das auf die Ausbildung kritischer kommunikativer Kompetenz zielt, die praktische Bedürfnisse erfüllt und in der zugleich ein ideologiekritisches Moment angelegt ist (→Ideologiekritik).

BIBLIOGRAPHIE: R.-A. de Beaugrande/W.U. Dressler, Einführung in die Textlinguistik, Tübingen 1981. – K. Brinker, Linguistische Textanalyse, Berlin ⁶2005. – C. Gansel/F. Jürgens, Textlinguistik und Textgrammatik, Wiesbaden 2002. – H. Kalverkämper, Orientierung zur Textlinguistik, Tübingen 1981. – Ders., Vorläufer der Textlinguistik: die Rhetorik, in: K. Brinker et al. (Hgg.), Text- und Gesprächslinguistik, HSK 16.1, Berlin/New York 2000, 1–17. – G. Ueding/B. Steinbrink, Grundriß der Rhetorik, Stuttgart/Weimar [4]2005.

Olaf Kramer

Rhetorische Figuren

I. Neutestamentlich

‚Rhetorische F.' ist ein Sammelbegriff für eine Vielfalt an Stilfiguren, die auf Wort-, Satzglied- oder Satzebene der Ausschmückung und Verstärkung der Gedanken durch geschickten Ausdruck dienen. Diese reichen von eher einfachen Formen wie z. B. dem Parallelismus von Teilsätzen bis zu kunstvollen Satzperioden, Chiasmen und Tropen, wie z. B. Metonymie, →Metapher und →Allegorie. Die Verfasser der ntl. Schriften, die alle auf Griechisch schrieben, weisen eine Bandbreite an stilistischen Registern auf (M. Reiser, 50–90). In unterschiedlichem Maße werden die Sprache der →Septuaginta und griechische rhetorische F. verwendet, wie sie aus Handbüchern der →Rhetorik und Arbeiten über den →Stil bekannt sind. Die in das 1. Jh. v. Chr. zu datierende Schrift *Rhetorica ad Herennium* (4,13,18) schlägt eine Unterscheidung zwischen Denkfiguren (z. B. lebhafte Beschreibung, Antithese, Vergleich, Erläuterung) und Redefiguren (z. B. Anapher, Antistrophe, Antithese, Paronomasie, Paraleipsis, Aposiopesis) vor. Dass beide Listen die ‚Antithese' anführen, verweist auf die Ungenauigkeit dieser Unterscheidung in der rhetorischen Tradition. Ungeachtet der Debatten über diese Kategorisierungen (z. B. Quint. *inst.* 8,6,1) blieben die Verzeichnisse klassischer Stilfiguren in den hellenistischen und spätantiken Handbüchern weitgehend unverändert.

Beispiele rhetorischer F. aus den Paulusbriefen sind Anapher in 1 Kor 12,4–6. 9–11, Klimax in Röm 5,3–5, Paraleipsis in 1 Thess 4,9 und Phlm 19, Paronomasie in Phlm 11. 20 (s. G.O. Rowe). Weitere Stilfiguren wie Brachylogie und Antithese häufen sich in der paulinischen Prosa und reichen über die Ebene der Ausschmückung hinaus bis in das Zentrum paulinischen Denkens (M.M. Mitchell). Das Vorkommen von rhetorischen F. im AT und NT wurde schon in der Antike wahrgenommen, z. B. in Augustinus' *De Doctrina christiana* (4. Buch) und in der griechischen Abhandlung des Adrianos (5. Jh.?). Aus den homiletischen Schriften wird ersichtlich, dass die griechischen Kirchenväter durchweg rhetorische F. entdeckten: Johannes Chrysostomos betrachtet z. B. Jesu Aussage in Mt 5,17 als προδιόρθωσις, als ‚vorwegnehmende Korrektur' einer möglichen Fehlinterpretation der in 5,21–48 folgenden Antithesen (*hom. in Matt.* 16). Die Debatte über rhetorische F. in den biblischen Texten, insbesondere über die Allegorie, setzt die Urteilsfähigkeit über die literarischen Ebenen und Stilformen der Verfasser der Texte sowie über die Klarheit oder Unklarheit der Schrift voraus.

Bibliographie: R.D. Anderson, Glossary of Greek rhetorical terms, Leuven 2000. – M.M. Mitchell, Rhetorical shorthand in Pauline argumentation, in: L.A. Jervis/P. Richardson (Hgg.), Gospel in Paul, Sheffield 1994, 63–88. – M. Reiser, Sprache und literarische Formen des Neuen Testaments, Paderborn 2001. – G.O. Rowe, Art. Style, in: S.E. Porter (Hg.), Handbook of classical rhetoric in the Hellenistic period (330 B.C.–A.D. 400), Leiden 2001, 121–157.

Margaret M. Mitchell

II. Altphilologisch

Rhetorische F. als kunstvoll gestaltete Abweichungen vom normalen Sprachgebrauch begegnen seit der Antike sowohl in Prosa- als auch Poesietexten und sind Gegenstandsbereich der rhetorischen und der poetologischen Theorie. Sie werden in der →Rhetorik im Rahmen der mit sprachlich-stilistischer Gestaltung befassten *elocutio* unter der Rubrik *ornatus* (Redeschmuck) behandelt und in Differenzierung zum Einwortschmuck (Tropen) als Mehrwortschmuck definiert. Unter den variierenden Taxonomien ist die trichotomische Gliederung in Tropen, (Mehr-)Wortoder Ausdrucksfiguren und Gedanken- oder Inhaltsfiguren in der Antike wie auch in der mittelalterlichen und neuzeitlichen →Rezeption die erfolgreichste. Der *ornatus*-Gebrauch ist an die drei Stilarten mit ihren spezifischen Wirkabsichten gebunden. Durch eine funktionalistische Bestimmung des Redeschmucks im Rahmen der →Hermeneutik und Homiletik kann Augustinus rhetorische F. auch für den christlichen Gebrauch nutzbar machen (*doctr. chr.* 4).

Die Figurenlehre, von der antiken Rhetorik als normatives Regelwerk für die Textproduktion entwickelt, wird von der Klassischen Philologie als Instrumentarium der Textanalyse verwendet. Die in der Forschung angewandten Taxonomien, die genetische Systematisierung nach Änderungskategorien sowie die für das Figureninventar verwendete Terminologie orientieren sich an antiken Modellen. Die heutige Forschung rückt den funktionalen Aspekt der rhetorischen F. in den Mittelpunkt, wobei die argumentative und Erkenntnis fördernde Funktion der Figuren gegenüber der *ornatus*-Funktion hervorgehoben wird. In der literaturwissenschaftlichen Analyse wird die Verwendung von rhetorischen F. unter Berücksichtigung der bereits von der antiken Literaturkritik und Redetheorie festgestellten Interdependenz von Rhetorik und literarischem Schaffen in Poesie oder Kunstprosa betrachtet: Rhetorische F. finden sich bereits seit den homerischen Epen und sind somit älter als ihre Systematisierung in der rhetorischen Theorie. Ihre Behandlung im Rednerunterricht wirkt jedoch, je nach Geschmack der Epoche verschieden stark, zurück auf die → Literatur. Die besonders unter Augustus und für die Kaiserzeit festgestellte Interaktion von rhetorischer Ausbildung und literarischem Schaffen schlägt sich auch in der Verwendung rhetorischer F. nieder (z.B. bei Ovid, Lucan, Statius). Die Figurenlehre muss als unzulänglich gelten, wenn eine umfassende Beschreibung des →Stils (als charakteristischen Sprachprofils) eines Textes vorzunehmen ist. Die Stilistik berücksichtigt von der Figurenlehre nicht abgedeckte Ausdrucksmittel, z.B. auf der Ebene der →Syntax. Von der Bezeichnung rhetorische F. wird unter Verweis auf den vorrhetorischen →Ursprung häufig abgerückt und alternativ von Stilfiguren gesprochen.

Bibliographie: M.S. Celentano et al. (Hgg.), Skhèma/Figura. Formes et figures chez les Anciens, Paris 2004. – M. Fuhrmann, Die antike Rhetorik, Düsseldorf/Zürich [5]2003. – J. Knape, Art. Figurenlehre, in: HWRh 3 (1996), 289–342. – M. Landfester, Einführung in die Stilistik der griechischen und lateinischen Literatursprachen, Darmstadt 1997. – S.E. Porter, Handbook of classical rhetoric in the Hellenistic period (330 B.C.–A.D. 400), Leiden u.a. 1997. – C. Walde, Art. Figuren, in: DNP 4 (1998), 512–516.

Jochen Schultheiß

III. Literaturwissenschaftlich

Bereits in der antiken →Rhetorik entstand ein ausführlicher Katalog rhetorischer F. zur Klassifikation textstruktureller Phänomene für die rednerische Praxis und Ausbildung. In der umfassendsten Bedeutung des Wortes meint man mit rhetorischen F. sowohl Wort- und Gedankenfiguren als auch Tropen (Metapher, Metonymie etc.). Rhetorische F. dienen von Beginn an nicht nur dazu, die Rede auszuschmücken (*ornatus*), sondern auch zur Herstellung von Angemessenheit, Klarheit und Evidenz. Auch literarische Texte sind ein Geflecht rhetorischer F.; entsprechend übt die rhetorische Figurenlehre bereits in der Antike Einfluss auf die →Literatur aus und wird zudem als ein Werkzeug zur Analyse literarischer Figuren eingesetzt. Bis heute spielen rhetorische F. in der Literaturwissenschaft eine Rolle, zumal literarische Texte bis in den Barock hinein nach den Regeln der Rhetorik verfertigt wurden.

Eine erschöpfende Systematisierung rhetorischer F. hat im 20. Jh. H. Lausberg vorgelegt, der sein *Handbuch der literarischen Rhetorik* als „Grundlegung der Literaturwissenschaft" verstanden hat. Er hat mit seinem Werk der rhetorischen Textanalyse und Literaturwissenschaft eine sichere begriffliche Orientierung gegeben, allerdings wurde so auch die literaturwissenschaftliche Wahrnehmung der Rhetorik als eines Systems konventioneller Ausdrucksmittel gefördert. Figurenhandbücher liegen inzwischen in großer Zahl vor (H. Morier; R.A. Lanham; H. Schlüter). Problematisch ist jedoch, dass eine Figurenanalyse oftmals nur die Struktur des Textes beschreibt und damit nur von begrenztem Wert ist, obwohl die Figuren unter Berücksichtigung ihrer appellativen und ästhetischen Funktion auch einen hermeneutischen Zugriff auf den Text ermöglichen könnten.

In den 1930er Jahren hat K. Burke in seinem *Counter-Statement* gefordert, die Literaturwissenschaft solle sich um eine rhetorische Perspektive bemühen, um zu verstehen, mit welchen Mitteln in Texten Wirkungen erzeugt werden, wodurch sich die rhetorische Figurenlehre und die literarische →Hermeneutik gegenseitig befruchtet haben. Im *Rhetorical Criticism* haben sich rhetorische Figurenanalyse, hermeneutischer Zugang und wirkungsorientierte Analyse miteinander verbunden, nachdem etwa W.C. Booth die rhetorische Kritik in den Literaturwissenschaften etablierte und E. Black in seiner Theorie stilistische Eigenheiten ausdrücklich nicht als ornamentales Beiwerk, sondern als inhaltlich aufschlussreiches Element verstand. Auch deutsche Forscher haben entsprechende →Methoden übernommen, so hat C.J. Classen die →Interpretation religiöser Texte mit Mitteln des *Rhetorical Criticism* angeregt.

BIBLIOGRAPHIE: J.R. Andrews, The practice of rhetorical criticism, New York [2]1990. – W.C. Booth, The rhetoric of fiction, Chicago 1961. – C.J. Classen, Rhetorical criticism of the New Testament, Tübingen 2000. – H. Lausberg, Handbuch der literarischen Rhetorik, Stuttgart [3]1990. – H.F. Plett, Einführung in die rhetorische Textanalyse, Hamburg [8]1991.

Olaf Kramer

IV. Textlinguistisch

Die Lehre von den rhetorischen F. ist das historisch gesehen früheste Modell zur strukturalen Analyse von →Texten und bietet mit zahlreichen Differenzierungen ein umfassendes begriffliches Instrumentarium. Spätestens bei Quintilian (ca. 35–100 n. Chr.), der das rhetorische Wissen seiner Zeit enzyklopädisch zusammenstellte, ist die fehlende systematische Stringenz der antiken Vorlagen jedoch nicht mehr zu leugnen: Unterschiedliche →Autoren haben einzelne Figuren immer wieder anders benannt und strukturale Phänomene in variianter Weise klassifiziert. Bis in die Neuzeit hat es immer wieder neue Variationen und Modellbildungen gegeben, die das antike Wissen philologisch rekonstruierend erschließen (etwa J.C.G. Ernesti im 18. Jh., H. Lausberg im 20. Jh.). Mit dem Aufschwung der Linguistik entstanden dann auch systematisch neue Ansätze zur Klassifizierung rhetorischer F. Einflussreich war z.B. der Versuch der Mitglieder der Lütticher Groupe μ (J. Dubois, J.-M. Klinkenberg u.a.), die rhetorische Figurenlehre neu zu gliedern und zu konzeptualisieren. Grundlegend ist hier die Annahme einer sprachlichen Nullstufe (*degré zéro*), die über vier Basisoperationen (Subtraktion, Addition, Substitution und Permutation) variiert werden kann. Das Modell nimmt die rhetorischen Änderungskategorien auf, versucht aber Prozesse der Deviation linguistisch präzise zu fassen. Ähnlich hat H.F. Plett eine stringente Systematisierung von Figuren in verschiedene Klassen vorgenommen, um für die rhetorische Textanalyse ein handhabbares Instrumentarium zur Verfügung zu stellen.

Innerhalb der amerikanischen *New Rhetoric* sind, ausgehend von N. Chomskys generativer Linguistik, Beiträge zur rhetorischen Figurenlehre entstanden, die für die Textlinguistik bedeutsam sind. F. Christensen regt an, generative Prinzipien nicht nur auf der Satzebene, sondern auch in größeren Textabschnitten anzunehmen. R. Ohmann entwickelt eine linguistische Rhetorik, die den Bereich der *elocutio* in neuartiger Weise behandelt. Mit dem Aufkommen der Textlinguistik hat sich die Perspektive bei der Beschäftigung mit rhetorischen F. grundlegend gewandelt, da nun auch größere Einheiten untersucht werden, nicht nur einzelne Sätze. Dabei stehen ausgewählte rhetorische F. im Mittelpunkt. Textkohäsion etwa kann durch Figuren wie Anapher, Epipher, Parallelismus, Antithese oder Klimax hergestellt werden. Weitere Merkmale von →Textualität, die R.-A. de Beaugrande/W.U. Dressler entwickelt haben, sind als Variation rhetorischer Stilprinzipien, die innerhalb der Rhetorik die Verwendung rhetorischer F. reglementierten, zu sehen. So sind Akzeptabilität und Situationalität in der antiken Rhetorik als Probleme äußerer Angemessenheit behandelt worden, die Kohärenz lässt sich als eine Frage innerer Angemessenheit betrachten. Sowohl rhetorische F. als auch Stilprinzipien gelten innerhalb der Textlinguistik jedoch als nicht hinreichend präzise Vorläufermodelle zur Analyse von Texten.

BIBLIOGRAPHIE: R.-A. de Beaugrande/W.U. Dressler, Einführung in die Textlinguistik, Tübingen 1981. – K. Brinker, Linguistische Textanalyse, Berlin [5]2001. – F. Christensen, Notes toward a new rhetoric, New York 1967 [[2]1978]. – J. Dubois et al., Allgemeine Rhetorik, München 1974. – U. Fix et al., Textlinguistik und Stilistik für Einsteiger, Frankfurt a.M. [2]2002. – H. Kalverkämper, Orientierung zur Textlinguistik, Tübingen 1981. – Ders., Vorläufer der Textlinguistik: die Rhetorik, in: K. Brinker et al. (Hgg.), Text- und Gesprächslinguistik, HSK 16.1, Berlin/New York 2000, 1–17. – H. Lausberg, Handbuch der literarischen Rhetorik, München 1960 ([3]1990). – R. Ohmann, Speech, action and style, in: S. Chatman (Hg.), Literary style: a symposium, London/New York 1971, 241–254. – H.F. Plett, Einführung in die rhetorische Textanalyse, Hamburg [8]1991. – Ders., Systematische Rhetorik, München 2000.

Olaf Kramer

S

Sache/Sachkritik

I. Neutestamentlich

Das deutsche Wort S. fungiert in der Rechtswissenschaft, in der Philosophie und in der Alltagssprache als Oberbegriff, mit dem materielle und immaterielle Gegenstände bezeichnet werden, die sich handhaben und erklären lassen. Sein Gegenbegriff ist Person. In der Hermeneutik werden S. und →Text einander gegenübergestellt. Der Begriff rührt damit an eine erkenntnistheoretische Grundfrage, die bereits Plato stellt, wenn er fragt, ob die S.en (πράγματα, ὄντα) so, wie sie scheinen (φαίνεται), oder in ihrem wesenhaften Sein (οὐσία) von der Sprache erreicht werden (*Cra.* 411 BC). Die Linguistik erfasst die Beziehung von Sprache und Wirklichkeit im Begriff *frame.* Sie bezeichnet damit stabile konzeptuelle Erfahrungszusammenhänge, die eine effiziente Kommunikation ermöglichen (U. Detges, 36).

Die Methode der *Sachkritik* überprüft die Sachaussagen der antiken Texte an den sachlichen und technischen Voraussetzungen (H. Delbrück). Die *theologische Sachkritik* fragt bedeutungsorientiert, ob der Text die von ihm gemeinte S. adäquat zur Sprache bringt (R. Bultmann). Die theologische Sachkritik biblischer Texte ist bis heute umstritten. A. Jülicher führt den Begriff S. im Rahmen seiner Gleichnistheorie in die ntl. Wissenschaft ein.

In der existenzphilosophischen Hermeneutik steht S. für einen sprachlich vermittelten extratextualen Gegenstand, durch den sich gewichtige Bedeutungen erschließen. M. Heidegger möchte „über den sprachlichen Ausdruck zurück zur Sache“ gelangen (5). H.-G. Gadamer definiert als Ziel des hermeneutischen Prozesses das „Einverständnis in der Sache“ (276). Für das NT entwickelt R. Bultmann das Konzept einer theologischen → Exegese als *Sachexegese.* In deren Vollzug sollen die Beziehung von Text und S. sowie die Beziehung von Interpret und S. näher bestimmt werden. Diese Sachexegese soll „die S. selbst“ erreichen, die „Wahrheitsfrage“ stellen und schließlich theologische Sachkritik üben (17–19). J. Derrida wendet sich gegen diesen Sachbezug der existenzphilosophischen Hermeneutik und fordert den „Bruch des Bezuges“ als Voraussetzung einer textgemäßen Interpretation (J. Derrida/H.-G. Gadamer, 51–54).

In der biblischen Exegese dominiert ein modifizierter →Historismus: Die ‚Wahrheit der S.‘ wird in einem harten Kern von Fakten gesehen, der zwar nur sprachlich vermittelt zugänglich ist, der aber dennoch eine extratextuale und extrafiktionale Wirklichkeit erschließt (S. Byrskog, 306).

BIBLIOGRAPHIE: R. Bultmann, Das Problem einer theologischen Exegese, in: Ders., Das Neue Testament und christliche Existenz, Tübingen 2002, 13–38. – S. Byrskog, Story as history – history as story, Tübingen 2000. – H. Delbrück, Geschichte der Kriegskunst, Berlin 1964. – J. Derrida/H.-G. Gadamer, Der ununterbrochene Dialog, Frankfurt a. M. 2004. – U. Detges, Grammatikalisierung, Tübingen 2001. – A. Eckl, Logos, Name und Sache im Kratylos, Würzburg 2003. – H.-G. Gadamer, Wahrheit und Methode, Tübingen 1975. – M. Heidegger, Zur Sache des Denkens, Tübingen 1976. – A. Jülicher, Die Gleichnisreden Jesu, Darmstadt 1963.

Lukas Bormann

II. Systematisch-theologisch

Mit der Frage nach der ‚S.‘ geht die Suche nach →Wahrheit einher. Kritisches Bewusstsein überprüft eine Bezeichnung auf ihre Richtigkeit an dem, was sie bezeichnet (vgl. das korrespondenztheoretische Wahrheitsverständnis mit seinem Insistieren auf Übereinstimmung von Aussage und S.). I. Kant problematisiert jenen immer noch naiv-optimistischen Realismus durch seine Infragestellung der Überzeugung, das „Ding an sich" als subjektunabhängiges Kriterium wahrnehmen zu können. Erkenntnis gebe es nur in der Verknüpfung von sinnlicher Anschauung und kategorialer Verstandesleistung. Dagegen will E. Husserls Phänomenologie „auf die ‚Sachen selbst' zurückgehen" (10). Aus dem Blickwinkel der →Semiotik wird jedoch der Sachbezug von Zeichen wieder zum Problem, insofern der unendliche Prozess des Weiterverweisens zwischen →Zeichen und →Bedeutung die referentielle Verifikation vernachlässigen kann (unbegrenzte Semiose). Nicht erst vom Dialogischen Personalismus des 20. Jh.s wird der Unterschied zwischen S. und *Person* eingeschärft.

In die Problementwicklung ist auch die Theologie involviert. Einen Brennpunkt bildet hier das Schriftverständnis. In welchem Maße ist die S. des biblischen Textes vom → Verstehen und →Auslegen der Rezipienten abhängig, ohne dabei die kritische Autorität gegenüber denselben (z.B. in Gestalt von Tradition und kirchlichem Lehramt) einzubüßen? Diese Frage spitzt sich unter der historischen Kritik der →Exegese zu. Im Überbietungsgestus ihr gegenüber fordert K. Barth das kritische „Messen" der biblischen Texte an ihrer „Sache" ein (XVIIIf.), „bis das Gespräch zwischen Urkunde und Leser ganz auf die *Sache* (die hier und dort keine verschiedene sein *kann!*) konzentriert ist" (XVII). Barths pneumatologische Erklärung hierzu liefert das Grundmuster für hermeneutische Konzepte im Horizont des dritten Credo-Artikels. R. Bultmann hingegen thematisiert *„das vorgängige Lebensverhältnis zu der Sache*, die im Text direkt oder indirekt zu Worte kommt und die das Woraufhin der Befragung leitet" (227). Über die Wirkung seiner →existentialen Interpretation hinaus weist er damit den Weg für das methodologische Problembewusstsein der theologischen Hermeneutik im 20. Jh. Diese sucht zunehmend das Gespräch mit Literaturwissenschaft, Sprachphilosophie, Linguistik und Semiotik. Dabei verschiebt sich das Interesse auf die Frage nach dem →*Sinn* des Textes. Zugleich tritt der personale Anrede-Charakter als Grundstruktur des biblischen →Kerygmas in den Vordergrund, auch wenn sich in den Texten beider Testamente bereits die notwendige ‚Versachlichung' von den impliziten Performativen in der pluralen Sprache der religiösen Lebenswelt zu den Konstativen der Glaubensreflexion vollzieht, jedoch für die Auslegung die darin artikulierte Sachwahrheit auf die zugrunde liegende Begegnungswahrheit rückführbar bleiben muss.

BIBLIOGRAPHIE: K. Barth, Der Römerbrief (1922), Zürich [15]1999. – R. Bultmann, Das Problem der Hermeneutik, in: Ders., Glauben und Verstehen II, Tübingen 1968, 211–235. – E. Husserl, Logische Untersuchungen II/1, hg. v. U. Panzer, Husserliana XIX/1, Den Haag 1984. – M. Petzoldt, Wahrheit als Begegnung, in: Ders., Christsein angefragt, Leipzig 1998, 25–40.

Matthias Petzoldt

Satz

I. Altphilologisch

S. (engl. *sentence*; frz. *phrase*) bezeichnet eine syntaktisch-semantische Beschreibungseinheit, die sich auf ein Wort/eine Wortgruppe oder auch auf einen Text/Diskurs beziehen kann. Die aus der Philosophie und Rhetorik übernommene antike Terminologie für S. (griech. λόγος, λέξις, lat. *oratio, sententia*) hatte ein weites Bedeutungsspektrum: Diskurs, Artikulation, Äußerung, Proposition, Aussage, Sprichwort, Formulierung usw. Die antiken Autoren geben keine linguistisch befriedigende Definition von S. Während z.T. durchaus formale Aspekte der Satzkonstruktion einbezogen wurden (z.B. im Zusammenhang mit Konjunktionen, Kasus, Modi und Tempora oder in der Analyse para- und hypotaktischer Sätze), nehmen antike Autoren den S. entweder (1) aus rhetorischer Perspektive in den Blick (Prosodie, Rhythmik, verschiedene Illokutionstypen, vgl. z.B. Aristoteles' *Rhetorica* und Dionysius von Halikarnass' *De compositione verborum;* die stilistisch unangemessene Konstruktion eines S.es wurde Teil der rhetorisch-puristischen → Grammatik, nämlich in der Lehre vom Hellenismos und Latinismus/*latinitas*) oder (2) aus philosophischer Perspektive (formal-logische Analyse der →Propositionen, die Wahres oder Falsches aussagen).

Der S. wurde in der Antike niemals Gegenstand einer genuin grammatischen Analyse, z.B. bezüglich seiner morphosyntaktischen Struktur. Daher wurde eine Anzahl von Einsichten nie systematisch integriert: (1) Plato (*Sph.* 262a-c) definierte λόγος als die Zusammenfügung (συμπλοκή) eines Substantivs (in Subjektposition) und eines ‚rhematischen' (prädikativen) Elements; dies wurde der Ausgangspunkt für die Analyse assertiver Propositionen als ‚Subjekt' und ‚Prädikat'. (2) Unter dem Einfluss der stoischen Theorie von vollständigen und unvollständigen λεκτά (→ Semantik) vertraten die antiken Grammatiker die Auffassung, der S. drücke einen vollständigen Gedanken aus (λόγος αὐτοτελής; *oratio/sententia perfecta*). Dieser Gedanke, in der *Τέχνη γραμματική* des Dionysius Thrax dargelegt, wurde in Apollonius Dyscolus' Περὶ συντάξεως (*Synt.*) weiterentwickelt und von lateinischen Grammatikern wie Diomedes, Charisius, Marius Victorinus und Priscian übernommen (vgl. Keil, *Grammatici Latini* I 300; II 53; II 432; III 116; VI 5).

Der (begrenzte) Beitrag, den die antike Grammatik zur Definition des S.es leistet, liegt in der Erkenntnis, dass der S. das Resultat eines (grammatisch eingeschränkten) Prozesses der Zusammensetzung ist, der auf Buchstabenebene beginnt und zum S. führt. Griechische Autoren beziehen sich auf diesen Prozess allgemein mit den Termini σύνθεσις (Dionysius Thrax, § 11) und σύνταξις (Apollonius Dyscolus, Περὶ συντάξεως, A § 2); lateinische Autoren bedienen sich der Termini *compositio*, *ordinatio* oder *constructio*. Eine synthetische Definition von S. findet sich bei Diomedes (*Grammatici Latini* II 300: *compositio dictionum consummans sententiam remque perfectam significans,* ‚eine Zusammensetzung von Wörtern, welche eine Bezeichnung erfüllt und etwas Vollendetes bedeutet').

Bibliographie: R. Amacker, Sur la théorie de la phrase chez les grammairiens latins, in: Actes du troisième colloque régional de linguistique, Strasbourg 1989, 17–41. – M. Baratin, La naissance de la syntaxe à Rome, Paris 1989. – P. Büttgen et al. (Hgg.), Théories de la phrase et de la proposition de Platon à Averroès, Paris 1999. – F. Charpin, L'idée de phrase grammaticale et son expression en latin, Paris/Lille 1977. – Ders., La notion de phrase: l'héritage des anciens, in: I. Rosier (Hg.), L'héritage des grammairiens latins de l'Antiquité aux Lumières, Paris/Louvain 1988, 57–68. – G. Nuchelmans, Theories of the proposition, Amsterdam 1973. – S. Schad, A Lexicon of Latin grammatical terminology, Pisa/Rom 2007. – J. Stéfanini, Sur la notion de phrase et son histoire, in: Recherches sur le français parlé 3 (1981), 7–18.

Pierre Swiggers/Alfons Wouters

II. Textlinguistisch

Sätze sind sprachliche Einheiten, die relativ selbständig und abgeschlossen sind. Ein einfacher S. besteht aus einem finiten Verb und den vom Verb geforderten Satzgliedern (vgl. Duden, Bd. 4, 2005, 772). Die Grenze zwischen einem einfachen und einem komplexen S. wird dann überschritten, wenn eine Satzreihe (Hauptsatz + Hauptsatz) oder ein Satzgefüge (Hauptsatz + Nebensatz) vorliegt. In Satzreihen stehen einzelne, in der Regel selbständig vorkommende Sätze in einer nebengeordneten Relation. Man spricht in diesem Zusammenhang von Parataxe – im Gegensatz zur Hypotaxe, womit die Unterordnung von Sätzen in Satzgefügen bezeichnet wird. Ein Satzgefüge besteht aus einem Hauptsatz und einem oder mehreren Nebensätzen, die diesem Hauptsatz untergeordnet sind und nicht selbständig vorkommen können. Die Nebensätze lassen sich weiter klassifizieren nach ihrem Einleitewort (z.B. als Konjunktionalsatz), aber auch nach ihrer semantischen Beziehung zum übergeordneten S. (z.B. als Kausal-, Temporal- oder Konditionalsatz). Eine weitere Subklassifikation nimmt Bezug auf die syntaktische Funktion, die die Nebensätze im Satzgefüge übernehmen. So besteht der komplexe S.: *Er arbeitete, bis es fünf Uhr schlug* aus einem Haupt- und einem Nebensatz, wobei der Nebensatz ein Konjunktionalsatz ist (denn er wird durch die Konjunktion *bis* eingeleitet) und in der syntaktischen Funktion eines temporalen Adverbials auftritt.

Jeder S., ob einfach oder komplex, lässt sich einer Satzart zuordnen (auch Satztyp/Satzmodus genannt). In einigen Grammatiken des Deutschen werden fünf Satzarten unterschieden: Aussagesatz (Deklarativsatz), Fragesatz (Interrogativsatz), Aufforderungssatz (Imperativsatz), Wunschsatz (Desiderativsatz) und Ausrufesatz (Exklamativsatz); in anderen werden der Exklamativsatz und der Desiderativsatz unter die anderen Satzarten subsumiert. Im prototypischen Fall nimmt die Einteilung in Satzarten Bezug auf die Modalität des S.es, also auf die Art und Weise, wie der Sprecher seine Einstellung zu dem im S. geäußerten Sachverhalt ausdrückt, ob er also etwas mitteilen, eine Frage stellen oder zu einer Handlung auffordern möchte. Letzten Endes geben aber formale Kriterien den Ausschlag. Beispielsweise ist ein prototypischer Aussagesatz daran zu erkennen, dass das finite Verb im Indikativ steht und die zweite syntaktische Position im S. besetzt. Eben dies trifft aber nicht nur auf einen Aussagesatz wie: *Ich lese ein Buch* zu, sondern auch auf Äußerungen vom Typ: *Ich fordere dich auf, jetzt zu gehen.* Dabei handelt es sich formal-syntaktisch um einen Aussagesatz, auch wenn damit eine Aufforderungshandlung verbunden wird.

BIBLIOGRAPHIE: Duden, Bd. 4, Die Grammatik, Mannheim u.a. ^{7}2005. – C. Dürscheid, Syntax, Göttingen ^{4}2007. – P. Eisenberg, Grundriss der deutschen Grammatik, Bd. 2, Stuttgart/Weimar ^{3}2006.

Christa Dürscheid

Schreiben →Schrift/Schreiben/Schreiber

Schreiber →Schrift/Schreiben/Schreiber

Schrift/Schreiben/Schreiber

I. Alttestamentlich

S. nennen wir Systeme graphischer Notation von →Sprache. S.en sind unabhängig voneinander in verschiedenen Kulturkreisen der Erde entstanden, und zwar im Zusammenhang der Urbanisierung und Staatenbildung, die eine Kontrolle und Speicherung der anfallenden, keinem →Gedächtnis anzuvertrauenden Fülle administrativer und wirtschaftlicher Daten erforderte. In Mesopotamien geht ihre Entstehung bis ins 4. Jt. zurück mit langem Vorlauf in ‚Zählsteinen', einem vorschriftlichen Notationssystem für Waren und Zahlen. In Ägypten entsteht die S. ohne erkennbare Vorstufen zugleich mit dem Staat und dient von Anfang an neben der ökonomischen Registratur auch der Repräsentation des Königtums und seiner Staatsaktionen. Dieser Doppelfunktion entsprechend entwickeln die Ägypter die ‚hieroglyphische' Monumentalschrift, die ihre Bildlichkeit uneingeschränkt beibehält, und eine ‚hieratische', weitgehend abstrakte Kursivschrift. Wie die Keilschrift und die chinesische S. kodiert die ägyptische S. neben phonetischen auch semantische Informationen, ist also eine kombinierte Laut- und Sinn-Schrift. Den Schritt zur reinen Lautschrift vollzieht erst die (seit ca. 1800 v. Chr. bezeugte) protosinaitische S., die von Nomaden aus ägyptischen Hieroglyphen entwickelt, zur Grundlage des phönizischen, hebräischen und aramäischen Alphabets und damit auch unserer S. geworden ist. Die Verwendung der S. hat sich im Laufe des 3. Jt.s in Ägypten und Mesopotamien von ihren Kernbereichen ausgehend auch auf andere kulturelle Gebiete ausgedehnt, wobei in Ägypten v. a. die Beschriftung der Gräber mit Totentexten (Pyramidentexte) und biographischen Inschriften und in Mesopotamien die Kodifizierung von Wissen (insbesondere Wortlisten und Omina) der Aufzeichnung im engeren Sinne literarischer Texte, also der Verschriftung des ‚kulturellen Gedächtnisses' vorangehen. Anders als in Indien und bei den Kelten, wo die kanonischen religiösen →Texte nicht verschriftet werden durften, sondern auswendig gelernt werden mussten (damit sie nicht Unbefugten in die Hände fielen, ein Vorbehalt gegen die S., den noch Plato teilt), dient im Alten Orient die S. gerade auch zur Fixierung der heiligen Texte. Mit der Kunst des Schreibens verbindet sich in diesen Kulturen daher ein hohes Prestige politischer (Beamte=Schreiber) und religiöser (Priester=Schreiber) Natur.

Der Erwerb der S. bedeutet einen Evolutionsschritt gleichen Ranges wie der Erwerb der Sprache. Wie die Sprache das Leben in Gemeinschaft, so fundiert die S. das Leben in Staaten und ermöglicht durch die Befreiung vom Wiederholungszwang der rituellen →Kommunikation und die Entlastung des Gedächtnisses eine Evolution des Wissens, die allerdings je nach gesellschaftlichem, politischem und kulturellem Kontext in ganz verschiedene Richtungen führen kann. V.a. das mit dem Theorem der ‚Achsenzeit' verbundene Aufkommen theoretischer und religiöser Diskurse mit universalem Geltungsanspruch in Ost (China: Konfuzius, Menzius, Laotse; Indien: Buddha; Persien: Zarathustra) und West (Israel: Propheten; Griechenland: Philosophie) wäre ohne S. nicht denkbar. Im fernen und vorderen Orient entstehen hochverbindliche Sammlungen →heiliger S.en (→ ‚Kanon'), in Griechenland kommt es zur Form des wissenschaftlichen Diskurses, in dem die Texte kritisch aufeinander aufbauen, zur ‚agonistischen Intertextualität' (H. v. Staden).

Im Kontext des biblischen Monotheismus kehrt sich das Verhältnis von Text und Kult gegenüber den altorientalischen Hochkulturen um. Nicht der Kult heiligt den Text, sondern der Text den Kult. An die Stelle der prophetischen →Auslegung des göttlichen Willens tritt die S., die diesen Willen ein für allemal kodifiziert. Dem Kultmonopol Jerusalems entspricht das Weisungsmonopol der S., des ‚Buches' (*sefer*) und seiner Tradenten, der ‚Schriftgelehrten' (soferim). An die Stelle der Konstellation von Gott und Prophet in Form eines dynamischen und ‚pneumatischen' Prozesses tritt die Konstellation von S. und →Interpret. Schon Jeremia wendet sich gegen die ‚Schriftgelehrten', die sich im ‚Besitz' der Tora wähnen, weil sie das Schriftstück in Händen halten und glauben, damit gerecht und weise zu sein (Jer 8,8). Diese Linie einer prophetischen Schriftkritik setzt sich mit Jesus und Paulus fort. Paulus spitzt das Problem auf die Polarität von γράμμα und πνεῦμα zu: der Buchstabe tötet, der Geist macht lebendig (2 Kor 3,6). Was γράμμα hier bedeutet, erhellt aus Röm 7,6: es ist das Gesetz, das tötet, wenn es in seiner buchstäblichen ‚Gegebenheit' zum Medium menschlichen Selbstrechtfertigungsstrebens instrumentalisiert und zum Heilsweg verdinglicht wird. Die jüdische Lösung dieses Problems bildet die Lehre von der ‚mündlichen Tora', die Mose zusammen mit der schriftlichen auf dem Sinai empfangen hat und die in der ‚Kette der Tradition' von Lehrer zu Schüler weitergegeben schließlich in Gestalt des Talmud verschriftet wurde. ‚Gegeben' im Sinne der schriftlichen Fixierung ist nur der Text; der Sinn dagegen entfaltet sich im unabschließbaren Prozess der Auslegung und kann nur ‚dialogisch' (M. Buber), im gemeinsamen Bemühen gesucht werden.

BIBLIOGRAPHIE: E. Biser, Die Bibel als Medium, Heidelberg 1990. – C. Colpe, Art. Heilige Schriften, in: RAC 14 (1987), 184–223. – D. Diringer, Writing, London/New York 1962. – K. Földes-Papp, Vom Felsbild zum Alphabet, Stuttgart 1966. – I.J. Gelb, A study of writing, Chicago 1952. – B. Gerhardsson, Memory and manuscript: oral tradition and written transmission in rabbinic Judaism and early Christianity, Uppsala 1961. – G. Grube et al. (Hgg.), Schrift: Kulturtechnik zwischen Auge, Hand und Maschine, München 2005. – H. Haarmann, Universalgeschichte der Schrift, Frankfurt 1990. – E. Havelock, Schriftlichkeit, Weinheim 1990. – W. Raible, Zur Entwicklung von Alphabetschrift-Systemen, Heidelberg 1991. – B. Sass, The genesis of the alphabet and its development in the second millenium B.C., Wiesbaden 1988.

Jan Assmann

II. Neutestamentlich

Die grundsätzliche Zusammengehörigkeit von S., Sprache und Schreiben (z.B. Hebräisch mit hebräischen Buchstaben von rechts nach links) ist praktisch an die Kenntnisse des Schreibers gebunden. Auf der in Santa Croce in Rom aufbewahrten fragmentarischen Kopie (?) des Kreuzestitulus (vgl. Joh 19,19–20) laufen sowohl die hebräische als auch die griechische und lateinische Inschrift von rechts nach links, was auf die Beheimatung des Schreibers im Hebräisch-Aramäischen schließen lässt. Die ntl. S.en wurden ursprünglich wohl alle auf Papyrusrollen geschrieben (gegen E.-M. Becker, 64–69; 2 Kor z.B. könnte auf einer Rolle von 25 x 150 cm Platz gefunden haben). Dass die Codex-Form vermutlich im frühen Christentum zuerst eingeführt wurde, mit Sicherheit aber dort rasch Verbreitung fand, lässt sich vielleicht mit großteils ärmlichen Verhältnissen erklären (bei der Codex-Form konnten die Blätter beidseitig beschrieben werden) oder mit der Möglichkeit, eine größere Anzahl von S.en (z.B. alle vier →Evangelien) in einem Codex unterzubringen (vgl. T.C. Skeat).

Bezüglich des ‚Schreibers' sind mindestens vier Rollenverständnisse zu unterscheiden:

(1) Ein Berufsschreiber oder Sekretär wurde von Paulus für die Niederschrift einiger Briefe verwendet (bes. deutlich Röm 16,22). Sein Einfluss auf Form und Inhalt ist unklar. Der Sekretär hatte nicht nur die Aufgabe, das ihm Diktierte orthographisch korrekt niederzuschreiben, sondern ggf. auch das für bestimmte Dokumenttypen relevante Formular zu beachten oder Entwürfe auszuformulieren. (2) Im römischen Verwaltungsapparat begegnet der γραμματεύς als Beamter relativ hohen Ranges, abhängig von der Größe der Verwaltungseinheit (im ägyptischen Gau z. B. fungiert der ‚königliche Schreiber' als zweithöchster Beamter und Stellvertreter des Strategen; in der dörflichen Einheit steht der ‚Dorfschreiber' an oberster Stelle). Dass er v. a. auch für die Finanzen zuständig war, entspricht dem breiten Verständnis von griech. γράφω (‚schreiben, malen, einmeißeln, buchen, verrechnen'). Der in Apg 19,35 für Ephesus erwähnte γραμματεύς war offensichtlich der ‚Stadtsekretär', der gemeinsam mit dem Strategen der Bürgerschaft vorstand. (3) Speziell der jüdischen Gesellschaft zuzuordnen ist der γραμματεύς als ‚Schriftgelehrter', der seine Aufgabe darin sieht, über die ‚S.' schlechthin (γραφή im Sinne der Tora der hebräischen Bibel) maßgeblich Bescheid zu wissen. (4) Für die Textüberlieferung relevant ist auch die Rolle des Schreibers (Kopisten) von Handschriften.

Bibliographie: P. Arzt-Grabner, Philemon, Göttingen 2003, 240–243. – E.-M. Becker, Schreiben und Verstehen, Tübingen/Basel 2002. – K. Haines-Eitzen, Guardians of letters, Oxford 2000. – A.R. Millard, Pergament und Papyrus, Tafeln und Ton, Gießen/Basel 2000. – E.R. Richards, The secretary in the letters of Paul, Tübingen 1991. – T.C. Skeat, The origin of the Christian codex, in: ZPE 102 (1994), 263–268.

Peter Arzt-Grabner

III. Judaistisch

Die Schreibkenntnis und -tätigkeit scheint im antiken Judentum nicht allgemein vertreten, sondern auf bestimmte Kreise beschränkt gewesen zu sein. An erster Stelle sind hier die berufsmäßigen Schreiber (*sofer/-im*) zu nennen, die ihrer jeweiligen Ausbildung gemäß mit der Abfassung von Briefen, Dokumenten, oder Torarollen beschäftigt waren. In der rabbinischen Literatur begegnen solche Berufsliteraten auch als Kinderlehrer und torakundige Konkurrenten der Rabbinen, werden aber von Letzteren als ihnen unterlegen dargestellt. Nicht alle Rabbinen werden schreibkundig gewesen sein. Die Kompetenz in der Auslegung und Anwendung der Tora wird der rein technischen Befähigung zum Abschreiben derselben vorgezogen. Diese Einstellung lässt sich gut im Rahmen der griechisch-römischen Gesellschaft verstehen, in der selbst Oberschichtsangehörige oft nicht mehr als ihre eigene Unterschrift leisten konnten und für alle anderen Zwecke Schreiber zur Verfügung hatten. Bei den Rabbinen, die wohl mehrheitlich den mittleren Ständen angehörten, wird die Schreibkenntnis von ihrem jeweiligen Berufsstand und dessen Anforderungen abhängig gewesen sein.

So kann man annehmen, dass die Schreibkenntnis insbesondere in administrativen Kontexten notwendig war. Juden, die in der Provinzialadministration tätig waren, werden (zum Teil zweisprachige) Schreibkenntnisse besessen haben. Außerdem werden sich besonders in Städten ansässige Händler, die gelegentlich Listen und Quittungen schreiben mussten, mehr oder weniger rudimentäre Schreibkenntnisse angeeignet haben. Reiche Landbesitzer werden wie römische Aristokraten Schreiber verwendet, aber gelegentlich selbst Unterschriften geleistet haben. Literarische Hinweise in Josephus' S.en und der rabbinischen Literatur sowie die überlieferten Papyrusdokumente geben Aufschluss über die jeweiligen Kontexte der Verwendung der S. im antiken Judentum. Die in der judäischen Wüste gefundenen Dokumente deuten an, dass gelegentlich selbst mittelständische Händler Ostraka verwendeten, um auf Aramäisch geschäftliche Dinge handschriftlich festzuhalten, während die meist griechisch verfassten Papyri von professionellen Schreibern für Oberschichtsangehörige abgefasst worden sind. Die Schreibkenntnis jüdischer Frauen scheint allerdings sehr gering gewesen zu sein. Obwohl auch mit weiblichen Schreibern zu rechnen ist, konnten selbst reiche Frauen wie Babatha keine eigenen Unterschriften leisten.

Bibliographie: M. Bar-Ilan, Writing in ancient Israel and early Judaism, in: M.J. Mulder (Hg.), Mikra, Assen 1988. – D. Carr, Writing on the tablet of the heart, Oxford 2005. – C. Hezser, Jewish literacy in Roman Palestine, Tübingen 2001. – M.S. Jaffee, Writing and rabbinic oral tradition: On Mishnaic narrative, lists and mnemonics, in: JJTP 4 (1994), 123–146.

Catherine Hezser

IV. Altphilologisch

Mit Ausnahme von Linear B, einer Silbenschrift, die im 2. Jt. v. Chr. zur Verschriftlichung eines – höchstwahrscheinlich – frühen Griechisch verwendet wurde, bediente man sich in der griechisch-römischen Antike der von den Phöniziern im 8. Jh. v. Chr. übernommenen und in vielen Varianten weiterentwickelten Alphabetschrift. Besondere Bedeutung erlangte eine ostionische Variante, die 403/402 v. Chr. anlässlich der Euklidischen Alphabetreform in Athen kanonisiert wurde und sich später im gesamten griechischen Raum verbreitete. Das für die europäischen Nachfolgekulturen maßgebliche lateinische Alphabet gelangte über die Griechen und Etrusker zu den Römern. Unter den Schriftrichtungen setzte sich die rechts- vor der linksläufigen und dem beide Prinzipien vereinigenden sog. Boustrophedon durch. Wortzwischenräume, Akzente, Interpunktionszeichen u. ä. sind spätere, meist hellenistische Entwicklungen. Bereiche, in denen die S. anfänglich besondere Anwendung fand, sind die öffentliche und private Verwaltung und Repräsentation sowie die Religion. Im griechischen Raum diente sie auffällig früh auch der Fixierung von z. T. umfangreichen literarischen Texten; manche Forscher messen der Niederschrift des wichtigsten, der Ilias, sogar eine Schlüsselrolle in der Entwicklung und Verbreitung des neuen Mediums zu. Texte mit inschriftlichem Charakter wurden vorwiegend auf Stein, Tongefäßen bzw. -scherben und Metallen festgehalten; weitere Beschreibstoffe waren Holz, Elfenbein und Leinen, für längere Texte wurden vornehmlich Papyrus und Pergament heran gezogen, welche – zu Papyrusrollen oder Pergamentcodices verarbeitet – die wichtigsten Vorstufen für das heute gebräuchliche →Buch bildeten. Erwähnung verdienen auch die v. a. für die Korrespondenz gebrauchten und zumeist aufklappbaren Schreibtafeln (δέλτοι oder δελτία bzw. *pugillares* oder *pugillaria*), deren Schreibfläche mit einer immer wieder erneuerbaren Wachsschicht überzogen war, in welche die Texte mittels eines Schreibgriffels eingeritzt wurden. Stark von den Beschreibstoffen abhängig sind die zahlreichen Schreibstile, unter denen v. a. den sog. Kursiven (ein oder mehrere Buchstaben werden in einem Zug ausgeführt) eine wichtige Bedeutung zukommt. Die Schriftzeugnisse der Frühzeit dürften ausschließlich von Dilettanten stammen, professionelle Schreiber sind eine spätere Entwicklung. Diese stammen oft aus niederen sozialen Schichten (so gab es – nach J. Deißler allerdings nicht in dem bisher angenommenen Ausmaß – Skriptorien, in denen Sklaven Bücher vervielfältigten); v. a. im kaiserzeitlichen Rom war mit dem Amt des *scriba* jedoch auch ein hohes gesellschaftliches Ansehen verbunden, allerdings umfasste es nicht nur Schreibtätigkeiten, sondern auch verschiedene verwaltungstechnische Operationen.

Bibliographie: H. Blanck, Das Buch in der Antike, München 1992. – P.D. Daniels/W. Bright, The world's writing systems, Oxford 1996. – J. Deißler, Sklaven in der antiken Buchproduktion, in: S. Günther et al. (Hgg.), Pragmata, Wiesbaden 2007, 1–15. – J. Latacz, Homer, München ^{2}1989.

Wolfgang Kofler

V. Literaturwissenschaftlich

Zum Medium S. gehören epochen- und kulturabhängig verschiedene Funktionen: die Speicherung und Tradierung von Wissen sowie die Ermöglichung komplexer →Kommunikation und symbolischer Repräsentation. Für Sprach- wie Bildschriften (dazu H. Haarmann) gilt dabei gleichermaßen: S. hat einerseits Zeichencharakter, anderseits eine unauflösliche Materialität. Unter Bedingungen spezifischer ‚Situationsabstraktheit' garantiert die Schriftgestalt des Textes exakte Wiederholbarkeit und Kontinuität über Raum und Zeit hinweg. Die Kulturtechnik des Schreibens (ahd. *scrîban*, lat. *scribere*) fördert historische Distanz und Reflexion, zugleich ermöglicht sie den (vergleichenden, kommentierenden, kritischen) Umgang mit Texten. Die Kehrseite der Situationsabstraktheit von S. ist deren Performanzdefizit. Damit ist ein hermeneutisches Problem markiert: Vergangene ‚Aufführung' von Texten ist auf Dauer nur über S. zugänglich (J.-D. Müller). Ferner ist eine Frage, wie Nichtsprachliches (z. B. Ironiesignale, oder Mimik, Gestik, Stimm-Modulation, Musik) hypothetisch in die Untersuchung von Schrifttexten miteinbezogen werden kann. ‚S.' und ‚Aufführung', die Praxis des Schreibens und Sprechens sind dabei sowohl in historischer wie systematischer Sicht polare Gegensätze, keine strikten Alternativen.

In semioralen Gesellschaften ist S. nur eine Zeichenordnung unter anderen. Im christlichen Mittelalter ist – wie in allen monotheistischen Schriftoffenbarungsreligionen – der Stellenwert von S. eklatant hoch. Die Identität des religiösen bzw. heiligen Textes ist im Speichermedium S. gesichert, doch muss die S. ihrerseits kontinuierlich zum Sprechen gebracht (‚verkündet') werden. Zu den Institutionen der mittelalterlichen Handschriftenkultur und der ihr immanenten Dynamik des Auf-, Um- und Fortschreibens von Texten gehören der Schreiber (*scriptor*), der kompilierende Redaktor (*compilator*) und der Autor als Urheber (*auctor*), wobei der Akt des Ab-/Aufschreibens und der eigenschöpferische Vorgang auktorialen Textverfassens keineswegs strikt gegeneinander ausdifferenziert sind. Erst Zug um Zug öffnet sich das bis ins 12. Jh. reichende klerikale (lateinische) Schriftmonopol auch für die höfische (volkssprachliche) Laiengesellschaft. Besondere Beachtung findet in der Diskussion um die Materialität literarischer bzw. textueller Kommunikation der Wandel von der Handschrift zum Druck im 15. Jh. Dass auch die neuzeitliche Literatur trotz ihrer Bindung an Druckschrift eine Rekonstruktion der Dynamik des ‚Schreibens' für einzelne Autor-Corpora nicht ausschließt, zeigen textgenetische Untersuchungen, die seit den 1970er Jahren mittels Autormanuskript-Analysen den Prozesscharakter von Literatur sichtbar machen, mit Auswirkungen auf die Interpretation und Edition der Texte (F. Hölderlin, F. Kafka, u. a.). Als medienrevolutionär gilt die Erfindung der Schriftdigitalisierung im 20. Jh.

Bibliographie: K. Bertau, Schrift – Macht – Heiligkeit in den Literaturen des jüdisch-christlich-muslimischen Mittelalters, Berlin/New York 2005. – J. Bumke/U. Peters (Hgg.), Retextualisierung in der mittelalterlichen Literatur, Sonderheft ZfdPh 124 (2005). – F. Coulmas, Writing systems, Cambridge 2003. – H. Haarmann, Universalgeschichte der Schrift, Frankfurt a. M./New York 1990. – C. Kiening, Zwischen Körper und Schrift, Frankfurt a. M. 2003. – J.-D. Müller (Hg.), ‚Aufführung' und ‚Schrift' in Mittelalter und Früher Neuzeit, Weimar 1996. – M. Stingelin (Hg.), Zur Genealogie des Schreibens, 3 Bde., München 2004–2006.

Susanne Köbele

VI. Textlinguistisch

Schreiben ist eine Tätigkeit, bei der Sprachbenutzer (= Schreiber) Gedanken verschriftlichen, also mit geeignetem Werkzeug und nach bestimmten Regeln als sichtbare Zeichen (Schriftzeichen) auf einem materialen Zeichenträger festhalten. So entstehen aus flüchtiger Sprache →Texte als fixierte sprachliche Gebilde. Dies geschieht in Prozessen; der Schreibprozess ist ein vorwiegend zielgerichteter, mentaler und materialer Vorgang zum Herstellen eines geschriebenen Textes (D. Perrin et al.). Schreibende können individuelle und kommunikative Ziele verfolgen: Epistemisches Schreiben z. B. entlastet beim Denken, mit verschriftlichten Gedanken kann man sich auseinandersetzen, etwa in *brainstormings* mit *mindmaps*. Beim mnemotechnischen Schreiben dient Verschriftlichtes als Erinnerungshilfe (s. Einkaufszettel). Schließlich ist ein Text aber auch anderen zugänglich, an anderen Orten zu anderen Zeiten. Kommunikatives Schreiben löst den Gedanken vom →Autor und der Produktionssituation und ermöglicht Verständigung über Zeit und Raum hinweg, mit bekannten und unbekannten →Lesern (O. Ludwig, 11–21).

Jeder Schreibprozess enthält Leseprozesse, man liest bestehende Texte als →Quellen für den neuen Text, und man liest Teile dessen nach, was man geschrieben hat. In früh verbreiteten Modellen des Textproduzierens kommen diese Leseprozesse nicht ausdrücklich vor. Andere und v. a. jüngere Ansätze betonen aber den Stellenwert und die vielfältigen Funktionen des →Lesens beim Textproduzieren, und zwar für alle

Ebenen der Textproduktion, von der Graphomotorik über Formulierungen bis hin zum Arbeiten an Textteilen und ganzen Textversionen (E.-M. Jakobs/D. Perrin). So wird Schreiben in der Angewandten Linguistik modelliert als vielschichtiges Zusammenspiel von Schreib- und Leseprozessen – eingebettet in übergreifende kognitive und soziale Praktiken. Ein Schreibprozess beginnt mit dem Verstehen der Aufgabe und endet mit der Vermittlung des fertigen Produkts. Dazwischen durchläuft der Prozess rekursive, sich überlappende Phasen der Sinnfindung, Planung, Steuerung und Kontrolle des Schreibprozesses, mit je typischem Fokus der Aufmerksamkeit auf Tätigkeiten unterschiedlicher Reichweite und Komplexität, vom graphomotorischen Erzeugen einzelner Schriftzeichen bis zum Auswechseln ganzer Textversionen.

BIBLIOGRAPHIE: E.-M. Jakobs/D. Perrin, Training of writing and reading, in: G. Rickheit/H. Strohner (Hgg.), Handbook of communication competence, Berlin/New York 2008, 359–393. – O. Ludwig, Geschichte des Schreibens, Berlin 2005. – D. Perrin et al. (Hgg.), Schreiben, Wiesbaden 2002.

Daniel Perrin

VII. Philosophisch

Rede und S. bilden die Grundformen, in denen sich →Sprache entäußert. Die S. bildet ein System von Zeichen, die auf einander verweisen; als Sprache geht sie stets über isolierte Zeichen hinaus. Im Unterschied zur Rede ist die Darstellung und Erkenntnis durch S. unabhängig von den Bindungen an eine Sprecherintention, einen Adressaten und die Kontexte der Sprechsituation. Die Bindungs- und Kontextfreiheit ermöglicht eine Gedächtnisfunktion, die die S. vor der Rede auszeichnet. Die S. erlaubt es, auf →Bedeutungen in dreifacher Weise zurückzukommen: Bedeutungen können zum Zweck fortscheitender Analyse, →Interpretation und Befragung verfügbar gehalten werden; ebenso um ausgeschlossene, ungenutzte und vergessene Alternativen zu entwickeln; und schließlich um sie in kritischer Absicht in Distanz zu stellen, diskursiv zu überprüfen und zu korrigieren. Ermöglicht wird die Bindungs- und Kontextfreiheit durch die Materialität der S., die sich hinsichtlich ihres atemporalen Bestands sowohl von der Flüchtigkeit als auch der unmittelbaren Präsenz des Mündlichen abhebt. Zwei unterschiedliche Wertungen dieser skripturalen Eigenschaft werden vertreten. Gemäß der Schriftkritik Platos verhält sich die S. zur Rede wie ein Entfremdetes zum Reinen, wie ein Abgeleitetes zum Ursprünglichen (→Mündlichkeit). Die dekonstruktive Umwertung (J. Derrida) dieser traditionellen Hierarchie dagegen erhebt die S. zum Paradigma der Sprachlichkeit überhaupt. Die Wiederholbarkeit (*itérabilité*) des Zeichens verweist darauf, dass Bedeutungen im einzelnen Akt ihres Mitteilens und →Verstehens nicht aufgehen, sondern darüber hinaus unausgeschöpft, interpretationsbedürftig und brüchig bleiben. Das Zeichen ist deshalb weder neutrales Gefäß noch Vehikel für Bedeutungen, als seien diese vorgegeben und nur nachzuvollziehen. Zeichen sind vielmehr der ursprüngliche Ort, vor dem es keine Bedeutung gibt und von dem aus durch ihre Deutung sich Bedeutungen erst erschließen. S. setzt sich dabei nicht aus gegebenen Zeichen zusammen, sondern wird als ein ursprüngliches Schreiben vollzogen. Ein →Text ist deshalb erstens keine Verschriftlichung eines Sagens, sondern die unhintergehbare Transkription einer ursprünglichen S., die eine Voraussetzung für Bedeutung ist. Zweitens ist diese ursprüngliche S. nicht das Ergebnis einer intentionalen Niederschrift, sondern ein objektives Sich-Schreiben, Selbsthervorbringen von S.

BIBLIOGRAPHIE: E. Angehrn, Interpretation und Dekonstruktion, Weilerswist 2003. – J. Derrida, L'écriture et la différence, Paris [2]1979. – Ders., De la grammatologie, Paris 1967. – Ders., La voix et le phénomène, Paris 1967. – H. Günther/O. Ludwig (Hgg.), Schrift und Schriftlichkeit, 2 Bde., Berlin 1994.1996.

Tilo Wesche

Schrift/Schriftprinzip

I. Alttestamentlich

Der allgemeine Begriff ‚S.' im AT selbst deckt sich mit dem Begriff ‚Buch' (*sefer*) und kann sowohl ‚Buchrolle' (Jer 25,13) als auch ‚Dokument' (Dtn 24,1), ‚Brief' (2 Kön 5,7), ‚Schriftart' (Dan 1,4), aber auch →‚Heilige S.' (→Bibel) bedeuten. Im Sinne einer autoritativen, Heiligen S. kann zurecht von einem den

Glauben fundierenden Schriftprinzip die Rede sein (→Hebraica veritas). Spuren davon sind bereits innerhalb der →Tora zu finden (das Buch Dtn als Novellierung des Bundesbuches Ex 20,22–23,33). Das Schriftprinzip wird aber auch in Texten vorausgesetzt, die auf eine vorhandene Heilige S. verweisen, und sein Niederschlag ist in der literarischen Gestalt des atl. →Kanons selbst überliefert.

In Dan 9,2 ist die Rede von einer Untersuchung ‚der S.en', die sich auf eine Auslegung von Jer 25,12 f. bezieht. Im prophetischen Text selbst heißt es, dass Jeremias Worte in einem Buch aufgezeichnet wurden, was offenbar in der hellenistischen Zeit als Teil der prophetischen Sammlung (Dan 9,6; 2 Chr 36,15–16) aufgefasst wurde, die Daniel zur Deutung der Dauer des Exils vorlag. Hier werden die aktuellen Umstände des 2. Jh.s v. Chr. anhand des Prinzips der bleibenden Gültigkeit von prophetischen S.en erklärt. Schon früher begegnet das Schriftprinzip mit Verweis auf die Tora. Die kultische Reorganisation in Jerusalem wird in der persischen Zeit gemäß dem ‚was geschrieben steht im Gesetz des Mose' unternommen (Esra 3,2). Esra selbst war ein ‚Schriftgelehrter', der sich in der ‚Tora des Mose' auskannte (Esra 7,6; Neh 12,26–36) und im Auftrag des Königs ein Exemplar mitbrachte (Esra 7,14). Diese S. war die Grundlage seiner Untersuchungen und wurde als Lehrbuch für die Kultgemeinde verwendet (Esra 7,10). Neh 8 zeigt, dass die ‚S. der Tora' als kultischer Lesetext (Vv.1–6) sowie als Unterrichtstext von Priestern und Leviten (Vv.8–10) verwendet wurde.

Desgleichen wird das Schriftprinzip durch die Verschriftlichung der Prophetenbotschaft selbst vorausgesetzt. Da die Verkündigung der vorexilischen Propheten umso aktueller wurde, als die politischen Ereignisse ihnen Recht gaben, wurden ihre Worte aufgezeichnet und wiederholt aktualisiert. Aber damit setzt die Schriftensammlung der Hinteren Propheten zugleich auch die Tora voraus (→ Tanach, →Buch). Die prophetischen Gerichts- und Heilsworte gehen von den Weisungen der Tora aus und korrespondieren mit den Segensverheißungen und Fluchandrohungen der Tora. Daher hörte die Prophetie am Ende des 5. Jh.s auf, weil die Kriterien der prophetischen Beurteilung des Volkslebens nunmehr als S. vorlagen und nur auslegungsbedürftig waren. Auslegung einer schriftlichen Tradition drückt ein existierendes Schriftprinzip aus und verschafft die Bedingungen für dessen weitere Entwicklung (→Auslegung).

Die Sammlung der historischen Bücher heißt die Vorderen *Propheten*, weil das Schriftprinzip auch für sie gilt. Das Interpretationsprinzip, das das Deuteronomistische Geschichtswerk auf die Geschichte Israels anwendet, lag im Dtn vor. Das Prinzip manifestiert sich aber auch im dritten Teil der hebräischen Bibel (→Kanongeschichte), wo ebenso klar ist, dass die Tora die literarische Mitte des hebräischen AT ist. Nicht nur in Chr und Esra-Neh (s. o.), sondern auch im Psalter ist das unverkennbar. Die fünf Bücher menschlicher Antworten (Pss 1–41; 42–72; 73–89; 90–106; 107–150) fungieren als Pendant zu den fünf Büchern der göttlichen →Offenbarung in der Tora.

Das alles dient der Deutung vorliegender heiliger S.en, die aufgrund des Prinzips ihrer dauerhaften Gültigkeit ausgelegt werden. Obwohl das Schriftprinzip in Israel noch nicht so fest umrissen war wie im späteren Judentum und in der frühen Kirche, hat die atl. Redaktionskritik die Wurzeln aufgedeckt, an denen sich die Hermeneutik orientieren muss, wenn es in der Theologie um *‚sola scriptura'* gehen soll.

BIBLIOGRAPHIE: C. Dohmen/G. Stemberger, Hermeneutik der Jüdischen Bibel und des Alten Testaments, Stuttgart 1996. – O. Kaiser, Der Gott des Alten Testaments, Bd. 1, Göttingen 1993, 300–353. – R.G. Kratz, Innerbiblische Exegese und Redaktionsgeschichte im Lichte empirischer Evidenz, in: M. Oeming et al. (Hgg.), Das Alte Testament und die Kultur der Moderne 8, Münster 2004, 37–69. – T. Söding, Mehr als ein Buch, Freiburg 1995.

James Alfred Loader

II. Neutestamentlich

Wenn im Urchristentum von αἱ γραφαί die Rede ist, wird auf die jüdisch vorgeprägte Sprachwelt rekurriert. Die singularische Verwendung ἡ γραφή bezieht sich zwar zunächst auf eine einzelne Stelle, dann aber im NT, wie im hellenistischen Judentum, auch auf die ganze S. Durchgängig bleibt die Wendung γέγραπται für die Kennzeichnung einzelner

Stellen reserviert. Die Rede von der S., den S.en ist ohne nähere Eingrenzung möglich, weil Urchristentum und Judentum der →,Heiligen S.', den ,heiligen S.en' einen festen Ort innerhalb des Gottesdienstes zuwiesen. Bereits in seiner vorchristlich-synagogalen Form war die Schriftlesung eine standardisierte Größe. Die Kennzeichnung als ,heilig' verleiht der S. inspiriert-exklusive Bedeutung und macht sie zur kriteriologischen Basisnorm religiösen Wirklichkeitsvollzugs (vgl. Röm 1,2 und 2 Tim 3,15). Im Prozess der →Kanonisierung wird dieser Status nachgängig (rechts-)verbindlich bestätigt. Die Vielfalt der biblischen Überlieferungen erhält eine einende Klammer.

→Tora, Propheten (→prophetische Literatur) und →Psalmen waren die Grundlage urchristlicher Verkündigung und wurden als Heilige S. mit Verbindlichkeitscharakter eingestuft. Mit sprachlich-textlinguistisch versiertem überlieferungs- und traditionsgeschichtlichem Instrumentarium lässt sich die enge Verzahnung des frühen Christentums mit den Vorstellungswelten des AT diachron und synchron aufweisen. Entscheidend sind dabei auch die Markierungen des Übergangs von mündlichen Überlieferungsformen zur →Schriftlichkeit. Im NT erfolgt die Aufnahme atl. →Zitate und Motive in unterschiedlicher Form: durch direktes, formelhaft eingeführtes Zitat aus uneingeschränkt anerkannten S.en (Reflexionszitate), durch nichteingeführte Zitate, die aber die atl. Vorlage eindeutig erkennen lassen, sowie durch (explizite) Anspielungen auf bestimmte Texte, Motive, Personen. Einige Klassifizierungen, die die Aufnahme des AT im NT als →Methode urchristlicher Schriftauslegung näher differenzieren, haben sich in der theologie- und auslegungsgeschichtlichen Entwicklung herausgebildet: die allegorische, die paradigmatische und die typologische Auslegung sowie die heilsgeschichtliche Perspektive und eine Betrachtung, die dem eschatologisch motivierten Schema von Weissagung und Erfüllung folgt. Diese methodischen Zugänge setzen eine innere Einheit beider Testamente voraus, die im Glauben nachzuvollziehen ist. Atl. und ntl. Theologie lassen sich nicht gegeneinander ausspielen. Die Frage nach dem AT im NT ist somit immer auch diejenige nach dem Zusammenhang von Juden- und Christentum.

Die ntl. Überlieferung ist durch eine facettenreiche Vielfältigkeit geprägt, die ein Spannungsnetz über den →Kanon legt. So unterschiedlich sich die einzelnen Texte geben, so deutlich bringen sie doch eine gemeinsame auf Christus ausgerichtete Verkündigungsbotschaft und ein gemeinsames Grundbekenntnis zum Ausdruck. Darauf fußen alle weiteren Entwicklungen. Die Formeln ,Kanon im Kanon' und →,Mitte der S.' helfen, in der Vielfalt der Verkündigung sachliche Konvergenz zu kreieren. Entsprechend ist es die Aufgabe der Dogmatik als historisch-kritisch angeleitete ,konsequente Exegese' (E. Jüngel) und theologische Reflexion, den vielgestaltigen Überlieferungsbestand der ,Heiligen S.' des Urchristentums gegenwärtig zu verorten und zu behaupten. Das im Glauben aufzunehmende eine Heilshandeln Gottes spiegelt sich so im Rückgriff auf die Tradition wider, die immer am Bestand der als einzige normative Autorität verstandenen S. prinzipiell zu überprüfen ist. Die lebendige Lehrentwicklung in Kirche und Theologie weiß sich demnach stets eigener Absolutsetzung enthoben und hat in der S. ihren ideologiekritischen Maßstab. Mit dem Begriff ,Heilige S.' ist der besondere Anspruch erhoben, Ausdruck der →Offenbarung Gottes zu sein, wodurch den biblischen Texten eine Dignität zugeschrieben wird, die im Hinblick auf Hermeneutik, Auslegung und Anwendung stets aufs Neue Konflikte mit der (historischen) Vernunft provoziert.

BIBLIOGRAPHIE: J. Barton/M. Wolter, Die Einheit der Schrift und die Vielfalt des Kanons, Berlin/New York 2003. – K. Berger, Hermeneutik des Neuen Testaments, Tübingen u.a. 1999. – J.D.G. Dunn, Unity and diversity in the New Testament, London [3]2006 – F. Hahn, Theologie des Neuen Testaments, 2 Bde., Tübingen [2]2005.

Alf Christophersen

III. Kirchengeschichtlich

Zunächst ist auf die Stellung und Form der S. im Protestantismus und im römischen Katholizismus zu achten. Während die Reformatoren mit der Lehre des *,sola scriptura'* die primäre und einzige Quelle theologischer

Aussagen in der S. fanden, ist in der römisch-katholischen Kirche ein Nebeneinander der S., der kirchlichen Tradition und des kirchlichen Lehramts gültig, wobei in neuerer Zeit die Priorität der S. in der römisch-katholischen Bibelwissenschaft oft hervorgehoben wird. Im Protestantismus werden das äußere Wort (*verbum externum*) und das gewissmachende innere Zeugnis (*testimonium internum*) unterschieden, wenn man eine historische und kritische Bibelwissenschaft begründen will. Diese orientiert sich an neuzeitlicher → Hermeneutik, bedarf aber für die Verkündigung der Realinspiration, die nicht – wie in der Verbalinspiration – die Form und den Inhalt der S. als durch die Autorität des Heiligen Geistes inspiriert identifiziert, sondern das Kerygma bzw. das Zeugnis als Wahrhaftigkeit und Wahrheit der S. heraushebt. So kann die *praedicatio verbi* sowohl die kritische →Exegese als auch das kritische Zeugnis hervorheben. Beide zielen auf die *viva vox evangelii*, welche die Gewissheit (*certitudo* anstelle von *securitas*) der Predigt erst ermöglicht.

M. Luther gab die S. in die Hände und den Verstand des Volkes, indem er sie vollständig ins Deutsche übertrug. Seine Schriftübertragung wurde sprachschöpferisch. Hier hat die Volkssprache ihre theologische Bedeutung – gleichermaßen für den →Gottesdienst, die stille Schriftlektüre zu Hause und das Studium. „So ists um die heilige Schrift bestellt; wenn man meinet, man habe sie ausgelernt, so muß man erst anfangen“ (WA 49; 223,8 f.).

Luther legte die S. christologisch aus. Der wesentliche Inhalt der S. ist Christus. Daher ist von einer doppelten Klarheit der S. zu sprechen: Die *claritas scripturae externa* besteht in der Eindeutigkeit ihrer wesentlichen Aussagen, während die *claritas scripturae interna* aus der Erkenntnis der biblischen Aussagen mit Hilfe des Geistes folgt. Aufgrund der Klarheit der S. gilt der Grundsatz, dass die S. sich selbst auslegt. Die S. ist *„per sese certissima, facillima, apertissima, sui ipsius interpres, omnium omnia probans, iudicans et illuminans“* (WA 7; 97,23 f.). Lehramt, Tradition und Dogma der Kirche können also nicht über die Auslegung der S. entscheiden. Auch der Kanon der biblischen Bücher ergibt sich einzig und allein aus deren Christusbezogenheit und nicht etwa aus der Tradition. Luther ging es um die nicht durch kirchliche Tradition gebrochene Verkündigung. Eine Abwehr gegnerischer Aussagen muss sich auf die Bibel stützen können. Die S. darf, so Luther, nicht durch ihre Interpreten verfälscht werden.

H. Zwingli vertrat ein pneumatologisches Schriftprinzip (*Von clarheit unnd gewüsse oder unbetrogliche des worts gottes*, 1522). Er unterschied zwischen dem äußeren Wort und dem erleuchtenden Geist. Die S. verstand Zwingli nur als ein Zeichen.

Im 20. Jh. stellte K. Barth im Blick auf die Einheit des Wortes Gottes einen „kleine[n] Schematismus von gegenseitigen Relationen“ (*Kirchliche Dogmatik* I/1, 124) auf: offenbartes, geschriebenes und verkündigtes Wort Gottes. Bereits J. Gerhard hatte zwischen geoffenbartem, gepredigtem und geschriebenem Wort Gottes unterschieden. Gerhard hatte freilich die biblischen Autoren als Hilfskräfte (*„amanuenses“*: *Tractatus de Legitima Scripturae Sacrae Interpretatione*, 1610, 15) des Heiligen Geistes verstanden.

BIBLIOGRAPHIE: K. Barth, KD I/1, Zollikon-Zürich 1932, 89–128. – A. Beutel, Wort Gottes, in: Ders. (Hg.), Luther Handbuch, Tübingen 2005, 362–371. – G. Ebeling, Evangelische Evangelienauslegung, Tübingen 1942 [[3]1991]. – M. Ohst, Art. Schrift, Heilige IV., in: TRE 30 (1999), 412–423. – J.A. Steiger, Art. Schriftprinzip, in: RGG[4] 7 (2004), 1008–1010.

Uta Wiggermann

IV. Systematisch-theologisch

Erst die protestantische Theologie des 19. Jh.s hat das reformatorische Schriftprinzip zu einem Formalprinzip verkürzt und ihm die Rechtfertigungslehre als Materialprinzip des Protestantismus zur Seite gestellt. Nach M. Luther ist freilich nicht die S. als solche, sondern die Klarheit der S. das *„principium“* aller Theologie (WA 7,97,26; 7,317). Erst die von ihm vorausgesetzte äußere, die →Sprache und den Sinn betreffende, wie die innere, die Bedeutung betreffende, Klarheit der S. macht seine These, die S. sei ihr eigener Interpret, plausibel.

Die *Konkordienformel* (1577) hat das sog. reformatorische Schriftprinzip folgendermaßen zusammengefasst: „Solchergestalt wird der Unterschied zwischen der Heiligen Schrift Alten und Neuen Testamentes und allen andern Schriften erhalten, und bleibt allein die Heilige Schrift der einig Richter, Regel und Richtschnur, nach welcher als dem einigen Probierstein sollen und müssen alle Lehre erkannt und geurteilt werden, ob sie gut oder bös, recht oder unrecht sein. Die andere Symbola aber und angezogene Schriften sind nicht Richter wie die Heilige Schrift, sondern allein Zeugnis und Erklärung des Glaubens, wie jederzeit die Heilige Schrift in streitigen Artikuln in der Kirchen Gottes von den damals Lebenden vorstanden und ausgeleget, und derselben widerwärtige Lehr vorworfen und vordambt worden" (BSLK 769,19–35). Gegenüber Luthers Verständnis der *claritas scripturae* als Ausgangspunkt und Grund (*primum principium*) aller Theologie beschränkt sich das so formulierte Schriftprinzip allerdings auf die kriteriologische Funktion der S.

Aufklärung und historische Kritik haben nicht nur die theoretischen Voraussetzungen reformatorischer Schriftauslegung, sondern den dogmatisch-normativen Begriff der S. als solchen in Frage gestellt. Anders als der deskriptiv-literaturgeschichtliche Begriff ‚Bibel' impliziert derjenige der S. Singularität, Normativität, Autorität und Kohärenz, welche nicht etwa in historischen Entwicklungen und kirchlichen Entscheidungen, sondern in Gott als dem eigentlichen →Autor ihren Grund haben. *Per definitionem* aber kann die nachaufklärerische Geschichtswissenschaft nicht Gott selbst, sondern lediglich das sich sprachlich äußernde Gottesbewusstsein, nicht das Reden Gottes, sondern lediglich die Rede von Gott und den Gottesbegriff zum Gegenstand der Untersuchung machen. Eine der historischen Methode verpflichtete Theologie gerät freilich in die Aporie, dass sich der von der biblischen S. intendierte Gegenstand als solcher – d.h. so, wie er beschrieben wird bzw. vorgeblich sich selbst beschreibt – der historischen Erkenntnis grundsätzlich entzieht.

Rezeptionsorientierte Texttheorien gestatten eine kritische Reinterpretation des reformatorischen Schriftprinzips, kann doch „noch dem ungläubigsten Leser [...] nichts Besseres geraten werden als dem, der seinen Homer lesen möchte und nicht von störender Vielverfasserschaft Notiz nehmen sollte: Das Ganze so zu lesen, als ob es nur den einen Autor hätte und der sich an jeder Stelle durch alle anderen Stellen erläutern und sinnbereichern ließe" (H. Blumenberg, 21 f.). Die Anschlussfähigkeit, die Theologie und →Exegese durch die Übernahme der genannten Texttheorien vorderhand gewinnt, birgt die Gefahr in sich, die Theologie in Literaturwissenschaft aufzulösen. Als →Heilige S. gelesen sind die biblischen Texte im Christentum nicht nur klassische, sondern autoritative und normative Texte, die zudem als Medium gegenwärtiger Gotteserfahrung gelten. Hinter dem vieldeutigen Begriff einer ‚nachkritischen Schriftauslegung' stehen recht disparate Ansätze, in denen die Aporie von historischer und dogmatischer →Methode wiederkehrt, sofern die Wahrheitsfrage nicht preisgegeben wird.

BIBLIOGRAPHIE: H. Blumenberg, Matthäuspassion, Frankfurt a.M. 1988. – K. Huizing, Homo legens, Berlin/New York 1996. – H. Kirchner, Wort Gottes, Schrift und Tradition, Göttingen 1998. – U.H.J. Körtner, Einführung in die theologische Hermeneutik, Darmstadt 2006, 75–105. – J. Lauster, Prinzip und Methode, Tübingen 2004. – R. Leonhardt, Skeptizismus und Protestantismus, Tübingen 2003. – B. Rothen, Die Klarheit der Schrift, 2 Teile, Göttingen 1990.

Ulrich H.J. Körtner

V. Judaistisch

Die Unterscheidung von schriftlicher und mündlicher →Tora ist für das rabbinische Judentum zentral. Gott selbst hat die ersten Tafeln geschrieben (Ex 31,18) und dies auch für die zweiten Tafeln zugesagt (34,1), auch wenn dann Mose die Tafeln beschreibt (34,27 f.). Beim Einzug in das gelobte Land bringt Josua auf den Steinen des Altars eine Abschrift des Gesetzes Moses an, bevor er es öffentlich verliest (Jos 24,26 ff.?). Die Rabbinen unterstreichen die damit betonte wesentliche →Schriftlichkeit der Tora durch die Aussage, dass am Abend des letzten Schöpfungstages auch ‚Buchstaben, Schrift und Tafeln' erschaffen wurden (mAv 5,6); die schriftliche Form ist Teil der Offenbarung vom Sinai, darin inbegriffen die besonderen Formen der Buchstaben k, m, n, ts, p und q am Wortende (yMeg 1,11,71d). WaR 19,1 sieht in Hld 5,11, ‚Seine Locken sind Rispen', auch schon die Linierung der Torarolle und die Zierstriche auf den Buchstaben angedeutet; Gott selbst verziert laut bMen 29b die Buchstaben der Tora mit ‚Kronen', und ein Ausleger wie Aqiva kann jedes einzelne Häkchen der Buchstaben der Tora für die Auslegung verwerten.

Zum wahren Verständnis der Tora gelangt man nur über die S. Als Israel sündigte, wurde die Schriftform geändert und war damit die Tora nicht mehr voll verständlich. Erst Esra hat die ursprüngliche ‚assyrische' (Quadrat-)S. wieder eingeführt und so den Zugang zum wahren Sinn der Tora wieder ermöglicht (tSan 4,7). Wer wie die Samaritaner dagegen an der früheren (paläohebräischen) Schreibweise festhält, hat zwar die Tora, kann sie aber nicht voll verstehen. Die Rückkehr zur ursprünglichen S. betrifft nicht nur die graphische Gestalt des Textes; sie gibt dem Text eine Bedeutungsebene zurück, die nur in dieser S. entschlüsselt werden kann. In der Kabbala wurde später dieses Thema so weiter entwickelt, dass auch die jetzige hebräische S. nicht vollkommen dem Original entspricht, die Suche nach dem tiefsten Sinn der Tora die Suche nach der ursprünglichen Idealform der Buchstaben impliziert, die jedoch erst am Ende der Zeiten wieder erlangt wird. Diese grundlegende Verbindung von Schriftform und Offenbarungsgehalt schlägt sich in den höchst detaillierten Anweisungen für das Schreiben der liturgisch verwendbaren Torarolle nieder, die auch die Verzierung einzelner Buchstaben und die Raumaufteilung genauestens regelt, jedoch keine Vokalisierung erlaubt, da diese schon Auslegung, damit Teil der ‚mündlichen Tora' ist. Dabei geht es um Tora im engen Sinn, also um den Pentateuch, auf den sich das Judentum bevorzugt in Fragen von *Halakha* und Lehre beruft.

Dieser schriftliche unvokalisierte Text ist die Grundlage jeder →Auslegung und des wahren Verständnisses der S. Zwar haben auch andere, v. a. Christen, die schriftliche Tora übernommen, sie auch in andere Sprachen übersetzt. Doch ist der Vollsinn der S. nur in Hebräisch und richtiger Schreibweise zugänglich; dazu kommt die ebenfalls schon am Sinai gegebene und Israel allein vorbehaltene ‚mündliche Tora', die deshalb auch als die wertvollere der beiden Torot gelten kann (yPea 2,6,17a), und die erst den wahren Sinn des Schrifttextes zu verstehen ermöglicht. Somit ist zwar die schriftliche Tora die einmalige und letztgültige göttliche →Offenbarung, deren voller Sinn sich aber nur dem erschließt, der sie über die richtige Schriftform und im Licht der mündlichen Tora zu verstehen lernt.

Wie sehr die hebräische Schriftform das traditionelle jüdische Verständnis zur →Bibel bestimmt, ist auch daran zu sehen, dass auch dann, als die Tora in andere Sprachen wie Arabisch oder Jiddisch, ja sogar ins Deutsche (M. Mendelssohn) übersetzt wurde, man die hebräische S. als die heilige und allein der Tora adäquate S. beibehielt. S. ist hier nicht nur Medium zur Bewahrung und Weitergabe des Textes, sondern hat in sich selbst Teil an Inhalt und Qualität der Offenbarung.

BIBLIOGRAPHIE: J. Dan, Art. Sprache/Sprachwissenschaft/Sprachphilosophie, in: TRE 31 (2000), 760–765. – C. Dohmen/G. Stemberger, Hermeneutik der Jüdischen Bibel und des Alten Testaments, Stuttgart 1996. – J. Müller, Masechet Soferim, Leipzig 1878. – D.F. Sawyer, Midrash Aleph Beth, Atlanta 1993.

Günter Stemberger

VI. Islamwissenschaftlich

Der →Koran gilt seit langem als sprichwörtliches Beispiel einer heiligen S. Das schriftliche Offenbarungszeugnis – *al-kitāb* (‚die S.') –, welches der Koran selbst ist, begründet und bestätigt zugleich das Prophetentum Muḥammads (vgl. 2:89); allein ‚die S.' kann die Menschen zum Glauben führen (Q 17:93). Grundlegend für das koranische Verständnis ist, dass eine S. nicht über Gottes Offenbarung berichtet, sondern diese – als sprachliche Epiphanie Gottes – *selbst ist*; in diesem Sinn deutet der Koran auch die biblischen S.en (→ Bibel). Zutreffend ist auch, wenn man hinsichtlich des Korans von ‚Inlibration' (‚Buchwerdung') spricht, denn die Rolle der islamischen S. ist aufgrund der ihr zugesprochenen ‚göttlichen Wesenhaftigkeit' nicht den biblischen S.en analog, sondern dem inkarnierten Gott-Christus; J. Wyclifs Diktum von Christus als *„liber vitæ"* kann diese Analogie veranschaulichen.

Notorisch schwierig ist die Verwendung des Begriffs *al-kitāb* im Koran: Einerseits bezeichnet er die →Tora (Q 2:53, 11:110, 28:43 u.ö.) bzw. in einem weiteren Sinn die Bibel (vgl. Q 3:184, 35:25), so auch in *ahl al-kitāb*, ‚die Leute der S.' (d.h. Juden und Christen). Andererseits benennt *al-kitāb* selbstreferentiell die koranische Offenbarung, wobei diese von einer ‚himmlischen Urschrift' (*umm al-kitāb*, Q 3:7, 13:39, 43:4) abhängig gedacht ist. Es ist nicht geklärt, ob mit dieser Urschrift der ‚himmlische Archetyp' der Offenbarungsschrift oder ein ‚Schicksalsbuch', in dem das Weltgeschehen verzeichnet ist, gemeint ist; zahlreiche Verse im Koran besagen, dass Dinge in einer ‚S.' (*kitāb*) festgehalten – und somit vorherbestimmt – sind (Q 10:61, 11:6, 35:11 u.ö.); nach Q 3:7 enthält der Koran mehr als diese ‚Urschrift'. Die koranischen Hinweise auf ein ‚(bei Gott) verwahrtes Buch' (*kitāb maknūn*, Q 56:78) sowie die ‚wohlverwahrte Tafel' (*lauḥ maḥfūẓ*, Q 85:22), welche den Koran enthalte, werden üblicherweise auf die ‚Urschrift' bezogen. Problematisch ist auch der Ausdruck ‚die S. und die Weisheit (?)' (*al-kitāb wa-l-ḥikma*: Q 2:129, 3:48, 4:54, 113, 5:110 u.ö.), in welchem *al-kitāb* eine nicht näher bestimmte S. bezeichnet – jedenfalls nicht an allen Stellen den Koran.

Die spätere islamische Tradition unterscheidet zwischen dem Koran als ‚S.' – d.h. der ‚im Original' bei Gott befindlichen ‚Urschrift ' – und als ‚Codex' (*muṣḥaf*), d.h. der auf Erden vorhandenen ‚Abschrift', womit konkret alle Koranexemplare gemeint sind: „Der Koran als Gotteswort nimmt die irdische Form einer heiligen S. an" (W.A. Graham). Das koranische Schriftverständnis wird im Islam flankiert durch eine quasi-mystische Überhöhung des →Schreibens und des Schreibrohrs (*qalam*, vgl. Q 68:1, 96:4 f.), wobei letzteres die Fähigkeit des Menschen, zu Wissen zu gelangen, symbolisiert. Nicht zuletzt die islamische Kunst ist in ihrem ornamentalen Charakter bis in die Neuzeit von der Bedeutung des Schreibens geprägt.

Die zentrale Rolle des Korans als S., ‚die alles enthält' – vgl. Q 6:38 („Wir [d.h. Gott] haben in der S. nichts übergangen") und 16:89 („Wir haben die S. auf dich [d.h. den Propheten] niedergesandt, um jegliche Sache deutlich zu machen") –, hat im Islam zu einem sehr spezifischen Schriftprinzip geführt: Der Koran ist *idealiter* stets Ausgangspunkt, nicht jedoch Endpunkt des menschlichen Nachdenkens und Wissens über Gott und die Welt. Obwohl allumfassend, ‚eindeutig-klar' (Q 5:15, 12:1) und ‚ohne Zweifelhaftigkeit' (vgl. Q 2:2), spricht der Koran aufgrund seiner sprachlich komplexen, stilistisch variablen und inhaltlich oft knappen Ausdrucksweise nicht ausreichend aus sich selbst, weshalb er als *scriptura* nicht nur ‚ausgelegte', sondern immer auch kommentierte S. ist (→Auslegung). Die in der Moderne verbreiteten Slogans ‚Der Koran ist unsere Verfassung' oder ‚Wer einen Beweis benötigt, dem ist der Koran Genüge' (so der Titel eines Buchs des populären ägyptischen Predigers Kišk) besagen nicht, dass der Koran allein Grundlage des Glaubens oder der Gesellschaftsverfassung ist; sie besagen, dass nichts ohne Bezug zum Koran behandelt werden kann oder soll. Die grundsätzliche Auslegungsbedürftigkeit des Korans bewirkt im Gegenteil, dass das Schriftprinzip oft nur funktional aufrechterhalten bleibt, weil ein bestehender Textbezug keineswegs garantiert, dass Auslegung oder Kommentar den möglichen Sinnhorizont des Korans nicht überschreiten.

BIBLIOGRAPHIE: Al-Kitâb. La sacralité du texte dans le monde de l'islam, Brüssel/Leuven 2004. – K. Cragg, The event of the Qurʾān, Oxford [2]1994. – W.A. Graham, Das Schriftprinzip in vergleichender Sicht, in: A. Giese/J.C. Bürgel (Hgg.), Gott ist schön, FS A. Schimmel, Bern 1994, 209–226. – Ders., Art. Scripture and the Qurʾān, in: EI 4 (2004), 558–569. – A. Jeffery, The Qurʾān as Scripture, New York 1952. – D. Madigan, The Qurʾān's self-image, Princeton 2001. – Ders., Art. Book, in: EQ 1 (2001), 242–251. – F. Rosenthal, Significant uses of Arabic writing, in: Ders., Four essays on art and literature in Islam, Leiden 1971, 50–62. – S. Wild (Hg.), The Qur'an as text, Leiden 1996. – Ders. (Hg.), Self-referentiality in the Qur'ān, Wiesbaden 2006.

Marco Schöller

VII. Altphilologisch

→Schrift/Schreiben/Schreiber

VIII. Textlinguistisch

→Schrift/Schreiben/Schreiber

Schriftlichkeit

I. Alttestamentlich

S. steht im Gegensatz zur →Mündlichkeit und bezeichnet in einem bestimmten Zeichensystem (z. B. Keilschrift, phönizische Alphabetschrift, Hieroglyphen) fixierte Äußerungen. S. setzt besondere Medien (Schreibwerkzeug, Schriftträger) voraus, die als solche Gegenstand der Schriftforschung sind. Schriftentwicklung und -duktus semitischer bzw. griechischer →Schrift behandelt die Epigraphik; →Stilistik und Form der S. untersuchen Stil- und Gattungsforschung. Im Rahmen des grundsätzlich sekundären Charakters der S. gegenüber Mündlichkeit in antiken Kulturen bleibt es bei einem Nebeneinander. Die spezifische Eigenständigkeit von S. und Mündlichkeit prägt sich form- und kontextabhängig, kulturspezifisch und historisch unterschiedlich aus. Der S. als Überlieferungsform im engeren Sinne liegen unterschiedliche Ursachen zugrunde. Der Drang zur S. kann begründet sein (1) in der Textpragmatik, z. B. bei (vertrags-)rechtlicher Relevanz eines Schriftstücks, im diplomatischen Verkehr, bei Siegeln, Münzen, (2) in der Wirkabsicht, z. B. bei der herrschaftslegitimatorischen oder dokumentarischen Funktion von (Bau-)Inschriften, (3) in der religiösen Relevanz (z. B. Omina, Magie, Prophetenworte), (4) in der Intention der Sammlung oder Kodifikation (z. B. von Sentenzen, Rechtssätzen) als Form der Speicherung oder Verfügbarkeit von Wissen, (5) in der Schulung und Erlernung der Schrift (z. B. Übungstexte).

Trotz meist textpragmatischer Funktionen setzt S. in der Antike zwingend weder →Leser noch Lesekundigkeit potentieller Rezipienten voraus; eine textpragmatische Funktion fehlt etwa in der durch ihre Höhe dem Betrachter entzogenen Inschrift des Darius in *Behistun/Bisutun*.

S. in der Bibel muss auf dem Hintergrund verschiedener altorientalischer, ägyptischer bzw. griechisch-ägäischer Schriftkulturen erklärt werden, wobei die Relevanz der S. als Überlieferungsform in verschiedenen Kultur- und Traditionsbereichen des fruchtbaren Halbmondes sowie in Anatolien und Griechenland variiert. Zeugnisse der S. (z. B. Bau-, Weih-, Grabinschriften, →Briefe) finden sich aus dem bronze- und eisenzeitlichen Palästina, z. B. Mescha-Stele; Bileam-Inschrift; Ostraka aus Arad, Lachisch, Samaria; Tell Dan-Inschrift; Kuntillet Ajrud; Siloah-Tunnel-Inschrift Jerusalem. Zeugnisse für S. lassen sich zudem noch in weitere Kategorien einteilen: formal in Prosa/Poesie, nach Träggergruppe bzw. Traditionsbereichen: Propheten, Priester, Königshof, Weisheitslehrer, bzw. nach ihrem literargeschichtlichen Status z. B. als →Quelle, Fortschreibung, Kommentierung (→Kommentar), Glosse.

Gegenwärtige Entwürfe (S. Niditch, D. Carr) nehmen eine Interdependenz von Mündlichkeit und S. (*oral-written interface*) an und betonen die Schnittstelle zwischen beiden in mnemotechnischer und in kulturvermittelnder Hinsicht. Dem entspricht die Prävalenz des mündlichen Vortrags in epischer und dramatischer Dichtung im Griechenland des 5./4. Jh.s, wobei S. weitgehend die Funktion des Korrektivs der Mündlichkeit zukommt.

BIBLIOGRAPHIE: D. Carr, Writing on the tablet of the heart: origins of scripture and literature, Oxford 2005. – S. Niditch, Oral world and written word, Louisville 1996. – O.H. Steck, Exegese des Alten Testaments (1971), Neukirchen-Vluyn [12]1989, 62–74.

Klaus-Peter Adam

II. Neutestamentlich

Wie schon das Judentum gehört das Christentum zu den großen Schriftreligionen, basiert also wesentlich auf S. (→Septuaginta als ‚Bibel' des frühen Christentums), der aber im Entstehungsprozess der ntl. →Evangelien, der Apg und zumindest einzelner Briefteile (z. B. 1 Kor 11,23–25) und der Offb →Mündlichkeit vorausgeht. Zugleich ist S. eine wesentliche Voraussetzung für die Entstehung des ntl. Schriftencorpus.

Die textlinguistischen Grundsätze, dass S. Informationsweitergaben an räumlich entfernte Rezipienten ermöglicht und eine viel längere Dauer als Mündlichkeit garantiert, erweisen sich z. B. anhand ntl. Briefe, die den räumlich abwesenden →Autor vertreten sollen und deren exakte Textrezeption am

Empfangsort und darüber hinaus beliebig wiederholbar und zeitlich nicht begrenzt ist. Die räumliche Verbreitung über den ursprünglichen Empfängerort hinaus kann bereits durch den Schreiber intendiert sein (Kol 4,16), wird aber durch Aktivitäten auf der Empfängerseite (evtl. auch gegen die Absicht des Schreibers) konkret bestimmt (Lesen, Kopieren, Weitergeben). Darauf basiert wesentlich die Kanonbildung als Ausdruck und Folge der besonderen Wertschätzung ausgewählter →Texte.

S. zielt nicht nur – wie Mündlichkeit auch – auf ein →Verstehen, sondern bedarf des (Vor-) →Lesens (ἀναγινώσκω) als Voraussetzung des (→Hörens und) Verstehens ([ἐπι]γινώσκω; beachte Apg 8,30). Bereits die Paulusmission basiert neben der Mündlichkeit der Verkündigung wesentlich auf dem Dreischritt Schreiben – Lesen – Verstehen (vgl. 2 Kor 1,13).

Das gegenüber der Mündlichkeit bedeutend höhere Maß an Dauerhaftigkeit erschwert gleichzeitig eine nachträgliche Änderung des schriftlichen →Textes (finanziell, psychologisch usw.; vgl. Joh 19,22). So lässt S. ein höheres Maß an Verstehbarkeit (auch hinsichtlich Orthographie und Syntax) sinnvoll, wenn nicht sogar notwendig erscheinen, als dies bei Mündlichkeit der Fall ist. Die Klärung von Konflikten und →Missverständnissen allein auf schriftliche Weise gestaltet sich aufgrund der zeitlichen und räumlichen Distanz sowie der Zwischenräume zwischen den einzelnen Beiträgen der beteiligten Parteien (auch aufgrund der Kosten für Schreibmaterial und Boten) aufwendiger und komplizierter, so dass in solchen Fällen die S. der Mündlichkeit eindeutig unterlegen ist und nur bedingt einen Ersatz bietet (vgl. insgesamt 1 und 2 Kor; bes. 1 Kor 5,3; 2 Kor 10,1.11; 13,2.10).

BIBLIOGRAPHIE: E.-M. Becker, Schreiben und Verstehen, Tübingen/Basel 2002, 104–117. – S. Lücking, „Die vielen Buchstaben treiben dich in den Wahnsinn“ (Apg 26,24), in: A. Leinhäupl-Wilke/S. Lücking (Hgg.), Fremde Zeichen, Münster 1998, 115–130. – G. Sellin/F. Vouga (Hgg.), Logos und Buchstabe, Tübingen 1997. Peter Arzt-Grabner

III. Altphilologisch

Von Erkenntnissen zur frühgriechischen Kultur ausgehend stellen in der zweiten Hälfte des 20. Jh.s Kulturanthropologie, Medienwissenschaften und Klassische Philologie weitreichende Konsequenzen der Einführung von S. in einer mündlichen Gesellschaft fest. Der Übergang von → Mündlichkeit zu S. gilt als Triebfeder gesellschaftlicher Prozesse, da S. Objektivierung, Fixierung und Akkumulation von Wissen für Zeiten und Räume jenseits von dessen ursprünglicher Entstehungssituation erlaubt und dadurch zur Entwicklung von Logik, Kritik und Theorie führt. Altertumswissenschaftliche Forschungen neuesten Datums bringen Differenzierungen in der Bewertung der Bedeutung von S. an. Spezifika der griechischen Gesellschaft, nicht nur die Kommunikationstechnologie, sind als Voraussetzung für die intellektuelle Entwicklung zu beachten. Die Einführung der →Schrift verbindet sich mit weiteren Faktoren, die sich wechselseitig bedingen und verstärken (wie politischer Pluralismus, agonistische Adelsgesellschaft, Brüche in der Ausbildung einer Polisgesellschaft, Ausweitung des geographischen Horizonts, Fehlen von Deutungsmonopolen über Texte). Große Bedeutung kommt der S. für die griechische Ethnogenese zu. Besonderes Interesse widmet die Klassische Philologie den literarischen Konsequenzen der S. Infolge der S. entsteht durch die Vorsokratiker im 6. Jh. v. Chr. das Prosabuch. Die →Texte sind zum langsamen Lesen geschrieben, nicht mehr zur auralen Aufnahme. Ein seinen Stoff ordnender und abwägender Erzähler tritt zurück (Thukydides). Das Potenzial der Schrift, Wissen zu akkumulieren und dadurch weiteren Wissensfortschritt in Gang zu bringen, führt ab dem späten 4. Jh. mit Aristoteles und seiner Schule zur Entwicklung der Wissenschaft (Aufblühen von Philologie, Naturwissenschaft, Medizin, Geschichtsschreibung, Philosophie). Die poetische Literatur wird von der Darbietungssituation getrennt. Die Schrift erlaubt bisher nicht erreichtes Raffinement und größere, respondierende Gebilde. Feinsinnige Komposition und Anspielungsreichtum der hellenistischen Dichtung sind nur durch schriftliche →Rezeption denkbar. Damit einher geht die Entstehung einer wissenschaftlichen Beschäftigung mit Texten (Philologie). S. bewirkt besonders im Lateinischen eine Auseinanderentwicklung von schriftlicher Literatursprache und mündlicher Alltagssprache. Die Rekonstruktion einer Umgangssprache erweist sich heute als schwierig, handelt es sich doch bereits bei der der Mündlichkeit am nächsten stehenden Sprache der Komödie um literarische Formung umgangssprachlicher Elemente.

Bibliographie: Ø. Andersen, Mündlichkeit und Schriftlichkeit im frühen Griechentum, in: Antike und Abendland 39 (1987), 29–44. – J. Assmann, Das kulturelle Gedächtnis, München [5]2005. – A. Bagordo, Beobachtungen zur Sprache des Terenz, Göttingen 2001. – E.A. Havelock, Als die Muse schreiben lernte, Berlin 2007 [*engl.* New Haven/London 1986]. – J. Latacz (Hg.), Homers Ilias, München/Leipzig 2000.

Jochen Schultheiß

IV. Literaturwissenschaftlich

S., der Effekt von Schriftgebrauch, gehört in kommunikationstheoretischer Sicht zu den Handlungen →,Schreiben/→Lesen' (im Kontrast zu →,Sprechen/→Hören'). Forschungsgeschichtlich zentral wird seit den 1970er Jahren die medientheoretische Perspektivierung von S. Die jüngere Mediendiskussion geht davon aus, dass ,S.' und →,Mündlichkeit' weder systematisch noch historisch einfache Alternativen darstellen, sondern ein Spannungsfeld markieren, das mit jeweils verschiedenen Funktionen besetzt ist. Neueren sprach- und literaturwissenschaftlichen Analysen zufolge garantiert das Speichermedium Schrift exakte Wiederholbarkeit und Kontinuität über Raum und Zeit hinweg (A. Assmann et al.); Schriftgebrauch fördert darüber hinaus historische Reflexion und ermöglicht den (kommentierenden, historisch kritischen) Umgang mit anderen Texten und Textaussagen. Zugleich interessiert die Situationsabstraktheit von S. als ein Ermöglichungsgrund für Fiktionalität (W. Haug) bzw. in einem ganz allgemeinen Sinn als Spezifikum von →Textualität. In soziologischer Perspektive ist ein wesentlicher Aspekt von S. Gruppenkohäsion (Inklusion oder Exklusion, aufgrund der Wertbesetzung von S.).

Die Frage nach der Überlieferung von → Texten im Spannungsfeld von Mündlichkeit und S. ist ein zentrales Problemfeld vormoderner Kulturen. Bereits die griechische Antike denkt über spezifische Funktionen und Wertimplikationen von S. nach. Insbesondere semiorale Kulturen kennzeichnet ein komplexes Nebeneinander verschiedener Schriftlichkeits- und Mündlichkeitstypen. So gehen v.a. im europäischen Mittelalter mediale S. (,Verschriftung') und konzeptionelle S. (,Verschriftlichung'; C. Ehler/U. Schaefer) ineinander über, wie auch genuine und sekundäre (,stilisierte') Mündlichkeit ineinandergreifen. Für diese Fälle sind differenzierte Modelle nötig, um einerseits den komplexen Funktionen von →Schrift(lichkeit) gerecht zu werden (Repräsentation, →Kommunikation, Memoria, etc.), anderseits auch nichtsprachliche Zeichenordnungen ,aufgeführter' Texte (Mimik, Gestik, Musik, Heraldik, etc.) mit einbeziehen zu können. Eine wichtige forschungsgeschichtliche Folge solch medialer Pluralität ist die Revision des Text-Begriffs angesichts schwer einzuschätzender Gebrauchssphären der überlieferten Texte zwischen mündlicher Variabilität und schriftlicher Fixierung. Die (Hand-)Schriftlichkeit von schriftlich entstandenen, aber mündlich vorgetragenen Texten vormoderner Kulturen besitzt nicht die Systemhaftigkeit und Selbstverständlichkeit von (Druck-)Schriftlichkeit in der Neuzeit, mit Auswirkungen auf den Literaritäts- und Fiktionalitätsstatus der Texte.

Bibliographie: A. Assmann et al. (Hgg.), Schrift und Gedächtnis, München 1983. – C. Ehler/U. Schaefer (Hgg.), Verschriftung und Verschriftlichung, Tübingen 1998. – B. Frank (Hg.), Gattungen mittelalterlicher Schriftlichkeit, Tübingen 1997. – W. Haug, Literaturtheorie im deutschen Mittelalter, Darmstadt 1985. – F.J. Holznagel, Wege in die Schriftlichkeit, Tübingen, Basel 1995. – U. Neddermeyer, Von der Handschrift zum gedruckten Buch, 2 Bde., Wiesbaden 1998. – D.R. Olson, The world on paper, Cambridge 1996. – U. Schaefer, Vokalität, Tübingen 1992.

Susanne Köbele

V. Textlinguistisch

Die viermal unabhängig voneinander erfundenen Schriftsysteme sind als ikonische Zeichen entstanden und haben sich unterschiedlich entwickelt, manche zu einer Silben- (Keilschrift, →Schrift der Maya) oder Buchstabenschrift (phönizisches, altgriechisches Alphabet als erste voll-phonematische Schrift). In allen Schriftkulturen haben S. und →Mündlichkeit unterschiedliche Domänen; es gibt nur wenige → Textsorten, die sowohl schriftlich wie mündlich produziert werden. Mündlichkeit bestimmt die →Kommunikation im Alltag; S. ist für kulturell hoch bewertete und sozial wichtige →Texte reserviert und oft auf die Zwecke der Information, der Lehre und der Sicherung kultureller → Tradition eingeschränkt. In bestimmten Epochen werden öffentliche Texte mehr geschrieben- bzw. mehr gesprochensprachlich stilisiert (Letzteres z.B. in Flugschriften der Reformation, gegenwärtig in allen Massenmedien).

Schriftliche Texte können an räumlich entfernte Rezipienten transportiert werden. Die räumliche Fixierung ermöglicht dem Textproduzenten Korrektur und stilistische Überarbeitung, dem Rezipienten ein wiederholtes →Lesen. Schriftliche Texte dauern so lange wie ihre materiellen Träger, übersteigen also weit die nur zwei bis drei Sekunden des Arbeitsgedächtnisses beim →Hören. Mit Abschreiben und Buchdruck wird diese Dauer verlängert und ein größeres Publikum erreicht.

S. ist räumlich konstituiert, Mündlichkeit zeitlich. Die Schriftrichtung von oben nach unten, von rechts nach links und umgekehrt bzw. abwechselnd (Boustrophedon) stiftet einen textinternen Verweisraum (*oben, unten*). Der Raum ermöglicht die Medienkombination von →Bild und Text, was es beim Sprechen nur rudimentär mit malenden Gesten gibt. Rascher und vielfältiger als beim Sprechen entstehen in der S. neue Textsorten, Medien (Inschrift, Papyrus, Codex bis hin zu Handy und PC) und mediale Kommunikationsformen (Flugblatt, -schrift, Zeitung, Internet-Chat). S. ist stärker als Mündlichkeit orthographisch und syntaktisch normiert; sie erlaubt eine komplexere Syntax und fördert lexikalische Differenzierung.

BIBLIOGRAPHIE: J. Baurmann et al. (Hgg.), Schrift und Schriftlichkeit, HSK 10.1/2, Berlin/New York 1994. 1995.

Johannes Schwitalla

Schriftsinn, vielfacher

I. Kirchengeschichtlich

Im frühen Christentum führen besonders die Auseinandersetzungen mit dem Judentum sowie der Gnosis und dem Manichäismus zu Reflexionen über die →Methoden der Schriftauslegung. Die →Schrift gelte nicht nur als von Gott inspiriert, sondern habe auch einen tieferen →Sinn, der über die wörtliche →Bedeutung hinausgehe und mittels →Typologie, →Allegorie, aber auch Zahlensymbolik oder etymologischen →Erklärungen gewonnen werden könne, auch wenn nicht jeder Sinn jedem zugänglich sei. Inhaltlich steht die christologische →Interpretation im Vordergrund, aber auch Kosmologie, Ekklesiologie, Eschatologie und moralische Empfehlungen werden somit biblisch belegt.

Am Beginn steht die Aufgabe, gegen jüdische Leugnung der Messianität Jesu die atl. Prophezeiungen als in ihm erfüllt zu erklären, da die Erzählungen der Schrift die christliche Heilsgeschichte beschreiben, jüdische Ausleger aber nur deren wörtlichen Sinn erfassen würden. Ferner erleichtert die mehrsinnige Schriftinterpretation, den Zusammenhang zwischen →AT und →NT zu erweisen, da in beiden das göttliche →Wort spreche, welches sich zunehmend offenbare, und das AT als christliche Schrift zu bewahren, was in der → Argumentation gegen Marcion und die Gnosis im Vordergrund steht. Auch die atl. Anthropomorphismen und Stellen, die im Literalsinn unverständlich erscheinen, gelten als göttliche Aufforderung an den Menschen, nach einem tieferen Sinn zu suchen. Die Regel, dass die Schrift sich selbst auslege und dunkle Stellen mittels klareren Parallelstellen auszulegen seien, reicht Irenäus nicht aus gegen die allegorischen Spekulationen der Gnostiker, so dass er zu ‚externen' Autoritäten griff: Rechte Auslegung ist durch apostolische →Tradition legitimiert und stimmt mit der Glaubensregel überein.

Origenes übernimmt das hermeneutische Arsenal der alexandrinischen Homer- und Platonexegese und legt die Schrift v. a. allegorisch aus, betont aber, dass dies nicht im Widerspruch zum Literalsinn geschehen dürfe. Er benennt nach dem trichotomischen Menschenbild drei Sinne der Schrift, was zu folgenden Beziehungen führt: Leib-Literalsinn; Seele-moralischer Sinn, Geist-geistlicher Sinn, auch wenn Origenes meist nur eine zweifachen Bedeutung (→Buchstabe und Geist) erhebt.

Problematisch erscheinen die Kriterien für die Allegorie, was Prophyrius dem Origenes vorwirft. Einen Gegenentwurf zur alexandrinischen →Exegese bildet die sog. antiochenische Schule mit Diodor von Tarsus, Theodor von Mopsuestia und Theodoret von Cyrus, die allegorische Auslegungen zugunsten der *theoria* (geistiger Sinn ist aus Wortsinn zu erheben) ablehnt, den Zusammenhang (Akoluthie) und die Intention (→ Skopos) der →Texte betont und nur Typologie akzeptiert, sofern diese schon im NT selbst vorkommt. So wird nicht der ganze Psalter, sondern nur Pss 2, 8 und 44 christologisch gedeutet und der Bruch des NT zum AT stärker betont.

Trotz aller Kritik wird die Schriftauslegung des Origenes über →Übersetzungen des Hieronymus und Rufinus dem Westen vermittelt. Besonders die Exegese des Ambrosius ist von Origenes geprägt und beeinflusst den frühen Augustin, der gegen manichäische → Kritik am AT dieses mit Hilfe der Allegorie auslegt (*De Genesi adversus Manichaeos*). In *De doctrina christiana* beschreibt Augustin in Auseinandersetzung mit den sieben *regulae mysticae* des Donatisten Tyconius den Reichtum der Schriftauslegung. Bei Augustin (vier Arten von Bibeltexten: *aeterna, facta, futura, agenda*) und Johannes Cassian (vier Auslegungsmöglichkeiten: *historica interpretatio, intelligentia spiritalis: allegoria, anagoge und moralis*) liegen die Ursprünge für den mittelalterlichen vierfachen S.: *Littera gesta docet, quid credas allegoria, moralis quid agas, quo tendas anagogia.*

Bibliographie: H. de Lubac, Typologie, Allegorie, geistiger Sinn, Einsiedeln 1999. – E. Mühlenberg, Art. Schriftauslegung III., in: TRE 30 (1999), 472–488. – J. Pépin, Art. Hermeneutik, in: RAC 14 (1988), 722–771. – H. Graf Reventlow, Epochen der Bibelauslegung, 4 Bde., München 1990–2001. – M. Sæbø (Hg.), HBOT. Hebrew Bible/Old Testament, Bd. 1/1, Göttingen 1996. – M. Simonetti, The biblical interpretation in the early church, Edinburgh 1994.

Uta Heil

II. Systematisch-theologisch

Die in altkirchlicher und mittelalterlicher Zeit ausgebildete Lehre vom mehrfachen – zumeist als dreifach oder vierfach bestimmten – S. hatte ein doppeltes Anliegen. Zum einen ging es um die im Lichte des Christusgeschehens vollzogene →Deutung des →AT; zum anderen ging es um die Verknüpfung des gesamtbiblischen Zeugnisses mit den Verstehens- und Erwartungshorizonten nachbiblisch-christlicher Lebenswelten. Die dieser Lehre entsprechende Schriftauslegung wurde in der Reformation als ein Grund für die beanstandete kirchliche Geltung unbiblischer Lehren und Praktiken identifiziert. M. Luthers reformatorische Einsicht verband sich folgerichtig mit einer Absage an die geistliche →Auslegung (WA TR 1, 136,14–23) zugunsten einer (schon bei Nikolaus von Lyra praktizierten) Orientierung an der *significatio simplicissima der verba divina* (WA 6, 509,8–12; vgl. schon WA 3, 11,33 f). Das Novum seiner → Hermeneutik bestand in einer massiven christologischen Aufladung des Literalsinnes der →Texte des AT. Damit wurde das erste Anliegen der traditionellen Lehre aufgenommen und durch eine christozentrische Schriftauffassung (WA 47, 66,18–24) mit rechtfertigungstheologischer Pointe (WA 39 II, 188,26 f.) angereichert.

Während die altprotestantische Hermeneutik an der rechtfertigungstheologisch profilierten Christologie als Schlüssel zum rechten Verständnis der gesamten Schrift festhielt, führte die Etablierung der historischen Forschung mit ihrer Kritik an jeder dogmatisch gesteuerten Bibelexegese zur exklusiven Konzentration auf den *sensus literalis historicus*; eine radikale Historisierung der Texte war die Folge. Zu den Gegentendenzen gehört eine Renaissance der Lehre vom mehrfachen S.; diese Wiederentdeckung verbindet sich mit der neuen

Wertschätzung einer →synchronen Bibellektüre und berücksichtigt rezeptionsgeschichtliche sowie rezeptionsästhetische Gesichtspunkte (→*Reader-Response Criticism*; →Rezeption). Dabei wird der transliterale S. nicht mehr als verborgene Sinnschicht in der →*Bibel*, sondern als vom (inspirierten) →*Leser* konstituierte Bedeutungsebene verstanden (U.H.J. Körtner). Die zeitgenössische (speziell die protestantische) Theologie steht vor der Frage, ob die aus diesem Zugang folgende pluralisierende Hermeneutik (O. Marquard) kultiviert oder – mit Verweis auf die normative Bedeutung der Kirche als Auslegungsgemeinschaft der Bibel – dogmatisch reguliert werden soll.

BIBLIOGRAPHIE: H.-U. Gehring, Schriftprinzip und Rezeptionsästhetik, Neukirchen-Vluyn 1999. – U.H.J. Körtner, Der inspirierte Leser, Göttingen 1994. – O. Marquard, Frage nach der Frage, auf die die Hermeneutik die Antwort ist (1979), in: Ders., Abschied vom Prinzipiellen, Stuttgart 1981, 117–146. – U. Wilckens, Schriftauslegung in historisch-kritischer Forschung und geistlicher Betrachtung, in: W. Pannenberg/T. Schneider (Hgg.), Verbindliches Zeugnis, Bd. 2, Freiburg i. Br./Göttingen 1995, 13–71.

Rochus Leonhardt

III. Judaistisch

Sucht der *sensus literalis*, den buchstäblichen S. zu bewahren, so beabsichtigt der *sensus spiritualis*, einen neuen S. zu deuten. Die Schlüsselfrage lautet: Ist der →Sinn dem → Text entnommen oder in ihn hineingetragen? Schon die alte Kirche stritt über diese hermeneutischen Grundrichtungen und entwickelte in der alexandrinischen Theologenschule in Origenes Schrift *peri archon* die Lehre vom dreifachen S. In der →Analogie zur geschöpflichen Welt – „Denn wie der Mensch aus Leib, Seele und Geist besteht, so auch die Schrift…“ – legitimiert Origenes in der Dualität des *sensus literalis* (somatisch) und des *sensus spiritualis* (pneumatisch) die →Allegorese und erweitert mit dem Bild der Seele beide um den psychischen (moralischen) S. Augustinus entwickelt dieses Prinzip als komplementär zu dem christlichen Dreiklang von →Glaube, →Liebe und →Hoffnung weiter: der Literalsinn lehrt, was Christen glauben, die moralische S., was Christen lieben und üben sollen, und der allegorische, was sie hoffen dürfen. Dieser Dreischritt der somatischen, psychischen und pneumatischen →Exegese wurde dann durch Johannes Cassianus im 5. Jh. zur →Theorie vom vierfachen S. erweitert, die für das gesamte Mittelalter prägend war. Zum Literalsinn der Exegese tritt nun das Glaube-Liebe-Hoffnung-Schema hinzu. Dieser vierfache S. wird im christlichen Mittelalter als *lectio divina* zur klassischen Art der Schriftlesung.

Im Judentum vertritt schon Philo einen zumindest zweifachen S., kennt eine wörtliche →Auslegung und die tiefere allegorische →Deutung. Die rabbinische Literatur kennt zunächst das Prinzip eines *viel*fachen S. Danach hat die Tora 70 Gesichter (Midrash Otiyyot de-Rabbi Akiva u. ö.), denen eine Vielzahl exegetischer Auslegungsmethoden gegenübersteht. Ein *vier*facher S. kommt erst im frühen Mittelalter auf. Ibn Esra (1089–1167) stellt in seinem Tora-Kommentar vier Auslegungswege vor, denen er seinen eigenen fünften Weg gegenüberstellt. Als exegetische ‚Gegner‘ gelten jene, die ihre Auslegungen mit Exkursen anreichern, die Anti-Traditionalisten, die auf die rabbinische Exegese verzichten wollen, jene, die die Bibel allegorisch auslegen, sowie jene, die ausschließlich Midraschauslegung pflegen. R. Eleasar ben Jehuda aus Worms (1165–1230) kennt sogar 73 ‚Tore der Weisheit‘, die alle in der einen oder anderen Weise der Schriftauslegung dienen und bei denen die Auslegungswege *Peshat, Derash, Remez* und *Sod* keine herausgehobene Rolle vor den anderen spielen. Der *Peshat*, d. h. die einfache, wörtliche →Bedeutung, die auch die rabbinische Auslegung einschließt, meint den Literalsinn des Textes. Er kann aber auch auf eine *lectio historica* – im Gegenüber zur *(lectio) allegorica* und *tropologica* – hinweisen, also auf eine Auslegung im Sinne des *littera gesta docet.* Unter *Derash* versteht man die homiletische Bedeutung, *Remez* repräsentiert zumeist die allegorische Auslegung der Philosophen, und *Sod* steht für die mystische oder esoterische und/oder kabbalistische Deutung. Die vier Anfangsbuchstaben von *Peshat, Derash, Remez* und *Sod* wurden zuerst von Moses de Leon (ca. 1240–1305) zu dem Akronym PaR-

DeS (wörtlich: Garten) zusammengefasst. In dem in der Kabbala entwickelten Verständnis von PaRDeS verändert sich auch die Bedeutung der vier Auslegungswege: Der *Peshat* repräsentiert jetzt einen lediglich äußeren Bedeutungsaspekt der →Tora. Auf dem Auslegungsweg des *Sod* wird die Tora zu einem mystischen Körper, bei dem der Ausleger Einsicht in die immanente Gottheit und damit in die verborgenen innergöttlichen Prozesse der Welt der zehn *sefirot* zu enthüllen sucht. Ein möglicher Einfluss zeitgenössischer christlicher Exegese auf das Konzept des PaRDeS wird noch manchmal angenommen, heute aber weitgehend verneint (van der Heide; M. Idel). Insbesondere die exegetische →Hermeneutik der sog. ‚Deutschen Frommen' kann sowohl mit Blick auf ihren Anspruch der Aufdeckung der biblischen *sodot* als auch auf das in vielen ihrer Schriften ausgedeutete Motiv von der Nuss (*Sod ha-Egoz*) für das PaRDeS-Konzept – in einer möglichen Vermittlung durch Ramban (Nachmanides; 1194–1270) – Pate gestanden haben.

Bibliographie: M. Fishbane, Biblical interpretation in ancient Israel, Oxford 1985. – A. van der Heide, ‚Pardes': methodological reflections on the theory of the four senses, in: JJS 34,2 (1983), 147–159. – M. Idel, PaRDeS: some reflections on Kabbalistic hermeneutics, in: J.J. Collins/M. Fishbane (Hgg.), Death, ecstasy, and other worldly journeys, Albany 1995, 249–264. – M. Sæbø (Hg.), Hebrew Bible/Old Testament, 3 Bde., Göttingen 1996. 2000.2008.

Hanna Liss

IV. Altphilologisch

Theagenes von Rhegion (6. Jh. v. Chr.) soll als erster für die Homerischen Epen eine tiefere allegorische →Bedeutung angenommen haben, die hinter der ersten unmittelbaren Sinnebene verborgen liegt, nämlich Aussagen über physikalische Phänomene oder menschliches Verhalten. Von den Stoikern wurde dies in ihrer kosmologischen →Allegorese dieser Epen aufgegriffen (G.W. Most, I. Ramelli). Der →Autor des Derveni-Papyrus (4. Jh. v. Chr.) interpretiert allegorisch eine orphische Kosmogonie aus dem 5. Jh. v. Chr. (G. Betegh).

Auch außerhalb der Philosophie und Theologie findet sich das Bewusstsein, dass ein →Wort oder →Text mehrere Bedeutungsebenen haben kann (K. Pollmann). In der Jurisprudenz wird bei der →Auslegung eines Gesetzes oder Testaments zwischen *scriptum* (dem wörtlich Geschriebenen) und *voluntas* (dem eigentlich Gemeinten) unterschieden, wobei man zur *voluntas* als dem *sensus plenior* (dem eigentlich intendierten →Sinn) eines Textes oft im Analogieprinzip (→Analogie) gelangt, manchmal aber auch durch die freiere Allegorese (Lausberg § 209). In der →Grammatik kann ein Text in seinen verschiedenen Aspekten auf Bedeutung hin analysiert werden (→Methode(n)): *lectio* (Aussprache, Unterteilung der einzelnen Wörter), *emendatio* (→Textkritik), *enarratio* (inhaltlicher →Kommentar), *iudicium* (ästhetische Würdigung). In der →Rhetorik wird die Ironie als eine Form der Allegorie betrachtet, in der die unmittelbare Textbedeutung dem eigentlich Gemeinten diametral entgegensteht (Lausberg §§ 893 ff.).

Generell erfolgt die Annahme eines zweiten oder sogar mehrerer S.e, wenn die unmittelbare Bedeutung eines kanonischen Textes als irrational, unziemlich, obskur und/oder veraltet kritisiert wird. Die tiefere(n) Bedeutung(en) soll(en) dem Text neue Relevanz verleihen oder seinen tieferen bzw. eigentlichen Wahrheitsgehalt offenlegen. Der vielfache S. postuliert, dass ein Text eine potentiell unausschöpfliche Totalität aufscheinen lässt, und ist in der Regel eine Annahme des Rezipienten (→Auslegungsgeschichte, →Buchstabe und Geist), mit Ausnahme derjenigen Texte, die bereits selbst explizit oder implizit uneigentliches Sprechen signalisieren (→Apokalyptische Literatur, →Gleichnis, →Kontext, →Metapher, →Mythos, →Parabel).

Bibliographie: U. Babusiaux, Id quod actum est, München 2006. – G. Betegh, The Derveni Papyrus, Cambridge 2004. – H. Lausberg, Handbuch der literarischen Rhetorik, München [2]1973. – G.W. Most, Cornutus and Stoic allegoresis: a preliminary report, in: ANRW II.36.3, Berlin/New York 1989, 2014–2065. – K. Pollmann, Doctrina Christiana, Fribourg 1996. – I. Ramelli, Allegoria, Bd. 1, Mailand 2004.

Karla Pollmann

V. Literaturwissenschaftlich

Die Unterscheidung zwischen ‚buchstäblichem' und ‚übertragenem'→Sinn eines → Wortes oder →Textes ist grundlegend für jede Textauslegung. Bereits die griechische Antike nahm Homers Göttererzählungen nicht wörtlich, sondern legte sie allegorisch aus (griech. ἀλληγορεῖν, ‚anders sagen'), interpretierte sie physikalisch-kosmologisch oder ethisch. Philo von Alexandria übertrug das Verfahren auf das →AT. Vom →NT aus wurde das AT auf Präfigurationen des christlichen Heilsgeschehens hin gedeutet. Origenes sah die Struktur der biblischen →Offenbarung analog zur Seinsordnung und zum Wesen des Menschen: der Dreiheit von Leib, Seele und Geist entspreche die Dreigliederung von somatischem (buchstäblichem, historisch-litteralem), psychischem (moralischem) und pneumatischem (allegorisch-mystischem) S. Die triadische Stufung (*historia, allegoria, moralitas*) wurde in der Bibelhermeneutik durch Gregor d. Gr. (‚*Moralia in Iob*') wirksam. Weiteste Verbreitung fand das Viererschema, wie es ein Merkvers des 13. Jh.s festhält: *Littera gesta docet, quid credas allegoria; moralis quid agas, quo tendas anagogia.* („Der Buchstabensinn lehrt, was geschah, der allegorische, was man glauben, der moralische, was man tun, der anagogische, wohin man streben soll."). Die anthropologische Lehre A. Boeckhs (19. Jh.) operiert mit vier Modi des → Verstehens (grammatisch, historisch, individuell, generisch).

Zeichentheoretische Überlegungen Augustins weiterführend, sahen die Viktoriner (12. Jh.) die eigentliche Aufgabe der christlich-spirituellen →Exegese darin, in und mit den Wortzeichen die Signifikanz der bezeichneten Dinge zu erschließen, und zwar anhand der sichtbaren oder unsichtbaren *proprietates* der Dinge: *Non solum voces, sed et res significativae sunt* (Richard von St. Victor). Gott habe nicht nur den Bibeltext, sondern auch das Buch der Natur verfasst und verwende, „um etwas zu bezeichnen, den Lauf der Dinge selbst, die seiner Vorsehung unterworfen sind" (H. Meyer). Die Konkurrenz der Spiritualsinne von Dingen und →Zeichen führte dazu, dass die Stufung des vierfachen S.s von einer Vielzahl von Sinnbezügen umlagert werden konnte.

Mit der Reformation aus der bibelhermeneutischen Verbindlichkeit entlassen, wurde der Grundgedanke des mehrfachen S.s zum wichtigsten Generator für die Metaphernsprache der →Dichtung und die Sinnbildsprache der Kunst. Er beherrschte die Emblematik der Barockzeit. Bis ins 18. Jh. gab es allegorische Lexika, die den Bestand erschlossener Dingbedeutungen kodifizierten (B. Hederich, *Gründliches mythologisches Lexikon*, 1748/1770).

Bibliographie: E. v. Dobschütz, Vom vierfachen Schriftsinn, in: Harnack-Ehrung. Beiträge zur Kirchengeschichte 1921, 1–13. – C.-M. Meier-Staubach, Wendepunkte der Allegorie im Mittelalter, in: R.E. Lerner (Hg.), Neue Richtungen der hoch und spätmittelalterlichen Bibelexegese, München 1995, 39–64. – H. Meyer, Art. Schriftsinn, mehrfacher, in: HWPh 8 (1992), 1431–1439. – R. Müller, Hermeneutik und Geschichte, Berlin 1987. – H.-J. Spitz, Die Metaphorik des geistigen Schriftsinns, München 1972. – Ders., Art. Sensus litteralis/spiritualis, in: RLW 3 (2003), 421–425. – F. Ohly, Vom geistigen Sinn des Wortes im Mittelalter, in: ZfdA 89 (1958/59), 1–23. – J. Pépin, Mythe et allégorie, Paris 1958.

Hartmut Kugler

Schriftsteller

I. Alttestamentlich

Seit dem 17. Jh. wird der Begriff S. als deutsche Bezeichnung für →‚Autor' oder ‚Skribent' verwendet und meint den Verfasser von (zumeist literarischen) →Texten. Im Gegensatz zur neuzeitlichen Auffassung von S. bleibt der biblische S. oft anonym und betrachtet die Tradierung von →Texten bzw. die Pflege der →Überlieferung als seine eigentliche Aufgabe. Er ist daher in erster Linie ein Bearbeiter von Texten, der sich darauf beschränkt, allenfalls leichte Variationen anzubringen. Es gibt hier jedoch auch Ausnahmen: Einige S. versehen ihre Texte mit einer individuellen Diktion (z. B. Jes, Ez).

Spekulationen der ersten Jahrzehnte des 20. Jh.s, die vielen Geschichten der Erzählblöcke der Bücher Genesis bis Könige einen mündlichen →Ursprung zuschrieben und diesen zu rekonstruieren suchten, sind überholt. Die moderne Literaturwissenschaft (R. Alter, L. Alonso Schökel, M. Sternberg, J.P.

Fokkelman, F. Landy, J.L. Ska u. a.) interpretiert Texte im Lichte der in ihnen enthaltenen literarischen Konventionen und hat so aufgezeigt, wie hoch entwickelt →Stil und Struktur nahezu aller atl. Texte sind; bei Prosatexten muss durchaus ein schriftlicher Ursprung angenommen werden.

Die S. von Genesis bis Kön, Esra, Chr, Dan, Est, Rut, Hld und wahrscheinlich Klgl sind unbekannt, auch die Datierung ist problematisch. Die Sprüche der Propheten – oft ursprünglich mündliche Schöpfungen –, die zusammengestellt und z. T. mit (üblicherweise prosaischen) Rahmenerzählungen umgeben wurden, sind meist authentisch (d. h. stammen von Jes, Jer, Hos, Am etc.); jedoch richten sie das Augenmerk selten auf den S./Sprecher – Gedichte wie Jer 20,7–18 oder Berichte wie Ez 1–11 sind Ausnahmen. Die Zuschreibung von Hld und Koh (in den Überschriften) an Salomo ist pseudepigraph und intendiert, Aufmerksamkeit zu erregen und Autorität zu reklamieren. Die in 73 Psalmen zu findende Überschrift ‚Von David' besagt vielleicht lediglich: ‚einer Sammlung zugehörig, die wir (die kanonbildende Gemeinschaft späterer Jahrhunderte) David zuschreiben'.

Die Anonymität so vieler biblischer S. darf als Herausforderung gesehen und positiv interpretiert werden: diese Männer achteten weniger auf ihre persönlichen Qualitäten, ihr Ego oder ihre Originalität; sie standen im Dienst ihrer Sache und Vision. *C'est la force des choses dites qui meut l'écrivain* (P. Ricœur).

Bibliographie: R. Alter, The art of biblical narrative, New York 1995. – Ders., The art of biblical poetry, Edinburgh 2000. – J.P. Fokkelman, Reading biblical narrative, Louisville [2]2002. – Ders., Reading biblical poetry, Louisville 2001.

Jan P. Fokkelman

II. Neutestamentlich

Die 27 Schriften, die zum →‚NT' zusammengestellt wurden, haben Verfasser, die zum größten Teil unbekannt sind. S. im engeren Sinn war keiner dieser Verfasser: ein breiterer christlicher Literaturbetrieb bildete sich erst in nach-ntl. Zeit heraus. Wohl aber lassen sich bereits Paulus, eine Generation später dann der Verfasser des Lk und der Apg, der seinen Namen nicht nennt (Apg 1,1), und der Prophet Johannes, der die Offb verfasst hat (Offb 1,1 f. 9 f.; 22,6–10), *auch* als religiöse S. beschreiben.

Paulus schrieb sieben eigene Briefe: an die Römer, an die Korinther (zwei), an die Galater, an die Philipper, an die Thessalonicher, an Philemon. Mindestens die Briefe an die Römer, Korinther und Galater sind inhaltlich so bedeutend und stilistisch, argumentativ und konzeptionell so durchgeformt, dass sie auf jeden Fall zur kaiserzeitlichen philosophisch-religiösen →Briefliteratur gehören, auch wenn Paulus sich zwar deutlich als →Autor positioniert, sich aber nur bedingt als S. verstanden wissen will (2 Kor 10,10). Paulus benutzt die Briefe über die briefliche →Kommunikation hinaus zur Gemeindeleitung, zur Darstellung seiner Theologie und zur Formulierung christlicher Ethik. Die Briefe stehen im Zusammenhang seiner Tätigkeit als →Apostel (Röm 1,1–7) und setzen den Maßstab für christliche theologische und katechetische →Literatur.

Der in der kirchlichen →Tradition ‚Lukas' genannte S. hat ein erzählerisches Doppelwerk verfasst, das in seiner Verbindung von biblischer →Sprache (→Septuaginta) und einfacher Episodenerzählung ein jüdisch-christliches Publikum konstituiert, das nicht nur die schon bekannte →Gattung ‚Evangelium von Jesus Christus' (Lk 1,1 f.) in verbesserter Gestalt lesen möchte, sondern auch den Gang der Verkündigung des →Evangeliums bis in die Hauptstadt des *imperium Romanum* literarisch nachvollziehen möchte (Apg 28,16–31). Sein zweites Buch (λόγος Apg 1,1) war schriftstellerisch so erfolgreich, dass es die Gattung der →apokryphen Apostelakten nach sich zog.

Der Apokalyptiker *Johannes* ist der einzige S. der ntl. Zeit, der in einem deutlichen literarischen Zusammenhang arbeitet: in der literarischen Gattung der Apokalypse (→apokalyptische Literatur), die im Frühjudentum zahlreich vertreten ist. Die Offb ist ein besonders kunstvoll ausgearbeitetes Beispiel der Gattung. Johannes schreibt wie Paulus orthonym und hat ein hoch entwickeltes Autoren-Selbstverständnis (Kap. 1 und 22; →Autor).

Bibliographie: H.-J. Klauck, Die antike Briefliteratur und das Neue Testament, München u. a. 1998. – G. Theißen, Die Entstehung des Neuen Testaments als literaturgeschichtliches Problem, Heidelberg 2007. – P. Vielhauer, Geschichte der urchristlichen Literatur, Berlin 1975.

Oda Wischmeyer

III. Altphilologisch

Das Wort S., das seit J.C. Gottsched (*Versuch einer critischen Dichtkunst vor die Deutschen*, Leipzig 1730) den Ausdruck *Skribent* verdrängt, bezeichnet ursprünglich denjenigen, der eine gerichtliche Schrift für einen anderen fertigt, dann für lange Zeit allgemein den → Autor, und zwar im Unterschied zum → Dichter oder Poeten den Verfasser von künstlerisch weniger anspruchsvollen Prosaschriften; seit dem 20. Jh. wird es auch für Produzenten jedweder Art von →Literatur gebraucht. Neben anderen betont T. Mann (1930) die Verantwortung des S.s gegenüber den zentralen Problemen der Zeit. Hinsichtlich der bevorzugten Verwendung für Prosaautoren entsprechen dem Wort S. in der Antike am ehesten συγγραφεύς (Pl. *Phdr.* 235c; D.T. 5.1 f.) und *scriptor*. Die Erklärung nicht allein von →Dichtungen, sondern auch von Prosaschriften wird zum ersten Mal bei Dionysios Thrax (2. Jh. v. Chr.) als Gegenstand der *Ars grammatica* genannt, während Cicero später nur die *pertractatio poetarum* dazu rechnet (*de orat.* 1,187). Noch J.-P. Sartre (1947) nimmt die Entgegensetzung von S. (*écrivain*) und Dichter (*poète*) vor, während sie von T. Mann (1930) entschieden abgelehnt wird. Anders als die Moderne kennt die Antike wohl nicht den →Typus des autonomen, freien S.s, der seinen Lebensunterhalt ausschließlich aus seiner Tätigkeit zu bestreiten sucht. Zwar deklarierten z.B. Tibull, Properz und Martial das poetische Schaffen als eine Form der Daseinsgestaltung, die der Existenz des Soldaten oder Politikers ebenbürtig sei, sie lebten aber von ererbtem Vermögen oder von Zuwendungen anderer. Dem modernen Konzept einer besonderen gesellschaftlichen Verantwortung des S.s kommen in Rom, wie es scheint, Cicero, Horaz und Vergil am nächsten: Der eine verstand sich als philosophischer Lehrer der Römer (z.B. *Tusc.* 1,1–6), die beiden anderen begriffen sich als Verkünder (*vates*) von Vorstellungen, die zur Stiftung einer nationalen →Identität beitragen sollten (z.B. Verg. *Aen.* 6,847–853; Hor. *Carm.* 3,1–6). Eine Besonderheit der griechischen Dichtung ist das Chorlied, das besonders zur Verherrlichung eines Siegs im sportlichen Wettkampf öffentlich vorgetragen wurde: Solche Dichtung war ihrem Wesen nach weniger Ausdruck einer individuellen Persönlichkeit denn Gesellschaftskunst, die Wertvorstellungen und Leitgedanken der gehobenen Schicht repräsentierte (H. Maehler).

Bibliographie: V. Buchheit, Vergil über die Sendung Roms, Heidelberg 1963. – F. Cairns, Sextus Propertius, Cambridge 2006. – E. Fraenkel, Horaz, Darmstadt 1963, 308–339. – R. Harder, Das Prooemium von Ciceros Tusculanen, in: Ders., Kleine Schriften, München 1960, 413–430. – A. Kosenina, Art. Schriftsteller, in: HWPh 8 (1992), 1439–1442. – H. Maehler, Die Auffassung des Dichterberufs im frühen Griechentum bis zur Zeit Pindars, Göttingen 1963. – T. Mann, Die geistige Situation des Schriftstellers in unserer Zeit (1930), in: Ders., Gesammelte Werke 10, Frankfurt a.M. 1960. – R. Perrelli, Il tema della scelta di vita nelle elegie di Tibullo, Messina 1996. – J.-P. Sartre, Qu'est-ce que la littérature?, Paris 1947. – T. Seng, Art. Autor, in: HWRh 2 (1992), 1276–1280.

Siegmar Döpp

IV. Literaturwissenschaftlich

S. ist die neuzeitliche Bezeichnung für den Verfasser insbesondere von literarischen → Texten. Die ältere Bedeutung im Sinne einer Eindeutschung von →*Autor, Skribent* oder auch von *concipient*, der für andere rechtliche Schreiben aufsetzt, verliert sich im 18. Jh. Bei Autoren wie J.W.L. Gleim, J.C. Gottsched oder I. Kant wird das Wort S. analog zu dem des Autors als Bezeichnung für den Verfasser literarischer Werke, der – wie Kant in seiner *Rechtslehre* (1797) sagt – in seinem eigenen Namen spricht. Die enge Verbindung mit dem Schreiben ästhetischer Texte bezeugt etwa J.G. Sulzers *Allgemeine Theorie der schönen Künste* (1771). In dieser neuen Bedeutung werden dann auch die klassischen Autoren zu S.n, ebenso die vorbildlichen Autoren der Gegenwart, so etwa in Gottscheds *Deutscher Sprachkunst* (1748). Die biblischen Autoren gelten nicht als S., da sie keine literarischen bzw. ästhetischen Werke verfasst haben. In einer engeren Bedeutung wird S. im Unterschied zum →‚Dichter' und ‚Poeten' als Verfasser von Prosatexten aufgefasst, daher gelegentlich etwa bei Schiller (*Über naive und sentimentalische Dichtung*, 1795) auch abwertend gebraucht.

Die Habitualisierung des Begriffs zu einer gängigen, im 19. Jh. auch auf S.innen angewandten Bezeichnung dehnt die Bedeutung immer weiter aus, lässt die ästhetische Konnotation des Begriffs verblassen und bezeichnet dann ebenso selbstverständlich auch die Verfasser von nicht literarischen Werken als S., etwa ‚politische S.' oder ‚theologische S.'. In den weltanschaulichen Debatten um den ‚Sonderweg' der deutschen Kultur im frühen 20. Jh. wird S. als Gegenbegriff zum deutschen ‚Dichter' aufgeladen. Von den konservativen Autoren abwertend gebraucht, nutzen moderne Autoren wie A. Döblin oder T. Mann die Bezeichnung S. als Selbstbezeichnung, dabei vielfach auch angelehnt an die analoge ‚sachliche', ‚republikanische' und ‚demokratische' Verwendungsweise des Begriffs im Französischen oder Angloamerikanischen.

Heute fungiert der Begriff überwiegend als neutrale Bezeichnung des Berufs des S.s, ohne eine texttheoretische Bedeutung zu haben, wie sie etwa dem Begriff des Autors zu eigen ist. Entsprechend spielt die Bezeichnung in den literaturtheoretischen Diskussionen um die Funktion des Autors keine Rolle. Verknüpft mit Gattungs- und Genretypen wie ‚Romanschriftsteller', ‚Kriminalschriftsteller' ist S. eine allgemein gebrauchte, nicht mehr begriffliche, sondern deskriptive Bezeichnung geworden, die durch ähnliche Prägungen wie ‚Romancier', ‚Dramatiker', auch ‚Lyriker' oder ‚Sachbuchautor' ersetzt werden kann.

Bibliographie: D. Burdorf, Art. Schriftsteller, in: D. Burdorf et al. (Hgg.), Metzler Lexikon Literatur, Stuttgart/Weimar ³2007, 691. – G. Grimm/C. Schärf (Hgg.), Schriftsteller-Inszenierungen, Bielefeld 2008. – G. Jäger, Art. Autor, in: W. Killy/V. Meid (Hgg.), Literatur Lexikon, Bd. 13, Gütersloh/München 1992, 66–68. – E. Kleinschmidt, Art. Autor, in: RLW 1 (1997), 176–180. – K. Schröter, Der Dichter, der Schriftsteller, in: Akzente 20 (1973), 168–190.

Gerhard Lauer

Semantik

I. Alttestamentlich

Die Frage einer linguistischen S. in den Bibelwissenschaften hat erstmals 1961 J. Barr in seiner Kritik am Etymologismus des ThWNT aufgeworfen; er argumentiert, dass die biblischen Sprachwelten nur auf der Basis einer allgemeinen, strukturalistischen Linguistik sachgemäß erforscht werden können. Was die *Wortsemantik* betrifft, wird dieses Postulat seit Mitte der 60er Jahre in den Sprachstudien von E. Jenni u.a. sowie den Artikeln in THAT, ThWAT, HALAT und Gesenius (18. Auflage) weitgehend berücksichtigt. Schon Barr betonte jedoch, dass „die wirkliche Kommunikation von religiösen und theologischen Gedanken [...] durch größere Wortkombinationen und nicht durch die lexikalischen Worteinheiten [geschieht]" (263), was in den genannten Lexika durch Beschreibung der syntaktischen Fügungskontexte der Lexeme berücksichtigt wird. In Abgrenzung zum Ansatz von W. Richter, der weder die Konsubstantialität von ‚Form' und ‚Inhalt' im sprachlichen Zeichen reflektiert noch diese Grundbegriffe näher geklärt hat, legte 1978 C. Hardmeier im Anschluss an S.J. Schmidt und unter Aufnahme des →*Linguistic Turn* in den Sprach- und Literaturwissenschaften einen exegetischen Neuansatz vor, der nicht nur die *Wort-* und *Satzsemantik*, sondern auch die *Textsemantik* und *-pragmatik* in den Blick nimmt. Dabei sind →Texte als Primärvorkommen von →Sprache und im theoretischen Rahmen des kommunikativen Handlungsspiels als Artefakte der →Kommunikation zu verstehen, die funktional von →Sprechern/→Autoren auf potentielle Rezeptionsprozesse hin erzeugt werden, um darin als Zeichenfolgen analog zum Produktionsprozess abgearbeitet zu werden. Eine entsprechende *Instruktionssemantik* versteht sprachliche Zeichen als Signale, die den Aufbau des Bedeutungs-, Sinn- und Funktionsgehalts von Texten steuern und den Rezipienten in der Abarbeitung der Zeichenfolge komplexe Referenz- und Verknüpfungsleistungen abverlangen. Nach wie vor jedoch betrachtet die herkömmliche S. sprachliche Zeichen als Repräsentanten von konventionalisierten Personen-, Sach- und Vorgangsgehalten (Lexeme) sowie von syntaktischen und illokutiven Funktionen (Morpheme) auf den Ebenen der →Syntax, S. und →Pragmatik. Dieser *Repräsentationssemantik* sind im Wesentlichen auch alle neueren Arbeiten zu Fragen der Textsemantik und -pragmatik im Fach verpflichtet (z. B. A. Wagner). Demgegenüber hat Hardmeier (2003) im instruktionssemantischen Konzept der Textur und ihrer metakommunikativen, interaktiven, narrativen und argumentativen Handlungskomponenten sowie der Komponenten der temporalen und lokalen Orientierung und der thematischen Entfaltung auch die S. der handlungsleitenden Signalgruppen umrissen, die die Rezeptions- und Sinnbildungsprozesse in der Rede- und Erzählkommunikation komponentenspezifisch strukturieren.

Bibliographie: Hebräisches und aramäisches Handwörterbuch über das Alte Testament, hg. v. W. Gesenius et al., Berlin/Heidelberg [18]2008 [1810/1812. 1815]. – Hebräisches und aramäisches Lexikon zum Alten Testament (HALAT), hg. v. W. Baumgartner et al., Leiden 1967 – 1983. – Theologisches Handwörterbuch zum Alten Testament (THAT), hg. v. E. Jenni/C. Westermann, 2 Bde., Gütersloh [6]2004 [München 1971. 1976]. – Theologisches Wörterbuch zum Alten Testament (ThWAT), hg. v. G. J. Botterweck/H. Ringgren, 10 Bde., Stuttgart 1973 – 2000. – Theologisches Wörterbuch zum Neuen Testament (ThWNT), hg. v. G. Kittel et al., 11 Bde., Stuttgart 1933 – 1979.

J. Barr, Bibelexegese und moderne Semantik, München 1965. – C. Hardmeier, Texttheorie und biblische Exegese, München 1978. – Ders., Textwelten der Bibel entdecken, 2 Bde., Gütersloh 2003. 2004. – W. Richter, Exegese als Literaturwissenschaft, Göttingen 1971. – S.J. Schmidt, Texttheorie, München [2]1976. – A. Wagner, Sprechakte und Sprechaktanalyse im Alten Testament, Berlin/New York 1997.

Christof Hardmeier

II. Neutestamentlich

Das NT ist ein Gefüge sprachlicher Zeichen, deren Bedeutungspotential in neuen rezeptionsgeschichtlichen Kontexten je neu aktualisiert wird – in Relation zu den jeweils aktuellen kulturellen Codes. Für die kritische Arbeit an ntl. Texten sind diese für das Zustandekommen sprachlicher Zeichenrelationen generativen Bedingungen wahrzunehmen.

In der modernen Forschung zum NT dienen semantische Untersuchungen gewöhnlich der Rekonstruktion der historischen Bedeutung sprachlicher Formen (Wörter, Syntagmen) im ursprünglichen Kommunikationsraum des →Textes. Solchen Untersuchungen liegen – implizit oder explizit – semantische Theorien historisch-philologischer oder strukturalistischer Ausprägung zugrunde. Paradigmatisch für die historisch-philologische S. ist das *Theologische Wörterbuch zum Neuen Testament* (1933 – 1979), das eine Rekonstruktion der Bedeutung ntl. Terminologie durch diachron, d. h. begriffsgeschichtlich orientierte Lexemanalysen anstrebte. Die Bedeutung eines Wortes erschloss man dabei über seine Etymologie und Vorgeschichte; auf diese Weise versuchte man, den Hintergrund ntl. und theologisch relevanter Begriffe herauszuarbeiten. Damit sollte gezeigt werden, wo ntl. →Autoren ‚neuen Wein in alte Schläuche' gefüllt haben.

Mit dem Aufkommen des Strukturalismus seit 1960 wurde diese Methode zunehmend kritisiert (vgl. J. Barr). Der strukturalistische Ansatz ist synchron und damit nicht an der Bedeutungsgeschichte eines Wortes orientiert, sondern an Differenz und Relation im Verhältnis zu anderen Zeichen in einem konkreten sprachlichen System. Dementsprechend fokussieren z. B. aktuelle Forschungen zu ntl. Jesusbildern nicht nur auf die Vorgeschichte christologischer Hoheitstitel, sondern befassen sich darüber hinaus mit deren Funktion in größeren semantischen Einheiten (Bekenntnisformeln, Hymnen, Erzählungen). Damit ist der Kontextbegriff in seinen verschiedenen Ausprägungen für das Verständnis sprachlicher Bedeutung verstärkt relevant geworden, so dass S. sowohl in Abhängigkeit von der →Syntax (intratextueller Kontext) als auch von der →Pragmatik (kommunikativer Kontext) verstanden wird. Dies wird z. B. hervorgehoben in neuen textlinguistischen und diskursanalytischen Arbeiten zur S. des NT (S.E. Porter/J.T. Reed).

Kognitive S. befindet sich, was das NT betrifft, trotz ihres großen Einflusses in der neueren Linguistik weiterhin im Experimentalstadium (z. B. B. Howe).

BIBLIOGRAPHIE: Theologisches Wörterbuch zum Neuen Testament (ThWNT), hg. v. G. Kittel et al., 10 Bde., Stuttgart 1933–1979.

J. Barr, Semantics of biblical language, Oxford 1961. – B. Howe, Because you bear this name: conceptual metaphor and the moral meaning of 1 Peter, Leiden 2006. – J.P. Louw, Semantics of New Testament Greek, Philadelphia 1982. – S.E. Porter, Studies in the Greek New Testament: theory and practice, New York 1996. – Ders./J.T. Reed (Hgg.), Discourse analysis and the New Testament, Sheffield 1999. – A.C. Thiselton, Semantics and New Testament interpretation, in: I.H. Marshall (Hg.), New Testament interpretation, Exeter 1979, 75–104.

Kasper Bro Larsen

III. Systematisch-theologisch

Semantisch geht es um →Sinn und →Bedeutung von religiösen Ausdrücken, Sätzen, →Texten und Äußerungen. Dabei kommen inhaltliche und eher formale Fragestellungen zusammen. So ist z. B. im Falle der christlichen Rede von Gott zu bestimmen, was sie *bedeutet* (in synchroner und diachroner Hinsicht) und zugleich, ob ‚Gott' dabei als Name, als Begriff oder als sortaler Term fungiert. Dazu gehört eine Klärung der Referenz von ‚Gott' und der Möglichkeit, Prädikate von ‚Gott' auszusagen, sowie eine Bestimmung des Verhältnisses von Referenz und prädikative Beschreibung in der christlichen Rede von Gott. Ähnlich verhält es sich bei anderen Ausdrücken, die christlich-religiös verwendet werden: Es ist zu klären, was Ausdrücke wie ‚Heil', ‚Sünde', ‚ewiges Leben' etc. im Lichte ihrer Begriffsgeschichte heute in den Kontexten ihres Gebrauchs bedeuten, und es ist zu präzisieren, worauf sie dabei referieren, wie sie ihre Bedeutung bekommen und wie diese kommuniziert wird. Insofern ist in der gegenwärtigen systematischen Theologie die Erörterung der Probleme von Referenz, Realismus/Antirealismus, →Wahrheit und →Kohärenz der →Sprache des christlichen Glaubens unverzichtbar. In der neueren systematischen Theologie und Religionsphilosophie wird dabei aus der Sprachphilosophie rezipiert, was auch die traditionelle evangelische Hermeneutik (z. B. schon die *clavis scripturae* des M. Flacius) hervorgehoben hat: Die Wortsemantik steht im Horizont von satzsemantischen, textsemantischen und äußerungssemantischen, d. h. pragmatischen Aspekten von Sinn und Bedeutung. Auch der christliche Glaube artikuliert sich in Sätzen (Satzsemantik), die im weiteren Sinn auf den Text der →Heiligen Schrift (→Bibel) bezogen sind (Textsemantik). Zudem äußert sich der christliche Glaube in konkreten Lebenssituationen und bestimmten Lebensvollzügen (als verbale und sakramentale Selbstmitteilungen Gottes, als Bekenntnis, als Lob, Dank und Klage, als gottesdienstliche Feier), zu deren äußerungssemantischer Explikation häufig die →Sprechakttheorie herangezogen wird. Generell ist dabei zu klären, *wie* religiöse Äußerungen bedeuten und *welche rhetorischen Formen* religiöse Rede kennzeichnen (→Gleichnis, →Metapher, →Erzählung, Paradox, etc.). Bedacht wird in der systematischen Theologie auch die →Pragmatik aller christlich-religiösen Äußerungen, die für eine theologische S. unverzichtbar ist: Wird dagegen in der semantischen Analyse religiöser Rede von ihrem ‚Sitz im Leben' abgesehen und werden die religions- und konfessionsspezifischen Lebensvollzüge und Regeln nicht beachtet, dann wird theologische S. abstrakt und sachfremd.

BIBLIOGRAPHIE: V. Brümmer, Speaking of a personal God, Cambridge 1992. – I.U. Dalferth, Religiöse Rede von Gott, München 1981. – C. Landmesser, Wahrheit als Grundbegriff neutestamentlicher Wissenschaft, Tübingen 1999. – P. Stoellger, Art. Semantik III. IV., in: RGG^4 7 (2004), 1189–1191.

Hans-Peter Großhans

IV. Altphilologisch

S. (engl. *semantics*, frz. *sémantique*; letzterer Terminus wurde 1883 von Michel Bréal geprägt und entwickelte sich zur Bezeichnung eines neuen Bereiches linguistischer Analyse) untersucht *Bedeutung* in der Form linguistischer Zeichen von der Morphem- bis zur Textebene. Die am häufigsten gebrauchten Formen semantischer Beschreibung sind *wort*orientierte oder lexikalische S. und *satz*orientierte S.

In der Antike war die S. weder ein autonomes Wissenschaftsgebiet noch eine spezielle →Methode der Sprachanalyse. Eine

‚pragmatische' Art semantischer Analyse wurde bereits von den Sophisten angewendet, die semantische Beziehungen wie Synonymik, Polysemie und Ambiguität untersuchten und die Möglichkeit einer effizienten →Kommunikation problematisierten. Plato und Aristoteles zeigten Interesse an der Symbolfunktion von →Sprache, d.h., wie der menschliche Verstand Wirklichkeit in Sprache umformt und so darstellt. Hierbei ist die Analyse von sprachlicher →Bedeutung untrennbar mit der Kognitionswissenschaft und der Wissenschaft von der (Struktur der) Realität verbunden (→Semiotik). Platos Sprachphilosophie (*Cratylus*; *Parmenides*; *Sophistes*) richtet sich auf die konventionelle oder natürliche Verbindung zwischen Objekt und Benennung. Plato betrachtet die ‚ideale' Benennung als ‚wahren und richtigen' Ausdruck des Wesens eines Objektes (*Cra.* 428e). Bei Aristoteles ist die S. fast ausschließlich auf die Wortebene begrenzt: *De interpretatione* und *Categoriae* entwerfen eine ‚kategorische S.', die (1) verschiedene Wortklassen (mit möglichen formalen Variationen; →Wort) etabliert und weitere Kategorien wie (2) Bejahung und Verneinung sowie (3) Endlich(keit) und Unendlich(keit) aufstellt (z.B. ‚Mensch' vs. ‚Nicht-Mensch'). Die S. des Aristoteles basiert auf der Analyse von →Propositionen (→Sätzen) und von deren Beziehungen. Die Stoiker führten die Unterscheidung zwischen Zeichen oder bezeichnendem Element (σημαίνον), dem bezeichneten Inhalt (σημαινόμενον) und dem Objekt (τυγχάνον) ein. Der bezeichnete Inhalt wurde, soweit er konzeptionell war, λεκτόν genannt (‚sagbar', lat. *dicibile*).

Der grundlegende Beitrag der Stoiker besteht in der Ausarbeitung einer Theorie der Prädikat-Inhalte. Im Anschluss daran unterschied Augustin (ab *De dialectica*) zwischen dem (gesprochenen) Wort (*verbum*), seinem semantisch-konzeptionellen Inhalt (*dicibile*), dem Wort in seinem konkreten Gebrauch (*dictio*) und dem Objekt (*res*). Er betonte die wirkmächtige Dimension (*vis*) von Bedeutung (als semiotische Relation) und legte den Grund für die Vorstellung einer inneren, mentalen Sprache (*verbum interior*; *vox cordis*), welche die ewige, göttliche Wahrheit offenbart. Dieser Ansatz wurde von Boethius in seinen zwei Kommentaren zu Aristoteles' *De interpretatione* behandelt und ein Eckstein mittelalterlicher Sprachphilosophie.

Bibliographie: E. Coseriu, Geschichte der Sprachphilosophie, bearb. v. J. Albrecht, Tübingen 2003. – D. Di Cesare, La semantica nella filosofia greca, Roma 1980. – N. Kretzmann, Semantics, in: P. Edwards (Hg.), The encyclopedia of philosophy 7 (1967), 358–406. – P. Schmitter, Das sprachliche Zeichen, Münster 1987. – Ders., From Homer to Plato: language, thought, and reality in ancient Greece, in: P. Schmitter (Hg.), Essays towards a history of semantics, Münster 1990, 11–31.

Pierre Swiggers/Alfons Wouters

V. Textlinguistisch

Die S. (griech. σημαντικός, ‚zum Zeichen gehörend') ist das sprachwissenschaftliche Teilgebiet, welches sich auf die Inhaltsaspekte von sprachlichen Einheiten und Strukturen, also die Bedeutung von Wörtern, Sätzen und Texten, konzentriert. Sprachliche Bedeutungen werden in der Regel als Denotationen, also konzeptuelle Repräsentationen, definiert, die konventionell an sprachliche Formen geknüpft sind. Als Zeicheninhalte speichern sie die wesentlichen Informationen, die für eine erfolgreiche →Kommunikation relevant sind, und aufgrund ihrer referenziellen Funktion ermöglichen sie es uns, mittels Sprache Bezug auf die Welt zu nehmen. In der *Merkmalssemantik* beschreibt man Bedeutungen mittels Dekomposition, d.h. durch Angabe elementarer Bestandteile, welche definitorische Beschreibungen angeben, in dem sie notwendige, konstitutive Bestandteile der Bedeutungskategorie benennen (z.B. bei *Vogel*: <Tier>, <hat Gefieder>, <kann fliegen>, <legt Eier>). Die *Prototypentheorie* dagegen beschreibt Lexembedeutungen als typische Denotationen, als Konfigurationen, die nur die typischen Attribute der Kategorie vereinigen. Bei aller Kritik, die spätestens seit den 80er Jahren des 20. Jh.s gegen die Merkmalstheorie vorgebracht wurde, bleibt in der S. die Zerlegung von Bedeutungen in elementarere Komponenten jedenfalls das grundlegende Beschreibungsprinzip. Die Bedeutungsanalyse involviert unterschiedliche Einheiten wie →Wort, →Satz, →Text, unterschiedliche Phänomene (semantische Relationen und Felder, Vagheit, Unterspezifikation etc.), unterschiedliche Ebenen (lexikalische, aktuelle, konversationale Bedeutungen) und unterschiedliche Einflusskomponenten (sprachlicher Kotext, situativer →Kontext, kognitionsinhärenter Kontext im Sinne konzeptuell-enzyklopädischen Wissens). Traditionell grenzt sich die S. als Disziplin durch ihre Konzentration auf die wörtlichen, d.h. kontextinvarianten, situationsunabhängigen Bedeutungsbestandteile von der →Pragmatik ab, die sich mit den kontextabhängigen Äußerungsbedeutungen beschäftigt. Die kognitive S. rückt zum einen die dynamische Komponente der semantischen Kompetenz, den Prozess der Bedeutungskonstitution, in den Vordergrund, zum anderen analysiert sie die Schnittstellen zwischen S. und Pragmatik sowie konzeptuellem Kenntnissystem. Die kognitive Mehrebenensemantik bezieht somit auch kontextuelle Faktoren bei der Konstruktion aktueller Bedeutungen in ihre Modelle mit ein und bezieht die grammatischen, konzeptuellen und prozeduralen Komponenten, die zur Konstruktion der Äußerungsbedeutungen von Wörtern, Sätzen und Texten beitragen, aufeinander.

BIBLIOGRAPHIE: J. Lyons, Semantics, Cambridge/New York 1977 [*dt.* 2 Bde., München 1980. 1983]. – M. Schwarz/J. Chur, Semantik, Tübingen [5]2007. – Dies., Einebenen-Ansatz vs. Mehrebenen-Ansatz, in: D.A. Cruse et al. (Hgg.), Lexikologie, Berlin/New York 2002, 277–284. – M. Steinbach, Semantik, in: J. Meibauer et al. (Hgg.), Einführung in die germanistische Linguistik, Stuttgart [2]2007, 163–209.

Monika Schwarz-Friesel

VI. Philosophisch

S. (von griech. σῆμα ‚Zeichen'; engl. *semantics*, frz. *sémantique*). Als S. bezeichnet man die Disziplin zur Untersuchung der Bedeutung sprachlicher Ausdrücke. Sie unterscheidet sich von der →Semiotik, welche die Bedeutung beliebiger Zeichen analysiert. C.W. Morris (*Foundations of the theory of signs* 1938) teilt die Lehre von den Zeichen in die Syntaktik, S. und →Pragmatik ein. M.J.A. Bréal (*Essai de sémantique. Science des significations* 1897) gebraucht den Titel für den Teil der Linguistik, welcher sich mit dem Bedeutungswandel der →Sprache befasst. Auch wenn schon Plato im Dialog *Cratylus* Ansätze zu einer Bedeutungstheorie der Sprache entwickelt und die Stoiker bestimmte Aspekte der Sprache genauer untersucht haben, so hat sich doch erst mit dem Werk von G. Frege, dem Begründer der modernen (sprachanalytischen) Philosophie, die S. als Lehre vom →Sinn und der →Bedeutung sprachlicher Zeichen durchgesetzt. Einen ersten Schritt dazu unternimmt Frege in seiner Begriffsschrift (1879), welche die Grundlage der modernen Aussagen- und Prädikatenlogik entwickelt. Daran schließt sich besonders in *Über Sinn und Bedeutung* (1892) die Entwicklung der modernen S. an.

A. Tarski entwirft in seiner grundlegenden Arbeit (*Der Wahrheitsbegriff in den formalisierten Sprachen* 1933) eine formallogische S., welche eine Definition des Wahrheitsbegriffs ausarbeitet. R. Carnap (*Die Logische Syntax der Sprache* 1934, *Meaning and necessity. A study in semantics and modal logic* 1947) entwickelt eine extensionale und eine intensionale S. W.O. Quine (*Word and object* 1960) unternimmt nach seinem Angriff auf den Bedeutungsbegriff (vgl. *Two dogmas of empiricism* 1951) den Versuch, eine behavioristische S. zu entwickeln.

Von der logischen S. (A. Tarski und R. Carnap), welche zur modelltheoretischen S. geführt hat, ist die sprachphilosophische S., insbesondere als S. der Alltagssprache zu unterscheiden. Der L. Wittgenstein der *Philosophischen Untersuchungen* hat neben G. Ryle diese Art S. wesentlich gefördert. J. Austin und J. Searle (*Speech acts* 1969) sind Meilensteine in der Entwicklung der sprachphilosophischen S. Schließlich ist die linguistische S. zu erwähnen, welche entscheidende Impulse von N. Chomsky (*Syntactic structures* 1957, *Aspects of the theory of syntax* 1965) erhalten und zu vielfältigen Entwicklungen geführt hat.

BIBLIOGRAPHIE: K. Bühler, Sprachtheorie, Jena 1934 [[3]1999]. – D. Davidson/G. Harmann (Hgg.), Semantics of natural language, Dordrecht 1972. – G. Frege, Kleine Schriften, hg. v. I. Angelelli, Darmstadt 1967. – H. Ineichen, Erkenntnis, Wahrheit und Bedeutung, München 1987. – F. v. Kutschera, Einführung in die intensionale Semantik, Berlin 1976. – J. Lyons, Introduction to theoretical linguistics, Cambridge 1969. – A. Tarski, Der Wahrheitsbegriff in den formalisierten Sprachen,

Nachdruck in: K. Berka/L. Kreiser (Hgg.), Logische Texte, Berlin 1973, 447–559. Hans Ineichen

Semiotik

I. Systematisch-theologisch

Christliche Theologie hat sich in ihrer ganzen Geschichte immer wieder mit der S. als der Wissenschaft von den Zeichen, Zeichensystemen und Zeichenprozessen in Theologie und Natur beschäftigt. Beispielhaft ist hinzuweisen auf die Rede von den ‚beiden Büchern', dem *liber naturae* und dem *liber scripturae*, auf Augustins Signifikationshermeneutik oder auf M. Luthers Reflexionen auf die Sprachlichkeit und Zeichenhaftigkeit des christlichen Glaubens. Wie in allen Religionen, so stehen auch im Christentum die religiösen Zeichen für eine Wirklichkeit, die nicht selbst, sondern zeichenvermittelt in Erscheinung tritt. Das Göttliche zeigt sich, wird bezeichnet und in Zeichen kommuniziert. Entsprechend wird im Blick auf konkrete religiöse Zeichen (heilige Schriften, religiöse Kunst, Riten) und ihrer Verknüpfung zu einem religiösen Code semiotisch nach der Verbindung des Signifikanten (Bezeichnenden) mit dem Signifikat (Bezeichneten) gefragt. Diese zweistellige Relation wurde erweitert durch das auf C.S. Peirce zurückgehende semiotische Dreieick: Ein Zeichen ist nicht direkt, sondern nur vermittelt durch seine Bedeutung mit dem Objekt verknüpft, die ihm die Zeichenverwender zuschreiben. Diese Einsicht ist verschiedentlich in der systematischen Theologie rezipiert worden. Religiöse Erfahrung, wie z. B. die Erfahrung des Heiligen, ist demnach immer in einem kulturellen Zeichensystem codiert (Ritual, →Mythos u. a.), das durch die →Interpretation seiner Verwender lebendig ist. Entsprechend diskutieren theologische Semiotikkonzeptionen das Verhältnis von Zeichen, bezeichneter Sache und Interpretant. Theologisch fruchtbar gemacht wurden diese Einsichten bisher v. a. in einer pragmatischen Interpretation des →Schriftprinzips, in der Sakramententheologie und in der semiotischen Explikation des trinitarischen Wesens Gottes. Sakramententheologisch tritt dabei eine pragmatische Unterbestimmung des Glaubens an die sakramentale Verheißung in vielen Sakramententheologien zutage (M. Vetter), obwohl sich auch schon bei Luther eine semiotische Dreigliedrigkeit findet: „Darumb müßen wir drey dingk yn dem heyligen Sacrament ansehen, das zeychen, die bedeutung und den glauben" (WA 2,727,23 ff.). V. a. H. Deuser hat versucht, die S. nicht nur fundamentaltheologisch und methodologisch fruchtbar zu machen, sondern das Göttliche selbst semiotisch aufzufassen. S. wird zur metaphysisch und kosmologisch begündeten Theosemiotik.

Bibliographie: H. Deuser, Gott, Geist und Natur, Berlin/New York 1993. – C.S. Peirce, Religionsphilosophische Schriften, hg. v. H. Deuser, Hamburg 1995. – R. Posner (Hg.), Semiotik, 4 Bde., Berlin/New York 1997–2004. – M. Vetter, Zeichen deuten auf Gott, Marburg 1999. Hans-Peter Großhans

II. Altphilologisch

S., die Lehre von den Zeichen (und Zeichenprozessen), wurde von C.S. Peirce (1839–1914) und F. de Saussure (1857–1913) begründet; letzterer etablierte den französischen Terminus *sémiologie* (griech. σημεῖον, ‚Zeichen'). Die Geschichte der S. hat ihre Wurzeln in der griechischen Antike: Die Wahrnehmung und →Interpretation von Zeichen war in der antiken Divination, Prophetie und Naturphilosophie sowie im Zusammenhang mit Heilungsmethoden allgemein üblich; die griechischen Termini τὸ σημειωτικόν und σημείωσις sind zuerst bei Galen (ca. 139–199 n. Chr.; *Opera omnia* hg. v. G.C. Kühn, Leipzig, 1821–1833, Bd. 14. 689, Bd. 19. 394) für das diagnostische →‚Lesen' von Krankheitssymptomen belegt.

Denker wie der Vorsokratiker Heraklitus, der Sophist Protagoras und Plato bereiteten den Weg, aber erst Aristoteles definierte das Zeichen als inferentielle Basis jeder →Argumentation (*Rh.* 1357a34–b25; *APr.* 2,70b37): Ist die Basis einer Schlussfolgerung zuverlässig, spricht er von τεκμήριον (‚Beweis'/‚Symptom'; z. B. ‚Diese Frau hat Milch, also ist sie schwanger'); wenn nicht, dann benutzt er den Terminus σημεῖον (‚Zeichen'/‚Anzeige' z. B. ‚Diese Frau ist blass, also ist sie schwanger'). In *Peri Hermeneias* (16a9) behandelt Aristoteles die Beziehung zwischen sprachlichen Zeichen, Gedanken (oder Geisteszuständen) und Realität. Hier verwendet er den Terminus σημεíον generell für ‚Zeichen', während σύμβολον (‚Symbol') für das linguistische, durch Konvention festgelegte Zeichen steht und ὁμοίωμα (‚Ähnlichkeit') für die bildhafte Beziehung zwischen mentalen Eindrücken und der äußeren Welt.

Aristoteles' *Peri Hermeneias* (= *De Interpretatione*) war in der Antike und im Mittelalter – zusammen mit Augustins Adaptation der stoischen Zeichenlehre (*doctr. chr.* 2 and 3) – der autoritative Text über den semiotischen Status der natürlichen →Sprache. Wie aus den erhaltenen (indirekten) Quellen zu entnehmen ist (Diogenes Laertius; S. E. *M.*), hatte die stoische Zeichenlehre ihren Ursprung in der dialektischen Analyse von Konditionalsätzen (*wenn ..., dann ...*). Die Stoiker unterschieden in Zeichenprozessen zwischen dem *Bezeichnenden* (τὸ σημαίνον) und dem *Bezeichneten* (τὸ σημαινόμενον); ihre Beschreibung einer auf Zeichen basierenden Argumentation enthielt entscheidenderweise eine noetische Komponente (τὸ λεκτόν, lat. *dicibile*, das [in unserer ‚geistigen Sprache'] ‚Sagbare'). In *De magistro, De dialectica* und *De doctrina christiana* adaptierte und transformierte Augustin die stoische Zeichentheorie zu einer dynamischeren Lehre der S., in der sowohl die Rolle des Benutzers als auch die Ausrichtung des Zeichens auf etwas Äußerliches betont werden.

Bibliographie: G. Manetti, Le teorie del segno nell'antichità classica, Milano 1987 [*engl.* Theories of the sign in classical antiquity, Bloomington 1993]. – Ders. (Hg.), Knowledge through signs, Turnhout 1996. – K. Pollmann, Doctrina Christiana, Fribourg 1996. – A. Rey, Théories du signe et du sens, Paris 1976. – H. Weidemann, Grundzüge der Aristotelischen Sprachtheorie, in: P. Schmitter (Hg.), Sprachtheorien der abendländischen Antike, Tübingen 1991, 170–192.

Pierre Swiggers/Alfons Wouters

III. Literaturwissenschaftlich

In literaturwissenschaftlicher Perspektive kommt der S. Bedeutung zu, weil sie – insofern zeichenhafte Systeme, Prozesse und Äußerungen ihren Analysegegenstand bilden – die basalen Voraussetzungen kommunikativer Zusammenhänge und damit auch von → Texten, literarischen wie nicht-literarischen, verhandelt. Wie alle Texte nehmen daher auch biblische einen in semiotischer Hinsicht selbstreferentiellen Charakter an, sobald sie über Zeichen sprechen, was wiederum zu weitreichenden erkenntnistheoretischen und theologischen Konsequenzen führt, v.a. dann, wenn es um Zeichen geht, die (wie z.B. der brennende Dornbusch, Ex 2,23–4,18) eine Verbindung zum Bereich des Göttlichen versprechen. Verstärktes Interesse an Fragestellungen der S. fanden v.a. in der zweiten Hälfte des 20. Jh.s wirksame Strömungen der Literaturwissenschaften, und zwar in Folge des für Philosophie, Literatur-, Sprach- und Kulturwissenschaften gleichermaßen bedeutsamen →*Linguistic Turn* – einer Verschiebung der wissenschaftlichen Aufmerksamkeit von den Sachproblemen hin zu ihrer sprachlichen Verfasstheit oder Repräsentation. Zu nennen sind der Strukturalismus und eine Reihe aus ihm hervorgegangener oder kritisch auf ihn Bezug nehmender Semiotiker (R. Barthes, U. Eco, J. Kristeva), außerdem methodische Paradigmen wie der russische Formalismus (V. Sklovskij, R. Jakobson), die →Dekonstruktion (J. Derrida, P. de Man), die v.a. vom Denken M. Foucaults inspirierte →Diskursanalyse sowie die in der Auseinandersetzung zunächst an den Schriften S. Freuds, später J. Lacans geschulte literaturwissenschaftliche Psychoanalyse (→Psychologische Auslegung). Während die sprachwissenschaftliche Semiotik F. de Saussures von weitgehend stabilen oder sich stabilisierenden Zeichen oder Zeichenprozessen ausgegangen war, teilen die jüngeren, aus unterschiedlichen disziplinären Zusammenhängen hervorgegangenen Paradigmen eine kritische Haltung gegenüber einer solchen Vorstellung. Im Zentrum ihres Interesses stehen z.B. metaphysische Implikationen der Zeichen und ihres Gebrauchs oder die Frage nach den dabei wirksamen Mechanismen und Kräften. Eine Reihe literaturwissenschaftlicher Tendenzen des ausgehenden 20. Jh.s hat diese Überlegungen aufgenommen und der Analyse von (den Bereich der →Literatur berührenden) Geschlechterverhältnissen, Inszenierungen/Performanzen, Ritualen, sozialen oder kulturellen Praktiken zu Grunde gelegt. Hierzu gehören von →*Gender Studies* und *Queer Studies*, →*Cultural Studies*, Kultursemiotik oder dem →*New Historicism* beeinflusste Strömungen der Literaturwissenschaft.

BIBLIOGRAPHIE: R. Barthes, Elemente der Semiologie, Frankfurt a.M. 1979. – J. Derrida, Die Schrift und die Differenz, Frankfurt a.M. 1972. – U. Eco, Entwurf einer Theorie der Zeichen, München 1987. – J. Kristeva, Die Revolution der poetischen Sprache, Frankfurt a.M. 1978. – P. de Man, Allegorien des Lesens, Frankfurt a.M. 1988. – D. Mersch (Hg.), Zeichen über Zeichen, München 1998. – W. Nöth, Handbuch der Semiotik, Stuttgart/Weimar ^{2}2000. – R. Posner et al. (Hgg.), Semiotik, 4 Bde., Berlin/New York 1997–2004. Volker Mergenthaler

IV. Textlinguistisch

S. als Theorie und Lehre von Zeichen und Zeichenprozessen in Natur und Kultur (indexikalische, ikonische, symbolische Zeichen) überspannt alle mit Zeichen befassten Disziplinen und ist daher auch für die Sprachwissenschaft, deren Gegenstand die symbolischen *sprachlichen* Zeichen und ihr Gebrauch sind, eine übergeordnete Disziplin, auf deren Kategorien und Konzepte, v.a. die in der S. entwickelten Zeichentheorien (z.B. von F. de Saussure, C.S. Peirce, C.W. Morris, C.K. Ogden/I.A. Richards), sie sich bezieht. Die Sprachwissenschaft setzt sich u.a. mit dem Zeichencharakter des →Wortes (Zeichenbedeutung), aber auch mit →Text und Diskurs (Zeichengebrauch) unter dem Aspekt der jeweiligen Zeichenhaftigkeit auseinander. Auch Nonverbales, das mit Text/Textsorte und →Stil (als Teil des Textes) zusammenwirkt, wird in die Betrachtung von Texten als komplexen Zeichen einbezogen. Im Kontext der S. werden sprachliche Zeichen, die wohl das komplexeste und am besten bearbeitete Zeichensystem darstellen, gemeinhin als Zeichen schlechthin aufgefasst, da sie allein das Sprechen über Zeichen, die metasprachliche Äußerung, erlauben. Nach J.M. Lotmans Vorstellung von der ‚Semiosphäre' (Ort der Kultur und der Sprache) gehört demnach die Sprache zum Kern der Semiosphäre, während andere Zeichensysteme sich weiter entfernt davon befinden. Angesichts der von einigen →Autoren (W. Welsch, U. Pörksen) angenommenen zunehmenden Dominanz bildlicher Zeichen, möglicherweise bedingt durch die bessere Verfügbarkeit von Bildern in den neuen Medien, kann man Verschiebungen zwischen Kern und Peripherie zugunsten der Bilder sowie stärkere Verflechtungen von Text und →Bild nicht ausschließen. Vertreter von Text- und Stiltheorie (H. Kalverkämper) vertreten ohnehin die Auffassung, dass die Betrachtung sprachlicher Zeichen allein kein hinreichendes Bild vom Informationsangebot geschriebener wie gesprochener Texte gibt. Der gesprochene Text ist nur im Kontext der ihn mit konstituierenden mimischen und gestischen Mittel zu verstehen. Das Zeichenangebot eines schriftlichen Textes kann nur im Zusammenhang von Typographie, Proportionen der Textfigur u.a. erfasst werden. Innerhalb der semiotisch orientierten Sprachwissenschaft richtet sich das Interesse auf Schwerpunkte wie Textsemiotik, Stilsemiotik, Semiotik des Ästhetischen, Kultursemiotik, Mediensemiotik und Stadtsemiotik. Zu den wichtigsten Semiotikern, auf die sich die Sprachwissenschaft bezieht, zählen U. Eco, J. Kristeva, R. Jakobson, J.M. Lotman, J. Mukarovsky, C.S. Peirce, F. de Saussure.

BIBLIOGRAPHIE: U. Fix, Zugänge zu Stil als semiotisch komplexer Einheit, in: U. Fix, Stil – ein sprachliches und soziales Phänomen, Berlin 2007, 179–192. – H. Kalverkämper, Art. Semiotik, in: HWRh 8 (2007), 733–826. – J.M. Lotman, Über die Semiosphäre, in: Zeitschrift für Semiotik 5 (1990), 287–305. – W. Nöth, Handbuch der Semiotik, Stuttgart/Weimar ^{2}2000. – U. Pörksen, Weltmarkt der Bilder, Stuttgart 1997. – W. Welsch, Ästhetisches Denken, Stuttgart 1993. Ulla Fix

Septuaginta

I. Alttestamentlich

Die S. (= LXX) ist die →Übersetzung der hebräischen Bibel ins Griechische (3. 1. Jh. v.Chr.) – die ‚Mutter' aller →Bibelübersetzungen und die erste Übersetzung eines literarischen Werkes überhaupt. Der Name (‚siebzig' = LXX) bezieht sich auf eine von Ps.-Aristeas (2. Jh. v.Chr.) überlieferte Legende über die Übertragung der Tora durch 72 Schriftgelehrte für die alexandrinische Bibliothek, wird aber allgemein für die ganze Sammlung – einschließlich der sog. →Apokryphen, von denen einige in griechischer

Sprache abgefasst wurden – oder auch für ihre Erstfassung zur Unterscheidung von rezensierten Textformen verwendet.

Was den Ursprung der Übersetzung angeht, ist Ps.-Aristeas nicht als historische Quelle anzusehen, obwohl die Datierung der ersten Phase in die Zeit des Ptolemaios II. (282–246 v.Chr.) sowie ihre Verortung in Alexandria plausibel sind. Faktisch ist die S. selbst die einzige Quelle, die durch ihre Sprache und Übersetzungsweise Hinweise auf ihre Entstehung geben kann. Nach der Mehrheit der Forscher wurde sie von alexandrinischen Juden für die Bedürfnisse ihrer ethnisch-religiösen Gemeinschaft übersetzt. V.a. ging es um die Bewahrung jüdischer Identität, für die die →Tora konstitutiv war. Diese Identität war in Gefahr durch die schnelle Assimilation mit der hellenistischen Gesellschaft und Kultur, verloren zu gehen. Abgesehen von der starken hebräischen Interferenz, die einerseits dem Ideal der Genauigkeit entspringt, andererseits das Fehlen einer reflektierten Übersetzungstheorie bezeugt, haben die Übersetzer die griechische Sprache wie Muttersprachler verwendet. Mit großer Wahrscheinlichkeit wurde zuerst mündlich übersetzt (vgl. Targum), und die radikale Neuigkeit war die Verschriftung der Übersetzung – zuerst wohl nur eine praktische Entscheidung. Allmählich wurde die S. aber dem hebräischen Original gleichgesetzt und für göttlich inspiriert gehalten (Philo).

Wo sich die S. vom Masoretischen Text unterscheidet, sollte differenziert werden, ob die Ursachen bei der Vorlage oder beim Übersetzer zu finden sind. Bei der Einschätzung der interpretativen Tätigkeit der einzelnen Übersetzer ist es wesentlich, zwischen Textproduktion und Textrezeption zu unterscheiden (A. Pietersma). Atomistische Übersetzungsweise führt oft bei schwierigen Stellen zu semantischen Verschiebungen, was in der →Rezeption eine – vom Übersetzer nicht intendierte – Neuinterpretation ergeben kann.

Die religionshistorische Bedeutung der S. besteht v.a. darin, dass sie die hebräische Bibel für weite Kreise auch außerhalb des Judentums zugänglich gemacht hat.

Bibliographie: A. Aejmelaeus, On the trail of the Septuagint translators, Leuven 2007. – J. Barr, The typology of literalism in ancient biblical translation, Göttingen 1979. – S.P. Brock, Art. Bibelübersetzungen I.2.1., in: TRE 6 (1980), 163–172. – K. Brodersen, Aristeas. Der König und die Bibel, Stuttgart 2008. – J.M. Dines, The Septuagint, London/New York 2004. – A. Pietersma, LXX and DTS: A new archimedean point for Septuagint studies?, in: BIOSCS 39 (2006), 1–11. – E. Tov, Die griechischen Bibelübersetzungen, in: ANRW II.20.1, Berlin/New York 1987, 121–189.

Anneli Aejmelaeus

II. Neutestamentlich

Seit den ältesten christlichen Dokumenten (Paulusbriefe) ist nicht nur das Griechische Hauptsprache des Christentums, sondern auch die S. seine Bibel. Noch vor der Fixierung eines →Kanons ist sie ‚die Schrift' (Röm 4,3 usw.), einmal auch ‚das Alte Testament' (2 Kor 3,14). Als Zitierformel genügt γέγραπται ‚es steht geschrieben'. Als Sprecher des Pentateuch gilt Mose (Mk 7,10 usw.), als der der Psalmen David (Apg 1,16). Auch in Jesus-Logien begegnen unverkennbar Septuaginta-Formulierungen (Mk 7,6 f. par. < Jes 29,13 LXX). Die Schrift gilt als inspiriert (2 Tim 3,16; vgl. 2 Petr 1,20). Absichtliche Veränderungen des Wortlauts in christlichem Sinne, wie sie v.a. im 2. Jh. vorkommen konnten (Barnabasbrief, Justin), sind im kanonischen NT nicht festzustellen. Jedoch gelten antike Zitierregeln: Anpassungen des zitierten Wortlauts an den Kontext sind selbstverständlich; ungewöhnlich und typisch für das NT und die Rabbinen ist das wörtliche Zitieren.

Prinzipiell bleibt der hebräische Text in Geltung. Zweisprachige Autoren können sich auch des Urtextes bedienen: Paulus in 1 Kor 15,54 (< Jes 25,8 hebr.); so auch Mt 8,17 (< Jes 53,4 hebr.); Joh 13,18 (< Ps 41,10 hebr.) Alle anderen Autoren sind auf die S. angewiesen. Vom Dan und gelegentlich auch sonst (D.-A. Koch) wird nicht die Septuaginta-Fassung zitiert (so Dan 7,13 in Mk 14,62), sondern eine vermutlich schon jüdische Überarbeitung; im Falle Daniels ist es jene wörtlichere Übersetzung, die man später nach Theodotion benannte.

Dominierend sind Gen, Jes und die Pss, also jeweils die Anfangsbücher eines Corpus

(Nomos, Schriftpropheten, Hagiographen). Die historischen Bücher (‚Frühere Propheten' der rabbinischen Bibel) treten zurück, sind vielleicht noch nicht ganz auf Griechisch greifbar. Die Tora (*Nomos*) verliert den Vorzug vor den übrigen Teilen und gilt v.a. als Prophetie. An Stellen wie Röm 1,2; 15,3 f. oder Mk 9,11–13; 14,21.48 f. handelt es sich, trotz Zitierformel, um Verweise auf die (christlich zu interpretierende) Schrift im Ganzen.

Es entsteht ein eigener, semitisierender Stil, syntaktisch schlicht, aber anspielungsreich; er wird sogar zur Dichtung verwendet (Lk 1,46–55.68–79; 2,29–32; Offb).

Urchristliche Lehrpraxis schuf Zusammenstellungen von Septuaginta-Zitaten zu bestimmten Themen der Lehre, insbesondere was die Messianität Jesu betrifft. Ab wann solche ‚Florilegien' sich schriftlich niederschlugen (frühester Beleg bei Cyprian), ist eine Frage der Patristik.

Bibliographie: M. Hengel, Der vorchristliche Paulus, in: Ders./U. Heckel (Hgg.), Paulus und das antike Judentum, Tübingen 1991. – H. Hübner, Vetus Testamentum in Novo, Bd. 1/2: Göttingen 2003, Bd. 2: Göttingen 1997. – Ders., New Testament interpretation of the Old Testament, in: M. Sæbø (Hg.), HBOT. Hebrew Bible/Old Testament, Bd. 1/1, Göttingen 1996, 332–372. – D.-A. Koch, Die Schrift als Zeuge des Evangeliums, Tübingen 1986. – M. Müller, The first Bible of the church, Sheffield 1996. – F. Siegert, Zwischen Hebräischer Bibel und Altem Testament, 2 Bde., Münster 2001 (bes. 351–357).

Folker Siegert

III. Kirchengeschichtlich

Die Aristeas-Legende (→I.) beweist indirekt, dass die S. innerhalb des Judentums umstritten war und apologetischer Stützung bedurfte. Im 1. Jh. n. Chr. betonen jüdischerseits Josephus (*AJ* 12,11–118) und Philo v. Alexandrien (*Mos.* 2,29–41) Autorität und Dignität der S.

Aufgrund ihrer hohen Verbreitung in den hellenistisch geprägten jüdischen Gemeinden der Mittelmeerwelt wurde die S. bei Entstehen des Christentums zur →Heiligen Schrift auch der Christen, die sie sogleich als argumentative Basis ihrer Mission nutzten. Justin setzt die S. im 2. Jh. n. Chr. als christliches AT voraus (*dial.* 137,3). Bei Origenes erfährt der Text im 3. Jh. durch das Projekt der Hexapla eine Revision auf Basis philologischer Vergleichung mit dem Hebräischen sowie mit alternativen griechischen Übersetzungen; zugleich ergibt sich nun ein relativer Abschluss des (christlichen) Kanonisierungsprozesses. Auch in der lateinischen Kirche war die S. hoch geschätzt (Aug. *civ.* 18,42), wenngleich Hieronymus seiner Übersetzung (→ Vulgata) einen hebräischen Text zugrunde legte. Parallel zu der Entwicklung, dass die S. mit dem NT zur Heiligen Schrift der frühen Kirche avancierte, vollzog sich auf jüdischer Seite durch die rabbinische Restauration nach der Tempelzerstörung eine Hinwendung zum hebräischen Text in Abgrenzung vom hellenistischen Judentum und zu Lasten des jüdischen Strangs der Septuaginta-Tradierung. Aufgrund ihrer Überlieferungsgeschichte ist die S. daher heute ein christlich geprägtes Buch (und die offizielle Textgrundlage der griechisch-orthodoxen Kirche); gleichwohl ist sie unter hermeneutischen Gesichtspunkten als eine Christentum und Judentum gemeinsame Grundlage neben der Hebräischen Bibel anzusprechen. Kulturgeschichtlich ist die Entstehung der S. als enorme gedankliche und spirituelle Leistung der notwendigen Neuinterpretation hebräischer Denkformen unter den Bedingungen und in den Sprachformen des hellenistischen Kulturraums zu würdigen. Es handelt sich um „die erste groß angelegte Übertragung eines orientalischen religiösen Textes ins Griechische" (S. Brock).

Bibliographie: S. Brock, Art. Bibelübersetzungen I.2, in: TRE 6 (1980), 163–172. – A.E. Brook et al. (Hgg.), The Old Testament in Greek, Cambridge 1906–1940. – Göttinger Akademie der Wissenschaften (Hgg.), Septuaginta, Göttingen 1924 ff. – M. Karrer/W. Kraus (Hgg.), Septuaginta Deutsch, 2 Bde., Stuttgart 2009. – A. Rahlfs (Hgg.), Septuaginta, Stuttgart 1935 ff. (*editio altera* R. Hanhart, Stuttgart 2006). – M. Tilly, Einführung in die Septuaginta, Darmstadt 2005 (Lit!).

Jörg Ulrich

IV. Judaistisch

Im griechisch-sprachigen antiken Judentum genoss die S. wegen der Verehrung der griechischen Kultur und Sprache eine hohe Stellung, die sie später mit dem Untergang der ägyptischen Diaspora im Aufstand von 115–117 n. Chr. und der Übernahme der S. durch das Christentum und andere „ketzerische" Strömungen verlor. Die rabbinischen Quellen überliefern eine zusammenhängende Erzählung über die S. und verweisen auch öfter episodisch auf diese Tradition. Der Topos der sog. ‚Tora für den König Talmai' ist in drei Fassungen erhalten, die sich auch hinsichtlich der Datierung unterscheiden (s. G. Veltri 1994): In der jüngsten Fassung (Sof 1,7 und SefT 1) wird das Übersetzen der →Tora als Folge des Präzedenzfalles der griechischen Übersetzung verboten. Literarische Grundelemente dieser Fassung sind die negative Begründung, die Tora sei, in welche Sprache auch immer, nicht übersetzbar, und der Vergleich mit der Episode des Goldenen Kalbes. Die zweite, ältere Fassung (SofB 1,8 und Sof 1,7) findet sich in Quellen, die als babylonisch betrachtet werden können. Die Erzählung besteht aus der Initiative des Königs, der Klausur der 72 und der (aus göttlicher Eingebung resultierenden) Übereinstimmung ihrer jeweiligen Absichten. Eine noch ältere Fassung bietet keine Erzählung, sondern erwähnt nur einige Änderungen in der Tora für den König Ptolemaios (MekhY Bo 14; BerR 8:11; 10:9; 38:7; 48:17; 63:3; 96:6 u. ö.). Bezüglich des literarischen Kontextes, in den die Traditionstopoi integriert sind, lassen sich zwei ‚Einbettungsarten' unterscheiden: Eine midraschartige als Erklärung einer bestimmten Schwierigkeit im biblischen Vers, und eine *halakhische* bzw. traditionsnormative mit einem Verweis auf die Regelung der Schreiberarbeit und Aufbewahrung der Schriften, d. h. auf den Umgang mit der Bibel.

Ähnlich wie Aristeas vertraten die Rabbinen der ersten Jahrhunderte n. Chr. die Meinung, die S. sei ein rein apologetisch-didaktischer Text, der für den König Ptolemaios ‚geändert' wurde. Gemeint ist ein Text, den man hermeneutisch erklären, d. h. ändern muss, wenn eine autoritätsgebundene Auslegung nicht möglich ist. In diesem Sinne ist die S. für die Rabbinen kristallisierte Hermeneutik.

BIBLIOGRAPHIE: C. Dohmen/G. Stemberger, Hermeneutik der Jüdischen Bibel und des Alten Testaments, Stuttgart 1996. – M. Harl et al., La Bible grecque des Septante, Paris ^{2}1994. – M. Hengel/H. Löhr, Schriftauslegung im antiken Judentum und im Urchristentum, Tübingen 1994. – M. Hengel/A.M. Schwemer, Die Septuaginta zwischen Judentum und Christentum, Tübingen 1994. – E. Tov, The Greek and Hebrew Bible, Leiden 1999. – G. Veltri, Eine Tora für den König Talmai, Tübingen 1994. – Ders., Libraries, translations, and "canonic" texts, Leiden 2006.

Giuseppe Veltri

Sexualität →Gender Studies

Sinn

I. Alttestamentlich

S. (1) als *Wahrnehmungsorgan* (Tastsinn, Geruchssinn) ist zu unterscheiden von S. (2) als Antwort auf die Frage nach dem inneren *Funktions- und Wirkzusammenhang* von Wahrgenommenem und seinem Wozu (S. einer Sache) sowie von S. (3) als *Fähigkeit, Wahrgenommenes* und seinen inneren S. im Rahmen des Raum-Zeitkontinuums und in seinen personalen und sozialen Bezügen *zu erfassen* (Spürsinn, Realitätssinn), in umfassendere Sinnzusammenhänge *einzuordnen,* darüber nachzudenken (sinnen) und daran sein Verhalten auszurichten (S. haben für, Orientierungssinn). Insofern ist S. „der geistige Atem des menschlichen Lebens", der als „Inbegriff von Selbst- und Weltdeutung [...] immer dann auf[tritt], wenn Menschen sich selbst und ihre Welt verstehen oder deuten müssen, um leben zu können" (J. Rüsen/K.-J. Hölkeskamp, 2). „Dieses mentale Leben vollzieht sich [...] in konkreten sozialen Räumen und in konkreten sozialen Zeiten" und „setzt [...] ein Subjekt voraus, das um sich und seinesgleichen weiß", „sich von anderen abgrenzt" und dabei zugleich seine „personale [...] und kollektive [...] Identität [...]" aus- und umbildet (a.a.O., 4). S. findet seinen Ausdruck in „Sinnkonzepte[n]", die „aus Zusammenhangswissen, umfassenden Welterklärungen, aus normativ aufgeladenen Richtungs- und Zielbestimmungen von Handeln [...], aus der Einheit von Welterklärung und Absichten und [...] aus der Formierung von Identität und Differenz" bestehen (ebd.). „Grundsätzlich aber ist S. prekär, [...]" weil er aufgrund der zeitlichen Verfasstheit menschlichen Lebens „stetigen

Herausforderungen durch Kontingenzerfahrungen ausgesetzt ist“ (a.a.O., 6). Diese fordern den Menschen unablässig Deutungsleistungen ab, um sich im Lichte geltender Sinnkonzepte im Fluss der →Zeit zu orientieren. Dieser Deutungszwang manifestiert sich in kulturellen Praktiken der Sinnbildung, indem etablierte Sinnkonzepte rezipiert, aktualisiert und in ihrer gegenwarts- und zukunftserhellenden Aneignung stets modifiziert, transformiert oder durch neue abgelöst werden. Sinnbildung vollzieht sich vorrangig im Medium sprachlicher →Kommunikation und bedient sich des Lexikons, der Morphologie und Syntax von Sprachen, um textförmige Sinnträger zu erzeugen, deren Sprachgestalt den Aufbau des Textsinns im Rezeptionsprozess lenkt. Als Sinnträger sind →Texte einerseits Artefakte der Kommunikation bzw. Kommunikationsangebote, die andererseits im Rezeptionsprozess als Partituren bzw. Prozeduren der Sinnbildung fungieren.

Daraus erhellt das spezifische Sinnkonzept, das als Schriftsinn den biblischen Texten eigen ist. Darin kommen Menschen zu Wort, die „sich und ihre Welt [...] vom Gottesbezug her und im Horizont dieses Gottesbezugs wahr[nehmen]“ (I.U. Dalferth 2003, 543), d.h. ambivalent konfrontiert mit Gott, der als kontingente Wirkinstanz (Ex 3,14) ihr Leben durchdringt und mitbestimmt. Statt prekär gewordenen S. in neuen S. zu überführen, zeigen uns diese biblischen Gottesdiskurse jedoch „die Welt, in der wir leben, in ihren vielfältigen Wirklichkeits- und Möglichkeitsdimensionen“, d.h. als Welt, die „sowohl durch das gefährdet als auch in dem kreativ verwurzelt“ ist, „was sich als Unverfügbares sinnvoller Strukturierung und Kontrollierbarkeit [...] entzieht, aber in seiner Unbestimmbarkeit als permanenter Hintergrund des Bestimmbaren präsent ist“ (I.U. Dalferth 2005, 255). Als Partituren der Sinnbildung präsentieren sie uns Modelle, wie Menschen von Gott als Kontingenz-Gegenüber geredet und erzählt, sich mit ihm in Beziehung gesetzt und in Verantwortung vor ihm gelebt haben, jedoch stets im unbedingten Respekt vor ihm als personal verkörperter „Appräsenz des Sinnlosen im Sinnvollen, des Unverfügbaren im Verfügbaren und des Unkontrollierbaren im Kontrollierbaren“ (255). Das Sinnpotential dieser Texte entfaltet sich primär in ihrem teilnehmend verstehenden Nachvollzug als Leben vor Gott.

Bibliographie: I.U. Dalferth, Die Wirklichkeit des Möglichen, Tübingen 2003. – Ders., Leben angesichts des Unverfügbaren, in: W. Stegmaier (Hg.), Orientierung, Frankfurt a.M. 2005, 245–266. – C. Hardmeier, Unterwegs zu einer performativen Theologie der Bibel, in: Ders., Erzähldiskurs und Redepragmatik im Alten Testament, Tübingen 2005, 3–31. – J. Rüsen/K.-J. Hölkeskamp, Warum es sich lohnt, mit der Sinnfrage die Antike zu interpretieren, in: K.-J. Hölkeskamp et al. (Hgg.), Sinn (in) der Antike, Mainz 2003, 1–15. – C. Thiel, Art. Sinn, in: EEPhW 3 (1995), 810–812.

Christof Hardmeier

II. Neutestamentlich

Das polysemantische Substantiv ‚S.‘ wird hier nur in Differenz zu →‚Bedeutung‘ behandelt. Die Differenzierung zwischen Bedeutung (*meaning*) und S. (*sense*) bezieht sich im Kontext von →Hermeneutik auf verschiedene Möglichkeiten des →Verstehens von Sprache. S. bezeichnet das propositionale und pragmatische Potential von Texten, das die →Leser über die historische Ausgangssituation der Texte und die →Autorenintention hinaus in den Texten konstruieren (→*Reader-Response Criticism*). Die Sinnkomponente der Sprache in ihrer grammatischen, semantischen und pragmatischen Dimension ist die Basis der Hermeneutik, soweit diese jenseits der streng historischen Rekonstruktion der Bedeutung sprachlicher Aussagen nach einem weiterführenden und aktualisierenden Verstehen sucht. Bei Texten der näheren oder ferneren Vergangenheit betrifft die Frage nach dem S. der Textaussagen besonders das Verhältnis zwischen historisch-philologischer Rekonstruktion der Autorenintention und den literaturwissenschaftlichen Kategorien der Rezeptionsästhetik und der →Intertextualität. Je weniger die Literaturtheorie →‚Autor‘ und →‚Text‘ als eigenständige und präzise zu definierende Größen, die mit Wörtern und Sätzen *‚Bedeutung‘* sprachlicher Äußerungen generieren, verstehen will, desto stärker werden die Textrezipienten in die Konstruktion des *S.es* einbezogen. Damit erweitern sich zugleich die genuin hermeneutischen Spielräume der →Interpretation und →Applikation. Andererseits stellt sich die Frage nach möglichen Grenzen der Sinnzuschreibung als Frage nach den Bedeutungs- und Sinngrenzen von Texten und der Möglichkeit ‚sachgemäßen' oder – normativ gewendet – ‚richtigen' Verstehens.

Die →Exegese der ntl. Schriften hat spätestens seit Origenes mit Hilfe des dreifachen →Schriftsinnes unterschiedliche Sinnpotentiale der Texte über den Literalsinn hinaus erschlossen. Die Geschichte der ntl. Hermeneutik lässt sich über die Jahrhunderte hinweg als Geschichte der Zuschreibung je neuer Sinnpotentiale der Texte des NT verstehen. Demgegenüber hat seit dem 18. Jh. die historisch-kritische Exegese das Verstehen in großer Strenge auf die philologisch-historische →Methode begrenzt, zur →Dekonstruktion von S. in den Texten beigetragen und damit zugunsten der ‚Bedeutung' votiert. Die Autorenintention und die Eigenständigkeit der einzelnen Texte haben in diesem wissenschaftlichen Paradigma einen gleichsam normativen hermeneutischen Status. Theologisch lässt sich die Fokussierung der historisch-kritischen Methode auf die Autorenintention und die Textexegese mit offenbarungstheologischen Interpretamenten (→Schrift, →Wort Gottes) verbinden. Die engagierten und →kontextuellen Hermeneutiken der beiden letzten Generationen haben die Suche nach aktuellen Sinnpotentialen der ntl. Texte neu belebt, ohne die ‚Bedeutung' der Texte in ihrer historischen Situierung aufzugeben.

Bibliographie: O. Wischmeyer, Hermeneutik des Neuen Testaments, Tübingen/Basel 2004. – Dies., Texte, Text und Rezeption, in: Dies./S. Scholz (Hgg.), Die Bibel als Text, Tübingen/Basel 2008, 155–192.

Oda Wischmeyer

III. Systematisch-theologisch

Jedes Aufstehen am Morgen ist ein Aufscheinen von S., nämlich die Erfahrung und selbstverständliche Annahme des Daseins der Welt und unserer selbst in ihr als in einem kontinuierlichen Zusammenhang des Ganzseins, das alle Lebensvollzüge umschließt. Diese Erfahrung geht jeder Begrifflichkeit voraus, die sie erfassen will; insofern ist S. durchaus vom Gebrauch des *Begriffs* ‚S.' zu unterscheiden. Diese Konstellation drückt sich in der Formulierung aus, dass S. als ‚gegeben' gedacht werden muss und nicht als erzeugt verstanden werden kann. Allerdings erschließt sich der S. auch wiederum nur im Umgang mit ihm, also in Akten des Bestimmens der Welt, der humanen Orientierung in der Welt, des intersubjektiven Handelns auf die Welt hin. Darin kommt zum Ausdruck, dass dieser sinnhafte Umgang nicht aus der Welt selbst hergeleitet werden kann.

Das ‚Gegebensein' von S. ist nur für Sinneswesen mit Sinnkompetenz gegeben. Die unwillkürliche Verknüpfung unseres Daseins mit den Sinnstrukturen der Welt geht auf das Eingebundensein unserer Sinnlichkeit in die Phänomene der Welt zurück; nur was wir über unsere Sinnesorgane sinnlich rezipieren, kann zum Sinnträger werden. Dass sich jedoch Sinneseindrücke zu S. verstetigen und damit begreifbar machen, setzt voraus, dass es Sinnstrukturen eigener Art im menschlichen Leben gibt, von denen im Prozess des →Verstehens und →Deutens Gebrauch gemacht wird. Weil sich das eine nicht aus dem anderen ergibt, verlangt die Analyse von S. eine Symbolisierung der Sinnkompetenz von eigener Art.

Diese Deutung von Sinnkompetenz kann nur als ein Anwesen von S. in jedem individuellen Sinnwesen selbst verstanden werden. Diese Sinngegenwart muss so gedeutet werden, dass sie selbst das Finden von S. und damit das Gebrauchmachen von S. verknüpft: Wir wissen uns als Menschen in der Welt mit der Fähigkeit zu →Rezeption und Ausdruck von S. in der Welt begabt. Dass wir über diese Begabung verfügen, haben wir nicht selbst erzeugt; denn selbst als fiktive Erzeuger könnten wir uns nur verstehen, wenn wir dieses Erzeugen mit S. verbinden könnten. Das aber ist selbstwidersprüchlich. Insofern sind Deutungen erforderlich, die die spezifische Einheit von Sinngegebensein und Sinnergreifen verständlich machen.

Alle entsprechenden Deutungen erfüllen strukturell die Funktion von Religion, ob dieser Ausdruck gebraucht wird oder nicht. Denn sie müssen auf eine dem sinnhaften

Handlungszusammenhang entnommene Weise den Sachverhalt des vorwillentlichen Daseins und bewussten Erschlossenseins von S. symbolisieren. Das können sie selbst nur in der Weise tun, dass sie sich in der Gestalt sinnlicher (insofern: symbolischer) Deutungen des Sinngrundes präsentieren. In dieser Betrachtung stehen Symbolisierungsfixpunkte wie ‚Natur' und ‚Gott' vor denselben methodischen Ansprüchen. Die explizit (christlich-) religiöse Deutung zeichnet sich dadurch aus, dass sie das Anwesen von S. in den Menschen als Sinneswesen im Umfeld einer sinnvollen Welt von Gott her versteht, der als der Schöpfer der Welt zugleich den Menschen dadurch zum Sinnwesen werden lässt, dass er selbst Mensch wird, also unendlichen, letzten S. unter weltlichen Bedingungen aufscheinen lässt. Damit wird der Modus des Sinnvollzuges selbst zur Bedingung der Sinngegenwart. Zugleich wird durch die Aufnahme des Sinnvollzuges in den Sinngedanken allerdings auch die Abwesenheit von S. zum Moment von S. überhaupt. Daher lässt sich auch die religiöse Begründung von S. nur als fortlaufender Prozess von Sinnkommunikation verstehen. Dieser Prozess ist, wie das Verstehen selbst, strukturell alternativlos, aber empirisch stets gefährdet.

Bibliographie: W. Gräb, Sinnfragen, Gütersloh 2006. – D. Korsch/L. Charbonnier (Hgg.), Der verborgene Sinn, Göttingen 2008. – N. Luhmann, Sinn als Grundbegriff der Soziologie, in: Ders./J. Habermas, Theorie der Gesellschaft oder Sozialtechnologie, Frankfurt a. M. 1972, 25–100. – A. Schütz, Der sinnhafte Aufbau der sozialen Welt, Frankfurt a. M. 1981. – P. Tillich, Sein und Sinn, Stuttgart 1969.

Dietrich Korsch

IV. Altphilologisch

Für die antike →Hermeneutik ergibt sich ein terminologisches Problem, insofern der Begriff S. zum einen nicht streng von dem der →Bedeutung und zum anderen häufig auch nicht von seinem subjektiven Korrelat, dem →Verstehen, zu trennen ist; ferner gibt es eine Anzahl griechischer und lateinischer Äquivalente für den Ausdruck S. (→Buchstabe und Geist). Die Frage nach dem S. des Bibeltextes ist für die patristische Hermeneutik unlösbar mit der Frage nach der →Wahrheit der biblischen Aussagen verbunden. Origenes fasst S. subjektiv, dynamisch als ‚Einsicht' in den Text (*princ.* 4,2,3.9 νοῦς). Der S. entspricht andererseits den ‚Gedanken' der personifizierten →Schrift bzw. der vom Heiligen Geist inspirierten biblischen →Autoren. Die Ambivalenz wird methodisch greifbar in der Theorie vom mehrfachen →Schriftsinn, für die Origenes zwei Einteilungsschemata liefert. Auf das unterschiedliche Fassungsvermögen der →Leser beziehen sich die durch Leib, Seele und Geist symbolisierten Auslegungsebenen der →Bibel (*princ.* 4,2,4). Im Grunde unterscheidet Origenes aber nur zwei Absichten des inspirierenden Geistes und entsprechend zwei Ebenen der Schriftaussage, den Wortsinn und den pneumatischen S. (*princ.* 4,2,7.9). Damit verbunden ist die Überzeugung, dass der eigentliche S. der Bibel, d. h. die heilbringende Lehre Christi, hinter dem Wortlaut zu suchen ist. Auf den im Bibeltext enthaltenen objektiven S. zielt Origenes, wenn er den historischen, den geistlichen und den moralischen S. unterscheidet (*hom. in Gen.* 2,6).

Augustin stellt Reflexionen an über das Verhältnis von Autor, →Interpret und Wahrheit des Textes (*util. cred.* 10–13; *Gn. litt.* 1,19,38). Vor neuplatonischem Hintergrund unterscheidet er die beabsichtigte Meinung des Autors von der Auffassung des Lesers von dieser Meinung und beide wiederum von der objektiven Wahrheit. Bei der →Auslegung des Schöpfungsberichts formuliert Augustin beispielhaft die doppelte Sinnfrage nach der Wahrheit der berichteten Dinge und nach der Meinung des Berichterstatters (*conf.* 12,23,32). Während die Wahrheit des Berichteten vorausgesetzt wird im Bekenntnis zu Gott als Schöpfer, nimmt Augustin gegenüber der →Interpretation der Autormeinung eine distanzierte Haltung ein. Der Widerspruch findet seine Auflösung in der *signa*-Lehre. Entsprechend der Polyvalenz der →Zeichen sind grundsätzlich mehrere verschiedene Interpretationen des Textes möglich (*doctr. chr.* 3,27,38,84), ja sogar vom biblischen Autor intendiert (*Gn. litt.* 1,19,38). Auf der Annahme der Zeichenhaftigkeit der →Bibel beruht auch die augustinische Unterscheidung von Literal- und Spiritualsinn.

Obwohl der Bibeltext grundsätzlich auf eine höhere ontologische, d.h. spirituelle Realität verweist, ergibt manchmal schon die Oberfläche der Zeichen einen ethisch und dogmatisch sinnvollen Zusammenhang. Erst wenn der literale S. nicht genügt, gilt es, den figuralen S. zu suchen, ein Prinzip, dem schon der Sokrates-Schüler Antisthenes bei der Auslegung der homerischen Epen folgte.

Der kanonische Anspruch der Bibel führt andererseits zu einer genaueren Festlegung des Textsinns durch die patristische Hermeneutik. Vor dem Hintergrund der Verbalinspiration der Bibel liegt für Augustin das Ziel der Bibellektüre im Auffinden ‚der Gedanken und der Intention der biblischen Autoren' und damit im Aufspüren des Willens Gottes (*doctr. chr.* 2,5,6). *Doctr. chr.* 2,9,14 wird der S. des ganzen Bibeltextes inhaltlich bestimmt als Glaubensregeln und Vorschriften zur Lebensführung (vgl. auch *doctr. chr.* 3,10,14). In der Psalmenexegese rekurriert Augustin auf den figurativen Schriftsinn, um den christologischen S. der Psalmen zu erweisen. Der Exeget darf nicht beim vordergründigen Verständnis stehen bleiben, sondern muss den inneren, tieferen S. suchen (z.B. *en. Ps.* 18,2,4; 34,3,3; 103,1,12; 104,35), was der Entdeckung Christi gleichkommt (*en. Ps.* 96,1 f.; *c. Faust.* 12,27).

BIBLIOGRAPHIE: M. Fiedrowicz, Psalmus vox totius Christi, Freiburg 1997. – Ders., Prinzipien der Schriftauslegung in der Alten Kirche, Bern u.a. 1998. – F. van Fleteren/F.C. Schnaubelt (Hgg.), Augustine, New York 2001. – H. Görgemanns/H. Karpp, Origenes: Vier Bücher von den Prinzipien, Darmstadt [2]1985. – R. Laurenti, L'iponoia di Antistene, in: Rivista di storia della filosofia 17 (1962), 123–132. – B. Neuschäfer, Origenes als Philologe, 2 Bde., Basel 1987. – K. Pollmann, Doctrina Christiana, Fribourg 1996. – Dies., Exegese ohne Grenzen – Augustins Genesisauslegungen im Kontext, in: T. Fuhrer (Hg.), Die christlich-philosophischen Diskurse der Spätantike, Stuttgart 2008, 99–111. – C. Schäublin, Augustin, ‚De utilitate credendi', in: VigChr 43 (1989), 53–68.

Maria Becker

V. Literaturwissenschaftlich

Die Abgrenzung zum Begriff →Bedeutung ist literaturwissenschaftlich vielfältig. In sprach- und literaturgeschichtlicher Hinsicht stellt die Tatsache, dass S. die Aspekte ‚Vorstellung' und ‚Richtung' verbindet, den wichtigsten Unterschied zu Bedeutung dar. Diese Kombination findet sich bereits im Althochdeutschen, aber auch in zahlreichen Ableitungen von lateinisch ‚*sensus*'. Die sich daraus ausfaltende Bedeutungsbreite von S. ist bereits an den Psalmenübersetzungen und -kommentaren Notkers III. von St. Gallen abzulesen und hat durch M. Luthers →Bibelübersetzung breiten Eingang in den Wortschatz der Bibelexegese gefunden.

S. bezieht Lehnbedeutungen aus ‚*sensus*' in den Theorien der Seelenfähigkeiten (Arist. *de An.* 2–3 und *De sensu et sensato* und *De memoria et reminiscentia*; rezipiert von Avicenna, Averroes, Thomas v. Aquin), welche lange die grundlegende Erklärung ästhetischer Erfahrung bilden (vgl. G. Reisch, *Margarita Philosophica*, Basel 1508, Bücher X und XI; Zedler, Bd. 37, 1691–99; A.G. Baumgarten, *Aesthetica* §§ 30 und 423). Auch noch nach der Ablösung der Theorie der Seelenfähigkeiten durch die Erfahrungsseelenkunde (K.P. Moritz) bzw. Psychologie und durch die Neurologie bleiben diese Bedeutungen im literarischen Wortschatz (z.T. nur noch verblasst in Redewendungen) bestehen. Thomas v. Aquin (*Summa theologiae* I q. 78 a. 4. c.) unterscheidet bei den inneren S.en das ‚wahrnehmungsbezogene Bewusstsein' (‚*sensus communis*', vgl. ‚bei S.en'), das Erinnerungs- (‚*memoria*', vgl. ‚im S. behalten'), das Vorstellungs- (‚*imaginatio*', ‚*phantasia*', vgl. ‚ersinnen') sowie das ‚Denkvermögen' als Eigenschaft des Menschen, das ihn als solchen auszeichnet (‚*vis cogitativa*', vgl. ‚ohne S. und Verstand', ‚nachsinnen'). Die äußeren fünf S.e genießen in augustinischer Tradition als unterste Stufe der Gotteserkenntnis (Aug. *an. quant.* 1,33,70–35,79, vgl. ‚übersinnlich') lange wenig Ansehen, werden aber von der Physikotheologie des 18. Jh.s deutlich aufgewertet (B.H. Brockes, Die fünf Sinne, in: *Irdisches Vergnügen in Gott* II, 1740, 322–376).

Den wichtigen richtungsbezogenen, dann v.a. intentionalen Aspekt kann S. sowohl als habituelle Eigenschaft (‚Einstellung', ‚Neigung', ‚Charakter'; ‚in deinem S.e') als auch als aktuelle Handlung (‚Wille', ‚Absicht', ‚Verlangen', ‚Lust'; ‚im S. haben', ‚der S. der Sache', ‚Sinnlichkeit') ausdrücken. Größere literaturwissenschaftliche Tragweite gewinnt die Möglichkeit, S. als Handlungsdimension auf Gedanken und Äußerungen zu beziehen als ‚Meinung', ‚Tendenz' oder ‚Illokution' (*sententia*; ‚der tiefere S.', ‚der S. dahinter'). Der verborgene S., den die Kunst der Bibelexegese zu entschlüsseln verspricht (Aug. *doctr. chr.* Prologus 9, vielfacher →Schriftsinn), ist gleichbedeutend mit dem ‚Geist' als Gegensatz zum Wortsinn (→Buchstabe und Geist). Entsprechend heißen die vier Bücher mit aus der Bibelexegese gewonnenen Lehrsätzen des Petrus Lombardus auf Deutsch „buch der hohen sinn" (*Codex germanicus monacensis* [Cgm] 263, Bl. 118[a]). Die Vorstellung, dass ein Text (zumal die →Bibel!) je nach Betrachtungsweise verschiedene S.e hat, prägt die abendländische Tradition des →Lesens und der Literaturwissenschaft, im 20. Jh. v. a. über die Phänomenologie vermittelt, bis in die jüngsten Theorien. Den dadurch hervorgebrachten sinnsuchenden Leser beanspruchen sowohl das Epigramm (deutsch seit dem 17. Jh.: ‚Sinngedicht'; Zedler Bd. 37, 1700–2) als auch die besonders im 17. Jh. beliebte multimediale Form des Emblems (‚Sinnbild', vgl. G.P. Harsdörffer, *Frauenzimmer Gesprächspiele* (1641), Nachdruck Tübingen 1968, Nr. CLXV und CCLVI; Zedler Bd. 37, Sp. 1690 f.), das (auch biblische) Text- und Bildexegese verbindet. Weil die jüngere literaturwissenschaftliche →Hermeneutik einer Verankerung des Textsinnes in der Intention eines transzendenten oder irdischen →Autors kritisch gegenübersteht und stattdessen die im Lesevorgang hergestellten semantischen Bezüge hervorhebt (P. Ricœur, 76), spricht sie statt von Textsinn vorzugsweise von Textbedeutung. Die Systemtheorie verallgemeinert den phänomenologischen Ansatz, dass S. immer von einem Bewusstsein abhänge, indem sie S. sehr weit, als ‚Aufmerksamkeit', fasst (N. Luhmann 1984, 93).

BIBLIOGRAPHIE: A.G. Baumgarten, Aesthetica, 2 Bde., Frankfurt a. O. 1750/1758 [Nachdruck Hildesheim 1961]. – N. Luhmann, Der Sinn als Grundbegriff der Soziologie, in: Ders./J. Habermas, Theorie der Gesellschaft oder Sozialtechnologie, Frankfurt a. M. 1971, 25–100. – Ders., Soziale Systeme, Frankfurt a. M. 1984. – F. Ohly, Vom geistigen Sinn des Wortes im Mittelalter, in: ZdA 89 (1958/9), 1–23. – P. Ricœur, Interpretation theory, Fort Worth, [4]1976. – C. Roder, Sinnlichkeit und Sinn, Königstein/Taunus 2008. – R.A. Tellkamp, Der Wahrnehmungsapparat, in: Ders., Sinne, Gegenstände und Sensibilia, Leiden u. a. 1999, 187–294. – J.H. Zedler, Grosses vollständiges Universallexicon aller Wissenschafften und Künste, 68 Bde., Leipzig 1731–1754.

Ursula Kundert

VI. Textlinguistisch

Der Ausdruck S. ist von einer schwer auflösbaren semantischen Mehrdeutigkeit, die sich in der sprachlichen Form so niederschlägt, dass der Ausdruck in der *einen* ‚Bedeutung' ($Sinn_1$) pluralisierbar ist (die S.e), in der *anderen* ($Sinn_2$) hingegen nicht, der Ausdruck von ($Sinn_2$) also ein *singulare tantum* darstellt (vgl. Grimm, 1103–1152). $Sinn_1$ bezeichnet die verschiedenen Dimensionen des menschlichen Wahrnehmungsapparats. $Sinn_2$ bezeichnet sowohl den Zweck einer Handlung wie eine spezifische semantisch-kognitive Struktur. Etymologisch sind $Sinn_1$ und $Sinn_2$ im lateinischen *sensus* zusammengefügt. Diese Zusammenfügung findet sich im Griechischen noch nicht, wo αἴσθησις und νοῦς allererst in eine kognitive Kombination gebracht werden mussten (Aristoteles). Die deutsche Polysemie von S. ist durch die lateinische überformt. Die komplexe semantische Konfiguration von S. stattet den Ausdruck mit einer Diffusität aus, die in seinen verschiedenen theoretischen Inanspruchnahmen je spezifisch genutzt wird (vgl. D. Thürnau; A. Messmann).

Das Verständnis von S. als Handlungszweck unterstellt, dass menschliches Handeln in sich abschließbar und damit zugleich plan- und initiierbar ist. (Diese Auffassung ist in das indoeuropäische Sprachsystem in der Kategorie des Verbs und seiner verschiedenen Untertypen mit Handlungsverben wie *etwas tun* und Verben für die verschiedenen Handlungsphasen wie *beginnen* oder *beenden* bzw. mit entsprechenden Morphemen wie den slawischen Aspekten sprachlich substanziell eingeschrieben). S. kommt menschlichen Handlungen (anders als nicht-menschlichen Ereignissen) *wesentlich* zu. Diese Charakteristik wird mental in der Handlungsplanung genutzt und in der sprachlichen Realisierung antizipierend wie referierend umgesetzt. Bei Konzentration auf das sprachliche Handeln wird S. so geradezu zu dessen Inbegriff (vgl. niederländisch *zin* als Ausdruck für den Satz). S. kann auf die unterschiedlichen Erscheinungsformen sprachlichen Handelns bezogen werden. So können alle sprachlichen Einheiten jenseits der phonischen als sinnhaft verstanden werden: Morpheme, →Wörter, Phrasen, →Sätze, Diskurse, →Texte. Die unterschiedlichen linguistischen Inanspruchnahmen des Sinnkonzeptes schreiben S. unterschiedlichen sprachlichen Einheiten zu. Besonders herausgehobene Sinnkonzeptionen finden sich etwa bei dem Mathematiker G. Frege und den an Frege anschließenden logisch-positivistischen Positionen. Frege unterscheidet den *S.* des Einzelzeichens von seiner →*Bedeutung* und entwickelt eine differenzierte Konzeption vom S. des Satzes, den er in dem durch ihn ausgedrückten ‚Gedanken' sieht. Unterschiedliche wort- bzw. zeichenbezogene Auffassungen finden sich insbesondere in der →Semantik, wobei der S. eines Ausdrucks häufig von den Denotaten bzw. ‚Referenten' des Ausdrucks unterschieden wird, sozusagen als sein inneres, intensionales (R. Carnap), durch wechselseitige Bezüge konstituiertes Konstrukt, das je nach zugrunde liegender Sprachauffassung unterschiedlich verortet wird, wobei sich die psychologischen wie linguistischen Probleme einer Theorie des Mentalen verunklärend auswirken. Das Sinnkonzept wird auch in Bezug auf Texte eingesetzt. Insbesondere das Auffinden eines S.es jenseits der unmittelbar ersichtlichen ‚Bedeutung' eines Textes eröffnet einen vielfältigen und breiten Raum von Auslegung als je spezifischer Sinnstrukturierung bzw. Sinnkonstituierung.

Die Sinnhaftigkeit sowohl menschlichen Handelns wie der verschiedenen sprachlichen Strukturen ist die Grundlage für die mentale Tätigkeit des →*Verstehens,* die auf die Rekonstruktion von S. hin orientiert ist – und solchen S. auch dann unterstellt bzw. ersatzweise konstruiert, wenn Handeln oder – im selteneren Fall – sprachliches Handeln sich der Sinnhaftigkeit entziehen.

Es kann derzeit weder linguistisch noch psychologisch noch philosophisch oder soziologisch davon gesprochen werden, dass dem Ausdruck ‚S.' ein einigermaßen verallgemeinerter S. zukäme. Vielmehr bietet er in seiner Diffusität einerseits, angesichts seiner anthropologischen Wichtigkeit andererseits vielfältigen Anlass für weitere Klärungsbemühungen.

Bibliographie: R. Carnap, Meaning and necessity, Chicago 1947. – G. Frege, Über Sinn und Bedeutung, in: Zeitschrift für Philosophie und philosophische Kritik NF 100 (1892), 25–50. – J. und W. Grimm, Art. Sinn, in: Deutsches Wörterbuch, Zehnten Bandes erste Abtheilung, bearb. v. M. Heyne et al., Leipzig 1905, 1103–1152. – A. Messmann, Art. Sinn II, in: EEPhW 4 (1990), 289–292. – D. Thürnau, Art. Sinn I., in: EEPhW 4 (1990), 283–289.

Konrad Ehlich

VII. Philosophisch

Der Begriff des ‚S.s' wird in unterschiedlichen Bedeutungen verwendet, unter denen sich drei Hauptbedeutungen hervorheben lassen: S. als Sinnesorgan und Wahrnehmungsfähigkeit, als verstehbare Bedeutung, als Wert und Zweck.

(1) Zum einen sprechen wir vom S. als *sensus* und *sensorium.* In engerer Verwendung bezieht sich der Terminus auf die fünf Sinne bzw. die Sinnlichkeit als Organ unseres Weltbezugs (Tastsinn, Hörsinn etc.); in weiterer Bedeutung können wir vom ‚S. für etwas' (für Humor, für Kunst, für Gerechtigkeit) sprechen. S. meint hier eine Fähigkeit des Wahrnehmens und Aufnehmens bzw. eine Zuwendung des Interesses: Ohne solchen subjektiven S. sind uns die Gegenstände nicht in ihrem Gehalt und ihrer →Bedeutung erschließbar. Ohne moralische Sensibilität sind wir für moralische Konflikte blind, ohne Schönheitssinn bleibt uns die Schönheit der Dinge verschlossen.

(2) Die zweite Bedeutung meint den semantischen und hermeneutischen S.: den S. als das Verstehbare – den S. eines →Zeichens, einer Vorschrift, eines Rituals. Diese Begriffsverwendung ist die in der →Hermeneutik primäre; mit ihr verbindet sich in der Theorie der Geistes- und Kulturwissenschaften die Dichotomie zwischen sinnhaften und nichtsinnhaften, genuin verstehbaren und nur äußerlich beschreibbaren Gegenständen.

In Frage stehen die Grenzen solcher Sinnhaftigkeit ebenso wie die vielfältigen Modalitäten des Bildens, →Verstehens, →Interpretierens und Dekonstruierens von S. Ein paradigmatisches Modell ist die →Sprache, die in ihren unterschiedlichen Gestalten (Ausdruck, Gespräch, →Schrift, →Text) als ursprünglicher Ort von S. und Verstehen gilt; darüber hinaus wird S. in ganz verschiedenen Formen und Medien artikuliert und rezipiert (in Bild, Musik, Tanz, in Gesten und Emotionen, in Handlungen, künstlerischen Werken, Institutionen, kulturellen Praktiken und Lebensformen).

(3) Als Drittes ist der normativ-wertende Sinnbegriff zu nennen, der dasjenige bezeichnet, was den Wert oder Zweck einer Sache – einer Handlung, einer Maßnahme – ausmacht. Dieser Begriff kommt ins Spiel, wenn wir nach dem S. des Lebens oder des Leidens fragen oder uns über die Sinnlosigkeit der Existenz oder eines Opfers beklagen. S. meint hier die Antwort auf eine Wozu-Frage. Es ist ein moderner Begriff, der in Formulierungen wie ‚Sinnfrage', ‚Sinnsuche', ‚Sinnlosigkeit' zwar der Alltagssprache vertraut, in der philosophischen Begriffsgeschichte gegenüber den beiden anderen → Bedeutungen – *sensus, significatio* – später und wohl erst mit F. Nietzsche terminologisch zentral geworden ist. In Frage steht, wodurch und wieweit etwas gerechtfertigt und bejahbar ist.

Ersichtlich bestehen zwischen den unterschiedlichen Bedeutungen von ‚S.', die alle mit dem verstehenden Selbst- und Weltbezug des Menschen zu tun haben, Querbeziehungen und fließende Übergänge. Die normative Sinnhaftigkeit kann die Verständlichkeit begründen. Eine Handlung kann dadurch sinnhaft verstehbar sein, dass sie in sich selbst als ‚sinnvoll' wahrgenommen wird; nach G.W.F. Hegel ist die Weltgeschichte rational begreifbar, sofern sie einen vernünftigen Zweck verfolgt. Für die Phänomenologie des Leibes ist der S. – des Verhaltens, des Ausdrucks, des Verstehens – in der Sinnlichkeit leiblichen Erlebens und Kommunizierens begründet. Wichtig ist die Eigenständigkeit der hermeneutischen Dimension. Das Sinnbedürfnis, dem die Bemühung des Verstehens gilt, zielt zunächst auf die Verstehbarkeit – die Erzählbarkeit einer Geschichte, die Lesbarkeit eines Symbols – als solche und ist nicht notwendig auf überschwängliche Sinn- und Zweckpostulate angewiesen (die von der Kritik teils als säkularisierte Heilsvisionen zurückgewiesen worden sind und zur Diskreditierung der Sinnfrage selbst geführt haben).

Bibliographie: E. Angehrn, Interpretation und Dekonstruktion, Weilerswist 2003. – C. Fehige et al. (Hgg.), Der Sinn des Lebens, München 2000. – U. Wolf, Die Philosophie und die Frage nach dem guten Leben, Reinbek 1999.

Emil Angehrn

Skopos

Im Altgriechischen bedeutet σκοπός einerseits den ‚Wächter/Kundschafter' und andererseits das ‚Ziel' in konkreter (Ziel des Schützen) und übertragener (Ziel des Lebens, der Rede) Bedeutung; letztere wird für den (1) ethischen und rhetorischen, (2) hermeneutischen und (3) praktisch-theologischen Gebrauch des Begriffs entscheidend.

(1) Bereits bei Plato und Aristoteles begegnet S. als Terminus für das Ziel der Lebensführung. Diese Verwendung findet sich auch in der Stoa und in christologischer und eschatologischer Konturierung im einzigen ntl. Beleg (Phil 3,13 f.). In der antiken → Rhetorik wird mit dem S. die Frage nach dem Ziel einer Rede verhandelt.

(2) Die beiden Linien einer material-ethischen bzw. formal-hermeneutischen Verwendung des Begriffs setzen sich in der Alten Kirche fort. Ethisch kann S. das christliche Lebensziel bezeichnen, hermeneutisch für die Aussage eines biblischen Textes stehen. Im Ringen um das rechte Bibelverständnis in der Reformationszeit wird die Frage nach dem S. kontrovers diskutiert. M. Luther verwendet S. einerseits als fundamentalhermeneutische Kategorie und erkennt den *‚generalis scopus'* der ganzen Schrift (aus AT und NT!) im Christusereignis (WA 36,180; „Christum predigen vnd treiben", WA DB 7,385 u.ö.). Andererseits gebraucht er S. auch als handwerklichen Begriff: Jeder (Schrift-)Text muss, um verstanden zu werden, durch philologische Arbeit und Untersuchung des Kontexts auf seinen Sinn hin erschlossen werden.

Seit der altprotestantischen Orthodoxie (vgl. bereits M. Flacius, *Clavis Scripturae Sacrae*, 1567) zeigt sich das Problem einer dogmatischen Arretierung der Dynamik der christozentrischen Hermeneutik Luthers. War der ‚*generalis scopus*' für Luther im Christusereignis loziert, das sich immer wieder im anredenden Wort Gottes und in der Antwort des Menschen vollzieht, so wurde daraus die korrekte dogmatische Formulierung der ‚Schriftaussage'. Diese ‚logozentrische' Abstraktionshermeneutik verwandelt die Schrift letztlich in eine Sammlung von Kernsätzen und in vermeintlich zeitlos gültige ‚*doctrina*'.

(3) Diese Problematik spiegelt sich auch in der Auseinandersetzung, die um die besonders in der Homiletik und Pädagogik einflussreiche ‚Skoposmethode' geführt wurde. Hatte noch die Liberale Theologie um die Wende vom 19. zum 20. Jh. (F. Niebergall u.a.) auf die Ermittlung des S. als allgemein gültiger Textaussage in homiletischer und didaktischer Perspektive Wert gelegt, so meldete etwa K. Barth heftigen Widerspruch an. Um der Dynamik des je neuen Redens Gottes willen sei eine thematische oder intentionale Fixierung der Textaussage als problematischer menschlicher Vorgriff auf Gottes Handeln abzulehnen. Spätestens seit den 1960er Jahren (I. Baldermann u.a.) steht neben dieser genuin theologischen eine ästhetische Begründungslinie: Die Idee der Ermittlung eines S. bedeute die Gefahr der Trennung von letztlich bedeutungsloser Form und eigentlich entscheidendem Inhalt. Zudem vermeine eine Skoposhermeneutik potentiell, *die intentio operis* ermitteln zu können unter Absehung von der rezeptionsästhetischen Vielfalt der Wahrnehmung (G.M. Martin unter Rückgriff auf U. Eco, M. Nicol).

In der jüngeren Diskussion wird der Skoposbegriff (praktisch-)theologisch daher kaum noch verwendet. Seit einigen Jahren rekurrieren die Übersetzungswissenschaften aber vermehrt auf ihn. Bei H.J. Vermeer steht er für die Kommunikationsabsicht, die es gelte, durch die Übersetzung in eine neue Situation zu übertragen. Damit ist ein pragmatischer sowie performativer Skoposbegriff im Blick, der die berechtigte Zurückhaltung der neueren Homiletik und Didaktik überwinden und sich auch bibelhermeneutisch als fruchtbar erweisen könnte.

Bibliographie: K. Barth, Homiletik, Zürich [3]1986. – G. Ebeling, Evangelische Evangelienauslegung, Tübingen [3]1991. – E. Fuchs, Art. σκοπός κτλ., in: ThWNT 7 (1964), 415–419. – T.W. Gillespie, The scope of biblical interpretation in the reformed tradition, in: M. Welker/C.A. Jarvis (Hgg.), Loving God with our minds, Grand Rapids 2004, 283–290. – K. Holl, Luthers Bedeutung für den Fortschritt der Auslegungskunst (1920), in: Ders., Gesammelte Aufsätze zur Kirchengeschichte, Bd. 1, Tübingen [7]1948, 544–582. – K. Reiß/H.J. Vermeer, Grundlegung einer allgemeinen Translationstheorie, Tübingen [2]1991. – G. Roth, Der Skopus eines Textes in Predigt und Unterricht, in: ZThK 62 (1965), 217–229. – P. Stoellger, Art. Skopus, in: HWPh 8 (2007), 946–952 (Lit.!). – J. Zovko, Die Bibelinterpretation bei Flacius (1520–1575) und ihre Bedeutung für die moderne Hermeneutik, in: ThLZ 132 (2007), 1169–1180.

Alexander Deeg

Sola Scriptura →Schrift/Schriftprinzip

Sozialgeschichtliche Auslegung

I. Neutestamentlich

Die s. A. biblischer Texte weitet ihrem Selbstverständnis nach den einseitig auf theologische Ideen und herausragende Individuen verengten Fokus der traditionellen historisch-kritischen →Exegese aus. Sie widmet sich gezielt den sozialen, ökonomischen, politischen und kulturellen Faktoren, welche die Welt der biblischen →Texte sowie deren →Autoren und Rezipienten maßgeblich prägten, um diese adäquater zu verstehen. Wegbereiter waren Anfang des 20. Jh.s Forschungen zur antiken Volkskultur und Palästinakunde, zur Ausbreitung und sozialen Dynamik des Frühchristentums (A. Deißmann, J. Jeremias, A. v. Harnack, E. Lohmeyer), ferner die Formgeschichte mit ihrem Konzept des ‚Sitzes im Leben' und Studien der *Chicago School* (S.J. Case, S. Matthews). Der Siegeszug der Dialektischen Theologie verhinderte die konsequente Fortentwicklung dieser Ansätze. Die s. A. setzte sich daher erst ab den 1970er Jahren auf breiterer Ebene durch (G. Theißen, W. Stegemann, L. Schottroff, J. Gager, W.A. Meeks, B.J. Malina). Zwei Grundausrichtungen lassen sich unterscheiden: zum einen sozialdeskriptive Ansätze, die eine theorieferne Beschreibung der sozialhistorischen Gegebenheiten offerieren, zum anderen sozialwissenschaftliche Ansätze, die zur →Interpretation der historischen Daten systematisch soziologische Theorien und Modelle heranziehen. Beide Ausrichtungen werden z. T. durch ideologiekritische Impulse aus den Bereichen der Befreiungstheologie, der feministischen Theologie und des jüdisch-christlichen Dialogs angereichert. In jüngerer Zeit ist eine verstärkte Berücksichtigung kulturanthropologischer Themen und Theorien zu beobachten. Zentrale Inhalte der ntl. sozialgeschichtlichen Forschung sind u. a. die soziale Schichtung in den frühchristlichen Gemeinden, soziale Spannungen ebendort, Phänomene von Statusinkonsistenz, Devianz und (Selbst-)Stigmatisierung, das Auftreten charismatischer Figuren (Wanderradikale) und millenarischer Gruppen/Sekten, die Bedeutung sozialer Konventionen (Reziprozität), Beziehungen (Freundschaft, Patron – Klient, Herr – Sklave, Geschlechterrollen, Ethnizität) und Werte bzw. symbolischer Ordnungen (Ehre/Schande; Reinheit/Unreinheit), die Funktion von Ritualen und Körperlichkeit sowie die Relevanz sozialer Sphären (Familie, Haus, Öffentlichkeit), ökonomischer Faktoren (Arbeits-, Lohn-, Steuerstrukturen) sowie politischer und religiöser Institutionen (Königtum, Tempel).

BIBLIOGRAPHIE: A.J. Blasi et al. (Hgg.), Handbook of early Christianity, Walnut Creek 2002. – J.H. Elliott, What is social-scientific criticism?, Minneapolis 1993. – R. Hochschild, Sozialgeschichtliche Exegese, Fribourg/Göttingen 1999. – B. Holmberg, Sociology and the New Testament, Minneapolis 1990. – E.W. Stegemann/W. Stegemann, Urchristliche Sozialgeschichte, Stuttgart u. a. ^{2}1997. – C. Strecker, Die liminale Theologie des Paulus, Göttingen 1999. – G. Theißen, Studien zur Soziologie des Urchristentums, Tübingen ^{3}1989. – Ders., Die Jesusbewegung, Gütersloh 2004.

Christian Strecker

II. Literaturwissenschaftlich

Als ‚sozialgeschichtliche Interpretation' bezeichnet man in der Literaturwissenschaft das Verfahren, literarische Stoffe und Motive oder auch Figurenkonstellationen, Verhaltensschemata bis hin zu Argumentations-, Stil- und Gattungsmustern auf außerliterarische →Kontexte der Zeit zu beziehen. Literarische Texte sollen dadurch als (mehr oder minder verdeckte) Stellungnahmen zu zeitgenössischen, v. a. sozialen Konfliktlagen und Diskursen verständlich gemacht werden.

Bemühungen um einen Konnex zwischen literarischen Symbolstrukturen und den Sozialstrukturen der Entstehungszeit haben methodengeschichtlich eine lange Tradition. Hatte die positivistische (Literatur-)Geschichtsschreibung des 19. Jh.s literarische Texte häufig als unmittelbare Quellen für gesellschaftshistorische Sachverhalte herangezogen und damit die bewusste Geformtheit und den Fiktionalitätsstatus ihrer Gegenstände verkannt, so versuchte die materialistische (bzw. marxistische) Literaturtheorie in ähnlicher Einseitigkeit, literarische Produkte direkt aus dem Stand der Produktionsverhältnisse und den daraus resultierenden ‚Klassenkonflikten' abzuleiten und ideologiekritisch zu bewerten. V. a. seit den 1970er Jahren bauten sozialhistorische Zugänge darauf und auf älteren literatursoziologischen Ansätzen (etwa L. Schücking, N. Elias) auf. Sie differenzierten das Instrumentarium aber erheblich, indem sie sich um die Erforschung der Spielräume und Rahmenbedingungen bemühten, in denen Literatur entsteht, distribuiert und rezipiert wird, und dabei →Autor, Werk und →Leser gleichermaßen in den Blick nahmen. Als unbefriedigend erweist sich allerdings weiterhin die methodische Verbindung zwischen philologischer Textanalyse, systemimmanenter Geschichte und sozioökonomischem Panorama.

Erweitert wurde die lange dominante Fokussierung des analytischen Blicks auf gesellschaftliche und institutionelle Rahmenbedingungen in jüngerer Zeit durch das Postulat einer ‚polykontexturalen' Einbettung literarischer →Texte unter kulturwissenschaftlicher Perspektive. Die Einbeziehung etwa der Volkskunde, der historischen Realienforschung und der Mentalitätengeschichte, der Kunst-, Musik- und Medienwissenschaft, der Wissens-, Denk- und Diskursgeschichte liefert Daten, die nicht nur für das Verständnis des ‚literarischen Feldes', sondern auch für die →Interpretation von Texten relevant sind. Dabei gilt es, auch die literaturinternen →Traditionen und Normen (→Rhetorik, Poetik, Gattungsnormen, Sprach- und Bildkonventionen etc.) nicht aus den Augen zu verlieren, um die literarischen Texte nicht lediglich zu ‚Quellen' kulturphilosophischer Spekulation zu degradieren. Problematisch und anachronismusverdächtig bleiben die Ergebnisse rekontextualisierender Ansätze dort, wo sie im Dienste weltanschaulicher Instrumentalisierung oder pädagogischer Aktualisierung vorschnell synthetisiert und vereindeutigt werden.

BIBLIOGRAPHIE: R. v. Heydebrand et al., Zur theoretischen Grundlegung einer Sozialgeschichte der Literatur, Tübingen 1988. – M. Huber/G. Lauer (Hgg.), Nach der Sozialgeschichte, Tübingen 2000. – M. Joch/N.C. Wolf, Feldtheorie als Provokation der Literaturwissenschaft, in: Diess. (Hgg.), Text und Feld, Tübingen 2005, 1–24. – Internationales Archiv für Sozialgeschichte der deutschen Literatur (seit 1976).

Werner Wilhelm Schnabel

Spirale, hermeneutische

→Hermeneutik, →Hermeneutischer Zirkel

Sprache/Sprechen/Sprecher

I. Alttestamentlich

S./Sprechen ist eine zentrale Kategorie atl. →Texte, da Sprechen darin die wichtigste Kommunikationsform zwischen Gott und Mensch darstellt. Menschliche S. als Sprachverschiedenheit der Völker reflektiert neben Gen 10,5.20.31 v.a. Gen 11,1–9: die Erzählung vom Turmbau zu Babylon, deren Endgestalt eine Ätiologie der Sprachenvielfalt bietet. Sonst klingen Verständigungsschwierigkeiten, die auf verschiedenen S.n beruhen, kaum an (vgl. Gen 42,23, Josef bedient sich eines Dolmetschers; Ez 3,5 f. als Paradox). Ri 12,4b–6 basiert auf unterschiedlichem Dialekt. Moses Einwand, wegen schweren Mundes und schwerer Zunge (Stottern? Schwerfälliges Reden?) seiner Sprecheraufgabe nicht gewachsen zu sein (Ex 4,10), lässt die Frage der Sprachfertigkeit aufscheinen.

Neben der Wiedergabe von vielfältigen Dialogen zwischen Sprechern in direktem Gegenüber (z. B. Gen 3,1–5; Gen 27) steht die Übermittlung der Aussage eines Sprechers durch Gesandte. Diese übermitteln das Sprechen ihres Auftraggebers in der Gestalt, wie er die Worte gesprochen hat, so dass sie den abwesenden Auftraggeber vertreten, als stünde dieser persönlich vor dem Adressaten (2 Sam 3,12–15; 1 Kön 2,1–12; Neh 6,1–4).

S. kann man bewusst als Mittel zur Manipulation einsetzen. Sein Gegenüber zu täuschen, zu lügen, ist verwerflich (Spr 12,6.22) und führt zu Unheil (Spr 14,3; 19,5). Weisheitstexte warnen deshalb vor Gefahren des vielen, unüberlegten Sprechens (Spr 10,19 f.; 17,27 f.). Sprechen vermag Schaden anzurichten, v.a. als Falschaussage vor Gericht (1 Kön 21,13; Ex 20,16; Spr 12,17; 14,25; 25,18).

Während menschliches Sprechen stets die Möglichkeit des Täuschens birgt, spricht Gott immer wahrhaftig (Num 23,19). Für das AT ist es selbstverständlich, dass Gott sich den Menschen durch Sprechen mitteilt. Da Gottes Sprechen menschlicher Vermittlung durch eigens dazu ausersehene Personen – meist prophetische Gestalten – bedarf, ist dieser Bereich besonders sensibel. In Erzähltexten verweist der anonyme, allwissende →Erzähler auf den göttlichen Sprecher (2 Sam 7,4–16; 1 Kön 19,9–18). Jer 28 thematisiert demgegenüber das Problem der angemaßten, falschen Prophetie. In schriftprophetischen Büchern kennzeichnet (wenn auch nicht durchgehend und systematisch) geprägtes Formelgut (z. B. ‚so spricht Jhwh', ‚Spruch Jhwh') göttliches Sprechen (v. a. in Jer, Ez) und weist damit den Propheten als Gott vertretenden Sprecher aus.

Der Mensch antwortet auf Gottes Sprechen im Gebet (→Psalmen) in einer eigens geprägten S., die zugleich wechselnde Sprecherhaltungen einschließt: Das Ich eines Sprechenden bzw. das Wir der Sprechenden ruft und redet Gott an. Im Lob und Bekenntnis spricht man in 3. Person über Gott (mit der Gebetsgemeinschaft als Hörenden und Mitsprechenden rechnend) und zugleich indirekt auch zu ihm. Solches Sprechen über Gott geschieht oft in metaphorischer Weise.

Bibliographie: J. Hausmann, Studien zum Menschenbild der älteren Weisheit, Tübingen 1995, 186–213. – S.A. Meier, Speaking of speaking, Leiden 1992. – C. Uehlinger, Weltreich und „eine Rede“, Fribourg/Göttingen 1990. – A. Wagner, Prophetie als Theologie, Göttingen 2004.

Karin Schöpflin

II. Neutestamentlich

Ein Verstehen der ntl. →Texte zielt auf deren Sprachpotential. Dieses lässt sich bestimmen hinsichtlich der Struktur, →Semantik, → Pragmatik, →Wirkung und →Ästhetik, wobei jede Sprachebene niemals isoliert, sondern immer nur im →Kontext der anderen Ebenen betrachtet werden kann.

Die Notwendigkeit einer Analyse der Struktur ntl. Texte ist bei hymnischen Texten leicht einsichtig zu machen. Die dort etwa zu identifizierenden Parallelismen erinnern an die S. der →Psalmen. Aber auch die Struktur der Einzelperikopen wie der Aufbau der → Evangelien und →Briefe mit ihren Strukturmerkmalen lassen die Gestaltung der ntl. Texte erkennen. Mit der Strukturanalyse tritt die synchrone Leserperspektive, also der textliche Gesamtzusammenhang in den Blick.

Das semantische Potential erfasst den Umfang dessen, was ein Text mittels seiner → Propositionen von der Welt zu erkennen geben will. Auch die ntl. Texte behaupten, mittels dieser Weltsprachlichkeit einen angemessenen Weltbezug herzustellen, mit dem sich auch die je gegenwärtige →Exegese auseinanderzusetzen hat. Das Intelligibilitätspotential des NT ist demnach von den dort zu identifizierenden und nicht notwendig einheitlichen Wahrheitsansprüchen abhängig. Diese werden im NT aus der Perspektive des Glaubens an Jesus Christus formuliert, sie sind mit einem christologischen Präferenzkriterium verbunden (vgl. C. Landmesser 1999, 437–496).

Mit dem pragmatischen Potential kommen auch die Sprecher in den Blick. Jeder →Satz setzt den Vollzug des Sprechens, also einen → Sprechakt voraus. Das Handlungspotential ist in den Evangelien dort von besonderer Bedeutung, wo Jesus als Sprecher Sündenvergebung zuspricht oder Naturgewalten besiegt, was den Vorwurf der Blasphemie und die Frage nach der Person Jesu provoziert. Es ist entscheidend, wer diese Sätze formuliert, denn beides ist nur Gott möglich.

Das Wirkungspotential etwa der Sätze Jesu entfaltet sich im Fortgang der Jesusgeschichte, die in Passion und Auferstehung mündet. Die Wirkung der ntl. Texte umfasst aber auch die →Rezeption des NT bis in die Gegenwart.

Mit dem ästhetischen Potential rücken → Gattung, →Stil und Qualität der ntl. Texte sowie deren die Anschauung formende Kraft in den Blick (vgl. O. Wischmeyer, 159–171).

S./Sprechen/Sprecher lassen mit Blick auf die ntl. Texte die Exegese als niemals abgeschlossen und in je aktuellen Kontexten immer wieder neu zu leistende Aufgabe erscheinen.

Bibliographie: C. Landmesser, Wahrheit als Grundbegriff neutestamentlicher Wissenschaft, Tübingen 1999. – Ders., Neutestamentliche Wissenschaft und Weltbezug, in: O. Wischmeyer (Hg.), Herkunft und Zukunft der neutestamentlichen Wissenschaft, Tübingen/Basel 2003, 185–206. – O. Wischmeyer, Hermeneutik des Neuen Testaments, Tübingen/Basel 2004.

Christof Landmesser

III. Systematisch-theologisch

Zentral für das jüdisch-christliche Denken ist die Vorstellung von Gott als einem Redenden. Gott wird hier verstanden als einer, der durch sein →Wort die Welt und den Menschen erschuf, durch Propheten Menschen konkret angesprochen hat und schließlich in Jesus Christus als von sich selbst in menschlicher S. Redender zur Welt gekommen ist. Damit wird der S. eine zentrale Funktion in der Bezogenheit Gottes auf Mensch und Welt zuerkannt. Diese Bezogenheit ist falsch verstanden, wenn sie als ‚nur sprachlich‘ beschrieben wird; Gottes →Reden konstituiert schöpferisch →Wirklichkeit (Gen 1; Jes 5,10 f.; Joh 1,3), ist also ein performativer →Sprechakt, der vollzieht, was er benennt. Die ähnliche Beschaffenheit menschlicher S. zeigt sich darin, dass auch dem Menschen erst S. seine Welt konstituiert und zuhanden macht (Gen 2,19 f.).

Gottes Reden wird genauer beschrieben als ein die Welt zurechtbringendes und bejahendes Wort. Menschliches Sprechen zu und von Gott entspringt aus dem →Hören dieses Wortes. Sprechen *zu Gott*, d.h. Beten, wendet sich diesem Gott explizit zu, im Vertrauen darauf, dass es nicht ungehört verhallt. Sprechen *von Gott* kann verschiedene Gestalt haben, in →Bibel, Theologie, Bekenntnis oder →Predigt.

Die biblischen →Texte selbst sprechen unterschiedlich von Gott: Sie erzählen von ihm, sie argumentieren, oder sie reden in Gestalt von →Gleichnissen so, dass der Mensch selbst in die Geschichte Gottes mit der Welt hineingezogen wird. Gleichzeitig bringen die biblischen Texte das aus der Begegnung mit dem redenden Gott gewonnene Selbstverständnis der Schreibenden zum Ausdruck. Dieses und damit das Sprechen der biblischen →Autoren ist nicht zeitlos, sondern durch deren jeweiligen soziokulturellen Kontext bestimmt. Dass diese Texte dennoch, den ‚garstigen breiten Graben' der Geschichte überwindend, auch heute Menschen Selbstverständnis eröffnen können, weil hier Möglichkeiten eigener Existenz thematisiert werden, hat besonders die →existentiale Interpretation R. Bultmanns hervorgehoben. Dass der →Sinn von Texten erst durch den →Leser konstituiert werde, ist für rezeptionsästhetische Ansätze Grund dafür, dass auch biblische Texte heute ‚sprechend' werden können (→ *Reader-Response Criticism*). Andere sehen das Überbrückende in der immer wahren Gegenwart Gottes (I.U. Dalferth).

Die biblischen Texte als Reden oder → Wort *Gottes* zu bezeichnen ist Ausdruck dessen, dass Menschen im Gebrauch der Texte die Erfahrung machen, dass das, wovon die Texte reden, die →Wahrheit über Gott, die Welt und sie selbst ist und dass sie sich diese Wahrheit nicht selbst haben sagen können.

BIBLIOGRAPHIE: R. Bultmann, Welchen Sinn hat es, von Gott zu reden?, in: Ders., Glauben und Verstehen I, Tübingen [9]1993, 26–37. – G. Ebeling, Einführung in die theologische Sprachlehre, Tübingen 1971. – A. Grözinger, Die Sprache des Menschen, München 1991. – U.H.J. Körtner, Theologie des Wortes Gottes, Göttingen 2001.

Christiane Tietz

IV. Altphilologisch

Die im frühgriechischen Epos vorliegenden, von der Einheit von →Wort und →Sache ausgehenden Spekulationen über die S. gelten überwiegend der etymologisierenden, auf Wesenserfassung abzielenden Namen-Deutung sowie der auf bestimmte Einzelwörter bezogenen Differenzierung von Götter- und Menschensprache. Bereits in der vorsokratischen Philosophie tritt indes ein sprachkritisches, außersprachliche Wahrheitsinstanzen, wie den weltgesetzlichen Logos (Heraklit) oder das nur noetisch fassbare Seiende (Parmenides), begründendes Denken hervor.

Erfolgt die Sprachanalyse der Sophistik unter dem Aspekt der Pragmatik, so untersucht Plato die S. unter epistemologischem Gesichtspunkt: im *Cratylus* die ‚Richtigkeit der Wörter' in der Gegenüberstellung von natürlicher und auf Konvention beruhender Richtigkeit; im *Sophistes*, der mit der Definition des Denkens als eines lautlosen Gesprächs der Seele mit sich selbst (263e 3–5) zugleich für die Theorie einer unphonetischen S. des Geistes bedeutsam ist, die Grundlagen des Urteils (251a–264b), wodurch die Frage des Wahrheits- und Erkenntniswertes der S. vom Einzelwort auf die Aussage verlagert wird.

Aristoteles unterscheidet Tier- und Menschensprache, untersucht die Konstituenten, die organisch-psychischen Grundlagen und die politisch-soziale Funktion der S. sowie die stilistischen Normen des angemessenen Sprachgebrauchs. Er analysiert den Aussagesatz und entwirft ein das Verhältnis von sprachlichem Zeichen, →Bedeutung und Sache bestimmendes Zeichenmodell (*Int.* 1,16a 3–8). Die nacharistotelische pagane Sprachtheorie wird weithin – auch im lateinischen Bereich – von den Stoikern bestimmt. Ihr Logosbegriff wird für die christliche Theologie wichtig; ihre Lehre von den Wortarten, Kasus und Tempora findet Eingang in die →Grammatik.

Die im Wort Gottes gründende christliche Offenbarungsreligion eröffnet der Sprachbetrachtung neue Aspekte. Repräsentativ für die frühchristliche Sprachphilosophie, thematisiert Augustin, ausgehend von der ontologischen Differenz zwischen Gott und Mensch und der daraus gefolgerten typologischen Differenz zwischen Gottes- und Menschensprache, das Problem, dass dem von Veränderlichkeit und Zeitlichkeit bestimmten

Menschen Gottes unmittelbares und *eigentliches* Sprechen *per suam substantiam* (*Gn. litt.* 8,27,49) nicht vernehmlich ist, im Gegensatz zu Gottes mittelbarem Sprechen durch die Schöpfung, wozu die →Bibel zählt (*conf.* 11,8,10). Deren *eigentliche* Bedeutung gilt es zu erschließen, wofür Augustin eine →Hermeneutik entwickelt, die er auf die umfassendste und differenzierteste Zeichen-(*signa-*) Theorie der Antike gründet (*doctr. chr.* 2 und 3). Die traditionsreiche ‚S. des Geistes‘ überformt Augustin zum ‚inneren Wort‘, das, allen sprachlichen Kategorien vorausliegend und dem Gotteswort ähnlich, seine trinitarisch-christologischen Spekulationen veranschaulicht (*trin.* 15,17–20).

BIBLIOGRAPHIE: W. Ax, Laut, Stimme und Sprache, Göttingen 1986. – D. Lau, Wie sprach Gott: „Es werde Licht!“?, Frankfurt a.M. 2003. – Ders., Metaphertheorien der Antike und ihre philosophischen Prinzipien, Frankfurt a.M. 2006. – K. Pollmann, Doctrina Christiana, Fribourg 1996. – H. Steinthal, Geschichte der Sprachwissenschaft bei den Griechen und Römern, 2 Bde., Berlin ²1890/91 [Nachdruck Hildesheim 1971].

Dieter Lau

V. Textlinguistisch

Das menschliche Sprachvermögen (F. de Saussure: *langage*) wurde oft in Abgrenzung zur →Kommunikation von Tieren mit folgenden Merkmalen definiert: Arbitrarität der sprachlichen →Zeichen; doppelte Artikulation (bedeutungslose Phoneme und bedeutungstragende Morpheme); eine große Anzahl von Zeichen (Vögel haben nur ca. 20, Menschen mehrere Zigtausend, passiv bis über 100.000); die Fähigkeit, neue Zeichen und nie gehörte →Sätze zu bilden und über die S. zu reflektieren; Situationsunabhängigkeit; Lernabhängigkeit. Alle diese Merkmale haben ihre Probleme (R. Harris, 23 ff.) und manche auch Entsprechungen bei Tieren (Affen, Ameisen, Bienen), deren Kommunikation ebenfalls arbiträr und sogar mehrpropositional sein kann (bei Bienen z.B. über die Mitteilung der Wegstrecke). Wegen der Arbitrarität hat man sprachliche Laute oft als irrelevant erklärt. Heute wird gerade die auditive Medialität hervorgehoben (Lautstärke, Melodie, Akzent, Rhythmus; L. Jäger). Umstritten ist, ob S. nur im Vollzug von ›Sprechakten‹ existiert (so manche Sprachphilosophen in der Tradition L. Wittgensteins) oder ob das Sprechen auf einer (unbewussten) Anwendung von internalisierten Regeln der Phonologie, der Morphologie, der Lexik und der →Syntax beruht (dazu S. Krämer/E. König). Umstritten ist auch die Frage, wie man beim Spracherwerb das Verhältnis zwischen angeborenen Funktionsleistungen und dem sprachlichen ‚Input‘ gewichten soll.

Seit Aristoteles sah man das Wesentliche der S. darin, Objekte benennen und Aussagen über →Ereignisse machen zu können, vermittelt über die Fähigkeit, aus Sinneswahrnehmungen allgemeine Begriffe zu gewinnen (J. Locke). Vernachlässigt wurde dabei die Frage, wozu S. kommunikativ dient. Erst im 20. Jh. (K. Bühler, J.L. Austin) hat man S. als Handlung gesehen (z.B. Auffordern, Begrüßen, Verbieten, Erzählen, Streiten). Die Soziolinguistik betont die soziale →Identität und Abgrenzung (→Alterität) beim gemeinsamen Sprechen.

Psycholinguistisch gesehen ist Sprechen der Vorgang der Sprachproduktion, von der Mitteilungsintention über die einzelnen psychischen Instanzen der Wortwahl, der Syntax, der Phonologie bis zu den artikulierten Lauten (W.J.M. Levelt). Im Dialog kann individuelles Sprechen durch das Mitformulieren Anderer begleitet werden (‚primärer‘, ‚sekundärer‘ Sprecher; U. Quasthoff) und sich bis zum kollektiven Sprechen steigern (J. Schwitalla).

Ein Sprecher ist derjenige, der die Sprecherrolle innehat und dabei einen oder mehrere →Hörer adressiert, wenn er nicht nur vor sich hin spricht. Sprecherrollen können danach differenziert werden, wer für den →Text verantwortlich ist (*principal*), wer ihn formuliert hat (*author*) oder nur seine Stimme dazu leiht (*animator*; E. Goffman, 144; S. Levinson, 170 ff.).

BIBLIOGRAPHIE: J.L. Austin, How to do things with words, Oxford 1962 [*dt.* Stuttgart 1972]. – K. Bühler, Sprachtheorie, Jena 1934 [Stuttgart/New York ³1982]. – E. Goffman, Forms of talk, Oxford 1981. – R. Harris, The Language-Makers, Worcester/London 1982. – L. Jäger, Die Sprachvergessenheit der Medientheorie, in: W. Kallmeyer (Hg.), Sprache und neue Medien, Berlin/New York 2000, 9–30. – S. Krämer/E. König (Hgg.), Gibt es eine Sprache hinter dem Sprechen?, Frankfurt a. M. 2002. – W.J.M. Levelt, Speaking, Cambridge/London 2003. – S. Levinson, Putting linguistics on a proper footing, in: P. Drew/A. Wootton (Hgg.), Erving Goffman, Cambridge 1988, 161–227. – U. Quasthoff, Das Prinzip des primären Sprechers, in: K. Ehlich (Hg.), Medizinische und therapeutische Kommunikation, Opladen 1990, 66–81. – J. Schwitalla, Über einige Weisen des gemeinsamen Sprechens, in: Zeitschrift für Sprachwissenschaft 11 (1992), 68–98.

Johannes Schwitalla

VI. Philosophisch

Eine S. ist ein System von →Wörtern, das in einer prinzipiell unendlichen Reihe einzelner →Sprechakte eines oder mehrer Sprecher manifestiert werden kann. Das Verhältnis zwischen S., Sprechen und Sprecher kann dabei auf zwei verschiedene Weisen näher bestimmt werden. Aus der Perspektive der formalen →Semantik ist eine S. ein abstraktes Objekt, das sich durch das Angeben einer Liste von syntaktischen Typen, Regeln für deren Verkettung sowie einer Funktion, die jeder wohlgeformten Verkettungen einen semantischen Wert zuordnet, definieren lässt. Die Existenz eines solchen abstrakten semantischen Systems ist unabhängig von der Existenz von Sprechern und mithin von Sprechakten, die jene syntaktischen Typen manifestieren. Eine natürliche S. hingegen existiert nur als *die* S. eines Sprechers oder einer Gemeinschaft von Sprechern. Um diesem Umstand Rechnung zu tragen, muss die formale Semantik durch eine Theorie des Sprachverstehens ergänzt werden. In der Folge von L. Wittgensteins Privatsprachenargument wird gemeinhin angenommen, dass eine S. prinzipiell für mehr als einen Sprecher verständlich sein muss. Umstritten ist hingegen, ob der Begriff des Idiolekts (D. Davidson) oder der Begriff einer von mehreren Sprechern geteilten S. fundamental ist (M. Dummett).

Mit dem →*Linguistic Turn* ist die Frage nach der angemessen Form einer Bedeutungstheorie ins Zentrum der philosophischen Reflexion gerückt. Eine der zentralen Streitpunkte betrifft die Beziehung zwischen S. und Denken. Ist Denken vorgängig zu und unabhängig von Sprachbeherrschung, so kann die Bedeutung eines Sprechakts durch den Verweis auf die kommunikativen Intentionen und das Regelwissen des Sprechers erklärt werden (P. Grice, D. Lewis). Dies ist jedoch nur möglich, wenn S. allein ein Mittel der →Kommunikation und nicht auch ein Vehikel des Denkens ist. Erweist sich nämlich Denken, wie der späte Wittgenstein behauptet, als sprachabhängig, so muss der Begriff geistigen Gehalts zugleich mit dem Bedeutungsbegriff geklärt werden. Dies wirft die Frage auf, ob überhaupt eine → Erklärung des Bedeutungsbegriffs möglich ist, die nicht ihrerseits semantische Begriffe (wie z. B. →Wahrheit) in Anspruch nimmt. Während sich der Behaviorismus auf die Beschreibung von beobachtbaren Regelmäßigkeiten im Verhalten von Sprechern beschränkt, wird in neueren Ansätzen versucht, mit einem basalen normativen Vokabular auszukommen (R. Brandom, M. Dummett). Eine dritte Reaktion besteht darin, das Projekt einer nicht-zirkulären Erklärung von Bedeutung als reduktionistisch zurückzuweisen (D. Davidson, J. McDowell).

BIBLIOGRAPHIE: R. Brandom, Making it explicit, Cambridge 1994. – D. Davidson, Inquiries into truth and interpretation, Oxford 1984. – M. Dummett, What is a theory of meaning (II), in: Ders., The seas of language, Oxford 1993, 1–34. – P. Grice, Meaning, in: Ders., Studies in the ways of words, Cambridge 1989, 283–303. – D. Lewis, Language and languages, in: Ders., Philosophical papers, Bd. 1, Oxford 1983, 163–188. – J. McDowell, In defence of modesty, in: Ders., Meaning, knowledge, and reality, Cambridge 1998, 87–107. – L. Wittgenstein, Philosophische Untersuchungen, Frankfurt a. M. 1984.

Matthias Haase

Sprachkritik

I. Systematisch-theologisch

Die Frage, wie →Sprache in Bezug auf Göttliches angemessen verwandt werden kann, hat seit jeher philosophische wie theologische Denker beschäftigt. Für manche hat das Leiden in dieser Welt und die unzureichende Adäquatheit des Handelns derjenigen, die von Gott sprechen, das Reden vom Göttlichen grundsätzlich problematisiert. Wird dennoch die Möglichkeit (und Notwendigkeit, Apg 4,20) des Redens von Gott zugestanden, so bleibt als Frage, inwiefern der weltjenseitige

Gott überhaupt durch *menschliche* Sprache getroffen werden kann. Schon Plato mahnte, nicht unbedarft vom Göttlichen zu reden, sondern bestimmte Sprachregeln zu beherzigen. In der christlichen Theologie wurden für die angemessene Rede von Gott verschiedene Kriterien vorgeschlagen. Die sog. Negative Theologie meinte, man dürfe von Gott nur sagen, was er nicht ist, bzw. müsse bei jeder positiven Bestimmung Gottes mitsagen, dass Gott dadurch letztlich nicht getroffen werde. Auch wurden Modelle ‚analoger Rede' von Gott entwickelt: Weil Gott der Ursprung des geschöpflichen Gutseins ist, darf der weltliche Begriff des Gutseins durch eine sog. *analogia attributionis* auf Gott angewandt werden (Thomas von Aquin). Andere meinten, man dürfe nicht Gott selbst, könne aber seine *Beziehung* zur Welt beschreiben, und zwar durch eine sog. *analogia relationis:* Wie sich ein Schiff zum Schiffsbaumeister verhält, so verhält sich die Welt zu dem Unbekannten, das wir Gott nennen (I. Kant).

Deutlich skeptischer wurde in der analytischen Religionsphilosophie des 20. Jh.s religiöse Sprache zunächst als sinnlos kritisiert, weil das, wovon sie rede, empirisch nicht verifiziert bzw. nicht falsifiziert werden könne. Neuere Ansätze tragen der Eigenartigkeit religiöser Sprache stärker Rechnung. Religiöse Sprache sei deshalb sinnvoll, weil sie, wenn auch nicht empirisch einholbar, so doch rational begründet werden könne (I.U. Dalferth), oder weil sie innerhalb eines spezifischen ‚Sprachspiels', das von einer bestimmten Lebensform her verstanden werden kann, Sinn habe (D.Z. Phillips in Aufnahme L. Wittgensteins). J. Derridas Ablehnung der Vorstellung, Sprache repräsentiere eine jenseits ihrer liegende Wirklichkeit, dekonstruiert die Behauptung, Gott könne durch Sprache getroffen werden.

Zu der referierten S. steht die Weise, in der die biblischen Texte von Gott sprechen, in einer irritierenden Spannung. Zwar kennen auch sie das Verstummen vor Gott (Ps 46,11) und das Gefühl, mit menschlichen Worten das Göttliche nicht erreichen zu können (Jes 6,5), doch begegnet immer wieder ein unbefangener Umgang mit Sprache, wenn Gott mit anthropomorphen Bildern beschrieben (Jes 66,13) oder mit ihm ganz vertraut geredet wird (Ps 18,2). Ein besonderes Vertrauen auf eine mögliche sprachliche Annäherung an Gott zeigt die Logos-Christologie des Joh (Joh 1).

Bibliographie: I.U. Dalferth (Hg.), Sprachlogik des Glaubens, München 1974. – E. Jüngel, Gott als Geheimnis der Welt, Tübingen 1977. – M. Laube, Im Bann der Sprache, Berlin/New York 1999. – J. Schmidt, Vielstimmige Rede vom Unsagbaren, Berlin/New York 2006.

Christiane Tietz

II. Textlinguistisch

S. kann in der Linguistik aus sprachsystematischer wie auch aus pragmatisch-kommunikativer Perspektive erfolgen. Systemlinguistische Fragestellungen beschäftigen sich mit Fragen der Ausdrucksmöglichkeiten (z.B. Funktionsverbgefüge, Akkusativierung transitiver Verben, ‚Lücken' in Wortfeldern, Perspektivierung durch De-/Agentivierung und Modus, Genus Verbi und Tempus) sowie Aspekten der Explizierung von Normen als sinnhaft hermeneutisch zu rekonstruierenden Größen, der Normentstehung und der Normenmodifikation (K. Gloy 1998). Pragmatisch-kommunikativ orientierte S. fokussiert den Sprachgebrauch in konkreten Situationen im Hinblick auf Intentionen und kommunikative Effekte und differenziert nach Sprachvarietäten oder Lekten wie Medio-, Sozio-, Gender-, Funktio- oder Dia- bzw. Regiolekten. Zu diesem Zwecke wird die jeweilige sprachliche Erscheinungsform im sprachlichen und außersprachlichen – auch historischen (P. v. Polenz) – Kontext unter grammatisch kodifizierten Richtigkeitsnormen und Gesichtspunkten stilistischer Angemessenheit diskutiert.

Neben dem Ansatz, von konkreten sprachlichen Formen auszugehen und Hypothesen über die Funktionen und Wirkungen im Sinne einer Interaktion von Autor – Text – Leser zu bilden, gibt es die Sichtweise, von Funktionen und Wirkungsabsichten in Handlungszusammenhängen auszugehen und nach sprachlichen Realisierungsformen zu suchen, die vom Sprachsystem im Spannungsfeld von Differenzierung versus Ökonomie eröffnet werden, um die als Intention definierte Wirkung zu erreichen (J. Schiewe, 18). Da die realisierten Ausdrucksformen als eine Auswahl zwischen verschiedenen sprachlichen Formulierungsmöglichkeiten für sich genommen wenig aussagekräftig sind, gilt es, sie durch pragmatische und soziolinguistische Kriterien im Hinblick auf den jeweiligen Anwendungsfall zu ergänzen. Linguistisch einschlägig sind dabei die Parameter *Raum, Zeit, Gruppe* (Alter, Geschlecht, Identität, Sozialisationstyp, Sozialprestige, Gruppenzugehörigkeit versus Gruppierungsabgrenzungsbedürfnis) und *Situation* (sozialpsychische Konstellation, soziale Hierarchie, Erwartungshaltungen, Loyalität in Bezug auf Normeinhaltung und Normmodifikation aus Prestige-Gründen), die allesamt unter dem Aspekt der lexikalischen und grammatischen (Stil-)Angemessenheit, der Sprachhandlungsanalyse (rhetorische Text- und Wirkungsfunktionen), der (Mehrfach-)Adressierung, der Textsortenspezifik sowie der intertextuellen Verweiszusammenhänge zu erörtern sind.

‚Linguistisch begründete Sprachkritik' (R. Wimmer) formuliert einen ‚reflektierten Sprachgebrauch' als oberstes Ziel der S. und unterscheidet sich von populärer, meist intuitiver S., welche ihre Kriterien nicht deutlich genug expliziert. Einen bedeutenden Unterschied stellt dabei die konsequente Differenzierung zwischen Ausdruckskomplex, begrifflich-inhaltlicher Konzeptualisierung (dem mentalen Korrelat) und dem Referenzobjekt in der Welt (Sachverhalt) dar. Infolgedessen präsentiert sich ein gesellschaftlich relevanter ‚Streit um die Sache' in aller Regel auch als ein Streit um Ausdrucksweisen und Begriffe (J. Spitzmüller et al.) bzw. in Form ‚Semantischer Kämpfe' (‚Herrschaft und Macht werden auch über Semantik ausgeübt'; E. Felder).

Bibliographie: E. Felder (Hg.), Semantische Kämpfe, Berlin/New York 2006. – K. Gloy, Sprachnormierung und Sprachkritik in ihrer gesellschaftlichen Verflechtung, in: W. Besch et al. (Hgg.), Sprachgeschichte, HSK 2.1, Berlin/New York [2]1998, 396–406. – P. v. Polenz, Sprachgeschichte und Sprachkritik, Schliengen 2000. – J. Schiewe, Die Macht der Sprache, München 1998. – J. Spitzmüller et al. (Hgg.), Streitfall Sprache, Bremen 2002. – R. Wimmer, Überlegungen zu den Aufgaben und Methoden einer linguistisch begründeten Sprachkritik, in: H.J. Heringer (Hg.), Holzfeuer im hölzernen Ofen, Tübingen 1982, 290–313.

Ekkehard Felder

Sprechakt/Sprechakttheorie

I. Alttestamentlich

Der Zugang zu AT-Texten unter Aspekten der Sprechakttheorie in neuerer Forschung (z.B. C. Hardmeier) ist möglich und ertragreich, unterliegt aber der Einschränkung, dass das Textmaterial schriftlich vorliegt und nicht durchweg eine Verschriftung mündlicher S.e darstellt. Die Kontextgegebenheiten, die streng genommen zum Identifizieren eines S.es nötig sind, sind somit vielfach nicht zweifelsfrei ermittelbar, zumal sie auch literarische Fiktion sein können.

Die Kategorie des S.es ist dem AT angemessen, da ihm selbst – wenngleich nicht in theoretischer Abstraktion – das implizite Bewusstsein eignet, dass Sprechen ein Handeln ist, dass sich durch Sprechen Handeln vollzieht bzw. Geschehen angestoßen wird, besonders wenn Gott ins Spiel kommt. Das deutlichste Beispiel bietet die priesterliche Schöpfungserzählung (Gen 1,1–2,3): Gott schafft die Welt, indem er spricht – durch mehrere S.e. Außerdem segnet Gott Fische und Vögel, Menschen und den Ruhetag (Gen 1,22. 28; 2,3), was er ebenfalls durch Sprechen bewirkt. Auch Gottes Selbstverpflichtung zum Erhalt der Schöpfung am Ende der Sintflut ist ein Wortgeschehen (Gen 9,8–11, vgl. 8,21b–22). Das Beispiel des segnenden Vaters Isaak (Gen 27) illustriert, dass auch menschliches Sprechen als Handeln Tatsachen schafft: Das ausgesprochene Segenswort steht wirksam im Raum und ist nicht zurücknehmbar – auch wenn es nach der Intention des Sprechers an den falschen Adressaten ging.

Prophetische Schriften (→Prophetische Literatur) halten Gottesworte fest, die zu dem Zeitpunkt, wo sie nach Maßgabe der (redaktionellen) Überschriften angesiedelt sind, den angesagten unheil- oder heilvollen →Ereignissen vorgreifen, indem sie diese als zukünftig eintretend ankündigen; als göttliche S.e ist ihre Erfüllung bereits garantiert. Diesen Zusammenhang vermag die Leserschaft häufig aus ihrer Perspektive zu überprüfen, so dass ihr Gottes Reden als *Sprech-Akt* vor Augen geführt wird.

S.e des Mahnens, der Paränese sowie der gesetzlichen Anordnung sind in Kontexte von Erzählungen und prophetischen Büchern integriert. Dafür bietet Dtn ein prägnantes Beispiel: Dtn 1–30 sind als Ansprache des Mose angelegt, die sich fiktionsintern an die Israeliten an der Schwelle des Landes richtet, *de facto* aber die Leserschaft zu allen Zeiten meint. Ambivalenzen dieser Art sind in der → Schriftlichkeit der Texte begründet.

S.e eigener Art liegen zudem in Gebeten (→Psalmen) vor sowie in Lehrtexten der → Weisheitsliteratur.

BIBLIOGRAPHIE: J.L. Austin, How to do things with words, Cambridge 1962 [*dt.* Stuttgart 1972]. – C. Hardmeier, Texttheorie und biblische Exgese, München 1978. – Ders., Textwelten der Bibel entdecken, Gütersloh 2004, 1–176. – J.R. Searle, Speech acts, Cambridge 1969 [*dt.* Frankfurt a.M. 1971].

Karin Schöpflin

II. Neutestamentlich

Die im Wesentlichen von J.L. Austin und J.R. Searle entwickelte Sprechakttheorie macht darauf aufmerksam, dass mit jeder Äußerung und mit jedem Satz auch eine Handlung verbunden ist. Als S.e sind sowohl die mündliche wie auch die schriftliche Äußerung zu verstehen. Die Sprechakttheorie nimmt grundsätzlich die →Pragmatik einer Äußerung in den Blick. Ein S. ist aber nicht unabhängig von der →Semantik, insofern mit ihm Wirklichkeit gesetzt wird, auf die sich Sprache mit ihrem propositionalen Gehalt bezieht.

In der ntl. Literatur sind vielfältige S.e zu identifizieren. Bereits die einzelnen Textcorpora als Gesamtheit können als komplexe Sprachhandlungen verstanden werden. So lassen sich die Evangelien im antiken Kontext als eigenständige Sprachhandlungen bestimmen, die sich etwa von biographischen Texten jener Zeit signifikant unterscheiden. Auch die →Briefliteratur des NT bildet solche S.e.

Wesentlich für die S.e auch des NT ist es, dass sie stets geäußert werden, um eine Wirkung zu erzielen. So wird etwa am Ende des Joh (20,31) notiert, dass es geschrieben worden sei, um den Glauben an Jesus als den Christus und Sohn Gottes hervorzurufen und zu bestärken.

Herausragende S.e finden sich in der Rede Jesu, wenn er mit einer Äußerung Dämonen austreibt, Naturgewalten besänftigt, Kranke heilt, Tote auferweckt und Sünden vergibt. Die S.e Jesu machen deutlich, dass es für ihr Gelingen und ihre Akzeptanz wesentlich ist, wer einen S. äußert. Sie sind dort besonders umstritten, wo Jesus nach frühjüdischer Konvention solche Sprachhandlungen durchführt, die nur Gott zustehen (Mk 2,5.7.10 f.; 4,39). So provozieren die S.e Jesu die Frage nach seiner Person (Mk 4,41). Mit seiner metaphorischen Rede in den Gleichnissen zeigt Jesus, wie S.e eine die Wirklichkeit verändernde und Handlungsräume eröffnende Dimension entfalten können.

Die Wirkung der Ermahnungen, Ermutigungen, Belehrungen etwa in der paulinischen Briefliteratur entsprach dagegen offensichtlich nicht immer der Absicht ihres → Autors, wie die korinthische Korrespondenz exemplarisch erkennen lässt.

S.e sind niemals nur individuelle Handlungen, vielmehr sind sie, wenn sie als solche identifiziert werden sollen, an allgemein kulturellen, an kontextuell-sozialen und an religiösen Konventionen und Codes orientiert. Eine Analyse der S.e eröffnet deshalb wesentliche Einsichten in die urchristliche Identität wie auch in die entsprechenden kulturellen, sozialen und religiösen Kontexte der ntl. Textwelten.

BIBLIOGRAPHIE: C. Landmesser, Wahrheit als Grundbegriff neutestamentlicher Wissenschaft, Tübingen 1999. – U. Volli, Semiotik, Tübingen/Basel 2002. – O. Wischmeyer, Hermeneutik des Neuen Testaments, Tübingen/Basel 2004.

Christof Landmesser

III. Systematisch-theologisch

Den zentralen Aspekt theologischer Rezeption der Sprechakttheorie bildet die Einsicht, dass religiöse Rede erster Ordnung (z.B. Zuspruch, Zeugnis, Gebet, Lobpreis, Klage usw.) im Unterschied zur zunehmenden Diskursivität ihrer zweiten, dritten usw. Ordnung von der Anredepragmatik gekennzeichnet ist und darin nicht nur über die Wirklichkeit von Heil und Unheil spricht, sondern diese in Kraft setzt: vom Segenswort und der Gerichtsrede über die Seligpreisungen, den Zuspruch der Vergebung, die Zusage der Reiches Gottes in Jesu Gleichniserzählungen bis hin zur bevollmächtigten Weitergabe des Evangeliums etwa im Freispruch der Absolution oder in den Spendeformeln der Sakramentsfeiern.

Für die Systematische Theologie ergeben sich daraus verschiedene Problemstellungen. In der Fundamentaltheologie und der Religionsphilosophie ist eine umfangreiche Debatte darüber entstanden, ob religiöse S.e die religiöse Sprache als ein autonomes Sprachverhalten ausweisen. Ein Ausschnitt der Diskussion bezieht sich auf die Frage, ob die Wahrheit der *Promissio* in der Wirklichkeitskonstituierung des Performativs selbst begründet liege (O. Bayer) oder die Wahrheit des Geglaubten voraussetze, so dass die religiösen Performative in einen Referenzrahmen von Aussagen hineingehören, der ihr Verständnis ermöglicht und die ihrerseits keine Performative, sondern kognitive Glaubenssprache darstellen (G. Hornig). Diese Debatte ist bis zur sprechakttheoretischen Konzeptionalisierung des christlichen Verständnisses von Offenbarung fortgeführt worden. In den Wandlungen des sog. multimedialen Zeitalters ist für die theologische Hermeneutik besonders die Frage nach dem Stellenwert der mündlichen Rede als elementares Medium der Begegnung dringlich geworden. J.L. Austins Regeln zum Gelingen performativer Äußerungen haben Anstöße gegeben, konfessionelle Deutungsmuster neu zu überdenken: in den Fragen nach der Befugnis zum Amt, nach der Gültigkeit von Kasualformeln und nach dem Zusammenhang von religiöser Rede und sakramentaler Wirklichkeit. Und die Weiterentwicklung der Sprechakttheorie durch J.R. Searle bietet verschiedenste Anschlussmöglichkeiten theologischer Thematisierungen von sozialer Wirklichkeit und Wirklichkeit des Geistes. Schließlich partizipiert die weitläufige theologische Theoriedebatte um die Konstituierung des religiösen Subjekts an der sprachanalytischen Destruktion von Subjektivitätsphilosophien idealistischer Provenienz.

Bibliographie: O. Bayer, Was ist das, Theologie?, Stuttgart 1973. – L. Bejerholm/G. Hornig, Wort und Handlung, Gütersloh 1966. – I.U. Dalferth, Religiöse Sprechakte als Kriterien der Religiosität?, in: LingBibl 44 (1974), 101–116. – G. Hornig, Analyse und Problematik der religiösen Performative, in: NZSTh 24 (1982), 53–70. – M. Petzoldt, Offenbarung – in sprechakttheoretischer Perspektive, in: F. Krüger (Hg.), Gottes Offenbarung in der Welt, Gütersloh 1998, 129–148. – Ders., Die Theologie des Wortes im Zeitalter der neuen Medien, in: U.H.J. Körtner (Hg.), Hermeneutik und Ästhetik, Neukirchen-Vluyn 2001, 57–97. – Ders., Gehirn – Geist – Heiliger Geist, in: U.H.J. Körtner/A. Klein (Hgg.), Die Wirklichkeit des Geistes, Neukirchen-Vluyn 2006, 85–127. – A. Schulte, Religiöse Rede als Sprachhandlung, Frankfurt a.M. 1992.

Matthias Petzoldt

IV. Textlinguistisch

Die Sprechakttheorie geht davon aus, dass jede sprachliche Äußerung den Charakter einer Handlung hat. Nach J.R. Searle (1969) weisen Sprechakte typischerweise drei Teilakte auf. Sie enthalten (1) einen Äußerungsakt (die Äußerung sprachlicher Einheiten), (2) einen propositionalen Akt, der aus dem referenziellen und dem prädikativen Akt besteht (→Proposition(en), Referenzialität), so wird in *Sam raucht Pfeife* auf Sam referiert und von ihm prädiziert, dass er Pfeife raucht, und (3) einen illokutionären Akt (z.B. Behauptung, Versprechen). Verkürzt wird oft auch der illokutionäre Akt (oder Illokution) als S. bezeichnet. Hinzu kommt (4) der (in der Fachliteratur umstrittene) perlokutionäre Akt, d.h. die spezifische Wirkungsabsicht z.B. beim Beleidigen oder Überreden. S.e werden mithilfe von Bedingungen definiert (Bedingung des propositionalen Gehalts, Einleitungsbedingung, Aufrichtigkeitsbedingung und wesentliche Bedingung), die festlegen, wann eine Äußerung als ein bestimmter S. geglückt ist. Hörer erkennen die Geltung eines S.es an den illokutionären Indikatoren, die sie enthalten, und Informationen über den Äußerungskontext. Illokutionäre Indikatoren sind sprachliche Elemente, die eine bestimmte Illokution anzeigen. Ein wichtiger illokutionärer Indikator ist das performative Verb in explizit performativen Konstruktionen wie z.B. *Ich verspreche dir hiermit, pünktlich zu sein*; eine solche Äußerung zeigt unmittelbar den gemeinten S. an. Ein weiterer, in allen Sprachen der Welt vorkommender Indikator ist der Satztyp, z. B. der Deklarativ- oder Assertivsatz, Interrogativsatz und Imperativsatz. S.e lassen sich in Klassen einteilen, wobei meist die Glückensbedingungen als Klassifikationskriterien dienen. Searle unterscheidet die Assertive (z. B. Behauptungen, Voraussagen), Kommissive (z. B. Versprechen, Drohung), Direktive (z. B. Aufforderungen, Fragen), Expressive (z. B. Gruß, Beleidigung) und Deklarationen (z. B. Taufen, Seligsprechen, Verfluchen) (J.R. Searle 1979). Ein zentrales Problem ist das der indirekten S.e, wie z. B. bei der Äußerung *Da ist die Tür* als Aufforderung, den Raum zu verlassen (J.R. Searle 1979). Das Problem kommt dadurch zustande, dass der Deklarativsatz, verstanden als illokutionärer Indikator, normalerweise einen assertiven Akt indizieren sollte. Die gemeinte Illokution wird vom Hörer durch einen Schlussprozess ermittelt.

BIBLIOGRAPHIE: J.L. Austin, How to do things with words, Cambridge 1962 [*dt.* Stuttgart 1972]. – K. Bach/R.M. Harnish, Linguistic communication and speech acts, Cambridge 1979. – J. Hornsby, Speech acts and performatives, in: E. Lepore/B.C. Smith (Hgg.), The Oxford handbook of philosophy of language, Oxford 2006, 893–909. – J. Sadock, Speech acts, in: L.R. Horn/G. Ward (Hgg.), The handbook of pragmatics, Oxford 2004, 53–73. – J.R. Searle, Speech acts, Cambridge 1969 [*dt.* Frankfurt a. M. 1971]. – Ders., Expression and meaning, Cambridge 1979 [*dt.* Frankfurt a. M. 1982]. – S.L. Tsohatzidis, Foundations of speech act theory, London/New York 1994.

Jörg Meibauer

V. Philosophisch

Ein S. ist eine Handlung, die in einer verstehenden Äußerung einer sinnvollen sprachlichen Einheit besteht. Gemäß ihrer funktionalen Rolle in Kommunikationszusammenhängen lassen sich verschiedene Arten von S.en wie Befehle, Behauptungen, Fragen, Versprechen etc. unterscheiden. Der Handlungscharakter sprachlicher Äußerungen tritt bei einigen S.en besonders deutlich hervor: Unter den geeigneten Umständen bedeutet, den Satz „Ja, ich will" auszusprechen, jemanden zu heiraten. Die Sprechakttheorie untersucht das Wesen und die Möglichkeitsbedingungen sprachlicher Handlungen.

Ausgangspunkt der zeitgenössischen Diskussion ist G. Freges Unterscheidung zwischen *Sinn* und *Kraft*. Der *Sinn* einer Behauptung ist das, was behauptet wird – der durch den jeweiligen →Satz ausgedrückte Gedanke; ihre *Kraft* ist der behauptende Modus, in dem der Sprecher den Satz äußert. Dem späten Wittgenstein zufolge lässt sich der Begriff der Bedeutung nicht unabhängig von einer Untersuchung der verschiedenen sozialen Praktiken des Sprechens (‚Sprachspiele') verstehen. Im Anschluss an L. Wittgenstein ist es umstritten, ob eine Theorie der Kraft (auch → ‚Pragmatik' genannt) als Basis für eine allgemeine Bedeutungstheorie fungieren sollte (R. Brandom, M. Dummett) oder ob die Theorie des Sinns (auch →‚Semantik' genannt) ohne eine systematische Theorie der Kraft auskommen kann und muss (D. Davidson).

Während in bedeutungstheoretischen Debatten letztlich die repräsentative Dimension des Sprechens im Mittelpunkt steht, rückt J.L. Austin in *How to Do Things With Words* die ‚performative' Dimension in den Vordergrund. Austin unterscheidet drei Aspekte sprachlichen Handelns: *Lokution*, *Illokution* und *Perlokution*. Der *lokutionäre* Akt ist die Handlung, etwas zu sagen – z. B. die verstehende Äußerung eines indikativen Satzes. Der *illokutionäre* Akt ist die Handlung, die man vollzieht, *indem* man etwas sagt – z. B. das Aufstellen einer Behauptung. Der *perlokutionäre* Akt ist die Handlung, die man vollzieht, *dadurch dass* man etwas sagt – z. B. den Akt, jemanden zu überzeugen.

Die Unterscheidung zwischen Illokution und Perlokution ist in der Literatur umstritten. Nach J.L. Austin und J.R. Searle sind illokutionäre Akte konventionell bestimmt, während perlokutionäre Akte allein mit Bezug auf die intendierten Folgen, die der Akt beim Hörer auslöst, beschrieben werden können. Dagegen ist eingewendet worden, dass es oft keine expliziten Konventionen gibt, die man befolgen muss, um einen bestimmten illokutionären Akt, wie z. B. einen Rat geben, zu vollziehen (P. Davidson, P.F. Strawson).

BIBLIOGRAPHIE: J.L. Austin, How to do things with words, Cambridge 1962 [*dt.* Stuttgart 1972]. – R. Brandom, Making it explicit, Cambridge 1994. – M.

Dummett, Frege: philosophy of language, London 1973. – D. Davidson, Inquiries into truth and interpretation, Oxford 1984. – G. Frege, Der Gedanke, in: Beiträge zur Philosophie des dt. Idealismus 2 (1918/19), 58–77. – J. Habermas, Theorie des kommunikativen Handelns, Frankfurt a.M. 1981. – J. Searle, Speech Acts, Cambridge 1969 [*dt.* Frankfurt a.M. 1971]. – P.F. Strawson, Intention and convention in speech acts, in: Philosophical Review 73 (1964), 439–460. – L. Wittgenstein, Philosophische Untersuchungen, Frankfurt a.M. 1984.

Matthias Haase

Sprechen →Sprache/Sprechen/Sprecher

Sprecher →Sprache/Sprechen/Sprecher

Stil/Stilkritik

I. Alttestamentlich

Der Begriff S. kann unterschiedlich definiert werden, indem das Gewicht teils auf den ästhetischen Wert, teils auf die semantische Bedeutung gelegt wird. Durch den S. eines →Textes werden Empfindung und Intellekt des →Lesers beeinflusst. Der S. ist auch Teil der Textaussage, da er Konnotationen schafft, die der Leser erschließen muss.

Die wichtigsten Stilmittel in den biblischen Texten sind Assonanz und Alliteration, Rhythmus, Wortwahl, grammatische Formen, syntaktische Strukturen, Bildersprache, Parallelismen, Chiasmen. Diese Stilmittel treten besonders in poetischer Literatur (AT), aber auch in Prosatexten auf. Durch Assonanz und Alliteration (z.T. auch Reime) wird ein klanglicher Zusammenhang hergestellt, der den Leser nach dem semantischen Zusammenhang suchen lässt. Die poetischen Texte des AT sind rhythmisch, allerdings konnte bisher keine überzeugende Theorie über ein besonderes metrisches System etwa in der hebräischen Sprache vorgelegt werden. Studien zur Wortwahl untersuchen die Häufigkeit der Wortverwendung und den Gebrauch seltener Wörter oder Hapaxlegomena. Auch durch grammatische Formen kann der Verfasser den S. variieren. Veränderungen der Syntax erzeugen beim Leser Aufmerksamkeit auf eine bestimmte Stelle im Text.

Ein wichtiges Forschungsgebiet ist der Gebrauch der Bildersprache: →Metaphern, Vergleiche, →Gleichnisse und →Allegorien sind kulturbestimmt. Im AT weist die Wahl von Metaphern für Gott darauf hin, dass die Verfasser ihr Gottesverständnis nicht auf einzelne Aussagen beschränken wollten, sondern sich durch den Gebrauch von Metaphern aus verschiedenen Erfahrungsbereichen der Frage annähern wollten, wer oder was Gott sei (z.B. Gott als König, Hirte, Berg, Feuer). Ein entsprechend breiter Gebrauch von Metaphern für Jesus findet sich auch im NT, da der göttliche Status Jesu u.a. durch die Verwendung von atl. Gottesbildern zum Ausdruck gebracht wird (z.B. Jesus als Herr, Hirte, Weg, Wahrheit). Ein weiteres Stilelement biblischer poetischer Sprache ist der Parallelismus: Durch parallele Aussagen entsteht eine ähnliche Spannung, die Metaphern durch Bild- oder Sachaussagen schaffen. Dass Parallelismen und Bildersprache gemeinhin als besonderes Merkmal für biblischen S. gelten, beruht u.a. darauf, dass diese Phänomene bei der Übersetzung der Texte in andere Sprachen abgebildet werden können. – Das Gebiet der Stilistik fand unter Exegeten erneutes Interesse im Zusammenhang mit James Muilenburgs berühmter Vorlesung 1968 *Form criticism and beyond*, die zur rhetorischen Kritik (*Rhetorical Criticism*) anregte.

Bibliographie: S. Bar-Efrat, Narrative art in the Bible, Sheffield 2000 [1989]. – H. Lausberg, Handbuch der literarischen Rhetorik, Stuttgart ^{3}1990. – J. Muilenburg, Form criticism and beyond, in: JBL 88 (1969), 1–18. – K. Nielsen, Sigmund Mowinckel – and beyond, in: Scandinavian Journal of the Old Testament 11 (1997), 200–209. – D.L. Petersen/K.H. Richards, Interpreting Hebrew poetry, Minneapolis 1992.

Kirsten Nielsen

II. Neutestamentlich

„Unter Stil versteht man heute gewöhnlich die Art der Sprachverwendung, d.h. das Ergebnis der Auswahl, Anordnung und Gebrauchsweise der gegebenen Ausdrucksmöglichkeiten einer Sprache auf allen linguistischen Ebenen“ (M. Reiser, 50). Folgt man M. Reisers Definition, müsste die stilistische Analyse eine der zentralen Aufgaben ntl. →Exegese sein, da der S. sowohl wichtige Hinweise auf den einzelnen →Autor wie auch den literarischen →Kontext ntl. Schriften geben kann. Tatsächlich sind neue Stiluntersuchungen zu den ntl. Schriften selten und stellen ein Desiderat der ntl. Wissenschaft dar. Die Frage nach der Stilebene wird unter dem Thema des *sermo humilis* und des sog. Septuagintastils abgehandelt. Einig ist sich die exegetische Forschung darüber, dass der Autor des lukanischen Doppelwerkes der ntl. Autor mit der deutlichsten biblizistischen Färbung (→Septuaginta) ist. Der individuelle S. des Paulus verdient eine eigene Untersuchung. Am ertragreichsten sind bisher die Untersuchungen zur →Rhetorik bei Paulus und zu den →rhetorischen Figuren.

BIBLIOGRAPHIE: M. Reiser, Sprache und literarische Formen des Neuen Testaments, Paderborn 2001 (Lit.). – B. Sowinski, Art. Stil, in: HWRh 8 (2007), 1393–1419. – O. Wischmeyer, Hermeneutik des Neuen Testaments, Tübingen/Basel 2004, 168–171. – J. Zmijewski, Der Stil der paulinischen „Narrenrede", Bonn 1978.

Oda Wischmeyer

III. Altphilologisch

Die Kategorie des S., für die sich die moderne Wissenschaft nicht auf eine einzige Bedeutung festlegt (H.U. Gumbrecht), hat auch in der griechisch-römischen Antike keine weithin anerkannte Definition erfahren. Griechische Äquivalente für S. sind etwa *lexis* und *phrasis*, lateinische *elocutio, genus dicendi, oratio* sowie auch *stilus* (= ‚Griffel', mit dessen spitzem Ende man Schriftzeichen in ein Wachstäfelchen ritzt; mit dem abgeflachten Ende kann man das Geschriebene tilgen oder verbessern; Hor. *sat.* 1,10,79 f.). Seit dem 1. Jh. v. Chr. kann *stilus* metaphorisch die feilende Arbeit am Text oder auch eine bestimmte Schreibart bezeichnen (Cic. *de orat.* 2,96; *Brut.* 167). Die Ausbildung der →Rhetorik wird durchweg von Stilkritik begleitet. In Rom wenden sich z. B. im 1. Jh. v. Chr. im Zuge der Rezeption griechischer Redekunst die Anhänger eines an den attischen Rednern geschulten S. gegen die Nachahmer einer in Kleinasien gepflegten, üppigeren Redeweise (Attizismus vs. Asianismus; M. Fuhrmann). Augustin hatte in seiner Jugend den Eindruck, die Bibel reiche nicht an Ciceros S. heran (*conf.* 3,5,9), revidierte sein Urteil später aber unter dem Eindruck von Ambrosius' allegorischer Schriftauslegung (*conf.* 5,14,24) und wies der Bibel jetzt höchste Beredsamkeit als Stilvorbild zu (*doctr. chr.* 4,6,9 f.).

Im Unterteil der *elocutio* unterscheidet die Rhetorik meist vier Stiltugenden (*virtutes dicendi*): Sprachrichtigkeit (*latinitas*), Klarheit (*perspicuitas*), Schmuck, wie z. B. Metapher oder Polysyndeton, (*ornatus*) sowie Angemessenheit (*aptum*). Die Gewichtung der einzelnen *virtutes* variiert: Während etwa für Cicero der *ornatus* das Wichtigste ist (*de orat.* 3,96–103; *orat.* 75–99), ist es für Augustinus die Klarheit (*doctr. chr.* 4,22–26). Gegenüber der traditionellen Lehre nimmt Hermogenes (ca. 160–230) in *De ideis* ein breites Spektrum von Einzelqualitäten und deren Mischungen an (D.A. Russell, 141–143). Die rhetorische Theorie unterscheidet im Blick auf die Funktion drei Stilarten: *genus tenue*, den schlichten S., der dem Belehren (*docere*) und Erweisen (*probare*) gilt, *genus medium*, den mittleren S., der neben dem Belehren auch dem Erfreuen (*delectare*) dient, und *genus sublime*, den hohen, erhabenen S., der die Erregung von Affekten (*movere/flectere*) zum Ziel hat (Cic. *orat.* 69). Von Augustin werden die drei Wirkungsweisen jeder Stilart zugeordnet (*doctr. chr.* 4,56–58; K. Pollmann, 237–241). Meisterschaft beruht auf einer dem Überdruss (*taedium*) entgegenwirkenden Kombination der drei *genera* (*Rhet. Her.* 4,16; Cic. *orat.* 100; Quint. *inst.* 12,10,58–80). Ausführlichere Stilanalysen einzelner Textpartien bieten Ps.-Longinos, *De sublimitate* und Augustin, *doctr. chr.* 4,7,11–21.

Eine verbreitete Maxime lautet, der S. bilde den Charakter des Sprechenden ab: *talis oratio, qualis vita* (M. Möller; vgl. Cic. *de orat.* 2,184; Sen. *epist.* 114 und 115). Bei jüdisch-christlichen Autoren treten an die Stelle des Charakters Gottesfurcht und Gläubigkeit (Philo, *vit. Mos.* 1,29; Clem. *str.* 3,5,44; Eus. *h.e.* 6,3,7). Die Vorstellung eines Individualstils begegnet bei Cic. *de orat.* 3,34; Phaedrus 3 *prol.* 29 (*stilus Aesopi*) und Macr. *Sat.* 5,14,1, die eines Epochenstils in Tacitus' *Dialogus*, worin der frühkaiserzeitliche S. dem der späten Republik gegenüber gestellt wird (S. Döpp).

BIBLIOGRAPHIE: S. Döpp, „Zeitverhältnisse und Kultur" im Taciteischen Dialogus, in: B. Kühnert et al. (Hgg.), Prinzipat und Kultur im 1. und 2. Jahrhundert, Bonn 1995, 210–228. – M. Fuhrmann, Die antike Rhetorik, München [2]1987. – K.-H. Göttert/O. Jungen, Einführung in die Stilistik, München 2004. – H.U. Gumbrecht, Schwindende Stabilität der Wirklichkeit, in: Ders./K.L. Pfeiffer (Hgg.), Stil, Frankfurt a. M. 1986, 726–788. – M. Möller, Talis oratio – qualis vita, Heidelberg 2004. – K. Pollmann, Doctrina Christiana, Fribourg 1996. – D.A. Russell, Criticism in antiquity, Berkeley/Los Angeles 1981.

Siegmar Döpp

IV. Literaturwissenschaftlich

Das Wort ‚S.' (lat. *stilus*) bezeichnete ursprünglich das Schreibinstrument und später die Schreibart (*modus scribendi, modus dicendi*). Bis in die Renaissance hinein herrschte unter dem Einfluss der →Rhetorik ein normatives Stilverständnis. Man unterschied zwischen drei Stilarten oder -ebenen, dem hohen, dem mittleren und dem niederen S. (*stilus gravis, mediocris, humilis*), denen unterschiedliche → Gattungen der →Rede und →Dichtung zugeordnet waren (*Rota Vergilii*). Die Auffassung, dass der S. die Persönlichkeit identifiziert, erscheint in der Antike und Nachantike schon vereinzelt, z. B. bei Seneca und in den Briefen der Kirchenväter, wo vom →Brief als →Bild oder Spiegel der Seele (*imago/speculum animi*) die Rede ist. In der Renaissance tritt das individualistische Stilverständnis (S. als Inkarnation der Gedanken und Ausdruck der Persönlichkeit des →Autors) zunehmend in Konkurrenz zu dem überlieferten rhetorischen Stilverständnis (S. als *Ornatus*, Einkleidung der Gedanken). Der Siegeszug des individualistischen Stilkonzepts erfolgte aber erst seit dem Ende des 18. Jh.s, oft unter Bezugnahme auf Buffons Diktum ‚*Le style est l' homme même*'.

Die Literaturwissenschaft hat über den Begriff des Personalstils – verstanden als Signatur der Persönlichkeit in rekurrenten sprachlichen Eigenschaften – hinaus die Konzepte des Werkstils, des Gattungsstils, des Nationalstils und (unter dem Einfluss der Kunstwissenschaft namentlich H. Wölfflins) des Epochen- und Zeitstils entwickelt. Andere Disziplinen haben den Stilbegriff etwa als Lebensstil, Denkstil oder Rechtsstil aufgegriffen. Eine weiter gefasste Definition versteht unter S. „rekurrente Formen der Manifestationen menschlichen Verhaltens im allgemeinen" (H.U. Gumbrecht).

Sprach- und Literaturwissenschaft haben S. als Bestand distinktiver sprachlicher Eigenschaften eines →Texts bestimmt, verstanden entweder als Ergebnis der Auswahl unter den gegebenen Sprachmitteln (*choice*) oder aus einer Abweichung von einer sprachlichen Norm (*deviation*). Beschreibungskataloge wurden entworfen, die sich von klanglichen Mitteln (Alliteration, Assonanz) über die Diktion und die →Syntax bis zu übersatzmäßigen Gestaltungsmitteln erstrecken. Mehr als die →rhetorischen Figuren stehen die Formen des übertragenen Wortgebrauchs (Tropen wie →Allegorie, Ironie, →Metapher, Metonymie) im Mittelpunkt. Metapher und Metonymie werden für R. Jakobson zum Ausgangspunkt einer literarhistorisch bedeutsamen Unterscheidung metaphorischer oder metonymischer S.e. Die Stiluntersuchung ist ein unverzichtbares Mittel der Textanalyse und des Textvergleichs nicht nur literarischer Werke, sondern auch nichtfiktionaler Texte, etwa historischer, philosophischer oder religiöser Schriften (wie der vier → Evangelien).

BIBLIOGRAPHIE: U. Fix, Stil – ein sprachliches und soziales Phänomen, Berlin 2007. – H.U. Gumbrecht, Art. Stil, in: RLW 3 (2003), 509–513. – Ders./L. Pfeiffer (Hgg.), Stil, Frankfurt a. M. 1986. – W.G. Müller, Topik des Stilbegriffs, Darmstadt 1981. – Ders., Art. Stil, in: HWPh 10 (1998), 150–159. – Ders., Art. Style, in: T.O. Sloane (Hg.), Encyclopedia of rhetoric, New York 2001, 745–757.

Wolfgang G. Müller

Strukturalismus

I. Alttestamentlich

S. wird im Allgemeinen als eine Verbindung zweier wissenschaftlicher Theorien verstanden: (1) der Linguistik F. de Saussures mit ihrer starken Betonung darauf, dass Begriffe ihre →Bedeutung aus den Beziehungen untereinander innerhalb eines Systems erhalten, (2) der Anwendung dieser Linguistik auf die Riten ‚primitiver' Religionen durch C. Lévi-Strauss. R. Barthes hat diese Synthese weiterentwickelt und damit die Freud-Lacansche Annahme durchgesetzt, dass der gesprochenen menschlichen Sprache Strukturen einer reineren ‚Sprache' zugrunde liegen, die direkt von den Trieben abgeleitet ist. Der Weg, mit dem ‚Unaussprechlichen' umzugehen, ist primäre Symbolisierung. Der →Mythos geht immer dem Ritus voraus und beinhaltet Oppositionspaare: Leben vs. Tod, männlich vs. weiblich, menschlich vs. göttlich usw.

Der narrative Diskurs ist sowohl syntagmatisch wie paradigmatisch. Einerseits bezeichnet ‚der schwarze Ritter' einen im Handlungsablauf aktiven Charakter, andererseits – paradigmatisch – steht er in Opposition zum weißen Ritter. Neben den *fonctions distributionelles* (distributionelle Funktionen), die die Erzählung (auf operationaler Ebene) vorantreiben, gibt es *fonctions intégratives* (integrative Indizien), welche die Funktionen im →Text hervorheben, nicht die ‚realen' Personen von →Autor und →Leser. (Der Autor ist ‚tot', an eine begleitende auktoriale Präsenz kann nicht appelliert werden.) A.J. Greimas beschreibt, V. Propps Untersuchungen an Volkserzählungen vereinfachend, 20 Typen oder Funktionen des Handlungsablaufs (*plot*). Zudem schlägt er einen neuen Ansatz hinsichtlich des *plot* vor, dessen Elemente der aristotelischen *plot*-Auffassung entgegenstehen: *Setting*, Manipulation, Kompetenz, →Performanz, Sanktion (oder Evaluation der Performanz, wie im Falle der Witwe von Sarepta in 1 Kön 17,17–24).

Unkenntnis des Hebräischen und der Theologie führten unvermeidlich zu Fehlern in der Anwendung der strukturalistischen →Methoden auf die →Bibel. E. Leach, der auf die King-James-Übersetzung von Gen 1,29 vertraute, glaubte, dass Adam schon vor dem Sündenfall ein Fleischesser gewesen sei und betrachtete die Erzählung von Kain und Abel als einen der drei Schöpfungsmythen. Dies zeigt wenig Anerkennung der reflektierten Mythoskritik im Lichte einer aufgeklärten Theologie. Jedoch hat R. Barthes selbst in seiner berühmten Behandlung von Gen 32,22–32 aufgezeigt, dass stilistische Aporien, die von den Kritikern als mangelhafte Redaktion gedeutet worden waren, in Wirklichkeit als „Beweis einer metonymischen Logik des Unbewussten" betrachtet werden müssen (D. Greenwood, 58). Barthes erfreut sich an der Wahrnehmung von Konflikt und Eindeutigkeit in einem Text: die Ambiguität darüber, wer in Vv.25.26 spricht, bereitet dem Leser eine Überraschung, die im Sieg der schwächeren Partei endet (nach H. Gunkel hat ein siegreich endender Engelkampf die Erzählung von einem verlorenen Kampf mit einem Engel [Dämonen] überlagert). Anders als Propp war Barthes nicht daran interessiert, einzelne Geschichten in Strukturmodelle einzupassen, und betonte die Diskontinuität, die eine endgültige Festschreibung der →Bedeutung einer →Erzählung unterbindet.

Bibliographie: F. Bovon, Structuralisme français et exégèse biblique, in: R. Barthes et al., Analyse structurale et exégèse biblique, Neuchâtel 1971, 9–25. – D. Greenwood, Structuralism and the biblical text, New York 1984. – B. Kovacs, Philosophical foundations for structuralism, Atlanta 1979, 85–105. – D. Patte, Charting the way of the divine helmsman on the high seas, in: J.L. Crenshaw/S. Sandmel (Hgg.), The divine helmsman, New York 1980, 165–190. – R.A. Spivey, Structuralism and biblical studies, in: Interpretation 28 (1974), 133–145.

Mark Elliott

II. Systematisch-theologisch

Wie in der zweiten Hälfte des 20. Jh.s der S. in →Semiotik, Literaturwissenschaft, Psychoanalyse, Philosophie und Soziologie weiter wirkt, so erreicht sein Gedankengut auch die Theologie und findet dort unterschiedliche Aufnahme. Aus systematisch-theologischer Perspektive stehen für jenen Rezeptionsprozess zwei Themenfelder exemplarisch:

In die interdisziplinäre Mythos-Debatte, die seitens der Theologie besonders durch R. Bultmanns Entmythologisierungsprogramm nachhaltige Impulse erhielt, reicht die Theorie von C. Lévi-Strauss hinein, welche den →Mythos als symbolische Verarbeitung anthropologischer Grundspannungen wie Natur und Kultur, Leben und Tod erklärt. Zwar werden nach diesem Verständnis die elementaren Widersprüche nicht gelöst, aber sie werden im Mythos reflexiv erschlossen. P. Ricœur kritisiert als Philosoph, dass eine derartige →Interpretation auf eine fragwürdige Verfestigung in zeitinvariante Strukturen von Differenz hinausläuft. Für biblische Texte treffe sie nicht zu. Die in ihnen erfasste Zeitlichkeit erschließe dem →Hörer und →Leser in der → Interpretation immer wieder neu Transzendenz. I.U. Dalferth kann an der Theorie von Lévi-Strauss anknüpfen und im Mythos einen tragischen Charakter in der reflexiven Bewältigung widersprüchlich erlebter → Wirklichkeit erkennen. Der den Mythen eigentümlichen Grammatik stellt er die christologische Grammatik christlichen Glaubenslebens entgegen, von der geleitet christliche Theologie im Horizont der europäischen Denkgewohnheit vom Mythos und Logos biblische Texte auslegt.

Hermeneutik wird im sog. →Poststrukturalismus nicht mehr wie noch bei M. Heidegger und H.-G. Gadamer als universale Daseinsauslegung verstanden, sondern sie konzentriert sich auf Textverstehen. Der Text wird in seiner Autonomie (etwa gegenüber seinem Autor und dessen Intentionen) wahrgenommen und von seinen Strukturen her interpretiert. Von der Theologie wird diese Entwicklung mit vollzogen als eine Verabschiedung von der Hermeneutischen Theologie (R. Bultmann, G. Ebeling, E. Fuchs usw.) und als eine Rückkehr zur theologischen → Hermeneutik als Textauslegung. Die vorfindliche Gestalt des biblischen →Textes (sowohl als einzelne Schrift wie auch als kanonischer Zusammenhang) erhält eine größere Aufmerksamkeit, als ihr bisher unter der Dominanz historisch-kritischer Auslegung mit ihrer Erklärungsperspektive aus den Entstehungs- und Überlieferungsbedingungen zuteil wurde. Unter Einbeziehung weiterer literaturwissenschaftlicher →Methoden werden von U.H.J. Körtner, K. Huizing und anderen neue Zugänge zu Prinzipien des reformatorischen Schriftverständnisses (*sola scriptura*, Selbstauslegung der Schrift, → Buchstabe und Geist usw.) gefunden.

BIBLIOGRAPHIE: I.U. Dalferth, Mythos, Ritual, Dogmatik, in: EvTh 47 (1987), 272–291. – Ders., Jenseits von Mythos und Logos, Freiburg i.Br. u.a. 1993. – K. Huizing, Homo legens, Berlin/New York 1996. – U.H.J. Körtner, Der inspirierte Leser, Göttingen 1994. – Ders., Theologie des Wortes Gottes, Göttingen 2001. – W. Nethöfel, Theologie Hermeneutik, Neukirchen-Vluyn 1992. – P. Ricœur, Hermeneutik und Strukturalismus, München 1973 [*frz.* Paris 1969].

Matthias Petzoldt

III. Literaturwissenschaftlich

Der S. ist ein interdisziplinäres Denksystem, das sich v.a. in den Geisteswissenschaften zu einer →Methode weiterentwickelt hat. Der Grundbegriff des S. ist der der Struktur. Eine Struktur – so die allgemeinste Definition – ist eine Einheit aus Elementen und den Relationen dazwischen. Die Gesamtheit von Strukturen bei einem Gegenstand bildet ein System. Die Grundidee des S. besteht darin, jeden wissenschaftlichen Gegenstand als struktural verfasst zu sehen und ihn selbst wiederum in konstitutive Strukturen einzuordnen. Das ist die epistemische Voraussetzung des S.: Was an einem Gegenstand überhaupt wissenschaftlich analysiert werden kann, das sind seine Strukturen. Die Frage, ob Strukturen durch die wissenschaftliche Analyse auf einen Gegenstand projiziert werden oder ob ein Gegenstand Strukturen besitzt, relativiert sich, wenn man bedenkt, dass die Ordnung der Strukturen eines Gegenstandes und die Ordnung seiner Analyse sich wechselseitig bedingen. Daher entwickelt der S. die Idee einer strukturalistischen Tätigkeit (R. Barthes), eines geordneten wissenschaftlichen Verfahrens, um Strukturen zu rekonstruieren.

Die wichtigste Ausprägung einer Struktur ist die Zeichenstruktur. Der S. greift dabei auf das Zeichenmodell von F. de Saussure zurück, das zwischen Signifikant (Bedeutendes) und Signifikat (Bedeutetes, Bedeutung) unterscheidet und somit Bedeutung als Struktur denkt.

Die Übertragung dieser Idee auf die Sprache ganz allgemein, auf Texte und insbesondere Literatur, auf die Kunst und alle zeichenhaft verfassten Gegenstände liegt nahe. Vorläufer des S. war der russische Formalismus mit seiner Idee, die →Literarizität eines literarischen →Textes in seinen →Formen zu suchen. Im Prager S. (R. Jakobson) ab den 1930er Jahren werden diese Formbegriffe stärker semiotisiert. In den 1960er Jahren entsteht in Frankreich eine breite strukturalistische Bewegung (C. Levi-Strauss, R. Barthes, M. Foucault), die den S. als Methode der Ethnologie, der Literaturwissenschaft und der Kulturgeschichte entwickelt. In Deutschland wird der S. v.a. als literaturwissenschaft-textanalytische Methode (M. Titzmann) ausgebaut, die sowohl gegen die → Hermeneutik als auch den Marxismus opponiert, mit der Methodologisierung den wissenschaftlichen Charakter der Literaturwissenschaft hervorhebt, intentionale und divinatorische Momente der →Interpretation verabschiedet und die Zeichenstruktur des Textes (nicht etwa seine gesellschaftliche Produktion oder →Rezeption) als einzige Bezugsgröße gelten lässt. Der S. entwickelt sich in den 1980er Jahren durch Öffnung systemischer Strukturen zum →Poststrukturalismus weiter.

Bibliographie: J. Albrecht, Europäischer Strukturalismus, Tübingen 1988. – R. Barthes, Die strukturalistische Tätigkeit, in: Kursbuch 5 (1966), 190–196. – G. Deleuze, Woran erkennt man den Strukturalismus?, Berlin 1992 [*frz.* Paris 1973]. – F. Dosse, Geschichte des Strukturalismus, 2 Bde., Hamburg 1996. 1997. – L. Fietz, Strukturalismus, Tübingen 1982. – M. Titzmann, Art. Struktur, Strukturalismus, in: RL[2] 4 (1980), 256–278.

Oliver Jahraus

IV. Textlinguistisch

Als beherrschendes Paradigma der amerikanischen und europäischen Linguistik von etwa 1920 bis 1970 ist der linguistische S. in verschiedenen Schulen mit unterschiedlichsten Gegenstandsbereichen ausgeprägt. Eine Übereinstimmung besteht in den Grundmethoden der Segmentation und Klassifikation. Sprache ist dabei als hierarchisches System von Elementen verschiedenen Synthesegrades modelliert, das von den Lauten bis zum → Satz reicht. Narrative Formen werden bereits im Russischen Formalismus unter strukturalistischen Gesichtspunkten beschrieben. Die frühen Arbeiten aus den 1920er Jahren begründen dabei eine strukturalistische Erzähltextanalyse, die bis in die 1970er Jahre verfolgt werden kann. In der Linguistik wird mit der *Discourse Analysis* nach Z. Harris (1952) das strukturalistische Interesse am Text erstmals geweckt. Im Zusammenhang der Ausprägung einer eigenständigen Textlinguistik seit den 1960er Jahren in Deutschland werden strukturalistische Positionen dann unmittelbar fortgeführt. Dabei stehen satzverknüpfende Elemente im Mittelpunkt des Interesses. V. a. Pronomina werden dabei strukturalistisch als Substitutionsformen in linear gereihten Äußerungen verstanden. Das strukturalistische Interesse konzentriert sich daher auf die Verknüpfung von →Sätzen zu → Texten, so auch in der Thema-Rhema-Analyse des Prager S. Diese erste oder transphrastische Phase der Textlinguistik beinhaltet neben der Analyse der Textphorik, also der syntaktisch-semantischen Mittel der Satzverknüpfung, auch die Untersuchung von semantischen Hierarchien in Texten, die als topikale Analysen bezeichnet werden. Die Beschreibung von Informations- und Inhaltsstrukturen ist in der Folge Grundbestand vieler linguistischer Textanalysen. Strukturalistisch ist dabei die Konzentration auf Musterbildung, Wiederaufnahme, Regelhaftigkeit und die daraus abgeleitete Klassifikation sprachlicher Elemente und ihrer Funktionen. Kategoriale Zuordnungen sprachlicher Elemente in linearer Abfolge sind das Ziel jeder strukturalistischen Textanalyse.

Mit wachsender Bedeutung einer Theorie des Textes als Handlungsform in pragmatischen Arbeiten der 1970er Jahre und der Textverarbeitungsdimension in kognitiven Theorien seit den 1980er Jahren verliert das strukturalistische Paradigma in der Textlinguistik an Bedeutung. Erst die Ausweitung der Textanalyse auf Ebenen textübergreifender Diskurse führt in neueren Ansätzen zur erneuten Beachtung strukturalistischer bzw. poststrukturalistischer Theorien.

Bibliographie: Z. Harris, Discourse analysis, in: Language 28 (1952), 1–30. – R. Harweg, Strukturalistische Linguistik und Textanalyse, in: K. Brinker et al. (Hgg.), Text- und Gesprächslinguistik, HSK 16.1, Berlin/New York 2000, 28–36.

Ingo H. Warnke

Symbol

I. Alttestamentlich

Der umstrittene Begriff des S.s hat für eine Texthermeneutik der →Bibel eine wichtige erkenntnisleitende Bedeutung. Er verweist darauf, dass Religion nicht im Sprachlichen aufgeht, sondern unlöslich an außersprachliche Gegebenheiten gebunden bleibt. Für die Analyse biblischer und anderer antiker → Texte ist es prinzipiell hilfreich, zwischen einem *weiten Symbolbegriff* (kulturimmanente

Symbolik *als Zeichenhaftigkeit jeder kulturellen Sinnerzeugung,* E. Cassirer, C. Geertz) und einem *engeren Symbolbegriff* (*v.a. sprachliche Phänomene einer gelenkten Mehrdeutigkeit,* P. Tillich, M. Eliade, P. Ricœur) zu unterscheiden. Ersteres verbindet sich mit einer Theorie der Kultur als Zeichensystem, deren ‚Lesbarkeit' auf der Öffentlichkeit aller kulturellen Handlungen beruht. Die Erzeugung und Verwendung symbolischer Formen erscheint als Grundfunktion menschlicher Gesellschaften. Jedoch wird nicht überall auch ein →Begriff des S.s ausgebildet, wiewohl S.e eine ‚implizite Metaphysik' (C. Geertz) enthalten, weil sie menschliches Handeln vor dem Hintergrund einer umfassenden (in traditionellen Gesellschaften: kosmischen) Ordnung ausdrücken. Ein biblisches Beispiel ist die Jerusalemer Tempelsymbolik der →Psalmen und des Jesajabuches mit ihrer Entsprechung von kosmischer Ordnung und Sozialsphäre, die auf der Chaosabwehr durch den Königsgott Jhwh beruht, der auf dem Zion als Weltmittelpunkt thront und von dort aus Schöpfung und Völkerwelt beherrscht (vgl. Ps 46; 48; 93 u.a.). Besonders in religiöser Traditionsliteratur – so auch in der Bibel – finden sich explizite S.e im Sinne des *engeren Symbolbegriffs:* Es handelt sich um genuin hermeneutische, das →Verstehen herausfordernde *Phänomene des ‚Doppelsinns'* (P. Ricœur). Eine konkrete Bedeutung wird auf einer zweiten Sinnebene transparent, ohne diese unmittelbar zu erreichen (im Unterschied zur →Allegorie, bei der die erste →Bedeutung vernachlässigt werden kann). Dies zeigen z.B. Aussagen wie Ps 27,1 („Jhwh ist mein Licht und meine Rettung") oder Ps 84,12 („Ja, Sonne und Schild ist Jhwh Elohim"). Definiert man S.e in dieser Hinsicht als *doppel- bzw. mehrdeutige sprachliche Ausdrücke,* erscheinen sie als spezifische Orte der Sinnanreicherung, vergleichbar der →Metapher (spannungsvolle semantische Innovation), und der (mythischen) →Erzählung. Letztere lässt sich als S. zweiter Ordnung verstehen (P. Ricœur), weil ein →Mythos, wie es die strukturale Analyse gezeigt hat, Zweideutigkeiten des Lebens bearbeitet, indem er sie in einen Gesamtrahmen integriert, der auf den Anfangshorizont von Kosmos, Gesellschaft und Einzelnen zurückverweist. Daher funktioniert jede traditionelle große Erzählung, wie auch die biblische von der Gen bis zur Offb, zuletzt als S.

Bibliographie: E. Cassirer, Philosophie der symbolischen Formen, 3 Bde., Darmstadt ^{9}1988. ^{8}1987. ^{9}1990. – M. Eliade, Die Religionen und das Heilige, Frankfurt a.M. ^{2}1989. – C. Geertz, Religion als kulturelles System, in: Ders., Dichte Beschreibung, Frankfurt a.M. ^{2}1991, 44–95. – G. Kurz, Metapher, Allegorie, Symbol, Göttingen 1982. – M. Lurker (Hg.), Wörterbuch der Symbolik, Stuttgart ^{5}1991. – P. Ricœur, Poetik und Symbolik, in: H.P. Duerr (Hg.), Die Mitte der Welt, Frankfurt a.M. 1984, 11–34. – Ders., Symbolik des Bösen, Freiburg i.Br./München ^{2}1988. – P. Tillich, Symbol und Wirklichkeit, Göttingen 1962.

Friedhelm Hartenstein

II. Neutestamentlich

Ausgehend von einem engeren, auf sprachliche Phänomene bezogenen Symbolbegriff können ganz unterschiedliche Teile des ntl. →Textes als S.e bezeichnet werden, sei es eine geographische oder zeitliche Information (am dritten Tag, Joh 2,1), ein Motiv bzw. Semantem (Weg; Licht), eine erzählte Handlung (Fußwaschung in Joh 13) oder eine Person (Mutter Jesu). Die sekundäre Sinnzuschreibung, die das S. kennzeichnet, wird nicht wie bei der →Metapher bereits syntaktisch erzwungen. Das, wofür es steht bzw. worauf es hindeutet, muss vom Rezipienten ergänzt werden (vgl. etymologisch: συμάλλειν). Um das Erkennen und Verstehen von S.en methodisch zu kontrollieren, ist das Differenzieren zweier Indikatoren hilfreich: Die ‚Konventionsplausibilität' hält fest, ob und in welchem Maße ein Motiv (z.B. ‚Hirte' oder ‚Weinberg') in der ntl. Sprachgemeinschaft bereits mit religiösem Tiefensinn belegt war, was durch Analyse von Vor- und Umfeldtexten bestimmt werden kann. Die ‚Textplausibilität' zeigt an, ob textliche Indizien nahe legen, dass ein →Autor ein Motiv im konkreten Text als S. verstanden wissen wollte. Die Symbolhaftigkeit eines Textes kann man aus der spezifischen Wechselwirkung zwischen der Konventionsplausibilität und der Textplausibilität wahrscheinlich machen. Grundsätzlich gilt: Je höher der Wert der Konventionsplausibilität, desto geringer kann der Wert der Textplausibilität sein – und umgekehrt.

Für das NT lassen sich simplifizierend verschiedene *Symbolbereiche* unterscheiden: Einerseits werden ‚archetypische' S.e des menschlichen Lebens wie Licht, Wasser, Geburt etc. verwendet, die für die gesamte Antike maßgeblich waren. Andererseits werden spezifisch ‚religiöse' S.e insbesondere der jüdischen Kultur aufgegriffen, wie z. B. ‚Tempel', ‚Jerusalem' oder ‚Himmel'. Die ntl. Autoren knüpfen an bestehende Bildfeldtraditionen an, um sie gleichsam zu erneuern, zuzuspitzen oder zu überbieten. Vielfach kann man eine ‚Christologisierung der S.e' erkennen, wenn z. B. der Tiefensinn jüdischer Tempelfeste auf Jesus übertragen wird (z. B. Joh 7,37). Daneben kann die Neuprägung von S.en innerhalb der ntl. Schriften abgelesen werden, so z. B. die Rede vom ‚Kreuz' (1 Kor 1,18).

BIBLIOGRAPHIE: P. Grelot, Le langage symbolique dans la Bible, Paris 2001 [*engl.* Peabody 2006]. – K. Haldimann, Kreuz – Wort vom Kreuz – Kreuzestheologie, in: A. Dettwiler/J. Zumstein (Hgg.), Kreuzestheologie im Neuen Testament, Tübingen 2002, 1–25. – L.P. Jones, Living water, Atlanta 2000. – C. Koester, Symbolism in the fourth Gospel, Minneapolis 2003. – A. Spatafora, Symbolic language and the Apocalypse, Ottawa 2008. – R. Zimmermann, Imagery in John, in: Ders. et al. (Hgg.), Imagery in the Gospel of John, Tübingen 2006, 1–43. – Ders., Symbolic communication between John and his reader, in: T. Thatcher/S.D. Moore (Hgg.), Anatomies of narrative criticism, Atlanta 2008, 221–235.

Ruben Zimmermann

III. Systematisch-theologisch

Der Begriff S. ist unübersehbar vieldeutig. Die Medien des S.s sind *nicht* nur Sprache, sondern auch Gesten, Dinge, Bilder, Bauten, Handlungen oder Gebräuche. Im weitesten Sinne bezeichnet er *semiotisch* eine Dimension *aller* Zeichen, die über indexikalische (Faktizität) und ikonische (Ähnlichkeit und Abbildung) hinaus auch symbolische (ϑέσει, nicht φύσει) Funktion haben (C.S. Peirce). *Kulturphilosophisch* ist das S. Inbegriff des Zeichenprozesses, der die Kultur ausmacht. ‚Symbolische Prägnanz' ist die präprädikative Synthesis von Sinnlichkeit und Sinn, in der erst ‚etwas' zum ‚Zeichen' wird, indem Sinnliches mit Sinn aufgeladen wird. Als Paradigma dieses Konstitutionsprozesses von Zeichen dient E. Cassirer die →Metapher. Im religionsphilosophisch engeren Sinn meint das S. solche Zeichen, die von besonderer Bedeutung sind (Bedeutsamkeit) und darin ‚mehr als nur Zeichen' sein sollen (P. Tillich) und darin das Wesen, Gott oder das Eigentliche bedeuten.

I. Kants These, dass „alle unsere Erkenntnis von Gott bloß symbolisch" sei (AA 5, 353), ist daher nicht nur als Kritik ihrer ‚Uneigentlichkeit' zu lesen, sondern als Eingeständnis einer Zugänglichkeit des anders nicht Zugänglichen. Wie ein →Bild *ist* das S. und *ist nicht*, was es bedeutet. Theologisch strittig ist insbesondere, ob und inwiefern Bilder wie das Kruzifix, Ikonen oder das goldene Kalb S.e Gottes sein können oder dürfen. Einerseits stehen bildliche S.e unter Verdacht, *selber* sein zu wollen, was sie darstellen, und damit superstitiös überladen zu sein (Bilderverehrung). Andererseits gelten sie in ihrer Sinnlichkeit als unfähig, das Übersinnliche zu vergegenwärtigen.

Wenn man das S. jenseits der Alternative von Essentialismus oder Relativismus als zeichenphänomenologische Grundfigur versteht (mit E. Cassirer) und als hermeneutische Kategorie (mit P. Ricœur), ermöglicht dies, Präsenz und Performanz besonderer Zeichen(gebrauchsformen) zu identifizieren, die die Medialität von realer Gegenwart erschließen (und alte Kontroversen wie die um das Abendmahl überschreiten).

Sofern das S. dem Gebrauch von etwas *als* S. entstammt (ϑέσει) und in seiner Gebrauchsgeschichte mit Bedeutung aufgeladen wird (wie die Hostie), wird es zur (kritischen) Figur der Deixis (des Zeigens und Ausstellens), d. h. zur Präsenzform des in ihm Gezeigten. Davon unterscheidbar ist in psychoanalytischer Perspektive (S. Freud, J. Lacan) das *Symptom*, in dem sich etwas (nichtintentional) zeigt: das Latente unterhalb des Manifesten. Insofern ist jeder Symbolgebrauch nicht nur auf seine manifeste Signifikanz hin zu befragen, sondern auch auf seine symptomatische Dimension, die sich unterhalb des Manifesten und an dessen Rändern zeigt.

BIBLIOGRAPHIE: B. Boothe (Hg.), Der Traum – 100 Jahre nach Freuds Traumdeutung, Zürich 2000. – E. Cassirer, Philosophie der symbolischen Formen, Berlin 1923–1929. – J. Habermas, Vom sinnlichen Eindruck zum symbolischen Ausdruck, Frankfurt a.M. ²1997. – D. Korsch/E. Rudolph (Hgg.), Die Prägnanz der Religion in der Kultur, Tübingen 2000. – P. Michel (Hg.), Präsenz ohne Substanz, Zürich 2003. – P. Ricœur, Symbolik des Bösen, Freiburg i. Br. u. a. ³2002. – H.J. Sandkühler/ D. Pätzold (Hgg.), Kultur und Symbol, Stuttgart 2003. – R. Schlögl u. a. (Hgg.), Die Wirklichkeit der Symbole, Konstanz 2004. – P. Tillich, Systematische Theologie, Stuttgart 1955–1958. – Ders., Gesammelte Werke, Bd. 5, Stuttgart 1964. – T. Todorov, Symboltheorien, Tübingen 1995.

Philipp Stoellger

IV. Altphilologisch

Die antike Bedeutung von S. als ‚Erkennungszeichen', als Geheimzeichen für Eingeweihte, ist in seiner heutigen Definition erhalten, insofern der hinter ihm verborgene → Sinn oft weniger naheliegend oder weniger unmittelbar deutlich ist (z. B. Fisch als S. für Christen) als bei →Metapher oder →Allegorie. Das S. verweist auf einen sekundären Sinnzusammenhang, geht aber nicht ganz in seiner Verweisfunktion auf, sondern behält auch Eigenexistenz. Das S. als ein von und für eine bestimmte Gruppe festgelegtes, identitäts- oder orientierungsstiftendes →Zeichen ist Untersuchungsgegenstand der Klassischen Philologie, insofern kultur- und religionswissenschaftliche Fragestellungen in die Textinterpretation einfließen. Die symbolische Deutung eines Textes stellt über den literalen Sinn hinaus andere Bedeutungsebenen und Assoziationszusammenhänge fest. Leiblich-Sichtbares wird als gleichnishafter Ausdruck von Seelisch-Unsichtbarem aufgefasst. Mit der Allegorese fand bereits in der Antike eine wichtige Form symbolischen → Lesens von →Texten große Verbreitung.

Der Begriff des S.s wird von der Klassischen Philologie bevorzugt in der Erforschung der Poesie verwandt, wobei bezeichnenderweise ein Schwerpunkt bei der augusteischen Dichtung festzustellen ist. Die →Methode der symbolischen →Deutung wurde von V. Pöschl in die Aeneisforschung eingeführt und hat sich als eine führende Interpretationsmethode durchgesetzt (neben der typologischen →Interpretation; →Typologie). Sie geht davon aus, daß Vergil, im Gegensatz zu manchen seiner Vorbilder, eine ‚subjektive' Erzählhaltung und damit Emotionalisierung einführt, die sich sowohl in der Handlung auswirkt als auch auf den Leser übertragen werden soll. Vergils Dichtungsweise, die auf innere Erlebnisse und Stimmungen statt lediglich auf die Darstellung äußerer Handlungen abhebt, evoziert eine Erweiterung um symbolische Bedeutungsebenen. Daneben können auch Ästhetisierung und Ethisierung zur Verwandlung einer Realität in ein S. beitragen. So macht Horaz sein sabinisches Landgut zum S. für einen lebensphilosophischen Sachverhalt (E.A. Schmidt), wobei die ästhetisch-poetische Gestalt die Zustimmung zur ethischen Lebensform und zur Schönheit der symbolischen Landschaft hervorruft. T. Schirren schlägt vor, mit der Philosophenbiographie, in der die paradigmatische Lebensbeschreibung zur Konkretisierung von philosophischen Lehren dient, eine literarische →Gattung als eine symbolische Form aufzufassen.

BIBLIOGRAPHIE: V. Pöschl, Die Dichtkunst Virgils, Berlin/New York ³1977. – G. Radke, Symbolische Aeneis-Interpretationen, in: Antike und Abendland 49 (2003), 90–112. – T. Schirren, Philosophos Bios, Heidelberg 2005. – E.A. Schmidt, Sabinum, Heidelberg 1997. – P. Struck, Birth of the symbol, Princeton 2004.

Jochen Schultheiß

V. Literaturwissenschaftlich

Der literaturwissenschaftliche Symbolbegriff war bis zur Mitte des 20. Jh.s geprägt von essentialistischen Bestimmungen, die im Kontext des deutschen Klassizismus (F.W.J. Schelling, J.W. v. Goethe), der deutschen und englischen Romantik (K.W.F. Solger, S.T. Coleridge) und des europäischen Symbolismus (A. Mochel, H. v. Hofmannsthal) entwickelt wurden. Danach fungiert das S. als Gegenbegriff zum traditionellen Konzept der → Allegorie und wird als „bedeutungsvolles Bild aufgefasst, dessen Sinn sich nicht auf intellektuellem Wege, sondern dem erlebenden und einfühlenden Leser, Zuschauer und Hörer durch die sinnlich-emotionale Wirkung unmittelbar und oft unbewusst" (B.A. Sørensen 1982, 290) erschließt. Die neuere literaturwissenschaftliche Symbolforschung hat die historische Relativität dieses Symbolbegriffs aufgezeigt, der seine Entstehung wie seine Konjunktur der Auflösung tradierter, insbesondere religiöser Symbolsysteme im 18. Jh. verdankt und eng mit der Herausbildung des modernen individualistischen Autorkonzepts und des autonomen, organischen Charakters des Kunstwerks verknüpft ist (B.A. Sørensen 1963; T. Todorov). Die Kritik des essentialistischen Symbolbegriffs führt zu einer strukturalistisch fundierten Neubestimmung. So definiert J. Link das S. anhand von sechs semiotischen Merkmalen: (1) semantische Sekundarität, (2) Ikonität, (3) Motiviertheit, (4) Ambiguität, (5) semantische Isotopiebildung, (6) Ausbildung von Analogie-Beziehungen zwischen Symbolisant und Symbolisat (A. Drews et al., 260–262). Demgegenüber hat G. Kurz (77–84) eine auf der Eigenständigkeit der symbolischen Relation in Abgrenzung von rein semiotischen Beziehungen basierende ‚Hermeneutik des S.' vorgelegt, die die primäre Referenz des S.s auf Empirie (statt auf →Sprache, wie bei den rhetorischen Tropen) hervorhebt und die Kontextabhängigkeit der symbolischen Deutungsaktivität des Lesers betont, die vom → Text, z. B. durch Verfahren der Wiederholung und der Antithese, provoziert werden muss. Sowohl A. Drews et al. (262 f.) als auch G. Kurz (85–89) unterscheiden drei Grundtypen von S.en: (1) den vom (gegenwärtigen) Teil auf das (abwesende) Ganze verweisenden synekdochischen Symboltyp (Klassizismus und Romantik); (2) den auf räumlicher und zeitlicher Kontiguität beruhenden metonymischen Symboltyp (Symbolismus); (3) den auf einer arbiträren, vom →Autor gesetzten Kontiguität basierenden metaphorischen Symboltyp (z. B. Realismus).

Bibliographie: H. Adams, Philosophy of the literary symbolic, Tallahassee 1983. – F. Berndt/C. Brecht (Hgg.), Aktualität des Symbols, Freiburg i. Br. 2005. – A. Drews et al., Moderne Kollektivsymbolik, in: Internationales Archiv für Sozialgeschichte der deutschen Literatur, Sonderheft 1 (1985), 256–375. – G. Kurz, Metapher, Allegorie, Symbol, Göttingen [5]2004. – B.A. Sørensen, Symbol und Symbolismus in den ästhetischen Theorien des 18. Jh. und der deutschen Romantik, Kopenhagen 1963. – Ders., Symbol und Allegorie, in: Orbis Litterarum 37 (1982), 289–301. – T. Todorov, Theories du symbole, Paris 1977.

Günter Butzer

VI. Textlinguistisch

In der Linguistik ist S. zumeist die Zeichenklasse mit konventioneller Relation zwischen Bezeichnendem und Bezeichnetem. I. d. R. ist der sprachwissenschaftliche Symbolbegriff bilateral, insofern er Ausdrucks- und Inhaltsseite des Zeichens umfasst. Seltener begegnet ein monolateraler Symbolbegriff, der sich allein auf die Ausdrucksseite des sprachlichen →Zeichens bezieht. Das linguistische Interesse am bilateralen S. entwickelt sich aus der Rezeption semiotischer Arbeiten insbesondere von C.S. Peirce, bei dem das S. als dritter Zeichentyp beschrieben wird, der weder abbildend noch kausal auf ein Bezeichnetes verweist, sondern regelbasiert ist. S.e als arbiträre Zeichen sind der häufigste sprachliche Zeichentyp. S.e sind ethnospezifisch und besitzen einen hohen Grad an kulturell-historischer Codierung. C. Morris greift diese Annahme auf und bestimmt die nicht-natürliche Beziehung zwischen Bezeichnendem und Bezeichnetem als Kennzeichen des S.s. Dies widerspricht der Auffassung F. de Saussures, der unter einem S. die partiell motivierten Zeichen versteht. Ihm folgend bedeutet Flamme als Zeichen ‚eine leuchtende, zungenförmige Lichterscheinung bei Verbrennung', als S. hingegen steht das Wort etwa für ‚Liebe'. Diese Gegenüberstellung von Zeichen und S. ist in der Spracherwerbstheorie von J. Piaget wirkungsvoll aufgegriffen, der Denken als symbolische Transformation von Erfahrungsdaten definiert.

In K. Bühlers Sprachtheorie ist das S. auf das Nennen bezogen und dem Zeigen gegenübergestellt. Während das Zeigfeld aus der Relation hinweisender Ausdrücke zur Position des Sprechers entsteht, resultiert das Symbolfeld aus dem semantischen, syntaktischen und referentiellen →Kontext einer Äußerung. Demnach schließt eine Analyse des Symbolfeldes im Text eine Untersuchung der isolierten Bedeutung des Einzelzeichens, der Bedeutung im textuellen Umfeld und der Bedeutung seiner Umweltverweise ein. Bedeutung konstituiert sich folglich entweder situativ durch Zeigen oder kontextuell durch S.e. Das S. selbst besitzt in Bühlers Modellierung des Zeichens eine Darstellungsfunktion, da es sich auf Gegenstände und Sachverhalte bezieht. Das sprachliche Zeichen als darstellendes S. steht dabei dem Zeichen als produzentenbezogenes Symptom und dem Zeichen als Signal an einen Rezipienten gegenüber.

In pragmatischen Arbeiten versteht man unter symbolischer Interaktion das Handeln mit Zeichensystemen. Eine besondere Ausprägung erfährt diese Position in der Theorie des symbolischen Interaktionismus nach G.H. Mead, die Individuen als Akteure in einer symbolischen Ordnung der Texte und Konversation versteht.

Bibliographie: K. Bühler, Sprachtheorie, Jena 1934 [[3]1999]. – G.H. Mead, Selected writings, hg. v. A. Reck, Chicago 1981. – C. Morris, Foundations of a theory of signs, Chicago 1938. – C.S. Peirce, The essential Peirce, hg. v. N. Houser, Bloomington 2006. – F. de Saussure, Cours de linguistique générale, hg. v. R. Engler, Paris 1967 ff.

Ingo H. Warnke

Synchronie/Diachronie

I. Alttestamentlich/Neutestamentlich

S./D. (von griech. συν-, ‚zusammen, zugleich', bzw. griech. δια-, ‚durch, hindurch', und griech. χρόνος, ‚Zeit'; engl. *synchronic/diachronic*; frz. *synchronique/diachronique*) ist ein ursprünglich aus der Sprachwissenschaft stammendes Begriffspaar, das F. de Saussure 1906–1911 in seinen Vorlesungen über Allgemeine Sprachwissenschaft als wichtigste Unterscheidung neben *langue* vs. *parole* eingeführt hat. S. meint hier die Betrachtung sprachlicher Erscheinungen auf einer bestimmten Zeitebene (‚*linguistique synchronique*'/‚*linguistique statique*'; ‚synchronische Sprachwissenschaft'/‚Sprachzustand'), D. die Betrachtung der historischen Entwicklung von Sprache (‚*linguistique diachronique*'/‚*linguistique evolutive*'; ‚diachronische Sprachwissenschaft'/‚Sprachwandel'). Für die methodisch kontrollierte und methodologisch reflektierte →Auslegung biblischer →Texte findet das Begriffspaar S./D. in der Gegenüberstellung von ‚synchroner Analyse' und ‚diachroner Analyse' etwa seit Ende der 1970er Jahre Anwendung. S. wurde zunächst einseitig als ‚(text-)linguistische' Analyse bezeichnet, da als ‚neue exegetische →Methode' die Untersuchung der sprachlich-syntaktischen Gestalt (Lexik, →Grammatik, Satzbau, Satzverknüpfung), des Aufbaus (‚Strukturanalyse'), des text-, wort- und motivsemantischen Gehalts sowie der pragmatischen Dimension (kommunikative Funktion und Wirkungsabsicht) eines Textes in den Blick traten. In der üblichen Sprachregelung meint S. heute einen Auslegungszugang, der von dem im biblischen →Kanon vorliegenden ‚Endtext' als einer kohärenten Größe ausgeht. D. meint die Methodenschritte der historisch-kritischen →Exegese, durch die die geschichtliche Genese des Textes erhellt werden soll (‚Literar-/Quellenkritik', ‚Überlieferungs-'/‚Form-'/‚Traditionskritik', ‚Redaktionskritik'). Von einer rigiden Trennung beider Ansätze kann nicht gesprochen werden. S. und D. greifen gerade im Horizont der Redaktionskritik und der Frage nach der theologischen Intention eines biblischen Textes eng ineinander. Zu unterscheiden sind jedoch die jeweilige Fragerichtung und die damit verbundene hermeneutische Perspektive. Fragt D. nach Textentwicklung und -wachstum, so werden formale Brüche, inhaltliche Spannungen oder Wiederholungen im Text als Produkt verschiedener Um- und Überarbeitungen gewertet. Betrachtet S. die Endgestalt eines Textes, so werden dieselben Phänomene als bewusster, theologisch und/oder ästhetisch begründeter sowie rezipientenorientierter bzw. leserlenkender Stil- und Ausdruckswille interpretiert.

Bibliographie: U. Becker, Exegese des Alten Testaments, Tübingen 2005. – F. de Saussure, Cours des linguistique générale (1916), Lausanne/Paris [8]1971 [*dt.* Grundfragen der allgemeinen Sprachwissenschaft (1931), Berlin [3]2001], 93–119. – U. Schnelle, Einführung in die neutestamentliche Exegese, Göttingen [6]2007. – H. Schwarz, Art. Synchronie/Diachronie; synchron(isch), diachron(isch), in: HWPh 10 (1998), 773–775.

Christina Hoegen-Rohls

II. Textlinguistisch

S./D. ist ein Begriffspaar, das zu einem Paradigmenwechsel in der sprachwissenschaftlichen Betrachtung im Rahmen des →Strukturalismus geführt hat. Nach F. de Saussure ist synchronisch „alles, was sich auf die statische Seite unserer Wissenschaft bezieht; diachronisch alles, was mit den Entwicklungsvorgängen zusammenhängt" (F. de Saussure,

96). Mit der Ebene der S. wird ein Sprachzustand, mit der D. eine Entwicklungsphase verbunden. In der strukturalistischen Sprachbetrachtung wird der S. gegenüber der D. der Vorrang eingeräumt. Denn nur in der S. kann der *valeur,* d.h. der Wert eines →Zeichens durch die Abgrenzung des Zeichens von anderen im Sprachsystem vorhandenen erkannt werden: Ein Zeichen erhält seine Funktion für das Sprachsystem dadurch, dass es all das ist, was die anderen Zeichen nicht sind.

Um den Unterschied zwischen S. und D. zu demonstrieren, bedient sich de Saussure der Schachmetapher: „Zunächst entspricht ein Zustand beim Spiel sehr wohl einem Zustand der Sprache. Der Wert der einzelnen Figuren hängt von ihrer jeweiligen Stellung auf dem Schachbrett ab, ebenso wie in der Sprache jedes Glied seinen Wert durch sein Stellungsverhältnis zu den andern Gliedern hat. [...] Endlich genügt für den Übergang von einem Gleichgewichtszustand zum andern oder, gemäß unserer Terminologie, von einer Synchronie zur andern die Versetzung einer einzigen Figur; es findet kein allgemeines Hinundherschieben statt. Hier haben wir das Gegenstück zum diachronen Vorgang mit allen Einzelheiten" (F. de Saussure, 104 f.). S. kann auch auf historische Sprachzustände bezogen werden, wenn diese jenseits ihrer → Geschichtlichkeit gleichsam in ‚eingefrorenem' Zustand beschrieben werden. Da → Sprechen oder →Schreiben eine lineare zeitliche Erstreckung haben, ist eine scharfe Trennung zwischen S. und D. nicht möglich. In der →Rezeption des *Cours de linguistique générale* ist jedoch S. fälschlicherweise mit dem Sprachzustand der Gegenwart gleichgesetzt worden. Diese Beschränkung hatte für die seit den 70er Jahren des 20. Jh.s aufkommende Textlinguistik und Textsortenlinguistik zur Folge, dass aufgrund des Primats gegenwartssprachlicher S. die Erforschung der Geschichte von →Textsorten oder der Entwicklung textlinguistischer Phänomene weitgehend unberücksichtigt blieb.

BIBLIOGRAPHIE: E. Coseriu, Synchronie, Diachronie und Geschichte, München 1974. – H. Glinz, Synchronie – Diachronie – Sprachgeschichte, in: Sprache, Gegenwart und Geschichte – Probleme der Synchronie und Diachronie, Düsseldorf 1969, 78–91. – F. de Saussure, Cours de linguistique générale (1916), Lausanne/Paris [8]1971 [*dt.* Grundfragen der allgemeinen Sprachwissenschaft (1931), Berlin/New York [3]2001].

Mechthild Habermann

Syntax

S. (griech. σύνταξις, ‚Zusammenordnung') steht traditionell als Bezeichnung für die Lehre vom Bau des →Satzes. Der Terminus wird in neueren Arbeiten aber weiter gefasst und nicht mehr nur auf Sätze bezogen: Als Untersuchungsgegenstand der S. gelten alle sprachlichen Strukturen, deren gemeinsames Merkmal es ist, dass es sich um Verbindungen oberhalb der Wortebene handelt, die aber nicht über die Einheit des Satzes hinausgehen. Um zu ermitteln, welche Elemente im Satz syntaktische Einheiten bilden, bedient man sich der Satzgliedproben (z.B. der Umstellungsprobe oder der Ersatzprobe). Die so ermittelten Einheiten werden weiter kategorisiert (z.B. als Nominalgruppe oder Verbalgruppe) und diesen wiederum syntaktische Funktionen (z.B. Subjekt, Prädikat) zugeordnet. So setzt sich der Satz *Das kleine Kind weint* aus den zwei syntaktischen Einheiten *das kleine Kind* und *weint* zusammen, die kategorial als Nominal- und Verbalgruppe und funktional als Subjekt und Prädikat bestimmt werden. Dass dieser Satz in syntaktischer Hinsicht tatsächlich aus nur zwei Einheiten besteht (und nicht etwa aus vier), zeigt die Ersatzprobe: Die Wortgruppe *Das kleine Kind* ist gesamthaft durch das Pronomen *es* ersetzbar.

Der Terminus S. wird nicht nur auf die theoretische Beschreibung der sprachlichen Strukturen bezogen, sondern auch auf die Struktureigenschaften selbst. Dies ist z.B. dann der Fall, wenn man von der ‚S. des Deutschen' oder der ‚S. des Englischen' spricht. Zielsetzung der S. ist, Gesetzmäßigkeiten herauszuarbeiten, nach denen Wörter (z.B. *das, klein, Kind*) zu Wortgruppen (z.B. *das kleine Kind*) zusammengefügt werden und diese wiederum zu einfachen bzw. komplexen Sätzen (z.B. *Das kleine Kind weint. Das kleine Kind weint, weil es Hunger hat.*). Je nachdem, welcher syntaktischen Theorie man sich verpflichtet fühlt, werden weitere Fragen gestellt. So kann man sich darauf beschränken, die lineare Abfolge von sprachlichen Ausdrücken zu beschreiben und darauf aufbauend Wortstellungsregularitäten zu erarbeiten. Eine andere Möglichkeit ist, den Satz gewissermaßen von innen heraus, vom Verb aus, zu untersuchen und zu fragen, in welcher Beziehung die nicht-verbalen Elemente zum Verb stehen. Weiter kann man die Meinung vertreten, dass es nicht genüge, eine Struktur syntaktisch zu analysieren, sondern dass auch gefragt werden müsse, welche Rolle kommunikative Faktoren beim Aufbau von sprachlichen Strukturen spielen. Grundsätzlich besteht die Möglichkeit, syntaktische Untersuchungen →synchron oder →diachron anzulegen. Im ersteren Fall heißt dies, dass sprachliche Strukturen beschrieben werden, ohne dass gefragt wird, welche Entwicklung sie bis zu diesem Zeitpunkt genommen haben. In einer diachron ausgerichteten Untersuchung wird hingegen gefragt, ob und wie sich syntaktische Strukturen in einem bestimmten Zeitabschnitt verändert haben.

BIBLIOGRAPHIE: C. Dürscheid, Syntax, Göttingen ⁴2007. – P. Eisenberg, Grundriss der deutschen Grammatik, Bd. 2, Stuttgart/Weimar ³2006. – H.-W. Eroms, Syntax der deutschen Sprache, Berlin/New York 2000.

Christa Dürscheid

T

Tanach (TNK)

Die Bezeichnung T. (TNK) ist ein Akronym für die drei Teile der Hebräischen →Bibel: →*Tora* (‚Weisung, Lehre, Gesetz'), *Nevi'im* (‚Propheten') und *Ketuvim* (‚Schriften'). Die *Tora* besteht aus den fünf Büchern Mose, die nach ihren Anfängen benannt sind: *Bereshit* (‚Am Anfang'; Gen), *Shemot* (‚Namen'; Ex), *Wajjiqra* (‚Er rief'; Lev), *Bemidbar* (‚In der Wüste'; Num) und *Devarim* (‚Worte'; Dtn). Die *Nevi'im* werden in die Vorderen Propheten (Jos, Ri, 1.2 Sam, 1.2 Kön) und in die Hinteren Propheten (Jes, Jer, Ez und das Zwölfprophetenbuch) eingeteilt. Die *Ketuvim* bestehen aus den Büchern Ps, Spr, Ijob, den fünf *Megillot* (Festrollen) – Hld, Rut, Koh, Klgl, Est –, Dan, Esra, Neh und 1.2 Chr.

Die drei Teile des T. spiegeln den Prozess der Kanonwerdung wieder. Die „*Tora* des Mose" wird bereits innerbiblisch als eigenständiger Abschnitt genannt (Neh 8,1). Die Dreiteilung der Hebräischen Bibel stammt aus dem 2. Jh. v.Chr. Sie wird erstmalig bei Ben Sira erwähnt. Um 200 v.Chr. gelten *Tora* und *Nevi'im* bereits als kanonisch. Bei den *Ketuvim* dauert der Kanonisierungsprozess am längsten, unterschiedliche Reihungen wurden bis ins 2. Jh. n.Chr. diskutiert.

Gleichzeitig entspricht den drei Blöcken des T. eine unterschiedliche liturgische Gewichtung. Die *Tora* steht als wichtigster Teil der Bibel an erster Stelle. Sie wird in *lectio continua* im synagogalen →Gottesdienst gelesen. Aus den Propheten haben einzelne Abschnitte als →Kommentare zur *Tora* in der Haftarah ihren Platz im Gottesdienst. Manche Ausschnitte aus den *Ketuvim* haben liturgische Relevanz: →Psalmen als zentraler Bestandteil der synagogalen →Liturgie, und die *Megillot* bei besonderen Anlässen und Festen.

Die →Hermeneutik des T. kommt besonders in den Schlusstexten der drei Kanonteile zum Ausdruck: Dtn 34,10–12 betont die Unvergleichlichkeit Moses. Die Exodus-Tradition wird zum grundlegenden Datum der Geschichte Israels. Der Schluss der *Tora* und der Beginn der *Nevi'im* sind durch die Gestalt des Josua verbunden. Mal 3,22–24 schließt die Prophetenbücher ab: Nach diesem Text ist die Prophetie Erinnerung an die Mose-*Tora*. Die Ankündigung der Ankunft des Elia stellt eine Vermittlung zwischen Mose, dem Volk Israel am Sinai und kommenden Generationen her. Dadurch, dass diese Verse in christlichen Bibeln den →Kanon des →AT abschließen, entsteht eine ganz andere hermeneutische Situation. Sie werden als Verweis auf das →NT gelesen. Der dritte Teil des T., die *Ketuvim*, hört mit 2 Chr 36,22–23 auf: Dieser programmatische Schlusstext macht in der Zeit nach der Zerstörung des Tempels 70 n.Chr. Hoffnung. Gleichzeitig ist auch er Rückbindung an die Mose-*Tora*, die Exodus-Tradition und den Jhwh-Bund. Am Ende des T. steht mit den Chronikbüchern eine Zusammenfassung der Geschichte Israels mit Jhwh.

BIBLIOGRAPHIE: C. Dohmen/G. Stemberger, Hermeneutik der Jüdischen Bibel und des Alten Testaments, Stuttgart 1996. – H. Liss, Tanach, Heidelberg 2005. – E. Zenger, Einleitung in das Alte Testament, Stuttgart ^{7}2008.

Marianne Grohmann

Targum →Übersetzung/Übersetzen/Übersetzer III.

Text

Einführung

Der T. (lat. *textus*, ‚Gewebe, Text') ist ein Mittel sprachlichen Handelns, das jemand in einer bestimmten Situation und zu einem bestimmten Zweck als eine relativ geschlossene strukturelle und/oder thematische Einheit deklariert oder rezipiert. Der *Textbegriff* bezieht sich meist auf schriftliche Äußerungen, die mehr als einen →Satz umfassen. In einem weiter gefassten Textbegriff wird auch die mündliche Äußerungsform einer kommunikativen Handlung mit eingeschlossen, mitunter als ‚Gespräch' ausgegrenzt; hinzu kommen nicht-verbale Eigenschaften wie Mimik und Gestik, →Symbole, Formeln und Abbildungen. Eine Ausweitung erfährt der Textbegriff in anderen Disziplinen wie etwa der Philosophie, →Semiotik, Kulturtheorie oder Soziologie (vgl. hierzu M. Scherner). In den poststrukturalistisch ausgerichteten ‚*Cultural Studies*' wird Kultur (Mode, Architektur, Mythos etc.) generell als T. und Textaneignung aufgefasst (M. de Certeau, D. Bachmann-Medick).

Der T. als geschriebenes Dokument wird nach R.-A. de Beaugrande/W.U. Dressler als kommunikative Okkurrenz (engl. *occurence*, ‚Ereignis') definiert. Er erfüllt sieben Textualitätskriterien: Kohäsion und Kohärenz als formal-grammatische und inhaltlich-semantische Kriterien, Intentionalität und Akzeptabilität als kommunikativ-pragmatische Kriterien, Informativität als inhaltlich-thematisches Kriterium, Situationalität und →Intertextualität als situativ-pragmatische Kriterien. Als nicht kommunikativ gilt ein T. nach de Beaugrande/ Dressler dann, wenn eines dieser Kriterien nicht erfüllt ist. Das Konzept des →Hypertextes im Rahmen der neuen Medien führt zu einer erneuten Diskussion über die konstitutiven Eigenschaften von T.en. Auf der Grundlage formaler bzw. themen- oder funktionsorientierter Merkmale lassen sich T.e zu →Textsorten zusammenfassen.

In der historischen Überlieferung kommen T.e häufig unvollständig als Textfragmente oder zusammen mit anderen T.en in bestimmten Überlieferungsgemeinschaften vor (z. B. lose Rezeptsammlungen in Sammelhandschriften des Spätmittelalters). Hierbei ist es schwierig zu beurteilen, ob es sich um T.e, relativ autonome Teiltexte oder etwa abhängige Textteile handelt (F. Simmler), zumal dann, wenn explizite Textinitiatoren (z. B. Überschrift) oder Textterminatoren (z. B. Explicit) fehlen.

Die Frage, ob die *Bibel* eine Zusammenstellung von T.en ist oder als Ganzes einen T., etwa einen ‚Supertext', darstellt, ist bislang kontrovers diskutiert worden. Aus der Sicht der Textproduktion handelt es sich zweifellos um geschichtete T.e, die über Jahrhunderte hinweg entstanden sind. Aus der Sicht der Textrezeption und der abendländischen Geschichte als ‚Buch der Bücher' (auch im materiellen Sinn) ist eine Interpretation der Bibel als ‚Supertext' durchaus möglich. Der ‚Supertext' erhält →Kohärenz dadurch, dass die Makroproposition des Wirkens eines persönlichen Gottes an den Menschen als die zentrale Aussage des T.es die inhaltliche Klammer bildet (M. Habermann).

Die Geschichte der Interpretation von T.en ist im Laufe der Neuzeit von einem tiefgreifenden Wandel geprägt. Bis zum Beginn der Aufklärung gibt es „eine verbindliche normative Auslegung von Gesetzen und heiligen Texten. [...] Bis zur frühen Neuzeit war die Vorstellung vorherrschend, der Text sei ein Gegebenes und alle Interpretationen stammten allein von ihm selbst" (C. Knobloch, 34). Mit der Neuzeit ändert sich die Vorstellung hin zu einer →Hermeneutik, die der Individualität von →Autor und T. sowie der historischen Gebundenheit hermeneutischen Handelns den Vorrang einräumt.

Die Einheit ‚T.' hat – im Ganzen betrachtet – aus heutiger Sicht keine Bedeutung an sich. Es sind vielmehr die Handlungsbeteiligten, die in einem komplizierten Verstehensprozess, in dem Textthema und bereits vorhandenes Wissen aufs Engste zusammenwirken, den ‚Textsinn' konstituieren. Von der →Bedeutung eines T.es zu sprechen, ist an und für sich missverständlich: Während →Sätze etwas ‚bedeuten', haben T.e einen ‚Inhalt', dessen →‚Sinn' prozessual in kognitiver Eigenaktivität der Rezipienten konstituiert wird. Das hierfür notwendige Wissen macht deutlich, dass ein T. Bestandteil eines größeren Kommunikationsfeldes, und zwar eines gesellschaftlichen und historisch verankerten Gesamtdiskurses, ist, der mehrere Diskursstränge in sich vereinen kann (S. Jäger). Es umfasst über die Informationen zum situativen Kontext hinaus auch Informationen zur Funktionalität, zu sprachlicher Gestaltung und zu Textmustern, die sich in der jeweiligen Kulturgemeinschaft als sozial erfolgreich erwiesen haben.

Eine gewisse Aufhebung erfährt der Textbegriff durch das Konzept der →Intertextualität, die als ‚Tod des Werkes' apostrophiert wurde, jeden T. an der semantischen Schnittstelle von Vortexten und möglichen Nachtexten verortet und ihn primär als ‚ein Gewirr von Stimmen anderer T.e' (J. Kristeva) begreift. Hier wird der T. auf die Ebene des Textsinnes reduziert und vom konkreten Kommunikationsprozess gelöst, der aber bei einer ganzheitlichen, im gesellschaftlich-historischen Gesamtdiskurs verankerten Textkonzeption von entscheidender Bedeutung ist.

BIBLIOGRAPHIE: D. Bachmann-Medick (Hg.), Kultur als Text, Tübingen u.a. ²2004. – R.-A. de Beaugrande/W.U. Dressler, Introduction to text linguistics, London/New York 1981 [*dt.* Tübingen 1981]. – M. de Certeau, Kunst des Handelns, Berlin 1988. – M. Habermann, Was ist ein „Supertext"? Eine textlinguistische Definition der Bibel, in: O. Wischmeyer/S. Scholz (Hgg.), Die Bibel als Text, Tübingen/Basel 2008, 54–69. – C. Knobloch, Art. Text/Textualität, in: Ästhetische Grundbegriffe 6 (2005), 23–48. – S. Jäger, Kritische Diskursanalyse, Duisburg/Münster ⁴2004. – M. Klemm, Ausgangspunkte: Jedem seinen Textbegriff?, in: U. Fix et al. (Hgg.), Brauchen wir einen neuen Textbegriff?, Frankfurt a.M. u.a. 2002, 17–29. – M. Scherner, Text, in: Archiv für Begriffsgeschichte 39 (1996), 103–160. – Ders., Art. Text, in: HWPh 10 (1998), 1038–1044. – F. Simmler, Teil und Ganzes in Texten, in: Daphnis 25 (1996), 597–625.

Mechthild Habermann

I. Alttestamentlich

In der atl. Wissenschaft ist mit T. normalerweise das hebräisch(-aramäische) →AT gemeint. Für die →Auslegung ist der Begriff T. v.a. in zweierlei Hinsicht bedeutsam. Zunächst als Gegenstand der →*Textkritik*, die ideell versucht, möglichst nahe an die ursprüngliche Form der von den Verfassern hergestellten Textform heranzukommen, damit diese als Basis der →Exegese dem → Verstehen der Botschaft des AT zugrunde gelegt werden kann. Dazu wird nicht nur die masoretische →Überlieferung des konsonantischen T.es und seiner Punktierung untersucht, sondern es wurden auch alle verfügbaren hebräischen Manuskripte und →Übersetzungen, die zur Festlegung der hypothetisch ‚besten' Textform beitragen können, herangezogen.

Geht man *textlinguistisch* vom Grundsatz aus, dass ein T. des AT ein schriftliches Geflecht ist, dann ist dieses mit dem Instrumentarium der Textanalyse zu untersuchen. Die Analyse zeigt viele einzelne Teile in diesem Geflecht auf, die ihrerseits wiederum zu zerlegen sind. Eine synchrone Analyse der inneren Organisation des AT und seiner Teile stellt rasch fest, dass der vorliegende T. zwar ein Gewebe ist, aber als solches aus verschiedenartigen Materialien besteht. Sowohl hinsichtlich der Kohäsion der Oberflächenstruktur auf der linguistischen Ebene, als auch hinsichtlich der →Kohärenz auf der inhaltlichen Ebene hat die atl. Wissenschaft in ihrem Gegenstand die Merkmale eines *gewordenen* T.es mit unterschiedlichen Intentionen bloßgelegt. Das bedeutet, dass ‚der' T. des AT deutlich als ‚die' T.e des AT erkennbar ist. Die vielen intertextuellen Beziehungen, die zwischen diesen T.en sichtbar sind, bezeugen trotz Differenzen und sogar Spannungen untereinander eine Zusammengehörigkeit, welche ‚den' T.en wiederum den Charakter ‚des' *einen* T.es verleiht. Von dieser ‚Endgestalt' her betrachtet, sind die *inter*textuellen Merkmale dann *intra*textuelle Merkmale.

Die diachrone Dimension besteht auch auf der Ebene der ‚Endgestalt' des AT. Jede Rede von ‚dem' atl. T. setzt *synchron* eine einheitliche Auffassung von der Endgestalt des hebräischen T.es voraus, dem aber eine *diachrone* Dimension anhaftet. Diesen T. einer literarischen Untersuchung zu unterziehen, heißt, eine Wahl aus mehreren ‚Endgestalten' der verschiedenen innerhalb der masoretischen Tradition getroffen zu haben. Es gibt mehrere Zweige innerhalb und außerhalb der masoretischen Tradition, die sich nicht einer solchen Beliebtheit wie ‚der' masoretische T. erfreuen konnten, so dass nicht einmal vom üblich verwendeten masoretischen T. pauschal als ‚dem' hebräischen T. des AT gesprochen werden kann. Diesen unter bestimmten geschichtlichen Umständen entstandenen T. als *ein* Buch, also als einen einzigen T. zu interpretieren, fordert eine verantwortliche Stellungnahme zur Auswahl und damit zur Frage nach seinem Wesen voraus. Auch textimmanent setzt die synchrone literarische Feststellung, es gebe im T. eine Verbindung von gesetzlichen, erzählenden und poetischen Materialien usw., die diachrone Perspektive, die der Zusammenlegung von früher Getrenntem gilt. Bei einem geschichteten T., der historisch gewachsen ist, ist ein Verzicht auf das historische Element daher nicht konsequent durchführbar.

Die Fragen, die vom Konzept des ‚vorliegenden' T.es hervorgerufen werden, sind *hermeneutisch* gravierend: Schließt er die Endgestalt der bis ins Mittelalter reichenden Vokalisierung und Zeichen zur Abgrenzung von Perikopen, Kommentierung von besonderen Formen, Anweisung von Verbindungen bzw. Trennungen innerhalb des in Versen (*pesuqim*) eingeteilten T.es sowie liturgische Direktiven ein? Gehören die Perascha-, Sidra-, Setuma- und Petucha-Absätze zur finalen Textorganisation? Was heißt ‚endgültig' in Sachen →Ketiv und Qere? Die Intentionen, die durch diese spät in der Textüberlieferung eingetragenen Facetten des ‚Endtextes' zum Ausdruck kommen, sind ebenso wenig mit den ursprünglichen identisch wie etwa die Intentionen der einzelnen →Psalmen mit den Absichten der Redaktoren des Psalters, die die →Titel und die Verteilung des Psalters in fünf ‚Bücher' mittels Doxologien angebracht haben. Der Effekt dieser Fragen zeigt, dass ein geschichteter T. notwendig auch hermeneutisch vielschichtig zu behandeln ist. Welchen immanenten Standort man auch einnimmt: kein Weg führt an dem Problem der Herkunft des hebräischen T.es vorbei.

BIBLIOGRAPHIE: R.-A. de Beaugrande/W.U. Dressler, Introduction to text linguistics, London/New York 1981 [*dt.* Tübingen 1981]. – C. Gansel/F. Jürgen, Textlinguistik, Göttingen ^{2}2007. – S. Horstmann, Art. Text, in: RLW 3 (2003), 594–597. – J.A. Loader, Intertextualität in geschichteten Texten des Alten Testaments, in: O. Wischmeyer/S. Scholz (Hgg.), Die Bibel als Text, Tübingen/Basel 2008, 99–119. – E. Tov, Der Text der Hebräischen Bibel, Stuttgart 1997.

James Alfred Loader

II. Neutestamentlich

Im ntl. Zusammenhang weist der Begriff zunächst auf die Textgeschichte hin. Die fast zweitausendjährige Geschichte des ntl. T.es im Sinne des griechischen Zeichensatzes und seiner richtigen →Interpretation (Wort- und Satztrennungen etc.) ist Gegenstand der Disziplin der ntl. →Textkritik und -geschichte (vgl. die Arbeit des Instituts für ntl. Textforschung in Münster). Ziel der Rekonstruktion ist, dem Urtext, der für alle ntl. Schriften verloren ist, möglichst nahezukommen sowie die Geschichte der Texttypen und ihrer Entwicklung nachzuzeichnen. Der rekonstruierte T. ist dann die Basis der historisch-kritischen →Exegese mit ihrem methodischen Instrumentarium. Die Exegese kann zum durchlaufenden →Kommentar führen.

Seit einer Generation werden auch die textlinguistischen →Methoden auf die ntl. T.e angewendet (Methodenkombination diachroner und synchroner Methoden), so dass gegenwärtig die ntl. Einzeltexte und Schriften sowohl textkritisch und historisch-kritisch (→Diachronie) als auch textlinguistisch (→Synchronie) bearbeitet werden.

Die Bedeutungssteigerung des Einzeltextes durch die Textlinguistik weist in neuer Weise auf die Selbständigkeit der ntl. Einzeltexte hin, die schon durch die Form- und Gattungs- sowie durch die Überlieferungsgeschichte besonders der synoptischen Tradition betont wurde. Von hieraus ergibt sich auch eine neue Brücke zur – bereits altkirchlichen – liturgisch-gottesdienstlichen Perikopenordnung und frömmigkeitsgeschichtlichen Spezialverwendung einzelner T.e (z.B. Herrnhuter Losungen).

Die fundamentalhermeneutische Bedeutung der Anwendung des linguistischen Textbegriffs auf das →NT liegt in der Einsicht, dass die ntl. T.e im Sinne der Textlinguistik kohärent (→Kohärenz) und intentional kommunikationsfähig und -willig sind und damit denselben Bedingungen des Textverstehens wie alle kohärenten T.e unterliegen. Das gilt auch für die apokalyptischen T.e des NT, besonders für die Offb.

BIBLIOGRAPHIE: K. Aland/B. Aland, Der Text des Neuen Testaments, Stuttgart [2]1989. – B. Aland et al. (Hgg.), Novum Testamentum Graecum. Editio critica maior, Stuttgart 1997 ff. – W. Egger, Methodenlehre zum Neuen Testament, Freiburg i. Br. u. a. [5]1995. – E. Nestle/K. Aland, Novum Testamentum Graece, Stuttgart [27]1993. – Diess., Das Neue Testament Griechisch und Deutsch, Stuttgart [27]1989. – U. Schnelle, Einführung in die neutestamentliche Exegese, Göttingen [6]2007. – O. Wischmeyer/E.-M. Becker (Hgg.), Was ist ein Text?, Tübingen/Basel 2001. – O. Wischmeyer, Hermeneutik des Neuen Testaments, Tübingen/Basel 2004. – Dies./S. Scholz (Hgg.), Die Bibel als Text, Tübingen/Basel 2008.

Oda Wischmeyer

III. Kirchengeschichtlich

Unter T.en sind in diesem Zusammenhang *in erster Linie* biblische T.e zu verstehen. T.e sind hier mehr oder weniger große Teile des Corpus der biblischen Schriften, die in besonderen funktionalen Zusammenhängen autoritative Verwendung finden und die in ihrer unterschiedlichen Gestalt von einem konnotierenden Subtext bis zum →Zitat zu erkennen und einzuordnen für den Historiker und sein jeweiliges Textverständnis von größter Bedeutung ist. Drei Großbereiche sind hier besonders zu nennen: der liturgische Zusammenhang, der Zusammenhang von →Predigt und theologischem Schulbetrieb, der dogmatisch-apologetische Bereich.

Im Einzelnen ist festzustellen: Schon in den synagogalen gottesdienstlichen Zusammenkünften gibt es (verschiedene) Leseordnungen zu →Tora und Propheten. Die →Lesung solcher Textabschnitte, wohl aus der →Septuaginta, wird in den christlichen →Gottesdiensten übernommen und seit dem 2. Jh. zu lokal sehr divergierenden Lese-/Perikopenordnungen ausgebaut, die mit der Zeit für bestimmte Gottesdienste →AT, →Evangelium und Epistel umfassen. Erst die Neuzeit bringt jährlich wechselnde Leseordnungen. Dazu kamen die →Psalmen als liturgisches Gebetsformular seit der ntl. Zeit. Eine Lesung diente als T. für die →Predigt seit spätntl. Zeit und unterschied diese vom Lehrvortrag, der um Zitate und Textfragmente kreiste. Die Textauslegung in der Predigt steht in einem direkten Zusammenhang mit den im Schulbetrieb und in den täglichen Nebengottesdiensten stattfindenden *lectio continua*-Auslegungen biblischer Bücher (Origenes), die für die theologische Ausbildung und für die Genese von Schulzusammenhängen und ihre Erkenntnis von größter Bedeutung ist. Daneben findet sich schon im altapologetischen Schrifttum und in den Märtyrerakten das Florilegium. Mit dieser Literatur soll durch eine Kombination von biblischen Kernsätzen aus verschiedenen biblischen Büchern die Wahrheit des christlichen Glaubens oder einzelner *loci* bewiesen werden. Diese ebenfalls aus dem antiken Schulbetrieb übernommene theologische →Methode wird in den trinitarisch-christologischen Diskussionen ebenso wie in Augustins Auseinandersetzungen über das *peccatum originale* ausgebaut, bleibt im Mittelalter gültig und ist nach einer Renaissance in der Reformation bis heute akzeptiert. Biblische T.e, eventuell verkürzt und gemischt, begegnen aber auch in vielen weiteren Zusammenhängen, z. B. als Bildbeischrift, Bauinschrift oder in magischen T.en.

Der Gebrauch *anderer T.e* in einem theologischen Zusammenhang lässt sich summarisch nur als höchst komplex beschreiben. Neben christlichen T.en, die zur Autorität aufsteigen (Kirchenväter) oder als häretisch abgelehnt werden, findet eine differenzierte Auseinandersetzung v. a. mit T.en der vorchristlichen Antike in Zustimmung und –normalerweise – Ablehnung statt. Dass solche T.e mit der Ausnahme einiger kultureller Standardautoren bzw. -zitate verhältnismäßig wenig und nur gnomenhaft aufgeführt werden, ist auffällig und ändert sich erst in der Neuzeit, die etwa auch T.en zeitgenössischer literarischer →Autoren großen Raum einräumt.

Seit den Anfängen einer kritischen Textforschung mit Origenes (Hexapla) spielte die Frage der →*Textkritik* wegen der mit ihr verbundenen theologischen Implikationen eine entscheidende Rolle. Dies zeigt sich auch bei dem für den lateinischen Westen und das westliche Mittelalter zweiten bedeutenden Textkritiker der antiken Christentumsgeschichte, Hieronymus, und seiner lateinischen Bibelübersetzung (→Vulgata) und ihrer zögerlichen Adaptierung. Weitreichende Bedeutung erlangte die Textkritik dann durch die krititischen Ausgaben der Humanisten für die Reformation sowie für die →Exegese der Neuzeit und ihr Verständnis eines T.es.

Bibliographie: H. Chadwick, Antike Schriftauslegung, Berlin 1998. – C. Markschies, Origenes und die Kommentierung des paulinischen Römerbriefs, in: G.W. Most (Hg.), Commentaries – Kommentare, Göttingen 1999, 66–94. – Ders., Liturgisches Lesen und die Hermeneutik der Schrift, in: P. Gemeinhardt/U. Kühneweg (Hgg.), Patristica et Oecumenica, FS W.A. Bienert, Marburg 2004, 77–88. – H.G. Stroumsa, Kanon und Kultur, Berlin 1999.

Wolfgang Wischmeyer

IV. Judaistisch

In der Zeit des Zweiten Tempels ist der Bibeltext, wie v.a. die Qumranfunde zeigen, noch nicht genau festgelegt. Was zählt, ist der Aussage*inhalt*, der im biblischen Lehrvortrag, ob als Verlesung oder als inhaltliche Vermittlung, der Gemeinde nahegebracht wird. Erst mit den protomasoretischen T.en dominiert immer mehr der präzise Wortlaut. Trotz aller Differenzen zwischen hebräischem T. und der griechischen →Septuaginta können daher Aristeas-Brief und Philo die genaue Übereinstimmung beider T.e betonen. Die Rabbinen trennen dagegen scharf zwischen geoffenbartem schriftlichem T. v.a. der →Tora und seiner Verlesung. Der Offenbarungstext ist die genaue und unveränderliche Konsonantenfolge der hebräischen Tora ohne Vokal- oder Satzzeichen, ein Zeichensystem, das erst durch Verlesung hörbar und verständliche Mitteilung wird. Der traditionelle T. ist gegen →Textkritik immun, auch wenn der in der Bibelwissenschaft festgestellte Befund sehr wohl für das Verständnis des T.es herangezogen wird. Genaue Vorschriften für die Verteilung des Bibeltextes auf der Textseite bzw. -kolumne setzen sich im Lauf der Zeit durch. Vor dem Mittelalter kennt das Hebräische kein Wort für ‚T.'; etymologisch entspricht *textus* hebr. *massekhet*, was meist als ‚Traktat' wiedergegeben wird. „Mose schrieb den Text dieser Weisung" (Einheitsübersetzung Dtn 31,24) heißt wörtlich ‚die *Worte* dieser Weisung' (*divre ha-tora*), was den mündlichen Vortrag betont. Die Rabbinen bezeichnen den Bibeltext als *miqra*, ‚Gelesenes, Rezitiertes', weil er von einer schriftlichen Vorlage zu Gehör gebracht wird; *girsa* hingegen (babylonischer Talmud) meint jeden anderen traditionellen T., der mündlich rezitiert und dadurch gelernt wird. Erst ab dem Mittelalter bezeichnet *girsa* die Texttradition oder Lesart; *nusach*, das heute für ‚T.' verwendet wird, verwendet man nun v.a. für das Formular eines Gebets oder einer Urkunde. Der Wandel der Begriffe belegt einen veränderten Zugang zur Sache. ‚T.' bedeutet je anderes, wenn von der Tora oder von der autoritativen Tradition, der ‚mündlichen Tora' ausgesagt, anderes auch je nach der historischen Situation. Eine Nivellierung des Begriffs ist erst mit der Neuzeit möglich.

Bibliographie: P.W. Flint (Hg.), The Bible at Qumran, Grand Rapids/Cambridge 2001. – A. Goldberg, Die Schrift der rabbinischen Schriftausleger, in: FJB 15 (1987), 1–15 (= Ders., Rabbinische Texte als Gegenstand der Auslegung, Tübingen 1999, 230–241).

Günter Stemberger

V. Islamwissenschaftlich

Dass der →Koran Gottes offenbartes →Wort ist, ist in allen Richtungen des Islams unbestritten. Aber es gibt kein Dogma einer ‚Verbalinspiration'. Gültig ist der arabische Konsonantentext (arab. *rasm*), der nach vorherrschender Ansicht unter dem dritten Kalifen ʻUthmān ibn ʻAffān nach der Sammlung der bis dahin einzeln umlaufenden Koranteile festgelegt wurde. Auf dieser Basis haben sich in den wichtigsten islamischen Städten der Frühzeit verschiedene Lesetraditionen (arab. *qirāʼa*) entwickelt. Der geschriebene T. bedarf bis heute der Approbation durch ein befugtes Gremium von Koranlesern. Den Rang eines ‚*textus receptus*' hat inzwischen die kufische Lesung ‚Ḥafṣ ʻan ʻĀṣim' gewonnen, und zwar durch die erstmals 1923 in Kairo erschienene, von Gelehrten der Azhar-Universität herausgegebene und approbierte Druckausgabe (sog. Azhar-Koran). Die klassische Koranexegese (arab. *tafsīr*) folgt bestimmten Regeln der grammatischen, rhetorischen und rechtlichen Interpretation. Dabei spielen für die Kontextrekonstruktion zahlreicher aus sich heraus nicht verständlicher Stellen die sog. ‚Offenbarungsanlässe' (arab. *asbāb al-nuzūl*) eine wichtige Rolle, für deren Erhebung auf die maßgeblichen T.e der Prophetentradition (arab. *sunna*) zurückgegriffen wird. Die klassischen wie die modern(istisch)en Koranexegeten haben immer wieder Überlegungen auch über die hermeneutischen Voraussetzungen ihres Tuns angestellt.

BIBLIOGRAPHIE: C. Gilliot, Exégèse, langue et théologie en Islam, Paris 1990. – I. Goldziher, Die Richtungen der islamischen Koranauslegung, Leiden 1920. – A. Rippin (Hg.), Approaches to the history of the interpretation of the Qur'ān, Oxford 1988.

Hartmut Bobzin

VI. Altphilologisch

Die Philologie kennt *erstens* einen am materiellen Trägertum orientierten Textbegriff, der sich auf die Ermittlung des Wortlautes konzentriert. Besonders seit dem 18. Jh. setzte sich das Bewusstsein durch, dass die antiken T.e im Laufe ihrer →Überlieferung absichtlichen (z. B. durch Interpolationen) und zufälligen (z. B. durch Blattausfall) Veränderungen unterworfen waren. Diese versuchte man durch eine methodische →Kritik der Überlieferungsgeschichte des T.es und die Erstellung des bestmöglichen T.es (→Textkritik) zu beheben. Dabei ist nun der Anspruch aufgegeben worden, die *eine* authentische Textfassung des Originals wiederherzustellen: Textkritik kann immer nur approximativ sein. Das 19. Jh. mit seiner Verwissenschaftlichung der Philologie etablierte die noch heute gültigen Methoden der →Textkritik.

Zweitens bildet der T. als nach Regeln verknüpftes sprachliches Gebilde von Übersatzlänge den Gegenstand philologisch-grammatischer Analyse. *Drittens* wurde gerade den antiken T.en im Sinne von ‚Werken' eine hohe Qualität und Vorbildlichkeit zugestanden. Daher wurden sie als nützliche, ja essentielle Instrumente für eine abgerundete Erziehung zu einem kultivierten Menschen angesehen (z. B. bereits Quint. *inst.* 10). Diese Haltung führte zu einer organischen Verbindung von Wissenschaft (Philologie) und Erziehung, in der die Ermittlung des Textsinns zentral war. Allerdings stehen heute mehr literatur- und kulturwissenschaftliche Interpretationen der als polysemisch erkannten T.e im Vordergrund (S.J. Harrison). Ferner hat eine Erweiterung des Textkanons stattgefunden, sowohl in gattungsspezifischer (Einbeziehung des Romans, der Fabel etc.) als auch in diachroner Hinsicht (Einbeziehung der Spätantike).

BIBLIOGRAPHIE: F. Graf (Hg.), Einleitung in die lateinische Philologie, Stuttgart/Leipzig 1997, 40–48. 51–73. – A. Grafton, Defenders of the text, Cambridge/London 1991. – S.J. Harrison (Hg.), Texts, ideas and the classics: scholarship, theory, and classical literature, Oxford 2001. – H.-G. Nesselrath (Hg.), Einleitung in die griechische Philologie, Stuttgart/Leipzig 1997, 129–132. – M. Scherner, Art. Text, in: HWPh 10 (1998), 1038–1044.

Karla Pollmann

VII. Literaturwissenschaft

In der Literaturwissenschaft versteht man unter einem T. (von lat. *textus*, ‚Gewebe') eine schriftlich fixierte, zusammenhängende und in sich abgeschlossene sprachliche Äußerung verschiedenen Umfangs. Gegenstand literaturwissenschaftlicher Analyse sind v. a. solche T.e, die literarische Merkmale aufweisen (wie etwa die Zugehörigkeit zu einer literarischen →Gattung oder eine spezifische Poetizität, d. h. eine besonders kunstvoll geformte, dichte, bildreiche und klangliche Sprache). Ein weiteres Kriterium ist die Zugehörigkeit zum Literatursystem (N. Luhmann) bzw. die Frage, ob ein T. im Literatursystem als ein literarischer T. produziert, gewertet und tradiert wird (→Kanon; →Kanongeschichte). Seit dem →*Cultural turn* bzw. der Öffnung der Literaturwissenschaft hin zur Kulturwissenschaft kommt auch ein erweiterter Textbegriff zum Tragen: In Anlehnung etwa an den →*New Historicism* oder die →Diskursanalyse werden auch andere als literarische Zeichensysteme (auch nicht-sprachliche Zeichenordnungen wie etwa →Musik, visuelle Medien, Mode, Rituale, Topographien etc.) im Sinne einer umfassenden Auffassung von ‚Kultur als T.' (D. Bachmann-Medick) in die Analyse (literarischer T.e) mit einbezogen.

Der Textbegriff tritt in der jüngeren Literaturwissenschaft (etwa seit den 1960er Jahren) an die Stelle des Begriffs der →‚Literatur', der seit dem 18. Jh. auf den Bereich der ‚hohen Literatur' eingeschränkt und damit normativ verwendet wurde (‚Literatur', von lat. *littera*, bedeutete ursprünglich ‚alles Geschriebene'). Die Umorientierung von Literatur zum Textbegriff hat zum einen mit einer Erweiterung des Gegenstandsbereichs zu tun: Im

Zuge der Kritik an den Mechanismen literarischer Wertung werden auch solche Texte einbezogen, die nicht kanonisiert wurden (etwa: Trivialliteratur, Comics, Werbetexte mit literarischen Schreibweisen etc.). Zum anderen dient der Textbegriff aber auch einer stärkeren wissenschaftlichen Fundierung der Philologie. Hier ist zunächst die Anlehnung an linguistische Textmodelle zu nennen (J. Lotman), durch die im Sinne des Prager Strukturalismus die syntaktischen und semantischen Strukturen literarischer T.e ins Zentrum der Analyse rücken. Die französische Schule der Zeitschrift ‚*tel quel*' (J. Kristeva, R. Barthes u.a.) führt sodann den Textbegriff auch gegen das hermeneutische Wahrheitspostulat ins Feld und plädiert für eine Dynamisierung des Textkonzepts. An die Stelle des herkömmlichen ‚Werkbegriffs', der Abgeschlossenheit, Einheitlichkeit und wiederum eine gesellschaftliche →Normativität impliziert, tritt die offene Textstruktur. Die etymologische Verbindung von T. und Textil führt zur Vorstellung eines unabschließbaren kulturellen Netzes von T.en und damit zum Konzept von →Intertextualität. Auch die Editionsphilologie macht sich einen erweiterten, dynamisierten Textbegriff zu eigen (G. Martens), wenn sie fortan nicht mehr nur die (autorisierten) Endstufen, sondern alle rekonstruierbaren Varianten und Vorstufen literarischer T.e in die Textpräsentation einbezieht. Eine neue ‚Hochkonjunktur' erfährt der Textbegriff in der Literaturwissenschaft schließlich nach der kulturwissenschaftlichen Öffnung, die die Gefahr mit sich bringt, dass der Gegenstandsbereich allzu diffus entgleitet: Philologie wird deshalb in neuesten Positionsbestimmungen ausdrücklich als Textwissenschaft verstanden (H. Tervooren/H. Wenzel). Dies schließt einen weiten Literaturbegriff nicht aus, außerdem finden auch neueste textuelle Präsentationsformen wie etwa der →‚Hypertext' Berücksichtigung (S. Winko).

Bibliographie: D. Bachmann-Medick (Hg.), Kultur als Text, Tübingen u.a. [2]2004. – R. Barthes, Vom Werk zum Text, in: S. Kammer/R. Lüdeke (Hgg.), Texte zur Theorie des Textes, Stuttgart 2005, 40–51 [*frz.* Paris 1971]. – M. Scherner, Text, in: Archiv für Begriffsgeschichte 39 (1996), 103–160. – J.M. Lotman, Die Struktur des künstlerischen Textes, Frankfurt a.M. 1970. – G. Martens, Was ist ein Text?, in: Poetica 21 (1989), 1–25. – P. Ricœur, Der Text als Modell, in: W. Bühl (Hg.), Verstehende Soziologie, München 1972, 252–283. – H. Tervooren/H. Wenzel (Hgg.). Philologie als Textwissenschaft, ZfdPh 116 (1997), Sonderheft. – S. Winko, Lost in hypertext?, in: F. Jannidis et al. (Hgg.), Rückkehr des Autors, Tübingen 1999, 511–533. – M. Frank, Was ist ein literarischer Text, und was heißt, ihn zu verstehen?, in: J. Kolkenbrock-Netz et al. (Hgg.), Wege der Literaturwissenschaft, Bonn 1985, 10–25.

Christine Lubkoll

VIII. Textlinguistisch

Der T. ist Teileinheit eines Diskurses und stellt nach →Wort und →Satz eine der größten Beschreibungseinheiten der Linguistik dar. Aus transphrastischer Sicht besteht ein T. aus einer Abfolge von Sätzen, die durch sprachliche Mittel zu kohärenten Folgen miteinander verbunden sind. Der T. stellt ein strukturelles Ganzes dar, das ausdrucksseitig und inhaltsseitig als ‚Gewebe' sichtbar wird. Seine Beschreibung erfolgt nach Kriterien der Textgrammatik (Kohäsion, z.B. der Gebrauch von Pronomina) und Textsemantik (→Kohärenz, z.B. Präsuppositionen).

Bei einer kommunikativ-pragmatischen Betrachtung ist der T. eingebettet in eine Kommunikationssituation, an der mindestens ein Textproduzent und ein Textrezipient beteiligt sind. Als relativ abgeschlossene thematische Einheit, die in einen spezifischen Situationskontext eingebettet ist, kommt ihm eine bestimmte kommunikative Funktion zu. T.en können wie Sprachzeichen in Anlehnung an R. Bühlers *Organonmodell* drei Grundfunktionen zugeschrieben werden: die Funktion der Darstellung, des Ausdrucks und des Appells. Die Sprechaktklassifikation von J.R. Searle geht von fünf Illokutionstypen aus (Information, Appell, Obligation, Kontakt, Deklaration), die sich relativ eng an Bühlers Modell der funktionalen Großklassen anbinden lassen.

T.e können schließlich als Produkt und Ausgangspunkt kognitiver Prozesse betrachtet werden. Gegenstand der →Kognitiven Linguistik ist die Erforschung der Prozesse bei der Textproduktion und Textrezeption. Dem ‚T. auf dem Papier' steht der ‚T. im Kopf' gegenüber; in vereinzelten Arbeiten kommt dem ,T. auf dem Papier' die Rolle des Stimulus für individuelle ,T.e im Kopf' zu.

Die Textlinguistik beschäftigt sich sowohl mit literarischen T.en als auch mit Gebrauchstexten (z.B. Gebrauchsanweisungen, Rezepte, Wetterbericht), die häufig eine ausgeprägte funktionsorientierte Komponente aufweisen. Durch die neuen Medien und das Aufkommen des →Hypertextes werden Merkmale des ,T.es auf dem Papier' wie das der abgeschlossenen thematischen Einheit grundsätzlich in Frage gestellt. T.e werden aufgrund bestimmter Bündel von Merkmalen nach →Textsorten klassifiziert. Eine einheitliche und verbindliche Textsortenklassifikation gibt es nicht. Vielmehr werden in neuerer Zeit T.e (und Textsorten) als prototypische Kategorien aufgefasst, die jeweils T.e als gute Vertreter des Prototyps, auf die eine Vielzahl definitorischer Kriterien zutrifft, und Texte als schlechtere Vertreter umfassen. Grundsätzlich ist keine Satzfolge davor gefeit, als T. interpretiert zu werden.

BIBLIOGRAPHIE: K. Adamzik, Textlinguistik, Tübingen 2004. – K. Bühler, Sprachtheorie, Jena 1934 [Stuttgart u.a. ³1999]. – M. Heinemann/W. Heinemann, Grundlagen der Textlinguistik, Tübingen 2002. – J.R. Searle, Speech acts, Cambridge 1969 [*dt.* Frankfurt a.M. 1971].

Mechthild Habermann

Textkritik

I. Alttestamentlich

Die T. im AT verfolgt das Ziel, den möglichst ursprünglichen →Text des AT festzulegen. Im Prinzip arbeitet sie wie bei anderen handschriftlich überlieferten Texten, ist aber durch die lückenhafte Bezeugung der Textgeschichte besonders erschwert. Der sog. Masoretische Text (= MT), der in zahlreichen mittelalterlichen Handschriften – v.a. in der ältesten vollständigen, dem der Biblia Hebraica zugrunde liegenden Codex Leningradensis (1008 n.Chr.) – vorliegt, dominiert so stark die Textgeschichte, dass unabhängiges hebräisches Textmaterial kaum vorhanden ist.

Bis zu den Qumran-Funden war der Samaritanische Pentateuch – neben der →Septuaginta – der einzige Zeuge für eine nicht-masoretische Textform. Die große Einheitlichkeit der Handschriften des MT, die Vokalisation und Akzentuierung sowie die masoretischen Anmerkungen sprechen zwar für eine sorgfältige Pflege des Textes. Die biblischen Texte aus Qumran haben jedoch gezeigt, dass die Textüberlieferung um die Zeitenwende durch eine Vielfalt an Textformen geprägt war, von denen im Konsonantenbestand des MT nur eine fortlebt.

Die Qumran-Funde haben somit eine neue Ära in der T. des AT eingeleitet. Die meisten Handschriften aus Qumran sind jedoch so fragmentarisch, dass sie nicht die Septuaginta als die wichtigste Quelle für die T. des AT ersetzen können, sondern vielmehr ihre Zuverlässigkeit als Zeugin ihrer hebräischen Vorlage bestätigen. Soweit die Septuaginta-Vorlage durch Rückübersetzung rekonstruiert werden kann, ist es möglich, Einblicke in eine erheblich frühe Phase der Textgeschichte zu gewinnen (3.–1. Jh. v.Chr.). Dazu ist aber nur der ursprüngliche Übersetzungstext geeignet, so dass die T. der Septuaginta vorauszusetzen ist. Weil ihr Text immer wieder dem hebräischen angeglichen wurde, ist in der T. der Septuaginta jeweils diejenige Lesart vorzuziehen, die vom MT weiter entfernt ist, d.h. eine freie Übersetzung einer wörtlichen und die Übersetzung eines vom MT abweichenden hebräischen Textes einer mit dem MT genau übereinstimmenden.

In der T. des AT sind äußere Kriterien im Einzelfall nicht anwendbar. Entscheidend sind die Fragen: Was ist in der Textgeschichte geschehen, in welcher Richtung hat sich der Text entwickelt oder ist er geändert worden? Es handelt sich nicht nur um Verschreibungen, sondern es sind auch bewusste Eingriffe in den Text – oft mit theologischer Motivation – noch relativ spät v.a. in der Textform des MT vorgenommen worden. Daher ist die Grenze zur Literarkritik fließend.

BIBLIOGRAPHIE: A. Aejmelaeus, Licence to kill? Deut 13:10 and the prerequisites of textual criticism, in: Dies., On the trail of the Septuagint translators, Leuven 2007, 181–204. – Dies., Lost in reconstruction? On Hebrew and Greek reconstructions in 2 Sam 24, in: BIOSCS 40 (2007), 89–106. – E. Tov, Der Text der Hebräischen Bibel: Handbuch der Textkritik, Stuttgart u.a. 1997. – E. Ulrich, The

Dead Sea scrolls and the origins of the Bible, Leiden u.a. 1999.

Anneli Aejmelaeus

II. Neutestamentlich

Ziel der T. ist es, den ursprünglichen Wortlaut des NT aufgrund sämtlicher erhaltener Textzeugen, d.h. griechischer Handschriften, Versionen und →Zitate bei griechischen Kirchenschriftstellern, festzustellen. Diese → Überlieferung ist dadurch gekennzeichnet, dass schon in früher Zeit relativ genau abgeschrieben wurde, wie sich aus der Eigenart der Fehler in den Handschriften ergibt. Sie bestehen bei weitem häufiger in Versehen, Unachtsamkeiten und Schreibfehlern als in bewusster sinngemäßer Änderung der Vorlage. Schreiber üben das Handwerk des Kopisten aus, sie sind keine Theologen oder Interpreten.

Daraus ergibt sich die Notwendigkeit, den Textwert der Zeugen so objektiv wie möglich zu bestimmen. Dies geschah bisher ausschließlich aufgrund von sog. äußeren Kriterien, d.h. Rückschlüssen auf Zuverlässigkeit und Glaubwürdigkeit von Zeugen, die sich aus der Beachtung innerer Kriterien, d.h. sprachlicher, stilistischer, lexikographischer und inhaltlicher Erwägungen ergaben. So sensibel und textgemäß diese Kriterien auch angewandt sein mögen, so leuchtet doch ein, dass Urteile, die aufgrund von Kriterien gefällt werden, nur bedingt objektiv sein können, weil vom subjektiven Urteil des Exegeten abhängig.

G. Mink hat daher im Institut für ntl. Textforschung in Münster eine Methode entwickelt, die der Eigenart der handschriftlichen Überlieferung insofern Rechnung trägt, als sie die Kontamination der Zeugen *und* die mögliche zufällige Mehrfachentstehung von Varianten bedenkt. Da wir die reale Geschichte eines Textes nicht kennen, muss aufgrund der sog. kohärenzbasierten Methode eine nicht falsifizierbare Hypothese über die genealogische Struktur der erhaltenen Überlieferung erarbeitet werden. Dies gelingt in einer Weise, die es möglich macht, bisher unbekannte Textzeugen festzustellen, die dem Ausgangspunkt der Überlieferung sehr nahe kommen und damit das Ziel der T., die Erhebung des Wortlautes des NT, zu erreichen helfen.

Antike T. ist immer auch abhängig von Menge, Art und Alter der erhaltenen Zeugen. Der Editor muss dann entscheiden, welches Ziel er erreichen kann: die Bestimmung der *intentio auctoris*, den vom Autor autorisierten Text, oder den Text als Schnittpunkt zwischen Produktion und Rezeption. Im NT wird man deswegen eher vom Ausgangspunkt der Überlieferung sprechen, ohne diesen näher zu qualifizieren.

Bibliographie: Novum Testamentum Graece, Editio Critica Maior, hg. v. B. Aland/K. Aland (†)/G. Mink/K. Wachtel, Bd. IV 1 Der Jakobusbrief, Text und begleitende Materialien, Stuttgart 1997; IV 2 Die Petrusbriefe, Stuttgart 2000; IV 3 Der erste Johannesbrief, Stuttgart 2003; hg. v. B. Aland/K. Aland (†)/G. Mink/H. Strutwolf/K. Wachtel, IV 4 Der zweite und dritte Johannesbrief, der Judasbrief, Stuttgart 2005. – G. Mink, Was verändert sich in der Textkritik durch die Beachtung genealogischer Kohärenz?, in: W. Weren/D.-A. Koch, Recent developments in textual criticism, Assen 2003, 39–68. Vgl. auch die Website des Instituts für ntl. Textforschung (INTF): www.uni-muenster.de/NTTextforschung/.

Barbara Aland

III. Kirchengeschichtlich

Die Notwendigkeit der T. ergibt sich aus der handschriftlichen →Überlieferung von → Texten und ist in der Antike eine gängige Methode. Das bedeutendste textkritische Werk der Alten Kirche stellt die *Hexapla* des Origenes dar, in der er – basierend auf kaiserzeitlicher Schulphilologie und Arbeiten jüdischer Gelehrter – den hebräischen Text des AT, die →Septuaginta und fünf bzw. sechs weitere griechische Übersetzungen nebeneinander gestellt und so die Septuaginta textkritisch bearbeitet hat. Schon bei Origenes werden hermeneutische Grundentscheidungen deutlich: Zum einen geht es um die grundsätzliche Bereitschaft, die vorliegende Version eines als inhaltlich verbindlich verstandenen Texts als fehlerhaft anzusehen, zum anderen zeigt sich ein spezifisches Textverständnis der biblischen Schriften, wenn sich Origenes' T. von der zeitgenössischen durch eine Bevorzugung äußerer Textzeugen vor inneren Gründen und einer nur zurückhaltenden Bereitschaft zu Textveränderungen unterscheidet. Auch Euseb und Hieronymus haben in ihren Werken an der von Konstantin bestellten griechischen Bibel bzw. an der →*Vulgata* textkritisch gearbeitet.

Im kirchlichen Gebrauch des Westens nahm in der Folgezeit die Dominanz der *Vulgata* zu, die textkritische Methode kam außer Gebrauch. Auch die Epoche des beginnenden Buchdrucks und der ersten Druckausgabe eines griechischen NT durch Erasmus und der konkurrierenden, auf anderen Handschriften beruhenden *Complutense* gilt noch als ‚vorkritisch', d.h. auch die reformatorischen Kirchen mit ihrer Hochschätzung der Bibel haben die Notwendigkeit der Erfassung des Textbestandes nicht gesehen.

Die neuzeitliche T. beginnt erst im 19. Jh. im Zuge des →Historismus. Die textkritischen →Methoden innerer und äußerer Kritik werden entwickelt und durch Forschungsreisen der handschriftliche Bestand erhöht. Als erster methodischer Schritt der historisch-kritischen →Exegese bedeutet T. die Rekonstruktion des ältesten erreichbaren ursprachlichen Texts zur exegetischen Ausbildung universitärer Theologen. Während frühere Textkritiker sicherlich noch nach dem Ideal eines für den kirchlich-theologischen Gebrauch verbindlichen ursprachlichen Bibeltextes strebten, zeigen gerade neuere textkritische Projekte wie die *Editio Critica Maior* mit ihrer umfassenden Textbezeugung, dass die Aufgabe, einen kritischen Text zu erstellen, nur der kontinuierlichen Forschung überlassen werden kann. Eine weitere Veränderung ist dort zu erkennen, wo der Text nicht nur anhand quantitativer, sondern auch qualitativer Kriterien konstituiert wird. Dabei geht es immer um die Etablierung eines Textbestandes mit Hilfe philologischer Methodik als Grundlage der Interpretation, die jedoch dort an Plausibilität verliert, wo von diesem methodischen Schritt in Übersetzungen zugunsten theologischer Entscheidungen abgesehen wird und/oder Übersetzungen wie z.B. die *Nova Vulgata* Verbindlichkeit zugesprochen bekommen.

Bibliographie: K. Aland/B. Aland, Der Text des Neuen Testaments, Stuttgart [2]1989. – T.J. Kraus/T. Nicklas (Hgg.), New Testament manuscripts, Leiden/Boston 2006. – B.M. Metzger/B.D. Ehrman, The text of the New Testament: its transmission, corruption and restoration, New York [4]2005. – E. Tov, Textual criticism of the Hebrew Bible, Minneapolis [2]2001.

Jutta Tloka

IV. Judaistisch

Anfänge einer T., wie sie in Alexandrien gepflegt wurde, kann man im rabbinischen Judentum kaum nachweisen. Das einzige Beispiel, das eindeutig die gleiche Terminologie aufweist, ist die überlieferte Nachricht, dass im Vorhof des Tempels von Jerusalem drei voneinander abweichende Torarollen gefunden worden seien (SifDev 356). Es ist schwer festzustellen, welche Unterschiede die drei Rollen aufwiesen; die Entscheidung der Rabbinen deckt sich immer mit dem *textus receptus*. Die Rabbinen unterscheiden zwischen dem, was zu ihrer Zeit als ‚kanonischer' Text galt, und dem, was sie für bloße Reste der ‚Vergangenheit' hielten. Wenn diese Nachricht historisch ist, wurde im Tempel ein Exemplar aufbewahrt, das als Musterkodex für die Schreiber galt, was auch Josephus zu bestätigen scheint (*AJ* 3,3). Ihm zufolge (*Ap.* 1,35) wurden die Toraexemplare von Priestern aufbewahrt, die durch ihre Genealogie die Kontinuität garantierten.

Wie der rabbinischen Literatur zu entnehmen ist, wurde der Text allmählich vokalisiert und damit auch textgeschichtlich kanonisiert. Deshalb projizierte die babylonische Tradition die ganze spätere Entwicklung der masoretischen Überlieferung auf Esra zurück. In einer Wort-für-Wort-Erklärung kommentiert der Talmud (bMeg 3a) Neh 8,8 so: „‚Sie lasen aus dem Torabuch Gottes vor': Das ist die Vorlesung; ‚Stück für Stück': Das ist der Targum. ‚Sie legten den Sinn (der Wörter) dar': Das sind die Verseinteilungen; ‚so dass sie den Text verstanden': Das sind die Bedeutungszeichen (Akzente?). Sie sagten zu ihm: Das ist die Masora". (Fast) alle masoretischen Elemente lagen also Esra vor.

Die rabbinische Tradition ist eher konservativ und achtet auf jede Änderung, wie aus einem Diktum aus bEr 13a hervorgeht, das sich an den Toraschreiber wendet: „... denn wenn du ein Zeichen wegläßt oder hinzufügst, zerstörst du [damit] die ganze Welt". Die *Liaison* zwischen der Schöpfung und den

Zeichen der schriftlichen Tora ist ontologisch begründet; die Zerstörung der Ordnung der zweiten bedeutet auch die Vernichtung der ersten.

Das Werk der Masoreten setzt eine Form von T. bei der Fixierung (Punktierung) und Gestaltung des Textes voraus. Doch erst in der Renaissance und der Frühneuzeit griff man wieder auf die antiken textkritischen Methoden zurück, um Fehlerquellen, Zusätze und Auslassungen bei Texteditionen zu erkennen, wie die Kritik von Elia Levita beweist. Zu erwähnen sind die wohl frühmittelalterlichen Werke *Soferim* und *Sefer Tora*, die sich mit den Toraschreibern beschäftigen und den masoretischen Text voraussetzen.

BIBLIOGRAPHIE: S. Lieberman, Hellenism in Jewish Palestine, New York [2]1962, 22–32. – S. Talmon, The three scrolls of the law that were found in the temple court, in: Textus 2 (1962), 14–32. – E. Tov, Textual criticism of the Hebrew Bible, Minneapolis 1992 [[2]2001]. – G. Veltri, From the search for the best text to the pragmatic edition, in: F. Garcia-Martinez et al. (Hgg.), The New Testament and rabbinic literature, Leiden 2009.

Giuseppe Veltri

V. Islamwissenschaftlich

Die Herangehensweise der islamischen Gelehrten war aufgrund der fehlerträchtigen Textüberlieferung in einer Manuskriptkultur stets textkritisch. Erst der Buchdruck, in der islamischen Welt nicht vor der zweiten Hälfte des 19. Jh.s flächendeckend eingeführt, und das Nachlassen philologischer Kenntnisse in der Moderne haben die Bedeutung der T. gemindert. In drei Bereichen spielt die T. eine besondere Rolle: bezüglich des →Korans, der →Tradition und der Dichtung. Im Bereich der Koranwissenschaften dient sie der Etablierung des genauen Wortlauts einer Passage: Obwohl seit der Frühzeit eine allgemein anerkannte, nämlich die ,ʿuṯmānische' Fassung des Korans in Umlauf war, liegen doch bis heute mehrere Versionen des koranischen Textes vor, die regionale Bedeutung besitzen und als auf ihre Weise korrekt anerkannt sind. Unterschiede des Wortlauts ergeben sich durch verschiedene Vokalisierung und/oder Punktierung bei gleichbleibender Konfiguration der Basisschriftzeichen (*rasm*), gelegentlich auch durch Differenzen im *rasm*. Viele der bekannten Differenzen sind exegetisch relevant, wenn auch selten allein ausschlaggebend für die jeweilige Interpretation; im schiitischen Bereich sind Textvarianten in Umlauf, deren Historizität und Alter fragwürdig, aber nicht genau feststellbar sind. Die Abweichungen der koranischen Textversionen voneinander – die sog. ,Lesarten' (*qirāʾāt*) – wurden zum Gegenstand einer eigenständigen Wissenschaft, die aus Gründen der → Exegese und zum Zweck des kunstgerechten Koranvortrags betrieben wurde. Diese Wissenschaft ist bislang nur ungenügend erforscht.

Die islamische T. hinsichtlich des Korans beruht auf der möglichst vollständigen Kenntnis der Varianten des Wortlauts, die penibel aufgezeichnet und gesammelt worden sind. Allerdings stützt sie sich ausschließlich auf Varianten, die in der literarischen Überlieferung (→Tradition) sowie den Korankommentaren bezeugt sind. Der Versuch, anhand früher Koranhandschriften oder anderer Zeugnisse (z. B. Inschriften, Münzlegenden) weiteren Aufschluss über den Wortlaut des Korans zu erhalten, wurde nicht unternommen. Auch die Methode westlicher Forscher, den koranischen Text aufgrund sprachlicher und/oder stilistischer Kriterien zu sichten, um ggf. Emendationen vorzunehmen oder mehrere Schichten und Textredaktionen zu unterscheiden, hat bis in die Neuzeit keine Parallele. ,Medinensische Einschübe' – d. h. Zusätze – in Suren, die bereits in Mekka offenbart worden waren, werden von den Muslimen anerkannt und kontrovers diskutiert, doch nicht auf Grundlage textkritischer Methoden, sondern auf Basis exegetischer Kriterien.

BIBLIOGRAPHIE: M. Bar-Asher, Scripture and exegesis in early Imāmī Shīʿism, Leiden 1999. – J.A. Bellamy, Art. Textual criticism of the Qurʾān, in: EQ 5 (2006), 237–252. – C. Gilliot, Exégèse, langue et theologie en Islam, Paris 1990, Kap. VI. – O. Hamdan, Studien zur Kanonisierung des Korantextes, Wiesbaden 2006. – F. Leemhuis, Art. Readings of the Qurʾān, in: EQ 3 (2003), 353–363. – J.D. McAuliffe (Hg.), The Cambridge companion to the Qurʾān, Cambridge 2006, Part I. – T. Nagel, Medinensische Einschübe in mekkanischen Suren, Göttingen 1995. – C. Versteegh, Arabic grammar and

Qur'anic exegesis in early Islam, Leiden 1993. – S. Wild (Hg.), The Qur'an as text, Leiden 1996.

Marco Schöller

VI. Altphilologisch

Eine der zentralen Aufgaben der Altertumswissenschaft betrifft die Frage, wie aus den fast immer erst aus dem Mittelalter erhaltenen und textlich oft divergierenden Handschriften der ursprüngliche Wortlaut antiker Texte mit der Methode der T. wieder gewonnen werden kann; der Abstand zwischen Abfassung und frühester Bezeugung beträgt fast immer viele Jahrhunderte, im griechischen Bereich manchmal sogar bis zu zwei Jahrtausenden. Alle mittelalterlichen Handschriften gehen letztlich auf spätantike Majuskelcodices zurück, die nach Abschrift ab dem späten 8. Jh. oft verloren gingen, nicht zuletzt deswegen, weil sie, ohne Worttrennung geschrieben, mühsamer zu benutzen waren als die Minuskelabschriften. Meist waren es Abschriften des 15. Jh.s, die ab 1465 zur Erstellung der Erstedition (*editio princeps*) herangezogen wurden; damit war eine Textform festgelegt (*textus receptus*), die die späteren Editoren bis ins 19. Jh. teils durch Heranziehen weiterer Handschriften, teils *ope ingenii* selektiv zu verbessern trachteten. Nach verschiedenen Ansätzen war es v. a. K. Lachmann mit seiner 1850 erschienenen Lukrezedition, der die moderne T. begründete. In manchen Punkten geändert und ergänzt fasste P. Maas 1927 die Lachmannsche →Methode in seiner bis heute verwendeten, aber kontrovers beurteilten T. zusammen: zuerst *recensio* (Überprüfung der Überlieferungsverhältnisse und Eliminierung der textkritisch unerheblichen Codices), dann *examinatio* (Überprüfung des ältesten Zeugen, des einzig erhaltenen *codex unicus* oder des rekonstruierten Archetypus, auf die Güte seines Wortlautes) und *emendatio* (wichtigste Prinzipien: Wahl der *lectio difficilior* und Beachtung des jeweiligen Sprachgebrauchs). Für die meistens dürftige und vielfach relativ späte →Überlieferung griechischer Klassiker mag diese Methode in gewisser Weise anwendbar sein; für die ungleich reichere lateinische Überlieferung kann nur eher selten von einem einzigen spätantiken Exemplar ausgegangen werden. Angeregt von einer Rezension der Maas'schen T. verfasste G. Pasquali 1934 die noch heute grundlegende Synthese von T. und Überlieferungsgeschichte; er wies auch auf die mögliche Bedeutung jüngerer Handschriften hin (*recentiores non deteriores*). Man scheidet heute zwischen *geschlossener* und *offener* Überlieferung (je nachdem ob nur ein oder mehrere spätantike Exemplare anzusetzen sind); zum Umgang damit gibt es verschiedene methodische Ansätze, doch die besonders für die lateinische Überlieferung wichtige spätantike Überlieferungsstufe findet noch immer zu wenig Beachtung.

Bibliographie: P. Maas, Textkritik, Leipzig [4]1960 [*engl.* Oxford 1958; *it.* Florenz [2]1958; *neugr.* Athen 1975]. – G. Pasquali, Storia della tradizione e critica del testo, Florenz [2]1952. – E. Pöhlmann, Einführung in die Überlieferungsgeschichte und in die Textkritik der antiken Literatur, 2 Bde., Darmstadt 1994.2003. – M.L. West, Textual criticism and editorial technique applicable to Greek and Latin texts, Stuttgart 1973.

Michaela Zelzer

VII. Literaturwissenschaftlich

T. ist das Verfahren, die wissenschaftlich zuverlässige Edition eines Texts oder mehrerer seiner Fassungen herzustellen. T. beginnt mit der vollständigen Ermittlung und Sammlung aller dazu überlieferten Textzeugen und ihrem zeichengenauen Vergleich (Kollation). So ermittelt der Editor Übereinstimmungen und Abweichungen und stellt sie in einen entstehungsgeschichtlichen Zusammenhang (*recensio*). Ab hier differenziert sich die T. aus, *erstens* aufgrund *unterschiedlicher Überlieferungssituationen:* (1) Antike, biblische und mittelalterliche Texte sind oft nur fragmentarisch und meist nicht in Autorhandschriften oder in vom →Autor gebilligten Textzeugen überliefert – also meist weder authentisch noch autorisiert. Überliefert sind in der Regel anonyme, oft Jahrzehnte, ggf. Jahrhunderte später erstellte Abschriften. (2) Texte der neueren Literatur hingegen verfügen über – graduell abgestufte – Authentizität und Autorisation, da weitgehend überliefert (a) in Autorhandschriften und -typoskripten, heute auch in Dateien, sowie (b) in vom Autor gewollten Abschriften und Drucken. Deswegen kommen *zwei verschiedene textkritische Verfahren* zum Einsatz. Bei der autorfernen, überfremdeten Überlieferung (1) versucht der Editor, den ursprünglichen Autortext zu rekonstruieren (Authentizität) bzw. sich ihm zu nähern (Archetyp), indem er per Textzeugenvergleich Veränderungen Dritter zu erkennen sucht und rückgängig macht (*examinatio*). Dieses Verfahren (nach K. Lachmann) setzt allerdings eine eindeutige Überlieferung voraus (eine ursprüngliche Autorfassung statt möglicher mehrerer). Bei der viel häufigeren problematischen Überlieferung wird inzwischen oft der zuverlässigste Textzeuge als repräsentativ abgedruckt. Trotz authentischer und autorisierter Überlieferung wurde Verfahren (1) auch auf die neuere Literatur angewendet. Doch kein ‚bester' Text entstand, sondern ein historisch nicht verbürgter Mischtext des Editors. Heute hat sich das Verfahren (2) durchgesetzt: Man ediert eine historische Textfassung (oder mehrere Fassungen: T. verschiebt ihren Fokus von der Textkonstitution zur -genese). Textkritische Eingriffe sind reduziert auf Emendationen. Konjektur, Normalisierung (Ausgleich variierender Wortformen etc.) und Modernisierung (Angleichung an aktuelle Orthographie) sind obsolet. Bei beiden Verfahren sind Textkonstitution und Eingriffe des Editors in Apparat oder →Kommentar darzustellen und zu begründen.

Ausdifferenzierend wirkt *zweitens* der anvisierte *Editionstyp*. Die beiden soeben geschilderten Verfahren galten historisch-kritischen Ausgaben. Dagegen übertreffen die Faksimile- oder die dokumentarische Ausgabe das Verfahren (2) noch durch Originalnähe, und die genetische Ausgabe stellt die Textentstehung anhand aller überlieferten Textzeugen dar. Diesen text-, autor- und produktionsorientierten Editionen steht die benutzerorientierte gegenüber wie die Studienausgabe, die den Text einer historisch-kritischen Edition übernimmt und sich auf den → Kommentar konzentriert. Heute geht der Trend zur Fusion von historisch-kritischer und Studienausgabe in der rezipientenaktivierenden Internet- oder Hybridedition. Letztere bietet eine historische Textfassung im Druck, aber weitere Fassungen, Apparat und Kommentar digital (CD-Rom oder Internet).

Bibliographie: A. Bohnenkamp, Textkritik und Textedition, in: H.L. Arnold/H. Detering (Hgg.), Grundzüge der Literaturwissenschaft, München 1996, 179–203. – editio 18 (2004) und 19 (2005). – R. Nutt-Kofoth, Art. Textkritik, in: RLW 3 (2003), 602–607.

Anke Bosse

Textsorte

Der Begriff ‚T.' referiert auf Gruppen von Texten, die auf der Basis grundlegender und wiederholbarer Merkmale klassifiziert und von anderen Textgruppen abgegrenzt werden. Im Unterschied zum Gattungsbegriff beschränken sich T.n nicht auf die Klassifikation ästhetisch geprägter Texte, sondern schließen alle Arten von Texten mit ein. In der linguistischen Textsortenlehre wird eine kontroverse Diskussion darüber geführt, von welchem theoretischen Standort aus die relevanten Textmerkmale und ihre systemhaften Relationen beschrieben werden können. T.n können in vier unterschiedlichen Modellen konkretisiert werden: Das *grammatisch-strukturalistische Modell* versteht eine T. als strukturelle Einheit, die auf der Basis gemeinsamer formaler Eigenschaften von anderen Textgruppen unterschieden werden kann. Dabei bleibt der Einfluss textexterner Faktoren auf die Herausbildung formal-sprachlicher Merkmale unberücksichtigt. Das *Situationsmodell* reflektiert hingegen Regelmäßigkeiten der Kommunikationssituation, in welcher ein Text steht. Vertreter dieses Modells untersuchen insbesondere die Einflüsse des sozialen und institutionellen Kontexts sowie situative Aspekte, wie die räumlich-zeitliche Einbindung und die beteiligten Kommunikationspartner. Das *Thema-Modell* klassifiziert Gruppen von Texten aufgrund von charakteristischen Weltbezügen. Diese manifestieren sich in Mustern semantisch gedeuteter Reihenfolgebeziehungen, wie z.B. deskriptiven, narrativen, explikativen oder argumentativen Relationsmustern. Das *Funktionsmodell* schließlich hebt die zugrunde liegende Funktion eines Textes als bestimmendes Konstituens einer T. hervor. Entsprechend richtet sich das Hauptaugenmerk auf die intentionale Absicht, mit welcher ein Text produziert wird, sowie auf den tatsächlichen Beitrag zur Interaktion.

In der kommunikativen Praxis lässt sich eine T. häufig nicht auf einer einzigen Beschreibungsebene deutlich von anderen Textteilmengen abgrenzen. Das *Mehrebenenmodell* ersucht daher die dynamische Verschränkung von Parametern unterschiedlicher Ebenen. Je nach T. variiert die Art der Summierung dieser Ansätze. Die hier angezeigten unterschiedlichen Theoriemodelle zur Bestimmung von T.n stellen nicht nur ein System differenzierter Benennungen, komplexer Klassifikationen und möglichst passgenauer Zuordnungen von T.n dar, sondern schwächen bisweilen auch die heuristisch-orientierende Funktion, die zu den wesentlichen Aufgaben der Textsortenbestimmung zählt.

BIBLIOGRAPHIE: U. Fix, Texte und Textsorten, Berlin 2008. – W. Heinemann, Textsorte – Textmuster – Texttyp, in: K. Brinker et al. (Hgg.), Text- und Gesprächslinguistik, HSK 16.1, Berlin/New York 2000, 507–523. – F. Simmler, Biblische Textsorten, in: Daphnis 33 (2004), 379–546.

Volker Eisenlauer

Textualität

I. Neutestamentlich

Das NT stellt eine Sammlung von Schriften dar, die die Textualitätskriterien von R.-A. de Beaugrande/W.U. Dressler erfüllen. Das gilt für die syntaktische Ebene (‚Kohäsion') ebenso wie für die propositionalen Gehalte und argumentativen Strategien der Texte (→‚Kohärenz') sowie die ‚Intentionalität' der →Texte. Die Texte erfüllen die Erwartungen der Rezipienten an die Verständlichkeit (‚Akzeptabilität') und ‚Informativität'. Das Kriterium der ‚Situationalität' erfüllen die Paulusbriefe in besonderer Weise, während die →‚Intertextualität' in hohem Maße alle ntl. Texte prägt: als Rückbezug auf das →AT, als Übernahme ganzer Schriften durch spätere Texte oder Schulbeziehungen zwischen den Texten (Mk/Mt und Lk, Paulusbriefe und Deuteropaulinen, Joh und Johannesbriefe).

Während seit jeher einzelne →Sätze und Satzverbindungen bezüglich ihrer Kohäsion philologisch umstritten waren (z.B. Mk 1,1–4), wie dies bei antiken literarischen Texten nicht ausbleibt, stellt die historisch-kritische →Methode die Kohärenz für bestimmte ntl. Schriften nachhaltig in Frage: Sog. Textbrüche führen zu Teilungshypothesen in der Briefliteratur (exemplarisch im 2 Kor, aber auch für Schriften wie die Offb). Einigkeit über die Inkohäsion bzw. Inkohärenz des 2 Kor und anderer Texte wurde in der exegetischen Forschung nicht erzielt. Die trotz der sog. Brüche vorherrschende Kohärenz, die die erfolgreiche Lektüre der Briefe mindestens weitgehend ermöglicht, so dass Teilungshypothesen nicht als zwingend betrachtet werden können, wird auf die Arbeit mehr oder weniger sorgfältiger Redaktoren zurückgeführt. Die Kohärenz der erzählenden Texte (Evangelien und Apg) geht nach der Textwahrnehmung der historisch-kritischen Methode ebenfalls auf Redaktoren – Evangelisten genannt – zurück. Die mindestens partiell als Redaktoren verstandenen Evangelisten haben die Traditionsstoffe sowie die ihnen vorliegenden →Quellen zu einem kohärenten narrativen Großtext verarbeitet. Methodische Operationen wie Quellenscheidung und Traditionsanalyse gehen den Weg vom kohärenten Endtext zu den mündlichen und schriftlichen Prä-Texten zurück. Das bedeutet zugleich, dass die Endtexte die Textualitätskriterien erfüllen, andererseits aber Spuren von Inkohärenzen, die historisch erklärt werden können, zeigen.

Hermeneutisch ist die T. der ntl. Schriften von besonderer Bedeutung. Sie garantiert die Verstehbarkeit der Texte, da es sich um Texte, nicht um ‚Nicht-Texte' (R.-A. de Beaugrande/W.U. Dressler) handelt.

BIBLIOGRAPHIE: R.-A. de Beaugrande/W.U. Dressler, Einführung in die Textlinguistik, Tübingen 1981. – O. Wischmeyer, Hermeneutik des Neuen Testaments, Tübingen/Basel 2004, 175–184.

Oda Wischmeyer

II. Systematisch-theologisch

T. ist zentral für eine Reihe von Begriffen, mit denen die Literaturwissenschaft seit den 1960er Jahren die Kulturwissenschaften revolutioniert hat. Die Theologie ist davon durch ihre kulturwissenschaftlichen Arbeitsweisen und ihre Symbolisierung von *Schrift* betroffen. Angelpunkt dafür ist die Gegenüberstellung von →Text und →Buch.

T. hat als absolute →Metapher die Funktion, semiotische Terminologie und Theorie zu steuern, indem sie gewisse Suggestionen der klassischen Interpretationsgrößen unterläuft: Wenn das *Fadengewebe der Zeichen,* auf das die Textmetapher anspielt, sich eigendynamisch ins Unendliche weiterspinnt, entfallen die Sinntotalität des Buchs und die Autorenschaft als Eindeutigkeitsgarantie. Folge ist die Zerlegung herkömmlicher Interpretationsgrößen in kleinfügige Zeichenprozesse.

Ist alles Geschriebene Text, scheint die Bezeichnung auch der →Bibel als →Text kaum aussagekräftig. Doch greift die Revolution der T. auch hier. Sie stellt die selbstverständliche Annahme eines buchbezogenen Gesamtsinns auf den Erweis verschiedener Gravitationszentren des Textsinns um. Verglichen damit bildet das texttheoretische Problematisieren von Intentionalität und Subjektivität, die den Schriftbezug gerade in moderner theologischer →Hermeneutik beizubehalten erlaubt haben, die größere Herausforderung. In der Theologie gibt es bis heute Widerstand gegen die Rezeption des Textualitätsdiskurses, teils wegen des Verlusts hermeneutischen Vertrauens, teils wegen der Erschütterung religionsphilosophischer Grundannahmen.

Für die Gegenwart dürfte der wichtigste Zugewinn aus Textualitätstheoremen in einer gestrafften Neuerschließung von →Schriftsinn bestehen. Indem auch vom Bibeltext die historische Materialität seiner Zeichen definitiv behauptet wird, kommt die historische →Kritik zur Vollendung. Der Bibeltext ist damit – diminutiv – ins Universum unabschließbarer Zeichenketten entlassen. Biblischer Text muss sich von dieser Emanzipation anderer Texte von ihm nun wieder emanzipieren. Zur Erkundung der Chancen dafür wäre zu fragen, inwiefern das Buch der Bücher auch als ein Text der Texte verstanden werden kann. Das theologische Schriftverständnis würde durch eine Metaphorisierung und Symbolisierung des texttheoretisch Revolutionierten wohl weniger gefährdet als angereichert (‚Supertext', vgl. M. Habermann).

Texttheorien geben selbst Hinweise auf solche symbolischen Ressourcen. So verbirgt die Verabschiedung der ‚kulturellen Buchidee' (H. Blumenberg) als einer christlichen Erblast die Begrüßung einer neureligiösen Textidee, sprechen doch die Vertreter der T. von einer *Unendlichkeit* semiotischer Verweisungen, von *Erlösung* aus dem Bann der Intentionalität und vom Fremden, *ganz Anderen,* das in Rezeptionserfahrungen begegnen kann. Sie bedienen sich zur Umschreibung von T. nicht nur der Tradition jüdisch-christlicher Bibliolatrie, sondern der Beschreibung von Gottesbegegnungen.

Die theologische Bibelhermeneutik kann in solchen Zusammenhängen in eine systematische transdisziplinäre Schrifthermeneutik übergehen: Diese hätte auf religiöse Sinnversprechen in der →Tradition biblischer T. hinzuweisen und ihre kulturelle und kulturwissenschaftliche Abarbeitung kritisch zu begleiten. Im Zuge dessen wäre ein Konzept zum Interpretationswettbewerb um den Bibeltext wünschenswert, das die Innovationen der Textualitätskonzepte verarbeitet, ohne auf Anmutungen des biblischen Textselbstverständnisses zu verzichten.

BIBLIOGRAPHIE: H. Blumenberg, Die Lesbarkeit der Welt, Frankfurt a.M. [2]1989. – U. Eco, Zwischen Autor und Text, München/Wien 1994. – M. Habermann, Was ist ein „Supertext"?, in: O. Wischmeyer/S. Scholz (Hgg.), Die Bibel als Text, Tübingen/Basel 2008, 53–68. – K. Huizing, Ästhetische Theologie, 3 Bde., Stuttgart 2000–2004. – M.C. Taylor, ERRING, Chicago 1984. – H. Timm, Sage und Schreibe, Kampen 1995. – W. Thiele, Art. Text, in: Metzler Lexikon Literatur- und Kulturtheorie, hg. v. A. Nünning, Stuttgart [3]2004, 650 f.

Christian Senkel

III. Altphilologisch

Das Kriterium der T. (d.h. ‚Texthaftigkeit'; ‚was macht einen Text zu einem Text?') trifft auf schriftliche Zeichenfolgen zu, die sowohl linear als auch hierarchisch miteinander verknüpft eine sinnhafte Einheit ergeben. →Syntax, →Semantik und →Kohärenz sind dabei Voraussetzungen für T. Zusammenhänge sind innerhalb des →Textes durch implizite oder explizite Kohärenz sowie durch verschiedene Arten der Kohäsion (strukturelle Verknüpfung, Rahmung) gegeben. Kohärenz gilt dabei als semantisches, Kohäsion als strukturell-formales Kriterium für T. Textkonstitution und Sinnkonstruktion durch den Rezipienten erzeugen erst zusammen einen sinnvollen Text. Interne Merkmale des Textes sind seine Interaktions- und Bedeutungsstruktur sowie seine sprachlichen Ausdrucksmittel, externe Merkmale sind v.a. kommunikative, wie Partnerbeziehung, Situativität und Handlungsziel. Mittlerweile haben sich sieben Standardmerkmale als Konstituenten für die T. eines Textes etabliert (nach R.-A. de Beaugrande/W.U. Dressler).

Diese Kriterien der T. spielen für die Interpretation antiker griechischer und lateinischer Literatur eine wichtige Rolle. Zustand, Umfang und Lesbarkeit antiker Texte sind freilich durch die Umstände der historischen Textüberlieferung bedingt, welche die formale und die inhaltliche Identität eines Textes mitverantworten (Kanonisierung, Textidentitäten/-grenzen, Textverlust). Die Kriterien für die T. eines Textes hängen eng mit denen der Textsorten zusammen; umgekehrt artikuliert sich in der jeweiligen Textsorte ein bestimmtes Text- und Literaturverständnis. Für antike Texte ist die Autoridentität (wie bei Homer) nicht immer zu klären, auch Lese- und Rezeptionsverhalten der antiken Leser können zumeist nur über rezeptionsästhetische Ansätze erschlossen werden. Als ergiebig, gerade für hellenistische und lateinische Literatur (als Literaturen, die bereits Texte voraussetzen, z.B. Apollonios Rhodios' *Argonautica* [Homer] oder Vergils *Aeneis* [Homer und Apollonios Rhodios]), hat sich die moderne Intertextualitätstheorie erwiesen. Anders als für die von Anfang an schriftliche, in intertextueller Auseinandersetzung mit griechischen Vorlagen stehende lateinische Literatur findet sich im Griechischen neben einer fest etablierten →Mündlichkeit, die auch nach der Einführung der Schrift im 8. Jh. v.Chr. lange neben und mit schriftlicher Konzeption und Tradierung von Literatur noch Bestand hat, v.a. seit etwa dem 3. Jh. v.Chr. eine konstitutive →Schriftlichkeit und damit verbunden Literarizität von Texten, die dann von den lateinischen →Autoren übernommen wird (z.B. hellenistische und lateinische Figurengedichte; Kallimachos' *Aitien*, Herodas' *Mimiamben*, Catulls *Carmina*, Ovids *Metamorphosen*). Die hellenistische Philologie trägt wesentlich zur Profilierung von antiker T. bei, da Produktion und →Rezeption nun primär über das Medium der →Schrift erfolgen (z.B. Epigramme, Epigrammsammlungen; Arats *Phainomena*). Freilich verfestigen sich Topoi und →Metaphern der Mündlichkeit, je schriftlicher die Literatur wird (z.B. Theokrit I und XV; Kallimachos' Selbstinszenierung als ‚Sänger' [ἀοιδός] in den *Aitien*).

Bibliographie: R.-A. de Beaugrande/W.U. Dressler, Einführung in die Textlinguistik, Tübingen 1981. – P. Bing, The well-read muse, Göttingen 1988. – K. Ehlich, Zum Textbegriff, in: A. Rothkegel/B. Sandig (Hgg.), Text – Textsorten – Semantik, Hamburg 1984, 9–25. – E.A. Havelock, The muse learns to write, New Haven/London 1986 [*dt.* Frankfurt a.M. 1992]. – I. Männlein-Robert, Stimme, Schrift und Bild, Heidelberg 2007. – G. Martens, Was ist ein Text?, in: Poetica 21 (1989), 1–25. – W.J. Ong, Orality and literacy, London/New York 1982 [*dt.* Opladen 1987]. – G. Vogt-Spira (Hg.), Strukturen der Mündlichkeit in der römischen Literatur, Tübingen 1990.

Irmgard Männlein-Robert

IV. Literaturwissenschaftlich

T. ist ein Basisbegriff der Texttheorie, der auf die Gesamtheit aller textkonstitutiven Merkmale und deren (historische, systematische) Voraussetzungen zielt.

(1) Die systematische Perspektive der Textlinguistik (vgl. R.-A. de Beaugrande/W.U. Dressler) erfasst T. über sieben Parameter. Im Vergleich mit der flüchtigen, pragmatisch eingebetteten Alltags-‚Rede' ist der situationsabstraktere Fall von ‚T.' definierbar als „graduelle Profilierung eines komplexen Zeichensinnes gegenüber den Umständen seiner ursprünglichen Verwendung" (C. Knobloch, 82). Anders als linguistisch geprägte Textualitätskonzepte greifen handlungstheoretisch akzentuierte Textualitätsmodelle auch auf außersprachliche Kommunikationssysteme aus (so S.J. Schmidt).

(2) Neben die über Merkmalskataloge vorgenommene systematische Differenzierung von T. tritt notwendig eine historische Differenzierung epochen- und kulturabhängig je verschiedener Implikationen und Konzeptualisierungen von T. Mündliche Texte unterscheiden sich von schriftlichen →Texten,

Inschriften funktionieren anders als handschriftliche, druckschriftliche oder elektronische Texte. Auch ist die Texthaftigkeit funktionaler (argumentativer, pragmatischer) Texte eine andere als die ritueller (magischer, liturgischer, heiliger) Texte oder wiederum fiktionaler Texte. Gerade die komplexen Verhältnisse in vormodernen Handschriftenkulturen haben die Textualitätsforschung zu einer differenzierenden Problembehandlung geführt. Anders als in systematisch geschlossenen Buchkulturen sind im Mittelalter mündliche Improvisation und schriftliche (schriftliterarische) Konvention nicht strikt voneinander getrennt, mit dem Effekt, dass textexterne und textinterne Textualitätsparameter sich eindeutiger Festlegung entziehen. Unter der Voraussetzung alternativer Text-Fassungen und variabler Autor-Zuschreibungen muss die Identität (der ‚Werk'-Status) von Texten notwendig problematisch werden. Zusammen mit den medialen Bedingungen verschieben sich sowohl die Kriterien für Text-Kohärenz wie die Kriterien für die Zitathaftigkeit (die →‚Intertextualität') von Texten bzw. Textausschnitten. T. in überwiegend halbliteraten Kulturen ist stets in Abhängigkeit von verschiedenen Schriftlichkeitstypen zwischen medialer Schriftlichkeit (‚Verschriftung') und konzeptioneller Schriftlichkeit (‚Verschriftlichung') zu rekonstruieren, außerdem in Abhängigkeit von verschiedenen Schrift-Funktionen (Repräsentation, →Kommunikation, Memoria etc.). Um so schwieriger ist die Einbettung solcher Texte in die zeitgenössische kulturelle Praxis zu beurteilen. Die Grenze zwischen ästhetischer und pragmatischer Text-Funktion, zwischen fiktionalem und funktionalem Text-Status wird im Verlauf der (Frühen) Neuzeit immer eindeutiger festgelegt, bis sie schließlich im 18. Jh. ausdrücklich normativ reguliert wird. ‚Literarische' und ‚nicht-literarische' Texte differenzieren sich immer weiter aus, wobei das Prädikat ‚(nicht-)literarisch' jeweils Ergebnis von Wert-Zuschreibungen ist (wenn literarische Texte z. B. als ‚hohe', ‚schöne' Literatur gelten sollen). Im 20. Jh. setzt gegenläufig dazu ein Entdifferenzierungsprozess ein, der – zumal als Folge des →*Linguistic Turn* – den sog. ‚erweiterten Literaturbegriff' immer mehr zum Begriff ‚Text' tendieren lässt, so dass die Frage nach der Literarizität von Texten zunehmend als Frage nach deren T. besprochen wird.

Wiederkehrende Problemfelder der Textualitätsforschung sind epochenübergreifend (1) die Frage nach der Text-Überlieferung im Spannungsfeld von →Mündlichkeit und → Schriftlichkeit, von Handschrift und Druckschrift; (2) die Frage nach der Relation von Textpoetik, Textpragmatik und Medialität sowie (3) die analytisch schwer greifbare Konstellation von Text und (kulturellem, textuellem) →Kontext.

Bibliographie: R.-A. de Beaugrande/W.U. Dressler, Einführung in die Textlinguistik, Tübingen 1981. – J. Bumke/U. Peters (Hgg.), Retextualisierung in der mittelalterlichen Literatur, Sonderheft ZfdPh 124 (2005). – C. Knobloch, Zum Status und zur Geschichte des Textbegriffs, in: LiLi 77 (1990), 66–87. – J. McGann, Radiant Textuality, Basingstoke 2001. – J.-D. Müller (Hg.), Text und Kontext, München 2007. – S.J. Schmidt, Texttheorie, München 1973. – P. Strohschneider, Textualität der mittelalterlichen Literatur, in: J.-D. Müller/H. Wenzel (Hgg.), Mittelalter, Stuttgart/Leipzig 1999, 19–41.

Susanne Köbele

V. Textlinguistisch

Ausgangspunkt aller Diskussionen zu T. bildet der prominente Ansatz von R.-A. de Beaugrande/W.U. Dressler. Sie definieren Text als „eine KOMMUNIKATIVE OKKURENZ [...], die sieben Kriterien der Textualität erfüllt. Wenn irgendeines dieser Kriterien als nicht erfüllt betrachtet wird, so gilt der Text nicht als kommunikativ" (a. a. O., 3) bzw. wird als Nicht-Text behandelt. Die Kriterien werden als heterogen kritisiert (z. B. H. Vater, H. Feilke). Dennoch gehen sie in einführende textlinguistische Darstellungen ein, werden an Textbeispielen diskutiert und modifiziert (U. Fix et al., B. Sandig). De Beaugrande/Dressler nennen im Einzelnen: Kohäsion, → Kohärenz, Intentionalität, Akzeptabilität, Informativität, Situationalität und →Intertextualität. *Kohäsion* signalisiert die Beziehungen zwischen Oberflächenelementen. H. Vater präzisiert Substitutionen (z. B. durch Pronomen) und Ellipsen als kohäsive Mittel zur Bezeichnung inhaltlicher Beziehungen (Koreferenz). *Kohärenz* nimmt auf die Textwelt Bezug, in der Relationen (lokale, temporale, kausale usw.) zwischen Konzepten (Objekte, Ereignisse) gemeinsam auftreten. Damit ist Kohärenz zunächst ein strukturelles Merkmal des →Textes, das in „Klang und Druck" (R.-A. de Beaugrande/W.U. Dressler, 7) im Text manifest geworden ist. Andererseits sehen de Beaugrande/Dressler Kohärenz als „Ergebnis kognitiver Prozesse der Textverwender" (a.a.O., 7). Für Vater bedeutet Kohärenz „Sinnkontinuität", die auf der „Textwelt als Gesamtheit der einem Text zugrundeliegenden Sinnbeziehungen" (H. Vater, 43) beruht. *Intentionalität* definieren de Beaugrande/ Dressler als „die Einstellung [...] des Textproduzenten, der einen kohäsiven und kohärenten Text bilden will, um die Absicht eines Produzenten zu erfüllen, d.h. Wissen zu verbreiten oder ein in einem PLAN angegebenes Ziel zu erreichen" (R.-A. de Beaugrande/W.U. Dressler, 8). Zu Recht verweist Vater darauf, dass Intentionalität jeglichem kommunikativen Handeln innewohnt. Dennoch geht die Textlinguistik davon aus, dass die Intention des Produzenten im Text indiziert wird.

Während die Kriterien Kohäsion, Kohärenz und Intentionalität bzw. Funktionalität als textzentriert gelten, sind Akzeptabilität und Informativität subjektive, auf Erwartungen des Rezipienten orientierte Textualitätskriterien. *Akzeptabilität* meint die Erwartung, einen kohäsiven und kohärenten Text vorzufinden. Vater unterstellt etwas modifiziert die erwartete „Angemessenheit der verwendeten sprachlichen Mittel" (H. Vater, 53). Mit *Informativität* wird von de Beaugrande/Dressler „das Ausmaß der Erwartetheit bzw. Unerwartetheit oder Bekanntheit bzw. Unbekanntheit/Ungewissheit der dargebotenen Textelemente" (a.a.O., 10) gefasst. Es geht um den Informationswert eines Textes. Geringe Informativität kann störend wirken, jedoch nicht zur Ablehnung des Textes als Text führen. *Situationalität* betrifft die Kriterien, die einen Text für eine bestimmte Situation relevant erscheinen lassen. Wird von Situationsangemessenheit ausgegangen, so kann auch diese im Ermessen von Textproduzent und -rezipient liegen. *Intertextualität* verstehen de Beaugrande/Dressler als grundlegenden Bezug eines Textes auf andere vorher produzierte Texte und den Bezug auf eine Textsorte.

Die Annahme, dass Texte nicht kommunikativ sind, wenn eines der Kriterien nicht erfüllt wird, und von daher auch als Nicht-Text zu behandeln sind, wird im Rahmen der Diskussion der Textualitätskriterien nicht gestützt. Eher wird eine graduelle Ausprägung von Textmerkmalen (Textfunktion, Kohäsion, Kohärenz, Thema, Materialität, Situationalität, Unikalität) favorisiert (B. Sandig). Unter kulturwissenschaftlichen Gesichtspunkten ergänzen U. Fix et al. *Kulturalität,* denn Textsorten erscheinen kulturell und überkulturell geprägt.

BIBLIOGRAPHIE: R.-A. de Beaugrande/W.U. Dressler, Einführung in die Textlinguistik, Tübingen 1981. – H. Feilke, Die pragmatische Wende in der Textlinguistik, in: K. Brinker et al. (Hgg.), Text- und Gesprächslinguistik, HSK 16.1, Berlin/New York 2000, 64–82. – U. Fix et al., Textlinguistik und Stilistik für Einsteiger, Frankfurt a.M. u.a. [3]2003. – B. Sandig, Textstilistik des Deutschen, Berlin/New York [2]2006. – H. Vater, Einführung in die Textlinguistik, München 1992.

Christina Gansel

Theolinguistik

T. folgt in der Begriffsbildung ähnlichen Zusammensetzungen aus dem Grundwort *-linguistik* und einem Bestimmungswort, das einen speziellen sachlichen Schwerpunkt der linguistischen Arbeit angibt. Der ‚sachliche Schwerpunkt' von T. wäre eigentlich besser gefasst mit dem Bestimmungswort *religio,* das den gesamten Bereich der Religion bezeichnet und keine Beschränkung auf Religionen mit (einem) *theos* beinhaltet. Das Bestimmungswort *theo-* im eingeführten Begriff T. (vgl. CES) erklärt sich eher aus einer Anlehnung an *Theologie* als an griech. ϑεός.

Bei ‚Religion' handelt es sich um einen Bereich in der Lebenswelt des Menschen, in dem →Sprache ein zentrales Phänomen darstellt. Zwar teilen nicht alle Menschen eine explizite und/oder reflektierte Beziehung zur Religion, doch kommt Religion in allen Kulturen und Gesellschaften vor. Da (deskriptive) Linguistik sich mit allen Bereichen der Sprache zu befassen hat, kann der Sachbereich der Religion nicht ausgeschlossen bleiben.

Aus *linguistischer* Sicht ergeben sich drei Arbeitsfelder der T. Bei dem Problem religiöser Sprache knüpft T. an den späten Wittgenstein und die *Ordinary language philosophy* an, die die wissenschaftliche Beschäftigung mit religiösen Aussagen als Teil der Beschäftigung mit Alltagssprache begriffen haben (W.-D. Just). Hinzu treten die Fragen nach semantischen und textlichen Merkmalen (P. Hartmann) sowie nach pragmatischen und varietätenlinguistischen Zugängen zu religiöser Sprache. Das zweite Feld betrifft das religiöse Sprachhandeln bzw. religiöse Kommunikationsformen. In diesem Feld geht es um die linguistische Analyse u. a. des Gottesdienstes, seiner Elemente (Gebet, Liturgie, Predigt, Lied etc.) wie auch um das Zusammenspiel dieser Elemente (Ablauf, Verflochtenheit, Durchdringung, Sequenzhaftigkeit). Das dritte Arbeitsfeld bezieht sich auf Bereiche religiösen Sprechens: Wo, wann, bei welchen Gelegenheiten wird religiös gesprochen? In welcher Sprachvariante kann sich religiöse Sprache ereignen? Wie werden religiöse Gespräche geführt bzw. Gespräche über Religion?

Aus der Sicht der *Theologie* hat die T. zwei Arbeitsfelder. Im ersten Feld überwiegen systematische/praktisch-theologische Aspekte. Die Aufgabe des Theologen ist in erster Linie eine sprachliche. Jede reflexive und praktische theologische Tätigkeit profitiert daher von den philologischen und (theo-)linguistischen Möglichkeiten des Nachdenkens über Sprache. Daneben stehen historische und exegetische Aspekte. Hier haben Sprachwissenschaft und Theologie traditionell ein symbiotisches Verhältnis. Teile der Sprachwissenschaft sind aus der *philologia sacra* geboren. Und keine →Grammatik, die sich mit den für die theologische (christliche) Tradition wichtigen Sprachen Hebräisch, Griechisch, Latein usw. beschäftigt, kommt ohne linguistisches Nachdenken aus.

BIBLIOGRAPHIE: D. Crystal, Die Cambridge Enzyklopädie der Sprache (CES), Darmstadt 1995. – P. Hartmann, Religiöse Texte als linguistisches Objekt, in: T. Michels/A. Paus (Hgg.), Sprache und Sprachverständnis in religiöser Rede, Salzburg/München 1973, 109–124. – W.-D. Just, Religiöse Sprache und analytische Philosophie, Stuttgart u. a. 1975. – J.-P. v. Noppen, Théographies, Brüssel 2004.

Andreas Wagner

Theorie

Der Begriff der T. (θεωρία) begegnet in drei Bedeutungsfeldern. *Nicht* terminologisch wird er als ein Synonym für Lehre oder systematische Überlegung in Bezeichnungen wie Handlungstheorie oder T. des kommunikativen Handelns verwendet. Im →Kontext der Naturwissenschaften bildet der Begriff der T. einen Gegenbegriff zum empirischen Wissen (→Erfahrung, Beobachtung, Experiment). Hinsichtlich der Alternative von Induktion oder Deduktion wird hier die Streitfrage verhandelt, ob Naturerkenntnis ausgehend von der Beobachtung (F. Bacon) oder theoretischen Überlegungen, die der Beobachtung vorausgehen (G. Galilei, K. Popper, C.G. Hempel), erlangt wird.

Im Mittelpunkt der *philosophischen* →Bedeutung steht die Unterscheidung zwischen T. und Praxis, zwischen einer spezifisch philosophischen Erkenntnisart und dem Handeln. Der philosophische Begriff leitet sich aus der kulturellen Bedeutung des Gesandten (θεωρός) her, der eine Polis bei einem Fest oder Orakel vertritt und an der Kulthandlung, die den Göttern gewidmet ist, teilnimmt. In Anlehnung an die kultische Anwesenheit der Götter und den Begriff des Vernehmens (νοεῖν) etabliert Plato den →Begriff der T. in der Bedeutung einer Schau des höchsten Prinzips. Nach dem Höhlengleichnis ist die Philosophie – die theoretische „Betrachtung aller Zeit und alles Seins" (*R.* 486a) – mit demjenigen vergleichbar, der die Höhle der Polis verlässt und die Dinge selbst anstelle ihrer Schatten sieht. Aristoteles führt diesen Theoriebegriff mit seiner Unterscheidung zwischen theoretischer Lebensform (*vita contemplativa*) und politisch-praktischer Lebensform (*vita activa*) weiter aus, wobei letztere bis zu einem bestimmten Grad aufgewertet wird. Die erste Philosophie besitzt als theoretische Wissenschaft von den ersten Prinzipien und Ursachen einen Selbstzweckcharakter, aufgrund dessen sie der praktischen Lebensform überlegen ist. Sie erfolgt um ihrer selbst willen und dient keinem anderen Zweck als den der Erkenntnis (*Metaph.* 1,2,982 b 27 f.; *EN* 1177 b 1 f.). Hegel übernimmt den antiken Begriff der T. und erweitert ihn zu seinem unverwechselbaren Begriff der Spekulation (Enzyklopädie der philosophischen Wissenschaften im Grundrisse §§ 82,577). In Abgrenzung gegenüber dem traditionellen Theorieverständnis und in Berufung auf K. Marx entwirft M. Horkheimer das Programm einer Kritischen T., die im Kontrast zur vermeintlichen Interessenlosigkeit und Wertfreiheit der T. – in die Horkheimer deren Selbstzweckcharakter umdeutet – steht und im Namen der Aufklärung für die Behebung von Unrecht Partei ergreift. Im Anschluss an die Kritische T. verteidigt J. Habermas ein ernüchtertes Verständnis der Wirksamkeit von T. im Kontext von Öffentlichkeit, Politik und Kultur.

BIBLIOGRAPHIE: J. Habermas, Noch einmal: Zum Verhältnis von Theorie und Praxis, in: Ders., Wahrheit und Rechtfertigung, Frankfurt a.M. 1999, 319–333. – M. Horkheimer, Traditionelle und kritische Theorie, in: Ders., Gesammelte Schriften, Bd. 4, Frankfurt a.M. 1988, 162–225. – W. Kullmann, Theoretische und praktische Lebensform bei Aristoteles, in: O. Höffe (Hg.), Aristoteles: Die Nikomachische Ethik, Berlin 1995, 253–276. – H. Rausch, Theoria: Von ihrer sakralen zur philosophischen Bedeutung, München 1982.

Tilo Wesche

Titel

I. Alttestamentlich

Der atl. Kanon sowie seine Teile tragen eigene T. Als →Paratexte lenken T. die Lesung, indem sie Erwartungen über die Bedeutung des →Textes wecken und sind daher hermeneutisch wichtig. Sie können durch den Inhalt bestätigt (Jos, Est) oder in Frage gestellt werden (das ganze Buch Jes ist nicht von Jes). Die meisten T. sind redaktionell oder noch später hinzugefügt worden. In Handschriften, Editionen und sekundärer Literatur ersetzen die neuen T. die älteren (Spr 1,1; Koh 1,1; Hld 1,1) nicht. Vereinzelt ist neben dem Buchtitel ein Subtitel vorhanden (Spr 1,1.2–4). Innerhalb der Bücher sind Überschriften (Spr 10,1; 25,1) und gelegentliche Nachschriften (etwa Pss 72,20) eher Signale von Sammlungen als von Kapiteln (nicht aber die Psalmenüberschriften). T. von zitierten Büchern werden oft erwähnt (Jos 10,13; 1 Kön 14,19).

Atl. T. begegnen uns in zwei Traditionen. In der masoretischen →Tradition werden T. nach verschiedenen Prinzipien gewählt. Die aus dem Wortlaut der Anfangsworte genommene T., (etwa *bereshit* = am Anfang, Gen; *shemot* = Namen, Ex), haben *unterscheidende* Funktion. Eine *kennzeichnende* Funktion haben T., in denen Amtsbezeichnungen das Hauptthema darstellen (Ri, Kön), während beschreibende T. den Gegenstand eines Buches thematisieren können (Chr, Ps, Spr). Das kann hermeneutisch höchst bedeutend sein, etwa in der Benennung der Pss als *tehillim*, ‚Loblieder', obgleich die meisten →Psalmen *nicht* Hymnen sind: auch im Elend ist Lob das letzte Wort. Personennamen können die angebliche Autorenschaft und damit Autorität der Inhalte behaupten (Spr Salomos, Hld Salomos, die Propheten), wobei die ‚Davidisierung' vieler Psalmüberschriften eine hermeneutisch bedeutende Identifikation mit David ermöglicht. Im Zuge der Kanonbildung entstanden übergreifende T.: *torâ* (Weisung) für Gen-Dtn, *nevi'im* (Propheten) für die historischen sowie ‚eigentlich' prophetischen Bücher, *ketuvim* (Schriften) für alle übrigen; daraus wieder *Tanach* für den jüdischen Kanon, dessen Pendant für den christlichen Kanon ‚AT' ist. Neue T. bekamen Sam und Kön im 15. Jh., als sie unter →Septuaginta-Einfluss jeweils in zwei Bücher unterteilt wurden.

In der christlichen (griechich-lateinischen) Tradition sind aus dem Anfangswortlaut gebildete T. meist beschreibend (*Genesis*, ‚Ursprung', *Exodus*, ‚Auszug'), andererseits werden auch Personennamen mit Inhaltskennzeichnungen verbunden (Kld Jeremias). Hier heißen die Sam- und Kön Bücher die [Bücher] der Königreiche I.-IV., wobei Esr und Neh kombiniert als 2 Esdrae (LXX) bekannt sind.

In beiden Traditionen sind die T. einzelner Lieder als Textteile beibehalten worden (viele Psalmen, 2 Sam 1,18).

BIBLIOGRAPHIE: B.S. Childs, Psalm titles and Midrashic exegesis, in: JSS 16 (1971), 137–150. – G. Genette, Paratexte, Frankfurt a.M. 2001. – M.

Kleer, Der liebliche Sänger der Psalmen Israels, Bodenheim 1996. – K. Koch, Profetenbuchüberschriften, in: A. Graupner et al. (Hgg.), Verbindungslinien, Neukirchen-Vluyn 2000, 165–186. – B.-J. Schröder, Titel und Text, Berlin 1999.

James Alfred Loader

II. Neutestamentlich

T. sind →Paratexte. Sie strukurieren unsere Wahrnehmung und unser Leseverhalten, sind aber häufig sekundär im Verhältnis zum Textcorpus und nicht von dessen Verfasser/innen formuliert. Im Falle des sog. →NT gilt dies sowohl für die T. der Einzelschriften wie auch für den Gesamttitel ‚NT'. Dabei gehören die T. der ntl. Schriften zum Prozess von Sammlung und Kanonisierung. Im Ganzen gesehen wurden die ntl. Schriften erst separat überliefert, dann in (unterschiedlichen) Teilsammlungen und schließlich einer Gesamtsammlung zusammengefasst, wovon der Prozess der Kanonbildung sachlich zu unterscheiden ist, da →*Kanon* nicht nur Sammlung, sondern auch Ausschluss anderer Schriften impliziert.

Für die Geschichte des NT sind viele Einzelheiten dieses Prozesses umstritten; die Quellenlage ist schwierig, da die externen Zeugnisse einigen Deutungsspielraum zulassen und Papyri – wo die T. oft (auch) in Form einer *subscriptio*, also als Untertitel stehen – erst ab ca. 200 in größerer Zahl erhalten und häufig am Anfang und/oder Ende beschädigt sind. Besonders auffällig im NT sind die gleichförmigen T. der Evangelien, die in ihrer ältesten Form ‚εὐαγγέλιον κατὰ […]' gelautet haben dürften. Dieser Gebrauch von εὐαγγέλιον als Bezeichnung für einen Text unterscheidet sich vom älteren Gebrauch von εὐαγγέλιον im Sinne von ‚guter Botschaft' (vgl. Gal 1,11) und dürfte aus Mk 1,1 entwickelt sein (vgl. M. Hengel). Die Gleichförmigkeit der Überschriften erklärt sich hierbei am besten als Sammlungsphänomen und verweist auf das Bewusstsein, dass dieselbe Geschichte in verschiedenen Varianten erzählt wird (vgl. S. Petersen).

Weniger überraschend als die Evangelientitel sind die gleichförmigen Brieftitel, da diese zumeist mit den Präskripten korrespondieren (vgl. aber Eph 1,1; D. Trobisch, 80 ff.). Einheitlichkeit und das Fehlen von Absender (bei den Paulusbriefen) oder Adresse (bei den katholischen Briefen) erklären sich wohl auch hier als Sammlungsphänomen.

Der Gesamttitel →Neues Testament geht über das lateinische *novum testamentum* auf das griechische καινὴ διαθήκη zurück, das nicht nur ein Testament bezeichnet, sondern auch Übersetzung des hebräischen *berit* (→Bund) ist. Dieser T. ist erst in den Gesamtbibelmanuskripten des 4./5. Jh.s belegt, die Kirchenväter benutzen ihn ab ca. 200 mit Vorbehalten, die möglicherweise spiegeln, dass der T. auf Marcion zurückgeht (vgl. W. Kinzig), und damit eine Abwertung des AT impliziert. Eine solche Hierarchisierung von AT und NT wird auch in der neueren →Exegese wieder problematisiert (‚Erstes' und ‚Zweites' Testament als Alternative).

BIBLIOGRAPHIE: M. Hengel, Die Evangelienüberschriften, Heidelberg 1984. – W. Kinzig, Καινὴ διαθήκη: The title of the New Testament in the second and third centuries, in: JTS.NS 45 (1994), 519–544. – S. Petersen, Die Evangelienüberschriften und die Entstehung des neutestamentlichen Kanons, in: ZNW 97 (2006), 250–274. – D. Trobisch, Die Entstehung der Paulusbriefsammlung, Fribourg u. a. 1989.

Silke Petersen

Tora

I. Alttestamentlich

Der Begriff T. hat sich seit den 1980er Jahren zunehmend auch als wissenschaftlicher Fachterminus durchgesetzt. Die inhaltliche Grundspannung, die ihm wie der biblischen Eigenbegrifflichkeit anhaftet, die er aufnimmt, wird den Phänomenen gerechter als die traditionellen Alternativen.

Zum einen bezeichnet T. die Summe des Israel am Sinai/Horeb von Gott Gebotenen. Im älteren Sprachgebrauch meint T. (hebr. *tora*) zunächst die Weisung der Mutter oder des Vaters an die Kinder (Spr 1,8; 6,20/4,1 f.), des Weisheitslehrers (7,2) und Propheten (Jes 8,16. 20) an die Schüler, ist aber besonders Fachterminus für die Auskunft und Belehrung durch den Priester (Jer 18,18; Ez 7,26; Hos 4,4 ff.). Stets umfasst der Begriff Instruktion und Verhaltensanweisung als Anspruch, aber auch Zuspruch, also theologisch: →Gesetz und Evangelium. Dieser Begriff wird dann als Bezeichnung für das deuteronomische Gesetz als die *eine* schriftlich vorliegende Weisung Gottes aufgenommen (Dtn 4,44 f.; 30,10) und schließlich als T. des Mose bzw. Gottes auf alles Gebotene ausgeweitet (z. B. Jer 31,33 f.). Andere Bezeichnungen wie ‚Gesetz', sind zu eng, ja irreführend. Denn alle Rechtssammlungen bestehen neben Erinnerungen an die Geltungsgründe im Handeln Gottes aus drei Gruppen von Geboten: den religiösen Grundgeboten (bes. 1./2. Gebot, Sabbat, Feste etc.), Schutzbestimmungen für sozial schwache Gruppen wie Fremde, Arme, Witwen, Waisen, und schließlich in Gerichten anzuwendendes ‚positives' Recht. Das macht die Torastruktur aus, und erst diese sachliche und literarische Einheit stellt das Spezifische und Unterscheidende (etwa zu den altorientalischen Gesetzen) dar und prägt eine darauf bezogene Frömmigkeit (Pss 1; 19; 119).

Zum anderen bezeichnet T. in der Spätzeit des AT (Sir 1,1; Jub 30,12; vgl. schon Dtn 1,5; Neh 8,2), im NT (Lk 24,44) und im Judentum den ersten Teil der hebräischen Bibel, den Pentateuch, die fünf Bücher Mose. Kein anderer Begriff wird der Einheit dieses großen Komplexes *inhaltlich* gerecht. Es geht nicht nur darum, dass auch die erzählenden Partien von Geboten durchsetzt sind (M. Millard), sondern letztlich um die Einheit von Erzählung und Gebot, von göttlicher Zuwendung und Beanspruchung. Auch die Wiedergabe mit ‚Weisung' (M. Buber) ist hier zu eng und zu einseitig. Die Entstehung des Pentateuch wie seine Durchsetzung und Anerkennung als verpflichtende kanonische Grundlage und damit als ersten Schritt zur Bibel als →heiliger Schrift ist allein durch diesen Bezug auf das Zentrum (nicht aber z. B. durch eine Quellentheorie) erklärbar. Im Aufbau des hebräischen Kanons sind die beiden später kanonisierten Teile, Propheten und Schriften, darauf zurückbezogen (Jos 1,7 f.; Mal 3,22; Ps 1).

Bibliographie: R. Achenbach et al., Tora in der hebräischen Bibel, Wiesbaden 2007 – F. Crüsemann, Die Tora, München 1997 [Gütersloh ³2005]. – G. Liedke/C. Petersen, Art. tôrâ Weisung, in: THAT 2, München ³1984, 1032–1043. – C. Maier, Jeremia als Lehrer der Tora, Göttingen 2002. – M. Millard, Die Genesis als Eröffnung der Tora, Neukirchen 2001. – E. Zenger (Hg.), Die Tora als Kanon für Juden und Christen, Freiburg i. Br. 1996.

Frank Crüsemann

II. Neutestamentlich

Während im Frühjudentum der Bezug auf die T. (als Inbegriff der atl.-frühjüd. Gesetzesüberlieferung) fundamental ist, kommt ihr bei Jesus (wie schon beim Täufer) keine konstitutive Bedeutung zu. In Jesu Verkündigung der Nähe des Reiches Gottes und dessen Vorwegnahme in der Mahlgemeinschaft mit (nach Maßstäben des Gesetzes) ‚Sündern' wird die Reinheitstora sogar aufgehoben (Mk 7,15, vgl. die Relativierung des Sabbats: Mk 2,27). Die für das Frühjudentum zentrale Bedeutung der T. als Grenzsicherung des Gottesvolkes und Kennzeichen seiner Erwählung ist überholt, wenn im Urchristentum die Erwählung im Kreuzesgeschehen begründet wird und deshalb die Unterscheidung von Juden und Nichtjuden ‚in Christus' ihre bestimmende Kraft verloren hat (Gal 3,26–28).

Die Konsequenzen dieser Entwicklung durchdenkt Paulus: Das Gesetz (im NT: νόμος) ist gegenüber der auf Christus zielenden → Verheißung heilsgeschichtlich nachrangig (Gal 3,17) und soteriologisch insuffizient, insofern es den Menschen auf das Tun der Gesetzesforderungen festlegt (Gal 3,12) und nicht Leben ermöglicht (Gal 3,21). Diese soteriologische Insuffizienz gilt für Juden (Gal 2,15–16) wie für Nichtjuden (Röm 3,20). Im Gal ist das Gesetz, das sogar von seinem göttlichen Ursprung abgerückt wird (Gal 3,19), lediglich Faktor der Unfreiheit, die durch Christus durchbrochen wird (3,22–25). Im Röm hat Paulus sein Gesetzesverständnis weiter vorangetrieben: Das eigentliche Problem ist nicht die faktische Unerfüllbarkeit (so wirken Gal 3,10 und Röm 1,18–3,20, doch vgl. Phil 3,6), sondern dass die Forderung des Gesetzes dem Menschen schon immer unter dem Vorzeichen der Sünde begegnet (Röm 7,7–25). Jetzt kann Paulus die Aporie von Gal 3,19 auflösen: Das Gesetz bleibt Gottes Gebot und ist als solches ‚heilig, gerecht und gut', trifft aber auf den Menschen, der immer schon „unter die Sünde verkauft" ist (Röm 7,7–14).

Ein Nachklang der scharfen Entgegensetzung von Gesetz und Freiheit bei Paulus (Gal

5,1) ist es, wenn Jak vom „vollkommenen Gesetz der Freiheit" redet (1,25).

Mt verbindet juden- und heidenchristliches Erbe. Nach Mt 5,17–19 besteht die Sendung Jesu in der ‚Erfüllung von Gesetz (und Propheten)'. Dies vollzieht Jesus als vollmächtiger Lehrer, der sich aber nun gerade nicht mit ‚Jota und Häkchen' beschäftigt, sondern in den Antithesen den Grundsinn des Willens Gottes freilegt (5,21–48). Dem entspricht, dass die neu gewonnenen Christen die Gebote Jesu (nicht einfach: die T.) halten sollen (28,20a).

Für Paulus wie für Mt besteht inhaltlich das Gesetz im Gebot der Nächstenliebe (Lev 19,18, zitiert in Gal 5,14; Röm 13,9; in Mk 12,28–34 parr. mit dem Gebot der Gottesliebe kombiniert) bzw. der Feindesliebe (Mt 5,21–48), was die faktische Ausgrenzung der rituellen und kultischen Teile der T. impliziert.

Für Lk ist das Gesetz in erwählungsgeschichtlicher Perspektive wichtig: Lk stellt nicht nur die Jerusalemer Urgemeinde (Apg 2,46; 3,1), sondern auch Paulus als völlig gesetzestreu dar (16,1–3; 21,20–26), aber im Blick auf den Fortgang der Mission wird die Geltung des Gesetzes schrittweise reduziert. Nachdem in Apg 10,28–35 die trennende Funktion des Gesetzes, in 13,28 f. die soteriologische Funktion aufgehoben ist, wird in Apg die Reinheitstora nur noch in der reduzierten Form des Aposteldekrets den hellenistischen Missionsgemeinden auferlegt – und dies auch nur in Syrien, Kilikien und Südgalatien (15,23; 16,4). Bei der Darstellung der Gemeindegründungen in Makedonien, Achaia und der Provinz Asia spielt das Aposteldekret dagegen keine Rolle mehr. So kann Lk die Kontinuität mit der Schrift als Verheißungsträger aufrechterhalten (Lk 24,44–48) und gleichzeitig das Gesetz ausblenden bzw. als ‚Sitten des Mose' (Apg 6,14) relativieren.

Bibliographie: J. Becker, Paulus, Tübingen [3]1998, 409–423. – I. Broer (Hg.), Jesus und das Gesetz, Stuttgart u. a. 1992. – K. Kertelge (Hg.), Das Gesetz im Neuen Testament, Freiburg i. Br. u. a. 1986. – H. Räisänen, Jesus, Paul and Torah, Sheffield 1992.

Dietrich-Alex Koch

III. Judaistisch

Für die Erteilung von *tora* im Sinn absolut verbindlicher, gesetzlicher Offenbarung wurde *le-horot* (Wortwurzel *jrh*) verwendet, das Verb *lidrosh* (suchen, anfragen) bezeichnet die Anfrage um eine Entscheidung am Heiligtum und nach erfolgter Erteilung eines Urteils oder einer *tora* auch die öffentliche Proklamation. Das Nomen *midrash* bedeutet in frühen Texten ‚offizielles Schriftwerk, schriftlich fixierte Ordnung'. Im Lauf der Zeit wurden kleinere, v. a. Kultrecht betreffende thematische Einheiten („das ist die Tora in Bezug auf ...") und später auch komplexere Sammlungen erstellt. Einige davon (Bundesbuch; Ex 25–40; Heiligkeitsgesetz; Dtn) wurden in den Pentateuch aufgenommen und so mit der Kultgründung und Offenbarung am Gottesberg/Sinai bzw. mit der Figur des Mose verbunden.

Seit der spätpersischen Zeit diente der Pentateuch als Nachweis einer altehrwürdigen Tradition und als Basistext für die jüdische Autonomie, der mit seiner Autorität auch alle ‚Sitten und Bräuche der Väter' abdeckte. Die Übersetzung ins Griechische verstärkte diese Funktion und machte die T. zum ‚Gesetz (νόμος) der Juden'. Gleichzeitig kamen innerjüdische und innerpriesterliche Differenzen bezüglich T. und Geschichtsbild auf, konkurrierende Richtungen mit Sondertraditionen, wobei dem Pentateuch die Funktion eines gemeinsamen Nenners zukam. In diesem Parteienstreit verlor die ans Heiligtum gebundene priesterlich-levitische Tora-Kompetenz ihre exklusive Geltung.

Die rabbinische Richtung entwickelte auf der Basis ihrer ‚Überlieferungen der Väter' im 2. Jh. n. Chr. das Konzept einer doppelten T.: (1) Die ‚Schriftliche T.' im Pentateuch (613 Gesetze: 248 Gebote, 365 Verbote), dem Mose am Sinai diktiert, und (2) die ‚Mündliche T.', den Mose am Sinai gelehrt, von Mose dem Josua und durch diesen weiter tradiert. Um 200 n. Chr. wurde die mündliche Tradition v. a. in der Mischna systematisierend kodifiziert, danach unter Verwendung anderer ‚tannaitischer' Überlieferungen in den rabbinischen Schulen aktualisiert und für die Praxis ausgebaut, literarisch gefasst im palästinischen und im (maßgeblich gewordenen) babylonischen Talmud, der Basis für die weitere Entwicklung des jüdischen Rechts (der Halaka).

Bereits früh galt die T. insgesamt als Gotteswille schlechthin, als vollkommen (Ps 19,8), aber als Ganzes nicht verfügbar, sondern als ‚verborgen', nur teilweise ‚offenbart' und im Bedarfsfall durch die zuständige Instanz erfragbar. In spätnachexilischer Zeit identifizierte man die ‚vollkommene T.' mit der Weisheit (Gottes) und mit dem Schöpfungsplan Gottes, und schließlich galt die (gesamte) T. als Quelle aller Erkenntnis und der Ethik überhaupt.

BIBLIOGRAPHIE: I. Heinemann, La loi dans la pensée juive, Paris 1962. – L. Jacobs, A tree of life, London [2]2000. – J. Katz, Divine law in human hands, Jerusalem 1998. – H. Najman, Seconding Sinai, Leiden 2003. – J. Neusner, The Halakhah, 5 Bde., Leiden u. a. 2000. – E.R. Wolfson, Venturing beyond, Oxford 2006.

Johann Maier

Tradition

I. Alttestamentlich

Der Begriff T. bezeichnet in der atl. Forschung nicht lediglich den tradierten Gegenstand (*traditum*), sondern ebenso den aktiven Prozess einer kontinuierlichen Aneignung (*traditio*) dessen, was in mündlicher oder schriftlicher Form überliefert wird. Damit eine künstliche Unterscheidung zwischen ‚T.' und →‚Überlieferung' vermieden werden kann, sind Artikel zu diesen Themen immer in Verbindung miteinander zu lesen.

Vor dem Hintergrund der Formkritik H. Gunkels wurden Fassung und Weitergabe von T.en auf bestimmte gesellschaftliche Funktionäre wie z. B. Priester, Propheten, Weise und Schreiber zurückgeführt (Gunkel selbst hatte schon die Möglichkeit einer Traditionsgeschichte vermerkt). Im Bezug auf Formation und Weitergabe von T. wurde weiterhin ihre kulturelle und geographische Verortung berücksichtigt, die dem Einfluss unterschiedlicher sozialer, ökonomischer, politischer und religiöser Konstellationen unterlag. Zudem wurde versucht, T.en den am häufigsten vorkommenden theologischen Themen der religiösen T. zuordnen (L.G. Perdue, 46 f.). Die wechselnden Schwerpunkte (Themen, Funktionäre, Kontexte) lassen sich an den Hauptexponenten der T. darstellen: v. Rad wies z. B. die Verheißung an die Väter, den Exodus, den Durchzug durch das Schilfmeer, die Wüstenwanderung und die Inbesitznahme Kanaans als T. aus; der Bund und das Gesetz vom Sinai werden als spätere Zugaben betrachtet. M. Noth behauptete, dass sich die Pentateuchquellen sowie das Deuteronomistische Geschichtswerk aus mündlichen Traditionszyklen heraus gebildet hätten. Skandinavische Wissenschaftler wie H. Engnell maßen dem mündlichen Stadium der Überlieferung große Bedeutung für die Gestaltgebung atl. T.en zu. Van Seters und Thompson hingegen stellten die Möglichkeit der Identifikation von mündlicher T. hinter dem geschriebenen Text in Frage (R. Gnuse, 583 f.). Das Ende der positivistischen Geschichtsschreibung ließ die epistemologischen Möglichkeiten, atl. T.en zu identifizieren und zu beschreiben, zweifelhaft erscheinen. W. Richter (155) wies auf folgendes hin: „Es muss sichergestellt sein, dass das abstrahierte Motiv nicht nur im Kopf des Forschers existiert". Die Forschung hat nicht nur die vergeblichen Versuche, eine vereinende Thematik oder T. im AT zu finden, aufgegeben, sondern es wurde allmählich auch die Koexistenz zahlreicher, divergierender atl. T.en akzeptiert (J. Barr). Das zukünftige Verständnis von ‚T.' dürfte in die Dialektik von mündlicher und schriftlicher T. eingebettet sein, sowohl hinsichtlich der Erstellung von T. (damals) als auch ihrer → Rezeption (heute).

BIBLIOGRAPHIE: J. Barr, The concept of biblical theology, Minneapolis 1997. – J. Blenkinsopp, Memory, tradition and the construction of the past in ancient Israel, in: BTB 27 (1997), 76–82. – R. Gnuse, Art. Tradition history, in: J.H. Hayes (Hg.), Dictionary of biblical interpretation K–Z, Nashville 1999, 583–588. – L.G. Perdue, The collapse of history, Minneapolis 1994. – W. Richter, Exegese als Literaturwissenschaft, Göttingen 1971. – M. Rösel, Art. Tradition I., in: TRE 33 (2002), 689–693.

Hendrik L. Bosman

II. Neutestamentlich

Der Begriff T. bezeichnet zunächst Motive, direkte oder indirekte →Zitate sowie geprägte Bilder, Begriffe, Vorstellungen und

Themen (Topoi) in einem bestimmten → Text, die ihn mit anderen Texten verbinden, insofern auch diese aus dem gleichen Motivreservoir schöpfen wie er (M. Ebner/B. Heininger, 245; W. Fenske, 41–43. 113–121; W. Stenger, 73–75; M. Theobald, 20). T. ist somit das kulturelle (bes. auch religiöse) Wissen, das →Autoren rezipieren. In seinen ‚Erfüllungszitaten' nimmt Mt z.B. jüdische T. auf (vgl. Mt 1,22 f. u.ö.). Bestimmte jüdische T.en (hier: Tora-Auslegungen) können allerdings auch abgelehnt werden: In Mk 7,5–13 wird eine ‚Tradition der Alten' (παράδοσις τῶν πρεσβυτέρων) als bloße ‚Tradition der Menschen' (παράδοσις τῶν ἀνθρώπων) disqualifiziert (vgl. Kol 2,8); in Gal 1,13–17 bezeichnet sich Paulus vor seiner Bekehrung als ‚Eiferer für meine väterlichen Traditionen' (πατρικαί μου παραδόσεις; vgl. C.J. Setzer). Indem Autoren T.en auswählen, neu akzentuieren und zusammenstellen, wird T. aktualisiert und neu produziert: „Auch die echteste, gediegenste Tradition vollzieht sich nicht naturhaft dank der Beharrungskraft dessen, was einmal da ist, sondern bedarf der Bejahung, der Ergreifung und der Pflege. [...] Jedenfalls ist Bewahrung nicht minder ein Verhalten aus Freiheit, wie Umsturz und Neuerung es sind. Sowohl die aufklärerische Kritik an der Tradition als auch ihre romantische Rehabilitierung bleiben darum hinter ihrem wahren geschichtlichen Sein zurück" (H.-G. Gadamer, 286). Auch im NT begegnet T. als dynamischer, bewusster und letztlich zur Identitätsbildung notwendiger Vorgang, z.B. 1 Kor 11,2; 2 Thess 2,15; 3,6 (jeweils mit παράδοσις). Paulus übernimmt u.a. in 1 Kor 11,23b–25; 15,3b–5; Phil 2,6–11 Gemeindetradition. Die Pastoralbriefe entwickeln den Aspekt der Weitergabe der christlichen Lehre als ‚anvertrautes Gut' (παραθήκη; in 1 Tim 6,20; 2 Tim 1,12.14; vgl. ferner 1 Tim 1,10.18; 4,11; 2 Tim 4,3; Tit 1,9; 2,1). Lk 1,2 nennt die Vermittler christlicher T. ‚Augenzeugen von Anfang an und Diener des Wortes'.

Wenngleich es richtig ist, dass das NT auch selbst T. ist und produziert, so hat doch im dialektischen Verhältnis von ‚Schrift und T.' die Schrift den Vorrang als Kriterium aller weiteren Traditionsbildung und Auslegung. Diese historische und theologische Option hat grundlegende hermeneutische Konsequenzen: „Weder die Lehrautorität des Papstes noch etwa die Berufung auf die Tradition können das hermeneutische Geschäft überflüssig machen, das den vernünftigen Sinn des Textes gegen alle Zumutungen zu verteidigen weiß" (H.-G. Gadamer, 282).

Bibliographie: M. Ebner/B. Heininger, Exegese des Neuen Testaments, Paderborn u.a. [2]2007. – H.-G. Gadamer, Wahrheit und Methode, Tübingen [6]1990. – P.-G. Müller, Art. Tradition II., in: TRE 33 (2002), 689–732. – C.J. Setzer, Art. Tradition of the Elders, in: ABD 6 (1992), 638 f. – W. Stenger, Biblische Methodenlehre, Düsseldorf 1987. – M. Theobald, Herrenworte im Johannesevangelium, Freiburg i.Br. u.a. 2002.

Christoph Heil

III. Systematisch-theologisch

Der Begriff T. bezeichnet den Prozess der Überlieferung und Weitergabe religiös verbindlicher Erzählungen, Riten und praktischen Handlungsanweisungen. Neben der exegetischen Verwendung bezieht sich der Begriff der T. in seinem systematisch-theologischen Sinn auf die Weitergabe und → Überlieferung der normativen Lehrgehalte des Christentums. Im Zeitalter der Reformation kommt es zu einem schwerwiegenden Konflikt über die autoritative Reichweite der T. Gegen deren Überbewertung richtet sich M. Luthers Auffassung, dass sich Gottes Offenbarung allein in den Worten der →Heiligen Schrift finden lasse. Alle kirchliche T. sei ausschließlich an der Schrift als Maßstab zu messen. Dem hält das Konzil von Trient (1545–1563) entgegen, dass die Offenbarung sowohl aus der Schrift als auch aus der kirchlichen T. zu erheben sei. Bis weit ins 19. Jh. hinein liegt in diesem Gegensatz über die Grundlagen dessen, was für Theologie und Kirche als verbindlich zu gelten habe, ein unüberwindbares Problem ökumenischer Verständigung. Eine Annäherung wurde möglich, da sich auf protestantischer Seite mit der Etablierung der historischen Kritik die Einsicht einstellte, dass auch die biblischen Schriften selbst eine Ausdrucksform der christlichen Traditionsgeschichte sind, während umgekehrt auf katholischer Seite die Maßgeblichkeit der biblischen Schriften für die T. anerkannt und spätestens im Zweiten Vatikanischen Konzil lehramtlich festgelegt wurde. Die schroffe Entgegensetzung von Schrift und T. ist damit hinfällig.

Eine erhebliche Bereicherung erfährt die gegenwärtige Diskussion durch kulturwissenschaftliche Untersuchungen. Insbesondere J. Assmann stellt in spezifischer Weiterentwicklung des Konzeptes der →Wirkungsgeschichte wieder die hermeneutische Funktion der T. in den Vordergrund, die schon in den 1960er Jahren in der Philosophie H.-G. Gadamers eine wichtige Rolle spielte. Assmann legt den Akzent auf die Funktion der T. als kulturelles →Gedächtnis. Über den bloß äußerlichen Aspekt der Kulturtechnik der Überlieferung hinaus liegt die Leistungskraft der T. v.a. darin, dass sie Erinnerungsformen auszubilden vermag, die über den Bruch der Geschichte hinweg eine starke Bindung zur Vergangenheit herstellt. In dieser Erweiterung ist unter T. dann jener dynamische Prozess zu verstehen, der die Anknüpfung an die Vergangenheit ganz in den Dienst des Aufbaus einer aktualisierenden religiösen Lebensdeutung und -orientierung stellt.

Bibliographie: J. Assmann, Religion und kulturelles Gedächtnis, München 2000. – S. Evers, Traditionale Hermeneutik, Leipzig 2006. – H.-G. Gadamer, Wahrheit und Methode, Tübingen [6]1990. – H. Kirchner, Wort Gottes, Schrift und Tradition, Göttingen 1998. – J. Lauster, Religion als Lebensdeutung, Darmstadt 2005, 89–141. – W. Pannenberg/T. Schneider, Verbindliches Zeugnis, Bd. 3, Freiburg i.Br./Göttingen 1998.

Jörg Lauster

IV. Judaistisch

Der biblisch nur einmal belegte Begriff T. (hebr. *masoret;* Ez 20,37), mit dem ein vielschichtiger, in der antiken jüdischen Literatur häufig nur umschriebener Prozess bezeichnet wird, hat sich innerhalb der verschiedenen Ausprägungen des Judentums stets in der Auseinandersetzung mit schriftlichen →Überlieferungen und religiös bestimmten Lebenspraktiken bzw. Bräuchen entwickelt. Ein spezifisch jüdisches Traditionsverständnis wird bereits in hellenistisch-jüdischen Schriften erkennbar, hat sich jedoch erst in rabbinischer Zeit theoretisch verfestigt. Die para- bzw. nach-biblische Literatur (→Parabiblische Literatur) lässt mehrere Konzepte von T. neben unterschiedlichen Bewertungen von Sitten und Bräuchen erkennen. Im 2 Makk kann dem Brauch noch Bedeutung als rechtsstiftendem Element zugedacht werden. T. erscheint dabei nicht als ein gegen verschriftlichte Überlieferungen gerichtetes Konzept, sondern als ein eng an der Nahtstelle von mündlicher Tradierung und →Schriftlichkeit erkennbarer prozesshafter Vorgang. T. wird schon im vor-rabbinischen Judentum offenbarender Charakter zuerkannt. So enthalten jüdische Schriften aus hellenistisch-römischer Zeit Neufassungen biblischer Stoffe; mündlich tradierte Geschichte wird in schriftliche, etablierte Geschichte eingearbeitet. Erst in der rabbinischen Literatur werden mit dem Begriff *masoret* alle Arten von T. beschrieben, aber auch differenziert, sowohl in jene T.en, die eindeutig auf *miqra* (‚zu Lesendes‘) bezogen sind, als auch in jene, die Brauch, Recht, geschichtliche Ereignisse o.ä. festhalten. Die Arten von T. erhielten mit der Zeit unterschiedliche Bezeichnungen: Erst seit dem Mittelalter wird als *Masora* im engeren Sinne die Lesetradition bezeichnet. Die rechtlichen T.en, die Moses mündlich am Sinai offenbart worden sind und später schriftlich fixiert wurden, werden bereits in der älteren rabbinischen Literatur als *Halakha le-Moshe mi-Sinai* eingeführt. Mündliche T.en rechtlichen Inhalts, die nicht unbedingt als vom Sinai stammend erachtet wurden, werden als *shemua'* („Bericht‘) bezeichnet. Bräuche und Sitten heißen *minhag,* d.h. das, was man an einem bestimmten Ort zu tun pflegt. In der rabbinischen T. der amoräischen Epoche kann dem *minhag* als einer Form von T. auch kritische Funktion in der Auseinandersetzung um die Bestimmung von *Halakha* zugedacht werden. Hermeneutisch zu beachten ist, dass *minhag* Tora auflösen kann (vgl. yYev 12,1 [12c]). Mündliche Tora ist sowohl eine die schriftliche Tora ergänzende Überlieferung als auch eine über der schriftlichen Überlieferung stehende Instanz; die beiden lassen sich aber kaum noch trennen (vgl. yPea 2,6 [17a]).

Bibliographie: E.S. Alexander, Transmitting Mishnah, Cambridge 2006. – S.J.D. Cohen, The Judaean legal tradition and the Halakhah of the Mishnah, in: C.E. Fonrobert/M.S. Jaffee (Hgg.), The Cambridge companion to the Talmud and rabbinic literature, Cambridge 2007, 121–143. – A. Lehnardt, Minhag in der jüdischen Tradition, in: Judaica 60 (2004), 37–52.

Andreas Lehnardt

V. Islamwissenschaftlich

Ohne die T. – die Überlieferung der Aussagen und Taten Muḥammads sowie der näheren Umstände der koranischen Offenbarung – ist kein weitergehendes Verständnis des →Korans möglich, was eine textimmanente Auslegung des Korans sehr erschwert. Da abgesehen von der islamischen T. und der altarabischen →Dichtung kaum anderes Material vorliegt, welches die Umstände der koranischen Offenbarung erhellen kann, ist auch eine historisch-kritische Interpretation des Korans, die auf die Einbeziehung der T. verzichtet, kaum möglich und führt oft nur zu phantasievollen Hypothesen, die weder verifiziert noch falsifiziert werden können. Dass gegenwärtig in der westlichen Öffentlichkeit diejenigen Hypothesen aufmerksam rezipiert werden, die der Darstellung der islamischen T. widersprechen, dabei jedoch wissenschaftlich nicht ausreichend begründbar sind, ist ein Zeichen des Zeitgeistes.

Die Überlieferung der Aussagen und Taten Muḥammads wird als *ḥadīṯ* bezeichnet, wobei *ḥadīṯ* zunächst eine mündliche Mitteilung oder →Überlieferung bedeutet, zugleich aber auch das ganze Corpus der T. bezeichnet. Oft werden die Begriffe *ḥadīṯ* und *sunna* gleichbedeutend verwendet, weil die Hadithe von der ‚Sunna' des Propheten, d.h. seinem normbildenden Verhalten, berichten. In früher Zeit wurden auch Überlieferungen von Aussagen und Handlungen anderer Personen – etwa der ersten Kalifen – als Hadithe anerkannt. Die Beschränkung auf den Propheten begann sich im Lauf des 8. Jh.s durchzusetzen; danach nannte man die Überlieferungen von anderen Personen *aḫbār* („Nachrichten') oder *āṯār* („Spuren', d.h. überkommene Äußerungen). Eine besondere Untergruppe bilden Hadithe, die als ‚heilige Hadithe' (*aḥādīṯ qudsīya*) oder ‚Nachrichten vom Herrn' (*aḫbār rabbānīya*) bezeichnet werden. Dabei handelt es sich um Aussagen des Propheten, wobei dieser wiederum eine Aussage Gottes zitiert; solche Hadithe können „nichtkoranischer Gottesspruch" genannt werden (F. Meier). Weitere Untergruppen bilden Hadithe, die von den ‚Anlässen der Herabsendung (des Korans)' (*asbāb an-nuzūl*), dem Leben Muḥammads (*sīrat an-nabī*) und der biblisch-monotheistischen T. (*al-Isrāʾīlīyāt*) handeln. Sammlung und Analyse der Hadithe entwickelten sich ab dem 8. Jh. zu einem der bedeutendsten Felder der islamischen Gelehrsamkeit. Besonders Rechtswissenschaft und Theologie sind auf das Material der T. angewiesen, da für beide Bereiche die oft knappen oder indirekten Hinweise im Koran nicht ausreichend sind. Die muslimischen Exegeten bemühten sich, Anknüpfungspunkte für die Legitimierung der T. im Koran zu finden. Besonders der häufige koranische Ausdruck ‚die Schrift und die Weisheit' (*al-kitāb wa-l-ḥikma*, s. Q 2:129, 151, 231; 3:48, 81, u.ö.) wurde als Verweis auf den Koran und die T. verstanden.

Bibliographie: H. Berg (Hg.), Method and theory in the study of Islamic origins, Leiden 2003, Part B. – J. Burton, An introduction to the Ḥadīth, Edinburgh 1994. – J. Fück, Die Rolle des Traditionalismus im Islam, in: ZDMG 93 (1939), 1–32. – I. Goldziher, Muhammedanische Studien, Bd. 2, Halle 1890. – W.A. Graham, Divine word or prophetic word in early Islam, Den Haag 1977. – A. Guillaume, The traditions of Islam, Oxford 1924. – M.Z. Siddiqi, Ḥadīth literature, Cambridge 1993. – E. Stetter, Topoi und Schemata im *ḥadīṯ*, Diss. Tübingen 1965. – ʿA. Wentzel, Die Sunna, Kandern 2002.

Marco Schöller

VI. Altphilologisch

→Überlieferung

VII. Literaturwissenschaftlich

Unter T. (lat. *tradere*, ‚weitergeben') versteht man die Weitergabe von Elementen der kulturellen Ausstattung, auf die eine Gruppe zur Erhaltung von Identität, Autorität und Legitimität über den Wandel in der Zeit hinweg angewiesen ist. T. bildet sich in der Dimension des Handelns (Riten und Brauchtum), in der Dimension der geistigen

Überlieferung (Ideen und Lehren) und in der Dimension von Religion, Literatur oder Kunst (Texte und Artefakte). T. ist ursprünglich ein juristischer Begriff. Er stammt aus dem römischen Erbrecht und regelt neben der Übergabe von Eigentum auch die Übertragung von Rechten und Pflichten über die Todesschwelle hinweg, weshalb der Begriff T. eng mit dem Testament verbunden ist. Im juristischen Kontext werden v. a. Rechtstitel weitergegeben, die Legitimität, Autorität oder Wahrheit sichern. Im Christentum spielt der Begriff seit dem 2. Jh. eine wichtige Rolle für die Übertragung von Autorität und die Stabilisierung der Wahrheit des →Evangeliums in einer apostolischen Reihe persönlicher Zeugenschaft unabhängig von der kanonisierten Schrift. Die Filiationskette geistiger Zeugenschaft stellt eine Entsprechung zur genealogischen Herkunft dar. Über diese Kette wird die Wahrheit der →Überlieferung aus der Tiefe der Vergangenheit bis in die Gegenwart garantiert und ihre Autorität legitimiert. Sie darf nicht zerreißen, wenn die Überlieferung gesichert und glaubwürdig bleiben soll. Im Konzil von Trient (16. Jh.) wurde gegen die zentrifugale protestantische Tendenz der Verbreitung des heiligen Textes und die damit verbundene Vervielfältigung der Deutungsansprüche die katholische T. der Überlieferungskette zur Sicherung des Deutungsmonopols aufgebaut.

Im 19. und 20. Jh. hat der Begriff T. seine Bedeutung wesentlich durch Opposition zum Begriff der Moderne erhalten. Da sich die Moderne seit der Französischen Revolution durch Traditionsbruch definiert, nahm der Begriff mit Konnotationen wie dumpfes Beharren, Automatisierung und Rückständigkeit eine negative Färbung an. Demgegenüber ist zu betonen, dass T.en als eine kulturelle Praxis des *bewussten* Wiederholens und Weitergebens in Festen und Riten zu verstehen sind. Der kulturelle Imperativ, Bräuche, Kleidung, Zubereitung von Essen zu wiederholen, hängt mit dem Bedürfnis nach Zugehörigkeit und symbolischer Distinktion zusammen. T.en dienen der Markierung von kultureller Identität, gerade auch unter dem gesellschaftlichen Druck ihrer Auflösung durch Industrialisierung, Migration oder Fremdeinfluss. In ideologiekritischer Perspektive (→Ideologiekritik) wurden T.en als rezente Erfindungen des 19. Jh.s entlarvt. Diesem erfolgreichen, aber nicht unproblematischen Ansatz liegt die Unterscheidung zwischen authentischer und konstruierter T. zugrunde. Inzwischen hat sich der Konsens gebildet, dass T.en nicht aus unvordenklicher Vorzeit stammen müssen und gerade auch in Rückwärtsprojektionen ihre Wirkung entfalten. In der Literaturwissenschaft umfasst T. das Arsenal der Muster, Exempla, Topoi, das als handwerkliche Orientierung dem Prozess des poetischen Herstellens zugrunde liegt. In diesem Kontext wird dem Begriff der T. der Begriff der Innovation gegenübergestellt. Innovation bedeutet jedoch nicht notwendig Abkehr von T., sondern setzt in der Überschreitung und Regelverletzung das Inventar der T. weiterhin voraus. T.W. Adorno hat darüber hinaus einen moralischen Traditionsbegriff entwickelt, den er als Erinnerung des Unerledigten definiert. Mit einem normativ klassizistischen Gehalt ist der Traditionsbegriff des philosophischen Hermeneuten H.-G. Gadamer aufgeladen. Von dem Begriff des kulturellen →Gedächtnisses, das aufgrund externer Speichertechniken auch Brüche und Phasen des Vergessens überbrücken kann, unterscheidet sich der Begriff der T. durch die Betonung der kontinuierenden Weitergabe und Wiederholung im verkörperten Vollzug.

Bibliographie: W. Barner (Hgg.), Tradition, Norm, Innovation, München 1989. – H.-G. Gadamer, Wahrheit und Methode, Tübingen 1960. – E. Hobsbawm/T. Ranger (Hgg.), The invention of tradition, Cambridge 1992. – P.H. Hutton, History as an art of memory, Hannover/London 1993. – T. Larbig/S. Wiedenhofer (Hgg.), Kulturelle und religiöse Traditionen, Münster 2005. – D.G. Marshall (Hg.), The force of tradition, Oxford 2005. www.traditionstheorie.de.

Aleida Assmann

Translation →Übersetzung/Übersetzen/Übersetzer

Translational Turn

I. Alttestamentlich

Der *T. T.* hat die atl. Wissenschaft noch nicht als Schlagwort erreicht. Stattdessen decken Forschungsarbeiten zum AT, der Geschichte Israels und des Alten Orients mithilfe von Konzepten wie Kulturtransfer oder *Postcolonial Exegesis* Teile eines *T. T.* ab. Dabei ist → Überlieferung und Übermittlung von ‚Kultur' und kulturellen Archiven weder im antiken Vorderen Orient noch im modernen Europa ein gradliniger, zielgerichteter Prozess, sondern es erfahren alle daran Beteiligten inklusive dieses kulturellen Gutes selbst eine Veränderung. Seit dem späten 20. Jh. sind es diese Mechanismen, die verstärkt die Aufmerksamkeit der Forschung gefunden haben.

Tatsächlich handelt ein großer Teil atl. Schriften explizit von der Begegnung verschiedener und ähnlicher Kulturen und Sprachen, sei es als friedlicher Kontakt, als Migration, Flucht, Wanderung oder als Krieg und Eroberung. Dies ist v. a. der wechselvollen Geschichte Israels und Judas geschuldet, insofern bereits vor der babylonischen Zerstörung 586 v. Chr. bejaminitischer/israelitischer Religions- und Geschichtstraditionen in judäische integriert und damit als ‚Gesamtisrael' neu konstruiert wurden. Die exilisch und nachexilisch abgefassten und edierten judäischen →Texte enthalten allesamt eine Auseinandersetzung mit anderen Kulturen. So gibt es eine ganze Reihe von Texten, die eben diesen Kulturtransfer regelrecht thematisieren. Die Josefsgeschichte, Abraham, Lot, Dina sind nur die bekanntesten Beispiele. Wie Hiskija seine Schätze zeigt (Jes 39), aber auch die Exodus- und die Bileamgeschichte, feministische Arbeiten an der ‚fremden Frau', Ausländerinnen und ‚Mischehen' sind andere. Weitere Texte behandeln Sprache als solche, Einzelsprachen und Übersetzungsprobleme, wie die Turmbauerzählung, die Rabschake-Rede, Bileam und alles zusammen das Jonabuch. Nicht im Blick ist bislang noch die Übersetzungsarbeit der Propheten, wenn sie als Medium göttlicher Botschaften auftreten und diese buchstäblich für ihre Adressaten übersetzen. Das Mensch-Gott-Verhältnis als immer wieder zu leistende Übersetzungsarbeit harrt noch der Reflexion.

Eine einzelne Theorie hat großen Einfluss auf die Hypothesen der Literaturbildung genommen, und zwar die These von der Übertragung des Verhältnisses Assurs zu seinen Vasallen auf das Jhwh-Israel-Verhältnis, das sich insbesondere im Dtn findet.

Historische Entwürfe sind sich zunehmend der Problematik bewusst, dass Kultur, die nur in ihren materialen Hinterlassenschaften sichtbar ist, nicht an ihre Träger gebunden ist, sondern eine eigene Größe darstellt: z. B. deutet ägyptische Keramik zunächst nicht auf die einstmalige Existenz von Ägyptern an dem Fundort, sondern ausschließlich auf sich selbst. Damit stehen Handelsbeziehungen, ihre Routen sowie Wirtschafts- und Sozialgeschichte stärker im Vordergrund des Interesses als bislang, weil jeder Warentransfer zugleich auch Kulturtransfer ist. Das mit Handel und Hegemonie verbundene Machtgefälle in der kulturellen Beeinflussung wird insbesondere durch postkoloniale Ansätze verstärkt reflektiert (→ Postkolonialismus, →postkoloniale Bibelhermeneutik). Dazu gehört, dass der Begriff der ‚Ethnie' nicht mehr als ‚Volk' verstanden wird, sondern als ‚Kultur', und damit insgesamt eher einen Suchbegriff darstellt. Die gesamte (vergleichende) Religionsgeschichte sieht sich der Übersetzung von Kulturen gegenüber.

Bibliographie: C. Frevel (Hg.), Medien im antiken Palästina, Tübingen 2005. – C. Hardmeier, Prophetie im Streit vor dem Untergang Judas, Berlin 1990. – R.G. Kratz (Hg.), Religion und Religionskontakte im Zeitalter der Achämeniden, Gütersloh 2002. – U. Sals, The hybrid story of Balaam (Numbers 22–24), in: BibInt 16 (2008), 315–335. – C. Uehlinger, Weltreich und ‚eine Rede', Freiburg/Göttingen 1990.

Ulrike Sals

II. Neutestamentlich

Der *T. T.* hat gegenwärtig noch wenig Einfluss auf den ntl. Wissenschaftsdiskurs. →Übersetzen wird hier vornehmlich an die →Paradigmen der Philologie und →Geschichte gebunden. Daher legt die ntl. Wissenschaft großen Wert auf die Unterscheidung zwischen der →Übersetzung als eng definiertem Verfahren der Textumformung sowie den offeneren Spielarten der Übertragung und der

→Interpretation. Ansätze eines kulturellen Übersetzungsbegriffs finden sich bei E. Reinmuth.

Das Bedeutungspotential des *T. T.* für die ntl. Wissenschaft liegt v.a. in der *kritischen Reflexion konkreter Übersetzungspraktiken* der eigenen Disziplin. Der *T. T.* kann monopolisierte kulturelle Einwirkungen im Übersetzungsgeschehen, beispielsweise konfessioneller Art, freilegen sowie auf die kulturelle Bedingtheit jeder Übersetzungsleistung hinweisen und verschränkt sich dabei mit ideologiekritischen Implikationen (→Ideologiekritik). Die binäre Einteilung in richtige und falsche Übersetzungen wird im *T. T.* zugunsten pluralitätsfähiger Kategorien aufgelöst. Dadurch wird die streng philologische Vorherrschaft innerhalb der ntl. Übersetzungspraxis aufgehoben. Ebenso werden Inkulturationen biblischer Texte in geografisch und milieuspezifisch fremde Kontexte (→Alterität) als Übersetzungsleistungen darstellbar (z.B. im →Postkolonialismus). Da sich der *T. T.* nicht auf die rezeptiven Effekte (→Rezeption) beim Übersetzen beschränkt, können zugleich die Textkulturen der ntl. Schriften selbst als kulturelle Faktoren des Übersetzungsprozesses mit in den Blick genommen werden. Das Übersetzungsverständnis wird dadurch als *Neuvermischung* unterschiedlicher kultureller Systeme verstanden und das Ideal äquivalenter Übermittlung als Illusion ausgeschieden.

Die Metatheorie des *T. T.* kann beispielhaft als Verstehensmedium in der Auseinandersetzung um die Bibel in gerechter Sprache (BigS) dienen. Ersetzt man das konventionelle Übersetzungsideal der äquivalenten Übermittlung durch das Modell der kulturellen Neuvermischung, dann wird der Übersetzungsversuch der BigS als Verknüpfung verschiedener Kulturen erklärbar: Neben den zahlreichen Kulturen der biblischen Textwelten wird diese Übersetzung ebenso von der feministischen Kultur, der Kultur des christlich-jüdischen Dialogs, der Kultur der sozialen Gerechtigkeit sowie der historisch-kritischen Wissenschaftskultur bestimmt. Die wissenschaftsethische und gemeindlich-praktische Frage nach dem Wert und der Funktion dieser wie auch jeder anderen Übersetzung ist damit allerdings noch nicht beantwortet.

BIBLIOGRAPHIE: E. Reinmuth, Hermeneutik des Neuen Testaments, Göttingen 2002, 39–47. – S. Scholz, Die Bibel richtig übersetzen?, in: zeitzeichen (1/2008), 54–55.

Stefan Scholz

III. Systematisch-theologisch

Allgemein: Fern davon, eine epochale ‚Wende' darzustellen, kann der ‚*T. T.*' dennoch den Blick schärfen für elementare religionsgeschichtliche Charakteristika und wichtige Fragen der theologischen Selbstverständigung des Christentums. Hilfreich ist u.a. der kulturtheoretisch erweiterte Übersetzungsbegriff. Wegen der Überzeugung von Christus als dem Heil *aller* Völker war für das Christentum von Anfang an die Übersetzung, das *Über*-Setzen in andere Kulturen konstitutiv. Freilich war es dadurch immer auch mit der Krisis der Identität im Übergang konfrontiert: Inwieweit bewahrt, entfaltet oder aber verfälscht sich in den semantischen, sozialen, ‚weltbildhaften' Transformationen die christliche Identität? Hinzu kommt, dass das Christentum längerfristig selbst ein starker kulturprägender Faktor wurde – die ‚Hellenisierung des Christentums' war zugleich eine Christianisierung des Hellenismus –, und es wird (namentlich unter dem Vorzeichen der ‚post-kolonialen' weltweiten Indigenisierung des Christentums) heftig diskutiert, ob dieser ‚christlich-abendländischen' ‚Kultursynthese' (E. Troeltsch) bleibend identitätsstiftende →Normativität zukommt oder ob auch sie transformiert werden kann und muss. Dies gilt auch im Blick auf die neuzeitlichen ‚Umformungskrisen' (E. Hirsch) der europäischen Kultur selbst.

Bibelauslegung: Obwohl im Christentum die biblischen Ursprachen nie essenziell für die Heiligkeit der →‚Heiligen Schrift' waren und deren Übersetzbarkeit nie in Zweifel stand, beleuchtet der *T. T.* zurecht die Riskanz der Übertragung in andere Sprachen und Kulturen. Dabei hat die Einsicht, dass sich die Ursprungstexte selbst bestimmten kulturellen Kontexten verdanken, gravierende hermeneutische Konsequenzen. Ist der antike kulturelle Kontext seinerseits normativ? Inwieweit kann man von zeitbedingten und relativierbaren Momenten einen zeit- und kulturübergreifend verbindlichen ‚Sinnkern' unterscheiden? Ist ein solcher ‚Sinnkern' nicht wiederum seinerseits nur zeit- und kulturrelativ festzulegen? Und welche normative Bedeutung kommt dann rekursiv der Auslegungsgeschichte zu? Die aktuelle Relevanz dieser Fragen lässt sich etwa an den inner- und zwischenkirchlichen Diskussionsverläufen im Blick auf konfliktuöse amtstheologische (z.B. Frauenordination) oder ethische (z.B. Homosexualität) Themen beobachten. Dass gerade hier kulturelle Differenzen (etwa zwischen ‚westlichen' und ‚traditionalen' Kirchen, aber auch zwischen ‚modernen' und ‚konservativen' Strömungen innerhalb der Kirchen) eine eminente Rolle spielen, bestätigt noch einmal die Fruchtbarkeit eines kulturalistisch ausgeweiteten Übersetzungsbegriffs.

Bernd Oberdorfer

IV. Literaturwissenschaftlich

Neben ein herkömmliches Verständnis von →Übersetzung als Sprach- und Textübertragung tritt gegenwärtig ein umfassenderes Konzept, das Übersetzung als eine Kulturtechnik und unverzichtbare Praxis in einer globalisierten Welt begreift. Zugleich wird Übersetzung als eine Grundkategorie der Kulturwissenschaften entfaltet. Statt um Original, Repräsentation, Äquivalenz und Übersetzungs-‚Treue' geht es hier eher um kulturellen Transfer, →Fremdheit und Alterität, um kulturelle Differenzen und Macht.

Voraussetzung eines *T. T.* ist eine kulturwissenschaftliche Neuorientierung der philologisch-sprachwissenschaftlichen Übersetzungswissenschaft, die sich seit den späten 1980er Jahren (S. Bassnett/L. Venuti) für Fragen kultureller Übersetzung öffnet: für die Rückbindung von Begriffen an kulturelle Denkmuster und soziale Verwendungsweisen, aber auch für Übersetzung als Handlungs- und Vermittlungspraxis von und zwischen Kulturen. Von einem *T. T.* lässt sich aber erst dann sprechen, wenn Übersetzung über ihr sprachlich-kulturelles Gegenstandsfeld hinausreicht und durch die Disziplinen hindurch zu einer methodisch und epistemologisch geschärften Analysekategorie wird. Mit ihr lassen sich Vermittlungsprozesse, Ebenenwechsel und Kulturenvergleiche konkret sichtbar machen und jegliches Zusammentreffen kontroverser Positionen auf Prozesse des Aushandelns kultureller Differenzen in interkulturellen oder innerkulturellen ‚Kontaktzonen' hin analysieren. Von hier aus können auch Theologie und Religionswissenschaft ihre lange Übersetzungstradition überdenken, die von →Bibelübersetzung bis zur Missionsgeschichte noch in gegenwärtige interreligiöse Konflikte hineinwirkt. So nimmt auch eine interkulturelle, vergleichende Theologie bzw. Religionswissenschaft die Übersetzungskategorie in Anspruch, um die Auseinandersetzung zwischen verschiedenen Religionssystemen und Glaubensgemeinschaften an konkreten Interaktionspraktiken festmachen zu können und deren Implikationen von Macht, Ungleichheit, →Verstehen und →Missverstehen freizulegen.

Der *T. T.* zeichnet sich nicht etwa durch die Expansion der bloßen Übersetzungsmetapher aus, sondern durch gezielte Aufmerksamkeit auf konkrete Übersetzungsprozesse sowie durch methodische Erschließung von Kontaktzonen als spezifischen Erkenntnis- und Aushandlungsräumen. Das epistemologische Potential des *T. T.* liegt zudem in der Herausbildung einer translatorischen Forschungseinstellung. Diese zielt darauf, Dichotomien zu vermeiden, Ränder aufzuwerten, Grenzdenken zu ermöglichen und holistische Begriffe und Ganzheitsvorstellungen mit Blick auf Vermittlungsschritte aufzubrechen – bis hin zu einem Neuverständnis des Kulturbegriffs selbst: ‚Kultur als Übersetzung' (H. Bhabha), d.h. als vermischte, hybride Schichtung von Bedeutungen und Erfahrungen statt als originale, authentische Lebenswelt. Mit der Fundierung von *‚cross-cultural translation'* auf *‚cross-categorical translation'* (D. Chakrabarty) erstreckt sich der *T. T.* auf die Untersuchungsbegriffe selbst – um die eurozentrische Übersetzungspraxis bis hinein in den Universalisierungsanspruch der europäischen Wissenschaftssprache aufzudecken und diese zu öffnen gegenüber außereuropäischen Kategorien. Diese Perspektive wird relevant für die Frage der Übersetzbarkeit des Gottesbegriffs, für eine Neusicht der

Übersetzungsbeziehungen in Kolonialismus, Dekolonisierung und Missionsgeschichte, aber auch für eine akteurbezogene Analyse der Modernisierungsprozesse außereuropäischer Gesellschaften mit ihrer Vermittlung, Übernahme und Uminterpretation westlicher Konzepte.

BIBLIOGRAPHIE: D. Bachmann-Medick, Cultural turns, Reinbek [3]2009, 58–103. – Dies. (Hg.), The translational turn, Translation Studies 2,1 (2009). – Dies. (Hg.), Übersetzung als Repräsentation fremder Kulturen, Berlin 1997. – S. Bassnett, The translation turn in cultural studies, in: Dies./A. Lefevere (Hgg.), Constructing cultures, Clevedon u. a. 1998, 123–140. – S. Budick/W. Iser (Hgg.), The translatability of cultures, Stanford 1996. – C. Elsas et al. (Hgg.), Tradition und Translation, Berlin/New York 1994. – T. Hermans (Hg.), Translating others, 2 Bde., Manchester 2006. – M. Snell-Hornby, The turns of translation studies, Amsterdam 2006. – L. Venuti (Hg.), The translation studies reader, New York 2000.

Doris Bachmann-Medick

Typologie →Typos/Typologie

Typos/Typologie

I. Alttestamentlich

Seit dem 19. Jh. bezeichnet Typologie eine Auslegungsmethode, die unabhängige geschichtliche Begebnisse oder Personen in eine interpretierende Relation stellt. Sie setzt die Übereinstimmung zumindest eines wesentlichen Aspekts des Verglichenen sowie einen kontinuierlichen Interpretationshorizont des Vergleichenden voraus. Die Stimmigkeit einer Typologie bleibt der Subjektivität des Interpretierenden ausgeliefert. Deshalb ist sie der interpretativen Hermeneutik zuzuordnen. Sie bedarf selbst ständig der hermeneutischen Reflexion.

Das Lexem τύπος sowie seine Ableitungen sind im profanen und biblischen Griechisch polysem. Etymologisch liegt dem Begriffsfeld griech. τύπτω ‚schlagen' zugrunde. Τύπος meint dann sowohl das ‚Formende' wie das ‚Geformte', ‚Vorlage' wie ‚Abbild'. Im NT erhält das Wortfeld in theologischen Kontexten ein neues Bedeutungsspektrum.

Die stringenteste typologische Auslegung des AT findet sich in der paulinischen Literatur und im Hebräerbrief (vgl. Hebr 8,1–10,18 mit Ex 25 oder Lev 16) sowie 1 Petr 3,20–21. In den Evangelien kommen die ‚Überbietungsworte' Jesu (Mk 2,23–28 par.) der Typologie bereits nahe. Allen Texten liegt die Überzeugung der Kontinuität des göttlichen Heilshandelns zugrunde. Als ‚typisch' betrachtete Ereignisse oder Schicksale erfahren eine Neuinterpretation. Die Ursprünge dieser Methodik reichen weit in das AT zurück (etwa häufige Neudeutungen des Exodus). Die paulinische Umprägung des Begriffs T. lässt sich am deutlichsten in Röm 5,12–21 und 1 Kor 10,1–13 greifen, wo der Ursprung der Sünde interpretiert und Adam als Typos Christi dargestellt wird bzw. die Analogie der Situationen ‚typologisch' interpretiert wird. Hier ist die unauflösliche Beziehung das fortwirkende Heilshandeln Gottes, das den hermeneutischen Bezugsrahmen für den Brückenschlag zwischen dem atl. Israel und den ntl. Gemeinden darstellt.

In den nachapostolischen Schriften löste sich die typologische Interpretation der Schrift zunehmend von der historischen Dimension der Texte ab, die Grenzen zur freien Allegorese verschwammen. Das starke Interesse an der Wiedergewinnung der Historizität und des ursprünglichen Sinnes der Schrift (→ Schriftsinn) führte seit der Reformation zur zunehmenden Ablehnung der Typologie. Diese spielt *de facto* in der →Exegese der Gegenwart keine Rolle mehr. Die Diskussion verlagerte sich stattdessen auf die Ebene biblischer →Hermeneutik. Jedoch versucht die „heilsgeschichtliche Theologie" die Einheit der Schrift anhand der „Analogie der Credenda" (v. Rad) aufzuweisen und bedient sich dabei wieder verstärkt der Typologie als theologischer →Methode. Trotz scharfer Kritik zeigt dieser Ansatz das Jahrhunderte währende Reflexionsdefizit im Bereich einer übergreifenden biblischen Hermeneutik auf, die wohl zu den wichtigsten Desideraten moderner Bibelwissenschaft zählt.

BIBLIOGRAPHIE: W. Eichrodt, Ist die typologische Exegese sachgemäße Exegese?, in: ThLZ 81 (1956), 641–654. – L. Goppelt, Art. τύπος, in: ThWNT 8 (1969), 246–260. – G. v. Rad, Typologische Auslegung des Alten Testaments, in: EvTh 12 (1953), 17–33.

Michael Weigl

II. Neutestamentlich

Typos ist eine Transkription des griechischen Wortes τύπος, das u.a. ‚Form, Bild, Modell, Muster, Vorbild, Abbild' bedeutet. Typologie kommt in der biblischen →Exegese und → Hermeneutik als Bezeichnung einer bestimmten Auslegungsmethode vor. Sie ist in der ganzen Auslegungsgeschichte der Kirche bezeugt und z.B. in den ersten Jahrhunderten sehr verbreitet, weil man u.a. die aktuelle Bedeutung des ATs verdeutlichen wollte. Voraussetzung für die Verwendbarkeit dieser →Methode ist, dass eine Korrespondenz zwischen z.B. Personen, Begebenheiten und Begriffen im AT und NT zu finden ist: einem ‚T.' im AT muss ein ‚Antitypos' im NT korrespondieren. Die typologische Auslegungsweise setzt eine bestimmte Soteriologie voraus: Was im AT und NT erzählt wird, muss als eine zusammengehörige Heilsgeschichte verstanden werden. Die Jesusgeschichte muss als eine Weiterführung und zum Teil eine Vollendung der atl. Heilsgeschichte verstanden werden. Die *zwei* ‚Geschichten' sind deshalb als *eine* Geschichte desselben Gottes zu sehen.

In Röm 5,12–21 benutzt Paulus in V.14 das Lexem τύπος: „Adam aber ist die Gestalt (τύπος), die auf den Kommenden hinweist". Die Korrespondenz spiegelt sich in dem mehrmals vorkommenden und übergreifenden Wortpaar ‚wie' – ‚so' wider: wie Adam so Jesus Christus. Mit der weitreichenden und verhängnisvollen Bedeutung der Übertretung Adams (T.) korrespondiert die weiterreichende und verheissungsvolle Gnadentat Jesu (Antitypos). In Mt 12,39 par. begegnet eine typologische Deutung der Jonaserzählung, die auf Jesu Tod und Auferstehung hin gedeutet wird. ‚Wie' es Jonas erging, ‚so' wird es Jesus ergehen. Der Verfasser des 1 Petr verweist in 3,20 auf Noahs Errettung und setzt dann fort: „Dem entspricht die Taufe, die jetzt euch rettet" (V.21). Weitere Beispiele finden sich z.B. in 1 Kor 10,1–13 und Hebr 7–10.

Das AT ist nicht nur für die typologische Auslegungsmethode, sondern auch für den Schriftbeweis und damit für die Verdeutlichung des Zusammenhangs zwischen AT und NT von entscheidender Bedeutung. Wo die typologische Auslegung eine atl. Vorabbildung voraussetzt, setzt der Schriftbeweis eine Voraussage voraus. Der entscheidende Unterschied zwischen Typologie und →Allegorese liegt darin, dass das Letztgenannte nicht eine wörtliche Bedeutung sucht, sondern meistens eine verborgene und geistige, wogegen die Typologie im NT einen Zuwachs der Bedeutung sieht.

BIBLIOGRAPHIE: R. Bultmann, Ursprung und Sinn der Typologie als hemeneutischer Methode, in: ThLZ 75 (1950), 205–212. – W. Eichrodt, Ist die typologische Exegese sachgemäße Exegese?, in: ThLZ 81 (1956), 641–654. – L. Goppelt, Typos, Gütersloh 1939. – S.G. Hall, Art. Typologie, in: TRE 34 (2002), 208–224. – K.-H. Ostmeyer, Typologie und Typus, in: NTS 46 (2000), 112–132.

Helge Kjær Nielsen

III. Kirchengeschichtlich

In der Alten Kirche wird T. hauptsächlich in drei Bedeutungen gebraucht: (1) als Abbild des Unsichtbaren (IgnTrall 3,1; Barn 19,7; Thphl. Ant. *Autol.* 2,15; Iren. *haer.* 1,8,4; Ptol. *ep.* 5,2); (2) als Sinnbild einer *geistigen* Wirklichkeit (*Excerpta ex Theodoto* bei Clemens von Alexandrien 66; Or. *hom. in Jo.* 1,8,46; 10,18,110; Cyr. H. *catech.* 4,3); (3) als Bezeichnung von Personen, Sachen und Ereignissen, die auf eine *künftige* Wirklichkeit hinweisen, in der sie ihren vollen Sinn erlangen (Barn 7,7.10; 8,1; Just. *dial.* 40,1; 41,1; 42,4; Iren. *haer.* 4,30,4; 32,2; 5,35,2). Der dritten Bedeutung kommt die größte hermeneutische Relevanz zu, und zwar nicht nur, weil sie im NT belegt ist (vgl. Röm 5,14; 1 Kor 10,6. 11; Hebr 8,5), sondern v.a., weil sie gemeinsam mit der →Allegorie den Weg zur geistigen Deutung der Schrift – über den buchstäblichen bzw. historischen Sinn hinaus – bestimmt.

Während die Allegorie den Text auslegt, indem sie ihn als ein auf eine Sachebene hinweisendes Bild versteht – der Bezugsrahmen wird vom Ausleger festgelegt –, setzt die Typologie eine Entsprechung zwischen Vergangenheit und Zukunft voraus, die sich in der Form der unermesslichen Überbietung des T. (z.B. Durchzug durch das Rote Meer – die christliche Taufe; Wüstenmanna – eucharistisches Brot), oder des Gegensatzes zu ihm (Antitypos) konkretisiert (Adam – Christus,

Eva – Maria). Auch wenn sich Allegorie und Typologie deutlich voneinander unterscheiden, werden sie häufig im Vorgang der Auslegung kombiniert. Oft fördert die allegorische Deutung die Elemente zutage, die dann typologisch aufeinander bezogen werden. Die Typologie hängt mit einem Zeitverständnis zusammen, dessen Grundlage die Einheit der Heilsgeschichte ist. Wie bei der Allegorie öffnet auch die Typologie dem Ausleger beinahe uneingeschränkte Möglichkeiten, Entsprechungen herauszustellen (basierend auf der Verflechtung beider Testamente). Um der Gefahr einer willkürlichen Deutung der Schrift zu entgehen, versuchten Vertreter der antiochenischen Schule (Theodor v. Mopsuestia, Johannes Chrysostomos), die Kriterien für eine legitime typologische Auslegung festzulegen: Ähnlichkeit – wie in einer Nachahmung –, Nutzen für die Gläubigen, Überbietung des AT durch die christliche Botschaft. Aufgrund dieser Kriterien lässt Theodor nur eine beschränkte Zahl von atl. Typoi gelten: Durchzug, Tempelopfer, Eherne Schlange, Jonas (PG 66,320–324). Sein Vorstoß konnte sich nicht durchsetzen: Die angegebenen Kriterien wurden mit unterschiedlicher Konsequenz beachtet, ohne dass es zu einer Einschränkung der Typoi kam. Für die Katechese, Verkündigung und systematische Reflexion erwies sich die Typologie in altkirchlicher Zeit als ein unverzichtbares Instrument, um den tieferen Sinn der Schrift zu erschließen.

Bibliographie: H. Crouzel, La distinction de la „typologie“ et de l’ „allegorie“, in: BLE 65 (1964), 161–174. – J. Daniélou, Sacramentum futuri, Paris 1950. – M. Fiedrowicz, Prinzipien der Schriftauslegung in der Alten Kirche, Bern u.a. 1998. – J. N. Guinot, La typologie comme technique herméneutique, in: Cahiers de Biblia Patristica 2 (1989), 1–34. – S.G. Hall, Art. Typologie III. in: TRE 34 (2002), 210–212. – G.W.H. Lampe/K.J. Woollcombe, Essays on typology, London 1957. Horacio E. Lona

IV. Systematisch-theologisch

Der Begriff des T. ist plurivok, je nach Kontext. In exegetischem Zusammenhang wird er gebraucht für die rhetorische Methode, T. und Antitypos aufeinander zu beziehen (Adam/Christus; vgl. L. Goppelt). Diese → Methode ist über das Mittelalter bis in den Barock vertraut. Insoweit ist sie als historisch-hermeneutische Kategorie unverzichtbar in der Analyse von Text und Bild. In der Neuzeit hingegen ist sie nicht mehr gebräuchlich, da sie einen metahistorischen Gesamtzusammenhang unterstellt, der so nicht mehr vorausgesetzt wird.

Über die Methode der Typologisierung hinaus ist der Ausdruck noch in zwei weiteren Zusammenhängen in Gebrauch. Seit M. Webers Theorie der Idealtypen wird in der Soziologie (mehr doxographisch als aktuell und systematisch) ‚Idealtypus‘ als Fachausdruck verwendet, der Phänomene zu sortieren und zu vergleichen erlaubt (z.B. charismatischer Herrscher, Wissenschaftler). Damit wird die Kantische Unterscheidung von →Begriff und Anschauung weitergeführt, sofern die Begriffe nicht aus Kategorien deduziert, sondern historisch veränderbar konstruiert und funktional auf die Phänomenanalyse bezogen werden.

Anders wird spätestens seit dem Nominalismus das Problem von Typ und Individualität verhandelt. In der analytischen Ontologie unterscheidet man *type* und *token* etwa als Ereignistyp und einzelnes Ereignis (vgl. bereits C.S. Peirce: *Prolegomena to an Apology for Pragmaticism*, 1906, CP 4.537). Dementsprechend kann man sprachanalytisch → ‚Metapher‘ als *type* von bestimmten Metaphern(verwendungen) als *tokens* unterscheiden (vergleichbar mit *langue* und *parole*).

Bibliographie: U. Gerhardt, Idealtypus, Frankfurt a.M. 2001. – L. Goppelt, Typos, Nachdruck Darmstadt 1966 [Gütersloh 1939]. – J. Jánoska, Methodologische Aspekte des Idealtypus, Berlin 1965. – B. Saegesser, Der Idealtypus Max Webers und der naturwissenschaftliche Modellbegriff, Basel 1975. – M. Schmidt/C.F. Geyer (Hgg.), Typus, Symbol, Allegorie bei den östlichen Vätern und ihren Parallelen im Mittelalter, Regensburg 1982. – S. Schrenk, Typos und Antitypos in der frühchristlichen Kunst, Münster 1995. – M. Weber, Die Objektivität sozialwissenschaftlicher und sozialpolitischer Erkenntnis, Tübingen 1904. – Ders., Wirtschaft und Gesellschaft, Tübingen 1914. – Ders., Gesammelte Aufsätze zur Wissenschaftslehre, Tübingen 1968, 190 ff. – H. Wenzel (Hg.), Typus und Individualität im Mittelalter, München 1983. Philipp Stoellger

V. Altphilologisch

Der in der klassischen griechischen weitaus häufiger als in der lateinischen Literatur belegte Begriff τύπος/*typus* bezeichnet im wörtlichen Sinn die Auswirkungen eines Schlages oder Drucks, welche im technisch-kunsthandwerklichen Bereich zur Ausprägung eines als Gemälde, Gravur, Skulptur, etc. gefertigten Bildwerks führen. Speziell die in Relief gearbeitete Replik lässt den abbildenden Charakter im Sinn einer Repräsentation von Form und Gestalt des Originals deutlich werden. Daneben kann T. schon seit Plato auch das modellhaft vor- und der Nachahmung aufgegebene Muster(beispiel) denotieren. Dieses mimetische Entsprechungsverhältnis liegt jenem (erst im 19. Jh. mit dem neu geprägten Terminus ‚Typologie' belegten) interpretatorischen Vorgehen zugrunde, das Texte durch korrespondierende Bezüge zu Vorgängertexten semantisch auflädt, indem Personen, Ereignisse oder Institutionen der Vergangenheit als τύποι die späteren, in Gegenwart oder Zukunft liegenden Entsprechungen (ἀντί-τυποι) präfigurieren.

Mag dieses auf Analogien beruhende und – ob aus produktions- oder rezeptionsästhetischer Perspektive – primär intertextuell zu beschreibende Verfahren auch vornehmlich in der jüdischen und christlichen Tradition beheimatet gewesen sein, so lassen sich Typologien ebenso in der vorderorientalischen und paganen griechisch-römischen Antike aufweisen. Speziell Vergil weitet durch typologische Bezüge die Erzählebenen seiner *Aeneis* auf die zeitgenössischen Leser hin aus, welche in mythologischen Gestalten und Vorgängen der epischen Handlung Vor- und Urbilder tagespolitischer Exponenten und Ereignisse zu erkennen vermögen (z.B. Aeneas und Herkules als Typoi für Augustus, Dido als T. für Kleopatra). Diese vom aktuellen Antitypos der augusteischen Ära her konstruierte mythologisch-historische Typologie findet ihre Rezeption bereits ein Jahrhundert später in Calpurnius Siculus' panegyrischen *Bucolica*, in welchen dieser deifizierte Gestalten aus Vergils *Eklogen* nun mit Nero als dem neuen Antitypos gleichsetzt.

In besonders dichter Weise arbeitet die von der jüngeren Klassischen Philologie in ihrer Komplexität wieder neu gewürdigte pagane wie christliche Centonendichtung mit typologischen Beziehungen. Gerade die spätantiken christlichen Vergilcentonen zeigen in der am biblischen Prätext orientierten Neukontextualisierung des ‚typischen' vergilischen Versmaterials vielfältige typologische Detailbezüge (z.B. Christus als Held, Reichsgründer und Friedensstifter nach dem Vorbild des *pius Aeneas*, Pilatus als neuer Laokoon).

Bibliographie: G. Binder, Aeneas und Augustus, Meisenheim am Glan 1971. – K.W. Gransden, Typology, Symbolism and Allegory in the *Aeneid*, in: Proceedings of the Virgil Society 13 (1973/74), 14–27. – M. Margoni-Kögler, Typologie in den christlichen Vergilcentonen, in: StPatr 36 (2001), 140–152. – K. Pollmann, Typologie, in: DNP 12/1 (2002), 944 f. – F.M. Young, Typology, in: S. Porter et al. (Hgg.), Crossing the Boundaries, Leiden 1994, 29–48.

Michael Margoni-Kögler

U

Überlieferung

I. Alttestamentlich

In der atl. und ntl. Wissenschaft wird der Begriff Ü. für die Rezeptionsprozesse älterer und vorwiegend mündlicher Erzähl- und Sprachstoffe in späteren literarischen Zusammenhängen verwendet.

Der Höhepunkt der Verwendung des Überlieferungsbegriffs in der atl. Wissenschaft liegt zwischen den 1940er und den 1960er Jahren. Im Zentrum der epochalen Arbeiten M. Noths (*Überlieferungsgeschichtliche Studien* 1943 und *Überlieferungsgeschichte des Pentateuch* 1948) steht der Vorgang der Ü. (*traditio*). In G. v. Rads Theologie legen die Titel der zwei Bände *Die Theologie der geschichtlichen Überlieferungen Israels* (1957) und *Die Theologie der prophetischen Überlieferungen Israels* (1960) dagegen das Gewicht auf das Überlieferte selbst (*traditum*). Beides kommt im Begriff der Ü. sachgemäß zusammen: Die Ü.en einer Kultur bleiben nur lebendig, indem sie überliefert werden. Aufgabe der Überlieferungsgeschichte ist es, die dabei sich ergebenden Veränderungen nachzuzeichnen. Dass der Begriff seit dem ausgehenden 20. Jh. zurückhaltender verwendet wird, hat verschiedene Ursachen. Eine besteht darin, dass im außerdeutschen Sprachraum keine getrennten Wörter für ‚Ü.' und →‚Tradition' verwendet werden. Da Versuche einer Differenzierung, dass ‚Ü.' den Vorgang der Tradierung und ‚Tradition' die tradierte geprägte Vorstellung meinen soll, etwas Willkürliches an sich haben, werden auch im Deutschen die Begriffe zunehmend synonym gebraucht. Ferner ist unklar, ob Ü. ausschließlich die mündliche Ü. von Stoffen oder auch die schriftliche Ü. von Texten umfasst. Beides wird vertreten. Bei der umfassenden Verwendung muss allerdings die Grenze zu Methodenschritten wie Literarkritik oder Redaktionsgeschichte erst noch geklärt werden. Faktisch fällt auch dann dem Terminus Ü. im engeren Sinn die Phase der mündlichen Tradierung zu, während man bei den weiteren Überlieferungsschritten von Verschriftlichung, Fortschreibung, →Redaktion und Komposition spricht. Bei der faktischen Verwendung von ‚Ü.' für mündliche Ü. ist aber das Misstrauen stark angestiegen, wieweit diese methodisch kontrolliert überhaupt rekonstruiert werden kann, auch wenn ihr Vorhandensein kaum bestreitbar ist. – Allerdings ist zu hinterfragen, ob →Mündlichkeit und →Schriftlichkeit einen sich ausschließenden Gegensatz bilden, der nur als Abfolge von mündlicher Ü. und Verschriftlichung mit weiterer schriftlicher Ü. gedacht werden kann. Wenn vielmehr einmal verschriftlichte Texte auch danach mündlich weiter tradiert werden, bevor sie erneut auch weiter verändert verschriftlicht werden, lässt sich dafür durchaus sinnvoll ein weiter Überlieferungsbegriff verwenden.

BIBLIOGRAPHIE: D.M. Carr, Writing on the tablet of the heart, Oxford 2005. – H.-J. Kraus, Zur Geschichte des Überlieferungsbegriffs in der alttestamentlichen Wissenschaft, in: EvTh 16 (1956), 371–387. – M. Rösel, Art. Traditionskritik/Traditionsgeschichte I., in: TRE 33 (2002), 732–743. – R. Smend, Überlieferung und Geschichte, in: O.H. Steck (Hg.), Zu Tradition und Theologie im Alten Testament, Neukirchen-Vluyn 1978. – H.M. Wahl, Die Jakobserzählungen, Berlin 1997.

Rainer Kessler

II. Neutestamentlich

Eine Ü. in den ntl. Texten ist eine ursprünglich selbständige, in sich stehende und geformte mündliche Einheit, die jetzt in einem Text verschriftlicht vorliegt und dessen Grundstock bildet; dabei kann es sich um einen geprägten Erzählzusammenhang, aber auch um ein Logion oder einen Spruch handeln (M. Ebner/B. Heininger, 334; M. Theobald, 19). Unter der Voraussetzung einer nicht bruchlosen, aber grundlegenden Kontinuität von mündlicher und schriftlicher Kommunikation rekonstruiert die Überlieferungsgeschichte den Prozess der jesuanischen Ü. und der frühchristlichen Gemeindeüberlieferung von ihrer ursprünglichen Gestalt bis zu ihrer literarischen Fixierung in den →Evangelien (O. Wischmeyer, 102). In den Paulusbriefen gehen u.a. 1 Kor 11,23b–25; 15,3b–5; Phil 2,6–11 auf Ü. zurück; in den Evangelien erscheint Ü. etwa als ‚Herrenwort' bzw. ‚Jesusüberlieferung'.

Hinsichtlich der Rekonstruierbarkeit von Ü. im NT ist man vorsichtiger geworden. Nach U. Schnelle lassen sich z.B. bestimmte Tradentenkreise innerhalb der Gemeinde mit einem erkennbaren Überlieferungsinteresse nur hypothetisch ermitteln. Er empfiehlt daher der ntl. Exegese, „auf den Terminus ‚Überlieferungsgeschichte' ganz zu verzichten und ‚Tradition' im Sinn von ‚Traditionsgeschichte' als Erhellung der Vorgeschichte eines Textes zu verstehen" (135). Außerdem muss man fragen, ob angesichts der Variabilität von mündlichen Kommunikationseinheiten der Verschriftlichung vorausgehende Textformen analysiert werden können. Trotz des hypothetischen Charakters aller Angaben zu Tradenten, ‚Sitzen im Leben' und Rekonstruktionen mündlicher Ü. würde die ntl. Exegese jedoch an Präzision verlieren, wenn sie den Überlieferungsbegriff aufgäbe und etwa durch den der →Erinnerung ersetzen würde. Behutsam angewendet, sind Literar- und Formkritik in der Lage, Hypothesen zu selbständigen, im NT rezipierten Ü.en hinreichend zu begründen (M. Reichardt; M. Theobald). Als Beispiel seien die Ü.en genannt, die sowohl in der Logienquelle Q als auch in Mk rezipiert wurden.

Manche Ü.en wurden nicht erst von den Endredaktoren, sondern schon vorher als kleinere Sammlungen verschriftlicht. Bereits Q etwa integriert solche schriftlichen ‚*Cluster*' (z.B. in der Logienquelle Q 12,22b–31) und lag Mt und Lk dann als schriftliches Gesamtdokument vor. Die These einer weitgehend mündlichen Q-Überlieferung kann die relativ hohe verbale, kompositionelle und theologische Einheitlichkeit von Q nicht erklären (vgl. die Kritik T.J. Weedens an der These einer maßgeblich mündlichen Jesusüberlieferung bzw. -Erinnerung).

Bibliographie: M. Ebner/B. Heininger, Exegese des Neuen Testaments, Paderborn u.a. [2]2007. – M. Reichardt, „Jesus-Tradition" oder „Jesus-Erinnerung"?, in: M. Theobald/R. Hoppe (Hgg.), „Für alle Zeiten zur Erinnerung" (Jos 4,7), Stuttgart 2006. – U. Schnelle, Einführung in die neutestamentliche Exegese, Göttingen [6]2005. – M. Theobald, Herrenworte im Johannesevangelium, Freiburg i.Br. u.a. 2002. – T.J. Weeden, Sr., Theories of tradition, in: Forum NS 7 (2004), 45–69. – O. Wischmeyer, Hermeneutik des Neuen Testaments, Tübingen/Basel 2004.

Christoph Heil

III. Altphilologisch

In der klassischen Philologie gehört der Begriff Ü. in die Geschichte der Texte. Zu keinem Werk aus der griechisch-römischen Antike ist ein Autograph erhalten, vielmehr setzt die Ü. zumeist erst mit mittelalterlichen Zeugen ein. Schuld daran trägt v.a. die antike Buchform, die wenig haltbare, feuchtigkeitsempfindliche Papyrusrolle. Erst im 4. Jh. n.Chr. fand der für das Buchwesen einschneidende Übergang zum wesentlich haltbareren Pergamentbuch (*Codex*) statt, als aus dem im christlichen und juristischen Bereich längst bewährten, als minderwertig angesehenen Pergamenttaschenbuch eine Repräsentationsform geworden war (Bibelcodices). Ohne Wechsel des Buchmaterials und ohne Umschrift der alten Rollen wäre nicht nur von der klassischen, sondern auch von der spätantiken Literatur kaum etwas erhalten geblieben. Papyri haben für den lateinischen Bereich keine, für die griechische Tradition auch nur bescheidene Bedeutung, trotz der Entdeckung zahlreicher Reste antiker Papyrusrollen im letzten Jahrhundert; sie brachten zwar durch Neufunde eine Bereicherung für die griechische Literatur, sind jedoch meistens Jahrhunderte von den Originalen getrennt und bieten nicht selten einen schlechteren Text als die mittelalterlichen Handschriften. Den meisten erhaltenen klassisch-griechischen Werken liegen die von alexandrinischen Gelehrten der Ptolemäerzeit sorgfältig erstellten Rezensionen zu Grunde, die man möglichst unversehrt weiterzugeben trachtete. I. d. R. überlebten nur die am Ende der Antike häufig und vielerorts gelesenen Werke die Stürme des 7. und 8. Jh.s im oströmischen Reich. Seit dem 9. Jh. bemühte man sich, die noch verfügbaren Werke philologisch zu betreuen und durch Umschrift in Minuskel zu verbreiten, doch führten Katastrophen, wie die Einnahme Konstantinopels im Vierten Kreuzzug (1204), zu großen Verlusten. Bei der Eroberung durch die Türken 1453 waren die meisten noch erhaltenen Texte bereits nach dem Westen gerettet. Für die Ü. der klassisch-lateinischen Literatur war die Umschrift der alten, in nicht mehr vertrauten Schriften geschriebenen Rollen im 4./5. Jh. der wichtigste Einschnitt. Die damals mehr oder weniger sorgfältig hergestellten Majuskelcodices dienten als Vorlagen, als der Kreis um Karl den Großen mit der Wiederbelebung des alten literarischen Erbes begann, und wurden, auch wenn sie recht fehlerhaft waren, getreu in Minuskel wiedergegeben; erst ab dem 11. Jh. setzte langsam eine Korrekturtätigkeit ein. Nach einer Zeit geringer Beschäftigung mit den klassisch-lateinischen Autoren ab dem Ende des 12. Jh.s trugen die italienischen Humanisten, angefangen mit den Bemühungen Petrarcas, wesentlich zur ihrer Wiederentdeckung bei.

BIBLIOGRAPHIE: E. Pöhlmann, Einführung in die Überlieferungsgeschichte und in die Textkritik der antiken Literatur, 2 Bde., Darmstadt 1994. 2003. – L.D. Reynolds (Hg.), Texts and transmission, Oxford 1983. – M. Zelzer, Buch und Text von Augustus zu Karl dem Großen, in: MIÖG 109 (2001), 291–314.

Michaela Zelzer

IV. Literaturwissenschaftlich

Die Literaturwissenschaft differenziert nicht begrifflich zwischen Ü. und →Tradition (Red.)

Überlieferungsgeschichte

→Methode(n)

Übersetzen

→Übersetzung/Übersetzen/Übersetzer

Übersetzer

→Übersetzung/Übersetzen/Übersetzer

Übersetzung/Übersetzen/Übersetzer

I. Alttestamentlich

(1) *Historische Perspektive:* Das Prinzip der Ü. hängt eng mit der Geschichte der →Bibel zusammen. Schon innerhalb der Hebräischen Bibel findet sich Ü. Teile der Chr lesen sich wie eine zeitgemäßere Formulierung des Sam-Kön-Textes (vgl. 1 Sam 31,12–13; 1 Chr 10,12). Die früheste Ü. in eine andere → Sprache, die →Septuaginta, wurde begonnen, bevor die spätesten Bücher des atl. →Kanons verfasst waren (ca. 280 v. Chr.). Seit der Antike wird die Bibel in zunehmend mehr Sprachen übersetzt. Im Jahr 2000 war sie bereits in 2261 Sprachen übersetzt. Im weiteren Sinne wurde die Bibel zudem in Kunst, →Musik und Film ‚übersetzt'. Die Übersetzbarkeit eines heiligen →Textes ist nicht selbstverständlich. Nach muslimischer Theologie ist der →Koran unübersetzbar. Das jüdisch-christliche Verständnis des →Wortes Gottes hingegen verlangt, die →Schrift zu verschiedenen Zeiten, an verschiedenen Orten und in unterschiedlichen Kulturen immer neu darzubieten.

(2) *Ü. und Bedeutung:* Es gibt viele Arten der Ü. Hieronymus unterschied zwischen der Ü. der →Bedeutung eines Textes (*sensus de sensu*) und der Wort-für-Wort Ü. (*verbum e verbo*). Nur letztere durfte für die Ü. der →Heiligen Schrift benutzt werden (*epist.* 57,5,2). Viele weitere Unterscheidungen wurden seither vorgenommen. Welche →Methode auch benutzt wird, Ü. führt immer zu einer Modifikation der Bedeutung des Textes. In der Praxis ist dies manchmal ein Vorteil für Bibelübersetzer, da dadurch als bedeutend Empfundenes hervorgehoben und als unorthodox Erachtetes verschleiert werden kann. Diese Distanz zwischen Quellentext und Ü. stellt jedoch aus theoretischer Sicht ein Problem dar. Rabbi Yehuda sagt: „Wer einen Vers wörtlich übersetzt ist ein Lügner, und wer ihn ergänzt ein Frevler" (TMeg 4,41).

(3) *Konzeptionen von Ü.:* Verschiedene Strategien wurden entwickelt, um mit potentiellen Spannungen zwischen Quellentext und Ü. umzugehen. Das älteste Modell ist das der Version als Substitut für das Original. Nachdem alexandrinische Juden die →Tora ins Griechische übersetzt hatten, wurde die Ü. zu ihrer Heiligen Schrift. Eine interessante Konsequenz ist die Behauptung, dass die Ü. selbst inspiriert sei (Philo, *Mos.* 2,37). Das zweite Modell betrachtet die Ü. nicht als Ersatz des Quellentextes, sondern als Ergänzung. Die jüdischen Targumim z. B. wurden nie isoliert gelesen, sondern in Schule und Synagoge neben dem hebräischen Text rezitiert. Die Ü. der Targumim ist z. T. sehr frei; aber der Quellentext kann durch sie nie korrumpiert werden, solange dieser daneben gelesen wird. Das dritte Modell ist die gelehrte, annotierte Ü. Obwohl seine Wurzeln in der Antike liegen, hat dieses Modell erst nach der Reformation an Bedeutung gewonnen. Wissenschaftliche Ü.en werden als eigenständige Texte gelesen, sie verweisen aber ständig auf den Originaltext. Alle drei Modelle werden bis heute angewendet.

BIBLIOGRAPHIE: S.P. Brock, The phenomenon of the Septuagint, in: OTS 17 (1972), 11–36. – J. Delisle/J. Woodsworth, Translators through history, Amsterdam 1995. – E. Nida, The theory and practice of translation, Leiden 1982. – J. de Waard, Gleiche Übersetzungsprobleme über zwei Jahrtausende, in: Die Bibel in der Welt 18 (1978), 63–64.

Jan Joosten

II. Neustestamentlich

Die →Bibel ist das meist übersetzte →Buch der Welt. Daher besteht zwischen Theologie und Übersetzungswissenschaft ein enger Zusammenhang: Die Reflektionen der Bibel-Übersetzer über ihr Tun stehen am Anfang dessen, was (ca. seit 1977) als Übersetzungswissenschaft bezeichnet wird. Es ging um die Entscheidung zwischen zwei entgegengesetzten Strategien: der ausgangstextorientierten wörtlichen (im Extremfall Wort-für-Wort- oder sogar Morphem-für-Morphem-)Ü. und der zieltextorientierten sinngemäßen (im Extremfall zur freien Paraphrase des Textes tendierenden) Ü. Als Mittelweg zwischen beiden ist eine Art ‚gemäßigte Wörtlichkeit' anzusehen, bei der zwar die Treue im Vordergrund steht, diese aber im Sinne einer besseren Verständlichkeit auf der Text-, nicht auf der Wortebene erreicht werden soll. Bereits Hieronymus fordert im *Brief an Pammachius* (*epist.* 57) für die Bibel-Übersetzung zwar das Wörtlichkeitsprinzip (*verbum e verbo*), geißelt aber die morphematische Übersetzungsstrategie Aquilas und übersetzt manche Texte eher sinngemäß (*sensum de sensu*) (vgl. C. Nord). Von einzelnen Ausnahmen abgesehen (etwa C.F. Bardt, 1781), haben sich Bibel-Übersetzer bis weit ins 20. Jh. am Wörtlichkeitsprinzip orientiert (vgl. H.J. Vermeer 1992), um die →Interpretation des Ausgangstextes den Rezipienten des Zieltexts zu überlassen.

Die Wende zur Zieltextorientierung wurde mit E.A. Nidas Differenzierung zwischen formaler und dynamischer Äquivalenz eingeleitet (E.A. Nida) und durch funktionale Ansätze in der Übersetzungswissenschaft (*Skopostheorie*, H.J. Vermeer 1978) fortgeführt. Unter dynamischer Äquivalenz versteht Nida die (zum Teil extreme) Anpassung der Texte an die kulturspezifischen Verstehensvoraussetzungen der Zielkultur (Beispiel: *Lamm Gottes* > *Robbe Gottes* für die Innuit). Viele Ü.en zu missionarischen Zwecken folgen diesem umstrittenen Prinzip (vgl. die Methode des *Biblical Storytelling* v. a. narrativer biblischer Texte für die sog. ‚*oral cultures*', das besonders in Afrika beliebt ist, aber auch als ‚Häresie' kritisiert wird). Dagegen hat sich die an der Skopostheorie orientierte Ü. des NT von K. Berger/C. Nord die ‚Verstandene Fremdheit' zum Ziel gesetzt. Die Abkehr vom Wörtlichkeitsprinzip hat die Perspektive der Übersetzer verändert. Besondere Adressatenkreise oder besondere Zielsetzungen erfordern neue Ü.en (z. B. *Bibel in gerechter Sprache*), bestimmte Aspekte der intendierten Verwendungssituation der übersetzten Texte kommen stärker in den Blick (Sprechbarkeit bestimmter Textsorten: in Gebeten, →Lesungen, →Liturgie; Sangbarkeit; Verstehbarkeit von mündlich vorgetragenen Texten).

Die Perspektive der Rezipienten ist jedoch nicht leicht zu verändern. Alle ‚neuen' Ü.en (vgl. schon Hieronymus und M. Luther) kämpfen gegen die Gewöhnung an einen tradierten Text, der trotz eingeschränkter

Verständlichkeit zum intertextuellen Repertoire einer Kultur gehört und daher ungern aufgegeben wird.

BIBLIOGRAPHIE: E.A. Nida, Toward a science of translating, Leiden 1964. – C. Nord, Der Kirchenvater Hieronymus und seine Bedeutung für die Übersetzungswissenschaft, in: L. Schippel (Hg.), Von Hieronymus bis Derrida – „Kulttexte“ der Translationswissenschaft, Berlin 2009 (im Druck). – Dies./K. Berger, Das Neue Testament und frühchristliche Schriften, Frankfurt a. M. 1999. – H.J. Vermeer, Ein Rahmen für eine allgemeine Translationstheorie, in: Lebende Sprachen 23 (1978), 99–102. – Ders., Skizzen zu einer Geschichte der Translation, Bd. 1, Frankfurt a. M. 1992.

Christiane Nord

III. Judaistisch

Nach rabbinischem Verständnis kann man die →Tora grundsätzlich nicht übersetzen. Allgemein nehmen die Rabbinen an, dass das Hebräische die Ursprache gewesen ist und alle anderen Sprachen sekundär sind. Obwohl man der griechischen →Sprache eine große → Bedeutung zusprach, blieb die hebräische Sprache die Sprache des Heiligen, was später die Spekulationen des ‚Buches der Schöpfung‘ herausgefordert hat. Die liturgische Form des Übersetzens, der Targum, blieb immer eine vorläufige, die die hermeneutische Distanz der Gegenwart zum Urtext ausdrücken soll.

Die Rabbinen betrachten den Übersetzungsakt als hermeneutische →Methode, die aus der Logik der →Überlieferung und der → Tradition zu verstehen ist. So lautet das Ende von tMeg 3,41 (s. bQid 49a): „R. Yehuda sagt: Derjenige, der einen Vers, wie er lautet, übersetzt, ist ein Lügner. Derjenige, der hinzufügt, ist ein (Gottes)lästerer. Dem Übersetzer, der vor dem Weisen steht, ist weder erlaubt, (etwas) wegzunehmen noch hinzuzufügen noch zu ändern, außer wenn [der Übersetzer] sein Vater oder sein Meister ist.“ Hier unterscheidet sich das rabbinische Verständnis des Übersetzens radikal vom hellenistischen. Während die Ü. für die griechischen Juden das Original ersetzt hat, entwickelte die palästinische und babylonische Schule eine neue Form des Übersetzens, die eine neue Logik der Überlieferung voraussetzt. Das alexandrinische Judentum ersetzte den dem Volk allmählich unverständlich gewordenen hebräischen →Text der Tora durch eine griechische Ü. Im Unterschied dazu entwickelte das palästinische (und dann das babylonische) Judentum eine liturgische Form, bei der der Vorlesung des hebräischen Textes eine mündlich vorgetragene Ü. in die Landessprache folgte, der ‚Targum‘. Diese liturgische Praxis ist im rabbinischen Judentum schon allgemein verbreitet (s. mMeg 4); sie trägt jedoch nicht nur der Unverständlichkeit des hebräischen Textes Rechnung, sondern v. a. der Wandlung der →Exegese. Der Targum ist eine exegetische Entwicklung, die anfänglich auf Hebräisch erfolgte und den Text selbst fortschrieb. Im Laufe der Zeit jedoch wurde sie in einem natürlichen Prozess zur ‚Ü.‘ in das dem Volk geläufige Idiom (Griechisch oder Aramäisch).

Hermeneutisch ist auf die Originalität des rabbinischen Übersetzungssverständnisses zu achten: Denn die Spekulationen der jüdischen Antike über die Ursprache der Menschheit sind auch dahingehend zu verstehen, dass alle eine gemeinsame, allgemeine Sprache haben, die die →Kommunikation erst ermöglicht. Diese allgemeine Sprache ist ebenso perfekt wie leer, sie ist nur ein *tertium comparationis*, das den Text mit dem Original verbindet. Jeder Übersetzer, so die Rabbinen, ist als mündlicher Übersetzer zu verstehen, der immer von Urtext oder Sprechendem (Rabbi, Vorleser) abhängig ist. Übersetzen ist immer vorläufiges Übertragen, das die Überlieferungskette zulassen soll. In diesem Fall ist unerheblich, ob allgemeine Begriffe per se existieren oder nicht, sie werden ständig verändert und angepasst. Das Original ist sozusagen die →Quelle, der Prototyp oder die Geschichte (Aristoteles), und die Ü. die *mimesis*, die sich immer verändert und zu Veränderungen veranlasst.

BIBLIOGRAPHIE: P. Alexander, The Targumim, in: VT.S 36 (1985), 14–27. – J. Bowker, The Targum and rabbinic literature, Cambridge 1969. – S. Fraade, Rabbinic views on the practice of Targum, in: L.I. Levine (Hg.), The Galilee in late antiquity, New York/Jerusalem 1992, 253–286. – U. Gleßmer, Einleitung in die Targume zum Pentateuch, Tübingen 1995. – R. Hayward, Major aspects of Targumic studies 1983–1993, in: CRBS 2 (1994), 107–122. – A. Shinan, The embroidered Targum (Hebr.),

Jerusalem 1992. – G. Veltri, Eine Tora für den König Talmai, Tübingen 1994 (Bibliographie). – Ders., Gegenwart der Tradition, Leiden 2002. – Ders., Libraries, translations, and „canonic" texts, Leiden 2006.

Giuseppe Veltri

IV. Islamwissenschaftlich

Bei der Ausbreitung des Islams hatten ‚Ü.en' (arab. *tarǧama*) des →Korans nicht die gleiche Bedeutung wie →Bibelübersetzungen bei der Ausbreitung des Christentums. Das hängt mit der zentralen Rolle der Araber und ihrer → Sprache in den neueroberten Gebieten zusammen. Die Grundannahme von der sprachlichen ‚Unnachahmlichkeit' (arab. *i'ǧāz*) des Korans (vgl. Q 41:2–3; 12:2; 13:37; 20:113; 39:28; 41:2–3; 42:7; 43:3) ist der Ausgangspunkt für die Überzeugung, dass eine ‚gültige' Rezitation des Korans nur auf arabisch möglich ist. Von der reinen Rezitation zu trennen ist die Vermittlung des Korans bzw. seiner →‚Bedeutungen' (arab. *ma'ānī*) in die islamischen Volkssprachen. Dabei spielte die →Predigt eine wichtige Rolle, in der stets arabisch aus dem Koran rezitiert und dann dieser →Text in der Volkssprache paraphrasiert bzw. erklärt wurde. Der Kommentator az-Zamaḫšarī berief sich dabei auf Q 14:4. Auch die Kommentierung (arab. *tafsīr*) des Korantextes konnte für Nichtaraber sinnvollerweise nur in der jeweiligen Muttersprache erfolgen. Das älteste Beispiel ist die Ü. von at-Tabaris →Kommentar ins Persische (um 970). Auf ihrer Basis entstand fast gleichzeitig eine alttürkische Version. Zu den wichtigsten sunnitischen Kommentaren (z.B. Bayḍāwī) existieren zahlreiche osmanische Erläuterungen. Ausdruck für die untergeordnete Bedeutung der volkssprachlichen Ü. gegenüber dem arabischen Original ist die Form der Interlinearversion, die sich in zahlreichen Koranhandschriften findet: Sie gibt meist nur die isolierte Bedeutung der einzelnen Wörter an und bietet keinen zusammenhängenden Text. Dies wird erst später üblich, umfassend nach der Einführung des Buchdrucks in der islamischen Welt im 19. Jh. Wichtige Anstöße für die ‚Ü.' des Korans wurden auch durch die Konfrontation der islamischen mit der christlichen Welt gegeben. Das geschah zunächst in Spanien, veranlasst durch die christliche *reconquista*, und in Indien durch die englische Kolonisation. In *Spanien* entstanden ab dem 15. Jh. Koranübersetzungen in Aljamiado, d.h. in altspanischen Dialekten, geschrieben mit arabischen Schriftzeichen. In Indien war es der Reformtheologe Shāh Walī Allāh Dihlawī (1703–1762), der die Ü. des Korans forderte und eine persische Ü. lieferte (gedruckt Delhi 1866). So erschienen im 19. Jh. in Indien zahlreiche Ü.en in verschiedene neuindische Sprachen. Zugleich setzte sich der Druck von Koranübersetzungen auch im Zentralgebiet des Islams durch (türkisch seit 1842, persisch seit 1855). Zu Beginn des 20. Jh.s trugen die missionarischen Aktivitäten der Ahmadiyya-Bewegung sowie die Bestrebungen der Regierung von Atatürk in der Türkei, den Koran in türkischer Ü. in Lateinschrift ohne den arabischen Korantext (bzw. nur in lateinischer Umschrift) zu verbreiten, zu einer neuen Welle von Koranübersetzungen bei. Die Ahmadiyya-Bewegung legte großen Wert auf die Verbreitung des Korans v.a. in europäischen Sprachen (Englisch, Niederländisch, Deutsch); dabei ist bei den älteren Ü.en (Maulvi Muhammad 'Alī, 1917) eine stark rationalistische Tendenz unverkennbar. Die Diskussion um den Koran in der türkischen Republik führte zu wichtigen Debatten in der Azhar, die in deren Zeitschrift ihren Niederschlag in mehreren bedeutsamen Aufsätzen fanden. Der spätere Rektor der Azhar, Mahmūd Shaltūt (1893–1963), begrüßte 1936 ganz ausdrücklich die Benutzung von Ü.en für Nichtaraber, da auch Ü.en die ‚Bedeutung' von Gottes → Wort enthalten. In der Zeit nach dem Zweiten Weltkrieg sind verstärkte Bemühungen zu erkennen, den Koran in möglichst vielen Sprachen zugänglich zu machen, – stets mit der theologisch motivierten Einschränkung, dass es sich nur um eine Ü. bzw. →Erklärung der ‚Bedeutung' des Korans handle. Wichtig wurde in verschiedenen europäischen Ländern die zunehmende Migration von Muslimen aus islamischen Ländern. Dadurch waren nunmehr die Muslime selbst vor die Aufgabe gestellt, den Koran in die Sprachen ihrer neuen Gastländer zu übersetzen. In diesem Zusammenhang kommt dem ‚King Fahd Complex for the Printing of the Holy Qur'ān' (arab. *Muǧamma' l-Malik Fahd li-ṭibā'at al-Qur'ān al-Karīm*; gegründet 1982, eröffnet 1984) in Medina eine ganz besondere Bedeutung zu. Ziel dieser Einrichtung ist es, den arabischen Korantext zusammen mit ‚der Ü. der Bedeutungen des Korans' weltweit gratis zugänglich zu machen. Derzeit sind Ü.en in über 50 verschiedene Sprachen lieferbar. Alle diese Ausgaben sind zweisprachig angelegt, einige von ihnen haben zusätzlich mehr oder weniger umfangreiche Kommentare. Koranübersetzungen von Nichtmuslimen spielen für Muslime bis heute keine große Rolle; sie gelten als ‚illegitim', insofern sie die muslimische Auffassung vom Koran als ‚Wort Gottes' nicht teilen.

Bibliographie: H. Abdul-Raoof, Qur'an translation, Richmond 2001. – H. Bobzin, Art. Translations of the Qur'ān, in: EQ 5 (2006), 340–358 (Lit.!)

Hartmut Bobzin

V. Altphilologisch

Zweisprachigkeit als Voraussetzung für Ü.en ist im mediterranen Raum v.a. durch Bi- und Trilinguen bezeugt. Sie sind oft nicht Ü.en, sondern informieren den →Leser in mehreren →Sprachen. Ein Parallelphänomen sind Inschriften im Zeichensystem einer anderen Sprache, z.B. Phönizisch in griechischen Buchstaben (S. Segert). Zeugnis eines Interesses an fremden Sprachen sind Glossen bei griechischen →Schriftstellern und Lexikographen, etwa die lydischen (R. Gusmani). In der christlichen Onomastik finden sich analog die →Erklärung und →Deutung hebräischer Lexeme und Eigennamen (F. Wutz). Praktischen Zwecken dienen Gesprächsbücher, z.B. griechisch-lateinische (R. Cavenaile).

Ü.en ins Griechische sind, abgesehen von der →Septuaginta (→Bibelübersetzungen), wenig bezeugt. Ein Historiker mit Namen Menander soll nach Josephus (*AJ* 8,144) Archivalien von Tyrus aus dem Phönizischen ins Griechische übersetzt haben; die in den Fragmenten bei Josephus bezeugten Eigennamen sind jedenfalls als Zeugnisse für die Aussprache des Phönizischen wichtig (J. Dochhorn 2005). Nach Euseb (*p.e.* 1,9,20.30) hat Philo von Byblos die ‚Phönizische Geschichte' eines Sanchuniathon übersetzt; die Exzerpte in *p.e.* 1,10 bieten kanaanäische und aramäische (!) Glossen. Aus dem Ägyptischen übersetzt wurde die Legende des Tefnut (S. West), aus dem Lateinischen Vergil; zu letzterem sind Fragmente sehr wörtlicher Ü.en erhalten, die wohl pädagogischen Zwecken dienten (R. Cavenaile).

Ü.en waren frei und zielsprachenorientiert oder wörtlich und ausgangssprachenorientiert (S. Brock). Letzteres gilt z.B. für römische Rechtstexte in griechischer Ü. (D. Magie). Bezeugt ist auch ein Verständnis von ‚Ü.' als Adaption. In diesem Sinne wird Josephus seine Antiquitates in *Ap.* 1,54 als Ü. der → heiligen Schriften des Judentums bezeichnet haben. Für seinen Zeitgenossen Philo von Byblos, der wie er in Rom tätig war, gilt wohl dasselbe. Er hat seiner ‚Ü.' auf jeden Fall antigriechische →Polemik hinzugesetzt, denn Sanchuniathon lebte ihm zufolge vor dem Trojanischen Krieg (J. Dochhorn 2002); zu diesem Übersetzungsverständnis vgl. die palästinischen Targumim (U. Gleßmer).

Ü.en aus dem Griechischen, etwa ins Lateinische, sind christlich breit bezeugt (F. Winkelmann), aber auch vorchristlich wichtig, vgl. etwa die Ü. des Euhemeros durch Ennius (J. Vahlen), die Adaption von Menanders Komödien durch Plautus und Terenz, oder Ciceros Schöpfung einer lateinischen Philosophiesprache durch seine Ü. sowie auch Adaption griechischer Philosophen (besonders Plato) aber auch Dichter (Aratus) ins Lateinische (C.W. Müller).

Bibliographie: S. Brock, Aspects of translation technique in antiquity, in: Roman and Byzantine Studies 20 (1979), 69–87. – R. Cavenaile, Corpus Papyrorum Latinarum, Wiesbaden 1958. – J. Dochhorn, Porphyrius über Sanchuniathon, in: Die Welt des Orients 32 (2002), 121–145. – Ders., Die phönizischen Personennamen in den bei Josephus überlieferten Quellen zur Geschichte von Tyrus, in: Die Welt des Orients 35 (2005), 68–117. – U. Gleßmer, Einleitung in die Targume zum Pentateuch, Tübingen 1995. – R. Gusmani, Lydisches Wörterbuch, Heidelberg 1964, 271–278. – D. Magie, De Romanorum iuris publici sacrique vocabulis in Graecum sermonem conversis, Leipzig 1905. – C.W. Müller (Hg.), Zum Umgang mit fremden Sprachen in der griechisch-römischen Antike, Stuttgart 1992. – S. Segert, A grammar of Phoenician and Punic, München 1976, 255 f. 304 f. – J. Vahlen, Enniani Poesis Reliquiae, Leipzig 1903. – S. West, The Greek version of the legend of Tefnut, in: Journal of Egyptian Archaeology 55 (1969), 161–183. – F. Winkelmann, Spätantike lateinische Übersetzungen christlicher griechischer Literatur, in: ThLZ 92 (1967), 229–240. – F. Wutz, Onomastica Sacra, 2 Bde., Leipzig 1914–1915.

Jan Dochhorn

VI. Literaturwissenschaftlich

Als eines der „wichtigsten und würdigsten Geschäfte in dem allgemeinen Weltwesen" (so J.W. Goethe im Brief an T. Carlyle vom 20. 7. 1827) versucht die literarische Ü. eine sprachkünstlerische Äußerung schriftlich als Ganzes in einer anderen →Sprache so wiederzugeben, dass ihr Kunstcharakter möglichst weitgehend erhalten bleibt. Sie vermittelt dabei auf vielfältige und komplexe Weise zwischen zwei literarischen Systemen, wobei das Verhältnis zwischen Ausgangstext und Ü. unterschiedlich ist: nachahmend, dialogisch, verfremdend, polemisch, sprachschöpferisch. Die literarische Ü. ist das Ergebnis eines differenzierten, Sprachanalyse, →Interpretation und sprachliche Neuschöpfung verbindenden Vorgangs. Sie ist deshalb niemals allein Reproduktion, sondern auch Rekonstruktion, geprägt vom Wissen über die Differenz zwischen Ausgangs- und Zielsprache, zwischen den beide →Texte umgreifenden literarischen Systemen, zwischen den sie bestimmenden Kulturen. Ausgehend von diesem Wissen berücksichtigt der Übersetzer notwendig verschiedene Formen der Äquivalenz, strukturelle, inhaltliche, funktionale, wirkungsbezogene. Deren Auswahl ist u.a. abhängig von der Art und dem Grad der Orientierung an der Ausgangs- oder der Zielliteratur. Dabei wird spätestens seit F.D.E. Schleiermacher (*Über die verschiedenen Methoden des Übersetzens*, 1813) auf zwei dominierende Tendenzen verwiesen: Die einbürgernde Ü. nähert sich den sprachlichen, literarischen und kulturellen Normen der Zielliteratur an, beispielhaft realisiert im Rahmen der die französische Übersetzungskultur zwischen dem 16. und dem 18. Jh. prägenden ‚*Belles Infidèles*'. Im Gegensatz dazu sucht die verfremdende Ü. die Nähe zum Original, ist bemüht, dessen Eigenständigkeit, Besonderheit und Andersheit zu berücksichtigen. Ein solches Übersetzen vermittelt sowohl die → Fremdheit der Vorlage als auch die sich in Gestalt der Ü. manifestierende Fremderfahrung des Übersetzers. Repräsentanten dieser Übersetzungskultur sind u.a. F.D.E. Schleiermacher, J.W. v. Goethe, W. v. Humboldt, F. Hölderlin sowie die Romantiker Novalis, F.R. Chateaubriand und P.B. Shelley.

Die literarische Ü. ist seit mehr als 2000 Jahren integraler Bestandteil literarischer Systeme. Neben der Vermittlung fremdsprachiger →Literatur gehört es zu ihren wichtigsten Aufgaben, die sprachlichen und literarischen Ausdrucksmöglichkeiten der Zielliteratur zu erproben, zu modifizieren und zu erweitern. →Schriftsteller von weltliterarischem Rang wie Cicero, Dante, J.W. v. Goethe, S. Mallarmé, R.M. Rilke, S. George, E. Pound, W. Benjamin, P. Celan sind bedeutende Übersetzer gewesen, ihre Werke zeigen unübersehbare Spuren dieser Tätigkeit. →Autoren wie Novalis, P. Valéry oder P. Celan haben ihren literarischen Ü.en den gleichen Rang zuerkannt wie ihren →Dichtungen. Die Bedeutung der literarischen Ü. als kulturvermittelnde und kulturstiftende Tätigkeit ist spätestens seit der Antike unbestritten. Bei der Entwicklung fast aller europäischen Literaturen haben literarische Ü.en eine zentrale Rolle gespielt, Beispiele dafür sind die wichtige Themen, Motive und literarische Verfahren vermittelnde Antiken-Rezeption, die eminent sprachbildende Kraft der →Bibelübersetzungen, die Formulierung innovativer poetologischer Positionen im Gefolge der deutschen Shakespeare-Übersetzungen im 18. Jh., die Einführung neuer Gedichtformen in die deutsche und russische Literatur im 18. und 19. Jh., die Entstehung einer Kultur des Fremdverstehens um 1800 u.a. Unverzichtbar ist die Ü. bei der →Rezeption von aus weniger bekannten bzw. weniger zugänglichen Sprachen stammenden literarischen Werken; Romane wie *Krieg und Frieden* und *Anna Karenina* von L. Tolstoj, *Verbrechen und Strafe* und *Die Brüder Karamazov* von F. Dostoevskij, Dramen wie *Gespenster* und *Die Wildente* von H. Ibsen oder *Fräulein Julie* von A. Strindberg verdanken ihren weltliterarischen Rang auch ihren literarischen Übersetzern.

BIBLIOGRAPHIE: J. Albrecht, Literarische Übersetzung, Stuttgart 1998. – F. Apel, Sprachbewegung, Heidelberg 1982. – Göttinger Beiträge zur Internationalen Übersetzungsforschung, Berlin 1987 ff. – J. Lehmann, Art. Übersetzung, in: Das Fischer

Lexikon Literatur 3 (1996), 1884–1905. – J. Levý, Die literarische Übersetzung, Frankfurt a.M./Bonn 1969. – G. Steiner, Nach Babel, Frankfurt a.M. 1981.

Jürgen Lehmann

VII. Textlinguistisch

Im Zuge der zunehmenden Ausdifferenzierung der Übersetzungstätigkeit wird das der jeweiligen Sprechsituation verhaftete mündliche Übersetzen mit einem eigenen Terminus bezeichnet, für den der alte Ausdruck für Übersetzen, ‚Dolmetschen', verwendet wird. ‚Ü.' wird demgegenüber in einem engeren Sinn auf aus der Sprechsituation entbundenes, insbesondere schriftliches Übersetzen eingeschränkt und in diesem engeren Sinn gebraucht. Der Ausdruck ‚Ü.' bezeichnet zugleich das Resultat derart entstandener, v.a. schriftlicher, →Texte. Ü. ist damit auf die Entbindung sprachlichen Handelns aus der unmittelbaren Sprechsituation bezogen. Sie ist eine spezifische Erscheinungsweise sekundärer Vertextung. Indem Texte auf die Herauslösung des sprachlichen Handelns aus der unmittelbaren Sprechsituation bezogen sind und eine zerdehnte Sprechsituation konstituieren, wird durch Ü.en dieser Zerdehnungsprozess mit Blick auf spezifische Adressatenerfordernisse hin, eben die Erfordernisse der Sprecher der Zielsprache, erweitert.

Wenn sich Menschen mit einer je anderen Sprache L_i und L_j kommunikativ begegnen, müssen sie gemeinsame Mittel für ihre → Kommunikation entwickeln. Dies kann durch einseitige oder wechselseitige Lernprozesse der je anderen →Sprache geschehen. Wenn die Aneignung der je anderen Sprache für alle an dieser Kommunikation Beteiligten nicht möglich oder nicht zumutbar ist, wird diese Aufgabe an Spezialisten delegiert, die exemplarisch und stellvertretend die Fähigkeiten zum kommunikativen Handeln in beiden Sprachen realisieren. Dort, wo aus den verschiedensten Gründen diese Form des Sprachkontaktes eine absehbare Dauer hat, gewinnt eine solche Tätigkeit professionellen Charakter. Ist dies nicht der Fall, so können Sprecher, die aus unterschiedlichsten Gründen die bilinguale Befähigung haben, diese Mittlerposition einnehmen.

In weitgehend mündlichen Kulturen bzw. in ephemeren kommunikativen Konstellationen wird diese Form der Ü. sozusagen okkasionell realisiert. Naives, okkasionelles Übersetzen i.w.S. verlässt sich auf die kommunikative Gleichwertigkeit der kommunikativen Leistungen beider beteiligten Sprachen. Dieses Vertrauen wird durch die Rückbindung an die jeweilige Sprechsituation erleichtert, die einen allen drei Kommunikationspartnern gemeinsamen Interaktionsgrund abgibt. Solche gemeinsame situative Einbindung gilt für die Ü. i.e.S. nicht. Wo *institutionelle* Kommunikation zwischen Sprechern unterschiedlicher Sprachen geschieht, reicht daher naives Übersetzen nicht aus: Die für das Folgehandeln der Interaktanten entstehenden Verbindlichkeiten der Kommunikation erfordern Lösungen, die über die Unmittelbarkeit der je aktuellen Sprechsituation hinausreichen. Dies ist besonders dann der Fall, wenn *schriftliche* Texte ins Spiel kommen, wie dies in administrativen und rechtlichen (Verträge) oder religiösen Zusammenhängen frühzeitig geschah.

Dies erfordert zahlreiche supplementäre Verfahren, durch die mögliche Differenzen zwischen Ausgangs- und Zieltext ausgeglichen werden können. Die Übersetzungstheorie (Translatorik) hat sich in ihrer Geschichte in unterschiedlichster Weise durch diese Problematik zur Reflexion des Verhältnisses von Kommunikation und Sprache sowie von Sprache und Wissen anleiten lassen. Der Gedanke eines dem Ausgangstext äquivalenten Zieltextes in L_j beantwortet die Frage nach der Gleichwertigkeit der sprachlichen Strukturen, aber auch nach der Gleichwertigkeit des durch Texte realisierten kommunikativen Handelns in sehr unterschiedlicher Weise. Zwischen zwei extremen Polen bewegen sich die entsprechenden theoretischen Konzeptualisierungen. *Eine* Modellierung des Übersetzungsprozesses unterstellt eine allen Sprachen gemeinsame Grundlage L_u, die in den Einzelsprachen nur je unterschiedlich umgesetzt wird. Der Übersetzungsprozess wird dann als Bewegung von einem Text in L_i zu dieser gemeinsamen Grundlage in L_u und von dort zu einem Text in L_j angesehen, so etwa bei dem für die moderne Translatorik grundlegenden Konzept von E.A. Nida, aber auch in zahlreichen Versuchen computerbasierter oder computergestützter Ü. Als diese gemeinsame Grundlage L_u wird entweder eine Universalsprache oder ein spezifisches logisches Format angesetzt. Universalistische Sprachtheorien wie die N. Chomskys bieten dafür entsprechende linguistische Theoriekonzepte. Ein *anderes* Extrem sieht die Eigensprachlichkeit von L_i und L_j so, dass letztlich eine Übersetzbarkeit grundsätzlich in Abrede gestellt wird, weil jede Sprache eine dermaßen eigene Weltsicht enthalte, dass ein Transfer von der einen in die andere notwendig wesentliche Aspekte oder Teile des Textes bzw. der sprachlichen Handlung verlieren muss (radikaler Relativismus, z. B. B. Whorf). Beide Konzeptualisierungen sind nicht geeignet, die Faktizität der Übersetzungsprozesse angemessen zu modellieren. Differenzierte Analysen der Übersetzungsprozesse sehen demgegenüber Ü. als hermeneutische Praxis, in der auf der Basis der Annahme einer wechselseitigen Verstehbarkeit →Verstehen konkret hergestellt wird. L_i und L_j werden dabei sowohl in ihrer Gemeinsamkeit als Sprachen, d.h. als Mittel zur Erreichung kommunikativer Zwecke, wie in ihrer jeweiligen spezifischen Ausprägung bei dieser Zweckerreichung, d.h. als sowohl fremd wie ähnlich, wahrgenommen und zur Geltung gebracht.

Ob eine Ü. ‚gelingt', erweist sich in der gemeinsamen kommunikativen Praxis der an der Textherstellung und Textrezeption beteiligten Interaktanten. Die vielfältige illokutive wie propositionale Ausfächerung des sprachlichen Handelns bedingt eine Vielfalt von konkreten Lösungsmöglichkeiten für Ü.en. So ist etwa in einem Fachtext die Frage der terminologischen Äquivalenz in einer je gemeinsamen technologischen Praxis von grundlegender Bedeutung. In einem literarischen Text spielen je nach dessen Verhältnis zur Sprache, derer er sich bedient, unterschiedlichste Facetten der Sprache und des sprachlichen Handelns eine grundlegende Rolle, von der Äußerungsgestalt bis hin zur in L_i entwickelten und für L_j zuallererst noch zu entwickelnden Textart-Form. Im religiösen und im philosophischen Text sind propositionale und in der Sprache abgebundene kategoriale Bestimmungen jeweiliger Wahrheitsansprüche, die in L_i artikuliert werden, in L_j gleichfalls möglicherweise zuerst herzustellen. Ü. ist also substanziell auf interkulturellen Austausch bezogen und bedeutet eine seiner herausragenden kommunikativen Erscheinungsweisen.

Bibliographie: P. Colliander et al. (Hgg.), Linguistische Aspekte des Übersetzens, Tübingen 2004. – J. Holz-Mänttäri, Translatorisches Handeln – Theorie und Methode, Helsinki 1984. – E.A. Nida, Toward a science of translating, Leiden 1964. – K. Reiß/H.J. Vermeer, Grundlegung einer allgemeinen Translationstheorie, Tübingen 1984. – M. Snell-Hornby et al. (Hgg.), Handbuch Translation, Tübingen [2]1999. – H.J. Vermeer, Versuch einer Intertheorie der Translation, Berlin 2006. – B. Lee Whorf, Language, thought, and reality, Cambridge 1956 [*dt.* Reinbek 1963].

Konrad Ehlich

Unverstehen/Unverständlichkeit

→Missverstehen/Missverständnis, →Verstockung

Ursprung

I. Alttestamentlich

Unter U. versteht man den Entstehungshintergrund und die Anfänge einer Sache, wobei der genetisch-zeitliche Aspekt im Sinn von Abstammung und Entwicklung und/oder der kausale Zusammenhang im Sinn eines Seinsgrundes oder des grundlegenden Prinzips im Vordergrund stehen kann. Im lateinischen Begriff *origo* kommt stärker der erste Aspekt zum Tragen, im griechischen Begriff ἀρχή stärker der zweite. Im Hebräischen bezeichnet *reshit* den Anfang und U., aber auch der Ausdruck *shoresh*, ‚Wurzel', kann metaphorisch darauf verweisen. Im AT wie im NT wird der U. v.a. narrativ als Ursprungsgeschichte dargeboten. Auch in der altorientalischen Umwelt wurde der U. in Form von Erzählungen dargestellt (Schöpfungserzählungen, U. der Welt, der Menschen, des Königtums), ähnlich wie dann in griechischer und hellenistischer Zeit der U. und damit die Bedeutung von Völkern bzw. Kulturen (Berossos, Manetho).

Der U. bzw. die Ursprungsgeschichte sind ein wesentliches Element für die Identität einer Gemeinschaft. Dieser U. kann in verschiedener Form dargestellt und auch aktualisiert werden. Die grundlegende Ursprungsgeschichte für das AT ist der Exodus aus Ägypten. Dieses Thema bildet den Kern der Pentateuchtraditionen (Ex 1–15); bei den Propheten wird es vorausgesetzt und für deren Verkündigung verwendet (z. B. Hos 11); im Dekalog wird der Exodus als Ursprungserfahrung zur Grundlage der ethischen Weisungen (vgl. Ex 20,2 ff.).

Der Exodustradition wurden weitere Ursprungstraditionen an die Seite bzw. voran gestellt, nämlich die Erzväter- (v. a. die Abrahamstradition) sowie die Schöpfungstradition. Mit der Erzvätertradition wurde der Blick auf eine Vorgeschichte Israels geöffnet und damit insbesondere der Verheißungs- und Zukunftsaspekt herausgestellt.

Eine Besonderheit der atl. Ursprungserzählungen ist ihr selbstkritischer Aspekt. Sie sind nicht heroische Idealgeschichten, sondern thematisieren Zweifel und Versagen und verweisen von da aus nicht nur auf Gottes Rettungstaten, sondern auch auf seine Treue und Geduld.

Auf die grundlegenden Ursprungstraditionen wurde schon im AT selbst in verschiedener Weise Bezug genommen, etwa typologisch in Form eines Neuanfangs in einer neuen Wüstenerfahrung bei Hosea (Hos 2) oder eines neuen Exodus als Rückkehr aus dem babylonischen Exil bei Deuterojesaja (Jes 40–55) oder unter dem Aspekt von Verheißung und Erfüllung.

Die Bestimmung des Verhältnisses von AT und NT ist die grundlegende Aufgabe der Biblischen Theologie. Sie konkretisiert sich in der Frage des Verhältnisses der atl. und der ntl. Ursprungssituation. Man könnte sie im Bild einer Ellipse mit zwei Brennpunkten darstellen, wobei die beiden Brennpunkte bzw. Ursprünge in verschiedener Weise miteinander verbunden sind (strukturelle Entsprechungen, traditionsgeschichtlich, →Verheißung und Erfüllung u. a.).

Bibliographie: O. Fuchs et al. (Hgg.), Die Macht der Erinnerung, Neukirchen-Vluyn 2007. – S. Kreuzer, Die Frühgeschichte Israels in Bekenntnis und Verkündigung des Alten Testaments, Berlin 1989. – G.E. Sterling, Historiography and self-definition, Leiden 1992.

Siegfried Kreuzer

II. Neutestamentlich

Ntl. Grunddatum ist, nicht nur in den Evangelienschriften, weithin das Jesusgeschehen (bes. Tod und Auferweckung Christi). Deshalb wird Christus als ‚Herr' aufgefasst (z. B. Röm 1,4; 10,9), und die Mitglieder der Gemeinde können so als Χριστιανοί gelten (z. B. Apg 11,26). Christus ist nach 1 Kor 3,11 das Fundament (vgl. Eph 2,20[-22]; ferner 2 Kor 11,4; Gal 1,6 f.). Zu Beginn von 1 Kor 15 kommt das als heilvoll (s. V.3. 4) und rettend (s. V.2) begriffene ‚Evangelium' (V.1[f.]; vgl. z. B. Mt 4,23; Mk 1,1; Röm 1,1; 1 Kor 9,12; Gal 1,6 f.11; ferner Hebr 5,12) zur Sprache. In V.3b–5 wird es in zwei Doppelzeilen angeführt, welche Christi Tod sowie das nachfolgende Begräbnis und dann seine Auferstehung sowie die sie bestätigende Ostererscheinung zum Gegenstand haben. Das ist schon für Paulus Tradition (s. 1 Kor 15,1. 3) und wird den Korinthern ἐν πρώτοις (V.3) ausgerichtet; von diesem U. sollte inhaltlich nicht abgewichen werden (s. bes. V.2; vgl. V.11). Aus ihm ergibt sich ein Großteil dessen, was für das christliche Leben zu bedenken ist (bes. 1 Kor 11,1; 12,12; Gal 2,20; 1 Joh 4,7–11). Beim Streit (z. B.) um die Beschneidung von Heidenchristen (Gal 5,2–6) geht es nach Paulus eben um die ‚Wahrheit des Evangeliums' (Gal 2,5. 14).

Mit diesem U. wird man durch Berufung (Gal 1,15), Buße/Bekehrung (Apg 11,18), Geistverleihung (Gal 3,2–5 [s. V.4!]), Gläubigwerden an Christus (Gal 2,16) und Taufakt (Röm 6,3–11) eng verbunden, und das Herrenmahl wird im Sinne der κοινωνία mit Blut und Leib Christi verstanden (1 Kor 10,16; vgl. 11,23–34). Der Zusammenhalt der Gemeinde ergibt sich aufgrund solcher rituellen Begehungen aus dem U. Die Gemeinde gilt insofern als Leib Christi (1 Kor 10,17; 12,12; vgl. Eph 1,22 f.; Kol 1,18 f.), auch als ein durch Christus bestimmter Tempel (1 Kor 3,5–23; Eph 2,18–22; 1Petr 2,4–10; Offb 21,1–22,5;

vgl. z.B. 1QS VIII, 1–10; XI,3–6; Sir 24,8–12). Diesem werden gerade auch universale Momente zugewiesen (Eph 2,19; 1 Petr 2,10; Offb 21,24 f.; 22,2).

Das spricht ebenso wie etwa die Gemeinde-Formulierung von Gal 3,28 die mit dem U. schon gegebene eschatologische Dimension an. Zu ihr gehört auch die Erwartung der Wiederkunft Christi (Offb 19,9; 21,2.9; vgl. 1 Thess 4,14–17). Umgekehrt wird vom Jesusgeschehen aus auf die Zeit vor der irdischen Existenz Jesu geschaut (Joh 1,1: ἐν ἀρχῇ ἦν ὁ λόγος). Ähnlich ist in Kol 1,15 f. von Christus als εἰκὼν τοῦ θεοῦ die Rede (vgl. Röm 8,3; 2 Kor 4,4; Gal 4,4; Hebr 1,2 f.).

Das Jesusgeschehen kann also im Sinne des U.s begriffen werden, weil in ihm, sozusagen mitten im Lauf der Welt, nach Sicht der frühen christlichen Gemeinde ‚gemäß den Schriften' (1 Kor 15,3 f.; vgl. Hebr 1,1 f.) aufscheint, was Gott gegenüber entgegenstehenden Kräften und Mächten (s. Röm 5,12–21; 7,1–25; 1 Kor 15,42–48.56; Gal 4,3.9; Kol 2,8.20; 2 Petr 3,10.12) mit dem κόσμος vorhat.

Bibliographie: M. Bachmann, Art. Tempel III., in: TRE 33 (2002), 54–65. – W. Schrage, Der erste Brief an die Korinther, Bd. 4, Düsseldorf/Neukirchen-Vluyn 2001. – G. Sellin, Der Streit um die Auferstehung der Toten, Göttingen 1986. – J. Woyke, Nochmals zu den ‚schwachen und unfähigen Elementen' (Gal 4.9), in: NTS 54 (2008), 221–234.

Michael Bachmann

III. Systematisch-theologisch

Das deutsche Wort ‚Ursprung', das für ἀρχή/*origo, principium*, aber auch für πηγή/*fons, origo* stehen kann, ist ursprünglich doppeldeutig. Auf der einen Seite, sofern der Akzent wie meist auf das Präfix *Ur-* fällt, gibt das Wort den Sprung aus den allgemeinen Bedingungen der →Korrelation hinaus zu denken, fordert dazu sogar auf. U. tritt in Nachbarschaft zu Begriffen wie Urbild, Ursache, Urstoff. Die →Hermeneutik neigt, nicht erst seit M. Heidegger, zu diesem Sinn. Sie spricht, Platos grundlegende Unterscheidung zwischen ἑρμηνῆς τῶν θεῶν und ἑρμηνέων ἑρμηνῆς (*Ion* 534e/535a) aufnehmend, von Urkunde, Ursprache, Urtext, später auch vom Urgestein des Textes, wobei dem Original gegenüber →Interpretation, →Kommentar, →Übersetzung usw. Vorrang zukommt. ‚U.' der Sprache, der Musik, der Poesie, der Gesetze usw. ist mit ‚Geist' der Sprache, der Musik, der Poesie, der Gesetze identisch. Es war dieser Kontext, in dem die Theologie Begriffe wie Urchristentum, Urevangelium, Urkirche bildete. U. ist Sprung aus der Korrelativität heraus in die Unmittelbarkeit. Die humanistische Sentenz *„Nos […] Latini paludem bibimus, Graeci rivos, Iudaei fontes"* (J. Reuchlin, Briefwechsel [Dall'Asta/Dörner] II, 250,69 f.) ist insoweit auch die theologische: „Die Ebräer trinken aus der Bornquelle; die Griechen aber aus den Wässerlin, die aus der Quelle fließen; die Lateinischen aber aus der Pfützen" (M. Luther, WA TR 1, 525,18–20). Es gilt aber auch: „Ein Räthsel ist Reinentsprungenes" (F. Hölderlin, Der Rhein, StA [Beißner] II, 143, 46).

Auf der anderen Seite, sobald der Akzent, entgegen der üblichen Betonung, auf die Hauptsilbe *-sprung* fällt, ist nicht Identität, vielmehr Differenz oder Fraktur zu denken, Bruch oder Riss, der die ursprüngliche Erwartung von Einheit durch unhintergehbare Einsicht in die ursprünglichere Zweiheit stört und zugleich weckt. In diesem Fall tritt der U. in Nachbarschaft zum Urteil, das, wie in H. Cohens Urteil des U.s, die Vielheit aller weiteren Zweiheiten allererst erzeugt. Wenn J. Derrida behauptet, „daß es einen absoluten Ursprung des Sinns im allgemeinen nicht gibt" (*Grammatologie*, 114; vgl. *Schrift*, 422 ff.), dann muss dies keineswegs zur Verwerfung der Begriffe U., Urschrift, Urspur führen (*Randgänge*, 37 f.). Erforderlich ist vielmehr die richtige Akzentuierung. U. der Sprache, der Schrift, ebenso wie U. der Religion, der Kunst usw. sind Ereignisse der Ur-Differenzierung, in dem sich Einheit nur *per negationem* niederschlägt.

Bibliographie: J. Derrida, Grammatologie (1967), Frankfurt a.M. 1974. – Ders., Die Schrift und die Differenz (1967), Frankfurt a.M. 1972. – Ders., Randgänge der Philosophie (1972), Wien 1998. – D. Lüttgens, Der ‚Ursprung' bei J.G. Herder, Frankfurt a.M. 1991. – R. Wiehl, Das Prinzip des Ursprungs in H. Cohens ‚Religion der Vernunft aus den Quellen des Judentums', in: H. Holzhey u.a. (Hgg.), Religion der Vernunft aus den Quellen des Judentums

(Internat. Konf. Zürich 1998), Hildesheim u.a. 2000, 63–75.

Günter Bader

IV. Altphilologisch

Die Antike bezeichnet U. als griech. ἀρχή (‚Anfang, Prinzip, Herrschaft'), γένεσις (‚Entstehung') und lat. *origo* (‚U., Herkunft'), *ortus* (‚Aufgang'), *primordia* (‚Urstoff'), im Gegensatz zu griech. τελευτή, τέλος, φθορά (‚Ende, Ziel, Zerstörung') und lat. *finis, occasus* (‚Ende, Ziel, Untergang'). Eine Analyse des Wort- und Begriffsfeldes bietet Aristoteles (*Metaph.* 5,1,1013a): Anfang einer Bewegung; der günstigste Ansatz einer Erklärung; das Erste eines Werdens (Fundament eines Hauses); woraus zuerst etwas entsteht (das Kind aus Vater und Mutter); die Entscheidung, die etwas verändert; das Prinzip, von dem aus eine Sache zuerst erkennbar wird. Diese Analyse ergänzt er durch die Bestimmung von Ursache (αἴτιον), Element, Ziel, Ende, Grenze.

Der U. in der Kosmo-, Theo-, und Anthropogonie bei Hesiod (um 700 v.Chr.) ist chronologisch, linear gefasst: ‚von Anfang an (ἐξ ἀρχῆς), als Erstes' (*Th.* 108–115; vgl. 44 f.; vgl. Ov. *met.* 1,3: *primaque ab origine mundi*, ‚vom ersten U. der Welt an'). Das Chaos entstand ‚zuallererst' (πρώτιστα), danach die breitbrüstige Erde und Eros (116–120). Die Orphischen Theogonien haben dieselbe Struktur, setzen aber, wie etwa die Protogonos-Theogonie (um 500 v.Chr.), als U. die alterslose →Zeit und ἀνάγκη (Notwendigkeit). Die mythisch-genealogische und die theologisch-kosmische Spekulation über U. wird kritisiert und fortgesetzt in der Naturphilosophie und Geschichtsschreibung. Bei den ionischen Naturphilosophen (Thales, Anaximander, Anaximenes; 6. Jh. v.Chr.) wird die ἀρχή bestimmt als Wasser oder Unbegrenztes (ἄπειρον) oder Luft. Alles, was ist, entsteht aus diesem U. durch geregelte Prozesse (z.B. Verdichtung/Verdünnung). Die Rationalität, Konsequenz, Experimentierfreudigkeit und Praxisorientiertheit dieses Ursprungsdenkens begründet die Physik als wissenschaftliche Theorie. Die Suche nach U. und Ursache ist Grundlage jeder Wissenschaft und Gegenstand der ‚ersten Philosophie' (Arist. *Metaph.* 6,1,1025b). Die Geschichtsschreibung und -theorie sucht den U. von Völkern und Städten (‚Gründungsliteratur') und, in den Kulturentstehungslehren und der Religionsgeschichtsschreibung, den U. von Kulturtechniken, Religion, Wissenschaft (Marmor Parium, Poseidonios, Lukrez, Tacitus). Sie konstruiert eine ‚unbestimmte' Epoche der Menschheit vor der mythischen und der historischen (Kastor von Rhodos, FGrHist 250). Dies ist der geschichtliche Ort der alten Kosmo- und Theogonien. Diese Ursprungs-Geschichte ist als Universalgeschichte konzipiert. „Wenn man vom U. her die Sachen wachsen sieht", ist dies die „schönste Theorie" (Arist. *Pol.* 1252a). Dieser historischen Methode folgt noch Lk, wenn er sich auf die ‚Augenzeugen vom U. an' bezieht (Lk 1,2; vgl. Apg 1,21–22).

Bibliographie: H. Cancik, Das Ende von Welt, Geschichte, Person in der griechischen und römischen Antike, in: Ders., Römische Religion im Kontext, Tübingen 2008, 263–308. – G.W. Most, Zur Archäologie der Archaik, in: Antike und Abendland 35 (1989), 1–23. – K. Reinhardt, Poseidonios über Ursprung und Entartung, Heidelberg 1928. – M.L. West, The Orphic poems, Oxford 1983.

Hubert Cancik

V. Philosophisch

Die Frage nach dem U. hat das Denken in allen Kulturen und zu allen Zeiten beschäftigt. Die Philosophie übernimmt die Frage nach dem U. (griech. ἀρχή) vom →Mythos, der von der Entstehung der Welt, der Götter und der Menschen berichtet. Dabei wandelt und differenziert sich die Bedeutung des Begriffs. Die Vorstellung der temporalen Herkunft verbindet und überlagert sich mit den Ideen des Grundes, des Prinzips, der Ursache, des Anfangs. Aristoteles bezeichnet die ἀρχή zusammenfassend als Seins-, Entstehungs- und Erkenntnisprinzip (als „ein Erstes, von dem her etwas ist oder entsteht oder erkannt wird": *Metaph.* 5,1); begrifflich unterscheidet er vier Typen von ἀρχή (Form- und Stoffursache, Wirk- und Zweckursache). Im Laufe der Geschichte der Philosophie variieren sowohl die formelle und inhaltliche Bestimmung des Ursprungsbegriffs wie dessen Stellung im philosophischen Denken.

Für die klassische Metaphysik von Plato und Aristoteles steht fest, dass das Denken zu einem ersten U., einem ‚voraussetzungslosen

Anfang‘ zurückgehen muss – zum ältesten Anfang, zum ersten Bewegungsgrund, zum grundlegenden Stoff, zur wesentlichen Form, zum abschließenden Zweck. Je nach Problemstellung und philosophischer Orientierung ist die eine oder die andere Fragerichtung vorherrschend. Die Metaphysik, welche die Wesensform als Prinzip der Dinge sieht, setzt sich kritisch mit dem Materialismus auseinander, der auf erste Stoffe und Elemente (Atome) rekurriert. In kosmologisch-geschichtsphilosophischen Spekulationen konkurrieren entgegengesetzte Vorstellungen vom Anfang als ursprüngliches Chaos oder goldenes Zeitalter.

Grundsätzlicher oszilliert das Ursprungsdenken in der Frage, ob und wieweit die Philosophie überhaupt von einem absolut Ersten, einem tiefsten Grund ausgehen kann und soll. Für dialektisches Denken ist der Anfang bei einem unmittelbaren Ersten Schein: Nach G.W.F. Hegel besteht der Gang des Denkens darin, die unhintergehbare, undurchschaute Vermitteltheit des Anfangs sukzessiv aufzuhellen. Radikaler ist die Kritik, wo sie nicht nur die Uneinholbarkeit des Ersten behauptet, sondern das Absehen auf dieses als metaphysische Hypostasierung und Ausdruck eines falschen Bedürfnisses zurückweist (F. Nietzsche); der Fundamentalismus des Prinzipiendenkens erscheint im Lichte einer Verhaftung im mythischen Ursprungsdenken und einer regressiven Ursprungssehnsucht. Abgewehrt wird das Unvordenklich-Abgründige ebenso wie das stabile Fundament und identische Erste (T.W. Adorno); gegen die Absicherung im Ursprünglichen wird das Sicheinrichten im Abgeleiteten und das Denken der Differenz (J. Derrida) postuliert. Nachmetaphysisches Philosophieren bewegt sich im Spannungsverhältnis zwischen Ursprungsdenken und Ursprungskritik.

Bibliographie: E. Angehrn, Die Frage nach dem Ursprung, München 2007.

Emil Angehrn

V

Verbalinspiration →Inspiration

Verdacht/Misstrauen

I. Systematisch-theologisch

V. ist ursprünglich ein Topos der antiken → Rhetorik (ὑπόνοια). Unterstellungen lassen Aussagen fraglich erscheinen. Sie haben das Gewicht eines weniger stark begründeten Zweifels (*suspicio*). Dem juristischen Verständnis der Schuldvermutung entspricht ein bei Thomas von Aquin nachweisbares, theologisches Verständnis vom V. als Sünde. Auch zur Zeit der Aufklärung gilt der V. als moralisch fragwürdig. Kirchenrechtlich findet sich der Begriff, wenn theologische Positionen unter Häresieverdacht stehen. Hier könnte eine Anknüpfung an die gegenwärtige Diskussion um eine →Hermeneutik des V.s gefunden werden, insofern Häresien mit bestimmten →Ideologien einhergehen.

Zu einem Schlagwort in der theologischen Diskussion wird eine Hermeneutik des V.s durch eine feministisch-theologische Exegese, die den biblischen Texten mit methodischem Misstrauen begegnet. E. Schüssler Fiorenza fordert ein Freilegen der androzentrischen Strukturen in der Bibelinterpretation wie in den biblischen Texten selbst. Eine kritische Lektüre unter dem Vorzeichen des V.s befragt die biblischen Texte danach, wie patriarchale Herrschaftsverhältnisse aufgebrochen werden und zur Befreiung von Ausbeutung und Unterdrückung angeleitet wird.

Der an biblische Texte herangetragene Ideologieverdacht gründet auf einem Verständnis von Interpretation als ‚Übung des V.s' (P. Ricœur). Ihr reflexives Misstrauen geht über den cartesischen Zweifel hinaus, der zwar dem Sein der Dinge in ihrem Erscheinen misstraut, das Bewusstsein aber über jeden Zweifel erhaben sein lässt. Nun steht das Bewusstsein als verlässliche Größe selbst im V., die Wahrheit als Lüge zu präsentieren. Gegen die ökonomisch orientierte (K. Marx), machtorientierte (F. Nietzsche), vom Unbewussten geleitete (S. Freud) oder patriarchal bestimmte (Feminismus) Verfälschungsarbeit des Menschen führt der Zweifel zur Erkenntnis der Realität. Allerdings steht die scheinbar unverdächtige →Wirklichkeit selbst wieder unter dem V., bloße Konstruktion zu sein (H. Weder). Dies perpetuiert eine hermeneutische Skepsis (O. Marquard) und eine Radikalisierung des V.s im Dekonstruktivismus (→Dekonstruktion).

Der Aporie, in die eine Hermeneutik des V.s dadurch gelangt, dass das destruktive Vorgehen des V.s selbst der Kritik entzogen ist, kann mit einem produktiven Misstrauen begegnet werden. Ein solches Misstrauen stellt Texte nicht still, indem sie unter einen generellen Ideologieverdacht geraten. Vielmehr entlässt eine Hermeneutik des V.s aufgrund ihres Verzichts auf Letztbegründung in die Ungesichertheit der Existenz (O. Bayer). In diesem Sinne leitet der V. ein Umdenken: ὑπόνοια und μετάνοια korrespondieren im Verstehen eines Textes. Der Interpret wird vor die Welt des Textes gestellt, kann seine Fehldeutung im Konflikt der Interpretationen erkennen und nimmt Wirklichkeit als von der Sache des Textes her neu konstituierte wahr (P. Ricœur).

BIBLIOGRAPHIE: O. Bayer, Autorität und Kritik, Tübingen 1991. – M. Neuendorff, Art. Verdacht, in: HWPh 11 (2001), 595–598. – P. Ricœur, Die Interpretation, Frankfurt a. M. [3]1993. – E. Schüssler Fiorenza, Brot statt Steine, Fribourg 1988. – D. Sölle, Von der Hermeneutik des Verdachts zu einer des Hungers, in: A. Grözinger/J. Lott (Hgg.), Gelebte Religion, Rheinbach 1997, 44–49. – H.

Weder, Kritik am Verdacht, in: ZThK 93 (1996), 59–83.

Doris Hiller

II. Philosophisch

In seiner Theorie der Interpretation unterscheidet P. Ricœur zwei sich ergänzende Formen der →Hermeneutik, die hinsichtlich → Methode, Ziel und Gegenstandsbereich differieren: eine Hermeneutik als Wiederherstellung des →Sinns und eine Hermeneutik des Zweifels bzw. des Verdachts. Jene widmet sich dem Sinnüberschuss eines Symbols oder Textes und deutet einen unintendierten Sinn, der sich in der ausdrücklichen Mitteilungsabsicht nicht erschöpft. Die Hermeneutik des V.s dagegen entziffert einen verdeckten Sinn, der von ausdrücklichen Äußerungen verdrängt, verhüllt oder verstellt wird. Sie widmet sich der Sinnverzerrung und verfolgt das Ziel der →Kritik, Illusionen, Lügen und falsches Bewusstsein zu demaskieren, sie zu entschlüsseln und schließlich abzubauen. Ihr ist es nicht allein um die Revision von Irrtümern zu tun, die auf die Endlichkeit der individuellen oder menschlichen Erkenntniseinstellung zurückzuführen sind. Vielmehr geht es ihr um die Emanzipation vom falschen Sinn, zu dessen Fürwahrhalten jemand durch psychische, existentielle oder soziale Faktoren gezwungen wird. Dem Sprechenden und Handelnden kann im Fall der Sinnverzerrung weder ein intentionales Meinen noch ein Wissen darüber unterstellt werden, dass Sinn verdeckt und ein falscher für wahr gehalten wird. Deshalb geht die Hermeneutik des V.s von einem Vorbehalt gegen Äußerungen und ihre Selbstdeutungen aus. Gleichwohl kommt ihr das Erkenntnisprivileg eines unbeteiligten Betrachters nicht zu. Als Methode beschreibt Ricœur vielmehr die List, sich der eigenen Verschlüsselungsarbeit zu entwinden. Die Vorbilder einer Hermeneutik des V.s sind für ihn Marxens Ideologiekritik, Nietzsches Genealogie der Werte und Freuds Psychoanalyse.

Bibliographie: E. Angehrn, Interpretation und Dekonstruktion, Weilerswist 2003. – P. Ricœur, De l'interprétation, Paris 1965. – Ders., Le conflit des interprétations, Paris 1969. – Ders., Du texte à l'action – Essais d'herméneutique, Bd. 2, Paris 1986.

Tilo Wesche

Verheißung/Erfüllung

I. Alttestamentlich

V./E. bezeichnet ein geschichtliches Schema: Eine V. Jhwhs erfüllt sich zu einem späteren Zeitpunkt in der Geschichte. Jhwh verheißt und garantiert die E. (1 Kön 8,15). Der Verheißungsgedanke kommt im AT in Zusammenhang mit den Verben *'mr* (‚sagen', vgl. 2 Kön 8,19; 1 Chr 27,23); *dbr* (‚sprechen', vgl. Gen 18,19; 21,1; 28,15; Ex 32,13); *tswh* pi (‚befehlen', vgl. Gen 18,19); *śb'* ni (‚schwören', vgl. Gen 22,16; Ex 32,13) zum Ausdruck, der Erfüllungsgedanke duch die Verben *ml'* pi (‚erfüllen', vgl. 1 Kön 8,15); *qwm* hi (‚halten/erfüllen', vgl. 1 Sam 1,23); *bw'* qa (‚wahr werden', vgl. Dtn 18,22); *bw'* hi (‚wahr werden lassen', vgl. Jer 25,13).

Im Deuteronomistischen Geschichtswerk verheißt Jhwh den Patriarchen Land, Nachkommen, Beistand und Segen (Gen 12,1–9; 26,23 f.; 28,13–15) und verknüpft die V. mit seinem Bund mit Abraham (Gen 15,1–21). Jhwh wiederholt die V., als Jakobs Familie nach Ägypten zieht (Gen 46,2–4), und bestätigt sie gegenüber Mose, als die Israeliten dort in der Sklaverei sind (Ex 3,6–10). Am Sinai wird die V. Jhwhs mit seinem Bund mit Israel (Ex 19,3–6) und dessen Toragehorsam (23,20–33) verknüpft. Israels Ungehorsam bringt die Rücknahme der Zusage mit sich (Ex 32,7–10), Israels Buße ihre Erneuerung (Ex 33,1–6). Die V. wird in der Landnahme Israels erfüllt (Jos 23,14–16), aufgrund ihres Ungehorsams aber zurückgenommen, was den Verlust des gelobten Landes zur Folge hat (2 Kön 25,21).

Jhwh verheißt David das Königtum, Nachkommenschaft und dass sein Sohn den Tempel in Jerusalem erbauen wird (2 Sam 7,12–16). Die V. wird erfüllt, als Salomo den Tempel Jhwh weiht (1 Kön 8,20 f.). Sie wird gegenüber Salomo bedingt wiederholt (1 Kön 9,4 f.) und explizit mit dem Toragehorsam verbunden (1 Kön 11,1–13). Jhwh zieht sie zurück, als die Könige ungehorsam sind (2 Kön 23,26 f.), was letztlich zum Ende der davidischen Dynastie führt (2 Kön 24,15–17). Die als gescheitert empfundene davidische V. führte zu der Erwartung eines vom Hause Davids kommenden Messias, durch den die V.

an David letzlich E. finden soll (Jes 9,1–6; 11,1–11).

Das Schema von V./E. wird v.a. in der → prophetischen Literatur angewandt. Vorexilische Propheten weissagen die Zerstörung Samarias/Jerusalems und das Exil aufgrund von Israels/Judas Ungehorsam (Am 3,1–11; Jes 5,1–30). Ihre Worte erfüllen sich – schlechthin das Zeichen eines wahren Propheten (Dtn 18,22; Jer 28,9). Exilische/nachexilische Propheten erwarten eine Wiederholung von Jhwhs früherem errettenden Eingreifen (Jes 65,17–25: einen neuen Himmel und eine neue Erde; Jes 43,16–20: einen neuen Exodus; Jer 31,31–34: einen neuen Bund).

Das Schema V./E. wurde später auch als Schlüssel für das Verständnis der Beziehung von AT und NT vorgeschlagen. Die Evangelien führen häufig atl. Texte an, die als in Christus erfüllte Verheißungen aufgefasst werden (Mt 1,22 f./Jes 7,14). Eine einfache Übertragung des V./E.-Schemas auf das Verhältnis von AT und NT wird gegenwärtig aus der Sicht der atl. Wissenschaft eher als hermeneutische Simplifizierung gewertet. Beide Testamente enthalten V., die teils E. fanden, teils aber auch nicht.

Bibliographie: F. Baumgärtel, Art. Weissagung und Erfüllung, in: RGG^3 6 (1962), 1584–1587. – O. Böcher, Art. Weissagung, in: RGG^4 8 (2005), 1375–1376. – M. Köckert, Art. Verheißung I., in: TRE 34 (2002), 697–704. – C. Rösel, Art. Verheißung/Erfüllung, in: www.wibilex.de (17.09.2008). – G. Steins, Art. Verheißung I., in: LThK^3 10 (2006), 670–671.

Gert T.M. Prinsloo

II. Neutestamentlich

→AT und →NT bilden in der christlichen → Bibel eine kontrastive kanonische Einheit. Ihr Zuordnungsverhältnis wird unterschiedlich bestimmt. In der kirchlichen Tradition dominiert das Schema ‚V. und E.' (vgl. 2 Kor 1,20). Es verbindet sich zumeist mit typologischer oder allegorischer Interpretation (ohne dass ein Junktim besteht) und impliziert ein – hermeneutisch unumkehrbares – theologisches Gefälle vom AT zum NT: In Christus sind die atl. V.en realisiert bzw. erfüllt und zu ihrem Ziel gekommen. Damit rückt das erstmals von Paulus so bezeichnete ‚Alte Testament' (2 Kor 3,14) in eine neue Perspektive. Christlicher Lektüre erschließt sich seine wahre Bedeutung vom Bekenntnis zu dem Gott her, der sich in Jesus Christus endgültig geoffenbart hat.

R. Bultmann knüpft daran an, geht aber eigene Wege. Für ihn spiegelt das AT existenzielle Grunderfahrungen des Menschen: seinen inneren Widerspruch und die Erkenntnis der Unmöglichkeit, seine innerweltliche Geschichte mit Gottes Verheißung zu identifizieren. Deshalb versteht Bultmann das AT als Geschichte eines Scheiterns. Es macht exemplarisch deutlich, dass der an irdischen Heilserwartungen scheiternde Mensch ganz auf Gottes Gnade angewiesen ist. Sie erschließt sich nur dem, der seine eigene Situation als eine aporetische begreift. In der Begegnung mit Christus, der E. des jetzt als V. erkannten Scheiterns, wird der Mensch ‚neue Schöpfung' (neues Geschöpf als Teil der neuen Schöpfung) im eschatologischen Sinne.

Fraglich ist jedoch, ob die Kategorie ‚V. und E.' geeignet ist, den differenzierten ntl. Befund theologisch sachgemäß zu erfassen. Lediglich in Apg 13,32 f. ist von erfüllter V. die Rede. Paulus spricht von der Bestätigung, Bekräftigung und In-Geltung-Setzung früherer V.en (Röm 4,16; 15,8; 2 Kor 1,21). Der Hebr hält an der Spannung zwischen gegenwärtig verkündigter V. und ihrer eschatologischen Vollendung fest (4,1; 6,12 ff.; 9,15 u.ö.). Im Mt und Joh referieren die Reflexionszitate auf die →Schrift, die nun als christologisches Interpretament fungiert (z.B. Mt 26,54; Joh 13,18; 15,25). Will man auf die systematisierende Globalbestimmung ‚V. und E.' dennoch nicht verzichten, bedarf sie eines hermeneutischen Korrektivs: Der zentrale Inhalt des NT, der gekreuzigte und auferstandene Jesus Christus, ist selbst V., deren eschatologische E. noch aussteht (1 Kor 15,54 f.).

Bibliographie: R. Bultmann, Weissagung und Erfüllung, in: Ders., Glauben und Verstehen II, Tübingen ^{4}1965, 162–186. – G. Sass, Leben aus den Verheißungen, Göttingen 1995. – T. Söding, Verheißung und Erfüllung im Lichte paulinischer Theologie, in: NTS 47 (2001), 146–171. – G. Theißen, Neutestamentliche Überlegungen zu einer jüdisch-christlichen Lektüre des Alten Testaments, in: KuI 10 (1995), 115–136.

Dieter Sänger

III. Kirchengeschichtlich

Das Wortpaar V. und E. bezeichnet eine (geschichts-)theologische Idee, nach der eine von Gott gegebene Ankündigung schließlich eintritt. Dieses Begriffspaar begegnet im AT gar nicht, im NT nur einmal (Apg 13) explizit, während das Schema als solches in beiden Testamenten seinen Niederschlag findet. Dieses Schema gehört in den Zusammenhang der typologischen Exegese (→Typologie), die seit den Apostolischen Vätern zum primären hermeneutischen Instrumentarium wurde und heute noch in erweckten Kreisen gepflegt wird. Von der Begriffsgeschichte her ist entscheidend, dass ‚V.' als Übersetzung von ἐπαγγελία durch M. Luther eingeführt wurde. Das Begriffspaar unterstreicht damit in Korrespondenz mit →‚Gesetz und Evangelium' den promissionalen Charakter des →Wortes Gottes, wobei sich der →Glaube auf die V. bezieht und in ihm gleichzeitig die E. im Geschenk der Heilsgewissheit geschieht. Anders als ‚Versprechen' ist das handelnde Subjekt der V. immer Gott.

Die Formel ‚V. und E.' ist von besonderer Relevanz insbesondere für die atl. →Hermeneutik und ihre Diskussionen in den 50er Jahren des 20. Jh.s geworden. Unter diesen Titel hat W. Zimmerli seinen hermeneutischen Entwurf zum AT gestellt und ‚V. und E.' als hermeneutischen Schlüssel einerseits zum AT, andererseits zum Verhältnis von →NT und →AT reflektiert. Dies ermöglicht ihm zugleich, das AT auf das Christusereignis hin zu verstehen, ohne dass Verheißung exklusiv ntl. zu verstehen ist und E. v.a. die Bestätigung der V., nicht deren Beendigung bedeutet.

Hier stellt sich die grundsätzliche Frage, ob das Verständnis von V. und E. vom NT aus gefunden wird bzw. für die christliche Theologie ausschließlich gefunden werden kann, wobei dann insbesondere die Väterverheißungen und die messianischen V.en eine Rolle spielen, oder aber ob die Kategorie der E. schon im AT als gegeben angesehen wird. Es lässt sich innerhalb der atl. Wissenschaft eine unsystematische Bandbreite in der Verwendung der Begriffe feststellen, wenn unter V. auch allgemein jede Weissagung verstanden wird, ein Oberbegriff für sämtliche Zukunftsaussagen, ausschließlich Heilsverheißungen oder auch prophetische Drohaussagen. Dies zeigt auf, dass das Begriffspaar ‚V. und E.' von seiner Herkunft her eher dogmatisch verstanden wird und die Versuche einer formgeschichtlichen Klärung offensichtlich ihre Schwierigkeiten im Fehlen eines begrifflichen Pendants im Hebräischen haben. Trotz dieser Vielfalt wird in ‚V. und E.' ein Ansatz einer biblischen Theologie gesehen, die die Disziplinengrenzen überschreitend AT und NT umfassen kann.

Dies muss nicht unbedingt mit einem Verständnis des AT vom NT aus einhergehen, sondern kann auch eine umgekehrte Blickrichtung bzw. konsequente Gleichberechtigung zur Folge haben, bei der dann das NT nicht mehr als Zeugnis der atl. messianischen V. verstanden wird (E. Zenger).

Bibliographie: R. Lemaire, Christliches Verstehen des Alten Testaments und das Verhältnis Kirche – Israel, Schenefeld 2004. – C. Westermann (Hg.), Probleme alttestamentlicher Hermeneutik, München ³1968. – R. Wonneberger/H.P. Hecht, Verheißung und Versprechen, Göttingen 1986. – E. Zenger, „So betete David für seinen Sohn Salomo und für den König Messias", in: JBTh 8 (1993), 25–72.

Jutta Tloka

IV. Altphilologisch

V./E. (ἐπαγγέλλω, ἐπάγγελμα; *profiteri, professio, professor*; πλήρωσις) kommt im paganen Kontext im Sinne der E. einer philosophischen V. öfter (z.B. Epikt. *diss.* 2,9,1.3.22) vor, wobei ἐπάγγελμα im Sinne von V. früher häufiger mit ‚Weissagung' wiedergegeben wurde (R. Bultmann), in jüngerer Zeit jedoch eher mit V. (W. Zimmerli). V. (im alltäglichen Sprachgebrauch ‚Versprechen' oder ‚Zusage') bedeutet allgemein die Ankündigung von etwas, das noch nicht existiert, und wird zumeist positiv konnotiert, wohingegen Weissagung in seiner Bedeutung ambivalent ist, insofern Schlechtes geweissagt, aber nicht verheißen wird (R. Wonneberger/H.P. Hecht). V. wird zumeist mit dem göttlichen Bereich als handelnder Ebene (εὐαγγελία) und mit Inhalten wie Segen, Nachkommen, Sieg oder Land verbunden. Für die Vermittlung sind oft mediale Mittel notwendig wie →Inspiration, →Dichter, Muse, Priester. Infolge des z.T. dunklen Charakters der V.en sind Deutungen notwendig (→Exegese). Die Ambivalenz der Aussagen kann dazu führen, dass aus einer V. eine negative Weissagung wird, z.B. das Orakel an Kroisos (Hdt. 1,53; Arist. *Rh.* 3,5,1407a38), das verhieß, wenn er gegen die Perser ziehe, werde er ein großes Reich zerstören. Auf menschlicher Ebene geht es bei V.en zumeist um Angebote der Menschen an Gott, wie z.B. ein Fest.

V. und E. gehören also in den Kontext jener Konstante menschlichen Strebens, die nach Kenntnis oder gar Kontrolle zukünftiger Ereignisse strebt, um Furcht aus dem menschlichen Leben zu bannen (vgl. Luc. *Alex.* 8). Mit wachsendem Bewusstsein eigener Fähigkeiten, Zukunft zu gestalten, wird menschliches Verhalten zunehmend als die E. von V.en mitgestaltend empfunden: Z.B. verheißt Hesiod, dass die Verehrung der Dike Segen für Mensch und Natur in der Polisgemeinschaft bewirken werde (*Op.* 225 ff.). Das Bewusstsein der Möglichkeit menschlicher Mitwirkung an der E. von V.en führt zur Entwicklung von Normen (praktische Ethik; Epikt. *diss.* 1,10,2). V. als Versprechen, jene ethischen Fähigkeiten vermitteln zu können, welche als Grundlage individuellen und gemeinschaftlichen Glücks (εὐδαιμονία) im Diesseits oder auch Jenseits gelten, wird zum professionellen Anspruch der Sophisten (Pl. *Prt.* 319a, *Men.* 95b, *Euthd.* 274a), des Sokrates und Epikurs sowie der Stoa, wobei der Philosoph z.T. damit in die Sphäre göttlich-religiöser V. gehoben wird (Pl. *Ti.* 71e–72a; Epikur bei Lucr. 3,1 ff.). Die E. von V. dient dann der Beglaubigung der Kompetenz des Verheißenden (Schüler belegt Qualität des Lehrers: X. *Mem.* 1,2,12 ff.; Isoc. *Or.* 11,5). Gleichzeitig dient das ἐπάγγελμα erzieherisch der Motivation der Schüler und wird im Christentum auf den göttlichen Bereich übertragen (Clem. *paed.* 1,9,84,2).

Bibliographie: H. Assel, Art. Verheißung, in: HWPh 11 (2001), 689–694. – R. Bultmann, Weissagung und Erfüllung, in: C. Westermann (Hg.), Probleme alttestamentlicher Hermeneutik, München 1960, 28–53. – R. Wonneberger/H.P. Hecht, Verheißung und Versprechen, Göttingen 1986. – W. Zimmerli, Verheißung und Erfüllung, in: C. Westermann (s.o.), 69–101 (= EvTh 12 [1952], 34–59).

Michael Erler

Verstehen

I. Alttestamentlich

(1) Im →AT hängen V. und →Interpretation eng zusammen; während Interpretation jedoch stärker den Vorgang der aktiven → Deutung eines →Textes oder Sachverhaltes bezeichnet, geht es beim V. mehr um individuelle Einsicht, sei es in Form aktiver Aneignung oder mehr passivem Zuteilwerden einer Erkenntnis. Wichtige Begriffe im AT sind *bin*, einsehen, verstehen, bzw. *binah*, ‚Einsicht, V.', sowie *jadaʿ*, ‚erkennen' bzw. *daʿat*, ‚Erkenntnis' (und weitere Ableitungen). Da für das AT das Herz das Organ des Denkens ist, ist es auch das Organ des V.s (vgl. Jes 6,10 ‚(nicht) verstehen mit ihrem Herzen'), wobei durchaus auch der emotionale Aspekt der Offenheit und der Zuwendung von Bedeutung ist.

V. ist in den Texten des AT zunächst häufig auf zwischenmenschliches V. bezogen, auch im Sinn des V.s einer →Sprache (Gen 11,7; Jes 33,19; Hes 3,6; Neh 8,2 f.; 10,29). V. kommt im AT auch im Sinn von kundig sein, sich auf eine Sache verstehen (z.B. auf ein Handwerk, Ex 28,3; 1 Kön 5,20; 2 Chr 2,6) vor. In der Weisheit geht es um das V. ‚verständiger' Rede (Spr 1,2), was sich im V. (und Befolgen) von ‚Gerechtigkeit, Recht und Frömmigkeit sowie jedem guten Weg' konkretisiert (Spr 2,9).

Vor allem aber bezieht sich ‚V.' im AT auf das Wort und das Wirken Gottes (Ps 119,27; Spr 2,5; ähnlich Sir 39,10). Während diese und ähnliche Worte aus späterer Zeit schriftlich aufgezeichnete Mitteilung und Willenskundgabe voraussetzen, geht es an anderen Stellen um die Selbstmitteilung Gottes insbesondere in Ereignissen der Geschichte Ex 29,46; Dtn 29,5; Jos 4,24.

Gott gibt sich zu erkennen, wobei allerdings immer auch die Unverfügbarkeit der Erkenntnis und des V.s gewahrt bleibt. Markant hierfür sind Wendungen wie ‚Ihr werdet erkennen, dass ich Jhwh bin' (vgl. Hes 39,28), die deutlich machen, dass der Mensch erkennen und verstehen soll, dass aber Gott selbst es ist, der diesen Prozess herbeiführen will (‚dass sie mich erkennen, dass ich Jhwh bin', Jer 24,7), und dass erst im Miteinander von Ankündigung und Eintreffen die an sich durchaus mehrdeutigen Erfahrungen der Geschichte ihre wahre Bedeutung erweisen und zur Erkenntnis und zum V. führen (Ps 64,10). Die prophetische Deutung kann bis zum staunenden V. dessen führen, dass Jhwh ein sich (hinter dem Lauf der Geschichte) verbergender Gott ist (Jes 45,15).

Das AT thematisiert auch die Grenzen des V.s (extrem in der Verhärtung und Verstockung des Herzens, Jes 6,9 f.; Ex 4–14), wobei das V. wesentlich am V.-Wollen hängt (Ps 106,7), v.a. aber Gottes Gabe und Wirken ist.

Auffallend ist, dass die atl. Aussagen um Erkennen und V. nicht reflexiv auf das Sich-selbst-V. bezogen werden (auch nicht Spr 20,24: ‚der Mensch, versteht er seinen Weg?'), sondern auf das V. eines personalen Gegenübers oder von Sachverhalten, d.h. des Wirkens und des Willens Gottes, auf Ereignisse der Geschichte, auf das V. von Recht und Gerechtigkeit, bzw. dessen, was gut oder böse ist (1 Kön 3,9).

(2) Auch für das V. des AT gehören (1) die Aspekte der aktiven, methodischen Interpretation wie auch des mehr passiven Zuteilwerdens einer Einsicht eng zusammen. Das V. des AT steht dabei (2) immer auch in der Spannung zwischen unmittelbarer, zu V. und Einsicht führender Begegnung einerseits und der Erkenntnis der →Fremdheit und der Distanz der atl. Aussagen und Lebenswelt zu unserer Lebenswelt und unseren Vorstellungen und Erwartungen andererseits.

Bibliographie: G.J. Botterweck, Art. *jdʿ*, in: ThWAT 3 (1982), 479–512. – A.H.J. Gunneweg, Vom Verstehen des Alten Testaments, Göttingen [2]1988. – M. Oeming, „Man kann nur verstehen, was man liebt", FS A. Gunneweg, Stuttgart 1987, 165–183. – H.H. Schmid, Art. *bîn*, in: THAT 1 (1972), 305–308. – W.H. Schmidt, Einsicht als Ziel prophetischer Verkündigung, FS Lothar Ruppert, Würzburg 1998, 371–396. – W. Schottroff, Art. *jdʿ*, in: THAT 1 (1972), 682–701.

Siegfried Kreuzer

II. Neutestamentlich

Der hermeneutische Verstehens-Begriff bezieht sich allgemein auf das semiotische System von →Zeichen und →Bedeutung, bei → Texten speziell auf die Bedeutungsgehalte der sprachlichen Zeichen, d.h. primär auf → Schrift, →Sprache, →Grammatik und →Semantik. Im Rahmen der Hermeneutik F.D.E. Schleiermachers, W. Diltheys und H.-G. Gadamers tritt die subjektiv-konstruktive bzw. rekonstruktive Verstehensbemühung des Individuums hinzu, die entweder rezeptiv-innerlich bleiben oder produktiv zur Verfassung interpretierender Posttexte führen kann (→Interpretation statt →Auslegung). V. kann auch in Gestalt von Wirkungen oder Handlungen manifest werden.

Für das →NT als eine Sammlung griechischer Texte aus dem 1. und 2. Jh. n.Chr. bezieht sich das V. zunächst auf die Sprache, auf die literarischen →Gattungen und →Formen und auf die Zeitgeschichte der Texte. Die Schriften des NT wurden bereits seit dem 2. Jh. n.Chr. kommentiert (→Kommentar), daher gehören zusätzlich alle Aspekte der langen Rezeptionsgeschichte des NT zu der hermeneutischen Bemühung des V.s. Entsprechend der fundamentalen Bedeutung der ntl. Schriften für die christliche Religion hat sich stets das größte Interesse auf das V. ihrer zentralen sachlichen Aussagen (→Propositionen) und Begründungszusammenhänge (→ Argumentation) gerichtet.

Die philologischen Verstehenshilfen sind von den christlichen Kirchen und den christlichen Theologien stets als hermeneutisch nur partiell hinreichend verstanden worden. Die Systematische Theologie hat dementsprechend unterschiedliche Modelle für ein ‚richtiges' V. des NT im kirchlichen Kontext entwickelt. Diese im Einzelnen unterschiedlichen Modelle einer kirchlich-theologischen Bibelhermeneutik, die auf der kirchlichen →Kanonisierung von 27 frühchristlichen Schriften und auf der theologisch interpretierten Kategorie des →Kanons beruhen, sind bis in die Gegenwart sowohl aus der christlichen Binnenperspektive als auch aus der Außenperspektive maßgeblich für das V. des NT. Auf dieser normativen Basis wurde in verschiedenen Varianten die systematisch-theologische Lehre von der ‚Schrift'/ →‚Heiligen Schrift' ausgearbeitet. Besondere Bedeutung für das V. des NT im kirchlich-theologischen Zusammenhang hat die Christologie (allgemein: das NT als dem AT heilsgeschichtlich vorgeordnet; bei M. Luther: ‚was Christum treibet‘; in der protestantischen Systematik: ‚Jesus Christus als externe Mitte der Schrift‘). Das NT erfuhr gerade im protestantischen →Schriftprinzip eine sehr einseitige hermeneutische Fokussierung auf die ‚Lehre‘.

Neben dem Verstehensparadigma einer Sammlung normativer Lehrschriften steht von Anfang an das philologisch bestimmte Paradigma der allegorischen →Interpretation (→Allegorie), das im hellenistischen Alexandria für die Homerexegese entwickelt wurde. Zugrunde liegt die Überzeugung, das göttliche Wort habe grundsätzlich mehr als eine Bedeutung. Origenes (gest. 253/4) entwickelte für das V. der →Bibel die Lehre vom dreifachen →Schriftsinn: literal, moralisch, mystisch. Die gegenwärtige Dogmatik (katholisch wie protestantisch, bes. orthodox) nimmt diese Möglichkeit des V.s gern als Entlastung von den Mühen philologisch-historischer Arbeit einerseits und als spirituelle Alternative zum strengen Lehrbegriff andererseits auf.

Die ntl. Schriften selbst reflektieren den Begriff des V.s (γινώσκειν, γνῶσις) und bieten verschiedene Verstehenskonzepte an, die als ‚textinterne Hermeneutik‘ (E.-M. Becker) von Bedeutung sind: die Geheimnistheorie (Mk), das ‚Erkennen der Zeit‘ (→Evangelien), das Missverständnis (Joh), die Erkenntnis im Geist (1 Kor 2 und 2 Kor 3). Paulus benutzt mehrfach die allegorische (→Allegorie) oder typologische (→Typologie) Auslegungsmethode für das V. des AT.

Bibliographie: E.-M. Becker, Schreiben und Verstehen, Tübingen 2002. – Dies., Text und Hermeneutik am Beispiel einer *textinternen* Hermeneutik, in: O. Wischmeyer/S. Scholz (Hgg.), Die Bibel als Text, Tübingen/Basel 2008, 193–215. – U.H.J. Körtner, Einführung in die theologische Hermeneutik, Darmstadt 2006. – D. Teichert, Art. Verstehen, in: RLW 3 (2003), 775–778. – O. Wischmeyer, Hermeneutik des Neuen Testaments, Tübingen/Basel 2004.

Oda Wischmeyer

III. Systematisch-theologisch

V. ist ein Vorgang, der in seiner Unhintergehbarkeit andauernd rätselhaft bleibt. V. ist für alle die, in diesen Prozess verstrickt sind, faktisch alternativlos. Denn auch das Nicht-Verstehen würde erst an einer enttäuschten Verstehenserwartung bemerklich, die eine noch so minimale Verstehenserfahrung voraussetzt. Rätselhaft bleibt das V., weil sich die Sinnhaftigkeit von Bewegungen als mimische oder gestische →Zeichen nicht aus den Bewegungen als solchen herleiten lässt, so wenig wie die Lautung von Stimmen die →Bedeutung von Worten ergibt oder das Geschriebensein von →Text die → Grammatik der →Sprache. Es lässt sich nicht einmal auf der Basis verstandener Zeichen, verwendeter Sprache, verzeichnetem Text diese ihnen innewohnende Sinnträchtigkeit prinzipiell ermitteln. Das Sinnpotential im V. erweist sich, aufgrund der Unerklärlichkeit seines →Ursprungs, dann auch als in höchstem Maße fragil und gefährdet, weil stets von unbeherrschbaren natürlichen, affektiven und kulturellen Rahmenbedingungen beeinträchtigt: von optischen oder akustischen Störungen verwischt, von einem Missverhältnis von Gesagtem und Gemeintem durchzogen, von kulturellen Erwartungsprägungen verformt.

Das macht die Lage der →Hermeneutik als einer Theorie des (unwahrscheinlichen) V.s so prekär: Sie arbeitet an der Reduktion des den verstehbaren →Sinn begleitenden ‚Rauschens‘ und kann es doch nicht ausschalten. Bereits die klassische →Rhetorik hat sich an der Zuordnung des (affektiven und darum auch immer sinnwiderständigen) Inneren zur verstehbaren Mitteilung und Darstellung erprobt, teils in Lehren über die → Rezeption des Gemeinten, teils (und noch stärker) in Ratschlägen zur Berücksichtung der komplexen affektiven Umwelt selbst zu gestaltender →Rede. Die besondere Rolle F.D.E. Schleiermachers für die Hermeneutik besteht darin, dass er ein Spektrum der Unwahrscheinlichkeitsbedingungen des V.s entfaltet hat, das einer umfassenden Komplexitätsreduktion förderlich ist. Als Gefühl bestimmt Schleiermacher die innerste Konzentration empirischer Sinnsubjekte auf sich, so dass sich alle Äußerungen von Sinn als Darstellungen und/oder Mitteilungen von Bestimmtheiten des Gefühls dechiffrieren lassen. Dieser Mechanismus der Beziehung von Innerem und Äußerem, Sinn und Sinnlichem, ermöglicht eine Verständigung über Bezeichnungen der (gemeinsamen) äußeren Welt wie über Intentionen im Umgang mit der (gemeinsamen) Welt, also theoretische Aussagen und praktische Handlungsmaximen. Weil der Übergang zwischen dem Gefühl und den Sinnbildungen hinsichtlich der Welt aber dauernd unbeherrschbar bleibt, kann sich das Gefühl nicht aus seinen welthaften Sinnäußerungen allein verstehen; es bedarf im Zusammenhang seiner Sinnbildungen auch einer (sinnlichen) →Kommunikation über sein eigenes sinnhaftes Dasein in der Welt, die als religiöse Kommunikation gefasst werden muss. Die Aufgabe des V.s ist daher nicht ohne Religion zu lösen, die selbst in die fortlaufenden Prozesse von Sinnbildung integriert ist, so dass das gesamte Verständnis von V. als ein nicht endender Ablauf von (zu erprobenden) Verständigungen zu verstehen ist.

Die Geschichte der Hermeneutik nach Schleiermacher hat die beunruhigende Prozesshaftigkeit des V.s immer wieder einmal durch Isolierung einzelner Momente dieses Geschehens beruhigen wollen, sei es durch die Rückbindung an psychische Erscheinungen (W. Dilthey), durch die Ontologisierung des V.s im Dasein (M. Heidegger), durch den zu verstehenden Überlieferungsstrom der Geschichte (H.-G. Gadamer), durch die Betonung des Eigensinns der Verständigungsmedien (J. Derrida).

Ein theologisches Verständnis des V.s aus der Perspektive F. Schleiermachers lehrt die →Heilige Schrift erkennen als Ausdruck des lebendigen Vollzuges religiöser Kommunikation über die in dieser Kommunikation vorausgesetzte Befähigung zum (Sich-)V. in der Welt.

Bibliographie: C. Demmerling, Sinn, Bedeutung und Verstehen, Paderborn 2002. – J. Derrida, Die Schrift und die Differenz, Frankfurt a. M. 2006. – W. Dilthey, Der Aufbau der geschichtlichen Welt in den Geisteswissenschaften (1910), Frankfurt a. M. 1981. – M. Heidegger, Sein und Zeit, Tübingen [16]2006. – F. Schleiermacher, Hermeneutik und Kritik, Frankfurt a. M. [8]2004.

Dietrich Korsch

IV. Altphilologisch

V. bedeutet für die Klassische Philologie zunächst die Frage nach antiken Verstehensformen. Im Mittelpunkt steht das V. von → Texten. Praktische Zeugnisse dafür sind Werke, die einen Text auslegen. Im Zuge der Beschäftigung mit Homer bildeten sich zwei für die gesamte Antike maßgebende Auslegungsverfahren heraus. Zum einen ermöglichte die grammatisch-rhetorische →Auslegung, wie sie von der alexandrinischen Schule (z. B. Eratosthenes) praktiziert wurde, durch Wort- und Sacherklärungen das Verständnis des Textes in seinem wörtlichen Sinn. Zum anderen suchte man durch allegorische →Interpretation den Weg zum Verständnis eines tieferen Textsinnes (z. B. Krates von Mallos). Die Allegorese diente u. a. dazu, die Autorität kanonischer Texte in einem veränderten kulturellen →Kontext zu bewahren und durch die Berufung auf diese Texte neue Einsichten zu rechtfertigen, wie es die philosophische Homer-Allegorese zeigt. In dieser Tradition steht neben Philons Pentateuchexegese auch die christliche →Deutung der Werke klassischer →Autoren. Trotz der Verwendung dieser Auslegungsverfahren in der Antike fehlt eine systematische Theorie der Interpretation vor Augustinus (→Hermeneutik) weitgehend.

Für die Klassische Philologie stellt sich auch die Frage, wie sie selbst antike Texte versteht und auf welchen Wegen sie zum Verständnis der Antike gelangen kann. Hatte A. Boeckh unter dem Einfluss seiner Lehrer F. Schleiermacher und F.A. Wolf im 19. Jh. eine Hermeneutik der Altertumswissenschaften – die →Literatur galt als Teilgebiet – entworfen, gab es in der Folgezeit kaum Bemühungen um eine Theorie des V.s. Im Vordergrund standen die textkritische Edition und die Texterklärung mit traditionellen →Methoden der Philologie in Form von →Kommentaren. Was die Interpretation angeht, blieb die Klassische Philologie bis zur Mitte des 20. Jh.s weitgehend dem Positivismus verhaftet: Texte wurden aus der Biographie des Autors erklärt, sie interessierten als Zeugnisse für das soziale und historische Umfeld. Der Sinn des Textes wurde oft mit der →Autorenintention gleichgesetzt. Mit dem Aufkommen textimmanenter Interpretationsmodelle (z.B. →*New Criticism*) vollzog sich in den 1950er Jahren insofern ein Wandel, als der Text als Kunstwerk in den Mittelpunkt trat. Seitdem ist ein zunehmender Einfluss der Literaturtheorie (der Neueren Philologien) auf die Klassische Philologie zu beobachten. Die postmoderne Literaturkritik hat durch die Infragestellung der Hermeneutik auch die Klassische Philologie dazu gebracht, verstärkt eigene Interpretationsziele zu hinterfragen, verschiedene theoretische Ansätze zu prüfen und neue Methoden zu übernehmen (vgl. z.B. die Zeitschriften *Arethusa* und *Helios* sowie die unten genannten Sammelbände). Doch bleibt die Klassische Philologie Theorien gegenüber vorsichtig und hat sich neue Herangehensweisen oft nur eklektisch angeeignet. Als besonders ergiebig im Umgang mit antiken Texten haben sich die →Erzähl- und die Intertextualitätstheorie erwiesen (→Intertextualität). Letztere reduziert – anders als die Quellenforschung – das Verhältnis von Texten zueinander nicht auf Formen der Abhängigkeit, sondern sieht darin eine Möglichkeit zur Bedeutungskonstitution. Als hermeneutisches Modell hat sich die Rezeptions- und Wirkungsästhetik bewährt, welche die Interaktion zwischen Text und →Leser als Moment der Sinnkonstitution betrachtet. Das Bewusstsein dafür, dass *oral poetry* als Performance nur in ihrer sozialen →Wirkung verstanden werden kann, hat ferner zu einer stärkeren Berücksichtigung des Aufführungskontexts bei der Untersuchung der homerischen Epen und der frühgriechischen Lyrik geführt. Die zunehmende Betonung des Kontexts lässt sich auch allgemein für die Klassische Philologie beobachten, die nun als Kulturwissenschaft mit neuen Fragen an die antiken Texte herangeht.

Bibliographie: T. Falkner et al. (Hgg.), Contextualizing classics, Lanham 1999. – S.J. Harrison (Hg.), Text, ideas, and the classics, Oxford 2001. – I. de Jong/J.P. Sullivan (Hgg.), Modern critical theory and classical literature, Leiden 1994. – E.A. Schmidt, New approaches to ancient poetry – theory and practice, in: International Journal of the Classical Tradition 4 (1998), 433–449. – T.A. Schmitz, Art. Moderne Internationale Philologie/Griechisch, in: DNP 15/3 (2003), 1297–1307. – J.P. Schwindt, Art. Moderne Internationale Philologie/Lateinisch, in: DNP 15/3 (2003), 1307–1322.

Petra Schierl

V. Literaturwissenschaftlich

Mit dem Begriff V. (von ahd. *firstandan, ferstan*, wörtlich ‚davor stehen') bezeichnet man allgemein das Wahrnehmen und Erfassen, oft auch die →Deutung von →Zeichen bzw. Zeichenkomplexen (z.B. →Texten), Gegenständen, Ereignissen, Handlungen oder Personen. Dabei kann es sich um einen mentalen bzw. affektiven Vorgang, ein Ereignis oder auch einen Zustand handeln (D. Teichert).

Das V. von Texten als genuinem Gegenstandsbereich der Literaturwissenschaft wurde und wird methodologisch unterschiedlich beschrieben. Seit der Antike bestimmen überwiegend hermeneutische Ansätze die Theorien über das V., die zunächst eng mit der →Auslegung bzw. →Interpretation des Textsinns in Verbindung standen (Eratosthenes, Aristarch, Krates von Mallos). Die spätantiken und mittelalterlichen Lehren vom mehrfachen →Schriftsinn (Origenes, Augustinus) differenzierten bereits zwischen verschiedenen Ebenen des V.s (wörtliche, heilsgeschichtliche, moralische, eschatologische →Bedeutung). Seit dem 18. Jh. wird das V. im hermeneutischen Sinn als ein Dialog zwischen →Leser und Text bzw. als ein Prozess der „Subjekt-Objekt-Konfundierung" reflektiert (S. Winko, 6). F.D.E. Schleiermacher psychologisierte das V. und beschrieb es als einen ‚divinatorischen Akt', allerdings auch als eine ‚unendliche Aufgabe', die in unterschiedlicher Graduierung gelingen kann – bis hin zur Möglichkeit, dass ein Rezipient den →Autor besser versteht als dieser sich selbst. W. Dilthey erhob das V. zum Grundprinzip der Geisteswissenschaften und grenzte es gegen den naturwissenschaftlichen Begriff des →Erklärens ab. Demnach bedeutet V. die Einfühlung in den Text des Autors und damit die Teilhabe an einer gleichgestimmten ‚seelischen Lebendigkeit'. Mit H.-G. Gadamers hermeneutischem Ansatz, der der Literaturwissenschaft seit den 1960er Jahren entscheidende Impulse verlieh, wurde die Geschichtlichkeit des V.s ins Bewusstsein gerückt: Im →‚hermeneutischen Zirkel' bestimmen das →Vorverständnis und der Sinnentwurf des Rezipienten im Wechselverhältnis mit den Vorgaben des Textes das V. Am Ende des produktiven Prozesses des V.s steht die ‚Horizontverschmelzung' (H.-G. Gadamer, 298 f.). – Die Ideologiekritik (T.W. Adorno, J. Habermas) warf dem Gadamerschen Verstehenskonzept ein affirmatives Verhältnis zur Tradition und eine eurozentrische Blickverengung vor: Das von der geschichtlichen Überlieferung Ausgegrenzte und das kulturell Fremde könnten in den Verstehensakt so nicht integriert werden. Trotz dieser Kritik hat sich das Grundmodell der hermeneutischen Verstehenstheorie in zahlreichen methodologischen Ansätzen der Literaturwissenschaft durchgesetzt: namentlich in der Rezeptionsästhetik (→*Reader-Response Criticism*, →Rezeption), dem sozialhistorischen Ansatz, der →psychologischen Auslegung oder auch der Intertextualitätstheorie (→Intertextualität). Demgegenüber grenzten sich strukturalistische und poststrukturalistische sowie auch empirische Ansätze vom Begriff des (literarischen) V.s deshalb ab, weil er von der ‚werkimmanenten Interpretation' gleichsam vorwissenschaftlich besetzt war (E. Staigers Formel lautete: ‚Begreifen, was einen ergreift') und außerdem mit einem emphatischen Wahrheitspostulat in Verbindung stand.

Die strukturalistische →Methode ersetzt den Begriff des V.s durch den der ‚Dekodierung'; poststrukturalistische Ansätze favorisieren Konzepte der →Diskursanalyse (M. Foucault), der ‚Semiologie' (R. Barthes) oder der →Dekonstruktion (J. Derrida). Die empirische Literaturwissenschaft erfasst den Verstehensprozess unter Bezugnahme auf kognitionswissenschaftliche Forschungen (R. Viehoff) bzw. über kognitiv-konstruktivistische Theorien (G. Rusch). 1995 hat S. Winko in einer differenzierten Zusammenschau die Gemeinsamkeiten zwischen dem hermeneutischen (auch dem poststrukturalistischen) und dem empirischen Verstehensmodell herausgearbeitet: ‚Interaktion und Dialog'; ‚Schemata und Vorurteile'; ‚Herstellen einer kohärenten Textinterpretation' (S. Winko, 22 ff.). Damit schlägt sie eine wissenschaftliche Stärkung des hermeneutischen →Paradigmas sowie der Kategorie des V.s vor. Auch im Kontext jüngerer kulturwissenschaftlicher Forschungen wird der Begriff des V.s erneut aufgegriffen und v.a. für eine Kulturhermeneutik des →Fremden bzw. für Konzepte von →Alterität fruchtbar gemacht.

Bibliographie: A. Bühler (Hg.), Hermeneutik. Basistexte, Heidelberg 2003. – H.-G. Gadamer, Wahrheit und Methode, Tübingen [2]1965. – G. Rusch, Auffassen, Begreifen, Verstehen, in: S.J. Schmid (Hg.), Kognition und Gesellschaft, Frankfurt a.M. 1992, 214–256. – K. Stierle, Dimensionen des Verstehens, Konstanz 1990. – D. Teichert, Verstehen, in: RLW 3 (2003), 775–778. – R. Viehoff, Literarisches Verstehen, in: Internationales Archiv für Sozialgeschichte der deutschen Literatur 13 (1988), 1–39. – S. Winko, Verstehen literarischer Texte versus literarisches Verstehen von Texten?, in: DVjs 69 (1995), 1–27.

Christine Lubkoll

VI. Textlinguistisch

V. ist ein mentaler und affektiver Prozess. Das Objekt bzw. der Vorgang, dem →Sinn und →Deutung vom verstehenden Subjekt zugeordnet wird, kann ein →Text oder Gespräch, eine Folge körperlicher/körpersprachlicher Äußerungen, eine Performance, eine Ereigniskette, ein geistig-emotionaler Zusammenhang und/oder eine geistige Konstruktion sein.

Gemäß seiner Etymologie (*firstandan*, ‚davor stehen') lässt sich V. als ein Akt der Wahrnehmung begreifen, der nach Zuschreibung von →Bedeutung und Sinn sucht. Dieser Akt setzt Vorwissen und affektive Anteilnahme (L. Ciompi) voraus, damit die Schwelle zwischen allgemeiner und nach Bewusstheit strebender Wahrnehmung überschritten wird. Gleichermaßen formen Präfigurationen wie Prä- und Kontexte und oft situative kommunikative Bedingungen V. immer mit.

Diese historio- und soziokulturelle Einbettung allen V.s trifft in hohem Maße auf Texte, mündliche Diskurse und auf Diskurse über Texte und mündliche Diskurse zu: (1) Texte werden auf den literalen bzw. oralen Ebenen von Wortgebrauch, Satzfokus, markierten Textsegmenten und strukturiertem Textganzen verstanden (M. Nussbaumer). (2) Texte werden auf den Ebenen ihrer Intentionalität und geistig-affektiven Wirkung im

Sinne der Sprechhandlungstheorie (K. Bühler, S.C. Levinson) verstanden. (3) Kommunikationserfahrungen und Textsorten- bzw. Gattungswissen steuern das Verständnis, z. T. im Sinne von Vorannahmen und Erwartungshorizonten. (4) V. kann der Intentionalität des Rezipienten unterworfen werden, und zwar sowohl auf die Textoberfläche als auch auf die Tiefendimension eines Textes bezogen (P. Klotz, 69 ff.). Die erzählerische Oberfläche eines Textes kann z. B. dem *delectare* dienen, die Tiefendimension gleichzeitig einem *persuadere*, *docere* oder z. B. einem ethischen Appell. (5) Der Verstehensakt kann in öffentlichen und institutionellen Konstellationen dann usurpative Züge annehmen, wenn es um die Macht der Deutungshoheit geht.

V. steht in einem zu differenzierenden Spannungsverhältnis von V. und Nicht-Verstehen, das graduiert werden muss: *ganz, vollkommen, z. T., mit Mühe, wider Willen* u. a. m. *verstehen bzw. nicht-verstehen.* V. kann sich halb- bzw. vorbewusst bis hin zu methodisch bewusst vollziehen. V. ist hochgradig sozial- und bildungsabhängig, zumal das Textverstehen in seiner geistigen und sozialen Handlungsdimension auf Vorwissen und Erfahrung fußt. Die allem V. innewohnende Unvollkommenheit und Unsicherheit ist gute Voraussetzung für die Kommunikation über das V. Das Subjekt bedarf einer wie immer gearteten kommunikativen Affirmation, die letztlich (a) zu Verstehenskonventionen und (b) zu Verstehenswandel führt.

Lesestrategien, hermeneutische Verfahren und normierende Zuschreibungen ermöglichen relativ regelhafte Diskurse über Textverständnis; sie sind aber gleichermaßen dem V. selbst ausgesetzt. Texte sind Makrozeichen zu Objekten und Vorgängen. Als Zeichen bedürfen sie der Ko- und Kontexte. V. ist also nicht nur ein unabschließbarer Prozess im Rahmen soziokultureller Kommunikation, sondern die Veränderungen im Laufe der Lebenszeit eines Subjekts lassen das V. als relativ instabil erscheinen. Das Verständnis eines Textes lässt sich deshalb als synchroner Schnitt im ‚Leben eines Textes' in einem Subjekt oder in einer Gruppe, die sich auf ein bestimmtes Verständnis geeinigt hat, sehen. V. ist letztlich auf manifeste Texte (U. Eco) zu beziehen, auch wenn das Textverständnis die Kohärenzleistung des Rezipienten bleibt. So sehr sich das Subjekt durch den Verstehensakt im Text spiegelt und sich dadurch geistig und affektiv partiell konstituiert, so sehr bleibt der manifeste Text doch der Auslöser des Verstehensaktes und bleibt es über das jeweils verstehende Subjekt hinaus.

Der manifeste Text besteht in solcher Sicht nicht nur aus linguistischen →Zeichen, pragmatischen Verstehens- und Gebrauchshinweisen und kulturspezifischer Textsorten- bzw. Gattungshaftigkeit, sondern er entwickelt gewissermaßen von sich aus einen spezifischen stilistisch-ästhetischen, intellektuellen, sozialen und kommunikativen Anspruch, dem das rezipierende Subjekt im Verstehensakt versuchen kann, angemessen, umsichtig und quasi kooperativ zu entsprechen (W. Warning).

Bibliographie: K. Bühler, Sprachtheorie, Jena 1934 [[3]1999]. – L. Ciompi, Die emotionalen Grundlagen des Denkens, Göttingen 1997. – U. Eco, Die Grenzen der Interpretation, München 1992. – P. Klotz, Textsorten, in: U. Abraham et al. (Hgg.), Schreibförderung und Schreiberziehung, Donauwörth 2005, 67–77. – S.C. Levinson, Pragmatics, Cambridge 1983 [*dt.* Tübingen [3]2000]. – M. Nussbaumer, Was Texte sind und wie sie sein sollen, Tübingen 1991. – W. Warning (Hg.), Rezeptionsästhetik, München 1975.

Peter Klotz

VII. Philosophisch

V. ist eine Erkenntnisleistung; sie schließt, umgangssprachlich verstanden, auch Gefühle ein. V. erhielt seine herausragende Stellung im 19. Jh. durch die Entwicklung der Geisteswissenschaften. F.D.E. Schleiermacher hat als Platonübersetzer, protestantischer Theologe und Philosoph eine einheitliche →Hermeneutik für Theologie und Profantexte entwickelt. J.G. Droysen mit seiner Historik und W. Dilthey mit seinem Programm einer Kritik der historischen Vernunft und später in der Triade →Erlebnis, Ausdruck und V. haben V. zur Grundlage aller Geisteswissenschaften gemacht. Dabei erläutert Dilthey auch den Gegensatz von V. und →Erklären, welcher sich bis in die methodologischen Auseinandersetzungen im 20. Jh. im Werk von W. Dray,

A. Danto, C.G. Hempel, G.H. von Wright u. a. fortgesetzt hat.

Mit seinem ontologischen Gebrauch von ‚V.' als Existenzial legt M. Heidegger die Grundlage für H.-G. Gadamer, welcher primär den nicht-methodologischen Charakter des V.s betont. P. Ricœur hat den Gegensatz von Erklären und V. in seiner Auseinandersetzung mit der strukturalen Anthropologie und der Psychoanalyse aufgegriffen. Aber auch J. Habermas und K.O. Apel haben in Auseinandersetzung mit dem Werk von Gadamer den Anspruch des V.s gegen positivistische Vereinnahmung verteidigt. Ein vorläufig letztes Kapitel zum Gegensatz von Erklären und V. hat J. McDowell mit seinem Werk *Geist und Welt* geschrieben, welches die Entwicklung der sprachanalytischen Philosophie von G. Frege bis L. Wittgenstein und W. Quine umfasst. Wittgenstein hat in seinen Philosophischen Untersuchungen, das ‚V.' als mentales Verb vom Verhalten her, also behavioristisch, gedeutet. P. Churchland hat eine Theorie des V.s von Handlungen vorgelegt, welche zugleich Kausalerklärungen sind und damit die Annahme einer besonderen mentalen Kausalität vermeidet.

Die Entwicklung der Aussagen- und Prädikatenlogik durch G. Frege weist einen Weg, wie das Sprachverstehen erklärt werden kann, nämlich als Kenntnis der syntaktisch-semantischen Regeln, und wie die Ergebnisse der analytischen Sprachphilosophie berücksichtigt und eine extensionale oder intensionale →Semantik entwickelt werden können. Ein solcher Bedeutungs-/Sinnbegriff nimmt die Rede von der Bedeutsamkeit menschlicher Schöpfungen auf, ohne sie im Sinne eines psychologistischen Relativismus zu deuten oder als platonische Entitäten aufzufassen.

BIBLIOGRAPHIE: O.F. Bollnow, Das Verstehen, Mainz 1949. – P.M. Churchland, Der logische Status von Handlungserklärungen (1970), in: A. Beckermann (Hg.), Analytische Handlungstheorie, Bd. 2, Frankfurt a.M. 1977. – W. Dilthey, Gesammelte Schriften, Göttingen u. a. 1914 ff. – J.G. Droysen, Historik, hg. v. R. Hübner, Darmstadt ^{3}1958. – H.G. Gadamer, Gesammelte Werke, Tübingen 1985 ff. – J. Habermas, Theorie des kommunikativen Handelns, 2 Bde., Frankfurt a. M. 1981. – M. Heidegger, Sein und Zeit, Tübingen 1927. – E.D. Hirsch Jr., Validity in interpretation, New Haven/London 1967. – H. Ineichen, Philosophische Hermeneutik, Freiburg/München 1991. – J. McDowell, Geist und Welt, Frankfurt a. M. 2001. – P. Ricœur, Temps et récit, 3 Bde., Paris 1983. 1984. 1985. – M. Riedel, Verstehen oder Erklären?, Stuttgart 1978. – F.D.E. Schleiermacher, Hermeneutik und Kritik, hg. v. M. Frank, Frankfurt a. M. 1977. – J. Wach, Das Verstehen, 3 Bde., Tübingen 1926 ff.

Hans Ineichen

Verstockung

I. Alttestamentlich

Luthers Übersetzung ‚V.' gibt verschiedene hebräische Wörter und Wendungen wieder, die entweder fehlende Bereitschaft oder mangelndes Vermögen zu Wahrnehmung und Erkenntnis des göttlichen Willens – insbesondere wie er sich in Geboten und Ordnungen niederschlägt – oder der Gottheit selbst ausdrücken. Verortet wird V. meist im menschlichen Herzen (‚das Herz schwer/hart machen'; ‚Verhärtung des Herzens'), dem in weisheitlichen Kontexten schon nach ägyptischer Auffassung rational-noetischen Zentrum und der Mitte der Person. Ideal ist ein aufnahmefähiges und -bereites Herz, wie der exemplarische Weise König Salomo es erbittet und erhält (1 Kön 3,9.12), so dass er handeln und urteilen kann, wie es Gottes Willen entspricht. Ein negatives Gegenbeispiel ist Pharao in den Exoduserzählungen (Ex 4–14), der trotz der gottgewirkten Zeichen und Wunder in Gestalt der Plagen die Macht Jhwhs verkennt. Doch auch das erwählte Volk Israel erschüttert seine Gottesbeziehung durch Verstockt-Sein (Ps 95,8). Diese ist sachlich auch gemeint mit den Begriffen ‚Halsstarrigkeit' (Ex 32,9), ‚Widerspenstigkeit' (Ez 2,5 u. ö.) und der Hörunwilligkeit gegenüber Gott und seinen Propheten (Jer 5,20–25; Sach 7,12). Blind- und Taubheit können bildhaft ebenfalls von dieser Unempfänglichkeit sprechen (Jes 42,18–20). Der Tatbestand der V. bedeutet Negation oder Abbruch der Gottesbeziehung (Ps 81,13) und hat daher das Erfahren von Unheil und Tod zur Folge (Spr 29,1). V. ist Ergebnis von Gottlosigkeit und/oder Ausdruck göttlichen Strafens.

Mit dem Spektrum von Wendungen und Bildern drücken atl. Theologen eine hermeneutische Gegebenheit aus: Wahrnehmung und Erkenntnis Gottes und seines Willens sind keineswegs selbstverständlich, sondern bedürfen der Voraussetzung eines offenen, beeindruckbaren und willigen Sinnes, einer besonderen Aufnahmefähigkeit und -bereitschaft. Nach weisheitlicher Auffassung kann und soll der Mensch sich um eine Empfänglichkeit für Gottes Anrede an ihn bemühen. Am Phänomen der V. zeigt sich, dass der Mensch sich dem bewusst verweigern kann. Doch kann V. auch durch Gottes Einwirken entstehen, indem er selbst die innere Aufnahme des Wahrgenommenen blockiert (Ex 7,3; 9,12 u.ö. beim Pharao; Jes 6,10 bei seinem Volk). Entsprechend vermag einzig Gott selbst die besten Voraussetzungen für Gotteserkenntnis zu schaffen (Spr 20,12). Für die Heilszeit erhofft Israel einen derartigen Wandel des Herzens (Jer 24,7; Ez 36,26 f.). V. benennt somit das Problem der Kommunikationsfähigkeit Gott gegenüber.

Bibliographie: H.-J. Fabry, Art. leb/lebab, in: ThWAT 4 (1984), 413–451. – F. Hesse, Das Verstockungsproblem im Alten Testament, Berlin 1955. – T. Krüger, Das menschliche Herz und die Weisung Gottes, in: R.G. Kratz/T. Krüger (Hgg.), Rezeption und Auslegung im Alten Testament und in seinem Umfeld, Fribourg/Göttingen 1997, 65–92. – H. Liss, Die Funktion der „Verstockung" Pharaos in der Erzählung vom Auszug aus Ägypten, in: BN 93 (1998), 56–76.

Karin Schöpflin

II. Neutestamentlich

In Weiterführung atl. Motivik (bes. Jes 6,9 f.; vgl. Ex 3–15; Ps 95 [94],8) ist im →NT davon die Rede, dass Menschen Jesus (z.B. Mk 3,5; Joh 12,37–42), seinen →Gleichnissen (Mk 4,11par.; Joh 6,60) und der frühchristlichen Verkündigung (bes. Apg 28,25–28; Röm 11,7–10.25) gegenüber verschlossen sind.

Die ntl. Verstockungsterminologie knüpft eng an die Wendung von Jes 6,10 LXX an (Mt 13,15; Apg 28,27), die das Unempfindlich werden des Herzens benennt. Statt παχύνομαι wird im NT verschiedentlich πωρόω (z.B. Mk 6,52; 2 Kor 3,14) und πώρωσις verwandt (z.B. Mk 3,5; Röm 11,25) und damit auf eine steinartige Verhärtung abgehoben. In Joh 12,40 liegt eine aktivische Wendung vor. Hier gilt Gott selbst als der Verstockende. Daneben werden, in Anknüpfung an Ps 95(94),8 und an die V. Pharaos (u.a. Ex 4,21; 7,3.22), das Verb σκληρύνω (u.a. Apg 19,9; Röm 9,18) und verwandte Wörter (σκληροκαρδία: Mk 10,5par.; σκληροτράχηλος: Apg 7,51; vgl. σκληρός) gebraucht: Diese Begrifflichkeit lässt das Austrocknen und Hartwerden assoziieren.

Bei der V. geht es um eine in den Augen der frühen Christen und wohl auch Jesu selbst erstaunliche Verschlossenheit gegenüber Positivem – und damit um ein Phänomen, das auch sonst als elementares (hermeneutisches) Problem reflektiert wird. Der Passus Mk 4,11 f. (parr.) sucht das eigentlich sehr verblüffende Nichtverstehen von jesuanischen Gleichnissen unter Bezug auf Jes 6,9 f. (bzw. den Targumwortlaut) zu begründen. Schon Jesus hat vermutlich erklärt, warum seine Reich-Gottes-Botschaft und seine Zuwendung zu Außenseitern auch auf Widerstand gestoßen sind (u.a. Mt 11,19 f.; Mk 4,30–32). Ähnliche Erfahrungen machte die frühchristliche Gemeinde, sofern das Evangelium von Juden mehrheitlich nicht aufgegriffen wurde (Röm 9,1–4; 11,11 f.). Verstockungsaussagen dürfen nicht im Sinne einer generellen Verwerfung Israels durch Gott missverstanden werden (zumal derartig begründeter Antijudaismus verheerende Konsequenzen gezeitigt hat). Auch Christen werden (z.B. Hebr 3,7–4,13) vor der Möglichkeit von Abfall und V. gewarnt (z.B. Röm 11,17–22). Daneben gilt eben die Verstocktheit eines Großteils der Nicht-Juden in ntl. Zeit als ausgemacht (s. Eph 4,18; vgl. Gal 2,15). In Röm 11,25 f. (vgl. Gal 6,16) formuliert Paulus, dass das Nicht-Wahrnehmen des Heils durch Juden ein Ende haben wird. Dabei greift er die atl. (Jes 1,9; Mi 2,12) Vorstellung vom ‚Rest' des Volkes Israel (u.a. Röm 9,27.29; 11,5. 25 f.) und den Zukunftsaspekt von Jes 6,13c auf. Das scheint analog in Apg 28,(25–)28 durch, wo das Futur ἰάσομαι die Heilung Israels durch Gott meinen wird (vgl. 4Q 177 IX,3). Im Kontext der ntl. Verstockungsaussagen geht es also nicht um die Alternative einer „vorgängigen" oder „nachfolgenden" V. (G. Röhser, 55 u.ö.), sondern letztlich um den Heilswillen Gottes.

Bibliographie: M. Bachmann, Zur Entstehung (und zur Überwindung) des christlichen Antijudaismus, in: ZNT 10 (5. Jg.) (2002), 44–52. – A. Deutschmann, Synagoge und Gemeindebildung, Regensburg 2001. – C.A. Evans, To see and not perceive, Sheffield 1989. – J. Jeremias, Neutestamentliche Theologie 1, Gütersloh 1971 [[3]1979]. – M. Karrer, „Und ich werde sie heilen", in: Ders. et al. (Hgg.), Kirche und Volk Gottes, FS J. Roloff, Neukirchen-Vluyn 2000, 255–271. – V.A. Lehnert, Die Provokation Israels, Neukirchen-Vluyn 1999. – G. Röhser, Prädestination und Verstockung, Tübingen 1994. – M.-L. Seewann, „Verstockung", „Verhärtung" oder „Nicht-Erkennen"?, in: KuI 12 (1997), 161–172. – M. Vahrenhorst, Gift oder Arznei?, in: ZNW 92 (2001), 145–167.

Michael Bachmann

Vertrauen

Der Begriff des V.s (lat. *fiducia*, griech. πίστις) impliziert einerseits Verlässlichkeit als Grund von Vertrauenswürdigkeit, andererseits →Glaube und →Hoffnung als Ausdruck des V.s. In der reformatorischen Theologie entsprechen sich *fides* und *fiducia.* M. Luther bestimmt den Glauben wesentlich als Gewissheit (*certitudo*), die von äußerer Sicherheit (*securitas*) unterschieden wird. Das Tridentinum hat diese Gleichsetzung von Glaube und Heilsgewissheit ausdrücklich verworfen. V. im Sinne des Glaubens ist für Luther eine wesentliche Voraussetzung seiner Bibelhermeneutik. Der Glaube traut dem Evangelium und seiner Zusage (*promissio*), wie es in der → Heiligen Schrift bezeugt wird. Das *sola scriptura* gründet im Prinzip der Klarheit der Schrift (*claritas scripturae*), wobei die innere Klarheit an die äußere zurückgebunden wird. Die Schriftlehre der altprotestantischen Orthodoxie hat Luthers Anschauung im Rahmen ihrer Lehre von den Eigenschaften oder *affectiones* der Schrift abzusichern versucht. Neben dem *testimonium spiritus sancti internum*, dem der theologische Primat zukommt, werden interne und externe Kriterien für die Glaubwürdigkeit und Autorität der Schrift aufgestellt. Die Aufklärung bricht mit dieser Theorie. F.D.E. Schleiermacher erklärt, das Ansehen der Heiligen Schrift könne nicht den Glauben an Christus begründen, vielmehr müsse dieser schon vorausgesetzt werden, um der Bibel ein besonderes Ansehen einzuräumen (§ 128). Vor dem V. kommt die Kritik, die neben →Analogie und →Korrelation zu den Prinzipien der historisch-kritischen →Methode gehört. Dekonstruktivistische Interpretationstheorien wie auch →kontextuelle Hermeneutiken propagieren überhaupt eine →Hermeneutik des →Verdachts. Mit L. Wittgenstein lässt sich allerdings einwenden, dass die Gewissheit grundsätzlich vor dem Zweifel kommt, so dass auch eine Hermeneutik des Verdachts von bestimmten Grundgewissheiten ausgehen muss. Jedes → Verstehen setzt immer schon ein Verstandenhaben und d. h. eine gewisse Vertrautheit mit den Dingen voraus (M. Heidegger, H.-G. Gadamer). Daraus folgt freilich noch keine Hermeneutik des →Einverständnisses (P. Stuhlmacher), welche den Glauben zur Voraussetzung biblischer Hermeneutik erklärt. Für eine Hermeneutik des V.s anstelle einer Hermeneutik des Verdachts plädiert die Faith-and-Order-Studie *A treasure in earthen vessels* (1998). Wird ökumenische Hermeneutik auf das Ziel der sichtbaren Einheit der Kirchen verpflichtet, droht allerdings ihre Verkirchlichung und politische Instrumentalisierung.

Bibliographie: H.-G. Gadamer, Wahrheit und Methode, Tübingen [5]1986, 281–305. – D. Heller (Hg.), Ein Schatz in zerbrechlichen Gefäßen [A treasure in earthen vessels], Frankfurt a. M. 1999. – N. Luhmann, Vertrauen, Stuttgart [4]2000. – F.D.E. Schleiermacher, Der christliche Glaube ([2]1830), hg. v. M. Redeker, Berlin 1960. – R. Strunk, Vertrauen, Stuttgart [2]1987. – L. Wittgenstein, Über Gewissheit, Werkausgabe Bd. 8, Frankfurt a. M. 1984.

Ulrich H.J. Körtner

Vielfacher Schriftsinn

→Schriftsinn, vielfacher

Vorverständnis

I. Neutestamentlich

→‚Verstehen' bezieht sich immer auf Vorgaben zurück. Zugleich konstruiert es Sinnzusammenhänge neu und schafft Vorgaben, die wirkungsgeschichtlich relevant und Grundlage neuer Verstehensbemühungen werden. So ist die Frage nach dem V. Teil des →hermeneutischen Zirkels.

Die Verwendung des Begriffs ‚V.' in der ntl. →Exegese ist forschungsgeschichtlich durch die klassisch gewordene Definition R. Bultmanns geprägt. Danach besteht das V. in einem Lebensverhältnis des Exegeten zur → ‚Sache' des biblischen Textes. Diese auf die Suche nach Gott, Heil, Glück, Wahrheit, Rettung vor dem Tod und Sicherheit im Leben gerichtete innere Bewegung ist für den Vollzug der Exegese konstitutiv. Sie bildet die Brücke zwischen dem Text und seinem → Ausleger, die in dieser Weise beide Anteil an derselben Sache haben.

Das V. ist nach R. Bultmann nicht zu verwechseln mit dem ‚Vorurteil'. Die Exegese ist in dem Sinne vorurteilslos, als sie ihre Ergebnisse nicht voraussetzt. Sie ist aber nicht voraussetzungslos, denn sie setzt zum einen die innere Beziehung zur →Sache des Textes voraus und basiert zum anderen auf den → Methoden historisch-kritischer Exegese.

In der gegenwärtigen Debatte hat die Bestimmung des V.ses durch den Wandel im Verständnis von →‚Interpretation' und → ‚Text' eine Veränderung erfahren. Solange die Bedeutung eines Textes, wie dies in der älteren Forschung der Fall war, als mit dem Text gegeben galt, wurde das V. als ein Thema der →Kommunikation zwischen gegenwärtigem Ausleger und antikem →Autor und seinem Text betrachtet. Im Zuge der Ablösung der produktionsästhetischen Wahrnehmung mit ihrer Autororientierung durch die Rezeptionsästhetik wird unter V. primär die Frage nach den Verstehensvoraussetzungen der modernen Rezipienten verstanden. Deren bewussten und unbewussten Voraussetzungen, kulturellen, traditionsgebundenen und individuellen Prägungen und Interesseleitungen wird umso mehr Bedeutung beigelegt, je höher ihr Anteil an der Bedeutungskonstitution eingeschätzt wird.

Einer vollständigen Funktionalisierung und Vereinnahmung des Textes durch die Leserschaft tritt die Werkästhetik entgegen. Sie spricht dem Text ein Eigenrecht zu. Zwischen unergründbarer Autorabsicht und anfechtbarer Leserintention steht der in die Autonomie entlassene Text, an dessen Intention unhaltbare Interpretationen scheitern (U. Eco). Der Text besitzt als schriftliches Erzeugnis eine Eigenwertigkeit und entfaltet dadurch Wirkung, dass er als Werk aufgrund seiner Vielschichtigkeit zu ständig neuen Interpretationen herausfordert (P. Ricœur).

Bibliographie: R. Bultmann, Ist voraussetzungslose Exegese möglich?, in: Ders., Glaube und Verstehen III, Tübingen ³1965, 142–150. – U. Eco, Zwischen Autor und Text, München 1994. – U.H.J. Körtner, Einführung in die theologische Hermeneutik, Darmstadt 2006. – J. Lauster, Religion als Lebensdeutung, Darmstadt 2005. – P. Müller et al., Verstehen lernen, Stuttgart 2005. – P. Ricœur/E. Jüngel, Metapher, EvTh Sonderheft, München 1974.

Paul-Gerhard Klumbies

II. Systematisch-theologisch

V. ist ein Terminus einer allgemeinen hermeneutischen Theorie. Ihm kommt in R. Bultmanns Programm einer →existentialen Interpretation des ntl. →Kerygmas zentrale Bedeutung zu. Im Anschluss an M. Heideggers Analytik des Daseins ist er auch in die Theorie der hermeneutischen Erfahrung bei H.-G. Gadamer, insbesondere in die anregende Analyse des wirkungsgeschichtlichen Bewusstseins, eingegangen.

Bei Bultmann verbindet die Lehre vom V. die theologische →Exegese des →Kanons mit den Grundsätzen einer allgemeinen →Hermeneutik, weil sie die Frage beantwortet, wie die Bedingung der Möglichkeit des →Verstehens überhaupt zu erfassen sei. Bultmanns Antwort auf diese Frage besteht in einer – namentlich gegenüber Heidegger – durchaus eigenständigen Bestimmung der Geschichtlichkeit des Daseins. Das Verstehen von etwas ist nach Bultmann vom Interesse am Sich-Verstehen zu unterscheiden, das grundsätzlich der Begegnung mit anderem Sich-Verstehen bedarf und das in dieser Begegnung seine ‚Eigentlichkeit' zu finden vermag. Weil die Frage nach der Eigentlichkeit des Daseins als die ‚Gottesfrage' anzusprechen ist, ist sie jedenfalls die notwendige Bedingung, unter der theologische Exegese und Verkündigung das Kerygma für die Entscheidung des Glaubens verstehend präsentieren. In dieser Form gehört die Lehre vom V. in den Rahmen der Debatte über den ‚Anknüpfungspunkt' des Wortes, die zur Spaltung der Dialektischen

Theologie nicht unerheblich beitrug (C. Gestrich).

Gegenüber dem energischen Widerspruch gegen die Lehre vom V. als notwendiger Bedingung des Verstehens religiöser Rede (wie auch philosophischen Denkens und dichterischer Sprache) bei K. Barth und seiner Schule bestand Bultmann darauf, dass ohne das Interesse der Person an der *Eigentlichkeit* ihres Daseins der Gebrauch des Wortes ‚Gott' und die biblische Rede vom Handeln Gottes nicht zu interpretieren sei. Bultmanns Position lässt sich klären und entfalten durch den Rekurs auf F.D.E. Schleiermachers Lehre vom wesentlichen Zusammenhang von Hermeneutik und (‚philosophischer') Ethik, wie er in der Einleitung der Glaubenslehre in den Lehnsätzen aus der Ethik und aus der Religionsphilosophie skizziert wird. Danach zeigt sich das Leben der endlichen Person – als Leben der Vernunft in der Natur – sowohl in der Weise einer Bestimmtheit des unmittelbaren Selbstbewusstseins als auch in der Weise des mit anderen vermittelten Selbstbewusstseins. Im Lichte dieser Bestimmung der endlichen Freiheit lässt sich die Lehre vom V. integrieren in eine Lehre von den notwendigen Bedingungen der Glaubensgewissheit.

BIBLIOGRAPHIE: R. Bultmann, Das Problem der Hermeneutik (1950), in: Ders., Glauben und Verstehen II, Tübingen [3]1961, 211–235. – E. Fuchs, Zum hermeneutischen Problem in der Theologie, Tübingen 1969. – H.-G. Gadamer, Wahrheit und Methode, Tübingen 1960. – C. Gestrich, Neuzeitliches Denken und die Spaltung der Dialektischen Theologie, Tübingen 1977. – M. Heidegger, Sein und Zeit (1927), Tübingen [9]1960. – G. Kühne-Bertram, Art. Vorverständnis, in: HWPh 11 (2001), 1268–1271. – K. Stock, Geistgewirktes Verstehen, in: W. Härle/R. Preul (Hgg.), MJTh XVIII, Marburg 2006, 83–113.

Konrad Stock

III. Literaturwissenschaftlich

Der Begriff ‚V.', der die hermeneutische Grunderkenntnis markiert, dass es kein voraussetzungsloses Verstehen gibt, ist von zentraler Bedeutung für die Literaturwissenschaft. In der literaturtheoretischen Debatte geht es um zwei Grundfragen: (1) Wie groß ist der Einfluss des V. auf die Bedeutungszuschreibung beim Lesen literarischer Texte? (2) Welche Faktoren beeinflussen das jeweilige V.?

Die Diskussion bewegt sich zwischen den folgenden Polen: (a) Auf der einen Seite steht die hermeneutische Schule in der Tradition E.D. Hirschs, die davon ausgeht, dass der Einfluss des V.ses auf die Bedeutungszuweisung gering ist, weil die Differenz zwischen dem V. und dem vom →Autor unterstellten Verständnishorizont mit Hilfe hermeneutischer →Methoden zu überbrücken ist. (b) Auf der anderen Seite unterstellt die →*Reader-Response Theorie*, dass der Rezipient das, was er als V. in die Lektüre hineinsteckt, fast unverändert als Ergebnis der Lektüre wieder herausbekommt. Mit Blick auf die Frage nach den Einflussfaktoren des V. werden hier zudem weitere Differenzierungen wirksam. Der kulturdeterministische Ansatz (S. Fish) sieht das V. von soziokulturellen Formationen, sog. →‚Interpretationsgemeinschaften', bestimmt; der psychologisierende Ansatz (N. Holland) geht von psychischen Selbstschutzmechanismen aus, die eine Revision des V.ses im Rezeptionsprozess verhindern.

Die Rezeptionsästhetik (W. Iser) steht dem Ansatz E.D. Hirschs letztlich näher als der *Reader-Response Theorie*. Für sie besteht die primäre Funktion von →Literatur geradezu darin, Bedeutungszuweisung auf der Grundlage verfestigter V.se unmöglich zu machen, um den Lesern die Kontingenz ihrer eigenen V.se bewusst zu machen.

Näher bei Fish als bei Hirsch steht der → *New Historicism* in der Nachfolge S. Greenblatts. Hier geht es in erster Linie darum, die Zirkulation sozialer Energien und ihren Einfluss auf Diskurse nachzuzeichnen, die dann ihrerseits die V.se und die Bedeutungszuweisung der Rezipienten prägen. Allerdings verfällt der *New Historicism* nicht einem so ausgeprägten Kulturdeterminismus wie Fish.

In jüngster Zeit wird im Zuge der ‚Kognitiven Wende' in der Literaturwissenschaft vorgeschlagen, das Wechselspiel zwischen V. und Text mit Hilfe kognitionswissenschaftlicher Methoden zu untersuchen, um so die Mechanismen der Bedeutungszuweisung angemessen und empirisch überprüfbar beschreiben zu können (P. Stockwell, J. Culpeper, R. Schneider).

BIBLIOGRAPHIE: S. Fish, Is there a text in this class?, Cambridge 1980. – S. Greenblatt, Verhandlungen mit Shakespeare, Berlin 1990. – E.D. Hirsch, Prinzipien der Interpretation, München 1972. – N. Holland, Unity identity text self, in: PMLA 90 (1975), 813–822. – W. Iser, Der Akt des Lesens, München 1976. – R. Schneider, Towards a cognitive theory of literary character, in: Style 35 (2001), 607–640. – P. Stockwell, Cognitive poetics, London 2002. – S. Strasen, Rezeptionstheorien, Trier 2008.

Sven Strasen

IV. Philosophisch

Der Ausdruck ‚V.' (Vorverstehen, Vormeinung, Vorbegriff, Vorwissen, vorausgesetztes Verständnis, bei H.-G. Gadamer auch Vorurteil) bezeichnet den Gedanken der Vorgängigkeit des Verstehens gegenüber dem intentionalen oder propositionalen Wissen. Er ist der Phänomenologie E. Husserls entlehnt, steht im Zentrum der Philosophie M. Heideggers und avancierte zum Grundgedanken der →Hermeneutik, →Dekonstruktion und französischen Phänomenologie. Wenn wir etwas erkennen oder zu verstehen suchen, oder aber auch zu deuten verfehlen, bewegen wir uns immer schon in einem V. des betreffenden Sachverhalts. Noch vor unseren Intentionen finden wir uns in einem V. vor, das ohne uns schon in Gang ist in Sprache, Geschichte, Verständigung, Werken, Texten, Handlungen, Institutionen. Das Grundmodell des V. ist der sog. →hermeneutische Zirkel: In unseren praktischen und theoretischen Bezugnahmen auf das eigene Leben, den anderen Menschen und die Welt gehen wir bereits von einem Verständnis eben dieser aus. Die Vorgängigkeit unseres Verstehens betrifft nicht partikulare Verständnisweisen, sondern ist eine universelle Eigenschaft jeglichen Verhaltens und wird von Heidegger an zahlreichen Phänomenen dargelegt. Im Alltagshandeln sind uns die Gegenstände und Tätigkeiten noch vor ihrer ausdrücklichen Thematisierung erschlossen (Bedeutsamkeit), ebenso in Stimmungen (Befindlichkeit) und der Sprache überhaupt (Rede). Auch die vermeintlich objektiven Naturwissenschaften gehen von einem V. aus, das die Dinge nicht sein lässt, was sie sind (Vorstellung). Texte und Kunstwerke wiederum haben wir beim Interpretieren stets schon hinsichtlich ihrer Auslegungsbedürftigkeit erschlossen; dieses V. der Auslegungsbedürftigkeit wird im Anschluss an die philosophische Hermeneutik H.-G. Gadamers zu einer universellen Struktur der Frage, der Responsivität und des Textes verallgemeinert.

Vier Folgerungen sind mit der Gedankenfigur des V.ses verbunden: Das V. ermöglicht im Sinne einer transzendentalen Voraussetzung ein Verstehen; seine Zirkularität ist deshalb kein destruktiver Zirkelschluss, sondern die tragende Grundlage unseres →Verstehens. Sofern das V. Intentionalität ermöglicht und damit dieser vorausgeht, entzieht es sich einer Einflussnahme; das V. hat deshalb den passiven Charakter eines →Ereignisses, eines Geschehens. Es kann zudem zwar als entzogenes und unhintergehbares V. ausdrücklich werden, nicht aber als das, was es je selbst und unabhängig von jedwedem V. ist. Das V. verstellt sich demnach in seiner Selbstverständlichkeit stets aufs Neue und bleibt als Hintergrund oder Horizont verborgen. Für die Philosophie stellt sich damit die Aufgabe, dem V. je seine Selbstverständlichkeit zu nehmen und für ein ausdrückliches Begreifen freizulegen, ohne dabei zu einer voraussetzungslosen Erkenntnis gelangen zu können. Nach Heidegger bewegt sich die Philosophie in diesem geschichtlichen Spannungsfeld zwischen der Anfangslosigkeit eines nie voraussetzungslosen Denkens und dem uneinholbaren Ausgriff auf ein anfängliches Denken, dessen V. unverstellt (Wahrheit im Sinne von Unverborgenheit) ist.

BIBLIOGRAPHIE: E. Angehrn, Interpretation und Dekonstruktion, Weilerswist 2003. – J. Derrida, De l'esprit, Paris 1987. – G. Figal, Gegenständlichkeit, Tübingen 2006. – H.-G. Gadamer, Wahrheit und Methode, Tübingen 1960. – M. Heidegger, Sein und Zeit, Tübingen [16]1986. – M. Merleau-Ponty, Phénoménologie de la perception, Paris 1945. – J.-P. Sartre, L'être et le néant, Paris 1943. – B. Waldenfels, Antwortregister, Frankfurt a.M. 1994.

Tilo Wesche

Vulgata

I. Alttestamentlich

Die V. ist die lateinische Fassung der →Bibel des →AT und →NT. In der römisch-katholischen Kirche hat sie offizielle Geltung. Der atl.

Teil der V. besteht fast ausschließlich aus den erneuten Übersetzungen des Hieronymus aus dem Hebräischen (347–419 n. Chr.). Die einzigen Ausnahmen stellen die →Psalmen und die deuterokanonischen Bücher dar. Die Psalmen wurden erneut aus dem Griechischen (→Septuaginta) übersetzt; die deuterokanonischen Bücher sind – abgesehen von Jdt und Tob – Revisionen der *Vetus Latina* (→ II.). Jdt und Tob wurden ebenfalls neu, aber eher kursorisch, aus dem Aramäischen übersetzt.

Die Übersetzung der Psalmen aus dem Griechischen ist als *Psalterium Gallicanum* bekannt. Diese Version wurde – bis sie 1979 durch die *Nova V.* abgelöst wurde – in den meisten liturgischen Büchern benutzt und findet sich daher vorwiegend in den musikalischen Ausgestaltungen der Vesper- und Messliturgie. In St. Peter in Rom sowie im ambrosianischen Ritus der Diözese Mailand wurden jedoch ältere lateinische Übersetzungen für den liturgischen Gebrauch authorisiert. Hieronymus übersetzte zwar den Psalter direkt aus dem Hebräischen (*Psalterium iuxta Hebraeos*), aber dieser findet sich lediglich in wissenschaftlichen Editionen: er wurde nie offiziell in der römisch-katholischen Liturgie verwendet. 1945 gab Papst Pius XII. eine neue lateinische Übersetzung der Psalmen in Auftrag, die *Editio Piana*, die zwar in einigen Brevieren zu finden ist, jedoch das *Psalterium Gallicanum* weder aus der Bibel noch aus der Messe verdrängen konnte.

Das Latein der V. ist großteils nachklassisch, d. h. es wird z. B. *quoniam* + finites Verb nach einem Verb verwendet, das einen Sprechakt denotiert, jedoch lassen sich einige intertextuelle Anklänge an klassische lateinische Autoren – wie z. B. Cicero – aufzeigen. Das AT ist zudem vielfach vom hebräischen Text beeinflusst: z. B. ist der *genitivus qualitatis* (*aquam refectionis*, Ps 23,2), der in der V. häufig vorkommt, typisch für das Hebräische, nicht aber das Lateinische. Die *Editio Piana* versucht, viele nicht-klassische und hebräische Elemente zu eliminieren; somit entsteht eine Version, die dem klassischen Latein näher ist. Sie fand jedoch keinen großen Zuspruch, und die Psalmen der *Nova Vulgata* behielten viele Hebraismen früherer Editionen bei.

Der vielleicht bemerkenswerteste Text des AT der V. ist die Lesart von Gen 3,15, nach der die Frau (*ipsa*) den Kopf der Schlange zertreten wird, nicht ihre Nachkommen, wie in anderen Versionen. Dies wurde traditionell als eine Prophezeiung auf Maria interpretiert und hatte nicht nur auf theologische Schriften und Kunst, sondern auch auf die säkulare Literatur umfassenden Einfluss: die Darstellung von Maria, die die Schlange zertritt, findet sich z. B. in Baudelaires *A une madone* – einem Liebesgedicht zu Ehren einer Frau, die er sehr schätzte. Die *Nova V.* ersetzte diese Lesart durch *ipsum* (kongruent mit *semen*), obwohl mehrfach und aus verschiedenen Gründen dafür argumentiert wurde, dass *ipsa* zulässig sein könnte.

Bibliographie: N. Adkin, Biblia Pagana, in: Augustinianum 40 (2000), 77–87. – J. Bloch, The new Latin version of the psalter, in: JQR 38 (1948), 267–288. – J. Brinktrine, Das Protoevangelium (Gen 3,15) und die unbefleckte Empfängnis Mariens, in: ThGl 44 (1954), 413–421. – W. Plater/H. White, A grammar of the Vulgate, Oxford 1926. – T. Stramare, Die Neo-Vulgata, in: BZ 25 (1981), 67–81. – C. Tkacz, Labor tam utilis, in: VigChr 50 (1996), 42–72.

Andrew Wilson

II. Neutestamentlich/Kirchengeschichtlich

Der ntl. Teil der V. ist keine Neuübersetzung, sondern das Ergebnis einer von Hieronymus 383 n. Chr. fertiggestellten Revision der im römischen Reich seit dem Ausgang des 2. Jh.s umlaufenden lateinischen Bibeltexte (*Vetus Latina*). Durch Rückgriff auf den Ausgangstext als die *graeca veritas* sollte für den liturgischen Gebrauch unter möglichster Schonung der herkömmlichen Form ein zuverlässiger, auch sprachlich verbesserter Text hergestellt werden. Hieronymus, auf den nachweislich nur die Bearbeitung der Evangelien zurückgeht, sah seine Aufgabe darin, das an vielen Stellen fehlerhafte, z. T. sehr wörtliche Alltagslatein auf den ursprünglichen Wortlaut zurückzuführen. Von den beiden vorherrschenden Textformen der *Vetus Latina*, der afrikanischen und der italischen, gab Hieronymus der europäischen den Vorzug, die den engsten Anschluss an den griechischen Ausgangstext hatte. Die Eigenheiten des sog.

Westlichen Textes, der Grundlage der *Vetus Latina*, in der griechischen Vorlage wurden – und das gilt auch für den nicht von Hieronymus bearbeiteten Teil des NT – auf diese Weise ausgeschieden. Augustinus, der den atl. Teil der V. ablehnte (→*Hebraica veritas*), hat für seine Evangelienkommentare bereits den neuen Vulgatatext benutzt (*ep.* 104,6). Auf dem Weg der Vulgatarezeption dringen allmählich Lesarten der *Vetus Latina* wieder ein – der alte, vertraute Text ist noch nicht aufgegeben, und der neue ist noch gewöhnungsbedürftig. Noch z.Zt. Gregors d. Gr., der beide zu zitieren pflegte, stehen *Vetus Latina* und V. gleichberechtigt nebeneinander. Das immer erneute Kopieren des Textes durch Schreiber unterschiedlicher Qualität und nach unterschiedlichen Vorlagen führte zwangsläufig zu einer Vermischung der Texte. Und auch die Vielzahl der immer wieder neu durch Tradition und gottesdienstliche Übung geprägten Begriffe erforderte häufige Revisionen der V., von denen die Ausgabe von Alkuin (um 800) und die Pariser Bibel (13. Jh.) einen besonderen Einfluss ausübten.

Der Text der V. prägte nicht nur Frömmigkeit und Theologie, sondern auch die römische Rechtssprache und war in der Textform der Pariser Bibel die Grundlage des ersten Bibeldrucks (Gutenbergbibel, 1452–1456). Schließlich erklärte am 8.4.1546 das Konzil zu Trient, in Abwehr humanistischer Tendenzen, *„ut haec ipsa vetus et vulgata editio, quae longo tot saeculorum usu in ipsa ecclesia probata est, in publicis lectionibus, disputantionibus, praedicationibus et expositionibus pro authentica habeatur, et quod nemo illam reiicere quovis praetextu audeat vel praesumat“* (QGPRK I, 592), verfügte aber gleichzeitig eine erneute grundlegende Rezension. Die Revisonstätigkeit fand ein vorläufiges Ende in der offiziellen Vulgata-Ausgabe durch Papst Clemens VIII. ([3]1598). Auch die großen kritischen Vulgata-Ausgaben von Oxford (1889–1954, nur NT), Rom (1907 ff., nur AT) und Stuttgart ([4]2004) vermochten den ursprünglichen Hieronymus-Text nicht zuverlässig wiederherzustellen. Das war einer der Gründe, die das Zweite Vatikanische Konzil bewogen, eine *Nova Vulgata* herauszugeben, in der nach neuestem Stand der Zieltext den griechischen Ausgangstext in guter sprachlicher Form angemessen widerspiegelt. Der Text des NT dieser 1979 veröffentlichten Ausgabe basiert auf dem international und interkonfessionell gebrauchten Münsteraner *Novum Testamentum Graece* (Nestle-Aland) als Ausgangstext, der – nicht zuletzt durch eine Vereinbarung zwischen dem Vatikan und den Bibelgesellschaften (1987) – wiederum die gebräuchliche Grundlage für die Übersetzung des NT in die heutigen Landessprachen wurde.

Die aktuelle Verwendung der *Nova V.* erinnert an die Anfänge der →Übersetzung des NT in die lateinische Sprache: zuerst und v.a. geht es um den Gebrauch der Bibel für den → Gottesdienst. Dementsprechend fordert die vatikanische Instruktion *Liturgiam authenticam* von 2001, sich für die bestmögliche Wiedergabe eines im Gottesdienst gebrauchten Textes bei der Wahl zwischen Textvarianten an die *Nova V.* zu halten. Dass aufgrund dieser Instruktion nun umgekehrt für die Revision eines Zieltextes wie der deutschen Einheitsübersetzung neben dem griechischen Ausgangstext die *Nova V.* besondere Beachtung finden soll, kann, jedenfalls wenn es um die angemessene Übersetzung des NT geht, nicht im Sinne einer wohlverstandenen Intertextualität sein.

Bibliographie: K. Aland, Die Ausgaben der Vulgata des Neuen Testaments, in: R. Gryson (Hgg.), Philologia Sacra, Freiburg 1993, 654–669. – B. Fischer, Das Neue Testament in lateinischer Sprache, in: ANTT 5 (1972), 1–92. – H. Karpp, Schrift, Geist und Wort Gottes, Darmstadt 1992.

Michael Welte

W

Wahrheit

I. Alttestamentlich

Dass die Wahrheitsfrage wesentlich eine praktische Frage ist (P. Janich), wird besonders im AT klar. So wichtig der als Korrespondenz von Intellekt und Sache aufgefasste Begriff W. in Philosophie und Theologie ist, ist er auch im →AT, allerdings ohne erkenntnistheoretische Konturen. Die hebräischen Termini *emet* und *emuna* bezeichnen ‚das, was fest steht', was aber nicht als ‚Grundbedeutung', die überall mitschwingt, aufzufassen ist (anders H. Wildberger). Beide verweisen auf das, was zuverlässig ist, wobei *emuna* als Parallele zu *tsedaqa*, ‚Gerechtigkeit' (1 Sam 26,23) und als Gegenteil von *sheqer*, ‚Betrug' (Ps 119,86) verwendet wird, aber auch ganz konkret auf eine Körperhaltung verweisen kann (Ex 17,12). Das teilweise synonyme Substantiv *emet* kann sowohl auf Zuverlässigkeit und Treue als auch auf Beständigkeit verweisen (z. B. Jes 16,5).

Obwohl die Übersetzung ‚W.' für einen Begriff, dessen semantische Komponenten dauerhafte Zuverlässigkeit einschließen, durchaus angebracht ist, kennt das AT keine propositionale Vorstellung des Begriffes. W. wird im AT nicht als →Proposition aufgefasst, deren Aussagegehalt mit einem Tatbestand in der außersprachlichen Realität übereinstimmt. Sie ist vielmehr das, was die Gesellschaftsordnung und daher das Leben bestätigt. Demgemäß ist W. etwas Dynamisches, das getan und gelebt wird (Ri 9,16. 19) – auch dann, wenn man die W. sagt (Spr 22,21).

W. ist an erster Stelle Ausdruck des verlässlichen Verhältnisses zwischen Menschen oder zwischen Gott und Menschen. In diesem Sinne gilt der Begriff zu Recht als Parallele von *chesed*, ‚Gemeinschaftstreue', ‚Loyalität' (Ps 85,11), wie im häufig belegten Begriffspaar *chesed we-emet* zu sehen ist (z. B. 2 Sam 15,20; Spr 3,3; 16,6). Demgemäß ist etwa die *chesed* von Rut (Rut 1,8) als Gemeinschaft stiftende W. aufzufassen (vgl. Rut 2,11–12; 4,5).

Der soziale Charakter der W. manifestiert sich in Unbestechlichkeit (Ex 18,21) und in der Verlässlichkeit eines wahrhaften Zeugen (Jer 42,5; Ez 18,8). Daher ist die W. im Gerichtsverfahren mehr als eine Aussage, deren semantische Qualität der Wirklichkeit entspricht. Sie ist Baustein der Gerechtigkeit, wie diese sich in der Praxis des Rechts manifestiert (Dtn 17,4). Aber auch in der →Offenbarung der →Tora am Sinai (Neh 9,13) und im Unterricht wird die W., die mit der Weisheit von Gott kommt, vermittelt.

W. als Beziehungssache ist deutlich in der Frage nach ‚wahrer' Prophetie zu beobachten. Die Frage ist eine Folge von Konflikten zwischen Propheten (Am 7; Jer 28 u. a.). Obwohl die tatsächliche Erfüllung einer Weissagung ein Wahrheitskriterium ist (Dtn 18,22; Jer 28,9), gibt es eine Ausnahme: wenn der Prophet zum Götzendienst verleitet, ist auch eine genaue Übereinstimmung zwischen gesprochenem →Wort und geweissagtem Zeichen kein zuverlässiges Signal der W. (Dtn 13,2–4), weil die Treue des Menschen zu Gott gebrochen wurde.

W. kommt von Gott und wird dem Menschen, der Unrecht leidet, als Hilfe geschickt (Ps 57,4). Sie wird erkennbar in seiner Tora (Ps 119,142; parallel zu Gottes Gerechtigkeit), in seinen Geboten und in seinem Wort (Ps 119,151. 160; parallel zu Gottes Recht). Daher ist auch der Vollzug des göttlichen Willens W. In den →Psalmen (Ps 33,4) und in der → Apokalyptik (Dan 4,34) haftet W. nicht nur Gottes Offenbarung an, sondern auch dem, was er selbst tut. Daher kann auch sein Geschichtshandeln in einem Buch der W. geschrieben sein (Dan 10,21). In Dan 8,12 scheint endlich die jüdische Religion an sich als W. aufgefasst zu sein. Das liegt nicht mehr weit vom ntl. Wahrheitsbegriff.

Im 19. und beginnenden 20. Jh. spielte der atl. Sachverhalt eine beträchtliche Rolle in der Auseinandersetzung zwischen der niederländischen ‚Modernen' und der Reformierten Orthodoxie, welche die Frage nach der W. in der Bibel beide korrespondenztheoretisch beantworteten, während eine dritte, hauptsächlich von Alttestamentlern geführte Gruppe, die atl. Auffassung in einer Vorwegnahme von E. Brunners ‚W. als Begegnung' aktualisierte.

BIBLIOGRAPHIE: P. Janich, Was ist Wahrheit?, München 2000. – K. Koch, Art. Wahrheit, in: RGG[4] 8 (2005), 1246–1248. – J.A. Loader, Begegnung mit Gott als Zentralbegriff der niederländischen „Ethischen Theologie", in: M. Witte (Hg.), Gott und Mensch im Dialog, Berlin 2004, 1037–1051. – H. Wildberger, Art. 'mn, in: THAT 1 (1971), 177–209.

James Alfred Loader

II. Neutestamentlich

Mit dem Ausdruck W. verbinden sich im NT formale und inhaltliche Aspekte. Ein im Anschluss an R. Bultmann und M. Heidegger behaupteter besonderer Wahrheitsbegriff lässt sich im NT weder in Abgrenzung zum AT noch zur antiken griechischen Literatur identifizieren.

Die *formale Perspektive* von W. wird in allen ntl. Schriften dort erkennbar, wo dieser Ausdruck und seine Derivate auf Sätze und Aussagen bezogen werden. Insbesondere wird in den synoptischen →Evangelien und in der Apostelgeschichte die mit der →Wirklichkeit übereinstimmende Rede als wahr bzw. als W. bezeichnet (Mk 5,33; 12,32; Lk 4,25; 9,27; 12,44; 20,21; 21,3; Apg 26,25). In dieser Redeweise, verbunden mit *verba dicendi*, lässt sich das grundlegende Konzept von W. erkennen. Mit dem Ausdruck W. wird der fundamentale und niemals zu sistierende Zusammenhang von →Sprache und Wirklichkeit thematisiert. Was wahr ist, ist auch tatsächlich geschehen etwa die Befreiung des Petrus aus dem Gefängnis (Apg 12,9). Die ntl. Texte beanspruchen, mit der Jesusgeschichte und der Bestimmung des Evangeliums die von Gott mit dem heilvollen Christusgeschehen gesetzte Wirklichkeit angemessen zur Sprache zu bringen und den Menschen verständlich zu machen. Mit dem formalen Begriff W. kommt die semantisch-ontologische Sprachebene in den Blick. Damit wird auch deutlich, dass der formale Aspekt von W. in einem notwendigen Zusammenhang mit einer *inhaltlichen Bestimmung* dieses Ausdrucks steht. Dies wird bereits dort erkennbar, wo das Sagen der W. die Wahrhaftigkeit einer Person begründet.

In den ntl. Schriften finden sich unterschiedliche und theologisch gewichtige inhaltliche Bestimmungen von W. Herausragend ist die Bedeutung dieses Begriffs für das Joh und die Johannesbriefe in christologischer, theologischer, pneumatologischer und ekklesiologischer Hinsicht. Der in die Welt eingetretene Logos (Joh 1,1–18; 1 Joh 1,1–3) verschafft den Zugang zur W., er ist voll ‚Gnade und W.' (Joh 1,14). Jesus bezeichnet sich selbst als die W. (Joh 14,6) und betont damit seine unauflösliche Verbindung zu dem wahrhaftigen Gott (Joh 3,33b). Der Mensch kann nur im Glauben an Jesus Zugang zu dem das Leben schaffenden Gott bekommen und so in sein Heil gelangen (Joh 17,3). Der nachösterlichen Gemeinde verschafft der Geist der W. (Joh 14,7; 1 Joh 4,6 u.ö.) die Gemeinschaft mit dem auferstandenen Christus und führt die Jünger ‚in die ganze W.' (Joh 16,13; vgl. 1 Joh 4,6). – Dass die W. nur im Glauben erfasst werden kann, dokumentiert Pilatus mit seiner Unverständnis ausdrückenden Frage ‚Was ist W.?' (Joh 18,38). Wer aber an Jesus glaubt, dem ist die Person Jesus Christus erschlossen, und er kann nun im Geist und in der W. anbeten (Joh 4,23 f.). Die unterschiedlichen Facetten des johanneischen Begriffs W. werden in Joh 8,32 miteinander verbunden. Im 1 und 2 Joh wird mit dem Verweis auf das Tun der W. die ethische Dimension der W. beschrieben (1 Joh 1,6; 2 Joh 4).

In den Briefen des Paulus hat der Ausdruck W. eine zentrale soteriologische und christologische Bedeutung. Die W. ist identisch mit dem Evangelium (Gal 2,5.14), dessen Inhalt Christus selbst ist (Gal 1,7; 3,1; Röm 15,19 u.ö.). Damit umfasst die W. das ganze heilvolle Christusgeschehen (Gal 2,19 f.; 4,4 f.).

Diese W. wird von den Gegnern des Evangeliums bestritten (Gal 2,4.14; 5,7) oder verfälscht (2 Kor 4,2). In der Verkündigung des Evangeliums kommt das wahrhaftige Wort Gottes zur Sprache, das auch den Glauben schafft (1 Thess 2,13). Im Glauben ist die W. des Evangeliums zugänglich, und die Glaubenden werden zu einem dem Willen Gottes entsprechenden Leben befreit (Röm 5–8; Gal 5 f.).

Auch in den übrigen Schriften des NT wird mit dem Ausdruck W. auf die Evangeliumsverkündigung verwiesen (z.B. Eph 1,13; Kol 1,5).

Die Rede von der W. im NT beschreibt die Wirklichkeit der Menschen vor Gott in der Perspektive des heilvollen Christusgeschehens.

BIBLIOGRAPHIE: J. Beutler, Art. Wahrheit III., in: LThK[3] 10 (2001), 933–935. – R. Bultmann, Art. ἀλήθεια κτλ. C.D., in: ThWNT 1 (1933), 239–248. – C. Landmesser, Wahrheit als Grundbegriff neutestamentlicher Wissenschaft, Tübingen 1999. – Ders., Art. Wahrheit II., in: TRE 35 (2003), 340–345. – T. Söding, Die Wahrheit des Evangeliums, in: EThL 77 (2001), 318–355.

Christof Landmesser

III. Systematisch-theologisch

Die Theologie aller Zeiten und Konfessionen ist sich einig, dass W. letztlich mit Gott selbst identisch ist. Alle W., die sonst geäußert oder aufgefunden werden kann, steht unter diesem Vorbehalt. Mit ihm wurde und wird auf sehr unterschiedliche Weise umgegangen. So ist bereits strittig, ob W. der Einheit Gottes oder den trinitarischen Personen zugeordnet wird, wobei dann je nach trinitarischer Appropriierung der inhaltliche Zuschnitt anders ausfällt: Bei Konzentration auf den Vater geht es um Gott als Grund des Seins, bei Konzentration auf den Sohn um den Begegnungscharakter von W. und bei der auf den Geist um die eschatologische Pointe, dass die Fülle der W. noch aussteht. Diese drei Elemente lassen sich in unterschiedlichen Gewichtungen in jeder theologischen Rede von W. nachweisen.

(1) Eine große und in sich vielfältige Tradition theologischer Wahrheitstheorie behauptet, dass eingedenk des theologischen Wahrheitsvorbehalts dennoch zutreffende Sätze über Gott geäußert werden können. Sie orientiert sich an der aristotelischen Definition, W. sei eine Anpassung des Erkennenden an das Erkannte. Der Vorbehalt wird etwa dadurch formuliert, dass theologische Sätze über Gott Hypothesen sind, deren Wahrheitsgehalt zur Bewährung offen bleibt, den die Theologie aber mit der Denkfigur des Vorausgriffs behauptet (W. Pannenberg). Andere umgehen selbst diesen hypothetischen Vorbehalt und behaupten den einlösbaren Wahrheitsgehalt von Sätzen über Gott, der zugleich die religiösen Bilder und Metaphern zur Klarheit des Begriffs erhebt. Die Begründung ist höchst anspruchsvoll und besteht in der Zurückweisung jedes möglichen Einwands aus jedem möglichen Gebiet des Wissens (G.W.F. Hegel). Noch einmal anders funktionieren Strategien, wie etwa Thomas v. Aquin sie vorgelegt hat. Er betont einerseits, dass die Theologie ihre Prämissen nicht selbst hervorbringt, sondern von Gott erhält. Zum anderen ist jedes Ding in der Welt von Gott geschaffen und so seinem Verstand angeglichen. Die Erkenntnis der Dinge ist dadurch vermittelte Erkenntnis Gottes. Die Spielarten der natürlichen Theologie erheben auf der Basis verwandter Argumentationen ihre Wahrheitsansprüche.

(2) Noch vielfältiger ist die Gruppe theologischer Wahrheitstheorien, die Aussagesätzen nur indirekte, hinweisende oder motivierende Funktion in Hinblick auf die W., die Gott ist, zugestehen wollen. Sie reichen von den Formen religiöser Skepsis über die stets die Unangemessenheit von Sprache betonende Mystik bis hin zu den theologischen Traditionen, die zwar die menschliche Existenz sowie das Leben und Handeln der Gläubigen als wahrheitsfähig ansehen, theologischen Sätzen dies aber nur funktional darauf hin zugestehen. Dies ist etwa in S. Kierkegaards Existenzdialektik der Fall: W. kann sich nur im Vollzug des Lebens ereignen, insbesondere die W. Gottes, die den Menschen als Augenblick reiner Möglichkeit trifft. Sätze können dies nur indirekt mitteilen und zu solchem Lebensvollzug motivieren. Vergleichbares, wenn auch deutlich weniger auf das Individuum zentriert, zeigt sich in der Sprachgestalt von M. Luthers Theologie: Die Kernsätze etwa der beiden Katechismen sind

so gestaltet, dass ein Lehrsatz erst dann wahrheitsfähig ist, wenn die ihn sprechende Person sich als im lebendigen Gottesverhältnis stehend sieht. Dieser Grundzug wurde vielfach aufgenommen, im 20. Jh. etwa in der →existenzialen Interpretation des Evangeliums bei R. Bultmann oder in der hermeneutischen Theologie. Noch einmal anders erscheint er in der analytischen Religionsphilosophie, die das Leben und Handeln der Gläubigen als Ort der Wahrheitsbewährung ansieht und die Theologie ihm gegenüber als zwar unverzichtbares, aber wahrheitstheoretisch relativiertes Sprechen ansieht.

Bibliographie: R. Bultmann, Glauben und Verstehen I, Tübingen 1933. – M. Hailer, Glauben und Wissen, Göttingen 2006. – G.W.F. Hegel, Vorlesungen über die Philosophie der Religion, Werke 16–17, Frankfurt a. M. 1986. – S. Kierkegaard, Philosophische Bissen, Hamburg 1989. – C. Link, In welchem Sinne sind theologische Aussagen wahr?, Neukirchen-Vluyn 2003. – W. Pannenberg, Wissenschaftstheorie und Theologie, Frankfurt a. M. 1973. – Thomas v. Aquin, Von der Wahrheit, Hamburg 1986.

Martin Hailer

IV. Altphilologisch

Im Lehrgedicht des Parmenides wird die W. mit derjenigen Sphäre der →Wirklichkeit identifiziert, die sich dem Denken als verlässlich und erfassbar zeigt (Diels-Kranz 28 B 8). Denn nur dieser Sphäre wird wahres Sein zugesprochen. Demgegenüber wird die Welt der wandelbaren Erfahrung als Nichtsein aufgefasst und von der W. abgegrenzt.

An dieses Verständnis der W. knüpft Plato an. Auch er spricht W. nur derjenigen Wirklichkeit zu, die aufgrund ihrer Unwandelbarkeit intellektuell erfasst werden kann. Zum Gegenstand echten Wissens können nur ideale Denkinhalte, die reinen Formen oder Ideen, werden. Die W. ist dabei als reflexiver Begriff zu verstehen, d. h. sie hat keinen anderen Maßstab als sich selbst, denn das Wahrsein einer Sache verdankt sich allein der W. Im Unterschied zu Parmenides spricht Plato jedoch der wandelbaren Wirklichkeit der sinnlichen Erfahrungswelt das Sein nicht grundsätzlich ab. Vielmehr haben die Gegenstände der sinnlichen Welt Anteil an der W. der Ideen, indem sie diese – wenn auch in unvollkommener Weise – nachahmen (*mimesis*). Die reine W. ist indes auf den Wirklichkeitsbereich der intellektuell erfassbaren Gegenstände eingegrenzt. Plato veranschaulicht dies mit Hilfe seines Sonnengleichnisses (*R.* 507A–509B): Wie die Sonne kraft ihres Lichts die Gegenstände sichtbar werden lässt, so lässt die Idee des Guten „als Inbegriff der ontologischen Vollkommenheit“ (J. Szaif, 13) kraft des ‚Lichts‘ der W. und des Seins die Gegenstände des Denkens erkennbar werden, d. h. die Ideen sind deshalb intellektuell erfassbar, weil ihnen W. zukommt.

In der Spätantike eignet sich Augustinus das platonische Verständnis der W. an. Ferner macht er – darin Erbe der hellenistischen Philosophie – die Erkenntnis der W. zur Bedingung für das glückselige Leben (*beata v.* 34). Augustinus unterscheidet terminologisch zwischen wahren Dingen oder Sätzen (*vera*) und der W. (*veritas*) selbst (*sol.* 1,27), wobei er wie Plato einen reflexiven Begriff zugrunde legt: Alles, was wahr ist, ist durch die W. wahr. Besonderes Gewicht bei der Suche nach der W. misst Augustinus der Dialektik bei, die er im Sinn von logisch stringentem Denken versteht. Mit ihrer Hilfe kann erkannt werden, ob es sich bei einem Gegenstand oder einer Aussage um ein *verum* handelt. Die W. selbst wiederum als Erkenntnisgrund aller wahren Dinge kann nicht denkerisch erschlossen, sondern nur intuitiv geschaut werden. Wie Plato veranschaulicht Augustinus seine Konzeption in einem Sonnengleichnis (*sol.* 1,12–15), in dem eine Analogie zwischen der Sonne und Gott entworfen wird. Wie die Sonne ist, leuchtet und beleuchtet, so ist Gott, so wird er erkannt, und so lässt er die übrigen Dinge erkannt werden. Diese Dinge, die durch das ‚Licht‘ Gottes erkennbar sind, sind die Gegenstände der nicht-empirischen Wissenschaften (Dialektik, Arithmetik). Sie kann der Mensch mit Hilfe der *ratio*, seines geistigen Sehvermögens, erkennen. Im Unterschied zu Plato unterscheidet Augustinus in seinem Sonnengleichnis nicht zwischen der Sonne (Idee des Guten) und dem Sonnenlicht (W.), sondern bei ihm fallen Gott und die W., die nach Joh 14,6 als zweite trinitarische Person aufgefasst werden kann, in eins zusammen (*vera rel.* 185–186). Die *ratio* kann zwar wahre

Dinge, nicht aber die W. selbst erkennen. Diese kann sich dem Menschen in einer Schau (*visio*) zeigen. Zudem ist sie als „der innertrinitarische Logos“ (M. Enders, 90) in der → Bibel offenbart worden. Diese beansprucht zwar göttliche →Inspiration, doch bedarf sie aufgrund ihrer zeitgebundenen Form der → Auslegung. So kann mit Hilfe kritischer → Exegese die W. hermeneutisch erschlossen werden. Die hermeneutische →Auslegung der Bibel ist bei Augustinus christozentrisch, d.h. sie läuft letztendlich auf die Erkenntnis der einen in Christus offenbarten W. hinaus (*en. Ps.* 64,6).

BIBLIOGRAPHIE: T. Borsche, Was etwas ist, München 1990. – H. Diels/W. Kranz, Die Fragmente der Vorsokratiker, 3 Bde., Zürich u.a. [19]1996. [18]1996. [10]1998. – M. Enders, ‚Wahrheit‘ von Augustinus bis zum frühen Mittelalter, in: Ders./J. Szaif (Hgg.), Die Geschichte des philosophischen Begriffs der Wahrheit, Berlin/New York 2006, 65–101. – J. Szaif, Die Geschichte des Wahrheitsbegriffs in der klassischen Antike, in: M. Enders/Ders. (Hgg.), Die Geschichte des philosophischen Begriffs der Wahrheit, Berlin/New York 2006, 1–32.

Tobias Uhle

V. Literaturwissenschaftlich

Die →Literatur – und mit ihr die Literaturwissenschaft – kennt keinen einheitlichen Wahrheitsbegriff (K. Hamburger). Im grundsätzlichen Optimismus, dass die eine W. erkannt und formuliert werden kann, unterscheidet sich die hermeneutisch orientierte Literatur grundsätzlich von der *via negationis* in der Mystik (Mechthild, *Fließendes Licht der Gottheit*; C.R. v. Greiffenberg, *Andächtige Betrachtungen*), aber auch in der Literaturtheorie (J. Derrida, *La différance*) sowie, wenn die W. moralisch verstanden wird, vom Postulat einer autonomen Dichtung. Aus dem Blickwinkel der Bibelhermeneutik bilden sich in der deutschen Literatur mehrere topische Zusammenhänge heraus, in denen Wahrheitsfragen verhandelt werden. Der wichtigste Ort solcher Wahrheitsdiskussion ist die Vorrede erzählender Werke: Es gehört zur Verteidigung des Unternehmens, dass das Ich beteuert, die W. zu berichten (Rudolf von Ems, *Alexander*, 62–90). Das bedeutet vom Mittelalter bis zur Aufklärung (z.B. G. Heidegger, *Mythoscopia Romantica oder der Discours von des so benannten Romans*, Bad Homburg 1969, 74–76) nicht etwa, eine genaue Übereinstimmung von außertextlicher →Wirklichkeit und →Text anzustreben, sondern den Weg zu Gott zu bereiten, indem die heilsrelevanten Aspekte von Bibel (Otfrid, *Evangelienbuch* I, 2, 7–12 und 33–40; F.G. Klopstock, *Von der heiligen Poesie*, in: Ausgewählte Werke, München 1962, 1006–1008), Natur (Hugo von St. Victor, *Didascalicon* VI, 5) und (Heils-)Geschichte (Hrabanus Maurus, Migne PL 112, 331A) theologisch korrekt wiedergegeben werden. Es geht also um eine moralische W. (so noch C.F. Gellerts Gedicht *Ermunterung, die Schrift zu lesen*, Gesammelte Schriften II, Berlin u.a., 169 f.). Biblisches, natürliches und heilsgeschichtliches Geschehen gewinnt dadurch den Charakter eines Beispiels, dessen Vorbildhaftigkeit durch Gottes Offenbarung, Schöpfung und Vorsehung verbürgt ist. Entsprechend bildet auch in Drama und Lehrgedicht das rhetorische Verfahren des Exemplums die argumentative Grundlage für Wahrheitsdarstellung. Die Frage, welches Geschehen als beispielhaft gelten und damit W. beanspruchen kann, kann *erstens* mit dem Bezug auf einen autoritativen Text oder *zweitens* (v.a. in der Prosa) mit der Beteuerung der Augenzeugenschaft beantwortet werden. In Weiterführung der schon heidnisch-antiken Inspirationsbitte inszenieren sich *drittens* gerade auch nicht-geistliche →Autoren als → Propheten (J.E. Petersen, *Anleitung zu gründlicher Verständniß der Heiligen Offenbahrung*, Vorrede). *Viertens* wird ab dem Spätmittelalter auch in bibelhermeneutischem Zusammenhang verstärkt auf die *Poetik* des Aristoteles (Kap. 24,1460a26 f. und 1460b7–11) zurückgegriffen, die im Übrigen maßgeblich für die neuzeitliche literarische bzw. literaturwissenschaftliche Wahrheitsdiskussion ist. Die Frage nach der W. wird in diesem Zusammenhang eine Frage nach dem Gattungsvertrag; Lüge, d.h. schädliche Literatur für das Seelenheil, liegt, wenn hier die Lügendefinition von Augustin herangezogen wird (*mend.* 3), nur dann vor, wenn Täuschung beabsichtigt ist. Figuration für eine solche lügenhafte Art, zu erzählen und von Gott wegzuführen, ist – in der Regel im

Haupttext – der Teufel als Versucher (nach Mt 4,1–11; vgl. noch B. v. Arnim, *Dies Buch gehört dem König*, Werke und Briefe III, 73).

Auch nach der Aufklärung ist die Gattungsgebundenheit des Wahrheitsversprechens noch in Geltung – allerdings mit einem anderen Wahrheitsbegriff: der Übereinstimmung mit der außertextlichen →Wirklichkeit (J.J. Bodmer, *Die Discourse der Mahlern*, 1. Teil, 20. Discours; G.E. Lessing, 49. *Literaturbrief*). An der emanzipatorischen Schärfung des Wahrheitsbegriffs ist der Blickwinkel der Bibelhermeneutik nicht unwesentlich beteiligt: G.E. Lessing fordert gegenüber J.M. Goeze mit dem Verweis auf M. Luthers Vorbild, dass kein Mensch in seiner individuellen Wahrheitssuche gehindert werden dürfe (*Anti-Goeze*, Werke VIII, 162; vgl. den Figur gewordenen ‚Selbstdenker' bei F. Nicolai, *Sebaldus Nothanker*, hg. Witte, 212). Dauerhaftigkeit und zugleich Wendepunkt des moralischen Wahrheitsbegriffs signalisiert F. Nietzsches Titel *Von Wahrheit und Lüge im außermoralischen Sinne* (vgl. auch F. Nietzsche, *Die fröhliche Wissenschaft*, Nr. 344).

BIBLIOGRAPHIE: H. Brackert, Die „wârheit" der Geschichte, in: Ders., Rudolf von Ems, Heidelberg 1968, 147–157. – B. Damerau, Die Wahrheit der Literatur, Würzburg 2003. – K. Hamburger, Wahrheit und ästhetische Wahrheit, Stuttgart 1979. – J. Knape, Wahrheit als poetologische Kategorie im 16. Jahrhundert, in: Ders., Historie in Mittelalter und früher Neuzeit, Baden-Baden 1984, 332–365. – F.P. Knapp, Historische Wahrheit und poetische Lüge, in: Ders., Historie und Fiktion in der mittelalterlichen Gattungspoetik, Heidelberg 1997, 9–64. – P. v. Moos, Geschichte als Topik, Hildesheim u.a. 1988. – F. Nicolai, Das Leben und die Meinungen des Herrn Magister Sebaldus Nothanker (1773), krit. Ausgabe hg. v. B. Witte, Stuttgart 1991. – B. Schwitzgebel, Noch nicht genug der Vorrede, Tübingen 1996, 36–39.

Ursula Kundert

VI. Philosophisch

Die traditionell wichtigste Theorie der W. ist die Korrespondenztheorie. Bei Thomas von Aquin heißt es „*veritas est adaequatio rei et intellectus*", und bei I. Kant lesen wir „Übereinstimmung der Erkenntnis mit ihrem Gegenstande". L. Wittgenstein und B. Russell machten während der Phase ihres Logischen Atomismus geltend, dass eine Aussage genau dann wahr ist, wenn es eine Tatsache gibt, mit der sie übereinstimmt. Die Korrespondenz wurde von ihnen als ein struktureller Isomorphismus zwischen Aussagen und Tatsachen aufgefasst. Der Korrespondenztheorie liegt eine primär ontologische Motivation zugrunde. Sie versucht die Bedingungen anzugeben, die in der Welt erfüllt sein müssen, damit eine Aussage wahr ist. Ein Einwand gegen die Korrespondenztheorie ist, dass es ihr bisher nicht gelungen ist, die Natur der Korrespondenz auf eine nichtmetaphorische Weise zu erklären. Ein anderer Einwand lautet, dass wir unsere Aussagen oder Überzeugungen nicht mit der Welt vergleichen können, um zu sehen, ob sie mit ihr übereinstimmen oder nicht.

Daran knüpft die traditionelle Alternative zur Korrespondenztheorie, die Kohärenztheorie der W., an. Die Kohärenztheorie, die von den Idealisten, z.B. F. Bradley, aber auch von einigen logischen Positivisten, z.B. O. Neurath und R. Carnap, vertreten wurde, ist primär epistemologisch motiviert; sie sucht eher nach einem Kriterium als nach einer Definition der W. Der Versuch, unsere Überzeugungen mit der Welt zu konfrontieren, kann ihr zufolge nur dazu führen, dass wir weitere Überzeugungen erwerben. Wir vergleichen Überzeugungen mit anderen Überzeugungen, nicht mit der Welt. Eine Überzeugung ist demnach wahr, wenn sie einem kohärenten oder harmonischen System von Überzeugungen zugehört. Die Frage ist nur, in welchen Beziehungen Überzeugungen zueinander stehen müssen, um kohärent zu sein. Logische Konsistenz ist eine notwendige Bedingung der W., aber keine hinreichende. Das Problem ist, dass es mehrere intern konsistente Systeme von Überzeugungen geben kann, die untereinander unverträglich sind.

Die Redundanztheorie der W. geht auf F. Ramsey und G. Frege zurück. Ramsey macht geltend, dass das Prädikat ‚wahr' redundant ist, da es aus allen Kontexten ohne semantischen Verlust eliminiert werden kann. ‚Wahr' spielt allenfalls eine pragmatische Rolle, aber es trägt zum Inhalt der Sätze, in denen es vorkommt, nichts bei. An diese Idee knüpft der moderne wahrheitstheoretische Deflationismus an. Dieser Auffassung zufolge hat ein

Satz der Form ‚S ist wahr' denselben Inhalt oder dieselbe →Bedeutung wie der Satz S.

Das Ziel, das sich A. Tarski mit seiner semantischen Konzeption der W. gesetzt hat, ist es, eine Definition des Begriffs der W. zu geben, die ‚inhaltlich adäquat' und ‚formal richtig' ist. Als Bedingung der inhaltlichen Adäquatheit schlägt Tarski vor, dass eine befriedigende Definition alle Instanzen des Schemas W: ‚S ist wahr genau dann, wenn p' als Folgerungen haben sollte. Eine Instanz dieses Schemas W oder der ‚Konvention W' ist z. B. ‚Schnee ist weiß' ist wahr genau dann, wenn Schnee weiß ist'. Durch die Erfüllung der Konvention W glaubt Tarski sicherstellen zu können, dass seine Definition in Einklang sowohl mit dem überwiegenden umgangssprachlichen Gebrauch von ‚wahr' als auch mit der klassischen, sich in der Korrespondenztheorie reflektierenden Auffassung der W. steht.

Mit den Bedingungen der formalen Richtigkeit verfolgt Tarski das Ziel, die Entstehung der semantischen Antinomien zu verhindern. Er führt diese Antinomien auf die semantische Geschlossenheit der Sprachen, in denen sie entstehen, zurück und folgert daraus, dass eine formal richtige Wahrheitsdefinition nur in einer Sprache aufgestellt werden kann, die nicht semantisch geschlossen ist. Dies führt zu der Unterscheidung zwischen ‚Objektsprache' und ‚Metasprache'.

Bibliographie: P. Horwich, Truth, Oxford ²1998. – R. Kirkham, Theories of truth, Cambridge 1992. – W. Künne, Conceptions of truth, Oxford 2003. – M. Lynch (Hg.), The nature of truth, Cambridge 2001. – R. Schantz, Wahrheit, Referenz und Realismus, Berlin/New York 1996. – A. Tarski, The semantic conception of truth and the foundations of semantics, in: Philosophy and Phenomenological Research 4 (1944), 341–375.

Richard Schantz

Weisheitsliteratur

I. Altorientalisch/Alttestamentlich

Im *Alten Orient*, dem Alten Ägypten und im AT tritt die als W. zusammengefasste Tradition in zwei Formen auf: als Unterweisungs- (A) und als Reflexionsliteratur (B). Zu (A) gehören in Ägypten die ‚Lebenslehren', die (im Sinne einer literarischen Fiktion) ein Vater seinem Sohn erteilt, dem er sein von den Vorfahren ererbtes und durch eigene Erfahrung angereichertes Wissen testamentarisch weitergibt. Diese Gattung bildet in Ägypten den Gipfel und Inbegriff der ‚klassischen' Literatur. Auch für die mesopotamische (*Schurrupak*), phönizische (*Ahikar*) und biblische W. (*Proverbien*) gilt das gleiche Modell der väterlichen Unterweisung (wobei Kap. 22 f. der *Proverbien* auf die ägyptische *Lehre des Amenemope* zurückgeht). (B) wird in Ägypten durch die ‚Klagen' eines Weisen vertreten über eine Welt, aus der die ‚Ma'at', der unübersetzbare ägyptische Begriff für Ordnung, Wahrheit, Gerechtigkeit und Echtheit, verschwunden ist. Aus der biblischen Tradition gehört v. a. das Buch Hiob hierhin, das in dem Text *Ludlul bel nemeqi* eine mesopotamische Parallele hat, sowie Kohelet und eine Reihe von Psalmen.

Während es in den Lehren (A) um die sozialen Normen des richtigen Lebens geht, handelt die Reflexionsliteratur (B) von grundsätzlichen Sinnfragen der menschlichen Existenz auf individueller, sozialer und politischer Ebene. Unter Sinn versteht die altorientalische W. den Zusammenhang von Tun und Ergehen oder ‚Gerechtigkeit'. Grundsätzlich lassen sich hier drei Konzeptionen unterscheiden: (1) ‚immanente Providenz' (Böses zieht selbsttätig Böses, Gutes Gutes nach sich: ‚Lügen haben kurze Beine', ‚Wer andern eine Grube gräbt, fällt selbst hinein'), (2) ‚soziale Solidarität' (die Menschen haben selbst dafür zu sorgen, dass das Gute sich lohnt und das Böse bestraft wird) und (3) ‚Theologie des Willens' (der Wille Gottes sorgt für Lohn und Strafe, Weisheit ist Gottesfurcht). In Ägypten wandelt sich die Konzeption der Gerechtigkeit von (2) (Ma'at ist nichts anderes als soziale Solidarität, die sich in ‚aneinander denken' und ‚füreinander handeln' äußert) zu (3), in der Bibel eher von (1) zu (3), und Mesopotamien führt als eine Divinationskultur mit einer Fülle mantischer Techniken alles Geschehen im Sinne von Lohn und Strafe auf den Willen der Götter zurück.

Bibliographie: A. Assmann (Hg.), Weisheit, München 1991. – J. Assmann, Ma'at, München 1990. – Ders. et al. (Hgg.), Gerechtigkeit, München 1998. – R. Brague, La sagesse du monde, Paris 1999. – B. Janowski, Die rettende Gerechtigkeit, Neukirchen-

Vluyn 1999. – Ders. (Hg.), Weisheit außerhalb der kanonischen Weisheitsschriften, Gütersloh 1996. – G. v. Rad, Weisheit in Israel, Neukirchen-Vluyn [4]1992. – H.H. Schmid, Gerechtigkeit als Weltordnung, Tübingen 1988.

Jan Assmann

Im *Alten Testament* findet sich die W. in den Büchern Spr, Koh und Ijob sowie in einigen ‚Weisheitspsalmen' (z.B. Ps 37; 49) und Erzählungen wie Est und Josef (Gen 37.39–50). Sie sind dadurch gekennzeichnet, dass sie die Realität nicht von den großen Geschichtstraditionen Israels, sondern von einer rationalen Perspektive her reflektieren. Obwohl auch von der Volksweisheit gespeist (F.W. Golka), ist die W. in der intellektuellen Tradition (N. Whybray) der gelehrten Schreiberkultur verortet (vgl. Spr 1,5 f.), also dort, wo die nachexilische Redaktion des AT durchgeführt wurde. Das ist bereits ein Indiz für den hermeneutischen Belang der W., aber auch die Sonderstellung der W. im AT ist an sich hermeneutisch bedeutend, weil die beharrliche Anwesenheit von ‚Fremdkörpern' in der Bibel die Notwendigkeit von Respekt vor Pluriformität und Diversität deutlicher macht.

Die W. ist aber mehr als eine Perspektive unter anderen. Sie belegt auch vielerorts, dass sie sich mit den anderen Traditionen des AT aus ihrem eigenen Blickwinkel auseinandersetzt. Daher bietet die W. einerseits eine *Weisheitsperspektive* auf die Welt (so großartig im Buch Ijob), aber auch spezifisch auf die *Schrifttraditionen* Israels. So interpretiert die Josefgeschichte die Vätertraditionen und die Ursprünge Israels mit weisheitlichen Kategorien (etwa das typische aus der W. bekannte X-Muster: Hybris-Demütigung/Demut-Ehre; vgl. Spr 15,33; 16,18; 18,12). Die Führung Gottes wird anerkannt, aber Josef muss mit eigener Planung das Volk retten. Im Buch Est führen die klugen Hauptpersonen in einer intertextuellen Deutung von Ex und 1 Sam die Errettung herbei (vgl. Spr 11,14), ebenfalls ohne Gebete – obwohl Hilfe von ‚irgendwo anders' her erwartet wird, wenn Ester nicht hilft (Est 4,14).

In Koh bleibt die Spannung zwischen göttlicher Allmacht und menschlichem Handeln immer erhalten. Die Sprüche behaupten oft die Doppelseitigkeit von menschlicher Weisheit und göttlicher Bestimmung (etwa Spr 16,1.6; 19,21; 20,24; 21,30 f.), so dass das ganze Buch durch den programmatischen Prolog (Spr 1,1–7) einen hermeneutischen Schlüssel bekommt.

Die weisheitlichen Reflexionen im Buch Koh beziehen sich nicht nur auf die →Tora (etwa Koh 3,11/Gen 1,31; Koh 3,20/Gen 3,19), auch der Epilog bietet eine redaktionelle Perspektive zum Verständnis der ‚gesammelten Sprüche' (Koh 12,11) und der Tora (Koh 12,13). Dieses ‚hermeneutische Konstrukt' (G.T. Sheppard) erreichte seinen Höhepunkt bei Ben Sira (vgl. Sir 17,1–4; 24,3 ff.). Hier wird deutlich, dass die nachexilische Schreiberkultur die Weisheit als eine alternative Brille zur Deutung der nichtweisheitlichen Literatur des AT angewandt hat.

Bibliographie: F.W. Golka, Die Flecken des Leoparden, Stuttgart 1994. – J.A. Loader, Wisdom by (the) people for (the) people, in: ZAW 111 (1999), 211–233. – G.T. Sheppard, Wisdom as a hermeneutical construct, Berlin 1980. – N. Whybray, The intellectual tradition in the Old Testament, Berlin 1974.

James Alfred Loader

II. Neutestamentlich

Ob im NT genuine W. zu finden ist, wird kontrovers diskutiert. In Betracht kommen die rekonstruierte Logienquelle Q (z.B. J.M. Robinson, J.S. Kloppenborg) und Jak (z.B. E. Baasland, H. Frankemölle). Q und Jak enthalten eine Vielzahl weisheitlicher Formen (z.B. indikativische und paränetische Sentenz, →Gleichnis) und Motive (z.B. Alltagserfahrungen), weisheitliche Terminologie sowie →Zitate aus und Allusionen an atl.-frühjüdische W. (z.B. Jak 4,6). Aufgrund des literarischen Konglomerates weisheitlicher mit eschatologischen (z.B. Jak 5,8 f.) und prophetisch-apokalyptischen (z.B. Lk 6,20–22 par.) Elementen lässt sich im NT jedoch keine W. im eigentlichen Sinne identifizieren (H. v. Lips).

Unumstritten ist, dass die ntl. Schriften stark durch atl. und frühjüdische Weisheitstraditionen (apokalyptische Weisheit/Tora-Weisheit/hellenistische Weisheitsspekulationen) beeinflusst sind. Dies erweist sich in der Übernahme von Topoi: der personifizierten Weisheit (z.B. Mt 23,34.37), der Weisheit als

Gabe Gottes an die Auserwählten (1 Kor 2,6 ff.) sowie in der Verbindung von Gesetz und Weisheit (Röm 10,6 ff.) oder von σοφία, πνεῦμα und λόγος (Joh; vgl. M. Küchler). Weisheitliche Traditionen finden sich v.a. in drei Bereichen: in der Jesustradition (in Q, z.B. Lk 6,37a par.; Mk 2,27 sowie im lukanischen und matthäischen Sondergut), in der weisheitlichen Paränese (in Spruch- und katalogischer Paränese: z.B. Röm 12,9–21) und in den vielfältigen Ausprägungen der Weisheitschristologie (z.B. λόγοι σοφῶν in Q: Lk 11,49–51 par.; Präexistenzchristologie/Schöpfungsmittlerschaft: Joh 1,1–18).

Jesus ist als weisheitlicher und prophetisch-eschatologischer Lehrer aufgetreten, der vorhergehende Lehrer überbietet (Mt 12,42 par). Durch Autoren, die pseudepigraphe Autorität beanspruchen, werden jesuanische mit atl., frühjüdischen und hellenistisch-weisheitlichen Traditionen verbunden und in verschriftlichter Form als „Glaubens- und Wissensschatz einer Gruppierung" (M. Ebner) für zukünftige Generationen tradiert.

Die ntl.-weisheitlichen Texte wollen mittels didaktischer →Gattungen und →Formen (ethische Paränese) im Rahmen thematisch gegliederter Spruchsammlungen (allgemeine Lebensweisheit) sowie größerer argumentativer Textzusammenhänge Einsicht in die von Gott geschaffene Ordnung der Welt und seinen Heilsplan eröffnen und aus der Deutung des Christusereignisses ein angemessenes ethisches Handeln ermöglichen. Ihre hermeneutische Funktion besteht darin, weisheitliche Lehre soteriologisch zu begründen (‚Rettendes Wissen', z.B. 1 Kor 1,18–25) und eschatologisch motivierte Paränese (Jak 2,12 f.) zu vermitteln.

Bibliographie: M. Ebner, Jesus – ein Weisheitslehrer?, Freiburg i.Br. u.a. 1998. – M. Küchler, Frühjüdische Weisheitstraditionen, Fribourg 1979. – H. v. Lips, Weisheitliche Traditionen im Neuen Testament, Neukirchen-Vluyn 1990. – Ders., Art. Weisheit/Weisheitsliteratur IV., in: TRE 35 (2003), 508–515 (Lit!). – G. Theißen/A. Merz, Der historische Jesus, Göttingen [3]2001. – R.L. Wilken, Aspects of wisdom in Judaism and early Christianity, Notre Dame 1975.

Susanne Luther

III. Judaistisch

Eine sich in hellenistisch-römischer Zeit weiterentwickelnde jüdische W. begegnet im skeptischen Gewand schon im Prediger-Buch, das durch eine kritische, alles relativierende Hermeneutik und hedonistische Ethik geprägt ist. Die didaktisch poetisch gefassten Spruchreihen und traktatartigen Texte der W. transportieren Bildungstraditionen aus unterschiedlichen Trägerschaften: Kosmologisches Wissen scheint vornehmlich aus priesterlichen Kreisen am Tempel zu stammen; höfische Traditionen dürften aus der Verwaltung in die Laienbildung aufgenommen worden sein, die sich auch in einzelnen aristokratischen Familien entwickeln konnte. Weisheitliche Gedanken konnten in einigen Kreisen mit popularphilosophischen hellenistischen Vorstellungen in eins gesetzt werden. Unter dem Namen des vorsokratischen Gnomikers Phokylides versucht ein anonymer jüdischer Weisheitslehrer, griechisch Denkenden die Tora nahe zu bringen. Neben skeptische Lösungen des weisheitlichen Erkenntnisproblems trat die Gleichsetzung der Bildungsinhalte mit dem, was als →‚Tora' bezeichnet wurde, wobei darunter sowohl mündliche als auch schriftliche Traditionen subsumiert werden konnten. Tora wurde als vorzeitliche Größe gedacht und mit schöpfungstheologischen Ideen in Verbindung gebracht; Weltordnung und ethisches Gesetz werden identifiziert (vgl. Sir 24,23 LXX). Tora als ontologische Größe findet sich dann auch mythisiert bzw. personifiziert beschrieben. Bei Philo wird schließlich die schöpfungstheologische Einheit von Welt und Gesetz betont und philosophisch interpretiert. Die rabbinische Literatur greift Gedanken der hellenisierten jüdischen W. auf und rabbinisiert sie. In ihr kann die Tora z.B. allegorisierend als Weltenplan Gottes beschrieben werden (BerR 1,1). Die Funde weisheitlicher Texte in Qumran ergeben freilich ein differenziertes Bild dieser älteren Ineinssetzung, denn die Identifikation bleibt nicht notwendig auf Israel beschränkt (4Q185). Die Texte belegen ein Interesse an theologisch-spekulativen Überlegungen über „die Geheimnisse des Gewordenen" (*Musar le-Mevin* bzw. 4QInstruction) neben Unterweisungen für den angemessenen Lebenswandel. In der rabbinischen Literatur wird das Motiv ausgebaut, dass die Tora als Schöpfungsordnung durch ihre Praktizierung die kosmische Ordnung aufrecht erhält (mAv 1,2; SifDev § 48). Tora wird zur Quelle aller Weisheit; in ihr ist nichts zufällig, jede Schreibweise und grammatikalische Form kann sinnstiftend und ethisch bedeutsam sein. Weisheitliches Denken findet in späten Schriften der rabbinischen Literatur (DER, DEZ) sowie in liturgischen und philosophisch inspirierten Dichtungen (Said ben Babshad) Nachahmung bzw. Fortsetzung.

BIBLIOGRAPHIE: M.J. Goff, Discerning wisdom: the sapiential literature of the Dead Sea scrolls, Leiden 2007. – C. Hempel et al. (Hgg.), The wisdom texts from Qumran and the development of sapiential thought, Leuven 2002. – W.T. Wilson, The sentences of Pseudo-Phocylides, Berlin/New York 2005.

Andreas Lehnardt

Weissagung/Erfüllung

→Verheißung/Erfüllung

Wirklichkeit

I. Systematisch-theologisch

Theologisch eindeutig ist, dass W. nur in Bezug zu Gott und seiner W. zureichend gedacht werden kann, notorisch umstritten ist aber das Wie und der inhaltliche Umfang dieses Bezugs. Hier ist zwischen (1) primär schöpfungstheologischem und (2) primär christologischem Bezug zu unterscheiden.

(1) Metaphysisch und rational ansetzende Theologien operieren zumeist mit dem Verhältnis der notwendigen W. Gottes einerseits zur kontingenten Wirklichkeit der Welt andererseits: Gott als *esse per se subsistens* (Thomas v. Aquin, *Summa Theologiae* I,11,1) bzw. als Substanz, die den Grund ihrer Existenz in sich trägt (G.W. Leibniz, *Theodizee* 1,8), bringt die Welt als von ihm unterschiedene und kontingente W. hervor. G.W. Leibniz entwickelt daraus den Gedanken, dass die Welt, trotz ihres Charakters als beste aller möglichen, nicht leidfrei sein kann, Thomas zeichnet ihn in vielfach vernetzte Überlegungen zur Schöpfungs- und Providenzlehre ein. Diese explizit theologischen Interessen sind erst in jüngerer Zeit wieder gewürdigt worden, wogegen die rational-theologische Lesart des Gedankens die Kritik auf sich gezogen hat, dass es ein Zeichen von W. *per se* sei, endlich und kontingent zu sein und der Gedanke einer notwendigen W. deshalb entbehrlich sei (L. Feuerbach) und allenfalls zur Fiktion einer übersichtlichen W. noch eingesetzt werde (F. Nietzsche).

(2) Jeder Bezug zur absoluten W. ist nur *in* der Welt zu denken, weshalb eine christologische Situierung des Wirklichkeitsbegriffs theologisch angemessen erscheint. Dies ist einerseits so durchgeführt worden, dass auch die christologischen Grundaussagen auf die Schöpfungsrelation verweisen (W. Härle/E. Herms, 45 ff.), oder aber durch den Gedanken, dass in Christus Gottes neue W. der Welt zukommt: In ihm zeigt sich die Wahrheit des Geschöpfs, die ihm als Möglichkeit von Gottes W. her zugespielt wird (I.U. Dalferth, 166). W. wird in diesem Sinne als *eschatologischer* Begriff aufgefasst, der die eingespielten Wirklichkeitsunterstellungen durchbricht und „nach unserer Wirklichkeit als Menschen Ausschau halten" heißt (H.J. Iwand, 35). D. Bonhoeffers Theologie und besonders seine Ethik-Manuskripte führen diesen Grundgedanken vielfach aus: „Teilbekommen an dem unteilbar Ganzen der Gotteswirklichkeit" macht die christliche Frage nach dem Guten aus, was aber in der Logik einer Inkarnationschristologie nur möglich ist, indem sie „ganz in die Weltwirklichkeit hineinstellt", die ihrerseits von Gottes W. umgriffen ist (D. Bonhoeffer, 38.40). Das hier mitgedachte Konzept von Partizipation des Christen an Gottes W. ist ökumenisch belangvoll, weil es die Alternative zwischen forensischer und habitusorientierter Rede vom Sein des Christen in Gottes W. als steril kritisiert.

BIBLIOGRAPHIE: D. Bonhoeffer, Ethik, DBW Bd. 6, München 1992. – I.U. Dalferth, Die Wirklichkeit des Möglichen, Tübingen 2003. – W. Härle/E. Herms, Rechtfertigung, Göttingen 1980. – H.J. Iwand, Christologie, Gütersloh 1999.

Martin Hailer

II. Literaturwissenschaftlich

W. (spätmhd. Wirkelicheit) ist ein: unhintergehbarer, jedoch mehrdeutiger Grundbegriff zur Welt- und Selbsterfassung, oft synonym gebraucht für ‚Realität'. Im Vergleich zu anderen Sprachen kann im Deutschen aber auch zwischen W. und Realität unterschieden werden. *Lebensweltlich-umgangssprachlich* bezeichnet W. mit der Gesamtheit der menschlichen Verhältnisse das Sein überhaupt, näherhin das Daseiende, in Raum und Zeit Vorhandene im Kontrast zur Möglichkeit, zum Schein oder zur Fiktion; insofern besteht eine Verbindung zwischen dem Wirklichkeits- und dem Wahrheitsbegriff. *Historisch-systematisch* zeigt sich eine Vielfalt von Wirklichkeitsbegriffen. Dabei begreift der engere Begriff von W. all das als wirklich, was als Stoff und Materie empirisch gegeben ist, also die vom Einzelnen unabhängige, vermeintlich objektive Welt der Tatsachen im Unterschied zur subjektiv-geistigen Welt; W. erscheint hier „als das dem Subjekt nicht Gefügige" (H. Blumenberg, *Wirklichkeitsbegriff*, 13). Der weitere Begriff schließt alles ein, was für sich besteht, damit auch jede Form von Bewusstseinszuständen wie Gefühle und Vorstellungen. Nach Aristoteles ist in Abgrenzung zur Möglichkeit (δύναμις) nur dasjenige wirklich, was seine Natur vollständig entwickelt hat; W. erweist sich in diesem Sinne als Verwirklichung (ἐνέργεια). I. Kant bestimmt W. als Kategorie der Modalität neben Möglichkeit und Notwendigkeit: „Was mit den materialen Bedingungen der Erfahrung (der Empfindung) zusammenhängt, ist wirklich" (*Kritik der reinen Vernunft*, A 218/B 266). In Auseinandersetzung mit Kant und dem deutschen Idealismus einerseits und im Rekurs auf Aristoteles reduziert Kierkegaard die kategoriale Dreiteilung wieder auf den Dualismus von W. und Möglichkeit und definiert W. als sich prozessual konkretisierendes Ergebnis einer fortlaufenden *Vernichtung* von Möglichkeiten. Zudem deutet er W. von einer objektivierenden Wesens- zu einer radikal subjektivierenden Seinsbestimmung um: „Jedes Wissen um Wirklichkeit ist Möglichkeit; die einzige Wirklichkeit, um die ein Existierender mehr als wissend ist, ist seine eigene Wirklichkeit, dass er da ist; und diese Wirklichkeit ist sein absolutes Interesse" (Nachschrift, 17). Mit dem Siegeszug der modernen Wissenschaften ist nicht nur das lebensweltliche Vorverständnis von W. diskreditiert, sondern W. insgesamt als je veränderliche Bewusstseinskonstruktion beschrieben worden. Aufgrund dieser Entwicklung hat sich das Reden von ‚W.' prinzipiell zu einem Reden über ‚W.en' verschoben.

BIBLIOGRAPHIE: G. Abel, Zeichen der Wirklichkeit, Frankfurt a.M. 2004. – Aristoteles, Über die Seele, Hamburg 1995. – H. Blumenberg, Wirklichkeitsbegriff und Möglichkeit des Romans, in: Nachahmung und Illusion. Poetik und Hermeneutik I, hg.v. H.R. Jauß, München 1991, 9–27. – Ders., Wirklichkeiten in denen wir leben, Stuttgart 1981. – R. Fliedl, Wie konstruieren wir Wirklichkeit?, Wien 2004. – H. Genz, Wie Naturgesetze Wirklichkeit schaffen, Reinbek 2004. – W. Heisenberg, Ordnung der Wirklichkeit, München [2]1990. – W. Hogrebe, Die Wirklichkeit des Denkens, Heidelberg 2007. – I. Kant, Kritik der reinen Vernunft, Darmstadt 1983. – S. Kierkegaard, Philosophische Brocken, München 1953. – Ders., Abschließende unwissenschaftliche Nachschrift zu den Philosophischen Brocken, Zweiter Teil, München 1994. – B. Küppers, Die Einheit der Wirklichkeit, München 2002. – G. Roth, Das Gehirn und seine Wirklichkeit, Frankfurt a.M. 2005. – P. Watzlawick, Die Unsicherheit unserer Wirklichkeit, München [9]2003.

Dirk Oschmann

III. Philosophisch

In der Philosophie spielt das Thema ‚W.' in verschiedenen Disziplinen historisch und aktuell systematisch eine zentrale Rolle.

Die *Ontologie* fragt nach den Grundelementen der W. und wie sich diese zueinander verhalten. Im Vorfeld steht seit Plato die Frage nach der eigentlichen W. Bei Plato ist es nicht die sinnlich erfahrbare Welt, sondern das rein intellektuell fassbare *Reich der Ideen.* In der aktuellen Ontologie stellt sich die Frage, ob die alltägliche oder Lebenswelt des Menschen die eigentliche W. ist, die es zu analysieren gilt, oder die physikalische Basis derselben. Ontologen der ersten Richtung (P.F. Strawson, E.J. Lowe) neigen zu mehrkategorialen Einteilungen, in denen, wie bei Aristoteles, *Substanzen* (dieses Pferd, dieser Mensch) die grundlegenden Entitäten sind. Substanzen sind durch die Zeit identisch und Träger von Eigenschaften (Akzidenzien) und Änderungen. Ontologen der physikalischen Basis (W.V.O. Quine) neigen zu *einkategorialen Reduktionen*. Letztlich gebe es nur physikalische Prozesse oder Atome. Mit diesen Alternativen hängen grundlegende Deutungen der W. zusammen: Ist W. auf den Bereich des materiellen, physikalisch Fassbaren beschränkt, oder gibt es auch nicht-materielle W.? Diese Entscheidung spielt auch in der philosophischen Lehre vom Menschen (Philosophische Anthropologie, ‚*philosophy of mind*') eine wichtige Rolle, etwa in der Frage nach der menschlichen Seele.

Existenzphilosophen (S. Kierkegaard, M. Heidegger) verbinden die Frage nach der W. mit der Seinsfrage und sehen in der Analyse der menschlichen Existenz (‚Dasein') den Schlüssel zu einem Verständnis von W.

In der *Erkenntnistheorie* stellt sich das Problem, ob wir erkennend zu einer *W. an sich* vordringen, oder wir in unserem Erkenntnisvermögen auf den Bereich der Erfahrung beschränkt sind. I. Kant hat Letzteres verteidigt. Damit hängen Grundprobleme der *Wahrheit* zusammen. Ist Wahrheit Übereinstimmung des Intellekts mit der W. (‚*adaequatio intellectus et rei*', Thomas von Aquin) oder ist Wahrheit genau dann Aussagen zuzuschreiben, wenn sie sich *kohärent* in Aussagesysteme einfügen (B. Blanshard)?

In der *Sprachphilosophie* kommt die Wirklichkeitsproblematik in der *Semantik* zum Tragen, wo mit der →Wahrheit sprachlicher Ausdrücke ihre *Bedeutung* analysiert wird. Ist die Bedeutung sprachlicher Ausdrücke durch Bezug auf die außersprachliche W. konstituiert (G. Frege)? Oder ist die Bedeutung ein innersprachliches Phänomen, z.B. regelgeleiteter Gebrauch sprachlicher Ausdrücke, gemäß verschiedenen Sprachspielen (L. Wittgenstein)?

BIBLIOGRAPHIE: G. Frege, Begriffsschrift, Halle a.S. 1879. – W.V.O. Quine, Wort und Gegenstand, Stuttgart 1980. – E. Runggaldier/C. Kanzian, Grundprobleme der Analytischen Ontologie, Paderborn u.a. 1998. – P.F. Strawson, Einzelding und logisches Subjekt, Stuttgart 1972. – L. Wittgenstein, Philosophische Untersuchungen, Frankfurt a.M. 1977.

Christian Kanzian

Wirkung

I. Altphilologisch

W. wird in antiker →Rhetorik als Überzeugung des →Hörers durch den →Redner verstanden; die sophistische Redekunst wird bei Plato (*Gorgias*) als Instrument kritisiert, um eigene Ziele durch Manipulation anderer durchzusetzen. Platos Ansprüche an die ethische Qualität des Redners in Verbindung mit Erkenntnis der →Wahrheit kann nur ein Philosoph erfüllen, bei dem Rhetorik eine positive Form von Seelenleitung ist (*Phaidr.* 270b ff.). Bei Aristoteles leiten sich aus der Beziehung Redner-Hörer-Sachverhalt drei Voraussetzungen für die W. ab: Der Redner selbst muss vertrauenswürdig wirken, die Hörerdisposition (Lebensalter, sozialer Status u.ä.) ist zu berücksichtigen (*Rh.* 2,2–17), und der Sachverhalt muss argumentativ durch Beweismittel vorgestellt werden (*Rh.* 2,20–26). Diese Dreiteilung wird auch in der römischen Rhetorik reflektiert: Cicero (*de orat.* 2,114) unterscheidet *probare* (argumentative Beweisführung, Überzeugung durch Information: *docere*), *conciliare* (Sympathiegewinnung aus der Person des Redners und durch unterhaltende Darstellung: *delectare*, vgl. die psychologische Begründung der W. von Stilmitteln bei Arist. *Rh.* 3,10–11) und *permovere* (emotionale Lenkung des Hörers; vgl. Cic. *Brut.* 195 ff.; *de orat.* 1,241 ff.).

Die ästhetische W. von →Dichtung durch →Sprache, Melodie und Rhythmus manifestiert sich für Plato in der *performance* (*Ion* 535b ff.); die graduell unterschiedliche Nachahmung von Wirklichkeit führt in der *Politeia* erstmals zur erzähltheoretischen Differenzierung von dihegetischen und mimetischen Darstellungsweisen (*R.* 392c ff.; vgl. Hor. *ars* 179–188). Dichtung hat auf Rezipienten und Vortragenden eine gefährliche W., die als negativ kritisiert wird, wenn nicht vorbildliche Charakterhaltungen nachgeahmt werden (*R.* 605b ff.; *Ion* 535b ff.), während künstlerische Kreativität als Verlangen nach Zeugung im Schönen in der Diotima-Rede geadelt wird (*Smp.* 209a ff.), woraus sich spätere theoretische Positionen zur anagogischen W. von Kunst entwickeln. Aristoteles' Poetik versteht die Erregung von Leidenschaften (Schauder, Jammer) in der W. von Tragödien als unschädlich, da nicht nachhaltig, und verbindet sie mit der medizinischen Vorstellung der Reinigung (Katharsis).

Platos Annahme eines ekstatischen Zustand des Dichters (Enthusiasmos) wird wirkungsästhetisch von Ps.-Longin (*De sublimitate*) auf den Rezipienten übertragen, indem das Phänomen des Erhabenen als Kulminationspunkt sprachlicher Gestaltung definiert wird, der auf den Hörer in Form einer irrationalen Ekstase wirkt (1,3 f.); wie der Redner diese W. erreicht, ohne in Schwulst oder Manierismus abzugleiten, ist nicht lehrbar, nur durch Schulung an gelungenen Vorbildern zu trainieren. Neben breit rezipierten Aussagen in der *Ars poetica* wie *aut prodesse volunt aut delectare poetae* (333), das an dieser Stelle die utilitaristische Haltung des römischen Publikums kritisiert, geht Horaz (*epist.* 2,1) auf die Wechselwirkung von gesellschaftlicher (Nicht-)Anerkennung und dichterischer Produktion ein.

Für den Bereich bildender Kunst wirkt das Mimesis-Konzept weiter, so dass seit dem Hellenismus die illusionistische W. als Qualitätskriterium bildender Kunst gilt; die mitleidende Einfühlung des Rezipienten wird in prominenten literarischen Szenen geschildert (Verg. *Aen.* 1,451–495: Aeneas' Reaktion und Folgerung aus Troja-Bildern im Juno-Tempel von Karthago).

Bibliographie: M. Erler, Platon, in: H. Flashar (Hg.), Grundriss der Geschichte der Philosophie. Antike, Bd. 2.2, Basel 2007, 486–497.498–506. – H. Flashar, § 13. Das Werk des Aristoteles und § 14. Die Lehre des Aristoteles, in: Ders. (Hg.), Grundriss der Geschichte der Philosophie. Antike, Bd. 3, Basel [2]2004, 235–245.317–333. – M. Fuhrmann, Die Dichtungstheorie der Antike, Düsseldorf/Zürich 1992.

Claudia Wiener

II. Literaturwissenschaftlich

Als W. werden allgemein die die Textrezeption überdauernden Spuren und Veränderungen im →Leser, in der →Literatur und in der Gesellschaft bezeichnet. Bei der W. auf den Leser werden kognitive, emotionale und moralisch-praktische W.en unterschieden. Abweichend davon kann W. auch mit H.R. Jauß als das vom Text bedingte, →Rezeption als das vom Rezipienten bestimmte Element der Konkretisation des Wirkungspotentials eines →Textes bezeichnet werden. Überlegungen zur ästhetischen W. von Texten werden seit der Antike insbesondere zum Drama und zur →Rede angestellt. Im Falle der Rede zielen die Techniken der →Rhetorik darauf, eine Änderung der Haltung der Rezipienten hervorzurufen (Rhetorik als *ars persuadendi*). Den verschiedenen Arten der Rede (*genera causarum*) werden unterschiedliche Wirkungsabsichten zugeordnet. Im Falle des Dramas wird in der Aufklärung, wenn pädagogische, moralische und politische Funktionszuschreibungen in der wirkungsästhetischen Diskussion verhandelt werden (G.E. Lessing), auf die Poetik des Aristoteles zurückgegriffen. Dort wird der Tragödie eine die Affekte reinigende (kathartische) W. zugeschrieben. Seit dem Aufkommen der Genieästhetik im 18. Jh. lässt sich die Emanzipation der Literatur von diesen Zuschreibungen beobachten, ohne dass sie gänzlich verschwinden. Die Diskussion konzentriert sich einerseits auf Vorgänge im Rezipienten (I. Kant, F. Schiller) und andererseits auf produktionsästhetische Fragestellungen (E.A. Poe). Im 20. Jh. basieren u.a. B. Brechts episches Theater wie auch der sozialistische Realismus auf wirkungsästhetischen Annahmen. Ausgelöst durch die Konstanzer Schule wird in der Literaturwissenschaft die W. von Texten seit den 1960er Jahren systematisch untersucht. Die Theorien der Rezeptionsästhetik und des →*Reader-Response Criticism* beruhen auf der Annahme, →Bedeutung sei nicht im Text enthalten, sondern entfalte sich in der Interaktion von Text und Leser. Nach H.R. Jauß entfaltet sich das Bedeutungspotential eines Textes erst in seiner →Wirkungsgeschichte. W. Iser untersucht die Elemente des Textes, die die Rezeption steuern (impliziter Leser), nicht jedoch tatsächliche, empirische Lektüren. In Abgrenzung dazu etablierten sich mit der Lese(r)psychologie, der empirischen Rezeptionsforschung, der Textwirkungsforschung (Persuasionsforschung) und den *Cognitive Poetics* interdisziplinäre Ansätze, die tatsächliche Rezeptionsprozesse und W.en analysieren. U.a. auf ihren Ergebnissen baut die Literaturdidaktik auf.

BIBLIOGRAPHIE: A. Böhn, Art. Wirkung, Wirkungsästhetik, in: RLW 3 (2003), 849–854. – J. Knape, Art. Persuasion, in: HWRh 6 (2003), 874–907. – T. Köppe/S. Winko, Leserorientierte Theorien und Methoden, in: T. Anz (Hg.), Handbuch der Literaturwissenschaft 2, Stuttgart/Weimar 2007, 324–336. – M. Richter, Wirkungsästhetik, in: H.L. Arnold/H. Detering (Hgg.), Grundzüge der Literaturwissenschaft, Frankfurt a.M. 1996, 516–535. – M. Schreier, Textwirkungen, in: T. Anz (Hg.), Handbuch der Literaturwissenschaft 1, Stuttgart/Weimar 2007, 193–202. – R. Warning, Rezeptionsästhetik, München 1975.

Therese Manz

III. Textlinguistisch

Voraussetzung für die W. eines →Textes ist dessen →Rezeption, also die Wahrnehmung (→Lesen) und Dekodierung des im Text angelegten Zeichensystems (Semantisierung). W. allerdings geht über diesen Akt der psychischen Aneignung eines Textes hinaus und meint allgemein die Folgen dieser Aneignung für das Denken und ggf. auch Handeln des Rezipienten.

Die noch immer stark auf den Textproduzenten und das Textprodukt fokussierte Textlinguistik fasst W. als ein Ergebnis der im Text angelegten Funktionen (z.B. mit K. Bühler: Darstellung, Ausdruck, Appell) auf und schreibt dem Text ein Wirkungspotential zu, das mittels inhaltsanalytischer Verfahren zu ermitteln ist. Neben diesen textinternen Faktoren werden insbesondere von der Rezeptionsästhetik (→*Reader-Response Criticism*) und der Diskurstheorie auch textexterne Faktoren (historische Rezeptionssituation, Traditionsbildungen, Diskursordnungen) angeführt, die die W. eines Textes auf den Rezipienten und die Diskursgemeinschaft bestimmen.

In der klassischen →Rhetorik, die als ein Vorläufer der heutigen Textlinguistik gesehen werden kann, sind Wirkungsfunktionen notwendige Bestandteile einer →Rede (*officia oratoris*). Das Ziel, die Zuhörer zu einer Änderung ihrer Meinung im gewünschten und richtigen Sinne zu bewegen, macht die W. aus. Es kann auf drei Wegen erreicht werden: durch Einsicht und Belehrung (*docere*), Unterhalten und Vergnügen (*delectare*) sowie durch Leidenschaftserregung (*movere*). Je nach Redegattung, Stilebene und Redeabschnitt entfalten diese in unterschiedlicher Mischung und Gewichtung einzusetzenden Funktionen ihre spezifische W.

Die von H.R. Jauss begründete Rezeptions- und Wirkungsästhetik setzt für die →Interpretation beim Leser an und fragt nach dessen Erfahrungen mit einem (literarischen) Werk. Der Erwartungshorizont des Lesers bzw. des Publikums wird als Bezugspunkt genommen, um an seinen Reaktionen und Urteilen die W. des Kunstwerkes zu bestimmen. Entsprechende literatursoziologische Ansätze sowie die kommunikationswissenschaftlich basierte Medienwirkungsforschung versuchen, die W. von Texten empirisch nachzuweisen und zu bestimmen. Dabei wurde deutlich, dass kausale Schlüsse von Textfunktionen auf W.en nicht möglich sind, sondern von komplexen Interdependenzprozessen innerhalb der Rezeptionssituation auszugehen ist, in deren Rahmen das formale und inhaltliche Wirkungspotential eines Textes vom Rezipienten entfaltet werden kann.

BIBLIOGRAPHIE: N. Groeben/P. Vorderer, Leserpsychologie, Münster 1988. – M. Jäckel, Medienwirkungen, Wiesbaden [4]2008. – H.R. Jauß, Literaturgeschichte als Provokation, Frankfurt a.M. 1970, 144–207. – K.S. Roth/J. Spitzmüller (Hgg.), Textdesign und Textwirkung in der massenmedialen Kommunikation, Konstanz 2007. – D. Sommer (Hg.), Theorie, Methoden und Ergebnisse literaturbezogener Wirkungsforschung, Halle 1982. – M. Suckfüll, Rezeptionsmodalitäten, München 2004.

Jürgen Schiewe

Wirkungsgeschichte

I. Alttestamentlich

W. als ein Aspekt der durch einen →Text freigesetzten Möglichkeiten des Verstehens hat durch H.-G. Gadamer einen hohen systematischen Stellenwert gewonnen. W. bezeichnet den intellektuellen Erfahrungsraum, in dem der →Interpret eines Textes durch die ihm vorausliegende Geschichte der Wirkungen des Textes in der Kette früherer Generationen gebunden ist. In einem positiven Sinn aufgefasst bedeutet das Konzept der W. eine Kritik am Begriff des Vorurteils. Während das Vorurteil als eine vorgängige Prägung des Interpreten durch eigene oder fremde Meinungen verstanden wird, die seine

Wahrnehmung des Textes verstellt und seine Freiheit begrenzt, wird das wirkungsgeschichtliche Bewusstsein als eine sinnstiftende Zugehörigkeit zu einer durch den Text begründeten Traditionslinie verstanden, die als faktische Voraussetzung eines Verstehensprozesses zur Geltung kommen soll. Das Bewusstsein der W. soll nach Gadamer als ein ‚Moment' des Vollzugs des →Verstehens selbst zu einem hermeneutischen Faktor werden und kann nicht in der Gestalt einer selbständigen ‚Hilfsdisziplin' ergänzend ausgebildet werden.

Für die biblische →Hermeneutik ist das Konzept der W. eine Einladung zu Reflexionen über den Erfahrungsraum der →Tradition jeweils spezifischer Glaubensgemeinschaften als Kontext für die →Überlieferung und →Auslegung der kanonischen Texte (→Auslegungsgeschichte, →Kanon). Das Argument der W. lässt sich als Autorisierung der Forderung einer kirchlichen Verantwortung oder Verpflichtung biblischer →Exegese gebrauchen. Das Argument der W. kann jedoch ebenso als Erschließung der Pluralität von Rezeptionsweisen eines Textes gebraucht werden. Das Argument der W. wird missverstanden, wo es die Verbindlichkeit bestimmter Textauslegungen festschreiben soll. Für die Hermeneutik des AT stellt sich besonders die Frage, inwiefern eine perspektivische Brechung der Wahrnehmung atl. Texte durch ntl. Rezeptionsmuster einen Einfluss auf die →Interpretation gewinnen soll.

Neben dem philosophischen und institutionenbezogenen Gebrauch des Begriffes W. steht ein kulturwissenschaftlicher Gebrauch, der W. auch als Bezeichnung einer wissenschaftlichen Disziplin zu verwenden erlaubt. Hier geht es um die Erforschung zahlreicher Themen: die applikativen Kommunikationsformen (z.B. Halacha, →Predigt, Liedgut) innerhalb einer Glaubensgemeinschaft, die Bestimmungskraft biblischer Texte für das Wertebewusstsein und die Erziehung, die Inspirationskraft biblischer Texte in Literatur, Malerei, Film, Musik u.a., den Gebrauch oder Missbrauch biblischer Texte in der Reaktion auf die Naturwissenschaft, in der Politik, in der Kriegsrhetorik. Umgekehrt wird die Erforschung der Abwendung von der biblischen Tradition zumeist nicht als Teil der W. verstanden.

Bibliographie: A. Bühler (Hg.), Hermeneutik, Heidelberg 2003. – C. Kannengiesser et al. (Hgg.), Bible de tous le temps, 8 Bde., Paris 1984–1989. – U. Luz, Wirkungsgeschichtliche Exegese, in: BThZ 2 (1985), 18–32. – Ders., Wirkungsgeschichtliche Hermeneutik und kirchliche Auslegung der Schrift, in: M. Mayordomo (Hg.), Die prägende Kraft der Texte, Stuttgart 2005, 15–37. – D. Norton, A history of the Bible as literature, Cambridge 1993. – H. Turk, Wahrheit oder Methode?, in: H. Birus (Hg.), Hermeneutische Positionen, Göttingen 1982, 120–150.

Christoph Bultmann

II. Neutestamentlich

Jedes →Verstehen ist historisch vermittelt und standpunktgebunden. →Texte können im Verlauf der Geschichte →Wirkungen entfalten, die einer ganz eigenen, kaum steuerbaren Dynamik unterliegen. Dabei ist W. untrennbar mit →Auslegungsgeschichte verknüpft, die sich primär auf Kommentar- und Predigtwerke im Wandel der Zeiten fokussiert. Ähnliche Erkenntnisinteressen verfolgt auch die Rezeptionsgeschichte, doch gehen Fragen nach Wirkung und →Auslegung zunächst vom zugrunde liegenden Text, nicht vom Rezipienten aus. Texte sind prinzipiell deutungsoffen und beeinflussen das gesamte Spektrum möglicher Zeichensysteme. Entsprechend zielen beim NT ansetzende diachron-wirkungsgeschichtliche Fragen auf den Nachweis der Wirkungsspuren, die kanonische, apokryphe und pseudepigraphe Texte hinterlassen haben. Dabei bleibt die Perspektive nicht auf den engeren christlichen Kontext beschränkt, obgleich dieser im Zentrum aller wirkungsgeschichtlichen Rekonstruktion stehen muss, wie G. Ebeling programmatisch postulierte. Historisch zentral ist die Leistung F.D.E. Schleiermachers, der durch die textorientierte Verbindung von NT und klassischer Philologie den Rezeptionshorizont so geöffnet hat, dass an die Stelle hermetischer Selbstreferentialität modernitätstaugliche Anschlussfähigkeit der →Exegese treten konnte.

Unter Rückgriff auf das von H.-G. Gadamer entworfene hermeneutische Konzept von W., das zugunsten individueller Perspektivität jegliches positivistisch-objektive Verständnis negiert, hat im 20. Jh. die Reihe *Evangelisch-Katholischer Kommentar zum NT* der Fragestellung resonanzstark besonderen Stellenwert eingeräumt. W. könne gerade auch dazu dienen, den Weg des Christentums in die konfessionelle Zersplitterung anhand des Umgangs mit seinen Texten zu verfolgen. Ein wirkungsgeschichtlicher Ansatz jenseits bloßer Narration hat notwendig eine eminent kritische Funktion, die von der Spannung zwischen historisch-kritisch zu ermittelnder Textaussage und späteren Deutungen lebt. Neben der stets zu führenden christologisch zentrierten Debatte um die →Normativität und Relevanz biblischer Überlieferung im Verhältnis zu kirchlicher, dogmatischer und ethischer Traditionsbildung hat W. im Rekurs auf die Vielfalt möglicher Auslegungen die ideologiekritische Aufgabe, den Zusammenhang zwischen der Botschaft des Textes und seiner an Deutungsmachtkämpfen ausgerichteten Interpretation zu thematisieren. Eine durch ‚Verdachtshermeneutik' (E. Schüssler-Fiorenza; →Verdacht) geprägte W. ist im Aufweis zumal institutioneller Unterdrückungsstrukturen immer auch Täter- und Opfergeschichte. Grundsätzlich umstritten bleibt, ob sich Offenbarungsgehalte enthistorisieren lassen oder ihrerseits auch einer prinzipiellen Relativierbarkeit unterliegen.

Bibliographie: G. Ebeling, Kirchengeschichte als Geschichte der Auslegung der Heiligen Schrift, in: Ders., Wort Gottes und Tradition, Göttingen 1964, 9–27. – U. Luz, Das Evangelium nach Matthäus (Mt 1–7), Bd. I/1, Neukirchen-Vluyn [5]2002, 106–114. – E. Schüssler-Fiorenza, Zu ihrem Gedächtnis, Gütersloh [2]1993 [*engl.* In memory of her, New York 1983].

Alf Christophersen

III. Systematisch-theologisch

Der mehr prägnante als präzise Begriff der W., der als textorientiert von der leserzentrierten Rezeptionsgeschichte von vornherein zu unterscheiden ist, regt Mehrsinnigkeit an.

W. in dem von H.-G. Gadamer zur Diskussion gestellten Sinn heißt nicht, dass ein methodisch erfasster Primärtext sekundär auch noch Wirkung zeigt, wie in den Geschichten der Nachwirkung, Forschungs- und Überlieferungsgeschichten allgemein vorausgesetzt, sondern bedeutet, dass sich der vermeintlich historisch-objektive Gegenstand gar nicht als Werk (ἔργον), vielmehr als tätige →Wirkung (ἐνέργεια) erweist, die die aktuelle Situation des →Verstehens transzendental vorbedingt und, nach Gadamer in prinzipiell positivem Sinn, immer schon präfiguriert. Auch wenn einer so gearteten Wirkung niemals absolute Geltung zukommt, so entfaltet sie doch eine Macht, die von bewusster Anerkennung unabhängig ist. Gadamers Begriff der W. verleiht der im Traditionsprozess vorauszusetzenden Balance von Geben und Empfangen ein Übergewicht des Empfangens, und sei es noch so gering.

Der bei Gadamer die Krisen des Bewusstseins immer schon überspielenden, weil prinzipiell glückenden Sinnkontinuität steht die mit Katastrophen rechnende Variante des Traditionsprozesses gegenüber, die A.M. Warburg entwarf. Die energetische Kulturwissenschaft deckt in Texten, mehr noch in Bildern und ihrer Gebärdensprache das unterhalb der Schwelle des Bewusstseins wirkende Fortleben der Antike, ihrer Götter, Mächte und Affekte (πάθος) auf. Das Kollektivgedächtnis der Kultur ist engrammatisch gespeicherte Energie, die in der Weise der Schatzbildung (Thesaurierung) akkumuliert, dem täglichen Verkehr entzogen und gerade so wirksam ist: „Leidschatz der Menschheit" (Notiz 1928: The Warburg Institute, Arch.-Nr. 12.27). Die mnemische ‚Energieconserve' bildet eine Macht, die selbst unabhängig von bewusster Erinnerung agiert. Warburgs energetische W. ist gekennzeichnet durch ein Übergewicht von Empfangenmüssen.

W. ausgehend von mnemischen Deposita (‚Schätzen'), gegenüber deren Beharrungsvermögen menschliche Bewusstseine kommen und gehen, ist nicht zuletzt hervorragendes Thema der jüdischen und christlichen Tradition. →Texte und →Zeichen sind Stiftungen von →Gedächtnis (Ps 111,4; 1 Kor 11,24.26), die nicht nur auf der gegenständlichen, sondern auch auf der transzendentalen Ebene rezipiert werden und so davon zeugen, dass sie bei der Konstitution des rezipierenden Bewusstseins schon längst am Werk gewesen sind.

BIBLIOGRAPHIE: H.-G. Gadamer, Wahrheit und Methode (1960), in: Gesmmelte Werke, Bd. 1, Tübingen [6]1990. – E.H. Gombrich, Aby Warburg, Frankfurt a.M. 1981. – M. Mayordomo, Wirkungsgeschichte als Erinnerung an die Zukunft der Texte (Hinführung), in: Ders. (Hg.), Die prägende Kraft der Texte, Stuttgart 2005, 11–14.

Günter Bader

IV. Altphilologisch

Obwohl die Bezugnahme auf Vorgängertexte in der antiken →Literatur als *imitatio* und *aemulatio* grundlegendes Schaffensprinzip ist, wird über W. zumeist nur im Zusammenhang mit der Rechtfertigung neuer Stilideale und Kanonbildung reflektiert, besonders im 4./3. Jh. v.Chr., im 1. vor- und nachchristlichen Jahrhundert, im 2. Jh. mit verstärkten Interesse an archaischer Literatur (Fronto, Gellius) und bei christlichen →Autoren. Für die →Überlieferung abendländischer Literatur von größter Bedeutung waren dabei die Rückwendung zur attischen Literatur der Klassik (Dionysios v. Halikarnassos; Cicero) und die Neuorientierung bei den Christen.

Die spätantike Bibelhermeneutik bestimmt mit dem Verhältnis von paganer und christlicher Kultur auch die Rolle der →Rhetorik neu; dem Misstrauen gegenüber rhetorischer Bildung als sophistischer Manipulationskunst widersetzt sich Augustin damit, dass die in der →Exegese gewonnene Erkenntnis auch angemessen vermittelt werden muss; zudem attestiert er der →Bibel stilistische Vielfalt und damit Musterhaftigkeit für alle Stilebenen (*doctr. chr.* 4). Der Vorwurf an die Rhetorik, im Widerspruch zum christlichen Demutsideal dem Ehrgeiz des Redners zu dienen, bleibt dennoch virulent (Ennodius, 6. Jh.), genauso wie das Misstrauen, dass die ästhetische Attraktivität klassischer Autoren mit christlicher Seelenbildung nicht vereinbar sei (Hier. *epist.* 22,30). Umgekehrt bemühen sich christliche Autoren schon früh um die Rechtfertigung einer Lektüre klassischer Texte durch einen tieferen →Sinn, so dass man etwa Vergils vierte Ekloge messianisch deutet.

Die Auswahl und Übernahme von Exegesemethoden aus paganer Tradition ist bis ins 4. Jh. abgeschlossen; →Allegorese und →Typologie werden in Literatur und Kunst für das nächste Jahrtausend zu bestimmenden Denk- und Ausdrucksformen. Generell wirkt es sich belebend auf die künstlerische Produktion aus, dass man für die paganen →Mythen, →Allegorien und historischen Exempel einen gleichwertigen Ersatz durch biblische Helden und christliche Heilige etablieren muss. Auch typologische Konstruktionen, die in paganer Panegyrik regelmäßig in Verbindung mit teleologischer Geschichtsdeutung auftreten (prominent in Vergils *Aeneis*) und den gepriesenen Herrscher auf historische Vorbilder verpflichten, werden auf Prognosen für die heilsgeschichtliche Rolle von Herrschern übertragen (z.B. in Eusebius' Konstantinsvita oder in Ambrosius' *laudatio funebris* auf Theodosius), was als Deutungsmuster bis in das barocke Geschichtsbild weiterwirkt.

BIBLIOGRAPHIE: V. Buchheit, Cicero inspiratus – Vergilius Propheta?, in: Hermes 118 (1990), 357–372. – T. Gelzer, Klassizismus, Attizismus und Asianismus, in: H. Flashar, Le classicime a Rome aux Iers siècles avant et après J.-C., Vandouevres 1979, 1–55. – K. Groß-Albenhausen, Imperator christianissimus, Frankfurt a.M. 1999. – K. Pollmann, Doctrina Christiana, Fribourg 1996. – A. Reiff, Interpretatio, imitatio, aemulatio, Würzburg (phil. Diss. Köln) 1959. – B.-J. Schröder, Bildung und Briefe im 6. Jahrhundert, Berlin/New York 2007.

Claudia Wiener

V. Literaturwissenschaftlich

Als W., oder später synonym ‚Rezeptionsgeschichte', wird im Allgemeinen seit den 1930er Jahren, insbesondere aber seit H.-G. Gadamers *Wahrheit und Methode* (1960), die Abfolge und der Zusammenhang von Textwirkungen bezeichnet. Die Erforschung der W. von →Texten wird bereits im 19. Jh. betrieben, erfährt aber erst in den 1960er Jahren durch Gadamer und H.R. Jauß eine theoretische Fundierung und einen quantitativen Aufschwung. Im Unterschied zur Rezeptionsästhetik W. Isers (→*Reader-Response Criticism*), die v.a. eine Phänomenologie des Leseaktes darstellt, ist wirkungsgeschichtliche Forschung interpretationsorientiert. Nach Gadamer spielt die W. immer eine Rolle beim Verständnis eines Werkes. Beim →Verstehen verschmelzen die Horizonte von Text und Rezipient und überbrücken so die historische

Distanz. Dabei handelt es sich um einen fortwährenden Prozess, innerhalb dessen die verschiedenen Horizonte nur theoretisch, nicht aber praktisch zu trennen sind. Für den →Interpreten kommt es darauf an, sich dieser hermeneutischen Situation bewusst zu sein: Der Text führt seine W. mit sich, sie ist essentiell für die aktuelle Interpretation. Daran anknüpfend behauptet Jauß, das Bedeutungspotential eines Textes entfalte sich erst im Laufe seiner W. Damit wird der Gehalt eines Werkes in Abhängigkeit von seiner Wirkung bestimmt. Die Traditionsbildung ist gleichermaßen durch ästhetische wie gesellschaftliche Faktoren bedingt. Daraus folgt, dass die Geschichte der Literatur nicht als Geschichte von Werken, sondern von Werkwirkungen geschrieben werden muss. Objektivierbare Aussagen über die historische Bedeutungsentfaltung eines Textes können durch Rekonstruktion des Erwartungshorizonts, also der literarischen Erfahrungen des ersten Publikums, gewonnen werden. Jauß geht davon aus, dass Texte bewusst oder unbewusst für ein Publikum mit bestimmten Dispositionen geschrieben werden. Der Text lenkt die Wahrnehmung der Rezipienten durch Leseanweisungen, durch die immanente Poetik der Gattung, durch Beziehungen zu Werken der literarhistorischen Umgebung und durch den Gegensatz von Fiktion und Wirklichkeit, poetischer und praktischer Sprache. Die Distanz zwischen Werk und Erwartungshorizont ist nach Jauß außerdem ein Maßstab für den Kunstcharakter des Textes.

Aus der Kritik an diesen Ansätzen und der Kritik an der empirischen Rezeptionsforschung entwickelte sich eine wirkungsgeschichtliche Forschungsrichtung, die die sozialgeschichtliche Aufarbeitung von Formen und Medien der Distribution sowie Lesegewohnheiten mit einbezieht.

BIBLIOGRAPHIE: A. Böhn, Art. Wirkungsgeschichte, in: RLW 3 (2003), 854–855. – H.-G. Gadamer, Wahrheit und Methode, Tübingen 1960. – G. Grimm, Rezeptionsgeschichte, München 1977. – H.R. Jauß, Literaturgeschichte als Provokation der Literaturwissenschaft, in: R. Warning (Hg.), Rezeptionsästhetik, München 1975, 126–162. – T. Köppe/S. Winko, Leserorientierte Theorien und Methoden, in: T. Anz (Hg.), Handbuch der Literaturwissenschaft 2, Stuttgart/Weimar 2007, 324–336. – J. Stückrath, Historische Rezeptionsforschung, Stuttgart 1979.

Therese Manz

Wort

I. Alttestamentlich

(1) Der hebräische Begriff *davar* bezeichnet das gesprochene W. (Spr 25,11) (der Plural *devarim* auch ‚Sprachen', Gen 11,1) oder eine Sache oder einen Sachverhalt (Gen 12,17b), so dass *Geschehnis* und *Bericht* darüber unter dem Lemma *W.* zusammenfallen können, wie die Formulierung: „Es begab sich aber nach diesen Ereignissen/Geschichten (*devarim*) …" (Gen 15,1 u.ö.) zeigt. Dies korrespondiert mit dem impliziten Selbstverständnis des AT-Textes insgesamt als sich ereignendes Gotteswort (s.u. 3.). *davar* bezeichnet auch diejenigen Aussage- und Sachgehalte, die Gott in die (Text-)Welt hinein gelegt hat, und deren gründliche Erforschung (*chaqar*) die Zier der Könige und Weisen ist (vgl. Spr 25,2). Das Substantiv *W.* leitet sich von der Wurzel *dbr* ab, deren Verbalform das *Reden* oder *Sprechen* im absoluten Sinne bezeichnet, im Gegensatz zu *amar*, das, wie dt. *Sagen*, i.d.R. den Inhalt in direkter Rede folgen lässt.

(2) *W. Gottes/W. Jahwes:*

(a) Das *prophetische Gotteswort:* Bei Ez findet sich die (Selbst-) Definition Jahwes als des Redenden: *ani Yhwh dibbarti* ‚Ich (allein) bin Jahwe, der ich rede' (Ez 5,15 u.ö.; A. Diesel, 344 ff.). Entsprechend gilt die Vermittlung des Redens Gottes als Wesen der Prophetie. In Jer und Ez findet sich eine regelrechte Theologie des W.es Gottes, die in früheren Prophetenschriften Vorstufen hat (Am 3,8), v.a. in der Verwendung der *Wortereignisformel* (‚da geschah das W. Jahwes zu …'), der *so spricht Jahwe-Formeln* (Wagner) und der *Gottesspruchformel* (‚Ausspruch/Raunung [*ne'um*] Jahwes'). Diese Formeln dienen als Textgliederungssignale, als Zitateinleitung und/oder der Legitimation des verkündigten/niedergeschriebenen Prophetenwortes.

(b) Das *Gotteswort als Gebot:* In bestimmten (v.a. deuteronomistische) Passagen werden die Gebote Gottes mit dem Terminus *davar* W. belegt (Bezeichnung des Dekalogs als *die Zehn W.e:* Ex 24,38; Dtn 4,13; 10,4). Ps 119 gebraucht *W.* synonym zu *Ordnung, Weisung,*

Satzung, Gebot etc. Gottes Reden und die Gebote seiner Tora fallen in eins.

(c) das *schöpferische Gotteswort:* Das Motiv *Schöpfung durch das W.* findet sich auch in ägyptischen und mesopotamischen Mythen, erhält aber in Gen 1 ein besonderes Gewicht dadurch, dass die Wendung ‚da sprach Gott...' jedes Werk einleitet und als Vorzeichen für jede andere angedeutete Schöpfungsvorstellung dient. Schöpfung ist hier in besonderer Weise *Wortgeschehen,* das dem prophetischen Gotteswort korrespondiert (A. Schüle, 130 ff.; vgl. Ps 33,9).

(3) Die Bücher der hebräischen Bibel lassen sich insgesamt als W. Gottes verstehen. Der Buchteil Jes 40–55 (*Deuterojesaja*) ist in 40,8 und 55,10 f. durch Reflexionen über das W. Gottes gerahmt. Diese *inclusio* weist das Corpus insgesamt als Gotteswort aus. Ähnlich lässt sich in der Hebräischen Bibel die Korrespondenz zwischen dem ersten (Gen 1: Schöpfung als Wortgeschehen) und dem letzten Text (2 Chr 36,22 f.: Erfüllung des Gotteswortes aus Jer 29,10) lesen.

BIBLIOGRAPHIE: J. Bergmann et al., Art. *dābār,* in: ThWAT 2 (1977), 89–133. – A. Diesel, „Ich bin Jahwe", Neukirchen-Vluyn 2006. – C. Levin, Art. Wort Gottes II., in: RGG[4] 8 (2005), 1698 f. – A. Schüle, Der Prolog der hebräischen Bibel, Zürich 2006. – A. Wagner, Prophetie als Theologie, Göttingen 2004.

Achim Behrens

II. Neutestamentlich

Das W. (ὁ λόγος oder τὸ ῥῆμα) bekommt im NT insbesondere dort eine signifikant theologische Bedeutung, wo es in Genitivverbindungen als W. Gottes, W. des Herrn, W. des Evangeliums, W. des Heils und ähnlichen Ausdrücken erscheint. Aber auch der absolute Gebrauch von W. kann eine wichtige inhaltliche Bestimmung annehmen. So findet sich in der Erklärung des Sämanngleichnisses in Mk 4,13–20 ὁ λόγος innerhalb der wörtlichen Rede Jesu. Der Ausdruck ὁ λόγος verdankt sich hier einer späteren Traditionsentwicklung, die den missionarischen Sprachgebrauch frühchristlicher Gemeinden aufnimmt, welche den λόγος als *terminus technicus* für die christliche Botschaft bzw. für das in der frühchristlichen Mission verkündigte Evangelium verwendet (vgl. auch Mk 1,45; 4,33; Lk 1,2 u. ö.). In Mt 13,19 meint die Genitivverbindung λόγος τῆς βασιλείας das W. von der Herrschaft (Gottes), wofür in Lk 8,11. 21 auch einfach W. Gottes stehen kann.

Bei Paulus steht der Ausdruck W. häufig in einer engen Verbindung mit dem Begriff ‚Evangelium'. Das W. ist der Gegenstand der Missionspredigt (Phil 1,14; 1 Thess 1,6) und ruft so als verkündigtes W. den Glauben hervor (Röm 10,8). In der Wendung ‚W. Gottes' wird das Evangelium als von Gott ausgehend bezeichnet (1 Thess 2,13; 2 Kor 2,17). Das Evangelium kann auch als das Selbstwort des Herrn verstanden werden (1 Thess 1,8), das vermittelt durch die Predigt wiederum den Glauben schafft (Röm 10,17). Mit dem Ausdruck ‚W. vom Kreuz' (1 Kor 1,18) verweist Paulus auf den zu interpretierenden Tod Jesu, den er selbst mit der Wendung ‚W. von der Versöhnung' als ein solches Gotteshandeln deutet, mit dem Gott den an sich in der Gottesferne existierenden Menschen mit sich versöhnt und in das zwischen Schöpfer und Geschöpf angemessene und das Leben eröffnende Verhältnis bringt (2 Kor 5,11–21).

In den johanneischen Schriften kann Jesus Christus selbst als W. bezeichnet werden (Joh 1,1. 14; 1 Joh 1,1; vgl. auch Offb 19,13). Dieser Sprachgebrauch lässt seine →Intertextualität erkennen. Zum einen muss der breite Hintergrund der griechisch-hellenistischen Philosophie bedacht werden. Zum anderen prägt die Vielfalt der atl.-frühjüdischen Tradition das Verständnis des Begriffes W. Der semantische Reichtum verdankt sich verschiedenen vorgegebenen Motiven: Das W. Gottes wirkt (Gen 1,6 f. 9; Jes 55,11), es offenbart und drängt zur prophetischen Rede (Jer 1,4 f.; Am 3,8). Auch das Motiv der Weisheit prägt den johanneischen Begriff W., wenn von dessen Schöpfungsmittlerschaft und Präexistenz die Rede ist (vgl. Spr 8,22–36; Sir 24,1–22; Weish 7,22–8,1). All diese traditions- und religionsgeschichtlich vorgegebenen Motive müssen im Kontext von Inkarnation, Tod und Auferstehung Jesu interpretiert werden, um das nun neue Verständnis von W. verstehen zu können.

BIBLIOGRAPHIE: O. Hofius, Wort Gottes und Glaube bei Paulus, in: Ders., Paulusstudien, Tübingen [2]1994, 148–174. – O. Wischmeyer, Das „Wort

Gottes“ im Neuen Testament, in: U.H.J. Körtner (Hg.), Wort Gottes – Kerygma – Religion, Neukirchen-Vluyn 2003, 27–40. – M. Wolter, Art. Wort Gottes 2., in: EKL[3] 4 (1996), 1326–1329.

Christof Landmesser

III. Systematisch-theologisch

Das W. spielt in der Systematischen Theologie v. a. im Zusammenhang des Theologumenons vom W. Gottes eine Rolle. Im 20. Jh. entstanden vier Formen einer Theologie des W.es Gottes: die dialektische Theologie (K. Barth, E. Brunner, F. Gogarten), die hermeneutische Theologie des W.es (E. Fuchs, R. Bultmann, G. Ebeling, E. Jüngel), die britische Wort-Gottes Theologie (B. Mitchell, W. Abraham) und die an M. Luther und J.G. Hamann orientierte Theologie der Anrede (O. Bayer, J. v. Lüpke). Allen diesen Theologien ist gemeinsam, dass sie mehr oder minder deutlich von der neuzeitlichen Problemlage ausgehen, die danach fragt, wie es überhaupt möglich ist, dass der Mensch etwas von Gott erkennt. Die gemeinsame Antwort dieser Theologien lautet: „It is only because God has spoken His word that we can have any assurance about what He has done in creation and history and about his intentions and purposes in acting in creation and history“ (W.J. Abraham, 21). Die Frage, ob dies eine tragfähige Antwort ist, verschärft sich dadurch, dass bereits im NT „der Begriff des Wortes Gottes [...] so gut wie ausschließlich dadurch charakterisiert“ ist, „daß er in menschlicher Rede an den Menschen ergeht“ (R. Bultmann, 280). Es gilt darum, das Gotteswort im Menschenwort zu erkennen. Nach K. Barth entsteht dadurch das Paradox, dass wir von Gott reden müssen, aber als Menschen nicht von ihm reden können (K. Barth). In der Kirchlichen Dogmatik entwickelt Barth als Antwort auf dieses Problem seine Lehre von der dreifachen Gestalt des W.es Gottes: *verbum incarnatum, verbum scriptum* und *verbum praedicatum*. Während bei Barth die Theologie des W.es Gottes so in der Inkarnation fundiert wird, denkt die hermeneutische Theologie bewusst den Zusammenhang zwischen Sprache und W. Gottes nach. Gotteserfahrung ist Erfahrung eines Wortgeschehens. Die letzte Begründung der Sagbarkeit Gottes finden E. Jüngel und G. Ebeling aber ebenfalls in der Inkarnation. Die britische Worttheologie Abrahams geht von einer inneren Inspiration des Menschen aus, der der Mensch allererst sprachlich Ausdruck verleiht, während die von O. Bayer entwickelte Theologie an Luthers Betonung des äußeren Wortes als Anrede und Verheißung (*promissio*) orientiert ist. Solche Anrede und Verheißung findet Bayer mit Luther auch in der Schöpfung.

Eine Identifikation der ganzen Bibel mit dem W. Gottes führt dazu, dass ihr eine fragwürdige Autorität als unfehlbares Buch zugesprochen werden (Fundamentalismus) und dass sie naiv nach dem Textmodell der ‚Anrede an mich‘ gelesen werden kann. Die Aussage, dass in und durch das menschliche W. im biblischen Kanon Gott selbst den Menschen in Form von →Gesetz und Evangelium anredet, ist hingegen eine für den christlichen Glauben unaufgebbare Aussage. Wie beides zu verbinden ist, ist neben der Frage der medien- und gedächtnistheoretischen Entwicklung eine der zahlreichen aktuellen Debatten um die Thematik des W.es Gottes.

BIBLIOGRAPHIE: W.J. Abraham, Divine revelation and the limits of historical criticism, London 1982. – K. Barth, Das Wort Gottes als Aufgabe der Theologie (1922), in: Gesamtausgabe 19/Abt. III, Zürich 1990. – O. Bayer, Schöpfung als Anrede, Tübingen 1986. – R. Bultmann, Der Begriff des Wortes Gottes im NT, in: Ders., Glauben und Verstehen I, Tübingen 1964, 268–293. – G. Ebeling, Einführung in die theologische Sprachlehre, Tübingen 1971. – G. Ebeling, Dogmatik des christlichen Glaubens, 3 Bde., Tübingen 1979. – E. Jüngel, Gott als Geheimnis der Welt, Tübingen [7]2001. – A.Grötzinger/J. v. Lüpke, Im Anfang war das Wort, Neukirchen 1998. – U. Körtner, Theologie des Wortes Gottes, Göttingen 2001. – B. Mitchell/M. Wiles (Hgg.), Does Christianity need a revelation?, in: Theology 83 (1980), 103–114.

Martin Leiner

IV. Altphilologisch

Das W. (engl. *word*; frz. *mot*) ist ein kulturell belegtes Konzept. Die westliche Grammatiktradition wendete seit der Antike ein ‚Wort-und-Paradigma‘-Modell an, das (1) Wörter als zentrale Einheiten der Sprachbeschreibung betrachtet, das (2) die Wörter einer Sprache verschiedenen Wortklassen zuteilt und jede Klasse durch (3) ein Paradigma (oder die Paradigmen von verschiedenen Subklassen) definiert, das aus einem W. und seinen möglichen ‚Varianten' besteht, d.h. seinen deklinierten oder konjugierten Formen. Wörterbücher geben gewöhnlich nur die paradigmatische Grundform (Singular des Nomens, die singulare maskuline Form des Adjektivs, den Infinitiv des Verbs) für eine Anzahl damit verbundener Formen an.

Während die mykenischen und zypriotischen Silbenschriften regelmäßig von Worttrennungen Gebrauch machen, markiert die griechische Alphabetschrift keine Worttrennungen und blieb bis in die byzantinische Zeit eine *scriptio continua.* In der griechischen und römischen Sprachkultur wurde das Konzept ‚W.' nie auf theoretischer Ebene begründet. Plato (*Cratylus; Sophistes*) benutzte den Terminus ὄνομα (‚Name', ‚Eigenname') u.a. als generelle Bezeichnung für ‚W.'; Aristoteles (*Poetica*) reservierte den Terminus für Wörter mit lexikalischer Bedeutung. Den eher technischen Ausdruck μέρος λέξεως verwendet er für ‚Wortklasse' (oder ‚Teil der Rede'), während λέξις einen weiten Bedeutungsbereich abdeckt, von ‚(mündlichem) Ausdruck' bis zu ‚Diskurs' (→Satz). Die Stoiker benutzten den Terminus λέξις für das W. als Lautform und μέρος λόγου für die verschiedenen Wortklassen. Die alexandrinischen Grammatiker verwendeten die Termini λέξις, μέρος λόγου und μόριον in Bezug auf (autonome) Teile in der Satzanalyse (λόγος). Dionysius Thrax definierte in seiner *Τέχνη γραμματική* das W. (λέξις) als kleinste Einheit eines konstruierten Satzes (λόγος). Auch im Lateinischen existiert eine Vielfalt von Termini: *verbum, vox, vocabulum, locutio, dictio*; aber diese Termini können auch spezifischer die ‚Wortklasse' (*dictio*), die ‚Aussage'/‚Rede' (*locutio*), den ‚Terminus' (*vocabulum* bei Varro) oder eine bestimmte Wortart (*verbum* = ‚Verb'; *vocabulum* = ‚Nomen') bezeichnen. Keiner dieser Termini kann jedoch das hyperonymische Konzept ‚W.' abdecken. Obgleich eine eigene theoretische Reflexion zum Konzept ‚W.' in der Antike fehlt, finden sich z.B. in Apollonius Dyscolus, Varro und in Scholien zu den τέχνη interessante Reflexionen über die Identität (vgl. das Problem flektierter Wortformen) und Abgrenzung (vgl. enklitische und proklitische Wörter, Komposita) von Wörtern.

Bibliographie: D.M. Hyman, Terms for "word" in Roman grammar, in: T. Fögen (Hg.), Antike Fachtexte/Ancient technical texts, Berlin/New York 2005, 155–169. – A. Juilland/A. Roceric, The linguistic concept of word, Den Haag 1972. – J. Lallot, Le mot, dans la tradition prégrammaticale et grammaticale en Grèce, in: Lalies 10 (1988–1989), 125–134. – P. Swiggers/W. van Hoecke (Hgg.), Mot et parties du discours/Word and word classes/Wort und Wortarten, Leuven 1986.

Pierre Swiggers/Alfons Wouters

V. Textlinguistisch

Die Wörter sind neben den grammatischen Regeln die zentralen Grundeinheiten der Einzelsprachen und damit auch ein zentrales Objekt der Sprachwissenschaft. Sowohl zur Wortdefinition als auch zur Einordnung in die linguistischen Teildisziplinen der Linguistik existieren – Schulen und Methoden bedingt – unterschiedliche Auffassungen.

In Anlehnung an strukturalistische Konzeptionen geht man heute oftmals davon aus, dass sich das W. auf den verschiedenen Ebenen, Modulen des Sprachsystems, jeweils spezifisch definiert. Danach sind verschiedene Wörter (phonetisch-phonologische, graphische, morphologische, syntaktische, semantische und pragmatische) zu unterscheiden. Prototypische Wörter tragen auf allen Ebenen Wortcharakter und sind charakterisiert durch ihre Isolierbarkeit in Rede und Schrift, ihren selbständigen Bedeutungscharakter, ihre Morphemstruktur und kategoriale Prägung, die Fähigkeit, Phrasenkern sein zu können, ihren kommunikativen Charakter, etwas darzustellen und/oder Gefühle auszudrücken und/oder eine Intention zu transportieren.

Da es keine Isomorphie zwischen allen Wortebenen geben muss, kommt es vor, dass eine lexikalische Einheit nicht auf allen Ebenen ein W. ist. Beispielsweise haben in der umgangssprachlichen Wendung *in Gottes Namen* (‚meinetwegen') die drei Lautkörper u.a. keine selbständige Bedeutung, sie sind in der Wendung deshalb keine individuellen semantischen Wörter.

Die Wörter als Hauptobjekte haben die linguistischen Teildisziplinen Morphologie und Lexikologie. Während die Morphologie deren formale, regelhaft grammatische Eigenschaften beschreibt, charakterisiert die Lexikologie die Wortschätze speziell und umfassend.

Das lexikalische sprachliche Wissen ist im Langzeitgedächtnis (im mentalen Lexikon) gespeichert und wird in der Ontogenese erlernt.

Wörter sind auch soziale und kulturelle Phänomene, die z. B. etwas über die Kontakte der Völker (Lehnwörter), die regionale Herkunft (Mundarten), das Geschlecht (Frauen- vs. Männersprache) oder den Beruf (Fachlexik) der Sprachbenutzer aussagen. Wörter sind außerdem historisch markiert, weil der Wortschatz der Sprachen in ständiger Veränderung ist: Neue Wörter kommen hinzu (Neologismen) und andere verschwinden (Archaismen). Außerdem können sich die Lautkörper und/oder Bedeutungen wandeln.

Der Begründer der modernen Sprachwissenschaft, F. de Saussure, hatte die Sprache als ein System von Zeichen definiert, da das Einzelwort seinen vollständigen Wert erst durch die formalen und inhaltlichen Relationen zu anderen Wörtern erhält. Beispielsweise gehören in morphologischer Hinsicht die Wörter (= Wortformen) zu Flexionsparadigmen, in semantischer Hinsicht stehen sie in Sinnrelationen (Synonymie, Antonymie, Hyperonymie, Inkompatibilität, etc.).

BIBLIOGRAPHIE: L. Bauer, Word, in: G. Booij et al. (Hgg.), Morphologie, HSK 17.1, Berlin/New York 2000, 247–257. – S. Pinker, Wörter und Regeln, Heidelberg 2000. – C. Römer/B. Matzke, Lexikologie des Deutschen, Tübingen [2]2005. – F. de Saussure, Cours de linguistique générale (1916), Lausanne/Paris [8]1971 [*dt.* Grundfragen der allgemeinen Sprachwissenschaft (1931), Berlin/New York [3]2001].

Christine Römer

Wort Gottes →Wort

Wunder

I. Alttestamentlich

Das →AT kennt keinen dem deutschen W. äquivalenten Begriff, jedoch eine Reihe von Lexemen, die wunderbares Geschehen charakterisieren: *otot u-moftim* ‚Zeichen und Wahr-/Sinnzeichen' (Dtn 4,34; 34,11; Ex 7,3 u. ö.), *gevurot* ‚Machttaten' (Dtn 3,24), *gedolot* ‚Großtaten' (2 Sam 27,21; 2 Kön 8,4 u. ö.) und *nifla'ot* ‚erstaunliche Dinge' (u. a. Ps 9,2; 75,2). Die →Semantik der atl. Begriffe bezieht sich zumeist auf das machtvolle Rettungshandeln Jahwes, z. T. auch durch seine legitimen Mittler, und verweist somit bereits auf die Zeichenhaftigkeit des W.s.

Im Bereich der atl. →Hermeneutik war einerseits das Verständnis des W.s als ungeschichtlicher →Mythos bei D.F. Strauss, das supranaturalistische oder rationalistische Positionen überwindet, bestimmend, andererseits aber auch eine religionsgeschichtliche → Deutung im →Kontext des animistisch-dynamistischen →Paradigmas, insbesondere in der deutschen und skandinavischen religionsgeschichtlichen Schule. Die ‚Wort-Gottes-Theologie' nach dem Zweiten Weltkrieg neigte demgegenüber zu einer Auffassung, wonach das AT dazu tendiere, das W. im Geistigen aufzulösen, gar es zu entmythologisieren (G. v. Rad). Redaktionsgeschichtlich orientierte Ansätze tendierten vielfach dazu, den →Glauben an W. als eine dem entwickelten Jhwh-Monotheismus deuteronomisch-deuteronomistischer Prägung vorgängiges Phänomen zu beschreiben, das sekundär theologisiert worden sei. Neuere Arbeiten, insbesondere zu den Elia-Elisa-Wundergeschichten, beschreiten zumeist eine Hermeneutik, die religionsgeschichtliche und literatursoziologisch-textpragmatische Verstehensmodelle kombiniert. Religionsgeschichtlich grundlegende Voraussetzung zum Verständnis der atl. W. ist die altorientalische Auffassung von der Fähigkeit der Götter, sich in Naturerscheinungen zu manifestieren und Letztbewirkung einer durch einen Mittler hervorgerufenen Situationsüberschreitung zu sein.

Textpragmatisch sind die W. und →Zeichen v. a. als Machterweis Jhwhs zu verstehen, die in Situationen existentieller Not für den Leser eine durch Jhwh gewirkte Situationsüberschreitung plausibel machen. Die Rettungswunder in den Exoduserzählungen erinnern an das rettende Handeln Jhwhs in der Vergangenheit und stiften Hoffnung und Zuversicht auf Beistand und Rettung sowohl für das leidende Individuum als auch für das Gottesvolk in der jeweiligen Gegenwart der Leser. In Situationen äußerer Bedrohung bzw. Glaubensanfeindungen sind W. Machterweis und propagieren das Festhalten am Glauben der Väter (bes. Dan 3;6).

BIBLIOGRAPHIE: H.-J. Fabry, Art. Wunder II., in: RGG[4] 8 (2005), 1717–1719. – G. Quell, Das Phänomen des Wunders im Alten Testament, in: A. Kuschke (Hg.), Verbannung und Heimkehr, Tübingen 1961, 253–300. – R. Schmitt, Magie im Alten Testament, Münster 2004. – L. Schwienhorst-Schönberger, Art. Wunder I., in: NBL 3 (2001), 1133–1138. – W. Thiel, Art. Wunder II., in: TRE 36 (2004), 383–386. – S. Wagner, Art. môpet, in: ThWAT 4 (1984), 750–760. – Y. Zakovitch, Art. Miracle, in: ABD 4 (1992), 845–856.

Rüdiger Schmitt

II. Neutestamentlich

Die Rede von W. bildet keinen ontologischen Sachverhalt, sondern ein mehrdimensionales Wirklichkeitskonstrukt ab, das in individuellen, sozialen, kulturellen und religiösen Zusammenhängen steht und sich reziprok zu normierten und normierenden Annahmen von →Interpretationsgemeinschaften verhält. Die Wirklichkeitskonstruktion von W.n basiert auf verschiedenen Evidenzquellen, die sich weder zeitlich noch logisch systematisieren lassen. Die sinnliche Wahrnehmung kann extraordinäre (natürliche oder körperliche) Phänomene und Verhaltensweisen feststellen (vgl. Mk 5,20; Mt 9,33; 15,31 u. a.). In der kognitiven Konstruktion greift eine Vergleichung und Verknüpfung mit weiteren ‚Vorkommnissen' (vgl. z. B. Mk 4,41), wird das ‚Besondere' am kulturell-religiös als ‚möglich' Erachteten vermessen (vgl. Mt 21,15) und ggf. eine Versprachlichung des/als W. erzielt (im NT bereits theologisch bestimmt: ‚Krafttaten'/‚Machttaten': Mk 6,2.5.14; Mt 11,20 f. u. v. a.; ‚Götterzeichen': Apg 2,19.22.43; 4,30 u. a.; ‚Zeichen': Joh 2,11; 4,54; 20,30 u. a.). Die Verhältnisbestimmung zu ‚magischen' Erklärungskonstrukten verhält sich reziprok zur jeweiligen Interpretationsgemeinschaft (vgl. Apg 8,9.11; 13,6.8). Die Kategorie des ‚Naturwunders' (so für Mk 4,35–41 par; 6,45–52 par u. a.) steht exemplarisch für ein verfehltes formgeschichtliches Vermessen antiker →Erzählungen an einem bestimmten neuzeitlichen Realitätskonstrukt. Weitere Evidenzquelle der Wunderkonstruktion sind das soziale Feedback bzw. die soziale Inszenierung (vgl. die Chorschlüsse der Wundererzählungen), wobei es zur Interferenz mit sozial vermittelten kulturellen Konstrukten wie *‚gender'* (vgl. Frauenheilungen: Mk 1,29–31; 5,21–43 u. a.) oder ‚Generation' (vgl. die W. des Jesuskindes im Kindheitsevangelium des Thomas: 2,1–5; 4,1; u. a.) kommt. Zentrale Bedeutung bei der Wunderkonstruktion kommt der affektiven Dimension zu (z. B. Furcht: Mk 4,41; 5,15.33 u. a.). Gerade emotive Aspekte öffnen die religiöse Dimension der Wunderinterpretation, die von konventionalisierten religiösen Deutungsmustern, Erwartungen und rituellen Handlungsmöglichkeiten her ansetzt. Im Fall der ntl. Wundererzählungen spielen atl.-intertextuelle Bezüge (z. B. der Elia/Elisa-Zyklus; 1 Kön 17–19; 2 Kön 4–8) eine erhebliche Rolle, besonders dort, wo messianologische Bestimmungen erfolgen (z. B. Jes 35,5 f.; 61,1 in Mt 11,5), die in den im →NT insgesamt konstitutiven eschatologischen Sinnrahmen der W. einzuzeichnen sind.

BIBLIOGRAPHIE: R. Herzog, Die Wunderheilungen von Epidauros, Leipzig 1931. – B. Kollmann, Jesus und die Christen als Wundertäter, Göttingen 1996. – M. Labahn/B.J.L. Peerbolte (Hgg.), Wonders never cease, London/New York 2006. – J. Pichler/C. Heil (Hgg.), Heilungen und Wunder, Darmstadt 2007. – J.J. Pilch, Healing in the New Testament, Minneapolis 2000. – S. Schreiber, Paulus als Wundertäter, Berlin/New York 1996. – O. Weinreich, Antike Heilungswunder, Gießen 1909 [Nachdruck Berlin 1969].

Reinhard von Bendemann

III. Kirchengeschichtlich

Bis in die Neuzeit beherrscht die supernaturalistische →Interpretation den Umgang mit W.n Der antike und mittelalterliche Supernaturalismus bedingt auch die Mehrung des Wunderhaften in den Apostel- und Heiligenlegenden (z. B. *Vita Antonii*). Die die Wunderhermeneutik bis heute bestimmende Frage nach der Vermittelbarkeit von geordnetem Naturzusammenhang und W. *contra naturam*, beschäftigt bereits Augustin, der die unzureichende Erkenntnismöglichkeit des Menschen für den angenommen Widerspruch verantwortlich macht. Diese Position wird in der Scholastik fortgeschrieben. Sie gipfelt im supranaturalistischer Wunderbegriff des T. v. Aquin, der ein W. nur an der Abweichung von der Naturordnung durch die Manifestation der transzendenten göttlichen Kausalität festmacht.

In der aufkommenden Neuzeit dominiert die Frage nach der Möglichkeit des direkten göttlichen Eingreifens, wodurch sich der Fokus immer stärker auf die biblischen W. verschiebt. Mit der Entwicklung des neuzeitlichen Weltbildes tritt die Natur- bzw. Schöpfungsordnung, der immer wieder beinahe göttlicher Offenbarungscharakter zukommt (z. B. B. Spinoza), in den Vordergrund. Aufgrund der Betonung des geordneten Naturzusammenhangs wird in der Aufklärung verstärkt eine radikale Vernunftkritik der W. gefordert. Als höchstes W. gilt vermehrt die Schöpfung(sordnung) (z. B. C. Wolff; S.J. Baumgarten), wobei aber W. noch als Teil des göttlichen Weltplanes eingeräumt werden (G.W. Leibniz). Jedoch werden schon in der Theologie der Aufklärung – besonders in der Neologie – W. als Teil des überwundenen antiken Denkens ausgeschlossen. Als besonders einflussreich erweist sich die Wunderkritik des Deismus, der in den Positionen von D. Diderot und D. Hume, die dem der Vernunft entsprechenden und dauerhaftem Naturgesetz Widersprechendes als widervernünftig ausschließen, seinen Höhepunkt findet. Diese Position wird bis heute in Variationen vertreten. Am schärfsten führt H.S. Reimarus den deistischen Weltbegriff in den deutschen Sprachraum ein, in dem er die Wunderberichte als Korruption der eigentlichen Vernunftreligion ablehnt. Auf dieser Linie der Wunderinterpretation liegt auch der Wunderbegriff I. Kants und der Rationalismus von z. B. C.F. Bahrdt und H.E.G. Paulus ebenso wie F.D.E. Schleiermacher bis hin zu A. v. Harnack. Demgegenüber betonen Supranaturalisten (z. B.: F.V. Reinhard; G.C. Storr) die hinter den W.n stehende göttliche →Offenbarung, die sich den menschlichen Erkenntnismöglichkeiten entzieht. Einen anderen Weg beschreitet G.E. Lessing, der die biblischen W. aufgrund der zeitlichen Distanz als bloße menschliche Zeugnisse in die Bedeutungslosigkeit verabschiedet.

Eine strikte Ablehnung der biblischen W. begegnet bei D.F. Strauß, der sie zu bloßen → Mythen erklärt. Diese Position wird von M. Dibelius und R. Bultmann fortgeschrieben. Zugleich werden aber die W. auf der individuellen, existentiellen Ebene bzw. auf →Ereignisse des →Glaubens hin enggeführt (z. B.: E. Troeltsch; W. Herrmann; R. Bultmann). Im Gegenzug wird aber auch versucht, die Naturwunder im Horizont des Dialogs mit der Natur- und Geschichtswissenschaft zu bejahen, z. B. als bloße Falsifikation von Kausalzusammenhängen und nicht Naturgesetzen (J. Wendland) oder als freies Wirken Gottes an den Naturgesetzen in ihrer Kombination und Potenzierung zu verstehen (R. Seeberg).

BIBLIOGRAPHIE: B. Bron, Das Wunder, Göttingen 1975. – P.R.L. Brown, Die Gesellschaft und das Übernatürliche, Berlin 1993. – E. Keller/M.-E. Keller, Der Streit um die Wunder, Gütersloh 1968. – B. Kollmann, Neutestamentliche Wundergeschichten, Stuttgart 2002. – J. Wendland, Der Wunderglaube im Christentum, Göttingen 1910.

Markus Lang

IV. Systematisch-theologisch

Eine systematisch-theologische Bearbeitung der Wunderthematik hat zwischen einem allgemeinen Wunderbegriff, der Frage nach dem Aussagegehalt biblischer Wundergeschichten und seiner →Bedeutung für den heutigen →Glauben sowie der Möglichkeit heutiger W. zu unterscheiden. Die →Interpretation biblischer →Wundererzählungen geht an deren Aussagegehalt vorbei, wenn ein am neuzeitlichen Begriff der Naturgesetze gewonnener Wunderbegriff zur grundlegenden Deutungskategorie erhoben und die Interpretation auf die Frage nach der historischen Faktizität von →Ereignissen reduziert wird, die auf eine Durchbrechung der Naturgesetze hinauslaufen. Stattdessen ist ein theologischer Wunderbegriff von den biblischen →Texten aus zu entwickeln. W. sind demnach Begebenheiten, die als ungewöhnlich, Staunen erregend, auch ungeheuerlich und erschreckend erlebt werden. Die →Deutung eines Geschehens als W. ist also keine objektive Feststellung, sondern eine subjektive Interpretation. In diesem allgemeinen

Sinne sind auch heute Wundererfahrungen möglich. W. werden in der Bibel nicht exklusiv Jahwe oder seinen Boten, sondern bisweilen auch Gegenmächten zugeschrieben. Sie sprechen darum nicht schon für sich selbst, sondern verlangen nach einer theologischen Deutung und Prüfung. Die geschilderten Machttaten Gottes oder seiner Boten sind kein Selbstzweck, sondern haben Zeichencharakter (→*res-signum*). Daher gehört die Wunderthematik auch in den Kontext einer allgemeinen theologischen Zeichentheorie (→Semiotik). Was aber den Realitätsgehalt von Wunderberichten betrifft, ist die kritische Funktion der modernen Wissenschaften unentbehrlich, wenngleich man sich auch vor einem naturwissenschaftlichen Reduktionismus und seiner einseitigen religionskritischen Instrumentalisierung zu hüten hat. In diesem Sinne besteht z. B. eine Wahrscheinlichkeit für gewisse Heilungswunder, die von Jesus von Nazareth berichtet werden, aber eine extreme Unwahrscheinlichkeit für sog. Naturwunder wie die Stillung des Sturms oder Jesu Wandel auf dem Wasser. Zwischen W. und Glaube besteht insofern ein genereller Zusammenhang, als mit dem W. die Rede vom Handeln oder Wirken Gottes impliziert ist. In diesem Sinne gilt, „daß der Glaube auf das W. als vom Weltgeschehen unterschiedenes Tun Gottes angewiesen ist, daß er nur durch das W. begründet werden kann, ja, daß der Glaube an Gott und an das W. überhaupt das Gleiche bedeuten“ (R. Bultmann, 219). Letztlich ist der Glaube selbst als W. zu begreifen (G. Ebeling).

BIBLIOGRAPHIE: R. Bron, Das Wunder, Göttingen 1975. – R. Bultmann, Zur Frage des Wunders, in: Ders., Glauben und Verstehen I, Tübingen 1933 [^{6}1966], 214–228. – G. Ebeling, Dogmatik des christlichen Glaubens, Bd. 2, Tübingen ^{2}1982, 462–464. – D. Hume, Eine Untersuchung über den menschlichen Verstand, Hamburg 1961, 128–155. – U. Mann, Das Wunderbare, Gütersloh 1979. – W. Trillhaas, Dogmatik, Berlin/New York ^{4}1980, 166–169.

Ulrich H.J. Körtner

V. Judaistisch

Das Judentum des Zweiten Tempels hat keine einheitliche Stellung zu biblischen W.n. Zwar neigen Philo und Josephus gelegentlich dazu, W. zu allegorisieren, zu rationalisieren oder abzuschwächen; doch halten alle daran fest, dass Gott durch W. in die Welt eingreifen kann. Manche Texte sehen die Heilsgeschichte Israels gleichsam durch W. strukturiert (so Sir 43–50; Weish 10–19), andere fügen den biblischen W.n zahlreiche neue hinzu (so etwa Ps-Philo).

Die Rabbinen sehen W. schon in der Schöpfung angelegt, um nicht nachträglich korrigierende Eingriffe in sie annehmen zu müssen: mAv 5,6 nennt zehn Dinge, die am Ende der Schöpfungswoche erschaffen wurden, so der Schlund der Erde (die die Anhänger Korachs verschlang), die Öffnung des Brunnens (in der Wüste), das Manna oder der wundertätige Stab Moses. Schon bei der Schöpfung schuf Gott das Meer mit der Maßgabe, dass es sich einst vor Israel teilen sollte, ebenso war es mit allen anderen Werken der Schöpfung (BerR 5,5). Doch können Rabbinen auch sagen, dass Gott für Israel in der Wüste die Ordnung der Schöpfung änderte (Mekhilta Wa-yassa 3). Für die eigene Zeit erzählen rabbinische Texte von W.n durch charismatische Personen (Regenwunder, Heilungswunder); auch sind sie überzeugt, dass Rabbinen durch ihre Kenntnis der schöpfungsmächtigen Tora W. wirken können. Zugleich aber betonen sie, dass v. a. in der Entscheidung der *Halakha* kein W. die Kraft der Argumente verdrängen kann (bBM 59a). Wer einen Ort sieht, wo Israel W. geschehen sind, rezitiert einen eigenen Segensspruch (mBer 9,1); zu Chanukka gedenkt man des Ölwunders, v. a. aber dankt man in der ‘Amida täglich Gott „für deine Wunder und Wundertaten und deine Wohltaten“ (babylonische Version; die palästinische Fassung erwähnt nur die Wohltaten; die W. sind hier wohl die tägliche Fürsorge Gottes).

Späte midraschische Texte heben volkstümlich W. breit hervor und vermehren sie. Zugleich aber bemühen sich jüdische Philosophen seit Saadia (10. Jh.), W. in ihre Sicht zu integrieren und mit der Vorstellung einer geschaffenen Welt zu verbinden, in deren Natur W. von Beginn angelegt sind, in die aber auch Gott im Prinzip jederzeit eingreifen kann. W. dienen dazu, Propheten zu beglaubigen; zugleich ermöglichen sie einfacheren

Menschen den Zugang zum →Glauben, während die Gebildeten auf rationalem Weg zur Erkenntnis Gottes kommen. W. werden auf ein Minimum reduziert, viele biblische W. allegorisch gedeutet oder als ungewöhnliches Zusammentreffen natürlicher →Ereignisse betrachtet. Moderne jüdische Denker führen in je verschiedener Weise diese Linien weiter, nehmen biblische W. kritiklos an, verstehen sie als Zeichen Gottes, die nicht gegen die Natur sind, oder aber sehen in den biblischen Erzählungen Ausdrucksweisen einer früheren Zeit.

BIBLIOGRAPHIE: M. Becker, Wunder und Wundertäter im frührabbinischen Judentum, Tübingen 2002. – E. Koskenniemi, The Old Testament miracle-workers in early Judaism, Tübingen 2005. – A. Guttmann, The significance of miracles for Talmudic Judaism, in: HUCA 20 (1947), 363–406. – J. Licht et al., Art. Miracle, in: EJ^2 14 (2007), 305–310. – J. Neusner, The wonder-working lawyers of Talmudic Babylonia, Lanham 1987.

Günter Stemberger

VI. Islamwissenschaftlich

Die islamischen Theologen unterschieden zwischen mehreren Wundertypen, die alle auf göttliches Wirken zurückgeführt werden. Zwei Wundertypen haben herausragende Bedeutung erlangt: das ‚Machtwunder' (*muʿǧiza*) und das ‚Huldwunder' (*karāma*). Ein dritter, im Gegensatz zu den erstgenannten schon koranischer Terminus – *āyah* (‚Wunderzeichen', zugleich ‚Koranvers') –, findet bei der Unterscheidung der Wundertypen keine Anwendung, wurde aber oft mit dem Machtwunder gleichgesetzt; zwischen *muʿǧiza* und *karāma* wird vor dem 11. Jh. nicht konsequent unterschieden. Als Machtwunder gelten Beglaubigungswunder, die Gott zur Bestätigung der Wahrhaftigkeit eines Seiner Propheten gewirkt hat, während ‚Huldwunder' diejenigen W. bezeichnet, die Gott für fromme Personen bzw. ‚Gottesfreunde' (*auliyāʾ*) wirkt. Der Begriff ‚Machtwunder' (*muʿǧiza*) erinnert an die ntl. δύναμις, die als ‚Krafttat' die W. Jesu bezeichnet.

Eine frühe Definition des Machtwunders besagt, es müsse durch Gott gewirkt sein, ‚den Lauf der Natur durchbrechen' und eine Person betreffen, die für sich das Prophetentum beansprucht. Außerdem müsse es den Menschen unmöglich sein, Gleichartiges hervorzubringen. Da es sich um objektive W. handelt, müssen sie eindeutige Faktizität aufweisen. Spätere Definitionen machen auch zur Bedingung, dass der Prophet die Zweifler zur Nachahmung des Machtwunders aufruft, was als ‚Herausforderung' (*taḥaddī*) bezeichnet wird (vgl. Q 11:13, 17:88). Die spätere Tradition kennt zahlreiche Machtwunder, die Muḥammad zugeordnet werden. Eines der wenigen, das von den Exegeten mit einer Koranstelle (Q 54:1 f.) in Verbindung gebracht wird, ist das ‚Himmelswunder' der Spaltung des Mondes. Sonst berichtet der Koran Wunderhaftes nur in Zusammenhang mit vorislamischen Propheten (→Wundergeschichten); an einigen Stellen weist Muḥammad außer- und übernatürliches Wirken von sich (vgl. Q 6:50).

Als wichtigstes Machtwunder gilt den Muslimen der Koran selbst, denn aufgrund seiner einzigartigen Sprachlichkeit sei er das bedeutendste Beglaubigungswunder für Muḥammad: Der Koran als Sprachwunder beweist aufgrund seiner ‚Unnachahmlichkeit' (*iʿǧāz*) autorefentiell seinen göttlichen →Ursprung. Anders als die übrigen Machtwunder gehört er nicht als ‚einmaliges Ereignis' der Historie an, sondern ist jederzeit präsent und allen zugänglich. Ibn al-Ǧauzī (gest. 1200) schreibt deshalb, Gott habe den Koran zu einem ‚ewig währenden' Beglaubigungswunder gemacht, ‚damit Muḥammads Wahrhaftigkeit auch nach seinem Tod sichtbar sei.'

BIBLIOGRAPHIE: P. Antes, Prophetenwunder in der Ašʿarīya bis al-Ġazālī (Algazel), Freiburg i. Br. 1970. – C.-F. Audebert, al-Ḫaṭṭābī et l'inimitabilité du Coran, Damaskus 1992. – H. Birkeland, The legend of the opening of Muhammed's breast, Oslo 1955. – G. v. Bülow, Ḥadithe über Wunder des Propheten Muḥammad insbesondere in der Traditionssammlung des Buḫārī, Diss. Bonn 1964. – R. Gramlich, Die Wunder der Freunde Gottes, Wiesbaden 1987. – D. Gril, Art. Miracles, in: EQ 3 (2003), 393–99. – N. Kermani, Gott ist schön, München 1999, 233–314. – J. Loebenstein, Miracles in Šīʿī thought, in: Arabica 50 (2003), 199–244. – A. Neuwirth, Das islamische Dogma der „Unnachahmlichkeit des Korans" in literaturwissenschaftlicher Sicht, in: Der Islam 60 (1983), 166–183. – M. Radscheit, *Iʿǧāz al-Qurʾān* im Koran?, in: S. Wild (Hg.), The Qurʾan as text, Leiden 1996, 113–123. – Ders., Die koranische Herausforderung, Berlin 1996. – I. Zilio-Grandi (Hg.), I miracoli del Profeta, Turin 1995.

Marco Schöller

VII. Altphilologisch

Die Begriffe θαῦμα und *miraculum* (zu *mirari*, ‚sich wundern') bezeichnen das W. allgemein als Gegenstand oder →Ereignis, das Staunen auslöst, weil es den menschlichen Erfahrungshorizont überschreitet. Unterschieden wurden in der Antike die W. der Natur (*mirabilia*), die Gegenstand der Paradoxographie waren, und die W., die auf göttliches Wirken zurückgeführt wurden. Die den letzteren zugrundeliegende Vorstellung, dass die Götter das irdische Geschehen lenken, spiegelt sich im →Mythos und in der →Literatur wider, wie z. B. in Homers *Ilias*, wo das Eingreifen der Götter in den Kampf W. mit sich bringt. Trotz der rationalistischen Tendenzen des 5. Jh.s v. Chr. finden sich auch in Herodots *Historien* W., die die Einflussnahme der Götter bis in die jüngste Vergangenheit bestätigen sollen (z. B. 8,37–39). Ein W. konnte als →Zeichen (σημεῖον, *signum*) gedeutet werden, aus dem man Aufschluss über den Willen der Götter zu gewinnen hoffte (vgl. Val. Max. 1,4–8 zur Anführung von *miracula* neben *omina*, *prodigia* u. a.). W. mit politischem Hintergrund begegnen in der römischen Historiographie von Livius bis Ammianus Marcellinus. Sie dienten dazu, die Vormachtstellung Roms oder die Herrschaft des Kaisers zu legitimieren. Dieser galt bisweilen selbst als Wundertäter; so wird von Vespasian berichtet, dass er einen Blinden und einen Lahmen im Heiligtum des Serapis in Alexandria heilte (Tac. *hist.* 4,81; Suet. *Vesp.* 7), was wohl eine pagane Antwort auf entsprechende christliche Ansprüche darstellt.

Wunderheilungen spielten in der Antike eine wichtige Rolle und wurden v. a. dem zum Heilgott erklärten Asklepios sowie den ägyptischen Göttern Isis und Serapis zugeschrieben. Seit dem 4. Jh. v. Chr. wurden die durch Inkubation in Asklepios-Heiligtümern bewirkten Heilungen durch Inschriften bekannt gemacht. Die Ἱεροὶ λόγοι des Aelius Aristides stellen ein weiteres Zeugnis für die Verehrung des Asklepios dar, dessen Kult im 2. Jh. einen Aufschwung erlebte.

W. wie Krankenheilung, Totenerweckung, Austreibung von Dämonen oder Beeinflussung der Natur wurden ferner den θεῖοι ἄνδρες zugeschrieben, d. h. charismatischen Personen, die über besondere magische oder intellektuelle Fähigkeiten verfügten und mit göttlicher Macht (δύναμις) begabt zu sein schienen (z. B. Pythagoras, Empedokles). Das berühmteste Beispiel ist Apollonios von Tyana, ein pythagoreischer Wanderprediger des 1. Jh.s n. Chr. Mit Alexandros von Abonuteichos entlarvt Lukian (2. Jh. n. Chr.) einen solchen Propheten und Wunderheiler in einem satirischen Pamphlet als Scharlatan. Das Auftreten von Wundertätern und ihre zunehmende Verehrung kennzeichnen das religiöse Klima der Kaiserzeit und stehen in Zusammenhang mit der Ausbreitung des Christentums und dem Wunderwirken Jesu. So vermischt sich in Philostrats Biographie des Apollonios von Tyana (3. Jh. n. Chr.) die traditionelle Philosophenvita mit der Wundertäter-Überlieferung und nimmt hagiographische Züge an, wie sie dann für spätantike Biographien, so z. B. die Pythagoras-Viten, typisch sind.

Als Ereignisse, die Staunen erregen, sind W. in der griechisch-römischen Antike allgegenwärtig, aber konzeptuell schwer greifbar. Die Forschung untersucht Funktion und Darstellung von W.n in der Literatur (v. a. Epos, →Geschichtsschreibung). Besondere Aufmerksamkeit gilt dem auch für Theologie und Religionswissenschaft interessanten Phänomen der Wundertäter und den dafür relevanten literarischen Zeugnissen aus den ersten nachchristlichen Jahrhunderten.

Bibliographie: H.D. Betz, Art. Gottmensch II., in: RAC 12 (1983), 234–312. – W. Cotter, Miracles in Greco-Roman antiquity, London/New York 1999. – M. C. Giammarco Razzano, Segni e miracoli, in: S. Boesch Gajano/M. Modica (Hgg.), Miracoli, Roma 2000, 49–72. – T. Harrison, Divinity and history, Oxford 2000. – M. Heinzelmann, Die Funktion des Wunders in der spätantiken und frühmittelalterlichen Historiographie, in: M. Heinzelmann et al. (Hgg.), Mirakel im Mittelalter, Stuttgart 2002, 23–61. – B. Kollmann, Jesus und die Christen als

Wundertäter, Göttingen 1996. – M. Labahn/B.J. Lietaert Peerbolte (Hgg.), Wonders never cease, London 2006 (dort: J. den Boeft zu Asklepios [20–31]; E. Koskenniemi zu Apollonios [70–83]; U. Riemer zum Kaiserkult [32–47]). – M. van Uytfanghe, Art. Biographie II., in: RAC Suppl. 1 (2000), 1088–1363.

Petra Schierl

VIII. Literaturwissenschaftlich

Die christlich geprägte Gesellschaft des Mittelalters sieht sich unmittelbar dem Handeln Gottes ausgesetzt und begreift sich grundsätzlich als Teil des göttlichen Heilsplanes. Nur wo sich ein Eingreifen Gottes in den Lauf der Welt explizit offenbart, wird in der mittelalterlichen Literatur von ‚W.n' gesprochen, die damit letztbegründend auf Gott bezogen werden. Wer als Mensch in der Lage ist, W. zu vollbringen, dem ist diese Kraft allein von Gott verliehen. Insbesondere Heilige gelten als Mittler göttlichen Wirkens. In der Wundertätigkeit ist die *virtus* der Heiligen zu erkennen. In der christlichen Hagiographie müssen Heilige ihre Fähigkeit, W. zu vollbringen, immer wieder von der Zauberei abgrenzen. Aufgrund der Nähe der Wundertaten zu magischen Praktiken (Martins- u. Petruslegende) werden in der Hagiographie Sprachhandlungen zum Differenzkriterium: W. werden stets im Namen Gottes, oft auch nach expliziter Anrufung Gottes im Gebet vollbracht, wohingegen Zauberei in dieser Perspektive dem Einwirken dämonischer Mächte zugeschrieben wird. Eine Zwischenstellung zwischen Gebet und Zauberformel nehmen die althochdeutschen Gebete und Segenssprüche ein, die rituell göttliches Heil oder göttlichen Fluch beschwören.

Mit der Aufklärung setzt eine grundlegende Wunderskepsis ein, die sich auch in der →Literatur niederschlägt. Zwar finden Heiligenlegenden bis heute ihre Leserschaft unter den Gläubigen (vgl. v.a. die Marienliteratur) oder werden, wie zu Beginn des 20. Jh.s die jüdischen Legendensammlungen, einem neuen Publikum erschlossen. Jedoch führt die Überzeugung von der Entschlüsselbarkeit der Welt und ihrer Gesetzmäßigkeiten einen Paradigmenwechsel herbei, demzufolge nur das empirisch und rational Erfassbare als real gilt, wohingegen das ‚Wunderbare' der →Fiktion zugeschrieben wird. In der Literatur wird das Überschreiten dieser strikt gezogenen Grenze zum Thema: Mit der Fantastik entsteht ein neues Genre, das widernatürliche und parapsychologische Phänomene zum Gegenstand hat und die Spannung der Ungewissheit über deren Realität oder Einbildung in Szene setzt. Damit führt sie das Schwanken des modernen Menschen zwischen Allmachtsphantasien und Ohnmachtsgefühlen vor (E.T.A. Hoffmann, E.A. Poe). Wo in der Literatur noch von ‚W.n' im Sinne des religiösen Sprachgebrauchs gehandelt wird, erweisen sich diese als Resultat von jederzeit revidierbaren und daher vorläufigen →Deutungen, die nicht selten zur Manipulation der Massen instrumentalisiert werden und den Menschen korrumpierbar machen (H. v. Kleist, *Das Erdbeben in Chili*; J. Steinbeck, *Die Perle*).

Bibliographie: A. Angenendt, Das Wunder – religionsgeschichtlich und christlich, in: M. Heinzelmann et al. (Hgg.), Mirakel im Mittelalter, Stuttgart 2002, 95–113. – B. Bron, Das Wunder, Göttingen [2]1979. – E. Demm, Zur Rolle des Wunders in der Heiligkeitskonzeption des Mittelalters, in: Archiv für Kulturgeschichte 57 (1975), 300–344. – A. Hammer, Zeichenskepsis und Wunderdeutung in der modernen Literatur, in: W.H. Ritter/M. Albrecht (Hgg.), Zeichen und Wunder, Göttingen 2007, 161–184.

Andreas Hammer/Almuth Hammer

Wundergeschichte(n)

I. Alttestamentlich

W.n sind formgeschichtlich durch ein spezifisches Feld von Personen, Motiven und Themen innerhalb eines gattungstypischen Gefüges gekennzeichnet. Kompositionell bestehen W.n typischerweise aus Einleitung, Exposition der Wunderhandlung und einem Schluss, wobei ein variables Feld von Motiven in je unterschiedlicher Weise und Umfang realisiert werden kann. Zu den Themen der W.n gehören Therapien (2 Kön 5,1–19a), Totenerweckungen (1 Kön 17,17–24), Speisewunder (1 Kön 17,8–16), aber auch Naturwunder (Ex 7–11.14;), Strafwunder (2 Kön 1,9–17) und Findungswunder (2 Kön 6,1–7). Protagonist der W.n ist der Thaumaturg, der durch den Vollzug einer symbolischen Handlung eine Situationsüberschreitung (→Wunder) für seine Klienten bewirkt. Als Thaumaturgen erscheinen durch eine besondere Gottesbeziehung ausgezeichnete Personen wie Mose und Aaron (Ex 7–11;), der Gottesmann (*ish ha'elohim;* Elia: 1 Kön 17–18; Elisa: 2 Kön 2,19–24) und Jesaja (2 Kön 20,1–11).

Dominierte bis gegen Ende des 20. Jh.s ein Deutungsmodell, das die W. im Kontext des animistisch-dynamistischen Paradigmas im Gefolge der frühen britischen Sozialanthropologie interpretierte, so richten sich neuere Untersuchungen insbesondere auf die Pragmatik der W. In der priesterschriftlichen → Literatur fungieren W.n als Ätiologie des priesterlichen Ritualmonopols (Ex 7,8–13). Im Rahmen des exilisch-nachexilischen Diskurses um rituelle Autorität fokussieren die W.n des Plage/Exoduskomplexes die Ausführung ritueller Handlungen auf Aaron als paradigmatischen Priester. Im Kontext der mytho-historischen →Erzählungen über Israels Herkommen dienen sie als Erweise der Macht Jhwhs und des beständigen Schutzes für Israel im Exil und haben somit eine didaktische und paränetische Funktion.

Die in den Königsbüchern überlieferten W.n über Elia und Elisa sowie die Erzählung von der Heilung Hiskias durch Jesaja reflektieren religionsgeschichtlich die magisch-therapeutische Funktion des religiösen Phänotypus *ish ha'elohim* bzw. des Propheten und sind als literarische Transformationen ritual-symbolischen Handelns mit Zeichencharakter zu betrachten. Textpragmatisch stimulieren die in das Deuteronomistische Geschichtswerk integrierten W.n für die Adressaten die Hoffnung auf Überwindung existentieller Notsituationen und das rettende Eingreifen Jhwhs. Das den W.n eignende Motiv der Aktivierung der Klienten zu eigenem Tun (2 Kön 4,1–7; 5,1–19; 6,1–7) bietet den Adressaten eine positive Identifikationsmöglichkeit und ein Stimulans, Passivität zu überwinden und Hoffnung auf Rettung zu fassen.

Intertextuell verweisen die ntl. W.n auf die entsprechenden atl. Prätexte, erhalten durch diese Legitimität und Plausibilität, kontrastieren sie aber auch.

Bibliographie: R. Albertz, Elia, Leipzig 2006. – M. Beck, Elia und die Monolatrie, Berlin/New York 1999. – S. Fischbach, Totenerweckungen, Würzburg 1991. – N.K. Gottwald, The Hebrew Bible in its social world and ours, Atlanta 1993, 119–130. – R. Schmitt, Magie im Alten Testament, Münster 2004. – W. Thiel, Art. Wunder II., in: TRE 36 (2004), 383–386.

Rüdiger Schmitt

II. Neutestamentlich

Die W.n, die in den frühchristlichen Schriften von Jesus und seinen Jüngern/Zeugen erzählt werden, bringen diese in Verbindung mit weiteren antiken Wundertätern (zu Jesus im Vergleich mit anderen jüdischen Exorzisten: Lk 11,19 f.; religiöse Parallelphänomene in Apg 8,4–24 u. a.). Darstellerisch partizipieren sie an Konventionen antiken episodischen Erzählens, indem ein Spannungsbogen von einer Mangelsituation (Krisis; z. B. Krankheit oder Besessenheit) über eine Anstrengung ihrer Überwindung hin zum Ziel ihrer Aufhebung bzw. Lösung führt. Die formgeschichtliche, erzählanalytische, sozialgeschichtliche und hermeneutisch-theologische Einschätzung der frühchristlichen W.n bleibt umstritten. Sie war in der Forschung lange Zeit von apologetischen Motiven mit beeinflusst. G. Theißen bestimmte die W.n funktional als ‚symbolische Handlungen', differenziert in Exorzismen (z. B. Mk 5,1–20: menschlicher Subjektverlust; Konfrontation von Dämon und Exorzist; Apopompe u. a.), Therapien (z. B. Mk 8,22–26), Epiphanien (z. B. Mk 6,45–52), Rettungswunder (z. B. Mk 4,35–41), Geschenkwunder (z. B. Lk 5,1–11) und Normenwunder (z. B. Mk 3,1–6). In der älteren Forschung wurde die Annahme einer wunderkritischen Tendenz der →Evangelien (anders Lukian) teils überzogen, auch wenn sie – besonders bei Mk – nur von Leiden und Kreuz her richtig zu verstehen sind und sich im (rettenden) → Glauben erschließen. Bei Mt stehen die W.n in Mt 8 f. als Taten des Messias gleichgewichtig neben seiner Lehre (Mt 5–7). V. a. Lk zeigt sich mit den Konventionen hellenistischer W.(n) vertraut. In Lk 7,11–17 bietet er z. B. als einziger ntl. Autor eine Totenerweckung nach dem Herbeiholungstypus (vgl. Philostr. *VA* 4,45). Vermehrt finden sich Strafwunder (bes.

Apg 5,1–11; vgl. Lk 1,20; vgl. die Heilinschriften von Epidauros). Weiter sind durchgängig der ‚sofortige' Erfolg (Lk 1,64; Apg 3,7 u.a.) sowie die Theozentrik betont (Apg 2,22 u.a.). Lk stellt sicher, dass Heilungen kein Präteritum der Jesuszeit gewesen sind (z.B. Gelähmtenheilungen: Lk 5,17–26; Apg 3,1–11), geht aber in der Apg auch über diese hinaus (Befreiungswunder: Apg 5,17–42; 12,1–23; 16,11–40; vgl. auch das letzte Pauluswunder in 28,1–8 mit der Reaktion: ‚Er ist ein Gott' [28,6 diff. 14,8–18]). Mehrdimensionale christologische Tiefendimension eröffnet sich in den σημεία des Joh in Anknüpfung an ein atl. Verständnis von glaubenwirkenden →‚Zeichen' (vgl. Joh 2,11; 4,53; 20,30f. u.a.). Insgesamt widersetzen sich ntl. W.n ihrer Aneignung als Vehikel präformierter Konzepte von Wirklichkeit und Fiktionalität des Lebens (→Wunder).

BIBLIOGRAPHIE: J. Hintermaier, Die Befreiungswunder in der Apostelgeschichte, Berlin/Wien 2003. – W. Kahl, New Testament miracle stories in their religious-historical setting, Göttingen 1994. – B. Kollmann, Neutestamentliche Wundergeschichten, Stuttgart u.a. 2002. – W.S. Suk, Die „reale" Welt in den Wundererzählungen des Markusevangeliums, Diss. Bethel 2002. – G. Theißen, Urchristliche Wundergeschichten, Gütersloh [6]1990. – C. Welck, Erzählte Zeichen, Tübingen 1994.

Reinhard von Bendemann

III. Kirchengeschichtlich

Der Umgang mit biblischen W.n ist in Antike und Mittelalter durch eine supranaturalistische Denkweise bestimmt. Kritischer Umgang mit W.n wurde kaum geübt, wodurch es auch zur Vermehrung der W.n in →Analogie zu den biblischen W.n in der immer stärker um sich greifenden christlichen →Literatur, insbesondere der Heiligenlegenden kam.

Mit der beginnenden Neuzeit und der Aufklärung wird die Wirklichkeit und Möglichkeit göttlicher →Wunder aufgrund des neuen Weltbildes zunehmend prinzipiell in Zweifel gezogen. Biblische W.n selbst werden kaum besprochen, jedoch wird schon früh auf ihre Zeitbedingtheit hingewiesen (z.B. B. de Spinoza). In radikaler →Rezeption des Deismus verurteilt H.S. Reimarus die biblischen W.n als Zeugnisse der Wundersucht und des gezielten Betrugs. Um die W.n aber vernunftgemäß wirken zu lassen, wird zugleich versucht, sie mit der spekulativen Annahme natürlicher Ursachen zu erklären (z.B.: C.F. Bahrdt; H.E.G. Paulus) und die der Antike gemäße zeitliche Einkleidung zu durchbrechen. Die Wahrnehmung der zeitlichen Distanz zu den Geschehnissen und Berichten der W.n veranlassen G.E. Lessing dazu, von einer gegenwärtigen →Bedeutung der W.n abzusehen. Lessings Geringschätzung der Wunder wird in Folge auf breiter Basis rezipiert.

Auf eine neue Ebene wird die Diskussion um die W.n durch die Arbeiten von D.F. Strauß gehoben, der die ntl. W.n auf den Einfluss atl. →Traditionen zurückführt, deren Rezeption im frühen Christentum die Messianität Jesu unterstreichen soll. Der →Interpretation der W.n als ungeschichtlicher →Mythen ist hiermit der Weg gebahnt. Dieser Weg wird mit einer Akzentverlagerung auf die hellenistische Umwelt der frühen Christen von der religionsgeschichtlichen Schule und von dieser wiederum beeinflusst von M. Dibelius und besonders intensiv von R. Bultmann fortgeführt, dessen Entmythologisierungsprogramm (→Mythos) die Wunderhermeneutik nachhaltig prägt. Quer durch die Theologie der Neuzeit zieht sich die Linie, das kontrarationale Element der W.(n) zugunsten der ihnen zugrunde liegenden Inhalte als Teil eines ‚vorwissenschaftlichen' Weltbildes auszuscheiden. Diese inhaltliche Engführung kann unterschiedlichen Ausdruck finden wie z.B.: als ‚sittliche Motivation' bei Schleiermacher, als ‚allgemeine →Wahrheiten' in der liberalen Theologie oder als ‚verborgenes →Kerygma' in der Bultmann-Schule.

BIBLIOGRAPHIE: H. Bee-Schröder, Neutestamentliche Wundergeschichten im Spiegel vergangener und gegenwärtiger Rezeptionen, Stuttgart 1998. – B. Kollmann, Neutestamentliche Wundergeschichten, Stuttgart 2002. – H. Reventlow, Epochen der Bibelauslegung, 4 Bde., München 1997–2001. – J. Wendland, Der Wunderglaube im Christentum, Göttingen 1910.

Markus Lang

IV. Islamwissenschaftlich

Der Koran enthält zahlreiche W.n, die zumeist aus der atl.-biblischen Tradition bekannt sind: Berichtet wird etwa von der Arche

Noah als göttlichem Wunderzeichen (āya, Q 23:27–30), von den (nach dem →Koran nur fünf) Plagen Ägyptens und dem Wunder des Mose vor dem Pharao (Q 7:115–26), von der Heilung Hiobs (Q 38:42–44) und von Jonas und dem Wal (Q 37:139–46). Verschiedene →Wunder stehen in Verbindung mit Abraham: das Feuer verzehrt ihn nicht (Q 21:68 f.); auf die Wiederbelebung von vier geopferten Vögeln wird angespielt (Q 2:260). Mit der Person Jesu sind Wunder verknüpft, die aus der christlich-apokryphen →Tradition bekannt sind: Jesus spricht aus der Wiege (Q 19:29 f.); er formt Vögel aus Lehm, denen er Leben einhaucht; er heilt Blinde und Aussätzige (Q 3:49, 5:110). Alle im Koran erzählten oder kurz referierten W.n beziehen sich auf das Prophetentum biblischer oder altarabischer Gestalten und dienen der Beglaubigung von Offenbarungsgeschehen.

Die biblischen bzw. altarabischen W.n sind für die neue →Offenbarung des Korans allerdings nicht konstitutiv und gehören sämtlich dem vorislamischen Bereich an. Der Prophet Muḥammad selbst appelliert nach dem Zeugnis des Korans an die Reflexion und das Nachdenken der Menschen, aufgrund der wunderbaren Ordnung der Welt zur Erkenntnis Gottes und seines Schöpfungswerkes, darüber hinaus zum Glauben an die Auferstehung und das Jüngste Gericht zu gelangen (z.B. Q 56:62–74). Das einzige prophetische ‚Machtwunder' für Muḥammad, welches die Mehrheit der Exegeten im koranischen Wortlaut zu finden glaubt – die sog. Mondspaltung (Q 54:1 f.), geht vermutlich auf die Fehlinterpretation einer eschatologischen Passage zurück. Als eigentliches, einzig allgemein anerkanntes ‚koranisches Wunder' gilt die sprachliche Unnachahmlichkeit des Korans selbst.

Zahlreiche weitere Beglaubigungswunder für Muḥammad – etwa seine Beschattung durch eine über ihm schwebende Wolke; das Sprechen von Steinen, Bäumen und Tieren, die sein Prophetentum bestätigen oder ihn grüßen; das ‚Stöhnen' eines Palmstammes, der sich vor Liebe zu ihm verzehrt; das Hervorsprudeln von Wasser aus seinen Fingerkuppen – haben keine textliche Basis im Koran und finden sich erst in der späteren Überlieferung. Eine Ausnahme bilden die ‚Brustöffnung' Muḥammads durch die Engel (vgl. Q 94:1) sowie seine Nacht- und Himmelsreise, die im Koran vage (als Realität oder als Vision?) geschildert ist (vgl. Q 17:1, 53:8–18).

BIBLIOGRAPHIE: →Wunder

Marco Schöller

V. Literaturwissenschaftlich

→Legenden und Heiligenviten des Mittelalters schildern neben religiösen Tugenden und Martyrien zahlreiche Wunderhandlungen, die sich in Exorzismen, Heilungs- und Strafwunder gliedern lassen. Oft schließt sich an eine Vita eine umfangreiche Mirakelsammlung an, die v.a. postume →Wunder des Heiligen (meist am Ort des Grabes oder der Reliquien) umreißt, um dadurch seine Heiligkeit zu untermauern – lange bevor dies in offiziellen Heiligsprechungsverfahren zur Bedingung wurde. Mirakelsammlungen folgen meist keiner stringenten Erzähllogik, sondern reihen einzelne Wundertaten z.T. wahllos aneinander. Neben der Hagiographie bereitet die mittelalterliche Bibel- und Legendenepik vornehmlich apokryphe biblische, aber auch legendarische Stoffe mit deren Wunderelementen in epischer Breite narrativ auf – literarische Aneignungen, bei denen eine kultische oder liturgische Inanspruchnahme in der Regel auszuschließen ist. Außerhalb legendarisch-biblischer Kontexte kennt das Mittelalter nur wenige Wundererzählungen, da in der höfischen Literatur, ähnlich wie im Märchen, Übernatürliches entweder – wie die Existenz von Riesen oder die außergewöhnliche Stärke des Helden – als unhinterfragter Teil der Erzählwelt aufgefasst oder aber, so z.B. der Minnetrank im ‚Tristan', explizit als Zaubermittel ausgewiesen wird. In der *Chanson de geste* (*Chanson de Roland/Rolandslied, Chanson de Guillaume/Willehalm*) ebenso wie in den verschiedenen Erzählungen um den heiligen Gral (bes. Parzival, Lanzelot) bestimmen Wunder einzelne Episoden, ohne den gesamten Handlungszusammenhang zu dominieren.

Mit der Reformation, spätestens seit dem 18. Jh. wird der Wahrheitsgehalt legendarischer Wundergeschichten zunehmend hinterfragt. Die von den Gebrüdern Grimm ihren

Kinder- und Hausmärchen beigefügten ‚Kinderlegenden' stellen diese in einen märchenhaften Zusammenhang. Zeitgleich gehen Elemente des Wunderbaren in die Fantastik ein. Jenseits der Volksfrömmigkeit werden Legendensammlungen (→Legende) wie die von M. Buber herausgegebenen *Erzählungen der Chassidim* v.a. unter folkloristischen Aspekten rezipiert. Literarische Legendenbearbeitungen und Heiligendarstellungen der Moderne inszenieren die Ambivalenz von Wundergeschehnissen und ihrer Beglaubigungen (H. v. Kleist, Die heilige Cäcilie oder Die Gewalt der Musik; C.F. Meyer, Der Heilige) und greifen zu ironischer Brechung oder Parodie (G. Keller, Sieben Legenden; T. Mann, Der Erwählte).

Bibliographie: H.-P. Ecker, Die Legende, Stuttgart u.a. 1993. – E. Feistner, Historische Typologie der deutschen Heiligenlegende des Mittelalters von der Mitte des 12. Jhs. bis zur Reformation, Wiesbaden 1995. – A. Jolles, Einfache Formen, Halle 1930. – K.E. Olsen (Hg.), Miracles and the miraculous in medieval Germanic and Latin literature, Leuven u.a. 2004. – K.-H. Stahl, Das Wunderbare als Problem und Gegenstand in der deutschen Poetik des 17. und 18. Jhs., Frankfurt a.M. 1975.

Andreas Hammer/Almuth Hammer

Z

Zeichen

Z. ist etwas, das für anderes steht, auf etwas verweist, etwas bedeutet. Das Z. enthält den Bezug auf ein anderes, auf das hin es verstanden wird. Entsprechend der Natur dieser Relation lassen sich unterschiedliche Arten von Z. auseinanderhalten. Eine basale Unterscheidung betrifft Z., die als Verweisungen intendiert sind, gegenüber Anzeichen (Indizien), die aufgrund natürlicher Eigenschaften oder kausaler Bezüge auf anderes verweisen (Symptome einer Krankheit; Rauch als Z. für Feuer). Die intendierten Z. können mittels Ähnlichkeit (als Bild, Abbild, Landkarte, Schema) oder aufgrund von Konventionen (als Signal, Symbol, Sprachzeichen) etwas anzeigen oder bezeichnen. Dieser Klassifikation des Objektbezugs entspricht C.S. Peirce' Einteilung von Ikon, Index und Symbol. Hermeneutisch relevant ist v.a. der dritte Typus, der mit der Arbitrarität des Z.s gleichzeitig die Miteinbeziehung des interpretierenden Subjekts, für welches das Z. etwas bedeutet, verlangt: Das →Symbol ist ein Z., dessen Bedeutungsfunktion davon abhängt, dass es in bestimmter Weise gebraucht und verstanden wird.

Mit Bezug auf sprachliche Z. ist in der Verweisungsfunktion des Zeichens ein zweifacher Bezug auszumachen, der einerseits auf die Bedeutung des Ausdrucks, anderseits auf den bezeichneten Gegenstand (die ‚Referenz') geht; G. Frege hat diese Differenz (am Beispiel von ‚Morgenstern' und ‚Abendstern', die auf denselben Himmelskörper referieren) anhand der (missverständlichen) terminologischen Unterscheidung von →‚Sinn' und →‚Bedeutung' formuliert. Nach anderer Hinsicht unterscheidet F. de Saussure im Z. die Aspekte des Bezeichnenden (*signifiant*) und des Bezeichneten (*signifié*), deren Zusammenspiel das Funktionieren der Sprache trägt. Gegen die Zentrierung auf den Inhalt ist im Kontext des →Strukturalismus und →Poststrukturalismus die Seite des Signifikanten und der Materialität der Z. in ihrer Relevanz für das Sinngeschehen herausgearbeitet worden. Betont wird zugleich das Prinzip der Differentialität, wonach die Bedeutung einem Z. nicht für sich, sondern in der bestimmten Differenz zu anderen Z. zukommt. Im Gegenzug zu solchen ‚objektivierenden' Beschreibungen, die in →Semiotik und Informationstheorie weiterentwickelt werden, bedeutet die mit Peirce herausgestellte triadische Struktur eine Einbeziehung des Subjekts, die den Umgang mit Z. in den Horizont eines hermeneutischen Selbst- und Weltbezugs rückt (K.O. Apel).

BIBLIOGRAPHIE: K.O. Apel, Transformation der Philosophie, Bd. 2, Frankfurt a.M. 1976. – U. Eco, Einführung in die Semiotik, Stuttgart [9]2002. – C.S. Peirce, Phänomen und Logik der Zeichen, Frankfurt a.M. 1983. – F. de Saussure, Grundfragen der allgemeinen Sprachwissenschaft, Berlin [2]1967. – J. Simon, Philosophie des Zeichens, Berlin/New York 1989.

Emil Angehrn

Zeit

I. Alttestamentlich

Um das Zeitverständnis des AT angemessen zu erfassen, empfiehlt sich eine Differenzierung zwischen expliziten Wahrnehmungen der Z. bzw. Reflexionen über das Phänomen der Z. und der impliziten Wahrnehmung von Z., die sich im Tempussystem des Biblischen Hebräisch widerspiegelt. Die alte These, die hebräischen Tempora hätten nichts mit Z. zu tun, zumal es ein eigenständiges hebräisches Zeitverständnis gebe, ist durch neuere Forschungen definitiv widerlegt: Das in ca. 90% der atl. Texte angewendete Tempussystem, in dem jeder Verbalform unterschiedliche Konnotationen im Blick auf Zeitlage, Zeitablauf, Aktionsart und Richtungsorientierung zukommen, ist so angelegt, dass die zeitliche Verortung der in Rede stehenden Sachverhalte ähnlich klar ist wie in deutschen oder lateinischen Texten.

Im Blick auf Zeitmessung fehlen im AT zwar Begriffe für Stunde und kleinere Einheiten, aber die Teilung von Nacht (*layla*) und Tag (*yom*) in jeweils zwei Hälften ist ebenso geläufig wie die Zeitrechnung nach Tagen, Wochen (*shavua'*), Monaten (*chodesh*) und Jahren (*shana*). Gen 1,5 regelt die Abfolge von Nacht und Tag bzw. die Festlegung des Tagesbeginns auf den Abend. Im aramäischen Teil des AT ist mit *sha'a* auch ein Begriff für einen weniger als den halben Tag umfassenden kürzeren Zeitraum belegt. Daneben spielen in dem von landwirtschaftlichen Gegebenheiten geprägten altisraelitischen Kalender Jahresfeste eine wichtige Rolle, die zu einer bestimmten Z. (*mo'ed*) stattfinden müssen. Ebenso kennt das AT das Phänomen der Jahreszeiten. Für Sommer (*qayits*) und Winter (*choref*) gibt es eigene Begriffe (vgl. Gen 8,22), Frühling und Herbst sind demgegenüber nur indirekt als eigenständige Größen zu erschließen: Der Jahresbeginn lag ursprünglich in dem – so als besondere Jahreszeit ausgewiesenen – Herbst, nach dem Verlust der staatlichen Selbständigkeit setzte man im frühen Judentum den kalendarischen Jahresbeginn gemäß dem assyrisch-babylonischen System im Frühling an.

Der wichtigste hebräische Begriff für Z. ist *'et*. Er deckt zwar nicht alle Aspekte ab, die mit dem deutschen Begriff ‚Z.' ausgedrückt werden können, kann aber trotzdem als Abstraktbegriff eingestuft werden. Figurativ gesprochen: *'et* repräsentiert nur den Teilbereich der vermittels einer endlosen, aus der Vergangenheit in die Zukunft verlaufenden Linie darstellbaren Z., der im Alltagsleben relevant ist; nahezu synonym zu *'et* erscheint in späten Texten *zeman*. Für Z. im Sinn des weiter ausgedehnten Zeitraums (der in ferner Vergangenheit wie auch in ferner Zukunft liegenden Z.) bzw. auf der anderen Seite des Augenblicks hat das AT eigene Begriffe – für Ersteres v.a. *'olam*, aber auch *'ad* (*'ed*), gelegentlich auch *dor* bzw. den Plural von *yom*, für Letzteres *rega'* und *peta'* bzw. in der Spätzeit *sha'a*. Adverbiell wird letzteres Phänomen mit einem Derivat von *'et*, mit (*we-*) *'attā*, ausgedrückt, das in Reden den Wendepunkt markiert – das adverbielle Äquivalent zu *'olam* ist *'az*. Zur Orientierung im Bereich der Z. werden im Hebräischen – nicht anders als im Deutschen – Präpositionen mit spatio-temporeller Bedeutung verwendet. Analoges gilt für eine Reihe von Nomina (Nomina und Präpositionen sind nicht immer klar zu unterscheiden), die sowohl räumlich-konkrete Sachverhalte wie auch zeitliche Bezüge ausdrücken können. Dazu gehören u.a. *rosh* (Kopf, Anfang), *acharit* (Rückseite, Endzeit), *qedem* (Osten, Vorzeit), *qets* (Grenze, Ende), *dor* (Geschlecht, Generation).

Reflexionen über das Phänomen der Z. finden sich nur in späten Texten des AT, so in Hi 38–39, Ps 90 und im ‚Maschal vom rechten ‚Zeitpunkt' in Koh 3,1–8, der freilich besser (wenn auch sprachlich weniger elegant) ‚Maschal vom richtigen ‚Zeitfenster' genannt werden sollte – verbietet doch die Formulierung der Antithesen als Nominalsätze und die Dauer der meisten dort in Verbindung mit *'et* erwähnten Tätigkeiten die Annahme, es gehe um einen Zeit-‚punkt'.

BIBLIOGRAPHIE: R. Bartelmus, HYH. Bedeutung und Funktion eines hebräischen ‚Allerweltswortes' – zugleich ein Beitrag zur Frage des hebräischen Tempussystems, St. Ottilien 1982. – E. Jenni, Art. *'olam* Ewigkeit, in: THAT 2 (1976), 228–243. – Ders., Art. *'et* Zeit, in: THAT 2 (1976), 370–385. – T. Kronholm, Art. *'et 'atta*, in: ThWAT 6 (1989), 463–482. – I. Willi-Plein, Am Anfang einer Geschichte der Zeit, in: ThZ 53 (1997), 152–164.

Rüdiger Bartelmus

II. Neutestamentlich

Die Z. wird im NT vor dem Hintergrund des Christusgeschehens reflektiert, das den Blick der Glaubenden auf ihre eigene Z. und die der Welt bestimmt. Mit dem Eintreten des Sohnes Gottes in die Welt hat sich die Z. ‚erfüllt' (Gal 4,4). Die Zeiterfahrung der Glaubenden ist durch dieses Geschehen eschatologisch bestimmt. Das ihr Leben zur Erfüllung bringende Ereignis ist mit Tod und Auferstehung Jesu bereits geschehen. So spricht Paulus von der angenehmen, der erwarteten Z., die er zugleich als den Tag des Heils qualifiziert

(2 Kor 6,2). Durch diese soteriologische Bestimmtheit entsteht eine Spannung in der Gegenwart, ist doch die Erfahrung der Glaubenden auch noch von ihrer eigenen Endlichkeit und der Vergänglichkeit der Welt geprägt. So wird die gegenwärtige Z. als eine eigentümliche Verschränkung der Zeitperspektiven wahrgenommen, die sich gerade nicht in eine lineare Abfolge von Z. und Ewigkeit verrechnen lässt.

Die heilvolle gegenwärtige Wirklichkeit wird vielfach mit Bezug auf solche Texte der atl.-frühjüdischen Tradition interpretiert, die ein rettendes, das Leben und die Wirklichkeit der Menschen zurechtbringendes Handeln Gottes in der Geschichte in Aussicht stellen. Mit seiner Antrittspredigt in Nazareth stellt sich Jesus nach Lk 4,16–21 als der in der jesajanischen Prophetie verheißene Geistträger vor, mit dessen Auftreten das Leid der Armen, Gefangenen und Geknechteten gewendet wird. Die synoptischen Evangelien sprechen von der Nähe bzw. der Gegenwart der Gottesherrschaft (βασιλεία τοῦ θεοῦ, Mk 1,14 f. u. ö.). Mit dem Eintreten Jesu als des Sohnes Gottes in die Welt verbindet sich auch die Vorstellung, dass sich Gott am Ende der Tage – und das ist ‚jetzt' – abschließend und endgültig gegenüber den Menschen offenbart (Hebr 1,1–4).

Das apokalyptisch vorgeprägte Motiv der ‚letzten Z.' ist mit der Erwartung verbunden, dass sich die Gottesherrschaft und damit die Herrschaft des Christus endgültig durchsetzen werden. In dieser eschatologischen Entscheidungszeit wird sich eine klare Trennung zwischen den Glaubenden und den Feinden Christi ergeben (1 Tim 4,1; 2 Petr 3,3; 1 Joh 2,18 f. u. ö.). Nach Mt 25,31–46 wird der Menschensohn als Richter auftreten und diese Unterscheidung für die Betroffenen durchaus unerwartet im Akt des Gerichts offenkundig machen.

Mit der Gerichtsvorstellung verbindet sich ursprünglich auch das in der Schriftprophetie des AT zu entdeckende Motiv des ‚Tages Jahwes' (vgl. Am 5,18–20; Jes 2,6–22 u. ö.), das in den ntl. Texten als ‚Tag des Herrn' (z. B. 1 Thess 5,2) bzw. als ‚Tag Christi' (z. B. Phil 2,16) aufgenommen und vor dem Hintergrund des Christusgeschehens im Wesentlichen in einer heilvollen Perspektive neu interpretiert wird. Gott setzt sich in seinem Handeln souverän durch. Nach 1 Thess 5,1–11 ist der Tag des Herrn verbunden mit der Wiederkunft des Christus, der die lebenden und die bereits verstorbenen Glaubenden in die Christusgemeinschaft holt (1 Thess 4,13–18). Dieses endzeitliche Geschehen ist nicht berechenbar, weshalb die Glaubenden aufgefordert sind, in der Gegenwart zeitbewusst zu leben.

In der Forschung umstritten ist die Bestimmung des Zeitverständnisses in der johanneischen Theologie. Der etwa von R. Bultmann behaupteten rein präsentischen Eschatologie des ursprünglichen Joh, wonach die dort zu findenden Heilsaussagen ausschließlich auf die Gegenwart zu beziehen wären, ist die Beobachtung entgegenzusetzen, dass dort trotz einer Pointierung der heilvollen Präsenz des Geistes Gottes in der Gegenwart die Hoffnung der Glaubenden auch auf die Zukunft ausgerichtet ist.

Bibliographie: G. Delling, Das Zeitverständnis des Neuen Testaments, Gütersloh 1940. – K. Erlemann, Endzeiterwartungen im frühen Christentum, Tübingen/Basel 1996. – J. Frey, Die johanneische Eschatologie, Bd. 2, Tübingen 1998. – H.-C. Kammler, Christologie und Eschatologie, Tübingen 2000. – N. Wendebourg, Der Tag des Herrn, Neukirchen-Vluyn 2003.

Christof Landmesser

III. Kirchengeschichtlich

Die Frage nach der Z., seit dem Zeitalter des mythischen Denkens jeweils aufbrechend durch relevante Zeitverhältnisse, spielt im Bereich der historischen Wissenschaften und damit auch der Kirchengeschichte in grundsätzlicher Fragestellung eine entscheidende und zugleich vielgestaltige Rolle, handelt es sich doch immer um eine intentionale Analyse von vergangenen Z.en zur Erhellung einer gegenwärtigen Position im Blick auf künftige Handlungen in dargestellter Z. So bündeln sich in der historischen Frage philosophische und soziale, anthropologische, ethische und religiöse Probleme, die für das biblische Schrifttum durch die wiederum selbst von den geistigen Strömungen ihrer Z. geprägten exegetischen Einleitungswissenschaften eine zeitliche Verortung erfahren, deren Lösung

v. a. im kontextuellen Vergleich liegt. Wie die hebräische Bibel und ihre griechischen Übersetzungen (Aquila, Symmachus, Theodotion) ihre →Wirkungsgeschichte im Judentum entfalteten, so fanden die →Septuaginta und das →NT sowie deren →Übersetzungen (→ Bibelübersetzung) ihre →Wirkungs- und Rezeptionsgeschichte nicht nur im philosophischen, religiösen, kultischen und theologischen Zusammenhang (christologischer Streit nach Areios; Aug. *conf.* 11), sondern darüber hinaus bei der Beschreibung von Lebensproblemen und v. a. der Probleme individueller und kollektiver Lebens- und Weltzeit (Ps 89 [90],10 etwa bei Dante und F. Hölderlin) sowie bei der Behandlung des Verhälnisses von Z. und Ewigkeit und seinen philosophischen und theologischen Implikationen.

Wie im individuellen Leben besitzen auch kirchliche Gruppen und ihre Rituale ihre eigene Z. (Gottesdienstzeit; Kathedralzeit; liturgische Z.; Kirchenjahr; Jubiläumszeit), z. B. organisieren monastische Gruppen den Tag durch ihre Tagzeiten. Ein besonderes Problem ist durch das z. T. von Millenniumsvorstellungen geprägte Endzeitbewusstsein bestimmter Gruppen gegeben (→Apokalyptik), die Furcht vor bösen und die Hoffnung auf bessere Z.en, die in säkularisierter Form ein wesentliches Element der Fortschrittsideologie bildet. Die von der Astronomie herkommenden technisch-naturwissenschaftlichen Zeitbestimmungen, die für die Neuzeit bestimmend wurden, setzen sich in der Gegenwart zunehmend in eine enteschatologisierte und utilitarisierte Zeitbestimmung mit den beiden Sektoren Arbeitszeit und Freizeit um, die die ntl. Frage nach der zur Fülle gekommenen Z. (Gal 4,4; Eph 1,10) und nach der Endzeit, die mit dem Bildthema Weltgericht bis in die späte Frühneuzeit vielerorts im öffentlichen Leben präsent waren, ebenso aus dem Blick verliert wie die poetische Z. und auch die Ruhe (ἀνάπαυσις und *otium* mit ihrer Fülle religiöser und kultureller Konnotationen).

Bibliographie: J. Assmann et al., Art. Zeit, in: HWPh 12 (2004), 1186–1262.

Wolfgang Wischmeyer

IV. Systematisch-theologisch

Im Begriff Z. überlagern sich heterogene religiöse Praktiken und theoretische Orientierungen, so dass bloße Definitionen seine Erschließungskraft für die Phänomenalität von Z. mindern; Z. wird besser kontrastiv erklärt. Im christlichen Europa versuchen das v. a. die Kontraste von Z. und Ewigkeit, Z. und Raum, Z. und Z.en. Sie wurden stets sowohl philosophisch als auch theologisch bearbeitet, so dass der Zeitbegriff in die bis heute strittige Verhältnisbestimmung von Glauben und Denken verflochten ist.

Seit der Benennung der *Ewigkeit* als *„interminabilis vitae tota simul et perfecta possessio“* (Boeth. *cons.* 5,6,4) galt die binäre Unterscheidung zwischen Z. und Ewigkeit als äquivalent mit der von Welt und Gott. In der Synthese der Unterscheidung des Schöpfers vom Geschöpf mit der griechischen Unterscheidung der zeitlosen Ewigkeit von der Zeitabfolge in den Bewegungen in der Welt konnten Ewigkeit und Z. nur wie Idee und phänomenales Abbild verknüpft werden. Die trinitarische Korrektur des metaphysischen Monotheismus erfordert jedoch, Ewigkeit nicht negativ, d. h. bloße Zeitlosigkeit bzw. ruhende Eigenschaft Gottes, sondern positiv, als Aspekt des göttlichen Lebens, zu verstehen. Dessen wesentliche Momente sind nicht nur der zeitunabhängige Wille, die Welt und mit ihr die Z. zu erschaffen, sondern auch die inkarnatorische Zeitwerdung des Logos und ebenso die Anwesenheit des göttlichen Geistes in allen (regulären aber auch irregulären) zeitlichen Bewegungen der Welt. Erkennbar ist dies dem Glauben, dem der Heilige Geist die ‚Frist‘ seines Lebens als von Gott geschenkt zuspricht und sie in den Richtungssinn der Weltzeit als Z. der Versöhnung und Vollendung einschreibt.

Seitdem Augustin Z. als *„distentio animi“* (*conf.* 11,32) beschrieb, welche das jeweilige Jetzt zwischen Erinnerung und Erwartung orientiert, ist subjektive Zeiterfahrung verstanden worden als irreduzibel auf kosmische Z., d. h. auf Bewegungen im (äußeren) *Raum.* Sofern die Vergegenwärtigung der Z. in der Seele sich der Gegenwart des ewigen Schöpferwortes in Christus verdankt, kann dann die Weltzeit als teleologische *Geschichte*, als Welt-

(d.h. Heils-)Geschichte interpretiert werden. Allerdings verdrängt die neuzeitliche Definition von Z. und Raum als absoluter Kontinua den trinitarischen Zeitbegriff nicht nur kosmologisch, sondern auch geschichtstheoretisch. Der zeitweilige Rückzug auf die existentiale Interpretation der Z. als ‚Zeitlichkeit' und ‚Geschichtlichkeit' des Da-Seins (M. Heidegger) wird inzwischen im Blick auf die Zeiterfahrung psychologisch und neurologisch, im Blick auf die Diskrepanz von ‚Lebenszeit' und ‚Weltzeit' (H. Blumenberg) kosmologisch, z.B. prozesstheologisch korrigiert.

Der qualitative Begriff der Z., d.h. unterschiedlicher Z.*en*, ist der theologischen Zeitreflexion biblisch vorgegeben durch die prophetische Verkündigung des ‚Tages Jahwes', intensiviert in der apokalyptischen Überformung der (zyklisch und chronometrisch ablaufenden) Z. durch einen ‚Kairos', d.h. das Kommen des Gottesreiches im ‚Jetzt' Jesu Christi: Die Weltzeit ist ‚alter' und ‚neuer Äon'. Während die Z. zwischen dem ersten und dem zweiten Advent Christi keine qualitative Veränderung erfahren konnte, verleiht die chiliastische, in religiöser und weltanschaulicher Form die Neuzeit bis heute prägende Transformation der ‚Jahre des Heils' in die Z. des ‚Fortschritts', d.h. der offenen, durch kulturelles Handeln zu gestaltenden Zukunft, der Z. eine neue, dogmatisch wie ethisch problematische Qualität. Angesichts seines Verschwindens in der Beschleunigung säkularer Praxis hat die Theologie die Gegenwart des ‚Jetzt' (‚Augenblick', F. Schleiermacher, S. Kierkegaard) als für uns spezifische Zeitlichkeit der Ewigkeit Gottes zu explizieren.

Bibliographie: D. Georgi u.a. (Hgg.), Religion und Gestaltung der Zeit, Kampen 1994. – E. Herms, Art. Zeit V., in: TRE 36 (2004), 533–551. – E. Jüngel, Art. Ewigkeit II. III., in: RGG⁴ 2 (1999), 1772–1776. – K.-M. Kodalle (Hg.), Zeitverschwendung, Würzburg 1999. – J. Mannemann (Hg.), Befristete Zeit, Münster 1999. – C. Schwöbel, Art. Zeit/Zeitvorstellungen V., in: RGG⁴ 8 (2005), 1810–1816. – K. Stock (Hg.), Zeit und Schöpfung, Gütersloh 1997.

Walter Sparn

V. Altphilologisch

Die Dimension der Z. wird in antiken Texten als sprachliches (1), philosophisches (2) oder historisches (3) Phänomen reflektiert; eine Allgemeingültigkeit beanspruchende antike Theorie der Z. und ihrer vielfältigen Gestalten existiert nicht, ebenso wenig eine einheitliche philologische Zeitforschung.

(1) Der ‚Z. an sich' (χρόνος, *tempus*), die auf bildlicher Ebene schon seit den Vorsokratikern mit dem Gott Κρόνος, seit dem 3. Jh. v.Chr. mit Saturn verknüpft wurde, stehen zwei weitere Zeitbegriffe komplementär gegenüber, die die Beständigkeit (αἰών, *aeternitas*) bzw. den besonderen Moment (καιρός, *occasio*) betonen. Als *naturalis temporum ordo* gibt die Z. den grundsätzlich chronologischen Aufbau jeder Erzählung vor. Jeder ihrer drei Extasen – Vergangenheit, Gegenwart, Zukunft – ordnet die antike →Rhetorik spezifische Aufgaben im Argumentationszusammenhang der →Rede zu. Die ekphrastische Zeitbestimmung kann die Aufgabe eines Gattungsmarkers übernehmen (z.B. die Morgenröte im Epos). Während die grammatikalischen und motivischen Seiten der Z. im 20. Jh. nur wenig Interesse erregt haben, haben Fragen nach der Erzähltechnik an Bedeutung gewonnen. Das Verhältnis von Erzählzeit zur erzählten Z. wurde ausgehend von der Zeitstruktur des griechischen Epos problematisiert (F. Mehmel); jüngere Forschungen haben diese Fragestellungen auf alle literarischen →Gattungen ausgedehnt, konzentrieren sich jedoch auf die griechische Literatur (I. de Jong). Die Unmöglichkeit einer direkten Zeitwahrnehmung macht jede Rede über sie zur symbolischen Rede. Dies hat auch die Antike erkannt, jedoch nicht systematisch behandelt. Der Analyse der daraus resultierenden bildlichen Darstellungen von Z. haben sich im 20. Jh. besonders die Forscher des Warburg-Kreises zugewandt.

(2) Plato und Aristoteles sehen die Z. außerzeitlich begründet und bestimmen die kontinuierliche und zyklische Bewegung der Himmelskörper als einzig möglichen unabhängigen Maßstab der Zeitmessung (‚kosmische Uhr'); dies bleibt neben der Personifikation die einflussreichste Veranschaulichungsform der Z. Plato definiert Z.

(χρόνος) als Abbild der Ewigkeit (αἰών), das sich auf diese kontinuierlich zubewegt (*Ti.* 37d). Der aristotelische Zeitbegriff ist durch die Analogiebildung zu räumlichen Kategorien, Linearität und Quantifizierung geprägt (*Ph.* 4,11,219b). In seiner Darstellung der drei Extasen der Z. erscheint die Ausdehnungslosigkeit der Gegenwart bei gleichzeitiger Lebensfülle paradox; hier setzt die stoische Kritik ein, die um einen Platz für die lebensweltliche Erfahrung einer ausgedehnten Gegenwart ringt. Der römische Beitrag zur Zeitphilosophie liegt in der ethischen Konkretisierung des Zeitbegriffs als recht zu gebrauchende Lebenszeit (Cicero, Seneca). Am Ausgang der Antike bestimmt Augustinus die Seele als den Ort, an dem durch *memoria, intuitus* und *expectatio* die punktförmige Gegenwart zur Dauer ‚ausgespannt' wird (*conf.* 11,14,17–28,38).

(3) Besonders für die römische Antike ist das Konzept der *memoria*, der geordneten, dem kollektiven Erinnern zugänglichen Geschichte, von großer Bedeutung. Sie bedarf der überindividuellen Ordnung der Z., die in gesellschaftlichen Praktiken, Denkmälern und Texten formuliert wird. Großen Anteil daran hat die Zeitbestimmung durch Ärenrechnung, Kalender und Uhr, die in chronologischen Handbüchern (Kastor v. Rhodos, Atticus, Eusebius) und antiquarischen Abhandlungen (Varro, Sueton) erläutert wird. Um die Rekonstruktion dieser Zeitrechnungssysteme haben sich die historische Chronologie und Technikgeschichte bemüht (F.K. Ginzel, H. Diels). Neuere Forschungen arbeiten unter Berücksichtigung kulturwissenschaftlicher Fragestellungen gesellschaftliche Aufgaben der Z. als Instrument gesellschaftlicher Ordnungsinteressen und als Funktion des Erinnerns und Vergessens heraus (N. Elias, E. Flaig, K.-J. Hölkeskamp, J. Rüpke).

Bibliographie: N. Elias, Über die Zeit, Frankfurt a.M. 1988. – E. Flaig, Die umkämpfte Zeit, in: A. Schwarcz et al. (Hgg.), Zeit und Geschichte, Wien 2002, 72–84. – K. Flasch, Was ist Zeit?, Frankfurt a.M. 1993. – F.K. Ginzel, Handbuch der mathematischen und technischen Chronologie, Leipzig 1906–1914. – I. de Jong (Hg.), Studies in ancient Greek narrative, Leiden 2004 ff. – F. Mehmel, Virgil und Apollonius Rhodius, Hamburg 1940. – J. Rüpke, Kalender und Öffentlichkeit, Berlin 1995. – M. Theunissen, Griechische Zeitbegriffe vor Platon, in: Archiv für Begriffsgeschichte 44 (2002), 7–23.

Anja Wolkenhauer

VI. Literaturwissenschaftlich

Als literaturwissenschaftliche Kategorie erscheint die Z. im Verlauf des 20. Jh.s zunächst im Kontext phänomenologischer, dann auch innerhalb formalistischer und strukturalistischer Literaturtheorie. E. Staiger untersucht anhand von Gedichten C. Brentanos, J.W. v. Goethes und G. Kellers die Z. als genuin ästhetische – d.h. für ihn: präsentische – Daseinsform. Dabei tritt bereits hier wie auch verstärkt seit den 1970er Jahren der Augenblick als grundlegende Kategorie ästhetischer Zeiterfahrung hervor (C.W. Thomsen/H. Holländer), der bei modernen Autoren wie J. Joyce, M. Proust und R. Musil utopische Qualität gewinnt (K.H. Bohrer). An E. Husserls Phänomenologie des inneren Zeitbewusstseins anknüpfend, entwickelt B. Groethuysen eine Phänomenologie der Erzählung, die sich am Modell der Autobiographie orientiert. Sie beruht auf der Unterscheidung zwischen einer gewussten und damit abgeschlossenen Vergangenheit (*passé du savoir, passé total*), die in noetischer Einstellung erfasst wird, und einer gelebten Vergangenheit (*passé vécu*), die in der zukunftsoffenen Erzählung noch einmal durchlebt werden kann (*futur dans le passé*). H.R. Jauß macht diese Unterscheidung für die Analyse der Erscheinungsformen von Z. in M. Prousts Roman *A la recherche du temps perdu* als einem Ineinander von gegenwärtigen Augenblicken des erlebenden Ich und retrospektiver Erinnerung des erzählenden Ich fruchtbar. Darauf aufbauend formuliert O. Holl eine phänomenologische Romantheorie, die den Roman wesentlich als Funktion der Z. (i.S. der Chronologie) und zugleich als Überwindung der Z. (i.S. erinnernder Wiederholung gelebter Z.) versteht. Wirkungsästhetisch gewendet, kann man diese Auffassung in W. Isers Phänomenologie des Leseakts finden, für die das Zeitmoment als „Katalysator der passiven Synthesen" fungiert, „durch die sich der Sinn des

Textes dem Vorstellungsbewusstsein des Lesers erschließt" (W. Iser 1976, 243).

Den auf das imaginäre Erleben von Z. im literarischen Werk ausgerichteten phänomenologischen Konzeptionen stehen seit den 1940er Jahren formalistische Entwürfe gegenüber, die die Z. als strukturelle Kategorie narrativer Texte untersuchen. In der ‚morphologischen Poetik' G. Müllers (weiter ausgearbeitet bei E. Lämmert) erscheint die Beziehung von ‚Erzählzeit' (= Dauer des Erzählaktes) und ‚erzählter Z.' (= Dauer der erzählten Geschichte) als fundierende Gestalt narrativer Texte, und noch die Erzähltheorie G. Genettes konzentriert sich auf Relationen der zeitlichen Ordnung, Dauer und Frequenz als wesentliche Beschreibungskategorien von Erzählungen. Dabei wird die phänomenale Qualität des Zeiterlebens zusehends in quantifizierbare Relationen überführt – eine Reduktion, auf die Ricœur mit seiner groß angelegten Studie *Temps et récit* reagiert, indem er drei Dimensionen der Z. in narrativen Texten unterscheidet: die Z. des Erzählaktes (*narration*), die Z. der erzählten Geschichte (*histoire*) und die fiktive Zeiterfahrung der ‚Welt des Textes' (Ricœur, 114). Auf ähnliche Weise werden auch in M.M. Bachtins Konzept des ‚Chronotopos' die Funktion von Zeit-Raum-Strukturen im literarischen Text und die damit verknüpften Zeitformen (z.B. Abenteuerzeit, Alltagszeit, biografische Z.) auf die Modellierung menschlichen Zeiterlebens bezogen.

BIBLIOGRAPHIE: M.M. Bachtin, Formen der Zeit im Roman, Frankfurt a.M. 1989. – K.H. Bohrer, Plötzlichkeit, Frankfurt a.M. 1981. – G. Genette, Discours du récit, in: Ders., Figures III, Paris 1972, 65–282. – Ders., Nouveau discours du récit, Paris 1983. – B. Groethuysen, De quelques aspects du temps, in: Recherches philosophiques 5 (1935/36), 139–195. – O. Holl, Der Roman als Funktion und Überwindung der Zeit, Bonn 1968. – W. Iser, Der Akt des Lesens, München 1976 [[2]1984]. – H.R. Jauß, Zeit und Erinnerung in Marcel Prousts *A la recherche du temps perdu*, Heidelberg 1955. – E. Lämmert, Bauformen des Erzählens, Stuttgart 1955. – A.A. Mendilow, Time and the novel, London/New York 1952. – M. Middeke (Hg.), Zeit und Roman, Würzburg 2002. – G. Müller, Erzählzeit und erzählte Zeit, in: Festschrift Paul Kluckhohn und Hermann Schneider, Tübingen 1948, 195–212. – P. Ricœur, Temps et récit, Bd. 2, Paris 1984. – E. Staiger, Die Zeit als Einbildungskraft des Dichters, Zürich/Leipzig 1939. – C.W. Thomsen/H. Holländer (Hgg.), Augenblick und Zeitpunkt, Darmstadt 1984.

Günter Butzer

VII. Philosophisch

Die klassische Philosophie hat die Zeitthematik zu den Kernfragen der Metaphysik gerechnet. Berühmt ist Platos Charakterisierung von Z. als dem beweglichen Abbild der unvergänglichen Ewigkeit im *Timaios*. Die Z. hat bei Plato weder Anfang noch Ende, ist fundiert in Bewegung und deshalb keine selbständige Entität. Z. ist ein Grundmerkmal aller *beweglichen* Entitäten. Im Ausgang der Antike stimmt Augustinus in seinen *Confessiones* Plato darin zu, dass Z. keine selbständige Entität ist, da Z. immer Z. von etwas in dieser Welt ist. Da diese Welt mit Gottes Schöpfungsakt entstanden ist, kann Z. für Augustinus erst zugleich mit dem Schöpfungsakt entstanden sein. Ihr Telos besteht darin, ihrem Nicht-Sein (im Weltende) zuzustreben.

Über die metaphysische Grundfrage nach dem Seins-Status von Z. hinaus muss eine Ontologie der Z. Aussagen über deren grundlegende Merkmale machen. Im 4. Buch seiner *Physik* argumentiert Aristoteles dafür, dass widerspruchsfrei Aussagen über die Z. gemacht werden können und Z. deswegen zum Seienden gehört. Er unterscheidet zwischen einem Kontinuum und den drei Zeitbestimmungen der Zahl (wieviel?), der Ordnung (wann?) und der Modalität (wie geartet?). Nur die drei Letzteren können von ersten Substanzen, d.h. den selbständigen Entitäten, ausgesagt werden. Eine Schlüsselfunktion kommt dabei dem ‚jetzt' zu, das einerseits eine stabile Beziehung zwischen Aussagendem und Ausgesagtem herzustellen erlaubt und das andererseits damit Messung (Jetzt$_1$-Jetzt$_2$), Zeitordnung (früheres-späteres Jetzt) und Zeitmodalitäten (vergangenes-zukünftiges Jetzt) ermöglicht. Mit ‚jetzt' wird nicht auf eine diskrete zeitliche Grundeinheit Bezug genommen. Z. ist für Aristoteles keine Punktreihe, sondern ein Kontinuum und damit auch keine Substanz.

In der Neuzeit sehen I. Kant (Z. als Anschauungsform) und E. Husserl (Z. als Struktur des Bewusstseins) Z. (resp. die Möglichkeit von Zeitaussagen) wesentlich in der menschlichen Subjektivität fundiert. Z. ist für sie nicht länger eine Grundstruktur der Welt, vielmehr eine Grundstruktur unserer Welterfassung. Die Z. avanciert damit zu einer Schlüsselthematik innerhalb der Realismus-Antirealismus-Debatte. Diese findet weitere Nahrung in der von J.M.E. McTaggart (1908) angestoßenen Diskussion um die für ihn widersprüchliche Beziehung zwischen relationaler (früher-später) und modaler (vergangen-gegenwärtig-zukünftig) Z. Hinzu kommen im 20. Jh. weiter theoretische Zugänge zu Zeitqualitäten wie erfüllte oder erlebte Z. resp. zur Eigenzeit des Lebendigen.

Auch in Anknüpfung an Aristoteles (z.B. bezüglich der Funktion des ‚jetzt' als indexikalischer Ausdruck resp. der Unterscheidung zwischen Kontinuum einerseits und den diskreten Zeitbestimmungen andererseits) hat sich die analytische Philosophie um Klärung der im Kontext von Zeitordnung und Zeitmodalitäten auftretenden Probleme bemüht. Es zeigte sich, dass sich semantisch gesehen weder das eine auf das andere reduzieren lässt noch menschliche Verständigung auf einen der beiden Typen verzichten kann. Damit wird zwar McTaggarts Problem gelöst, die Realismus-Antirealismus-Debatte aber keiner Entscheidung zugeführt. Die ontologische Diskussion darüber, was die Z. sei und ob sie selbst einen Anfang habe, ist vielmehr vor dem Hintergrund von Interpretationsbedarf bezüglich der modernen Standard-Kosmologie neu entflammt. Am göttlichen Schöpfungsakt orientierte Autoren fokussieren argumentativ etwa auf den Zusammenbruch aller Größen in der Anfangssingularität des Urknall-Modells, während Physikalisten als Gegenargument z.B. auf die mathematischen Eigenschaften eines Kontinuums verweisen (W.L. Craig/Q. Smith).

Bibliographie: Aristoteles, Physik, hg. v. K. Prantl, Bd. 1, Aalen 1978. – Augustinus, Bekenntnisse, hg. v. J. Bernhart, München [4]1980. – W.L. Craig/Q. Smith, Theism, atheism, and big bang cosmology, Oxford 1993. – E. Husserl, Zur Phänomenologie des inneren Zeitbewusstseins, hg. v. R. Böhm, Haag 1966. – I. Kant, Kritik der reinen Vernunft, Hamburg 1976. – J.M.E. McTaggart, The unreality of time, in: Mind 17 (1908), 457–474. – Platon, Timaios, hg. v. H.G. Zekl, Hamburg 1992.

Paul Burger

Zeugnis →Apostel/Apostolische Literatur, →Evangelium/Evangelienliteratur, →Kerygma

Zitat

I. Alttestamentlich

Als eine Form von →Intertextualität lässt das Z. in einem →Text einen anderen Text erscheinen und verweist so auf eine Textwelt außerhalb des zitierenden Textes. Neben dem Z. im engeren Sinn, das einen Text aus einem anderen Zusammenhang wörtlich exakt wiederholt, stehen Anspielungen auf andere Texte mit unterschiedlich hoher Deutlichkeit. In den Texten des AT werden solche Anspielungen häufig konstatiert, als Z.e im eigentlichen Sinn gelten jedoch nur weitgehend wörtliche Wiederholungen mehrerer zusammenhängender Wörter. So wird etwa ein Ausspruch des Propheten Micha (Mi 3,12) in Jer 26,18 zitiert mit dem Hinweis, dass dies ein Wort des Propheten Micha sei. Das Z. ist in diesem Fall markiert und mit einer Quellenangabe versehen. Letztere fehlt bei Z.en im AT häufig, sie fehlt stets bei Übernahmen aus den Nachbarkulturen: In Ps 104, den viele Exegeten in einer starken textuellen Abhängigkeit vom Sonnenhymnus Echnatons sehen, gibt es keinen Verweis auf den ägyptischen Text. Ein so zitierter Text wird gewissermaßen nostrifiziert. Anders ist dies dort, wo ein Selbstzitat vorliegt wie z.B. in Ps 82,6; Jes 38,10 f.; 2 Kön 4,28. In diesen und allen vergleichbaren Fällen ist der Bezug auf das früher Gesagte oder Gedachte nötig zum Verständnis der Argumentation oder der Handlung.

Eine zweite Gruppe von gewöhnlich markierten und mit Quellenangabe versehenen Z.en bilden die Fälle indirekter →Kommunikation durch Boten: In 2 Kön 18,19–24 zitiert der Gesandte des assyrischen Königs dessen Worte als Botschaft an den judäischen König. Analog ist die theologisch wichtigste Gruppe von Z.en zu verstehen. Die Propheten des AT fassen das von ihnen Anzusagende in die Form einer Botschaft, die sie dem Volk, dem Herrscher oder anderen im Auftrage Gottes – der in dieser Fiktion in Analogie zu ranghohen menschlichen Kommunikationspartnern imaginiert wird – auszurichten haben. Auch diese (fiktiven) Z.e sind zumeist markiert. Hierfür dienen neben Formulierungen unter Verwendung der hebräischen *verba dicendi* insbesondere drei Formeln zur Markierung von Gottesworten: Die Botenformel (*ko amar* NN), die Gottesspruchformel (*ne'um JHWH*) und die Wortereignisformel (*haya / wa-yehi devar JHWH el* NN). Die Botenformel findet sich im AT auch in säkularer Verwendung, z.B. in 2 Kön 18.

Das markierte Z. setzt im Text eine Differenz zum redenden Subjekt. Dies kann der Distanzierung vom Inhalt dienen oder dem Gesagten Nachdruck verleihen durch Verweis auf die Autorität der Quelle des Z.es.

Bibliographie: M. Bachtin, Das Wort im Roman, in: R. Grübel (Hg.), Michail M. Bachtin, Frankfurt a.M. 1979, 155–301. – H. Parunak, Some discourse functions of prophetic quotation formulas in Jeremiah, in: R.D. Bergen (Hg.), Biblical Hebrew and discourse linguistics, Winona Lake 1994, 489–519. – J. Klein/U. Fix, Textbeziehungen, Tübingen 1997. – S.A. Meier, Speaking of speaking, Leiden u.a. 1992. – G. v. Wilpert, Art. Zitat, in: Sachwörterbuch der Literatur, Stuttgart [8]2001, 922 f.

Jutta Krispenz

II. Neutestamentlich

Für das NT ist der Begriff Z. auf die Repetition von Fremdtexten mit Quotationskennung einzugrenzen. Vom Z. zu unterscheiden sind: (1) die Allusion, die auf Quotationskennung verzichtet und dem Leser die Identifikation der Fremdtextaufnahme überlässt (so stets in der Offb), (2) die Traditionsaufnahme, die Wissen ohne Fremdtextaufnahme mitteilt (2 Kor 11,3), (3) Benutzung milieuverwandter Quellen (Synoptiker, Eph, 2 Petr). Auch (4) Reden von Akteuren in narrativen Texten sind keine Z.e (Jesus in den Evangelien!). Schwer einzuordnen sind die paulinischen (5) Wissens-Formeln (Röm 6,3; 1 Kor 8,4), die mitunter auf mündliche Lehre verweisen.

Zitiert werden im NT (1) v.a. Texte, die später zum jüdischen Kanon gehörten (nicht jedoch →‚Apokryphen' der →‚Septuaginta'!), (2) Henoch-Literatur, die in Hen(aeth) eingegangen ist, in Jud 14 (vgl. Barn 4,3; 16,5), (3) als ‚Schrift' gekennzeichnete Texte unbekannter Herkunft (1 Kor 2,9; 1 Tim 5,18), (4) pagane Schriftsteller (Apg 17,28; Tit 1,12). Paulus zitiert (5) eigene Briefe (1 Kor 5,9), (6) Gegner (Röm 3,8; 1 Kor 15,12; 2 Kor 10,10), (7) Gemeindetraditionen (1 Kor 15,3 ff.), vgl. Eph 5,14 und 2 Tim 2,11–13 (liturgische Stücke?), und (8) Jesuslogien (1 Kor 7,10; 1 Thess 4,15).

Formal sind Quotationskennung wie repetierter Text variabel. Erstere kann präzise sein (Apg 13,33: ‚im zweiten Psalm') oder allgemein (Röm 3,10: ‚wie geschrieben steht'). Theorien über Autorschaft sind oft impliziert (Apg 2,34: David; Hebr 3,7: der Heilige Geist). Viele Kennungen sind nur aufgrund kulturellen Wissens wahrnehmbar (Mk 10,19: wenn von Geboten die Rede ist, wird zitiert; Hebr 1,5–14: die Z.e sind Gottesreden und als solche szenisch verarbeitet; man muss wissen, dass Gott durch die Propheten redet, vgl. Hebr 1,1). Auch fehlerhafte Kennungen begegnen (Mk 1,2–3, wo behauptet wird, das dort zitierte Mal 3,1 sei aus Jes). Der Textteil kann wörtlich repetiert sein (so oft in Hebr) oder frei (vielleicht in 1 Kor 2,9 [*Jes 64,3?]). Auch Zitatamalgame kommen vor (Mk 1,2–3; Röm 3,10–18 [?]).

Woher bezogen die →Autoren des NT ihr Zitatwissen? Dies wird besonders bei Schriftzitaten erörtert. Sie werden zuweilen auf Testimoniensammlungen zurückgeführt (auch für Barn); solche sind aber erst später bezeugt (Melito, laut Eus. *h.e.* 4,26,13–14). Unklar ist oft, ob Gedächtniszitate vorliegen. Quelltext ist meistens die ‚Septuaginta', auch in revidierter Form (Anklänge an Aquila etc. bei Paulus).

Bibliographie: W. Dittmar, Vetus Testamentum in Novo, 2 Bde., Göttingen 1899.1903. – H. Hübner, Vetus Testamentum in Novo, Bd. 1/2: Göttingen 2003, Bd. 2: Göttingen 1997. – M. Kamptner, Art. Testimoniensammlung, in: LACL, Freiburg u.a. 1998, 673–675. – D.-A. Koch, Die Schrift als Zeuge des Evangeliums, Tübingen 1986. – C. Smits, Oud-Testamentische Citaten in het Nieuwe Testament, 4 Bde., Hertogenbosch 1952–1963. – H. Vollmer, Die Alttestamentlichen Citate bei Paulus, Freiburg i.Br./Leipzig 1905. – F. Wilk, Die Bedeutung des Jesajabuches für Paulus, Göttingen 1998.

Jan Dochhorn

III. Kirchengeschichtlich

Unter einem Z. (lat. *citatum* > *citare*, Frequentativum von *cieo*, eigentlich ‚in Bewegung setzen', dann auch ‚herbeirufen' – die Grundbedeutung des Wortes hat sich erhalten in: ‚vor Gericht zitieren') versteht man allgemein die exakte Anführung einer Stelle eines zumeist von anderen stammenden, im engeren Sinn schriftlich abgefassten Werkes; neben Eigenzitaten gibt es auch Bild-, Film-, Musikzitate etc. Diese Definition trifft im Vollsinn erst für den Umgang mit Z.en seit der Entstehung des Urheberrechts (ab 1709 England) und den damit sich ergebenden rechtlichen Problemen zu. Darin werden genaue Quellenangaben bzw. Literaturnachweise gefordert, was bei wissenschaftlichen Arbeiten v. a. in der Form der Zitation (eines expliziten Verweises auf eine Informationsquelle mit standardisierten Regeln) zur Norm geworden ist. Von dieser reglementierten Verwendung von Z.en für Sekundärzwecke ist zu unterscheiden deren Einbindung in Werken der Kunst und der Literatur, die verschiedenen werkimmanenten Kriterien entspricht und das Werk in eine →Tradition hineinstellt.

In der Literatur sind Z.e ein Gestaltungs- und Stilelement, das neben der Allusion (Anspielung), Montage, Collage (Klitterung von Z. unterschiedlicher Herkunft) und dem Sprachspiel Verwendung findet. Sie alle weisen untereinander Berührungspunkte auf und stellen (Unter)-Kategorien von →Intertextualität dar, die textsortenspezifisch (z. B. Z. in der Parodie) definiert sind. In der Dichtung können Z.e bzw. deren Aneinanderreihung einen Kunstgriff darstellen, der ein Spannungsverhältnis erzeugt und dadurch erst das Ereignis der Dichtung ermöglicht (P. Celan). Als Z. wird weiter ein Ausspruch von bekannten Persönlichkeiten bezeichnet, wo einerseits die Grenze zum *Sprichwort* und *geflügelten Wort* fließend ist, andererseits der Zitatcharakter durch einen Verselbständigungsprozess mitunter verloren geht. Dies ist der Fall bei sehr häufig verwendeten und in die Alltagssprache übernommenen Z.en v. a. aus der Bibel (z. B. „Wer andern eine Grube gräbt […]", Spr 26,27). Damit ist oft auch eine bewusste oder auch unbewusste Adaptierung des Textes an den jeweiligen Sprachgebrauch bzw. die Sprechsituation verbunden. Hier wird das Z. zur Sentenz, die eine allgemeingültige Aussage enthält. Ihr Ausgangspunkt ist in den Lehren der antiken →Rhetorik zu suchen (Quintilian). Z.e wurden aber nicht nur als gelehrte Reminiszenz für den gebildeten →Leser, sondern auch als Verneigung vor dem zitierten →Autor betrachtet. Sie sind auch eine Anforderung an einen gepflegten → Stil seit der Antike, in einen Text ein Z., einen Vers oder ein Sprichwort einfließen zu lassen (z. B. bei Cicero, s. Iul. Vict. *rhet.* 27). Allerdings war man, was die Genauigkeit des Zitierens betrifft, in der Antike relativ großzügig, wobei es keine Zitierusancen gegeben hat (Verweise werden entweder nur mit dem Autornamen, bisweilen mit dem *Incipit* bzw. der *Subscriptio* der entsprechenden Vorlage angegeben). Sonderformen des weitergefassten Zitierens sind die Übertragung in eine andere Sprache (z. B. Alkaios – Horaz), um das Thema als Sujet für die eigene Dichtung zu verwenden oder auch zu imitieren (*Imitatio*), so war es – neben anderen literarischen Genera wie dem philosophischen Traktat – v. a. in der Historiographie z. T. üblich, Z.e aus Reden bzw. Briefen in den Text aufzunehmen bzw. die Rede im ganzen Duktus in *Oratio recta* bzw. auch *obliqua* anzuführen. Die Struktur und die rhetorischen Elemente wurden aber jeweils dem Stil des Erzählers bzw. seinen politischen Intentionen angepasst bzw. dementsprechend instrumentalisiert (so hat sich z. B. eine Rede des Kaisers Claudius bei Tac. *ann.* 11,23–25 und im Original [Bronzetafel in Lyon] erhalten). Jüdische Autoren können ihre historische Argumentation mit Bibelzitaten in Reden ausgestalten (z. B. J. *BJ* 5,362–374), um daraus Schlüsse für die eigene Zeit zu ziehen. Auch in der Bibel lässt sich diese Vorgehensweise feststellen: im AT in Reden und durch das Anführen von Gottesworten, im NT mit Mischzitaten aus dem AT. Daraus entwickelt sich die Verwendung von Z.en (Mischzitate, Anspielungen etc.) in theologischen Traktaten, wie es z. B. ab den Apostolischen Vätern und Apologeten der Fall ist. Auf die auf Z.en aufgebaute Weiterverwendung von Texten in Exzerptsammlungen, Kompilationen und Centonendichtungen kann hier nur verwiesen werden.

Bibliographie: E.-M. Becker, Das Markus-Evangelium im Rahmen antiker Historiographie, Tübingen 2006. – S. Benninghoff-Lühl, Figuren des Zitats – eine Untersuchung zur Funktionsweise übertragener Rede, Stuttgart 1998. – E. Brendel et al. (Hgg.), Zitat und Bedeutung, Hamburg 2007. – H. Meyer, Das Zitat in der Erzählkunst, Stuttgart [2]1967. – W. Mieder, Sprichwort, Redensart, Zitat, Bern 1985. – D. Oraić Tolić, Das Zitat in Literatur und Kunst, Wien 1995. – D. Rusam, Das Alte Testament bei Lukas, Berlin 2003. – E. Staiger, Die Kunst der Interpretation, München 1974 [[5]1982]. – Urheberrechtsgesetze: Deutschland UrhG §51 (10.9.2003), Österreich UrhG § 46.

Johannes Divjak

IV. Systematisch-theologisch

Je nach Theoriedesign und Erkenntnisinteresse erscheinen Z.e als eindeutig verifizierbar oder als völlig uneindeutig: Analytische Philosophen sichern syntaktisch die Zitatgrenzen, während Dekonstruktivisten diese Grenze für semantisch fließend erklären, so dass alles zum Z. wird. Ein hermeneutischer Kompromiss zum Umgang mit Z.en findet sich in Theorien mittlerer Reichweite, die das Z. intertextuell, rhetorisch oder kulturpragmatisch als selbstreflexive Unterbrechung von Text durch →Text beschreiben. Hermeneutisch scheint es zunächst sinnvoll, Zitattypen im Bibeltext von Zitatpraxen in Christentum, Theologie und Kultur zu unterscheiden. Die Bibel ist voller Z.e, durch deren Verweisungen Intertext entsteht, der die biblische →Textualität konstituiert. So kann das NT als Kontextualisierung des AT durch Z.e gelesen werden: Die Apophthegmata spielen (ggf. fiktionale) Z.e Jesu in die Evangelienkontexte hinein. Die Erfüllungs- oder Reflexionszitate kontextualisieren prophetische Verheißungen mit dem Leben und Wirken Jesu Christi. Der Streit um die Kreuzesinschrift betrifft christologisch entscheidende Anführungszeichen (Joh 19,19–22). Und der Text des Hebr ahmt die Versöhnungstagsliturgie nach. Der biblische Befund zeigt jedoch auch, wie unsachgemäß eine exklusive Unterscheidung zwischen dem innerbiblischen Z. und dem Z. im religiösen und theologischen Sprachgebrauch wäre, zeigt sich doch gerade an der innerbiblischen Zitation hohe theologische Aktivität. Eine Hermeneutik des Z.s reflektiert den theologischen Textumgang durch Entdifferenzierung: Fromm gemeinte Ansprüche auf wörtliches Zitieren der Bibel erweisen sich gemäß dem Spruch, auch der Teufel zitiere die Bibel (vgl. Mt 4,1–11), als Unterbietung des biblischen Zitatniveaus. Umgekehrt ignoriert der historisch-kritische Dauerrelativismus die literarische Qualität der Bibel.

Neben dieser Funktion des Z.s als eines texthermeneutischen Schibboleth sind ambivalente Zitatpraxen in Christentum, Theologie und Kultur zu benennen. Das Z. verfügt über die Kraft zur Autorisierung, die allerdings den autorisierenden Bezugstext als Machtmittel erst bestätigt. Das Z. erweist hier wieder einen eigenen Status, es gehört mehreren →Kontexten und keinem ganz. Das Pendant zur Autorisierung bildet die humoristische Entlarvung durch Z.e, die in kritisch-neuschöpferischer Absicht erfolgt. Das Z. erscheint als wichtiges Element der theologischen Textgeschichte, wann immer Sprache überhaupt emphatisch bedacht wird.

Bibliographie: O.F. Bollnow, Über den Gebrauch von Zitaten, in: Ders., Maß und Vermessenheit des Menschen, Göttingen 1962, 198–213. – D. Davidson, Zitieren, in: Ders., Wahrheit und Interpretation, Frankfurt a.M. 1986, 123–140. – P.H. Neumann, Das Eigene und das Fremde, in: Akzente 27 (1980), 292–305. – C. Senkel, Autorisierung, Weinheim u.a. 2004.

Christian Senkel

V. Judaistisch

Das Z. eines Bibeltextes belegt im Unterschied zu dessen innerbiblischer Auslegung bzw. Fortschreibung das Bewusstsein des Abstands zum kommentierten Text. Explizite Z.e kommen erst am Ende der biblischen Literatur auf (Dan 9,2). In Qumran werden biblische Texte wie auch sonst in der Zeit des Zweiten Tempels oft frei verwendet (so in der Tempelrolle); Texte wie 4QMMT (vgl. J. Maier, Die Qumran-Essener: Die Texte vom Toten Meer 2, München/Basel 1995, 361 ff.) verwenden Zitateinleitungen wie „(im Buch Mose) steht geschrieben“, ohne dass ein genaues Z. folgt. Ob ein freies Z. oder ein abweichender Bibeltext dahinter steht, ist oft schwer zu beurteilen. Wörtliche Z.e ohne Einleitung dienen im

Pescher als Lemma der folgenden, durch Wendungen wie *pishro*, „seine Deutung", klar abgesetzten Auslegung; ohne Einleitung stehen Z.e auch in Zitatsammlungen wie den Florilegien, die als Studientext dienen. Zitatformeln können den Text als Wort Gottes qualifizieren (z.B. 1QM 10,7–8: ‚was du durch Mose gesagt hast', vgl. J. Maier, Die Qumran-Essener: Die Texte vom Toten Meer 2, München/Basel 1995, 125 ff.) oder seine Herkunft in einem bestimmten Buch benennen. Während Josephus Bibeltexte für seine Darstellung frei paraphrasiert, zitiert Philo meist wörtlich, als Lemma ohne Einleitung, als Beleg in der Darstellung mit einer solchen. Das bleibt dann auch bei den Rabbinen die Regel. Spätere Texte gehen über Standardeinleitungen wie ‚es heißt', ‚es ist geschrieben', ‚(der Text) sagt' oft hinaus und lassen damit ihr Verständnis der Offenbarung durchscheinen, so etwa in der v.a. in der Pesiqta Rabbati beliebten Einleitung: ‚das ist es, was die Schrift im heiligen Geist durch Jesaja sagte', ‚was im heiligen Geist durch Jeremia gesagt wurde' usw. Viele Z.e lassen einen Text nur anklingen, das Wesentliche kommt erst in der nicht gebrachten Fortsetzung, deren Kenntnis beim →Hörer bzw. →Leser vorausgesetzt wird. Späte Midraschim zitieren oft nicht mehr explizit, sondern verwenden Bibeltexte als Teil der eigenen Darstellung und gewinnen dadurch Freiheit gegenüber dem Text, der erzählend neu gedeutet wird.

Über biblische Z.e hinaus ist rabbinische Literatur insgesamt weithin „Zitatliteratur" (Goldberg II, 50–80), überliefert *Dicta* im Namen einzelner Rabbinen, bettet diese damit in die →Tradition ein und tritt selbst vor dieser fast völlig zurück. Man redet im Namen anderer, deren Aussagen gerade durch die Zuschreibung relativiert und überprüfbar werden. Wörtliche Z.e sind dabei nie *ipsissima vox*; es sind immer redigierte Zitatformen, die den Text erst tradierbar machen. Bestimmte Z.e werden auch verschiedenen Personen, zuweilen auch pseudepigraph, zugeschrieben oder sind Wanderlogien; im Einzelfall kann sogar ein Bibeltext als Z. eines Rabbi geboten werden (z.B. Prov 24,17 in mAv 4,19).

Bibliographie: W. Bacher, Die exegetische Terminologie der jüdischen Traditionsliteratur, Hildesheim [2]1965. – A. Goldberg, Rabbinische Texte als Gegenstand der Auslegung, Gesammelte Studien, Bd. 2, Tübingen 1999. – A. Samely, Rabbinic interpretation of Scripture in the Mishnah, Oxford 2002.

Günter Stemberger

VI. Altphilologisch

Das Z., die wörtliche, markierte oder unmarkierte Wiederholung eines Sprachsegments aus einem Bezugstext in einen Aufnahmetext, ist wichtiges Element der auf Intertextualität ausgerichteten antiken Literatur. Durch die Wörtlichkeit unterscheidet sich das Z. von anderen intertextuellen Formen (Anspielung, Paraphrase). Die Textgenauigkeit des Z.s kann durch Zitierpraxis aus dem Gedächtnis, die z.T. nötige Anpassung an die Metrik oder →Übersetzung aus dem Griechischen ins Lateinische relativiert werden. Aufgrund guter Textkenntnisse durch →Kanonisierung kann von einer entwickelten Fähigkeit des antiken →Lesers, ein Z. zu identifizieren und dessen Resonanzraum im Ursprungskontext nachzuvollziehen, ausgegangen werden. Z.e können verschiedene Funktionen erfüllen. Als meist markierte Autoritätszitate können sie zur Autorisierung von Argumenten dienen und Beweisfunktion erhalten (vorzugsweise in Prosatexten, z.B. Reden oder philosophischen Schriften). Hierbei wird in Sachtexten häufig aus fiktionaler Literatur zitiert, wenn deren Inhalten beispielhafter Ausdruck menschlicher *mores* und hierin Wahrheitswert beigemessen wird. Z.e können auch der Stiftung eines Bezugs zur literarischen Tradition dienen, besonders in der für die Dichtung charakteristischen *imitatio* von Modellen, jedoch treten auch Prosaautoren in *aemulatio* zu Vorbildern (z.B. Cicero als Philosoph zu griechischen Vorbildern). Durch die Überführung des Z.s aus seinem Ursprungskontext in einen neuen →Kontext entsteht eine intertextuelle Spannung zwischen Bezugs- und Aufnahmetext, die eine Sublimierung oder bei ironischer Tendenz eine scherzhafte Entstellung erwirken kann. Die häufige Unterlassung von Markierung oder Desakzentuierung eines Z.s (*quidam auctor*, u.ä.) soll vermeiden, dass die Aufmerksamkeit des Lesers auf den Bezugstext gelenkt wird. In der neueren Forschung wird der Zusammenhang von Z. und kommunikativer Funktion des Aufnahmetexts in den Blickpunkt gerückt. So lassen sich etwa bei Augustinus Z.e aus paganen Autoren verstärkt in Texten finden, die an einen paganen Adressatenkreis gerichtet sind, während vor ausschließlich christlichem Publikum, etwa in Predigten, Verweise auf klassische Autoren weitgehend ausbleiben.

Bibliographie: J. Blänsdorf, Senecas *Apocolocyntosis* und die Intertextualitätstheorie, in: Poetica 18 (1986), 1–26. – G.B. Conte/A. Barchiesi, Imitazione e arte allusiva, in: G. Cavallo et al. (Hgg.), Lo spazio letterario di Roma antica 1, Roma 1989, 81–114. – C. Darbo-Peschanski (Hg.), La citation dans l'antiquité, Grenoble 2004. – D. Gall, Zur Technik von Anspielung und Zitat in der römischen Dichtung, München 1999. – G.A. Müller, Formen und Funktionen der Vergilzitate und -anspielungen bei Augustin von Hippo, Paderborn 2003. – L. Spahlinger, Tulliana simplicitas, Göttingen 2005.

Jochen Schultheiß

VII. Literaturwissenschaftlich

Die Literaturwissenschaft nimmt seit ihren Forschungen zur Dialogizität (M. Bachtin) und →Intertextualität das Z. nicht mehr nur wie in antiken Rhetoriken oder Poetiken als Arbeitsmittel mit Beleg- und Verweisfunktion oder als schmückendes Beiwerk wahr, sondern als Struktur bildendes Element, das aus einem →Kontext in einen anderen transferiert wurde und für die Sinnkonstitution des Textes von Relevanz ist. Die →Methode des Zitierens (nicht deren erst im 20. Jh. einsetzende Reflexion) ist so alt wie die Literatur selbst, denn ein →Text steht immer schon in Kontakt mit anderen, und Z.e machen als Intertexte diese Berührungspunkte explizit. Sowohl dem Zitierenden, der im Namen eines Anderen, meist Abwesenden spricht, den er vergegenwärtigt (lat. *citare:* ursprünglich ‚(herbei-)rufen', ‚vor Gericht laden', später ‚auf schriftliche Quellen berufen') und dessen fremde Rede er sich zu eigen macht, als auch dem Leser, der die Mehrstimmigkeit und semantische Doppelcodierung beurteilen muss, kommt neben der hermeneutischen eine ethische Aufgabe zu. Z.e werden markiert (offenes Z.), also typographisch hervorgehoben und durch Namens- bzw. Quellenangabe identifiziert, so im wissenschaftlichen Diskurs, oder maskiert (kryptisches Z.). In letzterem Fall muss der Leser, bevorzugt in der Literatur, in einem Interpretationsakt, der dem des →Rätsels strukturell verwandt ist, den Prätext ausfindig machen. Im Z. bleibt eine Spannung von Assimilation und Dissimilation, eine semantische und ästhetische Differenz spürbar, denn es ist weder gänzlich in den neuen Kontext integriert noch grundsätzlich nicht integrierbar. Erst das Aufeinandertreffen von Eigenem und Fremdem öffnet neue Horizonte von →Bedeutung. Z.e können für Authentizität bürgen und poetologisch fruchtbar gemacht werden, indem der Andere das Ich erst konstituiert. Sie stehen aber auch für eine Infiltrierung, gar Auslöschung des Ich durch die Stimmen der Anderen, so im Roman der →Postmoderne, in dem Figuren – als Ausdruck einer existentiellen Krise oder eines ästhetischen Spiels – nur noch als Sprachrohre fremder Stimmen inszeniert sind. Z.e lassen sich als Manipulationsmedien instrumentalisieren, indem sie in einem gewaltsamen Umcodierungsprozess der eigenen →Argumentation dienstbar gemacht werden. Auch literatursoziologisch und kulturhistorisch ist die Praxis des Zitierens, die mit dem Prozess der Kanonisierung einhergeht, von Interesse, da sich daran, *was*, v.a. aber *wie* zitiert wird, der Umgang mit (Text-)Kulturen zeigt.

Bibliographie: M. Bachtin, Die Ästhetik des Wortes, hg. v. R. Grübel, Frankfurt a.M. 1979, 154–300. – A. Böhn, Das Formzitat, Berlin 2001. – H. Eilert, Das Kunstzitat in der erzählenden Dichtung, Stuttgart 1991. – J. Jacob/M. Mayer (Hgg.), Im Namen des anderen: Die Ethik des Zitierens, München 2009. – P.H. Neumann, Das Eigene und das Fremde, in: T. Elm/G. Hemmerich (Hgg.), Zur Geschichtlichkeit der Moderne, München 1982, 43–52. – H.-U. Simon, Art. Zitat, in: RL^2 4 (1984), 1049–1081.

Doren Wohlleben

VIII. Textlinguistisch

Das Zitieren, d.h. die Wiedergabe von Äußerungen eines anderen →Sprechers, sei es in geschriebener oder gesprochener Sprache, ist ein wesentlicher Teil der kognitiven Fähigkeit des Menschen zur Metarepräsentation (D. Sperber). Es kommt in allen natürlichen

Sprachen vor und weist diffizile, z. T. sprachspezifische Eigenschaften auf (P. de Brabanter; E. Brendel et al.): (1) graphematische (z. B. verschiedene Arten von Anführungszeichen; Interaktion mit dem Doppelpunkt), (2) syntaktische (z. B. Art der syntaktischen Integration des zitierten Materials; Konjunktiv als Modus des Zitierens), (3) semantische (z. B. deiktischer Wechsel, vgl. *Ken sagte: „Ich bin schlau."* mit *Ken sagte, dass er schlau sei*; Gebrauch vs. Erwähnung), (4) lexikalische (Redewiedergabeverben, Indikatoren wie *in Anführungszeichen* oder *von wegen*) und (5) pragmatische (z. B. →Sprechakt des Zitierens, Ironie). Meist unterscheidet man zwischen dem direkten und dem indirekten Z., z. B. *Ken sagte: „Das Projekt ist schwer zu verstehen."* vs. *Ken sagte, dass das Projekt schwer zu verstehen ist/sei,* sowie dem gemischten Z., z. B. *Ken sagte, dass das Projekt schwer „zu verstehen ist/sei".* In all diesen Fällen kann vom →Hörer bzw. Leser angenommen werden, dass dem Z. eine Originaläußerung zugrunde liegt. Dabei ist umstritten, inwiefern eine wortwörtliche Wiedergabe einer Äußerung eines anderen Sprechers, selbst in der direkten Rede, überhaupt möglich ist (M. v. Roncador; H.H. Clark/R.J. Gerrig), da bestimmte Aspekte der Originaläußerung systematisch unterdrückt werden. Im modalisierenden Z., z. B. in *Ken sagte, dass das „Projekt" schwer zu verstehen ist/sei,* muss keine Originaläußerung zugrunde liegen; hier signalisiert die Verwendung der Anführungszeichen eine bestimmte Sprechereinstellung (etwa Ironie) zum zitierten Material (R. Klockow). Genauso erfordert das reine Z. wie in *„Tkejopr" ist kein deutsches Wort* nicht das Vorliegen einer Originaläußerung. In Fällen des emphatischen Z.s schließlich dienen die Anführungszeichen der bloßen Hervorhebung, z. B. in der Aufschrift *„Projekt"* auf einer Tür. In den Umkreis des Z.s gehört auch die erlebte Rede, bei der weder Anführungszeichen noch eine Originaläußerung relevant sind: *Ken beschleunigte seinen Schritt. Das Projekt war schwer zu verstehen. Aber er würde es schaffen.*

BIBLIOGRAPHIE: P. de Brabanter (Hg.), Hybrid quotations, Amsterdam/Philadelphia 2003. – E. Brendel et al. (Hgg.), Zitat und Bedeutung, Hamburg 2007. – H.H. Clark/R.J. Gerrig, Quotations as demonstrations, in: Language 66 (1990), 764–805. – R. Klockow, Linguistik der Gänsefüßchen, Frankfurt a. M. 1980. – M. von Roncador, Zwischen direkter und indirekter Rede, Tübingen 1988. – D. Sperber (Hg.), Metarepresentations, Oxford 2000.

Jörg Meibauer

Zustimmung →Einverständnis/Zustimmung

Zweifel →Verdacht/Misstrauen